Doe meer met Prisma

Gefeliciteerd met je aankoop. Met deze Prisma heb je een heel goed woordenboek in handen met tienduizenden trefwoorden en voorbeeldzinnen. Maar Prisma kan je nog verder helpen, met uitdagend en leuk leermateriaal. Handig als je op vakantie gaat naar Oostenrijk, als je skypet met je neefje in Australië of als je voor je tentamen Frans nog wat extra wilt leren. Met de Prisma boeken, cd's en interactieve cursussen ga je gericht aan de gang. Leer wat je nodig hebt, waar en wanneer het jou het beste uitkomt, op het niveau dat bij jou past.

Wil je je taalkennis breed ontwikkelen?

Met de *Zelfstudiereeks* leg je een stevig fundament. Volg het boek, maak de oefeningen en beh

Wil je je kennis breed uitbouwen
interactief taalleersysteem voor c
traint onderweg je taalvaardighe
oefeningen, effectief én leuk.

Wil je een specifieke vaardighei

Wil je beter leren *spreken* en *luisteren* dan met de Prisma luistercursussen op audio-cd. Train breed met de eenvoudige *Luistercursus*, of leer zakelijke gesprekken voeren met de *Businesscursus*.

Prisma heeft *Basisgrammatica's* met oefeningen en uitleg voor beginners, en voor gevorderden uitgebreide *Grammatica's* die je ook kunt gebruiken als naslagwerk.

Schrijf betere teksten: met *E-mails en brieven schrijven* heb je een praktisch hulpmiddel, met veel standaardformuleringen voor een goede zakelijke en persoonlijke correspondentie.

Prisma woordenboeken online en als app

Gebruik de pockets digitaal, als je huiswerk maakt, internet, chat of gamet: handig en snel, altijd een betrouwbare taalhulp onder je vingers.

CD-rom: heb je dit woordenboek gekocht met cd-rom, dan ben je al klaar! Installeer de applicatie op je computer en je kunt aan de gang.

Online: neem een abonnement en log in. Met deze heldere en actuele applicatie heb je altijd snel toegang tot de taalinformatie die je nodig hebt.

App: heb je een smartphone of tablet? Dan heb je altijd je Prisma's bij je. Zoek snel de betekenis of vertaling op die je niet weet en klik door vanaf elk woord dat je op het scherm ziet. Beschikbaar voor Apple en Android.

De belangrijkste Prisma Woordenboeken:

miniwoordenboeken
- voor cursus en vakantie
- veel informatie in klein formaat
- beide delen in één band
- in vele talen, waaronder Frans, Spaans, Italiaans en Fries

basisonderwijs woordenboeken
- voor het basisonderwijs en beginnende taalleerders
- glasheldere uitleg en veel voorbeelden
- met illustraties
- Nederlands (verklarend) en Engels
- ook verkrijgbaar als online abonnement en instellingslicentie

vmbo woordenboeken
- voor beginnende woordenboekgebruikers
- aansluitend bij het vmbo/mbo, bso/tso en onderbouw havo/vwo
- actuele informatie over de hedendaagse basiswoordenschat
- zeer toegankelijk, veel voorbeeldzinnen
- Nederlands (verklarend) en Engels
- ook verkrijgbaar als online abonnement en instellingslicentie

pocketwoordenboeken
- voor de middelbare scholier
- de pocketwoordenboeken met de meeste trefwoorden
- elk jaar bijgewerkt
- overzichtelijk: trefwoorden en tabs in kleur
- Nederlands (verklarend), Engels, Frans, Duits, Spaans en Italiaans
- verkrijgbaar met en zonder cd-rom, als app en als online abonnement en instellingslicentie

handwoordenboeken
- voor bovenbouw havo/vwo, bovenbouw tso/aso, studie en beroep
- beide vertaaldelen in één band
- gebonden, duurzame uitvoering
- veel voorbeeldzinnen en uitdrukkingen
- kaderteksten met extra taalinformatie
- Nederlands (verklarend), Engels, Frans en Duits
- ook verkrijgbaar als netwerkversie en als online abonnement en instellingslicentie

Een taal leren vergroot je wereld. Ervaar het zelf.

Kijk voor meer informatie op www.prisma.nl.

prisma

Open je wereld

PRISMA
POCKETWOORDENBOEK

Nederlands

bewerking: drs. M.A. Hofman

prisma

Uitgeverij Unieboek | Het Spectrum bv, Houten – Antwerpen

Pocketwoordenboek Nederlands

Oorspronkelijke auteurs:
prof. dr. A.A. Weijnen
drs. A.P.G.M.A. Ficq-Weijnen

Bewerking: drs. M.A. Hofman

Bijdrage Belgisch Nederlands:
prof. dr. W. Martin
prof. dr. W. Smedts
Leen van Cleynenbreugel

Auteur *Basisgrammatica Nederlands*: Henriëtte Houët

Omslagontwerp: Raak Grafisch Ontwerp
Typografie: M. Gerritse

ISBN 978 90 491 0063 6
NUR 627
48 13
ISBN met cd-rom 978 90 491 0064 3
49 13

www.prisma.nl
www.prismawoordenboeken.be
www.unieboekspectrum.nl

Prisma maakt deel uit van Uitgeverij Unieboek | Het Spectrum bv
Postbus 97
3990 DB Houten

Welkom bij de Prisma Pockets

De Prisma pockets zijn al jaren **de meest gekochte en gebruikte woordenboeken** op scholen en daarbuiten. Ze hebben een uitstekende reputatie onder docenten, die deze woordenboeken al ruim een halve eeuw aanbevelen.

In geen ander pocketwoordenboek vind je zo veel **betrouwbare informatie**. De inhoud is samengesteld en gecontroleerd door ervaren lexicografen en vertalers. In alle Prisma pockets wordt de officiële spelling toegepast, volgens de regels van de Nederlandse Taalunie.

Dit woordenboek biedt **meer informatie** dan welk ander pocketwoordenboek ook: het bevat ruim 42.000 trefwoorden en duizenden voorbeeldzinnen: alles wat middelbare scholieren nodig hebben.

Geen woordenboek zo **actueel** als de Prisma pockets: we vervangen voortdurend verouderde woorden en uitdrukkingen om plaats te maken voor nieuwe. De Prisma pockets verschijnen elk jaar in een nieuwe editie. Online actualiseren we ze zelfs elk kwartaal. Nodig, want talen zijn altijd in beweging.

Deze pocket is erg **helder en gebruiksvriendelijk** door de overzichtelijke indeling van betekenissen, voorbeeldzinnen en idiomen. De extra kleur en de letterliniaal zijn belangrijke hulpmiddelen waarmee je snel vindt wat je zoekt. We geven extra informatie die je helpt de juiste betekenis of vertaling te kiezen, waar dat nodig is.

En tot slot: waarom zou je meer betalen? Prisma staat garant voor **voordelige kwaliteit**.

Heb je vragen of opmerkingen? Mail deze dan naar info@prisma.nl. Alvast hartelijke dank!

de Prisma redactie

Aanwijzingen voor het gebruik

Dit woordenboek geeft de Nederlandse woordenschat van nu weer. Het bevat ook veel woorden en uitdrukkingen die algemeen gebruikt worden in België.

Op **pagina 12** kun je zien hoe de verschillende elementen binnen een artikel in dit woordenboek zijn vormgegeven.

Klemtoon
In trefwoorden met meer dan één lettergreep zijn de klinkers onderstreept van de lettergreep waarop de klemtoon valt: aanraken, energie, onderbouwen.

Uitspraak
We zijn ervan uitgegaan dat de gebruikers van dit woordenboek op de hoogte zijn van de algemene uitspraakregels voor het Nederlands. Bij trefwoorden waarvan de uitspraak wellicht een probleem kan vormen, is die uitspraak in zo leesbaar mogelijke vorm achter het trefwoord weergegeven. Die weergave beperkt zich tot het deel van het trefwoord waar het uitspraakprobleem schuilt. De uitspraak wordt alleen gegeven voor woorden die geen samenstelling zijn: de uitspraak van *record* in het trefwoord *wereldrecord* is dus te vinden onder het trefwoord *record*.

Over de uitspraakweergave in dit woordenboek
Als een *a*, *e*, *o* of *u* lang wordt uitgesproken, staat deze in de uitspraakweer-gave als een dubbele klinker:

      piedzaa (*pizza*)
      meel (*mail*)
      sjoow (*show*)
      zjuu (*jus*)

Een klinker die kort wordt uitgesproken maar lang wordt aangehouden, heeft in de uitspraakweergave een accent grave:

à	fàstfoed (*fastfood*)
è	poopuulèr (*populair*)
ì	sfìr (*sfeer*)*
ò	komfòr (*comfort*)
ù	sjùRt (*shirt*)

* De ì geeft aan dat de *ee* niet wordt uitgesproken als de *ee* in bijvoorbeeld *nee*, maar als de *ee* in *beer*.

Andere uitspraakaanduidingen zijn:

~	boven een klinker geeft aan dat deze een beetje door de neus wordt uitgesproken, bijvoorbeeld brãnsj (*branche*)
ə	geeft een sjwa (toonloze e) aan, bijvoorbeeld roetə (*route*)
G	zachte k, bijvoorbeeld Gool (*goal*)
R	zachte (Engelse) r, bijvoorbeeld spRee (*spray*)
θ	Engelse th, bijvoorbeeld bloetoeθ (*bluetooth*)

In de uitspraakweergave is het deel van het woord onderstreept waarop de klemtoon valt.

Informatie over woordsoorten en woordvormen

We hebben de informatie over woordsoorten en vormen van woorden zo efficiënt en overzichtelijk mogelijk weergegeven. Daarom staat bepaalde uitgebreidere informatie over bijvoorbeeld de vervoeging van werkwoorden en meervoudsvormen van zelfstandige naamwoorden, alleen op de cd-rom en op internet en niet in de papieren versie van het woordenboek.

Geslacht van zelfstandige naamwoorden

Het geslacht van een zelfstandig naamwoord wordt aangegeven met **de (m)** (voor een mannelijk woord), **de (v)** (voor een vrouwelijk woord) of **het** (voor een onzijdig woord).

Wanneer het lidwoord *de* is, maar niet duidelijk is of het woord mannelijk of vrouwelijk is, staat er alleen **de**, bijvoorbeeld bij *les* of *wond*.

Als bij een zelfstandig naamwoord **de (mv)** staat, betekent dit dat het woord in de meervoudsvorm is gegeven omdat het enkelvoud niet of veel minder vaak wordt gebruikt.

Bij een samengesteld zelfstandig naamwoord, bijvoorbeeld *zithoek*, wordt niet altijd het geslacht vermeld. Het geslacht is dan hetzelfde als dat van het laatste deel van de samenstelling, in dit geval *hoek*.

Meervoudsvormen van zelfstandige naamwoorden

Als het meervoud van een zelfstandig naamwoord wordt gevormd door er **-en** achter te zetten, bijvoorbeeld *mens/mensen*, of als een woord geen meervoud heeft, bijvoorbeeld *moed*, wordt dit niet in het woordenboek vermeld.

Als de spelling verandert wanneer er **-en** achter een woord wordt gezet, bijvoorbeeld *boom/bomen*, of als een woord een andere meervoudsuitgang heeft, bijvoorbeeld *koker/kokers*, dan wordt het meervoud wel vermeld.

Bij samengestelde zelfstandige naamwoorden, bijvoorbeeld *loofboom*, wordt de meervoudsvorm niet vermeld. Deze is dan hetzelfde als het meervoud van het laatste deel van de samenstelling, in dit geval dus *boom*.

Ook van verkleinwoorden op **-e**, bijvoorbeeld *doetje*, wordt het meervoud niet gegeven. Dat wordt altijd gevormd met **-s**.

Werkwoord: regelmatig of onregelmatig

De onvoltooid verleden tijd en het voltooid deelwoord van een werkwoord kunnen op een regelmatige of onregelmatige manier worden gevormd. Soms heeft een werkwoord een onregelmatige én een regelmatige onvoltooid verleden tijd en/of voltooid deelwoord.

Regelmatig zijn bijvoorbeeld *dansen* (danste, gedanst) en *zagen* (zaagde, gezaagd). Onregelmatig zijn bijvoorbeeld *doen* (deed, gedaan) en *worden* (werd, geworden).

Bij een werkwoord met een onregelmatige vervoeging worden de onvoltooid verleden tijd en het voltooid deelwoord in het woordenboek vermeld. Als een werkwoord een regelmatige onvoltooid verleden tijd en voltooid deelwoord heeft, worden deze niet vermeld.

Engelse werkwoorden

De hoofdregel voor werkwoorden uit het Engels is dat zij vervoegd worden zoals de Nederlandse, dus: *mailen mailde(n) gemaild* en *keepen keepte(n) gekeept*. Bij werkwoorden uit het Engels die op deze regelmatige wijze worden vervoegd en waarbij de spelling ook verder geen problemen geeft, is de vervoeging niet vermeld in het woordenboek, bij andere wel.

Na een **o**-klank, zoals in *scoren scoorde(n) gescoord* en *promoten promootte(n) gepromoot*, valt de **e** weg en wordt de **o** verdubbeld. Dat wordt bij de afzonderlijke trefwoorden niet aangegeven. Als de spelling om andere redenen problemen kan opleveren, is deze wel gegeven.

Bij werkwoorden die op verschillende manieren kunnen worden uitgesproken en daarom op verschillende manieren kunnen worden vervoegd, zijn die vervoegingen vermeld. Dus bij een werkwoord als *leasen* (dat als 'liezen' en als 'liesen' kan worden uitgesproken) staan de vervoegingsvormen *leasete/leasede* en *geleaset/geleased*.

Werkwoord: voltooide tijd met hebben of zijn

Wat betreft de keuze tussen **hebben** en **zijn** bij de voltooide tijd van een werkwoord gelden de volgende regels.

Met **hebben** worden de overgankelijke werkwoorden vervoegd, dat wil zeggen de werkwoorden die een lijdend voorwerp bij zich kunnen hebben. Ook de onpersoonlijke werkwoorden, zoals *regenen* en *sneeuwen*, worden met **hebben** vervoegd. Verder wordt **hebben** gebruikt om aan te geven dat iets of iemand in een bepaalde toestand heeft verkeerd: *ik heb geslapen, wij hebben genoten*.

Zijn wordt gebruikt om de overgang van de ene toestand in de andere uit te drukken (*hij is gestorven, hij is ingeslapen*), en bij de werkwoorden *zijn* en *blijven*. Voor werkwoorden die een beweging uitdrukken (zoals *lopen* en *fietsen*) geldt: als de nadruk op de handeling ligt, wordt **hebben** gebruikt, zoals in de zin: 'Wij hebben zondagmiddag gefietst.' Als het gaat om een beweging ergens naartoe, wordt **zijn** gebruikt, zoals in: 'Ik ben naar school gefietst.'

Bij werkwoorden waarbij het hulpwerkwoord afwijkt van de regel of om een andere reden problemen kan opleveren, is in dit woordenboek de voltooide tijd helemaal vermeld, inclusief het hulpwerkwoord 'h.' of 'is'.
'h. / is' geeft aan dat het betreffende werkwoord zowel met *hebben* als met *zijn* kan worden vervoegd

Basisgrammatica Nederlands als bijlage achterin

Achter in dit woordenboek is een uitgebreide, overzichtelijke uitleg van de basisgrammatica van het Nederlands opgenomen, in begrijpelijke taal.

Bijzondere tekens

~	staat in de plaats van het trefwoord
❶	staat voor een betekenis van een trefwoord
▼	staat voor een zegswijze of voorbeeldzin
...	geeft aan dat het woord ertussen gevoegd kan worden

Lijst van gebruikte afkortingen

afk.	afkorting		med.	medisch
audio.	audiovisueel		mil.	militair
BN	Belgisch-Nederlands		min.	minachtend
BN ook	Belgisch-Nederlands woord		muz.	muziek(leer)
	dat een Nederlandse		mv	meervoud
	tegenhanger heeft die ook		myth.	mythologie, mythologisch
	in België gebruikelijk is		nat.	natuurkunde
Bijb.	Bijbel		neg.	negatief
bijv.	bijvoorbeeld		plecht.	plechtig
bio.	biologie		prot.	protestants
bn	bijvoeglijk naamwoord		psych.	psychologie
boekh.	boekhouden		r.-k.	rooms-katholiek
bw	bijwoord		scheepst.	scheepsterm
bw verb	bijwoordelijke verbinding		schei.	scheikunde
comp.	computertaal		scheldn.	scheldnaam
dicht.	dichterlijk		scherts.	schertsend
d.m.v.	door middel van		schr.	schrijftaal
e.a.	en andere(n)		sp.	sportterm
elektr.	elektrisch, elektriciteit		spreekt.	spreektaal
enz.	enzovoorts		stat.	statistiek
euf.	eufemisme		stofn.	stofnaam
fig.	figuurlijk		stud.	studententaal
geol.	geologie		Sur.	Suriname, Surinaams
gmv	geen meervoud		taalk.	taalkunde
h.	heeft		telw	telwoord
herald.	heraldiek		tw	tussenwerpsel
hist.	historisch		v	vrouwelijk
Ind.	Indonesië, Indonesisch,		vero.	verouderd
	Indisch		vgw	voegwoord
iron.	ironisch		vnw	voornaamwoord
jagerst.	jagerstaal		vulg.	vulgair
jong.	jongerentaal		vz	voorzetsel
jur.	juridisch		wisk.	wiskunde
lidw.	lidwoord		z	met *zijn* vervoegd
lit.	literatuur, literair		zegsw.	zegswijze(n)
m	mannelijk		zn	zelfstandig naamwoord

zijn kwade gezicht zag, wist ik wel hoe ~ het was
laatavondjournaal ‹-zjoernaal› BN journaal laat
op de avond
laatbloeier de (m) [-s] ❶ laatbloeiende plant
❷ fig. iemand die op latere leeftijd tot prestaties
komt

Trefwoorden en eventuele varianten zijn blauw en vet gedrukt. De onderstreping geeft de klemtoon aan.

laatdunkend bn waarmee iemand uitdrukt dat
hij op iemand of iets neerkijkt, verwaand,
aanmatigend: een ~e blik
laatkoers gevraagde prijs voor aandelen,
vreemde valuta e.d.

Romeinse cijfers gaan vooraf aan een nieuwe woordsoort.

laatkomer de (m) [-s] iemand die (te) laat komt
laatst I bn ❶ helemaal aan het eind, wanneer er
niets meer volgt of niets meer over is, als laatste:
neem jij het ~e koekje, dan zijn ze op; vlug, we
mogen de ~e trein niet missen ▼ BN ook ten ~e

Cijfers in blauwe bolletjes staan voor de verschillende betekenissen van een trefwoord.

uiterlijk II bw ❷ kort geleden, onlangs: ik heb ~
weer eens geschaatst; laatstelijk bw de laatste keer

Woordsoorten zijn cursief gedrukt.

laatstgeborene de [-n] jongste **laatstgenoemde**
de [-n] iemand die het laatst genoemd, vermeld
is **laatstleden**, laatstleden bn jongsten

Clusters van bij elkaar horende trefwoorden staan bij elkaar in één alinea.

laattijdig BN, ook bn laat **laattijdigheid** BN, schr.
de (v) vertraging
lab het [-s] laboratorium

Het lidwoord en woordgeslacht van zelfstandige naamwoorden zijn cursief gedrukt. Het meervoud staat romein tussen vierkante haken.

labbekak de (m) [-ken] bangerik, sul
labberkoelte lichte wind
label ‹leebəl› de (m) & het [-s] ❶ papiertje of stukje
stof met informatie, dat ergens aan vastzit: op
het ~ van mijn trui staat hoe je hem moet wassen;
op het ~ aan mijn koffer staat mijn naam en adres

De uitspraakweergave van trefwoorden staat tussen geknikte haken. De onderstreping geeft de klemtoon aan.

❷ merk van grammofoonplaten, cd's
❸ informatie in een woordenboek over waar
een woord of uitdrukking vandaan komt, het
stijlniveau e.d. **labelen** van een etiket voorzien
labeur het BN zwaar werk

Onderstreepte labels geven extra informatie over stijl, herkomst of vakgebied.

labiel bn wat wankel is, niet stevig, makkelijk kan
veranderen ▼ zij is erg ~ haar stemmingen
veranderen erg snel, zij raakt snel overstuur
labo BN, spreekt. het [-'s] laboratorium
laborant iemand die in een laboratorium werkt
laboratorium het [-s, -ria] werkplaats voor
wetenschappelijk of technisch onderzoek, waar
bijv. proeven worden gedaan
Labour ‹leebəR› de (v) Engelse
sociaaldemocratische partij
labrador de (m) [-s] tamelijk hoogbenige,
kortharige jachthond met hangende oren en
lange staart, zandgeel of zwart van kleur
labyrint ‹-bie-› het ❶ doolhof ❷ fig. verward,
duister geheel: een ~ van regels en voorschriften
❸ deel van het inwendige gehoororgaan
lach de (m) het geluid dat iemand maakt en de
uitdrukking op het gezicht als iemand blij of
vrolijk is, het lachen: ze heeft en heel lieve ~

In voorbeeldzinnen en uitdrukkingen vervangen tildes het trefwoord.

lachbui het erg moeten lachen om iets: hij kreeg
een ~ toen hij haar vreemde kapsel zag

Tussen een betekenisomschrijving en een daarbij behorende voorbeeldzin staat een dubbele punt.

lachebek iemand die veel lacht **lacheding** BN,
spreekt. ▼ dat is geen ~ dat is een ernstige zaak
lachen lachte, h. gelachen laten merken dat
men blij of vrolijk is door een bepaalde
gezichtsuitdrukking en door een bepaald geluid
te maken: ik moest hard ~ om die mop ▼ BN dat is
niet om mee te ~ dat is een ernstige zaak **lacher**

Omgekeerde blauwe driehoekjes staan voor voorbeeldzinnen, uitdrukkingen en zegswijzen.

de (m) [-s] iemand die lacht ▼ de ~s op zijn hand
hebben mensen voor zich winnen door hen te
laten lachen **lachertje** het [-s] iets belachelijks

De vervoegingsvormen van onregelmatige werkwoorden staan tussen vierkante haken.

A

a I *de* [-'s] ❶ klinker die midden onder in de mond wordt gevormd ❷ eerste letter van ons alfabet ▼ *van ~ tot z* van het begin tot het eind ▼ *wie ~ zegt, moet ook b zeggen* als men eenmaal ergens mee begonnen is, moet men ermee doorgaan ❸ muz. zesde toon in de diatonische toonladder, la ❹ wat op de eerste plaats genoemd wordt II **is** *are* III *voorvoegsel* ❺ duidt aan dat iemand of iets het genoemde helemaal niet is: *~muzikaal, ~sociaal*

à *vz* ❶ voor een bepaald bedrag per eenheid: *zes stuks ~ € 5,-* ❷ vanaf een bepaald bedrag of aantal tot een bepaald hoger bedrag of aantal: *vijftien ~ twintig euro*

A ❶ ampère ❷ schei. argon ❸ symbool voor een van de bloedgroepen die een mens kan hebben ❹ anno (*in het jaar*)

Å *ångström*, eenheid voor heel kleine golflengten = één tienmiljoenste millimeter

A4-formaat ⟨van een vel papier⟩ formaat van 21 bij 29,7 centimeter

A4'tje *het* [-s] vel papier in A4-formaat

AA *de (mv)* Anonieme Alcoholisten

aagje *het* [-s] ▼ *nieuwsgierig ~* nieuwsgierig iemand

aai *de (m)* streling, één strelende beweging: *hij gaf zijn dochtertje een ~ over haar wang*

aaibaarheidsfactor mate waarin een dier zich laat aaien of waarin iets of iemand vertedert, op het gevoel werkt **aaien** zacht en liefkozend zijn hand over iemand of iets bewegen: *ze aait haar hond*

aak *de* [aken] vaartuig met een platte bodem

aal *de (m)* [alen] slangvormige vissoort (Anguilla anguilla), paling ▼ *zo glad als een ~* heel slim, uitgekookt

aalbes ❶ struik met eetbare bessen (Ribes) ❷ bes van die struik

aalmoes *de* [-moezen] gift aan een arme

aalmoezenier *de (m)* [-s] rooms-katholiek geestelijke die belast is met de zielzorg onder militairen of gevangenen

aalscholver *de (m)* [-s] zwarte zwemvogel van het geslacht Phalacrocorax

aaltje *het* [-s] draadworm die op planten parasiteert

aambeeld *het* ❶ ijzeren blok om op te smeden ❷ med. middelste van de drie gehoorbeentjes

aambeien *de (mv)* gezwollen bloedvaten in de endeldarm, soort knobbel bij de anus

aan I *vz* ❶ op een plaats en in aanraking of verbonden met iets: *het schilderij hangt ~ de muur* ❷ vlak bij iets: *~ een drukke weg wonen* ❸ in de richting van een plaats of persoon: *de brief is ~ haar gericht* ▼ *er niet ~ willen* niet tot iets willen besluiten ▼ *ergens ~ toe zijn* behoefte hebben aan iets; klaar zijn voor iets ▼ *de tijd ~ zichzelf hebben* vrij over zijn tijd kunnen beschikken ▼ *iets ~ iemand te danken hebben* iets verkregen, bereikt hebben dankzij iemand anders ▼ *avond ~ avond* iedere avond weer II *bw* ❹ op of om het lichaam: *daar loopt ze met haar nieuwe jurk ~* ❺ in werking, brandend: *de tv staat ~; de kachel is ~* ▼ *het is weer ~* de verkering, liefdesrelatie is hersteld ▼ *er is niets ~* het is gemakkelijk; het is niet interessant ▼ *er is niets van ~* er is niets van waar

aanaarden de grond rondom ophogen, met aarde vullen **aanbakken** [bakte aan, is aangebakken] zich vasthechten van eten aan de pan tijdens het bakken

aanbeeld *het* aambeeld

aanbelanden ergens terechtkomen

aanbellen geluid maken met een deurbel om te laten weten dat men voor de deur staat

aanbenen snel lopen, sneller gaan lopen

aanbesteden bedrijven uitnodigen om een prijs te noemen voor een werk dat één van hen mag uitvoeren

aanbetaling betaling van een deel van het bedrag bij een aankoop terwijl de rest later wordt voldaan

aanbevelen zeggen dat iets of iemand goed is, aanprijzen, aanraden: *ik kan je dat restaurant ~* ▼ *zich aanbevolen houden voor* laten weten dat men te zijner tijd graag iets wil (doen): *als je nog eens zo'n klus hebt, houd ik me aanbevolen*

aanbevelenswaardig *bn* wat het verdient om aanbevolen te worden, goed, aan te raden

aanbeveling *de (v)* het aanbevelen, mondelinge of schriftelijke verklaring waarin iemand of iets wordt aanbevolen: *voor die onderzoeksbeurs heb ik een ~ nodig van mijn professor* ▼ *het verdient ~ om ...* het verdient de voorkeur, het is het beste om ... ▼ *tot ~ strekken* als voordeel gerekend worden: *voor deze functie strekt kennis van het Frans tot ~*

aanbiddelijk *bn* heel mooi, lief, charmant: *een ~ meisje* **aanbidden** [aanbad / bad aan, h. aanbeden / aangebeden] ❶ als goddelijk wezen vereren ❷ heel erg veel houden van: *hij aanbidt haar* **aanbidder** *de (m)* [-s] ❶ iemand die aanbidt ❷ iemand die grote bewondering en liefde koestert voor iemand anders ▼ *een stille ~* iemand die deze gevoelens niet uitspreekt

aanbieden zeggen dat iemand iets mag hebben of gebruiken of dat men bereid is iets voor iemand te doen: *kan ik u iets te drinken ~?* **aanbieding** *de (v)* ❶ het aanbieden van iets ❷ iets dat tijdelijk goedkoper is dan normaal: *bij de supermarkt is deze week de cola in de ~* **aanbinden** met touwen, riemen e.d. vastmaken: *de schaatsen ~* ▼ *de strijd ~* beginnen te strijden tegen iets of iemand **aanblazen** ❶ door blazen aanwakkeren: *het vuur ~* ❷ op een instrument blazen om de toon te proberen **aanblijven** in functie blijven: *hij blijft voorlopig aan als voorzitter*

aanblik *de (m)* ❶ het kijken naar iets of het zien van iets: *bij de ~ van dat eten kreeg ik honger* ❷ wat men ziet: *het dorp bood na de overstroming een trieste ~*

aanbod *het* ❶ wat iemand aanbiedt: *hij wilde me wel helpen, maar ik heb zijn ~ afgeslagen* ❷ wat er te koop is, welke producten of diensten er worden aangeboden: *vraag en ~; het ~ aan mobiele telefoons is groot*

aanboren ❶ met een boormachine doordringen

aa

tot een petroleumbron, gasbel, ertslaag enz. ❷ fig. doordringen tot (verborgen) mogelijkheden in iemand of iets: *nieuwe talenten bij jezelf ~*

aanbouw ❶ het bouwen van iets aan iets anders ▼ *in ~ zijn* bezig zijn gebouwd te worden ❷ iets dat aan iets anders gebouwd is **aanbouwen** aan iets anders bouwen

aanbraden even braden **aanbranden** bruin of zwart worden van gerechten door te grote verhitting: *het vlees is aangebrand* ▼ fig. *gauw aangebrand* snel kwaad, prikkelbaar

aanbreken ❶ beginnen: *de dag breekt aan* ❷ beginnen te gebruiken: *een pak koekjes ~*

aanbrengen ❶ naar een bepaalde plaats brengen: *een voorraad stenen ~* ❷ maken, plaatsen, bevestigen: *een isolatielaag ~; wijzigingen ~ in een tekst* ❸ bij de politie, bij het gerecht melden: *een dief bij de politie ~* ❹ maken dat iemand lid, klant e.d. wordt: *abonnees ~* ❺ veroorzaken: *deze halsketting brengt geluk aan*

aandacht *de* het letten op of denken aan iemand: *hij heeft ~ nodig; dames en heren, mag ik even uw ~?* **aandachtig** *bn* terwijl men goed oplet: *ze luisterden ~* **aandachtspunt** het iets wat bijzondere aandacht krijgt of nodig heeft **aandachtsstreep** liggend streepje voor en na een deel van een zin, om een rust aan te geven en om dat deel duidelijker te doen uitkomen **aandachtsveld** een van de gebieden waaraan men bijzondere aandacht moet geven

aandeel ❶ deel, bijdrage: *zijn ~ in de werkzaamheden leveren* ❷ het voor een klein deel mede-eigenaar zijn van een bedrijf, bewijs daarvan: *hij bezit veel aandelen in dit bedrijf* ▼ *preferent ~* waarbij (anders dan bij een gewoon aandeel) aan de eigenaar bijzondere rechten zijn toegekend **aandeelhouder** eigenaar van een aandeel in een onderneming **aandelenkapitaal** kapitaal dat bestaat uit aandelen

aandenken *het* [-s] ❶ voorwerp dat aan iets of iemand herinnert: *een ~ aan onze vakantie* ❷ geschenk als herinnering aan iets: *alle bezoekers van het feest kregen een ~* **aandienen** iemands komst melden ▼ *zich ~* zich melden; komen, ontstaan: *er dienen zich problemen aan* **aandikken** ❶ dikker maken: *een saus ~* ❷ fig. groter maken, overdrijven: *een verhaal ~* ❸ dikker worden: *het vruchtensap is aangedikt* **aandoen** ❶ aantrekken: *een jas ~* ❷ aansteken, in werking stellen: *het licht ~* ❸ een bepaalde indruk of stemming wekken: *modern, aangenaam ~* ❹ even bezoeken: *het schip deed veel havens aan tijdens de reis* ▼ *iemand iets ~* iets doen waarmee men iemand pijn of ellende bezorgt

aandoening *de (v)* ❶ kwaal, ziekte: *hij heeft een ~ aan zijn nieren* ❷ ontroering: *zij huilde van ~*

aandoenlijk *bn* ontroerend, wat op het gevoel werkt: *kleine kinderen zijn vaak ~*

aandraaien vaster draaien: *een moer ~* **aandragen** ❶ brengen door het te dragen ❷ fig. noemen, voorstellen: *nieuwe argumenten ~*

aandrang ❶ gevoel dat men iets zou willen doen, neiging: *hij voelde een sterke ~ om weg te*

rennen ❷ het aandringen, aansporing: *op ~ van mijn moeder ging ik naar de kapper; met ~ verzoeken* ▼ *~ uitoefenen* met grote nadruk, dwingend vragen ❸ sterke druk: *~ van bloed naar het hoofd* ▼ *~ hebben* moeten poepen

aandraven ▼ *komen ~* in draf naderen: *er kwam een paard ~* ▼ BN ook *met iets komen ~* met iets komen aandragen, iets naar voren brengen

aandrift innerlijke drang, sterke neiging **aandrijfas** as die een machine aandrijft **aandrijven** ❶ drijvend naderen: *over het water kwam een stuk hout ~* ❷ in beweging brengen: *motoren drijven de machine aan* ❸ aansporen, sneller doen gaan **aandrijving** *de (v)* manier waarop apparaten en motoren in beweging worden gebracht

aandringen ❶ naar voren dringen ❷ met grote nadruk vragen: *mijn tante drong erop aan dat ik naar de kapper ging; ~ op spoed* **aandrukken** vaster drukken: *na het strooien van de zaadkorrels moet je de aarde ~* **aanduiden** ❶ ongeveer beschrijven, duidelijk maken: *de ober duidde aan waar de wc was* ❷ BN ook aanwijzen, benoemen, selecteren *(van een persoon)* **aandurven** de moed hebben iets te ondernemen: *ik durf het wel aan om alleen op reis te gaan* ▼ *iemand ~* denken dat men sterk genoeg is om strijd tegen iemand te voeren **aanduwen** ❶ vaster duwen, stevig vastduwen: *de strobalen ~* ❷ (een auto, motor) vooruit duwen om de motor te doen aanslaan

aaneen *bw* zonder tussenruimte, zonder tussenpozen, achterelkaar **aaneengesloten** *bn* zonder openingen, dicht op elkaar en daardoor een geheel

aaneenschakelen met schakels met elkaar verbinden **aaneenschakeling** ❶ het aaneenschakelen ❷ fig. reeks, een heleboel achter elkaar: *een ~ van incidenten* **aaneensluiten** ❶ met elkaar verbinden ❷ in elkaar passen ▼ *zich ~* zich verenigen, samengaan

aanfluiting *de (v)* van zo'n laag niveau dat het belachelijk is: *dit proces is een ~ van het recht* **aanfruiten** kort bakken: *de champignons even ~*

aangaan [ging aan, is / h. aangegaan] ❶ gaan naar, bezoeken: *even bij iemand ~* ❷ beginnen, ondernemen: *een uitdaging ~; een lening ~* een lening afsluiten ❸ beginnen te branden (van vuur) of te functioneren (van apparaten, licht e.d.) ❹ betreffen, raken ▼ *dat gaat je niet aan* daar heb je niets mee te maken, dat hoef je niet te weten ▼ *dat gaat niet aan* dat hoort (men) niet (te doen) **aangaande** *vz* wat te maken heeft met, betreffende, met betrekking tot: *het besluit ~ de nieuw op te richten onderneming*

aangapen dom en nieuwsgierig aanstaren **aangeboren** *bn* al vanaf de geboorte aanwezig: *~ talenten, afwijkingen* **aangebrand** *bn* ❶ met een korst aan de pan vastgebrand ❷ BN ook 〈van grappen e.d.〉 schuin, gewaagd ▼ *gauw of snel ~* gauw boos of geïrriteerd **aangedaan** *bn* ontroerd **aangekleed** *bn* met kleren aan ▼ *~ gaat uit!* gezegd als iemand zich overdreven mooi heeft gemaakt ▼ *een aangeklede borrel* een borrel met hapjes

aangelegd *bn* met een bepaald talent:

muzikaal ~ zijn
aangelegen *bn* wat eraan grenst
  aangelegenheid zaak, kwestie: *een binnenlandse ~*
aangenaam *bn* prettig: *het bubbelbad geeft een ~ gevoel* ▼ *~ kennis te maken* ik vind het fijn dat ik u leer kennen
aangenomen I *bn* ▼ *~ werk* werk dat volgens een overeenkomst tegen een bepaald bedrag op een bepaald tijdstip klaar moet zijn ▼ *dit is geen ~ werk* er is geen haast mee **II** *vgw* verondersteld, als we ervan uitgaan dat **aangepast** *bn* zo gemaakt, veranderd of vernieuwd dat het (beter) bij iets past of aansluit ▼ *~e woonruimte* woning die geschikt is gemaakt voor mensen met een handicap **aangeschoten** *bn* ❶ getroffen, geraakt ▼ *~ wild* wild dat is geraakt maar niet gedood is; fig. iemand die beschadigd is in zijn reputatie ❷ een beetje dronken ❸ sp. (van hands) onpzettelijk **aangeschreven** *bn* ▼ *goed ~ staan* een goede naam, reputatie hebben
aangeslagen *bn* ❶ bedekt met aanslag ❷ door een slag of stoot bijna bewusteloos ❸ fig. door tegenslag triest, uit zijn doen
aangestoken *bn* ❶ aangevreten door insecten, wormen e.d.: *~ fruit* ❷ besmet **aangetekend** *bn* ▼ *(een brief, pakket) ~ versturen* waarbij het wordt geregistreerd en met speciale aandacht behandeld: *een brief met een waardevolle inhoud ~ versturen* **aangetrouwd** *bn* door trouwen in de familie gekomen
aangeven ❶ iets geven zodat iemand het kan pakken: *geef mij de pindakaas even aan* ❷ duidelijk maken: *kun je ook ~ waarom het je niet bevalt?* ❸ bij de politie melden dat er een misdrijf is gepleegd: *heb je de diefstal van je fiets al bij de politie aangegeven?* ▼ *zich ~* zich bij de politie als schuldige melden **aangever** *de (m)* [-s] ❶ iemand die aangifte doet (bijv. bij de burgerlijke stand of de belastingdienst) ❷ iemand die in een komisch duo de ernstige rol speelt
aangewezen *bn* ❶ meest geschikt, meest bevoegd: *hij is de ~ persoon voor die functie* ❷ BN ook wenselijk ▼ *~ zijn op* geen andere middelen ter beschikking hebben ▼ *~ zijn op zichzelf* het zelf moeten doen, niet op hulp van anderen kunnen rekenen
aangezicht voorkant van het hoofd, gezicht
aangezien, aangezien *vgw* omdat
aangifte *de (v)* [-n, -s] het aangeven: *ik heb bij de politie ~ gedaan van diefstal* **aangiftebiljet** formulier waarop men voor de belastingdienst zijn inkomsten invult
aangorden om zijn middel binden ▼ *zich ~* zich klaarmaken voor iets
aangrenzend *bn* wat er direct naast ligt: *het ~e terrein*
aangrijpen ❶ beetpakken ❷ gebruikmaken van: *de gelegenheid ~* ❸ schokken, ontroeren: *het voorval heeft mem sterk aangegrepen* **aangrijpend** *bn* ontroerend, wat raakt in het gevoel: *een ~ verhaal* **aangrijpingspunt** *het* ❶ punt waar op een lichaam volgens natuurkundige berekening een kracht werkt ❷ fig. feit of de gebeurtenis waarop men kan aansluiten

aangroeien ❶ groter worden, toenemen ❷ opnieuw groeien: *het afgeknipte haar groeit weer aan*
aangroeipremie BN rente op nieuw spaargeld
aanhaken met een haak vastmaken aan iets anders ▼ fig. *~ bij* doorgaan op: *~ bij wat de vorige spreker heeft gezegd*
aanhalen ❶ naar zich toe halen ❷ fig. zich veel beslommeringen, zorgen bezorgen: *hij heeft heel wat aangehaald* ❸ letterlijk herhalen wat iemand anders heeft gezegd, geschreven e.d., citeren: *hij haalde de eerste regels van een gedicht aan* ❹ steviger vastmaken: *een knoop ~* ❺ knuffelen, strelen: *zij haalt haar dochtertje aan* **aanhalig** *bn* die graag knuffelt of geknuffeld wordt: *een ~ kind* **aanhalingsteken** leesteken voor en na een citaat of een woord of woorden waarop men de aandacht wil vestigen
aanhang *de (m)* ❶ de gezamenlijke volgelingen of aanhangers ❷ scherts. personen die bij iemand horen, vooral man, vrouw, vriend of vriendin: *een feest voor personeelsleden met ~*
aanhangen ❶ volgeling zijn van, geloven in, instemmen met: *hij hangt die mening aan* ❷ (van textiel) gauw stoffig worden ▼ *groente met ~d water koken* groente koken in het water dat overblijft na het wassen
aanhanger *de (m)* [-s] ❶ volgeling, iemand die in iets gelooft, die iets aanhangt ❷ aanhangwagen
aanhangig *bn* in behandeling: *~ bij de rechter* ▼ *iets ~ maken* indienen zodat het behandeld wordt, er aandacht aan wordt besteed
aanhangsel *het* [-s, -en] dat wat ergens aan hangt, ergens aan toegevoegd is: *een ~ aan een boek* ▼ med. *wormvormig ~* deel van de blindedarm dat op een worm lijkt
aanhangwagen wagen die door een voertuig, bijv. een auto, wordt getrokken
aanhankelijk *bn* die zich gemakkelijk aan iemand hecht, met veel genegenheid voor iemand: *een ~ kind*
aanharken gras, bladeren e.d. opruimen door harken: *het gazon ~*
aanhebben aan het lichaam dragen: *ze had een spijkerbroek aan*
aanhechten ❶ vastmaken ❷ een nieuwe of gebroken draad vastmaken
aanhef *de (m)* begin van een brief, toespraak e.d. **aanheffen** beginnen: *een lied ~*
aanhikken ▼ *tegen iets ~* ergens tegen opzien, moeite hebben met
aanhoren luisteren naar ▼ *ten ~ van* zodat het gehoord wordt door **aanhorigheid** *de (v)* [-heden] wat ergens toe behoort
aanhouden ❶ kleding of schoeisel om het lichaam houden: *kan ik mijn schoenen ~?* ❷ doen stoppen, staande houden voor nader onderzoek of verhoor, arresteren ❸ blijven doorgaan met: *een abonnement ~* ❹ de behandeling of beslissing uitstellen: *de zaak wordt aangehouden* ❺ in dienst houden: *de werkster ~* ❻ voorlopig aannemen: *houd maar aan dat er zes mensen komen* ❼ voortduren: *het slechte weer houdt aan* ▼ *~ op* koers zetten naar, gaan in de richting van **aanhoudend** *bn* voortdurend, steeds **aanhouder** *de (m)* [-s] iemand die volhoudt, die doorgaat

aa

met iets ▼ *de* ~ *wint* wie volhoudt, krijgt zijn zin

aanhouding jur. *de (v)* het grijpen en vasthouden van een verdachte

aanhoudingsmandaat BN ook arrestatiebevel

aanjagen ❶ plotseling doen voelen: *iemand schrik* ~ ❷ op gang brengen of de beweging versnellen **aanjager** *de (m)* [-s] ❶ werktuig dat een gasmengsel naar de motor voert ❷ iemand die veranderingen in gang zet of stimuleert

aankaarten ▼ *een probleem* ~ een probleem noemen omdat men het wil bespreken

aankakken inform. ▼ *eindelijk komen* ~ eindelijk (op een slome manier) komen

aankijken kijken en afwachten ▼ *de zaak nog even* ~ nog even afwachten hoe het verdergaat ▼ *iemand ergens op* ~ denken dat iemand de dader van iets is; iemand iets kwalijk nemen: *zijn zoon heeft gestolen maar hij wordt erop aangekeken*

aanklacht beschuldiging ▼ *een* ~ *tegen iemand indienen (bij de politie)* melden dat iemand iets heeft misdaan **aanklagen** ❶ beschuldigen ❷ BN ook afkeuren, aan de kaak stellen **aanklager** *de (m)* [-s] ▼ *openbare* ~ officier van justitie

aanklampen ❶ iemand staande houden en aanspreken ❷ 〈wielersport〉 zich aansluiten bij en meerijden met een groep(je) renners die voor iemand rijden

aankleden ❶ kleren aandoen: *zij kleedt haar zoontje aan* ▼ *zich* ~ kleren aandoen: *ze kleedt zich aan* ❷ fig. meubileren en stofferen ❸ toneel decors en kostuums ontwerpen

aankleven ❶ aan iets vast blijven plakken ❷ fig. met iemand in verband gebracht blijven: *dat schandaal blijft deze minister* ~

aanklikken comp. activeren door er met de muis op te klikken

aankloppen ❶ kloppen om binnen te worden gelaten ▼ fig. *bij iemand* ~ *om hulp* iemand om hulp vragen ❷ door kloppen vaster maken

aanknopen ❶ door een knoop verbinden met ❷ beginnen: *betrekkingen* ~; *een gesprek* ~ **aanknopingspunt** het feit, gebeurtenis als beginpunt voor iets nieuws: *een* ~ *voor een gesprek*

aankoeken met een laag bedekken en zich vastzetten, aanbranden en zich vastzetten: *aangekoekt vuil; af en toe roeren zodat de aardappelen niet* ~

aankomen ❶ op de plaats van bestemming komen, naderen ❷ neerkomen, treffen: *de klap kwam hard aan* ❸ aanraken: *in een museum mag je nergens* ~ ❹ krijgen, kopen: *ik wil een kaartje voor het concert maar ik kan er niet* ~ ❺ even op bezoek komen ❻ zwaarder, dikker worden: *ik ben drie kilo aangekomen* ❼ afhangen van, berusten op: *het komt op grote precisie aan* ❽ voor de dag komen: *met smoesjes* ~ *hij ziet je* ~*!* hij zal niets te maken willen hebben met wat jij wilt ▼ *morgen komt het erop aan* morgen is het beslissende moment **aankomend**, **aankomend** *bn* toekomstig: ~*e onderwijzers* **aankomst** het aankomen op een plaats, moment waarop iemand aankomt: *na* ~ *op het station gingen we iets drinken*

aankondigen ❶ bekendmaken dat iets zal

gebeuren: *onze leraar Nederlands kondigde aan dat hij binnenkort weggaat* ❷ tegen het publiek, de kijkers e.d. zeggen dat iemand gaat optreden: *de presentator kondigt de zangeres aan* ❸ vooruitwijzen naar, voorspellen: *de intrede van de chip kondigde een nieuwe periode aan in de gegevensverwerking* **aankondiging** *de (v)* ❶ het bekendmaken ❷ de bekendmaking zelf ❸ BN ook advertentie, bericht

aankoop ❶ het kopen: *bij* ~ *van drie flessen krijg je korting* ❷ iets dat iemand heeft gekocht: *die racefiets was een dure* ~ **aankoopsom** bedrag waarvoor iemand iets koopt **aankopen** kopen voor zichzelf, om iets in eigen bezit te krijgen

aankoppelen vastmaken aan, verbinden met: *een caravan* ~ *aan een auto; het* ~ *van een harde schijf aan het moederbord* **aankrijgen** ❶ (een kledingstuk) aan het lichaam krijgen: *ik ben dikker geworden, ik kan mijn spijkerbroek niet meer* ~ ❷ bereiken dat een apparaat gaat werken: *ik kan het kopieerapparaat niet* ~

aankruisen een kruisje zetten voor een mogelijkheid in een reeks van mogelijkheden

aankunnen ❶ opgewassen zijn tegen, sterk genoeg zijn voor: *de docent kan die lastige leerling wel aan* ❷ kunnen volbrengen, in staat zijn het te doen: *veel werk* ~ ❸ iets psychisch, emotioneel kunnen doen, kunnen verdragen: *zij kan het niet aan om de begrafenis van haar overleden zoon te regelen*

aankweken maken dat iets zich gaat ontwikkelen, tot ontwikkeling brengen: *goede eigenschappen* ~

aanlanden ❶ aan land komen: *in een haven* ~ ❷ ergens aankomen, terechtkomen: *waar zijn we nu aangeland?*

aanlandig *bn* die in de richting van het vasteland waait: ~*e wind*

aanleg *de (m)* ❶ het aanleggen, het tot stand brengen: *de* ~ *van een weg, een pijpleiding* ❷ aangeboren geschiktheid, talent: ~ *voor muziek* ❸ geneigdheid ▼ ~ *hebben om dik te worden* snel dik worden ❹ begin ▼ jur. *behandeling van een zaak in eerste* ~ behandeling bij de eerste rechter die van de zaak kennisneemt ▼ BN *rechtbank van eerste* ~ arrondissementsrechtbank die oordeelt over alle civielrechtelijke vorderingen **aanleggen** ❶ aanbrengen, tegen het lichaam leggen: *een verband* ~ ❷ tot stand brengen, maken: *een weg, elektriciteit* ~ ❸ opzetten, voorbereiden: *iets slim* ~ ▼ *het op iets* ~ op een bepaalde manier handelen om ervoor te zorgen dat iets wat men wil, gaat gebeuren ❹ een wapen in de vereiste stand brengen om te schieten ❺ tegen de wal gaan liggen met een schip **aanlegsteiger** steiger waaraan men met een schip kan aanleggen

aanleiding *de (v)* gebeurtenis of feit waarom men iets doet terwijl dat niet de echte reden is: *de* ~ *tot de ruzie*

aanlengen verdunnen: *sap* ~ *met water* **aanleren** ❶ zich door leren eigen maken ❷ onderwijzen: *iemand iets* ~

aanleunen tegen iets leunen ▼ *zich iets laten* ~ iets laten gebeuren zonder er echt op te reageren: *hij laat zich haar complimentjes* ~

aanleunwoning woning bij een bejaardentehuis voor bejaarden die nog zelfstandig wonen

aanleveren bezorgen, brengen

aanliggend, aanliggend *bn* wat ernaast ligt: *de ~e percelen*

aanlijnen (vooral van honden) aan een lijn vastmaken

aanlokkelijk *bn* waardoor men zin krijgt in iets of om iets te doen, aantrekkelijk: *een ~ voorstel*

aanlokken ❶ naar zich toe lokken **❷** fig. aantrekkelijk zijn voor en aantrekken: *het vrije drugsbeleid lokt veel buitenlandse jongeren aan*

aanloop ❶ het lopen vóór men springt: *een ~ nemen* **❷** fig. voorbereidende fase: *de ~ naar het wereldkampioenschap* **❸** bezoek, mensen die even langskomen: *veel ~ hebben* **aanloophuis** huis voor tijdelijke opvang van daklozen

aanloopkosten kosten wanneer men begint met een nieuw product, project e.d.

aanloopperiode periode waarin men al met iets bezig is maar nog niet echt begonnen is

aanlopen ❶ lopen in de richting van: *we liepen op het station aan* **❷** even op bezoek gaan: *bij iemand ~* **❸** een bepaalde kleur krijgen: *rood ~ van woede* **❹** telkens langs iets schuren: *het wiel loopt aan* ▼ *deze kat is bij ons komen ~* deze kat is naar ons huis gekomen (en bij ons gebleven)

aanmaak *de (m)* het maken van (een voorraad van) iets: *de ~ van machineonderdelen; de ~ van cholesterol in het lichaam* **aanmaakhout** hout om vuur aan te maken **aanmaakkosten** de kosten van het maken van iets: *de ~ van een paspoort*

aanmaken ❶ klaarmaken, op de computer maken: *een gebruikersprofiel ~* ▼ *sla ~* op smaak brengen met een saus **❷** in voorraad maken: *onderdelen ~* **❸** doen branden: *de kachel ~*

aanmanen dringend aanspreken om iets te doen: *iemand ~ om zijn schulden te betalen* **aanmaning** *de (v)* **❶** het aanmanen, ernstige aansporing **❷** brief waarin staat dat men dringend iets moet doen of dringend een schuld moet betalen: *een ~ van de belastingdienst*

aanmatigen ▼ *zich ~* iets doen omdat men denkt dat men daartoe het recht heeft terwijl dat niet zo is: *wie ben jij, dat je denkt dat je je een oordeel kunt ~* **aanmatigend** *bn* brutaal en verwaand

aanmelden opgeven voor iets ▼ *zich ~* zichzelf opgeven voor iets, zeggen dat men mee wil doen: *zich ~ voor een cursus*

aanmeren een schip vastleggen aan de kade, een steiger e.d.

aanmerkelijk *bn* behoorlijk groot: *een ~ verschil*

aanmerken een afkeurende opmerking maken ▼ *~ als* beschouwen als **aanmerking** *de (v)* afkeurende opmerking: *zij maakt altijd ~en op mijn kleding* ▼ *in ~ komen voor iets* geschikt gevonden worden, kans hebben dat men het krijgt: *hij komt in ~ voor die functie; wij komen in ~ voor huurtoeslag* ▼ *in ~ nemen* rekening houden met

aanmeten de maat nemen voor (een kledingstuk) ▼ *zich een houding ~* zich kunstmatig eigen maken, doen alsof

aanminnig *bn* bevallig, lief

aanmodderen ▼ *maar wat ~* onvakkundig, ondoelmatig te werk gaan

aanmoedigen iemand moed inspreken en stimuleren om door te gaan: *de supporters moedigen de schaatsers aan* **aanmoedigingsprijs** prijs om iemand aan te moedigen om door te gaan: *de jonge kunstenaar kreeg een ~*

aanmonsteren (van scheepsvolk) in dienst gaan of in dienst nemen **aannaaien** aan iets vastnaaien ▼ *iemand een oor ~* iemand een streek leveren, bedriegen

aanname *de (v)* [-n, -s] iets waar men van uitgaat, wat men veronderstelt zonder het zeker te weten

aannemelijk *bn* wat waar kan zijn, geloofwaardig: *een ~e verklaring* **aannemen ❶** laten blijken dat men iets wil hebben dat wordt aangeboden, met zijn handen vastpakken: *waarom wil hij dat geschenk niet ~?* ▼ *een boodschap voor iemand ~* luisteren naar een mededeling voor iemand anders en die later aan die persoon doorgeven **❷** geloven, ervan uitgaan dat het zo is: *ik neem aan dat we deze zomer weer naar Frankrijk gaan met vakantie* ▼ *neem dat nou maar van mij aan* geloof dat nou maar **❸** goedkeuren, akkoord gaan met: *een voorstel ~* **❹** toelaten als werknemer, student, lid enz., in dienst nemen: *het restaurant heeft een nieuwe kok aangenomen* **❺** (een kind) adopteren **❻** een (ander) geloof, naam e.d. kiezen

aannemer *de (m)* [-s] iemand die een werk (vooral een bouwwerk) uitvoert tegen een afgesproken prijs

aanpak *de (m)* manier waarop iemand iets doet, hoe iemand te werk gaat **aanpakken ❶** uit de handen van iemand anders overnemen: *kun jij dit bord even ~?* **❷** optreden tegen: *ik vind dat ze voetbalvandalen hard moeten ~* **❸** iets op een bepaalde manier doen, ergens mee beginnen: *je pakt dat probleem helemaal verkeerd aan* ▼ *van ~ weten* goed en hard kunnen werken

aanpalend *bn* aangrenzend, wat ernaast ligt: *de ~e ruimte*

aanpappen inform., neg. ▼ *met iemand ~* in contact proberen te komen

aanpassen ❶ aantrekken om te passen: *ze heeft wel tien jurken aangepast* **❷** doen passen bij ▼ *zich ~* zich gedragen op een manier die goed past bij de omgeving of de omstandigheden: *toen ik in China woonde, moest ik me ~ aan het leven daar; Eskimo's hebben zich aangepast aan het leven in de barre kou* **aanpassingsvermogen** het vermogen zich zo te gedragen dat men in een bepaalde omgeving past

aanpezen inform. hard werken

aanplakbiljet groot vel papier met daarop een aankondiging of reclame, dat buiten op een muur of op een bord wordt geplakt, affiche **aanplakken** ergens op vastplakken

aanplant *de (m)* planten die nieuw geteeld zijn **aanplanten ❶** nieuw, erbij planten **❷** verbouwen, telen

aanporren ❶ een por geven **❷** BN ook opporren, stevig aansporen

aanpoten inform. hard werken

aanpraten door praten iets doen geloven of kopen: *ik heb me die tv door de verkoper laten ~* **aanprijzen** zeggen dat iets heel goed is en dat

aa

de ander het zou moeten doen, kopen e.d.
aanpunten een punt maken aan, het uiteinde scherper maken
aanraakscherm comp. beeldscherm waarbij de gebruiker opdrachten kan geven door keuzemogelijkheden op het scherm aan te raken
aanraden iemand de raad geven om iets te doen **aanrader** de (m) [-s] iets wat men een ander sterk aanraadt: die film is echt een ~
aanraken met het lichaam in contact komen met **aanraking** de (v) het aanraken ▼ in ~ komen met te maken krijgen met: in ~ komen met de politie
aanranden met geweld dwingen tot seksuele handelingen
aanrecht het & de (m) werkblad met kastjes in de keuken, vaak voorzien van een gootsteen
aanreiken in handen geven, ook figuurlijk: iemand een oplossing ~
aanrekenen ❶ iemand ergens de schuld van geven, iemand iets kwalijk nemen: je kunt hem die fout niet ~ ❷ BN ook (van de prijs e.d.) rekenen, mee laten tellen bij de berekening
aanrichten ❶ klaarmaken, houden: een feestmaal ~ ❷ veroorzaken: schade ~
aanrijden ❶ met een voertuig tegen iets of iemand aan botsen ❷ rijdend naderen: zij kwam op haar fiets ~ **aanrijding** de (v) botsing met een voertuig
aanrijroute (beste) weg om ergens te komen
aanroepen smekend roepen tot, bidden tot: de goden ~ **aanroeren** zacht aanraken ▼ een onderwerp ~ het even kort noemen, even kort ter sprake brengen **aanrommelen** weinig doelgericht te werk gaan **aanrukken** [rukte aan, is aangerukt] ⟨van soldaten⟩ in het gelid naderen, komen ▼ scherts. (een krat bier) laten ~ bestellen, laten brengen
aanschaf de (m) ❶ het aanschaffen, kopen ❷ datgene wat aangeschaft, gekocht is **aanschaffen** kopen
aanscherpen scherper maken, ook figuurlijk: het beleid ~ **aanschieten** ❶ licht verwonden door een schot ❷ vlug aantrekken (van kleding) ❸ fig. snel naar iemand toe gaan en hem even iets zeggen
aanschijn het uiterlijk, gezicht ▼ Bijb. in het zweet uws ~s met hard werken ▼ in het ~ van (de dood, God, de hemel e.a.) als men de dood, God e.a. in de ogen ziet
aanschoppen ❶ een schop geven tegen ❷ fig. zich afzetten, scherpe kritiek leveren: tegen het gezag ~
aanschouwelijk bn zo, dat men het voor zich ziet: ~ onderwijs **aanschouwen** plecht. [aanschouwde, h. aanschouwd] zien
aanschrijven een officiële brief, ambtelijk schrijven richten aan **aanschrijving** de (v) officiële brief, officiële schriftelijke mededeling
aanschroeven ❶ met een schroef vastmaken ❷ (een schroef) vaster draaien **aanschuiven** ❶ dichterbij brengen door te schuiven ❷ aan tafel komen zitten, vooral om mee te eten ❸ aansluiten in de rij ❹ BN in de file staan
aanschurken ▼ ~ tegen zich schurkend bewegen

tegen; op indirecte manier proberen aansluiting, steun te vinden bij **aansjokken** met zware langzame passen, sjokkend dichterbij komen: daar kwam hij ~
aansjorren hard trekken om iets goed vast te maken: een riem, touw ~
aanslaan [sloeg aan, h. / is aangeslagen] ❶ met een slaande beweging aanraken: een toets ~ ❷ door aanslaan laten horen: een akkoord op een gitaar ~ ❸ bepalen hoeveel belasting iemand moet betalen: iemand te hoog ~ in de belasting ❹ een bedrag op een kassa doen verschijnen: prijzen ~ ❺ even geluid geven, waarschuwend blaffen: de hond slaat aan ❻ beginnen te draaien: de motor slaat aan ❼ gewaardeerd worden, enthousiaste reacties krijgen: het toneelstuk sloeg niet aan ❽ med. niet afgestoten worden (van getransplanteerd weefsel), succes hebben bij een patiënt (van een behandeling)
aanslag de (m) ❶ het doden van een persoon of een poging daartoe: er is een ~ op de president gepleegd ❷ fig. ernstige benadeling: roken is een ~ op de gezondheid ❸ ⟨belastingrecht⟩ formele vaststelling van het bedrag dat iemand aan belasting moet betalen ❹ manier van indrukken van de toetsen, aanslaan van snaren: de pianist had een harde ~ ❺ dunne laag die zich op iets vastzet: een vettige ~ op het fornuis ▼ met het geweer in de ~ klaar om te vuren
aanslagbiljet schriftelijk stuk waarin staat hoeveel belasting iemand moet betalen
aanslagvoet BN percentage van de belastingheffing
aanslepen ❶ dichterbij brengen door slepen ❷ fig. iets wat een probleem is, niet oplossen maar te lang laten voortduren ❸ een voertuig aan een touw of kabel met zich mee trekken: een auto ~ ▼ het is niet aan te slepen er is zoveel belangstelling voor dat het telkens meteen op, uitverkocht is
aanslibben [slibde aan, is aangeslibd] groter worden of ontstaan doordat water slib aanvoert
aansluiten ❶ zonder tussenruimte met elkaar verbonden zijn, dadelijk op elkaar volgen: deze weg sluit aan op de snelweg ❷ in elkaar overvloeien: jouw plannen sluiten precies aan bij de mijne ❸ een verbinding (telefoon, internet e.d.) werkend maken ▼ zich ~ bij lid worden van; instemmen met, het ermee eens zijn: ik heb me aangesloten bij een activiteitenclub; ik sluit me aan bij de vorige spreker **aansluiting** de (v) ❶ verbinding met een netwerk, bijv. telefoon ❷ overstapmogelijkheid, bijv. met de trein: ik heb mijn ~ gemist ❸ contact met anderen: hij kan op zijn nieuwe school geen ~ vinden
aansmeren door smeren dichtmaken ▼ iemand iets ~ iemand iets verkopen dat die persoon eigenlijk niet wil hebben **aansnijden** ❶ het eerste stuk eraf snijden: de taart ~ ❷ fig. beginnen over: een onderwerp ~ ❸ sp. de bal met de binnen- of buitenkant van de voet naar een medespeler schieten **aansnoeren** vaster dichttrekken: een ceintuur ~ **aanspannen** ❶ voor een voertuig spannen: de paarden ~ ❷ strakker spannen ❸ aanhangig maken, (een rechtszaak) beginnen: een geding ~

aanspelen sp. de bal naar een andere speler gooien of schieten

aanspoelen uit het water aan land drijven

aansporen ❶ (met degenen) aandrijven van een paard of pony ❷ fig. dingen doen of zeggen om ervoor te zorgen dat iemand iets doet: *ze spoorden hem aan om harder te zwemmen*

aanspraak *de* [-spraken] gelegenheid om te praten, mensen met wie iemand kan praten: *zij kent niemand en heeft bijna geen ~* ▼ *~ maken op* zijn rechten laten gelden op, beweren recht te hebben op

aansprakelijk *bn* voor de wet verantwoordelijk als er iets gebeurt: *als uw hond een ongeluk veroorzaakt, bent u ~* ▼ BN *burgerlijk ~* wettelijk aansprakelijk

aanspreekbaar *bn* toegankelijk, gemakkelijk om contact mee te maken: *hij is nooit erg ~*

aanspreektitel titel die men gebruikt wanneer men tegen een bepaalde persoon spreekt: *de ~ van de koningin is 'majesteit'* **aanspreekvorm** woord of voornaamwoord dat men gebruikt wanneer men tegen iemand spreekt, zoals 'u' of 'jij' **aanspreken** ❶ tegen iemand beginnen te praten: *een toerist sprak mij aan om de weg te vragen* ❷ een bepaalde aanspreekvorm gebruiken als men iets tegen iemand zegt: *iemand met 'meneer' ~* ❸ terechtwijzen of om rekenschap vragen ▼ *in rechte ~* voor het gerecht dagen ▼ *iemand op iets ~* tegen iemand zeggen dat men vindt dat hij iets niet goed doet ❹ in de smaak vallen, een positief gevoel opwekken: *die muziek spreekt mij aan* ❺ beginnen op te maken: *zijn spaargeld ~*

aanstaan ❶ in werking zijn: *de televisie staat aan* ❷ bevallen: *het staat me niet aan* ❸ op een kier staan: *de deur staat aan* **aanstaand** *bn* ❶ eerstkomend: *~e maandag* ❷ toekomstig: *mijn ~e echtgenoot* **aanstaande** *de* [-n] persoon met wie iemand gaat trouwen

aanstalten *de (mv)* voorbereiding om iets te gaan doen: *hij maakte ~ om weg te gaan*

aanstampen door stampen vaster maken: *de aarde met zijn laarzen ~* **aanstaren** starend aankijken

aanstekelijk *bn* die bij anderen hetzelfde oproept: *haar lach werkt ~* **aansteken** ❶ doen branden: *een kaars ~* ❷ besmetten, ook figuurlijk: *de verkouden man zal zijn collega's ~; zij steekt de anderen aan met haar enthousiasme* **aansteker** *de (m)* [-s] voorwerp waarmee men iets kan aansteken, zoals een sigaret

aanstellen benoemen in een functie ▼ *zich ~* zich overdreven gedragen **aanstelleritis** scherts. *de (v)* neiging om zich aan te stellen

aanstelling *de (v)* benoeming in een functie: *een ~ als leraar*

aansterken [sterkte aan, is aangesterkt] weer op krachten komen, sterker worden (van een zieke)

aanstichten veroorzaken (van iets slechts)

aanstippen ❶ met een stip merken ❷ fig. terloops iets ergens over zeggen: *een onderwerp ~* ❸ (een wond) vluchtig met een penseel of watje bewerken

aanstonds, aanstonds *bw* dadelijk

aanstoot *de (m)* ergernis ▼ *~ geven* ergernis wekken ▼ *~ nemen aan* zich ergeren aan **aanstootgevend** *bn* wat schokt of ergernis opwekt

aanstormen [stormde aan, is aangestormd] wild rennend naderen: *hij kwam op hen ~*

aanstoten ❶ iemand met de elleboog een duw of stoot geven ❷ per ongeluk tegen iets duwen of botsen

aanstrepen een streepje zetten bij **aanstrijken** ❶ doen branden door ergens langs te strijken: *een lucifer ~* ❷ met een dunne laag (verf, kalk) bedekken

aansturen ergens heen sturen ▼ *op iets ~* (vaak niet openlijk) iets proberen te bereiken

aantal *het* [-len] hoeveel exemplaren, personen e.d. er in een bepaalde situatie zijn: *het ~ leerlingen dat spijbelt, is groot* ▼ *een ~* enige, enkele

aantasten inwerken op iets en het beschadigen ▼ *iemand in zijn eer ~* iemand beledigen

aantekenen ❶ opschrijven ❷ een postzending laten registreren en zo verzekeren tegen eventuele schade of verlies ❸ officieel melden dat men wil gaan trouwen, in ondertrouw gaan ▼ *verzet, bezwaar of protest ~* officieel protesteren ▼ *appel of hoger beroep ~* in hoger beroep gaan

aantekening *de (v)* ❶ het aantekenen, opgeschreven opmerking ❷ verklaring op een diploma die extra bevoegdheden aangeeft

aantellen snel vermeerderen ▼ *dat telt lekker aan* dat wordt snel meer (geld)

aantijging *de (v)* beschuldiging

aantikken ❶ even met de hand aanraken ❷ ⟨bij een zwemwedstrijd⟩ het eindpunt bereiken en met de hand tegen de wand tikken ❸ flink oplopen of geldbedragen

aantocht *in ~* zijn naderen

aantonen ❶ laten zien, tot uiting brengen ❷ bewijzen ▼ *~de wijs* werkwoordsvorm die een werkelijkheid uitdrukt **aantoonbaar** *bn* wat aangetoond kan worden, wat te bewijzen is, duidelijk: *dit is ~ onwaar*

aantreden ❶ mil. in het gelid gaan staan op een aangewezen plaats ❷ beginnen te werken in een functie **aantreffen** ontmoeten, vinden

aantrekkelijk *bn* prettig, mooi: *een ~ meisje; een ~ voorstel*

aantrekken ❶ aan het lichaam doen van kleding ❷ naar zich toe trekken ❸ een lieve, mooie, prettige indruk maken: *zich aangetrokken voelen tot* ❹ door trekken strakker spannen ❺ een gewenste of normale toestand bereiken, stijgen (*van prijzen, koersen*) ▼ *zich iets ~ van* ergens verdrietig of kwaad over zijn; luisteren naar en rekening houden met (*een advies e.d.*) ▼ *zich het lot van iemand ~* medelijden met iemand hebben en hem helpen

aantrekkingskracht ❶ kracht waarmee iets iets anders naar zich toe trekt ❷ fig. het effect dat iemand op iemand anders heeft waardoor die persoon graag contact met hem of haar wil

aanvaardbaar *bn* wat men kan aanvaarden, wat redelijk is **aanvaarden** ❶ beginnen met iets: *de tocht ~* ❷ op zich nemen, aannemen: *een betrekking ~* ❸ zich schikken in, berusten in iets onaangenaams: *de gevolgen ~; hij kon niet ~ dat* *zijn vrouw hem wilde verlaten* ❹ iets aannemen wat een ander aanbiedt: *een geschenk ~* ❺ zeggen dat men het ermee eens is, akkoord gaan: *een voorstel ~*

aanval *de (m)* [-len] ❶ het zelf beginnen met een strijd om de tegenstander te overwinnen: *de beste verdediging is de ~; ten ~ trekken; een ~ afslaan* ❷ korte en heftige aandoening die plotseling optreedt: *een ~ van koorts, van woede* ❸ sp. voorhoede **aanvallen** ❶ een aanval doen op, met daden of woorden bestrijden ❷ inform. gretig beginnen te eten: *~ op de hutspot*

aanvaller *de (m)* [-s] ❶ iemand die aanvalt ❷ voorhoedespeler

aanvallig *bn* lief, bekoorlijk, prettig in de omgang en om naar te kijken: *een ~ kind*

aanvang *de (m)* begin **aanvangen** [ving aan, h. / is aangevangen] beginnen (te doen)

aanvankelijk *bn* in het begin: *~ had ik geen vertrouwen in deze onderneming*

aanvaren ❶ botsen op iets tijdens het varen ❷ varend naderen: *hij kwam ~ in zijn motorbootje* **aanvaring** *de (v)* ❶ botsing van twee schepen ❷ fig. conflict, onenigheid

aanvatten ❶ aanpakken ❷ ondernemen, beginnen, starten: *een lange tocht ~*

aanvechtbaar *bn* waar men het over oneens kan zijn, waarvan niet duidelijk is of het wel zo is of juist is: *die stelling is ~* **aanvechten** zeggen dat het niet zo is of niet juist is, bestrijden, betwisten **aanvechting** *de (v)* sterke neiging, verleiding

aanvegen door vegen schoonmaken ▼ *met iemand de vloer ~* vernederend behandelen; met grote overmacht verslaan

aanverwant *bn* ❶ verwant door een huwelijk, aangetrouwd ❷ soortgelijk, die erbij horen: *~e artikelen*

aanvinken met een v-tje markeren: *in een lijst ~ wat je wilt bestellen*

aanvliegen ❶ plotseling heftig lichamelijk aanvallen: *woedend vloog hij de ander aan* ❷ door de lucht aanvoeren: *medicamenten ~* ▼ *komen ~* vliegend of met grote snelheid naderen **aanvliegroute** vaste koers van vliegtuigen voor de landing

aanvoegend *bn* ▼ *~e wijs* werkwoordsvorm die niet vaak meer gebruikt wordt en die een wens, aanwijzing, aansporing of een verzoek uitdrukt, bijv.:: *God geve, men neme, u gelieve*

aanvoelen ❶ intuïtief, gevoelsmatig begrijpen: *dat kan ik je niet uitleggen, dat moet je ~* ❷ een bepaald gevoel wekken: *die stof voelt prettig aan*

aanvoer *de (m)* ❶ het brengen van goederen naar een bepaalde plaats ❷ de aangevoerde goederen ❸ buis, pijp e.d. waardoor iets wordt aangevoerd: *de ~ is verstopt*

aanvoerder *de (m)* [-s] iemand die de leiding heeft: *de ~ van een sportploeg* **aanvoeren** ❶ leiden, bevel voeren over: *een expeditie, een elftal ~* ❷ naar een plaats brengen: *bouwmateriaal ~* ❸ als reden of als bewijs noemen: *argumenten ~* **aanvoerhaven** haven waar goederen aangevoerd worden **aanvoering** *de (v)* leiding: *onder ~ van*

aanvraag *de* [-vragen], **aanvrage** officieel verzoek **aanvragen** ❶ (officieel) verzoeken: *het*

staatsburgerschap ~ ❷ vragen om iets toe te sturen: *een informatiefolder ~*

aanvreten ❶ beginnen te eten aan, door insecten e.d.: *de planten zijn aangevreten* ❷ aantasten, beschadigen: *aangevreten door kanker*

aanvullen toevoegen wat er ontbreekt: *de frisdrank is bijna op, we moeten de voorraad ~* **aanvullend** *bn* ▼ *~ recht* rechtsregels die alleen gelden wanneer niets is overeengekomen **aanvulling** *de (v)* het aanvullen, dat wat bijgevoegd is: *een ~ op iets zijn*

aanvuren enthousiast aanmoedigen: *de marathonlopers werden aangevuurd door het publiek* **aanwaaien** door de wind dichterbij gebracht worden ▼ *hij komt vaak even ~* hij komt vaak onverwachts op bezoek ▼ *het komt hem ~* hij hoeft er geen moeite voor te doen: *voor die studie moet hij hard werken, het komt hem niet ~*

aanwakkeren ❶ doen toenemen, sterker doen worden: *gevoelens ~* ❷ toenemen, sterker worden: *de wind is aangewakkerd*

aanwas *de (m)* [-sen] ❶ het toenemen, aangroei ❷ het groter worden door aanslibbing **aanwassen** ❶ groter worden ❷ aangroeien

aanwenden gebruiken, toepassen: *zijn invloed ~ om iets te bereiken*

aanwennen ▼ *zich ~* tot gewoonte maken **aanwensel** *het* [-s] iets (vervelends) wat iemand zich als gewoonte eigen heeft gemaakt

aanwerven ❶ in dienst nemen: *personeel ~* ❷ (van leden) winnen, werven: *nieuwe leden voor een vereniging ~*

aanwezig *bn* ❶ op een bepaalde plaats: *is iedereen ~?* ❷ beschikbaar, in voorraad: *er zijn geen reserveonderdelen ~*

aanwijsbaar *bn* aantoonbaar, wat men kan zien, opmerken: *lichamelijke klachten zonder aanwijsbare oorzaak* **aanwijzen** ❶ laten zien door te wijzen ▼ *~d voornaamwoord* die, dat, dit, deze, zulke enz. ❷ vaststellen, bepalen: *een pand ~ als beschermd monument* **aanwijzing** *de (v)* ❶ het aanwijzen, het vertellen of laten zien hoe iets gedaan moet worden: *als je zijn ~en volgt, komt het goed* ❷ informatie waardoor iets duidelijker wordt, inlichting: *heeft de politie al ~en over de mogelijke dader?*

aanwinst *de (v)* iets wat waardevol is en ergens nieuw bij komt: *die nieuwe speler is een ~ voor het team*

aanwippen [wipte aan, is aangewipt] kort (en zonder afspraak) op bezoek komen: *hij kwam even ~*

aanwonenden *de (mv)* de personen van wie de woning ligt aan datgene waarover het gaat: *de ~ van het park*

aanwrijven beschuldigen van: *hij probeerde me die inbraak aan te wrijven* **aanzeggen** op een plechtige manier laten weten

aanzet *de (m)* [-ten] begin, waardoor iets begint: *de ~ tot iets vormen*

aanzetten ❶ zetten tegen: *een dominosteen ~* ❷ vastnaaien, vastmaken: *knopen ~* ❸ scherp maken: *een mes ~* ❹ aansporen: *iemand tot grote daden ~* ❺ op gang brengen, in werking stellen: *een machine ~* ❻ gewichtstoename veroorzaken:

zo'n slagroompunt zet behoorlijk aan ▼ *komen ~ met* naderen met iemand of iets bij zich; iets onverwachts of ongewensts naar voren brengen
aanzicht *het* hoe iets of er iemand eruitziet, voorkomen, uiterlijk **aanzien I** *ww* ❶ kijken naar, beschouwen ▼ *niet om aan te zien* erg lelijk ▼ *het nog even ~* nog even afwachten en de beslissing uitstellen ▼ *iemand ~ voor iemand anders* denken dat diegene iemand anders is **II** *het* ❷ voorkomen, hoe iets overkomt: *dat geeft de zaak een ander ~* ❸ achting, goede reputatie, het gerespecteerd en geëerd worden: *een man van ~* ▼ *ten ~ van* over, met betrekking tot: *de beslissing ten ~ van de nieuwe maatregel is uitgesteld* ▼ *zonder ~ des persoons* zonder erop te letten om wie het gaat
aanzienlijk *bn* ❶ behoorlijk groot: *een ~ bedrag* ❷ voornaam: *een ~ man*
aanzijn *het* bestaan, leven
aanzitten aan een gedekte tafel zitten om te eten ▼ *ergens ~* iets met de handen aanraken
aanzoek *het* vraag aan iemand of die wil trouwen met de persoon die het vraagt: *iemand ~ krijgen; iemand een ~ doen* **aanzoeken** vragen: *hij is aangezocht als lid van de commissie*
aanzuigen door zuigen naar zich toe doen komen ▼ *een ~de werking* het effect dat er veel mensen of zaken op afkomen
aanzuiveren betalen wat men nog schuldig is of wat er te weinig is: *een tekort ~*
aanzwellen langzaam in kracht toenemen (van geluid, storm) **aanzwengelen** iets doen om het te versterken, stimuleren: *de economie ~* ▼ *een gesprek ~* op gang brengen
aap *de (m)* [apen] ❶ zoogdier dat in bepaalde opzichten lijkt op de mens ▼ *daar komt de ~ uit de mouw* nu blijkt de eigenlijke toedracht, bedoeling ▼ *in de ~ gelogeerd zijn* in moeilijkheden geraakt zijn ▼ *voor ~ staan, lopen* voor gek staan, lopen ▼ BN, spreekt. *iemand voor de ~ houden* iemand voor de gek houden ❷ ondeugend kind: *een ~ van een jongen*
aar *de* [aren] ❶ bloeiwijze van bloemen zonder steel ❷ korenaar
aard *de (m)* wezen, natuur, karakter ▼ *van die(n) ~ zo, zulk: de beschadiging is van dien ~ dat herstel niet meer mogelijk is* ▼ *uit de(n) ~ der zaak* dat vloeit er vanzelfsprekend uit voort ▼ *dat het een ~ heeft* heel hard, heel erg: *schreeuwen dat het een ~ heeft* ▼ *een ~je naar zijn vaartje hebben* eigenschappen van zijn vader hebben
aardappel *de (m)* [-s, -en] ❶ plantensoort Solanum tuberosum ❷ eetbare knol van die plant ▼ *met een hete ~ in de keel praten* geaffecteerd, onnatuurlijk deftig praten **aardappelbloem** BN, spreekt. aardappelmeel
aardappelmeel zetmeel van de aardappel
aardappelmoeheid ziekte van aardappelen door aaltjes **aardappelpuree** gerecht van gestampte gekookte aardappels
aardappelziekte ziekte bij aardappels die door schimmel wordt veroorzaakt
aardas denkbeeldige as van de aarde **aardbaan** baan van de aarde om de zon
aardbei *de* ❶ plant van het geslacht Fragaria ❷ eetbare vrucht van die plant

aardbeving *de (v)* trilling van de aardkorst: *door de ~ zijn veel huizen ingestort* **aardbodem** aardoppervlakte ▼ *van de ~ verdwenen* spoorloos verdwenen **aardbol** ❶ de aarde als hemellichaam ❷ rond voorwerp dat de aarde voorstelt, globe **aarddraad** draad die een elektrisch apparaat met de aarde verbindt
aarde *de* ❶ planeet waarop de mens leeft ❷ grond om planten in te kweken, teelaarde ▼ *in goede ~ vallen* in de smaak vallen, positieve reacties krijgen: *het voorstel viel in goede ~* ▼ *ter ~ bestellen* begraven ▼ BN *dat zet geen ~ aan de dijk* dat zet geen zoden aan de dijk, dat helpt niets ❸ nat. leiding waarop delen van een elektrisch apparaat worden aangesloten die worden geaard, aardleiding **aardedonker, aardedonker** erg donker
aarden I *ww* ❶ wennen, zich op zijn gemak voelen: *ergens niet naar ~* ❷ in karakter lijken op: *hij aardt naar zijn vader* ❸ met de aarde verbinden: *een bliksemafleider ~* **II** *bn* ❹ van klei: *een ~ bloempot*
aardewerk *het* voorwerpen van gebakken klei
aardgas gas dat uit de aarde afkomstig is **aardgasbel** ondergrondse gasvoorraad
aardgordel een van de klimaatgebieden waarin de aarde is verdeeld, bijv. de tropen
aardhommel hommel die onder de grond leeft
aardig *bn* ❶ prettig om mee om te gaan, vriendelijk: *Samuel is een ~e jongen* ❷ tamelijk, redelijk: *het is ~ druk* ❸ tamelijk groot: *hij heeft een ~ bedrag gespaard* ❹ tamelijk goed: *hij voetbalt ~* ❺ aangenaam, wel leuk: *een ~e film* **aardigheid** *de (v)* [-heden] ❶ wat aardig, leuk aan iets is ▼ *~ in iets hebben* het leuk vinden om te doen, naar te kijken e.d. ❷ grap ▼ *een ~je* klein geschenk
aarding *de (v)* verbinding van een elektrisch apparaat met de aarde zodat de buitenkant niet onder stroom komt te staan
aardkern het binnenste van de aarde **aardkorst** buitenste deel van de aarde
aardkunde wetenschap over de aardkorst
aardleiding leiding waarop delen van een elektrisch apparaat worden aangesloten zodat ze geaard worden
aardlekschakelaar schakelaar die elektrische stroom onderbreekt bij een lek of als er kortsluiting dreigt
aardmagnetisme verschijnsel van een magnetisch krachtveld in en rond de aarde **aardmantel** gedeelte van de aarde tussen de aardkorst en de aardkern **aardnoot** pinda
aardolie mengsel van vooral vloeibare koolwaterstoffen dat uit de aardkorst wordt gewonnen en dat onder andere wordt gebruikt voor benzine, kerosine en synthetische stoffen
aardpeer ❶ plant van de soort Helianthus tuberosus ❷ eetbare knol van die plant
aardrijk de aarde met alles wat erbij hoort **aardrijkskunde** wetenschap waarin studie wordt gemaakt van de aarde
aards *bn* ❶ op of van de aarde ❷ fig. gericht op het praktische, concrete: *hij is een ~ type*
aardschok plotselinge aardbeving
aardvarken zoogdier zonder tanden, dat mieren

en termieten eet (Orycteropus afer)

aardverschuiving *de (v)* ❶ het naar beneden glijden van een grote massa grond ❷ fig. grote verandering **aardvlo** metaalkleurig springend kevertje van het geslacht Haltica

aardwetenschappen wetenschappelijke richtingen die zich met de aarde bezighouden, zoals geologie en bodemkunde

aars *de (m)* [aarzen] eindopening van de endeldarm, anus

aartsbisdom gebied van een aartsbisschop

aartsbisschop voornaamste bisschop van een kerkprovincie

aartsengel engel van een hoge rang

aartshertog hertog van een hoge rang

aartslui, aartslui erg lui

aartsmoeilijk BN erg moeilijk

aartsvader eerbiedwaardige oude stamvader in het Oude Testament, vooral Abraham, Isäak en Jakob

aartsvijand grootste vijand

aarzelen nog niet kunnen besluiten om iets te doen, wat men van iets vindt e.d.

aas I *het* ❶ prooi van een dier ❷ voedsel om een dier te lokken en te vangen **II** *de (m) & het* [azen] ❸ de 1 in het kaart-, dobbel- of dominospel **aaseter** dier dat dieren eet die het niet zelf heeft gedood **aasgier** ❶ kleine gier die leeft van dode dieren (Neophron percnopterus) ❷ fig. iemand die profiteert van de ellende van andere mensen **aasvlieg** vlieg die eieren in dode lichamen legt

A-attest BN getuigschrift waarmee men mag overgaan naar de volgende klas in het secundair onderwijs

a.b. ❶ als boven ❷ afstandsbediening

abactis *de* [-sen] secretaris van een college, vooral van een universitair en studentencollege

abacus *de (m)* [-ci] ❶ middeleeuws telraam ❷ stenen dekplaat op een kapiteel

abaja *de (m)* [-'s] lange zwarte jurk van moslimvrouwen

abattoir ⟨aabattwaar⟩ *het* [-s] bedrijf waar dieren worden gedood en geslacht, slachthuis

abbreviatie *de (v)* [-s], **abbreviatuur** afkorting

abc *het* ❶ de letters van de taal in volgorde, het alfabet ❷ fig. de grondbeginselen

abces *het* [-sen] gezwel dat is gevuld met etter: *de dokter sneed het ~ aan mijn voet open*

abc'tje *het* [-s] ❶ iets wat gemakkelijk is: *dat examen was een ~* ❷ feestgedicht, waarbij men alle letters van het alfabet koppelt aan woorden die met die letter beginnen en iets zeggen over de persoon die het feest geeft: *A is van Anton, je ex uit Baambrug, B is van Bernard, hij wil jou weer terug*

ABC-wapens *de (mv)* atomaire, biologische en chemische wapens

abdicatie *de (v)* [-s] het vrijwillig afstand doen van een ambt of troon

abdij *de (v)* zelfstandig klooster van een van de oudere kloosterorden dat door een abt of abdis wordt bestuurd

abdis *de (v)* [-sen] hoofd, vrouwelijk bestuurder van een zelfstandig klooster van een van de oudere kloosterorden

abdomen *het* [-s, -mina] ❶ onderbuik ❷ achterlijf

van een insect

abeel *de (m)* [-belen] zilverpopulier

aberratie *de (v)* [-s] ❶ afdwaling, vooral geestelijke afdwaling of afwijking ❷ schijnbare verplaatsing van een hemellichaam

abituriënt *de (m)* leerling van een middelbare school die het eindexamen doet of het al heeft gehaald

abject *bn* verachtelijk, laag

ablatief taalk. *de (m)* [-tieven] zesde naamval

ABN *het* Algemeen Beschaafd Nederlands

abnormaal ❶ wat afwijkt van de regel, van het gewone ❷ die geestelijk afwijkt

abolitionisme *het* het streven naar afschaffing van iets (in de 19de eeuw vooral van de slavernij)

A-bom atoombom

abominabel *bn* afschuwelijk, heel slecht: *zijn Frans is ~*

abonnee *de* [-s] iemand die is geabonneerd op iets **abonneenummer** nummer waarmee een telefoon is aangesloten op een lokaal telefoonnet **abonneetelevisie** televisiesysteem waarbij men tegen betaling programma's kan ontvangen **abonnement** *het* ❶ het geabonneerd zijn op iets ❷ bewijs daarvan, bijv. een kaart: *heb je je zwem~ bij je?* **abonneren** ▼ *zich ~ op* zich registreren om iets een aantal keren of gedurende een bepaalde periode te krijgen of gebruiken: *zich ~ op een krant*

ABOP *de (m)* Algemene Bond van Onderwijzend Personeel

Aboriginal ⟨ebboRRidzjinnəl⟩ *de* [-s] oorspronkelijke bewoner van Australië

aborteren de zwangerschap afbreken **abortus** *de (m)* [-sen] medische ingreep waarbij een zwangerschap wordt onderbroken ▼ *spontane ~* miskraam

ABP *het* Algemeen Burgerlijk Pensioenfonds

abracadabra *het* ❶ ⟨oorspronkelijk⟩ een magische formule ❷ fig. onbegrijpelijke taal ▼ *dat is ~ voor mij* daar begrijp ik niets van

abraham *de (m)* [-s] speculaaspop als geschenk voor mannen die vijftig jaar worden

Abraham Bijb., **Abram** *de (m)* stamvader van de Israëlieten en Arabieren ▼ *hij weet waar ~ de mosterd haalt* hij is goed op de hoogte ▼ *~ gezien hebben* vijftig jaar of ouder zijn

abri ⟨aabrie⟩ *de (m)* [-'s] schuilhokje, vooral bij tram- en bushaltes

abrikoos *de* [-kozen] ❶ boom met oranjekleurige steenvruchten (Prunus armeniaca) ❷ de eetbare vrucht van die boom

abrupt *bn* plotseling, onverwacht: *een ~ einde*

ABS *het , antiblokkeersysteem*, systeem om bij het remmen het blokkeren van de wielen van een auto tegen te gaan

abseilen ⟨-saj-⟩ [seilde ab, h. abgeseild] met behulp van een touw van een steile wand afdalen

absent *bn* ❶ afwezig, niet aanwezig op de plaats waar men zou moeten zijn ❷ er niet bij met zijn gedachten **absenteïsme** *het* het vaak of langdurig afwezig zijn **absentie** *de (v)* [-s] ❶ het absent zijn, afwezigheid ❷ het er met zijn gedachten niet bij zijn

absint *het & de (m)* sterk alcoholische, groen gekleurde drank, gemaakt van alsembladeren

absolutie r.-k. *de (v)* [-s] vergeving van zonden door de biecht

absolutisme *het* onbeperkte alleenheerschappij

absoluut *bn* ❶ volkomen, totaal: *absolute stilte* ▼ ~ *gehoor* het vermogen direct de hoogte te bepalen van een toon die iemand hoort, zonder vergelijking met andere tonen ▼ ~ *heerser* iemand die heerst met onbeperkte macht ▼ *absolute meerderheid* meerderheid van meer dan 50% ❷ beslist: *je hebt ~ gelijk*

absorberen ❶ in zich opzuigen, opslorpen ❷ fig. helemaal in beslag nemen: *hij wordt geabsorbeerd door zijn werk* **absorptie** *de (v)* het opslorpen, het in zich opnemen

abstinentie *de (v)* het zich onthouden, vooral het niet drinken van alcohol

abstract *bn* wat men zich niet kan voorstellen als een bepaalde vorm: *mededogen is een ~ begrip* ▼ ~*e kunst* beeldende kunst die geen objecten uit de zichtbare werkelijkheid weergeeft **abstractie** *dc (v)* [-s] ❶ iets wat is herleid tot de meest essentiële kenmerken ❷ abstract begrip ▼ BN ~ *maken van iets* iets buiten beschouwing laten, ergens geen rekening mee houden **abstraheren** herleiden tot de meest essentiële kenmerken ▼ *van iets* ~ iets buiten beschouwing laten

absurd *bn* heel erg vreemd: *ik vind het een ~ idee* **absurditeit** *de (v)* wat absurd is

abt *de (m)* hoofd, geestelijk vader van een zelfstandig klooster van een van de oudere kloosterorden

abuis I *het* [abuizen] ❶ vergissing ▼ *per ~* bij vergissing: *deze brief is voor de buren, maar hij is per ~ bij ons bezorgd* II *bn* ❷ mis, verkeerd ▼ ~ *zijn* zich vergissen; op de verkeerde plek, het verkeerde adres zijn **abusievelijk** *bw* bij vergissing

AbvaKabo *de (m)* Algemene Bond van Ambtenaren - Katholieke Bond van Overheidspersoneel

ABVV BN *het* Algemeen Belgisch Vakverbond

ABW *de* Algemene Bijstandswet

A.C. *appellation contrôlée*, kwaliteitsaanduiding van Franse wijn

acacia ‹aakaasiejaa› *de (m)* [-'s] peuldragende boom van het geslacht Acacia met geveerd blad en witte geurige bloem

academicus *de (m)* [-ci] persoon met een universitaire opleiding **academie** *de (v)* [-s, -miën] ❶ genootschap van beoefenaars van wetenschappen en kunsten ❷ school voor kunstonderwijs of hoger beroepsonderwijs **academiejaar** BN academisch jaar, periode van ± september tot juli, van het begin tot het eind van de colleges **academisch** *bn* ❶ van of aan een academie of universiteit: *een ~e titel* ❷ voor de praktijk onbelangrijk, alleen van theoretisch belang: *een ~e kwestie* ❸ ‹op het gebied van kunst› weinig origineel, die schools volgt

acajou ‹-zjoe› I *het* ❶ hout van een tropische boom (Anacardium occidentale) II *bn* ❷ BN mahoniehouten

acanthus ‹-tus› *de (m)* [-sen] kruidachtige plant met diep ingesneden bladeren (Acanthus)

a-capellakoor koor zonder begeleiding van instrumenten

accelerando ‹attsjə-› muz. *bw* in versnellend tempo **accelereren** [accelereerde, h. / is geaccelereerd] ❶ ‹van auto's, motoren e.d.› optrekken, op snelheid komen ❷ versnellen

accent ‹aks-› *het* ❶ klemtoon: *het ~ valt op de tweede lettergreep* ❷ manier van praten waarbij de invloed van een dialect of andere taal te horen is: *hij heeft een Limburgs ~; Jacques spreekt met een Frans ~* ❸ tekentje boven een letter waardoor de uitspraak van die letter verandert: *de letter e in 'comité' heeft een ~*

accent aigu ‹aksåteeGuu› *het* [accents aigus] het leesteken ´, onder andere in Franse spelling en leenwoorden **accent circonflexe** ‹akså sierkôfleks› *het* [accents circonflexes] het leesteken ^, onder andere in Franse spelling en leenwoorden **accent grave** ‹akså Graav› *het* [accents graves] het leesteken `, onder andere in Franse spelling en leenwoorden

accentueren ❶ klemtoon aangeven ❷ de nadruk leggen op, sterk doen uitkomen: *de oogschaduw accentueert de kleur van haar ogen*

accept ‹aksept› *het* verklaring dat men zal betalen

acceptabel ‹aksep-› *bn* goed genoeg om te aanvaarden, aanvaardbaar **acceptatie** *de (v)* [-s] het aanvaarden, de aanvaarding **accepteren** aannemen, aanvaarden: *een geschenk ~; hij kon niet ~ dat het uit was met zijn vriendin; die nieuwe leerling wordt niet geaccepteerd door de klas* niemand uit de klas wil met hem omgaan

acceptgiro kaart waarop al gegevens zijn ingevuld en het bedrag dat iemand moet overmaken: *bij de boeken die ik kreeg thuisgestuurd, zat een ~*

acces ‹akses› *het* [-sen] toegang

accessoire ‹assəswaar(ə)› *het* [-s] onderdeel dat extra aan iets is toegevoegd: *een cd-speler en een klokje behoren tot de ~s bij deze nieuwe auto*

accesstime ‹eksestajm› comp. *de* toegangstijd

accident ‹aksie-› *het* ongeval **accidenteel** ‹aksie-› *bn* toevallig, niet-essentieel

accijns ‹aksijns› *de (m)* [-cijnzen] belasting op levensmiddelen

acclamatie *de (v)* [-s] toejuiching ▼ *bij ~* met algemene instemming

acclimatiseren ‹-zirən› aan een ander klimaat of andere omgeving wennen

accolade *de (v)* [-s] soort haak, { en }, in een tekst die regels met elkaar verbindt die onder elkaar staan

accommodatie *de (v)* plaats waar men kan verblijven en de voorzieningen die daarbij horen

accompagnement ‹akkompanjə-› *het* begeleiding

accordeon ‹akkor-› *het & de (m)* [-s] draagbaar instrument met toetsen en een blaasbalg die men uit elkaar moet trekken en weer induwen **accordeonist** *de (m)* iemand die een accordeon bespeelt

accorderen ❶ overeenstemmen, overeenkomen ❷ toestemming voor iets geven: *een declaratie goedkeuren en ~*

account ‹əkaunt› I *het* [-s] ❶ verzorging van de reclame en promotie voor een product, organisatie e.d. ❷ belangrijke klant van een dienstverlenend bedrijf: *een ~ van een reclamebureau* II *de (m)* [-s] ❸ comp. toegangsrecht tot een computernetwerk: *een e-mail~*

accountancy ‹əkauntənsie› *de (v)* werkzaamheden van een accountant

accountant ‹əkauntant› *de (m)* [-s] deskundige in het bijhouden en controleren van bedrijfsboekhoudingen en -rekeningen

accountantsverklaring verklaring van een accountant over de door hem gecontroleerde financiële verantwoording

accrediteren ❶ vertrouwen, krediet verschaffen, vooral bij een bank ❷ als gevolmachtigde erkennen ❸ (een journalist) de mogelijkheid geven zijn werk te doen bij een kampioenschap, manifestatie e.d. **accreditief** *het* [-tieven] mededeling van een bank dat iets aan iemand kan worden uitbetaald

accu *de (m)* [-'s] apparaat voor het opslaan van elektrische energie, accumulator

acculturatie ‹akk-› *de (v)* het overnemen van een andere cultuur of van elementen uit een andere cultuur

accumulatie ‹akku-› *de (v)* [-s] opeenhoping, opeenstapeling, het steeds maar meer worden: *een ~ van kapitaal*

accumulator *de (m)* [-s, -toren] apparaat voor het opslaan van elektrische energie

accumuleren opeenhopen, samenbrengen tot een massa

accuraat ‹akku-› *bn* heel nauwkeurig, zorgvuldig: *een accurate secretaresse* **accuratesse** *de (v)* het accuraat zijn

accusatief ‹akku-› taalk. *de (m)* [-tieven] vierde naamval

ace ‹ees› *de (m)* [-s] ‹tennis› opslag waaruit direct wordt gescoord

acetaat *het* [-taten] ❶ schei. zout van azijnzuur ❷ stof gemaakt van heel korte katoenvezels of van cellulose uit hout **aceton** *het & de (m)* kleurloze brandbare vloeistof, onder andere gebruikt als oplosmiddel **acetyleen** ‹-tie-› *het*, **acetyleengas** koolwaterstof in gasvorm die wordt gebruikt voor verbranding **acetylsalicylzuur** *het* aspirine

ach *tw* uitroep van verdriet of medeleven

à charge ‹aa sjarzjə› *bw* ten laste ▼ *getuige ~* getuige in het nadeel van de beschuldigde

achilleshiel ‹aggil-› kwetsbare plaats **achillespees** pees waarmee de kuitspier aan het hielbeen vastzit

achromatisch *bn* wat licht doorlaat zonder breking van kleuren

acht I *telw* ❶ een aantal van 8: *vier plus vier is ~* II *de* ❷ het cijfer 8: *ik kan het niet goed lezen; staan hier twee ~en?* ❸ aandacht ▼ *~ geven* of *slaan* goed opletten ▼ *in ~ nemen* letten op ▼ *zich in ~ nemen* voorzichtig zijn **achtbaan** (kermis)attractie waarbij wagentjes snel over een hoge, golvende en bochtige baan rijden

achtbaar *bn* die eerbied verdient

achtdaags, **achtdaags** *bn* ❶ wat acht dagen duurt ❷ om de acht dagen

achteloos *bn* met heel weinig aandacht

achten ❶ beschouwen als: *ik acht hem schuldig* ❷ waarderen, respect hebben voor: *ik acht hem zeer*

achtenswaardig *bn* die waardering en respect verdient

achter I *vz* ❶ ‹plaatsbepaling› niet voor, aan de achterkant van: *de boom staat ~ het huis* ❷ ‹steun› solidair: *zijn vader staat altijd ~ hem* ▼ *~ iets zitten* de oorzaak zijn van, bewerkstelligd hebben ▼ *~ iets komen* te weten komen II *bw* ❸ ‹plaatsbepaling› aan de achterkant: *ze hebben een tuin ~* ❹ ‹tijd› te laat: *dit horloge loopt vijf minuten ~* ❺ met (financiële) achterstand, niet op tijd (betaald, gedaan enz.): *ik ben ~ met de huur, met mijn werk* ❻ ‹ontdekking› te weten (komen)

achteraan *bw* aan de achterkant of het achtereinde

achteraf *bw* ❶ afgelegen: *~ wonen* ❷ na afloop: *~ beschouwd*

achterbak bagageruimte achter in auto

achterbaks *bn* verborgen, stiekem, niet oprecht: *~e streken*

achterban *de (m)* de groep die men vertegenwoordigt: *de ~ van de vakbeweging*

achterband band om een achterwiel

achterbank achterste bank van een voertuig

achterbankgeneratie generatie van kinderen die per auto naar school en clubs worden vervoerd en heel beschermd worden opgevoed

achterblijven ❶ achter anderen blijven, niet mee kunnen komen ❷ niet met de anderen vertrekken ▼ *alleen ~* alleen blijven door vertrek of overlijden, vooral van de levenspartner

achterbuurt vervallen en armoedige buurt

achterdeur deur aan de achterkant ▼ *een ~tje openhouden* een gelegenheid klaar hebben om zich te redden

achterdocht *de* wantrouwen, argwaan

achterdochtig *bn* wantrouwig, argwanend

achtereen *bw* achter elkaar zonder of met kleine tussenpozen **achtereenvolgend** *bn* wat na elkaar komt **achtereenvolgens** *bw* na elkaar

achtereind *het* ❶ eind van het achterste deel van iets ❷ achterste van mens of dier ▼ *zo dom als het ~ van een varken* heel dom

achterelkaar *bw* onmiddellijk na elkaar

achteren *bw* ▼ *naar ~* naar een achtergelegen deel; naar het toilet ▼ *iemand liever van ~ zien dan van voren* liever zien gaan dan komen

achterflap deel van een boekomslag aan de achterkant van een boek

achtergrond ❶ gedeelte van een landschap, toneel e.d. dat verder weg ligt ❷ fig. alles wat niet van direct belang is ▼ *op de ~ raken* uit de belangstelling raken ▼ *op de ~ blijven* zich onopvallend gedragen ❸ de diepere oorzaken van iets: *de ~en van een conflict* ❹ waar iemand vandaan komt, zijn familie, wat hij eerder gedaan heeft e.d.: *wat is zijn ~ eigenlijk?* **achtergrondinformatie** nadere uitleg of toelichting bij iets, bijv. over motieven of doeleinden **achtergrondmuziek** zachte muziek voor het scheppen van een prettige, gezellige sfeer

achterhaald *bn* niet meer van deze tijd, verouderd: *~e ideeën* **achterhalen ❶** inhalen: *de politie kon de dader niet meer ~* **❷** opsporen: *de brandweer probeerde de oorzaak van de brand te ~*

achterham (vlees van het) bovenstuk van de achterpoot van een varken

achterhand achterkant van bepaalde dieren met vier poten

achterheen *bw* ▼ *ergens ~ zitten* scherp op toezien, voortdurend aansporen om iets te doen: *als ik er niet ~ zit, doe je je huiswerk niet*

achterhoede *de* [-n, -s] **❶** achterste deel van het leger **❷** de verdedigende groep spelers in een sportteam **achterhoedegevecht ❶** gevecht in de achterhoede **❷** fig. strijd om minder belangrijke kwesties, terwijl de eigenlijke strijd al beslist is

achterhoofd deel van het hoofd aan de achterkant ▼ *hij is niet op zijn ~ gevallen* hij heeft een goed verstand, hij is niet dom

achterhouden verbergen, geheimhouden: *informatie ~*

achterhuis ❶ achterste deel van een huis **❷** huis dat achter een ander huis is gebouwd

achterin, **achterin** *bw* in het achterste deel

achterkamer kamer aan de achterkant van een huis **achterkamertjespolitiek** politiek door het onderling maken van afspraken en niet door overleg in het openbaar

achterkant de kant die achter (iets anders) is

achterkeuken BN bijkeuken

achterklap *de (m)* kwaadsprekerij, kwaadaardige roddels

achterkleindochter dochter van een kleinkind

achterkleinkind kind van een kleinkind

achterkleinzoon zoon van een kleinkind

achterlader *de (m)* [-s] **❶** vrachtwagen, apparaat e.d. dat aan de achterkant wordt geladen **❷** vulg. homoseksueel

achterland gebied voor de afzet en toevoer van producten, achter een economisch belangrijk deel van een land: *het ~ van de Rotterdamse haven*

achterlaten ❶ laten op de plek vanwaardaan men vertrekt: *hij heeft zijn paraplu bij ons achtergelaten* ▼ *iemand ~* laten blijven terwijl men zelf vertrekt; bij overlijden doen achterblijven: *hij laat een vrouw en twee kinderen achter* **❷** merkbaar laten blijven: *dat ongeluk heeft littekens achtergelaten*

achterlicht licht aan de achterkant van een voertuig

achterliggen minder goed of langzamer zijn dan iemand anders: *onze roeiploeg ligt vijftig meter achter op de tegenstander* **achterliggend** *bn* **❶** wat de basis vormt: *de ~e gedachte is dat ...* **❷** wat voorbij is: *de ~e periode* **achterligger** *de (m)* [-s] iemand die achter een ander rijdt

achterlijk *bn* **❶** bij wie de ontwikkeling langzamer gaat dan bij anderen: *dat kind is een beetje ~* **❷** inform. vreemd, stom, ouderwets: *wat een ~e jas heb je aan!*

achterlopen ❶ ⟨van een uurwerk⟩ te langzaam lopen van de wijzers: *het is drie uur maar mijn horloge geeft kwart voor drie aan; het loopt een kwartier achter* **❷** niet op de hoogte zijn van de nieuwste ontwikkelingen

achterna *bw* achter iets of iemand aan

achternaam naam die dezelfde is als van de vader of de moeder en van andere leden van het gezin of de familie, familienaam: *mijn voornaam is Jan en mijn ~ is Boersma*

achternalopen ❶ achter iemand aan lopen **❷** proberen zo veel mogelijk in iemands buurt te zijn en diegene voor zich te winnen

achternamiddag periode aan het eind van de middag ▼ *iets in een ~ doen* iets even snel doen

achternarijden rijdend achter iets of iemand aan gaan **achternazetten** (beginnen te) achtervolgen **achternazitten** achtervolgen: *de jongen zit het meisje achterna* de jongen probeert de hele tijd het meisje te versieren, verleiden

achterneef verre neef **achternicht** verre nicht

achterom I *bw* **❶** langs de achterkant **II** *het* **❷** weg die achter iets anders, bijv. huizen, loopt

achteronder *het* achterste deel van een schip onder het dek

achterop *bw* aan de achterkant op iets

achterophinken BN ook, fig. achterlopen

achteropkomen achter iemand lopen of rijden en inhalen: *~d verkeer* **achteropraken** niet (meer) mee kunnen komen

achterover *bw* waarbij iemand of iets naar achteren helt of valt **achteroverdrukken ❶** naar achteren drukken **❷** fig. stiekem pakken, stelen **achteroverslaan** plotseling achterovervallen ▼ *steil ~* erg verbaasd of geschrokken zijn ▼ *een borrel ~* een borrel snel drinken

achterpagina laatste pagina van een krant of tijdschrift **achterpand** rugdeel van een kledingstuk **achterplecht** *de* achterdek van een schip **achterpoort** BN ⟨vaak verkleinw.⟩ mogelijkheid om een wet of maatregel te omzeilen: *via een ~ ontkomen aan een terugbetalingsregeling*

achteruitverwarming draadverwarming op de achterruit van een auto

achterschip achterste deel van een schip

achterspeler speler in de achterhoede

achterst *bn* het meest naar achteren

achterstaan ⟨vooral in sport⟩ minder punten hebben, minder goede resultaten hebben ▼ *~ bij* onderdoen voor, minder goed zijn dan

achterstallig *bn* **❶** niet op tijd betaald: *~e huur* **❷** nog niet gedaan, niet op tijd gedaan: *~ onderhoud*

achterstand wat men achter is: *een ~ oplopen; een ~ op het schema hebben*

achterste I *het* [-n, -s] **❶** het achterste deel **❷** deel van het lichaam waarop men zit, zitvlak: *op zijn ~ vallen* **II** *de* [-n] **❸** persoon die zich het meest achteraan bevindt

achterstel achterste deel

achterstellen minder goed behandelen

achtersteven achterdeel van een schip

achterstevoren *bw* zo dat de achterkant zich vooraan bevindt: *je hebt die trui ~ aan*

achteruit I *bw* **❶** naar achteren, terug **II** *de (m)* **❷** versnelling waarin een auto achteruitrijdt: *ik zette mijn auto in z'n ~*

achteruitboeren scherts. [boerde achteruit, is / h. achteruitgeboerd] slechtere resultaten

ac

boeken, op een lager niveau raken, vooral m.b.t. iemands bedrijf of werk **achteruitdeinzen** van schrik, afkeer e.d. achteruitlopen

achteruitgang ❶ het naar achteren gaan ❷ *fig.* het in een minder gunstige toestand raken: *de ~ van een bedrijf, van iemands gezondheid*

achteruitgang uitgang aan de achterkant

achteruitkachelen *inform.* in een minder gunstige toestand raken, achteruitgaan

achteruitkijkspiegel spiegel in een auto om het verkeer achter zich te zien

achtervanger *de (m)* [-s] speler die verre ballen vangt

achtervoegsel *het* [-s] lettergreep of klank die niet zelfstandig voorkomt en die wordt toegevoegd aan het eind van een woord zodat er een nieuw woord ontstaat, bijv. *-heid* in *goedheid*

achtervolgen ❶ achternagaan om te vangen of te verdrijven ❷ *fig.* steeds lastigvallen: *hij wordt achtervolgd door pech*

achtervolging *(v)* ❶ het achtervolgen ❷ ⟨wielersport⟩ soort baanwedstrijd

achtervolgingswaan ziekelijk wantrouwen en gevoel dat men achtervolgd of bedreigd wordt

achterwaarts *bn* achteruit, naar achteren

achterwege *bw* ▼ *~ blijven* wegblijven, niet gebeuren: *de vewachte kritiek is ~ gebleven* ▼ *~ laten* weglaten, niet doen: *die flauwe grapjes mag hij voor mij wel ~ laten*

achterwerk ❶ deel van het lichaam waarop men zit, zitvlak ❷ achterste deel

achterwiel achterste wiel, een van de achterste wielen **achterwielaandrijving** vorm van aandrijving waarbij de motor op de achterwielen werkt

achterzak zak in het achterpand van een kledingstuk

achterzijde achterkant

achthoek figuur met acht hoeken

achting *de (v)* waardering, respect

achtjarig *bn* ❶ acht jaar oud ❷ om de acht jaar

achtkant I *bn* ❶ met acht kanten II *het & de (m)* ❷ figuur met acht kanten **achtkantig** *bn* met acht kanten

achtste *telw* ❶ 1/8 ❷ nummer acht ▼ *het ~ wereldwonder* iets heel uitzonderlijks

achttien *telw* een aantal van 18 **achttiende** *telw* ❶ nummer achttien ❷ 1/18

achturig *bn* wat acht uur duurt: *een ~e werkdag*

acid ⟨essid⟩ *de (m)* lsd, een harddrug **acid house** ⟨essid haus⟩ soort elektronische dansmuziek die in de jaren '80 ontstond in Chicago

ACLVB *BN de* Algemene Centrale der Liberale Vakbonden in België

acne ⟨aknee⟩ *de* [-'s] huidaandoening die bestaat uit een chronische ontsteking van de haarzakjes, vetpuistje

ACOD *BN de* Algemene Centrale van de Openbare Diensten (*socialistische vakbond*)

acoliet *de (m)* ❶ misdienaar ❷ volgeling, aanhanger van iets

acquireren ⟨akkwie-⟩ krijgen, verwerven, vooral van klanten **acquisiteur** ⟨akkwiezie-⟩ *de (m)* [-s] iemand die klanten werft **acquisitie** ⟨akkwiezie-⟩ *de (v)* [-s] ❶ het werven van klanten of

opdrachten ❷ wat men geworven heeft, aanwinst

acquit ⟨akkiet⟩ *het* plaats op het biljart waar de bal opgezet moet worden: *van ~ gaan*

acrobaat *de (m)* [-baten] iemand die kunstjes laat zien waarvoor veel lenigheid, kracht en evenwichtsgevoel nodig is: *de ~ in het circus* **acrobatisch** *bn* als (van) een acrobaat

acrofobie hoogtevrees

acroniem *het* woord dat bestaat uit de beginletters van andere woorden, bijv. radar (= radio detection and ranging)

acrostichon ⟨akrostiegon⟩ *het* [-s] gedicht waarin een naam wordt gevormd door de letters aan het begin van elke regel of elk couplet, in het midden, diagonaal e.d., naamvers

acryl ⟨aakriel⟩ *het* vezel van kunststof die lijkt op wol: *een trui van ~*

act ⟨ekt⟩ *de (m)* [-s] één optreden, één nummer in een voorstelling: *de ~ van de jongleur*

acte de présence ⟨- preezàs⟩ *de (m)* ▼ *~ geven* verplicht even ergens bij aanwezig zijn

acteren spelen in toneel of film **acteur** *de (m)* [-s] iemand die een rol speelt in een toneelstuk, film e.d.

actie ⟨aksie⟩ *de (v)* [-s, actiën] ❶ handeling, beweging: *met een snelle ~ kon de bestuurder de hond ontwijken* ▼ *in ~ komen* iets ondernemen, handelend optreden: *de politie kwam in ~ tegen de demonstranten* ❷ iets wat mensen gezamenlijk ondernemen om een bepaald doel te bereiken: *de leraren voeren ~ voor hogere lonen* **actiecomité** comité dat actievoert voor iets

actief I *bn* ❶ in werking, werkend, bezig ▼ *in actieve dienst* in werkelijke dienst, waarbij iemand ook echt de functie uitoefent ▼ *een taal ~ beheersen* een taal kunnen spreken en schrijven ❷ die dingen doet, met daden: *iets ~ steunen* ▼ *taalk. een actieve zin* een zin in de bedrijvende vorm (i.t.t. de lijdende vorm met het hulpwerkwoord worden) II *het* [activa] ❸ werkelijk bezit ▼ *BN ook iets op zijn ~ hebben* iets verwezenlijkt, gepresteerd hebben

actiefilm film met veel actie: *een ~ met politieagenten en misdadigers* **actiefoto** foto van iets of iemand in beweging

actiegroep groep die actievoert voor of tegen iets **actiepunt** *het* onderwerp waaraan men speciale aandacht moet besteden of waaraan men iets moet doen

actieradius ❶ afstand waarover iets een bepaalde werking kan hebben ❷ afstand die een schip, vlieg- of voertuig kan afleggen zonder bijtanken

actieveling *de (m)* iemand die heel actief is

actievoerder *de (m)* [-s] iemand die actievoert **actievoeren** [voerde actie, h. actiegevoerd] acties, zoals demonstraties of stakingen, ondernemen tegen of voor iets

activa *de (mv)* *economie* bezittingen van een bedrijf

activeren ❶ actief of actiever maken: *er moeten meer mensen worden geactiveerd om te helpen bij de organisatie van het feest* ❷ aansluiten op een netwerk, maken dat iets gebruikt kan worden: *mijn nieuwe internetverbinding is nog niet* *geactiveerd* **activisme** *het* het streven om door actievoeren bepaalde doelen te bereiken **activist** *de (m)* ❶ iemand die met buitenparlementaire middelen een politiek doel nastreeft ❷ BN, hist. iemand die de Vlaamse kwestie in 1914-1918 met Duitse hulp wilde oplossen **activiteit** *de (v)* ❶ het actief zijn ▼ *er heerst veel* ~ er gebeurt veel, mensen zijn er bezig met veel dingen ❷ iets om te doen, bezigheid: *op de camping konden we aan allerlei ~en meedoen* **activiteitenbegeleiding** vorm van therapie d.m.v. activiteiten, bezigheidstherapie

activum *het* [-va] bedrijvende vorm van een werkwoord

actrice ⟨aktriesə⟩ *de (v)* [-s] vrouw die in toneelstukken of films speelt

actualiseren bijwerken tot de huidige stand van zaken **actualiteit** *de (v)* ❶ de toestand zoals die nu is ❷ zaak die nu van werkelijk belang is: *het journaal vertoont ~en* **actualiteitenprogramma** radio- of tv-programma over actuele onderwerpen of gebeurtenissen

actuaris *de (m)* [-sen] wiskundig adviseur

actueel *bn* ❶ wat op dit ogenblik bestaat: *de actuele toestand* ❷ wat op dit moment belangrijk is: *een actuele kwestie*

acupressuur *de (v)* massagevorm die aansluit bij acupunctuur **acupuncturist** *de (m)* iemand die acupunctuur toepast **acupunctuur** *de (v)* geneeswijze waarbij op bepaalde plaatsen naalden in het lichaam worden gestoken

acuut *bn* ❶ med. wat plotseling optreedt en snel erger wordt: *acute blindedarmontsteking* ❷ dringend: *een ~ probleem*

ACV BN *het* Algemeen Christelijk Vakverbond

ACW BN *het* koepel van christelijke werknemersorganisaties

ad *vz* ten bedrage van: *kosten voor deelname* ~ € *15,-*

A.D. *Anno Domini*, in het jaar

adagio ⟨aadaadzjoo⟩ muz. I *bw* ❶ langzaam II *het* [-'s] ❷ langzaam muziekstuk

adagium *het* [-gia] spreuk, filosofische of morele uitspraak, gevleugeld woord

A'dam Amsterdam

adamsappel vooruitstekend deel van het strottenhoofd **adamskostuum** ▼ *in* ~ naakt

adaptatie *de (v)* [-s] ❶ aanpassing: *de ~ van het oog aan wisselende lichtsterkten* ❷ bewerking: *de ~ van een roman voor een film*

adapter ⟨ədeptəR⟩ *de (m)* [-s] hulpstuk voor het verbinden van twee apparaten of systemen

adapteren ❶ aanpassen ❷ bewerken, bijv. een roman voor een film

adat Ind. *de (m)* gewoonterecht

addendum *het* [-da] bijlage, aanhangsel, toevoegsel

adder *de* [-s, -en] soort gifslang ▼ *een ~tje onder het gras* iets onaangenaams achter iets wat mooi lijkt **addergebroed** heel slechte gemene mensen

additie *de (v)* [-s] bijvoeging **additief** I *het* [-tieven] ❶ toegevoegde stof II *bn* ❷ toegevoegd

additioneel *bn* toegevoegd, bijgevoegd ▼ *additionele kosten* extra kosten, kosten die erbij komen

à decharge ⟨a deesjarzjə⟩ *bw* om de beschuldiging te weerleggen ▼ *getuige* ~ getuige in het voordeel van de beschuldigde

adel *de (m)* ❶ maatschappelijke stand waaraan aanzien en voorrechten zijn verbonden ❷ degenen die tot die stand behoren als groep

adelaar *de (m)* [-s] arend **adelaarsvaren** varen met lange stelen die veel voorkomt (Pteridium aquilinum)

adelborst *de (m)* iemand die wordt opgeleid tot officier bij de marine **adelbrief** bewijs van adeldom **adeldom** *de (m)* ❶ het van adel zijn ❷ degenen die van adel zijn ❸ een edel karakter, edele gevoelens **adelen** ❶ in de adelstand verheffen ❷ in moreel opzicht beter maken, edel maken: *arbeid adelt* **adellijk** *bn* ❶ van adel ❷ bijna bedorven: ~ *wild* **adelstand** de mensen die van adel zijn ▼ *in (of tot) de ~ verheffen* een adellijke titel geven met de rechten die daarbij horen

adem *de (m)* lucht die levende wezens inzuigen en uitblazen ▼ *de laatste* ~ *uitblazen* doodgaan, sterven **ademanalyse** definitieve test op alcoholgebruik bij een verkeersdeelnemer **adembenemend** *bn* heel erg spannend of mooi: *een ~ schouwspel, ~ mooi* **ademen** ❶ lucht inzuigen en weer uitblazen, ademhalen ❷ fig. doen voelen, uitstralen: *het huis ademde een sfeer van rust* **ademhalen** [haalde adem, h. ademgehaald] lucht inzuigen en uitblazen **ademloos** *bn* zonder te ademen ▼ ~ *naar iets kijken of luisteren* de adem erbij inhouden omdat het zo spannend of mooi is **ademnood** benauwdheid doordat iemand te weinig lucht in zijn longen kan zuigen **adempauze** korte periode van rust **ademtest** eerste test bij een verkeersdeelnemer op alcoholgebruik **ademtocht** *de (m)* ademhaling ▼ *tot de laatste* ~ tot de dood

adenoïde *bn* wat te maken heeft met klierweefsel ▼ ~ *vegetatie* woekering van klierweefsel in keel- en neusholte **adenoom** *het* [-nomen] goedaardig klierachtig gezwel

adept *de (m)* volgeling, aanhanger

adequaat *bn* goed genoeg, geschikt voor datgene waarvoor het nodig is: *een adequate oplossing*

ader *de* [-en, -s] ❶ bloedvat waardoor bloed naar het hart stroomt ❷ smalle kronkelgang in de aarde met delfstof: *een goud-* **aderiseren** ⟨-zi̱rən⟩ nieuwe groeven aanbrengen in glad geworden autobanden

aderlating *de (v)* ❶ het aftappen van bloed ❷ fig. het moeten betalen van veel geld: *die nieuwe auto is een* ~ **aderverkalking** *de (v)* afzetting van vetachtige stoffen aan de wanden van slagaderen en het dikker worden en verharden van deze wanden (arteriosclerose)

ad fundum *bw verb* tot de bodem

ADHD *Attention Deficit Hyperactivity Disorder*, psychische stoornis met concentratiestoornissen en hyperactiviteit

adherent ⟨-hi̱rent⟩ *bn* wat er onafscheidelijk mee verbonden is

adhesie ⟨-zie⟩ *de (v)* ❶ nat. aantrekkende kracht tussen twee verschillende stoffen ❷ instemming: ~ *betuigen*

ad

ad hoc *bn* voor dit speciale geval: *een ad-hocbeslissing*

adieu ⟨aadjeu⟩ *tw* vaarwel

ad infinitum *bw verb* tot in het oneindige

ad interim *bw verb* voor de tussentijd, voorlopig, waarnemend: *een directeur ~*

adj. ❶ adjunct ❷ adjudant ❸ adjectief

adjectief *het* [-tieven] bijvoeglijk naamwoord

adjudant *de (m)* officier die is toegevoegd aan een vorstelijk persoon, of aan een hoge officier om deze bij te staan **adjudant-chef** BN onderofficier

adjunct *de (m)* functionaris die als hulp aan een hogere is toegevoegd: *~directeur*

ad libitum *bw verb* zoals men wil

administrateur *de (m)* [-s, -en] ❶ iemand die de administratie voert, vooral iemand die de geldzaken beheert van een bedrijf, instelling e.d. ❷ titel van een ambtenaar van een departement

administratie *de (v)* [-s] ❶ het bijhouden van gegevens die nodig zijn om een bedrijf of organisatie goed te leiden ❷ de afdeling waar de mensen werken die dit doen, het personeel dat het uitvoert: *zij werkt op de ~ van een bouwbedrijf* ❸ BN ook overheidsdienst, ambtenarenapparaat **administratief** *bn* wat te maken heeft met de administratie

administrator *de (m)* [-s, -toren] iemand die de administratie van iets bijhoudt, administrateur

administreren ❶ beheren, besturen ❷ opnemen in een administratie

admiraal *de (m)* [-s, -ralen] hoofd van een oorlogsvloot

admiraalvlinder bruinzwarte dagvlinder met gestreepte vleugels die in Zuid-Europa overwintert (Vanessa atalanta)

admiraliteit hist. *de (v)*, **admiraliteitscollege** *het* raad voor zeezaken, college voor het bestuur van de marine

admissie *de (v)* toelating, vergunning om iets te doen, het toegelaten worden tot een opleiding e.d.

adolescent ⟨adoolassent⟩ *de (m)* iemand van tussen zestien en twintig jaar oud **adolescentie** *de (v)* laatste periode van het volwassen worden (*16-20 jaar*)

adonis *de (m)* [-sen] ❶ mooie aantrekkelijke man: *hij is een echte ~* ❷ plantengeslacht uit de familie van de ranonkelachtigen (Adonis)

adopteren ❶ als kind aannemen in zijn gezin en opvoeden als zijn eigen kind ❷ aannemen, tot de zijne maken, bijv. van een mening **adoptie** *de (v)* [-s] het aannemen als zijn eigen, vooral van een kind

adoptief *bn* aangenomen, geadopteerd

adoratie *de (v)* aanbidding, grote bewondering **adoreren** aanbidden, heel erg bewonderen: *hij adoreert zijn vrouw*

ad rem *bw verb* waarbij iemand raak en snel reageert in woorden: *hij is erg ~*

adrenaline med. *de* hormoon uit het merg van de bijnieren, in verhoogde mate aangemaakt bij inspanning en emoties en met versnelde hartslag en ademhaling als gevolg

adres *het* [-sen] ❶ de straat en de plaats waar iemand woont of waar iets is gevestigd: *het ~ op een envelop schrijven* ▼ *per ~* vaste formulering op een brief, pakket e.d. aan iemand op een adres dat niet zijn eigen (officiële) adres is ▼ *je bent bij mij aan het verkeerde ~* ik wil niet doen wat jij van me vraagt ❷ comp. aanduiding van een plaats in het geheugen ❸ verzoekschrift dat is gericht aan een bestuurlijke instantie **adressant** *de (m)* iemand die een verzoekschrift indient

adresseren ❶ van een adres voorzien, het adres schrijven op de envelop, de ansichtkaart e.d.: *een brief ~* ❷ richten aan, tot **adreswijziging** ❶ verandering van het adres waar iemand woont of van een bedrijf e.d. ❷ kaart die men verstuurt om die verandering bekend te maken: *als ik verhuis, stuur ik je een ~*

ADSL [de] *Asymmetric Digital Subscriber Line*, heel snelle internetverbinding

adstructie *de (v)* toelichting, uitleg om iets (bijv. een argument of redenering) te onderbouwen **adstrueren** toelichten, onderbouwen met uitleg

adult I *bn* ❶ volwassen II *de* ❷ volwassene

adv de arbeidsduurverkorting **adv-dag** vrije dag in het kader van adv

advent *de (m)* periode van vier weken voor Kerstmis

adventief *bn* ❶ (van planten) die op een plaats gebracht of terechtgekomen zijn waar ze oorspronkelijk niet voorkomen ❷ (delen van planten) die voorkomen op een plaats aan de plant waar ze normaal gesproken niet voorkomen, bijv. knoppen op bladeren of wortels op stengels

adventisten *de (mv)* bepaald protestants kerkgenootschap

adventskrans krans van dennengroen met vier kaarsen die in adventstijd in kerken wordt opgehangen

adverbiaal *bn* bijwoordelijk **adverbium** *het* [-bia] bijwoord

adverteerder *de (m)* [-s] iemand die adverteert **advertentie** *de (v)* [-s] mededeling die men, vaak tegen betaling, in een krant, tijdschrift, op internet e.d. zet, bijv. om iets bekend te maken, te koop aan te bieden of om reclame voor iets te maken **advertentieblad** blad speciaal voor advertenties **advertentiecampagne** reeks advertenties voor een product, bedrijf e.d. **adverteren** een advertentie plaatsen: *er wordt flink geadverteerd voor dat nieuwe computerspel*

advies *het* [-viezen] raad: *iemand om ~ vragen; iemand ~ geven* **adviesbureau** bureau dat tegen betaling adviseert **adviesprijs** verkoopprijs die wordt aangegeven door de fabrikant of importeur maar waaraan winkels zich niet hoeven te houden **adviseren** ⟨-zīrən⟩ ❶ aanraden, zeggen dat iemand iets beter kan doen: *iemand ~ naar bed te gaan* ❷ als deskundige ergens informatie en advies over geven: *iemand ~ betreffende een hypotheek* **adviseur** ⟨-zeur⟩ *de (m)* [-s] deskundige die ergens advies over geeft

advocaat I *de (m)* [-caten] ❶ iemand die anderen raad geeft bij rechtskundige problemen en die mensen verdedigt tijdens een rechtszaak ▼ *~ van kwade zaken* iemand die slechte dingen verdedigt ▼ *~ van de duivel spelen* argumenten aanvoeren die gunstig zouden zijn voor de tegenpartij **II** *de (m)* ❷ dikke gele drank, gemaakt van eieren, brandewijn, suiker en vanille **advocaat-generaal** *de (m)* [advocaten-generaal] ambtenaar van het Openbaar Ministerie bij een gerechtshof of bij de Hoge Raad **advocatencollectief** groep van advocaten die met elkaar samenwerken, vaak voor mensen met weinig geld

advocatuur *de (v)* ❶ het beroep van advocaat, het advocaat zijn ❷ alle advocaten bij elkaar

adware ⟨atwèR⟩ comp. *de (m)* programma dat ongemerkt wordt geïnstalleerd en waardoor reclame op het beeldscherm verschijnt

a.d.z. als daar zijn

AED *de* [-'s] *Automatische Externe Defibrillator*, apparaat om bij levensbedreigende hartritmestoornissen de normale hartfunctie te herstellen

aerobics ⟨èrrobbiks⟩ *de (mv)* lichaamsbeweging door oefeningen op ritmische muziek

aeroclub ⟨iroo-⟩ club voor vliegsport

acrodynamica ⟨-die-⟩ *de (v)* wetenschap die de stroming van lucht en andere gassen bestudeert en van de krachten die daarbij optreden **aerodynamisch** *bn* ❶ wat te maken heeft met de aerodynamica ❷ met zo'n vorm dat het bij het voortbewegen zo min mogelijk door de lucht wordt tegengehouden, gestroomlijnd: *een ~e racewagen*

aeroob *bn* die of wat zuurstof verbruikt en dat uit de lucht haalt: *aerobe bacteriën*

AEX *de (m)* , *Amsterdam Exchange Index*, koersgemiddelde van de meest verhandelde fondsen op de Amsterdamse effectenbeurs

af *bw* ❶ weg van: *ga van mijn stoel ~* ❷ naar beneden: *hij kwam de trap ~* ❸ klaar: *mijn huiswerk is ~* ❹ bevrijd van: *van de drank ~* ❺ perfect, compleet: *die riem maakt de broek helemaal ~* ❻ bevel tegen een hond om te gaan liggen ▾ *~ en toe* soms ▾ *van nu ~ aan* voortaan ▾ *terug bij ~* weer terug bij het begin ▾ *ze zijn goed ~* er goed aan toe, hebben het getroffen ▾ *het kan er niet ~* het is te duur voor mij/hem enz., ik heb/hij heeft enz. er het geld niet voor

afasie ⟨-zie⟩ *de (v)* aantasting van spraak- of taalvermogen door een hersenbeschadiging

afb. afbeelding

afbakenen aangeven waar de grenzen van iets zijn, ook figuurlijk: *ik heb met paaltjes het stuk van de tuin afgebakend waar ik groente ga verbouwen; een gespreksonderwerp ~*

afbeelden iets weergeven als een tekening, foto e.d.: *op het schilderij was een schip afgebeeld* **afbeelding** *de (v)* ❶ het afbeelden ❷ iets dat iets anders weergeeft in de vorm van een tekening, foto enz., plaatje: *een boek met ~en*

afbekken afsnauwen

afbellen ❶ telefonisch afzeggen: *de afspraak met mijn vriend gaat niet door, hij heeft afgebeld* ❷ bellen als teken van vertrek of dat iets afgelopen is, **afbestellen** laten weten dat men iets niet meer wil (hebben) dat men had besteld: *een taxi ~*

afbetalen steeds een gedeelte betalen van wat men schuldig is totdat het hele bedrag betaald

is: *ik moet elke maand driehonderd euro ~ voor mijn nieuwe auto* **afbetaling** *de (v)* het steeds betalen van een gedeelte van wat men schuldig is totdat het hele bedrag betaald is ▾ *kopen op ~* iets kopen en in vastgestelde termijnen betalen

afbeulen te hard laten werken

afbieden BN, ook afdingen, proberen iets goedkoper te krijgen

afbijten door bijten wegnemen: *hij beet een stuk van de reep af* ▾ *van zich ~* scherp antwoorden, fel reageren **afbijtmiddel** chemisch middel om een verflaag mee te verwijderen

afbikken verwijderen door te hakken **afbinden** ❶ losmaken (vooral van schaatsen) ❷ door stijf binden de toevoer belemmeren (vooral van bloed naar een lichaamsdeel): *een slagader ~ om een bloeding te stoppen* **afbladderen** ⟨van verf⟩ kleine stukjes, blaren vormen en losgaan

afblaffen met harde stem afsnauwen

afblazen ❶ wegblazen ❷ besluiten dat iets niet doorgaat: *het festival is afgeblazen vanwege het slechte weer* ▾ *stoom ~* heftige gevoelens, vooral boosheid, in woorden uiten **afblijven** niet aanraken: *je moet van de soep ~ totdat we aan tafel gaan* **afblussen** vloeistof aan braadvet toevoegen om er een saus van te maken

afboeken als verlies boeken, als verlies noteren

afbouwen ❶ afmaken door te bouwen ❷ geleidelijk verminderen en uiteindelijk stopzetten: *een subsidieregeling ~*

afbraak *de* ❶ het afbreken ❷ fig. het beroven van kracht en waarde: *de ~ van de verzorgingsstaat* ❸ schei. het uiteenvallen van samengestelde verbindingen in stoffen met een eenvoudiger samenstelling **afbraakprijs** erg lage prijs **afbraakproduct** product dat ontstaat door chemische afbraak **afbraakwerken** BN, ook *de (mv)* (bedrijf gespecialiseerd in) het slopen van (oude) woningen

afbranden ❶ door brand vernield worden: *de bioscoop is volledig afgebrand* ❷ (verf) met een brander verwijderen ❸ fig. heel erg bekritiseren: *de plannen van de minister zijn in de pers volledig afgebrand*

afbreekbaar *bn* ❶ mogelijk om af te breken ❷ schei. mogelijk om te splitsen in eenvoudiger stoffen ▾ *biologisch ~* wat afgebroken kan worden door levende organismen, bijv. bacteriën

afbreken ❶ door breken wegnemen, scheiden (van): *een tak ~* ❷ iets dat is gebouwd weer uit elkaar halen: *een huis ~* ❸ schei. samengestelde verbindingen splitsen ❹ fig. zware kritiek uiten op iemand of iets ❺ vóór het einde ophouden met: *een telefoongesprek ~* ▾ *schaken, dammen een partij ~* voorlopig beëindigen om op een later tijdstip verder te spelen ▾ *een woord ~ (aan het eind van de regel)* splitsen in twee delen

afbrengen ▾ *het er goed ~* iets (moeilijks) goed doen, tot een goed einde brengen ▾ *zich ergens niet van laten ~* zich niet laten beïnvloeden door anderen die zeggen dat men beter niet kan doen **afbreuk** *de* nadeel ▾ *~ doen aan* maken dat iets minder goed, mooi e.d. is of lijkt: *die krakende luidspreker doet ~ aan de musical; als je dat zegt, doe je ~ aan zijn goede bedoelingen* **afbreukrisico** risico dat iemand het niet

af

volhoudt in een bepaalde baan, dat een bedrijf niet standhoudt e.d.

afbrokkelen aan de randen in kleine stukjes uit elkaar vallen: *de muur brokkelt af*

afbuigen van richting veranderen of doen veranderen

afd. afdeling

afdak ❶ dak tegen een muur ❷ dak(deel) dat uitsteekt voorbij een muur

afdalen naar beneden gaan

afdammen (water) door een dam afsluiten

afdanken ❶ iets wegdoen omdat men het niet meer wil: *kleding* ~ ❷ BN, spreekt. ontslaan

afdankertje *het* [-s] afgedankt kledingstuk: *de broek die ik aanheb, is een* ~ *van mijn oudste broer*

afdekken bedekken, beschermen, ook figuurlijk: *voor de winter planten* ~ *die kunnen bevriezen; we moeten de zaak goed* ~ *tegen financiële risico's*

afdeling *de (v)* deel van een groter geheel, bijv. van een bedrijf, vereniging **afdelingschef** chef van een afdeling

afdichten dichtmaken: *kieren* ~

afdingen proberen iets van de prijs af te krijgen, iets goedkoper te krijgen: ~ *op de markt*

afdoen ❶ van het lichaam doen: *een hoed, een horloge* ~ ❷ in orde brengen, beëindigen: *hij deed de kwestie af met een vage belofte; die zaak is afgedaan* ▼ *afgedaan hebben* niet meer meetellen, niet meer bruikbaar zijn ❸ betalen **afdoend** *bn*, **afdoende** met de gewenste uitwerking, toereikend: *dat antwoord is* ~*e* **afdoening** *de (v)* ❶ het afhandelen van een zaak ❷ betaling

afdokken BN, spreekt. betalen, afgeven

afdraaien ❶ losmaken door te draaien: *de dop van een fles* ~ ❷ laten horen of zien: *een film* ~ ❸ opdreunen, routinematig zeggen: *zijn lesje* ~

afdracht *de* het afgeven van geld afdragen ❶ naar beneden dragen: *ik moest hem de trap* ~ ❷ dragen tot iets versleten is: *een broek* ~ ❸ geld afgeven: *geld* ~

afdrijven ❶ uit de richting drijven, met de stroom mee ❷ het lichaam doen verlaten: *de vrucht* ~

afdrogen ❶ droogmaken: *de vaat* ~ ❷ inform. een pak slaag geven, met overmacht verslaan

afdronk ⟨van wijn⟩ smaak na het drinken, nasmaak

afdruipen [droop af, is afgedropen] ❶ naar beneden druipen ❷ fig. teleurgesteld of nederig weggaan **afdruiprek** rek waarop de vaat kan afdruipen

afdruk *de (m)* [-ken] ❶ iets dat ergens in of op gedrukt is: *de* ~ *van een schoen in het zand* ❷ weergave op papier van een foto, een tekst e.d. **afdrukken** een weergave op papier van iets maken: *een foto, een tekst* ~

afduwen *ww* van de wal duwen: *een boot* ~

afdwalen [dwaalde af, is afgedwaald] ❶ van de goede richting afwijken ❷ fig. tijdens het spreken of schrijven niet bij zijn onderwerp blijven maar over iets anders beginnen

afdwingen door dwang krijgen ▼ *respect* ~ zo zijn dat anderen wel respect moeten hebben

affaire ⟨-fèra⟩ *de* [-s] ❶ vervelende toestand waarin iemand verwikkeld is, schandaal: *door die* ~ *met dat verdwenen geld heeft de minister een*

slechte naam gekregen ❷ liefdesverhouding buiten een huwelijk: *de directeur had een* ~ *met zijn secretaresse*

affakkelen verbranden van overtollige stoffen, vooral van gas

affect *het* (plotselinge) hevige gemoedstoestand of emotie **affectie** *de (v)* [-s] gevoelens van genegenheid of liefde **affectief** *bn* wat te maken heeft met het gevoelsleven

affiche ⟨affiesjə⟩ *het & de* [-s] ❶ groot vel papier met daarop een aankondiging of reclame, dat buiten op een muur of op een bord wordt geplakt, aanplakbiljet ▼ BN ook *op de* ~ *staan* op het programma staan ❷ ook als wandversiering, poster **afficheren** ⟨affiesjiːrən⟩ ❶ aanplakken, bekendmaken door middel van affiches ❷ fig. met nadruk noemen, met nadruk presenteren als: *hij afficheert zich als computerdeskundige*

affiliate marketing ⟨əfilliːeət màR-⟩ *de (v)* marketingmethode waarbij tegen vergoeding op een website inhoud, producten of advertenties worden getoond van iemand anders of een ander bedrijf **affiliatie** *de (v)* [-s] ❶ het deel worden van een grotere, overkoepelende organisatie ❷ vorm van marketing waarbij producten of diensten via anderen worden gepromoot, vooral via de website van iemand anders ❸ verbintenis tussen academische en andere ziekenhuizen ❹ het aannemen als lid van een orde, een vereniging enz.

affiniteit *de (v)* gevoel dat men iets gemeenschappelijks heeft met iets of iemand ▼ *ik heb geen enkele* ~ *met (moderne kunst/dat soort mensen enz.)* het zegt me niks, ik voel er niets bij

affirmatief *bn* bevestigend: *een* ~ *antwoord* **affirmeren** bevestigen, zeggen dat iets zo is, bekrachtigen

affix *het* taalk. voor- of achtervoegsel

affluiten *sp.* door een fluitsein het spel doen ophouden

affreus *bn* verschrikkelijk, afschuwelijk

affront *het* belediging

affuit *de* onderstel van kanon

afgaan ❶ naar beneden gaan ❷ naartoe gaan: *recht op zijn doel* ~ ❸ verlaten: *van school* ~ ❹ vertrouwen op (en daarnaar zelf ook handelen): *op iemands woorden* ~ ❺ uit zichzelf schieten (van vuurwapens): *het pistool gaat af* er schiet een kogel uit ❻ een slecht figuur slaan: *ik ging af toen ik geen enkel antwoord wist* ❼ een bepaalde volgorde aanhouden: *het rijtje* ~ ▼ *het gaat hem goed af* hij kan het goed ▼ *de wekker gaat af* de wekker begint te rinkelen **afgang** *de (m)* ❶ weg naar beneden, afrit ❷ fig. totale mislukking: *met 18-0 verloren, wat een* ~*!*

afgebrand *bn* totaal uitgeput, vooral door langdurig zwaar werk of werk met veel stress

afgedaan *bn* ❶ niet meer te gebruiken, die niet meer meetelt ❷ afgehandeld

afgeladen *bn* helemaal vol: *het stadion was* ~

afgelasten niet door laten gaan: *een wedstrijd* ~

afgeleefd *bn* heel zwak van ouderdom of verzwakt door een leven met veel alcohol, feesten e.d.

afgelegen *bn* ver weg en eenzaam: *hij woont*

erg ~
afgelopen *bn* ❶ verleden, vorige: *~ week* ❷ voorbij
afgemat *bn* uitgeput van vermoeidheid
afgemeten *bn* ❶ afgepast, precies volgens de maat ❷ stijfdeftig: *op ~ toon spreken* **afgepast** *bn* ❶ precies volgens de maat, wat precies de hoeveelheid vormt ❷ ‹van geld› wat precies het bedrag vormt
afgepeigerd *inform. bn* doodmoe
afgerond *bn* ❶ met een ronde vorm ❷ klaar: *de werkzaamheden zijn ~* ❸ waar een geheel getal van gemaakt is: *het is € 14,65, ~ naar boven is dat € 15,-*
afgescheiden *bn* BN, sp. met voorsprong: *de marathon werd ~ gewonnen door een Keniaan* **afgescheidene** *de* [-n] lid van de Christelijke Gereformeerde Kerk
afgestampt *bn* ▼ *~ vol* heel erg vol
afgetakeld *bn* uitgeleefd, versleten
afgetraind *bn* gespierd en met weinig vet, waaraan men kan zien dat iemand veel traint: *een ~ lichaam*
afgetrokken *bn* ❶ niet door het zien e.d. van iets maar door te redeneren, abstract ❷ helemaal in gedachten, in zichzelf gekeerd ❸ die er slecht, erg moe uitziet: *met een ~ gezicht*
afgevaardigde *de* [-n] ❶ vertegenwoordiger, vooral vertegenwoordiger van het volk in een wetgevende instantie: BN *medisch ~* vertegenwoordiger van de medische wereld ❷ BN lid van de provincieraad
afgeven ❶ aan iemand geven, overhandigen: *de postbode gaf het pakje af* ❷ kleurstof loslaten, ergens anders vlekken op maken: *dit rode hemd heeft afgegeven op de rest van de was* ▼ *op iemand of iets ~* heel negatief over die persoon of die zaak spreken: *mijn collega's geven af op onze manager* ▼ neg. *zich ~ met* contact hebben met, omgaan met
afgewerkt *bn* al gebruikt en niet meer bruikbaar: *~e olie*
afgezaagd *bn* te vaak herhaald: *een ~ grapje*
afgezant *de (m)* iemand die gezonden is door een vorst of regering
afgezien van *bw verb* als men daar niet op let, als men dat niet in aanmerking neemt: *~ de kosten die het met zich meebrengt, is het een aantrekkelijk voorstel*
afgezonderd *bn* eenzaam, zonder veel omgang met mensen
afghaan *de (m)* [-ghanen] ❶ Afghaanse windhond ❷ kleed uit Afghanistan
afgieten ❶ het vocht eraf gieten: *de aardappels ~* ❷ een afbeelding maken door brons, gips e.d. in een vorm te gieten **afgietsel** *het* [-s] afbeelding die men krijgt door afgieten
afgifte *de (v)* [-n] het afgeven, het overhandigen
afglijden ❶ naar beneden glijden ❷ fig. geleidelijk naar een lager niveau afzakken: *~ naar criminaliteit*
afgod ❶ wezen dat als een god wordt vereerd maar geen echte god is ❷ persoon of zaak die heel erg wordt vereerd **afgoderij** *de (v)* het aanbidden of vereren van een afgod
afgraven ❶ weghalen door te graven: *veen,*

zand ~ ❷ door graven maken zoals het moet zijn: *een weg ~* **afgraving** *de (v)* ❶ het afgraven ❷ terrein waar wordt afgegraven
afgrazen ❶ het gras afeten van ❷ fig. zo volledig onderzoeken dat er niets onbekends meer is: *dat onderzoeksgebied is al helemaal afgegraasd*
afgrendelen afsluiten door grendelen
afgrijselijk *bn* vreselijk, verschrikkelijk: *een ~e herrie* **afgrijzen** *het* heftig gevoel bij iets heel ergs of walgelijks: *met ~ zagen we hoe twee mannen een vrouw sloegen*
afgrissen snel uit handen pakken
afgrond *de (m)* steile diepte
afgunst *de (v)* jaloezie omdat iemand anders iets heeft of kan wat men zelf niet heeft of kan **afgunstig** *bn* jaloers om iets wat een ander heeft of kan
afhaalchinees *de (m)* [-nezen] Chinees restaurant met afhaalmaaltijden **afhaalmaaltijd** maaltijd die men mee naar huis kan nemen
afhaken ❶ van de haak losmaken ❷ fig. niet meer meedoen
afhakken door hakken van de rest scheiden
afhalen ❶ van huis, de trein enz. halen ❷ van de draden ontdoen *(van bonen)* ❸ BN ook opnemen *(van geld e.d.)* ▼ *het bed ~* het beddengoed afnemen
afhameren ❶ met spoed afhandelen door afkloppen met de voorzittershamer ❷ niet in bespreking laten komen in een vergadering
afhandelen iets regelen zodat het klaar is: *ik moet dit zaakje nog even ~*
afhandig *bn* ▼ *iemand iets ~ maken* iemand iets afpakken, op een slimme manier iets van iemand weten te verkrijgen
afhangen naar beneden hangen ▼ *~ van* afhankelijk zijn van, bepaald worden door: *het hangt van het weer af of de barbecue doorgaat* **afhankelijk** *bn* die steun nodig heeft, niet zelfstandig ▼ *~ van* wat beïnvloed wordt door, bepaald wordt door: *of we gaan, is ~ van het weer*
afharden [hardde af, h. / is afgehard] langzaam (laten) wennen aan kou: *planten ~*
afhaspelen BN iets overhaast en slordig maken
afhechten ❶ een rand maken aan een breiwerk ❷ een draad vastmaken en het laatste stukje afknippen, bij naai- en borduurwerk ❸ fig. een overleg, discussie e.d. afronden, tot een beslissing of conclusie brengen **afhellen** schuin naar beneden lopen
afhouden weghouden, verwijderd houden ▼ *iemand van zijn werk ~* iemand afleiden waardoor hij niet bezig is met zijn werk ▼ *hij kon zijn ogen niet van haar ~* hij bleef de hele tijd naar haar kijken, hij kon niet anders **afhuren** in zijn geheel huren: *een hotel ~*
aficionado *de (m)* ['s] fervent aanhanger of liefhebber, fan
afijn *tw* enfin
afjakkeren ❶ door zwaar werk of hard rijden uitputten: *hij jakkert zijn paard af* ❷ veel te snel rijden, een afstand afleggen ❸ snel en onzorgvuldig doen, afraffelen
afk. afkorting
afkalven [kalfde af, is afgekalfd] ❶ grote stukken grond loslaten door verzakking of verschuiving:

af

de rivieroever kalft af ❷ fig. geleidelijk minder of kleiner worden
afkammen veel slechts zeggen over: *iemands werk* ~
afkappen ❶ door kappen afscheiden ❷ fig. doen ophouden: *een gesprek* ~
afkatten op een pinnige, onvriendelijke manier tegen iemand spreken
afkeer *de (m)* vreselijke hekel, weerzin: *ik heb een ~ van mensen die alleen aan geld denken; hij boezemt mij ~ in* **afkeren** omdraaien, afwenden ▼ *zich van iets* ~ er niets meer mee te maken willen hebben **afkerig** *bn* met een afkeer van iets, met een hekel aan iets: *hij is niet ~ van mooie vrouwen* hij houdt wel van mooie vrouwen
afketsen ❶ terugstuiten: *de kogel ketste af* ❷ fig. verworpen worden, niet doorgaan: *de overname ketste af op de vraagprijs*
afkeuren iets niet goedvinden of niet goedkeuren: *een voorstel* ~; *iemands gedrag* ~ ▼ *een auto* ~ na onderzoek vaststellen dat een auto te slecht is om er nog mee te rijden **afkeurenswaardig** *bn* wat het verdient om afgekeurd te worden, slecht: *vandalisme is* ~
afkickcentrum instelling voor hulp aan drugsverslaafden bij het afkicken **afkicken** [kickte af, is afgekickt] een ontwenningskuur (vooral van drugs) doen
afkijken ❶ iets leren door naar een ander te kijken: *van iemand de kunst* ~ ❷ stiekem overschrijven van een ander, vooral tijdens een proefwerk of examen ❸ tot het einde toe bekijken: *ik wil deze film nog even* ~ ❹ tot aan het eind kijken: *de weg* ~
afkleden ⟨van kleding⟩ een slank voorkomen geven: *deze broek kleedt mooi af* **afklemmen** ❶ door klemmen losraken van het lichaam: *zijn hand* ~ ❷ ⟨bokssport⟩ de tegenstander verhinderen te stoten door zijn armen klem te zetten **afklokken** de tijd van een sporter bij de finish registreren
afkloppen ❶ door kloppen schoonmaken of verwijderen: *meubels* ~; *een jas* ~ *als er sneeuw, stof, gras e.d. op zit* ❷ een ongeluk bezweren door op ongeverfd hout te kloppen ❸ ⟨in sporten zoals judo⟩ door kloppen aangeven dat de tegenstander moet stoppen en loslaten
afkluiven door kluiven vlees afeten van
afknappen knappend breken ▼ fig. *op iemand of iets* ~ ernstig teleurgesteld raken in iemand of iets **afknapper** *de (m)* [-s] onverwachte tegenvaller, iets waarop men afknapt
afknellen door knellen losraken van het lichaam, afklemmen: *zijn hand* ~ **afknibbelen** een kleine korting proberen te krijgen
afknijpen ❶ verwijderen door te klemmen, te knijpen ❷ sterk bezuinigen, de uitgaven verlagen ❸ fig. van iemand te veel vragen: *zijn personeel* ~
afknippen met een schaar (een stuk) verwijderen van: *zijn haar* ~
afko scherts. *de (v)* [-'s] afkorting
afkoelen ❶ koeler maken ❷ koeler worden: *het koelde af na het onweer* ❸ fig. minder kwaad worden, weer rustig worden: *het driftige jongetje*

werd naar zijn kamer gestuurd om af te koelen **afkoelingsperiode** fig. periode van bezinning voor partijen die een conflict met elkaar hebben
afkoersen gaan, vooral varen, in de richting van, ook figuurlijk: ~ *op een overwinning, mislukking*
afkoken ❶ door koken ergens bepaalde stoffen aan onttrekken ❷ ⟨van aardappels⟩ tot moes koken **afkoker** *de (m)* [-s] aardappel die gemakkelijk afkookt
afkolven moedermelk met een kolf uit de borst van een vrouw halen
afkomen ❶ naar beneden komen: *een berg* ~ ❷ officieel bekend worden gemaakt: *wanneer komt de beslissing over het nieuwe stadhuis af?* ❸ iets wat beloofd is ter beschikking stellen, geven: *wanneer komt hij af met het geld?* ❹ naar iets of iemand toe komen: *er kwamen veel mensen op de veiling af* ❺ gunstiger uit een situatie tevoorschijn komen dan was voorzien: *hij kwam er met een boete van af*
afkomst waar iemand vandaan komt, familie waartoe iemand behoort of land waar iemand vandaan komt: *Irene is van adellijke* ~; *Mohammed is van Marokkaanse* ~ **afkomstig** *bn* waar iets of iemand vandaan komt: *dit woord is ~ uit het Latijn*
afkondigen ❶ aan iedereen bekendmaken: *de minister heeft strenge maatregelen afgekondigd* ❷ zeggen dat een radio- of tv-programma voorbij is: *de presentator kondigde het programma af*
afkoop het zich vrijkopen: *de ~ van verplichtingen* ▼ ~ *van een levensverzekering* beëindiging van de overeenkomst vóór het betalen van de laatste termijn **afkoopsom** bedrag waarvoor iets wordt afgekocht **afkopen** vrijkopen, zich door betaling vrijmaken van: *een levensverzekering* ~ ▼ *zich laten* ~ van iets afzien in ruil voor geld
afkoppelen losmaken van iets dat aan- of vastgekoppeld was: *wagons* ~
afkorten korter maken, verkort opschrijven: *een woord* ~ **afkorting** *de (v)* verkort geschreven of uitgesproken woord of woorden: *m.b.t. is de ~ van 'met betrekking tot'*
afkraken heel negatief beoordelen, zeggen dat iets of iemand heel slecht is: *de pers kraakte het toneelstuk af*
afkrijgen klaar krijgen: *zijn huiswerk op tijd* ~
afkuisen BN, spreekt. reinigen (door het wegnemen van het vuil dat zich erop bevindt)
afkunnen ▼ *het alleen* ~ geen hulp nodig hebben
afl. ❶ aflevering ❷ afleiding
aflaat hist., r.-k. *de (m)* [-laten] kwijtschelding op bepaalde voorwaarden van straffen voor zonden die iemand heeft begaan
afladen goederen van een vervoermiddel halen
aflakken door lakken afmaken
aflandig *bn* ⟨van wind⟩ van het land naar de zee
aflaten ❶ weg laten lopen: *water, stoom* ~ ❷ ophouden: *zij laat niet af te waarschuwen* ❸ toestemming of gelegenheid geven om van iets af te gaan, naar beneden te gaan: *ik liet hem van het dak af*
aflebberen ❶ aflikken ❷ neg. zoenen: *ze zitten elkaar weer af te lebberen*

afleggen ❶ uittrekken: *zijn mantel ~* **❷** wegdoen, afdanken: *oude kleding ~* **❸** doen, volbrengen: *een examen, verklaring, eed, bezoek ~* **❹** zich over een bepaalde afstand verplaatsen: *vijftig kilometer per uur ~* **❺** wassen en het doodskleed aandoen (van een dode) ▼ *het ~ tegen iemand* voor iemand onderdoen, minder snel, sterk enz. zijn **afleggertje** *het* [-s] afgedankt kledingstuk

afleiden ❶ ergens anders naartoe leiden, sturen: *de bliksem ~* **❷** iemand uit zijn concentratie halen door zijn aandacht te trekken: *je leidt me af met je geklets* **❸** ontspanning geven **❹** een conclusie ergens uit trekken: *ik leid uit jouw woorden af dat je niet meegaat* **❺** woorden van andere woorden vormen: *veel verkleinwoorden worden afgeleid door achtervoeging van -je, zoals bij: kind - kindje* **afleiding** *de (v)* **❶** het afgeleid worden, ontspanning: *voor ~ zorgen* **❷** het afvoeren: *~ van water via een kanaal* **❸** het afleiden van woorden **❹** afgeleid woord: *'roersel' is een ~ van 'roeren'* **afleidingsmanoeuvre** handeling die in de eerste plaats is bedoeld om de aandacht van iets anders af te leiden

afleren [lcerdc af, h. / is afgeleerd] leren om iets niet meer te doen: *hij moet eens ~ om te smakken bij het eten*

afleveren ❶ bij iemand brengen: *de postbode leverde het pakketje bij ons thuis af* **❷** BN ook uitreiken (*van documenten, diploma's e.d.*) **aflevering I** *de (v)* **❶** bezorging: *voor ~ van de meubels aan huis moet men extra betalen* **II** *de (v)* [-en] **❷** één van een serie, zoals een uitzending op televisie of radio, een tijdschrift uit een serie e.d.: *de tweede ~ van een spannende tv-serie* **afleveringstermijn** termijn waarbinnen iets moet worden afgeleverd

aflezen ❶ opnoemen door voor te lezen **❷** zien op een meetinstrument, een grafiek e.d.: *de temperatuur ~* **❸** comp. waarnemen en gebruiken: *gegevens ~ van een cd* **❹** een emotie enz. zien en herkennen: *de angst van iemands gezicht ~*

aflikken schoonlikken ▼ *om je vingers bij te af te likken* heerlijk

afloop *de (m)* [-lopen] hoe iets eindigt, eind, uitkomst: *laten we hopen op een goede ~* **aflopen ❶** naar beneden lopen: *de weg loopt hier af* **❷** tot het eind lopen: *een weg helemaal ~* **❸** eindigen: *hoe liep die film af?* **❹** bezoeken, overal naartoe lopen: *alle feestjes ~; ik ben de halve stad afgelopen om je te zoeken*

aflossen ❶ de plaats innemen van: *de ene bewaker lost de andere af* **❷** helemaal of gedeeltelijk betalen: *een hypotheek ~* **aflossing** *de (v)* **❶** het aflossen **❷** persoon of ploeg die een andere aflost **❸** het bedrag dat is afgelost of moet worden afgelost

afluisterapparatuur technische hulpmiddelen waarmee men afluistert **afluisteren** in het geheim luisteren naar wat andere mensen zeggen: *een gesprek ~*

AFM Autoriteit Financiële Markten (*Nederlandse toezichthouder op de financiële markten*)

afmaaien afsnijden door te maaien

afmaken ❶ ervoor zorgen dat het klaar is: *zijn werk ~* **❷** doden, vooral van een dier **❸** ⟨van

mensen⟩ op een wrede manier doden **❹** fig. heel negatief beoordelen **❺** sp. een zware nederlaag toebrengen **❻** door het toevoegen van kruiden op de juiste smaak brengen ▼ *zich ergens van ~* iets met zo weinig mogelijk moeite doen of proberen iets niet te hoeven doen

afmaker ❶ iemand die iets wat samen met anderen is opgebouwd, tot een goed einde brengt **❷** sp. iemand die na een combinatie het doelpunt maakt **❸** degene van een komisch duo die de grap maakt

afmatten (een mens of dier) heel erg vermoeien, uitputten

afmelden melden dat iemand weggaat of niet komt: *de cursist heeft zich vandaag afgemeld*

afmeren een boot aan een kade of aan de waterkant vastleggen

afmeten ❶ de afmeting(en) bepalen van: *iets nauwkeurig ~; de populariteit van een artiest kun je ~ aan de hoeveelheid fanmail* **❷** iets afnemen na het gemeten te hebben: *een stuk laken ~* **afmeting** *de (v)* maat van iets, hoe lang, breed en hoog het is: *wat zijn de ~en van dit schip?*

afmonsteren ❶ personeel op een schip ontslaan **❷** ontslag nemen als personeelslid op een schip

afname *de (v)* [-n, -s] **❶** afzet, verkoop: *de ~ van exportgoederen* **❷** het minder worden: *een ~ van het aantal klachten* **afneembaar** *bn* **❶** wat men ergens van af kan halen: *autoradio met ~ front* **❷** wat men met een doekje schoon kan maken: *het scherm is ~ met een vochtige doek* **afnemen** [nam af, h. / is afgenomen] **❶** wegnemen, afdoen: *de hoed ~* **❷** schoonmaken: *stof ~* **❸** minder worden: *mijn gezichtsvermogen neemt af* **❹** kopen: *dat land neemt veel olie af* ▼ *een examen ~* vragen stellen of opdrachten geven aan kandidaten om hun kennis of vaardigheden te testen **afnemer** *de (m)* [-s] koper: *hij is een van de grote ~s van ons product*

afnokken inform. ophouden met iets, weggaan

aforisme *het* [-n] kernachtig geformuleerde levenswijsheid

a fortiori ⟨-(t)sie-⟩ *bw verb* met des te meer reden

afpakken iets pakken of in bezit nemen dat van iemand anders is, ontnemen

afpalen met palen afzetten **afpassen** de juiste maat, precies de benodigde hoeveelheid afmeten

afpeigeren inform. heel erg vermoeien, uitputten, afjakkeren ▼ *zich ~* zich erg inspannen, erg hard werken

afpellen de schil van iets halen

afpersen iemand bang maken en hem dwingen iets te doen of te geven: *die bende heeft de directeur van het bedrijf geld afgeperst* **afpersing** *de (v)* **❶** het afpersen **❷** jur. misdrijf waarbij men iemand dwingt om iets te geven of te doen, bijv. door te dreigen met geweld **afpijnigen** zwaar pijn doen, pijnigen ▼ fig. *zich ~* zich extreem inspannen, zich kwellen

afpikken inform. (van iemand) wegnemen, afpakken: *een snoepje van iemand ~; zij heeft mijn vriendje afgepikt* **afpingelen** proberen iets voor een lagere prijs te krijgen, afdingen

afplakken afdekken door er iets op te plakken

afplatten iets met een bolle vorm platmaken

af

afpoeieren iemand met een praatje of smoesje wegsturen: *ze poeierde de opdringerige verkoper af*

afprijzen de prijs of prijzen verlagen (van)

afraden zeggen dat iemand iets beter niet kan doen **afrader** *de (m)* [-s] iets waar men beter niet naartoe kan gaan, wat men beter niet kan kopen e.d.: *dat boek is een ~* **afraffelen** haastig en slordig doen of afmaken

aframmelen ❶ BN afraffelen **❷** afranselen **aframmeling** *de (v)* pak slaag

afranselen hard slaan, slaag geven

afraspen met een rasp afschrapen

afrasteren afsluiten met een hek van ijzerdraad **afrastering** *de (v)* afsluiting met een hek van ijzerdraad: *de kangoeroe was ontsnapt door de kapotte ~*

afreageren gevoelens, woede e.d. over iets naar buiten laten komen door gedrag of uitingen tegenover iets of iemand anders: *zijn boosheid op iemand ~*

afreizen ❶ vertrekken, op reis gaan: *hij is gisteren afgereisd* **❷** bezoeken of doorheen trekken tijdens een reis: *hij heeft het hele land afgereisd*

afrekenen betalen wat men iemand schuldig is: *we moeten onze drankjes nog ~* ▼ *met iemand ~* iemand die iets heeft gedaan wat men slecht vindt, geven wat hij verdient **afrekening** *de (v)* **❶** het afrekenen **❷** wraakactie, vaak moord: *een ~ in het criminele circuit*

afremmen ❶ de snelheid verminderen **❷** fig. te snelle ontwikkeling tegengaan

africhten door geregelde oefening iets leren, dresseren: *een paard ~*

afrijden ❶ naar beneden rijden, helemaal tot het eind rijden **❷** rijexamen doen **❸** aan het rijden laten wennen: *een paard ~* **❹** BN, spreekt. maaien (*van gras*)

afrikaantje *het* [-s] samengesteldbloemige sierplant met geurende oranje bloem (Tagetes) **Afrikaner** *de (m)* [-s] blanke die in Zuid-Afrika is geboren en die Afrikaans (een taal die op het Nederlands lijkt) spreekt

afrissen, afristen van de steel, tros e.d. halen: *bessen, druiven ~*

afrit *de (m)* [-ten] **❶** weg waarlangs men een auto- of snelweg verlaat **❷** weg waarlangs men van een dijk of weg afrijdt

afritsbroek sportieve lange broek waarvan een korte(re) broek kan worden gemaakt door een deel van de pijpen er af te ritsen

afrodisiacum ‹-dieziejaakum› *het* [afrodisiaca] middel dat de geslachtsdrift opwekt, waardoor iemand zin krijgt in seks

afroep ▼ *op ~* als men geroepen of erom gevraagd wordt ▼ *op ~ beschikbaar zijn* direct beschikbaar zijn als daarom wordt gevraagd **afroepen** roepend opnoemen, afkondigen ▼ *iets over zichzelf ~* zelf veroorzaken: *hij heeft die ellende over zichzelf afgeroepen*

afrokapsel ver uitstaand, kroezend, rond afgeknipt kapsel

afromen ❶ de room afscheppen **❷** fig een groot deel weghalen: *de winst, een inkomen ~* **afronden ❶** een rond, geheel getal maken: *9,98 ~ tot 10* **❷** rond of ronder maken: *de hoeken van een tafelblad ~* **❸** beëindigen, afmaken: *besprekingen,*

een telefoongesprek ~

afrossen hard slaan, afranselen

afruimen borden, messen, eten e.d. wegnemen: *de tafel ~*

afrukken ❶ met geweld lostrekken **❷** spreekt. een man met de hand seksueel bevredigen

afschaffen ❶ niet meer doen, niet langer in stand houden: *de minister wil subsidies ~* **❷** BN buiten dienst stellen, door onvoorziene omstandigheden (laten) vervallen: *de trein van 16.05 uur naar Oostende is afgeschaft* de trein van 16.05 uur zal niet rijden

afschampen [schampte af, is afgeschampt] heel licht raken en doorschieten: *de kogel schampte af*

afscheid *het* het (voor langere of kortere tijd) uit elkaar gaan van personen en de gevoelens, handelingen en woorden die daarbij horen: *~ van iemand nemen*

afscheiden ❶ doen vrijkomen: *ijzer uit erts ~* **❷** losmaken, scheiden **❸** afgeven: *de vloeistof scheidt een scherpe geur af* **❹** afgrenzen (van een ruimte) ▼ *zich ~* zich losmaken: *een aantal partijleden heeft zich afgescheiden en een nieuwe partij gevormd* **afscheiding** *de (v)* **❶** het afscheiden **❷** grens: *de ~ tussen ons terrein en dat van de buren*

afscheidspremie BN, ook ontslagpremie, afvloeiingspremie, opzeggingsvergoeding

afschepen ❶ in schepen laden voor verzending **❷** fig. zich van iemand afmaken zonder hem echt te helpen

afschermen ❶ met een scherm e.d. omgeven of afsluiten tegen licht, straling enz. **❷** fig. afsluiten van en beschermen tegen: *zijn kinderen ~ van de buitenwereld; een website ~ met een wachtwoord*

afscheuren door scheuren losmaken of loskomen ▼ BN ook *zich ~* zich afscheiden (van een partij, een organisatie e.d.)

afschieten doodschieten wat te veel is (van wild) ▼ *op iemand ~* vlug op iemand afkomen

afschilderen ❶ laatste schilderwerkzaamheden verrichten: *we moeten de kamer nog ~* **❷** fig. beschrijven: *zij schilderde hem af als een schurk*

afschilferen in schilfers loslaten **afschillen** verwijderen door te schillen **afschminken** grimering, schmink verwijderen

afschot *het* [-ten] **❶** het doodschieten **❷** doodgeschoten wild **❸** hellend dakje **❹** helling van een vlak voor de afvoer van vloeistof

afschrapen schrapend verwijderen of schoonmaken

afschrift *het* gedrukte, gekopieerde of overgeschreven versie van een tekst

afschrijven ❶ een bedrag aftrekken van een bank- of girorekening: *de bank heeft die betaling van mijn rekening afgeschreven* **❷** er in de financiële administratie rekening mee houden dat iets steeds minder waard wordt: *een computer is al na drie jaar afgeschreven* **❸** ergens niet meer op rekenen: *dat geld krijg je niet meer van hem terug, dat kun je wel ~* **❹** schrijven tot iets klaar is: *een artikel ~* **afschrijving** *de (v)* **❶** het afschrijven **❷** bericht daarvan, vooral van een giro- of bankinstelling dat er geld is afgehaald van de rekening

afschrik afkeer, angst **afschrikken** iemand bang maken zodat hij iets niet doet: *de waakhond moet dieven* ~ **afschrikwekkend** *bn* wat zo bang maakt dat men bepaalde dingen niet gaat doen: *de ~e werking van de doodstraf*

afschudden ❶ verwijderen door te schudden ❷ fig. zich bevrijden van ▼ *een achtervolger van zich* ~ van hem afkomen op een slimme manier

afschuimen ❶ schuim verwijderen, van iets afnemen ❷ zoeken naar iets wat men kan gebruiken of leuk vindt: *de markt* ~

afschuinen schuin afwerken, afsnijden: *een gipsplaat met een afgeschuinde kant* **afschuiven** ▼ *iets* ~ zeggen dat iemand anders het moet doen ▼ *de schuld op iemand* ~ zeggen dat iemand anders de schuld van iets heeft **afschutten** scheiden, afsluiten met een schut, met een stuk wand

afschuw *de (m)* diepe afkeer **afschuwelijk** *bn* ❶ wat diepe afkeer, tegenzin wekt: *een ~e daad* ❷ heel erg: *het is* ~ *koud*

afserveren ▼ *iemand, iets* ~ (op een botte manier) afwijzen

afsjouwen ❶ naar beneden sjouwen ❷ aflopen: *de hele stad* ~ ❸ hard werken

afslaan ❶ wegslaan: *vliegen* ~ ❷ terugslaan: *van zich* ~ ❸ weigeren, niet aannemen: *een uitnodiging* ~ ❹ in prijs verminderen ❺ van richting veranderen: *rechts* ~ ❻ plotseling ophouden te werken (van een motor)

afslachten massaal doden

afslag *de (m)* ❶ prijsvermindering ❷ manier van veilen met dalende prijzen ❸ plaats waar dit gebeurt: *de vis~* ❹ plaats waar men een andere weg kan inslaan: *bij de derde ~ moeten we linksaf*

afslanken ❶ slanker worden ❷ fig. kleiner doen worden: *dit bedrijf moet ~* **afsloven** ▼ *zich* ~ zich erg inspannen, heel hard werken

afsluiten ❶ door sluiten ontoegankelijk maken: *een weg* ~ ❷ op slot doen: *een deur* ~ ❸ helemaal dichtmaken: *een vat luchtdicht* ~ ❹ de toevoer versperren: *het gas, de elektriciteit* ~ ❺ beëindigen: *ze sloot haar optreden af met een liedje* ❻ aangaan: *een verzekering* ~ ▼ *zich* ~ *voor iets* er niets mee te maken willen hebben, er niets over willen horen **afsluiting** *de (v)* ❶ het afsluiten ❷ dat wat afsluit **afsluitprovisie** geld, provisie voor degene die een contract, vooral een hypotheek, afsluit met een klant

afsmeken smeken om, proberen te krijgen door erom te smeken **afsnauwen** bits, onvriendelijk tegen iemand spreken **afsnijden** ❶ ergens iets van afhalen door te snijden: *een stukje stokbrood* ~ ❷ een kortere weg nemen ▼ *een bocht* ~ een bocht zo nemen, dat men niet helemaal met de bocht mee gaat maar een beetje meer rechtdoor ❸ versperren, de toevoer onmogelijk maken ▼ *iemand de pas* ~ verhinderen verder te gaan **afsnoepen** ▼ *iemand iets* ~ iemand net vóór zijn met het behalen van een voordeeltje **afspannen** met zeepsop schoonmaken **afspannen** losmaken van trekdieren **afspelden** met spelden de gewenste vorm geven: *een broek* ~

afspelen ❶ laten horen van geluidsbanden e.d. ❷ tot het eind spelen ❸ sp. de bal niet langer bij zich houden ▼ *zich* ~ gebeuren, plaatsvinden

afspiegelen een spiegelbeeld geven van, ook figuurlijk ▼ *zich* ~ tot uiting komen: *in dit boek spiegelt zich een verandering af in het denken van de schrijver*

afspiegeling *de (v)* spiegelbeeld, iets wat overeenkomt met: *de bevolking van deze wijk vormt een* ~ *van die van het land*

afsplijten door splijten losmaken of losgaan **afsplitsen** door splitsen afscheiden ▼ *zich* ~ van de hoofdrichting afgaan van een weg, rivier e.d.; zich losmaken van het grote geheel, van een vereniging, partij e.d. **afsponsen** met een spons schoonmaken

afspraak *de* [-spraken] ❶ iets waarvan men tegen elkaar heeft gezegd dat men zich eraan zal houden ❷ afgesproken ontmoeting op een bepaalde tijd en plaats: *we hebben een* ~ *voor dinsdagmorgen om negen uur* **afspraakje** *het* [-s] afspraak tussen twee mensen die elkaar leuk vinden of verliefd zijn, om elkaar op een bepaalde plaats te ontmoeten **afspreken** [sprak af, h. / is afgesproken] een afspraak maken

afspringen ❶ wegspringen of ergens naartoe springen ❷ ⟨van onderhandelingen e.d.⟩ afgebroken worden, mislukken

afstaan weggeven of aan een ander geven om te gebruiken: *Jeroen wilde zijn fiets wel even aan mij* ~

afstammeling *de (m)* iemand die afstamt van een bepaalde voorouder, nakomeling **afstammen** [stamde af, is afgestamd] ▼ ~ *van* een nakomeling van iemand of iets zijn: *wij stammen af van de apen*

afstand *de (m)* ruimte, lengte tussen verschillende punten: *hij moet voor zijn werk grote ~en afleggen* ▼ ~ *doen van* weggeven, aan iemand anders geven ▼ *zich op een* ~ *houden* zich afzijdig houden, er niet te veel mee te maken willen hebben ▼ ~ *nemen van iets* verklaren dat men er niets mee te maken heeft **afstandelijk** *bn* die zich op een afstand houdt in contacten met andere mensen **afstandsbediening** *de (v)* ❶ het draadloos bedienen op afstand van een apparaat of systeem ❷ apparaatje waarmee men een ander apparaat, zoals een televisie, radio, cd-speler, van een afstand kan bedienen

afstandsmoeder moeder die een baby afstaat

afstandsschot schot van grote afstand

afstapje *het* [-s] plaats waar men een stapje moet maken naar een lager niveau: *denk om het* ~ *naar de keuken* **afstappen** [stapte af, is afgestapt] van een voertuig of een rijdier stappen ▼ ~ *van* niet langer doorgaan met: *van een onderwerp* ~ ▼ *op iemand* ~ naar iemand toe gaan

afsteken ❶ ⟨van vuurwerk⟩ doen ontbranden ❷ uitspreken: *een rede* ~ ❸ zich duidelijk aftekenen, opvallen naast iets anders of tegen een achtergrond: *de rode klaprozen steken fel af tegen het groen van het gras* ▼ *(on)gunstig* ~ *tegen* een goede/slechte indruk maken in vergelijking met ❹ een kortere weg nemen: *een heel stuk* ~

afstel *het* ▼ *van uitstel komt* ~ uitstellen leidt er vaak toe dat iets niet doorgaat **afstellen** nauwkeurig regelen: *een machine* ~

afstemmen ❶ over iets stemmen en het

af

verwerpen ❷ instellen van een radio op een zender ▼ ~ *op* aanpassen aan iets of iemand, zo regelen dat het geschikt is voor iets of iemand: *we moeten onze plannen op elkaar ~; de inrichting van ons huis is afgestemd op kleine kinderen*

afstempelen ergens een stempel op zetten

afsterven langzaam doodgaan of verdwijnen

afstevenen ▼ ~ *op* (snel) varen of gaan naar, ook figuurlijk: *de partij stevende af op een overwinning*

afstijgen naar beneden stappen, vooral vanaf een paard **afstoffen** met een doek stof verwijderen

afstompen ❶ stomp maken of worden ❷ fig. geestelijk ongevoelig maken of worden: *hij is afgestompt door het eentonige werk*

afstoppen ❶ ⟨wielrennen⟩ langzaam aan de kop van het peloton rijden om dit te vertragen voor een ploeggenoot die aan het peloton is ontsnapt ❷ ⟨voetbal⟩ een tegenstander verhinderen verder te gaan: *de spits werd afgestopt*

afstotelijk *bn* heel erg lelijk, wat mensen afstoot, weerzinwekkend, afschuwelijk: *een ~ uiterlijk*

afstoten ❶ met een stoot wegduwen ❷ wegdoen, verwijderen: *het bedrijf heeft onderdelen afgestoten die geen winst opleveren* ❸ fig. maken dat anderen afkerig worden van iemand: *hij stoot mensen af door zijn negatieve houding* ❹ med. niet accepteren van een getransplanteerd orgaan door het lichaam

afstraffen ❶ de nare gevolgen laten ondervinden, stevig straffen, scherp terechtwijzen ❷ sp. een fout van de tegenstander gebruiken voor eigen voordeel

afstrijken ❶ door strijken aansteken: *een lucifer ~* ❷ gelijk strijken: *één afgestreken eetlepel suiker* ❸ ⟨bij sommige alternatieve geneeswijzen⟩ met de handen een strijkende beweging maken langs het lichaam

afstropen ❶ aftrekken van een vel: *paling ~* ❷ ⟨van kleding⟩ van het lichaam trekken: *een panty ~* ❸ zoekend gaan door: *een gebied ~*

afstruinen zoekend langs of doorheen gaan: *markten ~*

afstuderen [studeerde af, is afgestudeerd] zijn studie aan een universiteit afmaken

afstuiten [stuitte af, is afgestuit] ❶ terugstuiten, niet binnendringen ❷ fig door sterke tegenstand niet doorgaan, niet gebeuren: *de voorstellen stuitten af op bezwaren van het bestuur*

aft *de* zweertje in het mondslijmvlies

aftaaien inform. weggaan

aftakelen [takelde af, h. / is afgetakeld] ❶ masten, touwen e.d. van een schip verwijderen ❷ achteruitgaan: *opa is duidelijk aan het ~*

aftakking *de (v)* splitsing, zijleiding: *een ~ van een rivier, een pijpleiding*

aftands *bn* in slechte staat of conditie (door ouderdom)

aftappen ❶ een vloeistof door een opening naar buiten laten stromen: *voor rubber wordt sap afgetapt uit rubberbomen* ❷ illegaal stroom e.d. uit een leiding halen ▼ *telefoongesprekken ~* telefoongesprekken afluisteren

aftasten ❶ (tastend) onderzoeken ❷ fig. voorzichtig peilen, voorzichtig informeren: *ik zal*

eens ~ of hij interesse heeft

afte *de* [-n] aft

aftekenen ❶ tekenend nabootsen, natekenen ❷ voor gezien tekenen ▼ *zich ~* duidelijk zichtbaar zijn tegen de achtergrond; duidelijk zichtbaar worden: *de toren tekende zich scherp af tegen de blauwe lucht; er tekende zich een verkiezingsnederlaag af voor de regeringspartijen*

aftellen ❶ nauwkeurig uittellen ❷ tellen hoe lang het nog duurt voor iets belangrijks gebeurt: *de gevangene telt de dagen af tot hij vrij zal zijn* ❸ seconden terugtellen tot nul: *de raket wordt zo meteen gelanceerd, ze zijn al begonnen met ~*

aftelrijmpje *het* [-s], **aftelversje** kinderrijm om te bepalen wie er aan de beurt is

afterbeat ⟨àftɑRbiet⟩ muz. *de (m)* accent op het lichte deel van de maat **afterparty** ⟨-paartie⟩ feest na afloop van een evenement **aftersales** *de (mv)* service die wordt gegeven als iemand een product al heeft gekocht **aftershave** ⟨-sjeev⟩ *de (m)* [-s] lotion voor na het scheren **aftersun** *de (m)* [-s] verzorgende crème voor na een zonnebad

aftikken ❶ iemand tikken zodat hij niet meer aan het spel mag meedoen ❷ ⟨door een dirigent⟩ door tikken laten beginnen of ophouden

aftiteling *de (v)* overzicht aan het eind van een film of tv-programma met de namen van de medewerkers

aftobben uitputten door werk, zorgen e.d.: *zich ~*

aftocht *de (m)* het wegtrekken ▼ *de ~ blazen* of *slaan* het sein geven om zich terug te trekken; weggaan, zich terugtrekken

aftoppen ❶ de toppen wegnemen van ❷ fig. lager maken van hoge bedragen, zoals van lonen

aftrainen het trainen langzamerhand verminderen aan het eind van een sportcarrière

aftrap *de (m)* [-pen] eerste trap bij voetballen

aftrappen ❶ sp. de aftrap doen ❷ plattrappen, platmaken door lopen: *afgetrapte schoenen* ❸ fietsend afstanden afleggen

aftreden [trad af, is afgetreden] stoppen met werken in of het uitoefenen van een bepaalde functie: *de voorzitter is afgetreden*

aftrek *de (m)* ❶ het in mindering brengen ▼ *na ~ van* als men dat ervan af haalt: *na ~ van de kosten* ❷ vraag naar iets, de verkoop van iets ▼ *gretig ~ vinden* populair zijn en veel gekocht worden: *het nieuwe computerspel vond gretig ~*

aftrekbaar *bn* wat men bij de belastingaangifte kan aftrekken van zijn inkomsten

aftrekken ❶ lostrekken: *trek het deksel er maar af* ❷ een getal verminderen met een ander getal: *als je 7 van 13 aftrekt, houd je 6 over; kosten voor de belastingaangifte ~ van de belastingaangifte* ❸ bestanddelen aan iets onttrekken in een hete vloeistof ▼ *kruiden ~* ❹ ⟨een man⟩ met de hand seksueel bevredigen ▼ *zijn handen van iemand ~* iemand aan zijn lot overlaten, niets meer met hem te maken willen hebben

aftrekker *de (m)* [-s] ❶ getal dat van een ander wordt afgetrokken ❷ BN (vloer)trekker

aftrekpost bedrag dat men kan aftrekken bij de

belastingaangifte

aftreksel *het* [-s] vloeistof die men heeft verhit en waarin men stoffen heeft laten trekken ▼ *een slap ~ van* een kwalitatief veel mindere weergave van: *de film was maar een slap ~ van het boek*

aftroeven een slag afnemen bij een kaartspel met een troefkaart ▼ fig. *iemand ~* sneller, slimmer e.d. zijn dan iemand anders

aftroggelen op een sluwe manier iets krijgen: *hij troggelde zijn moeder honderd euro af*

aftuigen ❶ het tuig weghalen: *een schip ~* ❷ de versieringen weghalen: *de kerstboom ~* ❸ ernstig mishandelen, afranselen: *hij werd door een stel dronken jongens afgetuigd* **afturven** tellen door te turven

afvaardigen met een opdracht als vertegenwoordiger van iets of van een groep mensen ergens naartoe sturen **afvaardiging** *de (v)* ❶ het afvaardigen ❷ de mensen die gestuurd zijn als vertegenwoordigers van iets of van een groep mensen: *van ~ van de bewoners heeft met de wethouder gesproken over de problemen*

afvaart *het vertrek, wegvaren van een schip*

afval *het & de (m)* dat wat (zo goed als) onbruikbaar is en weggegooid wordt ▼ *klein chemisch ~* lege batterijen, verfresten, oplosmiddelen, medicijnen e.d. **afvalberg** het geheel van verzameld afval **afvalcontainer** verzamelbak van afval

afvallen ❶ wegvallen, niet meer meedoen: *veel deelnemers aan de race kunnen het tempo niet bijhouden en vallen af* ❷ magerder worden: *hij is tien kilo afgevallen* ▼ *iemand ~* ontrouw worden, iemand niet steunen terwijl dat wel werd verwacht, bijv. in een discussie

afvallig *bn* ontrouw ▼ *een ~ gelovige* iemand die niet meer geloofd, er niet meer bij hoort

afvalproduct product dat ontstaat naast het eigenlijke product, uit de afval van dat product **afvalrace** wedstrijd of concurrentiestrijd waarbij steeds meer deelnemers afvallen

afvangen door vangen afpakken, ontnemen **afvegen** schoonmaken door te vegen: *de tafel ~; zijn handen ~* **afvinken** met een v-tje op een lijst aangeven **afvlaggen** ❶ beëindigen door het geven van een vlagsignaal: *de race werd afgevlagd* ▼ ⟨voetbal⟩ *de aanvaller wordt afgevlagd wegens buitenspel* de grensrechter geeft met zijn vlag aan dat de aanvaller buitenspel staat ❷ een vlagsignaal geven als een coureur bij een auto- of motorrace de finish passeert: *hij werd als vijfde afgevlagd* **afvlakken** ❶ vlakker maken ❷ fig. minder intens of minder erg maken

afvloeien ❶ wegvloeien, wegstromen ❷ fig. geleidelijk minder worden van personeel doordat werknemers niet vervangen worden als ze weggaan of ontslagen worden: *door de fusie van de twee bedrijven moeten vijftig werknemers ~* **afvloeiing** *de (v)* het afvloeien, het minder worden van het aantal personeelsleden **afvloeiingsregeling** financiële regeling voor personeel dat ontslagen wordt

afvoer *de (m)* ❶ het wegvoeren, vooral van water ❷ leiding voor het wegvoeren: *de ~ is verstopt* **afvoeren** ❶ wegvoeren ❷ schrappen: *iemand*

van de lijst ~

afvragen ▼ *zich ~* nadenken over, zichzelf de vraag stellen

afvuren afschieten ▼ fig. *vragen ~ op* heel veel vragen achter elkaar stellen

afwaarts *bn* naar beneden, naar de monding van een rivier e.d.

afwachten wachten tot iemand komt of iets gebeurt: *we moeten maar ~ hoe het nu verder gaat* ▼ *een ~de houding aannemen* eerst kijken hoe de dingen lopen voordat men zelf iets doet **afwachting** *de (v)* ▼ *in ~ van* terwijl men wacht op

afwas *de (m)* ❶ het met water schoonmaken van pannen, borden, glazen, bestek e.d. ❷ pannen, borden e.d. die schoongemaakt moeten worden: *de ~ van gisteren staat er nog* **afwasmachine** machine om af te wassen **afwassen** ❶ met water schoonmaken ❷ met water pannen, borden, glazen, bestek e.d. schoonmaken

afwateren overtollig water lozen **afwateringskanaal** kanaal voor de afvoer van water

afweer *de (m)* het afweren, verdediging, bescherming **afweergeschut** geschut om aanvallende vliegtuigen te beschieten **afweerstof** stof die het lichaam beschermt tegen infecties en ziekten **afweersysteem** bescherming van het lichaam tegen infecties en ziekten: *slechte voeding verzwakt het ~ en daardoor wordt iemand sneller ziek*

afwegen ❶ nauwkeurig wegen, een hoeveelheid van iets bepalen door te wegen: *een pond pruimen ~* ❷ fig. erg goed nadenken over wat men gaat doen of zeggen: *de risico's ~* ▼ *de voor- en nadelen tegen elkaar ~* de voordelen en nadelen met elkaar vergelijken en erover nadenken

afwenden ❶ wegdraaien: *zijn hoofd ~* ❷ tegenhouden: *een naderend gevaar ~* **afwennen** langzamerhand afleren: *het roken ~*

afwentelen (kosten, werk e.d.) op een ander overdragen, vaak zodat die de ander dat wil: *iets op iemand ~* **afweren** tegenhouden, wegslaan: *een aanval ~*

afwerken beëindigen, afmaken, het laatste werk doen aan iets: *ik heb de kast getimmerd maar ik moet hem nog mooi ~* **afwerking** ❶ het laatste werk aan iets ❷ de manier waarop iets is afgemaakt, hoe het eruitziet: *de ~ van deze auto is niet fraai*

afwerkplek plaats waar een prostitué of prostituee zijn of haar klanten seksueel bevredigt

afwerpen afgooien ▼ fig. *vrucht ~* goede resultaten hebben

afweten ▼ *het laten ~* niet doen wat verwacht mag worden

afwezig *bn* ❶ die of wat er niet is: *Jan is vandaag ~* ❷ fig. niet met zijn aandacht erbij: *wat ben je ~ vandaag* **afwezigheidslijst** BN, ook presentielijst

afwijken ❶ een andere richting nemen, hebben: *van de route ~* ❷ verschillen van wat gewoon is, anders zijn ▼ *~ van* niet overeenkomen met, anders zijn ▼ *een ~de mening* een andere mening

af

dan die van de meeste mensen **afwijking** de (v)
❶ het afwijken: een ~ naar rechts▼ in ~ van
eerdere mededelingen anders dan eerder is
meegedeeld ❷ geestelijk of lichamelijk gebrek:
hij heeft een ~ aan zijn hart

afwijzen ❶ niet toelaten: ik ben afgewezen voor de
opleiding die ik wilde doen ❷ niet aanvaarden,
niet accepteren, weigeren: een verzoek ~ ▼ zij
heeft hem afgewezen ze heeft hem duidelijk
gemaakt dat ze geen liefdesverhouding met
hem wil

afwikkelen ❶ van iets losmaken door het steeds
rond te draaien: een draad ~ ❷ in orde brengen,
regelen: een kwestie vlot ~ **afwimpelen** afwijzen
op een indirecte manier en zonder een reden te
geven, om ergens van af te zijn: een verzoek ~
afwinden door draaien losmaken

afwisselen om de beurt elkaar vervangen:
elkaar, iemand ~; regen en zonneschijn wisselden
elkaar vandaag af **afwisselend** bn met variatie,
niet de hele tijd hetzelfde: ~ werk **afwisseling** de
(v) verandering, verschillende soorten dingen,
activiteiten enz.: voor de ~ gaan we dit jaar eens
niet naar het buitenland op vakantie; een
programma met veel ~

afwissen weghalen of schoonmaken door te
wissen

afz. afzender

afzakken ❶ naar beneden zakken: je broek zakt
af! ❷ stroomafwaarts of naar het zuiden gaan:
de rivier ~ met een kano **afzakkertje** het [-s]
glaasje sterkedrank tot besluit: we nemen nog
een ~

afzeggen melden dat iets niet doorgaat of dat
men niet komt

afzeiken spreekt. treiteren, vervelende
opmerkingen maken tegen iemand

afzender de (m) [-s] iemand die een brief of
goederen verstuurt

afzet de (m) ❶ hoeveelheid artikelen die een
winkel of bedrijf verkoopt: de ~ van mobiele
telefoons is gestegen ❷ flinke duw met de voet om
een sprong te maken **afzetgebied** gebied waar
een product verkocht wordt

afzetten ❶ afdoen: zijn pet ~ ❷ afsluiten: een
straat ~ met hekken ❸ te veel laten betalen,
oplichten: ik ben afgezet op de markt ❹ ergens
naartoe rijden en iemand daar uit of af laten
stappen: kun je me bij het station ~? ❺ operatief
verwijderen (van een been of arm) ❻ in lijnen
aftekenen, afbakenen: een terrein ~ ❼ uit een
ambt of functie zetten: de president is afgezet
❽ doen stilhouden, uitschakelen: de motor ~
❾ verkopen: dit bedrijf zet zijn producten vooral af
in het buitenland ❿ kwijtraken: ik kan die
gedachte niet van mij ~ ⓫ maken dat iets naar de
bodem zinkt en daar blijft liggen: die zeearm zet
slib af▼ op iemand ~ komen ~ naar iemand toe
lopen▼ zich ~ zich als een dunne laag vastzetten;
een krachtig begin maken (voor een sprong)
▼ zich ~ tegen zich verzetten tegen, met nadruk
afwijzen: zich ~ tegen zijn ouders

afzetterij de (v) het te veel laten betalen,
oplichterij

afzetting de (v) ❶ iets waarmee een weg, gebied
e.d. wordt afgesloten ❷ wat zich afzet: een ~ van

kalk

afzichtelijk bn afschuwelijk om te zien, heel erg
lelijk: wat een ~ gebouw!

afzien ❶ tot het eind bekijken ❷ (iets leren door
te) kijken hoe een ander iets doet ❸ zich heel
erg moeten inspannen en lijden: de wielrenners
moesten ~ tijdens de lange rit door de bergen▼ ~
van niet meer willen **afzienbaar** bn
▼ binnen ~bare tijd vrij spoedig

afzijdig bn▼ zich ~ houden niet meedoen of geen
partij kiezen

afzoeken ergens helemaal doorheen gaan en
overal zoeken: we hebben het hele plantsoen
afgezocht

afzoenen door kussen goedmaken

afzonderen apart houden, van iets anders
afscheiden▼ zich ~ zich van anderen afscheiden,
geen contact met anderen hebben **afzondering**
de (v) situatie van het afgescheiden zijn van
anderen, zonder contact met anderen: leven in ~
▼ BN, sp. in ~ gaan op trainingskamp gaan
afzonderlijk bn apart, een voor een: alle
leerlingen van de klas moesten ~ bij de rector
komen

afzuigen ❶ door zuigen verwijderen ❷ een man
met de mond seksueel bevredigen

afzuigkap installatie boven een fornuis die
luchtjes en wasem wegzuigt

afzwaaien [zwaaide af, is afgezwaaid] uit
militaire dienst komen

afzwakken ❶ in kracht afnemen ❷ zwakker
maken, verzachten: een verhaal ~

afzwemmen [zwom af, h. / is afgezwommen]
voor een diploma zwemmen **afzweren** ❶ onder
ede verwerpen ❷ zich voornemen om met iets
op te houden: de drank ~

Ag schei. argentum (zilver)

agaat de (m) [agaten] & het [gmv] veelkleurige
edelsteen

agave de [-n, -s] tropische vetplant

agekey ⟨eedzjkie⟩ de (m) apparaat op
tabaksautomaten voor leeftijdscontrole

agenda de [-'s] ❶ aantekenboekje met datums
❷ punten waarover gesproken moet worden,
vooral tijdens een vergadering▼ een dubbele/
verborgen ~ hebben iets anders willen dan men
laat blijken **agenderen** op de agenda plaatsen
als punt om te bespreken

agens het [agentia] ❶ werkende oorzaak of
kracht ❷ stof die een chemische werking
teweegbrengt

agent de (m) ❶ politieagent
❷ vertegenwoordiger van een onderneming
❸ vertegenwoordiger van een schrijver

agent-provocateur ⟨aazjà-⟩ de (m)
[agents-provocateurs] iemand die uitlokt tot
verboden handelingen, betaalde onruststoker,
gehuurde stille opruier

agentschap het [-pen] ❶ kantoor van een
vertegenwoordiger ❷ BN woningbureau,
makelaardij **agentuur** de (v) [-turen] agentschap

ageren handelend optreden: ~ tegen

agf aardappelen, groente en fruit

agglomeraat het [-raten] opeenhoping

agglomeratie de (v) [-s] stad met aangegroeide
gemeenten **agglomeratieraad** BN bestuur dat in

de Brusselse agglomeratie de activiteiten van de negentien gemeenten coördineert

aggregaat *het* [-gaten] ❶ geheel dat ontstaat doordat delen zich met elkaar verbinden ❷ samenstel van machines of apparaten ❸ machine die stroom levert **aggregatie** *de (v)* [-s] ❶ samenvoeging ❷ BN academische bevoegdheid tot lesgeven in hoger secundair onderwijs ❸ BN lerarenopleiding

agio I *de* [-'s] ❶ assistent-geneeskundige in opleiding II *het* ❷ gunstig koersverschil ▼ ~ *doen* een hogere koers hebben dan normaal

agitatie *de (v)* [-s] ❶ opgewondenheid, zenuwachtige opwinding ❷ opruiende propaganda voor bepaalde politieke opvattingen **agitator** *de (m)* [-s, -toren] ❶ iemand die opruit ❷ apparaat waarin vloeistoffen in beweging worden gehouden en daardoor vermengd raken ❸ langzaam draaiende trommel achter op een vrachtwagen voor het vervoer van betonspecie van de fabriek naar de bouwplaats **agiteren** verontrusten, zenuwachtig maken

agnost *de* aanhanger van het agnosticisme

agnosticisme *het* overtuiging dat men niets kan weten van het bestaan van God of andere zaken die uitstijgen boven de waarneembare werkelijkheid **agnosticus** *de (m)* [-tici] aanhanger van het agnosticisme

Agnus Dei (anjoes deejie) r.-k. *het* [-'s] deel van de mis dat met deze twee woorden begint

agogie *de (v)* het proberen te beïnvloeden, vooral verbeteren, van sociaal gedrag **agogiek** *de (v)* ❶ leer van tempowisselingen en verlenging en verkorting van noten voor meer uitdrukkingskracht ❷ leer van het handelen van mensen **agogisch** *bn* ❶ wat te maken heeft met tempowisselingen, agogiek ❷ wat te maken heeft met de agogie

agonie *de (v)* doodsstrijd

agorafobie med. *de (v)* angst voor grote open ruimten, pleinvrees

agrariër *de (m)* [-s] iemand die de landbouw en/of veeteelt beoefent **agrarisch** *bn* wat te maken heeft met landbouw en/of veeteelt

agressie *de (v)* [-s] ❶ vijandig of gewelddadig gedrag of gevoel: *de toenemende ~ onder voetbalsupporters* ❷ aanval, vijandige aantasting, vooral aanval van een staat op een andere staat: *~ tegen een kleine buurstaat* **agressief** *bn* vijandig, die snel geweld gebruikt: *agressieve jongeren* ▼ ~*ve chemische stoffen* die beschadigingen aanbrengen in andere stoffen ▼ ~*ve verkoopmethoden* met veel overredingskracht en soms onfatsoenlijke methoden **agressiviteit** *de (v)* het agressief zijn **agressor** *de (m)* [-s] aanvaller, iemand die of land dat een ander aanvalt

agricultuur landbouw

A-griep grote griepepidemie vanuit Z.O-Azië in 1957

agro-industrie industrie die producten uit de land- en tuinbouw verwerkt

agronomie *de (v)* onderzoek naar en het verbeteren van de landbouw, landbouwkunde

ah *tw* uitroep van verbazing, afkeer e.d.

aha *tw* uitroep van (aangename) verrassing **aha-erlebnis** *de (v) & het* [-sen] plotseling inzicht dat een lichte schok van herkenning geeft

ahob *de (m)* [-s] *automatische halve overwegbomen*, automatisch beveiligde spoorwegovergang met halve spoorbomen

ahorn *de (m)* [-en, -s] esdoorn

a.h.w. als het ware

ai I *tw* ❶ uitroep als men verontrust is, iets jammer vindt e.d. II *de (m)* [-s] ❷ drietenig tandeloos zoogdier (Bradypus triactylus)

a.i. *ad interim*, ❶ tussentijds ❷ alles inbegrepen

AID *de (m)* Algemene Inspectiedienst

aids (eedz) *de (m)*, *acquired immune deficiency syndrome*, ziekte die door een virus wordt veroorzaakt en die het afweersysteem van het lichaam ernstig verzwakt **aidspatiënt** iemand die aan aids lijdt **aidsremmer** *de (m)* [-s] geneesmiddel dat de werking van hiv (de veroorzaker van aids) remt

aikido *de (m)* Japanse vechtsport

aimabel (è-) *bn* beminnelijk, aardig, vriendelijk: *een ~e man*

aio (aajoo) *de* [-'s] assistent in opleiding **aio-opleiding** opleiding van een universitair assistent in opleiding

air (èR) *het* [-s] hooghartige houding

airbag (èRbeG) *de* [-s] luchtkussen vóór in een auto, dat zichzelf opblaast bij een ongeluk en dat de bestuurder en de passagier voorin beschermt **airbrush** (-brusj) *de (m)* verfspuit met hoge druk **airbus** passagiersvliegtuig voor korte afstanden

airco (èRkoo) *de (v)* [-'s] airconditioning **airconditioning** (-kəndisjəning) *de* installatie om temperatuur en kwaliteit van de lucht te regelen **airedaleterriër** (èRdeel-) grote terriër met bruin en zwart kroezend haar

airhostess (èrhoostəs) BN, ook stewardess **airmail** (èRmeel) luchtpost **airmarshal** *de (m)* [-s] gewapende veiligheidsagent in verkeersvliegtuigen om terreuracties te voorkomen **airmile**® (-majl) *de* [-s] spaarpunt voor onder andere vliegtickets en vakantiereizen

aïs (aa-ies) muz. *de* [-sen] a die met een halve toon is verhoogd

AIVD *de (m)* Algemene Inlichtingen- en Veiligheidsdienst

Ajacied (aajaksiet) *de (m)* speler of aanhanger van de voetbalclub Ajax®

ajakkes *tw* bah

ajour (aazjoer) *bn* opengewerkt

aju inform., **ajuus** *tw* tot ziens

ajuin BN, ook *de (m)* ui

akela *de (v)* [-'s] leidster of leider van een groep welpen bij scouting

akelei *de* akolei

akelig *bn* naar, niet prettig

aker *de (m)* [-s] ❶ eikel, eikelvormig doosje ❷ metalen putemmer

aki *de* [-'s] automatische knipperlichtinstallatie

akkefietje, akkevietje inform. *het* [-s] ❶ onaangenaam karweitje ❷ klein conflict: *een ~ met iemand hebben*

akker *de (m)* [-s] stuk grond waarop gewassen

ak

worden verbouwd **akkerbouw** het verbouwen van gewassen op stukken grond buiten, i.t.t. bijv. teelt in kassen **akkertje** het [-s] kleine akker ▼ *op z'n dooie ~* op zijn gemak

akkoord I het ❶ overeenkomst, schikking ▼ *het op een ~je gooien* tot een schikking komen ▼ BN *interprofessioneel ~* overeenkomst tussen werkgevers en werknemers uit verschillende sectoren van het bedrijfsleven ❷ samenklank van tonen II bn ❸ in orde, dat is goed ▼ *~ gaan met iets* het ergens mee eens zijn, het goedvinden

AKN organisatie die vooral werkt voor AVRO, KRO en NCRV

akoestiek de (v) ❶ leer van het geluid ❷ manier waarop het geluid zich in een ruimte verbreidt en voortplant **akoestisch** bn wat te maken heeft met de akoestiek ▼ *~e gitaar* gitaar waarvan de tonen niet elektrisch worden versterkt

akolei de plant met trechtervormige gespoorde bloemen (Aquilegia)

akoniet I de ❶ giftige ranonkelachtige plant (Aconitum) II het ❷ vergif daaruit

aks de bijl met lange steel

akte de [-n, -s] ❶ elk van de hoofddelen van een toneelstuk of opera ❷ officieel schriftelijk stuk: *een notariële ~* ❸ schriftelijk bewijs dat men ergens toe bevoegd is ▼ *waarvan ~!* dat is dus duidelijk afgesproken! **aktetas** platte tas voor boeken of papieren

AKW de Algemene Kinderbijslagwet

al I bn ❶ wat te maken heeft met het geheel, met alles, met iedereen II het ❷ alles ▼ *~ met ~* nu ik (wij) alles overwogen heb (hebben) ❸ het heelal III bw ❹ woord dat uitdrukt dat iets vroeg of snel is, reeds: *hij is er ~* ❺ wel: *~ of niet leuk* ❻ helemaal: *geheel en ~* ❼ versterkend woord, veel (te): *dat weet hij maar ~ te goed* IV vgw ❽ ook al, hoewel: *~ schreeuw je nog zo hard, ik kom niet*

a.l. *alle leeftijden*,

al. alinea

Al schei. aluminium

à la 〈a la〉 bw verb op dezelfde manier als, in de stijl van: *een schilderij ~ Picasso*

alaaf tw heilwens in gebieden waar carnaval gevierd wordt

à la carte 〈- kart〉 bw verb met keuze uit de menukaart

à la minute 〈- mienuut〉 bw verb ogenblikkelijk

alarm het ❶ noodsein als er iets ernstigs aan de hand is ▼ *~ slaan* waarschuwen voor gevaar ❷ installatie voor het geven van een noodsein **alarmbel** bel die luidt of geluid wordt om alarm te slaan als er iets ernstigs aan de hand is ▼ *aan de ~ trekken, de ~ luiden* waarschuwen **alarmbelprocedure** BN, pol. procedure waardoor een taalminderheid in de Kamer en de Senaat een discriminerend wetsontwerp kan verhinderen

alarmcentrale centrale waar men berichten ontvangt bij problemen en nood en waarschuwt, hulp stuurt e.d. **alarmeren** ❶ door alarm waarschuwen ▼ *de politie en brandweer ~* de politie en brandweer waarschuwen dat er iets ernstigs aan de hand is ❷ verontrusten, ongerust

maken ▼ *een ~d bericht* een bericht dat bang of bezorgd maakt **alarminstallatie** apparaat dat een alarmsignaal geeft, bijv. als er inbrekers binnendringen **alarmklok** klok die geluid wordt in een noodsituatie: *de ~ luiden* **alarmnummer** telefoonnummer voor noodgevallen **alarmpistool** pistool dat geen kogels afschiet, maar alleen een harde knal geeft

albast het fijn doorschijnend marmer

albatros de (m) [-sen] grote zeevogel die familie is van de meeuw (Diomedea exulans)

albe r.-k. de [-n] wit koorhemd, wit kleed van een priester voor de mis

albedil de (m) [-len] iemand die zich overal mee bemoeit, die alles wil regelen

albinisme het het bijna of helemaal ontbreken van pigment in haar, huid en ogen **albino** de [-'s] mens of dier zonder of vrijwel zonder pigment in huid, haar en ogen

album het [-s] ❶ boek waarin men foto's, postzegels e.d. bewaart ❷ cd of lp

albumine de (v) eiwit dat in het bloedplasma voorkomt

alcantara het kunststof die op suède lijkt

alchemie, alchimie hist. de (v) kunst om onedele metalen in goud om te zetten en om het elixer te maken dat het leven moest verlengen **alchemist, alchimist** hist. de (m) iemand die de alchemie beoefent

alcohol de (m) ❶ soortnaam van scheikundige verbindingen, stof die in bier, wijn en sterkedrank zit ❷ drank met alcohol erin: *op het schoolfeest was ~ verboden* **alcoholcontrole** politiecontrole op alcoholgebruik in het verkeer **alcoholica** de (mv) dranken waar alcohol in zit **alcoholicus** de (m) [-ci] alcoholist **alcoholisch** bn alcoholhoudend, wat alcohol bevat: *~e dranken* **alcoholisme** het verslaving aan alcohol **alcoholist** de (m) iemand die verslaafd is aan alcohol **alcoholpromillage** het aantal milligrammen alcohol dat per milliliter in het bloed aanwezig is **alcoholtest** proef om het alcoholgehalte in bloed of adem te bepalen **alcomobilisme** het het rijden onder invloed van alcohol

al dente bw verb bijna gaar: *de spaghetti is ~*

aldoor bw steeds, voortdurend, de hele tijd **aldra** plecht. bw spoedig **aldus** bw zo ▼ *~ geschiedde* zo gebeurde het **aleer** vgw alvorens, voordat

alert bn die goed oplet en snel reageert als het nodig is, oplettend, waakzaam

alexandrijn de (m) vers in een klassieke maat die bestaat uit jamben met een rust in het midden

alfa de [-'s] ❶ eerste letter van het Griekse alfabet ▼ *de ~ en de omega* het begin en het einde ❷ leerling van de alfa-afdeling van een gymnasium, waar in de eerste plaats talen en geschiedenis onderwezen worden ❸ student of afgestudeerde in een alfawetenschap

alfabet het [-ten] geheel van de letters van een taal in een vaste volgorde **alfabetisch** bn in de volgorde van het alfabet

alfahulp de [-en] iemand die een zieke of oudere helpt met huishoudelijk werk dat diegene niet (meer) zelf kan doen

alfalfa de ontkiemd zaad van luzerneklaver als

groente

alfanumeriek wat zowel met letters als met cijfers werkt

alfastralen *de (mv)* soort radioactieve stralen

alfawetenschap taal- en letterkunde, geschiedenis, rechten, theologie, filosofie, cultuurwetenschappen en kunstgeschiedenis

alg. algemeen

algebra *de* deel van de wiskunde dat zich bezighoudt met grootheden, aangeduid door letters en tekens, en hun betrekkingen

algebraïsch *bn* wat te maken heeft met de algebra of volgens de algebra

algeheel *bn* volkomen, wat geldt voor alles en iedereen: *een ~ verbod*

algemeen I *bn* ❶ van, wat te maken heeft met, bij, iedereen of alles: *algemene ontevredenheid* ❷ wat te maken heeft met het grote geheel, zonder bijzonderheden ❸ wat overal de gewoonte, gebruikelijk is ❹ vaag, zonder concrete informatie: *de directeur hield een ~ verhaal* **II** *het* ❺ het geheel, alles en iedereen, de hele maatschappij: *tot nut van het ~* ▼ *over of in het ~* gewoonlijk, meestal **algemeenheid** *de (v)* [-heden] ❶ iets wat gezegd wordt en wat vaag is en zonder veel inhoud ❷ het algemeen zijn: *in zijn ~* ▼ BN ook *met ~ van stemmen* unaniem

algen *de (mv)* waterplanten met lange groene slierten die het water bedekken: *de vijver zit weer vol ~*

Algol comp. *het , Algorithmic Programming Language*, hogere programmeertaal

algoritme *de & het* [-n, -s] schema met een aantal bewerkingen die achtereenvolgens uitgevoerd moeten worden

alhier *bw* op deze plaats **alhoewel** *vgw* hoewel

alias I *bw* ❶ anders gezegd: *de leider, ~ de Dikke* **II** *de (m)* [-sen] ❷ (schertsende) bijnaam ❸ comp. e-mailadres gebruikt om berichten door te sturen naar een ander e-mailadres of -adressen

alibi *het* [-'s] bewijs dat iemand ergens anders was op het moment dat een misdrijf gepleegd werd

aliënatie *de (v)* [-s] ❶ vervreemding ❷ het kwijtraken, bijv. van rechten ❸ verstandsverbijstering

alikruik *de* eetbare zeeslak (Littorina littorea)

alimentatie *de (v)* ❶ levensonderhoud ❷ bedrag dat na scheiding betaald moet worden aan de vroegere partner en kinderen voor levensonderhoud

à l'improviste (a lĕmprooviest) *bw verb* zonder voorbereiding, geïmproviseerd

alinea *de (v)* [-'s] ❶ kleinste inhoudelijke deel van een tekst dat uit één of meerdere zinnen kan bestaan ❷ deel van een wetsartikel

alk *de* zwemvogel met korte vleugels en zijdelings afgeplatte snavel (Alca torda)

alkali *het* [-ën] ❶ schei. verbinding van alkalimetaal met zuurstof en waterstof ❷ schei. scheikundige verbinding waaruit door toevoeging van zuur een zout wordt gevormd, base **alkalimetalen** *de (mv)* groep metalen die sterk reageren op andere stoffen zoals water, onder andere lithium, natrium, kalium **alkalisch** *bn* zoals een alkali, basisch **alkaloïden** *de (mv)* stoffen die in veel planten voorkomen en die

stikstof bevatten en vaak basisch reageren

alkoof *de* [-koven] afgescheiden slaapvertrek in een kamer

Allah *de (m)* naam van God bij de moslims

allang *bw* al een lange tijd

alle *vnw* zonder uitzondering, geen uitgesloten **allebei, allebeide** *telw* alle twee

alledaags, alledaags *bn* ❶ wat er elke dag is of elke dag gebeurt ❷ heel gewoon, niet bijzonder **alledaagsheid** *de (v)* [-heden] wat gewoon is

alledag *bw* iedere dag

allee I *de (v)* [-ën, -s] ❶ laan **II** *tw* ❷ BN, spreekt. komaan, vooruit

alleen I *bw* ❶ zonder anderen of iets anders ▼ *kan ik je even ~ spreken?* zonder dat er anderen bij zijn ▼ *laat me niet ~* verlaat me niet, help me ▼ *hij ~ kan dat* verder kan dat niemand anders dat **II** *bw* ❷ slechts, niet meer dan: *ik heb ~ maar een fiets, geen brommer of auto* ❸ echter: *ik wilde je een computer geven, ~ was die zo duur* ❹ op voorwaarde dat: *ik ga met je op vakantie, ~ gaan we dan wel vliegen en niet met de auto*

alleengaand *bn* ❶ die dingen alleen onderneemt, vooral die alleen op vakantie gaat ❷ alleenstaand **alleenheerschappij** onbeperkte macht **alleenheerser** iemand die alleen heerst, die onbeperkte macht heeft **alleenrecht** recht dat iemand als enige heeft

alleenstaand *bn* ❶ wat op zichzelf staat ❷ die niet samenleeft met iemand anders **alleenstaande** *de* [-n] iemand die niet met iemand anders samenleeft

alleenverdiener *de (m)* [-s] iemand die als enige in een gezin geld verdient **alleenverkoop** het recht de enige verkoper van iets te zijn

alleenvertegenwoordiger iemand die als enige als vertegenwoordiger van iets mag optreden

allegaartje *het* [-s] bonte verzameling van verschillende personen of voorwerpen, mengelmoes

allegorie *de (v)* [-ën] toneelstuk, gedicht e.d. waarin abstracte zaken als personen worden voorgesteld **allegorisch** *bn* als in een allegorie

allegretto (-leeGret-) muz. **I** *bw* ❶ tamelijk levendig **II** *het* [-'s] ❷ stuk in dit tempo **allegro** (-leeGroo) muz. **I** *bw* ❶ levendig **II** *het* [-'s] ❷ stuk in dit tempo

alleluja → halleluja *het* [-'s] godsdienstige juichkreet

allemaal, allemaal *bw* alles, alle of iedereen bij elkaar

allemachtig I *bw* ❶ heel erg, in erge mate: *~ knap* **II** *tw* ❷ uitroep van verbazing of ontzetting: *~, moet je dat nu eens zien!*

alleman *vnw* iedereen **allemansgek** iemand die door iedereen voor de gek wordt gehouden **allemansvriend** vriend van iedereen

allengs *bw* langzamerhand

allerbest *bn* het best van alles ▼ *op zijn ~* hoogstens: *op zijn ~ wordt onze ploeg vijfde* **allereerst** *bw* vóór al het andere

allergeen *het* stof die een allergie veroorzaakt **allergie** *de (v)* [-ën] overgevoeligheid voor bepaalde stoffen of invloeden, die tot ziekelijke reacties leidt zoals jeuk, niesbuien of benauwdheid **allergine** *de (v)* [-n] antistof tegen

allergenen **allergisch** *bn* als of door een allergie
▼ ~ *voor* overgevoelig voor, met een allergie
voor; *fig.* met een sterke afkeer van iets
allerhande *bn* van allerlei soorten
Allerheiligen r.-k. *de (m)* feest op 1 november om
de heiligen en martelaren te herdenken
Allerheiligste *het* ❶ wat heiliger is dan al het
andere ❷ wat zo heilig is dat het maar voor
weinigen (en zelden) toegankelijk is ❸ r.-k.
heilige hostie
allerijl *bw* ▼ *in* ~ in grote haast: *iemand in* ~ *naar
het ziekenhuis brengen*
allerlei *bn* van veel verschillende soorten
allerliefst *bn* ❶ heel lief: *ze ziet er* ~ *uit in dat
jurkje* ❷ liever dan al het andere of dan alle
anderen **allerminst** *bw* ❶ het minst van alles of
allemaal ❷ helemaal niet: *ze is* ~ *verlegen*
allerwegen *bw* overal
Allerzielen r.-k. *de (m)* feest om de overledenen
te herdenken, op 2 november
alles *vnw* wat te maken heeft met alle mensen,
dieren of dingen ▼ ~ *op* ~ *zetten* zich tot het
uiterste inspannen (om iets te bereiken) ▼ *vóór* ~
in de eerste plaats ▼ *dat is ook niet* ~ dat is niet
prettig **allesbehalve** *bw* helemaal niet
allesbrander kachel waarin allerlei zaken als
brandstof kunnen dienen **alleseter** wezen dat
zowel dierlijk als plantaardig voedsel gebruikt
alleszins *bw* ❶ in elk opzicht ❷ BN ook in ieder
geval
alliage ‹-aazj(ə)› *de (v) & het* [-s] metaalmengsel
alliantie *de (v)* [-s] verbond, besluit om samen te
werken en elkaar te steunen ▼ *een militaire* ~
afspraak om op militair gebied samen te werken
en elkaar te steunen
allicht *bw* ❶ heel waarschijnlijk: *hij zal* ~
geïnteresseerd zijn in je voorstel
❷ vanzelfsprekend: *gaat hij mee?* ~, *dat doet hij
altijd!* ❸ op zijn minst: *je kunt* ~ *eens informeren*
alligator *de (m)* [-s] soort krokodil uit Amerika en
China
all-in ‹òl-in› *bn* alles inbegrepen **all-inprijs** prijs
waarin alles is inbegrepen
allinson *het* soort donker volkorenbrood
alliteratie *de (v)* [-s] gelijkheid van de
beginletters, bijv. 'in weer en wind' **allitereren**
een alliteratie vormen
allocatie *de (v)* [-s] ❶ toewijzing ❷ ‹economie›
verdeling van de beschikbare goederen en
productiemiddelen over de verschillende
mogelijke toepassingen
allochtoon *de* [-tonen] iemand die oorspronkelijk
uit een ander land afkomstig is
allodium hist. *het* [-dia, -s] (onroerende) goederen
in eigen bezit, niet in leen
allogeen *bn* wat ergens anders vandaan komt
allooi *het* ❶ gehalte ❷ *fig.* soort ▼ *iemand van
laag* ~ iemand van een laag sociaal of moreel
niveau
allopathie *de (v)* klassieke geneeskunde die
medicijnen geeft om ziekteverschijnselen tegen
te gaan, i.t.t. homeopathie
allotransplantatie transplantatie van organen,
weefsels of cellen van een mens naar een ander
mens
allotropie schei. *de (v)* het voorkomen van een

stof in verschillende toestanden
all right ‹òl rajt› *bw verb* oké, (dat is) goed, (dat is)
in orde
allrisk ‹òlRisk› *bn* met inbegrip van alle risico's
allriskverzekering verzekering die de meest
ruime dekking biedt tegen schade, die alle
risico's dekt
allround ‹òlRaund› *bn* die heel veel verschillende
dingen kan ▼ *een* ~ *kampioenschap schaatsen*
waarbij de schaatsers aan alle afstanden
meedoen
allure *de* [-s] houding, manier van optreden die
indruk maakt: *een vrouw met* ~
allusie ‹-zie› *de (v)* [-s] ❶ verwijzing naar een
bekende persoon, tekst e.d. als stijlvorm ❷ BN
ook zinspeling
alluviaal *bn* ❶ wat tot het alluvium behoort
❷ aangeslibd **alluvium** *het* ❶ materiaal dat door
een rivier of beek is aangevoerd, soms ook
afzetting vanuit zee ❷ vero. holoceen
alm *de* weide in de bergen
almaar *bw* voortdurend, de hele tijd door,
alsmaar
almacht onbeperkte macht ▼ *de Almacht* God
almachtig die onbeperkte macht heeft ▼ *de
Almachtige* God
alma mater *de (v)* de (eigen) universiteit als
moeder die iemand voedt met kennis
almanak *de (m)* [-ken] jaarboekje met gegevens
als de stand van zon en maan, feestdagen,
weersvoorspellingen
alo *de (v)* academie voor lichamelijke opvoeding
aloë ‹aaloowee› *de* [-'s] tropische vetplant van de
familie van de lelieachtigen
alom *bw* overal **alomtegenwoordig** *bn* overal
aanwezig **alomvattend** *bn* wat alles in zich
heeft
aloud *bn* heel oud
alp *de (m)* berg in de Alpen
alpaca I *de* [-'s] ❶ kameelachtig dier uit
Zuid-Amerika **II** *het* ❷ weefsel uit de wol
daarvan ❸ legering van koper, nikkel en zink
III *bn* ❹ van die legering
alpien, alpine *bn* ❶ van de Alpen ❷ wat te
maken heeft met alpiene skiën **alpineskiën**
[alpineskiede, h. gealpineskied] skiën vanaf
berghellingen **alpinisme** *het* bergsport **alpinist**
de (m) beoefenaar van bergsport
alpino *de (m)* [-'s] alpinopet **alpinopet** soort muts
zonder rand, baret zonder klep en zonder rand:
een typische Fransman met een ~*je en een
stokbrood*
alras *bw* al gauw, slechts korte tijd later: *de
wedstrijd begon en* ~ *viel het eerste doelpunt*
als *vgw* ❶ ‹om een vergelijking aan te geven›
gelijk, net zo: *zo groen* ~ *gras* ▼ *zowel ... ~ ...* beide,
het een en het ander ▼ *zo goed* ~ bijna ❷ ‹om een
hoedanigheid of functie aan te duiden›: ~ *mens
heeft hij soms een andere mening dan* ~ *politicus*
❸ ‹om een voorwaarde aan te geven› in het
geval dat: ~ *het regent, kom ik niet* ❹ ‹om een
tijdstip in de toekomst aan te geven› wanneer: ~
je jarig bent, krijg je een cadeautje ❺ ‹om een
regelmaat, herhaling aan te geven› wanneer ▼ ~
*wij met vakantie gaan, nemen we altijd de hond
mee* ❻ in spreektaal, bij een vergelijking (niet

correct): *ik ben groter ~ jij*
ALS *de (v)* , *amyotrofe laterale sclerose*,
verlammingsziekte
alsdan *bw* dan, op die tijd
alsem *de (m)* ❶ samengesteldbloemige plant van
de soort Artemisia absinthium, kruid dat bitter
smaakt ❷ aftreksel van de knoppen ervan ❸ fig.
bitter leed
alsjeblieft *tw* ❶ 〈beleefdheidsformule tegen
personen tegen wie men 'jij' zegt〉 bij het
overhandigen van iets ❷ bij het doen van een
verzoek ❸ bevestigend antwoord op een
aanbod: *wil je koffie? ~!*
alsmaar *bw* voortdurend, de hele tijd, telkens
alsmede *vgw* en ook **alsnog** *bw* nu nog, toch
nog: *toen ze jarig was, had ik geen cadeautje voor
haar; ik heb haar ~ iets gegeven* **alsof** *vgw* op een
manier of: *hij doet ~ hij hier de baas is*
alsook *vgw* en ook
alstublieft *tw* ❶ beleefdheidsformule bij het
overhandigen van iets of bij het doen van een
verzoek aan iemand tegen wie men 'u' zegt
❷ bevestigend antwoord op een aanbod: *wilt u
koffie? ~!*
alt I *de* ❶ lage vrouwenstem, altstem ❷ altviool
II *de (v)* ❸ zangeres met een lage stem
altaar *het & de (m)* [-s, -taren] tafel of een ander
plat vlak voor religieuze handelingen zoals het
brengen van offers of het opdragen van de mis
altaarstuk kunstwerk boven een altaar
alter ego *het* ❶ tweede ik, een andere kant van
mijzelf ❷ scherts. vaste partner
alternatie *de (v)* [-s] ❶ afwisseling ❷ afwisseling
van mannelijk en vrouwelijk rijm
alternatief I *het* [-tieven] ❶ een andere
mogelijkheid II *bn* ❷ wat te maken heeft met de
andere van twee mogelijkheden: *alternatieve
straf* ❸ wat afwijkt van wat meestal wordt
gedaan of gedacht: *alternatieve geneeswijzen*
alternatieveling *de (m)* iemand die zich uit
idealisme anders gedraagt of kleedt
alterneren in een regelmatige afwisseling op
elkaar volgen
althans *bw* in elk geval, tenminste: *hij is rijk, dat
zegt hij ~*
althea *de* [-'s] plant van de familie van de
kaasjeskruidachtigen
altijd *bw* ❶ wat nooit meer ophoudt, eeuwig: *ik
zal ~ van je houden* ❷ nooit een keer niet, steeds:
hij wordt ~ zo snel boos ❸ in elk geval: *je kunt
het ~ eens proberen*
altimeter hoogtemeter
altoos *bw* altijd
altruïsme *het* het in de eerste plaats aan
anderen denken en niet aan zichzelf,
onzelfzuchtigheid **altruïstisch** *bn* die in de
eerste plaats aan anderen denkt
altsleutel muziekteken dat de toonhoogte
aangeeft, vooral voor de altviool **altstem** lage
vrouwenstem **altviool** viool met een lagere toon
dan de gewone
aluin schei. *de (m)* dubbelzout dat bestaat uit
sulfaten
aluminium I *het* ❶ licht metaal II *bn* ❷ van dit
metaal **aluminiumfolie** verpakkingsmateriaal
van aluminium

alumnus *de (m)* [-ni] ❶ student ❷ iemand die
afgestudeerd is
alvast *bw* nu al, van tevoren, in afwachting van
wat er gaat gebeuren: *ik leg ~ mijn boeken voor
morgen klaar*
alvleesklier klier die zich bij de maag bevindt en
spijsverteringssap afscheidt
alvorens *vgw* daarvóór, voordat: *~ een besluit te
nemen, moeten we alle feiten kennen* **alweer** *bw*
waar, op welke plaats **alweer** *bw* ❶ nogmaals,
nog een keer, vooral om uit te drukken dat het
snel is of dat men het niet prettig vindt: *is hij
daar ~?* ❷ om uit te drukken dat iets lang, veel
e.d. is of dat het snel is gegaan: *ik ben ~ drie
weken terug van vakantie; hun zoontje is ~ vier
jaar* **alwetend** *bn* die alles weet ▼ *de Alwetende*
God
alzheimer 〈altshajmǝr of altsheimǝr〉 *de* ▼ *ziekte
van Alzheimer* vorm van dementie, ziekte die
vooral oudere mensen krijgen en waarbij zij
geestelijk steeds meer achteruitgaan ▼ *aan ~
lijden* de ziekte van Alzheimer hebben
alziend *bn* die alles ziet ▼ *de Alziende* God ▼ r.-k. *~
oog* oog in een driehoek als zinnebeeld van Gods
alwetendheid
alzo *vgw* zo, op die manier ▼ Bijb. *~ geschiedde* zo
is het gebeurd
a.m. *ante meridiem*, voor de middag
AM *de (v)* , *amplitudemodulatie*, aanpassing van de
grootte of sterkte van een trilling van een
signaal bij het doorgeven van geluid
ama *de (m)* [-'s] alleenstaande minderjarige
asielzoeker
amai 〈amaj, amaaj〉 BN, spreekt. *tw* uiting van
verbazing of teleurstelling
amalgaam *het* [-gamen] ❶ oplossing van een
metaal in kwik ❷ mengelmoes
amandel I *de* [-s] ❶ amandelboom II *de* [-en, -s]
❷ de vrucht ervan ❸ klier in de keel
amandelboom boom met een platte vrucht met
eetbare pit
amandelspijs *de* geperste amandelen met ei en
suiker **amandelstaaf** reep van bladerdeeg die is
gevuld met amandelspijs
amanuensis *de* [-sen, -nuenses] helper in een
laboratorium, op school e.d.
amaretto *de* Italiaanse likeur van pitten van
amandelen of van bijv. abrikozen of perziken
amaril *de & het* gesteente, onder andere gebruikt
in schuurpapier
amarillo 〈-riljoo〉 *de (m)* [-'s] lichtgekleurde sigaar
amaryllis 〈-ril-〉 *de* [-sen] narcisachtige kamerplant
met lelieachtige bloemen
amateur *de (m)* [-s] ❶ iemand die een tak van
sport, kunst e.d. niet als broodwinning beoefent
❷ min. iemand die geen goede vakman is, een
taak niet goed verricht: *wat een ~!* **amateurisme**
het ❶ beoefening van een kunst, wetenschap of
sport als amateur ❷ ondeskundige aanpak van
iets **amateuristisch** *bn* ❶ als van of door een
amateur ❷ niet deskundig
amazone 〈-zɔnǝ〉 *de (v)* [-n, -s] meisje of vrouw op
een paard **amazonezit** zit met beide benen aan
dezelfde kant van het rijdier
ambacht *het* handwerk, beroep zoals
timmerman, schoenmaker, smid: *weven is een*

oud ~ ▼ twaalf ~en en dertien ongelukken gezegd als iemand telkens een ander middel van bestaan kiest en nooit succes heeft **ambachtelijk** *bn* door middel van handwerk, niet machinaal, ouderwets degelijk: *~e productiemethoden; ~ brood* **ambachtsman** *de (m)* [-lieden, -lui] iemand die een ambacht uitoefent

ambassade *de (v)* [-s] ❶ de gezamenlijke diplomatieke vertegenwoordigers van een staat bij een andere staat ❷ gebouw van deze diplomatieke vertegenwoordiging **ambassadeur** *de (m)* [-s, -en] ❶ diplomatiek vertegenwoordiger (van een staat) van de hoogste rang ❷ bekend persoon die actief probeert een organisatie, sport e.d. populairder te maken **ambassadrice** ⟨-drieə⟩ *de (v)* [-s] ❶ vrouwelijke ambassadeur ❷ echtgenote van een ambassadeur ❸ bekend vrouwelijk persoon die actief probeert een organisatie, sport e.d. populairder te maken

amber *de (m)* ❶ harssoort die lekker ruikt ❷ vettige substantie uit de darm van een potvis ❸ barnsteen

amber alert ⟨embər əluRt⟩ *het* [-s] landelijke waarschuwing van de politie via telefoon, internet, radio en televisie, als een kind is vermist of ontvoerd, om het zo snel mogelijk te kunnen opsporen

ambetant BN, spreekt. *bn* onaangenaam, vervelend

ambiance ⟨ambiejàsə⟩ *de* sfeervolle omgeving

ambient ⟨embiejənt⟩ *de (m)* rustige muziek, vaak instrumentaal, elektronisch en herhalend van aard

ambiëren streven naar, willen bereiken, als ambitie hebben: *een leidinggevende positie ~*

ambigu *bn* dubbelzinnig, met meer betekenissen **ambiguïteit** *de (v)* dubbelzinnigheid, het hebben van meer betekenissen

ambitie *de (v)* [-s] de wil om dingen goed te doen en om iets te bereiken: *hij heeft de ~ om profvoetballer te worden* **ambitieus** ⟨-tsjeus⟩ *bn* ❶ die heel goed wil worden in iets en veel wil bereiken: *ze is erg ~, ze wil directeur worden* ❷ groots, indrukwekkend: *die stad heeft ambitieuze plannen voor een enorm stadion*

ambivalent *bn* met tegenstrijdige waarden, met tegenstrijdige gevoelens: *een ~e houding*

ambrosia ⟨-ziejaa⟩ *de*, **ambrozijn** *het* een kruid dat onsterfelijk maakte als voedsel voor de Griekse goden

ambt *het* openbare functie bij een overheid, zoals burgemeester **ambtelijk** *bn* wat te maken heeft met een bepaald ambt **ambteloos** *bn* zonder ambt

ambtenaar *de (m)* [-naren, -s] iemand die een functie heeft bij de overheid ▼ *~ van het Openbaar Ministerie* ambtenaar belast met de vervolging van strafzaken bij kantongerechten **ambtenarij** *de (v)* ❶ alle ambtenaren als groep ❷ *iron.* omslachtig handelen door en onder ambtenaren, bureaucratie

ambtgenoot iemand die hetzelfde ambt heeft **ambtseed** eed die iemand aflegt wanneer hij zijn ambt officieel aanvaardt **ambtsgeheim** geheimhouding waartoe iemand in een bepaalde functie verplicht is **ambtshalve** *bw* wat

voortvloeit uit, in verband met het ambt **ambtsketen** keten als symbool van het ambt, vooral van een burgemeester **ambtsmisdrijf** jur. misdrijf dat wordt gepleegd bij de uitoefening van een ambt **ambtsperiode** vastgestelde termijn voor het uitoefenen van een bepaalde bestuurlijke functie **ambtswege** *zn* ▼ *van* ~ ambtshalve **ambtswoning** woning die hoort bij een bepaalde functie, bijv. van een burgemeester

ambulance ⟨-làsə⟩ *de* [-s, -n] wagen voor vervoer van zieke en gewonde mensen **ambulancier** ⟨-sier⟩ BN *de (m)* [-s] lid van het ambulancepersoneel

ambulant *bn* zonder vaste standplaats ▼ *~e patiënten* patiënten die niet de hele tijd in bed hoeven te liggen

amechtig *bn* buiten adem, die moeite heeft met ademhalen

amen I *tw* ❶ ⟨bekrachtigings- en slotformule van gebeden⟩ het zij zo II *het* ❷ - ▼ *ja en ~ zeggen op* kritiekloos overal mee instemmen ▼ BN, spreektaal *het is ~ en uit* het is afgelopen, gedaan

amendement ⟨aaman- *of* aamen-⟩ *het* wijziging van een wetsvoorstel **amenderen** wijzigingen voorstellen in een wetsontwerp

amenorroe ⟨aameenorreu⟩ *de (v)* het uitblijven van de menstruatie

amethist *de (m) & het* [gmv] violetkleurig halfedelgesteente

ameublement *het* geheel van meubels die bij elkaar horen: *een eetkamer~*

amfetamine *de* [-n, -s] stimulerend middel, een soort wekamine, ook speed of pep genoemd

amfibie *de (m)* [-ën] tweeslachtig gewerveld dier dat op land en in water kan leven, zoals de kikker of de salamander **amfibievliegtuig** vliegtuig dat op land en op water kan landen en opstijgen **amfibievoertuig** voertuig voor op het water en op het land

amfitheater ❶ openluchtschouwburg met rijen zitplaatsen in een halve cirkel die (trapsgewijs) oplopen ❷ rijen (trapsgewijs) oplopende zitplaatsen in een theater

amfoor *de* [-foren], **amfora** kruik met nauwe hals en twee oren

amicaal *bn* (een beetje te) vriendschappelijk **amice** ⟨amies⟩ *de (m)* [-s] ⟨aanspreekvorm⟩ vriend

aminozuur verbinding van een zuur met een basische groep

ammehoela inform. *tw* uitroep om uit te drukken dat men iets niet gelooft of dat men het niet wil, kom nou! **ammenooitniet** inform. *tw* dat wil ik niet!, nooit!

ammonia *de (m)* oplossing van ammoniak in water, o.a. gebruikt als schoonmaakmiddel **ammoniak** *de (m)* gas dat bestaat uit waterstof en stikstof

ammoniet *de (m)* prehistorisch weekdier met spiraalvormige schelp

ammunitie *de (v)* munitie, strijdmiddelen, ook figuurlijk

amnesie ⟨-zie⟩ *de (v)* geheugenverlies **amnestie** *de (v)* [-ën] kwijtschelding van straf

amoebe ⟨-meu-⟩ *de* [-n, -s] eencellig slijmdiertje

amok *het* toestand van razernij ▼ ~ *maken* plotseling agressief worden, ruziemaken

amontillado ⟨-tiejaadoo⟩ *de (m)* [-'s] halfdroge sherry

amoreel *bn* buiten zedelijke, morele overwegingen om

amorf *bn* vormloos, ongevormd

amortisatie ⟨-zaa-⟩ *de (v)* [-s] betaling van schulden door aflossingen

amoureus ⟨-moe-⟩ *bn* wat te maken heeft met de liefde

amp. ampère

ampel *bn* uitvoerig: *na* ~ *beraad*

amper *bw* ternauwernood, nog maar net: *ik was* ~ *thuis of hij belde al*

ampère *de (m)* [-s] eenheid van stroomsterkte **ampère-uur** hoeveelheid elektriciteit die in een uur verplaatst wordt bij een stroomsterkte van één ampère

ampersand ⟨ampərsant *of* empərsent⟩ *de (m)* [-s] het teken &

ampex® *de (m)* beeldrecorder

amplitude *de (v)* [-s], **amplitudo** ❶ wijdte van een slingerbeweging ❷ afstand tussen het punt waar een hemellichaam opkomt en waar het ondergaat

ampul *de* [-len] ❶ dichtgesmolten buisje met steriele injectiestof ❷ r.-k. kannetje dat bij de mis wordt gebruikt

amputatie *de (v)* [-s] afzetting van lichaamsdeel **amputeren** een lichaamsdeel afzetten

amsterdammertje *het* [-s] verkeerspaaltje waarmee auto's van het trottoir geweerd worden

amulet *de* [-ten] voorwerp tegen ongeluk

amusant ⟨-zant⟩ *bn* vermakelijk

amuse-gueule ⟨amuuz-Gùl⟩ *de (m)* [-s] hapje dat voorafgaat aan een diner in een restaurant

amusement ⟨-zə-⟩ *het* iets waarmee mensen zich vermaken en hun tijd aangenaam doorbrengen: *er is genoeg* ~ *op deze camping* **amusementshal** ruimte met flipperkasten, videospelletjes, gokautomaten e.d. **amuseren** ⟨-zirən⟩ vermaken, aangenaam bezighouden ▼ *zich* ~ zich vermaken

AMvB *de (m)* Algemene Maatregel van Bestuur

AMX *de (m)* , *Amsterdam Midkap Index*, index van de aandelen van de Amsterdamse beurs

AN *het* Algemeen Nederlands

anaal *bn* van of wat te maken heeft met de anus

anabaptist aanhanger van een protestantse richting die de leden doopt als ze volwassen zijn, wederdoper

anabolen *de (mv)*, **anabole steroïden** middelen die zorgen voor sterkere spieren en betere prestaties

anabolisme *het* stofwisselingsproces waarbij verbindingen worden omgezet in stoffen met meer energie

anachronisme *het* [-n] ❶ fout tegen de tijdrekening bij de opgave van gebeurtenissen ❷ zaak die in een bepaalde tijd niet kon voorkomen zoals een vliegtuig in de 18de eeuw

anaeroob *bn* die of wat geen zuurstof nodig heeft

anafoor *de* [-foren], **anafora** ❶ herhaling van

hetzelfde woord (of woorden) aan het begin van een regel ❷ taalk. verwijzing naar een persoon of zaak die al genoemd is, bijv. 'de man die'

anagram *het* [-men] woord dat men krijgt door de letters van een ander woord in een andere volgorde te zetten

anakoloet *de* voortzetting van een zin op een andere manier dan men ermee is begonnen, zin die niet loopt

analfabeet *de (m)* [-beten] iemand die niet kan lezen en schrijven **analfabetisme** *het* het (voorkomen van mensen die) niet kunnen lezen of schrijven

analgeticum *het* [-ca] pijnstillend middel

analist *de (m)* iemand die analyses verricht, bijv. in een laboratorium

analogie *de (v)* [-ën] overeenstemming, overeenkomst ▼ *naar* ~ *van* op dezelfde manier als iets anders dat als voorbeeld dient **analoog** *bn* ❶ overeenkomstig, gelijksoortig: *een analoge redenering; deze verklaring is* ~ *aan de voorgaande* ❷ (techniek) wat werkt met gegevens die continu variëren, i.t.t. digitaal ▼ *een* ~ *horloge horloge dat de tijd aangeeft door middel van wijzers op een wijzerplaat* **analoogkaas** imitatiekaas, veel gebruikt in pizza's, lasagne e.d.

analyse ⟨-liezə⟩ *de (v)* [-s, -n] ❶ ontleding in bestanddelen ▼ *een* ~ *maken van* nauwkeurig onderzoeken hoe iets precies in elkaar zit: *we moeten eens een goede* ~ *maken van dit probleem* ❷ psychoanalyse **analyseren** ⟨-zirən⟩ ontleden in bestanddelen, een analyse maken van **analytisch** *bn* op basis van analyse

anamnese ⟨-neezə⟩ *de (v)* [-s, -n] ❶ medische voorgeschiedenis van een patiënt ❷ wat de patiënt zelf daarover weet te vertellen

ananas *de* [-sen] ❶ tropische plant met stijve stekelige bladeren van de soort Ananas sativus ❷ vrucht van die plant

anapest *de (m)* versvoet van drie lettergrepen waarvan de laatste beklemtoond is

anarchie *de (v)* ❶ toestand waarbij er geen regering of een andere vorm van gezag is die het land bestuurt ❷ complete chaos: *die leraar heeft zijn leerlingen niet in de hand en er heerst* ~ *in zijn klas* **anarchisme** *het* leer die de staat verwerpt als instelling die van bovenaf haar gezag oplegt aan individuen en die vindt dat de mens zich in vrijheid moet kunnen ontplooien

anathema ⟨godsdienst⟩ formulering tegen, vervloeking van

anatomie *de (v)* wetenschap van de bouw en de vorm van organismen, ontleedkunde **anatoom** *de (m)* [-tomen] specialist in de anatomie, ontleedkundige

ANBO *de (m)* Algemene Nederlandse Bond voor Ouderen

ANC *het* Afrikaans Nationaal Congres

anchorman ⟨enkermen⟩ *de (m)* [-men] centrale presentator bij een nieuwsrubriek op tv

anciënniteit ⟨-sjen-⟩ *de (v)* rangorde volgens het aantal dienstjaren

ancien régime ⟨àsjé reezjiem⟩ *het* koningschap in de periode voor de Franse revolutie

andante muz. I *bw* ❶ gematigd langzaam II *het*

an

[-s] ❷ langzaam deel uit een muziekstuk
andantino muz. I *bw* ❶ heel langzaam II *het* [-'s] ❷ heel langzaam deel uit een muziekstuk
ander *bn* ❶ niet dezelfde persoon of zaak als die eerder genoemd is: *ik werd geholpen door een ~e medewerker dan de vorige keer* ❷ tweede, volgende: *om de ~e dag* ❸ persoon of zaak die niet met name genoemd wordt ▼ *onder ~e* naast andere dingen: *ik heb onder ~e een cd gekregen*
anderendaags, 's anderendaags *bw* BN ook de volgende dag
anderhalf *telw* een en een half **andermaal** *bw* voor de tweede keer ▼ *eenmaal, ~!* vaste formulering op een veiling, na het laatste bod op iets voordat het echt verkocht is **andermans** *vnw* van een ander
anders I *bn* ❶ verschillend van andere personen of dingen: *Joost is een beetje ~ dan wij* II *bw* ❷ op een andere manier, niet op deze manier: *dat moet je ~ doen* ❸ in het andere geval, als dat niet gebeurt of gedaan wordt: *we moeten nu gaan, ~ komen we te laat* ❹ op een ander moment: *het was minder gezellig dan ~* ❺ toch, trouwens, overigens: *wil je niet? gisteren wilde je ~ nog wel!*
andersdenkend *bn* met andere opvattingen, die de dingen anders ziet, vooral wat geloof of leefwijze betreft
andersglobalist *de (m)* aanhanger van een beweging tegen het gericht-zijn op economische groei en winst
andersom *bw* juist tegengesteld, omgekeerd: *het tafelkleed ligt ~, de onderkant ligt boven*
andersoortig *bn* van een ander soort
anderstalig *bn* die een andere taal spreekt
anderszins *bw* op een andere manier
anderzijds *bw* aan de andere kant, maar het is ook zo dat
andijvie *de* ❶ plant van de soort Cichorium endivia, die als groente wordt gekweekt ❷ die plant als groente
andoorn lipbloemige plant van het geslacht Stachys
andragogie *de (v)* leer van en werk gericht op de begeleiding en vorming van volwassenen
andragologie *de (v)* wetenschap die de deskundige hulpverlening aan en vorming van volwassenen bestudeert
andreaskruis *het* kruis in X-vorm
androgeen *bn* wat te maken heeft met mannelijke geslachtskenmerken **androgyn** ⟨-gien⟩ *bn* tweeslachtig: *~e meisjes* jongensachtige meisjes
android® ⟨èndròjd⟩ *zn* bepaald besturingssysteem voor mobiele telefoons en tablets
anekdote *de* [-n, -s] kort en grappig verhaal **anekdotisch** *bn* ❶ wat op een anekdote lijkt ❷ wat anekdotes bevat
anemie *de (v)* bloedarmoede
anemometer instrument voor het meten van de windsnelheid
anemoon *de* [-monen] ❶ ranonkelachtige plant van het geslacht Anemoon ❷ bloem van die plant
anesthesie ⟨-zie⟩ *de (v)* ❶ verdoving ❷ medisch specialisme dat zich bezighoudt met verdoving

en narcose **anesthesiologie** ⟨-zieoo-⟩ *de (v)* wetenschap die de processen bij verdoving en narcose bestudeert **anesthesist** ⟨-zist⟩ *de (m)* medisch specialist die bij een operatie verantwoordelijk is voor de verdoving van de patiënt
angel *de (m)* [-s] ❶ steekorgaan van een bij, wesp enz. ❷ vishaak met weerhaakjes
angelus r.-k. *het* ❶ verkorting van *Angelus Domini*, de Engel des Heren, gebed waarin de menswording van Jezus wordt herdacht ❷ klokje dat driemaal per dag tot dat gebed oproept
angina ⟨ang-gie-⟩ *de* keelontsteking ▼ *~ pectoris* beklemming op het hart door een tekort aan zuurstof voor de hartspier, hartkramp
anglicaan ⟨ang-glie-⟩ *de (m)* [-canen] lid van de anglicaanse kerk **anglicaans** *bn* die of wat tot de Engelse staatskerk behoort ▼ *~e kerk* Engelse staatskerk
anglicisme ⟨ang-glie-⟩ *het* [-n] woord of uitdrukking die de letterlijk uit het Engels vertaald is, die is gevormd naar het Engels, en die geen goed Nederlands is **anglistiek** ⟨ang-Glis-⟩ *de (v)* wetenschap die zich bezighoudt met de Engelse taal en literatuur **Anglo-Amerikaans** ⟨ang-Gloo-⟩ *bn* Engels-Amerikaans **anglofiel** ⟨ang-Gloo-⟩ I *de (m)* ❶ liefhebber van wat Engels is II *bn* ❷ die erg houdt van alles wat Engels is
angorageit ⟨ang-goo-⟩ geit met lang, zijdeachtig haar **angorakat** kat met lang, zijdeachtig haar **angorawol** wol van de angorageit
angst *de (m)* gevoel dat iemand heeft wanneer hij bang is, wanneer hij denkt dat hem iets ergs zal overkomen **angstaanjagend** *bn* wat erg bang maakt **angsthaas** iemand die gauw bang is, bangerik **angstig** *bn* ❶ die de angst voelt ❷ wat angst uitdrukt: *een ~ gezicht* ❸ wat angst veroorzaakt: *dat waren ~e uurtjes*
ångström *de (v)* eenheid waarin heel kleine golflengten worden uitgedrukt, één tienmiljoenste van een millimeter
angstvallig *bn* heel behoedzaam omdat iemand bang is dat iets misgaat, pijnlijk nauwkeurig: *de kok hield zijn recepten ~ geheim; zij hield hem ~ in het oog* **angstwekkend** *bn* wat angst veroorzaakt, bang maakt
anijs *de (m)* schermbloemige plant van de soort Pimpinella anisum die als keukenkruid wordt geteeld
aniline *de* kleurloze grondstof voor fabricage van kleurstof
animaal *bn* dierlijk
animal cop ⟨enniemal -⟩ *de (m)* [-s] agent van de dierenpolitie
animatie *de (v)* [-s] ❶ (film)techniek waarbij getekende figuren of poppetjes tot leven worden gewekt ❷ BN verlevendiging, activering, het organiseren van activiteiten
animatiefilm film met tekeningen, poppen e.d. die lijken te bewegen
animator *de (m)* [-s] iemand die iets op gang brengt, gangmaker
animeermeisje meisje dat klanten in een horecagelegenheid moet stimuleren om consumpties te bestellen **animeren** opwekken, aanmoedigen, zin geven om iets te doen

animisme *het* het geloof dat alles een ziel heeft

animo *de (m) & het* ❶ zin om ergens mee te beginnen of om ergens aan mee te doen: *er is weinig ~ voor de nieuwe plannen* ❷ zin om te kopen: *er was veel ~ voor het huis dat te koop stond* ❸ opgewektheid, levendigheid (in een gezelschap, bij een bijeenkomst)

animositeit ⟨-zie-⟩ *de (v)* vijandige stemming, persoonlijke vijandigheid

anion *het* negatief geladen ion

anisette *de* anijslikeur

anita *inform. de (v)* [-'s] meisje met weinig niveau en stijl, ordinair meisje: *een ~ en een sjonnie*

anjer *de*, **anjelier** ❶ plant van het geslacht Dianthus met geurige bloem ❷ bloem van die plant

anker *het* [-s] ❶ ijzeren voorwerp om een schip vast te leggen aan de bodem ▼ *voor ~ liggen* met zijn schip ergens liggen ▼ *zijn ~ lichten* vertrekken ❷ muurhaak om balken vast te maken ❸ onderdeel van een uurwerk ❹ onderdeel van een magneet, een dynamo e.d.

ankeren [ankerde, h. / is geankerd] ❶ voor anker liggen of gaan ❷ een muur van ankers voorzien **ankerman** BN anchorman

anklet ⟨enklət⟩ *de (m)* [-s] korte sok met rekbare band

annalen *de (mv)* jaarboeken

annex *vgw* wat daarbij hoort: *een huis ~ garage*

annexatie *de (v)* [-s] inlijving **annexeren** ⟨-neksìrən⟩ ❶ bij het eigen gebied trekken, inlijven: *het land probeerde het kleine buurland te ~* ❷ fig. tot zijn bezit maken, overnemen

anno *bw* in het jaar

annonce *de* [-s] ❶ advertentie, aankondiging (in een krant) ❷ bod bij een kaartspel

annotatie *de (v)* [-s] verklarende aantekening **annoteren** voorzien van annotaties, van verklarende aantekeningen: *een geannoteerde uitgave van Alice in Wonderland*

annuïteit *de (v)* jaarlijkse rente en aflossing

annuleren niet laten doorgaan: *een reis ~* **annuleringsverzekering** verzekering voor het geval iemand een reis die hij geboekt heeft, moet annuleren

annunciatie r.-k. *de (v)* aankondiging van de geboorte van Christus aan Maria, Maria-Boodschap

anode *de (v)* [-n, -s] positieve elektrode

anomalie *de (v)* [-ën] onregelmatigheid, afwijking van de regel

anoniem *bn* ❶ naamloos, ongenoemd: *een anonieme vreemdeling* ❷ zonder vermelding van de naam door degene die schrijft, belt e.d.: *een ~e brief; een ~ telefoontje* **anonimiteit** *de (v)* ❶ het anoniem zijn ❷ situatie waarin iemand bij weinig mensen bekend is: *in de ~ leven* **anonymus** *de (m)* [-mi] iemand die niet genoemd wordt of die zijn naam niet wil of durft te noemen

anorak *de (m)* [-s] windjack zonder sluiting en met capuchon

anorectisch *bn* die lijdt aan anorexia nervosa **anorexia nervosa** med. *de (v)* psychische ziekte waarbij iemand heel weinig eet en steeds magerder wil worden **anorexie** med. *de (v)*

ziekelijk gebrek aan eetlust, anorexia nervosa

anorganisch niet levend, niet organisch

anosmie *de (v)* het niet in staat zijn om te ruiken, geur waar te nemen

ANP *het* Algemeen Nederlands Persbureau

ansichtkaart kaart met een afbeelding erop die men per post kan versturen

ansjovis *de (m)* [-sen] visje van een familie die behoort tot de orde van de haringachtigen, en dat meestal sterk gezouten wordt gegeten

antagonisme *het* het hebben van een tegengestelde opvatting of werking, bijv. van groepen mensen of van spieren **antagonist** *de (m)* ❶ in klassiek toneel het personage dat het geluk van een ander personage in de weg staat ❷ spier waarvan de werking die van een andere opheft

antarctisch *bn* heel erg koud, zoals in het zuidpoolgebied **Antarctisch** *bn* uit het zuidpoolgebied

ante I *vz* ❶ vóór (van tijd) ▼ *~ meridiem* voor de middag, voor 12.00 uur 's middags II *de* [-n] ❷ zuil die zich gedeeltelijk in de muur bevindt

antecedent *het* ❶ vroeger gebeurd feit, voorafgaand deel van iemands leven ▼ *iemands ~en* feiten uit zijn leven vóór een bepaald tijdstip ❷ taalk. woord waarnaar een betrekkelijk voornaamwoord verwijst

antedateren een eerdere datum dan de werkelijke datum op iets zetten: *een brief ~*

antenne *de* [-s, -n] ❶ draad, draden of spriet voor het ontvangen of verzenden van elektromagnetische golven, zoals signalen van radio en televisie ▼ BN ook *op ~ zijn/gaan* in de ether zijn/komen ❷ voelspriet van dieren

anthologie ⟨-too⟩ *de (v)* [-ën] bloemlezing

anthurium ⟨-tuu-⟩ *de (m)* [-s] tropische tweeslachtige plant van de aronskelkfamilie

anti *vz & bn* tegen, het tegendeel van: *~revolutionair, ~held*

antibioticum *het* [-ca] benaming voor middelen tegen infectieziekten, stof die de groei van micro-organismen belemmert

antichrist ⟨-krist⟩ *de (m)* door Satan gezonden bestrijder van Christus, duivelse figuur

anticiperen rekening houden met, vooruitlopen op iets wat nog moet gebeuren

anticlimax ❶ het tegenvallen van iets waarvan men veel had verwacht ❷ ⟨stilistisch⟩ afname in hevigheid

anticonceptie het voorkomen van zwangerschap

anticonstitutioneel in strijd met de grondwet

antidateren antedateren

antidepressivum med. *het* [-va] geneesmiddel tegen een depressie, dat maakt dat iemand zich minder depressief voelt

antidotum *het* [-dota] tegengif

antiek I *bn* ❶ uit oude tijden ❷ wat te maken heeft met of hoort bij de Griekse en Romeinse oudheid II *het* ❸ oude kunst-, sier- en gebruiksvoorwerpen ▼ *de ~en* de kunstenaars en wijsgeren van de Griekse en Romeinse oudheid

antigeen med. I *bn*, **antigen** ❶ wat het afweersysteem activeert II *het* [-genen] ❷ stof die zorgt voor de vorming van afweerstoffen

antigifcentrum BN centrum dat bij vergiftiging advies geeft via de telefoon

antiglobalisme *het* verzet tegen globalisering van de economie

antiheld iemand die, personage dat optreedt als het tegendeel van een held

antiklerikaal tegen de geestelijkheid

antilichaam deeltje van een antistof

antilope *de* [-s, -n] verzamelnaam voor soorten herkauwende zoogdieren met hoorns, voornamelijk in Afrika

antimakassar *de (m)* [-s] kleedje op een rugleuning

antimilitarisme het principieel tegen legers en militair optreden zijn

antimonium *het* blauwachtig-wit metaal

antinomie *de (v)* [-ën] strijdigheid in de wet(ten)

antioxidans *de (m)* [-dantia], **antioxidant** conserveringsmiddel in voedingswaren

antipapisme *het* vijandige houding tegenover de rooms-katholieke kerk

antipasto *de* Italiaans voorgerecht

antipathie ⟨-tie⟩ *de (v)* [-ën] gevoel van afkeer, tegenzin: *een ~ tegen iemand koesteren*
antipathiek *bn* die een gevoel van afkeer oproept, onsympathiek: *die man is mij vreselijk ~*

antipode *de* [-n] ❶ bewoner van een tegenovergesteld punt op de aarde, tegenvoeter: *onze ~n in Australië* ❷ iemand die een tegenstelling vormt met iemand anders

antiquaar ⟨-kwaar⟩ *de (m)* [-s, -quaren] handelaar in oude boeken, gravures e.d. **antiquair** ⟨-kèr⟩ *de (m)* [-s] handelaar in oude kunst en oude sier- en gebruiksvoorwerpen **antiquariaat** ⟨-kwaa-⟩ *het* [-aten] winkel waar men oude boeken, gravures e.d. verhandelt ▼ *modern* ~ winkel waar men uitgeversrestanten verhandelt **antiquarisch** ⟨-kwaa-⟩ *bn* wat te maken heeft met oude boeken e.d. **antiquiteit** ⟨-k(w)ie-⟩ *de (v)* voorwerp, overblijfsel uit vroeger tijd, vooral oud kunst- of gebruiksvoorwerp

antiracisme het strijden tegen rassendiscriminatie **antireclame** ❶ negatieve publiciteit rond een product ❷ datgene wat die publiciteit veroorzaakt: *die explosie is een vreselijke ~ voor dat apparaat*

antirevolutionair ⟨-nèr⟩ I *bn* ❶ tegen de Franse revolutie II *de (m)* ❷ aanhanger van een vroegere protestantse politieke partij in Nederland

antisemitisch *bn* gericht tegen, met een vijandige houding tegenover Joden
antisemitisme *het* vijandige houding tegenover Joden

antisepticum *het* [-ca] middel dat bacteriën doodt, ontsmettingsmiddel **antiseptisch** wat bacteriën doodt, ontsmet

antiserum serum met stoffen tegen ziekteverwekkers of gif in het lichaam

antislip *de & het* middel om glijden of slippen tegen te gaan

antislipcursus cursus waarin men leert hoe men slippen met een auto kan voorkomen en wat men moet doen als men toch slipt

antistatisch wat het effect van statische elektriciteit tegengaat

antistof eiwit dat in het lichaam werkzaam is tegen bacteriën, virussen en vreemde stoffen

antitankgeschut geschut om op vijandelijke tanks te schieten en deze uit te schakelen

antithese ⟨-zə⟩ *de (v)* [-n, -s] ⟨filosofie⟩ het tegengestelde, bij de filosoof Hegel stelling tegen een andere stelling (these) die samen een synthese kunnen vormen

antitoxine tegengif

antivirusprogramma programma dat een computer beschermt tegen virussen

antivries *het* middel tegen bevriezing van het koelwater voor motoren

antoniem *het* woord met een tegengestelde betekenis, tegendeel: *'hoog' is het ~ van 'laag'*

antoniuskruis kruis in T-vorm

antraciet ⟨-siet⟩ I *de (m) & het* ❶ steenkool met 94% koolstof II *het* ❷ zwartgrijze kleur III *bn* ❸ zwartgrijs

antrax *de (m)* infectieziekte die dodelijk kan zijn, veroorzaakt door een bacterie, miltvuur

antropocentrisch *bn* waarbij de mens als middelpunt wordt beschouwd, wat uitgaat van de mens **antropogenetica** leer van het ontstaan en het zich ontwikkelen van de mens en de erfelijkheid bij de mens

antropoïde I *de (m)* [-n] ❶ mensaap II *bn* ❷ mensachtig

antropologie *de (v)* wetenschap van de mens en zijn eigenschappen ▼ *culturele ~* wetenschap waarin onderzoek wordt gedaan naar de culturen van volken **antropologisch** *bn* volgens of van de antropologie

antropometrie *de (v)* specialisme dat zich bezighoudt met de afmetingen en verhoudingen van het menselijk lichaam

antropomorf *bn* ❶ met de gedaante van een mens, die overeenkomsten vertoont met de mens ❷ gedacht vanuit de mens, waarbij menselijke eigenschappen worden toegekend

antroponiem *het* naam van een persoon

antroponymie *de (v)* studie naar het ontstaan van namen van mensen

antroposofie *de (v)* levensbeschouwing over de mens in relatie tot het geestelijk wezen van de kosmos, ontwikkeld door Rudolf Steiner (1861-1925) **antroposofisch** *bn* volgens de beginselen van de antroposofie

antwoord *het* ❶ mondelinge of schriftelijke reactie op een vraag ❷ uitkomst van een opgave tijdens een les, een examen e.d.

antwoordapparaat apparaat dat binnenkomende telefoongesprekken automatisch beantwoordt d.m.v. een ingesproken bandje

antwoorden antwoord geven

antwoordnummer nummer waaronder men brieven e.d. naar een bedrijf of organisatie kan sturen zonder dat men er postzegels op hoeft te plakken

anurie *de (v)* ziekte waarbij de nieren geen urine maken

anus *de (m)* [-sen, ani] eindopening van de endeldarm, poepgaatje

ANVR *de* Algemene Nederlandse Vereniging van Reisbureaus

anw ⟨schoolvak, verplicht voor vwo⟩ algemene natuurwetenschappen

ANW *de* Algemeen Nabestaandenwet

ANWB *de (m)* Algemene Nederlandse Wielrijdersbond

A-omroep *de (m)* omroep met meer dan 300.000 leden

aorta *de* [-'s] grote lichaamsslagader

AOV *het* Algemeen Ouderenverbond

AOW *de* Algemene Ouderdomswet **AOW'er** *de (m)* [-s] iemand die een AOW-uitkering ontvangt

AP *het* Amsterdams peil

APA BN *het* [-'s] Algemeen Plan van Aanleg (*plan voor de ruimtelijke ordening van een gebied*)

Apache *de (m)* [-n, -s] lid van een indianenstam in het zuiden van de Verenigde Staten

a pari *bw verb* met een koerswaarde gelijk aan de nominale waarde

apart *bn* ❶ afzonderlijk, niet bij anderen of bij andere dingen: *hij moest als straf ~ zitten* ❷ bijzonder, anders dan andere(n), vreemd: *een heel ~e jurk*

apartheid *de (v)* systeem waarbij mensen van verschillende rassen gescheiden leven, zoals in Zuid-Afrika van 1948 tot 1991

apathie *de (v)* toestand waarin iemand niets interesseert en hij nergens zin in heeft: *na de dood van zijn vrouw zonk hij weg in ~* **apathisch** *bn* in een toestand van apathie

apegapen *het* ▼ *op ~ liggen* helemaal uitgeput zijn **apekool** inform. *de* kletspraat, onzin **apelazarus** inform. *het* ▼ *zich het ~ schrikken* heel erg schrikken

apenbroodboom tropische boomsoort met eetbare vrucht van de familie van de Bombacaceae **apenjaren** BN *de (mv)* ▼ *in z'n ~ zijn* in de puberteit zijn **apenkooi** *de* ❶ kooi waarin apen worden opgesloten ❷ spel in een gymnastieklokaal waarbij alle toestellen worden gebruikt **apenkop** kwajongen **apenliefde** kritiekloze liefde van ouders voor kinderen die vaak schadelijk is voor de kinderen **apennootje** *het* [-s] eetbare peul van de tropische plant Arachis hypogaea, pinda **apenpak** belachelijk pak of uniform, belachelijke kleding **apenstaartje** *het* [-s] comp. teken @, vooral gebruikt in e-mailadressen

apepsie *de (v)* slechte spijsvertering

aperitief *het & de (m)* [-tieven] alcoholisch drankje voor het eten om de eetlust op te wekken

apert *bn* onmiskenbaar, duidelijk: *een ~e leugen*

apetrots heel trots **apezat** heel dronken **apezuur** ▼ inform. *zich het ~ werken* heel hard werken

aphelium *het* punt in een baan dat het verst van de zon verwijderd is

apicultuur bijenteelt

apin *de (v)* [-nen] wijfjesaap

apk *de (v)* , *algemene periodieke keuring,* verplichte jaarlijkse keuring van personenauto's van drie jaar oud en ouder

aplomb ⟨aplô⟩ *het* stelligheid, vastheid van overtuiging, zekerheid van optreden: *met veel ~ iets beweren*

apneu *de (m)* [-s] tijdelijke korte ademstilstand

APO *de (v)* arbeidsplaatsenovereenkomst

apocalyptisch ⟨-lip-⟩ *bn* als uit de Apocalyps (laatste boek uit de Bijbel), als in de profetie over de ondergang van de wereld

apocope ⟨aapookoopee⟩ *de* [-'s, -s] het weglaten van letters aan het woordeinde

apocrief *bn* ❶ niet als echt erkend door de kerk: *~e boeken* ❷ niet geloofwaardig, onaannemelijk: *een ~ verhaal*

apodictisch *bn* onweerlegbaar, op stellige wijze alsof iemand de wijsheid in pacht heeft

apolitiek zonder politieke binding

apologeet *de (m)* [-geten] verdediger van de geloofsleer **apologie** *de (v)* [-ën] ❶ verweerschrift, verdediging tegen onrechtvaardige aanvallen, verkeerd begrip e.d. ❷ verdediging van de christelijke geloofswaarheden of de onderbouwing daarvan

apoplexie *de (v)* [-ën] beroerte

apostel *de (m)* [-en, -s] ❶ een van de twaalf belangrijkste leerlingen van Christus ❷ fig. verkondiger en verdediger van een leer, van een stelsel: *een ~ van het marxisme*

a posteriori *bw verb* achteraf

apostolaat *het* ❶ het apostel zijn ❷ wat in dienst staat van de zending van Christus en het opbouwen van het rijk van God **apostolisch** *bn* ❶ als de apostelen, wat te maken heeft met de apostelen ❷ pauselijk

apostrof *de* [-s, -fen] teken voor een weggelaten letter of weggelaten letters: ': *de ~ in A'dam*

apotheek ⟨-teek⟩ *de* [-theken] winkel waar geneesmiddelen onder verantwoordelijkheid van een apotheker worden klaargemaakt en verkocht **apotheker** *de (m)* [-s] iemand die bevoegd is om geneesmiddelen te maken en te verkopen

apotheose ⟨-zə⟩ *de (v)* [-n] schitterend einde van een voorstelling, ceremonie enz.

app ⟨èp⟩ *de* [-s] applicatie (computerprogramma) die men vanaf internet op een smartphone of tabletcomputer kan installeren

apparaat *het* [-raten] ❶ toestel als hulpmiddel bij een bepaalde bewerking of activiteit: *een koffiezet~, een scheer~* ❷ geheel van personen en instellingen binnen een bepaalde maatschappelijke sector: *het ambtenaren-, politie-, overheids~* ❸ verzameling van hulpmiddelen die nodig zijn bij het samenstellen van een geschreven werk: *het ~ voor het schrijven van een woordenboek*

apparatsjik min. *de (m)* [-s] partijfunctionaris die uitsluitend het partijbelang dient

apparatuur *de (v)* geheel van apparaten

apparenteren BN, pol. aangaan van een lijstverbinding tussen verschillende politieke partijen bij verkiezingen

appartement *het* (vaak) luxe en ruime woning of (deel van een) flat **appartementsgebouw** BN ook flatgebouw

appel *de (m)* [-s, -en] ❶ boom van het geslacht Malus ❷ vrucht van die boom ▼ *de ~ valt niet ver van de boom* kinderen lijken meestal op hun ouders ▼ *voor een ~ en een ei* voor heel weinig geld ▼ *een ~tje met iemand te schillen hebben* iets onaangenaams hebben af te handelen met iemand ▼ *door de zure ~ heen bijten* iets onaangenaams moeten doen ▼ BN *~en voor citroenen verkopen* knollen voor citroenen verkopen, iemand beetnemen met mooie praatjes ▼ *een ~tje voor de dorst* iets extra's voor tijden van nood

appel *het* [-s] ❶ het zich verzamelen om te controleren of iedereen aanwezig is ❷ jur. hoger beroep: *in ~ gaan* ❸ sp. gebaar waarmee de scheidsrechter op iets attent wordt gemaakt

appelaar BN, spreekt. *de (m)* [-s] appelboom

appelbeignet schijfje appel dat in deeg gebakken is **appelbloesem I** *de (m)* [-s] ❶ bloesem van de appelboom **II** *het* ❷ lichtroze kleur **appelbol** appel die in deeg gebakken is **appelboom** boom waaraan appels groeien **appelflap** *de* [-pen] soort appelgebak dat is gebakken in frituurvet **appelflauwte** het doen alsof men flauwvalt

appellant jur. *de (m)* iemand die in hoger beroep gaat **appelleren** ⟨-jur.⟩ in hoger beroep gaan ▼ *~ aan* een beroep doen op, aanspreken: *~ aan iemands gevoel voor rechtvaardigheid* ❷ sp. de aandacht van de scheidsrechter vestigen op een overtreding

appelmoes *het & de* moes van fijngekookte en gezeefde appels

appelrechter rechter die zaken in hoger beroep behandelt

appelschimmel ⟨paard⟩ grauwe schimmel met ronde vlekken **appelsien** BN, spreekt. *de (m)* sinaasappel

appelstroop stroop van het sap van appels **appeltaart** taart waarin appels zijn verwerkt **appeltje-eitje** *zn* ▼ *dat is ~* dat is heel eenvoudig **appelwangen** *de (mv)* ronde en blozende wangen

appen ⟨ep-⟩ verkorting van *whatsappen*

appendage ⟨appendaazje⟩ *de* [-s] onderdeel dat kan worden toegevoegd aan een machine, installatie e.d.

appendicitis *de (v)* blindedarmontsteking **appendix** *de & het* [-dices] ❶ aanhangsel ❷ blindedarm

apperceptie *de (v)* [-s] waarneming

appetijt *de (m)* BN ook eetlust **appetijtelijk** *bn* ❶ waardoor men eetlust krijgt, smakelijk ❷ fig. aantrekkelijk, aanlokkelijk

appetizer ⟨eppataïzer⟩ *de (m)* [-s] hartig voorgerecht om de eetlust op te wekken

applaudisseren ⟨-dies-⟩ in zijn handen klappen als teken dat men iets waardeert, mooi vindt, het ermee eens is e.d.: *~ na een concert, een redevoering* **applaus** het handgeklap als teken van waardering **applausvervanging** BN, sp. publiekswissel, het vervangen van een uitblinkende speler kort voor het einde van een sportwedstrijd om applaus uit te lokken

applet ⟨epplət⟩ comp. *de* [-s] kleine toepassing binnen een browser in de programmeertaal Java®

applicatie *de (v)* [-s] ❶ toepassing ❷ comp. programma dat bepaalde taken uitvoert ❸ het aanbrengen van een verband ❹ versiering van stof die op een andere stof genaaid is **applicatiecursus** cursus voor bijscholing in een bepaald beroep

apporteren aanbrengen, (weggegooide) voorwerpen of (neergeschoten) wild brengen door een hond

appreciatie *de (v)* [-s] waardering **appreciëren** waarderen, op prijs stellen

approbatie *de (v)* [-s] goedkeuring, vergunning **approvianderen** van proviand voorzien

apr april

apraxie med. *de (v)* het niet meer goed kunnen uitvoeren van handelingen terwijl iemand dat fysiek wel zou moeten kunnen

après-ski ⟨aaprè-⟩ *de (m) & het* het bij elkaar zitten en iets drinken na het skiën

april *de (m)* vierde maand van het jaar ▼ *~ doet wat hij wil* in april zijn verschillende soorten weer mogelijk **aprilgrap** het voor de gek houden van mensen op 1 april **aprilvis** BN, spreekt. aprilgrap

a prima vista *bw verb* muz. op het eerste gezicht, van het blad (zingen of spelen)

a priori I *bw verb* ❶ van tevoren, bij voorbaat **II** *het* ❷ vaststelling of oordeel vooraf, zonder onderzoek

à propos ⟨-poo⟩ **I** *tw* ❶ wat ik zeggen wilde, voor ik het vergeet **II** *het* ❷ het eigenlijke onderwerp van gesprek ▼ *van zijn ~ raken* van zijn stuk raken, in de war raken

apsis *de (v)* [-sen] uitbouw aan het koor van een kerk

APV *de (v)* Algemene Politieverordening

APZ *het* Algemeen Psychiatrisch Ziekenhuis

aquaduct ⟨aakwaa-⟩ het holle brug waardoorheen een kanaal over een dal wordt geleid

aquafitness ⟨-fitnəs⟩ fitnessoefeningen in een zwembad **aquajoggen** ⟨-djoGGən⟩ loopoefeningen doen in water als conditietraining

aqualong *de* cilinder met samengeperste lucht op de rug van een duiker **aquamarijn I** *bn* ❶ zeegroen **II** *de (m) & het* ❷ zeegroene edelsteen **aquanaut** *de (m)* onderzoeker van de diepzee **aquaplaning** ⟨-plee-⟩ *de (v)* het slippen van een voertuig zoals een auto, als er veel water op de rijbaan staat

aquarel ⟨aakwaa-⟩ *de* [-len] schildering in waterverf **aquarelleren** met waterverf schilderen

aquarium *het* [-s, -ria] ❶ glazen bak waarin men levende vissen of andere waterdieren, en waterplanten houdt ❷ gebouw met zulke bakken

aquaspinnen *het* fietsen in het water als vorm van fitnesstraining

aquavit ⟨aakwaaviet⟩ *het & de* sterkedrank uit Scandinavië

ar I *de* [-ren] slee die over sneeuw of ijs wordt getrokken door paarden, arrenslee **II** *bn* ▼ *in ~ren moede* teleurgesteld en verontwaardigd, omdat iemand geen andere mogelijkheid meer ziet, niets beters meer weet te doen

Ar schei. argon

ara *de (m)* [-'s] soort papegaai

arabesk *de* ❶ motief voor versieringen met gebogen lijnen waaruit bloemen en bladeren ontspringen, bijv. in de bouwkunst ❷ vlugge, speelse, kronkelende beweging, bijv. in muziek ❸ ballethouding met één been gestrekt naar achteren

arabier *de (m)* paard van Arabisch ras

Arabier *de (m)* iemand met het Arabisch als moedertaal **Arabisch I** *bn* ❶ van de Arabische landen ▼ ~*e cijfers* de gewone cijfers **II** *het* ❷ taal waarin de Koran is geschreven, veel gesproken in het Midden-Oosten en Noord-Afrika

arabist *de (m)* specialist in het Arabisch

arachideolie olie gemaakt van pinda's

arachnofobie angst voor spinnen

arak *de (m)* rijstbrandewijn

aramide *het* sterk soort lichte kunststofvezel

arbeid *de (m)* ❶ werk, lichamelijke of geestelijke inspanning om een taak te verrichten ▼ *dag van de ~,* BN *feest van de ~* feest van de socialistische partijen en vakbonden op 1 mei ❷ nat. product van een kracht en de weg die wordt afgelegd

arbeiden werken

arbeider *de (m)* [-s] iemand die met zijn handen werkt en een lagere positie heeft

arbeidersbeweging *de (v)* samenwerking van arbeiders om voor hun belangen op te komen

arbeidersbuurt wijk waar veel arbeiders wonen

arbeidsbemiddeling (instantie, bedrijf voor) het vinden van personeel voor werkgevers en het vinden van werk voor werkzoekenden

arbeidsbureau ⟨vroeger⟩ bureau van de overheid dat zich bezighoudt met arbeidsbemiddeling en toezicht houdt op ontslagen en het in dienst nemen van werknemers, nu: UWV WERKbedrijf, tot 2009: CWI **arbeidsconflict** conflict tussen werkgever en werknemer(s) **arbeidsduur** aantal uren dat iemand werkt **arbeidsextensief** waarvoor in verhouding weinig werk nodig is

arbeidsgeneesheer BN, ook bedrijfsarts

arbeidshof BN arbeidsrechtbank die in hoger beroep oordeelt over vonnissen

arbeidsinspectie ❶ toezicht op de naleving van de wetten die de arbeidstijden, werkomstandigheden e.d. regelen ❷ overheidsdienst die dit toezicht uitoefent

arbeidsintensief waarvoor in verhouding veel werk nodig is **arbeidsklimaat** omstandigheden die invloed hebben op het werk en de werksfeer in een bedrijf of organisatie **arbeidskracht** ❶ iemand die ergens werkt: *een tekort aan ~en* ❷ het in staat zijn, vermogen om te werken

arbeidsmarkt verhouding tussen vraag naar en aanbod van arbeidskrachten, van mensen die functies kunnen vervullen **arbeidsongeschikt** *bn* door een lichamelijke of geestelijke aandoening niet in staat om te werken

arbeidsonrust ontevredenheid onder werknemers en de neiging om te gaan staken of demonstreren **arbeidsovereenkomst** contract, overeenkomst tussen werkgever en werknemer **arbeidsplaats** werkgelegenheid voor één werknemer

arbeidsrecht recht dat te maken heeft met de verhoudingen tussen werknemers en werkgevers en overheid **arbeidsrechtbank** BN rechterlijke instantie bevoegd voor arbeids- en socialezekerheidsgeschillen

arbeidsreserve aantal arbeidskrachten dat geen werk heeft maar wel zou kunnen werken, eufemisme voor werkloosheid **arbeidstherapie** therapie waarbij patiënten werkzaamheden verrichten **arbeidstijdverkorting** *de (v)* vermindering van het aantal uren dat werknemers moeten werken **arbeidsveld** gebied waarop een persoon of bedrijf werkzaam is

arbeidsvergunning officiële toestemming voor een vreemdeling om in een land te werken

arbeidsverleden al iemands betaalde werkzaamheden in het verleden **arbeidsverloop** wisseling van werknemers **arbeidsvitaminen** *de (mv)* wat de werklust bevordert, vooral populaire muziek op de radio onder werktijd

arbeidsvoorwaarden *de (mv)* salaris, vrije dagen, omstandigheden waaronder iemand werkt en wat verder het werk betreft dat iemand voor een ander verricht

arbeidsvoorziening geheel van maatregelen om de werkgelegenheid te bevorderen

arbeidzaam *bn* waarbij iemand veel en hard werkt: *een ~ leven leiden*

arbiter *de (m)* [-s] scheidsrechter **arbitraal** *bn* scheidsrechterlijk **arbitrage** ⟨-zja⟩ *de (v)* ❶ behandeling, beslissing door iemand of een instantie die als scheidsrechter optreedt ❷ econ. transactie met het doel voordeel te halen uit een prijsverschil **Arbitragehof** BN hoog gerechtshof dat nagaat of het parlement, de gemeenschapsraden e.d. binnen hun bevoegdheden blijven

arbitrair *bn* willekeurig: *een ~ gegeven*

arbitreren ❶ een zaak als arbiter beslissen ❷ econ. arbitrage toepassen

arbodienst dienst die toezicht houdt op het naleven van de Arbowet

arboretum *het* [-s, -reta] wetenschappelijke verzameling houtgewassen

Arbowet wet op de arbeidsomstandigheden

arcade *de (v)* [-n, -s] ❶ booggewelf ❷ reeks bogen die op zuilen rusten

arcadisch *bn* romantisch landelijk, zoals vroeger voorgesteld bij de herders in Arcadië

arceren evenwijdige streepjes trekken (om schaduw aan te geven, een gedeelte te markeren enz.)

archaïsch *bn* verouderd: *~ taalgebruik* **archaïsme** *het* [-n] verouderd woord of uitdrukking

archeologie *de (v)* wetenschap van de menselijke geschiedenis zoals die aan ons is overgeleverd via materiële resten **archeoloog** *de (m)* [-logen] wetenschapper die de archeologie beoefent

archetype *het* psych. benaming voor voorstellingen van het collectieve onbewuste, oerbeeld in het onderbewustzijn van de mens

archief *het* [-chieven] ❶ verzameling of bewaarplaats van belangrijke historische geschriften ❷ verzameling schriftelijke stukken, op papier of digitaal ❸ ruimte waar schriftelijke stukken bewaard worden: *afgehandelde brieven gaan naar het ~*

archipel *de (m)* [-s] eilandengroep

architect ⟨-gie- of -sjie-⟩ *de (m)* iemand die gebouwen ontwerpt en onder zijn leiding doet uitvoeren **architectonisch** *bn* wat te maken

ar

ar

heeft met architectuur **architectuur** *de (v)* het
ontwerpen en bouwen van gebouwen
archivalia *de (mv)* archiefstukken **archivaris** *de
(m)* [-sen] beheerder van een archief **archiveren**
onderbrengen in een archief
arctisch *bn* heel erg koud, zoals in het
noordpoolgebied **Arctisch** *bn* uit de
noordpoolstreken
Ardeens BN, ook *bn* Ardens, van de Ardennen
arduin *het* hard soort kalksteen
are *de* [-n] 100 m², honderd vierkante meter
areaal *het* [-alen] ❶ oppervlakte die met
gewassen bebouwd is ❷ oppervlakte met
huizen, bedrijven e.d.
areligieus *bn* zonder verband met of begrip of
gevoel voor godsdienst
arena *de* [-'s] ❶ met zand bestrooid strijdperk,
geheel of gedeeltelijk omgeven door tribunes:
stierengevechten vinden plaats in een ~ ❷ met
zand bestrooid middendeel van een circus ❸ fig.
strijdperk: *de politieke ~*
arend *de (m)* grote roofvogel (Aquila) **arendsblik**
doordringende blik **arendsnest** ❶ nest van een
arend ❷ fig. moeilijk bereikbare, hooggelegen
versterking **arendsneus** gebogen neus
arendsoog oog dat heel scherp ziet
areometer apparaat om de relatieve dichtheid
van vloeistof te bepalen
argeloos *bn* die geen kwaad vermoedt: *de
argeloze toerist werd bestolen*
arglistig op een boosaardige manier slim
argon schei. *het* betrekkelijk zwaar edelgas
argot 〈arGoo〉 *het* [-s] ❶ taal van de onderwereld,
van dieven e.d. ❷ taal die kenmerkend is voor
een bepaalde groep, slang
argument *het* wat men aanvoert om duidelijk te
maken waarom iets wel of niet klopt of kan of
goed is **argumentatie** *de (v)* [-s] geheel van
argumenten die tot een bepaalde conclusie
leiden, bewijsvoering **argumenteren**
argumenten aanvoeren
argusogen *de (mv)* altijd open, waakzame ogen
▼ *iets met ~ bekijken* iets oplettend en met
wantrouwen in de gaten houden: *met ~ volgde
hij al haar bewegingen*
argwaan *de (m)* achterdocht, het niet vertrouwen
van iets of iemand **argwanend** *bn* die iets of
iemand niet vertrouwt, achterdochtig
aria *de* [-'s] zangstuk voor één zanger of zangeres:
in deze opera zit een mooie ~
ariër *de (m)* [-s] in het nationaalsocialisme iemand
van zuiver blanke afstamming **arisch** *bn* wat te
maken heeft met of hoort bij de ariërs
aristocraat *de (m)* [-craten] iemand die uit een
adellijke familie komt of die tot de hoogste
maatschappelijke kringen behoort **aristocratie**
de (v) [-ën] ❶ heerschappij van de adellijke of
voorname families ❷ de gezamenlijke
aristocraten, de vertegenwoordigers van de
hoogste standen ❸ voornaamheid **aristocratisch**
bn ❶ die of wat tot de aristocratie behoort
❷ voornaam en beschaafd
aritmetica *de (v)* rekenkunst
ark *de* [arken] ❶ Bijb. vaartuig van Noach
▼ Bijb. *~e des verbonds* kist met de wet van de
joden ❷ woonark

arm I *de (m)* ❶ elk van de twee ledematen van de
mens en de aap, die aan de schouder vastzitten
▼ *een slag om de ~ houden* de mogelijkheid
openhouden om iets te veranderen of om zich
terug te trekken ▼ *de sterke ~* de politie ▼ *met
open ~en ontvangen* heel hartelijk ontvangen
▼ *iemand in de ~ nemen,* BN *iemand onder de ~
nemen* zijn hulp inroepen ❷ gedeelte dat
uitsteekt: *de ~en van een anker* ❸ vertakking van
een rivier **II** *bn* ❶ die weinig bezit
❷ beklagenswaardig, zielig: *die ~e wezen*
armada *de* [-'s] sterke oorlogsvloot
armagnac 〈-manjak〉 *de (m)* Franse brandewijn
die op cognac lijkt
armatuur *de (v)* [-turen] ❶ bewapening,
uitrusting ❷ draagconstructie voor een lamp
❸ stuk ijzer aan de polen van een magneet
armband *de (m)* ❶ sieraad om de pols ❷ band
om de arm
armelijk *bn* wat armoedig aandoet
armelui *de (mv)* arme mensen **armetierig** *bn*
armoedig, armzalig **armlastig** *bn* die financiële
steun nodig heeft, arm
armoede, armoe *de* ❶ toestand van arm zijn, het
hebben van geen of te weinig geld en
bezittingen ▼ *stille ~* armoede die naar buiten
niet blijkt ▼ *het is er armoe troef* ze zijn
voortdurend arm, ze hebben altijd gebrek aan
geld en bezittingen ❷ onprettige, vervelende
omstandigheden: *na drie dagen regen wisten we
van ~ niets meer te verzinnen* **armoedegrens**
inkomensgrens waaronder iemand niet in zijn
levensonderhoud kan voorzien **armoedeval**
verschijnsel dat mensen na een uitkering soms
niet meer inkomen hebben uit een baan,
doordat ze bepaalde toeslagen verliezen
armoedig *bn* arm, waaruit blijkt dat iemand
arm is: *~ gekleed gaan* **armoedzaaier,** BN
armoezaaier *de (m)* [-s] heel arm persoon
armoriaal *het* [-alen] boek met afbeeldingen en
beschrijvingen van familiewapens
armsgat *het* gat in een kledingstuk waar een
arm door kan
armslag *de (m)* ❶ ruimte om de armen uit te
strekken ❷ fig. mogelijkheid tot ontplooiing,
bewegingsvrijheid: *door de belastingmeevaller
hadden wij iets meer financiële ~* **armstoel** stoel
met armleuningen **armworstelen** krachtmeting
waarbij iemand probeert de arm van de ander
naar beneden te drukken
armzalig *bn* ❶ armoedig: *een ~ woninkje* ❷ wat
niet veel voorstelt: *een ~ protest waar niemand
naar luistert*
AROB *de* Administratieve Rechtspraak
Overheidsbeschikkingen
aroma *het* [-'s] ❶ fijne kenmerkende geur: *het ~
van verse kruiden* ❷ stof die wordt gebruikt om
de smaak en de geur van soepen, sauzen e.d. te
versterken **aromatisch** *bn* met aroma, geurig
aronskelk ❶ kamerplant van het geslacht Arum
❷ bloem van de plant
arr. arrondissement
arrangement 〈arãzjə-〉 *het* ❶ regeling, afspraak
❷ vakantie waarbij de reis en het verblijf
geregeld zijn: *bij dit vijfdaagse hotel~ zijn ontbijt
en avondeten inbegrepen* ❸ bewerking van een

muziekstuk op zo'n manier dat het door andere instrumenten kan worden gespeeld: ~*en voor keyboard van klassieke muziekstukken* **arrangeren** ‹-râzji-› ❶ in orde brengen, een regeling maken ❷ bewerken van een muziekstuk voor andere instrumenten dan waarvoor het oorspronkelijk gecomponeerd was **arrangeur** *de (m)* [-s] iemand die arrangeert, die muzikale arrangementen schrijft

arrenslede, arrenslee slee die over sneeuw of ijs wordt getrokken door paarden

arrest *het* ❶ het in hechtenis nemen van iemand, gevangennemen ❷ uitspraak van een gerechtshof of van de Hoge Raad **arrestant** *de (m)* iemand die is aangehouden, gearresteerd **arrestatie** *de (v)* [-s] het arresteren, aanhouding, gevangenneming **arresteren** personen aanhouden en gevangennemen

arrivé *de (m)* [-'s] iemand die een hoge positie bereikt heeft maar die niet uit een hogere maatschappelijke klasse afkomstig is **arriveren** aankomen: *we arriveerden 's avonds laat op ons vakantieadres*

arrogant *bn* die neerkijkt op anderen, die denkt dat hij beter is dan anderen **arrogantie** *de (v)* ❶ het zich beter voelen dan anderen ❷ houding die of gedrag dat daarop duidt

arrondissement *het* ❶ onderdeel van een rechts- of bestuursgebied ❷ rechtsgebied van een arrondissementsrechtbank ❸ BN grootste bestuurlijke onderdeel van een provincie **arrondissementeel** BN *bn* van, wat te maken heeft met een arrondissement **arrondissementscommissaris** BN bestuursambtenaar aan het hoofd van een arrondissement **arrondissementsrechtbank** hoogste rechtscollege van een arrondissement, rechtbank hoger dan het kantongerecht

arseen *het* arsenicum

arsenaal *het* [-nalen] ❶ opslagplaats van wapens ❷ fig. geheel van middelen die ter beschikking staan

arsenicum *het* sterk vergif

art. artikel

art deco ‹aar deekoo› *de (m)* kunststijl uit de periode rond 1920

artdirector ‹àRtdajrektəR› *de (m)* [-s] iemand die voor het creatieve aspect van iets zorgt, bijv. van een reclamefilmpje

artefact *het* ❶ voorwerp dat door de mens gemaakt is, vooral handgemaakt voorwerp dat karakteristiek is voor een bepaalde tijd of cultuur, bijv. pijlpunten van steen uit de prehistorie ❷ onderzoeksresultaat dat misleidend is omdat het voortvloeit uit de gekozen onderzoeksmethode

arterie *de (v)* [-riën, -ries] slagader **arterieel** *bn* slagaderlijk

arteriosclerose aderverkalking

articulatie *de (v)* [-s] het duidelijk vormen van de klanken en woorden bij het spreken **articuleren** klanken en woorden duidelijk vormen bij het spreken, nauwkeurig en duidelijk uitspreken

artiest *de (m)* ❶ kunstenaar ❷ iemand die voor publiek optreedt, zoals een zanger of een

toneelspeler

artificial intelligence ‹àRtiffisjəl intellidzjəns› comp. de kunstmatige intelligentie, het vermogen van computers om het menselijk denken te simuleren **artificieel** *bn* kunstmatig, onecht

artikel *het* [-en, -s] ❶ tekst in vooral een krant of tijdschrift ❷ afzonderlijk deel van een wet of contract ▼ *de twaalf ~en des geloofs* de twaalf grondwaarheden van het christendom ❸ iets waarin gehandeld wordt, wat verkocht wordt ❹ taalk. lidwoord

artillerie ‹-tillə- *of* -tiejə› *de (v)* ❶ geschut, vuurwapens van zwaar kaliber (i.t.t. handvuurwapens) ❷ legerafdeling die het geschut bedient

artisanaal BN *bn* ambachtelijk

artisjok *de* [-ken] distelachtige plant (Cynara scolymus) met vlezige bloembodem en schubben, die als groente wordt gekweekt

artisticiteit *de (v)* het artistiek-zijn **artistiek** *bn* ❶ zoals past bij een kunstenaar ❷ in overeenstemming met de regels of eisen van de kunst ❸ met aanleg voor kunst

art nouveau ‹aar noevoo› *de (m)* stijlperiode in het begin van de 20ste eeuw

artotheek *de (v)* [-theken] instelling die werken van eigentijdse beeldende kunst in leen geeft

artritis *de (v)* gewrichtsontsteking **artrogram** *het* [-men] röntgenfoto van een gewricht **artrose** ‹-zə› *de (v)* gewrichtsaandoening die door slijtage wordt veroorzaakt

arts *de (m)* iemand die bevoegd is tot het uitoefenen van de geneeskunde en die zieke of gewonde mensen behandelt **arts-assistent** arts die onder toezicht medische handelingen mag verrichten **artsenbezoeker** *de (m)* [-s] vertegenwoordiger die artsen bezoekt om medische producten te verkopen **artsensyndicaat** BN artsenvereniging die de beroepsbelangen van haar leden behartigt

arty ‹aartie› *bn* artistiek en hip

as I *de* [-sen] ❶ lijn of voorwerp waarom iets draait, spil ❷ lijn die door het midden van iets gaat, middellijn: *de ~ van een cilinder, van een weg* ❸ muz. a die met een halve toon verlaagd is **II** *de* ❹ stof die overblijft als iets verbrandt ▼ *in de ~ leggen* verbranden ▼ *uit zijn ~ herrijzen* na een ondergang mooier of beter terugkeren

a.s. aanstaande

As schei. arsenicum

ASA mate van lichtgevoeligheid van fotomateriaal

asap *as soon as possible*, zo snel mogelijk

asbak bakje voor as en peuken

asbest *het* vezelachtige onbrandbare stof **asbestose** *de (v)* longziekte door het inademen van asbest

asblond grijzig lichtblond

asceet ‹asseet *of* askeet› *de (m)* [-ceten] iemand die bewust heel eenvoudig leeft, zonder comfort, lekker eten e.d.

ascendant *de (m)* ‹astrologie› teken van de dierenriem dat op het ogenblik dat iemand geboren wordt, boven de horizon komt **ascendenten** *de (mv)* bloedverwanten in opgaande lijn, zoals ouders, grootouders, overgrootouders

ascese *de (v)* het bewust heel eenvoudig leven, als een asceet, zonder comfort en genoegens **ascetisch** *bn* ❶ als een asceet ❷ wat te maken heeft met de ascese

ASCII ⟨askie⟩ *de (m)* , *American Standard Code for Information Interchange*, internationale digitale computertekenset van 128 codes

aseksueel ❶ geslachtloos ❷ ongevoelig voor seksuele prikkels

aselect waarbij niet gekozen is op grond van het aspect dat iemand wil onderzoeken, willekeurig genomen: *een ~e steekproef*

asem spreekt. *de (m)* adem

Asen *de (mv)* in de Oudnoorse mythologie de goden die afstammen van Odin

aseptisch zonder kiemen van infectie

asfalt *het* ❶ mengsel van asfaltbitumen (een reststof van aardolie) en zand, steen e.d. ❷ wegdek van dit materiaal **asfalteren** met asfalt bestraten

asiel ⟨asiel *of* aziel⟩ **I** *het* ❶ bescherming door de staat of de kerk verleend aan mensen die in hun eigen land vervolgd worden **II** *het* [-en, -s] ❷ toevluchtsoord ❸ opvanghuis voor dieren **asielrecht** recht om asiel te verlenen of te vragen **asielzoeker** iemand die het eigen land ontvlucht en in een ander land bescherming en opvang zoekt **asielzoekerscentrum** opvanghuis voor asielzoekers

asjemenou *tw* uitroep van verbazing, hoe is het mogelijk!

aso inform. **I** *bn* ❶ asociaal **II** *de* [-'s] ❷ iemand die asociaal is

a.s.o. BN *het* algemeen secundair onderwijs

asociaal I *bn* ❶ zonder sociaal besef, niet aangepast aan het leven in de maatschappij **II** *de* [-cialen] ❷ persoon met dergelijke eigenschappen

asp. aspirant

aspect *het* kant van waaruit iets beschouwd kan worden: *de verschillende ~en van een probleem*

asperge ⟨-zje⟩ *de* [-s] ❶ plant van de soort Asparagus officinalis ❷ jonge spruit van die plant als groente

asperger *de* syndroom van Asperger, contactstoornis die verwant is aan autisme, met onder andere sociaal onaangepast en eenzelvig gedrag en het volledig opgaan in bepaalde interesses

aspic ⟨-piek⟩ *de (m)* [-s] vlees- of visgelei

aspidistra *de (v)* [-'s] kamerplant met brede bladeren uit de familie van de lelieachtigen

aspirant *de (m)* ❶ iemand die belangstelling heeft voor en dingt naar een bepaalde functie of graad ❷ jeugdlid van een sportvereniging ❸ ⟨als eerste deel van een samenstelling⟩ aankomend of mogelijk: *~-koper*

aspirateur *de (m)* [-s] toestel om stoffen, rook, gassen e.d. weg te zuigen

aspiratie *de (v)* [-s] ❶ hoorbare adem bij het uitspreken van een klank ❷ het streven naar iets: *~s hebben*

aspirator *de (m)* [-s] toestel om stoffen, rook, gassen e.d. weg te zuigen

aspireren ❶ met hoorbare adem uitspreken ❷ streven naar iets: *een mooie carrière ~*

aspirientje *het* [-s] tablet aspirine aspirine® *de* [-s, -n] middel tegen pijn en koorts

assagaai, assegaai *de* houten werpspies uit Afrika

assemblage ⟨-blaazje⟩ *de (v)* [-s] het samenvoegen van onderdelen **assemblage-industrie** geheel van bedrijven waar assemblage wordt uitgevoerd

assemblee *de* [-s] algemene vergadering: *~ van de Wereldraad van Kerken, van de Raad van Europa*

assembleren samenstellen van computers, machines enz. uit onderdelen die van tevoren al gemaakt zijn

assepoester *de (v)* [-s] meisje dat als verschoppeling wordt behandeld en er armoedig uitziet, naar het sprookje Assepoester

assertief *bn* zelfverzekerd, die voor zichzelf durft op te komen

assessment ⟨asesmənt⟩ *het* [-s] test van iemands vaardigheden en geschiktheid voor iets

assessor *de (m)* [-soren, -s] bijzitter, helper van de voorzitter

assets ⟨essəts⟩ *de (mv)* ❶ iets wat geld of iets anders opbrengt, middelen om mee te verdienen: *de gasvelden zijn belangrijke ~ van het energiebedrijf* ❷ fig. de opbrengsten van iets, wat men met iets verwerft

assignatie ⟨-sienjaa-⟩ *de (v)* [-s] schriftelijke opdracht tot betalen

assimilatie *de (v)* [-s] ❶ gelijkmaking, volledige aanpassing ❷ aanpassing aan een andere (heersende) bevolkingsgroep ❸ taalk. aanpassing van een spraakklank aan de voorafgaande of volgende spraakklanken ❹ bio., schei. omzetting van stoffen in energierijkere stoffen **assimileren** ❶ gelijkmaken, aanpassen ❷ in zich opnemen, in zich op laten gaan: *het land assimileert groepen nieuwkomers uit verschillende culturen* ❸ zich aanpassen aan een andere (heersende) bevolkingsgroep, erin opgaan: *de vreemdeling probeert te ~*

assisenhof BN hof van assisen, gerechtshof met jury voor zware misdrijven

assist sp. *de (m)* [-s] voorzet waaruit wordt gescoord

assistent *de (m)* iemand die bij iets helpt, helper: *de ~ van de manager* ▼ BN ook *maatschappelijk ~* maatschappelijk werker **assistent-arts** *de (m)* → arts-assistent

assistentie *de (v)* hulp, bijstand: *~ verlenen*

assisteren helpen, bijstaan: *de leerling mocht de scheikundeleraar ~ bij de proef*

associatie *de (v)* [-s] ❶ aaneensluiting van personen met een economisch doel, maatschap of vennootschap ❷ psych. het in gedachten op een gevoelsmatige manier met elkaar verbinden van bepaalde zaken: *deze muziek roept ~s op met de Beatles* **associatief** *bn* door het in gedachten met elkaar verbinden van zaken, op basis van associatie ▼ *~ denken* denken door iets te verbinden met iets anders waar men ook aan moet denken, niet door logisch redeneren

associé *de (m)* [-s] persoon die met iemand

deelneemt in een bedrijf, vennoot, compagnon

associëren doen denken aan, in verband brengen: *ik associeer erwtensoep altijd met de winter* ▼ *zich ~* zich verenigen, zich aaneensluiten

assonantie *de (v)* [-s] halfrijm

assortiment *het* voorraad winkelgoederen, verzameling artikelen die een winkel of organisatie te koop aanbiedt: *een groot ~ aan wasmiddelen*

assumptie *de (v)* [-s] veronderstelling, idee waar men uit uitgaat: *de ~ dat de mens alleen uit eigenbelang handelt*

assuradeur *de (m)* [-en, -s] verzekeraar

assurantie *de (v)* [-s, -tiën] verzekering tegen schade, ongelukken enz. **assurantiemakelaar** iemand die beroepsmatig verzekeringsovereenkomsten afsluit **assureren** verzekeren

A-status ❶ officiële categorie voor personen of organisaties die het meest aan bepaalde criteria voldoen ❷ status van een A-omroep, d.w.z. een radio- en televisieomroep met meer dan 300.000 leden ❸ status voor asielzoekers die erkend worden als vluchteling en zich in Nederland mogen vestigen

aster *de* [-s] ❶ samengesteldbloemige plant van het geslacht Aster, die aan het eind van de zomer bloeit ❷ bloem van die plant

asterisk *de (m)* sterretje * als teken in een tekst om de aandacht op iets te vestigen of om ergens naar te verwijzen, bijv. naar een opmerking onder aan de bladzijde

asteroïde *de (v)* [-n] kleine planeet

astigmatisme ⟨aastig-⟩ *het* oogafwijking waardoor de beelden vervormd worden

astma *de (v)* aandoening met aanvallen waarbij iemand niet goed kan ademhalen **astmaticus** *de (m)* [-tici] iemand die astma heeft **astmatisch** *bn* die lijdt aan astma

astraal *bn* wat te maken heeft met de sterren

astrakan I *het* ❶ krullend bont van een pasgeboren lam II *bn* ❷ van dit bont

astrofysica deel van de sterrenkunde dat natuurkundige eigenschappen van planeten, sterrenstelsels e.d. bestudeert

astrologie *de (v)* leer van de invloed van de stand van de hemellichamen op de mens en zijn levensloop **astrologisch** *bn* wat te maken heeft met de astrologie **astroloog** *de (m)* [-logen] beoefenaar van de astrologie

astronaut *de (m)* iemand die reizen maakt in de ruimte buiten de aarde, ruimtevaarder

astronomie *de (v)* sterrenkunde **astronomisch** *bn* ❶ sterrenkundig ▼ *~ jaar* tijd waarin de aarde eenmaal om de zon loopt, zonnejaar ❷ onvoorstelbaar groot: *~e bedragen* **astronoom** *de (m)* [-nomen] sterrenkundige

asurn urn voor de as van een gecremeerde dode

Aswoensdag r.-k. woensdag na carnaval, begin van de vastenperiode

asymmetrie ⟨aasie-⟩ toestand waarbij twee helften van iets niet elkaars spiegelbeeld zijn maar van elkaar verschillen **asymmetrisch** zo dat twee helften van elkaar verschillen en niet elkaars spiegelbeeld zijn

asymptoot ⟨aasimp-⟩ *de (m)* [-toten] wisk. lijn die een andere steeds meer nadert maar nooit raakt

asynchroon ⟨aasin-⟩ wat niet gelijktijdig loopt

asyndeton ⟨aasin-⟩ taalk. *het* [-ta] het weglaten van voegwoorden in een zin

asystolie ⟨aasis-⟩ *de (v)* [-ën] hartstilstand door onvoldoende samentrekking van de hartspier

at ⟨et⟩ comp. *het* het teken @ in een e-mailadres

atalanta *de* [-'s] dagvlinder die in de winter naar Zuid-Europa trekt (Vanessa atalanta), admiraalvlinder

atavisme *het* [-n] het plotseling weer optreden van kenmerken of gedragingen die behoren tot een eerdere generatie, terugval

ataxie ⟨aataksie⟩ *de (v)* spierziekte waarbij mensen hun bewegingen niet goed kunnen coördineren

ATB I *de (v)* ❶ automatische trein beïnvloeding II *de (m)* ❷ all terrain bicycle (= mountainbike)

atechnisch die geen verstand heeft van techniek, niet handig in het omgaan met technische apparatuur

atelier ⟨ataljee⟩ *het* [-s] werkplaats van een beeldend kunstenaar, fotograaf enz.

a tempo muz. *bw verb* terug naar vorig tempo

atheïsme *het* levensvisie zonder geloof in een god of goden **atheïst** *de (m)* iemand die niet gelooft in een god of goden

atheneum ⟨attəneejum⟩ *het* [-nea, -s] ❶ school voor vwo zonder klassieke talen ❷ BN school voor secundair, niet-technisch onderwijs, behorend tot het gemeenschapsonderwijs

à titre personnel *bw verb* op persoonlijke titel

atjar *de (m)* zoetzure ingelegde groente

Atlantisch *bn* wat te maken heeft met de Atlantische Oceaan en de landen aan de Atlantische Oceaan

atlas *de (m)* [-sen] ❶ boek met landkaarten ❷ boek met afbeeldingen die bij een tekst horen, verzameling prenten ❸ bovenste halswervel **atlasvlinder** tropische vlinder (Attacus atlas)

atleet *de (m)* [-leten] ❶ beoefenaar van de atletiek ❷ sportbeoefenaar in het algemeen ❸ iemand met een goed ontwikkeld lichaam **atletiek** *de (v)* verzamelnaam voor een aantal sporten zoals hardlopen, hoog- en verspringen, discus- en speerwerpen, kogelstoten **atletisch** *bn* ❶ wat te maken heeft met de atletiek ❷ als van een atleet: *een ~ lichaam*

atm. atmosfeer

atmosfeer *de* [-feren] ❶ dampkring, luchtlaag om de aarde ❷ nat. eenheid van spanning ❸ sfeer, stemming **atmosferisch** *bn* wat te maken heeft met de atmosfeer, met de dampkring

atol *de & het* [-len] ringvormig koraaleiland

atomair ⟨-mèr⟩ *bn* wat te maken heeft met atomen **atomisme** *het* theorie dat alles uit atomen bestaat

atonaal muz. zonder vaste toonsoort ▼ *atonale poëzie* waarbij de betekenis van de woorden geen rol meer speelt

atonie *de (v)* verslapping, zwakte van het lichaam

atoom *het* [atomen] deel van een molecule

atoombom bom waarvan de explosieve kracht vrijkomt door splitsing van atomen

atoomcentrum instituut voor kernonderzoek

atoomenergie energie die vrijkomt bij atoomsplitsing **atoomkern** atoom zonder omringende elektronen **atoomoorlog** oorlog met atoombommen **atoomtijdperk** periode waarin atoomsplitsing wordt toegepast **atoomwapen** wapen waarvan de vernietigende werking berust op vrijkomende kernenergie

atrium *het* [-s, atria] ❶ zaal voor in een Romeins huis die diende als huiskamer en waar verschillende kamers op uitkwamen ❷ med. boezem van het hart

atriumfibrilleren een abnormaal snel hartritme hebben

atrofie *de (v)* het wegkwijnen

atropine *de* gif uit bepaalde planten van de nachtschadefamilie

attaché ⟨-sjee⟩ *de (m)* [-s] persoon die op grond van een bepaald specialisme werkt bij een diplomatieke dienst: *militair ~, landbouw~* **attachékoffer** kofferachtige aktetas

attachment ⟨uttetsjmant⟩ comp. *het* [-s] bestand dat met een e-mail wordt meegestuurd

attaque ⟨attak⟩ *de* [-s] ❶ aanval ❷ aanval van een ziekte, vooral een beroerte **attaqueren** ⟨attakki-⟩ aanvallen

attenderen iemand iets duidelijk maken wat hij niet had gemerkt, opmerkzaam maken: *hij attendeerde mij erop dat mijn veter los was*

attent *bn* ❶ oplettend, opmerkzaam: *heel ~ van je dat je merkte dat ik mijn pen had laten liggen* ▼ *iemand ~ maken op iets* iemand op iets attenderen, iemand iets duidelijk maken dat die ander niet had gemerkt ❷ erop gericht om kleine diensten te bewijzen: *hij is erg ~, hij houdt de deur voor me open en helpt me in mijn jas en neemt vaak een cadeautje voor me mee* **attentie** *de (v)* [-s] ❶ opmerkzaamheid ▼ *~!* let op! ❷ kleine beleefdheidsdienst, bijv. een cadeautje of een bosje bloemen **attentiewaarde** de mate waarin iets aandacht oplevert, vooral van reclame, pr e.d.

attest *het* ❶ schriftelijke getuigenis, schriftelijke verklaring, bijv. van een arts: *dokters~* ❷ BN ook certificaat in het secundair onderwijs dat bepaalt of een leerling mag overgaan **attestatie** *de (v)* [-s] ❶ attest ▼ *~ de vita* schriftelijke verklaring dat iemand in leven is ▼ *~ de morte* overlijdensakte ❷ bewijs van lidmaatschap van een protestantse kerk: *zijn ~ opvragen* **attesteren** getuigen, met een attest verklaren

attitude *de (v)* [-s, -n] psych. innerlijke houding, manier waarop iemand zaken, gebeurtenissen beschouwt en erop reageert

attractie *de (v)* [-s] ❶ wat ergens aantrekkelijk aan is, aantrekkelijkheid ❷ iets waar mensen op afkomen, bijv. een apparaat op de kermis of een nummer in een voorstelling **attractief** *bn* aantrekkelijk **attractiepark** pretpark

attributief *bn* taalk. (van bijv. naamw.) dat voor het zelfstandig naamwoord staat

attribuut *het* [-buten] ❶ voorwerp dat een symbool vormt: *de blinddoek als ~ van vrouwe Justitia* ❷ taalk. bijvoeglijke bepaling ❸ wat

iemand bij zich heeft, nodig heeft: *het penseel als onmisbaar ~ van een schilder*

atv *de* arbeidstijdverkorting

atv-dag vrije dag in het kader van de arbeidstijdverkorting

atypisch wat afwijkt van het normale

au *tw* uitroep van pijn

Au schei. aurum (*goud*)

a.u.b. alstublieft

aubade ⟨oobaada⟩ *de (v)* [-s] zang of muziek in de ochtend om iemand eer te bewijzen: *de scholieren brachten een ~ aan de koningin*

au bain-marie ⟨oobè-⟩ *bw verb* klaargemaakt in een pan die in een grotere pan met kokend water staat

aubergine ⟨ooberzjien⟩ **I** *de (v)* [-s] ❶ plant met paarse komkommerachtige vlezige vrucht ❷ de vrucht zelf **II** *bn* ❸ donkerpaars

auctie *de (v)* [-s] veiling bij opbod

auctoriaal, auctorieel lit. *bn* waarin sprake is van een alwetende verteller

aucuba *de* [-'s] groenblijvende struik uit de kornoeljefamilie

audicien ⟨-sjè⟩ *de (m)* [-s] specialist op het gebied van gehoorapparatuur

audiëntie ⟨au- *of* oo-⟩ *de (v)* [-s] officiële ontvangst door een hooggeplaatst persoon: *op ~ bij de paus*

audioapparatuur apparatuur voor opname en/of weergave van geluid **audiofoon** *de (m)* [-fonen] hoorapparaat **audiogram** *het* [-men] grafische weergave van de analyse van iemands gehoor **audiologie** *de (v)* wetenschap van het gehoor **audiometer** meter voor de scherpte van het gehoor

audiorack ⟨-Rek⟩ *het* [-s] complete geluidsinstallatie met kast **audiotheek** *de (v)* [-theken] plaats waar auditieve middelen als cd's, muziekcassettes e.d. bewaard worden **audiotoren** audiorack **audiovisueel** wat te maken heeft met het horen en het zien, met beeld en geluid

audit ⟨ôdit⟩ *de (m)* [-s] kritische doorlichting van een bedrijf of bedrijfsonderdeel

auditeur BN *de (m)* [-s] magistraat bij de Raad van State, een arbeidsrechtbank of een arrondissementeel parket **auditeur-generaal** BN *de (m)* [auditeurs-generaal] openbaar aanklager bij het Krijgshof of de Raad van State

auditie ⟨au- *of* oo-⟩ *de (v)* [-s] korte opvoering door een artiest als test om te laten zien wat hij kan, bijv. door een klein deel van een rol te spelen of iets te zingen: *de actrice deed ~ voor de rol van Julia*

auditief *bn* wat te maken heeft met het gehoor, wat iemand of iets d.m.v. het gehoor in zich opneeemt

auditor *de (m)* [-toren, -s] ❶ iemand die een bedrijf controleert, procedures en processen binnen een bedrijf analyseert ❷ iemand die aanwezig is bij lessen of colleges maar die niet volledig meedoet en geen examens aflegt, toehoorder ❸ bepaalde functionaris binnen een kerk **auditorium** *het* [-s, -ria] ❶ gezamenlijke toehoorders ❷ zaal voor bijeenkomsten, gehoorzaal

au fond ⟨oo fô⟩ *bw verb* als je het goed

beschouwt, eigenlijk

aug augustus

augiasstal heel wanordelijke toestand, bende ▼ *de ~ reinigen* iets wat erg verwaarloosd is, erg slecht geworden is, in orde brengen

augurk *de* ❶ plantensoort van het geslacht komkommer (Cucumis sativus) ❷ vrucht van deze plant die op een kleine komkommer lijkt

augustijn *de (m)* kloosterling van een orde die is gesticht door Augustinus

augustus *de (m)* achtste maand van het jaar

aula *de* [-'s] zaal voor bijeenkomsten, gehoorzaal: *de diploma-uitreiking in de ~ van de school*

au pair ⟨oo pèr⟩ *de* [-s] (jong) persoon, vaak uit een ander land, die tegen kost en inwoning en een kleine financiële vergoeding, op de kinderen past en soms helpt in de huishouding

aura *de (v)* [-'s] ⟨parapsychologie⟩ uitstraling van de energie van een levend wezen met kleuren die alleen bepaalde mensen kunnen zien

aureool *de* [-olen] ❶ stralenkrans om het lichaam of het hoofd van Christus en de heiligen ❷ fig. uitstraling, bijzondere sfeer van bijv. heiligheid of waardigheid om iemand heen: *er hing een ~ van onoverwinnelijkheid rond deze club*

auscultatie *de (v)* [-s] medisch onderzoek door (bijv. de borst) te beluisteren

au sérieux ⟨oo sirjeu⟩ *bw verb* ▼ *~ nemen* ernstig opvatten, serieus nemen

auspiciën ⟨-piesiejen⟩ *de (mv)* ▼ *onder ~ van* onder bescherming van, georganiseerd door

ausputzer ⟨-poet-⟩ *de (m)* [-s] ⟨voetbal⟩ laatste verdediger voor het eigen doel

autarkie *de (v)* economisch stelsel waarbij een staat geheel in eigen behoeften kan voorzien

auteur ⟨au- of oo-⟩ *de (m)* [-s] schrijver

auteursrecht geestelijk eigendomsrecht van de maker van een geschreven werk of van een werk van kunst of wetenschap **auteurswet** wet over het auteursrecht

authenticatie comp. *de (v)* controle van de identiteit en van de (toegangs)rechten van de gebruiker, machine of onderdeel

authenticiteit ⟨auten- of ooten-⟩ *de (v)* echtheid: *er wordt getwijfeld aan de ~ van dit historische document* **authentiek** *bn* ❶ oorspronkelijk, echt: *een ~ zwaard uit de middeleeuwen* ❷ in de wettelijke vorm door een bevoegd ambtenaar opgemaakt, ambtelijk: *een ~e akte*

autisme het contactstoornis waarbij iemand sterk op zijn innerlijke wereld gericht is en zijn omgeving niet kan aanvoelen **autist** *de (m)* iemand die aan autisme lijdt **autistisch** *bn* die lijdt aan autisme

auto ⟨au- of oo-⟩ *de (m)* [-'s] voertuig op meer dan twee wielen met een ingebouwde motor: *met de ~ zijn we er sneller dan op de fiets* **autobaan** autosnelweg

autobiografie levensbeschrijving van de auteur zelf **autobiografisch** *bn* het eigen leven van degene die het geschreven heeft

autobom ❶ bom die is aangebracht in of aan een auto en die ontploft zodra iemand de auto start ❷ auto met explosieven die tot ontploffing kan worden gebracht, vooral gebruikt bij terroristische acties, bomauto

autobus groot voertuig met ingebouwde motor, dat plaats biedt aan meer dan zeven personen

autochtoon I *bn* ❶ uit het land zelf afkomstig, van de oorspronkelijke bewoners II *de (m)* [-tonen] ❷ iemand die uit het land zelf afkomstig is, oorspronkelijke bewoner

autocontrole BN apk-keuring, algemene periodieke keuring van auto's **autocoureur** iemand die deelneemt aan autoraces

autocraat *de (m)* [-craten] alleenheerser, staatshoofd dat alle macht in zich verenigt **autocratie** *de (v)* onbeperkte heerschappij

autocross wedstrijd van (oude) auto's over natuurlijk terrein, waarbij in veel gevallen hinderen, botsen enz. toegestaan is

autocue ⟨-kjoe⟩ *de (m)* [-s] scherm met de tekst als hulpmiddel voor een nieuwslezer, presentator e.a.

autodialer ⟨autodajler⟩ comp. *de* [-s] programma dat de internetverbinding met de provider verbreekt en een andere (dure) internetverbinding tot stand brengt

autodidact *de (m)* iemand die zichzelf dingen leert en daarvoor geen cursus of opleiding volgt: *mijn opa is ~, hij heeft nooit een schoolopleiding gehad*

autodroom *de (m) & het* [-dromen] gesloten baan voor autoraces of -tests

autofocus systeem van automatische scherpstelling bij foto- en filmcamera's

autogas ⟨au- of oo-⟩ gas als brandstof voor vervoermiddelen zoals auto's, lpg

autogeen *bn* met steekvlammen: *~ lassen*

autogordel ⟨au- of oo-⟩ beveiligingsriem voor in de auto

autograaf *de (m)* [-grafen] stuk tekst of muziek dat door iemand zelf met de hand is geschreven: *een ~ van een beroemd historisch persoon* **autogram** het [-men] stukje handgeschreven tekst, handtekening

auto-immuunziekte aandoening waarbij het afweersysteem zich tegen het eigen lichaam keert

auto-instructeur iemand die lesgeeft in autorijden **autokerkhof** terrein waar afgedankte auto's worden achtergelaten **autoluw** beperkt toegankelijk voor auto's: *de binnenstad is ~*

automaat ⟨au- of oo-⟩ *de (m)* [-maten] ❶ toestel dat uit zichzelf lijkt te werken, waarvoor mensen geen handelingen hoeven te verrichten ❷ toestel dat na het inwerpen van een geldstuk bepaalde werkingen verricht ❸ auto waarin men niet hoeft te schakelen om van versnelling te veranderen **automatiek** *de (v)* toestel voor of hal met toestellen voor verkoop per automaat, vooral van snacks **automatisch** *bn* ❶ door een automaat ❷ fig. zonder erbij na te denken, werktuiglijk: *ik deed ~ de deur op slot zoals altijd* **automatiseren** iets wat door mensen werd gedaan, laten doen door machines die automatisch werken, vooral computers, (een bedrijf e.d.) daarmee inrichten **automatisme** het [-n] ❶ iets wat iemand doet zonder erbij na te denken doordat hij het al heel vaak heeft gedaan ❷ iets wat automatisch wordt gedaan, als vanzelfsprekend

automedicatie het gebruiken van geneesmiddelen zonder medisch advies

automobiel ⟨au- of oo-⟩ *de (m)* auto

automobielinspectie BN autokeuring, apk-keuring **automobilisme** *het* het gebruikmaken van auto's **automobilist** *de (m)* iemand die met een auto rijdt **automonteur** vakman die auto's repareert

automutilatie *de (v)* zelfverminking

autonomie *de (v)* het recht om zelfstandig over zichzelf te beslissen: *dat deel van het land eist ~* **autonoom** *bn* zelfstandig, die over zichzelf beslist, die zichzelf regeert

auto-ongeluk, auto-ongeval ongeluk in het verkeer met een auto, zoals een botsing **autopapieren** *de (mv)* kentekenbewijs en verzekeringspapieren van een auto **autopark** het geheel van alle auto's, bijv. van een bedrijf **autoped** *de (m)* [-s] vervoermiddel in de vorm van een plankje op twee wielen met een stuur **autopetten** [autopette, h. geautopet] op een autoped rijden

autopsie *de (v)* [-s, -ën] geneeskundig onderzoek naar de doodsoorzaak, lijkschouwing

autorijschool instelling of bedrijf voor les in autorijden

autorisatie ⟨-zaa-⟩ *de (v)* [-s] het verlenen van toegang of rechten, machtiging **autoriseren** ⟨-zi-⟩ toegang of rechten verlenen, machtigen

autoritair ⟨au- en ootoorietèr⟩ *bn* alleen op basis van macht of waarbij alleen gebruik wordt gemaakt van macht, niet democratisch

autoriteit *de (v)* ❶ gezag, wettige macht ❷ persoon of instantie van de overheid: *de bevoegde ~en* ❸ moreel of wetenschappelijk gezag, overwicht: *dit wetenschappelijk instituut heeft door deze ontdekking aan ~ gewonnen* ❹ iemand met veel gezag op een bepaald terrein, die er veel van weet: *deze arts is een ~ op het gebied van aids*

autosalon BN autotentoonstelling

autoslaaptrein trein voor lange afstanden die auto's, fietsen e.d. vervoert en waarin reizigers kunnen overnachten **autosnelweg** grote verkeersweg met een middenberm en ongelijkvloerse kruisingen, alleen voor snelverkeer zoals auto's en motoren

autosoom bio. *het* [-somen] chromosoom dat niet specifiek is voor de sekse

autostop BN, spreekt. *de (m)* ▼ *~ doen* liften **autostrade** BN, spreekt. *de (v)* [-s] autosnelweg, autoweg

autosuggestie overtuiging, voorstelling die iemand aan zichzelf opdringt

autowasstraat installatie waarin auto's worden gewassen **autoweg** ⟨au- of oo-⟩ weg met gelijkvloerse kruisingen die alleen bestemd is voor snelverkeer zoals auto's en motoren **autowijding** BN jaarlijkse zegening van auto's in parochies waar de Heilige Christoffel of Onze-Lieve-Vrouw-van-de-weg wordt aangeroepen **autowrak** (overblijfselen van) een auto in heel slechte staat of na een ongeluk **autozetel** BN, ook autostoel

avances ⟨avàses⟩ *de (mv)* ▼ *~ maken* toenadering zoeken tot iemand, iemand proberen te versieren

avant-garde ⟨avà-Gàrdə⟩ *de* ❶ voorhoede ❷ groep vooruitstrevende kunstenaars **avant-gardistisch** *bn* van de avant-garde

avant la lettre ⟨avà-⟩ *bw verb* voor het begrip bestond: *een montessorischool ~* die al op die manier functioneerde voordat montessorischolen bestonden

avant-première ⟨avàprəmjèrə⟩ vertoning van een film, toneelstuk enz. voorafgaand aan de eigenlijke première

avatar *de (m)* personage waarmee iemand zichzelf op internet presenteert, bijv. in games of op forums

avenue ⟨-nuu⟩ *de (v)* [-s] brede laan of straat

averecht *bn* met een breisteek aan de achterkant van het breiwerk: *één recht, één ~* **averechts** *bn* ❶ omgekeerd ❷ verkeerd, tegengesteld aan wat iemand wil bereiken: *hem proberen te dwingen werkt ~, dan doet hij het juist niet*

averij *de (v)* ❶ schade aan een schip tijdens een reis: *~ oplopen in een storm* ❷ fig. schade in het algemeen

A-verpleging *de (v)* algemene verpleging van zieken

aversie ⟨-zie⟩ *de (v)* [-s] afkeer, tegenzin, hekel: *een ~ hebben tegen iemand*

avifauna de vogelwereld van een land of streek

aviobrug verplaatsbare looptunnel op een luchthaven

avitaminose ⟨-zə⟩ *de (v)* [-n] ziekte als gevolg van gebrek aan vitaminen

avo *het* algemeen voortgezet onderwijs

avocado *de* [-'s] ❶ boom uit Centraal-Amerika met een eetbare peervormige vrucht (Persea americana) ❷ vrucht van die boom

avond *de (m)* tijd tussen de middag en de nacht ▼ *'s ~s* in de avond ▼ *hoe later op de ~ hoe schoner volk* de leukste personen komen het laatst **avondblad** dagblad dat uitkomt aan het eind van de middag **avonddienst** dienst in de avonduren: *de verpleegster heeft ~* **avondjurk** chique jurk voor feestelijke gelegenheden **avondkleed** BN, ook avondjurk **avondklok** verbod om na een bepaald tijdstip nog op straat te zijn

Avondland West-Europa

avondmaal maaltijd aan het begin van de avond ▼ prot. *Avondmaal* het plechtig eten en drinken van brood en wijn in de kerk **avondmens** iemand die zich 's avonds het prettigst voelt en het actiefst is **avondrood** het rode licht bij zonsondergang **avondschool** school waar 's avonds lessen worden gegeven **avondstond** plecht. *de (m)* tijd wanneer het avond is, avonduur **avondtoilet** chique kleding die bij speciale gelegenheden 's avonds wordt gedragen **avondvierdaagse** *de (m)* [-n] wandeltocht op vier avonden achter elkaar **avondvullend** *bn* wat een hele avond duurt: *een ~ programma*

avonturier *de (m)* [-s] ❶ iemand die altijd op zoek gaat naar avontuur ❷ zakenman die niet erg degelijk en betrouwbaar is, gelukzoeker

avontuur *het* [-turen] iets spannends en bijzonders wat iemand meemaakt:

ontdekkingsreizigers beleefden vroeger veel
avonturen **avontuurlijk** *bn* ❶ vol avonturen:
een ~e reis ❷ op zoek naar avonturen: *een ~*
iemand
AVP *de* aansprakelijkheidsverzekering voor
particulieren
AVRO *de (v)* Algemene Vereniging Radio Omroep
à vue ⟨aa vuu⟩ *bw verb* ❶ op zicht ❷ muz. van het
blad
a.w. aangehaald werk
AWBZ *de* Algemene Wet Bijzondere Ziektekosten
A-weg autoweg
AWW *de* Algemene Weduwen- en Wezenwet
axel *de (m)* [-s] sprong met anderhalve draai bij
het kunstschaatsen
axiaal *bn* ❶ wat een as volgt, in een as ligt ❷ wat
een deel vormt van een as ❸ wat om een as
beweegt
axillair ⟨-lèr⟩ *bn* wat te maken heeft met de
bladoksels van een plant
axioma *het* [-'s] niet bewezen stelling die als
waarheid wordt aangenomen
axon *het* [axonen] uitloper van een zenuwcel die
prikkels overbrengt
ayatollah ⟨aajaatollaa⟩ *de (m)* [-'s] sjiitisch
geestelijk leider
ayurveda ⟨ajjoer-⟩ *de (m)* holistische
natuurgeneeswijze uit India, met kruiden,
planten, vruchten en oliën
azalea *de* [-'s] struik van de familie van de
Ericaceeën, die in de winter of het voorjaar
bloeit
azc *het* asielzoekerscentrum
azen als prooi zoeken ▼ neg. *~ op* uit zijn op,
willen hebben: *hij aast op mijn baan*
A-ziekte levensgevaarlijke, besmettelijke ziekte
azijn *de (m)* zure vloeistof die bijv. wordt gebruikt
om salades op smaak te brengen ▼ *men vangt*
meer vliegen met honing dan met ~ men bereikt
meer met vriendelijkheid dan met hardheid
azijnzuur schei. kleurloze vloeistof
azoöspermie *de (v)* het ontbreken van
zaadcellen in het sperma
AZT *de (v)*, *azidothymidine*, aidsremmend middel
azuren *bn* hemelsblauw **azuur** *het* hemelsblauwe
kleur of kleurstof

B

ba

b *de* [-'s] ❶ tweede letter van ons alfabet
❷ stemhebbende medeklinker die met beide
lippen wordt gevormd ❸ muz. zevende toon van
de diatonische toonladder, si ❹ muz. mol ❺ wat
op de tweede plaats genoemd wordt
B ❶ chemie borium (*element dat zich in boorzuur*
bevindt) ❷ bloedgroep ❸ bachelor (*academische*
graad)
B- *voorvoegsel* van mindere kwaliteit: *een ~film*
B1 *bn* niveau van beheersing van een taal waarbij
iemand alledaagse gesprekken kan voeren en
eenvoudige teksten kan lezen
B2B *business-to-business*, van bedrijven en bestemd
voor bedrijven
Ba schei. barium
BA Bachelor of Arts
baai I *de (m) & het* ❶ dik wollen weefsel: *een*
lange ~en onderbroek II *de* ❷ deel van de zee dat
voor een deel omringd is door land: *de ~ van San*
Francisco
baak *de* [baken] baken
baal *de* [balen] grote zak, meestal van jute of
linnen: *een ~ rijst* ▼ inform. *de balen hebben van*
schoon genoeg hebben van
baaldag dag waarop iemand vrij neemt omdat
hij geen zin heeft om te werken
baan *de* [banen] ❶ werk in dienstverband: *een*
leuke ~ als verkoopster ❷ een stuk weg of terrein
waarover men kan rijden of dat wordt gebruikt
bij sport: *de linker~ van de weg* ▼ *(het plan,*
huwelijk enz.) is van de ~ gaat niet door ▼ *iets op*
de lange ~ schuiven voor lange tijd uitstellen
▼ *ruim ~ maken* de weg vrijmaken, de
gelegenheid geven om (iets te doen) ▼ BN,
spreekt. *over de ~ kunnen* men iemand kunnen
opschieten met iemand ❸ weg die een raket e.d.
door de ruimte aflegt: *een ~ om de aarde*
❹ gedeelte van een rok of jurk tussen twee
naden **baanbrekend** *bn* waardoor men op een
nieuwe manier naar dingen kijkt, waardoor
nieuwe mogelijkheden ontstaan: *~ onderzoek*
baancafé BN café dat aan een grote weg ligt
baancommissaris iemand die bij wedstrijden op
ijsbanen toezicht houdt **baanrecord** sp. de
snelste tijd die behaald is op een bepaalde baan
baansport wielersport, motorwedstrijden e.d.
op een speciaal daarvoor bestemde baan
baantjesjager min. iemand die uit is op een
baan, die iets doet omdat hij hoopt er een baan
aan over te houden
baanvak *het* ❶ deel van een spoor- of trambaan
❷ BN ook rijstrook **baanvast** BN met goede
wegligging **baanwedstrijd** wedstrijd op een
wielerbaan (en niet op de weg of over moeilijk
begaanbaar terrein)
baar I *de* [baren] ❶ soort bed waar een dode op
wordt gelegd ❷ staaf van goud of zilver: *een ~*
goud ❸ plecht. golf: *de woeste baren van de zee*
II *bn* ▼ *~ geld* contant geld
baard *de (m)* ❶ haar op de kin en de wangen
▼ *de ~ in de keel krijgen* bij jongens: een
zwaardere stem krijgen als ze puber worden

ba

▼ *een mop met een* ~ een oude, afgezaagde mop ❷ deel van een sleutel dat in het slot ronddraait ❸ hoornplaten aan het verhemelte van een walvis **baardaap** ❶ aap met een ringbaard ❷ neg. iemand met een lange baard

baardmannetje *het* [-s] mees die in het riet leeft en zwarte veren heeft die op een baard lijken (Panurus biarmicus)

baarkleed ❶ kleed over een lijkkist ❷ kleed waarin een dode wordt begraven

baarkruk kruk om zittend te bevallen

baarlijk *bn* ▼ *de* ~*e duivel* de duivel in levenden lijve ▼ ~*e nonsens* volkomen onzin

baarmoeder *de* [-s] deel in het lichaam van vrouwen en vrouwelijke zoogdieren waarin de vrucht zich ontwikkelt, waarin een baby groeit **baarmoederhals** de toegang tot de baarmoeder **baarmoederkoek** weefsel dat in de baarmoeder moeder en ongeboren kind verbindt via de navelstreng

baars *de* [baarzen] riviervis met stekelvinnen (Perca fluviatilis)

baas *de (m)* [bazen] ❶ degene die beslist en die de anderen moeten gehoorzamen, leider, chef: *hij is de* ~ *van deze afdeling* ▼ *iemand de* ~ *zijn* beter zijn dan iemand anders ▼ *hij is eigen* ~ hij werkt als zelfstandig ondernemer ▼ *de* ~ *boven* ~ er is altijd iemand die nog beter is ▼ *de* ~ *spelen* willen beslissen, willen bepalen wat er gebeurt en hoe ❷ eigenaar van een huisdier: *de hond luisterde niet naar zijn* ~ **baasje** *het* [-s] ❶ jongen of man die de sterkste of belangrijkste wil zijn: *hij is echt een* ~ ❷ klein jongetje: *een klein* ~ *van vier jaar*

baat *de* [baten] wat iemand iets oplevert, voordeel, nut: *de zieke vrouw heeft geen* ~ *bij de medicijnen* de medicijnen helpen niet ▼ *ten bate van* voor: *een collecte ten bate van nierpatiënten*

babbel *de (m)* [-s] praatje ~ *een vlotte* ~ *hebben* gemakkelijk praten **babbelaar** *de (m)* ❶ iemand die graag babbelt ❷ zoet balletje, stroopkiontje **babbelbox** telefoonnummer waarbij men tegen betaling met anderen kan praten **babbelen** gezellig praten over van alles en nog wat, kletsen **babbeltje** *het* [-s] (gezellig) praatje: *een* ~ *met iemand maken*

babe ⟨beeb⟩ jong. *de (v)* [-s] aantrekkelijk meisje **babelutte** BN *de* [-n] langwerpig karamelsnoepje in wit-blauw papiertje

babi Ind. *de (m)* [-'s] varkensvlees ▼ ~ *pangang* geroosterd varkensvlees

baboe Ind. *de (v)* [-s] vrouw die voor de kinderen en/of het huishouden zorgt

baby ⟨beebie⟩ *de (m)* [-'s] klein kind dat pas geboren is en nog niet kan lopen of praten **babyboom** ⟨-boem⟩ *de (m)* korte periode met veel geboorten, in het bijzonder de periode kort na de Tweede Wereldoorlog **babyboomer** *de (m)* [-s] iemand die tijdens de geboortegolf kort na de Tweede Wereldoorlog geboren is **babydoll** ⟨-dol⟩ *de (m)* [-s] pyjama voor vrouwen of meisjes, met een korte pofbroek **babyface** ⟨-fees⟩ *de (m)* ❶ onvolwassen gezicht, als van een kind ❷ iemand met zo'n gezicht **babyfoon** *de (m)* [-s] apparaat om kinderen te kunnen horen vanuit een ander vertrek **babylance** ⟨-làs(ə)⟩ *de*

[-s,-n] ziekenwagen voor vervoer en verzorging van pasgeboren baby's **babyshower** *de (m)* [-s] feestje waarmee een aanstaande moeder vlak voor de bevalling wordt verrast en dat helemaal in het teken staat van de aanstaande baby

babysitten [babysitte, h. gebabysit] op een kind of kinderen passen **babysitter** *de (m)* [-s], **babysit** *de* oppas bij een kind terwijl de ouders afwezig zijn **babyuitzet** *de (m)* geheel van spullen die nodig zijn voor een baby

baccarat ⟨-raa⟩ *het* kansspel met kaarten

bacchanaal ⟨-gaa-⟩ *het* [-nalen] woest drinkgelag

bachelor ⟨bètsjələr⟩ *de (m)* [-s] titel van iemand die een hbo-opleiding heeft voltooid of de bacheloropleiding aan een universiteit

bachelor-masterstelsel academische opleiding die in drie jaar leidt tot de graad van bachelor en vervolgens in één of twee jaar tot de graad van master **bacheloropleiding** hbo-opleiding of driejarige eerste fase van een universitaire opleiding

bacil *de (m)* [-len] ❶ staafvormige bacterie ❷ bacterie in het algemeen **bacillair** ⟨-lèr⟩ *bn* veroorzaakt door bacillen

back ⟨bek⟩ sp. *de (m)* [-s] speler in de achterhoede **backen** ⟨bek-⟩ ❶ ruggensteun, ondersteuning geven ❷ ⟨in de amusementsmuziek⟩ begeleiden van een zanger of van een groep die zingt

backgammon ⟨bekGemmən⟩ *het* bordspel voor twee personen, met schijven en dobbelstenen

backhand ⟨bekhend⟩ *de* [-s] slag bij tennis waarbij de rug van de hand van de speler af is gekeerd **backing** ⟨bekking⟩ *de (v)* ❶ ruggensteun, ondersteuning ❷ ⟨in de amusementsmuziek⟩ begeleiding van een zanger of van een groep die zingt **backoffice** ⟨bekoffis⟩ *de (m) & het* [-s] deel van een bedrijf of organisatie dat geen directe contacten heeft met de klanten: ~ *en frontoffice* **backpacker** ⟨bekpekkər⟩ *de (m)* [-s] toerist met een rugzak

backslash ⟨bekslesj⟩ het teken \ **backspace** ⟨bekspees⟩ comp. *de (m)* [-s] toets om het teken links van de cursor te wissen **backstage** ⟨-steedzj⟩ *bn* ❶ achter het podium, achter de coulissen ❷ fig. op de achtergrond, niet openbaar **back to basics** ⟨bek toe beesiks⟩ *bw verb* terug maar de basis, naar de kern, naar waar het om gaat

back-up ⟨bek-⟩ comp. *de (m)* [-s] reservekopie **baco** *de (m)* [-'s] mixdrankje van cola met bacardi®

bacon ⟨beekən⟩ *het & de (m)* licht gezouten en gerookt of gedroogd, mager varkensspek

bacove Sur. *de* [-n] banaan

bacterie *de (v)* [-riën] heel klein organisme dat leeft in water, lucht, grond, planten en dieren en dat ziektes kan veroorzaken **bacterieculuur** *de (v)* [-turen, -tures] voedingsbodem met bacteriën die daarop of daarin worden gekweekt **bacterieel** *bn* veroorzaakt door bacteriën: *een bacteriële infectie* **bacteriologie** *de (v)* leer van de bacteriën **bacteriologisch** *bn* ❶ wat te maken heeft met de bacteriologie ❷ wat te maken heeft met bacteriën

bad *het* ❶ het zich wassen in een soort grote bak met water of het zwemmen in water: *een* ~ *nemen* ❷ soort grote bak die men met water vult en waarin men zich wast: *in ~ gaan* **badcel** kleine badkamer

badderen een bad nemen en daarbij soms een beetje spelen in het water: *ik zat lekker te ~*

baden een bad nemen **badgast** bezoeker van een badplaats

badge ⟨bèdzj⟩ *de (m)* [-s] naamplaatje dat op de kleding wordt gedragen

badhanddoek handdoek van badstof **badhokje** *het* [-s] kleine ruimte bij een zwembad waarin men zich kan omkleden **badhuis** inrichting waar men een bad of douche kan nemen, zich kan wassen

badinerend *bn* spottend, schertsend, een beetje minachtend: *~ over iets spreken*

badinrichting ❶ gelegenheid waar men kan zwemmen, zwembad ❷ gelegenheid waar men een bad of douche kan nemen, badhuis **badjas** jas van badstof voor na het zwemmen, bad of douche **badkamer** kamer in een huis met een bad of douche **badmantel** badjas **badmeester** iemand die toezicht houdt bij een zwembad

badminton ⟨bédmintən⟩ *het* sport waarbij met een racket een shuttle heen en weer wordt geslagen over een net

badmuts gummi muts, muts van rubber die men draagt bij het zwemmen **badpak** kledingstuk om in te zwemmen

badplaats ❶ plaats aan de kust waar veel in zee wordt gezwommen: *Zandvoort en Knokke zijn bekende ~en* ❷ plaats met geneeskrachtig water: *Spa is een drukbezochte ~*

badschuim middel dat men in het badwater doet als men een bad neemt en waardoor het water gaat schuimen **badstof** zachte stof met kleine lusjes die gemakkelijk vloeistof opneemt en waar badhanddoeken en badjassen van gemaakt worden

badwater ▼ *het kind met het ~ weggooien* met het verkeerde ook het goede verwerpen **badzeep** zeep die in water blijft drijven en die men in bad gebruikt **badzout** geurig zout voor het badwater

bagage ⟨-gaazjə⟩ *de (v)* ❶ alles wat iemand meeneemt op reis: *mijn ~ bestond uit een koffer en een rugzak* ❷ fig. kennis, ontwikkeling die iemand heeft: *hij heeft slechts weinig culturele ~* **bagagedepot** ruimte waar men bagage in bewaring kan geven **bagagedrager** ❶ rek achter op een fiets voor bagage of waarop iemand kan zitten ❷ BN imperiaal op een auto **bagagekluis** kluis om bagage in te bewaren en die de reiziger zelf kan bedienen **bagagewagen** aanhangwagen of treinwagon voor het transport van bagage

bagatel *de & het* [-len] kleinigheid **bagatelliseren** ⟨-zi-⟩ behandelen als iets kleins en onbelangrijks

bagel ⟨beeGəl⟩ *de (m)* [-s] rond broodje met een gat in het midden

bagger *de* modder, vooral op de bodem van water dat stilstaat of langzaam stroomt **baggereiland** kunstmatig eiland dat wordt gebruikt bij baggerwerkzaamheden **baggeren** ❶ modder van de bodem halen uit sloten, grachten, de zee enz. ❷ waden: *door de modder ~* **baggermolen** *de (m)* machine waarmee

gebaggerd wordt **baggerschip** schip voor het vervoer van opgebaggerd slib

baggy ⟨bèGGie⟩ *bn* heel ruim zittend, slobberig: *~ jeans*

baguette ⟨baGet⟩ *de* [-s] klein stokbrood

bah *tw* uitroep als men iets erg vies of vervelend vindt: *~, wat een vieze blubber!* ▼ *hij zegt boe noch ~* hij zegt helemaal niets

Bahasa Indonesia *de (v)* de officiële taal van Indonesië

bahco® *de (m)* [-'s] verstelbare sleutel voor moeren en schroeven

baileybrug® ⟨beelie-⟩ metalen sterke noodbrug die snel kan worden gebouwd

baisse ⟨bès⟩ *de (v)* [-s] periode van koersdaling

bajes spreekt. *de* gevangenis **bajesklant** iemand die (geregeld) in de gevangenis zit

bajonet *de* [-ten] mes dat op de loop van een geweer is vastgemaakt **bajonetsluiting** *de (v)* sluiting zonder schroefdraad

bak *de (m)* [-ken] ❶ rechthoekig voorwerp dat van binnen hol en aan de bovenkant open is, om dingen in te doen: *een ~ met gereedschap; een ~ met eten voor de hond* ▼ *de regen kwam met ~ken naar beneden* het regende heel hard ❷ spreekt. mop: *een ~ vertellen* ❸ spreekt. gevangenis: *in de ~ zitten* ❹ BN ook krat: *een ~ bier* ▼ *aan de ~ komen* aan de beurt komen, een rol (mogen) spelen; werk krijgen, een baan vinden; vanuit een lagere positie opklimmen naar een meer bevoorrechte: *hij zoekt werk maar kan niet aan de ~ komen* ▼ *een volle ~* een uitverkochte zaal, tribune e.d. **bakbeest** iets dat heel groot is: *een ~ van een auto*

bakboord *het* linkerkant van een schip als men met zijn gezicht naar de voorkant staat: *~ en stuurboord*

bakeliet® *het* hard soort kunsthars

baken *het* [-s] ❶ ton, paal e.d. in het water die aangeeft waar schepen kunnen varen ▼ *de ~s verzetten* de zaken anders regelen (in verband met de veranderde situatie) ▼ *een schip op het strand, een ~ in zee* een mislukking van een ander geldt als waarschuwing ❷ automatisch zendstation op een vliegveld

baker *de (v)* [-s] verzorgster van een pasgeboren kind en van de moeder van dat kind **bakeren** een pasgeboren kind en de moeder van dat kind verzorgen **bakermat** plaats waar iets is ontstaan: *Amerika is de ~ van de hiphop* **bakerpraatje** kletspraatje, onzinverhaal

bakfiets fiets met daarvoor een grote bak als vervoermiddel

bakje *het* [-s] ❶ kleine bak ❷ inform. kopje: *een ~ koffie*

bakkebaard baard langs de wangen

bakkeleien ruziemaken, bekvechten, vechten

bakkeljauw Sur. *de (m)* gedroogde gezouten kabeljauw

bakken [bakte, h. gebakken] ❶ iets gaar maken in hete boter of olie: *eieren ~, patat ~* ▼ *ergens niets van ~* iets helemaal niet goed doen ▼ *hij bakt ze weer bruin* hij overdrijft weer ❷ iets klaarmaken in een oven, verhitten tot iets een korst krijgt of hard is: *brood ~, potten ~* ❸ scherts. zonnebaden

bakkenist *de (m)* ❶ iemand die in een zijspan zit bij races van motoren met zijspan ❷ amateurzender

bakker *de (m)* [-s] iemand die brood, koekjes e.d. bakt (en verkoopt) ▾ *inform. voor de* ~ in orde

bakkerij *de (v)* plaats waar men brood, koekjes e.d. bakt (en verkoopt)

bakkes *spreekt. het* gezicht ▾ *hou je* ~*!* hou je mond, zwijg

bakkie *spreekt. het* [-s] ❶ radiozendapparatuur ❷ kop koffie: *een* ~ *doen* koffiedrinken ❸ aanhangwagentje

baklava *de (m)* zoet Turks gebak met honing

bakmeel tarwebloem met bakpoeder om te bakken **bakpan** pan om in te bakken **bakplaat** metalen plaat om op te bakken in een oven **bakpoeder** chemisch preparaat dat deeg doet rijzen

bakra 〈bakkraa〉 *Sur. de (m)* [-'s] blanke ▾ *Bakra* Nederlander

baksel *het* [-s] iets dat gebakken is

baksteen steen die is gemaakt uit klei: *huizen van* ~ ▾ *BN een* ~ *in de maag hebben* de behoefte voelen een eigen huis te bouwen

bakvis *de (v)* [-sen] meisje dat nog maar kort in de puberteit is

bakzeil *zn* ▾ ~ *halen* de zeilen zo trekken dat het schip achteruitgaat; *fig.* niet langer vasthouden aan zijn eisen of toegeven dat men ongelijk heeft

bal I *de (m)* [-len] ❶ bolrond voorwerp dat wordt gebruikt bij sport en spel ▾ *elkaar de* ~ *toespelen* elkaar helpen, voordeeltjes bezorgen ▾ *een* ~*letje opgooien* het gesprek op iets brengen ▾ *het* ~*letje aan het rollen brengen* iets op gang brengen ▾ *BN kort op de* ~ *spelen* snel reageren ▾ *de* ~ *ligt bij hem, BN ook de* ~ *ligt in zijn kamp* hij moet de volgende stap zetten ❷ bolvormig voorwerp: *een* ~ *gehakt* ❸ zaadbal, testikel ▾ *spreekt. geen* ~ niets: *het interesseert me geen* ~ ❹ vervelend zelfingenomen persoon **II** *het* [-s] ❺ groot dansfeest

balalaika *de (v)* [-'s] Russisch tokkelinstrument

balanceren (zich) in evenwicht houden

balans *de* ❶ evenwicht: *in* ~ *zijn* ❷ weegschaal met twee schalen ❸ slotrekening bij het boekhouden waarop aan de ene kant de bezittingen staan en aan de andere kant de schulden **balansdag** dag waarop iemand zich inhoudt bij het eten en meer beweegt, na een dag waarop hij (te) veel heeft gegeten en weinig bewogen **balansopruiming** uitverkoop aan het eind van het boekjaar

baldadig *bn* wild, met streken die niet mogen: *de* ~*e jongens vernielden de ruit*

baldakijn *het & de (m)* [-s, -en] overkapping, bijv. boven een troon, een draagstoel, een beeld van een heilige e.d.

balein I *de* ❶ dun veerkrachtig stangetje (onder andere van een paraplu) ❷ driehoekige plaat in de bek van sommige soorten walvissen **II** *het* ❸ buigzame hoornachtige stof uit de baleinen van een walvis

balen *ww* meer dan genoeg hebben van iets, er geen zin meer in hebben: *ik baal van mijn werk; ik loop de hele dag al te* ~

balg *de (m)* soort zak van leer voor het zuigen of blazen van lucht: *vuur aanwakkeren met een blaas*~

balie *de (v)* [-s] ❶ soort hekwerk als leuning ❷ soort toonbank in een vertrek waar men informatie kan krijgen, kaartjes kan kopen enz.: *je kunt folders krijgen bij die* ~ *daar* ❸ ruimte voor de advocaten in de rechtbank ❹ alle advocaten, de stand van advocaten **baliemedewerker** iemand die achter de balie zit en de klanten te woord staat

balk *de (m)* ❶ langwerpig rechthoekig stuk hout of metaal: *het plafond rustte op zware* ~*en* ▾ *geld over de* ~ *gooien* geld verspillen, aan nutteloze dingen uitgeven ❷ horizontale rechte band: *een* ~ *door de tekst*

balken het geluid van een ezel maken

balkenbrij gerecht van meel met vleesnat

balkenendenorm norm die voorschrijft dat iemand in dienst van de overheid niet meer mag verdienen dan het salaris van de minister-president

balkon *het* [-s] ❶ uitbouw aan een bovenverdieping van een gebouw waar men buiten kan zitten: *een hotelkamer met* ~ ❷ zitplaatsen in een schouwburg of bioscoop op een hogere verdieping

ballad 〈bellət〉 *de (m)* [-s] romantische weemoedige popsong

ballade *de (v)* [-s, -n] verhalend gedicht of lied met een droevige tekst: *een* ~ *over een ongelukkige liefde*

ballast *de (m)* ❶ waardeloze maar zware lading in schepen om ze stabieler in het water te doen liggen ❷ *fig.* wat iemand, lichamelijk of geestelijk, als last meedraagt en waar hij verder niets aan heeft

ballen ❶ tot een bal vormen: *zijn vuisten* ~ ❷ met een bal spelen: *de kinderen ballen in de tuin*

ballenbak bak met kleine (gekleurde) ballen waarin kleine kinderen kunnen spelen **ballenjongen** jongen die bij een balspel verdwaalde ballen terugbrengt

ballentent ❶ kermistent waar men met ballen naar voorwerpen gooit ❷ *min.* (uitgaans)gelegenheid (vooral: waar snobistisch publiek komt)

ballerina *de (v)* [-'s] ❶ balletdanseres ❷ damesschoen met heel lage hak

ballet *het* [-ten] ❶ sierlijke, door een kunstenaar bedachte dans die voor publiek wordt uitgevoerd ❷ groep dansers en danseressen die zulke dansen uitvoert **balletdanser** *de (m)* [-s] iemand die in een ballet danst

balletje-balletje *het* illegaal straatgokspel

balletmeester leider van een ballet

balling *de (m)*, **banneling** persoon die verbannen is **ballingschap** *de (v)* het verbannen zijn: *in* ~ *leven*

ballistiek *de (v)* leer van de beweging van afgeschoten projectielen, zoals kogels

ballon *de (m)* [-nen, -s] ❶ soort plastic zakje dat zweeft als er lucht in is geblazen, vaak als speelgoed voor kinderen ❷ luchtballon **ballonvaren** met een luchtballon door de lucht zweven

balloon ⟨bəloen⟩ *de* [-s] witte vorm met tekst in een tekening in een stripverhaal, die uit de mond van een persoon of dier lijkt te komen

ballotage ⟨-zjə⟩ *de (v)* [-s] stemming over het aannemen van personen als lid van een vereniging **balloteren** stemmen over het aannemen van personen als lid van een vereniging

ballpoint ⟨bolpoint⟩ *de (m)* [-s] pen die schrijft door een klein metalen kogeltje in de punt

bal masqué ⟨-kee⟩ *het* [bals masqués] gemaskerd bal

balneotherapie baden om te genezen van aandoeningen

balorig *bn* weerspannig, die overal tegenin gaat

balpen *de* [-nen] → ballpoint

balsa *het* balsahout **balsahout** licht hout van een Amerikaanse boomsoort van de familie van de Bombaceeën

balsamicoazijn azijnsoort die in Italië wordt gemaakt van het sap van druiven

balsamine *de* [-n], **balsemien** eenjarige plant van het geslacht Impatiens

balsem *de (m)* [-s] zalf die is gemaakt van hars, die lekker ruikt en die men op zijn huid smeert als geneesmiddel **balsemen** behandelen met balsem ▼ *een lijk* ~ behandelen met bepaalde stoffen tegen ontbinding

balspel *het* [-spelen] spel waarbij één of meer ballen gebruikt worden

balsturig *bn* ❶ onwillig, niet bereid om te luisteren en te gehoorzamen ❷ ⟨van het weer⟩ ruig

balts *de (m)* het maken van bepaalde bewegingen en/of geluiden door een mannetjesvogel om een vrouwtje over te halen om met hem te paren

balustrade ⟨balluu-⟩ *de (v)* [-n, -s] brede leuning met spijlen, hekwerk

balzaal zaal voor danspartijen **balzak** omhulsel van de teelballen

bama *de (m)* [-'s] afkorting van: bachelor-master

bamboe I *het & de (m)* ❶ heel lang houtachtig gras in de tropen en subtropen II *bn* ❷ gemaakt van bamboe: *een* ~ *stoel*

bami *de (m)* gerecht van Chinese vermicelli met toevoegselen zoals varkensvlees en groenten **bamischijf** hapje van gebakken bami in de vorm van een schijf

bamzaaien loten door te raden naar het aantal kleine voorwerpen dat iemand in zijn gesloten hand heeft

ban *de (m)* [-nen] verbanning, het wegsturen en uitsluiten van iemand ▼ *in de* ~ *doen* uitsluiten uit de kerkelijke gemeenschap; fig. uitsluiten, afschaffen, verbieden ▼ *in de* ~ *van iets of iemand* helemaal enthousiast over, onder de indruk van

banaal *bn* heel erg gewoon, plat, afgezaagd en oninteressant: *een* ~ *tv-programma*

banaan *de* [-nanen] ❶ tropische boom met eetbare gele vrucht van het geslacht Musa ❷ vrucht van die boom

banaliteit *de (v)* ❶ het banaal zijn ❷ iets wat banaal is, plat afgezaagd gezegde, platte afgezaagde bewering

bananenrepubliek min. benaming voor sommige, politiek instabiele en corrupte, Midden- en Zuid-Amerikaanse republieken

bancair ⟨bankèr⟩ *bn* van of wat te maken heeft met een bank of banken: ~ *betalingsverkeer*

bancontact BN *zn* betaalpas: *met* ~ *betalen* pinnen

band¹ *de (m)* ❶ strook van een bepaald materiaal om iets te binden: *een* ~ *om een stapel papieren wikkelen* ▼ *aan* ~*en leggen* inperken, zorgen dat het minder wordt: *het alcoholgebruik onder de jeugd aan* ~*en leggen* ▼ *uit de* ~ *springen* zich laten gaan, zich even niet meer aan de normale beperkingen houden ❷ luchtband van een auto, fiets enz.: *mijn* ~ *is lek* ❸ strook waarop geluiden en beelden kunnen worden vastgelegd, cassetteband, videoband enz. ❹ omslag waarin een boek gebonden is ❺ wat gevoelsmatig bindt: *een hechte* ~ *tussen ouders en kinderen* II *het* ❻ lint: *een winkel die vroeger garen en* ~ *verkocht*

band² ⟨bend⟩ *de (m)* [-s] orkest of groep mensen die jazz, popmuziek of amusementsmuziek spelen

bandage ⟨-zjə⟩ *de (v)* [-s] verband dat ergens omheen is gewonden

bandana *de* [-'s] doek die tot een band is gevouwen en om het hoofd wordt gedragen

bandbreedte ❶ de breedte van een band ❷ ⟨van telefoon, radio en tv⟩ grootte van het frequentiegebied van het signaal ❸ comp. de maximale hoeveelheid gegevens die per tijdseenheid over een verbinding verstuurd kan worden

bandeloos *bn* ongeremd, zonder (morele) grenzen

bandenlichter gereedschap waarmee men een band van een fietswiel haalt **bandenpech** lekke band **bandenspanning** luchtdruk in een band

banderen voorzien van een adresband

banderol *de* [-len] papieren bandje om rookartikelen als bewijs van inning van de accijns op tabak

bandiet *de (m)* boef, misdadiger ▼ *eenarmige* ~ gokautomaat die met een hendel wordt bediend

bandijk zware en belangrijkste dijk langs een grote rivier

banditisme *het* daden van bandieten, misdaad

bandjir ⟨-dzjier⟩ Ind. *de (m)* [-s] plotselinge hevige watervloed

bandoneon *het* [-s] accordeon met toetsen, veel gebruikt in tangomuziek

bandopname het opnemen of wat is opgenomen met een bandrecorder **bandopnemer** *de (m)* [-s] apparaat waarmee geluid op een band wordt opgenomen, bandrecorder

bandplooibroek broek met plooien onder de tailleband

bandrecorder apparaat waarmee men geluid op een band opneemt en afdraait

bandstoot stoot bij het biljartspel waarbij de bal een band raakt

bandy ⟨bendie⟩ *het* soort ijshockey dat wordt gespeeld met een bal

banen vrijmaken ▼ *zich een weg* ~ met moeite door iets heen gaan: *zich een weg* ~ *door de* *feeste menigte, door het oerwoud*

banenmarkt gelegenheid waarbij mensen die banen zoeken en bedrijven die banen aanbieden, met elkaar in contact kunnen komen **banenmotor** *de (m)* bepaalde sector of soort bedrijven e.d. in de maatschappij die zorgt voor veel banen: *het midden- en kleinbedrijf is op dat moment de ~ in onze maatschappij* **banenplan** overheidsmaatregelen om werkgelegenheid te bevorderen **banenpool** ‹-poel› instelling die mensen aanneemt en vervolgens aan bedrijven of organisaties uitleent

bang *bn* met een akelig gevoel dat iemand heeft wanneer hij denkt dat hem iets ergs zal overkomen

bangalijst ‹-Ga-› jong. lijst met namen van meisjes die gemakkelijk over te halen zouden zijn tot seks **bangelijk** *bn* ❶ gauw bang ❷ BN, jong. geweldig, super: *het is ~ goed!* **bangerd** *de (m)* [-s], **bangerik** iemand die snel bang is

banier *de* ❶ hist. vaandel met de kleuren en symbolen van het vorstenhuis aan de lans van een edelman ❷ vaandel met de kleuren en symbolen van een club, vereniging e.d.

banjeren met grote stappen lopen: *door de modder ~*

banjo *de (m)* [-'s] snaarinstrument met een ronde klankdoos

bank *de* ❶ lang zitmeubel waarop twee of meer mensen kunnen zitten: *een ~je in een park* ❷ plaats waar de zee ondiep is ❸ bedrijf dat handelt in geld of papieren die geld waard zijn, waar men kan sparen, geld kan lenen, vreemd geld of aandelen kan kopen enz. ❹ gebouw waar zo'n bedrijf gevestigd is ❺ ‹bij kansspelen› inzet van de hoofdspeler tegen alle anderen ❻ ‹in samenstellingen ook› opslagplaats: *data~, bloed~* ▾ *door de ~ genomen* gemiddeld **bankbiljet** geld in de vorm van een stuk papier: *een ~ van tien euro* **bankbreuk** benadering van schuldeisers door iemand die failliet is gegaan **Bankcommissie** BN kort voor *Commissie voor het bank- en financiewezen*, een officiële instelling die waakt over de toepassing van de bankreglementen

banket *het* [-ten] ❶ grote feestelijke maaltijd ❷ ‹geen meervoud› gevuld gebak: *een letter van ~* ❸ versterking van een dijk door een verbreding van de buitenkant

banketbakker bakker van gebak en koekjes **banketletter** letter van amandelspijs met bladerdeeg eromheen

bankgarantie verklaring dat een bank garandeert een bedrag aan iemand te betalen die daar recht op heeft, als hij daar aanspraak op maakt **bankgeheim** het principe dat banken aan anderen geen gegevens verstrekken over hun klanten **bankgiro** geldverkeer tussen bankrekeningen

bankier *de (m)* [-s] iemand die een bank heeft of leidt

bankje *het* [-s] ❶ kleine bank ❷ bankbiljet **bankkaart** BN, ook bankpas, betaalkaart, betaalpas **bankoverval** roofoverval op een bank **bankpapier** bankbiljetten **bankpas** betaalpas die is verstrekt door een bank **bankrekening**

nummer bij een bank waarop iemand geld ontvangt en waarvan hij geld aan anderen kan betalen **bankroet** I *het* ❶ faillissement, het niet meer aan zijn financiële verplichtingen kunnen voldoen ❷ fig. mislukking: *het ~ van het regeringsbeleid* II *bn* ❶ niet meer in staat aan zijn financiële verplichtingen te voldoen, failliet

bankroof roofoverval op een bank **banksaldo** geld dat iemand op zijn bankrekening heeft staan

bankschroef deel van een werkbank waarin een voorwerp vastgeklemd wordt

bankspeler reservespeler **bankstel** zitbank met één of meer stoelen die daarbij passen

bank van lening *de* [banken van lening] instelling waar men geld kan lenen waarvoor men een onderpand moet achterlaten, pandjeshuis

bankwerker iemand die metaal koud bewerkt **bankwezen** *het* banken en alles wat ermee te maken heeft

banneling *de (m)* → balling

bannen [bande, h. gebannen] uitwijzen, verjagen, verdrijven

banner ‹bennəR› *de (m)* [-s] advertentie op internet

bantamgewicht I *het* ❶ gewichtsklasse van boksers tot 53,525 kilo II *de* [-en] ❷ vechtsporter, vooral bokser, in die gewichtsklasse

banvloek ❶ woorden waarmee iemand vroeger in de kerkelijke ban werd gedaan: *de ~ uitspreken over iemand* ❷ fig. het totaal afwijzen of verbieden van iets

baobab *de (m)* [-s] de Afrikaanse boomsoort Adansonia digitata met grote broodvormige eetbare vruchten, apenbroodboom

bapao *de (m)* [-'s] gestoomd broodje met vlees **baptist** *de (m)* aanhanger van een van de protestantse geloofsrichtingen die mensen dopen als ze volwassen zijn

bar[1] I *bn* ❶ heel erg: *een ~ vervelend boek* ❷ heel slecht: *je rapport is weer ~* ❸ kaal, onvruchtbaar: *een ~re landstreek* ❹ guur, buiig: *het is ~ weer vandaag* ▾ *~ en boos* heel erg, uiterst slecht II *de* [-s] ❺ soort toonbank in een café, hotel enz. waaraan men iets kan drinken ❻ café of een andere ruimte waar men aan zo'n bar iets kan drinken ❼ horizontale balk aan de wand op ca. één meter hoogte, waaraan balletdansers oefeningen doen

bar[2] ‹baar› *de (m)* [baren, bar] eenheid van druk **Bar.** baron

barak *de* [-ken] houten gebouw voor tijdelijk verblijf

barbaar *de (m)* [-baren] onbeschaafd, gevoelloos, ruw, wreed mens, woesteling **barbaars** *bn* onbeschaafd en wreed **barbarisme** *het* [-n] woord of uitdrukking gevormd naar buitenlands voorbeeld in strijd met de eigenschappen van de eigen taal

barbecue ‹-kjoe› *de (m)* [-s] ❶ vleesrooster waarop in de openlucht vlees geroosterd wordt ❷ maaltijd in de openlucht waarbij stukken vlees op zo'n rooster geroosterd worden **barbecueën** ‹-kjoewən› [barbecuede, h. gebarbecued] stukken vlees op een barbecue roosteren en eten

barbeel *de (m)* [-belen] karperachtige riviervis met tastdraden (Barbus barbus)

barbershop 〈baarbərsjop〉 *de (m)* zangstijl in close harmony die gemakkelijk in het gehoor ligt

Barbertje ▼ ~ *moet hangen* een bepaald persoon, of hij schuldig is of niet, moet veroordeeld worden

barbier *de (m)* [-s] 〈vroeger〉 kapper voor mannen die ook baarden scheert

bar-bistro combinatie van bar en bistro

barbituraat *het* [-raten] zout van een organisch zuur (barbituurzuur), gebruikt in onder andere kalmeringsmiddelen en slaappillen

barcarolle *de* [-s] lied van schippers van gondels in Venetië

barcode 〈bàRk-〉 streepjescode op de verpakking van een artikel

bard *de (m)* zanger uit oude tijden

barema *het* [-'s] BN ook loonschaal, salarisschaal

baren ❶ een kind geboren laten worden uit het lichaam, ter wereld brengen: *de vrouw baarde een gezonde dochter* ❷ veroorzaken: *dit nieuws baarde veel opzien; dit baart ons zorgen*

barensnood toestand van een vrouw die aan het bevallen is van een kind **barenswee** *de* [-ën] ❶ samentrekking van de baarmoeder (*bij een bevalling*) ❷ pijn van een vrouw als ze bevalt van een kind

baret *de* [-ten] muts met een slappe lage bol en stijve rand, vaak gebruikt door militairen

Bargoens I *het* ❶ geheime taal van dieven, zwervers e.a. II *bn* ❷ wat bij die taal hoort: *een ~ woord*

barista *de* [-'s] barkeeper gespecialiseerd in het bereiden van verschillende soorten koffie

bariton *de (m)* [-s] (zanger met) middelhoge mannenstem

barium *het* chemisch element (Ba) dat niet vrij in de natuur voorkomt **bariumpap** contrastvloeistof voor röntgenonderzoek

bark *de* soort zeilschip met drie, soms vier of vijf, masten

barkeeper 〈-kie-〉 *de (m)* [-s] iemand die drank schenkt achter een bar **barkruk** hoge stoel aan een bar

barmhartig *bn* niet wreed, niet streng: *hij was ~ en gaf geen straf*

bar mitswa *de (m)* [-'s] feest als een joodse jongen dertien jaar is en volgens zijn godsdienst meerderjarig is

barmsijsje *het* [-s] soort sijs met roze kop en borst (Carduelis flammea)

barn *de (m)* [-s] in de atoomfysica eenheid van oppervlakte: 10^{-28} m^2

barnevelder *de (m)* [-s] kip, genoemd naar de Gelderse plaats Barneveld

barnsteen fossiele hars

barok I *bn* ❶ met veel grillige, overdadige vormen: *die schrijver is bekend om zijn ~ke taalgebruik* II *de* ❷ kunststijl uit de 17de en 18de eeuw met onregelmatige overdadige vormen **barometer** luchtdrukmeter

baron *de (m)* [-nen, -s] ❶ iemand met een adellijke titel tussen graaf en jonkheer ❷ 〈als laatste deel van een samenstelling〉 belangrijk leidend persoon in een bepaalde branche: *drugs~, olie~* **barones** *de (v)* [-sen], **baronesse** vrouw of dochter van een baron **baronie** *de (v)* [-ën] gebied van een baron

barracuda *de (m)* [-'s] (sub)tropische roofvis (Spyraena)

barrage 〈-raazje〉 *de (v)* [-s] sp. beslissende extra partij of wedstrijd als twee of meer deelnemers met een gelijk aantal punten eindigen, vooral in de paardensport

barre *de (v)* [-s] ronde balk aan de muur waaraan balletdansers oefeningen doen

barrel *het* [-s] ▼ *aan* ~*s* kapot, in stukken ▼ *een oud* ~ oude fiets of auto in slechte staat

barrevoets *bw* op blote voeten

barricade *de (v)* [-n, -s] versperring dwars over een straat of een weg, vooral bij rellen: *de demonstranten wierpen* ~*n op* **barricaderen** de toegang versperren met meubels e.d.: *de deur* ~*; de straat* ~

barrière 〈barjèra〉 *de* [-s] hindernis, iets wat iets anders belet, ook figuurlijk: *zijn lage opleiding vormde een* ~ *bij het zoeken naar werk*

bars *bn* nors, onvriendelijk: *een* ~*e politieagent*

barst *de* scheur in een hard voorwerp: *er zit een* ~ *in het kopje* **barsten** [barstte, is gebarsten] scheuren, splijten van aardewerk, glas e.d.: *door de hitte barstte het glas* ▼ *iemand laten* ~ iemand in de steek laten ▼ *het* ~ *hier van* ... het zit hier vol met ...: *het barst hier van de muggen* ▼ *~svol* overvol

Bartjens *de (m)* ▼ *volgens* ~ nauwkeurig berekend

barzoi *de (m)* [-s] Russische windhond, hoogbenig en langharig

bas I *de* [-sen] ❶ heel lage zangstem ❷ contrabas ❸ basgitaar II *de (m)* ❹ zanger met een heel lage stem

basaal 〈-zaal〉 *bn* ❶ wat bij de basis hoort ❷ wat de grondslag vormt, fundamenteel is

basalt 〈-zalt〉 *het* donkere harde steen

bascule *de* [-s] balans met ongelijke armen

base 〈-za〉 *de (v)* [-n] scheikundige verbinding waaruit een zout wordt gevormd door het toevoegen van een zuur

baseball 〈beesbòl〉 *het* honkbal

basedow 〈bazedoo〉 *de (m)* abnormaal hoge productie van schildklierhormonen, ziekte van Basedow

basejumpen 〈beesdzjumpən〉 met een parachute van vaste objecten (gebouwen, bruggen enz.) springen

baseline 〈beeslajn〉 *de (m)* [-s] achterste lijn van een sportveld

baseren 〈-zi-〉 als reden hebben, van iets uitgaan voor een mening e.d.: *waarop baseer je je verdenkingen?*

basgitaar laaggestemde gitaar, meestal met vier snaren

bashing 〈bessjing〉 *de* achtervoegsel dat aangeeft dat er een negatief beeld wordt gegeven van iemand of iets: *moslim~*

Basic 〈beesik〉 comp. *het* , Beginners All-purpose Symbolic Instruction Code, programmeertaal

basics 〈beesiks〉 *de (mv)* ❶ grondbeginselen: *de ~ van surfen* ❷ kleding die de basis vormt van een

ba

garderobe

basilicum *het* plant die als keukenkruid wordt gebruikt

basiliek ‹-zie-› *de (v)* ❶ kerk met een hoog middenschip ❷ eretitel die de paus aan sommige kerken heeft gegeven: *de Sint-Jan in Den Bosch is een ~*

basilisk ‹-zie-› *de (m)* ❶ mythisch reptiel, koning van de slangen ❷ soort boomhagedis

basis ‹-zis› *de (v)* [basissen, bases] ❶ onderste deel, dat waarop iets rust of steunt: *de ~ van een zuil* ❷ wisk. grondvlak, grondlijn: *de ~ van een piramide, van een driehoek* ❸ plaats waar militaire operaties van uitgaan **basisbeurs** beurs waar iedere student van een bepaalde leeftijdscategorie recht op heeft

basisch ‹-zies› *bn* als, van een base ▼ *~ zout* zout dat zich meer gedraagt als een base dan als een zuur

basiself *sp. de (m)* voetbalelftal in basisopstelling **basisinkomen** ❶ inkomen zonder toeslagen ❷ gegarandeerd minimum aan inkomen **basisloon** loon zonder toeslagen **basisonderwijs** eerste onderwijs dat aan een kind gegeven wordt, van het vierde tot ongeveer het twaalfde jaar **basisopstelling** *sp.* opstelling aan het begin van een wedstrijd **basisschool** school waar basisonderwijs wordt gegeven **basisvorming** *de (v)* vijftien vakken die alle leerlingen in de eerste jaren van het voortgezet onderwijs moeten volgen

basket ‹baasket› *de* [-s] stalen ring met net aan een paal **basketbal** I *het* ❶ sport waarbij een bal in een basket gegooid moet worden II *de (m)* ❷ bal voor het spelen van basketbal **basketballen** [basketbalde, h. gebasketbald] basketbal spelen

basreflexkast luidsprekerkast voor lage tonen **bas-reliëf** ‹ba-raljef› beeldhouwwerk met figuren die voor een deel los zijn van de achtergrond en naar voren treden

bassen ❶ ‹van honden› blaffen ❷ ‹van personen› spreken met een zware stem ❸ muz. de bas bespelen

bassin ‹-sê› *het* [-s] ❶ soort grote kom met vloeistof, bekken: *een ~ voor het koelwater van een kernreactor* ❷ soort heel grote kom met water om in te zwemmen, zwembad

bassist *de (m)* bespeler van een contrabas of basgitaar **bassleutel** muzieksleutel voor lage mannenstem en laagklinkende instrumenten en registers, f-sleutel

basso continuo *muz. de (m)* ‹in barokmuziek› begeleiding die gespeeld wordt op een basinstrument

basstem lage mannenstem

bast *de (m)* ❶ schors van een boom ❷ inform. huid, lichaam: *in zijn blote ~*

basta *tw* genoeg! afgelopen!: *en daarmee ~!*

bastaard *de (m)* [-en, -s] ❶ kruising uit verschillende rassen of soorten ❷ kind dat niet uit een huwelijk geboren is, buitenechtelijk kind **bastaardvloek** afgezwakte of veranderde vorm van een echte vloek die minder erg klinkt, bijv.: *potverdorie*

basterdsuiker suiker die niet helemaal

gezuiverd is

bastion *het* [-s] vooruitstekend deel van een vesting, bolwerk

basviool grootste strijkinstrument, contrabas

bat ‹bet› *het* [-s] ❶ slaghout bij sporten als honkbal en cricket ❷ slagplankje bij tafeltennis

bataat *de (m)* [-taten] eetbaar tropisch knolgewas

bataljon *het* [-s] deel van een regiment van ongeveer vijfhonderd tot duizend soldaten

batch ‹bètsj› comp. *de (m)* [-es] verzameling gegevens die in één keer door een programma verwerkt moeten worden **batchfile** ‹bètsjfajl› comp. lijst van opdrachten voor het automatiseren van het opstarten van programma's

bate *de (v)* [-n] baat ▼ *ten ~ van* voor: *een inzamelingsactie ten ~ van de slachtoffers* **baten** helpen, voordeel brengen: *wat ik ook probeerde, het mocht niet ~* ▼ *baat het niet, dan schaadt het niet* ook al helpt het misschien niet, kwaad kan het ook niet

batig *bn* ▼ *~ saldo* winst, wat men overhoudt

batik *de (m)* [-s] gebatikte stof **batikken** ‹techniek op Java› weefsels verven waarbij delen die niet geverfd mogen worden, met was worden bedekt

batist *het* fijn doorzichtig en zacht doek

baton *de (m)* [-s] ❶ ijzeren stok met twee knoppen eraan, gebruikt door majorettes ❷ klein stukje lint, dat iemand draagt op een uniform in plaats van een medaille

batterij *de (v)* ❶ kleine bron van elektriciteit in zaklantaarns, draagbare radio's enz. ❷ BN, spreekt. accu ❸ veel van dezelfde voorwerpen: *een ~ kanonnen* **batterijkip** kip in een legbatterij

B-attest BN getuigschrift waarmee men mag overgaan naar een volgende klas in het secundair onderwijs, maar in een lagere afdeling

battle ‹betl› *jong. de* [-s] duel, vooral tussen breakdancers, rappers of zangers

bauxiet *het* grondstof voor aluminium

bavarois ‹-rwà› *de (v)* schuimige roompudding

baviaan *de (m)* [-anen] grote aap met vooruitstekende snoet van het geslacht Papio

baxter ‹bekster› BN, ook *de (m)* [-s] ❶ infuus ❷ fles van een infuus

bazaar *de (m)* [-s] ❶ gelegenheid waarbij voorwerpen worden verkocht voor een goed doel, fancy fair ❷ markt in Noord-Afrika en het Midden-Oosten

bazelen onzin praten

bazig *bn* die (altijd) de baas wil spelen **bazin** *de (v)* [-nen] ❶ vrouw die de baas is ❷ vrouw of meisje in verhouding tot haar huisdier

bazooka ‹-zoe-› *de (m)* [-'s] ❶ draagbaar antitankwapen ❷ soort vuurwerk

bazuin *de* koperen blaasinstrument met inschuifbaar deel

BB ❶ vero. Bescherming Burgerbevolking ❷ ‹op het vmbo› Basisberoepsgerichte leerweg

BBC *de (v)* British Broadcasting Corporation (*Britse omroeporganisatie*)

BBE *de (v)* Bijzondere Bijstandseenheid (*speciale nationale eenheid voor terreurbestrijding*)

b.b.h.h. bezigheden buitenshuis hebbend: *nette man, zijn ~, zoekt een kamer*

B-biljet aangifteformulier voor vermogensbelasting

BBK *de (v)* Beroepsvereniging van Beeldende Kunstenaars

bbl *de (m)* beroepsbegeleidende leerweg (*werkend leren, een combinatie van werken en leren*)

bbp *het* bruto binnenlands product

BBQ barbecue

bcc comp. *blind carbon copy*, kopie van een e-mail waarbij voor anderen niet zichtbaar is dat die kopie aan iemand is verzonden

b.d. buiten dienst

bde *de (v)* bijna-doodervaring (*bijzondere geestelijke ervaring van iemand op het moment dat hij bijna dood is*)

beaat ⟨bee-⟩ *bn* gelukzalig: ~ *keek ze hem aan*

beachvolleybal ⟨bietsjvolliebal⟩ volleybal met teams van twee personen, dat op zand, vaak het strand, gespeeld wordt

beademen op kunstmatige wijze de ademhaling op gang houden: *een drenkeling* ~

beagle ⟨bieGl⟩ *de (m)* [-s] Engels ras van kleine jachthonden

beambte *de* [-n] ambtenaar in een lagere functie: *een douane-*

beamen zeggen dat iets zo is, bevestigen: *ik kan ~ dat hij ziek is*

beamen ⟨bie-⟩ projecteren, uitstralen **beamer** ⟨biemǝR⟩ *de (m)* [-s] apparaat waarmee computerbestanden of videobeelden groot kunnen worden geprojecteerd

beangst *bn* angstig, bang **beangstigen** angstig maken

beantwoorden een antwoord geven op: *een vraag ~* ▾ ~ *aan* voldoen aan, overeenkomen met: ~ *aan de verwachtingen; de arrestant beantwoordde aan het signalement*

beargumenteren argumenten geven voor

bearnaisesaus ⟨-nɛzǝ-⟩ eiersaus op basis van boter

beat ⟨biet⟩ *de (m)* [-s] ❶ sterk ritmische populaire muziek uit de jaren '60 ❷ het ritme in muziek, vooral in popmuziek **beatboxen** met mond en microfoon percussie nabootsen bij rapmuziek **beatnik** ⟨biet-⟩ *de (m)* [-s] lid of volgeling van de beatgeneration, een groep rebellerende Engelse en Amerikaanse schrijvers uit de jaren '50

beaufortschaal ⟨boofŏr-⟩ *de (v)* schaal van 1-12 bij het meten van windkracht, schaal van Beaufort

beaujolais ⟨boozjoolè⟩ *de (m)* wijn uit de streek Beaujolais

beau monde ⟨boo mŏnde⟩ *de (m)* de rijke en trendy mensen

beauty ⟨bjoetie⟩ *de (v)* [-'s] heel mooie vrouw **beautycase** ⟨-kees⟩ *de (m)* [-s] koffertje voor toiletspullen, vooral make-up **beautyfarm** ⟨-fàrm⟩ schoonheidsinstituut op het platteland

bebloed *bn* met bloed bedekt: ~*e kleren*

beboeten een boete geven

bebop ⟨bie-⟩ *de (m)* ❶ jazz uit de jaren '40 en '50 ❷ stijl uit die jaren in kleding en haardracht **bebording** *de (v)* geheel van verkeersborden in een gebied

bebossen met bos beplanten **bebossing** *de (v)* ❶ het bebossen ❷ de geplante bossen

bebouwd *bn* ▾ ~*e kom* deel van een gemeente waar huizen en erven aan elkaar grenzen

bebouwen ❶ gebouwen zetten op: *een terrein* ~ ❷ granen, groente verbouwen op: *een akker* ~ **bebouwing** *de (v)* ❶ het bebouwen ❷ wat gebouwd is ▾ BN *halfopen* ~ twee huizen onder één kap

bechamelsaus ⟨beesjaamel-⟩ witte gebonden saus die veel als basis wordt gebruikt bij het koken

becijferen uitrekenen

becommentariëren ❶ van commentaar, opmerkingen voorzien ❷ commentaar, kritiek leveren op

beconcurreren proberen beter te zijn, meer te verkopen enz. dan anderen, concurreren tegen

becquerel *de (m)* eenheid van intensiteit van radioactiviteit

bed *het* [-den] ❶ meubel waarop men slaapt: *in, op ~ liggen* ▾ *dat is ver van mijn ~* dat raakt me niet, daar voel ik me niet bij betrokken ▾ *met iemand naar ~ gaan* seks, geslachtsgemeenschap hebben met iemand ❷ stuk grond waarop gewassen worden gekweekt: *een ~ aardbeien*

bedaagd *bn* tamelijk oud, rustig en nadenkend voor men iets doet

bedaard *bn* kalm, rustig: ~ *antwoord geven*

bedacht *bn* ▾ ~ *zijn op* rekening houden met; streven naar: ~ *zijn op gevaar, voordeel*

bedachtzaam *bn* nadenkend en voorzichtig: ~ *formuleerde hij zijn antwoord*

bedankbrief brief die men schrijft om iemand te bedanken **bedanken** ❶ zijn dank uiten, zeggen dat men blij is met de hulp, cadeaus enz. die iemand geeft: *ik bedankte haar voor het mooie cadeau* ❷ ontslag nemen, zijn functie neerleggen: *ik heb bedankt als voorzitter* ❸ een lidmaatschap of abonnement opzeggen: *ik heb bedankt voor de krant* ❹ afwijzen, niet aannemen: *zij bedankte voor een tweede kop thee* ❺ iron. met zekerheid, stellig afwijzen: *daar bedank ik voor!* **bedankje** *het* [-s] ❶ bedankbrief: *een ~ sturen voor een cadeau* ❷ opzegging: *de krant kreeg veel ~s van abonnees*

bedaren ❶ kalm worden: *na een tijdje bedaarde de schreeuwende man* ❷ ervoor zorgen dat iemand weer kalm wordt ▾ *iemand tot ~ brengen* iemand bedaren, ervoor zorgen dat iemand weer kalm wordt

beddengoed dekbed, kussens e.d. die op een bed worden gebruikt

bedding *de* geul in de aardbodem waardoor een rivier stroomt, bodem van een rivier

bede *de* [-n, -s] ❶ smekend verzoek ❷ gebed

bedeesd *bn* verlegen, een beetje bang

bedekken leggen, plaatsen op, verbergen onder: *ze bedekte de restjes met een servet* **bedekking** *de (v)* ❶ het bedekken ❷ datgene waarmee iets bedekt is

bedekt *bn* niet openlijk, een beetje verhuld: *in ~e termen maakte hij duidelijk dat ik weg moest gaan*

bedektzadigen *de (mv)* planten waarvan de zaden zich bevinden in een vrucht, onder andere alle planten met bloemen

bedelaar *de (m)* [-s] iemand die bedelt **bedelarij** *de (v)* het regelmatig bedelen als kostwinning

bedelarmband armband waaraan kleine

be

be

zilveren of gouden figuurtjes hangen

bedelbrief brief met een verzoek om financiële steun

bedelen [bedeelde, h. bedeeld] ❶ een deel geven ▼ *rijk, goed bedeeld zijn* veel rijkdom, talenten, gaven hebben ▼ *met veel goederen bedeeld zijn* veel bezittingen hebben ▼ *de minderbedeelden* mensen die minder hebben, het minder goed hebben ❷ armen helpen, ondersteuning geven

bedelen [bedeelde, h. gebedeld] ❶ kleine geldbedragen vragen aan vreemden ❷ (van dieren) gespannen kijken naar iemand die eet, in de hoop wat te krijgen

bedeling *de (v)* ❶ het geven, uitdelen aan armen ❷ wat de armen daarbij krijgen ❸ *BN, spreekt.* distributie *(van post, krant e.d.)*

bedelmonnik lid van een bedelorde **bedelorde** kloosterorde waarbij men geen bezit heeft en als het nodig is, bedelt om in zijn levensonderhoud te voorzien **bedelstaf** ▼ *iemand aan de ~ brengen* maken dat iemand het heel arm wordt

bedeltje *het* [-s] zilveren of gouden figuurtje om aan een bedelarmband te hangen

bedelven onder een massa bedekken: *bij de aardbeving werden mensen bedolven onder het puin*

bedenkelijk *bn* zorgelijk, wat ongerustheid veroorzaakt, waar men het niet zonder meer mee eens kan zijn: *een ~e ontwikkeling*

bedenken verzinnen, in gedachten maken: *een smoes, plan, ontwerp ~* ▼ *iemand ~ met geschenken* iemand geschenken geven ▼ *zich ~ van* gedachten veranderen **bedenking** *de (v)* bezwaar: *mijn vader had zijn ~en toen ik hem geld vroeg* **bedenksel** *het* [-s] wat iemand verzint, verzinsel **bedenktijd** tijd om over iets na te denken: *hij vroeg ~ voor hij het contract tekende*

bederf *het* ❶ het bederven ▼ *aan ~ onderhevig zijn* kunnen bederven ❷ *fig.* achteruitgang: *het ~ van de zeden* **bederfelijk** *bn* wat snel bederft of rot: *~ voedsel* **bederven** [bedierf, h. / is bedorven] ❶ rotten, waardeloos of onbruikbaar worden, vooral van voedsel: *die vis is bedorven* ❷ *fig.* waardeloos, slecht maken, verknoeien: *een verrassing ~*

bedevaarder *BN de (m)* [-s] bedevaartganger **bedevaart** *de* reis naar een heilige plaats **bedevaartganger** *de (m)* [-s] iemand die een bedevaart maakt **bedevaartplaats** plaats waarheen men een bedevaart maakt

bedienaar *de (m)* [-s, -naren] ❶ iemand die spreekt en bidt bij een begrafenis ❷ *r.-k.* iemand die een sacrament toedient

bediende *de* [-n, -s] ❶ iemand die werk doet in een ondergeschikte positie op een kantoor, in een winkel enz. ❷ *BN* werknemer in loondienst die geen arbeider is **bedienen** ❶ klanten helpen in een winkel, restaurant e.d.: *gasten ~* ▼ *iemand op zijn wenken ~* onmiddellijk aan zijn verzoek voldoen als hij iets vraagt ❷ de handelingen verrichten die nodig zijn om een apparaat te laten werken: *een machine, de geluidsapparatuur ~* ❸ *r.-k.* de laatste sacramenten toedienen: *een stervende ~* ▼ *zich ~ van* gebruiken, nemen: *hij bediende zich van de hapjes op de schalen*

bediening *de (v)* het bedienen: *de ~ in een restaurant* **bedieningspaneel** schakelbord met regel- en controleapparatuur

bedijken van dijken voorzien **bedijking** *de (v)* ❶ het bedijken ❷ dijken die zijn aangebracht ❸ land dat is ingedijkt

bedilal *de (m)* [-len] iemand die zich ongevraagd met andermans zaken bemoeit en dingen regelt **bedillen** zich ongevraagd bemoeien met andermans zaken en ongevraagd dingen voor een ander regelen

beding *het* voorwaarde ▼ *onder geen ~* onder geen enkele voorwaarde, in geen geval, nooit **bedingen** bij een onderhandeling als voorwaarde stellen en het krijgen: *een hoog salaris ~*

bediscussiëren verschillende meningen met elkaar uitwisselen over, een discussie voeren over

bedisselen buiten iemand om voor hem regelen en afspreken: *mijn ouders hebben bedisseld dat ik naar een vakantiekamp ga*

bedlegerig *bn* zo ziek dat iemand in bed moet blijven

bedoeïen *de (m)* nomade die in Arabië in de woestijn rondzwerft

bedoelen ❶ als doel voor ogen hebben, willen bereiken: *wat bedoel je met dit plan?* ▼ *iets goed bedoeld hebben* een goed ding voor ogen gehad hebben (terwijl het verkeerd uitgepakt is) ❷ willen zeggen: *wat bedoel je met: 'ik heb geen zin om mee te gaan'?* **bedoeling** *de (v)* wil, plan, opzet ▼ *met de beste ~en* iets doen met goede ideeën voor ogen

bedoening *de (v)* gedoe, drukte: *de organisatie van zo'n feest is een hele ~*

bedompt *bn* onfris, zonder frisse lucht: *een ~ café*

bedonderd *inform. bn* ❶ slecht, akelig ❷ gek: *ben je ~?* **bedonderen** *inform.* bedriegen, oplichten: *die reparateur heeft me bedonderd!*

bedorven *bn* ❶ door bederf onbruikbaar, niet meer eetbaar: *dat eten is ~* ❷ verwend

bedotten beetnemen, voor de gek houden **bedpan** *BN* ondersteek **bedplassen** tijdens de slaap plassen in bed

bedrading *de (v)* ❶ geheel van snoeren, kabels enz. ❷ het aanbrengen daarvan

bedrag *het* hoeveelheid geld: *hij kreeg een aardig ~* **bedragen** een bepaald bedrag zijn of kosten: *het inschrijfgeld bedraagt € 500,-*

bedreigen dreigen iemand kwaad te doen, zeggen dat men iemand kwaad zal doen: *iemand met een vuurwapen ~* ▼ *bedreigde diersoort, plantensoort* diersoort, plantensoort die misschien gauw uitsterft

bedremmeld *bn* geschrokken en verlegen: *~ bekende het jongetje de vernieling*

bedreven *bn* geoefend, goed, handig: *ze is heel ~ in vechtsporten*

bedriegen [bedroog, h. bedrogen] ❶ misleiden, oplichten ▼ *bedrogen uitkomen* iets verwachten maar teleurgesteld worden ❷ ontrouw zijn: *hij bedriegt zijn vrouw met zijn secretaresse* **bedrieglijk** *bn* vals, maar wat zo echt lijkt dat men zich erin kan vergissen: *er heerste een ~e* *rust*

bedrijf *het* [-drijven] ❶ zaak, onderneming ❷ handeling, werking: *een machine in ~ stellen* ❸ deel van een toneelstuk ▼ *tussen de bedrijven door* tussen de gewone bezigheden door

bedrijfsarts arts die voor een bedrijf werkt

bedrijfschap *het* [-pen] organisatie van dezelfde soort bedrijven, van bedrijven in dezelfde sector

bedrijfseconomie studie van de economische aspecten van verschijnselen binnen bedrijven

bedrijfsgeneeskunde geneeskunde die zich bezighoudt met beroepsziekten en bedrijfsongevallen **bedrijfsinkomen** BN inkomen uit loon of salaris **bedrijfskapitaal** kapitaal waarover een bedrijf kan beschikken

bedrijfskunde wetenschappelijke opleiding waarin problemen binnen organisaties vanuit verschillende disciplines worden benaderd

bedrijfsleider iemand die de praktische leiding heeft in een bedrijf **bedrijfsleven** ❶ de wereld van bedrijven en handel, het zakenleven ❷ de gezamenlijke bedrijven **bedrijfsorganisatie** ‹-zaa-› structuur van een bedrijf en de manier waarop werknemers samenwerken

bedrijfsrevisor ‹-reeviezor› BN onafhankelijk controleur van de boekhouding van een bedrijf

bedrijfsrisico ❶ risico in een bedrijf ❷ *fig.* risico dat er nu eenmaal bij hoort als men iets doet

bedrijfsspionage spionage naar methoden enz. van een concurrent **bedrijfstak** ❶ onderdeel van een bedrijf ❷ geheel van bedrijven met eenzelfde soort producten **bedrijfsverzekering** verzekering tegen bedrijfsrisico **bedrijfsvoering** *de (v)* ❶ het leiden en uitoefenen van een bedrijf ❷ manier waarop een bedrijf wordt geleid en uitgeoefend **bedrijfsvoorheffing** BN loonheffing, voorheffing op het bedrijfsinkomen

bedrijven doen, uitoefenen ▼ *de liefde ~* seks, geslachtsgemeenschap hebben **bedrijvend** taalk. *bn* actieve vorm van een werkwoord (i.t.t. de lijdende vorm met het hulpwerkwoord worden)

bedrijvenpark gebied met alleen bedrijfsruimten en kantoren

bedrijvig *bn* ijverig, druk bezig **bedrijvigheid** *de (v)* werkzaamheid, drukte van mensen die bezig zijn

bedrinken ▼ *zich ~* te veel alcohol drinken

bedroefd *bn* die verdriet heeft, triest **bedroeven** bedroefd maken, verdriet bezorgen **bedroevend** *bn* ❶ wat verdrietig maakt: *~ nieuws* ❷ wat erg teleurstelt, heel slecht: *~e resultaten*

bedrog *het* iets wat oneerlijk en misleidend is, het bedriegen, oplichting: *~ plegen; ga niet in op die aanbieding, het is ~*

bedruipen ▼ *zich ~* in eigen onderhoud voorzien

bedrukken ❶ met inkt figuren, letters e.d. op iets drukken ❷ triest, somber maken

bedrukt *bn* somber, triest, terneergeslagen: *na de nederlaag heerste er een ~e stemming in ons team*

bedscène seksscène in een film, theatervoorstelling, e.d. **bedstede** *de* [-n, -s], **bedstee** soort kast in de wand waarin mensen vroeger sliepen **bedtijd** tijd om te gaan slapen

beducht *bn* bang (dat iets gaat gebeuren): *~ voor een aanval*

beduiden ❶ duidelijk maken, vooral met gebaren: *de gastheer beduidde ons te gaan zitten* ❷ betekenen ▼ *dat heeft weinig te ~* dat stelt niet veel voor, is niet belangrijk

beduidend *bn* aanmerkelijk, duidelijk: *Karima is ~ intelligenter dan Charlotte*

beduimelen vies maken door er vaak met vieze vingers aan te zitten: *een beduimeld boek*

beduusd *bn* verrast, van streek, in de war: *ze was ~ van het dure cadeau*

beduveld inform. *bn* gek: *ben je ~?* **beduvelen** inform. bedriegen, misleiden

bedwang *het* beheersing ▼ *iets, iemand in ~ houden* beheersen, tegenhouden: *een paard in ~ houden*

bedwateren in bed plassen

bedwelmen verdoven, bewusteloos maken: *bedwelmd door giftige gassen* **bedwelming** *de (v)* ❶ het bedwelmen ❷ verdoving, bewusteloosheid

bedwingen beheersen, tegenhouden: *een woedende menigte ~* ▼ *zijn tranen ~* niet gaan huilen, ophouden met huilen ▼ *een berg ~* een moeilijke berg beklimmen

beëdigen *ww* ❶ een eed laten afleggen ▼ *een beëdigd vertaler* een vertaler die voor de rechtbank heeft beloofd altijd waarheidsgetrouw te zullen vertalen ❷ door een eed bevestigen: *een beëdigde verklaring*

beëindigen een einde maken aan: *de scheidsrechter beëindigde de wedstrijd*

beek *de* [beken] klein riviertje, stroompje

beeld *het* ❶ voorstelling van iets of iemand, gemaakt van steen, hout, brons enz. ❷ voorstelling d.m.v. lichtstralen: *een fotografisch ~* ❸ voorstelling d.m.v. een beschrijving: *een ~ geven van de situatie* ❹ voorstelling in iemands geest: *een duidelijk ~ van de situatie hebben* ❺ heel mooi voorwerp of persoon: *een ~ van een hoedje* **beeldband** *de (m)* magnetische band voor de registratie van beelden **beeldbuis** ❶ buis in een televisie waarin het beeld zichtbaar wordt ❷ televisietoestel **beelddrager** datgene waarop beelden worden vastgelegd, bijv. een cd

beeldenaar *de (m)* [-s] afbeelding op een munt **beeldend** *bn* op zo'n manier dat men een levendige voorstelling van iets krijgt: *~ vertellen* ▼ *~e kunst* tak van kunst waarbij iets wordt uitgebeeld, zoals de schilderkunst en beeldhouwkunst **beeldengalerij** galerij met beeldhouwwerken **Beeldenstorm** hist. vernieling van beelden in kerken

beelderig *bn* heel mooi, schattig: *wat een ~ jurkje!*

beeldhouwen beelden maken uit steen, brons enz. **beeldhouwer** *de (m)* [-s] iemand die beelden maakt uit steen of een andere harde materie

beeldig *bn* heel mooi en lief: *wat een ~ jasje!*

beeldmerk handels- of fabrieksmerk dat bestaat uit een afbeelding of een teken **beeldplaat** platte ronde schijf die voor de komst van de cd werd gebruikt voor het vastleggen van beelden en geluid

beeldrijk met veel beelden en beeldspraak: *een ~ verslag van een reis* **beeldruis** gelijkmatige storing op een beeldscherm of digitale foto

beeldscherm scherm waarop tekst of beelden verschijnen, vooral bij een televisietoestel of computer

beeldschoon *bn* heel mooi: *een beeldschone vrouw*

beeldschrift schrift zonder letters maar met tekens voor de begrippen

beeldsnijder *de (m)* [-s] iemand die beelden snijdt uit hout, ivoor e.d.

beeldspraak *de* het uitdrukken m.b.v. beelden, bijv. 'wervelwind' voor iemand die heel snel en onstuimig is

beeldtelefoon telefonische verbinding in combinatie met een beeldscherm **beeldverhaal** verhaal dat bestaat uit een reeks plaatjes, soms met korte stukjes tekst erbij **beeldvorming** het ontstaan van een beeld van en een mening over iemand of iets

beeltenis *de (v)* [-sen] afbeelding, portret

beemd *de (m)* vlak weiland met veel water

been I *het* [benen] ❶ elk van de twee ledematen waarop een mens staat of loopt ▼ *de benen nemen* ervandoor gaan, snel weggaan ▼ *op eigen benen staan* helemaal zelfstandig zijn ▼ *met het verkeerde ~ uit bed gestapt zijn* in een slecht humeur zijn ▼ *er zijn veel mensen op de ~* er zijn veel mensen samengekomen ▼ *de benen strekken* een stukje gaan lopen (wanneer men lang heeft gezeten) ▼ *iemand op het verkeerde ~ zetten* iemand een verkeerde indruk van iets geven ▼ *geen ~ hebben om op te staan* geen argumenten hebben om zijn houding, mening vol te houden ▼ *met één ~ (in het graf, in de finale)* bijna (dood, in de finale) ▼ *zijn beste ~tje voorzetten* zijn best doen ▼ *het zijn sterke benen die de weelde kunnen dragen* het is lastig met plotselinge voorspoed om te gaan ▼ BN, spreekt. *ergens zijn benen onder tafel steken/schuiven* ergens komen eten ▼ BN, spreekt. *iets aan zijn ~ hebben* ergens mee opgescheept zitten, bedrogen zijn ❷ elk van de vier ledematen van een paard ❸ wisk. elk van de twee lijnen die een hoek vormen ❹ elk van beide stangen van een passer **II** *het* [-deren, benen] ❺ stuk van een geraamte van een mens of een dier, bot: *de hond kreeg een ~* ▼ *ergens geen ~ in zien* ergens niet voor terugschrikken, geen bezwaren zien **beenbreuk** het breken of gebroken zijn van een bot/been

beendergestel het geheel van beenderen in een menselijk of dierlijk lichaam of in een deel daarvan **beendermeel** poeder van gemalen beenderen

beenham ham van de poot van een varken met nog een stuk dijbeen erin

beenhouwer *de (m)* [-s] BN, spreekt. slager **beenmerg** vettige stof in holle beenderen **beenmergpunctie** het wegnemen van beenmerg voor onderzoek

beenwarmer *de (m)* [-s] soort lange kniekous zonder voet

beenweefsel stof waaruit beenderen zijn opgebouwd

beer *de (m)* [beren] ❶ groot roofdier met een dikke vacht, zoogdier van de familie van de Ursidae ▼ *een ~ van een jongen* een grote, sterke jongen ▼ *~ op sokken* plomp iemand ▼ *ongelikte ~* iemand die onbeleefd is, slechte manieren heeft ❷ mannelijk varken ❸ stut in de vorm van een pilaar aan de buitenkant van muren ❹ waterkering

beerput put waarin uitwerpselen en urine terechtkomen ▼ *de ~ gaat open* de schandalige dingen worden bekend

beërven [beërfde, h. beërfd] krijgen door te erven

beest *het* ❶ dier, vooral een wild, verscheurend dier ▼ *bij de ~en af* heel grof, verschrikkelijk ▼ BN, spreekt. *'t is een mager ~je* 't is niet veel zaaks, iets van weinig waarde, van slechte kwaliteit ❷ fig. ruw, wreed mens: *als een ~ tekeergaan* ▼ *de ~ uithangen* zich liederlijk gedragen, zich misdragen **beestachtig** *bn* ❶ als een beest, als van een beest ❷ heel wreed en ruw: *~ tekeergaan* ❸ heel erg: *~ goed* **beestenbende** rommel, heel vieze, wanordelijke toestand **beestenboel** smerige of heel wanordelijke toestand

beet *de (m)* [beten] ❶ het bijten ❷ afgebeten stuk: *een ~ van een koekje nemen* ❸ wond die door bijten ontstaat

beethebben ❶ bij het vissen een vis aan de haak hebben ❷ fig. kans hebben op datgene, de beslissing die men wil ▼ fig *iemand ~* iemand voor de gek houden die erin trapt

beetje *het* [-s] weinig, kleine hoeveelheid: *een ~ verliefd, bedroefd; een ~ melk in de koffie* ▼ *alle ~s helpen* iedere kleinigheid (aan hulp) kan worden gebruikt

beetkrijgen vast in zijn handen krijgen, vastpakken **beetnemen** ❶ vastpakken ❷ fig. voor de gek houden **beetpakken** vastpakken, vastgrijpen

bef *de* [-fen] ❶ stukje vacht op de borst van een dier dat een andere kleur heeft dan de rest van de vacht: *een zwarte kat met een witte ~* ❷ wit borststuk dat aan de hals is bevestigd en dat wordt gedragen op een toga

BEF ⟨vroeger⟩ Belgische frank

befaamd *bn* bekend en met een goede reputatie: *een ~ chirurg*

beffen spreekt. een vrouw seksueel bevredigen met de mond

begaafd *bn* met veel talent: *een ~ pianist* **begaafdheid** *de (v)* [-heden] ❶ het begaafd zijn ❷ talent

begaan I *ww* ❶ lopen of rijden over: *het modderpaadje was moeilijk te ~* ❷ (iets slechts) doen: *een misdaad ~* ▼ *laat hem maar ~* laat hem zijn gang gaan **II** *bn* ▼ *~ zijn met iemand* medelijden hebben met iemand ▼ *de begane grond* verdieping van een gebouw die op dezelfde hoogte ligt als de straat **begaanbaar** *bn* geschikt om over te lopen of rijden: *de weg is niet ~*

begeerlijk *bn* ❶ wat begeerte opwekt: *~ voedsel; een ~e vrouw* ❷ waaruit begeerte blijkt: *~e blikken op iemand of iets werpen* **begeerte** *de (v)* [-n, -s] heel sterk verlangen: *seksuele ~*

begeestering *de (v)* geestdrift, groot enthousiasme voor iets

begeleiden ❶ meegaan met, samengaan: *ik begeleidde hem naar de bushalte* ❷ ondersteunen, helpen: *mijn moeder begeleidt me met mijn* *huiswerk* ❸ bijpassende muziek spelen: *de zanger begeleidt zichzelf op de gitaar*

begenadigd *bn* met bijzondere aanleg: *een ~ verteller*

begeren wensen, heel sterk verlangen, ook seksueel: *rijkdommen ~; een vrouw ~* **begerenswaard**, **begerenswaardig** waard om begeerd te worden, aantrekkelijk, aanlokkelijk **begerig** *bn* waaruit blijkt dat iemand iets begeert: *met ~e ogen kijken*

begeven *v zich ~ naar* gaan naar: *zich naar het vliegveld ~ *v het ~* kapotgaan: *de motor begaf het*

begieten natmaken door er vocht over te gieten: *planten ~*

begiftigen schenken, geven *v hij is begiftigd met talent* hij heeft veel talent

begijn *de (v)* hist., r.-k. ongehuwde vrouw of weduwe die een vroom leven leidt in een gemeenschap maar die geen kloostergelofte heeft afgelegd **begijnhof** *het* hofje waar vroeger begijnen woonden

begin *het* eerste deel van iets, het eerste wat men doet bij iets: *het ~ van een boek, een film, een wedstrijd *v een goed ~ is het halve werk* als men iets op de juiste manier begint, is de rest gemakkelijk **beginkapitaal I** *het* ❶ kapitaal om een bedrijf e.d. mee te beginnen **II** *de* ❷ hoofdletter aan het begin van een woord of zin **beginneling** *de (m)* iemand die pas begint met iets **beginnen** [begon, is begonnen] de eerste stap zetten bij iets, een start maken

beginsel *het* [-en, -s] ❶ principe, stelregel waaraan men zich wil houden ❷ eenvoudig grondbegrip van een wetenschap: *de ~en van de natuurkunde* **beginselpartij** partij die politiek voert op grond van een beginselverklaring **beginselverklaring** het openbaar maken van principes

beglazing *de (v)* ❶ het voorzien van glasruiten ❷ de ruiten die ergens aanwezig zijn: *de ~ van een gebouw*

begluren stiekem bekijken: *mensen ~ van achter de vitrage*

begoed BN, ook *bn* bemiddeld, welgesteld, tamelijk rijk

begonia *de* [-'s] sierplant die afkomstig is uit tropische of subtropische gebieden, met bloemen in verschillende kleuren

begoochelen misleiden, bedriegen door schone schijn of illusie **begoocheling** *de (v)* het misleid zijn of onder de indruk door schone schijn of illusie

begraafplaats plaats waar de doden begraven worden

begrafenis *de (v)* [-sen] ❶ het begraven van een dode ❷ plechtigheid die daarbij hoort: *de ~ begint om twee uur *v BN burgerlijke ~* niet-kerkelijke begrafenis *v BN ook ~ in alle intimiteit* begrafenis in besloten kring, in familiekring **begrafenisgezicht** strak en ernstig gezicht **begrafenisonderneming** onderneming die uitvaartplechtigheden verzorgt

begraven ❶ onder de aarde verbergen: *een schat ~* ❷ (een dode) onder de grond stoppen, meestal in een kist ❸ bedelven *v onder het werk ~ zijn* het erg druk hebben met werk

begrensd *bn* beperkt, niet eindeloos: *onze financiële middelen zijn ~* **begrenzen** ❶ de grens vormen van ❷ beperken, kleiner maken

begrijpelijk *bn* te begrijpen, wat men goed kan begrijpen: *het is ~ dat je kwaad werd* **begrijpen** ❶ met het verstand bevatten, doorhebben: *een opgave ~* ❷ aanvoelen wat er in iemand omgaat, wat iets inhoudt: *ouders moeten hun kinderen ~* ❸ omvatten, erbij rekenen: *dat is bij de prijs begrepen *v het niet begrepen hebben op* niet veel goeds verwachten van

begrip *het* [-pen] ❶ vermogen om iets te begrijpen *v vlug van ~ zijn* dingen snel kunnen begrijpen *v ~ hebben voor* zich kunnen indenken, niet afwijzen of veroordelen ❷ woord of term en alles wat men zich daarbij voorstelt: *'intelligentie' is een ~ uit de psychologie* **begrippenapparaat** het geheel van de begrippen die gebruikt worden, termen

begripsbepaling omschrijving van een begrip **begripsverwarring** het door elkaar halen van begrippen

begroeien bedekken met iets dat groeit **begroeiing** *de (v)* dat wat op iets groeit

begroeten ❶ iemand gedag zeggen ❷ iemand welkom heten: *de nieuwe burgemeester ~*

begrotelijk *bn* (te) duur **begroten** schatten hoeveel iets zal kosten, hoe groot de schade, het aantal e.d. is **begroting** *de (v)* voorlopige schatting van kosten of van inkomsten en uitgaven: *de minister diende een ~ in bij de Tweede Kamer *v BN ook ~ in evenwicht* sluitende begroting **begrotingstekort** negatief verschil tussen uitgaven en inkomsten op een begroting

begunstigen bevoordelen, bijzondere gunsten verlenen aan, beschermen: *de directeur begunstigde zijn familieleden* **begunstiger** *de (m)* [-s] beschermer, klant, iemand die met een vaste bijdrage steunt

beha (beehaa) *de (m)* [-'s] kledingstuk dat de borsten van een vrouw ondersteunt, bustehouder

behaaglijk *bn* aangenaam, lekker: *de poes lag ~ in het zonnetje*

behaagziek *bn* er sterk op gericht om in de smaak te vallen

behaard *bn* begroeid met haar

behagen I *ww* ❶ iemand een plezier doen: *hij probeert de directeur te ~* ❷ in de smaak vallen: *zij probeert de mooie man te ~* ❸ plecht. prettig zijn, plezier doen: *het behaagt ons u mede te delen dat ...* **II** *het* ❹ plezier: *er ~ in scheppen dingen kapot te maken*

behalen iets krijgen of bereiken door zich ervoor in te spannen: *de eerste plaats ~; een diploma ~*

behalve *vgw* ❶ met uitzondering van, alleen die of dat niet: *iedereen was er, ~ Tania* ❷ naast, niet alleen ... maar ook: *~ drie honden had hij twee katten*

behandelen ❶ op een bepaalde manier omgaan met: *de gevangenen werden correct behandeld* ❷ bespreken, vertellen over: *een onderwerp ~* ❸ proberen weer beter te maken, verzorgen: *een patiënt ~* **behandeling** *de (v)* [-en] het behandelen *v in ~ zijn* in voorbereiding, in onderzoek: *uw aanvraag is in ~ *v onder ~ zijn*

be

bij/van een dokter door een dokter behandeld worden

behang *het* papier waar wanden mee worden beplakt **behangen** ❶ wanden beplakken met behang: *morgen gaan we de kamer ~* ❷ ophangen aan of tegen: *een schutting met affiches ~* **behangsel** *het* [-s], **behangselpapier** behang

behappen ▼ *kunnen ~* aankunnen

behartigen zorgen voor, regelen: *de belangen van iemand ~* **behartigenswaardig**, **behartigenswaard** *bn* waard om serieus te nemen: *een ~ advies*

behaviorisme ⟨biehee-⟩ *het* richting in de psychologie die alleen waarneembaar gedrag bestudeert

beheer *het* het beheren, het zorgen voor: *het ~ over een vermogen* **beheerder** *de (m)* [-s] iemand die iets beheert, die iets bestuurt en ervoor zorgt: *de ~ van een camping* ▼ BN afgevaardigd ~ gedelegeerd bestuurder

beheersen in zijn macht hebben, bedwingen, meester zijn over, onder controle hebben: *een gebied ~; zijn driften ~* ▼ *een taal ~* deze kunnen spreken en verstaan ▼ *zich ~* kalm blijven, niet toegeven aan woede e.d. **beheerst** *bn* zonder zich te laten leiden door kwaadheid of andere gevoelens, kalm: *de politie trad ~ op*

beheksen betoveren (door een heks)

behelpen ▼ *zich (moeten) ~* zich (moeten) redden met minder dan men nodig heeft of gewend is ▼ *het blijft ~* de middelen die men heeft, zijn eigenlijk niet voldoende of niet goed genoeg

behelzen als inhoud hebben: *het pamflet behelsde een aanklacht*

behendig *bn* vlug, handig: *~ over een muurtje springen*

behendigheidsspel spel waarbij winst afhangt van de behendigheid van de deelnemers

behept *bn* ▼ *~ met* die lijdt aan; die als slechte eigenschap heeft: *~ met een ziekelijke nieuwsgierigheid*

beheren besturen, zorgen voor: *een kapitaal ~; een camping ~*

behoeden beschermen tegen problemen, gevaren e.d.: *iemand ~ voor ongelukken* **behoedzaam** *bn* voorzichtig, waarbij iemand probeert schade of fouten te voorkomen

behoefte *de (v)* [-n, -s] wat nodig is, wat iemand graag wil: *ik heb ~ aan slaap* ▼ *zijn (natuurlijke) ~ doen* plassen of poepen **behoeftig** *bn* die arm is en hulp nodig heeft: *~e bejaarden* **behoeve** *zn* ▼ *ten ~ van* voor, ten bate van: *een collecte ten ~ van het Rode Kruis* **behoeven** ❶ nodig hebben: *deze verklaring is duidelijk en behoeft geen nadere toelichting* ❷ hoeven, nodig zijn: *u behoeft geen postzegel te plakken*

behoorlijk *bn* ❶ zoals het hoort, beleefd: *iemand ~ antwoord geven* ❷ redelijk goed, voldoende: *ik vind je rapport wel ~* ❸ in hoge mate: *~ ziek zijn* **behoren** ❶ bezit zijn van: *mijn hart behoort aan jou* ❷ onderdeel vormen van, ergens bij horen: *tijgers ~ tot de katachtigen* ❸ moeten: *je behoort je huiswerk te maken* ▼ *naar ~* zoals het hoort, zoals verwacht wordt

behoud *het* ❶ het in leven, in stand houden:

verven is goed voor het ~ van houtwerk ❷ het blijven houden: *verlof met ~ van salaris*

behouden I *ww* ❶ blijven houden: *de wielrenner behield zijn voorsprong en won de wedstrijd* **II** *bn* ❷ veilig, ongedeerd: *ik wens je een ~ vaart*

behoudend *bn* die dingen wil houden zoals ze zijn en niet van veranderingen houdt, conservatief **behoudens** *vz* ❶ behalve: *~ enkele uitzonderingen komt deze ziekte alleen bij bejaarden voor* ❷ onder voorbehoud van, alleen als dat het geval is: *~ goedkeuring door de directie* **behoudsgezind** BN, ook behoudend

behoudzucht de neiging dingen te willen houden zoals ze zijn, geen veranderingen te willen, conservatisme

behuild *bn* met sporen van huilen: *een ~ gezicht*

behuizing *de (v)* ❶ huisvesting, woongelegenheid: *de club zoekt een nieuwe ~* ❷ stevig, beschermend omhulsel om een apparaat zoals een computer

behulp *het* ▼ *met ~ van* waarbij men gebruikmaakt van, geholpen door: *een brief schrijven met ~ van een woordenboek* **behulpzaam** *bn* die graag helpt, bereid om te helpen: *een behulpzame voorbijganger wees mij de weg*

beiaard *de (m)* [-s, -en] aantal klokken die met een klavier bespeeld worden, klokkenspel **beiaardier** *de (m)* [-s] bespeler van een beiaard

beide *telw* ❶ ⟨vóór een zelfstandig naamwoord⟩ alle twee: *~ mannen zijn Zeeuwen; ~ huizen zijn groot* ❷ zelfstandig gebruikt, verwijzend naar dieren of zaken: *twee honden, ~ uit hetzelfde nest; twee huizen, ~ zijn te huur* ▼ *~n* zelfstandig gebruikt, verwijzend naar mensen: *de twee mannen zijn ~n afkomstig uit Groningen* **beider** *telw* ▼ *in ~ belang* in het belang van beiden **beiderzijds** *bn* van weerskanten, van beide kanten

beieren ⟨van klokken⟩ luiden

beige ⟨bèzjə⟩ *bn* geelgrijs

beignet ⟨benjee⟩ *de (m)* [-s] schijf van een vrucht, vooral van een appel, die gebakken is in meelbeslag

beijveren ▼ *zich ~ voor iets* zijn best doen voor iets: *de actiegroep beijvert zich voor de bouw van een buurthuis*

beïnvloeden invloed uitoefenen op: *zo'n klein kind is makkelijk te ~*

beitel *de (m)* [-s] stuk gereedschap waarmee men hout of steen bewerkt **beitelen** met een beitel bewerken

beits *de (m) & het* middel om hout te kleuren **beitsen** met beits kleuren

bejaard *bn* vrij oud, niet jong meer **bejaarde** *de* [-n] iemand vanaf ongeveer 65 jaar of ouder **bejaardencentrum** aantal woningen bij elkaar of groot gebouw voor bejaarden **bejaardenhulp** iemand die werkt in de bejaardenzorg **bejaardenpas** document waarmee bejaarden tegen lagere prijs gebruik kunnen maken van openbare voorzieningen **bejaardenzorg** formeel geregelde verzorging van bejaarden

bejagen jagen op: *vossen ~*

bejammeren klagend treuren over

bejegenen zich op een bepaalde manier

be

gedragen tegenover iemand: *iemand goed of slecht ~*

bek *de (m)* [-ken] ❶ mond van een dier ❷ vulg. mond van een mens: *hou je ~ nou eens!* ▼inform. *op zijn ~ gaan* geconfronteerd worden met een mislukking ▼*~ken trekken* grappige, gekke uitdrukkingen met het gezicht maken

bekaaid *bn* ▼*er ~ afkomen* weinig krijgen, minder dan verwacht

bekaf *bn* doodmoe

bekakt *bn* die deftig doet: *~ praten*

bekampen bestrijden, vechten tegen

bekapping *de (v)* het besnijden van de hoeven van paarden en andere hoefdieren

bekeerling *de (m)* iemand die bekeerd is

bekend *bn* ❶ die veel mensen kennen, door iemand gekend: *zij kwam mij ~ voor* ❸ met kennis van, op de hoogte: *bent u hier ~?*

bekende *de* [-n] iemand die men kent: *ik kwam in de stad een ~ tegen* **bekendheid** *de (v)* het gekend worden door veel mensen, het bekend zijn: *deze uitiest heeft zijn ~ te danken aan één grote hit* ▼*~ met* het op de hoogte zijn van, het iets afweten van **bekendmaken** laten weten, vertellen aan meer mensen: *de president en de zangeres maakten bekend dat ze gingen trouwen* ▼*zich ~ zeggen* wie men is **bekendstaan** bij anderen de naam, reputatie hebben van: *hij staat bekend als een vrouwenversierder*

bekennen toegeven, erkennen dat men iets verkeerds heeft gedaan: *een misdrijf ~* ▼fig. *kleur ~* zijn mening of bedoeling bekendmaken, laten blijken aan welke kant men staat ▼*er was geen sterveling te ~* er was niemand te zien **bekentenis** *de (v)* [-sen] het toegeven dat men iets verkeerds heeft gedaan (en wat men heeft gedaan) ▼*een ~ afleggen* zeggen dat men de dader is van een misdrijf

beker *de (m)* [-s] ❶ soort hoog kopje zonder oor waaruit men drinkt: *een ~ melk* ❷ voorwerp dat daarop lijkt, maar dat men gebruikt voor iets anders, bijv. als sportprijs: *de ~ winnen* **bekerduel** sportwedstrijd om een (wissel)beker **bekeren** ❶ iemand overhalen een geloof te accepteren als het zijne: *iemand tot het christendom ~* ❷ bereiken dat iemand zijn leven betert ▼*zich ~* een geloof accepteren als het zijne: *ze heeft zich bekeerd tot de islam* **bekeren** een wedstrijd om een (wissel)beker spelen **bekerfinale** beslissende wedstrijd om een (wissel)beker

bekeuren een bekeuring geven **bekeuring** *de (v)* ❶ het bekeuren ❷ briefje van de politie waarop staat welke overtreding iemand heeft begaan waarna diegene een boete moet betalen, proces-verbaal: *de bromfietser kreeg een ~ omdat hij geen helm droeg*

bekijk *het* ▼*veel ~s hebben* de aandacht van veel mensen trekken **bekijken** ❶ kijken naar: *schilderijen ~ in een museum* ❷ goed nadenken over iets: *ik zal nog ~ wat ik na mijn examen ga doen* ▼*~ het maar!* zoek het zelf maar uit! ik wil er niets meer mee te maken hebben! ▼*dat is gauw bekeken* dat is zo af ▼*het voor bekeken houden* stoppen, opgeven omdat men geen zin

meer heeft om door te gaan

bekisting *de (v)* houtwerk om beton in te laten drogen dat vaak wordt weggehaald als het beton droog is

bekje *het* [-s] kleine bek, mondje ▼*een leuk ~* een knap gezicht

bekken[1] *het* [-s] ❶ tamelijk grote schotel ❷ muziekinstrument in de vorm van een grote, koperen schaal ❸ komvormig bot waar de benen aan vastzitten ❹ laaggelegen stuk land, stroomgebied: *het ~ van de Rijn*

bekken[2] ❶ uitspreekbaar zijn (van een tekst): *deze zin bekt lekker, maar die zin bekt niet* ❷ spreekt. tongzoenen

bekkenist muz. *de (m)* bespeler van bekkens

beklaagde *de* [-n] ❶ iemand die voor de rechter moet verschijnen omdat hij ergens van wordt beschuldigd ❷ BN verdachte die voor een politierechtbank of correctionele rechtbank moet verschijnen **beklaagdenbank** bank waarin een verdachte tijdens een strafzaak zit ▼fig. *in de ~ zitten* van iets beschuldigd worden

bekladden besmeuren, vies maken: *een muur ~ met graffitti* ▼*iemands goede naam ~* slechte dingen zeggen over iemand die goed bekendstaat

beklag *het* ▼*zijn ~ doen over iets* over iets klagen **beklagen** zijn medelijden met iemand uiten: *die vluchtelingen zijn te ~* ▼*zich ~ over* klagen over

beklant *bn* met klanten, die klanten heeft: *die winkel is goed ~*

bekleden bedekken, overtrekken met een stof: *meubels ~* ▼*een functie ~* werken in een functie, een functie uitoefenen **bekleding** *de (v)* dat waarmee men iets bekleedt: *de ~ van de bank is stuk*

beklemd *bn* ❶ vast: *de slachtoffers van het ongeluk zaten ~ in de bus* ▼*~e breuk* waarbij de darm is uitgezakt en niet terug kan ❷ triest, vol zorgen: *met een ~ hart* **beklemmen** ❶ klemmen in, vastknijpen ❷ bang maken: *de gedachte te moeten verhuizen beklemt mij* **beklemming** *de (v)* ❶ benauwdheid: *~ op de borst* ❷ gevoel van bedruktheid, beetje angstig en benauwd gevoel ❸ eeuwigdurend recht op het gebruik van de grond van iemand anders, eeuwigdurende erfpacht

beklemtonen ❶ de klemtoon leggen op: *welke lettergreep beklemtoon je?* ❷ in het bijzonder de aandacht vestigen op, benadrukken: *ik wil ~ dat ik dit riskant vind*

beklijven [beklijfde, h. / is beklijfd] duren, blijven bestaan

beklimmen klimmen op: *een hoge berg ~*

beklonken *bn* vast afgesproken: *de zaak, de deal is ~*

bekloppen op verschillende plaatsen kloppen om te horen of te voelen hoe de toestand is: *de arts beklopt de borst van de patiënt*

beknellen ❶ klemmen tussen ❷ fig. bedrukken, benauwen

beknibbelen op een pietepeuterige manier minder geld proberen uit te geven: *~ op het zakgeld van de kinderen*

beknopt *bn* in het kort, kort samengevat: *een ~e samenvatting van een wedstrijd*

be

beknotten erg beperken: *iemand ~ in zijn vrijheid*

bekocht *bn* waarbij iemand een onvoordelige koop gedaan heeft: *zich aan iets ~ hebben; aan iets ~ zijn; zich ~ voelen*

bekoelen ❶ koel maken ❷ koel worden ❸ *fig.* minder, minder sterk worden: *onze vriendschap is bekoeld*

bekogelen met dingen gooien naar: *de politie werd bekogeld met stenen*

bekokstoven in het geheim beslissen: *dat hebben ze met elkaar bekokstoofd!* **bekomen ❶** bijkomen, zich herstellen: *van de schrik ~* ❷ gevolgen hebben: *die grote slagroompunt is mij slecht ~ ▾ wel bekome het u!* wens die wordt uitgesproken na een maaltijd

bekommerd *bn* vol zorg, bezorgd **bekommeren ▾** *zich ~ om* zich bezorgd maken; zorgen voor

bekomst *de (v)▾ zijn ~ hebben van* genoeg hebben van

bekonkelen in het geheim bedenken of afspreken

bekoorlijk *bn* aantrekkelijk, mooi

bekopen ▾ *iets ~ de dood/met zijn leven ~* doodgaan door iets

bekoren aanlokken, verleiden, bevallen: *dit schilderij kan me niet ~*

bekorten korter maken

bekostigen de kosten dragen van, betalen

bekrachtigen bevestigen, van kracht maken, geldig maken: *een besluit ~ met zijn handtekening*

bekrassen krassen zetten op

bekreunen ▾ *zich ~ om* zich bekommeren, zich druk maken om

bekrimpen ▾ *zich ~* bezuinigen, minder uitgeven

bekritiseren ‹-z›‹-s› kritiek uitoefenen op

bekrompen *bn* ❶ niet ruim, nauw, armoedig ❷ *fig.* niet ruimdenkend, beperkt in zijn opvattingen

bekronen ❶ een prijs toekennen: *de inzender van de bekroonde slagzin wint een auto* ❷ tot een prachtig einde brengen, rijk belonen: *de klim werd bekroond met een schitterend uitzicht*

bekruipen langzaam opkomen: *mij bekruipt de lust om weg te gaan*

bekvechten ruziemaken met woorden, fel discussiëren

bekwaam *bn* ❶ knap, bedreven: *een bekwame onderhandelaar ▾ met bekwame spoed* snel ❷ in staat tot: *na zoveel drank ben je niet meer ~ auto te rijden* **bekwaamheid** *de (v)* [-heden] ❶ het goed in iets zijn ❷ wat iemand goed kan **bekwamen** bekwaam maken, opleiden zodat iemand iets zal kunnen: *zich ~ tot hartspecialist*

bel *de* [-len] ❶ metalen voorwerp dat een helder geluid geeft als er een klepel of hamer tegen slaat: *de ~ gaat ▾ ~letje trekken* aanbellen en dan snel weglopen ▾ *fig. aan de ~ trekken* bij iemand iemand waarschuwen, zeggen dat er een probleem is ❷ luchtblaas in vloeistof: *~letjes in kokend water* ❸ groot glas: *ik krijg deze ~ vruchtensap niet op*

belabberd *bn* beroerd, slecht, akelig: *de voetbalploeg heeft ~ gespeeld; je ziet er ~ uit*

belachelijk *bn* zo dat anderen erom moeten lachen (terwijl dat niet de bedoeling is),

bespottelijk: *je stelt je ~ aan*

beladen I *ww* ❶ een lading, last leggen op of in: *deze caravan is te zwaar ~* **II** *bn* ❷ waarover moeilijk te spreken valt omdat het moeilijk ligt, gepaard gaat met veel gevoelens: *de dood van haar vader is een ~ onderwerp*

belagen ernstig lastigvallen, erg hinderen: *we werden belaagd door bedelaars*

belanden [belandde, is beland] (ergens) terechtkomen zonder dat dat zo gepland was: *we belandden in een afgelegen dorp ▾ in een akelige situatie ~* moeilijkheden krijgen

belang *het* wat iemand raakt omdat zijn voordeel ermee gemoeid is of omdat het zijn nieuwsgierigheid, genegenheid e.d. wekt: *het is in je eigen ~ dat je slaagt ▾ ergens ~ in stellen* ergens in geïnteresseerd zijn ▾ *van ~ zijn* belangrijk zijn ▾ *het algemeen ~* wat de hele samenleving raakt ▾ *een ~ hebben in een onderneming* er geld in hebben geïnvesteerd ▾ *iemand ~en behartigen* iemands zaken waarnemen ▾ *een drukte van ~* een grote drukte

belangeloos *bn* zonder op eigen voordeel uit te zijn, zonder betaling: *hij verzorgt die straatkinderen ~*

belangen betreffen ▾ *wat mij belangt* wat mij betreft

belangengemeenschap samenwerking van mensen of organisaties die eenzelfde belang hebben **belangenorganisatie** organisatie die opkomt voor de belangen van een bepaalde groep: *een ~ voor mensen met een handicap* **belangenpartij** partij die uitgaat van bepaalde specifieke belangen van haar aanhang **belangensfeer** situatie waarin economische belangen een rol spelen **belangenvermenging** *BN de (v)* belangenverstrengeling **belangenverstrengeling** *de (v)* het niet gescheiden houden van de verschillende belangen die iemand heeft op grond van de verschillende functies die hij uitoefent **belanghebbende** *de* [-n] iemand die belang bij iets heeft

belangrijk *bn* ❶ van veel betekenis: *een ~e overwinning* ❷ heel groot: *een ~ bedrag* **belangstellen ▾** *~ in* aandacht, interesse hebben, geïnteresseerd zijn in **belangstelling** *de (v)* interesse, met het laten blijken aandacht voor iets te hebben: *~ voor iets tonen*

belangwekkend *bn* wat belangstelling wekt, heel belangrijk of opvallend

belast *bn* die een last draagt ▾ *~ en beladen* zwaar bepakt ▾ *zwaar~* met een zware taak; met een financiële last ▾ *erfelijk ~* met overgeërfde gebreken **belastbaar** *bn* waarover belasting kan worden geheven: *~ inkomen* **belasten ❶** een last leggen op, ook figuurlijk: *een kameel ~; fig. zij is belast met de zorg voor jonge kinderen; fig. dit huis is belast met een hypotheek ▾ ~de informatie (over een onderwerp)* informatie die negatief kan zijn voor die persoon ❷ belasting heffen op: *deze goederen worden belast als ze worden ingevoerd*

belasteren lasteren over, slechte dingen vertellen over

belasting *de (v)* ❶ geld dat aan de overheid wordt betaald en dat deze uitgeeft aan zaken als onderwijs, politie, wegenaanleg enz. ❷ het leggen van een last op iets: *de ~ van een vrachtauto* **belastingaanslag** (mededeling van) het vastgestelde bedrag dat iemand aan belasting moet betalen **belastingbiljet** formulier met daarop vermeld hoeveel belasting iemand moet betalen **belastingbox** een van de categorieën waarin soorten inkomsten worden onderverdeeld voor de belasting **belastingbrief** BN, spreekt. aanslag- of aangiftebiljet van de belasting **belastingconsulent** iemand die advies geeft in belastingzaken **belastingdienst** overheidsdienst die belastingen int **belastingdruk** ❶ zwaarte van de belastingen ❷ belastingopbrengst als percentage van het nationaal inkomen **belastingkamer** afdeling van een gerechtshof voor belastingzaken **belastingplichtig** bn die belasting moet betalen **belatafeld** inform. *bn ▼ ben je ~?* ben je gek? **belazerd** inform. *bn* ❶ gek, niet wijs: *ben je ~?* ❷ belabberd, slecht: *het examen ging ~* **belazeren** inform. bedriegen, voor de gek houden **belbus** bus die rijdt op basis van telefonische aanvragen **belcanto** het zangkunst zoals in de klassieke muziek **beledigen** dingen zeggen of doen die de eer van iemand aantasten **beleefd** bn met goede manieren, goede omgangsvormen, netjes: *iemand ~ groeten* **beleefdheid** de (v) [-heden] het beleefd zijn, gedrag dat getuigt van goede manieren **beleefdheidsbezoek** bezoek aan iemand omdat het volgens de beleefdheidsnormen zo hoort **beleefdheidshalve** bw uit beleefdheid **beleg** het ❶ wat iemand op zijn brood doet, bijv. kaas of jam ❷ belegering, het ingesloten zijn door een leger: *het ~ van een stad ▼ staat van ~* toestand waarbij het hoogste gezag in militaire handen is **belegen** bn ❶ wat van smaak is veranderd doordat het lang heeft gelegen: *~ wijn, ~ kaas* ❷ fig. ouderwets: *een ~ televisieserie uit de jaren zeventig* **belegeren** insluiten met een leger: *een stad ~* **beleggen** ❶ bedekken, leggen op: *brood ~ met kaas* ❷ ⟨van geld⟩ er iets voor kopen of op een rekening zetten met de bedoeling dat het zijn waarde houdt of meer wordt: *~ in effecten, huizen, oude kunst enz.* ❸ (een vergadering e.d.) bijeenroepen **belegging** de (v) het beleggen van geld **beleggingsfonds** instelling voor het collectief beleggen van het vermogen van zijn deelnemers **beleggingsmaatschappij** bedrijf dat kapitaal van anderen belegt **beleid** het manier van besturen: *het ~ van de regering is erop gericht om meer mensen aan werk te helpen ▼ met ~* voorzichtig en waarover goed wordt nagedacht: *met ~ handelen* **beleidslijn** richting waarin een bepaald beleid, een bepaalde manier van besturen zich ontwikkelt **beleidsmedewerker** iemand die beleid mee bepaalt of uitwerkt **beleidsnota** schriftelijk stuk over het beleid dat wordt gevoerd, bijv. van de regering

belemmeren bemoeilijken, hinderen: *een omgewaaide boom belemmerde de doorgang* **belemmering** de (v) ❶ het belemmeren ❷ wat belemmert, wat iets moeilijk maakt, in de weg staat: *ze wil graag een goede baan maar haar gebrekkige vooropleiding vormt een ~* **belendend** bn meteen ernaast, aangrenzend: *het ~e perceel* **belenen** ❶ in leen geven ❷ in onderpand geven voor geld **belet** het verhindering *▼ ~ vragen* vragen of men ontvangen kan worden **bel-etage** eerste verdieping van een woning **beletsel** het [-en, -s] datgene waardoor iets wordt verhinderd, bezwaar **beletselteken** leesteken dat bestaat uit drie puntjes na elkaar **beletten** maken dat iemand iets niet kan doen: *geldgebrek belet hem te gaan studeren* **belettering** de (v) manier waarop letters zijn aangebracht **beleven** ondervinden, meemaken: *spannende avonturen ~ ▼ daar is niets te ~* daar is niets te doen **belevenis** de (v) [-sen] wat iemand meemaakt **beleving** de (v) manier waarop iemand iets ziet en voelt: *in mijn ~ waren we vroeger arm* **belevingswereld** hoe iemand de werkelijkheid ziet en voelt: *de ~ van het hedendaagse kind* **belezen** bn die veel gelezen heeft: *een ~ man* **Belga** BN zn Belgisch persbureau, te vergelijken met het ANP **Belgenmop** grap over de vermeende domheid van de Belgen **belgicisme** het [-n] woord of uitdrukking in België die afwijkt van het Nederlands in Nederland of het Frans in Frankrijk **belhamel** de (m) [-s] deugniet, stout kind **belichamen** een waarneembare vorm geven, concreet voorstellen: *zijn visie is belichaamd in dit beeld* **belichten** ❶ het licht laten vallen op ❷ fot. licht laten invallen (op een lichtgevoelige film of op lichtgevoelig papier) ❸ fig. duidelijk doen uitkomen: *een probleem van verschillende kanten ~* **belichtingsmeter** toestel waarmee de belichting gemeten wordt **believen** ww graag willen: iron. *mevrouw belieft geen wijn, alleen champagne ▼ naar ~* zoveel als men wil: *we mochten naar ~ hapjes pakken* **belijden** [beleed, h. beleden] ❶ (een overtuiging) plechtig uitspreken ❷ (een geloof) aanhangen: *het christendom ~* ❸ bekennen: *zijn zonden ~* **belijdenis** de (v) [-sen] het belijden, getuigen van zijn geloof *▼ prot. ~ doen* toetreden als lidmaat van een kerk **belijning** de (v) lijnen die op iets zijn aangebracht **belladonna** de heel giftige plant met klokvormige bloemen, uit de familie van de nachtschadeachtigen **bellefleur** de (m) [-s, -en] helder gekleurde appel **bellen** ❶ drukken op of trekken aan de bel bij de deur om aan te geven dat men voor de deur staat, aanbellen: *er wordt gebeld* ❷ geluid maken met een bel ❸ telefoneren: *ik bel je morgen* **bellenblazen** luchtbellen vormen door in een

be

be

buisje te blazen dat in zeepsop gedoopt is

beller *de (m)* [-s] iemand die telefoneert

belletje *het* [-s] ❶ kleine bel ❷ gesprek per telefoon, telefoontje: *ik geef je wel even ~ als ik klaar ben* ▼ NN ~ *trekken* aanbellen en dan snel weglopen

bellettrie *de (v)* letterkunde, literaire kunst, teksten waarbij het in de eerste plaats gaat om de literaire kwaliteiten

belofte *de (v)* [-n, -s] ❶ het zeggen dat men iets zal doen ▼ ~ *maakt schuld* als men iets belooft, moet men dat ook doen ❷ iemand van wie men denkt dat hij later bijzondere prestaties zal leveren: *die jonge zwemster is een ~*

beloken *bn* ▼ r.-k. *~ Pasen* eerste zondag na Pasen

belonen iets geven omdat iemand iets goeds heeft gedaan: *goed gedrag ~* **beloning** *de (v)* ❶ iets wat men krijgt omdat men iets goeds heeft gedaan: *ik kreeg een ~ omdat ik de portemonnee terugbracht* ❷ salaris, loon

beloop *het* ▼ *op zijn ~ laten* afwachten en niets doen, niet ingrijpen: *problemen op hun ~ laten*

belopen [beliep, h. belopen] ❶ bedragen: *de kosten ~ zo'n vijfduizend euro* ❷ lopen over: *een vaak ~ pad* ❸ lopend, te voet afleggen: *die afstand is in een uur te ~*

beloven ❶ zeggen dat men iemand iets zal geven of iets voor hem zal doen, toezeggen: *ik beloof je dat ik je zal helpen* ❷ doen verwachten: *al die donkere wolken ~ veel regen*

belroos *de* huidontsteking met blaarvorming

belspel *het* spel op radio of tv waarbij luisteraars of kijkers door te bellen of te sms'en een antwoord op een vraag kunnen geven om eventueel een prijs te winnen

belt *de* hoop gif of vuilnis, vuilnishoop

beltegoed ❶ telefoonkosten (van een mobiele telefoon) die van tevoren zijn betaald ❷ hoeveel men daarvan nog overheeft: *ik heb bijna geen ~ meer* **beltoon** geluid van een mobiele telefoon wanneer iemand wordt gebeld

beluisteren ❶ luisteren naar: *een cd ~* ❷ onderzoeken door te luisteren: *de dokter beluisterde mijn borst met een stethoscoop* ❸ bespeuren, merken: *ik beluister ontevredenheid in zijn woorden*

belust *bn* verlangend, begerig ▼ ~ *zijn op iets* iets heel graag willen: *hij is ~ op wraak*

belvédère *de (m)* [-s] toren met een mooi uitzicht

belwaarde beltegoed

bemachtigen in zijn bezit krijgen door er moeite voor te doen: *een kaartje voor een concert ~*

bemalen water malen uit: *een polder ~*

bemannen van een bemanning, van personeel voorzien **bemanning** *de (v)* personeel van een schip of vliegtuig

bemensen bemannen, van personeel voorzien

bemerken zien, waarnemen, merken: *ik bemerk een zekere onrust bij mezelf* **bemerking** *de (v)* opmerking, aanmerking

bemesten met mest vruchtbaar maken

bemeten *bn* ▼ *ruim / krap ~ zijn* groot / klein van afmeting zijn

bemeubelen BN meubileren

bemiddelaar *de (m)* [-s] iemand die bemiddelt

tussen twee partijen

bemiddeld *bn* met vrij veel geld en bezit, tamelijk rijk

bemiddelen door tussenkomst een ruzie bijleggen, een koop tot stand brengen enz. **bemiddeling** *de (v)* het bemiddelen, tussenkomst

beminnelijk *bn* vriendelijk, aardig: *een ~e man*

beminnen liefhebben, houden van, liefde voor iemand voelen

bemoederen op een overdreven manier moeder spelen over, willen zorgen voor

bemoedigen moed inspreken, moed geven

bemoeial *de (m)* [-len, -s] iemand die zich overal mee bemoeit **bemoeien** ▼ *zich ~ met* zich bezighouden met, vooral met zaken van anderen: *jij moet je niet overal mee ~!* **bemoeienis** *de (v)* [-sen], **bemoeiing** het zich ergens mee bezighouden: *door zijn ~ kreeg ik die baan*

bemoeilijken moeilijker maken, hinderen

bemoeiziek die zich overal mee bemoeit: *een ~e oude man* **bemoeizucht** neiging om zich overal mee te bemoeien

bemost *bn* begroeid met mos

ben *de* [-nen] mand, onder andere voor vis

benadelen nadeel bezorgen: *door dat bedrog was ik ernstig benadeeld*

benaderen ❶ dicht bij iets komen: *een record ~* ❷ contact met iemand opnemen om iets te vragen of voor te stellen: *iemand ~ met een verzoek om hulp; iemand ~ voor een baan* **benadering** *de (v)* ❶ het benaderen ▼ *bij ~* ongeveer ❷ manier waarop men iets aanpakt: *deze ~ werkt bij hem niet*

benadrukken de nadruk leggen op: *hij benadrukte dat hij tegen het voorstel was*

benaming *de (v)* hoe men iets noemt, naam

benard *bn* gevaarlijk, lastig: *in een ~e positie verkeren*

benauwd *bn* ❶ waarbij men niet goed kan ademhalen: *ik kreeg het ~ door die hitte* ❷ warm en met te weinig frisse lucht: *een ~ kamertje* ❸ angstig: *we beleefden een paar ~e momenten* **benauwen** ❶ benauwd maken ❷ bang maken

benchmark ⟨bensj-⟩ *het* [-s] kwalitatieve vergelijking van de prestaties van een product of bedrijf: *een ~ voor computers*

bende *de* [-n, -s] ❶ rommelige troep: *het was een ~ in zijn kamer* ❷ groep misdadigers, rovers enz.

beneden I *vz* ❶ lager dan, onder ▼ *dit is ~ mijn waardigheid* hiertoe verlaag ik mij niet ▼ ~ *alle peil*, BN ~ *alles* veel slechter dan men mag verwachten II *bw* ❷ onderaan, op een plaats die lager ligt: *~ aan de piramide bevond zich een tempel* ▼ fig. *iets naar ~ halen* erg bekritiseren en afbreken ❸ op een lagere of de laagste verdieping: *we wonen ~* **benedenbuur** buurman of -vrouw die op een verdieping onder iemand woont **benedendijks** *bw* onder aan de dijk **benedenloop** rivierdeel dat het dichtst bij de monding van de rivier, in een lager gebied, ligt **benedenstad** deel van een stad dat lager ligt **benedenste** *bn* onderste **benedenverdieping** laagste verdieping **benedenwinds** *bw* ❶ aan de andere kant dan de kant waar de wind vandaan komt ❷ ⟨zeilen⟩ aan lijzijde, de kant die van de windrichting afgekeerd is

benedictijn *de (m)* monnik van de orde van Sint-Benedictus

beneficie *de (v)* [-s, -ciën] baan of functie die iemand als gunst heeft gekregen **benefiet** *het* [-en, -s] voorstelling, optreden of sportieve manifestatie ten bate van iets of iemand (ook in samenstellingen): *~concert*

Benelux *de (m)* samenwerkingsverband tussen België, Nederland en Luxemburg

benemen weghalen, afnemen, ontnemen: *iemands uitzicht ~* ▾ *zich het leven ~* zelfmoord plegen

benen I *bn* ❶ van been II *ww* ❷ met grote stappen en snel lopen

benenwagen *scherts.* ▾ *met de ~* te voet, lopend **benenwerk** *het* bewegen van de benen tijdens sportbeoefening

benepen *bn* ❶ klein: *een ~ hotelkamer* ❷ angstig, bang: *ze zei ~ dat het haar schuld was* ❸ kleinburgerlijk, bekrompen: *een ~ mentaliteit*

beneveld *bn* een beetje dronken, aangeschoten

benevens *vz* met, samen met, en nog: *een huis met drie verdiepingen ~ tuin*

Bengaals *bn* van, wat te maken heeft met Bengalen ▾ *~ vuur* vuurwerk met heldere kleuren

bengel *de (m)* [-s] rakker, ondeugend kind

bengelen ❶ luiden (van klokken) ❷ hangen te slingeren: *hij liet zijn voeten in het water ~*

benieuwd *bn* waarbij iemand graag meer wil weten, nieuwsgierig **benieuwen** benieuwd maken ▾ *het zal mij ~* ik ben benieuwd

benig *bn* ❶ waar been in zit ❷ waarbij de beenderen zichtbaar zijn: *een ~ gezicht*

benijden afgunstig zijn, jaloers zijn om iets wat iemand heeft en men zelf niet heeft: *ik benijd haar om haar muzikale talent* **benijdenswaardig**, **benijdenswaard** *bn* wat zo leuk, goed enz. is dat men er iemand om zou benijden

benjamin *de* [-s] jongste kind in het gezin

benodigd *bn* die of wat nodig is voor iets: *de ~e kennis, het ~e geld* **benodigdheid** *de (v)* [-heden] ⟨vooral meervoud⟩ wat men ergens voor nodig heeft: *kampeerbenodigdheden*

benoembaar *bn* beschikbaar om benoemd te worden **benoemen** ❶ aanstellen in een functie: *iemand ~ tot minister* ❷ de naam noemen: *ik kan die vogel niet ~* ❸ naam geven: *een gevoel ~* **benoeming** *de (v)* aanstelling in een functie: *haar ~ tot burgemeester*

benoorden *vz* ten noorden van

benul *het* besef, begrip ▾ *geen ~ hebben van* het totaal niet zien, niet beseffen: *het kind had geen ~ van gevaar*

benutten (op een nuttige manier) gebruiken

B en W Burgemeester en Wethouders

benzedrine *de (v)* stimulerend middel

benzeen *het* kleurloze brandbare vloeistof

benzine *de* vloeistof die wordt gebruikt als brandstof voor motoren **benzineaccijns** belasting op benzine **benzinemotor** motor die op benzine loopt **benzinepomp** *de*, **benzinestation** *het* plaats waar brandstof voor

auto's, motoren e.d. verkrijgbaar is

beo *de (m)* [-'s] tropische vogel met oranje snavel die kan praten (Eulabes religiosa)

beoefenaar *de (m)* [-s, -naren] iemand die iets beoefent, die iets doet: *sport~* **beoefenen** zich bezighouden met, doen: *een sport ~; de schilderkunst ~*

beogen als doel hebben, willen bereiken: *de beoogde verbeteringen*

beoordelen een oordeel uitspreken over, zeggen of men iets goed, slecht e.d. vindt **beoordeling** *de (v)* ❶ het beoordelen ❷ resultaat van beoordelen: *de werknemer kreeg een slechte ~*

beoorlogen oorlog voeren tegen

beoosten *vz* ten oosten van

bep. bepaald

bepaald *bn* ❶ vastgesteld of van tevoren afgesproken ❷ wat men (nog) niet bij naam kan of wil noemen: *met ~e personen kun je beter niet omgaan* ▾ *~ lidwoord* het lidwoord 'de' of 'het' ▾ *niet ~ vriendelijk* helemaal niet vriendelijk **bepaaldelijk** *bw* ❶ in het bijzonder ❷ uitdrukkelijk, stellig **bepaaldheid** *de (v)* vastheid, stelligheid ▾ *lidwoord van ~* het lidwoord 'de' of 'het'

bepakking *de (v)* bagage, last die een mens of dier moet dragen

bepalen ❶ beslissen: *mijn ouders ~ naar welke school ik ga* ❷ (een beslissende) invloed hebben: *het weer bepaalt mede de opkomst bij de verkiezingen* ❸ vaststellen: *~ waar een geluid vandaan komt* ❹ zich beperken tot: *zich tot de hoofdzaken ~* ❺ *taalk.* als bepaling dienen bij: *het bijvoeglijk naamwoord bepaalt het zelfstandig naamwoord* **bepaling** *de (v)* ❶ het bepalen, het vaststellen van iets ❷ voorschrift, regel: *er bestaan ~en die onsportief gedrag verbieden* ❸ *taalk.* zinsdeel dat iets zegt over een ander zinsdeel, dat een ander zinsdeel bepaalt: *een bijvoeglijke ~*

beperken binnen bepaalde grenzen brengen of houden: *het aantal bezoekers ~* ▾ *zich tot iets ~* iets doen en daarbij andere dingen niet doen: *dit museum beperkt zich tot Nederlandse schilders* **beperking** *de (v)* ❶ wat men kan of mag, grenzen die gesteld zijn aan: *binnen de ~en van de wet* ❷ vermindering: *~ van de overheidsuitgaven* ❸ handicap: *mensen met een lichamelijke ~* **beperkt** *bn* ❶ klein: *een ~e ruimte* ❷ minder dan normaal: *~ treinverkeer mogelijk tussen Gouda en Woerden*

beplanten planten of bomen zetten op **beplanting** *de (v)* ❶ het beplanten ❷ wat ergens op geplant is

bepleisteren met een laag bestrijken, vooral met metselspecie: *de voorgevel ~*

bepleiten argumenteren voor iets, proberen anderen ervan te overtuigen: *strengere straffen ~*

bepotelen *inform.* betasten, vaak met seksuele bedoelingen

beppen *inform.* kletsen

bepraten ❶ door praten tot andere gedachten brengen ❷ spreken over, bespreken

beproefd *bn* wat is uitgeprobeerd en waarvan is gebleken dat het goed is: *een ~e methode* **beproeven** ❶ proberen ▾ *zijn geluk ~* iets proberen omdat men misschien een kans heeft ❷ uitproberen, op de proef stellen: *de bevolking van dit land is zwaar beproefd door natuurrampen en oorlogen* ze hebben het daardoor heel moeilijk gehad **beproeving** *de (v)* heel nare ervaring die iemand moet doormaken: *de operatie was een zware* ~

beraad *het* het zich beraden, overleg: *na enig* ~ *wezen zij het voorstel af* **beraadslagen** met elkaar overleggen **beraadslaging** *de (v)* onderling overleg **beraden** *ww* ▼ *zich* ~ nadenken over een te nemen beslissing: *ik wil me eerst* ~ *voor ik de baan aanneem*

beramen (iets slechts) bedenken: *een overval* ~

berber *de (m)* [-s] handgeknoopt wollen vloerkleed uit Noord-Afrika

Berber *de (m)* [-s] lid van een bevolkingsgroep in Noord-Afrika

berberis *de* [-sen] doornige struik met rode bessen

berceau ‹-soo› *de (m)* [-s] tuinpad dat met looftakken is overdekt

berceuse ‹-zə› *de (v)* [-s] ❶ wiegelied, slaapliedje ❷ schommelstoel

berde *het* ▼ *te* ~ *brengen* ter sprake brengen, erover beginnen te praten

bere inform. *voorvoegsel* heel erg, bijzonder: ~*goed*

berechten ❶ in een rechtszaak vaststellen of een verdachte schuldig is en of hij een straf moet krijgen: *de rechter berecht de misdadiger* ❷ BN, spreekt. de laatste sacramenten toedienen

beredderen met inspanning, op een omslachtige manier in orde brengen

bereden *bn* te paard: ~ *politie*

beredeneren door na te denken proberen te begrijpen of duidelijk maken: ~ *dat iets fout zal gaan; een som* ~

beregelen regels opstellen voor

beregenen besproeien met water, vooral van gewassen

beregoed inform. heel goed

bereid *bn* gereed, klaar om iets te doen ▼ *zich* ~ *verklaren* zeggen dat men iets kan en wil doen ▼ ~ *zijn tot iets* iets wel willen doen: ~ *om mee te helpen* **bereiden** klaarmaken: *een maaltijd* ~ ▼ *voor iemand de weg* ~ voorbereidingen treffen om het voor iemands gemakkelijker te maken om iets te doen

bereiding *de (v)* het maken van iets, het bereiden ▼ BN, med. *magistrale* ~ het maken van een geneesmiddel volgens recept **bereidwillig** *bn* hulpvaardig, die graag helpt: ~*e medewerkers*

bereik *het* ❶ afstand die bereikt kan worden: *een ontvanger met een* ~ *van 200 meter* ❷ ‹bij mobiele telefoons en tablets› verbinding met het mobiele netwerk ▼ *buiten* ~ *van kinderen houden* zo opbergen dat jonge kinderen er niet bij kunnen **bereikbaar** *bn* mogelijk om te bereiken **bereiken** ❶ aankomen op een plaats waar men naartoe wilde: *zijn bestemming* ~ ❷ behalen wat men wil, succes boeken: *zijn doel* ~ ❸ in verbinding komen met: *kan ik je telefonisch* ~?

bereisd *bn* die veel gereisd heeft **bereizen** reizen door: *een land* ~

berekend *bn* ▼ ~ *zijn voor* de capaciteiten hebben

voor, in staat zijn tot: *voor een moeilijke taak* ~ *zijn* ▼ ~ *op* ingericht voor, geschikt voor: *ons hotel is* ~ *op 52 gasten*

berekenen ❶ uitrekenen: *een som* ~ ❷ in rekening brengen, laten betalen: *een bedrag* ~ *voor een reparatie* **berekenend** *bn* die gericht is op het voordeel dat hij kan behalen en die zich op die manier gedraagt: *een* ~*e vrouw* **berekening** *de (v)* ❶ het berekenen: *volgens mijn* ~*en kost die verbouwing een ton* ❷ overwegingen die gericht zijn op eigen voordeel: *zij handelt uit* ~

berenburg *de (m)* soort Friese kruidenjenever **berenklauw** ❶ klauw van een beer ❷ schermbloemige plant met bladeren die huidirritatie veroorzaken (Heracleum sphondylium) **berenmuts** muts van berenvel

berg *de (m)* ❶ sterke verhoging van de aarde: *een* ~ *beklimmen* ▼ *als een* ~ *tegen iets opzien* heel erg tegen iets opzien ▼ *zijn haren rezen te* ~*e* hij schrok vreselijk of vond het afschuwelijk ▼ *gouden* ~*en beloven* onwaarschijnlijke rijkdommen voorspiegelen ▼ *de* ~ *heeft een muis gebaard* van de grootse plannen is weinig terechtgekomen ▼ *als Mohammed niet naar de* ~ *komt, dan moet de* ~ *naar Mohammed komen* als iemand in een lagere positie geen toenadering zoekt, moet de ander dat maar doen; als degene die het initiatief moet nemen, het niet doet, moet de ander het maar doen ❷ grote stapel of een grote hoeveelheid: *een* ~ *wasgoed* **bergachtig** *bn* met bergen: *een* ~ *gebied*

bergaf BN, spreekt. *de (m)* [-fen] ❶ dalende helling ❷ afdaling (*met een voertuig*) **bergafwaarts** *bw* ❶ langs de berg naar beneden ❷ steeds minder, steeds slechter: *het gaat* ~ *met zijn gezondheid*

bergamot *de* [-ten] ❶ soort citrusvrucht met de vorm van een peer (Citrus bergamotta) ❷ tuinplant (Monarda didyma)

bergbeklimmer *de (m)* [-s] iemand die bergen beklimt

bergen [borg, h. geborgen] ❶ ruimte hebben voor: *onze kofferbak kan die bagage wel* ~ ❷ opbergen, verstoppen: *berg dat maar op een veilige plaats* ▼ *een schip* ~ naar de oppervlakte brengen en naar een haven slepen als het gezonken is ▼ *berg je!* breng jezelf in veiligheid, maak dat je wegkomt!; fig pas op voor wat er nu gaat gebeuren!

bergengte smalle bergpas **berghut** hut als onderdak voor bergbeklimmers

berging *de (v)* ❶ ruimte om spullen op te bergen, bijv. in een woning: *een etage met een* ~ *op de zolderverdieping* ❷ het bergen, vooral van schepen

bergingsmaatschappij maatschappij die schepen bergt

bergkam denkbeeldige lijn die de hoogste toppen van een bergketen verbindt **bergketen** reeks bergen **bergklassement** klassement van de beste klimmers in een wielerronde **bergkristal** heel helder en doorzichtig kwarts **bergmeubel** meubel om iets in op te bergen **bergop** BN, spreekt. *de (m)* [-pen] ❶ stijgende helling ❷ beklimming (*met een voertuig*)

bergopwaarts *bw* langs een berghelling omhoog **bergpas** *de (m)* smalle doorgang of overgang in een gebergte **bergrivier** rivier die uit een gletsjer komt **bergrug** golvende bovenrand van bergketen **bergsport** het beklimmen van bergen als sport **bergstok** stok met een ijzeren punt, gebruikt als steun bij het lopen door bergachtig gebied

bergwind koele wind die uit de bergen komt **bergziekte** ziekte op grote hoogte door zuurstofgebrek

beriberi *de* tropische ziekte die wordt veroorzaakt door een gebrek aan vitamine B1

bericht *het* het iemand iets laten weten en wat men iemand laat weten: *ik stuur je een ~ als ik aangekomen ben* ▼ *nog nader ~ ontvangen* nog preciezer worden geïnformeerd ▼ *geen ~, goed ~* als we geen nieuws krijgen over iets, nemen we aan dat alles goed gaat **berichten** iemand iets laten weten **berichtgeving** *de (v)* het overbrengen van nieuws: *volgens de ~ in de krant*

berijden ❶ rijden op: *een paard ~* ❷ vulg. geslachtsgemeenschap hebben met

berijmen op rijm zetten

berijpt *bn* met rijp bedekt

beril ⟨-ril⟩ *de (m)* [-len] & *het* [gmv] groene edelsteen

berin *de (v)* [-nen] wijfjesbeer

berispen streng toespreken, een standje geven: *de leraar berispte de leerling die te laat op school kwam*

berk *de (m)* loofboom met witte schors en kleine bladeren die spits toelopen (Betula) **berkenboom** berk

berm *de (m)* grasstrook langs de weg **bermbom** in elkaar geknutseld explosief dat verborgen ligt in de buurt van een weg en dat ontploft als iemand erop trapt of eroverheen rijdt **bermmonument** gedenkteken in de berm op de plaats van een dodelijk verkeersongeval **bermtoerisme** het recreëren, doorbrengen van vrije tijd langs de weg

bermuda *de (m)* [-'s] broek met pijpen tot de knie **beroemd** *bn* overal bekend, vaak omdat iemand heel goed in iets is: *Rembrandt is een ~ schilder* **beroemdheid** *de (v)* [-heden] ❶ het beroemd zijn ❷ iemand die heel beroemd is

beroemen ▼ *zich ~ op* laten blijken dat men trots is op: *zich ~ op zijn adellijke afkomst*

beroep *het* ❶ bezigheid waarmee men zijn geld verdient: *zijn ~ is buschauffeur* ▼ *het oudste ~ (van de wereld)* de prostitutie ▼ *de vrije ~en* beroepen die zelfstandig worden uitgeoefend door mensen met een bepaalde kennis en vooropleiding, zoals advocaten, notarissen, makelaars, vertalers, kunstenaars, huisartsen ❷ verzoek om hulp: *hij deed een ~ op mijn vrienden voor de verhuizing* ▼ *in (hoger) ~ gaan* na een uitspraak van een rechter een zaak voorleggen aan een hogere rechter **beroepen** ❶ met zijn stem bereiken: *ik kon hem niet ~* ❷ aanstellen als predikant ▼ *zich ~ op* als reden noemen waarom het terecht is wat men doet of zegt **beroeps** *bn* die iets als beroep uitoefent, geen amateur: *deze tennisser is ~* **beroepsbevolking** het deel van de bevolking dat werkt of zou kunnen werken

beroepschrift brief waarmee iemand tegen iets in beroep gaat

beroepsdeformatie ⟨-dee-⟩ *de (v)* [-s] psychische of lichamelijke afwijking, veroorzaakt door het langdurig uitoefenen van een beroep

beroepsgeheim iets wat men door zijn werk te weten komt en niet aan anderen mag vertellen: *dokters, advocaten enz. hebben een ~*

beroepsofficier iemand die voor zijn beroep officier is **beroepsopleiding** gespecialiseerde cursus of school die opleidt voor een beroep

beroepsrecht recht om tegen iets in beroep te gaan **beroepsziekte** ziekte die wordt veroorzaakt door het uitoefenen van een bepaald beroep

beroerd inform. *bn* ellendig, akelig: *de toestand van de zieke is ~* ▼ *nooit te ~ om* altijd graag bereid om ▼ *zij is de ~ste niet* er valt met haar wel redelijk te praten; zij wil wel meewerken, helpen **beroeren** ❶ licht aanraken: *haar vingers beroerden de toetsen van de piano* ❷ onrust, opschudding veroorzaken **beroering** *de (v)* onrust, opschudding: *het bericht van haar dood wekte veel ~*

beroerte *de (v)* [-n, -s] bloeduitstorting in de hersenen, hersenbloeding

berokkenen iets onprettigs veroorzaken, bezorgen: *iemand schade ~*

berooid *bn* alles kwijtgeraakt, arm: *hij kwam ~ terug uit Amerika*

berouw *het* spijt over een verkeerde daad **berouwen** ▼ *dat zal je ~!* dan zul je spijt van krijgen! **berouwvol** *bn* met veel berouw

beroven iets van anderen stelen, vaak met geweld: *ze hebben me van mijn camera beroofd; een bank ~* ▼ *zich van het leven ~* zichzelf doden, zelfmoord plegen

berrie *de* [-s] draagbaar

berucht *bn* die slecht bekendstaat, met een slechte naam: *een ~ misdadiger*

berusten ▼ *~ op* iets als basis hebben, gebaseerd zijn op: *wat hij zegt, berust niet op waarheid* ▼ *~ in* zich neerleggen bij iets akeligs, accepteren dat het zo is: *de blinde berustte in zijn lot* ▼ *~ bij* in bewaring zijn bij; in handen zijn van **berusting** *de (v)* het zich neerleggen bij iets akeligs, gelatenheid

bes *de* [-sen] ❶ kleine ronde sappige vrucht ❷ muz. b die met een halve toon verlaagd is

beschaafd *bn* ❶ met een bepaald niveau van geestelijke ontwikkeling: *in ~e landen komen zulke straffen niet meer voor* ▼ *Algemeen Beschaafd Nederlands* vorm van het Nederlands die geldt als norm voor wat goed Nederlands is ❷ met goede manieren: *~ eten met vork en mes*

beschaamd *bn* die zich schaamt: *~ gaf hij toe dat hij niet kon zwemmen*

beschadigen schade toebrengen aan, (een beetje) kapotmaken ▼ *iemand ~* iemand geestelijk (een beetje) kapotmaken; zijn gezag of goede naam aantasten

beschamen ❶ schaamte doen voelen ❷ teleurstellen: *ik werd in mijn verwachtingen beschaamd* ▼ *iemands vertrouwen ~* iemands vertrouwen niet waard blijken te zijn

be

be

beschaven ontwikkelen, opvoeden, beschaafd maken **beschaving** *de (v)* ❶ het hebben van goede manieren, een ontwikkelde geest enz.: *een man van ~* ❷ alles van geestelijke waarde in een maatschappij, zoals kunst, wetenschap, godsdienst: *de ~ van de Grieken en Romeinen*

bescheid *het* bericht, verslag: *u vindt hierbij de volgende ~en* de volgende stukken, documenten ▼ *~ geven* het antwoord laten weten **bescheiden** *bn* ❶ niet veeleisend en niet verwaand of arrogant: *mijn grootvader was een ~ man* ❷ klein, gering: *een ~ portie pasta*

beschermeling *de (m)* iemand die door iemand anders in bescherming wordt genomen of die van iemand anders gunsten geniet **beschermen** ❶ ervoor zorgen dat iemand of iets geen kwaad of schade ondervindt: *iemand tegen gevaren ~; een goede valhelm beschermt het hoofd* ▼ *beschermd pand, beschermd stads- of dorpsgezicht* waaraan niets veranderd mag worden zonder toestemming van Monumentenzorg ▼ *beschermde dier- of plantensoorten* dier- of plantensoorten die in hun bestaan worden bedreigd en waarvoor maatregelen zijn genomen om hun voortbestaan in een gebied te garanderen ❷ bevorderen, bevoordelen: *de schone kunsten, de handel ~* ❸ vooruithelpen door zijn invloed te gebruiken: *deze man wordt door machtige vrienden beschermd* **beschermengel** ❶ r.-k. engel die waakt over bepaalde (groepen) mensen ❷ iemand die iemand anders beschermt **beschermheer** belangrijk, voornaam persoon die een persoon of organisatie steunt **beschermheilige** r.-k. heilige die (een groep) personen beschermt tegen bepaalde gevaren of ziektes **bescherming** *de (v)* het beschermen, iets waardoor men veilig is: *we zochten ~ tegen de regen onder een afdakje* ▼ BN *Civiele Bescherming* federale organisatie om de bevolking in oorlogstijd te beschermen en voor hulp bij rampen in vredestijd **beschermingsfactor** getal dat aangeeft hoeveel bescherming een zonnebrandcrème of -olie biedt

beschermvrouw, beschermvrouwe belangrijke, voorname vrouw die een persoon of organisatie steunt

bescheten spreekt. *bn* ❶ met poep besmeurd ❷ fig. erg slecht, bleek, ziekelijk: *je ziet er ~ uit* ❸ fig. bedonderd, belazerd, in de maling genomen: *zich ~ voelen* ❹ fig. erg verlegen, laf: *~ in een hoekje zitten*

bescheuren inform. ▼ *zich ~* heel hard moeten lachen: *we bescheurden ons om die mop* **bescheurkalender** scheurkalender met grappen

beschieten ❶ schieten op: *een vijandelijk fort ~* ❷ betimmeren met planken

beschikbaar *bn* mogelijk om te gebruiken, in te schakelen: *geld voor iets ~ stellen; is hij ~ voor die functie?* **beschikken** beslissen: *de mens wikt, God beschikt* ▼ schr. *afwijzend ~ op* negatief beslissen over ▼ *over veel geld ~* hebben, te besteden hebben **beschikking** *de (v)* ❶ het beschikken over iets of iemand: *een auto tot zijn ~ hebben* ❷ officiële regeling, beslissing: *een ~ van de rechter*

beschilderen iets ergens op schilderen: *een*

---

lampion ~ met vrolijke figuren

beschimmeld *bn* bedekt met schimmel: *~ brood* **beschimpen** spottend, beledigend praten over, uitschelden

beschoeien een waterkant met hout of steen versterken: *de oever ~* **beschoeiing** *de (v)* ❶ het beschoeien ❷ waarmee beschoeid is: *een ~ van houten palen en schotten*

beschonken *bn* dronken: *een man in ~ toestand* **beschoren** *bn* toebedeeld (door het lot): *er was hem geen lang leven ~*

beschot *het* [-ten] houten afscheiding of bekleding met planken

beschouwen met aandacht bekijken of bestuderen: *een probleem van alle kanten ~* ▼ *~ als* opvatten als, vinden dat iemand of iets zo is: *ik beschouw hem als een eerlijk mens* **beschouwend** *bn* nadenkend, filosoferend **beschouwing** *de (v)* ❶ het aandachtig bekijken, nadenken over ▼ *bij nadere ~* nu we/ik er nog eens nader over nadenk(en): *bij nadere ~ vind ik het toch niet zo'n goed plan* ▼ *iets buiten ~ laten* er geen rekening mee houden, het niet mee laten tellen ❷ praatje, rede over een bepaald onderwerp: *een ~ over de politieke situatie* ▼ *algemene ~en* algemene bespreking in het parlement over begrotingszaken

beschrijf BN, jur. *het* ❶ het opmaken van een verkoopakte ❷ kosten van het opmaken van een verkoopakte

beschrijven ❶ opschrijven of vertellen hoe iemand of iets is of eruitziet: *kunt u de dader ~?* ❷ schrijven op: *een vel papier ~* ❸ een figuur maken, trekken: *hij beschreef een cirkel met zijn vinger in de lucht; een baan om de aarde ~* ❹ een voorstelling van iets geven: *zijn gevoelens ~* ❺ BN een verkoopakte opmaken **beschrijving** *de (v)* ❶ het beschrijven ❷ hoe iets beschreven is

beschroomd *bn* een beetje bang, verlegen **beschuit** *de* knapperig, bros, geel baksel dat men als brood eet ▼ *~ met muisjes* beschuit met hagelslag als traktatie als er een kind geboren is

beschuldigde *de* [-n] ❶ iemand die de schuld krijgt van iets, die is aangeklaagd bij het gerecht, beklaagde ❷ BN verdachte in een zaak die wordt behandeld door een hof van assisen **beschuldigen** zeggen dat iemand iets slechts heeft gedaan, de schuld geven: *iemand van diefstal ~* **beschuldiging** *de (v)* ❶ het beschuldigen ❷ waarvan iemand beschuldigd wordt, aanklacht

beschutten beschermen: *gewassen ~ tegen een koude oostenwind* **beschutting** *de (v)* iets waardoor iemand of iets tegen iets wordt beschermd, bescherming: *we zochten ~ tegen de regen*

besef *het* begrip, het begrijpen dat iets bestaat of wat het inhoudt: *dat kleine kind heeft nog geen ~ van goed en kwaad* **beseffen** begrijpen dat iets bestaat of wat het inhoudt: *besef je wel wat je gedaan hebt?*

beslaan ❶ bedekken, innemen van ruimte: *deze hal beslaat 5000 m² * ❷ (een paard) hoefijzers geven ▼ *goed beslagen ten ijs komen* goed voorbereid zijn ❸ met aanslag, met een soort waas bedekt worden: *beslagen ruiten*

beslag *het* mengsel van meel, water, eieren, gist enz. om te bakken: *~ voor pannenkoeken* ▼ *in ~ nemen* iets van de eigenaar afnemen omdat het gevaarlijk of verboden is of omdat de eigenaar nog geld moet betalen ▼ *zijn ~ krijgen* definitief geregeld worden

beslagen *bn* BN ook onderlegd: *~ zijn in een vak* ▼ *goed ~ ten ijs komen* goed voorbereid zijn

beslaglegging *de (v)*, **beslagname** *de* het in beslag nemen als rechtsmaatregel

beslapen ❶ slapen op: *het bed was die nacht niet ~* ❷ seks, geslachtsgemeenschap hebben met

beslechten (een ruzie) bijleggen, beslissen

beslissen ❶ een besluit nemen, een keuze maken over wat men wil: *heb je al beslist wat je gaat studeren?* ❷ de uitslag bepalen: *dat doelpunt besliste de wedstrijd* **beslissing** *de (v)* ❶ het beslissen, het kiezen wat men wil: *de ~ is aan jou* ❷ wat men beslist, keuze van wat men wil: *een ~ nemen* **beslissingswedstrijd** wedstrijd om de eindoverwinning **beslist** *bn* ❶ vastbesloten, vastberaden: *ze was heel ~ in haar optreden* ❷ absoluut, heel zeker, in ieder geval: *hij wilde naar Italië met vakantie*

beslommering *de (v)* iets waarvoor men moet zorgen of waaraan men moet denken: *de dagelijkse ~en*

besloten *bn* afgesloten, waar vreemden niet mogen komen: *een ~ terrein* ▼ *~ vergadering* alleen voor leden en genodigden **beslotenheid** *de (v)* het afgesloten zijn, afzondering

besluipen sluipend naderen: *de tijger besluipt zijn prooi*

besluit *het* ❶ einde: *de film had een onverwacht ~* ❷ conclusie, beslissing: *ik zijn nog niet tot een ~ gekomen* ❸ beslissing, maatregel: *een ~ van de regering* **besluiteloos** *bn* niet goed in staat om te besluiten, waarbij iemand niet weet wat hij wil of moet doen **besluiten** ❶ een beslissing nemen, kiezen wat men wil: *hij besloot te verhuizen* ❷ beëindigen: *de avond ~ met een lied* **besluitvaardig** *bn* in staat om snel een besluit te nemen **besluitvorming** *de (v)* het komen tot een beslissing, het nemen van een besluit: *een trage/snelle ~*

besmeren smeren op: *een boterham ~ met boter*

besmet *bn* ❶ de smetstof, ziekmakende stoffen met zich draagt: *zij is ~ met tbc*; comp. *mijn computer is ~ met een virus* ❷ fig. niet zuiver volgens voorschriften of afspraken ▼ *~ werk* werk dat wordt verricht voor een onderneming waarvan de werknemers staken **besmettelijk** *bn* (van een ziekte) die (gemakkelijk) van de een op de ander kan overgaan: *griep is heel ~* ▼ *wit is een ~e kleur* wit is een kleur waar men snel vuil op ziet **besmetten** een ziekte overbrengen op: *iemand met verkoudheid ~* **besmettingshaard** plaats van waaruit een ziekte verspreid wordt

besmeuren vuilmaken: *besmeurd met modder*

besmuikt *bn* zo dat een ander het niet ziet, stiekem: *~ lachen*

besneeuwd *bn* met sneeuw bedekt: *~e bergtoppen*

besnijden *ww* de voorhuid van de penis verwijderen bij jongens of de clitoris of de kleine schaamlippen wegsnijden bij meisjes: *joden en moslims laten jongens ~*

besnijdenis *de (v)* [-sen] het besnijden

besnoeien ▼ *op iets ~* iets verminderen: *~ op de uitgaven*

besnuffelen snuffelen aan

besodemieterd inform. *bn* gek: *ben je nou helemaal ~?* **besodemieteren** inform. bedriegen: *die handelaar heeft me besodemieterd*

besogne (bəzonja) *de & het* [-s] waar iemand zich mee bezighoudt, waar iemand aan moet denken en voor moet zorgen

bespannen ❶ spannen over: *een gitaar met snaren ~* ❷ trekdieren spannen voor: *een wagen met paarden ~*

besparen (door zuinigheid) minder uitgeven: *geld ~ door een goedkopere woning* ▼ *iemand iets ~* ervoor zorgen dat iemand iets akeligs niet mee hoeft te maken

bespelen spelen op: *een gitaar ~* ▼ *het publiek ~* het publiek laten reageren zoals men wil

bespeuren merken, waarnemen: *ik bespeurde twijfel in zijn stem*

bespieden stiekem kijken, gluren naar: *de buren ~*

bespiegelend *bn* beschouwend, nadenkend over, filosoferend

bespioneren stiekem dingen te weten proberen te komen over anderen, bespieden

bespoedigen maken dat iets vlugger gaat: *de voorbereidingen voor een reis ~*

bespottelijk *bn* belachelijk, wat men niet serieus kan nemen: *wat een ~ hoedje!* **bespotten** belachelijk maken

bespreekbaar *bn* mogelijk om erover te praten: *mijn broer is homoseksueel, maar dat is bij ons thuis niet ~* bij ons thuis vinden ze het vreselijk en ze willen er niet over praten;: *het salaris dat je gaat verdienen is ~* het is mogelijk om erover te onderhandelen **bespreken** ❶ spreken over ▼ *een boek ~* een beoordeling ervan geven ❷ reserveren: *plaatsen in de bioscoop ~* **bespreking** *de (v)* ❶ het spreken over, onderhandeling: *~en over vrede* ❷ het bespreken, het beoordelen: *de ~ van een boek*

besprenkelen vloeistof druppelen op: *een kind met water ~ bij de doop*

bespringen ❶ springen op, aanvallen ❷ springen op om seks, geslachtsgemeenschap te hebben met: *de stier bespringt de koe*

besproeien ❶ begieten met water: *planten ~* ❷ water toevoeren, irrigeren: *een akker ~* ❸ (gewassen) begieten, bespuiten met bestrijdingsmiddelen

bespuiten ❶ spuiten op (planten) ❷ (planten) door spuiten met een middel tegen ziektes of insecten behandelen

best I *bn* beter dan wat of wie ook, heel goed: *dat kan ik ~!* dat kan ik heus wel! ▼ *~ Jan, Susan enz.* aanhef van een brief aan vrienden, familie e.d. ▼ *het ~e!* groet bij het afscheid van vrienden, familie e.d. II *het* ▼ *op zijn ~* hooguit, als alles meezit ▼ *zijn ~ doen* iets doen zo goed als men kan ▼ *ten ~e geven* voordragen, uitvoeren

bestaan I *ww* [bestond, h. bestaan] ❶ leven, zijn: *spoken ~ niet; zijn vrijetijdsbesteding bestaat uit*

be

be

lezen ❷ mogelijk zijn: *hoe bestaat het?; het bestaat niet dat jullie van Ajax winnen!* ▼ *~ uit of in* gevormd worden door **II** *het* ❸ het zijn: *een fatsoenlijk ~ leiden* ▼ *middelen van ~* inkomsten waarvan iemand leeft **bestaanbaar** *bn* mogelijk dat iets bestaat of gebeurt **bestaansminimum** inkomen dat op zijn minst nodig is voor levensonderhoud **bestaansrecht** recht van iemand of iets om te bestaan, reden waarom iets er zou moeten zijn: *sommige vinden dat bedrijven die niet genoeg verdienen, geen ~ hebben* **bestaanszekerheid** zekerheid dat iemand een inkomen of voorzieningen heeft om van te leven

bestand I *het* ❶ aantal dat of hoeveelheid die ergens aanwezig is: *boeken~, personeels~* ❷ comp. verzameling gegevens die door de computer verwerkt kan worden ❸ tijdelijke staking van de oorlogshandelingen, wapenstilstand **II** *bn* ▼ *~ zijn tegen* geen schade ondervinden van, er goed tegen kunnen: *deze schaal is ~ tegen grote hitte* **bestanddeel** een van de delen waaruit iets bestaat, stof die in iets zit **bestandsbeheer** het rangschikken en bijhouden van (computer)bestanden

bestandslijn scheidingslijn die wordt vastgelegd bij een wapenstilstand

bestandsorganisatie comp. het ordenen van gegevens en bestanden en de manier waarop dit wordt gedaan

besteden ❶ geven: *aandacht ~ aan* ❷ uitgeven, gebruiken, doorbrengen: *geld ~; tijd ~* ▼ *het is goed aan hem besteed* hij is het waard, hij gebruikt het op een goede manier

besteding *de (v)* ❶ het besteden: *vrijetijds~* ❷ geld dat men uitgeeft: *de ~en van toeristen in ons land* **bestedingspatroon** manier waarop mensen geld besteden, waaraan ze het besteden

bestek *het* [-ken] ❶ voorwerpen waarmee men eet, zoals messen, vorken en lepels ❷ nauwkeurige omschrijving van hoe een bouwwerk uitgevoerd zal worden, hoeveel het zal kosten e.d. ❸ BN ook prijsopgave ❹ plaatsbepaling op zee ▼ *in kort ~* beknopt, in het kort

bestel *het* ❶ bestuur, regeling: *Gods ~* ❷ inrichting, organisatie: *het onderwijs~*

bestelauto bestelwagen **besteldienst** bedrijf dat goederen bezorgt

bestelen stelen van: *hij heeft mij bestolen*

bestelhuis zaak waar men goederen van andere firma's kan bestellen **bestellen** opdracht geven om iets te komen brengen, thuis te bezorgen of ervoor te zorgen: *we bestelden iets te drinken bij de ober; ik heb via internet een boek besteld; ik heb kaartjes besteld voor de wedstrijd* ▼ *de post ~* de post rondbrengen **besteller** *de (m)* [-s] man die thuisbezorgt, vooral een postbode **bestelling** *de (v)* ❶ het bestellen ❷ dat wat besteld is: *de ~en worden bezorgd* ❸ bezorging van post **bestelwagen** auto met achterin een laadruimte voor het vervoeren van spullen

bestemd *bn* met de bedoeling dat een bepaald persoon het krijgt of dat het voor een bepaald doel gebruikt wordt: *deze brief is voor jou ~* deze brief is aan jou geschreven: *dit geld is ~ voor de verbouwing van de badkamer* ▼ *zij zijn voor elkaar ~* ze passen zo goed bij elkaar dat ze wel een paar moeten vormen **bestemmeling BN**, ook *de (m)* geadresseerde, persoon voor wie iets bestemd is **bestemmen** ▼ *~ voor, tot* bedoelen voor, richten aan: *deze brief is voor jou bestemd* ▼ *ze zijn voor elkaar ~* ze passen zo goed bij elkaar dat ze wel een paar moeten vormen **bestemming** *de (v)* ❶ plaats waar een reis naartoe gaat: *het vliegtuig had New York als ~* ❷ bedoeling, doel, wat ergens mee gedaan gaat worden, waar iets naartoe gaat: *we hebben een ~ voor ons oude bankstel: onze buren willen het wel; wat is de ~ van deze stukken grond?; wat is onze ~ in het leven?* **bestemmingsplan** plan van een gemeente dat juridisch bindend is, over hoe een gebied in de toekomst ingericht wordt **bestemmingsverkeer** verkeer naar een adres in de directe omgeving: *deze weg is alleen open voor ~*

bestempelen de naam geven, noemen, zeggen dat iemand zo is: *iemand als verrader ~*

bestendig *bn* ❶ duurzaam, wat niet verandert: *~ weer* ❷ (als laatste deel van een samenstelling) bestand tegen: *hitte~, stress~* **bestendigen** laten voortduren

bestens *bw* (in de effectenhandel) tegen een zo gunstig mogelijke prijs

besterven ⟨van woorden⟩ blijven steken: *de woorden bestierven op zijn lippen* ▼ *dat ligt hem in de mond bestorven* dat zegt hij heel vaak ▼ *hij bestierf het van het lachen* hij moest heel erg lachen

bestiaal *bn* beestachtig **bestialiteit** *de (v)* ❶ iets als van een dier ❷ iets heel slechts, wreeds **bestiarium** *het* [-s, -ria] boek over dieren

bestieren besturen, regelen: *God bestiert alles; zij bestiert het huishouden*

bestijgen [besteeg, h. bestegen] beklimmen, stijgen op: *een paard ~* ▼ *de troon ~* officieel koning(in), keizer(in) e.d. worden

bestoken beschieten, aanvallen: *het leger werd bestookt door de rebellen* ▼ *iemand ~ met vragen* heel veel vragen aan hem stellen

bestormen snel en krachtig aanvallen: *een vijandelijk fort ~; tijdens de uitverkoop werd de winkel bestormd* de mensen gingen massaal naar de winkel

best practice ⟨- prɛktɪs⟩ *de* [-s] techniek, methode e.d. die beter is voor het behalen van een bepaald resultaat dan alle andere

bestraffen straf geven: *een luie leerling ~*

bestralen blootstellen aan radioactieve stralen als geneeswijze: *een kankerpatiënt ~*

bestraten begaanbaar maken door stenen o.i.d. te leggen **bestrating** *de (v)* ❶ het bestraten ❷ stenen o.i.d. waarmee bestraat is

bestrijden strijden tegen: *misbruik van verdovende middelen ~; ik bestrijd wat je zegt* het klopt niet **bestrijdingsmiddel** middel tegen ziekten van planten, ongedierte of onkruid

bestrijken ❶ strijken op: *behang met plaksel ~* ❷ betrekking hebben op, gaan over: *het boek bestrijkt alle onderdelen van het vak*

bestseller *de (m)* [-s] boek dat heel goed verkocht wordt

bestudeerd *bn* ⟨van een houding⟩ opzettelijk aangenomen, waar iemand over heeft nagedacht: *hij keek ~ verveeld* **bestuderen** onderzoeken, een studie maken van, aandachtig bekijken: *de bioloog bestudeert het gedrag van kikkervisjes*

bestuiven met stof, poeder, stuifmeel e.d. bedekken

besturen ❶ ervoor zorgen dat een voertuig, zoals een boot of vliegtuig, de goede kant op gaat **❷** leiden, leidinggeven aan: *het land ~*

besturingssysteem *comp.* programma of programma's, nodig als basis om andere programma's uit te voeren

bestuur *het* [-sturen] **❶** het leidinggeven aan een land, bedrijf enz. **❷** groep mensen die leiding aan iets geeft: *het ~ van de vereniging komt morgen bijeen* **bestuurder** *de (m)* [-s] **❶** iemand die een voertuig bestuurt **❷** leider of een van de leiders van een organisatie of bedrijf: BN ook *gedelegeerd ~* afgevaardigd bestuurder, directeur belast met dagelijks bestuur van een bedrijf **bestuurlijk** *bn* wat te maken heeft met het besturen, het leidinggeven of het bestuur **bestuursapparaat** geheel van personen en instanties die iets leiden, besturen **bestuurskunde** wetenschap die zich bezighoudt met de inhoud van collectieve beslissingen en de manier waarop deze in een samenleving tot stand komen **bestuursrecht** deel van het recht dat gaat over de bevoegdheden, rechten en plichten van overheidsinstellingen, administratief recht **bestuurssecretaris** BN hoofdambtenaar bij een overheidsdienst

bestwil *de (m)* ▼ *om iemands ~* in zijn belang ▼ *voor je eigen ~* omdat het nodig, beter is voor jou ▼ *een leugentje om ~* leugen die iemand vertelt om iets wat erger is, te voorkomen.

bet. betekenis

bèta I *de* **❶** tweede letter van het Griekse alfabet **II** *de* [-'s] **❷** iemand die wiskunde of natuurwetenschappen studeert **❸** leerling van een bèta-afdeling van een school **bèta-afdeling ❶** de studierichtingen wiskunde en natuurwetenschappen **❷** afdeling van een opleiding met een uitgebreid studieprogramma in deze vakken

betaalautomaat automaat voor het betalen zonder contant geld maar met een pas van een bank of giro

betaalbaar *bn* voor een prijs die iemand kan betalen, die mogelijk is om te betalen: *zo'n boot is voor ons niet ~* **betaalbaarstelling** *de (v)* bepaling van de dag waarop iets, bijv. dividend, betaald wordt

betaalmiddel iets waarmee men kan betalen, zoals geld **betaalpas** plastic kaartje met elektronische informatie waarmee iemand kan betalen als hij een pincode intikt **betaal-tv** televisiesysteem waarbij men tegen betaling bepaalde programma's kan ontvangen

bètablokker *de (m)* [-s] geneesmiddel bij hartritmestoornissen of hoge bloeddruk

betalen ❶ geld geven voor iets dat men koopt, een dienst die verricht wordt e.d. ▼ *betaald voetbal* voetbal voor beroepsspelers **❷** *fig.*

vergoeden, boeten voor ▼ *iemand iets betaald zetten* iets slechts, akeligs wat iemand heeft gedaan, bestraffen, wreken **betaling** *de (v)* het betalen **betalingsbalans** het totaal van de internationale betalingen en ontvangsten van een land of het totaal van de geldwaarde van de transacties gedurende een jaar **betalingstermijn ❶** termijn waarbinnen betaald moet worden **❷** bedrag dat binnen een termijn betaald moet worden **betalingsverkeer** geheel van verplaatsingen van geld door betalingen en stortingen

betamelijk *bn* netjes, zoals het hoort **betamen** netjes zijn ▼ *zoals het betaamt* zoals het hoort

betasten bevoelen, met de vingers voelen: *een vrouw onzedelijk ~*

bètawetenschappen *de (mv)* de wis- en natuurkundige wetenschappen

bête *bn* onnozel, dom: *met een ~ uitdrukking op zijn gezicht*

betegelen met tegels bedekken: *de badkamerwand ~*

betekenen ❶ als betekenis hebben, als inhoud hebben: *wat betekent dit woord?* **❷** als gevolg hebben, inhouden: *die lekke band betekent een flink oponthoud* **❸** waard zijn, belangrijk zijn: *muziek betekent veel voor haar* **betekenis** *de (v)* [-sen] **❶** dat wat iets inhoudt: *de ~ van een zin* **❷** waarde, belang: *een gebeurtenis van grote ~*

beter *bn* **❶** vergrotende trap van *goed*: *mijn rapport is ~ dan dat van jou* ▼ *bij gebrek aan ~* het is niet erg goed maar er is niets beters **❷** vrij goed of gunstig: *koffie van een ~e kwaliteit* **❸** weer gezond na een ziekte, genezen: *helemaal ~ na de griep* ▼ *aan de ~e hand* aan het genezen

beteren met teer bestrijken

beteren ❶ beter worden **❷** beter maken ▼ *zijn leven ~* zich beter gaan gedragen

beterhand *de* ▼ *aan de ~* aan het genezen

beterschap *de (v)* het beter worden ▼ *ik wens je ~!* ik hoop dat je gauw weer geneest ▼ *~ beloven* beloven dat men zich beter zal gedragen

beteugelen onder controle houden, bedwingen, maken dat het minder wordt: *de politie kon het geweld van de hooligans niet ~ en er ontstonden rellen*

beteuterd *bn* een beetje teleurgesteld, verlegen, geschrokken: *ze keek ~ naar het kapotte kopje*

betichten beschuldigen: *hij betichtte haar van diefstal*

betijen ▼ *laten ~* laten begaan: *als je hem even laat ~ is zijn woede zo over*

betimmeren hout e.d. timmeren op

betitelen ❶ noemen met de titel of naam van: *een minister met 'excellentie' ~* **❷** noemen, zeggen over: *zij betitelde zijn handelwijze als corruptie*

betoeterd *bn* gek, niet goed wijs: *ben je ~!*

betogen ❶ een mening verkondigen en argumenten geven: *hij betoogde dat vrouwen hetzelfde kunnen als mannen* **❷** een betoging houden: *de demonstranten betoogden tegen de bombardementen* **betoging** *de (v)* optocht om te demonstreren voor of tegen iets: *een ~ houden tegen een oorlog*

beton *het* hard bouwmateriaal dat onder andere

bestaat uit zand, grind en cement ▼ *gewapend ~* beton dat versterkt is met metaaldraad

betonen doen blijken: *iemand respect ~*

betonijzer ijzer om stukken beton sterker te maken **betonmolen** machine voor het maken van beton

betonnen I *ww* ❶ met tonnen de vaargeul aangeven **II** *bn* ❷ van beton

betonning *de (v)* ❶ het betonnen van een vaargeul ❷ waarmee betond wordt

betonrot *het* roest in de ijzeren bewapening van beton **betonvoetbal** hard defensief type voetbal

betoog *het* [-togen] redevoering, redenering waarmee men iets wil bewijzen ▼ *het behoeft geen ~ dat ...* het spreekt vanzelf dat ...

betoon *het* het laten blijken van iets, uiting: *een ~ van vriendschap, van medeleven*

betoudovergrootmoeder grootmoeder van overgrootmoeder of overgrootvader **betoudovergrootvader** grootvader van overgrootmoeder of overgrootvader

betoveren ❶ door toverij in een bepaalde toestand brengen ❷ *fig.* een heel sterke indruk op iemand maken: *ik was betoverd door haar*

betovergrootmoeder moeder van overgrootmoeder of van overgrootvader **betovergrootvader** vader van overgrootmoeder of van overgrootvader

betraand *bn* met tranen: *~e wangen, ogen*

betrachten doen, vervullen: *zijn plicht ~*

betrappen zien dat iemand iets doet wat niet mag: *de politie betrapte de inbrekers* ▼ *op heterdaad ~* betrappen op het moment van het misdrijf zelf

betreden treden, stappen op of in: *de koningin betreedt het bordes*

betreffen gaan over, te maken hebben met, betrekking hebben op: *de ~de atleet werd geschorst* de atleet over wie het gaat ▼ *wat mij betreft, gaan we meteen weg* als de beslissing aan mij zou zijn **betreffende** *vz* over, wat te maken heeft met: *mededelingen ~ de examens* die over de examens gaan

betrekkelijk *bn* ❶ tamelijk, nogal, vooral als men het vergelijkt met andere dingen of mensen: *ik vond die jas ~ duur* ❷ niet absoluut, afhankelijk van hoe men ernaar kijkt: *schoonheid is maar ~* ▼ *~ voornaamwoord* voornaamwoord in een bijzin dat verwijst naar een ander woord, bijv. 'dat' in 'het huis dat daar staat'

betrekken [betrok, h. / is betrokken] ❶ iemand mengen in een zaak of gesprek, mee laten doen: *iemand in zijn plannen ~* ▼ *iets op zichzelf ~* met zichzelf in verband brengen: *dat hij kwaad is, heeft niks met jou te maken, dat moet je niet op jezelf ~* ❷ gaan wonen in: *een nieuw huis ~* ❸ ⟨van koopwaar⟩ ergens vandaan halen: *nieuwe voorraden ~* ❹ met wolken overdekt worden, bewolkt worden: *de lucht betrekt* ▼ *zijn gezicht betrok* werd somber

betrekking *de (v)* ❶ verhouding, verband ▼ *met ~ tot* wat dat betreft, daarover: *met ~ tot dat voorstel wil ik iets opmerken* ❷ baan: *een ~ bij de overheid* ❸ goede ~*en* onderhouden een goed contact met elkaar hebben: *Nederland en België onderhouden goede ~en*

betreuren ❶ treuren over: *er waren veel slachtoffers te ~* ❷ jammer vinden: *wij ~ het dat u vertrekt* **betreurenswaardig** *bn* wat men kan betreuren, erg jammer: *een ~ misverstand*

betrokken *bn* ❶ bewolkt: *de lucht is ~* ❷ *fig* droevig, treurig (van een gezicht): *met een ~ gezicht vertelde hij het vreselijke nieuws* ❸ die zich gevoelsmatig erg verbonden voelt: *deze arts is erg ~ bij zijn patiënten* ❹ om wie of waarom het gaat, betreffend: *de ~ leraar is meteen ontslagen* ▼ *ergens bij ~ zijn, raken* eraan meedoen of ermee te maken hebben: *de jongen raakte ~ bij een vechtpartij* **betrokkene** *de* [-n] de persoon om wie het gaat

betrouwbaar *bn* die men kan vertrouwen, eerlijk: *een betrouwbare getuige* **betrouwen** plecht. vertrouwen

betten met vochtige watten of een vochtig doekje natmaken: *een wond ~*

betuigen uitspreken, zeggen, doen blijken: *spijt ~ over iets*

betuttelen op iemand blijven passen alsof diegene niet voor zichzelf kan zorgen: *je moet je kinderen niet zo ~*

betweter *de (m)* [-s] iemand die alles beter meent te weten

betwijfelen twijfelen aan: *ik betwijfel of het waar is wat hij zegt*

betwisten het oneens zijn over het recht op iets of over de juistheid van iets: *de partij betwistte de verkiezingsuitslagen*

beu *bn* ▼ *iets ~ zijn* meer dan genoeg van iets hebben

beugel *de (m)* [-s] ❶ gebogen voorwerp, bijv. om iets in te klemmen of in de juiste stand te brengen: *een ~ voor een gebit* ❷ stijgbeugel voor een paard ❸ stroomafnemer op een trein of tram ▼ *dat kan niet door de ~* dat is niet zoals het hoort **beugel-bh** bh met beugels onder de cups

beuk *de (m)* ❶ beukenboom ❷ harde klap, stoot **beuken I** *ww* ❶ bonzen, hard slaan op: *op de muur ~* **II** *bn* ❷ van beukenhout **beukenboom** loofboom van het geslacht Fagus met gladde stam en eetbare nootjes **beukennootje** *het* [-s] vrucht, nootje van een beukenboom

beul *de (m)* ❶ degene die de doodstraf of andere lichamelijke straffen uitvoert ❷ wreed persoon **beulen** heel hard werken

beuling *de (m)* soort worst

beun *de* bak of mand om gevangen vis levend in te bewaren

beunen beunhazen **beunhaas** *de (m)* [-hazen] iemand die een vak uitoefent zonder daarvoor geleerd te hebben en die er weinig van kan: *zijn auto door een ~ laten repareren* **beunhazen** werken als een beunhaas, niet-vakkundig werken

beuren (geld) ontvangen, verdienen: *geld van iemand ~*

beurs I *de* [beurzen] ❶ voorwerp met een sluiting waarin men geld bewaart ❷ geld dat iemand van de overheid, een organisatie e.d. krijgt om te studeren, studiebeurs ❸ het samenkomen om te handelen in onder andere aandelen, effecten, graan en het gebouw waarin dit gebeurt ❹ soort (grote) tentoonstelling waar bedrijven en organisaties op een bepaald gebied hun producten presenteren: *we gaan naar de vakantie~* II *bn* ❺ ⟨van fruit⟩ een beetje verrot doordat het te rijp is of beschadigd ❻ ⟨van huid van een mens of dier⟩ zacht en verkleurd, bijv. doordat die persoon of dat dier is geslagen: *zij was mishandeld en had overal ~e plekken*

beursbarometer indexcijfers van de dagelijkse koersgemiddelden op een effectenbeurs

beursgang aanvraag door een onderneming om op de effectenbeurs genoteerd te worden

beursindex koersgemiddelde van de beursnoteringen op een bepaalde tijd

beursklimaat stemming op de beurs

beursnotering *de (v)* opgave van de prijzen op de beurs

beursstudent iemand die met een studiebeurs studeert

beurswaarde werkelijke waarde van effecten die blijkt bij verhandeling op de beurs

beurt *de* keer dat iemand iets moet doen of dat er iets met hem wordt gedaan, terwijl anderen voor of na hem komen ▾ *aan de ~ zijn* degene zijn die op dat moment iets moet doen of ondergaan: *aan de ~ bij de tandarts* ▾ *om de ~ de* een na de ander: *we mochten om de ~ kijken* ▾ *mij is de eer te ~ gevallen om ... ik heb de eer gekregen dat ik dat mag doen* ▾ *een goede ~ bij iemand maken* een goede indruk wekken ▾ *de keuken een goede ~ geven* flink schoonmaken ▾ *een ~ krijgen* in de les moeten antwoorden op vragen van de leraar; *vulg.* seks met iemand ondergaan

beurtbalkje *het* [-s] balkje tussen boodschappen van verschillende klanten bij de kassa van een supermarkt

beurtelings *bn* om de beurt: *we werden ~ overhoord*

beurtrol BN toerbeurt ▾ *volgens ~* om de beurt

beurtschipper schipper die op vaste dagen tussen twee of meer plaatsen vaart

beurtsysteem BN werkregeling volgens een vaste volgorde ▾ *volgens een ~ werken* in ploegen werken

beuzelen ❶ zich bezighouden met onbelangrijke dingen ❷ onzin praten, kletspraat vertellen: *wat loop je nou te ~!*

bevaarbaar *bn* mogelijk om te bevaren: *deze rivier is niet ~*

bevak BN *de (v)* beleggingsvennootschap met vast kapitaal

bevallen [beviel, h. / is bevallen] ❶ in de smaak vallen, goed of prettig vinden: *dat baantje beviel me wel* ❷ een kind geboren laten worden uit het lichaam, baren: *ze is ~ van een dochter*

bevallig *bn* aangenaam en lief om te zien, sierlijk en elegant: *een ~ meisje; ze maakte een ~e buiging*

bevangen I *ww* ❶ onder de invloed brengen, overmeesteren ▾ *~ worden door de hitte of de kou* zich plotseling naar voelen door de hitte of de kou II *bn* ❷ verlegen, geremd

bevaren I *ww* ❶ varen op: *de Donau ~* II *bn* ❷ die veel gevaren heeft

bevattelijk *bn* ❶ die gemakkelijk begrijpt, vlot van begrip: *een ~ kind* ❷ gemakkelijk te begrijpen: *een ~ betoog* **bevatten** ❶ inhouden:

het pakket bevatte veel verrassingen ❷ begrijpen: *ik kan niet ~ dat hij zoiets kon doen*

bevattingsvermogen het in staat zijn om te begrijpen, verstand: *die gruweldaad gaat mijn ~ te boven*

bevechten ❶ vechten tegen, bestrijden ❷ door vechten verkrijgen: *de overwinning was zwaar bevochten*

beveiligen maatregelen nemen om ervoor te zorgen dat er niets ergs kan gebeuren: *is dit hotel voldoende tegen brand beveiligd?*

beveiligingscamera bewakingscamera

bevek BN *de (v)* [-s] type beleggingsfonds

bevel *het* [bevelen] ❶ iets wat gezegd wordt en wat iemand moet doen, opdracht die iemand moet uitvoeren: *de soldaten kregen het ~ om te schieten* ❷ gezag, hoogste leiding: *onder ~ staan van bevelen* [beval, h. bevolen] zeggen dat iemand iets moet doen: *de politie beval hem te blijven staan* **bevelhebber** *de (m)* [-s] aanvoerder, leider van een leger **bevelschrift** schriftelijk stuk waarin iets bevolen wordt **bevelvoerder** *de (m)* [-s] bevelhebber

beven korte snelle schuddende bewegingen met zijn lichaam maken als iemand het koud heeft of bang is, trillen: *hij beefde van de kou*

bever I *de (m)* [-s] ❶ geslacht grote knaagdieren ⟨Castor⟩ die onder andere dammen bouwen II *het* ❷ bont van bevers

beverig *bn* een beetje bevend, niet vast in zijn bewegingen

bevestigen ❶ vastmaken: *een knoop aan een jas ~* ❷ zeggen dat iets juist is, dat iets inderdaad zo is: *de getuige bevestigde de verklaring van het slachtoffer* ❸ officieel in een functie aannemen, lid maken: *de burgemeester werd bevestigd in zijn ambt* **bevestiging** *de (v)* ❶ het bevestigen, bericht dat iets inderdaad zo is, doorgaat, is aangekomen enz. ▾ *hij zoekt ~* heeft er behoefte aan dat andere mensen zeggen dat hij goed is, gelijk heeft e.d. ❷ het bevestigen, het officieel aannemen in een functie

bevind *het* ▾ *naar ~ van zaken* op basis van de situatie zoals die op dat moment is

bevindelijk *prot. bn* wat is ontstaan door godsdienstige ervaring, die vertrouwt op godsdienstige ervaring

bevinden na onderzoek tot een besluit of een mening komen: *iets niet correct ~* ▾ *zich ~* op een plaats of in een bepaalde toestand zijn: *zich te Luik ~* **bevinding** *de (v)* resultaat van wat men heeft ontdekt: *zijn ~en bekendmaken*

beving *de (v)* ❶ het beven ❷ aardbeving

bevingeren ❶ met de vingers betasten ❷ vlekken maken op iets door het met de vingers aan te raken

bevlekken vlekken maken op, vies maken, ook figuurlijk: *iemands reputatie ~*

bevliegen vliegend afleggen: *de afstand naar New York ~* **bevlieging** *de (v)* idee dat plotseling bij iemand opkomt en vaak kort duurt, opwelling: *dat idee om bokser te worden was een ~ van hem, hij wil nu alweer iets heel anders*

bevloeien water in grond laten lopen zodat de gewassen niet uitdrogen

bevloeren van een vloer voorzien

be

bevlogen *bn* ▼ ~ *door* enthousiast over, in de ban van ▼ *een* ~ *docent* heel enthousiast, met veel liefde voor zijn vak

bevochtigen natmaken

bevoegd *bn* met de juiste diploma's, vergunningen of met toestemming om iets te doen: *alleen* ~*e personen mogen hier komen; een* ~ *docent*

bevoelen voelen aan

bevolken met een (groot) aantal mensen wonen of komen wonen in: *een nieuw aangelegde polder* ~ **bevolking** *de (v)* alle personen die in een bepaald gebied wonen ▼ BN ook *de actieve* ~ beroepsbevolking **bevolkingsdichtheid** aantal inwoners per vierkante kilometer **bevolkingsexplosie** erg grote en snelle groei van de bevolking **bevolkingsoverschot** het aantal mensen dat er meer wordt geboren dan het aantal mensen dat sterft **bevolkingspiramide** grafische, piramidevormige weergave van de samenstelling van een bevolking naar leeftijd en geslacht **bevolkingsregister** bureau waar men de gegevens over de inwoners van een gemeente bijhoudt, zoals geboortedatum en adres **bevolkt** *bn* bewoond door mensen

bevoogden behandelen alsof iemand niet voor zichzelf kan zorgen en beslissen

bevoordelen op een oneerlijke manier voordeel bezorgen, voortrekken: *de scheidsrechter bevoordeelde onze tegenstander*

bevooroordeeld *bn* met van tevoren al een bepaald oordeel over iemand of iets: *hij is* ~ *tegenover vrouwen*

bevoorraden voorraden brengen naar: *een schip* ~ *met voedsel* **bevoorrecht** *bn* met bijzondere gunsten, voorrechten, in een positie die beter is dan die van anderen **bevoorrechten** bijzondere gunsten geven: *de koning bevoorrechtte de schilder*

bevoorschotting *de (v)* het geven van een voorschot

bevorderen ❶ in een hogere rang of klasse plaatsen, promoveren: *iemand* ~ *tot majoor* ▼ *een leerling* ~ laten overgaan naar een hogere klas ❷ goed zijn voor: *roken bevordert de gezondheid niet* ❸ inspanningen doen ten gunste van iets, begunstigen: *de export* ~ **bevordering** *de (v)* ❶ het bevorderen of bevorderd worden ❷ BN vierde klasse in het voetbal **bevorderlijk** *bn* gunstig, goed voor iets: *veel snoep eten is niet* ~ *voor de gezondheid*

bevrachten ❶ van vracht voorzien, vracht laden op of in ❷ afspreken dat men ruimte krijgt in een voertuig of schip voor het vervoer van personen of goederen

bevragen ▼ *te* ~ *bij* men kan daar vragen of iets of naar informatie over iets ▼ BN, spreekt. *zich* ~ inlichtingen vragen

bevredigen ❶ tevredenstellen: *dit antwoord kon hem niet* ~ ❷ voldoen aan de seksuele behoefte van, een orgasme geven **bevredigend** *bn* zoals men mag verwachten, naar wens: *een* ~ *antwoord* **bevrediging** *de (v)* het bevredigen of bevredigd zijn ▼ *mijn werk geeft mij geen* ~ het maakt me niet gelukkig, geeft me geen goed

gevoel

bevreemden verwonderen, verbazen: *zijn gedrag bevreemdt mij*

bevreesd *bn* bang

bevriend *bn* ▼ ~ *zijn met iemand* een vriend(in) van iemand zijn

bevriezen ❶ door vorst hard worden: *de grond is bevroren* ❷ ⟨van ledematen⟩ door felle kou beschadigd raken: *bevroren vingers* ❸ fig. plotseling koel, afstandelijk worden: *hij bevroor toen ik dat zei* ❹ onveranderd laten, niet verhogen, bijv. van lonen en prijzen ❺ ⟨van geld, tegoeden op de bank⟩ zorgen dat het niet meer opgenomen kan worden: *banktegoeden van terroristen* ~

bevrijden ❶ vrijmaken, de vrijheid geven: *slaven* ~ ❷ fig verlossen: *we zijn bevrijd van die geluidsoverlast* ▼ *het* ~*de nieuws* goed nieuws dat de spanning over iets wegneemt **bevrijdingsbeweging** groep die zich inzet voor de bevrijding van een volk dat onderdrukt wordt **bevrijdingsdag** dag dat men viert dat men is bevrijd van een land waardoor men bezet was ▼ *Bevrijdingsdag* dag dat de bevrijding en het einde van de Tweede Wereldoorlog wordt gevierd, in Nederland 5 mei **bevrijdingsfront** groep die, leger dat strijdt tegen een onderdrukkend regime

bevroeden begrijpen, vermoeden: *ik kon niet* ~ *dat alles zo erg zou veranderen*

bevruchten een vrucht doen ontstaan door versmelting van een eicel met een zaadcel bij een vrouw of vrouwelijk dier of organisme, zwanger maken

bevuilen vuilmaken

bewaarder *de (m)* [-s] ❶ iemand die iets bewaart, onder zijn hoede heeft ❷ bewaker

bewaarmiddel vooral BN conserveringsmiddel

bewaken waken over, passen op, ervoor zorgen dat iemand of iets niet ontsnapt of dat er niets gebeurt: *een gebouw, een schat, gevangenen* ~ **bewaker** *de (m)* [-s] iemand die iets of iemand bewaakt

bewakingscamera camera die opnames maakt in een bepaalde omgeving of ruimte van alles wat er gebeurt om zo misdaden te voorkomen of daders te kunnen opsporen

bewandelen wandelen op, ook figuurlijk ▼ *de juiste weg* ~ de juiste procedures volgen om een bepaald doel te bereiken: *dit is de weg die u moet* ~ *om voor subsidie in aanmerking te komen*

bewapenen van wapens voorzien, wapens geven: *bewapend met automatische geweren* **bewapeningswedloop** het tot steeds grotere hoogte opvoeren van de hoeveelheid wapens door staten, omdat de ene staat bang is achter te blijven bij de andere

bewaren ❶ tijdelijk wegbergen, niet weggooien, niet verbruiken: *ze bewaarde de zegels in een doosje* ❷ in acht nemen, zich eraan houden: *het stilzwijgen* ~ ❸ in stand houden: *het evenwicht* ~, *een geheim* ~ ❹ zorgen voor, beschermen: *de hemel beware ons voor dit onheil!* ▼ *God bewaar me!* uitroep van schrik of afkeer **bewaring** *de (v)* het bewaren ▼ *huis van* ~ gevangenis waar personen in voorlopige hechtenis worden gehouden en waar korte gevangenisstraffen worden uitgezeten ▼ *in verzekerde~ stellen* aanhouden en (voorlopig) opsluiten in een cel

beweegbaar *bn* mogelijk om te bewegen **beweeglijk** *bn* die veel beweegt, levendig: *een ~ kind* **beweegreden** reden waarom iemand iets doet: *wat zijn je ~en om te stoppen met je opleiding?* **bewegen** ❶ van plaats of houding veranderen: *het slachtoffer bewoog nog* ❷ doen veranderen van plaats of stand: *hij bewoog de versnellingspook naar achteren* ❸ iemand tot iets overhalen door hem aan te sporen: *iemand ~ tot het nemen van een besluit* ❹ reden vormen tot: *wat beweegt jou om dit te gaan doen?* ❺ in zijn gevoel raken: *tot tranen (toe) bewogen zijn* ▼ *zich ~* veranderen van plaats of stand: *de zieke kan zich nauwelijks bewegen* ▼ fig. *de discussie bewoog zich op een abstract niveau* ging over abstracte zaken **beweging** *de (v)* ❶ verandering van plaats of houding: *in ~ komen* ❷ groep mensen die naar een bepaald doel streeft: *een politieke ~;* BN *de Vlaamse Beweging* alle pro-Vlaamse groepen ▼ *uit eigen ~* uit zichzelf, zonder dat iemand er opdracht toe heeft gegeven **bewegingloos** *bn* zonder beweging, zonder te bewegen **bewegingsapparaat** lichaamsdelen die noodzakelijk zijn om te kunnen bewegen **bewegingsvrijheid** ❶ gelegenheid om zich vrij te bewegen ❷ fig. de gelegenheid om te doen wat iemand wil en op de manier zoals hij dat wil

bewegwijzering *de (v)* het voorzien van wegwijzers, het geheel van wegwijzers die ergens aanwezig zijn

beweiden koeien of ander vee laten weiden, laten grazen op

bewenen huilen over

beweren zeggen dat iets zo is, wat niet altijd waar hoeft te zijn: *hij beweert dat hij miljonair is* **bewering** *de (v)* iets wat iemand zegt, beweert

bewerkelijk *bn* waar veel werk aan is, wat veel werk kost: *zo'n grote tuin is heel ~* **bewerken** ❶ veranderingen aanbrengen, omwerken, versieren: *een roman ~ voor een film; een fraai bewerkte kandelaar* ❷ doen gebeuren, veroorzaken ❸ (door veel praten) proberen over te halen: *zijn ouders ~ om toestemming te geven* ❹ doen gebeuren, veroorzaken: *hij wist een wapenstilstand te ~* ▼ *de benoeming van iemand ~* ervoor zorgen dat diegene benoemd wordt **bewerker** *de (m)* [-s] ❶ iemand die iets bewerkt of omwerkt: *de ~ van deze tekst* ❷ iemand die iets tot stand brengt, veroorzaakt **bewerking** *de (v)* ❶ het bewerken: *de computer voert een aantal ~en uit* ❷ resultaat van bewerken, omwerking, verandering: *dit toneelstuk is een ~ van een boek* ▼ *in ~* in voorbereiding: *een nieuwe uitgave van dit boek is in ~*

bewerkstelligen tot stand brengen, ervoor zorgen dat iets gebeurt: *hij probeerde vrede te ~*

bewesten *vz* ten westen van

bewieroken ❶ wierook toezwaaien ❷ fig. lof toezwaaien, heel erg prijzen

bewijs *het* [-wijzen] ❶ iets, zoals een feit of voorwerp, dat aantoont dat iets waar is: *bewijzen van iemands schuld; een ~ voor een theorie* ▼ *ten*

bewijze als bewijs ❷ schriftelijke verklaring: *~ van betaling* **bewijsbaar** *bn* mogelijk om te bewijzen **bewijsgrond** wat de inhoudelijke basis vormt voor een bewijs **bewijskracht** de waarde die iets heeft als bewijs **bewijslast** jur. plicht die de partij die procedeert, heeft om iets te bewijzen **bewijsmateriaal** informatie, voorwerpen e.d. die kunnen dienen om iets te bewijzen **bewijsnummer** exemplaar van een krant of tijdschrift als bewijs dat een advertentie, artikel e.d. is geplaatst **bewijsplaats** (gedeelte van een) tekst met titel en paginanummer om een bewering te ondersteunen **bewijsstuk** iets, zoals een verklaring of een voorwerp, waarmee men iets bewijst **bewijsvoering** *de (v)* redenering om iets te bewijzen **bewijzen** aantonen dat iets waar is ▼ *iemand een dienst ~* iets voor iemand doen

bewilligen toestaan, toestemmen: *~ in het verblijf van een vreemdeling*

bewind *het* bestuur, beheer, regering ▼ *aan het ~ zijn* de macht hebben, regeren **bewindsman** *de (m)* [-lieden], **bewindspersoon** iemand die leiding aan iets geeft, vooral iemand die in de regering zit zoals een minister, of staatssecretaris **bewindsvrouw** vrouwelijke minister of staatssecretaris **bewindvoerder** *de (m)* [-s] iemand die het vermogen van iemand anders beheert

bewogen *bn* ❶ ontroerd, getroffen: *tot tranen toe ~ zijn door een film* ❷ met veel bijzondere voorvallen: *een ~ leven leiden*

bewolking *de (v)* wolkenlaag, geheel van wolken

bewonderaar *de (m)* [-s] iemand die iemand anders bewondert: *deze voetballer heeft veel ~s* **bewonderen** ❶ eerbied hebben voor, heel goed vinden ❷ bekijken en mooi vinden: *een schilderij ~* **bewonderenswaardig** *bn* zo goed, knap e.d. dat men het kan bewonderen, waard om bewonderd te worden: *zijn doorzettingsvermogen is ~* **bewondering** *de (v)* eerbied, respect voor iets goeds, moois, knaps e.d.: *~ koesteren voor iemands prestaties*

bewonen wonen in

bewoner *de (m)* [-s] iemand die ergens (in een huis, stad e.d.) woont: *de ~s van het huis waren niet thuis toen de brand uitbrak* **bewonerskaart** BN kaart die een bewoner van een straat het recht geeft er te parkeren **bewoonbaar** *bn* mogelijk om er te wonen: *dit huis is niet meer ~*

bewoordingen *de (mv)* woorden waarmee, manier waarop iets wordt gezegd: *hij zei hetzelfde in andere ~*

bewust *bn* ❶ waarbij iemand iets beseft, iets helemaal begrijpt: *ben je je wel ~ van de risico's?* ❷ met opzet: *ze gaf me ~ te weinig geld terug* ❸ om wat of wie het gaat, wat of die bedoeld wordt in iets wat gezegd is: *de ~e persoon* **bewusteloos** *bn* buiten kennis, zonder besef van de omgeving: *na die val was ze een tijdje ~* **bewustzijn** *het* besef van zichzelf en zijn omgeving ▼ *het ~ verliezen* bewusteloos raken **bewustzijnsvernauwing** sterke concentratie op delen van de werkelijkheid terwijl men de rest (bijna) niet meer opmerkt

bezaaien zaaien op, strooien op

be

bezaan *de* [-zanen] zeil aan de achtermast
bezadigd *bn* kalm, bedaard, rustig, zonder spannende dingen: *een ~ leven leiden*
bezatten ▾ *zich* ~ zoveel alcohol drinken dat men dronken wordt
bezegelen ❶ van een zegel voorzien ❷ bekrachtigen, bevestigen dat iets echt zo is: *zij bezegelden het einde van de ruzie met een handdruk*
bezeilen zeilen over: *de wereldzeeën* ~ ▾ *er is geen land met hem te* ~ hij is totaal onhandelbaar, koppig, onwillig
bezem *de (m)* [-s] voorwerp om mee te vegen, veger met harde haren aan een lange steel ▾ *nieuwe ~s vegen schoon* nieuwe chefs brengen vaak veranderingen aan die nodig zijn; nieuwe werknemers doen in het begin nog hun best ▾ *ergens de ~ door halen* maatregelen nemen om zaken die niet in orde zijn, aan te pakken
bezemwagen auto die uitvallers van een sportwedstrijd meeneemt
bezeren pijn doen
bezet *bn* ❶ in beslag genomen, in gebruik: *deze stoel is* ~ ❷ gevuld met mensen: *de concertzaal, het hotel is goed* ~ ❸ voorzien van, bedekt met: *een ring ~ met diamanten* ▾ ~ *gebied* gebied waar het leger van een vijandelijke staat de baas is
bezeten *bn* ❶ met een boze geest in zich ❷ fig. helemaal gek van iets, die alleen daaraan denkt: *hij is ~ van voetbal*
bezetten ❶ gaan zitten op: *een stoel* ~ ❷ uit protest een gebouw binnengaan en er blijven: *boze studenten hebben de faculteit bezet* ❸ met een leger een land binnentrekken om er de leiding over te nemen ❹ bedekken met: *een diadeem met edelstenen* ~ ❺ spelers of musici vinden voor de rollen of partijen van een toneel- of muziekstuk
bezetter *de (m)* [-s] iemand die een gebouw, gebied, land e.d. bezet houdt
bezetting *de (v)* ❶ het bezetten ❷ aantal militairen dat ergens gelegerd is ❸ acteurs of musici die de rollen of partijen spelen
bezettingsgraad ❶ ‹economie› aantal plaatsen, kamers e.d. dat gebruikt wordt in verhouding tot het beschikbare aantal ❷ aantal personeelsleden in verhouding tot de hoeveelheid werk of het aantal functies
bezettoon toon die aangeeft dat het telefoonnummer dat men heeft gekozen, in gesprek is
bezichtigen met aandacht, nauwkeurig bekijken: *een huis ~ dat men wil kopen*
bezield *bn* ❶ met een ziel ❷ vol vuur, vol enthousiasme **bezielen** geestdriftig maken: *de woorden van de spreker bezielden hem* ▾ *wat bezielt jou?* waarom doe je dat? wat is er met jou aan de hand? **bezieling** *de (v)* geestdrift, enthousiasme
bezien ❶ zorgvuldig, met aandacht bekijken ❷ goed nadenken over ▾ *dat valt nog te* ~ dat is nog helemaal niet zeker
bezienswaardig *bn*, **bezienswaard** interessant om te bekijken **bezienswaardigheid** *de (v)* [-heden] iets wat interessant is om naar te gaan kijken: *de bezienswaardigheden van deze stad*
bezig *bn* ❶ aan het werk, iets aan het doen: *ik ben de hele middag ~* ▾ *waar ben je mee ~?!* besef

je wel hoe erg, dom, slecht het is wat je doet? ❷ druk, beweeglijk, altijd iets aan het doen: *een ~ mannetje* **bezigen** gebruiken: *onfatsoenlijke taal ~* **bezigheid** *de (v)* [-heden] iets wat men doet: *vissen is een rustgevende ~*
bezigheidstherapie therapie door mensen iets te laten doen **bezighouden** iemands aandacht in beslag nemen of iemand afleiden, maken dat iemand zich niet verveelt: *houd jij de kinderen even bezig?* ▾ *zich ~ met* tijd en aandacht besteden aan
bezijden *vz* naast ▾ *dit is ~ de waarheid* dit is niet waar
bezingen zingen over: *hij bezingt in dat liedje zijn geboortedorp*
bezinken ❶ naar de bodem zakken ❷ helder worden van vloeistof doordat zwevende deeltjes naar beneden zakken ❸ fig. in de geest verwerkt worden: *dit schokkende nieuws moet even ~* **bezinksel** *het* [-s] wat uit een vloeistof naar beneden zakt
bezinnen nadenken ▾ *bezint eer gij begint* denk eerst na voordat je met iets begint ▾ *zich ~* nadenken over; van gedachten veranderen: *zich ~ op passende maatregelen* **bezinning** *de (v)* het goed over iets nadenken ▾ *tot ~ komen* weer kalm worden en weer helder kunnen nadenken
bezit *het* ❶ het hebben ❷ wat iemand heeft **bezittelijk** *bn* ▾ ~ *voornaamwoord* voornaamwoord dat een bezit aanduidt, bijv. *ons* in *ons boek* **bezitten** hebben, de eigenaar zijn van **bezitterig** *bn* met de neiging om te willen bezitten, als bezit te behandelen: *hij is heel ~ tegenover zijn vriendin* **bezitting** *de (v)* eigendom
bezoedelen vuilmaken ▾ *iemands naam ~* slechte dingen over hem vertellen
bezoek *het* ❶ het bezoeken: *een ~ brengen aan zijn oma* ❷ één of meer bezoekers: *het ~ ging pas laat weg* **bezoeken** naar iemand of iets gaan om er een poosje te blijven: *een museum ~; we bezochten mijn grootouders*
bezoeking *de (v)* iets wat heel vervelend is, kwelling: *het rijexamen is voor veel mensen een ~*
bezoekuur tijd waarin bezoek is toegestaan, bijv. in een ziekenhuis
bezoldigen salaris geven **bezoldiging** *de (v)* ❶ het bezoldigen ❷ salaris
bezondigen ▾ *zich ~ aan iets* iets doen wat men eigenlijk niet zou moeten doen of niet wil doen: *ondanks haar dieet bezondigde ze zich aan een taartje*
bezonken *bn* ▾ ~ *oordeel* een oordeel waarover goed is nagedacht **bezonnen** *bn* waarbij iemand goed nadenkt voor hij iets doet **bezopen** inform. *bn* ❶ dronken: *volkomen ~ waggelde hij over straat* ❷ idioot, gek: *wat een ~ plan!*
bezorgd *bn* die zich zorgen over iets maakt, ongerust: *zij maakt zich ~ over haar zieke kind*
bezorgen ❶ brengen, aan huis brengen: *kranten ~* ❷ veroorzaken: *iemand moeilijkheden ~* **bezorger** *de (m)* [-s] iemand die boodschappen e.d. aan huis brengt
bezuiden *vz* ten zuiden van: ~ *de grote rivieren*
bezuinigen zuiniger zijn, minder geld uitgeven: *nu ik minder verdien, moet ik ~*
bezuren maken dat iemand ervoor moet boeten:

deze opmerking zal je ~

bezwaar *het* [-zwaren] ❶ bedenking, wat men op iets tegen heeft: *bezwaren tegen een plan hebben* ❷ moeilijkheid: *de gehandicapte kon niet zonder bezwaren de trap op*

bezwaard *bn* ▼ *zich ~ voelen* zich een beetje schuldig voelen: *ik voel me ~ als zij voor mij betaalt, want ze is arm*

bezwaarlijk *bn* ❶ moeilijk, niet zonder bezwaar: *die lange reistijd vind ik ~* ❷ eigenlijk niet, nauwelijks, moeilijk: *je kunt ~ verlangen dat ze zich volledig neerleggen bij onze eisen*

bezwaarschrift geschreven stuk met bezwaren tegen iets, dat iemand indient bij een bestuur, overheid e.d.

bezwaren ❶ een last vormen, belasten, hinderen ▼ *een huis bezwaard met hypotheek* belast met een hypotheek ❷ een geestelijke druk vormen, een gevoel van schuld geven, hinderen **bezwarend** *bn* ❶ lastig, wat het moeilijk maakt ❷ wat schuld aantoont, ongunstig: *een ~ rapport over het optreden van de politie*

bezweet *bn* bedekt met zweet: *een ~ gezicht*

bezweren ❶ met nadruk zeggen, bezwerende door te zweren dat het zo is: *ze bezwoer me dat ze niets gestolen had* ❷ dringend vragen: *ze bezwoer me geen gevaarlijke dingen te doen* ❸ in zijn macht brengen, oproepen en uitbannen: *boze geesten, de duivel ~* ▼ *een gevaar ~* een gevaar afwenden **bezweringsformule** formule om ongeluk of boze geesten tegen te houden

bezwijken [bezweek, is bezweken] ❶ sterven: *het slachtoffer bezweek aan zijn verwondingen* ❷ niet bestand zijn tegen iets: *het tafeltje bezweek onder de stapel boeken; hij bezweek voor de verleiding*

bezwijmen [bezwijmde, is bezwijmd] flauwvallen

BFF *best friend forever*, beste vriend(in) voor altijd

b.g.g. bij geen gehoor

bh *de (m)* [-'s] kledingstuk dat de borsten van een vrouw ondersteunt, bustehouder

Bhagwanbeweging aanhangers van de leer van de goeroe Bhagwan, gericht op bewustwording en vrijheid

bhv bedrijfshulpverlening

BHV BN Brussel-Halle-Vilvoorde

bi I *bn* ❶ biseksueel II *voorvoegsel* ❷ tweezijdig, van twee kanten: *een ~lateraal verdrag*

b.i. bouwkundig ingenieur

biatlon *de (m)* [-s] wintersport die bestaat uit langlaufen en het met een geweer schieten op doelen vanuit liggende en staande houding

bib BN, spreekt. *de (v)* [-s] verkorting voor bibliotheek, bieb

bibberatie scherts. *de (v)* [-s] het bibberen van kou of angst **bibberen** korte schuddende bewegingen maken met zijn lichaam, rillen: *~ van de kou* **bibbergeld** BN, spreekt. gevarengeld, gevarentoeslag (*voor mijnwerkers enz.*) **bibberig** *bn* met de neiging om te gaan trillen, beven

bibliobus rijdende bibliotheek **bibliofiel** *de (m)* liefhebber van boeken, vooral van fraaie en zeldzame boeken **bibliografie** *de (v)* [-ën] lijst van boeken en artikelen over een onderwerp of die iemand gebruikt heeft bij het schrijven van een tekst of boek **bibliothecaresse** *de (v)* [-n] vrouw

die een bibliotheek beheert en boeken uitleent en inneemt **bibliothecaris** *de (m)* [-sen] iemand die een bibliotheek beheert en boeken uitleent en inneemt **bibliotheek** *de (v)* [-theken] ❶ verzameling boeken, tijdschriften e.d.: *hij heeft een uitgebreide ~ over vogels* ❷ instelling waar men boeken kan lezen of lenen ❸ ruimte of gebouw waarin die instelling is gevestigd

bic BN, spreekt. *de (m)* [-s, balken] balpen

bicarbonaat *het* waterstofcarbonaat, zout van koolzuur, onder andere gebruikt als zuiveringszout of in bruistabletten

biceps ⟨bieseps⟩ *de (m)* spier aan de bovenkant van de armen die opbolt als iemand met kracht zijn arm samentrekt

bicommunautair ⟨biekommuunootèr⟩ BN behorend tot zowel de Vlaamse als de Waalse gemeenschap in België **bidden** [bad, h. gebeden] ❶ spreken met God ❷ dringend vragen, smeken: *ik bid u, laat mijn kind leven!* ❸ ⟨van bepaalde vogels⟩ stilstaan in de lucht

bidet *de (m) & het* [-s] badje waarop men kan zitten om het onderlichaam te wassen

bidon *de (m/v)* [-s] flesje om uit te drinken, vooral gebruikt door sporters zoals wielrenners of tijdens fitness

bidprentje r.-k. *het* [-s] gedrukt prentje met een godsdienstige voorstelling of van iemand die gestorven is **bidsnoer** kralenketting om mee te bidden

bie inform. *bn* ▼ *niet zo ~* niet zo bijzonder, niet erg goed, lekker, mooi enz.

bieb inform. *de (v)* [-s] bibliotheek

biecht *de* r.-k. het vertellen van zijn zonden aan een priester om vergiffenis te krijgen ▼ BN *uit de ~ klappen* uit de school klappen, zaken vertellen die men geheim behoort te houden **biechten** ❶ r.-k. zijn zonden vertellen aan een priester ❷ iets bekennen waarover men zich schaamt **biechtgeheim** verplichte geheimhouding door een priester van wat mensen vertellen als ze biechten **biechtstoel** *de (m)* afgesloten ruimte tegen de kerkmuur waarin de priester zit en degene die biecht **biechtvader** priester bij wie men biecht

bieden [bood, h. geboden] ❶ geven, reiken, toesteken: *de heer bood de dame zijn hand* ❷ de prijs noemen waarvoor men iets wil kopen: *wat bied je voor die brommer?* ❸ in een kaartspel het aantal slagen of punten noemen dat men denkt te halen **bieder** *de (m)* [-s] iemand die een bod doet

biedermeier *het* fase in cultuur en kunst van 1815-1850 gekenmerkt door burgerlijkheid, optimisme en sentimentaliteit

biedkoers ⟨effectenhandel, geldwezen⟩ prijs die geboden wordt voor effecten of vreemde valuta **biedprijs** prijs die geboden wordt

bief *de (m)* [bieven] biefstuk **biefburger** *de (m)* [-s] ❶ gemalen vlees dat tot een schijf is samengeperst ❷ broodje daarmee **biefstuk** *de (m)* dun stuk vlees van de bovenbil dat gebakken of geroosterd wordt ▼ BN *gepelde ~* runderlapje uit het staartstuk of de platte bil

biels *de* [bielzen] grote houten balk waarop rails rusten

bi

biënnale ⟨biejən-⟩ *de* tweejaarlijkse kunstmanifestatie

bier *het* alcoholische drank, gebrouwen uit hop en gerst ▼ BN, spreekt. *dat is geen klein* ~ dat is niet niks **bierbuik ❶** buik die dik is door het drinken van bier ❷ iemand met zo'n buik

bierkaai *de* ▼ *tegen de* ~ *vechten* een onmogelijke strijd voeren

bierkaartje BN, spreekt. *het* [-s] bierviltje

biermes voorwerp om schuim dat boven de rand uitsteekt, van het bier af te snijden

bierpomp pomp om bier uit een vat op te pompen **biertje** *het* [-s] glas bier **bierviltje** schijfje van viltachtig papier als onderlegger onder een glas met bier **bierwacht** organisatie die regelmatig biertapinstallaties onderhoudt

bies *de* [biezen] ❶ plant met een lange stengel uit de familie van de Cyperaceeën die groeit aan oevers en die gebruikt wordt voor matten enz. ❷ smalle strook stof als versiering aan kleren ▼ *zijn biezen pakken* snel vertrekken

bieslook *de (m) & het* look van de soort Allium schoenoprasum, dat als kruid wordt gebruikt

biest *de* eerste melk van een koe die net een kalf heeft gekregen

biet *de* ❶ plant van de soort Beta vulgaris ❷ wortelknol van die plant die als groente wordt gegeten ▼ inform. *dat interesseert me geen* ~ helemaal niet

bietsen inform. dingen vragen zonder de bedoeling te hebben ze terug te geven: *een sigaret* ~

bietsuiker suiker uit bieten

biezen I *ww* ❶ smalle stroken langs de randen maken ❷ glad en glanzend maken: *een fijn gelakt en gebiesd spatbord* **II** *bn* ❸ van bies

biezonder BN ook *bn* → bijzonder

bifocaal *bn* met twee brandpunten: *een bril met bifocale glazen*

bifurcatie *de (v)* [-s] vorkvormige splitsing, bijv. van een rivier

big *de* [-gen] jong varken

bigamie *de (v)* het tegelijk getrouwd zijn met twee personen: ~ *plegen*

bigband ⟨biGbend⟩ groot jazzorkest

big boss ⟨biG-⟩ *de (m)* [-es] de grote leider van iets

biggelen [biggelde, h. / is gebiggeld] langzaam naar beneden rollen (van tranen)

biggen biggen werpen, bevallen van biggen

bigot ⟨bieGot⟩ *bn* overdreven vroom

bigshot ⟨biGsjot⟩ *de* [-s] invloedrijk, belangrijk persoon

bij I *de* ❶ insect met een geel-zwart achterlijf van de familie van de Apidae dat honing maakt en kan steken **II** *vz* ❷ in de nabijheid, buurt van: *Schiedam ligt* ~ *Rotterdam* ❸ in het huis, het kantoor e.d. van: *hij is* ~ *zijn moeder;* ~ *de directeur moeten komen* ❹ wat men met zich mee draagt: *een paspoort* ~ *zich hebben* ❺ door middel van: ~ *wet geregeld* ❻ in dienst van: ~ *de politie werken* ❼ tijdens: ~ *nacht en ontij* ❽ in geval van: ~ *voldoende deelname gaat de tocht door* ❾ bijna, niet veel vroeger dan: *het is* ~ *twaalven* ❿ aan een onderdeel of lichaamsdeel van: *de kat* ~ *zijn nekvel oppakken* ⓫ in hoeveelheden van: ~ *het pond verkopen* ⓬ vergeleken met: ~ *die sportman*

valt hij in het niet ▼ *luieren is er niet* ~ niet toegestaan, niet mogelijk **III** *bw* ⓭ op adem, tot rust, niet (meer) buiten bewustzijn: *de patiënt is weer* ~ ⓮ niet meer achter met werk: *de leerling is weer* ~ *met zijn lessen* ⓯ op de hoogte: *na dit verslag was ik weer helemaal* ~ ▼ *goed* ~ zijn slim zijn

bijbaantje *het* [-s] kleine baan naast een andere baan of een opleiding **bijbedoeling** onuitgesproken bedoeling naast die welke iemand laat blijken

bijbehorend *bn* wat er ook nog bij hoort

bijbel *de (m)* [-s] ❶ exemplaar van de Bijbel: *geef mij die* ~ *eens aan* ❷ belangrijk boek voor een bepaalde groep mensen, binnen een bepaald vak e.d. ▼ *Bijbel* het heilige boek van de christenen: *het staat in de Bijbel* **Bijbels** *bn* wat te maken heeft met de Bijbel **Bijbelvast** die de Bijbel goed kent

bijbenen ❶ lopend bijhouden: *loop niet zo snel, ik kan je niet* ~ ❷ fig. volgen, het tempo bijhouden: *het gaat zo snel in de wiskundeles, ik kan het niet meer* ~ **bijbetalen** een extra bedrag betalen boven op het bedrag dat iemand al betaald heeft **bijbeunen** inform. bijklussen

bijblijven ❶ het tempo bijhouden, niet achter raken: *de wielrenner kon met moeite* ~ ❷ in iemands herinnering blijven: *dat ongeluk zal me altijd* ~

bijboeken ❶ op het saldo van een som rekening bijschrijven: *er is rente bijgeboekt op mijn spaarrekening* ❷ in de boekhoudboeken bijschrijven

bijbrengen ❶ ervoor zorgen dat iemand iets leert: *iemand* ~ *hoe hij een machine moet bedienen* ❷ weer tot bewustzijn brengen: *een bewusteloze man* ~

bijdehand *bn* vlug en slim: *een bijdehante leerling*

bijdetijds *bn* modern

bijdraaien ❶ de zeilen zo stellen dat het schip bijna stilligt ❷ fig. toegeven, niet meer kwaad e.d. zijn

bijdrage *de* [-n, -s] ❶ iets wat of hulp die men geeft: *zijn* ~ *aan het feest; een financiële* ~ ❷ geschreven stuk, artikel: *een* ~ *in een krant* **bijdragen ❶** meebetalen, geven: ~ *aan een goed doel* ❷ helpen, meedoen: *beweging draagt bij aan de gezondheid*

bijeen *bw* bij elkaar: *we zijn hier* ~ *om ...*

bijeenkomen bij elkaar komen, vergaderen **bijeenkomst** het bij elkaar komen, vergadering

bijenhouder iemand die bijen houdt (voor honing en was) **bijenkast** kast voor een bijenvolk **bijenkoningin** de moederbij van een bijenvolk, die de eieren legt **bijenkorf** kast waarin men bijen houdt **bijenvolk** groep bijen die bij elkaar leven met een koningin **bijenwas** was die door bijen is gemaakt **bijenzwerm** troep bijen die zijn woonplaats, bijv. een korf, verlaat om een nieuw volk te vormen

bijfiguur persoon die of personage dat minder op de voorgrond staat

bijgaand *bn* in dezelfde enveloppe als iets anders verzonden: ~ *zend ik u een kopie van mijn diploma*

bijgebouw gebouw dat bij een ander gebouw

hoort

bijgelegen *bn* wat ernaast ligt: *het ~ parkeerterrein*

bijgeloof geloof dat afwijkt van wat als feit wordt beschouwd of van de inhoud van een godsdienst: *dat zwarte katten ongeluk brengen, is ~*

bijgenaamd *bn* met de bijnaam

bijgerecht *het* klein gerecht bij een hoofdgerecht

bijgeval I *vgw* ❶ als, in het geval dat II *bw* ❷ misschien, toevallig: *ga jij ~ ook naar dat concert?* **bijgevolg** *bw* dus, daardoor

bijholte holte achter de neusholte

bijhouden ❶ dichtbij houden: *houd je bord eens bij, dan kan ik opscheppen* ❷ gelijk blijven met, niet achter raken,: *loop niet zo snel, ik kan je niet* ~ ▼ *er is geen* ~ *aan* er is zóveel te doen dat men het haast allemaal niet klaarspeelt ❸ ervoor zorgen dat iets niet achterop raakt, regelmatig bijwerken: *de administratie* ~ ▼ *iemands boeken* ~ iemands boekhouding verzorgen ▼ *een dagboek* ~ regelmatig in een dagboek schrijven ▼ *het nieuws* ~ zorgen dat men op de hoogte blijft

bijkans *bw* bijna

bijkantoor hulpkantoor **bijkeuken** klein vertrek achter de keuken

bijkleuren ❶ kleur aanbrengen om iets er (weer) goed uit te laten zien ❷ meer kleur krijgen, een bruinere huid krijgen: *in de zon gaan liggen om bij te kleuren* **bijklussen** betaalde werkzaamheden verrichten naast de eigenlijke baan **bijknippen** met de schaar weer in het gewenste model brengen: *het haar ~, de heg ~*

bijkomen ❶ komen bij ❷ weer bij bewustzijn komen nadat iemand flauw is geweest of bewusteloos is geweest: *na de operatie kwam ze weer bij uit de narcose* ❸ uitrusten en weer energie krijgen als iemand erg moe is: *na de zware klim moesten we even* ~ ▼ *niet meer* ~ *van het lachen* erg hard moeten lachen **bijkomend** *bn* ❶ naast de hoofdzaak, wat erbij komt: *een ~ voordeel* ❷ BN ook extra **bijkomstig** *bn* wat niet de hoofdzaak vormt, niet zo belangrijk is **bijkomstigheid** *de (v)* [-heden] minder belangrijk feit: *de film was prachtig, het slechte geluid was een ~*

bijl *de* stuk gereedschap waarmee men kan hakken en dat bestaat uit een stok met daaraan een scherp metalen blad ▼ *met de botte* ~ grof, zonder rekening te houden met nuances ▼ *het ~tje erbij neergooien* opgeven

bijl. bijlage

bijlage *de* [-n] extra pagina's die aan een krant, tijdschrift, boek e.d. zijn toegevoegd: *een kleuren~ bij een krant*

bijlange *bw* ▼ ~ *na niet* helemaal niet, nog lang niet

bijleggen erbij doen, bijbetalen ▼ ~ *op* verliezen op: *op dat product moeten we* ~ ▼ *een ruzie* ~ het weer goedmaken na een ruzie

bijles privéles naast de gewone lessen op school: *hij krijgt ~ in rekenen*

bijlichten licht bij iemand houden zodat hij beter kan zien: *kun je me even ~ met de zaklantaarn?*

bijna *bw* (nog) niet helemaal

bijnaam naam die mensen voor iemand gebruiken maar die niet zijn echte naam is: *zijn ~ was 'de Dikke'*

bijna-doodervaring bijzondere geestelijke ervaring van iemand op het moment dat hij bijna dood is

bijnier elk van beide klieren boven de nieren **bijou** (biezjoe) *het* [-s] sieraad **bijouterie** *de (v)* [-ën] ❶ sieradenwinkel ❷ sieraden

bijpassen het geld dat er nog te weinig is, bijbetalen

bijpraten ❶ praten met iemand die men al een tijd niet meer gezien heeft en weer op de hoogte raken: *gezellig een avondje* ~ ❷ iemand door te praten weer op de hoogte brengen: *iemand ~ over de laatste ontwikkelingen*

bijproduct ❶ stof die of product dat ontstaat bij het maken van een ander product: *pulp is een ~ uit de suikerindustrie* ❷ fig. effect, verschijnsel dat ontstaat door iets anders

bijrijder iemand die naast de chauffeur van een vrachtauto als helper meerijdt

bijrol kleine rol in een toneelstuk of film

bijschaven ❶ afwerken door te schaven ❷ kleine gebreken herstellen, ook figuurlijk: *ik wil mijn kennis van het Frans een beetje ~*

bijscholen volwassenen of beoefenaars van een bepaald beroep meer vakkennis bijbrengen **bijschrift** tekst bij een foto, tekening e.d. **bijschrijven** ❶ door schrijven toevoegen ❷ geld boeken op een bank- of girorekening: *mijn salaris is al bijgeschreven*

bijschuiven ❶ erbij schuiven ❷ mee aan tafel gaan zitten

bijslaap seks, seksuele gemeenschap **bijslag** *de (m)* extra geld dat iemand krijgt, toeslag: *kinder~*

bijsloffen niet achter raken, bijhouden

bijsluiter *de (m)* [-s] beschrijving bij een medicijn van de samenstelling, de mogelijke bijwerkingen en de manier waarop men het moet gebruiken

bijsmaak ❶ vreemde smaak naast de gewone: *die melk heeft een ~* ❷ fig. (onprettig) gevoel dat iemand van iets overhoudt: *een nare ~ na een gesprek*

bijspijkeren ervoor zorgen dat iets weer goed wordt, vooral kennis van iets: *ik moet mijn Frans ~*

bijspringen geld geven of tijdelijk helpen als het nodig is: *ik spring soms bij als ze het erg druk hebben*

bijstaan ❶ helpen, ondersteunen: *mijn vader stond me bij in die moeilijke periode* ❷ in de geest aanwezig zijn, zich herinneren: *het staat mij vaag bij dat ik hem een keer heb gezien* **bijstand** *de (m)* ❶ hulp, ondersteuning: *slachtoffers ~ verlenen* ❷ bijstandsuitkering **bijstandsmoeder** alleenwonende vrouw met kind(eren) die een bijstandsuitkering heeft **bijstandstrekker** spreekt. *de (m)* [-s] iemand die een bijstandsuitkering krijgt **bijstandsuitkering** uitkering ingevolge de Algemene Bijstandswet, die iemand krijgt als hij geen bron van inkomsten heeft, om in de minimale levensbehoeften te kunnen voorzien

bi

bijstellen ❶ weer in de gewenste stand brengen **❷ fig.** aanpassen, veranderen: *zijn ideeën ~ op basis van nieuwe ervaringen* **bijstelling** *de (v)* **❶** het bijstellen, aanpassen: *door de veranderde situatie is ~ van de plannen noodzakelijk* **❷** taalk. omschrijving achter een zelfstandig naamwoord zoals in: *Frederik Hendrik, de Stedendwinger*

bijster I *bn* ▾ *het spoor ~ zijn* verdwaald zijn, de weg kwijt zijn, ook figuurlijk **II** *bw* heel, erg: *dat boek is niet ~ interessaar*

bijsturen ❶ weer op de juiste koers, in de juiste richting brengen: *een schip ~;* **❷** zorgen dat iemand op de goede manier blijft handelen: *een leerling ~ zodat hij niet gaat spijbelen*

bijt *de* opening in het ijs

bijtanken ❶ de hoeveelheid benzine, diesel e.d. aanvullen **❷ fig.** weer energie, motivatie krijgen: *op vakantie gaan om bij te tanken* **bijtekenen** zich voor een extra periode aan iets verbinden: *de militair tekende bij voor nog eens vier jaar*

bijten [beet, h. gebeten] **❶** de tanden zetten in: *in een koekje ~* **❷** scherp inwerken op: *dit zuur bijt op de huid* ▾ **BN** *gebeten zijn door de X-microbe* in de ban zijn van een hobby, bezigheid enz. (hier aangeduid met X): *gebeten zijn door de voetbalmicrobe* **bijtend** *bn* **❶** kwetsend, hatelijk, bits **❷** wat scherp inwerkt: *een ~ zuur*

bijtijds *bw* op tijd, vroeg genoeg: *we moeten ~ vertrekken*

bijtreden BN, ook [trad bij, is bijgetreden] (iemand) bijvallen **bijtrekken ❶** naar zich toe trekken **❷** weer in de goede vorm komen, weer de goede kleur krijgen **❸ fig.** weer normaal worden, niet meer kwaad zijn: *hij is kwaad, maar dat trekt wel weer bij*

bijv. bijvoorbeeld

bijvak studievak dat iemand minder uitgebreid volgt naast een hoofdvak

bijval *de (m)* waardering, uiting van het eens zijn met: *de spreker kreeg veel ~ van het publiek* **bijvallen** instemming betuigen met, steunen door te laten blijken dat men het met iemand eens is: *hij viel haar bij in de discussie*

bijvangst vis en andere dieren die gevangen worden tijdens het vissen maar waarop niet gevist wordt

bijverdienste geld dat iemand extra verdient naast een baan, studiebeurs e.d. **bijverschijnsel** iets wat zich voordoet naast iets anders, bijkomend verschijnsel

bijvijlen ❶ oneffenheden weghalen of iets op maat maken door te vijlen: *ze vijlt haar nagels bij* **❷ fig.** door kleine veranderingen de gewenste vorm geven

bijvoeding extra voedsel voor kinderen, zieken, zwangere vrouwen e.d.

bijvoegen toevoegen, ergens bij doen **bijvoeglijk** taalk. *bn* wat een eigenschap of kenmerk noemt van een zelfstandig woord, begrip e.d. ▾ *~ naamwoord* woord dat iets zegt over een zelfstandig naamwoord, bijv. 'groene' in: *het groene gras* **bijvoegsel** *het* [-s, -n] wat bijgevoegd wordt

bijvoet *de (m)* plant met geelachtige bloemetjes die veel voorkomt langs wegen en spoordijken

(Artemisia vulgaris)

bijvoorbeeld *bw* als voorbeeld, zoals: *wilde dieren, ~ olifanten en leeuwen*

bijwagen ❶ aanhangwagen die aan een ander vervoermiddel, vooral een tram, is gekoppeld **❷ fig.** iets wat als minder belangrijk wordt beschouwd: *dat comité is eigenlijk een ~ van die politieke partij*

bijwerk ❶ extra werk boven het afgesproken werk **❷** extra details op een schilderij die niet het hoofdonderwerp vormen **bijwerken ❶** aanvullen, opknappen: *ik moet even mijn make-up ~* **❷** extra les geven: *een leerling die een achterstand heeft, ~* **❸** aanvullen, aanpassen aan de actuele stand van zaken: *de boekhouding ~* **bijwerking** ander, vervelend, effect naast de uitwerking die is bedoeld: *~en van een medicijn, zoals hoofdpijn en duizeligheid*

bijwijlen *bw* soms

bijwonen aanwezig zijn bij: *een plechtigheid ~* **bijwoord** taalk. woord dat iets zegt over een werkwoord, een hele zin, een bijvoeglijk naamwoord of een ander bijwoord **bijwoordelijk** taalk. *bn* met de functie van een bijwoord: *een ~e bepaling*

bijz. bijzonder

bijzaak zaak van minder belang, iets wat niet erg belangrijk is

bijzettafel kleine lage tafel die gemakkelijk verplaatst kan worden

bijzetten ❶ zetten bij: *meer stoelen ~* **❷** begraven in een grafkelder: *een overledene ~* **❸** toevoegen aan, verlenen: *iets kracht ~* ▾ *alle zeilen ~* al het mogelijke doen, zich met alle krachten inspannen

bijziend *bn* in staat om dingen die dichtbij zijn wel goed te zien maar dingen die ver weg zijn niet

bijzijn *het* aanwezigheid, het aanwezig zijn van iemand: *in het ~ van de koningin werd het monument onthuld* **bijzin** taalk. zin met de functie van een zinsdeel binnen een andere zin

bijzit *de (v)* [-ten] vrouw met wie een man samenleeft zonder met haar getrouwd te zijn **bijzitter** *de (m)* [-s] **❶** deskundig toehoorder bij een examen, een rechtsprekend college enz. **❷** BN assistent van de voorzitter van een stembureau

bijzonder I *bn* **❶** wat anders is, apart, afwijkend: *een ~e trui; dit is een ~ geval* **❷** wat niet van de overheid uitgaat: *~ onderwijs* ▾ *in het ~* met name, vooral **II** *bw* **❸** in hoge mate, erg: *een ~ hoge berg* **bijzonderheid** *de (v)* [-heden] klein onderdeel, detail: *iets tot in de kleinste bijzonderheden vertellen*

biker (baj-) *de (m)* [-s] iemand die op een motor rijdt, motorrijder

bikini *de (m)* [-'s] tweedelig badpak voor vrouwen en meisjes met een los broekje en bovenstukje **bikinilijn** begrenzing van de huid in de schaamstreek die door een bikinibroekje wordt bedekt: *de ~ ontharen*

bikkel *de (m)* [-s] **❶** kootbeentje van een schapenpoot (of een metalen voorwerp dat daarop lijkt) als speelgoed **❷** man die veel kan verdragen, die erg stoer is **bikkelen ❶** spel met

bikkels spelen dat vooral vroeger werd gespeeld ❷ ruw en hard optreden of spelen, vooral in sport ❸ inform. hard werken **bikkelhard** heel hard: *hij is ~ als het om zaken gaat*
bikken ❶ steen afhakken ❷ inform. eten: *heb je wat te ~?*
bil *de* [-len] ❶ elk van de twee dikkere lichaamsdelen aan de achterkant van het lichaam onder de rug: *een kind een pak voor zijn ~len geven* ❷ BN, spreekt. dij ❸ BN, spreekt. bout
bilateraal tweezijdig, wat van twee kanten komt: *een ~ verdrag*
bilinguaal ‹-Gwaal› *bn* tweetalig
biljard *telw* 10^{15}, duizend biljoen (1.000.000.000.000.000)
biljart *het* [-en, -s] ❶ spel dat wordt gespeeld op een tafel, met drie harde ballen die met een stok (keu) gestoten worden ❷ speciale tafel waarop dat spel gespeeld wordt **biljarten** biljart spelen **biljartkeu** stok waarmee men biljart speelt
biljet *het* [-ten] gedrukt stukje papier: *een ~ van twintig euro*
biljoen *telw* 10^{12}, duizend miljard (1.000.000.000.000)
billboard ‹-boord› *het* [-s] groot reclamebord
billenkoek scherts. slaag op de billen
billijk *bn* ❶ redelijk, rechtmatig, rechtvaardig ❷ niet te duur: *een ~e prijs* **billijken** redelijk vinden, goedkeuren
bilnaad scheiding tussen beide billen
bilocatie *de (v)* het tegelijk op twee plaatsen zijn
bimbo *de (v)* [-'s] meisje dat op een ordinaire manier seksueel aantrekkelijk is
bin buurtinformatienetwerk, samenwerkingsverband tussen burgers en lokale politie
BIN BN *het* Belgisch Instituut voor Normalisatie
binair ‹-nèr› *bn* tweetallig, tweedelig ▼ *~ stelsel* tweetallig rekenstelsel, stelsel waarin alleen de waarden 0 en 1 voorkomen, vooral toegepast bij computers
binden [bond, h. gebonden] ❶ met touwen, banden enz. ergens aan vastmaken: *een hond aan een hek ~* ❷ met touwen, boeien enz. in zijn vrijheid beperken: *de gevangenen werden gebonden* ▼ *iemand iets op het hart ~* met grote nadruk (en herhaaldelijk) zeggen ❸ een harde kaft aanbrengen om papier: *een boek ~* ❹ ‹van soepen› dik maken
bindend *bn* verplichtend, wat nagekomen moet worden: *~e afspraken*
binderij *de (v)* bedrijf of werkplaats waar boeken worden gebonden
binding *de (v)* ❶ gevoelsmatige band met iets of iemand: *hij heeft een sterke ~ met zijn moeder* ❷ schei. aaneenschakeling van atomen tot moleculen ❸ skibinding, constructie op een ski waarin de skischoen wordt vastgezet
bindmiddel ❶ middel dat een vloeistof dikker maakt ❷ fig. wat een band schept
bindvlies slijmvlies aan de binnenkant van de oogleden **bindweefsel** weefsel van het lichaam dat steun en samenhang geeft aan organen of andere weefsels
bingelkruid giftig plantengeslacht (Mercurialis)

uit de wolfsmelkfamilie
bingo ‹binGo› I *het & de (m)* ❶ kansspel met getallen op een kaart die door de spelers worden weggestreept wanneer ze worden getrokken II *tw* ❷ dat is raak! **bingoavond** avond waarop bingo wordt gespeeld
bink *de (m)* (stoere) vent, kerel
binnen I *vz* ❶ in een bepaalde ruimte: *~ de stad; ~ handbereik* ❷ in (minder dan) een bepaalde tijdsruimte: *~ een uur heb ik het af* II *bw* ❸ in een bepaalde ruimte ▼ *te ~ (brengen, komen, schieten)* in de herinnering ▼ *~ zijn* genoeg geld en bezit hebben om rustig te kunnen leven ❹ inwendig: *hij was van ~ heel opgewonden* ▼ *iemand van ~ en van buiten kennen* iemand door en door, heel goed kennen
binnenbaan ❶ baan die het dichtst bij het midden is ❷ overdekte baan voor sport, bijv. voor schaatsen
binnenbad overdekt zwembad **binnenband** dunne binnenste band van een wiel van fiets, auto e.d.
binnenbocht binnenste, kortste bocht van een weg, rivier enz. **binnenboord** *bw* ❶ in de boot: *handen ~ houden!* ❷ fig. binnen een partij, vereniging enz.: *proberen ontevreden leden ~ te houden*
binnenbrand brand alleen in een gebouw, geen uitslaande brand
binnendijk ❶ dijk die voor een andere, grotere dijk ligt ❷ dijk langs een binnenwater **binnendijks** *bn* wat binnen de dijk ligt
binnendoor *bw* langs een binnenweg of binnenwegen
binnendringen met geweld of stiekem binnengaan **binnendruppelen** ❶ in druppels naar binnen vallen ❷ fig. (van personen) in kleine groepjes (van geld) in kleine hoeveelheden langzaam binnenkomen
binnengaats *bw* in een zeegat, in een haven, niet in de open zee
binnengrens grens binnen een land of een unie van landen: *de binnengrenzen van de Europese Unie*
binnenhalen ❶ binnenshuis, binnen een kring of ruimte halen: *de vissers halen de netten binnen* ❷ verwerven: *een opdracht ~*
binnenhaven haven die niet vlak aan zee, maar aan een binnenwater ligt **binnenhof** binnenplaats ▼ *het Binnenhof* plein in Den Haag met de gebouwen waar de Eerste en Tweede Kamer vergaderen
binnenhuisarchitect specialist in de inrichting van huizen en gebouwen **binnenhuisinrichting** BN binnenhuisarchitectuur
binnenin *bw* in een afgesloten ruimte
binnenkamer kamer zonder buitenmuur
binnenkant de kant die naar binnen is gericht
binnenkomen ❶ in een kamer, huis enz. komen ❷ (van geld) ontvangen worden, op iemands rekening komen te staan: *mijn salaris is binnengekomen* **binnenkomertje** *het* [-s] iets waarmee iemand zijn optreden begint, pakkend, verrassend of grappig begin dat boeit en de aandacht wekt
binnenkort *bw* spoedig, over niet al te lange

bi

tijd: *deze film zal ~ worden vertoond*
binnenkrijgen ❶ in de maag, in het lichaam krijgen: *de drenkeling heeft veel water binnengekregen* ❷ ontvangen: *ik moet het geld voor die opdracht nog ~*
binnenland ❶ het eigen land, i.t.t. het buitenland: *deze goederen zijn bestemd voor het ~* ❷ deel van een land dat ver van de kust ligt: *in het ~ zal nog wat regen vallen; de ~en van Brazilië* de delen van Brazilië die moeilijk bereikbaar zijn **binnenlands** *bn* van, in het eigen land: *de ~e handel*
binnenloodsen ❶ uit zee (door moeilijk vaarwater) in de haven brengen ❷ fig. op een slinkse, handige manier binnenbrengen: *hij loodste zijn vrienden het stadion binnen*
binnenlopen ❶ een ruimte in lopen ❷ fig. fortuin maken, veel geld verdienen: *het gaat goed met zijn bedrijf, hij loopt binnen* ❸ ⟨van een schip⟩ een haven binnenvaren ❹ BN ook ⟨van telefoontjes⟩ binnenkomen
binnenmuur muur aan de binnenkant
binnenplaats pleintje dat helemaal door een gebouw wordt omsloten **binnenpost** BN huispost, interne post in een bedrijf
binnenpraten vanuit de verkeerstoren de piloot van een vliegtuig aanwijzingen geven voor het landen
binnenpretje het in zichzelf om iets moeten lachen
binnenrijm rijm binnen een versregel
binnenschip schip voor de binnenvaart **binnenschipper** schipper voor de binnenvaart
binnenshuis *bw* binnen in het huis **binnenskamers** *bw* niet in het openbaar, geheim: *wat ik je vertel, moet ~ blijven*
binnensmonds *bw* ▼ ~ *praten* onduidelijk praten, doordat iemand zijn mond niet ver genoeg opendoet
binnenspelen BN, spreekt. naar binnen slaan, opeten of opdrinken
binnenspeler iemand die midden op het veld moet spelen
binnenst *bn* het meest naar binnen
binnenstad het (oude) centrum van een stad
binnenste *het* het inwendige, wat binnenin zit ▼ *in zijn ~ was hij verdrietig, kwaad, had hij spijt enz.* in zijn hart, dat was zijn diepste gevoel **binnenstebuiten** *bw* dat wat binnen hoort te zitten, naar buiten gekeerd: *ze droeg het truitje ~*
binnenvaart scheepvaart, vooral vrachtvaart, op binnenwateren zoals rivieren of kanalen, niet op zee
binnenvallen onverwacht bij iemand op bezoek komen ▼ *een land ~* met legers een land aanvallen en naar binnen trekken
binnenvering metalen veren in een matras
binnenvetter *de (m)* [-s] iemand die zijn gevoelens opkropt
binnenvisserij visserij op binnenwater, niet op zee
binnenwaarts *bn* naar binnen gericht: *een ~e beweging*
binnenwater rivier, meer of kanaal in een land of gebied **binnenweg** kleinere weg, geen autoweg of snelweg

binnenwerk ❶ werk in huis ❷ wat aan de binnenkant zit, bijv. van machines
binnenwippen kort bezoeken
binnenzak zak aan de binnenkant: *de ~ van een jas*
binnenzee zee die bijna helemaal door land is ingesloten
binnenzijde binnenkant
binocle ⟨bienokkle⟩ *de (m)* [-s] toneelkijker
binoculair ⟨-lèr⟩ **I** *het* [-s] ❶ veldkijker ❷ microscoop waardoor men met beide ogen kan kijken **II** *bn* ❸ geschikt voor beide ogen
bint *het* dwarsbalk
bintje *het* [-s] lichtgele consumptieaardappel
biobak speciale afvalbak voor gft-afval (groente-, fruit- en tuinafval)
bioboer boer die werkt volgens biologische principes, met zo weinig mogelijk bestrijdingsmiddelen, kunststof e.d.
biobrandstof brandstof gewonnen uit plantaardige of dierlijke grondstoffen, bijv. maïs of rietsuiker
biochemicus beoefenaar van de biochemie **biochemie** chemie die levende stof bestudeert **biochemisch** wat te maken heeft met of volgens de biochemie
biodiversiteit verscheidenheid van planten en dieren, het voorkomen van verschillende soorten planten en dieren
bio-energetica ❶ studie van hoe energie wordt omgezet in levende organismen ❷ gedragstherapie gericht op het herstellen van de balans in de energiestroom **bio-ethanol** brandstof die wordt gewonnen uit o.a. tarwe, maïs, suikerriet en suikerbieten, door gisting van suikers **bio-ethiek** ethiek die is gericht op biologisch onderzoek **biofysica** natuurkundig onderzoek van biologische systemen
biogarde® *de (m)* yoghurt met erg veel rechtsdraaiend melkzuur
biogeen *bn* door levende organismen tot stand gebracht
biograaf *de (m)* [-grafen] iemand die een boek over het leven van iemand anders schrijft **biografie** *de (v)* [-ën] levensbeschrijving: *een ~ van Napoleon*
bio-industrie het houden van vee, kippen enz. in grote aantallen zodat de opbrengst zo groot mogelijk is en de kosten zo laag mogelijk zijn
bio-ingenieur BN, ook landbouwingenieur
biologeren heel erg boeien, in zijn ban hebben: *gebiologeerd keek hij haar aan* **biologie** *de (v)* wetenschap die zich bezighoudt met levende wezens en organismen: *in de ~ worden planten en dieren bestudeerd* **biologisch** *bn* wat te maken heeft met de biologie ▼ *~e oorlogvoering* oorlogvoering met gebruik van schadelijke levende organismen (ziektekiemen, insecten e.d.) ▼ *~e landbouw* landbouw op een zo natuurlijk mogelijke manier, met zo weinig mogelijk bestrijdingsmiddelen, kunstmest e.d.
biologisch-dynamisch volgens de natuurlijke groeiwijze, zonder gebruik van kunstmest en chemische bestrijdingsmiddelen **bioloog** *de (m)* [-logen] beoefenaar van, student in de biologie
biomassa verzamelnaam voor allerlei soorten

organisch materiaal, zoals hout, gras, mest en groen tuinafval: *~ gebruiken voor de ontwikkeling van duurzame energie*

biomechanica de studie, leer van het bewegingsapparaat van mens en dier

biometrie *de (v)* ❶ het vaststellen van tel- en meetbare eigenschappen of kenmerken van levende wezens ❷ identificatie van personen op basis van unieke lichaamskenmerken

biometrisch *bn* wat te maken heeft met de biometrie: *een ~ paspoort*

bionica *de (v)* ❶ studie van het gedrag van levende wezens in de ruimte ❷ studie die kennis over organismen toepast bij het maken van kunstorganen

bionomie *de (v)* leer van de wetmatigheid van het leven

bioplastic plastic dat wordt gemaakt van natuurlijke producten en dat biologisch afbreekbaar is **biopsie** *de (v)* verwijdering van weefsel voor onderzoek **bioritme** natuurlijke regelmaat in biologische functies

bioscoop *de (m)* [-scopen] gebouw of zaal waar films worden vertoond voor publiek

biosfeer lagen van aarde en dampkring waarin leven mogelijk is

biotechniek ontwikkeling van technische systemen op basis van inzichten door het bestuderen van biologische systemen

biotechnologie ❶ studie van de werking van organische systemen en organen en de mechanismen en de toepassing daarvan op technische problemen en methoden, bionica ❷ het gebruik van (delen van) levende organismen om producten te maken met behulp van onder andere biochemie en microbiologie

bioterrorisme terrorisme waarbij biologische middelen als wapen worden gebruikt

biotoop *de (m)* [-topen] natuurlijke leefomgeving van een dier of plant

bipartiet *bn* waaraan twee partijen deelnemen

bips *de (v)* achterwerk, de billen

bis I *bw* ⟨bis *of* bies⟩ ❶ tweemaal, nog een keer: *de mensen in de zaal riepen '~' want ze wilden het lied nog een keer horen* ❷ ⟨na een huisnummer⟩ geeft aan dat er nog een woning is op dat nummer: *mijn buurman woont op nummer 7 en ik op 7~* ❸ als tweede toegevoegd ▼ *artikel 5~* het artikel dat na artikel 5 is ingelast II *de* ⟨bies⟩ [bissen] ❹ muz. b die met een halve toon verhoogd is

bisam ⟨biezam⟩ *het* ❶ muskus ❷ bont van de bisamrat **bisamrat** knaagdier met een muskusklier onder de staart, vaak gekweekt om de pels, muskusrat (Fiber zibethicus)

biscuit ⟨biskwie⟩ *het & de (m)* [-s] dun bros koekje

bisdom *het* [-men] kerkelijk gebied van de katholieke kerk waarvan een bisschop het hoofd is

biseksueel seksueel gericht op beide geslachten, die in seksueel opzicht van mannen en van vrouwen houdt

bisjaar BN jaar dat iemand overdoet aan een universiteit of hogeschool

bismut schei. *het* chemisch element Bi, lichtgrijs metaal met een roodachtige glans, onder

andere gebruikt voor de productie van cosmetica en medicijnen

bisque ⟨biesk⟩ *de (v)* soep van schaaldieren, zoals kreeft of garnaal

bisschop *de (m)* [-pen] ❶ iemand die aan het hoofd staat van de priesters in een bepaald gebied, in een bisdom ❷ warme rode wijn, gemengd met kruiden en suiker **bisschoppelijk** *bn* van een bisschop: *het ~ paleis* **bisschoppensynode** vergadering van bisschoppen **bisschopwijn, bisschopswijn** warme rode wijn, gemengd met kruiden en suiker

bissen BN een studiejaar opnieuw doen

bistro ⟨biestroo⟩ *de (m)* [-'s] kleine eetgelegenheid die eenvoudig is of er eenvoudig uitziet

bit I *het* [-ten] ❶ soort korte stang in de mond van een paard waaraan de teugels worden vastgemaakt ❷ gebitsbeschermer voor sporters: *voor hockeyers is een ~je verplicht* II *de* [-s] ❸ kleinste informatie-eenheid bij computers

bitch ⟨bitsj⟩ vulg. *de (v)* [-es] scheldwoord voor een harde, onaardige vrouw of meisje

bitje *het* [-s] gebitsbeschermer (gedragen bij sommige sporten)

bits, bitsig *bn* onvriendelijk, scherp

bitter I *bn* ❶ met een bepaalde scherpe smaak: *grapefruits smaken ~* ❷ teleurgesteld door het leven, verbitterd ❸ hard, moeilijk te verdragen: *een ~ lot* II *bw* ❹ erg, heel: *~ weinig* III *de (m)* [-s] ❺ bitter toevoegsel voor sterkedrank ❻ jenever met dit toevoegsel **bitterbal** klein rond kroketje **bittergarnituur** hartige hapjes bij een borrel, receptie e.d.

bitterkoekje koekje met een bittere amandelsmaak **bitterkruid** samengesteldbloemige plant van het geslacht Picris hieracioides

bitter lemon ⟨bittəR lemən⟩ *de (m)* frisdrank met citroen of limoen en een beetje bittere smaak

bittertje *het* [-s] glaasje bitter

bittervoorn karperachtig zoetwatervisje (Rhodeus amarus)

bitterzoet I *bn* ❶ met een smaak die het midden houdt tussen bitter en zoet ❷ fig. zacht en lief maar ook bitter en hard: *een ~ liefdesverhaal* II *het* ❸ giftige klimplant met paarse bloempjes (Solanum dulcamara) **bitterzout** mineraalwater met veel natrium- en magnesiumsulfaat, onder andere gebruikt als laxerend middel en als meststof voor planten

bitumen *het* asfalt **bitumineus** *bn* waar hars in zit of bitumen of aardolie

bivak *het* [-ken] nachtverblijf in de openlucht of in tenten, oorspronkelijk van soldaten, nu ook van bergbeklimmers e.a. ▼ *zijn ~ opslaan* ergens enige tijd verblijven **bivakkeren** ❶ de nacht in de openlucht of in tenten doorbrengen ❷ verblijven, ergens een tijd zijn: *hij heeft een tijd bij zijn zuster gebivakkeerd* **bivakmuts** muts over het hele hoofd behalve de ogen

BiZa ministerie van Binnenlandse Zaken

bizar *bn* heel vreemd, wonderlijk: *~re gewoonten*

bizon *de (m)* [-s] groot soort wild rund uit Noord-Amerika

bj. bouwjaar

bl

bl<u>aa</u>dje *het* [-s] klein blad ▼ *bij iemand in een goed ~ staan,* BN *bij iemand op een goed ~ staan* op zo'n manier gezien worden door iemand dat diegene positief over iemand denkt, een positieve houding heeft tegenover die persoon

bl<u>aa</u>g *de* [blagen] lastig of brutaal kind

bl<u>aa</u>m *de* ▼ *hem treft geen ~* hij is niet schuldig, hem valt niets te verwijten

bl<u>aa</u>r *de* [blaren] ➊ plaats waar de huid opgezwollen is met daaronder een vochtophoping, bijv. door verbranding of na een wandeltocht ➋ witte plek vóór op de kop van bijv. een koe **bl<u>aa</u>rkop** koe met een witte plek vóór op de kop

bl<u>aa</u>rtrekkend *bn* wat blaren veroorzaakt

bl<u>aa</u>s *de* [blazen] ➊ luchtbel ➋ vliezige zak in het lichaam waarin de urine zich bevindt

bl<u>aa</u>sbalg werktuig om vuur aan te blazen **bl<u>aa</u>sinstrument** muziekinstrument waarop geblazen wordt, bijv. een trompet

bl<u>aa</u>sjeskruid vleesetend plantje dat in het water zweeft, van het geslacht Utricularia vulgaris

bl<u>aa</u>skaak *de (m)* [-kaken] iemand met een grote mond die erg opschept

bl<u>aa</u>skapel muziekkorps met blaasinstrumenten **bl<u>aa</u>sontsteking** ontsteking van de urineblaas **bl<u>aa</u>sorkest** orkest van blaasinstrumenten

bl<u>aa</u>spijp *de* buis waardoor men lucht of steentjes blaast **bl<u>aa</u>spijpje** *de (v)* [-s] buisje waarin iemand moet blazen om te controleren of hij niet te veel alcohol heeft gedronken **bl<u>aa</u>sproef** controle waarbij een bestuurder van een auto, motor e.d. moet blazen in een apparaatje om te controleren of hij niet te veel alcohol heeft gedronken **bl<u>aa</u>sworm** worm die lintworm wordt

bl<u>a</u>bla *de (m)* nietszeggende woorden, onzin

black b<u>o</u>x ‹blèk-› *de (m)* apparaat dat vluchtgegevens van een vliegtuig registreert **blackjack** ‹-dzjek› *het* kansspel met kaarten **black-<u>ou</u>t** *de (m)* [-s] kortdurend verlies van bewustzijn of geheugen of concentratie **black t<u>ie</u>** ‹- taj›, **black tie** *het* [-s] kledingvoorschrift voor feesten, waarbij de man een smoking moet dragen en de vrouw een lange of korte avondjurk

blad I *het* [bladeren, bladen, blaren] ➊ deel van een boom of plant, aan een tak of stengel: *de bladeren vallen van de bomen* ▼ *geen ~ voor de mond nemen* eerlijk alles zeggen, precies zeggen wat men denkt II *het* [bladen] ➋ plat voorwerp, plat onderdeel: *het ~ van een tafel, van een zaag* ➌ stuk papier ➍ tijdschrift, krant: *welke bladen lees je?*

bl<u>a</u>dderen in kleine stukjes los gaan zitten: *de verf bladdert*

bl<u>a</u>derdeeg deeg dat bestaat uit niet compacte, platte luchtige schijfjes

bl<u>a</u>deren de bladen van een boek of tijdschrift omslaan en vluchtig bekijken

bl<u>a</u>dgoud dun goud

bl<u>a</u>dgroen groene kleurstof van planten **bl<u>a</u>dgroente** groente waarvan de bladeren (eventueel samen met de malse stengels) worden gegeten, zoals andijvie, prei, sla en spinazie

bl<u>a</u>dkoper dun koper

bl<u>a</u>dluis luis die op planten leeft

bl<u>a</u>dmuziek muziek zoals die in notenschrift op papier is afgedrukt

bl<u>a</u>dplant plant die om de bladeren wordt gekweekt **bl<u>a</u>dselderie** selderie met veel blad **bl<u>a</u>dspiegel** de breedte en hoogte van wat op een bladzijde gedrukt is

bl<u>a</u>dstil *bn* heel stil, zonder wind

bl<u>a</u>dvulling stukje tekst of afbeelding om de bladzijde vol te maken **bl<u>a</u>dwijzer** strook papier of stof die men in een boek legt om aan te geven waar men is gebleven

bladz., blz. bladzijde **bl<u>a</u>dzijde** *de* [-n, -s], **bladzij** kant van een blad papier

bl<u>a</u>dzuiger apparaat waarmee men, vooral in de herfst, gevallen bladeren kan opzuigen

bl<u>a</u>ffen ➊ ‹van honden› stemgeluid geven ➋ ‹van mensen› luid hoesten ➌ luid en snauwend praten **bl<u>a</u>ffer** *de (m)* [-s] ➊ hond die blaft ➋ *spreekt.* pistool of revolver

bl<u>a</u>ken gloeien, branden, heel warm schijnen: *in de ~de zon* ▼ *~ van gezondheid* er heel gezond uitzien

bl<u>a</u>ker *de (m)* [-s] lage kaarshouder **bl<u>a</u>keren** schroeien: *de muren waren zwartgeblakerd door de brand*

blam<u>a</u>ge ‹-zja› *de (v)* [-s] schande, iets om zich voor te schamen: *wat een ~!* **blam<u>e</u>ren** ▼ *zich ~* zich te schande maken, zich belachelijk maken: *we blameerden ons door als laatste te eindigen*

blanch<u>e</u>ren ‹-sjî-› ‹van eten› vóór het klaarmaken even opkoken, om bruin worden te voorkomen

bl<u>a</u>nco *bn* blank, oningevuld, onbeschreven: *een ~ vel papier* ▼ *~ stemmen* niet voor of tegen stemmen, een oningevuld stembriefje inleveren ▼ *ergens ~ tegenover staan* ergens geen mening over hebben, geen voorkeur hebben

blank *bn* ➊ helder, licht, zonder verflaag: *~ hout* ➋ wit, schoon: *een ~ vel papier* ➌ met een lichte huidskleur: *het ~e ras* ▼ *~e verzen* verzen zonder rijm ▼ *~ staan* onder water staan: *onze keuken stond ~* **bl<u>a</u>nke** *de* [-n] iemand die tot het blanke ras behoort

blas<u>é</u> ‹-zee› *bn* heel erg verwend, die alles al heeft, zodat hij nergens meer van geniet: *de jongen liep ~ door de dure kledingwinkel*

blasfem<u>ie</u> *de (v)* [-ën] het beledigen van, zeggen van slechte dingen over een god, godslastering

bl<u>a</u>ten het geluid van een schaap maken

blauw I *bn* ➊ bepaalde kleur, zoals van de hemel op een heldere dag ▼ *hij heeft ~ bloed* hij is van adel ▼ *een ~e maandag* heel korte tijd: *hij heeft daar een ~e maandag gewerkt* II *het* ➋ blauwe kleur ▼ *Delfts ~* Delfts aardewerk dat met blauwe verf is beschilderd ▼ *meer ~ op straat* meer politietoezicht op straat ▼ *een ~tje lopen* afgewezen worden in de liefde

bl<u>au</u>wbaard *de (m)* vrouwenmoordenaar, naar Blauwbaard, wrede sprookjesfiguur die vrouwen vermoordde

bl<u>au</u>wbekken [blauwbekte, h. geblauwbekt] *het* erg koud hebben: *ik sta hier te ~*

bl<u>au</u>wblauw *bn* ▼ *iets ~ laten* zich ergens niet mee bezighouden, geen beslissing nemen

bl

blauwdruk ❶ het drukken in witte lijnen op een blauwe ondergrond **❷** tekening die op deze manier is uitgevoerd **❸** *fig.* voorlopig ontwerp, plan

blauweregen vlinderbloemige klimplant of heester met blauwe bloemtrossen (Wisteria chinensis)

blauwhelm beroepsmilitair met een opdracht van de VN

blauwtong veeziekte die via knutten (een soort kleine muggen) wordt overgedragen, waarbij dieren een blauwe tong krijgen en kreupel worden en soms doodgaan **blauwvoet** BN stormmeeuw, symbool van de strijd tegen de verfransing van Vlaanderen **blauwzucht** het blauwachtig worden van de huid bij hart- of longziekten

blauwzuur kleurloze, heel giftige vloeistof (cyaanwaterstof)

blazen [blies, h. geblazen] **❶** lucht met kracht tussen de lippen door uitstoten: *als je blaast, wordt de soep minder heet* ▼ BN *warm en koud tegelijk ~* elomheen draaien, tegenovergestelde standpunten innemen afhankelijk van de gesprekspartner, de omstandigheden enz. ▼ BN, spreekt. *in het zakje ~* een alcoholtest doen in de vorm van een blaasproef **❷** op een blaasinstrument spelen ▼ *het is oppassen ge~* pas vooral goed op **❸** ⟨van o.a. katten⟩ een sissend geluid maken als dreigement: *de kat stond met een hoge rug naar de hond te blazen*

blazer[1] *de (m)* [-s] speler op een blaasinstrument

blazer[2] ⟨blee-⟩ *de (m)* [-s] jasje, colbert van een lichte stof zonder voering

blazoen het wapenschild ▼ *een smet op iemands ~* slecht voor iemands eer, reputatie

bleachen ⟨blietsj-⟩ [bleachte, h. gebleacht] bleken, witter of lichter maken: *tanden ~*

bleek I *bn* **❶** zonder of met weinig kleur ▼ *hij ziet ~jes* zijn gezicht is bleek **II** *de* [bleken] **❷** het bleken van wasgoed door het buiten in de zon op de grond te leggen **❸** het wasgoed dat gebleekt wordt **❹** het stuk grond waar het wasgoed gebleekt wordt

bleekgezicht het iemand van het blanke ras zoals die in films, boeken e.d. wordt genoemd door Noord-Amerikaanse indianen **bleekneus** iemand die er bleek en zwak uitziet **bleekscheet** inform., neg. **❶** iemand die er bleek uitziet **❷** iemand van het blanke ras **bleekselderij, bleekselderie** selderie die opzettelijk bleek is gehouden

bleekwater oplossing van natriumhypochloriet (NaOCl) in water, gebruikt als bleekmiddel en als schoonmaakmiddel

blei *de* karperachtige zoetwatervis (Abramis blicca)

bleken [bleekte, h. / is gebleekt] **❶** helder of wit worden **❷** helder of wit doen worden: *zijn tanden ~*

blender *de (m)* [-s] keukenapparaat waarin men voedsel fijnmaakt en mengt

blèren ❶ ⟨van schapen⟩ blaten **❷** ⟨van mensen⟩ luid huilen of schreeuwen: *een ~d kind*

bles *de* [-sen] **❶** witte vlek op het voorhoofd van een dier, vooral van een paard **❷** BN haarlok die over het voorhoofd valt

blesseren verwonden: *de voetballer heeft zich geblesseerd* **blessure** *de (v)* [-s, -n] wond, verwonding: *de voetballer heeft een ~* **blessuretijd** extra speeltijd in een wedstrijd

bleu *bn* **❶** verlegen **❷** lichtblauw

bliek *de (m)* **❶** blei, vissoort uit de familie van de karpers **❷** jonge brasem **❸** haring van minder dan een jaar oud

bliep *tw* klank die een kort elektronisch geluidssignaal weergeeft

blieven believen

blij *bn* met het gevoel dat iemand heeft als hij iets fijn vindt en het hem een prettig gevoel geeft, vrolijk en gelukkig: *ze was heel ~ met het cadeautje* ▼ *de blijde Boodschap* het Evangelie ▼ *in blijde verwachting* zwanger **blijdschap** *de (v)* prettig gevoel van vrolijkheid, vreugde

blijf BN, spreekt. *zn* ▼ *geen ~ weten met* geen raad weten met

blijf-van-mijn-lijfhuis opvanghuis voor mishandelde vrouwen

blijk het bewijs, teken: *als ~ van waardering voor onze hulp gaf de hulwrouw ons een bos bloemen* om ons duidelijk te maken dat ze onze hulp waardeerde;: *met dat antwoord gaf hij ~ van zijn slimheid* daaraan kon men merken dat hij slim is **blijkbaar** *bn* duidelijk, zoals blijkt, zoals men kan afleiden uit de omstandigheden: *ze doet niet open, ~ is ze al weg* **blijken** [bleek, is gebleken] duidelijk worden of zijn: *hij blijkt weggelopen te zijn* **blijkens** *vz* zoals blijkt uit

blijmoedig *bn* blij, opgewekt: *hij heeft een ~ karakter*

blijspel vrolijk toneelspel

blijven [bleef, is gebleven] **❶** steeds hetzelfde zijn, niet veranderen: *je bent dom en je blijft dom* **❷** doorgaan met: *~ werken* **❸** steeds op dezelfde plaats zijn: *waar blijf je toch?* gezegd tegen iemand op wie men lang moet wachten ▼ *hij is in de strijd gebleven* hij is in de strijd gestorven **blijvend** *bn* voorgoed, wat niet voorbijgaat: *na dat ongeluk was ze ~ invalide* **blijver** *de (m)* [-s] iemand die blijft

blik I *de (m)* [-ken] **❶** oogopslag, het korte tijd naar iemand of iets kijken: *een ~ in een boek werpen* **❷** uitdrukking van de ogen: *een trieste ~* **II** *het* [-ken] **❸** ⟨geen meervoud⟩ heel dun gemaakt metaal **❹** verpakking van dun metaal, waarin bijv. voedsel lange tijd bewaard kan worden: *sperziebonen in ~; een ~je cola* **❺** plaat met een handvat waarop men stof of vuil samenveegt: *stoffer en ~*

blikgroente groente in een conservenblik die lang houdbaar is

blikken I *bn* van blik: *een ~ trommeltje* **II** *ww* **❷** kijken: *ze blikte in het tijdschrift* ze keek er kort (en oppervlakkig) in ▼ *zonder ~ of blozen* zonder schaamte (terwijl iemand zich wel zou moeten schamen)

blikkeren flikkeren, glinsteren

blikopener voorwerp om conservenblikken mee te openen

blikschade schade aan de carrosserie van een auto, bijv. door een aanrijding: *de schade viel mee, alleen ~*

bliksem *de (m)* [-s] lichtflits tijdens onweer ▼ *als de (gesmeerde) ~ heel snel* ▼ *hete ~* gestoofde aardappelen met appels **bliksemactie** heel snelle onverwachte actie **bliksemafleider** *de (m)* [-s] ❶ metalen stang, die de bliksem afvoert naar de aarde ❷ *fig* aanval van iets dat afleiding geeft bij een aanval van woede: *als ~ fungeren* **bliksembezoek** heel kort bezoek **bliksemcarrière** heel snel stijgende carrière **bliksemen** flitsen van of als de bliksem **bliksemflits** zichtbare straal van de bliksem tijdens onweer, bliksemstraal

bliksems I *bw* ❶ erg: *dat is ~ goed!* II *bn* ❷ vervelend, ellendig: *wat heeft die ~e jongen nu weer uitgehaald!* III *tw* ❸ uitroep van verbazing of ergernis

bliksemschicht bliksemflits
bliksemsnel heel snel
bliksemstraal zichtbare straal van de bliksem tijdens onweer, bliksemflits

blikslager *de (m)* [-s] iemand die blik maakt, met blik werkt

blikvanger *de (m)* [-s] iets dat sterk de aandacht trekt **blikveld** ❶ wat men op een bepaald moment vanaf een bepaalde positie kan zien ❷ *fig.* wat men opmerkt (doordat men zich ervoor interesseert): *dat valt buiten zijn ~*

blikvoedsel eten in een conservenblik dat lang houdbaar is

blind I *bn* ❶ niet in staat om te zien ▼ *iemand ~ vertrouwen* volkomen, zonder te controleren ▼ *zich ~staren op iets* alleen daarvoor met aandacht hebben en de rest vergeten ▼ *~e kaart* landkaart zonder namen ▼ *~e passagier* verstekeling ▼ *~e sluiting* sluiting die van buiten niet zichtbaar is ▼ *een ~e muur* muur zonder deuren of ramen erin II *het* [blinden] ❷ luik of een raam: *alle ~en van de boerderij zijn dicht*

blind date ⟨blajndeet⟩ *de (m)* [dates] afspraakje met een onbekende

blinddoek doek voor de ogen zodat iemand niets kan zien **blinddoeken** [blinddoekte, h. geblinddoekt] een blinddoek voor de ogen binden

blinde *de* [-n] iemand die blind is ▼ *in het land der ~n is eenoog koning* onder mensen die iets niet kunnen of weten, is iemand die het een beetje kan of weet, een autoriteit

blindedarm stuk darm met een wormvormig aanhangsel dat gemakkelijk ontstoken raakt **blindedarmontsteking** ontsteking aan het aanhangsel van de blindedarm

blindelings *bw* ❶ zonder te kijken ❷ *fig.* zonder erover na te denken: *~ gehoorzamen*

blindemannetje kinderspel met een blinddoek **blindengeleidehond** hond die is afgericht voor het leiden van blinden **blindenstok** witte stok met twee rode banden voor blinden

blinderen ❶ zo maken dat er van buiten niet doorheen kan worden gekeken: *geblindeerde ramen* ❷ scherf- of bomvrij maken, bepantseren

blindganger *de (m)* [-s] projectiel dat is afgeschoten maar niet ontploft is

blindvaren ▼ *~ op iemand* iemand kritiekloos volgen, volkomen vertrouwen op wat hij zegt of doet

blingbling I *de* ❶ opzichtige sieraden die vooral worden gedragen door hiphopartiesten II *bn* ❷ wat opzichtig schittert of blinkt: *een ~ telefoon, een ~ riem*

blinken [blonk, h. geblonken] helder glanzen, schitteren

blisterverpakking verpakking van bijv. tabletten op een kaartje of een strip van tamelijk hard materiaal waar deze gemakkelijk uit gedrukt kunnen worden

blits *bn* vlot en modern: *een ~e broek* ▼ *de ~ maken* opvallen en indruk maken

blizzard ⟨-zərt⟩ *de (m)* [-s] sneeuwstorm

b.l.o. *het* ❶ bijzonder lager onderwijs ❷ BN buitengewoon lager onderwijs

bloc *zn* ▼ *en ~* ⟨ãn blok⟩ alles of allemaal bij elkaar

blocnote *de (m)* [-s] bundeltje van vellen schrijfpapier die aan elkaar bevestigd zijn

bloed *het* ❶ rode vloeistof die rondstroomt in het lichaam van mensen en veel dieren ▼ *iemand het ~ onder de nagels vandaan halen* iemand tot het uiterste treiteren of dwarszitten ▼ *kwaad ~ zetten* verbittering, kwaadheid veroorzaken ▼ *in koelen ~e* kalm, zonder emoties: *iemand in koelen ~e vermoorden* ▼ *nieuw/vers* nieuwe mensen (die zorgen voor nieuwe energie, initiatieven): *nieuw ~ in een bedrijf* ❷ ⟨als eerste deel van een samenstelling⟩ inform. heel erg: *~heet*

bloedarmoede tekort aan rode bloedlichaampjes **bloedbad** het op een bloedige manier moorden en verwonden: *de vechtpartij eindigde in een ~* **bloedbank** centrale waar bloed wordt bewaard **bloedblaar** blaar met bloed erin **bloedcel** deeltje dat in het bloed zweeft **bloeddiamant** diamant uit een conflictgebied (bijv. in Afrika) waarvan de opbrengst wordt gebruikt om rebellen te financieren

bloeddoorlopen, bloeddoorlopen *bn* met bloed doorlopen, met zichtbaar rode adertjes: *~ ogen*

bloeddorst verlangen naar bloed, moordlust **bloeddorstig** die graag moordt, moordlustig, wreed

bloeddruk druk die het bloed uitoefent op de wanden van de aderen: *een hoge/lage ~ hebben*

bloedeigen met een echte familierelatie: *zijn ~ broer heeft hem verraden*

bloedeloos *bn* ❶ met weinig bloed, die weinig bloed heeft ❷ *fig.* slap, zonder uitdrukkingskracht, saai: *een bloedeloze uitvoering van een symfonie*

bloeden ❶ bloed verliezen: *hij bloedde heel erg na de val* ❷ lijden, boeten: *~ om een schuld terug te betalen* ▼ *met ~d hart* met veel verdriet of tegenzin

bloeder *de (m)* [-s] iemand wiens bloed moeilijk stolt

bloederig *bn* vol bloed, met veel bloed **bloederziekte** ziekte waarbij het bloed moeilijk stolt, hemofilie

bloedgang inform. hoge snelheid: *met een ~ naar het ziekenhuis rijden* **bloedgeld** ❶ beloning voor een misdaad ❷ karig loon verdiend met heel zwaar werk **bloedgroep** elk van de groepen waarin het bloed van mensen wordt verdeeld:

bl

men onderscheidt ~ A, B, AB en 0

bloedhekel inform. heel grote afkeer: *ik heb een ~ aan hem*

bloedhond ❶ kortharige jachthond met een lange kop en een huid die ruim om hem heen zit ❷ fig. heel wreed persoon

bloedig *bn* waarbij veel bloed vergoten wordt, met veel bloed: *een ~e oorlog; een ~ tafereel*

bloeding *de (v)* het vloeien van bloed

bloedje *het* [-s] ▼ *~s van kinderen* hulpeloze kinderen

bloedkoraal ❶ rood koraal ❷ kraal daarvan **bloedkoralen** *bn* van bloedkoraal

bloedlichaampje *het* [-s] rood of wit deeltje in het bloed: *de rode ~s vervoeren zuurstof door het bloed, de witte spelen een rol bij de afweer tegen ziektes*

bloedlink inform. *bn* ❶ heel riskant ❷ woedend

bloedluis luis met een roodachtig lichaamsvocht

bloedneus bloedende neus **bloedplaatje** element van het bloed dat een rol speelt bij stolling van het bloed **bloedplasma** bloed zonder bloedlichaampjes **bloedproef** onderzoek van het bloed, vooral op het alcoholgehalte **bloedprop** klont bloed in een bloedvat

bloedschande seks tussen tussen nauwe verwanten zoals broers en zusters, ouders en kinderen **bloedschuld** moord

bloedserieus volkomen serieus

bloedsinaasappel sinaasappel die van binnen rood is

bloedsomloop het stromen van het bloed in het lichaam **bloedspiegel** mate waarin een stof in het bloed zit **bloedstollend** *bn* ❶ zo, dat het bloed stolt, stijf wordt ❷ fig. heel erg spannend **bloedsuikerspiegel** suikergehalte van het bloed **bloedtransfusie** het overbrengen van bloed in het lichaam van een zieke of gewonde **bloeduitstorting** *de (v)* bloeding in het lichaam **bloedvat** buis waardoor het bloed stroomt in het lichaam, een ader of een slagader

bloedvergieten *het* het doden of verwonden van mensen

bloedvergiftiging besmetting van het bloed met bacteriën vanuit een wond

bloedverwant iemand die lid is van dezelfde familie door geboorte: *ouders, kinderen, broers en zusters zijn ~en*

bloedworst worst die van bloed en meel is gemaakt

bloedwraak het doden van een moordenaar of een van diens (mannelijke) familieleden door een familielid van de vermoorde

bloedzuiger ❶ worm die bloed zuigt ❷ fig. iemand die veel geld wil verdienen ten koste van anderen: *zijn huisbaas is een echte ~*

bloei *de (m)* het bloeien: *de kersenbomen staan in ~* ▼ fig. *in de ~ van zijn leven* in de periode waarin iemand op zijn best en sterkst is **bloeien** ❶ bloemen of bloesems dragen ❷ fig. succes ontwikkelen: *de autohandel bloeit als nooit tevoren* **bloeitijd** ❶ tijd dat een plant bloeit ❷ fig. tijd van hoge ontwikkeling, van sterke ontplooiing, waarin het heel goed gaat met iemand of iets: *de ~ van de gotiek* **bloeiwijze** stand en vorm van de bloemen van een plant:

de ~ van de aardappel is een tros van bloemen

bloem I *de* ❶ deel van een plant, struik of boom met de stamper en de meeldraden en met vaak kleurige bladen eromheen ❷ plant met kleurige bladeren om de stamper en de meeldraden: *een bosje ~en* **II** *de* ❸ fijn meel **bloembed** klein stukje, veldje bloemen in een tuin, bloemperk

bloembol ❶ bolvormig, onderaards deel van een stengel met reservevoedsel, waardoor bolgewassen zich voortplanten ❷ bloeiend bolgewas, zoals de tulp en de narcis: *de toeristen bezichtigden de ~len* **bloemdek** buitenste kransen (kelk en kroon) van een bloem

bloemenbon cadeaubon waarmee iemand bloemen kan kopen **bloemencorso** optocht van voertuigen die met bloemen versierd zijn

bloemetje *het* [-s] ❶ kleine bloem ❷ bos bloemen: *een ~ voor iemand meenemen* ▼ *de ~s buiten zetten* feestvieren, het ervan nemen

bloemig *bn* (van aardappelen) los en kruimelig

bloemist *de (m)* iemand die bloemen verkoopt **bloemisterij** *de (v)* winkel waar bloemen worden verkocht **bloemkelk** *de (m)* bladerkrans vlak bij de bloem

bloemkool ❶ koolsoort met een grote eetbare witte bloem ❷ de bloem als groente

bloemkroon de bladen van een bloem die niet groen zijn

bloemlezing *de (v)* boek met daarin verschillende gedichten of korte verhalen, vaak van verschillende dichters of schrijvers

bloemperk klein stukje, veldje bloemen in een tuin **bloempot** pot voor een bloem of bloemen

bloemrijk fig. met beelden of vergelijkingen: *~ taalgebruik*

bloemschikken mooie boeketten maken van bloemen

bloemstuk geheel van een aantal bloemen die mooi gerangschikt zijn

bloemsuiker BN ook poedersuiker

bloes *de* [bloezen], **blouse** *de (v)* kledingstuk voor het bovenlichaam voor vrouwen, vaak met knopen

bloesem *de (m)* [-s] bloem van een boom waaruit later een vrucht groeit: *de appelbomen zitten in het voorjaar vol ~*

blog *de (m)* [-s] verkorting van weblog **blogger** *de (m)* [-s] iemand die een weblog schrijft

blok I *het* [-ken] ❶ rechthoekig, vaak vierkant, stuk hout, metaal enz. ▼ *iemand voor het ~ zetten* iemand in een situatie plaatsen waarin hij geen keus heeft ❷ groep gebouwen die bij elkaar staan, reeks lezingen, colleges enz. die bij elkaar horen: *een ~ huizen* ❸ comp. gemarkeerd stuk tekst ❹ sp. blokkade om te verhinderen dat de tegenpartij kan scoren: *drie volleyballers vormden een ~ voor het net* ▼ *touw en ~* touw en katrol om zware voorwerpen omhoog te takelen **II** *de (m)* [-ken] ❺ kinderspeelgoed van hout: *met ~ken spelen* ❻ BN, stud. blokperiode

Blok BN *het* verkorting van *Vlaams Blok* (*extreemrechtse politieke partij die nu Vlaams Belang heet*) **blokfluit** de eenvoudige houten fluit met zeven vingergaten en een duimgat **blokhak** vierkante hak van een schoen **blokhut** hut die van gekapte boomstammen is gemaakt

bl

blokkade *de (v)* [-s] afsluiting, belemmering van de doorgang: *de ~ van de fabriekspoort bij een staking*

blokken hard studeren: *~ voor een examen*

blokkendoos doos met blokken als kinderspeelgoed

blokkeren ❶ de doorgang afsluiten, maken dat mensen er niet langs kunnen: *de gekantelde vrachtwagen blokkeerde de weg* ❷ maken dat iemand van iets geen gebruik kan maken: *een bankrekening ~*

blokletter geschreven drukletter die rechtop staat **blokletteren** BN [blokletterde, h. geblokletterd] koppen, in grote krantenkoppen schrijven

blokperiode BN, stud. studieperiode voor de examens

blokrijden BN met een bepaalde snelheid onder politiebegeleiding rijden van groepen auto's, zonder in te halen, om files te voorkomen

blokuur twee of meer lesuren die op elkaar aansluiten **blokverwarming** centrale verwarming van een complex of een blok huizen met één ketel **blokvorming** het zich tijdelijk aaneensluiten, vooral van staten of politieke partijen

blom *de (v)* [-men] ▾ *een jonge ~* een mooi jong meisje

blond *bn* met een lichte kleur: *~e haren; ~ bier* **blonderen** blond maken: *zij heeft haar haar geblondeerd*

blondine *de (v)* [-s] vrouw met blond haar

blondje *het* [-s] vrouw of meisje met blond haar ▾ *een dom ~* blonde vrouw die volgens het stereotiepe idee dom zou zijn

bloody mary ⟨bluddie mèRie⟩ *de (m)* [-'s] cocktaildrank van wodka en tomatensap

blooper ⟨bloe-⟩ *de (m)* [-s] komische fout, vooral bij film- en tv-opnamen

bloot *bn* ❶ naakt, onbedekt, zonder kleren aan: *met een ~ bovenlijf* ▾ *in zijn ~je* naakt, zonder kleren aan ❷ zonder hulpmiddelen ▾ *vechten met zijn blote handen* zonder wapen ▾ *onder de blote hemel* in de openlucht ▾ *met het blote oog* zonder kijker ▾ *blote eigendom* eigendom zonder recht te hebben op de opbrengst **blootgeven** ▾ *zich ~* zich onbeschermd in een gevaarlijke positie brengen; fig. zijn zwakheden tonen **blootleggen** van de bedekkende laag ontdoen, zichtbaar maken, ook figuurlijk: *hij legde zijn ziel bloot*

blootshoofds *bw* met onbedekt hoofd, zonder hoed, pet enz. op

blootstaan ▾ *~ aan* onbeschermd zijn tegen: *aan allerlei gevaren ~* **blootstellen** ▾ *~ aan* in contact laten komen met iets gevaarlijks: *blootgesteld aan radioactieve straling*

blootsvoets *bw* op blote voeten

blos *de (m)* [-sen] rode kleur op de wangen

blotebillengezicht rond vlezig gezicht zonder snor of baard

blouse ⟨bloes⟩ *de* [-s] bloes

blouson ⟨bloesô⟩ *de (m)* [-s] wijdvallend jak

blowen ⟨blow-⟩ marihuana of hasj roken **blowtje** ⟨blootje⟩ inform. *het* [-s] ❶ trekje van een sigaret met hasj of marihuana ❷ sigaret met hasj of marihuana, joint

blozen een rode kleur op zijn wangen krijgen: *ze bloosde van genoegen toen ze een compliment kreeg* ▾ *~de wangen* met een gezonde rode blos

blubber *de (m)* vieze, natte modder

blue chip ⟨bloe tsjip⟩ *de (m)* [-s] ⟨financieel⟩ aandeel in een financieel sterke, goed geleide onderneming, waarvoor beleggers belangstelling hebben

bluejeans ⟨bloedzjiens⟩ *de (m)* spijkerbroek

blues ⟨bloez⟩ *de* muziekstijl die door negerslaven is ontwikkeld, met een simpel akkoordenschema en een vaak melancholieke inslag

bluetooth ⟨bloetoeθ⟩ *zn* draadloze verbinding via radiogolven tussen elektronische apparaten op korte afstand

bluf *de (m)* het bluffen, grootspraak, opschepperij ▾ *Haagse ~* nagerecht van geklopt eiwit met suiker en bessensap **bluffen** ❶ doen alsof men sterker is, meer heeft dan het geval is ❷ ⟨kaartspel⟩ bij gokspelen doen alsof de eigen kaart heel sterk is in de hoop dat de ander opgeeft

blufpoker ❶ kaartspel waarbij gebluft wordt ❷ fig. doen alsof men ergens toe in staat is of ergens over kan beschikken terwijl dat niet zo is, om iemand anders te overtroeven

blunder *de (m)* [-s] stomme fout **blunderen** een stomme fout maken

blu-ray ⟨bloeRee⟩ *zn* formaat voor de opslag van digitale informatie op een ronde, optische schijf ter grootte van een dvd, vooral gebruikt voor speelfilms in hoge beeldkwaliteit

blurren vager maken

blusher ⟨-sjər⟩ *de (m)* [-s] rouge in poedervorm

blussen ⟨een vuur⟩ doven met water of schuim uit een blusapparaat ▾ *kalk ~* bij kalk water voegen

blut *bn* die niets meer bezit: *ik heb al mijn geld uitgegeven, ik ben ~*

bluts *de* deuk of buil ▾ BN *de ~ met de buil nemen* naast de voordelen ook de nadelen van iets accepteren **blutsen** [blutste, h. / is geblutst] ❶ een deuk toebrengen ❷ een deuk krijgen

blvd. boulevard

blz., bladz. bladzijde

BMI body mass index

bmr-prik inenting tegen bof, mazelen en rodehond

BMX I *bicycle motocross*, ❶ sport waarbij op speciale kleine fietsen wordt gecrost of gestunt **II** *de* [-'en] ❷ een dergelijke fiets

BN'er *de (m)* [-s] Bekende Nederlander

BNN *Bart's News Network*, Nederlandse omroepvereniging

bnp *het* bruto nationaal product, bbp

bnw. bijvoeglijk naamwoord

boa *de (m)* [-'s] ❶ boa constrictor ❷ ronde langwerpige sjaal voor dames, vaak van bont of veren

BOA *de (m)* [-'s] Buitengewoon Opsporingsambtenaar

boa constrictor *de (m)* [-s] niet-giftige grote slang die het slachtoffer verstikt

board ⟨boord⟩ *het* vezelmateriaal dat met kunsthars doordrenkt is en in platen geperst

bob I *de* [-s] ❶ bobslee ❷ bepaald recht geknipt

kapsel **II** *de (m)* [-s] *bewust onbeschonken bestuurder*, ❸ iemand die geen alcohol drinkt om de rest van een groep veilig te vervoeren

bobbel *de (m)* [-s] ❶ plek waar iets hoger is, bultje, opzwelling: *~s in het wegdek* ❷ luchtbel in verf e.d.: *~s op een pas geverfde deur* **bobbelig** *bn* met bobbels of bultjes **bobben** ❶ met een bobslee rijden ❷ degene zijn die de bob (bewust onbeschonken bestuurder) is bij het uitgaan

bobijn BN, ook *de* spoel, klos

bobine *de (v)* [-s] spoel om de spanning in een bougie op te voeren

bobo iron. *de (m)* [-'s] iemand met een hoge functie binnen de sportwereld

bobslee lange slee voor twee of vier personen met een stuur en een rem

bobtail ‹-teel› *de (m)* [-s] ras van herdershonden uit Engeland, met veel haar

bochel *de (m)* [-s] bult op de rug die ontstaat door het krom worden van de ruggengraat

bocht **I** *de* ❶ kromming in wegen, lijnen e.d.: *een rivier met veel ~en* ▼ *scherts. Kees in de ~!* Kees doet weer iets raars of onverwachts ▼ *kort door de ~* wat al te gemakkelijk, zonder nuancering ▼ *zich in allerlei ~en wringen* van alles proberen om iets voor elkaar te krijgen of iets te laten geloven **II** *de (m) & het* ❷ slecht spul, vooral drank: *ik drink dat ~ niet!* **bochtig** *bn* met (veel) bochten: *een ~e weg*

bockbier zwaar en zoet donker bier

bod *het* het bieden, de geboden prijs: *een ~ doen op een huis* ▼ *aan ~ komen* een kans krijgen, aan de beurt komen

bode *de (m)* [-n, -s] iemand die berichten, pakketten e.d. rondbrengt

bodega *de (m)* [-'s] café waar wijn wordt geschonken, wijnhuis

bodem *de (m)* [-s] ❶ bovenste laag van de aarde, grond ❷ onderste deel of laag van een vertrek, voorwerp enz.: *de ~ van een glas, een doos* ▼ *zijn hoop werd de ~ ingeslagen* zijn hoop werd vernietigd **bodemarchief** wat zich in de grond bevindt en belangrijke informatie oplevert over de geschiedenis **bodembedekker** *de (m)* [-s] plant die breed over de grond groeit **bodemkunde** wetenschap die zich bezighoudt met de gesteldheid van de grond **bodemloos** *bn* zonder bodem **bodemprijs** minimumprijs: *dit is de ~, lager ga ik niet* **bodemprocedure** jur. gewone procedure van een rechtszaak (tegenover: kort geding)

body ‹boddie› *de & het* [-'s] ❶ lichaam ❷ nauwsluitende elastische onderkleding voor vrouwen ❸ stevigheid, kracht, inhoud: *een beleid met weinig ~* **bodyart** ‹-aRt› *de (m)* vorm van kunst waarbij de kunstenaar het lichaam gebruikt om zijn artistieke visie uit te drukken **bodyboard** ‹-bòRd› *de (m)* [-s] kleine surfplank waar men met zijn bovenlichaam op ligt **bodybuilding** ‹-bil-› *de* het mooier maken van het lichaam door krachtoefeningen waardoor de spieren zichtbaarder worden **bodyguard** ‹-GaRd› *de (m)* [-s] persoonlijke beschermer, lijfwacht **body mass index** ‹- màs -› *de (m)* index die de verhouding uitdrukt tussen iemands gewicht en lengte: gewicht in kilo's, gedeeld door het

kwadraat van de lengte in meters **bodypainter** ‹-peen-› *de (m)* [-s] iemand die een (naakt) lichaam beschildert **bodypump** zn fitnessprogramma in groepsverband, waarbij de belangrijke spiergroepen worden getraind met behulp van een staaf met gewichten **bodystocking** ‹-stokking› *de* [-s] nauwsluitende elastische onderkleding voor vrouwen die de hele romp bedekt **bodywarmer** ‹-wòr-› *de (m)* [-s] jack zonder mouwen

boe *tw* ▼ *~ noch ba zeggen* geen woord zeggen

boeddhisme ‹-dis-› *het* een van de wereldgodsdiensten

boedel *de (m)* [-s] dat wat iemand bezit of wat een overledene bezat, inboedel: *zijn hele ~ werd verkocht toen hij failliet was* **boedelafstand** het afstand doen van zijn bezit **boedelbeschrijving** *de (v)* overzicht van alle bezittingen en schulden **boedelscheiding** *de (v)* verdeling van een gemeenschappelijke boedel onder de verschillende gerechtigden, bijv. onder erfgenamen

boef *de (m)* [boeven] iemand die slechte dingen doet, zoals stelen **boefje** *het* [-s] kind dat dingen doet die niet mogen

boeg *de (m)* voorkant van een schip ▼ *voor de ~ hebben* nog te doen, te verwachten ▼ *het over een andere ~ gooien* het op een andere manier proberen; van gespreksonderwerp veranderen **boegbeeld** ❶ figuur als versiering aan de boeg van een schip ❷ fig. gezichtsbepalende persoon in een groep, bedrijf e.d. **boegspriet** rondhout aan de voorsteven van een schip dat naar buiten uitsteekt

boei *de* ❶ ijzeren band, beugel waarmee handen of voeten van een gevangene worden vastgemaakt: *de politie sloeg de zakkenroller in de ~en* ❷ vaak felgekleurd baken in water ▼ *een kleur als een ~ hebben, krijgen* heel erg blozen ❸ reddingsboei **boeien** **I** *ww* ❶ (mensen) stevig vastbinden: *de bankrovers boeiden het personeel* ❷ de aandacht helemaal in beslag nemen: *de film kon mij niet ~* **II** *tw* ❸ jong. niet interessant **boeiend** *bn* wat de aandacht vasthoudt, spannend, erg interessant

boeienkoning artiest die zich uit boeien weet los te maken

boeier *de (m)* [-s] klein pleziervaartuig met voor en achter verhoogd boord

boek *het* bundel bedrukte vellen papier die in een band zijn samengebonden: *een ~ schrijven* ▼ *buiten zijn ~je gaan* iets doen wat men niet hoort te doen ▼ *te ~ staan als* bekend zijn als ▼ *te ~ stellen* op papier zetten, opschrijven ▼ *een ~je over iemand opendoen* dingen vertellen over iemand (waarvan diegene liever niet wil dat ze bekend worden) ▼ *een gesloten ~ zijn* waar weinig over bekend is ▼ *dat is een gesloten ~* dat is voorbij, afgehandeld ▼ BN ook *de ~en neerleggen* faillissement aanvragen

boekanier *de (m)* [-s] zeerover in de buurt van West-Indië en Zuid-Amerika in de 17de en 18de eeuw

boekbinden een boek innaaien of inbinden

boekdeel deel van een boek ▼ *dat spreekt boekdelen* dat is veelzeggend

bo

boekdrukkunst het in staat zijn om boeken te drukken: *de ~ is in de 15de eeuw uitgevonden*

boeken ❶ reserveren: *een plaats ~ in een vliegtuig* ❷ inschrijven, opschrijven: *bedragen ~* ▼ *succes, winst, vooruitgang enz. ~ behalen*

boekenbeurs *de (v)* beurs waar uitgevers aan boekhandelaren hun nieuwe uitgaven te koop aanbieden ❷ gelegenheid voor het kopen, verkopen en/of ruilen van studieboeken

boekenbon bon waarmee iemand voor een bepaald bedrag aan boeken kan kopen

boekenclub vereniging waarvan de leden tegen gereduceerde prijzen boeken en cd's kunnen kopen, maar met de verplichting om in een vastgestelde periode ten minste een bepaald bedrag te besteden **boekenfonds** ❶ een fonds, geld waarvan schoolboeken voor leerlingen worden betaald ❷ het geheel van boeken die een uitgever uitgeeft **boekenkast** kast waarin boeken (kunnen) staan **boekenlegger** *de (m)* [-s] strook die men in een boek op een bladzijde legt om die later snel weer terug te kunnen vinden **boekenlijst** lijst met titels van boeken **boekenmolen** draaibare boekenstandaard **boekenplank** plank waarop boeken (kunnen) staan **boekensteun** voorwerp dat steun biedt aan een rij rechtopstaande boeken **boekentaal** taal die niet natuurlijk, boekachtig, overkomt **Boekenweek** week waarin speciale aandacht wordt besteed aan Nederlandse boeken **boekenwijsheid** niet-praktische kennis, wijsheid die niet door eigen ervaring is gekregen maar uit boeken **boekenwurm** iemand die veel leest **boekerij** *de (v)* bibliotheek

boeket *het & de (m)* [-ten] ❶ bos bloemen ❷ geur van wijn

boekhandel ❶ winkel waar boeken worden verkocht ❷ het kopen en verkopen van boeken **boekhandelaar** iemand die boeken koopt en verkoopt, die een boekhandel heeft

boekhouden [hield boek, h. boekgehouden] het precies opschrijven van alle goederen en al het geld dat een bedrijf in- en uitgaat ▼ *iron. creatief ~* fraude plegen in de bedrijfsvoering **boekhouding** *de (v)* ❶ het bijhouden, administratie van geldzaken ❷ boekhoudafdeling van een instelling of bedrijf

boeking *de (v)* ❶ het boeken in de boekhouding ❷ sp. het noteren van een speler door de scheidsrechter ❸ het boeken, reservering: *de ~ van een reis*

boekjaar het administratief jaar, gerekend van balans tot balans

boekmaag de derde maag van herkauwers, zoals koeien

boekstaven [boekstaafde, h. geboekstaafd] opschrijven

boekvink zangvogel van de familie van de vinken (Fringillidae)

boekvorm als boek, in de vorm van een boek: *zijn verhaal is in ~ verschenen*

boekwaarde waarde van bezit zoals die in een administratie wordt weergegeven

boekweit *de* soort graan met eetbaar zaad (Fagopyrum esculentum)

boekwerk ❶ groot boek ❷ boek van verscheidene delen **boekwinkel** winkel waar boeken verkocht worden

boel *de (m)* ❶ menigte, grote hoeveelheid: *wat heb jij een ~ strips!* ❷ rommel, bende: *een vieze ~* ❸ inboedel, het geheel aan bezittingen van iemand

boeldag veilingdag waarop de hele inboedel te koop wordt aangeboden

boem *tw* geluid als iemand of iets valt of ergens tegenaan botst: *~, daar lag hij op de grond*

boeman ❶ denkbeeldig wezen om kinderen bang te maken ❷ persoon die als angstaanjagend wordt voorgesteld

boemel *de (m)* [-s] heel langzame trein, boemeltrein ▼ *aan de ~ zijn* uitgaan naar feesten, cafés e.d. **boemelen** ❶ met de boemeltrein reizen ❷ fuiven, uitgaan **boemeltrein** stoptrein, trein die ook op kleine stations stopt

boemerang *de (m)* [-s] sikkelvormig stuk hout dat vanzelf terugkomt als men het op een bepaalde manier weggooit en het zijn doel niet raakt **boemerangeffect** iets wat zich tegen degene keert die ermee begonnen is

boender *de (m)* [-s] harde stevige borstel

boenen ❶ schoonmaken met een stevige borstel: *de vloer ~* ❷ hard wrijven om iets schoon te maken: *zijn gezicht ~ met zeep* **boenwas** *de (m) & het* vettige substantie waarmee meubels en vloeren gewreven worden om ze te laten glanzen

boer *de (m)* ❶ iemand die leeft van landbouw of veeteelt ▼ *lachen als een ~ die kiespijn heeft* lachen om iets wat men eigenlijk niet leuk, niet prettig vindt ▼ *de ~ opgaan* activiteiten ontplooien om iets te verkopen, een naam te verwerven e.d. ❷ neg. lomp, ruw persoon ❸ bepaalde kaart in het kaartspel ❹ lucht uit de maag die door de mond naar buiten komt: *een ~ laten*

boerderij *de (v)* bedrijf van een boer, bedrijf waar landbouw of veeteelt wordt uitgeoefend

boeren *ww* ❶ landbouwbedrijf, landbouw of veeteelt, uitoefenen ▼ *goed ~* succes hebben, vooral met een onderneming ❷ hoorbaar door de mond laten ontsnappen van maaggassen

boerenbedrog doorzichtig bedrog **boerenbont** *het* ❶ aardewerk met folkloristische motieven ❷ katoen met een blokpatroon **boerenbruiloft** bruiloft in traditionele landelijke stijl **boerenbuiten** BN, spreekt. *de (m)* ▼ *op de ~* op het platteland **boerenfluitjes** *de (mv)* → janboerenfluitjes **boerengolf** variant van het golfspel, in gewone weilanden gespeeld met een grote bal en grove clubs **boerenhoeve, boerenhofstede** grote boerderij **boerenjongens** *de (mv)* rozijnen op brandewijn **boerenkaas** kaas die op een boerderij is gemaakt **boerenkapel** muziekgezelschap in landelijke stijl **boerenkinkel** onbeschaafde lompe man **boerenkool** ❶ koolsoort met sterk krullende bladeren (Brassica oleracea laciniata) ❷ deze plant als groentegerecht **Boerenkrijg** BN, hist. boerenopstand tegen de Franse bezetter (1796-1798) **boerenmeisjes** *de (mv)* abrikozen op brandewijn **boerenomelet** omelet met een

vulling van grofgesneden vlees en groenten
boerenpummel onbeschaafde lompe man of
jongen **boerenslimheid ❶** slimheid op basis van
het nuchter bekijken van de feiten, gezond
verstand **❷** sluwheid **boerenverstand** het
nuchter bekijken van de feiten, eenvoudig
gezond verstand **boerenwormkruid**
samengesteldbloemige plant met gele
knoopvormige bloempjes **boerenzwaluw**
gewone zwaluw (Hirundo rustica)
boerin *de (v)* [-nen] **❶** vrouw die landbouw of
veeteelt bedrijft **❷** vrouw die getrouwd is met
een boer
boerka *de* [-'s] kledingstuk voor (vooral
islamitische) vrouwen dat het hele lichaam en
het gezicht bedekt
boerkini *de (m)* [-'s] samentrekking van boerka
en bikini, tweedelig badpak dat het hele
lichaam bedekt, behalve gezicht, handen en
voeten, bedoeld voor moslima's
boernoes *de (m)* Arabische witte mantel met kap
boers *bn* **❶** als (van) een boer **❷** *neg.* lomp
boertig *bn* grappig op een platte primitieve
manier
boete *de* [-n, -s] bedrag dat iemand moet betalen
als hij iets fout heeft gedaan ▾ *~ doen* zichzelf
straffen als teken van berouw **boetebeding**
voorwaarde in een overeenkomst met een
geldboete bij overtreding **boeteclausule**
bepaling in een overeenkomst dat iemand boete
moet betalen als hij zijn verplichtingen niet
nakomt of de overeenkomst eerder beëindigt
boetedoening *de (v)* wat iemand doet om
zichzelf te straffen voor iets waaraan hij schuldig
is **boetekleed** ruw haren kleed van een
boeteling ▾ *fig.* *het ~ aantrekken* openlijk
erkennen dat men schuld heeft aan iets
boeteling *de (m)* iemand die boete doet
boeten ❶ gestraft worden, boete doen: *hij zal ~
voor wat hij gedaan heeft* **❷** ⟨van visnetten⟩
repareren
boetiek *de (v)* [-s] kleine winkel waar kleren,
sieraden e.d. worden verkocht die vaak
bijzonder zijn en niet massaal worden
geproduceerd
boetseren vormen uit kneedbare stof, zoals klei:
een beeldje ~
boeventronie misdadigersgezicht
boezem *de (m)* [-s] **❶** borst: *een kind aan de ~
drukken* ▾ *de hand in eigen ~ steken* onderzoeken
wat men zelf fout gedaan heeft **❷** elk van de
bovenste afdelingen van het hart **❸** samenstel
van afgesloten wateren voor voorlopige berging
van overtollig water van polders
boezemfibrilleren regelmatig en snel
samentrekken van hartboezems
boezemvriend heel goede vriend met wie
iemand heel vertrouwelijk is
boezemwater ❶ water dat van de polders in de
boezem is geloosd **❷** samenstel van afgesloten
wateren voor de voorlopige berging van
overtollig water van polders, boezem
bof I *de (m)* [-fen] **❶** iets waarmee iemand geluk
heeft, meevaller **❷** ontsteking van de
oorspeekselklier, vooral als kinderziekte **II** *tw*
❸ geluid van een doffe slag **boffen** geluk

hebben **bofkont** *inform.* iemand die boft, die
geluk heeft
bogen *bn* ~ *op* trots zijn op, laten blijken dat men
trots is op
bohemien ⟨booheemjè⟩ *de (m)* [-s] iemand die
een onconventioneel, artistiek leven leidt
boiler *de (m)* [-s] toestel om water heet te maken
zodat er warm water uit de kraan komt
bok *de (m)* [-ken] **❶** mannetje van de geit, het
hert enz., vooral gebruikt voor mannelijke geit
▾ *de ~ken van de schapen scheiden* de slechten van
de goeden scheiden; *scherts.* de mannen van de
vrouwen scheiden ▾ *een oude ~ lust nog wel een
groen blaadje* een oude man houdt nog wel van
jonge vrouwen ▾ *als een ~ op de haverkist* erg
begerig **❷** hijswerktuig **❸** plat vaartuig voor het
lichten van gezonken schepen of het hijsen van
zware lasten **❹** springtoestel op vier poten bij
gymnastiek **❺** bankje voor de koetsier van een
rijtuig ▾ *een ~ schieten* een flater, grote fout
begaan
bokaal *de (m)* [-kalen] **❶** grote mooie beker op
een voet: *de winnaar van de zwemwedstrijd krijgt
een ~* **❷** *BN, spreekt.* glazen pot of fles
bokken ❶ springende bewegingen maken,
vooral van een paard om de ruiter af te gooien
❷ *fig.* nors, slechtgehumeurd zijn, zich
tekortgedaan voelen
bokkenpoot ❶ poot van een bok **❷** teerkwast
met een gebogen steel **❸** werktuig voor het
opzetten en strijken van een mast
bokkenpootje *het* [-s] twee langwerpige koekjes
met schuim ertussen, aan de uiteinden in
chocolade gedoopt
bokkenpruik ▾ *de ~ op hebben* een slecht humeur
hebben **bokkensprong ❶** grappige sprong
❷ vreemde handeling, vreemd gedrag ▾ *~en
maken* gekke, grillige dingen doen
bokkig *bn* stuurs, slechtgehumeurd,
onvriendelijk
bokking *de (m)* gerookte haring
boksbal bal die is bevestigd aan twee elastische
banden voor het oefenen van snelle stoten bij
boksen **boksbeugel** ijzeren vuistwapen met vier
openingen voor de vingers **boksen ❶** met de
vuisten tegen iemand vechten, vooral als sport
❷ tegen de wind in zeilen ▾ *iets voor elkaar ~* iets
handig klaarspelen **bokser** *de (m)* [-s] iemand die
als sport met zijn vuisten vecht
bokspringen ❶ een kinderspel spelen waarbij
iemand voorovergebogen staat en de anderen
over zijn rug springen **❷** ⟨gymnastiek⟩
springoefeningen doen op of over een bok
boktor kever met lange sprieten, de familie
Cerambycidae
bol I *de (m)* [-len] **❶** helemaal rond voorwerp: *de
waarzegster keek in haar glazen ~* **❷** rond baksel
zoals een oliebol of krentenbol **❸** bloembol
❹ *inform.* hoofd van een mens: *een kind een aai
over zijn ~ geven* ▾ *uit zijn ~ gaan* dol worden (van
vreugde, woede e.d.), zich helemaal laten gaan
zonder zich in te houden **II** *bn* **❺** rond naar
buiten, opgeblazen: *~le wangen* ▾ *het stuk staat ~
van de fouten* zit vol met fouten
bolder *de (m)* [-s] paaltje of ander soort
uitsteeksel om touwen van een schip aan vast te

maken

bolderkar lage rechthoekige kar zonder vering

bolderwagen lage rechthoekige kar zonder vering

boleet *de (m)* [-leten] vlezige eetbare paddenstoel

bolero *de (m)* [-'s] ❶ Spaanse volksdans in driekwartsmaat ❷ kort loshangend damesjasje

bolgewas plant met een bloembol

bolhoed herenhoed met een stijve, ronde bol

bolhol *bn* 〈van een lens〉 waarbij de holle kant meer gebogen is dan de bolle

bolide *de (v)* [-n, -s] ❶ heel heldere meteoor, vuurkogel ❷ raceauto ❸ scherts. auto

bolknak *de (m)* [-ken] sigaar met een dikke kop

bolleboos *de (m)* [-bozen] iemand, vooral leerling, die heel slim is en uitblinkt

bolleke BN *het* [-s] een glas met bier van het merk De Koninck®

bollen bol gaan staan: *~de zeilen*

bollenstreek gebied waar bloembollen geteeld worden ▼ *de Bollenstreek* gebied tussen Haarlem en Leiden waar veel bloembollen geteeld worden

bollenveld veld met (bloeiende) bolgewassen

bolletjesslikker *de (m)* [-s] iemand die kleine hoeveelheden drugs in plastic in zijn lichaam verbergt door ze in te slikken om ze zo een land binnen te smokkelen **bolletjestrui** trui van de leider van het bergklassement in de Tour de France

bolrond *bn* rond als een bal

bolsjewiek *de (m)* aanhanger van het bolsjewisme, van het Russische communisme **bolsjewisme** *het* leer en praktijk van het Russische communisme

bolster *de (m)* [-s] ❶ bast van noten enz. ❷ schil van peulvruchten, granen e.d. ▼ *ruwe ~, blanke pit* iemand die onvriendelijk, ruw lijkt maar een zacht karakter heeft

bolus *de (m)* [-sen] ❶ fijne vettige kleiaarde ❷ rond gebak met meel, melk, stroop en sukade ❸ inform. drol

bolvorm bolle vorm, iets in de vorm van een bol **bolwassing** BN, ook *de (v)* uitbrander, standje

bolwerk versterkt deel van een vesting of een stadsmuur **bolwerken** klaarspelen, voor elkaar krijgen: *het niet kunnen ~*

bom I *de* [-men] ❶ voorwerp dat schade veroorzaakt als het ontploft ▼ *de ~ is gebarsten* dat wat al lange tijd dreigde te gebeuren, is nu echt gebeurd ❷ groot voorwerp, grote hoeveelheid ▼ *een ~ duiten* veel geld ▼ *zure ~* soort grote augurk **II** ❸ bewust ongehuwde moeder **bomaanslag** aanslag met een bom

bombardement *het* beschieting met bommen: *de stad is door een ~ verwoest* **bombarderen** ❶ met bommen beschieten: *een stad ~* ❷ fig. in grote aantallen sturen, stellen e.d.: *iemand ~ met vragen, e-mails* ❸ iron. onverwacht een hogere positie geven: *hij is tot directeur gebombardeerd*

bombarie *de (v)* overdreven drukte, ophef: *met veel ~ werd de nieuwe directeur voorgesteld aan de werknemers*

bombast *de (m)* hoogdravend nietszeggend taalgebruik

bombastisch *bn* met veel woorden die mooi klinken maar die geen inhoud hebben,

hoogdravend: *een ~e redevoering*

bomberjack 〈-jek〉 kort jack met een hoge gevoerde kraag

bombrief *de (m)* brief die ontploft als iemand hem opent

bomen ❶ met een vaarboom varen ❷ gezellig en breedvoerig praten

bomijs ijs waar geen water onder zit

bominslag het getroffen worden door een bom **bomkrater** kuil als gevolg van het ontploffen van een bom **bommelding** melding, bericht dat ergens een bom geplaatst is

bommen een dof geluid maken ▼ inform. *het kan me niet ~* het kan me niet schelen

bommenwerper *de (m)* [-s] vliegtuig dat bommen afwerpt

bommetje *het* [-s] ▼ *een ~ maken* met samengetrokken lichaam in het water springen zodat er veel water opspat

bommoeder bewust ongehuwde moeder

B-omroep omroep met meer dan 150.000 en minder dan 300.000 leden

bomvol heel erg vol: *de zaal was ~*

bomvrij zo gemaakt dat de kans op schade door bominslag minimaal is

bon *de (m)* [-nen, -s] ❶ briefje dat recht geeft op iets, bijv. een consumptie ❷ papiertje waarop staat wat iemand gekocht en betaald heeft, besteld heeft e.d.: *wilt u de ~?* ❸ bekeuring ▼ inform. *iemand op de ~ slingeren* bekeuren

bonafide *bn* betrouwbaar: *een ~ autohandelaar*

bonbon *de (m)* [-s] lekkernij van chocolade met een zoete vulling **bonbonnière** 〈-jè-〉 *de* [-s] ❶ schaaltje voor bonbons ❷ knus ingericht huis of theater

bond *de (m)* ❶ groep mensen, staten e.d. die samenwerken om een bepaald doel te bereiken of elkaar te steunen ❷ vereniging of overkoepelende organisatie voor de belangen van iets, zoals een sport of een beroep: *de ~ van vogelliefhebbers*

bondage 〈-zjə of bɔndədzj〉 *de (v)* seks waarbij mensen elkaar vastbinden

bondgenoot ❶ medelid van een verbond ❷ persoon die of land dat in een conflict of strijd aan iemands kant staat en helpt en steunt, medestander **bondgenootschap** ❶ het bondgenoot zijn ❷ verbond

bondig *bn* kort en zakelijk: *zijn standpunt ~ formuleren*

bondscoach 〈-kootsj〉 coach van een nationaal sportteam

Bondsdag Duitse volksvertegenwoordiging **bondskanselier** hoofd van de regering in Duitsland, Oostenrijk en Zwitserland

bondsstaat verbond van afzonderlijke staten die naar buiten optreden als één geheel

bonenkruid kruid, vooral gebruikt bij tuinbonen (Satureja hortensis) **bonenstaak** ❶ lange stok waarlangs bonen omhoog groeien ❷ scherts. lang mager persoon

bongerd lit. *de (m)* [-s] boomgaard

bongo *de (m)* [-'s] ❶ Cubaans slaginstrument, meestal met twee trommels naast elkaar die met de hand worden bespeeld ❷ Afrikaanse bosantilope

bonhomie ⟨bonnommie⟩ *de (v)* goedhartigheid
bonificatie *de (v)* [-s] ❶ vergoeding ❷ **wielrennen** tijdaftrek voor de renners die het eerst aankomen
bonis *zn* ▼ *in* ~ welgesteld
bonje inform. *de* ruzie, moeilijkheden: *ze hebben* ~
bonjour ⟨bözjoer⟩ *tw* goedendag **bonjouren** ▼ inform. *iemand eruit* ~ wegsturen
bonk *de (m)* brok, groot stuk: *een* ~ *klei* ▼ *één* ~ *zenuwen* heel erg zenuwachtig
bonken hard slaan: *op een deur* ~
bonkig *bn* grofgebouwd, met botten die grof zijn
bon mot ⟨bô moo⟩ *het* [-s] geestig gezegde
bonnefooi *de (v)* ▼ *op de* ~ op goed geluk
bonnet *de* [-ten] hoofddeksel voor rooms-katholieke geestelijken
bons *de (m)* [bonzen] ❶ hard dof geluid als iemand of iets valt of ergens tegenaan slaat ❷ iron. invloedrijk persoon ▼ *iemand de* ~ *geven* de verkering met iemand uitmaken
bonsai *de (m)* [-s] miniatuurboompje dat klein wordt gehouden door het op een speciale manier te snoeien, oorspronkelijk uit Japan
bont I *bn* ❶ met veel kleuren en motieven: *een* ~*e jurk* ▼ *iemand* ~ *en blauw slaan* iemand een zwaar pak slaag geven ❷ gemengd, heel verschillend: *een* ~*e stoet van verklede mensen* ▼ *het te* ~ *maken* het te erg maken II *het* ❸ huiden van sommige dieren met een mooie vacht, die worden gebruikt als kleding **bontjes** jas die van bont is gemaakt
bon ton ⟨bôtô⟩ *de (m)* goede manieren, goede beschaafde omgangsvormen ▼ *het is niet* ~ het getuigt niet van goede manieren ▼ *het is tegenwoordig* ~ het is in, mensen doen het om indruk te maken, interessant over te komen e.d.
bonus *de (m)* [-sen] extra geld dat iemand krijgt, boven op zijn nomale inkomen: *de manager kreeg een* ~ *omdat het bedrijf winst had gemaakt* **bonusaandeel** aandeel dat iemand gratis krijgt als bonus **bonus-malusregeling** regeling waarbij goed gedrag financieel wordt beloond en slecht gedrag bestraft, vooral bij autoverzekeringen waarbij de premie elk jaar zakt als iemand schadevrij rijdt en stijgt als hij een schadeclaim indient
bon vivant ⟨bô vievà⟩ *de (m)* [- vivants] iemand die zorgeloos geniet van de goede dingen van het leven
bonze *de (m)* [-n] ❶ boeddhistisch priester ❷ invloedrijk man
bonzen ❶ hard slaan of stoten: *op een deur* ~ ❷ heel hard kloppen: *mijn hart bonst als ik hem zie*
boobytrap ⟨boebietrep⟩ *de (m)* [-s] schijnbaar onschuldig voorwerp dat ontploft als iemand het aanraakt of er iets mee doet
boodschap *de (v)* [-pen] ❶ het kopen van levensmiddelen en andere praktische artikelen: *~pen doen in een supermarkt* ❷ een artikel dat gekocht is: *de ~pen in een tas doen* ❸ mededeling, bericht: *na de pieptoon kunt u uw* ~ *inspreken* ▼ euf. *grote* ~ het poepen ▼ euf. *kleine* ~ het plassen ▼ *geen* ~ *aan iets hebben* er niets mee te maken willen hebben, er niet in

geïnteresseerd zijn **boodschappenkar** wagentje waarin men boodschappen kan vervoeren **boodschapper** *de (m)* [-s] iemand die informatie, een boodschap overbrengt
boog *de (m)* [bogen] ❶ gebogen vorm, kromme lijn ❷ poort, ronde overkapping: *de bogen van een brug* ❸ stuk gebogen hout met een gespannen koord als schietwapen: *pijl en* ~ ▼ *de* ~ *kan niet altijd gespannen zijn* iemand moet af en toe rust nemen **boogbal** bal die op zo'n manier gegooid of geschopt wordt dat hij een boog in de lucht maakt
boogiewoogie ⟨boeGiewoeGie⟩ muz. *de (m)* [-s] ritmische pianostijl gebaseerd op de blues, vooral tussen 1938 en 1944, waarbij de linkerhand een strak ritme en de rechterhand verschillende loopjes speelt **boogscheut** BN *de (m)* kleine afstand, steenworp ▼ *op een* ~ op een steenworp afstand, niet ver weg
boogschutter iemand die met een boog schiet **Boogschutter** ❶ negende teken van de dierenriem ❷ iemand die onder dat teken geboren is
bookmaker ⟨boekmeekàr⟩ *de (m)* [-s] persoon bij wie men weddenschappen kan afsluiten, bijv. bij paardenrennen of voetbalkampioenschappen
bookmark ⟨boek-⟩ comp. *de (m)* [-s] verwijzing naar een website die wordt opgeslagen om deze snel terug te kunnen vinden **bookmarken** comp. [bookmarkte, h. gebookmarkt] een verwijzing naar een website opslaan
boom¹ ⟨boom⟩ *de (m)* [bomen] ❶ houtachtige plant die zich een stuk(je) boven de grond vertakt ▼ *door de bomen het bos niet meer zien* door de details het overzicht kwijtraken ▼ *hoge bomen vangen veel wind* hooggeplaatste personen krijgen veel kritiek ▼ *een* ~ *van een vent* een heel forse man ❷ afbeelding, tekening met vertakkingen: *een* ~ *van alle leden van de familie en hun onderlinge relaties, zoals wie een kind of broer of zus van wie is* ❸ paal om iets af te sluiten ▼ *een* ~ *opzetten* gezellig en breedvoerig praten
boom² ⟨boem⟩ *de (m)* [-s] sterke koers- of prijsstijging, plotselinge vraag naar iets
boomdiagram (in de taalkunde) grafische weergave van de structuur van een zin
boomfeestdag dag waarop door veel scholieren bomen worden geplant **boomgaard** *de (m)* stuk grond met vruchtbomen **boomgrens** grens tot waar nog bomen groeien, in gebergten en in de buurt van de poolstreken
booming ⟨boe-⟩ *bn* wat heel snel stijgt: *de vraag naar mobieltjes is* ~
boomklever *de (m)* [-s] zangvogel met een puntige snavel van de familie Sittidae die ook van boven naar beneden op bomen voedsel zoekt (Sitta europaea) **boomkruiper** *de (m)* [-s] kleine zangvogel met een gebogen spitse snavel, die met kleine sprongetjes langs boomstammen omhoog kruipt (Certhia brachydactula) **boomlang** heel lang: *een* ~*e vent* **boomleeuwerik** kleine leeuwerik die ook in Nederland en België voorkomt (Lulula arborea) **boommarter** marter met een gele bef op keel en borst, die in bomen leeft (Martes martes) **boompieper** zangvogel van de soort Anthus

bo

trivialis **boomschors** ❶ dode buitenste laag van een stam of tak van een boom ❷ lekkernij van chocolade die eruitziet als boomschors **boomstam** ❶ middendeel van een plant of boom ❷ soort gebak **boomstronk** onderste stuk van de stam dat overblijft als men boom is omgehakt **boomvalk** kleine valk die nestelt in verlaten nesten van kraaien en andere vogels (Falco subbuteo) **boomvaren** ❶ varen die op bomen groeit (Polypodium vulgare) ❷ tropische varensoort die op een palmboom lijkt

boon *de* [bonen] ❶ eetbare peulvrucht, zoals de sperzieboon, bruine boon ▼ *zijn eigen ~tjes doppen* zelf voor zijn eigen zaken zorgen ▼ *BN een ~tje hebben voor iemand* een voorliefde voor iemand hebben ▼ *BN, spreekt. zijn ~tjes te week leggen op iets* naar iets verlangen, er sterk op rekenen, zijn hoop vestigen op iets ❷ iets dat op zo'n peulvrucht lijkt, zoals een koffieboon ▼ *een blauwe ~* een kogel ▼ *in de bonen zijn* in de war zijn ▼ *een heilig ~tje* iemand die erg braaf is of doet alsof hij braaf is ▼ *~tje komt om zijn loontje* iemand die iets slechts doet, krijgt straf **boor** *de* [boren] gereedschap om gaten te draaien **boord** *de (m) & het* ❶ halskraag: *een wit ~je* ❷ rand van een schip ▼ *aan ~ zijn, komen* op een schip of vliegtuig zijn, komen ▼ *BN iets aan ~ leggen* een lastige zaak goed aan weten te pakken **boordcomputer** computer in een voertuig of een lucht- of ruimtevaartuig die storingen signaleert **boorden** omzomen **boordevol, boordevol** vol tot aan de rand: *een bord ~ soep* **boordwerktuigkundige** mecanicien in een vliegtuig **booreiland** kunstmatig eiland voor boringen in de zeebodem **boorkever** kever die in oud hout leeft **boormachine** machine om gaten mee te boren **boormossel** mossel van de familie van de Lamellibranchia die zich in materie boort **boorplatform** stalen of betonnen constructie in zee voor het boren naar olie of gas **boort** *het* diamantafval **boortoren** toren met een boormachine, bijv. om olie uit de grond te halen **boorwater** boorzuur dat met water verdund is, onder andere gebruikt om ogen te ontsmetten **boorzuur** schei. scheikundige verbinding, onder andere gebruikt voor ontsmetting en cosmetica **boos** *bn* ❶ met negatieve gevoelens om iets wat er gebeurt, wat iemand doet e.d.: *ik ben heel ~ op je!* ❷ slecht, kwaadaardig: *een ~ karakter hebben* **boosaardig** *bn* ❶ met een slecht karakter, met slechte bedoelingen: *een ~e koning* ❷ gevaarlijk: *een ~ gezwel* **boosdoener** *de (m)* [-s] iemand die iets slechts doet **boost** ⟨boest⟩ *de (m)* [-s] opkikker, impuls: *iets een ~ geven* **booster** ⟨boes-⟩ *de (m)* [-s] ❶ ⟨ruimtevaart⟩ hulpraket bij de lancering van een ruimtevaartuig ❷ apparaat dat dient om het vermogen van een ander apparaat te vergroten **booswicht** *de (m)* slecht mens **boot** *de* [boten] constructie, vaak van hout of

metaal, waarmee men zich over water kan voortbewegen ▼ *toen was de ~ aan* toen begonnen de moeilijkheden ▼ *de ~ in gaan* problemen krijgen, verliezen, mislukken **bootcamp** ⟨boetkemp⟩ *het* ❶ vorm van fitnessbeoefening, geïnspireerd op de Amerikaanse legeropleiding ❷ fig. intensieve cursus **booten** ⟨boe-⟩ comp. opstarten **bootshaak** stok met punt en weerhaak om een schip af te duwen of naar iets, bijv. de kade, toe te trekken **bootsman** *de (m)* [-lieden, -lui] onderofficier bij de marine met toezicht op het dek **boottocht** reis of reisje met een boot **boottrailer** ⟨-tree-⟩ aanhangwagen om een boot op te vervoeren, vooral achter een auto **boottrein** trein die aansluit op een boot **bootvluchteling** iemand die over zee zijn land ontvlucht op een (kleine) boot **bootwerker** iemand die schepen lost en laadt **bop** *de* → bebop **borax** *de (m)* natriumzout van boorzuur **bord** *het* ❶ voorwerp dat plat is of een beetje diepte heeft, meestal van aardewerk, om van te eten, etensbord ❷ plaat boven de ingang waarop de naam of activiteiten van een bedrijf of organisatie staan, uithangbord ▼ *de ~jes zijn verhangen* de machtsverhoudingen zijn veranderd ❸ rechthoekige plaat om op te schrijven zodat iedereen in een klaslokaal het kan lezen, schoolbord ❹ rechthoekige of ronde plaat met aanwijzingen voor het verkeer, verkeersbord ❺ plaat waarop men een spel kan doen (dammen, schaken, ganzenborden enz.), speelbord ▼ *met een ~ voor zijn kop lopen* totaal niet zien wat er aan de hand is (en daardoor domme dingen doen) **bordeaux** ⟨-doo⟩ I *de (m)* [-s] ❶ wijn uit de streek rond Bordeaux II *bn* ❷ van een donkerrode kleur met een paarse tint, bordeauxrood **bordeel** *het* [-delen] huis waar prostituees seks hebben met klanten **bordeelsluiper** *de (m)* [-s] herenschoen van suède met crêpezool **border** *de (m)* [-s] smalle strook met bloemen in de tuin of op een andere plaats buiten **borderlinestoornis** ⟨bòRdəRlajn-⟩ gedragsstoornis met voortdurend wisselende stemmingen en impulsief gedrag **bordes** *het* [-sen] hoge stoep met treden voor een gebouw **bordpapier** karton **bordspel** spel dat op een bord wordt gespeeld, bijv. mens-erger-je-niet of scrabble **borduren** met een naald versieringen op stof aanbrengen **borduursel** *het* [-s] iets dat ergens op geborduurd is: *een jasje met ~* **borduurwerk** ❶ iets dat ergens op geborduurd is ❷ iets waaraan iemand bezig is te borduren **boreaal** *bn* noordelijk, Arctisch **boreling** plecht. *de (m)* pasgeboren baby **boren** een gat maken door te draaien: *gaten ~ in een muur* ▼ *in de grond ~* (een schip) tot zinken brengen; fig. (een boek, film, persoon enz.) heel negatieve kritiek geven ▼ *iemand iets door de neus ~ maken* dat iemand iets niet krijgt waarvan hij dacht dat hij het zou krijgen

borg *de (m)* ❶ iemand die verklaart dat hij de schulden zal betalen voor iemand anders, als die niet zou kunnen betalen: *ik wil wel ~ staan voor mijn neef* ❷ onderpand of geldbedrag dat iemand tijdelijk achterlaat als garantie dat hij zich aan een afspraak houdt **borgen** op zo'n manier vastmaken dat iets niet meer los kan gaan, bijv. het touw tijdens bergbeklimmen zodat iemand niet kan vallen **borgsom** geld dat iemand betaalt als hij iets gebruikt of huurt en dat hij terugkrijgt als hij het in goede staat teruggeeft **borgstelling** *de (v)* (het geven van) borgtocht **borgtocht** *de (m)* overeenkomst waarbij iemand zich aansprakelijk stelt voor de financiële verplichtingen van iemand anders ▼ *iemand op ~ vrijlaten* tijdelijk vrijlaten uit de gevangenis waarbij iemand een geldbedrag moet achterlaten

borrel *de (m)* [-s] ❶ glaasje sterkedrank ❷ gelegenheid waarbij sterkedrank geschonken wordt **borrelen** ❶ (van water en andere vloeistoffen) bewegen doordat er veel luchtbellen naar boven komen ❷ samen alcohol, vooral sterkedrank, drinken: *voor het eten zaten we nog even te ~*

borrelgarnituur schotel met hapjes voor bij de borrel **borrelhapje** hartig hapje voor bij de borrel **borrelnootje** *het* geroosterde of gefrituurde noot als borrelhapje **borrelpraat** vrijblijvende praatjes zoals die worden verkondigd bij een borrel, in het café e.d. **borreltafel** ▼ *aan de ~* vrijblijvend, niet serieus, zoals bij een borrel of in een café: *discussies, meningen aan de ~*

borsalino *de (m)* [-'s] gleufhoed met een grote rand, naar de hoedenontwerper Borsalino

borst I *de* ❶ menselijk lichaamsdeel aan de voorkant van de romp op de plaats van de ribben ▼ *een hoge ~ opzetten* zich trots gedragen ▼ *dat stuit mij tegen de ~* daar heb ik weerzin tegen ▼ *maak je ~ maar nat!* bereid je er maar op voor, dat wordt niet gemakkelijk! ❷ lichaamsdeel van een vrouw waaruit ze een baby moedermelk geeft ❸ deel van mens en dier dat binnen de ribben ligt en waarin bijv. het hart en de longen liggen, borstholte **II** *de (m)* ❹ vero. jongeman ▼ *een brave ~* een goedig persoon **borstbeeld** beeld van hoofd en borst **borstcrawl** crawlslag waarbij de zwemmer op zijn borst ligt

borstel *de (m)* [-s] ❶ voorwerp met haren (ook wel van kunststof of metaal) om iets schoon te maken of om het haar te kammen ❷ BN bezem ▼ *BN er met de grove ~ doorgaan* iets ruw aanpakken, niets of niemand ontzien ❸ BN verfkwast, scheerkwast

borstelbaan kunstmatige skihelling **borstelen** met een borstel schoonmaken of verzorgen **borstelig** *bn* stijf rechtopstaand: *~e wenkbrauwen* **borstholte** lichaamsholte die wordt omsloten door de ribben, het middenrif en de wervelkolom **borstkanker** kanker in de borst van een vrouw **borstkas** ribben die om de borstholte zitten **borstplaat** ❶ onderdeel van een harnas dat de borst bedekt ❷ baksel van

suiker in de vorm van ronde stukjes **borstrok** warm kledingstuk, vaak van wol, dat vooral vroeger onder de bovenkleding en over het hemd werd gedragen **borststuk** ❶ middendeel van het lijf van een insect ❷ stuk vlees van de borst **borstvoeding** voeding van een baby met moedermelk aan de borst **borstwering** *de (v)* ❶ wal of muur als beveiliging van een stad e.d. ❷ hekje of leuning bij een galerij, brug e.d.

bos I *het* [-sen] ❶ grond begroeid met bomen die dicht bij elkaar staan **II** *de (m)* [-sen] ❷ een aantal samengevoegde langwerpige voorwerpen, bundel: *een ~ sleutels, bloemen* ▼ inform. *bij ~jes* in grote aantallen of hoeveelheden

bosanemoon ranonkelachtige bosplant die vroeg in het voorjaar bloeit (Anemona nemorosa) **bosbes** ❶ heester die in het bos groeit (Vaccinium) ❷ klokvormige kleine vrucht van die heester **bosbouw** het aanleggen en onderhouden van bossen **bosbrand** het branden van bos **bosduif** duif met een lichte kleur die in bossen leeft, houtduif

Bosjesman iemand van een etnische groep in zuidelijk Afrika, San

boskat middelgroot katachtig roofdier, serval (Felis serval) **bosklas** BN verblijf van een klas in een bosachtige streek, met aangepaste lessen **bosneger** afstammeling van gevluchte negerslaven in Suriname **bospeen** worteltjes die tot een bosje zijn samengebonden

bossanova *de (m)* [-'s] Braziliaanse dans en muziek, voortgekomen uit de samba **bosschage** *het* [-s] klein bos, bosje

bosui jonge ui die in bosjes verkocht wordt **bosuil** uilensoort die het liefst in gebieden met loofbomen leeft, ongeveer 38 centimeter groot, met een ronde kop **boswachter** iemand die toezicht op een bos houdt

bot I *de (m)* [-ten] ❶ platvis die voorkomt in brak water (Platichthys flesus) **II** *het* [-ten] ❷ onderdeel van het geraamte van een mens of dier ▼ *~ vangen* geen succes hebben, niet krijgen waar men om vraagt **III** *bn* ❸ niet scherp: *dit mes is ~* ❹ onbeleefd: *een ~ antwoord*

botanicus *de (m)* [-ci] wetenschapper die zich bezighoudt met planten, plantkundige **botanie** *de (v)* plantkunde **botanisch** *bn* wat te maken heeft met planten en plantkunde ▼ *een ~e tuin* een tuin met allerlei soorten bijzondere planten **botaniseren** ⟨-zi-⟩ planten of kruiden zoeken en determineren

botel *het* [-s] drijvend hotel

boter de smeerbaar vet dat van melk is gemaakt ▼ *~ bij de vis* contante betaling ▼ *~ op zijn hoofd hebben* anderen beschuldigen van iets wat men zelf ook doet ▼ *~-kaas-en-eieren* spel waarbij men drie kruisjes of nullen op een rij moet krijgen **boterberg** overschot aan boter **boterbloem** gele bloem van het geslacht Ranunculusdie die veel tussen gras groeit **boterbriefje** *het* [-s] scherts. bewijs dat men getrouwd is, trouwakte **boteren** met boter besmeren ▼ *het botert niet tussen die twee* ze kunnen niet met elkaar opschieten

boterham *de* [-men] snee brood met boter en beleg: *een ~ met kaas* ▼ *een ~ met tevredenheid* een

bo

boterham zonder beleg; *fig.* schaars inkomen, schaarse middelen waar men het maar mee moet doen **boterkoek ❶** gebak van meel, suiker en boter **❷** BN zacht koffiebroodje, vaak met rozijnen **boterletter** letter van amandelgebak **botervloot** *de* bakje met deksel voor boter
botheid *de (v)* onbeleefdheid, grofheid, botte daad
botje *het* [-s] ▼ ~ *bij* ~ *leggen* met zijn allen bij elkaar leggen wat men heeft om iets te betalen
botkanker kanker in delen van het beendergestel
botnet *het* [-s, -ten] netwerk van aan elkaar gekoppelde computers waarop ongemerkt via een virus software is geïnstalleerd, waarmee de beheerder van het botnet die computers bepaalde acties kan laten uitvoeren, bijv. spam verzenden
botontkalking *de (v)* het verminderen van het kalkpercentage in botten
botoxen [botoxte, h. gebotoxt] inspuiten (van het gezicht) met de stof botox® die bepaalde spieren verlamt waardoor rimpels verdwijnen
botsautootje *het* [-s] ▼ *de* ~s kermisattractie met elektrische voertuigjes waarmee men tegen elkaar kan botsen
botsen [botste, h. / is gebotst] hard in aanraking komen met iets: *de auto botste tegen een boom* ▼ *hun karakters* ~ ze passen niet bij elkaar **botsing** *de (v)* **❶** het tegen elkaar of tegen iets anders botsen, vooral in het verkeer **❷** *fig.* onenigheid, ruzie, gevecht
bottel *de* [-s] schijnvrucht van de roos
bottelarij *de (v)* bedrijf of afdeling waar men drank in flessen doet **bottelen** drank in flessen doen
botten [botte, is gebot] ⟨van bomen, struiken e.d.⟩ uitlopen, knoppen krijgen
bottenkraker iemand die krachtig masseert om een blokkade in wervels of gewrichten op te heffen, chiropractor
botter *de (m)* [-s] vissersboot met platte bodem en één mast
botterik *de (m)* lomp, onbeleefd persoon
bottleneck ⟨bottəlnek⟩ *de (m)* [-s] knelpunt
bottom-up ⟨bottəm-⟩ *bw* van beneden naar boven, met (ruimte voor) initiatief van onderaf, bijv. binnen een bedrijf
botulisme *het* gevaarlijke vergiftiging door een bacterie, bijv. bij eenden als het water warm is
botvieren [vierde bot, h. botgevierd] de vrije loop laten, helemaal laten gaan: *zijn lusten* ~
botweg *bw* ronduit, zonder omwegen, zonder een beleefde verklaring of excuses: *iets* ~ *weigeren*
bouclé ⟨boeklee⟩ *het* los geweven stof
boud *bn* stoutmoedig, gedurfd: *een* ~ *plan; een ~e/boude bewering*
boudoir ⟨boedwaar⟩ *het* [-s] mooi, sierlijk ingericht vertrek van een dame, dameskamertje
bougainville ⟨boeGëviel⟩ *de* [-s] tropische (klim)plant met bloemen met felgekleurde schutbladeren
bougie ⟨boezjie⟩ *de (v)* [-s] onderdeel van de motor van een auto, bromfiets enz. waaruit een elektrische vonk komt

bouillabaisse ⟨boejaabes⟩ *de* bepaalde vissoep
bouillon ⟨boejon⟩ *de (m)* lichte soep of aftreksel van vlees, vogels, vis, kruiden of groenten **bouillonblokje** *het* [-s] stukje samengeperst aftreksel van vlees, groenten e.d.
boulderen ⟨bool-⟩ [boulderde, h. geboulderd] een klimsportvariant beoefenen met korte en lage, maar moeilijke parcoursen
boulevard ⟨boelevaar⟩ *de (m)* [-s] **❶** brede straat met bomen in een grote stad **❷** wandelweg langs de kust **boulevardblad, boulevardkrant** *de* blad dat bericht over sensationele gebeurtenissen of het privéleven van bekende personen
boulimia ⟨boe-⟩ *de (v)*, **boulimie** eetstoornis met overmatig eten en vaak zelfopgewekt braken of gebruik van laxeermiddelen
bouquet ⟨boekè⟩ *het* [-s] geur en smaak van wijn
bourgeois ⟨boerzjwa⟩ **I** *de (m)* [bourgeois] **❶** burger, vooral bekrompen burger, ongevoelig voor idealisme en afkerig van sociale verandering **II** *bn* **❷** kleinburgerlijk, bekrompen **bourgeoisie** *de (v)* gegoede burgerij, bezittende klasse
bourgogne ⟨boerGonja⟩ *de (m)* [-s] wijn uit Bourgondië
bourgondiër *de (m)* [-s] iemand die van het goede leven houdt, van lekker eten en drinken
bout *de (m)* **❶** schroef met een moer **❷** strijkbout, strijkijzer **❸** stuk vlees met een bot erin **❹** gebraden gevogelte of wild: *kippen~* **❺** spreekt. drol ▼ spreekt. *je kunt me de* ~ *hachelen* je kunt voor mij doodvallen, ik trek me niks van je aan
boutade ⟨boe-⟩ *de (v)* [-s] niet ernstig gemeende uitval in stevige bewoordingen
bouten spreekt. zijn behoefte doen, poepen
bouvier ⟨boevjee⟩ *de (m)* [-s] oorspronkelijk Belgische, ongeveer zestig centimeter hoge, ruwharige hond
bouw *de (m)* **❶** het bouwen van woningen, scholen, kantoren enz.: *hij werkt in de* ~ **❷** manier waarop iets is gevormd of gebouwd: *dit dier is fraai van* ~ **❸** het verbouwen van gewassen: *de rijst~, graan~* **bouwbedrijf ❶** onderneming die gespecialiseerd is in het bouwen van gebouwen, huizen e.d. **❷** alles wat met bouwen te maken heeft **bouwdoos** doos met onderdelen die men zelf in elkaar moet zetten
bouwen maken, in elkaar zetten: *een huis* ~ ▼ *een feestje* ~ een feestje organiseren, regelen ▼ ~ *op* steunen, vertrouwen op **bouwfonds ❶** geld dat beschikbaar is om te bouwen **❷** organisatie die dat geld bijeenbrengt en beheert
bouwgrond grond om huizen, gebouwen e.d. op te bouwen **bouwheer** BN opdrachtgever voor een bouwwerk **bouwjaar** jaar waarin iets gebouwd of gemaakt is: *het* ~ *van deze auto is 2000* **bouwkeet** tijdelijk gebouwtje bij een bouwwerk als kantoor voor directie, aannemers e.a. of als kantine **bouwkunde** wetenschap over hoe men huizen, kantoren enz. moet bouwen **bouwkunst** de kunst van het bouwen, architectuur **bouwlaag** geheel van ruimtes op dezelfde hoogte

bouwland landbouwgrond voor het telen van gewassen

bouwmeester architect **bouwnijverheid** alles wat met bouwen te maken heeft **bouwpakket** pakket met onderdelen die men zelf in elkaar zet **bouwplaat** vel karton met onderdelen die moeten worden uitgeknipt en samengevoegd, bijv. tot een huis of een schip **bouwplan ❶** plan waarnaar men bouwt **❷** plan om te gaan bouwen **bouwpromotor** BN, ook projectontwikkelaar **bouwput** put voor ondergrondse werkzaamheden aan een bouwwerk

bouwrijp bn in zo'n toestand dat erop gebouwd kan worden

bouwsel het [-s] bouwwerk, vooral een minderwaardig bouwwerk: *wat voor vreemd ~ is dit?*

bouwsteen ❶ stuk steen als bouwmateriaal **❷** fig. iets dat samen met andere onderdelen een geheel vormt **bouwstijl** manier waarop gebouwd werd in een bepaalde periode **bouwstof** elk van de noodzakelijke stoffen waaruit iets bestaat

bouwvak I het **❶** het bouwen van woningen e.d. als vak II de (m) **❷** vakantieperiode van de bouwvakkers **bouwvakarbeider** arbeider die in de bouwsector werkt **bouwvakker** de (m) [-s] bouwvakarbeider

bouwval de (m) [-len] vervallen gebouw, gebouw in heel slechte staat, ruïne **bouwvallig** bn in heel slechte staat, wat bijna instort: *een ~ kasteel*

bouwvergunning toestemming (van de overheid) om te bouwen **bouwverlof** BN bouwvakantie, bouwvak **bouwvolume ❶** toegestane hoeveelheid nieuwe bouwwerken **❷** toegewezen aantal kubieke meters voor een gebouw **bouwwerf** BN, ook bouwterrein, bouwplaats **bouwwerk** gebouw, iets dat gebouwd is **bouwzone** BN gebied bestemd voor woningbouw

bouzouki ⟨boezoekie⟩ de (m) [-'s] muz. Griekse luit met een lange hals, peervormige klankkast en vier paar snaren

Bovag de (m) Bond van Autohandelaren en Garagehouders

boven I vz **❶** hoger dan: *~ de tafel hing een lamp* **❷** meer dan: *de prijs is ~ de honderd euro* **❸** hoger in hiërarchie: *zij is manager, ze staat ~ ons* **❹** ouder dan: *mensen van ~ de zestig* **❺** ten noorden van: *~ de grote rivieren* ▼ *daar sta ik ~ daar houd ik me niet mee bezig want dat vind ik van een te laag niveau* ▼ *~ de wet staan* niet aan de wet gebonden ▼ *~ de wind* in de richting vanwaar de wind waait ▼ *Luik ligt ~ Maastricht* Luik ligt meer stroomopwaarts dan Maastricht II bw **❻** op een plaats die hoger is **❼** op een hogere verdieping: *mijn neef woont ~* ▼ *te ~ komen* eroverheen komen, overwinnen: *moeilijkheden te ~ komen*

bovenaan bw op de hoogste plaats: *Ajax staat ~ in de competitie*

bovenaards niet van de aarde, hemels: *van een ~e schoonheid*

bovenal bw vooral, in de eerste plaats, meer dan al het andere: *voedsel dat ~ lekker is*

bovenarm gedeelte van de arm boven de elleboog **bovenarms** bw met de hand boven de schouder ▼ BN, spreekt. *het zit er ~ op* ze zijn aan het ruziën, er is onenigheid

bovenbedoeld bn waarvan zojuist sprake was **bovenbeen** gedeelte van het been boven de knie

bovenblad bovenste blad van iets: *een tafel met een granieten ~; het ~ van een gitaar met het klankgat* **bovenbouw ❶** bovenste deel van een bouwwerk **❷** de hogere klassen of groepen van een school

bovendien bw ook nog

bovendijks bw boven op de dijk

bovendrijven ❶ op het wateroppervlak tevoorschijn komen: *in het kanaal is een lijk komen ~* **❷** fig. tevoorschijn komen: *de oude geruchten over dat bedrijf komen weer ~* **❸** fig. zichtbaar worden, erkend worden: *mensen met talent komen vanzelf ~*

bovendruk bloeddruk bij een pompend hart

bovengenoemd, bovengenoemd wat hiervoor al genoemd, behandeld is

bovengronds bn boven de grond

bovenhand ▼ BN ook *de ~ halen, krijgen* winnen, de overhand krijgen **bovenhands** bn waarbij de hand boven de schouder is geheven: *een ~e service*

bovenhuis deel van een huis boven de benedenverdieping

bovenin bw boven in iets: *de lakens liggen ~*

bovenkaak kaakgedeelte boven in de mond

bovenkamer ❶ kamer op een bovenverdieping **❷** scherts. hersens ▼ *het mankeert hem in zijn ~* hij is gek of dom **bovenkant** kant die naar boven is gericht, die bovenaan is: *de ~ van een tafel*

bovenkleding kleding die vaak niet direct op de huid gedragen wordt en die zichtbaar is tijdens het dragen

bovenkomen ❶ naar boven komen, naar een hogere verdieping komen **❷** naar de oppervlakte komen, ook figuurlijk: *haar oude gevoelens voor hem kwamen weer boven*

bovenlaag hoogste laag, ook figuurlijk: *de ~ van de bevolking*

bovenlader de (m) [-s] machine waar alleen van boven iets in gedaan kan worden, bijv. een wasmachine **bovenleer** leer waarvan de bovenkant van een schoen is gemaakt **bovenleiding** bovengrondse leiding

bovenlichaam deel van het menselijk lichaam boven het middel **bovenlicht ❶** licht dat door de zoldering komt **❷** raam boven een deur

bovenlip bovenste lip **bovenloop** gedeelte van een rivier dat door bergland stroomt

bovenmaats, bovenmaats bn groter dan normaal

bovenmate, bovenmate bw buitengewoon, heel erg, meer dan normaal: *wie ~ liefheeft, kan ook ~ haten*

bovenmenselijk meer dan een mens eigenlijk kan, buitengewoon: *een ~e prestatie* **bovenmodaal** meer dan gemiddeld, meer dan modaal: *een ~ inkomen* **bovennatuurlijk** wat volgens de natuurwetten niet kan bestaan, wat behoort tot een wereld die men met de gewone

bo

zintuigen niet kan waarnemen: *~e krachten*
bovenop *bw* op de bovenkant ▼ *er weer ~ komen* zich weer beter voelen na een ziekte, echtscheiding, faillissement enz. **bovenst** *bn* het meest bovenaan
bovenstad deel van een stad dat hoger ligt
boventallig *bn* wat te veel, boven het normale of gewenste aantal is: *~ personeel*
boventand tand in de bovenkaak **boventoon** ❶ toon die boven de andere uit klinkt ▼ *de ~ voeren* zich het luidst laten horen ❷ toon die meeklinkt met een grondtoon
bovenuit *bw* ❶ wat boven iets uit komt ❷ hoger, luider dan alle andere(n): *zijn stem kwam er~*
bovenverdieping elk van de verdiepingen boven de begane grond
bovenvermeld *bn* wat hiervoor al genoemd, behandeld is
bovenwettelijk niet bij wet voorgeschreven, aanvullend, secundair: *~e voordelen in de arbeidvoorwaarden*
bovenwinds *bn* aan de kant waar de wind vandaan komt ▼ *de Bovenwindse Eilanden* de eilanden van de Kleine Antillen die op de plaats liggen waar de wind vandaan komt, o.a. Saba, St.-Eustatius, St.-Maarten
bovenwoning woning op een verdieping boven de begane grond **bovenzaal** zaal op een bovenverdieping **bovenzijde** kant die naar boven is gericht, die bovenaan is
bovenzinnelijk wat uitstijgt boven dat wat een mens met de zintuigen kan waarnemen
bowl ⟨bool⟩ *de (m)* [-s] ❶ grote kom ❷ drank van wijn, rum of limonade met vruchten en kruiden, die wordt gemaakt in een grote kom
bowlen ⟨boo-⟩ een spel spelen waarbij men met een zware bal kegels aan het eind van een houten baan moet omgooien
box *de (m)* ❶ doos of voorwerp in de vorm van een doos: *een koel~* ❷ vierkant verplaatsbaar hek waarbinnen een baby kan kruipen of lopen ❸ stalafdeling voor één paard ❹ garageafdeling voor één auto ❺ berghok onder in een flatgebouw ❻ losse luidspreker ❼ een van de categorieën waarin soorten inkomsten worden onderverdeeld voor de belasting
boxcalf *het* fijn kalfsleer
boxenstelsel fiscaal stelsel waarin verschillende soorten inkomsten worden belast tegen verschillende tarieven
boxer *de (m)* [-s] middelgrote hond met kort haar en een gerimpelde snuit
boxershort ⟨-sjort⟩ *de (m)* [-s] wijde onderbroek met pijpen voor mannen
boxspring *de (m)* [-s] onderstel van een bed met springveren
boycot *de (m)* [-s, -ten] het verbreken van alle betrekkingen met iemand of iets, het niet meer kopen van de producten van een bedrijf, land e.d.: *een ~ van een land wegens schending van de mensenrechten*
boze *het* ▼ *dat is uit den ~* van de duivel afkomstig; zo slecht dat er absoluut geen sprake van kan zijn
Boze *de (m)* duivel
BPA BN *het* [-'s] *Bijzonder Plan van Aanleg*,

bestemmingsplan
bpm I *de (v)* ❶ belasting van personenauto's en motorrijwielen II ❷ muz. beats per minute (*tempoaanduiding, vooral bij housemuziek*)
Br schei. bromium
braadpan pan om in te braden **braadslede**, **braadslee** bak om in de oven iets in te braden **braadworst** worst die gebraden wordt gegeten
braaf *bn* netjes, goed, gehoorzaam: *een brave hond; hij maakt ~ zijn huiswerk*
braak I *de* [braken] inbraak II *bn* ▼ *~ liggen* niet bebouwd worden; niet gebruikt worden voor het telen van gewassen: *dit bouwterrein, deze landbouwgrond ligt ~; ~liggend terrein* **braakland** landbouwgrond waarop (tijdelijk) geen gewassen geteeld worden
braakmiddel middel om over te geven
braam I *de (m)* [bramen] ❶ zilverkleurige zeevis die op grote diepte leeft (Brama brama) II *de* [bramen] ❷ kleine donkere eetbare vrucht die aan struiken groeit (Rubus fructicosus) ❸ oneffen rand aan materialen als papier, hout, metaal door bijv. knippen, zagen, slijpen **braambes** vrucht van de braamstruik
braamsluiper *de (m)* [-s] kleine zangvogel (Sylvia curruca)
braamstruik doornige struik met sappige besachtige vruchten
Brabançonne ⟨braabâsonnə⟩ *de (v)* het Belgische volkslied
brabbelen gebrekkig praten: *baby's ~ voordat ze leren praten*
brabo inform. *de (m)* [-'s] Brabander
brace ⟨bRees⟩ *de (m)* [-s] constructie van kunststof als steun om een gewricht dat gekwetst is: *een knie~*
braden [braadde, h. gebraden] vlees klaarmaken in heet vet
braderie *de (v)* [-ën] feestelijke kermisachtige markt op straat
bradycardie *de (v)* aandoening waarbij het hart heel langzaam werkt
brahmaan *de (m)* [-manen] lid van de hoogste kaste van de hindoes
brailleschrift ⟨brajjə-⟩ blindenschrift met letters die men kan voelen
braindrain ⟨bReendReen⟩ *de (m)* het vertrekken van veel hoogopgeleiden (uit een land)
brainstormen ongeremd en associatief nadenken over iets
braintrust ⟨bReen-⟩ *de (m)* [-s] groep intellectuelen voor advies aan de regering over planning en strategie **brainwash** ⟨breenwosj⟩ *de (m)* hersenspoeling **brainwave** ⟨-weev⟩ *de (m)* [-s] mooi, goed idee dat iemand ineens krijgt
brak I *bn* ❶ (van water) een beetje zout ❷ fig. niet helemaal helder en fit: *ik voel me een beetje ~ na al die alcohol van gisteren* II *de (m)* [-ken] ❸ jachthond die het spoor van het wild volgt en het wild uit zijn beschutting drijft
braken de inhoud van de maag door de mond naar buiten laten komen, overgeven: *ik was misselijk en moest ~*
brallen op luide en opschepperige toon spreken
brancard ⟨-kaar⟩ *de (m)* [-s] draagbaar waarop zieken en gewonden worden vervoerd

branche ⟨brănsj⟩ *de [-s]* tak van bedrijf of handel, vak: *hij werkt in de toeristen~* **branchevervaging** *de (v)* het vervagen van de grenzen tussen verschillende bedrijfstakken

brand *de (m)* groot hevig vuur dat gebouwen, bossen e.d. vernietigt: *er was een grote ~ in die straat; het hele bos stond in ~* ▼ *uit de ~ zijn* uit de moeilijkheden ▼ BN ook *uit de ~ slepen* in de wacht slepen, zich toe-eigenen, behalen **brandalarm** waarschuwing dat er brand is **brandblaar** blaar die ontstaat door verbranding **brandblusapparaat** apparaat om een brand mee te blussen **brandbom** bom die brand veroorzaakt **brandbrief** brief waarin dringend een probleem aan de orde wordt gesteld **branddeur** deur die uitbreiding van een brand enige tijd kan voorkomen

branden ❶ door vlammen verwoest worden: *papier brandt makkelijk* ❷ aan zijn, licht of warmte verspreiden ▼ *er brandt licht* er is een lamp aan ❸ heet zijn, prikkelend zijn: *de ~de zon; sambal brandt in de mond* ❹ door vuur beschadigen of pijn doen: *ik heb mijn hand gebrand aan de kachel* ▼ fig. *zijn vingers aan iets ~* zichzelf ergens aan branden, moeilijkheden door bezorgen ❺ fig. vol heftige gevoelens zijn: *ik brand van verlangen haar te ontmoeten* ▼ *ik brand van nieuwsgierigheid* ik ben heel nieuwsgierig ▼ *een ~de kwestie* een dringende kwestie ▼ *niet gebrand zijn op* niet gesteld zijn op, niet graag willen ▼ *een cd ~* inhoud op een cd zetten of kopiëren

brander *de (m) [-s]* ❶ toestel dat een bepaalde vorm geeft aan een vlam: *de ~s van een gasfornuis* ❷ iemand die sterkedrank stookt **branderig** *bn* ❶ als van brand, wat naar brand of rook ruikt of smaakt: *het ruikt hier ~* ❷ prikkelend, ontstoken, met huiduitslag: *ik kreeg een ~ gevoel toen ik door de brandnetels was gelopen* **brandewijn** sterkedrank die wordt gemaakt uit wijn of van graan

brandgang *de (m)* doorgang tussen twee percelen of strook in een bos om overslaan van een brand tegen te gaan **brandglas** bolle lens waarmee men zonnestralen op één punt kan doen samenvallen **brandhaard** ❶ beginplaats van een brand ❷ fig. plaats waar veel conflicten zijn **brandhout** ❶ hout om mee te stoken ❷ fig. iets van heel slechte kwaliteit: *dat nieuwe lesboek is ~*

branding *de (v)* het schuimend breken van golven op de kust of op een ondiepte **brandkast** heel stevige kast waarin iemand kostbaarheden bewaart **brandkraan** waterleidingkraan die wordt gebruikt in geval van brand **brandladder** ladder voor als er brand is **brandlucht** lucht die men ruikt als iets brandt **brandmeester** leider van brandweerlieden **brandmelder** *de (m) [-s]* toestel dat een signaal geeft als er brand is **brandmerk** ❶ ingebrand merkteken op het lichaam van dieren, op vaten e.d., vroeger ook op het lichaam van misdadigers ❷ fig. iets wat een schande vormt en altijd bekend zal blijven: *deze periode in de geschiedenis draagt het ~ van*

wrede veroveringszucht **brandmerken** [brandmerkte, h. gebrandmerkt] een merkteken branden op het lichaam van dieren: *jonge kalveren ~* ▼ *iemand als dief ~* beweren dat iemand een dief is

brandnetel *de [-s]* plant van het geslacht Urtica die bij aanraking een branderig gevoel veroorzaakt **brandoffer** het offeren van dieren of gewas door verbranding **brandpolis** polis van een brandverzekering **brandpunt** *het* ❶ punt waarop stralen door een lens bij elkaar komen ❷ fig. middelpunt: *hij staat in het ~ van de belangstelling* **brandraam** BN glas-in-loodraam **brandschade** schade door brand **brandschatten** [brandschatte, h. gebrandschat] ❶ in tijd van oorlog betaling afdwingen door met brand te dreigen ❷ leeghalen, plunderen **brandscherm** ❶ scherm om brand tegen te houden, bijv. in een theater ❷ scherm tegen vonken van de open haard **brandschilderen** [brandschilderde, h. gebrandschilderd] schilderingen in glas branden **brandschoon** heel schoon **brandslang** slang die wordt gebruikt bij het blussen van een brand **brandspuit** pomp met een waterstraal om te blussen **brandstapel** stapel hout waarop vroeger mensen werden verbrand als doodstraf **brandstichter** *de (m) [-s]* iemand die opzettelijk brand veroorzaakt **brandstof** stof die gebruikt wordt voor het krijgen van warmte of energie door verbranding, bijv. benzine, steenkool **brandtrap** trap via welke mensen zich uit een brandend gebouw kunnen redden **brandverzekering** verzekering tegen brandschade **brandvrij** beschermd tegen brand **brandwacht** I *de* ❶ afdeling, dienst die bij brand de orde handhaaft II *de (m)* ❷ rang bij de brandweer **brandweer** *de* organisatie die branden blust, kijkt of gebouwen niet brandgevaarlijk zijn e.d. **brandweerman** *de (m) [-lieden]* lid van de brandweer **brandwond** wond die wordt veroorzaakt door verbranding of door bijtende stoffen **brandy** ⟨brĕndi⟩ *de (m)* brandewijn **brandzalf** zalf voor brandwonden **branie** *de (m)* bluf, lef, houding van overmoed: *kwajongens met veel ~* **branieschopper** *de (m) [-s]* iemand die stoer doet, opschepper, die graag gevaarlijke of baldadige dingen doet **bras** *de (m) [-sen]* ⟨zeilen⟩ lijn om de positie van de ra en het zeil ten opzichte van de wind te bepalen **brasem** *de (m) [-s]* olijfkleurige karperachtige riviervis (Abramis brama) **braspartij** het overdadig eten en drinken **brassband** ⟨brĕsbĕnt⟩ muziekgroep met koperen blaasinstrumenten en slagwerk **brassen** ❶ overdadig eten en drinken ❷ ⟨zeilen⟩ ra of zeil richten naar de wind **brasserie** *de (v) [-ën]* soort eetcafé **brassière** *de [-s]* bustehouder tot in de taille

br

br

bravissimo *tw* uitmuntend, heel erg goed
bravo *tw* goed zo! heel goed!
bravoure ⟨-voer⟩ *de* zelfverzekerde dapperheid, durf: *hij presenteerde zijn plannen met veel ~*
BRD *de (v)* , *Bundesrepublik Deutschland*, Bondsrepubliek Duitsland
break ⟨bReek⟩ I *de (m)* [-s] ❶ pauze, onderbreking ❷ ⟨tennis⟩ winst bij service van de tegenpartij II *tw* ❸ ⟨o.a. bij boksen⟩ los!, bevel van de scheidsrechter om weer de beginhouding aan te nemen als de tegenstanders aan elkaar gaan hangen
breakdance ⟨bReekdèns⟩ *de (m)* manier van dansen met schokkende robotachtige bewegingen en acrobatische toeren
breakdown ⟨bReekdaun⟩ *de (m)* [-s] het (geestelijk) instorten **break-evenpoint** ⟨breekievanpojnt⟩ *het* [-s] *handel* moment waarop kosten en opbrengsten gelijk zijn **breakpoint** *het* [-s] ⟨tennis⟩ moment in een wedstrijd waarbij de speler die niet aan slag is, nog maar één punt hoeft te krijgen om een game te winnen **break-up** *de (m)* [-s] het uit elkaar gaan, splitsing, scheiding
breed *bn* ❶ waarbij de zijkanten van het korte deel in verhouding ver uit elkaar liggen, niet smal: *een brede weg* ▾ *dat is zo ~ als het lang is* er is evenveel voor als tegen ❷ niet bekrompen, ruim: *een brede belangstelling hebben* ▾ *het niet ~ hebben* arm zijn, zuinig moeten leven ▾ *die het ~ heeft, laat het ~ hangen* wie veel heeft, kan veel besteden **breedband** ❶ communicatiekanaal voor snelle overdracht van data ❷ breedbandinternet **breedbandinternet** snelle internetverbinding via de telefoonlijn of via kabel **breedbeeldtelevisie** televisie met een breder beeld dan normaal
breedsprakerig BN *bn* breedsprakig **breedsprakig** *bn* die veel woorden gebruikt om iets te vertellen
breedte *de (v)* [-n, -s] het breed zijn, hoe breed iets is: *de ~ van een kanaal* **breedtecirkel** denkbeeldige cirkel over de aardbol, evenwijdig aan de evenaar: *breedte- en lengtecirkels dienen voor de plaatsbepaling op aarde* **breedtegraad** 1/360 van een lengtecirkel of meridiaan: *de ~ van Nederland is ongeveer 52 graden noorderbreedte*
breeduit *bw* ❶ in volle breedte: *~ gaan zitten* ❷ zonder zich in te houden, zonder het te verbergen: *~ lachen* **breedvoerig** *bn* uitgebreid, in bijzonderheden: *~ vertellen*
breekbaar *bn* wat gemakkelijk breekt
breekijzer ijzeren staaf om iets open te breken **breekpunt** *het* ❶ punt waar iets breekt of kan breken ❷ *fig.* moeilijkheid waarop onderhandelingen (kunnen) afstuiten
breekwerf BN verzamelplaats waar afvalstoffen recyclebaar gemaakt worden
breezer *de (m)* [-s] drankje met rum of likeur gemengd met frisdrank of vruchtensap
breidel *de (m)* [-s] teugel
breien met breinaalden kledingstukken e.d. maken van (wollen of katoenen) draad **breigaren** garen dat geschikt is om mee te breien

brein *het* hersenen, verstand
breinaald puntig staafje om mee te breien
breinbreker lastige puzzel
breipatroon tekening met aanwijzingen volgens welke men iets kan breien **breiwerk** ❶ iets waaraan iemand breit ❷ iets dat gebreid is
brekebeen *de* [-benen] onhandig persoon, knoeier, sukkel
breken [brak, h. / is gebroken] ❶ in stukken uiteen doen vallen, stukmaken: *een glas, een stok ~* ❷ in stukken uiteenvallen: *het kopje brak* ▾ *zijn arm is gebroken* een bot in zijn arm is stuk ❸ *fig.* afwisseling geven: *een pauze breekt de lange werktijd* ▾ *met iemand ~* het contact met iemand beëindigen, niet meer met hem willen omgaan **breker** *de (m)* [-s] ❶ hoge golf bij ondiepte ❷ hoge golf die over een schip heen slaat ❸ iemand die of iets dat breekt **breking** *de (v)* verandering van de richting van lichtstralen e.d. als ze overgaan in een stof van een andere dichtheid
brem *de (m)* struik met vlinderachtige gele bloemen
brengen [bracht, h. gebracht] ❶ iets pakken en het meenemen naar een bepaalde plaats: *ik breng de boodschappen wel naar huis* ▾ spreekt. *morgen ~!* geloof het maar niet ❷ iemand meenemen naar een bepaalde plaats: *zij bracht haar moeder naar het station* ❸ vertonen, laten blijken: *iemand hulde ~* ❹ presenteren, in woorden uitdrukken: *je had je kritiek iets tactischer kunnen ~* ▾ *iets onder woorden ~* formuleren ❺ ervoor zorgen dat iemand of iets in een bepaalde toestand komt: *iemand aan het huilen ~; iets met iets anders in overeenstemming ~* ▾ *een opdracht tot een goed einde ~* een opdracht goed afmaken ▾ *het ver ~* veel bereiken in het leven ❻ verkopen, te koop aanbieden: *een product op de markt ~*
brengun® ⟨-Gun⟩ *de (m)* [-s] lichte mitrailleur
bres *de* [-sen] gat in een verdedigingswerk ▾ *op de ~ staan voor iemand* steeds klaarstaan om iemand te verdedigen
bretel *de* [-s, -len] rekbare band over de schouders en aan een broek om die broek op te houden
breuk *de* ❶ plaats waar iets gebroken of gebarsten is ❷ *fig.* het beëindigen van een contact, samenwerking e.d.: *een ~ in een gezin* ❸ gebroken bot ❹ het naar buiten komen van een deel van de ingewanden in de buik ❺ getal dat ontstaat door het delen van getallen en dat geen heel getal is, bijv. 3/4 of 0,75 **breukband** band die wordt gedragen als steun bij aandoeningen als liesbreuk, stoma, hernia **breukvlak** vlak waarlangs iets gebroken is of kan breken
brevet *het* [-ten] soort diploma waaruit blijkt dat iemand iets mag en kan: *een ~ om een vliegtuig te besturen* ▾ *~ van onvermogen* duidelijk blijk dat iemand ergens niet toe in staat is
brevier *het* ❶ r.-k. gebeden- of getijdenboek van priesters ❷ *fig.* verzameling van gedragsregels
bridge ⟨bridzj⟩ *het* kaartspel met 52 kaarten voor 4 personen **bridgedrive** ⟨-drajv⟩ *de (m)* [-s] bridgewedstrijd **bridgen** [bridgede / bridgete, h.

gebridged / gebridget] bridge spelen

brie *de (m)* romige kaassoort uit de Franse regio Brie

brief *de (m)* [brieven] schriftelijk bericht: *iemand een ~ schrijven* ▼ *dat geef ik je op een ~je* dat verzeker ik je ▼ *een ~je van ...* bankbiljet: *een ~je van tien euro* **briefgeheim** verbod om brieven te openen als ze via de post of een ander bedrijf worden verstuurd **briefhoofd** gedrukte informatie (bijv. firmanaam en -adres) boven aan een brief

briefing *de (v)* [-s] ❶ mondelinge instructie voor een bepaalde opdracht ❷ bijeenkomst waarop informatie over iets wordt gegeven **briefkaart** kaart waarop men iets schrijft en die men aan iemand stuurt **briefpapier** speciaal papier bestemd voor het schrijven van brieven **briefroman** roman in de vorm van een briefwisseling **briefwisseling** *de (v)* ❶ het schrijven van brieven naar elkaar ❷ de geschreven brieven: *een ~ publiceren*

bries *de* zachte frisse wind **briesen** brullen, kwaad snuiven: *de stier briest; mijn oom brieste van woede*

brievenbesteller iemand die brieven bezorgt, postbode **brievenboek** ❶ boek met kopieën van brieven ❷ boek met modellen, voorbeelden van brieven

brievenbus ❶ opening of bus in of bij de huisdeur waarin brieven, kranten, folders e.d. gegooid kunnen worden ❷ bus in een straat of in het postkantoor, waarin men brieven e.d. gooit die men wil versturen

brigade *de (v)* [-s] afdeling van politie of militairen **brigadier** *de (m)* [-s] iemand met een rang tussen hoofdagent en adjudant

brij *de (m)* dikke pap

brik I *de* [-ken] ❶ zeilboot met twee masten ❷ open rijtuig met vier wielen ▼ *scherts. een ouwe ~* een oude auto, fiets e.d. II *de (m)* [-ken] ❸ BN rechthoekige kartonnen verpakking van dranken

briket *de* [-ten] blokje geperste brandstof met de vorm van een baksteen

bril *de (m)* [-len] ❶ voorwerp dat voor de ogen wordt gedragen om beter te kunnen zien of om de ogen te beschermen ▼ *iets door een gekleurde ~ zien* waarbij iemand van tevoren al een bepaalde mening heeft ▼ *iets door een roze ~ zien* op een optimistische manier bekijken ❷ deel van de wc waarop men zit en dat men omhoog kan klappen

brilduiker eend met witte wangvlek (Bucephala clangula)

briletui ⟨-eetwie⟩ etui waarin men een bril bewaart

briljant I *de (m)* ❶ diamant die op een fraaie manier is geslepen ▼ *~en bruiloft* 65-jarig huwelijksfeest II *bn* ❷ heel erg intelligent of heel erg goed in iets: *een ~ wetenschapper; wat een ~ idee!*

brillantine ⟨briljan- *of* brianjan-⟩ *de* smeermiddel om haren te laten glanzen

brillen een bril dragen **brillenglas** deel van glas of plastic in een bril waar men doorheen kijkt: *een bril heeft twee brillenglazen* **brillenkoker** hard

etui voor een bril **brilslang** giftige slangensoort uit Azië, met een brilvormige tekening op het halsgedeelte, cobra

brink *de (m)* ❶ erf om een boerderij ❷ dorpsplein, vaak met bomen

brioche ⟨briejosj(ə)⟩ *de* [-s] Frans zoet broodje

brisant ⟨-zant⟩ *bn* wat snel en heftig ontplooit: *een ~bom*

britpop Britse popmuziek, geïnspireerd op de Britse popmuziek uit de jaren '60 van de vorige eeuw

brits *de* harde slaapbank, bijv. in gevangenissen

broccoli *de (m)* groene groente die op bloemkool lijkt

broche ⟨brosj(ə)⟩ *de* [-s] sierspeld op de borst voor vrouwen en meisjes

brocheren ⟨-sji-⟩ ❶ innaaien (van boeken) ❷ bloemen verwerken in wol of zijde, bewerken met goud- of zilverkleurige draad

brochette ⟨-sjet(tə)⟩ *de* [-s] pen waaraan eten wordt geroosterd

brochure ⟨-sjuur⟩ *de* [-s] folder, klein stuk drukwerk over een bepaald onderwerp

broddelen knoeien, prutsen **broddelwerk** gepruts, werk van slechte kwaliteit

brodeloos *bn* zonder middel van bestaan, zonder inkomsten

broed *het* broedsel **broeden** ❶ ⟨van vogels⟩ de eieren warm houden en uit doen komen door erop te zitten ❷ fig. peinzen, lang nadenken over: *hij zit te ~ op een plan*

broeder *de (m)* [-s, -en] ❶ plecht. broer ❷ kameraad, iemand voor wie men vriendschappelijke gevoelens heeft ❸ mannelijke verpleegkundige ❹ man binnen een geloofsgemeenschap: *~s en zusters, wij zijn hier vandaag bijeen om ...* ❺ kloosterling die de priesterwijding niet ontvangt, frater ▼ *een zwakke ~* iemand die moeilijk mee kan komen, die niet zo goed is in iets **broederlijk** *bn* als een broer, als broers: *iets ~ verdelen* **broederschap** *de (v)* [-pen] ❶ r.-k. vereniging van leken met een godsdienstig doel ❷ prot. kerkgenootschap ❸ vereniging van vakgenoten: *~ der notarissen* ❹ het trouw zijn aan elkaar, het voor elkaar opkomen als broers **broedertwist** ❶ strijd tussen broers ❷ strijd tussen partijen die elkaar eerst steunden

broedmachine machine voor het kunstmatig uitbroeden van eieren **broedplaats** ❶ plaats waar vogels broeden ❷ fig. plaats waar iets ontstaat: *een ~ van terrorisme* **broeds** *bn* die wil broeden: *een ~e kip* **broedsel** *het* [-s] eieren die tegelijk bebroed worden of de jongen die daaruit voortkomen

broeien ⟨van hooi dat opgestapeld ligt⟩ heet worden ▼ *er broeit wat* de sfeer is gespannen en er dreigt een uitbarsting **broeierig** *bn* heet en benauwd, zoals vlak voor het uitbarsten van onweer: *~ weer* ▼ *een ~e sfeer* seksuele spanning onder de oppervlakte

broeikas glazen gebouwtje waarin fruit, groente e.d. bij hoge temperatuur gekweekt wordt **broeikaseffect** algemene temperatuurstijging door gassen, vooral kooldioxide, in de dampkring **broeikasgas** gas dat bijdraagt aan het broeikaseffect

broeinest fig. kweekplaats, plaats waar iets begint, vandaan komt: *een ~ van criminaliteit*

broek I *de* ❶ kledingstuk dat het onderlichaam bedekt met gaten of pijpen voor de benen ▼ *de ~ aanhebben* de baas zijn (gezegd van vrouwen) ▼ *iemand een pak voor zijn ~ geven* slaag geven, slaan ▼ *iemand achter de ~ zitten* geregeld aansporen om iets te doen ▼ *het in zijn ~ doen* zijn poep of plas laten lopen; fig. heel bang zijn ▼ BN, spreekt. *zijn ~ scheuren aan iets* verlies lijden ▼ BN, spreekt. *van hetzelfde laken een ~ krijgen* dezelfde behandeling, straf enz. ondergaan ▼ *een jong ~je/~tje* jong onervaren persoon II *het* ❷ drassig land **broekklem** klem om de onderkant van de broekspijp zodat deze niet in de fietsketting komt **broekland** drassig grasland

broekpak kostuum voor vrouwen met een jasje en lange broek **broekriem** riem waardoor de broek niet afzakt ▼ *de ~ aanhalen* zuiniger gaan leven **broekrok** korte broek met wijde pijpen die op een rok lijkt **broekspijp** deel van een broek dat éen been bekleedt **broekventje** BN, inform. *het* [-s] broekie, onvolwassen persoon **broekzak** zak in een broek

broer *de (m)* [-s] jongen die ook een kind is van iemands vader en moeder ▼ *een ~tje dood hebben aan* een grote hekel hebben aan

broes *de* [broezen] sproeitrechter van een gieter, tuinslang enz.

brok *de & het* [-ken] tamelijk groot deel van iets ▼ *~ken maken* schade aanrichten ▼ *een ~ in zijn keel krijgen* ontroerd worden, bijna gaan huilen **brokaat** *het* zijden stof met goud- en zilverdraad doorwerkt

broker *de (m)* [-s] makelaar op de beurs

brokkelen [brokkelde, h. / is gebrokkeld] ❶ in kleine stukjes breken: *brood ~ voor de eendjes* ❷ in stukken uiteenvallen: *er ~ stukken steen van de muur* **brokkelig** *bn* wat gemakkelijk brokkelt **brokken** brokkelen **brokkenmaker** iemand die voortdurend schade, ongelukken veroorzaakt **brokkenpiloot** iemand die voortdurend schade, ongelukken veroorzaakt, brokkenmaker

brokstuk (groot) deel of onderdeel van iets: *de ~ken van een neergestort vliegtuig*

brombeer iemand die veel moppert, die vaak een beetje bozig praat

bromfiets soort fiets met een motor

bromfietscertificaat soort voorlopig rijbewijs voor het rijden met een bromfiets, snorfiets of brommobiel

bromide *de (v)* [-n] verbinding van broom met een ander element **bromium** *het* roodbruine giftige vloeistof

brommen ❶ een laag dof geluid laten horen: *de vliegen bromden door de kamer* ❷ boos praten: *je moet niet zo tegen die jongen ~* ❸ op een onduidelijke manier praten met een lage doffe stem ❹ inform. in de gevangenis zitten: *nog twee maanden moeten ~* ❺ op een bromfiets rijden ▼ inform. *wat ik je brom!* dat voorspel ik je!

brommer *de (m)* [-s] bromfiets

brommobiel *de (m)* kleine auto met een maximumsnelheid van 45 kilometer per uur waarvoor geen rijbewijs nodig is

brompot *de (m)* [-ten] iemand die veel moppert

bromscooter bromfiets met de vorm van een scooter

bromtol tol die een brommend geluid maakt als hij draait

bromvlieg zwaar zoemende, grote vlieg (Calliphora erythrocephala)

bron *de* [-nen] ❶ plaats waar water uit de bodem naar boven komt ❷ oorsprong, begin, oorzaak: *de ~ van alle ellende* ❸ persoon, tekst, plaats waar bepaalde informatie vandaan komt: *uit welke ~ heb je dat nieuws?*

bronchiën med. *de (mv)* delen van de luchtpijp die naar de longen gaan **bronchitis** *de (v)* ontsteking van de bronchiën **bronchoscopie** *de (v)* inwendig onderzoek van de bronchiën

broncode comp. programma dat nog niet is omgezet naar machinetaal

bronnenstudie bestudering van oorkonden, kronieken, archiefstukken enz., waaruit de kennis van het verleden gehaald wordt

brons *het* bruingeel, glanzend mengsel van koper met tin en andere metalen

bronst *de* ❶ paringsdrift van een dier ❷ periode waarin een dier wil paren **bronstig** *bn* ⟨van dieren⟩ seksueel opgewonden

bronstijd periode tussen de steentijd en de ijzertijd, waarin men bronzen voorwerpen gebruikte

bronsttijd paartijd (*van sommige dieren*)

brontosaurus *de (m)* [-sen] voorwereldlijk reuzenreptiel

bronvermelding het noemen van de bron, bijv. een boek, waar men bepaalde informatie heeft gevonden

bronwater water dat uit een bron omhoogkomt, mineraalwater

bronzen *bn* van brons ▼ sp. *een ~ medaille* medaille die men krijgt voor de derde plaats

brood *het* [broden] ❶ gebakken deeg dat veel mensen iedere dag eten ▼ *iets op zijn ~ krijgen* de nare gevolgen van iets voelen ❷ stuk gebakken deeg in een bepaalde vorm: *een gesneden ~ kopen* ▼ *zoete ~jes bakken* vleien ▼ *als warme ~jes over de toonbank gaan* vlot verkocht worden ▼ BN *dat is gesneden ~* dat is gesneden koek, dat is gemakkelijk ▼ BN *zijn ~je is gebakken* zijn fortuin is gemaakt, zijn toekomst is verzekerd ❸ levensonderhoud: *wat doet hij voor zijn ~?* ▼ *om den brode* om te voorzien in zijn levensonderhoud ▼ *wiens ~ men eet, diens woord men spreekt* men kiest partij voor degene van wie men afhankelijk is **broodbeleg** wat mensen op brood eten, zoals jam of kaas **broodboom** boom van het geslacht Artocarpus met vruchten die naar brood smaken **brooddeeg** ❶ deeg om brood van te bakken ❷ boetseermateriaal van bloem, water en zout **brooddieet** dieet waarbij iemand de ene dag alleen brood en de andere dag normaal eet

brooddronken op een vrolijke en overmoedige manier baldadig

broodheer iemand bij wie men zijn geld verdient, bijv. werkgever

broodje *het* [-s] klein brood, zoals een bolletje of

een puntje: *een ~ kaas*

broodmager heel erg mager

broodmes mes om brood te snijden **broodnijd** afgunst, afkeer omdat iemand een ander als een concurrent beschouwt

broodnodig dringend nodig: *in het rampgebied zijn tenten en dekens ~*

broodplank plank om brood op te snijden **broodroof** het iemand ontnemen van zijn inkomsten, van zijn middelen van bestaan

broodrooster toestel om brood te roosteren

broodschrijver iemand die leeft van het schrijven (en die werk van lagere kwaliteit zou leveren)

broodwinning *de (v)* datgene waarmee iemand zijn geld verdient

broom *het* ❶ bromium ❷ broomverbinding zoals een verbinding van broom en kalium, vroeger veel gebruikt als kalmerend middel

broos *bn* ❶ wat gemakkelijk kan breken: *oude mensen hebben vaak broze botten; ~ aardewerk* ❷ fig. onvast, onzeker, zwak: *een broze gezondheid*

bros *bn* hard en gemakkelijk afbrokkelt: *een ~ koekje*

brosse BN *de (v)* [-n] kort rechtopstaand kapsel

brossen BN, spreekt. spijbelen

brouille ⟨broeja⟩ *de* [-s] (langdurige toestand van) onenigheid **brouilleren** ⟨broejɪ-⟩ ▾ *zich ~* / *ge~erd raken* onenigheid, ruzie krijgen

brousse BN, ook *de* [-s] jungle

brouwen I [brouwde, h. gebrouwen] ❶ bier maken **II** [brouwde, h. gebrouwd] ❷ de r achter in de keel uitspreken **brouwerij** *de (v)* bedrijf waar bier gebrouwen wordt ▾ *dat brengt leven in de ~* dat brengt levendigheid, vertier **brouwsel** *het* [-s] gebrouwen vocht, iets dat gekookt is (en een beetje vreemd is of niet lekker)

brownie ⟨brau-⟩ *de* [-s] soort gebak met chocola

browning® ⟨bRau-⟩ *de (m)* [-s] type automatisch pistool

browser ⟨bRausǝR⟩ comp. *de (m)* [-s] programma voor surfen op het internet

BRT bruto registerton

brug *de* [-gen] ❶ verbinding over water of over een diepte ▾ *over de ~ komen* betalen ❷ hoge plaats op een schip waar de kapitein staat ❸ gymnastiektoestel met twee (gelijke of ongelijke) leggers ❹ rijtje namaaktanden of namaakkiezen dat aan echte tanden of kiezen is vastgemaakt ❺ verbinding tussen brillenglazen ▾ BN *de ~ maken* een dag vrij krijgen of nemen tussen een officiële feestdag en een weekeinde of tussen twee feestdagen **brugdag** BN verplichte vrije dag tussen een officiële feestdag en een weekeinde of tussen twee feestdagen **brugfunctie** bemiddelende functie **bruggenhoofd** ❶ metselwerk waarop het uiteinde van een brug rust ❷ mil. plaats die of gebied dat wordt verdedigd aan de overkant van een water of een andere hindernis **brugjaar** ❶ schooljaar van een leerling in een brugklas ❷ jaar om iets te overbruggen **brugklas** eerste leerjaar bij het voortgezet onderwijs voordat leerlingen hun schooltype kiezen

Brugman ▾ *praten als ~* heel goed kunnen praten, argumenteren

brugpensioen BN vervroegd pensioen

brugpieper scherts. leerling van een brugklas

brugwachter iemand die zorgt voor het openen, sluiten e.d. van een brug

bruien *de (m)* ▾ *de ~ aan iets geven* ergens mee ophouden omdat men er genoeg van heeft

bruid *de (v)* vrouw op haar trouwdag **bruidegom** *de (m)* [-s] man op zijn trouwdag **bruidsboeket** boeket dat de bruid draagt **bruidsdagen** *de (mv)* dagen tussen ondertrouw en trouwdag

bruidsjapon jurk die de bruid draagt wanneer ze trouwt **bruidsjonker** jongen of man die bij een huwelijk het bruidspaar helpt **bruidsmeisje** jong meisje dat bij een huwelijk de bruid helpt **bruidspaar** twee personen die met elkaar trouwen **bruidsschat** geld of goederen die haar familie meegeeft aan de bruid of betaalt aan de familie van de bruidegom **bruidssluier** ❶ sluier die door een bruid wordt gedragen ❷ sterk woekerende klimplant met witte bloemtrosjes (Polygonum alberti) **bruidsstoet** stoet met het bruidspaar **bruidssuiker** snoepgoed dat wordt uitgedeeld door de bruid

bruikbaar *bn* geschikt om te gebruiken, goed te gebruiken

bruikleen *het & de (m)* [-lenen] overeenkomst waarbij de ene partij aan de andere partij iets tijdelijk gratis in gebruik geeft: *het museum heeft dit schilderij in ~ van een particulier*

bruiloft *de* ❶ feest wanneer twee mensen trouwen, trouwfeest ❷ het getrouwd zijn gedurende een bepaald aantal jaren: *de 25-jarige, 50-jarige, 60-jarige ~*

bruin I *bn* ❶ bepaalde kleur, van bijv. chocola ▾ *het te ~ maken* het te gek maken ▾ *~ café* ouderwets café waarvan de inrichting bruin van kleur is ▾ *een ~ leven leiden* een prettig, gemakkelijk leven **II** *het* ❷ bruinbrood: *een gesneden ~ kopen*

Bruin *de (m)* ▾ *dat kan ~ niet trekken* dat kan ik/kunnen we niet betalen

bruinen [bruinde, is / h. gebruind] ❶ bruin worden ❷ bruin maken

bruingoed verzamelnaam voor audiovisuele apparatuur, zoals tv's, radio's, cd-spelers

bruinhemd *de (m)* ❶ hist. lid van de Duitse SA in de periode van de Tweede Wereldoorlog ❷ (neo)nazi

bruinkool brandstof, donkerbruine brandbare delfstof van jongere vorming dan steenkool

bruinvis *de (m)* donker walvisachtig zoogdier van de familie van de Phocaenidae

bruisen ❶ hoorbaar schuimen: *de cola bruiste in het glas* ❷ fig. heel levendig, dynamisch zijn: *~ van energie; een ~de stad* **bruistablet** tablet die bruisend oplost in water

brulaap Zuid-Amerikaanse aap van de familie van de Cebidae, die vervaarlijk brult **brulboei** boei die een dof dreunend geluid maakt **brullen** ❶ een dof dreigend geluid laten horen: *de leeuw brulde* ❷ luidkeels huilen: *een ~d kind*

brunch ⟨bRunsj⟩ *de (m)* [-es] ontbijt en lunch ineen

brunette *de (v)* [-s] vrouw met donkerbruin haar

brut ⟨bruut⟩ *bn* ⟨van champagne⟩ nauwelijks

br

gezoet

brutaal *bn* onbeleefd, die niet het vereiste respect toont, te vrij: *een ~ antwoord* **brutaalweg** *bw* op een brutale manier, zomaar brutaal **brutaliteit** *de (v)* ❶ het brutaal zijn, brutaal of onbeschoft gedrag ❷ iets brutaals of onbeschofts wat iemand doet

bruto *bw* ❶ ⟨in de handel⟩ (gewicht) met de verpakking: *de vracht appels woog ~ duizend kilo* ❷ zonder dat onkosten, belastingen e.d. ervan afgetrokken zijn: *ik verdien ~ € 3000,- per maand* **bruto-inkomen** inkomen vóór aftrek van belastingen, sociale lasten e.d.

bruusk *bn* met een korte en norse manier van reageren of bewegen, kortaf, nors: *hij stond ~ op en liep weg* **bruuskeren** onvriendelijk, kortaf, beledigend behandelen

bruut I *bn* ❶ gewelddadig, wreed: *de brute wijze waarop ze werden behandeld* II *de (m)* [bruten] ❷ gewelddadig wreed mens

BS ❶ burgerlijke stand ❷ Binnenlandse Strijdkrachten

BSc Bachelor of Science

BSE *de (v)*, *bovine spongiform encephalopathy*, gekkekoeienziekte

bsn *het*, *burgerservicenummer*, persoonlijk nummer van inwoners van Nederland in contacten met (instanties van) de overheid, vervangt sinds eind 2007 het sofinummer

bso ❶ BN bijzonder secundair onderwijs ❷ BN beroepssecundair onderwijs ❸ buitenschoolse opvang (*opvang van kinderen buiten schooltijd*)

btw *de (v)*, *belasting over de toegevoegde waarde*, bedrag aan belasting dat is verwerkt in de prijs van artikelen en diensten **btw-tarief** tarief van de belasting over de toegevoegde waarde

bubbelbad bad met water dat sterk borrelt door een kunstmatige stroming **bubbelen** ❶ ⟨in vloeistof⟩ omhoogkomen van luchtbelletjes ❷ inform. baden of zwemmen in een bubbelbad **bubbels** *de (mv)* luchtbelletjes in vloeistof of koolzuurbelletjes in frisdrank, champagne e.d.

buddy ⟨-die⟩ *de (m)* [-'s] iemand die een aidspatiënt als vrijwilliger bijstaat

budget ⟨budzjet⟩ *het* [-ten, -s] geldbedrag dat iemand, een bedrijf e.d. ter beschikking heeft ▼*dat gaat mijn ~ te boven* dat kan ik niet betalen **budgetneutraal** wat een extra geld kost of oplevert **budgettair** ⟨budzjetter⟩ *bn* wat te maken heeft met de begroting **budgetteren** vaststellen welke bedragen bestemd zijn voor welke onderdelen, onderbrengen in een begroting

budo *het* geheel van Japanse vecht- en zelfverdedigingssporten

buffel *de (m)* [-s] rund uit moerasachtige (sub)tropische gebieden **buffelen** ❶ inform. veel eten ❷ hard werken

buffer *de (m)* [-s] ❶ verend stootblok aan spoorwagens e.d. ❷ reservevoorraad die men pas gebruikt als iets op is ❸ tijdelijke opslagplaats van gegevens in een computergeheugen **bufferen** ❶ als reservevoorraad opslaan ❷ comp. gegevens tijdelijk opslaan ❸ een werking afremmen, neutraliseren **bufferzone** gebied voor het opvangen of neutraliseren van gevaar

buffet ⟨buufet⟩ *het* [-ten] ❶ dressoir met hoge opstaande kast ❷ toonbank in een café enz. ▼*koud ~* koude gerechten waarvan gasten zelf mogen pakken

bug ⟨buG⟩ *de (m)* [-s] fout in een computerprogramma

bugel *de (m)* [-s] koperen blaasinstrument

buggy ⟨buGGie⟩ *de (m)* [-'s] inklapbaar babywagentje

bühne ⟨buune⟩ *de (v)* [-n, -s] podium, toneel ▼*dat is voor de ~* voor de show, vooral bedoeld om door anderen gezien te worden

bui *de* ❶ hoeveelheid regen, sneeuw of hagel die in korte tijd valt ❷ tijdelijke stemming: *ze is in een slechte ~*

buidel *de (m)* [-s] ❶ beurs, zak ▼*in de ~ tasten* geld geven, betalen ❷ huidplooi die een soort zak vormt bij sommige dieren, bijv. kangoeroes **buideldier** zoogdier van de onderklasse Marsupialia met een buidel aan de buik

buigbaar *bn* mogelijk om te buigen **buigen** [boog, h. gebogen] ❶ uit eerbied het hoofd of het bovenlichaam naar voren laten zakken: *~ voor de koningin* ▼*zich over iets ~* iets bestuderen, erover nadenken ❷ krom gaan staan: *het riet boog in de wind* ❸ krom maken: *een buis van kunststof ~* **buiging** *de (v)* ❶ het voorover laten knikken van bovenlichaam of hoofd: *een ~ maken voor het publiek* ❷ taalk. verbuiging **buigzaam** *bn* wat gemakkelijk buigt ▼*een ~ karakter* meegaand, flexibel

buig *bn* met (veel) buien: *~ weer*

buik *de (m)* ❶ voorste deel van de romp onder het middel ▼*iets op zijn ~ kunnen schrijven* iets niet krijgen, terwijl iemand daar wel op gehoopt had ❷ binnenste van de romp onder het middel, maag ▼*ergens zijn ~ vol van hebben* ergens meer dan genoeg van hebben ❸ deel van iets dat op een buik lijkt: *de ~ van een vliegtuig* **buikband** ❶ band om de buik ❷ smal, los bandje met opvallende informatie om een boek

buikdans soort dans uit het Midden-Oosten waarbij een vrouw vooral de blote buik en de heupen veel beweegt **buikdanseres** vrouw die een buikdans uitvoert

buikgriep stoornis in de ingewanden, die door een virus of bacterie wordt veroorzaakt

buikholte lichaamsholte met de ingewanden van de buik

buikig *bn* met een dikke buik

buiklanding landing van een vliegtuig op de onderkant van de romp zonder gebruik te maken van het landingsgestel

buikloop waterachtige ontlasting, diarree

buikpijn pijn in de buik

buikriem riem om de buik ▼fig. *de ~ aanhalen* van minder inkomsten moeten leven

buikspreken spreken zonder de lippen te bewegen **buikvin** vin aan de buik **buikvlies** vlies aan de binnenkant van de buikholte

buil *de* zwelling na een klap of een stoot ▼*daar kun je je geen ~ aan vallen* daarmee loop je niet veel risico ▼*~tje* papieren zakje, bijv. met thee of met rijst

building ⟨bil-⟩ BN, spreekt. *de* [-s] hoog modern

gebouw, flatgebouw

builen de zemelen verwijderen: *gebuild tarwemeel, brood*

buis I *de* [buizen] ❶ holle koker, pijp, bijv. voor het transport van vloeistoffen ❷ beeldbuis, televisie: *is er vanavond nog wat op de ~?* ❸ radiolamp ❹ BN, stud. onvoldoende II *het* [buizen] ❺ vero. soort kiel, jasje met knopen voor mannen

buiswater water dat over een schip spat

buit *de (m)* dat wat iemand veroverd of gevangen heeft: *de inbrekers verdeelden de ~*

buitelen [buitelde, h. / is gebuiteld] over de kop rollen: *de jonge hondjes buitelden over elkaar heen*

buiten I *vz* ❶ niet in, niet binnen ❷ behalve, zonder: *~ Jan was iedereen het ermee eens* ▼ *~ verwachting* meer, beter dan verwacht ▼ *~ iemand om* zonder dat hij het weet ▼ *~ zichzelf van woede, vreugde enz.* zo kwaad, blij enz. dat iemand zichzelf niet meer beheerst II *bw* ❸ niet binnen, niet in huis: *de kinderen spelen ~* ❹ op het platteland, niet in de stad: *we wonen ~* ▼ *van ~ leren* uit zijn hoofd leren ▼ *zich te ~ gaan aan (alcohol, taart, feesten enz.)* zich niet beheersen, in extreme mate doen, eten of drinken III *het* [-s] ❺ groot huis met grond op het platteland, landgoed IV *de (m)* ❻ BN ook platteland

buitenaards van buiten de aarde, wat bestaat buiten de aarde: *~e wezens*

buitenaf, buitenaf *bw* ❶ aan de buitenkant (van iets), buiten (iets) ❷ fig. oppervlakkig, zonder er veel informatie over te hebben: *zo van ~ bekeken* ❸ afgelegen, buiten de bebouwde kom: *~ wonen*

buitenbaan sp. ❶ baan die het dichtst bij de buitenkant is, het verst vanaf het midden ❷ baan in de openlucht: *schaatsen op een ~*

buitenband rubberen buitenste band van een wiel aan een fiets, auto e.d.

buitenbeentje *het* [-s] iemand die anders is dan de rest

buitenbocht buitenste, langste bocht van een weg, rivier enz. **buitenboordmotor** motor aan de buitenkant van een boot **buitendeur** deur die naar buiten leidt

buitendien *bw* bovendien

buitendienst niet in een bedrijf of kantoor zelf maar erbuiten, bijv. bij klanten: *een verkoper in de ~*

buitendijks, buitendijks *bn* tussen een water en de dijk

buitenechtelijk buiten het huwelijk: *een ~e relatie*

buitengaats *bw* in volle zee

buitengemeen, buitengemeen bijzonder, uitzonderlijk: *zijn buitengemene kracht*

buitengerechtelijk waar het gerecht buiten blijft **buitengewoon, buitengewoon** ❶ in hoge mate, heel erg: *~ intelligent* ❷ uitstekend, heel erg goed: *ze heeft ~ gepresteerd* ▼ *~ onderwijs* speciaal onderwijs voor bepaalde groepen kinderen

buitengoed groot huis met grond op het platteland, landgoed

buitengooien BN ❶ iemand eruit gooien ❷ ontslaan

buitenhaven haven in directe verbinding met een zee of rivier

buitenhuis (zomer)huis buiten de stad

buitenissig *bn* anders dan het gewone, abnormaal: *~e kleding*

buitenkans *de* onverwacht gelukkig toeval: *het was een ~ dat ik plotseling met mijn tante mee kon naar Amerka* **buitenkant** ❶ het deel van iets dat het meest naar buiten gericht is ❷ fig. dat wat men ziet, uiterlijke schijn: *ze lijkt gelukkig, maar dat is de ~*

buitenkerkelijk die niet tot een kerkgenootschap behoort

buitenland ander land of andere landen dan het eigen land **buitenlander** *de (m)* [-s] iemand uit een ander land dan het eigen land **buitenlands** *bn* van of uit het buitenland

buitenleven leven op het platteland **buitenlucht** de lucht buiten, buitenshuis

buitenmate, buitenmate *bw* in heel hoge mate, heel erg

buitenmens ❶ iemand die op het platteland woont ❷ iemand die van het buitenleven houdt **buitenom** *bw* via de buitenkant: *ik loop wel even ~*

buitenparlementair ‹-tèr› buiten het parlement om ▼ *~e actie* actie die buiten het parlement om wordt gevoerd

buitenplaats ❶ landgoed, buitengoed ❷ afgelegen plaats **buitenschools** buiten of na de lesuren ▼ *~e opvang* opvang van kinderen als er geen lessen zijn

buitenshuis, buitenshuis *bw* niet in huis, niet thuis: *~ werken* **buitenslands** *bw* in het buitenland: *een verblijf ~*

buitensluiten ❶ geen toegang verlenen, niet laten binnenkomen ❷ fig. buiten iets houden, niet laten meedoen

buitenspel I *het* ❶ spel dat buiten wordt gespeeld II *bw* ❷ sp. overtreding als een aanvaller dicht bij het doel van de tegenstander staat en er te weinig tegenstanders tussen hem en dat doel staan ▼ fig. *iemand ~ zetten* ervoor zorgen dat iemand geen macht of invloed (meer) heeft

buitensporig *bn* overdreven, veel te veel of veel te groot: *een ~e hoeveelheid bagage*

buitenst *bn* het verst naar buiten

buitenstaander *de (m)* [-s] ❶ iemand die ergens niets mee te maken heeft ❷ iemand die niet thuis is in een bepaald vak

buitenverblijf woning buiten de stad, vaak een groot huis met grote tuin of grond

buitenvliegen BN, spreekt. ❶ naar buiten vliegen ❷ eruit gezet worden

buitenwaarts *bn* naar buiten gericht: *een ~e draai; ~e druk*

buitenwacht degenen die buiten een zaak staan, niet bij een zaak betrokken zijn **buitenwater** water in open verbinding met zee **buitenwereld** ❶ personen die niet bij een bepaalde groep horen, het grote publiek ❷ het gebied, de wereld om iets heen, de rest van de wereld: *de gevangene heeft geen contact met de ~* **buitenwijk** wijk aan de buitenkant van een stad **buitenwipper** BN, ook *de (m)* [-s] uitsmijter,

bu

iemand die lastige bezoekers verwijdert

buitenzetten buiten de deur zetten **buitenzijde** buitenkant

buitenzintuiglijk niet via de normale zintuigen, zoals gezicht, gehoor, reuk: *~e waarneming*

buitmaken [maakte buit, h. buitgemaakt] krijgen door diefstal, gevecht e.d., veroveren

buizen [buisde, is / h. gebuisd] ❶ water in de boot krijgen ❷ BN, stud. zakken (voor een examen e.d.)

buizerd *de (m)* [-s] valkachtige roofvogel van het geslacht Buteo

bukken naar de grond buigen: *~ om iets op te rapen*

buks I *de* ❶ kort geweer II *de (m)* ❷ bepaald palmpje **buksboom** altijdgroen glanzend heestertje van de soort Buxus sempervirens

bul *de* [-len] ❶ diploma van universiteit of hogeschool ❷ gezegelde oorkonde, vooral oorkonde wanneer de doctorsgraad wordt verleend ❸ open brief van een paus

bulderen ❶ een hard dreunend geluid geven: *de kanonnen bulderden* ❷ hard roepen of schreeuwen

buldog *de (m)* [-gen, -s] sterke, stevig gebouwde hond met een brede kop en korte snuit

bulk *de (m)* ❶ onverpakte lading, vooral in het ruim van een schip ❷ massa, grote hoeveelheid, grootste deel

bulkboek boek dat op een heel goedkope manier is gemaakt

bulken loeien ▼ *~ van het geld* heel rijk zijn

bulldozer ⟨boel-⟩ *de (m)* [-s] voertuig op rupsbanden met een schuiver voor het opruimen van puin enz.

bullebak *de (m)* [-ken] norse onvriendelijke man

bullenpees slagwapen, oorspronkelijk gedroogde penis van een stier

bulletin ⟨-tè⟩ *het* [-s] blad met mededelingen

bullshit ⟨boelsjit⟩ spreekt. *de (m)* kletspraat, onzin

bully ⟨boelie⟩ *de (m)* [-'s] ritueel waarmee een hockeywedstrijd wordt begonnen of hervat

bult *de (m)* ❶ buil, opzwelling van de huid op de plaats waar iemand zich bijv. gestoten heeft of gestoken is ❷ bobbel, oneffenheid: *er zitten ~en in het tapijt* ▼ inform. *zich een ~ lachen* heel erg moeten lachen **bultenaar** *de (m)* [-s] iemand die een bochel heeft

bulterriër kortharige gespierde hond die vroeger als vechthond werd gebruikt **bultig** *bn* met één of meer bulten

Buma/Stemra *de (m)*, *Bureau voor Muziekauteursrecht/Stichting tot Exploitatie van Mechanische Reproductierechten der Auteurs*, organisatie voor de behartiging van de belangen van muziekauteurs

bumper *de (m)* [-s] deel van een auto aan de voor- en achterkant dat stoten opvangt wanneer de auto in aanraking komt met iets anders, bijv. bij inparkeren **bumperkleven** [bumperkleefde, h. gebumperkleefd] te dicht achter een andere auto blijven rijden

bun *de* [-nen] ruimte in een schip of een vat of kist met water voor het levend bewaren van vis

bundel *de (m)* [-s] ❶ bos, pakje: *een ~ takken* ❷ verzameling verhalen, gedichten e.d.

bundelen ❶ gedichten, korte verhalen e.d. in een bundel uitgeven ❷ samenvoegen ▼ *de krachten ~* samenwerken

bunder *de (m) & het* [-s] 10.000 m², hectare

bungalow ⟨bunGaloo⟩ *de (m)* [-s] vrijstaand huis van één verdieping, ook als vakantiehuis **bungalowpark** groep bungalows die bij elkaar staan in een landelijke omgeving, vaak als vakantieoord **bungalowtent** grote tent, ingedeeld in vertrekken

bungeejumpen ⟨bundzjiedzjumpən⟩ aan een lang elastiek van grote hoogte naar beneden springen en net boven de grond terugveren

bungelen slingerend hangen

bunker *de (m)* [-s] ❶ zwaar versterkt betonnen bouwwerk, soms onder de grond, waarin soldaten zich verschansen ❷ plaats op een schip waar de brandstof wordt opgeslagen **bunkeren** ❶ scheepst. brandstof, bijv. diesel, tanken ❷ spreekt. veel eten

bunzing *de (m)* [-en, -s] marterachtig roofdier dat stank verspreidt als het aangevallen wordt (Putorius foetidus)

buo *het* buitengewoon onderwijs

bups inform. *de (m)* ▼ *de hele ~* de hele boel, iedereen

burcht *de* ❶ versterkt kasteel met hoge dikke muren ❷ hol van bepaalde dieren, zoals dassen

bureau ⟨-roo⟩ *het* [-s] ❶ tafel, vaak met laden, om aan te schrijven, met de computer te werken e.d. ❷ gebouw of kamer waarin een kantoor of een dienst is gevestigd: *het ~ van de Burgerlijke Stand* ❸ politiebureau: *hij moest me naar het ~* **bureaublad** ❶ bovenblad van een bureau ❷ computerscherm met daarop pictogrammen die men kan aanklikken om programma's te starten, bestanden te openen enz.

bureaucraat ⟨-roo-⟩ *de (m)* [-craten] ambtenaar die strikt handelt volgens de regels en daarvan niet afwijkt **bureaucratie** *de (v)* [-tieën] ❶ situatie waarin ambtenaren zich precies houden aan veel regels en voorschriften, waardoor zaken vaak moeilijk en traag gaan ❷ het geheel van ambtenaren dat zo handelen en de voorschriften die zij volgen **bureaucratisch** *bn* als een bureaucraat, (te) strikt volgens de voorschriften

bureauredacteur ⟨-roo-⟩ iemand die de kopij, zoals artikelen, corrigeert en bewerkt

bureel *het* [-relen] kantoor

burengerucht lawaai bij mensen thuis waarvan buren, omwonenden last hebben

buret *de* [-ten] buisje om vloeistof te meten

burgemeester *de (m)* [-s] hoofd van een gemeente **burgemeestersjerp** BN lint dat door een burgemeester wordt gedragen als teken van zijn waardigheid

burger *de (m)* [-s] iemand die in een stad of een land woont en daar ook officieel inwoner is: *volwassen ~s hebben stemrecht* ▼ *in ~* in gewone kleren, niet in uniform **burgerbevolking** alle inwoners die geen militairen zijn **burgerij** *de (v)* de gezamenlijke burgers, vooral de meer welgestelde burgers **burgerkleding** *de (v)*, **burgerkleren** *de (mv)* gewone kleding van iemand die vaak een uniform draagt: *een soldaat, politieagent in ~*

burgerlijk bn ❶ voor, van de burgers van een stad of staat ▼ ~ *huwelijk* huwelijk voor de ambtenaar van de burgerlijke stand ▼ ~*e staat* feit dat iemand gehuwd, ongehuwd of gescheiden is ▼ ~ *recht* recht tussen burgers onderling, geregeld in het *Burgerlijk Wetboek* ▼ ~*e stand* dienst die de geboorten, sterfgevallen, huwelijken enz. van een gemeente bijhoudt ❷ stijf, bekrompen, niet vlot of modern: *het huis was heel ~ ingericht*

burgerluchtvaart niet-militaire luchtvaart
burgeroorlog oorlog tussen groepen mensen in één land **burgerplicht** plicht die men als burger heeft **burgerrecht** recht dat men als burger heeft **burgerschap** I *het* ❶ het burger-zijn II *de (v)* ❷ de gezamenlijke burgers
burgerservicenummer, **burgerservicenummer** uniek persoonsnummer voor Nederlandse burgers dat wordt gebruikt in contacten met overheidsinstellingen, belastingdienst, zorginstellingen enz. **burgervader** burgemeester **burgerwacht** I *de* ❶ bewakingsdienst van vrijwilligers II *de (m)* [-en] ❷ lid van die dienst **burgerzin** besef van zijn plichten als burger **burlen** loeien (van herten) in de bronsttijd **burlesk** bn komisch op een platte manier of door overdrijving
burn-out ⟨buRn-aut⟩ [-s] uitputting door stress **burrito** ⟨boerietoo⟩ *de (m)* [-'s] Mexicaans gerecht in de vorm van een opgerolde tortilla, vaak gevuld met bonen en vlees of kaas
bursaal *de* [-salen] iemand met een studiebeurs **bus** I *de* [-sen] ❶ hoge, ronde doos van blik: *een ~ beschuit* ▼ *in de ~ moeten blazen* flink moeten betalen ❷ brievenbus: *een brief op de ~ doen* II *de (m)* [-sen] ❸ autobus ▼ ~*je* kleine bus, grote bestelwagen **busbaan** rijbaan die is gereserveerd voor autobussen **busbak** diepgelegen stuk weg voor openbaar vervoer **buschauffeur** persoon die een bus bestuurt **busdienst** regelmatige vervoersdienst per bus voor passagiers **bushalte** plaats waar een bus stopt en waar passagiers kunnen in- en uitstappen
bushbush ⟨boesjboesj⟩ *de (m)* ❶ oerwoud ❷ scherts. afgelegen plaats
business ⟨biznis⟩ *de (m)* zaken **businessclass** ⟨-klàs⟩ *de (m)* duurdere categorie plaatsen in een passagiersvliegtuig **businessunit** ⟨-joenit⟩ *de* [-s] onderdeel of filiaal van een bedrijf: *wij zoeken een manager voor onze ~ in Eindhoven*
buskruit mengsel dat gemakkelijk ontploft ▼ *het ~ niet uitgevonden hebben* niet erg slim zijn **buslichting** het op vaste tijden legen van een openbare brievenbus
buso *het* buitengewoon secundair onderwijs **bussel** *de* [-s] bos, bundel: *een ~ takken* **busstation** centrale plaats voor bussen, vaak eind- en beginhalte van meerdere bussen **busstrook → busbaan**
buste ⟨buus⟩ *de* [-s, -n] ❶ borstbeeld, beeld van iemands hoofd en het bovenste deel van de romp: *een ~ van Beethoven* ❷ vrouwenborsten, boezem **bustehouder** kledingstuk dat de borsten van een vrouw ondersteunt, bh **butaan** *het* verzadigde koolwaterstof, kleur- en

reukloos brandbaar gas
butagas butaangas dat in gasflessen is geperst, gebruikt in bijv. een caravan of boot
butler *de (m)* [-s] het hoofd van de bedienden in een huis
buts *de* deuk: *een pannetje vol* ~*en*
button ⟨buttən⟩ *de (m)* [-s] plat voorwerpje met een afbeelding of tekst, dat men op zijn kleren kan spelden
buttondown ⟨buttəndaun⟩ bn voorzien van een kraag of boord met knoopsgaatjes
buttplug ⟨-pluG⟩ *de* [-s] seksspeeltje dat in de anus wordt ingebracht
buur *de (m)* [buren] iemand die naast, tegenover of vlak bij iemand woont **buurjongen** jongen die naast, tegenover of vlak bij iemand woont **buurland** land dat direct naast of onder of boven een land ligt **buurman** *de (m)* [-nen, -lui, -lieden] mannelijk persoon die naast iemand zit of vlak bij iemand woont **buurmeisje** meisje dat naast, tegenover of vlak bij iemand woont **buurpraatje** praatje tussen buren over onbelangrijke zaken **buurschap** *de (v)* onderlinge betrekkingen tussen buren
buurt *de* ❶ deel van een stad of dorp, wijk: *hij woont in een nette ~* ❷ omgeving: *nergens in de ~ was een bushalte* **buurtbus** bus voor vervoer op het platteland die wordt bestuurd door vrijwilligers **buurtcentrum** activiteitencentrum voor bewoners van een buurt **buurten** een praatje maken met de buren of op bezoek gaan bij de buren **buurthuis** ❶ buurtcentrum ❷ gebouw waarin de activiteiten van een buurtcentrum plaatsvinden **buurtschap** *de (v)* [-pen] kleine gemeenschap van een aantal huizen bij elkaar **buurtvereniging** vereniging van bewoners van eenzelfde buurt **buurtwerk** sociaal-cultureel werk in een bepaalde buurt **buurtwerker** iemand die sociaal-cultureel werk doet, gericht op problemen in een bepaalde buurt
buurvrouw vrouw die naast iemand zit of vlak bij iemand woont
buut *het* ❶ eindpunt of meldpunt bij kinderspelen ❷ carnavalstoespraak
buxus *de (m)* [-sen] altijdgroene heester, vaak gebruikt als heg
buy-out ⟨-baj-⟩ *de (m)* [-s] het uitkopen, de overname van alle aandelen van een bedrijf of onderdeel van een bedrijf
BuZa (ministerie van) Buitenlandse Zaken
buzz *de (m)* rage, hype: *een ~ creëren rond een product*
buzzer *de (m)* [-s] ❶ zakapparaat dat vibreert als iemand wordt opgeroepen ❷ persoon die mond-tot-mondreclame maakt voor een product **buzzword** ⟨-wùrd⟩ *het* [-s] woord dat op een bepaald moment veel gebruikt wordt en geen duidelijke betekenis heeft, bijv. gebruikt om iets interessanter te doen lijken
bv. bijvoorbeeld
BV I *de (v)* ❶ besloten vennootschap II ❷ BN Bekende Vlaming
bvb *de* bijzondere verbruiksbelasting
bvba BN *de (v)* besloten vennootschap met beperkte aansprakelijkheid

bv

BVD *de (m)* ⟨vroeger⟩ Binnenlandse
Veiligheidsdienst, tegenwoordig AIVD
B-verpleging *de (v)* verpleging van
psychiatrische patiënten
BW ❶ Bijstandswet ❷ Burgerlijk Wetboek
B-weg weg die niet bestemd is voor voertuigen
boven een bepaalde breedte of wieldruk
bypass ⟨bajpàs⟩ *de (m)* [-es] nieuw stukje bloedvat
om een verstopping in een bloedvat te
overbruggen, vooral in een slagader die nodig is
voor de werking van het hart: *tijdens de operatie
krijgt hij twee ~es*
byte ⟨bajt⟩ comp. *de (m)* [-s] eenheid waarmee de
informatie in het geheugen van een computer
wordt uitgedrukt, acht bit: *een ~ staat vaak gelijk
aan één letter, cijfer of teken*
Byzantijns ⟨Bie-⟩ *bn*: van of uit Byzantium (het
Oost-Romeinse rijk: gebied rond het
tegenwoordige Griekenland, van circa 500 tot
1453)
BZ (Ministerie van) Buitenlandse Zaken
b.z.a. biedt zich aan
BZN Bond Zonder Naam

C

c *de* [-'s] ❶ medeklinker, derde letter van ons
alfabet ❷ muz. eerste toon van de diatonische
toonladder, do
C ❶ Celsius ❷ Romeins teken voor 100
❸ coulomb
C2C *Cradle to Cradle* = wieg tot wieg, concept
volgens welk producten zo worden ontworpen
dat de materialen na gebruik als voedsel
kunnen dienen of als hoogwaardig materiaal
voor andere producten
ca *circa*, ongeveer
c.a. *cum annexis*, met het bijbehorende
Ca schei. calcium
cabaret ⟨-rè of -ret⟩ *het* [-s] voorstelling in het
theater met grappige teksten, liedjes,
toneelstukjes **cabaretier** *de (m)* [-s] artiest die die
cabaretvoorstellingen geeft
cabine *de (v)* [-s] ❶ passagiersverblijf in een
vliegtuig ❷ voorstuk van een vrachtauto
❸ plaats waar in de bioscoop de film gedraaid
wordt ❹ kleedkamertje
cabrio *de (m)* [-'s] cabriolet **cabriolet** ⟨-lè of -let⟩ *de
(m)* [-ten, -s] auto met een dak dat open kan
cacao ⟨-kau⟩ *de (m)* ❶ poeder waar chocola van
gemaakt wordt ❷ chocolademelk **cacaoboon**
zaad van de cacaoboom **cacaoboter** vet uit
cacaobonen
cachet ⟨-sjè of -sjet⟩ *het* [-ten] ❶ afdruk van een
wapen of naamcijfer, zegel ❷ het stijlvol zijn op
een eigen, bijzondere manier
cachot ⟨-sjot⟩ *het* [-ten] gevangenis
cactaceeën, **cacteeën** *de (mv)* cactusachtigen
cactus *de (m)* [-sen] vetplant, oorspronkelijk uit
woestijnachtige gebieden, met stengels in de
vorm van een zuil of bol en dikke, vaak stekelige
bladen
CAD ❶ Consultatiebureau voor Alcohol en Drugs
❷ Computer Aided Design (*het maken van
ontwerpen met behulp van een computer*)
cadans *de* ritme, ritmische beweging: *de ~ van
een gedicht; de ~ van een rijdende trein*
caddie ⟨keddie⟩ *de (m)* [-s] helper die de
golfstokken draagt bij het golfspel
cadeau ⟨-doo⟩ *het* [-s] iets dat iemand aan iemand
anders geeft, geschenk **cadeaubon** waardebon
die vaak wordt gegeven als cadeau en waarvoor
iemand iets kan kopen **cadeaucard** ⟨-kàrd⟩ *de
(m)* [-s] elektronische cadeaubon in de vorm van
een prepaid chipkaart
cadens *de* ❶ afsluiting van een (deel van een)
muziekstuk door akkoorden ❷ vrije improvisatie
in een klassiek soloconcert
cadet *de (m)* [-ten] ❶ aspirant-beroepsofficier
❷ BN jong lid van een sportclub (van 12 tot 15
jaar)
cadmium schei. *het* chemisch element Cd, erg
giftig metaal met een blauwachtige glans
café *het* [-s] ruimte waar men naartoe gaat om
iets te drinken zoals koffie, frisdrank, alcohol ▾ *~
chantant* ⟨sjâtâ⟩ café met muziek en zang
caféhouder eigenaar of exploitant van een café
cafeïne *de* oppeppend bestanddeel van

koffiebonen, thee en kolanoten

café-restaurant café waar men ook maaltijden kan eten **cafetaria** de [-'s] goedkoop restaurant waar men vooral snacks kan eten

caffè latte de (m) [-s] caffè lungo met een scheut warme melk **caffè lungo** ‹- loengGo› de (m) [-s] espresso met meer water **caffè macchiato** ‹-makkieaato› de (m) [-s] espresso met opgeklopte melk

cahier ‹kaajee› het [-s] schrift

cai de (v) centrale antenne-inrichting

caissière ‹kassjèrə› de (v) [-s] vrouw die achter de kassa zit, vooral in supermarkten of warenhuizen

caisson ‹kessó of kessọn› de (m) [-s] ❶ werkkamer onder water met verhoogde luchtdruk bij pneumatische funderingen ❷ doosvormige constructie, meestal van gewapend beton, als element voor onder andere afsluitdammen, onderwatertunnels en metrotunnels **caissonziekte** ziekte van duikers als gevolg van te plotseling drukverschil

cajun ‹keedzjun› de (v) muziek en kookkunst die verbonden is met de Cajuns (Franstalige bewoners van de Amerikaanse staat Louisiana)

cake ‹keek› de (m) [-s] zachte kruimelige soort koek die men in plakjes eet ▼ een cakeje een kleine cake in een bepaalde vorm

cakewalk ‹keekwòk› de (m) [-s] kermisattractie met een bewegende ondergrond waardoor iemand tijdens het lopen op en neer en heen en weer wordt geschud

cal calorie

calamares de (mv) inktvisringen, meestal gefrituurd

calamiteit de (v) ramp

calando muz. bw afnemend in tempo en sterkte

calcium schei. het wit chemisch element Ca, een zilverkleurig metaal

calculatie de (v) [-s] berekening, vooral van wat iets gaat kosten **calculator** de (m) [-s] ❶ persoon die berekeningen maakt, die de calculatie doet ❷ elektronische rekenmachine, vooral zakrekenmachine **calculeren** ❶ berekenen, vooral hoeveel iets gaat kosten: *het bouwbedrijf calculeert de kosten van het bouwproject* ❷ fig. berekenend zijn, op eigen voordeel uit zijn ▼ de ~de burger iemand die steeds op zoek is naar mogelijkheden om voordeel te behalen

calèche ‹-lèsj› de (v) [-s] open rijtuig

caleidoscoop de (m) [-scopen] kijker met verspringende beelden die de weerkaatst worden **californium** schei. het radioactief element (Cf)

callanetics ‹-nettiks› de (mv) fitness in de vorm van rustige oefeningen op muziek voor versteviging van de spieren

callcenter ‹kòlsentaR› het [-s] bedrijfsafdeling voor telefonisch contact met klanten

callgirl ‹kòlGuRl› de (v) [-s] (luxe) prostituee met wie klanten telefonisch een afspraak maken

calloptie ‹kòl-› optie op de koop van een aandeel tegen een vooraf afgesproken prijs en binnen een bepaalde tijd

calorie de (v) [-ën] oude eenheidsmaat van warmte en energie, joule: *slagroom bevat veel calorieën* **calorisch** bn wat te maken heeft met warmteontwikkeling, warmtegevend

calque ‹kalk› de [-s] overgetrokken tekening

calumet de (m) [-ten] vredespijp

calvados de (m) alcoholische drank uit appels

calvarietocht BN, lit. lijdensweg, zware tocht

calvinisme het protestants geloof volgens de ideeën van Johannes Calvijn die leefde in de 16de eeuw **calvinistisch** bn volgens de leer van Calvijn, volgens het calvinisme: *er wordt wel gezegd dat iemand die ~ is, streng is en niet geniet*

calypso ‹-lip-› de (m) [-'s] danslied van de Caraïbische eilanden

cam ‹kem› de (v) webcam

cambrium het vroegste periode van het paleozoïcum waarin voor het eerst meercellige organismen voorkwamen met harde delen als schalen en skeletten

camcorder ‹kemkòRdəR› de (m) [-s] videocamera met ingebouwde recorder

camee de (v) [-ën] steen die in reliëf is gesneden, met lagen van verschillende kleur

camel ‹kemməl› bn licht beigebruin

camelia de [-'s] kamerplant met donkergroen blad en bloemen (Camellia japonica)

camembert ‹-mambèr› de (m) [-s] romige kaassoort uit Normandië

cameo de (m) [-'s] kort optreden van een bekend persoon in een film, televisieserie e.d.

camera de [-'s] toestel voor het maken van foto's, films of video-opnames **cameraman** de (m) [-nen, -lieden] iemand die een film- of televisiecamera bedient

camion BN, spreekt. de (m) [-s] vrachtwagen

camjo de (m) [-'s] camerajournalist, journalist die ook het foto- of filmmateriaal maakt

camouflage ‹-moeflaazjə› de (v) iets of manier van doen om ervoor te zorgen dat een mens of dier niet opvalt in de omgeving: *een bruine of groene kleur als ~* **camoufleren** onopvallend maken, zorgen dat iets of iemand niet opvalt in de omgeving: *de soldaten ~ hun helmen met takken*

campagne ‹-panjə› de [-s] grote actie voor een bepaald doel

campari® de (m) [-'s] rode bittere drank met alcohol

camper ‹kempər› de (m) [-s] auto waarvan het achterdeel is ingericht als ruimte om in te wonen en te slapen, vooral gebruikt op vakantie

camping ‹kem-› de (m) [-s] terrein waar men kan kamperen **campingbedje** het [-s] opvouwbaar kinderbed **campinggas** kleine cylinder met geperst gas, vooral gebruikt om op te koken bij het kamperen **campingvlucht** goedkope vliegreis zonder hotelreservering

campus de (m) [-sen] terrein van een universiteit of hogeschool met gebouwen waar colleges worden gegeven, studenten kunnen wonen, sporten enz.

canada de (m) [-'s] Canadese populier

canaille ‹-najjə› het gespuis, slechte mensen

canapé de (m) [-s] brede zitbank

canard ‹-naar› de (m) [-s] vals of verzonnen nieuwsbericht

canasta het kaartspel met 2 spellen van 52 kaarten en 4 jokers

ca

cancan ⟨kâkâ⟩ *de (m)* [-s] negentiende-eeuwse Franse revuedans

cancelen ⟨ken-⟩ afzeggen, niet door laten gaan: *onze vlucht is gecanceld wegens het slechte weer*

cand. kandidaat

candid camera ⟨kendid kemməRa⟩ *de* het fotograferen of filmen van mensen zonder dat ze het weten

candybar ⟨kendiebàR⟩ *de (m)* [-s] stuk chocola met vulling

cannabis *de (v)* plant waarvan marihuana en hasj gemaakt worden, hennep

canneleren groeven maken, bijv. in houten zuilen of in groenten of vruchten

cannelloni *de (mv)* gerecht van pasta in de vorm van buisjes met een vulling van groente en gehakt met een kaassaus

canon *de (m)* [-s] ❶ lied waarbij verschillende mensen dezelfde melodie zingen maar niet tegelijk beginnen ❷ norm, richtlijn, kerkelijke wet voor geloven en handelen in het christendom ❸ r.-k. lijst van erkende heiligen ❹ lijst van boeken die tot de Heilige Schrift worden gerekend ❺ fig. de werken die als goed, als maatgevend beschouwd worden: *de literaire –* ❻ jaarlijkse pachtsom

cañon *de (m)* [-es] → canyon **canoniek** *bn* overeenkomstig de kerkelijke wet ▾ *–e boeken* boeken die tot de Heilige Schrift worden gerekend ▾ *– recht* kerkrecht

cantabile ⟨-bielee⟩ muz. *bw* zangerig

cantate *de* [-n, -s] meerdelig zangstuk met instrumentale begeleiding

cantharel *de (m)* [-len] eetbare gele paddenstoel

cantor *de (m)* [-s] voorzanger, vooral in de kerk **cantorij** *de (v)* kerkkoor

canule ⟨-nuulə⟩ *de* [-s] buisje om wonden open te houden

canvas *het* sterke linnen stof

canvassen werven van aanhangers of kiezers door mensen op straat aan te spreken en bij mensen aan te bellen

canyon ⟨kenjən⟩ *de (m)* [-s] diep rivierdal met steile wanden

canyoning ⟨kenjəning⟩ *het* het afdalen in een diepe kloof en het volgen van de loop van een rivier door lopen, klimmen, zwemmen e.d.

canzone ⟨-tsoo-⟩ *de* [-s, -n] gezongen gedicht of instrumentaal muziekstuk met een zangerige melodie

cao *de* [-'s] collectieve arbeidsovereenkomst: *in een – maken werkgevers en werknemers afspraken over het loon, de werktijden, het aantal vakantiedagen e.d.*

cap ⟨kep⟩ *de (m)* [-s] ❶ hoofddeksel met een harde bol, helm, als bescherming bij het paardrijden ❷ ⟨voetbal⟩ interlandwedstrijd die iemand heeft gespeeld

capabel *bn* geschikt voor zijn werk, goed in wat hij doet, bekwaam: *hij is een zeer – piloot*

capaciteit *de (v)* ❶ wat iemand kan, bekwaamheid, geschiktheid: *met zijn –en kan hij die opleiding makkelijk doen* ❷ maximale hoeveelheid die ergens in past: *dit hotel heeft een – van tweehonderd gasten* ❸ vermogen om te vervoeren, te verwerken, te produceren enz.:

deze verpakkingsmachine heeft een – van duizend dozen per uur

cape ⟨keep⟩ *de* [-s] jas zonder mouwen die iemand over zijn schouders hangt: *een regen–*

capillair ⟨-pielèr⟩ I *het* ❶ kleinste type bloedvat in het lichaam, haarvat ❷ klein buisje om vloeistof op te zuigen II *bn* ▾ *–e werking* het omhoogkruipen van vloeistof in een nauwe ruimte

capitonneren een verende laag aanbrengen, bijv. bij stoelen en banken

capitulatie *de (v)* [-s] het capituleren, zich overgeven, vooral van een leger **capituleren** zich overgeven, vooral van een leger: *in 1945 capituleerde Duitsland*

capoeira *het* combinatie van dans, vechtsport, acrobatiek en muziek uit Brazilië

cappuccino ⟨-poetsjie-⟩ *de (m)* [-'s] koffie met gestoomde melk en vaak het cacaostrooisel

capriccio ⟨-prietsjoo⟩ *het* [-'s] aanduiding voor verschillende soorten muziekstukken met een verrassend, levendig karakter

caprice ⟨kaaprietsjə⟩ *de* [-s] ❶ kuur, gril ❷ capriccio

capriool *de* [-olen] gekke streek, rare beweging: *de clowns haalden allerlei capriolen uit*

capsule *de* [-s] ❶ omhulsel waarin geneesmiddel zit ❷ ruimtevaartuig, met een raket afgeschoten

captain ⟨keptən⟩ *de (m)* [-s] aanvoerder van een sportploeg ▾ *– of industry* iemand die een groot bedrijf leidt

captie *de (v)* [-s] ▾ *–(s) maken* protesteren, niet mee willen doen

capuchon ⟨-sjon⟩ *de (m)* [-s] kap die aan een jas, vest of shirt zit en die men over zijn hoofd kan doen: *hij zette zijn – op tegen de regen*

cara *chronische aspecifieke respiratoire aandoeningen*, verzamelnaam voor ziekten aan de luchtwegen, zoals bronchitis en astma

caracole *de* [-s] BN, spreekt. alikruik, wijngaardslak

carambola *de* [-'s] tropische vrucht in stervorm

carambole ⟨-bool of -bol⟩ *de (m)* [-s] ⟨biljart⟩ het met de speelbal raken van de twee andere ballen

caravan ⟨kerrəvən⟩ *de (m)* [-s] wagen die men kan verplaatsen achter een auto en waarin men kan wonen, bijv. tijdens vakanties

carbid ⟨-biet⟩ *het* verbinding van ongebluste kalk met koolstof, onder andere gebruikt in acetyleen en stikstof of als vuurwerk

carbol *het & de (m)* soort ontsmettingsmiddel **carbolineum**® ⟨-neejum⟩ *het* roodbruine olieachtige vloeistof, gebruikt voor de bescherming van hout in de buitenlucht

carbon *het* ❶ sterke en lichte kunststof, onder andere gebruikt voor polsstokken en fietsframes ❷ carbonpapier

carbonaat *het* [-naten] zout van koolzuur, chemische verbinding met koolstof en zuurstof

carbonpapier dun papier met een laagje donkere kleurstof, tussen vellen papier om kopieën te maken van wat op het bovenste vel wordt geschreven

carboon *het* tijdperk waarin onder andere veel

steenkool is gevormd

carburateur *de (m)* [-s]**, carburator** onderdeel van een **motor** (bijv. van een auto) waarin brandstof en lucht samengeperst worden **carbureren** gas vermengen om het lichtgevend of explosief te maken

carcinogeen I *het* [-genen]
❶ kankerverwekkende stof **II** *bn*
❷ kankerverwekkend **carcinoom** *het* [-nomen] kankergezwel

cardanas as die de beweging van de motor overbrengt op de wielen

cardiaal *bn* wat met het hart te maken heeft

cardigan *de (m)* [-s] gebreid damesjasje

cardiofitness oefeningen om hart- en longspieren te versterken **cardiograaf** *de (m)* [-grafen] apparaat dat de beweging van het hart registreert **cardiogram** *het* [-men] grafiek van de hartslag

cardiologie *de (v)* medisch specialisme dat zich bezighoudt met hart en bloedvaten en de ziekten daarvan **cardioloog** *de (m)* [-logen] hartspecialist

carga *de* [-'s] lading van een schip

cargadoor *de (m)* [-s] tussenpersoon in de scheepvaart die zich bezighoudt met alle werkzaamheden in verband met het bevrachten en lossen van schepen

cargo *de (m)* [-'s] scheepslading

cariës *de* tandbederf: *door ~ ontstaan gaatjes in een gebit*

carillon ‹-riljon› *het & de (m)* [-s] aantal klokken van verschillende grootte in een kerktoren

caritas *de (v)* liefdadigheid

carjacking ‹kàRdzjek-› *de (m)* het onder bedreiging iemand dwingen zijn auto af te staan **carkit** *de (m)* [-s] installatie om in een auto mobiel te telefoneren zonder het toestel vast te houden

carnaval *het* [-s] feest dat elk jaar gevierd wordt vóór de vastentijd **carnavalesk** *bn* als van of bij een carnaval

carnavalshit, carnavalskraker *de (m)* populair lied tijdens carnaval **carnavalsoptocht** stoet met praalwagens tijdens carnaval

carnivoor *de (m)* [-voren] vleeseter

caroteen *het* gele of oranje stof die onder andere in wortels voorkomt

carpaccio ‹-patsjoo› *de (m)* Italiaans voorgerecht van heel dun gesneden plakjes rauwe ossenhaas

carpe diem ‹diejem› *tw* pluk de dag, geniet van het moment

carpoolen ‹kàRpoelən› [carpoolde, h. gecarpoold] met andere autogebruikers samen in één auto rijden, bijv. naar het werk

carport ‹kàRpòRt› *de (m)* [-s] plaats met dak of afdak waaronder men een auto kan parkeren

carré *het & de (m)* [-s] ❶ vierkant ❷ vierkant stuk gebak ❸ **poker** vier kaarten of stenen met dezelfde waarde

carrier ‹keRRiejəR› *de (m)* [-s] ❶ licht gepantserd voertuig op rupsbanden ❷ telecomaanbieder

carrière ‹karrièjèrə› *de* [-s] het geheel van werkzaamheden die iemand in zijn leven heeft, loopbaan ▼ *~ maken* steeds vooruitgaan wat werk betreft

carrosserie *de (v)* [-ën] bovenste deel van een auto: *de ~ bestaat uit het dak, de deuren, de motorkap en de kofferbak*

carrousel ‹-roesel› *het & de (m)* [-s] ❶ draaimolen ❷ type diaprojector ❸ ronddraaiende band voor vervoer van bagage op een luchthaven

carte blanche ‹kart blãsj› *de (v)* onbeperkte volmacht: *iemand ~ geven*

carter *het* [-s] kast waarin de krukas van een verbrandingsmotor zit

cartografie *de (v)* het maken van landkaarten, globes, kaarten van de maan enz.

cartoon ‹kartoen› *de (m)* [-s] grappige tekening over iemand of iets **cartoonist** *de (m)* iemand die cartoons maakt

cartotheek *de (v)* [-theken] verzameling geordende kaarten, bijv. met titels van boeken of rapporten

cartouche ‹-toesj› *de* [-s] schild met sierlijke rand, vaak boven de ingang van een gebouw

cartridge ‹kàRtritsj› *de* [-s] houder, bijv. voor de inkt in een printer

carven ‹kaar-› [carvede, h. gecarved] ski'en of snowboarden met een speciaal soort snowboard of alpineski's die aan de voor- en achterkant iets breder zijn, voor een grotere wendbaarheid

carwash ‹kàRwosj› *de (m)* [-es] wasstraat voor auto's

CAS *het* Centraal Antenne Systeem

casanova *de (m)* [-'s] vrouwenverleider

cascade *de (v)* [-n, -s] kleine waterval

casco *het* [-'s] romp zonder uitrusting, met name van een schip

case ‹kees› *de (m)* [-s] praktijkvoorbeeld: *voor het examen marketing krijgen we een ~*

caseïne ‹-zee-ienə› *de* dierlijk eiwit in melk, kaasstof

cash ‹kesj› **I** *de (m)* geld in de vorm van bankbiljetten en munten, contant geld: *ik heb geen ~ bij me* **II** *bw* ▼ *~ betalen* met contant geld betalen **cash-and-carry** ‹-en-keRRie› *de (m)* [-'s] goedkope zaak die niet thuisbezorgt en waar men contant moet betalen

cashewnoot ‹kessjoe-› *de* eetbare niervormige noot van een tropische boom

cashflow ‹kesj-floo› *de (m)* som van liquide middelen van een bedrijf na aftrek van uitgaven

casino ‹-zie-› *het* [-'s] gelegenheid waar men kansspelen kan spelen, zoals roulette **casinobrood** fijn wittebrood

cassant BN *bn* ‹van uitspraken› bits, scherp

cassata-ijs *het* vruchtenijs

cassatie *de (v)* [-s] ❶ jur. vernietiging van een vonnis in hoogste instantie ❷ BN verkorting van *Hof van Cassatie*: *de zaak gaat nu naar ~*

cassave *de* [-n] (sub)tropische eetbare plant

casselerrib gezouten varkensribstuk

cassette *de* [-n, -s] ❶ geluidsbandje of filmpje in een doosje ❷ doosje voor bijv. bestek **cassettebandje** geluidsbandje in een cassette **cassettedeck** *het* [-s] apparaat voor het afspelen en opnemen van cassettes in combinatie met een versterker **cassetterecorder** apparaat voor het afspelen en opnemen van cassettes

cassis *de* frisdrank van zwarte bessen

cast ‹kàst› *de (m)* [-s] degenen die in een film,

ca

toneelstuk e.d. spelen

castagnet ⟨-tanjet⟩ *de (v)* [-ten] komvormige klepper als begeleiding bij Spaanse dansen

casten ⟨kàstən⟩ spelers vinden voor een televisieserie, film e.d. **castingbureau** ⟨-roo⟩ *het* [-s] bureau dat bemiddelt tussen acteurs, modellen enz. en opdrachtgevers

castraat *de (m)* [-straten] gecastreerde man of jongen **castreren** de zaadballen van een man of mannetjesdier weghalen

casual ⟨kezjoewəl⟩ *bn* informeel ▼ ~ *kleding* informele kleding, vrijetijdskleding

casuïstiek *de (v)* ❶ het proberen vast te stellen van regels voor concrete handelingen en situaties ❷ (in de ethiek, theologie) behandeling van gewetensvragen en het zoeken van oplossingen ❸ concreet voorbeeld of voorbeelden van ziektegevallen

casu quo *bw verb* in het gegeven geval

casus ⟨-zus⟩ *de (m)* [casus, casussen] ❶ geval, voorval ❷ taalk. naamval

cat. ❶ catalogus ❷ categorie

cataclysme ⟨-klís-⟩ *het* [-n] grote ramp

catacombe *de* [-n] ❶ onderaardse gang(en) met gewelven en groeven als begraafplaatsen, vooral van de eerste christenen in Rome ❷ ondergrondse ruimte van een gebouw ▼ *(sp.)* ~n verblijfsruimte voor spelers onder de tribunes

catalogiseren ⟨-zí-⟩ systematisch beschrijven, in een catalogus opnemen **catalogus** *de (m)* [-sen, -gi] overzicht van aanwezige voorwerpen, bijv. boeken in een bibliotheek of schilderijen op een tentoonstelling **cataloog** *de (m)* [-logen] catalogus

catamaran *de (m)* [-s] boot met twee evenwijdige rompen met dwarsverbinding

cataract *de* ❶ waterval ❷ het troebel worden van de ooglens, staar

catarre ⟨-tar⟩ *de* [-s] ontsteking van slijmvlies

catastrofaal *bn* rampzalig **catastrofe** *de* [-s, -n] grote ramp

catcher ⟨ketsjər⟩ sp. *de (m)* [-s] ⟨honkbal⟩ speler die niet-weggeslagen ballen vangt

catchphrase ⟨ketsjfreez⟩ *de* [-s] zin of uitdrukking uit de media, die door herhaling populair wordt, zoals 'De Cock met C-O-C-K' (uit de tv-serie Baantjer)

catechese ⟨-geezə⟩ *de (v)* godsdienstonderwijs **catechisatie** ⟨-zaa-⟩ *de (v)* [-s] (leeruur met) godsdienstonderwijs **catechismus** *de (m)* [-sen] ❶ leerboek over de godsdienst ❷ godsdienstonderwijs **catechist** *de (m)* lekenhelper van een priester

categoraal *bn* wat alleen bij één categorie hoort **categorie** *de (v)* [-ën] bepaalde klasse of groep waarin iets of iemand wordt ingedeeld, groep, soort **categorisch** *bn* zonder enige twijfel, beslist: ~ *weigeren* **categoriseren** ⟨-riezi-⟩ in klassen, afdelingen of soorten indelen

cateraar ⟨keetə-⟩ *de (m)* [-s] iemand die catering verzorgt **catering** *de (m)* het leveren en verzorgen van maaltijden

catharsis *de (v)* reiniging, loutering, vooral van de ziel

CAT-scan *computerised axial tomographic scan,*

opname van de doorsnee van een orgaan, die door een computer wordt gemaakt

C-attest BN getuigschrift waarmee men niet mag overgaan naar een hogere klas in het secundair onderwijs

catwalk ⟨ketwòk⟩ *de (m)* [-s] lang en smal podium met publiek eromheen waarover de modellen lopen tijdens een modeshow

causaal ⟨-zaal⟩ *bn* oorzakelijk: *een ~ verband* **causaliteit** *de (v)* oorzakelijk verband

causatief I *het* [-tieven] ❶ werkwoord dat uitdrukt dat een handeling daardoor plaatsvindt, zoals leggen (doen/laten liggen) of vellen (doen/laten vallen) II *bn* ❷ wat uitdrukt dat een handeling daardoor plaatsvindt

causerie ⟨kooza-⟩ *de (v)* [-ën] korte voordracht of opstel in de vorm van een gezellig praatje **causeur** ⟨koozeur⟩ *de (m)* [-s] gezellig prater

cautie ⟨kautsie⟩ *de (v)* [-s] zekerheidstelling, borgtocht

cavalcade *de (v)* [-s, -n] optocht van ruiters te paard **cavalerie** *de (v)* ❶ hist. de strijders die te paard vechten, ruiterij ❷ nu legerafdeling met tanks en pantserwagens **cavalerist** *de (m)* soldaat van de cavalerie

cavalier ⟨-valjee⟩ *de (m)* [-s] galante heer ▼ BN ~ *seul* individualist

caverne *de* [-s] ❶ ziekte waarbij een gat in de long ontstaat ❷ gat in de long

cavia *de* [-'s] klein knaagdier met een dikke vacht en zonder staart dat ook als huisdier wordt gehouden

cayennepeper ⟨kaajennə-⟩ peper van de vrucht van de sierpeper Capsicum frutescens uit Zuid- en Midden-Amerika

CBR *het* Centraal Bureau Rijvaardigheidsbewijzen

CBS *het* Centraal Bureau voor de Statistiek

cc ❶ kubieke centimeter ❷ comp. carbon copy (kopie van een e-mail voor iemand anders) **cc'en** [cc'de, h. ge-cc'd] een e-mailkopie als cc verzenden aan iemand anders: *ik heb die e-mail aan Sander ook aan jou ge-cc'd*

CD&V BN *de (v)* Christendemocratisch en Vlaams (*katholieke politieke partij*)

cd *de (m)* [-'s] *compact disc,* plaat met geluidsinformatie d.m.v. laserstralen

Cd schei. cadmium

CD corps diplomatique

CDA *het* Christen-democratisch Appel (*politieke partij in Nederland*)

CDA'er *de (m)* [-s] lid van het CDA

cd-bon bon met een bepaalde waarde waarvoor iemand cd's kan kopen

cd-i *de (m)*, *compact disc-interactive,* cd met data die interactief gebruikt kunnen worden **cd-i-speler** *de (m)* [-s] apparaat voor het gebruiken van cd-i's

CdK Commissaris der Koningin

cd-r *de (m)* [-'s] *compact disc-recordable,* cd waarop men eenmalig informatie kan vastleggen **cd-rewriter** ⟨-rierajtəR⟩ *de (m)* [-s] apparaat voor cd-rw's waarop men meerdere keren informatie kan vastleggen

cd-rom *de (m)* [-s] compact disc met informatie die door de computer gelezen kan worden **cd-romspeler** *de (m)* [-s] apparaat voor het gebruiken van cd-roms **cd-rw** *de (m)* [-'s] *compact disc-rewritable*, cd waarop men meerdere keren informatie kan vastleggen

cd-speler *de (m)* [-s] apparaat voor het afspelen van compact discs **cd-writer** ‹-rajtəR› *de (m)* [-s] apparaat voor het afspelen van cd-r's waarop men eenmalig informatie kan vastleggen

cedel → ceel *de & het* [-s]

ceder *de (m)* [-s] naaldboom van het geslacht Cedrus

cederen afstand doen van

cedille ‹seedieja› *de* [-s] soort komma onder de letter c: ç

ceel *de & het* [celen], **cedel** officiële schriftelijke mededeling, schriftelijk bewijs

ceintuur ‹sen-› *de (v)* [-turen, -s] smalle riem om het middel

cel *de* [-len] ❶ kamertje, vooral in een gevangenis of een klooster ❷ klein deeltje van een levend wezen, basisbestanddeel van een organisme ❸ groepje mensen als onderdeel van een groter netwerk: *een terroristische* ~ ❹ BN team of bijzondere afdeling binnen de politie: *de ~ vermiste personen onderzoekt onrustbarende verdwijningen* ▼ *de grijze ~len* de hersenen

celdeling vermenigvuldiging van cellen door splitsing

celebrant *de (m)* iemand die de mis opdraagt **celebreren** ❶ de mis opdragen ❷ vieren

celebrity ‹səlebbritie› *de* [-'s] beroemd persoon

celibaat *het* het ongehuwd zijn, het niet hebben van een partner, vooral binnen de katholieke kerk van onder andere monniken en priesters **celibatair** ‹-tèr› *bn* die het celibaat naleeft, waarbij het celibaat wordt nageleefd

cellenbeton lichte soort beton met heel kleine cellen die met lucht gevuld zijn

cellist *de (m)* iemand die cello speelt **cello** ‹sel- *of* tsjel-› *de (m)* [-'s] strijkinstrument, groter en lager gestemd dan een viool

cellofaan® *het* dun vel doorzichtig plastic waarin men iets kan verpakken, bijv. eten

cellulair ‹-lèr› *bn* ❶ in cellen, vakken, kamertjes verdeeld ❷ wat te maken heeft met cellen

cellulitis *de (v)* zwelling van het onderhuidse bindweefsel waardoor de huid eruitziet als de schil van een sinaasappel

celluloid *het* ❶ hard en buigzaam plastic van celluloseverbindingen ❷ film voor het opnemen van foto's of film **cellulose** ‹-za› *de* bepaald koolhydraat, belangrijk bestanddeel van celwanden van veel planten

Cels. Celsius

Celsius *de (m)* aanduiding van temperatuur, gebaseerd op een stelsel van honderd graden

celstof cellulose

celstraf straf in de vorm van opsluiting in een gevangeniscel

celtherapie geneeswijze d.m.v. het inspuiten van cellen **celvocht** vocht in plantencellen

celwagen wagen met afzonderlijke cellen voor het vervoer van gevangenen

cement *het & de (m)* ❶ poeder dat snel hard wordt als men het met water vermengt en dat gebruikt wordt om stenen met elkaar te verbinden ❷ fig. dat wat onderling verbindt:

vrijwilligerswerk is het ~ *van de samenleving*

cenakel BN *het* [-s] kleine, besloten kring, omgeven door een waas van geheimhouding: *weten de partij~s wel wat er bij de bevolking leeft?*

censor ‹-zor› *de (m)* [-s, -soren] persoon of instantie die de censureert **censureren** ‹-zuu-› keuren voordat iets vertoond, gedrukt e.d. mag worden, aan censuur onderwerpen

census *de (m)* ❶ belasting ❷ periodieke officiële volkstelling

censuur *de (v)* keuring voordat iets vertoond, gedrukt e.d. mag worden of het weghalen van delen eruit: *de kritische film kwam niet door de* ~

cent *de (m)* [-en, -s] ❶ honderdste deel van een munteenheid, bijv. de euro ❷ munt van deze waarde ▼ *~en hebben* rijk zijn ▼ *geen (rooie)* ~ *hebben* heel arm zijn ▼ *op de ~en* gierig

centaur *de (m)* [-en] paardmens, mythisch wezen, half paard, half mens

centenkwestie zaak die vooral afhangt van geld: *of de reis doorgaat, is vooral een* ~

centercourt ‹sentəRkòRt› *het* [-s] hoofdbaan van een tenniscomplex

centeren ❶ (voetbal) een pass geven door het middenveld ❷ in een draaibank vastklemmen ❸ gericht zijn op het eigen innerlijke centrum om innerlijke rust te vinden en van daaruit te leven ❹ centreren: *een website* ~ **centerfold** ‹-foolt› *de (m)* [-s] (naakt)foto op twee pagina's in het midden van een tijdschrift

centi *voorvoegsel* een honderdste: *~liter*

centimeter *de (m)* [-s] ❶ 1/100 meter ❷ meetlint

centraal *bn* ❶ in het centrum, middenin: *Utrecht ligt* ~ ❷ fig. van één punt uit: *iets* ~ *regelen* ❸ fig. wat het belangrijkste onderdeel vormt: *in dit rapport staat het lerarentekort* ~ **centraalstation** hoofdstation in een plaats met meer dan één treinstation

centrale *de* [-s] middelpunt van een netwerk waar veel verbindingen samenkomen: *elektriciteits~*

centralisatie ‹-zaa-› *de (v)* [-s] het samentrekken in één punt, het samenbrengen in één orgaan, persoon enz.: ~ *van de macht* **centraliseren** ‹-zi-› in één punt verenigen, samentrekken: *de bestuurlijke macht* ~

centreren in het middelpunt plaatsen, ook figuurlijk

centrifugaal *bn* wat vanaf het middelpunt werkt, middelpuntvliedend **centrifugaalpomp** pomp met middelpuntvliedende kracht **centrifuge** ‹-zjə› *de* [-s] machine waarbij door snel ronddraaien wasgoed wordt gedroogd, melk ontroomd, houtstof ontwaterd enz. **centrifugeren** ‹-gi-› ❶ met een centrifuge stoffen van elkaar scheiden, fijn verdelen ❷ met een centrifuge drogen, bijv. wasgoed

centripetaal *bn* wat naar het middelpunt toe gaat, middelpuntzoekend

centrisch *bn* wat door het middel- of zwaartepunt gaat of ermee samenvalt

centrum *het* [-tra, -s] ❶ middelpunt ❷ het middelste gedeelte van een stad: *het* ~ *van Antwerpen* ❸ gebouw met een speciaal doel: *sport~, asielzoekers~* **centrumlinks** ‹van een regering› waar zowel centrumpartijen als linkse partijen aan deelnemen **centrumrechts** ⟨van een regering⟩ waar zowel centrumpartijen als rechtse partijen aan deelnemen **centrumspits** sp. speler in het midden van de aanval

CEO ⟨sie-ie-oo⟩ *de (m)* [-'s] *chief executive officer*, president-directeur

ceramiek *de (v)* keramiek

ceramisch *bn* keramisch

cerebellum med. *het* de kleine hersenen

cerebraal *bn* ❶ wat te maken heeft met de hersens ❷ verstandelijk, die alles verstandelijk benadert

ceremonie *de (v)* [-niën, -nies] plechtige officiële gebeurtenis: *de ~ rond een begrafenis* **ceremonieel** I *het* ❶ het geheel van plechtige handelingen en gebruiken II *bn* ❷ plechtig als bij een ceremonie **ceremoniemeester** iemand die de plechtigheden of het feest regelt **ceremoniewagen** BN luxeauto voor plechtige gelegenheden

cerise ⟨-za⟩ I *de (v)* frisdrank met kersensmaak II *bn* ❷ rood als een kers

cert. certificaat

certificaat *het* [-caten] schriftelijk bewijs of schriftelijke verklaring: *een ~ voor het slagen voor een examen; ~ van echtheid bij een zeldzame postzegel* **certificeren** officieel verklaren, bijv. dat een bedrijf aan bepaalde kwaliteitseisen voldoet of dat de gegevens van iemand die een brief ondertekent inderdaad kloppen

certitude BN, ook *de (v)* [-s] vaste waarde, succes

cervelaatworst gekruide, licht gerookte worst met stukjes spek erin

cervix *de (m)* [-en, -vices] halsvormig deel van een orgaan, vooral de baarmoederhals

ces muz. *de* [-sen] c die met een halve toon verlaagd is

cesium *het* scheikundig element (Cs), zilverwit alkalimetaal

cessie *de (v)* [-s] overdracht van een schuldvordering, bijv. aan een incassobureau

cesuur ⟨-zuur⟩ *de (v)* [-suren] ❶ lange rust, scheidingslijn in een muziekstuk, lied of gedicht ❷ fig. grens, scheidingslijn

cf. *confer*, vergelijk

cfk *de* [-'s] chloorfluorkoolwaterstof ▾ *cfk's* chemische verbindingen die o.a. in drijfgassen voorkomen en die de ozonlaag aantasten

CFO ⟨sie-ef-oo⟩ *de (m)* [-'s] *chief financial officer*, financieel directeur

cg *centigram*, 0,01 gram

cgs centimeter-gram-seconde ▾ *cgs-stelsel* stelsel van eenheden met de centimeter, het gram en de seconde als grondeenheden

chablis ⟨sjaablie⟩ *de (m)* Franse witte wijn uit Bourgondië, vooral uit de streek rond het dorp Chablis ten oosten van Auxerre

chachacha ⟨tsjaatsjaatsjaa⟩ *de (m)* [-'s] dans uit Cuba en die in de jaren vijftig uit de mambo is ontstaan

chador ⟨sjaddor⟩ *de (m)* [-s] islamitisch vrouwengewaad dat het hele lichaam bedekt maar het gezicht vrijlaat

chagrijn ⟨sjag-⟩ I *het* ❶ verdriet, het slechtgehumeurd zijn ❷ Turks leer II *het* [-en] ❸ slechtgehumeurd persoon **chagrijnig** *bn* (vaak)

slechtgehumeurd

chaise longue ⟨sjèz lônGə⟩ *de* [chaises longues] stoel met steun voor de benen en waar men in kan liggen

chakra ⟨sjakraa⟩ *het* [-'s] ⟨bij yoga⟩ elke van de punten waar in het lichaam de energiestromen samenkomen

chalcedon ⟨galsee-⟩ *de (m)* [-donen] witachtige halfedelsteen

chalet ⟨sjaalè⟩ *de (m) & het* [-s] ❶ Zwitsers houten huis met een puntdak ❷ houten hut als onderkomen op een camping

challenge ⟨tsjellənzj⟩ *de* [-s] uitdaging, iets (moeilijks) wat prikkelt en stimuleert

chambreren ⟨sjambri-⟩ wijn op kamertemperatuur brengen

champagne ⟨sjampanjə⟩ *de (m)* [-s] schuimende, koolzuurhoudende wijn, uit de Franse streek Champagne: *mensen drinken vaak ~ als ze iets te vieren hebben*

champignon ⟨sjampienjon *of* sjampiejon⟩ *de (m)* [-s] witte eetbare paddenstoel (Agaricus campestris)

Champions League ⟨tsjempiejəns lieG⟩ *de (m)* reeks voetbalwedstrijden om het Europees kampioenschap van clubteams

change ⟨tsjeendzj *of* sjänzjə⟩ *de (v)* [-s] wisselkantoor

changeant ⟨sjäzjä⟩ I *bn* ❶ met een weerschijn die afhangt van de lichtval II *het* ❷ weefsel met een weerschijn die afhangt van de lichtval

Chanoeka *het* joods feest in december om te vieren dat een ontwijde tempel opnieuw werd ingewijd

chanoekalamp ⟨ganoe-⟩ fraaie olielamp of luchter met kaarsen die tijdens het joodse Chanoeka symbool staat voor het licht

chanson ⟨sjäsô⟩ *het* [-s] Frans luisterlied of luisterlied in Franse stijl **chansonnier** ⟨-sonjee⟩ *de (m)* [-s] zanger van chansons **chansonnière** ⟨-sonjèra⟩ *de (v)* [-s] zangeres van chansons

chantage ⟨sjantaazjə⟩ *de (v)* afpersing, vaak met als dreigement iets bekend te maken wat het slachtoffer geheim wil houden **chanteren** iemand dwingen om geld te betalen of om iets te doen, vaak door te dreigen met de bekendmaking van gevoelige informatie

chanteuse ⟨sjan-⟩ *de (v)* [-s] zangeres

chaoot ⟨gaa-⟩ *de (m)* [chaoten] chaotisch persoon **chaos** *de (m)* verwarde toestand, wanorde: *door de hevige sneeuwval ontstond een verkeers~* **chaotisch** *bn* onoverzichtelijk en zonder orde, verward: *door het uitvallen van enkele treinen ontstond een ~e situatie*

chape ⟨sjap⟩ BN *de (v)* [-s] ondervloer

chaperonne *de (v)* [-s] begeleidster van een dame, vrouw die de chaperonneert **chaperonneren** een dame als beschermer begeleiden: *een meisje ~ naar een feest*

chapiter ⟨sjaa-⟩ *het* [-s] ❶ hoofdstuk ❷ onderwerp van gesprek, kwestie waar het over gaat ▾ *dat is een ander ~* dat is een andere kwestie

charade ⟨sjaa-⟩ *de (v)* [-s] raadsel waarbij men de lettergrepen moet raden

charcuterie ⟨sjar-⟩ BN, ook *de (v)* fijne vleeswaren

charge ⟨sjarzjə⟩ *de* [-s] aanval van de politie met

de wapenstok ▼ *een getuige à ~* met informatie die ongunstig is voor de verdachte **chargeren** ⟨sjarzj̱ı̱rən⟩ ❶ iets overdreven voorstellen zodat het belachelijk wordt, overdrijven: *een gechargeerde voorstelling van zaken geven* ❷ een aanval doen, een charge uitvoeren

charisma *het* [-'s] uitstraling, bijzondere gave om anderen te boeien, te inspireren en te leiden

charitatief *bn*, **caritatief** liefdadig

charlatan ⟨sjarlat̲a̲n⟩ *de (m)* [-s] iemand die niet het bezit, de vaardigheden e.d. heeft die hij zegt te hebben: *die zogenaamde genezer is een ~*

charleston ⟨tsjàRl̲ı̱stən⟩ *de (m)* Amerikaanse dans uit de jaren '20, oorspronkelijk dans van Afro-Amerikanen

charmant ⟨sjar-⟩ *bn* prettig van uiterlijk en prettig in de omgang: *wat een ~ meisje!* **charme** *de (m)* [-s] aantrekkelijkheid, dat wat iets of iemand aantrekkelijk maakt: *de ~ van kamperen is de eenvoud en het contact met de natuur; een van haar ~s is haar sprankelende lach* **charmeren** sterk voor zich innemen, maken dat anderen iemand aardig en aantrekkelijk vinden **charmeur** *dc (m)* [s] iemand die probeert anderen, vooral vrouwen, te bekoren, te maken dat ze hem leuk vinden **charmezanger** BN crooner, zanger die voor de microfoon heel zacht zingt

charta ⟨ga̱r-⟩ *de (v)* [-'s] schriftelijke getuigenis, oorkonde

charter ⟨tsjàRt̲ə̱R⟩ *het* [-s] ❶ statuut, grondwet, handvest ❷ overeenkomst over de bevrachting van een schip of vliegtuig ❸ verkorting van *chartervlucht* **charteren** ⟨tsjàr-⟩ ❶ een schip of vliegtuig huren voor een bepaalde reis ❷ fig. de hulp inroepen van: *vrienden ~ om te helpen bij een verhuizing* **chartervliegtuig** vliegtuig dat is gehuurd voor een bepaalde reis **chartervlucht** vliegtocht met een chartervliegtuig, een vliegtuig dat is gehuurd voor de reis

chartreuse® ⟨sjartr̲e̲uze⟩ *de* likeur die oorspronkelijk werd gestookt door kartuizer monniken

chassidisme *het* joodse mystieke stroming

chassis ⟨sjass̲i̱e⟩ *het* [chassis] ❶ onderstel met motor ❷ sleuf voor een fotografische plaat

chatboard ⟨tsjetboord⟩ *het* klein toetsenbord dat aan een mobiele telefoon kan worden bevestigd

chateaubriand ⟨sjaatoobrij̱a̱⟩ *de (m)* [-s] biefstuk van ossenhaas

chatroom ⟨tsjetR̲oem⟩ comp. *de (m)* [-s], **chatbox** virtuele ruimte op internet waar mensen gesprekken met elkaar voeren door het typen van berichten **chatten** ⟨tsje̱ttən⟩ comp. via internet of een intern computernetwerk gesprekken voeren door het typen van berichten

chauffage BN, spreekt. *de (v)* [-s] centrale verwarming

chaufferen ⟨sjoo-⟩ een auto, bus of vrachtwagen besturen **chauffeur** *de (m)* [-s] bestuurder van een auto, bus of vrachtwagen

chauvinisme ⟨sjoo-⟩ *het* overdreven liefde voor zijn eigen land **chauvinist** *de (m)* iemand die zijn eigen land het beste vindt

check ⟨tsjek⟩ *de (m)* [-s] controle, het checken **checken** ⟨tsje̱kkən⟩ ❶ nagaan of iets goed is,

controleren ❷ nagaan of iets klopt of waar is

checklist ⟨tsje̱k-⟩ *de (m)* [-s] lijst van zaken die gecontroleerd moeten worden

cheddar ⟨tsje̱ddəR⟩ *de (m)* harde Engelse kaassoort

cheeseburger ⟨tsji̱ezbùRG̱ə̱R⟩ *de (m)* [-s] hamburger met kaas

cheeta ⟨tsji̱etaa⟩ *de (m)* [-'s] jachtluipaard

chef ⟨sjef⟩ *de (m)* [-s] ❶ hoofd, leider, baas ▼ *~ de cuisine* opperkok ▼ *~ de clinique* afdelingshoofd in een ziekenhuis ▼ *~ de mission* leider van een nationale ploeg bij de Olympische Spelen ▼ *~ d'équipe* leider van een sportploeg bij een wedstrijd ❷ ⟨als eerste deel van een samenstelling⟩ eerste, hoofd-: *chef-kok* **cheffin** *de (v)* [-nen] vrouwelijke chef, vrouwelijk hoofd **chef-staf** *de (m)* [chefs van staven, chefs staf] chef van een legereenheid, van een staf

chemicaliën ⟨gee-⟩ *de (mv)* scheikundig bewerkte of gemaakte stoffen **chemicus** *de (m)* [-ci] specialist in de scheikunde, scheikundige **chemie** *de (v)* ❶ scheikunde ❷ fig. gevoelsmatige band, sympathie: *er is geen ~ tussen die twee ministers* **chemisch** *bn* scheikundig

chemokar mobiel inzamelpunt voor klein chemisch afval **chemokuur** een behandeling d.m.v. chemotherapie **chemotherapie** bestrijding van een ziekte met scheikundige stoffen: *een ~ tegen kanker*

chenille ⟨sjənie̱jə⟩ *de (v)* [-s] plucheachtig garen

cheque ⟨sjek⟩ *de (m)* [-s] papier waarmee iemand de bank opdracht geeft om (aan zichzelf of aan iemand anders) een bepaald bedrag uit te betalen ▼ *blanco ~* cheque waarop geen bedrag is ingevuld zodat de begunstigde zoveel geld kan innen als hij wil; fig. vrijbrief om te doen wat men wil

cherrytomaat ⟨tsjeRRie-⟩ tomaat met de omvang van een grote kers

cherub *de (m)* [-s], **cherubijn** engel van de tweede rang

chesterfield® ⟨tsjes-⟩ *de (m)* [-s] stoel of bank met dikke bekleding en hoge rechte zijkanten en rugleuning

chevreau ⟨sjəvr̲o̱o⟩ *het* geitenleer

chevron ⟨sjə-⟩ *de (m)* [-s] mouwstreep bij militairen

chianti ⟨gie-, kie-⟩ *de (m)* droge wijn uit Toscane

chiasma ⟨gie-⟩ *het* [-'s] taalk. twee zinnen of delen van een zin die elkaars spiegelbeeld zijn of een omgekeerde herhaling, kruisstelling

chic ⟨sjiek⟩ **I** *bn* chique ❶ verfijnd, stijlvol, deftig **II** *de (m)* ❷ het chic-zijn ❸ chique mensen: *een feest voor de ~ van de stad*

chicane ⟨sjie-⟩ *de* [-s] ❶ kleingeestige aanmerking ❷ bocht in een circuit voor autoraces **chicaneren** vervelende aanmerkingen maken, dingen zeggen om tegen te werken

chicklit ⟨tsjı̱klit⟩ *de* afkorting van 'chick literature', genre lichtvoetige romantische boeken voor jonge vrouwen

chiffonnière ⟨sjiefonj̱è̱ra⟩ *de* [-s] ladekast

chignon ⟨sjienj̱ò̱⟩ *de (m)* [-s] haar, eigen of vals, dat bij elkaar is gebonden of gevlochten en vastgemaakt op het achterhoofd

chihuahua ⟨tsjiew̲a̱wa⟩ *de (m)* [-'s] heel kleine

ch

ch

Mexicaanse hond met ronde kop

chili ⟨sjielie⟩ *de (m)* chilipoeder, gemalen cayennepeper ▾ ~ *con carne* kruidig gerecht met vlees en bonen **chilipoeder** ⟨sjie-⟩ gemalen cayennepeper

chilisalpeter ⟨sjielie-⟩ natuurlijk natriumnitraat, gebruikt als meststof

chill ⟨tsjil⟩ *jong. bn* leuk, aangenaam, relaxed **chillen** *inform.* zich ontspannen, relaxen

chimaera ⟨giemee-⟩ *de (v)* [-'s], **chimère** *de* droombeeld, hersenschim

chimpansee ⟨sjim-⟩ *de (m)* [-s] zwart behaarde mensaap uit Afrika (Pan troglodytes)

chinchilla ⟨tsjintsjil-⟩ **I** *de* [-'s] ❶ klein konijnachtig Zuid-Amerikaans dier **II** *het* ❷ bont van dat dier

chinezen ⟨sjie-⟩ ❶ in een Chinees restaurant eten ❷ verdampte heroïne inhaleren

chintz ⟨tsjints⟩ *het* bedrukt katoen dat is behandeld met was

chip ⟨tsjip⟩ *de (m)* [-s] heel klein plaatje met elektronische schakelingen, in apparaten zoals computers en mobiele telefoons, dat veel verschillende functies kan vervullen **chipkaart** kaart waarop elektronisch leesbare gegevens zijn vastgelegd **chipknip** *de (m)* [-pen, -s] oplaadbare chipkaart waarmee men kan betalen

chipolatapudding ⟨tsjie-⟩ pudding met onder andere biscuit en likeur

chippen ⟨tsjip-⟩ ❶ betalen met een chipknip of chipper ❷ ⟨bij (huis)dieren⟩ onder de huid een chip aanbrengen als identificatiemiddel

chips ⟨tsjips⟩ *de (mv)* dunne, knapperig gebakken aardappelschijfjes die als zoutjes worden gegeten

Chiro BN *de* katholieke jeugdbeweging, genoemd naar de Griekse letters chi en rho, afkorting van Christus Rex

chiromantie ⟨gieroman(t)sie⟩ *de (v)* het voorspellen van iemands toekomst door het lezen van de lijnen in zijn hand

chiropractor ⟨gie-⟩ *de (m)* [-s] iemand die krachtig masseert om een blokkade in wervels of gewrichten op te heffen

chirurg ⟨sjie-⟩ *de (m)* arts die operaties uitvoert **chirurgie** ⟨-gie of -zjie⟩ *de (v)* het deel van de geneeskunde dat zich bezighoudt met operaties

chlamydia ⟨glaamie-⟩ *de (mv)* ❶ bacteriën die onder andere geslachtsziekte veroorzaken ❷ geslachtsziekte die wordt veroorzaakt door die bacteriën

chloor *de (m) & het* scheikundige stof die wordt gebruikt om iets te ontsmetten, bijv. het water van zwembaden **chloreren** chloor toevoegen aan, een chemische reactie doen aangaan met chloor: *gechloreerde oplosmiddelen* **chloride** *het* [-n, -s] verbinding van chloor met andere elementen, bijv. natriumchloride (keukenzout) **chloroform** *de (m)* heel vluchtige chloorverbinding die vroeger werd gebruikt voor narcose **chlorofyl** ⟨-fiel⟩ *het* groene kleurstof in planten **chloroplast** *de (m)* drager van de groene kleur van een plant die licht opneemt en waar onder andere celmateriaal wordt gevormd, bladgroenkorrel

choco ⟨sjookoo⟩ BN *de (m)* chocopasta **chocola**

⟨sjoo-⟩ *de (m)* snoepgoed gemaakt van cacao en suiker: *een reep ~ ▾ ik kan hier geen ~ van maken* ik begrijp hier niets van **chocolaatje** *het* [-s] snoepgoed in de vorm van een stukje chocola **chocolade** *de (m)* chocola **chocoladebeen** *inform. het* het minst ontwikkelde been van een voetballer **chocolademelk** drank van onder andere cacao en melk **chocopasta** smeerbaar broodbeleg met onder andere cacao

choke ⟨sjook⟩ *de (m)* [-s] ❶ klep in de carburateur van een auto waarmee de luchttoevoer aan het brandstofmengsel kan worden beperkt om de motor beter te laten starten ❷ knop waarmee men die klep bedient

cholera ⟨goo-⟩ *de* heel besmettelijke darmziekte waarbij iemand moet braken en diarree heeft **cholericus** ⟨goo-⟩ *de (m)* [-ci] opvliegend iemand **cholerisch** *bn* opvliegend **cholesterol** ⟨goo-⟩ *de (m)* vettige stof in onder andere het bloed waarvan een teveel ziekten aan hart en bloedvaten kan veroorzaken

chopper ⟨sjoppər⟩ *de (m)* [-s] ❶ motorfiets met verlengde voorvork en lang, smal zadel met rugsteun ❷ apparaat om voedsel, zoals groenten en kruiden, fijn te hakken ❸ apparaat om hout op maat te snijden

choqueren ⟨sjokki-⟩ in moreel opzicht provoceren, een schok bezorgen

choreografie *de (v)* ❶ het ontwerpen van dansbewegingen ❷ het geheel van dansbewegingen: *de mooie ~ van het ballet*

chorizo ⟨gooriezoo⟩ *de (m)* Spaanse knoflookworst

chowchow ⟨tsjautsjau⟩ *de (m)* [-s] Chinese keeshond met bruine vacht en blauwe tong

Chr. Christus

christelijk ⟨kris- of gris-⟩ *bn* volgens het christendom

christen ⟨kris- of gris-⟩ *de (m)* volgeling van Christus **christendemocratisch** wat getuigt van een politiek op zowel christelijke als democratische grondslag **christendom** *het* een van de wereldgodsdiensten, waarin wordt geloofd in Christus als de Zoon van God **christenheid** *de (v)* de christenen **ChristenUnie** *de* christelijke politieke partij in Nederland **christin** *de (v)* [-nen] vrouwelijke christen **christologie** ⟨kris- of gris-⟩ *de (v)* wetenschap die zich bezighoudt met Christus

Christus ⟨kris- of gris-⟩ *de (m)* (in het christelijk geloof) de Zoon van God **christusdoorn** kamerplant met doorns en kleine rode bloemen (Euphorbia milii)

chroma ⟨groo- of kroo-⟩ *de* [-'s] ❶ kleur ❷ *muz.* verhogingsteken ❸ interval van een halve toon **chromatisch** *bn* ❶ wat in halve tonen omhoog- of omlaaggaat ❷ waarbij aan de randen kleuren ontstaan

chromeren ⟨groomi-⟩ een laag chroom aanbrengen **chromium** *het* chroom

chromo ⟨groo-⟩ *de (m)* [-'s] prent die is verkregen door chromolithografie **chromolithografie** lithografie met kleuren

chromosoom ⟨groomoozoom⟩ *het* [-somen] lichaampje in de celkern, drager van de genen en de erfelijke eigenschappen

chroniqueur ⟨krooniekùr⟩ *de (m)* [-s]
kroniekschrijver

chronisch ⟨groo-⟩ *bn* ❶ langdurig ▼ *een ~e ziekte*
een ziekte die nooit helemaal overgaat ❷ *fig.*
voortdurend: *dit bedrijf lijdt ~ verlies* **chronograaf**
de (m) [-grafen] instrument om tijdwaarneming
te registreren

chronologie ⟨groo-⟩ *de (v)* ❶ tijdrekenkunde,
tijdleer ❷ volgorde in de tijd: *de ~ van de
gebeurtenissen* **chronologisch** *bn* gerangschikt
naar de volgorde in de tijd **chronometer** heel
nauwkeurig uurwerk, vooral een uurwerk
waarmee korte tijdintervallen (bijv. bij
sportwedstrijden) gemeten worden, stopwatch
chronometreren BN de tijd opnemen met een
chronometer

chroom ⟨groom⟩ *het* heel hard wit chemisch
element Cr, harde glanzende soort metaal: *een
auto met velgen van ~*

chrysant ⟨griezant *of* kriezant⟩ *de*
samengesteldbloemige sierplant die in de herfst
bloeit (Chrysanthemum)

chutney ⟨tsjutnie⟩ *de (m)* [-s] kruidige zoetzure
moes van groente of vruchten

c.i. civiel-ingenieur

CIA *de (m)* , *Central Intelligence Agency*, centrale
inlichtingendienst van de Verenigde Saten

ciabatta ⟨tsjaa-⟩ *de* [-'s] soort Italiaans brood

ciao ⟨tsjau⟩ *tw* ❶ daag! ❷ tot ziens

cicero *de* [-'s] typografische maat van 12 punten
(4,513 mm), in 1567 voor het eerst gebruikt bij
een uitgave van de brieven van de Romeinse
schrijver en redenaar Cicero

cichorei *de* ❶ samengesteldbloemige plant met
blauwe bloem (Cichorium intybus) die als
groente wordt gegeten ❷ surrogaat voor koffie
dat van cichorei is gemaakt

cider *de (m)* wijn die is gemaakt van appels

cie. compagnie

c.i.f. *cost, insurance, freight*, prijs met vracht en
verzekering inbegrepen

cigarillo ⟨-Garrieljoo⟩ *de* [-'s] klein sigaartje

cijfer *het* [-s] ❶ teken waarmee men een getal
weergeeft: *1, 2 en 3 zijn ~s* ▼ *in de rode ~s* met een
negatief saldo, schuld ▼ *in de rode ~s raken* verlies
beginnen te lijden: *door de tegenvallende verkoop
raakte het bedrijf in de rode ~s* ❷ getal dat
aangeeft hoe goed iemand iets heeft gedaan:
een hoog ~ halen voor een examen **cijferen**
rekenen met cijfers **cijferlijst** lijst met de cijfers
die iemand heeft behaald, vooral op een school
of bij een examen **cijfermateriaal** gegevens die
zijn uitgedrukt in getallen **cijferschrift**
geheimschrift in cijfers **cijferslot** slot met een
code die bestaat uit cijfers

cijns *de (m)* [cijnzen] belasting

cilinder *de (m)* [-s] ❶ buis met een ronde boven-
en onderkant, kokervormig voorwerp ❷ deel
van een motor waarin de zuiger op en neer
beweegt **cilinderbureau** bureau met een
oprolbare gebogen klep

cilindrisch *bn* kokervormig

cimbaal *de* [-balen] ❶ slagbekken dat in het
midden geweifd is ❷ orgelregister

cineac® *de (m)* doorlopende filmvoorstelling met
nieuws **cineast, cineaste** *de (m)* iemand die films

maakt **cinefiel I** *de (m)* ❶ filmliefhebber **II** *bn*
❷ die van films houdt ❸ van of voor
filmliefhebbers

cinema *de (m)* [-'s] bioscoop **cinemascope**® *de
(m)* projectie van een film in extra breed
formaat **cinematografisch** *bn* wat te maken
heeft met het filmen

cinerama *de (m)* systeem om films breed op het
doek te projecteren met drie projectors

cipier *de (m)* [-s] iemand die in de gevangenis
gevangenen bewaakt, gevangenbewaarder

cipres *de (m)* [-sen] altijdgroene naaldboom uit
Zuid-Europa van het geslacht Cupressus

circa *bw* ongeveer

circuit ⟨-kwie⟩ *het* [-s] ❶ baan waarop races
worden gehouden, vooral voor auto's en
motoren ❷ systeem van leidingen of kabels
waarin stroom rondgaat: *een elektrisch ~* ❸ *fig.*
kring van mensen: *het ~ van kunstenaars*

circulaire ⟨-lèrə⟩ *de* [-s] bericht, brief die aan
verschillende mensen wordt gestuurd,
rondschrijven

circulatie *de (v)* het rondgaan, omloop bijv. van
het bloed, van geld enz.: *deze biljetten kwamen 1
januari 2002 in ~* **circuleren** zich in een kring
bewegen, rondgaan, in omloop zijn: *het nieuwtje
circuleerde door het hele bedrijf; onder de
medewerkers circuleert het gerucht dat ...*

circumflex talk. *de (m) & het* het teken ^ boven
een klinker

circus *het & de (m)* [-sen] ❶ voorstelling met
dieren, acrobaten, clowns enz.: *we zijn naar het ~
geweest* ❷ geheel van woonwagens, artiesten,
dieren enz.: *ik wil bij het ~ werken* ❸ *fig.*
toestand, gebeurtenis en alles wat erbij hoort: *de
inhuldiging van de nieuwe burgemeester was een
heel ~*

cirkel *de (m)* [-s] gesloten ronde lijn waarbij alle
punten even ver van het middelpunt liggen
▼ *vicieuze ~* situatie waar men niet uit kan
komen **cirkelen** in cirkels bewegen: *helikopters
cirkelden boven de plek van de ramp* **cirkelmaaier**
maaimachine met messen die horizontaal
draaien **cirkelredenering** redenering die als een
kringloop tot het uitgangspunt terugvoert, die
voor waar aanneemt wat bewezen zou moeten
worden **cirkelzaag** zaag in de vorm van een
ronde stalen schijf die met een motor wordt
aangedreven

cirrocumulus *de (m)* [-li] schapenwolkjes

cirrose ⟨-zə⟩ *med. de (v)* proces waarbij
orgaancellen worden vervangen door
bindweefsel dat verschrompelt

cirrostratus *de (m)* [-ti] sluierachtige bewolking

cirrus *de (m)* [-ri] fijne wolken die uit draden,
plukken of smalle banden lijken te bestaan

cis ⟨sies⟩ muz. *de* [-sen] c die met een halve toon
verhoogd is

ciseleren ⟨-zəli-⟩ ❶ metaal met een steekbeitel
bewerken en er figuren in maken ❷ fijnzinnig
bewerken en vormgeven

cisterciënzer ⟨-sjenzər⟩ *de (m)* [-s] kloosterling
van een orde die in Citeaux is gesticht

cisterne *de* [-n] bak voor regenwater

citaat *het* [-taten] een zin of stuk tekst van
iemand dat letterlijk wordt herhaald: *citaten uit*

ci

de Bijbel

citadel *de* [-len, -s] vesting in of vlak bij een stad, vroeger gebouwd om te heersen over de inwoners

citer *de* [-s] muziekinstrument met een platte klankkast en veel snaren

citeren een zin of stuk tekst letterlijk herhalen: *een zin uit een boek ~*

cito *bw* met spoed

Cito-toets toets van het Centraal Instituut voor Toetsontwikkeling, aan het eind van de basisschool

citroen *de* ❶ boom met gele zure vruchten (Citrus medica) ❷ vrucht van die boom

citroenmelisse keukenkruid dat naar citroen ruikt (Melissa officinalis) **citroentje** *het* [-s] glas jenever die is gemaakt van citroenschillen

citruspers apparaat om citrusvruchten uit te persen **citrusvrucht** gele of oranje vrucht uit warme landen zoals de citroen, sinaasappel, mandarijn

city ⟨sittie⟩ *de* [-'s] binnenstad **citybag** ⟨-bèG⟩ *de (m)* [-s] handreistas **cityhopper** *de (m)* [-s] vliegtuig met een regelmatige verbinding tussen steden die niet ver van elkaar liggen

cityshopper *de (m)* [-s] kleine auto met elektromotor voor kleine afstanden **citytrip** korte reis om een (grote) stad te bezichtigen

civetkat katachtig roofdier uit Afrika en Zuid-Azië

civiel *bn* ❶ burger-, burgerlijk, niet-militair ▼ *in* ~ in burgerkleding, niet in uniform ▼ *~ ingenieur* ingenieur in de weg- en waterbouwkunde ❷ beleefd: *iemand ~ behandelen* **civielrechtelijk** volgens het burgerlijk recht

civilisatie ⟨-zaa-⟩ *de (v)* [-s] beschaving: *de oude Romeinen hadden al een hoge ~* **civiliseren** ⟨-zi-⟩ beschaven, beschaving bijbrengen

civil society ⟨civəl sosajetie⟩ *de* geheel van organisaties, instituties en maatschappelijke ideeën, buiten de overheid en buiten verbanden van familie, vrienden e.d., waarvan mensen vrijwillig deel uitmaken

CJP *het* Cultureel Jongerenpaspoort

ckv culturele en kunstzinnige vorming als verplicht vak in de tweede fase van havo en vwo

cl centiliter

c.l. ❶ citate loco (*op de aangehaalde plaats*) ❷ cum laude (*met lof*)

Cl schei. chloor

claim ⟨kleem⟩ *de (m)* [-s] ❶ aanspraak, eis: *een ~ indienen bij de verzekering om schadevergoeding te krijgen* ▼ *een ~ leggen op iets* aanspraak op iets maken ❷ bewijs dat iemand recht heeft op een aandeel in de winst of voorrang bij uitbreiding van het aandelenkapitaal ❸ bewijs dat iemand recht heeft om een stuk grond te ontginnen en te exploiteren **claimemissie** uitgifte van nieuwe aandelen **claimen** ❶ opeisen, beweren dat men ergens recht op heeft: *hij claimde een hoger cijfer voor zijn werkstuk* ❷ fig. beslag leggen op iemand: *mijn vriend claimt me heel erg*

clair-obscur ⟨klèr-opskuur⟩ *het* het werken met licht- en schaduweffect

clairvoyant ⟨klèrvwajà⟩ I *bn* ❶ helderziend II *de (m)* [-s] ❷ helderziende

clan ⟨klen⟩ *de (m)* [-s] ❶ stam, groep mensen die familie van elkaar zijn ❷ fig. groep mensen die een sterke band met elkaar hebben en die veel met elkaar optrekken

clandestien *bn* heimelijk en bij de wet verboden: *~e handel in verdovende middelen*

claque ⟨klak⟩ *de* [-s] ❶ mensen die betaald zijn om bij een voorstelling e.d. te juichen of juist afkeur te tonen ❷ inklapbare hoge hoed

claris *de (v)* [-sen] kloosterzuster van de orde die is gesticht door St.-Clara

clashen ⟨klessjən⟩ [clashte, h. / is geclasht] ❶ heel hard botsen ❷ fig. in conflict komen, ruzie krijgen

classicisme *het* navolging van de Grieks-Romeinse oudheid in kunst en letteren

classicus *de (m)* [-ci] beoefenaar van, student in de klassieke talen, kenner van de Griekse en Romeinse oudheid

classificatie *de (v)* [-s] rangschikking onder een bepaalde categorie of afdeling, indeling **classificeren** ❶ in groepen onderverdelen: *in de bibliotheek zijn de boeken op onderwerp geclassificeerd* ❷ ketels, tanks, ruimen e.d. op schepen en in fabrieken schoonmaken

classis *de (v)* [-sen, -ses] bestuursniveau boven dat van de gemeente binnen de protestantse kerk

classy ⟨klessie⟩ *bn* stijlvol, met klasse: *er ~ uitzien*

claus *de (v)* ❶ tekstgeheel in een toneelstuk dat door één speler wordt gezegd ❷ laatste woord daarvan als teken voor een volgende speler dat hij kan spreken

claustrofobie *de (v)* grote angst in kleine gesloten ruimten: *ze durft niet in de lift want ze heeft last van ~*

clausule ⟨-zuu-⟩ *de* [-s] toevoeging of extra voorwaarde in een contract of wet

claxon *de (m)* [-s] toeter van een auto **claxonneren** toeteren met een claxon

CLB BN *het* Centrum voor Leerlingenbegeleiding

clean ⟨klien⟩ *bn* ❶ schoon, netjes ❷ te schoon en netjes, steriel: *ik vind haar huis ~ en ongezellig* ❸ niet meer verslaafd aan of onder invloed van drugs

cleaner ⟨klie-⟩ *de (m)* [-s] chemisch reinigingsmiddel

clearing ⟨klieRing⟩ *de* systeem voor het verrekenen van vorderingen en schulden met gesloten beurzen, tussen banken, landen of personen

clematis *de* [-sen] klimplant van het geslacht van de ranonkelachtigen

clement *bn* die de regels niet streng toepast, toegeeflijk: *de politie behandelde de relschoppers ~* **clementie** *de (v)* toegeeflijkheid, zachtheid, welwillendheid

clementine *de (v)* [-s] mandarijn zonder pitten

clenbuterol® *het* (verboden) groeimiddel voor dieren en dopingmiddel voor sporters

clerus r.-k. *de (m)* geestelijke stand, priesterklasse

clever ⟨klevvər⟩ *bn* handig, pienter, slim

cliché ⟨kliesjee⟩ *het* [-s] ❶ drukvorm voor illustraties ❷ uitdrukking of beeldspraak die heel vaak wordt gebruikt en die daardoor oninteressant, nietszeggend is geworden **clichématig** *bn* voorspelbaar, afgezaagd, als een cliché

clickfonds beleggingsfonds waarbij winst bij een bepaald koersniveau wordt veiliggesteld

client ⟨klàjənt⟩ comp. *de (m)* [-s] computer die programma's en data gebruikt die op een server staan

cliënt *de (m)* ❶ klant: *een advocaat en een notaris hebben ~en* ❷ iemand die hulp krijgt, vooral op medisch, geestelijk of sociaal gebied: *een ~ van de thuiszorg* **cliënteel** BN, ook *het* clientèle **clientèle** *de & het* alle klanten samen: *deze winkel heeft een grote ~* **cliëntelisme** *het* in de politiek voorkomende praktijk waarbij een politicus gunsten verleent of belooft aan kiezers in ruil voor hun steun

cliffhanger ⟨-hengəR⟩ *de (m)* [-s] spannende situatie als slot van een aflevering van een tv-serie e.d. die pas in een volgende aflevering opgelost wordt

clignoteur ⟨klienjoo-⟩ *de (m)* [-s] knipperlicht als richtingaanwijzer (*van een motor of auto*)

climax *de (m)* hoogtepunt: *het trapezenummer was de ~ van de voorstelling*

clinch ⟨klins⟩ *de (m)* ▼ *in de ~ liggen met iemand* ruzie hebben

clinic ⟨klinnik⟩ *de* [-s] openbare training of informatieve bijeenkomst: *de hockey~ wordt gegeven door een international*

cliniclown® clown die zieke kinderen in een ziekenhuis vermaakt

clip *de (m)* [-s] ❶ klemmetje: *haar~, paper~* ❷ videoclip: *een ~ van Britney Spears*

clitoridectomie med. *de (v)* het wegsnijden van de clitoris **clitoris** *de (v)* [-sen, -tores] deeltje van het vrouwelijk geslachtsorgaan tussen de kleine schaamlippen dat naar buiten uitsteekt en dat seksueel gevoelig is, kittelaar

clivia *de* [-'s] kamerplant met lange stijve bladeren en oranje bloemen

cloaca *de* [-'s] ❶ riool ❷ opening waar endeldarm, urineleider en eileider samenkomen

clochard ⟨klossjaar⟩ *de (m)* [-s] zwerver, dakloze

close ⟨kloos⟩ *bn* intiem: *die twee zijn erg ~ met elkaar*

close finish ⟨kloos-⟩ finish waarbij de winnaar en (een) andere deelnemer(s) heel dicht bij elkaar eindigen

close harmony ⟨kloos hàRmənie⟩ *de (m)* het meerstemmig zingen op zo'n manier dat de stemmen nauwelijks van elkaar te onderscheiden zijn

close reading ⟨kloos Rieding⟩ *de (m) & het* methode van literatuuranalyse die vooral op de tekst gericht is

closet ⟨-zet⟩ *het* [-s] wc **closetpapier** papier voor gebruik op de wc, wc-papier **closetrol** rol voor closetpapier, voor wc-papier

close-up ⟨kloozup⟩ *de (m)* [-s] film- of foto-opname van heel dichtbij

clou ⟨kloe⟩ *de (m)* [-s] het gedeelte van een mop of verhaal waar het om draait: *de ~ van een mop verraden*

cloud computing ⟨klaut kompjoe-⟩ *de het* gebruikmaken van software die centraal wordt aangeboden en onderhouden op internet en het op afstand toegang hebben tot data,

e-mailaccounts e.d. op internet

clown ⟨klaun⟩ *de (m)* [-s] ❶ grappenmaker in een circus ❷ belachelijk iemand, iemand die men niet serieus kan nemen: *wat een ~ is dat!* **clownesk** *bn* als (van) een clown: *~e bewegingen*

club I *de* [-s] ❶ besloten gezelschap of kring, vereniging ❷ euf. bordeel II *de (m)* [-s] ❸ clubfauteuil **clubfauteuil** gemakkelijke lage, vaak leren, stoel **clubgeest** de mentaliteit, sfeer onder leden van een groep **clubverband** ▼ *in ~* als club

cluster *de (m)* [-s] opeenhoping, groep van dingen bij elkaar: *een ~ van gebouwen* een aantal gebouwen dicht bij elkaar **clusteren** in een groep bijeenvoegen **clusterhoofdpijn** hoofdpijn met korte en heel hevige aanvallen aan één kant van het hoofd

cm centimeter

cms *het* [-'en] comp. contentmanagementsysteem

cmv culturele en maatschappelijke vorming (*een vierjarige hbo-opleiding*)

CMYK de kleuren cyaan, magenta, geel (*yellow*) en zwart (*key*), zoals die o.a. in printers worden gebruikt

CNN ⟨sie -⟩ *Cable News Network*, Amerikaanse tv-zender die nieuws uitzendt

CNV *het* Christelijk Nationaal Vakverbond

co compagnon

Co schei. kobalt

COA *het* Centraal Orgaan opvang asielzoekers

coach ⟨kootsj⟩ *de (m)* [-es] ❶ trainer en begeleider van een sportploeg ❷ begeleider en adviseur: *steeds meer managers hebben een ~* **coachee** *de* [-s] iemand die wordt gecoacht door een begeleider/adviseur **coachen** begeleiden, vertellen wat iemand of een sportploeg het beste kan doen

coalitie *de (v)* [-s] een aantal politieke partijen of landen die samenwerken **coalitiepartner** politieke partij waarmee men de regering vormt

coassistent *de (m)* medisch student die stage loopt in een ziekenhuis

coaster ⟨koostəR⟩ *de (m)* [-s] schip om op zee te varen in de buurt van de kust, vooral voor handel

coat ⟨koot⟩ *de (m)* [-s] jas **coaten** een deklaag aanbrengen **coating** *de (m)* [-s] deklaag

coauteur iemand die samen met een of meer andere auteurs een tekst of boek schrijft

coaxiaal *bn* elektr. ⟨m.b.t. een kabel⟩ met een gemeenschappelijke as die bestaat uit een centrale draad, een laag isolatie en een geleidende laag, gebruikt voor onder andere antennekabels **coaxkabel** coaxiale kabel

Cobol *het*, *Common business oriented language*, hogere programmeertaal voor computers, vooral geschikt voor administratieve toepassingen

cobra *de* [-'s] gifslang die voorkomt in tropische gebieden

COC *het* Cultuur- en Ontspanningscentrum (*vereniging van homoseksuelen*)

coca I *de* ❶ blad van de struik Erythroxylon coca waarop in Zuid-Amerika wordt gekauwd als genotmiddel II *de* [-'s] ❷ de struik Erythroxylon coca

co

CO

cocaïne *de* verdovend middel, wit poeder dat meestal opgesnoven wordt

coccus *de (m)* [cocci] verzamelnaam voor bolvormige bacteriën zoals stafylokokken of streptokokken

cockerspaniël ‹kokkəRspənjəl› jachthond met lange oren die naar beneden hangen

cockpit *de (m)* [-s] ruimte in een vliegtuig waar de piloot zit

cockring ring die om de penis wordt geschoven om een erectie langer in stand te houden, penisring

cocktail ‹-teel› *de (m)* [-s] mengsel, vooral van verschillende alcoholische dranken, soms ook met vruchtensap **cocktailjurk** korte uitgaansjurk **cocktailprikker** prikker voor borrelhapjes

cocon *de (m)* [-s] omhulsel waarin de larven van bepaalde insecten groeien tot ze volwassen zijn: *de vlinder kroop uit zijn ~*

cocoonen ‹-koe-› het zich terugtrekken in een warme huiselijke sfeer

cod. codex

coda *de* [-'s] slot van een muziekstuk

code *de (m)* [-s] **❶** wetboek **❷** systeem van afgesproken tekens, cijfers en woorden **coderen** een code gebruiken om informatie door te geven: *het geheime bericht is gecodeerd*

codex *de (m)* [-dices] **❶** r.-k. kerkelijk wetboek, boek met voorschriften of normen **❷** handgeschreven boek, vooral met de hand geschreven boek vóór de uitvinding van de boekdrukkunst **❸** BN boek met drink- en andere liederen, gebruikt door studenten op zangfeesten

codicil ‹-siel› *het* [-len] toevoegsel aan een testament

codificatie *de (v)* [-s] het opstellen van een wetboek

co-educatie opvoeding van jongens en meisjes samen

coëfficiënt ‹-sjent› *de (m)* gegeven constante factor van een grootheid die veranderlijk is of niet bekend

coeliakie ‹seu-› *de (v)* aangeboren aandoening waarbij iemand geen gluten verdraagt en daar maag-darmklachten van kan krijgen

co-existentie het naast elkaar bestaan, vooral van staten met verschillende politieke systemen: *vreedzame ~*

coffeeshop ‹koffiesjop› *de (m)* [-s] **❶** gelegenheid waar men koffie kan drinken **❷** gelegenheid waar men drugs kan kopen en gebruiken

coffeïne *de* stof in koffie, thee, cola e.d. die oppept, cafeïne

cognac ‹konjak› *de (m)* [-s] geelbruine drank uit Cognac in Frankrijk met veel alcohol

cognitie *de (v)* mentale processen bij leren, waarnemen, herinneren, denken e.d.

cognitief *bn* wat te maken heeft met kennen of leren kennen

cognossement, connossement *het* officieel document met de gegevens van de lading van een schip

cohabiteren seks, geslachtsgemeenschap hebben

coherent *bn* wat een samenhangend geheel vormt **coherentie** *de (v)* samenhang, verband

cohesie ‹-zie› *de (v)* **❶** de kracht die de moleculen van een stof bij elkaar houdt **❷** samenhang

cohort *de*, **cohorte ❶** hist. onderafdeling van circa 500 soldaten van een Romeins legioen **❷** groep soldaten

coiffeur *de (m)* [-s] kapper **coiffeuse** *de (v)* [-s] kapster **coiffure** *de* [-s] kapsel

coïncidentie *de (v)* [-s] toeval, samenloop van omstandigheden

coïteren seks, geslachtsgemeenschap hebben **coïtus** *de (m)* seks, paring, geslachtsgemeenschap ▼ *~ interruptus* geslachtsgemeenschap die wordt onderbroken vóór de zaadlozing

coke ‹kook› *de (m)* **❶** cola **❷** cocaïne

cokes ‹kooks› *de* steenkool waaraan het gas onttrokken is

col *de (m)* [-s] **❶** hoge opgerolde kraag van een trui **❷** doorgang tussen twee bergen, bergpas

cola *de (m)* [-'s] **❶** bruine frisdrank met koolzuur, die van kolanoten is gemaakt **❷** glas met deze drank **cola-tic** glas cola met scheutje sterkedrank

colbert ‹-bèr› *de (m) & het* [-s] kort, net jasje voor mannen: *een ~ en een pantalon*

coldcaseteam ‹kooltkeestiem› *het* [-s] team van de politie dat zich alsnog bezighoudt met eerder afgesloten, onopgeloste moordzaken

cold turkey ‹kooldtürkie› *de* heftige lichamelijke reactie wanneer een verslaafde plotseling stopt met drugsgebruik **coldturkeymethode** het afkicken van drugs door plotseling stoppen met gebruik

collaborateur *de (m)* [-s] iemand die met de vijand samenwerkt in een bezet land **collaboratie** *de (v)* samenwerking met een vijandelijke mogendheid **collaboreren** met de vijand samenwerken

collage ‹-zja› *de (v)* [-s] werkstuk dat bestaat uit opgeplakte knipsels, foto's, stukjes karton e.d.

collageen *het* eiwit dat in het bindweefsel van mensen en dieren onder meer zorgt voor een stevige en elastische huid

collaps *de (m)* ineenstorting

collateraal *bn* zijdelings, in de zijlinie

collatie *de (v)* [-s] vergelijking van een afschrift en het oorspronkelijke stuk

collectant *de (m)* iemand die collecteert **collecte** *de (v)* [-n, -s] inzameling van geld in de kerk of door op straat met een bus rond te gaan **collecteren** geld inzamelen voor een goed doel, bijv. door op straat met een bus rond te gaan

collectie *de (v)* [-s] **❶** verzameling van voorwerpen: *een mooie ~ postzegels* **❷** het geheel van nieuwe ontwerpen: *de voorjaars~ van een modeontwerper*

collectief I *bn* **❶** gezamenlijk, gemeenschappelijk: *een collectieve ziektekostenverzekering* **II** *het* [-tieven] **❷** taalk. verzamelnaam: *'zwerm' is een ~* **❸** groep van mensen die iets samen doen of iets gemeen hebben: *dit bedrijf is als ~ opgezet*

collectioneur *de (m)* [-s] verzamelaar (van kunstvoorwerpen, boeken enz.)

collectivisme *het* ❶ systeem waarin de productiemiddelen als eigendom van de gemeenschap beschouwd worden ❷ het optreden als gemeenschap **collectiviteit** *de (v)* groep als eenheid, groot aantal individuen dat in een bepaald opzicht als een eenheid kan worden beschouwd

collector *de (m)* [-s, -toren] BN verzamelbekken voor afvalwater

collega *de (m)* [-'s] ❶ iemand die hetzelfde werk doet: *ben jij ook buschauffeur? dan zijn we ~'s* ❷ iemand die bij hetzelfde bedrijf werkt: *in de pauze van mijn werk ga ik soms naar buiten met een ~*

college ⟨-leezje⟩ *het* [-s] ❶ groep mensen die het bestuur vormt van iets: *het ~ van Burgemeester en Wethouders van Haarlem* ▾ *heilig ~* de kardinalen ❷ les aan een universiteit of hogeschool ▾ *~ lopen* zo'n les volgen ❸ r.-k. school voor middelbaar en voorbereidend wetenschappelijk onderwijs (met internaat) ❹ BN katholieke school voor secundair, niet-technisch onderwijs

collegegeld geld dat iemand betaalt om te mogen studeren aan een universiteit of hogeschool

collegiaal *bn* zoals goede collega's met elkaar omgaan: *het was ~ van Hans om mij te helpen*

collegialiteit *de (v)* vriendschappelijke houding, behulpzaamheid tegenover collega's

colli *het* [-'s] (eigenlijk meervoudsvorm van) collo

collie *de (m)* [-s] Schotse herdershond

collier ⟨-jee⟩ *de (m) & het* [-s] halssnoer, halsketting

collineair wisk. *bn* op één rechte lijn

collo *het* [-lli] stuk dat verstuurd moet worden

collocatie *de (v)* [-s] taalk. vaste combinatie van woorden, bijv.: *de naakte waarheid*

colloïde *de & het* [-n] molecule of deeltje met afmetingen tussen 10^9 en 10^{-6} nm, wat groter is dan bij andere moleculen of atomen

colloqueren BN, jur. van rechtswege in een instelling plaatsen

colloquium ⟨-kwiejəm⟩ *het* [-quia] discussiecollege aan een universiteit ▾ *~ doctum* bijzondere toetsing voor toelating tot een universiteit van personen die niet de vereiste diploma's bezitten

colofon *het & de (m)* [-s] ❶ slotwoord met vermelding van bijzonderheden over de druk ❷ lijst van medewerkers in een publicatie

colon *het* [-s] ❶ dikke darm ❷ dubbele punt

colonnade *de (v)* [-s] zuilenrij

colonne *de* [-s] ❶ opstelling van soldaten of legervoertuigen achter elkaar ▾ *de vijfde ~* de heimelijke helpers van de vijand ❷ stoet

coloradokever kever die voorkomt op aardappelen

coloratuur *de (v)* [-turen] muzikale versiering bij solozang

coloriet *het* kleurmenging, kleurschakering

colportage ⟨-taazje⟩ *de (v)* verkoop aan de deur

colporteren verkopen aan de deur of op straat

colporteur *de (m)* [-s] verkoper die langs de huizen gaat

colt® *de (m)* [-s] type revolver

coltrui trui met een col, een hoge opgerolde kraag om de hals

columbarium *het* [-s, -baria] bewaarplaats voor urnen

column ⟨kolləm⟩ *de (m)* [-s] kort (kritisch) stukje van een schrijver dat regelmatig verschijnt in een dagblad of tijdschrift **columnist** ⟨kolləmnist⟩ *de (m)* schrijver van een column

coma *het* [-'s] langdurige diepe bewusteloosheid: *in ~ raken door een verkeersongeluk* **comateus** *bn* als (in) een coma **comazuipen** zoveel alcohol drinken dat iemand door alcoholvergiftiging in coma raakt

combattant *de (m)* militair, guerillastrijder e.a. die meevecht in een strijd, strijder

combi *de (m)* [-'s] ❶ combinatie ❷ stationcar **combiketel** cv-ketel met warmwatervoorziening in één apparaat

combinatie *de (v)* [-s] samenvoeging van twee of meer dingen of personen **combinatieslot** slot dat open- of dichtgaat via een reeks cijfers **combinatietang** soort (nijp)tang waarmee ook ijzerdraad geknipt kan worden

combine I *de* ⟨kombajn⟩ [-s] ❶ maaidorsmachine II *de (v)* ⟨kombiene⟩ [-s] ❷ sp. het samenspannen van wedstrijddeelnemers tegen anderen

combineren (goed) samen laten gaan: *zijn schoolwerk en zijn hobby's goed ~*

combo *het & de (m)* [-'s] klein orkest dat vooral jazzmuziek speelt

comeback ⟨kumbek⟩ *de (m)* [-s] terugkeer in de belangstelling na een lange afwezigheid, bijv. van een sportman of artiest

comedy ⟨kommədie⟩ *de* [-'s] grappige film of grappig tv-programma

comestibles *de (mv)* fijne eetwaren

comfort ⟨komfòr⟩ *het* gerief, dingen die het dagelijks leven aangenaam en gemakkelijk maken **comfortabel** *bn* aangenaam, prettig: *een ~e stoel* een stoel waarin men lekker zit

coming man ⟨kumming mèn⟩ *de (m)* [- men] iemand die bezig is een hoge positie te verwerven

comité *het* [-s] groep mensen die zich met een bepaalde taak bezighoudt: BN *paritair ~* adviesorgaan per bedrijfstak voor sociale aangelegenheden

commandant *de (m)* iemand die de leiding heeft bij het leger, de politie of de brandweer **commanderen** bevelen geven **commandeur** *de (m)* [-s] ❶ rang bij de marine ❷ ridderorde van een bepaalde rang, tussen officier en grootofficier

commanditair ⟨-tèr⟩ *bn* ▾ *~e vennootschap* vennootschap tussen een of meer vennoten die hoofdelijk aansprakelijk zijn voor het geheel en het bedrijf beheren en een of meer andere personen die alleen kapitaal inbrengen ▾ *~e vennoot* iemand die deelneemt in een commanditaire vennootschap en alleen kapitaal inbrengt

commando I *het* [-'s] ❶ bevel ❷ eenheid van speciaal geoefende soldaten ❸ opdracht aan een computer om een handeling uit te voeren II *de (m)* [-'s] ❹ lid van een eenheid speciaal geoefende soldaten **commandobrug** plaats van de commandant op het schip

CO

commandotroepen legeronderdeel met speciaal opgeleide soldaten

comme il faut ⟨kom iel foo⟩ *bw verb* zoals het hoort

commentaar *de (m) & het* [-taren] ❶ tekst waarin iets wordt uitgelegd of waarin opmerkingen bij iets worden gemaakt: *de minister gaf ~ bij zijn plannen* ❷ kritiek, afkeurende opmerkingen: *ik kreeg ~ op mijn roze broek* **commentariëren** commentaar geven **commentator** *de (m)* [-s, -toren] iemand die verslag doet van een gebeurtenis, bijv. op radio of tv

commercial ⟨-mŭRsjəl⟩ *de (m)* [-s] reclameboodschap op radio of televisie

commercialiseren ⟨-sjaaliezi-⟩ commercieel maken **commercie** *de (v)* handel waarbij het alleen om winst gaat **commercieel** ⟨-sjeel⟩ *bn* vooral gericht op het maken van winst

commies *de (m)* [-miezen] ❶ rang bij ambtenaren ❷ iemand die bij de douane werkt

commissariaat *het* [-aten] ❶ ambt van commissaris ❷ bureau van de commissaris **commissaris** *de (m)* [-sen] ❶ iemand die adviseert aan en toezicht uitoefent op het bestuur van een bedrijf, vereniging e.d. ❷ iemand die gevolmachtigd is om iets te besturen, te regelen, uit te voeren ▼ ~ *der Koningin* hoofd van een provincie ▼ ~ *van politie* hoofdambtenaar van politie

commissie *de (v)* [-s] ❶ groep mensen die zich met een bepaalde taak bezighoudt ❷ een percentage van het bedrag als loon voor de diensten van iemand, bijv. van een makelaar ▼ *als ik lieg, lieg ik in ~* als ik iets zeg wat onwaar is, doe ik dat te goeder trouw, afgaande op berichten van anderen **commissionair** ⟨-sjoonèr⟩ *de (m)* [-s] iemand die op eigen naam voor anderen koopt of verkoopt **commissoriaal** *bn* bij of van een commissie

committent *de (m)* opdrachtgever **committeren** met een opdracht of volmacht afvaardigen ▼ *zich ~* zichzelf vastleggen op, verplichten tot

commode *de (v)* [-s] brede lage kast met laden: *ze verschoonde de baby op de ~*

commodity ⟨-mòdətie⟩ *de* [-'s] grondstoffen en bulkgoederen als klasse producten voor beleggers, vooral via termijncontracten verhandeld op de beurs

commodore ⟨-moodoor⟩ *de (m)* [-s] ❶ gezagvoerder over een eskader of konvooi ❷ BN laagste rang van opperofficier bij de Belgische zeemacht

commotie *de (v)* [-s] drukte, opschudding, beroering: *het ontslag van de directeur veroorzaakte veel ~*

communautair ⟨-nootèr⟩ *bn* ❶ wat te maken heeft met de EU ❷ BN wat te maken heeft met de relaties tussen de taalgemeenschappen in België

commune *de (v)* [-s] woongemeenschap, groep mensen die bij elkaar wonen en alles delen

Commune hist. *de (v)* revolutionair socialistisch bewind in Parijs in 1871

communicant *de (m)* r.-k. iemand die zijn of haar eerste communie doet

communicatie *de (v)* [-s] ❶ door praten, schrijven, gebaren, gezichtsuitdrukkingen e.d. contact met elkaar hebben ❷ het elkaar op de hoogte houden, van informatie, gevoelens e.d.: *~ via de telefoon* **communicatief** *bn* ❶ wat te maken heeft met de communicatie ❷ bereid tot communicatie, mededeelzaam **communicatiestoornis** het elkaar verkeerd begrijpen, misverstand **communiceren** ❶ met elkaar praten, schrijven of op een andere manier contact onderhouden: *de piloten communiceerden via de boordradio* ❷ overbrengen: *een bericht ~ via de sociale media* ❸ r.-k. te communie gaan ❹ prot. deelnemen aan het Avondmaal ▼ *~de vaten* vaten die met elkaar in verbinding staan waarbij de vloeistof, in een toestand van rust, in beide vaten even hoog staat

communie *de (v)* [-s, -iën] ❶ het treden in de gemeenschap met Christus door de hostie, en soms ook wijn, te nuttigen ❷ de hostie die daarbij wordt gegeten ▼ *te ~ gaan* de communie ontvangen ▼ *zijn ~ doen* feest waarbij iemand voor de eerste keer tijdens de mis de hostie krijgt

communiqué ⟨-kee⟩ *het* [-s] officiële mededeling

communisme *het* politiek systeem met als oorspronkelijk uitgangspunt dat de productiemiddelen van iedereen zijn en dat de opbrengst naar behoefte wordt verdeeld **communist** *de (m)* aanhanger van het communisme **communistisch** *bn* wat te maken heeft met het communisme

communiteit *de (v)* gezamenlijke kloosterlingen van een klooster

community ⟨komjoenətie⟩ *de* [-'s] groep mensen op internet met dezelfde interesses en voorkeuren

commuun *bn* ❶ algemeen ▼ jur. *~ strafrecht* algemeen strafrecht (i.t.t. bijzondere strafbepalingen en wetten) ❷ gewoon

comp. Compagnie

compact *bn* dicht op elkaar: *er waren veel mensen en ze vormden een ~e massa* ▼ *een ~e geluidsinstallatie* een geluidsinstallatie die heel klein is

compact disc *de (m)* [-s] schijfje waarop signalen, zoals geluid, digitaal zijn vastgelegd in een spoor van heel kleine putjes **compactdiscspeler** *de (m)* [-s] apparaat voor het afspelen van een compact disc

compagnie ⟨-panjie⟩ *de (v)* [-s, -ën] ❶ ⟨vooral vroeger⟩ maatschappij die zich bezighoudt met handel of scheepvaart: *Verenigde Oost-Indische Compagnie* ❷ groep soldaten, onderafdeling van een bataljon

compagnon ⟨-panjon⟩ *de (m)* [-s] persoon met wie iemand samen een bedrijf heeft

comparant *de (m)* partij die in rechte verschijnt, dat wil zeggen voor een rechter, notaris e.d.

comparatief taalk. [-tieven] vergrotende trap: *de ~ van 'groot' is 'groter'*

compareren [compareerde, h. / is gecompareerd] voor een rechter, notaris e.a. verschijnen **comparitie** *de (v)* [-s] ❶ het verschijnen voor een rechter om inlichtingen te verstrekken of een schikking te treffen

❷ bijeenkomst van vrijmetselaars waarbij culturele of filosofische onderwerpen worden besproken

compartiment *het* deel van een treinwagon

compassie *de (v)* medelijden

compatibel ‹-tiebəl› *bn* ❶ verenigbaar, uitwisselbaar ❷ wat ook goed werkt met andere apparaten, computers of programma's

compendium *het* [-s, -dia] samenvattend wetenschappelijk handboek

compensatie ‹-zaa-› *de (v)* [-s] iets wat iemand als vergoeding terugkrijgt **compenseren** ‹-zi-› ❶ vergoeden voor iets wat iemand niet krijgt of kwijtraakt ❷ (doen) opwegen tegen: *de blinde jongen compenseert zijn handicap door zich meer op zijn gehoor te oriënteren*

competent *bn* die genoeg weet voor een bepaalde baan of taak en die het goed genoeg kan: *een ~ bestuurder* **competentie** *de (v)* [-s] ❶ bevoegdheid, recht om over iets te oordelen: *dat valt niet onder mijn ~* ❷ bekwaamheid, het competent zijn **competentiegericht** *bn* gericht op het vergroten van de persoonlijke vermogens: *~ onderwijs*

competitie *de (v)* [-s] ❶ concurrentie, strijd wie de beste is ❷ aantal wedstrijden om een kampioenschap

competitief *bn* met de neiging om te concurreren, beter te willen zijn dan een ander

compilatie *de (v)* [-s] ❶ het samenbrengen van stukjes van diverse schrijvers, gedeelten uit radio- of televisieprogramma's e.d. ❷ een dergelijke verzameling

compiler ‹kəmpajləR› comp. *de (m)* [-s] programma dat een programma in hogere programmeertaal omzet in machinetaal **compileren** stukjes samenbrengen van diverse schrijvers, gedeelten uit radio- of televisieprogramma's e.d.

compleet *bn* ❶ volledig, helemaal: *dat is ~ mislukt* ❷ met alles of iedereen die er moet zijn, waarbij niets of niemand ontbreekt: *deze puzzel is niet ~, er mist een stukje* ▼ *zijn we ~?* is iedereen er die er moet zijn?

complement *het* ❶ aanvulling, iets dat wordt toegevoegd om iets volledig te maken ❷ wisk. wat aan een hoek ontbreekt om die tot een rechte hoek, een hoek van 90°, te maken **complementair** ‹-tèr› *bn* aanvullend, wat iets volledig maakt ▼ *~e kleuren* kleuren die samen wit vormen

completen r.-k. *de (mv)* kerkelijk avondgebed **completeren** aanvullen, compleet maken

complex I *bn* ❶ samengesteld, ingewikkeld: *een ~e rekenopgave* II *het* ❷ aantal gebouwen die bij elkaar horen ❸ groep, samengesteld geheel: *een ~ van factoren* ❹ voorstelling die iemand over zichzelf heeft en waaronder hij lijdt: *zij heeft een ~ over haar neus*

compliance ‹-plajəns› *de* ❶ het werken in overeenstemming met de heersende wet- en regelgeving ❷ het naleven van regels die de organisatie zelf heeft opgesteld

complicatie *de (v)* [-s] iets wat extra moeilijkheden veroorzaakt: *bij de operatie traden ~s op* **compliceren** ingewikkeld maken

compliment *het* iets wat iemand zegt of schrijft om duidelijk te maken dat hij iets goed, mooi, knap enz. vindt ▼ *~en uitwisselen* begroetingen, beleefdheden tegen elkaar zeggen ▼ *de ~en aan iemand overbrengen* de groeten aan iemand doen ▼ *zonder ~en* zonder inleidende woorden of beleefdheden, direct **complimenteren** een compliment maken, prijzen en gelukwensen met iets **complimenteus** *bn* ❶ vol complimenten ❷ vleiend

complot *het* [-ten] samenzwering, geheime afspraak om iets slechts te doen: *een ~ smeden om iemand te vermoorden* **complottheorie** (ingebeeld) vermoeden van een samenzwering

component *de (m)* deel dat een deel vormt van een geheel: *deze keuken bestaat uit losse ~en die men apart kan kopen*

componeren een muziekstuk bedenken en in muzieknoten opschrijven: *een lied* ~ **componist** *de (m)* iemand die muziekstukken maakt

composieten ‹-zie-› *de (mv)* samengesteldbloemigen, samengesteldbloemige planten

compositie ‹-zie-› *de (v)* [-s] ❶ muziekstuk dat door iemand is geschreven ❷ de manier waarop iets uit onderdelen is opgebouwd: *de ~ van een schilderij* de manier waarop de vormen op het schilderij tot een geheel zijn gemaakt **compositietekening** tekening, vooral van een verdachte van een misdrijf, op grond van informatie van slachtoffer, getuigen of anderen

compositum ‹-zie-› *het* [-ta] samengesteld woord, samenstelling: *'keukendeur' is een ~ van 'keuken' en 'deur'*

compost *het & de (m)* mest van een mengsel van organische afvalstoffen, zoals bladeren en schillen, die een tijd op een hoop hebben gelegen en zijn verteerd **compostering** *de (v)* het omzetten in meststof van afval zoals gras, bladeren, groente en fruit **compostmeester** BN adviseur m.b.t. compostering

compote ‹-pòt› *de* [-s] vruchtenmoes, moes van vruchten die met suiker gekookt zijn

compressie *de (v)* het samenpersen, het comprimeren **compressor** *de (m)* [-soren, -s] pomp voor het samenpersen van gassen **comprimeren** ❶ samenpersen, samendrukken, compact maken ❷ computerbestanden verkleinen

compromis ‹-mie of -mis› *het* [-sen, compromis] oplossing waarbij iedereen een beetje toegeeft **compromitteren** ‹-mieti-› in opspraak brengen, een slechte reputatie bezorgen: *~de foto's*

comptabel *bn* ❶ verplicht verantwoording af te leggen over financiële zaken ❷ boekhoudkundig **comptabiliteit** *de (v)* ❶ het verplicht zijn verantwoording af te leggen over financiële zaken ❷ boekhouding

computer ‹-pjoetər› *de (m)* [-s] elektronisch apparaat met het verwerken van informatie **computercriminaliteit** het bedrijven van misdaad via de computer, zoals het inbreken in bankrekeningen van anderen **computeren** op de computer bezig zijn, vooral als ontspanning: *Jan zit te* ~ **computergeheugen** opslagplaats van gegevens in een computer

CO

computerkraak het m.b.v. een computer binnendringen in de gegevens van bestanden, databanken e.d. van anderen

computerlinguïstiek vormen van taalkunde waarbij de computer een belangrijke rol speelt, zoals automatisch vertalen **computerspel** spel dat op de computer wordt gespeeld

computertaal taal waarin computerprogramma's worden geschreven

computeruitdraai afdruk van een (deel van een) computerbestand **computervirus** schadelijk computerprogramma dat zichzelf kopieert naar andere programma's

C-omroep omroep met minder dan 150.000 leden

con amore ⟨aamòree⟩ bw verb met liefde, met toewijding, graag

concaaf bn holrond

concentratie de (v) [-s] ❶ het vermogen om zijn aandacht helemaal op één ding te richten: dit spel vereist een grote ~ ❷ hoeveelheid van een stof die aanwezig is in een andere stof: een hoge ~ aan suiker ❸ het voorkomen van veel zaken of personen in één gebied: een sterke ~ van vreemdelingen **concentratiekamp** afgesloten terrein met gebouwen, waar veel mensen gevangen worden gehouden: veel Joden en zigeuners stierven in ~en **concentratieschool** BN school met veel allochtone leerlingen

concentreren ❶ samentrekken, verenigen op één punt ❷ het gehalte van een oplossing hoog maken ▾ zich ~ zijn aandacht sterk op één punt richten

concentrisch bn met een gemeenschappelijk middelpunt: ~e cirkels

concept het ❶ voorlopige formulering, voorlopige versie: een ~ van een toespraak ❷ begrip, idee: het ~ 'vrije meningsuiting' **conceptie** de (v) [-s] ❶ het bevruchten van een eicel door een zaadcel, zodat een vrouw of een vrouwtjesdier zwanger wordt ❷ vorming van een begrip in de geest ❸ een begrip of denkbeeld: de ~ van het bestaan van goed en kwaad

concern ⟨-sùRn⟩ het [-s] grote onderneming met dochterondernemingen

concert het muziekuitvoering voor publiek **concerteren** ❶ een concert of concerten geven ❷ als solist optreden bij een concert **concertmeester** leider van de eerste violen en ook plaatsvervangend dirigent

concessie de (v) [-s] ❶ het gedeeltelijk toegeven: een ~ doen ❷ vergunning met uitsluiting van anderen ❸ stuk land waarvoor iemand een vergunning heeft om het te ontginnen **concessiehouder** BN alleenvertegenwoordiger **concessionaris** ⟨-sjoo-⟩ de (m) [-sen] iemand die een concessie heeft

conciërge ⟨-sjerzjə⟩ de [-s] iemand die toezicht houdt in een gebouw (bijv. een school) en die ervoor zorgt dat alles goed verloopt

concilie r.-k. het [-liën, -s] kerkvergadering

concipiëren ❶ ontvangen, zwanger worden ❷ bedenken, ontwerpen, schetsen volgens een bepaald plan

conclaaf het [-claven] vergadering van kardinalen voor de keuze van een paus

concluderen een conclusie trekken **conclusie** ⟨-zie⟩ de (v) [-s] eindoordeel, slotsom op basis van voorafgaande informatie of argumenten

concordaat het [-daten] ❶ overeenkomst tussen paus en staat over godsdienstzaken ❷ BN gerechtelijk akkoord in faillissementen

concordantie de (v) [-tiën, -s] ❶ overeenstemming ❷ alfabetisch register met alle woorden die door een auteur zijn gebruikt met aanwijzing van de plaats waar ze staan, vooral een dergelijk register op de Bijbel

concours ⟨konkoer, konkoers⟩ het & de (m) wedstrijd: een muziek~ **concours hippique** ⟨-hippiek⟩ het wedstrijd met paarden

concreet bn ❶ wat men kan waarnemen of zich als vorm voor kan stellen: een bloem is ~, maar de schoonheid van een bloem is abstract ❷ wat werkelijk bestaat: een ~ geval **concretiseren** ⟨-zì-⟩ een concrete (vaste) vorm geven aan

concubinaat het het buiten een huwelijk samenleven van man en vrouw **concubine** de (v) [-s] vrouw met wie een man samenleeft zonder met haar getrouwd te zijn

concurrent I de (m) ❶ iemand die hetzelfde beroep of bedrijf uitoefent of hetzelfde doel heeft, en die probeert beter te zijn II bn ❷ jur. zonder voorrang: ~ schuldeiser **concurrentie** de (v) ❶ het concurreren ❷ de concurrent of concurrenten **concurrentievervalsing** het concurreren op een oneerlijke manier

concurreren proberen beter te zijn dan een ander: die supermarkten ~ met elkaar

condens de (m) druppeltjes die uit damp ontstaan: ~ op het badkamerraam

condensatie ⟨-zaa-⟩ de (v) verdichting van gas tot vloeistof **condensator** de (m) [-s, -toren] ❶ toestel dat afgewerkte stoom condenseert ❷ elektr. fundamenteel element in een stroomnetwerk

condensdroger de (m) [-s] wasdroger die het onttrokken vocht condenseert en als condenswater opvangt

condenseren [condenseerde, is / h. gecondenseerd] ❶ overgaan van gasvormige in vloeibare toestand ❷ doen overgaan van gasvormige in vloeibare toestand, gas tot vloeistof maken

conditie de (v) [-tiën, -s] ❶ voorwaarde ❷ toestand waarin iets of iemand verkeert: het huis verkeert in slechte ~ ❸ toestand van iemands lichaam: hij heeft een goede ~ doordat hij veel sport **conditietraining** oefeningen om de lichamelijke conditie te verbeteren

conditio ⟨-tsiejoo⟩ de (v) ▾ ~ sine qua non voorwaarde waaraan absoluut voldaan moet worden

conditioneel ⟨-tsioo-⟩ bn ❶ voorwaardelijk, op bepaalde voorwaarden ❷ wat te maken heeft met de lichamelijke gesteldheid, het uithoudingsvermogen: ~ deden de elftallen niet voor elkaar onder

conditioner ⟨kondisjənə(r)⟩ de (m) [-s] middel om het haar te verzorgen zodat het gezond blijft **conditioneren** ❶ als voorwaarde stellen ❷ in een bepaalde toestand brengen of houden ▾ een mens of dier ~ hem aanleren om na het toedienen van een prikkel een reactie te vertonen die oorspronkelijk niet door die prikkel werd opgewekt

condoleance ‹-leejàsə› *de* [-s] blijk van medeleven als iemand is overleden

condoleanceregister register van degenen die medeleven willen betuigen **condoleantie** *de (v)* [-s] het betuigen van medeleven bij een overlijden **condoleren** medeleven betuigen bij een overlijden **condoom** *het* [-s] rubberen zakje om het geslachtsdeel van de man tijdens de geslachtsgemeenschap om te voorkomen dat de vrouw zwanger raakt of om geslachtsziekten te voorkomen

condor *de (m)* [-s] grote gier uit Noord- en Zuid-Amerika (Sarcoramphus gryphus)

conducteur *de (m)* [-s] iemand die in een trein of tram de kaartjes controleert

conductor *de (m)* [-s, -toren] geleider van warmte of elektriciteit

conductrice *de (v)* [-s] vrouwelijke conducteur

conduitestaat ‹-dwie-› overzicht, beoordeling van iemands gedrag, houding, geschiktheid e.d.

confectie *de (v)*, **confectiekleding** kleding die in grote aantallen wordt gemaakt

confederatie *de (v)* [-s] het samengaan van staten of regio's in een land en het vormen van een verbond, statenbond

conference ‹-ràsə› *de (v)* [-s] (voorstelling met) grappige verhalen voor publiek: *een cabaretvoorstelling met liedjes en ~s*

conference call ‹-fərəns kòl› *de (m)* [-s] telefonische vergadering met meer dan twee deelnemers

conferencier ‹-ràsjee› *de (m)* [-s] ❶ iemand die conferences houdt ❷ iemand die de nummers van een cabaretvoorstelling aankondigt en inleidt

conferentie *de (v)* [-s] grote bijeenkomst waarop over een bepaald thema of vakgebied wordt gesproken: *een ~ over de armoede in de wereld* **conferentieoord** ruimte of gebouw voor vergaderingen **confereren** overleggen, beraadslagen

confessie *de (v)* [-s] ❶ bekentenis van schuld ❷ geloofsbelijdenis **confessioneel** ‹-sjoo-› *bn* ▼ *een confessionele partij* een politieke partij die zich baseert op het geloof: *het CDA is een confessionele partij*

confetti *de (m)* bonte ronde papiersnippers

confidentie *de (v)* [-s] ❶ vertrouwelijkheid ❷ vertrouwelijke mededeling **confidentieel** *bn* vertrouwelijk

configuratie *de (v)* [-s] ❶ onderlinge stand van de planeten ❷ het geheel van zaken, vormen e.d. en hoe deze in verhouding tot elkaar staan ❸ samenstelling van computerapparatuur

confirmatie *de (v)* [-s] bevestiging als lid in de protestantse kerk **confirmeren** bevestigen als lid in de protestantse kerk

confiscatie *de (v)* [-s] het in beslag nemen, inbeslagneming

confiserie *de (v)* [-s] banketbakkerij **confiseur** *de (m)* [-s] banketbakker

confisqueren ‹-kì-› in beslag nemen: *de douane confisqueerde de smokkelwaar*

confituren *de (mv)* vruchten die gekonfijt zijn, dat wil zeggen ingelegd in suiker **confituur** BN *de* [-turen] jam

conflict *het* verschil van mening, ruzie: *ik heb een ~ met mijn werkgever over mijn salaris* **conflictmodel** uitgangspunt dat een conflict iets positiefs is dat tegenstellingen duidelijk maakt en helpt onrechtvaardigheid aan te pakken **conflictueus** *bn* vol conflicten

conform *vz* overeenkomstig, zoals afgesproken: *~ de afspraak, beginnen we aanstaande maandag* **conformeren** gelijkvormig maken, in overeenstemming brengen: *een wetsontwerp ~ aan de bestaande wetgeving* ▼ *zich ~* zich in gedrag, uiterlijk, denkwijze aanpassen: *zich ~ aan de heersende opvattingen*

conformisme *het* bereidheid, neiging zich aan te passen aan de heersende opvattingen **conformiteit** *de (v)* gelijkvormigheid, overeenstemming

confrater ambtgenoot, vakgenoot (*onder andere gebruikt door geestelijken*)

confrère *de (m)* [-s] ambtgenoot, vakgenoot (*veel gebruikt door advocaten*)

confrontatie *de (v)* [-s] ❶ het tegenover elkaar staan van verschillende partijen of meningen ❷ strijd, wedstrijd ❸ het op een pijnlijke manier zijn daden of handelingen onder ogen moeten zien **confronteren** ▼ *iemand met iets ~* iemand iets onder ogen brengen wat pijnlijk voor hem is

confuus *bn* in de war, overdonderd: *hij was ~ door haar felle kritiek*

conga ‹konGaa› *de (m)* [-'s] ❶ hoge trommel die met de handen wordt bespeeld ❷ dans uit Cuba

congé ‹kòzjee› *het & de (m)* [-s] ontslag

congenitaal ‹kon-gee-› *bn* aangeboren, erfelijk

congestie ‹kon-ges-› *de (v)* [-s] ❶ plotselinge verwijding van bloedvaten en opeenhoping van bloed in een orgaan ❷ ophoping, verstopping, ook figuurlijk: *~ in het verkeer*

conglomeraat ‹kon-gloo-› *het* [-raten] opeenhoping, opeengepakte massa

congregatie ‹kon-gree-› *de (v)* [-s] ❶ vereniging die is opgericht voor een godsdienstig of liefdadig doel, vaak de bevordering van de eredienst ❷ vereniging van leken die volgens bepaalde geloften en regels leven, bijeenkomst daarvan in de kerk ❸ groep kardinalen met een bepaalde taak

congres ‹kongres› *het* [-sen] bijeenkomst van een grote groep mensen waarbij lezingen over een bepaald onderwerp worden gehouden: *een ~ over het milieu* ▼ *het Congres* wetgevende instantie van de Amerikaanse overheid

congruent ‹kon-gruu-› *bn* ❶ wat met elkaar overeenstemt ❷ (van figuren) van dezelfde grootte en gelijkvormig

conifeer *de (m)* [-feren] soort naaldboom

conisch *bn* kegelvormig

conjunctie *de (v)* [-s] ❶ verbinding ❷ taalk. voegwoord **conjunctief** taalk. *de (m)* [-tieven] aanvoegende wijs, bijv. in 'leve de koningin'

conjunctuur *de (v)* [-turen] periode waarin het economisch goed gaat of juist minder goed: *als het goed gaat met de economie, spreekt men van een hoog~ en als het minder goed gaat van een*

CO

laag~ **conjunctuurgevoelig** gevoelig voor veranderingen in de conjunctuur

connaisseur ‹-nesseur› *de (m)* [-s] kenner (van kunst, wijn enz.), deskundige

connectie *de (v)* [-s] ❶ verband: *de politie vermoedt een ~ tussen de twee bomaanslagen* ❷ kennis of vriend die kan helpen om iets te bereiken: *een baan krijgen via ~s*

connector *de (m)* [-s, -toren] iets wat zaken, bijv. apparaten, met elkaar verbindt

connex *bn* wat met elkaar samenhangt, met elkaar te maken heeft

connossement *het* cognossement

connotatie *de (v)* [-s] gevoelswaarde, bijbetekenis, bijgedachte bij een woord: *het woord socialist heeft voor sommige mensen een ongunstige ~*

conrector onderdirecteur en als het nodig is plaatsvervanger van de rector van een middelbare school

consacreren, consecreren ❶ inwijden ❷ consecratie verrichten

consciëntie ‹-sjensie› *de (v)* [-s] geweten

consciëntieus ‹-sjensjeus› *bn* gewetensvol, nauwgezet, nauwkeurig en ijverig: *een consciëntieuze werker*

consecratie *de (v)* [-s] ❶ plechtige wijding ❷ r.-k. verandering van brood en wijn in het lichaam en bloed van Christus tijdens de mis

consecutief *bn* ❶ wat elkaar opvolgt, uit elkaar voortkomt ❷ wat een gevolg aanduidt, bijv. van voegwoorden ▼ *~ tolken* een tekst in één keer vertalen nadat de spreker is uitgesproken

consensus *de (m)* overeenstemming, het er allemaal over eens zijn

consent *het* toestemming, vergunning

consequent ‹-kwent› *bn* in overeenstemming met principes of met hoe iemand daarvoor handelde: *bij de opvoeding van kinderen moet je ~ zijn* **consequentie** *de (v)* [-s] ❶ onvermijdelijk gevolg: *je moet de ~s van je daden onder ogen zien* ❷ het consequent zijn

conservatief ‹-zer-› *bn* die de bestaande toestand niet graag verandert, behoudend

conservatisme *het* het niet graag veranderen van de dingen, het willen behouden van de toestand zoals die is **conservator** *de (m)* [-s, -toren] iemand die belast is met het toezicht in een (afdeling van een) museum, bibliotheek enz.

conservatorium *het* [-s, -ria] hogere muziekopleiding

conserveermiddel middel dat dient om producten te beschermen tegen aantasting of bederf

conserven *de (mv)* levensmiddelen die zo zijn bewerkt dat ze lang goed blijven **conserveren** ❶ etenswaren geschikt maken om ze voor lange tijd te bewaren: *sperziebonen ~ in blik* ❷ in goede toestand houden: *een goed geconserveerde oudere heer* die er nog goed uitziet **conserveringsmiddel** middel dat dient om producten tegen aantasting of bederf te beschermen

considerans *de* beweegreden, inleidende paragraaf die aan een besluit, een wet enz. voorafgaat **consideratie** ‹-sie- *of* -zie-› *de (v)* [-s] ❶ toegeeflijkheid, inschikkelijkheid ▼ *~ met iemand hebben* iemand niet te hard beoordelen of behandelen ❷ overweging ▼ *een voorstel in ~ nemen* het overwegen, erover nadenken ❸ hoogachting, respect: *iemand met ~ behandelen*

consignatie ‹-sinjaa-› *de (v)* [-s] ❶ het sturen van artikelen om verkocht te worden door de ontvanger, voor rekening van degene die ze verstuurt ❷ het in bewaring geven van gelden waarover een juridische procedure loopt of waarvan de eigenaar niet te vinden is **consigne** ‹-sienja› *het* [-s] ❶ wachtwoord ❷ opdracht die te maken heeft met een bepaalde maatregel van orde: *de politie kreeg het ~ alle bezoekers te fouilleren* ❸ (in België) lichte straf voor overtredingen in het leger **consigneren** ‹-sinji-› ❶ in bewaring geven ❷ goederen sturen om verkocht te worden door de ontvanger, voor rekening van de afzender ▼ *soldaten in de kazerne ~* hun verbieden de kazerne te verlaten

consistent *bn* waarbij alles met elkaar klopt, zonder zaken die tegenstrijdig zijn met elkaar: *zijn verhaal is niet ~* **consistentie** *de (v)* ❶ samenhang, dichtheid, stevigheid van een stof ❷ het consistent zijn, mate waarin iets klopt, vrij is van innerlijke tegenspraak: *er zat weinig ~ in die getuigenverklaring*

consistorie I *het* [-s] ❶ kerkenraad ❷ vergadering van kardinalen met de paus als voorzitter II *de (v)* [-s] ❸ consistoriekamer **consistoriekamer** vergaderruimte van een kerkenraad

console¹ ‹-sool› *de* [-s] onderdeel of -delen waarmee de gebruiker de computer bedient: *een ~ voor computerspellen*

console² ‹konsola› *de* [-s] ❶ vooruitspringend stuk om iets te ondersteunen ❷ wandtafeltje

consolidatie *de (v)* [-s] het consolideren **consolideren** ❶ blijvend maken ▼ *een voorsprong ~* ervoor zorgen dat men die voorsprong houdt ❷ termijn van afbetaling van schulden verlengen

consommé ‹kô-› *de (m)* bouillonsoep

consonant *de* medeklinker

consorten *neg. de (mv)* medestanders, gelijkgezinden

consortium ‹-tsiejum› *het* [-s, -tia] tijdelijke samenwerking van vooral bedrijven: *een ~ van drie bedrijven legt de dam aan*

conspiratie *de (v)* [-s] samenzwering **conspireren** samenzweren

constant *bn* ❶ wat gelijk blijft, op hetzelfde niveau blijft: *haar prestaties zijn ~* ❷ voortdurend: *de ~e regen veroorzaakte overstromingen* **constante** *de* [-n] onveranderlijke grootheid

constateren vaststellen, zien: *de scheidsrechter constateerde een overtreding* **constatering** *de (v)* ❶ het vaststellen: *de ~ van een strafbaar feit* ❷ iets wat men vaststelt

constellatie *de (v)* [-s] ❶ stand van de sterren en planeten ❷ stand van zaken, geheel van omstandigheden

consternatie *de (v)* opschudding, opwinding: *de bankoverval zorgde voor grote ~*

constipatie *de (v)* [-s] verstopping van het darmkanaal, trage moeilijke ontlasting

constituante *de (v)* [-n] vergadering die een grondwet moet maken **constituent** *de (m)* taalk. syntactisch element waaruit een taalbouwsel is opgebouwd **constitueren** verordenen, vaststellen ▼ *–de vergadering* grondwetgevende vergadering ▼ *–de delen* bestanddelen ▼ *zich ~* zich wettig en voltallig verklaren **constitutie** *de (v)* [-s] ❶ geheel van grondregels van de organisatie van een staat, vaak beschreven in de grondwet ❷ grondwet ❸ lichamelijke gesteldheid van een organisme, vooral van een mens: *hij heeft een zwakke ~* **constitutioneel** *bn* in overeenstemming met de grondwet

constructeur *de (m)* [-s] iemand die iets ontwikkelt en in elkaar zet: *de ~ van een voertuig, een balkon*

constructie *de (v)* [-s] ❶ het bouwen, het in elkaar zetten: *de ~ van een ligfiets* ❷ de manier waarop iets in elkaar is gezet: *door de wankele ~ stortte de hut in* **constructiebankwerker** iemand die metalen constructies maakt

constructief *bn* positief, opbouwend: *een constructieve houding* **construeren** in elkaar zetten: *een vliegtuig ~*

consul ‹-zul of -sul› *de (m)* [-s] ❶ hoogste magistraat in het Romeinse Rijk vóór het keizerrijk ❷ hoge ambtenaar die in een ander land zijn eigen land vertegenwoordigt **consulaat** *het* [-laten] kantoor van een consul **consulair** ‹-zulèr of -sulèr› *bn* van of wat te maken heeft een consul of consulaat

consulent *de (m)* deskundig raadgever

consul-generaal *de (m)* [consuls-generaal] hoofdconsul

consult ‹-zult of -sult› *het* raadpleging, het om advies vragen: *een ~ bij de huisarts* **consultancy** ‹kansultànsie› *de (v)* het beroepsmatig adviseren **consultant** ‹kansultànt› *de (m)* [-s] iemand die beroepsmatig adviezen verstrekt

consultatie *de (v)* [-s] consult, het raadplegen **consultatiebureau** instelling waar advies en hulp wordt gegeven op medisch of sociaal gebied **consulteren** om raad vragen: *de dokter ~*

consument ‹-zuu- of -suu-› *de (m)* klant, gebruiker, iemand die een product of dienst koopt en gebruikt **consumentenelektronica** verzamelnaam voor elektrische apparatuur die is bestemd voor de gewone consumenten, niet voor het bedrijfsleven

consumentisme *het* het erg gericht zijn op consumeren, op het kopen en verbruiken van diensten en producten **consumeren** ❶ eten en drinken: *de ober vroeg of wij iets wilden ~* ❷ producten en diensten kopen en gebruiken, geld uitgeven **consuminderen** minder gaan consumeren

consumptie ‹-zum- of -sum-› *de (v)* [-s] ❶ het consumeren ❷ iets dat men eet of drinkt in een restaurant, café e.d.: *op het feest kregen we twee gratis ~s* ▼ *dit water is niet geschikt voor ~* men kan het niet drinken **consumptiebon** bon waarmee iemand een consumptie kan krijgen **consumptie-ijs** ijs om op te eten

consumptiemaatschappij maatschappij die is gericht op het hebben en verbruiken van goederen

contact *het* ❶ het bij elkaar zijn, dingen bespreken of samen doen: *het ~ tussen arts en patiënt* ▼ *met iemand ~ opnemen* iemand bellen of schrijven ❷ verbinding tussen leidingen in motoren e.d. **contactadvertentie** kleine advertentie waarin kennismaking wordt gezocht **contactdoos** stopcontact

contacteren BN contact opnemen

contactgestoord niet in staat om contact met mensen te maken of te onderhouden

contactlens lens die op de oogbol zelf wordt aangebracht **contactlensvloeistof** vloeistof om contactlenzen in te bewaren **contactlijm** lijm die snel hecht **contactpersoon** ❶ persoon via wie een contact verloopt ❷ iemand die in aanraking is geweest met een drager van een besmettelijke ziekte **contactsleutel** sleutel waarmee iemand een auto kan starten

contactueel *bn* wat te maken heeft met contacten tussen mensen: *iemand met goede contactuele vaardigheden*

contactuur uur waarin leraar en leerlingen elkaar zien, waarin les wordt gegeven

container ‹-teenar› *de (m)* [-s] heel grote bak om goederen in te vervoeren of te bewaren **containerbegrip** overkoepelende term voor met elkaar verwante zaken **containerpark** BN plaats waar containers voor verschillende soorten afval staan, milieupark **containerwoning** tijdelijke woning die in een container is gemaakt

contaminatie *de (v)* [-s] ❶ besmetting ❷ taalk. het vermengen van woorden of uitdrukkingen: *'optelefoneren' is een ~ van 'telefoneren' en 'opbellen'*

contant *bn* met echt geld, i.t.t. overboeking via de bank e.d. ▼ *iets ~ betalen* meteen bij aankoop geld geven **contanten** *de (mv)* echt, gereed geld, in de vorm van bankbiljetten en munten

contemplatie *de (v)* [-s] het op een diepzinnige manier nadenken, beschouwing **contemplatief** *bn* die op een diepzinnige manier nadenkt, beschouwend

contemporain ‹-rè› *bn* hedendaags: *~e muziek*

content *bn* tevreden, vergenoegd

content *de (m)* inhoud, vooral van softwareprogramma's en internetsites **contentmanagementsysteem** comp. applicatie voor het beheren en bewerken van gegevens die meestal bestaat uit een database en extra modules om de gebruikers toegang tot de gegevens te verschaffen, de gegevens online te publiceren enz.

contestatie *de (v)* [-s] verzet, protest **contesteren** BN aanvechten, fel bekritiseren

context *de (m)* ❶ tekst die voor en na een woord of andere taaluiting staat: *de betekenis van een woord afleiden uit de ~* ❷ situatie, omstandigheden waarbinnen iets plaatsvindt

continent I *het* ❶ werelddeel: *het Afrikaanse ~* ❷ vasteland ▼ *op het ~ wonen* niet op een eiland II *bn* ❸ in staat om de urine e.d. te beheersen, niet te laten lopen **continentaal** *bn* wat tot het vasteland behoort ▼ *~ klimaat* landklimaat

CO

co

contingent ‹-tingent› I *het* ❶ afgesproken hoeveelheid: *het ~ troepen dat ons land levert* II *bn* ❷ door omstandigheden bepaald, toevallig **contingenteren** vaststellen door de regering van toegestane hoeveelheden, bijv. waren die in- en uitgevoerd en gedistribueerd worden

continu *bn* voortdurend, de hele tijd: *ik word moe van dat ~e geklets van jou!* **continuatie** *de (v)* [-s] ❶ voortzetting, het doorgaan met iets ❷ *jur.* uitstel **continubedrijf** bedrijf waarin dag en nacht wordt doorgewerkt

continueren voortzetten, doorgaan met: *een samenwerking ~* **continuïteit** *de (v)* ononderbroken samenhang of duur

continurooster schooltijden waarbij de kinderen tussen de ochtend en de middag op school blijven (en daar eten)

conto *het* [-ti, -'s] rekening ▼ *a ~ op rekening* ▼ *iets op iemands ~ schrijven* zeggen dat die persoon het gedaan heeft, dat die persoon ervoor heeft gezorgd

contour ‹-toer› *de (m)* omtrek, omtreklijn (van een tekening, een beeld, een berg enz.): *in de schemer zag ik vaag de ~en van een een man*

contra *vz* tegen **contrabande** *de* smokkelwaar **contrabas** grootste strijkinstrument dat het laagst gestemd is **contraceptie** *de (v)* het tegengaan van de bevruchting, geboortebeperking

contract *het* officiële overeenkomst die over het algemeen op papier is vastgelegd: *een ~ sluiten voor de koop van een huis* **contractant** *de (m)* iemand die een contract sluit **contractbreuk** het niet naleven van een contract **contracteren** een contract aangaan

contractie *de (v)* [-s] samentrekking **contractueel** I *bn* ❶ volgens een contract: *u bent ~ verplicht om te betalen* II *de (m)* [-tuelen] ❷ BN ambtenaar met een tijdelijk contract

contradictie *de (v)* [-s] tegenspraak, logische tegenstrijdigheid **contradictio in terminis** *de (v)* logische tegenstrijdigheid in woorden: *'zwarte sneeuw' is een ~* **contradictoir** ‹-twaar› *bn* tegenstrijdig

contra-expertise onderzoek door een deskundige van de tegenpartij **contra-indicatie** iets wat pleit tegen een bepaalde maatregel, het gebruik van een bepaald geneesmiddel e.d.

contrair ‹-trèr› *bn* tegengesteld

contramine *de* ❶ het speculeren op daling van de prijzen en proberen de prijzen te laten dalen ❷ degenen die dat doen ▼ *in de ~ zijn* alles er de hele tijd anders willen dan de anderen, dwars

contraprestatie tegenprestatie

contraproductief ❶ met een negatieve invloed op de productie ❷ met een effect dat tegengesteld is aan wat men wil bereiken, averechts

contrapunt *muz. het* kunst om zelfstandige melodieën harmonisch met elkaar te verenigen

contrareformatie *hist.* katholieke reactie van de 16de tot de 18de eeuw op de protestantse reformatie **contrarevolutie** tegenrevolutie

contrarie *vz* tegenovergesteld **contrariëren** tegenwerken

contraseign ‹-sein› *het* medeondertekening van wetten en besluiten door een of meer verantwoordelijke ministers, naast de ondertekening door het staatshoofd **contrasigneren** ‹-sinjè-› (ambtshalve) medeondertekenen

contraspionage bestrijding van vijandelijke spionage

contrast *het* ❶ opvallende tegenstelling: *een groot ~ tussen arm en rijk* ❷ tegenstelling tussen zwart en wit, licht en donker: *een schilderij met veel ~* **contrasteren** een tegenstelling vormen **contrastvloeistof** vloeistof die contrast op bijv. röntgenfoto's moet laten zien

contratenor hoge mannenstem, countertenor **contrecoeur** ‹kôtrakùr› *bw* ▼ *à ~* met tegenzin **contrefilet** ‹-lee› langwerpig stuk rundvlees uit de bil

contreien *de (mv)* streek, gebied, omgeving: *in deze ~ heersen vreemde gebruiken*

contribuant *de (m)* iemand die contributie betaalt **contributie** *de (v)* [-s] vast bedrag dat iemand betaalt om lid te zijn van een vereniging: *de ~ voor de voetbalclub*

controle ‹-tròlə› *de* [-s] het nakijken, het in de gaten houden: *bij het stadion is strenge ~* ▼ *een situatie onder ~ hebben* er zeker van zijn dat alles goed verloopt **controlegroep** groep personen of zaken bij een onderzoek die niet onder invloed staan van datgene wat onderzocht wordt **controlepost** plaats waar mensen gecontroleerd worden (voor ze verder mogen) **controleren** ❶ nagaan of alles in orde is, toezicht houden op: *iemands papieren ~; ~ of de deur op slot is* ❷ beheersen: *de situatie, een wedstrijd ~* **controleur** *de (m)* [-s] iemand die controleert, die zorgt voor de controle, bij de belastingen, het openbaar vervoer enz.

controlfreak ‹kontRoolfRiek› iemand die altijd alles onder controle wil hebben: *ik kijk alles tien keer na, ik ben een ~*

controller ‹kontRoolər› *de (m)* [-s] iemand die over bedrijfseconomische zaken adviseert of daarin het beleid bepaalt

controverse *de (v)* [-s, -n] twistpunt, verschil van mening **controversieel** *bn* wat een twistpunt vormt, waarover mensen het niet eens zijn

convalescent ‹-lassent› I *bn* ❶ herstellend II *de (m)* ❷ iemand die bezig is te herstellen van een ziekte

convector *de (m)* [-s] verwarmingsapparaat **convenant** *het* [-en, -s] overeenkomst, afspraak **convent** *het* ❶ vergadering van kloosterlingen ❷ klooster

conventie *de (v)* [-s] ❶ internationale overeenkomst: *de Conventie van Genève* ❷ vergadering: *~ van de Raad van Europa* ❸ algemeen geldende regels die niet opgeschreven zijn, over hoe mensen met elkaar horen om te gaan: *volgens de ~s* **conventioneel** *bn* zoals de gewoonte is, zoals de meeste anderen het doen: *~ gekleed gaan in een pak met een stropdas* ▼ *conventionele wapens* wapens die geen kernwapens zijn

convergeren in één punt samenkomen: *een ~de lichtbundel*

conversatie ‹-zaa-› *de (v)* [-s] gesprek: *een levendige ~ met iemand hebben* **conversatieles** les in een vreemde taal d.m.v. gesprekken in die taal

converseren ‹-zi-› een gesprek voeren

conversie *de (v)* [-s] ❶ omzetting, omkering ❷ omzetting van een lening in een lening met een ander rentepercentage ❸ omwisseling van converteerbare obligaties in aandelen ❹ comp. het aanbrengen van veranderingen in bestanden en programma's om deze bruikbaar te maken voor een ander computersysteem of een andere toepassing **converteerbaar** *bn* inwisselbaar **converteren** ❶ schuld vervangen door één met een ander rentepercentage ❷ omzetten van een obligatie in een aandeel ❸ comp. bestanden omzetten in een ander formaat of voor een andere toepassing

convex *bn* bolrond

convocatie *de (v)* [-s] oproep voor een vergadering

convulsie ‹-zie› *de (v)* [-s] stuiptrekking

cookie ‹knekie› comp. *het* [-s] bestandje dat bij het bekijken van een website op de pc van de bezoeker wordt geplaatst en dat gegevens over die bezoeker bevat

cool (koel) *tw* jong. goed, leuk, stoer

cooldown ‹koelingdaun› *de (m)* [-s] het langzaam afbouwen van lichamelijke inspanning door oefeningen na sport

coöp. coöperatie

coöperant BN, ook *de (m)* ontwikkelingswerker

coöperatie ‹koo-oopə-› *de (v)* [-s] ❶ samenwerking, medewerking ❷ vereniging van personen die de bevordering van de materiële belangen van de leden als doel heeft **coöperatief** *bn* ❶ wat te maken heeft met een coöperatie ❷ die goed samenwerkt met anderen **coopertest** ‹koepəR-› test om de lichamelijke conditie te meten

coöptatie *de (v)* het kiezen van nieuwe leden door degenen die al lid zijn **coöpteren** kiezen door coöptatie

coördinaten *de (mv)* ❶ getallen die dienen om de ligging van een punt, lijn of vlak te bepalen ❷ BN ook persoonlijke (identificatie)gegevens **coördinatie** *de (v)* [-s] ❶ het voorkomen van gelijkwaardige delen van zinnen naast elkaar, nevenschikking ❷ het ervoor zorgen dat alles goed op elkaar is afgestemd: *de ~ van een project* ❸ beheersing over zijn spieren: *hij heeft een goede ~* **coördinator** *de (m)* [-s, -toren] iemand die verschillende activiteiten regelt en ervoor zorgt dat alles goed verloopt **coördineren** verschillende activiteiten regelen en ervoor zorgen dat alles goed verloopt: *hij coördineert het vrijwilligerswerk*

co-ouder ieder van het paar ouders die na een scheiding beurtelings voor hun kind(eren) zorgt

COPD *chronic obstructive pulmonary disease*, verzamelnaam voor chronische longziekten

copieus *bn* overvloedig: *een ~ diner*

copiloot tweede piloot

coproductie gezamenlijke productie

copuleren ❶ enten door een tak en de stam van twee verwante planten met elkaar te verbinden ❷ seks, geslachtsgemeenschap hebben

copycat *de (m)* [-s] iemand die de werkwijze kopieert van een bekend voorbeeld **copyleft** *het* het recht om een werk, vooral software, te veranderen en verder te verspreiden

copyright ‹koppieRajt› *het* [-s] geestelijk eigendomsrecht van de maker van een werk van kunst of wetenschap, alleenrecht om het te publiceren, te vertonen enz., auteursrecht

copyshop ‹koppiesjop› *de (m)* [-s] winkel voor fotokopiëren en eenvoudig drukwerk

copywriter ‹koppierajter› *de (m)* [-s] tekstschrijver van vooral commerciële teksten

coquilles Saint-Jacques ‹kookieje sèzjak› *de (mv)* gerecht van gestoofde weekdieren die in de schelp worden opgediend

cordiaal *bn* hartelijk, bemoedigend

cordon bleu ‹cordó› *de (m)* [- bleus] gebraden stuk vlees dat is gevuld met kaas en ham

cordon sanitaire ‹kordó saanietèr› BN *het* [cordons sanitaires] ❶ geheel van maatregelen om verspreiding van iets akeligs te voorkomen: *een ~ aanleggen rond een besmettingshaard* ❷ geheel van maatregelen om de ongewenste invloed van een persoon, groep of zaak in te perken ❸ BN overeenkomst tussen de voorzitters van alle Vlaamse politieke partijen om geen coalitie te vormen met het Vlaams Belang

corduroy ‹-roi› **I** *het* ❶ ribfluweel **II** *bn* ❷ van ribfluweel

corgi ‹kòRGie› *de (m)* [-'s] hondenras met vosachtige kop en korte poten

cornedbeef ‹kòrntbief of kornetbief› *de (m)* rundvlees in blik

corner ‹kòRnəR› *de (m)* [-s] sp. hoekschop of hoekslag

cornflakes ‹kòRnfleeks› *de (mv)* geroosterde maïsvlokken die vooral bij het ontbijt worden gegeten, meestal met melk of vruchtensap

corona *de* [-'s] ❶ lichtkrans, hete atmosfeer rond de zon: *de ~ van de zon is tijdens een totale zonsverduistering zichtbaar als een stralenkrans* ❷ recht afgesneden cilindervormige sigaar **coronair** ‹-nèr› *bn* van de kransslagaderen (van het hart)

corporale *het* [-n] doekje waar het Heilige Sacrament op rust

corporate governance ‹kòrpərət gòvvərnəns› *de* het op een goede, efficiënte en verantwoorde manier leiden van een bedrijf

corporatie *de (v)* [-s] vereniging, organisatie voor de behartiging van de belangen van de leden binnen een bepaald vakgebied of een bepaalde sector: *een woning~* **corporatief** *bn* ❶ van, wat te maken heeft met of zoals in een corporatie ❷ georganiseerd in de vorm van een corporatie **corporeel** *bn* lichamelijk

corps ‹kòr› *het* [-en, corpora] officiële studentenvereniging ▼ *~ diplomatique* de gezamenlijke gezanten van een staat in een ander land ▼ *~ de ballet* alle dansers en danseressen van een ballet bij elkaar **corpsbal** *neg.* bekakt en luidruchtig lid van een studentencorps

corpulent *bn* nogal dik, gezet: *een ~ mannetje* **corpulentie** *de (v)* het corpulent zijn, het dik zijn

CO

corpus *het* [-sen, -pora] ❶ lichaam, vaak met de bijgedachte aan log, zwaar ❷ dikte van een drukletter ❸ verzameling, vooral een verzameling teksten voor taalkundig onderzoek ▼ ~ *delicti* voorwerp waarmee een misdrijf gepleegd is

correct *bn* ❶ zonder fouten, juist: *dat is het ~e antwoord* ❷ waar niets op aan te merken is, zoals hij hoort: *de verdachte werd ~ behandeld door de politie*

correctie *de (v)* [-s] ❶ verbetering van een fout: *een dictee vol ~s van de leraar* ❷ het nakijken (van huiswerk, een artikel e.d.) op fouten ❸ terechtwijzing, berisping van iemand in een bepaalde functie **correctief I** *het* [-tieven] ❶ middel om iets te verbeteren of een fout te herstellen **II** *bn* ❷ om iets te verbeteren of een fout te herstellen ▼ ~ *referendum* referendum waarmee besluiten van de overheid ongedaan gemaakt kunnen worden **correctioneel** *bn* wat tot verbetering kan of moet dienen: *een correctionele straf* **corrector** *de (m)* [-s, -toren] iemand die corrigeert, vooral iemand die correcties aanbrengt in drukproeven

correlatie *de (v)* [-s] wederzijdse betrekking, onderlinge afhankelijkheid, samenhang tussen twee reeksen van waarnemingen: *er bestaat een ~ tussen alcoholgebruik en het aantal verkeersdoden* **correleren** met elkaar samenhangen, een onderling verband hebben

correspondent *de (m)* ❶ iemand die correspondeert ❷ iemand die verslag doet voor een krant of omroep over een bepaald land of onderwerp of de plaats zelf: *een ~ van het NOS-journaal in Israël* **correspondentie** *de (v)* [-s] ❶ het ontvangen en versturen van brieven: *zij voerde een langdurige ~ met haar oma* ❷ de brieven die worden ontvangen en verstuurd **corresponderen** brieven naar iemand sturen en weer brieven van diegene ontvangen

corrida *de* [-'s] ❶ stierengevecht ❷ BN stratenloop

corridor *de (m)* [-s] ❶ gang in een gebouw ❷ smalle strook grond tussen twee grondgebieden of delen van een grondgebied of tussen een grondgebied en de zee

corrigenda *de (mv)* lijst van verbeteringen

corrigeren ⟨-zij-⟩ ❶ verbeteren: *iemands fouten ~* ❷ nakijken, bijv. door een leraar van huiswerk van leerlingen ❸ iemand in een bepaalde functie terechtwijzen, berispen

corrosie ⟨-zie-⟩ *de (v)* ❶ aantasting van materialen, vooral van metalen: *roest is een vorm van ~* ❷ geol. het afslijpen door stromend water

corrumperen in moreel opzicht slecht maken: *macht corrumpeert* **corrupt** *bn* ❶ omkoopbaar, die zich in zijn functie laat omkopen: *de ~e politieman nam geld aan van misdadigers* ❷ ⟨m.b.t. oude teksten⟩ slecht overgeschreven, slecht leesbaar: *hier is de tekst ~* **corruptie** *de (v)* [-s] omkoping, het aannemen van geld of geschenken door politici, ambtenaren, politie enz. als tegenprestatie voor bepaalde gunsten: *dit regime is gebaseerd op ~*

corsage ⟨-saazje⟩ *de (v) & het* [-s] versiering van bloemen of kunstbloemen op een jurk, blouse,

jasje e.d., vooral bij een feestelijke gebeurtenis zoals een bruiloft

corselet *het* [-ten, -s] combinatie van bh en korset

corso ⟨-soo⟩ *het* [-'s] optocht van versierde voertuigen

corteo *de* [-'s] optocht van supporters voor een wedstrijd van hun club

cortex *de (m)* ❶ bast, schors ❷ buitenste laag van een orgaan

corticoïde *het* [-n] ontstekingsremmend medicijn

corticosteroïden *de (mv)* bijnierschorshormonen en medicijnen die daarvan zijn afgeleid

cortison ⟨-zon⟩ *het* hormoon uit de bijnierschors

corvee *de (v)* [-s] (vaak onprettige) taak die iemand moet uitvoeren, bijv. afwassen tijdens een zomerkamp

coryfee ⟨koorie-⟩ *de* [-ën] uitblinker in een wetenschap, kunst of tak van sport

coschap *het* [-pen] het coassistent zijn

cosinus wisk. sinus van het complement van een hoek

cosmetica *de (mv)* de verschillende soorten make-up, zoals lippenstift, parfum, crème **cosmetisch** *bn* ❶ wat te maken heeft met cosmetica ❷ fig. niet ingrijpend, oppervlakkig: *dat zijn alleen maar ~e veranderingen*

costa *de (m)* [-'s] gedeelte van de kust in Spanje of Portugal, met name van de Middellandse-Zeekust in Spanje

coterie *de (v)* [-s, -ën] kliek, vaste groep mensen die anderen niet toelaten tot hun groep

cottage ⟨kottedzj⟩ *de (v)* [-s] landelijk huis in Engelse stijl **cottagecheese** ⟨-tsjiez⟩ *de (m)* bepaalde korrelige witte kaas

couchette ⟨koesjet(ta)⟩ *de* [-s] slaapplaats in een trein of op een schip

cougar ⟨koeGar⟩ *de (v)* [-s] oudere vrouw die (seksuele) relaties heeft met jongere mannen

coulance ⟨koelâse⟩ *de (v)* het coulant zijn **coulant** *bn* waarbij mensen niet al te streng worden behandeld: *de leraar behandelde de spijbelaars ~*

coulisse ⟨koelies⟩ *de (v)* [-n, -s] beweegbaar toneelscherm ▼ *achter de ~n kijken* zien hoe het er echt aan toegaat **coulisselandschap** landschap dat in vakken is verdeeld door hogere gewassen zoals bomen of struiken

coulomb ⟨koelô⟩ *de (m)* [-s] eenheid van elektrische lading

counselen iemand adviseren op persoonlijk gebied en helpen problemen op te lossen, vaardigheden te ontwikkelen e.d. **counselor** ⟨kaunselar⟩ *de (m)* [-s] iemand die counselt, raadgever, begeleider

counter *de (m)* [-s] ❶ toonbank, balie ❷ sp. snelle tegenaanval ▼ *op de ~ spelen* verdedigend spelen in de hoop te kunnen scoren door snelle uitvallen ❸ functie op een website die het aantal bezoekers bijhoudt, teller **counteren** sp vanuit een verdedigingspositie snel overgaan tot een tegenaanval

countertenor hoge mannenstem

countervoetbal verdedigend voetbal met snelle aanvallen

country ⟨kuntRie⟩ *de (m)* (volks)muziek, oorspronkelijk uit het zuiden van de Verenigde

Staten countrydansen [countrydanste, h. gecountrydanst] dansen op countrymuziek in kleding die daarbij hoort

coup ⟨koep⟩ *de (m)* [-s] staatsgreep

coupe ⟨koep⟩ *de* [-s] ❶ kapsel: *ze heeft een korte ~* ❷ beker of schaaltje met ijs, vruchten enz. ❸ manier waarop kleding is gesneden, snit: *dit jasje heeft een perfecte ~*

coupé ⟨koepee⟩ *de (m)* [-s] ❶ afdeling van een wagon van een trein ❷ rijtuig voor twee personen

coupenaad ⟨koepnaad⟩ naad waardoor een kledingstuk vorm krijgt

couperen ⟨koepi-⟩ korter maken van de staart of de oren van een dier, bijv. een hond

couperose ⟨koepərooza⟩ *de (v)* aandoening in de vorm van gesprongen adertjes in de gezichtshuid

coupe soleil ⟨- soolij⟩ kapsel met plukken geblondeerd haar

coupeur ⟨koepür⟩ *de (m)* [-s] iemand die kleren op maat en in model knipt **coupeuse** *de (v)* [-s] vrouw die kleren op maat en in model knipt en naait

couplet ⟨koe-⟩ *het* [-ten] elk van de delen waarin een gedicht of lied is onderverdeeld: *het Wilhelmus heeft vijftien ~ten*

coupon ⟨koe-⟩ *de (m)* [-s] ❶ kaartje of bon waarmee men iets kan krijgen of bestellen ❷ rentebewijs van een obligatie ❸ stuk stof dat is overgebleven van een rol: *ik heb goedkoop een ~ gekocht; daar ga ik een rokje van maken*

coupure ⟨koe-⟩ *de* [-s] ❶ weglating van delen van een toneelstuk, opera, film e.d. ❷ geldswaarde die door een bankbiljet wordt vertegenwoordigd: *duizend euro in ~s van tien euro* ❸ eenheid waarin een aandelenemissie of obligatielening wordt uitgegeven: *de obligaties zijn verkrijgbaar in ~s van 500 en 1000 euro*

courage ⟨koeraazjə⟩ *de (v)* moed

courant ⟨koe-⟩ **I** *bn* ❶ gangbaar, wat vaak voorkomt ❷ wat geregeld verkocht wordt: *dit zijn ~e artikelen in onze winkel* **II** *de* ❸ krant

coureur ⟨koe-⟩ *de (m)* [-s] deelnemer aan een race voor auto's, motoren of fietsen

courgette ⟨koerzjet⟩ *de* [-s] ❶ plant met een vrucht die op een komkommer lijkt ❷ deze vrucht als groente

courtage ⟨koertaazjə⟩ *de (v)* [-s] provisie van een makelaar bij koop of verkoop

courtisane ⟨koertiezaanə⟩ hist. *de (v)* [-s] vrouw die seksuele verhoudingen heeft in hogere kringen

courtoisie ⟨koertwaazie⟩ *de (v)* hoffelijkheid

couscous ⟨koeskoes⟩ *de* Noord-Afrikaans gerecht op basis van gierst

coûte que coûte ⟨koet ke koet⟩ *bw verb* tot elke prijs, per se: *ze wilde ~ naar dat feest*

couturier ⟨koetuurjee⟩ *de (m)* [-s] ontwerper van modekleding

couvert ⟨koevèr⟩ **I** *het* [-s] ❶ eetgerei voor één persoon **II** *het* [-en] ❷ enveloppe

couveuse ⟨koeveuzə⟩ *de (v)* [-s] toestel, een soort doorzichtige bak, waarin te vroeg geboren baby's de eerste tijd worden verzorgd

couveusekind kind dat in de couveuse moet of geweest is

cover ⟨kuvvəR, kovvəR⟩ *de (m)* [-s] ❶ omslag: *de ~ van een tijdschrift* ❷ hoes van een grammofoonplaat ❸ muz. nieuwe versie van een bestaand nummer ❹ losse bekleding van een meubelstuk ❺ comp. eerste pagina van een site **coverband** band die nummers van anderen naspeelt **coveren** ⟨kuvvərən⟩ [coverde, h. gecoverd] ❶ journalistiek verslag maken van: *alle televisiezenders ~ de ramp* ❷ muz. een nieuwe versie van een oud nummer maken ❸ banden van (vracht)auto's e.d. voorzien van een nieuw loopvlak **coverstory** ⟨-stooRie⟩ *de* [-'s] ❶ verhaal dat aansluit bij de omslag ❷ belangrijkste artikel in een tijdschrift

cowboy ⟨kauboi⟩ *de (m)* [-s] veedrijver te paard in het westen van Noord-Amerika

coyote ⟨koojootə⟩ *de (m)* [-s] Amerikaanse prairiewolf

CP I *de (v)* ❶ Communistische Partij ❷ ⟨vroeger in Nederland⟩ Centrumpartij **II** *de (m)* ❸ Code Pénal (*wetboek van strafrecht*)

CPB *het* Centraal Planbureau

CPN *de (v)* ⟨vroeger in Nederland⟩ Communistische Partij Nederland

CPNB *de (v)* (Stichting) Collectieve Propaganda van het Nederlandse Boek

CPN'er *de (m)* [-s] ⟨vroeger⟩ lid van de Communistische Partij Nederland

CPU ⟨siepiejoe⟩ *de (m)* [-s] *central processing unit*, centrale verwerkingseenheid van een computer

c.q. *casu quo*, in het zich voordoende geval, als het zich voordoet

Cr schei. chromium

crack ⟨kRek⟩ **I** *de (m)* [-s] ❶ iemand die heel goed in iets is: *hij is een ~ in zwemmen* **II** *de (m)* ❷ cocaïne die gerookt wordt en waaraan men heel erg verslaafd kan raken

cracker ⟨krekkər⟩ *de (m)* [-s] dun knapperig baksel van bladerdeeg, vaak rechthoekig en meestal met beleg gegeten

cranberry ⟨kRenbəRie⟩ *de* [-s] ❶ soort bes, oorspronkelijk Noord-Amerikaans, die meestal wordt gegeten als jam of compote en waarvan wijn gemaakt wordt ❷ plant waaraan deze bessen groeien, de soort Oxycoccus macrocarpos uit het geslacht veenbes, lepeltjesheide

crank ⟨krenk⟩ *de (m)* [-s] stuk tussen trapper en trapas

crapaud ⟨kraapoo⟩ *de (m)* [-s] lage brede leunstoel

crapuul *het* slechte mensen, gespuis

craquelé ⟨krakkəlee⟩ **I** *bn* ❶ vol kleine barstjes **II** *het* ❷ glazuur of vernis met barstjes

crash ⟨kResj⟩ *de (m)* [-es] ❶ het neerstorten van een vliegtuig, raket e.d. ❷ zwaar ongeluk door een botsing ❸ ineenstorting op de beurs, beurscrisis ❹ het plotseling vastlopen van een computer door een fout in de programmatuur of door het overbelast raken van de processor **crashen** ⟨kResj-⟩ [crashte, is gecrasht] ❶ neerstorten of botsen van een vliegtuig of voertuig ❷ failliet gaan ❸ vastlopen van een computer

crawl ⟨kRòl-⟩ *de (m)* zwemslag waarbij iemand met zijn armen een ronddraaiende beweging

cr

maakt en zijn benen op en neer beweegt

crawlen ⟨kròwlən⟩ [crawlde, h. gecrawld] zwemmen met de crawlslag

crayon ⟨krejjò⟩ *het & de (m)* [-s] ❶ tekenkrijt ❷ potlood

creatie *de (v)* [-s] kunstwerk, iets dat gemaakt is: *de modeontwerper bedacht een nieuwe ~* **creatief** *bn* die op een oorspronkelijke manier denkt of dingen schept ▼ iron. *~ boekhouden* frauderen

creationisme ⟨-(t)sjoo-⟩ *het* theorie die alles wat bestaat, verklaart uit de schepping door God

creatuur *het* [-turen] ❶ schepsel ❷ verachtelijk mens

crèche ⟨kresj⟩ *de* [-s] plaats waar op kleine kinderen wordt gepast, bijv. als de ouders werken: *zij brengt haar kind drie dagen per week naar de ~*

credit *het* rechterkant van boekhoudkundige rekeningen waar de schulden geboekt staan

creditcard ⟨kRedditkàRt⟩ *de (m)* [-s] kaart waarmee iemand zaken of diensten kan kopen en waarbij het verschuldigde bedrag later van de rekening wordt afgeschreven

crediteren ❶ als schuld boeken aan de rechterkant van een boekhoudkundige rekening ❷ leveren zonder dat meteen betaald hoeft te worden **crediteur** *de (m)* [-s, -en] iemand die nog geld krijgt van een ander **creditnota** tegoednota

credits ⟨kReddits⟩ *de (mv)* lijst van medewerkers, vooral bij een film

credo *het* [-'s] ❶ geloofsbelijdenis ❷ fig. diepe overtuiging: *iemands politieke ~*

creep ⟨kRiep⟩ *de* [-s] engerd, griezel **creepy** ⟨kriepie⟩ *bn* eng, griezelig: *wat een ~ vent!*

creëren [creëerde, h. gecreëerd] bedenken en maken: *een kunstwerk ~*

crematie *de (v)* [-s] het verbranden van het lichaam van een overledene **crematorium** *het* [-s, -ria] inrichting waar lichamen van gestorvenen worden verbrand

crème ⟨krèm⟩ I *de* [-s] ❶ room ▼ *~ fraiche* ⟨fresj⟩ dikke, beetje zure room ❷ zalf waarmee men zijn huid kan insmeren: *een ~ tegen puistjes* ❸ gebonden soep ▼ *~ de la ~* het allerbeste, de allerbesten II *bn* ❹ roomkleurig

cremeren het lichaam verbranden van iemand die is overleden

creool *de (m)* [-olen] ❶ iemand die in een ander werelddeel is geboren uit blanke ouders of voorouders die daar naartoe zijn geëmigreerd ❷ donker of gekleurd persoon die in Suriname geboren is

crêpe ⟨krep⟩ I *de (m)* ❶ stof met een rimpelig uiterlijk II *de (v)* [-s] ❷ dun pannenkoekje, flensje **crêpepapier** dun rimpelig papier

creperen [crepeerde, is gecrepeerd] op een ellendige manier doodgaan

cresc. muz. crescendo

crescendo ⟨-sjen-⟩ muz. *bw* toenemend in sterkte van toon

creutzfeldt-jakobsyndroom ⟨krojts-⟩ hersenziekte die waarschijnlijk wordt veroorzaakt door het eten van rundvlees dat is besmet met BSE

crew ⟨kRoe⟩ *de (m)* [-s] ❶ bemanning van een vliegtuig of schip ❷ de mensen die meewerken aan een film

CRI *de (m)* ⟨vroeger⟩ Centrale Recherche Informatiedienst

cricket *het* Engels spel met twee elftallen waarbij een bal wordt weggeslagen met een slaghout

crime ⟨kriem⟩ *de (m)* ▼ *wat een ~!* wat vervelend, wat een ellende!

criminaliteit *de (v)* het plegen van misdaden: *de ~ in deze buurt neemt toe* **crimineel** I *de (m)* [-nelen] ❶ misdadiger II *bn* ❷ wat te maken heeft met misdaden, misdadig: *een criminele bende* ❸ inform. verschrikkelijk: *~ goed!*

criminologie *de (v)* wetenschap die het wezen van de misdaad en de misdadigers bestudeert, en de oorzaken ervan

crinoline *de (v)* [-s] hoepelrok

crisis ⟨-zis⟩ *de (v)* [-sen, crises] periode waarin het heel slecht gaat **crisiscentrum** ❶ centrale of groep mensen die in een noodsituatie de communicatie regelt en acties coördineert ❷ plaats waar mensen in noodsituaties worden opgevangen

criterium *het* [-ria, -s] ❶ beslissend kenmerk, eis waaraan iets moet voldoen: *ik kreeg een onvoldoende voor mijn werkstuk, want het voldeed niet aan de criteria* ❷ wielerwedstrijd op de weg

criticaster *de (m)* [-s] iemand die kritiek heeft **criticus** *de (m)* [-ci] ❶ iemand die een boek, film e.d. beoordeelt en erover schrijft ❷ iemand die kritiek heeft

croftybom ⟨-tie-⟩ bom die bestaat uit een fles met een explosief mengsel op basis van gootsteenontstopper

croissant ⟨krwassà⟩ *de (m)* [-s] halfrond en luchtig Frans broodje

croonen ⟨kRoe-⟩ op een ontspannen en intieme manier met zachte stem zingen (*van mannelijke zangers*) **crooner** *de (m)* [-s] iemand die voor de microfoon heel zacht zingt

croque-madame ⟨krok-⟩ BN *de (m)* [-s] tosti met ham, kaas en een gebakken ei

croque-monsieur ⟨krokməsjeu⟩ BN *de (m)* [-s] tosti

croquet ⟨krokkət⟩ *het* balspel met houten hamers waarmee men de bal door hoepels moet slaan

cross *de (m)* [-en, -es], **crosscountry** snelheidswedstrijd in het vrije veld en op gewone wegen **crossen** [croste, h. / is gecrost] ❶ over een terrein met natuurlijke hindernissen rijden ❷ heel wild rijden **crossfiets** stevige fiets met kleine wielen om te crossen **cross-over** *de (m)* muziekgenre waarin elementen uit verschillende muziekstijlen zijn verwerkt

crosspass ⟨-paas⟩ sp. *de (m)* [-es] het diagonaal toespelen van de bal **crossposting** ⟨-poosting⟩ *de* het plaatsen van hetzelfde bericht in meerdere nieuwsgroepen op internet

croupier ⟨kroepjee⟩ *de (m)* [-s] medewerker van een casino die de inzetten van de spelers in ontvangst neemt en geld uitbetaalt aan de winnaars

crouton ⟨kroetò⟩ *de (m)* [-s] stukje brood dat in vet is gebakken

crowdfunding ⟨kRaud-⟩ *de* manier om een project te financieren door op een internetplatform particulieren te vragen om een bedrag te investeren **crowdsourcen** ⟨-sòRsən⟩ [crowdsourcete, h. gecrowdsourcet] het grote publiek om advies vragen over een onderwerp of probleem, meestal via internet **crowdsurfen** [crowdsurfte, h. gecrowdsurft] ⟨bij popconcerten⟩ zich over de hoofden van het publiek heen in de richting van het podium laten dragen

cru I de (m) [-s] ❶ klasse waarin goede Franse wijnen worden ingedeeld **II** bn ❷ rauw, ruw, hard, grof: *een ~e opmerking*

cruciaal bn van groot belang, doorslaggevend, beslissend: *een goede opleiding is van ~ belang voor je carrière*

crucifix het kruisbeeld met Christus die eraan hangt

cruise ⟨kRoez⟩ de [-s] vakantietocht met een groot schip langs verschillende havens

cruisecontrol ⟨kRoezkontRool⟩ de (m) ⟨bij auto's en motoren⟩ apparaat dat zorgt voor een constante snelheid

cruisen ⟨kRoezən⟩ [cruisede / cruisete, h. / is gecruised / gecruiset] ❶ een vakantiereis maken op een luxeschip ❷ in een auto rondrijden om zichzelf te showen en anderen te bekijken ❸ ⟨van homoseksuelen⟩ rondrijden om seksuele contacten te zoeken

crush ⟨krusj⟩ de [-es] ❶ het zich aangetrokken voelen ▾ *een ~ op iemand hebben* zich tot iemand aangetrokken voelen, op iemand vallen ❷ persoon tot wie iemand zich aangetrokken voelt, op wie iemand valt: *ik vind de ~ van mijn beste vriendin ook erg leuk* ❸ het verpletteren of verpletterd worden ▾ *een ~ongeval* ongeluk waarbij personen of lichaamsdelen bekneld raken ▾ *~video* sadistische video waarin een dier wordt verpletterd of doodgetrapt

crustaceeën de (mv) schaaldieren

crux de (v) [cruces] ⟨kroetsjès⟩ kern, vooral van een probleem

crypte ⟨kriptə⟩ de [-n], **crypt** ❶ ondergrondse ruimte ❷ grafkelder **cryptisch** bn verborgen, met verborgen betekenis, duister: *een ~e opmerking* **crypto** voorvoegsel die iets is of aanhangt maar er niet voor uit wil komen: *~communist* **cryptofoon** de (m) [-s] ❶ uitzendapparaat dat niet opgespoord kan worden ❷ toestel dat radiogolven vervormt **cryptogamen** de (mv) sporenplanten **cryptografie** de (v) ❶ het omzetten van berichten in een geheime code ❷ comp. rekenmethoden die gegevens vercijferen met behulp van een wiskundig algoritme en een digitale sleutel **cryptogram** het [-men] puzzel met raadselachtige woordomschrijvingen

c.s. *cum suis*, met de zijnen

CS het Centraal Station

cse het [-'s] centraal schriftelijk eindexamen

CS-gas het traangas, braakgas

ct. cent

CT *computertomografie*, het computergestuurd maken van röntgenfoto's van dwarsdoorsneden van het lichaam

CT-scan ⟨sietie-⟩ CAT-scan

CU ChristenUnie

cue ⟨kjoe⟩ de (m) [-s] teken om in actie te komen, vooral van een regisseur voor acteurs en technici

culinair ⟨-nèr⟩ bn wat te maken heeft met de kookkunst, het lekker eten

culminatie de (v) [-s] ❶ hoogst mogelijke punt, toppunt ❷ hoogste stand van een hemellichaam: *de zon is in ~* **culmineren** ❶ op het hoogste punt staan, vooral van hemellichamen ❷ het toppunt bereiken: *de strijd culmineert in een veldslag*

culpabiliseren BN de schuld leggen bij, beschuldigen

cult de (m) stroming in de popmuziek en de filmkunst, vaak gewaardeerd door een klein select publiek

cultivar de [-s] variëteit van een plant die kunstmatig is gekweekt

cultivator de (m) [-s, -toren] landbouwwerktuig, ploeg met een aantal scharen **cultiveren** ❶ bewerken, bebouwen: *grond ~* ❷ beschaven, ontwikkelen: *gecultiveerde volkeren* ❸ fig. aankweken, met zorg onderhouden: *hij cultiveert zijn onhandigheid met computers*

culture de (v) [-s] ❶ het verbouwen van vooral tropische gewassen ❷ land waarop deze worden verbouwd, plantage ❸ het kweken van bacteriën e.d.

cultureel bn wat te maken heeft met cultuur: *een ~ festival* een festival met muziek, dans, theater e.d.

cultus de (m) [-sen, culten] ❶ vorm van verering van God of een godheid ❷ fig. geheel van uitingen die voortkomen uit de verheerlijking van iemand of iets

cultuur de (v) [-turen] ❶ beschaving, alle gewoontes en gebruiken van een bepaald volk of een groep mensen: *er zijn verschillen tussen de Nederlandse en de Belgische ~* ❷ alles wat door mensen is bedacht en gemaakt, zoals boeken of muziek ▾ *land in ~ brengen* onginnen, geschikt maken om er iets op te verbouwen ▾ BN *nieuwe politieke ~* politiek zonder dienstbetoon en gesjoemel, met meer openheid en debat **cultuurbarbaar** iemand die geen gevoel en interesse voor cultuur heeft **cultuurpact** BN overeenkomst tussen Belgische politieke partijen om de achterstelling van levensbeschouwelijke minderheden te voorkomen **cultuurpessimist** iemand die somber denkt over de toekomstige ontwikkeling van de cultuur **cultuurschok** mentale schok door confrontatie met een vreemde cultuur **cultuurtaal** taal die wordt beschouwd als de algemeen beschaafde variant van een taal

cum vz ▾ *~ annexis* met het bijbehorende ▾ *~ laude* met lof;: *~ laude afstuderen* met heel goede studieresultaten ▾ *~ suis* met de zijnen

cumul de (v) [-s] het uitoefenen van verschillende ambten tegelijkertijd **cumulatie** de (v) [-s] ophoping, opeenstapeling: *een ~ van fouten* **cumulatief** bn steeds toenemend in omvang doordat het volgende steeds aan het voorgaande wordt toegevoegd ▾ *~ preferent* waarvan een achterstallig vast dividend vóór het dividend aan gewone aandelen moet worden uitbetaald **cumuleren** ❶ opeenhopen, opstapelen, samenvoegen ❷ BN verschillende ambten

cu

cu

tegelijk uitoefenen

cumulonimbus *de (m)* zware wolk bij buien

cumulus *de (m)* [-li] stapelwolk

cup *de (m)* [-s] ❶ beker als wedstrijdprijs ❷ bol gedeelte van een bustehouder ❸ kleine bekervormige verpakking, bijv. voor koffiemelk

cupfinale eindwedstrijd om een beker

curabel *bn* mogelijk om te genezen: *een ~e infectieziekte*

curaçao ⟨-sau⟩ *de (m)* sinaasappellikeur

Curaçaoënaar ⟨-sauwenaar⟩ *de (m)* [-s] iemand die afkomstig is van Curaçao **Curaçaos** ⟨-saus⟩ *bn* van of uit Curaçao

curare *het* Zuid-Amerikaans vergif

curatele *de* toestand waarin iemand niet meer zelf over zijn geld en bezittingen mag beschikken, maar een ander zijn zaken regelt: *iemand onder ~ stellen*

curatief *bn* gericht op genezing

curator *de (m)* [-s, -toren] ❶ persoon die door de rechtbank is aangesteld om een nalatenschap af te handelen ❷ persoon die bij een faillissement door de rechtbank is aangesteld om de zakelijke kant af te handelen ❸ lid van een raad van toezicht **curatorium** *het* [-s, -ria] de curatoren

curettage *de (v)* medische behandeling waarbij een aangetast oppervlak schoon wordt geschraapt: *~ van de baarmoeder*

curie *de (v)* [-s] ❶ pauselijke regering ❷ vero. eenheid van sterkte van radioactiviteit

curieus *bn* merkwaardig, opmerkelijk, bijzonder: *een ~ geval* **curieuzeneuzemosterdpot** BN, spreekt. nieuwsgierig mens **curiositeit** ⟨-zie-⟩ *de (v)* ❶ het merkwaardig zijn ❷ iets dat merkwaardig, bijzonder is: *een winkel in antiek en ~en* **curiosum** ⟨-zum⟩ *het* [-sa] iets bijzonders, zeldzaams

curium schei. *het* radioactief element (Cm)

curling ⟨küRling⟩ *het* sport op het ijs met platronde stenen

curriculum *het* [-cula] leerplan, onderwijsprogramma

curriculum vitae ⟨- vietee⟩ *het* [curricula vitae] levensbeschrijving met vooral opleiding en werkervaring

curry ⟨kuRRie⟩ **I** *de* ❶ kerriesaus **II** *de* [-'s] ❷ gerecht met kerrie **curryworst** ❶ BN frikandel ❷ worst met ketchup en kerriepoeder

cursief *bn* schuingedrukt **cursiefje** *het* [-s] kort luchtig stukje in een krant, cursief gezet

cursist *de (m)* iemand die een cursus volgt

cursiveren schuin drukken

cursor *de (m)* [-s, -soren] knipperend streepje op het beeldscherm van een computer dat aangeeft waar de gebruiker op dat moment bezig is

cursorisch *bn* zonder onderbrekingen, achter elkaar door *~ onderwijs* met de leerstof onderverdeeld in verschillende vakken

cursus *de (m)* [-sen] serie lessen in een bepaald vak: *een ~ pottenbakken*

curve *de* [-n, -s] kromme lijn **curvimeter** instrument voor het meten van de lengte van een kromme lijn

custard ⟨kustəRt⟩ *de* poeder voor het maken van pudding

custode *de (v)* [-n, -s] lettergreep aan de voet van een bladzij

customizen ⟨-təmajzən⟩ [customizede, h. gecustomized] aanpassen aan de wensen van een klant **custommade** ⟨kustəmmeed⟩ *bn* op maat gemaakt voor de klant, gemaakt volgens de wensen en behoeften van de klant

custos *de (m)* [custodes] ❶ koster ❷ bewaker in een museum ❸ custode

cutter *de (m)* [-s] technisch medewerker bij de definitieve samenstelling van een film

cv I *de (v)* [-'s] ❶ centrale verwarming **II** *het* [-'s] ❷ curriculum vitae (*levensbeschrijving met vooral opleiding en werkervaring*)

CV *de (v)* ❶ coöperatieve vereniging ❷ commanditaire vennootschap

CVA *het* [-'s] *cerebro vasculair accident*, storing in de bloedvaten van de hersenen, beroerte

cve comp. *de (v)* [-'s] centrale verwerkingseenheid

CVS *het* , *chronischevermoeidheidssyndroom*, aandoening met plotselinge langdurige vermoeidheid

CWI *het* , *Centrum voor Werk en Inkomen*, overheidsinstelling die uitkeringen toekent en aan arbeidsbemiddeling doet, sinds januari 2009: UWV WERKbedrijf

cyaan ⟨sie-⟩ *het* blauwgroene kleur

cyaankali ⟨siejaan-⟩ *de (m)* heel giftig zout dat door maagsap in blauwzuur wordt omgezet

cyanose ⟨siejaanooze⟩ *de (v)* blauwe verkleuring van huid en slijmvliezen

cybernetica ⟨siebər-⟩ *de (v)* wetenschap die zich bezighoudt met besturings- en regelprocessen bij levende wezens en machines en de overeenkomsten daartussen

cyberspace ⟨sajbəRspees⟩ *de* virtuele ruimte van het internet

cyclaam ⟨sie-⟩ *de* [-clamen], **cyclamen** plant van een geslacht van sleutelbloemigen (Cyclamen persicum)

cyclamaat ⟨sie-⟩ *het* [-maten] kunstmatige zoetstof

cyclisch ⟨sie-⟩ *bn* wat tot een cyclus behoort

cycloon ⟨sie-⟩ *de (m)* [-clonen] hevigste soort storm in vooral de Indische oceaan

cycloop ⟨sie-⟩ *de (m)* [-clopen] eenogige reus

cyclus ⟨sie-⟩ *de (m)* [-sen, cycli] ❶ geheel van gebeurtenissen die steeds terugkeren, tijdkring: *de ~ van de seizoenen* ❷ reeks gedichten, romans, muziekstukken e.d. op een centraal thema ❸ BN reeks van opeenvolgende leerjaren in het middelbaar onderwijs

cynicus ⟨sie-⟩ *de (m)* [-ci] iemand die niet in het goede gelooft, zoals eer, deugd, hogere waarden **cynisch** *bn* die niet in het goede gelooft, zoals eer, deugd, hogere waarden **cynisme** ⟨sie-⟩ *het* gedrag of uitingswijze van een cynicus

cypergras plant van het geslacht Cyperus, komt vooral voor in de tropen en subtropen

cypers ⟨siepərs⟩ *bn* ▼ *een ~e kat* zwartbruine kortharige kat met grijze strepen

cyrillisch ⟨sie-⟩ *bn* ▼ *~ schrift* schrift van Russen en sommige andere Slavische volkeren

cyste ⟨kiesta⟩ *de* [-n, -s] week gezwel

cytologie ⟨sie-⟩ *de (v)* celleer **cytostatica** *de (mv)* celdodende medicijnen

D

d *de* [-'s] ❶ vierde letter van ons alfabet
❷ stemhebbende medeklinker die m.b.v. de
tanden wordt gevormd ❸ muz. tweede toon van
de diatonische toonladder, re

D Romeins teken voor 500

D66 Democraten '66 *(politieke partij in Nederland)*

D66'er *de (m)* [-s] lid van D66

daad *de* [daden] iets wat iemand doet ▼ *de ~ bij
het woord voegen* direct doen wat men zegt te
zullen doen **daadkracht** vermogen om flink aan
te pakken

daadwerkelijk met daden, inderdaad: *hij deed ~
wat hij beloofd had*

daags I *bw* ❶ per dag: *driemaal ~* ❷ op de dag: *~
na een feestdag* **II** *bn* ❸ voor of van iedere
(werk)dag: *de ~e en de zondagse kleren*

daalder *de (m)* [-s] vroegere waarde van *f* 1,50

daar I *bw* ❶ op die genoemde plaats: *zie je dat
huis? ~ ben ik opgegroeid* ▼ *dat is tot ~ aan toe,
maar ...* dat kan nog net, maar als het erger
wordt, dan niet meer **II** *vgw* ❷ omdat **daardoor**,
daardoor *bw* door dat feit, die gebeurtenis, die
omstandigheid **daarenboven** *bw* bovendien
daarentegen *bw* tegenover dat (genoemde), aan
de andere kant: *hij is arm, zijn broer ~ is erg rijk*
daareven *bw* zonet: *wat je ~ zei, meende je dat
nou?*

daargelaten *bw* buiten beschouwing gelaten, als
men geen rekening houdt met: *de hoge kosten ~
vind ik dit een goed plan* **daarginder** *bw*,
daarginds op die plaats daar verderop
daarheen, daarheen *bw* naar die plaats

daarna, daarna *bw* na dat (genoemde), na die
tijd, later: *eerst gaan we uit eten, ~ gaan we naar
de bioscoop* **daarnet** *bw* een ogenblik geleden,
zonet **daarom, daarom** *bw* om die reden
daaromtrent, daaromtrent *bw* ❶ over dat,
daarover: *~ zijn de meningen verdeeld* ❷ in de
buurt van dat: *Hoorn of ~* **daarop, daarop** *bw*
❶ op dat: *een tafel met daarop een plant*
❷ daarna: *kort daarop vertrok hij* **daartoe**,
daartoe *bw* tot dat doel, daarvoor **daarvandaan**,
daarvandaan *bw* van die plaats af: *eerst naar
Utrecht en ~ verder*

daas I *de* [dazen] ❶ steekvlieg van het geslacht
Tabanus **II** *bn* ❷ in de war, versuft, gek: *ik ben
een beetje ~ door al dat lawaai*

da capo muz. **I** *het* [-'s] ❶ herhalend stuk **II** *bw*
❷ vanaf het begin

dactyloscopie *de (v)* onderzoek van
vingerafdrukken

dactylus ‹-tie-› *de (m)* [-tylen, -tyli] versvoet van
eerst één lange (of betoonde) en dan twee korte
(of onbetoonde) lettergrepen

dadaïsme *het* anarchistische beweging in de
kunst en literatuur die in 1916 in Zürich is
ontstaan

dadel I *de (m)* [-s] ❶ tropische vruchtboom van de
soort Phoenix dactylifera, dadelpalm **II** *de* [-s]
❷ vrucht van deze boom

dadelijk *bn* ❶ zonder nog even te wachten,
meteen, direct: *toen de telefoon ging, nam ze ~ op*

❷ zo meteen, over korte tijd: *de bus zal ~ wel
komen*

dadelpalm tropische vruchtboom van de soort
Phoenix dactylifera

dadendrang sterke behoefte, neiging om te
handelen, iets te doen

dader *de (m)* [-s] iemand die iets slechts doet: *de ~
van de roofoverval* ▼ *de ~ ligt op 't kerkhof* het is
onbekend wie het gedaan heeft

dading *de (v)* schikking, schriftelijke
overeenkomst om een proces te voorkomen of te
beëindigen

dag I *de (m)* [dagen] ❶ periode van 24 uur ▼ BN *~
op ~* op de dag af: *het is ~ op ~ tien jaar geleden*
▼ BN ook *in zijn ~je zijn* een goeie dag hebben, in
vorm zijn ▼ BN ook *de ~ van vandaag* vandaag de
dag ❷ deel van die periode dat er daglicht is
▼ *aan de ~ leggen* tonen ▼ *~ en nacht* voortdurend
▼ *dat scheelt ~ en nacht* dat scheelt veel ▼ *het is
kort ~* er is nog maar weinig tijd ▼ *voor de ~
komen* tevoorschijn komen ▼ *voor ~ en dauw* erg
vroeg ❸ leeftijd ▼ *oude ~* ouderdom **II** *tw*
❹ groet: goedendag ▼ *zeg maar ~ met je handje*
vergeet het maar **dagafschrift** (bij bank- en
girorekeningen) bericht van het saldo na de
laatste verandering **dagblad** krant die iedere
dag verschijnt

dagboek notitieboek of schrift waarin iemand
zijn dagelijkse belevenissen opschrijft **dagbouw**
bovengrondse ontginning van een mijn
dagdagelijks BN ook ❶ dagelijks, elke dag
❷ alledaags, heel gewoon

dagdeel deel van een dag, zoals een ochtend,
middag of een avond **dagdienst** dienst overdag
in banen waarbij ook 's avonds of 's nachts
wordt gewerkt

dagdroom fantasie, vooral over prettige dingen
dagelijks *bn* op of van elke dag: *het ~ leven* ▼ *~
bestuur* bestuur dat de gewone zaken regelt

dagen ❶ oproepen om voor het gerecht te
verschijnen ❷ in iemands hoofd, tot iemands
begrip doordringen: *langzaam begon het hem
te ~* ▼ *het daagt* het wordt dag

dager *de (m)* [-s] eiser in een proces

dageraad *de (m)* begin van de morgen, het
aanbreken van de dag

daggeld per dag verdiend geld

daggeren ‹deGG⟶› [daggerde, h. gedaggerd]
dansen op een erotische manier waarbij de
geslachtsdaad wordt nagebootst

dagjesmensen *de (mv)* mensen die als
ontspanning een reisje van één dag maken
dagkaart kaart die één dag geldig is **daglicht**
het licht van de zon dat het aardoppervlak
bereikt ▼ *het ~ niet kunnen verdragen* geheim
moeten blijven omdat het slecht of onfatsoenlijk
is ▼ *in een kwaad ~ stellen* ongunstig voorstellen,
slechte dingen vertellen over **dagloner** *de (m)* [-s]
arbeider die zich per dag verhuurt **dagopleiding**
opleiding overdag **dagorde** lijst van punten die
moeten worden behandeld of afgewerkt

dagorder *de* [-s] ❶ officiële mededeling aan
(medewerkers van) het leger ❷ ⟨handel in
effecten⟩ opdracht die alleen geldt voor de dag
waarop hij gegeven is

dagpauwoog *de (m)* [-ogen] vlinder met kleurige

da

oogvormige tekening (Vanessa io) **dagreis**
afstand die in een dag kan worden afgelegd
dagretour retour dat één dag geldig is
dagschool school waar de lessen overdag
worden gegeven **dagschotel** relatief goedkoop
gerecht in een restaurant, dat per dag varieert
dagtaak ❶ werk waar men de hele dag over
doet: *dat grote huis schoonhouden was een ~*
❷ werk dat iemand iedere dag doet: *post
rondbrengen was zijn ~* **dagtekening** datum op
brieven, aktes e.d. **dagteller** apparaat dat het
totaal van een dag aangeeft, bijv. het aantal
kilometers dat iemand op een dag heeft
afgelegd **dagtocht** tocht van één dag
dagvaarden [dagvaardde, h. gedagvaard]
oproepen om voor het gerecht te verschijnen
dagverblijf ❶ ruimte of gebouw waar men
overdag kan zijn, bijv. voor kinderen of
patiënten ❷ deel van het onderkomen van
dieren in een bijv. dierentuin waar ze overdag
zijn
dagvers dagelijks vers aangevoerd: *~e vis*
dagwaarde waarde die iets op een bepaald
moment heeft **dagwerk** werk dat de hele dag in
beslag neemt
dahlia ⟨daa-⟩ *de* [-'s] samengesteldbloemige
sierplant met wortelknol
daim ⟨dè⟩ *het* BN ook suède
dak *het* constructie aan de bovenkant dat een
gebouw, voertuig e.d. bedekt ▼ *iemand op zijn ~
krijgen* opgescheept worden met iemand
▼ *onder ~ zijn* huisvesting hebben ▼ *van de daken
schreeuwen* aan iedereen vertellen ▼ *het gaat van
een leien ~je* het gaat vlot, zonder problemen
▼ *uit je ~ gaan* je helemaal laten gaan, je niet
inhouden **dakappartement** BN, spreekt.
penthouse, luxeappartement op de bovenste
verdieping **dakdekker** *de (m)* [-s] iemand die
voor zijn beroep dakbedekking, zoals
dakpannen, aanbrengt of repareert **dakgoot**
afvoergeul voor regenwater langs de dakrand
dakkapel uitspringend raam in een dak
dakloos *bn* zonder onderdak, zonder woning
daklozenkrant krant die wordt verkocht door
daklozen en waarvan de opbrengst voor henzelf
is
dakpan gebakken tegel voor dakbedekking
dakruiter torentje op een dak als luchtkoker
dakstoel constructie om het dak te
ondersteunen
dal *het* [dalen] ❶ laag gebied tussen bergen ❷ fig.
dieptepunt, depressie: *na de dood van zijn vrouw
ging hij door een diep ~*
dalai lama *de (m)* [-'s] geestelijk en wereldlijk
leider van de Tibetaanse boeddhisten
dalen [daalde, is gedaald] ❶ naar beneden gaan
❷ fig. minder worden: *het aantal werklozen daalt*
dalgrond ondergrond van afgegraven hoogveen
dalmatiër *de (m)* [-s], **dalmatiner** witte hond met
kleine zwarte vlekken
daltononderwijs vorm van onderwijs die is
gebaseerd op zelfwerkzaamheid van leerlingen
daluur periode op de dag dat er minder mensen
met het openbaar vervoer reizen
dalwind wind die opstijgt langs de
berghellingen

dam I *de* [-men] ❶ constructie om water tegen
te houden, bijv. om een overstroming te
voorkomen, waterkering ▼ *een ~ opwerpen tegen*
beletten, bestrijden ❷ stukje waar een sloot
wordt onderbroken door grond waarover men
van het ene weiland naar het andere kan komen
II *de* [-men] ❸ ⟨damspel⟩ dubbele damschijf
waarmee men meer mogelijkheden heeft dan
met een enkele schijf
damast *het* eenkleurig glanzend weefsel waarin
figuren geweven zijn, vooral als wit tafellinnen
dambord bord voor het damspel
dame *de (v)* [-s] ❶ vrouw, vooral van enig aanzien
of van enige beschaving ❷ aanspreektitel voor
een vrouwelijk persoon ❸ ⟨schaakspel, kaartspel⟩
koningin
dame blanche ⟨dam blãsj⟩ *de (v)* [dames
blanches] roomijs met warme chocoladesaus
damesblad tijdschrift voor vrouwen
damesdubbel *het* [-s] tennispartij van twee
tegen twee speelsters **damesenkel** *het*
tennispartij tussen twee speelsters
damesfiets fiets met aangepast frame, voor
vrouwen
damhert hert met een laag gewei (Dama
vulgaris)
dammen het damspel spelen
damp *de (m)* ❶ nevelige massa door vochtdeeltjes
die opstijgen: *de ~ van kokend water* ❷ nat. water
in gasvormige toestand ▼ *iemand de ~en aandoen*
iemand kwellen, zijn leven vergallen **dampen**
❶ damp afgeven ❷ (veel) roken: *ze zaten te ~ in
de kroeg* **dampig** bn ❶ met nevel of damp die in
de lucht hangt ❷ met
ademhalingsmoeilijkheden doordat te veel lucht
in de longen achterblijft: *een ~ paard*
dampkap BN wasemkap, afzuigkap
dampkring luchtlaag rond een hemellichaam,
atmosfeer: *de ~ rond de aarde*
dampspanning druk die bij een bepaalde
temperatuur door damp wordt uitgeoefend
damschijf een van de stenen waarmee men
speelt bij het dammen
damsluis sluis in een dam, sluis als dam
damspel ❶ spel tussen twee personen met elk
twintig schijven op een bord van honderd
vakken ❷ dambord met schijven
damwand een tijdelijke of blijvende wand in een
bouwput, tegen een kademuur e.d. om te
voorkomen dat grondwater of ander water
binnendringt
dan I *bw* ❶ ⟨toekomst⟩: *morgen, ~ gaan we weg*
❷ ⟨volgorde⟩: *eerst even uitrusten, ~ gaan we
verder* ❸ ⟨voorwaarde⟩: *als je op wereldreis wilt, ~
moet je sparen* ❹ ⟨in vragen⟩: *wat wil je ~?* ❺ ⟨in
de gebiedende wijs⟩: *kijk ~!* ▼ *tot ~* tot dat
moment ▼ *nu en ~* soms **II** *vgw*: ⟨na de
vergrotende trap⟩ *hij verdient meer ~ zijn broer;*
⟨na 'anders'⟩ *dit verhaal eindigt anders ~ je denkt*
❻ ⟨na een ontkenning⟩ alleen, uitsluitend: *hij
gaat nooit uit ~ met zijn vrouw* ❼ ⟨met 'wel'⟩ of:
wat wil je, een pindarots ~ wel een pindakoek?
▼ *al ~ niet* wel of niet **III** *de (m)* [-s] ❽ systeem van
tien niveaus in een aantal oosterse vechtsporten
dance ⟨dèns⟩ muz. *de (m)* verzamelnaam voor
ritmische popmuziek waar goed op kan worden

gedanst

dancing ⟨dènsing⟩ *de (m)* [-s] ruimte waar men naartoe gaat om te dansen, een soort disco

dandy ⟨dèndie⟩ *de (m)* [-'s] jongeman met verfijnde manieren en modieuze kleding

danig *bn* erg, behoorlijk, in grote mate: *een ~e teleurstelling; hij was ~ onder de indruk*

dank *de (m)* gevoel van waardering voor en blij te zijn met wat iemand anders gedaan heeft

dankbaar *bn* ❶ die dank voelt, blij met wat anderen voor hem doen: *ik ben heel ~ voor alle hulp* ❷ wat voldoening geeft: *werk met gehandicapten is ~ werk*

dankbetoon *het* het tonen van dankbaarheid

dankbetuiging uiting van dankbaarheid

dankdag *prot.* dag om God te danken

danken ❶ dank uiten tegenover iemand ▾ *dank je (feestelijk)!* gezegd als men iets absoluut niet wil ▾ *aan iemand te ~ hebben* iets gekregen hebben door de hulp van iemand ❷ een dankgebed uitspreken (na een maaltijd) **dankgebed** gebed waarin men God bedankt, bijv. na de maaltijd voor het eten

dankjewel *tw* woord dat men gebruikt om iemand die men aanspreekt met 'je', te bedanken: ik dank je voor ...: *~ voor de mooie bloemen* ▾ *er kon geen ~ van af* hij bedankte/ze bedankten niet eens **dankoffer** offer dat men brengt om God of een god te bedanken

dankwoord korte toespraak of tekst waarin iemand zijn dank uit **dankzeggen** danken

dankzij *vz* door, met hulp van (*als de uitkomst positief is*): *~ een vertraagde trein heb ik mijn man ontmoet*

dans *de (m)* ❶ stuk muziek waarop men kan dansen ❷ manier van dansen met een voorgeschreven manier van bewegen: *de tango is een mooie maar moeilijke ~* ▾ *de ~ ontspringen* aan het gevaar ontkomen ❸ keer dat iemand danst: *mag ik deze ~ van u?*

dansen ❶ ritmisch bewegen van het lichaam op de maat van muziek ❷ vrolijk rondlopen, huppelen: *zij liep te ~ van blijdschap* **danseres** *(v)* [-sen] vrouw of meisje dat danst **dansles** les in het dansen **dansmarieke** *de (v)* [-s] meisje dat in een mooi uniform dansend marcheert tijdens carnavalsfeesten **dansmuziek** muziek om op te dansen **dansvloer** vloer om op te dansen **danszaal** zaal om in te dansen

dapper *bn* bereid om riskante zaken aan te pakken, die geen angst toont bij (dreigend) gevaar

dar *de (m)* [-ren] mannetjesbij

darkroom ⟨dàRkroem⟩ *de (m)* [-s] donkere ruimte in homobars, waar seks wordt bedreven

darm *de (m)* soort slang van de maag tot de anus waarin voedsel wordt afgebroken en waardoor voedingsstoffen in het lichaam worden opgenomen ▾ *dikke ~* gedeelte van de darm tussen het einde van de dunne darm en de anus ▾ *dunne ~* gedeelte van de darm tussen maag en dikke darm ▾ *twaalfvingerige ~* eerste deel van de dunne darm **darmcatarre** ⟨-tar⟩ darmontsteking **darmflora** bacteriën in het darmkanaal **darmkanaal** geheel van darmen

dartel *bn* speels: *een ~ lammetje, veulen* **dartelen**

op een speelse manier springen, bewegen of huppelen: *de lammetjes ~ in de wei*

darten spel waarbij men pijltjes gooit naar een rond bord met daarop een puntenverdeling: *zullen we een potje ~?* **darts** ⟨dàRts⟩ *de (mv)* spel waarbij men pijltjes met pen schijf gooit, darten

darwinisme *het* leer van de Engelse natuuronderzoeker C. Darwin (1809-1882) dat de evolutie plaatsvindt op basis van natuurlijke selectie

das I *de (m)* [-sen] ❶ marterachtig zoogdier dat in burchten leeft (Meles taxus) II *de* [-sen] ❷ langwerpige strook stof die om de hals wordt gedragen ▾ *inform. dat doet hem de ~ om* dat betekent zijn ondergang

dashboard ⟨desjboord⟩ *het* [-en, -s] instrumentenbord in een auto of vliegtuig, waarop men onder andere de snelheid kan zien

dashond jachthond met korte poten (*vroeger gebruikt voor de jacht op dassen*)

dassenburcht hol van een das

dasspeld sierspeld die op een (strop)das gedragen wordt

dat[1] I *vnw* ❶ aanwijzend voornaamwoord bij woorden met lidwoord 'het', om iets aan te duiden dat verder weg is van de spreker: *niet dit boek maar ~ boek* ▾ *het is dát* niet heel leuk of goed, niet geweldig ❷ betrekkelijk voornaamwoord bij woorden met lidwoord 'het': *het boek ~ je leest* II *vgw* ❸ -: *ik wou ~ je kwam*

dat[2] *digital audio tape*, band voor het digitaal vastleggen van geluid

data *de (mv)* gegevens, vooral de gegevens die met een computer worden verwerkt **databank** *de*, **database** *de (v)* verzameling computergegevens die een geheel vormen, met elkaar te maken hebben **datacommunicatie** uitwisseling van gegevens, vooral tussen computers **datacompressie** het compact opslaan van digitale informatie **dataprocessing** *de (v)* verwerking van gegevens met een computer **datastructuur** vorm waarin gegevens in een computer zijn opgenomen **datatransmissie** overdracht van gegevens, vooral tussen computers

date ⟨deet⟩ I *de (m)* [-s] ❶ afspraakje II *de* [-s] ❷ persoon met wie iemand een afspraakje heeft **daten** ⟨dee-⟩ [datete, h. gedatet] een afspraakje met iemand hebben

dateren ❶ een datum geven, vermelden: *een brief ~* ❷ de ouderdom bepalen van: *het schilderij is moeilijk te ~* ▾ *~ van, uit* uit de tijd zijn van: *dit kruikje dateert uit de 12de eeuw* ▾ *die meubels, kleren enz. zijn gedateerd* zijn ouderwets, ze zijn duidelijk uit een bepaalde vroegere periode

datgene *vnw* dat: *~ wat hij doet, is goed*

datief *taalk. de (m)* [-tieven] derde naamval: *het meewerkend voorwerp 'hem' is een ~*

dato *bw* ▾ *de ~* van de datum, daterend van ▾ *na ~* na die bepaalde datum

datrecorder digitale cassetterecorder

dattum *spreekt. zn* ▾ *van ~* van dat, daarvan, iets wat men niet wil noemen, meestal seks

datum *de (m)* [-s, data] aanduiding van een dag door vermelding van het jaar, de maand en de

da

dag van die maand

dauw *de (m)* druppels die zich 's ochtends vroeg afzetten op gras, planten e.d. ▼ BN ook *leven van de hemelse ~* een zorgeloos, onbekommerd leventje leiden, zonder vaste bron van inkomsten **dauwtrappen** 's morgens heel vroeg in de natuur wandelen **dauwtrip** BN tocht in de vroege ochtend

dauwworm huiduitslag op het gezicht en hoofd van heel jonge kinderen

daver *de (m)* ▼ BN ook *iemand de ~ op het lijf jagen* iemand geweldig doen schrikken, bang maken **daveren** een dreunend, rollend geluid geven **daverend** *bn* schitterend, enorm, geweldig: *een ~ applaus, succes*

davidster, davidsster Joods symbool van twee gelijkzijdige driehoeken die elkaar kruisen: *tijdens de Tweede Wereldoorlog moesten Joden een ~ dragen*

davit *de (m)* [-s] lichte kraan op een schip voor het laten zakken of hijsen van sloepen, ankers e.d.

dazen inform. onzin praten

dB decibel

DB *het* dagelijks bestuur

dcc *de (v)* digital compact cassette

dcc-speler *de (m)* [-s] apparaat voor het afspelen van dcc's

d.d. *de dato*, van de datum

DDR *de (v)* Deutsche Demokratische Republik (*het vroegere communistische deel van Duitsland*)

DDT *het* , *dichlorodiphenyltrichloorethaan*, insectendodende stof

de *lidw* bepaald lidwoord: *~ man, ~ vrouw, ~ auto* ▼ **dé** de beste, de belangrijkste: *hij is dé modeontwerper van het moment*

deadline ⟨dedlajn⟩ *de (m)* [-s] uiterste termijn wanneer iets klaar, afgehandeld moet zijn

deal ⟨diel⟩ *de (m)* [-s] afspraak, overeenkomst, transactie: *een ~ sluiten* **dealen** ⟨dielən⟩ handelen in drugs **dealer** ⟨dieləR⟩ *de (m)* [-s] ❶ vertegenwoordiger van een handelsartikel, vooral van een automerk ❷ handelaar in drugs

deb. debet

debacle ⟨-baakəl⟩ *de & het* [-s] volledige mislukking: *ons project liep uit op een ~*

debarkeren [debarkeerde, h. / is gedebarkeerd] van een schip gaan of brengen en aan wal gaan of brengen

debat *het* [-ten] uitwisseling van argumenten tussen twee of meer personen over een bepaald onderwerp, meestal met publiek erbij: *de politieke partijen houden een ~ over de onveiligheid op straat*

debater ⟨diebeetəR⟩ *de (m)* [-s] iemand die debatteert, een debat voert: *hij is een goed ~* **debatingclub** ⟨diebeeting-⟩ vereniging voor het oefenen in het debatteren

debatteren argumenten over een bepaald onderwerp uitwisselen, een debat voeren

debet ⟨dee-⟩ *het* wat als bezit of vordering geboekt staat ▼ *ergens ~ aan zijn* ergens schuld aan hebben

debiel I *bn* ❶ met minder verstand door een geestelijke handicap, zwakbegaafd ▼ fig. *doe niet zo ~!* stel je niet zo stom aan! II *de (m)* ❷ iemand

met minder verstand door een geestelijke handicap, zwakbegaafde

debiet *het* afzet van waren, verkoop

debiteren ⟨dee-⟩ ❶ op de debetzijde brengen, als vordering boeken ❷ vertellen, laten horen: *hij zat urenlang zijn mening te ~* **debiteur** *de (m)* [-s, -en] iemand die nog een schuld moet betalen

deblokkeren ⟨dee-⟩ een blokkade opheffen, vrijgeven **debriefen** ⟨dieRiefən⟩ [debriefte / debriefde, h. gedebrieft / gedebriefd] achteraf uitgebreid bespreken van iets: *~ na een militaire actie*

debuggen ⟨diebuGGən⟩ [debugde, h. gedebugd] de fouten uit een computerprogramma verwijderen

debutant *de (m)* iemand die debuteert **debuteren** voor het eerst optreden voor een publiek of voor de eerste keer verschijnen van een boek van een bepaalde auteur **debuut** *het* [-buten] eerste optreden voor een publiek of de eerste keer dat een boek van een bepaalde auteur verschijnt: *de voetballer kreeg bij zijn ~ direct een rode kaart*

dec december

deca *voorvoegsel* tien(maal): *~gram*

decaan *de (m)* [-canen] ❶ voorzitter van een universitaire faculteit ❷ iemand die leerlingen of studenten officieel bijstaat

decadent ⟨dee-⟩ I *bn* ❶ met een sfeer van overdreven luxe en geestelijke leegte, in moreel opzicht in verval II *de (m)* ❷ kunstenaar uit een van de stromingen waarin de vorm, het uiterlijk veel aandacht krijgt **decadentie** *de (v)* het decadent zijn

decafé® *de (m)* koffie zonder cafeïne

decagram tien gram **decaliter** tien liter **decameter** tien meter

decanaat I *het* [-naten], **dekenaat** ❶ waardigheid of gebied van een deken II *het* [-naten] ❷ BN dienst van de decaan (faculteitsvoorzitter)

decanteren ⟨dee-⟩ schei. een vloeistof langzaam van het bezinksel afgieten, klaren ▼ *wijn ~* wijn voorzichtig uit een fles in een karaf gieten

decatlon ⟨dee-⟩ *de (m) & het* [-s] sport die bestaat uit tien wedstrijdonderdelen

december ⟨dee-⟩ *de (m)* de twaalfde maand

decennium ⟨dee-⟩ *het* [-nia, -niën] tien jaar

decent ⟨dee-⟩ *bn* netjes, fatsoenlijk, eerbaar: *~ gekleed gaan*

decentralisatie ⟨deesentraliezaa-⟩ *de (v)* het decentraliseren **decentraliseren** veel bevoegdheden aan lagere eenheden geven

deceptie ⟨dee-⟩ *de (v)* [-s] teleurstelling

decharge ⟨deesjarzjə⟩ *de* [-s] ▼ *à ~* in het voordeel van de beschuldigde ▼ *~ verlenen* dechargeren **dechargeren** iemands beleid goedkeuren en hem van verdere verantwoording ontheffen

deci ⟨dee-⟩ *voorvoegsel* een tiende van: *~liter*

decibel *de (m)* [-len, -s] eenheid van geluidssterkte

deciederen ⟨dee-⟩ besluiten, beslissen

decigram 1/10 gram **deciliter** 1/10 liter

decimaal I *bn* ❶ tiendelig ▼ *~ stelsel* tientallig stelsel II *de* [-malen] ❷ elk van de eenheden kleiner dan 1 in decimale breuken

decimaalteken punt of komma in decimale getallen

decimeren *fig.* sterk uitdunnen, sterk verminderen: *de bevolking was gedecimeerd door oorlog en honger*

decimeter *de (m)* [-s] 1/10 meter, tien centimeter

decisie ⟨deesie̱zie⟩ *de (v)* [-s] beslissing **decisief** *bn* beslissend

deck *het* [-s] band- of cassetterecorder zonder ingebouwde versterker en luidspreker

declamatie ⟨decla-⟩ *de (v)* [-s] het voordragen van literaire werken, zoals gedichten **declamator** *de (m)* [-s, -toren] voordrachtskunstenaar **declameren** (op gedragen toon) mondeling voordragen: *een gedicht ~*

declarant ⟨dee-⟩ *de (m)* iemand die declareert **declaratie** *de (v)* [-s] ❶ verklaring ❷ opgave van wat iemand moet ontvangen, bijv. reis- en verblijfkosten ❸ rekening, onder andere van een arts, advocaat of notaris ❹ aangifte van goederen aan een douanekantoor ❺ bewijs van die aangifte **declareren** ❶ verklaren ❷ waren of goederen bij de douane aangeven ❸ in rekening brengen, bijv. van gemaakte onkosten

declasseren ⟨dee-⟩ uit een lijst of rangorde schrappen

declinatie ⟨dee-⟩ *de (v)* [-s] ❶ afwijking, vooral die van de magneetnaald ❷ afstand van een ster tot de evenaar, uitgedrukt in graden ❸ *taalk.* buiging van een woord

decoder ⟨diekoo̱dəR⟩ *de (m)* [-s] toestel voor het omzetten van codeschrift in gewoon schrift of van elektronische signalen in visuele **decoderen** ⟨dee-⟩ ontcijferen

decolleté ⟨dee-⟩ *het* [-s] laag uitgesneden hals in het kledingstuk van een vrouw

decompositie ⟨dee-⟩ ❶ ontleding, analyse ❷ het uiteenvallen ❸ het vergaan van een dood lichaam

decompressieziekte ⟨dee-⟩ gezondheidsproblemen door een plotselinge overgang van een hogere naar een lagere druk, bijv. bij duikers

deconcentreren ⟨dee-⟩ bevoegdheden geven aan lagere organen

deconfessionalisering ⟨dee-⟩ *de (v)* vermindering van de invloed van godsdienstige grondslag op de keuzes die mensen maken, bijv. van de politieke partij waarop ze stemmen

decor ⟨deeko̱r⟩ *het* [-s] ❶ de gezamenlijke rekwisieten die dienen als achtergrond in films, toneelstukken, revues e.d. ❷ *fig.* omgeving waarin iets zich afspeelt

decorateur *de (m)* [-s] ❶ decoratieschilder ❷ iemand die etalages en interieurs inricht **decoratie** ⟨dee-⟩ *de (v)* [-s] ❶ versiering ❷ versiersel dat hoort bij een ridderorde, erekruis e.d., lintje **decoratief I** *bn* ❶ wat als versiering dient, fraai om te zien **II** *het* [-tieven] ❷ de gezamenlijke versieringen, decor **decoratieschilder** iemand die versieringen schildert **decoreren** ❶ versieren ❷ een ridderorde geven

decorum ⟨dee-⟩ *het* indruk van waardigheid voor de buitenwereld, uiterlijke vormen

decoupeerzaag ⟨deekoe-⟩ zaag waarmee men

figuren kan zagen

decreet *het* [-creten] ❶ bevel van de overheid ❷ **BN** wet uitgevaardigd door het Vlaams of het Waals parlement

decrescendo ⟨deekrəsje̱ndoo⟩ *muz.* *bw* wat afneemt, wat minder wordt

decreteren bij decreet bepalen, verordenen, bevelen (*door de overheid*)

decubitus *med.* *de (m)* het doorliggen

decumul **BN** *de (m)* verbod op of tegengaan van het combineren van verschillende ambten **decumulatie** **BN** *de (v)* [-s] het ongedaan maken van de samenvoeging van de inkomsten van echtgenoten voor de berekening van de inkomstenbelasting

dedain ⟨deedɛ̱⟩ *het* minachting

deductie ⟨dee-⟩ *de (v)* [-s] ❶ het logisch uit iets afleiden ❷ waarheid die is afgeleid uit iets anders

deeg *het* mengsel om te bakken **deegwaren** pasta's, zoals macaroni

deejay ⟨die̱djee⟩ *de (m)* [-'s] dj

deel I *het* [delen] ❶ iets wat kleiner is dan het geheel, gedeelte, onderdeel ▾ *ten ~ vallen* geschonken worden, krijgen ▾ ~ *uitmaken van* onderdeel zijn van, horen bij ▾ *ten dele* gedeeltelijk **II** *de* [delen] ❷ vloer waarop vooral graan wordt gedorst

deelachtig *bn* die meedoet aan, die deelt in

deelarbeid arbeid voor slechts een deel van de normale werkweek

deelbaar *bn* wat door een bepaald getal kan worden gedeeld: *21 is ~ door 3*

deelcertificaat verklaring dat iemand voor een onderdeel van een examen geslaagd is

deelcontract overeenkomst waarbij de werknemer een deel van de winst van een bedrijf krijgt **deelgemeente** ❶ deel van een gemeente met eigen bestuur ❷ **BN** deel van een gemeente dat voordien een zelfstandige gemeente was

deelgenoot iemand die aandeel heeft aan of in iets, die iets heeft wat anderen ook hebben: *~ in het geloof*

deelgerechtigd die recht heeft op een deel van de winst

deelname *de* het meedoen **deelnemen** ❶ meedoen ❷ meevoelen **deelnemersveld** degenen die deelnemen **deelneming** *de (v)* ❶ het meedoen ❷ het meevoelen, vooral met de rouw van een ander

deelraad volksvertegenwoordiging voor een deel van een gemeente **deelregering** **BN** regering van een gewest of deelstaat (tegenover federale regering)

deels *bw* voor een deel **deelstaat** staat die samen met andere staten een unie vormt **deelstudie** studie over een gedeelte van een probleem of een onderwerp **deelteken** ❶ teken dat aangeeft dat gedeeld moet worden ❷ twee puntjes naast elkaar boven een klinker, zoals in: ë

deeltijdbaan baan voor slechts een deel van de normale werkweek

deeltijds *bn* voor een gedeelte van de tijd

deeltje *het* [-s] ❶ klein deel ❷ *nat.* onderdeel van een atoom **deeltjesversneller** *de (m)* [-s]

de

de

installatie voor het op elkaar afschieten van kernen van waterstofatomen om energie op te wekken

deelwoord taalk. vorm van het werkwoord, onder andere gebruikt bij de voltooide tijd: *het voltooid ~ van `zeggen' is `gezegd'*

deemoed *de (m)* grote nederigheid **deemoedig** *bn* die nederigheid toont

deerlijk *bn* jammerlijk, heel erg: *als je dat denkt, dan vergis je je ~*

deernis *de (v)* medelijden **deerniswekkend** *bn* wat of die medelijden opwekt

de-escalatie geleidelijke vermindering: *de ~ van een conflict*

de facto ⟨dee-⟩ *bw verb* feitelijk, werkelijk, inderdaad

defaitisme ⟨deefettisme⟩ *het* moedeloosheid, neiging om op te geven omdat het toch hopeloos is **defaitistisch** *bn* geneigd om de moed te verliezen en op te geven

default ⟨diefòlt⟩ *de* [-s] comp. standaardwaarde, beginwaarde

defect I *bn* ❶ kapot, stuk II *het* ❷ gebrek, tekortkoming

defederaliseren BN van federaal naar gewestelijk niveau brengen

defensie *de (v)* verdediging, vooral van een land ▼ *ministerie van Defensie* ministerie dat zich bezighoudt met het leger **defensief** ⟨dee-⟩ I *bn* ❶ verdedigend II *het* [-sieven] ❷ verdediging, verdedigende houding: *door alle kritiek werd hij in het ~ gedrongen* **defensie-uitgaven** uitgaven voor de verdediging van een land, voor het leger

defibrillator *de (m)* [-s, -toren] toestel om d.m.v. stroomstoten het hartritme te herstellen

deficiëntie *de (v)* tekort: *een vitamine~* **deficiëntieziekte** *de (v)* ziekte door tekort aan voedingsstoffen

deficit ⟨deefiesiet⟩ *het* [-s] tekort

defilé ⟨dee-⟩ *het* [-s] ❶ het defileren ❷ rij mensen die defileren, stoet **defileren** in een stoet voorbijmarcheren langs degene die de inspectie afneemt (als slot van een parade of bij een huldiging)

definiëren ⟨dee-⟩ precies formuleren wat men met een bepaald begrip bedoelt **definitie** *de (v)* [-s] omschrijving van wat een woord of begrip precies betekent ▼ *per ~* uit de aard der zaak, los van omstandigheden en andere invloeden: *Brazilianen zijn per ~ sterke voetballers*

definitief *bn* wat zeker is en vaststaat: *een ~ oordeel; zij heeft ~ besloten om te blijven*

deflatie ⟨dee-⟩ *de (v)* [-s] verhoging van de waarde van het geld

deformeren misvormen, vervormen

deftig *bn* netjes, chic, statig: *~e mensen*

degelijk *bn* betrouwbaar, deugdelijk, van goede kwaliteit ▼ *wel ~* zeker wel (gezegd om twijfel weg te nemen)

degen *de (m)* [-s] lang smal steekwapen ▼ *de ~s kruisen* strijden, discussiëren

degene *vnw* de persoon die

degeneratie ⟨dee-⟩ *de (v)* ❶ ontaarding, achteruitgang ❷ med. achteruitgang in wezen en functie van cellen en weefsels **degenereren**

[degenereerde, is gedegenereerd] ontaarden, de goede eigenschappen verliezen

degoutant ⟨deeGoe-⟩ *bn* onsmakelijk, walgelijk

degradatie ⟨dee-⟩ *de (v)* [-s] verlaging in rang of klasse **degraderen** [degradeerde, is / h. gedegradeerd] ❶ in rang of klasse verlagen ❷ in rang of klasse dalen

degusteren BN ook proeven

deinen langzaam op en neer bewegen op de golven: *de kano deinde op het water* **deining** *de (v)* ❶ regelmatige maar sterke golfbeweging ❷ fig. onrust, opschudding

de-installeren de installatie ongedaan maken, bijv. van een computerprogramma

deinzen [deinsde, is gedeinsd] door schrik of afkeer naar achteren gaan, achteruitwijken

deïsme *het* geloof in God op grond van de rede

déjà vu ⟨deezjaa vuu⟩ *het* [-'s] het gevoel dat men iets eerder heeft beleefd

dejeuner ⟨deezjeunee⟩ *het* [-s] middagmaaltijd, lunch

de jure ⟨dee-⟩ *bw verb* rechtens

dek *het* [-ken] ❶ iets, zoals een lap stof, dat iets anders bedekt ❷ vloer tussen verdiepingen op een schip: *veel passagiers zaten op het bovenste ~* ❸ lakens, dekens e.d. op een bed ❹ kleed voor dieren tegen de kou, insecten e.d.: *een ~ voor een paard*

dekbed deken die is gevuld met isolerende stof of dons **dekblad** ❶ buitenblad van een sigaar ❷ geol. afdekkende gesteentelaag

deken I *de (m)* [-s] ❶ r.-k. hoofd van een groep geestelijken, van een kapittel ❷ oudste of hoofd van een orde, van het corps diplomatique enz.: *de ~ van de orde van advocaten* II *de* [-s] ❸ tamelijk dikke grote lap stof waarmee iemand zich bedekt als hij slaapt

dekenaat *het* → decanaat

dekenij BN *de (v)* ambtswoning van een deken

dekhengst ❶ hengst voor de bevruchting van merries ❷ neg. man die heel vaak seks heeft

dekken ❶ bedekken, een beschermende laag op iets leggen ❷ de tafel voor de maaltijd klaarmaken ❸ beschermen: *de soldaten ~ elkaar tijdens de actie* ❹ sp. zich op zo'n manier opstellen dat de bal niet naar de directe tegenstander kan worden gespeeld ❺ vergoeden: *de verzekering dekt de schade* ❻ (van dieren) paren met een vrouwtje

dekking *de (v)* ❶ beschutting, onder andere tegen een aanval ❷ vrijwaring tegen geldelijke schade: *~ tegen aanspraken van derden* ❸ wat door een verzekering vergoed wordt: *deze verzekering biedt geen ~ voor natuurrampen* ❹ regeling voor het financieren van uitgaven ❺ ⟨balsport⟩ het dekken ❻ ⟨boksen⟩ bescherming van hoofd en lichaam met de armen

dekkleed ❶ kleed om iets te beschermen, bijv. tegen regen ❷ kleed over een dier, bijv. om een paard te beschermen tegen kou **deklaag** bedekkende bovenlaag, bijv. van verf

dekmantel iets wat ervoor moet zorgen dat iets anders niet opvalt: *dat restaurant was een ~ voor drugshandel*

dekolonisatie ⟨-zaa-⟩ *het* onafhankelijk worden van koloniën

dekschaal schaal met een deksel
dekschild schild dat de vleugels van een kever bedekt **deksel** *het & de (m)* [-s] voorwerp waarmee men een pan, schaal e.d. kan afsluiten
deksels I *bn* ❶ ondeugend: *een ~e meid* ❷ in hoge mate, erg: *hij is ~ slim* **II** *tw* ❸ uitroep van verbazing, verrassing, ergernis: *~, nou ben ik dat boek alweer vergeten!*
dekverf ondoorzichtige verf, verf die dekkend is, bovenste laag verf **dekzeil** zeil als bescherming over iets heen
del I *de (v)* [-len] ❶ slonzige vrouw, onzedelijke vrouw, slet **II** *de* [-len] ❷ kleine kom in het landschap ❸ vod, lap
delegatie ⟨dee-⟩ *de (v)* [-s] ❶ het overdragen, vooral van een bevoegdheid ❷ een aantal mensen die namens een grotere groep, een bedrijf e.d. ergens heen gaan **delegeren** ❶ een aantal mensen sturen namens een groep mensen, een bedrijf e.d.: *de bond delegeerde drie personen naar de conferentie* ❷ een taak of bevoegdheid overdragen aan iemand anders: *taken ~ aan ondergeschikten*
delen ❶ iets in stukken, in porties splitsen of verdelen ❷ van een getal uitrekenen welk veelvoud het is van een ander getal ❸ met iemand een mening, smaak e.d. gemeen hebben **deler** *de (m)* [-s] ❶ degene die de kaarten ronddeelt bij een kaartspel ❷ getal waardoor men een ander getal deelt: *als men 6 deelt door 3, is 3 de ~*
deleten comp. [deletete, h. gedeletet] verwijderen: *een bestand ~*
delfstof stof die uit de aarde wordt gegraven, bijv. steenkool **Delfts** *bn* uit Delft ▼ *~ blauw* bepaald type aardewerk
delgen tenietdoen, afbetalen: *een schuld ~*
deliberatie ⟨dee-⟩ *de (v)* [-s] ❶ beraadslaging, overleg ❷ BN beraadslaging over examencijfers **delibereren** beraadslagen, gezamenlijk overleggen
delicaat ⟨dee-⟩ *bn* ❶ teer, gevoelig, verfijnd ❷ wat voorzichtigheid vereist: *een delicate kwestie*
delicatesse ⟨dee-⟩ *de (v)* [-n] iets dat heel lekker is of als heel lekker wordt beschouwd: *kaviaar is een ~* **delicieus** ⟨deeliesjeus⟩ *bn* heerlijk
delict ⟨dee-⟩ *het* strafbare daad, overtreding of misdrijf: *als je zonder helm op een motor rijdt, pleeg je een verkeers~*
deling *de (v)* ❶ het delen ❷ rekensom waarbij men moet delen
delinquent ⟨-kwent⟩ *de (m)* iemand die een strafbaar feit pleegt
delirium *het* [-ria, -s] geestverwarring, bewustzijnsstoornis met hallucinaties ▼ *~ tremens* aandoening door overmatig alcoholgebruik, waarbij iemand erg trilt
deloyaal ⟨deeloojaal *of* deelwajaal⟩ niet trouw aan iemand of iets, niet loyaal
delta *de* [-'s] ❶ vierde letter van het Griekse alfabet ❷ land binnen de vertakkingen van een riviermond ❸ driehoekige vliegtuigvleugel ❹ vliegtuig met driehoekige vleugels **deltaplan** ❶ plan voor de Deltawerken ❷ fig. grootscheeps plan om iets grondig aan te pakken, te redden:

een ~ voor het onderwijs
deltavliegen met een vliegtuig zonder motoren dat vastzit aan een frame, van een hoogte springen en in de lucht zweven **Deltawerken** *de (mv)* stelsel van waterkeringen om Zeeland en Zuid-Holland te beschermen tegen overstromingen vanuit zee
delven [delfde / dolf, h. gedolven] graven, opgraven, uitgraven: *een graf ~*
demagogie ⟨dee-⟩ *de (v)* het voor zich winnen van mensen d.m.v. misleidende argumenten, opruiende leuzen enz.
demarcatielijn grenslijn, scheidslinie, vooral tussen oorlogvoerende partijen bij een wapenstilstand
demarrage ⟨deemarraazje⟩ *de (v)* [-s] het demarreren **demarreren** ⟨wielersport⟩ wegsprinten (uit een peloton)
demaskeren ⟨deemaski-⟩ ontmaskeren **demasqué** ⟨-maskee⟩ *het* [-s] ontmaskering, het afdoen van de maskers
dement *bn* die lijdt aan dementie: *de ~e vrouw herkent haar eigen man en kinderen niet meer* **dementie** ⟨dee-⟩ *de (v)* vermindering van geestelijke vermogens, geestelijke aftakeling door een ziekteproces in de hersenen
demi *de (m)* [-'s] dunne overjas
demilitariseren ⟨-zi̱ren⟩ in een gebied alle verdedigingswerken verwijderen en militaire bases opheffen
demi-sec *bn* ⟨van wijn⟩ halfzoet
demissionair ⟨-sjoonèr⟩ *bn* die aftreedt, die zijn ontslag genomen heeft, zoals een minister of een kabinet
demo ⟨dee-⟩ *de (m)* [-'s] in eigen beheer opgenomen muziek (van een popgroep, zanger enz.) als demonstratiemateriaal
demobiliseren ⟨-zi̱ren⟩ ❶ de mobilisatie opheffen ❷ de militaire dienst na een mobilisatie (doen) verlaten
democraat ⟨deemoo-⟩ *de (m)* [-craten] aanhanger van de democratie of van een democratische partij **democratie** *de (v)* [-ën] ❶ staatsvorm waarbij het volk aan de besluitvorming deelneemt ❷ staat waar op democratische wijze wordt geregeerd **democratisch** *bn* ❶ als in een democratie ❷ waarbij iedereen meebeslist: *iets ~ besluiten* **democratiseren** ⟨-zi̱ren⟩ democratisch maken
demografie ⟨deemoo-⟩ *de (v)* statistische beschrijving van de bevolking, gegevens betreffende geboorte, sterfte, huwelijk enz., leer van de opbouw en samenstelling van bevolkingen **demografisch** *bn* volgens de demografie
demon ⟨dee-⟩ *de (m)* [-en, -s] ❶ boze geest, duivel ❷ duivels mens, slechtaard **demonisch** *bn* van of als van een demon, duivels **demoniseren** ⟨-zi̱-⟩ als slecht of duivels afschilderen
demonstrant ⟨dee-⟩ *de (m)* iemand die aan een demonstratie tegen of voor iets meedoet
demonstrateur *de (m)* [-s] iemand die (de werking van) een product laat zien
demonstratie *de (v)* [-s] ❶ vertoning van (de werking van) een product ❷ tocht of bijeenkomst om te laten zien dat men voor of

tegen iets is **demonstratief** *bn* zo dat het opgemerkt wordt: *toen haar ex-vriend kwam, liep ze ~ weg* **demonstreren ❶** (de werking van iets) laten zien, tonen **❷** een optocht houden om duidelijk te maken dat men voor of tegen iets is

demonteren ⟨dee-⟩ uit elkaar halen

demoraliseren ⟨-zi-⟩ **❶** moed en hoop doen verliezen **❷** het moreel besef doen verdwijnen

demotie ⟨dee-⟩ *de (v)* [-s] verlaging in rang

demotivatie ⟨dee-⟩ het ongemotiveerd raken **demotiveren** maken dat iemand zijn motivatie verliest

dempen ❶ dichtgooien met aarde e.d.: *een gracht ~* **❷** matigen, temperen, ervoor zorgen dat het minder wordt: *geluid ~* **demper** *de (m)* [-s] voorwerp om geluid te dempen, bijv. van een muziekinstrument: *een ~ voor een trompet*

den *de (m)* [-nen] naaldboom van het geslacht Pinus, dennenboom **denappel**, **dennenappel** vrucht van een den

denar *de (m)* [-s] munt en munteenheid van Macedonië

denationaliseren ⟨deena(t)sjoonaaliezirən⟩ de nationalisatie (van bedrijven) ongedaan maken, weer tot particulier bezit maken

denatureren ⟨dee-⟩ zijn eigen karakter ontnemen, vooral stoffen zo bewerken dat ze ongeschikt worden voor consumptie

denderen een dreunend schokkend geluid maken, zich dreunend voortbewegen: *de trein denderde voorbij* **denderend** *bn* geweldig, buitengewoon: *dat feest was niet zo ~*

dendriet *de (m)* **❶** boomvormig oxidatieproduct op steen **❷** vertakking van een zenuwcel

dendrologie *de (v)* studie van houtige gewassen zoals bomen en heesters

denier ⟨denjee⟩ *de (m)* [-s] gewichtseenheid van garen in grammen per 9000 m

denigrerend *bn* met minachting ▼ *~ over iets spreken* als over iets minderwaardigs

denim ⟨dennəm *of* deenim⟩ *het* stevige katoenen stof, onder andere gebruikt voor spijkerbroeken

denivelleren ⟨dee-⟩ nivellering ongedaan maken, verschil vergroten

denkbaar *bn* wat mogelijk is, wat men zich kan voorstellen

denkballon getekende ballon in een stripverhaal met de gedachten van een personage

denkbeeld gedachte, idee, mening: *hij heeft van die achterhaalde ~en over de rol van de vrouw* **denkbeeldig** wat niet echt is en alleen in iemands verbeelding bestaat: *op de training oefenden we tegen een ~e tegenstander* ▼ *het gevaar is niet ~ dat ...* dat zou weleens echt kunnen gebeuren

denkelijk *bn* waarschijnlijk, vermoedelijk **denken** [dacht, h. gedacht] **❶** zijn verstand gebruiken en zich iets in gedachten voorstellen: *ik zit te ~ over de oplossing voor dat probleem; ik denk dat hij kwaad is en daarom niet komt* **❷** een mening ergens over hebben: *dat is wel een goed idee, denk ik; wat denk jij daarvan?* **denker** *de (m)* [-s] **❶** iemand die nadenkt **❷** filosoof **denkfout** fout in het denken, verkeerde redenering **denkkracht** vermogen om goed te denken **denkraam** omvang van het denkvermogen,

manier van denken, structuur waarbinnen iemand denkt: *een groot ~ hebben* **denksport ❶** sport, spel waarbij de krachtmeting voornamelijk op geestelijk niveau plaatsvindt, bijv. schaken, dammen **❷** het oplossen van puzzels als tijdverdrijf **denktank** ⟨-tenk⟩ team van mensen die proberen oplossingen voor problemen te bedenken **denkvermogen ❶** het in staat zijn om te denken **❷** mate waarin iemand in staat is om te denken **denkwijze** manier van denken

dennenappel *de* → denappel **dennenboom** naaldboom van het geslacht Pinus **dennennaald** naaldvormig blad van een den

denominatie *de (v)* [-s] **❶** benaming **❷** kerkgenootschap

densiteit *de (v)* dichtheid

dentaal I *bn* **❶** bij de tanden gevormd **II** *de* [-talen] **❷** letter die bij de tanden wordt gevormd, zoals de d **dentist** *de (m)* tandheelkundige zonder artsdiploma

deodorant ⟨dee-⟩ *de (m)* [-en, -s] middel tegen zweetlucht, middel dat men onder zijn oksels smeert of spuit tegen zweetlucht

deontologie ⟨dee-⟩ *de (v)* **❶** het uitgaan van absolute gedragsregels **❷** BN ook leer van de plichten voor een bepaald beroep

Deo volente *bw verb* als God het wil

dep., dept. departement

depanneren BN **❶** een auto met pech repareren **❷** iemand hulp bieden, uit de nood helpen

departement ⟨dee-⟩ *het* **❶** bestuurlijk gewest, bijv. in Frankrijk **❷** afdeling van een vereniging of stichting **❸** tak van dienst van het uitvoerend gezag, ministerie **❹** BN subfaculteit **departementaal** *bn* van een departement

dependance ⟨deepãdãs(ə)⟩ *de (v)* [-s] bijgebouw **dependentie** ⟨dee-⟩ *de (v)* [-s, -iën] afhankelijkheid

deplorabel ⟨dee-⟩ *bn* betreurenswaardig, jammerlijk, heel slecht: *een gebouw in ~e staat*

depolitiseren ❶ uit de sfeer van de politieke partijstrijd halen **❷** BN de invloed van de politieke partijen op benoemingen (van hoge ambtenaren, rechters) proberen te verminderen

deponeren ⟨dee-⟩ **❶** neerleggen, afgeven, in bewaring geven **❷** ter inzage leggen **❸** (een handels- of fabrieksmerk) bij een instantie inleveren om zich van het recht van gebruik te verzekeren

deporteren afvoeren naar een verbanningsoord of een ander gebied

deposito ⟨deepoozietoo⟩ *het* [-'s] **❶** het in bewaring geven **❷** geld dat in bewaring is gegeven

depositogarantiestelsel *het* [-s] systeem waarbij spaargeld op een bank tot een bepaald bedrag gegarandeerd is door de overheid **depositorekening** bankrekening waarop geld voor een vaste periode wordt vastgezet

depot ⟨deepoo⟩ *het & de (m)* [-s] **❶** bewaarplaats, magazijn, opslagwinkel **❷** het in bewaring geven

deppen voorzichtig natmaken

depreciatie ⟨deepreesjaa-⟩ *de (v)* [-s] **❶** waardevermindering, koersdaling

❷ geringschatting, het niet waarderen

depressie ⟨dee-⟩ *de (v)* [-s] ❶ ⟨meteorologie⟩ (gebied van) lage luchtdruk ❷ bedrukte gemoedstoestand, ziekelijk sombere stemming ❸ ⟨economie⟩ toestand waarin het lange tijd slecht gaat, crisis **depressief** *bn* in een bedrukte gemoedstoestand, ziekelijk somber **depri** *inform. bw* somber, neerslachtig **deprimeren** somber, depressief maken

deprivatie ⟨dee-⟩ *de (v)* gemis, wat iemand niet krijgt en wel zou moeten hebben

dept. → dep.

deputatie ⟨dee-⟩ *de (v)* [-s] ❶ afvaardiging ❷ de mensen die afgevaardigd zijn ▼ BN *Bestendige Deputatie* college belast met het dagelijks bestuur van een provincie

der *lidw* ⟨oude genitief⟩ van de

derailleur *de (m)* [-s] versnellingsmechanisme aan een fiets

derangeren ⟨deeranzjìrən⟩ storen

derby ⟨dùRbie⟩ *de (m)* wedstrijd tussen twee clubs uit dezelfde stad of streek

derde *telw* ❶ nummer 3 ❷ 1/3 ▼ ~*n* personen die buiten twee partijen staan ▼ ~ *wereld* ontwikkelingslanden

derdegraadsverbranding *de (v)* verbranding van de huid in de hoogste graad

derdegraadsverhoor verhoor met zware lichamelijke en geestelijke dwangmiddelen

derderangs *bn* van slechte kwaliteit

derdewereldland ontwikkelingsland

derdewereldwinkel winkel met producten uit ontwikkelingslanden

deregularisering BN *de (v)* deregulering

deregulering ⟨dee-⟩ *de (v)* vereenvoudiging van regels en wetgeving

deren schaden, verdriet doen, leed berokkenen ▼ *wat niet weet, wat niet deert* als je iets niet weet, heb je er ook geen last van

derg. dergelijke

dergelijk *vnw* zulk

derhalve *bw* daarom

derivaat ⟨dee-⟩ *het* [-vaten] ❶ wat uit iets is afgeleid ❷ wat uit andere stoffen verkregen is

derivatie *de (v)* [-s] ❶ afleiding ❷ wat afgeleid is, zoals een woord dat is afgeleid ❸ zijdelingse afwijking, onder andere van een afgeschoten kogel

dermate *bw* in zo'n mate, dusdanig: *ik was ~ ziek dat ik niet kon lopen*

dermatologie *de (v)* wetenschap van de huid, vooral de leer van de huidziekten

derny ⟨dùRnie⟩ sp. *de (m)* [-'s] motorfiets van een gangmaker in de wielersport

derrie *de* modder, drek, vieze massa

derrière ⟨derrjèrə⟩ *de* [-s] achterwerk, bips: *die vrouw met haar dikke ~*

dertien *telw* aantal van 13 ▼ ~ *in een dozijn* heel gewoon, waarvan er heel veel zijn, niets bijzonders

dertig *telw* aantal van 30 **dertiger** *de (m)* [-s] iemand tussen 30 en 40 jaar

derven missen, niet krijgen: *inkomsten ~ door een stroomstoring*

derwaarts *bw* daarheen

derwisj *de (m)* lid van een mystieke islamitische orde

des I *het , diëthylstilbesterol*, ❶ synthetisch hormoonpreparaat dat rond 1950 werd gebruikt om miskramen te voorkomen en dat later schadelijke bijwerkingen bleek te hebben II *lidw* ❷ ⟨oude genitief⟩ van 'de' en 'het': *de tand ~ tijds; de plaats ~ onheils* ▼ *het is niet ~ Harry's om zoiets te doen* zoiets doet Harry normaal niet III *bw* ❸ daarom: *~ te meer; ~ te erger* ▼ ~ *te* zoveel meer in verhouding: *hoe hoger ze klommen, ~ te kouder het werd* IV *de* [-sen] ❹ muz. d die met een halve toon is verlaagd

desa ⟨dessa⟩ *de* [-'s] Indonesische dorpsgemeente

desalniettemin *bw* maar toch

desastreus ⟨deezas-⟩ *bn* rampzalig: *een actie met desastreuze gevolgen*

desbetreffend *bn* wat te maken heeft met de persoon over wie of de zaak waarover het gaat

descendant ⟨dessen-⟩ *de (m)* neergaand teken van de dierenriem **descendent** ⟨dessen-⟩ *de (m)* afstamming

descriptief ⟨dee-⟩ *bn* beschrijvend

desdochter dochter van een vrouw die tijdens haar zwangerschap het groeihormoon des heeft gebruikt, waardoor de dochter mogelijk onvruchtbaar is

desem *de (m)* zuurdeeg **desemen** zuurdeeg doen in

deserteren ⟨deezertìrən⟩ [deserteerde, is gedeserteerd] ❶ weglopen met het doel zich blijvend aan de militaire dienst of de scheepsdienst te onttrekken ❷ overlopen naar de vijand **deserteur** *de (m)* [-s] iemand die deserteert **desertie** *de (v)* [-s] het deserteren

desgevallend BN, ook *bw* eventueel

desgevraagd *bw* wanneer het iemand gevraagd wordt **desgewenst** *bw* als het gewenst wordt

desideratum ⟨deezie-⟩ *het* [-ta] iets wat gewenst wordt, waarnaar iemand op zoek is

design ⟨diezajn⟩ *het* [-s] ❶ het ontwerpen, vooral industriële vormgeving ❷ (industrieel) ontwerp, vormgeving: *een tv met een strak ~* **designen** [designde, h. gedesignd] ontwerpen **designer** *de (m)* [-s] ontwerper

desillusie zware teleurstelling, tegenvaller

desinfecteren ontsmetten, verwijderen van stoffen die ziektes kunnen overbengen **desinfectie** ontsmetting

desintegratie het uiteenvallen van een geheel in zijn samenstellende delen **desintegreren** uiteenvallen van een geheel in zijn samenstellende delen

desinteresse gebrek aan belangstelling

desk *de (m)* [-s] bureau, balie, toonbank

desktop comp. *de (m)* [-s] bureaublad

desktoppublishing ⟨-blisjing⟩ *de* grafische vormgeving m.b.v. een computer

deskundig *bn* met kennis van zaken, die er verstand van heeft **desniettemin** *bw* ondanks dat, toch, desalniettemin **desnoods** *bw* als het echt nodig is, in het uiterste geval

desolaat ⟨deezoo-⟩ *bn* troosteloos, heel triest: *een ~ landschap met hier en daar een kale boom*

desondanks *bw* ondanks dat, maar toch

desorganisatie ⟨des-orgaaniezaa-⟩ verwarring, ontwrichting, gebrek aan interne structuur

de

desoriëntatie toestand van verwardheid, onvermogen om zijn plaats in zijn omgeving en onder zijn medemensen te bepalen

desperaat *bn* wanhopig, radeloos, vertwijfeld

desperado *de (m)* [-'s] iemand die niets te verliezen heeft en die tot het uiterste gaat zonder rekening te houden met anderen

despoot *de (m)* [-poten] alleenheerser die anderen tegen elke prijs zijn wil oplegt, tiran **despotisch** *bn* als een despoot

dessert ⟨dessèr⟩ *het* [-en, -s] nagerecht, toetje

dessin ⟨dessè⟩ *het* [-s] tekening, patroon: *het ~ van een stof, van behang*

destabiliseren ⟨deestaabieliezi̱ran⟩ onstabiel maken of worden: *een gedestabiliseerd land*

destijds, destijds *bw* in die tijd, toen: *~ bestonden er nog geen computers*

destillaat *het* → distillaat

destilleren, distilleren ❶ door verhitting doen verdampen en vervolgens condenseren, om te zuiveren ❷ sterkedrank stoken ❸ fig. afleiden uit iets door zoeken, door moeite te doen

destructie *de (v)* ❶ vernietiging ❷ vernietiging van kadavers en slachtafval

destructief *bn* verwoestend, vernietigend, met de neiging dingen kapot te maken

detachement ⟨deetasja-⟩ *het* groep soldaten die voor een bepaalde opdracht is afgezonderd uit een groter geheel **detacheren** ⟨-si̱jran⟩ ❶ tijdelijk ergens anders onderbrengen ❷ tijdelijk ergens anders te werk stellen, een taak laten uitvoeren

detail ⟨deetaj⟩ *het* [-s] bijzonderheid, klein onderdeel van een geheel **detailhandel** verkoop rechtstreeks aan de consument **detailleren** ⟨-ji̱ran⟩ ❶ in bijzonderheden vertellen of beschrijven ❷ op grote schaal of op ware grootte in tekening brengen **detaillist** *de (m)* winkelier die rechtstreeks aan de consument verkoopt

detecteren opsporen, vaststellen: *een gaslek ~* **detectiepoortje** *het* [-s] poortje met apparatuur voor het opsporen van wapens of gestolen goederen

detective ⟨dietektiv⟩ *de (m)* [-s] ❶ iemand die misdadigers of vermiste personen opspoort, uitzoekt of een echtgenoot ontrouw is enz. ❷ roman of film waarin dit gebeurt

detector ⟨dee-⟩ *de (m)* [-s, -toren] apparaat om de aanwezigheid van iets vast te stellen, bijv. van wapens

detente ⟨deetã̱ta⟩ *de (v)* ontspanning tussen staten

detentie ⟨dee-⟩ *de (v)* [-s] ❶ opsluiting, hechtenis ❷ jur. het iets in bewaring hebben, gebruiken, bijv. als huurder

detergent ⟨dee-⟩ *de (m)* middel om vet in water op te lossen

determinant *de (m)* ❶ factor die een ontwikkeling bepaalt ❷ wisk. formule voor de oplossing van vergelijkingen **determineren** bepalen, vaststellen, de aard van iets vaststellen aan de hand van bepaalde kenmerken, vooral van planten

determinisme *het* leer dat alle gebeurtenissen en alle wilsuitingen bepaald zijn door vaststaande oorzaken

detineren ⟨dee-⟩ vasthouden, gevangenhouden

detonatie ⟨dee-⟩ *de (v)* [-s] ❶ snelle chemische reactie in een stof, ontploffing ❷ muz. het afwijken van de toon **detonator** *de (m)* [-s] apparaat of stof als hulpmiddel om een stof tot ontploffing te brengen **detoneren** ❶ onzuiver klinken ❷ fig. misstaan, lelijk afsteken, uit de toon vallen ▼ *~ in een gezelschap* lelijk afsteken bij de anderen (bijv. door slordige kleding)

detox ⟨die-⟩ *de (v)* ❶ het reinigen en ontgiften van het lichaam ❷ afdeling waar verslaafden afkicken van alcohol of drugs voordat ze verder behandeld worden

deuce ⟨djoes⟩ *het* gelijkstand van 40 punten bij tennis

deugd *de* ❶ geneigdheid tot het goede, het goed-zijn ❷ goede eigenschap ▼ *lieve ~i* o jee!, mijn hemel! ▼ *dat doet me ~* dat doet me goed, daar ben ik blij om ▼ BN *ook ~ van iets beleven* er plezier aan hebben **deugdelijk** *bn* degelijk, goed: *~ gereedschap* **deugdzaam** *bn* braaf, netjes, fatsoenlijk **deugen** geschikt of braaf of goed zijn **deugniet** *de (m)* ❶ ondeugend kind ❷ iemand die slechte dingen doet

deuk *de* ❶ indrukking, gleuf die ontstaat door indrukken of door stoten ❷ fig. schade die iemand oploopt: *een ~ in zijn reputatie* ▼ inform. *in een ~ liggen* heel erg moeten lachen **deuken** een deuk in iets maken

deun *de (m)* melodietje, wijsje

deur *de* verticale beweegbare afsluiting van de toegang tot een huis, kamer, kast e.d. ▼ *dat doet de ~ dicht* nu is het genoeg geweest ▼ *een open ~ intrappen* iets beweren, betogen dat al bekend is ▼ *met de ~ in huis vallen* het gesprek meteen brengen op het punt waar het om gaat ▼ *niet met iemand door één ~ kunnen* niet met iemand willen omgaan ▼ *daar is de ~!* u/jij kunt gaan! ▼ *de ~ bij iemand platlopen* ergens veel komen ▼ *met gesloten ~en* niet openbaar ▼ *voor de ~ staan* ophanden zijn: *de feestdagen staan voor de ~* ▼ BN *ook iemand aan de ~ zetten* ontslaan, buitenzetten **deurdranger** dranger **deurpost** elk van de stijlen langs een deur: *ze leunde tegen de ~* **deurwaarder** *de (m)* [-s] iemand die bij de rechtbank werkt en veel verschillende taken heeft, zoals iemand oproepen om naar de rechtbank te komen voor een rechtszaak: *als hij nog langer zijn rekeningen niet betaalt, zal de ~ langskomen en zijn spullen mee laten nemen*

deus ex machina ⟨dei̱joes eks ma̱agiena⟩ *de (m)* [-'s, dei ex machina] ❶ bovennatuurlijk wezen dat plotseling in een toneelstuk verschijnt en een probleem oplost ❷ fig. plotselinge, totaal onverwachte oplossing

deux-chevaux ⟨deusja̱voo⟩ *de* [-vauxs] auto van het merk Citroën®: 2cv, ook 'lelijke eend' genoemd

deux-pièces ⟨deupjè̱s⟩ *de (m)* [deux-pièces] kostuum dat bestaat uit een jasje en een rok

devalueren ❶ de waarde van een munt doen verminderen t.o.v. andere valuta's ❷ fig. in waarde doen verminderen ❸ minder waard worden: *de waarde van deze collectie is de laatste jaren sterk gedevalueerd; door het zwakke deelnemersveld is het toernooi sterk gedevalueerd*

deviant ⟨dee-⟩ *bn* afwijkend, vooral afwijkend

van een norm: ~ *gedrag* **deviatie** *de (v)* [-s]
❶ afwijking van een lichaam uit zijn baan, van
het kompas ❷ koersverandering van een schip
❸ afdwaling, afwijking van de normale toestand
devies *het* [-viezen] leus, motto: *het ~ van onze
trainer is: de aanval is de beste verdediging*
▼ *deviezen* buitenlandse betaalmiddelen,
waardepapieren en vorderingen
devoon *het* vierde periode van het paleozoïcum
devoot ⟨dee-⟩ *bn* vroom **devotie** *de (v)* [-s]
vroomheid ▼ *Moderne Devotie* vorm van
geloofsverdieping aan het eind van de
middeleeuwen
dextrine *de (v)* gomachtige stof die uit zetmeel
ontstaat **dextrose** ⟨-ze⟩ *de* druivensuiker
deze *vnw* iets dat dicht bij de spreker is ▼ *bij ~n
door deze brief* ▼ *in ~n* in deze zaak, wat deze
zaak betreft ▼ *~ en gene* verscheidene personen
dezelfde *vnw* ❶ die erop lijkt of lijken ❷ die
precies identiek is of zijn **dezerzijds** *bw* van
deze kant, van onze kant
dg decigram
dgl. dergelijke
dhr. de heer
d.i. dat is *of* dit is
dia *de (m)* [-'s] foto op doorzichtig materiaal
gebruikt voor projectie op een scherm of muur
diabeet *de (m)* [-beten] iemand die suikerziekte
heeft **diabetes** *de (m)* suikerziekte **diabeticus** *de
(m)* [-tici] iemand die suikerziekte heeft
diabolisch *bn* duivels, duivelachtig: *een ~e lach*
diabolo *de (m)* [-'s] speelgoed dat bestaat uit een
dubbele kegel met de punten tegen elkaar, dat
m.b.v. een koord aan het draaien wordt
gebracht en omhoog wordt gegooid en
opgevangen
diachronisch *bn* waarbij gekeken wordt naar de
ontwikkeling van verschijnselen in de tijd: *~e
analyse van een taal* studie van de historische
ontwikkeling van een taal
diaconaat *het* ❶ r.-k. wijding tot diaken ❷ prot.
het werk van de diaconie, hulp aan mensen in
nood **diacones** *de (v)* [-sen] protestantse
verpleegster, die de verpleging als liefdewerk
verricht **diaconessenhuis** ziekenhuis waar
diaconessen werken **diaconie** *de (v)* [-ën]
instelling binnen de protestantse kerk voor hulp
aan mensen in nood
diadeem *de (m) & het* [-demen] ❶ kostbare band
om het hoofd, versierd met edelstenen, vooral
voor koninginnen en prinsessen ❷ stevige band
om het hoofd, vaak van plastic, voor meisjes en
vrouwen
diafragma *het* [-'s] schermpje dat regelt hoeveel
licht binnenkomt in camera's en optische
instrumenten
diagnose ⟨-za⟩ *de (v)* [-n, -s] ❶ het vaststellen
welke ziekte iemand heeft op basis van de
verschijnselen ❷ fig. vaststelling van het
probleem, van wat er aan de hand is
diagnosticeren de diagnose stellen
diagonaal **I** *de* [-nalen] ❶ verbindingslijn tussen
twee hoekpunten in een veelhoek, die geen
zijde van deze veelhoek is **II** *bn* ❷ dwars: *een
plein ~ oversteken*
diagram *het* [-men] getekend schema, grafiek: *op*

dit ~ kun je zien hoe regelmatig je hart klopt
diaken *de (m)* [-s, -en] ❶ r.-k. geestelijke met de
kerkelijke wijding onmiddellijk vóór het
priesterschap ❷ prot. lid van de kerkenraad
belast met hulp aan armen en sociale hulp
diakritisch *bn* wat zaken van elkaar
onderscheidt ▼ taalk. *~e tekens* tekens die de
juiste uitspraak aangeven, zoals accenttekens
dialect *het* taal van een plaats, gebied of sociale
groep
dialectiek *de (v)* ⟨filosofie⟩ het naast elkaar
bestaan en het elkaar opvolgen van
tegenstellingen **dialectisch** *bn* ❶ wat hoort bij,
in verband staat met een dialect ❷ wat bij de
dialectiek hoort **dialectologie** *de (v)* kennis en
leer van de dialecten, dialectkunde **dialectpop**
popmuziek met teksten in dialect
dialoog *de (m)* [-logen] ❶ gesprek tussen twee
personen, groeperingen, landen enz.
❷ uitwisseling van standpunten
dialysator ⟨-liezaator⟩ *de (m)* apparaat voor
dialyse **dialyse** *de (v)* [-s] ❶ schei. scheiding van
stoffen d.m.v. een membraan ❷ med.
kunstmatige zuivering van afvalstoffen uit het
bloed bij personen van wie de nieren niet goed
functioneren
diamant *de (m) & het* [gmv] heel hard
doorzichtig edelgesteente dat bestaat uit
gekristalliseerde koolstof **diamantair** ⟨-tèr⟩ *de (m)*
[-s] iemand die diamanten bewerkt en verkoopt
diamanten *bn* van diamant of met diamant ▼ *~
bruiloft* het zestig jaar getrouwd-zijn
diameter *de (m)* [-s] middellijn, doorsnede: *een
cirkel met een ~ van vijftien centimeter* **diametraal**
bn ❶ volgens de middellijn ❷ lijnrecht, ook
figuurlijk: *vader en zoon staan in deze kwestie ~
tegenover elkaar*
diapason ⟨-zon⟩ *de (m)* [-s] ❶ het bereik in tonen
van een stem of muziekinstrument ❷ stemvork
diapositief ⟨-zie-⟩ *het* [-tieven] dia **diaprojector**
apparaat om dia's te vertonen
diarree *de (v)* kwaal met waterachtige ontlasting
waardoor iemand heel vaak naar de wc moet
diaspora *de* het verspreid wonen tussen
andersdenkenden, van Joden buiten Palestina
diastolisch *bn* ▼ *~e bloeddruk* verlaagde
bloeddruk
diatonisch muz. *bn* volgens een
toonladdersysteem waarbij het octaaf verdeeld is
in zeven toonafstanden van vijf hele en twee
halve afstanden
dicht *bn* ❶ nauw aaneensluitend, met weinig
tussenruimte ❷ gesloten: *de deur is ~* ❸ zonder
openingen of gaten
dichtader ▼ *zijn ~ vloeit* hij heeft inspiratie om
gedichten te schrijven
dichtbevolkt *bn* waar veel mensen dicht bij
elkaar wonen: *Nederland is een ~ land* **dichtbij**
bw op kleine afstand **dichtdoen** maken dat iets
dicht is
dichten ❶ dichtmaken: *een gat ~* ❷ gedichten
maken **dichter** *de (m)* [-s] iemand die gedichten
maakt **dichteres** *de (v)* [-sen] vrouw die
gedichten maakt **dichterlijk** *bn* als van een
dichter
dichtgooien dichtmaken, dichtdoen, sluiten: *een*

di

gracht ~ *met aarde;* **inform.** *een kroeg* ~ ▼ BN *de remmen* ~ bruusk remmen, plotseling het rempedaal intrappen **dichtklappen** ❶ met een klap dicht (doen) slaan ❷ **fig.** zich afsluiten voor anderen, niets meer (kunnen) zeggen: *door die hatelijke opmerking klapte ze dicht* **dichtknijpen** door knijpen dichtdoen ▼ *een oogje* ~ doen alsof men iets (wat niet mag) niet ziet

dichtkunst de kunst van het maken van gedichten **dichtregel** regel uit een gedicht

dichtslaan (zich) met een harde slag sluiten: *ze sloeg de deur achter zich dicht* **dichtwerk** ❶ lang gedicht ❷ verzamelde gedichten van een auteur

dichtzitten afgesloten zijn, dicht zijn, verstopt zijn ▼ *het zit buiten helemaal dicht* er is een dichte mist

dictaat *het* [-taten] ❶ uitgewerkte aantekeningen van de stof die in een les behandeld is ❷ voorschrift, iets wat opgelegd is, wat men moet doen **dictafoon** *de (m)* [-s] klein apparaat voor het opnemen van gesproken teksten

dictator *de (m)* [-toren, -s] heerser met onbeperkte macht die zichzelf heeft uitgeroepen tot leider van het volk **dictatoriaal** *bn* van, als van of als een dictator **dictatuur** *de (v)* [-turen] ❶ regering van een dictator ❷ land dat door een dictator wordt geregeerd

dictee *het* [-s] voorgelezen stuk dat men moet opschrijven, als oefening in het spellen **dicteren** ❶ voorzeggen van tekst die iemand anders moet of anderen moeten opschrijven ❷ **fig.** zonder onderhandeling opleggen, voorschrijven **dictie** *de (v)* wijze van voordragen of uitspreken

dictionaire (diksjoonèr) *de (m)* [-s] woordenboek

didacticus *de (m)* [-ci] ❶ beoefenaar van de didactiek ❷ iemand die anderen iets leert **didactiek** *de (v)* ❶ kunst van het lesgeven ❷ deel van de opvoedkunde dat zich bezighoudt met de overdracht van kennis **didactisch** *bn* ❶ wat te maken heeft met didactiek ❷ met de bedoeling om anderen iets te leren, waar anderen iets van leren

didgeridoo (didzjèriedoe) *de (m)* [-s] van oorsprong inheems Australisch blaasinstrument dat bestaat uit de holle stam van een kleine boom

die *vnw* ❶ aanwijzend voornaamwoord bij woorden met lidwoord 'de', om iets aan te duiden dat verder weg is van de spreker: *niet deze pen, maar* ~ *pen* ❷ betrekkelijk voornaamwoord bij woorden met lidwoord 'de', om te verwijzen naar een woord eerder in de zin: *de krant* ~ *ik lees*

dieet *het* [diëten] ❶ reeks voorschriften m.b.t. producten die iemand wel of niet mag eten of drinken en hoeveel: *ik ben op* ~ *want ik wil afvallen* ❷ manier van eten, bepaald door omstandigheden, ideeën e.d.: *dit volk leeft op een* ~ *van voornamelijk rijst; een vegetarisch* ~ **dieetwinkel** BN reformwinkel

dief *de (m)* [dieven] ❶ iemand die steelt ❷ ongewenste loot of knop aan een plant **diefje-met-verlos** *het* tikspel van kinderen **diefstal** *de (m)* [-len] het stelen

diegene *vnw* (met nadruk) die persoon die, degene (*kondigt een bepaling aan die daarna*

komt): ~ *die dit heeft gedaan* ...

diehard (dajhàRd) *de (m)* [-s] ❶ fanatiek aanhanger van een systeem ❷ iemand die tot het eind toe volhoudt, doordouwer

diëlektrisch *bn* slecht geleidend, isolerend

dienaangaande, dienaangaande *bw* daarover, wat dat betreft

dienaar *de (m)* [-s, -naren] ❶ iemand die allerlei diensten verricht voor iemand anders: *de dienaren van de koning* ❷ **fig.** iemand die zich wijdt aan een bepaalde zaak of persoon: *een* ~ *van de wetenschap*

dienblad blad waarop men eten en dranken serveert

diender *de (m)* [-s] politieagent

dienen ❶ werken voor: *hij heeft bij de marine gediend* ❷ zich wijden aan: *hij dient het geloof* ❸ behulpzaam zijn, van nut zijn: *die nieuwe maatregel dient nergens toe* ❹ gebruikt worden: *waar dient deze knop voor?* ▼ ~ *te* moeten ▼ *ergens niet van gediend zijn* ergens niets van moeten hebben, niet willen ▼ *iemand van repliek* ~ iemand op scherpe toon een reactie geven

dienovereenkomstig, dienovereenkomstig *bw* wat daarmee overeenkomt

diens *vnw* van die (mannelijke) persoon: *een collega en* ~ *vrouw*

dienst *de (m)* ❶ het dienen, het werken voor: *in militaire* ~ ▼ *de* ~ *uitmaken* beslissen wat er gebeurt ▼ *buiten* ~ van personen: niet (meer) in dienst; van machines, apparaten e.d.: niet functionerend ❷ afdeling met een bepaalde taak: *de geneeskundige* ~ *van het leger* ❸ godsdienstige bijeenkomst: *de* ~ *op zondag* ❹ iets wat iemand doet in het belang van iemand anders: *iemand een* ~ *bewijzen* ▼ *waarmee kan ik u van* ~ *zijn?* wat kan ik voor u doen? ▼ *tot uw* ~ beleefd antwoord als men wordt bedankt ❺ nut: *ten* ~*e van* ❻ geregelde verbinding met vervoermiddelen: *deze busmaatschappij onderhoudt een* ~ *tussen Ommen en Dedemsvaart* ▼ BN *ook* ~ *na verkoop* (klanten)service ▼ BN *ook* ~ *inbegrepen* inclusief bediening **dienstauto** auto die wordt gebruikt voor werk in dienst van de overheid: *de* ~ *van de minister*

dienstbaar *bn* ❶ ondergeschikt, bereid om een dienst te verlenen ❷ wat nuttig voor iets kan worden gebruikt

dienstbetoon *het* ❶ het verlenen van hulp, hulpvaardigheid ❷ BN bemiddeling bij de overheid door een politicus, ten voordele van zijn kiezers **dienstbetrekking** werk waarbij iemand als werknemer in dienst is, baan **dienstbode** *de (v)* [-n, -s] vrouw die tegen betaling helpt in de huishouding

dienstdoen [deed dienst, h. dienstgedaan] gebruikt worden: *dit schoteltje doet dienst als asbak* **dienstdoend** *bn* (persoon) in functie, die op dat moment aan het werk is: *de* ~*e agent* **dienstensector** deel van het economisch leven dat buiten industrie en land- en tuinbouw valt

dienster *de (v)* [-s] ❶ BN *ook* serveerster in een lunchroom, cafetaria e.d. ❷ dienstmeisje

dienstig *bn* zo dat het kan dienen, geschikt, bruikbaar

dienstjaar jaar dat iemand heeft gewerkt, in

dienst is geweest **dienstklopper** *de (m)* [-s] iemand die zijn plicht overdreven nauwgezet vervult **dienstmeisje** meisje als hulp in de huishouding **dienstplicht** verplichting om gedurende een bepaalde periode militaire dienst te verrichten, in het leger te gaan **dienstregeling ❶** (lijst met) aankomst- en vertrektijden van een vervoermiddel **❷** planning van diensten van een apotheek, gemeentelijke dienst enz. **dienstreis** reis die iemand die voor de overheid werkt, voor zijn werk maakt **diensttijd ❶** periode in militaire dienst **❷** periode die iemand ergens heeft gewerkt

dienstvaardig *bn* bereid om diensten voor anderen te verrichten, te doen wat anderen vragen

dienstverband werk door een werknemer voor een werkgever en de afspraken daarover (i.t.t. werk als zelfstandige)

dienstverlenend *bn* wat te maken heeft met dienstverlening: *de ~e beroepen* **dienstverlening** *de (v)* het niet rechtstreeks produceren maar het verlenen van diensten **dienstweg** BN weg die alleen bestemd is voor dienstverleners of dienstvoertuigen **dienstweigeraar** *de (m)* [-s] iemand die weigert de militaire dienstplicht te vervullen **dienstwoning** woning die iemand krijgt om een bepaalde functie uit te oefenen: *de ~ van de burgemeester*

dientengevolge, dientengevolge *vgw* daardoor, als gevolg daarvan

diep I *bn* **❶** met grote afstand onder het oppervlak of de bovenrand: *een ~e put* **❷** met grote afstand tussen voor- en achterkant: *een ~ huis* **❸** ver naar beneden: *~ vallen* **❹** fig. hoogst, ergst: *~e ellende* **❺** fig. met name achter- of ondergrond: *~e gedachten* **❻** ver naar binnen: *~ in het oerwoud* **▼** *een ~e slaap* een heel vaste slaap **II** *het* **❼** (vaar)water, bijv. een zeearm of kanaal **diepdruk** procédé waarbij de drukvorm verdiept in een vlak ligt **diepe** *het* deel van een zwembad waar men niet meer kan staan **▼** *een sprong in het ~* een moeilijke onderneming waarop iemand zich niet kan voorbereiden

dieperik *de (m)* **▼** BN *de ~ ingaan* naar de haaien gaan, ten onder gaan

diepgaan ❶ sp. ver naar het doel oprukken **❷** al zijn energie voor iets gebruiken

diepgaand *bn* fig. grondig, wat ergens diep in doordringt: *een ~ onderzoek* **diepgang ❶** afstand tussen het wateroppervlakte en de onderkant van een schip **❷** afstand tussen het wateroppervlakte en de bodem van een rivier, kanaal e.d. **▼** fig. *weinig ~ hebben* oppervlakkig zijn, geen diepe gedachten hebben

diepgravend *bn* fig. wat ver in een zaak doordringt: *een ~ onderzoek*

dieplader *de (m)* [-s] vrachtwagen met een laadbodem dicht bij de grond **dieplood** werktuig om de diepte van water te meten: *slib op de rivierbodem meten met een ~*

diepte *de (v)* [-n, -s] **❶** het diep-zijn, hoe diep iets is: *de ~ van dit meer is twintig meter* **▼** *een schilderij met veel ~* met veel perspectief **❷** iets dat heel diep is, afgrond: *hij stortte in de ~* **dieptebom**

bom die onder water ontploft

diepte-interview langdurig diepgaand interview **diepte-investering** investering die het rendement per werknemer verhoogt

dieptelijn lijn die punten van gelijke diepte verbindt

dieptepass sp. verre pass in de richting van het doel van de tegenstander **dieptepsychologie** psychologie van het onderbewustzijn **dieptepunt** *het* laagste punt, ook figuurlijk: *zijn echtscheiding was een ~ in zijn leven*

diepvries *de (m)* **❶** installatie voor het diepvriezen of het bewaren van diepgevroren etenswaren **❷** het diepvriezen of diepgevroren zijn **❸** diepgevroren etenswaren **diepvriezen** [-, h. diepgevroren] bevriezen om te bewaren

diepzeeonderzoek onderzoek van de zee beneden 200 meter

diepzinnig *bn* waarvan de betekenis moeilijk is te volgen, op basis van diep denken: *~e gedachten*

dier *het* **❶** ⟨binnen de wetenschap⟩ naam voor alle levende wezens die zintuigen hebben en daarmee kunnen waarnemen **❷** ⟨in het algemene taalgebruik⟩ een dergelijk wezen dat geen mens is

dierbaar *bn* heel geliefd, bemind

dierenactivist iemand die zich met acties inzet om het welzijn van dieren te verbeteren **dierenarts** dokter voor dieren, vooral kleine huisdieren **dierenbescherming ❶** het opkomen voor een goede behandeling van dieren **❷** vereniging met dat doel **dierenbeul** iemand die dieren pijn doet **dierendag** dag met speciale aandacht voor dieren, 4 oktober **dierenpark** dierentuin waar de dieren zoveel mogelijk vrij rondlopen **dierenpolitie** *de (v)* onderdeel van de politie dat verwaarlozing en mishandeling van dieren opspoort en bestrijdt **dierenriem** reeks van twaalf sterrenbeelden **dierenrijk** de gezamenlijke dieren **dierentuin** terrein waar vooral dieren uit andere delen van de wereld worden gehouden

diergaarde *de* [-n, -s] dierentuin **dierkunde** leer van de dieren, zoölogie **dierlijk** *bn* (als) van dieren **dierproef** proef met een levend dier voor onderzoek **diersoort** elk van de soorten waarin dieren zijn onderverdeeld

dies¹ ⟨dies⟩ **I** *bw* **❶** daarom **II** *vnw* **❷** daarvan **▼** *en wat ~ meer zij* en dergelijke meer, enzovoort **dies²** ⟨diejes⟩ *de (m)* stichtingsdag van een universiteit, hogeschool of studentenvereniging **diesel** ⟨-zəl⟩ **I** *de (m)* [-s] **❶** dieselmotor **II** *de* **❷** zware olie als brandstof voor dieselmotoren, dieselolie **dieselen ❶** doordraaien van een motor na uitschakeling van de ontsteking **❷** een auto met dieselmotor rijden **dieselmotor** verbrandingsmotor, waarbij de brandstof fijn verdeeld in de cilinders wordt gespoten en daar zonder ontstekingsmechanisme ontbrandt

diëtetiek *de (v)*, **diëtiek** leer van voeding en dieet **diëtist** *de (m)* voedingsspecialist die dieetvoorschriften samenstelt

Diets *bn* Groot-Nederlands **▼** *diets maken* wijsmaken; BN ook duidelijk maken

dievegge *de (v)* [-n, -s] vrouwelijke dief **dieven**

di

di

stelen **dievenbende** bende dieven **dievenklauw** speciaal scharnier in een deur of raam als beveiliging tegen inbraak **dievenpad** *v op ~ gaan* gaan stelen **dievenpoortje** *het* [-s] poortje in winkels e.d. met alarminstallatie tegen diefstal

diezelfde *vnw* dezelfde als die eerder genoemd is

different *bn* verschillend

differentiaal *de* [-alen] oneindig kleine toename van een veranderlijke grootheid

differentiaalrekening wisk. het berekenen van veranderingen bij groottheden als oneindig kleine veranderingen optreden bij groottheden die ermee samenhangen

differentiaalthermometer thermometer voor kleine temperatuurverschillen

differentiatie *de (v)* [-s] het verschillend worden, van elkaar gaan verschillen **differentie** *de (v)* [-s] (koers)verschil

differentieel *het* [-ëlen] tandwielconstructie om ongelijke snelheden van de aangedreven wielen op te vangen **differentiëren** onderscheid maken *v zich ~* zich verschillend ontwikkelen

diffusie ⟨-zie⟩ *de (v)* ❶ geleidelijke vermenging van vloeistoffen of gassen met elkaar, zonder inwerking van buiten ❷ ongelijkmatige terugkaatsing van licht of warmte **diffuus** *bn* ❶ verstrooid, zonder bepaalde grens, verspreid *v ~ licht* licht dat naar alle richtingen verspreid is ❷ vaag, onduidelijk, niet helder: *een ~ betoog*

diftar *het* , gedifferentieerd tarief, systeem waarbij iemand betaalt op basis van de hoeveelheid afval die hij aanbiedt

difterie, difteritis *de (v)* besmettelijke ontsteking van het slijmvlies

diftong taalk. *de* tweeklank, zoals au, ui, eu

digestie *de (v)* spijsvertering **digestief I** *het* [-tieven] ❶ middel dat de spijsvertering bevordert, vooral sterkedrank: *na de maaltijd dronken wij een ~* **II** *bn* ❷ wat de spijsvertering bevordert

diggelen, diggels *de (mv)* *v aan ~* kapot, in veel kleine stukjes: *de vaas viel aan ~*

digibeet *de (m)* [-beten] iemand die niet in staat is om een computer te gebruiken

DigiD ⟨diegiedee⟩ *de (v)* , *Digitale iDentiteit*, inlogcode voor elektronische diensten van Nederlandse overheidsinstellingen

digitaal *bn* ❶ met cijfers, wat met cijfers werkt, in de vorm van binaire codes *v gegevens ~ opslaan* gegevens vastleggen in de vorm van binaire codes, bijv. in een computer of op cd-rom *v ~ horloge* horloge dat niet met wijzers maar met verspringende cijfers werkt ❷ wat te maken heeft met de vingers of de tenen *v ~ onderzoek* medisch onderzoek met de vinger **digitalis** *de* vingerhoedskruid

digitaliseren ⟨-zi-⟩ comp. omzetten in een digitale code **digitenne** *de* antenne voor het ontvangen van digitale televisie

dij *de* deel van het been tussen knie en heup **dijbeen** bot in het bovenbeen **dijenkletser** *de (m)* [-s] grap waarom men heel erg moet lachen

dijk *de (m)* wal van zand, stenen enz. die het land beschermt tegen overstromingen *v iemand aan de ~ zetten* iemand ontslaan; het uitmaken met

iemand: *ze heeft haar vriendje aan de ~ gezet v een ~ van een* ... een heel goed, heel groot ...: *een ~ van een salaris* **dijkbreuk** het doorbreken van een dijk **dijkgraaf** voorzitter van het bestuur van een dijk of waterschap

dijn *vnw v het verschil niet kennen tussen het mijn en het ~* het verschil niet weten tussen wat van mij is en wat van jou, stelen

dik I *bn* ❶ met een grote omvang, met veel inhoud: *een ~ boek; een ~ke boom v maak je niet ~ wind je niet op*, maak je niet druk ❷ fig. groot *(van bedragen)*: *een ~ke fooi* ❸ dicht, ondoordringbaar, wat dicht op elkaar groeit: *~ haar* ❹ ruim, meer dan: *~ honderd euro v inform. dat zit er ~ in* de kans is groot: *het zit er ~ in dat het gaat regenen v ~ke vrienden* heel goede vrienden *v het is ~ in orde* het is helemaal in orde *v ~ doen* gewichtig doen **II** *het* ❺ bezinksel, droesem: *koffie~ v door ~ en dun* onder alle omstandigheden

dikdoenerig *bn* opschepperig, gewichtigdoenerig

dikhuidig *bn* ❶ met een dikke huid ❷ fig. zonder fijn gevoel, niet gevoelig voor beledigingen of terechtwijzingen

dikkerd *de (m)* [-s] dik persoon of dier **dikkop** iemand met een dik hoofd *v ~je* larve van een kikker

diksap geconcentreerd sap van vruchten

dikte *de (v)* [-n, -s] ❶ het dik-zijn, dikheid ❷ hoe dik iets is: *een ~ van drie millimeter*

dikwerf vero. *bw* dikwijls, vaak

dikwijls *bw* vaak

dikzak neg. dik iemand

dildo *de (m)* [-'s] kunstpenis, gebruikt als seksueel voorwerp

dilemma *het* [-'s] het moeten kiezen tussen twee mogelijkheden die allebei hun nadelen hebben: *ik sta voor een ~*

dilettant *de (m)* iemand die iets uit liefhebberij beoefent **dilettantisme** *het* het beoefenen van iets zonder het vereiste vakmanschap

diligence ⟨dieliezjàsə⟩ hist. *de* [-s] wagen die een geregelde dienst van reizigers- en postverkeer onderhield vóór er spoorwegen bestonden, postkoets

diligent *bn* ijverig, oplettend

dille *de* schermbloemige plant die als keukenkruid wordt gebruikt (Anethum graveolens)

diluvium geol. *het* tijdvak van ongeveer twee miljoen tot tienduizend jaar geleden, met daarin onder andere de eerste mensensoorten, pleistoceen

dimensie *de (v)* [-s] ❶ afmeting, zoals lengte, breedte, hoogte ❷ fig. strekking van iets, hoever iets reikt

diminuendo muz. *bw* wat langzaam afneemt in toonsterkte

diminutief *het* [-tieven] verkleinwoord

dimlicht het normale licht van een auto dat in het donker, maar ook vaak overdag, wordt aangedaan

dimmen licht zwakker laten schijnen *v ~! rustig aan!* **dimmer** *de (m)* [-s] schakelaar voor het regelen van de lichtsterkte

dimsum *de* warme Chinese hapjes voor tussendoor

dinar *de (m)* [-s] munt en munteenheid in een aantal landen

diner ⟨dienee⟩ *het* [-s] (feestelijke, uitgebreide) warme maaltijd die men 's avonds eet **dineren** ⟨-ni-⟩ 's avonds een (vaak feestelijke uitgebreide) warme maaltijd eten

ding *het* ❶ iets dat geen levend wezen is en dat men kan waarnemen: *wat is dit voor een raar ~?* ❷ iets wat mensen zeggen of doen of wat er gebeurt: *zij zegt soms van die vreemde ~en; liefde is een mooi ~* ▼ *een lekker ~* een aantrekkelijk persoon ▼ *zijn ~ doen* iets met gedrevenheid doen; BN, spreekt. zijn bijdrage leveren, zich uitleven

dingen [dong, h. gedongen] ▼ *~ naar iets* iets proberen te krijgen: *hij dingt naar een functie bij de overheid* ▼ *naar iemands hand ~* met iemand willen trouwen

dinges inform. *de* iemand van wie of iets waarvan men de naam niet meer weet

dinghy ⟨dingGie⟩ *de (m)* [-'s] opblaasbaar reddingsvlot aan boord van een zeeschip

dingo ⟨ding-Goo⟩ *de (m)* [-'s] Australische wilde hond

dinkie *de* [-s] *double income no kids*, iemand van een stel met elk een eigen inkomen en zonder kinderen

dinky toy® ⟨dinkie toj⟩ *de (m)* [-s] kleine speelgoedauto

dinosauriër *de (m)* [-s], **dinosaurus** ❶ voorwereldlijke reuzenhagedis ❷ fig. ouderwets persoon

dinsdag tweede dag van de week

diocees *het* [-cesen] bisdom **diocesaan** ⟨-zaan⟩ **I** *bn* ❶ van een diocees **II** *de (m)* [-sanen] ❷ lid van een diocees **diocese** ⟨-zə⟩ *de (v)* [-n] bisdom

diode *de (v)* [-n, -s] elektronische component die bestaat uit twee elektroden en die slechts in één richting stroom doorlaat

dioptrie *de (v)* [-ën] sterkte-eenheid van lenzen

diorama *het* [-'s] schildering op doorschijnend materiaal

dioxine ⟨-oksie-⟩ *de* [-n, -s] gechloreerde koolwaterstof, schadelijk voor mensen en dieren

dip I *de (m)* [-s] ▼ *in een ~ zitten* in een sombere stemming zijn, een slechte periode doormaken **II** *de* [-pen] dipsaus

diploïde bio. *bn* met elk chromosoom in tweevoud

diploma *het* [-'s] officieel bewijs dat iemand een opleiding of examen met goed gevolg heeft afgerond

diplomaat *de (m)* [-maten] ❶ staatsman, vooral een staatsman die een land in het buitenland vertegenwoordigt ❷ fig. iemand die heel omzichtig te werk gaat **diplomatenkoffertje** *het* [-s] kleine platte handkoffer voor papieren

diplomatie *de (v)* ❶ kunst of taak van de diplomaat, het leiden of voeren van staatsonderhandelingen ❷ fig. handelwijze als van een diplomaat, het omzichtig of tactvol optreden, tact **diplomatiek** *bn* ❶ wat te maken heeft met de diplomatie, wat daarbij hoort ❷ fig. heel omzichtig, voorzichtig en slim ▼ *een ~*

antwoord voorzichtig antwoord waarbij men niet te veel zegt of niemand kwaad maakt of beledigt **diplomatisch** *bn* diplomatiek

dippen indopen, even onderdompelen: *een cracker in een sausje ~* **dipsaus** saus waarin men stukjes eten zoals chips, een stukje brood of vlees kan dopen

dir. directeur, directie

direct *bn* ❶ rechtstreeks: *~e verkiezingen* ❷ meteen, onmiddellijk: *ik kom ~ naar je toe*

directeur *de (m)* [-en, -s] iemand die een organisatie of bedrijf leidt **directeur-generaal** *de (m)* [-teuren-generaal, -teurs-generaal] algemeen directeur

directie *de (v)* [-s] ❶ de personen die een bedrijf of organisatie leiden, bestuur, leiding ❷ muz. het als dirigent leidinggeven aan een orkest

directief *het* [-tieven] richtlijn, aanwijzing of bevel te iemand moet doen of hoe hij te werk moet gaan

directiekeet tijdelijk onderkomen voor een aannemer of opzichter op de plaats van een (bouw)project

direct mail ⟨dajRekt meel⟩ *de* reclame d.m.v. geadresseerde brieven **directmailcampagne** actie met reclame via direct mail

directoraat *het* [-raten] ambt of bureau van een directeur

directory ⟨dajRektəRie⟩ comp. *de (m)* [-'s] eenheid die een aantal bestanden en/of programma's bevat, map

directrice ⟨-triesə⟩ *de (v)* [-s] vrouwelijke directeur

dirham *de (m)* [-s] ❶ munt en munteenheid in Marokko en in de Verenigde Arabische Emiraten ❷ honderdste deel van de munteenheid van Libië en van Qatar

dirigeerstok stokje waarmee een dirigent zijn aanwijzingen geeft **dirigent** *de (m)* leider van een muziek- of zanguitvoering van een orkest of koor **dirigeren** een orkest of koor leiden bij de uitvoering van een muziekstuk ▼ *iemand ergens naartoe ~* iemand ergens naartoe sturen door hem in die richting te leiden: *hij dirigeerde de ongenode bezoeker naar de deur*

dirty mind ⟨dùRtie majnd⟩ *de (m)* de neiging om in uitingen of gedrag een seksuele betekenis te zien, ook als die er niet is

dis¹ *de (m)* [-sen] ❶ tafel waaraan men eet ❷ maaltijd

dis² ⟨dies⟩ muz. *de* [-sen] d die met een halve toon verhoogd is

disagio *het* ❶ ongunstig verschil met de nominale waarde ❷ verlies bij wisselen

discipel ⟨dissie-⟩ *de (m)* [-en, -s] leerling, volgeling, vooral elk van de twaalf leerlingen van Christus

disciplinair ⟨diesieplienèr⟩ *bn* wat te maken heeft met de tucht, met discipline: *iemand ~ straffen* **discipline** *de (v)* ❶ het zich houden aan voorschriften en gedragsregels ❷ wetenschappelijk vak ❸ tak van sport **disciplineren** laten wennen aan het opvolgen van voorschriften en gedragsregels

disclaimer ⟨-klee-⟩ *de* [-s] tekstje binnen een publicatie waarin de auteur zijn aansprakelijkheid voor de inhoud van de publicatie beperkt

di

discman® ⟨-mèn⟩ *de (m)* [-s] draagbare cd-speler

disco I *de (m)* [-'s] **❶** gebouw of zaal waar men kan dansen op popmuziek **II** *de (m)* **❷** dans- en muziekstijl uit soul en funk **discografie** *de (v)* [-fieën] lijst van grammofoonplaten, cd's, dvd's die van een artiest of musicus zijn uitgebracht

discontinu *bn* onderbroken

disconto *het* [-'s] **❶** korting wegens vervroegde betaling **❷** rente die de centrale bank tegenover de commerciële banken berekent

discotheek *de (v)* [-theken] **❶** verzameling grammofoonplaten of cd's **❷** gebouw of zaal waar men kan dansen op popmuziek

discount *de (m)* [-s] heel goedkope winkel die weinig service biedt

discours ⟨diskoer(s)⟩ *het* **❶** gesprek, redevoering, speech **❷** datgene waarover en de manier waarop binnen een bepaalde groep gesproken wordt, vertoog: *het ~ van de hulpverlening*

discreet *bn* **❶** bescheiden, kies, die in staat is om te zwijgen **❷** wat kiesheid vereist, wat vereist dat men er niet over spreekt: *een discrete opdracht* **❸** zo, dat het niet opvalt: *zij pinkte ~ een traantje weg*

discrepantie *de (v)* [-s] onderlinge afwijking, het uiteenlopen, verschil

discretie *de (v)* **❶** het discreet zijn, kiesheid: *iets met ~ behandelen* **❷** geheimhouding: *om ~ verzoeken* **❸** oordeel, goedvinden: *iets aan iemands ~ overlaten*

discriminatie *de (v)* [-s] onderscheid, vooral verschillende behandeling van groepen op grond van huidskleur, sekse e.d. ▼ *positieve ~* het bevoordelen van achtergestelde groepen om hun positie te verbeteren **discriminatoir** ⟨-twaar⟩ *bn* waarvan discriminatie de reden is, om te discrimineren **discrimineren** **❶** onderscheid maken, van elkaar onderscheiden: *een scan met een goed ~d vermogen* **❷** onderscheid maken in het nadeel van, op grond van sekse, huidskleur e.d.

discus *de (m)* [-sen] schijf, bij atletiek gebruikt om zo ver mogelijk weg te gooien

discussie *de (v)* [-s] uitwisseling van meningen over een onderwerp, vooral tussen personen die het met elkaar oneens zijn **discussienota** nota, geschreven stuk met de bedoeling dat erover gediscussieerd wordt **discussiëren** ⟨-sji-⟩ verschillende meningen over een onderwerp met elkaar uitwisselen, bespreken **discutabel** *bn* waarover men kan discussiëren, waarvan niet duidelijk is of het inderdaad klopt of goed is: *ik vind die argumenten ~* **discuteren** van gedachten wisselen, discussiëren

disfunctioneren niet functioneren zoals zou moeten, niet goed zijn taak vervullen

disgenoot persoon met wie iemand aan tafel zit te eten

disharmonie gebrek aan harmonie, onenigheid, twist: *leven in ~*

disk *de (m)* [-s] magnetische schijf waarop gegevens uit een computer kunnen worden opgeslagen **diskdrive** ⟨-drajv⟩ ⟨vroeger⟩ onderdeel in een computer waarmee een diskette gelezen en beschreven kan worden **diskette** comp. *de* [-s] ⟨vroeger⟩ kleine magnetiseerbare schijf waarop gegevens worden opgeslagen

diskjockey ⟨diskdzjokkie⟩ iemand die muzieknummers draait en aankondigt

diskrediet ▼ *iemand in ~ brengen* iemands reputatie schaden, iemand een slechte naam bezorgen

diskwalificatie het diskwalificeren of gediskwalificeerd worden **diskwalificeren** **❶** ongeschikt verklaren **❷** sp. uitsluiten van een wedstrijd wegens overtreding van de reglementen

dislocatie **❶** ontwrichting, verplaatsing, vooral van een bot na bijv. een breuk: *~ van de heup* **❷** het verspreid zijn over verschillende plaatsen of gebouwen: *~ van een school* **❸** een van de plaatsen of gebouwen waarover iets verspreid is

dispatching ⟨-petsjing⟩ verkeerscentrale

dispensatie ⟨-zaa-⟩ *de (v)* [-s] ontheffing

dispenser *de (m)* [-s] houder waaruit men iets in kleine porties kan halen: *een ~ voor vloeibare zeep, drank*

dispenseren ⟨-zi-⟩ ontheffen, vrijstelling geven van iets

display ⟨-plee⟩ *de & het* [-s] **❶** beeldscherm van een computer of andere elektronische apparatuur **❷** uitstalling van waren **❸** voorwerp waarop wordt uitgestald

disponibel *bn* beschikbaar

disposable ⟨-poozabal⟩ *bn* wat bestaat uit wegwerpmateriaal

dispositie ⟨-zie-⟩ *de (v)* [-s] **❶** officieel besluit **❷** aanleg, fysieke of geestelijke factoren die bepalen hoe iets of iemand is of reageert

disproportie wanverhouding, het helemaal niet tot elkaar in verhouding staan: *de ~ tussen zijn salaris en zijn prestaties*

disputeren een dispuut, discussie houden **dispuut** *het* [-puten] **❶** gesprek waarin gediscussieerd wordt, discussie **❷** afdeling van een studentenvereniging voor het voeren van discussies of voor de gezelligheid

diss muz. *de (m)* beledigende rap

dissel *de (m)* [-s] **❶** bijl waarvan het blad dwars op de steel zit **❷** buis of stang waarmee een wagen wordt gekoppeld aan een trekdier of trekkend voertuig

dissen [diste, h. gedist] ⟨in rapmuziek⟩ ernstig beledigen, afkraken

dissertatie *de (v)* [-s] wetenschappelijk onderzoek en de beschrijving daarvan om de doctorstitel te krijgen

dissident *de (m)* **❶** andersdenkende, iemand die andere ideeën heeft dan de rest **❷** iemand die zich verzet tegen het regime van zijn of haar land

dissimilatie *de (v)* [-s] **❶** taalk. het toenemen van verschil in uitspraak tussen klanken die bij elkaar in de buurt staan **❷** schei. afbraak van organische verbindingen **❸** afbraak van verbindingen door reacties van de stofwisseling

dissonant *de (m)* wanklank, ook figuurlijk

distantie *de (v)* [-s] afstand, vooral in geestelijk opzicht, afstandelijkheid: *iets met kritische ~ bekijken* **distantiëren** ▼ *zich ~ van* afstand nemen van: *wij ~ ons van de uitspraken van onze* *partijsecretaris*

distel *de* [-s] samengesteldbloemige plant met stekelige stengels en bladeren (Carduus)

distelvink soort vink met mooie kleuren, die vooral leeft van zaden van distels (Carduelinae carduelis), putter

distichon *het* [-s, -cha] strofe van een gedicht of een gedicht, van twee regels

distillaat, destillaat *het* [-laten] product dat wordt verkregen door destilleren **distilleren** destilleren

distinctie *de (v)* het zich op een positieve manier onderscheiden door houding en beschaafdheid, voornaamheid **distinctief I** *het* [-tieven] ❶ onderscheidingsteken, bijv. bij militairen om de rang aan te geven **II** *bn* ❷ onderscheidend

distribueren uitdelen, verdelen, ronddelen, verspreiden **distributie** *de (v)* ❶ het uit- of ronddelen ❷ verdeling van levensbehoeften door de overheid in tijden van schaarste, de dienst en het bureau daarvoor ❸ ⟨economie⟩ het brengen van de goederen bij de consument

distributiekanaal weg waarlangs een product wordt verspreid, alle opeenvolgende partijen die betrokken zijn bij de distributie van een product

district *het* gebied volgens een bepaalde ambtelijke of administratieve indeling **districtenstelsel** kiesstelsel waarbij afgevaardigden per district worden gekozen **districtsklasse** klasse van sportteams uit eenzelfde district

dit *vnw* woord om iets aan te duiden dat dicht bij de spreker is, bij zelfstandige naamwoorden die het lidwoord 'het' hebben: ~ *huis is groter dan dat huis*

ditje *het* [-s] ▾ *over ~s en datjes praten* over uiteenlopende onbelangrijke zaken praten

ditmaal *bw* deze keer

dito *bw* net zo, van hetzelfde ▾ *idem ~ hetzelfde als wat hiervoor is gezegd: hij is gestopt met zijn opleiding en werkloos en zijn vriendin idem ~*

diureticum ⟨die-uuree-⟩ *het* [-ca] geneesmiddel dat ervoor zorgt dat het lichaam urine maakt

div. dividend

diva *de (v)* [-'s] gevierde, beroemde zangeres of actrice

divan *de (m)* [-s] lage rustbank

divergeren uiteenlopen, van elkaar afwijken

divers *bn* ❶ verschillend, uiteenlopend: *op deze markt kun je heel ~e artikelen kopen* ❷ een aantal, meer dan één: *ik heb hem ~e keren gewaarschuwd* **diversen** *de (mv)* verschillende dingen

diversificatie *de (v)* het zorgen voor een grotere verscheidenheid, variatie **diversiteit** *de (v)* verscheidenheid, variatie

divertissement ⟨-tiesə-⟩ *het* wat vermakelijk is, ontspanning

dividend *het* periodieke uitkering van een deel van de winst aan de aandeelhouders van een onderneming

divinatie *de (v)* [-s] gave om te voorspellen

divisie ⟨-zie-⟩ *de (v)* [-s] ❶ afdeling van een leger of vloot ❷ voetbalklasse ❸ afdeling in een organisatie **divisieadmiraal** BN opperofficier bij de zeemacht

dixieland ⟨-lènd⟩ *de (v)* stijl in de jazzmuziek die

is ontstaan in het begin van de 20ste eeuw

dizzy ⟨-zie⟩ *bn* draaierig, duizelig

dj ⟨diedzjee⟩ *de (m)* [-'s], **deejay** iemand die platen draait op de radio, in een discotheek enz.

djahé *de (m)* gemberpoeder

djatiboom Indische teakboom

djellaba *de (m)* [-'s] islamitisch kledingstuk, soort lange jas met kap, vooral voor mannen

djembé *de* [-s] grote Afrikaanse trommel

djinn *de (m)* [-s] (vaak vijandige) geest in het volksgeloof van islamitische volken

dktp-hib (vaccin tegen) difterie, kinkhoest, tetanus, polio en hersenvliesontsteking

dl deciliter

dm decimeter

DM ⟨vroeger⟩ Deutsche Mark

d.m.v. door middel van

dn dyne

DNA *het , desoxyribonucleïc acid (in het Nederlands: desoxyribonucleïnezuur)*, bestanddeel van de chromosomen dat zorgt voor de overdracht van erfelijke eigenschappen

DNA-patroon patroon van de DNA-structuur dat voor ieder mens uniek is en met behulp waarvan iemand geïdentificeerd kan worden **DNA-recombinanttechniek** het technisch veranderen van erfelijke eigenschappen door manipulatie van genetisch materiaal **DNA-spray** ⟨-spRee⟩ spray die over overvallers van winkels wordt gesproeid, zodat de politie ze kan opsporen

DNB *de* De Nederlandsche Bank

do muz. *de* [-'s] eerste toon van de diatonische toonladder

dobbelen met dobbelstenen gooien om bepaalde (combinaties van) getallen te krijgen **dobbelsteen** kleine kubus met op ieder vlak een aantal ogen, van 1 t/m 6, gebruikt bij spelletjes

dobber *de (m)* [-s] ❶ drijver die aan een hengelsnoer is bevestigd en waaraan een visser kan zien of hij beetheeft ❷ drijver die aangeeft waar een voorwerp zich bevindt dat onder water ligt ▾ *ergens een harde ~ aan hebben* veel moeite voor iets moeten doen **dobberen** een beetje schommelend drijven op kleine golfjes: *er dobberden een paar bootjes op het meer*

dobermann ⟨-sjər⟩ *de (m)* [-s] oorspronkelijk Duitse waak- en verdedigingshond, middelgroot, krachtig gebouwd

docent *de (m)* leraar **doceren** onderwijzen, lesgeven

doch *vgw* woord dat een tegenstelling uitdrukt, maar

dochter *de (v)* [-s] kind van iemand dat een meisje is **dochtermaatschappij** onderneming die door een andere onderneming wordt beheerst doordat deze een belangrijk deel van de aandelen bezit

dociel *bn* die gehoorzaam doet wat er gezegd wordt, gedwee, volgzaam

docking station ⟨- steesjən⟩ *het* [-s] apparaatje voor het maken van een elektronische verbinding tussen apparaten, bijv. om op te laden of voor communicatie

doctor *de (m)* [-toren, -s] hoogste academische graad, iemand die gepromoveerd is **doctoraal**

do

do

I *bn* ❶ van of als een doctor II *het* ❷ doctoraalexamen, afsluitend examen van een universitaire studie **doctoraat** *het* [-raten] de titel, graad van doctor **doctorandus** *de (m)* [-di, -sen] iemand die het doctoraalexamen heeft gedaan **doctoreren** BN, ook [doctoreerde, is gedoctoreerd] promoveren, de doctorsgraad behalen **doctorsbul** officieel document als bewijs dat iemand doctor is

doctrinair ⟨-nèr⟩ *bn* streng volgens een bepaalde leer **doctrine** *de (v)* [-s] leer, leerstelling: *de ~ van het communisme*

docudrama gedramatiseerde documentaire met zo waarheidsgetrouw mogelijke weergave van de feiten

document *het* ❶ officieel papier met bepaalde gegevens ❷ comp. bestand met informatie **documentair** ⟨-tèr⟩ *bn* ❶ op basis van documenten ❷ wat functioneert als document ❸ als een documentaire **documentaire** ⟨-tèra⟩ *de (m)* [-s] informatieve film over personen of gebeurtenissen uit de werkelijkheid

documentalist *de (m)* iemand die de documentatie beheert **documentatie** *de (v)* ❶ het verzamelen, ordenen en toegankelijk maken van documenten, bronnen, artikelen enz. ❷ informatiemateriaal **documenteren** voorzien van documentatie (gegevens, bewijsmateriaal): *een goed gedocumenteerd verslag*

docusoap ⟨-soop⟩ *de (m)* [-s] docudrama verdeeld over een aantal afleveringen

dodaars *de (m)* [-daarzen] klein soort fuut (Podiceps ruficollus)

doddig *bn* lief, snoezig

dodehoekspiegel extra autospiegel voor zicht op de ruimte vlak naast de auto die de chauffeur anders niet kan zien

dodelijk *bn* ❶ wat de dood als gevolg heeft, wat gepaard gaat met de dood: *een ~ ongeluk* ❷ heel erg: *~ saai*

dodemansknop veiligheidsinrichting in een trein

doden doen sterven, doodmaken ▼ *de tijd ~* iets doen om de tijd voorbij te laten gaan

dodenakker vero. plaats waar mensen begraven worden **dodencel** cel voor iemand die ter dood veroordeeld is **dodendans** voorstelling in de kunst, van een dans van mensen en de dood **dodenherdenking** *de (v)* het herdenken van de gevallenen in de Tweede Wereldoorlog **dodenmars** treurige mars die gespeeld wordt bij een uitvaart **dodenmasker** gipsafdruk van het gezicht van een lijk **dodenrijk** verblijfplaats van doden **dodenrit** levensgevaarlijke rit **dodental** het aantal doden: *het ~ van de ramp is gestegen tot 1200*

dodo *de (m)* [-'s] uitgestorven plompe duifachtige vogel met rudimentaire vleugels (Raphus Cucullatus)

doedelzak Schots blaasinstrument

doeg *tw*, doei dag!

doe-het-zelfzaak winkel voor doe-het-zelvers

doe-het-zelver *de (m)* [-s] iemand die meubels e.d. zelf bouwt en in huis klussen zelf verricht

doei *tw* → doeg

doek I *het* ❶ geweven stof ❷ linnen om op te schilderen ❸ schilderij ❹ toneelgordijn ▼ *het witte ~* projectiescherm in een bioscoop II *de (m)* ❺ stuk lap of doek ▼ *een ~je voor het bloeden* hulp, compensatie die niet veel voorstelt ▼ *er geen ~jes om winden* er rond voor uitkomen ▼ *uit de ~en doen* duidelijk vertellen, uitleggen ▼ BN, spreekt. *iemand in de ~en doen* foppen, bedriegen

doekoe jong. de geld

doel *het* ❶ bedoelingen, iets waarnaar gestreefd wordt: *zijn ~ bereiken* ❷ sp. iets waarop gemikt of geschoten wordt **doelbewust** waarbij iemand zijn doel scherp voor ogen houdt: *een ~e actie*

doeleinde *het* [-n] doel dat iemand voor ogen heeft

doelen ▼ *op iets ~* iets op het oog hebben, op iets zinspelen

doelgericht *bn* met een bepaald doel voor ogen

doelgroep categorie mensen voor wie een actie of product bestemd is

doellijn lijn waarachter de goal is

doelloos *bn* zonder doel, zonder te weten wat men wil: *hij zwierf ~ door de straten*

doelman sp. doelverdediger

doelmatig *bn* geschikt voor het doel waarvoor het bestemd is: *een ~ ingerichte werkkamer*

doelpunt sp. *het* punt, doordat bal, puck e.d. in het doel van de tegenstander terechtkomt

doelsaldo sp. het verschil tussen de eigen doelpunten in een aantal wedstrijden en de tegendoelpunten van de tegenstanders

doelschop vrije schop voor de verdedigende partij bij voetbal nadat de bal langs of over het doel is gegaan

doelstelling *de (v)* doel dat iemand zich stelt

doeltrap doelschop

doeltreffend *bn* waarmee het doel bereikt wordt

doelverdediger sp. iemand die de bal, puck e.d. uit het eigen doel moet houden **doelvrouw** sp. vrouwelijke doelverdediger

doelwachter BN, vero. doelverdediger **doelwit** *het* doel bij een aanval: *het paleis was het ~ van de opstandelingen*

doem *de (m)* vloek ▼ *daar rust een ~ op* dat zal zeker verkeerd aflopen

Doema de volksvertegenwoordiging in Rusland

doemdenken *het* pessimistische manier van denken, het altijd verwachten van het ergste

doemen veroordelen ▼ *gedoemd zijn tot* voorbestemd zijn, niet kunnen ontkomen aan: *ze zijn gedoemd tot een leven in armoede en ellende* ▼ *dat is gedoemd te mislukken* dat kan niet anders dan mislukken

doen I [deed, h. gedaan] ❶ een handeling verrichten: *kun jij de afwas ~?* ❷ wegstoppen, plaatsen, zetten, leggen: *vuile was in de mand ~* ❸ (een bepaald gevoel) veroorzaken: *iemand pijn ~* ❹ de (uit)werking hebben die men wil, op de gewenste manier functioneren: *de bel doet het* ❺ zich gedragen: *hij doet moeilijk* ❻ handelen: *in computers ~* ❼ kosten, waard zijn: *hoeveel ~ de aandelen van dat bedrijf?* ❽ schoonmaken: *het huis ~* ❾ (vluchtig) bezichtigen, bezoeken als toerist: *een museum ~* ▼ *aan (sport, muziek enz.) ~* zich bezighouden met ▼ *ik doe (drie uur, twee* *weken enz.) over (die reis, dat werkstuk enz.)* ik heb er zoveel tijd voor nodig ▼ *iets cadeau* ~ geven ▼ *doe maar of doet u maar* (gezegd in een winkel) geef maar, ik wil graag ▼ *ze* ~ *het met elkaar* ze hebben seks, geslachtsgemeenschap ▼ *in goede(n)* ~ rijk ▼ *daar is veel over te* ~ daar is veel opschudding over, wordt veel over gesproken ▼ *er is wat te* ~ *in de stad* er is iets bijzonders (een feest, optocht e.d.) ▼ *daar kan ze het mee* ~ dat is alles wat ze krijgt (als antwoord, hulp e.d.); dat zal haar leren ▼ *met iemand te* ~ *hebben* medelijden met iemand hebben ▼ *zoiets doet men niet* dat hoort men niet te doen ▼ *dat doet er niet(s) toe* dat geeft niet, dat is niet erg; dat is niet belangrijk ▼ *iets gedaan (weten te) krijgen* voor elkaar krijgen dat iets gebeurt, dat iemand iets doet ▼ **BN, spreekt.** *zich (niet) laten* ~ (niet) met zich laten sollen **II** *het* ⑩ verrichting, iets wat iemand doet ▼ *in goede(n)* ~ *zijn* veel geld bezitten of verdienen ▼ *uit zijn* ~, *niet in zijn gewone* ~ niet zoals gewoon, van streek ▼ *van* ~ *hebben met* te maken hebben met ▼ *voor zijn* ~ als je bedenkt hoe hij is: *voor zijn* ~ *is dit een heel gul aanbod* ▼ *het is geen* ~ het is hopeloos, het is onmogelijk om dat voor elkaar te krijgen ▼ *iemands* ~ *en laten* wat hij doet en niet doet en de manier waarop hij zich gedraagt, levenswijze

doenbaar BN, ook *bn* mogelijk, te verwezenlijken **doende** *bn* bezig, terwijl men iets doet: *al* ~ *leert men* **doenlijk** *bn* uitvoerbaar, mogelijk om te doen: *het is niet* ~ *om in drie uur naar Madrid te rijden*

doerak *de (m)* [-s] ❶ gemeen persoon ❷ ondeugend kind

doerian *de (m)* [-s] ❶ Aziatische boom met eetbare vrucht (Durio zibethinus) ❷ vrucht van die boom

doetje *het* [-s] iemand die door anderen met zich laat sollen, die niet voor zichzelf opkomt

doevakantie vakantie waarin men actief is, dingen doet

doezelen ❶ droge kleurstof dun uitwrijven ❷ **comp.** afbeeldingen in elkaar over laten lopen ❸ niet meer goed wakker kunnen blijven, bijna in slaap vallen

dof *bn* mat, zonder glans, lusteloos: ~*fe kleuren; hij antwoordde met* ~*fe stem* ▼ *een* ~ *geluid* een geluid dat laag en gedempt klinkt

doffer *de (m)* [-s] mannetjesduif

dog *de (m)* [-gen] grote kortharige hond met brede kop en staande oren

doge *de (m)* [-s, -n] hoofd van het oude Venetië

doggybag ‹doGGiebeG› *de (m)* [-s] zakje waarin de restanten van een maaltijd uit een restaurant kunnen worden meegenomen

dogma *het* [-'s, -mata] ❶ regel, officieel aanvaarde voorstelling van zaken: *de* ~*'s van het christendom* ❷ voorstelling van zaken die als vaststaand wordt beschouwd en waaraan niet wordt getwijfeld: *de* ~*'s van het socialisme*

dogmaticus *de (m)* [-ci] iemand die vasthoudt aan dogma's **dogmatiek** *de (v)* leer van de dogma's **dogmatisch** *bn* ❶ op basis van een dogma of dogma's ❷ die vasthoudt aan een bepaalde voorstelling van zaken en niet bereid is daarvan af te wijken

dojo *de (m)* [-'s] oefen- en lesruimte voor Japanse zelfverdediging of vechtsporten

dok *het* [-ken] vaste of drijvende haven die kan worden leeggepompt, zodat een schip drooggelegd kan worden en het gemakkelijker is om het te repareren e.d.

doka *de* [-'s] donkere kamer om foto's te ontwikkelen

dokken ❶ in het dok brengen of (gaan) liggen ❷ **inform.** betalen

dokkeren BN het geluid maken van wielen op straatstenen: *de kar dokkerde over de straatstenen*

dokter *de (m)* [-s, -toren] iemand wiens beroep het is om zieke of gewonde mensen te genezen **dokteren** ❶ onder behandeling van een dokter zijn ❷ het doktersberoep uitoefenen ❸ **fig.** proberen te verbeteren, te verhelpen ▼ ~ *aan iets* lang bezig zijn met iets om het te verbeteren **doktersroman** boek, ontspanningslectuur met als onderwerp een liefdesrelatie in de medische wereld, meestal tussen een dokter en een verpleegster

dokwerker iemand die in de haven werkt, vooral voor het laden en lossen van schepen

dol I *de (m)* [-lcn] ❶ roeipen **II** *bn* ❷ waanzinnig, gek ❸ uitgelaten, heel vrolijk en opgewonden ❹ (van dieren) razend door hondsdolheid ❺ (van schroeven en moeren) met versleten schroefdraad, doordraaiend ❻ (als eerste deel van een samenstelling) heel, erg: ~*enthousiast* ▼ ~ *zijn op* erg veel houden van

dolby ‹-bie› **audio.** *de (m)* systeem van ruisonderdrukking

doldraaien ❶ (van een schroef) draaien zonder dat de schroefdraad pakt ❷ **fig.** gek, overspannen worden door te veel werk, emoties e.d.

doldriest woest en zonder na te denken: *een* ~*e aanval*

dolen ronddwalen, doelloos rondlopen: *we waren verdwaald en doolden uren door het bos*

dolfijn *de (m)* walvisachtig zoogdier dat in zee leeft van het geslacht Delphinus **dolfinarium** *het* [-s, -ria] bassin met dolfijnen

dolk *de (m)* kort stootwapen, soort kort scherp mes: *de overvaller stak de man neer met een* ~ **dolkstoot** steek met een dolk ▼ **fig.** *een* ~ *in de rug* verraderlijke, achterbakse aanval

dollar *de (m)* [-s] munteenheid (van de Verenigde Staten, Canada en andere landen)

dollekervel naam van uiteenlopende schermbloemige planten **dollekoeienziekte BN, ook** gekkekoeienziekte **dolleman** woesteling, onbesuisd iemand

dollen [dolde, h. gedold] gekheid maken, pret maken, stoeien

dolly ‹-lie› *de (m)* [-'s] wendbaar en verrijdbaar onderstel

dolmen *de (m)* [-s] prehistorisch stenen grafmonument met één deksteen

dolzinnig *bn* onbezonnen, gek, onbesuisd: *een* ~ *plan*

dom I *bn* ❶ niet intelligent, niet slim, met gebrek aan inzicht: *een* ~*me opmerking* ▼ *zich van de* ~*me houden* doen alsof men niets weet **II** *de (m)* ❷ hoofdkerk van een (aarts)bisschop of kapittel

do

do

III *de (m)* [-s] ❸ heer, priesterlijke titel, onder andere in Portugal, titel van benedictijnenpriesters **dombo** *de (m)* [-'s] dom persoon

domein *het* ❶ erfgoed, eigendom van de vorst of de staat ❷ fig. gebied dat iemand beheerst, geestelijk gebied: *in het ~ van de kunst* ▾ *publiek ~* openbare ruimte, ruimte die niet privé is; materiaal (tekst, geluid, beeld enz.) dat vrij is van auteursrechten ❸ comp. locatie op internet

domesticeren [domesticeerde, h. gedomesticeerd] ⟨dieren die in het wild leven⟩ laten wennen aan een leven bij mensen, temmen als huisdier

domheid *de (v)* [-heden] ❶ het dom-zijn ❷ domme daad

domicilie *het* [-liën, -s] woonplaats **domiciliëren** woonachtig zijn, zich ergens vestigen om te wonen, als domicilie kiezen **domiciliëring** BN *de (v)* automatische incasso, automatische opdracht om regelmatig terugkerende kosten te betalen via bank- of girorekening

domina *de (v)* [-'s, -ae] ❶ vrouwelijke dominee ❷ overheersende vrouw (bij sadomasochistische seks)

dominant I *bn* ❶ overheersend **II** *de* ❷ iemand die of iets wat dominant is ❸ overheersende erfelijke factor **dominante** *de (v)* [-n] overheersende kleur of toon of erfelijke factor

dominee *de (m)* [-s] persoon die in een protestantse kerkgemeente religieuze activiteiten, zoals de kerkdienst, leidt en die de leden van de kerkgemeente op religieus gebied bijstaat, predikant ▾ *er gaat een ~ voorbij* gezegd als er in een gezelschap wordt gezwegen

domineren overheersen, de grootste rol spelen, het meest opvallen: *hij domineerde de vergadering*

dominicaan *de (m)* [-canen] lid van de orde van de Heilige Dominicus

dominion ⟨daminjan⟩ *het* [-s] zelfstandig deel van het Britse imperium

domino *het* [-'s] spel met dominostenen **domino-effect** ❶ effect dat in een rij dominostenen een steen omvalt en dat daardoor de andere stenen ook omvallen ❷ fig. serie van reacties op iets wat gebeurt, die niet te stoppen valt **dominoën** [dominode, h. gedominood] domino spelen **dominostekker** BN, ook verdeelstekker

domkerk hoofdkerk van een aartsbisschop, kathedraal

domkop dom persoon

dommekracht ❶ dom persoon met veel lichaamskracht ❷ hefwerktuig

dommelen half slapen: *hij zat te ~ in zijn stoel*

dommerik *de (m)* dom persoon **dommigheid** *de (v)* [-heden] domme daad **domoor** *de* [-oren] dom iemand

domotica *de (v)* huiselijke elektronica, technologie en diensten voor de kwaliteit van wonen en leven

dompelaar *de (m)* [-s] ❶ watervogel ❷ onderdeel van een pomp ❸ elektrisch verwarmingstoestel dat in de vloeistof wordt gedompeld die verwarmd moet worden **dompelen** ❶ (even) onder doen gaan in vloeistof ❷ fig. doen

verzinken, storten: *in rouw ~*

domper *de (m)* [-s] ❶ punthoedje om kaarsen te doven ❷ fig. iets teleurstellends ▾ *een ~ op iets zetten* de vreugde of het enthousiasme verminderen

dompteur *de (m)* [-s] temmer van wilde dieren

domweg *bw* zonder nadenken, zomaar, eenvoudigweg

donateur *de (m)* [-s] iemand die geld geeft om iets te steunen, zoals een goed doel of een museum **donatie** *de (v)* [-s] geld dat iemand geeft om iets te steunen

donder *de (m)* [-s] ❶ gerommel bij onweer ❷ geluid dat aan dat gerommel doet denken ❸ inform. lichaam ▾ *op zijn ~ krijgen* slaag, straf krijgen ▾ *arme ~* arme man ▾ inform. *hete ~* persoon die erg op seks gericht is ▾ inform. *geen ~* niets ▾ *daar kun je ~ op zeggen* daar kun je zeker van zijn

donderaal aalachtige vis die bij naderend onweer aan de oppervlakte komt (Misgurnus fossilis) **donderbeestje** *het* [-s] klein zwart insect dat bij broeierig weer op de huid komt **donderbui** onweersbui

donderdag vierde dag van de week

donderen ❶ rommelen van de donder ❷ lawaai maken dat daarop lijkt ❸ inform. vallen: *hij is van de trap gedonderd* ❹ inform. gooien: *zij heeft hem van de trap gedonderd* ▾ inform. *het dondert niet* het geeft niks ▾ BN *te dom, lelijk enz. om te helpen ~* heel dom, lelijk enz. **donderjagen** drukte, lawaai maken, druk spelen

donderkop ❶ ronde kop van een stapelwolk, die op onweer duidt ❷ kikkervisje

donderpreek toespraak in felle bewoordingen, vaak met kritiek of dreigende vooruitzichten als er niets verandert

donders I *bn* ❶ vervloekt: *een ~e kerel* ❷ heel, buitengewoon: *dat weet je ~ goed!* **II** *tw* ❸ uitroep als iemand geërgerd, kwaad is

donderslag knallend of rommelend geluid bij onweer ▾ *als een ~ bij heldere hemel* totaal onverwacht (van iets negatiefs)

donderspeech terechtwijzing in de vorm van een felle toespraak

dondersteen ❶ prehistorische beitelvormige steen ❷ lastig ondeugend kind **donderstraal** lastig ondeugend kind, dondersteen

donderwolk onweerswolk

doneren (geld) schenken, vooral aan goede doelen

dong *de (m)* [-s] munteenheid van Vietnam

dongel, dongle comp. *de (m)* [-s] hardwarebeveiliging voor software, vaak in de vorm van een usb-stick, waarbij men de software enkel kan gebruiken zolang de meegeleverde dongel in een usb-poort is gestoken

donjon ⟨dôzjô⟩ *de (m)* [-s] zware, goed te verdedigen, toren van een kasteel

donjuan ⟨- goean⟩ *de (m)* [-s] vrouwenverleider

donker I *bn* ❶ niet helder, waarbinnen geen of slechts weinig licht doordringt ❷ fig. somber, naargeestig, triest: *een ~e periode in de geschiedenis* ▾ *~e kamer* donkere ruimte om fotografische platen en films te ontwikkelen ❸ ⟨in samenstellingen met kleuren⟩ de minder lichte variant van: ~blauw, ~blond **II** het ❶ toestand zonder licht: 's avonds in het ~

donkerte de (v) toestand zonder licht

donor de (m) [-noren, -s] iemand die iets van zijn lichaam ter beschikking stelt: een nier~

donorcodicil papier waarop iemand verklaart dat hij na zijn dood zijn organen of weefsels ter beschikking stelt voor transplantatie

dons het fijne veertjes, heel zachte haartjes

donsdeken BN, spreekt. de [-s] dekbed

donut de (m) [-s] zoet gefrituurd broodje met een gat

donzen bn van dons: een ~ dekbed **donzig** bn donsachtig

dood I de ❶ het sterven ▼ duizend doden sterven heel bang zijn ▼ de een zijn ~ is de ander zijn brood van het nadeel van de één kan een ander profiteren ❷ figuur die het sterven voorstelt ❸ toestand waarin iets of iemand niet leeft ▼ als de ~ zijn heel bang ▼ het is er de ~ in de pot er is niets te beleven ▼ de Zwarte Dood de pest, vooral de epidemie van 1347-1352 ▼ inform. om de (dooie) ~ niet helemaal niet **II** bn ❹ overleden, gestorven, niet meer levend ▼ BN, inform. ~ van de honger, dorst heel hongerig, dorstig ❺ niet levend, wat nooit geleefd heeft ❻ saai, uitgestorven ▼ een dode stad waaruit veel inwoners vertrokken zijn en waaruit alle bedrijvigheid verdwenen is ❼ renteloos: ~ kapitaal ▼ ~ punt toestand waarin men niet meer verder kan ▼ dode talen talen die niet meer gesproken worden ▼ ~ spoor spoor dat niet doorloopt; fig. weg die niet tot resultaat leidt ▼ goederen in de dode hand bezittingen van instellingen ❽ ⟨als eerste deel van een samenstelling⟩ wat te maken heeft met de dood of wat de dood als gevolg heeft ❾ heel erg: ~moe, ~sbang

doodbloeden [bloedde dood, is doodgebloed] ❶ sterven door bloedverlies ❷ fig. langzamerhand ophouden of vergeten worden: de vriendschap is doodgebloed

doodbraaf BN heel braaf

dooddoener de (m) [-s] nietszeggende reactie of argument waardoor een verdere gedachtewisseling wordt afgekapt

doodeng heel eng, heel angstig

doodenkel bn heel weinig, heel zelden: in een ~ geval

doodgaan ophouden met leven, sterven

doodgeboren bn ▼ fig. ~ kind een plan, project e.d. dat bij voorbaat al geen kans van slagen heeft

doodgemoedereerd bn heel kalm, alsof er niets aan de hand is **doodgewoon** heel gewoon

doodgooien fig. overstelpen, in grote hoeveelheden geven, laten zien e.d. ▼ je wordt ermee doodgegooid je hoort en ziet het overal: op tv word je doodgegooid met reclame

doodgraver de (m) [-s] ❶ iemand die de doden begraaft ❷ kever die vooral leeft van rottende dierlijke substantie en maden van vliegen daarop (Nicrophorus) **doodkist** kist waarin een dode wordt begraven **doodklap** ❶ klap die de dood veroorzaakt ❷ heel harde klap ❸ fig. oorzaak van de ondergang **doodknuffelen** te

erg verwennen en ontzien en daardoor week, slap maken **doodlachen** ▼ fig. zich ~ heel erg lachen

doodleuk bw zomaar, rustigweg, alsof er niets aan de hand is

doodliggen op commando stilliggen zonder beweging (van een hond) **doodlopen** ❶ nergens heen leiden, op een afsluiting stuiten: een ~de weg ❷ fig. op niets uitlopen **doodmaken** maken dat een mens of dier het leven verliest, doden ▼ een bal ~ een bal die door de lucht wordt aangespeeld, direct stilleggen met de voet

doodnuchter bn alsof er niets aan de hand is

doodop, doodop bn heel erg moe, uitgeput

doodpraten zoveel over iets zeggen dat het niet interessant meer is

doodrijder BN wegpiraat, roekeloze chauffeur

doods bn ❶ stil, akelig: er viel een ~e stilte ❷ stil en saai, uitgestorven: het centrum van deze stad is ~

doodsangst ❶ angst om te sterven, angst voor de dood ❷ fig. vreselijke angst **doodsbeenderen** de (mv) beenderen van een mensengeraamte

doodsbenauwd heel bang

doodsbleek zo bleek als een dode, heel bleek

doodsbrief BN rouwbrief

doodschamen ▼ zich ~ zich heel erg schamen

doodschieten doodmaken door te schieten

doodschop ❶ trap die de dood veroorzaakt ❷ heel harde trap

doodshoofd schedel van een geraamte

doodshoofdvlinder vlinder met een tekening die op een doodshoofd lijkt (Acherontia atropos)

doodskist doodkist **doodsklap** doodklap

doodskleed ❶ kleding die een dode aanheeft ❷ kleed over een dode of een doodskist

doodsklok klok die luidt als er iemand gestorven is

doodslaan doden door te slaan ▼ al sla je me dood! ik weet het absoluut niet ▼ iemand ~ met (citaten uit de Bijbel, raadgevingen enz.) zo vaak tegen iemand zeggen dat die er moe van wordt ▼ het bier slaat dood het verliest zijn schuimkraag **doodslag** het opzettelijk doden, maar zonder voorbedachten rade of het vooraf gepland te hebben

doodsmak ❶ val waardoor iemand sterft ❷ zware val: een ~ maken **doodsnood** ▼ in ~ verkeren in een angstige en levensgevaarlijke situatie zitten; stervende zijn

doodspelen (een muziekstuk) zo vaak spelen dat het niet meer mooi wordt gevonden

doodsprentje BN, spreekt. het [-s] bidprentje **doodssteek** doodsteek **doodsstrijd** verzet tegen de dood tijdens het sterfproces: in zijn ~ heeft hij tijdens de eleptische aanval zijn tong doorgebeten

doodsteek steek met de dood als gevolg ▼ fig. de ~ geven aan een vernietigende slag toebrengen aan **doodstil** heel stil: het was ~ in de zaal **doodstraf** gerechtelijke straf die bestaat uit het doden van de veroordeelde **doodstrijd** doodsstrijd **doodsverachting** de (v) het minachten van de dood ▼ met ware ~ zonder bang te zijn zijn leven erbij te verliezen

doodtij, doodtij waterstand met weinig verschil tussen eb en vloed

do

doodvallen ❶ door een val sterven **❷** dood neervallen ▼ *hij kan voor mij ~* ik wil niets meer met hem te maken hebben ▼ *op een cent ~* heel erg gierig zijn

doodverven ❶ onderschildering schilderen met de vormen maar zonder de kleuren **❷** beschouwen als, voor iets bestemd beschouwen: *de gedoodverfde winnaar*

doodvonnis veroordeling tot de dood **doodziek** heel erg ziek

doodzonde zware zonde ▼ *het is ~* heel erg jammer

doodzwijgen niet spreken over, negeren (met de bedoeling iets te verbergen of iets tegen te werken)

doof *bn* niet of slecht in staat om te horen

doofpot pot waarin stukken steenkool, turf e.d. (uit de kachel) worden gegooid zodat ze uitdoven ▼ *fig. iets (slechts, onwettigs e.d.) in de ~ stoppen* er verder niet meer over praten zodat het vergeten wordt (en niemand gestraft wordt)

doofstom niet in staat om te horen en te spreken

dooi *de (m)* het dooien ▼ *de ~ is ingevallen* het vriest niet meer en de sneeuw en het ijs beginnen te smelten **dooien** smelten van sneeuw en ijs doordat het niet meer vriest

dooier *de (m)* [-s] geel van een ei

dook *de* [doken] staaf of bout om hout of steen aan steen te bevestigen

dool *de (m)* ▼ BN ook *op de ~ zijn/raken* op de vlucht zijn, rondzwerven **doolhof** *de (m)* [-hoven] **❶** tuin met heggen en paden die zo zijn aangelegd dat men er moeilijk de weg in kan vinden **❷** fig. moeilijk ontwarbaar geheel: *een ~ van regels en voorschriften*

doop *de (m)* [dopen] **❶** het dopen ▼ *fig. ten ~ houden* officieel presenteren **❷** BN, spreekt. ontgroeningsceremonie *(bij studenten enz.)* **doopboek** register van mensen die gedoopt zijn **doopceel** *de & het* [-celen] ▼ *iemands ~ lichten* alles vertellen wat men van iemand weet, vooral de slechte dingen **doopjurk** lange jurk die degene draagt die gedoopt wordt **dooplid** protestant die wel gedoopt is maar nog geen belijdenis heeft gedaan **doopnaam** voornaam of voornamen die iemand bij de doop krijgt **doopregister** register van mensen die gedoopt zijn, doopboek **doopsel** r.-k. *het* [-s] de doop, een van de sacramenten

doopsgezind *bn* naam van een protestants kerkgenootschap met onder andere als kenmerk dat mensen worden gedoopt na het afleggen van een belijdenis

doopsuiker BN suikerbonen aangeboden aan familie en vrienden bij de geboorte van een baby

doopvont *de* kom voor water bij een doopplechtigheid ▼ BN ook *iets boven de ~ houden* iets oprichten

door I *vz & bw* **❶** door iets heen, van de ene kant (van iets) naar de andere: *een tunnel ~ een berg; ~ de lucht vliegen* **❷** van het ene moment in de tijd naar het andere: *~ de eeuwen heen* **❸** als gevolg van, door middel van **❹** (bij de lijdende vorm) aanduiding van de persoon die of dat wat de

actieve rol speelt: *dit boek is ~ mij geschreven* **❺** vermengd met iets: *zout ~ het eten* **❻** (als eerste deel van een samenstelling) voortdurend, verder, in tweeën, stuk, doorheen, volkomen ▼ *~ en ~ heel erg, helemaal* ▼ *~ zijn* versleten zijn, doorgebroken zijn **II** *de (m)* [doren] **❷** dooier

doorbakken *bn* goed gaar gebakken

doorbenen stevig doorlopen **doorberekenen** berekenen in de verkoopprijs: *de energiekosten ~ in de prijzen* **doorbijten ❶** stukbijten, een opening bijten in **❷** verder bijten **❸** fig. ondanks moeilijkheden doorgaan, niet opgeven

doorbladeren ▼ *een boek ~* snel even de bladzijden omslaan en bekijken zonder echt te lezen **doorboren** ▼ *~ op* blijven praten of denken over **doorboren** [boorde door, h. doorgeboord] doorgaan met boren **doorboren** [doorboorde, h. doorboord] **❶** een opening maken in (met een boor of iets anders) **❷** fig. doordringen: *een ~de blik*

doorbraak *de* [-braken] **❶** het doorbreken, bijv. van een dijk **❷** fig. begin van een grote verandering: *een ~ in het DNA-onderzoek* **❸** fig. prestatie waardoor iemand erkend wordt in een sport, kunstvorm e.d. **doorbreken** [brak door, h. / is doorgebroken] **❶** in tweeën (doen) gaan **❷** een opening krijgen of maken: *de dijk is doorgebroken* **❸** door iets heen dringen, tevoorschijn komen: *de tandjes zijn aan het ~* **❹** fig. een prestatie leveren waardoor iemand erkend wordt in een sport, kunstvorm e.d.

doorbreken [doorbrak, h. doorbroken] **❶** een opening of een weg breken door **❷** fig. een einde maken aan: *met zijn vraag doorbrak hij de stilte*

doorbrengen tijd besteden: *zijn vakantie ~ in Italië*

doordacht *bn* waar goed over is nagedacht: *een ~ plan*

doordat *vgw* door die oorzaak

doordenkertje *het* [-s] grap, opmerking e.d. waarover men even moet nadenken voordat men hem begrijpt

doordeweeks *bn* niet (als) op zondag: *~e kleren*

doordouwer *de (m)* [-s] iemand die doorzet, die niet snel opgeeft

doordraaien ❶ verder, te ver draaien **❷** veel geld uitgeven, geld verkwisten, bijv. aan drank en feesten: *hij heeft zijn hele erfenis er doorgedraaid* **❸** (op veilingen) vernietigen omdat de minimumprijs niet wordt gehaald: *groente ~* **❹** overspannen raken, gekke dingen gaan doen: *hij is doorgedraaid door de stress op zijn werk*

doordrammen op een dwingende manier blijven aandringen op iets **doordraven** zover doorredeneren dat wat gezegd wordt niet meer redelijk of reëel is **doordrijven** tegen de wens van anderen doen of laten gebeuren ▼ *zijn zin ~* net zolang volhouden tot men zijn zin krijgt

doordringen [drong door, h. / is doorgedrongen] **❶** doorgaan met dringen **❷** met inspanning ergens doorheen komen ▼ *het dringt niet tot hem door* hij begrijpt het niet, hij ziet het niet in **doordringen** [doordrong, h. doordrongen] **❶** van alle kanten binnendringen **❷** overtuigen ▼ *doordrongen zijn van iets* iets beseffen, goed begrijpen: *hij is doordrongen van de noodzaak om zijn schulden af te lossen*

doordringend *bw* wat door alles heen gaat: *een ~ geluid* ▼ *een ~e blik* manier van kijken waarbij het lijkt alsof iemand door de ander heen kijkt

doordrukken *fig.* met alle macht weten door te zetten: *zijn plannen ~* **doordrukstrip** strip met tabletjes die men eruit moet drukken

dooreen *bw* door elkaar

doorflippen zichzelf verliezen, in woede e.d.

doorgaan ❶ doorheen gaan: *een poort ~* ❷ verdergaan, voortgaan: *we gaan door met ons werk* ❸ ondanks bezwaren of problemen plaatsvinden: *de wedstrijd gaat door* ▼ *~ voor* beschouwd worden als: *hij gaat door voor een intelligent man* **doorgaand** *bn* wat niet stopt, niet ophoudt: *een ~e trein* die het hele traject aflegt:: *~ verkeer* dat een bepaalde plaats niet als eindbestemming heeft maar nog verder gaat **doorgaans** *bw* in de regel, meestal **doorgang** gang of weg ergens doorheen: *iemand de ~ beletten* iemand niet laten passeren ▼ *~ vinden* doorgaan, plaatsvinden: *de vergadering kan geen ~ vinden* **doorgangshuis** tijdelijke verblijfplaats voor gevangenen, zwervers e.a.

doorgedreven BN *bn* intensief

doorgeefluik ❶ luik tussen eetkamer en keuken ❷ *fig.* persoon of instantie die de informatie e.d. doorgeeft: *deze krant is een ~ van die politieke partij*

doorgestoken *bn* ▼ *~ kaart* afgesproken werk, bedrog

doorgeven ❶ verder geven (van de ene persoon aan de andere) ❷ tegen iemand anders zeggen: *ik zal ~ dat je niet komt*

doorgewinterd *bn* met veel ervaring

doorgroeien verder groeien ▼ *~ in een bedrijf* promotie maken, hogere functies krijgen

doorgronden tot op de bodem leren kennen, helemaal begrijpen **doorhakken** in delen hakken ▼ *fig. de knoop ~* beslissen en een moeilijke kwestie **doorhalen** ❶ doorheen trekken ❷ een streep door iets zetten: *sommige zinnen in de brief waren doorgehaald* ▼ *een nacht ~* een nacht doorbrengen zonder te slapen **doorhaling** *de (v)* ❶ het zetten van een streep door iets ❷ waar een streep door is gezet: *een brief vol ~en*

doorhebben begrijpen, doorzien: *ik heb wel door dat je liegt*

doorheen *bw* helemaal door iets ▼ *er ~ zijn* het doorstaan of afgemaakt hebben; geen voorraad meer hebben ▼ *ik zit er ~* ik ben uitgeput

doorkiesnummer telefoonnummer dat zonder tussenkomst van een telefoniste gedraaid kan worden

doorkijk *de (m)* gelegenheid of opening om door te kijken **doorkijkblouse** doorzichtige bloes **doorkijken** snel, oppervlakkig bekijken **doorkijkspiegel** glasruit die aan de ene kant als een spiegel werkt en waar men aan de andere kant door kan kijken

doorklikken *comp.* verder klikken met de muis, bijv. naar een andere website

doorkneed *bn* ▼ *~ zijn in* alles weten van, heel goed weten hoe het moet

doorkomen ❶ door iets heen komen: *het struikgewas is te dicht, ik kan er niet ~; een examen, een voorronde ~* ▼ *er is geen ~ aan* wij kunnen niet verder wegens een mensenmenigte, obstakels e.d.; de hoeveelheid werk is te groot ❷ (bij radio, televisie) hoorbaar of zichtbaar worden: *deze zender komt slecht door*

doorkruisen [doorkruiste, h. doorkruist] ❶ in veel richtingen gaan door: *tijdens de vakantie een land ~* ❷ *fig.* ingaan tegen: *jouw plannen ~ de mijne*

doorlaat *de (m)* [-laten] plaats waar water doorgelaten wordt **doorlaten** ❶ vocht, licht door iets heen laten gaan: *de muur laat water door* ❷ door of langs iets laten gaan: *ze werden doorgelaten bij de grenspost*

doorleefd *bn* door het leven getekend: *een man met een ~ gezicht* **doorleven** [leefde door, h. doorgeleefd] verder leven **doorleven** [doorleefde, h. doorleefd] beleven, meemaken

doorlichten ❶ met röntgenstralen onderzoeken ❷ *fig.* een bedrijf, organisatie e.d. onderzoeken om te controleren **doorliggen** [lag door, is doorgelegen] wonden krijgen van het liggen

doorloop ❶ ruimte om doorheen te lopen ❷ steegje **doorlopen** [liep door, is / h. doorgelopen] ❶ verder lopen ❷ (van kleuren) in elkaar overvloeien ❸ snel lopen: *loop eens een beetje door!* ❹ doorheen lopen: *het huis ~* **doorlopen** [doorliep, h. doorlopen] ❶ helemaal afleggen, tot het eind toe volgen: *een avondcursus ~ hebben* ❷ vluchtig doorkijken **doorlopend** I *bn* ❶ aan één stuk, wat onafgebroken doorgaat ▼ *een ~e voorstelling* die telkens opnieuw begint ▼ *een ~ krediet* waarbij iemand steeds weer geld kan opnemen zolang de schuld lager is dan de limiet II *bw* ❷ altijd door, voortdurend: *ik ben ~ verkouden* **doorloper** kruiswoordpuzzel met alleen witte vakjes ▼ *Friese ~* schaats die men onder zijn schoen vastbindt

doorluchtig *bn* hoogstaand, belangrijk: *een ~ gezelschap van graven en hertogen* **doorluchtigheid** *de (v)* titel voor personen uit een geslacht dat regeert in een vorstendom dat geen koninkrijk is

doormaken beleven, meemaken: *ellende ~*

doormidden *bw* in tweeën: *hij brak de stok ~*

doormodderen moeizaam prutsend verdergaan

doorn *de (m)* [-en, -s] ❶ stekel aan een plant of struik ▼ *een ~ in het oog* iets wat iemand heel erg ergert: *dat is mij een ~ in het oog* ❷ struik met stekels

doornat heel erg nat: *ik was ~ na die regenbui*

doornemen bekijken, bestuderen, bespreken: *de lesstof nog eens ~ voor het examen* **doorneuzen** doorkijken

doornhaai haai met uitsteeksels vóór de rugvinnen (Squalus acanthias)

doornig *bn* met doornen: *een ~e struik*

doorprikken ❶ door iets heen prikken: *een blaar ~* ❷ *fig.* aantonen dat de indruk die iemand wil wekken of wat iemand vertelt, niet waar is: *mooie beloftes ~* **doorregen** *bn* ▼ *~ spek* spek met lagen vlees

do

doorreis v *op ~ zijn naar* op weg zijn naar een verdere bestemming

doorrijden verder rijden, niet stoppen v *~ na een ongeluk* niet stoppen om degene te helpen die men heeft aangereden **doorrit** opening om door te rijden

doorschakelen ❶ een inkomend telefoongesprek op een ander toestel of nummer laten binnenkomen ❷ naar een hogere versnelling schakelen met een auto e.d.

doorschemeren [schemerde door, is / h. doorgeschemerd] v *laten ~* vaag laten merken

doorschieten [schoot door, h. / is doorgeschoten] ❶ doorgaan met schieten ❷ te ver doorgroeien: *doorgeschoten sla* ❸ verder gaan dan verwacht: *de bal schoot door* ❹ fig. te ver gaan, overdrijven: *hij schiet door in zijn enthousiasme* **doorschieten** [doorschoot, h. doorschoten] blanco papier tussen de bladzijden aanbrengen

doorschijnend bn ❶ wat licht doorlaat ❷ (een beetje) doorzichtig: *die witte broek is een beetje ~*

doorslaan [sloeg door, is / h. doorgeslagen] ❶ verder slaan ❷ vocht doorlaten: *de muur slaat door* ❸ naar één kant gaan hangen, bijv. van een weegschaal met twee armen ❹ fig. te ver gaan, overdrijven ❺ door kortsluiting kapotgaan: *er is een stop doorgeslagen* ❻ (tijdens een verhoor) bekennen en alles vertellen: *de arrestant is doorgeslagen en heeft zijn handlanger verraden* **doorslaand** bn afdoend, beslissend: *de voorstelling was een ~ succes* een groot succes

doorslag ❶ beslissing, feit waardoor iets wordt beslist: *dat geeft de ~* ❷ kopie die op een schrijfmachine wordt gemaakt **doorslaggevend** bn beslissend, wat de beslissing bepaalt: *dat argument was ~*

doorsluizen niet rechtstreeks, soms illegaal, overbrengen: *geld ~ naar een verboden organisatie*

doorsmeren (van motoren, machines e.d.) alle bewegende delen oliën

doorsnede de [-n, -s], **doorsnee** ❶ het vlak dat ontstaat bij doorsnijden ❷ grootste afstand tussen de randen van het doorsnijvlak v *in ~* gemiddeld **doorsnijden** [doorsneed, h. doorsneden] door iets heen lopen of stromen: *de rivier doorsnijdt het gebergte* **doorsnijden** [sneed door, h. doorgesneden] ❶ verder snijden ❷ in twee stukken snijden

doorspekken [doorspekte, h. doorspekt] (te) veel door iets anders mengen, in iets anders gebruiken: *zijn Nederlands was doorspekt met Engelse woorden*

doorspelen ❶ doorgaan met spelen ❷ geven aan, zorgen dat een ander het krijgt: *de bal ~ naar een andere speler*; fig. *een opdracht ~ aan iemand anders* v fig. *informatie ~ aan een ander* vertellen, terwijl niet altijd de bedoeling is dat het verder wordt verteld **doorspoelen** ❶ wegspoelen: *ik heb de medicijnen doorgespoeld in de wc* ❷ schoonmaken door te spoelen: *de wc ~* ❸ extra snel verder laten draaien: *een cassettebandje ~* **doorstaan** [doorstond, h. doorstaan] lijden, verduren en te boven komen: *veel leed ~* **doorstarten** ❶ een motor opnieuw starten wanneer het voertuig nog enige vaart heeft ❷ (van vliegtuigen) weer optrekken vlak voor de landing ❸ fig. in plaats van een faillissement opnieuw met een bedrijf beginnen

doorsteken [stak door, h. doorgestoken] ❶ dwars door iets gaan, een opening maken in ❷ een snellere weg kiezen door een stuk af te snijden **doorsteken** [doorstak, h. doorstoken] met een scherp voorwerp door iets heen steken, doorboren **doorstoten** [stootte door, is doorgestoten] fig. succes boeken en hogerop komen: *~ naar de top*

doorstromen [stroomde door, is doorgestroomd] ❶ verder stromen ❷ fig. verhuizen naar een passender woning: *mensen die meer zijn gaan verdienen, zouden moeten ~ naar een duurdere woning* ❸ fig. doorgaan naar een andere onderwijsvorm: *na een hbo-opleiding ~ naar de universiteit* **doorstroom** het doorstromen

doortastend bn die niet aarzelt, die krachtig handelt

doortikken ❶ doorgaan met tikken ❷ breken door tikken ❸ fig. invloed hebben op, doorwerken in: *de hoge olieprijs gaat ~ in de prijzen van vliegreizen* ❹ sp. de bal zachtjes doorspelen naar een andere speler

doortimmerd bn v *goed ~* degelijk gebouwd, degelijk van opzet: *een goed ~ plan*

doortocht ❶ doorreis, het reizen door iets heen: *op ~ naar Spanje kwamen we door Frankrijk* ❷ doorgang v *iemand de ~ beletten* zorgen dat hij er niet langs kan

doortrapper de (m) [-s] fiets waarop iemand moet blijven trappen, waarop hij zijn benen niet kan stilhouden terwijl de wielen draaien

doortrapt bn uitgekookt, sluw, gemeen: *een ~e oplichter*

doortrek het doortrekken, doortocht, vooral van trekvogels: *op ~* **doortrekken** ❶ reizen (door een streek, land e.d.) ❷ voortzetten naar een punt dat verder ligt: *een trambaan ~* ❸ doorspoelen: *de wc ~* **doortrokken** bn v *~ van* helemaal doordrenkt met: *deze roman is ~ van melancholie*

doorvaart ❶ mogelijkheid om ergens naartoe of doorheen te varen ❷ het doorvaren: *het gezonken schip belemmert de ~*

doorverbinden een telefoongesprek doorschakelen naar een ander telefoontoestel: *ik verbind u door met de administratie*

doorverkopen iets dat men gekocht heeft, weer aan iemand anders verkopen **doorverwijzen** iemand verder sturen naar een andere persoon of instantie: *mijn huisarts heeft mij doorverwezen naar de specialist*

doorvoed bn goed gevoed

doorvoeld bn met veel gevoel: *een ~e vertolking van een pianoconcert*

doorvoer de (m) vervoer door een land **doorvoeren** ❶ door een land vervoeren ❷ streng toepassen, volledig ten uitvoer brengen: *regels consequent ~*

doorwaadbaar bn mogelijk om door (een rivier e.d.) te lopen

doorwaakt bn zonder slaap: *een ~e nacht*

doorweekt bn kletsnat

doorwegen BN, ook van doorslaggevend belang

zijn

doorweken helemaal nat maken

doorwerken ❶ verder werken: *stug ~* ❷ snel, hard werken: *flink moeten ~ om iets af te krijgen* ❸ lang invloed blijven hebben op: *dat conflict heeft nog jaren doorgewerkt in de verhoudingen tussen de partijen* ❹ bestuderen, vaak iets moeilijks of groots: *dikke boeken ~* **doorwerkt** *bn* ⟨van stof⟩ waarin een andere stof is verwerkt

doorwinterd BN, spreekt. *bn* doorgewinterd, die alle knepen van het vak kent

doorwrocht *bn* waar hard op gestudeerd is en wat goed in elkaar zit: *een ~ betoog*

doorzagen ❶ in tweeën zagen ❷ fig. doorzeuren, aanhoudend over hetzelfde praten: *zit daar toch niet zo over door te zagen* ▾ *iemand ~ over* iets langdurig ondervragen **doorzakken** ❶ in het midden verzakken ❷ fig. tot laat uitgaan en drinken **doorzetten** ❶ volhouden, doorgaan ❷ door volhouden maken dat iets doorgaat: *zijn wil* ~ **doorzettingsvermogen** het in staat zijn om vol te houden, om niet op te geven

doorzeven [doorzeefde, h. doorzeefd] op veel plaatsen doorboren: *een lichaam doorzeefd met kogels*

doorzicht *het* het doorzien, begrijpen

doorzichtig *bn* waar men doorheen kan kijken, ook figuurlijk: *een ~ plan* **doorzien** [doorzag, h. doorzien] de ware of geheime bedoeling van iets begrijpen: *hij doorzag hun snode plannen* **doorzien** [zag door, h. doorgezien] oppervlakkig, vluchtig doorkijken

doorzoeken [zocht door, h. doorgezocht] verder zoeken

doorzoeken [doorzocht, h. doorzocht] nauwkeurig zoeken in: *de douanebeambte doorzoekt de bagage*

doorzonwoning woning met een kamer met grote ramen tegenover elkaar

doos *de* [dozen] ❶ voorwerp om iets in te verpakken, meestal rechthoekig en van karton ▾ *zwarte ~* registratieapparaat in vliegtuigen zodat men na een ramp technische gegevens heeft ▾ *uit de oude ~* van vroeger: *verhalen uit de oude ~* ❷ spreekt. wc ❸ spreekt. vagina

doosvrucht vrucht met veel zaden die vaak openspringt om de zaden vrij te geven

dop *de (m)* [-pen] ❶ leeg, min of meer rond omhulsel van bijv. een ei of een noot ▾ *in de ~* in het eerste stadium van ontwikkeling: *dat kleine meisje is een onderwijzeres in de ~* ❷ voorwerp om een buisvormig voorwerp mee af te sluiten: *de ~ van een pen* ▾ inform. *~pen ogen: kijk uit je ~pen!*

dopamine med. *de (v)* belangrijke neurotransmitter, die een rol speelt bij het voelen van genot en blijdschap

dope ⟨doop⟩ *de (m)* [-s] inform. drugs

dopeling *de (m)* iemand die gedoopt wordt

dopen ❶ met water besprenkelen als symbool van het afwassen van de zonden ❷ een naam geven ▾ *een schip ~* vlak vóór de tewaterlating een fles champagne tegen de boeg stukslaan en de naam noemen ❸ in vloeistof dompelen, soppen: *een koekje in de thee ~*

doperwt kleine ronde groene peulvrucht: *we*

eten *~jes met worteltjes*

dopheide, **dophei** heidesoort met rozig-paarse dopvormige bloempjes (Erica)

dophoed stijve bolvormige herenhoed

doping *de* ❶ het toedienen van middelen die (tijdelijk) de prestatie verhogen, vooral in de sport ❷ de middelen zelf

dopluis schadelijk insect met hard schild (Pulvinaria vitis)

doppen ❶ de dop of schil eraf halen: *bonen ~* ❷ BN, spreekt. stempelen, als werkloze een uitkering ontvangen **dopper** *de (m)* [-s] inform. doperwt

dopplereffect nat. verandering van toonhoogte als de afstand tot de geluidsbron groter of kleiner wordt

dopsleutel sleutel met een hoekige kop voor het aandraaien van bouten en moeren

dopvrucht droge eenzadige niet-openspringende vrucht

dor *bn* ❶ verdroogd, erg droog: *~re bloemen; een ~re vlakte* ❷ fig. saai, vervelend: *een ~re speech*

doré *de (m)* [-s] consumptieaardappel met een gele schil

Dorisch *bn* in een bouwstijl uit de Griekse oudheid met statige strakke zuilen

dorp *het* geheel van een kleinere groep huizen en bewoners op het platteland

dorpel *de (m)* [-s] drempel

dorpeling *de (m)* bewoner van een dorp

dorps *bn* als in een dorp **dorpshuis** ❶ huis in een dorp ❷ verenigingsgebouw in een dorp **dorpskom** centrum van een dorp

dorsaal *bn* ❶ van de rug ❷ aan de rugzijde

dorsen het graan uit de aren slaan **dorsmachine** machine waarmee gedorst wordt

dorst *de (m)* ❶ behoefte om te drinken ❷ fig. groot verlangen: *~ naar kennis* **dorsten** heel erg verlangen: *~ naar erkenning* **dorstig** *bn* die dorst heeft **dorstlessend** *bn* wat de dorst verdrijft

dorsvlegel werktuig om te dorsen

DOS *disk operating system*, computerbesturingssysteem

doseren ❶ de dosis bepalen, de juiste hoeveelheid van iets nemen: *de verpleegkundige doseert het medicijn voor de patiënt* ❷ in doses verdelen, in afgepaste hoeveelheden geven, niet alles ineens ▾ *zijn krachten/kritiek ~* goed verdelen, niet te veel tegelijk gebruiken of geven **dosis** ⟨-zis⟩ *de (v)* [-sen, doses] hoeveelheid van iets: *ik moet elke dag een kleine ~ van dit medicijn innemen; hij heeft een flinke ~ zelfvertrouwen*

dossier ⟨-sjee⟩ *het* [-s] ❶ alle gegevens die bekend zijn over iets of iemand: *op mijn school hebben ze van iedere leerling een ~* ❷ alle documenten die bij een (rechts)zaak horen, alle (proces)stukken

dot *de* [-ten] ❶ kleine hoeveelheid, pluk: *een ~ haar* ❷ heel lief, schattig persoon: *een ~ van een kind*

dotatie *de (v)* [-s] ❶ schenking ❷ BN subsidie van overheidswege, overheidstoelage

dotcombedrijf internetbedrijf

doteren geven, schenken

dotter *de* [-s] dotterbloem **dotterbloem** plant met gele bloemen die vooral op moerassige

do

plaatsen en aan waterkanten voorkomt (Caltha palustris)

dotteren een slagader verwijden die dicht is geraakt, door er een ballonnetje in aan te brengen en dit op te blazen: *hij wordt volgende week gedotterd*

douairière ⟨doewerjɛ̀rə⟩ *de (v)* [-s] adellijke weduwe

douane ⟨doewaanə⟩ I *de* ❶ dienst voor het innen van in- en uitvoerrechten, en voor de controle van goederen en reizigers die grens overgaan ❷ kantoor van die dienst II *de (m)* [-s, -n] ❸ ambtenaar bij die dienst, douanier **douanier** ⟨-njee⟩ *de (m)* [-s] beambte die bij de douane werkt, douaneambtenaar

doublé ⟨doeblee⟩ I *het* ❶ verguld metaal II *bn* ❷ van verguld metaal

double-breasted ⟨dubbəlbRestid⟩ *bn* met voorpanden die over elkaar vallen en twee rijen knopen

doubleren ⟨doe-⟩ ❶ een klas voor de tweede maal doorlopen, blijven zitten ❷ verdubbelen van de inzet bij een spel ❸ ⟨bridge⟩ een doublet bieden **doublet** ⟨-blet⟩ *het* [-ten] ❶ schot waarmee twee stuks wild getroffen worden ❷ dubbel exemplaar van iets ❸ woord met twee vormen die hetzelfde betekenen ❹ worp met gelijke ogen op beide dobbelstenen ❺ ⟨bridge⟩ bod waardoor winst of verlies dubbel telt **doubleur** *de (m)* [-s] iemand die een klas voor de tweede keer moet doen **doublure** *de* [-s] ❶ het tweemaal behandelen van dezelfde gegevens in een tekst of boek ❷ plaatsvervangend toneelspeler

douceurtje ⟨doeseur⟩ *het* [-s] geld dat iemand krijgt als cadeautje, als extraatje

douche ⟨doesj⟩ *de* [-s] ❶ sproeier waaruit water komt om zich onder te wassen: *na het sporten neem ik altijd een ~* ▼ fig. *een koude ~* een ontnuchtering, een onverwachte teleurstelling ❷ ruimte met een douche erin **douchecel** hokje met een douche **douchekop** spuitstuk van een douche **douchen** [douchte, h. gedoucht] een douche nemen

douw *de (m)* duw ▼ fig. *een ~ krijgen* gestraft worden, bijv. een lagere functie krijgen **douwen** duwen

dovemansgesprek BN gesprek tussen mensen die elkaar niet willen begrijpen **dovemansoor** ▼ *voor dovemansoren spreken* iets zeggen waar niemand naar luistert ▼ BN *dat valt in dovemansoren* daar wordt niet naar geluisterd

doven [doofde, h. / is gedoofd] ❶ vuur uitmaken: *voordat we weggingen, hebben we de kaarsen gedoofd* ❷ niet meer branden, uitgaan: *het kampvuur dooft nu pas* ❸ ⟨van geluid⟩ doffer worden ❹ fig. doen verflauwen, minder doen worden: *de geestdrift ~*

dovenetel plant die op een brandnetel lijkt maar die bladeren heeft die geen brandend gevoel veroorzaken (Lamium)

doventolk iemand die in gebarentaal en gesproken taal tolkt tussen dove en horende mensen

Dow-Jonesindex ⟨dauw-djoons-⟩ indexcijfers op basis van de dagelijkse koersgemiddelden op de beurs van New York

down ⟨daun⟩ *bn* ❶ triest, somber, neerslachtig ❷ ⟨bridge⟩ slagen te weinig

downgraden ⟨daunGreedən⟩ [downgradede, h. gedowngraded] naar een lager niveau brengen (wat betreft prijs, kwaliteit e.d.)

download ⟨daunloot⟩ comp. *de (m)* [-s] bestand dat gedownload is **downloadable** comp. *bn* wat kan worden gedownload: *~ lesmateriaal* **downloaden** comp. [downloadde, h. gedownload] een bestand kopiëren van een andere computer (*vooral via het internet*)

downsizen ⟨daunsajzən⟩ [downsizede, h. gedownsized] terugbrengen in omvang: *een bedrijf ~*

downsyndroom ⟨daun-⟩ aangeboren afwijking met bepaalde gezichtskenmerken en verminderde verstandelijke vermogens, mongolisme

dozijn *het* twaalf exemplaren van iets: *een ~ eieren* ▼ *daarvan gaan er dertien in een ~* die zijn heel gewoon, niets bijzonders

dpi *dots per inch*, beeldpunten per inch: maat voor de resolutie van afbeeldingen, tekst e.d.

dr. ❶ dienaar ❷ doctor

dra *bw* spoedig

draad *de (m)* [draden] *& het* ❶ dun gesponnen (textiel)vezel ▼ *tot op de ~ versleten* volkomen versleten ▼ *geen droge ~ aan het lijf hebben* ▼ *aan een zijden ~je hangen* in groot gevaar zijn ❷ lengterichting van textielvezels ▼ *tegen de ~ in* verkeerd; fig. eigenwijs, in verzet, dwars ❸ heel lang dun buigbaar voorwerp van ander materiaal dan textiel, bijv. hout, vlees, metaal ▼ *met iets over de ~ komen* iets vertellen of verklaren ❹ samenhang van een betoog of vertelling ▼ *de ~ kwijt zijn* niet meer weten waar men gebleven is in iets wat men vertelt e.d. ▼ *de rode ~* motief in een betoog e.d. dat steeds terugkeert ❺ schroefdraad ❻ BN, spreekt. snoer van elektrische apparaten

draadgaas gaas van metalen draden **draadglas** glas waarin ijzerdraad is gewalst **draadharig** ⟨van een hond⟩ met stug haar **draadjesvlees** inform. gestoofd rundvlees

draadloos *bn* ⟨van radio's, telefoons e.d.⟩ waarbij de informatie niet via draden maar door de lucht ontvangen wordt via golven **draadnagel** soort lange dunne spijker

draagbaar I *bn* ❶ wat gedragen kan worden II *de* [-baren] ❷ voorwerp waarop men zieken of gewonden verplaatst, brancard **draagbalk** balk waarop andere delen van een constructie steunen **draagband** band waarin of waaraan men iets draagt **draagberrie** BN, ook brancard

draagkracht vermogen om (financiële) lasten te dragen **draagkrachtbeginsel** het evenredig verdelen van financiële lasten naar draagkracht

draaglijk *bn* tamelijk goed te verdragen **draagmoeder** vrouw die de zwanger is en een kind baart om het aan een ander af te staan **draagmuur** muur waarop een deel van een gebouw steunt **draagstoel** vervoermiddel voor hooggeplaatste personen, dat wordt gedragen **draagverband** doek om pols of arm te ondersteunen **draagvermogen** hoeveel gewicht iets kan dragen, bijv. een vloer **draagvlak** ❶ vlak waarop iets rust ❷ fig. steun, instemming: *het maatschappelijk ~ voor een nieuwe maatregel* **draagvleugelboot** snelle boot met vleugels die de romp omhoogtillen **draagwijdte** ❶ afstand die een projectiel haalt ❷ fig. betekenis, invloed: *de ~ van deze beslissing* **draagzak** soort zak van stof waarin iemand een baby tegen zich aan op de buik of rug draagt

draai *de (m)* ❶ keer dat iemand of iets draait, wending ▾ *zijn ~ vinden* zich ergens in thuis, op zijn gemak beginnen te voelen ▾ *een ~ aan iets geven* iets op een bepaalde manier uitleggen ❷ plaats waar iets afbuigt: *de weg maakt hier een ~* ▾ *een ~ om de oren* een klap **draaibaar** *bn* mogelijk om te draaien **draaibank** werktuig waarop voorwerpen in een draaiende beweging worden gebracht om ze te bewerken **draaiboek** ❶ regieaanwijzingen voor een film ❷ fig. uitgewerkt programma van het verloop iets **draaiboom** draaibare afsluitboom **draaibrug** brug die in een horizontaal vlak opengedraaid wordt **draaicirkel** kleinste cirkel die een voertuig kan beschrijven **draaideur** constructie van drie of vier deuren die rond een centrale as draaien: *de ~ van een warenhuis* **draaideurcrimineel** crimineel die telkens weer tot criminaliteit vervalt en maar met justitie in aanraking komt **draaien** ❶ in het rond bewegen: *de molenwieken ~* ▾ *op zijn stoel zitten (te) ~* steeds heen en weer schuiven op zijn stoel ❷ in het rond doen bewegen ❸ de andere kant opgaan, omkeren ▾ *de wind is gedraaid* de wind waait nu uit een andere richting ❹ fig. onoprecht zijn, niet zeggen hoe het precies is: *om de zaak heen ~* ❺ fig. op gang zijn, lopen: *de zaak draait* ❻ maken door iets in het rond te bewegen: *touw ~* ▾ *een film ~* vertonen of opnemen ▾ **BN** *hoe je het ook draait of keert* hoe je het ook wendt of keert, hoe je de zaak ook bekijkt **draaier** *de (m)* [-s] ❶ arbeider aan een draaibank ❷ fig. iemand die niet rechtstreeks zegt wat hij denkt en die niet oprecht is **draaierig** *bn* duizelig **draaierij** *de (v)* ❶ bedrijf of werkplaats waar men producten draait, bijv. van hout of metaal ❷ fig. onoprechtheid, vals voorwendsel **draaikolk** plaats waar het water in een sterk draaiende en zuigende beweging is **draaikont** inform. ❶ beweeglijk iemand ❷ fig. iemand die voortdurend van mening verandert of tegenstrijdige beweringen doet **draailier** vioolachtig muziekinstrument met van onder een draaibaar wieltje **draaimolen** ronddraaiende attractie met figuren waarop kinderen kunnen zitten **draaiorgel** verplaatsbaar orgel dat door een draaiende beweging muziek voortbrengt **draaischijf** ❶ draaibare schijf waarop een pottenbakker werkt ❷ draaibare schijf met rails om locomotieven in een andere richting te zetten ❸ schijf op een ouderwets telefoontoestel voor het draaien van een nummer **draaistroom** systeem van drie elektrische wisselstromen die 120° in fase van elkaar verschillen **draaitafel**

❶ ronddraaiende schijf van een platenspeler ❷ de platenspeler zelf **draaitol** ❶ kinderspeelgoed dat snel blijft ronddraaien op een puntje ❷ fig. iemand die vaak van mening of voorkeur verandert **draaitoneel** draaibaar toneel **draaitrap** trap die in een ronding omhoogloopt

draak *de (m)* [draken] ❶ mythologisch monster, vaak vuurspuwend en met een hagedisachtig lichaam ▾ *de ~ steken met iets* ermee spotten ❷ heel erg sentimentele film e.d. ❸ akelig mens **drab** *de & het* ❶ wat uit een vloeistof (koffie, wijn e.d.) naar beneden zakt, bezinksel ❷ dikke troebele vloeistof **drachme** *de* [-n] vroegere Griekse munt en munteenheid **dracht** *de* kleding, manier van kleden: *de traditionele Friese ~* **drachtig** *bn* ⟨van dieren⟩ zwanger **draconisch** *bn* heel erg streng: *~e maatregelen* **draf** *de (m)* ❶ gang van een paard waarbij het gelijktijdig het rechtervoorbeen en het linkerachterbeen, of het linkervoorbeen en het rechterachterbeen verplaatst ❷ snelle manier van lopen ▾ *in gestrekte ~* met zo groot mogelijke stappen, haastig, snel ▾ *het op een ~je zetten* sneller gaan lopen **drafsport** sport van het harddraven met paarden die voor sulky's gespannen zijn **dragee** ⟨-gee of -zjee⟩ *de (v)* [-s] tablet of pil met een suikerlaag **dragelijk** *bn* mogelijk om te verdragen, draaglijk: *de pijn is ~* **dragen** [droeg, h. gedragen] ❶ boven de grond vasthouden en vervoeren: *omdat ze niet meer kon lopen, droegen we haar* ❷ aanhebben: *zij droeg mooie kleren op het feest* ❸ op zich nemen, verdragen: *als je stomme dingen doet, moet je ook de gevolgen ~* ❹ draagwijdte hebben, een bepaalde afstand halen: *een revolver draagt niet ver* ❺ ⟨vooral van dieren⟩ zwanger zijn **drager** *de (m)* [-s] ❶ iemand die iets draagt ❷ voorwerp of onderdeel dat iets draagt, steunt **dragline** ⟨dreGlajn⟩ *de (m)* [-s] graafmachine met een grijper **dragon** *de (m)* keukenkruid van de soort Artemisia dracunculus **dragonder** *de (m)* [-s] ❶ militair te paard ❷ fig. forse, een beetje sterke en ruwe vrouw **dragoniet** *het* bergkristal **dragrace** ⟨dreGrees⟩ *de (m)* [-s] spectaculaire race tussen twee motoren of auto's over heel korte afstand, vanuit stilstand **drain** ⟨dReen⟩ *de (m)* [-s] slangetje om wondvocht weg te laten lopen **draineren** ⟨drenni-⟩ overtollig water afvoeren door buizen onder de grond **dralen** aarzelen, wachten voor men iets gaat doen **drama** *het* [-'s] ❶ toneelstuk, vooral met een droevige inhoud ❷ trieste, ernstige gebeurtenis: *het feest liep uit op een ~ toen de feesttent instortte* **dramatiek** *de (v)* ❶ toneelkunst ❷ het dramatische **dramatisch** *bn* ❶ wat te maken heeft met drama, met de toneelkunst ❷ triest, ernstig: *~e gebeurtenissen* ❸ gemaakt geraakt in zijn gevoel, aanstellerig: *doe niet zo ~!*

dr

dr

dramatiseren ⟨zi-⟩ ❶ voor het toneel bewerken ❷ ergens een drama van maken: *dramatiseer alles niet zo!*

dramaturg *de (m)* ❶ kenner en beoordelaar van toneelstukken, raadgever van de leiding van een toneelgroep ❷ toneelschrijver

drammen blijven zeuren, op een vervelende manier blijven aandringen omdat iemand iets wil **drammerig** *bn* waarbij iemand blijft zeuren, op een vervelende manier blijft aandringen omdat hij iets wil

drang *de (m)* ❶ het dringen, situatie waarin iets dringt ❷ sterk verlangen, sterke neiging om iets te doen: *de ~ voelen om een liedje te schrijven; de ~ naar vrijheid*

dranger *de (m)* [-s] verende stang waardoor een deur vanzelf dichtvalt **dranghek** hek om een grote menigte mensen tegen te houden, bijv. bij een popconcert of een optocht

drank *de (m)* ❶ wat men drinkt ❷ sterkedrank, alcohol **drankje** *het* [-s] ❶ glaasje met een alcoholische drank ❷ vloeibaar geneesmiddel **drankmisbruik** het drinken van te veel alcohol **drankorgel** *neg.* iemand die veel alcohol drinkt, dronkaard **drankvergunning** vergunning om alcoholische dranken te verkopen **drankwinkel** winkel waar men alcoholische dranken verkoopt **drankzucht** ziekelijke neiging tot het drinken van alcohol, verslaving aan alcohol

draperen ❶ omhangen met draperieën ❷ in wijde plooien schikken **draperie** *de (v)* [-ën] versiering of bekleding met wijd geplooid doek

dras I *de* ❶ weke aarde II *bn* ❷ doorweekt **drassig** *bn* wat uit weke grond bestaat, moerassig

drastisch *bn* krachtig, ingrijpend: *~e maatregelen*

draven ❶ in draf lopen: *het paard draaft* ❷ snel lopen, hollen **draver** *de (m)* [-s] paard dat draaft, paard dat meeloopt in draverijen **draverij** *de (v)* hardloopwedstrijd waarbij paarden moeten draven voor een wagentje

dreadlocks *de (mv)* [drèdlóks] kapsel met in elkaar gedraaide lokken haar

dreef *de* [dreven] laan, brede weg ▼ *hij is goed op ~* hij is goed op gang, het lukt goed

dreg *de* [-gen] meerarmig werpanker om iets uit het water te halen **dreggen** iets uit het water proberen omhoog te halen met behulp van gereedschap met haken

dreigbrief brief waarin iemand een ander bedreigt **dreigement** *het* het dreigen met iets **dreigen** ❶ angst proberen aan te jagen, bang proberen te maken ❷ ⟨van iets onaangenaams⟩ mogelijk gaan gebeuren: *er dreigt hongersnood*

dreinen klaaglijk huilerig zeuren

drek *de (m)* vuil, uitwerpselen

drempel *de (m)* [-s] ❶ smalle strook, verhoging onder een deur ❷ ondiepte, verhoging van de zeebodem ❸ scheidslijn: *de ~ tussen het oude en het nieuwe millennium* ❹ aantal, percentage, bedrag enz. waaraan men minimaal moet voldoen ❺ *fig.* belemmering, iets wat mensen tegenhoudt **drempelvrees** ❶ vrees om ergens binnen te gaan ❷ *fig.* vrees om iets te doen, aan iets nieuws te beginnen

drenkeling *de (m)* iemand die in het water is gevallen en het gevaar loopt te verdrinken of verdronken is

drenken ❶ te drinken geven, doen drinken: *het vee ~* ❷ bevochtigen, natmaken: *iets in een vloeistof ~*

drentelen een beetje doelloos heen en weer lopen: *de eerste bezoekers drentelden door de hal*

drenzen huilerig zeuren

dressboy ⟨dRèsboi⟩ *de (m)* [-s] standaard om herenkleding op te hangen **dresscode** kledingvoorschrift, bijv. voor een feest of een receptie

dresseren ❶ africhten, kunstjes leren: *een paard ~* ❷ ⟨textiel⟩ in vorm persen ❸ ingrediënten van een maaltijd rangschikken **dresseur** *de (m)* [-s] iemand die dieren africht

dressing *de (m)* [-s] saus voor sla en salades

dressman ⟨dRèsmèn⟩ *de (m)* [-men, -mannen] mannelijke mannequin

dressoir ⟨-swaar⟩ *het & de (m)* [-s] lage kast voor glazen, borden e.d. (die vaak in de woon- of eetkamer staat)

dressuur *de (v)* het africhten, vooral van paarden

dreumes *de (m)* klein kind, peuter

dreun *de (m)* ❶ dof geluid dat een korte tijd aanhoudt ❷ eentonige maat: *op één ~ praten* ❸ *inform.* klap, slag ▼ *iemand een ~ verkopen* een flinke klap geven **dreunen** door trillen een dof geluid voortbrengen

dreutelen treuzelen, onhandig bezig zijn

drevel *de (m)* [-s] ❶ ijzeren pen om spijkers mee in te slaan, drijfijzer ❷ pin voor een houtverbinding

dribbelen ❶ met kleine snelle pasjes lopen ❷ *sp.* met kleine pasjes of stuiterend de bal opdrijven

drie *de* [-ën] *& telw* ❶ aantal van 3 ❷ het cijfer 3 **driebaansweg** weg met drie rijstroken **driebandenspel** biljartspel waarbij de speelbal drie banden moet raken voordat er een carambole wordt gemaakt **driedaags**, **driedaags** *bn* wat drie dagen duurt **driedimensionaal** ⟨-sjoo-⟩ *bn* van drie afmetingen: hoogte, breedte en diepte: *een driedimensionale afbeelding van een huis* **driedubbel** *bn* met of in drie lagen, rijen enz.

drie-eenheid drietal dat een eenheid vormt ▼ ⟨christendom⟩ *de Heilige Drie-eenheid* de Vader, de Zoon, de Heilige Geest **drie-enig** *bn* wat een drie-eenheid vormt

drieëntwintig *telw* aantal van 23

drieërlei *bn* van drie soorten

driegen *BN, spreekt.* met losse rijgsteken vasthechten, voorlopig vastnaaien

driegeslacht *BN* drie levende personen van hetzelfde geslacht die in rechte lijn van elkaar afstammen

driehoek figuur die bestaat uit drie rechte lijnen die op elkaar aansluiten of vlak tussen drie zulke lijnen **driehoekig** *bn* in de vorm van een driehoek **driehoeksverhouding** situatie waarbij één of beide partners in een relatie ook een verhouding met een ander hebben

driehonderd *telw* aantal van 300 **driehonderdste** *telw* ❶ nummer 300 ❷ 1/300

driehoog *bw* op de derde verdieping: *ik woon ~* **drie-in-de-pan** *de* dik pannenkoekje, waarvan er drie tegelijk gebakken worden **drieklank**

dr

samenklank van drie tonen **drieklapper** ❶ vuurwerk dat driemaal knalt ❷ drie zoenen **driekleur** *de* vlag met drie kleuren
Driekoningen *de (m)* feest op 6 januari ter herinnering aan de drie Wijzen uit het oosten
driekwart *het* drie vierden: 3/4 **driekwartsmaat** muz. maat die uit drie kwarten bestaat
drieledig *bn* wat bestaat uit drie delen **drieling** *de (m)* drie kinderen die uit één zwangerschap geboren zijn **drieluik** schilderij met drie panelen die door scharnieren verbonden zijn, triptiek
driemaandelijks om de drie maanden: *een ~ tijdschrift* **driemaands** *bn* van drie maanden
driemanschap *het* [-pen] drie personen die met elkaar samenwerken of veel samen zijn
driemaster *de (m)* [-s] schip met drie masten
driemijlszone deel van de zee tot drie zeemijl van de kust dat nog bij een land hoort, territoriale wateren **driepoot** voorwerp (vooral stoeltje) met drie poten
driepuntsgordel veiligheidsgordel in de auto die op twee plaatsen vastzit en die iemand zelf op één plaats vastmaakt **driespan** drie paarden die voor een kar, ploeg enz. zijn gespannen
driesprong punt waar drie wegen samenkomen
driest *bn* onbesuisd, onbeschaamd, zonder aarzeling en zonder zich af te vragen of het wel goed of netjes is
driestemmig *bn* met of voor drie zangstemmen
driesterrenhotel hotel van goede kwaliteit
drietal *het* [-len] groep van drie mensen, dieren of dingen **drietand** vork met drie tanden, attribuut van de zeegod Neptunus **drietonner** *de (m)* [-s] vrachtauto met een laadvermogen van drie ton **drietrapsraket** ❶ raket die uit drie delen is opgebouwd ❷ fig. iets wat in drie fases gebeurt
3VO *de (v)* Verenigde Verkeers Veiligheids Organisatie
drievoud *het* ❶ getal dat kan worden gedeeld door drie ❷ driemaal zo grote hoeveelheid ▼ in ~ in de vorm van drie exemplaren: *een aanvraag indienen in ~*
Drievuldigheid *de (v)* ▼ ⟨christendom⟩ *de Heilige ~* de Heilige Drie-eenheid: de Vader, de Zoon, de Heilige Geest **driewerf** *bw* driemaal: *~ hoera!* **driewieler** *de (m)* [-s] vervoermiddel, vooral een fiets, met drie wielen **driezitsbank** bank voor drie personen
drift *de* ❶ plotselinge felle woede ❷ hartstocht: *zijn ~en beheersen* ❸ stroming ❹ (van ijs, schip) het afdrijven ▼ *op ~ raken* afdrijven; fig. de weg kwijtraken in het leven, bijv. dakloos raken, drugs gaan gebruiken
driftbui plotselinge korte aanval van woede
driftig *bn* ❶ opvliegend, die snel kwaad wordt ❷ haastig, intensief: *~ op zoek zijn naar iets* **driftkikker** driftig iemand, iemand die snel driftig wordt **driftkop** driftig iemand, iemand die snel driftig wordt
drijfanker drijvend voorwerp om te zorgen dat een schip of iets anders niet wegdrijft of een andere kant op gaat
drijfas as die een machine e.d. aandrijft **drijfgas** vloeibaar gas in een spuitbus
drijfhout hout dat op het water drijft of aan wal

aanspoelt **drijfijs** drijvende ijsschotsen
drijfjacht jacht waarbij het wild door drivers wordt opgejaagd **drijfkracht** kracht die iets in beweging brengt
drijfmest dunne mest die heel erg nat **drijfnat** net dat blijft drijven d.m.v. kurken
drijfriem leren riem zonder eind die de beweging van de ene machine op de andere overbrengt **drijfstang** stang in auto's en machines die zorgt voor een draaiende beweging van de krukas die de wordt overgebracht op de wielen of op het vliegwiel
drijfveer reden waarom iemand iets doet, beweegreden
drijfwerk ❶ geheel van onderdelen dat een machine in beweging brengt ❷ figuren of reliëf die in goud, zilver, metaal e.d. zijn geslagen
drijfzand zand dat min of meer vloeibaar is door water en waarin levende wezens en voorwerpen wegzakken
drijven [dreef, h. / is gedreven] ❶ op een vloeistof gedragen worden, niet naar de bodem zakken: *we bleven ~ op het water* ❷ fig. heel nat zijn: *ik drijf!* ❸ iemand ergens toe aanzetten, ergens toe brengen: *iemand tot waanzin ~* ❹ zweven: *de wolken ~ door de lucht* ❺ in een bepaalde richting jagen: *koeien naar de stal ~* ❻ uitoefenen, besturen: *een zaak ~* ❼ duwen, hameren: *een spijker in een plank ~* **drijver** *de (m)* [-s] ❶ iemand die dieren ergens naartoe drijft ❷ voorwerp dat op een vloeistof drijft, bijv. het onderdeel waardoor een watervliegtuig drijft
dril *de* gelei, gestold vleesnat
drilboor boor die draait door een op- en neergaande beweging van een ring langs schroefdraad
drillen ❶ zich bewegen als een geleiachtige massa ❷ africhten, onder strenge discipline houden ❸ boren (met een drilboor) **drilpudding** trillende gelatinepudding
dringen [drong, h. / is gedrongen] ❶ druk uitoefenen, duwen om vooruit te komen: *het publiek stond te ~ bij de ingang* ❷ door het uitoefenen van druk naar een bepaalde plaats brengen: *de politie drong de menigte naar buiten* ❸ druk doen voelen, noodzaken: *de omstandigheden drongen mij tot handelen* ▼ *de tijd dringt* we hebben nog maar weinig tijd, we moeten opschieten **dringend** *bn* ❶ met aandrang, waarbij druk wordt uitgeoefend: *een ~ verzoek* ❷ hoognodig, wat geen uitstel duldt: *het dak moet ~ gerepareerd worden*
drinkbaar *bn* wat men kan drinken: *dit water is niet ~* **drinkebroer** iemand die te veel alcohol drinkt
drinken [dronk, h. gedronken] ❶ vloeistof door de mond in zijn lichaam brengen ❷ veel alcohol drinken **drinker** *de (m)* [-s] iemand die te veel alcohol drinkt, die eraan verslaafd is **drinkgelag** bijeenkomst waarop veel alcohol wordt gedronken **drinkgeld** fooi **drinkwater** water dat geschikt is om te drinken
drive ⟨dRajv⟩ *de (m)* [-s] ❶ enthousiasme, energie, motivatie om iets te doen ❷ comp. onderdeel van een computer waarin men een diskette, cd e.d. kan plaatsen ❸ slag over de grond bij onder

dr

andere hockey ❹ slag vlak over het net bij tennis ❺ grote bridgewedstrijd

drive-inwoning ⟨dRajv-⟩ woning met ingebouwde garage

driver ⟨drɑjvar⟩ comp. *de (m)* [-s] set van kleine toepassingen voor een goede communicatie tussen hardware en software

droedelen zonder na te denken krabbels tekenen

droef *bn* treurig, droevig **droefenis** *de (v)* droevige, trieste stemming **droefgeestig** *bn* zwaarmoedig, somber

droes *de (m)* ❶ ontsteking van het neusslijmvlies bij paarden ❷ duivel ❸ droesem, bezinksel

droesem *de (m)* wat op de bodem blijft liggen, bezinksel: *~ onder in de wijnfles*

droevig *bn* treurig, verdrietig: *ze is ~* ❷ wat treurig, verdrietig maakt: *een ~ verhaal*

droge *het* droge plek, oever **drogen** ❶ droogmaken ❷ droog worden: *de was droogt goed met dit weer*

drogeren drugs of doping toedienen

drogerij *de (v)* het drogen ❷ plaats, inrichting waar gedroogd wordt, bijv. gras

drogist *de (m)* ❶ verkoper van onder andere huishoudelijke artikelen en genees- en schoonheidsmiddelen ❷ drogisterij **drogisterij** *de (v)* winkel met onder andere huishoudelijke artikelen en genees- en schoonheidsmiddelen

drogreden de redenering die lijkt te kloppen, maar die in werkelijkheid niet deugt

drol *de (m)* [-len] ❶ uitwerpsel van mens of dier, stuk poep ❷ fig., spreekt. persoon die niets waard is, mens van niks ▼ *wat een ~letje!* wat een schatje!

drom *de (m)* [-men] dichte menigte: *~men mensen stroomden naar het plein*

dromedaris ⟨dromma-⟩ *de (m)* [-sen] kameel met één bult (Camelus dromedarius)

dromen ❶ zich iets voorstellen in zijn slaap ❷ mijmeren, in gedachten zijn en zich iets voorstellen ❸ mooie verwachtingen hebben **dromer** *de (m)* [-s] iemand die droomt, die vaak met zijn gedachten ergens anders is **dromerig** *bn* (vaak) met zijn gedachten ergens anders, fantaserend

drommel *de (m)* [-len] duivel ▼ *om de ~ niet* beslist niet ▼ *een arme ~* stakker **drommels** *bn & tw* woord dat kwaadheid, ergernis uitdrukt, verduiveld: *die ~e kwajongen!*

drone ⟨dRoon⟩ *de* [-s] onbemand en van afstand bestuurbaar vliegtuig, gebruikt voor observatie of militaire doeleinden, zoals spionage of het afvuren van bommen

dronk *de (m)* teug, slok ▼ *een kwade ~ hebben* dronken zijn en in een slecht humeur **dronkaard** *de (m)* [-s] iemand die veel alcohol drinkt **dronken** *bn* ❶ die te veel alcohol gedronken heeft ❷ fig. buiten zichzelf, opgetogen: *~ van geluk* **dronkenlap** neg. *de (m)* [-pen] iemand die vaak dronken is **dronkenman** iemand die (vaak) dronken is **dronkenschap** *de (v)* het dronken zijn

droog *bn* ❶ zonder dat het water of een andere vloeistof bevat, niet (meer) nat: *de was is ~; mijn keel is ~* ▼ *het is ~* het regent niet ▼ *nog niet ~*

achter de oren jong en zonder ervaring ❷ niet gesmeerd of niet belegd: *~ brood* ❸ saai, niet levendig: *hij hield een ~ verhaal* ❹ schijnbaar ongewild grappig: *droge humor* ❺ ⟨van wijn⟩ niet zoet ❻ ⟨van een koe⟩ die geen melk geeft

droogbloeier *de (m)* [-s] plant die zonder water en aarde bloeit **droogbloem** bloem die mooi blijft als hij wordt gedroogd **droogdok** dok dat leeggepompt kan worden waardoor het gaat drijven

droogje *het* ▼ *op een ~ zitten* niets te drinken hebben

droogjes *bw* grappig op een neutrale toon alsof iemand niet grappig probeert te zijn

droogkap kap waaronder iemand zijn haar kan drogen **droogkast** BN droogautomaat, wasdroger, droogtrommel

droogkloot saai iemand **droogkomiek** I ❶ grappig waarbij het lijkt alsof iemand niet zijn best doet om grappig te zijn ❷ iemand die op zo'n manier grappig is

droogkuis BN, ook *de (m)* [gmv] stomerij

droogleggen ❶ water uit iets wegmalen: *een meer ~* ❷ de verkoop van alcoholische dranken verbieden

droogmaken zorgen dat iets droog wordt, dat vloeistof eruit verdwijnt **droogmakerij** *de (v)* grond die oorspronkelijk een meer o.i.d. was en die drooggemalen is

droogmalen het water wegmalen **droogmolen** constructie met drooglijnen waaraan wasgoed kan drogen **droogstaan** ❶ geen water, brandstof e.d. meer bevatten: *die planten staan droog; de rivier staat 's zomers vaak droog* ❷ ⟨van koeien⟩ geen melk (meer) geven ❸ ⟨van een alcoholist⟩ geen alcohol meer drinken ❹ scherts. (al een tijdje) geen seks meer hebben

droogstoppel saai, bekrompen persoon

droogte *de (v)* ❶ droog weer, periode met erg weinig regen: *door de ~ is de oogst mislukt* ❷ het droog zijn

droogtrommel draaiende trommel waarin iets gedroogd wordt (vooral wasgoed) **droogvallen** niet meer onder water liggen: *bij eb vallen delen van de Waddenzee droog* **droogzwemmen** ❶ buiten het water zwembewegingen maken om te oefenen ❷ fig. iets doen zonder de benodigde apparatuur of middelen

droogzwierder BN, inform. *de (m)* [-s] centrifuge **droogzwieren** BN, spreekt. centrifugeren

droom *de (m)* [dromen] ❶ voorstelling in de slaap ❷ heel mooi (toekomst)beeld, mooi fantasiebeeld: *haar ~ is uitgekomen nu zij fotomodel is geworden* ❸ iets heel moois: *een ~ van een huis* ▼ *iemand uit de ~ helpen* het mooie beeld dat iemand van iets heeft, verstoren door te vertellen hoe het echt zit **droombeeld** ideale voorstelling van iets in de fantasie

drop I *de (m)* [-pen] ❶ druppel ▼ *van de regen in de ~* van een slechte toestand in een nog slechtere II *de & het* ❷ snoep van ingedikt aftreksel van zoethout **dropje** *het* [-s] stukje drop als snoepje

dropkick *de (m)* [-s] ❶ ⟨voetbal⟩ het meteen wegtrappen van een bal die de grond raakt ❷ ⟨rugby⟩ het wegtrappen van een opstuitende

bal
droplul iemand die niet veel waard is, niet veel karakter of kwaliteiten heeft
drop-out *de (m)* [-s] iemand die zichzelf buiten de maatschappij plaatst, die mislukt
droppel *de (m)* [-s] druppel
droppelen [droppelde, h. / is gedroppeld] druppelen
droppen ❶ uit een vliegtuig doen neerkomen: *voedselpakketten ~ in een rampgebied* ❷ achterlaten, bijv. door uit een voertuig te zetten ❸ druppen *dropping de (m)* [-s] het achterlaten van mensen op een onbekende plaats waarna ze zelf de weg (terug) moeten vinden
drops *de (mv)* → drups
dropshot ⟨-sjot⟩ *het* [-s] slag bij tennis, badminton e.d. waarbij de bal vlak achter het net neerkomt en nauwelijks meer opstuit
drossen [droste, is gedrost] er (plotseling of stiekem) vandoor gaan, weglopen, deserteren
drs. doctorandus
drugs ⟨druGs⟩ *de (mv)* middelen die mensen gebruiken om zich prettig te voelen en die vaak verslavend zijn, verdovende middelen ▼ *hard~* ⟨hàdruGs⟩ sterke, erg verslavende, verdovende middelen, bijv. heroïne ▼ *soft~* ⟨sofdruGs⟩ zwakkere verdovende middelen **drugsbaron**, **drugbaron** iemand die door drugshandel heel rijk is geworden **drugsdealer**, **drugdealer** iemand die drugs verkoopt **drugsgebruiker**, **druggebruiker** iemand die geregeld drugs gebruikt **drugskoerier**, **drugkoerier** iemand die drugs smokkelt **drugsrunner**, **drugrunner** iemand die verslaafden doorstuurt naar de dealer voor wie hij werkt **drugstoerisme** toerisme met als doel het kopen en gebruiken van drugs **drugstrafiek** BN, ook handel in drugs
druïde hist. *de (m)* [-n] Keltische priester
druif *de* [druiven] ronde vrucht die in trossen hangt en waar wijn van kan worden gemaakt ▼ *de druiven zijn zuur* iemand doet alsof hij iets niet wil omdat hij het niet kan krijgen ▼ *blauwe ~jes* geslacht van bolgewassen met een blauwe bloemtros (Muscari) ▼ *een rare ~* een vreemd persoon
druilerig *bn* ❶ regenachtig, somber: *~ weer* ❷ slaperig, lusteloos **druiloor** *de* [-oren] iemand die een beetje sloom is en een beetje onnozel: *wat ben je toch ook een ~!*
druipen [droop, h. / is gedropen] ❶ in druppels neervallen: *het water druipt uit zijn haar* ❷ druppels laten neervallen: *de natte was druipt* **druiper** *de (m)* [-s] ❶ geslachtsziekte, gonorroe ❷ klonter verf op een geverfd oppervlak die niet is uitgesmeerd **druipnat** kletsnat **druipneus** (iemand met een) druipende neus **druipsteen** kalkgesteente in grotten dat is gevormd door water dat naar beneden druipt
druisen een dof geraas maken, een voortdurend dof geluid voortbrengen
druivelaar BN, spreekt. *de (m)* [-s] wijnstok
druivensap niet-alcoholische drank van uitgeperste druiven **druivensuiker** suiker die voorkomt in bepaalde planten
druk I *de (m)* [-ken] ❶ kracht die tegen iets aan

duwt, het duwen of persen: *door de grote ~ schoot de kurk uit de champagnefles; door een ~ op deze knop start de machine* ❷ fig. het aandringen, invloed, pressie ▼ *iemand onder ~ zetten* sterk op iets aandringen bij iemand (eventueel met uiting van dreigementen) ❸ het drukken (met de drukpers): *in ~ verschijnen* ❹ uitgave: *de zesde ~* ❺ luchtdruk **II** *bn* ❻ wat veel werk geeft, met veel werk: *een ~ke baan* ❼ levendig, beweeglijk, onrustig: *een ~ kind* ❽ met veel mensen, voertuigen e.d.: *een ~ke weg* ▼ *zich over iets (niet) ~ maken* zich er (niet) over opwinden, zich (geen) zorgen maken **drukbezet** die het heel druk heeft
drukcabine cabine in een vliegtuig met constante druk
drukdoenerij *de (v)* het interessant doen, alsof men belangrijk is
drukfout afgedrukte fout die is ontstaan tijdens het zetten of opmaken **drukinkt** inkt om boeken, folders enz. te drukken
drukken ❶ (met kracht) duwen: *op een knop ~; pillen uit een strip ~* ❷ fig. het moeilijk maken voor, somber maken: *de omstandigheden ~ hem; ~de lasten* ❸ laag houden, doen dalen: *de prijzen ~* ❹ door de drukpers vermenigvuldigen, afdrukken maken van: *een boek ~* ❺ ⟨kindertaal⟩ poepen ▼ *zich ~* zich aan verplichtingen (proberen te) onttrekken
drukkend *bn* ❶ benauwd, onweerachtig ❷ waardoor men zich onprettig voelt: *een ~e stilte*
drukker *de (m)* [-s] ❶ iemand die boeken, tijdschriften, folders enz. drukt ❷ knoop die bestaat uit een bolletje en een holte die in elkaar sluiten, drukknoop **drukkerij** *de (v)* bedrijf of afdeling waar boeken, kranten, folders e.d. worden gedrukt
drukkingsgroep BN, ook pressiegroep **drukkingsmiddel** BN middel om iemand tot bepaalde handelingen te dwingen
drukknoop *de (m)* [-knopen] knoopje dat bestaat uit een knopje en een holte die in elkaar passen **drukknop** knop waarop men drukt om iets in werking te stellen
drukkosten kosten voor het drukken van een boek, folder enz. **drukkunst** kunst van het drukken **drukletter** ❶ letter waarmee gedrukt wordt ❷ gedrukte letter ❸ geschreven letter met de vorm van een gedrukte letter **drukpers** pers, machine om boeken, kranten, folders e.d. te drukken ▼ *vrijheid van ~* grondrecht om zonder toestemming vooraf boeken e.d. te drukken en te verspreiden **drukproef** proefafdruk van een boek, tijdschrift enz. die nog gecorrigeerd wordt **drukschakelaar** schakelaar waarop men moet drukken
drukte *de (v)* ❶ lawaai, veel beweging: *wat een ~ met al die mensen* ❷ veel werk en geregel: *een hele ~, zo'n diner voor dertig mensen* ❸ ophef, opschudding: *wat maak je een ~ om niets* **druktemaker** ❶ iemand die onrustig is en lawaai maakt: *die kinderen zijn echte ~s* ❷ opschepper
druktoets toets die ingedrukt moet worden om iets in werking te stellen **drukverband** heel strak

dr

aangelegd verband

drukwerk ❶ wat gedrukt is ❷ gedrukt stuk, vooral reclamefolders ❸ werk dat bestaat uit drukken, het drukken van iets

drum de (m) [-s] ❶ ijzeren vat voor het vervoer van verf, petroleum enz. ❷ muz. slaginstrument

drumband muziekkorps met blaasinstrumenten en slagwerk **drummen** ❶ een drumstel bespelen ❷ BN dringen: zich in een hoek laten ~ **drummer** de (m) [-s] musicus die het slagwerk, het drumstel bespeelt **drumstel** geheel van slaginstrumenten van een drummer

drumstick de (m) [-s] gebraden kippenpootje als snack

drup I de (m) [-pen] ❶ klein bolletje vloeistof, druppel ▼ van de regen in de ~ raken van een slechte situatie in een nog slechtere situatie terechtkomen II de (m) [-s] ❷ ⟨meervoud⟩ medicijn dat iemand druppelsgewijze in moet nemen

druppel, droppel de (m) [-s] klein bolletje vloeistof: een ~ water ▼ een ~ op een gloeiende plaat iets wat nauwelijks helpt ▼ als twee ~s water die heel erg op elkaar lijken **druppelen** [druppelde, h. / is gedruppeld], **droppelen** ❶ in druppels neervallen: het water druppelt naar beneden ❷ druppels laten vallen: hij druppelt het medicijn in het glas **druppelsgewijs** bw ❶ in druppels ❷ met kleine beetjes

druppen [drupte, h. / is gedrupt] druppelen, druipen: er drupt water uit de kraan

drups de (mv), **drops** snoepjes met vruchtensmaak

dry ⟨dRaj⟩ bn ⟨van wijn, sherry e.d.⟩ niet zoet, sec, droog

ds. Dominus, dominee

dtp desktoppublishing

dtp'en [dtp'de, h. gedtp'd] met desktoppublishing werken, opmaken van een tekst e.d.

D-trein trein waarvoor een speciale toeslag geldt

duaal bn wat bestaat uit twee delen ▼ ~ onderwijs onderwijs waarbij leerlingen werken en leren

dual band ⟨djoewəl band⟩ de [-s] mobiele telefoon die kan worden gebruikt binnen twee verschillende soorten netwerken

dualis taalk. de (m) vorm die aangeeft dat er sprake is van twee personen of zaken **dualisme** het leer die een tweetal beginselen als uitgangspunt heeft, bijv. 'lichaam en geest' of 'goed en kwaad'

duatlon de (m) [-s] sport die bestaat uit de onderdelen hardlopen, fietsen en weer hardlopen

dub de (m) [-ben, -s] geluid dat later aan een band is toegevoegd

dubbel bn waarvan er twee zijn, tweevoudig, tweemaal ▼ ~ en dwars, BN, spreekt. ~ en dik ruimschoots, ten volle ▼ ~e punt leesteken,: ▼ fig. een ~e bodem verborgen, diepere betekenis of bedoeling ▼ ergens ~ in zijn ergens tegenstrijdig in zijn, er tegenstrijdige gevoelens over hebben **dubbelblind** (medisch onderzoek) waarbij zowel proefpersoon als arts niet weet welk middel een placebo is **dubbelboeking** het boeken van iets wat al op naam van een ander is gereserveerd

dubbel-cd twee cd's die bij elkaar horen, in één verpakking **dubbeldekker** de (m) [-s] ❶ bus of trein met twee verdiepingen ❷ vliegtuig met een dubbel stel vleugels **dubbeldip** de (m) [-s] economische crisis die kort op een vorige volgt

dubbelen ❶ sp. een dubbelspel spelen ❷ sp. op een hele ronde achterstand zetten ❸ BN ook doubleren, blijven zitten op school

dubbelganger de (m) [-s] iemand die sprekend op iemand anders lijkt **dubbelhartig** bn niet eerlijk, vals **dubbelklikken** comp. [dubbelklikte, h. gedubbelklikt] twee keer kort na elkaar met de muis klikken **dubbelkruis** ❶ kruis met twee dwarsbalken ❷ muz. teken dat aangeeft dat een toon twee halve tonen verhoogd wordt

dubbelloopsgeweer geweer met twee lopen **dubbelmandaat** BN dubbele functie van een politicus, bijv. parlementslid in het federale én het Vlaamse parlement **dubbelmol** muz. teken waardoor een toon twee halve tonen verlaagd wordt

dubbelop bw twee keer hetzelfde, één keer te veel **dubbelparkeren** op de rijweg naast een andere geparkeerde auto gaan staan

dubbelpas BN, sp. de (m) [-sen] combinatie waarbij twee spelers de bal in één keer snel heen en weer spelen, een-tweetje **dubbelpunt** de & het dubbele punt, het teken: **dubbelrijm** het rijmen van twee lettergrepen

dubbelrol twee rollen die worden gespeeld door één acteur ▼ een ~ spelen heimelijk werken, vooral spioneren, voor twee verschillende partijen die elkaar bestrijden **dubbelspel** spel van twee tegen twee spelers, bijv. bij tennis **dubbelspion** spion voor twee partijen **dubbelspoor** dubbel stel rails **dubbelster** twee of meer sterren die zich om een gemeenschappelijk zwaartepunt bewegen

dubbeltje het [-s] munt van tien (euro)cent ▼ het is een ~ op zijn kant het is heel onzeker of dit goed zal aflopen

dubbelzinnig bn ❶ wat op twee manieren kan worden uitgelegd ❷ met seksuele toespelingen

dubben ❶ zwaar nadenken, piekeren: na lang ~ besloot hij toch ontslag te nemen ❷ een onderdeel van een geluidsopname vervangen door een nieuwe opname

dubieus bn twijfelachtig, onzeker, onbetrouwbaar: een ~ voorstel

dubio bw ▼ in ~ staan twijfelen tussen mogelijkheden

duchenne (-sjen-) de (m) ▼ ziekte van Duchenne soort spierziekte

duchten vrezen, bang zijn ▼ niets van iemand te ~ hebben niet bang hoeven te zijn voor iemand **duchtig** bn erg, behoorlijk, stevig: hij kreeg een ~ pak slaag

due diligence ⟨djoe dilazjəns⟩ de (m) bedrijfsonderzoek, boekenonderzoek, onderzoek naar de risico's en kansen bij een overname van of fusie met een bedrijf

duel het [-len, -s] ❶ gevecht tussen twee personen om een erezaak ❷ strijd tussen twee partijen, bijv. een sportwedstrijd **duelleren** een gevecht om de eer houden tussen twee personen

duet het [-ten] ❶ gezang door twee stemmen

❷ lied of muziekstuk voor twee zangers of instrumenten: *ze zongen een ~*

duf *bn* ❶ suf, een beetje moe: *ik voel me ~ vandaag* ❷ fig. saai, vervelend: *wat een ~fe boel is het hier!*

duffel *het* dikke wollen stof **duffelcoat** BN *de (m)* [-s] zware (winter)jas van duffel

dug-out ⟨duG-⟩ *de (m)* [-s] sp. overdekte bank voor trainers en reservespelers

duidelijk *bn* ❶ goed te zien, horen, begrijpen e.d., waarover geen misverstanden zijn: *een ~e uitleg; een ~ handschrift; een ~e overwinning* ❷ in het oog lopend, opvallend: *duidelijke verschillen; we zagen de vogel ~ voor ons*

duiden een verklaring voor iets geven: *dat vreemde woord kan ik niet ~* ▼ *ergens op ~* ergens op wijzen, iets te betekenen hebben: *dat gegaap van jou duidt op slaapgebrek* **duidingsmagazine** ⟨-magazin⟩ BN televisieprogramma dat achtergrondinformatie bij het nieuws brengt

duif *de* [duiven] ❶ vogel met een koerend geluid van de orde van de Columbae, die het symbool is van vrede ▼ *hij verwacht dat de gebraden duiven hem in de mond vliegen* hij denkt dat hij alles krijgt zonder er iets voor te doen ▼ *onder iemands duiven schieten* op het terrein van iemand anders voordeel proberen te behalen ❷ fig. voorstander van vredelievende politiek

duig *de* elk van de gebogen planken waarvan een ton of vat is gemaakt ▼ *in ~en vallen* mislukken: *het plan viel in ~en*

duik *de (m)* het duiken: *een ~ nemen*

duikboot onderzeeboot **duikbootjager** oorlogsvaartuig voor het bestrijden van duikboten

duikelaar *de (m)* [-s] poppetje dat altijd weer rechtop komt ▼ *slome ~* sloom persoon **duikelen** [duikelde, h. / is geduikeld] over het hoofd voorover- of achterovervallen, buitelen, tuimelen

duiken ❶ een sprong voorover maken, waarbij iemand zijn lichaam strekt en zijn hoofd en armen naar beneden houdt: *we doken het zwembad in* ❷ diep onder water zwemmen in een speciaal pak met zuurstofflessen op de rug ❸ snel naar beneden schieten: *de roofvogel dook naar de grond om het konijn te vangen* **duiker** *de (m)* [-s] ❶ iemand die voor zijn beroep werkzaamheden onder water verricht ❷ zwemvogel van het geslacht Gavia ❸ watergang onder een weg **duikerklok** toestel waarin duikers worden neergelaten

duikplank verende plank boven een zwembad vanaf welke mensen in het water kunnen duiken **duikvlucht** het snel en steil naar beneden vliegen van een vogel of vliegtuig

duim *de (m)* ❶ korte, dikke vinger naast de wijsvinger, die grijpend naar de andere vingers bewegen kan worden ▼ *op zijn ~pje kennen* heel erg goed kennen ▼ *uit zijn ~ zuigen* verzinnen ▼ *onder de ~ hebben* beheersen, in staat zijn het te doen; de baas zijn over, macht hebben over ▼ BN *ook de ~en leggen (voor)* zich gewonnen geven, het afleggen tegen ❷ oude lengtemaat, ± 2,54 centimeter **duimbreed** *het* ▼ *geen ~ toegeven* niets toegeven **duimelot** *de (m)* [-ten] duim (in

kinderrijmpjes) **duimen** ❶ ⟨van kleine kinderen⟩ op de duim zuigen ❷ een bepaalde beweging met de duimen maken om geluk af te dwingen **duimendik** *bw* ▼ *het ligt er ~ bovenop* het is heel erg duidelijk, opvallend **duimdraaien** fig. nietsdoen **duimschroef** ⟨vroeger⟩ martelwerktuig ▼ *iemand de duimschroeven aanleggen* door vragen in het nauw drijven **duimstok** opvouwbare meetlat **duimzuigen** zuigen op zijn duim

duin *de & het* zandheuvel, vooral aan zee **duinpan** komvormig dal in de duinen **duinpieper** vogel die op een kwikstaart lijkt en die in de duinen leeft (Anthus campestris) **duinroos** dwergroos die in de duinen groeit (Rosa pimpinellifolia)

duinwater drinkwater dat afkomstig is uit de duinen

duister I *bn* ❶ donker, zonder licht ❷ fig. moeilijk te begrijpen, verward, met donkere kanten: *de ~e kanten van zijn karakter* ▼ *de ~e middeleeuwen* periode van de middeleeuwen (± 500-1000) waarover weinig bekend is II *het* ❸ duisternis, situatie zonder licht: *in het ~ van de nacht* ▼ *in het ~ tasten* totaal geen aanwijzingen hebben **duisternis** *de (v)* [-sen] ❶ afwezigheid van licht ❷ ⟨christendom⟩ ongeloof, het slechte, de hel

duit *de* ❶ vroegere munt die niet veel waard was ▼ *een ~ in het zakje doen* ook iets zeggen, een woordje meespreken ▼ *geen rooie ~ hebben* helemaal geen geld hebben ❷ ⟨meervoud⟩ geld **duitendief** iemand die steeds probeert ergens (een beetje) geld aan te verdienen **duitenkliever** BN, lit. *de (m)* [-s] gierigaard

Duits *bn* ⟨als⟩ van Duitsland ▼ *~e biefstuk* licht gebakken gehakte biefstuk

duivel *de (m)* [-s, -en] boze geest, vertegenwoordiger van het kwaad ▼ *bij de ~ te biecht gaan* zich wenden tot de verkeerde persoon, de vijand ▼ *hij was des ~s* heel erg kwaad ▼ *te dom om voor de ~ te dansen* heel dom ▼ *als je over de ~ spreekt, trap je hem op zijn staart,* BN *als je van de ~ spreekt, zie je zijn staart* gezegd als de persoon over wie men spreekt, juist binnenkomt ▼ BN *de Rode Duivels* bijnaam van het Belgische nationale voetbalelftal ▼ BN *tekeergaan als een ~ in een wijwatervat* erg wild en gewelddadig tekeergaan ▼ BN, spreekt. *iemand de ~ aandoen* iemand pesten **duivel-doet-al** BN, ook *de (m)* manusje-van-alles, iemand die allerlei karweitjes opknapt **duivelin** *de (v)* [-nen] ❶ vrouwelijke duivel ❷ gemene, kwaadaardige vrouw **duivels** *bn* ❶ heel slecht, boosaardig, gemeen: *een ~ plan* ❷ vervelend, ellendig: *die ~e kerel!* ❸ woedend: *hij was ~ toen hij het hoorde* **duivelsadvocaat** ❶ r.-k. prelaat die argumenten tegen een heiligverklaring moet aanvoeren ❷ fig. iemand die mogelijke argumenten van een tegenpartij naar voren brengt **duivelskunstenaar** iemand die verschrikkelijk handig is **duivelstoejager** *de (m)* [-s] iemand die allerlei karweitjes moet opknappen

duivenklok klok om de aankomsttijd van duiven bij wedstrijden te registeren **duivenmelker** *de*

du

du

(m) [-s] beoefenaar van de duivensport
duivenplat vloertje vóór een duivenhok
duivensport wedstrijdvliegen met duiven
duiventil duivenhok dat op iets anders staat
duizelen ❶ draaierig worden ❷ *fig.* in de war raken: *hij geeft zoveel informatie dat het me duizelt* **duizelig** *bn* met een draaierig gevoel in het hoofd **duizeligheid** *de (v)* een plotseling draaierig gevoel in het hoofd
duizelingwekkend *bn* ❶ wat duizelingen veroorzaakt, wat duizelig maakt ❷ *fig.* verschrikkelijk groot: *een ~ bedrag*
duizend I *telw* ❶ aantal van 1000, tien keer honderd ❷ *fig.* groot aantal ▼ *~ doden sterven* heel bang zijn **II** *het* ❸ het getal 1000
duizendblad samengesteldbloemig plantengeslacht met gevederd blad (Achillea)
duizend-en-een *telw* heel veel: *ik heb nog ~ dingen te doen* **Duizend-en-een-nacht** oosterse raamvertelling met een verzameling verhalen
duizendguldenkruid geneeskrachtige gentiaanachtige plant (Centaurium) of (Erythraea) **duizendjarig** *bn* wat duizend jaar duurt **duizendpoot** ❶ geleedpotig diertje met met 15 tot 181 paar poten, behorend tot de onderklasse Chilopoda ❷ erg handig persoon die heel veel verschillende dingen kan
duizendschoon *de* [-schonen] anjelier van de soort Dianthus barbatus **duizendste** *telw* ❶ nummer 1000 ❷ 1/1000
dukaat *de (m)* [-katen] oude gouden munt
dukdalf *de (m)* [-dalven] zwaar paalwerk in water om aan te meren of waterwerken te beschermen
dulden toestaan, toelaten ▼ *hij duldt geen tegenspraak* hij wil niet dat iemand hem tegenspreekt ▼ *hij wordt er geduld* hij mag er komen, zonder dat hij echt wordt geaccepteerd
dumdumkogel geslepen kogel die in het lichaam uiteenspat
dummy ⟨-mie⟩ *de (m)* [-'s] ❶ onbedrukt demonstratiemodel van een boek ❷ pop van een buikspreker ❸ rubberkogel die bij schietoefeningen wordt gebruikt
dump *de (m)* [-s] ❶ tijdelijk magazijn voor spullen van het leger ❷ winkel waar men spullen van het leger kan kopen **dumpen** ❶ tegen heel lage prijs verkopen ❷ weggooien, zorgen dat men iets kwijtraakt, vaak op een plaats waar dat niet mag: *het schip dumpte het afval in zee* ❸ *fig.* de relatie met iemand beëindigen: *zij heeft hem gedumpt* **dumpgoederen** goederen die beneden de kostprijs verkocht worden **dumpprijs**, BN **dumpingprijs** tijdelijk heel lage prijs
dun *bn* ❶ met een kleine omvang, smal, niet dik: *een ~ boek; een ~ne tak* ❷ (heel) vloeibaar: *~ne stroop* ▼ *~ gezaaid zijn* niet veel voorkomen **dunbevolkt** *bn* met weinig inwoners per vierkante kilometer: *de ~e gebieden van het land* **dundoek** *het* vlag
dunk I *de (m)* ❶ waardering, wat men van iemand vindt: *geen hoge ~ van iemand hebben* ▼ *een hoge ~ van zichzelf hebben* zichzelf heel goed vinden **II** *de (m)* [-s] ❷ (basketbal) score waarbij een speler hoog opspringt en de bal van bovenaf door de ring gooit **dunken I** [docht, h.

gedocht] ❶ van mening zijn, vinden: *mij dunkt dat dit geen goed plan is* **II** [dunkte, h. gedunkt] ❷ met een dunk een doelpunt maken
dunnen [dunde, h. / is gedund] ❶ dunner worden ❷ dunner maken, minder dicht op elkaar doen groeien **dunnetjes** *bw* ❶ in een dunne laag ❷ *fig.* niet erg goed, matig ▼ *iets ~ overdoen* het nog een keer doen **dunschiller** *de (m)* [-s] mesje om (aardappelen) dun te schillen
duo I *het* [-'s] ❶ duet, zang- of muziekstuk voor twee stemmen of instrumenten ❷ twee personen die bij elkaar horen **II** *de (m)* ❸ duozitting ❹ duopassagier **duobaan** baan die door twee personen wordt gedeeld **duoblok** constructie waarbij toiletpot en waterreservoir één geheel vormen
duodecimaal *bn* twaalfdelig **duodecimo** *het* [-'s] ❶ boekformaat waarbij het vel in twaalven is gevouwen ❷ boekje in dit formaat
duopassagier iemand die meerijdt op een motor, scooter of bromfiets (of meevliegt in een vliegtuigje) **duozitting** zitplaats voor tweede persoon, vooral op een motor of bromfiets
dupe *de* ▼ *de ~ zijn* het slachtoffer zijn van de daden of fouten van anderen: *de tuinbouwers werden de ~ van de nieuwe maatregelen* **duperen** benadelen, schade berokkenen
duplex I *bn* ❶ tweevoudig **II** *de (m)* ❷ BN appartement met twee verdiepingen **duplexwoning** woning die tijdelijk voor twee gezinnen wordt ingericht
duplicaat *het* [-caten] tweede exemplaar, afschrift **dupliceren** ❶ kopiëren, vooral van cd's, dvd's, video's e.d. ❷ een repliek beantwoorden **dupliek** *de (v)* ❶ antwoord, reactie op een repliek ❷ *jur.* reactie op de repliek **duplo** *bw* ▼ *in ~* in tweevoud
duppie *inform.* *het* [-s] dubbeltje
dur ⟨duur⟩ *muz.* *bn* majeur
duratief *taalk.* *bn* waarbij een handeling wordt weergegeven als een voortgaand proces
duren een bepaalde tijd bestaan: *lang ~; een jaar ~; het duurt nog twee weken voordat hij komt* ▼ *voor zolang het duurt* totdat er een eind aan komt (met de bijgedachte dat dat einde naar verwachting gauw komt)
durf *de (m)* moed, het durven **durfal** *de (m)* [-len] iemand die alles durft
durfkapitalist investeerder in (pas opgerichte) ondernemingen die hoge risico's lopen
durven [durfde / dorst, h. gedurfd] de moed hebben om iets te doen
dus *vgw* woord dat een conclusie uitdrukt: daarom, daaruit volgt dat: *ik heb het beloofd, ~ zal ik het doen* **dusdanig** *vnw* op zo'n manier, in zo hoge mate: *de situatie was ~ dat direct ingrijpen noodzakelijk was; het was ~ koud, dat de meeste mensen thuis bleven*
duster *de (m)* [-s] korte ochtendjas voor vrouwen
dusver, dusverre *bw* ▼ *tot ~* tot zover, tot nu toe
dutje *het* [-s] lichte, korte slaap
dutten ❶ licht en kort slapen, een dutje doen ❷ half slapen, suffen
duur I *de (m)* ❶ tijd zolang iets duurt, periode: *de ~ van de opleiding is vier jaar* ▼ *op de(n) ~* later, na een tijd ▼ *hij heeft rust noch ~* hij is onrustig

en niet in staat om zich op iets te concentreren of ergens te blijven ▾ *op de lange* ~ uiteindelijk **II** *bn* ❷ wat veel kost: *drie euro voor een kilo appels is wel* ~ **duurkoop** *bn* ▾ *goedkoop is* ~ met iets goedkoops is men uiteindelijk duurder uit dan met iets duurders dat goed is

duurloop hardlooptraining voor het uithoudingsvermogen **duursporter** iemand die een sport beoefent waarbij het gaat om uithoudingsvermogen

duurte *de (v)* het duur zijn **duurzaam** *bn* ❶ van lange duur, blijvend, wat lang goed blijft ❷ op zo'n manier geproduceerd dat er geen of weinig schade wordt veroorzaakt aan natuur en milieu: ~ *bouwen;* ~ *ondernemen; duurzame energie*

duvel inform. *de (m)* [-s] duivel ▾ *iemand op zijn* ~ *geven* een afstraffing geven **duvelen** inform. [duvelde, h. / is geduveld] ❶ herrie maken, lastig zijn ❷ inform. vallen: *ik ben van de trap geduveld* ❸ inform. wegsturen, (uit zijn huis) gooien: *iemand het huis uit* ~; *zijn tas in een hoek* ~ **duvelstoejager** *de (m)* [-s] iemand die allerlei karweitjes moet opknappen

duw *de (m)* het bewegen van iets of iemand in een richting door druk, stoot: *hij gaf mij een* ~ *met zijn elleboog* hij stootte zijn elleboog met kracht tegen mij aan **duwbak** vrachtvaartuig dat door een duwboot wordt voortgeduwd **duwboot** schip dat andere schepen en duwbakken voortduwt

duwen iemand of iets verplaatsen door druk uit te oefenen **duwvaart** vrachtvaart met duwboten

D.V. *Deo volente*, als God het wil

dvd *de (m)* [-'s] *digital versatile disc*, schijfje als opslagmedium voor digitale informatie **dvd-recorder** ⟨-riekòrdər⟩ apparaat voor het opnemen en afspelen van dvd's **dvd-speler** apparaat voor het afspelen van dvd's

dw. deelwoord

dwaalgast vogelsoort die ergens bij uitzondering wordt waargenomen **dwaalleer** leer die afwijkt van de rechtzinnige leer, ketterij **dwaallicht** ❶ blauw vlammetje van verbrandend moerasgas, volgens oude volksverhalen een dolende ziel die de mensen in het water lokt ❷ fig. iemand door wie men zich in een verkeerde richting laat sturen **dwaalspoor** ▾ *iemand op een* ~ *brengen* iemand misleiden, verkeerde informatie geven **dwaalweg** verkeerde richting in het leven, verkeerde manier om met iets bezig te zijn: ~*en in de geneeskunde*

dwaas I *bn* ❶ gek, vreemd: *hij heeft altijd van die dwaze ideeën* **II** *de (m)* [dwazen] ❷ iemand die vreemd is, zich vreemd gedraagt, die gek is **dwaasheid** *de (v)* [-heden] het dwaas-zijn, dwaze handeling, dwaas idee

dwalen ❶ zonder doel rondlopen ❷ fig. een verkeerde mening of richting in het leven hebben **dwaling** *de (v)* vergissing, verkeerd denkbeeld ▾ *een rechterlijke* ~ een fout van de rechterlijke macht

dwang *de (m)* het dwingen ▾ *onder* ~ waarbij iemand gedwongen wordt **dwangarbeid** zwaar werk als straf **dwangarbeider** iemand die als straf zwaar werk moet doen: *hij was* ~ *tijdens de Tweede Wereldoorlog*

dwangbevel (brief met een) bevel van een overheidsinstantie om een achterstallige schuld te betalen: *we hebben een* ~ *van de belastingdienst gekregen* **dwangbuis** *de* [-buizen] jas met dichte mouwen, gebruikt om agressieve mensen in bedwang te houden, bijv. in een psychiatrische inrichting **dwangmatig** *bn* alsof iets in een persoon hem ertoe dwingt: ~*e handelingen verrichten* **dwangmiddel** middel waarmee men iemand ergens toe dwingt **dwangneurose** zenuwziekte waarbij iemand dwangmatige handelingen verricht of dwangvoorstellingen heeft **dwangsom** geldboete als middel om te dwingen **dwangvoorstelling** gedachte die niet op rede is gebaseerd en die iemand niet kwijtraakt

dwarrelen [dwarrelde, h. / is gedwarreld] bewegen op een onregelmatige draaiende manier: *de blaadjes* ~ *in de wind*

dwars *bn* ❶ loodrecht op een andere richting ❷ fig. die het nergens mee eens is en niet wil doen wat anderen willen, in verzet: *sinds hij in de puberteit zit, is hij vreselijk* ~ **dwarsbomen** [dwarsboomde, h. gedwarsboomd] tegenwerken: *iemands plannen* ~ **dwarsdoorsnede** ❶ doorsnede overdwars: *een* ~ *van een boomstam* ❷ fig. met personen of exemplaren uit alle groepen: *een* ~ *van de bevolking* **dwarsen** BN, ook kruisen, dwars oversteken

dwarsfluit fluit die iemand dwars tegen de mond houdt als hij speelt

dwarskijker iemand die anderen in de gaten houdt, controleert **dwarskop** iemand die steeds in verzet is

dwarslaesie ⟨-leezie⟩ med. beschadiging overdwars van het ruggenmerg die verlamming tot gevolg heeft

dwarsliggen niet willen meewerken, zich verzetten tegen iets: *iedereen was voor het plan, maar hij bleef* ~ **dwarsligger** *de (m)* [-s] ❶ dwarsbalk onder rails ❷ fig. iemand die niet mee wil werken aan iets, die de voortgang belemmert **dwarsstraat** straat die dwars op een hoofdstraat uitkomt ▾ *ik noem maar een* ~ ik noem zomaar een mogelijkheid **dwarsverband** ❶ verbinding die een constructie versterkt ❷ fig. onderlinge samenhang **dwarszitten** ❶ hinderen, tegenwerken: *iemand* ~ ❷ hinderen, een onprettig gevoel veroorzaken: *die opmerking van hem zit me dwars*

dweepziek met een sterke neiging tot dwepen **dweil** *de (m)* ❶ lap waarmee de vloer nat schoongemaakt wordt of vocht van de vloer wordt weggeveegd ❷ fig. iemand zonder karakter die alles van iedereen accepteert, slappeling ❸ auto, motor, vlieger e.d. met weinig grip op de weg of in de lucht: *die auto is een* ~ *op de weg!* **dweilen** ❶ met een dweil schoonmaken ▾ ~ *met de kraan open* een probleem proberen op te lossen terwijl er aan de oorzaak van dat probleem niets gedaan wordt ❷ zijn tijd op straat verdoen ❸ schaatssport het ijs met een speciale wagen schoonmaken en gladvegen **dweilorkest** klein fanfareorkest dat voor een vrolijke stemming zorgt, bijv. bij schaatswedstrijden

dwepen overdreven gevoelens van bewondering, genegenheid enz. koesteren

dwerg *de (m)* ❶ heel klein mens ❷ klein figuur uit sprookjes en volksverhalen, kabouter **dwergvolk** volk van kleine mensen

dwingeland *de (m)* ❶ tiran ❷ iemand die door aanhoudend zeuren probeert iets af te dwingen: *dat kind is een echte ~* **dwingelandij** *de (v)* ❶ onderdrukking, tirannie ❷ het op een hinderlijke manier proberen iets af te dwingen

dwingen [dwong, h. gedwongen] maken dat iemand doet wat men wil, bijv. door geweld of macht te gebruiken: *de overvaller dwong de bankbediende om de kluis te openen* **dwingend** *bn* ⟨een recht, voorschrift⟩ waarvan niet mag worden afgeweken, waaraan men moet gehoorzamen ▾ *op ~e toon* met veel aandrang, gebiedend

d.w.z. dat wil zeggen

dynamica ⟨die-⟩ *de (v)* leer van de verschijnselen op het gebied van beweging **dynamiek** *de (v)* ❶ vaart, beweging ❷ muz. afwisseling van toonsterkten

dynamiet ⟨dina-⟩ *het* stof die gemakkelijk ontploft: *de overvallers openden de kluis met ~*

dynamisch ⟨die-⟩ *bn* ❶ wat te maken heeft met de dynamica, de beweging ❷ met veel energie, vol beweging: *een ~e toneelvoorstelling* ▾ *een ~e periode* een periode waarin veel gebeurt

dynamo ⟨die-⟩ *de (m)* [-'s] apparaat waarmee elektriciteit wordt opgewekt uit mechanische energie: *een ~ op een fiets om het licht te laten branden als iemand trapt*

dynastie ⟨die-⟩ *de (v)* [-ën] ❶ vorstenhuis ▾ BN *Feest van de Dynastie* feestdag (15 november) ter ere van het vorstenhuis (nu officieel Koningsdag geheten) ❷ regerende familie

dyne ⟨dinə⟩ *de (m)* [-s] eenheid van kracht

dyscalculie ⟨dis-⟩ *de (v)* stoornis in het vermogen om te rekenen

dysenterie *de (v)* diarree met bloedige ontlasting

dysfasie ⟨-faazie⟩ *de (v)* het niet in staat zijn om woorden en zinnen te vormen **dyslectisch** ⟨dis-⟩ *bn* die lijdt aan dyslexie **dyslexie** ⟨-leksie⟩ *de (v)* het niet goed kunnen lezen en spellen van woorden, woordblindheid

dyspepsie *de (v)* slechte spijsvertering

dysplasie ⟨-plaazie⟩ *de (v)* het zich ongewoon ontwikkelen en groeien van weefsel, misvorming

dystrofie *de (v)* onderontwikkeling door een stoornis in de voedseltoevoer

E

e *de* [-'s] ❶ vijfde letter van ons alfabet ❷ klinker die halverwege boven in de mond wordt gevormd ❸ muz. derde toon van de diatonische toonladder, mi

e.a. en andere(n)

earl grey ⟨ùrl gree⟩ *de (m)* zwarte theesoort

early adopter ⟨ùrlie udoptər⟩ *de (m)* [-s] iemand die een bepaalde technologie of een bepaald product begint te gebruiken voordat het grote publiek dat doet

eau de cologne ⟨oodəklonjə⟩ *de* [eaux de cologne] reukwater met alcohol en oliën, dat oorspronkelijk uit Keulen komt **eau de toilette** ⟨-twalet⟩ *de* [eaux de toilette] reukwater dat minder sterk ruikt dan parfum

eb *de* het dalen van het water van de zee, laagwater: *~ en vloed*

ebben *bn* (zwart als) van ebbenhout **ebbenhout** zwarte harde houtsoort

ebi *de (v)* [-'s] extra beveiligde inrichting, extra beveiligde afdeling van een gevangenis

ebitda *earnings before interest, taxes, depreciation and amortization*, maatstaf voor de brutowinst van een bedrijf

ebola *de* ernstige virusziekte uit Afrika, die onder andere inwendige bloedingen veroorzaakt

eboniet *het* zwarte glimmende harde stof

e-book ⟨ieboek⟩ *het* [-s] *electronic book*, tekst van een boek in digitale vorm, die kan worden gedownload op een e-reader: *een ~ downloaden* **e-business** *het* het zakendoen via internet ❷ bedrijf dat zakendoet via internet

EC Europese Commissie

e-cash ⟨iekesj⟩ *de (m)* elektronisch geld waarmee op internet kan worden betaald

ECB *de* Europese Centrale Bank

ecce-homo ⟨etsjə-⟩ *het* [-'s] voorstelling van Jezus met de doornenkroon ▾ *ecce homo* zie de mens

ecg *het* [-'s] elektrocardiogram

echec ⟨eesjek⟩ *het* [-s] mislukking, nederlaag

echelon ⟨eesjə-⟩ *de (m)* [-s] ❶ troepenafdeling die in een gevechtshandeling een afzonderlijke beperkte taak heeft ❷ rang van opstelling, gelid ❸ rang, niveau: *de hogere maatschappelijke ~s*

echo *de (m)* [-'s] ❶ weerkaatsing van geluid ❷ weerkaatst geluid ❸ beeld d.m.v. echoscopie **echoën** [echode, h. geëchood] ❶ nagalmen, echo geven: *onze stemmen echoden in de waterput* ❷ iemand iets nazeggen, zodat het bijna lijkt alsof het een echo is

echografie *de (v)* [-ën] echoscopie

echolood instrument om de diepte van water te peilen d.m.v. teruggekaatste geluidsgolven **echoput** put die een duidelijke echo geeft **echoscopie** *de (v)* [-ën] het verkrijgen van een beeld van een ongeboren kind of van inwendige organen d.m.v. geluidsgolven

echt I *de (m)* ❶ plecht. huwelijk II *bn* ❷ waar, werkelijk, niet verzonnen: *dit verhaal is ~ gebeurd* ❸ niet vervalst, geen namaak: *is dit schilderij een ~e Rembrandt?* ❹ uit een wettig huwelijk voortgekomen: *een ~ kind* **echtbreken** ontrouw

zijn in het huwelijk, overspel plegen **echtbreuk** ontrouw in het huwelijk, overspel: *~ plegen*
echtelieden *de (mv)* mensen die met elkaar getrouwd zijn, echtgenoten **echtelijk** *bn* wat te maken heeft met het huwelijk: *een ~e ruzie* een ruzie tussen mensen die met elkaar getrouwd zijn **echten** een kind dat buiten iemands huwelijk geboren is, erkennen als zijn eigen kind
echter *bw* maar, ondanks dat, toch: *het is besloten, ik ben het er ~ niet mee eens*
echtgenoot *de (m)* [-noten] de man met wie iemand getrouwd is: *hij is mijn ~* **echtgenote** *de (v)* [-s] de vrouw met wie iemand getrouwd is: *zij is mijn ~* **echtpaar** twee mensen die met elkaar getrouwd zijn
echtscheiden het huwelijk verbreken, uit elkaar gaan **echtscheiding** het uit elkaar gaan van mensen die met elkaar getrouwd zijn, ontbinding van een huwelijk
echtscheidingsconvenant afspraken bij een echtscheiding die beide partijen met elkaar maken
eclair ⟨eeklèr⟩ BN *de (m)* [-s] langwerpige soes met banketbakkersroom, bedekt met chocolade of mokka
eclatant *bn* schitterend, verbluffend, opzienbarend: *de show was een ~ succes*
eclectisch *bn* waarbij men het beste uitkiest uit verschillende filosofieën, stijlen e.d.
eclips ⟨eeklips⟩ *de* verduistering van hemellichamen, vooral van de zon of de maan
ecliptica ⟨eeklip-⟩ *de (v)* jaarlijkse baan van de aarde om de zon, vanaf de aarde gezien de jaarlijkse baan van de zon om de aarde
ecobonus BN bonus om het gebruik van milieuvriendelijke producten te stimuleren **ecoduct** *het* doorgang waarlangs wild een autoweg kan passeren
E.colibacterie *de (v)* [-riën] *Escherichia coli,* bacterie die in de darmen helpt voedsel te verteren en vitamine K te produceren, maar buiten de darmen gevaarlijke ontstekingen veroorzaakt
Ecolo BN *de* Franstalige ecologische politieke partij
ecologie *de (v)* leer van de betrekkingen tussen levende wezens onderling en met de omgeving **ecologisch** *bn* volgens of wat te maken heeft met de ecologie ▼ *~e voetafdruk* fictieve meeteenheid waarin de belasting van het milieu wordt uitgedrukt: *met drie vliegreizen per jaar heb jij een behoorlijke ~e voetafdruk*
e-commerce ⟨ie-kommùRs⟩ *de* het handeldrijven via internet
econometrie *de (v)* wiskundige beoefening van de economie
economie *de (v)* [-ën] ❶ leer van het menselijk handelen m.b.t. het streven naar welvaart ❷ bedrijfsmatige en financiële toestand in een gebied, land e.d. **economisch** *bn* ❶ wat te maken heeft met de economie ❷ zuinig, doelmatig: *dit apparaat is heel ~ in het stroomverbruik* **economiseren** ⟨-zi-⟩ bezuinigen, zuinig te werk gaan
economyclass ⟨iekonnəmieklàs⟩ *de (m)*

goedkoopste klasse in personenvervoer per vliegtuig
econoom *de (m)* [-nomen] ❶ deskundige op het gebied van de economie ❷ specialist die zich bezighoudt met de financiële kant binnen een bedrijf, organisatie e.d.
ecostroom elektriciteit uit zonlicht, windkracht of waterkracht **ecosysteem** ⟨-sies-⟩ het functioneren van planten en dieren in hun omgeving **ecotaks** belasting die betaald moet worden voor milieuvervuilende producten, productiewijzen e.d., milieuheffing
ecru *bn* ongebleekt geelachtig wit
ecstasy ⟨ekstəzie⟩ *de* drug die iemand het gevoel geeft dat hij veel energie heeft en dat iedereen lief is, veel gebruikt op houseparty's
ect elektroconvulsietherapie, elektroshock
ecu *de (m)* [-'s] *European currency unit,* Europese munteenheid waarin werd gerekend voordat de euro er was
eczeem ⟨ekseem⟩ *het* [-zemen] huiduitslag
e.d. en dergelijke(n)
edammer *de (m)* [-s] bolronde kaas, vooral in Noord-Holland gemaakt
edel *bn* ❶ van adel ❷ fig. hoogstaand in moreel opzicht: *een ~e daad* ❸ niet roestend: *~e metalen* ❹ (van gas) wat zich niet met andere gassen verbindt ▼ scherts. *de ~e delen* geslachtsdelen
edelachtbaar *bn* aanspreekvorm voor rechters
edele *de* [-n] iemand die van adel is
edelgesteente kostbare delfstof, zoals diamant of smaragd
edelgrootachtbaar *bn* aanspreekvorm, vooral van functionarissen binnen gerechtshoven
edelhert groot hert van de soort Cervus elaphus
edelhoogachtbaar *bn* aanspreekvorm, vooral van functionarissen binnen de Hoge Raad
edelman *de (m)* [-lieden] man van adel
edelmetaal metaal dat niet kan roesten of door zuur worden aangetast, zoals goud en platina
edelmoedig *bn* met een moreel hoogstaand karakter, die veel voor anderen overheeft: *een ~e daad*
edelsmid iemand die sieraden maakt van zilver, goud en andere edelmetalen **edelstaal** heel goed, roestvrij staal **edelsteen** heel kostbare steen, zoals diamant of robijn
edelvrouw vrouw van adel
edelweiss ⟨-wajs of -weis⟩ *de & het* plant van de soort Leontopodium alpinum die in het hooggebergte groeit
edict ⟨ee-⟩ *het* verordening
Edison *de (m)* [-s] Nederlandse onderscheiding voor muziekopnames
editen ⟨eddittən⟩ [editte, h. geëdit] ❶ klaarmaken voor publicatie ❷ (filmmateriaal) tot een geheel monteren
editie *de (v)* [-s] het aantal boeken e.d. dat in één keer gedrukt wordt, druk: *in de laatste ~ van dit boek is een aantal veranderingen aangebracht*
editor ⟨eddittər⟩ *de (m)* [-s] ❶ iemand die filmmateriaal monteert ❷ iemand die teksten redigeert ❸ comp. programma voor bewerking van bestanden
editoriaal BN *het* [-rialen] hoofdartikel
edoch ⟨ee-⟩ vero. *vgw* maar

ed

educatie *de (v)* [-s] opvoeding, vorming (van mensen) ▼ *permanente* ~ het altijd blijven leren, ook na de schoolopleiding of studie **educatief** *bn* ❶ opvoedend, vormend ❷ wat te maken heeft met het onderwijs **edutainment** ⟨-teenmənt⟩ *het* entertainment met een educatief karakter of doel

eed *de (m)* [eden] verklaring, waarbij God als getuige wordt aangeroepen: *een ~ afleggen; onder ede verklaren; onder ede staan*

eeg *het* [-'s] elektro-encefalogram

EEG *de* , *Europese Economische Gemeenschap*, economisch samenwerkingsorgaan van een aantal West-Europese staten (1958), voorloper van de Europese Unie (EU)

eega *de* [-'s] echtgenoot, echtgenote

eekhoorn *de (m)* [-s] klein knaagdier van het geslacht Sciurus **eekhoorntjesbrood** eetbare paddenstoel van de soort Boletus edulis

eelt *het* hard geworden stuk huid: *de timmerman kreeg door zijn werk ~ op zijn handen*

een I *telw* ❶ aantal van 1 ▼ *een-twee-drie*, **BN** *in één, twee, drie* snel en zonder moeite **II** *de* [enen] ❷ cijfer 1 **III** *lidw* ❸ onbepaald lidwoord, lidwoord dat niet een bepaald persoon of ding aanduidt of dat een persoon of ding aanduidt die of dat nog niet eerder genoemd is: *~ man* **IV** *bn* ▼ *ene* een zekere, die men niet kent: *er belde ene Roelof voor je*

eenakter *de (m)* [-s] toneelstuk van één bedrijf **eencellig** *bn* wat bestaat uit één cel

eend *de* ❶ zwemvogel uit de familie van de Anatinae ▼ *lelijke* ~ benaming voor een bepaalde auto, deux-chevaux ▼ *een vreemde ~ in de bijt* nieuweling, iemand die ergens (nog) niet bij hoort ❷ *fig.* dom persoon

eendaags, eendaags *bn* ❶ één keer per dag ❷ wat één dag geldig is, wat één dag duurt **eendagstoerist** **BN**, *spreekt.* dagjesmens, dagrecreant **eendagsvlieg** ❶ lid van een orde van insecten die maar kort leven ❷ *fig.* iets wat maar kort duurt of iemand die maar kort blijft of maar kort beroemd is

eendekker *de (m)* [-s] vliegmachine met één paar vleugels

eendelig *bn* wat uit één deel bestaat

eendenkooi afgesloten waterrijke plek om wilde eenden te vangen

eendenkroos waterplantjes die het oppervlak van stilstaand water bedekken (Lemna)

eender *bn* gelijk, van dezelfde soort, hetzelfde: *hij is heel langzaam en precies en zijn broer is precies ~* ▼ *~ wat* om het even wat, het maakt niet uit wat ▼ *~ welke* om het even welke, het maakt niet uit welke

eendracht de situatie waarin iedereen het met elkaar eens is en naar hetzelfde streeft ▼ *~ maakt macht* als men zich samen inzet voor hetzelfde doel, staat men sterk **eendrachtig** *bn* eensgezind, waarbij iedereen met elkaar naar hetzelfde streeft

eenduidig *bn* ondubbelzinnig, voor slechts één uitleg vatbaar

eendvogels *de (mv)* orde van middelgrote tot grote watervogels, onder andere zwanen, ganzen, eenden (Anseriformes)

eeneiig *bn* voortgekomen uit dezelfde eicel: *een ~e tweeling*

eenendertigen een kaartspel spelen waarbij men met 31 punten wint **eenentwintigen** een kaartspel spelen waarbij men met 21 punten wint

eengezinswoning huis bestemd voor bewoning door één gezin

eenheid *de (v)* [-heden] ❶ aantal mensen of dingen die samen een geheel vormen: *die stoelen en die bank vormen een ~* ▼ *dat elftal vormt geen ~* het speelt niet goed samen ❷ maat waarin men grootten of hoeveelheden uitdrukt: *de meter is een ~ van lengte en het gram is een ~ van gewicht* ❸ zelfstandige militaire of paramilitaire afdeling ▼ *Mobiele Eenheid* afdeling van de politie die wordt ingezet bij (dreigende) verstoring van de openbare orde **eenheidspolitie** **BN** samenvoeging van lokale en federale politie **eenheidsprijs** ❶ prijs per eenheid ❷ prijs die voor alles hetzelfde is **eenheidsstaat** staat waar de macht alleen bij de centrale overheid ligt **eenheidsworst** *neg.* een groot aantal zaken die op elkaar lijken: *allemaal ~, die tv-programma's*

eenhoorn *de (m)* [-s] mythisch wit paard met een hoorn op het voorhoofd

eenieder *vnw* iedereen **eenjarig** *bn* ❶ één jaar oud ❷ wat één jaar duurt **eenkennig** *bn* erg gericht op bepaalde personen, afwerend tegen vreemden **eenling** *de (m)* ❶ enkeling, iemand die alleen is: *is de dader een ~ of lid van een bende?* ❷ eenzelvig persoon, iemand die erg op zichzelf is, vaak alleen is

eenmaal *bw* één keer, ooit: *~ komt de tijd dat ...* ▼ *dat is nu ~ zo* daar is niets aan te veranderen **eenmalig** *bn* wat maar één keer voorkomt: *deze aanbieding is ~*

eenmanszaak bedrijf van één persoon, één persoon die werkt als zelfstandig ondernemer **eenoog** *de* [-ogen] persoon met één oog ▼ *in het land der blinden is ~ koning* onder mensen die iets niet kunnen of weten, is iemand die het een beetje kan of weet, een autoriteit

eenoudergezin gezin met alleen een moeder of alleen een vader **eenpansmaaltijd** maaltijd die in één pan klaargemaakt wordt

eenparig *bn* ❶ eenstemmig, algemeen ❷ waarbij in gelijke tijd gelijke afstanden worden afgelegd, gelijkmatig: *met ~e snelheid* ❸ **BN**, *schr.* unaniem, eenstemmig **eenpersoons** *bn* voor één persoon

eenpitter *de (m)* [-s] ❶ kooktoestel met één pit ❷ *scherts.* (iemand met een) eenmanszaak

eenrichtingsverkeer ❶ situatie waarbij voertuigen slechts in één richting mogen rijden ❷ *fig.* contact waarbij de communicatie of het initiatief van één kant komt

eens I *bw* ❶ eenmaal, één keer: *dat was ~ maar nooit weer* ❷ in een bepaalde tijd, een keer: *was ~ een koning ... ▼ hij heeft niet ~ ...* zelfs niet **II** *bn* ▼ *het met elkaar ~ zijn* dezelfde mening hebben

eensdeels *bw* voor één deel, aan de ene kant **eensgezind** *bn* met hetzelfde doel, zonder meningsverschillen **eensklaps** *bw* plotseling **eenslachtig** *bn* van één geslacht: óf mannelijk óf vrouwelijk

eensluidend *bn* gelijkluidend, gelijk: *een ~e conclusie*

eensteens *bn* die bestaat uit één laag stenen, zo dik als de lengte van één steen **eensteensmuur** muur met de dikte van de lengte van één steen

eenstemmig *bn* ❶ wat door alle zangers op dezelfde melodie wordt gezongen ❷ wat met elkaar overeenkomt, waarbij hetzelfde wordt gezegd, gelijkluidend ❸ zonder verschil van mening, met algemene stemmen: *een ~ besluit*

eentje *het* één exemplaar van iets ▾ *in zijn ~,* BN ook *op zijn ~* alleen

eentonig *bn* ❶ met weinig afwisseling van toon ❷ *fig.* saai, vervelend, zonder afwisseling: *~ werk*

een-twee-drie *bw* vlug, meteen: *dat kan ik je zo ~ niet zeggen* **een-tweetje** *het* [-s] ❶ sp. combinatie waarbij twee spelers de bal in één keer snel heen en weer spelen ❷ *fig.* actie of afspraak door twee partijen buiten de anderen om

eenvormig *bn* ❶ gelijkvormig, met één vorm ❷ eentonig **eenvormigheidsattest** BN gelijkvormigheidsattest, attest waarin verklaard wordt dat een voertuig aan de wettelijke normen voldoet

eenvoud *de (m)* het eenvoudig-zijn, simpelheid, soberheid ▾ *in ~* zonder luxe, zonder pracht en praal **eenvoudig** *bn* ❶ simpel, niet ingewikkeld: *een ~e opdracht* ❷ zonder pracht of praal: *een ~e maaltijd* ❸ weinig ontwikkeld: *~e mensen* **eenvoudigweg** *bw* gewoon, zomaar

eenwieler *de (m)* [-s] fiets met één wiel

eenwording *de (v)* het samengaan tot één geheel: *de ~ van Duitsland*

eenzaam *bn* ❶ alleen, die zich alleen voelt, zonder contact met anderen: *een ~ leven leiden* ❷ stil, weinig bezocht: *een eenzame plek* **eenzaamheid** *de (v)* het alleen zijn, het zich alleen voelen

eenzaat *de (m)* [-zaten] BN eenzelvig iemand, iemand die graag alleen is, eenling

eenzelfde *vnw* net zo één

eenzelvig *bn* in zichzelf gekeerd, niet op gezelschap gesteld **eenzijdig** *bn* ❶ aan of van één kant: *~ bedrukt papier; ~ verlamd* ▾ *een contract ~ verbreken* door één van de betrokken partijen ❷ *fig.* waarbij iemand de dingen van één kant bekijkt, partijdig: *een ~e weergave van het gebeurde*

eer I *bw* ❶ vroeger, eerder: *hoe ~ hoe beter* II *vgw* ❷ voordat: *~ je er bent, is het vijf uur* III *de,* **ere** ❸ goede reputatie van iemand binnen een groep of de maatschappij, waarbij niets op die persoon valt aan te merken: *door dit vergrijp heeft hij zijn ~ verloren* ❹ maagdelijkheid, kuise reputatie: *een meisje moet haar ~ bewaken* ▾ *in alle ~ en deugd* heel netjes, zoals het hoort ❺ bewijs van uitnemendheid, hoog aanzien: *het geldt als bijzondere ~ tot die kringen toegelaten te worden* ▾ *dat is mijn ~ ~ te na* dat wil ik niet, daar zou ik me voor schamen ▾ *naar ~ en geweten,* BN *in ~ en geweten* oprecht ❻ bewondering en waardering: *de ~ krijgen voor een goede prestatie* ❼ eerbetoon: *met militaire ~ begraven worden* ▾ *iemand de laatste ~ bewijzen* iemand begrafenis of crematie

bijwonen ▾ *in ere houden* in gebruik doen blijven, de gewoonte voortzetten

eerbaar *bn* ❶ kuis, zedig ❷ BN ook respectabel, eerbiedwaardig, aanvaardbaar

eerbetoon *het* uiterlijke blijken van verering **eerbewijs** blijk van hoogachting, teken, uiting van eer

eerbied *de (m)* gevoel van bewondering en respect: *~ hebben voor iemand* **eerbiedig** *bn* waarbij eerbied wordt getoond, met eerbied: *hij boog ~ voor de koning* ▾ *op ~e afstand* een stukje van iets of iemand vandaan uit eerbied of omdat men (een beetje) bang is **eerbiedigen** eerbied tonen voor, niet ingaan tegen: *de tradities van zijn cultuur ~* **eerbiedwaardig** *bn* die of wat eerbied verdient: *op de ~e leeftijd van tachtig jaar*

eerdaags, eerdaags *bw* binnenkort

eerder *bw* ❶ op een vroeger tijdstip: *kun je volgende keer een beetje ~ komen?* ❷ waarschijnlijker: *hij is niet ziek, hij heeft ~ geen zin* ❸ liever: *ik zou ~ die groene kiezen dan die blauwe* ❹ BN ook nogal, tamelijk

eergevoel besef van de eigen eer en van de verwachtingen en verplichtingen die daarbij horen

eergisteren, eergisteren de dag vóór gisteren, twee dagen geleden

eerherstel herstel van iemands eer die is aangetast

eerlang *bw* binnenkort

eerlijk *bn* ❶ waarbij iemand de waarheid zegt, oprecht ❷ rechtvaardig: *hij krijgt een ijsje en ik niet, dat is niet ~!* **eerlijkheidshalve** *bw* om eerlijk te zijn: *~ moet ik je zeggen dat ...*

eerloos *bn* zonder eergevoel, laag

eerst I *telw & bn* ❶ het best in zijn soort II *bw* ❷ vóór het andere, vóór de ander: *ik was ~!* ▾ *voor het ~* voor de eerste keer ❸ vroeger: *~ vond ik het niet leuk maar nu wel* ❹ pas: *~ nu is het bekend geworden*

eerstdaags *bw* binnenkort **eerstedagenvelop** envelop met een postzegel die op de dag van uitgifte is afgestempeld

eerstegraads *bn* van of in de eerste graad ▾ *~bevoegdheid* bevoegdheid om op alle niveaus in het middelbaar onderwijs les te geven **eerstegraadsverbranding** lichtste vorm van verbranding, waarbij de opperhuid rood en warm wordt maar intact blijft

eerstehulpverlening *de (v)* het verlenen van de eerste medische hulp bij ongelukken of plotselinge aandoeningen

eerstejaars I *bn* ❶ in of van het eerste studiejaar II *de* [eerstejaars] ❷ student in het eerste studiejaar

eersteklas *bn* van de beste kwaliteit, van het hoogste niveau **eersteklasser** *de (m)* [-s] ❶ leerling van de eerste klas ❷ iemand die in de hoogste afdeling werkt of speelt

eerstelijnsgezondheidszorg gezondheidszorg die direct toegankelijk is, zoals de huisarts

eersteling *de (m)* ❶ het eerste kind van iemand ❷ eerste vrucht ❸ Bijb. eerstgeboren stuk vee

eersterangs *bn* van de eerste rang, van het hoogste niveau

eerstgeboorterecht bijzondere rechten voor

ee

ee

het oudste (mannelijke) kind in een gezin

eerstgenoemd waarover het eerst gesproken is **eerstkomend** die hierna het eerst komt of komen: *de ~e vergadering, jaren* **eerstvolgend** *bn* die hierna het eerst komt

eertijds *bw* vroeger

eervol *bn* ❶ met eer ❷ wat iemand eer bezorgt: *een ~ baantje* ▼ *een ~le vermelding* vermelding van iemands naam bij de uitslag van een wedstrijd als diegene net geen prijs heeft gewonnen ▼ *~ ontslag* waarvoor niet iets afkeurenswaardigs de aanleiding is geweest

Eerw. Eerwaarde **eerwaarde** *de* [-n] eenvoudigste titel voor een geestelijke

eerwraak moord om de geschonden eer van de familie te wreken **eerzaam** *bn* braaf, deugdzaam, die geen slechte dingen doet: *een ~ burger* **eerzucht** behoefte aan bewondering en respect, de beste te zijn

eest *de (m)* vloer voor het drogen van granen e.d.

eetbaar *bn* wat men kan eten: *is die paddenstoel ~?*

eetcafé café waar men ook maaltijden kan bestellen **eetgelegenheid** ruimte of gebouw waar men kan eten, restaurant **eetgerei** voorwerpen die men gebruikt om mee te eten: borden, lepels enz. **eethoek** (tafel en stoelen in een) hoek van de kamer waar men eet **eethuis** goedkoop restaurant **eetkamer** kamer om in te eten **eetlepel** lepel om mee te eten **eetlust** *de (m)* trek, zin in eten **eetservies** servies voor een diner **eetstokjes** *de (mv)* stel stokjes waarmee in Oost-Azië gegeten wordt **eetstoornis** ziekelijk probleem met eten, zoals anorexia nervosa **eettent** eenvoudige eetgelegenheid **eetzaal** zaal waar veel mensen kunnen eten

eeuw *de* tijdvak van honderd jaar **eeuwenoud** heel oud **eeuwfeest** feest als iets honderd jaar bestaat of honderd jaar geleden is

eeuwig *bn* ❶ wat altijd blijft bestaan, altijd blijft duren ❷ *fig.* wat lange tijd duurt: *dat ~e geklaag van hem!* ▼ *dit is ~ zonde* heel erg jammer **eeuwigheid** *de (v)* [-heden] ❶ duur zonder begin of eind ▼ *van ~ tot amen* altijd ❷ het leven na dit leven, hiernamaals ❸ *fig.* heel lange tijd: *het duurde een ~ voor hij terugkwam*

eeuwwisseling *de (v)* het overgaan naar een volgende eeuw

efemeer ⟨eefee-⟩ *bn* ❶ wat één dag duurt ❷ kortstondig

effe *inform.* *bw* even

effect *het* ❶ uitwerking, gevolg ▼ *~ sorteren* het resultaat hebben dat men wilde bereiken ❷ verandering in de richting van een bal doordat deze om zijn as draait ❸ geldswaardig papier, aandeelbewijs **effectbal** *sp.* schot of slag waarbij de bal van de te verwachten lijn afwijkt **effectbejag** *het* het streven om (een bepaalde) indruk te maken

effectenbeurs beurs waar effecten worden verhandeld **effectenportefeuille** (bezit van een) pakket van effecten

effectief *bn* ❶ wat een goede uitwerking heeft, doeltreffend: *een effectieve maatregel* ❷ BN ook daadwerkelijk, de facto ❸ ⟨van straffen⟩ BN ook onvoorwaardelijk **effectueren** uitvoeren, tot

stand brengen, bewerkstelligen, verwezenlijken

effen *bn* ❶ glad, vlak, strak ❷ zonder patroon en in één kleur: *een ~ groene lap katoen* ▼ *een ~ gezicht* strak, dat geen gevoelens uitdrukt ❸ *inform.* even

effenaf BN, spreekt. *bw* zonder meer (*als versterking*)

effenen vlak maken ▼ *het pad ~ voor* de omstandigheden gunstig maken voor

efficiency ⟨effissjansie⟩ *de (v)* het efficiënt zijn, zonder tijd, energie, materiaal of kosten te verspillen

efficiënt ⟨-sjent⟩ *bn* met een groot nuttig effect, waarbij geen tijd, energie, materiaal of kosten worden verspild

EFTA *de (v)* , *European Free Trade Association*, Europese Vrijhandelsorganisatie

eg *de* [-gen] landbouwwerktuig voor het egaliseren van omgeploegde grond

e.g. *exempli gratia*, bijvoorbeeld

EG *de (v)* Europese Gemeenschap (*nu: Europese Unie*)

egaal *bn* gelijkmatig, effen, met overal dezelfde kleur of helemaal vlak: *een ~ blauwe lucht; een egale vloer* **egaliseren** ⟨-zi-⟩ gelijk, vlak maken: *grond ~*

egalitair ⟨-tèr⟩ *bn* die streeft naar gelijkheid

egard ⟨eeGaar⟩ *de & het* [-s] ❶ eerbied, ontzag ❷ bewijs van beleefdheid: *iemand met veel ~s behandelen*

egel *de (m)* [-s] klein zoogdier met scherpe stekels op zijn rug dat insecten eet (Erinaceus)

egelantier *de (m)* [-s, -en] soort wilde roos, struik met roze bloemen, en bladeren die naar appels ruiken als men erover wrijft (Rosa rubiginosa)

egelstelling positie tussen vijanden waarbij iemand zich aan alle kanten verdedigt (als een egel die zich in elkaar rolt met stekels in alle richtingen) **egelvis** tropische vis met stekels, van het geslacht Diodon

egge *de* [-n] eg **eggen** met de eg werken

EGKS *de (v)* Europese Gemeenschap voor Kolen en Staal (opgericht in 1951) (*voorloper van de EG en EU*)

ego *het* [-'s] het gevoel over zichzelf, hoe goed en belangrijk iemand zichzelf vindt: *die overwinning is goed voor zijn ~* ▼ *hij heeft een heel groot ~* hij denkt dat hij heel goed en belangrijk is ▼ *zijn alter ~* zijn tweede ik **egocentrisch** *bn* die zichzelf als het middelpunt beschouwt: *hij is heel ~ en praat altijd alleen over zichzelf* **egodocument** tekst van een schrijver over zichzelf

egoïsme *het* het alleen aan zichzelf denken **egoïst** *de (m)* iemand die alleen aan zichzelf denkt **egoïstisch** *bn* die alleen aan zichzelf denkt **egotisme** *het* overschatting van zichzelf **egotrip** gedrag van iemand die zichzelf in het middelpunt van de belangstelling wil zien

e-government ⟨ie-Gòvernmənt⟩ *de* elektronische overheid, het gebruik van ICT door overheidsdiensten voor het geven van informatie en het verlenen van diensten aan bedrijven, burgers en overheden

egyptologie *de (v)* studie van de klassieke

Egyptische taal en cultuur

eh ⟨ə⟩ *tw* stemgeluid dat aarzeling uitdrukt

EHBO *de* Eerste Hulp bij Ongelukken **EHBO'er** *de (m)* [-s] iemand die eerste hulp bij ongelukken verleent **EHBO-post** plaats waar men eerste hulp bij ongelukken verleent

EHEC *enterohemorragische E.coli*, soort E.colibacterie die ernstige voedselvergiftigingen en infecties kan veroorzaken

EHRM *het* Europees Hof voor de Rechten van de Mens

ei I *het* [eieren] ❶ bio. kiem waaruit na bevruchting een nieuw individu kan ontstaan ❷ idem van vogels, ook als voedsel ▾ *een (zacht) ~* een al te vriendelijk of welwillend persoon ▾ *een (zacht) ~tje* een makkelijk karweitje ▾ *dat is het hele ~eren eten* daarmee is iets dat moeilijk lijkt, eenvoudig en overtuigend verklaard ▾ *~eren voor zijn geld kiezen* genoegen nemen met iets minders dan men zich had voorgesteld ▾ *het ~ van Columbus* een oplossing die heel simpel en effectief is, maar waar men eerst niet op komt ▾ *zijn ~ niet kwijt kunnen* zich niet kunnen uiten, zijn talenten niet kunnen gebruiken ▾ *op ~eren lopen* zich heel voorzichtig en tactisch gedragen ▾ *beter een half ~ dan een lege dop* liever een beetje dan helemaal niets ▾ BN *met iemand een ~tje te pellen hebben* een appeltje met iemand te schillen hebben, iets onaangenaams met iemand af te handelen hebben ▾ BN *~ zo na* bijna ▾ BN, spreekt. *met een ~ zitten* voor een dilemma staan, niet weten wat te doen **II** *de* ▾ *korte ~* combinatie van de letters e en i

e.i. elektrotechnisch ingenieur

eiber lit. *de (m)* [-s] ooievaar

eicel cel waaruit zich een nieuw individu ontwikkelt

eider *de (m)* [-s] eidereend **eidereend** duikeend uit Noord-Europa (Somateria mollissima)

eierdooier, **eidooier** het geel van een ei **eierdop** schil om een ei, eierschaal **eierdopje** *het* [-s] houdertje voor een gekookt ei

eierkoek zachte koek die met eieren gebakken is **eierschaal** schil om een ei

eierstok vrouwelijk orgaan waarin zich de eicellen vormen en ontwikkelen

eierwekker wekkerklok die afloopt als waarschuwing dat eieren de vereiste tijd hebben gekookt

eig. eigenlijk

eigeel I *het* ❶ dooier van een ei **II** *bn* ❷ zo geel als de dooier van een ei

eigen *bn* van iemand of iets zelf ▾ *~ zijn aan* kenmerkend zijn voor ▾ *~ met iemand zijn* vertrouwd zijn met iemand ▾ *zich ~ maken* kennis verwerven van, vaardigheid verwerven in

eigenaar *de (m)* [-s, -naren] degene van wie iets is, die het bezit **eigenaar-bewoner** *de (m)* [eigenaars-bewoners, eigenaren-bewoners] iemand die zowel eigenaar als bewoner van een huis is

eigenaardig *bn* vreemd, ongewoon, bijzonder: *~e gewoonten*

eigenbelang wat alleen in het voordeel van iemand zelf is: *je doet dat alleen uit ~!*

eigendom I *het* [-men] ❶ wat van iemand is **II** *de*

(m) ❷ eigendomsrecht **eigendomsrecht** volledig recht van bezit en het recht om er volledig over te beschikken

eigendunk hoge dunk van zichzelf, het denken van zichzelf dat men heel goed is

eigengemaakt *bn* door iemand zelf gemaakt

eigengereid *bn* die op eigen gezag handelt, die eigenmachtig optreedt **eigenhandig** *bn* door iemand zelf, met zijn eigen handen

eigenheimer *de (m)* [-s] ❶ bepaalde aardappel ❷ iemand die zijn eigen gang gaat, zich niet veel van anderen aantrekt **eigenliefde** overdreven liefde voor of ingenomenheid met zichzelf

eigenlijk *bn* ❶ echt, werkelijk: *de ~e uitvinder heeft nooit erkenning gekregen* ❷ in wezen, welbeschouwd, als je er goed over nadenkt: *~ is het niet vreemd dat hij kwaad werd*

eigenmachtig zonder zich aan te passen aan wensen of eisen van anderen: *een ~e beslissing*

eigennaam naam van een persoon, dier, plaats, gebouw enz.: *'Willy', 'Parijs' en 'Eiffeltoren' zijn eigennamen*

eigenschap *de (v)* [-pen] kenmerk dat bij iets of iemand hoort: *gulheid is een goede ~ en luiheid is een slechte ~; een ~ van lood is dat het heel zwaar is*

eigenste *bn* dezelfde, hetzelfde, precies die of dat

eigentijds *bn* van de tijd waarin men leeft: *~e muziek* **eigenwaan** te hoge dunk van zichzelf **eigenwaarde** ▾ *gevoel van ~* besef van wat men waard is

eigenwijs *bn* die denkt dat hij alles beter weet dan een ander en die niet naar raad wil luisteren

eigenwoningforfait bedrag dat een huiseigenaar voor de belasting bij zijn inkomen moet optellen

eigenzinnig *bn* die op eigen inzicht afgaat, zonder te letten op raad of verwachtingen van anderen

eik *de (m)* grote loofboom (Quercus robur), eikenboom

eikel *de (m)* [-s] ❶ vrucht van de eik ❷ voorste deel van de penis ❸ min., inform. vervelend, onaardig persoon **eikelen** inform. vervelend doen, zeuren

eiken *bn & het* (van) eikenhout

eikenbladsla slasoort met ingesneden bladeren en een pittige smaak **eikenboom** grote loofboom (Quercus robur) **eikenhout** hout van de eik **eikenprocessierups** rups die in een aaneengesloten rij vooral op eiken kruipt

eiland *het* land dat helemaal door water is omgeven: *Texel is een ~* **eilandenrijk** rijk dat bestaat uit eilanden **eilander** *de (m)* [-s] bewoner van een eiland **eilandsraad** vertegenwoordigende instantie op de Nederlandse Antillen

eileider *de (m)* [-s] soort buis waardoor een eicel van de eierstok naar de baarmoeder geleid wordt

eind *het* ❶ laatste deel van iets: *het ~ van het touw* ▾ *het bij het rechte ~ hebben* gelijk hebben ▾ *aan het langste ~ trekken* uiteindelijk winnen

ei

▼ *het ~ is zoek* het is niet te overzien waar dit toe leidt, wat de gevolgen zullen zijn ❷ stuk van een bepaalde lengte: *een ~ hout* ▼ *het is een heel ~* het is ver ▼ *de ~jes aan elkaar knopen* met moeite kunnen rondkomen

eindcijfer cijfer waarop een berekening uitkomt, gemiddelde cijfer, laatst vastgestelde cijfer: *mijn ~ voor economie is een 7* **einddiploma** diploma aan het einde van een opleiding **einddoel** uiteindelijke doel waar iemand naar streeft

einde *het* [-n, -s] eind: *die jurk is het ~!* prachtig! ▼ schr. *te dien ~* met dat doel ▼ *ten ~ raad* wanhopig, waarbij iemand niet meer weet hoe hij de situatie moet oplossen

eindejaarspremie BN eindejaarsuitkering, kerstgratificatie **eindejaarsuitkering** extra geld boven op het salaris, aan het eind van het jaar

eindelijk *bw* ten slotte, op het eind, nadat er lang op is gewacht: *~ kwam hij opdagen* **eindeloos** *bn* ❶ zonder eind, zonder ophouden ❷ inform. prachtig, geweldig

einder *de (m)* [-s] horizon

eindereeks BN restanten (tegen een lagere prijs verkocht) **eindexamen** examen aan het eind van een opleiding

eindig *bn* wat een eind heeft, wat eens ophoudt, beperkt van duur: *het leven is ~* **eindigen** [eindigde, h. / is geëindigd] ❶ een eind maken aan: *hij eindigde zijn rede met een dankwoord* ❷ een einde hebben, ophouden: *het verhaal eindigt ermee dat ze trouwen; hier eindigt de bebouwde kom* ▼ taalk. *~ op* als uitgang, als laatste deel hebben

eindklassement sp. ranglijst aan het eind van een wedstrijdserie of competitie: *hij was vijfde in het ~* **eindoordeel** uiteindelijk oordeel: *hij zakte voor de meeste tests en het ~ luidde dat hij niet goed genoeg was* **eindproduct** product dat de laatste bewerking heeft ondergaan, dat klaar is **eindpunt** *het* ❶ laatste halte van tram, bus e.d. ❷ einddoel, plaats waar iemand naartoe reist: *het ~ van onze reis* **eindredacteur** iemand die de definitieve redactie van een artikel, programma e.d. bepaalt **eindrijm** rijm aan het eind van een versregel of woord **eindstand** stand aan het eind van een wedstrijd **eindstation** ❶ station aan het eind van een spoorweg ❷ station waar een reis eindigt, ook figuurlijk: *dit verzorgingstehuis is zijn ~*

eindstreep streep aan het eind van een wedstrijdbaan ▼ fig. *de ~ niet halen* iets niet tot het eind afmaken, bijv. een opleiding, een (selectie)procedure **eindstrijd** laatste deel van de strijd om de overwinning, bijv. in sport, verkiezingen **eindverslag** uiteindelijk verslag: *ik moet voor dit project een aantal tussentijdse verslagen maken en een ~* **eindwerk** BN, spreekt. afstudeerscriptie, eindscriptie **eindzege** uiteindelijke overwinning

einzelgänger ⟨ajntsalGengfEr, eintsalGengfEr⟩ *de (m)* [-s] iemand die bij voorkeur alleen zijn gang gaat

eis *de (m)* ❶ verlangen, wat van iemand of iets verwacht wordt: *hoge ~en aan iemand stellen* ❷ voorwaarde: *aan een aantal ~en moeten*

voldoen ❸ rechtsvordering, wat iemand vraagt via de rechter: *een ~ tot schadevergoeding indienen* ❹ vonnis dat het openbaar ministerie van de rechtbank verlangt: *de ~ is twaalf jaar gevangenisstraf*

eis ⟨ee-ies⟩ muz. *de* e die met een halve toon verhoogd is

eisen ❶ iets zo dringend vragen dat het bijna een bevel is: *mijn zus eist dat ik uit haar kamer blijf* ❷ nodig hebben, noodzakelijk zijn voor een goed resultaat: *dit werk eist volledige concentratie* ❸ vragen via de rechter: *het Openbaar Ministerie eist een gevangenisstraf van twee jaar voor de verdachte* ▼ *het slechte weer eiste drie doden* daardoor overleden drie mensen **eiser** *de (m)* [-s] partij die een procedure begint en een rechterlijke uitspraak eist

eisprong het loskomen van de eicel uit de eierstok, ovulatie **eivol** *bn* heel erg vol, propvol **eiwit** *het* [-ten] ❶ witte vloeistof die om de dooier van een ei zit ❷ bestanddeel van dierlijk en plantaardig voedsel dat dient als bouwstof voor het lichaam

ejaculatie *de (v)* [-s] het naar buiten komen, vooral van sperma, zaadlozing **ejaculeren** een zaadlozing hebben

e.k. ❶ eerste kwartier (stand van de maan) ❷ eerstkomend

EK I ❶ Eerste Kamer **II** *het* ❷ Europees Kampioenschap **III** *de (mv)* ❸ Europese Kampioenschappen

EKO-keurmerk merk op de verpakking van voedingsmiddelen dat aangeeft dat die producten voldoen aan Europese ecologische normen

ekster *de* [-s] kraaiachtige vogel met blauwzwarte en witte veren (Pica pica) **eksteroog** eeltachtige verharding aan de voet, likdoorn

el *de* [-len] ❶ oude lengtemaat (69 centimeter) ❷ meetstok

elan ⟨eelã⟩ *het* enthousiasme, energie: *met jeugdig ~ begonnen de twee jongens een bedrijfje* ze waren jong, enthousiast, geloofden erin en deden hun best

eland *de (m)* groot hert uit de poolstreken

elasticiteit *de (v)* rekbaarheid: *rubber heeft een hoge ~*

elastiek *het* materiaal dat op rubber lijkt en dat men ver kan uitrekken ▼ *een ~je* een ringetje van elastiek **elastieken I** *bn* ❶ van elastiek **II** *ww* ❷ een kinderspel spelen waarbij op en over een twee strak gespannen draden van elastiek gesprongen wordt **elastiekje** *het* [-s] bandje, ringetje van elastiek **elastisch** *bn* rekbaar: *rubber is ~ materiaal*

elders *bw* op een andere plaats

eldorado *het* [-'s] fig. ideaal land, paradijs

e-learning ⟨ie-lùr-⟩ *de* interactief leren met behulp van een computer

electoraal *bn* wat te maken heeft met verkiezingen **electoraat** *het* [-raten] alle kiezers bij een verkiezing

electric boogie ⟨illetrik booGie⟩ *de (m)* dans met schokkende, robotachtige bewegingen

elegant *bn* mooi en stijlvol: *~ gekleed in een mantelpakje* elegie *de (v)* [-ën] klaaglied

elektra *de & het* ❶ elektriciteitsvoorzieningen ❷ (verbruik van) elektriciteit

elektricien ‹-sjè› *de (m)* [-s] vakman die elektriciteitsleidingen legt en elektrische apparaten aansluit en repareert

elektriciteit *de (v)* natuurkracht die kan worden opgewekt en door geleidende materialen (metaaldraden enz.) naar andere punten kan worden geleid **elektriciteitscabine** BN transformatorhuisje **elektriciteitscentrale** bedrijf, installatie waar elektrische stroom wordt opgewekt en verder verspreid

elektrificeren inrichten voor, voorzien van elektrische drijfkracht

elektrisch *bn* wat te maken heeft met of werkt d.m.v. elektriciteit

elektrocardiogram grafiek van de beweging van het hart **elektrochemie** wetenschap van het verband tussen chemische en elektrische verschijnselen **elektrocutie** *de (v)* [-s] het doden of gedood worden door elektrische stroom: *doodstraf door* ~

elektrode *de (v)* [-s, -n] elk van de geleiders van waaruit elektrische stroom overgaat in een vloeistof, een gas of ledige ruimte **elektrodynamica** leer van de elektrische stromen **elektro-encefalogram** registratie van het functioneren van de hersenen

elektrolyse ‹-lieze› *de (v)* ontleding van chemische verbindingen door elektrische stroom **elektrolyt** *de (m)* stof die door elektriciteit ontleed wordt

elektromagneet weekijzeren staaf die door elektrische stroom magnetisch wordt gemaakt **elektromonteur** elektricien **elektromotor** machine die elektriciteit omzet in mechanische kracht

elektron *het* [-tronen] nat. deeltje dat is geladen met negatieve elektriciteit

elektronica *de (v)* ❶ wetenschap van het gedrag van vrije elektronen ❷ de technische toepassingen daarvan **elektronisch** *bn* wat te maken heeft met of wat werkt door vrije of zwak gebonden elektronen ▼ ~ *betalen* betalen met een pinpas, chipknip of creditcard

elektroshock ‹-sjok› shock die wordt opgewekt door een elektrische stroomstoot door de schedel **elektrostatica** leer van de elektrische ladingen in rust

elektrotechniek praktische toepassing van elektriciteit, bij verlichting, telefonie, trekkracht enz. **elektrotherapie** geneeswijze met elektriciteit, bijv. bestrijding van pijn

element *het* ❶ elk van de vier grondstoffen waaruit volgens de klassieke opvatting alles is opgebouwd: lucht, water, vuur, aarde ❷ elk van de enkelvoudige stoffen die chemisch niet herleidbaar zijn ❸ elektrische stroomcel ❹ grondbeginsel, grondslag ❺ bestanddeel ▼ in *zijn ~ zijn* zich prettig, thuis voelen ▼ *de ~en de* (slechte) weersomstandigheden **elementair** ‹-tèr› *bn* ❶ als een element, van een van de basisgrondstoffen: *~e kracht* ❷ wat te maken heeft met de eerste beginselen ▼ *~e kennis* basiskennis ❸ wat te maken heeft met de

chemische elementen

elevator *de (m)* [-s, -toren] machine of installatie voor het hijsen of laten zakken van goederen

elf I *telw* ❶ aantal van 11 II *de* [elven] ❷ het cijfer 11 III *de* [-en] ❸ klein sierlijk wezen (meestal een vrouw) met vleugels, dat in sprookjes voorkomt **elfde** *telw* ❶ nummer 11 ❷ 1/11 deel

elfenbankje *het* [-s] paddenstoelsoort, bepaalde steelzwam

elfendertigst *telw* ▼ *op zijn* ~ heel langzaam, sloom

elfjuliviering BN viering op 11 juli van de officiële feestdag van de Vlaamse Gemeenschap **Elfstedentocht** schaatstocht en -wedstrijd langs elf Friese steden

elftal *het* [-len] ❶ groep van elf ❷ sp. ploeg van elf spelers

elimineren uitschakelen, weghalen, verwijderen: *de vijand* ~; *fouten* ~

elitair ‹-tèr› *bn* van of voor een elite: *veel mensen vinden golf een ~e sport* **elite** ‹eelieta› *de* [-s] ❶ de hoogste maatschappelijke kringen, de toplaag van de maatschappij ❷ kleine groep bevoorrechte, meer ontwikkelde of meer gerespecteerde mensen: *de intellectuele ~ van deze stad*

elixer, elixir *het* [-s] ❶ stroperig aftreksel van kruiden ❷ soort likeur

elk *vnw* alle personen, dieren of zaken waarvan sprake is, ieder: ~ *lid van onze vereniging moet contributie betalen*

elkaar *vnw* de één tegenover de ander en de ander tegenover de één ▼ *Jan en Piet groeten/ haten enz.* ~ Jan groet/haat enz. Piet en Piet groet/haat enz. Jan ▼ *alles ligt door* ~ zonder orde, wanordelijk ▼ *dat komt voor* ~ dat komt in orde ▼ *iemand in* ~ *slaan* iemand ernstig mishandelen door hem te slaan **elkander** vero. *vnw* elkaar

elkeen *vnw* ieder

elleboog *de (m)* [-bogen] ❶ gewricht tussen onder- en bovenarm waarmee men zijn arm kan buigen ▼ *het achter de ellebogen hebben* stiekem zijn, niet oprecht zijn ▼ *met zijn ellebogen werken* anderen proberen te verdringen, vooruit proberen te komen ten koste van anderen ❷ gebogen stuk pijp

ellende *de* [-n, -s] heel akelige gebeurtenis(sen) of levensomstandigheden **ellendeling** *de (m)* slecht, naar persoon: *wat is hij toch een ~!* **ellendig** *bn* akelig, heel naar, heel erg

ellenlang heel lang, onplezierig lang: *een ~e toespraak*

ellepijp *de* onderarmbeen aan de kant van de pink

ellips *de* ❶ langwerpig-ronde vorm ❷ taalk. het weglaten van een of meer woorden **elliptisch** *bn* ❶ ellipsvormig, langwerpig rond ❷ taalk. met een ellips, weggelaten woord

ELO *Elektronische Leeromgeving*, computersysteem waarin leraren en leerlingen kunnen werken, met roosters, huiswerk, beoordelingen en digitale leermiddelen

eloquent ‹-kwent› *bn* die goed spreekt, mooi formuleert

elpee *de (m)* [-s] langspeelplaat

els I *de (m)* [elzen] ❶ loofboom van het geslacht

Alnus **II** *de* [elzen] ❷ gebogen priem **elzen** *bn*
van het hout van een els
em. emeritus
Em. eminentie
email ⟨eemaj⟩ *het* ❶ glasachtige deklaag, bijv. op
pannen ❷ tandglazuur
e-mail ⟨iemeel⟩ comp. *de (m)* [-s] bericht dat
iemand via internet verstuurt of ontvangt
e-mailadres virtueel adres op internet waar
men e-mail kan ontvangen en versturen
e-mailen [e-mailde, h. ge-e-maild] een e-mail
sturen
emailleren ⟨-jl-⟩ met een laag email bedekken:
een aardewerken pot ~
emancipatie *de (v)* het zich vrijmaken van
beperkingen, het verwerven van rechten die
andere mensen ook hebben: *de ~ van de vrouw*
emancipatorisch *bn* wat te maken heeft met of
gericht is op emancipatie **emanciperen**
[emancipeerde, h. / is geëmancipeerd]
❶ vrijmaken, beperkingen voor een groep
mensen opheffen ❷ zich bevrijden van
beperkingen, rechten verwerven die andere
mensen ook hebben
emballage ⟨amballaazjə⟩ *de (v)* verpakking: *~ en
transport* het verpakken en vervoeren van
producten
embargo *het* ❶ verbod om met een bepaald land
handel te drijven, meestal om politieke redenen
❷ verbod voor journalisten om bepaalde
informatie voor een bepaald moment te
publiceren ❸ het tijdelijk beslag leggen op een
schip
embarkeren [embarkeerde, h. / is
geëmbarkeerd] inschepen
embedded *bn* ❶ comp. geïntegreerd, bijv. van
een besturingssysteem in een apparaat ❷ fig.
ingebed, ingelijfd, bijv. van een journalist die in
oorlogsgebied werkt onder bescherming, vooral
van een leger (en daarom niet als objectief
wordt beschouwd)
embleem *het* [-blemen] herkenningsteken van
een vereniging e.d., bijv. op vlaggen of truien:
*het ~ van onze tennisclub is een rood-witte
tennisbal*
embolie *de (v)* verstopping van een bloedvat
embouchure ⟨âmboesjuurə⟩ *de (v)* [-s]
❶ mondstuk van een blaasinstrument
❷ toestand van de spieren van mond en lippen
voor het bespelen van een blaasinstrument
embryo ⟨-briejoo⟩ *het* [-'s] wezen in het eerste
stadium van ontwikkeling na de bevruchting
embryonaal *bn* ❶ als van een embryo ❷ fig. in
een allereerste stadium
emelt *de* larve van de langpootmug
emer. emeritus
emerald I *het* ❶ smaragd **II** *bn* ❷ van smaragd
emeritaat ⟨eemi-⟩ *het* (van mensen in bepaalde
beroepen) met pensioen: *de professor gaat met ~*
emeritus ⟨eemi-⟩ **I** *bn* ❶ (van mensen in
bepaalde beroepen) die met pensioen is, die niet
meer werkt **II** *de (m)* [-ti] ❷ predikant, professor
e.a. die niet meer werkt
emfatisch *bn* met nadruk
emfyseem ⟨-fiezeem⟩ *het* zwelling: *long~*
emigrant *de (m)* iemand die emigreert **emigratie**

de (v) [-s] het emigreren **emigreren** [emigreerde,
is geëmigreerd] naar een ander land verhuizen
eminent *bn* erg goed, voortreffelijk: *een ~
wetenschapper* **eminentie** *de (v)* [-s] ❶ het
eminent zijn, het voortreffelijk zijn ❷ titel van
een kardinaal
emir ⟨eemir⟩ *de (m)* [-s] Arabisch vorst **emiraat**
het [-raten] gebied of functie van een emir
emissie *de (v)* [-s] ❶ uitgifte van nieuwe
obligaties, aandelen enz. ❷ uitstoot van gassen
of andere stoffen **emissiehandel** *de (m)* het
kopen en verkopen van rechten op de uitstoot
van broeikasgassen
emittent *de (m)* bank die effecten op de markt
brengt **emitteren** effecten uitgeven
emmentaler *de (m)* harde zoetige Zwitserse
kaassoort met grote gaten
emmer *de (m)* [-s] vat of bak met hengsel om
vloeistof in te vervoeren: *een ~ water* ▼ *dat is de
druppel die de ~ doet overlopen* de situatie was al
heel slecht maar daardoor gaat het echt niet
meer: *zijn laatste opmerking was de druppel die
de ~ deed overlopen* **emmeren** inform. zeuren,
vervelend doen
emoe *de (m)* [-s] drietenige Australische
struisvogel (Dromaeus Novae Hollandiae)
emolumenten *de (mv)* bijkomende inkomsten,
bijverdiensten boven op de vaste inkomsten
voor een functie
emoticon *het* [-s] klein tekeningetje van een
gezichtsuitdrukking waarmee in een digitaal
tekstbericht emoties worden uitgedrukt
emotie *de (v)* [-s] gevoel dat iemand op een
bepaald moment kan hebben, zoals blijheid of
teleurstelling **emotioneel** *bn* ❶ vatbaar voor
emoties, die vaak heftig reageert met veel
gevoel: *een ~ persoon* ❷ met veel emotie: *een ~
weerzien* ▼ *emotionele intelligentie* het vermogen
om gevoelens van zichzelf en anderen te
herkennen en ermee om te gaan
empathie *de (v)* het zich kunnen inleven in
anderen
empire ⟨âmpier(ə)⟩ *bn* volgens de stijl onder
Napoleon
empirie *de (v)* dat wat waarneembaar is, wat
men ervaart **empirisch** *bn* op basis van ervaring,
van wat men kan waarnemen ▼ *~ onderzoek*
wetenschappelijk onderzoek van verschijnselen
die men kan waarnemen **empirisme** *het*
denkwijze met als uitgangspunt dat kennis
alleen wordt verworven door ervaring,
waarneming
emplacement *het* terrein dat bij een station
hoort
emplooi *het* bezigheid, werk
employabiliteit ⟨âmplwijaaa-⟩ *de (v)*
inzetbaarheid, mate waarin een werknemer in
staat is om binnen uiteenlopende functies of
bedrijven te functioneren **employé** ⟨-jee⟩ *de (m)*
[-s] beambte, bediende
empowerment ⟨empauwərmənt⟩ *de (m)* pakket
maatregelen dat een beroep doet op
zelfredzaamheid en dat bedoeld is om mensen,
vooral werknemers, te motiveren om zelf
verantwoordelijkheid te dragen
EMS *het* ⟨vroeger⟩ Europees Monetair Stelsel

EMU *de (v)* Economische en Monetaire Unie
emulgator *de (m)* [-toren, -s] stof die wordt gebruikt voor emulsie **emulsie** ⟨-zie⟩ *de (v)* [-s] ❶ vloeistof die in heel fijne druppels in een andere vloeistof is verdeeld ❷ fot. lichtgevoelige laag

en *vgw* ❶ ⟨tussen twee woorden, zinsdelen of zinnen⟩ zowel het een als het ander: *honden ~ katten zijn roofdieren* ❷ om een volgorde aan te geven: *Caesar kwam, zag ~ overwon* ❸ als aanloop, aan het begin van een zin: *~ nu heb ik er genoeg van!* ▼ *~ of!* zeker, absoluut!

en bloc ⟨à-⟩ *bw verb* in zijn geheel, met zijn allen

encanailleren ⟨ãkaanajji-⟩ ▼ *zich ~* zich inlaten met mensen van minder allooi of beneden zijn stand

encefalitis med. *de (v)* ontsteking van het hersenweefsel, hersenontsteking **encefalogram** *het* [-men] registratie van de elektrische activiteit van de buitenlaag van de hersenen

enclave ⟨en- of ãn-⟩ *de* [-s] stuk land of gebied dat is ingesloten door vreemd gebied

enclitisch taalk. *bn* met de vorm van een woord dat geen nadruk heeft en aansluit op het woord ervoor: *in 'ik zag d'r', is 'd'r' de ~e vorm van 'haar'*

encryptie ⟨enkripsie⟩ *de (v)* codering van informatie *(vooral van informatie die tussen computers, faxen e.d. wordt uitgewisseld)*

encycliek ⟨ensie- of ãsie-⟩ *de (v)* brief van de paus over het geloof, aan alle bisschoppen

encyclopedie ⟨ensie- of ãsie-⟩ *de (v)* [-ën] naslagwerk met een verzameling onderwerpen en bij elk onderwerp wetenschappelijke of andere informatie **encyclopedisch** *bn* als in een encyclopedie

end *het* eind
endeldarm eind van het darmkanaal
endemisch *bn* ⟨van een ziekte⟩ die voortdurend voorkomt in een bepaald gebied
en dépôt ⟨à deepoo⟩ *bw verb* in bewaring voor verkoop
en détail ⟨à deetaj⟩ *bw verb* ❶ in het klein ❷ in bijzonderheden: *iets ~ vertellen*
endocrien *bn* met inwendige afscheiding **endocrinologie** *de (v)* leer over de vorming en werking van de afscheidingsproducten van de endocriene klieren
endogeen *bn* wat afkomstig is van de binnenkant
endorfine *de* stof die in de hersenen wordt aangemaakt en die op morfine lijkt en een pijnstillende werking heeft
endoscoop *de (m)* [-scopen] instrument om het inwendige van organen te bekijken
ene I *vnw* ❶ een bepaalde, die men niet kent: *er belde ~ De Boer voor je* II *telw* ❷ één: *je kunt die ~ ochtend toch wel vrij nemen?* **enenmale** *bw* ▼ *ten ~* helemaal, volkomen, absoluut: *dat is ten ~ verboden*
energetica *de (v)* ❶ leer van het arbeidsvermogen, van techniek en het gebruik van (elektrische) energie ❷ diverse richtingen die uitgaan van energiestromen, bijv. op biologisch vlak
energie ⟨-zjie⟩ *de (v)* [-ën] ❶ kracht die in staat is veranderingen, beweging te bewerkstelligen:

wind~ ❷ een dergelijke kracht die een persoon heeft: *hij is altijd actief, hij zit boordevol ~*
energiebedrijf bedrijf dat energie opwekt en ervoor zorgt dat het bij de gebruikers komt **energiecrisis** situatie waarin te weinig energie beschikbaar is om te voldoen aan de behoefte **energiedrank** drank die iemand extra energie geeft **energieheffing** toeslag op gebruik van fossiele brandstof
energiek ⟨-zjiek⟩ *bn* flink, die krachtig handelt of optreedt
energielabel ⟨-zjielee-⟩ *het* [-s] keurmerk dat aangeeft hoe energiezuinig een apparaat, auto of huis is **energieverbruik** gebruik van brandstof en elektriciteit
enerverend *bn* spannend, waar men opgewonden en zenuwachtig van wordt: *een ~e wedstrijd*
enerzijds *bn* aan of van één kant, aan de ene kant, in één opzicht: *~ ben ik wel voor, anderzijds zie ik ook bezwaren*
en face ⟨à fas⟩ *bw verb* ❶ van voren (gezien) ❷ vlak tegenover
en famille ⟨à faamieja⟩ *bw verb* in de huiselijke kring
enfant terrible ⟨ãfã terriebla⟩ *het* [enfants terribles] iemand binnen een groep die provoceert of op een andere manier onrust veroorzaakt
enfin ⟨ãfè⟩ *tw* om een lang verhaal kort te maken, kortom: *~, het komt erop neer dat hij niet wil*
eng *bn* ❶ nauw, smal: *een ~e doorgang* ❷ griezelig, wat bang maakt: *ik vind ratten ~*
engagement ⟨ãGaazjəment⟩ *het* ❶ contract, arbeidscontract: *hij heeft een ~ als acteur bij een toneelgezelschap* ❷ het zich betrokken voelen bij maatschappelijke ontwikkelingen: *het politieke ~ van de actievoerder* ❸ verloving **engageren** ⟨-zji-⟩ in dienst nemen, vooral van artiesten ▼ *zich ~* in dienst treden; zich verbinden, verplichten tot; zich verloven ▼ BN ook *zich ~ om* zich verplichten om
engel *de (m)* ❶ hemels wezen ❷ fig. iemand met een heel lief karakter **engelbewaarder** engel om een bepaald persoon te beschermen **engelenbak** goedkoopste rang in een theater **engelengeduld** heel groot geduld: *zij heeft een ~* **engelenhaar** *het* witte haarachtige kerstboomversiering van glaswol
Engels *bn* ❶ van, uit, wat te maken heeft met Engeland ▼ *~e sleutel* schroefsleutel met verstelbare opening ▼ *~e ziekte* rachitis; taalk. het niet aan elkaar schrijven van delen van een samenstelling ❷ in het Engels geschreven
engelwortel schermbloemige plant met witte bloemen (Angelica archangelica)
engerd *de (m)* [-s] griezelig en akelig persoon, iemand die bang maakt en afkeer oproept
engerling *de (m)* larve van de meikever
engineering ⟨endzjəniering⟩ *de (m)* het toepassen van wetenschap en technologie, het ontwerpen en maken van technologische producten
en gros ⟨à Groo⟩ *bw verb* in het groot
engte *de (v)* [-n, -s] nauwe doorgang, bergpas
enig *bn* ❶ waarvan geen tweede bestaat ❷ heel

erg leuk: *wat ~ dat je komt logeren!* ❸ een of ander, welke ook ❹ ⟨vooral in het meervoud⟩ sommige **enigerlei** *bn* van een of andere soort

enigermate *bw* een beetje, min of meer

enigerwijs, enigerwijze *bw* op een of andere manier

eniggeboren *bn* waarvan er slechts één geboren is

enigma ⟨eenig-⟩ *het* [-'s, -mata] raadsel

enigszins *bw* een beetje

enjambement ⟨äzjam-, enjam-⟩ *het* het doorlopen van een woordgroep op de volgende versregel

enk *de (m)* ⟨vroeger⟩ bouwland dat bij elkaar ligt en gemeenschappelijk wordt gebruikt

enkel I *de (m)* [-s] ❶ gewricht dat voet en been verbindt **II** *bn* ❷ enig, weinig ▾ *een ~ keertje* slechts af en toe ❸ wat uit maar één onderdeel bestaat: *een ~e reis*

enkeling *de (m)* ❶ de afzonderlijke mens, één persoon, individu ❷ maar één persoon, maar heel weinig mensen: *er was slechts een ~ op het feest*

enkelspel *sp.* spel van één tegen één, bijv. bij tennis **enkelspoor** één stel rails voor treinen e.d. in beide richtingen **enkeltje** *het* [-s] kaartje voor een enkele reis met het openbaar vervoer **enkelvoud** *het* woordvorm die op één persoon, ding, verschijnsel e.d. betrekking heeft **enkelvoudig** *bn* niet samengesteld ▾ *jur.* ~*e kamer* zitting met één rechter **enkelzijdig** *bn* aan één kant

en masse ⟨ã mas⟩ *bw verb* in grote menigte: *de mensen waren ~ gekomen*

enneagram *het* [-men] model waarin negen verschillende typen persoonlijkheden worden weergegeven als punten op een cirkel, die volgens vaste patronen met elkaar verbonden zijn

enorm ⟨ee-⟩ *bn* ❶ heel groot, kolossaal, geweldig: *dat is een ~ gebouw* ❷ in heel hevige mate, heel erg: *ik was ~ geschrokken* **enormiteit** *de (v)* ❶ buitensporige grootte ❷ grote domheid, waaruit een volledig gebrek aan kennis e.d. blijkt: *~en verkondigen*

en passant ⟨ã passã⟩ *bw verb* terloops

en petit comité ⟨ã pətie -⟩ *bw verb* in kleine kring **en plein public** ⟨ã plẽ puubliek⟩ *bw verb* in het openbaar, in het bijzijn van andere mensen **en profil** ⟨ã proofiel⟩ *bw verb* van opzij gezien

enquête ⟨äkètə⟩ *de* [-s] onderzoek met vragen aan een groot aantal personen naar meningen, gewoonten enz. ▾ *parlementaire ~ onderzoek zodat de volksvertegenwoordiging meer informatie krijgt over een bepaalde kwestie* **enquêteren** ⟨äkəti-⟩ een enquête instellen, uitvoeren, ondervragen in een enquête **enquêteur** *de (m)* [-s] iemand die een enquête houdt

ensceneren ⟨ãnsəni-⟩ ❶ voor het toneel of de film inrichten, in het bijzijn van andere mensen of klaarmaken ❷ *fig.* als schijnvertoning opvoeren, doen alsof: *een ongeluk ~*

ensemble ⟨ãsãmblə⟩ *het* [-s] ❶ muziek- of toneelgezelschap ❷ (dames)kleding die bestaat uit delen die bij elkaar passen

ent *de* loot, zoals een uitloper van een plant of

een dunne tak van een boom, die aan een wilde plant of boom wordt gehecht om daarop te groeien

entameren ⟨äntaa-⟩ beginnen met (een onderhandeling, gesprek e.d.)

enten ❶ een ent aanbrengen ❷ *fig.* als basis hebben, als ondergrond hebben: *de training is geënt op de bestaande praktijk*

entente ⟨ätãntə⟩ *de (v)* [-s] verstandhouding, bondgenootschappelijke verhouding tussen twee of meer mogendheden die niet officieel is vastgelegd

enter *de (m)* [-s] ❶ eenjarig dier ❷ *comp.* toets om een handeling te bevestigen

enteren *mil.* zijn eigen schip vastmaken aan een ander varend schip en aan boord gaan

enteritis *de (v)* darmontsteking

entertainer ⟨-teenəʀ⟩ *de (m)* [-s] iemand die het publiek vermaakt

enthousiasme ⟨ãntoezjas- of entoezjas-⟩ *het* gevoel van iets erg leuk vinden en er zin in hebben **enthousiasmeren** ⟨-mi-⟩ enthousiast maken **enthousiast I** *bn* ❶ die iets heel leuk vindt en er zin in heeft **II** *de (m)* ❷ iemand die zo is, enthousiasteling **enthousiasteling** *de (m)* iemand die erg of gauw enthousiast over iets is

entiteit *de (v)* ❶ het bestaan van iets, het werkelijk zijn van iets ❷ iets dat op zichzelf bestaat

entomologie *de (v)* insectenkunde

entourage ⟨ãtoeraazjə⟩ *de (v)* [-s] omgeving, vooral de omgeving die iemand om zich heen creëert

entr'acte ⟨ãtrakt⟩ *de* [-s, -n] ❶ pauze tussen bedrijven, bijv. van een toneelstuk ❷ muzikaal tussenspel

entrecote ⟨ãtrəkoot⟩ *de* [-s] biefstuk met een randje vet

entree ⟨ãtree⟩ *de (v)* [-s] ❶ ingang van een gebouw ❷ toegangsprijs: *de ~ voor dat museum is nogal hoog* ❸ voorgerecht **entreegeld** geld dat men betaalt om ergens naar binnen te mogen **entrepot** ⟨ãtrepoo⟩ *het* [-s] pakhuis waar men goederen kan bewaren zonder invoerrechten te betalen, tot de goederen een bestemming vaststaat **entresol** ⟨ãtresol⟩ *de (m)* [-s] lage tussenverdieping

entstof stof waarmee ingeënt wordt, vaccin

enuresis *de (v)* ongewild plassen, bijv. in bed

envelop ⟨en- of ã-⟩ *de* [-pen], **enveloppe** ❶ papieren omhulsel waarin men een brief of andere zaken per post verstuurt ❷ *BN* budget, beschikbare middelen: *de jaarlijkse enveloppe wordt aangepast aan de index*

enz. enzovoort

enzovoort, enzovoorts *bw* woord dat in de plaats komt van een opsomming: *er stonden eiken, iepen ~*

enzym ⟨-ziem⟩ *het* eiwit dat bepaalde reacties in de cellen versnelt

e.o. *ex officio,* ❶ ambtshalve ❷ en omstreken

EO *de (m)* Evangelische Omroep

eozoïcum *het* tweede geologische hoofdtijdperk

e.p. *extended play,* verlengde speelduur (*van een geluidsdrager*)

EP Europees Parlement

epaulet ⟨eepoolet⟩ *mil. de* [-ten] belegsel met kwasten op de schouder van een uniform

EPD *het* elektronisch patiëntendossier

epibreren onder een schijn van belangrijkheid met onbelangrijk werk bezig zijn

epicentrum plaats op het aardoppervlak vanwaar een aardbeving zich verspreidt

epicurisme *het* het streven naar genot als levenshouding

epidemie *de (v)* [-ën] besmettelijke ziekte die in korte tijd een groot deel van de bevolking treft **epidemisch** *bn* als een epidemie

epidermis *de* opperhuid

epiek *de (v)* verhalende dichtkunst

epifyt ⟨-fiet⟩ *de (m)* plant die groeit op een andere plant

epigoon *de (m)* [-gonen] iemand die iemand anders navolgt in de kunst en die zelf geen vernieuwende ideeën heeft

epigram *het* [-men] klein kernachtig gedicht, puntdicht

epilepsie *med. de (v)* stoornis in de hersenen waardoor mensen of dieren aanvallen krijgen waarbij ze soms gaan schokken en het bewustzijn verliezen **epilepticus** *de (m)* [-ci] iemand die lijdt aan epilepsie

epileren haren verwijderen door ze uit te trekken: *wenkbrauwen ~ met een pincet*

epiloog *de (m)* [-logen] nawoord, slotwoord

episch *bn* als of wat hoort bij verhalende poëzie: *een ~ gedicht*

episcopaal *bn* bisschoppelijk **episcopaat** *het* [-paten] ❶ groep bisschoppen ❷ het ambt van bisschop

episode ⟨-zoo-⟩ *de (v)* [-n, -s] ❶ deel van een verhaal, film enz. dat op zichzelf staat ❷ periode, fase in iemands leven, de geschiedenis e.d.

epistel *het & de (m)* [-s] ❶ brief ❷ r.-k. lezing van een brief van de apostelen of een ander deel van het Nieuwe Testament tijdens de mis

epistemologie *de (v)* onderdeel van de filosofie die is gericht op de vraag wat kennis is en hoe we tot ware kennis kunnen komen, kennisleer

epitaaf *de (m) & het* [-tafen] grafschrift

epitheel *het* opperste laag van het bekleedsel van organen

epitheton *het* [-theta] typering, bijnaam bij of in plaats van de naam van een persoon of zaak, bijv. 'gordel van smaragd' voor Indonesië ▼ *~ ornans* bijvoeglijke bepaling die altijd gebruikt wordt samen met de naam waar hij bij hoort

epo *de (v)*, erytropoëtine, hormoon dat de vormng van rode bloedlichaampjes stimuleert, ook gebruikt als doping

eponiem *het* eigennaam die soortnaam is geworden, bijv. diesel

epos ⟨eepos⟩ *het* [epen, -sen] heldendicht

epoxyhars kunsthars die bij verhitting hard wordt

epuratie BN *de (v)* [-s] vergeldingsmaatregelen tegen collaborateurs na afloop van de Tweede Wereldoorlog

EQ *het* emotionele intelligentie

equalizer ⟨iekwəlajzər⟩ audio. *de (m)* [-s] apparaat om de geluidsweergave te regelen

equator ⟨eekwaa-⟩ *de (m)* denkbeeldige cirkel rond de aarde, evenaar **equatoriaal** *bn* wat te maken heeft met de equator

equilibrist ⟨eekwie- *of* eekie-⟩ *de (m)* evenwichtskunstenaar

equinox ⟨eekwie- *of* eekie-⟩ *de (m)* een van de twee punten in de baan van de zon om de aarde waarop dag en nacht op aarde even lang zijn

equipage ⟨eekiepaazjə *of* eekwiepaazjə⟩ *de (v)* [-s] ❶ eigen rijtuig met alles wat erbij hoort ❷ uitrusting voor een reis ❸ scheepsbemanning (zonder de officieren)

equipe ⟨eekiep⟩ *de* [-s] ploeg, sportploeg **equiperen** ⟨-pi-⟩ ❶ voorzien van wat men nodig heeft om iets te kunnen doen ❷ voorzien van de bemanning die nodig is

equivalent ⟨eekwie-⟩ **I** *bn* ❶ gelijkwaardig, wat voor iets anders in de plaats gesteld kan worden **II** *het* ❷ iets wat gelijkwaardig is, wat voor iets anders in de plaats gesteld kan worden: *het Lagerhuis is het Britse ~ van de Nederlandse Tweede Kamer* ❸ gelijkwaardig woord of uitdrukking

er I *bw* ❶ op de plaats die genoemd is: *mijn broer woont in Parijs en mijn oom woont ~ ook* ❷ woord dat een persoonlijk of aanwijzend voornaamwoord vervangt als dat wordt gebruikt met een voorzetsel: *het was een interessant avontuur en ik ga ~ een verhaal over schrijven* **II** *vnw* ❸ van de genoemde personen of dingen: *ik hou van boeken, ik heb ~ heel veel*

era ⟨ira⟩ *de* [-'s] ❶ tijdperk ❷ jaartelling

eraan *bw* ❶ bevestigd aan iets anders: *het prijskaartje hangt ~* ❷ aan iets: *ik twijfel ~* ▼ *~ moeten geloven* iets onaangenaams moeten doen of ondergaan ▼ *~ gaan* doodgaan, kapotgaan ▼ *ik kom ~!* ik kom dadelijk, meteen **eraf** *bw* van datgene af dat al genoemd is: *ik sta op een muurtje, ik spring ~; je krijgt korting op de prijs, die gaat ~*

erbarmelijk *bn* wat medelijden wekt, verschrikkelijk: *in ~e omstandigheden leven* **erbarmen I** *ww* ▼ *zich ~* zich ontfermen over, medelijden hebben met en zorgen voor **II** *het* medelijden

erbij *bw* bij iets anders: *ik stond ~ toen het gebeurde* ▼ *je bent ~!* je bent betrapt **erdoor** *bw* door datgene dat al genoemd is: *de poort is open, we kunnen ~*

ere → **eer** *de* ▼ *in ~ houden* waarde blijven hechten aan, blijven doorgaan met

e-reader ⟨ieRiedər⟩ *de (m)* [-s] soort tabletcomputer speciaal voor het lezen van digitale teksten, met een leesvriendelijk scherm en weinig andere functionaliteit

erebaantje *het* [-s] baantje dat meer eer dan inkomsten geeft **ereboog** boog als eerbewijs **ereburger** eretitel verleend door een gemeentebestuur **erecode** ongeschreven wet van eer en fatsoen

erectie *de (v)* [-s] oprichting, vooral het overeind (gaan) staan van de penis

eredame BN winnares van de tweede of derde prijs bij een schoonheidswedstrijd **eredienst** plechtige samenkomst om zijn god of goden te eren, godsdienstoefening **eredivisie** hoogste sportafdeling **eredoctoraat** doctorstitel die verleend is als bewijs van eer **erehaag** twee rijen mensen aan weerszijden van een pad of route waarlangs bijv. een bruidspaar of kampioen loopt of wordt gereden **erekruis** bepaalde ridderorde **erelid** iemand die het lidmaatschap krijgt als bewijs van eer **ereloon** BN, ook honorarium **eremetaal** medaille

eren laten blijken dat men eerbied en bewondering voor iemand heeft: *een held ~* **ereplaats** voornaamste, mooiste plaats **erepodium** podium of verhoging waarop de winnaars van een wedstrijd staan bij de prijsuitreiking **ereprijs ❶** prijs waarmee iemand geëerd wordt **❷** lichtblauw veldbloempje van het geslacht Veronica **ereronde** ronde van een overwinnaar na de wedstrijd **ereschuld ❶** schuld die men als iemand van eer voldoet zonder dat iemand daarop hoeft aan te dringen **❷** morele (financiële) verplichting **ereteken** teken van een eervolle onderscheiding (medaille, ridderorde enz.) **eretribune** tribune voor de meest vooraanstaanden, die het beste uitzicht biedt op het geboden schouwspel **erewoord** belofte of verzekering waaraan iemand zich moet houden omdat hij anders zijn eer verliest

erf *het* [erven] **❶** stuk grond dat bij een huis hoort **❷** vero. erfdeel **erfdeel** wat iemand als erfgenaam krijgt **erfdochter** vrouw die (alles) erft

erfelijk *bn* (een eigenschap, ziekte e.d.) die overgaat van de ouders, grootouders e.d. op de kinderen: *een hazenlip is een ~e aandoening* **erfelijkheidsleer** leer van de erfelijke eigenschappen, genetica

erfenis *de (v)* [-sen] wat een overledene achterlaat, vooral bezittingen (of schulden) **erfgenaam** *de (m)* [-namen] iemand die erft of zal erven **erfgerechtigde** *de* [-n] iemand die recht heeft om te erven **erfgoed** wat iemand erft **erflater** *de (m)* [-s] iemand die een erfenis nalaat **erfoom** oom van wie iemand erft

erfopvolging *de (v)* opvolging op basis van het erfrecht, vooral als staatshoofd **erfpacht ❶** langdurige pachtovereenkomst die overgaat op erfgenamen of andere rechthebbenden **❷** het bedrag dat daarvoor (meestal jaarlijks) moet worden betaald **erfprins** oudste zoon van de kroonprins(es), toekomstige oudste prins **erfrecht ❶** rechtsregels die te maken hebben met erfenissen **❷** het recht om te erven **erfstelling** *de (v)* het aanwijzen van erfgenamen **erfstuk** stuk dat is overgeërfd van geslacht op geslacht **erfvijand** persoon die, volk dat altijd al iemands vijand is geweest is

erfzonde de zonde van Adam, die op alle mensen is overgegaan

erg **I** *bn* **❶** heel akelig, heel naar: *wat ~ dat hij zo ziek is!* **II** *bw* **❷** uitermate, in hoge mate: *hij is ~ groot, intelligent, aardig enz.* **III** *het* ▾ *zonder ~* zonder kwade bedoeling; onwillekeurig, zonder erbij stil te staan ▾ *~ hebben in* doorhebben, merken

ergens *bw* **❶** op een of andere plaats: *ik heb mijn bril ~ neergelegd, maar waar?; ik wil ~ naartoe waar de zon schijnt* **❷** in een ander opzicht: *~*

heeft hij wel gelijk **❸** ‹in combinaties, vooral met voorzetsels› iets: *~ over treuren, ~ in geloven*

ergeren gebeuren van iets, iets doen of zegt wat iemand anders vervelend vindt: *hij ergert me met zijn seksistische grappen; het ergert me dat de koffieautomaat alweer kapot is* ▾ *zich ~* vervelend vinden wat iemand doet of zegt, er een beetje kwaad over zijn: *ik erger me aan zijn seksistische grappen; ik erger me aan het feit dat de koffieautomaat alweer kapot is*

ergerlijk *bn* wat ergernis veroorzaakt **ergernis** *de (v)* [-sen] **❶** het zich ergeren **❷** iets waaraan men zich ergert

ergo *bw* dus

ergometer apparaat voor het meten van spierspanning **ergonomie** *de (v)* studie van de mogelijkheden om de werkomstandigheden af te stemmen op iemands lichamelijke kenmerken **ergonomisch** *bn* volgens de inzichten van de ergonomie **ergotherapie** bewegingstherapie, therapie voor mensen die bepaalde lichaamsdelen niet of slecht kunnen gebruiken

erica *de* [-'s] dopheide

erin *bw* in datgene dat al genoemd is: *ik pak mijn portemonnee en stop het geld ~*

erkennen ❶ zeggen dat iets zo is terwijl iemand dat vaak eerst niet wilde, toegeven: *ik erken dat ik ongelijk had* **❷** aanvaarden, zeggen dat het inderdaad zo is: *iemand als zijn meerdere ~* **❸** aanvaarden als zijn eigen: *de vader erkende het kind* ▾ *een erkend vakman* iemand die voldoet aan bepaalde eisen, bijv. dat hij een diploma heeft, waardoor men weet dat hij zijn vak beheerst **erkentelijk** *bn* dankbaar

erker *de (m)* [-s] uitgebouwd venster

ermee *bn* met datgene dat al genoemd is: *ik wil niet meer roken, ik stop ~*

ermitage ‹-taazjə› *de (v)* [-s] hermitage

erna *bw* na datgene dat al genoemd is **ernaar** *bw* naar datgene dat al genoemd is: *de kinderen spelen en de vader kijkt ~* **ernaast** *bw* naast datgene dat al genoemd is ▾ *~ zitten* het mis hebben

ernst *de (m)* **❶** serieuze degelijke levenshouding waarbij iemand goed nadenkt over de dingen en zijn plicht vervult **❷** wat iemand helemaal meent: *het is mij ~* **❸** belang, gewicht: *de ~ van de zaak* **ernstig** *bn* **❶** geneigd tot ernst: *een ~ meisje* **❷** wat iemand helemaal meent: *hij zei het ~* **❸** waar men geen grapjes over maakt, slecht, erg: *pesten is een ~e zaak* **❹** met akelige gevolgen, erg, zwaar: *zijn verwondingen zijn zeer ~*

eroderen [erodeerde, h. / is geërodeerd] wegslijten, vooral door water en wind **erogeen** *bn* **❶** gevoelig voor erotische prikkels **❷** wat lust opwekt, waardoor iemand seksueel wordt geprikkeld

erom *bw* om datgene dat al genoemd is: *een cadeautje met een lintje ~; morgen niet te laat komen, denk ~!* ▾ *hij vraagt ~* hij gedraagt zich zo dat hij het oproept: *dat hij op zijn donder krijgt, is zijn eigen schuld; met zijn grote mond vraagt hij ~* **eronder** *bw* onder datgene dat al genoemd is **eronderdoor** *bw* onder datgene door dat al genoemd is ▾ *~ gaan* ergens kapot aan gaan

erop *bw* op datgene dat al genoemd is ▾ *het is ~ of eronder* winnen of verliezen ▾ *dat zit ~* dat is klaar, voorbij **eropna** *bw* ▾ ~ *houden* hebben: *hij houdt er een minnares op na* **eropuit** *bw* ▾ ~ *zijn om* streven naar, vaak op een niet helemaal oprechte manier ▾ ~ *gaan* weggaan met de bedoeling iets te krijgen, te zien, e.d.

eroscentrum gebouw waarin de prostitutie van een plaats of gebied wordt geconcentreerd

erosie ‹-zie› *de (v)* [-s] het wegslijten van gesteente of aarde door stromend water, de zee, ijs of wind

erotica *de (mv)* voorwerpen op het gebied van erotiek **erotiek** *de (v)* het geheel van de verschijnselen en gevoelens van de lichamelijke liefde, van seks **erotisch** *bn* wat te maken heeft met de lichamelijke liefde, met seks

erover *bw* over datgene dat al genoemd is

eroverheen *bw* over datgene heen dat al genoemd is

erratum *het* [-ta] fout, vooral drukfout

ertegen *bw* tegen datgene dat al genoemd is

ertegenaan *bw* ▾ *hard ~ gaan* flink aanpakken

ertegenin *bw* tegen iets in dat al genoemd is ▾ ~ *gaan* reageren op iets wat iemand anders zegt en zeggen dat het niet klopt

erts *het* delfstof waar metaal in zit **ertsader** strook gesteente waarin zich erts bevindt

ertussen *bw* tussen iets dat al genoemd is

ertussenuit *bw* tussen twee dingen uit ▾ ~ *knijpen* stiekem weggaan

erudiet *bn* met veel algemene ontwikkeling

eruditie *de (v)* algemene ontwikkeling die gepaard gaat met een veelzijdige interesse

eruit *bw* uit datgene dat al genoemd is: *de emmer is lek, het water loopt ~* **eruitzien** een bepaald uiterlijk hebben

eruptie *de (v)* [-s] uitbarsting, vooral van een vulkaan **eruptief** *bn* als een uitbarsting, ontstaan door eruptie

ervan *bw* van datgene dat al genoemd is ▾ *dat komt ~!* dat gebeurt er als je doet zoals jij doet **ervandaan** *bw* van iets vandaan dat al genoemd is: *hij kent Delft goed, hij komt* ~ **ervandoor** *bw* ▾ ~ *gaan* weggaan **ervanlangs** *bw* ▾ ~ *geven/krijgen* een pak slaag of een flinke uitbrander geven/krijgen

ervaren I *ww* [ervoer, h. ervaren] ❶ iets meemaken en daardoor weten hoe het is ❷ een bepaald gevoel over iets hebben: *ik heb dat niet als prettig ~* **II** *bn* ❸ die iets vaak gedaan heeft en er goed in is: *hij is een ~ chauffeur* **ervaring** *de (v)* ❶ iets wat iemand meemaakt: *het was een hele ~ om die berg te beklimmen* ❷ het gedaan hebben van iets, het gewerkt hebben in een vak: *hij heeft twintig jaar ~ in de scheepvaart*

ervaringsdeskundige *de* [-n] iemand die door ervaring deskundig is geworden op een bepaald terrein, die iets weet doordat hij het heeft meegemaakt

erven I *de (mv)* ❶ erfgenamen **II** *ww* ❷ krijgen uit het bezit van iemand die overleden is, uit een nalatenschap ❸ krijgen van (voor)ouders (van een eigenschap e.d.)

erwt ‹ert› *de* ❶ rond zaadje van een plant van het geslacht Pisum ❷ de plant zelf **erwtensoep** soep

die van erwten is gemaakt

erytheem ‹-rie-› *het* rode vlekkerige huiduitslag

es I *de* [-sen] ❶ muz. e die met een halve toon verlaagd is **II** *de (m)* [-sen] ❷ loofboom van het geslacht Fraxinus

ESA *de (m)* , *European Space Agency*, Europese organisatie voor ruimteonderzoek

escalatie *de (v)* het steeds erger worden en tot een uitbarsting komen, vooral van een conflict

escaleren [escaleerde, is geëscaleerd] steeds erger worden, vooral van een conflict (en tot een uitbarsting komen)

escalope ‹-lop› *de* [-s] kalfsoester

escapade *de (v)* [-s] iets wat iemand doet en wat in moreel opzicht niet goed is: *zijn ~s met zijn minnaressen*

escapetoets ‹-keep-› comp. toets om een mogelijkheid die iemand heeft gekozen, te verlaten

escapisme *het* neiging om te vluchten uit de werkelijkheid, voor de moeilijkheden van zijn eigen tijd of zijn eigen leven

escargot ‹-Goo› *de (m)* [-s] wijngaardslak

eschatologie *de (v)* leer van het einde van het leven en van de wereld

escort *de* [-s] iemand die beroepsmatig personen gezelschap houdt en evt. seksuele diensten verleent

escorte *het* [-s] gewapend geleide om een persoon of personen te beschermen **escorteren** begeleiden als bescherming of als eerbetoon

escudo ‹-koe-› *de (m)* [-'s] vroegere munt en munteenheid in Portugal

esculaap *de (m)* [-lapen] ❶ symbool van artsen, een staf met een slang eromheen gekronkeld ❷ arts

esdoorn loofboom van het geslacht Acer

eskader *het* [-s] groep oorlogsvliegtuigen of -schepen

eskadron *het* [-s] ❶ afdeling cavaleriesoldaten ❷ afdeling tanks

Eskimo I *de (m)* [-'s] ❶ lid van een volk dat woont in Oost-Siberië, Alaska, Noord-Canada en Groenland **II** *het* ❷ taal van de Eskimo's

esoterisch ‹-zoo-› *bn* voor ingewijden

esp *de (m)* populier met bladeren die erg bewegen (Populus tremula), ratelpopulier

espadrille ‹-drieja› *de* [-s] linnen schoen met een zool van touw

espen *bn* van het hout van een esp **espenblad** ▾ *trillen als een ~* heel erg trillen

esperantist *de (m)* beoefenaar van het Esperanto **Esperanto** *het* taal die kunstmatig is gevormd, oorspronkelijk bedoeld als wereldtaal

esplanade *de (v)* [-n, -s] plein vóór iets anders, om op te wandelen, te exerceren e.d.

espresso *de (m)* [-'s] sterke zwarte koffie die met stoom wordt gemaakt

esprit ‹esprie› *de (m)* ❶ geest, vindingrijkheid, scherpzinnigheid ❷ geestigheid

essay ‹essee› *het* [-s] persoonlijk gekleurde verhandeling over een wetenschappelijk of letterkundig onderwerp **essayist** ‹-seejist› *de (m)* schrijver van essays

essen *bn* van essenhout

essence ‹-sâsa› *de* [-s] sterk aftreksel van

es

es

aromatische stoffen, vruchten e.d.,
geconcentreerd vruchtensap dat op een
kunstmatige manier is gemaakt

ess**entie** *de (v)* [-s] het wezenlijke, geestelijke
kern, waar het om gaat: *de ~ van een betoog*

ess**entieel** *bn* zo belangrijk dat het onmisbaar
is: *een goede conditie is ~ voor een sporter; van ~
belang*

esta**blishment** ⟨esteblisjmǝnt⟩ *het* gevestigde
orde, heersende klasse

esta**fette** *de* [-n, -s] snelheidswedstrijd (zoals
hardlopen of zwemmen) voor teams, waarbij
ieder lid een deel aflegt

esth**etica** *de (v)* schoonheidsleer: theorie en
filosofie van wat schoonheid is **esthetiek** *de (v)*
esthetica **esthetisch** *bn* wat te maken heeft met
schoonheid, mooi, smaakvol ▼ *~ gevoel* gevoel
voor wat mooi is

es**trik** *de (m)* geglazuurde gebakken vloertegel

ET *elektronisch toezicht*, huisarrest onder
elektronisch toezicht

ETA *de (m)* , *Euzkadi Ta Askatasuna*, Baskische
onafhankelijkheidsorganisatie

esta**blissement** ⟨-bliessǝ⟩ *het* ❶ hotel, restaurant,
café, casino e.d. dat in een gebouw is gevestigd
❷ gebouw of geheel van gebouwen

et**age** ⟨eeta̲a̲zjǝ⟩ *de (v)* [-s] verdieping van een
gebouw **etagère** ⟨eetaazjѐrǝ⟩ *de* [-s] open
wandkastje **etagewoning** woning die uit één
verdieping bestaat in een gebouw met meer
verdiepingen

et**alage** ⟨-la̲a̲zjǝ⟩ *de (v)* [-s] deel van een winkel
direct achter het raam waarin producten zijn
uitgestald **etalagebenen** aandoening van de
bloedcirculatie van de benen **etalagist** ⟨-laazjist⟩
BN *de (m)* etaleur

et**aleren** ❶ uitstallen, laten zien van producten
die een winkel verkoopt ❷ *fig.* laten zien,
verkondigen: *zijn kennis ~* **etaleur** *de (m)* [-s]
vakman die de etalages van winkels inricht

et**appe** *de* [-n, -s] deel van een afstand die moet
worden afgelegd, vooral bij een wedstrijd: *een ~
in een wielerwedstrijd*

etc. *et cetera*, enzovoort

et cetera *bw* enzovoort

eten I *ww* [at, h. gegeten] ❶ (als) voedsel via de
mond tot zich nemen **II** *het* ❷ wat men eet of
kan eten, voedsel **etensbak** bak voor een
huisdier om uit te eten **etenstijd** tijd waarop
wordt gegeten **etenswaar** wat men kan eten,
voedsel **etentje** *het* [-s] een beetje feestelijke
maaltijd **eter** *de (m)* [-s] ❶ iemand die komt eten
❷ iemand die eet

eter**niet**® *het* verhard onbreekbaar materiaal
van cement en asbestvezels, asbestcement

et**haan** ⟨eeta̲a̲n⟩ *schei. het* gasvormige
verzadigde koolwaterstof die in petroleum
voorkomt, C_2H_6 **ethanol** *schei. het* alcohol in
zuivere vorm, ethylalcohol **etheen** ⟨eete̲e̲n⟩
schei. de (v) gasvormige zware koolwaterstof
(C_2H_4), kleurloos met een zoetige geur, veel
gebruikt als grondstof in de chemische industrie

et**her** ⟨e̲e̲tǝr⟩ *de (m)* [-s] ❶ (vroeger) denkbeeldige
stof overal in het heelal ❷ doorzichtige
vluchtige vloeistof, ook gebruikt om te
bedwelmen of te verdoven ▼ *in de ~ zijn* in de

directe uitzending zijn (van radio, televisie)
etherisch ⟨ee̲t̲j̲-⟩ *bn* ❶ vergeestelijkt, hemels
❷ wat snel verdampt, vluchtig **etherpiraat**
illegale radio- of televisiezender **etherreclame**
reclame via radio of tv

ethica ⟨e̲e̲tie-⟩ *de (v)* onderdeel van de filosofie
dat is gericht op vragen als: wat is goed, wat is
rechtvaardig **ethiek** *de (v)* ❶ ethica ❷ geheel van
opvattingen over wat moreel gezien goed en
slecht is **ethisch** ⟨e̲e̲ties⟩ *bn* wat te maken heeft
met opvattingen over wat moreel gezien goed
en slecht is

etho**logie** ⟨eetoo-⟩ *bio. de (v)* leer en beschrijving
van de gedragingen van dieren en ook van
mensen, in biologisch opzicht

ethos ⟨e̲e̲tos⟩ *het* morele houding

ethyl ⟨e̲e̲tiel⟩ *schei. het* de atoomgroep C_2H_5, die
in veel organische verbindingen voorkomt,
maar op zichzelf niet bestaat **ethyleen** *schei. het*
etheen

et**iket** *het* [-ten] ❶ briefje waarop men schrijft
wat iets is, van wie het is e.d. en dat men op iets
plakt ❷ *fig.* kwalificatie die anderen iemand
geven

etio**logie** *de (v)* oorzakenleer, vooral m.b.t.
ziekten

etiquette ⟨-ke̲t̲ta⟩ *de* het geheel van regels en
gebruiken voor beschaafd gedrag en
omgangsvormen

et**maal** *het* [-malen] een dag en een nacht, 24
uur

etnisch *bn* wat te maken heeft met of hoort bij
een volk of volken: *~e minderheden*

etno**grafie** *de (v)* het bestuderen en beschrijven
van volken, beschrijvende volkenkunde
etnologie *de (v)* vergelijkende en verklarende
volkenkunde

ets *de* ❶ geëtste plaat ❷ afdruk ervan **etsen** op
een kalkstenen of metalen plaat een figuur
aanbrengen door een zuur te laten inbijten

ettelijk *bn* vele, verscheidene: *dat heeft ~e
miljoenen gekost*

etter I *de (m)* ❶ vocht uit een ontstoken wond
II *de (m)* [-s] ❷ vervelend, gemeen iemand
etterbak vervelend, akelig persoon **etterbuil**
❶ etterend gezwel ❷ heel vervelend, akelig
persoon **etteren** ❶ etter afscheiden: *de wond
ettert* ❷ *inform.* akelig, vervelend doen: *zit niet
zo te ~!*

et**ude** *de (v)* [-s] muziekstuk om te oefenen

et**ui** ⟨eetwi̲e⟩ *het* [-s] koker, doosje of ander
omhulsel voor pennen, bril e.d.

etymo**logie** ⟨eetie-⟩ *de (v)* ❶ leer van de afleiding
van woorden, van hun ontstaan en ontwikkeling
❷ de afleiding van een bepaald woord: *de ~ van
dit woord gaat terug tot de middeleeuwen*

EU *de* Europese Unie

euca**lyptus** ⟨eu- *of* uikaalip-⟩ *de (m)* [-sen] hoge
boom met leerachtig blad

eucha**ristie** ⟨ui-⟩ *de (v)* r.-k. sacrament van het
brood en de wijn als symbool van het lichaam
en bloed van Jezus

eufe**misme** ⟨eu- *of* ui-⟩ *het* [-n] verzachtende
uitdrukking waarbij iets als minder erg wordt
voorgesteld dan het is: *'heengegaan' is een ~ voor
'dood'* **eufemistisch** *bn* verzachtend, waarbij iets

als minder erg wordt voorgesteld, in de vorm van een eufemisme

euforie ⟨ui-⟩ *de (v)* heel prettig gevoel van opwinding en blijheid **euforisch** *bn* heel blij en opgewonden

eugenese ⟨uigeeneeze⟩ *de (v)*, **eugenetica** (studie van de) verbetering van het menselijk ras

EU-lidstaat staat die is aangesloten bij de Europese Unie

eunuch ⟨ui- *of* eu-⟩ *de (m)* [-s] gecastreerde man die de vrouwen in een harem bewaakt

Euratom *het* Europese Atoomgemeenschap

eureka ⟨uireekaa⟩ *tw* ik heb gevonden (*uitroep van vreugde wanneer iemand iets ontdekt*)

euritmie ⟨ui-⟩ *de (v)* antroposofische bewegingskunst met woorden en muziek

euro *de (m)* [-'s] Europese munt en munteenheid **eurocent** ❶ een honderdste deel van een euro ❷ munt van die waarde

eurocheque cheque die in verschillende landen geaccepteerd wordt

eurocommissaris iemand die lid is van de Europese Commissie

euroland land met de euro als munt en munteenheid

Europarlementariër lid van het Europees parlement

Europeaan *de (m)* [-anen] iemand die in Europa woont of ervandaan komt **Europees** *bn* uit of wat te maken heeft met Europa **Europol** *de (m)* Europese politiedienst **eurovignet** vignet achter de ruit van een vrachtwagen dat duidelijk maakt dat de heffing op het gebruik van bepaalde wegen is betaald

Eustachius ⟨uistaa-⟩ *zn* ▾ *buis van* ~ gang tussen keel en oor

euthanasie ⟨uitaanaazie⟩ *de (v)* het niet langer toepassen van levensverlengende middelen of handelingen (passieve euthanasie) of het opzettelijk toedienen van middelen (actieve euthanasie) waardoor een ongeneeslijk zieke patiënt overlijdt **euthanasieverklaring** schriftelijke verklaring waarin iemand toestemming geeft om in een bepaalde situatie euthanasie op hem of haar toe te passen

euvel I *het* [-s, -en] ❶ kwaal, kwaad, gebrek, iets wat fout is: *een hardnekkig ~ bestrijden; de auto start niet maar we kunnen het ~ niet vinden* II *bn* ❷ kwalijk, ten kwade ▾ *iemand iets ~ duiden* kwalijk nemen ▾ *de ~e moed hebben* de brutaliteit hebben

e.v. ❶ eerstvolgende ❷ en volgende

ev. eventueel

eV elektrovolt

e.v.a. ❶ en vele anderen ❷ en volgens afspraak

EVA *de (v)* Europese Vrijhandelsassociatie

evacuatie *de (v)* [-s] ontruiming, het overbrengen van mensen of dieren van bedreigde plaatsen ergens anders naartoe **evacué** *de (m)* [-'s] iemand die geëvacueerd is **evacueren** personen of dieren van bedreigde plaatsen ergens anders naartoe brengen

evaluatie *de (v)* [-s] het evalueren, het achteraf beoordelen van iets om ervan te leren **evalueren** iets achteraf beoordelen om te zien wat goed ging en wat niet en om daarvan te leren: *na*

afloop evalueerden de spelers de wedstrijd

evangelie *het* [-liën, -s] ❶ leer van Christus ❷ (elk van de) vier boeken van de Heilige Schrift die Christus' leer en leven beschrijven ❸ deel van de mis waarin een stuk uit die boeken wordt voorgelezen ❹ *fig.* waarheid waaraan niet valt te twijfelen **evangelisatie** ⟨-zaa-⟩ *de (v)* verkondiging van het evangelie **evangelisch** *bn* ❶ wat overeenstemt met het evangelie of de leer van Jezus ❷ christelijk ❸ aanduiding van een protestantse richting **evangeliseren** ⟨-zì-⟩ het evangelie verkondigen **evangelist** *de (m)* ❶ schrijver van een evangelie ❷ evangelieprediker, iemand die evangeliseert

evaporatie *de (v)* verdamping

even I *bn* ❶ deelbaar door twee: *6, 8 en 10 zijn ~ getallen* ▾ *het is me om het* ~ het maakt me niet uit, het is me onverschillig II *bw* ❷ in gelijke mate: *dit is ~ mooi als dat* ❸ een ogenblik, een korte tijd: *ik ga ~ naar buiten* ▾ *zo-* ~ heel kort geleden, zonet, zopas ▾ BN ook *zo maar ~tjes* maar liefst

evenaar *de (m)* [-s] ❶ denkbeeldige cirkel rond de aarde tussen de noordelijke en de zuidelijke helft ❷ tongetje dat aangeeft of een weegschaal in balans is

evenals *vgw* net zoals

evenaren gelijkwaardig zijn met, net zo goed zijn als

evenbeeld iemand die of iets dat sprekend lijkt op iets of iemand anders

eveneens *bw* ook

evenement *het* (belangrijke) gebeurtenis, vooral op sportief of cultureel gebied **evenementenhal** gebouw voor grote culturele, sportieve en andere gebeurtenissen

evengoed, **evengoed** *bw* ❶ toch ook, alles bij elkaar genomen: *het is er koud maar ~ erg mooi* ❷ net zo goed, toch ook: *nu het regent, kunnen we ~ thuisblijven*

evenhoevig *bn* met een even aantal hoeven aan de poot

evenknie gelijke in bekwaamheid, iemand die net zo goed is in iets

evenmin *bw* ook niet

evenredig *bn* in gelijke verhouding, wat klopt in verhouding tot de rest **evenredigheid** *de (v)* [-heden] waarbij de dingen kloppen in verhouding tot elkaar

event ⟨ievent⟩ *het* [-s] culturele gebeurtenis **eventing** *de* military

eventjes *bw* heel korte tijd

eventualiteit *de (v)* mogelijkheid dat iets gebeurt **eventueel** *bn* ❶ mogelijk: *eventuele partners mogen ook mee* ❷ mogelijkerwijze: *ik kan ~ morgen komen*

evenveel *telw* net zo veel

evenwel *vgw* toch, echter

evenwicht *het* ❶ gelijkheid van gewicht aan beide kanten van de balans ❷ *fig.* toestand van rust doordat geen neiging, stroming, richting enz. overheerst: *geestelijk ~ ▾ uit zijn ~ raken* in onbalans raken, in geestelijke verwarring raken **evenwichtig** *bn* ❶ gelijkmatig: *een ~e verdeling* ❷ in geestelijk evenwicht: *een ~ persoon* **evenwichtsbalk** lange smalle balk op poten als

ev

gymnastiektoestel voor evenwichtsoefeningen

evenwichtsorgaan orgaan dat het lichamelijk evenwicht regelt **evenwichtsstoornis** onvoldoende werking van het evenwichtsorgaan

evenwijdig *bn* wat steeds op dezelfde afstand van elkaar in dezelfde richting loopt

evenzeer, evenzeer *bw* in even sterke mate

evenzo *bw* net zo **evenzogoed** *bw* **❶** net zo goed **❷** desondanks, toch

ever *de (m)* [-s] wild zwijn, everzwijn (Sus scrofa)

evergreen 〈ɛvvəRGRien〉 *de (m)* [-s] lied dat heel lang populair blijft

everzwijn wild zwijn (Sus scrofa)

evident *bn* wat heel duidelijk is of heel duidelijk blijkt

evocatie *de (v)* [-s] **❶** het evoceren **❷** BN het indienen van wijzigingen door de Senaat op een wetsvoorstel dat in de Kamer van Volksvertegenwoordigers al is aanvaard **evoceren** in gedachten oproepen, weer voor zich zien

evolueren [evolueerde, h. / is geëvolueerd] zich in stappen ontwikkelen

evolutie *de (v)* [-s] geleidelijke ontwikkeling tot iets hogers, vooral de ontwikkeling in stappen van het leven op aarde **evolutieleer** *de*, **evolutietheorie** *de (v)* leer dat de huidige mens, dier- en plantensoorten zich geleidelijk hebben ontwikkeld uit eerdere soorten

EVP *de (v)* Europese Volkspartij

evt. eventueel

EVV *het* Europees Verbond van Vakverenigingen

E-weg autosnelweg door Europa

ex I *de* **❶** voormalige levenspartner: *ik kwam vanochtend mijn ~ tegen in de stad* **II** *voorvoegsel* **❷** oud-, gewezen: *~-voorzitter, ~-militair*

exact *bn* nauwkeurig, precies ▼ *~e wetenschappen* wis- en natuurkundige wetenschappen, zoals natuurkunde, sterrenkunde, scheikunde

ex aequo 〈- eekwoo〉 *bw verb* op hetzelfde niveau, die evenveel punten behaald heeft: *twee kandidaten eindigden ~ op de eerste plaats*

exalteren in vervoering brengen, geestelijk opwinden

examen *het* [-s, -mina] onderzoek naar iemands kennis of vaardigheden om te bepalen of iemand een diploma, certificaat e.d. krijgt **examenzittijd** BN, stud. examenperiode

examinandus *de (m)* [-di] iemand die geëxamineerd wordt **examinator** *de (m)* [-toren, -s] iemand die een examen afneemt **examineren** een examen afnemen

exantheem 〈-teem〉 *het* [-themen] tijdelijke huiduitslag

Exc. Excellentie

ex-cathedraonderwijs BN hoorcollege, onderwijsvorm waarbij de lesgever dicteert en de leerlingen noteren

excavateur *de (m)* [-s] graafmachine

excellent *bn* uitmuntend, voortreffelijk

excellentie *de (v)* [-s] **❶** het excellent zijn, uitmuntendheid **❷** titel van een minister, gezant, staatssecretaris, ambassadeur e.a. **excelleren** uitblinken, heel erg goed zijn

excentriciteit *de (v)* het excentriek-zijn **excentriek I** *bn* **❶** zonderling, die zich anders

gedraagt, kleedt e.d. dan andere mensen: *een ~e oude dame* **II** *het* **❷** toestel dat een draaiende beweging omzet in een op- en neergaande beweging **excentriekeling** *de (m)* iemand die de excentriek is **excentrisch** *bn* buiten het middelpunt

exceptie *de (v)* [-s] uitzondering **exceptioneel** *bn* **❶** bij wijze van uitzondering **❷** uitzonderlijk, buitengewoon

excerperen een uittreksel maken (van) **excerpt** *het* uittreksel

exces *het* [-sen] buitensporigheid, uitspatting, het uit de hand lopen, veel te ver gaan **excessief** *bn* buitensporig: *~ geweld*

excl. exclusief

exclamatie *de (v)* [-s] uitroep

exclave *de* [-s] gebied dat afgescheiden ligt en is ingesloten door een vreemd gebied

exclusie 〈ekskluuzie〉 *de (v)* [-s] uitsluiting **exclusief** *bn* **❶** wat anderen uitsluit **❷** apart, bijzonder, chic **❸** waarbij het genoemde niet is inbegrepen: *de prijs is ~ btw*

excommunicatie uitsluiting uit de kerkelijke gemeenschap, kerkelijke ban **excommuniceren** uit de katholieke kerk stoten, in de kerkelijke ban doen

excrement *het* uitwerpsel, ontlasting **excretie** *de (v)* [-s] het uitscheiden van stoffen door het lichaam, uitscheiding

excursie 〈-zie〉 *de (v)* [-s] leerzaam uitstapje met een groep: *we gaan zaterdag op ~ naar een groentekwekerij*

excuseren 〈ekskuuzl-〉 verontschuldigen ▼ *zich ~* zich verontschuldigen, zeggen dat iets iemand spijt tegenover degene die hij heeft beledigd, benadeeld e.d. ▼ BN ook *excuseer!* neem me niet kwalijk **excuus** *het* [-cuses] verontschuldiging, het zeggen dat iets iemand spijt tegenover degene die hij heeft beledigd, benadeeld e.d.

excuustruus *de (v)* [-truzen] vrouw die benoemd is om de schijn van discriminatie te vermijden

executant *de (m)* iemand die een vonnis uitvoert of laat uitvoeren **executeren** **❶** (een vonnis) voltrekken, terechtstellen, vooral iemand die de doodstraf heeft **❷** iemands bezittingen wegens schuld (doen) verkopen **executeur** *de (m)* [-s] uitvoerder (van een vonnis)

executeur-testamentair 〈-tèr〉 *de* [executeurs-testamentair] uitvoerder van een testament **executie** *de (v)* [-s] **❶** het uitvoeren van een maatregel of straf, vooral het doden van een ter dood veroordeelde ▼ *fig. uitstel van ~ het uitstellen van iets onaangenaams* **❷** jur. gerechtelijke verkoop van iemands boedel wegens schuld: *verkoop bij ~* **executiepeloton** groep mensen die moeten schieten op iemand die veroordeeld is tot de kogel

executive 〈eksekjoetiv〉 *de (m)* [-s] uitvoerend leider of verantwoordelijke

executoir 〈-twaar〉 *bn* uitvoerbaar volgens een rechterlijk vonnis **executoriaal** *bn* voor de uitvoering van of als gevolg van een vonnis

exegeet *de (m)* [-geten] **❶** iemand die de Bijbel verklaart **❷** iemand die een tekst verklaart in het algemeen **exegese** 〈-zə〉 *de (v)* [-n, -s] uitlegging van een geschrift, vooral Bijbelverklaring

exempel *het* [-s, -en] **❶** voorbeeld **❷** middeleeuws stichtelijk verhaal

exemplaar *het* [-plaren] één dier, ding van iets waarvan er nog meer zijn: *hoeveel exemplaren van die krant worden er elke dag verkocht?; van dit dier leven nog maar honderd exemplaren* **exemplarisch** *bn* wat als voorbeeld kan dienen

exerceren militaire bewegingsoefeningen uitvoeren **exercitie** *de (v)* [-tiën, -s] wapenoefening en oefening in bewegingen (van militairen)

exhaustor *de (m)* [-s] machine die gassen opzuigt

exhibitie *de (v)* [-s] tentoonstelling, vertoning **exhibitionisme** *het* ❶ psych. de neiging om in het openbaar de geslachtsdelen te tonen ❷ fig. het te koop lopen met bijzondere eigenschappen of privéaangelegenheden **exhibitionist** *de (m)* iemand met een neiging tot exhibitionisme

existentialisme *het* filosofie waarbij het persoonlijk bestaan van de mens in het middelpunt staat **existentie** *de (v)* [-s] het bestaan, vooral het menselijk bestaan als zodanig, zoals het beleefd wordt

existeren zijn, bestaan

exit *bw* hij (zij) gaat heen, treedt af (van het toneel), weg **exitpoll** *de (m)* [-s] voorlopige verkiezingsuitslag op basis van vragen aan mensen die het stemlokaal verlaten

ex libris *het* [- libris, - librissen] kleine prent met een naam als eigendomsmerk van een boek **exobiologie** leer van de levensverschijnselen buiten de aarde en haar dampkring **exodus** *de (m)* [-sen] uittocht, het vertrekken van grote aantallen mensen **exogeen** *bn* ontstaan door oorzaken van buitenaf

exorbitant *bn* buitensporig, overdreven hoog: *~e salarissen* **exorcisme** *het* duiveluitbanning **exotisch** *bn* uitheems, ongewoon (en daardoor interessant)

expander ⟨ekspèndəR⟩ *de (m)* [-s] spiraalveer voor rekoefeningen **expanderen** (zich) uitbreiden **expansie** ⟨-zie⟩ *de (v)* ❶ uitbreiding over een groter gebied, inspanningen om over een groter gebied te heersen: *de ~ van een onderneming* ❷ uitzetting, bijv. door hitte: *de ~ van het heelal* **expansief** *bn* ❶ erop gericht om zich over een groter gebied uit te breiden, over een groter gebied te heersen: *een ~ beleid* ❷ zich uitbreidend over een groter gebied ❸ geneigd om zich te uiten, dingen te vertellen: *een expansieve persoonlijkheid* **expansievat** vat voor opslag van overtollig vocht dat door expansie ontstaat

expat ⟨ekspet⟩ *de* [-s] expatriate, iemand die lange tijd in het buitenland woont, vooral iemand die is uitgezonden door een bedrijf of organisatie **expediëren** verzenden, wegsturen **expediteur** *de (m)* [-en, -s] tussenpersoon of bedrijf tussen afzender en ontvanger, die of dat zich bezighoudt met het doen vervoeren van goederen **expeditie** *de (v)* [-s] ❶ verzending van goederen ❷ afdeling voor verzending ❸ reis van een aantal mensen, om iets te onderzoeken, te ontdekken, nieuwe gebieden te veroveren enz.: *de biologen gingen op ~ naar het regenwoud om*

apen te bestuderen

experiment *het* proef om iets te weten te komen, uit te proberen **experimenteel** *bn* ❶ als of door proeven, proefondervindelijk ❷ fig. m.b.t. kunst die zich kenmerkt door experimenten **experimenteren** een proef of proeven nemen, iets uitproberen: *met drugs ~*

expert ⟨-pèr⟩ *de (m)* [-s] deskundige, vooral een deskundige die wordt geraadpleegd om advies te geven **expertise** ⟨-zə⟩ *de (v)* [-s, -n] ❶ deskundig onderzoek ❷ verslag van een onderzoek, deskundig rapport ❸ deskundigheid

expiratie *de (v)* [-s] ❶ uitademing ❷ het aflopen (van een termijn), vervaltijd **expireren** [expireerde, h. / is geëxpireerd] ❶ uitademen ❷ aflopen, eindigen

explicatie *de (v)* [-s] verklaring, uitleg **expliciet** *bn* uitdrukkelijk, nadrukkelijk onder woorden gebracht **expliciteren** uitdrukkelijk onder woorden brengen

expliqueren ⟨-kìrən⟩ uitleggen **exploderen** [explodeerde, is geëxplodeerd] ontploffen

exploitant ⟨-plwa-⟩ *de (m)* iemand die een bedrijf e.d. exploiteert **exploitatie** *de (v)* [-s] het exploiteren **exploiteren** ❶ ontginnen ❷ winstgevend (proberen te) maken: *een restaurant ~* ❸ (een bezit of arbeidskrachten) uitbuiten: *de rijke grondbezitters ~ de armen*

exploot *het* [-ploten] akte die een deurwaarder opmaakt van een dagvaarding, vonnis e.d.

exploratie *de (v)* [-s] het exploreren **exploreren** doorzoeken, opsporingswerkzaamheden doen, vooral naar bodemschatten

explosie ⟨-zie⟩ *de (v)* [-s] ontploffing, uitbarsting **explosief** ⟨-zief⟩ I *bn* ❶ wat gemakkelijk ontploft, ontplofbaar ▼ fig. *de toestand is ~* er kan elk ogenblik een opstand, oorlog enz. ontstaan ❷ wat zich heel snel en sterk uitbreidt: *een explosieve toename van geslachtsziekten* II *het* [-sieven] ❸ ontplofbare stof

expo *de (v)* [-'s] tentoonstelling **exponent** *de (m)* ❶ wisk. teken dat de macht aanwijst waartoe een getal of vorm wordt verheven ❷ persoon die een richting, een partij e.d. vertegenwoordigt **exponentieel** *bn* ❶ met betrekking tot of uitgedrukt d.m.v. een exponent ❷ fig. in heel grote mate: *een exponentiële toename*

export *de (m)* uitvoer van producten naar het buitenland **exporteren** producten uitvoeren naar het buitenland **exporteur** *de (m)* [-s] handelaar die of bedrijf dat goederen naar het buitenland verkoopt

exposant ⟨-zant⟩ *de (m)* iemand die iets op een tentoonstelling laat zien

exposé ⟨-zee⟩ *het* [-s] uiteenzetting, kort samenvattend overzicht

exposeren ⟨-zì-⟩ tentoonstellen, laten zien op een tentoonstelling **expositie** ⟨-zie-⟩ *de (v)* [-s] tentoonstelling: *een ~ van schilderijen*

exposure ⟨ekspoosjər⟩ *de (m)* ❶ mate waarin de media aandacht besteden aan iets, zoals een product of een show ❷ gevoeligheid voor een factor uit de omgeving, mate waarin iets daarop reageert, bijv. de gevoeligheid van een

ex

beursfonds voor schommelende valutakoersen ❸ het blootstellen aan, bijv. aan een bepaald risico

expres I *bn* ❶ met opzet: *je hebt me ~ laten struikelen* ❷ speciaal, met een speciale bedoeling: *ik ben ~ vroeg weggegaan om niet te laat te komen* II *de (m)* [-sen] ❸ exprestrein, intercity **expresse** *de (v)* [-n] spoedbestelling, extra snel bezorgd

expressie *de (v)* [-s] ❶ uitdrukking van het gezicht ❷ uitdrukking, gezegde **expressief** *bn* vol uitdrukking: *zij heeft een ~ gezicht*

expressionisme ‹-sjoo-› *het* kunstrichting die streeft naar het tot uiting brengen van de visie van de kunstenaar op de dingen, zonder objectieve weergave daarvan

exprestrein sneltrein voor lange afstand

expresweg BN snelweg met kruisingen op hetzelfde niveau

exquis ‹-kies› *bn* uitgelezen, fijn, van heel goede kwaliteit: *een ~ diner*

extase ‹-zə› *de (v)* [-n, -s] gevoel van groot geluk en buiten zichzelf zijn **extatisch** *bn* (als) in extase

extensie ‹-zie› *de (v)* [-s] ❶ hoe uitgestrekt of omvangrijk iets is ❷ comp. toevoeging aan bestandsnaam waaraan men kan zien wat voor soort bestand het is: *een bestand in Word met de ~ .doc* **extensief** ‹-zief› *bn* heel uitgestrekt ▼ *~ve landbouw* over een groot gebied met weinig inspanning en kosten per hectare **extensiveren** ‹-zievi-› extensiever maken

extenso ‹-zoo› *bw* ▼ *in ~* in zijn geheel, volledig

exterieur I *bn* ❶ uiterlijk, uitwendig II *het* [-s] ❷ de buitenzijde, het uiterlijk, het uitwendige

extern *bn* ❶ niet inwonend ❷ van buiten ▼ *een ~ adviseur* een adviseur die geen vaste medewerker is van het bedrijf, de organisatie e.d. ❸ wat te maken heeft met het uiterlijk of uitwendige

extra I *bn* ❶ boven het gewone of normale: *dat kost een euro ~* ❷ in bijzondere mate, erg: *~ fraai* ❸ bijkomend: *een ~ stel kleren* II *het* [-'s] ❹ ‹vooral in het meervoud› dat wat iemand er nog bij krijgt, wat er nog bij komt: *een auto met ~'s zoals cruisecontrol en een navigatiesysteem* **extraatje** *het* [-s] wat iemand krijgt naast het normale, meevallertje

extract *het* aftreksel, werkzaam bestanddeel dat is verkregen door aftrekken of indampen **extractie** *de (v)* [-s] ❶ med. het uittrekken: *~ van een kies* ❷ het maken van aftreksels ❸ het met een oplosmiddel onttrekken van bestanddelen aan een mengsel

extraheren ❶ een uittreksel maken van ❷ bestanddelen aan een mengsel onttrekken met een oplosmiddel

extra large ‹- laaRdzj› *bn* heel groot, vooral van kleding

extralegaal BN bovenwettelijk, niet bij wet voorgeschreven: *extralegale voordelen zoals een laptop of een bedrijfswagen zijn erg gewild*

extramuraal *bn* wat buiten een gebouw plaatsvindt: *extramurale zorgverlening*

extranet beveiligd netwerk dat via internet toegankelijk is: *ons ~ is alleen toegankelijk voor klanten en relaties van ons bedrijf*

extraneus ‹-neejus› *de (m)* [-nei] iemand die examen doet aan een bepaalde school of universiteit zonder dat hij daar lessen of colleges heeft gevolgd

extraordinair ‹-nèr› buitengewoon

extraparlementair ‹-tèr› niet steunend op een meerderheid in de Tweede Kamer: *een ~ kabinet*

extrapoleren ❶ wisk. een reeks voortzetten buiten haar grenzen en de gegevens afleiden uit de gegevens binnen de reeks ❷ fig. wat binnen een relatie of gebied geldt, projecteren op zaken die daarbuiten vallen: *de huidige ontwikkeling ~ naar de toekomst*

extravagant *bn* buitensporig, overdreven: *~ gekleed gaan*

extravert, extrovert *bn* naar buiten gericht, heel open, die zich gemakkelijk uit tegenover anderen

extreem *bn* uiterst, in de hoogste graad, in uitersten: *~ gevoelig; extreme opvattingen; extreme sporten* sporten die erg veel durf of uithoudingsvermogen vereisen **extreemlinks** die politiek heel links denkt **extreemrechts** die politiek heel rechts denkt

extreme make-over ‹ekstriem meekoovər› *de* [-s] ingrijpende aanpassing van het uiterlijk, onder andere door plastische chirurgie

extremisme *het* het radicaal zijn in politieke opvattingen **extremist** *de (m)* iemand die tot het uiterste gaat, vooral iemand die in zijn politieke opvattingen heel radicaal is

extremiteit *de (v)* ❶ het extreem zijn ❷ deel dat zich aan het eind bevindt, uiteinde ▼ *~en* ledematen

extrinsiek *bn* wat niet tot de kern, de essentie behoort, uiterlijk

exuberant *bn* overvloedig

ex voto *het & de (m)* [- voto's] geschenk dat in een kerk of kapel is opgehangen vanwege een belofte die is gedaan

eyecatcher ‹ajketsjər› *de (m)* [-s] voorwerp dat de aandacht trekt

eyeliner ‹ajlajnəR› *de (m)* [-s] penseeltje of stift voor het accentueren van de oogranden

eyeopener ‹ajoopənəR› *de (m)* [-s] iets waardoor iemand een zaak anders ziet, wat een nieuw inzicht geeft

EZ ministerie van Economische Zaken

ezel *de (m)* [-s] ❶ dier met lange oren dat verwant is aan het paard en dat veel als lastdier wordt gebruikt (Equus asinus) ❷ fig. dom persoon ❸ standaard voor schilderijen, schoolborden e.d. **ezelen** bepaald kaartspel waarbij het vooral gaat om snelle reactie **ezelin** *de (v)* [-nen] vrouwelijke ezel

ezelsbrug hulpmiddeltje om iets op te lossen of te onthouden **ezelsoor** omgeslagen of opgekrulde hoek van een bladzijde

ezeltje-prik *het* kinderspel waarbij de deelnemers geblinddoekt op een afbeelding van een ezel een losse staart moeten prikken

e-zine ‹iezien› *het* [-s] tijdschrift dat op internet wordt gepubliceerd of via e-mail wordt verstuurd

F

f *de* [-'en, -'s] ❶ zesde letter van ons alfabet ❷ stemloze medeklinker die tussen lippen en tanden wordt gevormd ❸ <u>muz.</u> vierde toon van de diatonische toonladder, fa

F <u>schei.</u> fluor

fa <u>muz.</u> *de* [-'s] vierde toon van de diatonische toonladder

fa. firma

faalangst angst om dingen niet goed te doen, te mislukken

faam *de* goede reputatie, roem, bekendheid ▼ *hij geniet enige ~ als ...* hij is een beetje bekend als ...

fabel *de* [-en, -s] ❶ verzonnen leerzaam verhaal over dieren of dingen ❷ <u>fig.</u> verzinsel ▼ *dat zijn ~tjes* onzin, kletspraat ❸ globale inhoud van een literair werk **fabelachtig** *bn* ongelooflijk, wonderlijk, verbazend: *hij heeft een ~ geheugen*

fabricaat *het* [-caten] fabrieksproduct, maaksel ▼ *van Nederlands ~* in Nederland gemaakt

fabricage ⟨-kaazjə⟩ *de (v)*, **fabricatie** het maken van iets in een fabriek **fabriceren** ❶ maken met werktuigen of machines in vrij grote aantallen ❷ <u>fig.</u> in elkaar zetten

fabriek *de (v)* bedrijfsgebouw waar men op grote schaal met machines goederen produceert of bewerkt

fabrieken in elkaar knutselen

fabrieksaardappel aardappel die geschikt is voor verwerking in een fabriek, bijv. tot aardappelmeel **fabrieksfout** fout in een product die in de fabriek is gemaakt **fabrieksprijs** prijs die aan de fabriek betaald moet worden **fabrikant** *de (m)* ❶ eigenaar van een fabriek ❷ iemand of fabriek die iets maakt

fabuleus *bn* fabelachtig, ongelooflijk

façade ⟨-saadə⟩ *de (v)* [-s, -n] ❶ voorgevel, voorkant van een huis ❷ <u>fig.</u> uiterlijke schijn

facebooken ⟨feesboeken⟩ *ww* op Facebook® een bericht plaatsen, lezen enz.

facelift ⟨fees-⟩ *de (m)* [-s] ❶ het chirurgisch oprekken van de huid van het gezicht ❷ <u>fig.</u> modernisering, verfraaiing

facet *het* [-ten] ❶ geslepen vlak op een edelsteen ❷ <u>fig.</u> kant, aspect van iets, iets wat er een rol in speelt

facie <u>spreekt.</u> *het & de (v)* [-s] gezicht

facilitair ⟨-tèr⟩ *bn* wat te maken heeft met het verstrekken van voorzieningen, middelen die nodig zijn om iets te kunnen doen: *~e dienstverlening* **faciliteit** *de (v)* voorziening, hulpmiddel: *dit cruiseschip is voorzien van tal van ~en* ▼ BN *~en* voorzieningen voor een taalminderheid **faciliteitengemeente** BN gemeente met taalfaciliteiten voor anderstaligen **faciliteren** geld of middelen beschikbaar stellen die nodig zijn om iets te kunnen doen

facsimile ⟨faksiemielee⟩ *de & het* [-'s] getrouwe nabootsing van iets wat geschreven of getekend is **facsimile-uitgave** uitgave in facsimile

factie *de (v)* [-s,-tiën] groep dissidenten binnen een politieke partij

faction ⟨feksjən⟩ *de (m)* combinatie van fictie en feiten, bijv. een roman met historische feiten

facto *bw* → de facto

factor I *de (m)* [-toren] ❶ <u>wisk.</u> getal waardoor een product deelbaar is ❷ iets wat ook een rol speelt: *een taalachterstand is een belangrijke ~ bij leerproblemen* **II** *de (m)* [-s] ❸ leider van een factorij

factorij *de (v)* ⟨vroeger⟩ handelskantoor in het buitenland

factotum *het & de (m)* [-s] werkkracht die allerlei soorten klusjes opknapt, manusje-van-alles

factsheet ⟨fektsjiet⟩ *de (m)* [-s] beknopt overzicht van feiten over een onderwerp

factureren de rekening opmaken, (aan iemand) in rekening brengen **factuur** *de (v)* [-turen] rekening, lijst van geleverde goederen, data en prijzen

facultatief *bn* naar keuze

faculteit *de (v)* hoofdafdeling aan een universiteit: *de medische ~*

fading ⟨fee-⟩ *de (m)* ❶ het af en toe zwakker worden van geluidssignalen, zoals radiosignalen die op enige afstand van de zender worden ontvangen ❷ het zwakker worden van de werking van de remmen van een auto wanneer ze te warm worden

fado *de (m)* [-'s] melancholieke Portugese volksliederen met gitaarbegeleiding

fagot *de (m)* [-ten] ❶ houten blaasinstrument ❷ orgelregister met de klank van een fagot

Fahr. Fahrenheit **Fahrenheit** ⟨faa-⟩ *zn* temperatuurschaal die in de VS nog wordt gebruikt

faience ⟨faajàsə⟩ *de* niet doorschijnend beschilderd en geglazuurd aardewerk

failleren ⟨fajji-⟩ [failleerde, is gefailleerd] failliet gaan **failliet I** *het* ❶ faillissement **II** *de (m)* ❷ persoon die failliet gegaan is **III** *bn* ❸ die niet aan zijn financiële verplichtingen kan voldoen, bankroet: *het bedrijf kon zijn schulden niet meer betalen en is ~ gegaan* **faillissement** ⟨fajjiesə-⟩ *het* toestand waarbij iemand of een onderneming niet aan de financiële verplichtingen voldoet en beslag wordt gelegd op het vermogen: *het ~ uitspreken*

fair ⟨fèr⟩ *bn* eerlijk, fatsoenlijk: *je houdt hem aan het lijntje, dat is niet ~* ▼ *~ play* ⟨pleej⟩ eerlijk spel **fair trade** (Engels, letterlijk: eerlijke handel) manier van zakendoen waarbij gelijkwaardigheid, respect en solidariteit een grote rol spelen

fairway ⟨fèrwee⟩ *de (m)* [-s] deel van de golfbaan tussen de plaats van afslag en de green[1] waar het gras redelijk kort gemaaid is maar minder kort dan bij de green

fait accompli ⟨fet akkóplie⟩ *het* voldongen feit

fake ⟨feek⟩ *de (m)* bedrog, namaak

faken [fakete, h. gefaket] ❶ net doen alsof: *de speler fakete een blessure* ❷ ⟨vooral door een vrouw⟩ net doen alsof ze een orgasme krijgt

fakir ⟨-kir of -kier⟩ *de (m)* [-s] ❶ hindoeïstische asceet die zichzelf pijn doet en wonderen verricht ❷ islamitische bedelmonnik ❸ artiest die op spijkers gaat liggen, over gloeiende kolen loopt enz.

fakkel *de* [-s] stok die aan één kant brandt en

licht geeft ▼ *de ~ overnemen* het werk, de inspanningen van iemand anders voortzetten

falafel *de* [-s] snack, gefrituurde schijfjes van fijngemaakte kikkererwten met onder andere ui

falanx *de* ❶ dicht aaneengesloten rij van zwaarbewapende soldaten in de Griekse oudheid ❷ fig. groep mensen die een gesloten front vormt tegenover anderen

falen mislukken, niet slagen, tekortschieten

falie *de (v)* [-s] ❶ zwarte sluierdoek ❷ mantel zonder mouwen ▼ spreekt. *op zijn ~ geven* een pak slaag geven

faliekant *bn* helemaal, totaal: *het ging ~ mis*

fallisch *bn* wat te maken heeft met de fallus, de penis en met de verering van de penis in bepaalde culturen: *een ~ symbool*

fall-out ⟨fôl-aut⟩ *de (m)* radioactieve neerslag

fallus *de (m)* [-sen] penis

falset I *de (m) & het* [-ten] ❶ manier van zingen waarbij de stembanden op een andere manier worden gebruikt, kopstem II *de (m)* [-ten] ❷ zanger met zo'n stem

falsificatie *de (v)* [-s] vervalsing **falsificeren**, **falsifiëren** ❶ vervalsen ❷ aantonen dat iets onjuist is

fameus *bn* veelbesproken, hooggeroemd

familiaal *bn* BN, spreekt. wat te maken heeft met het gezin **familiair** ⟨-jèr⟩, **familiaar** *bn* ❶ vertrouwelijk, als in een familie: *een hotel met een ~e sfeer* ❷ (te) vrij in de omgang, (te) ongedwongen: *hij legde ~ een hand op haar schouder* ❸ med. wat binnen families voorkomt: *een ~e aanleg voor hartaandoeningen* ❹ wat geldt voor of binnen families: *een ~e zorgplicht*

familie *de (v)* [-s] ❶ groep mensen die dezelfde voorouders hebben, zoals moeder, oma, achterneef: *hij stamt uit een roemruchte ~* ▼ *Heilige Familie* Jezus met Maria en Jozef ❷ bio. groep dieren of planten met gemeenschappelijke kenmerken: *de tijger en de leeuw behoren tot de ~ van de katachtigen* **familiebericht** krantenadvertentie waarin een geboorte, sterfgeval, huwelijk e.d. wordt gemeld **familiekunde** BN, vero. genealogie **familienaam** naam die de leden van een familie dragen, achternaam **familieomstandigheden** *de (mv)* ▼ *wegens ~* wegens een gebeurtenis in de familie **familiestuk** ❶ schilderij waarop een familie is afgebeeld ❷ voorwerp dat tot het oude bezit van een familie behoort

fan ⟨fen⟩ *de (m)* [-s] ❶ enthousiast bewonderaar: *een ~ van een zanger* ❷ ventilator

fanaat I *bn* ❶ fanatiek II *de (m)* [-naten] ❷ fanaticus **fanaticus** *de (m)* [-ci] iemand die overdreven enthousiast of fel met iets bezig is **fanatiek** *bn*, **fanatisch** erg gedreven voor iets, erg enthousiast en fel: *een ~ tennisser* **fanatiekeling** *de (m)* iemand die overdreven enthousiast of fel met iets bezig is: *een paar ~en gingen na de wedstrijd nog twee uur trainen* **fanatisme** *het* het te gedreven, te enthousiast en fel met iets bezig zijn

fanclub club van fans, bijv. van een muziekgroep of sportploeg

fancy ⟨fensie⟩ I *de (v)* ❶ fantasie ❷ gril II *bn* ❸ modern, hip **fancy fair** ⟨- fèR⟩ *de (m)* [- fairs]

gelegenheid, bazaar waarbij voorwerpen worden verkocht voor een goed doel

fandango ⟨-danGoo⟩ *de (m)* [-'s] Spaanse volksdans die met handgeklap begeleid wordt

fanfare *de* [-s, -n] ❶ kort vrolijk muziekstuk voor koperen blaasinstrumenten ❷ fanfarekorps **fanfarekorps** muziekkorps met alleen slagwerk en koperen blaasinstrumenten

fanmail ⟨fenmeel⟩ brieven van fans aan popsterren, sporthelden enz.

fantaseren ⟨-zi-⟩ zijn gedachten de vrije loop laten en zich dingen voorstellen, iets verzinnen: *ze fantaseert over een droomvakantie op een tropisch eiland* **fantasie** ⟨-zie⟩ I *de (v)* ❶ het vermogen om dingen te verzinnen of om zich in gedachten iets voor te stellen: *de schrijfster van de boeken over Harry Potter heeft een grote ~; in mijn ~ was ik een topmodel* II *de (v)* [-ën] ❷ iets wat iemand fantaseert

fantasmagorie *de (v)* [-ën] ❶ (vroeger) spookachtige voorstelling met een toverlantaarn ❷ spookachtig fantasiebeeld

fantast *de (m)* iemand met een heel grote fantasie, iemand die dingen fantaseert en denkt dat ze waar zijn **fantastisch** *bn* ❶ heel goed of mooi: *zij is een ~e danseres* ❷ voortgekomen uit de fantasie ▼ *een ~ verhaal* een verzonnen, niet echt gebeurd verhaal

fantasy ⟨fentəsie⟩ *de (m)* literair genre of film waarbij het verhaal zich afspeelt in een denkbeeldige werkelijkheid

fantoom *het* [-tomen] ❶ spook ❷ angstaanjagend droombeeld ❸ med. model van een lichaamsdeel **fantoompijn** denkbeeldige pijn die iemand voelt in een geamputeerd lichaamsdeel

fanzine ⟨fenzien⟩ *het* [-s] tijdschrift van een fanclub

FAO *de (m)* ❶ Food and Agricultural Organisation (*Wereldlandbouw- en Voedselraad*) ❷ Fonds voor Arbeidsongevallen

FAQ *de (m)* [-'s] *Frequently Asked Question*, vraag op internet die vaak is gesteld en die in een overzicht met vragen en antwoorden is opgenomen

farao *de (m)* [-'s] hist. Egyptische koning **faraomier** kleine mier die op warme plaatsen leeft

farce ⟨fars⟩ *de* [-n, -s] ❶ vulsel voor gerechten ❷ klucht, belachelijke vertoning, schijnvertoning: *het proces was een ~, het vonnis stond van tevoren al vast*

farfalle *de* deegwaar in de vorm van vlinders

farizeeër *de (m)* [-s] schijnheilige, huichelaar

farm *de (m)* [-s] groot boerenbedrijf in Noord-Amerika

farmaceutica *de (v)* ❶ de kunst van het maken van geneesmiddelen ❷ geneesmiddelen **farmaceutisch** *bn* wat te maken heeft met het maken van geneesmiddelen **farmacie** I *de (v)* ❶ kennis van geneesmiddelen II *de (v)* [-ën] ❷ apotheek **farmacologie** *de (v)* wetenschap van geneesmiddelen **farma-industrie** geneesmiddelenindustrie

farmer ⟨faRməR⟩ *de (m)* [-s] Amerikaanse of Australische boer

fascineren ⟨fassie-⟩ heel erg boeien: *die geheimzinnige man fascineert me*

fascisme ⟨fasjis- of fassis-⟩ *het* politiek stelsel met een autoritaire regering en dat erg nationalistisch en onverdraagzaam is **fascist** *de (m)* aanhanger van het fascisme **fascistoïde** *bn* die of wat neigt naar fascisme

fase ⟨-za⟩ *de (v)* [-n, -s] ❶ schijngestalte van de maan of van een planeet, vorm waarin de maan of een planeet te zien is ❷ elk van een opeenvolgende reeks toestanden binnen een ontwikkeling of een proces **faseren** ⟨-zi-⟩ in fases verdelen

fashionista ⟨fèsjooniesta⟩ *de (v)* [-'s] vrouw die mode belangrijk vindt en er veel aandacht aan besteedt: *de echte ~ heeft dit nieuwe item natuurlijk al in haar kledingkast hangen*

fastfood ⟨fàstfoed⟩ *het* voedsel dat snel klaargemaakt en geserveerd wordt

fat *de (m)* [-ten] overdreven modieuze man

fataal *bn* noodlottig, dodelijk ▾ *een ongeluk met fatale afloop* waarbij een of meer mensen doodgaan ▾ jur. *fatale termijn* uiterste termijn

fatalistisch *bn* waarbij men gelooft dat het noodlot de gebeurtenissen bepaalt en dat men er niets aan kan doen

fata morgana *de* [-'s] verschijnsel dat vooral in woestijnen voorkomt, waarbij iemand een landschap (bijv. een aantal bomen) denkt te zien dat er in werkelijkheid niet is, luchtspiegeling

fatsoen *het* de manier waarop iemand zich hoort te gedragen ▾ *hou je ~!* gedraag je! ▾ *met goed* ~ volgens de regels van hoe het hoort **fatsoeneren** een behoorlijke vorm geven, in model brengen: *ik moet even mijn haar* ~ **fatsoenlijk** *bn* ❶ volgens de regels van hoe het hoort, van hoe iemand zich hoort te gedragen ❷ redelijk goed: *een ~ inkomen* **fatsoenshalve** *bw* omdat het fatsoenlijk is: ~ *moeten we wel even naar dat feestje* **fatsoensrakker** iemand die zichzelf erg fatsoenlijk vindt en vaak iets aan te merken heeft op anderen

fatterig *bn*, **fattig** als een fat

fatwa *de (m)* [-'s] uitspraak van een gezaghebbend geestelijke binnen de islam

faun *de (m)* bos- en veldgod

fauna *de* [-'s] ❶ de verschillende soorten dieren die in een bepaald gebied leven ❷ boek waarin die dieren worden beschreven

fauteuil ⟨footui⟩ *de (m)* [-s] grote stoel om lekker in te zitten, leunstoel

faux pas ⟨foo pà⟩ *de (m)* iets wat iemand doet in zijn leven maar wat niet zo hoort, niet netjes is, misstap

favela *de* [-'s] sloppenwijk in Brazilië

faveur *de* [-s] gunst ▾ *ten ~e van* ten gunste van

favicon *de* [-s] icoontje dat bij een website hoort en dat bijv. naast het webadres verschijnt in de titelbalk

favoriet I *bn* ❶ meest geliefd ❷ waarvan of van wie men denkt dat hij zal winnen II *de (m)* ❸ degene op wie iemand het meest gesteld is, lieveling ❹ persoon van wie of dier (bijv. een paard) waarvan men denkt dat hij een wedstrijd zal winnen **favoriseren** ⟨-zi-⟩ voordeel geven, begunstigen

fax *de (m)* ❶ apparaat waarmee men tekst en afbeeldingen op papier telefonisch verzendt, faxapparaat ❷ een bericht dat op die manier is verzonden **faxen** [faxte, h. gefaxt] per fax verzenden

fazant *de (m)* hoenderachtige vogel met lange staart (Phasianus colchicus)

FBI *de (m)* , *Federal Bureau of Investigation*, federaal recherchebureau van de Verenigde Staten

FBO *de (v)* Federatie van Betaald-voetbalorganisaties

FC *Football Club*, voetbalvereniging

FDF BN Front Démocratique des Francophones (*een fanatieke Franstalige partij*)

fe

Fe schei. ferrum (*ijzer*)

FEBIAC BN *de (v)* Fédération belge de l'industrie de l'automobile et du cycle (*Belgische auto- en tweewielerfederatie*)

febr februari **februari** *de (m)* tweede maand van het jaar

fecaliën ⟨fee-⟩ *de (mv)*, **feces** uitwerpselen, poep

federaal *bn* ❶ wat te maken heeft met een federatie ❷ BN op nationaal, Belgisch niveau, i.t.t. gemeenschapsniveau **federalisering** BN *de (v)* politieke ontwikkeling waarbij België wordt omgezet in een federatie van autonome(re) gebieden **federalisme** *het* het streven naar de stichting van een federatie **federatie** *de (v)* [-s] verbond van organisaties of staten die met elkaar samenwerken

fee *de (v)* [-ën] vrouwelijke sprookjesfiguur die kan toveren: *een goede* ~

feedback ⟨fiedbek⟩ *de (m)* reactie om duidelijk te maken of iets zo gedaan is als de bedoeling was, terugkoppeling

feeëriek *bn* toverachtig mooi

feeks *de (v)* gemene slechte vrouw

feeling ⟨fie-⟩ *de (m)* het aanvelen, gevoel voor iets: ~ *hebben voor*

feest *het* ❶ samenkomst van mensen om iets bijzonders te vieren: *een huwelijks~* ❷ samenkomst van mensen om zich te vermaken: *we geven een tuin~* ❸ fig. genot, iets wat heel fijn is: *het is altijd een ~ om hem te zien* **feestbeest** iemand die graag uitgaat en feestviert **feestcomité** comité dat een feest organiseert **feestdag** ❶ dag waarop iets gevierd wordt ❷ officiële gedenkdag ▾ BN ook *wettelijke* ~ officiële feestdag

feestelijk *bn* als voor of tijdens een feest: *de zaal was* ~ *verlicht; er heerste een feestelijke stemming* ▾ *dank je* ~! dat wil ik absoluut niet **feestelijkheid** *de (v)* [-heden] activiteit als onderdeel van een feest: *de feestelijkheden beginnen om twee uur 's middags*

feesten feestvieren **feestneus** ❶ namaakneus van feestvierders ❷ iemand die graag of dikwijls feestviert **feestnummer** ❶ bijzonder nummer dat aan een feest is gewijd ❷ iemand die van feesten houdt **feestvarken** persoon voor wie een feest gevierd wordt **feestvieren** deelnemen aan een feest

feil *de* fout **feilbaar** *bn* die fouten kan maken, niet perfect **feilen** falen, een fout maken, zich vergissen **feilloos** *bn* zonder fouten, zonder zich te vergissen

feit het ❶ daad: *een strafbaar ~* ❷ iets wat vaststaat: *het is een ~ dat ... ▼ in ~e* in werkelijkheid **feitelijk** bn werkelijk, wat overeenstemt met de feiten: *je zegt wel dat hij gemeen is, maar wat heeft hij nu ~ gedaan?* **feitelijkheid** de (v) [-heden] ❶ gewelddaad, strafbare daad ❷ wat werkelijkheid is, wat een feit is

fel bn ❶ scherp, hel: *een ~le lichtflits ▼ ~le kleuren* heldere en opvallende kleuren ❷ met veel gevoel, met veel kracht: *een ~le brand; er barstte een ~le strijd los* **felgemaakt** BN bn erg gewaardeerd, erg op prijs gesteld

felicitatie de (v) [-s] gelukwens **feliciteren** gelukwensen: *gefeliciteerd met je verjaardag*

fellatie de (v) het zuigen aan de penis, pijpen

felsen ⟨van metalen platen⟩ aaneenhechten door het ombuigen en aandrukken van randen

femelen huichelachtig zeurderig praten

feminien bn vrouwelijk **feminisme** het het streven om vrouwen dezelfde rechten te geven als mannen, vrouwenbeweging **feminist** de (m) voorstand(st)er van de emancipatie van de vrouw

femme fatale ⟨fam fatal⟩ de (v) [femmes fatales] vrouw die noodlottig wordt voor haar minnaars

femto voorvoegsel biljardste deel, 10^{-15}: *~seconde*

fenegriek de (m) & het vlinderbloemige plant die sterk ruikt

feng shui ⟨feng sjoewie⟩ de (m) Chinese filosofie over de invloed van de leef- en werkomgeving op het geluk

feniks de (m) myth. vogel die telkens uit zijn as herrijst

fenol het bijtende giftige stof, onder andere gebruikt als ontsmettingsmiddel, die bruin wordt bij contact met lucht

fenologie de (v) leer van de invloed van het klimaat op planten en dieren

fenomeen het [-menen] ❶ (natuur)verschijnsel ❷ opmerkelijk verschijnsel ❸ fig. bijzonder begaafd persoon **fenomenaal** bn buitengewoon, geweldig: *hij heeft een ~ geheugen*

fenomenologie de (v) filosofische stroming die uitgaat van de directe ervaring van verschijnselen

fenotype verschijningsvorm, zichtbare uiterlijke kenmerken van een organisme

feodaal bn ❶ hist. wat te maken heeft met het leenstelsel ❷ fig. wat doet denken aan (de sociale verhoudingen binnen) het vroegere leenstelsel **feodalisme** hist. het stelsel waarbij een leenman in ruil voor een leen (vaak grond) diensten verricht voor een heer, leenstelsel **feodaliteit** de (v) ❶ feodalisme, leenstelsel ❷ leen, wat in leen is gegeven

ferm bn flink, stevig

ferment het organische stof die een andere stof kan omzetten zonder zelf te veranderen **fermenteren** gisten

fermette BN de (m) & de [-s] ❶ gerestaureerd boerderijtje ❷ huis in boerderijstijl

feromoon bio. het [-monen] stof die door dieren wordt geproduceerd en die bij andere dieren van dezelfde soort een (seksuele of andere) reactie oproept

ferro voorvoegsel ijzer: *~metalen*

ferry ⟨-rie⟩ de [-'s], **ferryboot** veerboot

fertiel bn vruchtbaar **fertilisatie** ⟨-zaa-⟩ de (v) [-s] ❶ bevruchting ❷ het vruchtbaar maken (van land)

fervent bn vurig: *een ~ voorstander van ...*

fes muz. de [-sen] f die met een halve toon verlaagd is

festijn het groots feest

festival het [-s] geheel van muziek-, toneel-, filmvoorstellingen enz. in een bepaald kader **festivalbier** het bier met een verlaagd alcoholgehalte dat bij evenementen wordt geschonken

festiviteit de (v) feestelijkheid, activiteit of gebeurtenis als onderdeel van een feest

feta ⟨fètaa⟩ de (m) Griekse geitenkaas

fêteren ⟨fètirən⟩ feestelijk onthalen

fetisj de (m) (magisch) voorwerp of lichaamsdeel dat wordt vereerd **fetisjisme** het religieuze of erotische verering van een voorwerp of lichaamsdeel

feuilleton ⟨fuijə-⟩ het & de (m) [-s] vervolgverhaal in afleveringen in een blad

feut de (m) aspirant-lid van een studentenvereniging

fez de (m) [-zen] rode stijve muts zonder klep in islamitische landen

ff ❶ muz. fortissimo, heel krachtig ❷ inform. even (*in sms-taal:* effe)

fiasco het [-'s] grote mislukking

fiat I tw ❶ (dat is) toegestaan II het ❷ goedkeuring, toestemming: *de directeur heeft zijn ~ aan onze voorstellen gegeven* **fiatteren** ondertekenen ter goedkeuring: *de minister fiatteerde het wetsvoorstel*

fiber het & de (m) [-s] stof uit sterk samengeperst papier die ondoordringbaar is gemaakt

fibrillatie de (v) [-s] het samentrekken van de vezels in de hartspier, onregelmatig ritme van de hartwerking

fibromyalgie ⟨-mie-⟩, **fibrositis** de (v) reumatische aandoening met chronische pijn in spieren, gewrichten en bindweefsel en stijfheid en vermoeidheid

fiche ⟨fiesjə⟩ het & de [-s] ❶ speelpenning, bijv. in een casino ❷ kaart voor aantekeningen in een kaartsysteem

fictie de (v) [-s] ❶ voorstelling van zaken die niet op de werkelijkheid berust ❷ boeken waarvan de inhoud verzonnen is, zoals romans ❸ verzinsel **fictief** bn verzonnen, denkbeeldig

ficus de (m) [-sen] vijgenboom

fideel bn betrouwbaar en gezellig en aardig: *een fidele kerel*

fiduciair ⟨-ɛ̀r⟩ bn op basis van vertrouwen **fiducie** de (v) vertrouwen ▼ *ergens geen ~ in hebben* er niet op vertrouwen dat het goed gaat: *ik heb geen ~ in zijn plannen*

fiedel inform. de (m) [-s] viool **fiedelen** inform. vioolspelen

fier bn trots, zelfbewust ▼ BN ook ~ *op* trots op ▼ BN, spreekt. zo ~ *als een gieter* heel trots

fierljeppen ⟨in Friesland⟩ polsstokverspringen

fiets de vervoermiddel met twee wielen waarop

men rijdt door te trappen ▼ *inform. wat heb ik
nou aan m'n ~ hangen?* wat is er nu aan de
hand? **fietsen** op een fiets rijden **fietsenmaker**
iemand die fietsen repareert **fietsenrek** ❶ rek
voor fietsen ❷ scherts. gebit met spleten tussen
de tanden **fietsenstalling** bergplaats voor fietsen
fietssnelweg lang fietspad met zo min mogelijk
kruisingen, geschikt voor snel doorgaand
fietsverkeer **fietsspeld** BN broekklem
FIFA *de (m)* Fédération Internationale de Football
Association (*internationale federatie voor voetbal*)
fiftyfifty 〈fiftiefiftie〉 *bw* zo dat ieder van de twee
de helft krijgt of betaalt
fig. ❶ figuur ❷ figuurlijk
figurant *de (m)* iemand die een zwijgende of
onbelangrijke rol vervult, vooral in een film
figuratie *de (v)* [-s] ❶ het geheel van figuren,
voorstelling in beeld, zichtbare vorm ❷ muz.
versiering van een melodie die vaak bestaat uit
toonladder- of akkoordfiguren ❸ de figuranten
figuratief *bn* met concrete voorstellingen,
beelden: *figuratieve schilderkunst* **figureren**
❶ een bepaalde rol vervullen ❷ als figurant
optreden
figuur *de & het* [-guren] ❶ gestalte, uiterlijke
vorm van iemand: *een goed ~ hebben* ▼ *een
goed/slecht ~ slaan* een goede/slechte indruk
maken ❷ voorstelling van een persoon: *de
figuren op een schilderij* ❸ afbeelding die iets
duidelijk maakt, bijv. bij een tekst ❹ afbeelding,
vorm: *een tapijt met ronde en driehoekige figuren*
❺ geheel van bewegingen die bij elkaar horen,
bij dansen, turnen, kunstschaatsen e.d. **figuurlijk**
bn waarbij beeldspraak wordt gebruikt, niet
letterlijk
figuurzaag dun zaagje waarmee men figuren uit
dun hout kan zagen
fijn *bn* ❶ waar iemand zich goed door voelt,
prettig: *een ~e vakantie* ❷ wat uit kleine deeltjes
bestaat, niet grof: *toen de deur geschuurd was, lag
er overal heel ~ stof; groente ~snijden* ▼ *het ~e van
de zaak willen weten* alle details willen weten,
precies willen weten hoe het in elkaar zit ❸ fig.
scherp onderscheidend: *~e nuances* ❹ zuiver: *~
goud* ❺ heel goed, van heel goede kwaliteit: *een
pak van een ~e stof* ❻ mooi, sierlijk, tenger: *dat
meisje heeft een ~ postuur* ❼ deftig, beschaafd: *~e
manieren hebben* ▼ *een ~e meneer* een deftige man
❽ heel vroom, heel godsdienstig
fijnbesnaard *bn* in staat om verschillende
soorten gevoelens te hebben en op te merken
fijngevoelig wat getuigt van fijn gevoel, die
goed aanvoelt wat anderen voelen, met tact
fijnkost BN, ook *de (m)* fijne vleeswaren
fijnproever *de (m)* [-s] iemand die gewend is aan
en daardoor een kenner is van fijne gerechten
en dranken **fijnschilder** iemand die heel
gedetailleerd en realistisch schildert
fijnschrijver viltstift die heel dun schrijft,
fineliner **fijnstof** verzamelnaam voor
uiteenlopende deeltjes die door de lucht
zweven: *een hoge concentratie aan ~ is schadelijk
voor de gezondheid*
fijntjes *bw* ❶ netjes, aardig, sierlijk ❷ op een
subtiele, slimme manier: *~ lachen*
fijnzinnig *bn* die de dingen scherp onderscheidt,

die helder denkt: *een ~e opmerking*
fijt *de & het* ontsteking aan de vingertop
fik I *de (m)* [-ken] ❶ keeshond II *de (m)* ❷ inform.
brand ▼ inform. *een ~kie stoken* een vuur maken
fikken spreekt. I *de (mv)* ❶ vingers II *ww*
❷ branden
fiks *bn* flink, behoorlijk: *hij kreeg een fikse boete*
fiksen klaarspelen, voor elkaar krijgen: *dat ~ we
wel even*
filantroop *de (m)* [-tropen] iemand die de goede
dingen doet voor andere mensen, die geld geeft
filatelie *de (v)* het verzamelen van postzegels
filatelist *de (m)* postzegelverzamelaar
file 〈fiela〉 *de* [-s] rij, vooral lange rij personen of
voertuigen die stilstaan of zich langzaam
voortbewegen
file 〈fajl〉 *de (m)* [-s] hoeveelheid gegevens op een
computerschijf, die bij elkaar horen
fileparkeren parkeren tussen twee auto's die
achter elkaar staan
fileren tot filet maken
filerijden in een file rijden
filet 〈-lee〉 *de (m) & het* [-s] dun uitgesneden plak
vlees of vis zonder botten of graten **filet
americain** 〈-aamïriekè〉 gemalen rauw rundvlees
filet d'anvers BN *de (m)* rookvlees
filharmonisch die van muziek houdt ▼ *~ orkest*
symfonieorkest
filiaal *het* [-alen] winkel of kantoor dat bij een
groter bedrijf hoort: *de hoofdvestiging van dit
winkelbedrijf zit in Brussel en het heeft filialen in
Antwerpen en Gent*
filibusteren een debat over een politiek
onderwerp rekken om de besluitvorming over
dat onderwerp te vertragen
filigraan, filigrein *het* werk van zilver- of
gouddraad
filippica *de (v)* [-'s] heftige strafrede (naar de
redevoeringen van Demosthenes tegen Filippus
van Macedonië)
filippine *de (v)* [-s] doorlopende
kruiswoordpuzzel
filister *de (m)* [-s] iemand met bekrompen
opvattingen
filistijnen *de (mv)* ▼ *naar de ~* helemaal kapot,
verloren: *mijn computer is naar de ~*
film *de (m)* [-s] ❶ smalle strook lichtgevoelig
materiaal in een fototoestel of filmcamera,
waarop beelden worden vastgelegd: *er zit geen ~
in de camera* ❷ vertoning van bewegende
beelden op een wit doek: *in deze bioscoop draait
een spannende ~* **filmacademie** school voor
hoger beroepsonderwijs waar men wordt
opgeleid in het maken van films **filmacteur**
iemand die in films speelt **filmdiva** beroemd
actrice in films **filmeditie** boek met foto's uit
een film die naar dat boek gemaakt is **filmen**
een film opnemen ▼ *niet te ~!* ongelofelijk!
filmhuis niet-commerciële bioscoop
filmisch *bn* wat te maken heeft met of lijkt op
films, als in een film **filmploeg** groep mensen
die een film opneemt **filmrol** ❶ rol in een
speelfilm ❷ materiaal voor foto- en
filmopnames, dat om een spoel gewikkeld is
filmster beroemde acteur of actrice in films
filologie *de (v)* wetenschap die zich richt op

fi

teksten die belangrijk zijn voor de cultuurgeschiedenis

filosoferen ❶ op een wetenschappelijke manier nadenken over de wereld, het leven e.d. en fundamentele waarheden zoeken ❷ nadenken over, door- of overdenken: *ik zat een beetje te ~* **filosofie** *de (v)* [-ën] ❶ wijsbegeerte, wetenschap die is gericht op nadenken over de wereld, het leven e.d. ❷ denkwijze: *de ~ van ons bedrijf is, dat iedere klant koning is* **filosoof** *de (m)* [-sofen] iemand die nadenkt over het leven en de wereld, die op zoek is naar fundamentele waarheden

filter *het & de (m)* [-s] ❶ toestel of poreuze stof waardoor men vloeistoffen laat lopen om ze te zuiveren ❷ *fot.* doorzichtig voorwerp dat de samenstelling van lichtstralen verandert ❸ (zuiverend) mondstuk aan een sigaret **filterzakje** *het* [-s] zakje voor het filtreren van koffie

filtraat *het* [-traten] wat verkregen is door filtreren **filtreren** door een filter doen gaan

finaal I *bn* ❶ wat het slot vormt: *het finale oordeel* ❷ volkomen: *ik ben ~ kapot* **II** *bw* ❸ BN ook uiteindelijk

finale *de* [-s] beslissend laatste deel van een serie wedstrijden ▼ *kleine ~* wedstrijd om de derde en vierde plaats **finaliseren** BN (van een cd-opname, tekst, studie enz.) afmaken, voltooien **finalist** *de (m)* iemand die deelneemt aan een finale

financieel ⟨-sjeel⟩ *bn* wat geld betreft **financiën** *de (mv)* geld, geldmiddelen **financier** *de (m)* [-s] persoon of instelling die geldzaken doet of die het geld voor iets beschikbaar stelt **financieren** het geld voor iets verschaffen, betalen: *hoe ga je je nieuwe onderneming ~?* **financieringsbank** bank die ondernemingen langlopende kredieten verleent **financieringstekort** tekort op de begroting

FiNBOX *de (m)* inbox waarin men digitale rekeningen ontvangt die men via internetbankieren kan betalen

fineerblad dunne plaat van een harde of kostbare houtsoort

fineliner ⟨faajnlaajnəR⟩ *de (m)* [-s] viltstift die heel dun schrijft, fijnschrijver

fineren houtwerk beleggen met fineerblad

finesse *de (v)* [-s] fijnheid ▼ *de ~s* de fijne kneepjes van iets, de bijzonderheden waarop het aankomt: *een tot in de ~s uitgewerkt plan*

fingeren ⟨fingi-⟩ net doen alsof, voorwenden: *ze fingeerde hoofdpijn*

fingerspitzengefühl ⟨fienGərsjpietsənGəfuul⟩ *het* scherp gevoel voor iets, subtiele gevoeligheid

fini *bn* voorbij, afgelopen

finish ⟨finnisj⟩ *de (m)* ❶ eindstreep bij een wedstrijd in hardlopen, wielrennen, roeien enz.: *hij kwam bij de marathon als eerste over de ~* ❷ slotgedeelte van een wedstrijd: *het was een spannende ~* **finishing touch** ⟨finnisjing tutsj⟩ *de (m)* laatste hand die iemand aan iets legt, fijne afwerking

FIOD-ECD *de (m)* Fiscale inlichtingen- en opsporingsdienst - Economische controledienst

Fiom *de (v)* instantie voor hulp op het gebied van zwangerschap en ouderschap

Firato *de* Fabrikanten en Importeurs van Radiotoestellen en Technische Onderdelen

firewall ⟨fajRwòl⟩ *comp. de (m)* [-s] soft- en/of hardware die een netwerk beveiligt, vooral door het tegenhouden van schadelijke software, vuurmuur

firma *de* [-'s] ❶ bedrijf waarbij de vennoten persoonlijk aansprakelijk zijn ❷ bedrijf in het algemeen

firmament *het* hemelgewelf, schijnbare boog boven de aarde

firmant *de (m)* lid van een firma

firmawagen BN, ook bedrijfsauto

firn *de* korrelig sneeuwijs boven de sneeuwgrens

fis ⟨fies⟩ *muz. de* [-sen] f die met een halve toon is verhoogd

fiscaal I *bn* ❶ wat de belasting, de fiscus betreft ▼ *~ jurist* die is gespecialiseerd in belastingrecht **II** *de (m)* [-calen] ❷ openbare eiser

fiscalist *de (m)* belastingspecialist **fiscus** *de (m)* ❶ staatskas, schatkist ❷ (de gezamenlijke ambtenaren van de) belastingdienst

fistel *de* [-s] kanaalvormige zweer waardoor etter e.d. naar buiten komt, pijpzweer

fit *bn* fris en gezond, in goede conditie: *ik voel me ~*

fitis *de (m)* [-sen] kleine groenige zangvogel (Phylloscopus trochilus)

fitness ⟨-nəs⟩ *de* verzamelnaam van activiteiten om de conditie te verbeteren **fit-o-meter** BN hindernissenparcours dat de conditie verbetert

fitter *de (m)* [-s] iemand die buisleidingen maakt en repareert

fittie *de* [-s] *jong.* ruzie

fitting *de (m)* [-s, -en] ❶ houder waarin een gloeilamp, spaarlamp e.d. wordt gedraaid ❷ hulpstuk om pijpen aan elkaar te verbinden

fixatie *de (v)* [-s] het gevoelsmatig heel erg gericht zijn op iemand of iets, het alleen daarvoor aandacht hebben

fixed price ⟨fikst prajs⟩ *de* vaste prijs, prijs voor een product of dienst die van tevoren is vastgesteld, die niet meer verandert

fixeer *het* vloeistof om foto's te fixeren **fixeren** ⟨fiksi-⟩ ❶ vastzetten, vastmaken ❷ vaststellen (een bedrag, prijs, datum) ❸ een fotografisch beeld of de afdruk daarvan ongevoelig maken voor verdere inwerking van het licht ❹ een tekening onuitwisbaar maken ❺ iemand strak aankijken

fjord *de (m) & het* smalle hoge inham in de rotsen langs de kust: *in Noorwegen zijn veel ~en*

fl. ⟨vroeger⟩ florijn (gulden)

flabberen ❶ wapperen, fladderen, klapperen ❷ slobberen (van kleren om het lichaam)

flacon *de (m)* [-s] sierlijke fles met metalen of glazen stop, bijv. voor parfum

fladderen ❶ onregelmatig vliegen ❷ wapperen

flageolet ⟨-zjoolet⟩ *de (m)* [-s, -ten] ❶ fluit met hoge tonen ❷ orgelregister met de klank van een flageolet ❸ platte boon

flagrant *bn* heel duidelijk, wat heel erg in het oog valt: *dat is een ~e leugen*

flagstone ⟨fleGstoon⟩ *de (m)* [-s] platte rode

natuurstenen tuintegel

flair ⟨flèr⟩ *het & de (m)* gemak, vlotheid waarmee iemand zich gedraagt of dingen doet

flakkeren onrustig bewegend branden

flamberen (een gerecht) met een sterk alcoholische drank overgieten en aansteken

flambouw *de* fakkel

flamboyant ⟨-bwajjant⟩ *bn* ❶ temperamentvol, vurig: *een ~e persoonlijkheid* ❷ met vlamvormige tekeningen, wat op vlammen lijkt

flamenco *de (m)* ❶ Spaanse (zigeuner)dans ❷ muziek bij die dans

flamingant ⟨-min-gant⟩ *de (m)* voorstander van de Vlaamse beweging

flamingo ⟨-Goo⟩ *de (m)* [-'s] reigerachtige vogel met roze veren uit de familie Phoenicopteridae

flandrien ⟨flâdrièjè⟩ BN *de (m)* [-s] wielrenner die op zijn best is bij slecht weer of moeilijke omstandigheden

flanel *het* geruwde wollen of katoenen stof voor lakens, hemden e.d.

flaneren rondwandelen om zich te laten zien en om rond te kijken **flaneur** *de (m)* [-s] iemand die flaneert

flank *de* zijde, kant, bijv. van een lichaam, een leger, een sportploeg **flankeren** ❶ aan één of twee kanten aanvullen of vergezellen: *de president werd geflankeerd door twee lijfwachten* ❷ zich in de flank bevinden: *het huis was geflankeerd door een hoge heg* ❸ aan één kant dekking geven of begeleiden ❹ ⟨van een jachthond⟩ aan beide kanten voor de jager uit zoeken

flansen ▼ *in elkaar ~* slordig in elkaar zetten

flap I *de (m)* [-pen] ❶ binnenkant van een boekomslag ❷ stuk stof, leer e.d. aan vooral een kledingstuk of tas dat kan worden omgeslagen of dat beschermt of afsluit: *een muts met ~pen voor de oren* ❸ papieren strookje, stuk papier ❹ inform. bankbiljet ❺ harde slag of klap II *tw* ❻ geluid van een klap, pats

flapdrol inform. *de (m)* [-len] karakterloze, slappe vent **flaphoed** hoed met brede slappe rand **flaporen** *de (mv)* wijduitstaande oren

flap-over *de (m)* [-s] flip-over

flappen ▼ *eruit ~* zonder nadenken zeggen

flappentap scherts. geldautomaat

flaptekst tekst op de binnenkant van een boekomslag

flapuit *de (m)* [-en, -s] iemand die alles er maar uit flapt, die van alles zegt zonder erover na te denken

flard *de* ❶ gescheurde lap ❷ fig. onsamenhangend gedeelte van iets: *we vingen ~en muziek op*

flash ⟨flesj⟩ *de (m)* [-es] ❶ flits, heel kort filmbeeld ❷ kort nieuwsbericht ❸ korte intense sensatie vlak na het nemen van drugs ❹ comp. grafisch georiënteerde programmeeromgeving zoals menu's en filmpjes **flashback** ⟨-bek⟩ *de (m)* [-s] gedeelte in een verhaal of film waarin men even wordt meegenomen naar het verleden: *in de film zagen we in ~s een paar gebeurtenissen uit de jeugd van de hoofdpersoon* **flashgeheugen** comp. vorm van extern geheugen **flashmob** *de (m)* [-s] groep mensen die op een openbare plek

samenkomt, iets opmerkelijks doet en daarna weer uiteengaat

flat ⟨flet⟩ *de (m)* [-s] ❶ woning met alle vertrekken op één verdieping, in een complex gelijke woningen in woonlagen ❷ flatgebouw ❸ damesschoen met lage hak en zonder veters of riempjes

flater *de (m)* [-s] domme fout, onhandigheid: *een ~ slaan*

flatgebouw ⟨flet-⟩ hoog gebouw met een groot aantal gelijke woningen of kantoren in woonlagen

flatscreen ⟨fletskRien⟩ *de (m) & het* [-s] plat beeldscherm van tv of computer

flatteren ❶ iets mooier of beter voorstellen dan het eigenlijk is ❷ goed staan, mooier maken: *die jurk flatteert je* **flatteus** *bn* vleiend, flatterend, waardoor iemand een goede indruk maakt ▼ *een flatteuze jurk* een jurk die goed staat, die iemand mooier maakt

flatulentie *de (v)* [-s] het laten van veel winden, winderigheid

flatwoning ⟨flet-⟩ woning in een flatgebouw

flauw *bn* ❶ niet grappig: *een ~e mop* ❷ met te weinig zout of kruiden: *~e soep* ❸ niet scherp: *een ~e bocht* ❹ slap, niet krachtig: *een ~e glimlach; ik voel me ~ van de honger* ▼ *ik heb geen ~ idee* ik weet het absoluut niet **flauwekul** inform. *de (m)* kletspraat, onzin **flauwerd** *de (m)* [-s], **flauwerik** iemand die flauw, vervelend doet **flauwiteit** *de (v)* flauwe grap, onbenulligheid **flauwte** *de (v)* [-s, -n] lichte bewusteloosheid **flauwtjes** *bw* heel zwak, vaag: *ze glimlachte ~* **flauwvallen** even licht bewusteloos raken en vallen

flecteren taalk. verbuigen, vervoegen

fleece ⟨flies⟩ *de & het* zachte isolerende synthetische stof met veloursstructuur

flegma *het* onverstoorbare kalmte, onaandoenlijkheid **flegmaticus** *de (m)* [-ci] iemand die onaandoenlijk is, die door niets uit zijn gewone doen wordt gebracht **flegmatiek**, **flegmatisch** *bn* zonder door iets uit zijn gewone doen gebracht te worden, onaandoenlijk

flemen zoetig vriendelijk praten, mooipraten

flens *de (m)* [flenzen] rand aan het einde van buizen of aan spoorwagenwielen

flensje *het* [-s] dun pannenkoekje

fles *de* [-sen] ❶ voorwerp van glas of kunststof om vloeistoffen in te bewaren, met bovenin een nauwe opening ❷ cilindervormig metalen voorwerp om gassen onder hoge druk in te bewaren: *zuurstof~* ▼ *op de ~* failliet ▼ BN *op ~sen trekken* bottelen; fig. oplichten, bedriegen **flessen** afzetten, oplichten **flessenhals** ❶ hals van een fles ❷ smal weggedeelte ❸ fig knelpunt **flessentrekkerij** *de (v)* het bestellen van goederen of diensten zonder ze te betalen

flets *bn* ❶ bleek, niet helder: *~e kleuren* ❷ bleek, met een ongezonde kleur: *wat ziet zij er ~ uit* ❸ BN, spreekt. flauw *(van smaak, kleur)*

fleur I *de* ❶ bloeitijd ❷ frisse aantrekkelijkheid II *de* [-en] ❸ vistuig met opgerolde lijn **fleuren** ❶ vissen met een fleur ❷ overhalen tot lidmaatschap **fleurig** *bn* vrolijk en fris: *door die kleurige gordijnen ziet de kamer er veel ~er uit*

flexibel *bn* ❶ buigzaam, soepel ❷ *fig.* bereid, in staat zich aan te passen ▼ *~e werktijden* werktijden waarbij iemand niet altijd op dezelfde tijd begint of hoeft te beginnen

flexie *de (v)* [-s] *taalk.* verbuiging, vervoeging

flexitariër *de (m)* [-s] iemand die ten minste één dag in de week geen vlees eet

flexplek werkplek die door verschillende werknemers gebruikt kan worden **flexwerker** ❶ iemand die op flexibele basis werkt ❷ iemand die binnen zekere grenzen zelf zijn werktijd kan bepalen **flexwet** wet voor regeling van de rechtspositie van tijdelijke werknemers

flierefluiten nietsdoen, luieren en van het leven genieten

flik *de (m)* [-ken] ❶ schijfje chocolade met een platte en een bolle kant ❷ BN, *spreekt.* smeris, politieagent

flikflak *de (m)* [-ken, -s] ⟨turnen⟩ achterwaartse sprong, handstandoverslag gevolgd door een radslag

flikflooien overdreven lief tegen iemand doen om iets gedaan te krijgen ▼ *die twee zitten met elkaar te ~* te knuffelen en te spelen

flikken handig doen, klaarspelen ▼ *inform.* *iemand iets ~* iets vervelends uithalen met iemand, een streek leveren

flikker *de (m)* [-s] ❶ mannelijke homoseksueel (oorspronkelijk als scheldwoord gebruikt) ❷ *spreekt.* lichaam: *iemand op z'n ~ geven* ▼ *spreekt.* *geen ~* niets: *ik vind er geen ~ aan*

flikkeren [flikkerde, h. / is geflikkerd] ❶ een onrustig schijnsel geven ❷ *inform.* gooien: *hij flikkert zijn tas in de hoek* ❸ *inform.* vallen: *hij flikkerde van zijn fiets* **flikkerlicht** licht dat voortdurend heel kort sterk en dan weer heel kort zwak brandt

flink *bn* ❶ groot, stevig: *jij bent een ~e knaap geworden* ❷ die zich moedig gedraagt in moeilijke omstandigheden: *het meisje hield zich ~ bij de tandarts* ❸ erg: *ik ben ~ verkouden*

flinter *de (m)* [-s] afgescheurd lapje, dun plakje **flinterdun** ❶ heel dun ❷ *fig.* heel zwak: *het bewijs tegen hem is ~*

flip-over *de (m)* [-s] standaard met grote vellen papier die naar beneden hangen en die men kan beschrijven en omslaan

flippen [flipte, is geflipt] (door het gebruik van drugs) helemaal uit zijn evenwicht raken, ziek of razend worden

flipper *de (m)* [-s] ❶ flipperkast ❷ hendeltje van een flipperkast **flipperen** op een flipperkast spelen **flipperkast** speelautomaat waarbij iemand met hendeltjes een of meer balletjes bestuurt

flippo *de (m)* [-'s] ❶ rare snuiter, vreemd persoon ❷ plastic plaatje met afbeelding als verzamelobject

flipside ⟨-sajd⟩ *de (m)* [-s] achterkant van een grammofoonplaat, van een single

flirt ⟨flùRt⟩ I *de (m)* [-s] ❶ niet ernstig bedoelde poging om iemand te verleiden, een beetje verliefd te maken II *de* [-en] ❷ iemand die graag flirt: *zij is een echte ~* **flirten** ⟨flùRtən⟩ een beetje proberen te verleiden, een beetje verliefd doen zonder ernstige bedoelingen

flit *de (m)* insectendodende vloeistof

flits *de (m)* ❶ snelle lichtstraal, schicht ❷ vluchtige beweging ❸ *fot.* snelle korte belichting **flitsen** ❶ zich heel snel bewegen (ook van gedachten) ❷ fotograferen met flitslicht ❸ iemand die te snel rijdt fotograferen **flitsend** *bn* ❶ opvallend modieus: *wat zie je er ~ uit!* ❷ snel, wat indruk maakt: *een ~e carrière* **flitser** *de (m)* [-s] ❶ apparaat voor fotograferen met flitslicht ❷ *inform.* apparaat voor het fotograferen van snelheidsovertreders **flitslamp** lamp die een korte lichtflits afgeeft

flitsontslag mogelijkheid om een werknemer snel te ontslaan zonder voorafgaande beoordeling door de kantonrechter of het UWV

flitspaal installatie langs de weg waarmee snelheidsovertredingen geregistreerd worden

flitsscheiding snelle ontbinding van een huwelijk zonder tussenkomst van rechter en advocaat **flitstrein** hogesnelheidstrein

flo *het* functioneel leeftijdsvignet

flodder *de* [-s] los stuk stof, lomp ▼ *een losse ~* (een schot met) een losse patroon zonder kogel; *fig.* zomaar een idee, opmerking waarover de spreker niet heeft nagedacht **flodderen** te ruim en slordig om het lichaam hangen

floep I *tw* ❶ klank van iets dat snel beweegt II *de (m)* ❷ slag, klap, snelle beweging **floepen** [floepte, h. / is gefloept] snel bewegen: *de natte zeep floepte uit mijn hand*

floers *het* ❶ stof voor rouwkleding ❷ opstaande draden van fluweel ❸ sluier ❹ *fig.* bedekkende laag: *een ~ van tranen* ❺ *fig.* sfeer, uitstraling: *om haar hangt een ~ van verdriet*

flonkeren rustig schitteren

floodlight ⟨flùdlajt⟩ *het* [-s] verlichting door een aantal schijnwerpers

floorshow ⟨flooRsjoo⟩ zang- en dansvoorstelling in een nachtclub

flop *de (m)* [-pen, -s] grote mislukking: *dat toneelstuk was een ~* **floppen** [flopte, is geflopt] mislukken, geen succes hebben: *die film is geflopt*

floppy ⟨-pie⟩ *de (m)* [-s] ⟨vroeger⟩ floppydisk **floppydisk** *comp.* ⟨vroeger⟩ kleine magnetiseerbare schijf waarop gegevens worden opgeslagen, diskette **floppydrive** ⟨-drajv⟩ *comp.* ⟨vroeger⟩ onderdeel van een computer waarin een diskette steekt, diskdrive

flora I *de* ❶ de verschillende soorten planten die in een bepaald gebied voorkomen: *cactussen maken deel uit van de ~ van woestijnen* II *de* [-'s] ❷ boek met plaatjes en beschrijvingen van die planten **floraliën** BN *de (mv)* bloementententoonstelling

floreren bloeien, goed gaan: *hun bedrijf floreert*

floret I *het* ❶ zijde uit het binnenste van een cocon II *de & het* [-ten] ❷ degen om mee te schermen

florissant ⟨-ries-⟩ *bn* ❶ in bloeiende gezondheid, welvarend: *zij ziet er ~ uit* ❷ aangenaam, gunstig: *~e vooruitzichten*

flosdraad draad die men tussen de tanden op en neer trekt om etensresten te verwijderen **flossen** met flosdraad het gebied schoonmaken tussen de tanden

flottielje *de* [-s] kleine vloot van gelijksoortige schepen

flowchart 〈flootsjàRt〉 *de* [-s] stroomdiagram

flox *de (m)* vlambloem, plant met behaarde stengels en van oorsprong rode bloemen (Phlox)

fluctuatie *de (v)* [-s] het fluctueren, mate waarin iets fluctueert **fluctueren** schommelen, op en neer gaan: *de prijzen ~*

fluïditeit *de (v)* ❶ vloeibaarheid ❷ magnetische uitstraling **fluïdum** *het* magnetische uitstraling

fluim *de* slijm dat iemand uitspuwt

fluisteraar *de (m)* [-s] ❶ iemand die fluistert ❷ iemand die op een natuurlijke manier communiceert met: *honden~, paarden~*

fluisterasfalt geluiddempend asfalt **fluisterboot** boot met heel stille motor **fluisteren** zacht spreken zonder geluid te maken met de stembanden

fluit *de* ❶ houten of metalen blaasinstrument in de vorm van een staaf met gaatjes erin ❷ hoog smal drinkglas ❸ **spreekt.** penis ▾ **inform.** *geen ~ niets: het interesseert me geen ~* ▾ *~je* voorwerp waarmee men een hoog, schel geluid kan maken door erop te blazen: *de scheidsrechter blies op zijn ~je* ▾ *dat is een ~je van een cent* heel eenvoudig, heel gemakkelijk **fluitconcert** ❶ concert van muziek voor of door een fluitist ❷ massaal afkeurend gefluit: *na de slechte wedstrijd klonk in het stadion een ~*

fluiten [floot, h. gefloten] ❶ op een fluit spelen ❷ op een fluitje blazen om een signaal te geven: *de scheidsrechter floot voor een overtreding* ❸ een hoog geluid maken door de lippen te tuiten en er lucht door te blazen: *hij loopt altijd vrolijke deuntjes te* ~ ▾ *ergens naar kunnen* ~ iets niet (terug)krijgen: *naar het geld dat je hem hebt geleend, kun je* ~

fluitenkruid schermbloemige plant met holle stengel (Anthriscus sylvestris)

fluiter *de (m)* [-s] ❶ iemand die fluit ❷ kleine zangvogel (Phylloscopus sibilatrix)

fluitglas hoog smal drinkglas

fluitist *de (m)* iemand die een fluit bespeelt

fluitjesbier BN flauw bier (van smaak en van alcoholgehalte) **fluitketel** ketel die fluit als het water kookt

fluks *bn* vlug

fluo BN voorvoegsel fluorescerend: *een ~jasje*

fluor *de & het* gasvormig element, onder andere gebruikt in tandpasta om gaatjes te voorkomen **fluorescentie** 〈-Rɛssən〉 *de (v)* verschijnsel dat iets licht gaat uitstralen als het licht of straling in zich opneemt **fluoresceren** 〈-Rɛssirən〉 licht uitstralen als iets licht of straling in zich opneemt, fluorescentie vertonen **fluoriden** zout van fluorwaterstof toevoegen

fluostift BN markeerstift

flut *bn* van heel slechte kwaliteit, waardeloos: *dat boek is* ~

flûte 〈fluut〉 *de* [-s] hoog drinkglas waarvan de onderkant smaller is dan de bovenkant

flutter *de (m)* [-s] ongewenste vlugge verandering van toonhoogte bij geluidsweergave

fluweel *het* glanzende zachte stof met aan de bovenkant opstaande haartjes **fluwelen** *bn* van of als fluweel **fluwelig** *bn* (zacht) als van fluweel

fluwijn *het* steenmarter

flux *de (m)* ❶ dichtheid van elektrische of magnetische stroom ❷ eenheid van die stroom

flux de bouche 〈fluu də boesj〉 *het* woordenvloed, snelheid van spreken

fly-drive 〈flaj-drajf〉 de reis waarbij men de vliegreis, een huurauto en soms verblijf in een hotel boekt

flyer 〈flajəR〉 *de (m)* [-s] folder die op straat wordt uitgedeeld: *op straat werden ~s uitgedeeld voor het muziekfestival* **flyeren** [flyerde, h. geflyerd] flyers uitdelen

fly-over 〈flaj-oovəR〉 *de (m)* [-s] knooppunt van wegen die over elkaar heen lopen

FM frequentiemodulatie

FNP *de (v)* Fryske Nasjonale Partij

fnuiken een heel negatieve invloed hebben, kapotmaken ▾ *~d* slecht, funest;: *al die kritiek was ~d voor zijn motivatie* hij had er daardoor helemaal geen zin meer in

FNV *de (v)* Federatie Nederlandse Vakbeweging

foam 〈foom〉 *de (m) & het* [-s] heel licht schuim, onder andere gebruikt voor verpakking

f.o.b. *free on board*, levering vrachtvrij tot aan boord

fobie *de (v)* [-ën] grote angst voor iets zonder een echte reden: *zij heeft een ~ voor spinnen*

focaccia 〈fookatsjaa〉 *de (m)* [-'s] Italiaans plat brood

focus *de (m)* [-sen] ❶ punt waarop stralen door een lens bij elkaar komen ❷ **fig.** iets waarop iemand zijn aandacht richt, waarop hij zich concentreert **focussen** ❶ (de camera) richten en scherp stellen op: *~ op een eekhoorntje* ❷ **fig.** zich op iets concentreren, zijn aandacht heel erg op iets richten: *de topsporter is gefocust op zijn sport*

foedraal *het* [-dralen] etui, koker om iets in te bewaren

foefelen BN, **spreekt.** niet helemaal zoals het hoort te werk gaan

foefje *het* [-s] trucje, handigheidje

foei *tw* woord om aan te geven dat men iets erg afkeurt: *~, wat maak je weer een rotzooi!* **foeilelijk** heel erg lelijk

foelie *de* [-s] ❶ bast van de muskaatnoot ❷ heel dun bladtin

foerage 〈-raazjə〉 *de (v)* ❶ voer voor koeien, paarden en andere boerderijdieren ❷ voedsel voor soldaten ❸ **scherts.** voedsel **foerageren** 〈-zjirən〉 voedsel zoeken en eten: *ganzen ~ soms in weilanden*

foert BN, **inform.** *tw* verrek!

foeteren mopperen en kritiek leveren

foetsie **inform.** *bw* weg, verdwenen

foetus 〈feu-〉 *de (m) & het* [-sen] mens of dier in de buik van de moeder voor het geboren wordt

foeyonghai 〈-jong-〉 *de (m)* Chinese omelet met garnalen en tomatensaus

föhn 〈feun〉 *de (m)* [-s] ❶ warme wind die langs een berghelling naar beneden gaat ❷ apparaat dat warme lucht uitblaast en waarmee men zijn haar kan drogen

foie gras 〈fwa Gra〉 *de (m)* pastei van ganzenlever

fok I *de* [-ken] ❶ driehoekig voorzeil, onderste zeil aan voormast ❷ **scherts.** bril **II** *de (m)* ❸ het fokken van dieren **fokken** ❶ dieren houden en

fo

ervoor zorgen dat ze jongen krijgen: *op deze boerderij worden geiten gefokt* ❷ jong. vervelend doen ▼ *iemand ~ iemand voor gek zetten*

fokker *de (m)* [-s] iemand die dieren houdt om ze jongen te laten krijgen **fokkerij** *de (v)* bedrijf waar men dieren fokt

fol. folio

folder *de (m)* [-s] ❶ blaadje met reclame of informatie ❷ comp. eenheid die een aantal bestanden en/of programma's bevat, map

folderen folders uitdelen: *voor de verkiezingen stonden de politici op straat te ~*

foliant *de (m)* boek in folioformaat

folie *de & het* [-s] metaal, rubber of kunststof in heel dunne vellen

folio *het* [-'s] ❶ formaat van papier (210 x 330 millimeter) ❷ groot formaat van een boek, ongeveer 40-45 centimeter hoog

folklore *de* de overgeleverde gewoonten, liederen, verhalen enz. van een volk

folkloristisch *bn* wat behoort tot de folklore, wat te maken heeft met de folklore

folkmuziek muziek die is gebaseerd op oude volksliedjes

follikel med. *de (m)* [-s] blaasje, holte, zakje

follow-up ⟨folloo-⟩ *de (m)* [-s] ❶ het voortzetten van een behandeling, van sociale maatregelen, van een reclamecampagne enz. ❷ opvolger, volgende film, roman, cd enz.

folteraar *de (m)* [-s] iemand die foltert **folteren** op een wrede manier opzettelijk pijn doen, martelen

fond ⟨fô⟩ *de (m) & het* ❶ grond, ondergrond, diepere laag ❷ achtergrond ▼ *au ~* in de grond, in wezen, eigenlijk

fondament *het* ondergronds metselwerk, fundament

fondant *de (m)* ❶ zacht suikergoed ❷ kleurloos en transparant email ❸ BN ook pure chocolade

fonds *het* ❶ middelen die uitkeringen voor een bepaald doel waarborgen ❷ de gezamenlijke boeken en tijdschriften waarvan een uitgever het recht van uitgave bezit **fondscatalogus** lijst van werken die bij een uitgever verschenen zijn **fondslijst** lijst van al de uitgaven van een uitgever

fondspatiënt ⟨vroeger⟩ patiënt die lid is van een ziekenfonds

fondue ⟨-duu⟩ *de* [-s] gerecht waarbij men brood in hete vloeibare kaas dompelt of stukjes vlees in hete olie **fonduen** [fondue, h. gefonduud] (gezamenlijk) fondue eten

foneem *het* [-nemen] klank in een taal die een rol speelt bij het onderscheid tussen woorden

fonetiek *de (v)* leer van de vorming en eigenschappen van klanken **fonetisch** *bn* ❶ wat te maken heeft met de fonetiek ❷ op zo'n manier dat het precies de uitspraak weergeeft: *de uitspraak van deze Engelse woorden is ~ weergegeven*

foniatrie *de (v)* ❶ geneeskunde van de spraakorganen ❷ verbetering van stem en spraak

fonkelen schitteren, levendig licht geven: *de sterren ~ aan de hemel* **fonkelnieuw** helemaal nieuw

fonologie *de (v)* wetenschap die het klanksysteem van een taal bestudeert

font *het* [-s] geheel van letters en/of tekens van hetzelfde type

fontanel *de* [-len] deel van de schedel van jonge kinderen dat nog niet tot been is verhard

fontein *de* water dat omhoog spuit: *in het midden van de vijver was een ~* **fonteintje** *het* [-s] ❶ kraantje met wasbakje ❷ drinkglas aan een vogelkooi

foodprocessor ⟨foed-⟩ keukenmachine voor het mengen, kneden e.d. van eten

fooi *de* ❶ bedrag dat iemand extra betaalt als hij tevreden is over de manier waarop hij bediend of geholpen is: *ik heb de ober twee euro ~ gegeven* ❷ min. te lage beloning

foor BN, spreekt. *de* [foren] kermis

foppen iemand op een grappige manier beetnemen, voor de gek houden **fopperij** *de (v)* het foppen **fopspeen** zuigspeentje om een zuigeling zoet te houden

FOR fiscale oudedagsreserve

force majeure ⟨fors mazjeur⟩ *de* overmacht

forceren ❶ door geweld openen, verbreken: *een deur ~* ❷ beschadigen door verkeerd gebruik van kracht: *ik heb mijn schouder geforceerd* ❸ fig. afdwingen, doordrukken: *een beslissing ~*

forehand ⟨fôrhènd⟩ sp. *de* [-s] onderhandse tennisslag met de handpalm naar voren

forel *de* [-len] zalmachtige kleinere riviervis (Salmo fario)

forens *de (m)* [-en, -renzen] iemand die vanuit zijn woonplaats reist naar een andere plaats waar hij werkt

forensisch *bn* wat te maken heeft met justitie, in dienst van het gerecht: *~ onderzoek*

forenzen heen en weer reizen als forens

forfait ⟨-fè⟩ *het* [-s] overeengekomen geschat bedrag ▼ BN, sp. *~ geven* verstek laten gaan bij een sportwedstrijd **forfaitair** ⟨-fetèr⟩ *bn* overeengekomen, vast: *~e onkostenvergoeding* **forfaitscore** BN, sp. 5-0-score door het forfait van de andere voetbalploeg

forint *de (m)* munt en munteenheid van Hongarije

formaat *het* [-maten] grootte, verhouding van de afmetingen: *ik wil een klein ~ televisietoestel* ▼ *van ~* van veel betekenis, heel goed: *een wetenschapper van ~*

formaline *de* desinfectiemiddel

formaliseren ⟨-ziren⟩ vastleggen, officieel maken **formalisme** *het* [-n] ❶ mentaliteit waarbij uiterlijke vorm en regels belangrijker zijn dan inhoud ❷ manier, notatiewijze om eenheden binnen een systeem weer te geven: *een wiskundig ~* **formalist** *de (m)* iemand die uiterlijke vorm en regels belangrijker vindt dan de inhoudelijke kant

formaliteit *de (v)* ❶ voorgeschreven regel, uiterlijke vorm die men bij een (publieke of officiële) handeling in acht moet nemen of pleegt te nemen ❷ iets wat alleen wordt gedaan omdat het officieel zo hoort

format *de (m) & het* [-s] ❶ opzet van een programma, bijv. van een tv-programma ❷ indeling (van computerschijven)

formateur *de (m)* [-s] vormer, samensteller, vooral van een kabinet **formatie** *de (v)* [-s] ❶ vorming, het vormen, samenstellen: *de ~ van een nieuw kabinet* ❷ geol. laag uit, iets dat gevormd is in een bepaalde periode: *een rots~* ❸ opstelling, samenstelling, vooral van een legeronderdeel of van vliegtuigen: *een ~ van vijf gevechtsvliegtuigen* ❹ groep muzikanten, dansers, sporters e.d. ❺ getalsterkte, vooral aantal personeelsleden **formatieplaats** arbeidsplaats binnen een officieel vastgestelde personeelsbezetting

formatteren comp. een diskette of een andere schijf geschikt maken voor gebruik in een computersysteem

formeel *bn* ❶ wat te maken heeft met de vorm ❷ waarbij vooral de omgangsvormen belangrijk zijn, niet erg spontaan: *een formele begroeting*

formeren vormen, samenstellen: *een kabinet ~* ▼ *een elftal ~* de opstelling bepalen

formica *het* harde plaatvormige kunststof

formidabel *bn* heel groot, geweldig: *een ~e prestatie*

formule *de* [-s] ❶ aantal woorden of zinnen die steeds in een vaste vorm worden gebruikt bij een bepaalde gelegenheid: *een ~ om boze geesten weg te jagen* ❷ wisk. een bewering, waarde of grootheid, uitgedrukt in wiskundige symbolen ❸ schei. samenstelling van een stof, uitgedrukt in cijfers en letters ❹ hoe men iets aanpakt en welke elementen iets bevat: *de ~ van een tv-serie* ❺ eisen waaraan auto's of motoren moeten voldoen die meedoen aan races

formuleren iets uitdrukken in woorden: *hij formuleerde zijn vraag erg omslachtig*

formulewagen raceauto die aan bepaalde eisen voldoet

formulier *het* gedrukt of digitaal stuk met vragen e.d., dat men moet invullen: *belasting~, aanvraag~*

fornuis *het* [-nuizen] combinatie van kooktoestel en oven

fors *bn* ❶ krachtig, stevig gebouwd: *een ~e man* ❷ hevig, in hoge mate: *een ~e prijsstijging*

forsythia ‹-sietsiejaa› *de* [-'s] vroege sierheester met heldergele bloemen

fort¹ ‹fort› *het* sterk bouwwerk dat naar alle kanten kan worden verdedigd: *op de top van de heuvel staat een oud ~*

fort² ‹fòr› *het* sterke kant, iets waar iemand goed in is: *dat is niet zijn ~*

forte muz. *bw* luid

fortificatie *de (v)* [-ën, -s] vesting, versterking, militair verdedigingswerk

fortiori *bw* ▼ *a ~* des te sterker, met meer reden

fortissimo muz. *bw* heel krachtig, heel luid

forto muz. *het* [-'s, -ti] stuk dat luid wordt gespeeld of gezongen

fortuin I *het* ❶ mogelijkheid die afhangt van het lot ❷ gelukkige beschikking van het lot, voorspoed, geluk: *hij zocht zijn ~ in Amerika* ❸ vermogen, kapitaal, veel geld: *zij heeft een ~ verdiend* ▼ *~ maken* rijk worden II *de* ❹ lot, noodlot ▼ *de ~ was me niet gunstig gezind* ik had geen geluk

fortuinlijk *bn* die geluk heeft, wat geluk met zich meebrengt: *een ~ man; door een ~ toeval heb ik die baan gekregen*

fortuynisme *het* het zich baseren op het gedachtegoed van Pim Fortuyn

forum *het* [-ra, -s] ❶ groep deskundigen die een bepaald onderwerp ter discussie stelt ❷ bijeenkomst waarbij deskundigen over een onderwerp vertellen en er met het publiek over discussiëren ❸ comp. website waar mensen van gedachten wisselen over een bepaald onderwerp **forumdiscussie** georganiseerde discussie tussen deskundigen en publiek na een inleiding

forwarden ‹fòRwoRdən› comp. [forwardde, h. geforward] een e-mail doorsturen

fosburyflop ‹fosbəRie-› sp. *de (m)* techniek bij het hoogspringen waarbij de atleet ruggelings over de lat gaat

fosfaat *het* [-faten] fosforzuur zout, een vorm van fosfor, onder andere gebruikt in wasmiddelen

fosfor schei. *de (m) & het* heel licht brandbaar, giftig en kleurloos chemisch element (P) **fosforbom** brandbom met fosfor **fosforesceren** in het donker licht geven zonder dat er iets gloeit of brandt: *de wijzers van de wekker ~*

fossiel I *bn* ❶ versteend in de grond ▼ *~e brandstof* brandstof die wordt gewonnen uit delfstoffen die gevormd zijn door afgestorven organismen, zoals steenkool, aardgas en aardolie II *het* ❷ oud en versteend overblijfsel van een dier of een plant

fot *de (m)* eenheid van verlichtingssterkte

foto *de* [-'s] fotografische opname, een beeld in de werkelijkheid dat op een bepaald moment met een camera is vastgelegd **fotoalbum** album om foto's te bewaren

fotobacterie lichtgevende bacterie **fotochemie** leer van de scheikundige werking van licht

foto-elektrisch wat onder invloed van licht elektrisch werkt

fotofinish ‹-nisj› finish waarbij de winnaar d.m.v. een foto wordt vastgesteld **fotogeniek** ‹-zjə-› *bn* die er goed uitziet op foto's: *ze is niet echt mooi maar wel ~*

fotograaf *de (m)* [-grafen] iemand die foto's maakt **fotograferen** foto's maken **fotografie** *de (v)* [-ën, -s] de techniek en de kunst van het maken van foto's **fotografisch** *bn* ❶ d.m.v. fotografie ❷ wat te maken heeft met de fotografie

fotogravure gravure die mechanisch van een foto is gemaakt **fotokopie** kopie die wordt gemaakt met een fotokopieerapparaat **fotokopiëren** precies dezelfde versie van een tekst, afbeelding e.d. maken met fotografische technieken

fotometer lichtmeter **fotometrie** *de (v)* het meten van de lichtsterkte

fotomodel man of vrouw die zich beroepshalve laat fotograferen, vooral om kleding te laten zien **fotomontage** het samenvoegen van foto's tot een geheel

foton *het* [-tonen] kleinste lichteenheid

fotoreportage serie foto's, verslag in foto's over één onderwerp: *een ~ van een natuurramp, een huwelijk*

fo

fo

fotoshoot ‹-sjoet› *de (m)* [-s] sessie waarbij een professionele fotograaf foto's van iemand maakt
fotoshoppen ‹-sjop-› [fotoshopte, h. gefotoshopt] werken met het softwaresysteem Photoshop® voor beeldbewerking
fotosynthese omzetting van koolzuur en water in koolhydraten onder invloed van licht
fototherapie genezing door licht
fototoestel apparaat voor het maken van foto's
fouilleren ‹foejiran› iemand onderzoeken om te kijken wat hij in of onder zijn kleding bij zich heeft: *de bezoekers werden gefouilleerd op wapens*
foulard ‹foelaar› I *het* ❶ bepaald soort zijde II *de (m)* [-s] ❷ halsdoek van die zijde ▾ *grand ~* ‹grà› grote doek om over een stoel of bank te leggen
foundation ‹faundeesjan› *de (m)* [-s] ❶ grondlaag, basis, vooral crème als basis voor make-up ❷ steunende onderkleding (korsetten, bh's enz.)
fourneren ‹foer-› ❶ verschaffen, leveren: *geld ~* ❷ overleggen, laten zien (bewijsstukken enz.)
fournituren *de (mv)* benodigdheden voor het afwerken van kleren
4wd *de (m)*, **fourwheeldrive** [-s] auto waarbij voor- en achterwielen worden aangedreven
fout I *de* ❶ iets wat niet klopt, niet juist is: *ik heb acht ~en in het dictee* ❷ iets wat slecht is: *ik heb veel ~en gemaakt in mijn leven* II *bn* ❸ verkeerd, niet juist: *dat antwoord is ~* ❹ slecht: *het was ~ van mij om te liegen* **foutief** *bn* niet juist, niet correct: *een ~ antwoord* **foutloos** *bn* zonder fouten **foutparkeren** [parkeerde fout, h. foutgeparkeerd] parkeren waar het niet is toegestaan
foxterriër glad- of draadharige hond, ongeveer veertig centimeter hoog, die graag op kleine dieren jaagt
foxtrot *de (m)* [-s] licht stappende dans in vierkwartsmaat
foyer ‹fwajjee› *de (m)* [-s] ❶ koffiekamer in een publieke gelegenheid zoals een theater ❷ ruimte waar men een hotel, bioscoop, museum e.d. binnenkomt
FPU *het* Flexibel Pensioen en Uittreden
fr. ❶ franco ❷ frank
fraai *bn* mooi ▾ *dat was niet ~ van je* het was slecht van je dat je dat hebt gedaan
fractie *de (v)* [-s] ❶ een klein deel: *ik verdien maar een ~ van wat hij verdient* ❷ alle leden van een politieke partij in een parlement: *uit hoeveel mensen bestaat de ~ van de partij in de Tweede Kamer?* **fractioneel** *bn* wat men alleen kan uitdrukken in een breuk, bijv. 1/3, 1/6
fractuur *de (v)* [-turen] breuk in een lichaamsdeel: *een heup~, schouder~*
fragiel ‹-zjiel of -giel› *bn* wat gemakkelijk breekt ▾ *een ~ meisje* tenger en kwetsbaar
fragment *het* ❶ brokstuk ❷ stuk uit een groter geheel: *een ~ uit een roman* **fragmentarisch** *bn* wat geen geheel vormt, wat bestaat uit fragmenten **fragmentatiebom** bom die in veel scherven uiteenspat
framboos *de* [-bozen] ❶ struik uit de familie van de Rosaceeën (Rubus idaeus) ❷ vrucht die aan die struik groeit
frame ‹freem› *het* [-s] raamwerk van een

constructie ▾ *het ~ van een fiets* de buizen van een fiets: *deze racefiets heeft een ~ van aluminium*
franc ‹frà› *de (m)* [-s] frank
Française ‹-sèza› *de (v)* [-s] vrouw of meisje uit Frankrijk
franchise ‹fràsjieza› I *de (v)* ❶ vrijstelling van vracht of invoerrechten ❷ bepaling dat schade beneden een bepaald bedrag niet door de verzekeraar wordt vergoed ❸ gedeelte van het salaris waarover geen premie wordt betaald II *de (v)* ‹fRentsjajz› ❹ het ondernemen onder de naam, het merk of de productiemethode van een andere (grotere) onderneming
franciscaan *de (m)* [-canen] kloosterling van de orde van Sint-Franciscus **franciscaans** *bn* van de franciscanen **franciscaner** *bn* franciscaans: *een ~ klooster* **franciscanes** *de (v)* [-sen] kloosterlinge van de orde van Sint-Franciscus
franc-maçon ‹frà-maasò› *de (m)* [francs-maçons] vrijmetselaar
franco *bn* waarbij de afzender de verzendkosten betaalt
francofiel I *bn* ❶ gesteld op alles wat Frans is II *de (m)* ❷ iemand die houdt van alles wat Frans is **francofoon** *bn* die Frans spreekt, waar Frans wordt gesproken: *het francofone deel van België*
franje *de* [-s] ❶ een aantal draden of koorden die naar beneden hangen, als versiersel ❷ *fig.* bijkomstigheden, zaken die niet echt van belang zijn
frank I *bn* ❶ vrijmoedig, niet verlegen ▾ *~ en vrij* vrij, zonder zich door iets te laten belemmeren II *de (m)* ❷ vroegere munt en munteenheid van onder meer België en Frankrijk, nu nog in onder andere Zwitserland ▾ *BN, spreekt. zijn ~ valt* hij snapt het (eindelijk) ▾ *BN, spreekt. een ~ in tweeën bijten* heel gierig of zuinig zijn
frankeermachine apparaat waarmee men een stempel zet in plaats van postzegel **frankeren** de verzendkosten vooruitbetalen door het aanbrengen van postzegels of stempels
frans *de (m)* ▾ *een vrolijke ~* en vrolijk zorgeloos iemand
Frans I *het* ❶ de Franse taal ▾ *daar is geen woord ~ bij* dat is heel duidelijk uitgedrukt, daar is geen twijfel over mogelijk II *bn* ❷ (als) van Frankrijk ▾ *~e titel* verkorte titel, geplaatst vóór het eigenlijke titelblad in een boek ▾ *met de ~e slag* oppervlakkig, onzorgvuldig
franskiljon *BN, scheldn. de (m)* [-s] Vlaming die voorstander is van de overheersing van het Frans in België
frappant *bn* treffend, opvallend: *er is een ~e overeenkomst tussen beide gebeurtenissen* **frapperen** treffen, opvallen: *het frappeerde mij dat hij in zijn toespraak niets zei over de recente gebeurtenissen*
frase ‹-za› *de (v)* [-n, -s] ❶ een zin, deel uit iets wat iemand zegt: *een ~ over mensenrechten* ❷ volzin die mooi klinkt maar die geen inhoud heeft, standaardzin die niets meer betekent ❸ deel van een muziekstuk dat in één adem wordt gezongen **fraseologie** ‹-zee› *de (v)* [-ën] ❶ verzameling vaste uitdrukkingen, idioom e.d. ❷ iemands woordkeus en zinsbouw ❸ dingen die iemand zegt die mooi klinken maar die in

werkelijkheid niets voorstellen **fraseren** ‹-zìrən› indeling en ritme duidelijk laten uitkomen

frater r.-k. *de (m)* [-s] broeder in een klooster **fraterhuis** klooster voor fraters **fraterniseren** ‹-zìrən› zich verbroederen **fraterschool** school onder leiding van fraters

fratsen *de (mv)* rare streken, vreemde gedragingen: *zij heeft altijd van die ~*

fraude *de* [-s] bedrog, vooral met geld, oplichterij: *de boekhouder heeft ~ gepleegd* **fraudeofficier** officier van justitie die gespecialiseerd is in fraudezaken **frauderen** fraude plegen **fraudeur** *de (m)* [-s] iemand die fraude pleegt **frauduleus** *bn* wat gepaard gaat met fraude: *~ handelen*

freak ‹friek› *de* [-s] ❶ iemand die er vreemd uitziet en/of zich vreemd gedraagt ❷ ‹als laatste deel van een samenstelling› iemand die zich heel fanatiek met iets bezighoudt: *fitness~, computer~* **freaky** ‹friekie› *bn* uitzinnig, bizar

free kick ‹fRie kik› *de (m)* [- kicks] vrije trap

freelance ‹fRielèns› *bn* niet in dienst als vast personeelslid, die op zelfstandige basis werkt: *een ~journalist* **freelancer** *de (m)* [-s] iemand die als zelfstandige voor anderen werkt

frees *de* [frezen] ❶ ronddraaiende schijf met scherpe tanden voor het bewerken van metaal en hout ❷ geplooide halskraag

freewheel ‹fRiewiel› *het* [-s] inrichting aan een fiets waardoor het achterwiel kan doorlopen zonder dat het trapwerk meegaat **freewheelen** ❶ op de fiets van het freewheel gebruikmaken ❷ fig. het kalm aan doen, op zijn gemak dingen doen

fregat *het* [-ten] klein type snel oorlogsschip

frêle ‹frèla› *bn* broos, tenger, teer: *een ~ vrouwtje*

freon schei. *de (m)* [freonen] soort koolwaterstof die onder andere in spuitbussen en als koelmiddel en brandblusmiddel wordt gebruikt

frequent ‹-kwɛnt› *bn* wat vaak voorkomt ▼ *hij is ~ afwezig* hij is er vaak niet **frequenteren** ‹-tì-› vaak bezoeken, omgaan met **frequentie** *de (v)* [-s] ❶ aantal keren dat een verschijnsel zich voordoet ❷ aantal trillingen per seconde

fresco *het* [-'s] muurschildering in waterverf op natte kalk

fresia ‹-ziejaa› *de* [-'s] ❶ knolgewas met zoetgeurende bloemen ❷ bloem van die plant

fret *de (m) & het* [-ten] ❶ klein roofdier, soort bunzing ❷ metalen staafjes op de hals van snaarinstrumenten

freudiaans ‹froj-› *bn* volgens de leer van Freud ▼ *een ~e verspreking* een verspreking die iets uit het onderbewuste verraadt

freule ‹frùla› *de (v)* [-s] adellijke ongehuwde dame

frezen ❶ (metaal, hout) met een frees bewerken of afslijpen ❷ ‹de grond› losmaken en egaliseren

fricandeau ‹-doo› *de (m)* [-s] mager stuk kalfs- of varkensvlees

fricassee *de (v)* [-ën] BN ook ragout, gestoofd kleingesneden vlees, vis e.d. met gekruide saus

frictie *de (v)* [-s] ❶ wrijving ❷ fig. wrijving, irritatie, onenigheid

friemelen onrustig met zijn vingers ergens aan zitten: *wat zit je toch aan je haar te ~!*

fries *de & het* [friezen] versierde rand boven een gevel

friet *de* reepjes aardappel die in frituurvet gebakken zijn, patates frites **frietchinees** BN snackbarhouder van Aziatische herkomst **frietketel** BN, ook friteuse **frietkot** BN patatkraam **frietsaus** soort mayonaise, met minder vet

frigidaire® ‹-zjiedèrə› *de (v)* [-s] koelkast

frigide ‹-gie- of -zjie-› *bn* ‹van een vrouw› seksueel ongevoelig

frigo BN, ook *de (m)* [-'s] koelkast **frigobox** BN, ook koelbox **frigoboxtoerist** BN dagjestoerist die met zijn koelbox naar de kust komt

frik neg. *de (m)* [-ken] schoolfrik, iemand die zich gedraagt als een schoolmeester

frikadel, frikandel *de* [-len] (gebraden) gehakt in de vorm van een worstje

fris I *bn* ❶ tamelijk koud: *het is ~ buiten* ❷ helder: *een ~se groene kleur* ❸ zuiver, niet benauwd, niet bedompt: *~se lucht* ▼ *een ~se neus halen* even naar buiten gaan ❹ onbedorven: *een ~ meisje; een ~se kijk op de zaak* ❺ nieuw, vers: *met ~se moed* ❻ die geen vermoeidheid voelt: *ik voel me nog helemaal ~* II *de (m)* ❼ frisdrank: *ik wil wel een glaasje ~*

frisbee® ‹-bie› *de (m)* [-s] ronde platte schijf die mensen naar elkaar gooien als spel

frisco BN, ook *de (m)* [-'s] ijsje

frisdrank verfrissende drank zonder alcohol, vaak met koolzuur **frisheid** *de (v)* het fris-zijn **frisjes** *bn* een beetje koud

frites ‹friet› *de (mv)* reepjes aardappel die in frituurvet gebakken zijn, patates frites **friteuse** ‹-teuza› *de (v)* [-s] pan om in te frituren

frituren bakken in kokend vet of kokende olie **frituur** *de (v)* [-turen] ❶ toestel om mee te frituren ❷ patatkraam

frivoliteit *de (v)* het frivool zijn, lichtzinnigheid, uiting daarvan **frivool** *bn* oppervlakkig, lichtzinnig, gericht op pleziertjes

fröbelen ‹freu-› zomaar wat knutselen, prutsen

frommelen ❶ kreukels in iets maken, kreuken: *een gefrommeld vel papier* ❷ rommelig omgaan met iets, slordig wegstoppen: *zijn portemonnee in zijn zak ~*

frons *de* [-en, fronzen] diepe rimpel, vooral in het voorhoofd, wanneer iemands gezicht kwaadheid, ergernis e.d. uitdrukt **fronsen** tot rimpels samentrekken, vooral wanneer iemand geërgerd, kwaad e.d. is: *de wenkbrauwen ~*

front *het* ❶ voorkant: *het ~ van een gebouw* ❷ de strook land waar vijandige legers tegenover elkaar staan en waar gevochten wordt: *hij heeft in de oorlog aan het ~ gevochten* ▼ *voor het ~ komen* voor de dag komen, ergens voor verschijnen ▼ *op alle ~en winnen* overal, in alle opzichten winnaar worden ❸ scheidingsvlak tussen koude en warme luchtmassa's **frontaal** *bn* ❶ wat zich aan de voorkant bevindt ❷ van voren ▼ *een ~ale botsing* een botsing waarbij twee auto's met de voorkanten tegen elkaar aan komen **frontlijn** *de*, **frontlinie** *de (v)* lijn waarlangs zich het front bevindt

frontoffice ‹-offis› *de (m) & het* [-s] deel van een bedrijf of organisatie dat de externe contacten onderhoudt met klanten: *backoffice en ~*

fronton *het* [-s] versiering boven een gevel, deur,

fr

raam of kast

frontpagina voorpagina

frotté *het* ruw weefsel, badstof

frotteren wrijven, inwrijven, boenen

froufrou® ‹froefroe› *de (m)* [-s] biscuit met crème

fructose ‹-tooza› *de* vruchtensuiker

fruit *het* eetbare vruchten **fruitautomaat** gokautomaat met afbeeldingen van vruchten **fruiten** bruin braden

fruithapje vruchtenmoes voor baby's **fruitig** *bn* met een frisse fruitsmaak **fruitsap** BN, ook vruchtensap

frunniken onrustig met zijn vingers ergens aan zitten, trekken, friemelen: *verlegen aan zijn jasje ~*

frustratie *de (v)* [-s] ❶ ongelukkig gevoel over iets waardoor iemand zich geremd voelt ❷ gevoel van teleurstelling of ergernis omdat iets niet gaat zoals iemand graag zou willen **frustreren** ❶ moeilijk maken, maken dat iets mislukt: *onderhandelingen ~ door met nieuwe eisen te komen* ❷ ongelukkig maken, vaak doordat niet gebeurt, niet gegeven wordt wat iemand verwacht: *het frustreert me dat ik geen baan heb*

frutselen friemelen, prutsen

f-sleutel muz. teken dat de plaats van de f aangeeft

ft *foot, feet*, voet

fte *de (v)*, fulltime equivalent, getal waarmee de omvang van een functie of de personeelssterkte wordt uitgedrukt: *1 fte is een volledige werkweek*

ftp comp. *file transfer protocol*, protocol om bestanden uit te wisselen tussen gebruikers via een netwerk (tussen een ftp-server en ftp-clients)

fuchsia ‹fuk-› *de (v)* [-'s] sierplant met klokvormige bloemen die naar beneden hangen (Fuchsia)

fuck spreekt. **I** *tw* uitroep van afkeer of ergernis **II** *de* ▼ *geen ~* helemaal niets: *het kan me geen ~ schelen*

fuga *de* [-'s] muziekstuk waarin een thema door één stem wordt ingezet en door de andere stemmen overgenomen wordt

fuif *de* [fuiven] vrolijk informeel besloten feest **fuifnummer** iemand die graag fuift

fuik *de* langwerpig visnet waar vissen gemakkelijk in kunnen zwemmen, maar waar ze niet meer uit kunnen ▼ *in de ~ zitten* in de val, in zo'n positie dat er geen uitweg meer is

fuiven feestvieren, een fuif houden

full colour ‹foel koloR› *de (m)* het helemaal in kleur zijn: *fullcolourdruk* **full speed** ‹foel spied› *bw verb* met volle kracht **fulltime** ‹foeltajm of foeltajm› *bn* voltijds, voor de hele (werk)tijd

fulmineren hevig tekeergaan, schelden: *~ tegen*

functie *de (v)* [-s] ❶ het werk dat iemand doet, ambt, baan, taak: *hij heeft een hoge ~ bij een bank* ▼ *hij is nog in ~* hij werkt nog in die baan, hij vervult dat ambt nog ❷ dat waartoe iets dient, werking: *de ~ van het hart* ▼ BN ook *in ~ van* afhankelijk van, met het oog op **functieanalyse** analyse van taken en verantwoordelijkheden binnen een functie

functietoets comp. toets voor het geven van opdrachten (en niet voor het typen van letters, cijfers e.d.)

functiewoord woord dat inhoudelijke woorden in een zin verbindt, bijv. de, en, achter

functionaliteit *de (v)* ❶ het doelmatig zijn, doelmatigheid ❷ comp. geheel van functies van een toepassing **functionaris** *de (m)* [-sen] iemand die een functie uitoefent **functioneel** *bn* ❶ wat te maken heeft met een functie ❷ wat ergens voor dient en niet overbodig is: *de plaatjes in dat boek zijn niet ~, het zijn alleen maar versieringen* **functioneren** ❶ werk verrichten, een functie vervullen: *hij was vroeger leraar en hij functioneert nu als rector van de school* ❷ werken, het doen ▼ *deze computer functioneert niet meer* deze computer is kapot **functioneringsgesprek** gesprek tussen een werknemer en een meerdere over de manier waarop de werknemer zijn werk doet

fund *het* [-s] beleggingsfonds

fundament *het* ❶ constructie onder de grond waar een gebouw op rust ❷ fig. grondslag, basis

fundamentalisme *het* het zich heel streng houden aan de regels van een godsdienst

fundamenteel *bn* wat te maken heeft met de basis of wat de basis vormt, wezenlijk ▼ *zij hebben een ~ verschil van mening* zij denken verschillend over iets heel belangrijks

fundatie *de (v)* [-ën, -s] stichting

funderen ❶ bouwen op een bepaalde ondergrond: *ons huis is gefundeerd op palen* ❷ fig. een basis vormen voor iets ▼ *dat oordeel is nergens op gefundeerd* daar zijn helemaal geen goede argumenten voor **fundering** *de (v)* ❶ het funderen ❷ constructie onder de grond waar een gebouw op rust, fundament

funding *de* het verschaffen van financiële middelen, financiering

fundraising ‹-reezing› *de* het zoeken naar sponsors en donateurs die geld willen geven, vaak aan goede doelen

funerarium BN *het* [funeraria, -s] uitvaartcentrum

funest *bn* erg nadelig en slecht, noodlottig: *roken is ~ voor de gezondheid*

fungeren dienstdoen, de functie vervullen (van): *hij fungeert als voorzitter; een leeg blikje fungeerde als asbak*

fungicide I *het* [-n] ❶ schimmeldodende stof **II** *bn* ❷ dodelijk voor schimmels

funk *de (m)* ritmische zwarte muziek

funshoppen ‹-sjop-› [funshopte, h. gefunshopt] winkelen als vrijetijdsbesteding

furie *de (v)* [-s, -riën] ❶ wraakgodin bij de Romeinen ❷ vrouw in razende woede ❸ razernij **furieus** *bn* razend, buiten zichzelf van woede

furore *de* ▼ *~ maken* veel positieve reacties opwekken, erg geprezen worden: *die nieuwe zanger maakt ~*

fuseren ‹-zìrən› [fuseerde, h. / is gefuseerd] (doen) samengaan en één geheel worden (van bedrijven, verenigingen enz.): *die twee bedrijven gaan binnenkort ~*

fusie ‹-zie› *de (v)* [-s] ❶ het smelten, gieten van metaal ❷ samensmelting: *de ~ van atoomkernen* ❸ fig. het fuseren, het samengaan van partijen, verenigingen, bedrijven enz.: *een ~ tussen twee scholen* ❹ BN samenvoeging van twee gemeenten fusiegemeente gemeente die ontstaat door samenvoeging en herindeling

fusillade ⟨fuuziejaadə⟩ *de (v)* [-s] het fusilleren **fusilleren** ⟨fuuziejiːrən⟩ doodschieten als straf

fusilli ⟨foezielie⟩ *de* spiraalvormig deegwaar

fusion ⟨fjoezjən⟩ *de (v)* mengvorm van verschillende stijlen, vooral van jazz met uiteenlopende vormen van dans- en etnische muziek **fusioneren** ⟨fuuzjoo-⟩ BN, ook [fusioneerde, h. / is gefusioneerd] fuseren, een fusie aangaan

fust *het* ❶ houten vat ❷ houten of metalen verpakking

fut *de* energie, zin om iets te doen, werklust: *ik heb geen ~ meer*

futiel *bn* nietig, onbelangrijk, onbeduidend **futiliteit** *de (v)* ❶ nietigheid, onbelangrijkheid ❷ onbeduidende zaak, iets onbelangrijks

futloos *bn* zonder fut, zonder energie, lusteloos, slap

futsal ⟨foet-⟩ *het* zaalvoetbal

futselen peuteren, friemelen, met de vingers aan iets plukken en trekken

futurisme *het* Italiaanse kunstrichting die in 1909 is ontstaan **futuristisch** *bn* ❶ in de stijl van het futurisme ❷ alsof het in een verre toekomst is **futurologie** *de (v)* wetenschap die zich bezighoudt met de toekomst **futurum** taalk. *het* toekomende tijd

fuut *de (m)* [futen] zwemvogel zonder zichtbare staart, van het geslacht Podiceps

FWO BN *het* Fonds voor Wetenschappelijk Onderzoek (te vergelijken met NWO)

fylogenie ⟨fie-⟩ *de (v)*, **fylogenese** ontwikkeling van een planten- of dierenstam

fysica ⟨fiezie-⟩ *de (v)* natuurkunde **fysicus** *de (m)* [-ci] natuurkundige

fysiek I *bn* ❶ wat te maken heeft met de natuur, natuurkundig: *dat is ~ onmogelijk* ❷ wat met het lichaam te maken heeft, lichamelijk II *het* ❸ gestel, lichamelijke gesteldheid

fysiologie ⟨fiezie-⟩ *de (v)* leer van de normale levensverrichtingen en -verschijnselen

fysionomie ⟨fiezie-⟩ *de (v)* [-ën] kenmerken en uitdrukking van het gezicht

fysiotherapeut ⟨fiezie-⟩ ❶ iemand die fysiotherapie toepast ❷ BN revalidatiearts **fysiotherapie** geneeskundige behandeling, vooral van afwijkingen van de normale lichaamshouding en van pijn in gewrichten en spieren, vooral door oefeningen en massage

fysisch ⟨fiezies⟩ *bn* wat te maken heeft met de natuur of de natuurverschijnselen

fytopathologie leer van de plantenziekten **fytotherapie** therapie met kruiden

G

g I *de* [-'s] ❶ zevende letter van het alfabet ❷ stemhebbende medeklinker die bij het zachte gehemelte wordt gevormd ❸ muz. vijfde toon van de diatonische toonladder, sol II ❹ gram

G8 *de* de acht meest invloedrijke staten in de wereld **G20** *de* de negentien landen met de grootste economieën van de wereld en de Europese Unie

GA gewijzigde aansprakelijkheid

gaaf I *de* [gaven] ❶ gave II *bn* ❷ niet beschadigd, ongeschonden ❸ jong. mooi, goed: *een gave film*

gaai *de (m)* broedvogel, onderfamilie Garrulinae van de kraaiachtigen ▼ *Vlaamse* ~ grijsachtig rode vogel met een zwarte staart en witte stuit

gaal *de* [galen] kale of dunne streep in stof

gaan [ging, is gegaan] ❶ zich (lopend) voortbewegen ❷ zich verwijderen, weggaan ❸ in werking zijn: *de bel gaat* ❹ ergens naartoe leiden: *die trap gaat naar de zolder* ❺ gebeuren: *dat gaat vanzelf* ❻ mogelijk zijn: *dat gaat niet* ❼ beginnen te: *het gaat regenen* ▼ *~ over* behandelen, betreffen; de baas zijn van ▼ *zich laten* ~ ongeremd doen wat men wil ▼ *het gaat hem goed* zijn leven verloopt op een positieve manier ▼ *~ vóór* voorrang hebben op ▼ inform. *~ voor* zich helemaal inzetten voor **gaande** *bn* aan de gang, bezig te gebeuren: *er is wat ~*

gaanderij *de (v)* overdekte gang, galerij

gaandeweg *bw* langzamerhand, terwijl iets bezig is: *eerst vond ik niks aan deze opleiding, maar ~ begin ik het leuk te vinden*

gaap *de (m)* [gapen] het wijd openen van de mond en een keer diep in- en uitademen, het gapen

gaar *bn* ❶ voldoende gekookt, gebakken e.d. om te kunnen eten ❷ fig. met een duf en afgemat gevoel: *helemaal ~ na een dag vergaderen*

gaard lit. *de (m)*, **gaarde** tuin

gaarkeuken openbare eetgelegenheid voor mensen met weinig geld

gaarne *bw* graag

gaas *het* [gazen] ❶ doorzichtige stof die onder andere gebruikt wordt om wonden te verbinden ❷ netwerk van metaaldraad voor bijv. kippen- en konijnenhokken **gaasje** *het* [-s] stukje gaas als verband

gaatje *het* [-s] ❶ klein gat ▼ *een ~ in zijn hoofd hebben* niet goed wijs zijn, gek zijn ▼ *ik heb nog wel een ~* ik heb nog wel wat tijd voor een afspraak ▼ *tot het ~ gaan* tot het uiterste gaan ❷ gat in een tand of kies

gabardine I *de* ❶ waterdichte stof die wordt gebruikt voor regenkleding II *de (v)* [-s] ❷ jas daarvan

gabber *de (m)* [-s] ❶ spreekt. kameraad ❷ liefhebber van een vorm van snelle housemuziek **gabberhouse** ⟨-haus⟩ snelle housemuziek

gade plecht. *de* [-n] echtgenoot, echtgenote **gadeslaan** [sloeg gade, h. gadegeslagen] oplettend kijken naar, letten op

gadget ⟨ɡɛddzjət⟩ *het* [-s] ❶ handig dingetje

ga

❷ overbodig luxe voorwerpje ❸ comp. widget

gading *de (v)* genoegen, zin, lust ▾ *dat is van mijn* ~ dat komt mij van pas, dat vind ik leuk, dat wil ik wel hebben: *is er iets van je ~ bij deze spullen?*

gadogado ‹GaadooGaadoo› *de (m)* Indonesisch gerecht van groenten met pindasaus

gadsie *tw* uitroep van afkeer **gadver** *tw*, **gadverdamme** uitroep van afkeer

gaffel *de* [-s] ❶ tweetandige vork voor hooi of mest ❷ rondhout aan de mast van een schip, waaraan een zeil hangt

gag ‹GèG› *de (m)* [-s] ❶ grap ❷ grappige gebeurtenis of situatie in een film, stripverhaal e.d. ▾ *running* ~ iets wat grappig wordt doordat het steeds weer gezegd wordt

gaga ‹GaGa› *bn* niet goed wijs, gek, kinds

gage ‹gaazjə› *de* [-s] loon van artiesten en profsporters en van mensen die op schepen werken

gagel *de (m)* [-s] heester met gele katjes (Myrica gale)

gajes spreekt. *het* slechte mensen, tuig

GAK *het , Gemeenschappelijk Administratiekantoor*, ‹vroeger› overheidsinstelling die sociale verzekeringen voor bedrijfsverenigingen en andere organisaties administreerde, in 2002 opgegaan in het UWV

gakken *het* geluid van een gans maken

gal *de* ❶ bitter vocht dat wordt afgescheiden door de lever ❷ fig. bittere stemming, boosheid ▾ *zijn* ~ *spuwen* uiting geven aan zijn ergernis of boosheid

gala *het* [-'s] ❶ groot en chic feest aan het hof of met beroemde personen ❷ concert of andere voorstelling met beroemde personen ❸ chique feestkleding

galactose ‹-zə› *de* melksuiker

galant *bn* behulpzaam, netjes tegenover dames: *hij hield ~ de deur open voor zijn vrouw* **galanterie** *de (v)* [-ën] ❶ hoffelijkheid, het galant zijn tegenover dames ❷ ‹vooral meervoud› snuisterij, niet erg duur voorwerp als versiering

gala-uniform uniform voor chique feestelijke gelegenheden ❸ **galavoorstelling** bijzondere voorstelling ter ere van hooggeplaatste personen

galbak naar, zeurderig, negatief persoon

galblaas blaas waarin de gal komt die door de lever is afgescheiden **galbult** snel opkomend, sterk jeukend bultje op de huid

galei *de hist.* oorlogsvaartuig dat meestal door dwangarbeiders of slaven wordt geroeid

galerie *de (v)* [-s, -ën] ruimte waar kunst wordt tentoongesteld en verkocht **galeriehouder** exploitant van een galerie

galerij *de (v)* ❶ overdekte gang aan de buitenkant van een gebouw ❷ goedkoopste schouwburgplaatsen ❸ BN galerie **galerijflat** ‹-flet› flat aan een galerij **galerijhouder** BN, ook galeriehouder, exploitant van een galerie

galg *de* constructie voor het ophangen van veroordeelden ▾ *voor ~ en rad opgroeien* opgroeien voor een slecht, misdadig leven **galgenhumor** bittere humor, grappen die iemand maakt over zijn eigen ellende

galgenmaal ❶ laatste maaltijd, klaargemaakt volgens de wensen van iemand die ter dood is veroordeeld ❷ afscheidsmaal

galjoen *het* ❶ groot schip van de Spaanse marine in de 16de tot de 18de eeuw ❷ uitbouw aan de boeg van grote zeilschepen

gallicisme *het* [-n] woord of uitdrukking die letterlijk uit het Frans vertaald is, die is gevormd naar het Frans, en die geen goed Nederlands is

gallig *bn* ❶ die lijdt aan te veel gal ❷ slechtgehumeurd, die over alles moppert

gallisch *bn* kwaad, boos, geïrriteerd: *ik word ~ van dat eeuwige commentaar*

gallon ‹Gellən› *de (m) & het* [-s] inhoudsmaat in Groot-Brittannië (4,546 liter) en de Verenigde Staten (3,785 liter)

galm *de (m)* ❶ volle klank ❷ geluid dat even in een ruimte naklinkt door de weerkaatsing tegen de muren

galmen hard naklinken: *het gezang galmde door de kerk*

galon *het & de (m)* [-s, -nen] ❶ lint- of koordvormig weefsel, vooral van goud- of zilverdraad ❷ rand daarvan op een kledingstuk

galop *de (m)* [-s] ❶ snelste van de drie natuurlijke gangen van een paard ❷ snelle gang in het algemeen **galopperen** ❶ in galop lopen: *het paard galoppeert* ❷ rijden op een paard in galop

galsteen steenachtige afzetting in de galblaas

galvanisch *bn* als of met behulp van galvanisme

galvaniseren ‹-zi-› ❶ een galvanische stroom voeren door ❷ door elektrolyse met een laagje metaal bedekken, vooral ijzer verzinken

galvanisme *het* elektriciteit die ontstaat door inwerking van twee ongelijksoortige stoffen op elkaar, gewoonlijk vloeistoffen op metalen

galweg verbinding die gal vanuit lever en galblaas afvoert naar de twaalfvingerige darm

gamba ‹Gam-› *de* [-'s] ❶ soort viool die tijdens het bespelen op de grond staat en tussen de knieën wordt gehouden, viola da gamba ❷ soort grote garnaal

gambiet *het* zet bij de opening van een schaakspel waarbij iemand een stuk opoffert

game ‹Geem› *de (m)* [-s] ❶ set bij een tenniswedstrijd ❷ (computer)spel

gameet *de* [-meten] voortplantingscel

gamel *de* [-len] ❶ eetketeltje van militairen ❷ grote ketel, gebruikt om eten in klaar te maken

gamelan *de (m)* [-s] Javaans orkest

gamen ‹Geemən› [gamede, h. gegamed] een computerspel spelen

gamma *de & het* [-'s] ❶ derde letter van het Griekse alfabet ❷ geordende reeks: *een ~ van mogelijkheden* ❸ BN ook assortiment, reeks

gammastralen *de (mv)* radioactieve stralen met heel korte golflengte

gammawetenschap sociale of maatschappijwetenschap zoals sociologie, psychologie, politicologie, economie

gammel *bn* ❶ oud, vervallen: *een ~ schuurtje* ❷ slap, moe: *ik voel me nog een beetje ~ na die griep*

gander *de (m)* [-s] mannetjesgans

gang¹ *de (m)* ❶ smalle ruimte in een gebouw

waar deuren van kamers op uitkomen
❷ onderdeel van een maaltijd ❸ toegangsweg,
doorgangsruimte ❹ vaart, tempo: *de ~ erin
houden* ▼ *op ~ komen* een bepaald tempo
bereiken ❺ het gaan: *de ~ naar de dokter*
❻ manier waarop een mens of dier loopt ▼ *aan
de ~* begonnen, bezig ▼ *zijn ~ gaan* doen wat men
wil ▼ *de ~ van zaken* zoals de dingen gaan ▼ *'t
gaat zo zijn ~etje* het gaat zoals altijd
gang[2] ⟨Geng⟩ *de (m)* [-s] misdadigersbende
gangbaar *bn* gebruikelijk, gewoon: *aardappelen
zijn ~ voedsel in Nederland en België*
gangboord *het & de (m)* rand waarover men
rond een schip kan lopen
ganglion *het & de (m)* [-gliën] zenuwknoop
gangmaker ❶ motorrijder die een wielrenner op
gang helpt en houdt ❷ *fig.* degene die met iets
begint en de anderen stimuleert om mee te
doen: *de ~ van het feest*
gangpad smal pad tussen zitplaatsen in een zaal,
kerk enz.
gangreen *med. het* het afsterven en rotten van
weefsel waardoor vaak een deel van het lichaam
zoals een voet of been moet worden
geamputeerd, koudvuur
gangstarap ⟨gengstaRep⟩ *de* rapmuziek met
gewelddadige teksten
gangster ⟨Gèngstər⟩ *de (m)* [-s] lid van een
misdadigersbende
gangwerk ❶ beweging van een dier tijdens het
lopen, vooral van een hond of paard
❷ raderwerk in een uurwerk
gans I *de* [ganzen] ❶ grote watervogel van de
familie Anser ❷ *fig.* onnozel dom meisje of
vrouw II *bn* ❸ BN ook helemaal, heel (*in
Nederland verouderd*): *een vakantiehuis voor het ~e
gezin* ▼ *van ~er harte* echt gemeend ▼ *de ~e dag* de
hele dag
ganzenbloem gele samengesteldbloemige plant
van het geslacht Chrysanthemum **ganzenbord**
gezelschapsspel, gespeeld op een bord met
vakjes en afbeeldingen van ganzen **ganzenpas**
▼ *in ~ lopen* precies achter elkaar
ganzerik I *de (m)* ❶ mannetjesgans II *de*
❷ roosachtige plant van het geslacht Potentilla
met gele bloempjes
gapen ❶ geeuwen, de mond ver openen bij
slaap, verveling e.d. ❷ nieuwsgierig kijken
❸ wijd open zijn: *de ~de kloof tussen arm en rijk*
gaper *de (m)* [-s] ❶ gapend iemand
❷ uithangteken in de vorm van een kop met
uitgestoken tong **gaping** *de (v)* opening, gat, lege
plek
gappen *inform.* stelen
garage ⟨-raazje⟩ *de (v)* [-s] ❶ bedrijf waar auto's,
motoren e.d. gerepareerd en soms ook verkocht
worden ❷ overdekte ruimte voor het stallen van
een of meer auto's, motoren e.d. **garagebox**
garage die deel uitmaakt van een rij
aaneengebouwde garages **garagist** ⟨-zjist⟩ BN,
ook *de (m)* garagehouder
garanderen instaan voor, zeggen, beloven dat
iets zo is of zal gebeuren **garant** ▼ *~ staan voor*
zichzelf als borg, als zekerheid beschikbaar
stellen **garantie** *de (v)* [-s] ❶ wat zekerheid biedt
dat iets echt zo is of gaat gebeuren: *wie geeft mij*

de ~ dat het gaat, zoals jij zegt? ❷ verzekering dat
een product goed is met binnen een bepaalde
periode vervanging of gratis reparatie als er iets
niet goed is
gard *de* ❶ buigzaam takje of buigzame takjes,
vroeger ook als strafwerktuig om mee te slaan
❷ keukengereedschap om iets mee te roeren of
te kloppen
garde *de* [-s] ❶ wacht van krijgslieden, lijfwacht
▼ *de oude ~* groep mensen die al een hele tijd
ergens bij horen of een bepaalde positie hebben
❷ keukengereedschap, gard
gardenia *de* [-'s] plant met glanzend stijf blad en
geurende witte bloemen
garderobe ⟨-ròbə⟩ *de* [-s] ❶ kast voor kleding
❷ bewaarplaats voor jassen en hoeden in een
schouwburg e.d. ❸ het geheel aan
kledingstukken die iemand bezit
gardist *de (m)* soldaat van een keurkorps
gareel *het* [-relen] halsjuk van een trekdier ▼ *in
het ~ lopen* zich aanpassen aan, meedoen met
wat algemeen aanvaard is
garen I *het* [-s] ❶ gesponnen draad ▼ *ergens ~ bij
spinnen* ergens voordeel van hebben II *ww*
❷ verzamelen
garf *de* [garven] schoof, bundel halmen van
graan
garnaal *de (m)* [-nalen] klein kreeftachtig diertje
van het geslacht Crangon ▼ BN, *inform. kleine ~*
minder belangrijk iemand
garnaalkruien BN met een sleepnet garnalen
vangen, te voet of met trekpaard
garnalencocktail ⟨-teel⟩ voorgerecht met onder
andere garnalen
garneersel *het* [-s] ❶ stukje stof, randje e.d.
waarmee een kledingstuk wordt versierd
❷ stukjes voedsel waarmee een gerecht wordt
versierd **garneren** ❶ (kledingstukken) met een
opnaaisel of boord beleggen of omzomen
❷ (een gerecht) opmaken en versieren **garnering**
de (v) ❶ het garneren van kledingstukken met
een opnaaisel of boord ❷ stukjes voedsel
waarmee een gerecht wordt versierd, garneersel
garnituur *het* [-turen] ❶ stukjes voedsel waarmee
een gerecht wordt versierd, garneersel
❷ volledig stel van dingen voor een bepaald
gebruik, die bij elkaar horen: *naai~*
garnizoen *het* ❶ groep militairen, legerdeel dat
ergens zijn vaste standplaats heeft ❷ vaste
verblijfplaats van zo'n groep militairen
garoeda *de (m)* [-'s] Indische mythologische vogel
garve *de* [-n] garf
gas *het* [-sen] ❶ stof in ijle toestand: *zuurstof en
stikstof zijn ~sen* ❷ ijle stof die d.m.v.
verbranding wordt gebruikt voor verwarming,
verlichting, in de keuken ▼ *~ geven* harder gaan
(rijden) ▼ *~ terugnemen* (van een motorvoertuig)
langzamer gaan rijden; *fig.* het wat kalmer aan
doen **gasaansteker** ❶ voorwerp waarmee men
d.m.v. een vonk gas aansteekt ❷ aansteker die
met gas is gevuld **gasbel** ❶ blaas in vloeistoffen,
die is gevuld met gas ❷ ondergrondse
hoeveelheid aardgas **gasbeton** poreuze
betonsoort **gasbrander** ❶ installatie op het
mondstuk van een gasbuis waar het gas wordt
ontstoken ❷ kooktoestelletje dat op gas werkt

gasdicht *bn* wat geen gas doorlaat

gasfabriek ⟨vroeger⟩ fabriek waar gas gemaakt wordt om aan verbruikers te leveren **gasfitter** iemand die de gasleidingen aanlegt en onderhoudt

gasfornuis kooktoestel dat d.m.v. gas warmte levert **gashaard** haard die met gas wordt gestookt **gaskachel** kachel die met gas wordt gestookt **gaskamer ❶** ruimte waarin dieren of mensen worden gedood met gifgas **❷** ruimte waar geoefend wordt met gasmaskers **gaskraan** kraan waarmee men de gastoevoer regelt

gasleiding buis of samenstel van buizen voor de toevoer van gas **gaslicht** licht door verbranding van gas **gasmasker** masker dat iemand draagt als bescherming tegen giftige gassen **gasmeter** toestel dat aangeeft hoeveel gas er is verbruikt

gasmotor motor die wordt aangedreven door ontploffende gassen **gasolie** petroleumproduct voor het aandrijven van oliemotoren **gasoline**® ⟨gazzoo-⟩ *de* **❶** benzine die uit gas is gewonnen, gasbenzine **❷** mengsel dat bestaat uit bestanddelen van petroleum **gaspatroon** *de* patroon die werkt met verdovend gas **gaspedaal** pedaal voor gastoevoer in auto's: *op het ~ trappen om sneller te rijden*

gaspeldoorn vlinderbloemige struik met doornen (Ulex europaeus)

gaspit *de* [-ten] onderdeel van een gasfornuis waaruit het gas ontvlamt

gassen ❶ insecten en ander ongedierte doden met gas **❷** *inform.* snel rijden (vooral met een auto)

gasslang gummislang waardoor gas geleid wordt **gasstel** kookstel voor gas

gast *de (m)* **❶** iemand die op bezoek komt **❷** iemand die in een hotel, pension e.d. verblijft **❸** *inform.* kerel, vent ▼ *BN halve ~* leerling, jonge knecht in opleiding ▼ *BN volle ~* ervaren vakman in dienstverband, volleerde knecht

gastank ⟨-tenk⟩ bewaarplaats voor gas, vaak een soort metalen bak of cilinder of fles

gastarbeider arbeider die het buitenland komt en die hier werkt **gastcollege** college door een hoogleraar of docent die niet verbonden is aan de universiteit waar hij dat college geeft **gastdirigent** dirigent die een orkest tijdelijk leidt **gastenboek ❶** boek voor registratie van gasten **❷** boek met handtekeningen en opmerkingen van bezoekers **❸** *comp.* ruimte op internet bij een website met opmerkingen van bezoekers **gastendoekje** handdoekje in het toilet voor gasten **gastgezin ❶** gezin dat gedurende een periode onderdak biedt aan iemand, bijv. aan een buitenlandse student of aan iemand met problemen **❷** gezin dat (tegen betaling) een kind opvangt, bijv. van ouders die werken **gastheer** man bij wie iemand te gast is **gasthuis** oude naam voor ziekenhuis **gastland ❶** land waar een internationale (sport)manifestatie plaatsvindt **❷** land waar vluchtelingen naartoe komen en dat hen opvangt **gastmaal** feestelijke maaltijd die aan gasten wordt aangeboden

gastoestel kooktoestel dat op gas werkt

gastouder iemand die (tegen betaling) een kind opvangt, bijv. van ouders die werken **gastplant**

plant die op een andere plant leeft maar niet als parasiet

gastritis *med. de (v)* maagontsteking

gastro-enteritis *med. de (v)* ontsteking van het maag-darmkanaal

gastrol speciale rol voor iemand die één keer als gast optreedt in een stuk of serie

gastronomie *de (v)* verfijnde kookkunst

gastspreker iemand die is uitgenodigd om op een bijeenkomst ook een lezing, praatje e.d. te houden

gasturbine turbine die met gas wordt aangedreven

gastvrij *bn* hartelijk voor gasten, graag bereid om gasten te ontvangen **gastvrouw ❶** vrouw bij wie iemand te gast is **❷** vrouw die bezoekers ontvangt en begeleidt bij congressen e.d. **❸** *euf.* prostituee, werkzaam in een seksclub

gasveld terrein waar aardgas gewonnen wordt

gasvuur BN, ook gasfornuis

gat I *het* [gaten] **❶** plaats waar iets niet dicht is, opening: *er zit een ~ in mijn trui* ▼ *zwart ~* zwarte plek in het heelal waar het licht wordt geabsorbeerd ▼ *het ene ~ met het andere stoppen* een tekort aanvullen door er ergens anders één te maken ▼ *een ~ in zijn hand hebben* steeds te veel geld uitgeven ▼ *een ~ in de lucht springen* heel blij zijn ▼ *een ~ in de dag slapen* heel laat opstaan ▼ *niet voor één ~ te vangen zijn* zich niet gauw laten ontmoedigen, altijd een oplossing weten ▼ *ergens geen ~ in zien* niet weten hoe men iets moet oplossen, de moed verliezen **❷** *neg.* klein dorpje of stadje ▼ *iets in de gaten hebben* iets opmerken of begrijpen ▼ *iemand of iets in de gaten houden* goed op iemand of iets letten II *het* [-ten] **❸** *spreekt.* zitvlak, achterwerk: *blijf toch eens rustig op je ~ zitten!* ▼ *BN met zijn ~ in de boter vallen* met zijn neus in de boter vallen, veel geluk hebben ▼ *BN geen zittend ~ hebben* geen zitvlees hebben, niet lang kunnen blijven zitten

gate ⟨Geet⟩ *de (m)* [-s] deel van een terminal waardoor passagiers naar een vliegtuig gaan

gatenkaas kaas met gaten die ontstaan door de manier waarop de kaas wordt gemaakt

gatenplant tropische plant met diep ingesneden bladeren (Monstera deliciosa)

GATT ⟨Get⟩ *de (m)* , *General Agreement on Tariffs and Trade*, algemene overeenkomst over tarieven en handel

gauss ⟨Gaus⟩ *nat. de (m)* eenheid van magnetische inductie

gauw *bn* **❶** over korte tijd, vlug, spoedig: *we moeten ~ weer eens afspreken* **❷** snel: *toen het begon te regenen, gingen we ~ naar binnen* **gauwdief** behendige slimme uitgekookte dief **gauwigheid** *de (v)* [-heden] haast, vlugheid: *in de ~* **gauwte** *de (v)* ▼ *in de ~* terwijl iemand haast heeft, inderhaast

gave *de* [-n] **❶** cadeau, geschenk **❷** talent ▼ *een ~ voor iets hebben* talent voor iets hebben

gay ⟨Gee⟩ *bn* homoseksueel ▼ *~ scene* homoscene

gazelle *de* [-n, -s] herkauwend zoogdier van het geslacht van de Antilopen (Antilope dorcas)

gazen *bn* (als) van gaas

gazet BN *de (v)* [-ten] krant

gazeuse ⟨-zə⟩ *de (v)* [-s] limonade met koolzuur,

met prik

gazon *het* [-s] goed onderhouden grasveld

gazpacho ‹Gaspatsjo› *de (m)* koude Spaanse soep met onder andere tomaat

GB gigabyte (*miljard bytes*)

gcal *gramcalorie*, eenheid van warmte

gcm *gramcentimeter*, eenheid van arbeid

ge *vnw* ❶ vero. gij ❷ BN u

geaard *bn* ❶ voorzien van een aardleiding, verbonden met de aarde: *een ~ stopcontact* ❷ met een bepaalde aard, een bepaalde natuur

geaccidenteerd ‹-aksie-› *bn* ‹van terrein› golvend, heuvelachtig

geaccrediteerd ‹-akkree-› *bn* ❶ die vertrouwen geniet, kredietwaardig ❷ officieel erkend: *een ~ journalist*

geacht *bn* gewaardeerd (*beleefde aanspreekvorm, vooral in brieven*)

geaderd *bn* met (zichtbare) aderen: *~e handen; ~e wandtegels*

geadresseerde *de* [-n] degene aan wie een brief, pakket e.d. gericht is

geaffecteerd *bn* gemaakt, gekunsteld, niet natuurlijk: *~ spreken*

geaggregeerde BN *de* [-n] leraar die de aggregatie behaald heeft

geagiteerd *bn* onrustig, opgewonden

geallieerd *bn* die op militair gebied samenwerken

geanimeerd *bn* opgewekt, levendig, druk: *een ~ gesprek*

gearmd *bn* arm in arm

gearticuleerd *bn* duidelijk en nauwkeurig uitgesproken

geassocieerde ‹-sjir-› *de* [-n] vennoot

geavanceerd *bn* ❶ mil. vooruitgeplaatst, vooruitgeschoven ❷ heel modern: *~e technologie*

geb. ❶ geboren ❷ gebonden

gebaar *het* [-baren] ❶ beweging met een lichaamsdeel, vooral hand, arm of hoofd, om iets duidelijk te maken ❷ fig. handeling waarvan de bedoeling vooral is om iets duidelijk te maken of een bepaalde indruk te vestigen: *dat aanbod is een ~ van goede wil*

gebaard *bn* met een baard

gebak *het* iets lekkers dat van deeg of beslag is gebakken **gebakje** *het* [-s] gebak voor één persoon

gebakken *bn* gemaakt door bakken ▼ *hij zit ~ hij* bevindt zich in een comfortabele positie

gebaren gebaren maken, met gebaren duidelijk maken: *hij gebaarde dat ik opzij moest gaan* **gebarentaal** taal door gebaren, mimiek, lichaamshouding e.d., vooral gebruikt door doven

gebbetjes *de (mv)* ▼ *~ maken* grapjes maken

gebed *het* [-beden] ❶ het bidden: *de dominee gaat voor in ~* ❷ wat iemand bidt of vraagt ▼ *zijn ~ is verhoord* er is gebeurd waar hij om vroeg ❸ vaste tekst die wordt gebruikt bij het bidden: *een heel bekend ~ is het Onzevader* ▼ fig. *~ zonder end* iets wat heel lang duurt **gebedsgenezer** *de (m)* [-s] iemand die met bidden zieken probeert te genezen **gebedsriem** riem met joodse gebeden voor het ochtendgebed

gebeente *het* [-n] de beenderen, geraamte ▼ *wee*

je ~ als ... pas op, want je krijgt grote problemen als ...

gebeiteld *bn* bewerkt met een beitel ▼ *dat zit ~* dat zit goed, dat gaat niet meer mis

gebekt *bn* die een bek heeft ▼ *goed ~ zijn* makkelijk, vlot praten

gebelgd *bn* verontwaardigd, boos

gebenedijd *bn* gezegend ▼ BN ook *geen ~ woord* geen enkel woord

gebergte *het* [-n, -s] groep bergen die bij elkaar horen

gebeten *bn* verbitterd, boos: *~ zijn op iemand* ▼ *de ~ hond* degene die in de ogen van een ander alles fout doet, overal de schuld van krijgt

gebeuren I *ww* [gebeurde, is gebeurd] ❶ plaatsvinden, zich afspelen, het geval zijn: *er is een ramp gebeurd* ❷ overkomen: *je vergissen is niet erg, dat kan iedereen* ~ II *het* ❸ (belangrijke) gebeurtenis of reeks van gebeurtenissen, **gebeurlijk** *bn* mogelijk **gebeurtenis** *de (v)* [-sen] (belangrijk) voorval, iets wat gebeurt

gebied *het* ❶ stuk land onder iemands gezag, rijk, staat ❷ deel van een land, landstreek ❸ fig. inhoudelijke zaken die bij elkaar horen: *op het ~ van de wetenschap, kunst, liefde*

gebieden zeggen dat iemand iets moet doen, bevelen **gebiedend** *bn* bevelend, dwingend ▼ taalk. *~e wijs* werkwoordsvorm die een gebod uitdrukt

gebint *het* balken die met elkaar verbonden zijn en die het geraamte vormen van een gebouw of dak

gebit *het* [-ten] ❶ tanden en kiezen ❷ kunstgebit **gebitsregulatie** behandeling voor het rechtzetten van tanden

gebladerte *het* de bladeren van planten en bomen

geblèr neg. *het* ❶ gehuil ❷ lelijk, luid gezang

geblesseerd *bn* met een blessure, gewond: *de voetballer is ~*

geblindeerd *bn* ondoorzichtig gemaakt: *~e ramen*

gebloemd *bn* versierd met afbeeldingen van bloemen: *een ~e jurk* **geblokt** *bn* versierd met figuren in de vorm van blokken: *een ~e trui*

gebocheld *bn* met een bochel: *een ~e man*

gebod *het* bevel, voorschrift dat iemand iets moet doen ▼ *de tien ~en* tien voorschriften van God in de Bijbel

geboden *bn* nodig, raadzaam ▼ *voorzichtigheid is ~* het is nodig om voorzichtig te zijn **gebodsbord** bord, vooral verkeersbord, dat aangeeft dat men iets moet doen, bijv. dat fietsers op het fietspad moeten rijden

geboefte *het* boeven, slechte mensen

gebogen *bn* krom, met een bocht erin: *met een ~ rug; een ~ lijn*

gebonden *bn* ❶ wat weinig vrijheid laat: *met kinderen ben je ~* ❷ die een verhouding heeft of getrouwd is: *~ man zoekt minnares* ❸ ‹van soepen e.d.› dik vloeibaar ❹ ‹van boeken› in een harde band

geboomte *het* bomen, groep bomen

geboorte *de (v)* [-n, -s] het geboren worden of zijn **geboorteakte** *de* [-n, -s], **geboortebewijs** *het* officieel bewijsstuk van de burgerlijke stand met

ge

ge

datum en plaats van iemands geboorte
geboortebeperking maatregelen om ervoor te
zorgen dat er minder kinderen geboren worden
geboortecijfer aantal kinderen dat in één jaar
wordt geboren per duizend inwoners: *Italië heeft
een laag ~* **geboortegolf** korte periode waarin
veel meer kinderen geboren worden dan
anders: *kort na de Tweede Wereldoorlog was er
een ~* **geboortegrond** grond, plaats waar
iemand geboren is **geboortekaartje** kaartje dat
mensen sturen om te laten weten dat ze een
kind hebben gekregen **geboortenaam** de
achternaam die iemand bij zijn of haar geboorte
krijgt **geboorteoverschot** het aantal geboorten
dat er in een bepaalde periode meer is dan het
aantal sterfgevallen **geboortepremie** BN
kraamgeld, uitkering bij de geboorte van een
kind **geboorterecht** recht dat iemand heeft op
basis van zijn geboorte **geboorteregeling**
beperking van het aantal geboorten
geboorteregister boek waarin men gemeente
geboorten inschrijft met de gegevens die daarbij
horen
geboortig *bn* geboren in, die afkomstig is van
een bepaalde plaats of familie: *~ uit, van*
geboren *bn* ▼ *~ worden* op de wereld komen; fig.
ontstaan, voortkomen ▼ *~ en getogen in ...* op de
wereld gekomen en opgegroeid in ...
geborgen *bn* in veiligheid ▼ *zich ~ voelen* veilig,
op zijn gemak **geborneerd** *bn* beperkt in zijn
denken, kortzichtig
gebouw *het* iets dat gebouwd is en waarin plaats
is voor bijvoorbeeld een bedrijf, mensen, dieren,
voorwerpen, zoals een fabriek, woning, kerk,
stal, loods **gebouwd** *bn* van een bepaalde
lichaamsbouw: *tenger ~*
gebr. gebroeders
gebraad *het* gebraden vlees
gebral *het* luid opschepperig gezwets
gebrand *bn* gemaakt door branden: *~e koffie* ▼ *~
zijn op iets* het heel graag willen
gebrek *het* ❶ wat iemand te weinig heeft of niet
heeft: *~ aan geld, woonruimte* ❷ wat niet goed is
of niet goed functioneert ❸ ziekte, afwijking,
handicap: *een lichamelijk ~* ▼ *in ~e blijven* niet
doen wat iemand verplicht is te doen, zou
moeten doen **gebrekkig** *bn* ❶ met een
lichamelijk gebrek ❷ niet erg goed: *hij spreekt ~
Nederlands*
gebroed *het* ❶ broedsel ❷ geboefte
gebroeders de *(mv)* broers
gebroken *bn* ❶ stuk, kapot ❷ niet meer
levenskrachtig, zwak: *met ~ stem* ❸ gebrekkig: *~
Nederlands spreken* ▼ *~ wit* niet zuiver wit
gebronsd *bn* ❶ met de kleur van brons ❷ bruin
door de zon: *een ~e huid* **gebrouilleerd** ‹-broejîrt›
bn in een toestand van ruzie: *we zijn ~*
gebruik *het* ❶ gewoonte, gewone manier van
doen ❷ het gebruiken ▼ BN *wegens dubbel ~*
wegens overcompleet **gebruikelijk** *bn* gewoon,
zoals gewoonlijk
gebruiken met iets of iemand iets doen voor een
bepaald doel: *een roller ~ om muren te schilderen*
gebruiker de *(m)* [-s] ❶ iemand die iets gebruikt
❷ jur. degene die het zakelijk recht van gebruik
van bezit van iemand anders heeft ❸ iemand

die drugs gebruikt **gebruikersinterface** comp.
software die een verbinding vormt tussen de
gebruiker en het besturingssysteem en die het
gebruik ervan gemakkelijker maakt
gebruikersvriendelijk afgestemd op de
behoeften en het gemak van de gebruiker
gebruikmaken ▼ *~ van* gebruiken: *mag ik even
van het toilet ~?* **gebruikmaking** de *(v)* ▼ *met ~ van
...* terwijl men ... gebruikt **gebruiksaanwijzing** de
(v) beschrijving van hoe iets gebruikt moet
worden **gebruiksgoederen** goederen bestemd
om regelmatig te gebruiken in het dagelijkse
leven, bijv. een wasmachine **gebruiksvoorwerp**
voorwerp dat men gebruikt in het gewone,
dagelijkse leven
gebukt *bn* ▼ *~ gaan onder iets* lijden onder iets
gecanneleerd *bn* versierd met groeven
gecharmeerd ‹-sjar-› *bn* bekoord, die iemand of
iets heel leuk vindt: *ik was zeer ~ van je zuster*
geciviliseerd ‹-zîrt› *bn* beschaafd
gecommitteerde de [-n] afgevaardigde,
lasthebbende, gevolmachtigde, vooral iemand
die toezicht houdt bij examens
gecomplexeerd BN *bn* met psychologische
problemen **gecompliceerd** *bn* ingewikkeld,
moeilijk te doorzien
geconcentreerd *bn* ❶ van sterk gehalte,
waaraan vocht is onttrokken: *~ zoutzuur,
vruchtensap* ❷ verdiept, ingespannen, met volle
aandacht: *~ lezen*
geconditioneerd *bn* ❶ wat in een bepaalde
toestand is gebracht en zo wordt gehouden
❷ die op een bepaalde manier denkt en handelt
doordat hij door cultuur, afkomst of opvoeding
zo is gevormd ❸ wat bedongen is, als
voorwaarde is gesteld
geconstipeerd *bn* verstopt zodat iemand
problemen heeft met de ontlasting
gecultiveerd *bn* ❶ beschaafd ❷ ontgonnen: *~
land*
gedaagde de [-n] iemand die voor de rechtbank
geroepen is
gedaan *bn* afgehandeld, klaar, afgelopen ▼ *het is
met hem ~* hij is dood of verloren ▼ *iets van
iemand ~ krijgen* voor elkaar krijgen dat iemand
iets doet ▼ *gedane zaken nemen geen keer* als iets is
gebeurd, kan dat niet worden teruggedraaid
▼ BN, spreekt. *~ zijn* klaar, af, voorbij zijn
gedaante de *(v)* [-n, -s] de vorm van iemand of
iets zoals men die ziet: *ik zag een ~ opdoemen uit
de mist* **gedaanteverandering**,
gedaanteverwisseling het veranderen in een
andere gedaante, het er heel anders uit gaan
zien
gedachte de *(v)* [-n, -s] het denken, wat iemand
denkt ▼ *in ~n verzonken* waarbij iemand nadenkt
en de wereld om zich heen vergeet ▼ *van ~n
wisselen* meningen uitwisselen, iets bespreken
▼ *van ~ veranderen* een ander idee krijgen, er
anders over gaan denken
gedachtebepaling het voorlopig vormen van
een mening **gedachtegang** reeks van
gedachten, manier van denken: *hoe kom je
daarbij?* *ik kan jouw ~ niet volgen* **gedachtegoed**
geheel van ideeën en gedachten van een mens
of een groep mensen: *in het ~ van socialisten is*

solidariteit erg belangrijk **gedachtekronkel** vreemde gang van iemands gedachten

gedachteleven geheel van dingen waarover iemand denkt **gedachtelezen** de kunst om iemands gedachten te weten zonder dat die uitgesproken zijn **gedachteloos** *bn* zonder erover na te denken **gedachtenis** *de (v)* [-sen] herinnering, aandenken

gedachtepuntjes *de (mv)* drie puntjes (...) waarmee men een tekst onderbreekt of een deel ervan weglaat, omdat het niet belangrijk is of om iets stilzwijgend te bewaren **gedachtesprong** plotselinge overgang naar een andere gedachte **gedachtestreep** streepje om een pauze aan te geven voor of na een stukje tekst **gedachtestroom** het op elkaar volgen van gedachten **gedachtewereld** manier van denken, hoe iemand denkt en waarover **gedachtewisseling** uitwisseling van meningen over een onderwerp met andere mensen, gesprek **gedachtig** *bn* denkend aan

gedag *tw* goedendag: *iemand ~ zeggen*

gedateerd *bn* ❶ met de datum erop: *een ~e brief* ❷ verouderd, ouderwets: *een ~ kapsel*

gedecideerd ⟨gədee-⟩ *bn* vastberaden, zeker van zichzelf, zonder twijfel

gedecoreerd ⟨gədee-⟩ *bn* met een ridderorde

gedeeld *bn* ❶ verdeeld in delen ❷ wat iemand anders ook heeft, ook voelt: *~e vreugde, interesse; ~e smart is halve smart*

gedeelte *het* [-n, -s] een onderdeel, deel, stuk van iets **gedeeltelijk** *bn* voor een deel

gedegen ⟨gədee-⟩ *bn* ❶ degelijk, grondig: *een ~ onderzoek* ❷ zuiver, onvermengd: *~ goud*

gedegenereerd ⟨gədee-⟩ *bn* ❶ van minderwaardige kwaliteit door overgeërfde slechte eigenschappen ❷ in moreel opzicht van minderwaardige kwaliteit, ontaard

gedeisd *bn* ▼ *zich ~ houden* zich kalm houden, proberen niet op te vallen

gedekt *bn* ❶ veilig, beschut ▼ *zich ~ houden* zich veilig opstellen, zich niet blootgeven ❷ ⟨van kleuren⟩ stemmig, vrij donker, niet fel

gedelegeerde *de* [-n] ❶ iemand die ergens naartoe gaat, onderhandelt e.d. namens een groep mensen, een bedrijf e.d., afgevaardigde, gevolmachtigde ❷ iemand aan wie een taak of bevoegdheid is overgedragen

gedemotiveerd ⟨gədee-⟩ *bn* zonder motivatie, de motivatie kwijtgeraakt: *de sporter raakte ~ door alle nederlagen*

gedempt *bn* getemperd, dof, zacht: *~ licht; op ~e toon praten*

gedenkboek boekwerk dat wordt uitgegeven ter herinnering aan een belangrijke gebeurtenis **gedenkdag** dag waarop men iets gedenkt **gedenken** aan iets denken zodat het in de herinnering blijft: *op deze plechtigheid ~ wij de slachtoffers van de Tweede Wereldoorlog* **gedenkplaat** plaat van metaal of steen ter herinnering **gedenkschrift** geschrift als herinnering aan gebeurtenissen, personen e.d. **gedenksteen** stenen plaat met inscripties ter herinnering aan personen of gebeurtenissen **gedenkteken** monument ter herinnering aan iets of iemand: *een ~ voor de gesneuvelde soldaten*

gedenkwaardig *bn* de moeite waard om het zich te blijven herinneren: *een ~e dag* **gedenkzuil** zuil ter herinnering aan iets of iemand

gedeporteerde *de* [-n] iemand die weggevoerd is, vooral naar een strafkolonie

gedeprimeerd ⟨gədee-⟩ *bn* ongelukkig, somber, met een depressie

gedeputeerde ⟨gədee-⟩ *de* [-n] ❶ afgevaardigde, vooral volksvertegenwoordiger ❷ lid van Gedeputeerde Staten ▼ *Gedeputeerde Staten* het dagelijks bestuur van een provincie

gedesillusioneerd ⟨gədezzieluuzjoo-⟩ *bn* zwaar teleurgesteld **gedesoriënteerd** ⟨gədezzo-⟩ *bn* de weg kwijt, waarbij iemand niet meer weet waar hij is, ook figuurlijk

gedetailleerd ⟨gədeetajjiirt⟩ *bn* uitgebreid, met veel bijzonderheden, heel precies: *een ~ verslag*

gedetineerd ⟨gədee-⟩ *bn* gevangen, in de gevangenis

gedicht *het* tekst waarin niet alleen de betekenis van de woorden en zinnen, maar ook de klank, vorm en het ritme van de taal van belang zijn, vaak met rijm

gedienstig *bn* die graag diensten bewijst aan anderen, hulpvaardig

gedierte *het* [-n, -s] ❶ alle dieren van een bepaalde soort, een bepaald gebied e.d. bij elkaar: *het kruipend ~* ❷ één dier

gedijen [gedijde, h. / is gedijd] flink groeien: *de koffieplant gedijt goed in warme en vochtige landen*

geding *het* ❶ rechtszaak, proces ▼ *kort ~* rechtszaak over iets wat snel opgelost moet worden ❷ fig. geschil, onenigheid, het met elkaar oneens zijn ▼ *in het ~ zijn* onderwerp van discussie zijn, besproken worden

gediplomeerd *bn* met een diploma: *een ~ kraamverzorgende*

gedisciplineerd *bn* gewend aan orde en tucht, goed in staat om zich te houden aan voorschriften en gedragsregels

gedistilleerd I *bn* ❶ ⟨van drank⟩ gestookt II *het* ❷ sterkedrank

gedistingeerd *bn* die zich onderscheidt door goede manieren en een verzorgd uiterlijk, beschaafd en voornaam: *een ~ heer*

gedoe *het* drukte: *wat een ~ om niks!*

gedogen iets toelaten wat eigenlijk niet mag, dulden

gedomicilieerd *bn* BN ook officieel woonachtig: *stemgerechtigden die in de betreffende gemeente zijn ~*

gedonder *het* ❶ het (voortdurend) donderen ❷ gezeur, gezanik, moeilijkheden ▼ *daar heb je het ~ in de glazen* daar beginnen de moeilijkheden

gedoodverfd *bn* door iedereen voorspeld als: *de ~e winnaar*

gedoogbeleid het oogluikend toelaten van minder ernstige, onwettige handelingen **gedoogregering** minderheidsregering die in het parlement steun krijgt van een partij die niet meeregeert **gedoogzone** gebied waarbinnen bepaalde handelingen worden toegelaten die op andere plaatsen niet zijn toegestaan

ge

ge

gedrag *het* manier waarop iemand zich gedraagt
gedragen **I** *ww*▼ *zich* ~ op een bepaalde manier doen en spreken▼ *zich netjes* ~ alles doen zoals het hoort▼ *zich onbeschoft* ~ onbeschoft zijn tegenover anderen **II** *bn* ⟨voordracht, muziek⟩ rustig en statig: *hij sprak op* ~ *toon* **gedragingen** *de (mv)* dingen die iemand doet, hoe iemand zich gedraagt, gedrag **gedragslijn** manier van doen, van zich gedragen waarover is nagedacht
gedrang *het* het dringen, veel mensen dicht op elkaar: *er was een hoop* ~ *bij de ingang van de disco*▼ *in het* ~ *komen* maar weinig tijd, geld enz. overblijven voor, misschien niet doorgaan: *nu hij morgen moet werken, komt onze afspraak in het* ~
gedreven *bn* met een sterke innerlijke drang om iets te doen: *een* ~ *kunstenaar*
gedrieën *telw* met drie personen samen, met z'n drieën
gedrocht *het* misvormd wezen, monster
gedrongen *bn* ❶ ⟨persoon⟩ klein, maar stevig gebouwd ❷ ⟨schrijfstijl⟩ wat uitdrukt in erg weinig woorden, erg beknopt
gedruis *het* dof geraas, lawaai
gedrukt *bn* ❶ neerslachtig, somber: *een* ~*e stemming* ❷ ⟨handel⟩ niet levendig: *de markt was* ~
Ged. St. Gedeputeerde Staten
geducht *bn* ❶ gevreesd, waar men bang voor is: *een* ~ *tegenstander* ❷ stevig, erg: *een* ~ *pak rammel*
geduld *het* eigenschap waarbij iemand goed kan wachten zonder zich te ergeren of op te winden: *een leraar moet veel* ~ *hebben* **geduldig** *bn* in staat om te wachten of dingen te verdragen zonder zich te ergeren of op te winden
gedupeerde *de* [-n] iemand die benadeeld, de dupe geworden is
gedurende *vz* in de tijd dat iets duurt, tijdens: ~ *de oorlog was hij ondergedoken*
gedurfd *bn* gewaagd, wat getuigt van moed, wat blijk geeft van durf
gedurig *bn* voortdurend, telkens, vaak herhaald
geduvel *het* vervelend gedoe
gedwee *bn* die zonder protest gehoorzaamt, volgzaam: ~ *volgden ze de bevelen op*
gedwongen *bn* onnatuurlijk, stijf▼ ~ *ontslag* waarbij iemand ontslagen wordt en niet zelf (toch al) weggaat
geef *de (m)* het geven▼ *te* ~ gratis of voor heel weinig geld
Geefwet *de* wet die particuliere giften aan culturele instellingen fiscaal aantrekkelijker maakt
geëigend *bn* geschikt
geel I *bn* ❶ bepaalde lichte kleur▼ *gele koorts* tropische virusziekte **II** *het* ❷ gele kleur, gele kleur- of verfstof▼ *(voetbal)* ~ *krijgen* een officiële waarschuwing krijgen d.m.v. een gele kaart ❸ dooier van een ei
geelgors *de* geelkleurige zangvogel met roodbruine stuit van de soort Emberiza citrinella
geelkoper verbinding van koper en zink, messing **geeltje** *het* [-s] ⟨vroeger⟩ bankbiljet van 25 gulden **geelvink** geelgroene vink (Serinus hortulanus) **geelzucht** ziekte waarbij de huid en het oogwit geel worden door

te veel galkleurstof in het bloed
geëmancipeerd *bn* die zich niet laat belemmeren door normen en gewoonten en die dezelfde rechten en kansen neemt als anderen: *een* ~*e vrouw*
geëmmer *inform. het* gezeur
geëmotioneerd *bn* met heftige gevoelens, waarbij iemand blijk geeft van heftige gevoelens
geen *vnw* ❶ niet één ❷ niet: *ik heb* ~ *geld* **geeneens** *spreekt. bw* niet eens
geëngageerd ⟨-āGaazjìrt⟩ *bn* ❶ verloofd ❷ die zich persoonlijk betrokken voelt bij iets, die verplichtingen voelt tegenover iets▼ *zij is maatschappelijk* ~ ze voelt zich betrokken bij maatschappelijke problemen
geenszins *bw* helemaal niet
geep *de* [gepen] zeevis met lange onderkaak (Belone vulgaris)
geer *de* [geren] stuk dat schuin toeloopt, scheve kant
geest *de (m)* ❶ gedachte- en gevoelsleven van de mens▼ *de* ~ *is gewillig maar het vlees zwak* men wil vaak iets goeds doen of iets slechts achterwege laten, maar kan het dan niet ❷ levenskracht▼ *de* ~ *geven* sterven ❸ stemming, sfeer: *een* ~ *van verdraagzaamheid* ❹ manier van denken en doen, hoe iemand of iets is: *de* ~ *van een volk* ❺ goddelijk beginsel ❻ wezen zonder lichaam, spook▼ *de* ~ *is uit de fles* de zaak is niet meer in de hand te houden ❼ vluchtig bestanddeel van een stof: *wijn*~ ❽ zandgrond tussen duinen en polderland▼ *de* ~ *krijgen* inspiratie krijgen om iets groots of goeds te doen▼ *hoe groter* ~ *hoe groter beest* mensen die heel capabel, intelligent e.d. zijn, gedragen zich vaak heel slecht, liederlijk **geestdodend** *bn* afstompend voor het verstand en gevoel: ~ *werk*
geestdrift *de* opgetogenheid, enthousiasme **geestdriftig** *bn* met geestdrift, enthousiast
geestelijk *bn* ❶ eigen aan de geest, wat de geest betreft ❷ wat bestaat in de gedachtewereld ❸ godsdienstig: *de* ~ *leider van een kerk* **geestelijke** *de (m)* [-n] iemand wiens levenstaak het is het geloof te dienen en die gewijde handelingen kan verrichten **geestelijkheid** *de (v)* de gezamenlijke geestelijken
geestesgesteldheid mentale toestand **geesteskind** iets wat iemand heeft bedacht **geestesoog** verbeelding, wat iemand in gedachten ziet **geesteswetenschappen** *de (mv)* wetenschappen van de uitingen en werking van de menselijke geest (theologie, rechtswetenschap, taal- en letterkunde, wijsbegeerte) **geestesziek** die geestelijk ziek is
geestgrond zandgrond tussen duin en polderland
geestig *bn* met leuke, scherpe opmerkingen: *hij is heel* ~ **geestigheid** *de (v)* [-heden] ❶ het geestig zijn ❷ geestige opmerking
geestrijk ❶ met veel geest, met een rijk gedachte- en gevoelsleven ❷ waar alcohol in zit: ~ *vocht* **geestverheffend**, **geestverheffend** *bn* wat tot hogere gedachten brengt
geestvermogen wat iemand geestelijk kan, verstand **geestverruimend**, **geestverruimend** *bn* ❶ wat ruimere, diepere inzichten geeft

❷ bewustzijnsverruimend, wat een euforisch gevoel geeft, bijv. bij het nemen van drugs
geestverschijning verschijning van een geest, een spook **geestverwant** iemand met dezelfde opvattingen
geeuw de (m) het ver openen van de mond bij slaap e.d. **geeuwen** de mond ver openen bij slaap, verveling e.d. **geeuwerig** bn die veel gaapt op een bepaald moment **geeuwhonger** hevige honger die gepaard gaat met hoofdpijn, duizeligheid en trillerigheid
geëxalteerd bn overdreven opgewonden
gefailleerde ⟨-fajjïr-⟩ de [-n] iemand die failliet is gegaan
gefaseerd bn in verschillende fases of stappen: veranderingen ~ doorvoeren **gefingeerd** ⟨-fing-gïrt⟩ bn verzonnen, gedaan alsof: haar ziekte was ~
gefixeerd bn ▾ ~ op gevoelsmatig heel erg gericht op, met alleen daarvoor aandacht
geflatteerd bn op zo'n manier dat het een te gunstig beeld van iets geeft: een ~e overwinning; ~e winstcijfers **geflipt** bn vreemd, geestelijk niet helemaal in orde: wat een ~e kerel!
geforceerd bn ❶ op een onnatuurlijke manier, niet spontaan: een ~ lachje ❷ met bovenmatige inspanning verricht **gefortuneerd** bn vermogend, rijk
gegadigde de [-n] belangstellende, iemand die iets graag wil
gegarandeerd bn ❶ met garantie ❷ beslist, zeker: dit liedje wordt ~ een hit
gegeerd bn ❶ herald. met driehoekige vlakken langs de rand ❷ BN ook gewild
gegeneerd ⟨gəzjə-⟩ bn waarbij iemand zich een beetje schaamt: hij lachte ~
gegeven I het [-s] ❶ bekend feit waaruit men conclusies kan afleiden: uit de ~s blijkt dat de files op de wegen elk jaar langer worden ▾ mag ik uw ~s? naam, adres enz. II bn ❷ wat is gekregen als cadeau ❸ wat bekend is als grootheid ❹ bepaald, wat is ontstaan door de loop der gebeurtenissen: op een ~ ogenblik **gegevensbank** verzameling computergegevens die een geheel vormen, met elkaar samenhangen, databank
gegijzelde de [-n] iemand die gegijzeld wordt
geglazuurd bn bedekt met glazuur
gegoed bn welgesteld, tamelijk rijk
gegolfd bn met golven
gegoten bn gemaakt door te gieten: een ~ beeld ▾ ⟨van kleren⟩ het zit als ~ het past perfect
gegradueerd bn ❶ in het bezit van een graad, vooral een academische graad ❷ militair die een (hogere) rang heeft **gegradueerde** BN de [-n] iemand die een graduaat behaald heeft
gegroefd bn met gleuven of groeven
gegrond bn waar op een goede manier over is nagedacht, terecht: ~e redenen; ~e bezwaren
gehaaid bn sluw, geslepen, berekenend: een ~ zakenman
gehaast bn met haast, waarbij iemand haast heeft **gehaat** bn die of wat erg wordt gehaat: de gehate geheime politie
gehakt het fijngehakt of gemalen vlees **gehaktbal** bal van gehakt, vaak aangemaakt met eieren en paneermeel
gehalte het [-n, -s] ❶ hoeveelheid van een

bestanddeel, mate waarin iets in iets anders aanwezig is: het cholesterol~, het zout~ ❷ fig. innerlijke waarde: het wetenschappelijke ~ van deze opleiding
gehandicapt ⟨-hendiekept⟩ bn ❶ niet in staat om te doen wat anderen kunnen, vooral door een lichamelijk of geestelijk gebrek: geestelijk ~, BN ook mentaal ~ sp. met een handicap, met een belemmering die is opgelegd om het moeilijker te maken **gehandicapte** ⟨-hendiekep-⟩ de [-n] iemand die een geestelijke of lichamelijke handicap heeft
gehard bn ❶ ⟨van glas, staal e.d.⟩ extra sterk ❷ fig. door oefening of ervaring bestand tegen ontberingen, in staat om ongemakken te verdragen
geharnast bn ❶ met een harnas ❷ fig. weerbaar, bestand tegen aanvallen
geharrewar het gekibbel, geruzie, moeilijkheden
gehavend bn beschadigd: door de vechtpartij had hij een ~ gezicht
gehecht bn ▾ ~ zijn aan zich verbonden voelen met, houden van
geheel I bn ❶ helemaal ▾ ~ en al in elk opzicht II het [-helen] ❷ eenheid van samenstellende delen, alles bij elkaar: de delen worden samengevoegd tot een ~ **geheelonthouder** de (m) [-s] iemand die geen alcohol drinkt
geheid bn beslist, zeker: ze mist ~ weer de trein
geheiligd bn ❶ gewijd aan, vooral aan God of een godheid ❷ erkend als heilig
geheim I bn ❶ wat anderen niet weten of mogen weten, verborgen gehouden: een ~e afspraak II het ❷ iets wat voor anderen verborgen moet blijven ▾ een publiek ~ iets wat geheim zou moeten zijn, maar algemeen bekend is
geheimhouden [hield geheim, h. geheimgehouden] verborgen houden, niet aan anderen vertellen **geheimschrift** gecodeerde manier om informatie op te schrijven die alleen te begrijpen is voor ingewijden **geheimzinnig** bn raadselachtig, waarvan niet veel bekend is, met een geheime betekenis
geheimd bn met een helm
gehemelte het [-n, -s] bovenwand van de mondholte
geheugen het [-s] ❶ het vermogen om zaken te onthouden ❷ comp. onderdeel van een computersysteem waarin gegevens op zo'n manier worden vastgelegd dat er later weer over beschikt kan worden **geheugensteuntje** het [-s] eenvoudig hulpmiddel om iets te onthouden **geheugenstick** comp. extern apparaatje voor het opslaan of overzetten van gegevens **geheugenverlies** ❶ het niet meer kunnen onthouden van nieuwe informatie ❷ het zich niet meer kunnen herinneren van oude informatie
gehoor het ❶ het zintuig waarmee men hoort: je moet hard praten tegen hem, want zijn ~ is slecht ❷ het horen van geluiden, van muziek e.d.: hij speelt het nummer na op het ~ ❸ blijk dat men gehoord wordt of de aandacht heeft: geen ~ krijgen ❹ de mensen die samen naar iets luisteren, het publiek: het ~ zat aandachtig naar de toespraak te luisteren ▾ ~ geven aan iets doen

ge

wat wordt gevraagd: *veel mensen gaven ~ aan de oproep om tijdens de storm binnen te blijven*

gehoorapparaat toestel dat slechthorenden dragen om geluid te versterken **gehoorbeen** elk van de drie beentjes achter het trommelvlies die de trillingen overbrengen **gehoorgang** holle buis tussen de oorschelp en het middenoor (de holte achter het trommelvlies) **gehoorgestoord** die niet of niet goed kan horen

gehoornd *bn* met hoorns

gehoorsafstand afstand waarop men nog iets kan horen, tot waar het gehoor nog reikt

gehoorzaal zaal voor bijeenkomsten

gehoorzaam *bn* die doet wat er van hem gevraagd wordt, wat hem gezegd wordt

gehoorzamen gehoorzaam zijn, doen wat er gezegd wordt

gehoorzenuw zenuw die de geluidstrillingen overbrengt

gehorig *bn* wat veel geluid uit de omgeving doorlaat: *deze huizen zijn erg ~*

gehouden *bn* verplicht

gehucht *het* heel klein dorp

gehumeurd *bn* in een bepaald humeur

gehuwd *bn* getrouwd

geigerteller ⟨GajGər- of GeiGər-⟩ toestel voor het meten van radioactiviteit

geijkt *bn* ❶ voorzien van een ijkmerk ❷ *fig.* wat veel voorkomt, zoals het vaak gedaan wordt: *de ~e uitdrukking*

geil I *bn* ❶ waarbij iemand veel zin heeft in seks ❷ wat bij iemand zin in seks opwekt II *het* ❸ mannelijk zaad, sperma **geilen** ▼ *spreekt. ~ op* seksueel opgewonden raken van; dol zijn op, erg graag willen

geïllustreerd *bn* met afbeeldingen, illustraties: *een ~ boek* **geilneef** *spreekt.* op seks belust persoon

gein *inform. de (m)* lol, plezier ▼ *~tje!* dit is een grapje, dit bedoel ik niet serieus

geïncrimineerd *bn* wat aanleiding geeft tot vervolging, wat als strafbaar beschouwd wordt

geinig *bn* leuk, grappig **geinponem** *spreekt. de (m)* [-s] iemand die vaak grapjes maakt

geïnteresseerd *bn* ❶ belangstellend, vol interesse ❷ als belanghebbende betrokken bij, belanghebbend

geïrriteerd *bn* geërgerd door, een beetje kwaad over iets

geiser ⟨-zər⟩ *de (m)* [-s] ❶ natuurlijke bron die met tussenpozen heet water en stoom spuit: *op IJsland zijn ~s* ❷ toestel waarmee water wordt verwarmd in badkamer of keuken

geisha ⟨Geisjaa⟩ *de (v)* [-'s] ⟨in Japan⟩ vrouw die gasten gezelschap houdt en vermaakt

geïsoleerd ⟨-iezoo-⟩ *bn* ❶ afgezonderd: *ze wonen heel ~* ❷ wat op zichzelf staat: *dit is een ~ geval*

geit I *de* ❶ klein herkauwend hoefdier van de onderfamilie Caprinae ▼ *vooruit met de ~!* uitroep ter aansporing om iets te doen of te zeggen II *de (v)* ❷ vrouwelijke geit ❸ *inform., min.* aanstellerig dommig meisje

geiten lol maken, giebelen **geitenbok** mannetje van de geit **geitenbreier** *de (m)* [-s] suf zeurderig persoon **geitenwol** wol van geiten **geitenwollensokkenfiguur** persoon met een

idealistische instelling, die zweverig of onpraktisch wordt gevonden

gejaagd *bn* gehaast, onrustig en zenuwachtig

gejeremieer *het* aanhoudend geklaag

gek I *bn* ❶ van wie het verstand niet goed werkt, krankzinnig ❷ wat afwijkt van het gewone, vreemd, raar ❸ erg *(vooral met* niet*)*: *niet ~ duur* ▼ *spreekt. te ~* heel bijzonder, heel goed ▼ *~ op* of *met* die veel houdt van *II de (m)* [-ken] ❹ iemand die gek is ▼ *voor ~ staan, lopen* een belachelijke indruk maken ▼ *voor ~ zetten* (in het openbaar) belachelijk maken ▼ *de ~ steken met* spotten met, belachelijk maken ▼ *voor de ~ houden* een verkeerde voorstelling van zaken geven, misleiden

gekamd *bn* met een kam of een kamvormig uitsteeksel: *een leguaan met een ~e rug*

gekant *bn* ▼ *~ zijn tegen iets* er heel erg tegen zijn

gekarteld *bn* met ronde inkepingen

gekend BN, *spreekt. bn* bekend, vertrouwd

gekheid *de (v)* [-heden] ❶ het gek zijn ❷ gekke daad of opmerking ▼ *alle ~ op een stokje* in ernst, serieus **gekkekoeienziekte** besmettelijke dodelijke hersenziekte bij koeien **gekkenhuis** ❶ *spreekt.* psychiatrische inrichting ❷ *fig.* drukke chaotische toestand: *het is op mijn werk een ~* **gekkenwerk** iets wat bijna onmogelijk is om te doen of wat veel te gevaarlijk is: *het is ~ om met deze storm te gaan zeilen* **gekkigheid** *de (v)* [-heden] gekheid ▼ *ze weten van ~ niet meer wat ze moeten bedenken* ze zijn zo verwend, blasé e.d. dat ze idiote dingen bedenken

gekko *de (m)* [-'s] tropische nachthagedis uit de familie van de Geckonidae

gekleed *bn* ❶ die kleren aanheeft ❷ die de vereiste kleren draagt, deftig: *dat jasje staat ~*

geklets *het* ❶ het praten over onbelangrijke zaken ❷ (het vertellen van) onzin

gekleurd *bn* ❶ van een bepaalde kleur ❷ *fig.* niet precies zoals het is, niet objectief: *een ~ verslag van iets geven*

geklungel *het* onhandige manier van doen, knoeiwerk

geknipt *bn* ▼ *~ zijn voor* heel erg geschikt zijn voor: *hij is ~ voor dat werk*

gekostumeerd *bn* verkleed op een ongewone manier, bijv. als piraat: *een ~ bal*

gekrakeel *het* gekijf, gekibbel

gekroond *bn* die een kroon draagt

gekruist *bn* ❶ die elkaar kruisen: *~e armen* ❷ ⟨van rijm⟩ waarbij de regels om de andere regel rijmen

gekscheren [gekscheerde, h. gegekscheerd] gekheid maken, grapjes maken over iets **gekte** *de (v)* gekheid, waanzin

gekuist *bn* ⟨van films, teksten e.d.⟩ waaruit minder nette of ongewenste delen zijn verwijderd

gekunsteld *bn* gemaakt, onnatuurlijk

gekwalificeerd *bn* ❶ met de vereiste bevoegdheden, diploma's, vakkennis e.d.: *~ personeel* ❷ *jur.* met bezwarende omstandigheden

gel ⟨dzjel of zjel⟩ *de (m) & het* [-s] ❶ geleiachtige stof ❷ middel om het haar glanzend en stevig te maken

gelaagd *bn* in lagen gevormd, wat in lagen op elkaar ligt

gelaarsd *bn* met laarzen aan

gelaat *het* [-laten] gezicht **gelaatstrekken** *de (mv)* kenmerkende lijnen in het gezicht

gelach *het* het lachen: *er klonk ~ in de zaal*

geladen *bn* ❶ met een lading: *een ~ vrachtwagen* ❷ met een (elektrische) lading: *een ~ accu* ❸ *fig.* heel gespannen, op het punt om uit te barsten: *een ~ sfeer*

gelag *het* [-lagen] vertering, wat iemand eet of drinkt in een café e.d. ▼ *het ~ betalen* voor anderen betalen wat zij gegeten en gedronken hebben; *fig.* de straf dragen voor wat anderen gedaan hebben ▼ *een hard ~* een harde noodzakelijkheid, iets wat moeilijk te verdragen is **gelagkamer** kamer in een herberg waar gegeten en gedronken wordt **gelagzaal** BN gelagkamer

gelang *bw* ▼ *al naar ~ / naar ~ van* in overeenstemming met, in verhouding tot, naar de mate van

gelasten bevelen, opdragen

gelastigde *de* [-n] iemand met een bepaalde opdracht

gelaten *bn* waarbij iemand in iets berust, er niet tegen protesteert: *~ liet hij de kritiek over zich heen gaan*

gelatine ⟨zjə-⟩ *de* geleiachtige stof die van dierlijke bestanddelen wordt gemaakt

gelazer spreekt. *het* gezeur, gezanik, problemen: *daar krijg je ~ mee*

geld *het* middel waarmee men kan betalen, meestal in de vorm van munten en bankbiljetten: *ik heb niet genoeg ~ op zak* ▼ *voor geen ~* zeker niet, nooit: *met hem zou ik voor geen ~ willen trouwen* ▼ *voor hetzelfde ~* die mogelijkheid is ook groot: *het is goed gegaan, maar voor hetzelfde ~ was het helemaal misgegaan* ▼ *~ als water hebben* heel veel geld hebben ▼ *half ~* voor de helft van de normale prijs ▼ *~ ruiken* merken dat ergens veel te verdienen valt ▼ BN *~ als slijk verdienen* geld als water verdienen, erg veel geld verdienen

geldautomaat apparaat waaruit men automatisch geld van zijn bankrekening kan opnemen **geldboete** boete in de vorm van geld dat iemand moet betalen **geldcirculatie** omloop van geld **geldelijk** *bn* wat te maken heeft met geld, wat bestaat uit geld: *een ~e beloning*

gelden [gold, h. gegolden] ❶ van kracht zijn, van toepassing zijn: *de nieuwe regel geldt vanaf 1 januari* ❷ waard zijn, waarde hebben ▼ *dit doelpunt geldt niet* dit doelpunt is afgekeurd ❸ de kracht, waarde doen voelen: *zich doen ~* ❹ beschouwd worden als: *hij geldt als een vooraanstaand natuurkundige* ❺ aangaan, betreffen: *die opmerking geldt hem* **geldhandel** handel in geld en geldswaardige papieren

geldig *bn* ❶ wat waarde heeft, wat men kan gebruiken: *dit toegangskaartje is niet meer ~* ❷ aannemelijk, overtuigend: *een ~e reden* **geldigheidsduur** termijn waarbinnen iets geldig is

geldingsdrang behoefte om zich te laten gelden, een belangrijke rol te spelen, opgemerkt te worden

geldkist kist om geld en geldswaardige papieren in op te bergen **geldklopperij** *de (v)* poging om geld los te krijgen **geldkraan** ▼ *de ~ dichtdraaien* financiële steun beëindigen **geldloper** iemand die geld vervoert **geldmarkt** handel in geld en geldswaardig papier **geldmiddelen** *de (mv)* geld, inkomsten, financiën **geldnood** gebrek aan geld: *in ~ verkeren*

geldontwaarding verlies van, het minder worden van de waarde van het geld **geldprijs** prijs in de vorm van geld **geldschieter** *de (m)* [-s] iemand die geld aan iemand anders leent **geldsom** hoeveelheid geld **geldstuk** munt die een bepaalde waarde in geld vertegenwoordigt, muntstuk **geldswaarde** waarde, uitgedrukt in geld **geldwisselaar** ❶ persoon bij wie men geldsoorten tegen elkaar kan inwisselen ❷ apparaat voor het wisselen van geld in kleinere eenheden, in muntgeld **geldwolf** iemand die heel erg gericht is op het hebben en krijgen van geld **geldzaak** ❶ iets waarbij het om geld gaat, wat te maken heeft met geld ❷ zaak die met geld afgedaan kan worden **geldzorgen** zorgen door te weinig geld **geldzucht** het erg gericht zijn op het hebben en krijgen van geld

geleden *bn* voorbij (in de tijd): *een jaar ~*

gelederen *de (mv)* (meervoud van gelid) kringen, omgeving: *de ~ van een politieke partij*

geleding *de (v)* ❶ gewricht, verbindingsstuk ❷ onderdeel van iets: *in alle ~en van de samenleving* ❸ insnijding in de kust

geleed *bn* met geledingen: *een gelede tram of bus* ▼ *gelede dieren* geleedpotigen **geleedpotigen** bio. *de (mv)* dieren met een uitwendig skelet en poten die een aantal gewrichten hebben, bijv. insecten, spinnen en schaaldieren

geleerd *bn* ❶ die veel gestudeerd heeft en veel weet ❷ moeilijk, waar (veel) kennis en studie voor nodig is: *een ~ boek* **geleerde** *de* [-n] iemand die diepgaande studie gemaakt heeft van een of meer wetenschappen **geleerdheid** *de (v)* [-heden] ❶ het geleerd zijn ❷ (wetenschappelijke) kennis, wat iemand geleerd heeft

gelegen *bn* ❶ wat op een bepaalde plaats ligt, wat zich op een bepaalde plaats bevindt: *het huis is ~ aan een doorgaande weg* ❷ wat goed uitkomt, wat op een geschikt moment komt: *komt het ~ als ik morgen kom?* ▼ *zich aan iets ~ laten liggen* zich ergens iets van aantrekken, ergens rekening mee houden ▼ *er is mij veel aan ~* het is erg belangrijk voor mij

gelegenheid *de (v)* [-heden] ❶ gunstige situatie, mogelijkheid: *als ik toch naar Antwerpen moet, is dat een mooie ~ om mijn Belgische vrienden te bezoeken* ❷ gebeurtenis: *plechtige gelegenheden* ❸ inrichting, plaats waar men kan eten, drinken, dansen enz. **gelegenheidsdichter** iemand die bij een bepaalde gelegenheid een gedicht maakt **gelegenheidskleding** kleding om bij bijzondere gelegenheden te dragen

gelei ⟨zjə-⟩ *de* ❶ verdikt gekookt sap ❷ gestold vleesnat

geleid *bn* wat bestuurd of geregeld wordt: *~e economie* **geleide** *het* ❶ het begeleiden, bijv. om iermand te beschermen ❷ de personen die

iemand begeleiden: *we kregen een ~ mee*
geleidehond hond die is afgericht om blinden te begeleiden
geleidelijk *bn* op een rustige en regelmatige manier, langzamerhand: *het weer wordt ~ beter*
geleiden ❶ meegaan en de weg wijzen: *de hond geleidde de blinde bij het oversteken* ❷ (warmte of elektriciteit) doorlaten, doorgeven: *water geleidt stroom* **geleider** *de (m)* [-s] stof die elektrische stroom doorgeeft **geleiding** *de (v)* iets dat elektrische stroom geleidt, bijv. een metalen draad
geletruidrager *sp.* aanvoerder in het algemeen klassement van de Tour de France
geletterd *bn* die de letterkunde kent, die veel gelezen heeft: *een ~ man*
gelid *het* [-lederen] ❶ lid, gewricht ❷ aaneengesloten rij van personen ▼ *de soldaten stonden in het ~* de soldaten stonden in rechte rijen naast elkaar ▼ *de gelederen sluiten* met elkaar één geheel vormen tegenover de buitenwereld
gelieerd *bn* ▼ *aan iets ~ zijn* aan iets verbonden zijn: *hij is ~ aan een grote organisatie*
geliefd *bn* ❶ waarvan of van wie mensen houden: *die zanger is heel ~ bij oudere dames* ❷ voor wie of waarvoor iemand een voorkeur heeft: *hij ging naar zijn ~e restaurant* **geliefde** *de* [-n] persoon van wie iemand houdt en/of met wie hij een liefdesrelatie heeft
geliefkoosd *bn* ❶ geliefd, dierbaar ❷ BN ook waarvoor men voorkeur heeft, favoriet
gelieven I *de (mv)* mensen die van elkaar houden, liefdespaar II *ww* ▼ *(u) gelieve* wees zo goed, wij verzoeken u vriendelijk om ...
gelig *bn* een beetje geel
gelijk I *bn* ❶ net zo (groot, sterk, rijk enz.) als, hetzelfde ❷ van hetzelfde niveau, dezelfde waarde enz. ▼ *het is mij ~* het maakt me niet uit ❸ vlak, zonder oneffenheden II *het* ❹ de juiste ziens- of handelwijze, de waarheid: *~ hebben in iets* ▼ *iemand in het ~ stellen* verklaren dat iemand goed gehandeld heeft of dat zijn bewering juist is ▼ *het ~ van de vismarkt hebben* het hardste schreeuwen, de grootste mond hebben (om zo gelijk te krijgen) III *vgw* ❺ zoals, evenals
gelijkaardig BN, ook *bn* gelijksoortig **gelijkbenig** *bn* met twee gelijke zijden: *een ~e driehoek*
gelijke *de* [-n] iemand van dezelfde rang, iemand die net zo goed is in iets ▼ *zijns ~ niet hebben* beter zijn dan ieder ander
gelijkelijk *bw* in gelijke mate ▼ *iets ~ verdelen* op zo'n manier dat iedereen evenveel krijgt
gelijken lijken (op) **gelijkenis** *de (v)* [-sen] ❶ overeenkomst, het op elkaar lijken: *de ~ tussen vader en zoon* ❷ verhaal waarmee men een algemenere waarheid duidelijk wil maken: *de ~sen in de Bijbel* **gelijkgerechtigd** *bn* met dezelfde rechten **gelijkgestemd** *bn* die op dezelfde manier denkt en voelt **gelijkgezind**, **gelijkgezind** die op dezelfde manier denkt, met dezelfde soort gedachten en ideeën **gelijkhebberig** *bn* steeds eropuit om gelijk te krijgen
gelijkheid *de (v)* het gelijk zijn **gelijklopen** ⟨van klokken⟩ de juiste tijd aangeven **gelijkluidend**

bn ❶ van dezelfde betekenis of inhoud ❷ met dezelfde woorden, wat letterlijk overeenstemt **gelijkmaker** *de (m)* [-s] doelpunt waardoor de stand gelijk wordt
gelijkmatig *bn* steeds of overal gelijk, zonder wisseling: *een ~ humeur* **gelijkmoedig** *bn* steeds kalm, steeds in eenzelfde gemoedstoestand
gelijknamig *bn* met dezelfde naam: *het boek en de ~e film*
gelijkrichter *de (m)* [-s] toestel om wisselstroom om te zetten in gelijkstroom **gelijkschakelen** ❶ gelijkmaken: *de lonen ~* ❷ de ene elektrische stroom gelijkmaken aan de andere ❸ in overeenstemming brengen met een bepaalde politieke gezindheid
gelijkslachtig *bn* ❶ van dezelfde soort, van dezelfde hoedanigheid ❷ van hetzelfde geslacht **gelijksoortig** *bn* van dezelfde soort
gelijkspel gelijke eindstand, waarbij beide partijen evenveel punten hebben: *de wedstrijd eindigde in ~* **gelijkstaan** ❶ dezelfde rang, waarde enz. hebben, overeenkomen met ❷ *sp.* hetzelfde (doel)puntenaantal hebben
gelijkstellen gelijke rechten geven, dezelfde waarde toekennen **gelijkstroom** elektrische stroom met steeds dezelfde sterkte en richting **gelijkteken** het teken =
gelijktijdig *bn* op dezelfde tijd of hetzelfde moment, in dezelfde tijd **gelijkvloers** I *bn* ❶ met alles op dezelfde verdieping: *we wonen ~* ❷ op de begane grond II *het* ❸ BN ook benedenverdieping
gelijkvormig *bn* van gelijke vorm, die er hetzelfde uitzien **gelijkvormigheidsattest** BN attest waarin verklaard wordt dat een voertuig aan de wettelijke normen voldoet
gelijkwaardig *bn* van dezelfde waarde of sterkte, van hetzelfde niveau: *de twee boksers waren ~ aan elkaar*
gelijkzetten (een uurwerk) op dezelfde of de juiste tijd zetten: *mijn horloge loopt achter, ik moet het ~* **gelijkzijdig** *bn* waarvan de zijden gelijk aan elkaar zijn: *een ~e driehoek*
gelijnd *bn* ❶ voorzien van lijnen ❷ herald. omrand met een lijntje
gelikt *bn* ❶ glanzend gemaakt, gepolijst ❷ al te mooi gemaakt, al te perfect: *een ~e presentatie*
gelinieerd *bn* van lijnen voorzien: *~ papier*
gelobd bio. *bn* met insnijdingen die niet verder gaan dan de helft van het blad van een plant
gelofte *de (v)* [-n, -s] plechtige belofte
gelood *bn* met lood: *gelode benzine*
geloof *het* [-loven] ❶ vertrouwen in God of goden of een goddelijke openbaring ❷ godsdienst ❸ vertrouwen dat iets waar is ▼ *~ hechten aan* (iets) geloven ▼ *~ vinden* geloofd worden **geloofsartikel** een van de waarheden binnen een geloof **geloofsbelijdenis** ❶ het belijden van een geloof ❷ de geformuleerde waarheden binnen een geloof **geloofsbrieven** *de (mv)* ❶ papieren die bewijzen dat iemand een bepaalde functie en volmacht heeft ❷ schriftelijke bevestiging dat een ambassadeur of gezant zijn staat vertegenwoordigt
geloofsgenoot iemand van hetzelfde geloof **geloofsovertuiging** godsdienst die iemand

aanhangt

geloofwaardig *bn* wat de indruk wekt dat het waar is of die de indruk wekt dat hij de waarheid spreekt: een ~ *verhaal*

geloven ❶ geloof hebben, vertrouwen hebben in iets of in het bestaan van een god of goden **❷** aannemen dat iets of iemand bestaat▼~ *in* als waar aannemen (en er vast op vertrouwen): *hij gelooft in vliegende schotels; zij gelooft in mijn talent* **❸** van mening zijn, denken: *ik geloof niet dat dit een goed plan is*▼*eraan moeten* ~ zich moeten onderwerpen aan iets onaangenaams

gelovig *bn* die een vast godsdienstig geloof heeft, die laat blijken dat hij zo'n geloof heeft: *hij is een* ~ *man* **gelovige** *de* [-n] iemand die gelovig is, die een godsdienstig geloof heeft: *de* ~*n bidden met elkaar*

gelui *het* het luiden: *het* ~ *van de kerkklokken*

geluid *het* **❶** iets wat men kan horen **❷** klank, hoe iets klinkt: *wat heeft die gitaar een mooi* ~

geluiddempend *bn* wat het geluid verzwakt, minder sterk maakt **geluiddicht** wat het geluid tegenhoudt: *een* ~*e muur* **geluidloos** *bn* zonder geluid **geluidsband** band waarop geluid wordt opgenomen **geluidsbarrière** snelheidsdrempel waarboven men sneller vliegt dan de snelheid van het geluid **geluidsbehang** achtergrondmuziek in winkelcentra e.d.

geluidsbox kastvormige luidspreker **geluidsbron** iets wat geluid veroorzaakt, waar een bepaald geluid vandaan komt **geluidsdrager** band, plaat enz. waarop geluid wordt vastgelegd **geluidsfilm** film met geluid, zoals gesprekken en muziek (i.t.t. de stomme film van vroeger)

geluidshinder, **geluidhinder** overlast door lawaai **geluidsinstallatie** geheel van apparaten voor het opnemen, weergeven en versterken van geluid

geluidsmuur BN geluidsbarrière **geluidsscherm** muur of schutting langs een drukke weg om het geluid van het verkeer tegen te houden **geluidswagen** wagen van waaruit berichten, reclameboodschappen e.d. worden omgeroepen **geluidswal** muur of ophoging van aarde langs een drukke weg om het geluid van het verkeer tegen te houden

geluimd *bn* in een bepaald humeur

geluk *het* **❶** iets positiefs, positief toeval: *wat een* ~ *dat je tas is gevonden*▼*meer* ~ *dan wijsheid* voorspoed door toeval en niet door eigen handelen▼~ *ermee!* succes!▼*op goed* ~ in de hoop dat het goed afloopt **❷** alleen maar toeval: *stom* ~, *blind* ~ **❸** het zich goed voelen, het gevoel dat het leven fijn is **gelukje** *het* [-s] gelukkig toeval, meevaller **gelukken** lukken

gelukkig *bn* **❶** waarbij iemand zich goed voelt, het gevoel heeft dat het leven fijn is: *ik voel me* ~ **❷** waar iemand geluk bij heeft: *een* ~*e gok* **❸** te danken aan geluk: *door een* ~ *toeval hebben wij elkaar ontmoet* **❹** voorspoedig, geslaagd: *een* ~*e onderneming*▼*o,* ~*!* daar ben ik opgelucht over **geluks'poppetje** *het* [-s] popje waarvan men verwacht dat het geluk brengt **geluks'treffer** iets wat bij toeval gelukt is, raak is **geluks'vogel**

iemand die (steeds) geluk heeft

gelukwens het aan iemand laten weten dat men blij is voor hem omdat er iets fijns gebeurt of gebeurd is, felicitatie **gelukwensen** [wenste geluk, h. gelukgewenst] iemand laten weten dat men blij is voor hem omdat er iets fijns gebeurt of gebeurd is, feliciteren: *wij wensten de buren geluk met de geboorte van hun baby*

gelukzalig *bn* heel erg gelukkig: ~ *staarde ze voor zich uit* **gelukzoeker** iemand die overal zijn kansen probeert, avonturier

gelul spreekt. *het* vervelend onzinnig gepraat **gemaakt** *bn* onecht, onnatuurlijk: *ze glimlachte* ~

gemaal I *de (m)* [-malen, -s] **❶** echtgenoot van een vorstin of van een hooggeplaatst vrouwelijk persoon II *het* [-malen] **❷** installatie die het water in een polder op de juiste hoogte houdt

gemachtigde *de* [-n] iemand die toestemming van iemand anders heeft om namens hem te handelen

gemak *het* [-ken] **❶** toestand van kalmte, weinig inspanning, van gemakkelijke rust▼*iemand op zijn* ~ *stellen* zorgen dat iemand zich ontspannen en rustig voelt▼*hij doet het met* ~ het kost hem weinig inspanning of moeite: *hij heeft het examen met* ~ *gehaald*▼BN, spreekt. *op zijn duizenden* ~*jes* uiterst traag; heel gemakkelijk **❷** geriefelijkheid, comfort **❸** wc

gemakkelijk *bn* **❶** eenvoudig, simpel, wat weinig inspanning vraagt: *een* ~*e som* **❷** geriefelijk, comfortabel▼*een* ~*e stoel* een stoel waarin men heel lekker zit **❸** gesteld op gemak, lui: *hij is nogal* ~, *hij doet nooit erg veel moeite* **gemakkelijkheidsoplossing** BN oplossing die gemakkelijk is, maar niet echt ideaal

gemakshalve *bw* om het gemak, omdat het gemakkelijker is **gemaksvoeding** voedsel dat men gemakkelijk en snel kan klaarmaken

gemakzucht het gemakzuchtig-zijn, luiheid **gemakzuchtig** *bn* die alles doet op zo'n manier dat het zo weinig mogelijk inspanning kost, lui

gemalin *de (v)* [-nen] echtgenote van een vorst of hooggeplaatst persoon

gemaniëreerd ⟨-nieja-⟩ *bn* gemaakt, gekunsteld **gemankeerd** *bn* mislukt in iets, iets niet geworden: *een* ~ *schrijver*

gemarmerd *bn* geverfd of gekleurd als marmer: ~*e tegels*

gemaskerd *bn* **❶** met een masker: *een* ~*e man* **❷** waarbij maskers gedragen worden: *een* ~ *bal*

gematigd *bn* die niet tot uitersten gaat, kalm, bezadigd▼~ *klimaat* klimaat met een gemiddelde temperatuur in de koudste maand tussen -3 en 18 graden Celsius en in de warmste maand boven de 10 graden

gember *de (m)* **❶** wortelstok van de tropische plant Zingiber officinale, die een scherpe smaak heeft en die als bijgerecht en geneesmiddel wordt gebruikt **❷** de plant zelf

gemeen *bn* **❶** oneerlijk, vals: *hij haalde een gemene streek uit* **❷** algemeen▼*in het* ~ gewoonlijk **❸** gemeenschappelijk▼*veel met elkaar* ~ *hebben* veel overeenkomsten hebben: *mijn vriendin en ik hebben veel met elkaar* ~ **❹** in hoge mate, erg, op een onprettige manier: *het is* ~ *koud*▼*gemene zaak met iemand maken* met

ge

iemand meedoen in iets slechts

gemeend bn wat oprecht zo bedoeld is: *zijn belangstelling was ~*

gemeengoed ❶ wat aan iedereen toebehoort **❷** fig. wat aan iedereen bekend is: *deze uitdrukking is ~ geworden* **gemeenheid** de (v) [-heden] **❶** het gemeen zijn, slechtheid, laagheid **❷** gemene daad

gemeenlijk bw gewoonlijk, over het algemeen

gemeenplaats iets wat vaak gezegd wordt en dat daardoor geen inhoudelijke kracht meer heeft

gemeenrechtelijk BN volgens het algemene recht

gemeenschap de (v) [-pen] **❶** personen die door gemeenschappelijke belangen, levensomstandigheden enz. met elkaar een eenheid vormen **❷** maatschappij **❸** BN een van de drie delen van België met een eigen regering en parlement, bevoegd voor persoonsgebonden zaken, zoals onderwijs en cultuur: *de Vlaamse, Franse en Duitstalige Gemeenschap* **❹** het iets gemeenschappelijk hebben ▼ *in ~ van goederen trouwen* zo dat het vermogen van beide partners is **❺** contact, onderlinge betrekking: *seksuele ~* ▼ *~ der heiligen* alle christenen tezamen **gemeenschappelijk** bn gezamenlijk, met meer mensen samen: *we hebben veel ~e interesses* **gemeenschapsaangelegenheid** BN aangelegenheid die onder de bevoegdheid valt van de Vlaamse, de Franse of de Duitstalige gemeenschap **gemeenschapscommissie** BN commissie die bestaat uit leden van de Brusselse Hoofdstedelijke Raad, bevoegd voor cultuur, onderwijs en welzijn **gemeenschapsgeld** openbare geldmiddelen, geld dat door burgers en bedrijven wordt betaald aan gemeente, provincie en rijk **gemeenschapshuis** centrum voor sociale en culturele activiteiten in een dorp of stadswijk **gemeenschapsonderwijs** BN onderwijs georganiseerd door de overheid **gemeenschapsschool** BN school die tot het gemeenschapsonderwijs behoort **gemeenschapszin** het zich verbonden voelen met de plaats, het gebied e.d. waar men woont **gemeente** de (v) [-n, -s] **❶** onderdeel van een staat, dat wordt bestuurd door een gemeenteraad en een college van burgemeester en wethouders **❷** de gezamenlijke gelovigen van een kerk **gemeentehuis** gebouw waar het bestuur van een gemeente zich bevindt, raadhuis, stadhuis: *ik moet naar het ~ om een nieuw paspoort aan te vragen* **gemeentelijk** bn van een gemeente: *~e belastingen* **gemeenteontvanger** hoofd van de financiële dienst van een gemeente, degene die verantwoordelijk is voor de ontvangsten en uitgaven van een gemeente **gemeentepils** scherts. scherts. leidingwater **gemeenteraad** groep mensen die een gemeente bestuurt, onder leiding van de burgemeester en die wordt gekozen door de inwoners van de gemeente **gemeentereiniging** de (v) (dienst die zorgt voor) het schoonhouden van de straten, afvoer van afval enz. in een gemeente **gemeenteverordening** voorschrift van een

gemeenteraad gemeentewerken de (mv) **❶** publieke werken door of in opdracht van een gemeente **❷** de dienst die daarvoor verantwoordelijk is **gemeentewet** wet die te maken heeft met gemeentebesturen

gemeenzaam bn **❶** vertrouwelijk, als gelijke: *~ met iemand omgaan* **❷** gewoon, ongedwongen, niet stijf: *een gemeenzame uitdrukking* **gemeier** het spreekt. gezeur **gemêleerd** ⟨-mellirt⟩ bn gemengd ▼ *een ~ gezelschap* mensen van allerlei soorten en leeftijden door elkaar **gemelijk** bn knorrig, onvriendelijk van humeur **gemenebest** het los verbond van een aantal landen

gemenerik de (m) gemeen persoon **gemengd** bn samengesteld uit verschillende delen of soorten ▼ *~ bedrijf* boerenbedrijf met landbouw en veeteelt ▼ *met ~e gevoelens* niet helemaal blij maar ook bezorgd, verdrietig e.d. **gemeubileerd** bn met meubels: *een ~e kamer* **gemiddeld** bn **❶** ongeveer in het midden tussen twee uitersten: *een ~e leerling* niet heel goed en niet heel slecht **❷** als men alle getallen optelt en deelt door het aantal getallen, dooreengenomen: *een 5, een 9 en een 4, is ~ een 6* **gemiddelde** het [-n, -s] **❶** gemiddelde waarde, hoeveelheid enz. **❷** resultaat dat men krijgt als men getallen optelt en de uitkomst deelt door het aantal getallen: *het ~ van 12, 3 en 6 is 7* **gemier** inform. het **❶** vervelend gedoe, gezeur **❷** gepruts, geknoei **gemis** het het missen, het gevoel dat iets wat er niet (meer) is er wel zou moeten zijn **gemodereerd** bn gematigd, kalm **gemoed** het [-eren] innerlijke gesteldheid, gevoel ▼ *zijn ~ luchten* zeggen wat men denkt of voelt ▼ *in ~e* diep in zijn hart, ernstig: *zich iets in ~e afvragen* **gemoedelijk** bn gezellig, genoeglijk, niet stijf, niet formeel **gemoedsaandoening** indruk die op het gemoed werkt, bepaalde gevoelens **gemoedsrust** innerlijke kalmte omdat men een zuiver geweten heeft **gemoeid** bn betrokken bij ▼ *daar is veel geld mee ~* dat kost veel geld, dat gaat om veel geld **gemor** het ontevreden, afkeurend gemompel **gemotiveerd** bn **❶** ⟨van personen⟩ met motivatie voor iets, die iets graag wil, bereid om zich ervoor in te spannen: *capabel en ~ personeel* **❷** ⟨van zaken⟩ op goede gronden, met redenen omkleed: *een ~ verzoek indienen* **gemotoriseerd** bn met een motor: *~ verkeer* **gems** de [gemzen] herkauwend zoogdier uit het Zuid-Europese hooggebergte (Rupicapra rupicapra) **gemunt** bn ▼ *het op iemand ~ hebben* altijd vervelend of agressief doen tegen die persoon **gemutst** bn in een bepaald humeur ▼ *goed~* in een goed humeur **gen** het deeltje in de cellen van het lichaam waardoor erfelijke eigenschappen worden overgedragen: *de kleur van iemands ogen wordt bepaald door zijn ~en* **gen.** genitief **Gen.** Genesis

genaamd bn die zo heet, met de naam of bijnaam

genade de [-n, -s] ❶ het vergeven van wat iemand heeft misdaan en hem niet (meer) straffen, vergiffenis: *de koning schonk een aantal misdadigers ~* ❷ willekeur: *aan iemands ~ overgeleverd zijn* ▾*goeie, grote ~!* uitroep van ontsteltenis **genadebrood** levensonderhoud dat iemand dankt aan de goede gunsten van anderen: *~ eten* **genadeloos** bn zonder iets of iemand te ontzien, keihard **genadeschot** dodelijk schot dat een eind maakt aan pijnlijk langzaam sterven **genadeslag** ❶ laatste slag, waardoor iemand sterft ❷ fig. laatste tegenslag waar iemand of iets niet meer overheen komt: *het verlies van een grote klant was de ~ voor het bedrijf*

genadig bn ❶ niet streng, waarbij iemand genade toont: *een ~ vorst* ❷ neerbuigend vriendelijk: *een ~ hoofdknikje* ❸ met minder straf of nadeel dan men zou verwachten: *er ~ afkomen*

genaken benaderen, dichterbij komen, vooral figuurlijk: *zij is niet te ~*

gênant ⟨zjə-⟩ bn zo dat men zich ervoor schaamt: *het is ~ als mijn moeder met mijn vrienden danst*

gendarme ⟨zjā-⟩ de (m) [-s, -n] lid van de militaire politie in Frankrijk en België **gendarmerie** de (v) ❶ (in België en Frankrijk) militaire rijkspolitie, legerpolitie ❷ post van die politie

gender ⟨dzjen-⟩ voorvoegsel sekse en kenmerken die te maken hebben met het man- of vrouw-zijn: *~studies* **genderkliniek** kliniek voor reageerbuisbevruchting waarbij ouders het geslacht van het kind kiezen **genderstudies** de (mv) studie naar de maatschappelijke en psychologische verschillen tussen mannen en vrouwen

gene vnw aanduiding van een persoon of zaak die verder verwijderd is: *aan ~ zijde van het gebergte* ▾*deze(n) en ~(n)* sommigen ▾*deze of ~* een onbekend persoon

gêne ⟨zjènə⟩ de verlegenheid, gevoel van schaamte

genealogie de (v) [-ën] ❶ leer van de ontwikkeling en verwantschap van geslachten ❷ geslachtslijst van een familie, stamboom

geneesheer arts **geneesheer-directeur** de (m) [geneesheren-directeuren, geneesheren-directeurs] directeur van een ziekenhuis die zelf ook arts is

geneeskracht het vermogen om te genezen **geneeskrachtig** met geneeskracht, met een genezende werking: *~e kruiden* **geneeskunde** wetenschap die zich bezighoudt met ziekten en verwondingen en hoe deze het beste kunnen worden behandeld **geneeskunst** het in staat zijn om anderen te genezen, geneeskunde **geneesmiddel** middel om mens of dier te genezen, medicijn **geneeswijze** manier om een persoon of dier te genezen

genegen bn ▾*iemand ~ zijn* positieve gevoelens voor iemand hebben en bereid zijn hem eventueel te helpen ▾*~ zijn tot iets* bereid zijn om dat te doen: *hij is niet ~ zijn toestemming daarvoor te geven* **genegenheid** de (v) [-heden]

gevoel van sympathie, vriendschap, liefde: *~ voor iemand koesteren*

geneigd bn die de neiging voelt tot, die dat wel zou willen doen: *ik ben ~ om 'ja' te zeggen* **geneigdheid** de (v) [-heden] het geneigd zijn tot iets

genenbank plaats waar genetisch materiaal, d.w.z. sperma, planten en zaden, wordt bijeengebracht en bewaard **genenpaspoort** schriftelijk overzicht van iemands erfelijke eigenschappen

generaal I de (m) [-s] ❶ hoogste officier in het leger II bn ❷ algemeen ▾*generale repetitie* laatste repetitie vóór de eerste uitvoering van een toneelstuk, musical enz. ▾*generale staf* korps van hogere officieren ten dienste van de bevelvoerder van een leger **generalisatie** ⟨-zaa-⟩ de (v) [-s] het generaliseren **generaliseren** ⟨-zi-⟩ uit één of een paar gevallen een algemene conclusie afleiden **generalist** de (m) iemand die zich met veel onderdelen van een vakgebied bezighoudt

generatie de (v) [-s] ❶ het zich voortplanten, voortplanting ❷ geslacht, al de individuen van eenzelfde trap in een voortplantingsreeks, mensen of dieren van ongeveer dezelfde leeftijd die tegelijk leven ❸ tijdgenoten in eenzelfde beroep of tak van kunst ▾fig. *een nieuwe ~ (computers, auto's enz.)* die van een nieuw basismodel zijn afgeleid **generatieconflict** botsing, onenigheid tussen mensen van verschillende generaties, bijv. tussen ouders en kinderen

generatief bn met het vermogen tot voortplanting en groei ▾*generatieve grammatica* grammatica met een aantal basisregels waarmee alle mogelijke zinnen van een taal gemaakt kunnen worden

generatiekloof groot verschil in denk- en leefwijze tussen generaties, vooral tussen ouders en kinderen **generatiestudent** BN student die zich voor het eerst aan een universiteit laat inschrijven

generator de (m) [-s, -toren] toestel dat (vooral elektrische) energie opwekt

generen ⟨zjə-⟩ ▾*zich ~* zich schamen: *hij geneerde zich voor de stomme vraag van zijn zusje*

genereren maken, voortbrengen, doen ontstaan: *inkomsten ~; met dit computerprogramma kun je grafieken ~* ▾*geweld genereert geweld* als men geweld gebruikt, gaat de tegenstander ook geweld gebruiken

genereus bn ❶ edelmoedig, grootmoedig ❷ mild, royaal, gul

generiek I bn ❶ van of voor een hele groep, geslacht, soort ▾*~ geneesmiddel* dat door anderen gemaakt mag worden en wordt verkocht onder de naam van de werkzame stof II de (v) ❷ BN aftiteling **generisch** bn wat te maken heeft met het geslacht of de soort, generiek

generlei bn van geen soort, helemaal geen: *dat is van nul en ~ waarde*

generositeit ⟨-zie-⟩ de (v) edelmoedigheid, grootmoedigheid, mildheid

genese ⟨geneezə⟩ de (v) het ontstaan: *de ~ van een literair werk, van borstkanker*

ge

genetica *de (v)* erfelijkheidsleer **genetisch** *bn* ❶ wat te maken heeft met het ontstaan, met de oorsprong ❷ wat te maken heeft met de erfelijkheid

geneugte *de (v)* [-n, -s] genoegen, genot, wat leuk of fijn aan iets is: *de ~n van het stadsleven*

geneuzel *het* onzinnig gezeur

genezen [genas, h. / is genezen] ❶ beter maken: *artsen proberen patiënten te ~* ❷ beter worden, herstellen: *de zieke geneest al aardig ▾* fig. *~ van* een slechte of lastige eigenschap o.i.d. kwijtraken: *hij is ~ van zijn zelfoverschatting*

gengewas gewas dat genetisch veranderd is

geniaal *bn* als (van) een genie, met heel veel talent, buitengewoon knap: *een geniale wetenschapper; een ~ plan* **genialiteit** *de (v)* het geniaal-zijn

genie ⟨zjə-⟩ **I** *het* [-ën] ❶ uitzonderlijk talent voor iets, het uitzonderlijk goed zijn in iets ❷ iemand die een uitzonderlijk talent voor iets heeft, uitzonderlijk goed in iets is: *hij is een wiskundig ~* **II** *de (v)* ❸ legerafdeling voor het aanleggen en herstellen van militaire werken, wegen, terreinen enz.

geniep ▾ *in het ~* stiekem **geniepig** *bn* gemeen en stiekem: *een ~ ventje*

genietbaar *bn* goed te verdragen, prettig: *~ gezelschap*

genieten [genoot, h. genoten] genoegen hebben van, de voordelen van iets krijgen of hebben: *onderwijs ~; een goede gezondheid ~* ▾ *ergens van ~* iets heel fijn vinden, zich er prettig door voelen ▾ *niet te ~ zijn* in een heel slecht humeur zijn **genieting** *de (v)* waar men van kan genieten, iets prettigs: *de ~en van het leven*

genist ⟨zjə-⟩ *de (m)* militair bij de genie

genitaliën *de (mv)* geslachtsorganen

genitief *de (m)* [-tieven] tweede naamval, drukt vaak uit dat iemand iets heeft, bijv. Annekes boek, Piets vriendin

genius *de (m)* [-niën] beschermgeest ▾ *kwade ~* iemand die achter iets slechts zit

genmutatie verandering in genetisch materiaal

genocide *de (v)* [-n, -s] het uitmoorden van een volk of bevolkingsgroep

genodigde *de* [-n] iemand die uitgenodigd is, gast

genoeg *telw* zoveel als men nodig heeft: *er is ~ eten voor ons allemaal ▾ en nu is het ~!* nu moeten jullie ophouden, nu wordt het te veel

genoegdoening *de (v)* eerherstel, schadeloosstelling: *hij heeft me beledigd, ik eis ~*

genoegen *het* [-s] ❶ plezier, prettig gevoel, iets aangenaams: *je bezoek was mij een waar ~* ❷ voldoening, tevredenheid ▾ *~ nemen met* tevreden zijn met (iets wat minder of kleiner is dan men had gewild) ▾ *met alle (soorten van) ~* graag, met alle plezier

genoeglijk *bn* aangenaam, plezierig, gezellig, gemoedelijk: *wat zitten we hier ~* **genoegzaam** *bn* voldoende, toereikend, genoeg: *het is ~ bekend dat ...*

genoemd *bn* die zonet vermeld is

genoom *het* [-nomen] geheel van genen

genoot *de (m)* [-noten] iemand die in een bepaald opzicht hetzelfde is of doet: *leeftijd~,*

partij~

genootschap *het* [-pen] vereniging, vooral van mensen die zich bezighouden met wetenschap of kunst: *een letterkundig ~*

genot *het* ❶ het genieten ❷ iets wat iemand doet genieten **genotmiddel** middel zonder voedingswaarde dat lekker smaakt en/of een fijn gevoel geeft, onder andere alcohol, sigaretten, koffie **genotvol** *bn* wat veel genot geeft

genotype erfelijke aanleg

genotzoeker iemand die steeds op genot uit is **genotzucht** het sterk gericht zijn op, zoeken naar, genot

genre ⟨zjàrə⟩ *het* [-s] soort, stijl, vooral in muziek, literatuur e.d. **genrestuk** schilderij van een tafereeltje uit het dagelijks leven

gent *de (m)* mannelijke gans

gentechnologie het veranderen van genetische eigenschappen, bijv. van voedingsmiddelen **gentherapie** herstel van afwijkingen door het inbrengen van genen

gentiaan ⟨gentsie-⟩ *de* [-anen] plant met helderblauwe bloem, van het geslacht Gentiana

gentleman ⟨dzjɛntəlmən⟩ *de (m)* [-men] man met goede manieren, die zich als een heer gedraagt **gentleman's agreement** ⟨-əGRiemənt⟩ *het* [-agreements] overeenkomst die niet officieel is bevestigd en waaraan men zich als iemand van eer moet houden

genuanceerd *bn* waarbij men rekening houdt met de verschillende kanten van iets ▾ *een ~ oordeel* een oordeel waarbij men de verschillende kanten van een zaak bekijkt

genus *het* [-nera] geslacht, soort

genvoedsel genetisch gemanipuleerd voedsel

geocaching ⟨-kesjing⟩ *het* sport of spel waarbij men met behulp van gps® een voorwerp zoekt dat ergens buiten verstopt is en daarvan melding maakt in het bijgevoegde logboek of op een speciale website

geocentrisch *bn* met de aarde als middelpunt ▾ *een ~ wereldbeeld* waarbij de aarde als middelpunt van het heelal wordt gezien: *het ~ wereldbeeld van de middeleeuwen* **geodesie** ⟨-zie⟩ *de (v)* landmeetkunde **geodriehoek** doorzichtige plastic driehoek met centimeterverdeling en gradenboog, die bij wiskundeonderwijs wordt gebruikt

geoefend *bn* goed in iets door veel oefening

geofysica leer van de natuurkundige eigenschappen van de aarde en haar atmosfeer

geografie *de (v)* aardrijkskunde **geografisch** *bn* ❶ aardrijkskundig ❷ wat te maken heeft met de verspreiding over de aarde

geolied *bn* ❶ gesmeerd met olie ❷ fig. wat soepel verloopt

geologie *de (v)* leer van de bouw en de ontwikkelingsgeschiedenis van de aardkorst, aardkunde **geometrie** *de (v)* meetkunde **geometrisch** *bn* meetkundig

geoorloofd *bn* toegelaten, niet verboden

geopolitiek, geopolitiek (van of wat te maken heeft met de) wetenschap die de aardrijkskundige achtergrond van staatkundige vraagstukken bestudeert

georganiseerd ⟨-nizìrt⟩ *bn* ❶ binnen een bepaald

verband, een bepaalde structuur met regels: *de ~e misdaad* ❷ ⟨van werknemers⟩ lid van een vakbond

geotagging ⟨-teGGing⟩ *de* de mogelijkheid om gegevens over een locatie mee te sturen met bijv. foto's of kaarten zodat de gebruiker vanaf zijn mobiele telefoon, tablet e.d. winkels, bedrijven en andere gelegenheden en plaatsen kan vinden in de omgeving **geothermie** *de (v)* het bestuderen en gebruikmaken van warmte in de aarde

geothermisch ⟨-ter-⟩ wat te maken heeft met de aardwarmte

geoutilleerd ⟨-oetiejÿrt⟩ *bn* voorzien van werktuigen en verdere benodigdheden

geouwehoer inform. *het* ❶ geklets: *stoppen met dat ~, we moeten aan het werk!* ❷ gezeur, commentaar: *ik ben dat ~ van hem beu*

geowetenschappen *de (mv)* wetenschappen die zich bezighouden met kennis van de aardbol

gepaard *bn* wat een tweetal vormt ▼ *~ gaan met* samengaan met: *deze kwaal gaat ~ met buikpijn*

gepakt *bn* ▼ *~ en gezakt* klaar voor vertrek, voor de reis

gepalaver BN *het* eindeloos gepraat

gepantserd *bn* bedekt met een pantser of pantserplaten

gepassioneerd ⟨-sjoo-⟩ *bn* hartstochtelijk, met veel passie

gepast *bn* wat past bij de gelegenheid, behoorlijk, zoals het hoort ▼ *met ~ geld betalen* precies het bedrag geven dat betaald moet worden

gepatenteerd *bn* van een patent voorzien ▼ *~ leugenaar* erge leugenaar

gepeins *het* het diep nadenken over iets, het peinzen ▼ *in ~ verzonken* diep aan het nadenken

gepensioneerd *bn* met pensioen omdat iemand een bepaalde leeftijd heeft bereikt

gepeperd *bn* ❶ met (veel) peper ❷ fig. pittig, pikant ▼ *een ~e rekening* een heel hoge rekening

gepersonifieerd *bn* als persoon voorgesteld, belichaamd

gepeupel min. *het* het gewone volk

gepikeerd *bn* beledigd, een beetje kwaad

geplaatst *bn* BN in een geschikte positie om iets te kunnen beoordelen: *ze is goed ~ om te voelen wat er bij de jeugd leeft*

geplafonneerd BN *bn* aan een maximumeis gebonden

geplogenheid BN, ook *de (v)* [-heden] gewoonte

gepocheerd ⟨-sjÿrt⟩ *bn* ❶ net onder het kookpunt gekookt ❷ zonder schaal in heet water gekookt: *~ ei*

gepoft *bn* ❶ met poffen: *~e mouwen* ❷ droog verhit: *~e kastanjes*

gepokt *bn* ▼ *~ en gemazeld* erg ervaren

geporteerd *bn* ▼ *~ zijn voor* leuk vinden, wel voelen voor: *ik ben wel ~ voor dat plan*

geposeerd *bn* waarbij iemand bewust een bepaalde houding aanneemt: *een ~e foto*

gepreoccupeerd *bn* ❶ door zorgen in beslag genomen ❷ vooringenomen

gepromoveerd *bn* bevorderd tot doctor, met de titel van doctor

geprononceerd *bn* wat duidelijk uitkomt,

sprekend: *~e gelaatstrekken*

geproportioneerd *bn* met de juiste proporties, goed in verhouding

gepunt *bn* wat in een punt uitloopt, met een scherpe punt: *een ~e helm*

geraakt *bn* beledigd, gekwetst

geraamte *het* [-n, -s] ❶ geheel van de botten van een mens of dier, skelet ❷ geheel van de voornaamste delen van een constructie waaraan of waartussen verdere onderdelen worden aangebracht ❸ ontwerp, voorlopige schets

geraas *het* het razen, lawaai: *het ~ van de storm*

geraaskal *het* idioot, onzinnig geklets

geradbraakt *bn* met overal (spier)pijn en heel moe: *we waren ~ na die busreis*

geraden *bn* aan te raden, raadzaam: *dat is je ~ ook!*

geraffineerd *bn* ❶ gezuiverd: *~e suiker* ❷ verfijnd: *dit is heel ~ gemaakt* ❸ doortrapt, uitgekookt: *een ~e streek*

geraken [geraakte, is geraakt] in een toestand komen, raken

geramd *bn* ▼ *~ zitten* in een gunstige positie verkeren

geranium *de* [-s] bekende kamer- en tuinplant uit de Ooievaarsbekfamilie, behorend tot het geslacht Pelargonium ▼ *achter de ~s zitten* altijd thuis zijn en niets ondernemen

gerant ⟨zjÿrà⟩ *de (m)* [-en, -s] ❶ beheerder van een restaurant of hotel die niet de eigenaar is ❷ BN, spreekt. filiaalhouder van een winkel of zaal

gerbera *de* [-'s] snijbloem met veel kleuren (Gerbera jamesonii)

gerbil *de (m)* [-s] klein knaagdier met lange achterpoten en lange staart (Gerbillus), woestijnrat

gerecht I *het* ❶ rechters, rechtbank, justitie: *hij moet wegens een inbraak voor het ~ verschijnen* ❷ onderdeel van een maaltijd dat in één keer wordt opgediend: *een maaltijd met een voor~, een hoofd~ en een na~* II *bn* ❸ rechtvaardig, billijk: *hij zal zijn ~e straf niet ontlopen* **gerechtelijk** *bn* wat te maken heeft met het gerecht, voor of vanwege het gerecht ▼ *~e geneeskunde* deel van de geneeskunde dat van nut is bij strafzaken

gerechtigd *bn* die het recht heeft om iets te doen **gerechtigheid** *de (v)* [-heden] rechtvaardigheid: *de moordenaar heeft een hoge straf gekregen; er bestaat dus toch ~* **gerechtshof** ❶ hogere rechtbank waar men in beroep kan gaan tegen vonnissen van de arrondissementsrechtbanken ❷ BN, schr. rechtbank **gerechtskosten** kosten van een proces

geredelijk *bn* zonder meer, zonder aarzeling: *we kunnen er ~ van uitgaan dat …*

gereed *bn* ❶ klaar met iets ❷ klaar, bereid om iets te gaan doen: *we zijn ~ voor vertrek* ❸ ⟨van geld⟩ waarover iemand direct kan beschikken, contant **gereedheid** *de (v)* het klaar zijn ▼ *in ~ brengen* klaarmaken voor iets: *we brengen alles in ~ voor vertrek*

gereedschap *het* [-pen] ❶ de hulpmiddelen die men voor een bepaald karwei nodig heeft: *keuken~* ❷ één zo'n hulpmiddel, bijv. een hamer, zaag

ge

ge

gereformeerd *bn* die behoort tot een van de calvinistische kerkgenootschappen

geregeld *bn* ❶ geordend, ordelijk: *een ~ leven leiden* ❷ regelmatig, redelijk vaak: *ik kom daar ~ langs*

gerei *het* gereedschap

geremd *bn* psychisch niet in staat om vrijuit te handelen of te spreken

geren *bn* schuin toelopen: *een ~de rok*

gerenommeerd *bn* vermaard, met een goede naam bij publiek of vakgenoten

gereserveerd ⟨-zer-⟩ *bn* ❶ van tevoren toegewezen, besteld, besproken: *deze tafel is ~* ❷ die zich op een afstand houdt, die niet snel contact maakt met anderen: *een ~ karakter*

geriater *de (m)* [-s] arts voor oudere mensen

geriatrie *de (v)* medisch specialisme dat is gericht op oudere mensen

geribd *bn* met ribbels

gericht *het* Bijb. gerecht, oordeel

gerief *het* ❶ gemak, genot ▼ *aan zijn ~ komen* seksueel bevredigd worden ❷ BN ook gerei, spullen **geriefelijk, gerieflijk** *bn* met veel wat gemak geeft, het prettig maakt: *een ~ huis* **gerieven** helpen, van dienst zijn

gerimpeld *bn* met rimpels

gering *bn* klein, onbetekenend, onaanzienlijk, weinig **geringachten** [achtte gering, h. geringgeacht] beschouwen als onbetekenend, van geen belang **geringschatten** [geringschatte / schatte gering, h. geringschat / geringgeschat] ❶ beschouwen als onbetekenend, onbelangrijk ❷ neerkijken op: *een ~de blik werpen op*

germanisme *het* [-n] woord of uitdrukking die letterlijk uit het Duits vertaald is, die is gevormd naar het Duits, en die geen goed Nederlands is **germanist** *de (m)* iemand die studie maakt van de taal- en letterkunde en cultuurgeschiedenis van het Duits of van een andere Germaanse taal **germanistiek** *de (v)* wetenschap van de taal- en letterkunde van het Duits of andere Germaanse talen

geroepen *bn* ▼ *~ zijn om* uitverkoren zijn om, de juiste persoon zijn voor ▼ *ik voel me daartoe niet ~* dat ligt niet op mijn weg, ik heb niet het gevoel dat ik dat moet doen

geroerd *bn* gevoelsmatig geraakt, ontroerd

geroezemoes *het* onverstaanbaar geluid van stemmen die gonzend door elkaar klinken: *er klonk ~ in de zaal*

gerond *bn* taalk. gevormd met getuite lippen

geronnen *bn* gestold: *~ bloed* ▼ *zo gewonnen zo ~* wat vlug verkregen is, is soms snel weer weg

gerontologie *de (v)* wetenschap die zich bezighoudt met veroudering en de effecten daarvan

gerookt *bn* ❶ geconserveerd door roken: *~ vlees* ❷ vagelijk doorzichtig: *~ glas*

geroutineerd ⟨-roe-⟩ *bn* handig in iets door het veel gedaan te hebben

gerst *de* bepaalde graansoort: *van ~ wordt onder andere bier gemaakt* **gerstekorrel** ❶ korrel van gerst ❷ etterige ontsteking van talg- of zweetklieren, op de huid of in een oog **gerstenat** bier

gerucht *het* ❶ iets wat verteld wordt maar niet zeker is ❷ zacht geluid **geruchtmakend** *bn* wat opschudding veroorzaakt, waarover veel gesproken wordt

geruggensteund *bn* met hulp, ondersteuning van anderen

geruim *bn* nogal lang: *~e tijd*

geruis *het* het ruisen: *het ~ van de wind in het riet* **geruisloos** *bn* ❶ zonder geruis, onhoorbaar ❷ fig. zonder opzien of protest te verwekken, heel onopvallend

geruit *bn* met ruiten: *een ~e blouse*

gerust *bn* ❶ rustig, zonder bezorgdheid: *je kunt ~ zijn* ▼ *er niet ~ op zijn,* BN ook *er niet ~ in zijn* bezorgd zijn ❷ zonder nadeel of gevaar: *je kunt ~ wat later komen* **geruststellen** iemand duidelijk maken dat hij niet bang of bezorgd hoeft te zijn **geruststelling** *de (v)* het gerustgesteld worden, het niet bang of bezorgd (meer) zijn: *het is een hele ~ dat ik weet dat je goed bent aangekomen*

ges muz. *de* [-sen] g die met een halve toon verlaagd is

gesatineerd *bn* als satijn bewerkt, satijnig gemaakt

geschapen *bn* heel geschikt: *zij is ~ voor dit werk* ▼ *die man is fors* ~ heeft een grote penis

gescheiden *bn* ❶ afzonderlijk (van elkaar) ❷ niet meer getrouwd

geschenk *het* dat wat iemand aan iemand anders geeft ▼ BN *een vergiftigd ~* iets wat een cadeau lijkt, maar onaangename verplichtingen meebrengt

geschept *bn* ⟨van papier⟩ met de hand gemaakt

geschieden plecht. [geschiedde, is geschied] gebeuren: *en zo geschiedde* **geschiedenis** *de (v)* [-sen] ❶ verhaal over iets wat gebeurd is: *hij vertelde ons de hele ~ van de aanrijding* ❷ wat er in het verleden gebeurd is: *de ~ van Nederland* ❸ wetenschap die het verleden bestudeert **geschiedenisboek** leerboek over het verleden **geschiedkunde** wetenschap die zich bezighoudt met geschiedenis **geschiedschrijver** iemand die over geschiedenis schrijft **geschiedvervalsing** *de (v)* onjuiste voorstelling van feiten uit het verleden

geschift *bn* niet goed wijs, gek

geschikt *bn* ❶ bruikbaar, goed voor een bepaald doel of voor bepaalde mensen: *die tang is niet ~ voor dit klusje; dit werk is niet ~ voor mensen die snel last hebben van stress* ❷ prettig, gemakkelijk in de omgang, redelijk: *hij is een ~e kerel*

geschil *het* [-len] onenigheid, het niet eens zijn met elkaar, ruzie **geschilpunt** *het* iets waarover onenigheid bestaat

geschoeid *bn* met schoenen, laarzen of ander schoeisel aan zijn voeten

geschokt *bn* heel erg geschrokken en met heftige gevoelens over iets wat plotseling gebeurt: *we waren ~ door de moord in onze straat*

geschoold *bn* ❶ met een vakopleiding: *~ personeel* ❷ waarvoor iemand een vakopleiding moet hebben: *~e arbeid*

geschreeuw *het* ▼ *veel ~ en weinig wol* veel drukte maar weinig inhoud of prestaties

geschrift *het* geschreven en/of gedrukte tekst

▼ *bij ~e, in ~e* schriftelijk
geschubd *bn* met schubben
geschut *het* grote wapens waarmee geschoten wordt in een oorlogssituatie ▼ *fig. met grof ~* met zware, niet subtiele methoden
gesel *de (m)* [-s, -en] ❶ zweep als strafwerktuig ❷ *fig.* kwelling, plaag: *de ~ van de armoede*
geselen ❶ met een gesel slaan als straf ❷ *fig.* scherp afkeuren, hekelen
gesetteld *bn* goed op zijn plaats terechtgekomen in de maatschappij
gesitueerd *bn* in een bepaalde maatschappelijke klasse ▼ *beter ~* meer vermogend, rijker
gesjochten spreekt. *bn* heel arm, er slecht aan toe: *als dat gebeurt, zijn we ~*
geslacht *het* ❶ mensen die in dezelfde periode leven, generatie ❷ familie: *hij komt uit een eeuwenoud ~* ❸ bio. groep van verwante soorten ❹ het mannelijk of vrouwelijk zijn, sekse ▼ *het zwakke ~* de vrouwen ▼ *het sterke ~* de mannen ❺ taalk. verbuigingsklasse: *het ~ van het woord 'huis' is onzijdig* ❻ geslachtsdeel: *de potloodventer liet zijn ~ zien*
geslachtelijk *bn* wat te maken heeft met het geslacht, seksueel: *~e omgang*
geslachtkunde wetenschap die zich bezighoudt met stambomen en de ontwikkeling van geslachten, families **geslachtsdaad** seksuele gemeenschap **geslachtsdeel** uitwendig orgaan dat dient voor de voortplanting, bijv. de penis **geslachtsdrift** natuurlijke drang tot seksueel contact **geslachtsgemeenschap** seksueel contact waarbij de man binnendringt met zijn penis
geslachtsnaam familienaam
geslachtsrijp lichamelijk zo ontwikkeld dat iemand seks kan hebben en kinderen kan krijgen **geslachtsverkeer** seksueel contact **geslachtsziekte** besmettelijke ziekte die wordt overgebracht door seksueel contact
geslagen *bn* heel ongelukkig en moedeloos door iets
geslepen *bn* sluw, berekenend
gesloten *bn* ❶ dicht, niet geopend: *de winkel is ~* ❷ in zichzelf gekeerd, zwijgzaam, die zich niet uit: *een ~ karakter* ▼ *~ tijd* tijd waarin niet gejaagd of gevist mag worden
gesluierd *bn* ❶ die een sluier draagt: *~e vrouwen* ❷ *fig.* (van foto's, stemgeluid) niet helder, dof
gesmaakt *bn* BN ook gewaardeerd, geapprecieerd
gesmeerd *bn* ▼ *het loopt ~* vlot, zonder problemen
gesodemieter spreekt. *het* ❶ drukte, vervelend gedoe: *is dat ~ nu eens afgelopen!* ❷ problemen, moeilijkheden, ruzie: *daar komt ~ van*
gesofisticeerd *bn* BN ook geavanceerd, ingewikkeld, met veel snufjes
gesorteerd *bn* ❶ in soorten bijeengevoegd ❷ met verschillende soorten artikelen: *een ruim ~e winkel*
gesp *de* beugeltje met pin als sluitstuk of als sieraad: *een riem met een ~*
gespan *het* paar, koppel
gespannen *bn* ❶ op zo'n manier dat er een conflict kan ontstaan: *een ~ verhouding*

❷ ingespannen, in spanning, met grote aandacht: *~ wachtten ze op de uitslag*
gespeend *bn* ▼ *~ van (enig talent, gevoel voor humor enz.)* zonder (talent, gevoel voor humor enz.)
gespen met een gesp vastmaken
gespierd *bn* ❶ met veel spieren, sterk: *wij zoeken ~e mannen om podiums te bouwen* ❷ *fig.* krachtig, sterk: *~e taal*
gespikkeld *bn* met spikkeltjes: *een ~e rok*
gespleten *bn* ❶ met een spleet ❷ *fig.* innerlijk verdeeld: *een ~ karakter*
gesprek *het* [-ken] ❶ het met elkaar spreken: *een ~ met iemand voeren* ▼ *dit telefoonnummer is in ~* bezet, er is al iemand aan het telefoneren ❷ overleg: *in ~ zijn met elkaar* **gespreksgroep** groep die door gesprekken een situatie of probleem wil doorgronden of oplossen **gespreksstof** onderwerpen van gesprek, zaken waarover men praat **gesprektoon** toon die aangeeft dat het telefoontoestel in gesprek is
gespuis *het* slechte mensen, tuig
gestaag *bn*, **gestadig** zonder ophouden, de hele tijd door: *~ viel de regen uit de hemel* ▼ *wij vorderen ~* wij komen langzaam maar zeker vooruit
gestalte *de (v)* [-n, -s] uiterlijke vorm, vooral van een persoon: *haar ranke ~*
gestand *bw* ▼ *zijn belofte ~ doen* doen wat men heeft beloofd
Gestapo *de (v)* geheime staatspolitie in de periode dat Hitler aan de macht was
gestationeerd ⟨-tsjoo-⟩ *bn* met een vaste standplaats: *een in het noorden ~e militair*
geste ⟨zjes-⟩ *de* [-s] iets wat iemand doet om zijn goede bedoelingen te laten zien, gebaar
gesteeld *bn* met een steel: *een ~e bloem*
gesteente *het* [-n, -s] samenklontering van mineralen of organische stoffen, steensoort: *diamant is het hardste ~*
gestel *het* [-len] ❶ samenstel van onderdelen, toestel ❷ toestand van het lichaam ▼ *een zwak ~ hebben* niet erg gezond zijn en gauw ziek worden
gesteld I *bn* ▼ *~ zijn op (iemand of iets)* graag mogen, houden van: *ik ben erg op mijn broer ~; ik ben erg op mijn rust ~* **II** *vgw* verondersteld, als we ons voorstellen dat: *~ dat we het doen, wat gebeurt er dan?* **gesteldheid** *de (v)* [-heden] toestand ▼ *bepaling van ~* bepaling bij het gezegde en bij het onderwerp of lijdend voorwerp, bijv. 'uitgeput' en 'blauw' in: uitgeput kwam hij aan, Piet verft zijn fiets blauw
gestemd *bn* in een bepaalde stemming, humeur: *somber ~*
gesternte *het* [-n] stand van de sterren als voorteken voor de toekomst ▼ *onder een gelukkig ~ geboren* voorbestemd voor een gelukkig leven
gesticht *het* gebouw waarin een (liefdadige, opvoedkundige, geestelijke enz.) instelling gevestigd is, vroeger vooral psychiatrische inrichting
gesticuleren gebaren maken, vooral bij het spreken
gestileerd *bn* ❶ in bepaalde regelmatige,

ge

vereenvoudigde vormen gebracht of getekend ❷ tot uitdrukking gebracht in een bepaalde stijl
gestippeld bn met stippels: *een ~ rokje*
gestoelte *het* [-n, -s] ❶ bank, kerkbank ❷ zitplaats voor een voornaam persoon
gestoffeerd bn ❶ ⟨van meubels⟩ bekleed ❷ ⟨van kamers⟩ met vloerbedekking en gordijnen
gestoord bn die of wat niet (goed) functioneert door een storing of afwijking: *een ~e radio-ontvangst* ▾ *geestelijk ~* in geestelijk opzicht ziek ▾ *hij is prettig ~* zijn gedrag is vreemd, maar wel leuk
gestreept bn met strepen: *een ~ truitje*
gestrekt bn langgerekt, languit: *na zijn val lag hij ~ op de grond* ▾ wisk. *een ~e hoek* een hoek van 180 graden
gestreng bn streng
gestrest bn zenuwachtig en snel geërgerd doordat iemand gespannen is en vaak al lange tijd onder druk staat: *~ door een veeleisende baan*
gestrikt bn ❶ versierd met strik of strikje ❷ gevangen met een strik: *een ~ konijn*
gesuikerd bn zoet gemaakt met suiker
get. getekend
getaand bn ❶ bruingeel, geelrood ❷ verweerd, met groeven en lijnen (in het gezicht)
getailleerd ⟨-tajjiert⟩ bn met een duidelijke taille: *een ~ jasje*
getal *het* [-len] ❶ hoeveelheid, aantal, hoeveel het er van iets zijn ▾ *in groten ~e* met heel veel: *de mensen kwamen in groten getale naar het evenement* ❷ hoeveelheid, voorgesteld in cijfers of tekens ❸ taalk. enkelvoud of meervoud
getalenteerd bn met veel talent
getallenleer ❶ onderdeel van wiskunde en logica dat zich bezighoudt met eigenschappen van getallen ❷ het toekennen van een symbolische betekenis aan getallen, numerologie **getallenreeks** rij van getallen **getallensymboliek** het toekennen van een symbolische betekenis aan getallen **getalsmatig** bn gemeten volgens aantal(len): *de Franse troepen waren ~ sterker* **getalsterkte** aantal personen
getand bn met puntige uitsteeksels
getapt bn met wie mensen graag omgaan, populair: *een ~e jongen*
geteisem *het* slechte mensen, tuig
getekend bn ❶ met een afwisseling of verdeling van kleuren: *een mooi ~e vis* ❷ met scherpe lijnen of groeven, met sporen van leed in het verleden: *een ~ gezicht; ~ door een hard leven* ❸ met een lichaamsgebrek dat in het oog valt: *met deze littekens is zij ~ voor het leven*
getij *het* [-den], **getijde** ❶ de afwisseling van hoog en laag water ❷ jaargetijde, seizoen ❸ ⟨meervoud⟩ dagelijkse liturgische gebeden die zijn voorgeschreven voor bepaalde tijdstippen
getijdenboek r.-k. boek met gebeden die op geregelde tijden worden gelezen **getijhaven** haven die alleen bij vloed toegankelijk is **getijstroom** kuststroom die van richting verandert met het getij **getijtafel** tabel met de tijden van eb en vloed
getikt bn niet goed wijs, gek
getint bn met een kleur: *een ~e huidskleur*

getiteld bn met een titel, met de titel van
getogen bn grootgebracht, opgegroeid: *geboren en ~ in Amsterdam*
getourmenteerd ⟨-toer-⟩ bn in geestelijk opzicht gekweld: *hij is een ~ man*
getouw *het* toestel waarmee men weeft ▾ BN ook *op het ~ zetten* op touw zetten, een plan maken, organiseren
getralied bn met tralies: *~e ramen*
getrapt bn trapsgewijze ▾ *~e verkiezingen* verkiezingen waarbij niet rechtstreeks, maar via een tussentrap wordt gekozen
getroebleerd bn geestelijk in de war
getroffen bn gevoelsmatig geraakt, geroerd: *hij was ~ door de verdrietige blik in haar ogen*
getrokken bn ❶ ⟨van een loop⟩ van binnen met groeven ❷ ⟨van metaaldraad⟩ gevormd door trekken **getroosten** ▾ *zich de moeite ~* ervoor overhebben
getrouw bn ❶ trouw ❷ betrouwbaar
getrouwd bn voor de wet, officieel de man of vrouw van iemand
getrouwelijk bn nauwgezet, precies zoals het moet, precies zoals het origineel: *een wet ~ naleven; een tekst ~ vertalen*
getrouwheidspremie BN extra rente op tegoeden die voor langere tijd worden aangehouden
getsie tw bah
getto *het* [-'s] ❶ hist. afgesloten stadswijk waar Joden moesten wonen ❷ woonwijk van een geïsoleerde bevolkingsgroep **gettoblaster** ⟨Gettooblàs⟩ *de (m)* [-s] grote draagbare radio en cassetterecorder, die vaak op de schouder (spelend) meegedragen wordt
getuigd bn voorzien van tuig of tuigage, vooral van een schip
getuige I *de* [-n] ❶ iemand die bij een handeling aanwezig is om te kunnen bevestigen dat deze heeft plaatsgehad: *de ~n bij een huwelijk* ❷ toeschouwer, iemand die iets ziet gebeuren ❸ iemand die voor het gerecht verklaringen aflegt voor of tegen de verdachte II *vz* ❹ zoals blijkt uit: *de storm was hevig, ~ de verwoesting*
getuige-deskundige *de* [getuigen-deskundigen] iemand die als getuige is opgeroepen bij een proces vanwege zijn deskundigheid op een bepaald terrein **getuigen** ❶ als getuige verklaren (onder andere voor het gerecht) ❷ blijk geven: *dat hij niet opgeeft, getuigt van doorzettingsvermogen* ❸ pleiten: *dat getuigt tegen hem* **getuigenis** *het & de (v)* [-sen] ❶ verklaring van wat iemand weet, verklaring van een getuige ❷ iets waaraan men kan zien dat iets zo is of is gebeurd, bewijs ❸ verklaring van wat iemand gelooft, belijdenis
getuigschrift verklaring over iemands bekwaamheid en de manier waarop hij zijn werk heeft gedaan
getver tw, **getverderrie** uitroep van afkeer: *~, ik heb in de poep getrapt!*
getweeën telw met z'n tweeën
geul *de* ❶ smal en diep (deel van een) water ❷ gleuf
geünlformeerd bn met een uniform aan, die een uniform draagt: *~e agenten*

geur *de (m)* aangename reuk ▼ *in ~en en kleuren vertellen* levendig vertellen, met alle bijzonderheden ▼ *in ~ en ~ van heiligheid* als heilige **geuren** ❶ reuk verspreiden, lekker ruiken: *~de bloemen* ❷ pronken: *hij loopt te ~ met zijn prestaties* **geurig** *bn* wat lekker ruikt **geurtje** *het* [-s] iets wat lekker ruikt, parfum: *ze heeft een ~ op* **geurvlag** ▼ *zijn ~ uitzetten* urine of ontlasting achterlaten door een dier, bijv. een hond, als afbakening van zijn territorium **geurvreter** *de (m)* [-s] middel tegen stank

geus I *de (m)* [geuzen] ❶ hist. protestantse opstandeling (tegen Filips II) in de Nederlanden aan het begin van de Tachtigjarige Oorlog (1568-1648) ❷ iemand die strijdt voor vrijheid tegen een gevestigde orde **II** *de (m)* ❸ geuzelambiek

geuze BN *de (m)* zwaar bier, vooral uit Brussel en omstreken **geuzelambiek** *de (m)* natuurlijk gegist zwaar Belgisch bier

geuzennaam scheldnaam waar degene die uitgescholden wordt, trots op is

gevaar *het* [-varen] ❶ kans dat er iets ergs gebeurt ▼ *~ lopen* in gevaar zijn ▼ *op het ~ af* met het risico ❷ iets wat iets ergs kan veroorzaken ▼ ⟨vroeger⟩ *het rode ~* de communistische staten als bedreiging voor het Westen **gevaarlijk** *bn* wat gevaar oplevert, onveilig: *te hard rijden met de auto is ~*

gevaarte *het* [-n, -s] iets dat reusachtig groot is: *olietankers zijn vaak enorme ~s*

gevaarvol *bn* vol gevaar

geval *het* [-len] ❶ voorval, iets wat gebeurt ❷ omstandigheid, situatie ▼ *in geen ~* nooit ▼ *in elk ~* wat er ook gebeurt: *in ~ van nood* ❸ iron. voorwerp, ding: *wat voor ~ heb jij nu aan?* **gevallen** *bn* ⟨vroeger⟩ in moreel, zedelijk opzicht achteruitgegaan: *een ~ vrouw*

gevang *het* gevangenis **gevangenbewaarder** iemand die in een gevangenis gevangenen bewaakt **gevangene** *de* [-n] ❶ iemand die van zijn vrijheid beroofd is ❷ iemand die in de gevangenis is opgesloten **gevangenhouding** *de (v)* laatste deel van voorlopige hechtenis, het vasthouden van iemand voordat het proces plaatsvindt

gevangenis *de (v)* [-sen] gebouw waarin gevangenen worden opgesloten **gevangenisstraf** straf in de vorm van een gedwongen verblijf in een gevangenis **gevangeniswezen** alles wat gevangenissen betreft

gevangennemen tot gevangene maken **gevangenschap** *(v)* het gevangen zijn: *wilde dieren in ~* **gevankelijk** *bw* als gevangene: *iemand ~ wegvoeren*

gevarendriehoek rode driehoek die het verkeer waarschuwt voor een stilstaande auto op een gevaarlijke plaats **gevarengeld** extra geld dat iemand krijgt voor gevaarlijk werk, gevarentoeslag **gevarentoeslag** extra geld dat iemand krijgt voor gevaarlijk werk **gevarenzone** gebied waar iemand gevaar loopt, ook figuurlijk

gevarieerd *bn* met variatie, afwisselend

gevat *bn* in staat om snel op een slimme en leuke manier te reageren, snedig, slagvaardig: *~*

reageren op een opmerking

gevecht *het* strijd, het vechten: *een ~ op leven en dood* ▼ *iemand buiten ~ stellen* maken dat iemand niet meer kan vechten **gevechtseenheid** legeronderdeel dat zelfstandig optreedt **gevechtsklaar** klaar voor een gevecht **gevechtsvliegtuig** oorlogsvliegtuig

gevederd *bn* met veren ▼ *onze ~e vrienden* de vogels **gevederte** *het* de veren

geveerd *bn* ⟨van een samengesteld blad⟩ met blaadjes die even hoog aan de steel zitten

geveinsd *bn* niet gemeend, waarbij iemand doet alsof: *~e belangstelling*

gevel *de (m)* [-s] buitenmuur van een gebouw, vooral aan de voorkant: *dit grachtenhuis heeft een mooie ~*

ge

gevelkachel gaskachel die tegen een gevelmuur wordt geplaatst **gevelsteen** ❶ bepaalde baksteen ❷ steen met een afbeelding of inscriptie in de gevel **geveltoerist** inbreker die probeert binnen te komen door langs de gevel te klimmen

geven [gaf, h. gegeven] ❶ van iets zeggen dat iemand anders het mag hebben, schenken ❷ aanreiken, dicht bij iemand neerzetten: *kun je me de suiker even ~?* ❸ maken dat iemand iets krijgt: *informatie ~; iemand een klap ~* ▼ *er in nemen* voor zichzelf zorgen maar ook rekening houden met een ander ❹ uiten, van zich doen uitgaan: *een gil ~* ❺ betalen, bereid zijn te betalen: *ik geef honderd euro voor de fiets* ❻ ⟨bij kaartspel⟩ kaarten aan de spelers ronddelen ▼ *om iemand ~* houden van ▼ *om iets ~* waarde hechten aan iets, erop gesteld zijn; zich iets aantrekken van ▼ *dat geeft niets* dat maakt niet uit, dat is niet erg ▼ *(geschiedenis/wiskunde enz.) ~* lesgeven in (geschiedenis/wiskunde enz.)

gevest *het* handvat

gevestigd *bn* ❶ vast, wat vaststaat, wat niet verandert: *een ~e mening* ❷ die of wat al lang bestaat: *~e belangen; de ~e orde*

gevierd *bn* beroemd, overal geroemd: *een ~e zangeres*

gevind *bn* met vinnen ▼ *een ~ blad* een samengesteld blad met kleine blaadjes aan beide kanten van de bladsteel

gevlamd *bn* met vlamfiguren **gevlekt** *bn* met vlekken: *de ~e python*

gevleugeld *bn* met vleugels ▼ *~e woorden* heel bekend citaat of uitdrukking

gevlij *het* ▼ *bij iemand in het ~ proberen te komen* proberen een goede indruk te maken door te zeggen wat iemand graag wil horen of te doen wat iemand graag wil

gevlogen *bn* weg, verdwenen ▼ *de vogel is ~* degene die men zoekt, is verdwenen

gevoeg *het* ▼ *zijn ~ doen* zijn behoefte doen, plassen of poepen

gevoeglijk *bn* zoals het hoort, op zo'n manier dat het niet vreemd of onbehoorlijk is, zonder bezwaar ▼ *we kunnen ~ aannemen dat …* het is wel bijna zeker dat …

gevoel *het* [-ens] het lichamelijk of geestelijk ervaren van iets ❷ zintuig waarmee men iets ervaart via zenuwen in de huid ❸ aanleg: *~ voor tekenen hebben* **gevoelen I** *ww* ❶ voelen **II** *het* [-s]

ge

❷ mening: *ik ben van ~ dat ...* **gevoelig** *bn* ❶ die de kleinste indrukken waarneemt: *~e meetapparatuur* ▼ *op de ~e plaat vastleggen* een foto maken van ❷ die snel een bepaald gevoel krijgt bij de dingen die gebeuren: *een ~e jongen* ❸ pijnlijk, wat zeer doet, ook figuurlijk: *een ~ plekje op mijn huid; een ~e nederlaag* ▼ *dat onderwerp ligt ~* het doet pijn, het is moeilijk om daarover te praten **BN** aanzienlijk

gevoeligheid *de (v)* [-heden] ❶ het gevoelig zijn ❷ punt waarop iemand heel gevoelig is **gevoelloos** *bn* ❶ die geen pijn e.d. voelt: *mijn been is ~* ❷ niet vatbaar voor gevoel en medelijden, hard: *hard en ~* **gevoelsarm** met weinig gevoel **gevoelsleven** het innerlijk gevoel, de gevoelens die iemand heeft **gevoelsmatig** *bn* vanuit het gevoel, op basis van het gevoel **gevoelsmens** iemand die zich laat leiden door zijn gevoel

gevoelstemperatuur temperatuur zoals die wordt gevoeld: *het is vijf graden, maar door de wind is de ~ lager* **gevoelswaarde** *taalk.* het gevoel dat een woord of uitdrukking oproept **gevoelvol** met veel gevoel

gevoerd *bn* met een voering: *een ~e jas* **gevogelte** *het* ❶ vogels ❷ gebraden vogels **gevolg** *het* ❶ wat uit iets voortvloeit, wat door iets anders komt ▼ *ten ~e van* door, als resultaat van ❷ gezelschap, personeel dat vorstelijke personen, popsterren e.d. begeleidt ▼ *~ geven aan (een oproep, verzoek, eis enz.)* doen wat gevraagd, geëist enz. wordt **gevolgtrekking** *de (v)* ❶ het trekken van een conclusie uit omstandigheden of feiten ❷ het besluit dat op die manier genomen is, conclusie

gevolmachtigd *bn* met een volmacht **gevorderd** *bn* ver(der) gekomen, die een vrij hoog niveau bereikt heeft, bijv. in een cursus ▼ *op ~e leeftijd* niet zo jong meer

gevorkt *bn* ❶ met de vorm van een vork ❷ *bio.* gespleten aan de top

gevraagd *bn* waar veel belangstelling voor is, bijv. een product in een winkel

gevreesd *bn* waarvoor of voor wie men bang is **gevuld** *bn* ❶ met vulsel, met inhoud ❷ nogal vlezig, een beetje dik

gewaad *het* [-waden] wijd, los afhangend kledingstuk dat het hele lichaam bedekt **gewaagd** *bn* niet zonder gevaar, gedurfd ▼ *aan elkaar ~* die niet voor elkaar onderdoen, die elkaar aankunnen

gewaand *bn* vermeend, waarvan men denkt dat: *de dood ~e zoon keerde terug*

gewaarworden [werd gewaar, is gewaargeworden] merken, te weten komen **gewaarwording** *de (v)* dat wat iemand bij iets voelt, de indruk die hij bij iets krijgt: *het was een vreemde ~ voor de zieke arts om patiënt te zijn*

gewag *het* melding ▼ *~ maken van iets* iets melden, vertellen **gewagen** melding maken van, melden

gewapend *bn* ❶ met wapens, voorzien van wapens: *~ verzet* ❷ *fig.* voorzien van, met datgene wat zich: *~ met een camera, met een paraplu* ▼ *~ beton* versterkt met metaaldraad ▼ *tegen iets ~ zijn* voorzorgsmaatregelen tegen

iets genomen hebben **gewapenderhand** *bw* met geweld van wapens

gewas *het* [-sen] ❶ alles wat er aan planten uit de aarde groeit, vooral graan, groenten, aardappelen enz.: *omdat het te weinig heeft geregend, groeien de ~sen niet hard* ❷ bepaald soort plant: *knoflook is een bol~*

gewatteerd *bn* gevuld met watten: *een ~ jack* **geweer** *het* [-weren] draagbaar vuurwapen met een lange loop ▼ *in het ~ komen* in actie komen: *de politie kwam in het ~ tegen de oprukkende demonstranten* **geweervuur** het schieten met geweren

gewei *het* de hoorns met vertakkingen van een hert

geweld *het* ❶ fysieke kracht die wordt uitgeoefend op iemand of iets: *met veel ~ ramden ze de deur open* ▼ *fig. met alle ~ iets willen* absoluut, tegen elke prijs, ondanks bezwaren ❷ het gebruik van dwangmiddelen om iemand iets (niet) te laten doen: *slaan, dreigen met een wapen en ander ~* ▼ *fig. zich ~ aandoen* om zich met moeite ertoe brengen om, handelen in strijd met: *zijn gevoelens ~ aandoen* ❸ lawaai, drukte, kracht: *met veel ~ stortte het water naar beneden* **gewelddaad** handeling waarbij geweld gebruikt wordt: *gewelddaden zoals ontvoering en verkrachting* **gewelddadig** *bn* ❶ waarbij geweld wordt gebruikt: *een ~e overval* ❷ die geweld gebruikt: *een ~ man* **gewelddelict** misdrijf waarbij geweld wordt gebruikt **geweldenaar** *de (m)* [-s, -naren] ❶ iemand die geweld gebruikt ❷ iemand die indrukwekkende prestaties levert **geweldig** *bn* ❶ krachtig, hevig: *er brak een ~ onweer los* ❷ heel erg, buitengewoon: *een ~ grote zaal* ❸ heel mooi, heel goed: *een ~e film* ▼ *~! prachtig!, heel goed!*

geweldloos *bn* zonder geweld: *~ verzet* **geweldpleging** *de (v)* het gebruiken van geweld **gewelf** *het* [-welven] ❶ half bolvormig plafond, zoals in een kerk ❷ ruimte met een half bolvormig plafond **gewelfd** *bn* met bogen, als een gewelf

gewend *bn* ❶ die iets als gewoon voelt, die iets gewoon vindt: *ik ben ~ om om zes uur te eten* ❷ die zich thuis, op zijn gemak voelt: *zijn jullie al ~ in jullie nieuwe woonplaats?* **gewennen** ❶ een persoon of dier aan iets laten wennen, gewoon maken ❷ wennen aan iets, gewoon worden

gewerveld *bn* met wervels: *~e dieren* **gewest** *het* ❶ landstreek, gebied ❷ **BN** deel van het Belgische grondgebied met een eigen staatsrechtelijke organisatie: *het Vlaamse, Waalse en Brusselse ~* **gewestelijk** *bn* ❶ van een bepaalde streek of gebied ❷ **BN** wat te maken heeft met een van de drie gewesten in België **gewestplan BN** officieel structuur- en bestemmingsplan voor een gebied in België **gewestvorming BN** *de (v)* institutionele decentralisatie van België die geleid heeft tot de instelling van het Vlaamse, het Waalse en het Brusselse hoofdstedelijke gewest **geweten** *het* [-s] het besef dat iemand heeft van wat goed is en wat slecht is ▼ *iets op zijn ~ hebben* schuldig zijn aan iets: *hij heeft een moord op* zijn ~ ▼ vrijheid van ~ vrijheid van overtuiging of geloof **gewetenloos** bn zonder besef van wat goed is en wat slecht is, keihard, meedogenloos: *een gewetenloze moordenaar*

gewetensbezwaar het iets voor zichzelf moreel niet kunnen verantwoorden

gewetensbezwaarde de [-n] iemand die gewetensbezwaren heeft, vooral tegen de militaire dienst **gewetensonderzoek** het zichzelf afvragen wat men goed of slecht doet of heeft gedaan **gewetensvol** zich bewust van zijn verantwoordelijkheid **gewetensvraag** vraag die iemands opvatting van goed en kwaad, iemands levensbeschouwing raakt **gewetensvrijheid** recht om te denken en te geloven wat men wil **gewetenswroeging** het besef dat men schuldig is aan iets en het zichzelf dat verwijten **gewetenszaak** zaak waarin iemand zich door zijn geweten laat leiden

gewettigd bn waarvoor een goede reden bestaat, gerechtvaardigd

gewezen bn vroeger geweest, voormalig

gewicht het ❶ hoe zwaar iets of iemand is, zwaarte ❷ voorwerp gebruikt bij wegen ❸ voorwerp dat een uurwerk in beweging brengt ❹ fig. belang, aanzien, waarde ▼ ~ in de schaal leggen van invloed zijn **gewichtheffen** omhoogtillen van zo zwaar mogelijke gewichten als sport

gewichtig bn ❶ belangrijk ❷ die zichzelf of een zaak heel belangrijk vindt **gewichtigdoenerij** de (v) het doen alsof men heel belangrijk of interessant is **gewichtigheid** de (v) ❶ belang, hoe belangrijk iets is ❷ het zichzelf belangrijk vinden, gewichtigdoenerij

gewichtloosheid de (v) toestand zonder aantrekkingskracht van buitenaf, waarbij mensen en voorwerpen geen gewicht hebben **gewichtseenheid** eenheid waarin gewicht wordt uitgedrukt

gewiekst bn slim, handig: *een ~ zakenman*

gewijd bn ❶ gezegend in naam van de kerk: *de bisschop is in ~e grond begraven* ❷ wat met godsdienst te maken heeft: *~e muziek*

gewijsde het [-n] vonnis waarbij geen verzet of hoger beroep of cassatie mogelijk is

gewild bn ❶ wat in de smaak valt, wat mensen graag willen hebben ❷ gekunsteld, onnatuurlijk

gewillig bn van goede wil, volgzaam, die zich niet verzet

gewin het winst, voordeel: *hij was alleen uit op eigen ~*

gewis bn zeker

gewoel het drukte van bewegende mensen en voertuigen

gewond bn met een of meer verwondingen

gewonnen bn ▼ zich ~ geven erkennen dat de ander gelijk heeft of sterker is

gewoon bn ❶ normaal, gebruikelijk: *het was een gewone dag, als iedere andere* ❷ alledaags, niet bijzonder: *zijn nieuwe vriendin is heel ~, helemaal geen schoonheid* ❸ ronduit gezegd, gewoonweg, echt: *dat is ~ idioot!* ▼ ~ zijn gewend zijn, de gewoonte hebben: *hij is ~ om na het eten een wandelingetje te maken* **gewoonlijk** bn meestal, zoals de gewoonte is

gewoonte de (v) [-n, -s] wat iemand gewend is (te doen) ▼ naar, volgens ~ zoals men dat gewend is (in een gemeenschap) **gewoontedier** iemand die veel vaste gewoonten heeft **gewoontegetrouw** bn zoals iemand gewend is **gewoonterecht** ongeschreven recht op basis van gewoonte **gewoonweg** bw ronduit, eenvoudig

geworden [gewerd, is geworden] te beurt vallen, gegeven worden aan: *deze brief is mij onlangs ~* ▼ laten ~ laten begaan

geworteld bn ❶ die vast staat met wortels ❷ fig. wat diep vastzit, vooral psychisch: *een diep~ wantrouwen*

gewricht het verbindingsstuk waardoor beenderen kunnen bewegen ten opzichte van elkaar: *polsen, knieën en ellebogen zijn ~en* **gewrongen** bn verdraaid, onnatuurlijk

gez. ❶ gezusters ❷ gezang

gezaagd bn ⟨bladeren van planten⟩ met spitse insnijdingen en uitsteeksels

gezag het ❶ macht over anderen: *het ~ voeren over (een schip, landstreek e.d.)* ❷ overheid: *het militair ~* ❸ macht over, invloed op anderen omdat die respect en vertrouwen hebben: *de nieuwe directeur heeft minder ~ dan de vorige* ▼ op ~ van volgens (een autoriteit) **gezaghebbend** bn ❶ met gezag ❷ wiens woord gezag heeft, serieus wordt genomen: *een ~ tijdschrift* **gezaghebber** de (m) [-s] iemand die officieel het gezag heeft over iets: *de ~ van het eiland* **gezagsdrager, gezagdrager** gezaghebber **gezagsgetrouw** gehoorzaam aan het officiële gezag **gezagvoerder** de (m) [-s] ❶ kapitein van een schip ❷ eerste piloot van een vliegtuig

gezakt bn in zakken ▼ gepakt en ~ klaar voor vertrek, voor de reis

gezalfde de (m) [-n] ⟨jodendom, christendom⟩ priester, koning die een inwijdingsritueel heeft ondergaan ▼ de Gezalfde Christus

gezamenlijk bn allemaal of alles bij elkaar

gezang het ❶ het zingen: *er klonk luid ~ van de tribunes* ❷ lied, vooral een godsdienstig lied: *kerkelijke ~en*

gezant de (m) ❶ persoon die is gestuurd met een opdracht: *een ~ van de koning* ❷ vertegenwoordiger van een regering in het buitenland **gezantschap** het [-pen] ❶ de gezant of gezanten en de personen die bij hen horen ❷ gebouw voor een gezantschap

gezapig bn rustig en een beetje saai: *het ~e leven in een dorp*

gezegde het [-n, -s] ❶ wat gezegd wordt ❷ uitdrukking ❸ taalk. deel van de zin zonder het onderwerp en met de werkwoordsvorm(en)

gezegend bn met veel voorspoed, gelukkig ▼ in ~e omstandigheden in verwachting, zwanger

gezeggen ▼ zich laten ~ gehoorzamen, naar goede raad luisteren **gezeglijk** bn gehoorzaam

gezel de (m) [-len] ❶ makker, iemand met wie men reist ❷ rang onder een baas van iemand die met zijn handen werkt ❸ hist. lid van een gilde, hoger dan leerling maar lager dan meester

gezellig bn met een prettige warme sfeer, waarbij men zich op zijn gemak voelt: *een ~e*

ge

avond met vrienden **gezelligheidsdier** iemand die erg van gezelligheid houdt

gezelschap *het* [-pen] ❶ aantal personen bij elkaar ❷ het bij iemand of bij anderen zijn: *hij was in ~ van een mooie dame; iemand ~ houden* ❸ vereniging, vaak van mensen die samen optreden: *een toneel~* **gezelschapsdame** dame die iemand gezelschap moet houden **gezelschapsspel** spel dat door een aantal personen gespeeld kan worden

gezet *bn* ❶ met een nogal breed en dik lichaam ❷ vastgesteld, geregeld: *op ~te tijden*

gezeten *bn* ❶ zittend ❷ met behoorlijk veel geld en een goede sociale positie: *een ~ burger*

gezeur *het* ❶ het (aanhoudend) zeuren ❷ problemen, moeilijkheden, bezwaren

gezicht *het* ❶ voorkant van het hoofd met ogen, neus en mond▼ *iemand van ~ kennen* weten hoe iemand eruitziet zonder meer van hem te weten ▼ *een lang ~ zetten* ontevreden kijken ❷ het zien, zintuig waarmee iemand ziet, gezichtsvermogen ❸ wat iemand ziet of overziet, uitzicht▼ *dat is geen ~* dat staat niet, dat is lelijk ❹ de indruk die iemand op anderen maakt, prestige: *zijn ~ verliezen*

gezichtsbedrog het anders lijken als men iets ziet dan het in werkelijkheid is

gezichtsbepalend *bn* beslissend, overheersend voor de indruk die iets maakt: *die hoge toren is ~ voor de wijk* **gezichtshoek** ❶ hoek die wordt gevormd door de lijnen die van de uiterste punten van een voorwerp naar het oog lopen ❷ *fig.* standpunt van waaruit iemand iets bekijkt **gezichtspunt** *het* ❶ standpunt ❷ manier waarop iemand iets beschouwt, bekijkt **gezichtsscherpte** scherpte van het zien **gezichtssluier** kledingstuk voor islamitische vrouwen dat hoofd en hals bedekt en alleen de ogen vrijlaat, nikab **gezichtsveld** ❶ ruimte die iemand kan overzien ❷ *fig.* wat iemand zich kan voorstellen **gezichtsverlies** *fig.* verlies van prestige **gezichtsvermogen** het vermogen om te zien, het kunnen zien **gezichtszenuw** zenuw die lichtprikkels overbrengt naar de hersens

gezien I *bn* ❶ geacht, in aanzien, gerespecteerd: *hij is zeer ~ in deze stad*▼ BN, spreekt. *~ zijn* de dupe zijn II *vz* ❷ met het oog op, wegens, nu wij kennisgenomen hebben van: *~ de hoge kosten zien wij ervan af* III *ww* ❸ voltooid deelwoord van *zien*▼ *iets voor ~ houden* ergens mee ophouden (omdat iemand er genoeg van heeft) ▼ *mij niet ~!* ik wil niet!

gezin *het* [-nen] een ouder of ouders met kind of kinderen

gezind *bn* geneigd, genegen, met een bepaalde houding tegenover: *iemand goed- / kwaad~ zijn* **gezindheid** *de (v)* [-heden] ❶ manier van denken, hoe iemand tegenover iets of iemand staat ❷ maatschappelijke of godsdienstige overtuiging **gezindte** *de (v)* [-n, -s] kerkgenootschap

gezinsfles relatief grote en goedkope fles **gezinshereniging** *de (v)* het overkomen van gezinsleden uit een ander land **gezinshoofd** ❶ hoofd van een gezin, degene die de baas is in een gezin: *vroeger was de man bijna altijd het ~*

❷ iemand die door de kinderrechter wordt aangewezen om voor een kind te zorgen **gezinshulp** hulp aan of iemand die helpt in gezinnen met moeilijkheden **gezinsleven** het samenleven als gezin **gezinsplanning** ⟨-plen-⟩ het bewust bepalen van de grootte van het gezin door het gebruik van anticonceptie **gezinsuitbreiding** *de (v)* het groter worden van een gezin, vooral door de geboorte van een kind **gezinsvervangend** *bn*▼ *~ tehuis* woonsituatie die op een gezin lijkt, bijv. voor gehandicapten **gezinsverzorgster** *de (v)* [-s] vrouw die door een instelling wordt betaald en die in gezinnen helpt met het huishouden en de opvoeding **gezinszorg** georganiseerde zorg voor gezinnen met problemen

gezocht *bn* ❶ in trek, veelgevraagd ❷ verzonnen, te ver uitgedacht, die niet erg klopt: *een ~e vergelijking*▼ *een ~e grap* waarbij te krampachtig wordt geprobeerd om grappig te zijn

gezond *bn* ❶ niet ziek: *na twee weken in bed was hij weer ~*▼ *~ en wel* helemaal in orde ❷ stevig, flink gebouwd: *een ~e Hollandse meid* ❸ niet bedorven, niet aangetast: *dit hout is nog ~* ❹ goed voor de gezondheid, voor het lichamelijk of geestelijk welzijn: *een ~ klimaat* ❺ in orde, harmonisch: *een ~e oplossing*▼ *~ verstand* het normaal logisch nadenken

gezondheid *de (v)* ❶ het gezond-zijn ❷ lichamelijke gesteldheid, mate waarin iemand gezond is▼ *~!* uitroep als iemand niest of als men smet iemand een glas drinkt **gezondheidscentrum** gebouw voor diverse takken van gezondheidszorg **gezondheidsfactuur** BN totaal van de jaarlijkse medische kosten **gezondheidsindex** BN prijsindex die geen rekening houdt met de prijzen van alcohol, tabak en benzine **gezondheidsredenen** *de (mv)*▼ *om ~ wegens* minder goede gezondheid, ziekte **gezondheidszorg** zorg voor de gezondheid, alles wat te maken heeft met verwondingen en ziektes en aandoeningen en de behandeling daarvan

gezouten *bn* ❶ in zout gelegd, gepekeld ❷ *fig.* stevig, scherp: *~ taal*

gezusters *de (mv)* zusters

gezwel *het* [-len] ❶ iets dat groeit op het lichaam of iets dat groeit in het lichaam door een ziekte, bult, tumor: *een kanker~* ❷ *fig.* ongezonde groei van iets: *corruptie is een ~ in die samenleving*

gezwind *vero. bn* vlug, snel

gezwollen *bn* ❶ dik geworden door een zwelling, opgezwollen: *een ~ vinger* ❷ *fig.* overdreven plechtig, hoogdravend: *~ taal*

gezworen *bn*▼ *~ vrienden* heel trouwe vrienden ▼ *~ vijanden* grote, absolute vijanden **gezworene** *de* [-n] beëdigd lid van een jury

gft *het* groente-, fruit- en tuinafval **gft-bak** bak voor groente-, fruit- en tuinafval

GG Gouverneur-Generaal

g.g.d. grootste gemene deler

GGD *de (m)* Gemeentelijke Geneeskundige Dienst

GG en GD *de (m)* Gemeentelijke Geneeskundige en Gezondheidsdienst

ggz *de* geestelijke gezondheidszorg

GHB *gammahydroxybutyraat*, ontspannende maar gevaarlijke drug, vooral in combinatie met alcohol

ghostwriter ⟨GoostRajtəR⟩ *de (m)* [-s] iemand die voor een ander onder diens naam teksten schrijft: *hij liet zijn avonturen opschrijven door een ~*

gibbon *de (m)* [-s] staartloze aap van het geslacht Hylobates

gids *de (m)* ❶ persoon die mensen ergens rondleidt en informatie geeft: *de ~ in Londen vertelde over de Big Ben* ❷ boekje met aanwijzingen of gegevens, handleiding: *televisie~, reis~, telefoon~* ▼ *gouden ~®* gids met telefoonnummers en adressen van bedrijven ▼ **BN** *witte ~®* gids met telefoonnummers van particulieren ❸ meisje dat lid is van scouting, padvindster **gidsland** land dat een leidende rol speelt bij de ontwikkeling of vernieuwing van (vooral politieke) ideeën

giebelen zachtjes praten en lachen, giechelen

giechelen een beetje ingehouden lachen: *de meisjes achter in de klas zaten de hele tijd te ~*

giek *de (m)* rondhout waarlangs een zeil in de lengterichting van het schip, aan de onderkant in het horizontale vlak wordt gehouden

gier **I** *de (m)* ❶ roofvogel met een kale kop die leeft van dode dieren **II** *de* ❷ mestvocht

gieren ❶ gillen: *~ van het lachen* ❷ (van een voertuig) heel snel rijden en een hard hoog geluid maken ❸ zwaaien, in schuine richting afwijken ❹ met gier bemesten

gierig *bn* overdreven zuinig en niet bereid geld (uit) te geven **gierigaard** *de (m)* [-s] iemand die gierig is

gierpont pont die door de werking van de stroom aan een ketting naar de overkant drijft

gierst de benaming voor verschillende graangewassen met kleine korrel

giervalk valkachtige dagroofvogel zonder gezichtstekening (Falco rusticolus) **gierzwaluw** bruinzwarte vogel die op een zwaluw lijkt (Apus apus) **gieten** [goot, h. gegoten] ❶ vloeistof uit bijv. een kan in of over iets laten stromen: *water over de planten ~* ❷ hard regenen: *het giet al de hele dag* ❸ vloeibaar materiaal, vooral verhitte metalen, in een vorm storten ▼ *het zit als gegoten* (dat kledingstuk) past perfect **gieter** *de (m)* [-s] ❶ iemand die metalen voorwerpen giet ❷ soort kan met een tuit voor het gieten van water, vooral voor planten ▼ *afgaan als een ~* een heel slecht figuur slaan **gieterij** *de (v)* ❶ het gieten van metalen voorwerpen ❷ bedrijf of werkplaats waar metalen voorwerpen gegoten worden **gietijzer** ijzer dat is verkregen door smelten **gietvorm** vorm voor het gieten van metaal

gif *het* [-fen] stof die schadelijk is voor levende organismen: *daar kun je ~ op innemen* dat is absoluut zeker

GIF *Graphic Interchange Format*, comp. coderingssysteem voor de uitwisseling van beeldinformatie tussen verschillende grafische computerprogramma's en verschillende computersystemen **gifbeker** beker met een giftige drank **gifbelt** stortplaats met giftige

afvalstoffen **gifgas** vergiftig gas als strijdmiddel in een oorlog **gifgrond** grond die is verontreinigd met giftige stof

gifkikker ❶ Zuid-Amerikaanse kikker waarvan de huidafscheiding erg giftig is ❷ fig. iemand die driftig en opvliegend is en impulsief handelt **gifslang** slang met giftanden en klieren die gif afscheiden

gift **I** *de* ❶ geschenk, vooral in de vorm van geld **II** *het* ❷ gif, vergif **giftand** holle tand van een gifslang, waaruit gif komt **giftig** *bn* ❶ met gif: *een ~e paddenstoel* ❷ fig. heel boos, hatelijk: *een ~e opmerking*

giga *voorvoegsel* een miljard maal: *~hertz* **gigabyte** ⟨-bajt⟩ comp. 1.073.741.824 bytes

gigant *de (m)* ❶ persoon die heel groot is, reus ❷ persoon die heel goed in iets is: *de ~en van de jazz* ❸ heel groot bedrijf e.d.: *een computer~* **gigantisch** *bn* reusachtig, enorm groot

gigawatt miljoen kilowatt

gigolo ⟨dzJieGooloo⟩ *de (m)* [-'s] man die tegen betaling de minnaar is van vrouwen

gij *vnw* ❶ vero. jullie, u ❷ **BN**, spreekt. je, u

gijpen (bij zeilen en windsurfen) verplaatsen van het zeil naar de andere kant als iemand voor de wind vaart

gijzelaar *de (m)* [-s] iemand die wordt vastgehouden als garantie voor het vervullen van beloften, eisen of voorwaarden **gijzelen** ❶ iemand als gijzelaar vasthouden ❷ jur. iemand van zijn vrijheid beroven om hem ertoe te dwingen aan een veroordeling te voldoen **gijzeling** *de (v)* ❶ het gijzelen ❷ het gegijzeld zijn **gijzelnemer** iemand die een persoon of personen gijzelt

gil *de (m)* [-len] hoge schreeuw: *we hoorden een ~ op de gang*

gilde *het & de* [-n, -s], gild ❶ ambachtsvereniging met bepaalde voorrechten (in 1798 in Nederland opgeheven) ❷ vereniging van vakgenoten of mensen die zich ergens in bekwaamd hebben **gildebroeder** lid van een gilde **gildehuis** verenigingsgebouw van een gilde **gildeproef** het maken of volbrengen van een proefstuk om lid van een gilde te worden

gilet ⟨zjielèt⟩ *het* [-s] vest zonder mouwen

gillen op hoge toon schreeuwen ▼ *~ van het lachen* heel hard lachen

giller *de (m)* [-s] lachwekkend iets: *wat een ~!*

gimmick ⟨Gim-⟩ *de (m)* [-s] iets dat wordt gebruikt om de aandacht te trekken

gin ⟨dzjin⟩ *de (m)* jenever uit Engeland

ginder *bw* daar verderop, daarginds **ginderachter** BN, inform. *bw* daar ergens (ver, achteraan) **ginds** *bn* daar, in de verte, op een afstand

gingerale ⟨dzjindzjer-eel⟩ *het* gemberbier

ginkgo *de (m)* [-'s] boom die verwant is aan naaldbomen, met bladeren die op een waaier lijken

ginnegappen onderdrukt en spottend lachen: *waarover zitten jullie te ~?*

ginseng *de (m)* ❶ geurige wortel van een Chinese klimopachtige plant met geneeskrachtige eigenschappen ❷ drank die van die wortel wordt gemaakt

gi

gi

gin-tonic tonic met gin

gips *het* mineraal, toegepast in de cementindustrie, bij gipsafgietsels, muurversiering en bij het verbinden en spalken van gebroken lichaamsdelen **gipsafgietsel** afgietsel in gips

gipsen I *bn* ❶ van gips **II** *ww* ❷ met gips bestrijken **gipsplaat** dunne plaat van gips als bouwmateriaal **gipsverband** verband van zwachtels die in gips gedrenkt zijn **gipsvlucht** speciale chartervlucht voor het naar huis brengen van wintersporters met gebroken ledematen

giraal *bn* ❶ wat te maken heeft met de giro, per giro: ~ *betalingsverkeer* ❷ wat te maken heeft met geld op giro- of bankrekeningen

giraffe ⟨zjie-⟩ *de* [-n, -s], **giraf** zoogdier dat herkauwt en een heel lange hals heeft (Giraffa camelopardis)

giro *de (m)* [-'s] betaalsysteem waarbij geldbedragen van of naar een girorekening of bankrekening worden overgemaakt **giromaat** *de (m)* [-maten] geldautomaat van de vroegere Postbank **gironummer** nummer van iemands girorekening **giropas** legitimatiebewijs en betaalpas voor houders van een girorekening **girorekening** rekening bij een giro

gis¹ ⟨gis⟩ **I** *de* [-sen] ❶ gissing, raming **II** *bn* ❷ inform. slim

gis² ⟨gies⟩ muz. *de* [-sen] g die met een halve toon verhoogd is

gispen afkeuren, kritiek hebben op

gissen raden, gokken: *hij giste naar het antwoord*

gist *de (m)* eencellige schimmel die onder andere wordt gebruikt om brood te laten rijzen **gisten** ❶ schuimen of bruisen van vloeistoffen doordat suiker wordt omgezet in alcohol ❷ fig. in beroering zijn, geneigd zijn tot opstandigheid **gisteravond** bw op de avond van gisteren, de avond vóór vandaag

gisteren, **gister** bw de dag vóór vandaag ▼ *niet van* ~ bijdehand, slim

gisting *de (v)* ❶ proces waarbij koolhydraten worden afgebroken tot kleinere verbindingen ❷ fig. neiging tot opstandigheid, woeling **gistvlokken** *de (mv)* gist in gedroogde vorm

git I *het* ❶ pikzwarte harde delfstof **II** *de* [-ten] ❷ kraal van git of zwart glas

gitaar *de* [-taren] muziekinstrument met een holle klankkast en zes snaren die men met de vingers bespeelt **gitarist** *de (m)* iemand die gitaar speelt

gitten *bn* ❶ van git ❷ gitzwart **gitzwart** zo zwart als git, heel erg zwart

giveaway ⟨givawee⟩ *de* [-s] iets om weg te geven

G-kracht versnelling die gelijk is aan de versnelling door de zwaartekracht (= 9,8 m/s²)

GL ⟨op het vmbo⟩ Gemengde leerweg

glaasje *het* [-s] klein glas ▼ *te diep in het* ~ *kijken* te veel alcohol drinken

glacé I *het* ❶ geglansd leer **II** *de (m)* [-s] ❷ handschoen van glacé **glaceren** ❶ glanzend maken ❷ met een laag glanzende suiker bedekken

glaciaal I *het* [-alen] ❶ ijstijd **II** *bn* ❷ wat te maken heeft met de ijstijd

glad *bn* ❶ vlak, zonder oneffenheden: *een* ~*de huid* ❷ zo dat iemand er gemakkelijk op uitglijdt: ~ *ijs* ❸ op een uitgekookte manier slim: *een* ~*de koopman* ▼ ~*jes verlopen* zonder problemen ▼ *iets* ~ *vergeten* totaal vergeten **gladakker** *de (m)* [-s] iemand die berekenend en onbetrouwbaar is **gladharig** met glanzend, heel kort haar: *een* ~*e hond*

gladiator hist. *de (m)* [-toren, -s] deelnemer aan een gevecht op leven en dood bij de Romeinen

gladiool *de* [-olen] geslacht van knolgewassen met zwaardvormige bladeren (Gladiolus)

gladjanus *de (m)* [-sen] glad, uitgekookt iemand

gladstrijken ❶ door strijken glad of effen maken ❷ fig. problemen wegwerken, goedpraten: *fouten* ~; *hij zei iets doms en zijn vrouw moest het* ~

gladweg *bw* volstrekt, ronduit, totaal

glamour ⟨GlemmaR⟩ *de (m)* uiterlijke glans, schittering, betovering: *de* ~ *van de modewereld*

glamping ⟨Glem-⟩ *de (m)* kamperen op een heel luxueuze manier, in een volledig ingerichte tent, samentrekking van glamour/glamorous en camping

glamrock ⟨GlemRok⟩ genre popmuziek waarbij de artiesten zich extravagant opmaken en uitdossen

glans *de (m)* [-en, glanzen] ❶ zachte schittering: *de* ~ *van goud* ❷ fig. pracht, luister ▼ *met* ~ *slagen, iets verrichten* heel goed, met een heel goed resultaat ❸ middel om iets mee te poetsen en te laten glanzen: *koper*~ **glansperiode** bloeitijd, beste tijd **glansrijk** schitterend, ruim: *hij heeft* ~ *gewonnen* **glansrol** rol waarin het talent van een acteur bijzonder uitkomt **glansverf** verf die glanst als hij droog is **glanzen** ❶ glimmen, zacht blinken ❷ glimmend maken, doen blinken

glas *het* [glazen] ❶ harde doorzichtige stof ❷ voorwerp van glas, zoals een plaat waardoor men naar buiten kijkt (ruit) of een voorwerp waaruit men drinkt ▼ *zijn eigen glazen ingooien* zijn eigen zaak bederven, zichzelf benadelen ▼ *onder* ~ geteeld in een kas **glasachtig** *bn* ❶ wat op glas lijkt ❷ fig. wezenloos, zonder uitdrukking **glasbak** verzamelbak voor glasafval voor hergebruik **glasblazen** glazen voorwerpen maken door te blazen **glasblazerij** *de (v)* werkplaats of bedrijf van een glasblazer **glascoating** ⟨-koo-⟩ (het aanbrengen van een) beschermende of isolerende glaslaag **glascultuur** het telen van groente e.d. onder glas **glasfiber** kunstvezel uit glas, glasvezel **glashard** ongevoelig, brutaalweg: ~ *liegen* **glashelder** ❶ heel helder: ~ *water; een* ~*e stem* ❷ fig. heel duidelijk: *een* ~*e uitleg* **glas-in-loodraam** ❶ raam met stukken glas die in lood zijn gevat ❷ gebrandschilderd raam **glasnost** *de (v)* (tweede helft jaren tachtig van de 20ste eeuw in de voormalige Sovjet-Unie) politieke liberalisatie en meer openheid m.b.t. bestuur

glasoven smeltoven voor glas **glasplaat** plaat van glas **glasraam** ❶ raamwerk met ruiten ❷ BN glas-in-loodraam **glasschilder** iemand die gebrandschilderde glazen maakt, glazenier **glastuinbouw** het kweken van tuinbouwproducten in kassen **glasverzekering** verzekering tegen glasschade, zoals gebroken ruiten **glasvezel** kunstvezel uit glas **glaswerk** glazen (gebruiks)voorwerpen **glaswol** viltachtige glasvezel, onder andere gebruikt voor warmte-isolatie **glazuiver** volkomen zuiver

glaucoom *med. het* naam voor aandoeningen met een verhoogde inwendige oogdruk

glazen *bn* van glas ▼ *in een ~ huis wonen* aan het oordeel van iedereen blootgesteld zijn **glazenier** *de (m)* [-s] iemand die gebrandschilderd glas maakt **glazenkast** ❶ kast met glazen deuren ❷ kast voor glazen **glazenmaker** iemand die beroepshalve ruiten inzet **glazenwasser** *de (m)* [-s] ❶ iemand die beroepshalve ramen schoonmaakt ❷ soort libel **glazig** *bn* ❶ glasachtig ❷ ⟨van aardappelen⟩ doorschijnend en niet kruimig ❸ ⟨van ogen⟩ fig. wezenloos, zonder uitdrukking

glazuren met glazuur bestrijken **glazuur** *het*, **glazuursel** ❶ glasachtige laag om aardewerk of porselein mooier te maken of te beschermen❷ email van de tanden ❸ glazige stof die van poedersuiker wordt gemaakt en waarmee taart, cake e.d. worden bedekt

gld. ⟨vroeger⟩ gulden

gletsjer *de (m)* [-s] ijsmassa die door zijn eigen zwaarte langzaam van een bergrug schuift **gletsjerrivier** rivier die water krijgt van een gletsjer **gletsjertong** eind van een gletsjer

gleuf *de* [gleuven] ❶ smalle langwerpige inkeping, spleet ❷ vulg. vrouwelijk geslachtsdeel

glibberen onder het lopen telkens wegglijden: *de mensen glibberden over de gladde trottoirs* **glibberig** *bn* (een beetje) glad

glider ⟨GlajdǝR⟩ *de (m)* [-s] zweefvliegtuig

glijbaan ❶ speeltoestel waarvan kinderen glijdend omlaaggaan ❷ gladde baan op sneeuw of ijs

glijden [gleed, h. / is gegleden] heel makkelijk schuiven over een glad oppervlak: *~ over het ijs* ▼ *~de werktijden* werktijden waarvan de werknemer binnen zekere grenzen zelf het tijdstip van begin en einde bepaalt **glijmiddel** middel dat iets soepel doet glijden, bijv. gebruikt bij geslachtsgemeenschap **glijvlucht** ❶ het dalen van vogels met onbeweeglijke gespreide vleugels ❷ het dalen van een vliegtuig met afgezette motor

glimlach lachende uitdrukking op het gezicht zonder geluid **glimlachen** [glimlachte, h. geglimlacht] de mond tot een lach plooien zonder geluid te maken

glimmen [glom, h. geglommen] ❶ erg glanzen, blinken: *de auto glom toen we hem gewassen hadden* ❷ fig. er heel blij uitzien: *hij glom van genoegen, van trots* **glimmer** *het* glimmende delfstof, vuurvast doorschijnend mineraal, mica

glimp *de (m)* flauwe glans, iets wat heel kort en vaag waarneembaar is ▼ *een ~ opvangen* iets heel kort en vluchtig zien

glimworm insect van de familie van de Lampyridae dat bij duisternis licht geeft

glinsteren licht terugkaatsen, schitteren, blinken: *de diamant glinsterde in de zon*

glippen [glipte, is geglipt] ❶ wegglijden: *de*

keeper liet de bal uit zijn handen ~ ❷ stiekem ergens naar binnen gaan of ergens vandaan gaan: *de jongens glipten zonder te betalen het stadion in*

glissando ⟨Glies-⟩ muz. *bw* glijdend, met de nagel over de toetsen, of met de vinger over een snaar

glitter *de (m)* [-s] iets fonkelends, vaak van weinig waarde

globaal *bn* ❶ niet in bijzonderheden, in grote lijnen, ruwweg: *een globale berekening* ❷ wat te maken heeft met de hele wereld, mondiaal: *een ~ probleem* ❸ BN ook totaal, precies: *de belasting wordt berekend op het globale inkomen* **globaliseren** ⟨-zi-⟩ [globaliseerde, h. / is geglobaliseerd] ❶ in grote lijnen bezien of voorstellen ❷ (zich) uitspreiden over de hele wereld: *de economie is geglobaliseerd* **globalisering** ⟨-zi-⟩ *de (v)* het zich verspreiden over de hele wereld, vooral van economische activiteiten

global warming ⟨Gloobǝl wǫrming⟩ *de* opwarming van de aarde

globe *de* [-n, -s] rond voorwerp dat de aarde (of de sterrenhemel) voorstelt **globetrotter** *de (m)* [-s] iemand die rondreist over de hele wereld, wereldreiziger

gloed *de (m)* ❶ het schijnsel dat of de warmte die van iets afkomt: *de rode ~ van brandende kolen* ❷ fig. vuur, bezieling **gloednieuw** helemaal nieuw **gloedvol** met veel vuur en bezieling: *een ~ betoog houden*

gloeidraad heel dunne draad die gaat gloeien als hij heel warm wordt, bijv. gebruikt in een gloeilamp

gloeien ❶ heel warm zijn en branden zonder vlammen: *het hout in de open haard gloeide nog uren* ❷ warmte en licht geven, in gloed staan: *haar wangen ~ van de koorts* ❸ in gloed doen staan, heel erg verhitten: *ijzer ~* **gloeiend** *bn* in een gloed, heel heet: *~e kolen* ▼ *een ~e hekel aan iets hebben* een enorme hekel ▼ *er ~ bij zijn* betrapt zijn, zonder dat er ontsnappingsmogelijkheden zijn **gloeilamp** bol van glas waarin een draad die door elektrische stroom gloeiend wordt gemaakt, licht verspreidt

glooien zacht hellen: *een ~d landschap* met heuvels die niet steil zijn **glooiing** *de (v)* flauwe helling

gloren zacht gloeien, zacht glanzen ▼ *de ochtend gloort* het wordt dag

gloria *de (v)* roem, heerlijkheid ▼ *lang zal ze leven in de ~!* regel van een lied dat wordt gezongen als iemand jarig is ▼ *~ in excelsis Deo* ere zij God in den hoge

glorie *de (v)* [-s, -ën] roem, eer ▼ *vergane ~* iets wat eens mooi en rijk was en nu vervallen is **gloriëren** grote roem, eer behalen **glorierijk**, **glorieus** met veel roem en eer **glorietijd** periode van bloei, waarin het heel goed gaat, veel eer en roem wordt behaald

glos *de (v)* [-sen], **glosse** uitleg, verklaring tussen de regels van een tekst of als kanttekening **glossarium** *het* [-ria] verklarende woordenlijst bij een tekst of schrijver

glossy ⟨Glossie⟩ I *bn* ❶ ⟨van tijdschriften⟩ wat er

gl

chic uitziet met veel foto's **II** *de (m)* [-'s] ❷ een dergelijk tijdschrift

glottis *de (v)* [-sen] spleet tussen de stembanden, stemspleet

glucose ‹-zə› *de* druivensuiker

glühwein ‹Glu̱uwain› *de (m)* warme rode wijn met kruiden **gluiper, gluiperd** *de (m)* [-s] gemeen en stiekem iemand **gluiperig** *bn* vals, stiekem, achterbaks

glunder *bn* stralend opgewekt **glunderen** stralend kijken

gluren stiekem, nieuwsgierig kijken: *vanachter de gordijnen ~*

glutamine *de (v) & het* aminozuur in eiwitten

gluten *het* kleefstof uit eiwit van graan: *sommige mensen zijn allergisch voor ~*

gluurder *de (m)* [-s] iemand die gluurt, andere mensen stiekem bekijkt: *de ~ bespiedde het vrijende paartje*

glycerine ‹glie-› *de,* **glycerol** kleur- en reukloze, dik-vloeibare stof met zoetige smaak

glycogeen ‹glie-› *het* dierlijk zetmeel

GM genetische manipulatie

GMT *Greenwich Mean Time,* gemiddelde tijd van de meridiaan die over Greenwich loopt en die vroeger de standaardtijd was

gniffelen heimelijk lachen

gnocchi ‹Gno̱kkie› *de (m)* Italiaans gerecht: balletjes van gepureerde aardappels en/of meel, gekookt en geserveerd met saus

gnoe *de (m)* [-s] soort antilope in Afrika, het geslacht Connochaetes

gnoom *de (m)* [gnomen] aardgeest, berggeest, kabouter

gnosis ‹-zis› *de (v)* kennis van goddelijke macht en het wezen van de mens **gnosticisme** *het* het streven naar kennis van goddelijke macht en het wezen van de mens **gnosticus** *de (m)* [-ci] iemand die zich bezighoudt met het gnosticisme, vooral in de eerste eeuwen na Christus

gnuiven stilletjes spottend lachen

goal ‹Gool› sp. *de (m)* [-s] ❶ doel: *wie staat er in de ~?* ❷ doelpunt: *hij heeft vier ~s gemaakt* **goalgetter** ‹-Gettər› sp. *de (m)* [-s] iemand die vaak en gemakkelijk doelpunten maakt **goalie** ‹Goolie› sp. *de (m)* [-s] doelverdediger

gobelin ‹Go̱balè› *het & de (m)* [-s] wandtapijt of meubelbekleding met ingewerkte figuren

gocart ‹Go̱okàRt› *de (m)* [-s] ❶ skelter ❷ **BN** skelter zonder motor, trapfiets

god *de (m)* wezen waaraan mensen bovenaardse vermogens toeschrijven en waarvan zij geloven dat deze heerst over leven en dood ▾ *mindere ~* minder belangrijke figuur

God *de (m)* de god van de christenen ▾ *~ noch gebod kennen* een moreel slecht leven leiden ▾ *~s water over ~s akker laten lopen* de zaken op hun beloop laten ▾ *leven als ~ in Frankrijk* onbezorgd en luxueus

godallemachtig I *bw* ❶ in hoge mate, heel erg: *~ mooi* **II** *tw* ❷ ‹bastaardvloek› uitroep van schrik, kwaadheid, verbazing e.d. **godbetert** *tw* uitroep van verontwaardiging **goddank** *tw* gelukkig: *~ is er niemand gewond geraakt bij het ongeluk*

goddelijk *bn* ❶ van een god: *~e wijsheid* ❷ heel mooi, heel lekker: *dit eten smaakt ~!; dat meisje heeft een ~ figuurtje* **goddeloos** *bn* ongodsdienstig, slecht: *een ~ leven leiden* **goddomme** *tw* uitroep van ergernis of kwaadheid, godverdomme

godendom *het* de gezamenlijke goden **godendrank** drank van de Griekse goden, nectar **godenspijs** ❶ voedsel voor de Griekse goden, ambrozijn, ambrosia ❷ fig. heerlijk eten

godfather ‹Go̱tfàdur› *de (m)* [-s] ❶ grondlegger: *de ~ van de moderne film* ❷ leider, beschermer, persoon die begeleidt en beschermt: *de ~ van de maffia*

godgans *bn* heel: *de ~e dag* **godgeklaagd, godgeklaagd** *bn* heel erg, schandelijk: *het is ~ dat dat allemaal maar kan*

godgeleerde beoefenaar van de godgeleerdheid **godgeleerdheid** wetenschap van God, goden en godsdienst(en), theologie **godheid** *de (v)* [-heden] goddelijk wezen **godin** *de (v)* [-nen] vrouwelijke god **godloochenaar** *de (m)* [-s] iemand die het bestaan van een god ontkent **godsamme** *tw* ‹bastaardvloek› uitroep van schrik, kwaadheid e.d.

godsbegrip voorstelling die men zich maakt van God of een god

godsdienst ❶ het vereren van een god of goden ❷ de manier waarop men dit doet en welke god of goden men vereert **godsdienstig** *bn* ❶ die denkt en leeft volgens een godsdienst, die zijn god of goden dient ❷ wat te maken heeft met de godsdienst **godsdienstoefening** plechtige samenkomst om zijn god of goden te eren **godsdiensttwist** ruzie of oorlog over godsdienst **godsdienstvrijheid** vrijheid om de godsdienst te belijden of uit te oefenen die men verkiest **godsdienstwaanzin** extreme godsdienstige dweperij **godsdienstwetenschap** wetenschap over de godsdienst(en) **godsgeschenk** geluk dat wordt gevoeld als een geschenk van God **godsgruwelijk** vreselijk, heel erg, in hoge mate: *ergens een ~e hekel aan hebben* **godshuis** gebouw waar men een god vereert, zoals een kerk of een moskee **godslasteraar** iemand die slechte dingen over God of een god zegt, die God of een god beledigt **godslastering** *de (v)* het beledigen van, zeggen van slechte dingen over een god

godsnaam ▾ *in ~* ‹bij plechtige handelingen› in de naam van God; uitroep van berusting, aansporing of verbazing: *laten we dat in ~ dan maar doen; schiet in ~ eens een beetje op!; hoe heb je dat in ~ klaargespeeld?* ▾ *één, twee, drie, in ~!* vaste frase bij het overboord in zee werpen van een lijk **godsonmogelijk** totaal onmogelijk **godsoordeel** proef waarbij men verwacht dat God de waarheid openbaart

godsvrucht *de* vroomheid **godsvruchtig, godvruchtig** *bn* vroom

Godswege *bw* ▾ *van ~* uit naam van God **godswil** ▾ *om ~!* om God welgevallig te zijn; voor niets, gratis; uitroep van aansporing of dringend verzoek: *om ~, doe dat niet!* **godswonder** heel groot wonder: *het is een ~ dat ze dat ongeluk overleefd hebben* **godverdomme** *tw* ernstige vloek, vooral bij kwaadheid, verbastering van

God verdoeme mij **godvergeten**, **godvergeten**
I *bn* ❶ goddeloos, schandelijk **II** *bw* ❷ heel erg:
ik ben zo ~ kwaad! **godverlaten** ❶ door God
verlaten ❷ vreselijk eenzaam en ontoegankelijk:
een ~ oord **godvrezend** *bn* vroom
goed I *bn* ❶ wat iemand zoekt, wil weten enz.,
geschikt, juist: *ze gaf het ~e antwoord; dit is niet
de ~e sleutel* ❷ niet slecht, prettig, zoals iemand
graag wil ▼ *het gaat ~ met me* ik vind me prettig,
de dingen gaan zoals ik graag wil ▼ *zich niet ~
voelen* zich ziek of ongelukkig voelen ▼ *het is
weer ~ tussen hen* ze hebben geen ruzie meer ▼ *is
het ~ als ik nu wegga?* mag het, is het geen
probleem? ❸ die presteert zoals men mag
verwachten of beter: *een ~ schaker* ❹ in moreel
opzicht te prijzen, aardig, lief: *hij is een ~ mens*
▼ *wees zo ~ om ... wil je zo aardig zijn om ...* ▼ *~
voor ...* wat een geldswaarde vertegenwoordigt
van ...▼ *zo ~ als bijna* ▼ *op een ~e dag* op een keer
▼ *die is ~!* dat is grappig! **II** *het* [-eren] ❺ wat goed
is, nut, voordeel ▼ *ten ~e komen* van bestemd zijn
voor ❻ bezittingen, grondbezit: *onroerend ~; de
vluchtelingen hebben al hun ~ moeten achterlaten*
❼ stof, kleren en gebruiksvoorwerpen die
daarvan gemaakt zijn: *ze heeft gewassen en legt
het schone ~ in de kast* ▼ *zich te ~ doen* smakelijk
en rijkelijk eten en drinken
goedaardig *bn* ❶ met een zacht en vriendelijk
karakter: *hij is een ~e man* ❷ niet gevaarlijk: *ze
heeft een gezwel in haar buik, maar het is
gelukkig ~* **goeddeels** *bw* voor het grootste deel:
de blauwe plek op mijn arm is ~ verdwenen
goeddoen ❶ goede daden doen ❷ nut,
voordeel, voldoening, verlichting enz. geven: *een
warm bad zal je ~ na die kou* **goeddunken I** *ww*
❶ denken dat het goed zou zijn ▼ *doe wat je
goeddunkt* doe dat waarvan jij denkt dat het
goed is **II** *het* ❷ wat iemand goed lijkt, uitkomt
▼ *naar eigen ~ handelen* doen zoals iemand denkt
dat het het beste is **goedemiddag** *tw* groet
tijdens de middag **goedemorgen** *tw* groet aan
het begin van de dag **goedenacht** *tw* groet voor
het slapengaan **goedenavond** *tw* groet tijdens
de avond **goedendag I** *de (m)* [-s]
❶ middeleeuwse puntige knots **II** *tw*
❷ algemene groet ▼ *~!* uitroep van verbazing
goederen *de (mv)* ⟨meervoud van goed⟩ spullen,
dingen die iemand bezit of waarin wordt
gehandeld: *de ~ voor het warenhuis worden
aangevoerd in vrachtwagens* ▼ *onroerende ~*
huizen, grond e.d. **goederentrein** trein die niet
bestemd is voor het vervoer van personen maar
is voor het vervoer van goederen **goedertieren** *bn* genadig, met
veel medeleven: *God is ~*
goedgebouwd *bn* met mooie lichaamsvormen
goedgeefs *bn* die veel weggeeft aan anderen
goedgehumeurd *bn* met een goed humeur
goedgelovig die te snel iets gelooft
goedgemutst in een goed humeur **goedgezind**
▼ *iemand ~ zijn* het goed met iemand
voorhebben en hem steunen ▼ *het weer was ons ~*
het was mooi weer BN, spreekt.
goedgehumeurd, in een vrolijke stemming
goedgunstig gunstig gezind, met een positieve
houding tegenover iemand, welwillend
goedhartig *bn* vriendelijk en met een goed

karakter: *ze is heel ~ en staat altijd voor iedereen
klaar* **goedheid** *de (v)* het goed, aardig,
rechtvaardig zijn ▼ *grote ~!* uitroep van verbazing
of ontsteltenis **goedheilig** ▼ *~ man* Sinterklaas
goedhouden ervoor zorgen dat iets in goede
staat blijft ▼ *zich ~* geen emoties tonen, vooral
niet gaan huilen
goedig *bn* zachtaardig, vriendelijk en een beetje
sullig: *mijn ~e buurman bleef aardig toen de
kinderen hem uitlachten* **goedje** *het* spul, stof,
vooral vloeistof: *een vreemd ~* **goedkeuren**
❶ zeggen dat men iets goedvindt, akkoord
gaan: *de directeur keurde het voorstel goed* ❷ na
onderzoek verklaren dat de kwaliteit goed
genoeg is: *mijn werkstuk is goedgekeurd*
goedkeurend *bn* waaruit instemming blijkt,
waaruit blijkt dat iemand vindt dat het goed is:
hij knikte ~ **goedkoop** *bn* ❶ wat weinig kost, niet
duur ❷ *fig.* gemakkelijk, verkregen zonder veel
lichamelijke of geestelijke inspanning ▼ *ergens ~
afkomen* zonder veel straf of schade ❸ zonder
stijl of niveau, ordinair: *een ~ type* **goedlachs** *bn*
die graag en veel lacht: *een ~ type*
goedmaken ❶ vergoeden ❷ ongedaan maken,
doen vergeten ▼ *het met iemand ~* een ruzie
oplossen die men met iemand heeft
goedmoedig *bn* goedhartig, gemoedelijk, die
niet gauw kwaad wordt of zich druk maakt
goedpraten als onschuldig, als niet zo erg
voorstellen: *de moeder praatte de wandaden van
haar zoon goed*
goedschiks *bw* vrijwillig, zonder dwang ▼ *~ of
kwaadschiks* vrijwillig of onder dwang
goedvinden I *ww* ❶ vinden dat iets goed, juist
is, goedkeuren ❷ zeggen dat iets mag of kan,
geen bezwaar maken **II** *het* ❸ zonder
goeddunken,
welnemen ▼ *met uw ~* als u het ermee eens bent
goedzak iemand die alles goedvindt
goegemeente de gewone mensen, het
goedgelovige publiek
goeierd *de (m)* [-s] goedhartig iemand, goedzak
goeiig *bn* goedhartig, aardig en een beetje
sullig, die alles goedvindt
goeroe *de (m)* [-s] ❶ ⟨bij hindoes⟩ geestelijk
leraar, eerbiedwaardig persoon ❷ leermeester,
geestelijk leidsman
goesting BN, spreekt. *de (v)* zin, begeerte
gogo I *de (v)* [-'s] animeermeisje **II** *bw* ▼ *muz.* à *~*
ononderbroken
goh *tw* uitroep van verbazing, bewondering
goj *de* [-im, -ims] niet-Jood
gok *de (m)* ❶ onderneming, actie waarvan de
uitkomst onzeker is: *ik weet niet of het project
slaagt, het is een ~* ▼ *een ~je wagen* een kans
wagen ❷ het gissen, het raden: *doe 'es een ~ naar
de prijs van deze scooter* ❸ *inform.* neus
gokautomaat machine waarin men geld gooit
in de hoop dat men een geldbedrag wint
gokkast gokautomaat
gokken ❶ raden: *ik gok dat Eindhoven 200.000
inwoners heeft* ❷ een spel spelen waarbij men
geld moet inzetten: *ze gingen ~ in het casino*
gokker *de (m)* [-s] iemand die gokt **gokspel**
kansspel om geld
golden delicious ⟨Gooldǝn dielisjǝs⟩ *de (m)* soort
van goudgele appels

go

golden retriever ⟨Gooldən RietRievəR⟩ *de (m)* [-s] vrij grote blondharige jachthond

golem ⟨Goo-⟩ *de (m)* [-s] persoon uit Joodse legenden die van klei is gemaakt

golf[1] ⟨Golf *of* golf⟩ *het* golfspel

golf[2] *de* [golven] ❶ het één keer op- en neergaan van lucht of vloeistof, vooral van water ❷ *fig.* een golvende vorm in het haar ❸ grote inham, baai: *de Golf van Mexico* ❹ het krachtig naar buiten stromen: *een ~ bloed* ❺ golflengte, vooral voor radio: *korte, lange ~* ❻ *fig.* plotselinge beweging of uitbarsting: *een ~ van geweld* ▾ *de groene ~* verkeerslichten die na elkaar op groen springen, zodat men bij een bepaalde snelheid door kan blijven rijden

golfbaan terrein om golf te spelen

golfbad zwembad met kunstmatige golven

golfbeweging beweging zoals van golven

golfbreker pier om golfslag te breken

golfclub ❶ vereniging van golfspelers ❷ stok waarmee men golf speelt **golfen** ⟨Gol- *of* gol-⟩ [golfte / golfde, h. gegolft / gegolfd] het golfspel spelen

golfkarton karton met ribbels als verpakkingsmateriaal

golflengte afstand waarbinnen een golvende beweging een keer stijgt en daalt *(vooral van radiogolven)* ▾ *op dezelfde ~ zitten* elkaar goed kunnen begrijpen **golfplaat** plaat van gegolfd ijzer **golfslag** het op en neer bewegen van water

golfspel spel waarbij men een balletje in kuiltjes moet slaan met zo weinig mogelijk slagen **golfspeler** iemand die golf speelt **golfstok** stok om mee te slaan bij het golfspel

golven ❶ stijgend en dalend bewegen ❷ als een golf stromen, vloeien: *het bloed golfde uit zijn mond* ❸ gebogen lijnen vertonen: *een ~de lijn* ❹ ⟨van haar⟩ er een lichte krul in maken

gom *de (m) & het* [-men] ❶ vochtige kleefstof, soort lijm ❷ veerkrachtige rubber stof om iets uit potloodschrift e.d. uit te vegen, vlakgom **gommen** ❶ gom strijken op (zodat het kleeft): *gegomde zegels* ❷ iets uitvegen met vlakgom

gondel *de* [-s] ❶ puntige boot in Venetië ❷ cabine van een kabelbaan ❸ bak die langs een gevel kan worden verschoven ❹ schuitje van een luchtballon **gondelier** *de (m)* [-s] bestuurder van een gondel, gondelschipper **gondellift** kabelbaan met gondels

gong *de (m)* [-s] hangend metalen bekken waarop met een stok geslagen wordt

goniometrie *de (v)* onderdeel van de wiskunde dat zich bezighoudt met driehoeken, hoekmeetkunde

gonorroe ⟨-reu⟩ *de (v)* druiper, een geslachtsziekte

gonzen een zacht brommend geluid maken: *de muggen ~ rond mijn hoofd* ▾ *het gonst van geruchten* overal hoort men geruchten

goochelaar *de (m)* [-s] iemand die goochelt **goochelarij** *de (v)* het goochelen, goochelkunst **goochelen** ❶ snelle en handige trucjes doen die lijken op tovenarij: *de goochelaar goochelde een wit konijn uit de hoge hoed* ❷ *fig.* trucjes toepassen om een bepaald effect te verkrijgen: *~ met cijfers* **goochelkunst** het kunnen goochelen

goochelkunstje *het* [-s] trucje van een goochelaar

goochem *bn* slim, handig, uitgekookt: *een ~e jongen* **goochemerd** *de (m)* [-s] iemand die goochem is

goodwill ⟨Goed-⟩ *de (m)* ❶ goede naam en de waarde van een bedrijf of product op basis van die goede naam ❷ gunstige gezindheid, positieve houding tegenover iemand

goodybag, goodiebag ⟨Goedie beG⟩ *de (m)* [-s] tasje met kleine geschenken dat bezoekers aan een evenement meekrijgen, vaak als promotiemiddel

goog *iron. de (m)* [gogen] iemand met een beroep waarvan de naam op 'goog' eindigt, bijv.: *peda~*

googelen ⟨GoeGələn⟩ op internet zoeken met de zoekmachine Google®

gooi *de (m)* ❶ één beweging van gooien ▾ *een ~ doen naar* proberen te bereiken; proberen te raden: *hij doet een ~ naar het burgemeesterschap*

gooien met een krachtige beweging van zijn arm iets dat men in zijn hand heeft, verderop terecht doen komen ▾ *iemand eruit ~* iemand ontslaan of wegsturen

goor *bn* erg vies, onsmakelijk

goot *de* [goten] afvoerweg voor water langs de dakrand, straat enz. **gootsteen** opvangbak voor water in een aanrecht met een kraan erboven

goped *de (m)* [-s] step met motor

gordel *de (m)* [-s] ❶ riem of band om het middel ❷ band in een auto die ervoor zorgt dat iemand bij een botsing niet naar voren schiet ❸ kring, zone, gebied: *de tropen~* **gordeldier** zoogdier met schubben en zonder tanden, van de familie van de Dasipodidae **gordelen** BN deelnemen aan de Gordel, een jaarlijks wandel- en fietsevenement in de Vlaamse gordel rondom Brussel **gordelroos** *de* huiduitslag met plekken, bijv. op de rug

gorden met een gordel vastmaken

gordiaanse knoop ▾ *de ~ doorhakken* een moeilijkheid door een krachtig besluit uit de weg ruimen

gordijn *het* lap textiel die ergens hangt, vooral voor een raam zodat anderen niet naar binnen kunnen kijken ▾ *iemand in de ~en jagen* maken dat iemand kwaad of min zenuwachtig wordt

gording *de (v)* [-en, -s] ❶ balk in de lengterichting van een dak ❷ touw om een zeil korter te maken en minder wind te vangen

gorgel *de (m)* [-s] keel **gorgelen** de keel spoelen door een vloeistof achter in de keel te gieten en daar te laten borrelen

gorgonzola ⟨GorGonzoolaa⟩ *de (m)* zachte schimmelkaas die naar een Italiaans dorp is genoemd

gorig *bn* een beetje smerig

gorilla *de (m)* [-'s] grootste mensaap (Gorilla gorilla)

gors **I** *de & het* [gorzen] ❶ aangeslibd land **II** *de* [gorzen] ❷ vogel van het geslacht Emberiza, die op een vink lijkt

gort *de (m)* gepelde gerst ▾ *iemand van haver tot ~ kennen* heel goed kennen, tot in de kleinste bijzonderheden ▾ *aan ~ (rijden, slaan)* helemaal kapot **gortdroog ❶** heel erg droog **❷** *fig.* erg saai en vervelend **gortig** *bn* ▼ *al te ~* wat te ver gaat, te erg

GOS *het* Gemenebest van Onafhankelijke Staten

gospel ⟨Gos-⟩ *de (m)* [-s] Amerikaans religieus lied van zwarte mensen

gossie *tw*, **gossiemijne** ⟨bastaardvloek⟩ uitroep van verbazing, om medelijden uit te drukken e.d.

gothic ⟨Gothik, Engelse th⟩ *de (m)* jeugdsubcultuur en muziekgenre dat daarbij hoort, gekenmerkt door zwarte kleding en een voorkeur voor het duistere en occulte

gotiek I *bn* **❶** wat tot de gotische stijl behoort, wat in die stijl is uitgevoerd II *de (v)* **❷** gotische bouwstijl, spitsbogenstijl **❸** cultuur waaruit deze stijl voortkwam **gotisch** *bn* ▼ *-e (bouw)stijl* samenstel van stijlvormen, in de 12de eeuw in Noord-Frankrijk ontstaan ▼ *~ schrift* hoekig lettertype dat in de 12de eeuw is ontstaan Gotisch I *het* **❶** taal van de Goten, een oud Oost-Germaans volk II *bn* **❷** van de Goten **❸** van of in de taal van de Goten

gotspe *de* schaamteloze brutaliteit: *dat je zo tegen me durft te spreken, wat een ~!*

gouache ⟨Goeasje⟩ *de* [-s] **❶** dekkende waterverf **❷** prent die daarmee gemaakt is

goud *het* chemisch element, een geel, bijzonder kostbaar, heel zacht en heel dicht edelmetaal ▼ *het ~ behalen* een gouden medaille als eerste prijs ▼ *het is niet alles ~ wat er blinkt* schijn kan bedriegen **goudblond** goudkleurig blond **goudbruin** goudkleurig bruin **gouddelver** *de (m)* [-s] iemand die goud uit een mijn graaft **gouddraad** draad van goud, goudkleurig draad **goudeerlijk** volkomen eerlijk **gouden** *bn* **❶** van goud: *een ~ ring* **❷** goudkleurig: *de ~ glans van haar haar* **❸** *fig.* veel waard: *dat is een ~ kans* **❹** ⟨van een jubileum e.d.⟩ 50-jarig ▼ *de ~ eeuw* tijdperk van grote bloei, in Nederland de 17de eeuw ▼ *~ handdruk* financieel gunstige regeling bij ontslag **goudenregen** heester met bloemen die in gele trossen hangen (Laburnum anagyroides) **goudfazant** goudkleurige fazant **goudgeel** goudachtig geel **goudgerand** *bn* **❶** met een gouden rand **❷** *fig.* wat veel geld oplevert **goudhaantje** *het* [-s] **❶** heel kleine zangvogel (Regulus regulus) **❷** ovale bladkever (Chrysomela) **❸** *fig.* iemand die vaak succes heeft, wint e.d. **goudhamster** goudbruine hamster die veel als huisdier wordt gehouden (Mesocricetus auratus) **goudkarper** goudkleurige karper (Cyprinus carpio, variant auratus) **goudklomp** stuk goud **goudkoorts** *het* koortsachtig of massaal zoeken naar goud **goudkust ❶** kustgebied waar goud gevonden wordt **❷** *fig.* straat of wijk met rijke bewoners **goudmijn ❶** mijn waar goud gewonnen wordt **❷** *fig.* iets dat veel winst oplevert **goudplevier**, **goudpluvier** grootste soort plevier in Europa (Pluvialis apricaria) **goudrenet** soort appel, winterappel **goudsbloem** samengesteldbloemige plant met oranje bloemen (Calendula offinalis) **goudschaal** gevoelige weegschaal voor goud

▼ *zijn woorden op een ~tje wegen* heel goed nadenken voor men iets zegt of schrijft **goudsmid** iemand die sieraden en andere voorwerpen van goud, soms ook van zilver, maakt **goudstuk** gouden geldstuk **goudvink ❶** vink met zwarte kop en rode borst (Pyrrhula pyrrhula) **❷** *fig.* persoon aan wie men veel kan verdienen **goudvis** goudkleurige zoetwatervis die uit China afkomstig is (Carassius auratus) **goudzand** zand met stofgoud of goudkorrels **goudzoeker ❶** iemand die probeert rijk te worden door het vinden van goud **❷** *fig.* iemand die op zoek is naar mogelijkheden om rijk te worden

goulash ⟨Goelasj⟩ *de (m)* Hongaars nationaal vleesgerecht met paprika

gourmand ⟨Goermã⟩ *de (m)* [-s] iemand die van lekker eten houdt

gourmetten in kleine pannetjes aan tafel hapjes klaarmaken en eten

gouvernante ⟨goe-⟩ *de (v)* [-s] inwonende onderwijzeres voor de kinderen van een familie **gouvernement** *het* **❶** regering, bestuur **❷** gebied dat door een gouverneur wordt bestuurd **❸** afdeling van een bestuur onder een gouverneur **❹** gebouw of bureau waar dit bestuur gevestigd is **gouvernementeel** *bn* wat te maken heeft met het gouvernement **gouverneur** *de (m)* [-s] **❶** bestuurder, landvoogd **❷** hoogste autoriteit in de overzeese rijksdelen **❸** benaming voor de Commissaris van de Koningin in Nederlands Limburg **❹** BN hoofd van een provincie **❺** BN hoofd van de Nationale Bank van België **gouverneur-generaal** *de (m)* [gouverneurs-generaal] landvoogd, vooral die van het vroegere Nederlands-Oost-Indië

gouw *de* landstreek

gouwe *de* ▼ *stinkende ~* papaverachtige plant met geel melksap

gozer *inform. de (m)* [-s] kerel, vent

gps® *het* , *global positioning system*, systeem dat informatie geeft over positie en route

gr graad, graden

graad *de (m)* [graden] **❶** 360ste deel van een cirkel: *een hoek van negentig graden* **❷** maat om aan te geven hoe warm of koud iets is: *het is vandaag 21 graden* **❸** trap, rang, mate ▼ *nog een ~je erger* nog iets erger ▼ *een academische/universitaire ~* titel, bijv. doctor of ingenieur **❹** trap van bloedverwantschap: *hij is familie van me in de vijfde ~* **❺** BN elk van de cycli waarin bepaalde onderwijstakken zijn verdeeld **graadmeter ❶** persoon die het aantal graden meet **❷** werktuig waarmee dat gebeurt **❸** *fig.* persoon of zaak via welke men de stand van zaken kan bepalen

graaf *de (m)* [graven] **❶** ⟨vroeger⟩ iemand die door de vorst was belast met het bestuur van een gewest **❷** ⟨nu⟩ adellijke titel **graafschap** *het* [-pen] gebied van waardigheid van een graaf **graafwerk** werk dat bestaat uit graven **graafwesp** wesp die de gangen in de grond graaft **graag** I *bn* **❶** hongerig, begerig: *een grage eter* II *bw* **❷** woord dat uitdrukt dat iemand iets wil en het fijn zou vinden: *ik wil ~ studeren* **❸** met

gr

plezier: *ik doe het* ~ **graagte** *de (v)*▼ *met* ~ graag

graaien ❶ in iets grijpen: *de kinderen* ~ *in de bak met cadeautjes* ❷ snel pakken: *hij graaide een mes van de tafel* ❸ *fig.* zichzelf zo veel mogelijk (geld) toebedelen

graal *de (m)* beker die volgens middeleeuwse legenden bij het Laatste Avondmaal werd gebruikt **graalridder** ridder op zoek naar de graal

graan *het* [granen] ❶ groep van voornamelijk eenjarige grassen, zoals haver, gerst, tarwe, rogge, rijst, maïs, gierst ❷ een korrel daarvan ▼ *een* ~*tje meepikken* meeprofiteren van iets **graanjenever** jenever die van graan is gestookt **graanschuur** ❶ schuur waarin graan wordt opgeslagen ❷ land of gebied waar veel graan vandaan komt **graansilo** opslagplaats voor graan

graat *de* [graten] ❶ bot van een vis: *hij haalde de graten uit de makreel* ▼ **BN** *er geen graten in zien* er geen been in zien, er geen problemen mee hebben ❷ skelet van een vis ▼ *niet zuiver op de* ~ niet helemaal betrouwbaar ▼ *van de* ~ *vallen* flauwvallen van de honger **graatmager** heel erg mager

grabbel *de (m)* ▼ *te* ~ *gooien* weggooien, vergooien, verkwisten: *je gooit je goede naam te* ~ *als je met die jongen omgaat* **grabbelen** met zijn handen naar iets grijpen, graaien: *de winnaar mocht in een bak met prijsjes* ~ **grabbelton** ton waaruit verrassingen, cadeautjes gegrabbeld moeten worden

gracht *de* ❶ water, kanaal dat in een stad gegraven is of rondom een kasteel e.d. ❷ de straat langs zo'n kanaal **grachtengordel** ❶ deel van het centrum in Amsterdam met grachten ❷ *iron.* rijke en bekende personen die daar wonen **grachtenpand** huis aan een gracht

gracieus ⟨sjeus⟩ sierlijk, elegant: *de kunstrijdster maakte gracieuze sprongen op het ijs*

gradatie *de (v)* [-s] het trapsgewijs meer of minder of anders worden: *deze aandoening komt voor in verschillende* ~*s*

gradenboog voorwerp in de vorm van een halve cirkel waarop een graadverdeling is aangebracht

graderen tot een hogere graad brengen, van gehalte verbeteren, concentreren

gradiënt *de (m)* het groter of kleiner worden van een grootheid als functie van een andere grootheid

graduaat **BN**, vero. *het* [-aten] graad in het hoger niet-universitair onderwijs **graduatie** *de (v)* [-s] ❶ verdeling in graden ❷ het verlenen van een (academische) graad **gradueel** *bn* ❶ wat trapsgewijs meer of minder of anders wordt ❷ wat de graad betreft of de mate waarin, niet wezenlijk: *een* ~ *verschil* **gradueren** ❶ in graden verdelen ❷ een (academische) graad verlenen

graf *het* [graven] ruimte waarin een dode wordt begraven ▼ *ten grave dalen* sterven ▼ *zijn eigen* ~ *graven* zijn eigen ondergang bewerkstelligen ▼ *hij zou zich in zijn* ~ *omdraaien* als hij niet dood was, zou hij dit vreselijk vinden ▼ *iemand het* ~ *in prijzen* iemand overdreven lof toezwaaien ▼ *over zijn* ~ *heen regeren* invloed uitoefenen na zijn dood of zijn aftreden

grafelijk *bn* van een graaf of van graven

graffiti ⟨Greffatie⟩ *de (mv)* teksten en tekeningen die, meestal stiekem, op muren van gebouwen, treinen, trams enz. geschreven of gespoten zijn

graffito *het* [-ti] ❶ afbeelding waarbij het wit tegen een zwarte achtergrond weggekrast wordt ❷ het maken van zulke afbeeldingen **grafheuvel** heuvel om een graf aan te duiden

graficus *de (m)* [-ci] kunstenaar die de grafiek beoefent **grafiek** *de (v)* ❶ schrijf- en tekenkunst ❷ kunstvorm waarbij op een plaat een afbeelding wordt aangebracht die wordt afgedrukt op ander materiaal zoals papier, prentkunst ❸ overzichtelijke voorstelling van het verband tussen grootheden door lijnen of tekens **grafiet** *het* vorm van zuivere koolstof **grafisch** *bn* ❶ wat te maken heeft met de grafiek als kunst: *een* ~ *kunstenaar* ❷ wat te maken heeft met het drukken van boeken en teksten: *de* ~*e afdeling van een uitgeverij* ❸ in de vorm van een tekening, afbeelding: *een* ~*e voorstelling van het aantal werklozen per provincie* in de vorm van een grafiek

grafkelder kelder als begraafplaats, vooral familiegraf **grafkist** kist waarin een dode wordt begraven **grafmonument** gedenkteken op een graf

grafologie *de (v)* handschriftkunde

grafrede toespraak wanneer iemand begraven wordt

grafschennis het vernielen of beschadigen van graven **grafschrift** opschrift op een grafsteen **grafsteen** gedenksteen op een graf **grafstem** doffe sombere stem **graftak** ❶ bloemstuk voor op een graf ❷ neg. (ouderwetse) zeur, bejaarde **graftombe** monument op een graf, vaak met een beeld of afbeelding van de overledene **grafzerk** liggende grafsteen

gram I *het* [-men] ❶ gewicht van 1/1000 kilo II *de (m)* ❷ woede ▼ *zijn* ~ *halen* zijn woede uiten, afreageren

grammatica *de (v)* [-'s] (boek met) de regels van een taal over hoe men zinnen maakt **grammaticaal** *bn* wat te maken heeft met of volgens de grammatica, volgens de regels van een taal over hoe men zinnen maakt **grammaticus** *de (m)* [-ci] specialist in de grammatica **grammofoon** *de (m)* [-fonen, -s] apparaat waarop geluid dat op een plaat is opgenomen, zoals muziek, kan worden afgedraaid

grammofoonplaat schijf met geluid, vooral muziek, dat in groeven is opgenomen

gramschap *de (v)* woede

granaat I *de* [-naten] ❶ projectiel dat is gevuld met springstof ❷ vrucht van de granaatboom, granaatappel II *de (m)* [-naten] ❸ rode edelsteen van granaat ❹ granaatboom III *het* ❺ delfstof waarvan de meest doorschijnende, donkerrode soort tot de edelstenen wordt gerekend **granaatappel** vrucht van de granaatboom **granaatboom** heester uit de familie van de Punicaceae met vruchten vol rode pitten

grand café ⟨Grã -⟩ *het* [- cafés] groot café dat fraai is ingericht en waar men vaak ook iets kan eten

grande ⟨Gran-⟩ *de (m)* [-s] iemand van de hoogste Spaanse adel

grandeur ⟨Grădeur⟩ *de (m)* grootsheid, voornaamheid **grandezza** ⟨Grandetsaa⟩ *de* ❶ waardigheid of deftigheid van een grande ❷ adellijke trots

grandioos *bn* groots, fantastisch, schitterend

grand prix ⟨Grã prie⟩ *de (m)* [-s prix] belangrijke wedstrijd in autoracen, tennis of wielrennen

grandslamtoernooi ⟨Grèndslèm-⟩ ⟨tennis⟩ toernooi om het open Engelse, Franse, Amerikaanse of Australische kampioenschap

graniet *het* heel hard, korrelig gesteente dat bestaat uit verschillende mineralen **granieten** *bn* van graniet: *een ~ aanrecht* **granito** *het* steen die van marmerblokjes en cement is gemaakt

granny smith ⟨Grennie smith, Engelse th⟩ *de (m)* [- smiths] groene friszure appelsoort

granol *het* pleister met grove korrels voor muren

granuleren ❶ maken dat iets in korrels uiteenvalt door het abrupt af te koelen in koud water ❷ het oppervlak ruw, gekarteld maken

grap *de* [-pen] ❶ iets wat iemand doet of zegt om anderen te laten lachen ❷ gebeurtenis waarom men kan lachen ❸ *iron.* ongewilde en onverwachte gebeurtenis, iets nadeligs: *die ~ heeft ons heel wat geld gekost*

grapefruit ⟨GReepfRoet⟩ *de (m)* [-s] vrucht met een bittere smaak, van een citrussoort (Citrus maxima uvacarpa)

grapjas *de (m)* [-sen] iemand die vaak grappen maakt

grappa ⟨Grap-⟩ *de (v)* alcoholische drank, gemaakt uit afval van druiven

grappenmaker iemand die grappen maakt **grappig** *bn* om te lachen, leuk

gras *het* [-sen] verzamelnaam voor allerlei groene sprietige gewassen ▼ *zo groen als ~* onervaren ▼ *iemand het ~ voor de voeten wegmaaien* iets zeggen of doen wat een ander juist wilde zeggen of doen ▼ *er geen ~ over laten groeien* iets meteen doen **grasboter** boter van vee dat in de wei loopt

grasduinen voor zijn plezier doorkijken of bestuderen: *hij grasduint graag in mijn verzameling stripboeken*

grasgroen ❶ groen als gras ❷ *fig.* jong en onervaren **grashalm** stengel van gras **graskaas** kaas van vee dat in de wei loopt **graskalf** kalf dat oud genoeg is voor de wei **grasklokje** *het* [-s] klokjesachtige plant met een blad dat op gras lijkt (Campanula rotundifolia) **grasland** stuk land dat met gras begroeid is **grasmaaier** machine om gras te maaien **grasmat** grasveld, vooral grasveld waarop sportwedstrijden worden gespeeld: *door de regen waren er problemen met de ~ in het stadion* **grasmus** slank vogeltje van een geslacht van insectenetende zangvogels (Sylvia communis) **grasperk** met gras begroeid deel van een tuin **graspieper** weidevogel uit de familie van de kwikstaarten (Anthus pratensis) **graspriet** stengel van gras **grasveld** veld dat met gras begroeid is **grasvlakte** vlakte die met gras begroeid is **graszaad** zaad van gras **graszode** vierkant uitgestoken stuk grasgrond

gratie *de (v)* ❶ sierlijkheid in beweging, houding en manieren ❷ goedgunstigheid ▼ *bij iemand uit de ~ raken* zijn sympathie verliezen, niet meer door hem gesteund worden ❸ het kwijtschelden van straf die door een rechterlijk vonnis is opgelegd: *gevangenen ~ verlenen*

gratificatie *de (v)* [-s, -tiën] geschenk in geld boven het salaris

gratig *bn* vol graten

gratineren een gerecht maken met een korstje van paneermeel, broodkruimels e.d.

gratis *bn* zonder te hoeven betalen

gratuit ⟨Graatwiet⟩ *bn* zonder grond, zonder dat het ergens op gebaseerd is: *ik vind die kritiek nogal ~*

grauw I *de (m)* ❶ snauw II *het* ❷ gepeupel, mensen van de laagste sociale klassen III *bn* ❸ grijs ❹ vaal, niet helder van kleur

grauwen snauwen **grauwsluier** ❶ grijs waas (over foto, kleding) ❷ *fig.* vaagheid, onduidelijkheid

gravel ⟨Grevval⟩ *het* rood steengruis (onder andere op tennisbanen)

graven [groef, h. gegraven] ❶ een kuil of gat maken in aarde, zand e.d. ❷ *fig.* tot in het kleinste detail onderzoeken: *diep in het geheugen ~*

graveren met een scherpe stift insnijdingen in metaal, hout of steen maken **graveur** *de (m)* [-s] iemand die graveert

graviditeit *de (v)* zwangerschap

gravin *de (v)* [-nen] ❶ vrouwelijke graaf ❷ echtgenote van een graaf

gravitatie *de (v)* zwaartekracht

gravure *de* [-n, -s] ❶ iets dat gegraveerd is ❷ afdruk van een gegraveerde plaat, prent

grazen ❶ ⟨vooral van koeien, schapen e.d.⟩ rondlopen en gras eten ❷ *fig.* tussen de maaltijden door snacks eten ▼ *te ~ nemen* beetnemen, goed te pakken nemen **grazig** *bn* grasrijk, met veel gras: *~e weiden*

green¹ ⟨GRien⟩ *de (m)* [-s] grasveld rond een hole op de golfbaan

green² *de (m)* [grenen] grove den

greenkeeper ⟨GRienkiepeR⟩ *de (m)* [-s] terreinknecht op een golfbaan

Greenwichtijd ⟨GRienitsj-⟩ gemiddelde tijd van de meridiaan die over Greenwich loopt en die vroeger de standaardtijd was

greep I *de (m)* [grepen] ❶ het grijpen ❷ grijpende beweging, manier van grijpen ❸ handigheid II *de* [grepen] ❹ wat men met één grijpbeweging kan pakken, handvol ❺ handvat ❻ mestvork

gregoriaans *het* ritueel gezang dat zo is genoemd naar paus Gregorius de Grote

grein *het* ❶ ⟨oorspronkelijk⟩ graankorrel ❷ oud medicinaal gewicht van ± 65 mg ❸ diamantgewicht, ¼ karaat of 50 mg ❹ heel kleine hoeveelheid, greintje **greintje** ▼ *geen ~* helemaal niets: *hij heeft geen ~ humor*

gremium *het* [-mia] groep mensen die optreedt als vertegenwoordiger van iets

grenadier *de (m)* [-s] keursoldaat van de infanterie

grenadine *de* roodbruine limonade

grendel *de (m)* [-s] ❶ verschuifbare ijzeren staaf

om een deur af te sluiten ❷ bout om een geweer af te sluiten **grendelen** met een grendel sluiten

grenen *bn* van hout van de grenenboom, een soort pijnboom

grens *de* scheidingslijn die aangeeft waar het ene gebied of land ophoudt en het andere begint: *de ~ tussen Nederland en België* ▾ *geen grenzen kennen* heel groot zijn, geen beperkingen hebben **grensbewoner** iemand die in een gebied dicht bij de grens van een land woont **grenscorrectie** ❶ kleine grenswijziging ❷ *euf.* het inlijven van een deel van het gebied van een ander land **grensdocument** document dat nodig is om een landsgrens te passeren, zoals een paspoort

grensdorp dorp dicht bij de grens van een land **grensgemeente** gemeente dicht bij de grens van een land **grensgeschil** conflict over de vraag waar een grens precies loopt **grensgeval** geval waarvan men niet goed weet of het net wel of net niet ergens bij hoort: *hij is een ~: niet goed genoeg om zonder meer te slagen maar net te goed om te zakken*

grenshospitium gesloten inrichting als verblijf voor asielzoekers voor er wordt besloten of ze in het land mogen blijven of worden uitgezet **grensincident** onaangenaam voorval aan de grens, tussen burgers of soldaten van twee aangrenzende landen **grenskantoor** douanekantoor aan de grens **grenslijn** lijn die een grens aangeeft **grenslinie** grenslijn **grensoverschrijdend** *bn* wat over een grens gaat: *~e criminaliteit* **grenspaal** paal die als grensscheiding dient **grenspost** plaats aan de grens met bewaking of verkeerscontrole

grensrechter *sp.* assistent van de scheidsrechter die langs de zijlijn loopt **grensrivier** rivier die een grens vormt **grenssteen** steen die een grens aangeeft **grensverkeer** verkeer over een grens op korte afstand

grensverleggend, **grensverleggend** *bn* waardoor grenzen opschuiven, revolutionair, vernieuwend ▾ *~ onderzoek* met resultaten waardoor nieuwe mogelijkheden ontstaan voor ander onderzoek

grenswaarde ❶ waarde die afhangt van de beschikbare hoeveelheid ❷ waarde die steeds dichter benaderd maar nooit bereikt wordt **grenswacht** militaire bewakers van een grens **grenswachter** ❶ douanebeambte ❷ bewaker van een grens

grenzeloos *bn* heel erg groot, onbeperkt: *ik heb een ~ vertrouwen in hem*

grenzen ▾ *~ aan* meteen naast of boven of onder iets liggen; *fig.* dicht in de buurt komen van: *Duitsland en België ~ aan Nederland; zijn zelfvertrouwen grenst aan arrogantie*

greppel *de* [-s] smalle geul in een stuk land waardoor water afgevoerd kan worden: *de auto belandde in de ~* langs de weg

gretig *bn* graag, begerig, enthousiast: *~ hapte hij in het gebakje*

gribus *de (m)* [-sen] ❶ akelige woning, huis in slechte staat ❷ akelige vervallen buurt

grief *de* [grieven] ❶ bezwaar, reden om ontevreden te zijn ❷ krenking, iets waardoor

iemand zich gekwetst voelt

Grieks I *bn* ❶ van de Grieken II *het* ❷ Griekse taal

griend *de* uiterwaard, vooral met rijshout beplant

grienen *min.* huilen: *begin nou niet weer meteen te ~!*

griep *de* virusziekte met koorts, hoofdpijn, spierpijn, verkoudheid e.d. ▾ *Mexicaanse ~* griep die wordt veroorzaakt door een nieuw virus dat in 2009 een pandemie veroorzaakte

grieperig *bn* met lichte griep: *ik voel me een beetje ~* **griepprik** injectie om griep te voorkomen

gries *het* ❶ kiezelzand, gruis ❷ griesmeel **griesmeel** grof meel **griessuiker** BN geraffineerde korrelvormige suiker, fijne kristalsuiker

griet I *de (v)* ❶ *inform.* meisje II *de* ❷ brede platvis van de soort Scophthalmus rhombus III *de (m)* ❸ grutto

grieven kwetsen, beledigen, pijnlijk treffen: *zich gegriefd voelen* **grieventrommel** BN alle klachten aan de overheid: *de Vlaamse ~ roeren* de Vlaamse eisen nogmaals stellen

griezel *de (m)* [-s] ❶ rilling van afkeer of angst, afkeer ❷ persoon die of dier dat angst of afkeer oproept: *ik vind hem een ~* **griezelen** rillen omdat men iets heel eng vindt: *ik griezel van kikkers en padden* **griezelfilm** film om te doen griezelen, enge film **griezelig** *bn* eng, wat bang maakt **griezelverhaal** verhaal om te doen griezelen, eng verhaal

grif *bn* vlug, vlot, zonder te aarzelen ▾ *iets ~ toegeven* ronduit

griffel *de* [-s] ⟨vroeger⟩ schrijfstift om op een lei te schrijven ▾ *een 10 met een ~ krijgen* een bijzonder compliment vanwege een uitstekende prestatie **griffen** iets ergens in krassen ▾ *het staat in mijn geheugen gegrift* het zit stevig in mijn geheugen, ik zal het niet vergeten

griffie *de (v)* [-s] bureau van een griffier **griffier** *de (m)* [-s] secretaris van vooral een rechtbank, de Eerste en Tweede Kamer en van de Provinciale Staten, iemand die alles noteert wat er wordt gezegd en gedaan

griffioen *myth.*, **griffoen** *de (m)* dier met het bovenlijf van een arend en het onderlijf van een leeuw

grijns *de* [grijnzen] spottende of triomfantelijke lach op iemands gezicht: *met een brede ~ nam hij de prijs in ontvangst* **grijnzen** spottend of triomfantelijk lachen

grijpen [greep, h. gegrepen] met een snelle beweging pakken: *de doelman greep de bal uit de lucht* ▾ *de ziekte grijpt snel om zich heen* de ziekte breidt zich snel uit ▾ *voor het ~ liggen* in overvloed aanwezig zijn: *met dit diploma liggen de kansen op een goede baan voor het ~* **grijper** *de (m)* [-s] grijpende machine of een arm daarvan **grijpgraag** *bn* begerig om te pakken, hebberig **grijpstaart** staart waarmee een dier zich vast kan grijpen, bijv. aan een tak **grijpstuiver** klein geldbedrag: *af en toe een ~ met iets verdienen*

grijs *bn* ❶ kleur tussen zwart en wit ❷ *fig.* oud: *in een ~ verleden* ❸ onopvallend en saai ▾ *een grijze muis* een saai, kleurloos mens ❹ *inform.* kras,

gr

erg: *dat is al te ~* ❺ half legaal ▼ *het grijze circuit* economische activiteiten die voor een deel onwettig zijn **grijsaard** *de (m)* [-s] ❶ oud persoon ❷ iemand met grijs haar **grijsblauw** grijsachtig blauw **grijsgedraaid** ⟨van een muziekopname⟩ heel vaak afgespeeld **grijzen** grijs worden **grijzig** *bn* een beetje grijs

gril *de* [-len] iets wat iemand een tijdje vindt, leuk vindt e.d. en daarna niet meer: *dat skaten is maar een ~ van hem; over een week wil hij weer wat anders* ▼ BN *aprilse ~len* veranderlijk weer in april

grill *de (m)* [-s] rooster waarop vlees e.d. wordt geroosterd zonder vet

grillen [grilde, h. gegrild] op een grill roosteren **grilleren** ⟨Grieji-⟩ grillen

grillig *bn* vol grillen, wat steeds plotseling verandert: *in de herfst is het vaak ~ weer; hij heeft een ~ karakter*

grillroom ⟨GRilRoem⟩ *de (m)* [-s] eetzaal in een restaurant waar vlees gegrild wordt geserveerd

grim *bn* onvriendelijk, boos: *een ~ gezicht*

grimas *de* [-sen] het vertrekken van het gezicht, vreemde uitdrukking op het gezicht: *de clown maakte vreemde ~sen*

grime *de* [-s] beschildering van het gezicht e.d., vooral voor een toneelrol **grimeren** grime aanbrengen **grimeur** *de (m)* [-s] iemand die grimeert

grimlach bittere of valse lach **grimlachen** [grimlachte, h. gegrimlacht] vals of bitter lachen **grimmig** *bn* woest, boos, onvriendelijk, wat bang maakt: *een ~ gezicht, landschap*

grind, **grint** *het* kleine steentjes: *een tuinpad met ~* **grinden** met grind bestrooien **grindweg**, **grintweg** weg die met grind verhard is

gringo ⟨GrinGoo⟩ *de (m)* [-'s] scheldnaam in Latijns-Amerika voor een blanke buitenlander

grinniken zachtjes, ingehouden lachen: *de klas grinnikte toen de leraar struikelde*

griotje *het* [-s] zout dropje met suiker erop, in de vorm van een dobbelsteen

grip *de (m)* ❶ stevig houvast: *met die gladde zolen heb ik geen ~ en glijd ik uit* ▼ fig. *~ op iets hebben* er controle over hebben: *hij heeft geen ~ op zijn dochter; ze luistert niet naar hem* ❷ houvast van de banden op de weg ❸ handvat

grissen snel weggrijpen of naar zich toe halen: *de dief griste de tas van de tafel*

grit *het* fijngemalen schelpen **gritstralen** [gritstraalde, h. gegritstraald] schoonmaken met een straal van grit

grizzlybeer ⟨Grizlie-⟩ heel grote soort beer in Noord-Amerika (Ursus arctos horribilis)

groef *de* [groeven] ❶ insnijding: *de groeven van een langspeelplaat* ❷ diepe rimpel: *de groeven in zijn gezicht*

groei *de (m)* ❶ het groeien, groeikracht ▼ *kleding op de ~ kopen* zodat het ruim zit, omdat de drager ervan nog groeit ❷ toename, het meer worden: *de ~ van de wereldbevolking* **groeiaandeel** groeifonds **groeien** [groeide, is gegroeid] ❶ groter worden, toenemen in grootte, omvang e.d. ❷ ⟨van gewassen⟩ uit de grond komen, opkomen ▼ *in iets ~* iets al doende leren kennen, er beter in worden

groeifonds aandeel van een onderneming met snel stijgende waarde **groeihormoon** hormoon dat groei en stofwisseling beïnvloedt **groeikern** plaats die door de overheid is aangewezen, waar het aantal woningen mag toenemen tot een bepaald maximum **groeikracht** de kracht, het in staat zijn om te groeien **groeimarkt** afzetgebied dat in de toekomst groter zal worden **groeiremmer** *de (m)* [-s] onkruidbestrijdingsmiddel dat de plantengroei afremt **groeistuip** ❶ stuip bij kleine kinderen ❷ fig. problemen die voorkomen als iets snel groeit: *het bedrijf had last van ~en* **groeizaam** *bn* ❶ met sterke groeikracht, wat goed groeit ❷ goed voor de groei, waardoor iets goed groeit: *het is ~ weer*

groen I *bn* ❶ kleur: mengsel van geel en blauw ▼ *zich ~ en geel ergeren* zich heel erg ergeren ❷ milieuvriendelijk: *~ ondernemen* ▼ *~e stroom* stroom die is opgewekt uit duurzame energiebronnen zoals zon, wind en water ❸ fig. jong, onervaren ▼ BN *~ lachen* zuur lachen ▼ *~e weduwe* vrouw van iemand die altijd werkt en nooit thuis is **II** *het* ❹ groene kleur ❺ blad van planten en struiken ▼ *openbaar ~* gras, planten en bomen in een stad of dorp die geen privébezit zijn, zoals parken **groenbak** bak voor groente- en tuinafval **groenbeheer** zorg voor gras, planten, bomen, plantsoenen e.d. **groenbemesting** *de (v)* bemesting met planten die ondergeploegd worden

groene *de* [-n] aanhanger van een politieke partij die vooral aandacht besteedt aan natuur en milieu

groenfonds ⟨economie⟩ fonds dat investeert in milieuvriendelijke bedrijfsvoering **groengordel** gebied met weilanden, bossen, parken e.d. rond of in een stedelijk gebied **groenig** *bn* groenachtig **groenling** *de (m)* ❶ zangvogel van de familie van de vinken (Carduelis chloris) ❷ groene boomkikker

GroenLinks *het* linkse politieke partij die natuur en milieu belangrijk vindt **GroenLinkser** *de (m)* lid van GroenLinks **groensparen** het sparen en beleggen in milieuvriendelijke projecten **groenstrook** beplant of begroeid gedeelte in een stad **groente** *de (v)* [-n, -s] planten die als voedsel dienen, zoals andijvie, spinazie, sla, bloemkool, spruitjes **groenteboer** iemand die de groenten en fruit verkoopt **groenteburger** *de (m)* [-s] gefrituurde snack met vulsel van groente **groenteman** groenteboer **groentesoep** soep van diverse groenten

groentijd ontgroeningsperiode van studenten **groentje** *het* [-s] iemand die nog heel onervaren is, nieuweling

groenvoer vers plantaardig veevoer **groenvoorziening** het aanleggen of aanwezig zijn van groen

groep *de* ❶ aantal personen, dieren of zaken die bij elkaar horen: *er kwam een ~ Japanners het museum binnen* ❷ aantal leerlingen die samen les krijgen op de basisschool: *mijn broertje zit*

in ~ *zeven* ❸ **wisk.** verzameling van elementen
❹ goot in een rundveestal waarin mest en gier terechtkomen **groepage** (-paazjə) *de (v)* [-s] het versturen van producten samen met andere producten, om zo kosten te besparen
groepen groeperen, een groepje vormen **groeperen** rangschikken tot een groep, samenvoegen tot een groep **groepering** *de (v)* groep mensen met hetzelfde doel: *een* ~ *die zich inzet voor een schoner milieu*
groepsbelang belang van een groep, wat goed is voor een groep als geheel **groepsdruk** invloed van de groep waar iemand bij hoort, waardoor hij zich op een bepaalde manier gaat gedragen **groepsgewijs** *bn* in een groep of groepen **groepspraktijk** gezamenlijke praktijk van artsen die met elkaar samenwerken **groepsseks** seks tussen meer dan twee personen **groepstaal** taal met woorden en zegswijzen die een bepaalde groep mensen gebruikt **groepsverband** ▼ *in* ~ in een groep, waarbij mensen een groep vormen
groet *de (m)* woorden die men zegt of gebaren die men maakt als men iemand ontmoet of als men afscheid neemt ▼ *iemand de ~en doen* namens iemand een groet overbrengen aan iemand anders **groeten** een groet uiten in woorden of gebaren: *als de buurman ons groet, steekt hij altijd zijn hand op*
groeve *de* [-n, -s] kuil, plaats waar iets gegraven wordt: *zand~, steen~* **groeven** een groef maken
groezelig *bn* een beetje vies, onfris: *een ~ overhemd*
grof *bn* ❶ niet bewerkt, niet fijn, groot en lomp: ~ *tarwemeel; grove handen* ❷ lomp en onbeleefd: *hij kan vreselijk ~ zijn tegenover meisjes* ▼ ~ *in de mond zijn* heel onbeschaafde woorden gebruiken ❸ erg, ernstig: *een grove leugen* **grofheid** *de (v)* [-heden] ❶ het grof zijn ❷ grove uiting, ruwe belediging **grofkorrelig** wat bestaat uit grove korrels
grofte *de (v)* [-s] mate van fijnheid of grofheid
grofvuil afval dat te groot of te zwaar is om te worden opgehaald met het gewone huisvuil **grofweg** *bw* ruwweg, ongeveer geschat
grog (grok) *de (m)* [-s] drank van heet water met rum, arak, cognac of jenever en suiker en een schijfje citroen **groggy** (GroGGie) *bn* alsof iemand een beetje dronken is, duizelig, wankel
grol *de* [-len] grap, grappig praatje: *grappen en ~len*
grom I *het* [-men] ❶ ingewand van vis II *de (m)* [-men] ❷ grommend geluid **grommen** ❶ brommend geluid maken, vaak als waarschuwing, bijv. door een hond ❷ ingewanden van vissen verwijderen
grond *de (m)* ❶ aarde, land, bodem, aardoppervlakte ▼ *de begane* ~ de benedenverdieping van een gebouw ▼ *wel door de* ~ *kunnen gaan* zich heel erg voor iets schamen ▼ *iets met de* ~ *gelijkmaken* helemaal verwoesten, ▼ *fig.* heel zware kritiek op iets hebben ▼ *in de* ~ *boren* (een schip) tot zinken brengen, *fig.* erg bekritiseren, afkraken ▼ *van de* ~ *komen* langzaam maar zeker ontstaan ▼ *van de koude* ~ niet in een kas gekweekt, *iron.* van weinig betekenis ▼ *te* ~*e gaan* ten onder gaan

❷ reden, argument ▼ *op* ~ *van* vanwege
❸ beginsel, het diepste of voornaamste: *uit de* ~ *van mijn hart*
grondbedrijf ❶ het kopen en verkopen van bouwgrond ❷ bedrijf voor het kopen en verkopen van bouwgrond
grondbeginsel basisregel, belangrijkste principe, richtlijn **grondbegrip** hoofdbegrip, belangrijkste begrip, bijv. van een wetenschap: *de ~pen van de rechtswetenschap*
grondbelasting belasting die iemand moet betalen als hij grond bezit **grondbezit** ❶ het in eigendom hebben van grond ❷ grond die iemand bezit **grondboring** *de (v)* onderzoek van de grond door boring **grondeigenaar** iemand die grond bezit, grondbezitter **grondeigendom** I *de (m)* ❶ bezit van grond, het recht om het te bezitten II *het* [-men] ❷ grond die iemand bezit
grondel *de (m)* [-s] ❶ zeevis van de familie Gobiidae ❷ zoetwatervisje (Gobius fluviatilis)
gronden ❶ grondvesten, baseren: *hij grondt zijn conclusie op de informatie die hij heeft* ❷ in de grondverf zetten
grondgebied gebied dat door een regering, een instantie of een persoon wordt bestuurd: *het Belgische* ~; *het* ~ *van de graaf*
grondgedachte hoofdgedachte, gedachte waarop iets gebaseerd is **grondhouding** manier waarop iemand tegen iets aankijkt
grondig *bn* ❶ heel goed en degelijk: *ik heb het huis ~ schoongemaakt; iets ~ onderzoeken* ▼ *ergens een ~e hekel aan hebben* er een grote hekel aan hebben ❷ wat naar grond smaakt: *een ~e paling* **grondigheid** *de (v)* het grondig zijn, degelijkheid
grondkamer instantie die toezicht houdt op het gebruik van de bodem, verpachting enz.
grondkleur ❶ kleur van de grondverf ❷ hoofdkleur, primaire kleur, bijv. van een schilderij **grondlaag** ❶ onderste laag, grondverf ❷ een laag grond **grondlak** lak voor de onderste verflaag
grondlegger *de (m)* [-s] stichter, persoon die iets heeft opgericht of gesticht **grondlegging** *de (v)* het stichten van iets, het beginnen met iets
grondlijn ❶ **wisk.** basis van een driehoek ❷ (architectuur) hoofdlijn
grondoefening gymnastiekoefening op de vloer **grondoorzaak** belangrijkste oorzaak **grondpersoneel** niet-vliegend personeel van een luchtvaartmaatschappij
grondrecht fundamenteel recht, gewaarborgd menselijk recht of vrijheid **grondregel** hoofdbeginsel, belangrijkste beginsel **grondslag** uitgangspunt, basis ▼ *een school op christelijke* ~ een christelijke school
grondstewardess vrouw die op een vliegveld werkt en die bijv. passagiers incheckt
grondstof stof die uit de natuur komt en bewerkt moet worden (en gebruikt wordt voor het maken van een product): *cacao is de* ~ *voor chocolade; graan is een* ~ *van brood*
grondstrijdkrachten grondtroepen
grondtal getal dat de grondslag vormt van een talstelsel: *tien is het* ~ *van ons talstelsel*
grondtekst oorspronkelijke tekst, de tekst zoals die oorspronkelijk was **grondtoon** ❶ **muz.**

begintoon van een toonladder, eerste toon van een akkoord ❷ *fig.* hoofdgedachte, belangrijkste gedachte van iets

grondtroepen *de (mv)* strijdkrachten voor gevechten te land

grondverf verf voor de onderste verflaag

grondverzetmachine machine voor het verplaatsen van aarde

grondvesten I *de (mv)* ❶ materialen waarmee een gebouw in de grond bevestigd is, ook figuurlijk ▼ *op zijn ~ schudden,* BN ook *daveren* wankelen, in beroering zijn **II** *ww* ❷ de grondslagen leggen, stichten **grondvlak** oppervlak waarop iets rust

grondwater water dat in of onder de grond zit

grondwerk graafwerk **grondwerker** iemand die grondwerk verricht

grondwet hoofdwet die de basis vormt voor het gezag van de overheid en die meestal boven de andere wetten staat **grondwettelijk** *bn* wat behoort tot de grondwet, wat in de grondwet staat **grondwettig** *bn* ❶ volgens de grondwet ❷ met een grondwet, een grondwet heeft

grondwoord stamwoord waarvan andere woorden zijn afgeleid

groot I *bn* ❶ met ruime afmetingen: *een ~ huis* ❷ volwassen: *de kinderen worden al ~* ❸ belangrijk, heel goed: *Gari Kasparov was een ~ schaker* **II** *het* ▼ *in het ~* in grote aantallen, hoeveelheden of over een groot oppervlak ▼ ~ *en klein* volwassenen en kinderen

grootbedrijf groot opgezet bedrijf **grootbeeld** televisietoestel met een groot beeldscherm **grootboek** hoofdboek in de handelsboekhouding **grootbrengen** laten groeien van baby tot volwassene, opvoeden **grootdoenerij** *de (v)* het zich rijk, belangrijk e.d. voordoen

grootgrondbezit bezit van heel veel grond **grootgrutter** kruideniersbedrijf met winkels in diverse plaatsen **groothandel** bedrijf dat niet direct aan de consument levert maar aan winkels of aan andere groothandels

grootheid *de (v)* [-heden] ❶ het groot-zijn ❷ voortreffelijkheid: *de ~ van God* ❸ belangrijk en bewonderd iemand op een bepaald gebied ❹ *wisk.* symbool dat verschillende waarden kan aannemen ❺ natuurkundige eigenschap van iets die gemeten kan worden, tijd kan bijv. gemeten worden in seconden, lengte in meters enz.

grootheidswaan overdreven hoge dunk van zichzelf **grootheidswaanzin** ziekelijke grootheidswaan, ziekelijke overschatting van zichzelf

groothertog iemand die in rang boven een hertog staat: *~ van Luxemburg* **groothertogdom** gebied waarover een groothertog(in) regeert

groothoeklens *de* fotografisch opnameobjectief waarvan de bruikbare beeldhoek groter is dan 60°, gebruikt om van dichtbij grote overzichtsopnamen te maken

groothouden ▼ *zich ~* pijn, teleurstelling enz. niet laten blijken

grootje *het* [-s] grootmoeder, oud vrouwtje ▼ *maak dat je ~ wijs* denk niet dat ik dat geloof

▼ *dat is naar zijn ~* kapot

grootkapitaal ❶ het grote bezit en het grote geld ❷ de grote geldbezitters **grootkruis** hoogste klasse van de meeste ridderorden **grootmacht** heel machtig land, staat met veel politiek, militair enz. overwicht

grootmama grootmoeder

grootmeester ❶ titel van een heel goed schaker of dammer die veel partijen heeft gewonnen op belangrijke toernooien ❷ hoogste bestuurder van sommige ordes of verenigingen, zoals de vrijmetselaars ❸ hoge beambte van het koninklijk hof **grootmetaal** *de* metaalindustrie van grote bedrijven

grootmoeder moeder van iemands vader of moeder

grootmoedig *bn* met een goed karakter, die veel van anderen verdraagt, die veel voor anderen overheeft

grootofficier ❶ iemand met een belangrijke functie aan het hof ❷ één rang lager dan grootkruis **grootoom** BN oudoom **grootouders** de ouders van iemands ouders, iemands grootvaders en grootmoeders **grootpapa** grootvader

groots *bn* geweldig, prachtig: *hun huwelijk werd op ~e wijze gevierd*

grootschalig *bn* in het groot, op grote schaal **grootscheeps** *bn* groot van opzet, op grote schaal

grootspraak bluf, opschepperij **grootspreken** bluffen, opscheppen **grootsteeds** *bn* als in een grote stad

groottante BN oudtante

grootte *de (v)* [-n, -s] afmeting, hoe groot iets is

grootvader vader van iemands vader of moeder **grootverbruik** het verbruiken van iets in heel grote hoeveelheden **grootverdiener** *de (m)* [-s] iemand die heel veel geld verdient **grootvorst** *hist.* titel van sommige vorsten in Rusland, lager dan keizer, koning of tsaar **grootwarenhuis** ❶ warenhuis (dat groot is) ❷ BN ook supermarkt **grootwinkelbedrijf** bedrijf met winkels in verscheidene plaatsen **grootzeil** het grootste zeil op een zeilboot

gros *het* [-sen] 12 dozijn, 144 ▼ *het ~* de meeste, de meesten **groslijst** ❶ voorlopige kandidatenlijst ❷ lijst van personen of zaken die nog moeten worden uitgekozen

grosse *de (v)* [-n] officieel afschrift van een ambtelijk stuk

grossier *de (m)* [-s] groothandelaar, handelaar in het groot **grossieren** ❶ als groothandelaar werken ❷ *fig.* in ruime mate hebben of maken: *~ in clichés*

grosso modo *bw verb* ruw geschat, ongeveer

grot *de* [-ten] hol dat is ontstaan in gesteente **grotelijks** *bw* erg, in hoge mate **grotendeels** *bw* voor het grootste deel

grotesk *bn* ❶ vreemd en heel rare vormen: *de kunstenaar schilderde ~e figuren op het doek* ❷ vreemd, buitensporig, bespottelijk, belachelijk **groteske** *de* [-n] grillig beeldwerk of schilderwerk

groupie (Groe-) *de (v)* [-s] meisje dat popmusici achternaloopt (en zichzelf aanbiedt)

gr

grovelijk *bw* grof, ernstig, zwaar: *hij voelt zich ~ beledigd*

gruis *het* kleine afgebrokkelde stukjes steen, steenkool e.d.: *na het wegbreken van de muur lag er allemaal puin en en ~ op de vloer*

grunge ⟨Grundzj⟩ *de (m)* genre in de popmuziek, ontstaan in Seattle, gekenmerkt door een zwaar en vervormd gitaargeluid, harde bas en drums, ongepolijste zang en een slepend tempo

grut *het* kleine kinderen ▼ *~ten* gepelde en in kleine stukjes gesneden zaden, o.a. van boekweit

grutter *de (m)* [-s] ❶ kruidenier ❷ min. bekrompen, kleingeestig persoon

grutto *de (m)* [-'s] weidevogel met een lange snavel en hoge poten van de familie van de strandvogels (Limosa limosa)

gruwel I *de (m)* ❶ watergruwel II *de (m)* [-en] ❷ iets afschuwelijks, iets wat een hevige afkeer oproept: *de ~en van de oorlog* ❸ hevige afkeer ▼ *dat is mij een ~* dat vind ik afschuwelijk **gruweldaad** afschuwelijke misdaad **gruwelen** gruwen **gruwelijk** *bn* heel erg, afschuwelijk: *in een oorlog gebeuren ~e dingen* **gruwelkamer** afdeling in een panopticum, waar beelden van misdadigers en griezelige dingen met betrekking tot misdaden te zien zijn **gruwen** een grote hekel aan iets hebben, een hevige afkeer hebben

gruyère ⟨Grwiejèrɐ⟩ *de (m)* gatenkaas zoals die in La Gruyère wordt gemaakt

gruzelementen *de (mv)* scherven en gruis: *de vaas viel aan ~*

GS *de (mv)* Gedeputeerde Staten

GSD *de (m)* Gemeentelijke Sociale Dienst

g-sleutel muz. figuur die aangeeft dat het teken op de tweede lijn de g aanduidt

gsm® I *global system for mobile communication*, ❶ systeem voor mobiele telefonie II *de (m)* [-'s] ❷ mobiele telefoon

g-snaar muz. laagste vioolsnaar

g-spot ⟨dzjiɐ-⟩ *de (m)* plaats in de vagina die volgens sommigen seksueel gevoelig zou zijn **g-string** *de (m)* [-s] minuscuul zwembroekje of slipje, dat alleen het geslachtsdeel bedekt en verder slechts bestaat uit een touwtje om het middel en over de bilspleet

guacamole ⟨Gwaa-⟩ *de (m)* dikke koude saus van avocado

guano ⟨Gwaa-⟩ *de (m)* vogelmest

guave ⟨Goewaavɐ⟩ *de (m)* [-s, -n] ❶ tropische geelgroene vrucht ❷ de tropische boom Psidium guajava

guerrilla ⟨Gerilja⟩ *de (m)* [-'s] ❶ oorlog waarbij kleine groepen strijders tegen hun regering vechten of tegen een vijand die hun land bezet houdt ❷ strijder die aan zo'n oorlog meedoet

guichelheil *het* plant van het geslacht Anagallis

guillotine ⟨Giejoo-⟩ *de (v)* [-s] toestel met een vallende bijl, waarmee vroeger mensen onthoofd werden

Guinees biggetje ⟨gie-⟩ *het* [Guinese biggetjes] knaagdier dat op een marmot lijkt

guirlande ⟨Gierlã-⟩ *de* [-s] slinger van groen en bloemen

guit grappig en ondeugend kind **guitig** *bn* ondeugend op een leuke, grappige manier

gul I *de* [-len] ❶ onvolwassen kabeljauw II *bn* ❷ die makkelijk dingen weggeeft, hartelijk, vrijgevig

gulden I *bn* ❶ gouden ❷ fig. voortreffelijk, roemrijk II *de (m)* [-s] ❸ munt en munteenheid van Suriname en de Nederlandse Antillen en vroeger ook van Nederland **guldenroede** *de* hoge plant met gele bloemen van de composietenfamilie Solidago

gulp *de* ❶ brede straal: *een ~ water* ❷ split aan de voorkant van een broek, met een rits of knopen **gulpen** [gulpte, is gegulpt] in een brede straal naar buiten stromen

gulzig *bn* die snel en veel eet of drinkt: *ze had erge honger en begon ~ te eten* **gulzigaard** *de (m)* [-s] iemand die gulzig is

gum *de (m) & het* [-men] gom

gummi *de (m) & het* verzamelnaam voor rubber en verwante elastische stoffen **gummiknuppel** wapenstok van gummi

gunnen ❶ blij zijn voor iemand als hij iets krijgt, niet jaloers zijn ❷ toewijzen, vooral na een aanbesteding ▼ *de opdracht is gegund aan ...* die mag het doen **gunst** I *de (v)* ❶ welwillende gezindheid, positieve houding tegenover iemand: *bij iemand in de ~ staan* ❷ blijk van zo'n welwillende gezindheid: *iemand een ~ verlenen* ❸ voordeel: *ten gunste van iemand* II *tw* ❹ uitroep van lichte verbazing **gunsteling** *de (m)* iemand die erg bij iemand in de gunst staat, die iemands welwillendheid geniet **gunstig** *bn* ❶ goedgezind: *het lot was mij ~* ❷ in iemands voordeel: *die ontwikkelingen zijn ~ voor ons bedrijf*

guppy ⟨-pie⟩ *de (m)* [-'s], **gup** tropisch aquariumvisje dat levende jongen krijgt en dat afkomstig is uit Zuid-Amerika (Poeciliiclus reticulata)

gust *bn* ❶ niet drachtig: *een ~e zeug, koe* ❷ die droogstaat, die geen melk meer geeft: *een ~e koe*

gut *tw* uitroep van verwondering of medeleven

guts *de* ❶ hoeveelheid vloeistof die in één keer naar buiten stroomt of uitgegoten wordt ❷ steekbeitel met gebogen snijvlak om volgens gebogen lijnen te snijden **gutsen** ❶ in een grote hoeveelheid naar buiten stromen: *het bloed gutste uit de hoofdwond* ❷ uitsteken met een guts

guur *bn* winderig en koud: *~ weer*

gvd godverdomme

GVO ❶ jur. gerechtelijk vooronderzoek ❷ Gezondheidsvoorlichting en -opvoeding

GW ❶ gigawatt *(miljard watt)* ❷ Gemeentewerken

GWK Grenswisselkantoren

gym ⟨gim⟩ inform. I *het* ❶ gymnasium II *de (v)* ❷ gymnastiek **gymmen** ⟨gim-⟩ inform. gymnastiek beoefenen, gymnastiekles hebben

gymn. ❶ gymnasium ❷ gymnastiek

gymnasiaal ⟨gimnaazie-⟩ *bn* wat te maken heeft met, van een gymnasium: *~ onderwijs* **gymnasiast** *de (m)* leerling van een gymnasium **gymnasium** *het* [-s, -ia] school voor voortgezet onderwijs, waar ook Latijn en Grieks wordt onderwezen

gymnast ⟨gim-⟩ *de (m)* beoefenaar van de gymnastiek **gymnastiek** *de (v)* oefeningen en bewegingen voor het lichaam als vak op school

of als sport **gymnastiekschoen** ⟨gim-⟩ *de (m)* [-en] linnen schoen met gummizool die bij gymnastiekoefeningen wordt gedragen
gymnastisch *bn* wat te maken heeft met gymnastiek: *~e sprongen, oefeningen*
gympen ⟨gim-⟩ *inform. de (mv)* gymnastiekschoenen **gympie, gympje** *inform. het* [-s] gymnastiekschoen
gynaecologie ⟨ginee-⟩ *de (v)* onderdeel van de geneeskunde dat zich bezighoudt met vrouwenziekten en zwangerschap en geboorte
gynaecoloog *de (m)* [-logen] vrouwenarts, specialist in de gynaecologie
gyrokompas ⟨gie-⟩ kompas dat werkt d.m.v. een ronddraaiende tol
gyros ⟨gie-⟩ *de (m)* Grieks gerecht van fijne reepjes gesneden vlees met groente
gyroscoop *de (m)* [-scopen] vliegwiel dat snel om een as draait

H

h *de* [-'s] ❶ achtste letter van ons alfabet ❷ stemloze medeklinker die in het strottenhoofd wordt gevormd
H *schei.* hydrogenium (*waterstof*)
H. Heilig(e)
ha I *tw* ❶ uitroep van vreugde, voldoening: *~, fijn!* II ❷ hectare
haag *de* [hagen] dichte rij struiken als afscheiding, bijv. langs een tuin of veld
haagbeuk beuk die voor heggen wordt gebruikt (Carpinus betulus) **haagdoorn** meidoorn
Haags *bn* uit of wat te maken heeft met Den Haag of de landelijke politiek
haagschaar BN heggenschaar **haagwinde** plant van het geslacht winde (Convulvulus sepium)
haai *de (m)* roofvis met torpedovormig lichaam ▾ *naar de ~en gaan* te gronde gaan, verloren gaan **haaibaai** *de (v)* bazige ruzieachtige vrouw **haaientanden** *de (mv)* strook witte driehoeken die aangeeft dat het verkeer op de weg waar men op uitkomt, voorrang heeft **haaienvinnensoep** soort Chinese soep
haak *de (m)* [haken] ❶ gebogen voorwerp, vaak van metaal en met een puntig uiteinde, om iets aan op te hangen enz. ▾ *iemand aan de ~ slaan* iemand versieren, veroveren ▾ *schoon aan de ~ gewogen zonder kleren* ❷ leesteken ▾ *~je openen/sluiten* de leestekens (en) ▾ *dit is niet in de ~* hier klopt iets niet ▾ *dat heeft veel haken en ogen* dat is moeilijk, gaat gepaard met veel problemen ▾ BN *met haken en ogen aan elkaar hangen* slordig gemaakt zijn **haaknaald** naald met een haakje om mee te haken **haakneus** kromme neus
haaks *bn* rechthoekig ▾ *hou je ~* hou je goed! houd moed! ▾ fig. *~ op iets staan* tegenstrijdig zijn met
haakwerk wat iemand haakt of gehaakt heeft
haal *de (m)* [halen] ❶ streep met een pen: *de leraar zet rode halen door de fouten* ❷ krab, klauwende beweging: *ik kreeg een ~ van de kat* ❸ trek aan een sigaret, sigaar e.d. ▾ *met iets aan de ~ gaan* er met iets vandoor gaan: *de plunderaar ging met een tv aan de ~; het was mijn idee maar zij gaat ermee aan de ~*
haalbaar *bn* mogelijk om te realiseren: *dat plan is niet ~*
haan *de (m)* [hanen] ❶ mannetje van hoenderachtige vogels ▾ *daar kraait geen ~ naar* dat zal nooit uitkomen, dat interesseert niemand ▾ *~tje* bazige man ▾ *~tje-de-voorste* iemand die overal als eerste bij is of de belangrijkste wil zijn ❷ windwijzer in de vorm van een haan ❸ geweeronderdeel dat het schot doet afgaan
haar I *het & de* [haren] ❶ het totaal van de fijne buigzame vezels die groeien op de huid van mensen en veel dieren ▾ *~ op de tanden hebben* van zich af weten te bijten ▾ *elkaar in de haren vliegen* ruziemaken ▾ BN *bij het ~ getrokken* met de haren erbij gesleept ▾ BN *iemand van ~ noch pluimen kennen* helemaal niet kennen ❷ één zo'n draadvormige vezel die uit de huid groeit

ha

▾ *geen* ~ *op mijn hoofd die daaraan denkt* dat ben ik beslist niet van plan ▾ fig. *grijze haren krijgen van ...* veel verdriet en zorgen hebben door ... ▾ *zijn wilde haren verliezen* rustiger worden bij het ouder worden ▾ *iets er met de haren bij slepen* er ten onrechte bij halen ▾ *op haren en snaren zetten* alle mogelijke moeite doen ❸ deel van een plant of vrucht dat erop lijkt II *vnw* ❹ ze (*derde persoon enkelvoud, als die geen onderwerp is in de zin*): *ik ken* ~ ❺ bezittelijk voornaamwoord, derde persoon enkelvoud vrouwelijk: *dat is ~ fiets* III *bw* ▾ *van hot naar* ~ van hier naar daar, heen en weer **haarband** band voor in het haar, om het uit het gezicht te houden of voor de sier

haarbos *de (m)* [-sen] dik hoofdhaar

haarbreed *het* ▾ *geen* ~ niets: *iemand geen* ~ *in de weg leggen*

haard *de (m)* ❶ soort kachel ▾ *eigen* ~ *is goud waard* een eigen thuis is een waardevol bezit ❷ fig. broeinest: *een* ~ *van verzet*

haardos *de (m)* [-sen] (mooi) hoofdhaar

haardracht manier om het haar te dragen

haardroger *de (m)* [-s] apparaat om haar te drogen

haardscherm scherm tegen de hitte van een haard of kachel

haarfijn heel erg precies: *iets* ~ *uitleggen*

haarinplant *de (m)* manier waarop het haar in de hoofdhuid staat

haarkloverij *de (v)* het voortdurend aanmerkingen maken, vooral over kleine onbelangrijke dingen **haarlak** spray die opdroogt, om het kapsel in model te houden

haarlijn ❶ lijn tot waar het hoofdhaar groeit ❷ mode in kapsels ❸ ⟨drukkersterm⟩ dunne lijn

haarlok bosje hoofdhaar **haarpijn** pijn boven in het hoofd als iemand te veel alcohol gedronken heeft, katterigheid

haarscherp heel scherp, heel erg duidelijk: *deze foto's zijn* ~ **haarscheur** scheurtje dat bijna niet zichtbaar is: *een ~tje in een kernreactor*

haarspeld speld om het haar bij elkaar te houden **haarspeldbocht** scherpe kromming, bocht in een weg **haarspray** vloeistof in een spuitbus om een kapsel mee te verstevigen

haarstilist *de (m)* iemand die adviezen geeft m.b.t. haarstijl, kapper die ook stijladviezen geeft **haarstukje** *het* [-s] pruik voor een deel van het haar

haarvat heel fijn bloedvat

haarversteviger *de (m)* [-s] middel om het haar in model te houden **haarwortel** deel van het haar onder de huid **haarzakje** *het* [-s] kleine ruimte in de huid waarin een haar met de haarwortel vastzit

haas *de (m)* [hazen] ❶ grijsbruin knaagdier met lange achterpoten en lange oren (Lepus europaeus) ▾ *als een* ~ heel snel ❷ sp. iemand die tijdens het begin van een langeafstandsrace vooroploopt om een betere atleet een goede tijd te laten maken ❸ meest malse spier van slachtvee ▾ *het ~je zijn* de dupe zijn ▾ *mijn naam is* ~ ik weet nergens van **haasje-over** *het* spel waarbij iemand met gespreide benen moet springen over een ander die gebukt staat

haast I *de* ❶ gevoel dat men iets snel moet doen

of dat iets snel moet gebeuren: *ik heb* ~ ❷ noodzaak dat iets snel gebeurt, iets snel wordt gedaan: *die boodschap heeft* ~ ▾ BN: ~ *en spoed is zelden goed* haastige spoed is zelden goed, zich haasten levert meestal geen voordelen op ▾ BN, spreekt. *in zeven ~en* in allerlij II *bw* ❸ bijna, weldra: *het is* ~ *tijd; ik was het* ~ *vergeten* **haasten** aansporen tot spoed, zeggen dat iemand dingen sneller moet doen, moet voortmaken: *je moet me niet zo* ~ ▾ *zich* ~ dingen snel doen omdat men weinig tijd heeft, snel voortmaken **haastig** *bn* snel omdat men weinig tijd heeft, met haast **haastje-repje** *bw* heel haastig **haastklus** werk dat snel klaar moet zijn **haastwerk** ❶ werk dat snel klaar moet zijn ❷ werk dat haastig is gedaan

haat *de (m)* sterk gevoel van vijandschap en afkeer tegen iemand of iets **haatdragend** *bn* die lang kwaad blijft op mensen van wie hij denkt dat ze hem iets hebben aangedaan

haat-liefdeverhouding verhouding met tegelijk gevoelens van vriendschap of liefde en vijandelijke gevoelens

habbekrats *de* ▾ *voor een* ~ voor heel weinig geld

habijt *het* lang gewaad voor geestelijken, ordekleed van kloosterlingen

habitat *de* natuurlijke omgeving van een dier of van een ander levend organisme

habitué *de (m)* [-s] vaste bezoeker, stamgast

habitus *de (m)* houding, gedrag

hachee ⟨-sjee⟩ *het & de (m)* blokjes rundvlees die zijn gestoofd met uien en peper en azijn

hachelen ▾ *je kunt me de bout* ~ bekijk het maar! stik maar!

hachelijk *bn* gevaarlijk, met kans op een slechte afloop: *een* ~ *avontuur; bergbeklimmen met slecht weer is een ~e onderneming*

hachje *het* [-s] leven, lichaam ▾ *zijn eigen* ~ *redden* zorgen dat men zelf ergens goed van afkomt

hacken ⟨hekkən⟩ [hackte, h. gehackt] inbreken in een beveiligd computersysteem, om geheime informatie te stelen of om te tonen dat men het veiligheidssysteem te slim af is **hacker** *de (m)* [-s] iemand die in een computersysteem inbreekt

hadj ⟨hadzj⟩ *de (m)* pelgrimstocht naar Mekka **hadji** ⟨hadzjie⟩ *de (m)* [-'s] iemand die als pelgrim in Mekka is geweest

haf *het* [-fen] inham achter een landtong

haft *het* insect van een geslacht van netvleugeligen (Ephemera)

hagedis *de* [-sen] reptiel met een lange staart, van de familie Lacertidae

hagel *de (m)* ❶ bevroren regendruppels ❷ loden balletjes om op wild te schieten **hagelbui** korte hevige neerslag van hagel **hagelen** het vallen van hagel **hagelkorrel** ❶ stukje hagel ❷ korrel schiethagel

hagelnieuw helemaal nieuw

hagelschade schade door hagel

hagelslag ❶ kleine korreltjes chocolade of anijssuiker, vooral als broodbeleg ❷ het inslaan of neerslaan van hagel ❸ schade door hagel **hagelsteen** brok hagel **hagelwit** helderwit, heel erg wit: *~te tanden*

hagendoorn haagdoorn, meidoorn

hagiografie *de (v)* [-ën] levensbeschrijving van

een heilige

haiku ‹·koe› *de (m)* [-'s] oorspronkelijk Japans gedicht van vijftien of zeventien lettergrepen, verdeeld over drie versregels

hairextension ‹hèRekstensjan› *de (v)* [-s] streng echt haar die aan het eigen haar wordt vastgemaakt

hak I *de (m)* [-ken] ❶ slag met een bijl ❷ wat uitgehakt is, kerf, insnijding ▼ *iemand een ~ zetten* iemand een akelige streek leveren ▼ *iemand op de ~ nemen* spottend over iemand spreken of schrijven **II** *de* [-ken] ❷ deel onder aan de achterkant van de voet ▼ *met de ~ken over de sloot (slagen voor een examen)* het maar net halen ❹ achterste deel van een schoenzool: *schoenen met hoge ~ken* ▼ *van de ~ op de tak springen* steeds over een heel ander onderwerp beginnen te praten **hakbijl** kleine bijl **hakbijlcomité** <u>BN</u> ministerscomité dat snoeit in de begrotingsvoorstellen van elk departement **hakblok** blok om op te hakken

haken ❶ met een haak grijpen of vastmaken ❷ <u>sp.</u> doen struikelen ❸ met een haaknaald van wollen of katoenen garen iets maken: *ze haakt sjaals voor de hele familie* ❹ blijven vastzitten aan iets dat uitsteekt: *ik bleef met mijn vest aan de deurknop ~* ▼ *~ naar (roem, eer e.d.)* verlangen, streven naar

hakenkruis kruis met rechthoekig omgebogen armen, vooral bekend als symbool van de nazi's in de Tweede Wereldoorlog

hakhout hout dat laag groeit en dat regelmatig gekapt wordt

hakje *het* [-s] schop tegen de bal met de achterkant van de schoen

hakkebord *het* ❶ muziekinstrument dat met hamertjes bespeeld wordt ❷ <u>fig.</u> slechte piano

hakkelaar *de (m)* [-s] iemand die stottert **hakkelen** stotteren, stamelen **hakkelig** *bn* stotterend, stamelend

hakken ❶ met een krachtige armbeweging een voorwerp, zoals een bijl, op iets laten neerkomen en er een inkeping in maken of het doormidden splijten ❷ <u>fig.</u> veel en voortdurend kritiek leveren op

hakkenbar werkplaats waar men schoenen repareert terwijl de klant erop wacht

hakketakken [hakketakte, h. gehakketakt] kibbelen, ruziemaken

hakmes mes met breed lemmet **haksel** *het* wat fijngehakt is **hakselaar** *de (m)* [-s] machine voor het versnipperen van tuinafval, takken e.d.

hal *de* [-len] ❶ ruimte achter de buitendeur van een huis of gebouw: *wil je je schoenen in de ~ uitdoen?* ❷ grote zaal, grote ruimte: *sport~, markt~*

halal *bn* in overeenstemming met de islamitische wetten (*ook in samenstellingen*): *~product, ~hypotheek* **halalproduct** product dat voldoet aan de religieuze richtlijnen of islam

halen ❶ naar zich toe trekken of laten komen ❷ ergens naartoe gaan om iets of iemand mee terug te nemen ❸ bereiken, verkrijgen, succesvol afronden, slagen ▼ *de voorpagina ~* zo belangrijk zijn dat het in de krant op de

voorpagina komt ❹ het toneelgordijn optrekken ❺ blijven leven: *de zwaargewonde heeft het niet gehaald* ▼ *het niet ~ bij* veel minder (goed, mooi enz.) zijn dan

half I *bn* ❶ wat de helft vormt, voor de helft ▼ *~ en ~* voor de helft dit en voor de helft dat ❷ voor een deel, niet volledig ▼ *met een ~ oor luisteren* zonder echt op te letten ▼ *maar een ~ mens zijn* zich niet lekker voelen **II** *het* [halven] ❸ helft **halfaap** aapachtig zoogdier met tamelijk spitse snuit van de onderorde van de Prosimii

halfautomatisch gedeeltelijk automatisch **halfbakken, halfbakken** *bn* van slechte kwaliteit, gebrekkig, niet bevredigend: *een ~ geleerde; een ~ oplossing* **halfbloed I** *de* ❶ kind van ouders van verschillende rassen, vooral van een blanke en een niet-blanke ❷ paard dat afstamt van een volbloed- en een niet-volbloedpaard **II** *bn* ❸ ‹van dieren› waarvan slechts één van de ouders volbloed is **halfbroer** jongen of man die dezelfde moeder heeft als iemand anders maar een andere vader, of dezelfde vader maar een andere moeder

halfdonker (in een) toestand tussen licht en donker **halfdood** ❶ bijna dood ❷ <u>fig.</u> heel erg moe **halfduister** (in een) toestand tussen licht en donker **halfedelsteen** kostbare steen die niet zo hard is als edelsteen **halffabricaat** fabrieksproduct dat voor een deel is afgewerkt **halfgaar, halfgaar** ❶ niet helemaal gekookt, gebakken e.d. ❷ <u>fig.</u> niet goed wijs, gek **halfgeleider** stof die bij hogere temperaturen elektriciteit kan geleiden **halfgod** afstamming van een god en een gewone vrouw **halfhartig** *bn* niet helemaal gemeend, zonder vaste overtuiging **halfheid** *de (v)* het niet maken van duidelijke keuzes

halfjaar, halfjaar de helft van een jaar **halfjaarlijks, halfjaarlijks** ❶ wat een halfjaar duurt ❷ elk halfjaar

halfje *het* [-s] helft van iets, bijv. van een brood: *een ~ bruin, graag* **halflinnen** (weefsel) van linnen en katoen

halfmaandelijks, halfmaandelijks elke halve maand **halfnaakt** bijna naakt, met heel weinig kleren aan

half-om-half *het & de (m)* gehakt dat voor de helft rund- en voor de helft varkensvlees is **halfoogst** <u>BN</u> 15 augustus, halverwege de oogstmaand **halfpension** verblijf met overnachting, ontbijt en avondeten **halfpipe** ‹hàfpajp› *de (m)* [-s] soort halve pijp, in de vorm van een U, om in te skaten, skateboarden e.d. en sprongen en trucs te doen **halfproduct** fabrieksproduct dat voor een deel is afgewerkt **halfrond I** *het* ❶ helft van de wereldbol, helft van de aarde: *het westelijk ~* ❷ <u>BN</u> de halfronde vergaderzaal van het parlement **II** *bn* ❸ met de vorm van een halve cirkel of een halve bol **halfschaduw** ❶ schaduw waarin enig licht doordringt en die minder donker is ❷ stuk dat het grootste deel van de dag schaduw heeft en een kleiner deel van de dag zon ❸ ‹schilderkunst› overgangstint tussen licht en schaduw

halfslachtig *bn* waarbij geen duidelijke keuze

ha

voor het een of het ander wordt gemaakt, twijfelend: *een ~ antwoord*

halfsteens *bn* zo dik als de breedte van een baksteen: *die muur is ~* **halfsteensmuur** muur die zo dik is als de breedte van een baksteen

halfstok *bw* ⟨van een vlag⟩ halverwege de vlaggenstok als teken van rouw

halftime ⟨háftajm⟩ *het & de (m)* pauze op de helft van de wedstrijd

halfuur dertig minuten **halfvasten** r.-k. vierde zondag van de vasten **halfverheven** ⟨beeldhouwen⟩ waarbij de figuren voor een deel los van de achtergrond zijn en naar voren komen **halfvol** voor de helft vol ▼ *~le melk* met de helft van het normale vetgehalte **halfwaardetijd** tijd die nodig is voor de helft van de werking **halfwas** iemand die werkt en nog in opleiding is **halfwassen** *bn* half volwassen **halfweg, halfweg** *bw* halverwege, op de helft van (de route, het werk enz.) **halfzacht** ❶ tussen hard en zacht ❷ *fig.* veel te zachtzinnig **halfzuster** vrouw die of meisje dat dezelfde moeder heeft als iemand anders maar een andere vader, of dezelfde vader maar een andere moeder **halfzwaargewicht** I *het* ❶ gewichtsklasse binnen boksen en andere vechtsporten (bij boksen tot 81 kilo) II *de* ❷ vechtsporter, vooral bokser, in die gewichtsklasse

hall ⟨hòl⟩ *de (m)* [-s] grote zaal, grote ruimte, hal **halleluja** *het* [-'s] godsdienstige juichkreet, loflied **hallenkerk** gotische kerk met middenschip en zijschepen van gelijke hoogte

hallo *tw* ❶ groet ❷ uitroep om iemands aandacht te trekken

hallucinant *bn* BN ook verbijsterend, onthutsend, onvoorstelbaar **hallucinatie** *de (v)* [-s] gewaarwording zonder dat de verschijnselen die iemand meent waar te nemen echt aanwezig zijn, bijv. door ziekte of het gebruik van drugs **hallucineren** *ww* hallucinaties hebben, dingen zien die er in werkelijkheid niet zijn **hallucinogeen** I *bn* ❶ wat hallucinaties veroorzaakt: *hallucinogene middelen* II *het* [-genen] ❷ stof die hallucinaties veroorzaakt

halm *de (m)* stengel van gras of graan

halma *het* bordspel met pionnen

halo *de (m)* [-'s] kring om zon of maan

halogeen *het* [-genen] scheikundig element, onder andere gebruikt voor verlichting **halogeenlamp** gloeilamp die is gevuld met een gas uit de groep van de halogenen

hals *de (m)* [halzen] ❶ de overgang van hoofd naar romp ▼ *zich iets op de ~ halen* zichzelf (iets lastigs) bezorgen ❷ halsopening van een kledingstuk ❸ smal halsvormig deel van een voorwerp: *de ~ van een fles* ▼ *onnozele ~* naïef, dom persoon **halsband** ❶ band om de nek als versiering ❷ band om de nek van een dier, bijv. een hond **halsbrekend** *bn* wat gevaar oplevert, heel gevaarlijk: *~e toeren uithalen* **halsmisdaad** ❶ misdaad die met de dood bestraft wordt ❷ ernstige misdaad

halsoverkop *bw* in grote haast, heel erg snel en plotseling: *ze zijn ~ vertrokken*

halsslagader slagader die door de hals loopt

halssnoer ketting met kralen, parels e.d. die om de hals wordt gedragen **halsstarrig** *bn* hardnekkig, koppig

halster *de (m)* [-s] soort tuigje om het hoofd van een paard **halswervel** wervel in de hals **halszaak** halsmisdaad ▼ *geen ~ van iets maken* het niet te zwaar opnemen

halt *tw* stop, sta stil

Halt-afdoening jur. lichte werk- of leerstraf voor minderjarigen

halte *de* [-s, -n] stopplaats, vooral plaats waar passagiers van openbaar vervoer kunnen in- en uitstappen

halter *de (m)* [-s] korte staaf met gewichten **haltertopje** kledingstuk in de vorm van een topje waarvan de bandjes in de nek samenkomen

halvanaise ⟨-nèzə⟩ *de (v)* halfvette mayonaise **halvarine** *de* halfvette margarine

halvegare inform. *de* [-n] iemand die niet goed wijs is, gek

halvelings BN, ook *bw* gedeeltelijk, enigszins, min of meer

halvemaan maan die voor ongeveer de helft zichtbaar is, maan in het eerste of laatste kwartier **halveren** ❶ in twee helften delen ❷ de helft worden: *mijn inkomen is gehalveerd* **halverwege, halverwege** *bw* op de helft van de weg (naar) **halvezool** sukkel, iemand die niet helemaal normaal is

ham *de* [-men] vlees van de dij van een varken **hamam** ⟨-maam⟩ *de (m)* [-s] openbaar badhuis in oosterse landen **hamburger** *de (m)* [-s] ❶ opengesneden broodje, belegd met warm gehakt ❷ rond en plat stuk gehakt

hamel *de (m)* [-s] gecastreerde ram

hamer *de (m)* [-s] ❶ werktuig om te slaan of te kloppen ▼ *tussen ~ en aambeeld* in een heel moeilijke positie ▼ *onder de ~ brengen* openbaar verkopen ▼ BN *een klop van de ~ krijgen* een inzinking krijgen na een grote inspanning: *wie te snel van start gaat, krijgt onderweg zeker een klop van de ~* ❷ een van de gehoorbeentjes **hameren** slaan of kloppen met een hamer ▼ *~ op* sterk de nadruk leggen op, sterk aandringen op **hamerslag** I *de (m)* [-slagen] ❶ slag met de hamer II *het* ❷ schilfers die afspringen of een laag die ontstaat bij het smeden van ijzer ❸ materiaal waarin kleine deukjes zijn gemaakt **hamerstuk** voorstel dat in een vergadering vlug wordt aangenomen

hamlap lap uit het dikke deel van de achterpoot van een varken

hammondorgel ⟨hemmənd-⟩ elektronisch orgel **hamschijf** schijfvormig stuk varkensvlees met bot uit de dij van een varken

hamster *de* [-s] knaagdier met wangzakken, van het geslacht Cricetus

hamsteraar *de (m)* [-s] iemand die hamstert **hamsteren** grote voorraden (levensmiddelen) inslaan

hamstring ⟨hèmstRing⟩ *de (m)* [-s] pees opzij van de knieholte

hamvraag belangrijkste en moeilijkste vraag

hand *de* ❶ menselijk lichaamsdeel aan het uiteinde van de arm ▼ BN *Antwerpse ~jes*

chocolaatjes in de vorm van een hand ▼ *iemand de ~ boven het hoofd houden* beschermen ▼ *de ~ met iets lichten* iets niet doen zoals het volgens de regels of afspraken zou moeten ▼ *onder ~en nemen* (iemand) de les lezen, aanpakken; (iets) grondig opknappen ▼ *de ~ houden aan* zorgen voor, handhaven ▼ *wat is hier aan de ~?* wat gebeurt hier? ▼ *aan de ~ van* met behulp van, op basis van ▼ *aan de ~ doen* verschaffen ▼ *~ over ~* hoe langer hoe meer ▼ *de ~ aan zichzelf slaan* zelfmoord plegen ▼ *uit de ~ lopen* te ver gaan, oncontroleerbaar worden ▼ *voor de ~ liggen* logisch, vanzelfsprekend zijn ▼ *in de ~ werken* bevorderen ▼ *iets om ~en hebben* iets te doen hebben, een bezigheid hebben ▼ *zwaar op de ~* zwaarmoedig ▼ *van de ~ wijzen* afwijzen ▼ *van de ~ in de tand leven* onbezorgd, zonder te sparen ▼ *een ~je van iets hebben* de gewoonte hebben ▼ *zijn ~ overspelen* in onderhandelingen te veel eisen en daardoor niet slagen ▼ *zonder ~en (rijden)* met losse handen ▼ BN *van de ~ Gods geslagen zijn* als van de bliksem getroffen zijn, stomverbaasd zijn ▼ BN *uit iemands ~en eten* afhankelijk zijn van iemand ▼ *uit iemands ~ eten* heel gehoorzaam, volgzaam zijn ▼ *iets aan de ~ hebben* iets aan het doen zijn, zich met iets bezighouden; BN problemen hebben ▼ BN *een onschuldige ~* toeval, het lot ▼ BN, spreekt. *met ~en en voeten* met grote inspanning ❷ handschrift
Hand. Bijb. Handelingen
handappel appel die geschikt is om rauw gegeten te worden **handarbeider** iemand die met zijn handen werkt **handbagage** bagage die iemand op reis niet afgeeft maar bij zich houdt, bijv. in een vliegtuig
handbal *het* teamsport waarbij de bal met de hand in het doel van de tegenstander gegooid moet worden
handbereik ▼ *binnen ~* zo dichtbij dat iemand het zo met de hand kan pakken; fig. vlakbij:: *de overwinning is binnen ~* we hebben bijna gewonnen **handboei** ijzeren ring met een slot die om de pols van een gevangene wordt gedaan: *de arrestant kreeg ~en om*
handboek boek waarin wordt uitgelegd wat iets is, hoe iets in elkaar zit of hoe men het kan gebruiken **handboog** boog die met de hand wordt gespannen **handboogschutter** iemand die met een handboog schiet **handboor** kleine boor **handborstel** BN, ook stoffer **handdoek** doek om zich af te drogen ▼ *de ~ in de ring gooien* of *werpen* de strijd opgeven **handdouche** douche waarbij men de douchekop aan een handgreep vasthoudt **handdruk** het geven van de rechterhand als groet of bij een gelukwens ▼ *gouden ~* geschenk dat of vergoeding die iemand ontvangt, bijv. bij vervroegd ontslag
handel *de (m)* ❶ het kopen en verkopen van waren ❷ bedrijf, winkel: *een brandstof~* ❸ handelswaar, spullen die iemand verkoopt ▼ *iemands ~ en wandel* zijn gedragingen, wat hij allemaal doet in het leven **handelaar** *de (m)* [-s, -laren] iemand die handeldrijft, die koopt en verkoopt
handelbaar *bn* ❶ gemakkelijk te hanteren of te

bewerken: *dit materiaal is goed ~* ❷ fig. gemakkelijk om mee om te gaan, inschikkelijk, meegaand: *dat kind is moeilijk ~*
handelen ❶ kopen en verkopen: *hij handelt in oude auto's* ❷ doen, verrichten: *je moet niet alleen praten maar ook ~* ❸ als onderwerp hebben, gaan over: *dit boek handelt over de Tachtigjarige Oorlog*
handeling *de (v)* ❶ iets wat iemand doet: *om de wasmachine aan te zetten moet je een aantal ~en verrichten* ❷ wat is afgehandeld in een vergadering ❸ geschrift met verslag hiervan ❹ het handelen door de personen, de hoofdgebeurtenis(sen) van een toneelstuk **handelingsbekwaam** in staat en met het recht om rechtshandelingen te verrichten
handelmaatschappij bedrijf dat handeldrijft **handelsagent** vertegenwoordiger in de handel **handelsakkoord** internationale handelsovereenkomst **handelsartikel** koopwaar **handelsbalans** de verhouding tussen in- en uitvoer **handelsbank** bank die handelszaken doet **handelscorrespondentie** briefwisseling over handelszaken **handelseditie** uitgave die bestemd is voor de verkoop: *een ~ van een proefschrift* **handelsgeest** aanleg voor de handel **handelshuis** ❶ bedrijf dat handeldrijft ❷ BN ook winkelpand **handelsingenieur** BN iemand met een academische graad in de bedrijfseconomie **handelskamer** kamer van een rechtbank voor zaken die te maken hebben met handel **handelskennis** bekendheid met handel en gebruiken in de handel **handelsmaatschappij** bedrijf dat handeldrijft **handelsman** *de (m)* [-lui, -lieden] handelaar **handelsmerk** ❶ wettelijk beschermd teken waaronder iemand zijn product(en) op de markt brengt ❷ fig. iets waardoor iemand zich onderscheidt: *zijn Groningse accent is zijn ~ geworden* **handelsmissie** bezoek om buitenlandse handelsrelaties aan te knopen **handelsnaam** naam of firma waaronder een handelszaak wordt gedreven **handelsonderneming** bedrijf dat handeldrijft **handelspolitiek** *de (v)* ❶ politiek van een staat, die te maken heeft met handel ❷ beleid van een bedrijf dat handeldrijft **II** *bn* ❸ wat te maken heeft met de politiek op handelsgebied **handelsrecht** recht en wetten die te maken hebben met de handel **handelsrechtbank** BN rechtbank van koophandel
handelsregister officieel register van alle ondernemingen in een land **handelsreiziger** iemand die voor een firma rondreist om producten te verkopen **handelsrekenen** *het* het uitvoeren van berekeningen die in de handel worden gebruikt
handelsvennootschap vennootschap voor het drijven van handel **handelsverdrag** overeenkomst tussen staten over de regeling van de onderlinge handel **handelsverkeer** vervoer en uitwisseling van goederen en diensten **handelsvloot** koopvaardijvloot **handelswaarde** waarde als koopwaar **handelswetenschappen** *de (mv)* BN ook bedrijfseconomie, bedrijfseconomische studierichting (aan

universiteit) **handelszaak ❶** bedrijf dat handeldrijft **❷** BN ook winkelpand

handelwijze manier waarop iemand dingen doet, handelt

handenarbeid ❶ werk dat voornamelijk met de handen gedaan wordt **❷** schoolvak waarbij leerlingen dingen maken met de handen

handenbinder de (m) [-s] persoon of iets waardoor iemand beperkt is in zijn bewegingsvrijheid: *kinderen zijn ~s*

hand-en-spandiensten de (mv) allerlei kleine diensten, losse klussen

handenwringen het in elkaar wrijven van de handen als iemand heel angstig of in paniek is

handgebaar gebaar met de hand **handgeklap** het klappen in de handen als toejuiching ▼ BN *iemand verkiezen bij ~* door algehele toejuiching, zonder dat ieder nog afzonderlijk hoeft te stemmen **handgeld** geld dat iemand ontvangt bij het aangaan van een overeenkomst, aanbetaling **handgemeen** I bn **❶** in gevecht ▼ ~ *raken* beginnen te vechten II het **❷** gevecht van man tegen man

handgeschakeld bn ⟨van auto's⟩ zonder automatische schakeling **handgeschilderd** bn geschilderd met de hand: *~e tegels* **handgranaat** granaat die met de hand gegooid wordt **handgreep** I de **❶** greep met de hand, handvol **❷** handvat, kruk e.d. waaraan men iets kan vastpakken: *een kist met een ~ om de deksel open te maken* II de (m) **❸** handigheid, handige manier om iets te doen

handhaven [handhaafde, h. gehandhaafd] in stand houden, zorgen dat iets blijft: *de politie probeerde de orde te ~* ▼ *zich ~* zich staande houden, vooral in moeilijke omstandigheden

handicap ⟨hendiekep⟩ de (m) [-s] **❶** lichamelijk of geestelijk gebrek dat aangeboren is of dat iemand later gekregen heeft: *mijn buurmeisje heeft als ~ dat ze doof is* **❷** fig. belemmering, hindernis bij het uitvoeren van een taak e.d.: *zijn gebrekkige Engels vormt een ~ bij zijn buitenlandse contacten* **❸** sp. iets wat het moeilijker maakt voor een bepaalde (betere) speler, bijv. bij golf **handicaprace** snelheidswedstrijd waarbij de zwakkere partij een voorsprong krijgt

handig bn **❶** die goed met zijn handen kan werken, dingen met zijn handen kan maken of repareren: *onze ~e buurman heeft zelf een schuur gebouwd* **❷** gemakkelijk in het gebruik, goed om te hebben: *een ~ apparaatje* **handigheidje** het [-s] handige manier om iets te doen, trucje

handje het [-s] kleine hand ▼ ~ *contantje* meteen betalen **handjeklap** het **❶** in elkaars hand slaan bij loven en bieden ▼ ~ *spelen* samenspannen **❷** spel waarbij men elkaars handpalmen tegen elkaar slaat **handjevol** het **❶** kleine hand vol met iets **❷** fig. niet veel, een klein aantal: *een ~ bezoekers*

handkar wagen die men moet duwen **handkus** zoen op de hand **handlanger** de (m) [-s] helper, vooral bij een misdaad: *de overvallers hadden een ~ die op de uitkijk stond* **handleiding** de (v) tekst met aanwijzingen hoe men iets moet doen of gebruiken: *de ~ bij een wasmachine*

handlen ⟨hendlən⟩ [handlede, h. gehandled] verwerken, afhandelen: *hij kan al die verschillende taken niet goed ~*

handlezen uit de lijnen van iemands hand zijn karaktertrekken aflezen of zijn toekomst voorspellen **handlijnkunde** de kunst van het handlezen

handmatig bn met de hand **handomdraai** ▼ *in een ~* met weinig inspanning en heel snel **handoplegging** de (v) het wijden of zegenen of het overbrengen van geestelijke kracht door het opleggen van de handen **handopsteken** opsteken van de hand om zijn mening te kennen te geven

hand-out ⟨hènd-⟩ de [-s] papier met de samenvatting van een lezing

handpalm de (m) binnenvlak van de hand **handpeer** peer die geschikt is om rauw gegeten te worden **handpers** pers die met de hand bediend wordt **handreiking** de (v) hulp, ondersteuning ▼ *iemand een ~ doen* iemand hulp bieden **handrem** rem die met de hand bediend wordt: *een fiets met ~*

hands ⟨hènts⟩ bw het aanraken van de bal met de handen bij voetbal

handschoen de kledingstuk dat iemand om zijn hand doet om die warm te houden of te beschermen ▼ *iemand de ~ toewerpen* uitdagen ▼ *met de ~ trouwen* trouwen terwijl de bruidegom afwezig is **handschrift ❶** manier waarop iemand de letters schrijft: *hij heeft een onleesbaar ~* **❷** oude tekst die met de hand geschreven is: *middeleeuwse ~en*

handsfree ⟨hensfRie⟩ bw ▼ ~ *telefoneren* telefoneren met apparatuur waardoor iemand het toestel niet hoeft vast te houden

handstand het staan op één of beide handen **handtam** bn ⟨van een dier⟩ zo tam dat het zich met de hand laat pakken

handtas tasje zoals vrouwen vaak bij zich hebben **handtastelijk** bn die anderen aanraakt op een onfatsoenlijke manier **handtekenen** tekenen met de vrije hand, zonder liniaal, passer enz. **handtekening** vaste korte manier waarop iemand zijn naam schrijft als ondertekening **handtekeningenactie** actie om d.m.v. het inzamelen van handtekeningen iets gedaan te krijgen of iets te voorkomen **handvaardigheid ❶** bedrevenheid in het maken van dingen met de handen **❷** schoolvak waarbij leerlingen met de handen werken

handvat het [-ten] uitsteeksel waaraan men iets vastpakt, hengsel **handveger** voorwerp met zachte haren en korte steel om vuil mee op te vegen **handvest** het oorkonde, officieel stuk waarin regels en beginselen staan: *het ~ van de Verenigde Naties* **handvleugeligen** de (mv) vleermuisachtigen

handvol de **❶** zoveel als iemand in een hand kan houden **❷** fig. klein aantal **handwarm** iets warmer dan lauw **handwas** de (m) was die men op de hand doet

handwerk ❶ werk met de handen **❷** iets dat met de hand gemaakt is: *dat kistje is een mooi stukje ~* ▼ *fraaie ~en* borduren, haken enz. **handwerken** [handwerkte, h. gehandwerkt] brei-, haak- of

borduurwerk maken
handwijzer paal met een bord dat of borden die de richting aangeven, wegwijzer
handwoordenboek beknopt middelgroot woordenboek **handwortel** deel tussen voorarm en middelhand **handzaag** zaag waarmee men met de hand zaagt **handzaam** *bn* handig, gemakkelijk te hanteren
hanenbalk hoogste dakbalk **hanenkam** ❶ rode kuif van een haan ❷ kapsel waarbij al het haar is weggeschoren, behalve een baan rechtopstaand haar midden over het hoofd: *sommige punks hebben een ~* **hanenpoot** poot van een haan ▼ *hanenpoten* lelijk onregelmatig handschrift
hang *de (m)* ❶ ijzerwerk waaraan een deur e.d. hangt ❷ sterke neiging: *een ~ naar avontuur*
hangaar ⟨-Gaar⟩, **hangar** *de (m)* [-s] ❶ loods voor vliegtuigen ❷ BN, spreekt. loods in het algemeen
hangbrug brug waarvan het dek opgehangen is aan gespannen kabels **hangbuik** doorhangende buik
hangen [hing, h. gehangen] ❶ met één kant aan iets bevestigd zijn zonder ergens op te steunen: *de was hangt aan de lijn; het schilderij hangt aan de muur* ▼ *aan elkaar ~ van* vol zijn van: *deze tekst hangt aan elkaar van clichés* ❷ met de bovenkant aan iets bevestigen: *de was aan de lijn ~* ❸ met het hoofd, de bladeren enz. naar beneden gericht zijn: *met ~de schouders* ❹ opgehangen worden: *voor die misdaad zal hij ~* ▼ *met ~ en wurgen* met veel moeite ❺ fig. vervelends moeten doen, een probleem krijgen ❻ onbeslist zijn: *die kwestie hangt nog* ❼ een luie vervelede houding hebben: *op de bank ~* ❽ comp. niets meer doen: *de computer hangt* ▼ *ergens blijven ~* ergens langer blijven dan de bedoeling was **hangende** *vz* gedurende, zolang ... duurt: *~ het vooronderzoek*
hang-en-sluitwerk alles wat dient om ervoor te zorgen dat ramen, deuren enz. goed hangen en sluiten
hanger *de (m)* [-s] voorwerp dat hangt of waarin of waaraan iets hangt **hangerig** *bn* lusteloos doordat iemand een beetje ziek is
hangijzer ijzer waaraan iets hangt ▼ *heet ~* pijnlijke, gevoelige kwestie
hangjeugd hangjongeren **hangjongere** *de (mv)* jongere die met anderen doelloos buiten rondhangt op vaste plaatsen
hangkast kast om kledingstukken in op te hangen **hangklok** klok die aan de muur hangt **hanglamp** lamp die aan het plafond hangt **hang-legkast** kast om kleding in op te hangen en op planken te leggen **hangmap** map die in een rek hangt **hangmat** opgehangen doek of net om in te liggen
hangoor I *de (m)* [-oren] ❶ ras konijn II *het* [-oren] ❷ neerhangende oorschelp
hangop, **hangop** *de (m)* gerecht van uitgelekte karnemelk
hangplant sierplant die naar beneden groeit **hangplek** plaats buiten waar jongeren vaak doelloos rondhangen **hangslot** slot met een beugel eraan: *ik zet mijn fiets vast met een ketting*

en een ~
hanig *bn* ❶ overdreven mannelijk ❷ vinnig, scherp van toon
hannes onhandig iemand **hannesen** onhandig te werk gaan
hansaplast® *de (m)* soort pleister
hansop *de (m)* [-pen] nachtkleding met broek en lijf aan elkaar
hansworst *de (m)* belachelijk persoon
hanteren ❶ met de hand gebruiken: *een zaag ~* ❷ fig. met iets omgaan: *kritiek ~*
hap *de (m)* [-pen] ❶ het happen ❷ hoeveelheid die iemand in één keer bijten in de mond krijgt: *hij nam een ~ van zijn boterham* ▼ **inform.** *warme ~* warme maaltijd
haperen ❶ mankeren: *er hapert iets aan* ❷ blijven steken: *de motor hapert*
hapje *het* [-s] mondjevol, kleine portie eten
hapjespan koekenpan met deksel **hapklaar** ❶ klaar om onmiddellijk gegeten te worden ❷ fig. zo aangepast dat de gebruiker het meteen kan gebruiken, begrijpen e.d.: *leerstof in hapklare brokken*
haploïd bio. *bn* wat maar één stel chromosomen heeft
happen ❶ met de mond (proberen te) pakken ▼ *naar adem ~* happende bewegingen maken uit ademnood ❷ fig. op een provocerende opmerking het verwachte (verdedigende) antwoord geven
happening ⟨heppə-⟩ *de* [-s] (bijzondere of feestelijke) gebeurtenis of bijeenkomst die vaak toevallig ontstaat
happig *bn* belust, begerig ▼ *~ op iets zijn* het graag willen (hebben);: *deze werkgever is niet erg ~ op mensen die parttime willen werken* hij heeft niet veel zin om ze aan te nemen
happy ⟨heppie⟩ *bn* gelukkig (met iets) **happy end** *het* [-s] gelukkige afloop **happy few** ⟨-fjoe⟩ *de (mv)* kleine groep van bevoorrechte mensen **happy hour** ⟨-auwəR⟩ *het* tijdstip in een café met verlaagde prijzen **happy slapping** *de* het mishandelen van iemand om er een filmpje van te maken met de mobiele telefoon
hapsnap *bw* hier en daar maar, niet systematisch
haptonomie *de (v)* therapie die zich richt op de ontspanning van lichaam en geest door aanraking **haptotherapie** behandeling met aanraking als middel om gevoelsmatig evenwicht te (her)vinden
harakiri *het* zelfmoord door zich de buik open te snijden
haram *bn* niet in overeenstemming met de islamitische wetten
hard *bn* ❶ moeilijk te buigen, te breken of in te drukken: *zo ~ als staal* ❷ luid: *een ~e knal* ❸ snel: *te ~ rijden* ❹ streng, zonder medelijden: *~e maatregelen* ▼ *~ tegen ~* fel tegenover elkaar ❺ vaststaand: *de ~e feiten* ❻ in hoge mate, erg: *iets ~ nodig hebben*
hardboard ⟨hàrdboord⟩ *het* plaat van houtvezel
hardcore ⟨hàRtkòR⟩ I *bn* ❶ vergaand, extreem II *de (m)* ❷ heftige extreme variant van een stroming in de popmuziek: *~ house, ~ punk*
hardcourt ⟨hàRdkòRt⟩ *het* tennisvloer van kunststof **hardcover** ⟨hàRdkòvvəR⟩ *de (m)* [-s]

ha

boek met een harde kaft **harddisk** 〈hàRd-〉 harde schijf als intern computergeheugen

harddraven [harddraafde, h. geharddraafd] als wedstrijd hard rennen door paarden

harddrugs 〈hàRd-〉 erg verslavende drugs

harden ❶ hard maken **❷** weerstandsvermogen ontwikkelen: *zichzelf ~ door het nemen van koude baden* **❸** uithouden, verdragen: *die stank is niet te ~*

harder *de (m)* [-s] karperachtige vis (Mugil ramada) **hardhandig** *bn* ruw, hard, onvoorzichtig: *iemand ~ aanpakken* **hardheid** *de (v)* [-heden] **❶** het hard zijn **❷** gevoelloosheid **hardhoofdig** *bn* koppig **hardhorend** *bn* die niet goed kan horen, slechthorend **hardhout** hout van loofbomen **hardleers** *bn* die eigenwijs is en niet leert van zijn fouten **hardlijvig** *bn* die lijdt aan verstopping, die zich niet kan ontlasten

hardliner 〈haaRdlajnaR〉 *de (m)* [-s] iemand die voor een harde aanpak is, vooral in politiek opzicht

hardlopen snel lopen om een bepaalde afstand zo snel mogelijk af te leggen of om zijn conditie te verbeteren **hardloper** iemand die hardloopt ▼*~s zijn doodlopers* wie te enthousiast of te snel begint, moet vaak voor het eind opgeven

hardmaken overtuigend bewijzen, aantonen **hardnekkig** *bn* **❶** koppig, die blijft volhouden: *hij bleef ~ volhouden dat hij gelijk had* **❷** wat maar niet weg wil gaan, langdurig: *een ~ verkoudheid* **hardop, hardop** *bw* met geluid, hoorbaar voor anderen: *~ lezen*

hardrijden om het hardst rijden (als sport) **hardrock** 〈hàRdRok〉 luide rock

hardrood felrood **hardsteen** harde natuursteen **hardtop** *de (m)* [-s] (auto met een) hard autodak **hardvochtig** *bn* wreed, zonder medelijden **hardware** 〈hàRdwèR〉 *de (m)* computerapparatuur

harem *de (m)* [-s] (het verblijf van) de vrouwen van een rijke islamiet

haren *bn* van haar gemaakt

haricots verts 〈aariekoo vèr〉 *de (mv)* soort sperziebonen

harig *bn* met veel haar: *een ~e rups; een man met ~e armen*

haring *de (m)* **❶** grijze zeevis die veel gegeten wordt (Clupea harengus) ▼*we zaten als ~en in een ton* we zaten heel dicht op elkaar ▼*~ of kuit willen hebben van iets* de echte feiten willen weten omtrent iets ▼*~ nieuwe haring ontdoen van bederfelijke delen en inzouten* ▼BN *droge ~ bokking* **❷** houten of metalen pin waarmee men een tent aan de grond vastzet: *hij sloeg de ~en in de grond* **haringrace** wedstrijd welk schip het eerst de nieuwe haring aan wal brengt **haringvloot** de schepen die op haringvangst gaan

hark *de* **❶** stok met (ijzeren) tanden om gemaaid gras bijeen te halen **❷** fig. houterig persoon: *een stijve ~* **harken** gras, bladeren e.d. bijeenhalen met een hark

harkerig *bn* houterig, onhandig

harlekijn, harlekijn *de (m)* [-en, -s] **❶** komisch figuur in een bont pak **❷** fig. hansworst, belachelijk persoon

harmonica *de (v)* [-'s] **❶** muziekinstrument met blaasbalg, accordeon **❷** verbindingsstuk, bijv. tussen treinrijtuigen, dat bestaat uit een balg **harmonicawand** wand die ineengevouwen kan worden

harmonie I *de (v)* [-ën] **❶** muz. combinatie van tonen die bij elkaar passen, verbinding van tonen volgens vaste regels **❷** overeenstemming, het goed bij elkaar aansluiten van elementen die samen een prettig geheel vormen: *de ~ tussen kleuren en vormen op een schilderij* **❸** fig. overeenstemming, goede verstandhouding: *in ~ met elkaar leven* II *de (v)* [-s] **❹** muziekgezelschap met blaas- en slaginstrumenten **harmonieleer** muz. de wetten van de harmonische verbinding van tonen **harmoniemodel** aanpak die gericht is op het bereiken van overeenstemming door middel van overleg en compromissen

harmoniëren ❶ muz. goed samenklinken **❷** fig. een evenwichtig geheel vormen **harmonieus** *bn* **❶** wat mooi klinkt **❷** fig. waarvan alle delen met elkaar overeenstemmen, met goede verhoudingen **harmonisch** *bn* **❶** wat mooi klinkt **❷** fig. wat goed met elkaar overeenstemt, met goede verhoudingen **harmoniseren** 〈-zi-〉 **❶** tot een geheel maken dat mooi klinkt of waarvan de delen goed bij elkaar passen **❷** fig. bij elkaar passen **harmonium** *het* [-s] kamerorgel

harnas *het* [-sen] hist. beschermend pak van metaal om in de strijd te dragen ▼*iemand tegen zich in het ~ jagen* iets doen of zeggen waardoor men iemand anders tegen zich inneemt ▼*in het ~ sterven* tot de dood toe actief blijven (in zijn vak)

harp *de* groot driehoekig muziekinstrument dat rechtop staat, met snaren die men met de vingers bespeelt

harpist *de (m)* iemand die harp speelt, harpspeler

harpoen *de (m)* pijl met weerhaken die aan een lijn vastzit en die men kan gooien, onder andere gebruikt om walvissen te vangen **harpoeneren** met een harpoen gooien of schieten naar

harrewarren kibbelen, ruziemaken

hars *het & de (m)* kleverig plantensap van vooral naaldbomen **harsen** ontharen met hars: *ze harst haar benen*

harses vulg. *de (mv)* hoofd ▼*hoe haal je het in je ~!* hoe kun je zoiets (slechts, doms enz.) bedenken!

hart *het* **❶** holle spier die zorgt voor de bloedsomloop ▼*het ~ op de goede plaats hebben* een goed mens zijn ▼*in ~ en nieren* door en door **❷** hartvormig voorwerp **❸** fig. innerlijk, plaats waar zich het gevoel bevindt ▼*zijn ~ vasthouden* bang zijn dat iets misgaat ▼*iets op het ~ hebben* willen zeggen ▼*de schrik slaat me om het ~* ik schrik erg ▼*waar het ~ vol van is, loopt de mond van over* men praat altijd over dingen waaraan men steeds denkt ▼*iemand een ~ onder de riem steken* moed inspreken ▼*zijn ~ ophalen aan* genieten van ▼*op het ~ binden of drukken* met nadruk wijzen op ▼*ter ~e nemen* ernstig in zich opnemen, serieus nemen ▼*dat gaat me ter ~e* dat is belangrijk voor me, dat raakt me ▼*van ~e gemeend, oprecht* ▼BN *van zijn ~ (g)een steen maken* zijn gevoelens (niet) onderdrukken ▼BN, inform. *iets niet aan zijn ~ laten komen* zich niet druk maken om iets ❷ liefdevolle toewijding ▼ *met ~ en ziel* met alle toewijding ❸ binnenste, middelste, kern: *~je winter* ▼ *het groene ~ van Nederland* het niet verstedelijkte middenstuk van de Randstad

hartaanval acute ernstige hartaandoening, zoals een hartinfarct **hartbewaking** ❶ nauwkeurige controle van de werking van het hart ❷ ziekenhuisafdeling waar dat gebeurt **hartbrekend** *bn* aangrijpend, ellendig, hartverscheurend **hartcentrum** centrum voor behandeling van hartpatiënten **hartdood** *de* toestand waarin het hart niet meer klopt, maar reanimatie nog wel succes kan hebben **hartelijk** *bn* vol warmte en vriendelijkheid **harteloos** *bn* zonder medegevoel, hard **harten** *de* [harten, -s] (in kaartspel) kaart met hartvormig figuur

hartenbloed ❶ bloed van het hart ❷ *fig.* het beste dat iemand heeft **hartenbreker** *de (m)* [-s] iemand die veel mensen verliefd en ongelukkig maakt **hartendief** lieveling, schat **hartenkreet** uiting van diep gevoel of diepe verontrusting **hartenlust** genoegen ▼ *naar ~* zoveel men wil **hartenwens** iets wat iemand heel erg graag wil, innige wens **hartgrondig** *bn* oprecht, uit de grond van zijn hart: *een ~e hekel aan iemand hebben*

hartig *bn* zout, pittig, ook figuurlijk: *een ~ woordje met iemand spreken*

hartinfarct het door zuurstofgebrek afsterven van een stuk van de hartspier door afsluiting van een of meer kransslagaders door bloedstolsels of vervetting **hartjesdag** (vroeger) in Amsterdam en Haarlem de eerste maandag na 15 augustus **hartkamer** holte in het hart **hartkatheterisatie** (-zaa-) *de (v)* het inbrengen van een buis in een ader voor onderzoek van een hartpatiënt **hartklep** ❶ *med.* klep tussen boezem en hartkamer ❷ klep die de zuigbuis van een pomp afsluit **hartklopping** *de (v)* het versneld kloppen van het hart **hartkramp** samenkrimping van het hart **hartkuil** kuiltje beneden het borstbeen **hartlijn** een van de lijnen in de handpalm **hartslag** één samentrekking van het hart

hartstikke inform. *bw* heel, erg: *ik vond ons uitje ~ leuk*

hartstocht *de (m)* ❶ heel heftig gevoel van liefde: *een liefdesrelatie vol ~* ❷ grote liefde voor iets: *een ~ voor voetbal* **hartstochtelijk** *bn* met een heftig gevoel van liefde, vurig: *een ~e liefdesrelatie; hij is een ~ liefhebber van boeken* **hartstreek** deel van de borstwand dat het hart bedekt

hartsvriend dierbaarste, innigste vriend **hartverlamming** plotselinge stilstand van het hart

hartverscheurend *bn* vreselijk om te zien of te horen: *~e armoede* **hartversterking** ❶ iets wat weer opwekt ❷ borrel **hartverwarmend** *bn* wat warme gevoelens oproept **hartvormig** *bn* in de vorm van een hart **hartzeer** groot verdriet **hartziekte** ziekte aan het hart

has hogere agrarische school

hashtag (hesjteG) *de (m)* [-s] markering van een onderwerp in een twitterbericht, die begint met het teken # ('hekje' is in het Engels 'hash') **hasj, hasjiesj** *de (m)* softdrug uit hennep **hasjhond** hond voor het opsporen van hasj **haspel** *de (m)* [-s, -en] werktuig om garen, kabels, slangen e.d. op te winden **haspelen** ❶ garen of iets anders op een haspel winden ❷ onhandig bezig zijn

hassebassie spreekt. *het* [-s] glaasje sterkedrank, jenever

hatchback (hetsjbek) *de (m)* [-s] auto met aan de achterkant een deur waardoor het bestuurdersgedeelte ook bereikbaar is **hateenheid** woning voor huisvesting van alleenstaanden en tweepersoonshuishoudens **hatelijk** *bn* wat haat uitdrukt, kwetsend: *een ~e opmerking* **hatelijkheid** *de (v)* [-heden] scherpe krenkende opmerking

hatemail (heetmeel) hatelijke e-mail **haten** een vreselijke hekel aan iets of iemand hebben

hatsekiedee inform. *tw* uitroep bij een plotselinge beweging, gebaar e.d. **hatsjie** *tw* nabootsing van het geluid van niezen **hattrick** (hettRik) *sp. de (m)* [-s] het maken van drie doelpunten door één speler in één wedstrijd

hausmacher *de (m)* soort grove leverworst **hausse** (hoos) *de (v)* [-s] (periode van een stijgende) vraag naar producten, effecten e.d. **hautain** (hootè *of* ootè) *bn* hooghartig, uit de hoogte: *een ~e blik*

haute couture (oot koetuur) *de (v)* ❶ kleding van de belangrijke modeontwerpers, die de richting van de mode aangeeft ❷ de belangrijke modeontwerpers en modehuizen **haut-reliëf** (oo-raljef) beeldhouwwerk dat voor meer dan de helft naar voren treedt

havanna I *de* [-'s] ❶ sigaar uit Havana II *bn* ❷ bruin als een sigaar

have *de* bezit ▼ *levende ~* vee **haveloos** *bn* armoedig en verwaarloosd **haven** *de* [-s] plaats aan het water waar schepen kunnen aanleggen ▼ *in behouden* of *veilige ~* goed aangekomen (van schepen); *fig.* in veiligheid, buiten gevaar **havenarbeider** iemand die zijn werk heeft bij het lossen en laden van schepen

havenen beschadigen, toetakelen **havengeld** geld dat iemand betaalt als hij met een schip in een haven ligt **havenhoofd** pier van een haven **havenkapitein** BN, ook havenmeester **havenmeester** iemand die het beheer heeft over een haven **havenpolitie** dienst die toezicht houdt in havens **havenschap** *het* organisatie voor de behartiging van de belangen van een haven **havenstad** stad met een haven: *Rotterdam is een ~* **havenwerken** *de (mv)* haven met los- en laadinrichtingen

haver *de* ❶ gras van het geslacht Avena ❷ de vrucht ervan ▼ *van ~ tot gort kennen* door en door

haverklap ▼ *om de ~* heel vaak **havermout** *de (m)* meel (of pap) van gepelde haver

havik *de (m)* ❶ dagroofvogel met korte vleugels

ha

(Astur gentilis) ❷ voorstander van agressieve politiek in een (internationaal) conflict

havikskruid plant die vooral voorkomt op droge open terreinen en in de duinen **havik**sneus scherp gebogen neus

havist de (m) leerling aan een havo

havo de [-'s] hoger algemeen voortgezet onderwijs **havo**ër de (m) [-s] leerling aan een havo

hawaïhemd felkleurig bedrukt shirt

hazardspel ‹-zaar-› spel waarbij winst afhangt van toeval, kansspel

hazelaar de (m) [-s, -laren] heester uit de familie van de berken die tot zes meter hoog kan worden en die eetbare hazelnoten voortbrengt (Corylus avellana)

hazelmuis oranjegele muis die een winterslaap houdt en veel noten eet (Muscardinus avellanarius)

hazelnoot eetbare noot van de hazelaar

hazelworm slangvormige hagedis (Anguis fragilis)

hazenhart het iemand die bang, laf is **hazen**lip gespleten bovenlip **hazen**pad ▾ het ~ kiezen vluchten **hazen**peper de (m) gekruid gerecht van een haas **hazen**slaapje lichte korte slaap

hazewind de (m), **hazewind**hond snelle jachthond

HBE hartbewakingseenheid

hbo het ❶ hoger beroepsonderwijs ❷ hogere beroepsopleiding

hbo'er de (m) [-s] leerling aan een hbo

H-bom waterstofbom

hbs de ‹vroeger› hogereburgerschool

h.c. honoris causa, eershalve, om de eer

HD ❶ heupdysplasie pijnlijke heupafwijking bij vooral grotere rashonden❷ High Definition ‹televisie› met een beeldsignaal met meer beeldpunten en daardoor een scherper beeld dan SD (Standard Definition)▾ full ~ met een schermresolutie van 1920 x 1080 pixels

HDL-cholesterol onschadelijke cholesterol die zich niet hecht aan de wanden van de bloedvaten

HDO halvedagopvang

hdtv de (m) , high-definition television, televisie met een hoger aantal beeldlijnen en daardoor een scherper beeld

hé ‹hee› tw ❶ aanroep: ~, jij daar! ❷ uitroep van verwondering: ~, is hij er ook?

hè tw uitroep bij onder andere krachtsinspanning, opluchting, teleurstelling: ~, wat jammer!

He schei. helium

headbangen ‹hedbeng▾n› [headbangde, h. geheadbangd] bij luide muziek met het hoofd slingeren

header ‹hèd▾R› de (m) [-s] informatie aan het begin van software, vooral in een e-mailbericht voor de juiste bezorging ervan

headhunter ‹hedhunt▾R› de (m) [-s] iemand die beroepshalve kandidaten zoekt voor hogere functies **head**set koptelefoon en evt. microfoontje voor de mond om bijv. muziek te beluisteren, te telefoneren

healing ‹hieling› de (m) [-s] geneesmethode buiten de reguliere geneeskunde, bijv. door aanraking, spirituele sessies

heao het hoger economisch en administratief onderwijs **heao'er** de (m) [-s] leerling aan een heao

hearing ‹hieRing› de [-s] gelegenheid waarbij alle betrokkenen hun mening kunnen zeggen

heat ‹hiet› de (m) [-s] race als onderdeel van een wedstrijd

heavy ‹hevvie› bn ❶ zwaar, moeilijk ❷ luid **heavy metal** ‹- mett▾l› extreme vorm van hardrock

heb de (m)▾ voor de ~ om iets te hebben (niet omdat iemand er een bepaald doel mee heeft)

hebbeding iets dat men graag wil hebben om het te hebben, niet omdat het een bepaald nut heeft

hebbelijkheid de (v) [-heden] een beetje vervelende gewoonte van iemand

hebben I ww [had, h. gehad] ❶ de eigenaar zijn van, bezitten: veel geld, geluk ~ ❷ ondervinden, voelen, lijden aan: honger, koorts ~ ❸ ‹in combinatie met 'willen'› verlangen: zo wil ik het ~ ❹ toestaan: dat wil ik niet ~ ❺ kunnen: die mensen ~ makkelijk praten ▾ iets ~ aan kunnen gebruiken: heb je wat aan mijn advies?▾ het ~ over praten over ▾ ~ te moeten: jij hebt nog veel te leren ▾ iets ~ van lijken op ▾ iets niet kunnen ~ iets niet verdragen ▾ niets moeten ~ van helemaal niet houden van ▾ het niet meer ~ zijn gevoelens niet meer kunnen bedwingen ❻ ‹hulpwerkwoord van tijd› drukt uit dat iets in het verleden is gebeurd: we ~ twee uur gelopen **II** het▾ mijn hele ~ en houden al mijn bezit

hebberig bn erop gericht om dingen te hebben, vaak geneigd om iets te willen hebben

hebbes tw daar heb ik hem (of het) beet

Hebr. Hebreeër, Hebreeuws

hebzucht het steeds willen hebben van zaken

hecht bn vast, stevig, degelijk, duurzaam: die twee mensen hebben een ~e band met elkaar

hechten ❶ vastmaken, dichtnaaien: een wond ~ ❷ vast blijven zitten: deze verf hecht heel goed ▾ ~ aan gesteld zijn op

hechtenis de (v) ❶ maatregel waarbij iemand gevangen wordt gezet voordat hij veroordeeld is ❷ lichte vrijheidsstraf

hechting de (v) ❶ het vasthechten ❷ draad waarmee is vastgehecht: de ~en van een wond verwijderen **hecht**pleister pleister om verband te hechten

hectare de [-n, -s] honderd are, 10.000 m²

hectisch bn druk, gejaagd, koortsachtig, chaotisch: een ~ bestaan leiden

hectogram honderd gram **hecto**liter honderd liter **hecto**meter honderd meter

heden I bw ❶ schr. vandaag, nu **II** het ❷ de tegenwoordige tijd: het ~ en het verleden **III** tw ❸ uitroep van verbazing, ongeloof: ~ nog aan toe! **heden**avond bw vanavond **hedendaags, hedendaags** bn van tegenwoordig, modern: ~e kunst

hedjra de vlucht van Mohammed van Mekka naar Medina op 15 juli 622

hedonisme het leer die het genot boven alles stelt

heek de (m) [heken] roofvis waarvan het witte

vlees qua smaak lijkt op kabeljauw (Merluccius merluccius)

heel I *bn* ❶ geheel, gaaf, niet kapot: *het gevallen kopje is nog ~* II *bw* ❷ in hoge mate, erg: *~ mooi*

heelal *het* alles wat bestaat: alle planeten, sterrenstelsels enz., de kosmos

heelhuids *bw* ongedeerd, zonder gewond te zijn geraakt o.i.d.

heelkunde het genezen van wonden e.d., vooral door operaties, chirurgie

heelkundig *bn* chirurgisch **heelmeester** ⟨vroeger⟩ iemand die geneest door operaties e.d., chirurg ▾ *zachte ~s maken stinkende wonden* met te zachtzinnig optreden verergert men het probleem

heem *het* [hemen] huis, erf **heemkunde** kennis van een streek, de mensen die er wonen en de geschiedenis

heemraad lid van een dijk- of polderbestuur, van het bestuur van een waterschap

heemraadschap *het* [-pen] ❶ bestuur van een dijk of polder, van een waterschap ❷ die dijk of polder als gebied, waterschap

heemst *de* plant met roze bloemen, onder andere gebruikt tegen hoest en verkoudheid (Althaea)

heemtuin tuin waar men planten kan bekijken die in de regio voorkomen

heen *bw* hier vandaan, naartoe ▾ *heel ver ~ zijn* niet meer in staat zijn tot redelijk nadenken

heen-en-terugbiljet BN retourbiljet, kaartje voor heen- en terugreis

heen-en-weer *het* ▾ *krijg het ~!* ga weg!, lazer op!

heengaan ❶ weggaan ❷ euf. overlijden, sterven **heenkomen** *het* ▾ *een goed ~ zoeken* proberen te ontsnappen naar een veiliger plaats **heenlopen** weglopen

heenreis reis ergens naartoe **heenronde** BN, sp. eerste helft van een competitie, waarbij alle clubs tegen elkaar spelen **heenweg** weg of reis ergens naartoe

heenzenden jur. tijdelijk vrijlaten van een verdachte in voorlopige hechtenis of van een veroordeelde die zijn straf bijna heeft uitgezeten

heer I *de (m)* [heren] ❶ man, vooral van stand of van beschaving: *zo'n daad past een ~ niet* ▾ *het ~tje zijn* er keurig uitzien, als een heer; tevreden, in zijn nopjes zijn ❷ meester, heerser, gezagsdrager ▾ *twee heren dienen* twee partijen trouw zijn ▾ *langs 's heren wegen* onderweg, op weg ❸ koning in het kaartspel ▾ *inform. mijn ouwe~* mijn vader II *het* [heren] ❹ vero. leger
Heer *de (m)* God ▾ *Onze Lieve ~* God ▾ *de dag des Heren* zondag ▾ *het jaar onzes Heren ...* het jaar ... van de westerse jaartelling

heerbaan grote weg

heerlijk *bn* ❶ heel lekker: *die soep is ~* ❷ heel plezierig, fijn: *een ~e vakantie* ▾ *het ~ avondje* sinterklaasavond ❸ van de heer: *~e rechten* **heerlijkheid** *de (v)* [-heden] ❶ pracht, glans, geluk ❷ bezit van een heer, adellijk bezit, bezit waaraan bepaalde rechten verbonden zijn ❸ iets wat heel lekker, fijn e.d. is

heeroom ❶ oom die geestelijke is ❷ pastoor **heerschaar** *de* [-scharen] vero. legergroep ▾ Bijb.

de Heer der heerscharen God

heerschap *het* [-pen] iron. heer, man

heerschappij *de (v)* macht, het heersen

heersen de baas zijn, regeren: *de koning heerst over zijn onderdanen* ▾ *er heerst griep* veel mensen hebben griep **heerser** *de (m)* [-s] iemand die heerst, die zijn macht doet gelden **heerszucht** het streven naar macht

heerweg heerbaan

hees *bn* met een stemgeluid dat minder helder is dan normaal, schor

heester *de (m)* [-s] struik

heet *bn* ❶ heel warm ❷ heftig: *in het ~st van de strijd* ❸ wellustig, seksueel opgewonden ❹ pikant, gepeperd: *een ~ gerecht*

heetgebakerd *bn* driftig, die snel heel fel reageert: *een ~ mannetje* **heethoofd** *de* iemand die snel opgewonden en kwaad reageert

hefboom soort paal of stang waarmee men aan de ene kant iets zwaars omhoog kan tillen door hem aan de andere kant naar beneden te duwen **hefbrug** ❶ brug die horizontaal omhoog kan ❷ soort platform dat horizontaal omhoog kan, voor controle en reparatie aan de onderkant van een auto

heffe *de* ▾ *de ~ des volks* mensen van de laagste soort, uitschot

heffen [hief, h. geheven] optillen, omhoog brengen ▾ *het glas ~ op* iets toosten door zijn glas even omhoog te houden ▾ *belasting/tol ~* mensen belasting/tol laten betalen **heffing** *de (v)* bedrag dat men aan belasting moet betalen

hefschroefvliegtuig helikopter

heft *het* handvat (van een mes) ▾ *het ~ in handen hebben* de macht, het gezag hebben

heftig *bn* ❶ heel fel: *een ~e ruzie* ❷ jong. heel goed, geweldig: *een ~e film*

heftruck *de (m)* [-s] wagen met een stevige grote vork voor het optillen en verplaatsen van zware lasten **hefvermogen** gewicht dat door een hijs- of hefwerktuig omhoog kan worden gebracht

heg *de* [-gen] afscheiding van struiken ▾ *ergens ~ noch steg weten* er totaal de weg niet weten

hegemonie *de (v)* het sterkste en machtigste zijn, overheersing, staatkundig overwicht

heggenmus zangvogel van de soort Prunella modularis **heggenrank** klimplant, wilde wingerd **heggenschaar** schaar om een heg te knippen

hei *de* [-den, -des] heide

heia *tw* uitroep om aan te moedigen

heibel inform. *de (m)* [-s] drukte, onenigheid, ruzie, moeilijkheden: *daar komt ~ van*

heiblok zwaar blok om palen in de grond te slaan

heide *de* [-n, -s] ❶ laag plantje met weinig bladeren en paarse of witte bloempjes ❷ zanderige vlakte waar veel van zulke plantjes groeien

heiden *de (m)* ongelovige in de ogen van gelovigen, ongodsdienstig mens ▾ *aan de ~en overgeleverd zijn* in de macht zijn van nietsontziende mensen **heidens** *bn* ❶ als van of bij de heidenen ❷ fig. enorm, verschrikkelijk: *een ~ kabaal*

heien palen in de grond slaan met een heiblok

heiig *bn* wazig, dampig in de lucht

he

he

heikel *bn* gevoelig, lastig, pijnlijk, riskant: *een ~ onderwerp*

heikneuter *de (m)* [-s] lomp iemand van het platteland die weinig weet van het moderne leven

heil *het* ❶ voorspoed, geluk, welzijn ❷ redding, verlossing ▾ *ergens geen ~ in zien* niet geloven dat iets een succes zal worden, denken dat het geen zin heeft

heiland *de (m)* redder **Heiland** *de (m)* ⟨christendom⟩ Jezus Christus, de Zaligmaker

heilbot grootste Europese platvis uit de familie van de Pleuronectidae **heildronk** dronk op iemands voorspoed, toost

heilig *bn* ❶ volmaakt, zonder zonde: *de Heilige Geest* ❷ gewijd, verheven, van bijzondere religieuze betekenis ▾ *de Heilige Schrift* de Bijbel ▾ *de Heilige Vader* de paus ❸ in de hemel vereerd: *de Heilige Augustinus* ❹ ernstig, volkomen oprecht: *een ~ voornemen* ▾ *~ zijn bij* heel gunstig afsteken bij **heiligbeen** driehoekig bot onder aan de wervelkolom **heiligdom** *het* [-men] heilige plaats, tempel

heilige I *de* [-n] iemand die heilig is verklaard II *het* ▾ *het ~ der ~n* deel van een tempel in Jeruzalem; fig. plaats die voor maar weinig mensen toegankelijk is **heiligen** ❶ aan God wijden ❷ als heilig erkennen **heiligenbeeld** beeld van een heilige **heiligenleven** levensbeschrijving van een heilige **heiligheid** *de (v)* het heilig-zijn ▾ *Zijne Heiligheid* de paus **heiligschennis** belediging, ontering van een heilig persoon, voorwerp enz. **heiligverklaring** *de (v)* plechtige pauselijke verklaring dat iemand onder de heiligen is opgenomen

heilloos *bn* verderfelijk, slecht, wat niet tot iets goeds kan leiden ▾ *een ~ plan* een plan dat alleen maar slechte resultaten zal opleveren

heilsleger Leger des Heils **heilsoldaat** lid van het Leger des Heils

heilstaat iron. maatschappij waarin alles volmaakt is geregeld en georganiseerd: *de communistische ~* **heilzaam** *bn* wat beter of sterker maakt, wat genezing of geluk, voorspoed brengt: *dit drankje is een ~ middel tegen keelpijn*

heimelijk *bn* in het geheim, verborgen, in stilte, stiekem

heimlichmanoeuvre ⟨haimliechmaanùvrə⟩ *de* handgreep om verstikking te voorkomen bij iemand die zich verslikt heeft

heimwee *de & het* verlangen naar huis of geboortegrond

Hein ▾ *magere ~* de dood

heinde *bw* ▾ *van ~ en ver* overal vandaan: *de mensen kwamen van ~ en ver*

heipaal paal die in de grond geheid wordt als fundering

heir ⟨heer⟩ vero. *het* leger

heirschaar vero. *de* [-scharen] legergroep, heerschaar

heisa I *tw* ❶ uitroep van vreugde II *de (m)* ❷ omhaal, gedoe

heitje *het* [-s] ▾ *een ~ voor een karweitje* een klusje voor een kwartje (*vroeger bij padvinders*)

hek *het* [-ken] ❶ afscheiding, soms helemaal rondom, van hout, metaal, gaas e.d.

❷ afsluitbare in- en uitgang van een terrein ▾ *het ~ is van de dam* het toezicht is weg en iedereen doet wat hij wil ❸ bovenachterkant van een schip ▾ *~je* het teken #

hekel *de (m)* [-s] ❶ afkeer ▾ *een ~ aan iemand hebben* iemand heel onaangenaam vinden: *ik heb zo'n ~ aan die vent!* ▾ *een ~ aan iets hebben* het heel vervelend te vinden om ermee te maken te hebben, het te moeten doen e.d.: *ik heb een ~ aan lawaai; ik heb een ~ aan schoonmaken* ❷ vlaskam **hekeldicht** gedicht waarin ondeugden of misstanden worden bespot **hekelen** ❶ vlas kammen ❷ fig. scherp, afkeurend beoordelen

hekkensluiter *de (m)* [-s] de laatste van een groep of stoet, ook figuurlijk

heklicht achterlicht van een schip

heks *de (v)* ❶ lelijke tovervrouw ❷ fig. akelige lelijke vrouw **heksen** toveren ▾ *ik kan niet ~* ik kan niet iets doen wat onmogelijk is **heksenbezem** takkenbundel in een boom die wordt veroorzaakt door schimmels **heksenjacht** ❶ hist. vervolging van heksen ❷ fig. hetze tegen andersdenkenden **heksenketel** drukke onoverzichtelijke toestand **heksenkring** kring van paddenstoelen **heksensabbat** heksenfeest waarbij de duivel wordt vereerd **heksentoer** heel moeilijk karwei **heksenwaag** hist. weegschaal voor het wegen van personen die van hekserij verdacht worden **hekserij** *de (v)* ❶ het heks zijn ❷ het toveren, toverij

hekwerk latwerk, palen enz. waaruit een hek bestaat

hel I *de* ❶ onderwereld, verblijfplaats van (de) duivel(s) en verdoemden ❷ fig. plaats of toestand van ellende: *een ~ op aarde* II *bn* ❸ fel stralend, schel: *een ~ licht*

hela *tw* let eens op!, pas op!

helaas *bw* jammer genoeg, ik vind het jammer dat het zo is: *~ kan ik niet aan uw verzoek voldoen*

held *de (m)* ❶ heel dapper persoon ❷ fig. iemand die heel knap of goed is in iets: *ik ben geen ~ in wiskunde* ❸ hoofdpersoon in een roman, film e.d. **heldendaad** heel moedige daad **heldendicht** gedicht over een held en zijn heldhaftige daden **heldendood** dood van of als een held **heldenmoed** moed als van een held, heel grote moed

helder *bn* ❶ zuiver, schoon, licht: *~ water; ~ licht* ▾ *een ~e hemel* zonder bewolking ❷ fig. duidelijk: *een ~ betoog* ❸ fig. scherpzinnig: *een ~ verstand* **helderziend** *bn* in staat om dingen te zien of te weten die mensen normaal gesproken niet kunnen weten

heldhaftig *bn* heel dapper

heldin *de (v)* [-nen] vrouwelijke held

heleboel, heleboel *de (m)* ▾ *een ~* veel, een groot aantal **helemaal, helemaal** *bw* volledig, in zijn geheel: *je moet die oefening ~ maken* ▾ *dat is ~ niet waar!* dat is beslist niet waar ▾ *inform. ben je nou ~?* ben je gek geworden?

helen I [heelde, h. geheeld] ❶ gestolen goed kopen ❷ genezen, gezond maken ▾ *fig. de tijd heelt alle wonden* met verloop van tijd wordt verdriet minder erg II [heelde, is geheeld] ❸ genezen, gezond worden: *die wond is mooi* *geheeld* **heler** *de (m)* [-s] iemand die gestolen goederen koopt

helft *de* ❶ een van twee gelijke delen die samen een geheel vormen ▼ *mijn betere/andere ~* mijn echtgenoot, echtgenote ▼ *op de ~ /* BN ook *in de ~* halverwege ▼ *de derde ~* tijd na de twee speelhelften van een sportwedstrijd, wanneer de leden van de sportploeg samen iets gaan drinken ❷ fig. groot deel: *ik begreep de ~ van het verhaal niet*

heli *de (m)* [-'s] helikopter **helihaven** terrein waar helikopters kunnen landen en opstijgen

helikopter *de (m)* [-s] luchtvoertuig met bovenop ronddraaiende wieken, dat recht omhoog kan opstijgen en dalen

heliocentrisch *bn* met de zon als middelpunt **heliotroop** I *de (m)* [-tropen] ❶ toestel dat werkt met terugkaatsing van zonnestralen ❷ blauwgroen gesteente II *de* [-tropen] ❸ sierplant van het geslacht Heliotropium met geurige bloemen

heliplat *het* [-s] landingsplaats voor helikopters op een gebouw **heliport** *de (m)* [-s] luchthaven voor helikopters

helium *het* chemisch element van edelgassen **hellebaard** *de* strijdbijl aan een lange steel **hellen** schuin oplopen of staan: *de bal rolt weg doordat de grond hier helt; de kast helt naar links* ▼ fig *zich op een ~d vlak bevinden* op een manier bezig zijn die gemakkelijk tot steeds slechtere dingen kan leiden

hellenisme *het* de Griekse beschaving en haar invloed op andere landen

hellevaart reis naar de hel **helleveeg** *de (v)* [-vegen] gemene slechte vrouw

helling *de (v)* ❶ het hellen ❷ glooiing, stuk terrein dat omhoogloopt of omlaag ❸ aflopend deel van een werf voor de bouw en reparatie van schepen ▼ *op de ~* onzeker of iets (in die vorm) doorgaat ❹ BN ook talud **hellingproef** proef voor het rijexamen waarbij de kandidaat een auto moet laten stilstaan en moet optrekken op een helling

Hell's Angels ⟨hels eendzjəls⟩ *de (mv)* groep motorrijders die een ruige levensstijl voorstaat

helm I *de (m)* ❶ metalen of kunststof hoofddeksel als bescherming ❷ vlies over het gezicht van een pasgeboren kind ▼ *met de ~ geboren* met de gave om te kunnen voorspellen; BN die altijd geluk heeft II *de* ❸ helmgras **helmbloem** plant met gele of roze bloem en geveerd blad van het geslacht Corydalis

helmgras soort rietgras in de duinen (Ammophila arenaria) **helmstok** stok waarmee het roer van een boot bewogen wordt

helpdesk *de (m)* [-s] afdeling van een bedrijf die assisteert bij (computer)problemen

helpen [hielp, h. geholpen] ❶ hulp geven, steunen: *mijn ouders ~ mij altijd als ik een probleem heb* ❷ baten, een positief effect hebben: *dit medicijn helpt tegen verkoudheid* ❸ bedienen: *wordt u al geholpen?* ❹ euf. castreren, steriliseren: *we hebben onze kater laten ~* ▼ *iemand aan iets ~* iemand iets bezorgen, zorgen dat iemand iets krijgt ▼ *het niet kunnen ~* er niets aan kunnen doen

helpster *de (v)* [-s] vrouwelijk persoon die helpt ▼ BN *familiale ~* gezinsverzorgster

hels *bn* ❶ van de hel ❷ afschuwelijk: *een ~e tocht door de kou en de sneeuwstormen* ❸ woedend, razend: *hij werd ~, toen hij het hoorde*

hem *vnw* hij (3e persoon enkelvoud, als die geen onderwerp is in de zin): *ik zie ~*

hematologie *de (v)* leer van het bloed **hematoom** *het* [-tomen] bloeduitstorting

hemd *het* (onder)kledingstuk dat het bovenlichaam bedekt ▼ *iemand het ~ van het lijf vragen* heel veel vragen ▼ *het ~ is nader dan de rok* men helpt zichzelf en zijn naasten het eerst ▼ *in zijn ~ staan* te schande staan, voor gek staan **hemdjurk** niet-getailleerde jurk **hemdsmouw** mouw van een hemd

hemel I *de (m)* [-en] ❶ de ruimte boven de aarde, de schijnbare boog boven de aarde: *er was vandaag een mooie, blauwe ~* ▼ *onder de blote ~* in de openlucht ▼ *~ en aarde bewegen* alles in het werk stellen ❷ verblijf van God en de zaligen, mooie en fijne plaats waar men volgens gelovigen na zijn dood naartoe gaat als men goed heeft geleefd ▼ *in de zevende ~* heel erg gelukkig II *de (m)* [-s] ❸ overkapping, onder andere boven een bed ❹ voorstelling van de hemel, bijv. een schilderij

hemelbed bed met overkapping **hemelbestormer** *de (m)* [-s] iemand die revolutionaire ideeën heeft, die tradities bestrijdt **hemelboog** hemelgewelf **hemelgewelf** schijnbare boog boven de aarde met sterren e.d., uitspansel **hemelhoog** heel hoog **hemellichaam** zon, maan, ster, komeet of een ander geheel dat zich vrij in het heelal beweegt **hemelrijk** hemel, verblijf van God en gelukzaligen

hemels *bn* ❶ van, in de hemel, verheven ❷ fig. heerlijk, verrukkelijk

hemelsblauw zo blauw als de hemel, azuur **hemelsbreed** ❶ in rechte lijn: *over de weg is het twaalf kilometer, maar ~ is het negen* ❷ heel groot, in heel hoge mate: *een ~ verschil* **hemelsnaam** ▼ *in ~* alsjeblieft!

hemeltergend, hemeltergend *bn* onuitstaanbaar, verschrikkelijk: *~ langzaam pakte hij zijn spullen* **hemeltjelief** *tw* uitroep van schrik of verwondering

hemelvaart *de* het opstijgen naar de hemel ▼ *Hemelvaart* Hemelvaartsdag **Hemelvaartsdag** 40ste dag na Pasen, feestdag om te herdenken dat Christus is opgestegen naar de hemel **hemelwater** regen

hemiplegie *de (v)* halfzijdige verlamming **hemisfeer** *de* [-sferen] ❶ halve bol, halfrond van aarde of hemel ❷ elk van de helften van de hersenen

hemodialyse nierdialyse **hemofilie** *de (v)* het niet stollen van het bloed bij verwonding, bloederziekte **hemoglobine** *de (v)* eiwit in de rode bloedlichaampjes **hemorragie** med. *de (v)* [-gieën] bloeding

hemorroïden *de (mv)* aambeien

hen I *vnw* ❶ ze (3e persoon meervoud als lijdend voorwerp of na een voorzetsel): *ik heb ~ niet gezien; ik heb niet met ~ gesproken* II *de (v)* [-nen] ❷ kip,

he

vrouwelijk hoen

hendel *de (m) & het* [-s] handvat of stang waarmee men een apparaat bedient: *om de machine te laten stoppen, moet je aan deze ~ trekken*

hendrik *de (m)* ▼ *brave ~* een al te brave (en saaie) jongen of man

hengel *de (m)* [-s] ❶ stok met vissnoer en haak ❷ stok met een microfoon die op een vishengel lijkt **hengelaar** *de (m)* [-s] iemand die vist met een hengel **hengelen** ❶ met een hengel vissen ❷ de buitendeur openen via de brievenbus met een voorwerp ▼ *~ naar* in een gesprek iets proberen te krijgen zonder dat direct te laten blijken: *~ naar complimentjes*

hengsel *het* [-s] ❶ beugel om een emmer, mand, tas e.d. aan te dragen ❷ scharnier waarin iets hangt: *de ~s van de deur*

hengst *de (m)* ❶ mannelijk paard ❷ inform. harde klap: *ik gaf hem toch een ~!* **hengsten** inform. heel hard slaan

henna *de* roodbruin natuurlijk kleurmiddel, vooral gebruikt om haar mee te verven

hennep *de (m)* plant met taaie vezels waarvan onder andere touw en hasj worden gemaakt (Cannabis sativa)

hens *de (mv)* ▼ *alle ~ aan dek!* iedereen moet paraat zijn, gevaar!

hepatitis *de (v)* leverontsteking

her I *bw* ▼ *~ en der* in verschillende richtingen ▼ *van ... ~* sinds ... II *het* [-ren] inform. herexamen **herademen** weer ademhalen, ook figuurlijk van opluchting

heraldiek I *de (v)* ❶ wapenkunde II *bn* ❷ van de wapenkunde

heraut *de (m)* aankondiger, iemand die bekendmakingen doet namens een vorst

herbarium *het* [-s, -ria] verzameling gedroogde planten

herberg *de* eenvoudig hotel, café **herbergen** [herbergde, h. geherbergd] plaats bieden aan: *dit hotel kan honderd gasten ~* **herbergier** *de (m)* [-s] iemand die een herberg exploiteert

herbicide *het* [-n] onkruidbestrijdingsmiddel

herbivoor *de (m)* [-voren] plantenetend dier

herboren *bn* opnieuw geboren, geestelijk vernieuwd

herbouwen opnieuw bouwen

herbronning BN *de (v)* ‹van partijen, politici› het opnieuw willen aansluiten bij (een nieuwe interpretatie van) de oorspronkelijke ideologie

herdenken ❶ weer denken aan ❷ op een plechtige manier terugdenken aan: *wij herdachten de slachtoffers van de Tweede Wereldoorlog*

herder *de (m)* [-s] ❶ iemand die op een kudde vee, vooral schapen, past en ermee rondtrekt: *de ~ loopt met zijn kudde op de hei* ❷ fig. geestelijk leidsman ❸ herdershond **herderin** *de (v)* [-nen] vrouwelijke herder **herderlijk** *bn* van een geestelijk leidsman: *een ~ schrijven van een bisschop* **herdershond** hondensoort waartoe een aantal rassen behoren die onder andere als huisdier of politiehond dienstdoen **herderstasje** *het* plant van het geslacht Capsella met hauwtjes die op herderstassen lijken

herdruk nieuwe oplage van een boek

Here *de (m)* ‹christendom› Heer

hereditair ‹-tèr› *bn* erfelijk

heremiet *de (m)* kluizenaar

heremijntijd *tw* goede hemel!, lieve help!

herenakkoord overeenkomst op basis van wederzijds vertrouwen **herenboer** rijke boer die leeft als een heer **herendubbel** *het* [-s] wedstrijd tussen twee paar mannelijke spelers bij sporten zoals tennis **herenenkel** *het* [-s] wedstrijd tussen twee mannelijke spelers bij sporten zoals tennis **herenhuis** deftig woonhuis

herenigen weer bij elkaar brengen

herenliefde seksualiteit tussen mannen

heresie ‹-zie› *de (v)* [-ën] ketterij

herexamen examen dat iemand nog een keer doet als hij niet geslaagd is

herfst *de (m)* jaargetijde tussen zomer en winter, najaar ▼ *de ~ des levens* de naderende ouderdom **herfstdraad** zwevende draad spinrag **herfstig** *bn* herfstachtig, als in de herfst **herfstmaand** september **herfsttijloos** *de* [-lozen] plant die in de herfst bloeit met roze bloemen die op een krokus lijken (Colchium autumnale)

hergebruik *het* het opnieuw gebruiken (van voorwerpen of materiaal) **hergroeperen** [hergroepeerde, h. gehergroepeerd] opnieuw indelen en rangschikken, opnieuw in groepen indelen

herhaald *bn* wat meer dan één keer gebeurd, vaker: *~ drugsgebruik* **herhaaldelijk** *bw* meer dan één keer, telkens: *~ waarschuwen* **herhalen** nog een keer zeggen of doen ▼ *zich ~* opnieuw gebeuren; hetzelfde opnieuw zeggen of schrijven

herindelen opnieuw indelen

herinneren doen denken aan: *hij herinnert me aan mijn vader* ▼ *zich ~* nog weten, in gedachten weer voor zich zien ▼ *iemand aan iets ~* het zeggen, ervoor zorgen dat iemand eraan denkt: *ze herinnerde mij eraan dat ik een afspraak had* **herinnering** *de (v)* ❶ het zich herinneren ❷ dat wat iemand zich herinnert: *een dierbare ~* ❸ voorwerp waardoor iemand zich iets blijft herinneren, aandenken ❹ bericht waarmee je iemand aan iets laat denken, bijv. dat hij nog een rekening moet betalen: *betalings~*

herintreden na afwezigheid uit het arbeidsproces opnieuw gaan werken

herkansing *de (v)* ❶ mogelijkheid om nogmaals examen te doen ❷ mogelijkheid in het algemeen om iets nogmaals te doen

herkauwen ❶ ‹bij dieren zoals koeien en herten› het eten weer uit de maag omhoog laten komen en er nog een keer op kauwen ❷ fig. tot vervelens toe herhalen **herkauwer** *de (m)* [-s] dier met verschillende magen dat voedsel vaker kauwt: *een koe is een ~*

herkennen door bepaalde eigenschappen of kenmerken weten wie of wat men ziet, hoort e.d.: *ik had je bijna niet herkend!* **herkenningsmelodie** vaste melodie aan het begin **herkenningsteken** teken waaraan men iets of iemand kan herkennen

herkeuren opnieuw keuren

herkiesbaar *bn* mogelijk om (iemand voor een

functie) opnieuw te kiezen

herkomst plaats waar iets of iemand oorspronkelijk vandaan komt: *deze trommels zijn van Afrikaanse* ~

herleiden [h. herleid] ❶ terugbrengen tot een andere, eenvoudiger, vorm ❷ BN ook reduceren

herleven [herleefde, is herleefd] weer levendig worden, weer opbloeien, ook figuurlijk **herlezen** nog een keer lezen

hermafrodiet *de* tweeslachtig wezen

hermelijn I *de (m)* ❶ roofdier uit het geslacht van de wezels dat in de winter wit is met een zwarte staartpunt (Mustela erminea aestiva) II *het* ❷ bont daarvan **hermelijnvlinder** grijswitte vlinder met zwarte stippen

hermeneutiek ‹-nui-› *de (v)* leer van het uitleggen en verklaren, het interpreteren, van teksten, symbolen e.d.

hermetisch *bn* volkomen dicht: ~ *afgesloten*

hermitage ‹-taazjə› *de (v)* [-s] kluizenaarswoning ▼ *Hermitage* bekend schilderijenmuseum in Sint Petersburg, in het voormalige winterpaleis van de tsaar

hernemen weer veroveren ▼ *het woord* ~ weer spreken

hernia med. *de* [-'s] aandoening met pijn in rug en benen, doordat een schijfje tussen de rugwervels is verschoven of gescheurd

hernieuwen ❶ opnieuw doen: *een hernieuwde kennismaking* ❷ nieuw worden of maken: *de vriendschap* ~; *met hernieuwde belangstelling*

heroïek *de (v)* heldhaftigheid

heroïne het harddrug die van morfine is gemaakt **heroïnehoer** prostituee die aan heroïne verslaafd is

heroïsch *bn* heldhaftig **heroïsme** *het* heldhaftigheid

heropenen opnieuw openen: *de afgebrande winkel is heropend; na een korte pauze werd de vergadering heropend*

heroveren terugwinnen, opnieuw veroveren **heroverwegen** nogmaals over iets nadenken en eventueel van besluit veranderen

herpakken ▼ *zich* ~ beter worden, zich herstellen

herpes *de (m)* acute ontsteking van huid en sommige slijmvliezen, ook als geslachtsziekte

herrie *de* ruzie, opschudding, lawaai **herriemaker** *de (m)* [-s], **herrieschopper** iemand die herrie, ruzie, problemen maakt

herrijzen ❶ weer opstaan ❷ fig. tot nieuw leven komen

herroepen terugnemen zodat het niet meer geldt, intrekken: *een bevel* ~

herscheppen opnieuw maken, veranderen **herschrijven** opnieuw schrijven, omwerken: *de schrijver herschreef zijn roman driemaal*

hersenbloeding bloeding in de hersenen doordat een bloedvat kapotgaat: *hij is verlamd geraakt door een* ~ **hersenbreker** moeilijk probleem, moeilijke puzzel **hersendood** toestand waarin er geen activiteit in de hersenen en geen spontane ademhaling is

hersenen, **hersens** *de (mv)* ❶ gedeelte van het centrale zenuwstelsel binnen de schedel ❷ fig. verstand ▼ *zijn* ~ *pijnigen* diep nadenken ❸ spreekt. hoofd: *iemand zijn hersens inslaan*

hersengymnastiek oefening van het verstand, vooral spelletje waarbij iemand moet nadenken **herseninfarct** verstopping van een bloedvat in de hersenen **hersenkronkel** fig. vreemde gedachte **hersenloos** *bn* zonder verstand **hersenpan** schedeldeel boven de hersenen **hersenschim** iets wat in iemands gedachten bestaat, maar niet echt is **hersenschudding** *de (v)* hersenaandoening als gevolg van een lichamelijke schok, waarbij iemand vaak zware hoofdpijn heeft en duizelig en misselijk is: *de skiër knalde tegen een boom en had een* ~ **hersenspinsel** *het* [-s] waanidee, iets wat iemand zonder reden (be)denkt **hersenspoeling** het iemand zo beïnvloeden, zo lang op iemand inpraten, dat hij bepaalde dingen gaat geloven **hersenvliesontsteking** ontsteking van het weke hersenvlies, een van de vliezen om de hersenen

herstart nieuwe start, nieuw begin

herstel *het* ❶ het weer gezond worden na een ziekte ❷ het weer heel, in orde worden nadat iets kapot of aangetast is geweest: *het* ~ *van de werkgelegenheid* **herstelbetaling** schadevergoeding die een staat moet betalen die een oorlog begon en verloren heeft, aan de staat of staten die geleden hebben onder de oorlog

herstellen ❶ beter worden na een ziekte ❷ terugbrengen in de vroegere toestand ❸ repareren

herstructureren [herstructureerde, h. geherstructureerd] een nieuwe structuur geven

hert *het* zoogdier dat herkauwt en een gewei heeft, van de familie van de Cervidae ▼ *vliegend* ~ grote kever met bovenkaken die op een gewei lijken (Lucanus cervus)

hertalen een oudere tekst vertalen in moderne taal

hertenkamp omheind stuk grond voor herten

hertog *de (m)* iemand met een adellijke titel in rang boven graaf **hertogdom** *het* [-men] gebied van een hertog **hertogelijk** *bn* van een hertog **hertogin** *de (v)* [-nen] ❶ vrouwelijke hertog ❷ vrouw van een hertog

hertrouwen, **hertrouwen** opnieuw trouwen

hertshooi *het* plantengeslacht Hypericum, waartoe o.a. sint-janskruid hoort **hertshoorn** *de (m)* [-s] & *het* hoorn van een hert

hertz *de (m)* [hertz] eenheid van trillingsfrequentie

herv. hervormd

hervallen BN terugvallen

hervatten opnieuw beginnen: *het werk* ~

herverdelen opnieuw of op een andere manier verdelen **herverzekering** het verzekeren tegen schade die een verzekeraar kan lijden

hervormd *bn* van een bepaalde protestantse kerk **hervormen** veranderen om te verbeteren **hervorming** I *de (v)* ❶ hist. stroming die leidde tot het ontstaan van de protestantse kerk II *de (v)* [-en] ❷ het hervormen

herwaarderen [herwaardeerde, h. geherwaardeerd] opnieuw de waarde bepalen of toekennen

herwaarts *bw* hierheen

herzien ❶ veranderen en verbeteren: *derde,*

he

geheel ~e druk ❷ veranderen: *een besluit ~*
herziening *de (v)* ❶ het verbeteren, verbetering
❷ het veranderen, verandering
hes *de* [-sen] kledingstuk dat over andere kleren
wordt gedragen, vaak zonder mouwen
hesp BN, spreekt. *de* ham **hespenspek** BN *de (m)*
soort bacon
het I *lidw* ❶ onzijdig lidwoord voor een
zelfstandig naamwoord: *~ huis, ~ werk, ~ doosje*
II *vnw* ❷ persoonlijk voornaamwoord dat
verwijst naar een woord met het lidwoord 'het'
of naar een groter geheel aan informatie: *ik
heb ~ [bijv. het boek, het bericht] gelezen; heb je ~
[bijv. dat Jan ziek is] al gehoord?* ❸ onbepaald
voornaamwoord in zinnen die geen duidelijk
onderwerp hebben: *~ regent, ~ is koud, ~ is drie
uur* ❹ als aankondiging van een bijzin verderop
in de zin: *~ is een feit dat ...*
heteluchtkanon toestel dat een ruimte
verwarmt door het blazen van veel warme lucht
heten [heette, h. geheten] ❶ genoemd worden,
de naam dragen: *ik heet Peter* ❷ beweerd
worden: *de zigeuners ~ uit Azië afkomstig te zijn*
▼ *welkom ~* tegen een bezoeker zeggen dat hij
welkom is
heterdaad *bw* ▼ *op ~ betrappen* betrappen terwijl
de daad gepleegd wordt
hetero I *bn* ❶ heteroseksueel II *de* [-'s]
❷ heteroseksueel **heterofiel** I *bn* ❶ die zich tot
het andere geslacht aangetrokken voelt II *de (m)*
❷ iemand die zo is
heterogeen *bn* allemaal verschillend,
ongelijksoortig ▼ *een ~ gezelschap* allemaal heel
verschillende mensen bij elkaar
heteroseksueel I *bn* ❶ seksueel aangetrokken
tot het andere geslacht II *de (m)* [-uelen]
❷ iemand die zo is
heterozygoot *bn* met verschillende
erfelijkheidsfactoren in de geslachtscellen
hetgeen, hetgene *vnw* dat, wat, datgene wat:
*al ~ gedaan moest worden is af; ~ ik vreesde, is
gebeurd*
hetwelk *vnw* dat, wat, hetgeen
hetze *de (v)* [-s] hatelijke campagne tegen iemand
of iets
hetzelfde *vnw* ❶ precies dat of die al eerder is
gezien, genoemd e.d.: *ik zag gisteren een heel
mooi meisje en ik zag ~ meisje vandaag weer* ❷ dat
er precies op lijkt: *jij hebt ~ jack aan als ik*
hetzij *vgw* of: *je gaat ~ met ons mee, ~ met je tante*
heug *bw* ▼ *tegen ~ en meug* met grote tegenzin
heugel *de (m)* [-s] ijzeren staaf met tanden, vaak
gebruikt aan een tandwiel, o.a. voor het scherp
stellen van meetinstrumenten
heugen in het geheugen voortleven **heugenis** *de
(v)* herinnering
heuglijk *bn* verheugend, wat blij maakt: *~ nieuws*
heulen samenspannen: *~ met de vijand*
heup *de* elk van de twee uitstekende delen van
het lichaam die worden gevormd door de
heupbeenderen, aan de bovenkant waar de benen
vastzitten aan het bovenlichaam: *ze kreeg het
nauwe rokje niet over haar ~en* ▼ *het op zijn ~en
krijgen* ongeduldig, opgewonden, heel actief
worden **heupfles** fles in zakformaat: *hij had
een ~ met cognac bij zich* **heupgordel**

veiligheidsriem in een auto, die over de heupen
wordt vastgemaakt **heupwiegen** [heupwiegde,
h. geheupwiegd] heen en weer bewegen met de
heupen tijdens het lopen **heupzwaai** worp in
een gevecht die ingezet wordt met een
beweging van de heupen
heur *vero. vnw* haar (*als bezittelijk
voornaamwoord*)
heureka *tw* eureka
heuristiek ⟨heu- *of* hui-⟩ *de (v)* leer van het
methodisch en systematisch komen tot
uitvindingen en ontdekkingen
heus *bn* ❶ echt waar, werkelijk: *ik doe het ~ wel*
❷ beleefd: *iemand ~ bejegenen*
heuvel *de (m)* [-s, -en] verhoging van het
aardoppervlak, maar minder hoog dan een
berg: *in Limburg zijn ~s* **heuvelachtig** *bn*,
heuvelig met heuvels: *een ~ landschap*
heuvelland gebied met heuvels **heuvelrug** rij
van heuvels
hevel *de (m)* [-s] omgebogen buis waarmee men
vloeistof overtapt **hevelen** met een hevel
overtappen
hevig *bn* zwaar, erg: *het heeft ~ geregend*
hexagonaal *bn* zeshoekig **hexagram** *het*
[-grammen] figuur met zes hoeken
Hf *schei.* hafnium (*zilverachtig metaal*)
hg hectogram
H.H. ❶ Hare Hoogheid ❷ Heren ❸ Heiligen
h.i. haars of huns inziens
hiaat *het & de (m)* [-aten] lege plek waar iets
ontbreekt, leemte: *een ~ in iemands kennis*
hibiscus *de (m)* kamerplant of tuinstruik uit de
kaasjeskruidfamilie met trompetvormige
bloemen
hidden file ⟨- fajl⟩ comp. verborgen bestand
(*waarvan de naam met een punt begint*)
hidjab ⟨hiedzjaab⟩ *de (m)* [-s] hoofddoek voor
moslimvrouwen
hiel *de (m)* achtereinde van voet, kous, sok of
schoeisel ▼ *iemand op de ~en zitten* van dichtbij
achtervolgen ▼ *de ~en lichten* ervandoor gaan
hielenlikker *de (m)* [-s] onderdanige vleier
hielprik prik in de hiel van een pasgeboren baby
om afwijkingen op te sporen
hiep *tw* ▼ *~ ~, hoera!* uitroep van blijdschap bij
een verjaardag, jubileum e.d.
hier *bw* op deze plaats ▼ *~ en daar* op sommige
plaatsen, niet overal **hieraan, hieraan** *bw* aan dit
hiërarchie *de (v)* [-ën] rangorde binnen een
groep, volgorde van belangrijkheid: *in de ~ van
het leger is een kolonel hoger dan een luitenant*
hiërarchisch *bn* volgens de hiërarchie, volgens
de belangrijkheid van de rangen of functies: *in
veel bedrijven is de organisatie minder ~ geworden*
hierbeneden *bw* onder deze plaats: *~ is een
winkel gevestigd* **hierbij, hierbij** *bw* bij dit ▼ *~
ingesloten* in deze enveloppe **hierboven** *bw*
boven dit **hiernaast, hiernaast** *bw* ❶ naast dit
❷ bij de buren: *~ zijn ze altijd aan het klussen*
hiernamaals *het* wat na de dood komt
hiëroglief *de* ❶ teken of figuur van het
beeldschrift dat de Egyptenaren vroeger
gebruikten om te schrijven ❷ scherts. onleesbare
letter: *die ~en van jou!*
hieronder, hieronder *bw* ❶ beneden deze plaats

❷ onder dit: ~ *verstaat men ...* **hierop, hierop** *bw*
❶ op dit ❷ hierna **hierover, hierover** *bw* wat
met dit te maken heeft, betreffende dit, over dit
hiertegenover *bw* tegenover dit of deze plaats
hiertoe, hiertoe *bw* ❶ tot dit: ~ *werd besloten*
❷ tot dit doel, om dit doel te bereiken **hiervoor**
bw voor dit, met dit doel **hiervoor** *bw* vóór dit
hierzo spreekt. *bw* hier

hifi 〈hajfaj〉 *de (m)* high fidelity (*natuurgetrouwe geluidsweergave*)

high 〈haj〉 *bn* met verhoogd bewustzijn en
verhevigde waarneming, in een soort roes, door
het gebruik van drugs **highbrow** 〈-bRau〉 I *bn*
❶ geleerd, intellectueel, cultureel ontwikkeld
II *de (m)* [-s] ❷ iemand die zo is **high definition** 〈-deffənnisjən〉 *de (m)* hoge resolutie: hoge
kwaliteit van bijv. televisiebeeld **high five** 〈- fajf〉
de (m) [-s] gebaar waarbij twee mensen de
hooggeheven handpalmen tegen elkaar slaan
om een prestatie te vieren
highlight 〈hajlajt〉 *het* [-s] hoogtepunt ▼ ~s lichter
gekleurde strengen hoofdhaar **highlighten** *ww*
[highlightte, h. gehighlight] (iets) duidelijk laten
uitkomen, bv. een streng haar, een passage in
een tekst, een onderwerp **high society** 〈-soosajətie〉 rijke en/of vooraanstaande laag van
de maatschappij **hightech** 〈-tèk〉 *bn* volgens de
modernste technologie: *computer- en
chipfabrikanten zijn ~bedrijven*

hij *vnw* woord dat verwijst naar een mannelijk
persoon als onderwerp in de zin
hijgen zwaar ademhalen **hijger** *de (m)* [-s] iemand
die via de telefoon onbekenden lastigvalt met
seksuele taal
hijs *de (m)* inform. zwaar werk: *dat was nog een
hele ~!* **hijsblok** blok met katrol(len) om iets op te
hijsen **hijsen** [hees, h. gehesen] ❶ omhooghalen
met touw en/of takel ❷ iron. stevig drinken
hijskraan werktuig om zware lasten op te hijsen
hik *de (m)* samentrekking van het middenrif die
gepaard gaat met geluiden **hikken** de hik
hebben
hilariteit *de (v)* vrolijkheid, gelach: *toen zijn broek
afzakte, zorgde dat voor grote ~*
hinde *de (v)* [-n, -s] vrouwelijke hert
hinder *de (m)* last, belemmering: *we hebben veel ~
van het verkeerslawaai* **hinderen** last bezorgen,
storen, ergernis geven: *het geluid van de radio
hindert me bij mijn werk* ▼ *het ~t niet* het geeft
niet
hinderlaag *de* [-lagen] plek waar iemand zich
verstopt om een vijand die langskomt, te
overvallen: *de soldaten lagen in een ~* **hinderlijk**
bn lastig, storend: *dat voortdurende geklets is erg ~*
hindernis *de (v)* [-sen] belemmering, obstakel,
iets dat in de weg staat **hindernisloop**
loopwedstrijd met hindernissen **hinderpaal**
grote belemmering **Hinderwet** wet volgens
welke men iets kan proberen te houden
op grond van vermoede overlast
hindoe *de (m)* [-s] iemand die het hindoeïsme
aanhangt **hindoeïsme** *het* een van de
wereldgodsdiensten
Hindoestaan *de (m)* [-stanen] ❶ bewoner van
Hindoestan ❷ Surinamer die uit India afkomstig
is

Hindoestaans *bn* wat te maken heeft met
Hindoestan of de Hindoestanen
hinkelen 〈kinderspel〉 op één been springen
hinken ❶ mank lopen, kreupel zijn: *sinds dat
ongeluk hinkt hij een beetje* ▼ *op twee gedachten ~*
niet voor één standpunt, benadering kiezen
❷ op één been springen, hinkelen
hink-stap-sprong *de (m)* combinatie van
hinksprong, stap en versprong als
atletiekonderdeel
hinniken het geluid van een paard maken
hint *de (m)* [-s] subtiele aanwijzing, wenk: *een ~
geven*
hip *bn* opvallend modern, modieus: *wat een ~pe
broek heb je aan!*
hiphop *de (m)* sterk ritmische rapmuziek met
een kritisch karakter, ontstaan in de zwarte
getto's in Amerika
hipo 〈haj〉 *de* [-'s] verkorting van *high potential* =
student die door grote ondernemingen als
veelbelovend wordt beschouwd
hippen met kleine sprongetjes springen: *de mus
hipte naar de broodkruimels*
hippie *de* [-s] (in de jaren zestig) jongere die
kritisch stond tegenover de maatschappij en die
vreedzamer en minder materialistisch wilde
leven
hippisch *bn* wat te maken heeft met paarden of
de paardensport en rijkunst **hippodroom** *de (m)
& het* [-dromen] renbaan voor paarden
hispanist *de (m)* iemand die het Spaans en de
Spaanse cultuur bestudeert
histamine *de* stof die bloedvaten verwijdt
histologie *de (v)* weefselleer, leer van de opbouw
en de functies van de weefsels
historiciteit *de (v)* het werkelijk gebeurd zijn
historicus *de (m)* [-ci] iemand die de geschiedenis
beoefent als vak **historie** *de (v)* [-s, -riën]
❶ geschiedenis ▼ *natuurlijke ~* biologie, kennis
van mineralen, meteorologie e.d. ❷ verhaal: *dat
is een vreemde ~* **historiek** BN *de (v)* historisch
overzicht **historiestuk** schilderstuk met een
historisch onderwerp **historiografie** *de (v)*
geschiedschrijving **historisch** *bn* wat te maken
heeft met de geschiedenis, geschiedkundig
▼ *een ~e gebeurtenis* heel belangrijk voor de loop
van de geschiedenis
hit I *de (m)* [-ten] ❶ klein paard, pony II *de (m)* [-s]
❷ liedje, film, boek enz. dat heel populair en
succesvol is ❸ comp. resultaat van een zoekactie
op internet **hitlijst** lijst van de meest verkochte
grammofoonplaten, cd's e.d. **hitparade** lijst van
grammofoonplaten, cd's e.d. die in een
bepaalde periode het meest verkocht zijn **hitsig**
bn seksueel opgewonden, geil
hitte *de (v)* grote warmte **hitteberoerte** officiële
benaming voor zonnesteek **hittebestendig**
bestand tegen hitte **hittegolf** periode van grote
hitte **hitteschild** beschermend schild van een
ruimtevaartuig
hiv *het* human immunodeficiency virus (*virus dat
aids veroorzaakt*)
H.K.H. Hare Koninklijke Hoogheid
H.K.M. Hare Koninklijke Majesteit
hl hectoliter
hls *de* hogere landbouwschool

hm I *tw* ❶ geluid om aandacht te trekken, om aan te geven dat men iets niet geweldig vindt, niet gelooft e.d. **II** ❷ hectometer

H.M. Hare Majesteit

HMG Hoog Militair Gerechtshof

ho *tw* stop!, halt!

h.o. hoger onderwijs

hoax ⟨hooks⟩ *de (m)* [-es] ❶ verzonnen verhaal, misleidende grap ❷ comp. valse waarschuwing per e-mail, vooral tegen een virus

hobbel *de (m)* [-s] ❶ oneffenheid, vooral in een weg ❷ fig. iets wat belemmert: *we moeten nog een paar ~s nemen* **hobbelen** ❶ zacht op en neer gaan ❷ over hobbels rijden **hobbelig** *bn* oneffen, met hobbels: *een ~e weg* **hobbelpaard** houten speelgoedpaard op twee gebogen latten, waarop het op en neer kan schommelen

hobbezak ❶ veel te ruim kledingstuk waar geen model in zit ❷ iemand die zulke kleding draagt, lompe en flodderige verschijning

hobby ⟨-bie⟩ *de (m)* [-'s] liefhebberij, iets waar iemand zich voor zijn plezier mee bezighoudt **hobbybeurs** beurs voor knutselaars **hobbyisme** *het* ❶ het beoefenen van een hobby ❷ niet-professionele aanpak

hobbykip kip die uit liefhebberij wordt gehouden

hobo *de (m)* [-'s] houten blaasinstrument dat met een riet wordt aangeblazen **hoboïst** *de (m)* iemand die de hobo speelt

hockey ⟨hokkie⟩ *het* teamsport waarbij een harde bal met een slaghout in het doel wordt geslagen **hockeyen** [hockeyde, h. gehockeyd] hockey spelen **hockeystick** slaghout voor hockey

hocus pocus *het & de (m)* ❶ toverformule ❷ fig. geheimzinnig gedoe

hodgkin ⟨hodzj-⟩ *de (m)* ziekte van Hodgkin, kanker van het lymfestelsel

hoe *bw* ❶ woord waarmee men bepaalde vragen begint: *~ heet je?* ❷ woord waarmee men een vraag begint en dat betekent: op welke manier: *~ ga jij naar school, met de bus of op de fiets?* ❸ op welke manier: *ik weet niet ~ dat moet* ▼ *het gaat ~ langer ~ beter* het gaat steeds beter

hoed *de (m)* ❶ kledingstuk voor op het hoofd, meestal met een rand erom: *vroeger droegen heren vaak een ~* ▼ *onder één ~je spelen* samenspannen ▼ *van iets ~je spelen, schrikken* erg lachen, schrikken ❷ wat erop lijkt: *de ~ van een paddenstoel*

hoedanig *vnw* wat voor, van welke soort of aard **hoedanigheid** *de (v)* [-heden] ❶ aard, eigenschap ❷ functie: *in de ~ van voorzitter*

hoede *de* ❶ bewaking, bescherming ❷ waakzaamheid ▼ *op zijn ~ zijn* waakzaam zijn **hoeden** passen op, bewaken, beschermen ▼ *zich ~ voor* oppassen voor

hoedenplank plank achter de achterbank in een personenauto

hoederecht BN, jur. het recht om na echtscheiding de voogdij over kinderen uit te voeren

hoef *de (m)* [hoeven] hoornachtig uiteinde, harde rand aan de voet van paarden, koeien enz.

hoefblad ▼ *groot ~* samengesteldbloemige plant met grote hartvormige bladen (Petasites

officinalis) ▼ *klein ~* samengesteldbloemige plant met gele bloem (Tussilago farfara)

hoefdier dier met hoeven, zoals een paard, koe of hert **hoefijzer** ijzer dat tegen de onderkant van de hoef van een paard wordt geslagen **hoefnagel** soort spijker voor het bevestigen van een hoefijzer aan een paardenhoef **hoefsmid** iemand die hoefijzers smeedt en die onder de hoeven van paarden slaat

hoegenaamd, hoegenaamd *bw* volstrekt, totaal ▼ *~ geen* vrijwel geen

hoek *de (m)* ❶ meetkundige figuur gevormd door twee rechte lijnen met hetzelfde beginpunt: *een rechte ~ is een ~ van negentig graden* ❷ de ruimte tussen twee lijnen, twee muren enz. die tegen elkaar aan komen: *de telefoon staat in de ~ van de kamer* ▼ *leuk uit de ~ komen* een leuke of grappige opmerking maken ▼ *korte/lange ~* deel van de goal tussen doelman en doelpaal dat zich het dichtst bij/verst van de bal bevindt ▼ *dode ~* gebied naast de auto dat voor de chauffeur niet of moeilijk zichtbaar is ▼ *zich in een ~ laten drukken,* BN ook *zich in een ~ laten drummen* zich laten verdringen ❸ streek, plaats, richting ▼ *uit welke ~ waait de wind?* hoe is de stemming? ❹ scherpe punt of kant, uitstekende punt: *de bakker is op de ~ van de straat* ▼ *het ~je om gaan* doodgaan ❺ ⟨boksen⟩ zwaaistoot met gebogen arm: *een rechtse ~ plaatsen*

hoekhuis huis op de hoek van een straat of van een huizenblok **hoekig** *bn* met hoeken, scherp: *een ~ gezicht* **hoeklijn** ❶ wisk. lijn dwars door een figuur tussen twee hoeken die tegenover elkaar liggen ❷ verbindingsstuk waarmee men twee hoeken verbindt **hoekman** *de (m)* [-nen, -lieden] iemand die voor eigen rekening aan de beurs een of meer fondsen verhandelt **hoekpunt** wisk. het punt van een hoek **hoeks** *bn* wat een hoek vormt

hoekschop ⟨voetbal⟩ vrije schop uit een hoek van het veld **hoekslag** ❶ met opzij ❷ sp. vrije slag uit een hoek **hoeksteen** ❶ sluitsteen ❷ fig. dat waarop al het andere leunt, steunpilaar: *het gezin is de ~ van de samenleving* **hoektand** tand tussen snijtanden en kiezen

hoelahoep *de (m)* plastic hoepel die iemand door een golvende heupbeweging om zich heen laat draaien

hoelang, hoelang *bw* (gedurende) hoeveel tijd: *tot ~ blijft hij hier?*

hoempa *de (m)* [-'s] muziek met een zware dreun en eenvoudig ritme

hoen *het* [-deren, -ders] kip ▼ *hoenders* verzamelnaam voor een aantal vogelsoorten uit het geslacht Gallus, waaronder de stamvorm van onze kip ▼ *zo fris als een ~tje* zonder een spoor van vermoeidheid **hoenderachtigen** *de (mv)* vogels die verwant zijn aan de kip

hoepel *de (m)* [-s] ❶ helemaal ronde houten, metalen of plastic cirkel als speelgoed ❷ band om een ton e.d. **hoepelen** met een hoepel spelen **hoepelrok** ⟨vroeger⟩ rok die wijd uitstaat door hoepels

hoepla *tw* uitroep bij snelle beweging, hup

hoer *de (v)* iemand die tegen betaling seksuele

handelingen verricht

hoera *tw* uitroep van vreugde **hoerastemming** overwinningsstemming

hoerenjong niet helemaal gevulde regel bovenaan op een bladzijde **hoerenkast**, **hoerentent** bordeel **hoerenloper** iemand die geregeld hoeren bezoekt **hoereren** naar hoeren gaan, zedeloos leven ▼ *zich ~* zich gedragen, laten gebruiken als een hoer **hoererij** *de (v)* het hebben van seks tegen betaling **hoerig** *bn* als een hoer: *zich ~ kleden*

hoes *de* [hoezen] soort zak, overtrek als bescherming om iets heen: *platen~, gitaar~* **hoeslaken** laken met elastiek in de randen, dat als een hoes over een matras wordt getrokken

hoest *de (m)* plotselinge uitstoting van lucht die gepaard gaat met een schurend geluid **hoestbui** aanval van hoest **hoesten** met een schrapend keelgeluid veel lucht uitstoten: *ik had een kriebel in mijn keel en moest ~* **hoestpastille** tablet tegen hoest

hoeve *de* [-n, -s] ❶ boerderij ❷ ⟨als eerste deel van een samenstelling⟩ BN ook van een boerderij: *~boter*

hoeveel, **hoeveel** *telw* welk aantal **hoeveelheid** *de (v)* [-heden] ❶ aantal ❷ ⟨bij stofnamen⟩ maat, gewicht: *de ~ suiker, water* **hoeveelste** *telw* welke in de rangorde, welk rangnummer

hoeven [hoefde, h. gehoefd / gehoeven] ▼ ⟨vooral NN⟩ *niet ~* niet moeten, niet noodzakelijk zijn; niet willen, niet nodig hebben: *morgen ~ we niet naar school; dat hoef je niet te doen; ik hoef geen suiker in mijn thee* ▼ *van mij hoeft dat allemaal niet (zo nodig)* ik vind dat allemaal niet nodig

hoeverre, **hoever** *bw* ▼ *in ~* tot op welke hoogte, in welke mate

hoewel *vgw* woord dat een tegenstelling aangeeft tussen wat men zou verwachten en wat er gebeurt, ook al: *~ we ons hadden gehaast, misten we toch de trein*

hoezee *tw* hoera!

hoezeer *vgw* hoe erg, in welke mate: *~ het me ook spijt, ik kan u niet helpen*

hoezo *tw* vraag die verbazing uitdrukt: wat bedoel je/bedoelt u?

hof I *het* [hoven] ❶ paleis, omgeving van een vorst ❷ hoge rechtbank: BN *Hof van Cassatie* rechtbank voor beroep in cassatie;: BN *~ van beroep* rechtbank voor hoger beroep;: BN *~ van assisen* gerechtshof met jury voor zware misdrijven ▼ *een vrouw het ~ maken* een vrouw proberen voor zich te winnen, te versieren II *de (m)* [hoven] ❸ tuin, boomgaard, erf **hofdame** dame van hoge rang aan het hof die de koningin begeleidt en helpt met bepaalde taken **hoffelijk** *bn* beleefd, galant: *~ hield hij de deur voor haar open* **hofhouding** *de (v)* alle mensen die in een paleis in dienst van een vorst werken **hofje** *het* [-s] pleintje met woningen daaromheen **hofkapel** ❶ muziekgezelschap in dienst van het hof ❷ ruimte om te bidden, die bij een paleis hoort **hofleverancier** onderscheidingstitel voor bepaalde bedrijven **hofmaarschalk** bestuurder van de vorstelijke huishouding **hofmeester** ❶ iemand die aan boord van een schip of vliegtuig logies en voeding verzorgt ❷ ⟨vroeger⟩ opperceremoniemeester aan het hof **hofnar** nar in dienst van een vorst **hofstad** ❶ woonplaats van een vorst ❷ Den Haag, de stad waar de regering zetelt **hofstede** *de* [-n, -s], **hofstee** vero. boerderij

hogedrukgebied ⟨meteorologie⟩ gebied met een hogere luchtdruk **hogedrukpan** snelkookpan **hogedrukreiniger** *de (m)* [-s] apparaat waarmee vuil met water onder hoge druk wordt verwijderd **hogedrukspuit** spuit waarmee onder hoge druk wordt gespoten

hogelijk *bw* zeer, erg: *~ verbaasd*

hogepriester, **hogepriester** belangrijkste priester **hogerhand**, **hogerhand** *de* rechterkant, ereplaats ▼ *van ~* door een persoon of instantie die hoger staat in de hiërarchie, bijv. de directie **hogerop** *bw* naar een hogere plaats, ook figuurlijk: *hij wil ~ komen in de maatschappij* **hogeschool** ❶ school voor hoger beroepsonderwijs ❷ hoogste vorm van paardendressuur

hogesnelheidslijn spoorweg die geschikt is voor hogesnelheidstreinen **hogesnelheidstrein** trein met heel grote snelheid

hoi *tw* informele groet

hok *het* [-ken] ❶ ruimte voor dieren: *kippen~, honden~* ❷ afgescheiden ruimte waar men iets bewaart of opbergt: *fietsen~, kolen~* ❸ kleine, akelige kamer: *hoeveel huur vragen ze voor dit ~?* ❹ hokjesgeest gedrag van mensen die elkaar tegen staan ❺ sp. doel **hokjesgeest** bevooroordeelde mentaliteit

hokkeling *de (m)* éénjarig kalf

hokken ❶ dicht op elkaar zitten ❷ samenwonen zonder getrouwd te zijn **hokkerig** *bn* met kleine kamers

hol I *bn* ❶ niet massief, leeg: *een ~le boomstam* ▼ *een ~ vat* iemand met veel vertoon maar weinig diepte ❷ naar binnen of naar beneden gebogen: *een ~le lens* ❸ niet vol van klank: *een ~ geluid* ❹ nietszeggend: *~le woorden* ▼ *in het ~st van de nacht* in het diepst van de nacht II *het* [holen] ❺ grot, holle ruimte ❻ verblijfplaats van wild dier in de grond ▼ *zich in het ~ van de leeuw wagen* het gevaar tegemoettreden ❼ schuilplaats: *een rovers~* ▼ *op ~ geslagen* die niet meer naar de teugel luistert (van paarden); fig. die zichzelf niet meer onder controle heeft ▼ *op een ~letje* snel

hola *tw* uitroep om aandacht te trekken, iemand staande te houden: *~, wat moet dat daar?*

holderdebolder *bw* halsoverkop, in grote haast

holding ⟨hool-⟩ *de (v)* [-s] maatschappij die aandelen beheert van verschillende ondernemingen

hole ⟨hool⟩ *de (m)* [-s] ❶ kuiltje bij golfspel ❷ punt bij golfspel

holebi BN *de* [-'s] homo, lesbienne of biseksueel

holenmens *de (m)* voorhistorische mens die in holen leefde

holhoornig *de (mv)* groep van zoogdieren met hoorns die niet vertakt zijn, zoals de koe, de geit en de antilope

holisme *het* stroming die de nadruk legt op de waarde van het geheel met onderdelen die met elkaar samenhangen

ho

Holland *het* ❶ gebiedsdeel van Nederland dat bestaat uit Noord- en Zuid-Holland ❷ Nederland **hollandais**esaus ⟨-dèzə-⟩ warme lichtzure eiersaus **Hollander** *de (m)* [-s] iemand uit Holland ▾ *vliegende ~* Nederlandse kapitein op een spookschip uit een volksverhaal

hollen hard lopen ▾ ~ *of stilstaan* van het ene uiterste in het andere ▾ *achter de feiten aan ~ te* laat handelen

holocaust *de (m)* massale uitroeiing van mensen **Holocaust** *de (m)* vernietiging van Joden in de Tweede Wereldoorlog

holoceen *het* jongste tijdvak van het quartair

holografie *de (v)* manier van fotograferen waarbij een platte afbeelding driedimensionaal wordt weergegeven **holografisch** *bn* ❶ eigenhandig geschreven ❷ met behulp van of wat te maken heeft met holografie **hologram** *het* [-men] figuur die echt lijkt maar die is gemaakt van bundels licht, zoals laserstralen

holrond *bn* rond ingebogen

holster *de (m)* [-s] koker aan een riem om een pistool of revolver in op te bergen

holte *de (v)* [-n, -s] holle lege ruimte: *als je hier op de muur klopt, hoor je dat er een ~ achter zit*

hom *de* [-men] orgaan van mannetjesvissen ▾ ~ *of kuit willen hebben* een duidelijk antwoord op een vraag, uitsluitsel willen hebben

home ⟨hoom⟩ *het* [-s] BN, spreekt. tehuis (*meestal voor bejaarden*) **home cinema** ⟨- sinnəma⟩ *de* set apparaten waarmee men thuis een film kan bekijken alsof men in een bioscoop is

homejacking ⟨-dzjekking⟩ BN *de (m)* [-s] een auto stelen door bij een woninginbraak de autosleutels op te eisen

homeopaat *de (m)* [-paten] iemand die homeopathie uitoefent **homeopathie** *de (v)* geneeswijze met middelen die normaal gesproken de ziekte zouden opwekken

homepage ⟨hoompeedzj⟩ comp. *de (m)* [-s] eerste pagina van een website

homer *de (m)* [-s] homerun

homerisch *bn* ▾ ~ *gelach* onbedaarlijk gelach

homerun ⟨hoomRun⟩ *de (m)* [-s] ⟨honkbal, softbal⟩ slag waarbij de bal over de begrenzing van het buitenveld wordt geslagen **hometrainer** *de (m)* [-s] toestel voor fitnesstraining in huis

hominide *de* [-n] groep primaten waartoe de mens en de mensapen behoren

hommage ⟨ommaazja⟩ *de (v)* [-s] eerbetoon ▾ *een ~ aan iemand brengen* iets doen waardoor men laat merken dat men waardering en respect voor iemand heeft: *dit concert is een ~ aan de overleden zanger*

hommel *de* [-s] ❶ mannetje van de bij ❷ insect dat op een bij lijkt maar groter is, van de onderfamilie van de Bombinae

hommeles *zn* ▾ *het is ~* er is ruzie, onrust

homo *de (m)* [-'s] homoseksueel, homofiel **homofiel** I *bn* ❶ seksueel aangetrokken tot personen van hetzelfde geslacht II *de (m)* ❷ iemand met deze seksuele voorkeur **homofoon** *bn* ❶ gelijkklinkend ❷ muz. met slechts één stem als melodie **homogeen** *bn* die allemaal van dezelfde soort zijn, op elkaar lijken ▾ *een ~ gezelschap* dezelfde soort mensen bij

elkaar **homograaf** *de (m)* [-grafen] woord dat gelijk gespeld wordt als een ander woord maar anders wordt uitgesproken **homohuwelijk** huwelijk tussen mensen van hetzelfde geslacht

homologatie *de (v)* [-s] gerechtelijke bekrachtiging **homologatiecommissie** BN commissie belast met controle op diploma's van het secundair onderwijs **homologeren** gerechtelijk bekrachtigen, homologatie verlenen

homoloog *bn* die met elkaar overeenstemmen ▾ *homologe chromosomen* twee chromosomen met dezelfde structuur in een celkern

homoniem taalk. I *bn* ❶ gelijk in klank maar verschillend van betekenis II *het* ❷ woord dat hetzelfde klinkt als een ander woord maar dat een andere betekenis heeft **homonymie** ⟨-nie-⟩ taalk. *de (v)* verschijnsel dat bepaalde woorden homoniemen zijn

homoscene ⟨-sien⟩ sociale kring van homo's **homoseksueel** I *bn* ❶ seksueel aangetrokken tot mensen van hetzelfde geslacht II *de (m)* [-suelen] ❷ iemand met deze seksuele voorkeur **homozygoot** ⟨-zie-⟩ I *bn* ❶ met dezelfde erfelijkheidsfactoren II *de (m)* [-goten] ❷ individu, exemplaar met dezelfde erfelijkheidsfactoren

homp *de* dik stuk: *een ~ brood*

hond *de (m)* dier dat van de wolf afstamt en dat veel als huisdier wordt gehouden (Canis familiaris) ▾ *bekend als de bonte ~* berucht ▾ *geen ~* niemand ▾ *geen slapende ~en wakker maken* ervoor zorgen dat mensen niet gaan letten op dingen waarvan men liever wil dat ze ze niet opmerken ▾ *vliegende ~* grote vleermuis ▾ *Mexicaanse ~* soort janktoon van een radio ▾ *de ~ in de pot vinden* merken dat het eten al op is ▾ *blaffende ~en bijten niet* wie dreigt, is ongevaarlijk ▾ *de gebeten ~ zijn* overal de schuld van krijgen ▾ *komt men over de ~, komt men over de staart* als de grote moeilijkheden zijn overwonnen, komt de rest ook wel ▾ BN *als een ~ in een kegelspel* ongewenst (zijn), ongelegen (komen) **hondenbaan** slechte zware baan **hondenbelasting** gemeentelijke belasting op het houden van honden **hondenbrokken** voer voor honden dat tot brokken geperst is **hondenhok** hok van een hond **hondenkop** ❶ kop van een hond ❷ treinstel met een front dat lijkt op de kop van een hond **hondenleven** ellendig leven **hondenlul** vulg. scheldwoord dat minachting uitdrukt **hondenpenning** metalen plaatje aan de halsband van een hond als bewijs dat de hondenbelasting betaald is, of met bepaalde gegevens, zoals de naam van de hond, telefoonnummer van de eigenaar **hondenstiel** BN slechte baan of bezigheid, hondenbaan **hondentrouw** onwankelbare trouw **hondenweer** heel slecht weer **hondenziekte** besmettelijke ziekte bij jonge honden

honderd I *telw* ❶ aantal van honderd ▾ *nummer ~* wc ▾ BN, vero. *ten ~* procent II *het* ❷ het getal 100 ▾ *in het ~ lopen* helemaal mislukken **honderdduizend** *telw* honderdmaal duizend, aantal van 100.000

ho

honderdduizendste *telw* ❶ nummer 100.000 ❷ 1/100.000 **honderdje** *het* [-s] bankbiljet van honderd (euro) **honderdste** *telw* ❶ nummer 100 ❷ 1/100, honderdste deel **honderduit** *bw* ▼ ~ *praten* druk en enthousiast praten

hondje *het* [-s] kleine hond **honds** *bn* onbeschoft, gemeen, ruw **hondsbrutaal** heel brutaal **hondsdagen** *de (mv)* warmste tijd van het jaar tussen 19 juli en 18 augustus **hondsdolheid** *de (v)* gevaarlijke besmettelijke ziekte die onder andere door een hondenbeet kan worden overgebracht

hondsdraf *de (m)* kruipend plantje met paarsblauwe lipbloemen

hondsmoe heel erg moe **hondsvot** *de & het* [-ten] schurk, ellendeling

honen bespotten, belachelijk maken

honger *de (m)* ❶ behoefte aan voedsel ▼ ~ *maakt rauwe bonen zoet* bij honger smaakt alles ❷ *fig.* heel sterk verlangen: ~ *naar erkenning* ▼ BN *op zijn* ~ *blijven* niet hebben gekregen wat men wilde **hongerdood** dood door gebrek aan voedsel **hongeren** honger hebben ▼ *fig.* ~ *naar* heel erg verlangen naar **hongerig** *bn* ❶ met (een gevoel van) honger, die honger heeft ❷ *fig.* die erg naar iets verlangt: ~ *naar liefde* **hongerkuur** geneeswijze waarbij iemand weinig eet **hongerlijder** *de (m)* [-s] iemand die te weinig te eten krijgt **hongerloon** heel laag loon **hongermaal** BN heel sober maal als bewustmakingsmiddel voor de honger in de wereld **hongeroedeem** ophoping van vocht in weefsels als gevolg van ernstige ondervoeding **hongersnood** toestand waarbij veel mensen in een gebied honger lijden doordat er te weinig voedsel is: *er is regelmatig ~ in Afrika* **hongerstaking** het weigeren om te eten als protest, bijv. door gevangenen **Hongerwinter** de winter van het laatste jaar van de Tweede Wereldoorlog (1944-'45) toen er in West-Nederland heel weinig voedsel was

honing, honig *de (m)* suikerstof van bloemen die door bijen is gemaakt ▼ *iemand* ~ *om de mond smeren* vleien **honingdauw** stof die door bladluizen wordt afgescheiden **honingraat** cellenbouwsel dat door bijen wordt gemaakt om er honing in op te slaan **honingzoet** ❶ zoet als honing ❷ *fig.* gemaakt, overdreven lief

honk *het* ❶ gebouw, ruimte waar mensen kunnen samenkomen: *een jeugd~* ❷ ⟨honkbal, softbal⟩ elk van de plaatsen die een speler moet passeren om te scoren **honkbal** *het* teamsport waarbij spelers met een knuppel een bal het veld in slaan en langs honken rennen om een punt te scoren **honkslag** ⟨honkbal⟩ slag waardoor een speler een honk kan bereiken **honkvast** gehecht aan huis en woonplaats **honnepon** *de* [-s] lieve schat **honneurs** *de (mv)* eerbewijzen ▼ *de* ~ *waarnemen* als gastheer of gastvrouw optreden **honorabel** *bn* eervol, deftig **honorair** ⟨-ʀɛ̀r⟩ *bn* met de titel van een ambt zonder het loon te ontvangen of een plicht ▼ ~ *lid* erelid **honorarium** *het* [-ria, -s] financiële beloning van schrijvers, advocaten, artsen e.a. voor hun werk **honoreren** ❶ erkennen als

geldig ❷ betalen voor bewezen diensten of werk ▼ *een verzoek* ~ *doen* waar iemand om vraagt **honoris causa** *bw verb* vanwege de eer **hoodie** ⟨hoedie⟩ *de* [-s] sweater met een capuchon

hoofd *het* ❶ deel van het lichaam boven de hals ▼ *het* ~ *laten hangen* de moed verliezen ▼ *het* ~ *in de schoot leggen* berusten ▼ *het* ~ *boven water houden* niet ten onder gaan ▼ *een hard (zwaar)* ~ *in iets hebben* iets somber inzien ▼ *boven het* ~ *groeien* te veel worden, zodat iemand het niet meer aankan ▼ *boven het* ~ *hangen* te wachten staan (van een gevaar, probleem e.d.) ▼ *zijn* ~ *stoten* niet slagen, belemmeringen tegenkomen ▼ *iemand voor het* ~ *stoten* onvriendelijk behandelen, beledigen ▼ *naar het* ~ *stijgen* bloedaandrang naar het hoofd veroorzaken; *fig.* verwaand doen worden: *de roem is hem naar het* ~ *gestegen* ❷ het bovenste of voorste: *aan het* ~ *van de tafel, de stoet* ▼ *aan het* ~ *staan van* de leiding hebben over ❸ verstand, inzicht: *hij heeft een goed* ~ *voor zaken* ▼ *zijn* ~ *over iets breken* over iets piekeren, zich zorgen maken ▼ *niet goed bij zijn* ~ *zijn* gek zijn ▼ *uit zijn* ~ *leren* van buiten ▼ *het is mij door het* ~ *geschoten* ik ben het vergeten ▼ *iemand iets uit het* ~ *praten* van iets doen afzien ▼ *over het* ~ *zien* niet opmerken ❹ voornaamste leider: *het* ~ *van de school* ❺ aanlegsteiger, pier: *haven~* ❻ persoon: *het waterverbruik per* ~ *van de bevolking*

hoofdarbeider iemand die met het hoofd werkt **hoofdartikel** voornaamste artikel in een krant (meestal door de hoofdredacteur geschreven), dat een belangrijk onderwerp van de dag behandelt

hoofdbrekens *de (mv)* inspanning door denken: *dat heeft heel wat* ~ *gekost*

hoofdcommissaris voornaamste (politie)commissaris **hoofddeksel** *het* [-s] voorwerp dat mensen dragen om hun hoofd te bedekken, zoals een hoed of een pet **hoofddocent** universitair docent één rang onder de hoogleraar **hoofddoek** doek om het hoofd, vaak doek die het haar bedekt **hoofddoel** belangrijkste doel, waar vooral naar wordt gestreefd **hoofdeinde** deel van een bed waar het hoofd ligt **hoofdelijk** *bn* per hoofd, per persoon: ~ *aansprakelijk zijn* **hoofdgerecht** voornaamste onderdeel van een maaltijd **hoofdinspecteur** rang bij de politie boven die van inspecteur **hoofdje** *het* [-s] ❶ klein hoofd ❷ tekst boven iets geschreven, opschrift ❸ korte samenvatting voordat een tekst begint **hoofdkaas** *de (m)* (zuur gemaakt) vlees van de kop van een dier, zult **hoofdkantoor** voornaamste kantoor van een bedrijf, organisatie e.d. **hoofdkraan** kraan van de hoofdleiding van gas of water **hoofdkussen** kussen waarop men met het hoofd ligt **hoofdkwartier** ❶ verblijf van legerleiding ❷ belangrijkste ruimte, kantoor van een

ho

ho

organisatie e.d.: *het ~ van de Verenigde Naties* **hoofdletter** speciale grote letter **hoofdlijnen** *de (mv)* belangrijkste kenmerken ▾ *in ~* in grote trekken, globaal **hoofdman** *de (m)* [-nen, -lieden] degene die leidt, de leider: *de ~ van een bende rovers* **hoofdofficier ❶** officier in hogere rang bij de krijgsmacht, van majoor tot kolonel **❷** hoofd van een arrondissementsparket van een rechtbank **hoofdonderwijzer** hoofd van een basisschool

hoofdpersoon belangrijkste persoon in een boek, film e.a. **hoofdpijn** pijn in het deel van het hoofd boven de ogen **hoofdpijndossier** politiek gevoelig onderwerp waarmee bestuurders worstelen en dat maar niet opgelost wordt **hoofdprijs** belangrijkste prijs **hoofdredacteur** redacteur die de leiding heeft over een team van redacteuren

hoofdrekenen rekenen uit het hoofd **hoofddrol** belangrijkste rol in een toneelstuk, film, bij een gebeurtenis e.d. **hoofdschotel** het belangrijkste gerecht van een maaltijd, hoofdgerecht

hoofdschudden schudden met het hoofd als iemand iets afkeurt of om 'nee' uit te drukken **hoofdsom ❶** bedrag van de aanvankelijke schuld of vordering **❷** kapitaal (in onderscheiding van de rente daarop) **❸** het totale bedrag **hoofdstad** belangrijkste stad van een land of provincie, waar meestal ook de regering of het bestuur is **hoofdstedelijk** *bn* van, wat te maken heeft met de hoofdstad **hoofdsteun** kussen, rol waartegen het hoofd kan rusten

hoofdstuk deel van een boek dat een geheel vormt

hoofdtelwoord telwoord als: een, twee, drie (i.t.t. rangtelwoorden als: eerste, tweede, derde) ▾ *onbepaald ~* woorden als: veel, weinig, sommige **hoofdtoon ❶** *muz.* grondtoon **❷** belangrijkste, meest overheersende kleur **hoofdvak** voornaamste studie- of leervak **hoofdwas** belangrijkste wasprogramma **hoofdzaak** het belangrijkste ▾ *de hoofdzaken onderscheiden van de bijzaken* verschil maken tussen dingen die belangrijk zijn en dingen die minder belangrijk zijn **hoofdzakelijk** *bw* vooral **hoofdzin** zin die op zichzelf staat, die geen deel uitmaakt van een andere zin (i.t.t. een bijzin) **hoofdzonde ❶** r.-k. elk van de zeven zware zonden **❷** *fig.* voornaamste fout of gebrek **hoofs** *bn* wellevend, hoffelijk, galant: *een ~e ridder*

hoog *bn* **❶** wat zich ver boven de grond bevindt of ver de lucht in steekt ▾ *ergens ~ en droog zitten* veilig ▾ *iets bij ~ en bij laag beweren* heftig, met nadruk **❷** aanzienlijk, groot: *een hoge positie in het bedrijfsleven* ▾ *iemand ~ aanslaan* grote waardering voor iemand hebben ▾ *ten ~ste* ten zeerste, op zijn meest **❸** met veel geluidstrillingen per seconde: *een ~ geluid* ▾ *dat zit me ~* daar ben ik kwaad over en ik heb behoefte om dat te uiten ▾ *iets ~ opnemen* het heel ernstig vinden, het zich erg aantrekken ▾ ⟨christendom⟩ *in den hoge* in de hemel **hoogachten** veel respect, achting hebben voor

▾ ⟨formule onder aan een brief⟩ *~d* met veel respect **hoogaltaar** r.-k. belangrijkste altaar in de kerk **hoogbegaafd** met een intelligentiequotiënt van meer dan 130 **hoogbejaard** heel oud **hoogblond** heel blond

hoogbouw manier van bouwen waarbij heel hoog gebouwd wordt **hoogconjunctuur** tijd waarin het economisch goed gaat **hoogdag** BN **❶** belangrijke kerkelijke feestdag **❷** belangrijke dag

hoogdravend *bn* overdreven plechtig, met veel woorden die moeilijk klinken maar die geen inhoud hebben **hoogdringend** BN, ook urgent, heel dringend

hoogdruk druktechniek in reliëf **hoogfrequent** gezegd van wisselstroom met meer dan 100.000 trillingen per seconde **hooggebergte** gebergte hoger dan 2000 meter **hooggeëerd** *bn* zeer geëerd, heel erg gewaardeerd: *~ publiek!* **hooggeplaatst** *bn* met een hoge positie **hoogharig** *bn* onvriendelijk trots, arrogant, die neerkijkt op anderen **hoogheemraad** bestuurslid van een hoogheemraadschap **hoogheemraadschap** waterschap, belast met de zorg voor de waterstaat over een uitgebreid district **hoogheid** *de (v)* [-heden] **❶** hoge rang, aanzien **❷** titel van vorsten en prinsen: *Zijne, Hare Hoogheid* **hooghouden** ⟨voetbal⟩ ervoor zorgen dat de bal de grond niet raakt

hoogland uitgestrekte bergstreek, hooggelegen land **hoogleraar** iemand die op een universiteit aan het hoofd staat van het wetenschappelijk onderzoek en het onderwijs in een bepaald vakgebied

hooglijk *bw* zeer, erg, in hoge mate, hogelijk: *dat verbaast mij ~* **hooglopend** *bn* hevig, heel erg: *~e ruzie*

hoogmis plechtig gezongen mis **hoogmoed** *de (m)* verwaandheid, trots ▾ *~ komt voor de val* iemand die denkt dat hij beter is dan anderen, komt ooit in een positie waarbij anderen op hem neerkijken **hoogmoedig** *bn* verwaand, trots **hoogmoedswaanzin** extreem hoge dunk van zichzelf **hoognodig** dringend nodig

hoogoven hoge smeltoven voor ijzererts **hoogpolig** *bn* ⟨van tapijten⟩ met opstaande draden **hoogrendementsketel** ketel van een cv-installatie met een hoog rendement **hoogseizoen** drukste tijd, bijv. de zomer voor de toeristenindustrie **hoogslaper** hoge constructie met een bed, waarbij de ruimte eronder voor iets anders kan worden gebruikt **hoogspanning ❶** spanning boven 500 volt **❷** *fig.* uiterste spanning, grote stress: *onder ~ werken* **hoogspanningsmast** mast voor leidingen met hoogspanning **hoogspringen** sport waarbij zo hoog mogelijk over een lat moet worden gesprongen

hoogst *bw* in hoge mate, erg: *dit is ~ ongebruikelijk*

hoogstaand *bn* van hoog moreel niveau, met een heel goed karakter ▾ *een ~ mens* iemand met heel hoge opvattingen over wat goed en slecht is en die zich daar ook naar gedraagt

hoogstam boom met een hoge stam

hoogstandje iets dat heel bijzonder en heel knap is: *deze nieuwe auto is een technisch ~*

hoogstbiedende *de* [-n] degene die het meeste biedt **hoogsteigen** *bn* ▼ *in ~ persoon* de persoon zelf **hoogstens** *bw* ❶ op zijn hoogst, maximaal: *het duurt ~ een uur* ❷ in het uiterste geval

hoogte *de (v)* [-n, -s] ❶ het hoog zijn, hoe hoog iets is: *de ~ van een wolkenkrabber* ❷ hooggelegen gebied, hoogvlakte enz. ▼ *iemand op de ~ stellen* iemand over iets informeren ▼ *uit de ~* arrogant, neerbuigend ▼ *de ~ hebben* of *krijgen* dronken zijn of worden ▼ *ik kan geen ~ van hem krijgen* ik weet niet wat ik van hem moet denken

hoogtelijn lijn uit een hoekpunt van een driehoek loodrecht naar de andere zijde **hoogtemeter** toestel om de geografische breedte te bepalen

hoogtepunt *het* ❶ het hoogste punt ❷ <u>wisk.</u> snijpunt van hoogtelijnen ❸ <u>fig.</u> het hoogste punt, het allermooiste, allerleukste enz. ❹ het klaarkomen bij seks, orgasme **hoogtevrees** angst als iemand zich op grote hoogte bevindt **hoogtezon** ❶ licht dat rijk is aan ultraviolette stralen ❷ apparaat dat zulk licht uitstraalt

hoogtij ❶ het hoogste waterniveau tijdens vloed ❷ <u>fig.</u> bloeitijd, feest, glorie ▼ *~ vieren* heel veel voorkomen: *in deze stad viert de misdaad ~*

hooguit *bw* op zijn hoogst, maximaal: *dit klusje duurt ~ vijf minuten* **hoogveen** veen dat boven de grondwaterspiegel is ontstaan **hoogverraad** misdadige handeling tegen het vaderland, landverraad **hoogvlakte** vlak gebied dat op grote hoogte ligt **hoogvlieger** ▼ *geen ~* iemand die niet erg intelligent is, niet veel bereikt

hoogwaardig *bn* van hoge kwaliteit, van hoog gehalte: *een ~ product; ~ erts* **hoogwaardigheidsbekleder** *de (m)* [-s] iemand met een hoge functie bij de overheid of het hof: *bij de herdenking stonden alle ~s op de eerste rij* **hoogwater** ❶ hoge waterstand, vloed ❷ hoogste waterstand tijdens vloed ▼ *hij heeft ~* zijn lange broek is te kort **hoogwerker** rijdend toestel waarop iemand werkzaamheden kan verrichten hoog boven de grond **hoogzomer** heetste periode van de zomer **hoogzwanger** in de laatste periode van de zwangerschap

hooi *het* in de zon gedroogd gras ▼ *te veel ~ op zijn vork nemen* meer willen doen dan men kan ▼ *te ~ en te gras* op een ongeregelde manier, niet systematisch **hooiberg** hoge hoop hooi **hooibouw** hooioogst **hooibroei** *de (m)* het warm worden van opgeslagen vochtig hooi waardoor brand kan ontstaan **hooien** gras drogen en als hooi binnenhalen **hooikoorts** allergische aandoening van de slijmvliezen door bepaalde planten **hooiwagen** ❶ wagen voor vervoer van hooi ❷ spinachtig dier met lange poten van de orde van de Opiliones

hooligan ⟨<u>hoe</u>lieGan⟩ *de (m)* [-s] voetbalvandaal **hoon** *de (m)* het op een kwetsende manier bespotten **hoongelach** spottend, kwetsend gelach

hoop I *de (m)* [hopen] ❶ stapel, menigte, grote hoeveelheid ▼ *te ~ lopen* tot een mensenmassa samenlopen ▼ *de grote ~* de massa, de meerderheid ▼ BN, spreekt. *~ en al* alles samen; hoogstens ❷ hoeveelheid uitwerpselen, drol **II** *de* ❸ goede verwachting, wens en verwachting van iets goeds **hoopgevend** *bn* zo dat het hoop geeft, goede verwachtingen wekt **hoopvol** ❶ vol hoop, vol verwachting ❷ zo dat het hoop geeft: *~le berichten*

hoorapparaat toestel voor slechthorenden dat geluid versterkt **hoorbaar** *bn* mogelijk om te horen **hoorbril** bril met ingebouwd hoorapparaat **hoorcollege** college waarbij studenten alleen luisteren (en niet actief meedoen) **hoorcommissie** ❶ commissie die vragen stelt en luistert, bijv. m.b.t. bezwaren tegen overheidsplannen ❷ commissie die naar een predikant luistert voor hij wordt beroepen **hoor en wederhoor** *het* het luisteren naar beide partijen: *de journalist past ~ toe*

hoorn I *de (m)* [-en, -s] ❶ spits en hard uitsteeksel op de kop van dieren ❷ koperen blaasinstrument ❸ spreek- en luistergedeelte van een telefoon **II** *het* ❹ de stof waarvan de hoeven en horens van herkauwende dieren gevormd zijn **hoornbloem** plant met witte bloemen (Cerastium caespitosum)

hoorndol heel zenuwachtig en geïrriteerd, helemaal gek: *ik word ~ van die herrie!* **hoorndrager** ❶ dier dat hoorns heeft ❷ <u>fig.</u> man van een vrouw die seks heeft met iemand anders **hoornen** *bn* van hoorn: *een ~ bril* **hoornist** *de (m)* iemand die hoorn speelt **hoornlaag** bovenste laag van de huid **hoorntje** *het* [-s] ❶ broodje of gebakje in de vorm van een halvemaan ❷ ijswafel die spits toeloopt **hoornvee** vee met hoorns **hoornvlies** dun doorschijnend vlies aan de voorkant van het oog **hoorspel** soort toneelstuk op de radio **hoorzitting** openbare zitting waarbij burgers de overheid hun mening kunnen zeggen

hoos *de* [hozen] wervelwind

hop I *de* ❶ plant waarvan de vruchtbolletjes worden gebruikt bij het maken van bier (Humulus lupulus) **II** *de (m)* [-pen] ❷ gele zangvogel met kuif en lange snavel (Upupa epops) **III** *tw* ❸ uitroep om aan te sporen

hopelijk *bw* zoals ik hoop/wij hopen, zoals te hopen is: *~ rijdt de trein op tijd* **hopeloos** *bn* ❶ zo erg dat er geen hoop meer is dat het nog goed komt: *de toestand is ~* ❷ heel erg: *hij is ~ verliefd* **hopen** ❶ verwachten, erop vertrouwen dat iets werkelijkheid wordt, het graag willen maar het niet zeker weten ❷ op elkaar stapelen **hopje** *het* [-s] ▼ *Haags* ~® snoepje met koffiesmaak **hopla** *tw* uitroep wanneer iemand springt, valt, iets gooit e.d. of aansporing om dat te doen **hopman** *de (m)* [-lieden, -s] ⟨vroeger⟩ leider van een groep padvinders **hoppen** ❶ met hop vermengen en koken ❷ steeds naar een andere plaats gaan ▼ *eilandhopping* het trekken van eiland naar eiland

hopsa *tw* uitroep als iemand springt, in de lucht wordt gegooid e.d.: *~, heisasa*

hor *de* [-ren] deur of raam met gaas erin, zodat er wel frisse lucht naar binnen kan, maar geen

ho

insecten

horde *de* [-n, -s] ❶ houten stellage waar atleten overheen moeten springen ❷ grote groep mensen of dieren: *er kwam een hele ~ toeristen uit de bus* **hordeloop** (atletiek) hardloopwedstrijd waarbij atleten over horden moeten springen

horeca *de (m)* bedrijfstak van hotels, restaurants en cafés

horen I *de (mv)* ❶ r.-k. zang- en biduren II *de (m)* [-s] ❷ hoorn III *ww* ❸ gehoorvermogen hebben, in staat zijn met het oor geluid te registreren ▼ *dat ~ en zien je vergaat* heel erg luid ❹ met het gehoor geluid opvangen: *ik hoor iets in de gang* ❺ gehoorzamen: *wie niet ~ wil, moet maar voelen* ❻ een verhoor doen ondergaan: *de getuigen worden gehoord* ❼ behoorlijk, fatsoenlijk zijn: *zo hoort het* ▼ *~ te doen* moeten doen volgens de fatsoensregels: *je hoort je handen te wassen voor het eten* ▼ *bij elkaar ~* samen een geheel vormen: *deze sokken ~ niet bij elkaar*

horig *bn* ❶ hist. als halfvrije onder een heer ❷ onvrij, afhankelijk

horizon *de (m)* [-nen], **horizont** ❶ schijnbare lijn in de verte waarachter men niet kan kijken door de kromming van de aarde ❷ fig. dat wat iemand kent, met het leven: *zijn ~ verbreden* **horizontaal** *bn* ❶ evenwijdig aan de horizon ❷ wat op hetzelfde niveau plaatsvindt: *een horizontale organisatie* ▼ *~tale verkoop* het verkopen van een of meer etages van een huis **horizonvervuiling** ontsiering van het uitzicht in een landschap door hoge gebouwen e.d.

hork *de (m)* lomp, onbeleefd persoon

horlepiep *de (m)* ❶ soort doedelzak ❷ dans voor één persoon op muziek van de horlepiep

horloge ⟨-looʒjə⟩ *het* [-s] klein uurwerk dat meestal aan de pols wordt gedragen

hormonaal *bn* van of wat te maken heeft met hormonen **hormonen** *de (mv)* inwendig afgescheiden stoffen die regulerend werken op de functie van andere organen

horoscoop *de (m)* [-scopen] stand van de sterren op iemands geboorte-uur, die volgens de astrologie invloed heeft op zijn karakter en levensloop ▼ *iemands ~ trekken* iemands karakter beschrijven en levensloop voorspellen uit de sterren

horrelvoet *de (m)* (iemand met een) misvormde voet

horror *de (m)* ❶ genre van romans, films enz. die een griezeleffect willen bereiken ❷ iets afschuwelijks

hors *het & de* [horzen] zandplaat die met vloed onderloopt

hors concours ⟨òr konkoer⟩ *bw verb* buiten mededinging **hors-d'oeuvre** ⟨-dùvrə⟩ *de (m)* [-s] koud voorgerecht

horse ⟨hòRs⟩ spreekt. *de (m)* heroïne

horst *de (m)* ❶ verheffing van de bodem ❷ nest van een roofvogel

hort I *tw* ❶ uitroep van aansporing: voort II *de (m)* ❷ ruk, stoot ▼ *de ~ op gaan* ervandoor gaan, uitgaan ▼ *met ~en en stoten* niet soepel, onregelmatig, met schokken

horten ❶ stoten, botsen ❷ haperen ▼ *~d en stotend* niet soepel, onregelmatig, met schokken

hortensia *de* [-'s] sierheester met bolvormige bloeitros

horticultuur tuinbouw

hortus *de (m)* [-sen] plantentuin voor wetenschappelijk onderzoek: *~ botanicus*

horzel *de* [-s] insect van de familie van de Oestridae, met larven die leven als parasiet

hosanna ⟨-zan-⟩ *tw* juichkreet van joden en christenen (*letterlijk: help toch!*)

hospes *de (m)* [-sen] ❶ persoon bij wie iemand voor geld inwoont ❷ organisme waarop een parasiet leeft **hospice** ⟨hospies⟩ *de (m)* [-s] huis voor verzorging van stervenden **hospik** *de (m)* [-ken] (soldatentaal) soldaat die zieke of gewonde soldaten verpleegt **hospita** *de (v)* [-'s] vrouw die een kamer van haar huis verhuurt **hospitaal** *het* [-talen] (militair) ziekenhuis **hospitaalschip** drijvend ziekenhuis **hospitalisatie** *de (v)* opname in een ziekenhuis **hospitalisatieverzekering** BN ziekenhuiskostenverzekering **hospitaliseren** ⟨-zi-⟩ ❶ als patiënt opnemen in een ziekenhuis ❷ zo gewend raken aan het verblijf in een ziekenhuis dat het moeilijk is om weer te wennen aan het leven daarbuiten **hospitant** *de (m)* iemand die hospiteert **hospiteren** lessen bijwonen als aspirant-leraar **hospitium** ⟨-pietsiejum⟩ *het* [-s, -tia] ❶ (deel van een) klooster waar gasten kunnen verblijven ❷ studententehuis ❸ plaats waar mensen worden vastgehouden, bijv. illegale vreemdelingen ❹ tehuis waar dodelijk zieke mensen de laatste periode van hun leven doorbrengen

hosselen ❶ op verschillende manieren en met moeite aan geld komen, scharrelen ❷ het leven leiden dat kenmerkend is voor een drugsverslaafde

hossen in rijen gearmd, zingend en dansend voortgaan

host ⟨hoost⟩ *de (m)* [-s], **hostcomputer** centrale computer in een netwerk (bijv. internet) die functies uitvoert voor andere aangesloten computers

hostess ⟨hoostəs of hostəs⟩ *de (v)* [-es] ❶ vrouw die bezoekers ontvangt en begeleidt, bijv. op een beurs ❷ stewardess ❸ euf. prostituee (in een club)

hostie r.-k. *de (v)* [-s, -tiën] schijfje offerbrood voor de mis, gebakken van ongezuurd tarwemeel

hot I *bw* ▼ *van ~ naar her (of haar)* heen en weer, steeds naar een andere plaats II *bn* erg in de belangstelling, heel populair: *die band is ~* ▼ *~ news* kersvers (belangrijk) nieuws

hotdog ⟨-dɔG⟩ *de (m)* [-s] broodje met een warme knakworst ertussen

hotel *het* [-s] gebouw waar mensen tegen betaling één of meer dagen en nachten in een kamer kunnen logeren

hoteldebotel *bn* ❶ helemaal van streek, geestelijk in de war ❷ heel erg verliefd

hotelier, **hôtelier** ⟨hooteljee⟩ *de (m)* [-s] eigenaar of exploitant van een hotel

hotelketen reeks hotels van dezelfde eigenaar

hotelschool opleiding voor hotelpersoneel

hotemetoot *de (m)* [-toten] iron. hooggeplaatst

persoon

hot issue ‹- issjoe› *het* [-s], **hot item** onderwerp waar veel aandacht aan wordt besteed

hotline ‹-lajn› *de (m)* [-s] directe telefoonverbinding tussen de staatshoofden van grote staten om direct te kunnen ingrijpen als er een internationale crisis is **hotpants** ‹-pènts› *de (mv)* nauwsluitend, heel kort damesbovenbroekje

hotsen schokken, zich schokkend voortbewegen: ~*d en botsend over onverharde wegen*

hotspot *de (m)* [-s] ❶ populaire plaats of bestemming ❷ plaats met toegang tot draadloos internet

houdbaar *bn* ❶ mogelijk om te bewaren: *deze melk is ~ tot overmorgen* ❷ mogelijk om te verdedigen: *jouw standpunt is niet ~*

houden [hield, h. gehouden] ❶ voor zichzelf hebben, niet teruggeven, niet weggeven: *je mag deze cd* ~ ▼*iets voor zich ~ niet zeggen, niet verder vertellen* ❷ vasthouden, tegenhouden: *houd de dief!* ▼*niet te ~ zijn niet te bedwingen, niet mogelijk om tegen te houden* ▼*er is geen ~ meer aan* het kan niet meer tegengehouden worden ❸ uithouden: *ik houd het niet meer!* ❹ vast blijven zitten: *de lijm houdt goed* ❺ voldoende draagkracht hebben, sterk genoeg zijn: *het ijs houdt nog niet* ❻ dieren hebben en verzorgen: *kippen* ~ ❼ handhaven, in stand houden, vervullen, doen ▼*zich ~ aan* zich richten naar, opvolgen (van regels e.d.) ▼*zich aan een belofte of een afspraak ~ doen wat men beloofd of afgesproken heeft* ❽ doen plaatshebben, organiseren: *een bijeenkomst, een feestje ~* ❾ laten horen of zien, ten gehore brengen: *een voordracht ~* ▼*zich slapende ~ doen alsof men slaapt* ▼*het ~ bij* blijven bij, zich beperken tot: *ik hou het vandaag bij een voorgerecht* ▼*zich goed ~* geen verdriet, angst e.d. laten blijken; in het gebruik deugdelijk blijken ▼*van iemand ~* iemand heel lief vinden, heel veel gevoel voor iemand hebben ▼*van iets ~ iets heel lekker of leuk vinden*

houder *de (m)* [-s] ❶ eigenaar, bezitter, bestuurder, beheerder ❷ voorwerp om iets vast te houden: *pen~* **houdgreep** greep waardoor de tegenstander wordt uitgeschakeld **houding** *de (v)* ❶ lichaamsstand ▼*in de ~ staan* stijf rechtop staan met de handen langs het lichaam ❷ gedrag, gedragslijn: *zijn ~ bepalen*

houdoe *inform. tw* afscheidsgroet, vooral in Noord-Brabant

houdstermaatschappij holding

house ‹haus› *de (m)* soort elektronische dansmuziek **housen** ‹hausən› [housete / housede, h. gehouset / gehoused] dansen op housemuziek **houseparty** feest met housemuziek

housewarmingparty ‹-wòRming -› feest om een nieuw huis in te wijden

hout *het* ❶ harde stof van bomen en struiken ▼*geen ~ snijden* niet zinnig, redelijk zijn ▼*van dik ~ zaagt men planken* dit wordt wel op een erg grove manier gedaan ▼*BN, spreekt. niet meer weten van welk ~ pijlen te maken* ten einde raad zijn ❷ houten blaasinstrumenten in een orkest

houtblazer iemand die een blaasinstrument bespeelt dat van hout gemaakt is **houtduif** lichtgekleurde duif van de soort Columba palumbus die in het bos leeft **houten** *bn* van hout ▼ ~ *klaas* stijf, houterig iemand **houterig** *bn* stijf, onhandig: *hij gedraagt zich een beetje ~ tegenover dames* **houtgewas** bomen en struiken **houtgravure** houtsnede **houthakker** *de (m)* [-s] ❶ iemand die als beroep bomen e.a. (om)hakt ❷ fig. ruw of lomp persoon **houtig** *bn* houtachtig **houtje** *het* [-s] stukje hout ▼*op eigen ~* alleen, op eigen gezag ▼*op een ~ bijten* weinig te eten hebben **houtje-touwtjejas** jas met stokjes en lussen als sluiting **houtkap** het kappen van hout: *illegale ~* **houtopstand** bomen en struiken **houtschroef** schroef die gebruikt wordt voor hout **houtskool** verkoold hout, ook als staafje tekenmateriaal

houtsnede ❶ tekening die in hout is gesneden ❷ afdruk daarvan **houtsnijwerk** mooie vormen of voorwerpen die van hout gesneden zijn

houtsnip ❶ steltvogel met een lange snavel die in het bos leeft (Scolopax rusticola) ❷ sneetje wittebrood en roggebrood met kaas daartussen **houtvester** *de (m)* [-s] bosopzichter **houtvrij** zonder hout: ~ *papier* **houtwal** wal die is beplant met laag hout zoals struiken, vooral als grens tussen landerijen **houtwerk** het hout aan een bouwwerk **houtwesp** insect uit de families Xiphydriidae en Siricidae dat zijn eieren in naaldbomenhout legt **houtwol** fijne houtkrullen, vaak gebruikt als opvulmiddel **houtworm** larve van een insect, die in hout leeft **houtzagerij** *de (v)* bedrijf of werkplaats waar men hout zaagt

houvast *het* steun, iets om zich aan vast te houden, ook figuurlijk: *het geloof is zijn ~ in het leven*

houw I *de (m)* ❶ slag met een scherp voorwerp II *de* ❷ houweel **houwdegen** ❶ grote degen ❷ fig. vechtersbaas **houweel** *het* [-welen] puntig dwarsijzer op een korte steel om iets los te hakken **houwen** [hieuw, h. gehouwen] ❶ met een scherp voorwerp slaan of hakken ❷ door hakken bewerken of maken

houwitser *de (m)* [-s] kanon met tamelijk korte loop

hovaardig *bn* trots, die zichzelf beter vindt dan anderen **hovaardij** *de (v)* trots, het zichzelf beter vinden dan anderen

hoveling *de (m)* lid van een hofhouding

hovenier *de (m)* [-s] iemand die tuinen onderhoudt en aanlegt voor anderen

hovercraft ‹hoevəR- *of* hɔvvəRkRàft› *de* [-s] vaartuig op luchtkussens dat zich ook boven het water kan bewegen

hozen water uit een boot scheppen ▼*het hoost* het regent heel hard

HP *horse power*, paardenkracht

hr. heer

HR Hoge Raad

hr-ketel hoogrendementsketel (*energiezuinige ketel van de centrale verwarming*)

hs. handschrift

H.S. Heilige Schrift

hsao hoger sociaal-agogisch onderwijs

hs

hsl *de* hogesnelheidslijn

hst *de (m)* hogesnelheidstrein

HTML *de (m)*, *Hyper Text Markup Language*, systeem om computerbestanden zoals internetpagina's, te coderen

hto *het* hoger technisch onderwijs

hts *de* hogere technische school

hts'er *de (m)* [-s] leerling aan een hts

http *hypertext transfer protocol*, protocol voor de uitwisseling van hypertextdocumenten op het internet

hu *tw* ❶ uitroep van afschuw of schrik ❷ uitroep om een trekdier aan te sporen of te laten stoppen

hufter *de (m)* [-s] gemeen iemand, schoft

hufterproof ⟨-pRoef⟩ *bn* bestand tegen hufters, tegen pogingen tot vernieling: *dit bushokje is ~*

hugenoot *de (m)* [-noten] ⟨in de 16e en 17e eeuw⟩ Franse protestant

hui *de* vocht dat overblijft na het maken van kaas, wei

huichelaar *de (m)* [-s] iemand die net doet alsof maar het niet meent, schijnheilige

huichelachtig *bn* waarbij iemand net doet alsof maar het niet meent, onoprecht **huichelarij** *de (v)* het net doen alsof, schijnheiligheid **huichelen** net doen alsof maar het niet menen, schijnheilig zijn

huid *de* ❶ buitenste laag van het lichaam van mensen en dieren, vel: *ze heeft een gave ~* ▾ *met ~ en haar opeten* helemaal opeten ▾ *een dikke of harde ~ hebben* ongevoelig zijn voor beledigingen of terechtwijzingen ▾ *iemand de ~ vol schelden* heel erg uitschelden ▾ *iemand op zijn ~ geven* een pak slaag geven; strenge kritiek geven ❷ afgestroopt vel ▾ *de ~ verkopen voor de beer geschoten is* beslissingen nemen op basis van iets wat iemand verwacht maar wat nog onzeker is

huidig *bn* tegenwoordig, van de tijd waarin men leeft: *de ~e ontwikkelingen*

huidskleur, **huidkleur** kleur van de menselijke huid **huiduitslag** vlekken en puistjes op de huid

huif *de* [huiven] kap: *een wagen met een ~* **huifkar** kar met een kap eroverheen

huig *de* slap stukje van het gehemelte dat achter in de keel hangt **huig-r** *de* uitspraak van de r met trillende huig

huik *de* hist. lange mantel ▾ *de ~ naar de wind hangen* zijn mening of de kant die men kiest, aanpassen aan de omstandigheden

huilbaby baby die in de eerste maanden abnormaal veel huilt **huilbui** korte poos waarin iemand erg huilt **huilebalk** *de (m)* iemand die veel of snel huilt **huilen** ❶ tranen laten stromen van pijn of heftige emoties (en er een klagelijk geluid bij maken) ▾ *het ~ stond hem nader dan het lachen* hij was erg verdrietig ▾ *het is om te ~* het is vreselijk slecht of heel erg ❷ ⟨van dieren, vooral honden en wolven⟩ een hoog, langgerekt geluid maken **huiler** *de (m)* [-s] moederloos zeehondje **huilerig** *bn* met de neiging of snel geneigd om te gaan huilen

huis *het* [huizen] ❶ gebouw om in te wonen, woning ▾ *niet om over naar ~ te schrijven* niet om enthousiast over te zijn ▾ *het Witte Huis* de

ambtswoning van de president van de Verenigde Staten ▾ BN *ook daar komt niets van in ~* daar komt niets van terecht ❷ familie, geslacht: *het vorstelijk ~* ❸ firma: *een mode~*

huis-aan-huisblad tijdschrift, meestal met veel reclame, dat gratis bij ieder huis wordt bezorgd **huisapotheek** kleine verzameling van de meest gebruikelijke genees- en verbandmiddelen **huisarrest** verbod om zijn huis te verlaten **huisarts** vaste dokter in de buurt, waar iemand eerst naartoe gaat als hij klachten heeft of ziek is: *de ~ stuurde me voor verder onderzoek naar het ziekenhuis* **huisbaas** eigenaar van een huis dat is verhuurd: *onze ~ laat het kapotte dak repareren* **huisbewaarder** iemand die tijdelijk een woning bewoont en bewaakt **huisbezoek** bezoek aan huis door dominee, huisarts, ambtenaar van de sociale dienst enz. **huisbijbel** exemplaar van de Bijbel voor het gezin **huisbrandolie** olie als brandstof voor gebruik in huis **huisdealer** handelaar die onder toezicht in een koffieshop of jeugdhuis softdrugs verkoopt

huisdeur voordeur **huisdier** tam dier dat mensen in of bij hun huis houden, zoals een kat, hond of hamster

huiselijk *bn* ❶ van het huis of het gezin, wat hoort bij het huis of het gezin: *een ~e twist* ❷ die veel en graag thuis is: *een ~ type*

huisgenoot iemand die in hetzelfde huis woont **huisgezin** (de leden van een) gezin

huishoudbeurs beurs waar producten voor de huishouding worden getoond **huishoudboekje** *het* aantekenboekje voor huishoudelijke uitgaven **huishoudbrood** BN brood waarvan samenstelling en prijs door de overheid bepaald zijn **huishoudelijk** *bn* ❶ wat te maken heeft met het huishouden ▾ *~e vergadering* vergadering waarbij de interne aangelegenheden ter sprake komen ▾ *~ reglement* regels voor de organisatie en werkwijze van een vereniging e.d. ❷ met aanleg en interesse voor het huishouden: *ik ben niet zo'n ~ type* **huishouden** I *ww* ❶ een gezin besturen en huishoudelijk werk doen ▾ *er is geen huis met hem te houden* hij is erg lastig ❷ ruw optreden: *het bezettingsleger heeft daar ontzettend huisgehouden* II *het* [-s] ❸ het werk dat in huis gedaan moet worden zoals stofzuigen, ramen lappen, strijken ▾ *een ~ van Jan Steen* heel slordige boel ❹ de mensen die samen in een huis wonen, gezin: *deze woningen zijn geschikt voor tweepersoonshuishoudens* **huishoudgeld** geld voor de huishouding **huishouding** *de (v)* ❶ de mensen die samen in een huis wonen, gezin ❷ de zorg voor het dagelijks leven van een gezin en het werk dat in huis gedaan moet worden: *we zoeken een hulp in de ~* **huishoudschool** ⟨vroeger⟩ schooltype dat is gericht op onderwijs in huishoudelijke vakken **huishoudster** *de (v)* [-s] vrouw die bij iemand anders de huishouding doet

huisindustrie (productie)werk dat door de werknemers thuis wordt gedaan

huisje *het* [-s] ❶ klein huis, klein gebouw ▾ *heilig ~* toestand of standpunt waar men angstvallig aan vasthoudt, waar geen kritiek op mag worden gegeven ▾ *elk ~ heeft zijn kruisje* ieder gezin heeft zijn leed ❷ omhulsel, omsluiting: *het ~ van een slak* **huisje-boompje-beestje** *bw* met een huiselijk leven (i.t.t. avontuurlijk) **huisjesmelker** *de (m)* [-s] iemand die voor veel geld slechte woningen verhuurt **huisjesslak** slak met een omhulsel, huisje

huiskamer kamer waar de gezinsleden het meest zijn, woonkamer **huisknecht** knecht voor huiselijk werk **huislook** vetplant uit het geslacht Sempervirum die vaak op het dak groeit **huisman** man die voor het gezin en de huishouding zorgt **huismeester** ❶ hoofd van de huishoudelijke dienst in een groot gebouw ❷ conciërge in een gebouw met appartementen **huismerk** eigen merk van een grootwinkelbedrijf **huismiddel** eenvoudig geneesmiddel dat zonder doktersvoorschrift wordt toegepast **huismijt** spinachtig diertje dat binnenshuis leeft (Glycyphagus domesticus) **huismoeder** moeder (van een gezin) **huismus** ❶ gewone mus ❷ iemand die altijd thuis is **huisraad** *het* meubels en andere voorwerpen in huis **huisregels** *de (mv)* afspraken over gedrag tussen huisgenoten of werknemers van een bedrijf e.d. **huisruilvakantie** BN vakantie met tijdelijke woningruil tussen twee gezinnen **huisschilder** iemand die als beroep huizen enz. schildert

huisstijl kenmerkend uiterlijk van briefpapier, producten, vestigingen e.d. van een onderneming **huis-tuin-en-keuken** *voorvoegsel* ⟨in samenstellingen⟩ heel gewoon: *voor ~gebruik* **huisvader** vader (van een gezin) **huisvesten** [huisvestte, h. gehuisvest] laten wonen, onderdak geven **huisvesting** *de (v)* ❶ het huisvesten ❷ kamer, woning e.d. waar iemand woont, onderdak **huisvestingsmaatschappij** BN woningbouwvereniging **huisvlijt** het thuis maken van voorwerpen **huisvredebreuk** het zonder toestemming binnendringen in iemands woning **huisvriend** vriend die vaak op bezoek komt **huisvrouw** vrouw die voor het gezin en de huishouding zorgt **huisvuil** *het* afval van een huishouden **huiswaarts** *bw* naar huis: *we gaan ~* ▾ *~ keren* naar huis gaan **huiswerk** ❶ werk voor school dat thuis gemaakt moet worden ❷ werk om het huis in orde te houden **huiswijn** ❶ ⟨in een restaurant⟩ eenvoudige wijn ❷ ⟨in een winkel⟩ wijn die onder een eigen merknaam wordt verkocht **huiszoeking** *de (v)* het doorzoeken van de woning van iemand die verdacht wordt van misdaad: *bij de ~ vond de politie een grote hoeveelheid drugs*

huiven bedekken, vooral: de kop van een valk bedekken met een kap **huiveren** rillen, vooral van afkeer of angst **huiverig** *bn* ❶ rillerig ❷ aarzelend, bang: *ik ben ~ om daarmee te beginnen* **huivering** *de (v)* rilling, vaak van afkeer of angst **huiveringwekkend** *bn* wat angst, afkeer oproept **huize** *het* huis: *ten ~ van ... bij ... thuis, in het huis van ...* **huizen** wonen, verblijven, leven: *volgens mij ~ er vleermuizen op zolder* **huizenhoog** heel hoog

hulde *de (v)* het laten blijken van waardering voor wat iemand heeft gedaan: *de winnaar van die zware wedstrijd verdient alle ~* **huldeblijk** het laten blijken van waardering voor wat iemand heeft gedaan, bewijs van hulde **huldigen** tonen dat men grote waardering heeft voor wat iemand heeft gedaan: *de kampioen werd gehuldigd* ▾ *een mening, standpunt ~* een mening, standpunt hebben

hullen bedekken, wikkelen: *zij hult zich in wijde gewaden* ▾ *zich ~ in stilzwijgen* niets zeggen, zwijgen ▾ *fig dat is in nevelen gehuld* vaag, onduidelijk, geheimzinnig

hulp *de* ❶ het helpen: *~ verlenen aan mensen in nood* ❷ iemand die helpt: *een ~ in de huishouding* **hulpbehoevend** *bn* die hulp nodig heeft omdat hij niet gezond is of een gebrek heeft **hulpbetoon** *het* het geven van hulp **hulpbron** iets waaruit hulp kan worden geput, vooral economisch ▾ *natuurlijke ~nen* stoffen in de natuur waarmee geld kan worden verdiend **hulpeloos** *bn* niet in staat zichzelf te helpen **hulphond** hond die mensen met een beperking helpt met praktische dingen zodat ze beter voor zichzelf kunnen zorgen en zelfstandig kunnen leven **hulplijn** ❶ telefoonnummer dat men kan bellen als men problemen heeft ❷ wisk. lijn die wordt getrokken om iets duidelijk te maken ❸ muz. lijn buiten de notenbalk **hulpmiddel** middel om een doel sneller en gemakkelijker te bereiken **hulpofficier** ambtenaar met de bevoegdheid van officier van justitie **hulpstof** stof die bij productie wordt gebruikt maar die geen bestanddeel van het product is **hulpstuk** extra onderdeel voor speciaal gebruik **hulpvaardig** *bn* graag bereid om te helpen **hulpverlener** *de (m)* [-s] iemand die (als beroep) hulp verleent **hulpwerkwoord** niet zelfstandig werkwoord dat bij een voltooid deelwoord of een infinitief hoort: *in de zin 'hij heeft gegeten', is 'heeft' een ~*

huls *de* [huizen] omhulsel, koker **hulsel** *het* [-s] omhulsel

hulst *de (m)* altijdgroene heester met harde, stekelige bladeren en rode bessen (Ilex aquifolium)

hum *het* humeur: *hij is uit z'n ~*

humaan *bn* ❶ wat te maken heeft met de mens: *humane voeding* ❷ menselijk, zachtmoedig: *een humane behandeling*

human capital ⟨joemən kèpietəl⟩ *het* geheel aan menselijke vaardigheden en kennis, vooral binnen een bedrijf

humaniora *de (mv)* ❶ studie van de Griekse en Latijnse klassieken ❷ BN voorbereidend wetenschappelijk of algemeen voortgezet secundair onderwijs

humanisme *het* geestelijke richting zonder geloof in een god, met als belangrijkste doel de menselijke vrijheid en waardigheid **humanist** *de (m)* aanhanger van het humanisme **humanistiek** *de (v)* ❶ studie van het humanisme ❷ opleiding voor geestelijk werk op humanistische grondslag **humanistisch** *bn* volgens of wat te maken heeft met het humanisme **humanitair** ⟨-tèr⟩ *bn* voor mensen, in het belang van mensen: *~e hulp aan*

hu

slachtoffers van een aardbeving **humaniteit** *de (v)*
het humaan zijn, menselijkheid,
menslievendheid

human resources 〈joemən riesòrsəs〉 *de (mv)* de
beschikbare menselijke werkkracht, beschikbare
(mogelijke) werkkrachten en hun specialistische
kennis en vaardigheden

humanresourcesafdeling afdeling binnen een
bedrijf die zich bezighoudt met de werving en
het inzetten van werkkrachten en hun
specialistische kennis en vaardigheden

humbug 〈-buG〉 *de (m)* bluf, schijnvertoning,
onzin

humeur *het* stemming van iemand op een
bepaald moment: *hij heeft vandaag een goed ~*
humeurig *bn* (snel) in een slechte stemming

hummel *de (m)* [-s] klein kind

hummen de keel schrapen, kuchen

hummer *de (m)* [-s] ❶ zeekreeft (Homarus
vulgaris) ❷ ᵇ bepaalde grote terreinauto

humor *de (m)* (gevoel voor) wat grappig is en
waar men om moet lachen ▼ *gevoel voor ~ hebben*
leuke grappen kunnen maken en kunnen lachen
om grappen van anderen **humorist** *de (m)*
iemand die zich bezighoudt met humor, vooral
iemand die grappige teksten schrijft of laat
horen voor een publiek **humoristisch** *bn* met
humor, grappig

humus *de (m)* grond van resten van planten en
dieren die vergaan zijn, teelaarde

hun *vnw* ❶ persoonlijk voornaamwoord derde
persoon meervoud (zij/ze), als meewerkend
voorwerp: *ik stuur ~ een brief* ❷ bezittelijk
voornaamwoord derde persoon meervoud
(zij/ze): *~ huis; ~ auto*

hunebed voorhistorische begraafplaats in de
vorm van opgestapelde stenen

hunkeren heel erg verlangen: *hij voelt zich
eenzaam en hunkert naar liefde*

hup *tw* uitroep van aansporing: vooruit!
huplakee *tw* daar gaan we dan! **huppeldepup**
de woord dat iemand gebruikt in plaats van een
naam die hij zich even niet kan herinneren

huppelen onder het lopen steeds sprongetjes op
één been maken: *mijn zusje is zo vrolijk, ze loopt
de hele tijd te ~* **huppelkut** min. oppervlakkig of
onnozel meisje **huppen** sprongen maken met
beide benen tegelijk

hups I *bn* ❶ aardig, vrolijk: *een ~ meisje* II *tw*
❷ woord als versterking bij een plotselinge
beweging in het echt of in een verhaal: *en ~,
daar ging ik voor de derde keer onderuit*
hupsakee *tw* daar gaan we dan!

huren tegen betaling tijdelijk gebruiken of voor
zich laten werken: *een huis, een video, personeel ~*

hurken I *ww* met gebogen knieën boven zijn
hielen zitten II *de (mv)* ▼ *op zijn ~* met
gebogen knieën boven zijn hielen, gehurkt
hurktoilet wc zonder pot waarboven men op de
hurken zit

HUS *Hemolytisch Uremisch Syndroom*, infectie bij
vooral jonge kinderen die nierproblemen
veroorzaakt, bloedarmoede en een tekort aan
bloedplaatjes

husky 〈-kie〉 *de (m)* [-'s] hond uit het
noordpoolgebied die daar wordt gebruikt om

sleden te trekken

husselen ❶ door elkaar gooien of mengen ❷ fig.
door elkaar halen, verwarren

hut *de* [-ten] ❶ heel eenvoudig huisje, bijv. van
planken of takken ❷ kamertje op een schip, voor
bemanningsleden of passagiers

hutje *het* [-s] ▼ *bij mutje leggen* geld bij elkaar
verzamelen en gezamenlijk betalen: *we legden
na het eten ~ bij mutje om de rekening te betalen*
hutjemutje *bw* dicht op elkaar: *de mensen
lagen ~ op het strand*

hutkoffer heel grote koffer die op een kist lijkt

hutselen, hutsen door elkaar schudden, mengen

hutspot BN *de (m)* ❶ hutspot ❷ fig. rommeltje,
mengelmoes **hutspot** *de (m)* door elkaar
gestampte aardappelen, wortelen, uien en vlees

hüttenkäse 〈huutənkeezə〉 *de (v)* korrelige witte
kaas met weinig vet

huur *de* [huren] ❶ het huren ▼ *dit huis staat te ~*
men kan het huren ❷ bedrag dat iemand moet
betalen als hij iets huurt: *de ~ van ons huis is
verhoogd* **huurbeding** bepaling in een
hypotheekakte dat een object niet mag worden
verhuurd zonder toestemming van de
verstrekker van de hypotheek **huurbescherming**
wettelijke bescherming van een huurder
huurcontract (schriftelijke) overeenkomst over
het huren van iets **huurder** *de (m)* [-s] iemand die
iets huurt **huurharmonisatie** *de (v)* het overeen
laten stemmen van de huurprijs van oude en
nieuwe huizen door die van de oude huizen op
te trekken **huurhuis** huis dat wordt verhuurd
huurkazerne groot onaantrekkelijk gebouw met
veel huurwoningen **huurkoop** koop op
afbetaling waarbij de betaalde termijnen als
huur worden beschouwd **huurleger** leger van
huurlingen **huurling** *de (m)* iemand die voor
geld dienst neemt in een leger van een ander
huurprijs *de (m)* [-prijzen]. **huursom** *de*
geldbedrag waarvoor iemand iets huurt
huursubsidie bijdrage van de overheid aan de
huur die iemand betaalt voor een woning
huurwaardeforfait bedrag dat een
huiseigenaar moet optellen bij zijn belastbaar
inkomen

huwbaar *bn* oud genoeg of lichamelijk rijp
genoeg om te trouwen

huwelijk *het* ❶ het trouwen of het getrouwd zijn
▼ *iemand ten ~ vragen* aan iemand vragen of hij
of zij met diegene wil trouwen ❷ de
plechtigheid die hoort bij het trouwen
huwelijksaanzoek vraag om te trouwen
▼ *iemand een ~ doen* aan iemand vragen of hij of
zij met diegene wil trouwen
huwelijksadvertentie advertentie waarin
iemand een persoon zoekt om mee te trouwen
huwelijksafkondiging voorgeschreven
bekendmaking van een voorgenomen huwelijk
huwelijksakte document als bewijs dat een
huwelijk is geregistreerd bij de burgerlijke stand
huwelijksbootje *het* ▼ *in het ~ stappen* trouwen
huwelijksbureau bureau dat bemiddelt bij het
zoeken van een partner **huwelijksreis** plezierreis
meteen na de bruiloft **huwelijksvoltrekking** *de
(v)* plechtigheid als twee mensen trouwen
huwelijksvoorwaarden *de (mv)* formele

afspraken over vermogen en inkomsten binnen een huwelijk dat niet in gemeenschap van goederen gesloten wordt

huwen ❶ met iemand trouwen ❷ twee mensen in het huwelijk verbinden

huzaar *de (m)* [-zaren] ❶ (vroeger) soldaat te paard ❷ soldaat bij het wapen van de tanks **huzarensalade, huzarensla** koud gerecht met onder andere vlees, aardappelen en schijfjes ei **huzarenstukje** *het* [-s] het klaarspelen van iets wat bijna onmogelijk leek, krachttoer

HV Humanistisch Verbond

HW hoogwater

H-woord *het* woord dat begint met de letter H, met name het woord hypotheekrenteaftrek: *in de onderhandelingen tussen de politieke partijen is het ~ gevallen*

hyacint ⟨hiejaa-⟩ I *de (m) & het* [gmv] ❶ geelachtig-rode halfedelsteen II *de* [-en] ❷ bolgewas met heel geurige trosbloem (Hyacinthus)

hybride ⟨hie-⟩ *bn* ❶ als resultaat van een kruising: *een ~ bloem* ❷ als resultaat van een combinatie van twee producten: *een ~ auto op zowel benzine als elektriciteit* **hybridisch** *bn* wat bestaat uit verschillende soorten elementen, wat een kruising vormt van twee of meer basisvormen

hydra ⟨hie-⟩ *de* [-'s] ❶ zoetwaterpoliep ❷ waterslang, veelkoppig monster uit de Griekse mythologie **hydraat** *het* [-draten] verbinding van een bepaalde stof met water **hydraulica** *de (v)* leer van de beweging en de druk van vloeistoffen **hydraulisch** *bn* waarbij gebruik wordt gemaakt van hydraulica, werkend of in beweging gebracht door water- of oliedruk: *hydraulische remmen; een hydraulische pers*

hydro ⟨hie-⟩ *voorvoegsel* wat te maken heeft met water: *~therapie* **hydrocefaal** I *de* ❶ waterhoofd II *bn* ❷ met een waterhoofd **hydrocultuur** het kweken van planten zonder aarde, maar bijv. in een bak met water en kiezelstenen **hydrodynamica** ⟨-die-⟩ leer van de beweging van vloeistoffen **hydro-elektriciteit** elektriciteit die wordt opgewekt door waterkracht **hydrofiel** *bn* wat vocht aantrekt **hydrografisch** *bn* wat te maken heeft met water en waterwegen **hydrostatisch** *bn* wat te maken heeft met het evenwicht van vloeistoffen **hydrotherapie** geneeswijze met water **hydroxide** *het* [-n, -s] chemische verbinding van een metaaloxide met water

hyena ⟨hiejee-⟩ *de* [-'s] ❶ dier met gestreepte of gevlekte vacht dat vooral dieren eet die al dood zijn ❷ *fig.* iemand die eropuit is om te profiteren van de problemen van een ander

hygiëne ⟨hie-⟩ *de* ❶ gezondheidsleer, alles wat een goede gezondheid vereist en bevordert ❷ het schoon zijn: *persoonlijke ~* **hygiënisch** ⟨hie-⟩ *bn* volgens de principes van de hygiëne

hygrometer ⟨hie-⟩ vochtmeter **hygrometrie** *de (v)* studie van water in gasvormige toestand **hygroscopisch** *bn* wat vocht uit de lucht opneemt

hymen ⟨hiemen⟩ *het* [-s] maagdenvlies

hymne ⟨himnə *of* hiemnə⟩ *de* [-n, -s] lofzang

hype ⟨hajp⟩ *de (m)* [-s] iets wat plotseling erg veel aandacht krijgt of in de mode is **hypen** [hypete, h. gehypet] ergens een hype van maken

hyper ⟨hie-⟩ *bn* (in samenstellingen) in sterke of overdreven mate, te veel: *~actief* **hyperbolisch** *bn* als of wat te maken heeft met een hyperbool **hyperbool** *de* [-bolen] ❶ *lit.* overdrijving, vergroting of verkleining van de werkelijkheid ❷ *wisk.* kegelsnede

hypercorrect fout, juist doordat iemand bang is een fout te maken, zoals 'kopje kofje' in plaats van koffie, omdat de uitgang -ie vaak spreektaal is

hyperlink ⟨haj-⟩ *comp.* verbinding met een ander (deel van een) bestand, webpagina of website, die wordt geactiveerd door erop te klikken

hypermarkt ⟨hie-⟩ heel grote supermarkt

hypernova *nat.* extreem krachtige nova

hyperoniem *taalk. het* woord met een overkoepelende betekenis: *bloem is het ~ van roos*

hypersonisch *bn*, **hypersoon** meer dan vijfmaal zo snel als het geluid door lucht **hypertensie** hoge bloeddruk

hypertext ⟨haj-⟩ *comp. de (m)* [-s] tekst met hyperlinks

hyperthermie ⟨hie-⟩ *de (v)* het bevangen worden door warmte, het hebben van een te hoge lichaamstemperatuur **hypertrofie** *de (v)* het abnormaal toenemen in omvang en gewicht van een weefsel of orgaan, zonder celvermeerdering **hyperventilatie** het te snel en te diep ademhalen waardoor iemand kan gaan trillen of duizelig kan worden

hypnose ⟨hiepnoozə⟩ *de (v)* ❶ toestand waarin iemand heel sterk geconcentreerd is op iets of iemand en de rest niet meer waarneemt ❷ het brengen van iemand in zo'n toestand **hypnoticum** *het* [-tica] slaapmiddel **hypnotisch** *bn* wat hypnose veroorzaakt **hypnotiseren** ⟨-ziran⟩ onder hypnose brengen **hypnotiseur** ⟨-zeur⟩ *de (m)* [-s] iemand die hypnotiseert

hypochonder ⟨hie-⟩ *de (m)* [-s] iemand die voortdurend denkt dat hij allerlei erge ziektes of kwalen heeft **hypochondrie** *de (v)* het voortdurend denken dat men allerlei erge ziektes of kwalen heeft

hypocriet ⟨hie-⟩ *bn* schijnheilig, onoprecht **hypocrisie** ⟨-kriezie⟩ *de (v)* het hypocriet zijn, hypocriet gedrag

hypofyse ⟨hiepoofiezə⟩ *de (v)* [-s, -n] klier onder aan de hersenen

hypoglykemie ⟨hiepoogliekeemie⟩ *med. de (v)* te sterk gedaalde bloedsuikerspiegel

hyponiem ⟨hie-⟩ *taalk.* woord dat deel uitmaakt van een grotere overkoepelende categorie: *roos is een ~ van bloem*

hypotensie ⟨hie-⟩ te lage bloeddruk

hypothecair ⟨hiepooteekèr⟩ *bn* in de vorm van een hypotheek of wat te maken heeft met een hypotheek: *een ~e lening* **hypotheek** *de (v)* [-theken] geldbedrag dat iemand leent om onroerend goed, zoals een huis, te kopen en waarbij dat onroerend onderpand is: *een ~ nemen op een huis* ▼ *fig. een ~ nemen op de toekomst* iets doen wat in de toekomst een last

zal vormen **hypotheekbank** bank die aan anderen geld leent tegen onderpand van onroerende goederen **hypotheekgever** *de (m)* [-s] degene die geld leent (van een bank) tegen onroerend goed als onderpand **hypotheekhouder** hypotheeknemer: *de bank is de ~* **hypotheeknemer** degene, de bank die geld aan iemand leent met het onroerend goed van diegene als onderpand **hypothekeren** ⟨-kiran⟩ ❶ als hypotheek, als onderpand stellen ❷ BN de kansen op een gunstige ontwikkeling in gevaar brengen: *iemands toekomst ~*
hypothermie ⟨hie-⟩ *de (v)* te lage lichaamstemperatuur, onderkoeling
hypothese ⟨hie-⟩ *de (v)* [-n, -s] stelling waarvan men uitgaat, maar die nog moet worden bewezen **hypothetisch** *bn* op basis van een hypothese, als een hypothese
hysop ⟨hiesop⟩ *de (m)* lipbloemige heester waarvan de bloem wordt gebruikt als geneesmiddel en voor rituele handelingen (Hyssopus officinalis)
hysterectomie ⟨his-⟩ *de (v)* het operatief wegnemen van de baarmoeder
hysterica ⟨hies-⟩ *de (v)* [-'s] ❶ vrouw die aan hysterie lijdt ❷ vrouw die zich hysterisch gedraagt, die zich overdreven aanstelt **hysterie** *de (v)* zenuwziekte met stoornissen in het bewustzijn en lichamelijke klachten **hysterisch** *bn* ❶ die aan hysterie lijdt ❷ waarbij iemand zichzelf niet onder controle heeft: *toen de vrouw hoorde dat haar man was verongelukt, begon ze ~ te huilen*
hyven ⟨hajvan⟩ [hyvede, h. gehyved] deelnemen aan Hyves®, een profielensite op internet
Hz hertz

i *de* [-'s] ❶ negende letter van ons alfabet ❷ klinker die in de mond en zonder ronding van de lippen wordt gevormd
I Romeins teken voor 1
ia ⟨ie-aa⟩ *tw* nabootsing van het geluid van een ezel
IAO *de (v)* Internationale Arbeidsorganisatie
IATA *de (m)* , *International Air Transport Association*, internationale organisatie voor de (burger)luchtvaart
iatrogeen *bn* veroorzaakt door een medische handeling **iatrosofie** *de (v)* alternatieve geneeswijze geïnspireerd op onder andere antroposofie en homeopathie
ib., ibid. *ibidem*, op dezelfde plaats
i.b.d. in buitengewone dienst
ibidem ⟨iebiedem⟩ *bw* op dezelfde plaats
ibis *de (m)* [-sen] vogel van de familie Threskiornithidae van de orde van de ooievaarachtigen
ibo individuele beroepsopleiding
ibuprofen *de* geneesmiddel tegen pijn, ontstekingen en koorts
i.b.v. in bezit van
ic *de (m)* [-'s] afkorting van: intensive care, (ziekenhuisafdeling met) intensieve verzorging met constante bewaking
i.c. *in casu*, in dit geval
IC I ❶ comp. Integrated Circuit (*geïntegreerde schakeling, chip*) II *de (m)* [-'s] ❷ intercity (*trein die alleen in (grotere) steden stopt*)
ICD *implantic cardiatic defibrillator*, geïmplanteerd apparaat voor de behandeling van hartritmestoornissen
ICE *de (m)* hogesnelheidstrein
ichtyologie ⟨-tie-⟩ *de (v)* kennis van de vissen
iconoclast *de (m)* ❶ hist. beeldenstormer, iemand die probeert te bewerkstelligen dat beelden uit kerken verdwijnen ❷ fig. iemand die vaststaande ideeën, principes e.d. onderuit probeert te halen **iconografie** *de (v)* leer van de afbeeldingen, beschrijving van de afbeeldingen **iconologie** *de (v)* richting binnen de kunstgeschiedenis die afbeeldingen en beelden probeert te verklaren in hun historische context
icoon *de* [iconen] ❶ religieuze voorstelling die op hout is geschilderd, in de oosters-orthodoxe kerk ❷ iemand of iets met veel invloed, iemand die door anderen wordt nagevolgd: *die popster is een stijl~; Johan Cruijff is een ~ in de voetbalwereld* ❸ kleine afbeelding, symbool dat iets anders weergeeft, zoals het soort computerbestand (bijv. tekst, grafisch) of een restaurant op een station (mes en vork)
ICT *de (v)* Informatie- en Communicatietechnologie
ICT'er *de (m)* [-s] iemand die werkzaam is in de ICT-sector
ICTO *het* Interkerkelijk Comité voor Tweezijdige Ontwapening
id. *idem*, hetzelfde, dezelfde
ID intelligent design

ideaal I *bn* ❶ wat beantwoordt aan de voorstelling van wat volmaakt is, volmaakt: *in een ideale wereld is geen oorlog* ❷ bijna volmaakt, heel erg goed: *ons huis staat op een ideale plek* II *het* [-alen] ❸ voorstelling van iets in een toestand zonder volmaaktheid: *mijn ~ is een wereld zonder oorlog* ❹ iets wat iemand graag wil bereiken omdat hij denkt dat het heel goed zou zijn: *mijn ~ is dokter worden en zieke mensen helpen* ❺ persoon of zaak die zo'n voorstelling belichaamt: *die held die zoveel mensen heeft gered, is mijn ~* **idealiseren** ‹-zì-› zich in gedachten als ideaal voorstellen, als beter dan iemand of iets in werkelijkheid is: *zij idealiseert haar overleden moeder* **idealisme** *het* ❶ opvatting dat alleen ideeën de ware werkelijkheid zijn ❷ het streven om een hoger geestelijk of moreel doel (ideaal) te bereiken en de levenshouding die daarbij hoort **idealist** *de (m)* ❶ iemand die gelooft in een ideaal en zich daarvoor inzet: *mijn broer werkt als arts in Afrika, hij is een echte ~* ❷ aanhanger van het idealisme **idealistisch** *bn* die gelooft in een ideaal en zich daarvoor inzet **idealiter** ‹-àliter› *bw* in het ideale geval: *~ werkt iedereen nauw samen en helpt elkaar*

idee I *het* [-ën] ❶ voorstelling in de geest van iets, gedachte: *hij heeft het ~ dat ik hem haat, maar dat is niet zo* ▼ *ik heb geen flauw ~* ik zou het echt niet weten ❷ gedachte over iets, plan: *ik vind het een goed ~ om te gaan samenwerken* ▼ *mijn ~!* daar ben ik het helemaal mee eens ❸ denkbeeld, principe: *de ideeën van het liberalisme* II *de (v)* ❹ (filosofisch) denkbeeld, principe: *de ~ dat de werkelijkheid alleen bestaat in onze gedachten* **ideëel** *bn* ❶ wat alleen in de gedachten bestaat, denkbeeldig ❷ gericht op de verwezenlijking van een idee, idealistisch: *ideële reclame* **ideeënbus** bus waarin men goede ideeën kan deponeren, ook figuurlijk: via internet e.d. **idee-fixe** ‹-fieks› *het & de (v)* [-n] gedachte die iemand niet loslaat, dwangmatige gedachte **idem** *bw* ▼ de- of hetzelfde ❷ zoals hiervoor genoemd, gezegd is ▼ *~ dito* exact de- of hetzelfde **identiek** *bn* helemaal gelijk: *ze hebben een ~ kapsel* **identificatie** *de (v)* [-s] ❶ het zich identificeren met, inleven in (een persoon, groep e.d.) ❷ het vaststellen van iemands identiteit, wie iemand is **identificeren** vaststellen om wie het gaat: *een vermoorde man* ~ ▼ *zich* ~ bewijzen wie men is, bijv. door een paspoort of rijbewijs te laten zien ▼ *zich* ~ *met* zich vereenzelvigen met, zich inleven in en het gevoel hebben in dezelfde situatie te verkeren als: *zich* ~ *met de hoofdpersoon in een boek* **identiteit** *de (v)* ❶ het overeenkomen van de officiële gegevens over iemand met die persoon zelf, persoonsgelijkheid ❷ wie iemand is, wat kenmerkend is aan een persoon, waarin hij verschilt van anderen **identiteitsbewijs** officieel document (bijv. een paspoort) met naam, geboortedatum, geboorteplaats enz. waarmee iemand kan bewijzen wie hij is **identiteitscrisis** toestand waarin iemand heel erg twijfelt aan zichzelf, aan wie hij is **identiteitskaart** officiële

kaart met naam, geboortedatum, geboorteplaats enz. waarmee iemand kan bewijzen wie hij is **ideogram** *het* [-men] teken dat een begrip of woord uitdrukt **ideologie** *de (v)* [-ën] geheel van ideeën, vooral over de maatschappij en over politiek: *de communistische ~* **ideologisch** *bn* van of volgens een ideologie **idiolect** *het* taalvariant die door één persoon wordt gebruikt: *die uitdrukking hoort bij zijn ~* **idiomatisch** *bn* ❶ wat te maken heeft met het idioom: *~e eigenaardigheden van een schrijver* ❷ wat een idioom vormt: *een ~e uitdrukking* **idioom** *het* [-omen] ❶ woorden en uitdrukkingen die typerend zijn voor een taal of voor het taalgebruik van een persoon: *het ~ van de Haagse politici* ❷ een uitdrukking waarvan men de betekenis niet kan afleiden uit de delen, bijv. 'de pijp aan Maarten geven' in de betekenis van ergens mee ophouden, het opgeven of sterven **idioot** I *bn* ❶ heel vreemd, heel gek, belachelijk: *wat een ~ plan!* II *de (m)* [-oten] ❷ gek, iemand die vreemde of domme dingen doet: *wat een ~, hij rijdt tachtig in een woonwijk!* **idiosyncrasie** ‹-sinkraazìe› *de (v)* [-ën] ❶ aangeboren overgevoeligheid ❷ eigenaardigheid, hebbelijkheid **idiosyncratisch** *taalk.* *bn* wat als afzonderlijk geval optreedt **idioterie** *de (v)* [-ën] iets idioots, onzinnigheid **idioticon** *het* [-s, -ca] dialectwoordenboek **idiotie** I *de (v)* [-ën] ❶ stompzinnigheid, stomme streek II *de (v)* ❷ vero. zwakzinnigheid **idiotisme** *het* [-n] ❶ het idioot zijn ❷ domme, belachelijke daad ❸ kenmerkend woord of uitdrukking van een taal of dialect **idolaat** *bn* ▼ *~ van iemand zijn* met diegene dwepen en hem vereren **idool** *het* [-olen] persoon die heel erg wordt bewonderd en aanbeden **idylle** ‹-dìl› *de* [-s, -n] ❶ gedicht over het pure leven van eenvoudige mensen, vooral in betrekking tot de natuur ❷ toestand zoals daarin beschreven wordt, lieflijk en mooi tafereeltje ❸ onschuldige en pure liefdesverhouding **idyllisch** *bn* als een idylle, heel mooi en lieflijk: *we kampeerden op een ~ plekje*

ie spreekt. *vnw* vorm zonder klemtoon van 'hij' in spreektaal: *gaat~ morgen weg?*

i.e. *id est*, dat is

iebel *bn* ▼ *ik word er ~ van* het irriteert me, het werkt op mijn zenuwen: *ik word ~ van dat voortdurende geneurie!*

ieder *vnw* elk, alle van de genoemde zaken of personen **iedereen** *vnw* alle mensen, alle mensen om wie het gaat in een bepaalde context

iegelijk *vnw* ▼ *een ~* iedereen

iel *bn* dun, mager, zwak: *een ~ mannetje*

iemand *vnw* een persoon ▼ *~ zijn* een belangrijk persoon zijn

iemker *de (m)* [-s] imker

iep *de (m)* grote loofboom, ongeveer dertig tot veertig meter hoog (Ulmus) **iepen** *bn* van

iepenhout
iet *vnw* iets ▼ **BN, spreekt.** ~ *of wat* enigszins
iets I *vnw* ❶ een (of ander) ding **II** *bw* ❷ een
beetje: ~ *groter* **III** *het* ❸ een niet nader
omschreven zaak of begrip: *een schadelijk* ~
ietsepietsie *het* (heel) klein beetje **ietsisme** *het*
geloof dat er 'iets' (een hogere macht) is, maar
dat niet aansluit bij een van de bestaande
godsdiensten **ietwat** *bw* enigszins, een beetje
i.e.w. in één woord
iezegrim *de (m)* [-men, -s] knorrig iemand **iftar,
iftar** *de (m)* [-s] maaltijd na zonsondergang
waarmee moslims tijdens de ramadan het
vasten onderbreken
iglo *de (m)* [-'s] ronde hut van blokken bevroren
sneeuw
ignorant *bn* onwetend **ignoreren** ❶ niet weten
❷ niet willen weten of kennen
i-grec ⟨i-en-Grek⟩ *de* [-s] de letter y
IGZ *de (v)* Inspectie voor de Gezondheidszorg
i.h.a. in het algemeen
i.h.b. in het bijzonder
IHS *Iesus hominum salvator*, Jezus, de Heiland der
mensen
ij *de* [-'s] ▼ *lange* ~ verbinding van de letters i en j
ijdel *bn* ❶ erg blij, tevreden met zichzelf, erg op
zijn uiterlijk gesteld: *hij is* ~ *en kijkt vaak in de
spiegel* ❷ nutteloos, zonder resultaat: ~*e
pogingen,* ~*e hoop* ❸ leeg, zonder inhoud: *een* ~
bestaan **ijdelheid** *de (v)* [-heden]
❶ vergankelijkheid ❷ het ijdel zijn
❸ onbelangrijke zaak **ijdeltuit** *de* ijdel iemand
ijken gewichten en maten keuren en merken
ijkmeester ambtenaar die ijkt **ijkpunt** *het* punt
waarmee men vergelijkt om een maat of
gewicht vast te stellen, ook figuurlijk om een
norm vast te stellen
ijl *bn* dun *(van lucht): de* ~*e lucht boven aan een
berg* **ijlen** ❶ zich heel erg haasten, snel
voortbewegen ❷ wartaal spreken doordat
iemand koorts heeft **ijlings** *bw* heel snel, met
veel haast **ijlkoorts** koorts waarbij iemand ijlt
ijltempo ▼ *in* ~ met hoge snelheid
ijs *het* ❶ water dat door de kou bevroren en hard
geworden is: *het* ~ *was dik genoeg om op te
schaatsen* ▼ *het* ~ *breken* de sfeer meer
ontspannen maken waardoor toenadering
ontstaat ▼ *zich op glad* ~ *wagen* iets riskants doen;
een gevoelig onderwerp aanroeren, iets zeggen
wat heftige reacties kan veroorzaken ▼ *beslagen
ten* ~ *komen* goed voorbereid zijn ▼ *niet over één
nacht* ~ *gaan* eerst nadenken voor men iets doet
❷ bevroren lekkernij **ijsafzetting** vorming van
ijs ergens op (bijv. op vleugels van een vliegtuig)
ijsbaan vlakte van ijs om op te schaatsen **ijsbeer**
beer met een witte pels die in het
noordpoolgebied leeft **ijsberen** [ijsbeerde, h.
geijsberd] de hele tijd heen en weer lopen: *hij
ijsbeerde zenuwachtig door de wachtkamer van het
ziekenhuis* **ijsberg** heel grote massa ijs die in zee
drijft en waarvan de top net boven het water
uitsteekt: *het schip voer op een* ~ *en zonk* ▼ *dit is
nog maar het topje van de* ~ dit is alleen nog
maar het deel van de moeilijkheden of het
gevaar dat we op het eerste gezicht opmerken
ijsbergsla kropsla met bladeren die dicht op

elkaar liggen **ijsbloemen** *de (mv)* bloemvormige
figuren op de ruiten door vorst **ijsbreker** sterk
schip dat door een dikke ijslaag heen breekt,
zodat er een vaargeul ontstaat voor andere
schepen **ijsclub** club die een ijsbaan beheert en
vaak ook schaatswedstrijden organiseert **ijsco** *de
(m)* [-'s] ijsje
ijselijk *bn* verschrikkelijk, huiveringwekkend:
een ~*e gil*
ijsgang het zich bewegen van drijfijs **ijsheiligen**
de (mv) heiligen met feestdagen van 11-14 mei,
waarna nachtvorst bijna niet meer voorkomt
ijshockey hockey dat op ijs wordt gespeeld door
spelers op schaatsen **ijsje** *het* [-s] portie
consumptie-ijs op een stokje, tussen twee wafels,
in een hoorntje of in een bakje **ijskast**
keukenapparaat waarin men eten en drinken
koel kan bewaren zodat het minder snel bederft,
koelkast ▼ *een plan in de* ~ *zetten* de uitvoering
van een plan nog even uitstellen **ijskelder**
⟨vroeger⟩ ondergrondse ruimte waarin ijs
bewaard wordt **ijskonijn** ❶ kil afstandelijk
persoon ❷ iemand die zich niet gauw uit zijn
evenwicht laat brengen **ijskoud** ❶ heel erg koud
❷ *fig.* ongevoelig, onverstoorbaar **ijslolly**
waterijsje op een stokje **ijspegel** ❶ figuur van
water dat naar beneden druipt en bevriest ❷ *fig.*
afstandelijk kil persoon **ijssalon** *de (m)* [-s]
gelegenheid waar men ijs kan eten **ijsschots**
afgebroken drijvend stuk ijs **ijsthee** koude thee,
op smaak gemaakt met suiker en andere stoffen
ijstijd periode waarin het noordelijk halfrond
voor een groot deel met ijs bedekt was **ijsvogel**
kleurige vogel met lange snavel die vis eet
(Alcedo atthis ispida) **ijsvrij I** *bn* ❶ ⟨van een
haven⟩ die niet dichtvriest **II** *het* ❷ vrijaf om te
schaatsen **ijswafel** consumptie-ijs tussen twee
dunne wafels **ijswater** water van gesmolten ijs
of met smeltend ijs **ijszee** zee die met ijs bedekt
is
ijver *de (m)* zin om te werken, het hard en met
aandacht werken **ijveraar** *de (m)* [-s, -raren]
iemand die zich inspant en ervoor te zorgen
dat iets gebeurt **ijveren** zich inspannen om
ervoor te zorgen dat iets gebeurt **ijverig** *bn* die
hard en met aandacht werkt
ijzel *de (m)* ijslaagje, gevormd door bevroren
neerslag
ijzen beven van angst of afschuw
ijzer *het* [-s] ❶ chemisch element, soort
veelgebruikt metaal ▼ *geen* ~ *met handen kunnen
breken* niet iets onmogelijks kunnen doen ▼ *het* ~
smeden als het heet is gebruikmaken van een
gunstige gelegenheid ❷ ijzeren voorwerp
▼ *meer* ~*s in het vuur hebben* meer dan één
mogelijkheid hebben om zijn doel te bereiken
ijzerdraad *de (m)* [-draden] & *het* draad van ijzer:
hij maakte de paaltjes van het hek met ~ *aan elkaar
vast* **ijzeren** *bn* ❶ van ijzer ❷ *fig.* heel erg sterk
ijzererts delfstof die ijzer bevat **ijzergieterij**
werkplaats waar ijzer gegoten wordt **ijzersterk**
heel erg sterk
ijzertijd periode in de prehistorie waarin men
ijzeren voorwerpen begon te maken
ijzervreter *de (m)* [-s] ❶ militair die nergens bang
voor is ❷ iemand die doorzet en nergens bang

voor is: *de nieuwe directeur is een echte ~*

ijzig *bn* ❶ heel erg koud: *er waait een ~e noordenwind* ❷ heel koud en afstandelijk, zonder gevoel: *na onze ruzie zei hij op ~e toon dat ik maar beter kon gaan* **ijzingwekkend** *bn* wat angst of afschuw veroorzaakt

ik I *vnw* ❶ eerste persoon enkelvoud onderwerpsvorm: *~ wil naar huis* **II** *het* ❷ de eigen persoonlijkheid ▼ *zijn betere ~* het goede in iemand

ikebana *het* Japanse bloemschikkunst

IKON *de (m)* Interkerkelijke Omroep Nederland

IKV *het* Interkerkelijk Vredesberaad

ik-vorm vorm waarbij de auteur zichzelf met ik aanduidt

illegaal I *bn* ❶ niet toegestaan volgens de wet: *autorijden zonder rijbewijs is ~* ❷ zonder de juiste papieren om in een land te wonen: *hij is hier ~* **II** *de (m)* [-galen] ❸ buitenlander die niet de juiste papieren heeft om in een land te wonen **illegaliteit** *de (v)* ❶ het illegaal zijn, onwettigheid ❷ het in het geheim bezig zijn met zaken die verboden zijn door een regering of een bezetter

illuminatie *de (v)* [-s] feestverlichting **illumineren** ❶ feestelijk verlichten ❷ versieren (van handschriften) ❸ tekeningen e.d. mooier maken met doorschijnende kleuren

illusie ⟨-zie⟩ *de (v)* [-s] ❶ iets dat iemand denkt te zien maar dat er niet is, zinsbegoocheling ❷ mooie voorstelling van hoe iets is of zal zijn, droombeeld ▼ *maak je maar geen ~s* verwacht maar niet te veel **illusionist** ⟨-zjoo-⟩ *de (m)* ❶ artiest die de trucs laat zien die de onmogelijk lijken: *de ~ sneed zijn assistente doormidden* ❷ iemand die zich laat leiden door illusies **illusoir** ⟨-zwaar⟩ *bn* wat niet echt bestaat, niet zoals het lijkt te zijn: *een ~ recht waar men niets aan heeft*

illuster *bn* vooraanstaand, uitstekend, heel voornaam: *een ~ gezelschap van topwetenschappers*

illustratie *de (v)* [-s] ❶ tekening, foto o.i.d. ❷ voorbeeld, verduidelijking **illustratief** *bn* ❶ wat iets duidelijk maakt: *een ~ voorbeeld* ❷ kenmerkend: *die reactie is ~ voor hem* **illustrator** *de (m)* [-s, -toren] iemand die afbeeldingen maakt voor boeken e.d. **illustreren** ❶ (een boek) voorzien van illustraties ❷ fig. duidelijk maken, een beeld geven van

i.m. *in memoriam*, ter nagedachtenis

image ⟨immadzj⟩ *het* [-s] het beeld dat anderen van iemand hebben **imagebuilding** ⟨-bilding⟩ *de (m)* het creëren van een image **imagemap** ⟨-mèp⟩ *comp. de (m)* afbeelding met aanklikbare links naar delen van een site

imaginair ⟨iemaazjienèr⟩ *bn* wat bestaat in de verbeelding, denkbeeldig: *een ~ land* **imaginatie** ⟨iemaazjie-⟩ *de (v)* verbeeldingskracht

imago *het* [-'s] ❶ image: *het ~ van de minister is aangetast door de stomme fout* ❷ ontwikkeld, volwassen insect

imam *de (m)* [-s] islamitisch voorganger in een moskee

imbeciel I *bn* ❶ zwakzinnig ❷ idioot, dwaas: *wat een ~ plan* **II** *de* ❸ iemand die zwakzinnig is

❹ neg. dom persoon

IMF *het* Internationaal Monetair Fonds

imitatie *de (v)* [-s] ❶ iets dat nagemaakt is, dat niet origineel is: *dit is geen echte diamant maar ~* ❷ het nadoen van iemand: *dat was een perfecte ~ van Michael Jackson* **imiteren** namaken, nadoen: *zij kan de stem van de koningin heel goed ~*

imker *de (m)* [-s] iemand die bijen houdt voor de bestuiving van planten of die de honing verzamelt die de bijen maken

immanent *bn* innerlijk, wat erbij hoort, wat tot de structuur van de zaak of het geheel behoort

immaterieel *bn* wat niet bestaat uit goederen of geld, onstoffelijk, geestelijk ▼ *immateriële schade* schade die men niet in geld kan uitdrukken

immatuur *bn* nog niet rijp

immens *bn* enorm groot: *een piramide is een ~ bouwwerk*

immer *bw* altijd **immermeer** *bw* voor altijd, tot in eeuwigheid

immers *bw* toch, dat is toch zo: *aan hem kunnen we vast de weg vragen, hij woont hier ~*

immigrant *de (m)* iemand die uit een ander land ergens komt wonen **immigratie** *de (v)* [-s] het uit een ander land in een land komen wonen **immigreren** [immigreerde, is geïmmigreerd] uit een ander land in een land komen wonen

imminent *bn* wat kan gebeuren: *een ~e dreiging*

immobiel ❶ onbeweeglijk ❷ niet in staat om ergens naartoe te gaan: *ze zijn oud en hebben weinig geld en zijn daardoor ~*

immobiliën BN, *ook de (mv)* onroerende goederen **immobiliënkantoor** BN, *ook* makelaardij, makelaarskantoor

immoraliteit *de (v)* het immoreel zijn, immoreel gedrag **immoreel** in strijd met wat als moreel of fatsoenlijk wordt beschouwd

immuniteit *de (v)* ❶ onschendbaarheid, het niet onderworpen zijn aan bepaalde wetten, het niet hoeven betalen van belastingen ❷ med. het niet vatbaar zijn voor besmettingskiemen of een bepaald gif **immunologie** *de (v)* leer van de immuniteit **immunotherapie** therapie met medicijnen die de natuurlijke afweer van een patiënt stimuleren **immuun** *bn* ❶ vrij van verplichtingen die anderen wel hebben, niet strafbaar voor overtredingen die voor anderen wel strafbaar zijn, bijv. omdat men een diplomatieke functie heeft ❷ niet vatbaar voor bepaalde ziekten ❸ fig. ontoegankelijk voor bepaalde gemoedsaandoeningen, gevoelens: *~ voor televisiebeelden van rampen* **immuunsysteem** systeem dat lichaamsvreemde stoffen afweert

impact ⟨-pekt⟩ *de (m)* [-s] werking, de kracht die van iets uitgaat, de invloed die iets heeft: *de ~ van de maatregelen*

impala *de (m)* [-'s] Afrikaanse antilopesoort

impasse *de (v)* [-s, -n] ❶ doodlopende straat, slop ❷ fig. moeilijke situatie waar men niet uit kan komen ▼ *de onderhandelingen verkeren in een ~* degenen die onderhandelen, kunnen het niet eens worden en er lijkt geen oplossing te zijn

impedantie *de (v)* [-s] weerstand van wisselstroom

impenetrabel *bn* ondoordringbaar

im

im

imperatief I *bn* ❶ gebiedend, bindend **II** *de (m)* [-tieven] ❷ taalk. gebiedende wijs

imperfect niet volmaakt **imperfectie** onvolmaaktheid **imperfectum** taalk. *het* [-ta] onvoltooid verleden tijd

imperiaal I *het & de* [-alen] ❶ bagagerek op het dak van een auto **II** *het* ❷ papierformaat van 56 bij 75 centimeter **III** *bn* ❸ keizerlijk

imperialisme *het* streven naar machts- en gebiedsuitbreiding van een staat **imperialistisch** *bn* die streeft naar meer macht en naar gebiedsuitbreiding

imperium *het* [-ria, -s] ❶ groot rijk dat door één leider of één staat bestuurd wordt: *het vroegere Britse* ~ ❷ gebied dat door een bedrijf, ondernemer e.d. wordt beheerst, de gezamenlijke bedrijven, bezittingen

impermeabel *bn* ondoordringbaar, waterdicht

impertinent *bn* onbeschaamd, brutaal: *een ~e vraag stellen*

impetigo *de (v)* besmettelijke huidinfectie die begint rond de mond waarna overal op het gezicht en lichaam plekjes met korsten ontstaan, krentenbaard

implantaat *het* [-taten] iets dat geïmplanteerd is, kunstmatig element dat is ingebracht in het lichaam, bijv. een hartklep van kunststof **implanteren** weefsel of een geneesmiddel in het lichaam van iemand brengen: *de dokter implanteerde haar op het hoofd van de kale man*

implementatie *de (v)* [-s] het implementeren **implementeren** ❶ verwezenlijken, tot uitvoer brengen (een plan, verdrag e.d.) ❷ invoeren: *een nieuw systeem, maatregelen* ~

implicatie *de (v)* [-s] wat ook de inhoud is van een feit of een uiting, zonder dat dat gezegd wordt **impliceren** (zonder dat het direct gezegd wordt) ook inhouden **impliciet** *bn* duidelijk dat het zo is zonder dat het echt wordt gezegd ▼ *hij gaf zijn fout* ~ *toe* hij zei het niet echt, maar hij liet wel merken dat hij een fout had gemaakt

implosie (-zie) *de (v)* [-s] het plotseling ingedrukt worden van een luchtledige ruimte, ontploffing die naar binnen is gericht

imponderabilia *de (mv)* factoren die invloed hebben maar die men niet kan wegen of berekenen

imponeren indruk maken op iemand anders: *hij probeert te ~ door moeilijke woorden te gebruiken*

impopulair (-lèr) niet geliefd bij de meeste mensen: *~e maatregelen*

import *de (m)* ❶ het kopen van producten uit het buitenland om ze te gebruiken in het eigen land, invoer: *~ van sinaasappelen uit Spanje* ❷ inform. mensen die vanuit andere delen van het land of uit andere landen ergens zijn komen wonen: *er is veel ~ in ons dorp*

important *bn* belangrijk **importantie** *de (v)* gewicht, belang

importeren ❶ producten kopen in het buitenland om ze in het eigen land te gebruiken, invoeren ❷ comp. data in een programma inlezen, bijvoorbeeld een tabel in een databaseprogramma **importeur** *de (m)* [-s] iemand die goederen uit het buitenland invoert om ze in zijn land te verkopen

imposant (-zant) *bn* indrukwekkend

impost *de (m)* accijns

impotent ❶ zonder het vermogen om iets te doen, niet in staat tot ❷ (seksueel) niet in staat tot een erectie **impotentie** ❶ onmacht, onvermogen ❷ het seksueel impotent zijn van een man **impregneren** doordrenken, doen intrekken (van een vloeistof): *geïmpregneerd hout*

impresario *de (m)* [-'s] iemand die toneelvoorstellingen, concerten enz. organiseert voor artiesten

impressie *de (v)* [-s] indruk, beeld dat iemand van iets krijgt als hij het ziet, hoort e.d. **impressionisme** *het* richting in de beeldende kunst, letteren en muziek (± 1870-1910), waarvan het streven is de eerste indruk zuiver weer te geven **impressionistisch** *bn* van of volgens het impressionisme

impressum *het* [-sa, -s] het in een uitgave vermelden van redactie of drukker of uitgever

improductief die of wat niets voortbrengt, onvruchtbaar **improductiviteit** *het* improductief zijn

impromptu *het & de (m)* [-'s] instrumentaal muziekstuk in liedvorm met een geïmproviseerd karakter

improvisatie (-zaa-) *de (v)* [-s] ❶ het bedenken van iets op het moment zelf, zonder dat iemand er van tevoren over nagedacht heeft ❷ een toneel-, muziekstuk e.d. dat iemand op het moment zelf bedenkt **improvisator** *de (m)* [-s, -toren] iemand die improviseert **improviseren** (-zi-) ❶ onvoorbereid een toneel-, muziekstuk e.d. opvoeren ❷ iets verzinnen op het moment zelf zonder er van tevoren over nagedacht te hebben: *we moeten van de restjes van gisteren een maaltijd ~* **improviste** (êmproovîest) *bw* ▼ *à l'~* zonder voor te bereiden, geïmproviseerd

impuls *de (m)* ❶ iets wat de eerste aanzet tot iets geeft: *deze maatregel geeft een ~ aan nieuwe initiatieven* ❷ opwelling ▼ *iets in een ~ doen* plotseling, zonder er van tevoren over na te denken ❸ nat. hoeveelheid beweging ❹ med. prikkel die zich voortplant langs een zenuwvezel **impulsaankoop** het spontaan kopen van iets dat iemand niet van plan was te kopen **impulsief** *bn* geneigd om impulsen te volgen, om spontaan dingen te doen zonder daar van tevoren over na te denken

in I *vz* ❶ plaats, ook figuurlijk: *~ een park; ~ een muziekgroep spelen* ❷ (richting) naar binnen: *hij loopt de kamer ~* ❸ tijd: *~ 1985* ❹ toestand: *~ slechte staat* ❺ gevolg: *~ stukken uiteenvallen* ❻ hoeveelheid: *~ groten getale* ▼ *er helemaal ~ zijn* helemaal op de hoogte zijn; *iets helemaal beheersen* **II** *bw* ❼ in de mode: *die kleur is nu helemaal ~* ❽ sp. binnen het speelveld: *de bal is ~* **III** *voorvoegsel* ❾ heel erg: *dat is ~triest* ❿ (voor een vreemd bijvoeglijk naamwoord vaak) niet, on-: *~capabel*

inacceptabel (-aksep-) onaanvaardbaar

inachtneming *de (v)* het zich aan iets houden, het nakomen van iets ▼ *met ~ van de omgangsvormen, de nodige discretie enz.* terwijl men zich eraan houdt

inactief die niet werkt, buiten dienst

inademen naar binnen ademen: *de frisse lucht ~*

inadequaat ⟨-kwaat⟩ niet goed genoeg, niet geschikt voor datgene waarvoor het nodig is: *een inadequate reactie* **inauguratie** *de (v)* [-s] plechtige bevestiging in een waardigheid: *de ~ van de nieuwe president* **inaugureel, inauguraal** *bn* wat hoort bij een inauguratie: *de inaugurele rede van de nieuwe hoogleraar* **inaugureren** [inaugureerde, h. geïnaugureerd] plechtig bevestigen in een functie, inwijden: *een hoogleraar, een president ~*

inbaar *bn* wat geïnd kan worden, mogelijk om te innen ▾ *niet-inbare rekeningen* die iemand of een bedrijf nooit uitbetaald zal krijgen

inbakeren warm instoppen, warm kleden

inbedden tot onderdeel maken van: *deze maatregel is ingebed in het beleid* is onderdeel van het beleid

inbeelden ▾ *zich ~* zich iets onwaars voorstellen; een te hoge dunk van zichzelf hebben **inbeelding** *de (v)* ❶ iets wat iemand zich verbeeldt, indenkt ❷ verwaandheid, een te hoge dunk van zichzelf

inbegrepen *bn* meegeteld, erbij: *onszelf ~, komen er twintig gasten op het feest* **inbegrip** *het* ▾ *met ~ van* meegerekend, ook erbij gerekend

inbellen via de telefoon verbinding maken met een computernetwerk **inbelpunt** *comp. het* toegang tot internet die door een provider beschikbaar is gesteld, waarop een gebruiker kan inbellen

inbeschuldigingstelling BN, jur. *de (v)* beslissing waarbij de Kamer van Inbeschuldigingstelling een zaak verwijst naar een hof van assisen en het feit omschrijft waarvoor de beschuldigde terecht moet staan **inbewaringstelling** *jur. de (v)* vorm van voorlopige hechtenis

inbijten ❶ ⟨van honden⟩ verder bijten en zo vastgrijpen, vasthouden: *de waakhond grijpt de dief maar mag niet ~* ❷ ⟨van zuren, zeewater e.d.⟩ in iets trekken ❸ de weg vrijmaken voor een schip door ijs weg te hakken

inbinden ❶ van losse bladen een boek maken door er een boekband omheen te doen: *ik wil mijn werkstuk laten ~* ❷ *fig.* kalmer worden, zich minder brutaal, veeleisend e.d. gedragen

inblazen influisteren ▾ *nieuw leven ~* weer opwekken, weer activiteit doen ontstaan

inblikken in een conservenblik doen zodat het lang houdbaar blijft

inboedel *de (m)* [-s] alle meubels en spullen in huis

inboeken ⟨boekhouding⟩ in het grootboek schrijven

inboeten verliezen, minder worden: *~ aan geloofwaardigheid*

inboezemen vervullen met: *vertrouwen ~*

inboorling *de (m)* ❶ oorspronkelijke bewoner ❷ oorspronkelijke bewoner van een niet-westers land

inborst *de* aard, karakter

inboteren BN met boter bestrijken: *een bakplaat ~*

inbouwen ❶ in iets anders bouwen: *een radio ~ in een auto* ❷ *fig.* opnemen in: *in dit systeem zijn* allerlei zekerheden ingebouwd ❸ insluiten door eromheen te bouwen: *een vroeger alleenstaande villa is nu helemaal ingebouwd*

inbox *de (m)* bij e-mail het postvak waarin inkomende berichten worden ontvangen

inbraak *de* [-braken] het inbreken **inbraakvrij** *bn* bestand tegen inbraak

inbranden erin of naar binnen branden

inbreken [brak in, h. / is ingebroken] ❶ met geweld een huis of bedrijf van iemand anders binnendringen, vooral om te stelen ❷ illegaal een computersysteem van iemand anders binnendringen **inbreker** *de (m)* [-s] iemand die een inbraak pleegt

inbreng *de (m)* bijdrage die iemand levert aan iets wat een aantal mensen gezamenlijk doet: *ze had maar een kleine ~ in de discussie, ze zei weinig* **inbrengen** ❶ geld bijdragen, als verdienste in huis brengen ❷ zeggen, naar voren brengen ▾ *niets in te brengen hebben* niet mee mogen praten of beslissen ❸ in het lichaam brengen (van een infuus e.d.)

inbreuk *de* ❶ schending ▾ *~ maken op* schenden: *~ op de privacy* ❷ *ook* overtreding

inbuigen naar binnen buigen

inburgeren opgenomen worden in een gemeenschap, niet langer als vreemd beschouwd worden **inburgeringscursus** cursus die allochtone Nederlanders bekend moet maken met de Nederlandse taal en maatschappij

inbussleutel sleutel om een bout met een zeshoekig gat vast of los te draaien

incalculeren mee opnemen in de berekening

incapabel niet goed in het werk dat of de taak die iemand doet, onbekwaam, ongeschikt

incarnatie *de (v)* [-s] ❶ vleeswording, het aannemen van een menselijk lichaam door een hoger wezen ❷ belichaming: *hij is de ~ van het kwaad* **incarneren** een lichamelijke gestalte geven, belichamen

incasseren ❶ geld ontvangen, innen: *de prijswinnaar incasseerde een hoog bedrag* ❷ *fig.* moeten verduren, in ontvangst nemen van slagen, tegenslag enz.: *de bokser moest zware klappen ~; kritiek ~* **incasseringsvermogen** vermogen om tegenvallers te verwerken

incasso *het* [-'s] het innen van geld ▾ *automatische ~* het afschrijven van geld van een rekening door iemand die daarvoor is gemachtigd **incassobureau** bedrijf dat geld int voor anderen, vooral bij klanten die hun schulden niet betalen

in casu ⟨-zuu⟩ *bw verb* in dit geval

incentive ⟨-tiv⟩ *de* [-s] beloning om te motiveren: *een uitstapje als ~ voor het personeel*

incest *de (m)* seksuele omgang tussen bloedverwanten **incestueus** *bn* wat te maken heeft met incest: *een incestueuze verhouding*

inch ⟨insj⟩ *de (m)* [-es] 2,54 centimeter

inchecken ⟨-tsjekkən⟩ aan een balie bagage afgeven en instapkaarten afhalen

incident *het* ❶ vervelende gebeurtenis, zoals een vechtpartij: *na de voetbalwedstrijd deden zich gelukkig geen ~en voor* ❷ onvoorzien voorval, iets wat niet structureel voorkomt **incidenteel** *bn*

in

❶ als een incident, onverwacht, toevallig **❷** in een enkel geval, heel soms: *incidentele ontmoetingen*

incisie ‹-zie› *de (v)* [-s] insnijding, snede: *de chirurg maakt een ~*

inciviek BN *bn* politiek onbetrouwbaar, zonder burgerzin

incl. inclusief

inclinatie *de (v)* [-s] **❶** nat. hoek die de veldsterkte van het aardmagnetisme maakt met het horizontale vlak **❷** de afwijking die dit veroorzaakt bij het aanwijzen van het noorden met een kompas **❸** ‹astronomie› hoek tussen het vlak van de baan van een planeet, komeet e.d. en het vlak van de aarde **❹** neiging, genegenheid, sympathie

incluis *bn* meegerekend, er ook onder begrepen, ingesloten **inclusief** ‹-zief› *bn* meegerekend, erbij: *de prijzen zijn ~ (fooi, btw)* met inbegrip van (fooi, btw)

incognito *bn* zonder zijn naam of functie bekend te maken, onder schuilnaam: *de prinses was ~ en ze droeg een donkere zonnebril en een grote hoed*

incoherent onsamenhangend **incoherentie** gebrek aan samenhang

incompany ‹-panie› *voorvoegsel* binnen het bedrijf plaatsvindend: *een ~training*

incompatibiliteit *de (v)* **❶** het niet kunnen samengaan **❷** comp. het niet gebruikt kunnen worden van hard- of software in combinatie met bepaalde andere hard- of software

incompetentie onbevoegdheid, onbekwaamheid, het niet goed zijn in zijn taak of werk of er niet de bevoegdheid voor hebben

incompleet onvolledig

in concreto *bw verb* in een bepaald geval, in de werkelijkheid

incongruent ongelijkvormig, wat niet met elkaar overeenstemt

inconsequentie het niet consequent zijn, het zichzelf tegenspreken

inconsistentie gebrek aan samenhang

incontinent *bn* niet in staat om de ontlasting of urine op te houden

inconveniënt *het* ongerief, ongemak, bezwaar

incorporatie *de (v)* inlijving, opneming in **incorporeren** inlijven, in zich opnemen, verenigen met

incorrect **❶** onjuist **❷** ongepast, onbehoorlijk

incourant ‹-koe-› niet gangbaar, weinig gevraagd

incrimineren ten laste leggen, als strafbaar beschouwen

incrowd ‹-kRaud› *de (m)* [-s] groep of kliek van ingewijden

incubatiecentrum BN plaats waar beginnende ondernemers ruimte en diensten kunnen huren **incubatietijd** tijd die verloopt tussen de besmetting met een infectieziekte en het optreden van de eerste verschijnselen

incunabel *de (m)* boek dat voor 1501 is gedrukt met losse letters, wiegendruk

IND *de (m)* Immigratie- en Naturalisatiedienst

indachtig *bn* denkend aan

indalen ‹van een ongeboren kind› tot de bekkenbodem dalen

indammen **❶** met een dam insluiten **❷** fig. beperken, afremmen

indecent onzedelijk, niet fatsoenlijk

indekken *v zich ~ tegen* voorzorgsmaatregelen nemen tegen

indelen **❶** in delen of groepen splitsen **❷** in een deel of een groep onderbrengen **indeling** *de (v)* **❶** het indelen **❷** manier waarop iets is ingedeeld

indenken *v zich ~* zich iets voorstellen: *ik kan me ~ dat je dat niet leuk vond*

independent *bn* onafhankelijk

in deposito ‹-zietoo› *bw verb* in bewaring tegen rente

inderdaad *bw* dat klopt, zo is het **inderhaast** *bw* met haast **indertijd** *bw* in die tijd, vroeger

indeuken een deuk maken in

index *de (m)* [-en, -dices] **❶** register, inhoudsopgave **❷** cijfer dat een verhouding uitdrukt: *beurs~* **❸** hist. lijst van verboden boeken **indexaanpassing** BN *de (v)* prijscompensatie, loonsverhoging bij gestegen kosten van levensonderhoud **indexatie** *de (v)* [-s] koppeling aan een index of indexcijfer *v ~ van de uitkeringen* het aanpassen aan de stijging van de prijzen **indexcijfer** cijfer dat de koopkracht van het geld uitdrukt, dat aangeeft of een reeks producten in een bepaalde periode duurder of goedkoper is geworden **indexeren** **❶** in een index opnemen **❷** koppelen aan een index of indexcijfer *v lonen ~* aanpassen aan de stijging van de prijzen

indiaan *de (m)* [-dianen] oorspronkelijke bewoner van Amerika **indianenverhaal** verzinsel

indicatie *de (v)* [-s] aanwijzing, iets waaruit men iets anders kan afleiden **indicatief I** *de (m)* [-tieven] **❶** taalk. aantonende wijs, werkwoordsvorm die uitdrukt dat iets een realiteit is (i.t.t. bijv. de conjunctief in 'leve de koningin') **II** *bn* **❷** wat een indicatie, een globale indruk geeft: *deze prijsopgave is ~* **indicator** *de (m)* [-toren, -s] **❶** instrument dat iets aangeeft, iets wat iets aanwijst **❷** stof die aanwijst hoe een chemische reactie verloopt **❸** atoom dat de aanwezigheid van een isotoop aangeeft **❹** feit, gebeurtenis e.d. als aanwijzing voor een grotere ontwikkeling of samenhang **indiceren** wijzen op, aanwijzen, aanduiden

indien *vgw* in het geval dat, als

indienen ‹een verzoek, voorstel, klacht› aanbieden aan de persoon of instantie die daarover een beslissing kan nemen: *een verzoek ~; een voorstel ~*

indiensttreding *de (v)* het in dienst treden

indifferent *bn* **❶** onverschillig **❷** die geen bepaalde werking of uitwerking laat zien

indigestie *de (v)* [-s] stoornis in de spijsvertering doordat iemand te veel heeft gegeten

indigo I *de (m)* **❶** donkerblauwe kleurstof uit een tropische plant **❷** deze tropische plant, de indigoplant **II** *het* **❸** donkerblauw **III** *bn* **❹** donkerblauw

indijken door dijken omsluiten

indikken **❶** door koken dikker maken **❷** door koken dikker worden

indirect niet rechtstreeks *v ~e verlichting*

verlichting door teruggekaatst licht ▼ taalk. ~e rede omschrijvende aanhaling van iemands woorden (als in: hij zei, hij dacht dat ...)
indiscreet ❶ onbescheiden en een beetje onbeschoft: *stel me niet zulke indiscrete vragen!* ❷ loslippig, waarbij iemand zaken vertelt die hij niet zou moeten vertellen **indiscretie** ❶ onbescheidenheid, onbeleefdheid ❷ loslippigheid, het vertellen van zaken die iemand niet zou moeten vertellen
indium *het* in 1863 ontdekt wit week metaal
individu *het* [-en, -'s] ❶ afzonderlijk wezen, mens of dier als zelfstandige eenheid van de soort ❷ min. persoon, mens **individualisme** *het* ❶ leer die de rechten van het individu boven die van de gemeenschap stelt ❷ het handhaven en doen gelden van de eigen persoonlijkheid
individualist *de (m)* iemand die zich als persoon, en niet als lid van een groep, wil laten gelden **individualiteit** *de (v)* persoonlijkheid, eigen aard **individueel** *bn* ❶ geldend voor een enkel voorwerp of wezen, persoonlijk: *dat is een individuele kwestie, dat moet iedereen voor zichzelf uitmaken* ❷ iedereen apart, iedereen afzonderlijk: *de leerlingen kunnen individuele begeleiding krijgen*
indoctrinatie *de (v)* [-s] het opleggen van bepaalde overtuigingen, beïnvloeding zodat mensen bepaalde zaken gaan geloven
Indo-Europees I *het* ❶ taalfamilie die naast het Nederlands vele Europese en Voor- en Midden-Aziatische talen omvat II *bn* ❷ wat tot die taalfamilie behoort
indolent *bn* lusteloos, traag m.b.t. gedachten en gevoelens
indologie *de (v)* studie van Indonesië
indommelen in een lichte slaap vallen
indoor *bn* in een overdekte ruimte: *~tennis* **indoorbaan** overdekte baan voor (een bepaalde) sport
indraaien ❶ draaiend ergens in bevestigen ❷ draaiend ingaan: *een zijweg ~* ▼ spreekt. *de bak ~* in de gevangenis terechtkomen
indringen ❶ binnendringen ❷ iemand een kant op, ergens in, duwen, dwingen ▼ *zich ~* binnendringen; fig. zich onbescheiden toegang verschaffen tot een gezelschap **indringend** *bn* ❶ nadrukkelijk, alsof iemand tot een ander wil doordringen: *iemand ~ aankijken* ▼ *~e beelden van een ramp* die veel indruk maken, die diep tot iemand doordringen ❷ diepgaand: *een ~ gesprek* **indringer** *de (m)* [-s] iemand die ergens binnendringt: *de ~ wist via een raam het huis binnen te komen; de nieuwe leerling werd door de anderen als een ~ gezien* ze wilden de nieuweling liever niet in de groep opnemen
indrinken ❶ drinkend naar binnen werken ❷ fig. gretig en gemakkelijk in zich opnemen ❸ voor het uitgaan alvast alcohol drinken ▼ *zich moed ~* sterke drank drinken voordat iemand met iets spannends begint **indrogen** opdrogen, door drogen gewicht verliezen
indruisen [druiste in, h. / is ingedruist] ▼ *~ tegen* in strijd zijn met: *dat druist in tegen mijn rechtvaardigheidsgevoel*
indruk *de (m)* [-ken] ❶ spoor, merkteken dat

ontstaat door drukken: *de ~ken van hondenpoten in de sneeuw* ❷ effect, werking op geest of gevoel: *onder de ~ van iets zijn* ❸ idee, beeld door iets van iemand ziet, hoort e.d.: *nieuwe ~ken opdoen* **indrukken** op iets drukken
indrukwekkend *bn* wat grote indruk maakt
in dubio *bw verb* in twijfel ▼ *~ staan* niet weten wat te doen
induceren door inductie opwekken **inductie** *de (v)* [-s] ❶ manier van redeneren die begint bij het afzonderlijke geval of feit waar het algemene uit wordt afgeleid ❷ opwekking van een magnetisch veld of van een secundaire elektrische stroom **inductief** *bn* met of door inductie **inductiekoken** koken waarbij elektromagnetische trilling in de pan wordt opgewekt **inductiemotor** elektromotor voor wisselstroom **inductiestroom** stroom die wordt opgewekt door inductie **inductor** *de (m)* [-toren] toestel voor het opwekken van inductiestroom
induffelen BN (zich) inpakken, warm aankleden
industrialisatie ‹-zaa-› *de (v)* het uitbreiden van de bestaande en het oprichten van nieuwe industrieën **industrialiseren** ‹-zi-› tot een industriegebied maken, maken dat ergens industrieën komen **industrie** *de (v)* [-ën] ❶ bedrijven die de grondstoffen verwerken tot een product, fabrieken ❷ alle fabrieken en bedrijven samen in een bepaalde sector ▼ *de toeristen~* alle bedrijven die zich bezighouden met toerisme **industrieel** I *bn* ❶ wat te maken heeft met de industrie ▼ *een ~ vormgever* iemand die de vorm bedenkt voor producten die in fabrieken worden gemaakt II *de (m)* [-ëlen] ❷ eigenaar of bestuurder van een fabriek of fabrieken **industriegebied** streek met veel fabrieken **industrieterrein** terrein met vooral industriële bedrijven
indutten in een lichte slaap vallen
ineen *bw* in elkaar **ineenkrimpen** ❶ zich samentrekken ❷ fig. in elkaar kruipen van schrik, ontzetting e.d.
ineens *bw* ❶ in één keer ❷ plotseling
ineenslaan ▼ *de handen ~* zich aaneensluiten, samenwerken **ineenstorten** ❶ in brokken uit elkaar vallen ❷ fig. totaal tenietgaan, kapotgaan: *het communisme is ineengestort*
ineffectief niet effectief, niet doeltreffend
inefficiënt ‹-sjent› niet efficiënt, ondoelmatig
in- en in *voorvoegsel* heel erg: *dat is ~gemeen*
inenten [entte in, h. ingeënt] een stof inspuiten die ervoor zorgt dat iemand een ziekte niet krijgt: *iemand ~ tegen polio*
inert *bn* ❶ traag, bewegingloos, die geen reactie vertoont ❷ fig. die niets onderneemt, die geen initiatief neemt tot iets
in extenso ‹-zoo› *bw verb* uitvoerig **in extremis** *bw verb* ❶ in de laatste levensogenblikken, op het sterfbed ❷ BN ook op het nippertje
inf. ❶ infinitief ❷ infanterie
infaam *bn* eerloos, schandelijk
infanterie *de (v)* soldaten die te voet strijden **infanterist** *de (m)* soldaat te voet
infantiel *bn* ❶ kinderlijk, achterlijk in ontwikkeling ❷ kinderachtig **infantilisme** *het* verlangen van een volwassene om zich als een

kind te gedragen **infantiliteit** *de (v)*
❶ infantilisme ❷ symptoom van infantilisme, kinderachtigheid
infarct *het* verstopping, afsterving van een gedeelte van het weefsel (vooral) veroorzaakt door afsluiting van een kleine slagader
infecteren besmetten met een ziekte **infectie** *de (v)* [-s] besmetting met een ziekte **infectiehaard** punt, plaats van waaruit een infectie zich verbreidt
inferieur *bn* ❶ ondergeschikt, minder in rang ❷ laag, minderwaardig: *van ~e kwaliteit* **inferioriteit** *de (v)* het inferieur zijn, ondergeschiktheid, minderwaardigheid
infernaal *bn* hels, als in de hel **inferno** *het* [-'s] hel
infiltrant *de (m)* iemand die binnendringt in een groepering o.i.d. om informatie te verkrijgen **infiltratie** *de (v)* [-s] ❶ het langzaam indringen, het naar binnen sijpelen ❷ het heimelijk binnendringen van vijandelijke bedoelingen of om informatie te krijgen **infiltreren** [infiltreerde, is geïnfiltreerd] ❶ naar binnen sijpelen in ❷ heimelijk binnendringen met vijandelijke bedoelingen of om informatie te krijgen (over een organisatie e.d.)
infinitief, infinitief *de (m)* [-tieven] onverbogen vorm van het werkwoord op -(e)n
inflatie *de (v)* [-s] vermindering van de waarde van het geld, zodat men voor hetzelfde bedrag minder kan kopen **inflatiespiraal** het elkaar beïnvloeden van waardevermindering van het geld en kostenstijging **inflatoir** *bn* wat leidt tot inflatie
influenza *de* infectie van de ademhalingsorganen die gepaard gaat met koorts
influisteren ❶ met zachte stem iets in het oor zeggen ❷ *fig.* iemand overhalen tot iets slechts
info *de (m)* verkorting van informatie **infolijn** telefoonlijn voor het verkrijgen van informatie **infomercial** *de (m)* [-s] reclame-uitzending op tv die langer duurt dan een gewone commercial en waarbij de kijkers direct kunnen bestellen
informant iemand die (heimelijk) informatie verstrekt
informateur *de (m)* [-s] iemand die de mogelijkheden tot het vormen van een regering onderzoekt
informatica *de (v)* kennis van automatische informatieverwerking, vak dat zich bezighoudt met computers en computersystemen
informatie *de (v)* [-s] ❶ gegevens over een onderwerp, wat men over iets weet of wil weten: *ik zoek ~ over edelstenen; ~ over de vertrektijden van de treinen en de bussen* ❷ fase voorafgaand aan een kabinetsformatie, waarin de eerste afspraken worden gemaakt **informatiebalie** balie waar mensen inlichtingen kunnen krijgen **informatiedrager** medium waarop of waarin gegevens kunnen worden vastgelegd **informatief** *bn* ❶ wat dient als informatie of om mensen voor te lichten ❷ met (interessante nieuwe) informatie: *het gesprek was niet echt ~* **informatietechnologie** *comp.* gebruik van hardware en software voor het beheren en

verwerken van informatie **informatietoon** toon die aangeeft dat een telefoonnummer niet meer in gebruik of niet bereikbaar is
informeel *bn* ❶ niet vormelijk, losjes: *hij ging ~ gekleed* ❷ niet officieel: *~ overleg*
informeren ❶ inlichtingen, informatie geven: *iemand over iets ~* ❷ inlichtingen, informatie vragen: *ik informeerde bij het station wanneer de trein naar Parijs vertrok*
infozuil zuil met informatie, bijv. via een ingebouwd beeldscherm
infrageluid geluid met een frequentie onder de gehoordrempel **infrarood** met onzichtbare stralen met een lagere frequentie dan rood, waarneembaar door hun warmte **infrasoon** *bn* met een frequentie lager dan van het hoorbare geluid **infrastructuur** voorzieningen die de basis vormen voor het economisch leven zoals wegen, kanalen, spoorwegen
infusie (-zie) *de (v)* [-s] ❶ het maken van een aftreksel door een vloeistof op te gieten ❷ het aftreksel dat zo ontstaat ❸ infuus **infuus** *het* [-fuzen] ❶ *med.* het langzaam inspuiten van een vloeistof ❷ apparatuur waarmee dit gebeurt
ing. ingenieur die is afgestudeerd aan een hogere technische of landbouwschool
ingaan ❶ binnengaan ❷ beginnen: *zijn verlof gaat 1 mei in* ▼ *~ op* nader bespreken; gevolg geven aan, doen wat iemand vraagt ▼ *~ tegen* zich verzetten tegen; in strijd zijn met
ingang *de (m)* ❶ opening waardoor iemand of iets naar binnen gaat: *de ~ van een konijnenhol* ❷ trefwoord in een woordenboek, encyclopedie e.d. ❸ manier om ergens mee te beginnen: *een goede ~ tot verder onderzoek* ❹ begin ▼ *met ~ van* dat begint op, vanaf **ingangsexamen** BN. toelatingsexamen
ingebakken *bn* vast in de geest de denkwijze van een persoon of groep: *~ vooroordelen* **ingebeeld** *bn* ❶ wat niet echt bestaat, denkbeeldig: *~ gevaar* ❷ verwaand **ingebouwd** *bn* in iets opgenomen of gebouwd **ingehouden** *bn* beheerst, zonder emoties te tonen **ingekankerd** *bn* (op een negatieve manier) diep doorgedrongen en moeilijk ongedaan te maken: *een ~ wantrouwen, een ~e haat tegen*
ingeland grondbezitter in bedijkt gebied
ingemeen door en door gemeen
ingenieur (-geenjeur- *of* -zjinjeur) *de (m)* [-s] ❶ afgestudeerde van een technische of agrarische universiteit of hogeschool (ir.) ❷ afgestudeerde van een hogere technische of agrarische school (ing.) ▼ BN *burgerlijk ~* afgestudeerde van een universitaire ingenieursfaculteit ▼ BN *industrieel ~* afgestudeerde van een industriële hogeschool **ingenieus** *bn* heel slim bedacht of in elkaar gezet: *een ~ plan*
ingenomen *bn* ▼ *~ met* blij met ▼ *~ tegen* met een afkeer van **ingeschapen** *bn* aangeboren **ingeschreven** *bn* ❶ geregistreerd (in een gemeente, voor een cursus enz.) ❷ *wisk.* met hoekpunten van een veelhoek die de cirkel eromheen raken **ingesloten** *bn* ❶ bijgevoegd: *~ vindt u een inschrijvingsformulier* ❷ aan alle kanten begrensd, ingeklemd **ingespannen** *bn*

met inspanning, heel geconcentreerd

ingesprektoon telefoonsignaal dat aangeeft dat het gekozen nummer in gesprek is

ingesteldheid BN, ook *de (v)* [-heden] instelling, mentaliteit

ingetogen *bn* rustig, niet uitbundig: *hij reageerde~ op het goede nieuws*

ingeval *vgw* als, in het geval dat

ingeven in de geest brengen▼ *doen wat je hart je ingeeft* wat je voelt dat je moet doen **ingeving** *de (v)* idee dat plotseling opkomt

ingevoerd *bn* op de hoogte: *hij is~ in de problematiek*

ingevolge *vz* als gevolg van

ingewanden *de (mv)* inwendige organen

ingewijde *de* [-n] iemand die op de hoogte is, die beschikt over kennis die slechts door een selecte groep wordt gedeeld

ingewikkeld *bn* moeilijk te begrijpen, niet eenvoudig **ingeworteld** *bn* ❶ wat diep vastzit ❷ *fig.* vast opgenomen in, wat een vast deel uitmaakt van: *een ~ kwaad* **ingezet** *bn* ⟨van een mouw⟩ aan voor- en achterpand genaaid

ingezetene *de* [-n] inwoner, vooral een inwoner van een bepaald land **ingezonden** *bn* gestuurd naar▼ *~ brieven* reacties die door mensen naar een krant, tijdschrift e.d. zijn gestuurd

ingooi *de (m)* ⟨balsport⟩ inworp, het naar binnen gooien van de bal in het speelveld **ingooien** ❶ ergens in gooien ❷ door gooien stukmaken: *de ruiten~*

ingraven ▼ *zich~* zich in een gegraven hol verbergen

ingrediënt *het* bestanddeel, vooral van eten

ingreep *de (m)* [-grepen] ❶ het ingrijpen, maatregel ❷ medische handeling

ingrijpen zich met iets bemoeien om te voorkomen dat het uit de hand loopt: *ze greep in toen de twee jongens begonnen te vechten* **ingrijpend** *bn* met grote gevolgen: *door de scheiding is mijn leven ~ veranderd*

inh. inhoud

inhaalmanoeuvre het voorbijrijden van een voorligger **inhaalverbod** verbod om een ander voertuig in te halen

inhaken ❶ met een haak vastmaken ❷ elkaar een arm geven, de arm steken door de gebogen arm van een ander ❸ BN ook ophangen ⟨van telefoon⟩▼ *~ op* reageren, verdergaan op, vooral op iets wat iemand zegt

inhakken kapotmaken door te hakken▼ *er~* veel kosten; veel verdriet, stress, vermoeidheid veroorzaken▼ *erop~* hard slaan, erop losslaan

inhalatie *de (v)* [-s] het inhaleren **inhalatieapparaat** apparaat voor het inademen van medicijnen

inhalen ❶ naar binnen halen: *een visnet~* ❷ feestelijk ontvangen: *de kampioen werd feestelijk ingehaald in zijn woonplaats* ❸ gelijkkomen met, achterstand wegwerken: *achterstand~* ❹ voorligger(s) (in het verkeer) voorbijgaan

inhaleren diep inademen, insnuiven

inhalig *bn* hebzuchtig, die veel voor zichzelf wil hebben

inham *de (m)* [-men] ❶ gedeelte dat naar binnen

inspringt, bijv. een kleine baai aan de kust ❷ kale plek op het hoofd doordat de haargrens opschuift

inheems *bn* van, uit het land of gebied zelf

inherent *bn* van nature verbonden met

inhoud *de (m)* ❶ wat in iets zit ❷ de informatie, het verhaal in een boek, film e.d. **inhoudelijk** *bn* wat te maken heeft met de inhoud: *~e kritiek*

inhouden ❶ als inhoud hebben, met zich meebrengen: *ik ga studeren, dat houdt in dat ik moet verhuizen* ❷ bedwingen, verhinderen om sneller te gaan, uit te barsten e.d.: *zijn woede~; een paard ~* ❸ niet uitbetalen: *salaris ~*

inhouding *de (v)* ❶ het inhouden, niet betalen ❷ wat ingehouden, niet betaald wordt

inhoudsmaat eenheid waarmee men inhoud uitdrukt: liter, mud enz. **inhoudsopgave** overzicht van wat in een boek behandeld wordt

inhuldigen ❶ plechtig eer bewijzen wanneer iemand officieel een ambt aanvaardt ❷ BN ook ⟨van gebouwen e.d.⟩ plechtig in gebruik nemen

inhumaan onmenselijk

inhuren tijdelijk in dienst nemen: *personeel ~*

initiaal ⟨-tsjaal⟩ *de* [-alen] ❶ beginletter van een tekst ❷ voorletter, eerste letter van een voornaam: *mijn achternaam is Bakker en mijn initialen zijn E.B.*

initiatie ⟨-tsjaatsie⟩ *de (v)* [-s] ❶ inwijding ❷ BN ook inleiding, kennismaking met

initiatief ⟨-tsjaa-⟩ *het* [-tieven] het zetten van de eerste stap▼ *het~ nemen* de eerste stap zetten ▼ *op~ van* op voorstel van, wat uitgaat van ▼ *recht van ~* recht om wetsvoorstellen te doen **initiator** *de (m)* [-s] iemand die iets begint, in beweging zet, die het initiatief neemt **initieel** *bn* wat te maken heeft met het begin **initiëren** ❶ inleiden, inwijden ❷ voor het eerst doen, beginnen: *projecten ~*

injecteren ❶ inspuiten, vooral medicijnen of drugs in het menselijk lichaam ❷ mest onder het grasland spuiten **injectie** *de (v)* [-s] het inspuiten van een vloeibare stof (meestal een geneesmiddel) in het lichaam met een naald die in de huid wordt geprikt: *de dokter gaf de patiënt een ~ tegen griep* **injectiemotor** motor waarbij de brandstof zo wordt ingespoten dat deze beter verbrandt

inkakken [kakte in, is ingekakt] ⟨van stemming, energie⟩ inzakken tot een toestand van futloosheid en gezapigheid

inkankeren ❶ aangetast worden door kanker die steeds dieper doordringt ❷ *fig.* steeds verder doordringen (van iets negatiefs zoals haat, wantrouwen, het kwaad)

inkapselen in een omhulsel insluiten

inkeer *de (m)* bezinning, berouw▼ *tot~ komen* berouw krijgen, inzien dat men niet op dezelfde manier verder kan gaan

inkeping *de (v)* insnijding **inkeren** ▼ *tot zichzelf ~* zich bezinnen, berouw voelen

inkerven ❶ kerven maken in, insnijden ❷ kerven krijgen, barsten, scheuren

inkijk *de (m)* het inkijken, het naar binnen kijken **inkijken** ❶ naar binnen kijken ❷ ⟨van een boek, geschrift⟩ vluchtig kijken wat erin staat

inkijkoperatie heimelijke operatie van de

in

in

politie (bijv. het plaatsen van afluisterapparatuur) om informatie te verzamelen over mogelijke criminele activiteiten

inkjetprinter printer die met inktpatronen werkt

inklappen ❶ naar binnen vouwen of klappen **❷** geestelijk instorten

inklaren de formaliteiten verrichten voor invoer van een product of lading in een land

inkleden ❶ plechtig bekleden met het ordekleed **❷** fig. een vorm geven aan, op een bepaalde manier presenteren: *een verzoek op een bepaalde manier* ~

inkleuren ❶ van kleuren voorzien **❷** fig. nader uitwerken

inklinking de (v) het zich samenpersen en verdichten van een bodemlaag

inkoken door koken minder (doen) worden

inkom BN de (m) **❶** (plaats van) toegang **❷** spreekt. toegangsprijs

inkomen I ww **❶** binnenkomen ▼*ergens kunnen* ~ iets begrijpen, zich iets kunnen voorstellen ▼*daar komt niets van in* dat gebeurt niet, geen sprake van II het [-s] **❷** geld dat iemand ontvangt of verdient ▼BN *gewaarborgd* ~ gegarandeerd minimuminkomen bij ziekte of ongeval voor zelfstandigen en bejaarden ▼BN *kadastraal* ~ huurwaardeforfait **inkomensplaatje** beeld van de ontwikkeling van het inkomen

inkomst het ergens binnenkomen, aankomen **inkomsten** de (mv) wat ontvangen of verdiend wordt **inkomstenbelasting** belasting op inkomen

inkoop ❶ het inkopen **❷** het ingekochte **❸** inkoopsprijs **inkoopprijs**, **inkoopsprijs** prijs waarvoor iets gekocht wordt, prijs bij inkoop **inkopen** I ww dingen kopen voor zichzelf of voor een bedrijf ▼*zich* ~ betalen om mee te kunnen doen, om mede-eigenaar te zijn: *hij heeft zich in het bedrijf ingekocht* II de (mv) ▼ ~ *doen* dingen kopen, boodschappen doen: *we gingen naar de stad om* ~ *te doen*

inkorten ❶ korter, kleiner maken **❷** korter, kleiner worden

inkrimpen ❶ kleiner doen worden **❷** kleiner worden ▼*ons bedrijf moet* ~ we moeten onderdelen afstoten, personeel ontslaan

inkt de (m) vloeistof om mee te schrijven of te drukken ▼BN *veel* ~ *doen vloeien* veel pennen in beweging brengen, opschudding veroorzaken ▼*Oost-Indische* ~, BN ook *Chinese* ~ inkt die bestaat uit koolstof om te tekenen en te schilderen **inktcartridge** cartridge voor inkt **inktlint** inkthoudend lint voor een schrijfmachine of printer **inktpatroon** de [-tronen] vulling voor een inktpen **inktrol** rol waarmee de inkt op de letterrol wordt gebracht **inktvis** weekdier met armen rond de mond

inkuilen ❶ in een kuil opslaan en bedekken van groenten e.d. **❷** in een silo, een kuil e.d. opslaan en in elkaar persen om te bewaren: *gras* ~

inkwartieren (vooral militairen) bij burgers onder dak brengen

inl. ❶ inleiding **❷** inlichtingen

inlaag de [-lagen] **❶** het inleggen **❷** ingelegd

geldbedrag **❸** stuk land tussen een zeedijk en een dijk daarachter

inlaat de (m) [-laten] opening waardoor iets naar binnen wordt gelaten, zoals water, lucht, gas **inladen** als vracht in een schip, wagen enz. brengen

inlander de (m) [-s] lid van de oorspronkelijke bevolking van een land, vooral van een niet-westers land **inlands** bn uit het land zelf **inlassen** invoegen, tussenvoegen: *een pauze* ~ **inlaten** binnenlaten ▼neg. *zich* ~ *met* zich bemoeien met, omgaan met: *ik snap niet dat jij je daarmee inlaat*

inlay ⟨-lee⟩ de (m) [-s] vulling die past in de uitsparing van een kies of tand

inleefvakantie BN vakantie waarbij deelnemers zich kunnen inleven in de situatie van anderen

inleg de (m) **❶** omgeslagen of ingezette strook in een kledingstuk, inslag **❷** binnenste van een sigaar **❸** ingelegd geld **inlegblad ❶** los blad voor een uitschuifbare tafel **❷** inlegvel

inleggeld geld dat iemand inlegt **inleggen ❶** leggen in of tussen **❷** stukjes anders gekleurd materiaal in hout of steen aanbrengen **❸** in zout, suiker, azijn e.d. leggen om bederf te voorkomen, inmaken **❹** nauwer maken, een zoom leggen **❺** (geld) bijdragen, op een rekening storten, afgeven op een spaarbank **❻** geld inzetten bij een spel **inlegkruisje** het [-s] klein formaat maandverband **inlegvel** blad dat in een geschreven of gedrukt stuk gelegd wordt

inleiden ❶ naar binnen leiden **❷** beginnen te behandelen: *een onderwerp* ~ **❸** med. (een bevalling) opwekken **inleider** de (m) [-s] iemand die een onderwerp inleidt **inleiding** de (v) **❶** korte globale weergave voordat een onderwerp echt wordt behandeld: *de* ~ *in een boek, van een congres* **❷** begin, eerste stadium voordat iets echt begint: *het conflict vormde de* ~ *tot de oorlog*

inleven ▼*zich* ~ zich met zijn gedachten verplaatsen in een situatie of in een persoon

inleveren ❶ (af)geven: *huiswerk bij de leraar* ~ **❷** minder gaan verdienen: *het gaat slecht en we moeten allemaal* ~

inlezen (van gegevens) invoeren in de computer ▼*zich* ~ zich informeren door te lezen

inlichten op de hoogte brengen, over iets informeren **inlichting** de (v) informatie over iets

inlijsten in een lijst doen: *een tekening* ~

inlijven in, bij een groter geheel opnemen, vooral bij een land zelf

inlikken ▼neg. *zich* ~ in de gunst proberen te komen

inlineskaten ⟨inlajnskeetən⟩ op skates rijden

inloggen comp. toegang krijgen tot een computer of computernetwerk door het geven van een gebruikersnaam en wachtwoord

inloopspreekuur spreekuur zonder afspraak

inlopen ❶ naar binnen lopen **❷** langzamerhand inhalen: *een achterstand* ~ **❸** maken dat schoenen beter zitten door ermee te lopen

inlossen ❶ een onderpand terugkrijgen door zijn schuld te betalen **❷** het beloofde doen: *zijn belofte* ~ **inloten** door loting toegelaten worden

inluiden ❶ (door klokgelui) aankondigen **❷** fig.

het begin zijn van: *deze gebeurtenis luidde een nieuwe periode in* **inluizen** *inform.* bedriegen, benadelen, slachtoffer van iets laten worden: *we zijn er ingeluisd*

inmaak *de (m)* ❶ het inmaken ❷ wat ingemaakt is **inmaken** ❶ iets vrijwaren tegen bederf door het in zure, zoute of te zoete vloeistof te leggen ❷ *inform.* een verpletterende nederlaag bezorgen

in memoriam *bw verb* ter nagedachtenis

inmengen door mengen aan iets toevoegen ▾*zich* ~ zich ongevraagd met iets bemoeien

inmiddels *bw* in de tussentijd, intussen: *het was ~ donker geworden*

inmijnen BN voorlopig toewijzen door een notaris op de eerste koopdag bij een openbare verkoping

innaaien ❶ door naaien nauwer of korter maken ❷ de bladen van een boek aan elkaar vasthechten ❸ de genaaide vellen in een omslag zetten

inname *de* [-n, -s] het innemen: *de ~ van stoffen via de voeding; de ~ van de stad door de vijand*

in natura *bw verb* in de vorm van goederen of diensten (en niet in geld): *betaling ~*

innemen ❶ binnenhalen, inladen, opnemen, inzamelen, ophalen ❷ (medicijnen) slikken ▾*goed van ~ zijn* flink eten en drinken ❸ (kledingstukken) nauwer maken: *een broek ~* ❹ in beslag nemen: *veel plaats ~* ❺ veroveren: *de vijand nam de stad in* ▾*iemand voor of tegen zich ~* wel of juist geen sympathie opwekken ▾*een standpunt ~* een mening hebben **innemend** *bn* die sympathie opwekt: *ze heeft een ~e glimlach*

innen om geld vragen dat men betaald moet krijgen, en het krijgen: *contributie ~*

inner circle ⟨ìnnəʀ sùRkəl⟩ *de (m)* [-s] groep van ingewijden

innerlijk I *bn* ❶ van binnen ❷ in iemands hart, geest II *het* ❸ binnenste ❹ de gevoelens en gedachten van iemand, zijn hart, geest

innig *bn* ❶ oprecht, vurig: *ik hoop ~ dat het doorgaat* ❷ met veel gevoelens voor elkaar: *~ gearmd lopen*

inning I *de (v)* ❶ het innen II *de (m)* ❷ slagbeurt bij cricket of honkbal

in no time ⟨in noo tajm⟩ *bw verb* in heel korte tijd, heel snel

innovatie *de (v)* [-s] invoering van iets nieuws, vernieuwing

in optima forma *bw verb* in de volmaakte vorm, op zijn best

inox BN *de (m) & het* roestvrij staal

inpakken tot een pak maken, in een doos, koffer enz. doen ▾*we kunnen wel ~ laten we er maar mee stoppen, het heeft geen zin* ▾*zich door iemand laten ~* genegenheid gaan koesteren en zich laten misleiden: *ze laat zich door hem ~ met zijn mooie praatjes*

inpalmen neg. (iemands sympathie of liefde) voor zich winnen

inpandig *bn* ❶ helemaal omsloten door andere gedeelten van een gebouw of door andere gebouwen ❷ in een gebouw: *een ~e garage*

inparkeren een auto tussen andere auto's of objecten parkeren **inpassen** een geschikte plaats

geven in een bestaand geheel

inpeperen op een harde manier duidelijk maken: *ik zal hem ~ dat hij zich moet gedragen*

inperken kleiner, minder maken, beperken: *iemands vrijheid ~*

in petto *bw verb* ▾*~ hebben* van plan zijn, alvast klaar hebben voor het geval het nodig mocht zijn ▾*~ houden* bewaren voor het geval het een keer nodig mocht zijn

inpikken inform. afpakken, stelen ▾*~ op* met een scherp voorwerp (kort en snel) in iets steken; BN ook inhaken op, inspelen op **inplakken** door te plakken in iets bevestigen: *foto's ~* **inplannen** ⟨-plen-⟩ opnemen in een planning **inplanten** ❶ in de aarde zetten ❷ BN ⟨van gebouwen, huizen e.d.⟩ vestigen, oprichten, bouwen **inpolderen** door dijken omgeven en droogmaken

inpompen ❶ door pompen inbrengen ❷ fig. door herhaling leren en onthouden

inpraten ▾*op iemand ~* blijven praten tegen iemand om hem te overreden **inprenten** een boodschap met nadruk brengen, zorgen dat iemand iets goed in zich opneemt

input ⟨-poet⟩ *de (m)* ❶ wat in een computer wordt ingevoerd ❷ wat wordt ingebracht aan ideeën, geldmiddelen e.d.

inquisiteur ⟨-kwiezie-⟩ *de (m)* [-s] rechter bij de inquisitie **inquisitie** *de (v)* hist. onderzoek naar en rechtbank voor ketterij **inquisitoir** ⟨-twaar⟩ *bn* onderzoekend, ondervragend

inramen (dia's) in een raampje zetten

inregenen naar binnen regenen: *doe het raam dicht, het regent in*

inrekenen arresteren: *de dief werd ingerekend door de politie*

INRI *Jesus Nazarenus Rex Judaeorum*, Jezus van Nazareth, koning der joden

inrichten in orde brengen, regelen ▾*zijn huis ~* van meubilair e.d. voorzien **inrichting** *de (v)* ❶ het inrichten ❷ dat wat in een woning, bedrijf e.d. hoort ❸ instelling, tehuis: *een ~ voor psychiatrische patiënten*

inrij *de (m)* ❶ het inrijden ❷ waardoor men kan binnenrijden, bijv. een hek **inrijden** ❶ binnenrijden, erin rijden: *een weg ~* ❷ door gebruik, oefening voor het rijden geschikt maken: *een paard ~* ❸ door rijden met geweld openmaken: *een deur ~* **inrit** *de (m)* [-ten] plaats waar men naar binnen rijdt

inroepen vragen: *hulp ~*

inroosteren in een werk- of lesrooster opnemen

inruilen ❶ omruilen voor iets anders, inwisselen ❷ iets ouds inleveren bij aankoop van iets nieuws ▾*een auto ~* de oude auto inleveren als iemand een nieuwe koopt, zodat hij minder hoeft te betalen **inruilwaarde** bedrag dat iemand krijgt bij inruil van een oud product, bijv. een auto

inruimen (plaats) vrijmaken

inrukken weggaan: *de soldaten kregen het bevel om in te rukken* ▾*ingerukt, mars!* bevel waarmee men iemand wegstuurt

inschakelen ❶ aanzetten (van een apparaat e.d.) ❷ vragen om te helpen, betrekken bij: *iemand ~ bij een project*

in

inschalen (iemand) op een loonschaal plaatsen
inschatten vaststellen door te schatten, ongeveer bepalen: *hoe schat je onze kansen in?* ▼ *hoe schat je hem in?* hoe denk je dat hij is, zich zal gedragen?
inschenken in een kopje, vat e.d. gieten: *koffie~*
inschepen aan boord gaan of iemand aan boord doen gaan ▼ *zich ~* aan boord gaan
inscheuren naar binnen scheuren
inschieten ❶ naar binnen schieten, bijv. een bal in een doel ❷ vlug binnengaan, vlug in gaan: *een zijstraat~* ❸ oefenen voordat men echt gaat schieten ▼ *ergens bij~* ergens nadeel van hebben, er iets door verliezen
inschikkelijk *bn* meegaand, geneigd tot toegeven
inschrift *het* wat in iets gegraveerd is, inscriptie
inschrijfgeld geld dat iemand moet betalen als hij zich voor iets laat inschrijven **inschrijven** ❶ opnemen in een overzicht of een lijst ❷ zich (van tevoren) opgeven voor iets (wat men wil hebben): *~ voor een tijdschrift* ❸ prijs opgeven die men voor iets wil betalen of waarvoor men een opdracht wil doen ▼ *zich~* zich registreren (in een gemeente e.d.); zich opgeven (voor een cursus e.d.)
inschrijvingsbewijs ❶ bewijs dat iemand zich heeft ingeschreven ❷ BN kentekenbewijs
inschrijvingsbiljet formulier om in te schrijven
inschrijvingsrecht BN recht op voorrang dat bezitters van oude aandelen hebben bij de inschrijving op een nieuwe emissie
inschrijvingstaks BN belasting bij registratie van motorrijtuigen
inschuiven ❶ naar binnen doen schuiven ❷ naar elkaar opschuiven: *als we allemaal~, kunnen meer mensen zitten*
inscriptie *de (v)* [-s] wat ergens is ingegraveerd: *een trouwring met~*
insect *het* een (klein) dier met zes poten en een lijf dat is verdeeld in drie delen (kop, borststuk en achterlijf) **insecteneter** dier dat van insecten leeft **insectenpoeder** poeder om insecten te verdelgen **insecticide** *het* [-n] middel om insecten te doden
inseinen *inform.* laten weten, op de hoogte brengen: *sein je me even in, zodra het zover is?*
inseminatie *de (v)* [-s] met inbrengen van sperma in de voortplantingsorganen van een vrouw of een vrouwelijk dier ▼ *kunstmatige~* kunstmatige bevruchting, zonder seksueel contact
ins en outs *de (mv)* bijzonderheden, details
insertie *de (v)* [-s] ❶ het invoegen van iets ❷ wat is ingevoegd
insgelijks *bw* net zo, van hetzelfde: *'het was me een genoegen!' - '~'*
inside-information ⟨insajd-infaRmeesjən⟩ *de (m)* inlichtingen van ingewijden, van mensen die in bepaalde kringen verkeren
insider ⟨-sajdəR⟩ *de (m)* [-s] ingewijde, iemand die goed op de hoogte is van wat er speelt in een bepaalde kring
insigne ⟨-sinjə *of* -sienjə⟩ *het* [-s] onderscheidingsteken, visueel ereteken of teken dat bij een bepaalde rang hoort: *het~ van een legerpiloot*

insinuatie *de (v)* [-s] beschuldiging die niet rechtstreeks wordt geuit, maar in de vorm van zinspelingen **insinueren** iemand van iets beschuldigen zonder het ronduit te zeggen, door zinspelingen: *insinueer jij nu dat ik lieg?*
insisteren aandringen
inslaan [sloeg in, h. / is ingeslagen] ❶ slaan in: *spijkers~* ❷ stuk slaan: *een ruitje~* ❸ met een slag doordringen: *de bliksem sloeg in* ❹ fig. indruk maken: *~ als een bom* ❺ kopen, verzamelen: *levensmiddelen~* ❻ (in een bepaalde richting) gaan: *een zijweg~* **inslag** ❶ dwarsdraden van een weefsel ❷ omgeslagen of ingeslagen strook in een kledingstuk ❸ wijze, stijl waardoor iets gekenmerkt wordt: *iemand met een idealistische~*
inslapen ❶ in slaap vallen ❷ euf. sterven: *een huisdier laten~*
inslikken naar binnen slikken, via de keel in het lichaam laten gaan ▼ *zijn woorden~* onduidelijk spreken; fig. herroepen, zeggen dat men het niet heeft gezegd of bedoeld
insluimeren ❶ in een lichte slaap vallen ❷ euf. een zachte dood sterven
insluipen binnensluipen **insluiper** *de (m)* [-s] iemand, een dief die ongemerkt binnendringt
insluiten ❶ in iets sluiten, opsluiten in iets, in de gevangenis stoppen ❷ de deuren op slot doen zodat iemand niet weg kan: *de portier wist niet dat wij nog in het gebouw waren en heeft ons ingesloten* ❸ aan alle kanten omgeven, omsingelen zodat iemand niet weg kan ❹ in zich bevatten, inhouden: *dat antwoord sluit een weigering in*
insmeren een vettige vloeistof op iets wrijven: *kun jij mijn rug~ met zonnebrandcrème?*
insneeuwen [sneeuwde in, h. / is ingesneeuwd] ❶ naar binnen sneeuwen: *doe het raam dicht, anders sneeuwt het in* ❷ helemaal in of onder sneeuw zitten, vastzitten in de sneeuw: *onze auto was ingesneeuwd*
insnijden een snee in iets maken
insnoeren kleiner of smaller maken door strak aantrekken van een touw, corset e.d.: *vroeger snoerden vrouwen hun middel in; een slaapzak oprollen en~*
insolventie *de (v)* het niet in staat zijn om te betalen
inspannen ❶ een trekdier voor een voertuig spannen ▼ *een paard~* een paard voor een wagen vastmaken die hij moet gaan trekken ❷ BN ook ⟨van een proces⟩ aanspannen: *een proces~ tegen* ▼ *zich~* zijn best doen, moeite doen **inspannend** *bn* vermoeiend, waarvoor men moeite moet doen: *~ werk* **inspanning** *de (v)* het (zich) inspannen: *zich veel~ getroosten* ▼ BN ook *een~ doen* een inspanning leveren
in spe ⟨- spee⟩ *bw verb* toekomstig: *vader~*
inspecteren onderzoeken, nauwkeurig kijken of alles in orde is **inspecteur** *de (m)* [-s] ❶ iemand die controleert of alles volgens de regels gaat ▼ *~ der belastingen* ambtenaar die de belastingschulden vaststelt en de betaling ervan controleert ❷ bepaalde rang en functie bij de politie **inspecteur-generaal** [-teurs-generaal] ❶ algemeen hoofdinspecteur ❷ hoge ambtenaar op een ministerie die rechtstreeks aan de

minister rapporteert **inspectie** *de (v)* [-s, -tiën]
❶ onderzoek, het nauwkeurig kijken of alles
goed gaat of volgens de regels gaat: *bij de ~ van
het café bleek dat er geen nooduitgang was*
❷ instantie die inspecteert **inspectoraat** *het*
[-raten] ambt of gebied van een inspecteur
inspelen spelen om op gang te komen, met het
spel vertrouwd te raken e.d. ▼ *~ op* reageren op
(behoeften, frustraties e.d. van anderen)
inspiciënt ‹-sjent› *de (m)* assistent van een
regisseur die zorgt voor de benodigdheden en
de geluids- en lichteffecten bij toneel, radio,
televisie
inspiratie *de (v)* [-s] ❶ het inademen ❷ ideeën en
energie om iets te doen, ingeving, bezieling: *de
schrijver doet in de bergen ~ op voor zijn boek*
inspirator *de (m)* [-s, -toren] iemand die
inspireert, enthousiast maakt **inspireren**
❶ ingeven, op een idee brengen, een basis
vormen: *dit boek is geïnspireerd op een historische
gebeurtenis* ❷ ideeën en energie genoeg om iets te
doen, bezielen: *de Amsterdamse grachten
inspireerden de filmmaker tot een film met
achtervolgingen met boten* ▼ *weinig geïnspireerd*
zonder ideeën, enthousiasme: *de leraar gaf
weinig geïnspireerd les*
inspraak *de* gelegenheid om zijn mening te
zeggen over een zaak waarbij men betrokken is
inspreken ❶ iemand een bepaald gevoel geven,
hem in een bepaalde stemming brengen door
tegen hem te spreken: *iemand moed ~* ❷ een
tekst zeggen en vastleggen op een
geluidsdrager
inspringen [sprong in, is ingesprongen]
❶ binnenspringen, springen in ❷ naar achteren
staan: *zijn kin springt een beetje in* ❸ ‹in een tekst›
het eerste stukje van een regel leeg laten: *bij elke
alinea springt de tekst in* ❹ invallen, helpen als er
plotseling iemand nodig is: *als er iemand ziek is,
spring ik vaak in* ▼ *ergens op ~* reageren op: *met
dit restaurant springt hij in op de trend van
gezonde voeding*
inspuiten een vloeistof ergens in brengen door
te spuiten
instaan *ww* ▼ *~ voor* garanderen (dat iemand of
iets goed is) en zich ervoor verantwoordelijk
stellen ▼ *ik sta niet in voor de gevolgen* het zou
best fout kunnen gaan en dan ben ik niet
verantwoordelijk
instabiel onvast, zonder evenwicht, veranderlijk,
onbestendig: *~ weer; een ~e persoonlijkheid*
installateur *de (m)* [-s] iemand die installaties
aanlegt **installatie** *de (v)* [-s] ❶ plechtige
bevestiging in een ambt: *de ~ van de nieuwe
burgemeester* ❷ geheel van apparaten, leidingen
e.d. die samen een functie hebben: *wij hebben
een nieuwe stereo-~* ❸ het aanbrengen van de
nodige toestellen, leidingen e.d. op de juiste
plaats en het aansluiten ervan: *de ~ van een
afwasmachine* ❹ het kopiëren van software op
de harde schijf van een computer op zo'n
manier dat ermee gewerkt kan worden op die
computer **installeren** ❶ plechtig bevestigen in
een ambt ❷ een apparaat monteren of een
programma op een computer zetten, en
gebruiksklaar maken ▼ *zich ~* zich vestigen en

inrichten; op zijn gemak gaan zitten en veel
ruimte in beslag nemen
instampen ❶ door stampen ergens in duwen of
drijven ❷ fig. met moeite (iemand) iets in het
geheugen prenten
instandhouding *de (v)* het doen blijven bestaan
instant *bn* ‹als eerste deel van een samenstelling›
direct klaar voor gebruik: *~koffie*
instantie *de (v)* [-s] ❶ organisatie die bij de
overheid hoort of voor de overheid werkt en
zich met bepaalde zaken bezighoudt: *de
gemeentelijke ~s* ❷ elk van de trappen van de
rechtspraak ▼ *in laatste ~* voor het hoogste
rechtscollege; ten slotte, per slot van rekening
▼ *in eerste ~* in het begin, eerst
instapkaart biljet dat iemand krijgt als hij zijn
ticket laat zien bij de incheckbalie van een
vliegveld en waarmee hij een bepaalde vlucht
kan maken, boardingpass **instappen** een auto,
bus, trein enz. binnengaan: *de trein vertrekt
bijna, we moeten ~* **instapper** *de (m)* [-s] lage
schoen zonder sluiting
insteek *de (m)* [-steken] benadering, aanpak:
*omdat onze vorige benadering geen succes had,
hebben we nu voor een andere ~ gekozen*
insteekkaart ‹computers, elektronica› kaart die
zorgt voor een functionele uitbreiding
instellen ❶ oprichten, stichten ❷ het initiatief
nemen tot, beginnen met: *de politie stelt een
onderzoek in naar de moord* ❸ (machines,
toestellen e.d.) klaarmaken om te kunnen
gebruiken: *we stelden de dvd-recorder in om de
film op te nemen* ▼ *zich op iets ~* er rekening mee
houden dat iets zal gebeuren, zich er geestelijk
op voorbereiden: *ik stelde me erop in dat ik een
onvoldoende zou hebben* **instelling** *de (v)* ❶ het
instellen ❷ kantoor, bedrijf of organisatie met
een bepaald doel: *een gemeentelijke ~; een ~ voor
verstandelijk gehandicapten* ❸ houding,
mentaliteit: *zij heeft de juiste ~ voor dit werk*
instelpremie BN ‹bij openbare verkopingen›
premie voor degene met het hoogste bod
instemmen het met iets eens zijn: *iedereen
stemde in met het voorstel* **instemming** *de (v)* het
ermee eens zijn, goedkeuring
instigatie *de (v)* aansporing: *op ~ van*
instinct *het* aangeboren gevoel bij mensen en
dieren dat ze ertoe brengt om op een bepaalde
manier te handelen **instinctief** *bn*,
instinctmatig op basis van instinct, niet op basis
van redeneren: *ik voelde ~ dat hij niet te
vertrouwen was*
instinken ▼ *ergens ~* het slachtoffer worden van
bedrog, leugen e.d. doordat men iemand of iets
gelooft, vertrouwt **instinker** *de (m)* [-s] vraag
waarop het antwoord makkelijk lijkt, maar dat
niet het juiste antwoord is
institutie *de (v)* [-s] structuur of organisatie
waarbinnen een onderdeel van de maatschappij
is georganiseerd, zoals het onderwijs, het
rechtssysteem
institutionaliseren ‹-zi-› tot een formele
institutie maken
instituut *het* [-tuten] ❶ organisatie, instelling: *een
wetenschappelijk ~* ❷ institutie: *het ~ huwelijk*
instoppen ❶ in of tussen iets brengen door te

in

duwen ❷ toedekken (met dekbed of dekens): *een kind warm ~*

instorten ❶ in iets storten ❷ in stukken uit elkaar vallen: *door de storm is de brug ingestort* ❸ fig. in een heel slechte toestand raken: *de economie stort in* ❹ fig. door grote vermoeidheid of spanning ziek worden: *na haar dood is hij ingestort*

instromen ❶ stromend in iets gaan ❷ fig. als in een stroom ergens binnenkomen: *studenten stromen in vanuit een andere opleiding*

instroom *de (m)* het instromen: *de ~ van nieuwe leerlingen*

instructeur *de (m)* [-s] iemand die anderen iets leert en aanwijzingen geeft hoe ze iets moeten doen: *een rij~, een zwem~* **instructie** *de (v)* [-s] ❶ het leren aan anderen en geven van aanwijzingen hoe ze iets moeten doen ❷ aanwijzing: *de ~s voor de installatie van een programma* ❸ dienstvoorschrift, voorschrift dat zegt dat of hoe men iets moet doen ▼ *rechter van ~* rechter die belast is met een vooronderzoek **instructiebad** zwembad voor zwemlessen **instructief** *bn* leerzaam **instrueren** ❶ anderen iets leren en aanwijzingen geven hoe ze iets moeten doen ❷ een voorschrift of gedragslijn geven

instrument *het* ❶ min of meer samengesteld of verfijnd werktuig of gereedschap ❷ hulpmiddel: *een woordenboek is een goed ~ om betekenissen op te zoeken* ❸ voorwerp waarmee men muziek maakt, muziekinstrument **instrumentaal** *bn* met muziekinstrumenten ▼ *~ale muziek* muziek zonder zang **instrumentarium** *het* [-ria, -riums] het geheel aan benodigde instrumenten: *het ~ van een fanfareorkest, van een landmeter* **instrumentatie** *de (v)* [-s] ❶ muz. het vaststellen van muziekinstrumenten voor een muziekstuk ❷ muz. het bewerken van een muziekstuk voor een instrument ❸ het maken of verzorgen van de benodigde technische instrumenten **instrumentenbord** paneel voor de bediening van de instrumenten: *het ~ van een vliegtuig*

instuderen uit zijn hoofd leren en oefenen: *we hebben een toneelstukje ingestudeerd*

instuif *de (m)* [-stuiven] informele feestelijke ontvangst

insturen inleveren, aanbieden door op te sturen

insubordinatie *de (v)* [-s] ongehoorzaamheid tegenover een meerdere: *de soldaat weigerde een bevel uit te voeren en werd gestraft wegens ~*

insufficiënt *bn* niet goed genoeg, wat niet goed genoeg functioneert

insulair ‹-lèr› *bn* als, van, wat te maken heeft met een eiland of eilanden

insuline *de* stof die het suikergehalte van het bloed verlaagt, middel tegen suikerziekte

insult *het* ❶ belediging, hoon ❷ med. plotselinge aanval

intact *bn* ongeschonden, nog helemaal heel

intakegesprek ‹inteek-› oriënterend gesprek voordat een behandeling, cursus e.d. begint

intapen ‹-tee-› [tapete in, h. ingetapet] rekbaar zelfklevend verband (tape) wikkelen om een kwetsbaar lichaamsdeel als bescherming

inteelt *de* het krijgen van kinderen of jongen van een partner die familie is: *als een broer en een zus samen een kind krijgen, is dat ~*

integendeel *bw* juist omgekeerd, helemaal niet: *hij slaapt nog niet, ~, hij is klaarwakker*

integer *bn* eerlijk en oprecht en die zich niet laat omkopen: *een ~ politicus*

integraal I *bn* ❶ helemaal, zonder iets weg te laten, met alles wat ermee te maken heeft: *een integrale aanpak van criminaliteit* II *de* [-gralen] ❷ wisk. de limiet van de som van een onbepaald aantal termen, waarbij elke term onbepaald afneemt **integraalhelm** valhelm met kinbeschermer uit één stuk **integraalrekening** *de (v)* leer van de berekening van integralen

integratie *de (v)* ❶ het opnemen of opgaan in een groter geheel: *de ~ van een toepassing in een systeem* ❷ het deel worden van een groep mensen of van de samenleving en meedoen met de anderen: *de ~ van vluchtelingen in onze maatschappij* **integreren** ❶ opnemen in een groter geheel, tot een geheel samenvoegen: *een toepassing ~ in een systeem* ❷ een deel worden van een groep mensen of van de samenleving en meedoen met de anderen: *het nieuwe gezin integreerde snel in onze buurt* ▼ BN *zich ~* integreren **integrerend** *bn* wezenlijk ▼ *een ~ deel* dat wezenlijk bij het geheel hoort, onmisbaar deel

integriteit *de (v)* ❶ het integer zijn, het niet ontvankelijk zijn voor corruptie e.d. ▼ *zijn ~ staat ter discussie* de mensen betwijfelen of hij wel eerlijk en oprecht is ❷ onschendbaarheid, onaantastbaarheid: *de ~ van een land schenden door het binnen te vallen*

intekenaar *de (m)* [-s, -naren] iemand die voor iets intekent

intekenen ❶ zich inschrijven voor deelname aan iets ❷ zijn gift op een lijst zetten ❸ een boekwerk dat nog moet verschijnen, alvast bestellen **intekenprijs** verlaagde prijs voor intekenaars

intellect *het* geheel van verstandelijke vermogens, verstand **intellectualisme** *het* het eenzijdig de nadruk leggen op het verstandelijke **intellectueel** I *bn* ❶ wat te maken heeft met het verstand II *de (m)* [-elen] ❷ iemand met een goed verstand en een grote algemene ontwikkeling

intelligent *bn* met een goed denkvermogen, in staat om snel iets te begrijpen: *ze is heel ~ en studeert wiskunde*

intelligent design ‹intellidzjǝnt diezajn› *het* theorie die zegt dat het universum zo complex in elkaar zit dat een intelligente ontwerper dit moet hebben ontworpen

intelligentie *de (v)* vermogen om zaken door denken te begrijpen en op te lossen, het intelligent zijn **intelligentiequotiënt** getal dat de intelligentie van iemand aangeeft, waarbij 100 het gemiddelde is van een volwassene **intelligentietest** toetsing van de intelligentie **intelligentsia** *de (v)* de intellectuelen

intendant hoofd van het huishoudelijk beheer, onder andere van een schouwburg

intens *bn* sterk, hevig, heel erg: *ik heb ~ genoten van de voorstelling* **intensief** ‹-zief› *bn* met grote

inzet en aandacht: *de spelers waren doodmoe na de intensieve training* ▼ *~ieve landbouw* met een hoge productie op een klein oppervlak
intensiteit *de (v)* ❶ mate van kracht of hevigheid: *de storm neemt af in ~* ❷ het intens zijn, hevigheid: *de ~ van gevoelens*
intensive care ‹-siv kèR› *de (m)* (ziekenhuisafdeling voor) intensieve verzorging met constante bewaking voor ernstig zieken of gewonden
intensiveren ‹-zie-› intensiever maken
intentie *de (v)* [-s] bedoeling: *ik heb nooit de ~ gehad je pijn te doen* **intentieverklaring** verklaring waarin men zijn bedoeling(en) te kennen geeft **intentionaliteit** *de (v)* het ergens op gericht zijn, het ergens over gaan
interactie *de (v)* [-s] contact tussen en invloed op elkaar: *de ~ tussen de directeur en zijn ondergeschikten* **interactief** ❶ met contact tussen en invloed op elkaar ❷ comp. op zo'n manier dat de gebruiker met de computer kan communiceren
interbancair ‹-kèr› tussen banken: *~e leningen* **interbellum** *het* [-s] tijdperk tussen twee oorlogen, vooral tussen de Eerste en Tweede Wereldoorlog **intercedent** *de (m)* bemiddelaar, vooral voor een uitzendbureau **interceptie** *de (v)* [-s] ❶ het opvangen: *~ van maandelijkse regenval* ❷ sp. het onderscheppen: *~ van een pass* ❸ het afluisteren: *~ van telecommunicatieverkeer* **intercity** ‹-sittie› *de (m)* [-'s] trein voor binnenlands verkeer die alleen in grotere plaatsen stopt **intercom** *de (m)* [-s] systeem van huistelefoons met luidsprekers
intercommunaal BN *bn* tussen gemeenten onderling **intercommunale** BN *de (v)* [-s] intergemeentelijke organisatie onder toezicht van de overheid voor het beheer van nutsbedrijven **intercommunautair** ‹-nootèr› binnen de Europese Gemeenschap
intercommunie *de (v)* het deelnemen aan elkaars eucharistie en avondmaalsviering
intercontinentaal wat verschillende continenten verbindt of omvat, tussen verschillende continenten: *~ vliegverkeer* **interdisciplinair** ‹-diesieplienèr› *bn* waarbij meer dan één tak van wetenschap betrokken is
interen [teerde in, h. / is ingeteerd] ❶ kleiner of minder maken door het te gebruiken: *op zijn spaargeld ~* ❷ minder worden: *ons vermogen teert in*
interessant *bn* de moeite waard om aandacht aan te besteden, belangwekkend **interesse** *de (v)* [-s] ❶ het iets de moeite waard vinden om te weten, zien, hebben e.d., belang, belangstelling ❷ iets waar iemand belangstelling voor heeft: *zijn interesses zijn vooral sport en muziek* **interesseren** interesse hebben of opwekken voor: *voetbal interesseert haar totaal niet; hij probeert zijn dochter te ~ voor literatuur*
interest *de (m)* rente
interface ‹-fees› comp. *de (m)* [-s] ❶ koppeling van twee verschillende informatieverwerkende systemen ❷ gebruikersinterface
interfaculteit faculteit voor studierichtingen die de grenzen van de bestaande faculteiten

overschrijden **interferentie** *de (v)* [-s] ❶ inmenging, tussenkomst ❷ nat. wederzijdse werking van bewegingen die tegelijk op hetzelfde moment optreden ❸ taalk. het elkaar beïnvloeden van talen
interieur *het* [-s] het inwendige, de inrichting van een gebouw, kamer e.d.
interieurverzorgster *de (v)* [-s] schoonmaakster
interim I *het* ❶ tussentijd ▼ *ad ~* waarnemend, voorlopig II *voorvoegsel* ❷ tussentijds: *~-manager* III *de (m)* [-s] ❸ tijdelijke werkkracht ❹ BN tijdelijke betrekking **interimaris** *de (m)* [-sen] BN ook vervanger **interimkantoor** BN, ook uitzendbureau
interjectie *de (v)* [-s] tussenwerpsel
interlandwedstrijd wedstrijd tussen landen
interlineair ‹-neejèr› tussen de regels **interlinie** *de (v)* [-s] ruimte tussen twee regels **interlock** *het & de (m)* ❶ dubbel breigoed met de lussen op verschillende hoogte ❷ ondergoed van die stof
interlokaal wat plaatsvindt tussen verschillende plaatsen of gemeenten: *~ telefoonverkeer* **intermediair** ‹-diejèr› I *het* ❶ bemiddeling II *de* [-s] ❷ bemiddelaar, tussenpersoon **intermezzo** ‹-metsoo› *het* [-'s] ❶ ‹toneel- of muziekvoorstelling› tussenspel, tussenvoorstelling ❷ korte onderbreking: *het praatprogramma op tv werd onderbroken voor een muzikaal ~* **intermitterend** *bn* met tussenpozen **intermodaal** ▼ *~ vervoer* vervoer met diverse soorten vervoermiddelen
intern *bn* ❶ binnen in het lichaam, wat te maken heeft met de inwendige organen ❷ binnen een staat of organisatie ❸ inwonend ▼ comp. *~ geheugen* geheugen dat zich in de computer bevindt **internaat** *het* [-naten] school waar leerlingen ook wonen, kostschool: *een ~ voor kinderen van schippers*
internationaal tussen verschillende landen: *een ~ verdrag*
international ‹intəRnessjənəl› *de (m)* [-s] speler die uitkomt voor het nationale team, die internationale wedstrijden speelt
internationalisme *het* streven naar internationale samenwerking
interneren een verblijfplaats aanwijzen met het verbod die te verlaten, bijv. in oorlogstijd aan militairen of burgers die als staatsgevaarlijk worden beschouwd **interneringskamp** kamp voor geïnterneerden
internet *het* wereldwijd communicatienetwerk van computers **internetbankieren** [internetbankierde, h. geïnternetbankierd] bankzaken regelen via internet **internetcafé** gelegenheid waar men tegen betaling kan internetten **internetprovider** ‹-proovajdəR› bedrijf dat zorgt voor toegang tot internet voor klanten **internetsite** ‹-sajt› website, plaats waar zich informatie op het world wide web bevindt **internetten** op internet bezig zijn
internist *de (m)* arts voor inwendige ziekten **internuntius** ‹-siejus› pauselijk gezant bij een kleine staat
interpellant *de (m)* iemand die interpelleert **interpellatie** *de (v)* [-s] vraag om opheldering aan een minister of de regering **interpelleren**

in

iemand, vooral een minister of regering, om uitleg of meer informatie over iets vragen

Interpol internationale organisatie voor de criminele politie

interpoleren inlassen, tussenvoegen

interpolitiezone BN, hist. gebied waar politie en rijkswacht samenwerkten (in aanloop naar de politiehervorming in 2001)

interpretatie de (v) [-s] ❶ eigen manier waarop iemand iets uitlegt, opvatting: *volgens jouw ~ gaat dit gedicht dus over vriendschap* ❷ hoe iemand iets weergeeft, vertolking: *een mooie ~ van een lied* **interpreteren** ❶ op een bepaalde manier uitleggen, opvatten: *ze interpreteerde de opmerking als een belediging, maar zo was het niet bedoeld* ❷ op een bepaalde manier weergeven, vertolken

interpunctie de (v) ❶ plaatsing van de leestekens ❷ de gezamenlijke leestekens

interregionaal tussen regio's **interregnum** het [-na, -s] tussenregering **interrogatief** I bn ❶ vragend II het [-tieven] ❷ vragend voornaamwoord

interrumperen onderbreken **interrupt** de (m) [-s, -en] comp. signaal dat een onderbreking aangeeft **interruptie** de (v) [-s] onderbreking terwijl iemand spreekt: *door een ~ van een leerling was de leraar de draad van zijn verhaal even kwijt* **interruptor** de (m) [-s] stroomonderbreker

intertekstualiteit de (v) onderlinge verwevenheid, samenhang van teksten

interval het [-len] ❶ de tijd tussen twee momenten of gebeurtenissen: *een ~ van acht weken* ❷ de afstand tussen twee tonen in de muziek: *een ~ van vijf tonen* **intervaltraining** de training met regelmatige afwisseling van activiteit

interveniëren tussenbeide komen **interventie** de (v) [-s] tussenkomst, bemiddeling **interventiemacht** legertroepen die worden ingezet voor interventie

interview ⟨-vjoe⟩ het [-s] vraaggesprek **interviewen** een vraaggesprek houden met

intervisie de (v) overleg tussen collega's om van elkaar te leren

intiem bn ❶ diep in iemands binnenste, innerlijk: *zijn meest ~e gedachten* ❷ vertrouwelijk, heel persoonlijk: *ze is een ~e vriendin van me, we vertellen elkaar alles* ▼ *~ contact* heel vertrouwelijk contact; seksueel contact

intifada de [-'s] opstand, vooral die van de Palestijnen in de door Israël bezette gebieden

intijds bw op tijd

intimidatie de (v) [-s] het bang maken **intimideren** bang maken: *ik laat me niet ~ door jouw dreigementen*

intimiteit de (v) ❶ intiem, vertrouwd contact met iemand ▼ *ongewenste ~en* seksuele handelingen die de ander niet wil ❷ intieme, huiselijke sfeer **intimus** de (m) [-mi] persoon die tot iemands nauwere kring van vrienden en verwanten behoort

intocht de (m) ❶ het binnenkomen, binnentrekken, bijv. van een leger ❷ het plechtig of feestelijk binnenkomen: *de ~ van*

Sinterklaas

intoetsen invoeren door te drukken op de toetsen van een toetsenbord

intolerantie ❶ het niet tolerant zijn, onverdraagzaamheid ❷ allergie: *gluten~*

intomen beperken, bedwingen

intonatie de (v) [-s] ❶ ⟨zang⟩ het inzetten op een bepaalde toon ❷ hoge en lage lettergrepen in een woord of zin en lettergrepen met en zonder nadruk: *hij spreekt best goed Nederlands, maar zijn ~ is nog niet helemaal goed* ❸ de wisseling in de toon waarop iemand iets zegt: *je kon aan zijn ~ horen dat hij boos was*

intoxicatie de (v) [-s] vergiftiging

intr. interest

intramuraal bn wat binnen de muren van een gezondheidsinstelling plaatsvindt

intramusculair ⟨-lèr⟩ bn wat in een spier plaatsvindt

intranet het computernetwerk binnen een organisatie

intransitief taalk. I bn ❶ onovergankelijk, wat geen lijdend voorwerp bij zich kan krijgen II het [-tieven] ❷ onovergankelijk werkwoord

intrappen ❶ door trappen kapotmaken: *een deur ~* ❷ met de voeten naar beneden of ergens in duwen

intraveneus med. bn wat in een ader plaatsvindt

intrede, intree de ❶ plechtige binnenkomst ❷ begin ▼ *zijn ~ doen* voor het eerst verschijnen: *aan het eind van de achttiende eeuw deed de stoommachine zijn ~*

intreden ❶ binnengaan ❷ lid van een kloosterorde worden ❸ beginnen: *de dooi trad in*

intrek de (m) verblijf ▼ *zijn ~ nemen* ergens gaan wonen of een tijdje blijven **intrekken** ❶ naar zich toe halen, naar binnen halen: *een leeuw kan zijn klauwen ~* ❷ naar binnen gaan, naar binnen trekken: *die zalf trekt niet goed in* ❸ gaan wonen: *zij is bij haar vriend ingetrokken* ❹ terugnemen, besluiten dat men het toch niet wil: *ik trek de uitnodiging in* ▼ *zijn woorden ~* zeggen dat iets wat men heeft gezegd niet meer geldt

intrest de (m) rente, interest

intrigant de (m) iemand die intrigeert, konkelt **intrige** ⟨-triezje⟩ de [-s] ❶ verwikkeling in een roman of toneelstuk, wat er gebeurt en hoe alles in elkaar zit ❷ dingen die mensen op een oneerlijke, stiekeme manier doen en zeggen om iets te bereiken **intrigeren** ❶ op een oneerlijke stiekeme manier, met intriges proberen zijn doel te bereiken ❷ nieuwsgierig maken zodat iemand graag meer wil weten: *die geheimzinnige man intrigeert me*

intrinsiek bn innerlijk, wat behoort tot het wezen van iets

intro de (m) [-'s] ❶ inleidend stukje voordat een film, programma e.d. echt begint ❷ instrumentaal deel van een muzieknummer voordat de zang begint

introducé de (m) [-s] iemand die voor een keer bij een bijeenkomst van een besloten groep mag zijn **introduceren** ❶ iemand voorstellen aan andere mensen: *hij heeft zijn nieuwe vriendin bij zijn vrienden geïntroduceerd* ❷ voor het eerst aan

in

het grote publiek laten zien: *het bedrijf introduceert de nieuwste stofzuiger* **introductie** *de (v)* [-s] ❶ het iemand voorstellen aan andere mensen, het toegang geven tot een bepaalde sociale kring ❷ bewijs of brief waarmee iemand toegang krijgt, introductiebewijs ❸ muz. inleiding

introeven ⟨bij kaartspel⟩ een troef uitspelen bij een kaart in een andere kleur

introïtus *de (m) & het* ❶ inleiding van de mis ❷ ingang tot een holte van het lichaam

introspectie *de (v)* [-s] het onderzoeken van zijn innerlijk, innerlijke waarneming van zichzelf

introvert *bn* in zichzelf gekeerd, gesloten

intuinen ▼ *ergens ~* zich voor de gek laten houden

intuïtie *de (v)* [-s] vermogen om iets te ontdekken of op te lossen, niet op basis van verstand of redenatie maar op basis van gevoel, van een soort innerlijk weten **intuïtief** *bn* op basis van intuïtie

intussen *bw* ❶ tijdens een bepaalde handeling of periode: *als ik de afwas doe, veeg jij dan ~ de vloer* ❷ ondanks dat: *hij lijkt zo aardig, maar ~ slaat hij zijn vrouw*

Inuit ⟨ienwiet⟩ **I** *de (mv)* ❶ volk op de noordelijke poolcirkel, Eskimo's **II** *het* ❷ taal van het volk van de Inuit

inundatie *de (v)* [-s] het onder water zetten **inunderen** ❶ onder water zetten ❷ onder water gezet worden

inval *de (m)* [-len] ❶ het binnenvallen, het plotseling binnenkomen: *een ~ door de politie* ▼ *de zoete ~* gastvrij huis waar vaak mensen zomaar binnenkomen ❷ een gedachte, idee dat iemand plotseling krijgt

invalide I *bn* ❶ door ongeval of ziekte niet in staat te werken **II** *de* [-n] ❷ iemand die invalide is **invalidenwagen** wagentje voor een invalide **invaliditeit** *de (v)* het invalide-zijn

invalkracht iemand die tijdelijk het werk van een ander overneemt **invallen** ❶ instorten ❷ naar binnen vallen, bijv. van lichtstralen ❸ mager, hol worden: *ingevallen wangen* ❹ te binnen schieten, van een gedachte, een woord e.d. ❺ beginnen: *de dooi is ingevallen* ❻ ⟨van een stem of muziekinstrument⟩ later inzetten, beginnen met zingen of spelen ❼ tijdelijk vervangen: *ik val in voor een zieke docente* **invalshoek** ❶ hoek die een invallende lichtstraal maakt ❷ fig. gezichtspunt van waaruit iemand een zaak benadert **invalsweg** weg waarlangs men een stad binnenrijdt

invasie ⟨-zie⟩ *de (v)* [-s] vijandelijke inval

inventaris *de (m)* [-sen] ❶ lijst van aanwezige voorwerpen ❷ het geheel van de goederen, meubels enz. die ergens zijn **inventarisatie** ⟨-zaa-⟩ *de (v)* [-s] het inventariseren, het maken van een inventaris **inventariseren** een overzicht van iets maken: *de inboedel van het bedrijf ~; de voor- en nadelen van een plan ~*

inventief *bn* goed in het bedenken van zaken en van oplossingen voor problemen, vindingrijk

inversie ⟨-zie⟩ *de (v)* [-s] ❶ omkering ❷ taalk. woordvolgorde waarbij het onderwerp na de persoonsvorm komt

inverteren omkeren, draaien

inverzekeringstelling *de (v)* het opsluiten van een verdachte ten behoeve van een onderzoek

investeren (tijd, geld, energie e.d.) gebruiken voor een productieve bestemming, om een resultaat te bereiken

invetten met vet insmeren

invitatie *de (v)* [-s] uitnodiging

in-vitrofertilisatie terugplaatsing van enkele, in een reageerbuis bevruchte, eicellen in de baarmoeder

invlechten ❶ vlechten in iets ❷ fig. invoegen, tussenvoegen (in een gesprek, geschrift, verhaal enz.)

invliegen ❶ vliegend binnenkomen ❷ met een vliegtuig brengen: *exotische groenten ~* ❸ met vaart op iemand afstormen, aanvallen ❹ met een vliegtuig e.d. vliegen om het uit te proberen ▼ BN, spreekt. *er eens ~* er eens flink tegenaan gaan

invloed *de (m)* ❶ uitwerking van iets of iemand op iets of iemand anders: *~ hebben op; onder ~ staan van* ▼ *onder ~ zijn* dronken of aangeschoten zijn ❷ macht, vermogen om iets tot stand te brengen **invloedrijk** met veel macht en invloed: *een ~ zakenman* **invloedssfeer** kring waarbinnen men invloed heeft ▼ *politieke ~* gebied waarover men politieke macht heeft

invoegen ❶ vanaf een andere rijstrook of invoegstrook tussen en rij auto's gaan rijden: *het was zo druk op de snelweg dat we haast niet konden* ❷ ergens tussen zetten: *je moet dit stukje nog ~ in de tekst* **invoegstrook** zijstrook voor invoegen op een autoweg

invoelen zich inleven in de gevoelens van een ander

invoer *de (m)* ❶ het halen van producten uit het buitenland om ze te gebruiken in eigen land, import ❷ ingevoerde goederen ❸ comp. toevoer van gegevens in de computer **invoeren** ❶ producten halen uit het buitenland om ze te gebruiken in eigen land, importeren ❷ maken dat mensen iets gaan doen, instellen: *een gewoonte ~* ❸ in werking laten gaan: *een wet ~* ❹ comp. gegevens in de computer brengen, informatie doorgeven aan de computer **invoerrecht** geld dat men moet betalen om iets in een land in te voeren, belasting op invoer

invoice ⟨-vojs⟩ *de* [-s] rekening, factuur

involveren ❶ in zich sluiten, met zich meebrengen ❷ verwikkelen in

invorderen betaling eisen, innen

invreten [vrat in, h. / is ingevreten] ❶ een bijtende werking hebben, door voortdurende inwerking beschadigen of doen vergaan: *het zuur vreet in* ❷ fig. geleidelijk dieper en erger worden: *dit kwaad vreet steeds dieper in*

invriezen ❶ door bevriezen lang houdbaar maken ❷ door vriezen vast komen te zitten, vooral met een schip

invrijheidstelling *de (v)* het iemand weer vrijlaten uit de gevangenis

invullen ❶ opschrijven van gegevens op een formulier e.d. ❷ schrijven op een opengelaten plaats: *de goede woorden ~ in een oefening* ❸ fig. de details uitwerken van **invulling** *de (v)* de

in

manier waarop iemand iets doet: *de ~ van zijn bestaan, van zijn functie*

inwaarts *bw* naar binnen toe

inwendig *bn* van binnen, binnenin ▾*voor ~ gebruik* om in te nemen

inwerken ❶ invloed hebben op ❷ op de hoogte brengen van de werkwijze, vertrouwd maken met het werk: *kun jij onze nieuwe collega ~?*

inwerkingtreding *de (v)* het in werking treden, het van kracht worden, geldig worden

inwijden ❶ op een plechtige manier in gebruik nemen: *de kerk werd door de bisschop ingewijd* ❷ iemand op de hoogte brengen van iets waar hij nog niets van weet

inwijkeling BN, ook *de (m)* immigrant **inwijken** BN ook immigreren

inwilligen toestaan ▾*een verzoek ~* doen wat iemand vraagt

inwinnen vragen, proberen te krijgen: *inlichtingen ~*

inwisselen omruilen voor iets anders: *vreemd geld ~*

inwonen woonruimte hebben in een huis waarvan een ander de hoofdbewoner is **inwoner** *de (m)* [-s] bewoner van een dorp, stad enz.

inworp ❶ worp vanaf de zijlijn waarbij de bal weer in het spel wordt gebracht, bijv. bij voetbal ❷ bedrag dat men in een automaat moet gooien: *de ~ bij deze flipperkast is vijftig eurocent*

inwrijven ❶ door wrijving brengen in of op iets ❷ fig. (nog eens) goed laten merken: *ik weet dat ik een fout heb gemaakt, dat hoef je niet nog eens in te wrijven*

inz. inzonderheid

inzage *de* [-n, -s] het inzien ▾*ter ~* om in te zien, ter kennisneming

inzake *vz* wat te maken heeft met, betreffende

inzakken ❶ in elkaar zakken, instorten ❷ fig. verslappen

inzamelen bijeenbrengen, (gaven of giften) ophalen: *kleding ~ voor arme mensen*

inzamelingsactie het bijeenbrengen van geld of goederen voor een goed doel

inzegenen iets plechtig inwijden door er een zegen over uit te spreken: *de pastoor zegende het huwelijk in*

inzenden naar een wedstrijdjury, tentoonstelling e.d. sturen

inzepen met zeep of met sneeuw insmeren

inzet *de (m)* [-ten] ❶ inleg (vooral geld dat iemand inlegt) bij een spel ❷ fig. wat iemand voor iets waagt ❸ eerste bod bij een verkoping ❹ aandacht, toewijding, werklust, ijver

inzetbaar *bn* ▾*breed ~* geschikt voor verschillende taken **inzetten** ❶ plaatsen in: *een mouw ~* ❷ gaan gebruiken, laten werken: *tijdens de rellen zette de politie tanks in; de fabriek heeft extra arbeiders ingezet* ❸ beginnen: *het leger zette de aanval in; het koor zette het lied in* ▾*zich ergens voor ~* er zijn best voor doen ▾*geld ~* geld in de pot doen bij een gokspel

inzicht *het* ❶ mening ❷ het echt begrijpen van iets, begrip **inzichtelijk** *bn* zo dat het te begrijpen is: *iets ~ maken* **inzien** I *ww* ❶ even doorkijken: *een boek ~* ❷ begrijpen, beseffen: *hij zag in dat hij verkeerd had gehandeld* II *het*

❸ oordeel, mening ▾*mijns ~s, onzes ~s* naar mijn, onze mening

inzinken fig. verslappen, achteruitgaan **inzinking** *de (v)* ❶ het inzinken ❷ fig. toestand van lichamelijke of geestelijke slapte of depressie ❸ laagte, stuk waar de bodem lager is

inzitten ▾*ergens over ~* zich ergens zorgen over maken **inzittende** *de* [-n] iemand die in een voertuig zit

inzonderheid *bw* vooral

inzoomen ‹-zoe-› ‹film, fotografie, computer e.d.› (met een speciale lens) groter in beeld brengen

inzouten (voedsel) inwrijven of bestrooien met zout om te bewaren

i.o. in oprichting

IOAW *de (v)* Inkomensvoorziening voor Oudere en gedeeltelijk Arbeidsongeschikte Werkloze Werknemers

IOAZ *de (v)* Wet Inkomensvoorziening voor Oudere en gedeeltelijk Arbeidsongeschikte gewezen Zelfstandigen

IOC *het* Internationaal Olympisch Comité

ion nat. *het* [ionen] elektrisch geladen deeltje **ionisatie** ‹-zaa-› *de (v)* het ontstaan van ionen, het brengen van neutrale stofdeeltjes in elektrisch geladen toestand

IP *het* internetprotocol **IP-adres** comp. *het* [-sen] *Internet-Protocoladres*, nummer van een domein dat werkt als een adres voor het versturen van gegevens over het internet

ippon *het* [-s] heel punt (*bij judo*)

i.p.v. in plaats van

IQ *het* intelligentiequotiënt

ir. ingenieur die is afgestudeerd aan een technische of agrarische hogeschool of universiteit

IRA *de* , *Irish Republican Army*, Iers Republikeins leger

IRC comp. *Internet Relay Chat*, systeem dat is gebaseerd op internet en waarmee men over de hele wereld met anderen kan chatten

iridium *het* chemisch element, zilverwit metaal met een grote relatieve dichtheid

iris *de* [-sen] ❶ een van de vliezen over de voorkant van het oog, regenboogvlies ❷ bloem die aan het water groeit, lis **iriscopie** *de (v)* het aflezen van ziektesymptomen uit de iris

Irish coffee ‹ajRisj koffie› *de (m)* [- coffees] koffie met whisky en slagroom

irisscan ‹-sken› opname met een camera van de iris van een persoon, gebruikt voor identificatiedoeleinden

ironie *de (v)* het op een licht spottende manier het tegenovergestelde zeggen van wat men eigenlijk bedoelt **ironisch** *bn* met ironie, spottend: *een ~e opmerking*

irrationeel ❶ niet met het verstand beredeneerd of beredeneerbaar ❷ in strijd met de rede, niet redelijk: *een irrationele beslissing*

irreëel onwerkelijk, onwezenlijk

irregulier onregelmatig, ongeregeld

irrelevant niet van belang voor het onderwerp waar het over gaat: *een ~e opmerking*

irrigatie *de (v)* [-s] bevloeiing (van een stuk land) **irrigator** *de (m)* [-s, -toren] toestel om wonden, lichaamsholten e.d. schoon te maken met

vloeistof **irrigeren** bevloeien
irritant *bn* wat irriteert, ergert: *ik vind dat geklets zo ~* **irritatie** *de (v)* [-s] ❶ geprikkelde stemming, stemming waarin iemand een beetje boos is over iets ❷ prikkeling, jeuk **irriteren** ❶ ergeren, een beetje kwaad maken ❷ de huid prikkelen
IRT *het* Interregionaal Rechercheteam
IR-trein BN *interregiotrein*, trein met stopplaatsen in de grotere gemeenten, stopt niet zo vaak als een L-trein, maar vaker dan een IC-trein
ISBN *het* Internationaal Standaardboeknummer
ischias *de* ontsteking van de grote zenuw die van de heup naar de voet gaat
ISDN *Integrated Services Digital Network*, netwerk van digitale telefoonlijnen
islam ⟨-laam⟩ *de (m)* godsdienst van de moslims, die de profeet Mohammed als laatste profeet beschouwen, met de Koran als hun heilige boek **islamiet** *de (m)* aanhanger van de islam **islamisering** *de (v)* toename van de invloed van de islam op de samenleving **islamisme** *het* politieke ideologie die streeft naar een maatschappij die is gebaseerd op de islam **islamistisch** *bn* van, wat te maken heeft met het islamisme **islamitisch** *bn* van, wat te maken heeft met de islam
i.s.m. in samenwerking met
ISO ❶ International Standardization Organization ❷ Interstedelijk Studentenoverleg
isobaar *de (m)* [-baren] lijn die plaatsen met gelijke barometerstand verbindt **isoglosse** *de (v)* [-n] grens van een taalverschijnsel
isolatie ⟨iezoo-⟩ *de (v)* [-s] ❶ het isoleren of geïsoleerd zijn, niet-geleiding van elektriciteit, van geluidstrillingen enz. ❷ stof waarmee iets geïsoleerd is ❸ afzondering, het afgezonderd zijn van andere mensen: *leven in ~* **isolatieband** band van niet-geleidende stof
isolationisme *het* neiging om zich buiten de internationale politiek te houden **isolator** *de (m)* [-s, -toren] voorwerp dat isoleert
isoleercel ⟨iezoo-⟩ cel, kleine verblijfplaats in een psychiatrische inrichting of gevangenis waarin iemand wordt afgezonderd van de anderen **isoleerkan** thermoskan **isolement** *het* afzondering, een leven zonder contact met andere mensen: *ze leven in dat kleine dorpje in de bergen in een ~* **isoleren** ❶ afzonderen, scheiden van anderen ❷ maatregelen nemen om te verhinderen dat elektriciteit, warmte, geluid e.d. worden doorgelaten
isomeren ⟨iezoo-⟩ *de (mv)* scheikundige verbindingen met hetzelfde aantal atomen maar verschillende moleculaire structuren
isomo BN *de (m)* piepschuim
isotherm *de (m)* lijn die plaatsen met gelijke temperatuur verbindt **isotoon** *bn* met gelijke spanning **isotoop** *de (m)* [-topen] vorm van een element met dezelfde scheikundige maar andere fysische eigenschappen **isotroop** nat. *bn* met in verschillende richtingen dezelfde eigenschappen
Isr. Israëlitisch **Israëliet** *de (m)* benaming voor een lid van het Joodse volk
issue ⟨issjoe⟩ *het* [-s] onderwerp, kwestie ▼*dat is geen ~* daar hoeven we niet over te praten, dat

speelt geen rol, dat is geen probleem
it. *item*, op dezelfde wijze
IT *de (v)* Informatietechnologie ▼*~'er* specialist in Informatietechnologie
item¹ ⟨ajtəm⟩ *het* [-s] ❶ een van de onderwerpen die worden behandeld in een krant, nieuwsuitzending e.d. ❷ een van de producten op een lijst, die een bedrijf verkoopt e.d. ❸ onderwerp waarover wordt gesproken, punt, kwestie
item² *bw* insgelijks, evenzo
iteratief I *bn* [-tieven] ❶ herhalend II *het* [-tieven] ❷ werkwoord dat een herhaling aanduidt, bijv. trappelen, klapperen, knipperen, krabbelen, duikelen
ito individueel technisch onderwijs
i.t.t. in tegenstelling tot
i.v. *in voce*, op dat woord
ivf *de (v)* , in-vitrofertilisatie, reageerbuisbevruchting
i.v.m. in verband met
ivo *het* individueel voortgezet onderwijs
ivoor *het* witte stof uit een slagtand van een olifant **ivoren** *bn* van ivoor ▼*in een ~toren* in trotse afzondering, ver verwijderd van het leven van andere mensen
i.z.g.st. in zeer goede staat

iz

J

j *de* [-'s] ❶ de tiende letter van ons alfabet ❷ stemhebbende medeklinker die tegen het harde gehemelte wordt gevormd

J ❶ schei. jodium ❷ nat. joule

ja *tw* ❶ dat is zo, dat klopt▼ *~ en amen op alles zeggen* overal zonder meer mee instemmen ❸ sterker nog: *hij was kwaad, ~, woedend*

jaagpad ⟨vroeger⟩ pad langs een binnenwater, voor paarden of mensen die een trekschuit voorttrekken

jaap *inform. de (m)* [japen] diepe snee

jaar *het* [jaren] periode van 365 dagen (in een schrikkeljaar 366 dagen): *zij is twaalf ~ sinds~ en dag* al heel lang▼ *van het~ nu* heel ouderwets▼ *op jaren zijn* oud zijn▼ BN *in 't~ één, als de uilen preken* met sint-juttemis, nooit

jaarbasis per jaar, gerekend over een jaar: *op~ bedraagt onze winst ...* **jaarbericht** jaarverslag

jaarbeurs ❶ grote tentoonstelling waar ook producten worden verhandeld en die meestal één keer per jaar wordt gehouden ❷ gebouw daarvoor **jaarboek** waarin de belangrijkste feiten van een jaar vermeld staan **jaarcijfers** *de (mv)* statistische (financiële) gegevens over een bepaald jaar **jaarclub** club van studenten die in hetzelfde jaar zijn begonnen met een studie

jaargang *de (m)* ❶ alle afleveringen die in één jaar van een tijdschrift verschijnen ❷ alle producten die in een jaar gemaakt, gekweekt e.d. worden, alle militairen die in een jaar opgeroepen worden enz. **jaargeld** jaarlijkse toelage **jaargenoot** student van hetzelfde jaar **jaargetijde, jaargetij** een van de vier delen waarin een jaar verdeeld is, seizoen: *de lente en de zomer zijn ~n* **jaarkaart** abonnementskaart die een jaar geldig is **jaarlijks** *bn* ❶ ieder jaar ❷ per jaar **jaarring** elk van de ringen in de doorsnede van een boomstam waaraan men kan zien hoeveel dikker de boom in één jaar is geworden **jaartal** *het* [-len] getal dat aangeeft in welk jaar iets gebeurt: *1492 is een belangrijk~, toen ontdekte Columbus Amerika* **jaartelling** *de (v)* de manier waarop de jaren worden geteld vanaf een bepaalde gebeurtenis: *onze~ begint in het jaar dat Jezus geboren werd* **jaarverslag** verslag van wat er in een bepaald jaar is gebeurd binnen een vereniging of bedrijf en hoe het financieel is gegaan **jaarwisseling** *de (v)* overgang van het oude naar het nieuwe jaar

JAC *het* jongerenadviescentrum

jacht I *de* ❶ het jagen op dieren: *zij maken ~ op vossen* **II** *het* [-en] ❷ comfortabel pleziervaartuig: *de haven lag vol met luxe~en* **jachtakte** wettelijke vergunning om te jagen

jachten (zich) haasten

jachtgeweer geweer met een lange loop dat wordt gebruikt bij het jagen op dieren

jachthaven haven waar alleen pleziervaartuigen mogen aanleggen

jachthond ❶ hond van een groep hondenrassen die oorspronkelijk voor de jacht gefokt werden ❷ hond die geschikt en getraind is voor de jacht

jachtig *bn* gehaast▼ *het~e bestaan* het leven waarin we zo druk bezig zijn dat we altijd haast hebben

jachtluipaard katachtig roofdier dat leeft in Afrika en zuidelijk Azië (Acinonyx jubatus) **jachtopziener** iemand die erop toeziet dat de jachtwet nageleefd wordt **jachtrecht** ❶ recht dat geldt voor de jacht ❷ recht om te jagen **jachtschotel** gerecht van aardappels, vlees, uien en zure appels **jachtslot** slot of kasteel waar men verblijft tijdens jachtpartijen **jachtveld** ❶ terrein waar iemand jaagt ❷ terrein waar een dier zijn prooi zoekt▼ *de eeuwige ~en* voorstelling van het hiernamaals, oorspronkelijk bij Noord-Amerikaanse indianen

jachtvliegtuig snel militair vliegtuig

jack ⟨jek⟩ *het* [-s] korte sportieve jas voor buiten: *een leren ~*

jacket ⟨dzjèkkət⟩ *het* [-s] ❶ papieren omslagvel voor een boek ❷ kroon die over een tand is aangebracht

jackpot ⟨dzjek-⟩ *de (m)* [-s, -ten] ❶ het totaalbedrag aan geld dat spelers in een gokautomaat hebben gegooid of hebben ingezet bij een spel ❷ extra prijs in een loterij: *de~ winnen*

jacquard ⟨zjakkaar⟩ *het* stof met ingeweven patronen

jacquet ⟨zjakkèt⟩ *het & de* [-s, -ten] zwarte herenjas met lange panden

jacuzzi® ⟨dzjakoezie *of* jakoezie⟩ *de (m)* [-'s] verwarmd bad met luchtbellen en/of waterstralen, bubbelbad

jade *de (m) & het* tamelijk hard bleekgroen gesteente

jaeger ⟨jeeGər⟩ *het* wollen weefsel voor ondergoed

jaffa *de (m)* [-'s] sinaasappel uit Israël met dikke schil

jagen [jaagde / joeg, h. gejaagd] ❶ achtervolgen en proberen te vangen of te doden: *op wilde zwijnen ~; op boeven~* ❷ zich snel voortbewegen: *de wolken ~ langs de hemel* ❸ dwingen om weg te gaan, bijv. door bang te maken: *een poes de tuin uit~* ❹ zorgen dat snel over iets besloten wordt zonder tijd om het rustig te bespreken: *de voorzitter jaagt het voorstel door de commissie*▼ *er veel geld doorheen ~* in korte tijd veel geld uitgeven: *hij heeft er in het casino veel geld doorheen gejaagd*▼ *iemand op kosten~* maken dat iemand veel geld moet uitgeven **jager** *de (m)* [-s] ❶ iemand die op wild jaagt ❷ gevechtsvliegtuig ❸ schip dat snel kan varen, bijv. een torpedojager

jaguar ⟨dzjeGGoewaR⟩ *de (m)* [-s] Zuid-Amerikaans katachtig roofdier (Pantera onca)

Jahweh ⟨jaawè *of* jaawee⟩ *de (m)* ⟨Israëlitisch⟩ God

jajem spreekt. *de (m)* jenever

jak I *het* [-ken] kort jasje **II** *de (m)* [-ken] ❷ Tibetaanse buffel

jakhals *de (m)* [-halzen] hondachtig roofdier (Canis aureus)

jakkeren ❶ zich snel voortbewegen, zich haasten: *de automobilisten ~ over de snelwegen* ❷ druk bezig zijn zonder rust te nemen: *ze ~*

maar door

jakkes *tw* uitroep van tegenzin of afkeer

jaknikker *de (m)* [-s] ❶ apparaat met een op- en neergaande zwengel waarmee olie uit de aarde omhoog wordt gepompt ❷ neg. iemand die het altijd overal mee eens is en nooit eens nee zegt

Jakob *de (m)* ▼ *de ware* ~ de grote liefde, de man op wie iemand wacht of heeft gewacht

jakobskruiskruid samengesteldbloemige plant met oranjegele bloemen **jakobsladder** riem of ketting voor mechanisch transport, die over schijven loopt **jakobsschelp** waaiervormig geribde schelp

jaloers *bn* ❶ negatief gestemd tegenover iemand omdat die iets heeft wat men zelf niet heeft ❷ snel wantrouwend tegenover, kwaad op degene van wie men houdt omdat men denkt dat hij of zij ontrouw is **jaloezie** ⟨zjaa- *of* jaa-⟩ I *de (v)* ❶ het jaloers zijn II *de (v)* [-ën] ❷ zonwering van beweeglijke latten of stroken

jalon ⟨zjaa-⟩ *de (m)* [-s] (rood-witte) stok gebruikt bij landmeten

jam ⟨zjem⟩ *de* [-s] broodbeleg van tot moes gekookte vruchten met suiker

jambe *de* [-n] ❶ versvoet die bestaat uit eerst een onbeklemtoonde lettergreep en dan een beklemtoonde ❷ regel van een gedicht die op die manier is geschreven

jamboree ⟨dzjembooRie⟩ *de (m)* [-s] internationaal kamp van scouts dat om de vier jaar wordt gehouden

jammer *bn & tw* spijtig ▼ *iets* ~ *vinden* gevoel dat iemand heeft als iets wat hij graag had gewild, niet uitkomt **jammeren** (huilend) klagen over leed of pijn **jammerklacht** (huilende) klacht over leed of pijn **jammerlijk** *bn* om erg verdrietig over te worden, betreurenswaardig: *een* ~*e nederlaag; ons plan is* ~ *mislukt*

jamsessie ⟨dzjemsesjən⟩ bijeenkomst waarop geïmproviseerd wordt door een groep muzikanten die voor de gelegenheid samenspelen

jan I januari II *de (m)* [-nen] ▼ BN *ook de grote* ~ *uithangen* willen opvallen, drukte maken **Jan** *de (m)* [-nen] jongensnaam ▼ *boven* ~ de moeilijkheden te boven ▼ ~ *en alleman* iedereen ▼ ~ *Boezeroen* de arbeiders ▼ ~ *Doedel* sul ▼ spreekt. *iets voor* ~ *Lul doen* voor niets, zonder resultaat ▼ ~ *Rap (en zijn maat)* laag volk ▼ ~ *Klaassen* poppenkastfiguur ▼ ~ *Modaal* mensen met een modaal inkomen ▼ ~ *Salie* slappeling ▼ ~*tje Beton* stadsjeugd die heel weinig natuur ziet **janboel** *de (m)* grote rommel, bende, rotzooi: *het is één grote* ~ **janboerenfluitjes** *de (mv)* ▼ *op zijn* ~ op zijn gemak en niet al te zorgvuldig

jandoedel *de (m)* [-s] sukkel **janhagel** I *de (m)* ❶ koekje met suikerbrokjes II *het* ❷ laag volk

janken ❶ klaaglijk huilen: *de hond jankt* ❷ min. huilen: *zit je weer te* ~?

janklaassen *de (m)* [-s] ❶ poppenkastfiguur (*Jan Klaassen*) ❷ persoon die je niet serieus kunt nemen

janmaat *de (m)* [-s] matroos

jantje *het* [-s] matroos

jantje-van-leiden *het* ▼ *zich ergens met een* ~ *van*

afmaken iets snel, onzorgvuldig doen; een smoesje verzinnen om iets niet te hoeven doen

januari *de (m)* de eerste maand van het jaar

januskop hoofd met twee gezichten

jan-van-gent *de (m)* [-en, -s] pelikaanachtige zwemvogel (Sula bassana)

jap *de (m)* [-pen] neg. Japanner **japanner** *de (m)* [-s] voertuig of apparaat dat in Japan is gemaakt **japon** *de (m)* [-nen] jurk

jappenkamp Japans concentratiekamp tijdens de Tweede Wereldoorlog

jarenlang *bn* gedurende vele jaren: *een* ~*e vriendschap*

jargon *het* [-s] taalgebruik binnen een vak of door een groep, met eigen woorden en uitdrukkingen

jarig *bn* ▼ ~ *zijn* één jaar ouder worden op de datum waarop iemand geboren is ▼ *dan ben je nog niet* ~ dan kun je iets akeligs verwachten: *als je dat doet, dan ben je nog niet* ~!

jarretel ⟨zjarretel⟩ *de* [-len], **jarretelle** [-s] soort gordel om de heupen van een vrouw waaraan zij met klemmetjes lange kousen kan vastmaken

jas I *de* [-sen] ❶ kledingstuk dat vooral buiten over de andere kleren gedragen wordt II *de (m)* [-sen] ❷ troefboer in kaartspel **jasbeschermer** *de (m)* [-s] scherm over het achterwiel van een fiets zodat kleren niet in de spaken komen

jasmijn *de* plantengeslacht Jasmimum van de olijffamilie

jaspis *de (m)* [-sen] & *het* ondoorzichtige veelkleurige kwarts

jassen kaartspelen met boer als hoofdtroef ▼ *piepers* ~ aardappelen schillen

jasses *tw* uitroep van tegenzin of afkeer, bah

jatten I *ww* ❶ inform. stelen II *de (mv)* ❷ spreekt. handen

javel BN *de (v)* bleekwater

jawel *bw* ja, zeker wel

jawoord *het* het 'ja' zeggen als iemand ten huwelijk wordt gevraagd: *ze gaf hem haar* ~

jazz ⟨djez⟩ *de (m)* soort muziek waarbij de muzikanten veel improviseren, voor het eerst gespeeld door Amerikaanse negers **jazzballet** ballet op ritmische muziek **jazzband** ⟨-bènd⟩ orkest voor jazzmuziek

jazzdance ⟨-dèns⟩ dansmuziek met elementen uit de jazz

J.C. Jezus Christus

je *vnw* onbeklemtoonde vorm van jij, jou, jouw

jeanet ⟨zjaa-⟩ BN, spreektaal *de* [-ten] homo, nicht

jeans ⟨djiens⟩ *de (m)* broek uit sterke katoenen (meestal blauwe) stof, spijkerbroek **jeansvest** BN, ook spijkerjack, korte jas van jeansstof

jee *tw* uitroep van verbazing of schrik

jeep ⟨djiep⟩ *de (m)* [-s] kleine sterke legerauto

jeetje *tw* uitroep van schrik of verbazing

jegens *vz* tegenover: *onbehoorlijk gedrag* ~ *iemand*

Jehova *de (m)* naam van God bij de joden ▼ ~*'s getuigen* godsdienstige adventistische beweging sinds 1884 ▼ *jehova* lid van die beweging

jekker *de (m)* [-s] korte zware overjas

jelui vero. *vnw* jullie

jemig *tw* uitroep van verbazing

jeminee *tw* uitroep van schrik of verbazing

je

je

jenaplanschool type basisschool waar onder andere veel aan expressie wordt gedaan, ontwikkeld door de Duitse pedagoog Peter Petersen in de stad Jena

jenever *de (m)* [-s] kleurloze sterkedrank die wordt gemaakt van graan en jeneverbessen

jeneverbes ❶ struik met naaldvormige stekelige bladeren en met donkerblauwe bessen (Juniperus communis) ❷ bes van die struik

jeneverstruik groenblijvende struik met blauwzwarte bessen (Juniperus communis)

jengelen op een huilerige toon zeuren, vooral van kleine kinderen

jennen pesten, treiteren

jeremiade *de (v)* [-n, -s] geklaag, klaaglied

jeremiëren jammeren, klagen

jerrycan ⟨dzjeRRiekèn⟩ *de (m)* [-s] soort grote rechthoekige plastic fles met een handvat, voor vloeistof zoals benzine of water

jersey ⟨djùRsie⟩ *de (m)* [-s] ❶ nauwsluitend tricotachtig weefsel ❷ trui daarvan

jet ⟨dzjet⟩ *de (m)* [-s] straalvliegtuig

jetje *zn* ▼ *geef 'm van* ~ doe goed je best, pak stevig aan

jetlag ⟨dzjetlèG⟩ *de (m)* [-s] vermoeidheid e.d. na een (vlieg)reis door verschillende tijdzones

jeton ⟨zjəton⟩ *de (m)* [-s] ❶ fiche, speelpenning ❷ BN penning, muntje

jetset ⟨dzjet-⟩ *de (m)* groep rijke toonaangevende mensen

jetski ⟨dzjet-⟩ soort scooter voor op het water

jetstream ⟨dzjetstRiem⟩ *de (m)* [-s] krachtige luchtstroom onder de stratosfeer

jeu ⟨zjeu⟩ *de (m)* wat geur en kleur aan iets geeft, wat iets leuk maakt, sjeu ▼ *de ~ is eraf* het is niet leuk meer

jeu de boules ⟨zjeu də boel⟩ *het* Frans balspel waarbij de spelers zwaardere ballen zo dicht mogelijk in de buurt van een klein balletje gooien

jeugd *de* ❶ het jong zijn ❷ jonge leeftijd: *in mijn* ~ *was dat heel anders* ❸ jonge mensen: *de* ~ *van tegenwoordig* **jeugdatelier** BN centrum voor creatieve expressie voor jongeren

jeugdbeweging beweging of organisatie van jongeren die is gebaseerd op een gemeenschappelijk streven **jeugdherberg** plaats waar mensen goedkoop kunnen overnachten, oorspronkelijk alleen voor jongeren maar nu vaak zonder leeftijdsgrens **jeugdig** *bn* ❶ jong ❷ (als) van jonge mensen: ~ *enthousiasme; zij ziet er nog heel* ~ *uit* **jeugdjournaal** tv-journaal voor jonge kijkers **jeugdliefde** (voorwerp van) liefde uit de jeugd **jeugdloon** loon voor personen tot maximaal 23 jaar **jeugdpuistje** *het* [-s] ⟨vooral in het meervoud⟩ puistje, vooral in het gezicht, tijdens de puberteit **jeugdrechter** BN, ook kinderrechter **jeugdsentiment** iets wat een prettige herinnering vormt aan vroeger toen iemand jong was: *de muziek is* ~*, daar dansten we vroeger op* **jeugdwerk** ❶ vormingswerk voor de jeugd buiten schoolverband ❷ kunst- of literair werk dat iemand heeft gemaakt toen hij jong was **jeugdzonde** ❶ zonde uit de jeugd ❷ scherts. wat iemand in de jeugd gemaakt heeft maar nu niet meer goed vindt

jeuk *de (m)* een kriebelend gevoel op de huid **jeuken** ❶ kriebelen: *mijn voet jeukt* ▼ *mijn handen* ~ *als hij zo vervelend doet* ik heb zin om hem te slaan ❷ jeuk veroorzaken: *deze wollen trui jeukt* **jeukerig** *bn* ❶ wat jeuk veroorzaakt ❷ die jeuk voelt

jewelcase ⟨djoewəlkees⟩ *de* [-s] doosje voor een cd of dvd

jezuïet *de (m)* lid van een bepaalde christelijke orde

Jezus *zn* naam van de stichter van het christendom, Zoon van God ▼ *jezus!* vloek of uitroep van schrik, verbazing e.d.: *jezus mina!*

jg. jaargang

jhr. jonkheer

jicht *de* pijnlijke ziekte van de gewrichten

Jiddisch I *het* ❶ taal van vooral Midden- en Oost-Europese Joden, met invloeden van onder meer het Duits **II** *bn* ❷ in of uit het Jiddisch

jiffy ⟨dzjiffie⟩ *de (m)* [-'s] envelop die is gevoerd met luchtkussentjes

jihad ⟨dzjiehaad⟩ *de (m)* [-s] islamitische heilige oorlog

jij *vnw* tweede persoon enkelvoud als onderwerp van de zin: ~ *moet afwassen* **jij-bak** antwoord (op verwijt, spot) in de trant van 'dat ben/doe je zelf' **jijen** ▼ ~ *en jouen* met jij aanspreken

jingle ⟨dzjinGəl⟩ *de (m)* [-s] herkenningsmelodie

jip-en-janneketaal heldere, (te) gemakkelijk te begrijpen taal: *moeten politici* ~ *gebruiken?*

jippie *tw* uitroep van blijdschap: ~*, we gaan naar het circus!*

jiujitsu *het* Japanse zelfverdedigingssport

jive ⟨djajv⟩ *de (m)* snelle dans op jazzmuziek of rock-'n-roll

jkvr. jonkvrouw

jl. jongstleden

job ⟨dzjob⟩ *de (m)* [-s] ❶ baan ❷ karwei **jobaanbieding** BN, spreekt. vacature **jobdienst** BN bemiddelingsinstantie voor jobstudenten **jobhoppen** [jobhopte, h. gejobhopt] vaak van baan veranderen

jobstijding bericht van iets ergs, ongelukstijding

jobstudent ⟨dzjob-⟩ BN, ook werkstudent

joch *het* [-chies], **jochie** jongetje

jockey ⟨dzjokkie⟩ *de (m)* [-s] berijder van een paard bij paardenrennen

jodelen op zo'n manier zingen dat de stem regelmatig naar een hoge toon overslaat

jodendom *het* een van de wereldgodsdiensten **Jodenster** gele ster die Joden tijdens de Tweede Wereldoorlog (1939-1945) van de nazi's verplicht op hun kleren moesten dragen als herkenningsteken, davidster **Jodin** *de (v)* [-nen] Joodse vrouw

jodium *het* chemisch element dat in opgeloste vorm gebruikt wordt als middel om wonden te ontsmetten **jodiumtinctuur** jodium in alcohol **jodoform**® *de (m)* ontsmettende verbinding van jodium met waterstof en koolstof

joe *tw* ⟨gesproken taal⟩ ja

joekel *de (m)* [-s] inform. groot exemplaar

joelen lawaai maken door te roepen, uit vrolijkheid of om afkeuring te laten blijken: *het publiek begon te* ~

joepie *tw* uitroep van vreugde

joert *de* (vaak vilten) tent van nomaden die leven op de steppen van Centraal-Azië, bijv. in Mongolië

jofel inform. *bn* leuk, aardig: *een ~e kerel*

joggen ⟨dzjoGGən⟩ hardlopen voor de gezondheid en als conditietraining **joggingpak** trainingspak om in te joggen

joh *tw* aanspreekvorm om iemands aandacht te trekken, te waarschuwen e.d.: *hé ~, kijk een beetje uit!*

joint ⟨dzjoint⟩ *de (m)* [-s] sigaret met hasj of marihuana

joint venture ⟨dzjoint vɛntsjəR⟩ *de (v)* [-s] gemeenschappelijke onderneming, samenwerking van ondernemingen voor een bepaald doel

jojo *de (m)* [-'s] speelgoed in de vorm van een dubbele schijf die iemand langs een touwtje aan zijn vinger op en neer beweegt **jojo-effect** ❶ fig. sterke op- en neergang ❷ het verliezen van gewicht door een dieet en daarna weer aankomen

joker *de (m)* [-s] speciale kaart uit het kaartspel (naast de 52 gewone kaarten)▼ *voor ~ staan* voor gek staan

jokkebrok *de* [-ken] ⟨kindertaal⟩ iemand die (vaak) jokt **jokken** ⟨kindertaal⟩ liegen

jol *de* [-len] lichte sloep of zeilboot

jolig *bn* heel vrolijk: *het is een ~e boel hier* **jolijt** *de & het* plezier, lol

Jom Kipoer *de (m)* Grote Verzoendag, het belangrijkste feest van het joodse kerkelijke jaar

jonagold ⟨-Goold⟩ *de (m)* [-s] appelsoort

jonassen iemand aan armen en benen heen en weer slingeren

jong I *bn* ❶ nog niet veel jaren oud: *je bent pas achttien, je bent nog ~* ❷ vers, wat niet lang heeft gelegen of gestaan om te rijpen: *~e kaas* ❸ van de laatste tijd: *volgens de ~ste berichten*▼ Bijb. *de ~ste dag* de dag van het laatste oordeel II *het* ❹ pasgeboren dier: *onze poes heeft vier ~en* **jonge** *de (m)* [-n] jonge jenever

jongedame meisje of jonge vrouw **jongeheer** ❶ beleefde aanspreekvorm voor een jongen ❷ spreekt., scherts. penis **jongelieden** *de (mv)* jonge mensen **jongeling** *de (m)* jonge man▼ *een schone ~* een mooie jonge man **jongelui** *de (mv)* jonge mensen **jongeman** een man die nog jong is, een jongen

jongen I *de (m)* [-s] ❶ kind van het mannelijk geslacht: *we hebben twee ~s en een meisje* ❷ jong persoon van het mannelijk geslacht: *ik vind hem een heel leuke ~* ▼ *onze ~s* de soldaten of sportlieden van ons land ▼ *~s van Jan de Wit* flinke kerels II *ww* ❸ ⟨van dieren⟩ een of meer jongen, kleintjes krijgen: *onze hond heeft gejongd* **jongensgek** *de (v)* meisje dat heel graag met jongens omgaat, jongens achternaloopt

jongere *de* [-n] iemand van ongeveer veertien tot twintig jaar▼ *werkende ~n* jonge mensen die niet meer op school zitten, maar werken **jongerenwerk** vormingswerk en cultureel werk onder jongeren

jongetje *het* [-s] kleine jongen

jonggehuwde *de* [-n] pasgetrouwd iemand

jongleren kunstjes doen met ballen, borden e.d.,

die worden opgegooid en weer opgevangen **jongleur** *de (m)* [-s] persoon die (meestal voor publiek) ballen of andere voorwerpen in de lucht gooit en weer opvangt **jongmens** *het* [jongelieden, jongelui] jongeman **jongs** *zn* ▼ *van ~ af* sinds de jeugd, sinds iemand kind was

jongstleden, jongstleden *bn* de laatste vóór vandaag: *maandag ~*

jongverkenner BN scout van 12-14 jaar

jongvolwassene iemand tussen 18 en 30 jaar

jonk *de (m)* Chinees vaartuig met drie masten

jonker *de (m)* [-s] man van adel, zoon van adellijken huize▼ *kale ~* man van adel die arm geworden is; samengesteldbloemige plant met bijna kale stengel en paarse bloemhoofden

jonkheer edelman van de laagste rang

jonkie inform. *het* [-s] ❶ jong mens of dier ❷ glas jonge jenever

jonkvrouw dame van de laagste adellijke rang

jood *de (m)* [joden] belijder van de Israëlitische godsdienst▼ *Jood* lid van het Joodse volk **joods** *bn* van de joden (als religieuze groep)▼ *Joods* van de Joden (als volk)

jool *de (m)* [jolen] pret, lol

Joost *zn* ▼ *~ mag het weten* ik weet het absoluut niet, ik heb geen idee

jopper *de (m)* [-s] jekker, onder andere voor zeilsport

jota *de* [-'s] Griekse i▼ *geen ~* niets: *ik snap er geen ~ van*

jou *vnw* vorm van *jij* als lijdend voorwerp of meewerkend voorwerp: *ik hou van ~; ik geef ~ bloemen*

joule ⟨zjoel⟩ *de (m)* [-s] eenheid van arbeid, energie, hoeveelheid warmte

jour ⟨zjoer⟩ *de (m)* [-s]▼ *à ~* opengewerkt

journaal ⟨zjoer-⟩ I *het* [-s, -nalen] ❶ dagelijks uitgezonden televisie- of radioprogramma met nieuwsberichten II *het* [-nalen] ❷ boek met aantekeningen over het dagelijkse verloop van een reis, vooral een zeereis **journalist** *de (m)* iemand die informatie verzamelt en publiceert (in media) **journalistiek** I *de (v)* ❶ het vak van de journalisten: *zij werkt in de ~* II *bn* ❷ van, wat te maken heeft met de journalistiek

jouw *vnw* van jou: *dit is ~ pen, niet de mijne*

jouwen beledigingen roepen, beschimpen

JOVD *de (v)* Jongerenorganisatie Vrijheid en Democratie

joviaal *bn* hartelijk en opgewekt: *een joviale man*

joyeus ⟨zjwajjeus⟩ *bn* vrolijk en zwierig

joyriden ⟨dzjojRajdən⟩ *het* het stelen van een auto om daar voor de lol een stuk mee te gaan rijden **joystick** ⟨dzjoi-⟩ hendel bij het spelen van computerspelletjes

JPY Japanse yen

jr. *junior*, de jongere

JSF *de* , *Joint Strike Fighter*, bepaald soort gevechtsvliegtuig

jubelen juichen, roepen van blijdschap **jubeljaar** ❶ feestelijk herdenkingsjaar, jaar met een jubileum ❷ elk vijftigste jaar in de tijd van het Oude Testament **jubeltenen** *de (mv)* tenen die omhoog staan

jubilaris *de (m)* [-sen] iemand die een jubileum viert **jubileren** een jubileum vieren **jubileum** *het*

[-ea, -s] herdenking, feest omdat iemand een bepaald aantal jaren (10, 20, 25 enz.) bij een bedrijf, vereniging e.d. is of omdat iets een bepaald aantal jaren bestaat

juchtleer, juchtleder soepel leer van jonge runderen

judas de (m) [-sen] ❶ verrader ❷ plaaggeest, ellendeling **judaskus** kus van een verrader

judaspenning sierplant waarvan de tussenschotjes die zilverachtig worden, in droogboeketten worden gebruikt (Lunaria annua)

judicieel ‹-sjeel› bn gerechtelijk **judicium** het [-dicia, -s] ❶ vonnis ❷ beoordeling door een faculteit

judo het vorm van zelfverdediging als wedstrijdsport **judoka** de [-'s] beoefenaar van judo

juf de (v) [-s, -fen] (school)juffrouw **juffer** de (v) [-s, -en] ❶ juffrouw ❷ bio. soort libel **juffershondje** schoothondje **juffertje** het [-s] ❶ truttig meisje ❷ bio. soort libel **juffertje-in-'t-groen** het [juffertjes-in-'t-groen] plant met fijn blad en opvallende zaaddozen (Nigella damascena)

juffrouw de (v) ❶ ongehuwde vrouw, jonge vrouw ❷ onderwijzeres

jugendstil ‹joeGandstiel› de (m) Duitse sierlijke kunststijl omstreeks 1900

juicebar ‹djoes-› de [-s] horecagelegenheid die is gespecialiseerd in fruitsappen

juichen hard roepen, schreeuwen van blijdschap: *het publiek juichte luid om het doelpunt*

juist I bn ❶ zoals het moet zijn, correct, waar: *dat is het ~e antwoord* II bw ❶ net: *ik wilde je ~ bellen* ❷ anders dan men zou denken: *ik vind het niet warm, ik heb het ~ erg koud*

jujube ‹zjuuzjuubə *of* juujuubə› de [-s] zacht ruitvormig of rechthoekig dropje

juk het [-ken] ❶ blok om de schouders van dieren om zware lasten voort te trekken ❷ balk die iemand op de schouders draagt en waaraan aan beide kanten een emmer hangt ▼ *het ~ afwerpen* zich bevrijden van onderdrukking

jukbeen bot in de wang onder het oog

jukebox ‹dzjoekboks› de (m) machine die een grammofoonplaat naar keuze draait als iemand er geld in gooit

juli de (m) de zevende maand van het jaar

julienne ‹zjuuljen(ne)› de ❶ fijngesneden groente ❷ groentesoep

jullie vnw ❶ tweede persoon meervoud: *gaan ~ naar huis?* ❷ van jullie: *~ tent is groter dan de onze*

jumbo de (m) [-'s], **jumbojet** heel groot vliegtuig

jumelage ‹zjuuməlaazjə› de (v) [-s] vriendschapsbetrekking, vooral tussen steden of gemeenten

jumper ‹dzjum-› de (m) [-s] damestrui

jumpshot ‹dzjumpsjot› het (v) ❶ schot tijdens een sprong bij basketbal ❷ sprong over een tussenliggende bal bij poolbiljart

jumpstyle ‹dzjumpstajl› de dans waarbij in bepaalde patronen wordt gesprongen op housemuziek, vaak synchroon uitgevoerd

jumpsuit ‹dzjumpsoet› de (m) [-s] nauw aansluitend broekpak uit één stuk met lange

pijpen

junctie de (v) [-s] verbinding

jungle ‹dzjungGəl› de [-s] ❶ gebied in de tropen dat heel dicht is begroeid met planten en bomen ❷ fig. onoverzichtelijke toestand, chaos ❸ fig. situatie waarin men moet vechten om zich staande te houden: *de betonnen ~ van de buitenwijken* ❹ moderne snelle dansmuziek

juni de (m) de zesde maand van het jaar

junior de (m) [-ores, -oren] ❶ de jongere: *Jansen ~* ❷ jong lid van een sportvereniging

junk ‹dzjunk› de (m) [-s, -en] iemand die verslaafd is aan drugs

junkfood ‹dzjunkfoed› het eten met weinig of geen voedingswaarde, zoals eten uit een snackbar of kant-en-klare gerechten

junkie ‹dzjunkie› de (m) [-s] iemand die verslaafd is aan drugs

junkmail ‹dzjunkmeel› ongevraagde post via internet

junta ‹goentaa› de [-'s] dictatoriale regering die bestaat uit hoge militairen

jupon ‹zjuupô› de (m) [-s] onderrok

jureren ‹zjuu-› als lid van een jury een oordeel geven over de deelnemers aan een wedstrijd

juridisch bn wat te maken heeft met het recht, rechtskundig: *~ adviseur* iemand die raad geeft omdat hij weet wat er in de wet staat

jurisdictie de (v) [-s, -tiën] ❶ rechtspraak, rechtsmacht: *dit valt niet onder onze ~* ❷ rechtsgebied **jurisprudentie** de (v) rechtsopvatting, manier waarop bepaalde zaken tot dan toe zijn berecht **jurist** de (m) ❶ iemand die rechten heeft gestudeerd en daarin werkzaam is, zoals een advocaat ❷ iemand die rechten studeert, student in de rechten

jurk de kledingstuk voor meisjes en vrouwen waarvan de rok en het bovenstuk één geheel vormen

jury ‹zjuurie› de [-'s] ❶ groep mensen die bij wedstrijden de deelnemers beoordeelt: *de ~ bij een talentenjacht* ❷ groep mensen die tijdens rechtszaken beslist of iemand schuldig is of niet: *in de Verenigde Staten is er een ~ bij belangrijke strafprocessen* ❸ BN, spreekt. examencommissie

jus ‹zjuu› de (m) ❶ bruine saus die ontstaat als iemand vlees in boter braadt ❷ vruchtensap ▼ *~ d'orange* ‹zjuudoorânzj› sinaasappelsap

justitie de (v) de rechterlijke macht, de rechtspraak ▼ *het paleis van ~* gebouw waar een rechtbank is, gerechtsgebouw ▼ *hij is met ~ in aanraking geweest* al eens opgepakt voor een misdrijf **justitieel** ‹-tsjeel› bn wat te maken heeft met justitie, rechterlijk, gerechtelijk **justitiehuis** BN instantie die in opdracht van het ministerie van Justitie werkt en juridisch advies verstrekt **justitiepaleis** BN, ook gerechtshof

jut I de [-ten] ❶ sappige, heel smakelijke peer met harde schil II de (m) [-ten] ❷ boom met deze peren

jut de (m) ▼ *kop van ~* toestel waarop men slaat als kermisattractie ▼ *~ en Jul* een raar stel; iedereen

jute de grove doek die wordt geweven uit de vezels van een plant en waarvan vaak zakken worden gemaakt (bijv. voor aardappels)

jutten materiaal en voorwerpen zoeken en

meenemen die op het strand zijn aangespoeld
juut scheldn. *de (m)* [juten] agent
juveniel *bn* jeugdig, op jonge leeftijd: *~e reuma*
juweel *het* [-welen] ❶ kostbaar sieraad, edelsteen:
een kist met juwelen ❷ *fig.* iets dat of iemand die
heel mooi en goed is **juwelen** *bn* ❶ met juwelen
bezet ❷ gemaakt van juwelen **juwelier** *de (m)* [-s]
❶ iemand die handelt in edelstenen en sieraden
❷ iemand die stenen in sieraden zet e.d.
JWG *de* Jeugdwerkgarantiewet

K

k I *de* [-'s] ❶ elfde letter van ons alfabet
❷ stemloze medeklinker die bij het zachte
gehemelte wordt gevormd **II** ❸ kilogram
K schei. kalium
ka I *de* [-den] ❶ kade **II** *de (v)* [-'s] ❷ bazige vrouw
kA kiloampère
kaag *de* [kagen] ❶ binnenvaartuig met platte
bodem ❷ stuk buitendijks land
kaai *de* kade
kaaiman *de (m)* [-s, -nen] krokodillensoort uit
Midden- en Zuid-Amerika
kaak *de* [kaken] ❶ de botten boven en onder de
mondholte waar de tanden en kiezen aan
vastzitten▼ *zijn kaken op elkaar houden* zwijgen
❷ kieuw ❸ schandpaal▼ *iets aan de ~ stellen*
onder de aandacht brengen en aantonen dat het
niet goed is: *in deze film wordt kinderarbeid aan
de ~ gesteld* ❹ scheepsbeschuit
kaakje *het* [-s] droog koekje
kaakslag ❶ slag op de wang ❷ BN ook grote
tegenvaller of belediging: *de nieuwe wet betekent
een ~ voor de milieubeweging*
kaal *bn* ❶ zonder of met weinig haar, bladeren,
begroeiing, veren: *mijn oom is ~; een kale kip; een
kale vlakte* ❷ zonder bedekking of versiering,
ongezellig, armoedig: *een kale kamer*▼ *de kale
huur* prijs die iemand betaalt voor een kamer of
huis zonder de energiekosten en servicekosten
kaalkop neg. iemand met een kaal hoofd
kaalslag ❶ het vellen van bomen op een terrein
❷ sloop op grote schaal in steden ❸ *fig.* het
afbreken, kapotmaken van iets
kaan *de* [kanen] uitgebakken stukje vet
kaap *de* [kapen] ❶ hoge landpunt die in zee
steekt, voorgebergte ❷ BN ook mijlpaal: *het
nieuwe tijdschrift rondt de ~ van de 10.000
abonnees* **kaapstander** *de (m)* [-s] windas met een
spil die recht omhoog staat **kaapvaart** het varen
om vijandelijk bezit te bemachtigen of te
vernietigen
kaarde *de* [-n] ijzeren wolkam of machine om te
kaarden **kaarden** met een kaarde bewerken,
ruwen
kaars *de* ❶ staaf van was met een pit erin, die
kan branden: *toen de stroom was uitgevallen,
staken we ~en aan* ❷ plant die of deel van een
plant dat op een kaars lijkt **kaarsenpit** *de* draad
in een kaars **kaarsensnuiter** stok met een kapje
om kaarsen te doven **kaarsrecht** recht als een
kaars, helemaal recht: *hij loopt ~* **kaarsvet**
grondstof voor kaarsen
kaart *de* ❶ bedrukt, beschreven of beschrijfbaar
hard stuk papier: *als ik op vakantie ben, stuur ik je
een ~* ▼ sp. *gele ~* waarschuwing bij een
overtreding▼ sp. *rode ~* bestraffing bij een zware
overtreding waarna de speler het veld moet
verlaten▼ *groene ~* bewijs van WA-verzekering
van een auto ❷ toegangsbewijs: *heb jij de ~jes
voor het concert?* ❸ speelkaart, spel kaarten
▼ *geen haalbare ~* kansloze onderneming▼ *alles
op één ~ zetten* alles laten afhangen van één kans
▼ *open ~ spelen* niets verbergen▼ BN *een*

ka

bepaalde ~ *trekken* een bepaalde keuze maken waarnaar men handelt ▼*iemand de* ~ *leggen* de toekomst voorspellen ▼*een* ~*je leggen* kaartspelen ▼*iemand in de* ~ *spelen* (soms ongewild) iemands plannen bevorderen ❹ aardrijkskundige tekening, landkaart: *ik kijk even op de* ~ *om te weten waar we zijn* ▼*van de* ~*zijn* in de war zijn, van streek zijn ❺ menukaart: *we willen graag iets eten; mogen we de* ~? **kaarten** met speelkaarten spelen **kaartenhuis** huisje van speelkaarten ▼*als een* ~*instorten* heel gemakkelijk instorten, vaak figuurlijk: *zijn imperium stort in als een* ~ **kaartlegster** *de (v)* [-s] vrouw die uit kaarten de toekomst voorspelt **kaartlezen** op een aardrijkskundige kaart kijken om te zien waar men of iets is: *als we met de auto ergens naartoe gaan, moet ik altijd* ~ **kaartsysteem** verzameling kaarten met gegevens, die op een bepaalde manier gerangschikt zijn

kaas *de (m)* [kazen] (vaak hard of brokkelig) zuivelproduct dat ontstaat na stremming van melk of room door het afscheiden van wei: *een plakje* ~*op brood doen* ▼*zich de* ~ *niet van het brood laten eten* zich niet iets laten afpakken waar men recht op heeft ▼*ergens geen* ~ *van gegeten hebben* ergens geen verstand van hebben ▼*BN ook platte* ~ kwark **kaasboer** iemand die kaas maakt of verkoopt **kaasdoek** I *de (m)* [-en] ❶ doek voor het maken van kaas II *de (m) & het* ❷ bepaalde stof **kaasfondue** gerecht van kaas die in wijn gesmolten is **kaasjeskruid** kruidachtige plant met zaadhuisjes in de vorm van kaasjes **kaaskop** ❶ persvorm voor kaas ❷ scherts. Nederlander **kaasplateau** schaal met verschillende soorten kaas **kaasschaaf** schaaf om kaas te snijden **kaasschaafmethode** bezuinigingspolitiek waarbij op onderdelen telkens iets wordt verminderd of afgeschaft **kaassoufflé** schijf van stijfgeklopte eiwitten en kaas **kaasstolp** glazen klokvormig deksel waaronder kaas wordt bewaard ▼*onder de Haagse* ~ in de politieke omgeving, zonder contact met het dagelijks leven **kaaswaag** *de* grote weegschaal voor kaas **kaatsbal** ❶ hard balletje dat wordt gebruikt in de kaatssport ❷ gummiballetje, vooral voor kinderen **kaatsen** ❶ terugstuiten ❷ balsport in onder andere Friesland, waarbij een kleine bal met de hand wordt geslagen ▼*wie kaatst, moet de bal verwachten* wie een ander plaagt of iets aandoet, moet zoiets zelf ook kunnen verdragen **kabaal** *het* lawaai **kabbala** *de* mystieke joodse leer **kabbelen** zachtjes golven **kabel** *de (m)* [-s] ❶ stevig dik touw, stevige dikke metalen draad: *we trokken de piano aan* ~*s omhoog* ❷ draad waardoor stroom, televisie- en radiosignalen enz. kunnen lopen: *de* ~ *van de televisie komt uit de muur* ❸ systeem van distributie voor kabeltelevisie **kabelbaan** geheel van twee stations en daartussen rondgaande kabels, waarlangs gondels of stoeltjes omhoog worden geleid **kabeljauw** *de (m)* schelvisachtige zeevis (Gadus morrhua) **kabelkrant** nieuws dat via het kabelnet wordt

uitgezonden **kabellengte** ❶ lengte van een kabel ❷ afstandsmaat van 225 meter **kabelnet** ❶ net van kabeltelevisie ❷ samenstel van elektrische kabels **kabelschoen** verbindingsstuk tussen een draad en een elektrisch apparaat **kabelsteek** breisteek die een patroon oplevert dat op kabels lijkt **kabeltelevisie** televisiesysteem waarbij beelden via kabels worden overgebracht **kabinet** *het* [-ten] ❶ de gezamenlijke ministers ❷ werkkamer van een minister of andere hoge staatsambtenaar ▼ ~ *der koningin* ondersteunende dienst voor regering en koningin ❸ verzameling van natuur- of kunstvoorwerpen: *een prenten* ~ ❹ ouderwetse hoge brede kast, met deuren en laden of vakken ❺ vertrekje, zijvertrek **kabinetsattaché** BN persoonlijk medewerker/adviseur van een minister **kabinetschef** BN chef van de politieke medewerkers van een minister **kabinetscrisis** (dreiging van de) val van een kabinet, van de regering **kabinetsformateur** iemand die na verkiezingen een regering samenstelt **kabinetskwestie** ▼*de* ~ *stellen* mededelen dat de regering aftreedt als een regeringsvoorstel niet wordt aangenomen **kabinetsraad** vergadering van de ministers en (in België) de staatssecretarissen **Kabo** *de (m)* Katholieke Bond van Overheidspersoneel **kabouter** *de (m)* [-s] ❶ klein figuur met een puntmuts uit sprookjes, dwerg ❷ lid van een partij in de jaren '70 die uit de provobeweging voortkwam ❸ meisje tussen zeven en tien jaar bij scouting **kachel** I *de* [-s] ❶ toestel om een kamer mee te verwarmen: *zullen we de* ~ *aandoen?* II bn ❷ spreekt. dronken **kachelpijp** ❶ buis voor de afvoer van de rook van een kachel ❷ scherts. hoge hoed **kadaster** *het* [-s] overheidsinstelling die gegevens bijhoudt over eigendom en andere zakelijke rechten op grond en andere onroerende goederen **kadastraal** bn van of volgens of in het kadaster **kadastreren** ❶ opnemen in het kadaster ❷ een kadaster maken van (een gebied) **kadaver** *het* [-s] dood lichaam **kadaverdiscipline** absolute gehoorzaamheid als een willoze machine **kaddisj** *de* gebed in de synagoge voor een overledene **kade** *de* [-n, -s] ❶ stenen oever waar schepen kunnen aanleggen ❷ straat erlangs **kader** *het* [-s] ❶ lijst, omlijsting, ook figuurlijk ▼*in het* ~*van* in verband met, vanwege ❷ de officieren, onderofficieren en korporaals van een korps of van het leger in het algemeen ❸ geheel van bestuurders binnen een organisatie ❹ BN ook omgeving: *dit vakantiedomein biedt rust en ontspanning in een mooi* ~ **kaderen** BN, ook ▼ ~*in* passen bij **kaderlid** iemand die tot het kader behoort **kaderwet** wet die hoofdlijnen aangeeft **kadetje** *het* [-s] bol of langwerpig zacht wit broodje **kadi** *de (m)* [-'s] islamitisch rechter

kaduuk *bn* vervallen, kapot, stuk

kaf *het* afval van gedorst graan ▼*het ~ van het koren scheiden* het slechte van het goede scheiden, de slechten van de goeden scheiden

kaffer *de (m)* [-s] neg. lomperik, onbeschoft persoon

kafkaësk *bn,* **kafkaiaans** met de sfeer zoals in de boeken van Franz Kafka, beangstigend doordat er dingen gebeuren die onbegrijpelijk en absurd zijn

kaft *het & de* buitenkant van een boek of schrift, vaak van iets steviger papier dan de pagina's

kaftan *de (m)* [-s] lang gewaad dat mannen in het Midden-Oosten dragen

kaften een kaft om een boek doen: *hij kaftte zijn schoolboeken*

KAJ *BN de* Kristelijke Arbeidersjeugd (*een katholieke jeugdbeweging*)

kajak *de (m)* [-s, -ken] langwerpige kano voor één persoon, oorspronkelijk van de Inuit

kajotter *BN de (m)* [-s] lid van de KAJ (*katholieke jeugdbeweging*)

kajuit *de* woonruimte op een schip, plaats waar mensen kunnen verblijven aan boord van een schip

kak *de (m)* ❶ inform. mensenpoep ❷ overdreven gedoe, opschepperij ▼*kouwe ~ hebben* pretenties, een hoge dunk van zichzelf hebben

kaka *BN de (m)* ⟨kindertaal⟩ poep, vaste uitwerpselen van mens of dier

kakelbont heel bont, met (te) veel verschillende opvallende kleuren

kakelen ❶ het geluid van kippen voortbrengen ❷ fig. veel en luid en druk praten

kakelvers heel vers (van eieren)

kaken een deel van de ingewanden verwijderen: *haring ~*

kaketoe *de (m)* [-s] papegaai met hoogopstaande kuif

kaki I *het* ❶ zandkleurige uniformstof ❷ uniform van die kleur II *de (m)* [-'s] ❸ eetbare vrucht uit Azië met een abrikoosachtige smaak die lijkt op een tomaat III *bn* ❹ zandkleurig, bruingeel

kakken inform. zich ontlasten, poepen ▼*iemand te ~ zetten* voor gek zetten **kakker** *de (m)* [-s] iron. jongere die zich conservatief en snobistisch gedraagt en kleedt

kakkerlak *de (m)* [-ken] plat, meestal bruin, middelgroot tot groot insect dat vooral afval eet en een onprettige geur verspreidt

kakkies inform. *de (mv)* (zweet)voeten

kakkineus *bn* die deftig doet, bekakt **kakmadam** vrouw die deftig doet

kakofonie *de (v)* [-ën] chaotisch geheel van klanken

kalanchoë *de* [-'s] geslacht van vetplanten, dat als kamerplant wordt gekweekt

kalander I *de (m)* [-s] ❶ insect dat eieren legt in de buurt van graan II *de* [-s] ❷ glansmachine **kalasjnikov**® *de (m)* [-s] machinepistool uit Rusland

kalebas *de* [-sen] ❶ klimplant met grote ronde vrucht waarvan de schil als kom gebruikt wordt (Cucurbita lagenaria) ❷ vrucht daarvan

kalender *de (m)* [-s] ❶ overzicht van de maanden, weken en dagen van een jaar: *ik keek op de ~ om*

---

te zien welke datum het was ❷ manier van het berekenen van jaren, maanden e.d., tijdrekening **kalenderjaar** jaar van 1 januari t/m 31 december

kalf I *het* [kalveren] ❶ jong van rund of hert ▼*als het ~ verdronken is, dempt men de put* men neemt pas maatregelen als er al iets ergs gebeurd is ▼*onnozel ~* onnozel, dom mens II *het* [kalven] ❷ afgezakte grond ❸ dwarshout

kalfsmedaillon plat en rond stukje kalfsvlees **kalfsoester** gepaneerd rond kalfslapje

kali *de (m)* verbinding van kalium en zuur, kaliumzout

kaliber *het* [-s] ❶ middellijn van een wapen, die aangeeft hoe zwaar het wapen is en hoe zwaar de kogels kunnen zijn die men ermee afschiet ❷ fig. hoog niveau, kwaliteit: *hij is iemand van ~*

kalibreren instellen, aanpassen, toetsen aan de gangbare eisen: *een instrument ~*

kalief *de (m)* titel van de opvolgers van de Profeet Mohammed als wereldlijke heersers **kalifaat** *het* [-faten] rijk of regering van een kalief

kalium *het* chemisch element, zilverwit metaal **kalk** *de (m)* ❶ term voor sommige calciumverbindingen ❷ stof die onder andere wordt gebruikt om muren wit te verven of als metselspecie **kalkaanslag** het ontstaan van een laagje kalk **kalkei** fopei om kippen te stimuleren eieren te leggen **kalken** ❶ met kalk behandelen of besmeren ❷ slordig neerschrijven **kalknagel** dikke gele nagel door een opeenhoping van dode cellen, bijv. door nauwe schoenen of schimmelinfectie

kalkoen *de (m)* hoenderachtige vogel uit Amerika met knobbels en lellen aan kop en hals, van de familie Meleagrididae **kalksteen** steen waaruit kalk gebrand wordt **kalkzandsteen** steen geperst uit kalk en zand

kalligrafie *de (v)* de kunst van het schrijven van fraaie letters

kalm *bn* rustig, niet opgewonden of zenuwachtig **kalmeren** ❶ kalm maken ❷ kalm worden **kalmoes** *de (m)* waterplant met een aromatische wortelstok, die als specerij wordt gebruikt (Acorus calamus)

kalmpjes *bw* rustig: *we zijn met pensioen en doen het ~ aan* **kalmte** *de (v)* rustige stemming, toestand van rust ▼*de ~ bewaren* rustig blijven

kalot *de* [-ten] plat mutsje

kalven ❶ een kalf krijgen: *onze koe moet ~* ❷ ⟨van grond⟩ verzakken, afbrokkelen **kalverliefde** (door ouderen niet als serieus beschouwde) verliefdheid van jonge mensen

kam *de (m)* [-men] ❶ voorwerp met scherpe uitsteekseltjes eraan om mee door het haar te gaan zodat het goed zit ▼*iedereen over één ~ scheren* een hele groep beoordelen op basis van het gedrag of de daden van één of een paar leden ❷ naam van kamvormige getande gereedschappen ❸ stuk hout waarover de snaren van bepaalde snaarinstrumenten gespannen zijn ❹ kamvormige uitwas aan de kop van dieren ▼*de ~ van een haan* rood stukje vlees in de vorm van een kam op de kop van een haan ❺ lijn die wordt gevormd door de hoogste toppen: *een berg ~*

ka

kameel *de (m)* [-melen] herkauwend hoefdier met twee bulten, dat in woestijngebieden in Azië en Noord-Afrika als last- en rijdier wordt gebruikt (Camelus bactrianus)

kameleon *het & de (m)* [-s] ❶ hagedisachtig dier dat van kleur verandert ❷ *fig.* iemand die vaak van richting of denkwijze verandert

kameleontisch *bn* veranderlijk als een kameleon

kamenier *de (v)* [-s] vrouwelijke persoonlijke bediende van een dame

kamer *de* [-s] ❶ vertrek, ruimte in een huis ❷ ruimte voor de lading in een vuurwapen ❸ groep volksvertegenwoordigers: *Eerste en Tweede Kamer, BN Kamer van Volksvertegenwoordigers* ❹ vereniging, college, maatschappij▾ *Kamer van Koophandel* instantie voor de behartiging van belangen van handel en industrie ❺ onderdeel van een gerechtelijke instantie: *de~ voor strafzaken* ❻ deel van het hart dat het bloed wegperst

kameraad *de (m)* [-raden, -s] makker, vriend, ook aanspreektitel onder socialisten en communisten

kamerbreed zo breed als een kamer: *~ tapijt*

Kamercommissie commissie voor speciale taken die door en uit de Eerste of Tweede Kamer is gekozen **Kamerfractie** alle Kamerleden van één politieke partij

kamergeleerde geleerde die buiten het alledaagse leven staat **kamerheer** iemand met een hoge rang aan het hof van een vorst of paus **kamerkoor** klein koor

Kamerlid lid van de Tweede (of Eerste) Kamer

kamerling kamerheer **kamermeisje** vrouw die (in een hotel) de kamers van de gasten schoonmaakt, hun bedden opmaakt e.d.

kamermuziek muziek die wordt gespeeld door een klein gezelschap **kamerolifant** scherts. groot dik persoon **kamerplant** plant die men binnenshuis kan houden

kamerscherm staand scherm in een kamer, bijv. om iets voor het oog te verbergen of tocht tegen te gaan **kamertemperatuur** normale temperatuur in een woonkamer

Kamerzetel plaats in de Eerste of Tweede Kamer of de Kamer van Volksvertegenwoordigers

kamfer *de (m)* stof van de kamferboom of die chemisch is gemaakt, die sterk ruikt en die onder andere wordt gebruikt in mottenballen en in geneesmiddelen

kamgaren I *het* [-s] ❶ garen gesponnen uit relatief lange vezels II *bn* ❷ gemaakt van dit materiaal: *een ~ kostuum*

kamikaze *de (m)* [-s] Japanse vlieger die zelfmoordaanvallen uitvoerde in de Tweede Wereldoorlog **kamikazeactie** ❶ actie van een kamikazepiloot ❷ *fig.* actie waarmee iemand zijn eigen ondergang riskeert

kamille *de* [-n, -s] wilde plant, vaak met witte bloempjes, die een geneeskrachtige werking heeft (Matricaria) **kamillethee** aftreksel van gedroogde bloemen van de kamille

kammen met een kam (het haar) in model brengen

kamp I *het* ❶ groep tenten of barakken, bijv.

voor vakantie of als gevangenis ❷ legerplaats ❸ *fig.* groepering, partij II *de (m)* ❹ afgepaald stuk grond ❺ strijd▾ *geen ~ geven* zich niet gewonnen geven **kampbeul** iemand die gevangenen in een concentratie- of strafkamp mishandelt

kampeerauto grote auto met slaapplaatsen en huishoudelijke voorzieningen **kampeerboerderij** boerderij met een terrein waar men kan kamperen **kampeercentrum** ❶ grote camping met veel voorzieningen zoals winkels en zwembaden ❷ grote winkel die is gespecialiseerd in kampeerartikelen

kampeerder *de (m)* [-s] iemand die kampeert **kampeerterrein** stuk grond waarop men kan kamperen **kampement** *het* kamp, vooral van een leger, plaats met tenten, barakken e.d.

kampen strijden, wedijveren▾ *te~ hebben met* het moeilijk hebben door: *hij heeft de laatste tijd te~ met grote tegenslagen*

kamper *de (m)* [-s] bewoner van een woonwagen op een woonwagenkamp

kamperen vakantie houden in een tent of caravan of een camper

kamperfoelie *de* [-s] slingerplant uit het geslacht Lonicera

kampioen *de (m)* iemand of ploeg die de beste is in een bepaalde sport of een bepaald spel **kampioenschap** *het* [-pen] ❶ het kampioen zijn ❷ wedstrijd, toernooi om kampioen te worden

kampong *de (m)* [-s] omheind erf in Indonesië, verzameling woningen, wijk, buurt in Indonesië

kampvuur vuur in het open veld

kan *de* [-nen] vat met oor of handvat om te schenken▾ *in~nen en kruiken* voor elkaar, helemaal in orde

kanaal *het* [-nalen] ❶ brede uitgegraven geul met water waar schepen doorheen kunnen varen, rechte gegraven waterweg: *het Suez~* ❷ televisie- of radiozender: *de wedstrijd wordt uitgezonden op ~ 2* ❸ *fig.* middel om iets te bereiken of om iets te weten te komen: *hij is goed op de hoogte, hij heeft zijn kanalen*▾ *het Kanaal* zee-engte tussen Frankrijk en Engeland

Kanaän *het*▾ *de tale~s* hoogdravende traditionele predikantentaal

kanalisatie ‹-za̱a-› *de (v)* [-s] het verbeteren van de loop en het bevaarbaar maken van rivieren **kanaliseren** ‹-zi̱-› ❶ van kanalen voorzien ❷ de loop van een rivier verbeteren en deze bevaarbaar maken ❸ *fig.* in geregelde, goede banen leiden: *zijn woede~*

kanarie *de (m)* [-s] gele vinkachtige zangvogel die vaak in een kooi in de kamer wordt gehouden (Serinus canaria) **kanariepiet** kanarie

kandelaar *de (m)* [-s, -laren] schoteltje of houder voor kaarsen

kandelaber *de (m)* [-s] kandelaar

kandidaat *de (m)* [-daten] ❶ iemand die probeert iets te krijgen, zoals een bepaalde baan, of die ergens aan meedoet, zoals een examen of een quiz▾ *zich ~ stellen* laten weten dat men meedoet in een competitie om een bepaalde functie ❷ ‹vroeger› titel na het afleggen van het voorlaatste examen in een studievak aan een universiteit **kandidatuur** *de (v)* [-turen] het kandidaat zijn voor iets: *de ~ van Amsterdam voor de Olympische Spelen* ▼ *zijn ~ stellen* zich kandidaat stellen **kandideren** (zich) kandidaat stellen

kandij *de* suiker die in grote stukken is gekristalliseerd

kaneel *de (m) & het* bruine specerij met een zoete smaak **kaneelstok** staafje suiker met kaneelsmaak

kanen spreekt. eten

kangoeroe *de (m)* [-s] Australisch dier met een lange staart en een buidel, dat op zijn achterpoten steunt (Macropus)

kanis I *de* [-sen] ❶ vismand **II** *de (m)* ❷ vulg. hoofd: *wil je een klap voor je ~?*

kanjer *de (m)* [-s] ❶ iets groots in zijn soort ❷ iemand die heel aantrekkelijk is ❸ iemand die heel goed is (in zijn vak)

kanker *de (m)* [-s] ❶ ernstige ziekte waarbij in het lichaam gezwellen groeien ❷ fig. voortwoekerend kwaad ❸ (als eerste deel van een samenstelling) spreekt. aanduiding van iets erg onprettigs: *wat een ~herrie* **kankeraar** *de (m)* [-s] ontevreden mopperaar **kankeren** ❶ als een sluipend bederf aantasten, voortwoekeren ❷ spreekt. ontevreden mopperen **kankerpit** *de (m)* [-ten] iemand die altijd moppert en ontevreden is

kannibaal *de (m)* [-balen] iemand die mensen eet **kannibalisme** *het* het eten van mensen

kano *de (m)* [-'s] ❶ licht smal bootje dat met peddels wordt voortbewogen ❷ soort gebakje **kanoën** [kanode, h. / is gekanood] met een kano varen

kanon *het* [-nen] ❶ wapen dat bestaat uit een lange buis op een zwaar onderstel, waarmee grote kogels worden afgeschoten ▼ *met een ~ op een mug schieten* met overdreven zware middelen een klein probleem bestrijden ▼ *zo dronken als een ~* heel erg dronken ❷ sp. iemand die een enorm hard schot heeft, die enorm hard kan schieten ❸ fig. vooraanstaand persoon, kopstuk **kannonade** *de (v)* [-s] beschieting met kanonnen **kanonneerboot** klein oorlogsschip **kanonnenvlees** soldaten of aanstaande soldaten, beschouwd als slachtoffers van het oorlogsgeweld **kanonneren** met kanonnen beschieten **kanonnier** *de (m)* [-s] soldaat die het geschut bedient **kanonskogel** kogel die door een kanon wordt afgevuurd

kans *de* mogelijkheid die iemand krijgt of dat iets gaat gebeuren: *hij heeft weinig ~en gehad in zijn leven; nu de donkere wolken onze kant opkomen, hebben we een grote ~ op regen* ▼ *de ~ lopen* de mogelijkheid hebben dat **kansarm** die door omstandigheden weinig kans heeft om zich te ontplooien: *~e jongeren*

kansel *de (m)* [-s] preekstoel **kanselarij** *de (v)* ❶ kantoor waar gerechtelijke stukken uitgevaardigd worden, griffie ❷ kantoor van een gezantschap, consulaat enz. **kanselier** *de (m)* [-s, -en] ❶ hoofd van een kanselarij ❷ in sommige staten titel van de eerste minister

kanshebber *de (m)* [-s] iemand die een goede kans maakt (om te winnen) **kansrekening** *de (v)* het berekenen van kansen **kansspel** spel waarbij

winst afhangt van toeval

kant I *de (m)* [-en] ❶ een van de vlakken van iets, zijde: *de voor~ van een vel papier* ▼ *iets niet over zijn ~ laten gaan* iets niet zonder protest of bestraffing toelaten ❷ smalle strook langs iets, rand: *de sloot~* ▼ *dat raakt ~ noch wal* dat is onzin, dat slaat nergens op ❸ smalle rand van iets ▼ *aan de ~ gaan* opzij gaan, plaatsmaken ▼ *zich van ~ maken* zelfmoord plegen ▼ *iemand van ~ maken* iemand vermoorden ▼ *het huis is aan ~* opgeruimd **II** *de (m)* ❹ mooie geweven stof, sierlijk maaksel van garen: *Brussels ~*

kanteel *de (m)* [-telen] uitstekende bovenrand aan de muur van een kasteel of een vesting **kanteldeur** deur die om een horizontale as draait **kantelen** ❶ op een andere kant duwen, zetten: *we hebben de kist gekanteld* ❷ op een kant vallen, omvallen: *de vrachtwagen is gekanteld*

kanten I *ww* ▼ *zich ~ tegen* zich verzetten tegen **II** *bn* van kant: *een ~ kraagje*

kant-en-klaar *bn* helemaal af, voltooid **kant-en-klaarmaaltijd** maaltijd die helemaal klaar wordt gekocht

kantig *bn* hoekig

kantine *de (v)* [-s] ruimte in of bij een school, fabriek, bedrijf enz. waar men zijn eten en drinken kan nuttigen of goedkoop kan kopen

kantje *het* [-s] ❶ vaatje haring, met een inhoud van ongeveer 600 stuks ❷ beschreven bladzijde: *een opstel van vier ~s* ▼ *~ boord* ternauwernood, op het nippertje ▼ *er de ~s aflopen* zich te gemakkelijk van zijn taak afmaken

kantjil *de (m)* [-s] dwerghert in Indonesië

kantklossen kant maken met klossen

kantkussen kussen voor het maken van gekloste kant

kantlijn lijn tussen de rand van het papier en de tekst

kanton *het* [-s] ❶ onderafdeling van een administratief gebied, vooral van een arrondissement ❷ bondsstaat in Zwitserland **kantongerecht** laagste rechtbank, voor kleinere misdrijven en overtredingen **kantonrechter** rechter van een kantongerecht

kantoor *het* [-toren] ❶ ruimte waarin zaken worden behandeld, correspondentie en boekhouding wordt gevoerd ❷ vestiging van een bedrijf, bank, overheidsinstelling enz. ❸ schrijfkamer, werkkamer **kantoorboekhandel** winkel in kantoorartikelen zoals papier, pennen, ordners **kantoortuin** grote kantoorruimte met afdelingen die vooral door planten van elkaar gescheiden zijn **kantooruren** *de (mv)* de tijden waarop kantoren of administraties geopend zijn, meestal op werkdagen van 9.00 tot 17.00 uur

kanttekening *de (v)* ❶ aantekening op de rand ❷ opmerking ▼ *~en plaatsen bij* opmerkingen, commentaar hebben bij

kantwerk iets dat van kant is gemaakt

kanunnik *de (m)* rooms-katholiek geestelijke die lid is van een adviesraad van een kathedraal

kap I *de (m)* [-pen] ❶ het kappen van bomen ❷ slag: *een ~ met een bijl* **II** *de* [-pen] ❸ ruim kledingstuk dat het hoofd en vaak ook de hals en nek bedekt: *een monniks~* ❹ constructie die een gebouw, een wagen enz. bedekt ❺ bovenste

ka

deel: *de ~ van een molen, een huis*

kapel *de* [-len] ❶ kleine kerk, kleine ruimte om te bidden, onderdeel van een kerk met een eigen altaar ❷ klein huisje om te bidden aan de kant van de weg ❸ muziekkorps: *een blaas~* ❹ bepaalde vlinder **kapelaan** *de (m)* [-s] ❶ hulpgeestelijke voor een pastoor in dezelfde parochie en kerk ❷ geestelijke van een inrichting **kapelmeester** hoofd van een muziekkorps

kapen ❶ stelen, afpakken, wegnemen ❷ als zeerover andere schepen overvallen ❸ een vlieg-, voer- of vaartuig bezetten en de passagiers gijzelen om (politieke) eisen kracht bij te zetten **kaper** *de (m)* [-s] ❶ iemand die een vliegtuig, trein enz. kaapt ▾ *er zijn ~s op de kust* er zijn meer geïnteresseerden, mensen die hetzelfde willen: *we hebben een huis gezien dat we graag willen kopen, maar er zijn ~s op de kust* ❷ schip dat gaat kapen, schip met zeerovers **kaperbrief** machtiging om op kaapvaart te gaan

kapitaal I *de* [-talen] ❶ hoofdletter II *het* [-talen] ❷ hoofdsom (tegenover de rente die iemand erover krijgt) ❸ geld of bezit dat iemand heeft waarover hij rente krijgt ❹ heel veel geld: *die nieuwe auto kost een ~* ❺ basis aan geld en ander bezit waarmee iemand een onderneming begint ❻ ⟨economie⟩ de gezamenlijke productiemiddelen zoals grond, gebouwen, machines III *bn* ❼ groot, belangrijk, gewichtig: *een kapitale fout* ❽ van heel goede kwaliteit, van grote waarde: *een ~ pand* ❾ wat te maken heeft met het hoofd ▾ *een ~ misdrijf* waarop de doodstraf staat **kapitaalgoederen** goederen die als kapitaal, als productiemiddelen dienen zoals grond, gebouwen, machines **kapitaalkrachtig** die veel kapitaal heeft, rijk **kapitaalmarkt** de handel in aandelen, obligaties enz. met een looptijd van meer dan een jaar **kapitaalvernietiging**, **kapitaalsvernietiging** *de (v)* het verloren laten gaan, ongebruikt laten van investeringen die gedaan zijn **kapitaalverzekering** verzekering waarbij na een bepaalde tijd een bedrag ineens wordt uitgekeerd **kapitaalvlucht** het verplaatsen van kapitaal uit het eigen land naar het buitenland **kapitaliseren** ⟨-zi-⟩ kapitaal vormen (van), tot kapitaal laten aangroeien

kapitalisme *het* systeem waarbij bedrijven niet in handen zijn van de staat maar van particulieren die de opbrengsten van die bedrijven mogen hebben **kapitalist** *de (m)* ❶ iemand die voor het kapitalisme is ❷ iemand die veel bezit of geld heeft

kapiteel *het* [-telen] bovendeel van een zuil **kapitein** *de (m)* [-s] ❶ iemand die de baas is op een schip ▾ BN *~ ter lange omvaart* kapitein op de grote vaart ❷ hoge rang in het leger, officier die het bevel voert over een compagnie

kapittel *het* [-s, -en] ❶ hoofdstuk, onderwerp ❷ vergadering van kloosterlingen **kapittelen** berispen, een standje geven

kapje *het* [-s] ❶ kleine kap ❷ eerste en laatste, buitenste, snede van een brood

kaplaars laars tot aan de knie **kapmantel**

❶ mantel met kap ❷ kledingstuk zonder mouwen over de kleding tijdens het kammen, knippen, verven e.d. van haar **kapmeeuw** kleine meeuw met donkergekleurde kop, kokmeeuw **kapmes** mes om hout te kappen

kapoen *de (m)* ❶ gecastreerde haan ❷ BN deugniet, kwajongen

kapok *de (m)* ❶ vezel van het binnenste van de vrucht van de kapokboom, dat wordt gebruikt als vulling voor kussens en matrassen ❷ kapokboom **kapokboom** tropische, vaak heel hoge en forse boom (Ceiba pentandra)

kapot *bn* ❶ stuk, gebroken ❷ fig. doodmoe, tot niets meer in staat ▾ *~ zitten* heel moe zijn ❸ fig. geestelijk gebroken, erg verdrietig ▾ *niet ~ zijn van* niet onder de indruk zijn van **kapotgaan** ❶ stukgaan ❷ geestelijk stukgaan: *zijn dochter is verslaafd en daar gaat hij kapot aan* ❸ spreekt. doodgaan

kapotje *het* [-s] condoom

kapotmaken stukmaken, ook figuurlijk: *die vrouw heeft ons huwelijk kapotgemaakt*

kappa I *tw* ❶ ⟨taal van piloten, radioamateurs⟩ akkoord (als verkorting van *capito*), (ontvangen en) begrepen II *de* [-'s] ❷ Griekse letter **kappen** ❶ omhakken: *een boom ~* ❷ (haren) in een bepaald model brengen: *haar haar was mooi gekapt* ▾ *met iets ~* ophouden met iets: *ik had genoeg van mijn studie, ik ben ermee gekapt* **kapper** *de (m)* [-s] ❶ iemand die als beroep haren knipt en verzorgt ❷ Zuid-Europese struik met kleine vruchten die als specerij worden gebruikt (kappertjes) **kapperszaak** bedrijf en bedrijfsruimte van een kapper

kappertje *het* [-s] gesloten bloemknop van een Zuid-Europese struik, die in azijn of zout ingelegd wordt gegeten

kapsalon kapperszaak

kapseizen omslaan (*vooral van een schip*)

kapsel *het* [-s] ❶ manier waarop haar is geknipt, gekruld e.d., het resultaat van knippen, krullen e.d. ❷ omhulsel, wat ergens omheen zit: *het ~ van een cyste, van een abces*

kapsones *de (mv)* ▾ *~ hebben* zich heel wat verbeelden, denken dat men heel bijzonder is

kapspiegel spiegel waarvoor iemand zich opmaakt, zijn kapsel in orde maakt e.d., toiletspiegel

kapstok los voorwerp of plank tegen de muur met haken of knoppen, om jassen aan te hangen **kapstokartikel** wetsartikel dat zo ruim is geformuleerd dat men het bij allerlei zaken kan gebruiken

kaptafel tafel waaraan iemand zijn haar in orde brengt, zich opmaakt e.d.

kapucijn *de (m)* ❶ kloosterling van een van de orden die St. Franciscus navolgden ❷ duivensoort met een brede kraag rond de hals **kapucijnaap** aap met geel gezicht en zwart kophaar van het geslacht Cebus **kapucijner** *de (m)* [-s] soort erwt

kapverbod verbod om bomen te kappen

kar *de* [-ren] eenvoudige wagen op twee of meer wielen: *het vrouwtje duwde een ~ met appels naar de markt* ▾ *de ~ trekken* (het initiatief nemen en) het belangrijkste werk doen ▾ *iemand voor* zijn ~retje spannen iemand anders iets laten doen om zijn eigen doel te bereiken

kar. karaat

karaat het [-raten, -s] ❶ eenheid van gewicht voor parels en edelgesteenten ❷ gehalte van goud

karabijn de geweer met een korte loop

karaf de [-fen] glazen kan: een ~ water bij het eten

karakter het [-s] ❶ ⟨van personen of dieren⟩ hoe iemand of een dier zich gedraagt, wat voor eigenschappen hij heeft: gemeen en met een slecht ~ ❷ morele kracht, standvastigheid: een man met ~ ❸ teken dat in bepaalde talen een woord weergeeft: dit is het Chinese ~ voor huis ❹ het kenmerkende van een zaak: een bijeenkomst met een geheim ~ ❺ personage in een roman, toneelstuk, film e.d.: de verschillende ~s in deze roman **karakterieel** BN bn karakterologisch

karakteriseren ⟨-zi-⟩ ❶ duidelijk maken hoe iemand is door bepaalde kenmerken en eigenschappen te noemen: de schrijver wist zijn hoofdpersoon in enkele zinnen te ~ ❷ typisch zijn voor iemand, een beeld geven van hoe iemand is: hij kwam te laat op het sollicitatiegesprek omdat hij was meegelopen met iemand die de weg niet wist; dat karakteriseert hem **karakteristiek** bn kenmerkend, waaraan men iemand of iets kan herkennen: de samba is een ~e dans voor Brazilië

karakterloos bn laf, laag, zonder geestelijke, morele kracht **karaktermoord** doelbewuste aanval op iemands goede naam

karakterologisch bn wat te maken heeft met het karakter van een persoon of dier

karaktertrek eigenschap die deel uitmaakt van iemands karakter: opvliegendheid is een slechte ~

karamel de [-s, -len] mengsel van gebrande suiker waar toffees van worden gemaakt

karaoke het het zingen van liedjes waarvan de muziek te horen is en de teksten op een scherm worden vertoond

karate het vechtsport uit Japan waarbij men met de zijkant van zijn handen slaat en met zijn blote voeten trapt **karateka** de [-'s] iemand die aan karate doet

karavaan de [-vanen] lange stoet van mensen in wagens met trekdieren en op rijdieren, die ergens naartoe gaat: een ~ met kamelen trok door de woestijn **karavanserai** de (m) [-s] soort herberg voor reizigers langs de grote wegen in Azië

karbonade de (v) [-s, -n] stuk vlees met een bot erin ▼ BN, spreekt. Vlaamse ~ (runder)lappen om te stoven

karbonkel I het ❶ ⟨stofnaam⟩ felrode robijn II de (m) [-en, -s] ❷ felrode robijn ❸ aantal steenpuisten vlak bij elkaar, negenoog

karbouw de (m) Aziatisch rund met lange horens, dat vooral als last- en trekdier wordt gebruikt, onder andere in Indonesië

kardemom de (m) gemberachtige specerij

kardinaal I de (m) [-nalen] ❶ rooms-katholieke hoogste waardigheidsbekleder na de paus, en raadgever van de paus ❷ soort vink II bn ❸ voornaamste **kardinaalsmuts** heester met karmijnrode doosvruchten (Euonymus europaea) **kardinaalvogel** papegaai met rode veren

karekiet de (m) bruine zangvogel die nestelt in riet (Acrocephalus)

kariboe de (m) [-s] rendier uit Noord-Amerika

karig bn schriel, heel zuinig, weinig: een ~ maal

karikaturiseren ⟨-zi-⟩ een karikatuur maken van **karikaturist** de (m) tekenaar van spotprenten, van karikaturen **karikatuur** de (v) [-turen] tekening waarop iemand op een belachelijke manier afgebeeld is, spotprent: er stond een ~ van de minister in de krant

karkas het & de [-sen] ❶ geraamte van een mens of dier ❷ lichaam, de ribben ❸ vervallen gebrekkig gestel ❹ restant, geraamte van een vervoermiddel: het ~ van een auto

karma het ⟨lotsbepaling door⟩ de som van alle daden en gedachten tijdens het aardse bestaan

karmeliet de (m) lid van een katholieke religieuze orde

karmijn het wijnrode verfstof **karmozijn** het purperrood, purperverf

karnemelk gekarnde melk, zurige melk met heel weinig vet **karnen** de boter uit de melk afzonderen

karos de [-sen] koets, gesloten rijtuig

karper de (m) [-s] geelbruine zoetwatervis (Cyprinus carpio)

karpet het [-ten] kleed voor op de vloer

karren rijden: in zijn oude auto karden we naar het strand **karrenvracht** ❶ wat op een kar geladen kan worden ❷ fig. heel veel

kart ⟨kàRt⟩ de (m) [-s] skelter

kartel het [-s] ❶ het samengaan van ondernemingen om door gezamenlijk optreden de concurrentie te onderdrukken ❷ BN tijdelijk verbond van politieke partijen bij verkiezingen

kartel de (m) [-s] inkerving aan een rand **kartelen** aan de randen inkerven

karteren in kaart brengen

karting het rit of wedstrijd met karts

karton het [-s] ❶ stevig dik papier waarvan bijvoorbeeld dozen zijn gemaakt ❷ soort tas of doos van karton **kartonnage** ⟨-naazjə⟩ de (v) [-s] ❶ het maken van karton ❷ het innaaien in karton, kartonnen band van een boek **kartonneren** in karton inbinden of innaaien

kartuizer de (m) [-s] monnik die lid is van een kartuizerorde **kartuizerorde** religieuze orde, gesticht door Sint Bruno in 1084

karwats de leren zweep

karwei het & de werk, opdracht, klus, taak: het schilderen van het huis was een heel ~

karwij de schermbloemig specerijgewas met geveerde bladeren (Carum carvi)

kas de [-sen] ❶ bergplaats voor geld ▼ de ~ spekken, BN ook de ~ spijzen de kas van de nodige geldmiddelen voorzien ❷ plaats waar betalingen worden verricht ❸ ⟨geen meervoud⟩ geldvoorraad ▼ goed bij ~ zijn veel contant geld hebben ❹ holte waarin iets geplaatst of gevat is: oog~ ❺ glazen gebouw waarin het warmer is dan buiten, zodat sommige planten en groenten er goed kunnen groeien

kasboek soort stevig schrift, boek voor het opschrijven van inkomsten en uitgaven **kasbon** BN spaarbewijs aan toonder met rente

kascheque ⟨vroeger⟩ cheque op eigen naam waarop bij elk postkantoor een bedrag van maximaal 500 gulden werd uitbetaald

ka

ka

kascommissie commissie die het beheer van de kas controleert: *de ~ van de vereniging* **kasgeld** geld dat in de kas aanwezig is, contant geld

kasjmier *het* stof van het haar van een langharige geit die in Kasjmir leeft

kaskraker iets wat veel publiek trekt of veel verkocht wordt en veel geld oplevert **kaskrediet** BN bedrijfskrediet op korte termijn

kasplant ● plant die in een kas wordt gekweekt ● *fig.* persoon met weinig levenskracht, iemand voor wie altijd gezorgd moet worden

kasregister telmachine in een winkel die registreert hoeveel geld er binnenkomt, kassa

kassa *de* [-'s] ● apparaat met een telmachine in een winkel, waarin ook het geld wordt bewaard ● plek waar men betaalt in een winkel, bioscoop enz. **kassabon** papiertje dat uit de kassa komt als bewijs dat iemand betaald heeft

kassei *de* straatkei met afgeronde bovenkant

kassen inzetten (van edelstenen)

kasserol *de* [-len] grote braadpan

kassier *de (m)* [-s] kashouder, iemand die voor een ander betaalt en ontvangt **kassière** (-sjèrə) *de (v)* [-s] vrouw die achter de kassa zit, vooral in supermarkten of warenhuizen, caissière **kassierster** BN, ook *de (v)* [-s] caissière

kassucces heel succesvolle film, musical enz.

kast *de* ● meubel waarin men iets opbergt, afgesloten bergruimte ▼ *van het ~je naar de muur worden gestuurd* heen en weer worden gestuurd zonder dat het resultaat oplevert ▼ *uit de ~ komen* zijn of haar homoseksualiteit bekendmaken ● omhulsel: *de ~ van een piano* ● *spreekt.* gevangenis ● groot gebouw: *een ~ van een huis*

kastanje I *de (m)* [-s] ● kastanjeboom II *de* [-s] ● vrucht daarvan ▼ *de ~s voor iemand uit het vuur halen* het gevaarlijke werk doen voor een ander **kastanjeboom** boom met handvormige bladeren en kegelvormige bloemenstelsels

kaste *de* [-n] ● groep mensen met dezelfde rang in de maatschappij, streng afgescheiden sociale klasse, vooral bij de hindoes in India ● *fig.* gesloten maatschappelijke groep

kasteel *het* [-telen] groot stenen gebouw met stevige muren waarin vroeger edellieden en koningen woonden

kastekort minder geld dan er in de kas had moeten zijn

kastelein *de (m)* [-s] caféhouder

kastenstelsel systeem waarbij de mensen zijn verdeeld in kasten, vooral bij de hindoes in India

kasticket BN kassabon

kastie *het* soort slagbalspel

kastijden straffen (door slaan e.d.)

kasuaris (-zuu-) *de (m)* [-sen] grote zwarte loopvogel uit Australië, Nieuw-Guinea en omgeving

kat *de* [-ten] ● klein roofdier dat als huisdier wordt gehouden (Felis catus) ▼ *een ~ in de zak kopen,* BN, *spreekt. een ~ in een zak kopen* bij een koop bedrogen worden ▼ *de ~ uit de boom kijken* een afwachtende houding aannemen ▼ *de ~ de bel aanbinden* het gevaarlijkste werk doen; iets onder de aandacht brengen ▼ *leven als ~ en hond* in voortdurende ruzie ▼ *de ~ in het donker knijpen*

stiekem slechte dingen doen ▼ *de ~ op het spek binden* iemand in de verleiding brengen ▼ *in het donker zijn alle ~jes grauw* in het donker is er geen verschil tussen mooi en lelijk ▼ *als de ~ van huis is, dansen de muizen op tafel* zonder toezicht doet men wat men wil ▼ BN ook *andere ~ten te geselen hebben* andere zaken aan zijn hoofd hebben ▼ BN, *spreekt. zijn ~ sturen* niet komen opdagen ▼ BN, *spreekt. nu komt de ~ op de koord* nu beginnen de moeilijkheden ▼ BN, *spreekt. er is geen ~* er is helemaal niemand ▼ BN, *spreekt. een vogel voor de ~ zijn* iemand die ten dode is opgeschreven ▼ BN, *spreekt. een ~ een ~ noemen* zeggen waar het op staat, er geen doekjes om winden ● vinnige vrouw of meisje ● snauw, standje: *een ~ geven, krijgen*

katabolisme *het* afbraak van stoffen in het lichaam door de stofwisseling

katalysator (-liezaa-) *de (m)* [-toren, -s] ● stof die een chemisch proces versnelt of bepaalt ● *fig.* persoon of zaak die iets versnelt of helpt bewerkstelligen ● deel van de uitlaat van een auto dat de schadelijke uitstoot sterk beperkt **katalyse** *de (v)* [-s] stof die een reactie versnelt of vertraagt **katalytisch** *bn* wat te maken heeft met, of door katalyse

katapult *de (m)* ● *hist.* oorlogswapen om zware voorwerpen weg te slingeren ● kinderschiettuig om steentjes e.d. weg te slingeren ● installatie voor het lanceren van vliegtuigen

katenspek gekookt gerookt spek

kater *de (m)* [-s] ● mannetjeskat ● het ziek zijn of gevoel van lamlendigheid als iemand daarvoor veel alcohol heeft gedronken ● *fig.* gevoel van onbehagen

katern *de & het* ● enkele gevouwen vellen die in elkaar gelegd zijn ● bundeltje bladzijden in een krant: *in de krant zit vandaag een ~ over Zuid-Afrika*

katheder *de (m)* [-s] tafeltje waar iemand achter gaat staan om een toespraak te houden en waar hij de tekst van zijn toespraak op kan leggen

kathedraal I *de* [-dralen] ● hoofdkerk van een bisdom, domkerk II *bn* ● bisschoppelijk, belangrijkste van een bisdom: *een kathedrale kerk* ● als van een kathedraal: *een kathedrale uitstraling*

katheter *de (m)* [-s] buis voor aan- en afvoer van vocht in het lichaam

kathode *de (v)* [-n, -s] negatieve elektrode in een elektronen-, röntgen- of ontladingsbuis

katholicisme *het* katholiek geloof, katholieke leer **katholiek** I *bn* ● wat behoort tot of van de rooms-katholieke of Grieks-katholieke kerk ● BN, *spreekt.* goed, zoals het hoort: *dat ziet er niet ~ uit* II *de (m)* ● aanhanger van het katholieke geloof

kation *nat. het* positief geladen ion

katjang Ind. *de* [-s] peulvrucht, aardnoot

katje *het* [-s] ● kleine kat, poesje ▼ *geen ~ om zonder handschoenen aan te pakken* meisje dat flink van zich afbijt ▼ *in het donker zijn alle ~s grauw* in het donker is er geen verschil tussen mooi en lelijk ● kattig meisje ● bloeiwijze, onder andere van wilgen

katoen *het & de (m)* ● vezel in de vorm van

haren van de zaden van de katoenplant
❷ plantengeslacht dat deze vezel levert ❸ draad of stof die van deze vezel gemaakt is▼ *geef hem van* ~ *!* doe je best! zet 'm op!; geef hem ervan langs! pak hem flink aan!▼ BN, spreekt. ~ *geven* ergens kracht achter zetten

katoog I *de (m)* [-ogen] *& het* ❶ naam voor groenachtige halfedelgesteenten II *het* [-ogen] ❷ reflector

katrol *de* [-len] hijstoestel, ronde schijf als deel van een hijs- of trektoestel

kattebelletje *het* [-s] klein briefje

katten bits toespreken, snauwen, hatelijke opmerkingen maken

kattenbak ❶ bak waarin een kat zijn of haar behoefte kan doen ❷ deel van de bagageruimte achter in een auto waar ook een persoon kan zitten **kattenbelletje** *het* [-s] belletje rond de hals van een kat **kattenkop** ❶ kop van een kat ❷ kattige vrouw **kattenkruid** lipbloemige plant met een geur die voor katten aantrekkelijk is **kattenkwaad** kwajongensstreken, ondeugende dingen **kattenoog** ❶ oog van een kat ❷ reflector langs een rijweg **kattenpis** urine van een kat ▼ inform. *dat is geen* ~ dat is geen kleinigheid **kattenstaart** ❶ staart van een kat ❷ naam voor verschillende planten met pluimen e.d. **kattentong** ❶ tong van een kat ❷ dun lang koekje, dun lang chocolaatje **kattenziekte** (vaak dodelijke) virusziekte bij katachtigen **katterig** *bn* ❶ een beetje ziek ❷ niet lekker na een feest, na alcoholgebruik **kattig** *bn* snibbig, onvriendelijk **katvanger** *de (m)* [-s] ❶ iemand die illegale of criminele opdrachten uitvoert waarbij de eigenlijke dader buiten schot blijft ❷ iemand die tegen vergoeding kentekens van voertuigen op zijn naam heeft staan terwijl hij er niet de eigenaar van is **katzwijm** *de* lichte flauwte▼ *in* ~ *vallen* flauwvallen

kauw *de* een van de kleinste kraaiensoorten (Corvus monedula)

kauwen ❶ een aantal keren met de kiezen op voedsel bijten om het fijn te malen: *zijn eten* ~ ❷ bijten: *hij kauwt op een lucifer* **kauwgom** *de (m) & het* snoep om op te kauwen, niet om door te slikken

kavel *de (m)* [-s, -en] stuk grond dat verkocht of verhuurd wordt

kaviaar *de (m)* gezouten eieren van de steur en enkele andere vissen

kazakkendraaier BN, spreekt. iemand die van de ene partij naar de andere overloopt

kazemat *de* [-ten] bomvrij gewelf, bunker

kazen ❶ zuur worden van melk ❷ kaasmaken

kazerne *de* [-s, -n] gebouw of een aantal gebouwen bij elkaar waar soldaten wonen of die gebruikt worden door vooral brandweer of politie

kazuifel *de (m) & het* [-s] opperkleed van een priester bij de mis

kB comp. *de (m)* kilobyte

KB I ❶ Koninklijk Besluit ❷ (in het vmbo) Kaderberoepsgerichte leerweg II *de (v)* ❸ Koninklijke Bibliotheek

kca *het* klein chemisch afval

kcal kilocalorie

kcv klassieke culturele vorming, als verplicht vak in de Tweede Fase voor gymnasiasten

kebab *de (m)* sterk gekruid stuk gebraden schapen- of lamsvlees

keel *de* [kelen] voorste deel van de hals▼ *een* ~ *opzetten* hard gaan huilen of schreeuwen▼ *de* ~ *uithangen* erg vervelen, irriteren **keelgat** ruimte in de keel waar de luchtpijp en de slokdarm zitten▼ fig. *in het verkeerde* ~ *schieten* kwaad maken: *die opmerking schoot hem in het verkeerde* ~ **keelholte** ruimte achter de mondholte **keelklank** klank die in de keel wordt gevormd **keeltjes** *de (mv)* raapstelen

keep I *de (m)* [kepen] ❶ bergvink II *de* [kepen] ❷ insnijding

keepen ⟨kie-⟩ in het doel staan om de bal tegen te houden bij sporten zoals voetbal en hockey

keeper *de (m)* [-s] iemand die in het doel staat om de bal tegen te houden bij sporten zoals voetbal en hockey

keer *de (m)* [keren] ❶ moment of periode dat iets voorkomt, vooral iets wat vaker gebeurt of kan gebeuren: *ik sport drie* ~ *per week*▼ ~ *om* ~ om de beurt▼ *negen van de tien* ~, BN *ook negen keren op de tien* in negen van de tien gevallen, heel vaak ❷ wending, verandering, het de tegengestelde kant opgaan: *een* ~ *nemen* **keerkring** elk van beide denkbeeldige cirkels evenwijdig aan de evenaar op 23° 27' die de tropen begrenzen **keerpunt** *het* ogenblik van ommekeer, van grote verandering: *een* ~ *in mijn leven* **keersluis** sluis voor het keren van hoogwater **keerzijde** ❶ achterkant ❷ fig. minder mooie kant

kees *de (m)* [kezen] keeshond **keeshond** langharige hond met spitse snuit

keet I *de* [keten] ❶ schuur, bergplaats ❷ tijdelijk gebouwtje: *de bouwvakkers dronken koffie in de* ~ II *de* ❸ rommel, herrie, dolle pret: ~ *schoppen*

keffen schel blaffen

kefir ⟨keefier⟩ *de (m)* yoghurtachtige drank op basis van bacteriën en gisten, waaraan een positief effect op de gezondheid wordt toegeschreven

keg *de* [-gen] ❶ wig ❷ homp brood

kegel *de (m)* [-s] ❶ wisk. ronde vorm die spits uitloopt ❷ voorwerp in de vorm van een kegel ❸ houten of plastic voorwerp met de vorm van een fles, dat men bij het kegelen moet omgooien ❹ adem die sterk naar alcohol ruikt **kegelbaan** baan om te kegelen, gebouw waar gekegeld wordt **kegelen** ❶ een spel spelen waarbij men een houten of plastic voorwerp met de vorm van een fles, moet omgooien ❷ gooien, smijten▼ fig. *iemand eruit* ~ wegsturen **kegelmantel** wisk. oppervlak van een kegel zonder het grondvlak **kegelsnede** wisk. gebogen lijn die ontstaat bij het doorsnijden van een kegelmantel met een plat vlak

kei I *de (m)* ❶ blok van steen, straatsteen▼ *op de* ~ *en staan* zonder middelen van bestaan ❷ iemand die ergens in uitblinkt II *voorvoegsel* ❸ heel: ~ *tof,* ~ *goed* **keihard** heel hard, ook figuurlijk: ~ *e afspraken maken*

keikop BN, inform. stijfkop

keileem mengsel van leem, zand, grind en keien

ke

keilen ❶ een plat voorwerp, vooral een plat steentje, over het water doen opspringen ❷ inform. hard gooien

keinijg BN, jong. *bn* super, geweldig **keisteen** kei

keizer *de (m)* [-s] hoogste titel voor een vorst, heerser over een groot rijk **keizerin** *de (v)* [-nen] ❶ vrouwelijke keizer ❷ vrouw van een keizer **keizerlijk** *bn* als of van een keizer **keizerrijk** rijk waarvan de hoogste gezagsdrager een keizer(in) is **keizerskroon** ❶ kroon van een keizer ❷ lelieachtige plant met grote klokvormige bloemen (Fritillaria imperialis) **keizersnede** *de* [-n, -s], **keizersnee** operatieve verlossing bij een bevalling

kek *bn* modieus, vlot: *een ~ jasje*

kelder *de (m)* [-s] (koele donkere) ruimte in een huis, lager dan de begane grond ▾ *naar de ~ gaan* zinken, vergaan **kelderen** ❶ zinken ❷ ⟨van prijzen⟩ snel omlaaggaan: *de prijzen van aandelen zijn gekelderd* ❸ BN ook de grond in boren, doen mislukken **kelderkast** lagergelegen kast met diepe vloer die men kan gebruiken als kelder

kelen *ww* de keel doorsnijden

kelk *de (m)* ❶ beker, soort drinkglas ❷ bloemkroon

kelner *de (m)* [-s] man die eten en drinken serveert in een hotel, restaurant of café

kelvin *de (m)* [-s] eenheid van temperatuur, gerekend vanaf het absolute nulpunt

Kema-keur keurmerk van het instituut voor Keuring van Elektrotechnische Materialen te Arnhem

kemel *de (m)* [-s] kameel

kemphaan ❶ mannetje van een vogelsoort van de familie van de strandlopers (Philomachus pugnax) ❷ fig. ruziezoeker

kenau *de (v)* [-s] stevig gebouwde, bazige vrouw

kenbaar *bn* ▾ *iets ~ maken* laten weten, bekendmaken

kendo *het* Japanse vechtsport, soort schermen met een stok

kengetal nummer van het plaatselijke telefoonnet, netnummer

kenmerk *het* ❶ herkenningsteken ❷ eigenschap waardoor iets of iemand zich onderscheidt **kenmerken** ❶ van een kenmerk voorzien ❷ typerend, kenmerkend zijn voor **kenmerkend** *bn* typerend, waaraan men iets of iemand kan herkennen: *die lange lussen zijn ~ voor zijn handschrift*

kennel *de (m)* [-s] ❶ ruimte waarin een hond of honden worden opgesloten ❷ plaats waar honden gefokt worden

kennelijk *bn* zo te zien, duidelijk: *zijn auto staat niet voor zijn huis; ~ is hij er niet* ▾ *in ~e staat zijn* dronken zijn

kennen ❶ weten dat iemand of iets bestaat ❷ (goed) op de hoogte zijn van eigenschappen en bijzonderheden van iemand of iets ▾ *zich laten ~* zijn ware aard laten blijken, zijn zwakke kant laten zien ▾ *iemand in iets ~* iemand op de hoogte stellen van iets ▾ *te ~ geven* mededelen, laten weten **kenner** *de (m)* [-s] iemand die verstand van iets heeft: *een wijn ~* **kennersblik** ▾ *met een ~ bekijken* als expert bekijken **kennis**

I *de (v)* ❶ het kennen van iets, wat iemand van iets weet: *zijn ~ van computers is indrukwekkend; hij weet er echt alles van* ▾ *in ~ stellen van* laten weten ❷ wat men weet over iets, wetenschap, kunde: *~ van de natuur* ▾ *buiten ~ zijn* flauwgevallen of bewusteloos zijn **II** *de* [-sen] ❸ iemand die men kent, bekende

kenniseconomie type economie waarbij veel groei ontstaat door (technische) kennis **kennisgeving** *de (v)* het vertellen van iets, mededeling ▾ *iets voor ~ aannemen* de inhoud in zich opnemen maar er verder niets mee doen **kennismaken** *ww* leren kennen, in aanraking komen met **kennisneming** *de (v)* het zich ter hoogte stellen van

kenschetsen [kenschetste, h. gekenschetst] ❶ de belangrijkste eigenschappen van iemand of iets omschrijven: *hij kenschetste de directeur als een eigenwijs mens* ❷ kenmerken, een typerende eigenaardigheid vormen

kentaur *de (m)* [-en] centaur

kenteken *het* [-s, -en] ❶ kenmerk, herkenningsteken ❷ combinatie van cijfers en letters voor de registratie van een motorvoertuig **kentekenbewijs** registratiebewijs voor een motorvoertuig **kentekenen** [kentekende, h. gekentekend] kenmerken **kentekenplaat** plaat op auto's en motoren met de combinatie van cijfers en letters waaronder de auto of motor staat geregistreerd

kentering *de (v)* ommekeer, verandering: *door de problemen op scholen is er een ~ in de manier waarop in de politiek over onderwijs wordt gedacht*

kenvermogen het vermogen om de wereld te leren kennen, kennis te verwerven **kenwijsje** BN, ook *het* [-s] herkenningsmelodie, tune van een tv- of radioprogramma

kepen insnijdingen maken

keper *de (m)* [-s] diagonaal weefsel ▾ *op de ~ beschouwd* nauwkeurig bekeken

kepie *de (m)* [-s] BN uniformpet van een politieagent, postbode, conducteur enz.

keppeltje *het* [-s] kapje, klein mutsje van joodse mannen

keramiek *de (v)* ❶ het vervaardigen van aardewerk ❷ gebakken aardewerk **keramisch** *bn* wat te maken heeft met keramiek

keratine *de (v)* stof waaruit onder andere nagels zijn ontstaan

kerel *de (m)* [-s] ❶ grote, forse of moedige man ❷ man in het algemeen

keren *ww* ❶ draaien, de tegenovergestelde richting opgaan: *ik ga mijn auto hier even ~* ❷ tegenhouden, afwenden ❸ veranderen, een wending nemen: *ten goede* ▾ *zich ~ tegen* zich verzetten tegen, een vijandige houding aannemen tegen ❹ binnenstebuiten keren: *een jas ~* ▾ fig. *een in zichzelf gekeerd persoon* iemand die teruggetrokken is, geen contact met anderen zoekt ▾ *per ~de post* per omgaande, meteen met de volgende postronde ❺ BN wisselen, voorbijgaan: *het ~ van het seizoen, de jaargetijden* ▾ BN ook *het ~ van de jaren* de overgang, de menopauze

kerf *de* [kerven] inkeping, insnijding **kerfstok** ▾ *iets op zijn ~ hebben* iets misdaan hebben

kerk *de* ❶ gebouw waar christenen God eren ❷ kerkgenootschap **kerkasiel** opvang van illegale vluchtelingen e.a. in een kerk **kerkboek** ❶ gebedenboek ❷ Bijbelboekje voor gebruik in de kerk **kerkdienst** godsdienstige bijeenkomst in de kerk, godsdienstoefening **kerkdorp** dorp met een kerk **kerkelijk** *bn* van de kerk, wat te maken heeft met de kerk, wat uitgaat van de kerk **kerkenraad** (vergadering van het) bestuur van een protestantse gemeente

kerker *de (m)* [-s] (vroeger) gevangenis of cel, vaak met weinig licht

kerkfabriek r.-k. ❶ kerkbestuur ❷ BN instelling die de kerkelijke goederen beheert die nodig zijn voor de eredienst **kerkganger** *de (m)* [-s] iemand die naar de kerkdiensten gaat **kerkgenootschap** kerkelijke gemeenschap van personen van dezelfde godsdienstige richting **kerkhof** *het* [-hoven] begraafplaats (rond een kerk)

kerkklok uurwerk in de toren van een kerk **kerkkoor** zangkoor dat geregeld zingt tijdens kerkdiensten **kerkmeester** r.-k. lid van een kerkbestuur **kerkprovincie** ❶ r.-k. gebied onder een aartsbisschop met een aantal bisdommen ❷ gebied van de hervormde kerk, ongeveer even groot als een gewone provincie **kerkraam** ❶ raam in een kerk ❷ geslepen deel van een wijnglas **kerkrat** ▾ *zo arm als een* ~ heel arm **kerkrecht** kerkelijk recht **kerks** *bn* die regelmatig naar de kerk gaat

kerktoren toren die bij een kerk hoort, meestal vastgebouwd aan de kerk

kerkuil uil die in kerktoren nestelt

kerkvader schrijver uit de eerste eeuwen die door de rooms-katholieke kerk als heilig, geleerd en zuiver in de leer is erkend **kerkvoogd** ❶ kerkvorst ❷ beheerder van kerkelijk goed **kerkvorst** hoge rooms-katholieke geestelijke **kermen** klaaglijk uiting geven aan lichamelijk leed of droefheid

kermis *de* [-sen] volksfeest met toestellen waar men in kan en andere attracties: BN *Vlaamse* ~ fancy fair, volksfeest met kraampjes voor een liefdadigheidsdoel ▾ *van een koude* ~ *thuiskomen* teleurgesteld worden, veel minder krijgen dan verwacht **kermisbed** noodbed op de vloer **kermisexploitant** eigenaar of beheerder van een kermiskraam of -attractie **kermistent** tent met vermakelijkheid op een kermis

kern *de* ❶ het binnenste, de pit ▾ *fig. de harde* ~ de meest standvastige of fanatieke leden van een groep ❷ *fig.* de hoofdzaak, het wezenlijke, waar het om gaat: *de* ~ *van de zaak is dat ...* ▾ *er zit een* ~ *van waarheid in* iets waars **kernachtig** *bn* kort en krachtig: *hij vatte de bezwaren* ~ *samen*

kernafval radioactieve stof die vrijkomt bij gebruik van kernenergie **kernbewapening** *de (v)* het zich bewapenen met kernwapens **kerncentrale** centrale voor kernenergie **kernenergie** energie die ontstaat als men de kernen van atomen splitst of laat samensmelten, atoomenergie **kernfusie** het samensmelten van lichte atoomkernen tot zwaardere, waarbij energie vrijkomt **kernfysica** de leer en studie

van de verschijnselen bij atoomkernen en elementaire deeltjes

kerngezond heel gezond

kernhem *de (m)* Nederlandse pittige vette kaassoort

kernhout binnenste hout **kernkabinet** BN de belangrijkste ministers van een regering **kernkop** kop van een kernbom **kernonderzoek** onderzoek naar atoomkernen **kernploeg** groep van beste sporters **kernprobleem** belangrijkste probleem **kernproef** proef met een kernwapen **kernpunt** *het* voornaamste punt **kernreactie** het splijten of samensmelten van atoomkernen **kernreactor** installatie waarin op grote schaal kernreacties tot stand worden gebracht om energie op te wekken **kernsplitsing** het uiteenvallen van een zware kern in kleinere kernen waarbij neutronen en kernenergie vrijkomen

kerntaak belangrijkste taak

kernwapen bom waarvan de werking berust op het op explosieve wijze vrijkomen van energie door kernsplijting of kernfusie

kerosine (-zie-) *de* zuivere petroleum als vliegtuigbrandstof

kerrie *de (m)* poedervormige specerij, gemaakt uit verschillende wortels en zaden

kers *de* ❶ vrucht van de kersenboom ▾ *met hoge heren is het kwaad* ~ *en eten* je kunt beter niet te vriendschappelijk omgaan met je meerderen ❷ boom waaraan de kersen groeien, kersenboom ❸ plant met witte bloempjes, tuinkers

kersenbonbon bonbon met kers zonder pit en met brandewijn **kersenboom** boom waaraan kersen groeien **kerspit** ❶ pit van een kers ❷ iron. brein, hersenen

kerst *de* Kerstmis **kerstavond** avond vóór Kerstmis **kerstboom** versierde boom tijdens Kerstmis **kerstdag** dag van het kerstfeest **kerstenen** ❶ tot christen bekeren ❷ iemand die bekeerd is, dopen **kerstfeest** Kerstmis **kerstgratificatie** salaristoeslag aan het eind van het jaar **kerstkind** kind dat op Kerstmis geboren is **Kerstkind** het kind Jezus **kerstkrans** ringvormig gebak **kerstlied** lied dat te maken heeft met Kerstmis **Kerstman** in sommige landen oude man in een rood pak en met een lange baard, die met Kerstmis cadeautjes brengt **kerstmis** mis ter gelegenheid van Kerstmis **Kerstmis** *de (m)* christelijk feest op 25 en 26 december, waarbij de geboorte van Jezus wordt gevierd **kerstnacht** nacht van 24 op 25 december

kerstomaat tomaatje met het formaat van een kers

kerstroos boterbloemachtige sierplant die rond Kerstmis bloeit (Helleborus niger) **kerststal** voorstelling van het Kerstkind in de kribbe en met andere personen en symbolen die bij Kerstmis horen **kerstster** ❶ kamerplant met vaak rode bladeren, die in de winter bloeit (Euphorbia pulcherrima) ❷ figuur, bijv. op het raam, in de vorm van een ster **kerststol** luxebrood met amandelspijs **kerststronk** BN

ke

gebak of ijs voor Kerstmis in de vorm van een boomstronk **kerststukje** *het* [-s] bloemstukje met dennengroen voor Kerstmis **kerstvakantie** vakantie omstreeks Kerstmis

kersvers helemaal vers, helemaal nieuw: *de ~ e kampioen*

kervel *de (m)* schermbloemige plant die als keukenkruid wordt gebruikt (Anthriscus)▼ *dolle~* een beetje giftige plant die o.a. in bermen voorkomt

kerven [kerfde / korf, h. gekerfd / gekorven] ❶ in iets snijden, ergens kleine sneetjes in maken: *het verliefde stel kerfde een hartje in de boom* ❷ in reepjes snijden

kerygma *het* christelijke heilsboodschap

ketchup ⟨ketsj-⟩ *de (m)* gekruide tomatensaus

ketel *de (m)* [-s] ❶ metalen vat waarin vloeistof verhit wordt: *een verwarmings~* ❷ soort pot of pan om in te koken, vaak met een tuit: *een ~ water op het vuur zetten voor de thee* **keteldal** dal tussen bergen in de vorm van een ketel **ketelhuis** gebouw waarin stoomketels staan **ketelmuziek** lawaai met potten, pannen, ketels enz. **ketelpak** overall **ketelsteen** steenachtige afzetting aan de wand van een ketel

keten I *de* [-s, -en] ❶ ketting van metalen ringen: *de enkels van de gevangene zaten met ~s aan elkaar* ❷ aaneensluitende reeks: *de voedsel~* ❸ bedrijven die samenwerken, van eenzelfde eigenaar zijn e.d.: *een ~ van supermarkten* **II** *ww* ❹ keet schoppen, lol trappen

ketenen met een ketting vastmaken, boeien

ketjap *de (m)* gegiste saus van sojabonen

ketje BN *het* [-s] Brusselse straatjongen

ketsen [ketste, h. / is geketst] ❶ niet afgaan van schietwapens ❷ afstuiten

ketter *de (m)* [-s] ❶ christen die afwijkt van de rechtzinnige leer ❷ **fig.** iemand die het niet eens is met algemeen gangbare opvattingen **ketteren** razen, tieren **ketterij** *de (v)* afwijking van de rechtzinnige leer **ketters** *bn* van ketters of een ketter, als van ketters

ketting *de* ❶ voorwerp van schakels die in elkaar grijpen, om iets aan vast te leggen of als sieraad ❷ (weven) draad in de lengterichting van de stof **kettingbotsing** verkeersongeluk waarbij een aantal auto's, motoren e.d. in een rij op elkaar botst **kettingbrief** brief die de geadresseerde een aantal malen moet kopiëren en verder verzenden **kettinghond** hond die altijd vastzit aan een ketting **kettingkast** omhulsel van een fietsketting **kettingpapier** printpapier dat bestaat uit één lange strook papier met geperforeerde vouwen om langs af te scheuren **kettingreactie** ❶ reeks reacties waarbij de ene reactie de andere veroorzaakt ❷ niet meer te stoppen reeks van noodlottige gebeurtenissen **kettingroker** *de (m)* [-s] iemand die voortdurend rookt **kettingslot** fietsslot met een stevige ketting **kettingzaag** mechanische zaag met een metalen band met tanden, die in het rond draait

keu *de* [-s] biljartstok

keuken *de* [-s] ❶ plaats waar eten wordt klaargemaakt ❷ manier waarop eten wordt klaargemaakt: *de Franse ~* ▼ BN *interne ~* alles

wat zich intern afspeelt: *deze documentaire biedt een kijkje in de interne ~ van de politieke partij* **keukenblok** geheel van aanrecht, spoelbak en keukenkastjes **keukenbrigade** personeel in de keuken van een eetgelegenheid **keukenhanddoek** BN theedoek **keukenkruid** kruid dat de geur en smaak van voedsel verhoogt **keukenmachine** apparaat dat men gebruikt bij het klaarmaken van eten of drankjes **keukenmeid** **vero.** dienstbode die het eten kookt▼ *gillende ~* soort vuurwerk, voetzoeker **keukenprinses** vrouw die goed kan koken **keukenrobot** BN keukenmachine **keukenrol** rol papier dat gemakkelijk vloeistof opneemt **keukentrap** lage trap voor gebruik in huis **keukenzout** gewoon zout

Keulen *het*▼ *kijken alsof men het in ~ hoort donderen* heel verbaasd kijken▼ *~ en Aken zijn niet op één dag gebouwd* men kan niet alles tegelijk

keur *de* ❶ merk (op goud en zilver) ❷ **hist.** handvest, verordening ❸ verscheidenheid: *een ~ aan vakantiebestemmingen* ❹ ⟨in samenstellingen⟩ de beste: *~korps*

keuren ❶ onderzoeken of iemand of iets geschikt of goed is: *de dokter keurde mijn broer om te kijken of hij in het leger kon* ❷ achten ▼ *iemand geen blik waardig~* niet naar hem kijken omdat men hem niet de moeite waard vindt

keurig *bn* ❶ smaakvol, verzorgd, erg netjes ❷ met heel goede manieren

keuringsdienst dienst die controleert of iets of iemand aan gestelde eisen voldoet, vooral m.b.t. voedsel

keurkorps groep van de beste (soldaten)

keurmeester iemand die moet keuren

keurmerk ❶ merk als bewijs van keuring ❷ merk dat aangeeft dat iets een bepaalde kwaliteit heeft **keurslager** slager met kwaliteitsproducten die bij een bepaalde vereniging aangesloten is

keurslijf ❶ korset ❷ **fig.** knellende verplichting

keurvorst elk van de vorsten die vroeger de Duitse keizer kozen

keus *de* [keuzen, keuzes] ❶ het kiezen ❷ vrijheid om te kiezen: *de~ hebben* ❸ wat iemand kiest ❹ waaruit iemand kan kiezen: *ze hebben in deze winkel weinig~*

keutel *de (m)* [-s] uitwerpsel in de vorm van een balletje: *een geiten~ keutelen* ❶ treuzelen ❷ zich bezighouden met onbelangrijke dingen

keuterboer boer met een klein boerenbedrijf

keuvelen gezellig babbelen

keuze *de* [-n, -s] keus **keuzemenu** **comp.** aantal mogelijkheden in een programma waaruit de gebruiker kan kiezen **keuzepakket** geheel van vakken, keuze uit een aantal verplichte vakken waarin iemand eindexamen doet aan een school **keuzevak** vak op school of op de universiteit dat niet verplicht is, maar dat men kan kiezen

kever *de (m)* [-s] ❶ insect met een schild op zijn rug en daaronder vleugels ❷ benaming voor de eerste types van de Volkswagen®

keyboard ⟨kieboord⟩ *het* [-s] ❶ toetsenbord, vooral van elektronische muziekinstrumenten

❷ elektronisch muziekinstrument met toetsen: *onze zanger speelt ook* ~ ❸ comp. toetsenbord

keycard ⟨-kàRd⟩ *de* [-s] kaart met een magneet om een deur te openen **keylogger** ⟨-loGGər⟩ comp. *de (m)* [-s] door hackers gebruikt programmaatje dat alle toetsaanslagen van een internetgebruiker registreert en doorstuurt naar de hacker

kezen spreekt. geslachtsgemeenschap hebben

kg kilogram

kga *het* klein gevaarlijk afval

KGB *de* , *Komitet Gosudarstvennoe Bezopasnosti*, geheime politie van de voormalige Sovjet-Unie

kgf *kilogramforce*, kilogramkracht

kgm kilogrammeter

k.g.v. kleinste gemene veelvoud

kHz kilohertz

ki I *het* ❶ BN ⟨afkorting van⟩ kadastraal inkomen, huurwaardeforfait II *de (v)* ❷ kunstmatige inseminatie ❸ kunstmatige intelligentie

kibbelen *ww* met woorden ruziemaken over kleinigheden

kibbeling *de (v)* ingezouten of gebakken wangetjes van een kabeljauw

kibboets *de (m)* collectief landbouwbedrijf van mensen in Israël die bij elkaar wonen en met elkaar op het bedrijfwerken

kick *de (m)* [-s] ❶ opgewekt gevoel en veel energie: *dansen geeft mij echt een* ~ ❷ goed gevoel dat iemand krijgt als hij drugs neemt

kickboksen [kickbokste, h. gekickbokst] een vechtsport beoefenen met elementen van boksen, karate en judo

kicken een kick krijgen

kickeren BN tafelvoetbal spelen

kicksen *de (mv)* voetbalschoenen

kid I *de (m)* [-s] ❶ kind: *we gaan met de ~s naar een pretpark* II *de* ❷ kunstmatige inseminatie met sperma van een donor

kidnappen ⟨-neppen⟩ ontvoeren

kie *de* kunstmatige inseminatie met sperma van de eigen partner

kiekeboe *tw* uitroep als iemand zich voor een kind verstopt en weer tevoorschijn komt

kieken I *ww* ❶ fotograferen, een foto maken of II *het* [-s] ❷ BN, spreekt. domoor

kiekendief *de (m)* [-dieven] valkachtige roofvogel

kiekje *het* [-s] zomaar een foto, zonder artistieke of andere bedoelingen

kiel I *de* [-en] ❶ bodembalk van een schip, het onderste van een schip II *de (m)* [-en] ❷ wijd werkhemd, korte werkjas vaak van stevig blauw katoen ❸ blouse, vooral vroeger van jongens op het platteland

kielekiele *bw* op het nippertje, op het randje

kielhalen [kielhaalde, h. gekielhaald] hist. onder de kiel van een schip door halen als straf

kielwater ❶ schuimspoor van een schip ❷ water onder in een schip **kielzog** *het* schuimspoor van een schip, kielwater

kiem *de* zaadspruit, eerste begin van iets, datgene waaruit iets ontspringt, oorsprong

kiemen [kiemde, h. / is gekiemd] ontspruiten, beginnen te groeien

kien *bn* bijdehand, pienter, slim

kienen het kien- of lottospel spelen

kienhout fossiel hout **kienspel** spel dat op bingo lijkt

kiep *de (m)* sp. keeper ▾ *vliegende* ~ iemand die zowel doelverdediger als veldspeler is; fig. iemand die verschillende functies heeft, vaak op verschillende locaties

kiepauto auto met laadbak die kan kantelen

kiepen ❶ omkantelen, omslaan ❷ weggooien door iets te kantelen: *hij kiepte het tuinafval uit de kruiwagen op de composthoop* **kieperen** inform. ❶ gooien, smijten ❷ vallen: *hij kieperde uit de boot in het water* **kiepkar** kar met een bak die kan kantelen

kier *de* spleet, smalle opening

kierewiet inform. *bn* niet goed bij zijn verstand, gek

kies I *de* [kiezen] ❶ maaltand, grote tand aan de zijkant van het gebit waar men mee kauwt ▾ *achter de kiezen hebben* opgegeten hebben II *het* ❷ verbinding van zwavel en metaal III *bn* ❸ fijngevoelig, met het juiste gevoel voor wat hoort of niet hoort of kwetsend kan zijn ❹ wat fijn gevoel vereist

kiesarrondissement BN, ook kieskring

kiescollege aantal personen die namens een organisatie, kerkgemeente enz. mensen kiezen voor een bestuur, orgaan e.d. **kiesdeler** aantal uitgebrachte geldige stemmen gedeeld door het aantal beschikbare zetels **kiesdrempel** minimum aantal stemmen dat vereist is voor het behalen van een zetel **kiesgerechtigd** die stemrecht heeft, die mag stemmen

kieskauwen [kieskauwde, h. gekieskauwd] met tegenzin eten **kieskeurig** *bn* die erg uitkiest wat hij wil en niet gauw tevreden is

kieskring geografisch gebied als eenheid bij verkiezingen dat bestaat uit een aantal stemdistricten **kiesman** lid van een kiescollege

kiespijn pijn aan een kies ▾ *iemand / iets kunnen missen als* ~ graag kwijt willen of niet willen hebben

kiesrecht recht om te stemmen

kiesschijf schijf op oude telefoontoestellen, die men draait om het nummer te kiezen

kiesstelsel de manier waarop verkiezingen worden georganiseerd en zetels worden verdeeld

kiestoon toon van een telefoon die aangeeft dat men een nummer kan kiezen

kiesvereniging vereniging van kiezers die kandidaten voordragen **kieswet** wet die te maken heeft met het kiesstelsel

kietelen iemand kriebelen met de vingertoppen **kieuw** *de* ademhalingsorgaan van vissen **kievietsbloem** bolgewas met gestippelde bloem (Fritillaria meleagris)

kievit, kieviet *de (m)* weidevogel met lange kuif (Vanellus vanellus) **kievitsei, kievietsei** ei van een kievit

kiezel *de (m)* [-s] rond steentje, stukje grind **kiezelsteen** door erosie rond geschuurd steentje **kiezelzuur** verbinding van kiezel en zuurstof

kiezen [koos, h. gekozen] ❶ beslissen welke persoon, voorwerp, activiteit enz. men wil uit verschillende mogelijkheden ▾ *het is* ~ *of delen* je moet beslissen, hoe moeilijk dat ook is: *voor het* *avondeten kun je ~ uit pannenkoeken of frietjes* ❷ bij stemming aanwijzen: *een voorzitter ~* **kiezer** *de (m)* [-s] iemand die stemt of mag stemmen▼ *zwevende ~* kiezer die nog niet heeft besloten op welke partij hij zal stemmen **kift, kif** inform. *de* ❶ jaloezie, afgunst▼ *dat is de ~* die negatieve dingen zeg je omdat je jaloers bent ❷ ruzie **kiften** ruziemaken, bekvechten

kijf *de*▼ *dat staat buiten ~* dat is duidelijk zo, daar hoeven we niet over te discussiëren

kijk *de (m)* ❶ het zien, het bekijken ▼ *een ~je nemen* kijken▼ *tot ~ tot ziens*▼ *iemand te ~ zetten* iemand voor gek zetten, belachelijk maken ❷ het gezicht op iets, uitzicht ❸ inzicht, overzicht, oordeel: *een goede ~ op iets hebben* ❹ vooruitzicht, kans: *daar is geen ~ op*

kijkbuis scherts. televisietoestel **kijkcijfer** cijfer dat de kijkdichtheid van een tv-uitzending uitdrukt **kijkcijferkanon** televisiepersoonlijkheid die hoge kijkcijfers haalt **kijkdag** gelegenheid om goederen te bekijken die verkocht zullen worden: *een ~ voor een veiling* **kijkdichtheid** percentage kijkers naar een televisie-uitzending

kijken [keek, h. gekeken] zijn ogen ergens op richten omdat men het wil zien ▼ *ergens van staan te ~* zich ergens over verwonderen▼ *er komt heel wat bij ~* er moet heel wat voor geregeld, gedaan worden ▼ *dat kijkt nauw* dat moet nauwkeurig gebeuren ▼ *pas komen ~* onervaren zijn▼ inform. *laat nou je ~!* je bent gek!▼ *boos, vriendelijk ~* een boos, vriendelijk gezicht zetten

kijk- en luistergeld ⟨vroeger⟩ verplichte geldelijke bijdrage van radio- en tv-bezitters **kijker** *de (m)* [-s] ❶ iemand die kijkt, vooral naar de televisie ❷ instrument om in de verte te kijken, verrekijker▼ *~s* ogen: *haar grote onschuldige ~s* **kijkerd** spreekt. *de (m)*▼ *in de ~ lopen* opvallen

kijkfile file die ontstaat doordat automobilisten langzamer gaan rijden om te kijken naar iets, vooral een ongeluk op de andere weghelft **kijkgeld** bijdrage voor televisieaansluiting **kijkglas** ❶ glas om door te kijken ❷ vergrootglas **kijkkast** ❶ kast waarin men (voor geld) iets kan zien ❷ iron. televisietoestel **kijkoperatie** ❶ med. techniek waarbij met een buis met een lenzenstelsel in een hol orgaan kan worden gekeken ❷ operatie die wordt uitgevoerd door middel van zo'n buis die in het lichaam wordt gebracht **kijkspel** vertoning, voorstelling, gebeurtenis die leuk is om naar te kijken **kijkwijzer** classificatiesysteem waarbij d.m.v. pictogrammen wordt aangegeven of een film, tv-programma of video gewelddadige, griezelige of erotische scènes bevat **kijkwoning** BN, ook modelwoning

kijven [keef, h. gekeven] (met schelle stem) ruziemaken

kik *de (m)* [-ken]▼ *geen ~ geven* niet het minste geluid uitbrengen **kikken** zich doen horen, een heel zacht geluid maken, iets zeggen: *ze hoeft maar te ~ en hij vliegt voor haar*

kikker *de (m)* [-s] ❶ amfibie van de familie van de kikvorsachtigen, klein dier dat zowel in het water als op het land kan leven ❷ uitsteeksel om

een touw van een schip aan vast te maken **kikkerbad** ondiep kinderzwembad **kikkerbeet** waterplant met witte bloempjes en ronde blaadjes (Hydrocharis morsus ranae) **kikkerbilletjes** *de (mv)* achterboutjes van een kikker als gerecht **kikkerdril** *de & het* **kikkereieren kikkererwt** eetbare peulvrucht **kikkerland** ❶ waterrijk land met veel kikkers ❷ scherts. Nederland **kikkerproef** ⟨vroeger⟩ proef met een kikker om vast te stellen of een vrouw zwanger was **kikkerrit** *het* kikkereieren **kikkervisje** *het* [-s] larve van een kikker **kikvors** *de (m)* amfibie van de familie Ranidae waartoe kikkers en padden behoren **kikvorsman** duiker in waterdicht pak met zwemvliezen

kil I *de* [-len] ❶ watergeul II *bn* ❷ vrij koud ❸ niet hartelijk, afstandelijk

killen doden

killerinstinct vermogen om doelbewust en zonder medelijden te handelen

killig *bn* een beetje kil

kilo *de & het* [·'s] duizend gram, kilogram **kilobyte** comp. 1024 bytes **kilocalorie** duizend calorieën **kilogram** duizend gram, kilo **kilohertz** duizend hertz **kilojoule** duizend joule **kilometer** duizend meter **kilometerteller** toestel dat het aantal kilometers aangeeft dat een voertuig aflegt **kilometervergoeding** vergoeding van reiskosten per kilometer die iemand heeft gereden **kilometervreter** *de (m)* [-s] iemand die grote afstanden aflegt met een voertuig **kilometrage** ⟨-traazja⟩ *de (v)* [-s] aantal afgelegde kilometers **kilowattuur** duizend watt per uur

kilt *de (m)* [-s] geruite rok met plooien als onderdeel van de klederdracht van de Schotten: *Schotse mannen met een ~*

kilte *de (v)* (vochtige) kou

kim *de* [-men] ❶ plecht. horizon ❷ het ronde deel van de buik van een schip

KIM *het* Koninklijk Instituut voor de Marine

kimono *de (m)* [·'s] lang Japans kledingstuk dat op een das lijkt, met lange wijde mouwen en een band om het middel

kin *de* [-nen] onderste deel van het gezicht, onder de mond

kina *de (m)* bast van de kinaboom waarvan kinine wordt gemaakt

kinase ⟨-zə⟩ *het* soort enzym

kind *het* [-eren] ❶ persoon die nog niet volwassen is: *mijn broertje speelt vaak met de andere ~eren in onze straat*▼ *het ~ van de rekening zijn* de dupe zijn ❷ afstammeling (ten opzichte van zijn ouders), zoon of dochter: *zij heeft twee ~eren* ▼ *het ~ met het badwater weggooien* iets goeds tegelijk met iets schadelijks wegdoen▼ *~ noch kraai hebben* geen familie of vrienden▼ *een ~ van zijn tijd* iemand onder invloed van zijn tijd

kinderachtig *bn* ❶ niet ernstig, niet flink ❷ flauw, als voor of van een kind **kinderbescherming** (instantie voor) de bescherming van kinderen tegen mishandeling e.d. **kinderbijslag** periodieke uitkering van de staat als iemand kinderen heeft voor wie hij moet zorgen **kinderboerderij** omheinde ruimte, speciaal ingericht voor kinderbezoek, waar dieren zoals geiten, schapen, kalkoenen los rondlopen **kinderdagverblijf** plaats waar kinderen tegen betaling overdag kunnen blijven als de ouders niet op ze kunnen passen, bijv. omdat ze moeten werken **kindergeld** BN, spreekt. kinderbijslag **kinderhand** hand van een kind ▼ *een ~ is gauw gevuld* een bescheiden persoon is met weinig tevreden **kinderhoofd** ronde straatkei **kinderjaren** *de (mv)* periode wanneer iemand een klein kind is **kinderliefde** liefde van ouders voor hun kinderen en omgekeerd

kinderlijk *bn* ❶ van een kind, eigen aan een kind ❷ naïef, onbedorven: *een ~ geloof in de goedheid van anderen* ▼ *het is ~ eenvoudig* heel erg eenvoudig, simpel

kinderlokker *de (m)* [-s] iemand die kinderen meelokt om ze seksueel te misbruiken **kindermeisje** vrouw bij mensen in huis die zorgt voor hun kind of kinderen **kindermoord** het doden van een kind of kinderen **kindernevendienst** kerkdienst voor kinderen als deel van naast de dienst voor volwassenen **kinderopvang** het opvangen van en zorgen voor kinderen wanneer de ouders daar geen tijd voor hebben, bijv. vanwege hun werk **kinderporno** pornografie waarbij jonge kinderen zijn gefilmd of gefotografeerd **kinderpostzegel** postzegel die iets meer kost, waarbij het extra bedrag bestemd is voor goede doelen voor kinderen **kinderpraat** ❶ gepraat van een kind ❷ onvolwassen (dom) gepraat, het spreken alsof iemand een kind is of het tegen kinderen heeft ❸ gepraat over (de eigen) kinderen **kinderrecht** ❶ recht van een kind ❷ rechtsregels die te maken hebben met kinderen **kinderrechter** rechter voor kinderzaken, voor rechtspraak over personen beneden 18 jaar **kinderrijk** met veel kinderen: *een ~ gezin* **kinderschaar** ❶ groep kinderen ❷ schaartje met ronde punten **kinderschoen** schoen voor een kind ▼ *in de ~en staan* in het begin van de ontwikkeling zijn **kinderslot** slot dat (kleine) kinderen niet kunnen openen (*bijv. op een autoportier of videorecorder*) **kinderspel** ❶ spel van kinderen ❷ fig. iets onbeduidends, iets heel simpels **kindertelefoon** ❶ speelgoedtelefoon ❷ telefonische hulpdienst die kinderen kunnen bellen om over hun problemen te praten, advies of informatie te vragen e.d. **kindertuin** BN ook crèche, peuterschool **kinderverlamming** besmettelijke aandoening waarbij een deel van het lichaam verlamd raakt: *vooral kinderen, maar ook volwassenen kunnen ~ krijgen* **kinderverzorgster** vrouw die beroepsmatig kinderen verzorgt en hiervoor een opleiding heeft **kindervriend** iemand die veel van kinderen houdt **kinderwagen** wagen waarin een baby liggend vervoerd kan worden **kinderwelzijn** BN benaming voor officiële instelling belast met zuigelingenzorg, nu: Kind en Gezin **kinderwens** *de (m)* het graag willen hebben van een kind of kinderen: *een vrouw met een ~* **kinderwerk** ❶ werkstuk van één of meer kinderen ❷ fig. onbetekenend gedoe, eenvoudig werk

kinderwet wet die te maken heeft met minderjarige kinderen **kinderziekte** ❶ ziekte die vooral kinderen krijgen ❷ fig. de moeilijkheden van het begin

kindlief *het* lief kind, ook schertsend **kinds** *bn* zwak van geest door ouderdom **kindsbeen** *bw* ▼ *van ~ af* vanaf het moment dat iemand een klein kind was **kindsdeel** deel van de erfenis waarop iemand als zoon of dochter recht heeft **kindsheid** *de (v)* geestelijke zwakte door ouderdom **kindskinderen** *de (mv)* kleinkinderen **kindsoldaat** kind dat wordt ingezet als soldaat, heel jonge soldaat **kindvrouwtje** *het* [-s] volwassen vrouw die zich als een kind gedraagt **kine** ⟨kienee⟩ BN, spreekt. *de (v)* fysiotherapie **kineast** *de (m)* [-en] cineast **kinesiologie** *de (v)* bewegingsleer van het lichaam **kinesist** ⟨-zist⟩ BN *de (m)* fysiotherapeut **kinesitherapeut** BN fysiotherapeut **kinesitherapie** BN fysiotherapie **kinetica** *de (v)* leer van bewegingen en de krachten waardoor ze worden voortgebracht **kingsize** ⟨-sajz⟩ *bn* heel groot: *een ~ bed* **kinine** *de* koortswerend middel uit de bast van de kinaboom, een boom uit Azië en Zuid-Amerika **kink** *de (m)* draai in een touw of kabel ▼ *een ~ in de kabel* onverwacht probleem waardoor iets niet door kan gaan: *we zouden met vakantie gaan, maar er is een ~ in de kabel gekomen: mijn broer heeft griep gekregen* **kinkel** *de (m)* [-s] lomperd **kinkhoest** besmettelijke infectieziekte van de luchtwegen die gepaard gaat met hoesten **kinkhoorn** ❶ gedraaide puntige schelp, zeehoorn ❷ grote soort huisjesslak die in zee leeft (Buccinum undatum), wulk **kinky** ⟨kinkie⟩ *bn* op seksueel gebied afwijkend van het gangbare, gewaagd: *een ~ feest, nachtclub*

kinnebak *de* [-ken] onderkaak **kinnesinne** inform. *de* jaloezie, afgunst **kiosk** *de* gebouwtje waar kranten, tijdschriften e.d. of bloemen verkocht worden **kip** *de (v)* [-pen] ❶ hoen, hoenderrassen die door de mens uit de oorspronkelijke bosvogel Gallus gallus zijn gekweekt ❷ vrouwelijk hoen van die hoenderrassen ▼ *met de ~pen op stok* vroeg naar bed ▼ *er als de ~pen bij zijn* begerig zijn en er heel snel bij zijn ▼ *als een ~ zonder kop* onverstandig, dwaas ▼ *~, ik heb je!* uitroep als iets gelukt is ❸ vlees van de kip: *we eten ~ vanavond* **kipfilet** stuk kip zonder vel en bot

kipkap BN *de (m)* hoofdkaas, vlees van de kop van een dier **kiplekker** ▼ *zich ~ voelen* zich heel goed voelen **kippen** ❶ ⟨van jonge vogels⟩ uit het ei komen ❷ wegpikken **kippenbil** BN, ook kippenbout **kippenborst** ❶ vlees van een kip aan het borstbeen ❷ borst als van een kip met een vooruitstekend borstbeen **kippeneindje** *het* [-s] klein eindje: *voor dat ~ neem je toch niet de auto? dat kun je lopen!* **kippengaas** gaas voor kippenhokken **kippenhok** (nacht)hok voor kippen **kippenren** ruimte bij een kippenhok die met gaas is afgesloten **kippenvel** kleine puntjes op de huid en haartjes die rechtop staan door kou of spanning **kippetje** *het* [-s] vulg. meisje, vrouw (als seksueel object) **kippig** *bn* bijziend, slechtziend

kir ⟨kier⟩ *de (m)* droge witte wijn met een scheut zwartebessenlikeur

kirren opgewonden en een beetje aanstellerig praten: *"wat een snoezige jurk!", kirde ze*

kirsch ⟨kiersj⟩ *de (m)* kersenbrandewijn

kissebissen ruziën

kist *de* ❶ vierkante bak om iets in op te bergen, meestal van hout ❷ langwerpige houten bak waarin een dode wordt begraven ❸ inform. vliegtuig ▾ *~jes* lompe (soldaten)schoenen **kisten** ▾ *zich niet laten ~* zich niet op zijn kop laten zitten, zich niet klein laten krijgen **kistkalf** kalf dat in een heel klein hok wordt vetgemest

kit I *de* [-ten] ❶ bak met de vorm van een kan, vooral voor kolen II *de & het* ❷ stevige lijm die ook als vulmiddel wordt gebruikt: *we vulden de gaten in de muur met ~*

kitchenette ⟨kitsjɘnettɘ⟩ *de* [-s] ingebouwd keukentje, meestal in een kleine woon- of werkruimte

kitesurfen ⟨kajt-⟩ [kitesurfte, h. gekitesurft] vorm van surfen waarbij de surfer zich laat voorttrekken door een grote vlieger

kits inform. *bn* in orde ▾ *alles ~* alles in orde ▾ *alles ~ achter de rits?* informele begroeting: hoe gaat het ermee?

kitsch ⟨kietsj *of* kitsj⟩ *de (m)* iets dat pretendeert kunst te zijn, maar onecht of overdreven sentimenteel is

kittelaar *de (m)* [-s] deeltje van het vrouwelijk geslachtsorgaan dat naar buiten uitsteekt en dat seksueel gevoelig is, clitoris

kittelen kietelen

kitten I *ww* ❶ met kit aan elkaar lijmen II *de (m)* [-s] ❷ heel jong poesje

kittig *bn* levendig, pittig: *een ~ meisje*

kiwi *de (m)* [-'s] ❶ vrucht uit Nieuw-Zeeland met groen vruchtvlees en harige bruine schil (Actinidia chinensis) ❷ loopvogel uit Nieuw-Zeeland met lange snavel en bijna zonder vleugels (Apteryx australis)

kJ kilojoule

k.k. kosten koper

KKK *Ku-Klux-Klan*, nationalistische en racistische beweging van geheime genootschappen in de Verenigde Staten

kl kiloliter

kl. klas, klasse

KL Koninklijke Landmacht

klaaglied lied of gedicht waarin iemand klaagt, zijn leed uit **klaaglijk** *bn* op klagende toon: *de poes miauwde~* **klaagschrift** schriftelijke klacht **klaagvrouw** vrouw die is ingehuurd om bij een begrafenis (luid) te huilen **klaagzang** ❶ lied of gedicht waarin iemand klaagt, zijn leed uit ❷ fig. iets wat iemand vertelt of schrijft waarbij hij zich erg beklaagt: *zijn brief was één grote ~*

klaar *bn* ❶ helder, duidelijk: *klare taal* ▾ *zo ~ als een klontje* helemaal duidelijk ❷ gereed, af: *ik ben ~ met dit werk* ▾ *ik ben er helemaal ~ mee* ik heb er genoeg van, ik ben het zat **klaarblijkelijk** *bn* zoals duidelijk blijkt, zo te zien: *de man liep*

hevig te slingeren; hij was ~ dronken **klaarheid** *de (v)* helderheid, duidelijkheid **klaarkomen** ❶ gereedkomen met iets, iets afkrijgen ❷ een hoogtepunt bereiken, een orgasme krijgen bij seks **klaarlicht** ▾ *op ~e dag* overdag in het openbaar, zodat iedereen het kan zien **klaarliggen** zo liggen dat het meteen gepakt of gebruikt kan worden: *het pakje ligt voor u klaar; je kleren liggen klaar* **klaarmaken** ❶ in orde maken, voorbereiden: *alles ~ voor het feest* ❷ tot stand brengen, presteren: *die man maakt veel klaar* ❸ inform. seksueel bevredigen

klaar-over *de (m)* [-s] iemand die ervoor zorgt dat vooral schoolkinderen veilig kunnen oversteken

klaarspelen iets moeilijks toch doen of voor elkaar krijgen: *hoe heb je het klaargespeeld om die kaartjes te krijgen?* **klaarstaan** ❶ voorbereid zijn, al het nodige voorbereid hebben: *je moet ~ als de taxi komt* ❷ zo staan dat het meteen gepakt of gebruikt kan worden: *de boeken staan voor u klaar* ❸ fig. bereid zijn om te helpen: *zij staat altijd voor me klaar* **klaarstomen** in heel korte tijd klaarmaken, voorbereiden: *iemand voor een examen ~*

klaarwakker helemaal wakker

klaarzetten zo neerzetten dat het meteen gepakt of gebruikt kan worden: *ik zet de kopjes vast klaar*

klaas *de (m)* [klazen] ▾ *een houten ~* een onhandig, houterig, stijf persoon

klabak spreekt. *de (m)* [-ken] politieagent

klacht *de* ❶ uiting van iemand die ontevreden is of ergens last van heeft: *de dokter vroeg de patiënt wat de ~en waren; het pakje kreeg veel ~en vanwege de herrie 's nachts* ❷ aanklacht tegen iemand ▾ *BN ook een ~ neerleggen* een klacht indienen **klachtenboek** boek waarin klachten geschreven kunnen worden

klad I *de* [-den] ❶ (inkt)vlek ▾ *de ~ zit erin* het gaat steeds slechter ▾ *iemand bij de ~den grijpen* iemand bij zijn kraag pakken, ook figuurlijk II *het* ❷ ruw ontwerp, stuk dat nog niet in het net gezet is **kladblok** blok met kladpapier **kladden** ❶ smeren, knoeien ❷ haastig en slordig schrijven of schilderen, vlekkerig schrijven

kladderen slordig en slecht schrijven of schilderen **kladpapier** papier om een voorlopige versie van iets te maken of voor bijv. boodschappenlijstjes

klagen laten weten dat men ergens niet tevreden over is of ergens last van heeft: *de reizigers klaagden dat de trein te laat was; ze klaagde over hoofdpijn* **klagerig** *bn* ❶ die snel of veel klaagt ❷ op klagende toon

klakkeloos *bn* zonder na te denken, zomaar: *de koper nam ~ aan dat het schilderij echt was*

klakken een klappend of kletsend geluid geven: *met de tong, met de zweep ~*

klam *bn* vochtig en vaak ook een beetje koud: *de deken was ~ geworden toen hij een nacht in de tuin had gelegen; ~me handen van de zenuwen*

klamboe *de (m)* [-s] net of gordijn om en boven een bed om muggen weg te houden

klamp *de* ❶ houten of metalen stuk om delen

met elkaar te verbinden of iets vast te maken ❷ haak om iets vast te zetten ❸ stapel: *een ~ hooi* **klampen** met klampen aan elkaar hechten

klandizie *de (v)* ❶ het geregeld kopen bij iemand of bij een bedrijf ❷ de klanten van iemand of van een bedrijf

klank *de (m)* geluid, vooral in muziek of taal ▼ BN ook *met ~ winnen* overtuigend winnen **klankbeeld** ❶ indruk die het beeld dat men van iets geeft d.m.v. geluid: *een ~ over het eiland Texel* ❷ algehele indruk van hoe iets klinkt: *het ~ van het koor was helder* **klankbord** ❶ houten vlak boven een spreekgestoelte ❷ *fig.* gesprekspartner die luistert **klankbordgroep** groep van mogelijke gebruikers die hun mening geven over een product dat nog ontwikkeld wordt **klankkleur** het karakteristieke van een klank **klankleer** studie van taalklanken **klanknabootsend** *bn* wat het geluid van iets weergeeft in spraakklanken

klant *de (m)* ❶ iemand die iets koopt of bezoekt of laat doen en daarvoor betaalt: *ze is een vaste ~ van de stripwinkel; de ~en van een kapper* ❷ (mannelijk) persoon, kerel: *een vreemde ~* **klantenbinding** wat een bedrijf doet om ervoor te zorgen dat klanten bij dat bedrijf producten of diensten blijven afnemen **klantenkring** de gezamenlijke klanten van iemand of van een bedrijf **klantenservice** dienstverlenende afdeling van een bedrijf waar klanten terechtkunnen met speciale vragen, klachten e.d. **klantgericht** *bn* gericht op wat de klant wil **klantvriendelijk** prettig voor klanten, waarbij wordt uitgegaan van de wensen van klanten

klap *de (m)* [-pen] ❶ kort hard geluid: *de deur viel met een ~ dicht* ▼ *~ op de vuurpijl* sensationeel sloteffect ❷ het iemand hard raken, vooral met de hand: *hij gaf me een ~ op mijn schouder* ▼ *een ~ van de molen hebben gehad* (een beetje) gek zijn ▼ *hij voert geen ~ uit* hij doet helemaal niets ▼ *in één ~* plotseling: *we wonnen de loterij en waren in één ~ rijk* ❸ *fig.* iets wat heel erg is voor iemand, groot verlies, ramp: *de dood van zijn vrouw was een grote ~ voor hem* **klapband** band van een auto, fiets e.d. die met een knal kapotgaat **klapdeur** deur die vanzelf dichtklapt **klapekster** ❶ grijze vogel met zwart masker en zwarte vleugels van de familie van de klauwieren (Lanius excubitor) ❷ *fig.* iemand die veel praat, kletskous **klaphek** hek dat vanzelf dichtvalt **klaplong** lucht tussen de long en de wand van de borstholte: *ze kreeg een ~ en moest naar het ziekenhuis* **klaplopen** op anderen teren, profiteren van anderen

klappen ❶ door slaan een geluid maken ❷ de handen tegen elkaar slaan als applaus: *er werd tien minuten geklapt na het concert* ❸ met een knal kapotgaan: *de ballon klapte toen ze hem te hard opblies* ❹ praten, babbelen, vertellen ▼ *uit de school ~* dingen vertellen die binnen een bepaalde groep moesten blijven **klapper** *de (m)* [-s] ❶ vuurwerk dat met een knal ontploft ❷ *fig.* iets wat veel succes heeft: *dat nieuwe computerspel is een ~* ❸ agenda, map, register e.d. met losse bladen die bij elkaar worden gehouden door een ring of die men vastklemt ❹ kokosnoot ❺ het vlees van een kokosnoot ❻ kokospalm

klapperboom kokospalm **klapperen** een snel tikkend, klappend geluid maken: *de zeilen klapperden in de wind; met zijn tanden ~ van de kou* **klappertanden** [klappertandde, h. geklappertand] zo bibberen, meestal van de kou, dat de tanden tegen elkaar slaan **klappertje** *het* [-s] beetje kruit tussen twee stukjes papier dat door een klap ontploft **klapraam** raam dat om een horizontale as draait **klaproos** papaverachtige plant met rode bloem (Papaver rhoeas) **klapschaats** schaats die alleen aan de teen van de schoen vastzit **klapsigaar** sigaar met ontplofbare stof **klapstoel** stoel met opklapbare zitting, vouwstoel **klapstuk** ❶ stuk vlees bij de rib van een koe ❷ *fig.* hoogtepunt (van een avond, feest e.d.) **klaptafel** opvouwbare tafel **klapwieken** [klapwiekte, h. geklapwiekt] 〈van vogels〉 met de vleugels op en neer slaan **klapzoen** duidelijk hoorbare kus

klare *de (m)* jenever **klaren** ▼ *de klus ~* het werk tot een goed einde brengen **klarinet** *de* [-ten] houten blaasinstrument met een heldere toon, dat wordt aangeblazen met een rietje **klaroen** *de* schelle trompet **klas** *de (v)* [-sen] ❶ groep leerlingen die samen les krijgen op school: *de ~ protesteerde tegen het proefwerk* ❷ leerjaar: *in welke ~ zit je?* ❸ lokaal waarin leerlingen les krijgen: *de leerlingen zaten al in de ~* ❹ kwaliteit ▼ *eerste ~, tweede ~* deel van een trein: *de eerste klas is luxer en duurder dan de tweede klas* **klasgenoot** iemand uit dezelfde klas

klasse *de (v)* [-n] ❶ kwaliteit: *een prestatie van grote ~!* ❷ groep mensen die eenzelfde soort leven leiden en ongeveer even rijk zijn: *de ~ van de arbeiders* ❸ afdeling van een sportcompetitie: *onze ploeg speelt in de hoogste ~* ▼ BN *eerste ~* eredivisie, hoogste afdeling in het voetbal ▼ BN *tweede ~* de op een na hoogste afdeling in het voetbal **klassement** *het* overzicht van deelnemers aan een serie wedstrijden met de beste bovenaan en de slechtste onderaan **klassenboek**, **klasboek** aantekenboek voor iedere schoolklas afzonderlijk, met het huiswerk, behandelde stof, opmerkingen e.d. **klassenjustitie** rechtspraak die hogere standen bevoordeelt **klassenleraar** leraar die de belangen van een bepaalde klas behartigt **klassenoudste** *de* [-n] leerling die een schoolklas vertegenwoordigt en de belangen van die klas behartigt **klassenraad** BN raad die bestaat uit de directie van een middelbare school en de leerkrachten die les geven aan een bepaalde klas

klassenstrijd strijd van de lagere tegen de hogere maatschappelijke klassen **klasseren** ❶ rangschikken in een klasse ▼ *zich ~* zich plaatsen voor een volgende wedstrijd op grond van eerdere wedstrijdresultaten ❷ BN, spreekt. op de monumentenlijst plaatsen **klassespeler** heel goede speler

klassiek *bn* ❶ wat behoort tot de Grieks-Romeinse oudheid ❷ wat als model aanvaard is, voortreffelijk: *een ~ werk* ❸ traditioneel ▾ *~e muziek* Europese muziek van componisten uit de periode van ongeveer 1780-1815 **klassieken** *de (mv)* ❶ filosofen en schrijvers uit de Griekse en Romeinse oudheid ❷ filosofen en kunstenaars die hoog gewaardeerd blijven **klassieker** *de (m)* [-s] lied dat nog steeds vaak gezongen wordt, boek dat nog steeds veel gelezen wordt enz.

klassikaal *bn* voor of met een hele klas

klateren een helder geluid maken, vooral van water: *in het bos klatert een beekje* **klatergoud** ❶ vals bladgoud ❷ *fig.* schone schijn, iets wat veel mooier lijkt dan het in het echt is: *de wereld van show en amusement is vaak niet veel meer dan ~*

klauteren met handen en voeten klimmen

klauw *de* ❶ scherpe, kromme nagel (en poot) van roofdieren en roofvogels ❷ *vulg.* hand ❸ het klauwen, krabben met een klauw ❹ klauwvormig gereedschap **klauwen** ❶ de klauwen uitslaan, krabben met de klauwen ❷ met korte slagen schaatsen **klauwhamer** hamer met een gespleten ijzer om spijkers te verwijderen

klauwier *de (m)* familie van zangvogels met een scherpe snavel die op een haak lijkt (Laniidae)

klavarskribo *muz.* het notenschrift voor de piano dat van boven naar onder wordt gelezen

klavechord, klavichord *het* [-s] oud snaarinstrument met toetsen in een platte kast **klavecimbel** *de (m) & het* [-s] klavierinstrument waarvan de snaren via toetsen getokkeld worden **klavecinist** *de (m)* iemand die klavecimbel speelt

klaver *de* [-s] vlinderbloemig plantengeslacht waarvan verschillende soorten worden gebruikt als veevoer **klaverblad** ❶ blaadje van de klaver ❷ verkeersplein in de vorm van een klavertjevier, klaverbladvormig geheel van op- en afritten ❸ drie personen die veel samen optrekken of samen dingen doen **klaveren** *de* [klaveren, klaverens] kaart met klaverfiguren **klaverjassen** [klaverjaste, h. geklaverjast] een kaartspel spelen voor 4 personen en met 32 kaarten **klavertjevier** *het* [-en, klavertjesvieren] steeltje met vier klaverblaadjes: *een ~ brengt geluk*

klavier *het* ❶ piano ❷ toetsenbord van een piano, keyboard enz.

kledder I *de (m)* [-s] ❶ modderige massa, iets papperigs, brijachtigs II *bn* ❷ *inform.* heel nat **kledderig** *bn* modderig, brijachtig **kleddernat** heel nat

kleden ❶ kleren aandoen: *de moeder kleedt haar dochter* ▾ *zich ~* zichzelf kleren aandoen: *zij kleedt zich voor het gala* ❷ van kleren voorzien, de kleren voor iemand maken: *deze ontwerper kleedt veel bekende Nederlanders* ❸ goed of slecht staan: *die jas kleedt u goed* **klederdracht** manier waarop mensen in een bepaald gebied zich al lange tijd kleden: *in Staphorst lopen sommige mensen nog in ~* **kledij** *de (v)* kleding **kleding** *de (v)* kleren, kledingstukken **kledingstuk** *het* textiel, leer e.d.

in een bepaalde vorm dat iemand op of om het lichaam draagt

kleed I *het* [kleden] ❶ stuk stof, plastic e.d. om iets mee te bedekken of mooier te maken II *het* [kleren, klederen] ❷ kledingstuk ▾ *dat gaat je niet in de koude kleren zitten* dat laat je niet onverschillig ▾ *kleren maken de man* de kleren die iemand draagt, bepalen hoe hij wordt beoordeeld ❸ *BN ook* jurk ▾ *BN iets in een nieuw ~je steken* iets een nieuw uiterlijk geven, iets vernieuwen **kleedgeld** geld om kleren te kopen **kleedkamer** kamer om zich te verkleden

kleefkruid plant met borsteltjes op de vruchtjes die aan iemands kleren blijven kleven (Galium aparine) **kleefrijst** rijst die na het koken aan elkaar plakt **kleefstof** plakmiddel

kleerhanger voorwerp van hout of plastic met een haak om een kledingstuk aan op te hangen **kleerkast** ❶ kast om kleren in op te bergen ❷ *scherts.* heel brede gespierde man **kleermakerszit** ▾ *in ~* zittend met opgetrokken en gekruiste benen **kleerscheuren** *de (mv)* ▾ *ergens zonder ~ afkomen* zonder schade

klef *bn* ❶ nat en plakkerig: *deze cake is ~* ❷ *fig.* overdreven lief, aardig tegen elkaar: *wat een ~ stel, ze zitten de hele tijd aan elkaar*

klei *de* goed kneedbare, plakkerige en vruchtbare grondsoort ▾ *uit de ~ getrokken* lomp, onbeschaafd **kleiduif** schijf die mechanisch omhoog wordt gegooid, vroeger van klei en nu van asfalt, om op te schieten **kleien** figuren kneden van klei **kleigrond** plakkerige en vruchtbare grondsoort, klei

klein I *bn* ❶ niet groot, van geringe afmetingen: *ons huis is maar ~* ❷ jong: *~e kinderen* ❸ niet voornaam, onaanzienlijk: *de ~e man is altijd de dupe* ❹ bijna, iets minder dan: *een ~e week* II *het* ▾ *in het ~* in kleine hoeveelheden, op kleine schaal **kleinbedrijf** kleinschalig bedrijf **kleinbeeldcamera** camera voor goed vergrootbare kleine opnamen **kleinbehuisd** *bn* die een kleine woonruimte heeft, in een kleine woning woont **kleinburgerlijk** bekrompen van opvatting **kleindochter** dochter van iemands kind **kleine** I *de* [-n] ❶ kind, baby II *het* ❷ wat klein, weinig is

kleineren ❶ als onbeduidend voorstellen, te laag aanslaan in waarde ❷ iemand vernederen, doen alsof hij niets kan of voorstelt

kleingeestig *bn* benepen, niet ruimdenkend **kleingeld** geld in de vorm van muntstukken (en niet in biljetten) **kleingoed** ❶ kleine voorwerpen ❷ kleine kinderen **kleinhandel** handel waarbij direct aan de consument wordt geleverd **kleinigheid** *de (v)* [-heden] ❶ klein ding van weinig waarde: *hier is een ~ voor je verjaardag* ❷ iets onbelangrijks: *ruziemaken over een ~* **kleinkind** kind van iemands kind **kleinkrijgen** *fig.* maken dat iemand gehoorzaam wordt en zich niet meer verzet: *laat je niet ~!* **kleinkunst** toneel, zang, dans zonder veel pretentie, vooral met de bedoeling om te amuseren, zoals cabaret **kleinmetaal** *de (m)* metaalindustrie van kleine en middelgrote bedrijven **kleinood** *het* [-noden, -nodiën] iets kostbaars **kleinschalig** *bn* op kleine schaal, niet heel groot, van beperkte omvang

▼ ~*e landbouw* landbouw in kleinere hoeveelheden en door kleinere bedrijfjes, niet door heel grote bedrijven die heel veel produceren **kleinsteeds** *bn* met het karakter van een kleine stad, een beetje achterlijk, bekrompen **kleintje** *het* [-s] ❶ klein kind ❷ iets kleins ▼ ~ *pils* klein glas pils ▼ *hij is voor geen* ~ *vervaard* hij durft veel aan ▼ *op de ~s letten* letten op de kleine uitgaven **kleinvee** schapen, geiten of varkens **kleinzerig** *bn* bang voor pijn, niet in staat om veel pijn te verdragen **kleinzielig** *bn* met bekrompen opvattingen, benepen **kleinzoon** zoon van iemands kind

kleitablet plaatje van klei met inscripties

klem I *de* [-men] ❶ apparaat waar iets in geklemd kan worden ❷ toestel om dieren te vangen ❸ nadruk: *met ~ spreken* II *bn* ❹ vastgeklemd, vast

klembord ❶ plaat of omslag met een klem voor het vastklemmen van papieren ❷ comp. functie die het mogelijk maakt om informatie te selecteren en tijdelijk op te slaan en later weer op te vragen, zoals bij kopiëren, knippen en plakken, clipboard

klemmen ❶ stevig vasthouden, met sterke druk tussen iets vastzetten: *zij klemde het boek tegen zich aan; iets in een bankschroef ~* ❷ te stevig vastzitten en daardoor niet gemakkelijk bewogen kunnen worden: *die deur klemt*

klemtoon extra druk bij het spreken op een woord of woorddeel, nadruk

klep *de* [-pen] ❶ soort deksel die aan één kant vastzit ❷ deel van een pet dat vooruitsteekt boven de ogen ❸ stuk van een tas e.d. dat aan één kant vastzit en de opening bedekt ❹ spreekt. mond ▼ *hou je ~!; ~ dicht!* hou je mond!

klepel *de (m)* [-s] staaf die in een klok tegen de rand slaat ▼ *hij heeft de klok horen luiden, maar hij weet niet waar de ~ hangt* hij kent het fijne van de zaak niet, hij weet het maar half

kleppen inform. kletsen: *die twee meiden zitten constant te ~* **klepper** *de (m)* [-s] ❶ iets dat kleppert of waarmee men kleppert ❷ houtjes die men tegen elkaar slaat, onder andere als speelgoed voor kinderen ❸ schoeisel in de vorm van een houten zool met een band over de voet **klepperen** steeds een kort tikkend, klappend geluid maken

kleptomaan *de (m)* [-manen] iemand met een heel sterke drang om dingen te stelen

klere spreekt. *de* ⟨in samenstellingen⟩ heel slecht: *wat een ~zooi!* ▼ *krijg de ~!* val dood! **klerelijer** spreekt., scheldn. *de (m)* [-s] rotzak

kleren *de (mv)* kledingstukken ▼ *de ~ van de keizer* iets waar iedereen in gelooft, maar wat niet werkelijk bestaat **klerenhanger** *de* → kleerhanger

klerikaal *bn* kerkelijk

klerk kantoorbediende, schrijver op een kantoor

klessebessen inform. [klessebeste, h. geklessebest] gezellig praten, kletsen

klets I *de* ❶ slag, klap en het geluid daarvan ❷ onzin, onzinnig gepraat II *bn* ❸ inform. kletsnat, heel erg nat **kletsen** ❶ een bepaald geluid maken door te slaan of te gooien ❷ (gezellig) praten, babbelen: *we hebben gezellig*

gekletst ❸ onzin praten: *dat is niet waar, je kletst uit je nek* **kletskoek** geklets, onzin

kletskop ❶ iemand die veel praat ❷ hard bruin suikerkoekje met stukjes amandel ❸ besmettelijke huidziekte van het hoofd door een schimmelinfectie

kletskous iemand die veel praat **kletsmajoor**, **kletsmeier** iemand die veel praat en onzinnige of onbelangrijke dingen vertelt **kletsnat** druipend nat **kletspraat** onzinnig gepraat, onzin

kletteren ❶ snel opeenvolgende heldere of tikkende geluiden maken: *de regen kletterde tegen het raam* ❷ inform. (over een afstand naar beneden) vallen: *ik kletterde van de trap*

kleumen kou lijden, het koud hebben: *we stonden uren op het station te ~*

kleun *de (m)* harde slag

kleur *de* ❶ licht zoals dat eruitziet op bepaalde golflengten, bijv. rood of blauw ❷ gelaatskleur, blos ❸ fig. politieke richting ❹ ⟨kaartspel⟩ elk van de vier soorten waarin de kaarten zijn verdeeld (schoppen, harten, ruiten, klaver) ▼ ~ *bekennen* een kaart van dezelfde kleur bijleggen; fig. zijn mening of bedoeling bekendmaken

kleurboek boek met figuren om te kleuren **kleurdoos** doos met kleurpotloden, stiften e.d. **kleurecht** wat niet verkleurt, zijn kleur niet verliest, bijv. in de was **kleuren** ❶ ergens een kleur aan geven: *de tekenaar kleurde de huizen roze* ❷ een kleur krijgen: *in het licht van de avondzon kleurde de hemel oranje* ❸ blozen **kleurenblind** niet of slecht in staat om kleuren te onderscheiden **kleurendruk** het gekleurd afdrukken van afbeeldingen, folders e.d. **kleurenfilm** ❶ film met beelden in kleur ❷ fotorolletje voor kleurenfoto's **kleurenfoto** foto in kleuren **kleurenspectrum** kleurenbeeld dat ontstaat bij ontleding van licht

kleurig *bn* met heldere kleuren

kleurkrijt gekleurd krijt om mee te tekenen en te kleuren

kleurling iemand van gemengd ras **kleurloos** *bn* ❶ zonder kleur ❷ fig. zonder iets eigens, saai: *een ~ persoon* **kleurpotlood** potlood met een gekleurde stift om mee te tekenen en te kleuren

kleurrijk ❶ met veel kleuren ❷ fig. bijzonder, interessant: *hij is een ~ figuur* ❸ fig. met veel variatie, levendig: *een ~ gezelschap* **kleurspoeling** het verven van het haar d.m.v. een spoeling **kleurstof** stof die ergens een kleur aan geeft

kleuter *de (m)* [-s] kind van ongeveer het derde tot het zesde levensjaar

kleven ❶ blijven plakken ❷ fig. met zijn auto vlak achter iemand anders blijven rijden **kleverig** *bn* ❶ wat gemakkelijk kleeft, vettig-vochtig: *mijn handen zijn ~ van de jam* ❷ fig. overdreven aanhankelijk

kliederboel nattige smeerboel, iets wat nattig en vies is **kliederen** morsen, knoeien met iets vochtigs

kliek *de* ❶ restje van een maaltijd: *er zijn nog wat ~jes van gisteren over* ❷ vaste groep mensen die met elkaar optrekken en elkaar helpen en voordeeltjes bezorgen: *in die vereniging is een ~ die het bestuur tegenwerkt*

kl

kl

kliekjesdag dag waarop men etensresten eet

klier *de* ❶ gemeen vervelend persoon: *zit je zusje niet zo te pesten; wat ben je toch een ~!* ❷ orgaan in het lichaam dat bepaalde stoffen afscheidt: *uit je zweetklieren zweet je* **klieren** vervelend doen: *zit niet zo te ~!*

klieven in tweeën splijten: *met een bijl kliefde hij de boomstam*

klif *het* [-fen] hoog, steil deel van een kust

klik *de (m)* [-ken] ❶ kort en hoog geluid, tik ❷ snelle drukbeweging, bijv. op de muis van een computer **klikken** ❶ een klik laten horen ❷ fig. een prettig contact hebben, elkaar graag mogen: *het klikte meteen tussen ons* ❸ iemand verraden die iets doet wat niet mag, het vertellen, bijv. tegen ouders of onderwijzers ❹ comp. drukken op een knop van de muis

kliko *de (m)* [-'s] afvalcontainer

klikspaan *de* [-spanen] iemand, vooral een kind, die dingen doorvertelt over anderen, vooral als ze dingen doen die ze niet mogen doen: *mijn broer is een echte ~*

klim *de (m)* het klimmen: *het is een hele ~ naar de bergtop*

klimaat *het* [-maten] ❶ het weer in een gebied over een langere tijd: *een land met een warm ~* ❷ fig. sfeer of toestand zoals die ergens is: *het politieke ~* **klimaatbeheersing** *de (v)* het regelen van temperatuur, vochtigheid en ventilatie in een gebouw, kas, auto e.d. **klimaatkast** ruimte met een vaste temperatuur, onder andere voor het doen van onderzoek, het bewaren van wijn e.d. **klimaatneutraal** zonder negatief effect op het klimaat, zonder dat het broeikaseffect erdoor verergert: *~ ondernemen* **klimatologie** *de (v)* leer van het klimaat

klimmen [klom, h. / is geklommen] ❶ zich (met handen en voeten of poten) omhoog verplaatsen ❷ toenemen, stijgen ▼ *met het ~ der jaren* als iemand ouder wordt **klimmer** *de (m)* [-s] ❶ iemand die (goed) klimt of omhooggaat: *een etappe in de wielerronde voor de ~s* ❷ klimplant, klimop **klimmuur** muur met uitsteeksels om te oefenen in het klimmen **klimop** *de (m) & het* heester die zich hecht aan voorwerpen en daarlangs omhoog groeit **klimplant** plant die zich hecht aan voorwerpen en daarlangs omhoog groeit **klimrek** rek om in te klimmen, voor gymnastiekoefeningen of als speeltoestel voor kinderen

kling *de* ❶ het staal van een zwaard, sabel e.d. ▼ *over de ~ jagen* doden ❷ vero. kaal duin

klingel *de (m)* [-s] het **klingelen** een zacht melodieus geluid maken, zoals het geluid van een klokje: *de bel klingelde*

kliniek *de (v)* ❶ inrichting waar zieken onderzocht en behandeld worden ❷ geneeskundig onderricht tijdens en door behandeling van patiënten **klinisch** *bn* wat te maken heeft met een kliniek, medisch

klink *de* metalen staaf die men in een haak laat vallen en waarmee men een deur sluit

klinken [klonk, h. geklonken] ❶ een bepaald geluid geven: *je stem klinkt hees* ▼ *met ~de munt betalen* contant ❷ fig. een bepaalde indruk geven: *dat klinkt heel aannemelijk* ❸ de glazen tegen elkaar stoten en drinken ▼ *~de namen* indrukwekkende namen ❹ ⟨van metaal⟩ met klinknagels vastmaken: *dit oude schip is niet gelast maar geklonken*

klinker *de (m)* [-s] ❶ harde baksteen ❷ taalk. klank waarbij de lucht ongehinderd naar buiten stroomt: *de a, e, i, o en u zijn ~s*

klinkerrijm rijm waarbij alleen klinkers hetzelfde zijn

klinkhamer hamer om ijzer mee te klinken

klinkklaar ▼ *dat is klinkklare onzin* dat is complete onzin

klinknagel bout waarmee ijzeren platen aaneengeklonken worden

klip I *de* [-pen] ❶ steile rots ❷ fig. hindernis, gevaar ▼ *op de ~pen lopen* mislukken ▼ *tegen de ~pen op* ondanks alle weerstand, waarschuwingen, bezwaren e.d. **II** *bn* ▼ *~-en-klaar* duidelijk, helder

klipper *de (m)* [-s] lang zeilschip met drie masten

klis *de* [-sen] ❶ plant met stekelige knoppen ❷ knop van de klis ❸ warrige bos of tros **klissen** [kliste, is geklist] in de war zitten

klit *de* [-ten] ❶ warrige knoop ❷ knop van de klis **klitten** ❶ aan elkaar kleven, ook figuurlijk: *die meisjes ~ erg aan elkaar* ❷ in een warrige knoop raken **klittenband** *het* band met een ruw oppervlak dat blijft kleven als twee stukken tegen elkaar gedrukt worden

KLJ BN Katholieke Landelijke Jeugd (*katholieke jeugdbeweging*)

KLM *de (v)* Koninklijke Luchtvaart Maatschappij

klodder *de (m)* [-s] vettige brijachtige klomp: *een ~ verf* **klodderen** knoeien, slordig werken

kloek I *de (v)* ❶ kip die kuikens heeft, klokhen **II** *bn* ❷ moedig, flink, stevig: *hij nam een ~ besluit* ▼ *een ~ boek* een groot en dik boek

kloet *de (m)* ❶ kluit ❷ vaarboom, stok waarmee iemand een schip voortduwt

kloffie inform. *het* [-s] kleren, wat iemand aanheeft: *hij kwam in zijn oude ~*

klojo inform. *de (m)* [-'s] sufferd, kluns

klok *de* [-ken] ❶ voorwerp waarop men kan zien hoe laat het is, uurwerk: *de ~ loopt vijf minuten voor* ❷ instrument van metaal met een klepel, dat een helder geluid geeft: *er hangt een zware ~ in de kerktoren* ▼ *die verklaring klinkt als een ~* die verklaring is heel goed en duidelijk ▼ *iets aan de grote ~ hangen* iets rondvertellen zodat iedereen het weet ▼ *de ~ horen luiden maar niet weten waar de klepel hangt* iets wel weten maar niet weten hoe het precies zit ❸ bloem met de vorm van een klok

klokbeker klokvormige prehistorische beker

klok-en-hamerspel ❶ gezelschapsspel ❷ scherts. mannelijke geslachtsdelen **klokgelui** het luiden van de klok

klokhen hen die broedt of kuikens heeft

klokhuis deel van een appel of peer waar zich de zaden bevinden

klokken ❶ hoorbaar slikken: *hij klokte het water naar binnen* ❷ tijd noteren of registreren, bijv. tijdens wedstrijden ❸ ⟨in bedrijven⟩ met de prikklok het tijdstip van binnenkomst en weggaan laten registreren

klokkenhuis deel van de toren waar de klokken

hangen **klokkenluider** *de (m)* [-s] **❶** iemand die een klok luidt **❷** fig. iemand die een misstand meldt in een organisatie, bedrijf e.d.

klokkenspel ❶ verzameling klokken waarmee muziek gemaakt wordt **❷** scherts. mannelijke geslachtsdelen **klokkenstoel** stellage voor de torenklok **klokkentoren** toren met een klok **klokkijken** op een klok zien hoe laat het is **klokradio** combinatie van een digitale klok en een radio, gebruikt als toestel om te wekken, wekkerradio

klokrok klokvormige rok

klokslag het slaan van een klok ▼ ~ ... *uur* precies om: ~ *twaalf uur*

klokuur uur van zestig minuten

klokvast BN (van treinen) precies op het aangegeven tijdstip

klokzeel *het* ▼ BN ook *iets aan het ~ hangen* algemeen bekendmaken, aan de grote klok hangen

klomp *de (m)* **❶** brok, groot stuk: *een ~ goud* **❷** schoen van hout die vooral op het platteland gedragen wordt ▼ *dat voel ik met mijn ~en aan* dat is heel erg duidelijk voor mij ▼ *nu breekt mijn ~* ik sta stomverbaasd **klompendans** dans op klompen **klomphoogte** ▼ *op ~* tien centimeter van de grond: *vorst op ~* **klompvoet** mismaakte, naar binnen gedraaide voet

klonen, kloneren maken van een genetische kopie met gebruik van erfelijk materiaal

klont *de* brok van iets, zoals eten of modder, dat aan elkaar plakt: *er zitten allemaal ~en in mijn pap* **klonter** *de (m)* [-s] gestolde brok van iets dat week of vloeibaar was: *een bloed~* **klonteren** [klonterde, is geklonterd] brokjes vormen die aan elkaar plakken, klonters worden: *de saus klontert* **klontje** *het* [-s] rechthoekig stukje suiker ▼ *dat is zo klaar als een ~* dat is volkomen duidelijk **klontjessuiker** BN suiker in de vorm van klontjes

kloof *de* [kloven] **❶** diepe spleet: *in de ~ tussen de bergen stroomt een rivier* **❷** fig. verschil, afstand: *in dat land is de ~ tussen arm en rijk heel groot*

klooien inform. **❶** vervelend doen, zaniken, zeuren **❷** prutsend bezig zijn

kloon *de* [klonen] **❶** bio. individu ontstaan door klonen, identiek wezen **❷** iron. iemand die iemand anders navolgt, hetzelfde doet: *hij is een ~ van de hoogleraar*

klooster *het* [-s] gebouw waarin een aantal mannen of vrouwen woont om zich afgezonderd van de gewone wereld aan God te wijden volgens vastgestelde regels **kloosterling** *de (m)* iemand die in een klooster leeft **kloostermop** bepaalde baksteen **kloosterorde** geestelijk genootschap waarvan de leden geloften afleggen en volgens bepaalde regels leven in een klooster

kloot *de (m)* [kloten] **❶** zaadbal **❷** vulg. vervelende, akelige vent **kloothommel** vulg. klootzak **klootjesvolk** armoedigste soort mensen

klootschieten volksspel waarbij met onderhandse worpen met een verzwaarde bal een parcours moet worden afgelegd

klootzak vulg. heel akelige kerel

klop *de (m)* [-pen] **❶** doffe tik: *een ~ op de deur* **❷** slag, klap ▼ ~ *krijgen* verliezen: *wij hebben met 5-1 ~ gekregen*

klopboor boormachine die zowel een draaiende als een hamerende beweging maakt **klopgeest** geest die door kloppen laat weten dat hij aanwezig is **klopjacht ❶** grote drijfjacht **❷** fig. georganiseerde achtervolging (van mensen): *een ~ op de daders van de aanslag* **kloppartij** vechtpartij

kloppen ❶ zacht slaan, tikken: *het hart klopt; hij klopte op de deur* ▼ *iemand geld uit de zak ~* iemand ertoe brengen geld te betalen **❷** overwinnen: *de voetbalploeg heeft de tegenstander geklopt met 3-0* **❸** overeenstemmen, in orde zijn: *deze rekening klopt niet*

klopper *de (m)* [-s] voorwerp waarmee men klopt, bijv. tegen een deur, in plaats van een bel

klos *de* [-sen] stukje hout of plastic om een draad om te winden: *een ~je garen* ▼ *de ~ zijn* de vervelende gevolgen ondervinden of iets vervelends moeten doen: *waarom ben ik alweer de ~ met opruimen?* **kloskant** gekloste kant **klossen ❶** op een zware manier lopen zodat het lawaai maakt: *hij kloste op zijn klompen door de straat* **❷** op klossen winden, met klossen maken: *kant~*

klote spreekt. *bw* ellendig, beroerd: *ik voel me ~ vandaag* **kloterig** spreekt. *bn*, **klotig** vervelend, akelig, ellendig

klotsen (vloeistof) tegen iets botsen en daarbij een geluid maken: *de golven ~ tegen de boot*

kloven ❶ met kracht iets splijten, doormidden snijden, hakken e.d.: *hij kloofde het hout met een bijl* **❷** splijten, in stukken uit elkaar vallen

KLu Koninklijke Luchtmacht

klucht *de* grappig toneelstuk op een platte primitieve manier **kluchtig** *bn* dwaas, grappig, als in een klucht

kluif *de* [kluiven] stuk bot met vlees eraan ▼ *ergens een hele ~ aan hebben* ergens een zware taak of veel werk aan hebben **kluifrotonde** twee rotondes die door een korte weg verbonden zijn en van bovenaf op een kluif lijken

kluis *de* [kluizen] **❶** kast of ruimte die bestand is tegen brand en inbraak, voor het bewaren van geld, juwelen, belangrijke papieren e.d. ▼ comp. *digitale ~* programma voor het veilig bewaren van gegevens **❷** verblijfplaats van een kluizenaar **kluisgat** opening voor een ankerketting

kluister *de* [-s] boei: *de gevangenen werden in de ~s geslagen* **kluisteren** boeien, met boeien vastmaken ▼ fig. *aan het ziekbed ge~d* ziek en niet in staat om op te staan

kluit *de* brok aarde: *we hebben een kerstboom met ~ gekocht* ▼ *iemand met een ~je in het riet sturen* iemand die om advies, informatie e.d. vraagt, een antwoord geven waar hij niets aan heeft ▼ *flink uit de ~en gewassen zijn* groot en sterk zijn ▼ inform. *de ~ belazeren* iedereen bedriegen

kluiven [kloof, h. gekloven] vlees van een been afknagen **kluiver** *de (m)* [-s] (zeilen) driehoekig zeil aan een boegspriet

kluizenaar *de (m)* [-s, -naren] **❶** iemand die zich

terugtrekt uit de wereld om zijn leven aan God te wijden ❷ fig. iemand die alleen en erg teruggetrokken leeft

klunen op schaatsen over land lopen op stukken waar het ijs slecht is

klungel de [-s] onhandig iemand, knoeier

klungelen onhandig bezig zijn, knoeien

kluns de (m) [klunzen] onhandig iemand

klunzig bn onhandig

klus de (m) [-sen] karwei, werk: *de verbouwing wordt nog een hele ~* **klusje** het [-s] klein karweitje, werkje: *ik heb een ~ voor je: het tuinpad vegen* **klusjesman** iemand die allerlei karweitjes opknapt tegen betaling **klussen** allerlei karweitjes verrichten, bijv. iets timmeren

kluts de ▼ *de ~ kwijt zijn* in de war zijn, niet meer weten wat men moet doen **klutsen** door elkaar kloppen: *ze klutste de eieren*

kluut de (m) [kluten] zwart-witte waadvogel met lange poten en een lange, naar boven gebogen snavel (Recurvirostra avocetta)

kluwen de (m) & het [-s] ❶ bol opgewonden garen, touw enz. ❷ fig. met elkaar verstrengelde groep: *een ~ vechtende mensen, honden*

klysma ⟨klis-⟩ het [-'s] het rechtstreeks inbrengen van een vloeistof in de darm, darmspoeling

km kilometer

KM ❶ Keizerlijke Majesteit ❷ Koninklijke Majesteit ❸ Koninklijke Marine

KMA de (v) Koninklijke Militaire Academie

KMI BN het Koninklijk Meteorologisch Instituut van België

kmo BN kleine of middelgrote onderneming

knaagdier zoogdier met twee paar lange snijtanden waar het goed mee kan knagen, zoals een konijn, muis, hamster

knaak inform. de [knaken] ⟨vroeger⟩ rijksdaalder

knaap de (m) [knapen] ❶ jongen ❷ iets dat groot is in zijn soort: *een ~ van een vis*

knaapje het [-s] ❶ jongetje ❷ kleerhanger

knabbelen ergens telkens kleine stukjes van afbijten: *de muis knabbelde aan de kaas*

KNAC de Koninklijke Nederlandse Automobielclub

knäckebröd ⟨knɛkkəbreut⟩ het knapperig dun Zweeds brood dat lijkt op crackers

knagen ❶ voortdurend aan iets bijten: *de ratten ~ aan de planken* ❷ fig. aanhoudend leed of pijn veroorzaken: *het schuldgevoel knaagt aan hem*

knak de (m) [-ken] ❶ brekend geluid, krak ❷ breuk, barst, het knakken ❸ fig. ernstige schade, psychisch leed: *zijn echtscheiding heeft hem een ~ gegeven* **knakken** ❶ een brekend geluid doen horen: *met zijn vingers ~* ❷ breken op zo'n manier dat de delen aan elkaar vast blijven zitten: *door de storm zijn de stelen van de bloemen geknakt* ❸ fig. breken, kapotmaken: *de dood van zijn vrouw heeft hem geknakt* **knakker** inform. de (m) [-s] vent, kerel: *hij is een vreemde ~* **knakworst** dun worstje

knal I de (m) [-len] ❶ kort hard geluid: *de ~ van een geweerschot* ❷ inform. harde klap of stomp: *iemand een ~ voor z'n kop geven* II bn ❸ inform. erg leuk ❹ ⟨als eerste deel van een samenstelling⟩ inform. erg leuk: *een ~feest* ❺ schreeuwend, heel fel: *~rood, ~groen*

knallen ❶ een kort hard geluid maken: *er knalde vuurwerk* ❷ hard schieten: *de aanvaller heeft de bal in het doel geknald* ❸ ergens hard tegenaan botsen: *die auto's zijn op elkaar geknald* **knaller** de (m) [-s] heel groot (commercieel) succes **knalpot** motoronderdeel dat het geluid van de afgewerkte gassen dempt

knap I de (m) [-pen] ❶ geluid van plotseling breken II bn ❷ die er goed uitziet, mooi: *een ~ meisje* ❸ met een goed verstand, slim ❹ netjes: *de kamer ziet er weer ~ uit* ❺ tamelijk erg: *je bent ~ vervelend*

knappen ❶ een knap of knappen laten horen ❷ met een knap breken

knapperd de (m) [-s] knap iemand

knapperen voortdurend knappen (van brandend hout)

knapperig bn ⟨van voedsel⟩ hard en gemakkelijk brokkelend of breekbaar, bros: *een ~ biscuitje*

knapzak zak met eten die aan een stok gebonden is

knar de (m) [-ren] ❶ boomstronk ❷ spreekt. hoofd ▼ inform. *ouwe ~* oud maar nog wel taai persoon

knarsen een krassend schurend geluid maken: *de roestige sleutel knarste in het slot; met zijn tanden ~* **knarsetanden** [knarsetandde, h. geknarsetand] met de tanden knarsen: *hij knarsetandde van woede*

KNAU de (v) Koninklijke Nederlandse Atletiekunie

knauw de (m) ❶ beet ❷ ernstige beschadiging: *zijn gezondheid heeft een geduchte ~ gekregen; zijn reputatie heeft een ~ gekregen* **knauwen** ❶ hard op iets bijten, kauwen ❷ bij het spreken (delen van) lettergrepen niet uitspreken: *Groningers ~*

knecht de (m) [-en, -s] ❶ man in dienst van iemand anders, vooral voor lichamelijk werk ❷ ⟨wielrennen⟩ iemand die tijdens de wedstrijd voornamelijk de kopman van zijn ploeg steunt **knechten** onderwerpen, onderdrukken: *een geknecht volk*

kneden iets door elkaar mengen of het de vorm geven die men wil hebben door erop te drukken: *de bakker kneedde het deeg* **kneedbaar** bn ❶ mogelijk om te kneden ❷ fig. mogelijk om iemand te maken zoals men hem of haar wil hebben **kneedbom** bom van kneedbare springstof

kneep de [knepen] ❶ keer dat iemand knijpt: *iemand een ~je in zijn wang geven* ❷ handigheid, truc: fig. *hij kent alle ~jes van het vak* ▼ *daar zit 'm de ~* dat is de truc; dat is het probleem

knel de [-len] voorwerp dat knelt ▼ *in de ~ zitten* in een lastige situatie zitten waar iemand moeilijk uit kan komen **knellen** ❶ klemmen, pijnlijk drukken, strak zitten: *mijn schoenen ~* ❷ fig. benauwen: *~de wet- en regelgeving* **knelpunt** het fig. punt waar de moeilijkheid zit **knelpuntberoep** BN beroep waarvoor de vacatures erg moeilijk ingevuld raken

knerpen krakend knarsen **knersen** knarsen

knetter inform. bn helemaal gek: *je bent ~!* **knetteren** met een helder scherp geluid herhaald knappen ▼ *~de ruzie* felle, luidruchtige ruzie **knettergek** inform. helemaal gek

kneu de zangvogeltje met rood voorhoofd en

witte borst (Carduelis cannabina)

kneus *de (m)* [kneuzen] ❶ gekneusde plek ❷ fig. beetje mislukt, zielig iemand ▼ *~je* beschadigde vrucht; fig. iemand die niet erg goed is in wat hij doet en een beetje zielig is; fig. auto met gebreken

kneuter *de (m)* [-s] kneu **kneuteren** gezellig huiselijke dingen doen: *lekker op de bank zitten ~* **kneuterig** *bn* gezellig, knus, op een wat saaie manier

kneuzen beschadigen doordat iets iets anders hard raakt, bijv. door een klap of doordat iemand ergens tegenaan botst: *mijn voet is gekneusd door de val* **kneuzing** *de (v)* ❶ het kneuzen ❷ gekneusde plek

knevel *de (m)* [-s] ❶ snor ❷ staafje of stokje dat ergens in wordt bevestigd zodat het niet open of los kan gaan **knevelen** ❶ stevig vastbinden: *de inbrekers knevelden de bewoners* ❷ onderdrukken, verhinderen om vrijuit te spreken

knickerbocker ⟨nik-⟩ *de (m)* [-s] wijde kniebroek die van onderen nauw is, zoals die vroeger werd gedragen

knie *de* [-ën] ❶ lichaamsdeel midden in het been aan de voorkant, waar iemand zijn been buigt ▼ *iets onder de ~ hebben* iets kunnen: *hij heeft het tennissen al aardig onder de ~* ▼ *iemand over de ~ leggen* iemand een pak slaag op zijn achterwerk geven ❷ gedeelte van een broek dat de knie bedekt: *een broek met kapotte ~ën* ❸ stukje pijp met een bocht erin, kniestuk **knieband** ❶ pees in de knie ❷ band om de knie te beschermen **kniebuiging** *de (v)* het buigen van één of van beide knieën ▼ fig. *een ~ maken* een concessie doen, toegeven **kniekous** kous tot aan de knie

knielen [knielde, h. / is geknield] op de knieën (gaan) zitten: *ze knielde en bad tot God*

knieschijf plat stukje been op het kniegewricht

kniesoor *de* [-oren] iemand die altijd ontevreden is, brommerig mens: *wie daarop let, is een ~*

kniestuk ❶ steunbalk ❷ stuk stof, leer e.d. om de knie of het kniegedeelte van een broek te beschermen ❸ stukje buis met een scherpe bocht **knietje** *het* ❶ sp. bezeerde, geblesseerde knie ❷ stoot met de knie ❸ het buigen van de knie zodat iemand daarop kan leunen of staan: *hij gaf haar een ~ zodat ze over de muur kon kijken* **knieval** het knielen ▼ *een ~ maken* toegeven, zich onderdanig opstellen

kniezen triest, teleurgesteld, met een beetje zelfmedelijden aan iets blijven denken

knijp I *de* ❶ knel, beknelling ❷ angst, moeilijkheden ▼ *in de ~ zitten* beklemd, in de knel zitten; fig. in moeilijkheden, in angst zitten II *bn* ▼ *~ zitten* beklemd, in de knel zitten; fig. weinig tijd, geld of ontsnappingsmogelijkheden hebben en daardoor in moeilijkheden, in angst zitten **knijpen** [kneep, h. geknepen] met de hand iets (soms pijnlijk) samendrukken, vooral iemands vel tussen duim en wijsvinger ▼ *hem ~* bang zijn ▼ *er tussenuit ~* stiekem weggaan **knijper** *de (m)* [-s] klemmetje, bijv. voor wasgoed aan een waslijn **knijpkat** zaklantaarn die iemand kan opladen door een onderdeel met de hand te draaien **knijptang** gereedschap om spijkers uit te trekken, nijptang

knik *de (m)* [-ken] ❶ plek waar iets gedeeltelijk gebroken is, waardoor het gebogen is: *er zit een ~ in de stengel van de paardenbloem* ❷ scherpe bocht ❸ korte buiging van het hoofd, met de betekenis ja **knikkebollen** [knikkebolde, h. geknikkebold] bijna in slaap vallen terwijl het hoofd telkens vooroverzakt

knikken ❶ zijn hoofd even buigen, met de betekenis ja of als begroeting: *hij knikte toen ik vroeg of ik zijn fiets mocht lenen* ❷ doorbuigen: *mijn knieën knikten van angst* ❸ gedeeltelijk breken: *de stelen van de bloemen zijn geknikt*

knikker *de (m)* [-s] klein bolletje, meestal van glas of klei, om mee te spelen ▼ *inform. een kale ~* een kaal hoofd ▼ spreekt. *stront aan de ~* problemen **knikkeren** ❶ met knikkers spelen ❷ weggooien, wegsturen: *hij is eruit geknikkerd*

KNIL *het* Koninklijk Nederlands-Indisch Leger

knip I *de (m)* [-pen] ❶ het knippen met een schaar, met vinger en duim ▼ *geen ~ voor de neus waard* niets waard II *de* [-pen] ❶ val, vogelklem ❷ grendel: *de deur op de ~ doen* ❸ beurs met een beugel als sluiting ▼ *de hand op de ~ houden* de portemonnee dichthouden, geen geld uitgeven ❹ soort knijper III *het* ❶ knipbrood **knipbeurs** beurs met een beugel als sluiting **knipbrood** brood met een diepe gleuf in het midden **knipkaart** abonnementskaart die telkens geknipt moet worden **knipmes** opvouwbaar mes

knipogen [knipoogde, h. geknipoogd] snel één oog dicht en weer open doen, als teken van verstandhouding **knipoog** *de (m)* [-ogen] het snel sluiten en openen van één oog als teken van verstandhouding

knippen met een schaar of tang in iets snijden: *ik knipte de foto uit de krant; haren ~* ▼ *kaartjes ~* een kaartje in een kaartje maken als bewijs dat het gecontroleerd is ▼ *met zijn vingers ~* een kort geluid maken met middelvinger en duim

knipperen ❶ zijn ogen snel achter elkaar open- en dichtdoen ❷ snel achter elkaar aan- en uitgaan van licht: *het lampje knippert* **knipperlicht** lampje dat snel achter elkaar aan- en uitgaat **knipsel** *het* [-s] stukje dat geknipt is uit een tijdschrift of krant **knipselkrant** overzicht van berichten uit de pers **kniptor** langwerpige kever van de familie van de Elateridae, die een knipgeluid maakt

knisperen licht knetteren of ritselen

KNMG *de (v)* Koninklijke Nederlandsche Maatschappij ter bevordering der Geneeskunst **KNMI** *het* Koninklijk Nederlands Meteorologisch Instituut

KNMP *de (v)* Koninklijke Nederlandse Maatschappij ter bevordering der Pharmacie

kno-arts arts voor keel-, neus- en oorziekten **knobbel** *de (m)* [-s] ❶ bult, verdikking, uitwas ❷ fig. bijzondere aanleg voor iets bepaalds: *een wiskunde~*

knockdown ⟨nokdaun⟩ *de (m)* [-s] stoot waarbij een bokser valt

knock-out ⟨nok-aut⟩ *bn* bewusteloos geslagen (bij boksen)

knoedel *de (m)* [-s] ❶ bal van deeg of meel ❷ haarwrong, knot in het haar

kn

knoei *de (m)* ▼ *in de ~ zitten* in moeilijkheden zitten **knoeiboel** ❶ vieze troep ❷ slecht, slordig werk **knoeien** ❶ morsen, slordig zijn: *ze knoeide zo erg dat alles smerig werd* ❷ *fig.* bedriegen, oneerlijk zijn: *~ met de boekhouding* **knoeierij** *de (v)* ❶ slordig werk ❷ oneerlijke handelwijze

knoeperd *inform. de (m)* [-s] heel groot exemplaar

knoert *de (m)* iets dat erg groot is in zijn soort

knoest *de (m)* harde plek in hout, op de plaats waar een tak uit de stam is gekomen **knoestig** *bn* vol knoesten

knoet *de (m)* ❶ zweep, gesel ▼ *onder de ~ zitten* aan een streng regime onderworpen zijn, overheerst worden ❷ bundel haar die op het achterhoofd is vastgemaakt, knot

knoflook *het & de (m)* uiachtige plant met een scherpe geur (Allium sativum)

knokig *bn* met stevige zichtbare beenderen

knokkel *de (m)* [-s] gewricht waar de vinger aan de hand vastzit: *als iemand een vuist maakt, steken de ~s uit*

knokken vechten ▼ *hard ~ om iets te bereiken* er erg veel moeite voor doen **knokpartij** vechtpartij **knokploeg** groep mensen die d.m.v. geweld zaken wil regelen

knol *de (m)* [-len] ❶ dik ondergronds deel van een stengel ❷ raap ▼ *iemand ~len voor citroenen verkopen* met slechte waar beetnemen, iets minderwaardigs in plaats van iets goeds leveren ▼ *~len van gaten* grote gaten (in kousen of sokken) ❸ *neg.* paard: *die ouwe ~* **knolraap** groentegewas waarvan de verdikte wortel gegeten wordt **knolselderij** selderij met verdikte wortel

knook *de* [knoken] bot, been

knoop *de (m)* [knopen] ❶ schijfje aan kleding als sluiting (of versiering) ▼ *van de blauwe ~ geheelonthouder* ▼ *achter de knopen hebben* gegeten of gedronken hebben ❷ strik in een draad, touw e.d. ▼ *de ~ doorhakken* een moeilijke beslissing nemen ❸ *scheepst.* één zeemijl per uur **knoopcel** batterij in de vorm van een rond schijfje, vooral veel gebruikt in draagbare apparaten **knooppunt** het belangrijk kruispunt **knoopsgat** opening in een kledingstuk om een knoop door te halen ▼ **BN, spreekt.** *van het zevende ~* gezegd van iemand die er slechts van ver op lijkt, amper is wat hij zou moeten zijn: *een minister van het zevende ~* **knoopsluiting** sluiting met knopen

knop *de (m)* [-pen] ❶ bolvormig voorwerp: *de ~ van de deur* ❷ bolvormig begin van een bloem ▼ *naar de ~pen* verloren, kapot

knopen ❶ met een knoop vastmaken ❷ met knopen ineenvlechten: *tapijten ~*

knoppen knoppen krijgen

knorhaan rode zeevis van het geslacht Trigla die een knorrend geluid maakt **knorren** ❶ het geluid van een varken maken ❷ *fig.* brommen, pruttelen, mopperen **knorrepot** *de (m)* [-ten] knorrig, mopperend mens **knorrig** *bn* die steeds moppert, slechtgehumeurd

knot *de* [-ten] ❶ kluwen ❷ bundel haar die op het achterhoofd is vastgemaakt

knots I *de* ❶ dikke stok die van onderen breder

is, als wapen om mee te slaan en voor gymnastiekoefeningen ▼ *een ~ van ...* een geweldig grote ... **II** *bn* ❷ *inform.* gek

knotten de kroon, de top afslaan, bijv. van een boom **knotwilg** wilg die geknot is

knowhow ⟨noo·hau⟩ *de (m)* kennis m.b.t. de manier waarop iets wordt gemaakt of gedaan

KNSB *de (m)* ❶ Koninklijke Nederlandse Schaakbond ❷ Koninklijke Nederlandse Schaatsenrijdersbond

knudde *bn* van een heel slechte kwaliteit, waardeloos

knuffel *de (m)* [-s] ❶ kus of omhelzing: *de moeder gaf het kind een ~* ❷ iemand die graag knuffelt of geknuffeld wordt ❸ zacht speelgoeddier **knuffeldier** speelgoeddier van zacht materiaal **knuffelen** zoenen, omhelzen, liefkozend aanraken of beetpakken

knuist *de* vuist, hand ▼ *~je* handje van een klein kind

knul [-len] jonge vent, jongen **knullig** *bn* onbeholpen, onhandig

knuppel *de (m)* [-s] ❶ dikke stok, vooral om mee te slaan: *bij honkbal sla je de bal met een ~* ▼ *een ~ in het hoenderhok gooien* veel onrust veroorzaken ❷ lomperd, lummel **knuppelen** met een knuppel slaan

knurft *de (m)* sufferd

knus *bn* gezellig, in een vertrouwde sfeer: *we zitten ~ bij de open haard*

knut *de* [-ten] kleine soort steekmug uit de familie Ceratopogonidae, die o.a. zorgt voor de verspreiding van de ziekte blauwtong onder herkauwers

knutselaar *de (m)* [-s] iemand die knutselt **knutselen** kleine dingen zelf maken, zelf kleine reparaties e.d. verrichten **knutselwerk** ❶ het knutselen ❷ iets dat geknutseld is ❸ *fig.* werkje waarbij men op kleinigheden moet letten en waar geduld voor nodig is

KNVB *de (m)* Koninklijke Nederlandse Voetbalbond

KNWU *de (v)* Koninklijke Nederlandse Wielrijdersunie

ko knock-out

koala *de (m)* [-'s] buideldier uit Australië dat op een beer lijkt

kobalt *het* ❶ chemisch element, een grijsachtig glanzend metaal ❷ helderblauwe verfstof

kobold *de (m)* [-en, -s] aard- of kaboutermannetje

koddig *bn* (vertederend) grappig: *een ~ gezicht, dat kindje met zijn kromme beentjes*

koe *de (v)* [koeien] vrouwelijk rund, ook het vrouwtje van andere zoogdiersoorten ▼ *oude ~ien uit de sloot halen* oprakelen wat lang geleden gebeurd is ▼ *over ~tjes en kalfjes praten* over gewone dingen ▼ *~ien van fouten* heel grote fouten

koedoe *de (m)* [-s] antilope met grote hoorns

koehandel *neg.* het maken van (politieke) afspraken door over en weer aan elkaars eisen tegemoet te komen **koeienletter** grote letter **koeienvlaai** uitwerpselen van een koe: *koeienvlaaien in het weiland*

koeioneren de baas spelen over

koek *de (m)* ❶ gebak gemaakt van boter, meel,

suiker, eieren e.d. ▼ *dat is oude ~* dat is niets
nieuws ▼ *het is weer ~ en ei tussen hen* ze zijn
weer dikke vrienden ▼ *een ~je van eigen deeg
krijgen* op dezelfde (slechte) manier behandeld
worden als men anderen behandelt
❷ aangekoekte massa
koekeloeren toekijken, staren
koekenbakker ❶ iemand die beroepshalve koek
bakt ❷ min. iemand die niet goed is in zijn vak
koekenbrood BN zacht, zoetig brood ▼ *een hart
van ~ hebben* een goed karakter hebben
koekenpan platte metalen pan met lange steel
om in te bakken
koek-en-zopie *de* [-s] kraam op het ijs met
koek, warme chocolademelk e.d. voor schaatsers
koekoek *de (m)* familie van vogels waarvan veel
soorten hun eieren door andere vogels laten
uitbroeden (Cuculidae) ▼ *dank je de ~* o nee, dat
wil ik niet ▼ *dat is ~ één zang* steeds hetzelfde
koekoeksbloem kruidachtige plant met roze
bloemen **koekoeksjong** ❶ jong van een koekoek
❷ fig. iemand die zich ontwikkelt ten koste van
een ander **koekoeksklok** klok die slaat met het
geluid van een koekoek
koel *bn* ❶ fris, koud ❷ fig. niet erg vriendelijk,
niet hartelijk ❸ fig. kalm, niet zenuwachtig
koelbloedig *bn* kalm, zonder emoties, zonder
angst of zenuwen **koelbox** doos met isolerende
wanden om dranken en levensmiddelen in koel
te houden **koelcel** kleine koelruimte
koelelement houder met koelvloeistof **koelen**
[koelde, h. / is gekoeld] ❶ koud maken ▼ *zijn
woede ~* in daden uiten ❷ koud worden ▼ BN,
spreekt. *het zal wel ~ zonder blazen* het houdt
vanzelf wel op
koelie *de (m)* [-s] ⟨in Zuidoost-Azië⟩ sjouwer,
dagloner
koeling *de (v)* ❶ het koelen ❷ koelruimte
koelkast kast met een lage temperatuur waarin
eten en drinken goed gehouden worden **koeltas**
tas van isolerend materiaal om etenswaar koel
te houden **koelte** *de (v)* ❶ koudheid, frisheid: *na
een warme dag bracht een briesje 's avonds ~*
❷ plaats waar het koel is **koeltje** *het* [-s] lichte
frisse wind **koeltjes** *bw* niet erg vriendelijk, niet
hartelijk: *ze groette hem ~* **koelwater** water dat
gebruikt wordt om iets te koelen, bijv. motoren
van schepen of in krachtcentrales
koen *bn* dapper
koepel *de (m)* [-s] ❶ dak in de vorm van een
halve bol ❷ gebouwtje met zo'n dak **koepelkerk**
kerk met een koepeldak **koepelorganisatie**
overkoepelende organisatie
koeren het dof rollende geluid van duiven
voortbrengen
koerier *de (m)* [-s] iemand die (zo snel mogelijk)
berichten of goederen overbrengt
koeriersdienst dienst voor het bezorgen van
brieven of pakketten
koers I *de* ❶ wedstrijd bij wielrennen en
paardenrennen II *de (m)* ❷ richting waarin men
gaat: *welke ~ vaart het schip?* ❸ marktwaarde van
geld en effecten: *de ~ van de euro is gestegen*
▼ *de ~ van een aandeel* het bedrag dat een
aandeel op een bepaald moment waard is
koersen ❶ aansturen op, in een bepaalde

richting gaan ❷ aan een wielerwedstrijd
deelnemen **koersfiets** BN, spreekt. racefiets
koersverschil verschil in marktwaarde van
dezelfde munteenheid of hetzelfde effect op
verschillende momenten ▼ *winst of verlies door ~*
winst of verlies ontstaan door verschil in koers,
bijv. van een munteenheid tussen het moment
van het sluiten van een transactie en het
moment van betalen **koers-winstverhouding**
prijs van een aandeel gedeeld door de
nettowinst
koeskoes *de (m)* [-koezen] klimmend buideldier
uit Australië en de omliggende gebieden
(Phalangista)
koest I *tw* stil! II *bn* ▼ *zich ~ houden* zich rustig
gedragen en zorgen dat men niet opvalt
koestal stal voor koeien
koesteren heel goed verzorgen, een prettige
warmte geven aan: *hij koesterde de plantjes in zijn
tuin* ▼ *de poes koestert zich in de zon* de poes
geniet van de prettige warmte van de zon ▼ *ik
koester de hoop dat ...* ik hoop dat ...: *ik koester de
hoop dat die leuke jongen ook verliefd op mij is*
koet *de (m)* zwemvogel van het geslacht Uria
koeterwaals *het* ❶ onverstaanbare vreemde taal
❷ gebroken, gebrekkig taalgebruik
koets *de* vierwielig rijtuig dat door paarden
wordt getrokken **koetshuis** bergplaats voor een
of meer rijtuigen **koetsier** *de (m)* [-s] bestuurder
van een koets **koetswerk** gedeelte van een
voertuig boven de wielen
koevoet *de (m)* licht gebogen, metalen staaf
waarmee men deuren e.d. openbreekt
koffer *de (m)* [-s] rechthoekig voorwerp waarin
men goederen vervoert, vooral als reisbagage
▼ *zijn ~s pakken* vertrekken ▼ inform. *met iemand
de ~ in duiken* met iemand naar bed gaan, seks
hebben **kofferbak** bagageruimte in een auto
kofferbakverkoop verkoop op een
parkeerplaats vanuit een auto
koffergrammofoon ⟨vroeger⟩ grammofoon in
een soort kist
koffie *de (m)* ❶ koffieplant of -struik
❷ koffieboon ❸ licht opwekkende drank,
getrokken van de koffieboon ▼ *op de ~ komen* bij
iemand komen om koffie te drinken; te laat zijn
voor iets, niets krijgen ▼ *dat is geen zuivere ~* daar
klopt iets niet, dat verloopt niet eerlijk
koffieboon zaad van de koffieplant
koffiebranderij *de (v)* bedrijf of werkplaats waar
koffiebonen geroosterd worden **koffiebroodje**
zoet broodje met o.a. krenten of rozijnen en
glazuur **koffieconcert** concert, vooral van
klassieke muziek, rond koffietijd **koffiecreamer**
⟨-kRiemaR⟩ *de (m)* [-s] melkpoeder voor gebruik
in koffie **koffiedik** *het* bezinksel van koffie ▼ *~
kijken* de toekomst voorspellen op basis van
gissingen, zonder enig bewijs ▼ scherts. *zo helder
als ~* helemaal niet helder, niet duidelijk
koffiedrinken ❶ (samen) koffie drinken (en
praten) ❷ pauzeren halverwege de ochtend
koffie-extract heel sterke koffie waarop warm
water wordt gegoten **koffiekamer** ruimte in een
schouwburg e.d. waar men koffie enz. kan
drinken, foyer **koffiekoek** BN koffiebroodje,
koek voor de koffietafel **koffieleut** *de* iemand

die graag koffiedrinkt **koffiemelk** gecondenseerde melk voor in de koffie **koffiemolen** apparaat om koffiebonen te malen **koffiepauze** onderbreking van de bezigheden om koffie te drinken **koffieshop** *de (m)* [-s] ❶ gelegenheid waar men koffie, thee, melk, broodjes e.d. kan drinken of eten ❷ gelegenheid waar (soft)drugs gekocht en gebruikt kunnen worden **koffietafel** ❶ tafel met benodigdheden voor het koffiedrinken ❷ maaltijd met koffie **koffiezet** BN, spreekt. *de (m)* [-ten, -s] verkorting van *koffiezetapparaat* **koffiezetapparaat** elektrisch toestel waarmee men koffiezet

kofschip ❶ hist. soort tweemaster: een bepaald soort schip ❷ taalk. hulpmiddel om vast te stellen of een regelmatig werkwoord in de verleden tijd met d of t wordt vervoegd

kogel *de (m)* [-s] ❶ bal, bol ❷ projectiel dat uit schietwerktuigen wordt geschoten ▼ *de ~ is door de kerk* de beslissing is genomen **kogelbiefstuk** biefstuk van de dijspier van een rund **kogelbrief** brief met daarin een kogel als dreigement **kogelen** hard gooien **kogelgewricht** gewricht met één bolrond uiteinde **kogellager** bus met kogeltjes rond de as van een wiel om de wrijving te verminderen **kogelpen** ballpoint **kogelrond** *bn* bolrond **kogelslingeren** een kogel aan een staaldraad wegslingeren als sport **kogelstoten** een loden kogel met grote kracht wegstoten als sport **kogelvanger** *de (m)* [-s] heuvel rond een schietschijf **kogelvrij** wat beschermt tegen kogels: *een ~ vest*

kohier *het* register, vooral genummerde lijst van belastingplichtigen en aanslagen

koine (kojnè) *de* algemene omgangstaal

kok *de (m)* [-s] iemand die kookt ▼ *het zijn niet allen ~s die lange messen dragen* niet iedereen kan echt wat hij lijkt te kunnen

koken ❶ tot het kookpunt verhitten: *ik kook water voor de rijst* ❷ tot het kookpunt verhit zijn: *het water kookt* ▼ *zijn bloed kookt* hij is woedend ❸ met kokend water klaarmaken: *rijst ~ in water* ❹ (warm) eten klaarmaken

koker *de (m)* [-s] bus of doos in de vorm van een rol **kokerrok** heel nauwe rok

koket *bn* erop gericht om bij anderen in de smaak te vallen, behaagziek **koketteren** proberen in de smaak te vallen

kokhalzen [kokhalsde, h. gekokhalsd] op het punt staan te gaan braken

kokindje *het* [-s] dropje in de vorm van een half bolletje

kokkel *de (m)* [-s] schelpdier dat ondiep leeft (Cardium edule)

kokkerd, kokker *de (m)* [-s] iets dat groot is in zijn soort, vooral grote neus

kokkerellen met plezier koken, lekkere hapjes klaarmaken **kokkin** *de (v)* [-nen] vrouwelijke kok

kokmeeuw kleine meeuw met donkergekleurde kop (Larus ridibundus)

kokos *het* ❶ vezel van de kokosnoot ❷ vlees van de kokosnoot **kokosmat** mat van kokosvezels **kokosmelk** sap van de kokosnoot **kokosnoot** vrucht van de kokospalm **kokosolie** olie van gedroogd vlees van de kokosnoot **kokospalm** hoge tropische palm met grote holle noten

kol I *de (m)* [-len] ❶ kleine witte plek op het voorhoofd: *een bruin paard met een ~* ❷ lange lijn om kabeljauw te vangen II *de (v)* [-len] ❸ toverheks

kola *de (m)* [-'s] ❶ tropisch plantengeslacht uit Afrika (Cola) ❷ extract uit de noten hiervan, een opwekkend middel met veel cafeïne **kolanoot** zaad van de kola

kolder *de (m)* [-s] ❶ onzin, gekkenpraat ❷ hersenziekte bij paarden, runderen en schapen **kolderiek** *bn* dwaas **kolenbrander** iemand die houtskool maakt **kolendamp** koolmonoxide, een giftig gas **kolenkit** hoge emmer voor kolen

kolenmijn onderaardse ruimte waar steenkool wordt gewonnen

kolere *de* klere

kolf *de* [kolven] ❶ apparaat om melk uit de borst van een vrouw te halen ❷ achtereind van een vuurwapen, vooral deel van een geweer dat men tegen de schouder zet ▼ *een ~je naar zijn hand* iets wat hij graag doet, echt iets voor hem ❸ gesloten wijdbuikig glas met dunne gebogen hals ❹ soort bloeiwijze, zoals het deel van de maïs waar de korrels aan zitten

kolgans gans met een witte plek op de kop (Anser albifrons)

kolibrie *de (m)* [-s] klein sierlijk vogeltje met lange snavel en staart uit de familie van de Trochilidae

koliek *het & de (v)* hevige kramp en pijn in een van de organen

kolk *de* ❶ vijver, diepe poel, put ❷ draaikolk ❸ ruimte binnen sluisdeuren

kolom *de* [-men] ❶ verticale bedrukte strook van een bladzijde ❷ verticale reeks: *een ~ getallen* ❸ ondersteunende constructie in een bouwwerk die op een soort grote paal lijkt, zuil

kolonel *de (m)* [-s] hoofdofficier die een regiment of brigade aanvoert

koloniaal I *bn* ❶ van, met of wat te maken heeft met koloniën II *de (m)* [-alen] ❷ hist. Europees soldaat in Indonesië **kolonialisme** *het* systeem waarbij staten koloniën hebben **kolonie** *de (v)* [-s, -niën] ❶ gebiedsdeel, meestal buiten een land ❷ groep vreemdelingen die uit hetzelfde land komen ❸ groep dieren die bij elkaar leven **kolonisatie** (-zaa-) *de (v)* [-s] het koloniseren, het aanleggen, vestigen van een of meer kolonies in vreemd gebied **koloniseren** (-zi-) het bestuur overnemen van een land, tot een kolonie maken **kolonist** *de (m)* ❶ iemand die een gebied koloniseert ❷ bewoner van een kolonie

kolos *de (m)* [-sen] persoon of zaak van erg grote afmeting **kolossaal** *bn* ❶ heel erg groot ❷ geweldig: *een kolossale prestatie*

kolven ❶ melk aftappen uit de borst om later aan de baby te geven ❷ een bepaald balspel spelen

kom *de* [-men] ❶ bakje, kopje zonder oor ❷ komvormige diepte of laagte: *een duin~* ❸ het binnenste, dichtstbebouwde deel van een gemeente

komaan *tw* uitroep om iemand aan te sporen **komaf** *de (m)* afkomst ▼ BN ook *~ maken met iets* iets beëindigen

kombuis *de* [-buizen] keuken in een schip

komediant *de (m)* ❶ toneelspeler ❷ fig. aansteller, huichelaar **komedie** *de (v)* [-s] ❶ grappig toneelstuk, film e.d. ❷ fig. grappige vertoning, gebeurtenis ❸ fig. veinzerij, huichelarij

komeet *de* [-meten] hemellichaam dat een beetje waaiervormig uitloopt, staartster

komen [kwam, is gekomen] ❶ naar een plek gaan en die plek bereiken (beschouwd vanuit het eindpunt van de beweging): *hoe laat kom je naar ons toe?* ❷ beginnen, ontstaan: *voorlopig komt er geen oorlog* ❸ als hulpwerkwoord: *~ eten* ▼ *~ van, door* gebeuren door, veroorzaakt worden door: *dat komt ervan!* ▼ *aan iets ~* aanraken; krijgen, weten te verkrijgen ▼ *achter iets ~* iets te weten komen: *hoe ben je achter mijn adres gekomen?* ▼ *daar komt niets van in* dat gaat niet door ▼ *~ te overlijden* sterven ▼ *om het leven ~ sterven* ▼ *hij komt er wel!* hij zal zeker succes hebben in het leven ▼ *ergens in kunnen ~* iets begrijpen, zich kunnen voorstellen **komend** *bn* volgend: *~ jaar*

komfoor *het* [-foren] kooktoestel, toestel om iets warm te houden

komiek I *bn* ❶ grappig, lachwekkend II *de (m)* ❷ acteur die grappige rollen vervult ❸ iemand die het publiek vermaakt in revues, variétés enz. ❹ grappenmaker

komijn *de (m)* plant met zaden die een sterke smaak hebben (Cuminum cyminum)

komisch *bn* grappig

komkommer *de* [-s] langwerpige vrucht met veel water en een groene schil, die vooral als groente wordt gegeten (Cucumis sativus) **komkommertijd** slappe tijd in de journalistiek

komma *het & de* [-'s] ❶ leesteken dat een korte rust in de zin aanduidt ❷ teken om hele getallen en kleinere delen van elkaar te scheiden, bijv. 10,5 **kommaneuker** *de (m)* [-s] iemand die overdreven op kleinigheden let **kommapunt** *de & het* punt met komma eronder als leesteken, puntkomma

kommer *de (m)* verdriet ▼ *~ en kwel* ellende, aanhoudende moeilijkheden **kommervol** met veel zorgen: *zij leiden een ~ bestaan*

kompaan *de (m)* [-panen] ❶ kameraad ❷ min. handlanger

kompas *het* [-sen] instrument voor het bepalen van de (magnetische) windstreken, windroos

kompres *het* [-sen] nat gevouwen verband dat op een pijnlijke plek wordt gelegd: *de zuster legde een ~ op mijn voorhoofd*

komst *de (v)* het komen

Kon. Koninklijk

kond *bn* ▼ *~ doen* bekendmaken

konfijten in suiker inleggen

kongsi *de* [-'s] kliek, geheime vereniging

konijn *het* haasachtig zoogdier uit het geslacht Oryctolagus met kortere poten en kortere oren dan de haas, dat vooral voorkomt in bossen en duinen ▼ inform. *bij de ~en af* meer dan erg **konijnenberg** kunstmatige heuvel voor tamme konijnen

koning *de (m)* ❶ hoogste gezagdrager van een rijk, man die aan het hoofd staat van een koninkrijk ▼ *de ~ te rijk zijn* heel erg blij ❷ fig. heerser, belangrijk persoon, kopstuk ❸ belangrijkste stuk bij het schaken: *de ~ staat mat* ❹ bepaalde kaart in het kaartspel, heer **koningin** *de (v)* [-nen] ❶ vrouw die aan het hoofd staat van een koninkrijk ❷ vrouw van een koning ❸ vrouwtjesinsect dat aan het hoofd van een grote groep insecten staat en als enige eitjes legt: *een bijen~* ❹ belangrijk schaakstuk dat men recht en schuin over meerdere speelvelden mag verplaatsen **koningin-moeder** moeder van de regerende koning of koningin **Koninginnedag** dag waarop in Nederland de verjaardag van de koningin wordt gevierd **koninginnehapje** BN kippenpasteitje **koninginnesoep** gebonden kippensoep **koningsblauw** helderblauw, kobaltblauw **koningschap** *het* het koning-zijn, de koninklijke waardigheid **Koningsdag** BN feestdag (15 november) ter ere van het vorstenhuis **koningsgezind** voorstander van een staatsvorm met een koning(in) **koningshuis** familie met koningen en koninginnen die het koningschap erven **koningsslang** wurgslang die in verschillende soorten leefomgevingen voorkomt en in het wild jaagt op andere slangen **koningstijger** grote tijgersoort, Bengaalse tijger **koningsvaren** hoge varen (Osmunda regalis) **koninklijk** *bn* (als) van een koning of koningin: *onze stad heeft ~ bezoek* ▼ *het Koninklijk Huis* de koning of koningin en familieleden die koning of koningin zijn geweest of het kunnen worden en degenen die met deze personen getrouwd zijn **koninkrijk** land dat door een koning of koningin wordt geregeerd

konkelen in het geheim met anderen plannen maken, vooral om te bedriegen of tegen te werken **konkelfoezen** ❶ smoezen, heimelijk praten ❷ konkelen

kont *de* inform. achterste, zitvlak ▼ *de ~ tegen de krib gooien* zich hardnekkig verzetten, weerspannig zijn ▼ inform. *je kunt er je ~ niet keren* de ruimte is veel te klein

kontje *het* [-s] ❶ duwtje om te helpen bij klimmen ❷ inform. eerste en laatste snede van een brood, kapje **kontlikker** inform. *de (m)* [-s] iemand die slijmt, vleier **kontneuken** spreekt. met de penis in de anus van de partner geslachtsgemeenschap hebben **kontzak** zak aan de achterkant van een broek

konvooi *het* ❶ geleide die meegaat om te beschermen ❷ schepen onder geleide ❸ lange rij schepen of vrachtwagens, meestal van het leger: *het voedsel werd in ~ naar het rampgebied gebracht*

kooi *de* ❶ slaapplaats, vooral op schepen ❷ hok met tralies waarin iemand een dier houdt: *kun je de ~ van de cavia verschonen?* **kooiconstructie** stevige constructie in de carrosserie van een auto die de inzittenden beschermt **kooien** opsluiten in een kooi: *een gekooide leeuw* **kooigevecht** wedstrijdgevecht tussen twee mensen in een kooi waarbij bijna alles is toegestaan

kooiker *de (m)* [-s] ❶ houder van een eendenkooi ❷ langharig oranjebruin met wit hondje

kook *de* het koken ▼ *van de ~* van streek, in de war **kookboek** boek met kookrecepten **kookeiland** blok in het midden van een vertrek met alles wat nodig is om te koken **kookkunst** de kunst van het maken van eten **kooknat** vocht waarin iets is gekookt **kookplaat** elektrisch verwarmde plaat waarop gekookt wordt **kookpunt** *het* temperatuur waarbij een vloeistof kookt **kookstel** toestel om te koken **kookwas** was met water dat bijna kookt

kool *de* [kolen] ❶ groente die bestaat uit dikke bladeren ▼ *de ~ en de geit willen sparen* verschillende partijen tevreden willen houden ▼ *iemand een ~ stoven* een streek uithalen met iemand ❷ uitgebrand hout ❸ stuk steenkool ▼ *op hete kolen zitten* zijn ongeduld of onrust nauwelijks kunnen bedwingen **kooldioxide** *het* gas dat ontstaat door verbranding van koolstof, CO_2 **koolhydraat** ‹-hie-› organische verbinding van koolstof en tweemaal zoveel waterstof als zuurstof, bijv. suiker, zetmeel

koolmees zangvogeltje met zwarte kop en geelgrijs lijf (Parus major)

koolmonoxide *het* verkorte benaming van koolstofmonoxide, een heel giftig maar reukloos gas, kolendamp

koolraap soort dikke wortel die men kan eten

koolrabi *de* [-'s] bovengrondse knol met bloemkoolachtige smaak

koolstof chemisch element dat voorkomt als diamant, grafiet, houtskool e.d. **koolteer** teer die uit steenkolen is gewonnen

koolvis kabeljauwachtige vis

koolwaterstof schei. verbinding van koolstof, waterstof en zuurstof

koolwitje *het* [-s] geelwitte zwartgevlekte vlinder (Pieris brassicae)

koolzaad ❶ kruisbloemige plant (Brassica napus) ❷ zaad van de plant waaruit olie geperst wordt **koolzuur** verbinding van koolstof en zuurstof, soort gas dat onder andere zorgt voor de belletjes in frisdrank

koon *de* [konen] wang: *met rode ~tjes van opwinding*

koop *de* (m) [kopen] ❶ handeling waarbij iemand tegen betaling iets in eigendom krijgt, het kopen: *de ~ van het huis ging niet door* ▼ *het huis staat te ~* mensen kunnen het huis kopen ▼ *weten wat er in de wereld te ~ is* weten hoe de mensen en de wereld zijn, levenservaring hebben ▼ *te ~ lopen met* aan iedereen tonen, laten weten ❷ dat wat iemand koopt: *die fiets was een goede ~* ▼ *op de ~ toe* bovendien: *hij kwam te laat en was op de ~ toe nog brutaal ook!* ▼ *iets op de ~ toe nemen* een nadeel accepteren bij iets wat verder vooral voordelen heeft; **koopakte** schriftelijke overeenkomst dat iemand iets koopt, koopcontract **koopavond** avond waarop veel winkels open zijn **koopcontract** overeenkomst over de koop van iets met de prijs, voorwaarden e.d. **koopdag** dag waarop een veiling wordt gehouden, er gekocht kan worden **koophandel** vero. handel: *BN rechtbank van ~* rechtscollege voor geschillen tussen handelaars ▼ *Kamer van Koophandel* instantie voor de behartiging van belangen van handel en industrie **koophuis** huis dat gekocht kan worden of gekocht is **koopje** *het* [-s] voordelige aanbieding of koop

koopkracht financiële mogelijkheden van de consument om goederen aan te schaffen of van diensten gebruik te maken **kooplust** zin om te kopen **koopman** *de* (m) [-lieden, -lui] handelaar **koopmanschap** *de* (v) handel, het vak van koopman **koopsom** bedrag dat iets kost **koopsompolis** verzekeringspolis waarbij de premie niet door periodieke betaling voldaan wordt maar door een storting ineens

koopvaardij *de* (v) commerciële scheepvaart op zee die zich bezighoudt met het vervoer van mensen en goederen **koopvrouw** vrouw die haar geld verdient met het kopen en verkopen van goederen **koopwaar** *de* [-waren] spullen om te verkopen: *de handelaar stalde zijn ~ uit* **koopziek** met een ziekelijke neiging tot kopen, die de hele tijd dingen wil kopen **koopzondag** zondag waarop veel winkels open zijn

koor *het* [koren] ❶ groep zangers en/of zangeressen ❷ veelstemmig gezang ❸ r.-k. verhoogd kerkgedeelte waar het hoogaltaar staat

koord *het & de* touw, lijn **koorddansen** zich bewegen over een strakgespannen touw of metalen draad

koorde *de* [-n] rechte lijn die twee punten van een cirkelomtrek verbindt

koorts *de* verhoging van de lichaamstemperatuur bij ziekte **koortsachtig** *bn* ❶ die koorts heeft ❷ fig. opgewonden, onrustig, gejaagd **koortsig** *bn* ❶ die koorts heeft ❷ fig. erg gejaagd **koortslip** blaasjes of korstjes op of bij de lip **koortsuitslag** uitslag aan de lippen als gevolg van koorts **koorzang** ❶ het zingen door een koor ❷ dat wat een koor zingt ❸ zang tussen delen van een toneelstuk

koosjer *bn* ❶ ‹van voedsel› volgens de godsdienstige voorschriften van de joden klaargemaakt of geoorloofd ❷ fig. in orde

koosnaam naam als liefkozing

kootje *het* [-s] lid, deel van vinger of teen: *de wijsvinger heeft drie ~s*

kop *de* (m) [-pen] ❶ hoofd van dieren ▼ *daar is ~ noch staart aan te ontdekken* dat is totaal onlogisch en onduidelijk ▼ *iets de ~ indrukken* onderdrukken, maken dat iets ophoudt ❷ spreekt. hoofd van mensen ▼ *over de ~ gaan* failliet gaan ▼ *iemand op zijn ~ geven* stevige kritiek, een terechtwijzing, afstraffing geven ▼ *iemand op zijn ~ zitten* voortdurend de baas spelen over ▼ *BN ook van ~ tot teen* volledig, over het hele lichaam, van top tot teen ❸ inform. het hoofd als plaats waar de geest en het verstand zich bevinden: *een knappe ~* ❹ afbeelding van een mensenhoofd op een munt: *~ of munt gooien* ❺ bovenste deel, boveneind: *de ~ van Noord-Holland* ▼ *op ~ af* precies: *op de ~ af tien jaar geleden* ▼ *op ~ liggen/staan* vooraan, vooral bij een sportwedstrijd ▼ *iets op de ~ tikken* iets, vooral iets waar iemand moeilijk aan kon komen, tegenkomen en kunnen kopen ❻ titel boven een krantenartikel e.d. ❼ voorwerp om uit te drinken: *~-en-schotel* ❽ komvormig deel van een tabakspijp ▼ *BN ook geperste ~*

hoofdkaas, (zuur gemaakt) vlees van de kop van een dier

kopbal ⟨voetbal⟩ het spelen van de bal met het hoofd

kopeke *de (m)* [-n] Russische munt, een honderdste deel van een roebel

kopen [kocht, h. gekocht] iets in zijn bezit krijgen door ervoor te betalen

koper I *de (m)* [-s] ❶ iemand die koopt II *het* ❷ chemisch element, een geelachtig metaal ❸ koperen blaasinstrumenten in een orkest ❹ koperwerk **koperblazer** iemand die een koperen blaasinstrument bespeelt **koperdraad** draad van koper **koperen** *bn* van koper ▼ *~ bruiloft* 12,5-jarig huwelijksfeest **kopergoud** ❶ legering van koper en zink ❷ kleur tussen koper en goud **kopergravure** ❶ gegraveerde koperen plaat ❷ afdruk daarvan **kopergroen** groene roest op koper **koperslager** *de (m)* [-s] iemand die koperen voorwerpen maakt en repareert

kopersmarkt situatie waarbij de prijzen worden bepaald door degenen die iets willen kopen

kopersulfaat basisstof van koper, onder andere gebruikt tegen schimmels

kopervitriool soort kopersulfaat **koperwerk** voorwerpen van koper **koperwiek** de lijsterachtige koperkleurig gevlekte vogel (Turdus iliacus)

kopgroep groep atleten, wielrijders e.a. die vooraan lopen, rijden

kop-hals-rompboerderij boerderijtype met een verbindend deel tussen het voorgelegen huis en het achterliggende bedrijfsgedeelte

kopie *de (v)* [-ën] ❶ iets dat nagemaakt is: *een ~ van een schilderij van Vermeer* ❷ fotokopie: *we hebben een ~ van je paspoort nodig* ❸ afschrift, doorslag **kopiëren** ❶ namaken: *de tekenaar kopieerde de tekening van Rembrandt* ❷ een fotokopie maken: *ik wil dit artikel graag ~* **kopiist** *de (m)* iemand die iets namaakt, vooral door het nog een keer te schrijven of te tekenen: *de middeleeuwse ~ van dit handschrift*

kopij *de (v)* tekst voor een artikel in een krant, tijdschrift enz. **kopijrecht** recht om een werk te drukken en uit te geven

kopjeduikelen zich over het hoofd naar voren laten rollen **kopje-onder** *bw* helemaal onder water: *ik ging ~ in het zwembad*

kopklep klep in de kop van een cilinder **koplamp** voorlamp van een auto **koplicht** koplamp **koploper** ❶ iemand die tijdens een wedstrijd bij de eersten hoort: *die ~s zijn bijna bij de finish* ❷ fig. iemand die op een bepaald gebied bij de besten hoort, het verst is: *dat land is van de ~s op het gebied van duurzame energie*

kopman sp. belangrijkste renner in een wielerploeg

koppel I *de* [-s] ❶ draagriem (voor een sabel e.d.) II *het* [-s] ❷ twee mensen of dieren samen, stel: *hier woont een getrouwd ~; een ~ ganzen* **koppelaar** *de (m)* [-s] iemand die huwelijken of relaties tot stand brengt **koppelbaas** iemand die losse arbeiders aan bedrijven verhuurt **koppelen** ❶ met elkaar verbinden, aan elkaar vastmaken:

hij koppelt de caravan aan de auto ❷ twee mensen met elkaar in contact brengen, vooral om een liefdesrelatie of huwelijk tot stand te brengen **koppeling** *de (v)* ❶ verbinding ❷ ⟨auto⟩ verbindingsstuk tussen de motor en de wielaandrijving **koppelriem** draagriem om het middel, bijv. voor politieagenten of militairen **koppelstang** ❶ stang die bij locomotieven de beweging van een drijfwiel overbrengt op één of meer andere wielen ❷ verbindingsstang bij een spoorwissel **koppelteken** streepje dat woorden of delen van een woord verbindt: *in 'Zeeuws-Vlaanderen' staat een ~ tussen Zeeuws en Vlaanderen* **koppelverkoop** verkoop waarbij artikelen alleen in combinatie met andere artikelen worden verkocht **koppelwedstrijd** wedstrijd waarbij koppels tegen elkaar uitkomen **koppelwerkwoord** werkwoord dat een onderwerp verbindt met een bepaling bij dat onderwerp, bijv. 'zijn' in: hij is ziek

koppen ❶ ⟨voetbal⟩ de bal met het hoofd wegstoten ❷ als kop hebben boven een krantenbericht ❸ de koppen verwijderen, bijv. van bloemen **koppensnellen** ❶ hoofden van personen afslaan en meenemen om rituele redenen ❷ snel de opschriften boven artikelen in kranten lezen

koppie *het* [-s] ▼ *~, ~!* slim!, intelligent!

koppig *bn* ❶ die niet luistert naar anderen maar vasthoudt aan wat hij zelf wil ❷ ⟨van wijn e.d.⟩ die naar het hoofd stijgt

koppijn spreekt. hoofdpijn

koppoter *de (m)* [-s] kindertekening van een mens met alleen een hoofd, armen en benen **koppotigen** *de (mv)* dieren met armen rond de mond

kopra *de* gedroogd vlees van de kokosnoot **koprol** het voorover rollen met het lichaam, over het hoofd

kops *bn* zo dat men het smalste vlak ziet, zo dat men de nerven van het hout ziet: *de ~e kant van een plank* de kant waar men de jaarringen ziet

kopschuw bang en onzeker, wantrouwend **kopspijker** spijker met een ronde of vierkante kop **kop-staartbotsing** botsing waarbij de voorkant van de ene auto de achterkant van een andere raakt **kopstation** station aan het begin van een spoorlijn **kopstem** wijze van zingen waarbij de stembanden niet in hun hele breedte trillen **kopstoot** ❶ stoot tegen of met het hoofd ❷ combinatie van bier met jenever **kopstuk** leidende figuur: *een van de ~ken de oplichtersbende* **koptelefoon** twee kleine luidsprekers over of in de oren: *met een ~ naar muziek luisteren zodat anderen er geen last van hebben* **kop-van-jut** *de (m)* ❶ kermisattractie waarbij mensen op een soort blok slaan ❷ fig. iemand die altijd de schuld krijgt, op wie anderen zich altijd afreageren **kopzorg** getob, bezorgdheid ▼ *zich ~en maken* bezorgd zijn

kor → **korre** *de* [-ren] korre

koraal *het* [-ralen] ❶ gregoriaans liturgisch kerkgezang ❷ psalm of gezang met meerstemmige begeleiding ❸ geraamte van heel kleine zeedieren die tot één geheel vergroeid zijn **koraalrif** rif van koraal, van geraamtes van heel kleine zeedieren

koran ⟨-raan⟩ *de (m)* [-s] exemplaar van de Koran **Koran** *de (m)* boek met de openbaringen aan Mohammed, het heilige boek van de moslims

kordaat *bn* flink, dapper, zelfverzekerd: *door het kordate optreden van de winkelier werd de dief gepakt*

kordon *het* [-s] lange rij van vooral politieagenten of militairen rond een gebied

koren *het* graan zoals rogge, gerst of tarwe ▼ *dat is ~ op zijn molen* dat komt hem goed uit, dat is precies wat hij wil **korenaar** ❶ het bovenste deel van een korenhalm waarin de korrels zitten ❷ **korenblauw** blauw als een korenbloem **korenbloem** bloem, meestal blauw, die veel op zandgrond voorkomt tussen het koren (Centaurea cyanus) **korenhalm** stengel van graan **korenmaat** maat om graan te meten **korenmolen** molen om graan te malen **korenwolf** soort hamster

korf *de (m)* [korven] ❶ rieten mand ❷ ronde mand zonder bodem aan een hoge paal, gebruikt bij korfballen **korfbal** *het* balsport waarbij de bal in een korf zonder bodem gegooid wordt **korhoen** hoenderachtige vogel met sterk gewelfde snavel en veren op de poten (Lyrurus tetrix)

koriander *de (m)* ❶ schermbloemige plant met zaad dat een anijsachtige smaak heeft (Coriandrum sativum) ❷ het zaad ervan

korjaal *de (m)* [-jalen] Surinaamse boot, oorspronkelijk gemaakt van een uitgeholde boomstam

kornet I *de (m)* [-ten] ❶ vaandrig, aspirant-officier bij de bereden wapens II *de* [-ten] ❷ muz. gebogen hoorn

kornoelje *de* [-s] heester met rode zurige steenvruchten van de familie Cornaceae

kornuit *de (m)* vriend, vent

korporaal *de (m)* [-s] militair van de laagste rang boven soldaat

korps *het* ❶ groep personen die nauw samenwerken, die een eenheid vormen: *het politie~; muziek~* ❷ zelfstandige troepeneenheid, kleiner dan een regiment: *een ~ soldaten* ❸ grootte van een drukletter **korpschef** hoofd van een politiekorps

korre *de* [-n] sleepnet om oesters en mosselen te vangen

korrel *de (m)* [-s] ❶ klein rond deeltje van een poeder, stof enz.: *een ~ rijst* ❷ uitstekend deeltje vóór op de loop van een geweer ▼ *iemand op de ~ nemen* mikken op iemand; fig. veel kritiek op iemand leveren of hem belachelijk maken **korrelig** *bn* ❶ wat bestaat uit korrels ❷ met korrels

korsakovsyndroom syndroom met onder andere ernstige geheugenstoornissen, vooral bij alcoholisten

korset *het* [-ten] kledingstuk onder de bovenkleding dat het lichaam nauw insnoert **korst** *de* min of meer harde, dunne laag die iets bedekt: *de ~ van een brood; de ~ op een wond* **korstmos** organisme dat wordt gevormd door een schimmel en een wier

kort *bn* ❶ met een kleine lengte: *een ~e rok*

▼ *iemand ~ houden* iemand niet veel (financiële) vrijheid geven ❷ wat niet veel tijd in beslag neemt: *een ~e film* ❸ beknopt, niet uitgebreid: *een ~ verslag* ▼ *om ~ te gaan* om niet te uitvoerig te zijn ▼ *alles ~ en klein slaan* helemaal kapotslaan **kortaangebonden** *bn* snel geïrriteerd en onvriendelijk **kortademig** *bn* gauw buiten adem

kortaf *bw* met weinig woorden, niet vriendelijk **kortebaanwedstrijd** wedstrijd over korte afstand, onder andere bij schaatsen **kortelings** *bw* kortgeleden, onlangs **korten** [kortte, h. / is gekort] ❶ korter maken ❷ van een bedrag afhouden, minder geld geven: *iemand ~ op zijn uitkering* ❸ korter worden: *de dagen ~*

kortfilm BN film van maximaal een uur **kortharig, kortharig** met kort haar: *een ~ hondenras*

kortheidshalve *bw* om kort te gaan, om niet te uitvoerig te zijn

korting *de (v)* ❶ bedrag dat men minder hoeft te betalen voor iets: *ik heb deze broek met tien euro ~ gekocht* ❷ aftrek, vermindering **kortingkaart** kaart die recht geeft op korting op artikelen of diensten **kortlopend** *bn* met een korte looptijd: *een ~ krediet*

kortom, kortom *bw* om het kort te zeggen **kortsluiten** kortsluiting veroorzaken ▼ *iets ~ met iemand* overleggen, met iemand afspraken maken over iets **kortsluiting** contact tussen punten met elektrische spanning waardoor brand kan ontstaan: *door een defect in het strijkijzer ontstond ~*

kortstondig *bn* van korte duur: *ze hadden een ~e relatie*

kortverbander *de (m)* [-s] militair met een contract voor een korte periode **kortverhaal** verhaal tot ongeveer twintig pagina's, vaak over een gewoon leven, short story

kortweg *bw* zonder veel woorden **kortwieken** [kortwiekte, h. gekortwiekt] ❶ de vleugels korten ❷ scherts. zijn haar kort (laten) knippen ❸ fig. in macht of invloed beperken **kortzichtig** *bn* die niet vooruitziet, die niet genoeg rekening houdt met de gevolgen

korund *de (m)* [-en] & *het* edelgesteente dat is gevormd uit aluminiumoxide

korven in korven doen

korvet *de* [-ten] licht klein oorlogsschip, vooral voor het begeleiden van een konvooi **korvetkapitein** BN laagste hoofdofficier bij de zeemacht

korzelig *bn* onvriendelijk, geërgerd: *hij antwoordde ~ dat hij geen tijd had om mij te helpen*

kosmisch *bn* wat te maken heeft met de kosmos, van de kosmos **kosmologie** *de (v)* wetenschap die zich bezighoudt met het heelal **kosmonaut** *de (m)* ruimtevaarder

kosmopoliet *de (m)* iemand die zich op veel plaatsen in de wereld thuis voelt, wereldburger **kosmopolitisch** *bn* ❶ die op veel plaatsen in de wereld thuis voelt, internationaal georiënteerd ❷ met veel internationale invloeden: *een ~e stad* **kosmos** *de (m)* alle hemellichamen en de hele ruimte daaromheen

kost *de (m)* ❶ voedsel, eten: *gezonde ~* ❷ levensonderhoud: *de ~ verdienen* ▾ *wat doet hij voor de ~?* waarmee verdient hij zijn geld? ❸ fig. geestelijk voedsel: *dit boek is zware ~* ❹ voorziening van eten en drinken: *in de ~ zijn bij iemand* ▾ *~ en inwoning* woonruimte en maaltijden ▾ BN *~ en inwoon* kost en inwoning ▾ *ten ~e van* zo dat het nadelig is voor iets anders: *het hoge werktempo gaat ten ~e van de kwaliteit* **kostbaar** *bn* duur, van hoge waarde **kostbaarheid** *de (v)* [-heden] iets van hoge waarde

kostelijk *bn* heel goed, heerlijk: *we hebben ons ~ vermaakt op het feest*

kosteloos *bn* gratis **kosten I** *ww* ❶ een prijs hebben waarvoor iets verkrijgbaar is ❷ vereisen: *dat kost moeite* **II** *de (mv)* ❸ uitgaven, het geld dat iets kost: *aandeel in de ~,* BN ook *deelname in de ~* **kosten-batenanalyse** analyse van kosten die gemaakt moeten worden tegenover de opbrengst **kostendekkend** *bn* waarbij de kosten niet hoger zijn dan de inkomsten **kostenplaatje** berekening wat iets kost

koster *de (m)* [-s] persoon die met de dagelijkse zorg voor een kerkgebouw belast is **kosterij** *de (v)* woning van een koster

kostganger *de (m)* [-s] persoon die bij iemand anders woont en eet en daarvoor betaalt ▾ *Onze Lieve Heer heeft rare ~s* er zijn vreemde mensen op de wereld **kostgeld** geld voor kost en inwoning

kostprijs de prijs van een artikel zonder berekening van winst

kostschool school waar leerlingen ook eten en overnachten

kostuum *het* [-s] ❶ kleding voor een bepaalde functie ❷ toneelkleding voor een bepaalde rol ❸ ⟨herenkleding⟩ combinatie van colbert, pantalon en vest

kostwinner *de (m)* [-s] iemand die het levensonderhoud verdient voor het gezin

kot *het* [-ten] ❶ krot, hok ❷ BN, spreekt. studentenkamer **kotbaas** BN, spreekt. eigenaar en verhuurder van studentenkamers

kotelet *de* [-ten] vlees dat opzij van de ruggengraat is gesneden

koter *de (m)* [-s] inform. kind: *de buren zijn met de ~s naar de kermis*

kotmadam BN, spreekt. *de (v)* [-dammen] hospita, kamerverhuurster

kotsbeu *bn* BN, inform. grondig beu ▾ *ik ben het ~* ik heb er helemaal genoeg van

kotsen inform. braken, overgeven **kotsmisselijk** erg misselijk

kotstudent BN student die op kamers woont

kotter *de (m)* [-s] rank vaartuig met één achterover hellende mast, tegenwoordig vooral gebruikt als vissersboot

kou *de (v)* toestand met een lage temperatuur ▾ *iemand in de ~ laten staan* iemand niet helpen, iemand in de steek laten ▾ *de ~ is uit de lucht* de ergste problemen zijn voorbij, de dreiging van gevaar is voorbij

koud *bn* ❶ met een lage temperatuur ▾ fig. *ergens ~ van worden* onder de indruk zijn omdat iets heel mooi of heel akelig is ❷ fig. niet

hartelijk, koel, onverschillig ❸ dood: *iemand ~ maken* ❹ nauwelijks, nog maar net: *ik was ~ thuis of ...* ▾ *~e drukte* ophef om niets ▾ *~e oorlog* voortdurende sterk vijandige houding

koudbloed *de (m)* paard van voornamelijk westerse afkomst, koudbloedpaard

koudbloedig, koudbloedig *bn* ❶ met een lichaamstemperatuur die afhankelijk is van de omgeving: *vissen zijn ~* ❷ fig. zonder emoties, onaangedaan

koude *de (v)* toestand van lage temperatuur, kou **koudegolf** periode van kou

koudgeperst *bn* ⟨van olie⟩ waarbij de olie of het zaad voor het persen niet verwarmd wordt

koudijs kunstmatig gemaakt ijs van -60 ˚C

koudvuur afsterving van een deel van het lichaam **koudwatervrees** ongegronde angst

koufront grensgebied van warme en koude lucht **koukleum** *de* iemand die het snel koud heeft

kous *de* kledingstuk dat de voet bedekt en het hele been of een deel van het been ▾ *de ~ op de kop krijgen* iets verwachten maar iets negatiefs krijgen of ondervinden ▾ *daarmee is de ~ af* daarmee is de zaak afgedaan

kousenband I *de (m)* [-en] ❶ elastische band om een kous op te houden **II** *de (m)* ❷ lange soort peulvrucht **kousenvoet** *v op ~en* zonder schoenen aan **kousje** *het* [-s] ❶ kleine kous ❷ katoen, pit in een olielamp

kouten *ww* gezellig praten

kouvatten door kou ziek worden, verkouden worden **kouwelijk** *bn* die het snel koud heeft

Kozak *de (m)* [-ken] lid van een volk van oorspronkelijk zwervende avonturiers in het zuiden van Rusland die militaire groepen vormden

kozijn I *het* ❶ raamwerk van een deur of venster **II** *de (m)* [-s] ❷ BN, spreekt. neef, kind van oom of tante

KP *de* knokploeg

KPN Koninklijke Post Nederland

Kr schei. krypton

kraag *de (m)* [kragen] ❶ deel van kleding dat nek of hals bedekt ❷ (opstaande) rand **kraagbeer** zwarte beer met een stukje wit op zijn borst die in Azië voorkomt (Selenarctos thibetanus)

kraai *de* ❶ zangvogel die op een raaf lijkt maar die kleiner is (Corvus) ❷ ⟨vroeger⟩ iron. iemand die een overlijdensbericht overbrengt

kraaien ❶ het geluid van een haan voortbrengen ❷ ⟨door kleine kinderen⟩ een vrolijk geluid voortbrengen

kraaiennest ❶ nest van een kraai ❷ uitkijkplaats in de mast van een schip **kraaienpootjes** *de (mv)* rimpels bij de ooghoek

kraak *de (m)* [kraken] ❶ het kraken ❷ inform. inbraak: *een ~ zetten* ❸ inform. het kraken van één of meer panden ❹ grote achtarmige inktvis **kraakbeen** zacht buigzaam benig weefsel **kraakbeweging** krakers van huizen en gebouwen, beschouwd als organisatie **kraakhelder** heel schoon **kraakpand** gekraakt pand **kraakstem** krakende, krassende stem

kraal *de* [kralen] ❶ bolletje met een gat om aan

kr

een snoer te rijgen ❷ omsloten, afgeperkte ruimte voor vee

kraam *de & het* [kramen] ❶ tafel, vaak met een dak van stof, waar men iets kan kopen, bijv. op de markt ❷ bevalling, kraambed **kraambed** ❶ bed waarin een vrouw bevalt ❷ tijd na de bevalling waarin de kraamvrouw nog in bed blijft **kraambezoek** bezoek aan een vrouw die net een baby heeft gekregen **kraamkamer** ❶ kamer waar een bevalling plaatsvindt ❷ fig. plaats waar ideeën, bewegingen e.d. ontstaan **kraamverzorgende** *de* [-n] gediplomeerde hulp tijdens en na een bevalling **kraamvrouw** vrouw die net is bevallen

kraan I *de* [kranen] ❶ constructie aan een leiding voor het regelen van de toevoer van vloeistof of gas ❷ hijswerktuig **II** *de (m)* [kranen] ❸ kraanvogel **kraandrijver** iemand die een kraan bestuurt **kraantjeswater** BN leidingwater **kraanvogel** reigerachtige vogel met mooie staartveren (Grus grus) **kraanwagen** wagen met een hijstoestel **kraanwater** water uit de waterleiding

krab *de* [-ben] ❶ (meestal lichte) huidwond, vooral door een nagel van een mens of dier ❷ schaaldier met scharvormige poten **krabbel** *de* [-s] ❶ haal met een pen of potlood ❷ korte aantekening **krabbelen** ❶ zachtjes krabben: *de kat krabbelde aan de deur omdat ze naar buiten wilde* ❷ slordig opschrijven: *kun jij lezen wat de dokter op dit papiertje gekrabbeld heeft?* ❸ slecht schaatsenrijden ▾ *overeind ~* moeizaam opstaan, ook figuurlijk **krabbeltje** *het* [-s] snel geschreven berichtje **krabben** ❶ met de nagels of een scherp voorwerp ergens overheen gaan: *wil je even op mijn rug ~? ik heb jeuk* ❷ (een anker) niet vast blijven zitten in de bodem **krabber** *de (m)* [-s] voorwerp om te krabben: *een ijs~* **krabbertje** *het* [-s] ❶ kleine krab ❷ stukje varkensvlees met been **krabcocktail** voorgerecht met stukjes gekookte krab **krabpaal** paal waaraan poezen kunnen krabben

krach *de (m)* [-s] ineenstorting, hevige crisis in zaken, vooral aan de effectenbeurs

kracht *de* ❶ sterkte, geweld: *de ~ van de storm* ❷ fig. sterkte, werking, effect: *de ~ van dit concept* ❸ persoon, naar zijn werkkracht beschouwd: *een goede ~, een leer~* ▾ *van ~ zijn* gelden, geldig zijn **krachtbal** BN *het* balspel met een zeer zware bal, gespeeld door twee teams van vier personen **krachtbron** dat wat een bepaalde kracht levert **krachtcentrale** centrale voor het opwekken van energie **krachtdadig** *bn* met kracht, met energie: *een ~ optreden* **krachtens** *vz* wat voortvloeit uit, als gevolg van en omdat het ondersteund wordt door: *~ de nieuwe wet; ~ de gemeentelijke verordening* **krachtenspel** *het* het elkaar wederzijds beïnvloeden van krachten **krachtig** *bn* met kracht bezit, sterk, met kracht **krachtinstallatie** elektrische centrale **krachtlijn** lijn die de richting van een kracht aangeeft **krachtmens** sterk iemand, iemand wiens sterke kant zijn lichamelijke kracht is: *ik ben niet lenig maar meer een ~* **krachtmeting** *de (v)* strijd, wedstrijd om te kijken wie het sterkste is **krachtpatser** iemand

die erg sterk is **krachtproef** test van vermogen of capaciteiten **krachtsinspanning** grote inspanning **krachtsport** sport waarbij het op kracht aankomt **krachtstroom** heel sterke elektrische stroom **krachtterm** vloek, verwensing **krachttoer** handeling die veel kracht vereist **krachtvoer** krachtig veevoer

krak *de (m)* [-ken] geluid van breken

krakeel *het* [-kelen] ruzie, onenigheid

krakeend soort wilde eend (Anas strepera)

krakeling *de (m)* koekje in de vorm van een 8

kraken ❶ het geluid laten horen van iets dat breekt: *~de traptreden* ❷ stukmaken door te breken: *noten ~* ❸ fig. vernietigen, heel negatieve kritiek geven ❹ (een leegstaand gebouw) binnendringen om te bewonen ❺ schei. moleculen doen uiteenvallen in kleinere stukken ❻ het krachtig masseren van gewrichten als geneeswijze ❼ (in)breken (om te openen): *een brandkast ~; computers ~* ▾ *een code ~* ontdekken, ontcijferen **kraker** *de (m)* [-s] ❶ iemand die een huis of ander gebouw kraakt of gekraakt heeft ❷ iemand die met kracht masseert

krakkemikkig *bn* gammel, niet degelijk

kram *de* [-men] U-vormig haakje waarmee iets bevestigd of gehecht kan worden ▾ BN, spreekt. *uit zijn ~men schieten* erg kwaad worden

kramer *de (m)* [-s] reizend koopman, venter

kramiek BN *de (m)* krentenbrood

kramp *de* pijnlijke samentrekking van een spier of spieren **krampachtig** *bn* als in kramp, erg gespannen: *hij probeerde ~ vrolijk te zijn*

kramsvogel trekvogel die 's winters in Nederland is (Turdus pilaris)

kranig *bn* flink, sterk, heel goed: *ze hebben de wedstrijd verloren, maar ze hebben zich ~ geweerd*

krankjorum inform. *bn* krankzinnig, gek **krankzinnig** *bn* gek, geestesziek

krans *de (m)* ❶ ring van bloemen, bladeren e.d. ❷ (bijeenkomst van een) vriend(inn)enkring **kransslagader** slagader die het hart van bloed voorziet

krant *de* drukwerk dat regelmatig, vaak elke dag, uitkomt en waarin over de belangrijkste, meest recente gebeurtenissen wordt geschreven **krantenartikel** artikel in een krant **krantenknipsel** uitgeknipt stuk uit een krant **krantenkop** opschrift boven een krantenartikel **krantenwijk** gebied waar iemand een krant bezorgt

krap I *bn* ❶ nauw, niet ruim ▾ *~ bij kas zitten* weinig geld hebben **II** *bw* ❷ amper, maar net: *hij verdient ~ duizend euro*

kras I *de* [-sen] ❶ schram, smalle streep door een scherp voorwerp **II** *bn* ❷ (van oude mensen) nog flink, sterk: *mijn opa is nog een ~se man* ❸ krachtig, streng: *een ~se maatregel* **kraslot** lot waarop men nummers open moet krassen om te zien of men een prijs gewonnen heeft **krassen** ❶ met iets scherps ergens een snee of beschadiging in maken: *het verliefde paar kraste een hart met een pijl in de boom* ❷ een scherp onaangenaam geluid laten horen, zoals van kraaien

krat *het* [-ten] kist van plastic of hout: *een ~ bier*

krater *de (m)* [-s] ❶ gat van een vulkaan ❷ gat door een meteorietinslag, diep gat met steile wanden **kratermeer** krater die is gevuld met water

krats *de* kleine som geld

krediet *het* ❶ vertrouwen in iemands vermogen om te betalen, goede naam als stipt betaler ❷ fig. vertrouwen, geloof ❸ verstrekking van kapitaal, uitstel van betaling, voorschot ▼ *kopen op ~* zonder meteen te hoeven betalen; **kredietbank** bank die kredieten geeft **kredietcrisis** crisis in de financiële en economische wereld: *tijdens de ~ gingen veel banken failliet* **kredietinstelling** bank of andere onderneming die kredieten verstrekt: BN *openbare ~* (spaar)bank met (semi)overheidsstatuut **kredietkaart** kaart waarmee men zaken of diensten kan betalen, creditcard **kredietuur** BN tijd die werknemers afwezig mogen zijn om bepaalde cursussen te volgen, educatief verlof **kredietwaardig** *bn* financieel sterk genoeg om krediet te krijgen

kreeft *de* schaaldier met scharen aan de eerste poten **Kreeft** *de* ❶ vierde teken van de dierenriem ❷ iemand die onder dat teken geboren is **Kreeftskeerkring** denkbeeldige lijn rond de aarde op 23°27' ten noorden van de evenaar, noorderkeerkring

kreek *de* [kreken] smal (stilstaand) water, vaak een inham

kreet *de (m)* [kreten] ❶ uitroep, schreeuw: *ze slaakte een ~ toen de inbreker binnenkwam* ❷ term of uitdrukking die plotseling veel gebruikt wordt ❸ inhoudsloze term

kregel, kregelig *bn* geërgerd, prikkelbaar

krekel *de (m)* [-s] insect van het geslacht Gryllus dat een sjirpend geluid maakt

kreng *het* ❶ dood dier in staat van ontbinding ❷ slecht waardeloos ding ❸ kwaadaardig, gemeen vrouwspersoon of kind

krenken ❶ beledigen, geestelijk pijn doen ❷ beschadigen, fysiek aantasten

krent *de* ❶ gedroogde, pitloze kleine druif ▼ *de ~en in de pap* de leukste onderdelen: *die maandelijkse uitstapjes zijn de ~ten in de pap voor de leerlingen* ❷ gierigaard ❸ spreekt. achterste, zitvlak: *hij zit weer op z'n luie ~!*

krentenbaard uitslag aan de kin

krentenbol rond krentenbroodje **krentenbrood** brood van fijn deeg met krenten

krentenkakker inform. *de (m)* [-s] gierigaard

krentenwegge groot krentenbrood met veel vulling

krenterig *bn* heel zuinig, gierig

kretologie *de (v)* (het uiten van) ongefundeerde leuzen

kreuk *de*, **kreukel** vouw op een plek waar men die niet wil: *mijn bloes zit vol ~en, ik moet hem strijken* ▼ *hij heeft zijn fiets in de ~els gereden* zijn fiets is helemaal kapot doordat hij ergens tegenaan gereden is of ergens tegenaan gereden is **kreukelen** kreuken **kreukelig** *bn* vol kreuken **kreukelzone** deel van een auto dat bij een aanrijding in elkaar kreukelt om de schok te breken **kreuken** ❶ ergens vouwen in maken die er niet in horen te zitten: *pas op, je kreukt mijn jas* ❷ vouwen

krijgen in iets waar men die niet wil: *het papier kwam gekreukt uit de printer* **kreukherstellend** *bn* waaruit kreuken vanzelf verdwijnen **kreukvrij** wat niet kreukt

kreunen een zacht geluid maken van pijn of ellende

kreupel *bn* die niet goed loopt doordat hij een been niet goed kan gebruiken, mank

kreupelhout laag houtgewas

krib *de* [-ben], **kribbe** ❶ houten bedje of voederbak ❷ soort dam in een rivier om de stroom te stabiliseren

kribbig *bn* snel geërgerd, snel kwaad

kriebel *de (m)* [-s] jeuk, gevoel dat iemand heeft als iets kriebelt: *ik heb een ~ in mijn neus* ▼ *ik krijg er de ~s van* het ergert me en ik word er onrustig door **kriebelen** ❶ het gevoel geven dat maakt dat iemand wil krabben, jeuken, kietelen: *deze sjaal kriebelt in mijn nek* ❷ met onduidelijke kleine letters schrijven: *hij kriebelde zijn naam onder de brief* **kriebelhoest** hoest door een kriebel in de keel **kriebelig** *bn* ❶ ⟨van een handschrift⟩ onduidelijke, moeilijk te lezen ❷ geprikkeld, snel geïrriteerd

kriegel, kriegelig *bn* geërgerd, prikkelbaar

kriek *de* ❶ boom met kleine kersen ❷ zwarte kers ▼ *zich een ~ lachen* heel erg lachen ❸ kersenbier **krieken** ▼ *het ~ van de dag* het aanbreken van de dag

kriel I *de* ❶ klein iemand II *de (m)* ❷ kleine soort haan, krielhaan III *het* ❸ kleine aardappelen ❹ kleingoed

krielkip kleine soort kip

krijg *de (m)* ❶ oorlog ❷ het krijgen

krijgen [kreeg, h. gekregen] ❶ verkrijgen, verwerven, gratis mogen hebben wat iemand geeft: *krijg ik die fiets zomaar van je?* ▼ *elkaar ~* met elkaar trouwen, een liefdesrelatie krijgen ❷ ontvangen: *post ~; bezoek ~* ❸ oplopen: *griep ~*

krijger *de (m)* [-s] strijder, soldaat: *een indiaanse ~*

krijgertje *het* ❶ spel waarbij kinderen elkaar proberen aan te tikken of vast te pakken ❷ iets dat iemand gekregen heeft: *die trui is een ~*

krijgsdienst militaire dienst **krijgsgevangen** *bn* als soldaat door de vijand gevangen genomen **krijgshaftig** *bn* snel bereid oorlog te voeren **krijgsheer** militaire leider die de macht uitoefent over een gebied

Krijgshof BN hoogste militaire gerechtshof **krijgslist** list tegen de vijand **krijgsmacht** strijdkrachten **krijgsraad** ❶ rechtbank voor militairen ❷ vergadering van de legerleiding **krijgsvolk** soldaten

krijsen [krijste / krees, h. gekrijst / gekresen] schel schreeuwen

krijt *het* ❶ zachte kalkachtige stof ❷ schrijfgerei van een mengsel van gips en kalk ▼ *bij iemand in het ~ staan* iemand iets schuldig zijn ❸ strijdperk ❹ jongste periode van het mesozoïcum ❺ het geheel van gesteenten die in die tijd gevormd zijn

krijten I [kreet, h. gekreten] ❶ luid roepen (en huilen) II [krijtte, h. gekrijt] ❷ krijt smeren op: *de biljarter krijt de keu* ❸ tekenen met krijt: *de kinderen zaten op de stoep te ~*

krijtlijn BN ook grote lijn: *de ~en van een nieuw*

beleidsplan tekenen **krijtstreep ❶** streep die met krijt is getrokken ❷ donkere stof met een smalle lichte streep ❸ pak van die stof **krijttekening** tekening die met krijt is gemaakt **krijtwit I** *bn* ❶ heel bleek **II** *het* ❷ krijtpoeder

krik *de* [-ken] gereedschap met een slinger om een zwaar voorwerp, vooral een auto, omhoog te duwen

krimi *de (m)* [-'s] (Duitse) politiefilm of politieroman

krimp *de (m)* het krimpen ▼ *geen ~ geven* niet toegeven, niet opgeven **krimpen** [kromp, is gekrompen] kleiner worden: *mijn trui is gekrompen in de was* ▼ *in elkaar ~* in elkaar duiken, zichzelf klein maken, bijv. van angst of pijn ▼ *~de wind* wind die tegen de zon in draait, bijv. die door het noorden naar het westen loopt **krimpfolie** verpakkingsmateriaal dat na het inpakken nauwer aansluit **krimpvrij** wat niet krimpt

kring *de (m)* ❶ gesloten ronde lijn ❷ groep personen die in een bepaald opzicht bij elkaar horen: *hij beweegt zich in kunstenaars~en* **kringelen** zich kringvormig, in cirkels bewegen: *de rook van de sigaret kringelde omhoog*

kringloop ❶ een kring ❷ het telkens terugkeren op hetzelfde uitgangspunt: *de ~ van leven en dood* **kringlooppapier** papier dat is gemaakt van gebruikt materiaal

kringspier spier die een opening omgeeft en deze kan afsluiten, bijv. de kringvormige spier van de anus

krinkel *de (m)* [-s] ❶ kronkel ❷ het zich oprollen van bladeren met een bepaalde ziekte **krinkelen** [krinkelde, h. / is gekrinkeld] kronkelen **krioelen** het zich met heel veel door elkaar bewegen, wemelen ▼ *zijn opstel krioelt van de fouten* bevat heel veel fouten

krip *het* doorzichtige gekrulde stof

kris *de* [-sen] Javaanse dolk

kriskras *bw* verward door elkaar, alle kanten op **kriskrassen** [kriskraste, h. gekriskrast] verward door elkaar en alle kanten op gaan, rijden, schrijven enz.

kristal *het* [-len] ❶ nat. regelmatige vorm, begrensd door platte vlakken ❷ gekristalliseerd kwarts ❸ met lood gemengd glas, heel helder en duur glas, kristalglas: *wijnglazen van ~* **kristalglas** fijn glas **kristalhelder** heel helder en doorzichtig **kristallijn I** *het* ❶ kristal **II** *bn* ❷ van kristal ❸ als kristal ❹ helder **kristalliseren** ‹-zi-› [kristalliseerde, h. / is gekristalliseerd] ❶ kristallen vormen, overgaan in kristallen ❷ fig. een vaste vorm aannemen **kristallografie** *de (v)* de studie van kristal(len) **kristalsuiker** suiker in kristalvorm, gewone suiker

kritiek I *bn* ❶ gevaarlijk, beslissend: *de patiënt verkeert in ~e toestand* **II** *de (v)* ❷ het aanwijzen van gebreken: *ze had ~ op mijn kapsel* ❸ beoordeling: *de film kreeg lovende ~en* ❹ de critici die films, boeken e.d. beoordelen in kranten of andere media **kritisch** *bn* ❶ (scherp) beoordelend ❷ ‹van temperatuur› waarboven een gas niet meer vloeibaar kan zijn ❸ ‹van een toestand› waarbij het onderscheid tussen vloeistof en damp niet meer bestaat ❹ ‹van een

uitgave› met verbeteringen **kritiseren** ‹-zi-› (scherp, afkeurend) beoordelen

KRO *de (m)* Katholieke Radio-omroep

krocht *de* onderaards hol

kroeg *de* (klein en niet al te chic) café **kroeglopen** cafés bezoeken **kroegtijger** iemand die vaak cafés bezoekt

kroelen vrijend tegen elkaar zitten of liggen

kroep *de (m)* kinderziekte: besmettelijke ontsteking van het slijmvlies van het strottenhoofd en de luchtpijp

kroepia *de* [-'s] pannenkoekje met een vulling van nasi

kroepoek *de (m)* bros knappend bijgerecht voor de rijsttafel of als versnapering

kroes I *de (m)* [kroezen] ❶ (metalen) beker zonder voet **II** *bn* ❷ fijn gekruld **kroeshaar** *het* haar met fijne krullen **kroeskop** hoofd of persoon met kroeshaar

kroezen fijn (doen) krullen: *~d haar* **kroezig** *bn* een beetje kroezend

krokant *bn* knapperig

kroket *de* [-ten] soort ragout in een dun gepaneerd bruin korstje dat in olie is gebakken: *een ~ kopen in een snackbar*

krokodil *de* [-len] groot hagedisachtig waterreptiel met heel dikke huid en grote muil **krokodillentranen** *de (mv)* onoprechte tranen

krokus *de (m)* [-sen] bolgewas met lage grote bloemen **krokusvakantie** korte vakantie tussen Kerstmis en Pasen

krols *bn* ‹van katten› bronstig, op zoek naar seks

krom *bn* niet recht ▼ *een ~me redenering* die niet klopt **kromhout** gebogen stuk hout **kromliggen** hard werken en zuinig leven: *ze liggen krom om hun zoon te laten studeren* **kromlopen** ❶ ‹van wegen› niet in een rechte lijn lopen ❷ ‹van personen› met een kromme rug lopen **kromme** *de* [-n] gebogen lijn **krommen** ❶ krom maken ❷ krom worden **kromming** *de (v)* het krommen, bocht: *een ~ in de weg*

krompraten gebrekkig spreken **kromtrekken** krom worden door krimpen, warm worden enz. **kromzwaard** zwaard dat een beetje gebogen is, als symbool van de Turkse macht

kronen iemand een kroon opzetten als teken dat hij of zij koning of koningin is geworden, iemand de vorstelijke waardigheid verlenen **kroniek** *de (v)* boek waarin de belangrijkste feiten van een periode vermeld staan, jaarboek **kroning** *de (v)* het kronen: *de ~ van de koningin* **kronkel** *de (m)* [-s] ❶ vreemde bocht: *het pad maakt hier een ~* ❷ fig. vreemd denkbeeld, vreemde neiging: *een gedachte~* **kronkelen** vreemde bochten maken: *het pad kronkelt omhoog naar de top van de berg* ▼ *zich ~* al bewegend bochten maken **kronkelig** *bn* met kronkels **kronkeling** *de (v)* wat kronkelt, kronkel **kronkelredenering** onlogische redenering **kronkelweg** ❶ kronkelende weg ❷ fig. slinkse, niet directe manier van handelen

krontjong *de (m)* [-s] Indonesische muziek met westerse elementen

kroon *de* [kronen] ❶ vorstelijk hoofddeksel, symbool van de vorstelijke waardigheid ❷ de regering ❸ munteenheid in een aantal landen

❹ krans als teken van eer of roem ❺ bovenste rand, bovenste deel, kruin: *de ~ van een eik* ❻ bovenste deel van een tand of kies, ook prothese ▾ *iemand naar de ~ steken* wedijveren, proberen beter te zijn ▾ *de ~ spannen* alles overtreffen ▾ *de ~ op het werk* iets wat er een mooi einde aan geeft ▾ BN *de ~ ontbloten* de verplichte geheimhouding schenden m.b.t. gesprekken met de koning of informatie over het koningshuis **kroondomein** onroerend goed dat aan de vorst behoort

kroongetuige ❶ voornaamste getuige ❷ iemand die in ruil voor strafvermindering een getuigenis aflegt van doorslaggevende betekenis voor de bewijsvoering in een proces **kroonjaar** aantal jaren dat deelbaar is door tien

kroonjuweel ❶ juweel dat een vorst in bruikleen heeft van de staat ❷ fig. iets wat men heel belangrijk vindt of waar men heel trots op is **kroonkolonie** (Britse) kolonie rechtstreeks onder de kroon **kroonkurk** metalen sluiting van een fles **kroonlid** lid dat door de kroon, van regeringswege, benoemd is

kroonlijst de horizontale band aan een gebouw, die vaak uitspringt of versieringen heeft **kroonluchter** grote lamp met veel armen, aan het plafond **kroonpretendent** iemand die aanspraak maakt op de troon **kroonprins** mannelijk persoon die de koning of koningin opvolgt als die sterft of aftreedt: *de ~ is meestal de oudste zoon van de koning of koningin* **kroonsteentje** het [-s] blokje waarin elektrische draden verbonden zijn

kroontjespen pen met kroonvormige rand waar vooral vroeger mee werd geschreven **kroos** het waterplant die aan het wateroppervlak voorkomt, eendenkroos

kroost het kinderen **kroostrijk** met veel kinderen **kroot** de [kroten] rode biet

krop de (m) [-pen] ❶ opeengepakte bladeren bij groenten zoals sla ❷ ziekelijke aandoening van de schildklier waarbij de hals opzwelt ❸ wijder deel van de slokdarm, voormaag van vogels **kropper** de (m) [-s] duif met een dikke krop **kropsla** sla in de vorm van een krop

krot het [-ten] armelijke, vervallen woning **kruid** het ❶ gewas met een stengel die niet houtig is ❷ plant die een sterke smaak heeft of een sterke geur ❸ geneeskrachtige plant ▾ *er is geen ~ tegen gewassen* er is niets tegen te doen **kruiden** met kruiden vermengen, kruiden in iets of over iets heen gooien: *het vlees ~ met zout en peper* **kruidenbitter** de (m) & het bittere (alcoholische) drank met kruiden

kruidenier de (m) [-s] iemand die levensmiddelen en huishoudelijke artikelen in het klein verkoopt **kruideniersmentaliteit** bekrompen mentaliteit **kruiderij** de (v) kruiden die men aan voedsel kan toevoegen, specerij **kruidig** bn specerijachtig, pittig van geur of smaak **kruidje-roer-mij-niet** het [kruidje-roer-mij-nieten, kruidjes-roer-mij-niet] ❶ plantje dat bij aanraking der bladeren dichtslaat (Mimosa pudica) ❷ fig. lichtgeraakt iemand **kruidkoek** koek met specerijen erin verwerkt **kruidnagel** de (m) [-s] specerij van gedroogde bloemknoppen

kruidnoot ❶ snoepgoed dat op pepernoot lijkt ❷ noot van de muskaatboom, muskaatnoot **kruien** ❶ op een kruiwagen verplaatsen ❷ opeendringen van stukken ijs **kruier** de (m) [-s] iemand die goederen, vooral bagage, vervoert op stations, vliegvelden enz.

kruik de ❶ stenen, aarden of metalen voorwerp voor het bewaren van vloeistoffen ▾ *de ~ gaat zolang te water tot zij barst* het kan lang doorgaan maar eenmaal gaat het mis ❷ heetwaterzak of -fles voor in bed

kruim I de & het ❶ zacht binnenste van brood ❷ fijngekookte aardappels II het ❸ BN ook de top, het beste **kruimel** de (m) [-s] heel klein stukje brood, koek enz. **kruimeldief** ❶ iemand die kleinigheden steelt ❷ handstofzuigertje **kruimelen** tot kruimels maken of worden **kruimelig** bn wat gemakkelijk kruimelt

kruin de ❶ bovenste van het hoofd, plaats op het hoofd waar het haar kringsgewijs omheen groeit ❷ top: *de ~ van een boom*

kruipen [kroop, h. / is gekropen] ❶ zich op knieën en handen, met zijn lichaam laag bij de grond voortbewegen ❷ fig. langzaam gaan: *de tijd kruipt* ❸ langs de grond groeien: *~de planten* ❹ fig. heel onderdanig zijn: *hij kruipt voor haar* **kruiperig** bn overdreven of onoprecht onderdanig **kruipolie** olie voor het losmaken en weer soepel laten bewegen van vastgeroeste delen **kruippakje** kledingstuk voor een kind dat nog kruipt **kruipruimte** ondiepe ruimte onder de vloer

kruis het [kruisen, kruizen] ❶ figuur van twee lijnen die elkaar snijden ❷ verhogingsteken in de muziek ❸ plaats waar de benen of pijpen of de achterpoten samenkomen ❹ stuit, hoger achterdeel van de rug van een rijdier ❺ bovenhoek van een goal, waar lat en paal samenkomen ❻ strafpaal met dwarshout of symbolische voorstelling daarvan ❼ leed, lijden ▾ *~ of munt* voor- of achterkant van een munt ▾ *Rode Kruis* internationale organisatie voor hulpverlening bij oorlogen en rampen ▾ BN, spreekt. *een ~ (moeten) maken over iets* m.b.t. plannen, voornemens: (moeten) laten varen, (moeten) afzien van **kruisafneming** de (v) ❶ het afnemen van het kruis van Christus ❷ schilderij daarvan **kruisband** de (m) elk van de twee banden in het kniegewricht **kruisbeeld** beeld van Christus aan het kruis, crucifix

kruisbek vogel met gekruiste snavel van het geslacht Loxia **kruisbes** ❶ doornige bessenstruik (Ribes uva-crispa) ❷ vrucht daarvan **kruisbestuiving** de (v) ❶ bestuiving met stuifmeel van andere planten ❷ fig. wederzijdse beïnvloeding, inspiratie

kruisbloemigen de (mv) heel grote plantenfamilie (Cruciferae of Brassicaceae), bijna altijd kruiden, waarbij de vier blaadjes van de bloemen kruislings tegenover elkaar geplaatst zijn: *tot de ~ behoren ongeveer 350 geslachten met ongeveer 3000 soorten*

kruisboog ❶ schietboog waarvan de staaf en de boog een kruis vormen ❷ twee bogen in een kruisgewelf die elkaar kruisen **kruisdood** dood aan een kruis

kr

kruiselings, kruislings *bn* in kruisvorm **kruisen** ❶ elkaar voorbijgaan, elk in een andere richting ❷ door elkaar heen lopen (van twee wegen, rivieren e.d.) in de vorm van een kruis ❸ een kruis vormen door met de hand hoofd en bovenlichaam aan te raken ❹ heen en weer varen ❺ vermengen van dieren of planten van verschillend ras ❻ kruisigen

kruiser *de (m)* [-s] ❶ oorlogsschip dat snel kan varen ❷ bepaald soort motorboot voor pleziertochten, motorkruiser ❸ bepaald soort zeilschip **kruisgang** gaanderij met kruisgewelven, zuilengang om een binnenplaats **kruisheer** lid van een religieuze orde **kruishout** ❶ gereedschap bij het aftekenen van lijnen ❷ dwarshout van een kruis ❸ het kruis van Jezus **kruisigen** vastnagelen aan een kruis (en zo ter dood brengen)

kruising *de (v)* ❶ plaats waar het verkeer elkaar kruist: *bij de ~ moeten we links* ❷ het met elkaar kruisen van planten of dieren ❸ soort die door kruisen is ontstaan: *deze hond is een ~ van een labrador en een herder*

kruiskerk kerk waarvan de plattegrond de vorm van een kruis heeft **kruiskoppeling** ❶ verbinding van buizen e.d. in de vorm van een kruis ❷ beweeglijke verbinding van assen **kruiskruid** plant van het geslacht Senecio **kruislicht** *BN, spreekt.* dimlicht

kruispunt *het* plaats waar twee of meer wegen dwars over elkaar lopen in de vorm van een kruis, kruising **kruisraket** (atoom)raket die op afstand kan worden bestuurd **kruisridder** ridder die op kruistocht ging **kruissnelheid** gemiddelde snelheid **kruisspin** spin met een wit kruis op de rug **kruissteek** kruisvormige borduursteek **kruisteken** aanraking van hoofd en bovenlichaam in de vorm van een kruis **kruistocht** ❶ *hist.* veldtocht, militaire onderneming in de middeleeuwen om Palestina te bevrijden ❷ *fig.* felle actie tegen of voor iets **kruisvaarder** *de (m)* [-s] deelnemer aan een kruistocht **kruisvaart** kruistocht **kruisvereniging** vereniging voor gezondheidszorg en verpleging **kruisverhoor** verhoor waarbij verschillende personen vragen stellen **kruisverwijzing** het verwijzen van twee trefwoorden naar elkaar in een naslagwerk, zonder verdere uitleg **kruisvuur** het schieten uit verschillende richtingen **kruisweg** weg die Jezus aflegde van het huis van Pilatus naar Golgotha

kruiswoordpuzzel *de (m)* [-s], **kruiswoordraadsel** *het* raadsel waarbij horizontaal en verticaal woorden in hokjes ingevuld moeten worden

kruit *het* ontplofbaar mengsel van salpeter, zwavel en houtskool ▼ *zijn ~ drooghouden* zich gereedhouden voor de strijd maar nog afwachten ▼ *al zijn ~ verschoten hebben* al zijn mogelijkheden tot verweer al gebruikt hebben **kruitdamp** rook van ontploft kruit **kruitvat** ❶ vat waarin buskruit wordt bewaard ❷ *fig.* plaats of situatie met groot gevaar voor uitbarsting van geweld

kruiwagen ❶ wagentje op één wiel, dat men moet duwen ❷ *fig.* persoon die iemand aan een

baan, een plaats op een opleiding e.d. helpt: *zonder ~ had hij die baan nooit gekregen*

kruizemunt lipbloemige geurende plant (Mentha aquatica)

kruk *de* [-ken] ❶ stok met handvat om op te steunen ❷ handvat, knop van een deur ❸ stoeltje zonder leuning ❹ *fig.* knoeier, sukkel **krukas** as met krukvormige bochten, die bewegingen overbrengt op de machineonderdelen

krul *de* [-len] ❶ gedraaide haarlok ❷ gedraaid stukje afgeschaafd hout ❸ gebogen versiersel aan meubels e.d. ❹ sierlijke gebogen trek met een pen **krulhaar** *het* krullend haar **krullen** ❶ krullen hebben ❷ krullen maken **krullenkop, krullenbol** ❶ hoofd met krulhaar ❷ iemand met krulhaar **kruller** *de (m)* [-s] krulspeld **krulspeld** speld om krullen mee in het haar te maken **krulstaart** ❶ krullende staart ❷ *scherts.* varken **krultang** tang om het haar te krullen

KSA *BN de (v)* Katholieke Studentenactie (*katholieke jeugdbeweging*)

kso *BN het* kunst secundair onderwijs

kst *tw* uitroep om een dier weg te jagen

kt karaat

kub. kubieke

kubiek *bn* ⟨met lengte-eenheid⟩ aanduiding van de inhoud ▼ *~e meter* één meter lang, breed en hoog

kubisme *het* richting in de beeldende kunst die alles in hoekige meetkundige vormen weergeeft **kubistisch** *bn* op de manier van het kubisme

kubus *de (m)* [-sen] regelmatig veelvlak waarvan de zes zijvlakken gelijke vierkanten zijn

kuch *de (m)* ❶ droge korte hoest ❷ licht bruinbrood **kuchen** kort en droog hoesten

kudde *de* [-n, -s] groep dieren die bij elkaar horen **kuddedier** ❶ dier dat in een kudde leeft ❷ *fig.* iemand die doet wat anderen doen, die de massa volgt

kudos ⟨kjoe-⟩ *de comp.* woord waarmee men op internet waardering of afkeuring uitdrukt voor bijv. een site, een game of iemands prestaties

kuieren langzaam en op zijn gemak wandelen **kuierlatten** *scherts.* ▼ *de ~ nemen* gaan lopen

kuif *de* [kuiven] ❶ haar dat omhoog staat boven het voorhoofd: *Elvis had zijn haar in een ~* ❷ omhoogstaande veren op de kop van een vogel: *een kievit heeft een ~*

kuiken *het* [-s] ❶ jong van vooral hoenderachtige vogels zoals kippen en van sommige andere vogels zoals eenden ❷ *fig.* jong onnozel iemand **kuikensekser** *de (m)* [-s] iemand die het geslacht van pasgeboren kuikens vaststelt en mannetjes en vrouwtjes van elkaar scheidt

kuil *de (m)* ❶ gat in de grond ▼ *wie een ~ graaft voor een ander, valt er zelf in* als men iemand wil benadelen, ondervindt men vaak zelf de nadelige gevolgen ❷ zakvormig visnet **kuilgras** gras dat wordt samengeperst in een silo, kuil of in balen en in de winter aan de koeien wordt gevoerd **kuilvoer** kuilgras, kuilmais e.a. veevoer voor de winter

kuip *de* ❶ houten of metalen vat ❷ naam voor verschillende voorwerpen of bouwwerken die in vorm daarop lijken **kuipen** ❶ vaten maken

❷ fig. slinks te werk gaan om iets te bereiken
kuiperij de (v) ❶ het kuipen ❷ werkplaats waar men vaten maakt ❸ fig. listige streek, het op een listige manier proberen iets te bereiken **kuipstoel** stoel met de vorm van een kuip
kuis I bn ❶ die seksueel of ander verdergaand fysiek contact vermijdt en zich niet uitdagend gedraagt: *een ~ meisje* II de (m) ❷ BN, spreekt. schoonmaak: *de grote ~* de lenteschoonmaak
kuisen ❶ BN, spreekt. schoonmaken ❷ wat slecht, onfatsoenlijk e.d. is uit iets verwijderen ▼ *zijn taal ~* geen vloeken, platte woorden e.d. gebruiken **kuisvrouw** BN, spreekt. werkster, schoonmaakster
kuit de ❶ dikste deel van de achterkant van het been onder de knie ❷ eieren van een vis **kuitbeen** een van de beenderen tussen knie en voet **kuitschieten** eieren afscheiden door vissen
kukeleku tw nabootsing van het geluid van een haan
kukelen inform. vallen: *hij kukelde naar beneden*
kul de (m) spreekt. flauwe praat, onzin
kummel de (m) ❶ karwijzaad ❷ komijn
kumquat ⟨koemkwat⟩ de (m) [-s] heel klein sinaasappelachtig vruchtje
kunde de (v) kennis en vaardigheid
kundig bn die iets goed kan, bekwaam: *een ~ arts*
kungfu ⟨koengfoe⟩ de (m) Chinese vechtsport die op karate lijkt
kunne de geslacht, sekse ▼ *van beiderlei ~* zowel vrouwen als mannen
kunnen [kon, h. gekund] ❶ in staat zijn om iets te doen, iets geleerd hebben, er de capaciteiten voor hebben: *ik kan zwemmen* ▼ *~ tegen* in staat zijn om te verdragen: *ik kan niet tegen mensen die liegen* ❷ mogelijk zijn: *de afspraak kan op maandag* ▼ *ergens van op aan ~* erop kunnen vertrouwen, erop kunnen rekenen ❸ hulpwerkwoord: *het kan wel eens gaan regenen*
kunst de (v) ❶ het kunnen, vaardigheid ❷ het vermogen om op creatieve wijze uiting te geven aan emoties en gedachten ▼ *de schone ~en* bouwkunst, dichtkunst, beeldende kunsten ❸ resultaat dat vermogen, iets dat door een kunstenaar gemaakt is, zoals een schilderij, film, boek of beeld ❹ iets moeilijks wat iemand kan: *we hebben onze hond allerlei ~jes geleerd* ▼ *dat is een koud ~je* dat is heel eenvoudig ❺ namaak, niet echt: *een kroon in een gebit is geen echte kies of tand, maar ~* ▼ *uit de ~* heel goed, voortreffelijk ▼ *~en vertonen* fratsen, grillen hebben ▼ *met ~- en vliegwerk* met allerlei hulpmiddeltjes
kunstbroeder iemand die dezelfde kunstvorm beoefent **kunstenaar** de (m) [-s] iemand die een van de schone kunsten beoefent, bijv. een schilder of een beeldhouwer
kunstenmaker iemand die goochelt, acrobatische toeren verricht e.d.
kunstgebit nagemaakt gebit in plaats van echte tanden en kiezen, prothese voor een gebit
kunstgeschiedenis ❶ geschiedenis van de schone kunsten zoals beeldhouwen of schilderen ❷ wetenschap en studierichting die zich hiermee bezighoudt: *hij studeert ~*
kunstgreep ❶ vaardigheid, handigheid ❷ handig trucje

kunsthandel ❶ het handelen in kunstvoorwerpen, schilderijen enz. ❷ winkel waar zulke artikelen verkocht worden
kunsthistoricus beoefenaar van de kunstgeschiedenis **kunsthumaniora** BN de [-'s] afdeling van het middelbaar onderwijs met speciale aandacht voor de kunsten
kunstig bn knap, handig, waaruit blijkt dat iemand heel goed en handig in iets is
kunstijsbaan baan van kunstmatig gemaakt ijs
kunstkenner iemand die verstand heeft van kunst
kunstlicht licht dat niet van de zon of de maan komt maar van een lamp **kunstmatig** bn niet volgens de natuur, door mensen gemaakt ▼ *~e intelligentie* vermogen van de computer om sommige taken van de intelligentie over te nemen **kunstmest** mest die op een scheikundige manier is gemaakt **kunstnier** toestel dat de functie van een nier overneemt **kunstnijverheid** combinatie van kunst en nijverheid **kunstpatrimonium** BN, ook nationaal kunstbezit
kunstrijden maken van figuren bij het paardrijden of schaatsen **kunstschaats** schaats die wordt gebruikt bij het kunstrijden
kunstschat kostbaarheid in de vorm van een kunstwerk of kunstwerken **kunstschilder** iemand die schilderijen maakt: *Van Gogh en Picasso waren beroemde ~s*
kunststof stof die niet in de natuur voorkomt maar door mensen wordt gemaakt: *plastic is een ~* **kunststuk** knap werk **kunsttaal** ❶ kunstmatig uitgedachte taal ❷ technische taal
kunstuitleen de (m) instelling die kunst uitleent
kunstvliegen maken van acrobatische toeren met een vliegtuig
kunstvoorwerp voorwerp dat een resultaat is van kunstnijverheid of beeldende kunst
kunstwerk ❶ schilderij, beeld enz. dat als kunst wordt beschouwd: *de Nachtwacht van Rembrandt is een wereldberoemd ~; dit boek is een literair ~* ❷ product van de techniek, bijv. een tunnel, brug of sluis
kunstzijde stof die gemaakt is van cellulose en op zijde lijkt
kunstzinnig bn met gevoel en aanleg voor kunst
kür ⟨kuur⟩ de (m) vrij gekozen oefening als onderdeel van een kunstschaatswedstrijd
kuras het [-sen] harnas dat de borst en de rug beschermt
kuren een kuur volgen om te genezen, uit te rusten e.d.
kurk I de (m) & het ❶ laag op de schors van de kurkeik II de [-en] ❷ stop daarvan of een kroonkurk op een fles e.d. ▼ *iets onder de ~ hebben* alcoholische drank in huis hebben ❸ stuk kurk als middel om iets te laten drijven ▼ fig. *de ~ waarop de zaak drijft* iets wat noodzakelijk is voor het bestaan van iets
kurkdroog heel erg droog **kurkeik** eik waarvan de schors wordt gebruikt voor kurk (Quercus suber) **kurken** I ww ❶ een kurk doen op II bn ❷ van kurk **kurkentrekker** de (m) [-s] voorwerp om de kurk uit een fles te trekken
kurkuma de (m) wortelstok van een plant

ku

waaruit gele kleurstof wordt gemaakt

kus *de (m)* [-sen] aanraking met de lippen als
liefkozing, groet of eerbetoon, zoen **kushandje**
het [-s] groet door de eigen groetende hand te
kussen **kusjesdans** rondedans waarbij
mensen naar het midden komen om elkaar te
kussen **kussen I** *ww* ❶ een kus geven **II** *het* [-s]
❷ zak die is gevuld met zacht materiaal, om op
te zitten, tegen te leunen, zijn hoofd op te
leggen e.d.

kust *de* scheiding van land en zee in de vorm van
een strand, land e.d. langs de zee ▼ *de ~ is vrij* het
is veilig, er is geen gevaar ▼ *te ~ en te keur* in
overvloed, men veel wat men kan kiezen **kuster**
de (m) [-s] kustvaarder

kustlicht vuurtoren **kuststreek** gebied aan de
kust **kusttram** BN tram aan de kust tussen
Knokke en De Panne **kustvaarder** *de (m)* [-s]
koopvaardijschip dat tussen kustplaatsen vaart
kustwacht ❶ bewaking van de kust ❷ de
gezamenlijke bewakers van de kust
kustwateren *de (mv)* zeestrook langs de kust,
die nog bij de staat hoort die aan zee ligt

kut spreekt. *de* [-ten] ❶ vrouwelijk geslachtsdeel
❷ neg. vrouw ❸ ⟨als eerste deel van een
samenstelling⟩ slecht **kuttenkop** lastig,
vervelend persoon

kuub *de (m)* [kuub] kubieke meter

kuur *de* [kuren] ❶ vreemd idee dat of handeling
die plotseling opkomt, gril ❷ behandeling van
een ziekte door een aantal keren iets te doen,
bijv. het nemen van pillen, het volgen van een
dieet **kuuroord** (bad)plaats met geneeskrachtige
bronnen, waar mensen een kuur kunnen doen

KvK en F *de* Kamer van Koophandel en Fabrieken

kw® BN, ook *de* [-'s] regenjasje van het merk
K-Way

kW kilowatt

kwaad I *bn* ❶ slecht, verkeerd, gevaarlijk,
schadelijk ❷ die negatieve gevoelens tegenover
iemand of iets koestert, boos **II** *het* [kwaden]
❸ wat slecht, verkeerd, schadelijk is, slechte
daad ▼ *geen ~ kunnen* geen schade of nadeel
veroorzaken ▼ *het gaat van ~ tot erger* het wordt
steeds erger, steeds slechter

kwaadaardig *bn* ❶ boosaardig, met slechte
bedoelingen ❷ gevaarlijk, met mogelijk ernstige
gevolgen: *een ~e tumor* **kwaadschiks** *bw* tegen
zijn zin, onder dwang: *als het niet goedschiks
gaat, dan maar ~* **kwaadspreken** opzettelijk
slechte dingen over iemand vertellen
kwaadwillig *bn* met de bedoeling om slechte
dingen te doen

kwaal *de* [kwalen] ❶ aandoening of ziekte die
vaak langere tijd duurt ❷ fig. iets wat niet goed
is, probleem

kwab *de* [-ben] weke massa vet of vlees

kwadraat *het* [-draten] het product van een getal
dat met zichzelf wordt vermenigvuldigd, tweede
macht: *het ~ van 3 is 9, want 3 x 3 = 9* **kwadrant**
het ❶ 1/4 cirkel ❷ werktuig om een
breedtebepaling uit te voeren **kwadratuur** *de (v)*
[-turen] berekening van de inhoud van een
figuur met een kromme lijn, in vierkante
eenheden ▼ *~ van de cirkel* wisk. de vraag of men
met lineaal en passer uit een cirkel een vierkant

kan maken met dezelfde oppervlakte; fig. iets
onmogelijks

kwajongen ondeugende jongen

kwak I *de (m)* [-ken] ❶ kwakend of smakkend
geluid ❷ zachte massa die is neergegooid
▼ spreekt. *~je* mannelijk zaad van één zaadlozing
II *tw* ❸ nabootsing van een kwakend of
smakkend geluid

kwaken ❶ het geluid laten horen van een kikker
of eend ❷ luid en druk praten

kwakkel *de* [-s] BN vals bericht, verzonnen
bericht

kwakkelen ❶ ⟨van weer⟩ onbestendig zijn,
vooral niet doorzetten van vorst in de winter
❷ fig. afwisselend een beetje beter en weer
slechter worden, sukkelen: *~ met zijn gezondheid*

kwakken ❶ hard of op een onverschillige
manier neergooien: *hij kwakte zijn schooltas in de
hoek* ❷ vallen: *hij is stomdronken op de grond
gekwakt*

kwakzalver *de (m)* [-s] ❶ hist. iemand die
onbevoegd de geneeskunde uitoefent ❷ fig.
bedrieger, onvakkundig iemand

kwal *de* [-len] ❶ klok- of paddenstoelvormig week
neteldier van de groep Scyphozoa ❷ fig.
zelfingenomen onsympathiek persoon

kwalificatie *de (v)* [-s] ❶ betiteling, toekenning
van een eigenschap: *de cursist kreeg voor zijn test
de ~ 'uitstekend'* ❷ geschiktheid voor iets,
bevoegdheid ❸ sp. plaatsing voor een
competitie: *de ~ voor het Europees kampioenschap*
kwalificatiewedstrijd wedstrijd waarin wordt
beslist wie aan een competitie mag deelnemen
kwalificeren ❶ een eigenschap toekennen: *hij
kwalificeerde haar als berekenend* ❷ bevoegd,
gerechtigd, geschikt (voor iets) maken: *de
schaatser heeft zich gekwalificeerd voor het
wereldkampioenschap*

kwalijk *bn* ❶ niet goed: *dat is een ~e zaak* ❷ met
moeite: *ik kon hem ~ bijhouden* ▼ *~ nemen* boos
zijn (op iemand om iets) ▼ *neem me niet ~* wees
niet boos me, pardon

kwalitatief *bn* wat te maken heeft met de
kwaliteit **kwaliteit** *de (v)* ❶ hoe goed of slecht
iets is: *deze schoenen zijn van slechte ~* ❷ goede
eigenschap: *ze heeft veel ~en, maar
nauwkeurigheid hoort daar niet bij*
kwaliteitsproduct product van bijzonder goede
kwaliteit

kwantificeren in hoeveelheden of aantallen
uitdrukken **kwantitatief** *bn* wat de hoeveelheid
of grootte betreft: *~ waren we in de meerderheid,
maar kwalitatief waren we minder* we waren met
meer mensen maar we waren minder goed
kwantiteit *de (v)* hoeveelheid, aantal

kwantum *het* [-s, -ta] ❶ hoeveelheid, dosis ❷ nat.
de kleinste hoeveelheid waarin een grootheid
kan voorkomen, quant **kwantumchemie** het
toepassen van de kwantumtheorie op chemische
verschijnselen

kwantumkorting korting bij aanschaf van een
grote hoeveelheid van eenzelfde product

kwantummechanica studie van atomen en
subatomaire deeltjes **kwantumtheorie** deel van
de natuurkunde dat de sprongsgewijze
verandering betreft

kwark *de (m)* ❶ verse niet gerijpte kaas verkregen door het verzuren van gepasteuriseerde magere melk ❷ licht verteerbaar voedsel dat hiervan wordt gemaakt

kwart I *het* ❶ vierde gedeelte II *de* ❷ muz. derde toon na de grondtoon **kwartaal** *het* [-talen] 1/4 van een jaar, periode van drie maanden

kwartel *de* [-s] bruine hoenderachtige vogel (Coturnix coturnix) **kwartelkoning** met uitsterven bedreigde trekvogel die 's zomers broedt op weilanden en akkers en die 's nachts actief is (Crex crex)

kwartet *het* [-ten] ❶ muziekstuk voor vier stemmen of instrumenten ❷ groep van vier spelers, vooral in de muziek ❸ kaartspel waarbij men combinaties moet proberen te krijgen van vier kaarten die bij elkaar horen ❹ combinatie van vier kaarten bij dat spel, die bij elkaar horen

kwartfinale stadium van de eindstrijd voor de halve finale

kwartier *het* [-s] ❶ vijftien minuten, vierde deel van een uur ❷ schijngestalte van de maan ❸ huisvesting van soldaten **kwartiermaker** iemand die voor de huisvesting voor soldaten moet zorgen en andere zaken moet voorbereiden: *de ~s maken alles klaar voor de uitgezonden soldaten* **kwartiermeester** ❶ officier die verantwoordelijk is voor het kwartier van soldaten en wat daarmee samenhangt ❷ korporaal van de operationele dienst bij de marine

kwartje *het* [-s] vroegere munt van 25 cent ▾ *het ~ is gevallen* het dringt plotseling door, iemand begrijpt het ineens

kwarto *het* [-'s] formaat waarbij een vel in vieren gevouwen is en uit acht bladzijden bestaat

kwarts *het* delfstof die bestaat uit kiezelzuur en die voorkomt in verschillende kleuren **kwartshorloge** horloge met kwartskristal als de aandrijvende (elektrische) kracht

kwartsiet *het* stof die bestaat uit zandsteen met kiezelcement

kwartslag draaiende beweging van 90°, van een vierde deel van een cirkel

kwast *de (m)* ❶ dik penseel ❷ bundel draden, haren of tressen ❸ knoest in hout ❹ drankje van citroensap, water en suiker ❺ belachelijke persoon

kwatong BN, ook kwaadspreker

kwatrijn *het* gedicht of strofe van vier regels

kwebbel *de (v)* [-s] vrouw die veel kletst, kletskous **kwebbelen** luid praten over onbelangrijke zaken, kletsen

kwee I *de* [-ën] ❶ appel- en peerachtige vrucht II *de (m)* [-ën] ❷ boom met roze bloesem, waaraan deze vrucht groeit (Cydonia oblonga)

kweek *de (m)* ❶ het kweken ❷ wat gekweekt is **kweekschool** voormalige opleiding tot onderwijzer(es) **kweekvijver** ❶ vijver waarin vis wordt gekweekt ❷ fig. plaats waar (jong) talent zich ontwikkelt of wordt opgeleid

kweepeer *de* [-peren] kwee

kweken ❶ planten of bloemen doen groeien: *hij kweekt rozen in zijn tuin* ❷ ⟨bepaalde dieren, zoals vissen⟩ houden en ervoor zorgen dat ze jongen krijgen ❸ fig. doen ontstaan: *zoiets kweekt onrust* **kwekerij** *de (v)* ❶ tuin waar in het groot bloemen enz. gekweekt worden ❷ bedrijf waar bepaalde dieren, zoals vissen, gekweekt worden

kwekken druk en luid praten

kweldam dam om kwelwater te keren

kwelder *de* [-s] land buiten de dijk dat bij erg hoog water onderloopt

kwelduivel iemand die op een akelige manier plaagt, die treitert

kwelen lieflijk zingen, o.a. van vogels: iron. *de zangeres kweelde een lied*

kwelgeest iemand die op een akelige manier plaagt, die kwelt **kwellen** ❶ op een akelige manier plagen, lastigvallen, pijn doen ❷ ⟨van water⟩ doorsijpelen **kwelwater** water dat door een dijk sijpelt

kwestie *de (v)* [-s] ❶ vraag, vraagpunt, probleem ❷ zaak die besproken wordt ▾ *de persoon in ~* de persoon die bedoeld wordt, over wie het gaat **kwestieus** ⟨-tjeus⟩ *bn* waarover verschil van mening is, waarover men kan twisten, twijfelachtig

kwets *de* langwerpige blauwe pruim

kwetsbaar *bn* gevoelig, gemakkelijk te beschadigen of ziek te maken ▾ *zich ~ opstellen* eerlijk en waarbij iemand ook zijn zwakke kant laat zien **kwetsen** iemand pijn doen of verwonden, ook geestelijk: *die opmerking kwetst mij* **kwetsuur** *de (v)* [-suren] wond, verwonding

kwetteren ⟨van vogels⟩ een druk, helder geluid maken

kwezel *de (v)* [-s] ❶ overdreven vrome vrouw ❷ zeurkous **kwezelen** ❶ overdreven (en schijnheilig) vroom doen ❷ zijn tijd doorbrengen met schijnheilig gezeur over onbelangrijke zaken

kWh kilowattuur

kwibus *de (m)* [-sen] gekke vent, vreemd persoon: *wat een rare ~ is dat*

kwiek *bn* vlug, levendig, energiek

kwijl *de & het* speeksel dat uit de mond loopt **kwijlen** ❶ speeksel uit de mond laten lopen ❷ inform. zeuren, zaniken

kwijnen ❶ lusteloos en slap zijn, verzwakken, achteruitgaan ▾ fig. *een ~d bestaan leiden* niet meer bloeien, sterk achteruitgaan: *het verenigingsleven in ons dorp leidt een ~d bestaan* ❷ verwelken

kwijt *bn* wat iemand heeft gehad maar niet meer heeft: *ik ben al een tijdje mijn mobieltje ~; die vervelende gasten zijn we gelukkig ~* ▾ *ik ben zijn naam ~* ik kan me niet meer herinneren hoe hij heet **kwijten** [kweet, h. gekweten] voldoen, vervullen ▾ *zich van zijn taak ~* doen wat men moet doen ▾ *zijn schuld ~* betalen **kwijtraken** [raakte kwijt, is kwijtgeraakt] iets wat men had op een gegeven moment niet meer hebben, verliezen: *wanneer ben jij je portemonnee kwijtgeraakt?* **kwijtschelden** ❶ ⟨een schuld⟩ beslissen dat iemand die niet meer hoeft te betalen ❷ ⟨een straf⟩ beslissen dat iemand die niet meer hoeft te ondergaan **kwijtspelen** BN, ook [speelde kwijt, h. kwijtgespeeld] kwijtraken

kwik I *bn* ❶ kwiek II *het* ❷ chemisch element, een zilverkleurig metaal dat bij normale

kw

temperatuur vloeibaar is ❸ temperatuur zoals aangegeven op de thermometer: *het ~ is gedaald tot onder het vriespunt*

kwikstaart zangvogeltje met een beweeglijke staart van het geslacht Motacilla

kwikthermometer thermometer waarin kwik stijgt en daalt aan de hand van de temperatuur

kwikzilver kwik

kwinkeleren helder trillend zingen

kwinkslag *de (m)* grappige opmerking

kwint *de* muz. vijfde toon vanaf de grondtoon

kwintessens *de* de wezenlijke inhoud van iets in de meest beknopte vorm, essentie

kwintet *het* [-ten] ❶ muziekstuk voor vijf partijen ❷ muziekensemble van vijf personen

kwispedoor *het & (m)* [-s, -doren] spuwbakje

kwispelen ⟨van honden⟩ de staart heen en weer bewegen van vrolijkheid of opwinding **kwispelstaarten** [kwispelstaartte, h. gekwispelstaart] kwispelen

kwistig *bn* gul, niet zuinig

kwitantie *de (v)* [-s] briefje of bon als bewijs dat iemand voor iets betaald heeft, getekend door degene die het geld gekregen heeft

kyfose ⟨kiefoozə⟩ *de (v)* verkromming van de ruggengraat

kynoloog ⟨kie-⟩ *de (m)* [-logen] iemand die zich bezighoudt met honden, die verstand heeft van honden

KZ-syndroom psychische aandoening als gevolg van ervaringen in een concentratiekamp

L

l I *de* [-'en, -'s] ❶ twaalfde letter van ons alfabet ❷ medeklinker die wordt gevormd door de tongpunt tegen boventanden of tandvlees te drukken II ❸ liter

l. ❶ lees ❷ links ❸ ⟨vroeger⟩ lire

L ❶ Romeins teken voor 50 ❷ pond sterling ❸ eenheid van lichtsterkte

la I *de* [-'s] ❶ muz. zesde toon van de diatonische toonladder: BN *in ~ mineur* in a klein ❷ lade ▼ *geld in het ~atje brengen* geld verdienen, opleveren II **lambert**, ❸ eenheid van lichtsterkte

laadbak ❶ laadruimte van een (vracht)wagen ❷ goederencontainer **laadbrug** ❶ werktuig voor het laden en lossen ❷ laadklep of vlonder voor het laden en lossen **laadklep** ❶ beweegbare klep aan een vrachtauto om goederen te laden of te lossen ❷ beweegbaar platform aan een schip voor personen, voertuigen of rollende lading **laadruim** ruim voor goederen **laadstroom** stroom waarmee een accu wordt geladen **laadvermogen** maximale belasting

laag I *bn* ❶ niet hoog of minder hoog dan normaal: *een lage tafel; in de winter is de temperatuur ~* ❷ met weinig geluidstrillingen per seconde, diep en zwaar: *een lage stem* ❸ gemeen, minderwaardig: *een lage streek* ❹ niet van een hoge sociale klasse: *van lage afkomst* II *de* [lagen] ❺ iets dat iets anders of iemand bedekt: *verschillende lagen kleding over elkaar dragen; een ~ sneeuw* ❻ hoeveelheid van iets die ergens horizontaal verspreid op, tussen of onder ligt: *een ~ boeken* ❼ niveau: *de bovenste ~ van de studenten* ▼ *iemand de volle ~ geven* iemand met alle kracht aanvallen ▼ *listen en lagen* trucs, leugens e.d. om anderen te bedriegen, te benadelen **laag-bij-de-gronds** *bn* platvloers, banaal **laagbouw** ❶ het bouwen van huizen met weinig verdiepingen ❷ huizen die zo gebouwd zijn **laagdrempelig** *bn* gemakkelijk toegankelijk **laaggeletterd** die niet goed kan lezen en schrijven **laaghartig** *bn* gemeen: *een ~e daad* **laagheid** *de (v)* [-heden] ❶ het laag zijn ❷ gemeenheid, gemene daad **laagland** land dat lager ligt **laagseizoen** rustige periode in het jaar, vooral in het toerisme: *in de winter is het ~ voor de strandpaviljoens*

laagspanning ❶ elektrische spanning van onder 42 volt ❷ elektrische spanning onder 1000 volt bij wisselspanning en onder 1500 volt bij gelijkspanning **laagstam** fruitboom met een lage stam **laagte** *de (v)* [-n, -s] ❶ het laag zijn ❷ laag terrein, laagvlakte **laagtij** het laagste waterniveau tijdens eb **laagveen** veen dat onder de waterspiegel ligt **laagvlakte** laagland

laaien hevig branden **laaiend** I *bn* ❶ woedend II *bijw* ❷ in hoge mate, heel erg: *~ enthousiast*

laakbaar *bn* wat afkeuring verdient: *~ gedrag*

laan *de* [lanen] weg met aan iedere kant bomen ▼ *iemand de ~ uit sturen* wegsturen, ontslaan

laars *de* [laarzen] schoen die ook een deel van het been bedekt, soms tot aan of boven de knie ▼ *iets aan zijn ~ lappen* zich niets aantrekken van

laarzenknecht voorwerp om laarzen uit te trekken

laat *bn* niet vroeg, na de gewone of afgesproken tijd ▾ *weten hoe ~ het is* hoe de situatie is: *toen ik zijn kwade gezicht zag, wist ik wel hoe ~ het was*

laatavondjournaal ⟨-zjoernaal⟩ BN journaal laat op de avond

laatbloeier *de (m)* [-s] ❶ laatbloeiende plant ❷ fig. iemand die op latere leeftijd tot prestaties komt

laatdunkend *bn* waarmee iemand uitdrukt dat hij op iemand of iets neerkijkt, verwaand, aanmatigend: *een ~e blik*

laatkoers gevraagde prijs voor aandelen, vreemde valuta e.d.

laatkomer *de (m)* [-s] iemand die (te) laat komt

laatst I *bn* ❶ helemaal aan het eind, wanneer er niets meer volgt of niets meer over is, als laatste: *neem jij het ~e koekje, dan zijn ze op; vlug, we mogen de ~e trein niet missen* ▾ BN ook *ten ~e* uiterlijk II *bw* ❷ kortgeleden, onlangs: *ik heb ~ weer eens geschaatst* **laatstelijk** *bw* de laatste keer

laatstgeborene *de* [-n] jongste **laatstgenoemde** *de* [-n] iemand die het laatst genoemd, vermeld is **laatstleden, laatstleden** *bn* vorig, de laatste vóór vandaag, jongstleden: *hij is overleden op 5 november ~*

laattijdig BN, ook *bn* laat **laattijdigheid** BN, schr. *de (v)* vertraging

lab *het* [-s] laboratorium

labbekak *de (m)* [-ken] bangerik, sul

labberkoelte lichte wind

label ⟨leebəl⟩ *de (m) & het* [-s] ❶ papiertje of stukje stof met informatie, dat ergens aan vastzit: *op het ~ van mijn trui staat hoe je hem moet wassen; op het ~ aan mijn koffer staat mijn naam en adres* ❷ merk van grammofoonplaten, cd's ❸ informatie in een woordenboek over waar een woord of uitdrukking vandaan komt, het stijlniveau e.d. **labelen** van een etiket voorzien

labeur *het* BN zwaar werk

labiel *bn* wat wankel is, niet stevig, makkelijk kan veranderen ▾ *zij is erg ~* haar stemmingen veranderen erg snel, zij raakt snel overstuur

labo BN, spreekt. *het* [-'s] laboratorium

laborant iemand die in een laboratorium werkt **laboratorium** *het* [-s, -ria] werkplaats voor wetenschappelijk of technisch onderzoek, waar bijv. proeven worden gedaan

Labour ⟨leebər⟩ *de (v)* Engelse sociaaldemocratische partij

labrador *de (m)* [-s] tamelijk hoogbenige, kortharige jachthond met hangende oren en lange staart, zandgeel of zwart van kleur

labyrint ⟨-bie-⟩ *het* ❶ doolhof ❷ fig. verward, duister geheel: *een ~ van regels en voorschriften* ❸ deel van het inwendige gehoororgaan

lach *de (m)* het geluid dat iemand maakt en de uitdrukking op het gezicht als iemand blij of vrolijk is, het lachen: *ze heeft een heel lieve ~* **lachbui** het erg moeten lachen om iets: *hij kreeg een ~ toen hij haar vreemde kapsel zag* **lachebek** iemand die veel lacht **lacheding** BN, spreekt. ▾ *dat is geen ~* dat is een ernstige zaak **lachen** ⟨lachte, h. gelachen⟩ laten merken dat men blij of vrolijk is door een bepaalde

gezichtsuitdrukking en door een bepaald geluid te maken: *ik moest hard ~ om die mop* ▾ BN *dat is niet om mee te ~* dat is een ernstige zaak **lacher** *de (m)* [-s] iemand die lacht ▾ *de ~s op zijn hand hebben* mensen voor zich winnen door hen te laten lachen **lachertje** *het* [-s] iets belachelijks **lachgas** gas dat voor heel korte tijd bewusteloos maakt **lachlust** zin om te lachen **lachspiegel** spiegel waarin het beeld op een grappige manier vervormt **lachspier** spier die werkt bij het lachen ▾ *op de ~en werken* maken dat mensen gaan lachen **lachstuip** hevige lachbui **lachwekkend** *bn* wat maakt dat men erom gaat lachen, belachelijk

laconiek *bn* doodkalm, zonder zich druk te maken

lactatie *de (v)* melkafscheiding **lactoferrine** *de (v)* eiwit in moedermelk van dieren dat beschermt tegen infecties **lactose** ⟨-za⟩ *de (v)* suiker die in melk voorkomt, melksuiker **lactovegetariër** vegetariër die wel melk en melkproducten gebruikt

lacune *de* [-s] weglating, ontbrekend gedeelte: *we weten al veel over het heelal, maar er zitten nog veel ~s in onze kennis*

ladder *de* [-s] ❶ klimtoestel dat bestaat uit twee stijlen met dwarslatten ertussen ❷ spoor van een gevallen steek, vooral in nylonkousen **ladderen** ⟨van nylonkousen⟩ een ladder krijgen **ladderwagen** wagen met een uitschuifbare ladder **ladderzat** volkomen dronken

lade *de* [-n, -s] uitschuifbare bak, vooral in een kast of een tafel **ladelichter** *de (m)* [-s] iemand die geld uit laden steelt

laden [laadde, h. geladen] ❶ ergens in of op doen: *de verhuizers hebben alle dozen in de vrachtauto geladen* ▾ *woede op zich ~* iets doen of zeggen waardoor anderen woedend worden ❷ vullen met kruit of kogels: *een geweer ~* ❸ elektriciteit in een toestel brengen

lading *de (v)* ❶ de vracht die ergens in of op is geladen: *de ~ van dat schip bestaat uit kolen* ❷ de kogels of het kruit in een schietwapen ❸ de elektriciteit die in een toestel is gebracht ❹ bedoeling die de gevoel dat ook meespeelt in iets wat iemand doet of zegt: *een opmerking met een erotische ~*

lady ⟨leedie⟩ *de (v)* [-'s] ❶ dame, beschaafde vrouw ❷ titel van een adellijke Engelse dame, echtgenote van een lord **ladykiller** *de (m)* [-s] man die veel vrouwen verleidt **ladylike** ⟨-lajk⟩ *bn* kenmerkend voor een dame, zoals een dame is en zich gedraagt **ladyshave**® ⟨-sjeev⟩ *de (m)* [-s] scheerapparaat voor vrouwen

laesie ⟨leezie⟩ *de (v)* [-s] med. beschadiging door een wond, ontsteking e.d.

laf *bn* ❶ niet moedig ❷ laag, verachtelijk: *een laffe overval* ❸ niet eerlijk, flauw, kinderachtig: *een ~ excuus* ❹ smakeloos, zouteloos **lafaard** *de (m)* [-s], **lafbek** laf iemand

lafenis *de (v)* [-sen] iets te drinken waardoor iemand zich weer fris voelt, energie krijgt

lafhartig *bn* laf: *deze moord is een ~e daad* **lafheid** *de (v)* [-heden] ❶ het laf zijn ❷ laffe daad

lagedrukgebied gebied in een luchtlaag waar de luchtdruk lager is dan in de omgeving

la

lager¹ *de (m)* [-s] bus met kogeltjes rond de as van een wiel om de wrijving te verminderen, kogellager

lager², lagerbier *het* licht bier

Lagerhuis Tweede Kamer in Engeland

lagerwal oever waar de wind op staat ▼ fig. *aan ~ raken* achteruitgaan, in ongunstige financiële omstandigheden raken

lagune *de* [-n, -s] strandmeer dat door een smalle landtong van de zee is gescheiden

lak *het & de (m)* [-ken] ❶ harsachtige klevende stof ❷ soort glanzende verf die een harde beschermende laag vormt op hout of metaal: *er zitten krassen in de ~ van de tafel* ▼ *~ hebben aan iets* zich er niets van aantrekken

lakei mannelijke huisbediende die een speciaal uniform draagt

laken I *het* [-s] ❶ vaste, vervilte wollen stof ▼ *het van hetzelfde ~ een pak* het is eigenlijk hetzelfde, komt op hetzelfde neer: *dit nieuwe voorstel verschilt nauwelijks van het vorige, het is van hetzelfde ~ een pak* ❷ grote lap stof op een bed, onder de dekens of het dekbed: *ik heb witte ~s op mijn bed* ▼ *hij deelt daar de ~s uit* hij is daar de baas ▼ BN ook *het ~ naar zich toe trekken/halen* de overhand krijgen II *ww* ❸ afkeuren **lakens** *bn* van laken: *een ~e jas*

lakenvelder *de (m)* [-s] runderras met een brede witte streep in het midden **lakenzak** laken in de vorm van een soort langwerpige zak

lakken verven met lak

lakmoes *het* paarsige verfstof waarmee men zuren en basen onderscheidt **lakmoesproef** ❶ scheikundige proef met lakmoes ❷ fig. test of situatie ergens definitief uitsluitsel over geeft

laks *bn* met te weinig aandacht en zorg, nalatig, onverschillig: *je bent veel te ~ als het om je huiswerk gaat*

LAKS *het , Landelijk Aktie Komitee Scholieren*, belangenorganisatie van, voor en door scholieren

lakschoen glanzend gelakte schoen **lakverf** sterk glanzende verf

lallen onduidelijk zingen of praten, vooral als iemand dronken is

lam I *het* [-meren] ❶ jong schaap II *bn* ❷ niet in staat (zich) te bewegen: *een lamme arm* ❸ spreekt. heel erg dronken ❹ spreekt. akelig

lama *de (m)* [-'s] ❶ hoefdier dat verwant is aan de kameel ❷ boeddhistisch priester **lamaïsme** *het* boeddhisme in Tibet

lambada *de (m)* snelle Zuid-Amerikaanse dans **lambiek** *de (m)* zwaar Brabants bier

lambrisering ‹-zi-› *de (v)* houten wandbekleding **lamé** *het* weefsel met goud- of zilverdraad

lamel *de* [-len] dun blaadje of plaatje van een bepaalde stof, bijv. als onderdeel van een jaloezie voor de ramen of als vloerdeel

lamentabel *bn* beklagenswaardig, treurig, ellendig: *wat een lamentabele geschiedenis!* **lamenteren** huilerig klagen, jammeren

laminaat *het* [-naten] plaatvormige kunststof, onder andere gebruikt als vloerbedekking

lamleggen verlammen, tot stilstand brengen: *door de staking was de productie lamgelegd* **lamlendig** *bn* ❶ traag, slap, lui: *hij hangt de hele dag ~ op de bank* ❷ naar, akelig **lammeling** beroerdeling, nare vent **lammenadig** *bn* ❶ akelig, een beetje ziek ❷ lamlendig

lammeren lammeren krijgen: *dit schaap moet bijna ~*

lammergier grote gier (Gypaëtus barbatus) **lammetjespap** pap van meel, bloem **lammycoat** ‹lemmiekoot› schapenleren jas

lamoen *het* boom met twee armen voor een vervoermiddel dat door een trekdier wordt getrokken

lamp *de* verlichtingstoestel, voorwerp gebruikt voor verlichting ▼ *tegen de ~ lopen*, BN, spreekt. *tegen de ~ vliegen* betrapt worden: *de inbreker liep tegen de ~*

lampenkap kap over een lamp **lampetkan** kan van een wasstel

lampion *de (m)* [-nen, -s] (papieren) lantaarn voor feestverlichting

lamprei I *de* ❶ aalvormige vis van de familie Petromyzonidae die zich vastzuigt aan andere vissen II *het* ❷ jong van een konijn

lamsbout vlees van de voor- of achterpoot van een lam **lamskroon** BN ❶ bovenste deel van een lamsrug ❷ naam van een gerecht met genoemd deel: *~ met honing en dragon*

lamslaan zo slaan dat iemand niets meer kan, machteloos is, ook figuurlijk: *lamgeslagen door alle teleurstellingen*

lamsoor *de* [-oren] eetbare plant met blauwviolette of rozig violette bloem die op zilte klei groeit (Statice limonium) **lamstraal** ellendig figuur, akelige vent **lamzak** sloom, akelig iemand

LAN *de (m) , Local Area Network*, computernetwerk in een woning, bedrijf e.d.

lanceren ❶ werpen, gooien: *bij de botsing werd ze uit de auto gelanceerd* ❷ afschieten, afvuren: *raketten ~* ❸ in omloop of in de mode brengen: *een nieuwe kledinglijn ~* ❹ sp. een team in een kansrijke positie brengen

lancet *het* [-ten] plat mesje met een fijne punt en scherpe snede, gebruikt voor medische operaties

land *het* ❶ het droge deel van de aarde: *na de overtocht gingen we aan ~ na de overtocht gingen we van de boot af* ▼ *er is geen ~ met hem te bezeilen* hij is onhandelbaar, hij wil niets ▼ *het ~ hebben aan* een hekel hebben aan ❷ gebied binnen bepaalde grenzen met een eigen regering, staat, rijk ❸ het platteland ❹ stuk grond, zoals een bouwland of weiland **landaard** algemeen karakter van de inwoners van een land, zoals de mensen in een bepaald land zijn **landadel** adel die op landgoederen op het platteland woont

landauer *de (m)* [-s] vierwielig rijtuig met een kap die in twee helften naar weerszijden neergeslagen kan worden

landbouw ❶ sector die zich bezighoudt met het kweken van plantaardige producten, het fokken van dieren of de productie van melk, eieren enz. ❷ dat deel van die sector dat zich bezighoudt met het kweken van plantaardige producten **landbouwbedrijf** ❶ bedrijf waar men vee houdt of groente of fruit teelt, boerenbedrijf ❷ bedrijf waar men groente of fruit teelt **landbouwer** *de*

(m) [-s] iemand die de landbouw beoefent, boer
landdag ❶ vergadering van volksvertegenwoordigers ▼ *een Poolse ~* rumoerige wanordelijke vergadering ❷ vergadering van alle afdelingen van een vereniging **landdrost** *de (m)* bestuurder van een gewest dat nog niet als provincie of in een provincie is opgenomen **landeigenaar** iemand die land, grond bezit **landelijk** *bn* ❶ typisch voor het platteland: *ons hotel ligt in een rustige ~e omgeving* ❷ in het hele land: *op de ~e fietsdag worden overal in het land fietstochten georganiseerd*
landen [landde, is geland] ❶ vanuit de lucht op de grond neerkomen: *het vliegtuig is geland* ❷ ⟨vanaf of van een schip⟩ aan of bij land komen
landengte smal stuk land in het water dat grotere stukken land met elkaar verbindt
landenklassement klassement van landen naar hun prestatie in de sport **land- en volkenkunde** kennis van de bijzonderheden van land en volk
landerig *bn* niet opgewekt, die nergens zin in heeft, futloos: *het regende en de kinderen hingen ~ voor de tv*
landerijen *de (mv)* weilanden en bebouwde velden
landgenoot iemand die in hetzelfde land woont of uit hetzelfde land komt
landgoed groot huis met grond op het platteland **landheer** ❶ eigenaar van land dat hij niet zelf bewerkt maar waarvan hij leeft door het bijv. te verpachten ❷ heer op een landgoed
landhoofd deel, zoals balken, dat de overgang vormt tussen de grond en een brug en dat de brug ondersteunt
landhuis (zomer)huis op het platteland
landingsbaan verharde baan voor het landen van vliegtuigen **landingsgestel** onderstel met wielen aan een vliegtuig **landingsstrip** landingsbaan die geïsoleerd ligt
landinwaarts *bn* meer naar het binnenland, van de kust af
landjepik *het* ❶ spel dat buiten wordt gespeeld en waarbij men stukken grond van elkaar probeert te veroveren ❷ *pol.* het zich toe-eigenen van een gebied van een ander land of van iemand anders **landjuweel** BN jaarlijkse wedstrijd tussen amateurtoneelgezelschappen **landkaart** plattegrond, grafische weergave van de oppervlakte van een gebied, land of werelddeel **landklimaat** klimaat in landen en delen van landen die ver van zee liggen, met hete zomers en strenge winters
landleven het leven op het platteland **landloper** iemand zonder woning en zonder inkomen die rondzwerft **landmacht** deel van de strijdkrachten met taken op het land (en niet op zee of in de lucht) **landman** *de (m)* [-lieden] ❶ iemand die op het platteland woont ❷ landbouwer, boer **landmeter** *de (m)* [-s] iemand die de terreinen opmeet en in kaart brengt voor het kadaster **landmijl** 1609 meter **landmijn** mijn die in of op het land is gelegd en die bij aanraking ontploft **landouw** *de* landstreek **landrot** *de* [-ten] iemand die geen zeeman is

landrover ⟨lend-⟩ *de (m)* [-s] auto die kan rijden over natuurlijk terrein dat moeilijk begaanbaar is, zo genoemd naar de Engelse merknaam Land Rover®, terreinwagen
landsadvocaat advocaat die optreedt voor de staat **landsbelang** ❶ belang van de staat ❷ zaak die van belang is voor de staat **landsbond** BN landelijk overkoepelend orgaan van verschillende verenigingen
landschap *het* [-pen] ❶ streek en hoe het er in een bepaalde streek uitziet: *een heuvelachtig ~* ❷ schilderij daarvan **landschapspark** beschermd gebied dat bestaat uit cultuurgronden, natuurgebied en bebouwing
landsheer degene die regeert over een gebied, vorst **landskampioen** sportman, -vrouw of -ploeg die kampioen is van een land **landsman** *de (m)* [-lieden] ❶ iemand die uit hetzelfde gebied of land komt ❷ iemand met de nationaliteit van een land **landstaal** taal die in een land gebruikt wordt, die in een land officieel erkend is **landstitel** *sp.* titel van landskampioen **landstreek** gebied in een land: *de Veluwe is een ~ met bossen*
landtong smalle uitloper van het land in zee **landverhuizer** iemand die in een ander land gaat wonen **landverraad** misdadige handeling tegen het vaderland **landverrader** iemand die landverraad pleegt **landvoogd** iemand die een land bestuurt namens een vorst of regering **landweer** *de* ❶ verdediging van het land ❷ wal met gracht als verdediging
landweg ❶ weg over land ❷ niet verharde weg **landwijn** eenvoudige wijn, verkocht zonder vermelding van de herkomst **landwind** wind die van land naar zee waait **landwinning** *de (v)* het vormen van land door gebieden met water droog te leggen
lang *bn* ❶ met een bepaalde lengte: *de kamer is zes meter ~* ▼ *het is zo ~ als het breed is* het maakt weinig verschil ▼ *al ~ en breed* al heel lang: *zij waren al ~ en breed thuis toen wij nog onderweg waren* ▼ BN *in het ~ en in het breed* uitvoerig ▼ *~ van stof* langdradig ❷ met een grote lengte: *wat is jouw haar al ~!* ▼ *in het ~* in een lange japon ❸ wat veel tijd duurt: *een ~e vakantie* ▼ *bij ~e (na) niet* op geen stukken na: *hij is bij ~e na niet zo goed in voetballen als zijn broer* ▼ *~ niet* helemaal niet: *dat is ~ niet slecht* **langdradig** *bn* te uitvoerig, zo lang en uitgebreid dat het saai wordt: *zijn verhalen zijn altijd vreselijk ~* **langdurig** *bn* wat lange tijd duurt **langeafstandsloper, langeafstandloper** hardloper over een traject van meer dan 1500 meter **langebaanwedstrijd** wedstrijd over grotere afstand, vooral schaatsen en zwemmen **langetermijnplanning** planning voor de verre toekomst of voor een langere periode **langgerekt** *bn* ❶ lang aangehouden: *een ~e toon* ❷ lang en smal **langgestrafte** *de* [-n] iemand met een gevangenisstraf van meer dan één jaar **langharig** met lang haar: *~e hondenrassen* **langlaufen** [langlaufte, h. gelanglauft] zich voortbewegen met een lopende beweging op smalle ski's
langlopend *bn* voor een langere periode: *een ~*

krediet

langoor I *de* [-oren] ❶ iemand met lange oren II *de (m)* [-oren] ❷ dier met lange oren zoals een ezel of een haas

langoustine *de* [-s] kleine soort kreeft

langparkeerder *de (m)* [-s] iemand die langer dan een bepaalde tijd parkeert **langpoot** ❶ persoon of dier met lange benen of poten ❷ mug met lange poten, langpootmug ❸ soort spin met lange poten

langs *vz* ❶ in de lengte naast iets: *~ het huis loopt een pad* ❷ voorbij: *ik liep gisteren ~ je werk* ▼ *ervan ~ krijgen* of *geven* slaag krijgen of geven **langskomen** op bezoek komen: *je moet gauw weer eens bij me ~*

langslaper iemand die lang slaapt

langspeelfilm BN film van ten minste anderhalf uur (i.t.t. kortfilm) **langspeelplaat** grammofoonplaat met een lange speelduur, lp

langstlevende *de* [-n] degene die het langst blijft leven: *de ~ mag tot zijn dood in het huis blijven wonen*

langszij *bw* aan de zijkant van een schip

languit *bw* in volle lengte: *hij viel ~ op de grond* **langwerpig** *bn* meer lang dan breed

langzaam *bn* wat veel tijd kost, niet snel, niet vlug: *de slak kruipt ~ tegen de plant omhoog* **langzaamaan** *bw* rustig, geleidelijk **langzaamaanactie** actie waarbij werknemers heel langzaam werken om betere arbeidsvoorwaarden e.d. af te dwingen **langzamerhand** *bw* in een rustig tempo terwijl de tijd verdergaat, met verloop van tijd: *zo ~ heeft hij veel bereikt*

lankmoedig *bn* toegevend, in staat om veel te verdragen voor men boos wordt

lanoline *de* soort vet uit het water waarmee ruwe wol is gewassen, wolvet

lans *de* lange speer ▼ *een ~ breken* pleiten voor, het opnemen voor **lansier** *de (m)* [-s] met een lans gewapende ruiter

lantaarn *de* [-s] lamp met een doorzichtig omhulsel: *in de schuur hangt nog een antieke ~* ▼ *met een ~tje te zoeken* erg zeldzaam, heel moeilijk te vinden **lantaarnpaal** paal met daarop een lamp voor het verlichten van straten, pleinen e.d.

lanterfanten nietsdoen, luieren

lap *de (m)* [-pen] stuk stof, leer e.d.: *van deze ~ ga ik een rok maken* ▼ *een gezicht van oude ~pen* gezicht dat er ontevreden of ongezond uitziet ▼ *voor het ~je houden* voor de gek houden

laparoscopie *de (v)* kijkoperatie in de buikholte **lapis lazuli** *de (m)* edelsteen met een diepblauwe kleur

lapjeskat kat met een gevlekte vacht met drie kleuren

lapmiddel middel dat maar een beetje werkt en het probleem niet echt oplost

lappen ❶ een nieuw stuk op iets zetten: *de schoenmaker lapt de schoenen* ❷ met een lap of zeem schoonmaken, vooral van ramen ❸ sp. op een ronde achterstand zetten ❹ inform. meebetalen: *allemaal vijf euro ~ voor een cadeau* ❺ klaarspelen: *hij heeft het hem gelapt* ▼ *iemand erbij ~* iemand verraden of erin laten lopen

zodat hij gestraft wordt

lappendeken ❶ deken die uit allerlei stukjes is gemaakt ❷ fig. geheel dat weinig samenhang heeft **lappenmand** mand voor verstelwerk ▼ *in de ~ zitten* een beetje ziek zijn

laptop ⟨lep-⟩ *de (m)* [-s] kleine draagbare computer met een scherm dat men dicht kan klappen: *hij neemt op zakenreizen altijd zijn ~ mee* **lapwerk** onvoldoende verbetering, halve maatregel

lapzwans *de* [-en] lummel, nietsnut

larderen ❶ met reepjes spek doorsteken of vullen, spekken ❷ fig. rijkelijk voorzien van: *zijn Nederlands was gelardeerd met Engelse woorden* **larf** *de* [larven] larve

large ⟨laardzj⟩ *bn* ⟨van kleding⟩ groot

larghetto ⟨-Get-⟩ muz. I *bw* ❶ een beetje statig II *het* [-'s] ❷ stuk dat een beetje statig is **largo** ⟨-Goo⟩ muz. I *bw* ❶ statig II *het* [-'s] ❷ statig stuk

larie *de (v)* onzin **lariekoek** onzin

lariks *de (m)* naaldboom die alleen 's zomers groen is

larmoyant ⟨-mwajant⟩ *bn* huilerig, klaaglijk

larve *de* [-n], **larf** jong dat net uit het ei is gekomen bij dieren met gedaanteverwisseling: *een kikkervisje is de ~ van een kikker, een rups is de ~ van een vlinder*

laryngitis *de (v)* ontsteking van het strottenhoofd **larynx** *de (m)* strottenhoofd

las *de* [-sen] ❶ plaats waar twee stukken aan elkaar gelast zijn: *het ijzer is precies op de ~ afgebroken* ❷ tussenzetsel, verbindingsstuk **lasaggregaat** apparatuur voor autogeen lassen

lasagne ⟨-zanja⟩ *de* Italiaans ovengerecht dat bestaat uit lagen deeg en een vulling

laser ⟨leezər⟩ *de (m)* [-s] *light amplification by stimulated emission of radiation*, apparaat waarmee een laserstraal, een heel dunne sterke lichtstraal, wordt gemaakt: *ik heb een operatie aan mijn oog gehad met een ~* **laseren** met lasertechniek behandelen: *ogen ~* **lasergame** *de (m)* [-s] spel in een donkere ruimte waarbij spelers schieten met pistolen die lichtstralen uitzenden **laserkanon** wapen dat laserstralen uitzendt **laserpen** pennetje dat een smalle laserstraal uitzendt waarmee men iets kan aanwijzen **laserprinter** printer die een hele pagina tegelijk afdrukt, waarbij het beeld wordt gevormd door een laserstraal **lasershow** *de (m)* [-s] lichtshow met laserstralen

lasnaad naad waar delen aan elkaar gelast zijn **lassen** stukken metaal samenvoegen door ze aan elkaar vast te smelten: *twee staalplaten aan elkaar ~*

lasso *de (m)* [-'s] touw met een lus erin dat wordt gegooid om een dier te vangen

last *de (m)* ❶ vracht die iemand of een dier draagt: *die ezels moeten zware ~en dragen* ▼ *~ hebben van* overlast, hinder, ergernis, problemen, pijn hebben door iets: *ik heb ~ van mijn buren; ik heb ~ van mijn knie* ▼ *iemand ~ bezorgen* dingen doen die vervelend zijn voor iemand, waardoor hij problemen krijgt ▼ BN ook *~ verkopen* vervelend zijn ❷ bevel: *op ~ van* ▼ jur. *iemand iets ten ~e leggen* iemand van iets beschuldigen ▼ *ten ~e komen van* betaald moeten worden door **lastdier** dier dat wordt gebruikt om lasten te dragen

lastenaftrek het aftrekken van bepaalde uitgaven bij de belastingaangifte **lastenboek** BN ook opdrachtbeschrijving voor het opmaken van een offerte **lastenverlichting** verlaging van vooral belasting en sociale premies

laster de (m) onware kwaadsprekerij, slechte dingen die over iemand gezegd worden en die niet waar zijn **lasteraar** de (m) [-s] iemand die lastert **lastercampagne** het verspreiden van laster over iets of iemand **lasteren** slechte dingen over iemand vertellen die niet waar zijn **lasterlijk** bn waarbij onware slechte dingen over iemand worden verteld

lastgever de (m) [-s] iemand die opdracht geeft tot de uitvoering van iets **lastgeving** de (v) ❶ officiële opdracht ❷ document waarin die opdracht staat

lastig bn ❶ wat moeite kost, waarvan de oplossing moeite kost: *een ~ probleem* ❷ wat last veroorzaakt, die vervelend doet: *een ~ kind* **lastigvallen** ❶ iemand storen en dingen doen die die persoon tijd kosten: *val me niet lastig met je vragen, je ziet toch dat ik aan het werk ben?* ❷ zich opdringen aan iemand, op een hinderlijke manier seksueel contact willen: *hij valt voortdurend meisjes lastig*

last minute ⟨làstminnǝt-⟩ bn op het laatste moment, vooral m.b.t. het boeken van reizen: *deze reis was erg goedkoop, het was een lastminuteaanbieding*

lastpak de [-ken] lastig kind **lastpost** de (m) lastig iemand

lat de [-ten] lang, smal en dun hout: *de lange ~ten* ski's ▼ *de ~ hoog leggen* hoge eisen stellen, hoge prestaties eisen ▼ BN *de ~ gelijk leggen* aan iedereen dezelfde eisen stellen ▼ *op de ~ kopen* zonder meteen te betalen

Lat. Latijn(s)

latei de draagstuk, draagbalk

laten [liet, h. gelaten] ❶ toestaan, niet tegengaan: *laat die kinderen maar lekker rennen* ❷ niet veranderen: *ik laat de kamer zoals hij is* ❸ niet doen, nalaten: *laat dat!* ❹ achterlaten: *ik laat mijn koffer hier* ❺ bergen, wegleggen: *waar heb je mijn boek gelaten?* ❻ ⟨hulpwerkwoord⟩ doen, zorgen dat iets gebeurt: *laat hem hier komen* ❼ hulpwerkwoord aan het begin van een voorstel, opdracht: *~ we naar de film gaan* ❽ hulpwerkwoord dat verbazing, verrassing uitdrukt: *laat die nieuwe leraar nu een oom van mij zijn!* ▼ *het leven ~* sterven ▼ *tranen ~* huilen

latent bn verborgen, aanwezig maar nog onzichtbaar of nog niet werkzaam: *een ~e besmetting*

lateraal bn ❶ (van) terzijde, van of aan de zijkant ❷ BN, sp. over de hele breedte van het veld: *een laterale pass*

latertje het [-s] bezoek, vergadering enz. die laat afloopt: *het is gisteren een ~ geworden*

latex het & de (m) ❶ rubberachtig materiaal ❷ soort muurverf

lathyrus ⟨-tie-⟩ de (m) [-sen] plant uit de familie van de vlinderbloemen

Latijn het taal van de oude Romeinen ▼ BN,

inform. *ergens zijn ~ in steken* zich ergens op toeleggen **Latijns** bn ❶ in of van het Latijn ❷ die een Romaanse taal spreekt, Romaans: *de ~e landen* ▼ *~ kruis* kruis met korte dwarsbalk

latino de (m) [-'s] Spaans- of Portugeestalige allochtoon die afkomstig is uit Zuid-Amerika of (voor)ouders heeft die ervandaan komen

latin rock ⟨lettin rok⟩ de (m) muz. rock met Zuid-Amerikaanse elementen

latrelatie (lat = *living apart together*) relatievorm waarbij partners niet samenwonen

latrine de (v) [-s] (primitieve) wc, vaak buiten, bijv. in een legerkampement

lattenbodem constructie met latten ter ondersteuning van een matras

latwerk samenstel van latten

laudanum het pijnstiller en slaapmiddel met opium

laureaat de (m) [-reaten] ❶ persoon (of organisatie) die bekroond wordt, vooral op het gebied van cultuur of wetenschap ❷ BN ook (prijs)winnaar, geslaagde kandidaat

laurier de (m) Zuid-Europese boom met bladeren die altijd groen blijven en die als specerij worden gebruikt **laurierdrop** harde bittere drop **laurierkers** I de (m) ❶ sierheester met bladeren als van een laurier en met vruchten die op kersen lijken (Prunus laurocerasus) II de ❷ vrucht van die heester

lauw bn ❶ niet echt warm en niet koud: *~ water* ❷ fig. onverschillig, niet enthousiast: *een ~e reactie* ❸ jong, leuk, cool

lauwer de (m) lauwerkrans, erepalm ▼ *op zijn ~en rusten* na succes verdiende rust genieten **lauweren** ❶ met een lauwerkrans versieren ❷ fig. eren, prijzen **lauwerkrans** krans van lauriertakken als ereteken

lava de stoffen die gloeiend uit een vulkaan komen en bij afkoeling steenhard worden

lavabo de (m) [-'s] BN, spreekt. wastafel

lavas de [-sen] keukenkruid dat sterk ruikt als men het fijnwrijft (Levisticum officinale), maggiplant

laveloos bn stomdronken

lavement het darmspoeling

laven verkwikken, weer frisheid en energie geven: *zij laafden zich aan het bier; ik laaf mij aan haar schoonheid*

lavendel de heester die lekker ruikt, met blauwe of paarse bloemen, uit de familie van de lipbloemigen (Lavandula)

laveren ❶ zigzagsgewijze tegen tegenwind in zeilen ❷ zich zigzaggend voortbewegen ❸ fig. zich zo gedragen, zo handelen dat men moeilijkheden vermijdt

lavet de & het [-ten] (ruimte met een) korte badkuip

lawaai het harde onaangename geluiden **lawaaierig, lawaaiig** bn met lawaai, die lawaai maakt: *~e kinderen*

lawine de (v) [-s] ❶ het plotseling naar beneden storten van veel sneeuw langs een berghelling ❷ fig. iets wat plotseling in hoge mate (over iemand heen) komt: *er volgde een ~ van kritiek* ▼ *~-effect* snel en steeds verder verlopend proces

laxans het [laxantia] laxeermiddel

la

laxeermiddel middel dat de ontlasting bevordert, waarvan iemand gaat poepen

laxeren de ontlasting bevorderen, maken dat iemand kan poepen

lay-out ‹lee-aut› *de (m)* [-s] manier waarop de tekst en de plaatjes zijn gerangschikt op een pagina van een boek of in een folder enz.: *ik vind de ~ van deze folder onoverzichtelijk, alles staat door elkaar*

lazaret *het* [-ten] verplaatsbaar ziekenhuis ergens buiten, veldhospitaal

lazarus *bn* spreekt. heel erg dronken

lazer spreekt. *de (m) & het*, **lazerij** *de (v)* ▾ *op zijn ~ geven* uitschelden; slaan

lazeren spreekt. ❶ gooien: *ik heb hem eruit gelazerd* ❷ vallen: *hij is van de trap gelazerd*

lazuren *bn* → azuren

lazuur *het* → azuur

lb. Engels pond (453,59 gram)

l.c. *loco citato*, op de aangehaalde plaats

lcd *de & het*, *liquid crystal display*, beeldscherm waarop informatie zichtbaar wordt gemaakt d.m.v. vloeibare kristallen

LDL-cholesterol schadelijke cholesterol die zich aan de wanden van bloedvaten hecht

lead ‹lied› *de (m)* [-s] ❶ eerste alinea van een krantenbericht **leader** *de (m)* [-s] herkenningsmelodie, -beeld of -filmpje, vooral van een tv- of radioprogramma **leadzanger** voornaamste zanger in een groep

leaflet ‹lieflət› *de & het* [-s] folder

leao *het* ‹vroeger› lager economisch en administratief onderwijs

leaseauto ‹lies-› auto die tegen betaling voor langere periode kan worden gebruikt **leasen** ‹liezən, liesən› [leasede / leasete, h. geleased / geleaset] huren voor een langere tijd: *veel bedrijven ~ auto's voor werknemers die vaak onderweg zijn*

leb *de* [-ben], **lebbe** ❶ lebmaag ❷ stremsel **lebberen** zacht slobberend drinken **lebmaag** vierde maag van dieren die herkauwen, zoals koeien

lector *de (m)* [-s, -toren] ❶ docent aan een universiteit ❷ iemand die voor een uitgeverij manuscripten leest en beoordeelt **lectoraat** *het* [-raten] functie van lector aan een universiteit **lectuur** *de (v)* boeken of tijdschriften die iemand voor zijn plezier of als ontspanning leest: *ik houd van spannende ~, zoals griezelverhalen en thrillers*

ledematen *de (mv)* armen en benen **ledenpop** ❶ pop met beweegbare armen en benen ❷ fig. iemand die zich laat gebruiken als een willoos werktuig

leder *het* bewerkte dierenhuid, leer **lederhuid** huidlaag onder de opperhuid

ledig *bn* leeg, zonder inhoud **ledigen** legen, leegmaken **ledigheid** *de (v)* ❶ het leeg zijn ❷ het nietsdoen, luiheid ▾ *~ is des duivels oorkussen* als iemand niets te doen heeft, is de kans groot dat hij slechte dingen gaat doen

ledikant *het* bed, meestal met hoge wanden **ledlamp** ‹led = light emitting diode› elektronische lichtbron met een hoger rendement dan de gloeilamp

leed **I** *het* verdriet, pijn **II** *bn* ▾ *iets met lede ogen aanzien* met spijt, ergernis **leedvermaak** plezier om het ongeluk of verdriet van een ander **leedwezen** *het* verdriet, spijt

leefbaar *bn* mogelijk, geschikt om in of mee te leven **leefeenheid** ❶ wooneenheid ❷ groep mensen die samenwonen **leefhouding** BN, schooltaal omgang met klasgenoten **leefklimaat** sfeer en omstandigheden waarin iemand leeft **leefloon** BN, ook uitkering die onder voorwaarden wordt toegekend aan mensen met geen of bijna geen inkomen **leefmilieu** milieu, omgeving waarin iemand leeft **leefnet** net waarin vissen die met een hengel gevangen zijn, levend worden gehouden **leefregel** regel, principe volgens welk(e) iemand leeft **leeftijd** *de (m)* [-en] aantal jaren dat iemand geleefd heeft, hoe oud iemand is ▾ *op ~* vrij oud **leeftijdsontslag** ontslag wegens het bereiken van een bepaalde leeftijd **leeftocht** *de (m)* levensmiddelen die iemand nodig heeft voor een bepaalde periode of die hij meeneemt op reis **leefwijze** manier waarop iemand leeft

leeg *bn* ❶ zonder inhoud ❷ niet bezet, niet bewoond: *dat huis staat ~* **leeggoed** BN BN lege flessen, statiegeld **leegheid** *de (v)* het zijn zonder interessante of verrijkende elementen: *de ~ van zijn bestaan* **leeghoofd** *het & de* iemand met weinig kennis en weinig belangstelling **leegloop** *de (m)* het verlaten door leden, inwoners e.d. van een vereniging, stad enz. **leeglopen** ❶ de inhoud verliezen doordat deze wegstroomt ❷ nietsdoen, niets uitvoeren

leegmaken alle inhoud ergens uit verwijderen **leegstaan** niet gebruikt worden, niet bewoond worden **leegstand** *de (m)* het niet bewoond of gebruikt worden van huizen of gebouwen: *in deze stad is veel ~* **leegte** *de (v)* ❶ het leeg zijn ❷ fig. gemis: *zijn vertrek veroorzaakte een ~ in haar leven* **leegverkoop** volledige uitverkoop waarbij alles verkocht moet worden

leek *de (m)* [leken] ❶ iemand die geen geestelijke is ❷ iemand die geen vakman is of niet deskundig is op een bepaald terrein

leem *het & de (m)* taaie aardsoort die weinig water doorlaat

leemte *de (v)* [-n, -s] iets wat er niet is maar er wel zou moeten zijn, weglating, gemis: *deze voorziening voorziet in een ~ binnen de ouderenzorg*

leen *het* [lenen] ❶ het lenen ❷ hist. datgene, vaak grond, dat een leenman leent **leengoed** hist. geleend goed, leen **leenman** hist. iemand die diensten moet verrichten voor een heer als tegenprestatie voor een leen (vaak grond) **leentjebuur** *zn* ▾ *~ spelen* telkens lenen **leenvertaling** woord uit een andere taal dat letterlijk wordt vertaald en op dezelfde manier gebruikt als in die andere taal **leenwoord** woord dat oorspronkelijk uit een andere taal komt

leep *bn* slim, listig, uitgekookt, berekenend

leer I *de* [leren] ❶ dat wat volgens iemand godsdienst of een beweging waar is: *de ~ van het jodendom* ▾ *bij iemand in de ~ zijn* bij iemand werken en het vak van hem leren **II** *het* [leren] ❷ buigzame sterke stof die gemaakt wordt van huiden van

dieren: *mijn schoenen zijn van* ~ ▼ ~ *om* ~ gezegd als iemand een streek die hij heeft uitgehaald, met een soortgelijke streek krijgt terugbetaald ❸ scherts. bal van voetbalspel ▼ *van* ~ *trekken* fel uitvallen tegen **leerboek** boek voor school of studie **leercontract** BN contract waarbij een meester zich verplicht een leerling een bepaald vak te leren **leerdicht** gedicht met de bedoeling om de lezer iets te leren **leergang** *de (m)*
❶ cursus, aantal lessen ❷ lesmethode, aantal leerboeken die een geheel vormen: *een* ~ *Duits* **leergeld** geld dat iemand betaalt voor onderwijs ▼ fig. ~ *betalen* leren van fouten en tegenslagen **leergierig** *bn* die graag leert, die graag iets nieuws leert **leerhuis** ❶ groep die theologie bestudeert ❷ ruimte waar dit gebeurt **leerjaar**
❶ jaar dat iemand op school zit: *ze is in haar derde* ~ ❷ schoolklas, schooljaar **leerkracht** iemand die lesgeeft op een school **leerling** *de (m)*
❶ iemand die les krijgt ❷ volgeling **leerlingenstelsel** systeem waarbij jongeren een beroepsopleiding volgen en tegelijkertijd werken in dat beroep
leerlooien bewerken van huiden tot leer
leermeester persoon van wie iemand iets leert
leermiddel hulpmiddel bij onderwijs, zoals een lesboek
leermoment leerzame ervaring die iemand opdoet **leerplan** plan waarin staat welke leerstof wordt aangeboden en hoe en wanneer **leerplicht** plicht om vanaf een bepaalde leeftijd tot een bepaalde leeftijd onderwijs te volgen **leerplichtig** *bn* wettelijk verplicht om onderwijs te volgen **leerrede** preek **leerrijk** waar iemand veel van leert, erg leerzaam **leerschool**
❶ omgeving waar men de praktijk van iets leert ❷ fig. ervaring waardoor men iets leert
leerstellig *bn* streng volgens een bepaalde leer, dogmatisch **leerstelling** grondbeginsel van een leer **leerstelsel** de principes en opvattingen binnen een leer
leerstoel de functie van hoogleraar aan een universiteit **leerstof** te onderwijzen stof, wat geleerd moeten worden **leerstraf** cursus die iemand moet volgen als straf
leerstuk ❶ iets wat als vaste waarheid wordt aangenomen m.b.t. het geloof ❷ uitgangspunt, principe, theorie: *het* ~ *van de ministeriële verantwoordelijkheid*
leertje *het* [-s] ❶ stukje of reepje leer ❷ rubberen afsluitringetje in een kraan: *de kraan lekte, het* ~ *was kapot* ❸ trapje
leervak ❶ vak van onderwijs ❷ vak dat vooral van buiten leren vereist **leervergunning** BN vergunning om tijdelijk zonder rijbewijs een motorvoertuig te besturen, als voorbereiding op het rijexamen **leerweg** richting in het voortgezet onderwijs: *de theoretische* ~ **leerzaam** *bn* waar men (veel) van leert
leesbaar *bn* ❶ goed te lezen: *een* ~ *handschrift* ❷ prettig om te lezen: *een heel* ~ *boek* **leesbeurt** beurt om voor te lezen **leesbibliotheek** verzameling van boeken die worden uitgeleend **leesblind** niet in staat letters met begrippen te verbinden **leesboek** ❶ oefenboek bij het leren lezen ❷ ⟨kindertaal, informeel⟩ fictie, boek dat

niet bedoeld is om te studeren of iets in op te zoeken maar om te lezen als ontspanning **leesclub** groep personen die met elkaar boeken lezen en bespreken **leesdienst** kerkdienst waarbij een preek wordt voorgelezen die door een ander is gemaakt **leeshonger** grote behoefte om te lezen
leesmap leesportefeuille **leesmoeder** moeder die op school komt helpen om kinderen te leren lezen **leesonderwijs** onderwijs in het lezen **leespen** elektronische pen waarmee gegevens kunnen worden ingelezen **leesplank** plank met plaatjes waaronder met losse letters onderschriften gemaakt kunnen worden **leesportefeuille** map met tijdschriften die rondgaat
leest *de* ❶ gestalte ❷ taille, middel ❸ vorm voor het maken van schoenen ▼ *op dezelfde* ~ *geschoeid* op dezelfde manier gedaan, gemaakt ▼ *schoenmaker, blijf bij je* ~ hou je niet bezig met zaken waar je geen verstand van hebt
leestafel tafel met tijdschriften en kranten
leesteken teken om het lezen te vergemakkelijken, zoals een punt of een komma
leesvoer lectuur (van weinig waarde), ter bevrediging van de behoefte om te lezen: ~ *voor onderweg* **leeswijzer** ❶ bladwijzer ❷ toelichting die helpt om een tekst op een goede manier te lezen: *in de* ~ *staat een overzicht van de gebruikte codes* **leeszaal** ruimte waarin men kan lezen, bibliotheek
leeuw *de (m)* katachtig roofdier waarvan het mannetje lange manen heeft (Panthera leo)
Leeuw *de (m)* ❶ vijfde teken van de dierenriem ❷ iemand die onder dat teken geboren is **leeuwenaandeel** grootste deel **leeuwenbek**
❶ mond van een leeuw ❷ plant met bloem die op de bek van een leeuw lijkt van de geslachten Antirrhinum en Linaria **leeuwendeel** grootste deel **leeuwenklauw** plant van het geslacht Alchemilla **leeuwenkuil** ❶ kuil met leeuw(en) ❷ fig. gevaarlijke plaats **leeuwenmoed** grote moed
leeuwerik *de (m)* zangvogel die steil omhoog opstijgt (Alauda arvensis)
leeuwin *de (v)* [-nen] wijfjesleeuw **leeuwtje** *het* [-s] ❶ kleine leeuw ❷ gezelschapshond met kenmerken van een dwergpoedel en een Maltezer hond, leeuwhondje ❸ scherts. ridderorde van de Nederlandse Leeuw
leewieken [leewiekte, h. geleewiekt] ❶ de vleugels van kuikens schroeien zodat ze niet meer groeien ❷ de pees doorsnijden waarmee de vliegspieren vastzitten
lef *het & de (m)* durf
lefgozer inform. jongen of man die veel zelfvertrouwen demonstreert en opschept
leg *de (m)* [-gen] het leggen van eieren ▼ *van de* ~ geen eieren meer leggend ▼ iron. *de tweede* ~ het op latere leeftijd krijgen van een of meer kinderen uit een tweede relatie
legaal *bn* volgens de wet toegestaan, wettig
legaat I *de (m)* [-gaten] ❶ pauselijk gezant II *het* [-gaten] ❷ testamentaire beschikking waarbij aan iemand bezit wordt nagelaten
legalisatie ⟨-zaa-⟩ *de (v)* [-s] het legaliseren

le

legaliseren ⟨-zi-⟩ ❶ iets legaal maken, een wet maken die bepaalde dingen toestaat: *sommige mensen zijn voor het ~ van drugs* ❷ geldig maken, voor echt verklaren **legaliteit** *de (v)* het legaal zijn: *justitie twijfelt aan de ~ van deze handelwijze* **legaliteitsbeginsel** beginsel dat iemand alleen beoordeeld kan worden volgens wetten of regels die al bestaan op het moment dat die persoon iets doet

legataris *de (m)* [-sen] iemand die een legaat krijgt **legateren** als legaat vermaken **legatie** *de (v)* [-s] gezantschap

legato ⟨-Gaa-⟩ *muz. bw* gebonden

legbatterij rij kleine hokjes voor kippen, speciaal ingericht voor het leggen van eieren **legboor** soort buis bij sommige insecten die dient om eieren af te laten op verborgen plaatsen

legen leegmaken

legenda *de* [-'s] ❶ verklaring van tekens op een plattegrond e.d. ❷ verklarende tekst op een schilderij e.d.

legendarisch *bn* ❶ wat behoort tot of volgens een legende ❷ *fig.* heel beroemd en heel bijzonder **legende** *de* [-n, -s] ❶ overgeleverd en soms (gedeeltelijk) verzonnen verhaal, vaak over een heilige of een wonder ❷ *fig.* beroemd, heel bijzonder persoon ❸ randschrift op een munt ❹ legenda

legenestsyndroom *het* neerslachtigheid als de kinderen het huis uit zijn en op zichzelf zijn gaan wonen

leger *het* [-s] ❶ de strijdkrachten te land ❷ *fig.* grote groep, menigte ❸ ligplaats van bepaalde dieren, onder andere hazen

Leger des Heils organisatie die de praktisch christendom nastreeft, bijv. door onderdak te geven aan daklozen

legeren [legeerde, h. gelegeerd] twee of meer metalen door smelting met elkaar vermengen **legeren** [legerde, is / h. gelegerd] ❶ verblijven ❷ aan troepen een verblijf aanwijzen **legergroen** groen in de kleur en kleding en materiaal die in het leger gebruikt worden **legering** *de (v)* menging van verschillende soorten metaal: *messing is een ~ van koper en zink* **legering** *de (v)* het legeren van troepen **legerkorps** *het* afdeling van een leger **legermacht** de strijdkrachten, krijgsmacht **legerplaats** plaats waar soldaten gelegerd zijn **leges** *de (mv)* betaling voor diensten (vergunningen, paspoorten e.d.) van de overheid **leggen** ❶ iets of iemand op een bepaalde plaats brengen op zo'n manier dat het er bij ligt: *leg de appels maar in de fruitschaal* ❷ ⟨van vogels⟩ eieren voortbrengen **legger** *de (m)* [-s] ❶ onderste molensteen ❷ vloerbalk die ligt ❸ 582 liter ❹ register

legging ⟨leGGing⟩ *de (m)* [-s] nauwsluitende maillot zonder voet

leghorn *de (m)* [-s] witte kip die heel goed legt

legio *bn* heel veel

legioen *het* ❶ afdeling van een leger, groep soldaten ❷ grote groep mensen, menigte: *het supporters~*

legionella *de* [-'s] ❶ bacterie die de veteranenziekte veroorzaakt ❷ veteranenziekte

legislatief *bn* wetgevend **legislatuur** *de (v)* ❶ wetgevende macht ❷ BN zittingsperiode van het parlement **legistiek** BN, pol. *bn* wetgevingstechnisch

legitiem *bn* ❶ toegestaan volgens de wet ❷ goed te rechtvaardigen: *geweld is bijna nooit ~* **legitimatie** *de (v)* [-s] ❶ verklaring dat iets echt is, wettiging ❷ bewijs dat iemand de persoon is voor wie hij zich uitgeeft **legitimatiebewijs** bewijs dat iemand de persoon is voor wie hij zich uitgeeft, bijv. een paspoort of rijbewijs **legitimeren** wettigen, verklaren dat iets echt en legitiem is ∨ *zich ~* bewijzen dat men de persoon is die men zegt te zijn, bijv. door zijn paspoort of identiteitskaart te laten zien: *iedereen die naar binnen wilde, moest zich ~* **legitimiteit** *de (v)* het legitiem zijn, echtheid, wettigheid, rechtmatigheid

legkast kast met planken **legkip** kip die is gefokt voor het leggen van eieren

lego® *het & de* speelgoed dat bestaat uit bouwstenen die in elkaar passen

legpenning penning als onderscheiding of ter herinnering aan iets **legpuzzel** afbeelding die bestaat uit stukjes die in elkaar passen

leguaan *de (m)* [-anen] ❶ hagedis die vooral voorkomt in Midden- en Zuid-Amerika ❷ stootkussen dat de boeg van een schip beschermt

lei I *het* ❶ donkergrijs gesteente, delfstof ∨ *het gaat van een ~en dakje* het gaat helemaal zonder problemen **II** *de* ❷ plaat daarvan als dakbedekking en waarop mensen vroeger schreven: *kinderen schreven op school vroeger met een griffel op een ~* ∨ *met een schone ~ beginnen* het verleden achter zich laten en op een nieuwe, betere manier gaan leven: *als de crimineel zijn straf heeft uitgezeten, wil hij met een schone ~ beginnen* **III** *de (m)* [-s] ❸ munt en munteenheid van Roemenië

leiband *de (m)* BN ook lijn (voor huisdieren) ∨ *aan de ~ lopen* zich door anderen laten leiden, anderen gehoorzamen **leiboom** boom waarvan de takken langs latten geleid worden

leidekker *de (m)* [-s] iemand die als beroep daken met lei bedekt

leiden ❶ in een bepaalde richting doen gaan, voeren, brengen: *hij leidde ons naar zijn woning; dat leidt tot problemen* ❷ besturen: *een bedrijf ~* ❸ de beste, de eerste zijn: *deze schaatser leidt in het algemeen klassement* ❹ leven: *een gelukkig leven ~*

Leiden *het* ∨ *~ is in last* men is in nood

leider *de (m)* [-s] ❶ iemand die leidt, de baas is ❷ de beste, de eerste: *de ~ in het algemeen klassement* **leiderschap** *het* ❶ het leider zijn ❷ gedrag van de persoon die de leider is: *goed ~ tonen*

leiding *de (v)* ❶ het leiden ❷ organisatie of personen aan het hoofd van een bedrijf, organisatie, activiteit e.d. ❸ buizen of draden waardoorheen iets geleid wordt **leidingwater** water uit de waterleiding

leidmotief ❶ leidende gedachte ❷ *muz.* grondthema

leidraad *de (m)* [-draden] ❶ beknopte

handleiding ❷ fig. waar iemand zich door laat
leiden

leidsel het [-s] leren riem om een paard voor een
wagen te mennen **leidsman** de (m) [-nen, -lieden]
iemand die leidt, de richting aangeeft, ook
figuurlijk **leidster** de (v) [-s] ❶ vrouw die een
groep, klas e.d. leidt ❷ vrouwelijke gids
❸ Poolster

leien bn van lei ▼ van een ~ dakje gaan zonder
problemen, gemakkelijk

leisteen het & de (m) blauwgrijze steen, lei

lek I bn ❶ wat vocht of lucht doorlaat terwijl dat
niet de bedoeling is II het [-ken] ❷ gat of gaatje
waardoor vocht kan komen of lucht kan
ontsnappen ▼ fig. er is ergens een ~ iemand vertelt
iets aan anderen wat geheim moet blijven III de
(m) ❸ munteenheid van Albanië

lekenbroeder kloosterling die geen priester is

lekenspel toneelspel voor niet-beroepsspelers,
meestal met een sociale of godsdienstige
boodschap

lekkage ⟨-kaazjə⟩ de (v) [-s] het lekken, lek: we
hebben ~ in de keuken **lekken** ❶ vocht doorlaten
❷ fig. vertrouwelijke informatie doorgeven
❸ ⟨van vlammen⟩ met de punt aanraken

lekker bn prettig voor de smaak, de reuk, het
gevoel ▼ zich niet ~ voelen zich niet goed, niet
gezond voelen ▼ inform. gaat-ie ~? gaat het
goed? **lekkerbek** ❶ iemand die van lekker eten
houdt ❷ gefrituurde schelvisfilet **lekkernij** de (v)
iets lekkers: taartjes, ijs en andere ~en **lekkers** het
iets wat lekker is, snoep **lekkertje** het [-s]
❶ inform. aantrekkelijk, lief persoon ❷ iron.
lastig problematisch iemand: die jongen is me
een ~, zeg

lekstroom elektriciteit die verloren gaat

lel de [-len] ❶ afhangend stukje huid of vel: een
haan heeft een rode ~ aan zijn snavel; een oor~
❷ inform. klap, schop: iemand een ~ verkopen

lelie de [-s, -liën] sierplant met grote langwerpige
bloemen die lekker ruiken, van het geslacht
Lilium **lelietje-van-dalen** de (v)
[lelietjes-van-dalen] plantje met klokvormige
witte bloempjes (Convallaria majalis)

lelijk bn ❶ helemaal niet mooi om te zien of te
horen: een ~ schilderij; ~e muziek ❷ onaardig,
boos: wat doe je ~ tegen me! ❸ erg, akelig: een ~e
wond **lelijkerd** de (m) [-s] iemand die lelijk of
gemeen is: wil je dat wel eens laten, ~!

lellebel de (v) [-len] vrouw die met veel mannen
gaat, slet

lemen I ww ❶ met leem besmeren II bn ❷ van
leem ❸ met leem bedekt

lemma het [-ta, -'s] ❶ trefwoord in een
woordenboek of encyclopedie en de toelichting,
vertaling(en), voorbeelden e.d. bij dat woord
❷ wisk. stelling m.b.t. een onderdeel van een
theorie die gebruikt wordt in andere stellingen

lemmer het [-s] het staal van een mes e.d.,
lemmet

lemmet het ❶ staal van een mes of zwaard e.d.
❷ pit van een kaars of lamp

lemming de (m) [-en, -s] knaagdier uit de familie
van de woelmuizen dat op een hamster lijkt
(Lemmus lemmus)

lende de [-n, -nen] benedendeel van de rug

lendendoek doek die om de lenden wordt
gedragen, vaak door volken die geen
bovenkleding en onderbroeken dragen

lendenstuk stuk vlees uit de lenden

lenen ❶ iets voor een tijdje aan iemand geven
om te gebruiken: ik heb tien euro aan mijn zuster
geleend ❷ iets voor een tijdje van iemand krijgen
om te gebruiken: ik heb het boek van de
bibliotheek geleend ▼ fig. zich ~ tot zich laten
gebruiken voor

leng I de (m) ❶ lange kabeljauw met kleine kop
II het ❷ strop om te hijsen ❸ draadvormig
bederf in graan of brood

lengen langer maken of worden: de dagen ~

lengte de (v) [-n, -s] ❶ de lange kant van iets, de
afmeting die het langst is van iets: deze tafel
heeft een ~ van vier meter en een breedte van twee
meter ▼ het moet uit de ~ of uit de breedte komen
het moet op de een of andere manier betaald
worden ❷ afstand in ruimte of tijd, hoe lang iets
is: een wandelroute met een ~ van twaalf kilometer
▼ tot in ~ van dagen nog heel lang
❸ ⟨geografisch⟩ afstand in graden gemeten
vanaf de nulmeridiaan **lengteas** as die de
middelste punten van de breedten verbindt

lengtecirkel cirkel over het aardoppervlak met de
lijn noordpool-zuidpool als middellijn

lengte-eenheid eenheid waarin lengte wordt
uitgedrukt **lengtegraad** 1/360 deel van een
breedtecirkel **lengtemaat** maat om de lengte te
meten of aan te geven hoe lang iets is: de
meter en de kilometer zijn lengtematen

lenig bn met een soepel lichaam, goed in staat
om moeilijke bewegingen te maken met de
spieren: om goed te kunnen turnen moet je ~ zijn

lenigen verzachten, minder erg maken: de
nood ~

lening de (v) ❶ het lenen ❷ het bedrag dat
geleend is

lens I de [lenzen] ❶ doorzichtig voorwerp
waardoor invallende lichtstralen van richting
veranderen, vooral gebruikt om beter te zien
❷ contactlens ❸ deel van het oog waarmee men
(scherp) ziet II bn ❹ inform. krachteloos, lam:
iemand ~ slaan

lenspomp pomp om water te lozen

lente de [-s] ❶ jaargetijde tussen winter en zomer,
ten noorden van de evenaar van 21 maart tot 21
juni, voorjaar ▼ zij is 21 ~s 21 jaar oud ❷ fig. tijd
van ontspanning en vrijheid ▼ Praagse ~ periode
van politieke liberalisering in Tsjecho-Slowakije
in 1968 ▼ Arabische ~ golf van revoluties die zich
vanaf december 2010 verspreidde over de
Arabische wereld **lente-uitje** het [-s] kleine
langwerpige ui met eetbaar blad

lento muz. bw langzaam

lenzen ❶ leegmaken ❷ met weinig zeil voor de
wind varen

lenzenvloeistof vloeistof om contactlenzen in te
bewaren

lepel de (m) [-s] ❶ voorwerp dat men vooral in de
keuken en aan tafel gebruikt om mee te
scheppen, te roeren, vloeibaar voedsel zoals
soep te eten ❷ jagerst. oor van een haas

lepelaar de (m) [-s] vogel die ongeveer zo groot is
als een reiger of ooievaar, met een platte snavel

le

in de vorm van een lepel, die in de buurt van het water leeft (Platalea leucorodia)

lepelblad ❶ blad van een lepel ❷ deel van een boor waarin boorijzer zit ❸ plant van het geslacht Cochlearia

lepelen met een lepel eten

lepeltje *het* [-s] kleine lepel ▼ ~ ~ twee mensen in gebogen houding waarbij de één met de voorkant tegen de achterkant van de ander ligt

leperd spreekt. *de (m)* [-s] slimmerd, sluwerd, berekenend iemand

leplazarus spreekt. *het* ▼ *zich het ~ schrikken* heel erg schrikken

lepra *de* infectieziekte met huidaandoeningen en misvormingen **leproos** I *bn* ❶ die lijdt aan lepra II *de (m)* [-prozen] ❷ iemand die aan lepra lijdt

lepton nat. *het* een van de elementaire deeltjes die de deeltjesfysica onderscheidt, deeltje dat niet verder kan worden gesplitst

leptosoom ⟨-zoom⟩ I *bn* ❶ lang en mager II *de (m)* [-somen] ❷ iemand die zo is

leraar *de (m)* [-raren, -s] iemand die onderwijs geeft, die anderen iets leert **leraarschap** *het* het leraar-zijn **lerares** *de (v)* [-sen] vrouw die onderwijs geeft, die anderen iets leert

leren I *ww* ❶ onderwijzen, lesgeven in, duidelijk maken ❷ met het verstand proberen te vatten, zich kennis of een vaardigheid proberen eigen te maken II *bn* ❸ van leer **lering** *de (v)* ❶ les ▼ *ergens ~ uit trekken* er iets van leren ❷ wat geleerd wordt: theorieën, opvattingen, vooral godsdienstige leer

les *de* [-sen] ❶ bezigheid waarbij iemand iets leert aan iemand anders of aan anderen ❷ gedeelte dat geleerd moet worden: *vandaag behandelen we ~ 7* ❸ strenge kritiek, waarschuwing ▼ *iemand de ~ lezen,* BN ook *iemand de ~ spellen* iemand streng en kritisch toespreken ▼ *een ~je geven* op een harde manier duidelijk maken **lesauto** auto om in te leren autorijden **lesbevoegdheid** vergunning om les te geven omdat iemand het juiste diploma of de juiste diploma's heeft

lesbienne ⟨-bjenne⟩ *de (v)* [-s] lesbische vrouw, lesbisch meisje **lesbisch** *bn* ⟨van vrouwen⟩ met een seksuele voorkeur voor leden van het eigen geslacht, die van vrouwen houdt **lesbo** inform. *de (v)* [-'s] lesbienne

lesgeven beroepsmatig of als vrijwilliger anderen iets leren **lesrooster** lijst met de lesuren en wanneer en waar ze gegeven worden

lessen ❶ ⟨vooral over dorst⟩ zorgen dat deze voorbijgaat door te drinken ❷ inform. lesgeven of les nemen in iets, bijv. autorijden

lessenaar *de (m)* [-s] meubel met een schuin blad om op te schrijven of van te lezen: *de leraar legt zijn boek op de ~*

lest *bn* ▼ *ten langen ~e* eindelijk ▼ *~ best* het laatste is het beste

lestijdenpakket BN de lestijden die een school vrij kan invullen **lestoestel** vliegtuig om in te leren vliegen **lesuur** uur waarin les gegeven wordt

letaal *bn* dodelijk

lethargie *de (v)* toestand waarin iemand nergens zin in heeft en niets onderneemt **lethargisch** *bn* lusteloos, ongeïnteresseerd en passief

letsel *het* [-s] verwonding

letselschadeadvocaat advocaat die is gespecialiseerd in gevallen waarbij iemand gewond is geraakt

letten (ver)hinderen ▼ *wat let je?* wat houdt je tegen? waarom zou je het niet doen? ▼ ▼ ~ *op* aandacht geven aan, in het oog houden, passen op

letter *de* [-s] symbool dat een klank of een deel van een klank van gesproken taal weergeeft ▼ *naar de ~* precies zoals het er staat ▼ *~en* letterkunde; taal- en letterkunde **letterbak** bak waarin typografen vroeger de loden letters bewaarden, nu wel gebruikt als wandversiering

lettergreep *de* [-grepen] elk van de groepen klanken of letters waarin men een woord kan onderverdelen: *'buiten' heeft twee lettergrepen: 'bui' en 'ten'*

letterkunde ❶ kunst in de vorm van tekst, literatuur ❷ wetenschap die zich hiermee bezighoudt **letterkundig** wat te maken heeft met de letterkunde of wat bij de letterkunde hoort **letterkundige** *de* [-n] ❶ kenner van de letterkunde ❷ schrijver

letterlijk *bn* precies opgevat zoals het er staat of zoals het gezegd wordt

letterschrift manier waarop letters worden weergegeven in een taal: *het Arabische en het West-Europese ~ zijn verschillend* **letterteken** ❶ gedrukte of geschreven letter ❷ letter(s) als aanduiding van iets, bijv. op boten als aanduiding van het land waar ze vandaan komen **lettertype** manier waarop een serie letters is weergegeven: *een tekst in ~ Courier* **letterwoord** woord dat wordt gevormd door de beginletters van andere woorden

leugen *de* [-s] iets wat iemand vertelt en waarvan hij weet dat het niet waar is **leugenaar** *de (m)* [-s] iemand die liegt **leugenachtig** *bn* die vaak liegt: *een ~ persoon* ❷ vol onwaarheden, vol leugens: *een ~ verhaal* **leugendetector** toestel om vast te stellen of iemand liegt

leuk *bn* aardig, prettig, mooi: *een ~ meisje; een ~ boek*

leukemie ⟨leu- of lui-⟩ *de (v)* soort kanker waarbij het aantal witte bloedlichaampjes sterk toeneemt

leukerd *de (m)* [-s] leuk iemand

leukocyt ⟨leukoosiet of luikoosiet⟩ *de (m)* wit bloedlichaampje **leukoplast**® *de (m) & het* hechtpleister van rubber en zinkoxide

leunen min of meer rechtop tegen iets aan staan: *hij leunt tegen de muur; de oude man leunt op zijn stok* ▼ ~ *op iemand* dingen doen met steun van iemand anders, niet zelfstandig dingen doen **leuning** *de (v)* deel van een stoel, brug, trap e.d. waarop of waartegen men kan leunen: *het meisje gleed over de trap~ naar beneden* **leunstoel** stoel met armleuningen

leuren ❶ huis aan huis te koop aanbieden, venten ❷ fig. met iets te koop lopen, aan iedereen rondvertellen

leus *de* [leuzen] kernachtige zin die een ideaal of doelstelling bevat

leut *de* ❶ pret, lol ❷ spreekt. koffie

leuteren onzinnige of onbelangrijke dingen vertellen, kletsen

leuze *de* [-n] leus

level ⟨levvəl⟩ *het* [-s] ❶ niveau ▼ *split* ~ verdeeld in niveaus, vooral woningen ❷ spelniveau bij computerspelletjes

leven I *ww* ❶ behoren tot de wezens die groei, bloei en dood doormaken ❷ bestaan, niet dood zijn ▼ ~ *en laten* ~ anderen wat gunnen ▼ *inform.* *hoe laat* ~ *we?* hoe laat is het? ❸ wonen ❹ zijn bestaan inrichten, op een bepaalde manier doorbrengen: *rustig* ~ ❺ in zijn element zijn, zich gelukkig voelen: *hij leeft, als hij kan voetballen* II *het* [-s] ❻ het bestaan, het levend zijn ▼ *om het* ~ *komen* verongelukken ❼ de wereld, de menselijke bedrijvigheid ▼ ~ *in de brouwerij* drukte, levendigheid ❽ de werkelijkheid, de natuur: *naar het* ~ *getekend* ❾ drukte, lawaai **levend** *bn* ❶ wat leven heeft: ~*e wezens en dode materie* ▼ ~*e have* bezit in de vorm van vee en huisdieren ❷ die in leven is: *de* ~*en en de doden* ▼ *geen* ~*e ziel* helemaal niemand ▼ *het land der* ~*en* degenen die leven ❸ ⟨van een taal⟩ die nog door mensen wordt gesproken **levendbarend** *bn* ⟨van dieren⟩ die jongen ter wereld brengen en geen eieren leggen o.i.d. **levendig** *bn* druk, vrolijk, beweeglijk: *een* ~*e stad* ▼ *een* ~*e verbeelding hebben* veel fantasie hebben **levenloos** *bn* ❶ dood, zonder leven ❷ *fig.* zonder levendigheid, mat **levensavond** oude dag, de laatste jaren van iemands leven **levensbedreigend** *bn* zo gevaarlijk dat het de dood kan veroorzaken: *een* ~*e ziekte* **levensbehoeften** *de (mv)* wat nodig is voor het dagelijks leven, zoals eten, drinken, schoonmaakmiddelen **levensbelang** wat onmisbaar is voor het voortbestaan: *het is van* ~ *dat ...* **levensbericht** korte levensbeschrijving **levensbeschouwing** wat iemand ziet als het doel en de zin van het bestaan **levensboom** ❶ *bio.* het boomgeslacht Thuja uit de familie van de cipressen ❷ ⟨in godsdiensten⟩ boom als symbool van (eeuwig) leven en wederopstanding **levensdagen** *de (mv)* de dagen van iemands leven, de tijd dat iemand leeft: *hij slijt zijn* ~ *in Zuid-Frankrijk* **levensdelict** misdaad met een dodelijk slachtoffer, zoals doodslag of moord **levensdraad** het leven gezien als een draad ▼ *zijn* ~ *is afgesneden* hij is overleden **levensduur** ❶ tijd dat iemand of iets leeft ❷ tijd dat iets gebruikt kan worden **levensduurte** kosten van levensonderhoud **levenselixer** *hist.* drank waarmee men dacht het leven te kunnen verlengen **levensgeluk** hoe gelukkig iemand zich in het leven voelt **levensgenieter** *de (m)* [-s] iemand die houdt van de goede dingen van het leven **levensgevaar** gevaar dat iemand doodgaat: *zij verkeren in* ~ **levensgezel** man met wie iemand het leven deelt **levensgroot** ❶ overeenkomstig de werkelijke grootte, op ware grootte: *een* ~ *portret van iemand* ❷ *fig.* erg groot, waar men niet omheen kan: *een* ~ *probleem* **levenshouding** gedragslijn in het leven en de manier waarop iemand leeft en reageert op gebeurtenissen **levenskracht** kracht, energie waarmee iemand leeft: *door zijn grote* ~ *heeft hij*

die ziekte goed doorstaan **levenskunst** het talent om van zijn leven iets moois te maken **levenskunstenaar** iemand die in staat is om van zijn leven iets moois te maken **levenslang** wat het hele leven duurt **levenslicht** ▼ *het* ~ *aanschouwen* geboren worden **levenslied** (sentimenteel) lied over alledaagse menselijke zaken **levenslijn** ❶ lijn in de hand ❷ loop van het leven

levensloop iemands leven en wat daarin gebeurt **levensloopregeling** spaarmogelijkheid voor werknemers voor onbetaald verlof in de toekomst of voor eerder stoppen met werken **levenslust** opgewektheid, blijheid, zin om te leven **levenslustig** *bn* vrolijk, opgewekt, die zin heeft om te leven

levensmiddelen *de (mv)* etenswaren, eten en drinken

levensmoe met de behoefte om te sterven **levensonderhoud** wat nodig is voor iemands dagelijkse leven, zoals eten, kleding, een woning ▼ *in zijn* ~ *voorzien* zorgen dat men geld heeft om van te leven

levensopvatting filosofie of ideeën die iemand over het leven heeft **levenspad** leven en de manier waarop iemand zijn leven leeft, de dingen die hij doet en meemaakt **levenspeil** de mate van welzijn, comfort en het economische niveau waarop iemand leeft **levensschets** korte levensbeschrijving

levensstandaard het economische, sociale en culturele niveau waarop een volk leeft **levensstijl** manier waarop iemand leeft: *een gezonde* ~

levensteken iets waaruit blijkt dat iemand (nog) leeft **levensvatbaar** ❶ met een goede kans om in leven te blijven: *het te vroeg geboren kind was niet* ~ ❷ *fig.* met een goede kans om te (blijven) bestaan: *zo'n soort bedrijf is niet* ~ **levensverwachting** gemiddeld aantal jaren dat mensen leven, te verwachten levensjaren: *een arm land met een lage* ~ **levensverzekering** verzekering waarbij iemand anders een geldbedrag krijgt als de verzekerde overlijdt of waarbij de verzekerde na een bepaalde periode een bedrag krijgt **levensvoorwaarde** iets dat men absoluut nodig heeft om te kunnen leven ▼ *de* ~*n* de omstandigheden waaronder, de situatie waarin iemand leeft: *de slechte* ~*n in dat kamp, zonder stromend water of wc* **levenswandel** wat iemand in zijn leven doet, hoe hij zich in moreel opzicht opstelt in het leven **levensweg** het leven en hoe het verloopt **levenswerk** werk waaraan iemand het grootste deel van zijn leven wijdt **levenswijsheid** ❶ wijsheid over het leven, het weten wat er in het leven kan voorkomen ❷ tact en wijsheid om goed te handelen in allerlei omstandigheden

lever *de* [-s] ❶ grootste klier in het organisme, die gal afscheidt en van groot belang is voor de spijsvertering ▼ *iets op zijn* ~ *hebben* iets graag of dringend willen zeggen of vragen ▼ BN *ook dat ligt op zijn* ~ dat kan hij niet verkroppen ❷ dit orgaan (van een dier) als voedsel

leverancier *de (m)* [-s] iemand die producten

levert aan een winkel of bedrijf **leverantie** *de (v)* [-s] ❶ het leveren ❷ wat geleverd wordt

leverbaar *bn* wat geleverd kan worden: *dit boek is niet meer ~* **leveren** ❶ bezorgen, verschaffen ❷ doen plaatshebben, maken dat iets gebeurt, doen ▼ *slag ~ vechten* ▼ *iemand een streek ~ iets vervelends doen wat tegen iemand is gericht*

levering *de (v)* ❶ het leveren, vooral van koopwaar ❷ wat geleverd wordt, vooral koopwaar **leveringscontract** contract waarin staat wat, hoe en onder welke voorwaarden geleverd wordt **leveringstermijn** datum wanneer iets moet zijn geleverd

leverkaas *de (m)* vleessoort die van lever wordt gemaakt

leverkleurig *bn* bruinbeige **leverpastei** pastei die van lever wordt gemaakt

levertijd tijd die nodig is om een product te leveren

levertraan *de (m)* vette olie uit de lever van onder andere kabeljauw en schelvis **leverworst** worst met dierlijke lever als hoofdbestanddeel

leviathan *de (m)* [-s] monsterlijk (water)gedrocht

leviet ▼ *iemand de ~en lezen* streng terechtwijzen

levitatie *de (v)* het gaan zweven door het overwinnen van de zwaartekracht: *~ door yogatechnieken*

lexeem *taalk.* *het* [lexemen] kleinste deel van een woord dat een betekenis in zich draagt

lexicaal *bn* wat te maken heeft met de woordenschat

lexicografie *de (v)* het schrijven van woordenboeken **lexicologie** *de (v)* leer van de ordening van een taalschat volgens wetenschappelijke beginselen, theorie van het samenstellen van woordenboeken **lexicon** *het* [-s, lexica] wetenschappelijk woordenboek, encyclopedie

lezen [las, h. gelezen] ❶ iets wat geschreven is, met de ogen in zich opnemen en begrijpen wat ermee bedoeld wordt ▼ *kunnen ~ en schrijven met* heel goed overweg kunnen met, totaal geen problemen hebben met: *iedereen is bang voor hem, maar ik kan met hem ~ en schrijven* ❷ voorlezen ❸ *fig.* te weten komen of merken door uiterlijke verschijnselen ▼ *een hond ~ weten* wat een hond voelt of van plan is, door te kijken naar zijn houding en bewegingen ❹ uitzoeken, schiften: *linzen ~* **lezenaar** *de (m)* [-s] lessenaar **lezer** *de (m)* [-s] iemand die leest **lezing** *de (v)* ❶ soort toespraak waar men iets van kan leren: *ik ga vanmiddag naar een ~ over de middeleeuwen* ❷ manier waarop iets wordt voorgesteld of door de mensen wordt begrepen: *met zijn ~ van het gebeurde ben ik het niet eens*

lhno *het* (vroeger) lager huishoud- en nijverheidsonderwijs

l.i. landbouwkundig ingenieur

Li *schei.* lithium

liaan *de* [lianen] tropische slingerplant

liaison ⟨liejèzò⟩ *de* [-s] ❶ liefdesrelatie van voorbijgaande aard, soms in het geheim ❷ *iron.* relatie op zakelijk of ander gebied ❸ iemand die of iets wat een verbindende functie heeft: *de functie behelst een ~ tussen marketing en de technische afdeling* ❹ ei dat los is geroerd met

room

libel *het* [-len] ❶ waterpas met luchtbel ❷ soort van grote vliegende insecten, onder andere waterjuffer

liberaal I *bn* ❶ ruimdenkend, vrijzinnig ❷ die aanhanger is van het liberalisme **II** *de (m)* [-ralen] ❸ aanhanger van een liberale politieke partij ❹ iemand die ruimdenkend, vrijzinnig is

liberalisatie ⟨-zaa-⟩ *de (v)* het liberaliseren

liberaliseren ⟨-zì-⟩ ❶ vrijmaken van beperkingen ❷ (economie) loslaten door de overheid zodat commerciële bedrijven het kunnen overnemen: *de gezondheidszorg is geliberaliseerd* **liberalisme** *het* stelsel van denkbeelden waarbij de nadruk ligt op individuele vrijheid, recht op economisch initiatief en particulier eigendom **liberaliteit** *de (v)* ❶ vrijgevigheid ▼ *jur. schenking uit ~* schenking uit vrijgevigheid, waarvoor geen tegenprestatie wordt gevraagd ❷ onbevooroordeeldheid, onbekrompenheid

libero *sp.* *de (m)* [-'s] verdediger die ook kan aanvallen, vrije verdediger

libertijn vrijdenker, aanhanger van het libertinisme **libertinisme** *het* stroming in de 16de en 17de eeuw die streefde naar een leven zonder de beperkingen van wat hoort en niet hoort

libido *het* lust, begeerte, geslachtsdrift

librettist *de (m)* schrijver van een libretto **libretto** *het* [-'s] tekst van een opera

librium® *het* geneesmiddel dat spanning vermindert, kalmerend middel

lic. licentiaat

licentiaat ⟨-sjaat⟩ **I** *het* ❶ BN academische graad na ten minste twee jaar studie na het kandidaatsexamen: *het ~ is te vergelijken met de graad van doctorandus in Nederland* **II** *de (m)* [-tiaten] ❷ BN iemand die het licentiaat heeft behaald **licentie** *de (v)* [-s] ❶ recht dat een octrooihouder aan anderen verleent om van dat octrooi gebruik te maken ❷ *sp.* vergunning om deel te nemen aan wedstrijden en competities ❸ BN opleiding, studie tot het behalen van de graad van licentiaat: *kandidatuur en ~*

lichaam *het* [-chamen] ❶ het geheel van romp, hoofd en ledematen van een mens of dier: *ik heb sproeten over mijn hele ~* ❷ zichtbaar of tastbaar voorwerp, begrensd deel van de ruimte: *een bol, kegel en kubus zijn meetkundige lichamen; de maan is een hemel~* ❸ vereniging, genootschap, college e.d.: *een wetgevend ~* **lichaamsbeweging** het bewegen van het lichaam (om de conditie te verbeteren) **lichaamsbouw** de manier waarop een lichaam is gevormd, bijv. fors of tenger **lichaamstaal** wat iemand niet in woorden uitdrukt maar door gezichtsuitdrukking, houding e.d.: *uit zijn ~ bleek zijn woede* **lichamelijk** *bn* van, met of wat te maken heeft met het lichaam

licht I *het* ❶ wat van de zon, een lamp e.d. schijnt en waardoor het mogelijk is om de wereld te zien ❷ lichtgevend voorwerp, lamp ▼ *het groene ~ geven* toestemming geven ❸ het vermogen om te zien ▼ *iemand het ~ in de ogen niet gunnen* niets gunnen ❹ plotseling inzicht: *er ging hem een ~ op* ❺ openbaarheid, bekendheid:

aan het ~ komen ❺ levenslicht ▼ *het ~ zien* geboren worden; (van een boek) verschijnen; een helder inzicht krijgen **II** *bn* ❼ met een klein gewicht, niet zwaar: *die ~e koffer is makkelijk te dragen* ❽ niet al te erg, niet ernstig: *hij had alleen ~e verwondingen* ❾ helder, wat goed licht ontvangt: *een ~e kamer* ❿ niet al te stevig en degelijk ⓫ gemakkelijk te verwerken, te verteren: *~e lectuur* ⓬ duizelig: *~ in het hoofd* ⓭ lichtzinnig: *van ~e zeden* **III** *bw* ⓮ gemakkelijk, gauw: *niet ~ kwaad worden* ⓯ niet in hoge mate, niet ernstig: *~ geblesseerd zijn* lichtbak bak met een aantal lampen waarbij het licht naar één kant schijnt, bijv. als etalageverlichting lichtbeeld beeld van een belicht voorwerp opgevangen op een scherm lichtboei lichtgevende boei in het water lichtbron iets wat licht uitzendt lichtbundel bundel lichtstralen

lichtekooi *de (v)* vrouw die het niet zo nauw neemt met de seksuele moraal

lichtelijk *bw* enigszins, een beetje: *hij was ~ verbaasd; dat is ~ overdreven*

lichten ❶ licht geven ❷ bliksemen ❸ opheffen, omhoog halen: *een schip ~; iemand uit het zadel ~* ❹ lossen, legen, leegmaken: *een schip ~; de brievenbus ~* ▼ *een ~d voorbeeld* iets heel positiefs of een heel positief iemand als voorbeeld voor anderen

lichter *de (m)* [-s] ❶ vaartuig, schuit waarin de lading uit grote schepen wordt overgeladen ❷ werktuig om iets op te heffen

lichterlaaie, lichtelaaie *bw* met uitslaande felle vlammen ▼ *het huis stond in ~* helemaal in brand

lichtgelovig die te gemakkelijk iemand gelooft lichtgeraakt gauw beledigd lichtgevoelig wat verandert door de inwerking van licht lichtgewicht **I** *het* ❶ gewichtsklasse van boksers, tot 61 kilo **II** *de* [-en] ❷ iemand in die gewichtsklasse ❸ *fig.* iemand die (te) weinig capaciteiten heeft in een bepaald vak of op een bepaald gebied

lichting *de (v)* ❶ groep van mensen die gelijktijdig met iets beginnen: *een nieuwe ~ soldaten* ❷ het legen van een brievenbus door een postbode ❸ het omhooghalen: *de ~ van het gezonken schip*

lichtjaar de afstand die het licht in één jaar aflegt, 9460 miljard kilometer lichtkegel kegelvormige bundel lichtstralen lichtkoepel lichtopening in koepelvorm lichtkogel projectiel dat licht verspreidt voor de verlichting van een terrein of als signaal lichtkrant nieuwsberichten in verlichte letters op een gebouw, een groot bord e.d. lichtmast hoge paal met één of meer lampen eraan lichtmatroos onervaren matroos lichtmetaal legering van lichte materialen, zoals aluminium en silicium lichtmetalen van lichtmetaal: *~ velgen*

lichtmis *de (m)* [-sen] losbol Lichtmis r.-k. *de (m)* Maria-Lichtmis, feest op 2 februari ter gedachtenis van de wijding van Jezus als baby in de tempel lichtnet het geheel van leidingen voor de voorziening van een bepaald gebied met elektriciteit

lichtpunt *het* punt waarop een lamp kan worden aangesloten op het elektriciteitsnet ▼ *fig. ~je* iets gunstigs (in een moeilijke situatie) lichtreclame verlichte reclame lichtschip schip dicht bij de kust met lichten als baken voor de scheepvaart lichtshow kleurige presentatie d.m.v. lichteffecten lichtsignaal (waarschuwings)teken d.m.v. licht lichtstad *de* ❶ stad met veel licht ❷ stad met veel cultuur: *de ~ Parijs* lichtstraal straal licht lichttherapie geneeswijze door licht lichtvaardig *bn* zonder na te denken, ondoordacht: *een ~e beslissing* lichtval wijze waarop het licht ergens valt lichtvoetig *bn* ❶ met lichte gang, die op een lichte manier loopt ❷ *fig.* vrolijk, luchtig: *een ~e show* lichtzinnig *bn* niet ernstig, die niet nadenkt over mogelijke problemen

lick muz. *de (m)* [-s] loopje op een gitaar

lid *het* [leden] ❶ beweegbaar lichaamsdeel als arm, been enz., vooral penis: *het mannelijk ~* ▼ *iets onder de leden hebben* het begin van een ziekte hebben, bezig zijn ziek te worden: *ik heb griep onder de leden* ❷ gewricht ❸ afzonderlijk beweegbaar deeltje, bijv. van een vinger ❹ persoon die deel uitmaakt van een groep, ook abonnee ❺ ⟨van een geschrift, artikel enz.⟩ onderdeel, gedeelte ❻ deksel ❼ ooglid lidcactus cactus met gelede bladeren lidgeld BN, ook contributie lidkaart BN, ook lidmaatschapsbewijs lidmaat **I** *het* [ledematen] ❶ deel, lid van het lichaam **II** *het & de* [lidmaten] ❷ iemand die tot een christelijke kerk behoort lidmaatschap *het* [-pen] het lidmaat of lid zijn lidstaat staat als lid van een internationale organisatie

lidwoord het woord 'de', 'het' of 'een', dat bij een zelfstandig naamwoord hoort

lied *het* [-eren] gezongen tekst, vaak op rijm ▼ *dat is het eind van het ~je* daarmee is het afgelopen, nu is het voorbij ▼ *het oude ~je* dezelfde vervelende kwestie ▼ *het hoogste ~ zingen* erg vrolijk zijn ▼ *het ~je van verlangen zingen* proberen iets onprettigs uit te stellen liedboek boek met liederen

lieden *de (mv)* mensen

liederlijk *bn* losbandig, die zich op een schandelijke manier gedraagt

lief **I** *bn* ❶ met een aardig en zacht karakter ❷ waarvan iemand houdt, dierbaar ❸ prettig om naar te kijken, lieflijk: *ze heeft een ~ gezichtje* **II** *het* [lieven] ❹ geliefde, degene van wie iemand houdt: *hij is mijn ~* ❺ wat lief is, geluk: *~ en leed delen* ▼ *iets voor ~ nemen* iets minder prettigs accepteren ▼ *net zo ~ of wel zo ~* liever liefdadig *bn* die mensen helpt die het moeilijk hebben, door het geven van geld of goederen liefde *de (v)* [-s, -n] ❶ het gevoel dat iemand heeft wanneer hij van een persoon of van iets houdt: *zijn ~ voor haar, voor muziek* ▼ *de ~ bedrijven* vrijen, seks hebben ▼ *~ maakt/is blind* door de liefde ziet iemand de tekortkomingen van zijn geliefde niet ❷ persoon van wie, iets waarvan iemand houdt: *hij is mijn grote ~; schilderen is zijn grote ~* liefdeloos *bn* zonder tederheid, zonder gevoel liefderijk vol liefde liefdesband *de (m)* geestelijke verbondenheid tussen mensen die van elkaar houden

liefdesbetrekking verhouding tussen mensen die van elkaar houden, tussen minnaars

liefdesbrief brief geschreven door iemand aan degene op wie hij verliefd is, van wie hij houdt en waarin hij zijn liefde uit **liefdesdrama** droevige gebeurtenis die verband houdt met een liefde of liefdesverhouding **liefdesleven** de intieme omgang met een geliefde of geliefden: *een spannend ~ met veel minnaars* **liefdesroman** roman over liefde **liefdesspel** seksuele gemeenschap als spel of als uiting van liefde **liefdesverdriet** verdriet om een onbeantwoorde of verbroken liefde **liefdesverhouding** verhouding tussen mensen die van elkaar houden of die seksueel contact hebben **liefdesverklaring** verklaring dat iemand verliefd is op iemand of van iemand houdt **liefdevol** vol liefde, met veel liefde **liefdewerk** werk van liefdadigheid ▼ ~ *oud papier* gezegd wanneer iets gratis wordt gedaan

liefelijk bn → lieflijk

liefelijkheid de → lieflijkheid

liefhebben houden van: *haar ~de echtgenoot*

liefhebber de (m) [-s] ❶ iemand die van iets houdt of die iets graag doet ❷ BN ook amateur, niet-professional **liefhebberen** [liefhebberde, h. geliefhebberd] voor zijn plezier iets doen **liefhebberij** de (v) wat iemand voor zijn plezier doet **liefje** het [-s] persoon, vooral meisje, van wie iemand houdt: *hij gaat vandaag naar zijn ~* **liefjes** bw ❶ op een lieve manier ❷ op een manier die lief lijkt, maar het niet is **liefkozen** [liefkoosde, h. geliefkoosd] aaien, aanhalen **lieflijk** bn zacht en prettig om te zien, te horen e.d.: *een ~ meisje, landschap; een ~e melodie* **lieflijkheid** de (v) [-heden] het lieflijk zijn: *de ~ van het landschap*

liefst I bn ❶ meest lief, van wie of waarvan iemand het meest houdt ❷ wat iemand het fijnste of beste vindt, bij voorkeur: *ik ga het ~ naar Spanje op vakantie* ▼ *maar ~* let wel, niet minder dan: *hij heeft maar ~ veertien kinderen!* **liefste** de ❶ degene van wie iemand houdt ❷ aanspreekvorm voor degene van wie men houdt

lieftallig bn lief en prettig om naar te kijken en mee om te gaan: *een ~ meisje*

liegbeest iemand die (vaak) liegt **liegen** [loog, h. gelogen] ❶ iets zeggen waarvan men weet dat het niet waar is: *hij liegt dat hij zegt dat hij zijn huiswerk heeft gemaakt* ▼ ~ *dat je barst,* ~ *dat je zwart ziet* heel erg liegen ▼ ~ *alsof het gedrukt staat* een leugen heel overtuigend vertellen ❷ een kaartspel spelen dat gebaseerd is op de onzekerheid of iemand de waarheid spreekt **lier** de ❶ snaarinstrument in de klassieke oudheid ❷ hijswerktuig op schepen ▼ *branden als een* ~ fel branden

lieren ▼ *gelieerd aan* verbonden aan: *hij is gelieerd aan een grote organisatie*

lies de [liezen] ❶ gedeelte van het lichaam tussen bovenbeen en buik: *hij klaagde over pijn in de* ~ ❷ plant die aan of in het water groeit (Glyceria aquatica) **liesbreuk** het naar buiten komen van de ingewanden in de liesstreek

liesje het [-s] ▼ *vlijtig* ~ kamerplant die erg lang bloeit (Impatiens sultanii)

lieslaars hoge laars tot aan de lies **liesstreek** deel van het lichaam bij de liezen

lieveheersbeestje het [-s] rood kevertje met zwarte stipjes (Coccinella duodecimpunctata)

lieveling meest geliefde persoon: ~, *ik zal altijd van je houden; hij is het ~etje van de trainer van de voetbalclub*

liever bw ❶ vergrotende trap van lief, meer lief: *ik vind mezelf best een lief persoon, maar mijn zusje is* ~ ❷ vergrotende trap van graag, bij voorkeur: *ik ga graag naar het theater, maar nog* ~ *naar de film* **lieverd** de (m) [-s] ❶ lief iemand ❷ aanspreekvorm voor iemand die men lief vindt **lieverdje** het [-s] ▼ *die jongens zijn bepaald geen ~s* ze zijn hard, gemeen of crimineel **lieverkoekjes** ▼ ~ *worden niet gebakken* wees tevreden met wat je krijgt **lieverlede, lieverlede** bw ▼ *van* ~ langzamerhand **lievevrouwebedstro** het bepaalde plant die lekker ruikt (Asperula odorata) **lievig** bn die zich lief voordoet

liflafje het [-s] lekker hapje zonder veel voedingswaarde

lift de (m) ❶ cabine die in een schacht op en neer beweegt voor het verplaatsen van personen en goederen ▼ *in de* ~ *zitten* vooruitgang boeken (in het leven) ❷ het iemand (gratis) laten meerijden **liftboy** ⟨-boi⟩ de (m) [-s] jongen of man die een lift bedient **liftcentrale** centraal meldpunt voor personen die willen liften of lifters willen meenemen **liften** gratis meerijden, meestal met een auto, of proberen mee te rijden: *hij stond te* ~ *langs de snelweg* **liftjongen** jongen of man die een lift bedient **liftkoker** schacht waarin de lift op- en neergaat

liga de [-'s] verbond, vereniging: *de* ~ *van Arabische staten*

ligament het med. stevige, vaak elastische, band van bindweefsel rond een gewricht **ligatuur** de (v) [-turen] ❶ muz. verbinding of rekking van de noten van de ene maat in de andere ❷ med. het afbinden van bijv. een ader ❸ taalk. letters die aan elkaar worden geschreven, zoals de ae in het Deens **ligbad** bad om in te liggen **ligboxenstal, ligboxstal** stal waarin koeien vrij kunnen rondlopen met afgeschoten ruimtes waar ze kunnen liggen **ligdag** ❶ dag dat een schip blijft liggen ❷ dag dat iemand in een ziekenhuis ligt **ligfiets** fiets waarop iemand half ligt **liggeld** geld dat iemand betaalt als hij ergens met een schip ligt

liggen [lag, h. / is gelegen] ❶ zich op iets bevinden en het met het hele lichaam raken, horizontaal uitgestrekt zijn: *ik lig op de bank* ❷ zich bevinden, zijn: *het boek ligt op tafel; Parijs ligt in Frankrijk* ▼ *de wind gaat* ~ *het wordt stil weer, het houdt op met waaien* ▼ *dat ligt mij niet* dat past niet bij mijn karakter of gevoelens ▼ *het ligt aan ...* dat is de oorzaak van ▼ *er is hem veel aan gelegen* het is heel belangrijk voor hem, het is hem veel waard **ligger** de (m) [-s] ❶ onderste molensteen ❷ draagbalk **ligging** de (v) ❶ plaats waar iets zich bevindt, hoe iets ergens ligt: *dit* *huis met zijn schitterende ~ aan het water* ❷ het liggen

light (lajt) *bn* met weinig calorieën **lightrail** (-Reel) soort tram voor langere afstanden

ligplaats ❶ plaats waar iets of iemand ligt ❷ plaats waar een schip in het water ligt of kan liggen **ligstoel** stoel om in te liggen **ligstuur** stuur van een racefiets waarop men met de ellebogen kan steunen

liguster *de (m)* [-s] altijdgroene olijfachtige heester van het geslacht Ligustrum

ligweide grasveld waar men in de zon kan liggen

lij *de* kant van een schip die van de wind af is gekeerd (bij zeilen)

lijdelijk *bn* geduldig, waarbij iemand ergens niets tegen doet, zich niet verzet: *iets ~ ondergaan* **lijden** I *ww* [leed, h. geleden] ❶ pijn of verdriet hebben, schade ondervinden: *hij lijdt onder de voortdurende kritiek van zijn vader* ▼ *~ aan een ziekte* die ziekte hebben ▼ *schipbreuk ~* vergaan met een schip; fig. mislukken ▼ *het kan wel ~* we kunnen het ons wel veroorloven ▼ *iemand mogen ~* sympathiek vinden ▼ *dat lijdt geen twijfel* dat is zeker ▼ *~d voorwerp* taalk. zinsdeel dat de handeling ondergaat; slachtoffer ▼ taalk. *~de vorm* (zin met een) voltooid deelwoord en het hulpwerkwoord 'worden' waarbij degene die of datgene wat de handeling ondergaat, onderwerp van de zin is II *het* ❷ groot verdriet, pijn **lijdensweg** ❶ (christendom) weg die Christus aflegde naar de plaats waar hij werd gekruisigd ❷ fig. verloop van iets vol zorg en pijn: *haar ziekte was een ware ~*

lijder *de (m)* [-s] iemand die lijdt, die ziek is

lijdzaam *bn* geduldig, gelaten, berustend, zonder er iets tegen te doen: *~ toekijken* **lijdzaamheid** *de (v)* geduld, berusting, gelatenheid ▼ *zijn ziel in ~ bezitten* iets vervelends rustig ondergaan, niet boos worden

lijf *het* [lijven] ❶ lichaam, romp ▼ *iemand tegen het ~ lopen* iemand onverwacht tegenkomen ▼ *dat heeft niet veel om het ~* dat heeft niet veel te betekenen, dat stelt niet veel voor ▼ *dat is hem op het ~ geschreven* dat past heel goed bij hem: *die baan als autoverkoper is hem op het ~ geschreven* ▼ *iemand te ~ gaan* aanvallen ▼ *iets aan den lijve ondervinden* iets zelf meemaken ▼ *iemand de schrik op het ~ jagen* erg laten schrikken ❷ bovendeel van een jurk **lijfarts** dokter van een vorst of iemand anders met een hoge positie **lijfblad** krant of tijdschrift waaraan iemand gehecht is, dat hij het liefst leest

lijfeigene *de* [-n] hist. iemand die onvrij is op grond van een persoonlijke binding aan zijn heer

lijfelijk *bn* lichamelijk, wat te maken heeft met het lichaam **lijfrente** uitkering die vanaf een bepaald moment voor langere tijd periodiek wordt uitbetaald

lijfsbehoud behoud van het leven ▼ *hij deed het uit ~* hij deed het omdat hij anders dood zou gaan

lijfspreuk spreuk waarin iemand zijn levensopvatting uitdrukt

lijfstraf lichamelijke straf **lijfwacht** I *de* ❶ persoonlijke veiligheidswacht, meestal van een belangrijk persoon II *de (m)* [-en] ❷ lid van zo'n wacht

lijk *het* dood lichaam ▼ *over ~en gaan* niets of niemand ontzien **lijkbaar** baar voor een doodkist **lijkbezorging** *de (v)* het begraven of cremeren

lijkbleek heel erg bleek: *hij werd ~ toen hij hoorde dat ze dood was*

lijkdienst kerkdienst voor iemand die overleden is

lijken [leek, h. geleken] ❶ overeenkomst vertonen met, dezelfde kenmerken hebben als, ongeveer hetzelfde zijn of er ongeveer hetzelfde uitzien: *sprekend op iemand ~* ❷ de indruk wekken dat: *hij lijkt heel tevreden te zijn met zijn nieuwe baan* ▼ *dat lijkt me niet goed* ik heb het gevoel, de indruk dat dat niet goed is ▼ *dat lijkt me wel* wat dat vind ik wel een goed idee, dat wil ik wel ▼ *dat lijkt nergens naar* daar deugt niets van, dat is helemaal niet goed

lijkenhuis huisje als tijdelijke bergplaats van lijken **lijkenpikker** *de (m)* [-s] min. iemand die profiteert van het ongeluk van iemand anders **lijkkist** kist waarin een dode wordt begraven **lijkkleed** I *het* [-kleden] ❶ kleed over een doodkist II *het* [-kleren] ❷ kleed waarin iemand die dood is, wordt begraven **lijkkoets** koets waarin een kist met een dode wordt vervoerd **lijkrede** redevoering tijdens een begrafenis of crematie **lijkschennis** het misbruiken of verminken van een lijk **lijkschouwing** *de (v)* geneeskundig onderzoek naar doodsoorzaak **lijkwade** kleed waarin iemand wordt begraven of gecremeerd **lijkwit** heel erg bleek

lijm *de (m)* plakmiddel dat een beetje vloeibaar is **lijmen** ❶ met lijm vastplakken, met lijm bestrijken ❷ fig. met mooie beloften overhalen **lijmkwast** kwast om mee te lijmen **lijmpoging** poging om partijen die een conflict met elkaar hebben, weer bij elkaar te brengen **lijmtang** gereedschap om gelijmde stukken op elkaar te drukken

lijn *de* ❶ lange streep, bijv. op een vel papier, sportveld of een weg: *teken een rechte ~ op het papier* ❷ rand, omtrek ▼ *in grote ~en klopt het wat hij zegt* het klopt wel ongeveer wat hij zegt ▼ *aan de (slanke) ~ doen* proberen magerder te worden ❸ koord, touw: *in de stad moet je je hond aan de ~ houden* ▼ *iemand aan het ~tje houden* iemand de hele tijd dingen beloven zodat hij blijft hopen, maar de beloftes niet nakomen ▼ *één ~ trekken* allemaal eenzelfde houding aannemen ❹ busverbinding, treinverbinding, tramverbinding of telefoonverbinding: *ik neem ~ 2 naar huis;* BN *De Lijn* de bus- en trammaatschappij in Vlaanderen ▼ *iemand aan de ~ hebben* door de telefoon met iemand spreken ❺ op elkaar afgestemde reeks (producten e.a.): *een kleding ~* ❻ BN ook hengel ▼ *de harde ~* streng beleid ▼ *op één ~ stellen* als gelijk beschouwen

lijnbaan werkplaats of bedrijf waar touw wordt gemaakt, touwslagerij

lijnboot boot voor passagiers die regelmatig

heen en weer vaart tussen twee plaatsen lijnbus regelmatige busdienst voor passagiers **lijndienst** regelmatige boot- of vliegdienst

lijnen ❶ lijnen trekken op: *gelijnd papier* ❷ op dieet zijn om magerder te worden: *ik wil geen gebakje, ik ben aan het ~*

lijnolie olie uit lijnzaad

lijnrecht helemaal recht ▼ *~ tegenover elkaar staan* helemaal het tegenovergestelde vinden

lijnrechter sp. hulpscheidsrechter die controleert of de bal wel of niet uit is

lijntaxi grote auto die fungeert als busdienst en waarvoor men kan reserveren

lijntekenen tekenen met passer en liniaal

lijntje *het* [-s] ❶ korte lijn ▼ *iemand aan het ~ houden* iemand misleiden door loze beloften of (herhaald) uitstel ▼ *langzaamaan, dan breekt het ~ niet* het komt goed als het rustig gaat ❷ dosis in een lijn uitgelegde cocaïne om op te snuiven

lijntrekken luieren, opzettelijk langzaam werken

lijnvliegtuig vliegtuig dat wordt gebruikt voor lijnvluchten **lijnvlucht** vliegreis tussen twee plaatsen, die regelmatig plaatsvindt: *een ~ tussen Amsterdam en Londen*

lijnzaad zaad van de vlasplant

lijp inform. I *de (m)* ❶ lijperd, idioot II *bn* ❷ idioot, gek **lijperd** inform. *de (m)* [-s] idioot, iemand die gekke dingen doet **lijpo** spreekt. *de (m)* [-'s] lijperd, idioot

lijs *de* [lijzen] ▼ *lange ~* lange vrouw

lijst *de* ❶ rand om iets heen, omlijsting: *een ~ van een schilderij* ❷ opsomming, reeks: *een ~ met namen* ❸ formulier waarop men voor iets intekent: *als je mee wilt doen, kun je je naam op de ~ zetten*

lijstaanvoerder ❶ lijsttrekker ❷ iemand die bovenaan staat op een ranglijst **lijstduwer** pol. *de (m)* [-s] bekend persoon die op een kieslijst staat om stemmen te trekken en niet om zelf gekozen te worden

lijster *de* [-s] zangvogel van de familie Turdidae **lijsterbes** ❶ boom met koraalrode bittere vruchten (Sorbus aucuparia) ❷ vrucht ervan

lijsttrekker *de (m)* [-s] iemand die als eerste op de kandidatenlijst van een politieke partij voor de verkiezingen staat

lijvig *bn* dik: *een ~ boekwerk*

lijzig *bn* saai, langzaam, zeurderig: *een ~e stem*

lijzijde *de* kant die van de windrichting afgekeerd is (bij zeilen)

lik *de (m)* [-ken] ❶ beweging, haal met de tong ❷ wat met één beweging, haal opgelikt wordt ▼ *hij kreeg een ~ uit de pan* een venijnige opmerking ▼ *~ op stuk geven* onmiddellijk en raak reageren ❸ spreekt. gevangenis

likdoorn *de (m)* [-s] plaatselijke eeltachtige verdikking, vooral op de teen, voetzool of hiel

liken ‹laj-› [likete, h. geliket] aangeven dat men iets leuk vindt, vooral door het drukken op de betreffende knop op Facebook®

likeur *de* fijne alcoholische drank

likkebaarden zijn lippen smullend aflikken, zich erg verheugen op iets lekkers

likken ❶ met de tong langs iets strijken ❷ met de tong in zijn mond laten komen ❸ fig. op een schijnheilige manier vleien

likmevestje *bw* ▼ *van ~* van niks, waardeloos

lik-op-stukbeleid beleid met snelle bestraffing bij overtredingen en misdaden

liksteen blok zout waaraan dieren, zoals koeien, kunnen likken

lila *bn* lichtpaars

lillen trillen, schudden: *het ~de vlees van haar dijen*

lilliputter *de (m)* [-s] klein mens, dwerg

limbo *de (m)* [-'s] ❶ dans van Caribische oorsprong waarbij men sterk achterover moet buigen ❷ inform. Limburger

limerick ‹limm-› *de (m)* [-s] grappig vers van vijf regels waarvan de eerste regel eindigt met een geografische naam

Limes grens van het vroegere Romeinse Rijk

limiet *de* ❶ grenswaarde ❷ uiterste grens: *er is een ~ aan het aantal mensen dat mee kan doen*

limit ‹limmit› *de (m)* einde ▼ *dat is de ~* dat is het toppunt, dat gaat te ver

limitatief *bn* beperkend **limiteren** beperken, begrenzen

limo *de (v)* [-'s] limousine

limoen *de (m)* citroen met dikke schil

limonade *de* [-s] vruchtdrank met water of namaaksel daarvan **limonadesiroop** dik mengsel van suiker en vruchtensap of smaakmakers dat met water wordt verdund

limousine ‹-moezienə› *de (v)* [-s] luxe auto met een wand tussen bestuurder en passagiers

linde *de* [-n, ook] loofboom van het geslacht Tilia **lindeboom** linde **linden** *bn* van lindehout

lineair ‹-neejèr› *bn* ❶ lijnvormig, wat bestaat uit lijnen ❷ wat in de lengte loopt of in de lengte gemeten wordt

linea recta *bw verb* rechtstreeks, direct

linedance ‹lajndens› *de* dans op countrymuziek, waarbij de dansers in rijen naast elkaar staan

lingerie ‹lèzjə› *de (v)* [-s, -ën] (luxe) damesondergoed

lingua franca ‹-Gwaa -› *de (v)* taal die door verschillende volken en groepen wordt gebruikt om met elkaar te communiceren

linguïst ‹-Gwist› *de (m)* iemand die de taalwetenschap beoefent **linguïstiek** *de (v)* taalwetenschap

liniaal *de & het* [-alen] voorwerp waarlangs men rechte lijnen kan trekken

linie *de (v)* [-s] ❶ rij soldaten, schepen enz. die naast elkaar zijn opgesteld: *de soldaten braken door de vijandelijke ~ heen* ▼ fig. *over de gehele ~* over het geheel ❷ evenaar ❸ reeks van bloedverwanten

liniëren lijnen trekken op ▼ *gelinieerd papier* papier met lijnen

link I *de (m)* [-s] ❶ schakel, verbindingsstuk ❷ comp. hyperlink II *bn* ❸ inform. handig, slim, uitgekookt: *hij is een ~e jongen* ❹ inform. gevaarlijk: *een ~e klus* ❺ inform. erg kwaad: *toen werd ik echt ~* **linken** verbinden: *iets aan iets anders ~*

linker *bn* aan de linkerkant **linkerhand** ▼ *met twee ~en* erg onhandig

linkerkant *de (m)* de kant die links is, de kant waar in het lichaam het hart zit **linkervleugel**

❶ vleugel aan de linkerkant: *de ~ van een gebouw, vogel, vliegtuig* **❷** linker uitloper, linkerkant, vooral van een sportteam, leger of politieke partij **linkerzijde ❶** linkerkant **❷** de linkse partijen

linkmiegel spreekt. *de (m)* [-s] man die slim en geslepen is en niet te vertrouwen

links I *bn* **❶** aan of naar de linkerkant ▾ *iemand ~ laten liggen* zich opzettelijk niet met iemand bemoeien, negeren **❷** met de linkerhand, linkshandig: *schrijf jij ~?* **❸** politiek vooruitstrevend en sociaal **❹** onhandig **II** *het* **❺** groep die politiek vooruitstrevend en sociaal is **❻** verkeer dat van de linkerkant komt **linksaf, linksaf** *bw* waarbij iemand naar de linkerkant afslaat

linksback sp. speler die bij voetbal en andere balsporten links in de achterhoede speelt **linksbinnen** sp. *de (m)* [-s] speler die bij voetbal en andere balsporten links van de middenvoor speelt **linksbuiten** sp. *de (m)* [-s] aanvaller die bij voetbal en andere balsporten helemaal links vooraan speelt

linksdraaiend *bn* **❶** scheik. waarbij de isomeren naar links draaien **❷** die tegen de wijzers van de klok in draait, bijv. een deur of een trap

linksdragend *bn* (van een man) die zijn geslachtsdeel in zijn broek naar links draagt

linkse *de (m)* slag met de kiervuist

linkshalf sp. *de (m)* [-s] speler bij voetbal en andere balsporten op de linkervleugel van het middenveld

linkshandig *bn* die het liefst, het gemakkelijkst de linkerhand gebruikt **linksom, linksom** *bw* waarbij iemand naar de linkerkant omkeert of afslaat **linkspoot** inform. voetballer die vooral met zijn linkerbeen schiet

linnen I *het* **❶** garen dat van vlas is gemaakt **❷** weefsel daarvan **❸** linnengoed **II** *bn* **❹** van linnen **linnengoed** lakens, ondergoed, kleding enz. van linnen of van een andere stof **linnenkast** kast voor lakens, handdoeken e.d.

lino *de (m)* [-'s] linoleumsnede **linoleum**® *het & de (m)* sterke vloerbedekking gemaakt van lijnzaadolie, hars, gemalen kurk, zaagsel, kalksteen, jute en pigmenten, veel gebruikt in bijv. gymnastieklokalen en ziekenhuizen **linoleumsnede ❶** figuur die is uitgesneden in linoleum® **❷** afdruk van een figuur die in linoleum® is gesneden

linolzuur vetzuur

lint *het* smalle strook stof: *het cadeautje was dichtgebonden met een rood ~* ▾ *door het ~ gaan* zijn zelfbeheersing verliezen **lintbebouwing** bouwwijze van vooral dorpen, die bestaan uit een rij huizen en gebouwen naast elkaar **lintje** *het* [-s] **❶** klein lint **❷** inform. ridderorde **lintjesregen** iron. jaarlijkse toekenning van ridderordes **lintmeter** BN meetlint, centimeter **lintworm** platte parasiet die leeft in de ingewanden van mensen en dieren **lintzaag** zaag met een smal blad dat om twee wielen draait

linze *de* [-n] **❶** plant met eetbare platte erwtachtige zaden **❷** peulvrucht daarvan

lip *de* [-pen] **❶** één van de twee randen van de mondopening ▾ *aan iemands ~pen hangen* aandachtig, geboeid naar iemand luisteren ▾ *zich op de ~pen bijten* zich beheersen om niet te lachen of kwaad te worden **❷** lipvormig uitsteeksel

lipbloemigen *de (mv)* plantenfamilie met kroonbladeren die zijn samengegroeid en lijken op een boven- en onderlip

lipide *het* [-n] benaming voor vetten en aanverwante stoffen

liplezen naar iemands lippen kijken om te weten wat hij zegt

liposoom ‹-zoom› *de (m)* [-somen] vetachtig deeltje in een weefsel

liposuctie *de (v)* [-s] het wegzuigen van vet uit iemands lichaam

lippen ❶ ‹van een makelaar› voor eigen rekening handelen **❷** van iemands nood gebruikmaken en goedkoop van hem kopen **❸** met de lippen een tekst zeggen (zonder geluid te maken)

lippendienst ▾ *iemand ~ bewijzen* zich in zijn uitlatingen als iemands aanhanger of vriend doen voorkomen **lippenstift** staafje met een kleurstof om de lippen een kleur te geven

lippizaner ‹-tsaa-› *de (m)* [-s] paardenras dat oorspronkelijk uit Slovenië komt en waarvan de kleur vaak schimmel is

lipstick *de (m)* [-s] lippenstift **lipvis** vis met vlezige lippen, verwant aan de baars (Labrida)

liquidateur ‹-kwie-› *de (m)* [-s] iemand die een liquidatie regelt en uitvoert **liquidatie** *de (v)* [-s] **❶** vereffening, afrekening **❷** uitverkoop, tegeldemaking van de aanwezige goederen **❸** het uit de weg ruimen, vaak van een politieke tegenstander of een tegenstander in het criminele circuit **liquidatie-uitverkoop** uitverkoop bij opheffing van een zaak

liquide ‹-kie-› *bn* **❶** vloeibaar **❷** ‹van geld› meteen beschikbaar, wat meteen kan worden opgeëist

liquideren ‹-kwie-› **❶** (geldelijke zaken) afwikkelen, vereffenen **❷** opheffen: *een bedrijf ~* **❸** uit de weg ruimen, vermoorden: *de crimineel werd door andere criminelen geliquideerd*

liquiditeit *de (v)* **❶** het direct uitbetaald kunnen worden van een vordering **❷** vermogen om vorderingen die per direct kunnen worden opgeëist, contant uit te betalen

lira *de* [-'s] munteenheid van Turkije

lire *de* [-s] vroegere munt en munteenheid van Italië

lis *de (m) & het* [-sen] plant met zwaardvormig blad, die bij water voorkomt, van het geslacht Iris **lisdodde** *de* [-n] water- en moerasplant met lange smalle bladeren

lispelen ❶ de s en de z sissend uitspreken **❷** onduidelijk en zacht spreken

list *de* slimme, sluwe streek: *als hij niet wil komen, moeten we een ~ verzinnen om hem te lokken* **listig** *bn* slim, vooral met de bedoeling om iemand te misleiden of te bedriegen: *een ~ plan*

litanie *de* [-ën] **❶** vaste reeks gebedsaanroepingen met antwoorden **❷** fig. langdradige opsomming: *een ~ van verwijten*

liter *de (m)* [-s] inhoudsmaat, kubieke decimeter

li

van een (vloei)stof: *een ~pak melk bevat een ~ melk*

literair ⟨-rèr⟩ *bn* wat te maken heeft met of hoort bij de literatuur **literator** *de (m)* iemand die zich bezighoudt met literatuur **literatuur** *de (v)* [-turen] ❶ kunst in de vorm van teksten, zoals romans, verhalen en gedichten: *is dit een liefdesverhaaltje of echte ~? ❷* wat over iets geschreven is: *er is veel ~ over de Tweede Wereldoorlog* **literatuurgeschiedenis** ❶ geschiedenis van de literatuur ❷ boek erover **literfles** fles met een inhoud van één liter **lithium** *het* chemisch element, een heel licht alkalimetaal

litho *de (m)* [-'s] lithografische afdruk, lithografie **lithografie** *de (v)* [-ën] ❶ bepaald drukprocédé, vanaf steen gedrukte plaat ❷ afdruk die op deze manier is verkregen

lits-jumeaux ⟨lie-zjuumoo⟩ *het* [-s] twee bedden die bij elkaar horen, elk voor één persoon **litteken** zichtbaar overblijfsel van een wond die genezen is

liturgie *de (v)* [-ën] wat voor de eredienst is voorgeschreven **liturgisch** *bn* wat hoort bij de liturgie, volgens de liturgie

live ⟨lajv⟩ *bn* ❶ op hetzelfde moment gebeurd: *een verslag ~ vanuit het rampgebied* ❷ rechtstreeks uitgezonden, niet van tevoren opgenomen: *het concert was ~ op de radio* **liveopname** rechtstreeks uitgezonden, niet van tevoren opgenomen **live-uitzending** rechtstreekse uitzending op radio of tv, niet van tevoren opgenomen

living ⟨ljvving⟩ *de* [-s] BN ook woonkamer **livrei** *de* uniform van een mannelijke huisbediende

l.k. laatste kwartier (*stand van de maan*) **L-kamer** kamer in de vorm van een L **ll.** laatstleden

lm *lumen*, eenheid van lichtsterkte **lng** *liquefied natural gas*, vloeibaar aardgas **LNV** (ministerie van) Landbouw, Natuur en Voedselkwaliteit

l.o. ❶ lager onderwijs ❷ lichamelijke oefening **loafer** ⟨loofəR⟩ *de (m)* [-s] lage schoen zonder veters

lob I *de* [-ben] ❶ weke massa vlees of vet, kwab ❷ deel van een blad tussen twee ondiepe insnijdingen II *de (m)* [-s] ❸ *sp.* slag of schot met een boog over de tegenstander(s) heen **lobbes** goedaardig en sullig persoon of dier **lobbig** *bn* niet meer vloeibaar en ook niet echt vast: *klop de slagroom tot deze ~ is* **lobby** ⟨-bie⟩ *die* [-'s] ❶ hal van een hotel ❷ wandelgangen van het parlement ❸ pogingen om een beslissing te beïnvloeden ❹ groep personen die een beslissing probeert te beïnvloeden **lobbyen** ⟨-biejən⟩ [lobbyde, h. gelobbyd] vooraf persoonlijke gesprekken voeren om beslissingen te beïnvloeden **lobelia** *de* [-'s] sierplantje met trossen kleurige bloempjes **lobotomie** med. *de (v)* operatie in de grijze hersenen

loc *de* [-s] locomotief **locatie** *de (v)* [-s] ❶ plaats, vooral plaats die voor

iets is uitgekozen: *een geschikte ~ voor een woonwijk* ❷ plaats buiten de studio's waar film- of televisieopnamen worden gemaakt: *op ~ filmen*

locker *de (m)* [-s] kluisje in een openbare ruimte **lock-out** *de (m)* [-s] situatie waarin werknemers belet wordt om te werken en geprobeerd wordt hun loon in te houden, als drukmiddel bij acties van werknemers

loco *bw* ❶ ⟨Latijn⟩ op de plaats ❷ ⟨als eerste deel van een samenstelling⟩ (potentieel) plaatsvervangend: *~burgemeester* **locomotief** *de* [-tieven] spoorwegvoertuig, alleen bestemd om andere wagens voort te trekken **locopreparaat** geneesmiddel dat in plaats van een vergelijkbaar duurder middel gebruikt wordt

lodderig *bn* slaperig: *een ~e blik in de ogen* **loden** I *bn* ❶ van lood: *een ~ pijp* ❷ als lood, als van lood II *ww* ❸ peilen hoe diep iets is ❹ van een loden merkteken voorzien III *de (m)* & *het* ❺ dichte wollen waterdichte stof voor regenjassen

loebas *de (m)* [-sen] BN, *inform.* lobbes **loeder** *het* & *de (m)* [-s] gemeen iemand

loef *de* [loeven] kant van een schip waar de wind op staat, loefzijde ▼ *iemand de ~ afsteken* veel beter zijn dan diegene: *ze stak hem de ~ af met schaken* **loefzijde** ⟨bij zeilen⟩ de kant waar de wind staat

loei *de (m)* ❶ hard schot, harde slag ❷ ⟨als eerste deel van een samenstelling⟩ zeer, heel erg: *~hard* **loeien** ❶ het geluid van een koe maken ❷ een geluid maken dat daarop lijkt: *de sirenes ~* **loeier** *de (m)* [-s] hard schot of harde klap **loempia** *de* [-'s] gefrituurde deegrol met vulling van vlees of groente

loens *bn* een beetje scheel **loensen** scheel kijken **loep** *de* (hand)vergrootglas in een montuur ▼ *onder de ~ nemen* nauwkeurig bestuderen **loepzuiver** ❶ heel zuiver ❷ haarscherp

loer *de* het loeren ▼ *op de ~ liggen* wachten en loeren tot er iets gebeurt ▼ *iemand een ~ draaien* beetnemen, een streek leveren **loeren** scherp kijken: *achter de gordijnen naar de buren ~* ▼ *~ op* scherp kijken naar iets om het te pakken te krijgen: *de kat loert naar de vogel op de schutting* **loeven** [loefde, h. / is geloefd] bij zeilen de voorsteven naar de wind brengen, dichter bij de wind komen

lof I *de (m)* ❶ het loven, prijzen ❷ prijzende woorden II *het* ❸ bladeren ❹ soort groente ❺ rooms-katholieke middag- of avondgodsdienstoefening **lofdicht** *het* gedicht waarin iemand wordt geëerd en geprezen **loffelijk** *bn* ❶ eervol, met lof ❷ heel goed, waard om te prijzen: *arme mensen willen helpen, is een ~ streven* **loflied** lied waarin iemand of iets wordt geëerd en verheerlijkt **lofrede** rede waarin iemand wordt geëerd en verheerlijkt **loftrompet** ▼ *de ~ steken* erg prijzen **loftuiting** *de (v)* uiting waarin iemand erg wordt geprezen **lofzang** ❶ lied waarin iemand of iets wordt geëerd en verheerlijkt ❷ *fig.* heel prijzende uiting over iets of iemand

log I *bn* ❶ plomp en traag II *de* [-gen] ❷ toestel waarmee de snelheid van een schip gemeten wordt ❸ <u>wisk.</u> (symbool voor) logaritme

logaritme <u>wisk.</u> *de* [-n, -s] functie die wordt berekend op basis van een grondtal

logboek dagboek waarin de gebeurtenissen en waarnemingen op een schip opgeschreven worden

loge ⟨lòzjə⟩ *de* [-s] ❶ apart balkonnetje voor bezoekers in een theater ❷ woning van of hokje voor een portier e.a. ❸ gebouw, ruimte waar vrijmetselaars bij elkaar komen ❹ afdeling van vrijmetselaars

logé ⟨loozjee⟩ *de (m)* [-s] persoon die als gast tijdelijk bij iemand in huis is **logee** *de (v)* [-s] vrouwelijke logé **logeerkamer** ⟨-zjir-⟩ kamer voor logés

logement ⟨loozjə-⟩ *het* eenvoudig hotel

logen met loog behandelen

logenstraffen doen blijken dat iets niet waar is, de onwaarheid van iets aantonen: *zijn woorden werden gelogenstraft door wat er daarna gebeurde*

logeren ⟨loozjiren⟩ als gast tijdelijk bij iemand in huis verblijven

logger *de (m)* [-s] snel kustvaartuig

loggia ⟨lodzjaa⟩ *de* [-'s] gesloten veranda aan de voorgevel, overdekte galerij langs een bovenverdieping

logica *de (v)* ❶ leer van de wetten en regels van het denken ❷ juiste en samenhangende manier van redeneren: *in zijn verwarde verhaal zit geen enkele ~*

logies ⟨loozjies⟩ *het* onderdak, plaats waar iemand kan verblijven: *een hotel boeken met ~ en ontbijt*

logisch *bn* ❶ wat behoort tot de logica ❷ wat een bepaalde samenhang heeft, waarbinnen de dingen kloppen, rationeel juist ▾ *dat is nogal ~* dat is natuurlijk zo, dat spreekt voor zich

logistiek I *de (v)* ❶ alles wat nodig is om mensen of organisaties of bedrijven te voorzien van de producten of voorraden die nodig zijn II *bn* ❷ wat te maken heeft met de logistiek: *~e problemen*

logo *het* [-'s] naam van een bedrijf, instelling e.d., die op een bepaalde manier is vormgegeven

logopedie *de (v)* behandeling van problemen op het gebied van stemgebruik en spreken, les in stemgebruik en spreken **logopedist** *de (m)* iemand die problemen behandelt bij stemgebruik en spreken

loipe *de (m)* [-n, -s] baan voor langlaufers

lok *de* [-ken] bundeltje haar

lokaal I *bn* ❶ plaatselijk: *~ verdoofd tijdens een medische ingreep* II *het* [-kalen] ❷ ruime kamer voor een bepaald doel: *een les~*

lokaas *het* [-azen] ❶ voedsel waarmee dieren worden gelokt om ze te kunnen vangen ❷ <u>fig.</u> iets aantrekkelijks waarmee iemand wordt overgehaald: *als ~ hebben ze hem een managementfunctie beloofd*

lokalisatie ⟨-zaa-⟩ *de (v)* ❶ het vaststellen waar iets zich afspeelt ❷ het toekennen van een plaats voor iets ❸ het vertalen en aanpassen van software **lokaliseren** ⟨-zi-⟩ ❶ de plaats vinden waar iets gebeurt of waar iets of iemand is ❷ tot een bepaalde plaats beperken ❸ software vertalen en aanpassen **lokaliteit** *de (v)* plaats,

plaatsruimte, kamer, vertrek, gedacht vanuit het doel waarvoor iemand het wil gebruiken: *ik heb een geschikte ~ gevonden voor het feest*

lokeend tamme eend of namaakeend om wilde eenden te lokken

loket *het* [-ten] ❶ raampje waardoor iemand bezoekers helpt ❷ <u>fig.</u> instantie, afdeling, website e.d. waar mensen terechtkunnen met vragen, klachten e.d. op een bepaald gebied: *één ~ voor subsidieaanvragen* ❸ vak in een kast, kluis e.d. **lokettist** *de (m)* iemand die achter een loket zit en bezoekers helpt

lokhomo agent die zich voordoet als homoseksueel om geweldplegers tegen homo's op heterdaad te kunnen betrappen

lokken naar zich toe laten komen door iets lekkers of iets prettigs in het vooruitzicht te stellen **lokkertje** *het* [-s] wat dient om publiek of kopers te krijgen

lokmiddel middel om mensen of dieren te lokken **lokprofiel** nepprofiel op Hyves® e.d. waarmee de politie pedofielen en loverboys opspoort

lol[1] *de* plezier, pret ▾ *voor de ~* voor de grap

lol[2] *laughing out loud*, in internetcommunicatie gebruikte afkorting om aan te geven dat men erg om iets moet lachen **lolbroek** iemand die voortdurend leuk wil zijn op een beetje platte manier

lolletje *het* [-s] grapje, pretje ▾ *dat is geen ~* dat is niet prettig, dat is akelig **lollig** *bn* grappig, leuk **lolly**® *de (m)* [-'s] snoep op een stokje

lombok *de (m)* [-s] Spaanse peper

lommer *het* ❶ schaduw ❷ bladeren van bomen, gebladerte

lommerd *de (m)* [-s] instelling waar iemand geld kan lenen waarvoor hij een onderpand moet achterlaten, pandjeshuis: *ik heb mijn tv-toestel naar de ~ gebracht*

lommerrijk ❶ met veel schaduw, schaduwrijk ❷ met veel bladeren

lomp I *de* ❶ oude lap, vod ❷ heel armoedig kledingstuk: *in ~en gekleed gaan* II *bn* ❸ onbehouwen, grof, onbeschaafd, plomp, onhandig **lompenkoopman** handelaar in vodden **lompenproletariaat** de allerarmsten **lomperd** *de (m)* [-s], **lomperik** lomp iemand **lompigheid** *de (v)* lompheid

lonen ❶ vergoeden, loon geven ❷ opwegen tegen moeite en kosten: *het loont de moeite niet om dit te repareren*

long *de* ademhalingsorgaan, orgaan dat zuurstof voor het bloed opneemt uit de lucht **longaandoening** longziekte

longdrink *de (m)* [-s] frisdrank met een scheut sterkedrank

longembolie verstopping van de longslagader **longemfyseem** ⟨-fiezeem⟩ het uitzetten van de long door verminderde rekbaarheid

longitude *de (v)* [-n] geografische lengte **longitudinaal** *bn* ❶ in de lengterichting ❷ over een lange (of de hele) periode: *een ~ onderzoek* **longkanker** kanker in de longen

longkruid ruwbladige plant met bloemen die van roze naar blauw verkleuren (Pulmonaria officinalis)

lo

longoedeem ziekelijke ophoping van vocht in de longblaasjes **longontsteking** ontsteking in de longen: *toen ik ~ had, had ik vreselijke pijn in mijn borst* **longpijp** een van de pijpen waarin de luchtpijp zich vertakt

longvis vis die ook door een blaas kan ademhalen

lonken op een lokkende manier naar iemand kijken: *zij lonkte naar de man aan de bar*

lont *de* koord voor het ontsteken van een brandbare stof ▾ *~ ruiken* onraad vermoeden ▾ *de ~ in het kruitvat steken* maken dat iets tot een uitbarsting komt ▾ *een kort ~je hebben* heel snel kwaad worden

loochenen ontkennen, niet erkennen, het bestaan ontkennen van: *zijn afkomst ~*

lood *het* [loden] ❶ chemisch element, een zwaar grijsblauw metaal ▾ *met ~ in de schoenen* met heel veel tegenzin ▾ *het is ~ om oud ijzer* het is beide even slecht ▾ *de laatste ~jes wegen het zwaarst* het eind is het moeilijkst ❷ voorwerp van lood, vooral loden kogel(s) ❸ merkteken, nummerplaatje van lood ▾ *uit het ~* scheef, niet meer recht ▾ fig. *uit het ~ geslagen zijn* zijn geestelijk evenwicht kwijt zijn ▾ *het ~je leggen* bezwijken

loodgieter *de (m)* [-s] iemand die als beroep waterleidingen, sanitair e.d. aanlegt en repareert **loodkoord** koord voor het verzwaren van vitrages **loodlijn** lijn die de loodrecht op een andere lijn of een vlak staat

loodrecht wat een hoek van negentig graden vormt met een lijn of vlak, rechtstandig

loods I *de (m)* ❶ iemand die schepen in en uit havens en over moeilijk bevaarbare wateren leidt II *de* ❷ grote schuur, groot pakhuis: *in de ~ waren veel goederen opgeslagen*

loodsen ❶ schepen in en uit havens en over moeilijk bevaarbare wateren leiden ❷ fig. voorzichtig leiden: *een wetsvoorstel door de Tweede Kamer ~* ervoor zorgen dat het aangenomen wordt **loodswezen** bedrijfstak die is gericht op het leiden en besturen van schepen in moeilijk vaarwater

loodverf verf die lood bevat **loodvergiftiging** vergiftiging door lood **loodvrij** waar geen of weinig lood in zit **loodzwaar** heel erg zwaar

loof *het* bladeren van bomen **loofboom** boom met bladeren (en niet met naalden zoals naaldbomen) **Loofhuttenfeest** Israëlitisch feest in het begin van oktober ter herdenking van de omzwerving in de woestijn

loog *de & het* [logen] ❶ bijtende vloeistof, reinigingsmiddel ❷ schei. base

looi *de* fijngemalen eikenschors

looien leer maken van dierenhuiden **looizuur** *het* stof die in de bast van bepaalde bomen voorkomt en in bepaalde planten

look[1] *de (m) & het* ❶ plant van het geslacht Allium, zoals knoflook en bieslook ❷ BN ook knoflook: *de kok gebruikte te veel ~*

look[2] ⟨look⟩ *de (m)* [-s] stijl, uiterlijk: *hij heeft zich een nieuwe ~ aangemeten*

lookalike ⟨loekəlajk⟩ *de* [-s] iemand die erg veel op iemand anders lijkt

look-and-feel ⟨loek ent fiel⟩ *de* het uiterlijk van iets en het gevoel dat het oproept: *de ~ van een website*

lookworst BN met knoflook gekruide vleesworst **look-zonder-look** *het* kruisbloemige plant (Alliaria petiolata of Alliaria officinalis) die veel voorkomt in bossen en langs heggen en naar uien of knoflook ruikt

loom *bn* traag en lui: *van dit warme weer word je heerlijk ~*

loon *het* [lonen] vergoeding voor werk dat iemand doet ▾ *zijn verdiende ~ krijgen* de straf krijgen die iemand heeft verdiend ▾ BN *~tje komt om zijn boontje* boontje komt om zijn loontje, hij krijgt zijn verdiende loon **loonadministratie** boekhouding van de lonen **loonarbeid** werk voor een overeengekomen loon **loonbedrijf** bedrijf met machines en vakmensen dat werk voor andere bedrijven verricht, vooral in de landbouw **loonbelasting** belasting die de werkgever op het loon inhoudt en die hij aan de fiscus moet afdragen **loonbeslag** het beslagleggen door een schuldeiser op het loon of de uitkering van iemand die zijn schuld niet betaalt **loonbriefje** *het* [-s] loonstrookje **loondienst** het als werknemer in dienst zijn voor een vast loon **loonfiche** BN, ook loonstrookje **loonlijst** lijst van werknemers en uitbetaalde lonen **loonoverdracht** BN loondeel dat in beslag genomen wordt en waarmee schulden betaald worden **loonpauze** periode waarin de lonen niet mogen worden verhoogd **loonplafond** maximumloon **loonpolitiek** maatregelen om de hoogte van de lonen te beheersen **loon-prijsspiraal** het elkaar beurtelings opjagen van lonen en prijzen **loonronde** algemene verhoging van de lonen **loonschaal** maatstaf voor berekening van de lonen **loonsom** de gemiddelde loonkosten per werknemer, berekend op basis van het totale aantal werknemers en de totale loonkosten **loonstaat** formulier met een overzicht van betaald loon en loonbelasting **loonstop** het niet mogen verhogen van de lonen op een bepaald moment **loonstrookje** *het* [-s] papier met de specificatie van iemands lonen en ingehouden belastingen en premies

loontrekkend *bn* die een vast loon ontvangt **loontrekkende** BN *de* [-n] werknemer

loonvork BN verschil tussen hoogste en laagste loon **loonzakje** *het* [-s] zakje met daarin precies het loon dat iemand verdiend heeft

loop *de (m)* [lopen] ❶ het lopen ▾ *op de ~ gaan* vluchten ▾ *het heeft een vreemd ~je* ❸ gang, ontwikkeling: *de ~ der dingen* ▾ *iets de vrije ~ laten* niet belemmeren ❹ buis aan een vuurwapen waardoor het projectiel naar buiten schiet ▾ *in de ~ van de week* ergens in de week **loopafstand** ▾ *op ~* gemakkelijk lopend te bereiken

loopbaan ❶ wat iemand gedurende zijn leven verricht en bereikt ❷ baan die de sterren beschrijven

loopbrug brug voor voetgangers **loopgips** gipsverband waarmee iemand kan lopen **loopgraaf** *de* [-graven] lange uitgegraven stelling die aan strijders dekking biedt tijdens gevechten: *de loopgraven van de Eerste Wereldoorlog* **loopgravenoorlog ❶** oorlog waarin wordt gestreden vanuit loopgraven **❷** *fig.* conflict waarbij mensen strijden vanuit hun beveiligde posities: *een ~ tussen bestuur en directie*

looping ⟨loe-⟩ *de (v)* [-s] verticale cirkelbeweging van een vliegtuig

loopje *het* [-s] **❶** wandelingetje: *zijn dagelijkse ~* **❷** aantal snel achter elkaar gespeelde of gezongen tonen ▼ *een ~ met iemand nemen* voor de gek houden ▼ *een ~ met iets nemen* niet serieus nemen

loopjongen jongen die allerlei dingen moet halen of karweitjes moet doen die hem worden opgedragen

loopkat *de* [-ten] verschuifbare katrol **looplamp** draagbare lamp met lang snoer en afgeschermde lamp

loopneus verkoudheid waarbij telkens vocht uit de neus komt **looppoor** ontsteking waarbij steeds vocht uit het oor komt

looppas snelle pas ▼ *in ~* rennend, maar niet op volle snelheid

loopplank plank tussen de wal en een schip waarover men kan lopen **looprek** soort rek waarop iemand kan leunen tijdens het lopen

loops *bn* ⟨van vrouwelijke dieren, vooral honden⟩ bereid tot en op zoek naar geslachtsgemeenschap **loopstal** stal waarin het vee kan rondlopen **looptijd** tijd dat iets duurt of geldig is: *de ~ van dat project is twee jaar* **loopvlak** deel van een wiel of band dat de straat raakt **loopvogel** vogelsoort die niet goed kan vliegen maar wel goed kan lopen

loos *bn* **❶** leeg, zonder inhoud: *loze praatjes* **❷** schijnbaar, niet echt, vals: *~ alarm* ▼ *er is iets ~* er is iets aan de hand **loosheid** *de (v)* [-heden] slimme uitgekookte streek

loot *de* [loten] dunne jonge tak, boomscheut

lopen [liep, h. / is gelopen] **❶** zich door verplaatsing van benen of poten voortbewegen, gaan ▼ *loop heen!* ga toch weg, ik geloof je niet ▼ *erin ~* zich beet laten nemen **❷** in werking zijn, functioneren: *de motor loopt lekker* **❸** zich ontwikkelen, verlopen **❹** zich uitstrekken (in ruimte of tijd): *deze weg loopt door de polder; het project loopt van maart tot september* **❺** stromen, vloeien: *de rivier loopt naar zee* **❻** BN ook rennen ▼ *het op een ~ zetten* wegrennen ▼ *college ~* colleges volgen ▼ *risico ~* de kans hebben dat iets misgaat **lopend** *bn* die aan het lopen is ▼ *~e band* bedrijfssysteem waarbij een product gemaakt wordt op een transportband en verschillende arbeiders passeert ▼ *fig. aan de ~e band* voortdurend en in grote aantallen ▼ *een ~ oog* ontstoken oog dat vocht afscheidt ▼ *de ~e zaken* waarmee men bezig is en die nog niet beëindigd zijn ▼ *~e rekening* rekening met de dagelijkse inkomsten en uitgaven ▼ *als een ~ vuurtje rondgaan* zich snel verbreiden (van nieuws) ▼ *een ~e patiënt* die niet hoeft te liggen **loper** *de (m)* [-s] **❶** iemand die (hard)loopt **❷** lang smal tapijt: *voor hoog bezoek wordt de rode ~ uitgerold* **❸** sleutel die op verschillende sloten past **❹** schaakstuk dat men schuin over

meerdere speelvelden mag verplaatsen **❺** bode, boodschapper **❻** jagerst. poot van een dier

lor *het & de* [-ren] prul, vod ▼ *geen ~* helemaal niets: *dat interesseert me geen ~*

lord ⟨lòRd⟩ *de (m)* [-s] Engelse titel van edelen, hoogwaardigheidsbekleders, hoge ambtenaren of als bijzondere onderscheiding ▼ *~ wanhoop* onhandig persoon, sukkel

lordose ⟨-zə⟩ *de (v)* ruggengraatskromming die naar voren gericht is

lorentzkracht kracht die een bewegende lading in een magnetisch veld ondervindt

lorgnet ⟨lornjet⟩ *de & het* [-ten] bril zonder montuur aan de zijkanten

lork *de (m)* soort naaldboom, lariks

lorre *de (m)* [-s] aanspreeknaam voor een papegaai

lorrie *de (v)* [-s] **❶** werk- of dienstwagentje op rails **❷** kiepkarretje

lorum *zn* ▼ *spreekt. in de ~ zijn* dronken zijn

los I *de (m)* [-sen] **❶** lynx **II** *bn* **❷** niet vastgemaakt of niet goed vastgemaakt aan iets anders, niet vast: *pas op, je veters zijn ~* ▼ *alles wat ~ en vast zit* alles, het maakt niet uit wat **❸** niet verpakt: *mag ik van u twee ~se appels?* **❹** niet stijf, ongedwongen: *een ontspannen ~se houding* **❺** wat niet veel samenhang heeft: *~se aantekeningen* **❻** lichtzinnig: *~se zeden* **❼** ⟨van een schip⟩ gelost **❽** ⟨van een handelaar⟩ zijn waren kwijt, uitverkocht ▼ *~ geld* kleingeld ▼ *erop ~* eropaf; zonder zich te beperken of te beheersen

losbaar *bn* wat uitbetaald, afgelost kan worden: *losbare rente*

losbandig *bn* zonder zich te houden aan wat hoort en niet hoort, zonder grenzen op zedelijk gebied: *een ~ leven met veel drank en seks*

losbarsten ❶ door barsten losgaan **❷** met grote kracht beginnen, uitbarsten: *het noodweer barstte los;* fig. *een storm van kritiek barstte los* **❸** fig. emoties uiten, laten horen wat men op zijn hart heeft: *hij barstte hij los en vertelde alles wat hem dwarszat* **losbladig** *bn* met losse bladen: *een ~ tijdschrift*

losbol iemand die veel houdt van feestvieren, uitgaan, drinken enz., die niet serieus is

losbranden [brandde los, is losgebrand] **❶** van iets losmaken door te branden **❷** fig. zeggen wat men wil zeggen ▼ *brand maar los!* kom maar op met je verhaal!

losbreken ❶ door breken losmaken of losgaan **❷** met grote kracht beginnen, losbarsten: *het noodweer brak los; alsof de hel was losgebroken, zeiden getuigen van de ramp* **❸** zich bevrijden: *de paarden zijn losgebroken uit de wei;* fig. *~ uit een benauwend huwelijk*

loser ⟨loezər⟩ *de (m)* [-s] iemand die geen succes heeft in het leven, mislukkeling

losgaan los worden, loskomen: *mijn veter is losgegaan* ▼ *erop ~* aanvallen; een zaak aanpakken;: *hij gaat er stevig op los* hij pakt de zaken stevig aan

losgeld ❶ geld om iemand die is ontvoerd, vrij te kopen **❷** geld voor het lossen van schepen e.d.

losjes *bw* **❶** niet stevig vastgemaakt **❷** fig. ontspannen, niet stijf: *zijn jasje ~ over zijn*

lo

schouder ❸ *fig.* zonder zich zorgen te maken, luchtig

loskomen ❶ vrijkomen, vrij worden: *de gevangenen zijn gisteren losgekomen* ❷ in beweging komen: *de auto die vastzat in de berm, is losgekomen* ❸ *fig.* zich op een vrijere manier uiten, beginnen te praten: *ze zei eerst weinig, maar toen ze wat gedronken had, kwam ze los*

loskopen bevrijden door te kopen of losgeld te betalen

loskoppelen ❶ iets dat aan elkaar gekoppeld is, losmaken ❷ *fig.* niet meer met elkaar verbinden: *de lonen worden losgekoppeld van de prijzen*

loslaten ❶ vrijlaten, laten gaan ❷ niet meer vasthouden, niet blijven vastzitten: *dat behang laat los* ▾*fig.* niets ~ niets vertellen: *hij wil niets ~ over het gebeurde*

loslippig *bn* die gemakkelijk geheimen verklapt

loslopen ❶ vrij rondlopen ❷ in orde komen: *maak je geen zorgen, dat zal wel ~* ▾*dat is te gek om los te lopen* dat is belachelijk, idioot

losmaken ❶ zorgen dat iemand of iets los wordt, losraakt: *kun je dat touw even ~?* ▾*fig.* zich ~ *van* zich afscheiden van; niet meer denken aan, de (gevoels)banden verbreken met: *hij heeft zich losgemaakt van zijn oude milieu* ▾*de tongen ~ maken* dat er veel over gesproken wordt ❷ *fig.* veel (oude) emoties oproepen: *die verhalen over vroeger maken veel los bij mijn opa*

lospeuteren ❶ met moeite losmaken: *er zaten allerlei knopen in het touw die ik moest ~* ❷ *fig.* krijgen te weten komen door druk uit te oefenen op iemand of hem met moeite te overreden

losplaats plaats om te lossen, voor schepen, vrachtwagens e.d.

losprijs geld om iemand vrij te kopen die ontvoerd is of op een andere manier gevangen is genomen

losraken ❶ vrijkomen ❷ onopgemerkt losgaan: *mijn veter is losgeraakt*

losrukken losmaken door hard te trekken, te rukken

löss ⟨lus⟩ *de* vruchtbare leemsoort, bijv. in Zuid-Limburg

lossen ❶ de lading eruit halen: *een schip ~* ❷ afschieten: *een schot ~* ❸ loslaten: *een postduif ~* ❹ (bij snelheidswedstrijden) uit een groep of peloton wegvallen of doen wegvallen

losslaan ❶ door slaan losmaken ❷ plotseling losraken: *tijdens de storm is onze roeiboot losgeslagen* ▾*fig. losgeslagen* zonder morele grenzen: *losgeslagen jeugd*

losstraat deel van een weg waarop vrachtauto's kunnen laden of lossen

los-vast *bn* niet helemaal vast maar ook niet helemaal los: *een ~e verhouding*

losweg *bw* ❶ vluchtig, in grote lijnen: *hij maakte ~ een paar schetsen* ❷ zomaar, zonder dat het serieus lijkt te zijn: *hij zei ~ dat hij wilde scheiden*

losweken ❶ door weken losmaken of losraken ❷ *fig.* iemand geleidelijk losmaken van zijn omgeving, werkkring, leverancier e.a.

loswerken ❶ met moeite losmaken ❷ losser worden, minder stevig vast gaan zitten

lot *het* [loten] ❶ voorwerp waarmee geloot wordt,

papiertje met een nummer waarmee iemand meedoet in een loterij ▾*een ~ uit de loterij* een bijzonder geluk, een buitenkans: *mijn vrouw is voor mij een ~ uit de loterij* ▾BN, spreekt. *het groot ~* de hoofdprijs in een loterij ❷ noodlot, toeval ▾*iemand aan zijn ~ overlaten* zich niet bemoeien met iemand en hem niet helpen: *de vluchtelingen werden aan hun ~ overgelaten* **loten** een beslissing aan het toeval overlaten, bijv. door een nummertje te trekken, een lot trekken: *we zullen ~ om het laatste kaartje voor de film; ~ om toegelaten te worden tot een studie*

loterij *de (v)* ❶ spel waarbij men geld of iets anders kan winnen door een lot te kopen: *ik heb honderd euro gewonnen in de ~* ▾*fig. het is een ~* de uitkomst hangt helemaal van het toeval af ❷ instelling die de lotingen organiseert ▾BN *Nationale Loterij* staatsloterij **loterijbiljet** BN loterijbriefje **loterijbriefje** *het* [-s] lot van een loterij

lotgenoot iemand die in dezelfde situatie zit: *als je een ernstige ziekte hebt, kan het fijn zijn om met lotgenoten te praten* **lotgeval** *het* [-len] wat iemand beleeft

lotion ⟨loo(t)sjon⟩ *de* [-s] vloeistof om het haar of de huid mee te verzorgen

lotje *zn* ▾*van ~ getikt* niet goed wijs, gek

lotsverbetering verbetering van levensomstandigheden **lotsverbondenheid** *het* met elkaar verbonden zijn door vergelijkbare omstandigheden

lotto *de & het* [-'s] gokspel waarbij men de nummers moet raden van de balletjes die door een machine worden gekozen **lottospel** I *het* [-spelen] ❶ (gokspel) lotto II *het* [-spellen] ❷ (kinderspel) lotto

lotus *de (m)* [-sen] oosterse waterlelie **lotusbloem** lotus **lotushouding** zittende houding waarbij het rechteronderbeen over de linkerknie wordt geslagen en omgekeerd

louche ⟨loesj⟩ *bn* die onbetrouwbaar overkomt, akelig: *in het donkere steegje kwamen we ~ figuren tegen*

lounge ⟨launzj⟩ *de (m)* [-s] ❶ hal van een hotel ❷ rustige muziek om bij te ontspannen

loungen ⟨launzjən⟩ [loungede, h. geloungend] zich aangenaam ontspannen in een prettige omgeving bij rustige muziek en met drankjes en hapjes

louter *bn* zuiver, niet vermengd, enkel en alleen: *hij doet dat uit ~ winstbejag*

louteren ❶ zuiveren ❷ *fig.* zedelijk, moreel verbeteren: *gelouterd door de moeilijke periode in zijn leven*

louvredreur ⟨loe-⟩ deur met schuin geplaatste horizontale latjes

love ⟨lòv⟩ *de* nul punten (*bij tennis*)

lovehandles ⟨lòvhendəls⟩ *de (mv)* scherts. vetrollen in de taille, die de geliefde kan vasthouden bij het vrijen

loven ❶ prijzen: *~d over iemand spreken* ❷ een prijs vragen: *~ en bieden*

lover *het* bladeren aan bomen e.d.

loverboy ⟨lavvəRboi⟩ *de (m)* [-s] man die doet alsof hij een serieuze relatie wil met een meisje maar die haar aanzet tot prostitutie

lovertje *het* [-s] glinsterende versiering die lijkt op een blaadje: *een truitje met ~s*

low budget ⟨loo budzjet⟩ *bn* met heel lage middelen en kosten: *een lowbudgetfilm* **low key** ⟨-kie⟩ *bw verb* zonder al te veel opvallende activiteit, zonder al te veel drukte eromheen **low profile** ⟨- proofajl⟩ *bw verb* zo, dat men niet opvalt, niet de aandacht op zich vestigt

loyaal ⟨loojaal *of* lwajjaal⟩ *bn* eerlijk en trouw aan iemand of iets: *ook als het slecht met hen gaat, blijft hij ~ aan zijn vrienden* **loyalist** *de (m)* iemand die trouw is en blijft **loyaliteit** *de (v)* het loyaal zijn, trouw **loyaliteitsverklaring** *de (v)* verklaring van trouw, verklaring dat men aan iemands kant blijft staan **loyauteit** BN, ook *de (v)* loyaliteit

lozen ❶ doen wegvloeien: *afvalstoffen illegaal ~ in zee* ❷ fig. wegwerken: *een werknemer ~*

lp *de , long playing*, langspeelplaat

LPF *de* pol. ⟨vroeger in Nederland⟩ Lijst Pim Fortuijn

lpg *het , liquefied petroleum gas*, vloeibaar gasmengsel waarop auto's kunnen rijden: *onze auto rijdt op ~ en niet op benzine*

L.S. *Lectori salutem*, heil aan de lezer

lsd *de & het , lyserginezuurdiethylamide*, bepaalde harddrug

LSK Luchtstrijdkrachten

lt. luitenant

L-trein BN stoptrein

lts *de* ⟨vroeger⟩ lagere technische school

LU *de (v)*, **LUW** Landbouwuniversiteit (Wageningen)

lubben de mannelijke geslachtsdelen wegnemen (*bij dieren*)

lubberen wijd hangen, wijd worden, slobberen: *het elastiek in de taille is gaan ~*

lucht *de* ❶ het gas waaruit de atmosfeer om de aarde bestaat ❷ de hemel: *boven in de ~ zweeft een roofvogel* ▾ *in de ~ hangen* (weldra) zullen gebeuren ▾ *in de ~ vliegen* ontploffen ▾ *in de ~ zijn* te ontvangen zijn (van radio- en tv-stations, websites e.d.) ▾ *uit de ~ gegrepen* verzonnen ▾ *uit de ~ komen vallen* onverwacht komen ▾ BN *uit de ~ vallen* nergens van weten, stomverbaasd zijn ❸ geur, reuk: *wat hangt hier een vieze ~* ▾ *~ krijgen van* in de gaten krijgen ▾ *~ geven aan* uiten: *~ geven aan zijn frustraties* **luchtaanval** aanval vanuit de lucht met vliegtuigen e.d. **luchtafweergeschut** geschut om een luchtaanval af te weren **luchtalarm** noodsein bij een dreigende luchtaanval

luchtballon bol die is gevuld met warme lucht of met gas waardoor hij opstijgt, met daaraan vaak een bakje voor passagiers

luchtband fietsband e.d. waarin lucht gepompt wordt

luchtbasis plaats waarvandaan militaire vliegtuigen e.d. opstijgen

luchtbed matras die men kan vullen met lucht, vooral gebruikt bij kamperen **luchtbel** ❶ blaasje dat is gevuld met lucht, bubbeltje met lucht in of op water of een andere vloeistof: *~len van iemand die onder water zwemt* ❷ fig. iets wat mooi lijkt maar gemakkelijk voorbij kan gaan: *de interneteconomie bleek een ~ te zijn; de aandelen waren niets meer waard*

luchtbescherming maatregelen tegen luchtaanvallen **luchtbevochtiger** *de (m)* [-s] apparaat om het waterdampgehalte van de lucht in een ruimte te verhogen **luchtbrug** ❶ hoge overgang boven een terrein ❷ vliegdienst wanneer transport over land wordt belemmerd

luchtbuks geweer waarvan de lading wordt afgeschoten door samengeperste lucht **luchtbus** groot vliegtuig voor passagiersvervoer op korte routes

luchtdicht wat geen lucht doorlaat

luchtdoelgeschut luchtafweergeschut

luchtdoop het voor de eerste keer vliegen

luchtdruk druk die wordt uitgeoefend door de lucht van de dampkring

luchten ❶ in de frisse lucht hangen: *af en toe lucht ik mijn dekbed* ▾ *gevangenen ~* ze voor korte tijd uit hun cel halen en in de buitenlucht laten verblijven ❷ uitstorten ▾ *zijn hart ~* eindelijk vertellen over het probleem dat hem dwarszit ❸ laten blijken: *zijn kennis ~* ▾ *iemand niet kunnen ~ (of zien)* iemand niet kunnen uitstaan

luchter *de (m)* [-s] ❶ kandelaar ❷ grote hangende lamp met armen met lampen eraan, kroonluchter

luchtfilter toestel voor het zuiveren van lucht

luchtfoto foto vanuit de lucht, bijv. vanuit een vliegtuig

luchtgat opening waar lucht door kan

luchtgevecht gevecht tussen vliegtuigen

luchtgitaar ▾ *~ spelen* doen alsof men een gitaar in handen heeft en daarop speelt

luchthartig *bn* zonder zich zorgen te maken

luchthaven vliegveld

luchtig *bn* ❶ fris: *een ~e kamer* ❷ niet compact, licht: *~ gebak* ❸ (van kleding) die los en gemakkelijk zit ❹ gemakkelijk, onbezorgd: *een ~ gebaar*

luchtje *het* [-s] ❶ lichte beweging in de lucht doordat het zacht waait ❷ geur, parfum: *een lekker ~ op doen* ▾ fig. *er zit een ~ aan* het is verdacht ▾ *een ~ scheppen* even naar buiten gaan

luchtkasteel mooie verwachting waar geen reden voor is, toekomstdroom: *zij bouwt luchtkastelen, maar haar dromen komen niet uit*

luchtkoeling het afkoelen van een motor door langsstromende lucht **luchtkoker** buis om lucht te verversen

luchtkussen ❶ kussen dat met lucht gevuld is ❷ laag lucht met een hogere druk dan de lucht eromheen, waardoor deze laag een dragend vermogen krijgt: *~voertuig*

luchtlaag laag lucht van een bepaalde dichtheid

luchtlanding landing van troepen vanuit de lucht

luchtledig I *bn* ❶ wat weinig of geen lucht bevat II *het* ❷ luchtledige ruimte ▾ fig. *in het ~e* onder basis, zonder dat er iets zeker of concreet is: *die plannen hangen in het ~e*

luchtlijn regelmatige vliegdienst **luchtmacht** onderdeel van het leger dat gebruikmaakt van vliegtuigen, helikopters e.d.

luchtmatras luchtbed

luchtmobiel *bn* wat door de lucht kan worden

lu

verplaatst ▼ *~e brigade* brigade van de
luchtmacht die in noodsituaties snel ingezet kan
worden **luchtoorlog** oorlog die in de lucht
wordt uitgevochten **luchtpijp** 〈anatomie〉 soort
buis door de keel, van de mond naar de longen,
om door te ademen **luchtpomp** toestel om lucht
te verdunnen of te verdichten
luchtpost ❶ vervoer van poststukken per
vliegtuig **❷** poststukken die op die manier
vervoerd worden **luchtreis** reis door de lucht
luchtruim *het* dampkring, ruimte boven een
staat: *vliegtuigen hebben het Russische ~
geschonden* **luchtschip** langwerpige bestuurbare
luchtballon, zeppelin **luchtschroef** schroef die
luchtstromingen veroorzaakt, schroef waardoor
een vliegtuig zich kan voortbewegen, propeller
luchtslag gevecht tussen veel vliegtuigen
luchtspiegeling bedrieglijke weerspiegeling van
landschappen enz. door de lucht, vooral in
woestijnstreken **luchtsprong** omhoog:
*hij maakte een ~ toen hij hoorde dat hij geslaagd
was* **luchtstreek** gebied met een bepaald
klimaat: *in de warme luchtstreken*
luchtstrijdkrachten luchtmacht
luchtvaart het verkeer in de lucht van
vliegtuigen en helikopters: *hij werkt in de ~ als
piloot* **luchtvaartmaatschappij** maatschappij die
vliegverkeer onderhoudt **luchtvaartuig** toestel
om zich door de lucht te bewegen, zoals een
vliegtuig, helikopter, luchtballon
luchtverfrisser *de (m)* [-s] houder met geurstof
zodat men vieze luchtjes niet meer ruikt
luchtverkeer verkeer per vliegtuig, helikopter
e.d.
luchtvervuiling het vuil of verontreinigd
worden van de lucht
luchtvloot de vliegtuigen en helikopters die
men, vooral een land, bezit **luchtwaardig** *bn* in
een staat die goed genoeg is om veilig mee te
kunnen vliegen: *het verongelukte vliegtuig was
niet ~* **luchtweg** route die een vliegtuig neemt
▼ *luchtwegen* stelsel van organen waardoor de in-
en uitgeademde lucht stroomt
luchtzak ❶ elk van de zakvormige uitstulpingen
aan de ademhalingsorganen bij veel
vogelsoorten **❷** dalende luchtstroom **luchtziek**
die ziek is of zich niet lekker voelt door het
reizen per vliegtuig
lucide *bn* geestelijk helder: *de demente vrouw
heeft soms ~ momenten*
lucifer *de (m)* [-s] houtje met ontvlambare kop,
om vuur te maken
lucratief *bn* winstgevend
ludiek *bn* wat te maken heeft met spel, speels:
een ~e protestactie
luguber *bn* naargeestig, akelig: *een ~e vondst: een
lijk in het bos*
lui I *de (mv)* **❶** mensen **II** *bn* **❷** die zich niet graag
inspant, die geen zin heeft om iets te doen ▼ *~e
stoel* gemakkelijke leunstoel ▼ *~ oog* oog
waarmee iemand minder ziet, zonder medische
oorzaak **❸** 〈handel〉 flauw, traag: *een ~ markt*
luiaard *de (m)* [-s] **❶** lui iemand **❷** zoogdier in
Midden- en Zuid-Amerika dat zich hangend aan
de bomen beweegt: *de bekendste soorten ~s zijn
de tweevingerige ~s (Megalonychidae)en de*

drievingerige ~s (Bradypodidae)
luid *bn* heel hoorbaar, wat hard klinkt, een hard
geluid voortbrengt
luiden ❶ klinken, doen klinken: *de klok ~*
❷ inhouden, behelzen: *de brief luidt als volgt*
luidens *vz* volgens: *~ de statuten*
luidkeels *bn* met harde stem: *~ tegen iets
protesteren* **luidop** BN *bw* hardop **luidruchtig** *bn*
met veel lawaai, veel leven, lawaai makend:
een ~ protest; ~e bezoekers **luidspreker** *de (m)* [-s]
toestel dat geluid versterkt en verspreidt: *dankzij
de ~s was de toespraak voor iedereen verstaanbaar*
luier *de* [-s] soort lap om het onderlichaam, die is
gevuld met absorberend materiaal, om urine en
uitwerpselen te op te vangen, vooral voor baby's
luieren niets uitvoeren, nietsdoen: *op vakantie
lekker ~ en in de zon liggen* **luierik** *de (m)* lui
persoon
luifel *de* [-s] afdak aan de voorkant van een huis
of tent tegen de zon of regen: *onder de ~ is het
lekker koel*
luik *het* **❶** soort brede plank om een raam af te
dekken **❷** schot, soort brede plank om een
opening, vooral in de vloer, af te sluiten: *doe
het ~ dicht voordat er iemand in de kelder valt*
❸ paneel van een schilderij dat uit meer delen
bestaat **❹** BN ook onderdeel, strook (van een
formulier)
luiken [look, h. / is geloken] sluiten, dichtgaan:
met geloken ogen
luilak I *de (m)* [-ken] **❶** lui persoon **II** *het*
❷ gebruik om mensen op de zaterdag voor
Pinksteren met veel lawaai heel vroeg te wekken
luilakken luieren
luilebol onnozel iemand
luilekkerland plaats waar van alles in overvloed
aanwezig is: *het is hier echt een ~*
Luilekkerland sprookjesland waar men niets
doet dan luieren en lekker eten
luim *de* **❶** stemming, humeur **❷** gril, kuur: *hij
heeft af en toe zo zijn ~en* **❸** scherts: *ernst en ~*
luipaard *de (m) & het* gevlekt katachtig roofdier
(Panthera pardus)
luis *de* [luizen] insect zonder vleugels dat
parasiteert op mensen en zoogdieren (Pediculus)
▼ fig. *een ~ in de pels* iemand die lastig, kritisch is
luister *de (m)* **❶** glans, straling, schittering
❷ pracht, praal, weelde: *de kroning ging gepaard
met veel ~* ▼ *~ bijzetten aan iets* iets moois, vrolijks
e.d. bijdragen aan een gebeurtenis: *de fanfare
zette ~ bij aan de feestelijkheden* **❸** aanzien, roem,
glorie: *de ~ van ons voorgeslacht*
luisteraar *de (m)* [-s] iemand die (vooral naar de
radio) luistert **luisterboek** geluidsdrager waarop
iemand (vaak de auteur) een boek helemaal
voorleest **luisterdichtheid** percentage
luisteraars naar een radio-uitzending **luisteren
❶** (aandachtig) toehoren, proberen te horen
❷ aandacht schenken aan: *je moet niet naar die
onzin ~* **❸** gehoorzamen ▼ *naar de naam ~ van
heten* ▼ *nauw ~* nauwkeurigheid vereisen
luistergeld *het* verplichte bijdrage voor het bezit
van een radio **luisterlied** lied om aandachtig
naar te luisteren, vooral naar de tekst
luisterrijk ❶ met pracht en praal: *een ~e optocht*
❷ van veel aanzien: *een ~e naam*

luisterspel hoorspel **luistertoets** test waarbij kandidaten naar een tekst luisteren en vragen beantwoorden **luistervink** iemand die stiekem luistert

luit *de* tokkelinstrument met een korte brede hals

luitenant *de (m)* [-s] officier onder een kapitein **luitenant-admiraal** *de (m)* [-s] plaatsvervangend admiraal **luitenant-generaal** *de (m)* [-s] plaatsvervangend generaal, officier onder een generaal **luitenant-kolonel** *de (m)* [-s] plaatsvervangend kolonel, officier onder een kolonel **luitenant-ter-zee** *de (m)* [-s-ter-zee] luitenant van de marine

luitjes *de (mv)* lui, mensen: *kom ~, we gaan*

luiwagen *de (m)* [-s] bezem aan een lange steel

luiwammes *de (m)* lui persoon

luizen luizen vangen ▾spreekt. *iemand erin ~* iemand erin laten lopen, een streek leveren **luizenbaantje** *het* [-s] gemakkelijk en prettig baantje **luizenbos** *de (m)* [-sen] haar vol luizen **luizenleven** gemakkelijk leven

luizig *bn* ❶ vol luizen ❷ inform. wat niet veel voorstelt, wat weinig is: *zoveel werk voor een ~e honderd euro* ❸ inform. min, van een laag niveau: *een ~ kereltje*

lukken [lukte, is gelukt] iets proberen en het resultaat krijgen dat men wilde hebben, slagen **lukraak** in het wilde weg, zonder planning of zonder erover na te denken: *hij begon ~ mensen te beschuldigen*

lul *de (m)* [-len] ❶ vulg. penis ❷ spreekt. sukkel, onbenul, akelig persoon ▾*de ~ zijn* de dupe, het slachtoffer zijn ▾*voor ~ staan* voor gek staan **lulkoek** spreekt. kletskoek, onzin **lullen** spreekt. kletsen **lullig** inform. *bn* ❶ knullig, onhandig, stom: *een ~ baantje* ❷ gemeen, vervelend: *wat ~ van hem!* **lullo** *de (m)* [-'s] sukkel

lumbaalpunctie het aftappen van ruggenmergvocht

lumbago med. *de (m)* spit

lumberjack wijd jack met rits

lumen *het* eenheid van lichtstroom, de lichtenergie die per seconde naar alle kanten wordt uitgestraald **luminescentie** ‹-nəsen-› *de (v)* lichtuitstraling zonder warmte

lumineus *bn* ❶ lichtend, helder ❷ fig. schitterend, geweldig: *wat een ~ idee!*

lummel *de (m)* [-s] ❶ onhandige nietsnut, lomperd ❷ beweegbaar verbindingsstuk, onder andere aan de mast van een zeilboot ❸ reepje stof op kleding, als verbindingsstuk of versiering **lummelen** doelloos rondhangen, zonder serieuze bezigheid zijn tijd verdoen

lumpsum *de (m)* bedrag, uitbetaling in één keer: *een ~ voor de hele klus*

lunair ‹-nèr› *bn* wat te maken heeft met de maan **lunapark** ❶ terrein met kermisattracties ❷ BN speeltent

lunch ‹lunsj› *de (m)* [-en, -es] (lichte) maaltijd op het midden van de dag **lunchen** ‹-sjən› [lunchte, h. geluncht] de lunch eten **lunchpakket** ingepakte middagmaaltijd voor onderweg: *toen we veertien kilometer gingen lopen, namen we een ~ mee* **lunchroom** ‹-roem› *de (m)* [-s] gelegenheid waar men kan lunchen, koffie of thee drinken, gebak eten e.d.

lunet *de* [-ten] ❶ rond of halfrond gedeelte van een bouwwerk ❷ halfrond afzonderlijk deel van een vestingwerk

lupine *de* [-n, -s] vlinderbloemachtige plant die als groenbemesting wordt gebruikt (Lupinus)

lupus *de (m)* huidtuberculose

luren *de (mv)* ▾*iemand in de ~ leggen* iemand misleiden, iemand beetnemen

lurex® *het* ❶ garen dat van metaal is gemaakt ❷ stof met dit garen

lurken hoorbaar zuigen of drinken

lurker *de (m)* [-s] persoon die alleen meeleest op internetfora e.d., maar zelf geen bijdrage levert

lurven *de (mv)* ▾*iemand bij zijn ~ grijpen* iemand beetpakken

lus *de* [-sen] ❶ deel van een touw, leer e.d. in de vorm van een oog ❷ handgreep voor passagiers, bijv. in een tram

lust *de (m)* ❶ zin, verlangen: *~ om te dansen* ❷ seksuele begeerte, zin: *hij laat zich leiden door zijn ~en* ❸ wat iemand genot geeft, plezier ▾*zijn ~ en zijn leven* iets waar iemand erg graag mee bezig is ▾*een ~ voor het oog* heel mooi om te zien ▾*wel de ~en willen, maar niet de lasten* alleen de prettige kanten van iets en niet de minder prettige

lusteloos *bn* ❶ zonder zin of energie om iets te doen, slap: *zich moe en ~ voelen* ❷ ‹handel› traag, moeizaam

lusten trek, zin hebben in, wel willen eten of drinken ▾*ik lust hem rauw* ik wil het graag met hem uitvechten en dan zal ik zeker winnen ▾*hij zal ervan ~* hij zal ervan langs krijgen

luster *de (m)* [-s] hangende lamp met armen

lusthof heerlijke tuin

lustig *bn* ❶ vrolijk ❷ flink, krachtig: *hij timmerde er ~ op los*

lustmoord moord uit seksuele lustgevoelens **lustobject** middel tot seksuele bevrediging: *de vrouw als ~* **lustoord** plek waar men voor zijn genoegen verblijft, vooral een fraai buitenverblijf

lustre ‹-tər› *het* dunne glanzende stof

lustrum *het* [-tra] ❶ tijdruimte van vijf jaar ❷ feest dat om de vijf jaar wordt gehouden

luth. luthers **lutheraan** prot. *de (m)* [-ranen] ❶ aanhanger van Maarten Luther ❷ lid van een van de lutherse kerken **luthers** prot. *bn* ❶ volgens de leer van Luther ❷ wat bij een van de lutherse kerken hoort

luttel *bn* weinig, gering: *voor een ~ bedrag*

luw *bn* windvrij, beschut tegen de wind: *we zochten een ~ plekje om te picknicken*

luwen [luwde, is geluwd] ❶ verminderen van de wind ❷ fig. afnemen, minder worden **luwte** *de (v)* plek die beschut is tegen de wind

lux *de* eenheid van verlichtingssterkte

luxaflex® *de (m)* zonwering die bestaat uit lamellen

luxe ‹luuksə› **I** *de (m)* [-s] ❶ wat niet echt noodzakelijk is maar wel heel prettig, weelde, overvloed: *een huis vol ~; wat een ~ om zo vaak op vakantie te gaan* ▾*dat is geen ~* dat is niet overbodig **II** *bn* ❷ duur en mooi, luxueus: *een ~ badkamer* **luxe-uitvoering** heel mooie en luxe versie van iets **luxueus** ‹luuksuu-› *bn* weelderig,

lu

prachtig, duur en mooi: *een ~ appartement, van alle gemakken voorzien*

luzerne *de* vlinderbloemige plant die vaak als veevoer wordt gekweekt (Medicago sativa)

LVT Landelijke Vereniging voor Thuiszorg

LW laagwater, eb

lwoo *het* leerwegondersteunend onderwijs

lx *lux*, eenheid van verlichtingssterkte

lyceïst ⟨lie-⟩ *de (m)* leerling van een lyceum

lyceum *het* [-cea, -s] ❶ school met een afdeling gymnasium en atheneum ❷ BN school voor secundair onderwijs, oorspronkelijk alleen voor meisjes

lychee ⟨lietsjie⟩ *de (m)* [-s] zoete subtropische vrucht met een stekelige schil (Litchi chinensis)

lycra® ⟨lie-⟩ *de (m) & het* dunne elastische kunststof

lyme ⟨lajm⟩ *zn* ziekte door een bacterie die wordt overgedragen door de beet van een teek, ziekte van Lyme **lymfatisch** *bn* ❶ wat te maken heeft met de lymfe ❷ met weinig weerstandsvermogen

lymfe ⟨lim-⟩, **lymf** *de* weefselvocht, vloeistof die alle weefsels van het lichaam voedt en reinigt **lymfklier** orgaantje in het lymfvaatstelsel dat de aangevoerde lymfe zuivert van ongerechtigheden **lymfocyt** ⟨-siet⟩ *de (m)* wit bloedlichaampje dat in de lymfklieren wordt gevormd en dat antilichamen produceert

lynchen ⟨linsjən⟩ [lynchte, h. gelyncht] vermoorden door een volksmenigte van een persoon die van een misdaad wordt verdacht of die men om een andere reden haat

lynx ⟨links⟩ *de (m)* katachtig roofdier met pluimpjes op de oren en een korte staart (Felis lynx)

lyriek ⟨lie-⟩ *de (v)* poëzie waarin de dichter zijn persoonlijke aandoeningen en stemmingen uitdrukt **lyrisch** *bn* ❶ als de lyriek, wat bij de lyriek hoort: *een ~ dichter* ❷ heel erg enthousiast: *zij is ~ over haar nieuwe cheffin*

lysine ⟨liezie-⟩ *de* bepaald aminozuur

lysol® ⟨liezol⟩ *het & de (m)* bruingele ontsmettende stof

M

m I *de* [-'en, -'s] ❶ dertiende letter van ons alfabet ❷ medeklinker, neusklank met sluiting van de lippen **II** ❸ meter

m. ❶ minuut ❷ mannelijk

M ❶ Medium (*van kledingmaat*) ❷ Romeins teken voor 1000 ❸ midden ❹ nat. molecuulgewicht ❺ (vroeger) Mark ❻ master (*academische graad*)

ma *de (v)* [-'s] aanspreekvorm voor moeder

mA milliampère

MA Master of Arts

maag *de* [magen] ❶ orgaan tussen slokdarm en dunne darm, onder andere voor de vertering van het eten ▼ *iemand iets in de ~ splitsen* iemand iets vervelends opdringen ▼ *met iets in zijn ~ zitten* ergens een probleem mee hebben ▼ *dat ligt hem zwaar op de ~* daar heeft hij een probleem mee ❷ bloedverwant **maagbloeding** bloeding van de wand van de maag **maagcatarre** ontsteking van het maagslijmvlies

maagd *de (v)* persoon die nog geen geslachtsgemeenschap heeft gehad Maagd *de (v)* ❶ zesde teken van de dierenriem ❷ iemand die onder dat teken geboren is

maag-darmkanaal het hele spijsverteringskanaal

maagdelijk *bn* ❶ van of als een maagd ❷ fig. zuiver, ongerept, onaangetast: *een ~ landschap*

maagdenpalm altijdgroene plant van het geslacht Vinca

maagdenvlies plooi die de vagina gedeeltelijk afsluit bij vrouwen of meisjes die maagd zijn

maagkanker kanker in de maag **maagkramp** stekende pijn in de maag **maagpijn** pijn in de maag **maagsap** sap voor de spijsvertering dat door de maag wordt afgescheiden

maagschap I *de (v)* ❶ de gezamenlijke verwanten, familie **II** *het & de (v)* ❷ verwantschap

maagsonde slang door keel en slokdarm om de maag leeg te maken of te vullen **maagstreek** deel van het lichaam waar de maag zich bevindt **maagvulling** voedsel dat weinig voedzaam is maar het hongergevoel verdrijft **maagzout** natriumbicarbonaat, neutraliserend middel bij maagpijn **maagzuur** brandend gevoel in de maag door afgescheiden zuur **maagzweer** pijnlijke zweer in het slijmvlies van de maag

maaidorser *de (m)* [-s] machine die maait en dorst

maaien ❶ afsnijden van bijv. gras met een werktuig, zoals een zeis of een maaimachine ❷ fig. bewegingen maken met de armen die lijken op die van iemand die met een zeis maait **maaier** *de (m)* [-s] ❶ iemand die maait ❷ maaimachine **maaimachine** machine om te maaien **maaiveld** hoogte van het grasland, oppervlakte van een stuk grond ▼ *boven het ~ uitsteken* opvallen, beter zijn dan anderen

maak *de* het maken of repareren ▼ *in de ~* bezig gemaakt te worden **maakbaar** *bn* wat de mens kan vormen en beïnvloeden: *de maakbare samenleving* **maakloon** geld voor het maken van

iets **maaksel** *het* [-s] ❶ iets dat gemaakt is ❷ manier waarop iets gemaakt wordt
maakwerk iets dat op bestelling wordt gemaakt
maal I *de & het* [malen] ❶ keer ▼ *ten anderen male* nogmaals II *het* [malen] ❷ maaltijd
maalderij *de (v)* bedrijf, molen e.d. waar gemalen wordt **maalpeil** hoogste waterpeil in een boezem **maalstroom** draaiende stroom, ook figuurlijk: *de ~ van gebeurtenissen*
maaltijd het eten per keer dat iemand eet, wat iemand in één keer eet: *we eten drie ~en per dag*
maaltijdcheque BN vergoeding voor het middageten in de vorm van cheques die de werknemer van de werkgever ontvangt
maan *de* [manen] hemellichaam dat om een planeet, vooral de aarde, cirkelt ▼ *naar de ~ weg, kapot*
maand *de* een van de twaalf perioden waarin een jaar is onderverdeeld
maandag eerste dag van de week ▼ *een blauwe ~* gedurende een heel korte periode: *hij heeft hier een blauwe ~ gewerkt*
maandblad tijdschrift dat één keer per maand verschijnt **maandelijks** *bn* iedere maand **maandgeld** geld dat iemand krijgt per maand **maandstonden** *de (mv)* menstruatie **maandverband** verband dat vrouwen tijdens de menstruatie dragen
maaneclips maansverduistering **maanlander** *de (m)* [-s] toestel dat losgekoppeld van een moederschip op de maan wordt neergezet **maanlanding** landing op de maan van een ruimteschip **maansteen** wit of blauwachtig halfedelgesteente **maansverduistering** het onzichtbaar worden van de maan doordat deze in de schaduw van de aarde komt
maanvis ❶ grote zeevis met sterk afgeplat en schijfvormig lichaam die in subtropische en tropische zeeën voorkomt (Mola mola) ❷ zoetwatervis die onder andere in het Amazonegebied voorkomt (Pterophyllum)
maanzaad zaad van de papaver, o.a. gebruikt bij het maken van broodjes en gebak
maar I *vgw* ❶ woord dat een tegenstelling uitdrukt, echter, evenwel: *het is een mooie jas, ~ ik koop hem niet* II *bw* ❷ slechts, niet meer dan: *dat kost ~ drie euro* ▼ *alleen ~* uitsluitend, niets anders ❸ voortdurend, steeds: *hij vraagt ~ door* ❹ ⟨bij een wens, verzuchting⟩ toch: *was hij ~ hier!* III *het* [maren] ❺ bezwaar, bedenking: *er zijn allerlei mitsen en maren*
maarschalk *de (m)* hoogste militaire rang, boven die van generaal
maart *de (m)* derde maand ▼ *~ roert zijn staart in maart kan het weer wisselvallig zijn* (met hevige winterse buien) **maarts** *bn* van of in maart, zoals in maart: *~e buien met natte sneeuw*
maas *de* [mazen] opening in een net ▼ *door de mazen van de wet kruipen* de wet ontduiken door gebruik te maken van leemten in de wet
maat I *de (m)* [-s, maten] ❶ makker, vriend ▼ *goede ~jes zijn* goede vrienden ❷ persoon met wie iemand samenwerkt II *de* [maten] ❸ datgene waarmee men meet ▼ *met twee maten meten,* BN ook *met twee maten en gewichten meten* voor de één andere normen hanteren dan voor de

ander, niet onpartijdig zijn ▼ *de ~ is vol* het is genoeg geweest ❹ eenheid van lengte, inhoud, oppervlakte enz. ❺ bepaalde grootte van iets: *welke ~ schoenen heb jij?* ❻ de juiste of vereiste afmeting: *iets op ~ snijden* ▼ BN ook *een ~ voor niets* een slag in de lucht, een poging zonder resultaat ❼ regelmatige afwisseling of indeling ❽ muz. eenheid van ritme, indeling naar tijdsduur ▼ fig. *~ houden* zich beheersen, niet te veel werken, drinken, eten enz.: *hij drinkt altijd te veel, hij kan geen ~ houden* ▼ *met mate* niet te veel **maatbeker** beker met een maatverdeling erop om de hoeveelheid vloeistof of iets anders mee af te meten
maatgevend *bn* ❶ wat de norm bepaalt volgens welke iets moet worden beoordeeld, bindend ❷ wat dient als voorbeeld van hoe iets op de goede manier wordt gedaan
maatgevoel gevoel voor muzikale maat
maatglas glas om een hoeveelheid vloeistof af te meten
maathouden in de muzikale maat blijven
maatje *het* [-s] ❶ kleine maat: *zij heeft ~ 36* ❷ vriend: *wij zijn ~s*
maatjesharing jonge haring
maatkostuum kostuum dat voor iemand op maat is gemaakt
maatregel *de (m)* [-en, -s] iets wat iemand doet om ervoor te zorgen dat iets gebeurt of juist niet kan gebeuren: *~en nemen tegen vandalisme* ▼ *geen halve ~en nemen* fors ingrijpen
maatschap *de (v)* [-pen] samenwerkingsvorm waarbij twee of meer personen geld en/of vaardigheden samen exploiteren en het voordeel delen: *deze boer en zijn vrouw vormen een ~* **maatschappelijk** *bn* van, wat te maken heeft met de of een maatschappij ▼ *~ werk* hulp aan noodlijdende personen en gezinnen
maatschappij *de (v)* ❶ samenleving, het overkoepelende sociale en politieke systeem waarin mensen leven: *de Nederlandse ~* ❷ vereniging van de belangen van een groep behartigt of die zich bezighoudt met een bepaald onderwerp: *~ voor blinden en slechtzienden; ~ voor taal- en letterkunde* ❸ vereniging voor handel, industrie e.d., onderneming, bedrijf **maatschappijleer** leer en studie van de samenleving
maatstaf *de (m)* [-staven] norm waarnaar men iets beoordeelt **maatstok** ❶ meetlat ❷ muz. stok om de maat te slaan **maatvast** muz. goed in staat om de maat te houden
maatwerk ❶ kleding die en schoeisel dat op maat is gemaakt ❷ precies werk ❸ dienstverlening volgens de behoeften van de klant
macaber *bn* horend bij de sfeer van het sterven en de dood, griezelig: *de wandelaars deden een macabere vondst, ze ontdekten een lijk naast het pad* ▼ *danse macabre* dodendans
macadam *het & de (m)* steenslag voor het verharden van wegen
macaroni *de (m)* stukjes deeg in de vorm van boogjes die worden gebruikt bij Italiaanse gerechten
macedoine ⟨-dwaanə⟩ *de* [-s] mengsel van

ma

groenten of fruit

mach *de (m)* eenheid van geluidssnelheid

machete ⟨-(t)sjeetə⟩ *de (m)* [-s] licht gebogen kapmes

machiavellisme ⟨makkieja-⟩ *het* sluwe staatkunde waarbij het doel de middelen heiligt, bijv. het tegen elkaar uitspelen van anderen om macht te krijgen **machiavellistisch** *bn* ❶ volgens het machiavellisme ❷ berekenend, die anderen tegen elkaar uitspeelt

machinaal ⟨-sjie-⟩ *bn* ❶ met machines ❷ fig. werktuiglijk, zonder erbij na te denken

machinatie ⟨-sjie-⟩ *de (v)* [-s] geheel van heimelijk berekende plannen: *politieke ~s*

machine ⟨-sjie-⟩ *de (v)* [-s] ❶ samengesteld werktuig voor het verrichten van handelingen, het maken van dingen of het opwekken van krachten ❷ fig. groot samenstel, gevaarte: *de ~ van de globalisering valt niet meer te stoppen* **machinebankwerker** iemand die onderdelen van machines of motoren koud bewerkt aan een bank **machinegeweer** automatisch geweer waarmee men snel kan schieten **machinekamer** ruimte waar de machines of de motoren staan: *de ~ van een schip* **machinepark** de gezamenlijke machines **machinerie** *de (v)* [-ën] geheel of samenstel van machines of machineonderdelen

machineschrijven schrijven met een schrijfmachine

machinist *de (m)* bestuurder van een trein, locomotief of andere machine

machismo ⟨matsjis-⟩ *het* overdreven mannelijk gedrag **macho** ⟨matsjoo⟩ **I** *de (m)* [-'s] ❶ man die zich overdreven mannelijk gedraagt **II** *bn* ❷ met dit gedrag

macht *de* ❶ kracht, vermogen ▾ *bij ~e* in staat ▾ *uit alle ~* met alle kracht ❷ positie waarin iemand kan bepalen wat anderen moeten doen ❸ persoon of organisatie of groep die in die positie verkeert, mogendheid, staat ▾ BN *inrichtende ~* organiserende instantie, bevoegd gezag, voornamelijk m.b.t. een onderwijsinstelling ❹ wisk. het getal dat men verkrijgt door een getal een bepaald aantal keren met zichzelf te vermenigvuldigen **machteloos** *bn* ❶ zonder macht of kracht ❷ zonder iets te kunnen doen: *hij moest ~ toezien hoe zijn vriendin werd verkracht* **machthebbende** *de* [-n] iemand die een volmacht heeft **machthebber** *de (m)* [-s] iemand die macht heeft **machtig I** *bn* ❶ die veel macht heeft ❷ in staat, bij machte, die iets beheerst: *een taal ~ zijn* ❸ krachtig, zwaar: *dat eten is ~* ▾ *het woord hem te ~* hij kan zijn gevoelens niet meer beheersen **II** *bw* ❹ in hoge mate, heel erg: *dat is ~ interessant*

machtigen een vergunning of volmacht geven **machtiging** *de (v)* vergunning of volmacht **machtsblok** krachtige groep van bijv. staten, ondernemingen, personen **machtsevenwicht** toestand waarbij verschillende partijen ongeveer evenveel macht hebben **machtsmiddel** middel om macht uit te oefenen **machtsmisbruik** misbruik van macht **machtspolitiek** politiek die steunt op macht **machtspositie** positie waarin iemand macht heeft **machtsstrijd** strijd om de macht

machtsverheffing wisk. *de (v)* het berekenen van de macht van een getal

machtsverhouding ⟨vaak in het meervoud gebruikt⟩ manier waarop de macht verdeeld is: *door de verkiezingen is er een verschuiving opgetreden in de ~en* **machtsvertoon** het laten zien hoe machtig, sterk men is **machtswellust** het (ziekelijk) gek zijn op macht en machtsvertoon **machtswellusteling** iemand die gek is op macht en machtsvertoon, tiran **machtswoord, machtwoord** woord dat functioneert als een gebod

maçon ⟨maasó⟩ *de (m)* [-s] vrijmetselaar

macramé *het* knoopwerk dat is gemaakt met diverse garens

macro *de (m)* [-'s] ❶ comp. reeks toetsaanslagen die opgeslagen kan worden om vaker te gebruiken ❷ ⟨als eerste deel van een samenstelling⟩ groot

macrobiotisch *bn* ⟨voedsel⟩ met weinig of geen vlees en zuivel en veel granen, fruit en peulvruchten, gemaakt op een bepaalde, biologische manier

macro-economie onderdeel van de economie dat is gericht op de betrekkingen tussen grote gehelen, zoals consumptie, investeringen, invoer, uitvoer **macrokosmos** de wereld als groot geheel, als een organisme in het groot **macromoleculair** ⟨-lèr⟩ wat bestaat uit heel grote moleculen **macroscopisch** *bn* met het blote oog zichtbaar of waargenomen **macrostructuur** de grotere globale structuur van iets zoals die van de buitenkant zichtbaar is

madam *de (v)* [-men, -s] iron. vrouw die zich deftig voordoet of die veeleisend is: *~ voelt zich te goed om met de bus te reizen*

made *de* [-n, -s] pootloze larve van een insect, vooral van vliegen

madeliefje *het* [-s] weideplantje met witte bloemen met gele hartjes (Bellis perennis)

madera *de (m)* wijn die van Madeira afkomstig is

Madonna *de (v)* Heilige Maagd **Madonnabeeld** beeld van de Heilige Maagd

madras *het* gordijnstof van katoen en zijde

madrigaal *het* [-galen] oorspronkelijk Italiaanse liedvorm uit de 14de eeuw, met idyllische inhoud en vaak driestemmig, die later in andere vormen voorkomt

maestro ⟨majstroo⟩ *de (m)* [-'s] ⟨vooral van componisten en musici⟩ belangrijk kunstenaar, leermeester

maf *bn* stom, gek

maffen inform. slapen **maffer** *de (m)* [-s] ❶ inform. iemand die (veel) slaapt ❷ min. iemand die niet meedoet aan een staking, stakingsbreker

maffia *de* [-'s] geheim misdadig genootschap, onder andere op Sicilië, georganiseerde misdaad **maffioso** ⟨-zoo⟩ *de (m)* [-si] lid van de maffia

mafkees inform. *de (m)* [-kezen] iemand die gek is, vreemde dingen doet

mag. magister

magazijn *het* ❶ pakhuis, opslagruimte ❷ houder voor patronen in een vuurwapen **magazijnier** BN, ook *de (m)* [-s] magazijnmeester of -bediende

magazijnmeester chef in een magazijn

magazine ⟨meGGɘzien⟩ *het* [-s] (populair) tijdschrift

magenta *het* roodblauwe kleur, lichtpaars

mager *bn* ❶ dun, met weinig vet: ~*e mensen* ❷ zonder (veel) vet: ~*e melk* ❸ fig. pover, wat niet zo veel voorstelt: *ik had voor mijn examen een ~ zesje* **magerte** *de (v)* het mager zijn

maggi® *de (m)* (samengeperst) extract voor soep **maggiplant** keukenkruid dat naar maggi smaakt

magie *de (v)* ❶ toverkunst, toverij ❷ wat betoverend is: *de ~ van schaatsen op een verlaten meer* **magiër** *de (m)* [-s] tovenaar

magisch *bn* als of wat werkt door magie, wat toverkracht bezit, betoverend ▼ ~ *realisme* kunststroming waarbij aan realistische voorstellingen bovenzinnelijke elementen worden toegevoegd

magister *de (m)* [-s] ❶ hist. aanvoerder, onder andere van het Romeinse leger of het pauselijk hof ❷ hist. schoolmeester ❸ academische graad in bepaalde landen, ongeveer gelijk aan doctorandus of master

magistraal *bn* meesterlijk, als van een meester in de kunst, geweldig: *die uitvoering van de symfonie was ~* **magistraat** *de (m)* [-straten] rechterlijk ambtenaar **magistratuur** *de (v)* rechterlijke macht ▼ *staande ~* de leden van het Openbaar Ministerie bij de rechtspraak ▼ *zittende ~* degenen die rechtspreken bij de rechtspraak, de rechters

magma *het* gesmolten massa in het binnenste van de aarde

magnaat *de (m)* [-naten] man die veel invloed heeft doordat hij heel rijk is: *een olie~*

magneet *de (m)* [-neten] magnetisch gemaakt stuk ijzer of staal, dat ijzerhoudende lichamen aantrekt **magneetband** plastic band met ijzerdeeltjes voor registratie van geluid of beeld **magneetkaart** kaart met magnetische strip met gegevens voor een computer **magneetkracht** aantrekkende kracht van een magneet **magneetpas** legitimatiebewijs met identificatiecode in een magnetische strip

magnesia ⟨-zie-⟩ *de* wit licht poeder, magnesiumoxide **magnesium** *het* chemisch element, heel licht metaal met een zilverwitte kleur

magnetisch *bn* ❶ wat ijzer aantrekt, wat aantrekkingskracht heeft ❷ wat te maken heeft met magnetisme, veroorzaakt door magnetisme ▼ fig. *een ~e aantrekkingskracht* een aantrekkingskracht waaraan men geen weerstand kan bieden **magnetiseren** ⟨-zi-⟩ ❶ magnetisch maken ❷ door wrijving of handbewegingen krachten in iemands lichaam opwekken om diegene te genezen ❸ fig. een sterke aantrekkingskracht uitoefenen op **magnetiseur** ⟨-zeur⟩ *de (m)* [-s] persoon die door wrijving of handbewegingen krachten in iemands lichaam opwekt om diegene te genezen **magnetisme** *het* magnetische kracht, de theorie en de toepassing daarvan

magnetron *de (m)* [-s] oven voor het verwarmen van voedsel d.m.v. hoogfrequente

elektromagnetische straling

magnifiek ⟨manjie-⟩ *bn* prachtig, geweldig: *wat een ~ uitzicht!*

magnolia *de* [-'s] boom met tulpachtige bloemen

magnum *de* [-s] heel grote wijnfles

mahjong *het* Chinees spel met 144 stenen met figuren, dat gespeeld wordt door vier spelers

mahonie *het* hout van de mahonieboom **mahonieboom** boom met bruinrood hout die uit Amerika afkomstig is (Swietenia mahagoni)

maidenparty ⟨meedɘnpàRtie⟩ vrijgezellenfeest voor een vrouw die gaat trouwen

maidenspeech ⟨-spietsj⟩ eerste rede, debuut van een parlementslid

mail ⟨meel⟩ *de* [-s] ❶ programma voor het versturen van berichten via internet, e-mail ❷ bericht dat op die manier wordt verstuurd: *een ~tje sturen* ❸ reclamedrukwerk dat per post wordt verstuurd, direct mail ❹ overzeese postdienst, hiermee verzonden post **mailbox** virtuele postbus voor e-mail **mailen** ⟨mailde, h. gemaild⟩ een e-mail sturen **mailing** *de (v)* [-s] reclame die men per post verstuurt: *ons bedrijf heeft een grote ~ verstuurd* **mailinglist** *de (m)* [-s] lijst met e-mailadressen van mensen die bepaalde e-mails krijgen

maillot ⟨majjoo⟩ *de (m) & het* [-s] kousen en broekje aaneen, gemaakt van elastisch materiaal

mainframe ⟨meenfReem⟩ *het* [-s] grote computer die veel informatie kan verwerken **mainport** ⟨meenpòRt⟩ *de (m)* [-s] belangrijk knooppunt in het goederen- of personenvervoer: *Schiphol en de havens van Rotterdam zijn ~s in Nederland*

mainstream *de (m)* heersende stroming, bijv. in kunst en muziek, gewaardeerd door grote groepen mensen

maïs ⟨majs⟩, **mais** *de (m)* graan met gele korrels in kolven (Zea mays)

maisonnette ⟨mezzonnet(tɘ)⟩ *de* [-s] huis dat bestaat uit twee woonlagen en dat een deel is van een groot woongebouw

maître d'hôtel ⟨mètrɘ dootel⟩ *de (m)* [maîtres d'hôtel] degene die verantwoordelijk is voor de bediening van de gasten in een restaurant e.d.

maîtresse ⟨mè-⟩ *de (v)* [-s, -n] vrouw die een liefdesrelatie heeft met een (getrouwde) man

maïzena®, **maizena** *de (m)* fijn maïsmeel

maj. majoor

majesteit *de (v)* ❶ titel van koningen en keizers ❷ verhevenheid, verheven pracht **majesteitelijk** *bn* majestueus **majesteitsschennis** openbare belediging van een vorstelijk persoon **majestueus** *bn* koninklijk, statig, groots

majeur ⟨-zjeur of -jeur⟩ *de* ❶ muz. toonsoort die opgewekt klinkt, grote terts: *dit stuk staat in ~* ❷ fig. vrolijke optimistische stemming: *de week eindigde in ~*

majolica *het & de* aardewerk met tinglazuur

majoor *de (m)* [-s] ❶ hoofdofficier, een rang hoger dan kapitein ❷ verkorting van *sergeant-majoor*

majoraan *de* keukenkruid met een intens aroma en een zachte smaak

majorette *de (v)* [-s] meisje dat in speciale kleding in een optocht met muziek marcheert en stokken ronddraait, ze in de lucht gooit en weer opvangt

majoriteit *de (v)* ❶ meerderheid ❷ meerderjarigheid

mak *bn* rustig en gehoorzaam: *die pony is heel ~*

makaron *de (m)* [-s] BN koekje van meel en suiker, dat op eetbaar papier is vastgebakken, makroon

makelaar *de (m)* [-s, -laren] persoon die bemiddelt bij het sluiten van overeenkomsten, vooral m.b.t. onroerende goederen zoals huizen

makelaardij *de (v)* ❶ het beroep van makelaar ❷ het bedrijf van een makelaar of makelaars

makelarij *de (v)* het beroep van makelaar

makelij *de (v)* maaksel, bouw, constructie: *dit is van Russische ~*

maken ❶ handelingen verrichten waardoor iets ontstaat, vormen: *een tekening ~* ❷ doen: *dat kun je niet ~!* ❸ herstellen, repareren: *ik moet mijn schoenen laten ~* ❹ in een bepaalde toestand brengen: *iemand ongelukkig ~* ▼*het ~ succes hebben* ▼*hij maakt het goed/slecht* het gaat goed/slecht met hem ▼*het niet lang meer ~* spoedig zullen sterven ▼*te ~ hebben met* samenhangen met, horen bij; ondervinden, geconfronteerd worden met ▼*~ dat men wegkomt* snel weggaan **maker** *de (m)* [-s] iemand die iets maakt, schepper

make-up ‹meekup› *de (m)* ❶ het grimeren van acteurs, het schminken ❷ middelen om zichzelf, vooral het gezicht, te verzorgen en mooier te maken: *lippenstift, oogschaduw en andere ~* ❸ het aanbrengen van die middelen

maki *de (m)* [-'s] halfaap met lange staart en snuit als van een vos, uit de familie van de Lemuridae

makke inform. *de* moeilijkheid, narigheid: *de ~ is dat ...*

makkelijk *bn* eenvoudig, niet moeilijk, gemakkelijk: *deze les was gelukkig heel ~*

makken inform. ▼*geen cent te ~ hebben* geen geld hebben

makker *de (m)* [-s] vriend, kameraad

makkie inform. *het* gemakkelijke taak

makreel *de (m)* [-krelen] grote zeevis waarop veel wordt gevist (Scomber scombrus)

makroon *de (m)* [-kronen, -s] koekje van meel en suiker, dat is vastgebakken op eetbaar papier: *kokos~*

mal I *de (m)* [-len] ❶ vorm, model volgens welk(e) men iets maakt II *bn* ❷ gek, dwaas ▼*voor de ~ houden* voor de gek houden

malachiet *het* donkergroen kopererts

malafide *bn* onbetrouwbaar, met slechte bedoelingen: *een ~ bedrijf*

malaga ‹-Gaa› *de (m)* ❶ zoete Spaanse wijn ❷ ijssoort met rum en rozijnen

malaise ‹-lèza› *de (v)* ❶ ‹economisch› gedrukte stemming, slapte in zaken ❷ fig. onprettige toestand en een onprettig gevoel, toestand van slapheid

malaria *de* tropische infectieziekte, vooral in moerassige streken, die door de malariamug wordt overgebracht **malariamug** mug die malaria overbrengt

malen I [maalde, h. gemaien] ❶ door een draaiende beweging (met een molen) fijnmaken ❷ water met een molen verwijderen II [maalde,

h. gemaald] ❸ voortdurend aan iets denken en erover piekeren ▼*hij maalt er niet om* hij geeft er niet om, het interesseert hem niet ❹ inform. niet goed bij zijn verstand zijn

malheur ‹malleur› *het* [-en, -s] ongeluk, pech, problemen

malicieus ‹-sjeus› *bn* kwaadaardig, boosaardig

malie *de (v)* [-s, -liën] ❶ ringetje van een maliënkolder ❷ oogje voor een schoenveter ❸ stiftje van een veter **maliënkolder** hist. *de (m)* [-s] harnas van metalen ringetjes

maligne ‹-ligna *of* -lienja› *bn* kwaadaardig

maling *de (v)* ▼inform. *iemand in de ~ nemen* voor de gek houden ▼inform. *~ hebben aan* zich niets aantrekken van

malkander *vnw* elkaar

mallejan *de (m)* [-s] wagen met twee wielen met een balk ertussen voor het vervoer van omgekapte bomen **mallemoer** inform. *de (v)* ▼*geen ~* niets: *dat interesseert me geen ~* ▼*naar z'n ~* kapot **mallemolen** ❶ draaimolen ❷ fig. chaotische toestand **malligheid** *de (v)* [-heden] dwaasheid **malloot** *de* [-loten] mal, gek persoon, idioot

malrove *de* [-n] lipbloemige plant met witte bloempjes (Marrubium vulgare)

mals *bn* zacht en sappig ▼*de kritiek was niet ~* de kritiek was niet zachtzinnig, was hard

malt *het* bier zonder alcohol **maltbier** bier zonder alcohol

maltezerhond klein soort keeshond

maltraiteren ‹-trè› [maltraiteerde, h. gemaltraiteerd] mishandelen, meestal figuurlijk

Malva *de* het plantengeslacht Malva, kaasjeskruid **malve** I *de* ❶ onderdeel van de namen van plantensoorten van de familie Kaasjeskruid II *bn* ❷ lichtpaars, mauve

malversatie ‹-zaa-› *de (v)* [-s, -tiën] knoeierij, vooral met geld: *hij wordt beschuldigd van financiële ~s*

malware ‹malwèR› comp. *de (m)* kwaadaardige software, zoals virussen, spyware en adware

mama *de (v)* [-'s] (aanspreekvorm voor) moeder

mambo *de (m)* [-'s] dans uit Cuba

mamma *de (v)* [-'s] ❶ (aanspreekvorm voor) moeder ❷ med. borstklier van zoogdieren en mensen

mammie *de (v)* [-s] (liefkozend) moeder

mammoet *de (m)* [-en, -s] ❶ prehistorische reuzenolifant met lang haar ❷ (als eerste deel van een samenstelling) heel groot: *~tanker*

Mammoetwet wet op het voortgezet onderwijs die in 1963 van kracht werd

mammografie *de (v)* röntgenonderzoek van een vrouwenborst

mammon *de (m)* aardse goederen en rijkdommen ▼*de ~ dienen* slaaf van het geld zijn

mams *de (v)* aanspreekvorm voor moeder

man *de (m)* [-nen] ❶ persoon, mens ▼*iets op de ~ af vragen* zonder omwegen ▼*iets aan de ~ brengen* verkopen ❷ mannelijk iemand ▼*de ~ met de hamer* inzinking tijdens duursporten ▼*~ en paard noemen* precies zeggen hoe het zit ▼*met ~ en muis vergaan* schipbreuk lijden zonder overlevenden ❸ iemand van karakter ▼*een ~ een ~, een woord een woord* een eerlijk man doet wat hij belooft ❹ mannelijk persoon met wie iemand getrouwd is, echtgenoot

management ⟨mennədzjmənt⟩ *het* ❶ beheer, leiding van een bedrijf of organisatie ❷ de personen die een bedrijf of organisatie leiden

managementconsultant iemand die adviseert bij het leiden van een bedrijf of organisatie

managementteam leiding van een organisatie of bedrijf, managers en bestuur of directie

managen ⟨-dzjən⟩ [managede, h. gemanaged] ❶ als manager leiden ❷ voor elkaar krijgen

manager ⟨-dzjər⟩ *de (m)* [-s] ❶ bestuurder, leider van een bedrijf of onderneming ❷ iemand die voor een artiest, muziekgroep e.d. of sporter de uitvoeringen, transfers e.d. regelt **managing director** ⟨mennədzjing dajrektər⟩ *de (m)* [-s] algemeen directeur

manche ⟨mãsj(ə)⟩ *de* [-s] deel van een partij of wedstrijd

manchester ⟨mensjestaR⟩ *het* geribbeld of glad katoenfluweel

manchet ⟨-sjet⟩ *de* [-ten] vast of los verlengstuk van een hemdsmouw

manco *het* [-'s] tekort, gebrek

mand *de* ❶ van riet e.d. gemaakt voorwerp waarin men iets vervoert of bewaart ▼ *door de ~ vallen* iets uiteindelijk moeten bekennen, betrapt worden ❷ vaste slaap- en rustplaats in huis van een huisdier

mandaat *het* [-daten] ❶ last, opdracht, vooral politieke opdracht aan een volksvertegenwoordiger of afgevaardigde ❷ bevelschrift, vooral tot uitbetaling ▼ BN, jur. *een ~ tot aanhouding* arrestatiebevel ❸ bestuurstoezicht: *het ~ hebben over een gebied* ❹ BN postwissel,cheque

mandag arbeid van één persoon gedurende één dag

mandala *de (m)* [-'s] cirkelvormige symmetrische figuur met daarin andere symmetrische figuren, die dient om het goddelijke of het eigen innerlijk te ervaren

mandarijn ❶ kleine geurige citrusvrucht die eruitziet als een kleine sinaasappel ❷ hoge staatsambtenaar in het oude China

mandataris [-sen] ❶ gevolmachtigde ❷ bestuurder van een mandaatgebied ❸ BN ook (bestuurs)functionaris

mandekking speltechniek waarbij een speler iemand van de tegenpartij voortdurend in het oog houdt

mandfles fles met vlechtwerk eromheen

mandoline *de (v)* [-s] klein snaarinstrument dat met een plectrum wordt bespeeld

mandragora *de* [-'s] Zuid-Europees bedwelmend kruid

mandril *de (m)* [-s] geslacht van apen met een lange snuit, kleurige kop en korte staart (Mandrillus sphinx)

manege ⟨-neezjə⟩ *de* [-s] ❶ ruimte of bedrijf waar paardrijles wordt gegeven of waar paardrijden wordt geoefend ❷ deel van een circustent waar de (paardrij)nummers worden uitgevoerd

manen I *de (mv)* ❶ lange nekharen van een paard, leeuw e.a. **II** *ww* ❷ aandringen op het nakomen van een verplichting, vooral op betaling

maneschijn licht van de maan

maneuver *de* → manoeuvre

mangaan *het* scheikundig element (Mn), een heel bros, moeilijk te smelten grauwwit metaal

mangastrip ⟨manGa-⟩ strip voor volwassenen met veel realistische en uiterst gewelddadige afbeeldingen, vooral populair in Japan

mangat ❶ toegangsgat voor personen tot riolen e.d. ❷ schuilput voor een militair

mangel *de (m)* [-s] toestel voor het gladmaken van linnengoed ▼ *iemand door de ~ halen* iemand uitgebreid kritiek laten aanhoren, lastige vragen stellen e.d.: *tijdens het verhoor is hij flink door de ~ gehaald* **mangelen** ❶ linnengoed gladmaken ❷ platdrukken, pletten, ook figuurlijk

mango ⟨-Goo⟩ *de (m)* [-'s] geelgroene sappige tropische vrucht

mangrove *de (m)* [-n, -s] ❶ soort bos aan de kust in (sub)tropische gebieden ❷ het hout hiervan

manhaftig *bn* dapper als een echte man

maniak *de (m)* [-ken] iemand die een manie heeft, die iets op erg overdreven, bijna ziekelijke wijze doet: *hij is een snelheids~* **maniakaal** *bn* als een maniak, als van een maniak

manicure I *de* [-n, -s] ❶ iemand die handen en nagels verzorgt **II** *de* ❷ het verzorgen van handen en nagels ❸ voorwerpen om handen en nagels te verzorgen **manicuren** handen en nagels verzorgen

manie *de (v)* [-s, -niën] ❶ (toestand van) overdreven enthousiasme voor, gerichtheid op iets ❷ dwaze en overdreven gewoonte ❸ ziekelijke toestand van voortdurende grote opgewondenheid

manier *de* hoe iemand iets doet of zich gedraagt, hoe iets gebeurt ▼ *goede ~en hebben* zich in de omgang met anderen gedragen zoals het hoort

maniërisme *het* ❶ kunststijl uit de 16de eeuw ❷ gekunsteldheid, onechtheid in stijl

maniertje *het* [-s] onechte, gemaakte manier van doen, trucje: *ik kan haar niet uitstaan met die ~s van haar*

manifest I *het* ❶ openlijke bekendmaking, verklaring, verdedigingsgeschrift: *zijn doelstellingen uiteenzetten in een ~* **II** *bn* ❷ wat zich duidelijk vertoont, onmiskenbaar: *de aandoening wordt nu ~* **manifest** *de (m)* iemand die manifesteert, deelnemer aan een betoging **manifestatie** *de (v)* [-s] ❶ openbare betoging om een bepaalde mening te uiten: *een ~ van boze boeren op het Binnenhof* ❷ openbare bijeenkomst met een bepaald thema: *een godsdienstige, culturele ~* ❸ verschijning, het openbaar worden, het tot uiting komen: *die daad was een ~ van zijn haat* **manifesteren** ❶ openbaren, bekendmaken, blijk geven van: *zij manifesteerden een grote dadendrang* ❷ bekend worden, duidelijk worden: *deze ziekte manifesteert zich vaak pas op latere leeftijd* ❸ een betoging houden of eraan deelnemen

manilla *de* [-'s] ❶ tabakssoort, afkomstig van de Filippijnen ❷ sigaar daarvan

maniok *de (m)* (sub)tropische eetbare plant, cassave

manipulatie *de (v)* [-s] ❶ het beïnvloeden van biologische en andere processen met behulp van techniek: *genetische* ~ ❷ beïnvloeding van informatie, opinievorming of personen in een bepaalde richting **manipuleren** ❶ hanteren, bewerken, bewegingen uitvoeren: *de jongleur manipuleerde met ballen en borden* ❷ door kunstgrepen of trucs beïnvloeden: *hij manipuleert haar door leugens te vertellen*

manisch *bn* ziekelijk opgewekt ▼ ~*depressief* afwisselend in ziekelijk opgewekte of terneergeslagen stemming

manjaar arbeid van één persoon gedurende één jaar

mank *bn* gebrekkig in het lopen, met één been beter dan met het andere of doordat één been langer is ▼ *die vergelijking gaat* ~ klopt niet, is niet zuiver

mankement *het* gebrek, fout: *deze auto vertoont nogal wat ~en*

manken BN, ook mank lopen, hinken

mankeren ❶ ergens last van hebben, lijden aan: *na die botsing mankeerde ik gelukkig niets* ▼ *wat mankeert je?* wat is er met je aan de hand? ❷ ontbreken, missen ❸ in gebreke blijven, niet doen wat iemand zou moeten doen ▼ *zonder* ~ zeker ▼ *een gemankeerd (kunstenaar, wetenschapper enz.)* iemand die kunstenaar, wetenschapper enz. had willen zijn maar daar niet in geslaagd is

mankracht menselijke arbeidskracht, arbeiders

manlief *scherts.* die *(m)* lieve of liefhebbende echtgenoot: *ik kom wel op je verjaardag, maar* ~ *laat zich excuseren* **manlijk** *bn* mannelijk **manmoedig** moedig als een echte man

manna *het* hemels brood dat voor de Israëlieten in de woestijn als voedsel diende

mannelijk *bn* ❶ van het mannelijke geslacht ❷ van of eigen aan de man ❸ krachtig, flink **mannelijkheid** *de (v)* ❶ het man zijn ❷ flinkheid ❸ de mannelijke geslachtsdelen

mannen beheersen, aankunnen: *wij hebben te weinig personeel om deze grote klus te* ~ **mannenmoed** moed van een (sterke) man, grote moed **mannenpil** anticonceptiepil voor mannen **mannenstem** stem van een man **mannentaal** krachtige taal waarmee men iets duidelijk maakt **mannenwerk** werk voor mannen, dat alleen geschikt is voor mannen

mannequin ‹-kê› I *de* [-s] ❶ iemand die nieuwe modeontwerpen draagt en voor het publiek of op foto's toont II *de (m)* [-s] ❷ pop om kleren op te passen of te tonen

mannetje *het* [-s] ❶ kleine man ▼ *het ~ in de maan* vlekken op de maan die op een persoon lijken ▼ *zijn ~ staan* tegenstanders aankunnen ❷ mannelijke dier

mannetjesmakerij *de (v)* ❶ het (met hulp van mediatrainers e.a.) creëren van imago's van politici en andere publieke personen ❷ het creëren van stereotiepe personages **mannetjesputter** *de (m)* [-s] flink persoon, iemand die veel aankan

manoeuvre ‹-nùvrə› *de & het* [-s] ❶ handeling, handgreep, vooral de handgrepen en bewegingen bij de besturing van een schip, luchtvaartuig enz. ❷ militaire oefening op grote

schaal ❸ slimme, listige handelwijze: *een handige afleidingsmanoeuvre* **manoeuvreren** ‹-noe-› ❶ besturingshandelingen verrichten, bewegingen maken met: *een schip langs de kant* ~ ❷ door kunstgrepen of trucs bewerkstelligen: *hij wist het zo te* ~ *dat hij geen examen hoefde te doen*

manometer instrument voor het meten van druk

manou ‹-noe› *het* soort rotan, vaak gebruikt voor meubelen

manpower ‹mènpauwəR› *de (m)* mankracht, personeel

mans *bn* ▼ *heel wat* ~ heel flink, sterk, niet bang ▼ ~ *genoeg* goed in staat om voor zichzelf te zorgen

mansarde *de* [-s, -n] zolderkamertje

manschap *de (v)* bemanning ▼ *de* ~*pen* soldaten

manshoog zo hoog als een man lang is **manshoogte** hoogte van een volwassen mens **manspersoon** man

mantel *de (m)* [-s] ❶ lange damesjas, in België ook lange herenjas ❷ kledingstuk dat over andere kleren wordt gedragen ▼ *iemand de* ~ *uitvegen* iemand scherp berispen ▼ *met de* ~ *der liefde bedekken* uit liefde of sympathie mild oordelen over iets ❸ omhulsel, bekleding, kap: *schoorsteen*~ ❹ veren of haren op schouder of rug bij sommige dieren

mantelbaviaan bavianensoort waarvan de mannetjes een zilvergrijze mantel lijken te hebben van lang haar **mantelmeeuw** meeuw met rug en veren in een andere kleur, vooral zwart of grijs

mantelorganisatie zelfstandig opererende organisatie die onderdeel is van een organisatie of politieke partij

mantelpakje *het* [-s] rok en jasje van dezelfde stof

mantelzorg verzorging van zieken en bejaarden door familie, vrienden e.a.

mantra *de (m)* [-'s] gebedsformule, meditatiespreuk

manuaal *het* [-alen] ❶ dagboek: *het ~ van een pastoor* ❷ toetsenbord van een muziekinstrument ❸ handgebaar

manueel *bn* wat te maken heeft met het gebruik van de handen of met handvaardigheid: *manuele therapie*

manufacturen *de (mv)* stoffen die door weven worden gemaakt van vooral zijde, katoen, linnen en wol

manuscript *het* ❶ met de hand geschreven tekst ❷ de nog niet gedrukte tekst voor een publicatie

manusje-van-alles *het* [manusjes-van-alles] iemand die allerlei karweitjes opknapt

manuur arbeid van één persoon gedurende één uur **manvolk** mannen **manwijf** grove sterke vrouw

manzanilla ‹-nieljaa› *de* droge sherry

manziek ‹van een vrouw of meisje› die graag seksueel contact met veel mannen wil, nymfomaan

map *de* [-pen] ❶ omslag voor het bewaren van papieren, foto's e.d. ❷ *comp.* eenheid die een aantal bestanden en/of programma's bevat

maquette ⟨-kèt-⟩ *de* [-s] klein model van een gebouw, een wijk enz

maraboe *de (m)* [-s] vogel van de familie van de ooievaars in onder andere Afrika, Azië (Leptoptilos)

marasquin ⟨-kè⟩ *de (m)* kersenlikeur

marathon *de (m)* [-s] ❶ loopwedstrijd over 42.195 meter ❷ wedstrijd over lange afstand, bijv. lopen, schaatsen ❸ *fig.* iets wat heel lang duurt, bijv. de vertoning van veel films na elkaar **marathonschaatsen** wedstrijden over lange afstanden schaatsen

marc ⟨maar⟩ *de (m)* alcoholische drank, gemaakt van schillen en pitten van druiven

Marc. Marcus

marchanderen ⟨-sjan-⟩ ❶ loven en bieden, onderhandelen en toegeven: *over grondrechten valt niet te ~*

marcheren ⟨-sjé-⟩ ❶ in stevige pas in een bepaald ritme lopen, vooral van militairen ❷ goed gaan, goed verkopen: *'Kaas marcheert altijd', zei Elsschot in zijn roman Kaas*

marconist *de (m)* ⟨vooral vroeger⟩ iemand die signalen in morse ontvangt en verstuurt aan boord van een schip of vliegtuig

mare *de* [-n], **maar** bericht, gerucht dat de ronde doet

marechaussee ⟨-sjoo-⟩ I *de (v)* ❶ korps van de militaire rijkspolitie II *de (m)* [-s] ❷ lid daarvan

maren steeds 'maar' zeggen, tegenwerpingen maken

maretak woekerplant met witte bessen, vaak gebruikt als kerstversiering

margarine *de* [-s] kunstboter, gemaakt van plantaardige of dierlijke vetstoffen

marge ⟨-zjə⟩ *de* [-s] ❶ witte ruimte om de tekst of afbeelding op een blad papier, kantlijn: *in de ~ stonden allemaal opmerkingen gekrabbeld* ❷ *fig.* speling, speelruimte: *om goed te kunnen onderhandelen moet ik wel enige ~ hebben* ❸ *hand.* verschil tussen inkoop- of kostprijs, en verkoopprijs ▾ *fig. in de ~ leven* aan de rand van de maatschappij **marginaal** ⟨-gie-⟩ *bn* ❶ wat in de marge is aangebracht, op de rand geschreven ❷ *fig.* op de bestaansgrens: *een ~ bestaan leiden* ❸ *fig.* ondergeschikt, bijkomstig: *een marginale kwestie* **marginaliseren** iets van zijn betekenis of invloed ontdoen: *er wordt geprobeerd het dierenactivisme te ~*

margriet *de* grote ganzenbloem die op een madelief lijkt (Chrysanthemum leucanthemum)

Mariabeeld beeld van Maria **Maria-Boodschap** r.-k. 25 maart, feestdag i.v.m. de aankondiging aan Maria van de geboorte van Jezus

mariachi ⟨-tsjie⟩ *de (m)* [-'s] ❶ Mexicaans straatorkest, met o.a. violen, trompetten, gitaren en zangers ❷ muzikant in zo'n orkest ❸ soort muziek van een dergelijk orkest **Mariadag** feestdag ter ere van Maria, de moeder van Jezus **Maria-Geboorte** r.-k. 8 september, feestdag i.v.m. de geboorte van Maria **Maria-Hemelvaart** r.-k. *de*, **Maria-Tenhemelopneming** *de (v)* 15 augustus, feestdag i.v.m. de opneming van Maria in de hemel

Maria-Lichtmis r.-k. 2 februari, feestdag i.v.m. de opdracht aan Maria in de tempel **Marialied** lied voor Maria

marien *bn* wat te maken heeft met de zee ▾ *~e biologie* onderdeel van de biologie gericht op leven in zeeën en oceanen

marifoon *de (m)* [-s] communicatieapparatuur, radiotelefonie waarmee schepen communiceren met elkaar en met walstations, bediening van sluizen e.a.

marihuana *de* softdrug die is gemaakt uit hennep

marimba *de* [-'s] xylofoon met klankbuizen

marinade *de (v)* [-s] gekruide saus waarin vlees of vis wordt gemarineerd of ingemaakt

marine I *de (v)* ❶ zeemacht, oorlogsvloot ❷ onderdeel van de krijgsmacht dat op zee opereert II *bn* ❸ marineblauw **marineblauw** donkerblauw

marineren ⟨van eten⟩ in azijn inmaken, laten doortrekken in een marinade voordat men het klaarmaakt

marinewerf werf voor oorlogsschepen

marinier *de (m)* [-s] soldaat op zee

marionet *de* [-ten] ❶ toneelpop die via draden wordt bewogen ❷ *fig.* willoos werktuig: *die president is een ~ van de grote bedrijven* **marionettenregering** regering zonder macht, die doet wat de eigenlijke machthebbers willen **marionettentheater** toneelvoorstelling met marionetten

maritiem *bn* wat bij de zee hoort, wat te maken heeft met de zee of zeevaart

marjolein *de* ❶ lipbloemige heester met ovale blaadjes van het geslacht Origanum ❷ het gedroogde blad ervan als keukenkruid

mark I *de* ❶ hist. grond in gemeenschappelijk bezit van de dorpsbewoners II *de (m)* ❷ vroegere munt en munteenheid van Duitsland en Finland

markant *bn* wat sterk uitkomt, opvallend, kenmerkend: *een ~ figuur met een baard en felle ogen*

markeerstift brede viltstift waarmee men een gekleurde doorzichtige streep op delen van een tekst kan zetten

marker ⟨maarkər, markər⟩ *de (m)* [-s] markeerstift

markeren merken, aanduiden, ook figuurlijk: *met een groene stift stukken tekst ~; die gebeurtenis markeerde het begin van een nieuwe fase* **markering** *de (v)* aanduiding van verkeersbanen door witte strepen

marketeer ⟨màRkətieR⟩ *de (m)* [-s] iemand die zich bezighoudt met marketing

marketentster *de (v)* [-s] ⟨vroeger⟩ vrouw die met een leger rondtrekt en voedsel en drank aan soldaten verkoopt

marketing ⟨màRkəting⟩ *de (v)* onderdeel van de bedrijfseconomie of van een bedrijf dat zich bezighoudt met de structuur van de markt en mogelijke afzetmarkten

marketperformer ⟨màRkətpəRfòRməR⟩ *de (m)* [-s] aandeel waarvan verwacht wordt dat de koers hetzelfde zal zijn als het gemiddelde op de beurs

markies I *de (m)* [-kiezen] ❶ bestuurder van een grensgewest, markgraaf ❷ titel tussen graaf en hertog II *de* [-kiezen] ❸ opvouwbaar zonnescherm boven een raam of deur

ma

markiezin *de (v)* [-nen] ❶ vrouw van een markies ❷ vrouwelijke markies

markt *de* ❶ aantal kraampjes op straat waar groente, kleding of andere producten worden verkocht: *er was een ~ van oude boeken op het plein* ▼ *van alle ~en thuis zijn* overal verstand van hebben ❷ het kopen en verkopen ▼ *iets op de ~ gooien* te koop aanbieden ▼ *goed in de ~ liggen* goed verkocht worden; fig. een goede reputatie hebben: *dat computerspelletje ligt goed in de ~* ❸ afzetgebied, afzetmogelijkheden: *voor dat product is wel een ~* ▼ *de ~ bederven* voor een te lage prijs verkopen ▼ BN *het niet onder de ~ hebben* moeite hebben om een doel te bereiken

marktaandeel aandeel in de totale omzet van een product **marktdag** dag waarop markt gehouden wordt **markteconomie** economie die niet of weinig door de overheid wordt gestuurd

markten naar de markt gaan

marktmechanisme het verloop van vraag en aanbod van goederen en wat daarop van invloed is **marktmeester** opzichter op de markt **marktonderzoek** analyse van de markt aan producten of diensten **marktplaats** plaats waar markt gehouden wordt **marktpositie** positie, rang die een bedrijf inneemt in vergelijking met de concurrentie, gemeten naar het marktaandeel **marktprijs** ❶ prijs die op de markt betaald wordt ❷ prijs die betaald wordt in het proces van vraag en aanbod **marktstrategie** geheel van plannen om de verkoop van zijn producten te bevorderen **marktwaarde** ❶ bedrag waarvoor iets verkocht kan worden ❷ fig. waarde van iets of iemand in de strijd om banen, partners enz. **marktwerking** de onderlinge beïnvloeding van vraag en aanbod

marmelade *de* [-s, -n] soort (sinaasappel)jam

marmer *het* [-s] heel harde steensoort: *een tafelblad van ~* **marmeren I** *ww* ❶ marmerkleurig verven **II** *bn* ❷ (als) van marmer: *een ~ vloer*

marmoleum *het* linoleum® met marmermotief

marmot *de* [-ten] knaagdier uit de familie van de eekhoornachtigen (Marmota marmota) ▼ *slapen als een ~* heel vast slapen

marokijn *het* fijn geitenleer

marqueterie *de (v)* inlegwerk in hout of marmer

marron Sur. *de (m)* [-s] bosneger

mars I *de* ❶ mand die op de rug wordt gedragen ▼ *heel wat in zijn ~ hebben* tot veel in staat zijn, veel capaciteiten hebben ❷ stevige voettocht, vooral van militairen ❸ muziekstuk in een tempo waarop men stevig kan lopen **II** *tw* ❹ bevel om iets uit te voeren: *ingerukt, ~!*

marsepein *de (m) & het* lekkernij van suiker, geperste amandelen, eiwit en aromatische stoffen

marshmallow ⟨màRsjmelloo⟩ *de (m)* [-s] sponsachtig zoet snoepje van suiker, gelatine en maïsstroop

marskramer hist. rondtrekkend handelaar met een mand op zijn rug

marsmannetje denkbeeldige bewoner van de planeet Mars

marsorder ❶ bevel tot een mars ❷ schriftelijke aanwijzingen voor een mars die de troepen moeten maken

martelaar *de (m)* [-s, -laren] ❶ iemand die vanwege een ideaal of geloof gemarteld en/of gedood wordt ❷ iemand die anderen of dieren martelt **martelares** *de (v)* [-sen] vrouwelijke martelaar **marteldood** dood door marteling **martelen** folteren, op een wrede manier pijn doen **martelgang** het langdurig moeten lijden **martelpaal** paal waaraan mensen gemarteld worden

marter I *de (m)* [-s] ❶ klein roofdier (Mustela) **II** *het* ❷ zijn bont

martiaal *bn* krijgshaftig

martini® *de (m)* [-'s] cocktail van gin of wodka en vermout

marula *de* [-'s] exotische gele bitterzoete vrucht met leerachtige schil

marxisme *het* theorie van de Duitse denker Karl Marx die de grondslag vormt voor het communisme **marxist** *de (m)* aanhanger van het marxisme **marxistisch** *bn* volgens het marxisme

masala Sur. *de (m)* populaire Hindoestaanse kerriepoeder

mascara *de* vloeistof om de oogharen te kleuren

mascarpone *de (m)* verse Italiaanse roomkaas

mascotte *de* [-s] dier of voorwerp dat wordt meegenomen omdat het geluk zou brengen of beschermen

masculien *bn* mannelijk

masker *het* [-s] ❶ gezichtsbedekking als bescherming of om niet herkend te worden ❷ fig. schijn, het doen alsof ▼ *zijn ~ afwerpen* zijn ware aard tonen **maskerade** *de (v)* [-s, -n] ❶ gemaskerd feest ❷ gemaskerde of gekostumeerde optocht **maskeren** verbergen, onzichtbaar maken: *zijn verlegenheid ~ door overdreven uitbundig gedrag*

masochisme *het* ❶ psychische gesteldheid waarbij het ondergaan van lichamelijke pijn en vernedering noodzakelijk is om tot seksuele bevrediging te komen ❷ het zoeken van pijn of vernedering in het algemeen **masochist** *de (m)* iemand die lijdt aan masochisme **masochistisch** *bn* die lijdt aan masochisme

massa *de* [-'s] ❶ hoeveelheid ongevormde stof ❷ nat. hoeveelheid stof die iets, een voorwerp e.d. bevat ❸ grote groep mensen: *een ~ mensen* ❹ groot aantal: *ze heeft een hele ~ knuffeldieren* **massaal** *bn* ❶ wat een heel groot geheel vormt: *massale protesten* ❷ wat in massa voorkomt **massa-artikel** artikel dat in grote hoeveelheden wordt gemaakt en verkocht **massacommunicatie** het overbrengen van informatie d.m.v. massamedia

massacreren vermoorden

massage ⟨·saazje⟩ *de (v)* [-s] het masseren **massage-instituut** ❶ inrichting voor massage ❷ euf. bordeel

massagoed goederen van dezelfde soort die in grote hoeveelheden worden verhandeld en vervoerd **massagraf** graf waarin veel mensen tegelijk begraven zijn, vaak zonder kist **massamedium** communicatiemiddel waarmee erg veel mensen worden bereikt **massamoord** het doden van een groot aantal mensen bij één gelegenheid **massaproduct** product dat in grote hoeveelheden wordt gemaakt

massapsychologie *de (v)* ❶ het denken en het gedrag van mensen in grote groepen ❷ onderzoek naar het denken en gedrag van mensen in grote groepen **massapsychose** abnormale psychische toestand van een grote groep mensen

massasprint *sp.* sprint met een grote groep wielrenners **massavernietigingswapen** wapen waarmee men op grote schaal de tegenstander kan vernietigen, vooral chemisch of biologisch wapen of kernwapen

masse *bw ▼ en ~* ⟨àn mas⟩ in grote aantallen of hoeveelheden: *de mensen vertrekken en ~*

masseren ❶ spieren op een speciale manier knijpen en wrijven als geneeswijze en tegen vermoeidheid ❷ *fig.* iemand geestelijk zo bewerken dat hij bereid is om iets te doen wat men wil: *ik moet hem even ~ maar dan stemt hij wel in* ❸ ⟨biljart⟩ met de keu rechtstandig stoten en een effect opzij geven **masseur** *de (m)* [-s] iemand die masseert **masseuse** ⟨-zə⟩ *de (v)* [-s] vrouw die masseert

massief I *bn* ❶ vol, niet hol: *een massief bronzen beeldje* ❷ sterk, stevig, zwaargebouwd ❸ ernstig: *massieve hersenbeschadiging* II *het* [-sieven] ❹ groep bergen die een ononderbroken verhoging vormt, oud gebergte dat in de loop van de tijd afgesleten is

massificatie *de (v)* massaal worden of maken: *de ~ van het onderwijs*

mast I *de (m)* [-en] ❶ lange ronde paal op een schip ❷ hoge paal II *de (m)* ❸ varkensvoer **mastbos** bos van pijnbomen

mastectomie *de (v)* het amputeren van een vrouwenborst

master ⟨màstəR⟩ *de (m)* [-s] titel van iemand die een academische opleiding heeft afgerond volgens het bachelor-masterstelsel

masterclass ⟨màstəRklàs⟩ *de (m)* [-classes] les in een bepaalde kunstvorm (muziek, toneel e.d.), verzorgd door een vooraanstaand kunstenaar op dat terrein **masterplan** *het* allesomvattend plan, met een veelheid aan deelplannen

mastiek *de (m) & het* ❶ dure harssoort ❷ mengsel van harsachtige stoffen, gegoten asfalt

mastiff *de (m)* [-s] grote zware kortharige buldogachtige hond met een brede kop, vaak gebruikt als beschermhond, Engelse dog

mastino *de (m)* [-'s] dogachtige hond, vaak gebruikt als waak- of verdedigingshond (mastino napoletano)

mastodont *de (m)* voorwereldlijk olifantachtig dier met rechte stoottanden

masturbatie *de (v)* seksuele zelfbevrediging met de hand **masturberen** zichzelf seksueel bevredigen met de hand

mastworp knoop waarmee iemand een touw aan een paal, railing e.d. vastmaakt

mat I *de* [-ten] ❶ kleed van riet, touw e.d.: *bij de voordeur ligt een ~ om je voeten te vegen ▼ op het ~je geroepen worden* zich moeten verantwoorden of berispt worden II *bn* ❷ vermoeid, slap: *een ~ glimlachje* ❸ dof, ondoorschijnend: *wat voor verf wilt u, glanzend of ~?* ❹ ⟨schaakspel⟩ situatie van schaakmat zijn

matador *de (m)* [-s] degene die in een stierengevecht de stier doodt

match ⟨metsj⟩ *de* [-es, -en] ❶ wedstrijd ❷ het bij elkaar passen, het op elkaar aansluiten: *die twee vormen een perfecte ~* **matchen** ❶ bij elkaar passen, overeenkomst vertonen ❷ *comp.* vergelijken **matchpoint** ⟨-pojnt⟩ *sp. het* [-s] punt waarop een wedstrijd kan worden beslist **matchwinner** *de (m)* [-s] *sp.* speler die het winnende punt maakt

mate *de* maat, hoeveelheid ▼ *in die ~* zo erg, zo veel ▼ BN ook *in de ~ van het mogelijke* voor zover het mogelijk is **mateloos** *bn* grenzeloos, heel groot, heel erg: *ik vind dat ~ irritant*

matennaaier spreekt. *de (m)* [-s] iemand die zijn kameraden of collega's verraadt

materiaal *het* [-alen] ❶ wat iemand nodig heeft, zoals grondstoffen en gereedschap, om iets te kunnen maken: *~ om een stoel te timmeren* ❷ stof, grondstof ▼ *dit is goed ~* van goede kwaliteit

materialisme *het* ❶ het sterk gericht zijn op geld en bezit ❷ de overtuiging dat we de werkelijkheid alleen kunnen verklaren uit dat wat we met de zintuigen kunnen waarnemen **materialist** *de (m)* ❶ iemand die vooral geïnteresseerd is in geld en bezit ❷ aanhanger van het materialisme **materialistisch** *bn* ❶ sterk gericht op geld en bezit ❷ volgens of wat te maken heeft met het materialisme

materie *de (v)* [-riën, -s] ❶ stof, grondstof ❷ onderwerp om over te schrijven, om te behandelen

materieel I *bn* ❶ stoffelijk ▼ *materiële schade* schade die direct in geld is uit te drukken II *het* ❷ wat nodig is voor een bedrijf, vooral verplaatsbare hulpmiddelen ▼ *rollend ~* locomotieven en spoorwagens

materniteit *de (v)* moederschap **matglas** ondoorzichtig glas

mathematica *de (v)* wiskunde **mathematicus** *de (m)* [-ci] wiskundige **mathematisch** *bn* wiskundig **mathesis** ⟨-zis⟩ *de (v)* wiskunde

matig *bn* ❶ niet goed maar ook niet heel slecht: *een ~e leerling* ❷ niet heel veel, niet heel erg, niet extreem: *een ~e roker* ❸ sober **matigen** minderen, binnen de perken houden, zuiniger leven

matinee *de (v)* [-s] middagvoorstelling **matineus** *bn* ❶ vroeg op ❷ die de gewoonte heeft om vroeg op te staan

matje *het* [-s] kapsel voor mannen, met lang haar in de nek en vooraan kort

matrak BN, ook *de* [-ken] gummiknuppel, wapenstok

matras *het & de* [-sen] het deel van het bed waarop men ligt en dat bestaat uit een grote verende rechthoek die stijf gevuld is met zacht materiaal ▼ iron. *de Gooise ~* aanduiding van de omroepwereld in en rond Hilversum waar carrières vooral via het bed zouden gaan

matriarchaal *bn* van, volgens het matriarchaat **matriarchaat** *het* verschijnsel waarbij de macht in de familie zich bevindt bij vrouwen, vooral moeders

matrijs *de* [-trijzen] holle vorm waarin letters,

ma

munten, stempels, cd's e.d. worden gegoten of geslagen

matrix *de (v)* [-trices] ❶ schema met getallen in rijen en kolommen waarmee men kan rekenen ❷ basisvorm waarvan men afgietsels kan maken **matrixbord** verkeersbord boven een snelweg waarop de snelheid staat die op dat moment wordt voorgeschreven op basis van de verkeerssituatie **matrixprinter** printer die tekens afdrukt die zijn opgebouwd uit puntjes

matrone ⟨-tròna⟩ *de (v)* [-s, -n] statige getrouwde vrouw of weduwe

matroos *de (m)* [-trozen] zeeman of iemand die op een binnenvaartschip werkt, van de laagste rang **matrozenpak** ❶ uniform dat matrozen dragen ❷ kleding die lijkt op het uniform van matrozen

mats *de* slag

matse *de (m)* [-s] soort platte koek, gebakken van meel en water zonder rijsmiddel, door de joden met Pasen gegeten

matsen inform. iemand anders een voordeeltje bezorgen, iemand helpen op een niet-officiële manier: *ik mats je, je krijgt deze brommer voor € 300,-*

matten I *ww* ❶ een rieten zitting maken (in stoelen enz.) ❷ inform. vechten II *bn* ❸ gemaakt van riet of biezen **mattenklopper** voorwerp om vuil en stof uit matten te slaan **mattentaart** BN Geraardbergs gebak waarin mat (klonters van melk) of karnemelk is verwerkt met eieren en amandelen

matteren mat maken

Matth. Mattheus

mattie *de (m)* [-s] jong. vriend

mausoleum ⟨-zooleejum⟩ *het* [-s, -lea] groot en mooi grafmonument, praalgraf

mauve ⟨moo-⟩ *bn* zachtpaars

mauwen miauwen

mavo *de* [-'s] (vroeger) middelbaar algemeen voortgezet onderwijs

m.a.w. met andere woorden

max. maximum, maximaal

MAX *zn* omroeporganisatie, gericht op ouderen

maxi I *de (m) & het* ❶ die tot aan de enkels reikt, vooral van een rok of jurk II *voorvoegsel* ❷ heel groot of lang: *-rok* **maximaal** *bn* ❶ grootst mogelijk: *hij wil het maximale profijt hebben* ❷ hoogstens: *de rit duurt ~ twee uur* **maximaliseren** ⟨-zi-⟩ ❶ zo groot mogelijk maken: *de winst ~* ❷ comp. een venster vergroten en beeldvullend maken

maxime ⟨maksiem⟩ *het* [-n, -s] grondstelling, grondregel, leerspreuk

maximum *het* [-ma] het hoogste, grootste of meeste van iets: *tien is het ~ aantal boeken dat je per keer mag lenen bij deze bibliotheek* **maximumfactuur** BN financiële beschermingsmaatregel die de medische kosten van een gezin jaarlijks tot een plafondbedrag beperkt **maximumsnelheid** hoogste snelheid die is toegestaan: *de ~ is op deze weg honderd kilometer per uur*

mayo ⟨-joo⟩ spreekt. *de (v)* mayonaise **mayonaise** ⟨-joonèza⟩ *de (v)* [-s] gebonden saus van eierdooier met kruiden, olie, mosterd en azijn: *patat met ~*

mazelen I *de (mv)* erg besmettelijke virusziekte waarbij iemand rode vlekjes krijgt en die vooral voorkomt bij kinderen II *ww* ▼ *hij is gepokt en gemazeld in ...* hij is helemaal thuis in ..., heeft een ruime ervaring met ...

mazen ❶ gaten in een net of breiwerk camoufleren door de breisteek na te bootsen of een patroon op het breiwerk te borduren ❷ een versiering op breiwerk borduren: *een figuur op het rugpand ~*

mazout ⟨-zoet⟩ BN, ook *de (m)* stookolie

mazurka ⟨-zuur- of -zoer-⟩ *de* [-'s] ❶ Poolse volksdans ❷ op die dans geïnspireerd pianostuk

mazzel inform. *de (m)* [-s] buitenkansje, geluk **mazzelen** inform. boffen, geluk hebben, een voordeeltje behalen **mazzelkont** inform. *de (m)* iemand die boft, geluk heeft

MB comp. *de (m)* megabyte (*miljoen bytes*)

mbar millibar

mbo *het* middelbaar beroepsonderwijs **mbo'er** *de (m)* [-s] leerling aan het mbo

Mbps comp. megabit per seconde (*maat voor de snelheid van gegevensoverdracht*)

m.b.t. met betrekking tot

m.b.v. met behulp van

mc ❶ megacycle ❷ megahertz ❸ muz. Master of Ceremony (*rapper*)

m.d. ❶ met dank ❷ met deelneming

mdf *medium density fibreboard*, geperst board van middelharde dichtheid

mdgo middelbaar dienstverlenings- en gezondheidszorgonderwijs

MDMA *methyleendioxymethylamfetamine*, ecstasy

me *vnw* ❶ vorm van de eerste persoon enkelvoud (ik) als die geen onderwerp is en geen nadruk heeft: *ze had ~ gewaarschuwd* ❷ wederkerend voornaamwoord van de eerste persoon enkelvoud (ik): *ik heb ~ vergist*

m.e. middeleeuwen

ME *de (v)* ❶ mobiele eenheid ❷ myalgische encefalomyelitis

meander *de (m)* [-s] ❶ bocht in een rivier met veel linker- en rechterbochten ❷ versiering in de vorm van een rand met rechthoekige bochten

meao *het* middelbaar economisch en administratief onderwijs **meao'er** *de (m)* [-s] leerling aan een meao

mecanicien ⟨-sjè⟩ *de (m)* [-s] ❶ iemand die veel weet van werktuigen en krachten en bewegingen en die daarmee werkt, werktuigkundige ❷ (wielersport) begeleider voor onderhoud en reparatie van de fietsen ❸ BN ook monteur

meccano® *de (m)* [-'s] bepaald speelgoed waarmee gebouwd kan worden

mecenas *de (m)* [-sen, mecenaten] iemand die kunst en wetenschap beschermt en vaak kunstenaars of wetenschappers financieel steunt

mechanica *de (v)* leer van de verplaatsingen, vervormingen en bewegingen en de oorzaken daarvan, vooral m.b.t. vaste lichamen **mechanicus** *de (m)* [-ci] werktuigkundige **mechaniek** *de (v) & het* bewegend deel van een apparaat **mechanisch** *bn* ❶ wat gebeurt met behulp van werktuigen, machinaal ❷ wat te

maken heeft met de mechanica ❸ *fig.*
werktuiglijk, zonder nadenken **mechaniseren**
⟨-zi-⟩ menselijke arbeid vervangen door
machines **mechanisme** *het* [-n, -s] ❶ manier van
samenstelling en werking van werktuigen
❷ samenstel van bewegende delen waardoor
iets in werking gebracht wordt ❸ *fig.* manier
van samenstelling en functioneren van
instellingen e.d. en abstracte zaken
medaille ⟨meedajja⟩ *de* [-s] ❶ erepenning,
gedenkpenning, vooral als iemand eerste,
tweede of derde is geworden in een
sportwedstrijd: *de winnaar kreeg een gouden ~*
❷ penning met een godsdienstige afbeelding
medaillon ⟨meedajjon⟩ *het* [-s] (ei)rond hangertje
aan een ketting met twee opengaande helften
waarin iemand vaak een foto of ander
aandenken bewaart
mede *vgw* mee
medeaansprakelijk samen met anderen
aansprakelijk
mededeelzaam *bn* geneigd, bereid iets te
vertellen
mededelen meedelen
mededingen meedingen
mededogen *het* medelijden **mede-eigenaar**
iemand die iets bezit samen met één of meer
anderen **medeklinker** spraakklank die geen
klinker of tweeklank is en die wordt gevormd
doordat de uitstromende lucht in het
spraakkanaal wordt belemmerd: *~s zijn onder
andere b, c, d, f en g* **medelander** *de (m)* [-s]
inwoner van Nederland met een buitenlandse
achtergrond **medeleven I** *ww* ❶ →meeleven
II *het* ❷ het meevoelen met iemand die
problemen heeft of ongelukkig is: *zijn ~ betuigen
met de nabestaanden*
medelijden *het* het meeleven met en droefheid
over het lot van een ander: *~ met iemand hebben*
medelijdend *bn* die medelijden voelt of toont
medemens ieder ander mens, gezien als gelijk
aan ons en als iemand met wie we rekening
moeten houden **medemenselijkheid** *de (v)*
gevoel voor de medemens, naastenliefde
Meden *de (mv)* ▾ *een wet van ~ en Perzen* wet
zonder uitzonderingen
medenemen *ww* → meenemen
medeplichtig *bn* ook schuldig, samen met
anderen **medeschepsel** wezen dat net als wij
geschapen is
medestander *de (m)* [-s] iemand die dezelfde
overtuiging heeft, die hetzelfde doel nastreeft
medewerken *ww* → meewerken
medewerker ❶ iemand die met iets meehelpt,
aan iets meewerkt ❷ iemand die voor een
bedrijf, organisatie e.d. werkt
▾ *wetenschappelijk ~* iemand met een onderzoeks-
en onderwijsfunctie aan een universiteit
medewerking ❶ het meewerken: *deze serie is
gemaakt met ~ van ...* ❷ hulp, een positieve
bijdrage: *ik krijg van jou ook geen enkele ~*
medeweten *het* het van iets af weten ▾ *buiten
mijn ~* zonder dat ik ervan wist
medezeggenschap recht om mee te beslissen
medezeggenschapsraad overlegorgaan om
medezeggenschap uit te oefenen

media *de (mv)* organen voor de verspreiding van
informatie en kennis zoals kranten, radio en tv
▾ *sociale ~* internetdiensten waar gebruikers zelf
berichten e.d. kunnen plaatsen en delen met
andere gebruikers, zoals Facebook, YouTube,
Twitter
mediaan I *het* ❶ papierformaat ▾ *klein ~* 40 x 53
cm ▾ *groot ~* 43,5 x 56,5 cm **II** *de* [-anen] ❷ *wisk.*
zwaartelijn ❸ *stat.* lijn die een
frequentieverdeling verticaal scheidt
❹ lettersoort van elf punten
mediabestel manier waarop de
massacommunicatiemiddelen zoals radio en tv
zijn georganiseerd en zendtijd wordt verdeeld
mediacircus ophef in de media rond een
persoon of gebeurtenis **mediageniek** ⟨-zjə-⟩ *bn*
die goed overkomt op de televisie of in andere
media: *een ~e politicus*
mediamiek *bn* (spiritisme) van of via een
medium[1] of die werkt als medium
mediapastoraat christelijke zielzorg via radio
en tv **mediaspeler** *de (m)* [-s] computer, speciaal
voor het optimaal weergeven van audio- en
videobestanden op tv of hifi-set **mediatheek** *de
(v)* [-theken] bibliotheek(afdeling) met kranten,
bladen, video- en geluidsbanden en nieuwe
media
mediation ⟨miediejeesjən⟩ *de (v)* bemiddeling bij
(juridische) conflicten **mediator** ⟨miedie-eetəR⟩
de (m) [-s], **mediator** [-s, -toren] bemiddelaar bij
(juridische) conflicten
medicament *het* geneesmiddel **medicatie** *de (v)*
behandeling met het voorschrijven van
geneesmiddelen **medicijn** *de & het* middel om
een mens of dier te genezen, geneesmiddel
▾ *~en* de studie geneeskunde: *hij studeert ~en*
medicijnman persoon die bij natuurvolken
zieken geneest met magische praktijken of met
kruiden **medicinaal** *bn* ❶ geneeskrachtig:
medicinale kruiden ❷ gebruikelijk in de
geneeskunde **medicus** *de (m)* [-ci] ❶ praktisch
beoefenaar van de geneeskunde, dokter
❷ student in de geneeskunde
mediëvist *de (m)* specialist in middeleeuwse
geschiedenis
medio *bw* in het midden: *~ 2007* in het midden
van het jaar 2007
mediocre *bn* middelmatig
medior ⟨miedie(j)ər⟩ *de (m)* [-s, -oren] ❶ functie,
beroepsniveau, tussen junior- en seniorfunctie
❷ iemand die zo'n functie bekleedt, die zich op
zo'n beroepsniveau bevindt
medisch *bn* wat hoort bij of te maken heeft met
de geneeskunde en de gezondheid: *verslaving is
een sociaal en een ~ probleem*
meditatie *de (v)* [-s, -tiën] ❶ het mediteren
❷ godsdienstige overdenking of bespiegeling
mediteren ❶ een bepaalde geestelijke activiteit
beoefenen ter ontspanning of
bewustzijnsverruiming of eenwording met God
of een godheid ❷ zich in gedachten verdiepen,
zich concentreren op bepaalde gedachten
mediterraan *bn* wat behoort tot of kenmerkend
is voor het Middellandse-Zeegebied
medium[1] I *het* [-s] ❶ tussenpersoon (*vooral bij een
spiritistische seance*) **II** *het* [media] ❷ middel

me

waarmee iets, vooral informatie, wordt overgebracht

medium² ⟨mie-⟩ *bn* van gemiddelde grootte, sterkte enz. **medium shot** ⟨miediejam sjot⟩ filmopname van iemand tot en met zijn middel

mediwiet door een arts voorgeschreven wiet

medley ⟨-lie⟩ *de (m)* [-s] muzikale potpourri

medoc *de (m)* [-s] wijn uit een streek in het zuidwesten van Frankrijk, boven Bordeaux

mee *bw* met: *zal ik mijn broer ~nemen?* ▼ *niet ~ hebben* niet in zijn voordeel hebben

meebrengen ❶ iets van de ene plaats naar de andere meenemen: *breng je morgen dat boek mee?* ❷ *fig.* als gevolg hebben: *deze verhuizing brengt veel werk met zich mee* **meedelen** ❶ een deel geven of krijgen: *~ in de winst* ❷ vertellen, bekendmaken

meedingen meedoen in een strijd om een prijs, opdracht e.d. te winnen **meedoen** samen met anderen iets doen, deelnemen

meedogenloos *bn* zonder medelijden, hardvochtig: *een ~ heerser* **meedraaien** ❶ tegelijk met iemand of iets draaien ❷ *fig.* met anderen meedoen in vaste verplichtingen: *zijn zoon draait al mee in het familiebedrijf*

mee-eter ❶ iemand die mee-eet ❷ verstopt talgkliertje in de huid

meegaand *bn* toegevend, geneigd om te doen wat anderen graag willen, geneigd tot gehoorzamen **meegenomen** *bn* een buitenkansje, iets dat iemand alvast heeft: *dat is alvast mooi ~*

meegeven ❶ geven om mee te nemen: *ze geeft haar kind een lunchpakketje mee naar school* ❷ doorbuigen, een beetje veerkrachtig zijn: *deze plastic stoelen geven mee als je beweegt*

meegevoel het met iemand meevoelen

meekomen ❶ komen met iets of iemand anders: *uw boek is niet met deze zending meegekomen; komt Jan morgen ook mee?* ❷ bijhouden, net zo goed zijn als de anderen: *hij kan niet goed ~ op school*

meekrap *de* plant met bloemen van de familie van de sterbladigen die vroeger werd gebruikt voor kleurstof (Rubia tinctorum)

meekrijgen ❶ krijgen om mee te nemen ❷ overhalen, vooral om mee te doen: *ze probeerde hem mee te krijgen in haar plannen* ❸ iets aan informatie opvangen: *ik heb iets meegekregen van die nieuwe plannen* ❹ ergens iets van leren: *zij heeft niets meegekregen van die cursus*

meel *het* ❶ poeder van gemalen graan ❷ andere poedervormige stoffen **meeldauw** plantenziekte waardoor een plant met een wit laagje overdekt wordt **meeldraad** stuifmeelvormend orgaan

meeleven meevoelen met iemand die problemen heeft of ongelukkig is

meeliften liften en meerijden met iemand anders ▼ *~ op* profiteren van: *de actrice liftte mee op het succes van haar beroemde moeder*

meelij *het* medelijden

meelijwekkend *bn* zo, dat het medelijden oproept: *een ~e vertoning*

meelokken proberen over te halen om mee te gaan: *de man lokte de kinderen mee door snoepjes*

aan te bieden **meelopen** ❶ samen met iemand anders of anderen (ergens naartoe) lopen ❷ *fig.* meedoen met anderen, vooral in negatieve zin **meeloper** iemand die met anderen meedoet

meelworm larve van de meeltor: een kever die in meel leeft

meemaken ❶ deelnemen aan, meedoen met ❷ beleven: *bijzondere dingen ~ op vakantie*

meeneemchinees BN *de (m)* [-chinezen] afhaalchinees **meenemen** ❶ als men ergens naartoe gaat ook iets naar die plaats vervoeren of samen met iemand anders gaan: *neem je die dvd mee als je komt?; neem je je broer ook mee als je komt?* ❷ ook behandelen of doen terwijl men bezig is: *als we de kamer schilderen, nemen we de deur ook mee* ▼ *dat is mooi meegenomen* dat is een aardig voordeeltje

meent *hist. de* ❶ onverdeelde gemeenschappelijke weidegrond ❷ de boeren die het recht hebben daar hun vee te laten grazen

meeprater iemand die anderen napraat of zegt wat anderen willen horen

meer I *het* [meren] ❶ grote waterplas II *bn* ❷ in grotere hoeveelheid, in hogere mate: *als ik ~ werk, verdien ik ~ geld* ▼ *iets niet ~ doen, willen* er niet mee doorgaan ▼ *naar ~ smaken* lekker smaken, zodat men meer wil

ME'er *de (m)* [-s] lid van de ME

meerdaags, meerdaags *bn* voor de duur van meer dan één dag

meerder *bn* ❶ groter, verhevener ❷ verscheidene, meer dan één: *~e mensen werden ziek* **meerdere** *de* [-n] iemand die in de hiërarchie boven iemand anders staat **meerderen** meer maken, vermeerderen ▼ *steken ~* bij breien en haken er meer steken bij maken **meerderheid** *de (v)* [-heden] ❶ meer dan de helft, het grootste aantal: *de ~ stemde voor het voorstel* ❷ geestelijk overwicht, overmacht

meerderheidsbelang (economie) deelneming in het kapitaal van een bedrijf van meer dan 50% **meerderheidskabinet** kabinet dat gesteund wordt door de meerderheid van het parlement **meerderjarig** *bn* boven een bepaalde leeftijd en daarom gerechtigd om zelfstandig te handelen **meerderwaardigheidsgevoel** gevoel dat men beter is dan anderen

meerjarenplan economisch plan voor enkele jaren tegelijk **meerjarig** *bn* wat twee of meer jaar duurt

meerkamp wedstrijd met verschillende onderdelen

meerkat apensoort met een lange staart (Cercopithecus)

meerkeuzetoets test waarbij bij elke vraag tussen meerdere mogelijke antwoorden gekozen moet worden

meerkoet watervogel met een witte plek op de kop (Fulica atra)

meerkosten *de (mv)* extra kosten **meerledig** *bn* wat bestaat uit meer dan twee leden of delen **meerling** *de (m)* meer dan één kind uit dezelfde zwangerschap

meermaals *bw*, **meermalen** verschillende keren: *het is ~ voorgekomen dat ...*

meermin *de (v)* [-nen] mythologisch wezen: half vrouw, half vis

meeroken ongewild de tabaksrook van anderen inademen

meeropbrengst extra opbrengst

meerpaal paal om een schip aan te meren

meerpartijenstelsel systeem met meerdere politieke partijen, waarbij ook meerdere partijen in het parlement vertegenwoordigd kunnen zijn

meerprijs extra bedrag dat boven op de basisprijs komt

meerschuim poreus gelig mineraal

meerslachtig *bn* wat meer dan één geslacht heeft **meerstemmig** *bn* voor meer dan één zangstem **meertalig** ❶ met of in meer dan één taal ❷ die meer talen spreekt

meertouw touw om een schip mee vast te maken aan de wal, een paal e.d. **meertros** touw of kabel om een schip mee vast te maken aan de wal, een paal e.d.

meerval *de (m)* [-len] grote rivierroofvis (Siluris glanis)

meervoud *taalk. het* categorie die uitdrukt dat het aantal meer dan één is: *'huizen' is het ~ van 'huis'* **meervoudig** *bn* in het meervoud ▾ *jur. ~e kamer* kamer die bestaat uit drie rechters **meervoudsvorm** *taalk.* vorm van het meervoud: *'huizen' is de ~ van 'huis'*

meerwaarde ❶ het bedrag dat overblijft na aftrek van het hypotheekbedrag van de waarde van het huis of het gebouw waarvoor iemand de hypotheek heeft, overwaarde ❷ geld dat overblijft na aftrek van loonkosten of van de rente die iemand betaalt, winst ❸ *fig.* extra waarde die iets heeft boven iets anders: *de ~ van een klein bedrijf is het persoonlijke contact* **meerwerk** extra werk waarmee geen rekening is gehouden in de oorspronkelijke plannen: *het aanbrengen van een extra wandcontactdoos geldt als ~*

mees *de* [mezen] klein, geel met blauw of geel met zwart zangvogeltje van de familie Paridae

meeslepen ❶ iets verplaatsen door het met zich mee te slepen: *een zware tas ~* ❷ meenemen, bij zich hebben: *hij sleept altijd zijn knuffelbeer mee* ▾ *iemand in zijn val ~* met zijn eigen ondergang ook de ondergang van een ander veroorzaken ▾ *zich door iets laten ~* aan iets meedoen of zich aan iets overgeven, niet omdat iemand daar duidelijk voor heeft gekozen, maar onder invloed van anderen: *de mensen laten zich ~ door zijn strijdlustige taal*

meeslepend *bn* wat dezelfde stemming of gevoel oproept bij anderen, wat anderen in vervoering brengt, heel boeiend: *een ~ verhaal*

meesmuilen [meesmuilde, h. gemeesmuild] spottend, ongelovig glimlachen

meespelen ❶ met anderen spelen ❷ *fig.* ook van belang zijn, ook van invloed zijn: *hij is nog jong, dat speelt ook mee bij deze beslissing*

meespreken ❶ deelnemen aan een gesprek ❷ meebeslissen ❸ ook van belang zijn

meest I *bn* ❶ grootste deel of hoeveelheid II *bw* ❷ meestal ▾ *het ~* het vaakst

meestal *bw* heel vaak, bijna altijd: *op zondag ga ik ~ naar mijn oma*

meestbegunstigd *bn* die de gunstigste voorwaarden krijgt, die het beste krijgt

meestbiedende *de* [-n] degene die het meeste biedt **meestendeels** *bw* voor het grootste deel **meestentijds** *bw* meestal, het grootste deel van de tijd

meester *de (m)* [-s] ❶ meerdere, baas ❷ leermeester, onderwijzer ❸ iemand die het doctoraalexamen in de rechten heeft gehaald ❹ groot kunstenaar, groot kenner ❺ titel bij dammen of schaken, lager dan grootmeester ❻ *hist.* rang van iemand die een ambacht zelfstandig mocht uitoefenen ▾ *zich ~ maken van iets* in zijn macht krijgen, veroveren ▾ *iets ~ zijn* kunnen, beheersen

meesterbrein iemand die iets ingewikkelds, vaak een ingewikkelde misdaad, bedenkt: *het ~ achter deze bankroof* **meesteres** *de (v)* [-sen] ❶ vrouw die gebiedt of heerst ❷ vrouw die in een seksuele relatie de rol speelt van de strenge heerseres **meestergast** BN voorman, ploegbaas **meesterlijk** *bn* voortreffelijk, heel erg goed **meesterschap** *het* het goed kennen of kunnen van iets **meestertitel** van meester, vooral van iemand die het doctoraalexamen in de rechten heeft gehaald **meesterstuk** ❶ voortreffelijk werk, iets dat heel goed is ❷ *hist.* proefstuk voor het verkrijgen van de meestertitel binnen een ambacht **meesterwerk** heel erg goed werk: *dit schilderij is een ~*

meet *de* [meten] ❶ beginstreep, begin ▾ *van ~ af aan* vanaf het begin ❷ eindstreep, finish

meet-and-greet ⟨miet-end-Griet⟩ *de* [-s] georganiseerde kortstondige ontmoeting met een beroemdheid

meetbaar *bn* mogelijk om te meten, wat gemeten kan worden **meetband** *de (m)* metalen meetlint

meetbrief door de overheid verstrekt document na meting door een beëdigd scheepsmeter, waarin de grootte van een schip en andere kenmerken staan vermeld

meetellen ❶ bij het tellen meerekenen ❷ van belang zijn ❸ gezag of aanzien hebben: *hij telt mee in de voetbalwereld*

meeting ⟨mie-⟩ *de* [-s] openbare vergadering, bijeenkomst

meetkunde wiskundige leer van de eigenschappen van lijnen, vlakken en lichamen

meetlat lat met maatverdeling in centi- en decimeters om te meten ▾ *fig. iemand langs de ~ leggen* iemand beoordelen

meetronen door fraaie praatjes meelokken, overhalen om mee te gaan

meetsnoer koord of lint om mee te meten

meeuw *de* verschillende soorten vogels van de familie Laridae, in Nederland vaak te vinden aan zee

meevallen beter zijn of aflopen dan men verwacht had **meevaller** *de (m)* [-s] ❶ wat meevalt ❷ onverwacht voordeeltje **meevoeren** met zich meenemen ergens naartoe

meewarig *bn* medelijdend-vriendelijk

meewerken ❶ met anderen aan iets werken: *~ aan een project* ❷ helpen, een positieve bijdrage leveren: *ik wil je helpen, maar dan moet je wel ~*

me

▼ **taalk.** *~d voorwerp* persoon of zaak aan of voor wie of wat iets bestemd is: *'hem' is ~d voorwerp in de zin: ik schrijf hem een brief*

meezinger *de (m)* [-s] liedje dat mensen graag en gemakkelijk meezingen

meezitten gunstig meewerken: *we willen gaan picknicken, maar het weer zit niet mee* ▼ *het zit me niet mee vandaag* ik heb vandaag veel pech

mega *voorvoegsel* ❶ een miljoen maal: *~byte* ❷ **inform.** heel groot **megabyte** comp. 1.048.576 bytes, eenheid waarin de geheugencapaciteit wordt uitgedrukt **megafoon** *de (m)* [-s] trechter als geluidsversterker voor de menselijke stem **megahertz** 1 miljoen hertz **megahit** iets dat heel erg populair is, vooral een muzieknummer **megaliet** *de (m)* reusachtige steen **megalomaan** **I** *bn* ❶ bezeten door grootheidswaan: *een ~ heerser* ❷ getuigend van grootheidswaan: *megalomane plannen* **II** *de (m)* [-manen] ❸ iemand met grootheidswaan **megaster** wereldberoemd persoon, vaak een artiest of sporter **megaton** 1 miljoen ton

mei *de (m)* ❶ vijfde maand ❷ tak met bladeren, meidoorntak **meiboom** boom die op 1 mei of Pinksteren, of bij geboorte, huwelijk e.d. wordt opgericht als symbool van nieuw ontwakend leven

meid *de (v)* ❶ meisje, jonge vrouw ❷ dienstbode **meidenhuis** ❶ huis voor de opvang van meisjes of vrouwen in moeilijkheden ❷ (studenten)huis waar alleen meisjes wonen

meidoorn heesterachtige boom (Crataegus)

meieren spreekt. zaniken

meikers vroege kersensoort **meikever** kever die in de grond leeft en waarvan het imago zich in mei ontpopt (Melolontha Melolontha)

meineed jur. het opzettelijk afleggen van een valse verklaring onder ede

meisje *het* [-s] ❶ kind van het vrouwelijk geslacht ❷ jeugdig vrouwelijk persoon ❸ vriendin, geliefde: *zij is mijn ~* ❹ dienstmeisje, vrouwelijke bediende: *winkel~* **meisjesboek** boek voor meisjes **meisjesgek** iemand die gek is op meisjes **meisjesnaam** ❶ voornaam van een vrouwelijk persoon ❷ eigen familienaam van een getrouwde vrouw **meisjesschool** school voor meisjes

mej. mejuffrouw **mejuffrouw** *de (v)* juffrouw

mekaar spreekt., **mekander** *vnw* elkaar

mekka *het* [-'s] ideale, geliefde plaats voor iets: *deze kust is het ~ voor surfers*

mekkeren ❶ ⟨van schapen en geiten⟩ een hoog blatend geluid maken ❷ **inform.** zaniken, zeuren: *heb je weer wat te ~?*

melaats *bn* die lijdt aan melaatsheid **melaatsheid** *de (v)* infectieziekte die huidaandoeningen en misvormingen veroorzaakt door beschadigingen van zenuwen, lepra

melancholicus *de (m)* [-ci] iemand die lijdt aan melancholie, zwaarmoedig iemand **melancholie** *de (v)* triest somber gevoel, zwaarmoedigheid: *er overvalt me een soort melancholie ~ als ik die mooie, oude gebouwen zie die afgebroken worden* **melancholiek**, **melancholisch** *bn* somber, droevig, zwaarmoedig: *ze draait altijd van die ~e*

muziek

melange ⟨meelăzjə⟩ *de (m)* & *het* [-s] mengsel, mengeling

melanoom *het* [-nomen] heel kwaadaardige huidkanker

melasse *de* suikerstroop

melde *de* geslacht van kruiden en struikachtige planten (Atriplex)

melden vertellen, laten weten: *ik wilde even ~ dat ik morgen niet kom* ▼ *zich ~* laten weten dat men er is: *zich ~ bij de portier* ▼ *zich ~ bij de politie* contact opnemen met de politie en zeggen wie men is (en wat men heeft gezien of gedaan) **melder** *de (m)* [-s] persoon die of toestel dat iets meldt: *brand~* **melding** *de (v)* ▼ *~ maken van* melden, laten weten, noemen: *er werd ~ gemaakt van een uitslaande brand* **meldkamer** afdeling, vooral van de politie, waar meldingen binnenkomen **meldpunt** *het* instantie, organisatie e.d. waaraan men meldingen, klachten e.d. kan doorgeven

mêleren ⟨mè-⟩ mengen: *een gemêleerd publiek*

melig *bn* ❶ meelachtig ❷ flauw-grappig: *~e grappen*

melis *de (m)* witte suiker

melisse, **melis** *de* keukenkruid dat naar citroen geurt, citroenmelisse

melk *de* ❶ witte vloeistof die vrouwen en vrouwelijke zoogdieren afscheiden om pasgeborenen te voeden ▼ *land van ~ en honing* land van overvloed ▼ *iets in de ~ te brokk(el)en hebben* iets te vertellen, in te brengen hebben ❷ vloeistof die eruitziet als melk: *reinigings~* ❸ sap van sommige vruchten of planten **melkboer** iemand die zuivelproducten verkoopt **melkboerenhondenhaar** *het* lichtblond piekhaar **melkbrood** brood dat met melk is gemaakt **melkchocolade**, **melkchocola** chocolade die met melk is gemaakt **melkdistel** distel die melkachtig sap bevat

melken [molk / melkte, h. gemolken] ❶ melk uit een uier van een dier laten stromen: *de koeien ~* ❷ fokken om er nut van te hebben: *duiven ~* ❸ **fig.** lang blijven zeuren of doorvragen over iets **melkerij** *de (v)* ❶ het houden van melkvee ❷ plaats waar gemolken wordt ❸ BN ook melkfabriek **melkfabriek** bedrijf dat de melk verwerkt die door boeren wordt geleverd **melkgebit** gebit van kinderen, dat rond het zevende levensjaar wordt vervangen door het blijvende gebit **melkglas** ❶ wit ondoorzichtig glas ❷ glas waaruit men melk drinkt **melkkies** kies van het melkgebit **melkkoe** ❶ koe die wordt gehouden vanwege van haar melk ❷ **fig.** iets dat geregeld geld opbrengt **melkkruid** sleutelbloemachtige plant die voorkomt op zoute of brakke plaatsen, zoals dijken (Glaux maritima) **melkmuil** *de (m)* onervaren jongeman: *dat is nog zo'n ~, die weet niks* **melkpoeder** melk in poedervorm **melkquotering** maatregel die de maximum hoeveelheid koemelk bepaalt die melkveehouders mogen produceren **melkronde** BN rit van een rijdende melkboer, melkwijk **melksap** melkachtig vocht van sommige planten **melksuiker** suiker die in melk voorkomt

melktand tand van het melkgebit **melkvee** vee dat wordt gehouden om de melk **melkwagen** wagen om melk te vervoeren

Melkweg het sterrenstelsel waartoe de aarde behoort

melkwit bn wit als melk **melkzuur** zuur dat onder andere in zure melk voorkomt

mellow ‹-loo› bn rustig, harmonieus, zweverig: ~ house blije, rustige housemuziek: een ~ gevoel

melodie de (v) [-ën] ❶ reeks van tonen die ritmisch gerangschikt zijn en die een muzikaal geheel vormen, zangwijs ❷ reeks van klanken of woorden die mooi klinkt: de ~ van dit gedicht ❸ toonhoogteverschillen in een taaluiting: de zinsmelodie **melodieus**, **melodisch** bn wat mooi klinkt, zangerig

melodrama ❶ toneelstuk of film waarbij heftig op het gevoel wordt gewerkt, sentimenteel droevig stuk ❷ fig. situatie met heftige gevoelens die een beetje overdreven aandoen **melodramatisch** ❶ als in een melodrama ❷ fig. met overdreven heftige uitdrukking van gevoelens

meloen de ❶ plant met zoetige sappige ronde of ovale komkommerachtige vruchten (Cucumis melo) ❷ vrucht ervan

melomaan de (m) [-manen] iemand die gek is op muziek

meltdown ‹-daun› de (m) [-s] het smelten van de lading van een kernreactor door een storing in het koelsysteem

membraan het & de [-branen] dun plaatje, vlies of huidje dat een afscheiding vormt

memmen I ww ❶ inform. zaniken II de (mv) ❷ vulg. borsten

memo het & de (m) [-'s] kort schriftelijk bericht of mededeling **memoblok** blok met blaadjes die er gemakkelijk uitgescheurd kunnen worden, voor notities, korte berichten e.d.

memoires ‹meemwaarəs› de (mv) persoonlijke herinneringen die iemand op papier heeft gezet: de ~ van Churchill

memorabel bn de moeite waard om het zich te blijven herinneren, gedenkwaardig: een ~e dag

memorandum het [-s, -da] ❶ diplomatieke schriftelijke mededeling ❷ herinneringsboek, gedenkboek

memoreren ❶ in het geheugen terugroepen, in herinnering brengen ❷ in het kort herhalen

memorie de (v) [-s] ❶ geheugen ▼ kort van ~ zijn dingen snel vergeten ❷ herinnering ❸ schriftelijke toelichting bij een wetsvoorstel of verzoekschrift ▼ ~ van toelichting toelichtende verklaring **memoriseren** ‹-zi-› van buiten leren

men vnw de mensen, persoon die niet met name genoemd wordt of die niet bekend is

menagerie ‹-zjə-› de (v) [-ën, -s] verzameling wilde dieren

mendelen kruisen en overerven van eigenschappen volgens de wetten van Mendel

meneer de (m) [-neren] mijnheer

menen ❶ denken, van mening zijn ❷ in ernst bedoelen: dat meent hij toch niet?

menens bn ernst ▼ het is hem ~ hij meent het serieus

mengeldichten de (mv) verschillende soorten gedichten **mengeling** de (v) mengsel, combinatie: ze keek me aan met een ~ van medelijden en twijfel **mengelmoes** de & het onordelijk mengsel, samenraapsel

mengen door elkaar doen ▼ zich ~ in zich bemoeien met, meedoen aan

mengkraan twee kranen met een gemeenschappelijke uitmonding voor koud en warm water **mengpaneel** elektronisch apparaat waarmee men een aantal geluiden door elkaar mengt **mengsel** het [-s] wat gemengd is **mengsmering** de (v) brandstof voor bromfietsen: benzine gemengd met wat olie **mengtaal** taal die elementen van verschillende talen bevat **mengvorm** iets met elementen van verschillende stijlen, stelsels e.a.

menhir de (m) [-s] voorhistorische grote rechtopstaande stenen zuil

menie de ❶ rood loodoxide dat dient als kleurstof ❷ verf hiervan **meniën** met menie bestrijken

ménière ‹meenjèrə› de (v) ziekte van Ménière, aandoening aan het binnenoor waardoor klachten als slechthorendheid, duizeligheid en oorsuizen ontstaan

menig telw nogal veel **menigeen** vnw nogal veel mensen **menigmaal** bw tamelijk vaak **menigte** de (v) [-n, -s] groot aantal, grote groep: een mensen~ **menigvuldig** bn veel, talrijk

mening de (v) oordeel, wat iemand van iets vindt **meningitis** ‹-ningie-› de (v) hersenvliesonsteking **meningokok** ‹-nin-goo-› de [-ken], meningococcus bacterie die hersenvliesontsteking veroorzaakt **meningsverschil** ❶ situatie waarbij mensen het niet met elkaar eens zijn ❷ euf. ruzie

meniscus de (m) [-sen] kraakbeenschijf in het kniegewricht

menist I de (m) ❶ doopsgezinde II bn ❷ doopsgezind

mennen met teugels besturen van een trekdier voor een wagen: een paard voor een wagen ~

mennoniet de (m) iemand die doopsgezind is, doopsgezinde

menopauze het ophouden van de menstruatie in de overgangsjaren van een vrouw na een bepaalde leeftijd

menora de (m) [-'s] joodse zevenarmige kandelaar

menorragie de (v) langdurige of buitensporige menstruatie

mens I de (m) ❶ levend wezen met cultuur, zoogdier van de soort Homo Sapiens van de orde van de primaten ▼ de inwendige ~ versterken eten en drinken ❷ persoon: hoeveel ~en komen er op het feest? II het ❸ vrouw, vooral een vrouw die men leuk of juist niet leuk vindt of met wie men medelijden heeft: die vrouw is echt een leuk ~; dat ~ van hiernaast verwaarloost haar katten **mensa** ‹-zaa› de [-'s] gelegenheid waar studenten goedkoop warme maaltijden kunnen verkrijgen **mensaap** aap die veel op de mens lijkt **mensdom** het alle mensen van vroeger en nu **menselijk** bn ❶ wat te maken heeft met de mens: het ~ lichaam bestaat voor een groot deel uit water ❷ vriendelijk en niet wreed: het is niet ~

zoals hij zijn schoonmaakster behandelt

menselijkerwijs, menselijkerwijze *bw* volgens menselijke vermogens

mensendieck *het* therapie voor klachten van het bewegingsapparaat, gericht op het veranderen van houding en bewegingen

menseneter iemand die mensenvlees eet **mensengedaante** gedaante, uiterlijk van een mens **mensengeslacht** ❶ mensdom ❷ generatie

mensenhaai grote haai die mensen eet

mensenheugenis ▼ *sinds* ~ voor zover de mensen die nu leven zich kunnen herinneren, erg lang

mensenkennis inzicht in hoe mensen zijn, het goed aanvoelen van iemands karakter en bedoelingen **mensenkind** mens ▼ *~eren* uitroep van verbazing: *~eren, hoe is het mogelijk?!*

mensenoffer offer waarbij een mens of mensen worden gedood **mensenras** ras onder de mensen

mensenrechten *de (mv)* rechten die ieder mens hoort te hebben, zoals het recht op onderwijs, het recht op vrijheid om zijn mening te uiten

mensenschuw die de omgang met mensen vermijdt **mensenvriend** iemand die probeert goed te doen voor anderen **mensenwerk** (onvolmaakt) werk van mensen

mens-erger-je-niet[®] *het* gezelschapsspel met een bord waarop iedere deelnemer zo snel mogelijk een traject moet afleggen met vier pionnen **mensheid** *de (v)* ❶ alle mensen bij elkaar ❷ het mens zijn, menselijke natuur

mensjaar manjaar **menskunde** ❶ leer van het menselijk lichaam ❷ wetenschap die de mens bestudeert **menslievend** *bn* die veel voor andere mensen overheeft **mensonterend** *bn* de mens onwaardig, in strijd met de menselijke waardigheid **mensonwaardig** in strijd met de waardigheid van de menselijke natuur

menstruatie *de (v)* periodieke afstoting van het baarmoederslijmvlies die gepaard gaat met bloeding, bij vrouwen en meisjes in de vruchtbare leeftijd **menstruatiecyclus** cyclus van veranderingen in het lichaam van een vrouw die geslachtsrijp is, tussen de pubertijd en de menopauze, en die te maken heeft met de vruchtbaarheid **menstrueren** menstruatie hebben

mensuur ⟨-z*uur*⟩ *de (v)* [-suren] ❶ muz. onderlinge verhouding m.b.t. maat en toon ❷ muz. onderlinge verhouding van delen van een instrument ❸ afstand tussen de tegenstanders bij schermen

menswaardig wat past bij de menselijke waardigheid, waar een mens recht op heeft: *iemand een ~ bestaan bieden*

menswetenschappen *de (mv)* wetenschappen die zich bezighouden met de gedragingen van de mens, zoals psychologie en sociologie

menswording *de (v)* het mens worden, het aannemen van een menselijk lichaam door een hoger wezen, vooral door Christus

mentaal *bn* wat te maken heeft met de geest, psychisch **mentaliteit** *de (v)* wijze van denken en voelen, manier waarop iemand de dingen ziet en benadert: *een agressieve ~*

menthol *de (m)* pepermuntkamfer, extract uit

pepermuntolie

mentor *de (m)* [-toren, -s] leidsman, raadsman, bijv. een begeleider binnen een opleiding of bij een baan **mentoraat** *het* [-raten] begeleiding bij studie, studiekeuze e.d. **mentrix** *de (v)* [-trices] vrouwelijke mentor

menu *het & de (m)* [-'s] ❶ lijst van gerechten die men kan bestellen ❷ comp. lijst van mogelijkheden die op het beeldscherm verschijnt als onderdeel van een computerprogramma **menubalk** comp. balk op het beeldscherm met de keuzemogelijkheden binnen het programma

menuet *het & de (m)* [-ten] oude Franse dans met afgemeten bewegingen in driekwartsmaat

mep *de* [-pen] klap, slag **meppen** slaan, een klap geven

MER milieueffectrapportage

meranti *het* tropisch hardhout uit Oost-Azië

merbau, merbau *het* harde, donkere houtsoort, o.a. gebruikt voor kozijnen, deuren en trappen

merchandise ⟨m*ùrts*jɘnd*ajs*⟩ *de* koopwaar, gefabriceerd om een ander product, een merk enz. te promoten of om de sfeer daarvan uit te dragen, bijv. T-shirts met de naam of het logo van een automerk, film of rockband

merci *tw* dank je

merel *de* [-s] vogel uit de familie van de lijsters (Turdus merula) ▼ BN, spreekt. *een witte ~* iets zeer zeldzaams, iemand met zeldzaam hoge kwaliteiten

meren een schip vastleggen aan een paal o.i.d.

merendeel het grootste gedeelte **merendeels** *bw* voor het grootste deel

merengue ⟨merèngGɘ⟩ *de (m)* [-s] Latijns-Amerikaanse dans en muziek

merg *het* ❶ vettige stof in holle beenderen ▼ *door ~ en been* doordringend, vreselijk om te horen: *de angstkreet ging mij door ~ en been* ❷ fig. het binnenste, het beste van iets

mergel *de (m)* mengsel van klei en kalk **mergelgroeve** plaats waar mergel uit de bodem wordt gegraven **mergelsteen** natuursteen met mergel als bestanddeel

mergpijp stuk been met merg

meridiaan *de (m)* [-anen] ❶ denkbeeldige lengtecirkel over het aardoppervlak ❷ ⟨acupunctuur⟩ denkbeeldige lijn over het lichaam **meridionaal** *bn* ❶ van noord naar zuid ❷ zuidelijk

meringue ⟨meerèGɘ⟩ *de (m)* [-s] gebakje van schuim

merinos *het* [-sen] ❶ Spaans schaap met fijne wol ❷ stof van die wol

merites *de (mv)* verdiensten, goede eigenschappen, goede dingen die iemand doet of heeft gedaan: *iemand op zijn ~ beoordelen*

merk *het* ❶ kenteken of aanduiding die de maker of verkoper op een product aanbrengt ❷ het product zelf: *dure ~en dragen* **merkartikel** artikel dat onder een bepaalde merknaam wordt verkocht

merkbaar *bn* zo dat men het merkt, waarneembaar **merken** ❶ op de een of andere manier weten of te weten komen, waarnemen: *ik merkte dat hij zenuwachtig was* ❷ van een merkteken voorzien

merkkleding kleding van een duurder merk

merklap lap met oefeningen in borduurwerk

merknaam naam van een product die als handelsmerk dient **merkteken** teken waarmee iets gemerkt is **merkvast** die altijd een product van hetzelfde merk gebruikt

merkwaardig *bn* vreemd, interessant, opmerkelijk **merkwaardigerwijs** *bw* vreemd genoeg, wat vreemd is: *~ is dit belangrijke feit niet genoemd*

merrie *de (v)* [-s] vrouwelijk paard **merrieveulen** vrouwelijk veulen

mes *het* [-sen] voorwerp om mee te snijden ▼ *onder het ~ gaan* geopereerd worden ▼ *het ~ snijdt aan twee kanten* er is in alle opzichten voordeel ▼ *iemand het ~ op de keel zetten* druk uitoefenen en zo tot iets dwingen

mescaline *de & het* drug die hallucinaties veroorzaakt, afkomstig van de Mexicaanse cactussoort peyotl

mesjogge, **mesjokke** spreekt. *bn* gek

meso ‹-zoo› *voorvoegsel* midden: *~structuur* **mesolithicum** *het* tijdperk tussen de oude en jonge steentijd

meson ‹-zon› nat. *het* kernfysisch deeltje dat bestaat uit een quark en een antiquark

mesozoïcum *het* voorlaatste geologische hoofdtijdperk, ± 225 tot 65 miljoen jaar geleden

mespunt *de & het* ❶ punt van een mes ❷ zoveel als op de punt van een mes kan: *een ~je zout toevoegen*

mess *de (m)* [-es] ruimte waar officieren kunnen eten

messenlegger *de (m)* [-s] standaardje om het tafelmes op te leggen **messenslijper** *de (m)* [-s] ❶ iemand die messen slijpt ❷ klein slijptoestel **messentrekker** *de (m)* [-s] iemand die gauw met zijn mes trekt

messiaans *bn* als of wat te maken heeft met een verlosser, een messias: *hij heeft ~e trekjes* **Messiaans** *bn* ‹christendom› wat te maken heeft met de Messias **Messias** *de (m)* ‹christendom› de verwachte verlosser

messing I *het* ❶ geel koper II *de* ❷ uitstekende rand van een plank die past in de groef van een andere plank

messteek steek met een mes: *het slachtoffer is met messteken om het leven gebracht*

mest *de (m)* dierlijke uitwerpselen of kunstmatig verkregen stoffen om grond vruchtbaar te maken **mestbank** organisatie voor het innemen en verdelen van mest **mesten** ❶ mest brengen op het land ❷ een dier of dieren zoveel voeren dat ze vet worden

mesthoop stapel mest

mesties *de* [-stiezen] iemand van indiaanse en blanke afstamming

mestinjector *de (m)* [-toren,-s] werktuig om mest direct in de grond te spuiten **mestkalf** kalf dat vetgemest wordt **mestkever** kever die van mest leeft **meststof** wat als mest dient **mestvaalt** mesthoop **mestvee** vee dat vetgemest wordt

met I *vz* ❶ in gezelschap van: *ik ga ~ Jan naar de film* ❷ vermengd met of voorzien van: *aardbeien ~ slagroom* ❸ wat dan ook voorkomt:

de ouderdom komt ~ gebreken ❹ in een bepaalde toestand: *zij is ~ zwangerschapsverlof* ❺ op het tijdstip van: *we komen ~ de kerstdagen* ❻ in het bezit van: *een man ~ veel geld* ❼ (voor verbogen telwoorden): *~ z'n drieën* ❽ door middel van, met behulp van: *~ de bus naar het werk gaan* ❾ met betrekking tot: *het gaat goed ~ het Nederlandse basketbal* II *bw* ❿ op hetzelfde ogenblik: *~ dat ik hem wilde bellen, stapte hij binnen*

M.E.T. Midden-Europese tijd

metaal I *het* [-talen] ❶ naam voor een groep van glanzende ondoorzichtige elementen die warmte en elektriciteit geleiden, zoals goud of ijzer II *de (v)* ❷ metaalindustrie **metaaldetector** ‹-dee-› apparaat om metalen voorwerpen op te sporen **metaalindustrie** verwerking van metaal in fabrieken **metaalmoeheid** achteruitgang van de kwaliteit van metaal door langdurig gebruik **metaalwaren** metalen voorwerpen

metabolisme *het* stofwisseling

metafoor *de* [-foren] beeld om iets uit te drukken, bijv. 'zijn ogen schoten vuur' om te zeggen dat iemand heel kwaad keek **metaforisch** *bn* als een metafoor

metafysica ‹-fiezie-› leer van het bovenzinnelijke, deel van de filosofie dat zich bezighoudt met de diepste gronden van de dingen **metafysisch** *wat* behoort tot de metafysica, bovenzinnelijk

metal ‹mettøl› *de (v)* harde soort popmuziek, voortgekomen uit hardrock

metalen *bn* van metaal **metalliek** *bn*, **metallic** ‹meetellik, møtellik› metaalachtig, als van metaal **metallurgie** *de (v)* wetenschap van de ertsen

metamorfose ‹-zø› *de (v)* [-n, -s] gedaanteverandering, grote verandering: *in die schoonheidssalon heeft ze een ~ ondergaan*

metastase ‹-zø› med. *de (v)* [-n, -s] ❶ verplaatsing van ziektekiemen naar een ander orgaan ❷ uitzaaiing die daardoor ontstaat

metataal natuurlijke of formele taal waarin men over een andere taal spreekt, vooral over formele talen en theorieën en over natuurlijke taal

meteen *bw* ❶ dadelijk, zonder uitstel, direct: *toen ik aanbelde, werd er ~ opengedaan; hij wil dat je ~ komt* ▼ *zo ~* spoedig, over enige ogenblikken: *ik kom zo ~* ❷ tegelijkertijd: *als je naar Anna gaat, neem dan ~ dat boek mee*

metekind BN kind van wie men meter (doopmoeder) is

meten [mat, h. gemeten] ❶ de maat bepalen van ▼ *zich met iemand ~* zijn krachten tegen iemand beproeven ❷ de maat hebben van: *het schip meet 16.000 ton*

meteoor *de (m)* [-oren] vallende ster: klein hemellichaam dat in de dampkring om de aarde terechtkomt en te zien is als een lichtende streep aan de hemel **meteoriet** *de (m)* brok materie dat uit de ruimte op aarde neerstort **meteorograaf** *de (m)* [-grafen] toestel dat meteorologische verschijnselen registreert **meteorologie** *de (v)* studie en kennis van het weer en wat ermee te maken heeft, weerkunde

me

meteovlucht vlucht voor weerkundige waarnemingen

meter I *de (v)* [-s] ❶ doopmoeder II *de (m)* [-s] ❷ iemand die meet ❸ eenheid van lengte, veertigmiljoenste deel van de aardomtrek ▼ *voor geen ~ helemaal niet* ▼ *strekkende ~, BN ook lopende ~ lengte van een meter: een lap stof van drie strekkende ~* ❹ voorwerp om mee te meten

meterkast kast voor elektriciteits- of gas- of watermeter **meteropnemer** *de (m)* [-s] iemand die de stand van de meter opneemt: *de ~ neemt de stand van de gasmeter op*

metgezel iemand die met een ander meegaat: *de ridder en zijn ~len kwamen aan bij het kasteel*

methaan gas zonder kleur en geur

methadon *het* ontwenningsmiddel voor drugsverslaafden **methadonbus** bus waarin heroïneverslaafden gratis methadon kunnen krijgen

methanol *de (m) & het* kleurloze, goed met water mengbare vloeistof (CH$_3$OH), o.a. toegepast in de verf- en lakindustrie en geschikt als autobrandstof

methode *de (v)* [-n, -s] ❶ bepaalde manier van handelen om een doel te bereiken, manier om iets te doen ❷ leerwijze, leerboek: *een ~ Duits* **methodiek** *de (v)* leer van de methoden die men het beste kan volgen bij onderzoek of onderwijs **methodisch** *bn* volgens een bepaalde methode **methodist** *de (m)* volgeling van een richting in het protestantisme die een bepaalde methode voorschrijven voor het geestelijk leven **methodologie** *de (v)* onderzoek naar de methoden, de leerwijze, methodiek

metier ⟨meetjee⟩ *het* [-s] beroep, handwerk, vak

metonymie ⟨-nie-⟩ *de (v)* [-ën] beeldspraak waarbij niet het woord zelf wordt genoemd maar een woord dat ermee te maken heeft, bijv. 'grijze haren' voor ouderdom, of 'een Vondel' voor een van de boeken van Vondel **metonymisch** *bn* door of als metonymie

metriek I *bn* ❶ wat te maken heeft met de meter ▼ *het ~e stelsel* stelsel van maten en gewichten met als basiseenheden de meter en het kilogram II *de (v)* ❷ leer van de versbouw ❸ maatsoort waarin een vers of gedicht geschreven is ❹ muz. leer van de maatsoorten

metrisch *bn* ❶ wat bij de versmaat hoort, wat te maken heeft met de metriek ❷ in verzen gesteld: *een ~ gedicht*

metro *de (m)* [-'s] spoorweg voor vervoer binnen de stad die (grotendeels) ondergronds loopt **metronoom** muz. *de (m)* [-nomen] toestel dat met een slinger de maat aangeeft

metropoliet *de (m)* aartsbisschop aan het hoofd van een kerkprovincie

metropool *de* [-polen] ❶ wereldstad, heel grote stad: *Londen, Parijs en New York zijn metropolen* ❷ hoofdstad van een kerkprovincie

metroseksueel *de (m)* [-suelen] hetero die zich goed verzorgt en van stijl houdt

metrum *het* [-s, -tra] versmaat, maatschema, muziekmaat

metselaar *de (m)* [-s] iemand die voor zijn beroep metselt **metselen** met specie stenen aan elkaar voegen **metselkalk** mengsel van kalk en zand

om mee te metselen **metselspecie** mengsel om stenen aan elkaar te voegen **metselwerk** ❶ wat gemetseld moet worden ❷ wat gemetseld is

metserdiender BN opperman

metten *de (mv)* r.-k. eerste van de zeven kerkelijke getijden ▼ *korte ~ maken met* zonder omhaal, zonder aarzelen en hard optreden tegen: *de politie maakte korte ~ met de verkoop van drugs in het café*

metterdaad *bw* ❶ met een daad of daden, door een handeling ❷ werkelijk, inderdaad **metterhaast** *bw* in haast **mettertijd** *bw* langzamerhand, na enige tijd, op den duur **metterwoon** *bw* om te wonen

metworst gerookte worst die gevuld is met gemalen varkensvlees

meubel *het* [-en, -s] stuk huisraad, bijv. tafel of stoel ▼ BN, spreekt. *de ~s redden* redden wat er nog te redden valt **meubelboulevard** aantal winkels bij elkaar, vaak aan de rand van een stad, met producten die met wonen te maken hebben, zoals meubels **meubelen** van meubels voorzien, meubileren **meubelmaker** iemand die voor zijn beroep meubels maakt **meubelplaat** *de (m) & het* [-platen] uit hout opgebouwd plaatmateriaal, bestaande uit twee lagen fineer met daartussen als binnenwerk houten latjes of staafjes **meubelstuk** meubel **meubilair** ⟨-lèr⟩ I *het* ❶ alle meubels in een huis, huisraad II *bn* ❷ wat daartoe behoort **meubileren** van meubels voorzien

meug *de (m)* lust, zin ▼ *ieder zijn ~* iedereen heeft zijn eigen smaak, vindt andere dingen goed of leuk ▼ *tegen heug en ~* met grote tegenzin

meuk *de* ▼ inform. *ouwe ~* rommel, oude troep

meun *de (m)* bronskleurige zeevis (Onos mustelus)

meuren inform. slapen

meute *de* [-n, -s] ❶ troep jachthonden ❷ grote groep mensen

mevr. mevrouw

mevrouw *de (v)* aanspreektitel voor een volwassen vrouw **mevrouwen** met mevrouw aanspreken

mezelf *vnw* ⟨met nadruk⟩ mij

mezzo ⟨medzoo⟩ *bw* half **mezzosopraan** I *de* [-pranen] ❶ stem tussen sopraan en alt II *de (v)* [-pranen] ❷ vrouw met zo'n stem

m.f. muz. mezzo-forte

mg milligram

m.g. ❶ met groet ❷ met gelukwensen

Mgr. monseigneur

m.g.v. met gebruik van

m.h.d. ❶ met hartelijke dank ❷ met hartelijke deelneming

m.h.g. ❶ met hartelijke groet ❷ met hartelijke gelukwensen

MHz megahertz

mi muz. *de* [-'s] derde toon van de diatonische toonladder

m.i. ❶ mijns inziens ❷ mijnbouwkundig ingenieur

miasma *het* [-'s] ❶ schadelijke dampen die veranderingen in de atmosfeer veroorzaken ❷ schadelijke (overgeërfde) informatie die onder andere emotionele problemen veroorzaakt

miauw *tw* geluid van een kat **miauwen** geluid voortbrengen zoals een kat dat doet

mica *het & de (m)* [-'s] vuurvast doorschijnend mineraal

micro *de (m)* [-'s] BN, spreekt. verkorting voor microfoon

microbe *de* [-n, -s] ❶ micro-organisme ❷ ⟨in engere zin⟩ bacterie **microbiologie** leer van het leven van kleine organismen **microblog** kleine blog, zoals een bericht via Twitter **microchemie** scheikunde die met heel kleine hoeveelheden werkt **micro-economie** onderdeel van de economie dat zich bezighoudt met de afzonderlijke economische beslissingen van personen, bedrijven e.d. **microfiche** heel klein doorzichtig plaatje dat men alleen vergroot op een beeldscherm kan lezen **microfilm** dunne strook of plaat met sterk verkleinde fotografische reproducties

microfoon *de (m)* [-s] toestel dat geluidstrillingen omzet in elektrische energie, dat geluid doorgeeft of het harder maakt: *de presentator gebruikte een ~ om zichzelf in de hele zaal verstaanbaar te maken* **microfoonhengel** aan een lange stok bevestigde microfoon, gebruikt bij tv- en filmopnamen

microgolf ❶ heel kleine elektromagnetische golf ❷ BN, spreekt. magnetron **microgolfoven** BN magnetron

microgram miljoenste deel van een gram **microkosmos** ❶ wereld in het klein ❷ wereld van de kleinste wezens **microkrediet** kleine lening, vooral bedoeld om mensen in ontwikkelingslanden de kans te geven een bedrijfje op te starten **micrometer** toestel om kleine afmetingen te meten

micron *het & de (m)* [-s] 1/1000 millimeter **micro-organisme** microscopisch klein organisme **microprocessor** comp. chip die een centrale verwerkingseenheid bevat en die het hart van een computer vormt

microscoop *de (m)* [-scopen] optisch instrument waarmee men vergrote beelden kan krijgen **microscopisch** *bn* ❶ met een microscoop ❷ zo klein dat men het alleen door een microscoop kan waarnemen

microseconde een miljoenste seconde **microstructuur** ❶ heel fijne structuur die men door een microscoop kan zien ❷ de structuur van de onderdelen (i.t.t. de structuur van het geheel)

middag ❶ het midden van de dag, 12.00 uur ▼ *tussen de ~ tijdens de middagpauze* ▼ BN ook *op de ~ rond 12 uur, op het middaguur* ❷ deel van de dag van 12.00 tot 18.00 uur ▼ *'s ~s in de middag* **middagdienst** ❶ kerkdienst in de middag ❷ dienst 's middags moeten werken: *deze week heb ik avonddienst en volgende week ~* **middagdutje** middagslaapje (na het eten), kort slaapje in de middag **middageten** maaltijd die rond het middaguur gegeten wordt, lunch **middagmaal** middageten **middagmalen** het middagmaal gebruiken

middel I *het* [-s] ❶ het middelste deel van het lichaam II *het* [-en] ❷ wat men gebruikt of toepast ❸ geneesmiddel, medicijn III *de (mv)*

❹ geld ▼ *ik zit zonder ~en* ik heb geen geld IV *voorvoegsel* ❺ in het midden: *~vinger*

middelaar *de (m)* [-s] ❶ bemiddelaar ❷ Christus **middelares** *de (v)* [-sen] ❶ bemiddelares ❷ r.-k. Maria

middelbaar *bn* wat het midden houdt tussen lager en hoger ▼ *middelbare leeftijd* de leeftijd van ongeveer veertig tot zestig jaar ▼ *~ onderwijs* tussen basisonderwijs en hoger onderwijs

middeleeuwen *de (mv)* de periode van ± 500 tot ± 1500 na Christus **middeleeuwer** *de (m)* [-s] iemand uit de middeleeuwen **middeleeuws** *bn* (als) van de middeleeuwen

middelen ❶ het gemiddelde bepalen ❷ (uitgaven e.d.) gelijkelijk verdelen over de betrokken personen of partijen

middelgebergte gebergte met toppen rond 2000 meter **middelgewicht** I *het* ❶ gewicht van 72,5 tot 75 kilo (bij boksen), middengewicht II *de* [-en] ❷ persoon die dit gewicht heeft en in die categorie bokst

middelgroot tussen groot en klein in **Middelhoogduits** het Duits van de 12de tot de 16de eeuw

middellang tussen lang en kort in **middellijk** *bn* niet rechtstreeks **middellijn** lijn door het middelpunt van een cirkel **middelloon** gemiddeld loon dat iemand in zijn leven heeft verdiend (onder andere gebruikt als basis voor de pensioenberekening)

middelmaat ❶ de gewone maat, niet te groot en niet te klein ❷ het gemiddelde, alles wat of iedereen die niet echt goed en niet echt slecht is **middelmatig** *bn* gewoon, niet bijzonder, matig **middelmoot** ❶ stuk uit het midden ❷ het middelste gedeelte van een ranglijst of maatschappelijke hiërarchie: *in de ~ zitten; tot de ~ behoren*

Middelnederlands Nederlands van de 12de tot het eind van de 15de eeuw

middelpunt *het* ❶ punt binnen in iets dat even ver verwijderd is van alle punten van de omtrek, het midden van iets, vooral van een cirkel ❷ belangrijke plaats waar veel dingen samenkomen ▼ *in het ~ van de belangstelling staan* alle aandacht trekken ❸ persoon die de aandacht van iedereen trekt: *hij was het ~ op het feestje* **middelpuntvliedend** *bn* wat weggaat van het middelpunt **middelpuntzoekend** *bn* wat naar het middelpunt toe gaat

middels *vz* door middel van **middelste** *bn* wat in het midden ligt, wat zich in het midden bevindt **middelvinger, middenvinger** middelste vinger

midden I *het* [-s] ❶ gedeelte tussen de linkerkant en de rechterkant, de voorkant en de achterkant enz., middelpunt, middelste gedeelte: *het ~ van de bank zit niet lekker* ❷ ⟨BN ook vaak meervoud⟩ omgeving, milieu, kring: *in vakbonds~s te ~ van* tussen, omringd door ▼ *in het ~ laten* zich niet uitspreken over ▼ *in het ~ brengen* zeggen, opperen II *bw* ❸ bij of in het midden: *~ in een zin hield hij op* **middenbedrijf** middelmatig groot bedrijf

middenberm beplante of verhoogde strook tussen rijbanen met tegengesteld verkeer

mi

middenbermbeveiliging *de (v)* vangrail tussen rijbanen met tegengesteld verkeer

middencirkel cirkel op het midden van een sportveld

middendoor *bw* in tweeën, doormidden

middengewicht I *het* ❶ gewicht van 72,5 tot 75 kilo (bij boksen) II *de* [-en] ❷ persoon die dit gewicht heeft en in die categorie bokst

middengolf *de* golflengte voor de radio tussen korte en lange golf, tussen 175 en 585 meter

middenhand deel van de hand tussen pols en vingers ▼ *op* of *aan de ~ zitten* niet de eerste en niet de laatste speelbeurt hebben

middenhandsbeenderen *de (mv)* beenderen voor de verbinding tussen vingers en onderarm

middenin *bw* in het midden van iets

middeninkomen inkomen tussen de lage en de hoge inkomens in: *bij de bezuinigingen worden de ~s ontzien* **middenkader** personeel tussen hoger en lager personeel

middenklasse sociale klasse tussen hoog en laag **middenklasser** *de (m)* [-s] product uit de middenklasse, vooral op het gebied van auto's

middenkoers gemiddelde tussen hoogste en laagste koers **middenlijn** lijn over het midden van een sportveld **middenmoot** ❶ stuk uit het midden ❷ het middelste gedeelte van een ranglijst of maatschappelijke hiërarchie: *in de ~ zitten; tot de ~ behoren*

middenoorontsteking ontsteking van de oorholte achter het trommelvlies **middenrif** *het* [-fen] koepelvormige spier tussen borst- en buikholte

middenrijm rijm binnen een versregel

middenschip de grote ruimte in een kerk tussen hoofdingang en koor of podium, hoofdbeuk

middenschool ❶ middelbareschooltype waar niet direct een definitief vakkenpakket gekozen hoeft te worden ❷ BN de eerste twee jaren van het secundair onderwijs

middenschot afscheiding in het midden van een ruimte, tussenschot

middenstand middenklasse, vooral winkeliers en andere kleine ondernemers **middenstander** *de (m)* [-s] iemand die tot de middenstand behoort **middenstandsdiploma** diploma dat vroeger vereist was voor het vestigen van een middenstandsbedrijf **middenstip** stip midden op een sportveld **middenstuk** middelste gedeelte

middenveld ❶ middengedeelte van een sportveld ❷ de spelers daarop

middenvoet voet tussen enkelgewricht en tenen **middenvoetsbeenderen** beenderen voor de verbinding tussen onderbeen en tenen

middenvoor → midvoor **middenweg** ▼ *de gulden ~ bewandelen* uitersten vermijden

middernacht twaalf uur 's nachts **middernachtelijk** om twaalf uur 's nachts **middernachtzon** het verschijnsel dat de zon ten noorden van de noordpoolcirkel en ten zuiden van de zuidpoolcirkel ten minste één dag per jaar niet ondergaat

middle-of-the-roadmuziek ⟨midl-ov-thə-Rood⟩ pretentieloze muziek die makkelijk in het gehoor ligt

midgetgolf ⟨midzjətGolf⟩ golfspel op een klein veld met verschillende hindernissen

midi *de & het* lengte van rokken of jurken tussen mini en maxi, tot ongeveer halverwege de kuit

MIDI *Musical Instruments Digital Interface*, systeem waarmee elektronische muziekinstrumenten onderling of met een computer data uitwisselen

midlifecrisis ⟨-lajfkRajsis⟩ geestelijke crisis die zich vooral rond het veertigste levensjaar voordoet bij mannen (en waarin men nadenkt over zijn verleden en toekomst)

midscheeps *bw* midden in het schip

midvoor sp. *de (m)* [-s] middelste van de spelers voor in het midden

midweek periode in de week buiten het weekend, van maandag tot vrijdag: *een hotel boeken voor een ~*

midwinter kortste dag van het jaar en het begin van de winter, rond 21 december **midzomer** langste dag van het jaar en het begin van de zomer, rond 21 juni

mie *de (m)* van deeg gemaakte lange slierten in Chinese gerechten

mier *de* kruipend klein insect dat in grote groepen leeft, van de familie Formicidae **mieren** inform. piekeren, zeuren: *toen begon ze weer te ~*

mierenegel primitief zoogdier in Australië en Nieuw-Guinea van de familie van de Tachyglossidae, dat eieren legt en onder andere mieren eet **miereneter** tandeloos zoogdier met kokervormige snuit van de familie van de Myrmecophagidae, dat met zijn tong onder andere mieren vangt en dat voorkomt in Midden- en Zuid-Amerika **mierenhoop** aardhoop die door mieren is gemaakt

mierenneuker spreekt. *de (m)* [-s] iemand die (op een irritante manier) op kleinigheden let **mierenzuur** door mieren afgescheiden zuur **mierikswortel** vlezige wortel van een lepelblad, met een scherpe smaak

mierzoet, mierzoet ❶ heel erg zoet: *een ~ drankje* ❷ fig. heel erg lievig en sentimenteel: *een ~e film*

mies *bn* ❶ min. bangelijk, onsympathiek: *een ~ mannetje* ❷ slecht, min

mieter inform. *de (m)* [-s] ▼ *op zijn ~ krijgen* ervan langs krijgen **mieteren** inform. ❶ gooien, smijten ❷ vallen, rollen **mieters** *bn* ⟨jongerentaal van vroeger⟩ geweldig, leuk, prachtig: *wat een ~ idee!*

mietje inform. *het* [-s] verwijfde homoseksuele man ▼ *elkaar geen ~ noemen* rechtuit spreken, zeggen waar het op staat

miezeren in fijne druppels lichtjes regenen **miezerig** *bn* ❶ druilerig, regenachtig: *een ~e dag* ❷ schraal, minnetjes: *een ~ ventje*

migraine ⟨mieGrènə⟩ *de* plotselinge, heel erge hoofdpijn die een kloppend of bonzend gevoel geeft, vaak aan één kant van het hoofd

migrant *de (m)* iemand die migreert **migratie** *de (v)* [-s] ❶ het verhuizen naar een ander gebied of land ❷ het trekken van vogels **migreren** ❶ van of naar een ander gebied of land verhuizen ❷ trekken (van trekvogels)

mihoen *de (m)* Chinees gerecht van rijstebloem in sliertjes, Chinese vermicelli die dunner is dan mie

mij *vnw* eerste persoon enkelvoud (ik) als die geen onderwerp is: *hij gaf ~ het boek*

Mij. Maatschappij

mijden [meed, h. gemeden] ❶ zorgen dat men iemand niet tegenkomt, ontwijken: *sinds die ruzie mijd ik hem* ❷ zorgen dat men niet in de buurt van iets komt, dat men ergens niet mee te maken krijgt: *sinds de uitbraak van die ziekte ~ toeristen het gebied; risico's ~*

mijl *de* 1609 meter ▼ *een ~ op zeven* omslachtig **mijlenver** heel ver: *onze standpunten liggen ~ uit elkaar* **mijlpaal** ❶ paal die een afstand van één mijl aangeeft ❷ *fig.* belangrijke gebeurtenis waarmee iemand een periode afsluit of een nieuwe periode begint: *het behalen van het havodiploma was een ~ in zijn leven*

mijmeren peinzen, in gedachten verzonken zijn, stil voor zich uit zaken overdenken

mijn I *de* ❶ onderaardse ruimte waaruit delfstoffen worden opgehaald ❷ voorwerp dat bij aanraking ontploft II *vnw* ❸ bezittelijke vorm van de eerste persoon enkelvoud (ik): *van mij* ▼ *het ~ en het dijn* wat van mij is en wat van iemand anders

mijnbouw het delven van steenkolen, metalen enz. uit de bodem

mijnenjager schip dat zeemijnen opspoort en vernietigt **mijnenlegger** *de (m)* [-s] schip dat mijnen in zee legt **mijnenveger** schip dat mijnen uit zee opruimt **mijnenveld** ❶ gebied waar mijnen gelegd zijn ❷ *fig.* gevaarlijk iets: *die relatie is een emotioneel ~*

mijnerzijds *bw* van mijn kant

mijngas gang in een mijn **mijngas** ontplofbaar gas dat zich in mijnen ontwikkelt, methaan

mijnheer *de (m)* [mijnheren] ❶ aanspreekvorm voor een volwassen man ❷ man van beschaving, van stand

mijnlamp veiligheidslamp voor mijnwerkers **mijnstreek** gebied waar mijnen (voor delfstoffen) zijn **mijnwerker** iemand die in een mijn werkt **mijnwerkerslamp** mijnlamp

mijt *de* ❶ stapel hooi of hout ❷ spinachtig diertje van de orde van de Acari dat vooral als parasiet leeft

mijter *de (m)* [-s] hoofdbedekking voor vooral bisschoppen, die in de westerse kerk bestaat uit twee driehoekige schilden die aan elkaar zijn bevestigd

mik *de* [-ken] tarwe- of roggebrood ▼ *inform. dat is dikke ~* die kunnen heel goed met elkaar opschieten; dat is helemaal in orde, dik voor elkaar

mikado I *de (m)* [-'s] ❶ titel van de keizer van Japan, gebruikt door niet-Japanners II *het*, **mikado** ❷ spel met houten staafjes

mikken ❶ een schietwerktuig richten, aanleggen en het doel proberen te raken ❷ *inform.* gooien: *hij mikte zijn spullen in de hoek* ❸ willen bereiken, als doel hebben: *ik mik op een verkoop van zo'n miljoen stuks*

mikmak *de (m)* rommel, boel: *de hele ~*

mikpunt *het* punt dat iemand wil treffen, doelwit ▼ *hij is het ~ van kritiek, plagerijen* hij krijgt altijd kritiek, wordt altijd geplaagd

mil. militair

mild *bn* ❶ zacht, niet scherp: *een ~e winter* ❷ zachtzinnig, niet hard: *een ~ oordeel* ❸ vrijgevig, overvloedig: *hij gaf met ~e hand* **milderen** BN, ook afzwakken, verzachten

milieu ⟨miljeu⟩ *het* [-s] ❶ omgeving waarin iemand leeft, sociale kring ❷ levenssfeer (lucht, water en landschap) m.b.t. de kwaliteit en de (schadelijke) invloed van de mens, het natuurlijke leefklimaat **milieuactivist** iemand die activeert voor een beter milieu, het natuurlijke leefklimaat **milieubeheer** zorg voor het natuurlijke leefklimaat **milieubeweging** beweging tot bescherming van het natuurlijke leefklimaat **milieubewust** zich bewust van de waarde van en de bedreigingen voor het natuurlijke leefklimaat **milieubonus** BN bonus die wordt toegekend voor milieuvriendelijke maatregelen **milieubox** bak waarin men tijdelijk voorwerpen of stoffen bewaart die schadelijk zijn voor het natuurlijke leefklimaat, bijv. batterijen of verf **milieueffectrapportage** *de (v)* wettelijk verplicht rapport over de gevolgen voor het milieu van een voorgenomen project, zoals de aanleg van een weg, de vestiging van een fabriek **milieuheffing** belasting op vervuiling van het natuurlijke leefklimaat **milieuhygiëne** ❶ (goede) toestand van het natuurlijke leefklimaat ❷ zorg voor het natuurlijke leefklimaat **milieupark** terrein waar men huishoudelijk afval in gescheiden containers (voor hout, metaal, papier enz.) kan deponeren **milieustraat** plaats binnen een gemeente waar afval afgegeven kan worden dat slecht is voor het natuurlijke leefklimaat **milieuvriendelijk** niet schadelijk voor het natuurlijke leefklimaat

militair ⟨-tèr⟩ I *de (m)* ❶ iemand die in een leger dient II *bn* ❷ wat te maken heeft met het leger, met het krijgswezen

militant I *bn* ❶ strijdvaardig, ook met het woord of met de pen II *de (m)* ❷ BN actief lid van een (vak)beweging, politieke partij **militariseren** ⟨-zi-⟩ op militaire wijze inrichten of besturen **militarisme** *het* het gericht zijn op militaire kracht, het ondergeschikt maken van de burgerlijke belangen aan die van het leger **militaristisch** *bn* van of als het militarisme

military ⟨millittèRie⟩ *de (m)* [-'s] zware wedstrijd in de paardensport met een dressuurproef, terreinrit en springconcours

militie *de (v)* [-s] ❶ leger dat door dienstplicht uit de bevolking is gevormd ❷ benaming voor een (para)militaire organisatie op politieke grondslag

miljard *het* duizend miljoen (1.000.000.000) **miljardair** ⟨-dèr⟩ *de (m)* [-s] iemand die één of meer miljarden (euro's, dollars enz.) bezit

miljoen *het* duizend maal duizend (1.000.000) **miljoenennota** nota over de financiën van Nederland, ingediend tegelijk met de begroting **miljonair** ⟨-nèr⟩ *de (m)* [-s] iemand die minstens een miljoen (euro's, dollars enz.) bezit

milkshake ⟨-sjeek⟩ *de (m)* [-s] koude drank met melk, vanille-ijs en vruchtensap, vermengd door schudden

mille ⟨miel⟩ *het* *inform.* duizend (euro's, guldens):

mi

dat kost vijf ~

millennium *het* [-nia] duizend jaar

milli ⟨mielie⟩ *voorvoegsel* een duizendste: *~liter*

millibar ⟨-baar⟩ luchtdruk van duizend dyne per cm²

millimeter éénduizendste meter **millimeteren** (haar) heel kort knippen

milt *de* buikklier links van de maag, van betekenis voor de vorming van witte bloedlichaampjes **miltvuur** besmettelijke infectieziekte bij dieren en mensen die wordt veroorzaakt door de bacterie Bacillus anthracis en die dodelijk kan zijn

mime ⟨miem⟩ *de* ❶ uitdrukking van gedachten of gevoelens door gezichtsuitdrukking en gebaren ❷ woordloze vertolking van een rol, kunst van het gebarenspel **mimen** [mimede, h. gemimed] iets uitbeelden met gezichtsuitdrukking, gebaren en bewegingen **mimespeler** iemand die iets uitbeeldt met gezichtsuitdrukking, gebaren en bewegingen

mimicry ⟨-krie⟩ *de* eigenschap van veel dieren om zich in kleur en vorm aan de omgeving aan te passen

mimiek *de (v)* ❶ bewegingen van het gezicht die iets uitdrukken ❷ kunst om door bewegingen van het gezicht en gebaren gevoelens en gedachten uit te drukken **mimisch** *bn* wat te maken heeft met of van de mimiek

mimosa ⟨-zaa⟩ *de* [-'s] tropische plant met kleine gele bloemhoofdjes

min I *bn* ❶ weinig ▼ *zo ~ mogelijk* zo weinig mogelijk ▼ *jij net zo ~ als ik* evenmin, ook niet ❷ minderwaardig: *ze wil niet met hem omgaan, ze vindt hem te ~; dat is echt wel goed, daar moet je niet te ~ over denken* ❸ zwak, niet helemaal fit of lekker: *ik voel me vandaag wat ~netjes* ❹ gemeen, slecht, verachtelijk: *wat een ~ne streek!* **II** *bw* ❺ beneden nul: *de temperatuur is vandaag ~ vijf* ❻ verminderd met: *zeven ~ twee is vijf* ▼ *~ of meer* een beetje, enigszins **III** *de* [-nen] ❼ minteken, negatieve waarde **IV** *de (v)* [-nen] ❽ vrouw die kinderen van een ander zoogt, voedster **V** *de* ❾ liefde ▼ *in der ~ne schikken* vriendschappelijk regelen

min. ❶ minuut, minuten ❷ minimaal, minimum ❸ minister, ministerie

mina *de (v)* [-'s] ▼ ⟨in de jaren zestig van de vorige eeuw⟩ *dolle ~* actief voorvechtster van vrouwenemancipatie

minachten [minachtte, h. geminacht] geen respect hebben voor, neerkijken op

minaret *de* [-ten] smalle toren bij een moskee

minder *bn* ❶ kleiner in aantal, kleiner in hoeveelheid ▼ *in ~ dan geen tijd* heel snel ❷ kleiner, onbelangrijker, slechter enz.: *ben ik soms ~ dan jij?* ❸ niet zozeer, niet in de eerste plaats: *het is hem ~ om het geld te doen; het gaat hem vooral om de inhoud van het werk*

minderbedeelden *de (mv)* mensen die weinig middelen van bestaan hebben

minderbroeder lid van een monniksorde van de franciscanen **minderen** ❶ minder worden of maken ❷ ⟨bij breien⟩ het aantal steken kleiner maken

minderheid *de (v)* [-heden] ❶ een kleiner deel

van een groter aantal: *een ~ heeft gestemd voor het voorstel* ❷ in verhouding kleine groep mensen die anders zijn, bijv. door religie of seksuele gerichtheid **minderheidskabinet** kabinet dat niet op een meerderheid in de volksvertegenwoordiging kan rekenen

mindering *de (v)* ▼ *in ~ brengen* aftrekken van iets anders: *ik breng de schade in ~ op je salaris*

minderjarig *bn* onder de leeftijd waarop iemand in staat wordt geacht zelfstandig bepaalde rechtshandelingen te verrichten **mindervalide** met een lichte lichamelijke of geestelijke handicap **minderwaardig** *bn* slecht, van een lage waarde of kwaliteit: *een product van ~e kwaliteit* **minderwaardigheidscomplex** remmend gevoel van minder waard te zijn of tot minder in staat te zijn dan anderen

mindfulness ⟨majndfoelnəs⟩ *de* meditatie en levenshouding, gericht op aanvaarding van de dingen zoals ze zijn en het bewust ervaren van het hier en nu

mindmappen ⟨majntmep-⟩ [mindmapte, h. gemindmapt] een schematische tekening maken met teksten, plaatjes en de relaties daartussen, om een onderwerp helder in beeld te brengen

mineola *de* [-'s] vrucht die een kruising is tussen mandarijn en grapefruit

mineraal I *het* [-ralen] ❶ delfstof, erts, onbewerkt voortbrengsel van de natuur **II** *bn* ❷ ertshoudend

mineraalwater bronwater met minerale stoffen

mineralogie *de (v)* leer van de delfstoffen

minestrone *de* Italiaanse dikke groentesoep met rijst

mineur I *de (m)* [-s] ❶ mijngraver, soldaat van de genie **II** *het* ❷ *muz.* kleine terts ▼ *in ~* somber **mineurstemming** sombere stemming: *na de nederlaag hing er een ~ in de kleedkamer*

mini *de & het* heel korte lengte van een rok of jurk: *~rok*

miniatuur *de (v)* [-turen] ❶ (in een sierletter gevatte) kleine gekleurde tekening in een handschrift ❷ fijn schilderwerk op ivoor, metaal, karton enz., vooral een portret in het klein ❸ (in samenstellingen) van heel klein formaat: *~auto, ~potlood*

minibar ❶ wagentje met dranken en versnaperingen waarmee een verkoper door de trein loopt ❷ koelkastje op een hotelkamer met flesjes drank en versnaperingen **minibreak** ⟨tennis⟩ punt dat in de tiebreak wordt gescoord op de opslag van de tegenstander

minicomputer term voor personal computer uit de periode toen computers met veel geheugen nog enorm groot waren

miniem I *bn* ❶ heel erg klein: *een ~ verschil* **II** *de* ❷ *BN* lid dat bij de jongsten van een sportvereniging hoort

minigolf golfspel op een klein veld met verschillende hindernissen, midgetgolf **mini-jurk** jurk met heel korte rok

minima *de (mv)* mensen met de allerlaagste inkomens

minimaal *bn* ❶ heel klein: *het verschil is ~* ❷ minstens, op zijn minst, niet minder dan: *ik moet ~ vijf punten halen*

minimaliseren ‹-zi-› ❶ zo klein of weinig mogelijk maken, tot een minimum terugbrengen ❷ als zo klein of onbelangrijk mogelijk voorstellen ❸ comp. een venster reduceren tot een knop op de taakbalk

minimalisme het ❶ richting in de kunst waarbij alleen het wezenlijke, het strikt noodzakelijke wordt weergegeven ❷ manier van leven of levensbeschouwing, gericht op het bezitten of doen van alleen het wezenlijke, het strikt noodzakelijke

minimum het [-ma] ❶ kleinste, minste hoeveelheid ❷ laagste bedrag, laagste prijs, salaris enz. **minimuminkomen** volgens de officiële loonschaal vastgesteld laagste inkomen **minimumlijder** iron. iemand met een heel laag inkomen

minimumloner de (m) [-s] iemand met een minimumloon **minimumloon** laagst door de overheid vastgesteld loon

minimumthermometer thermometer die de laagste temperatuur aanwijst die in een bepaalde periode is voorgekomen

minipil anticonceptiepil met heel weinig van het hormoon progestageen

minirette de (v) [-n, -s] heel jonge majorette, ondergebracht in een aparte groep

minirok heel kort rokje

minister de (m) [-s] hoogste functionaris in het staatsbestuur die samen met andere ministers en de staatssecretarissen de regering vormt **ministerie** het [-s] ❶ geheel van ambtenaren die een minister bijstaan en zijn beleid uitvoeren ❷ gebouw daarvan ▼ *Openbaar Ministerie* de ambtenaren die belast zijn met het vervolgen van strafbare feiten **ministerieel** bn ❶ wat te maken heeft met of van een minister: *ministeriële verantwoordelijkheid* ❷ wat van een minister of ministerie uitgaat: *een ministeriële verordening* **ministerportefeuille**, **ministersportefeuille** ministerschap

minister-president de (m) [ministers-presidenten] voorzitter van de ministerraad, eerste minister

ministerraad ❶ vergadering van ministers ❷ alle ministers **ministerschap** het het minister zijn **minivoetbal** ❶ zaalvoetbal ❷ voetbal voor de jongste spelers

mink I de (m) [-s] ❶ Amerikaanse variant van de nerts II het ❷ bont van dat dier

minkukel de (m) [-s] dom persoon, iemand die niet veel kan

minnaar de (m) [-s, -naren] ❶ man die een liefdesverhouding heeft buiten een huwelijk ❷ iemand die van iets houdt **minnares** de (v) [-sen] vrouw die een liefdesverhouding heeft buiten een huwelijk

minne de ▼ *in der ~ schikken* een regeling treffen die voor iedereen aanvaardbaar is **minnedicht** het liefdesgedicht **minnekozen** lit. [minnekoosde, h. geminnekoosd] verliefd doen **minnelijk** bn ❶ vriendschappelijk, zonder dwang ❷ zonder tussenkomst van de rechter ▼ *~e schikking* schikking met instemming van beide partijen **minnen** houden van, beminnen

minnetjes bw zwak, niet fit of goed: *ik voel me*

wat ~ vandaag

minoriteit de (v) ❶ minderheid ❷ minderjarigheid

minpunt het iets ongunstigs of nadeligs: *de slechte isolatie van dit huis is een ~*

minst bn ❶ kleinst in aantal ▼ *ik zal de ~e wel zijn* ik zal wel toegeven, me wel aanpassen ▼ *niet in het ~* helemaal niet ▼ *ten ~e, op zijn ~* minimaal ❷ minder dan alle andere(n) of al het andere: *hij is het ~ bekende lid van de band*

minstbedeelden de (mv) de armste mensen

minstens bw minimaal, op zijn minst, niet minder dan: *er komen ~ honderd mensen*

minstreel de (m) [-strelen] rondtrekkend zanger en dichter in de middeleeuwen

mint I bn ❶ lichtgroen II de (m) ❷ pepermunt

minteken liggend streepje om een aftrekking of een getal beneden nul aan te duiden

minus I bw ❶ min ❷ onder nul II het ❸ tekort

minuscuul bn heel erg klein

minuterie BN, ook de (v) [-s] tijdschakelaar

minutieus ‹-(t)sjeus› bn heel erg precies, met alle details: *hij gaf een ~ verslag van het ongeluk*

minuut de [-nuten] ❶ zestigste deel van een uur ▼ *van de ene ~ op de andere* plotseling ❷ zestigste deel van een hoekgraad of van een lengte- of breedtegraad ❸ oorspronkelijke akte van een notaris

minvermogend die weinig bezit, met weinig geld

minzaam bn vriendelijk op een beetje neerbuigende manier

mirabel de [-len] geelgroene pruim

miraculeus bn wonderbaarlijk **mirakel** het [-s, -en] ❶ wonder ❷ iets wonderbaarlijks ❸ vervelend of lelijk persoon (*vooral voor vrouwen*): *een klein mager ~*

mirre de bittere, lekker ruikende, geneeskrachtige gomhars van een oosterse struik

mirte de (m) [-n], **mirt** altijdgroene heester (Myrtus communis)

mis I de [-sen] ❶ r.-k. kerkdienst: het offeren van brood en wijn op het altaar ❷ de gebeden en gezangen en muziek gedurende die dienst II bn & bw ❸ niet raak ❹ fout, onjuist, verkeerd ▼ *dat is niet ~* dat betekent nogal wat, dat is niet iets kleins of onbelangrijks

misantroop ‹-zan-› de (m) [-tropen] mensenhater **misantropie** de (v) mensenhaat

misbaar het overdreven gebaren en geschreeuw of gehuil: *de voetballer maakte veel ~ over de rode kaart die hij kreeg*

misbaksel ❶ mislukt baksel ❷ fig. iets dat slecht uitgevallen of mislukt is ❸ akelig persoon, naarling

misboek boek met misgebeden

misbruik het ❶ het te vaak of voor verkeerde dingen gebruiken van iets: *~ van de noodrem wordt gestraft; ~ maken van iemands vertrouwen* ❷ het misbruiken in seksuele zin **misbruiken** ❶ te vaak gebruiken van iets of voor verkeerde dingen ❷ op zo'n manier seksueel contact hebben dat het strafbaar is of nadelig voor de ander: *als kind is ze misbruikt door haar oom*

misdaad ernstig strafbaar feit, zoals moord,

inbraak, mishandeling ▼ *de georganiseerde ~* misdadigers die in groepen samenwerken **misdadig** *bn* wat een misdaad is of die een misdaad pleegt: *een ~e organisatie* **misdadiger** *de (m)* [-s] iemand die een of meer misdaden pleegt
misdeeld *bn* slecht bedeeld, die minder heeft gekregen dan anderen
misdienaar iemand die tijdens de mis de priester helpt
misdoen verkeerd handelen, iets verkeerds doen: *waarom doe je zo tegen me? wat heb ik misdaan?* **misdragen** ▼ *zich ~* zich slecht gedragen **misdrijf** *het* [-drijven] ernstig strafbaar feit, misdaad
misdruk mislukt drukwerk, drukwerk met fouten **mise-en-scène** (miezàsèna) *de (v)* [mises-en-scène] hoe het toneel eruitziet, de manier waarop spelers en voorwerpen op het toneel zijn geplaatst
miserabel (-zə-) *bn* ❶ ellendig: *die bedelaar leidt een ~ leven* ❷ verachtelijk: *wat een ~ ventje* **misère** (-zèrə) *de* [-s] ❶ ellende, nood ❷ kaartspel waarbij het de bedoeling is om slagen te verliezen
miserere (-zə-) *het* ❶ r.-k. psalm die begint met de woorden: Erbarm U ❷ deze psalm op muziek gezet **miserie** (-zĭ-) BN, ook *de (v)* [-s] ellende **misgaan** [ging mis, is misgegaan] niet gaan zoals de bedoeling is, verkeerd gaan **misgreep** fout, fout gedrag **misgrijpen** er net naast grijpen, er niet in slagen iets te pakken, ook figuurlijk: *hij wilde die baan maar hij greep net mis* **misgunnen** niet gunnen: *hij misgunt mij mijn succes* **mishagen** niet bevallen
mishandelen pijn doen en/of verwonden: *iemand ernstig ~* **miskennen** ❶ niet waarderen ❷ niet erkennen
miskleun *de (m)* fout, erge flater **miskleunen** inform. zich erg vergissen
miskoop aankoop waar iemand achteraf niet tevreden mee is
miskraam *de* [-kramen] het spontaan uitgedreven worden of afsterven van een menselijke of dierlijke vrucht: *ze was in verwachting maar ze heeft een ~ gehad* **misleiden** tot onjuiste conclusies brengen, op een dwaalspoor brengen, bedriegen: *~de informatie* **mislopen** [liep mis, is misgelopen] ❶ verkeerd lopen ❷ niet treffen: *we zijn elkaar misgelopen* ❸ niet halen, niet krijgen: *een promotie ~* ❹ slecht aflopen, verkeerd gaan **mislukkeling** *de (m)* iemand die mislukt, die niet slaagt in het leven **mislukken** ❶ niet lukken ❷ niet worden wat iemand of iets moest worden, niet slagen **mislukking** *de (v)* ❶ het mislukken ❷ wat mislukt is
mismaakt *bn* misvormd: *hij is ~: hij heeft geen armen en benen*
mismanagement slecht beleid dat schadelijk is, wanbeleid: *door ~ is het bedrijf failliet gegaan* **mismoedig** *bn* ontmoedigd, neerslachtig, somber
misnoegd *bn* ontevreden **misnoegen** *ww* (formeel) ontevreden maken: *uw besluit zal uw vader ~* **misnoegen** *het* ontevredenheid **misogyn** (-zoogien) **I** *bn* ❶ die vrouwen haat **II** *de*

(m) ❷ vrouwenhater
misoogst mislukte oogst
mispel *de* [-s, -en] ❶ appelachtige boom waarvan de vruchten overrijp gegeten worden (Mespilus) ❷ vrucht van die boom
mispeuteren BN ❶ iets ondeugends doen ❷ in strijd met de wet handelen
misplaatst *bn* niet op zijn plaats, niet juist in de situatie, niet terecht: *een ~e opmerking; ~ wantrouwen* **misprijzen** afkeuren, niet vinden **mispunt** *het* akelig, gemeen persoon: *wat een ~ is die jongen!*
misraden verkeerd raden **misrekenen** ▼ *zich ~* zich vergissen, teleurgesteld uitkomen
miss *de (v)* [-es, -en] meisje dat of vrouw die een schoonheidswedstrijd wint
missaal *het* [-salen] misboek
misschien *bw* mogelijk maar niet zeker: *~ kom ik morgen*
misselijk *bn* ❶ met een akelig gevoel in de maag, die zich ziek voelt: *ik heb te veel drop gegeten, nu ben ik ~* ❷ walgelijk: *wat een ~e streek is dat!* ▼ inform. *niet ~* geen kleinigheid: *twintig jaar gevangenisstraf is niet ~*
missen ❶ niet halen: *de trein ~* ❷ niet raken: *de bal miste het doel* ❸ kwijt zijn: *ik mis mijn sleutels* ❹ het ontbreken voelen: *ik zal je ~ als je weg bent* ❺ niet vinden (en daardoor verkeerd uitkomen): *we hebben de afslag gemist* ▼ *kunnen ~ als kiespijn* graag kwijt willen
misser *de (m)* [-s] ❶ slag of schot waarbij iemand mist ❷ verkeerde maatregel, verkeerde opmerking
missie *de (v)* [-s, -siën] ❶ r.-k. zending in dienst van de bekering ❷ zending van een persoon of groep met een bepaalde opdracht ❸ vertegenwoordiging van een staat bij een vreemde mogendheid **missiehuis** stichting voor de opleiding van missionarissen
missing link *de (m)* [- links] ontbrekende schakel **missionaris** (-sjoo-) *de (m)* [-sen] iemand die naar een gebied wordt gestuurd om het katholieke geloof uit te dragen
missive *de* [-s, -n] officiële brief van een functionaris of instantie: *een ~ van Gedeputeerde Staten*
misslaan slaan maar niet raken **misslag** ❶ verkeerde slag, verkeerde beweging: *de schaatster maakte een ~* ❷ fig. iets wat iemand fout doet in het leven: *de verhouding met zijn stagiaire was een ~*
misstaan ❶ (kleding) niet goed passen bij, niet mooi staan ❷ niet passen bij: *dit brutale gedrag misstaat je* **misstand** verkeerde toestand, onrechtvaardige situatie **misstap** ❶ verkeerde stap ❷ fig. verkeerde daad
mist *de (m)* wolken die tot de grond hangen ▼ *de ~ ingaan* geen succes hebben, mislukken **mistasten** ❶ ernaast tasten, misgrijpen ❷ fig. zich vergissen
mistbank laag mist van beperkte omvang **misten** mistig zijn **misthoorn** scheepshoorn om te waarschuwen bij mist **mistig** *bn* ❶ nevelig door mist ❷ fig. niet duidelijk, vaag **mistlamp** ❶ licht van een voertuig om beter te zien bij slecht zicht ❷ rood achterlicht van een voertuig

bij slecht zicht

mistletoe 〈missaltoo〉 *de (m)* woekerplant met witte bessen, vaak gebruikt als kerstversiering, maretak

mistral *de (m)* [-s] koude noordwestenwind in het zuidoosten van Frankrijk

mistroostig *bn* ❶ verdrietig, somber ❷ wat verdrietig of somber maakt: ~ *weer* **misvatting** *de (v)* onjuiste opvatting, een idee dat niet klopt

misverstand *het* [-en] (elkaar) verkeerd begrijpen

misvormd *bn* (vanaf de geboorte of door een ziekte of ongeval) afwijkend, slecht gevormd **misvormen** ❶ een verkeerde vorm geven ❷ lelijk maken **miszeggen** iets verkeerds zeggen

mitella *de* [-'s] doek om de nek waar iemand zijn arm in kan hangen als die gebroken of gekneusd is

mitigeren afzwakken, verminderen, matigen

mitose 〈-za〉 *de (v)* deling van een cel in identieke nieuwe cellen

mitrailleren 〈-trajjiərən〉 met mitrailleurs beschieten **mitrailleur** 〈-jeur〉 *de (m)* [-s] machinegeweer

mits *vgw* onder voorwaarde dat, alleen als: *ik wil wel schoonmaken, ~ jij meehelpt*

m.i.v. met ingang van

MIVD *de (m)* Militaire Inlichtingen- en Veiligheidsdienst

mix *de (m)* ❶ mengsel ❷ aaneenschakeling van dansmuziek ❸ het mengen met opnameapparatuur van de verschillende partijen van een muziekstuk tot een geheel **mixed grill** 〈mikst GRil〉 *de (m)* [-s] gerecht met verschillende soorten gegrilleerd vlees **mixed pickles** 〈-pikkels〉 *de (mv)* ❶ ingelegde jonge groente en vruchten ❷ fig. pittige gezegden **mixen** [mixte, h. gemixt] ❶ mengen, vooral bestanddelen voor voedsel, dranken enz. ❷ muziekstukken op zo'n manier in elkaar laten overgaan dat het klinkt als een geheel **mixer** *de (m)* [-s] elektrisch apparaat voor in de keuken om ingrediënten goed te mengen

mixtuur *de (v)* [-turen] ❶ (medisch) mengsel ❷ orgelregister met een mengeling van geluiden

mkb *het* midden- en kleinbedrijf

MKZ *het* mond- en klauwzeer

ml milliliter

mld. miljard

mln. miljoen

mm millimeter

m.m. ❶ mutatis mutandis (*met de nodige veranderingen*) ❷ memento mori (*gedenk te sterven*)

M.M.H.H. Mijne Heren

mmo *het* middelbaar middenstandsonderwijs

mmol millimol **mmol/l** millimol per liter

mms *de (m)* , multimedia messaging service, techniek om berichten inclusief plaatjes, geluid enz. van mobiele telefoon naar mobiele telefoon te sturen **mms'en** [mms'te, h. ge-mms't] een bericht versturen via mms

m.m.v. met medewerking van

m.n. vooral

Mn schei. mangaan

m.o. middelbaar onderwijs

m.o.b. met onbekende bestemming

mobiel *bn* ❶ beweeglijk, verplaatsbaar ❷ 〈legers, troepen〉 voorbereid om te trekken ▼ ~*e eenheid* afdeling van de politie voor het voorkomen en bestrijden van verstoring van de openbare orde ❸ 〈telefoon〉 draadloos ▼ ~*e telefoon* draadloze draagbare telefoon **mobieltje** *het* [-s] draadloze draagbare telefoon, mobiele telefoon, gsm

mobile 〈-biel〉 *het* [-s, -'s] voorwerp voor versiering om op te hangen en dat door luchtstromingen in beweging blijft

mobilhome 〈moobəlhoom〉 BN, ook *de (m)* [-s] ❶ (sta)caravan om in te wonen ❷ motorhome, camper

mobilisatie 〈-zaa-〉 *de (v)* het bij oorlogsdreiging oproepen van mensen en het in gereedheid brengen voor de strijd van mensen en materieel **mobiliseren** 〈-zi-〉 ❶ mensen oproepen en mensen en materieel klaarmaken voor de oorlog ❷ fig. mensen achter zich (proberen te) krijgen voor een bepaald doel

mobiliteit *de (v)* ❶ beweeglijkheid, verplaatsbaarheid ❷ mate van verplaatsing: *door het toegenomen autobezit is de ~ gestegen*

mobilofoon *de (m)* [-s] apparaat waarmee iemand vanuit een voertuig in beweging, radiotelefoongesprekken kan voeren

moblog *het* [-s] blog of bericht dat op internet wordt gezet vanaf een mobiele telefoon of een ander mobiel apparaat

mocassin *de (m)* [-s] ❶ soepele leren instapschoen van indianen ❷ schoen die daarop lijkt

mocro jong. *de (m)* [-'s] iemand van Marokkaanse afkomst

m.o.d. met oprechte deelneming

modaal *bn* stat. wat het meest voorkomt: *een ~ inkomen* ▼ taalk. *modale werkwoorden* werkwoorden als moeten, kunnen, willen, mogen, die de houding van de spreker uitdrukken ten opzichte van de taaluiting **modaliteit** *de (v)* ❶ taalk. wijze van voorstellen van de inhoud van een zin(sdeel): `waarschijnlijk' is een bepaling van ~ ❷ BN voorwaarde, regeling: *de jeugdrechter bepaalt de ~en voor het bezoekrecht*

modder *de (m)* aarde die door water week is geworden ▼ *hemelse ~* nagerecht van ei en gesmolten chocolade **modderbad** bad of val in modder **modderen** ❶ door modder waden ❷ fig. knoeien, prutsen **modderfiguur** *de* ▼ *een ~ slaan* een heel slechte indruk maken **moddergevecht** ❶ stoeipartij in de modder als vorm van amusement ❷ fig. discussie waarbij de deelnemers elkaar beledigen en ongefundeerd beschuldigen **modderig** *bn* met veel modder **modderpoel** modderige plas, moddermassa: *het bouwterrein is door de regen veranderd in een ~* **modderschuit** vaartuig dat modder vervoert **moddervet** heel dik: *hij is ~* **modderworstelen** worstelen in modder, vaak als publiek vermaak

mode *de* [-s] ❶ tijdelijk heersende smaak, vooral op het gebied van kleding en die op het moment mode is: *de nieuwe herfst~ wordt geshowd* **modeartikel** artikel dat in de mode is

mo

of aan de mode onderhevig **modegril** grillig bedenksel op het gebied van de mode, iets dat heel kort in de mode blijft **modehuis** bedrijf waar kleding en nieuwe mode wordt ontworpen **modekleur** kleur die in de mode is

model I het [-len] ❶ nagemaakt voorbeeld: *in het biologielokaal staat een ~ van een hart* ❷ vorm die iets heeft: *dit shirt is te heet gewassen, nu is het helemaal uit ~* ❸ iemand die zich voor zijn beroep laat fotograferen of kleding showt of die poseert voor een kunstenaar **II** *bn* ❹ strikt volgens de voorschriften ❺ helemaal in de juiste vorm

modelbouw het maken van een model op schaal, bijv. van een schip

modelleren ❶ boetseren, een vorm geven ❷ in het klein namaken **modelleur** de (m) [-s] ❶ modelmaker, boetseerder ❷ iemand die modellen maakt of verandert binnen een bestaande lijn

modeltekenen tekenen naar een voorbeeld **modelwoning** woning die als voorbeeld dient voor potentiële kopers of huurders

modem het & de (m) [-s] apparaat voor het verzenden van gegevens via de computer

moderaat bn gematigd

moderamen het prot. leiding van kerkelijke vergaderingen, dagelijks bestuur

moderatie de (v) [-s] matiging

moderator de (m) [-s, -toren] ❶ comp. persoon die een nieuwsgroep, chatroom e.d. controleert en die kan ingrijpen bij onregelmatigheden ❷ ⟨kernfysica⟩ stoffen als water of grafiet voor de afremming van snelle neutronen zodat er nieuwe kernsplitsingen kunnen ontstaan, remstof ❸ BN gespreksleider, leider bij een discussiebijeenkomst ❹ r.-k. geestelijke die leidinggeeft aan studenten of scholieren ❺ prot. voorzitter van een kerkelijke vergadering

modereren ❶ matigen ❷ discussies e.d. leiden **modern** bn ❶ wat hoort bij een nieuwere tijd ❷ zoals het op het moment is, hedendaags: *de ~e maatschappij* ❸ met (meer) vrijheid: *~e liefdesrelaties* ❹ vrijzinnig: *een ~e stroming binnen een godsdienst* **moderniseren** ⟨-zi-⟩ aanpassen aan de smaak, stijl of eisen van het moment, moderner maken **modernisme** het [-n] geheel van vernieuwende stromingen in vooral kunst, literatuur en theologie **moderniteit** de (v) het modern zijn

modeshow het vertonen van de nieuwste mode door mannequins voor een genodigd publiek **modesnufje** iets kleins dat op een gegeven moment in de mode is **modezaak** winkel die modeartikelen, vooral kleding, verkoopt

modieus bn wat overeenkomt met, volgens de heersende mode: *een ~ geklede dame*

modificatie de (v) [-s] wijziging, aanpassing, andere vorm **modificeren** wijzigen, aanpassen, een andere vorm geven

modinette de (v) [-s] naaister in een confectieatelier of modehuis

modisch bn modieus

modulair ⟨-lèr⟩ bn opgebouwd uit modules **modulatie** de (v) [-s] ❶ stembuiging ❷ overgang in een andere toonsoort

module de (m) [-s] verwisselbaar onderdeel van een groter geheel, bijv. van een cursus of een ruimtevoertuig **moduleren** ❶ met gepaste stembuiging voordragen ❷ muz. overgaan naar een andere toonsoort ❸ comp. computersignalen op zo'n manier omzetten dat ze overgebracht kunnen worden via telefoonlijnen

modus de (m) [-di] wijze, manier ▼ ~ *vivendi* voorlopige schikking tussen strijdende partijen

moe I bn moeër, moest ❶ die geen kracht (meer) heeft, bijv. na een grote inspanning of door ziekte ❷ beu, ergens genoeg van heeft: *ik ben dat eeuwige geruzie* ~ **II** de (v) ❸ moeder ▼ *nou* ~! uitroep van verbazing

moed de (m) ❶ dapperheid, het niet bang zijn of niet toegeven aan zijn angst ❷ ⟨in uitdrukkingen⟩ gemoedsgesteldheid, hoe iemand zich voelt ▼ *het is mij droef te ~e* ik ben droevig

moede vero. bn moe

moedeloos bn ontmoedigd, zonder hoop: *het lukt steeds niet, ik word er ~ van*

moeder de (v) [-s] ❶ vrouw van wie iemand een kind is: *dit is mijn ~* ❷ vrouw die een of meer kinderen heeft ❸ ⟨vroeger⟩ hoofd van de huishouding in een weeshuis of inrichting ❹ ⟨vroeger⟩ leidster van een jeugdherberg **moederbedrijf** bedrijf dat alle of de meeste aandelen bezit in andere bedrijven **moederbinding** gevoelsmatige band met de moeder **moederbord** comp. printplaat in een computer met de belangrijkste schakelingen **Moederdag** tweede zondag in mei, dag waarop moeders speciale aandacht krijgen **moederdier** wijfjesdier dat jongen heeft

moederen de rol van moeder spelen **moederhuis** ❶ klooster waar het bestuur van een orde of congregatie is gevestigd ❷ het als eerste gestichte klooster van een orde of congregatie ❸ BN, spreekt. kraaminrichting **moederkensdag** BN, spreekt. Moederdag **moederkerk** kerk die de basis vormt binnen een bepaalde geloofsrichting, kerk waar een bepaalde geloofsrichting uit is ontstaan **moederkoek** orgaan dat ervoor zorgt dat het ongeboren kind of jong voedingsstoffen en zuurstof krijgt en dat afvalstoffen worden afgevoerd en dat na de geboorte wordt uitgedreven, placenta **moederland** ❶ een land ten opzichte van zijn koloniën ❷ vaderland, land waar iemand vandaan komt **moederliefde** liefde van een moeder voor haar kind **moederlijk** bn als een moeder, liefderijk, zorgzaam **moederloos** bn zonder moeder **Moedermaagd** Heilige Maria **moedermaatschappij** maatschappij die, bedrijf dat alle of de meeste aandelen bezit in andere maatschappijen **moedermavo** ⟨vroeger⟩ populaire benaming voor voortgezet onderwijs voor volwassenen, vooral vrouwen **moedermelk** melk van de moeder ▼ *met de ~ ingezogen hebben* al heel vroeg geleerd hebben **moedernaakt** helemaal naakt **moeder-overste** vrouw die het hoofd is van een nonnenklooster **moederplant** ❶ plant waarvan andere afstammen ❷ harige

mo

kamerplant die gemakkelijk uitlopers vormt (Saxifraga sarmentosa) **moederschap** het het

moeder-zijn moederschip groot schip, dat de basis is voor kleinere schepen zoals onderzeeboten of op het schip gestationeerde vliegtuigen **moederskant** ▼ *van* ~ van de kant van de (familie van de) moeder **moederskind** ❶ lievelingskind van een moeder ❷ kind dat vooral met de moeder een sterke band heeft ▼ *-je* verwend, te beschermd opgevoed kind **moedersleutel** sleutel die op veel sloten past **moederszijde** moederskant **moedertaal** taal waarin iemand het spreken heeft geleerd **moedertjelief** *de (v)* ▼ *daar helpt geen ~ aan* daar is niets aan te doen **moedervlek** vlek op of in de huid door een openhoping van pigmentcellen **moederziel** ▼ *~ alleen* helemaal alleen

moedig *bn* ❶ niet bang of die zich niet door angst laat weerhouden om dingen te doen die gevaarlijk zijn: *een ~ soldaat* ❷ zonder te klagen of de moed te verliezen door iets ergs: *zij draagt haar ziekte ~*

moedjahedien *de (mv)* mensen die zich (vaak gewapend) inspannen voor de islam

moedwil boze opzet **moedwillig** *bn* die opzettelijk kwaad doet, met opzet: *~ iets vernielen*

moeflon *de (m)* [-s] wild schaap

moefti *de (m)* [-'s] islamitisch rechtsgeleerde die uitspraken doet over juridische en theologische kwesties

moeheid *de (v)* toestand van moe zijn

moei vero. *de (v)* tante

moeial *de (m)* [-len] bemoeial

moeien betrekken, mengen in ▼ *daar zijn wel een paar uurtjes mee gemoeid* dat kost heel wat tijd

moeilijk *bn* wat lastig is, moeite kost: *het is soms ~ om een nieuwe taal te leren; een ~e beslissing* ▼ *een ~ kind* een lastig kind, dat niet makkelijk op te voeden is **moeilijkheid** *de (v)* [-heden] het moeilijke, probleem, bezwaar: *de ~ is dat we geen tijd hebben*

moeite *de (v)* [-n] wat iemand voor iets moet doen, inspanning: *gitaar leren spelen gaat niet vanzelf, daar moet je ~ voor doen* ▼ *~ hebben met* het moeilijk vinden, het een probleem vinden: *hij heeft ~ met wiskunde; zij hebben ~ met het feit dat hun zoon homofiel is* ▼ *dit boek, deze film enz. is de ~ waard* het is een goed boek, goede film enz.

moeizaam *bn* waarvoor veel inspanning nodig is, wat niet gemakkelijk gaat: *een moeizame beklimming van een berg; een ~ gesprek*

moellah *de (m)* [-s] sjiitisch wetsgeleerde, in rang lager dan een ayatollah

moer I *de* ❶ ring met schroefdraad waarop een schroef past II *de (v)* ❷ inform. moeder ❸ moederkonijn ▼ inform. *geen ~* niets: *het kan hem geen ~ schelen* III *het* ❹ veengrond

moeras *het* [-sen] land dat nat is en niet stevig en waarin men wegzakt, drassig land **moerasgas** gas door gisting van plantenresten op onder andere de bodem van een stilstaand water, methaan **moeraskoorts** koorts door muggen die in moerassen leven, malaria **moerassig** *bn* als in een moeras, drassig

moerbalk balk waarop andere rusten

moerbei I *de (m)* ❶ plantengeslacht van bomen met vruchten die op bramen lijken (Morus) II *de* ❷ de vrucht hiervan

moerbout bout met schroefdraad

moersleutel sleutel voor moeren en bouten

moerstaal inform. moedertaal ▼ *spreek je ~* gebruik geen moeilijke, buitenlandse woorden

moes I *de & het* ❶ tot brij gekookte groente of vruchten II *de (v)* ❷ (vroeger kindertaal) moeder **moesappel** appel bestemd om tot moes gekookt te worden **moesje** *het* [-s] ❶ moedertje ❷ mouche

moesson *de (m)* [-s] wind in het gebied van de Indische en de Stille Oceaan die ieder halfjaar uit een andere richting waait

moestuin groentetuin

moet I *de* ❶ spoor dat achterblijft als ergens iets op heeft gedrukt, bijv. op de huid ❷ litteken II *de (m)* ❸ het verplicht of noodzakelijk zijn

moeten [moest, h. gemoeten] ❶ gedwongen zijn, verplicht zijn: *die kinderen ~ werken van hun ouders* ❷ noodzakelijk zijn, behoren: *je moet met twee woorden spreken* ❸ heel erg verlangen, willen: *ik moet die schoenen hebben!* ▼ *ik moet hem niet* ik vind hem helemaal niet sympathiek ▼ <u>BN</u> *ook niet ~* niet hoeven: *ik moet zeker niet zeggen hoe blij ik was* ▼ <u>BN</u> *ook moet* mocht, als: *moest hij naar me vragen, zeg dan dat ik er niet ben* ▼ <u>BN</u>, *spreekt. hoeveel moet ik u?* hoeveel krijgt u van me? **moetje** *het* [-s] gedwongen huwelijk omdat de bruid al in verwachting is: *het was een ~*

moezelwijn, moezel wijn van druiven die langs de Moezel geteeld zijn

mof I *de* [-fen] ❶ warm kledingstuk dat beide handen bedekt ❷ recht verbindingsstuk van buizen II *de (m)* [-fen] ❸ scheldn. Duitser

moffelen ❶ stiekem wegstoppen ❷ lakken, emailleren

mogelijk *bn* ❶ wat kan gebeuren, wat gedaan kan worden: *is het ~ om naar Mars te reizen?* ❷ misschien: *hij is er nog niet, ~ heeft zijn trein vertraging*

mogelijkerwijs, mogelijkerwijze *bw* mogelijk, misschien **mogelijkheid** *de (v)* [-heden] ❶ het mogelijk zijn ❷ iets wat kan gebeuren: *de ~ bestaat dat ik een andere baan krijg* ▼ *dat gaat niet geen ~* dat lukt absoluut niet

mogen [mocht, h. gemogen / gemoogd / gemocht] ❶ toestemming hebben: *ik mag vanavond laat thuiskomen* ❷ toegestaan zijn: *je mag hier vijftig kilometer per uur* ❸ houden van, aardig vinden: *ik mag hem graag* ❹ kunnen: *dat mag wel zo zijn, maar toch ben ik het er niet mee eens; mocht je toch besluiten om ... als je toch zou besluiten om ...* ▼ *ze mag er zijn* ze ziet er goed uit, maakt een goede indruk

mogendheid *de (v)* [-heden] zelfstandig land, staat: *een vijandelijke ~*

mohair ⟨-hèr⟩ *het* ❶ haar van de mohair- of angoragiet ❷ weefsel daarvan

mohammedaan *de (m)* [-danen] aanduiding voor moslim, gebruikt door niet-moslims

Mohikanen *de (m)* uitgestorven indianenstam ▼ *de laatste der ~* de laatste van zijn soort

moiré ⟨mwaaree⟩ I *bn* ❶ gevlamd ❷ effect van

twee verschillende lijnpatronen of van lijnen die verschillend lopen, over elkaar heen **II** *het* ❸ gevlamde zijde

mojito 〈moogie*too*〉 *de* [-'s] cocktail met rum, limoen, sodawater, muntblaadjes en suiker

mok *de* [-ken] grote drinkbeker met een oor

moker *de (m)* [-s] zware vierkante hamer

mokka *de (m)* ❶ geurige koffie of sterk aftreksel daarvan, uit kleine kopjes gedronken ❷ stijve room met koffie-extract

mokkel *de (v) & het* [-s] vulg. meisje

mokken door gezichtsuitdrukking en houding laten blijken dat men ergens boos of beledigd over is: *ze zit te ~ omdat ze niet mee mocht*

mol I *de (m)* [-len] ❶ zoogdier met een spitse snuit dat ondergronds leeft (Talpa europaea) ❷ fig. infiltrant in een organisatie **II** *de* [-len] ❸ muz. verlagingsteken ❹ muz. mineur, toonaard in kleine terts

molaar *de (m)* [-laren] kies met een dubbele knobbel, echte kies

moleculair 〈-lèr〉 *bn* van of wat te maken heeft met moleculen **molecule** *de & het* [-n, -s] kleinste deel waarin een stof verdeeld kan worden zonder scheikundig te veranderen

molen *de (m)* [-s] ❶ constructie met een ronddraaiend rad dat wordt aangedreven door wind of water en waarin vroeger iets, bijv. graan, werd fijngemalen ❷ apparaat om dingen in fijn te malen: *een koffie-* ▾ *met ~tjes lopen* gek zijn **molenaar** *de (m)* [-s] eigenaar van een molen of iemand die een molen beheert **molengang** rij watermolens **molenpaard** ❶ paard van een molenaar ❷ neg. logge grote vrouw **molensteen** steen waarmee men in een molen maalt **molenwiek** één van vier ronddraaiende armen van een molen

molest *het* schade door boze opzet, oorlog, rellen enz. **molesteren** door geweld overlast aandoen, mishandelen: *de voorbijganger werd door de dronken jongens gemolesteerd*

molière 〈-ljère〉 *de (m)* [-s] lage veterschoen

mollah *de (m)* [-s] sjiitisch wetsgeleerde, lager in rang dan ayatollah

mollen spreekt. ❶ kapotmaken ❷ doodmaken

mollig *bn* een beetje dik en zacht: *een ~e baby*

molm *de (m) & het* ❶ droge stof van turf ❷ hout dat tot poeder is vergaan

moloch *de (m)* [-s] fig. iets waaraan alles wordt opgeofferd: *de ~ van het verkeer*

molotovcocktail fles of bus die is gevuld met benzine of petroleum en die als primitieve bom of granaat gegooid wordt

molshoop door een mol opgeworpen aardhoopje **molsla** bladeren van paardenbloem

molton I *het* ❶ zachte dikke wollen, halfwollen of katoenen stof **II** *bn* ❷ van molton: *een ~ matrasbeschermer tussen laken en matras*

mom *de & het* [-men] ❶ masker ❷ fig. schijn: *onder het ~ van verliefdheid maakte hij haar geld afhandig* **mombakkes** *het* masker

moment *het* ❶ ogenblik, korte poos ❷ (geschikt) tijdstip: *dit is niet het ~ om daarnaar te vragen* ▾ *du ~ dat* 〈momàn〉 vanaf het ogenblik dat ▾ *~ suprême* 〈momàn suprèm〉 hoogtepunt **momenteel** *bw* ❶ op het ogenblik, op het

moment, nu ❷ voor een korte tijd, kortstondig **momentopname** ❶ foto van mensen, situaties e.a. op een bepaald moment ❷ fig. weergave van een situatie zoals die op een bepaald moment is

momentum *het* moment waarop de omstandigheden gunstig zijn om iets te ondernemen of door te zetten: *gebruikmaken van het ~; ~ verliezen*

mompelen binnensmonds, slecht verstaanbaar, spreken

monade *de (v)* [-n] 〈filosofie〉 elk van het oneindige aantal zelfstandige eenheden waaruit het heelal bestaat

monarch alleenheerser, alleenheersend vorst **monarchie** *de (v)* [-chiën] land dat wordt bestuurd door een erfelijk vorst, zoals een koning of een keizer: *Nederland en België zijn ~ën* **monarchist** *de (m)* aanhanger van de monarchie als staatsvorm

mond *de (m)* ❶ deel van het gezicht, waarmee iemand spreekt, eet, drinkt e.d. ▾ *een grote ~ hebben* brutaal zijn ▾ *iemand iets in de ~ leggen* het doen voorkomen alsof iemand iets gezegd heeft ▾ *iemand de ~ snoeren* iemand het spreken beletten of de vrijheid van meningsuiting ontnemen ▾ *met twee ~en spreken* niet ❶precht zijn in wat men zegt ▾ *niet op zijn ~je gevallen zijn* goed zijn woorden weten te vinden ▾ *de ~ vol hebben van* steeds spreken over ▾ *zijn ~ voorbijpraten* te veel zeggen ▾ *dat ligt mij naar de ~* praten zeggen wat iemand wil horen ▾ *bij ~e van* gezegd door ▾ *met de ~ vol tanden staan* niet weten wat men moet zeggen ▾ *dat ligt hem in zijn ~ bestorven* dat zegt hij voortdurend ❷ overgang van een rivier in zee ❸ opening

mondain 〈-dè〉 *bn* werelds, gericht op de grote wereld, het uitgaansleven e.d.: *de ~e badplaats Saint-Tropez*

monddood ▾ *iemand ~ maken* het iemand onmogelijk maken om zijn mening te uiten: *de regering heeft de kritische journalist ~ gemaakt*

mondeling *bn* gesproken, niet schriftelijk: *~ examen*

mond-en-klauwzeer *het* besmettelijke ziekte met onder andere blaren aan bek en klauwen bij runderen, schapen, varkens e.a.

mondharmonica klein muziekinstrument dat wordt bespeeld door lucht naar binnen te zuigen en te blazen **mondhygiënist** *de (m)* iemand die probeert gebreken aan gebit en tandvlees te voorkomen door verzorging en voorlichting

mondiaal *bn* wat de wereld omvat, wat te maken heeft met de hele wereld: *luchtvervuiling is een ~ probleem*

mondig *bn* ❶ in staat om zelfstandig en voor eigen verantwoording te handelen ❷ die goed zijn mening kan geven en voor zijn eigen belangen op kan komen: *kinderen zijn tegenwoordig veel ~er dan vroeger*

monding *de (v)* ❶ plaats waar een rivier in een groter water stroomt ❷ opening: *de ~ van een kanon*

mondjesmaat *bw* in heel kleine hoeveelheden: *we werden maar ~ van informatie voorzien* ▾ BN

ook *met* ~ mondjesmaat

mondkapje soort maskertje waarmee iemand zijn mond bedekt, bijv. in een omgeving met een besmettelijke ziekte of sterke luchtvervuiling of door artsen tijdens operaties

mond-op-mondbeademing *de (v)* methode waarbij iemand door de neus of de mond lucht blaast in de longen van iemand die niet meer of weinig ademt om diens ademhaling weer op gang te brengen

mondorgel mondharmonica

mondschilderkunst met de mond geschilderde werken (door mensen zonder handen)

mondspoeling ❶ het spoelen van de mond ❷ iets om de mond te spoelen **mondstuk** ❶ gedeelte van een blaasinstrument, sigaret enz. dat in de mond gehouden wordt ❷ bit van een paard

mond-tot-mondreclame het elkaar aanraden van een product e.d. door mensen onder elkaar: *dit boek is beroemd geworden door ~ van mensen die het gelezen hadden*

mondvol *de (m)* [-len] zoveel als in de mond gaat

mondvoorraad voorraad levensmiddelen

monetair ⟨-tèr⟩ *bn* wat te maken heeft met het muntstelsel of het geld

moneybelt ⟨monnie-⟩ *de (m)* [-s] tasje voor het opbergen van geld, waardevolle papieren enz. dat iemand aan een riem om zijn middel draagt

mongolisme *het* aangeboren afwijking met bepaalde gezichtskenmerken en verminderde verstandelijke vermogens, syndroom van Down

mongool *de (m)* [-golen] iemand die aan mongolisme lijdt, met het syndroom van Down

monisme *het* ❶ ⟨filosofie⟩ het uitgaan van het bestaan van één principe dat van de werkelijkheid een samenhangend geheel maakt ❷ jur. het principe dat de regering de wil van het parlement uitvoert

monitor *de (m)* [-s, -toren] ❶ radio- of televisieontvanger voor controle op de technische kwaliteit van de uitzending ❷ comp. beeldscherm dat met een computersysteem is verbonden ❸ BN ook studiebegeleider ❹ BN ook jeugdleider **monitoraat** BN, ook *het* [-raten] studiebegeleiding, instantie die eerstejaarsstudenten begeleidt **monitoren** ❶ toezicht houden, controleren ❷ toezicht houden, begeleiden

monkelen BN ook gnuiven, stilletjes spottend lachen

monnik *de (m)* [-niken] man die de kloostergelofte heeft afgelegd en in een klooster leeft ▾ *gelijke ~en gelijke kappen* mensen die in dezelfde positie verkeren, hebben dezelfde rechten **monnikenwerk** geduldwerk, langdurig geploeter **monnikskap** ❶ kap van een monnik ❷ blauwpaarse giftige plant (Aconitum)

mono *bn* ❶ ⟨als eerste deel van een samenstelling⟩ enkel, alleen ❷ ⟨muziekweergave⟩ over één kanaal **monochroom** *bn* in één kleur

monocle ⟨-nokkel⟩ *de (m)* [-s] kijkglas voor één oog

monocultuur het kweken van één gewas op grotere oppervlakten gedurende langere tijd

monocyt ⟨-siet⟩ *de (m)* een van de soorten witte bloedlichaampjes **monogamie** *de (v)* huwelijk of langdurige liefdesbetrekking met slechts één persoon **monografie** *de (v)* [-fiën] wetenschappelijke studie over één bepaald onderwerp **monogram** *het* [-men] naamteken dat bestaat uit letters die met elkaar verbonden of door elkaar gevlochten zijn **monokini** *de (m)* [-'s] bikinislipje zonder bovenstuk **monoliet** *de (m)* monument of bouwdeel dat uit één stuk steen gehouwen is **monoloog** *de (m)* [-logen] ❶ stuk tekst gezegd door één persoon, vooral in een toneelstuk ❷ kort stuk, bestemd om door één persoon te worden voorgedragen **monomaan I** *de (m)* [-manen] ❶ iemand die lijdt aan monomanie **II** *bn* ❷ als iemand die lijdt aan monomanie **monomanie** *de (v)* [-nieën] soort van waanzin waarbij iemand zich laat leiden door één bepaald waandenkbeeld **monopolie** *het* [-s, -liën] recht om als enige iets te verhandelen, te maken of te doen **monopolist** *de (m)* iemand die een monopolie heeft **monorail** ⟨-reel⟩ spoorweg met maar één rail waarover het voertuig rijdt of zweeft: *staande ~; hangende ~* **monoski** brede ski waarop iemand met beide voeten staat tijdens een afdaling **monosyllabe** ⟨-sil-⟩ woord met één lettergreep **monotheïsme** geloof in één god **monotonie** *de (v)* het monotoon zijn **monotoon** *bn* ❶ op één toonhoogte, zonder accenten ❷ saai, zonder afwisseling: *een ~ landschap* **monovolume** BN *de* MPV, ruime gezinsauto **monseigneur** ⟨mòsenjùr⟩ *de (m)* [-s] kerkelijke titel van onder andere een bisschop

monster *het* [-s] ❶ afgrijselijk wezen of ding, gedrocht ❷ iets dat in zijn soort geweldig groot is ❸ klein beetje van iets zodat iemand een indruk krijgt van het geheel of het kan uitproberen voordat hij het koopt: *een ~ van het vervuilde rivierwater; een ~ van een parfum* **monsterachtig** *bn* ❶ als van een monster, wanstaltig ❷ vreselijk, afschrikwekkend **monsteren** ❶ keurend bekijken ❷ werk aannemen op een schip **monsterlijk** *bn* afschuwelijk **monsterproces** proces tegen heel veel mensen tegelijk **monsterrol** namenlijst van de bemanning van een schip **monsterverbond** verbond tussen partijen die heel verschillende uitgangspunten hebben **monsterzege** heel grote overwinning **monstrans** r.-k. *de* mooi uitgevoerde houder voor de gewijde hostie **monstrueus** *bn* monsterachtig **monstrum** *het* [-stra, -strums] ❶ monster, gedrocht ❷ fig. iets idioots, belachelijks: *dat verdrag is een ~*

montage ⟨-taazje⟩ *de (v)* [-s] ❶ het monteren ❷ delen die aan elkaar zijn gevoegd en een geheel vormen, zoals film- en tv-beelden of liedjes ❸ object of kunstwerk dat bestaat uit onderdelen die aan elkaar zijn gevoegd **montagebouw** bouw met onderdelen die van tevoren al (ergens anders) zijn gemaakt **montagefoto** ❶ foto die is gemaakt door (delen van) andere foto's samen te voegen ❷ afbeelding die is gemaakt op grond van plannen of beschrijvingen: *een ~ van de toekomstige nieuwe brug; een ~ van de dader op basis van beschrijvingen van getuigen*

monter *bn* vrolijk, opgewekt

monteren ❶ de delen van een machine, bouwpakket enz. in elkaar zetten ❷ iets ergens op of aan bevestigen: *een hoofdsteun ~ op een ligfiets* ❸ delen van een film, drukwerk enz. tot een geheel maken: *de opnames voor een film ~*

montessorischool schooltype waarin de kinderen geleerd wordt zich naar eigen aanleg te ontwikkelen

monteur *de (m)* [-s] vakman die de delen van een machine, auto, elektrische installatie enz. in elkaar zet of repareert

montuur *het & de (v)* [-turen] deel van een bril dat om de glazen zit en waarmee de bril op de neus en achter de oren zit

montycoat *de, (montiekoot)* overjas met capuchon en stokjes en lussen als sluiting, houtje-touwtjejas

monument *het* ❶ gedenkteken, iets dat de herinnering aan iemand of iets doet voortleven ❷ overblijfsel van vroegere kunst of cultuur

monumentaal *bn* ❶ heel groot, groots, wat lang zal blijven bestaan: *monumentale bomen* ❷ als een monument, wat lijkt op een monument: *een ~ gebouw* **monumentenzorg** georganiseerde zorg voor het behoud en de restauratie van waardevolle monumenten

mooi *bn* ❶ prettig om naar te kijken, te luisteren e.d.: *een ~ meisje, concert, boek* ❷ goed, netjes: *dit was vroeger de ~e kamer* **mooipraten** ❶ iets als mooier voorstellen dan het is ❷ iemand vleien **mooizitten** ⟨van een hond⟩ rechtop zitten

moonboot ⟨moenboet⟩ *de (m)* [-s] sneeuwlaars met brede zool en dik bovenwerk **moonwalk** *de (m)* loopje dat bekend is geworden door Michael Jackson, waarbij het lijkt alsof iemand vooruitloopt terwijl hij in werkelijkheid achteruitloopt

moor *de (m)* [moren] zwart paard **Moor** *hist. de (m)* [Moren] ❶ ⟨middeleeuwen⟩ iemand met een donkere huidskleur uit Noord-Afrika ❷ iemand van de islamitische klasse die Spanje overheerste

moord *de het* opzettelijk doden van een mens ▼ *~ en brand schreeuwen* luid klagen of roepen alsof er iets verschrikkelijks gebeurt ▼ *daar komt ~ en doodslag van* dat loopt uit op vreselijke ruzie **moordaanslag** poging om iemand te vermoorden: *een ~ op iemand plegen* **moorddadig** *bn* bloeddorstig, wreed, wat de dood veroorzaakt

moorden op een gewelddadige manier doden **moordenaar** *de (m)* [-s] iemand die een moord pleegt **moordend** *bn* wat iemands ondergang kan veroorzaken, heel vermoeiend, uitputtend: *de concurrentie is ~; een ~ tempo*

moordgriet *inform.* heel leuk meisje

moordkuil ▼ *van zijn hart geen ~ maken* zeggen wat men denkt of voelt **moordlust** neiging om te moorden **moordpartij** het moorden met veel geweld en bloed **moordwapen** ❶ wapen, middel dat gebruikt kan worden om te doden: *als iemand roekeloos rijdt, kan een auto een ~ zijn* ❷ wapen waarmee een bepaalde moord is

uitgevoerd: *de politie zoekt nog naar het ~*

moordwijf *inform.* heel leuke vrouw

moorkop luchtig gebakje dat is gevuld met slagroom en bedekt is met chocola

moot *de* [moten] afgesneden stuk vis ▼ *~je* klein stukje: *iets in ~jes hakken*

mop I *de* [-pen] ❶ heel korte vertelling met een grappig einde: *kent iemand nog een goede ~?* ❷ vrolijk muziekstukje, liedje ❸ baksteen ❹ bepaald koekje ❺ stok met repen stof om een vloer nat schoon te maken ❻ *spreekt.* aanspreekvorm voor een meisje of vrouw II *de (m)* [-pen] ❼ mopshond **moppentrommel** rubriek met grappen in een blad

mopperaar *de (m)* [-s] iemand die vaak moppert **mopperen** dingen zeggen waaruit blijkt dat men ontevreden is: *de leraar mopperde op de jongen die steeds te laat kwam* **mopperkont** *inform. de, mopperpot de (m)* iemand die veel moppert en ontevreden is

mopshond hondenras met een gedrongen postuur en een platte neus **mopsneus** stompe neus

moraal *de* ❶ de heersende zeden en gebruiken: *in dit land heerst een strenge ~* ❷ mening van iemand of van een groep mensen over wat goed en wat slecht is: *de christelijke ~* ❸ morele les die men van iets kan leren: *de ~ van dit verhaal is dat je niet moet liegen* **moraalfilosofie** richting binnen de filosofie die zich bezighoudt met het morele handelen van mensen en met vragen als: wat is goed, wat is rechtvaardig

moraliseren ⟨-zi-⟩ zedenkundige beschouwingen houden, zedenlessen geven, zedenpreken houden, over wat moreel goed is en niet goed is: *ze moraliseert altijd zo* **moralist** *de (m)* ❶ iemand die zedenpreken houdt, verhandelingen over wat moreel goed en niet goed is: *hij is een echte ~* ❷ schrijver over de zeden **moraliteit** *de (v)* ❶ besef van wat moreel goed is en niet goed ❷ middeleeuws toneelspel met spelers die deugden en ondeugden voorstelden

moratorium *het* [-s, -ria] ❶ opschorting, uitstel: *een ~ op de doodstraf* ❷ uitstel van de verplichting om te betalen

morbide *bn* ziekelijk, ook in geestelijk opzicht: *~ grappen* **morbiditeit** *de (v)* ❶ ziekelijkheid, vatbaarheid voor ziekten ❷ mate waarin ziekten voorkomen

mordicus *bw* onverzettelijk, hardnekkig ▼ *~ tegen* absoluut tegen

moreel I *bn* ❶ in overeenstemming met de heersende overtuiging en gedragsregels voor wat goed en netjes is en wat niet, zedelijk II *het* ❷ morele kracht, gevoel van zelfvertrouwen: *het ~ van de soldaten is goed*

morel I *de* [-len] ❶ zure donkerrode kers II *de (m)* [-len] ❷ boom waaraan morellen groeien

morene *de* [-n, -s] verpulverd gesteente in of bij een gletsjer

mores *de (mv)* ▼ *iemand ~ leren* iemand op een strenge of hardhandige manier leren om zich te gedragen

morfeem *het* [-femen] kleinste deel van een woord dat een betekenis of grammaticale informatie in zich draagt

morfine *de* middel dat van opium wordt gemaakt, gebruikt als pijnstiller of genotmiddel

morfologie *de (v)* ❶ leer van bouw en vorm van organismen ❷ *taalk.* leer van de verbuigings- en vervoegingsvormen van woorden van een taal en van de woordvorming **morfologisch** *bn* ❶ wat te maken heeft met de vorm ❷ van of volgens de morfologie

morgen I *de (m)* [-s] ❶ deel van de dag van zonsopgang tot de ondergang, ochtend ▼ *'s* ~*s* in de morgen **II** *bw* ❷ de volgende dag, dag na vandaag **III** *de (m) & het* ❸ *vero.* eenheid van oppervlakte (*per streek verschillend*)

morgenavond *bw* in de avond van de dag hierna, van morgen

Morgenland deel van de wereld in het oosten

morgenlicht ❶ het aanbreken van de dag, dageraad ❷ het licht zoals dat 's morgens vroeg is **morgenmiddag** *bw* in de middag van de dag hierna, van morgen **morgenochtend** *bw* in de ochtend van de dag hierna, van morgen **morgenrood** *het* rood bij zonsopgang

morgenster ❶ knots met ijzeren punten ❷ iemand die 's ochtends de vuilnisbakken langsgaat om te kijken of er wat van zijn gading is

Morgenster Venus

morgenstond de vroege ochtenduren ▼ *de* ~ *heeft goud in de mond* wie vroeg opstaat, kan veel doen

morille ⟨-rieja⟩ *de* [-s] eetbare paddenstoel (Morchella esculenta)

mormel *het* [-s] lelijk wezen, vooral lelijke hond: *dat* ~ *probeert me te bijten!*

mormoon *de (m)* [-monen] lid van een godsdienstige beweging in de Verenigde Staten

morning-afterpil ⟨moRning-àftaR-⟩ pil na seks om zwangerschap te voorkomen

Morpheus ⟨-fuis⟩ *de (m)* ▼ *in* ~' *armen* in slaap

morrelen aan iets peuteren, proberen te bewegen: *er staat iemand aan het slot te* ~

morren stilletjes laten merken dat men ontevreden is, mopperen

morsdood, morsdóód volkomen dood

morse *het* alfabet dat bestaat uit punten en strepen, waarmee men berichten seint: *...–...* *is* ~ *voor SOS*

morsen knoeien, vooral met eten of drinken: *het meisje morste limonade op haar broek*

morsig *bn* wat of die een viezige slonzige indruk maakt: *een* ~ *mannetje*

mortadella *de (m)* Italiaanse metworst

mortaliteit *de (v)* aantal sterfgevallen in verhouding tot het totale aantal mensen of dieren, sterftecijfer

mortel *de (m)* kalk met zand, vooral om metselspecie van te maken

mortier *de (m) & het* ❶ geschut met een korte schietbuis en een lage beginsnelheid van het projectiel, heel kort kanon ❷ vat om iets in fijn te stampen, vijzel

mortuarium *het* [-ria] ❶ lijkenkamer in een ziekenhuis e.d. ❷ rouwcentrum

mos *het* [-sen] lage sporenplantjes die dicht op elkaar groeien

mosasaurus ⟨-zaa-⟩ *de (m)* [-russen] prehistorisch reptiel dat in zee leefde, maashagedis

mosgroen groen als mos

moskee *de (v)* [-ën] gebouw waar moslims samenkomen om te bidden

moslim *de (m)* [-s] aanhanger van de islam

moslima *de (v)* [-'s] vrouwelijke aanhanger van de islam

mossel *de* [-s, -en] weekdier in een schelp (Mytilus edulis) ▼ *BN, spreekt.* ~ *noch vis* noch het ene noch het andere, zonder uitgesproken karakter **mosselbank** plaats waar veel mosselen bij elkaar voorkomen **mosselman** mosselverkoper **mosselplaat** mosselbank

most *de (m)* ongegist vruchtensap

mosterd *de (m)* ❶ het plantengeslacht Sinapis ❷ soort saus van gemalen zaad van deze plant vermengd met onder andere azijn, gebruikt om voedsel op smaak te maken ▼ *dat is* ~ *na de maaltijd* dat komt te laat, daar hebben we niets meer aan **mosterdgas** gas gebruikt in oorlogen en conflicten dat onder andere ogen, huid en ademhalingswegen aantast **mosterdpot** ❶ vaatje voor mosterd ❷ rol of wagen met rollen voor het verplaatsen van planken of andere zware lasten ❸ *scheepst.* rol waarlangs staaldraden worden geleid

mot I *de* [-ten] ❶ vlindertje van de familie Tineïdae dat onder andere eieren legt in wollen kleding ❷ *inform.* ruzie: ~ *met iemand hebben* **II** *het* ❸ turfmolm ❹ afval bij houtbewerking, zoals zaagsel

motel *het* [-s] hotel langs een grote autoweg

motet *het* [-ten] meerstemmig kerkelijk zangstuk

motie *de (v)* [-s] voorstel dat door een of meer leden aan een vergadering wordt voorgelegd: ~ *van wantrouwen*

motief *het* [-tieven] ❶ reden om iets te doen: *wat was het* ~ *van de dader?* ❷ idee, grondlijn of grondmelodie van een kunstwerk of muziekstuk ❸ regelmatig herhaald patroon van lijnen, vlakken, figuren, vooral van een weefsel

motivatie *de (v)* [-s] ❶ reden(en) waarom iemand iets wil of doet: *wat is jouw* ~ *voor deze opleiding?* ❷ het iets graag willen en bereidheid om er moeite voor te doen: *ik twijfel aan jouw* ~

motiveren ❶ redenen geven voor iets: *hoe motiveert u deze beslissing?* ❷ iemand motivatie geven om iets te doen: *ik kon hem niet* ~ *zijn huiswerk te maken*

motor *de (m)* [-toren, -s] ❶ machine waarbij energie uit brandstof, wind enz. wordt omgezet in beweging: *de* ~ *van de auto is kapot* ❷ *fig.* drijvende, stuwende kracht: *zij is de* ~ *van dit project* ❸ motorfiets, voertuig op twee wielen met een sterke motor: *de* ~ *trok snel op bij het stoplicht* **motoragent** politieagent op een motor **motorblok** gegoten geheel van een motor **motorboot** boot met een motor erin **motorcross** wedstrijd voor motoren over natuurlijk terrein **motorfiets** motor **motorhome** ⟨moota Rhoom⟩ *de (m)* kampeerauto, camper

motoriek *de (v)* bewegingen in hun samenhang, de structuur van de bewegingsfuncties van het lichaam: *zijn* ~ *is niet goed; een trage* ~ **motorisch** *bn* ❶ wat beweegt, wat in beweging brengt ❷ wat te maken heeft met de motoriek

motoriseren ⟨-zi-⟩ ❶ voorzien van een motor: *gemotoriseerd verkeer* ❷ voorzien van motorvoertuigen

motorkap kap over de motor van een auto

motormaaier maaimachine met een motor

motorrijder berijder van een motor

motorrijtuig voertuig met een sterke motor, zoals auto's en motoren

motorrijtuigenbelasting belasting voor het bezit van een auto of motor **motorrijwiel** motor, motorfiets **motortractie** voortbeweging door een motor **motorvoertuig** motorrijtuig

motregen regen met heel kleine druppels **motregenen** [motregende, h. gemotregend] regenen in heel kleine druppels

motsneeuw sneeuw van heel kleine witte ijskorreltjes

mottenbal balletje van kamfer om mottenlarven te doden **mottig** *bn* ❶ aangetast door motten ❷ die er slecht, armoedig uitziet: *een ~ oud vrouwtje; ~ haar* ❸ mistig

motto *het* [-'s] ❶ kernspreuk, korte zin die uitdrukt waar het om gaat, wat de essentie is: *een demonstratie onder het ~ 'houd huren betaalbaar'; ons ~ is 'positief blijven denken, dan komt alles goed'* ❷ zo'n kernspreuk als dekmantel voor iets anders

mouche ⟨moesj(ə)⟩ *de* [-s] ❶ hist. stukje stof in de vorm van een sterretje, half maantje of cirkeltje dat iemand op gezicht of decolleté plakte om de blankheid van de huid te doen uitkomen ❷ smalle pluk haar op de bovenlip of onder de onderlip in plaats van een snor of baard ▼ *~ volante* klein vlekje dat iemand voortdurend ziet maar dat er niet is

mountainbike ⟨mauntənbajk⟩ *de* [-s] lichte maar stevige fiets waarmee over ruw terrein gereden kan worden **mountainbiken** [mountainbikete, h. / is gemountainbiket] op een mountainbike rijden

moussaka ⟨moes-⟩ *de (m)* Grieks gerecht met gemalen vlees, aubergines en tomatensaus

mousse ⟨moes⟩ *de* [-s] ❶ gerecht van stijfgeklopte room of eiwit ❷ schuim om hoofdhaar te verstevigen

mousseline ⟨moes-⟩ *de & het* ❶ lichte luchtige stof, los en onregelmatig geweven van katoen, zijde of wol ❷ ⟨kookkunst⟩ luchtige saus

mousseren ⟨moes-⟩ ⟨van dranken⟩ schuimen, opbruisen door koolzuurgas: *~de wijn*

mout *het & de (m)* gedroogde graankiemen **mouten** mout maken **mouterij** *de (v)* bedrijf of plaats waar mout wordt gemaakt

mouw *de* deel van een kledingstuk voor de arm ▼ *iemand iets op de ~ spelden* iemand iets wijsmaken ▼ *uit de* of *zijn ~ schudden* verzinnen; weten zonder erover te hoeven nadenken ▼ *ergens een ~ aan weten te passen* er raad op weten ▼ *de handen uit de ~en steken* flink aanpakken ▼ BN *ook een ander paar ~en zijn* iets heel anders, iets veel moeilijkers zijn **mouwveger** BN, spreekt. vleier

move ⟨moev⟩ *de (m)* [-s] beweging, manoeuvre: *een onverwachte ~ maken*

moven ⟨moevən⟩ *inform.* [movede, is gemoved] weggaan: *en nu allemaal ~, ik heb het druk*

moveren maken dat iemand iets doet: *om hem ~de redenen*

moyenne ⟨mwajjennə⟩ *het* ❶ gemiddelde ❷ gemiddeld aantal punten

mozaïek *het* ❶ inlegwerk van verschillende gekleurde stukjes steen, glas enz. die samen een geheel vormen ❷ fig. samenstel, bont geheel **mozaïektegel** tegel met mozaïek, tegel voor een mozaïekvloer

mozzarella ⟨modzaa-⟩ *de (m)* zachte witte kaas uit Italië

mp *de (m)* minister-president

m.p. ❶ muz. mezzo piano ❷ mijlpaal ❸ maalpeil

MP *de (v)* Militaire Politie

mp3-speler apparaatje dat muziekbestanden opslaat en afspeelt die in sterk gecomprimeerde vorm zijn opgeslagen

MPEG *Moving Pictures Experts Group*, techniek om beeld en geluid sterk gecomprimeerd op te slaan

MPV *de* [-'s] *Multi Purpose Vehicle*, ruime gezinsauto voor minstens zes personen

mr. meester in de rechten

MR BN *Mouvement réformateur* (*Franstalige liberale partij*)

MRI *de* , *magnetic resonance imaging*, techniek die d.m.v. magnetische velden een afbeelding maakt van de binnenkant van het lichaam **MRI-scan** (afkorting van: Magnetic Resonance Imaging-scan) afbeelding van het binnenste van het lichaam (gewricht, orgaan enz.) zonder dat het lichaam daarvoor opengemaakt hoeft te worden

MRSA-bacterie (afkorting van: Multiple Resistent Staphylococcus Aureus) bacterie die resistent is tegen veel antibiotica

mrt maart

ms. ❶ manuscript ❷ motorschip

MS I *de (v)* ❶ multiple sclerose II ❷ metriek stelsel

MSc *Master of Science*,

MS-DOS® comp. *Microsoft Disk Operating System*, besturingssysteem

msn comp. programma waarmee mensen kunnen chatten **msn'en** comp. [msn'de, h. ge-msn'd] chatten via msn

MT *het* [-'s] managementteam

mto middelbaar technisch onderwijs

mts *de* middelbare technische school

mts'er *de (m)* [-s] ❶ leerling aan een mts ❷ afgestudeerde van een mts: *een vacature voor een ~*

MTV ⟨em-tie-vie⟩ *Music Television*, commerciële tv-zender met veel videoclips

mud *het & de* [-den] inhoudsmaat: 1 hectoliter

muesli ⟨muuslie⟩ *de* gerecht van havermout, geraspte vruchten en noten

muf *bn* ❶ onfris, benauwd: *wat ruikt het hier ~, doe het raam eens open* ❷ fig. saai, benauwd: *een ~ sfeertje met mensen die er al jaren werken*

mug I *de* [-gen] ❶ vliegend insect met lange poten van de familie Culicidae ▼ *van een ~ een olifant maken* vreselijk overdrijven II *de* [-s] ❷ BN medische urgentiegroep voor eerste hulp **muggenbult** bultje door de steek van een steekmug **muggenstift** stift met een stof tegen muggen

muggenziften [muggenziftte, h. gemuggenzift] voortdurend aanmerkingen maken, vooral over kleine onbelangrijke dingen

mui *de* diepte tussen zandbanken

muil I *de (m)* ❶ bek van een dier, vooral van een grote diersoort: *de ~ van een krokodil* **II** *de* ❷ pantoffel zonder hiel **muilband** leren muilkorf **muilbanden** [muilbandde, h. gemuilband] ❶ een muilband aandoen ❷ fig. beletten zijn mening te uiten **muildier** kruising van een mannelijke ezel en een paardenmerrie **muilezel** kruising van een paardenhengst en een ezelin

muilkorf ijzeren of leren voorwerp om de bek van een dier, vooral van een hond, om bijten te voorkomen **muilkorven** [muilkorfde, h. gemuilkorfd] ❶ een muilkorf aandoen ❷ fig. de vrijheid van meningsuiting ontnemen

muilpeer klap in het gezicht

muis *de* [muizen] ❶ klein grijs of wit knaagdier met een lange dunne staart en een spitse snuit (Mus) ▼ *een grijze ~* iemand die niet opvalt, die opgaat in de massa ▼ *dat ~je zal een staartje hebben* die zaak heeft nog gevolgen ❷ dik deel van de hand onder de duim ❸ apparaatje dat met een snoer met een computer verbonden is en waarmee iemand opdrachten aan de computer geeft: *klik met de ~ op het kruisje om het programma af te sluiten* ❹ langwerpig soort vroege aardappel **muisarm** pijnlijke arm of pols als iemand te lang en in de verkeerde houding met de muis van de computer heeft gewerkt **muisgrijs** grijs als een muis, muiskleurig **muisjes** *de (mv)* gesuikerde anijskorrels: *beschuit met ~*

muisknop comp. onderdeel van de muis waarop de gebruiker kan klikken: *linker~, rechter~* **muisstil** heel stil

muiten in opstand komen, vooral van schepelingen en militairen **muiterij** *de (v)* opstand van soldaten of matrozen tegen hun meerderen

muizen ❶ muizen (proberen te) vangen ▼ *als katjes ~, mauwen ze niet* als kinderen eten, praten ze niet ▼ BN, spreekt. *ervanonder ~* stilletjes weggaan ❷ met de muis de computer bedienen **muizenissen** *de (mv)* zorgen, getob over kleine onbelangrijke zaken **muizenstaart** ❶ staart van een muis ❷ ranonkelachtige plant (Myosurus minimus) **muizentarwe** vergiftigde tarwe voor het vergiftigen van muizen **muizentrapje** *het* [-s] uit twee repen papier gevouwen slinger die op een trap lijkt **muizenval** wal om een muis in te vangen

mul I *bn* ❶ los, poederig, niet stijf: *het ~le zand op het strand* **II** *de & het* ❷ fijn poeder ❸ droog zand **III** *het* ❹ los geweven katoenachtige stof **IV** *de (m)* [-len] ❺ (licht)rode baarsachtige zeevis (Mullus)

mulat *de (m)* [-ten] kind van een neger(in) en een blanke **mulattin** *de (v)* [-nen] vrouwelijke mulat

mulchen tussen planten een deklaag van organisch materiaal aanbrengen

mulo ⟨vroeger⟩ (school voor) meer uitgebreid lager onderwijs

multiculti scherts. *bn* multicultureel

multicultureel met elementen uit verschillende culturen **multidisciplinair** waarbij meer vakken of takken van wetenschap betrokken zijn **multifocaal** *bn* ⟨van brillenglazen⟩ op zo'n manier geslepen dat iemand er zowel ver als dichtbij goed mee kan zien **multifunctioneel** geschikt voor verschillende doeleinden **multi-interpretabel** *bn* voor verschillende uitleg vatbaar **multilateraal** veelzijdig, waar meerdere landen of partijen bij betrokken zijn: *een ~ verdrag* **multimedia** geïntegreerde toepassing van tekst, beeld en geluid **multimiljonair** *de (m)* [-s] iemand die vele miljoenen bezit (euro's, dollars e.d.) **multinational** ⟨-nessjənəl⟩ *de (m)* [s] onderneming die in veel landen vestigingen of dochterondernemingen heeft

multiple *bn* veelvoudig **multiplechoicetest** ⟨multipəltsjojs-⟩ test waarbij men bij elke vraag uit meerdere antwoorden moet kiezen

multiple sclerose ⟨multiplə skleeroozə⟩ *de (v)* aandoening waarbij in het ruggenmerg en de hersenen verharde plekken ontstaan die verlammingen tot gevolg hebben **multiplex** *het* hout dat in meer dan drie laagjes op elkaar gelijmd is

multiplicatie *de (v)* vermenigvuldiging **multiplicator** *de (m)* [-s, -toren] ⟨rekenen⟩ vermenigvuldiger **multipliceren** vermenigvuldigen

multitasken ⟨-taas-⟩ verschillende taken tegelijk vervullen

multomap® map met ringband voor het opbergen van losse geperforeerde bladen

mum *het* ▼ *in een ~ van tijd* in heel korte tijd, heel snel

mummelen met tandeloze mond praten, binnensmonds of slecht verstaanbaar praten, mompelen: *het oude vrouwtje mummelde wat voor zich heen*

mummie *de (v)* [-s] gebalsemd, gedroogd lijk, vooral bij de oude Egyptenaren **mummificeren** ❶ tot een mummie maken ❷ tot mummie worden

munitie *de (v)* ❶ lading waarmee men kan schieten, die men kan laten ontploffen of waarmee men op een andere manier kan vechten ❷ fig. argumenten, feiten e.d. waarmee men iets of iemand kan aanvallen

munt *de* ❶ rond metalen plaatje dat als geld wordt gebruikt: *het kleinste euromuntje is dat van één cent* ▼ *~ uit iets slaan* voordeel uit iets trekken ▼ *voor goede ~ aannemen* zonder meer geloven ❷ waardestempel op een munt: *kop of ~* ❸ gebouw waar geldstukken gemaakt worden ❹ geldsoort die ergens wordt gebruikt ▼ *met gelijke ~ betalen* hetzelfde terugdoen ❺ voorwerp dat op een geldstuk lijkt en dat men in een apparaat kan gooien: *op de camping kregen we ~jes voor de douche* ❻ lipbloemige plant van het geslacht Mentha, die heel sterk ruikt: BN *~je* pepermuntje **munteenheid** geldeenheid van een land of gemeenschap **munten** geld maken, geld slaan ▼ *het gemunt hebben op* het voorzien hebben op **muntenkabinet** ❶ verzameling munten en penningen ❷ bewaarplaats ervan

muntmeester hoofd van de instelling die voor de overheid munten maakt **muntslag ❶** het maken, slaan van munten ❷ uiterlijk van een geslagen munt **muntstelsel** geheel van munten en hun onderlinge waarde **muntstuk** geldstuk, munt **munttelefoon** telefoon die werkt op munten

muntthee thee van of met verse muntbladeren

muntwezen alles wat betrekking heeft op de munt

muon het [-onen] onzichtbaar deeltje van een kosmische straal

mupi de (m) [-'s] vitrine voor grote affiches

murks het Nederlands van autochtone jongeren met de uitspraak en woordkeus van Turkse en Marokkaanse jongeren

murmelen ❶ zachtjes, onduidelijk praten: *hij murmelde iets onverstaanbaars* ❷ zacht ruisen: *het ~de beekje*

murw ⟨murf⟩ bn ❶ week, niet vast ❷ met gebroken weerstand, niet meer geneigd of in staat tot verzet: *hij was ~ geslagen*

mus de [-sen] kleine bruinachtige vogel ▼ *iemand blij maken met een dode ~* met iets wat diegene niet krijgt of wat niets voorstelt

musculatuur de (v) de spieren

musette ⟨-zet-⟩ de [-s] ❶ doedelzak ❷ trekharmonica

museum ⟨-zeejum⟩ het [-s, -sea] openbaar gebouw waarin kunstvoorwerpen, oudheden, curiosa enz. bewaard en tentoongesteld worden **museumstuk ❶** voorwerp in een museum ❷ iron. ouderwets voorwerp of ouderwetse persoon

musical ⟨mjoezakal⟩ de (m) [-s] stuk voor publiek of film waarin liedjes en dansen een belangrijk onderdeel vormen van het verhaal **musiceren** muziek maken **musichall** ⟨mjoezikhòl⟩ de (m) [-s] ❶ ⟨vroeger⟩ voorstelling met komische zangnummers, pantomime e.d., variété ❷ ⟨vroeger⟩ gebouw waarin dit plaatsvindt, variététheater **musicoloog** ⟨-zie-⟩ de (m) [-logen] wetenschapper die zich met muziek bezighoudt **musicus** de (m) [-ci] praktisch beoefenaar van muziek, iemand die muziek maakt

muskaat I de [-katen] ❶ vrucht van de muskaatboom als specerij **II** de (m) ❷ zoete wijn van muskadellen, muskaatwijn **muskaatboom** tropische boom waaraan steenvruchten groeien waarvan het vruchtvlees wordt gegeten (Myristica fragrans) **muskaatnoot ❶** het zaad van de muskaatboom ❷ BN, spreekt. nootmuskaat

muskadel de [-len] vroegrijpe geurige druif

musket het [-ten] oud type soldatengeweer **musketier** hist. de (m) [-s] voetsoldaat die gewapend was met een musket

musketonhaak haakje met een verende sluiting

muskiet de (m) tropische steekmug **muskietengaas, muskietennet** net om muskieten buiten te houden

muskus de (m) stof die sterk ruikt en die wordt afgescheiden door een klier bij de geslachtsorganen van onder andere het muskushert **muskushert** Centraal-Aziatisch hertachtig dier (Moschus moschiferus)

muskusrat middelgroot knaagdier dat in en bij het water leeft (Ondatra zibethicus)

must de (m) iets wat men gezien, gelezen, meegemaakt moet hebben

mustang de (m) [-s] verwilderd paard op de Amerikaanse prairie

mutageen I het [-genen] ❶ stof die veranderingen in de erfelijke eigenschappen veroorzaakt **II** bn ❷ wat verandering van erfelijke eigenschappen veroorzaakt **mutant** de (m) ❶ levend wezen dat is ontstaan door mutatie ❷ klank die voor een andere in de plaats komt ❸ ingrijpende wijziging **mutatie** de (v) [-s] ❶ verandering, wijziging ❷ (bij een plant, dier of mens) sprongsgewijze verandering in erfelijk materiaal **mutatis mutandis** bw verb met de nodige veranderingen **muteren ❶** veranderingen aanbrengen in ❷ mutatie, spontane verandering in het erfelijk systeem vertonen

mutileren verminken

muts I de ❶ slap hoofddeksel, vaak zonder rand en van textiel ❷ tweede maag van herkauwers, netmaag **II** de (v) ❸ onnozele vrouw

mutsaard de (m) [-s] ❶ takkenbos ❷ brandstapel ▼ *het riekt naar de ~* dat zweemt naar ketterij, naar een afwijking van de ideologie

mutualisme het ❶ elkaar economisch steunen ❷ bio. manier van samenleven van twee organismen waarvan ze allebei voordeel hebben **mutualiteit** de (v) ❶ wederkerigheid ❷ BN ook ziekenfonds **mutueel** bn wederzijds

muur I de (m) [muren] ❶ stenen wand als afscheiding ▼ *de muren hebben hier oren* men wordt hier afgeluisterd ▼ *uit de ~ eten* voedsel uit een automaat halen **II** de ❷ plant met kleine witte bloempjes van het geslacht Stellaria **muuranker** ijzer om balken in de muur te bevestigen **muurbloem** kruisbloemige plant met oranjegele of donkerbruine bloemen (Cheiranthus cheiri) ▼ *~-pje* meisje dat niet ten dans wordt gevraagd **muurkrant** geschreven of gedrukte nieuwsberichten die op een muur zijn geplakt **muurpeper** plant met eivormige bladen die naar peper smaken **muurschildering** schilderij op een muur **muurtje** het [-s] sp. rijtje verdedigende spelers die zich vlak naast elkaar opstellen bij een vrije trap **muurvast** heel vast

m.u.v. met uitzondering van

muzak® neg. de (m) achtergrondmuziek in winkels e.d.

muze de (v) [-n] benaming van de Griekse godinnen van de kunsten en wetenschappen

muzelman vero. moslim, islamiet

muziek de (v) ❶ klanken die volgens een bepaald systeem gecombineerd zijn, vooral bedoeld om mooi te klinken, voortgebracht door de menselijke stem en/of muziekinstrumenten ❷ geschreven of gedrukte tekens daarvoor ▼ *daar zit ~ in* dat gaat goed, dat is veelbelovend **muziekdoos** doos waarin een mechanisme zit dat muziek voortbrengt als iemand eraan draait **muziekgezelschap** groep mensen die samen muziek maken **muziekinstrument** instrument waarmee mensen muziek maken **muziekje** het [-s] stukje muziek **muziekkorps**

muziekgezelschap dat harmonie- en fanfaremuziek speelt **muzieknoot** teken dat een klank in de muziek, een toon voorstelt **muziekpapier** papier met notenbalken **muziekschool** instelling waar muziekles gegeven wordt **muzieksleutel** teken waarmee de muzikale toonaard wordt aangegeven **muziektent** overdekt podium voor openbare muziekuitvoeringen in de openlucht **muziektheater** gebouw voor toneel- en muziekuitvoeringen

muzikaal *bn* ❶ wat te maken heeft met muziek, nodig voor muziek ❷ met talent voor muziek ❸ wat mooi klinkt, wat klinkt als muziek
muzikant *de (m)* iemand die muziek maakt
muzisch *bn* met gevoel voor kunst ▾ *~e vakken* o.a. muziek, dans, toneel, tekenen

mv. meervoud

mva memorie van antwoord

mvbo middelbaar voorbereidend beroepsonderwijs

MvD ministerie van Defensie

MvF ministerie van Financiën

m.v.g. met vriendelijke groet(en)

MvJ ministerie van Justitie

mvo *maatschappelijk verantwoord ondernemen*, ondernemen met zorg voor milieu en mens

mvt memorie van toelichting

mw. mevrouw

MWO Militaire Willemsorde

myalgie ⟨mie-⟩ *de (v)* spierpijn **myalgisch** *bn* ▾ *~e encefalomyelitis* chronischevermoeidheidssyndroom

mycologie ⟨mie-⟩ *de (v)* leer van de paddenstoelen

myopie *de (v)* bijziendheid

myositis ⟨miejoozie-⟩ *de (v)* spierontsteking

mysterie ⟨mis-⟩ *het* [-s, -riën] ❶ iets onbegrijpelijks, iets dat heel ingewikkeld of geheimzinnig is ❷ godsdienstig toneelspel uit de middeleeuwen **mysteriespel** godsdienstig toneelspel uit de middeleeuwen **mysterieus** *bn* geheimzinnig, raadselachtig **mysticisme** *het* ❶ neiging tot mystiek ❷ neiging tot geloof in wonderlijke dingen **mysticus** *de (m)* [-ci] beoefenaar van de mystiek **mystiek I** *bn* ❶ geheimzinnig, verborgen, raadselachtig ❷ wat te maken heeft met de mystiek of bij de mystiek hoort **II** *de (v)* ❸ streven naar de innige vereniging van de ziel met God of een godheid, het streven naar verlossing **mystificatie** *de (v)* [-s] het misleiden van anderen door geheimzinnig te doen: *door de ~ leek het alsof er twee schrijvers waren in plaats van één*

mythe ⟨mie-⟩ *de* [-n, -s] ❶ oud verhaal over goden, natuurkrachten in de vorm van personen of goddelijke voorouders ❷ onwaar verhaal waarvan veel mensen denken dat het waar is **mythisch** *bn* ❶ als een mythe, wat op een mythe lijkt ❷ wonderlijk, verbazingwekkend **mythologie** *de (v)* [-ën] verhalen over (half)goden en het ontstaan van een volk, de mythen van een volk of cultuur: *in de Griekse ~ komen veel goden voor, zoals Zeus en Apollo* **mythologisch** *bn* wat te maken heeft met de godenleer

mytylschool ⟨mietiel-⟩ school voor kinderen met een lichamelijke of meervoudige handicap
myxomatose ⟨miksoomaatooza⟩ *de (v)* meestal dodelijke, erg besmettelijke konijnenziekte

my

N

n *de* [-'en, -'s] ❶ veertiende letter van ons alfabet ❷ medeklinker die wordt gevormd met de mond en de neus ❸ onbepaald getal▼ *de ~-de macht* product van een getal dat n keer met zichzelf vermenigvuldigd is

N ❶ schei. nitrogenium (*stikstof*) ❷ nat. newton
N. noord

na I *bw* ❶ nabij, dichtbij▼ *dat ligt mij~ aan het hart* dat is zeer belangrijk voor me, daar voel ik me erg mee verbonden▼ *iemand te~ komen* iemand kwetsen of proberen te kwetsen▼ *op ... ~ behalve ...: op Cindy ~, is iedereen er▼ bij lange ~ niet* helemaal niet II *vz* ❷ wat ergens op volgt: *jij komt ~ mij* ❸ over een periode: *~ drie weken belde hij haar* ❹ BN ook als onderdeel van tijdsaanduidingen▼ *kwart, tien, vijf enz. ~ twaalf* kwart, tien, vijf enz. over twaalf

Na schei. natrium

naad *de (m)* [naden] gedeelte waar twee delen samenkomen of aan elkaar gehecht of genaaid zijn▼ *het~je van de kous willen weten* het fijne, alles van iets willen weten▼ *zich uit de~ werken* heel hard werken **naadloos** *bn* ❶ zonder naad ❷ fig. zonder merkbaar verschil, vloeiend: *~ op elkaar aansluiten*

naaf *de* [naven] blok met gat midden in een wiel
naaidoos doos met naaibenodigdheden **naaien** ❶ iets met naald en draad aan of in elkaar zetten ❷ vulg. neuken ❸ spreekt. iemand ernstig benadelen of bedriegen **naaigaren** garen om mee te naaien **naaigarnituur** etui met benodigdheden voor het naaien

naakt I *bn* ❶ bloot, onbedekt, kaal▼ fig. *de ~e waarheid* de waarheid zoals die is, zonder die mooier te maken▼ BN *~e eigendom* eigendom zonder genot van de opbrengst, blote eigendom II *het* ❷ schilderij of tekening van een naakt persoon **naaktstrand** strand waar mensen helemaal naakt mogen zijn

naald *de* ❶ dun metalen staafje met aan de ene kant een scherpe punt en aan de andere kant een gaatje om garen doorheen te doen, gebruikt om te naaien▼ *heet van de~* nog maar net klaar of bekend geworden▼ *een ~ in een hooiberg zoeken* iets zoeken dat bijna onvindbaar is▼ BN ook *iets vertellen van ~je tot draadje* iets van het begin tot het einde vertellen, zeer uitvoerig ❷ diamantje of saffiertje dat door de groeven van een grammofoonplaat loopt ❸ wijzer van een kompas, instrumentwijzer e.d. ❹ spitse toren of zuil ❺ elk van de groene sprietjes die het blad van een naaldboom vormen: *de kerstboom verliest erg veel ~en*

naaldboom bomen met naaldvormige bladeren: den, spar enz. **naaldbos** bos van naaldbomen
naaldhak dunne hoge hak aan een damesschoen
naaldhout hout van naaldbomen
naaldvak schoolvak waarbij leerlingen met een naald werken, zoals naaien of borduren

naam *de (m)* [namen] ❶ vast woord waarmee iemand of iets wordt aangeduid▼ *dat mag geen ~ hebben* dat is een kleinigheid, niets bijzonders

▼ *vrij op ~ kopen* zo kopen dat de overschrijvingskosten voor de verkoper zijn ▼ *in ~ van* op gezag van: *in ~ der wet*▼ *in ~* zoals het heet: *in ~ is het bedrijf van hem, maar in de praktijk is zij de baas*▼ *uit ~ van* vanwege: *ik wil u uit ~ van mijn baas hartelijk bedanken* ❷ hoe iemand bekendstaat, reputatie: *een goede/ slechte ~ hebben*▼ *zijn ~ eer aandoen* aan de verwachtingen beantwoorden▼ *~ maken* bekend worden **naambellen** telefoneren door de letters op de toetsen van de telefoon te kiezen
naambord plaatje met een naam erop **naamdag** r.-k. gedenkdag van de heilige wiens naam iemand draagt **naamdicht** *het* gedicht waarin bepaalde, vaak de eerste, letters van de regels of strofen een naam vormen **naamgenoot** iemand die dezelfde naam heeft **naamkaartje** *het* [-s] gedrukt kaartje met naam, adres, beroep enz.
naamkunde wetenschap die zich bezighoudt met eigennamen **naamloos** *bn* zonder naam, anoniem▼ *naamloze vennootschap* bedrijf met aandelen, waarvan de houders niet persoonlijk aansprakelijk zijn **naamplaat** plaat of bord met een naam erop **naamsbekendheid** de bekendheid van een (merk)naam bij het publiek **naamval** *de (m)* [-len] vorm van een naamwoord of voornaamwoord dat in bepaalde talen de functie in de zin aangeeft, bijv. onderwerp of lijdend voorwerp **naamwoord** taalk. samenvattende benaming voor het zelfstandig en het bijvoeglijk naamwoord

na-apen [aapte na, h. nageaapt] nadoen
naar I *bn* ❶ helemaal niet prettig, akelig: *ik heb een nare droom gehad* II *vz* ❷ in de richting van: *zij gaan met vakantie ~ Spanje* ❸ net zoals: *ik ben ~ mijn opa genoemd* III *vgw* ❹ zoals: *~ men beweert, stond hier vroeger een klooster*
naargeestig *bn* somber, akelig: *het vervallen landhuis zag er ~ uit in de regen*
naargelang *vgw* ❶ in overeenstemming met, afhankelijk van: *we gaan kamperen of in een hotel, al ~ de weersomstandigheden* ❷ naarmate, hoe meer: *~ de winter nadert, wordt het kouder*
naarling vervelend, naar persoon **naarmate** *vgw* in verhouding tot, in de mate dat, hoe meer: *~ ik ouder word, heb ik minder slaap nodig*
naarstig *bn* ijverig, intensief▼ *~ op zoek zijn naar iets* iets ijverig en intensief zoeken: *hij is ~ op zoek naar een bijbaantje*
naast I *bn* ❶ dichtstbij, meest verwant: *onze ~e buren; ~e familie*▼ *ten ~e bij* ongeveer II *vz* ❷ dichtbij, wat aan iets grenst, aan de zijde van: *~ ons woont een gezin met twee kinderen* ❸ behalve: *~ Engels, spreekt hij ook Turks en Spaans*
naaste *de* [-n] medemens met wie iemand in aanraking komt: *wees vriendelijk voor je ~n*
naasten in bezit nemen (door de staat) tegen schadevergoeding
naastenliefde liefde voor andere mensen, voor de medemens
naastgelegen wat ergens het dichtst bij of ernaast ligt
naatje inform. *bn*▼ *dat is ~* dat is waardeloos, heel vervelend
nabauwen op een spottende manier herhalen

wat iemand zegt **nabeschouwing** bespreking, commentaar achteraf: *de ~ van de voetbalwedstrijd*

nabestaande *de* [-n] naaste bloedverwant of partner van een overledene

nabestaandenpensioen uitkering na de dood van een naast familielid

nabestellen exemplaren of onderdelen bestellen van iets dat al geleverd is **nabeurs** beurs na de officiële de beurstijd

nabij I *bn* ❶ dichtbij, niet ver weg: *in de ~e toekomst* II *vz* ❷ in de buurt, dichtbij, niet ver van (*ook na het woord waar het bij hoort*)▼ *de dood/een zenuwinzinking e.d. ~ zijn* bijna dood zijn, bijna een zenuwinzinking krijgen e.d.

nabijgelegen *bn* wat dichtbij is, in de buurt: *een ~ villa* **nabijheid** *de (v)* het dichtbij zijn ▼ *in de ~* in de buurt: *het huis ligt in de ~ van een school*

nablijven ❶ nog blijven als iets afgelopen is ❷ langer op school moeten blijven **nablussen** doorgaan met blussen om te voorkomen dat een brand weer oplaait **nabootsen** net zo doen als iemand anders, nadoen

naburig *bn* in de buurt: *een ~e stad* **nabuur** ❶ buurman of -vrouw ❷ land of volk in de buurt van het eigen land of volk

nachecken ⟨-tsjek-⟩ (nogmaals) controleren, nagaan

nacho ⟨natsjoo⟩ *de* [-'s] soort tortillachips met kruiden en vaak met kaas

nacht *de (m)* tijd van 's avonds ± twaalf uur tot 's morgens ± zes uur ▼ *'s ~s* in de nacht **nachtasiel** slaapgelegenheid voor daklozen **nachtblind** slecht in staat om te zien als het donker is

nachtbraken [nachtbraakte, h. genachtbraakt] heel laat naar bed gaan, tot laat in de nacht op zijn **nachtclub** gelegenheid die 's nachts geopend is en waar artiesten optreden, striptease wordt opgevoerd enz. **nachtcrème** crème die de huid 's nachts voedt **nachtdienst** ❶ het 's nachts moeten werken ❷ dienst die 's nachts onderhouden wordt, bijv. van een bus **nachtdier** dier dat vooral 's nachts actief is

nachtegaal *de (m)* [-galen] zangvogel uit de familie van de lijsters die ook 's nachts zingt (Luscinia megarhynchos)

nachtelijk *bn* ❶ als van de nacht ❷ in de nacht **nachtevening** *de (v)* moment waarop de dag en de nacht ongeveer even lang duren, rond 20 maart en 23 september **nachtkaars** ▼ *het gaat uit als een ~* het loopt langzaam ten einde **nachtkastje** *het* [-s] kastje bij het bed **nachtkijker** verrekijker om 's nachts te gebruiken **nachtkluis** kluis in een buitenmuur van een bank voor het deponeren van geld of waardepapieren voor of na sluitingstijd **nachtleven** het uitgaan 's nachts **nachtmens** iemand die het beste 's nachts functioneert **nachtmerrie** *de* [-s] ❶ akelige angstige droom ❷ *fig.* iets heel akeligs, beangstigends **nachtmis** 's nachts opgedragen mis, vooral in de kerstnacht **nachtpauwoog** *de* [-ogen] kleurrijke grote nachtvlinder (Saturnia pavonia) **nachtpermissie** ❶ vergunning voor cafés om 's nachts open te zijn ❷ verlof voor militairen om

's nachts buiten de kazerne te slapen **nachtploeg** groep arbeiders die 's nachts werken **nachtpon** *de (m)* [-nen] vrouwenkledingstuk om in te slapen en dat op een jurk lijkt **nachtrust** slaap in de nacht

nachtschade *de* [-n, -s] plantengeslacht Solanum met ± 1500 soorten kruiden en heesters **nachtschone** of plantengeslacht met zoetgeurende bloemen die 's nachts opengaan (Mirabilis) **nachtspiegel** ⟨vroeger⟩ **nachtstroom** goedkopere elektrische stroom die 's nachts gebruikt wordt **nachttrein** trein die 's nachts rijdt **nachtuil** ❶ bepaald soort uil ❷ BN, spreekt. nachtbraker **nachtverblijf** onderkomen voor de nacht **nachtvergunning** verlof voor horecagelegenheden om 's nachts open te zijn **nachtvlinder** vlinder die 's avonds of 's nachts vliegt **nachtvorst** het vriezen in de nacht

nachtwacht I *de (m)* [-en] ❶ persoon die 's nachts wacht houdt, nachtwaker II *de* ❷ het houden van de wacht in de nacht ❸ gezamenlijke wachters **nachtwake** het 's nachts waken, vooral bij een dode **nachtwaker** iemand die 's nachts de wacht houdt

nachtwerk werk (tot) in de nacht **nachtzuster** verpleegster die 's nachts dienst heeft

nacompetitie beslissende competitie na de eigenlijke competitie **nadagen** *de (mv)* laatste periode: *in de ~ van het communisme in Europa*

nadat *vgw* na de tijd dat, na het moment dat: *~ ik mijn huiswerk heb gemaakt, kijk ik tv*

nadeel *het* [-delen] ❶ schade ▼ *iemand ~ berokkenen* iets doen waardoor iemand anders schade lijdt ❷ ongunstige kant: *de lange reistijd is een ~ van mijn werk* **nadelig** *bn* schadelijk, niet goed: *een regenachtige zomer is ~ voor het toerisme* ▼ *~ saldo* verlies

nadenken goed doordenken over iets

nader *bn* ❶ dichterbij, korter ❷ verder, nauwkeuriger: *een voorstel nog eens ~ bekijken* ▼ *tot ~ order* tot weer anders besloten wordt ▼ *bij ~ inzien* nu ik er nog eens over nagedacht heb **naderbij** *bw* dichterbij **naderen** dichterbij komen: *die auto nadert het kruispunt wel erg hard* **naderhand** *bw* later, na een bepaalde gebeurtenis: *hij kwam niet en ~ bleek dat hij ziek was* **nadien** *bw* daarna

nadir ⟨-dier of -dir⟩ *het* punt aan de hemel loodrecht onder degene die waarneemt

nadoen precies hetzelfde doen als wat een ander doet of heeft gedaan **nadorst** dorst nadat iemand veel alcohol heeft gedronken **nadragen** kwalijk blijven nemen en dat steeds weer laten blijken

nadruk *de (m)* [-ken] ❶ klemtoon ▼ *de ~ leggen op iets* iets speciaal onder de aandacht brengen ❷ het nadrukken: *de ~ van een boek* ❸ nagedrukt boek **nadrukkelijk** *bn* met extra nadruk, duidelijk: *hij heeft ~ gezegd dat we vandaag moeten komen* **nadrukken** extra exemplaren van hetzelfde drukken

nafluiten ❶ fluitend het geluid nadoen van: *een leeuwerik ~* ❷ bespotten door te fluiten: *de jongens fluiten de oude man op straat na* ❸ door fluiten de aandacht proberen te trekken, laten blijken dat men iemand aantrekkelijk vindt: *de*

na

bouwvakkers fluiten het meisje na
nafta *de (m)* brandbare aardolie **naftaleen** *het* witte koolwaterstof uit steenkolenteer
nagaan ❶ volgen ❷ letten op, controleren ▼ *iemands gangen ~* controleren wat iemand doet: *hij is heel jaloers en gaat haar gangen na* ❸ door onderzoek vaststellen ▼ *kun je ~!* moet je je dat eens voorstellen (zo vreemd)
nagalm klank die nog hoorbaar is als iets heeft geklonken: *de ~ van een kerkklok* **nageboorte** placenta die na de geboorte wordt uitgestoten
nagedachtenis herinnering aan een dode
nagel *de (m)* [-s, -en] ❶ hoornachtig deel aan een vinger of teen, of aan de poot van een dier: *ik moet nodig mijn ~s knippen; katten hebben scherpe ~s* ❷ vooral BN spijker ▼ *een ~ aan iemands doodkist* een oorzaak van veel verdriet voor iemand ▼ BN, spreekt. *de ~ op de kop slaan* precies zeggen waar het om gaat, de spijker op de kop slaan ❸ houten pin **nagelbed** huid onder de nagel **nagelbijter** *de (m)* [-s] iemand die op zijn nagels bijt **nagelen** spijkeren ▼ *als aan de grond ge~d* verstijfd van verbijstering of schrik, geschokt **nagelkaas** kaas met kruidnagels **nagellak** lak om nagels mee te kleuren **nagelriem** strookje huid dat nauw aansluit op de nagel **nagelschaartje** *het* [-s] schaar om nagels te knippen **nagelvast** vastgespijkerd *(verbinding van roerende goederen aan onroerend goed)* ▼ *aard- en ~* op zo'n manier verbonden dat het niet kan worden losgemaakt zonder iets te beschadigen of verbreken
nagenoeg *bw* bijna, ongeveer: *we zijn ~ klaar met de verbouwing*
nagerecht gerecht aan het eind van een maaltijd **nageslacht** kinderen, kleinkinderen en hun (klein)kinderen enz.
nageven lovend of afkeurend zeggen over: *hij doet erg zijn best, dat moet ik hem ~*
naheffing heffing (van belasting e.d.) achteraf **nahouden** ❶ doen nablijven ❷ blijven aanrekenen, kwalijk blijven nemen ▼ *erop ~ hebben: hij houdt er drie vriendinnen op na*
naïef *bn* ❶ natuurlijk, ongekunsteld: *naïeve schilderkunst* ❷ onnozel, te goedgelovig: *een ~ meisje* **naïeveling** *de (m)* naïef iemand
na-ijver ❶ afgunst, jaloezie ❷ het beter willen zijn dan iemand anders, wedijver
naïviteit *de (v)* ❶ ongekunstelde eenvoud ❷ kinderlijk vertrouwen, onnozelheid
najaar herfst
najade *de (v)* [-n] ❶ waternimf ❷ soort van waterplanten zoals zeegras
najagen jagen op, proberen te krijgen: *succes ~* **najouwen** honend naroepen
NAK *de (m)* Nederlandse Algemene Keuringsdienst
nakaarten iets wat al gebeurd of beslist is, nog eens bespreken
naken *vero.* naderen, dichterbij komen
nakie *inform. het* [-s] ▼ *in z'n ~* naakt
nakijken ❶ kijken naar iemand die of iets dat weggaat ❷ onderzoeken of iets goed is, fouten markeren: *huiswerk van leerlingen ~* ❸ nog eens vluchtig overlezen
nakomeling kind, kleinkind, achterkleinkind

enz., afstamming **nakomen** ❶ later komen ❷ doen wat iemand beloofd heeft of moet doen: *een belofte, zijn verplichtingen ~* **nakomertje** *het* [-s] jongste kind dat veel later dan de anderen geboren is
nalaten ❶ achterlaten: *mijn ouders hebben ons een flink kapitaal nagelaten* ❷ niet doen wat iemand had moeten doen of normaal gesproken doet **nalatenschap** *de (v)* [-pen] ❶ bezittingen die een overledene achterlaat ❷ wat iemand na zijn dood achterlaat aan kunstwerken, politieke of filosofische ideeën e.d.: *de literaire ~ van een schrijver* **nalatig** *bn* die niet doet wat hij moet doen
naleven in acht nemen, zich gedragen volgens ▼ *de regels ~* zich gedragen zoals de regels voorschrijven **nalezen** overlezen, nog eens doorlezen **nalopen** ❶ volgen, achternalopen ❷ toezicht houden op, controleren: *iemands werk nog even ~; een lijst ~*
namaak *de (m)* iets dat nagemaakt is, niet het originele product, niet echt **namaaksel** *het* [-s] iets dat nagemaakt is **namaken** net zo maken als iets anders: *nagemaakte merkkleding*
name *zn* ▼ *met ~* in het bijzonder, vooral: *met ~ Frits en Ali speelden erg goed*
namedropping (neem-) *de het* (schijnbaar terloops) noemen van namen van bekende personen om te laten blijken dat men ze persoonlijk kent **namelijk** *bw* ❶ die nader genoemd wordt of die hierna opgesomd worden: *er was één tegenstemmer, ~ de voorzitter; er zijn drie afmeldingen, ~ Peter, Juan en Bob* ❷ als toelichting: *neem je paraplu mee, het gaat ~ regenen*
namens *vz* uit naam van: *~ Pieter wil ik jullie hartelijk bedanken*
nameten nog een keer meten **namiddag** *het* tweede deel van de middag **nanacht** laatste deel van de nacht
nandrolon *het* verboden spierversterkend middel voor sporters
nano *voorvoegsel* miljardste: *~seconde, ~meter* **nanotechnologie** *de (v)* technologie op het snijvlak van natuurkunde, chemie en biologie, die werkt met heel kleine deeltjes
naoorlogs *bn* van na de oorlog
nap *de (m)* [-pen] houten kommetje
NAP *het* Normaal Amsterdams Peil
napalm *de (m)* middel om benzine in geleiachtige vorm te brengen, verwerkt in brandbommen
napluizen tot in alle bijzonderheden onderzoeken
nappa *het* sterk leer dat van lamsvel is gemaakt
napraten ❶ zeggen wat een ander zegt ❷ na afloop nog blijven praten **napret** pret, plezier na afloop
nar *de (m)* [-ren] ❶ *hist.* officiële grappenmaker van een koning ❷ zot, lachwekkend persoon
narcis *de* [-sen] bolgewas met geurige witte of gele bloemen (Narcissus)
narcisme *het* ziekelijke liefde en bewondering voor zichzelf
narcose (-za) *de (v)* kunstmatig opgewekte bewusteloosheid, volledige verdoving: *voor de*

operatie werd ze onder ~ gebracht
narcoticum *het* [-ca] verdovend middel, drug
narcotiseren ‹-zi-› onder narcose brengen
narcotiseur *de (m)* [-s] specialist die de narcose toedient
narede *de* [-s] tekst aan het eind in iets dat geschreven is **narekenen** nog eens rekenen om te zien of iets klopt
narigheid *de (v)* [-heden] akelige dingen, verdriet of moeilijke omstandigheden: *wat een ~ overal in de wereld*
narijden achter iemand aan rijden, volgen **naroepen** achter iemand aan roepen, vooral vervelende opmerkingen of scheldwoorden
narratief *bn* verhalend
narrig *bn* onvriendelijk, die steeds moppert, slechtgehumeurd
NASA *de (v)*, *National Aeronautics and Space Administration*, nationale dienst voor ruimteonderzoek van de Verenigde Staten
nasaal ‹-zaal› I *bn* ❶ door de neus gesproken II *de* [-salen] ❷ neusklank
naschilderen een schilderij kopiëren
naschok aardschok na een aardbeving
nascholing verdere opleiding of cursus(sen) na de eerste vakopleiding **naschools** na schooltijd ▼ *~e opvang* opvang van kinderen na schooltijd
naschrift tekst die is toegevoegd aan iets dat geschreven is **naseizoen** laatste deel van het seizoen: *in het ~ zijn de hotelkamers goedkoper*
nasi ‹nassie› *de (m)* gekookte rijst **nasibal** gefrituurde bal nasi goreng **nasi goreng** *de (m)* oosters rijstgerecht met fijn gesneden vlees
naslaan opzoeken in een boek **naslag** ❶ naslagwerk ❷ *muz.* noot of noten als versiering na een triller of tussen twee hoofdnoten ❸ het opnieuw slaan van een munt van een bepaald jaartal of type als de officiële munt al is uitgekomen **naslagwerk** boek, cd e.d. waarin of waarop men iets opzoekt **nasleep** (meestal onaangename) gevolgen, wat daarna nog volgt: *de ~ van een ongeluk* **nasmaak** ❶ smaak na iets gegeten te hebben ❷ *fig.* (onaangenaam) gevoel nadat iets geweest, gebeurd is **naspel** ❶ muziek die aan het eind wordt gespeeld ❷ wat volgt als vervolg van iets anders ❸ liefdesspel na orgasme **naspelen** hetzelfde spelen als: *een melodie/schaakpartij/ historische gebeurtenis ~* **naspeuren** nauwkeurig onderzoeken, proberen te vinden **nastreven** willen bereiken en zich daarvoor inspannen: *een doel ~* **nasynchroniseren** ‹film, tv› de gesproken tekst vervangen door gesproken tekst in een andere taal: *een Engelse film ~ in het Frans*
nat I *bn* ❶ met water of een andere vloeistof: *een ~te luier* ▼ *met de ~te vinger* oppervlakkig, snel ❷ met veel regen: *een ~te dag* II *het* ❸ vocht, vloeistof
nat. ❶ natuurkunde ❷ natuurkundig
nataal *bn* wat te maken heeft met de geboorte
natafelen na het eten aan tafel blijven praten
nataliteit *de (v)* geboortecijfer
natekenen ❶ een tekening maken van iemand of iets ❷ een tekening namaken **natellen** nog eens tellen om te zien of het klopt
natie *de (v)* [-s, -tiën] ❶ volk dat bij een staat

hoort: *via de tv sprak de koning de ~ toe* ❷ **BN** veem, havenbedrijf
nationaal *bn* ❶ wat te maken heeft met een land: *de nationale vlag van Nederland* ❷ wat geldt voor het hele land, in het hele land: *tijdens de nationale collecte wordt in het hele land geld ingezameld* **nationaalsocialisme** politieke beweging in Duitsland, verbreid door Adolf Hitler, met onder andere een sterk nationalisme, antisemitisme en verheerlijking van het Arische ras **nationaalsocialist** aanhanger van het nationaalsocialisme **nationaalsocialistisch** volgens het nationaalsocialisme
nationaliseren ‹-zi-› onteigenen en tot staatseigendom maken: *bedrijven ~*
nationalisme *het* streven om het eigen volk boven alles te stellen, het bevorderen van het nationale en het verwerpen van wat vreemd is **nationalist** *de (m)* iemand die denkt en handelt in de geest van het nationalisme
nationaliteit *de (v)* het officieel staatsburger zijn van een land, het behoren tot een bepaalde natie **nationaliteitsbeginsel** beginsel dat iedere natie van nature het recht heeft een zelfstandige staat te vormen
native speaker ‹neetiv spiekəR› *de (m)* [-s] moedertaalspreker
natmaken ▼ *de borst ~* zich op iets moeilijks voorbereiden
NATO *de (v)*, *North Atlantic Treaty Organization*, Noord-Atlantische Verdragsorganisatie
natrappen ❶ met opzet schoppen om wraak te nemen ❷ *fig.* zich laatdunkend uitlaten over iemand die al in een vervelende situatie verkeert **natrekken** ❶ op doorzichtig papier natekenen ❷ *fig.* nagaan om te controleren **natrekking** ❶ het natrekken ❷ *jur.* het in bezit krijgen van iets dat een deel is geworden van iets anders dat iemand al bezit
natrium *het* chemisch element, bestanddeel van soda en keukenzout **natriumbicarbonaat** zuiveringszout **natriumcarbonaat** soda **natriumchloride** keukenzout **natriumlamp** lamp die licht uitstraalt als er elektrische stroom door natriumgas loopt
natron *het* licht ontsmettend middel, mengsel van natriumbicarbonaat en natriumcarbonaat **natronloog** *de & het* oplossing van natriumhydroxide in water, vooral gebruikt als middel om iets schoon te maken
natscheren zich scheren met water en zeep of schuim
natten natmaken, bevochtigen **nattevingerwerk** niet al te nauwkeurig werk, dat snel en met veel gissen wordt gedaan
nattig *bn* een beetje nat **nattigheid** *de (v)* vochtigheid ▼ *fig. ~ voelen* onraad bespeuren
natura *de (v)* ▼ *in ~* in de vorm van goederen of diensten: *in ~ betalen* ▼ *zorg in ~* zorg die een cliënt betrekt bij een van de instellingen waarmee een zorgkantoor een contract heeft
naturaliseren ‹-zi-› iemand tot officieel staatsburger maken (van het land waar hij woont)
naturalisme *het* ‹beeldende kunst en literatuur› richting die een getrouwe nabootsing van de

na

werkelijkheid nastreeft

naturel *bn* ❶ met zijn natuurlijke kleur, in zijn natuurlijke samenstelling ❷ natuurlijk, ongekunsteld: *de actrice speelde* ~ ❸ zonder make-up: *zij was die ochtend* ~

naturisme *het* beweging die streeft naar een natuurlijke lichaamscultuur, o.a. in de vorm van nudisme

natuur *de (v)* ❶ landschap waarin de mens niet of nauwelijks heeft ingegrepen ❷ aard, eigen aanleg, karakter: *hij heeft een opvliegende* ~ **natuurbad** zwembad in de vrije natuur **natuurbehoud** zorg en maatregelen om de natuur te beschermen **natuurgeneeskunde** wetenschap van de natuurgeneeswijzen **natuurgeneeswijze** *de* methode van genezen waarbij zoveel mogelijk natuurlijke middelen gebruikt worden **natuurgetrouw** wat de werkelijkheid weergeeft zoals die is **natuurhistorisch** wat te maken heeft met dat wat de natuur heeft voortgebracht

natuurkunde wetenschap van de verschijnselen in de levenloze natuur **natuurkundige** *de* [-n] wetenschapper in de natuurkunde

natuurlijk *bn* ❶ wat met de natuur te maken heeft: *de uil is een* ~*e vijand van de muis* ❷ ontspannen en gewoon, ongedwongen: *die actrice komt heel* ~ *over op tv* ❸ vanzelfsprekend: ~ *kom ik op je feest* ▼ *een* ~ *kind* een kind dat buiten een huwelijk is geboren

natuurmens iemand die graag in de vrije natuur is **natuurmonument** beschermd stuk natuur **natuurpad** wandelpad met borden met biologische informatie **natuurramp** ramp die door de natuur wordt veroorzaakt, zoals een aardbeving of een overstroming **natuurrecht** recht zoals dat in de natuur geldt **natuurreservaat** terrein waar de natuur door bepaalde maatregelen in ongerepte toestand bewaard blijft **natuurschoon** het mooie in de natuur **natuursteen** steen die in de natuur gevonden wordt **natuurtalent** (iemand met een) aangeboren talent **natuurtechniek** technisch ingrijpen voor behoud van natuurgebieden of voor landschapsschoon **natuurverschijnsel** iets wat zich voordoet in de natuur, verschijnsel in de natuur **natuurvolk** volk dat in nauw contact met de natuur leeft zonder hoge technologische ontwikkeling **natuurvriend** iemand die van de natuur houdt **natuurwet** regelmatigheid binnen de natuurverschijnselen **natuurwetenschap** wetenschap die zich bezighoudt met de natuur, zoals natuurkunde, sterrenkunde, scheikunde, biologie

nautiek *de (v)* scheepswezen, scheepvaartkunst **nautisch** *bn* wat te maken heeft met de nautiek

nauw I *bn* ❶ met weinig tussenruimte, smal, niet wijd: *tussen de twee rotsen was een* ~*e doorgang* ❷ precies ▼ *het niet zo* ~ *nemen* niet zo precies zijn; niet zo kieskeurig zijn ❸ nauwelijks II *het* ❹ smal stuk zee tussen stukken land: *het Nauw van Calais* ▼ fig. *iemand in het* ~ *drijven* in moeilijkheden, in verlegenheid brengen **nauwelijks** *bw* ❶ maar net, bijna niet: *zij kunnen* ~ *rondkomen van hun salaris* ❷ net, pas: *zijn moeder was nog maar* ~ *hersteld van haar*

ziekte, toen zijn vader ziek werd **nauwgezet** *bn* stipt, precies, met veel aandacht: *hij doet zijn werk heel* ~ **nauwkeurig** *bn* precies, zorgvuldig **nauwlettend** *bn* waarbij iemand streng oplet: *iemand* ~ *in het oog houden*

n.a.v. naar aanleiding van

navel *de (m)* [-s] litteken van de navelstreng op de buik **navelbreuk** breuk bij de navel **navelsinaasappel** sinaasappel met aan de top een onvolgroeid sinaasappeltje **navelstaren** voortdurend in gedachten met zichzelf bezig zijn **navelstreng** soort koord waarmee een ongeboren kind of jong in de buik vastzit aan de moeder en waardoor het voedingsstoffen binnenkrijgt

naveltruitje *het* [-s] kort truitje dat de navel onbedekt laat

navenant *bn* naargelang, naar verhouding: *het is erg luxueus en de prijs is* ~

naverbrander *de (m)* [-s] installatie in de motor van een auto voor verbranding van schadelijke gassen **navertellen** vertellen wat men gehoord of beleefd heeft ▼ *het niet meer kunnen* ~ ergens door omgekomen zijn

navigatie *de (v)* ❶ scheepvaart ❷ stuurmanskunst: plaatsbepaling op zee en in de lucht ❸ inform. navigatiesysteem **navigatielicht** licht aan vleugels en staart van een vliegtuig of op een schip als het donker is **navigatiesysteem** soft- en hardware die een route aangeeft **navigator** *de (m)* [-s] ❶ persoon die de koers en de positie van een vliegtuig doorgeeft aan de piloot ❷ toestel dat koers, positie en route van een vervoermiddel doorgeeft **navigeren** besturen, de route bepalen van een schip of vliegtuig

navlooien uitzoeken, tot in bijzonderheden onderzoeken

NAVO *de (v)* Noord-Atlantische Verdragsorganisatie

navoelen wat een ander voelt later ook voelen **navolgen** iemands voorbeeld volgen **NAVO-overleg** overleg tussen landen die bij de NAVO zijn aangesloten

navordering belasting die later nog betaald moet worden **navorsen** grondig, nauwkeurig onderzoeken **navraag** ▼ ~ *naar iets doen* inlichtingen over iets vragen

navrant *bn* heel pijnlijk, heel erg om te zien, hartverscheurend

navulverpakking verpakking die iemand kan hergebruiken omdat deze opnieuw kan worden gevuld: *een wasmiddel in* ~ **nawee** *het* [-ën] pijn in de baarmoeder na de geboorte ▼ fig. *de* ~*ën van iets* de onprettige gevolgen ervan: *de mensen in dat land zullen nog lang de* ~*ën van de oorlog voelen* **nawerken** achteraf nog invloed hebben **nawoord** tekst aan het eind of achteraf **nazaat** *de (m)* [-zaten] nakomeling **nazeggen** zeggen wat een ander zegt **nazenden** sturen aan iemand die vertrokken is of als vervolg op een eerdere zending **nazetten** beginnen te achtervolgen, achter iemand of iets aan beginnen te rennen

nazi (**naatsie** of **naazie**) *de* [-'s] nationaalsocialist **nazien** nakijken, kijken of iets goed is

nazinderen BN ook natrillen

nazisme *het* het Duitse nationaalsocialisme

nazit het blijven na iets anders, voor de gezelligheid of om iets te bespreken

nazitten achtervolgen, achter iemand of iets aan rennen **nazoeken** ❶ nauwkeurig zoeken ❷ opzoeken: *iets ~ in een woordenboek* **nazomer** laatste deel van de zomer **nazorg** zorg voor patiënten nadat ze behandeld zijn

NB ❶ noorderbreedte ❷ nota bene (*let wel*)

N.-B. Noord-Brabant

NBP *de (m)* Nederlandse Bond voor Pensioenbelangen

NBW *het* Nieuw Burgerlijk Wetboek

n.Chr. na Christus

NCMV BN *het* Nationaal Christelijk Middenstandsverbond

NCRV *de (v)* Nederlandse Christelijke Radio-Vereniging

Ndl. Nederlands

Ne schei. neon

neanderthaler *de (m)* [-s] eerste voorhistorisch mensentype

neb *de* [nebben] ❶ snavel ❷ vooruitstekende punt

necessaire ⟨neessessèr(ə)⟩ *de (m)* [-s] toiletdoosje, handwerkdoosje

necrofilie *de (v)* seksuele voorkeur voor lijken of stervenden **necrologie** *de (v)* [-ën] ❶ korte levensbeschrijving van iemand die is overleden ❷ lijst van gestorvenen **necropolis** *de* [-sen] dodenstad (*begraafplaats*) **necrose** ⟨-zə⟩ *de (v)* afsterving van weefsel

nectar *de (m)* zoet vocht uit bloemen dat bijen verzamelen **nectarine** *de (v)* [-s] vrucht die eruitziet als een perzik maar met een gladde schil als van een abrikoos

Ned. Nederlands

neder *bw* naar beneden, neer

Nederbelg *de (m)* Nederlander die in België woont **nederhop** *de (m)* Nederlandstalige rap[2]

nederig *bn* ❶ met een houding die uitdrukt dat iemand zichzelf als lager beschouwt dan de ander: *hij boog ~* ❷ wat niet veel voorstelt, bijv. klein en armoedig: *komt u binnen in mijn ~e huis* **nederlaag** *de* [-lagen] het verliezen van een strijd: *een ~ lijden/toebrengen*

nederpop popmuziek uit Nederland **nederwiet** marihuana die in Nederland geteeld is **nederzetting** *de (v)* plaats in een (afgelegen) gebied waar mensen zijn komen wonen: *de resten van een vroegere indiaanse ~*

Ned. Herv. prot. Nederlands-hervormd

nee *tw* antwoord op een vraag die iemand ontkent of een verzoek dat iemand weigert

neef *de (m)* [neven] zoon van een broer of zuster of van een oom of tante

neen *tw* nee

neep *de* [nepen] ❶ het knijpen, kneep ❷ litteken of iets anders dat overblijft na knijpen

neer I *de* [neren] ❶ sterk draaiende en naar beneden zuigende beweging op een bepaalde plaats in een rivier e.d., draaikolk II *bw* ❷ omlaag, naar beneden **neerbuigend** *bn* uit de hoogte, wat er blijk van geeft dat iemand op een ander neerkijkt: *op een ~e toon tegen iemand spreken* **neergang** sterke achteruitgang, ondergang **neergooien** op de grond gooien **neerhalen** ❶ naar beneden halen ▾ *een vliegtuig ~* neer laten storten door erop te schieten ❷ fig. erg negatief praten over **neerhurken** [hurkte neer, h. / is neergehurkt] op de hurken gaan zitten **neerkijken** ▾ *~ op* als minder beschouwen dan zichzelf, minachten **neerknallen** inform. neerschieten **neerkomen** omlaag komen, vallen op ▾ *het komt erop neer dat ... dat wil zeggen, betekent dat ...* ▾ *dat komt op mij neer* ik moet dat doen, daarvoor zorgen **neerkrabbelen** slordig opschrijven

neerlandicus *de (m)* [-ci] wetenschapper in de Nederlandse taal- en letterkunde **neerlandisme** *het* [-n] woord of uitdrukking in een andere taal waarvan de vorm of het gebruik letterlijk zijn overgenomen uit het Nederlands **neerlandistiek** *de (v)* Nederlandse taal- en literatuurwetenschap

neerlaten laten zakken: *de rolgordijnen ~* **neerleggen** ❶ op iets leggen, op een plaats leggen: *ik leg de krant hier neer* ▾ *goede raad, een waarschuwing e.d. naast zich ~* zich er niets van aantrekken ❷ niet langer uitoefenen: *zijn functie ~* ❸ niet langer gebruiken: *de wapens ~* ❹ inform. betalen: *ik moest honderd euro ~* ❺ spreekt. doodschieten ▾ *zich ~ bij* berusten in, accepteren dat iets wat men niet wil toch zo is **neerpennen** haastig opschrijven **neerpoten** neerzetten **neersabelen** ❶ met een sabel doden ❷ fig. vernietigende kritiek leveren **neerschieten** ❶ door een schot uit een vuurwapen doen neervallen ❷ doodschieten: *bij de rellen zijn twee mensen neergeschoten* **neerschrijven** op papier, met de computer e.d. schrijven **neerslaan** ❶ iemand slaan waardoor hij valt ▾ *een opstand ~* een opstand met geweld beëindigen ❷ bezinken: *het slib slaat neer op de bodem* ▾ *de ogen ~* de oogleden laten zakken **neerslachtig** bn somber en moedeloos: *ik vind hem de laatste tijd een beetje ~*

neerslag I *de (m)* ❶ regen, sneeuw enz. ❷ wat (in kleine deeltjes) uit de lucht neerdaalt II *de (m) & het* ❸ stof die wordt afgescheiden uit een vloeistof, bezinksel **neersteken** met een steekwapen doden of zwaar verwonden **neerstrijken** ❶ met de hand over iets bewegen zodat het glad of plat is ❷ in de vlucht neerdalen ❸ fig. gaan wonen, gaan zitten **neertellen** ❶ geld tellend neerleggen ❷ inform. betalen: *duizend euro ~ voor een fiets* **neerwaarts** I *bw* ❶ naar omlaag II *bn* ❷ naar omlaag: *een ~e beweging* **neerzetten** ❶ op een plaats zetten, ergens plaatsen: *zet die plant maar op de grond neer* ❷ vertonen, opvoeren: *een flitsende show ~* ▾ sp. *een goede tijd ~* een goede tijd realiseren ▾ *zich ~* gaan zitten **neerzien** ▾ *~ op* als minder beschouwen dan zichzelf, minachten

neet *de* [neten] luizenei ▾ *kale ~* armoedzaaier

nefast *bn* BN ook heel erg slecht, funest: *de inzakkende economie is ~ voor jongeren op de arbeidsmarkt*

nefriet *de (m) & het* doorschijnende groenachtige delfstof

nefritis *de (v)* nierontsteking

nefrologie *de (v)* wetenschap van de nierziekten

ne

neg *de* [-gen] **❶** scherpe kant van een voorwerp **❷** zelfkant van geweven textiel, bijv. van een zeildoek

negatie *de (v)* [-s] ontkenning **negatief I** *bn* **❶** die kritiek heeft, die niets goeds verwacht, die niet(s) leuk vindt: *jij bent altijd zo ~* **❷** waarbij iets niet aanwezig is: *de uitslag is ~, u heeft de ziekte niet* **❸** fot. waarin licht en donker ten opzichte van de werkelijkheid verwisseld zijn ▼ wisk. *~ getal* kleiner dan nul **II** *het* **❹** fot. negatief beeld **❺** plaat of film die ontwikkeld is **negativisme** *het* negatieve mentaliteit: *altijd dat ~ van jullie!*

negen I *telw* **❶** aantal van 9 **II** *de* [-s] **❷** het cijfer 9: *ik had een ~ voor mijn werkstuk* **negenoog** *de* [-ogen] **❶** bio. aalvormige vis van de familie Petromyzonidae die zich aan andere vissen vastzuigt, lamprei, prik **❷** med. aantal steenpuisten vlak bij elkaar **negenproef** **❶** deelbaarheid door 9 als criterium voor de juistheid van rekenkundige bewerkingen **❷** fig. test van een aanpak, actie e.d. **negentien** *telw* aantal van 19 **negentig** *telw* aantal van 90 **negentiger** *de (m)* [-s] iemand van 90 t/m 99 jaar

neger *de (m)* [-s] aanduiding, die door sommigen als beledigend wordt beschouwd, van iemand van het negroïde ras met een donkere huidskleur, zwarte

negeren [negeerde, h. genegeerd] doen alsof iets of iemand niet bestaat: *als we hem ~, houdt hij misschien op met pesten*

negeren [negerde, h. genegerd] pesten, treiteren **negerin** *de (v)* [-nen] vrouwelijke neger **negerzoen** (vroeger) klekkernij van geklopt eiwit in een omhulsel van chocola, (nu) zoen

negligé ⟨neeGliezjee⟩ *het* [-s] nacht- of ochtendgewaad voor en dame

negorij *de (v)* kleine plaats of dorp **negotie** *de (v)* [-s] koopwaar van een kleine koopman of venter

nègre ⟨-Gra⟩ *bn* donkerbruin

negroïde *bn* van, wat te maken heeft met de negers, met zwarte mensen ▼ *het ~ ras* de negers, zwarte mensen **negrospiritual** ⟨nieGRoospiRitjoewal⟩ *de (m)* [-s] religieus lied van Amerikaanse negers

negus *de (m)* [-sen] titel van de voormalige onderkoningen in Ethiopië

neigen **❶** een buiging naar beneden maken, hellen **❷** zin of aandrang hebben tot een bepaalde mening of een bepaalde handelwijze: *ik ben geneigd hem gelijk te geven* ▼ *~ tot* overhellen naar (een mening, handelwijze enz.) **neiging** *de (v)* **❶** karaktertrek waardoor iemand zich graag of snel op een bepaalde manier gedraagt: *hij heeft een ~ tot luiheid* **❷** stemming waarin iemand zin heeft om zich op een bepaalde manier te gedragen: *ik heb de ~ om hem in elkaar te slaan*

nek *de (m)* [-ken] achterste deel van de hals ▼ *iemand met de ~ aanzien* op iemand neerkijken ▼ inform. *over zijn ~ gaan* overgeven ▼ *zijn ~ uitsteken* iets doen en daarvoor zijn positie, goede naam enz. riskeren ▼ BN, spreekt. *een dikke ~ hebben* verwaand zijn, het hoog in de bol hebben **nek-aan-nekrace** race met heel weinig verschil tussen de deelnemers, ook figuurlijk:

een ~ tussen de twee presidentskandidaten

nekhaar *het* [-haren] haar in de nek ▼ *mijn nekharen gaan ervan overeind staan* dat vind ik afschuwelijk, dat ergert me vreselijk **nekken** een onherstelbare slag toebrengen **nekkramp** gevaarlijke ontsteking van het hersenvlies en van het vlies van het ruggenmerg, meningitis **nekplooimeting** *de (v)* echoscopisch onderzoek bij een zwangere vrouw om afwijkingen bij de foetus op te sporen **nekslag ❶** slag op de nek **❷** fig. iets waar iemand of iets niet meer overheen komt, aan ten onder gaat: *die financiële tegenvaller was de ~ voor het bedrijf*

nel *de* [-len] troef negen (in kaartspel)

nemen [nam, h. genomen] **❶** pakken, grijpen: *ik neem nog een koekje* ▼ *iemand ertussen ~* voor de gek houden ▼ *op zich ~* zich tot taak stellen iets te doen of ergens voor te zorgen ▼ *een foto ~* een foto maken ▼ *het ervan ~* leuke, prettige dingen doen, bijv. lekkere etentjes of luxe vakanties ▼ *ter hand ~* aanpakken, beginnen met het uitvoeren ervan: *een taak ter hand ~* ▼ *het woord ~* beginnen te spreken ▼ *te baat ~* zijn voordeel doen met: *ik neem graag de gelegenheid te baat om iets te zeggen* ▼ *in acht ~* letten op: *zijn gezondheid in acht ~* ▼ *dienst ~* in militaire dienst gaan ▼ *hij nam haar* hij had seks met haar ▼ aanvaarden, accepteren: *een dergelijke behandeling ~ we niet* ▼ *iemand iets kwalijk ~* kwaad zijn op iemand om iets **nemer** *de (m)* [-s] degene aan wie het geld van een wissel moet worden betaald

NEN *de* Nederlandse norm

neolithicum *het* jongere steentijd **neologisme** *het* [-n] nieuwgevormd woord of woord dat in een nieuwe betekenis wordt gebruikt

neon *het* chemisch element, een edelgas **neonatologie** *de (v)* wetenschap van de ziekten van pasgeborenen **neonazi** iemand die zich na de Tweede Wereldoorlog nationaalsocialist noemt

neonbuis buisvormige lamp met neon

nep *de (m)* niet echt, nagemaakt, vervalst: *die diamanten zijn ~*

nepotisme *het* het bezorgen van voordeeltjes, banen e.d. aan familieleden en vrienden

neppen inform. bedriegen, oplichten: *ik dacht dat ik een tas van een duur merk kocht, maar ik ben genept* **nepstatuut** BN ongunstige arbeidsovereenkomst

nerd ⟨nùrd⟩ *de (m)* [-s] iemand die heel intelligent is en heel goed in iets, vooral op het gebied van computers, maar die ook wereldvreemd is

nerf *de* [nerven] **❶** bio. draad in een blad die een deel van het geraamte vormt **❷** lijn die door hout loopt

nergens *bw* **❶** op geen enkele plaats ▼ *we zijn ~ meer* alles is verloren, we zijn kansloos **❷** niets: *hij geeft ~ om; hij doet ~ aan mee*

nering *de (v)* bedrijf of winkel waar iemand zijn levensonderhoud mee verdient **neringdoende** *de* [-n] iemand die een klein bedrijf of een kleine winkel heeft

nerts I *de (m)* **❶** marterachtig dier dat ook gefokt wordt om zijn pels (Lutreola lutreola) **II** *het* **❷** bont van dat dier

nerveus *bn* zenuwachtig of snel zenuwachtig:

ben je ~ voor het examen?; zij is een ~ type
nervositeit ⟨-zie-⟩ *de (v)* zenuwachtigheid
nest *het* ❶ broedplaats van vogels, verblijfplaats van vogels en andere dieren ❷ aantal jonge dieren dat tegelijk wordt geboren: *een ~ jonge honden* ❸ inform. bed: *lig je nu nog in je ~?* ❹ plaats waar iets voorkomt: *een zeerovers~* ❺ vervelend meisje ▾ *in de ~en zitten* in moeilijkheden zitten **nestbevuiler** *de (m)* [-s] iemand die slechte dingen vertelt over iets waar hij nauw bij betrokken is **nestblijver** vogel die pas volwassen het nest verlaat **nestdrang** ❶ aandrang om een nest te maken ❷ fig. behoefte om een thuis te creëren (en kinderen te krijgen) **nestei** ❶ ei in een nest ❷ nagebootst kippenei
nestel *de (m)* [-s] ❶ veter, rijgsnoer ❷ schouderversiersel op een uniform **nestelen** een nest bouwen ▾ *zich* ~ zich installeren op een veilige, beschutte plaats
nestgeur fig. vertrouwde sfeer van de omgeving waar iemand vandaan komt **nesthaar** *het* [-haren] haar van heel jonge dieren **nestkastje** *het* [-s] kastje waarin vogels een nest kunnen maken
nestor *de (m)* [-s] oudste en meest ervarene binnen een bepaalde groep, een bepaald vak e.d.: *hij is de ~ van de Nederlandse jazz* **nestvlieder** *de (m)* [-s] vogel die vroeg het nest verlaat **nestwarmte** fig. warmte, geborgenheid van thuis
net I *het* [-ten] ❶ zak van geknoopt touw of garen ❷ vistuig van geknoopt touw ❸ vlechtwerk, samenstel van kruisende lijnen of onderling verbonden zaken: *spoorweg~, wegen~;* BN *het vrije ~* de vrije (meestal katholieke) scholen ❹ comp. het wereldwijde stelsel van websites en verbindingen van internet II *bn* ❺ schoon, verzorgd, fatsoenlijk III *bw* ❻ juist, precies: *je bent ~ je moeder* ❼ zo-even: *ze was hier ~ nog* **netbal** sp. bal die het net raakt
netel *de* [-s, -en] brandnetel
neteldoek *het* los geweven stof van katoen, kaasdoek
netelen ▾ BN *zich* ~ zich prikken aan een brandnetel **netelig** *bn* lastig, een beetje gevaarlijk ▾ *een ~e kwestie* een lastige, moeilijke zaak **netelroos** *de* jeukende huiduitslag
netetiquette comp. (ongeschreven) omgangsregels voor het internet
netjes *bw* ❶ opgeruimd, verzorgd, schoon: *na de opruimbeurt ziet de kamer er weer ~ uit* ❷ beleefd, zoals het hoort: *iemand ~ groeten*
netmaag tweede maag van herkauwende dieren
netnummer nummer van het plaatselijk telefoonnet, nummer vóór het abonneenummer
netpanty damespanty met mazen als van een net
netstroom stroom van het elektriciteitsnet
netsuke ⟨netsoekè⟩ *de (m)* [-s] knoop aan een koord waaraan mensen in Japan portemonnee, schrijf- en rookgerei e.d. droegen
netsurfen [netsurfte, h. genetsurft] informatie zoeken op internet
netto *bw* zuiver, na aftrek van alles wat van het gewicht of de opbrengst moet worden

afgetrokken **nettowinst** winst na aftrek van afschrijvingen en belastingen
netvleugeligen *de (mv)* insectenorde met een erg vertakt aderstelsel op de vleugels **netvlies** binnenste oogvlies **netwerk** ❶ vlechtwerk ❷ comp. met elkaar verbonden computers ❸ fig. geheel van contacten (die iemand heeft) ▾ *sociaal* ~ geheel van familie, vrienden en bekenden met wie iemand te maken heeft **netwerken** [netwerkte, h. genetwerkt] contacten leggen of onderhouden, vooral om daardoor werk, opdrachten e.d. te krijgen
netwerkprotocol comp. afspraak over de codering van bestanden op een netwerk
neuken spreekt. geslachtsgemeenschap hebben
neuraal *bn* wat te maken heeft met de zenuwen ▾ ~ *netwerk* groep neuronen (zenuwcellen) die met elkaar verbonden zijn; comp. programma op basis van de werking van neuronen
neuralgie *de (v)* zenuwpijn
neuriën binnensmonds zingen
neuriet *de (m)* uitloper van een zenuwcel
neuritis *de (v)* ontsteking van zenuwen
neurochirurgie chirurgie van het zenuwstelsel
neurologie *de (v)* kennis en onderzoek van de zenuwen en van zenuwziekten: *hij ligt met een herseninfarct in het ziekenhuis op de afdeling ~*
neuroloog *de (m)* [-logen] medisch specialist die als werkterrein het zenuwstelsel heeft **neuron** *het* [-ronen, -s] zenuwcel **neuroot** *de* [-roten] ❶ neurotisch persoon, iemand die lijdt aan een neurose ❷ inform. iemand die erg zenuwachtig is, zenuwlijder **neurose** ⟨-za⟩ med. *de (v)* [-n, -s] stoornis van emotionele aard **neurotisch** *bn* wat lijkt op een neurose of die lijdt aan een neurose, op een ziekelijke manier angstig en gespannen **neurotransmitter** med. *de (m)* [-s] stof die de elektrische prikkels tussen zenuwcellen en spieren overbrengt
neus *de (m)* [neuzen] ❶ deel van het hoofd waarmee mensen en dieren ruiken, bij de mens het deel van het gezicht dat naar voren uitsteekt ▾ *iemand bij de ~ nemen* beetnemen, voor de gek houden ▾ *langs zijn ~ weg / tussen ~ en lippen iets zeggen* terloops, laconiek ▾ *met zijn ~ in de boter vallen* een buitenkansje hebben ▾ *overal zijn ~ in steken* zich overal mee bemoeien ▾ *doen alsof zijn ~ bloedt* doen alsof de zaak hem niet aangaat ▾ *op zijn ~ kijken* teleurgesteld zijn ▾ *niet verder kijken dan zijn ~ lang is* kortzichtig zijn ▾ *een wassen ~* iets (een belofte e.d.) wat in werkelijkheid niets voorstelt ▾ *iemand iets onder de ~ wrijven* goed duidelijk maken en verwijten ▾ *het ~je van de zalm* het fijnste, beste ❷ het vermogen om te ruiken, reukzintuig ❸ het punt dat naar voren steekt: *de ~ van een schoen; de ~ van een vliegtuig* **neusbloeding** het bloeden uit de neus **neusdruppels** *de (mv)* ❶ druppels tegen een verstopte neus ❷ druppels die via de neus toegediend worden **neusgat** opening in de neusholte **neusholte** ruimte in de neus **neushoorn** *de (m)* [-s] dikhuidig zoogdier met een grote hoorn op de neus **neus-keelholte** in elkaar overlopende holte van neus en keel **neusklank** klank waarbij de lucht door de neus stroomt **neusverkouden** met een verkoudheid

waarbij de neus verstopt raakt **neusvleugel** zijwand van een neusgat **neuswortel** bovenste deel van de neus

neut *de* inform. borrel, glaasje sterkedrank

neutraal *bn* ❶ die geen partij kiest bij een ruzie of strijd: *Nederland was ~ tijdens de Eerste Wereldoorlog* ❷ wat niet sterk spreekt▼ *neutrale kleuren* kleuren die niet opvallen▼ *een ~ gezicht trekken* waarop niets af te lezen valt

neutraliseren de (uit)werking van iets opheffen, tenietdoen: *de schadelijke bijwerkingen van een geneesmiddel ~; iemands invloed ~* ▼ *een terreurgroep ~* uitschakelen, buiten gevecht stellen **neutraliteit** *de (v)* het neutraal-zijn, onzijdigheid, het niet kiezen van een kant: *de Zwitserse ~ tijdens de Tweede Wereldoorlog*

neutrino ⟨neu- *of* nui-⟩ *het* [-'s] nat. elementair deeltje dat geen massa en geen elektromagnetische eigenschappen heeft **neutron** *het* [-tronen] ongeladen atoomdeeltje **neutronenbom** bom die werkt met neutronenstraling waardoor al het leven wordt gedood en er weinig materiële schade ontstaat **neutronenster** ster met heel dicht opeengehoopte neutronen

neutrum ⟨neu- *of* nui-⟩ taalk. *het* [-tra] ❶ onzijdig geslacht (van de naamwoorden) ❷ onzijdig woord ❸ onzijdige vorm

neuzelen zeuren, onbelangrijke dingen zeggen **neuzen** snuffelen, rondkijken, zoekend kijken: *in iemands papieren ~*

nevel *de (m)* [-s, -en] lage wolken, mist, damp **nevelig** *bn* een beetje mistig

nevenfunctie functie of betaald werk naast de hoofdfunctie **nevengeschikt** taalk. *bn* in een verbinding van twee of meer hoofdzinnen of gelijkwaardige zinsdelen

nevens *vz* naast **nevenschikkend** taalk. *bn* ▼ *~ zinsverband* verbinding van twee of meer hoofdzinnen of van twee gelijkwaardige zinsdelen **nevenschikking** taalk. *de (v)* het verbinden van of het verband tussen twee gelijkwaardige zinnen of zinsdelen **nevenstaand** *bn* wat hiernaast staat

never ⟨nè-⟩ *bw* inform. nooit: *dat zou ik ~ nooit doen*

new age ⟨njoe eedzj⟩ *de (m)* verzamelnaam voor spirituele bewegingen die gericht zijn op de eenheid van de mens, natuur en kosmos en een intuïtieve en gevoelsmatige benadering van zaken **newbie** *de (m)* [-s] beginner, onervaren gebruiker van internet of binnen een bepaalde toepassing **newfoundlander** ⟨njoefaundlendaR⟩ *de (m)* [-s] grote langharige hond, oorspronkelijk uit Newfoundland

newton ⟨njoeten⟩ nat. *de (m)* eenheid van kracht **new wave** ⟨njoe weev⟩ *de (m)* alternatieve popmuziek uit de jaren '70 en '80

ngo *de (v)* [-'s] *niet-gouvernementele organisatie*, organisatie die onafhankelijk van de overheid opereert

NGT *de* Nederlandse Gebarentaal

NH → Ned. Herv.

N.-H. Noord-Holland

NHG ❶ Nationale Hypotheek Garantie ❷ Nederlands Huisartsen Genootschap

Ni schei. nikkel

NIAD *het* Nederlands Instituut voor Alcohol en Drugs

Nibud *het* Nationaal Instituut voor Budgetvoorlichting

niche ⟨niesj⟩ *de* [-s] ❶ natuurlijk leefmilieu ❷ specifiek terrein van de markt: *ik richt me met mijn bedrijfje op een ~ van de markt*

nicht I *de (v)* ❶ dochter van een broer of zus of van een oom of tante **II** *de (m)* ❷ neg. mannelijke homoseksueel **nichterig** *bn* die zich opvallend als homo gedraagt

nicotine *de* giftige stof in tabak **nicotinepleister** pleister met een dosis nicotine als hulpmiddel om te stoppen met roken

NIDDM med. *niet-insuline-afhankelijke diabetes mellitus*, vorm van suikerziekte (*vroeger ouderdomsdiabetes genoemd*)

niëllo *het* versiering van sieraden e.d. door het opvullen van motieven in metaal met een poeder van zilver, koper, lood en zwavel

niemand *vnw* geen mens, geen enkele persoon **niemandsland** strook land tussen twee grenscontroleposten

niemendal I *vnw* ❶ niets **II** *de (m) & het* [-len] ❷ kleinigheid, iets zonder waarde

nier *de* orgaan in de buikholte dat urine afscheidt **nierbekken** deel van de nier waar de urine samenkomt **nierdialyse** het zuiveren van het bloed met behulp van een kunstnier **niersteen** ❶ soort steen, kristal dat zich vormt in de urinewegen ❷ delfstof: nefriet, jade

niesbui aanval van niezen **niesen** niezen **nieskruid** plant van het geslacht Helleborus **niespoeder** poeder waardoor iemand moet niezen

niet I *bw* ❶ woord dat wordt gebruikt bij een ontkenning: *ik wil ~ naar bed* **II** *het* ❷ niets ▼ *om ~ gratis* ▼ *in het ~ vallen bij iets anders* niets voorstellen in vergelijking met iets anders: *deze storm valt in het ~ bij de orkaan van vorig jaar* **III** *de (m)* [-en] ❸ lot waarop geen prijs valt

nieten met nietjes aan elkaar vastmaken

nietes *bw* ⟨kindertaal⟩ niet waar

nietig *bn* ❶ klein en onbeduidend, van geen betekenis: *vanaf deze hoogte lijken de mensen beneden maar ~e stipjes* ❷ jur. zonder geldigheid, zonder kracht: *een vonnis ~ verklaren* **nietigverklaring** jur. oordeel van een rechter dat een uitspraak van een lagere rechter of een dagvaarding van het Openbaar Ministerie niet geldig is

nietje *het* [-s] krammetje om papieren aan elkaar vast te maken

niet-ontvankelijkheid jur. *de (v)* het niet vatbaar zijn voor berechting

nietpistool apparaat om nietjes in iets te schieten

niet-roker *de (m)* [-s] iemand die niet rookt

niets I *vnw* ❶ niet één ding **II** *het* ❷ situatie van een totale leegte, waarin geen enkel voorwerp, wezen e.d. aanwezig is ❸ iets van geen betekenis, van geen waarde **nietsnut** *de (m)* [-ten] iemand die niets uitvoert en nergens goed voor is **nietsontziend** *bn* die met niemand medelijden heeft, die niemand spaart, heel wreed **nietszeggend** *bn* zonder echte inhoud: *~e woorden*

niettegenstaande I *vz* ❶ ondanks: *~ het verbod van haar ouders, ging zij uit* **II** *vgw* ❷ hoewel, ondanks dat **niettemin** *bw* ondanks dat, toch: *het was glad, ~ ging hij met de auto* **nietwaar** *tw* ▼ *~?* dat is toch zo?

nieuw I *bn* ❶ niet oud, pas gemaakt, pas verschenen, pas ontstaan ▼ *de ~e geschiedenis* de geschiedenis van de middeleeuwen tot ongeveer de negentiende eeuw ▼ *de ~e wereld* Amerika ❷ pas aangeschaft: *heb je ~e schoenen?* ▼ *het ~e is eraf* het feit dat iets nieuw is, nieuwigheid **II** *bn* ❸ nieuwe kleren: *hij loopt in het ~* **nieuwbakken** *bn* ❶ vers ❷ *fig.* pas geworden: *de ~ voorzitter* **nieuwbouw** ❶ het bouwen van huizen ❷ huis of huizen die gebouwd worden of nieuw gebouwd zijn ❸ gedeelte van een gebouw dat later is gebouwd **nieuweling** *de (m)* ❶ iemand die nog maar net ergens is: *de ~en in de groep moeten nog wennen* ❷ beginner, iemand die nog geen ervaring heeft: *hij is een ~ in het vak* ❸ iets dat nieuw is, nog maar net ergens is: *dit product is een ~ op de markt* **nieuwerwets** *bn* volgens de laatste mode, de laatste smaak: *~e ideeën* **nieuwetijdskind** hypergevoelig en vaak paranormaal begaafd kind **nieuwigheid** *de (v)* [-heden] ❶ iets nieuws ❷ het nieuwe: *de ~ was er al af*

Nieuwjaar *het* 1 januari **nieuwjaarsbrief** BN brief met nieuwjaarswensen, door kinderen op nieuwjaarsdag voorgelezen aan ouders of peter en meter **nieuwjaarsdag** 1 januari **nieuwjaarskaart** kaart met de beste wensen voor het nieuwe jaar **nieuwjaarswens** gelukwens voor het nieuwe jaar

nieuwkomer *de (m)* ❶ iemand die pas ergens is gekomen **nieuwkoop** iets wat pas gekocht is **nieuwlichter** *de (m)* [-s] iemand die een nieuwe leer of een nieuw stelsel aanhangt **nieuwprijs** prijs van iets als het nieuw, nog niet gebruikt is **nieuws** *het* ❶ iets dat nieuw is ❷ bericht over wat kortgeleden gebeurd is **nieuwsagentschap** bureau dat nieuwsberichten verzamelt en verkoopt, persbureau **nieuwsbericht** bericht over gebeurtenissen van het moment **nieuwsblad** krant **nieuwsbulletin** overzicht van het laatste nieuws **nieuwsdienst** organisatie voor het verspreiden van nieuwsberichten **nieuwsgaring** *de (v)* het verzamelen van nieuws **nieuwsgierig** *bn* begerig naar nieuws, die graag dingen wil weten **nieuwsgroep** *comp.* locatie op internet waar gebruikers informatie kunnen uitwisselen en kunnen discussiëren over een bepaald onderwerp **nieuwslezer** iemand die de nieuwsberichten voorleest op radio of tv **nieuwswaarde** de mate waarin een bericht nieuwe informatie bevat, interessant is **nieuwtje** *het* [-s] ❶ iets nieuws ❷ bericht over iets wat pas gebeurd is **nieuwwaarde** prijs waarvoor men iets kan aanschaffen als het nieuw is **niezen** lucht uit de neus stoten door het gevoel dat er iets prikkelt

nihil ⟨-hiel⟩ *bw* niets, nul **nihilisme** *het* ❶ filosofisch standpunt dat het leven geen doel en zin heeft en dat er geen waarheid of

waarden bestaan ❷ levenshouding waarbij morele waarden of idealen geen drijfveer zijn voor het denken en handelen: *het ~ van de huidige jonge generatie* **nihilist** *de (m)* ❶ aanhanger van het nihilisme ❷ student die geen lid is van een studentencorps

nijd *de (m)* jaloers en kwaad gevoel: *het is daar allemaal haat en ~* **nijdas** *de (m)* [-sen] iemand die snel kwaad is, die ontevreden en mopperig is **nijdig** *bn* boos, geërgerd, bits

nijgen [neeg, h. genegen] groeten door een buiging te maken

nijlpaard groot zoogdier dat leeft in en bij de rivieren van Midden-Afrika

nijpend *bn* dringend, moeilijk ▼ *de situatie is ~* het begint echt een groot probleem te worden **nijptang** tang waarmee men bijv. spijkers uit hout trekt

nijver *bn* hardwerkend, ijverig: *een ~e bij* **nijverheid** *de (v)* de verwerking van grondstoffen, industrie

nikab ⟨niekab⟩ *de (m)* [-s] kledingstuk voor islamitische vrouwen dat hoofd en hals bedekt en alleen de ogen vrijlaat

nikkel *het* chemisch element, een zilvergrijs glanzend metaal

nikker *de (m)* [-s] neg. neger

niks *vnw* niets **niksen** nietsdoen, luieren **niksnut** *de (m)* [-ten] nietsnut

nimbostratus *de (m)* [-tussen] laaghangende donkere bewolking

nimbus *de (m)* [-sen] ❶ stralenkrans ❷ *fig.* pracht, schittering, glans

nimby ⟨-bie⟩ *de* [-'s] *not in my backyard*, iemand die zelf geen hinder wil ondervinden van iets waarmee hij in principe instemt

nimf *de (v)* ❶ godin van lagere orde bij de Grieken ❷ *fig.* bevallig, aantrekkelijk meisje ❸ *bio.* tussenfase in de gedaanteverwisseling van organismen die in stappen geslachtsrijp worden

nimmer *bw* nooit **nimmermeer** *bw* nooit meer

ninja *de* [-'s] van oorsprong Japanse krijger, actief van de 12de tot de 19de eeuw, onverschrokken en gespecialiseerd in spionage en aanslagen

NIOD *het* Nederlands Instituut voor Oorlogsdocumentatie

NIPO *het* Nederlands Instituut voor de Publieke Opiniepeiling

nippel *de (m)* [-s] verbindingsstuk met schroefdraad voor het verbinden van buizen of het bevestigen van spaken

nippen een klein slokje nemen

nippertje *het* ▼ *op het ~* op het laatste ogenblik, nog net: *op het ~ een ongeluk voorkomen* **nipt** *bn* maar net, op het nippertje: *een ~e overwinning*

nirwana *het* ⟨boeddhisme⟩ staat van verlossing en onbeperkte vreugde, volledige zalige rust

nis *de* [-sen] uitholling in een muur

nitraat *schei. het* [-traten] zout van salpeterzuur **nitriet** *schei. het* zout van salpeterzuur

nitroglycerine *schei.* erg ontplofbare vloeistof, samengesteld uit glycerine, zwavelzuur en salpeterzuur

nitwit *de (m)* [-s] iemand die niets weet en niets

ni

kan

niveau ⟨‹voo›⟩ *het* [-s] ❶ bepaalde hoogte, peil: *na alle regen is het ~ van het water in de Maas gestegen* ❷ fig. peil, hoogte van ontwikkeling, rang, bevoegdheid, graad van moeilijkheid: *overleg op hoog ~; hij schaakt op het hoogste ~* ▾ *op ~* van hoge kwaliteit: *een gesprek op ~*

nivelleren ❶ vlak maken, gelijkmaken ❷ fig. op eenzelfde peil brengen, eenvormig maken, inkomens gelijktrekken

NJHC *de* ⟨vroeger⟩ Nederlandse Jeugdherbergcentrale

NK ❶ Nederlandse Kampioenschappen ❷ Nationale Kampioenschappen

nl. namelijk

NL Nederland

NLG ⟨vroeger⟩ Nederlandse gulden

nm. namiddag

NM nieuwe maan

NMa *de (v)* , Nederlandse Mededingingsautoriteit, instelling die toeziet op eerlijke concurrentie in Nederland

NMBS BN *de (v)* Nationale Maatschappij der Belgische Spoorwegen

n.m.m. naar mijn mening

N.N. *nomen nescio*, de naam weet ik niet

NNI *het* Nederlands Normalisatie Instituut

N.N.O. noordnoordoost

N.N.W. noordnoordwest

no. numero, nummer

N.O. noordoost

nobel *bn* edelmoedig, edel, met goede bedoelingen ▾ *~e motieven* heel goede bedoelingen: *hij had ~e motieven voor zijn daad*

noblesse ⟨‹bles›⟩ *de (v)* adel, adelstand ▾ *~ oblige* adel (een goede of grote naam, grote talenten) brengt verplichtingen met zich mee

NOC*NSF *het* Nederlands Olympisch Comité - Nederlandse Sport Federatie

noch *vgw* en ook geen, en ook niet: *ik lust appels ~ peren* ik lust geen appels en geen peren

nochtans *bw* ondanks dat, maar toch: *hij is meerdere malen gewaarschuwd voor de gevaren van die reis, hij is ~ gegaan*

no-claimkorting ⟨‹kleem›-⟩ jaarlijks oplopende korting op de verzekeringspremie als iemand geen schadeclaim heeft ingediend

nocturne ⟨‹tuur›-⟩ *de* [-s] ❶ muz. dromerig muziekstuk, nachtstuk ❷ BN avondlijke opening *(van winkels, musea, voorstellingen)*

node *bw* niet graag, alleen omdat het moet: *ik kan het geld ~ missen* **nodeloos** *bn* onnodig, zonder dat het ergens voor nodig is: *als je dat zegt, kwets je hem ~*

noden uitnodigen: *iemand aan tafel ~*

nodig *bn* ❶ wat niet gemist kan worden, waar behoefte aan is ▾ *~ hebben* niet zonder kunnen, moeten hebben voor iets of om iets te kunnen doen ▾ *ergens niets mee ~ hebben* ergens niets mee te maken willen hebben ▾ *de ~e ... vrij veel: op de receptie werden de nodige glaasjes wijn gedronken* ❷ dringend: *~ weg moeten* ▾ inform. *~ moeten* dringend naar de wc moeten **nodigen** uitnodigen: *iemand te gast ~*

noedels *de (mv)* balletjes gemaakt van meel en eieren

noemen ❶ een naam geven: *ze hebben hun zoon Najib genoemd; hoe noem je zo'n beest nou?* ❷ de naam zeggen van: *hij wordt genoemd als een van de kandidaten voor die functie* **noemenswaard**, **noemenswaardig** *bn* waard vermeld te worden, van belang: *de schade was niet noemenswaardig*

noemer *de (m)* [-s] ⟨rekenen⟩ getal dat bij een breuk onder de streep staat

noen vero. *de (m)* twaalf uur 's middags

noest I *de (m)* ❶ kwast, harde plek in hout II *bn* ❷ ijverig, druk, ingespannen: *~e arbeid*

nog *bw* ❶ op dit moment, bij voortduring: *hij werkt ~ steeds bij hetzelfde bedrijf* ❷ meer, opnieuw: *wilt u ~ koffie?* ❸ te zijner tijd, op het moment dat er sprake van zal zijn: *dat zien we ~ wel* ❹ als versterking van een comparatief: *ik rook veel, maar hij rookt ~ meer*

noga *de (m)* hard en taai snoepgoed dat is gemaakt van eiwit, suiker en gebrande amandelen: *er zaten witte blokjes ~ en lichtroze stukjes in het doosje*

nogal *bw* best wel, redelijk: *hij is ~ snel kwaad*

nogmaals *bw* nog eens, nog een keer

no-goarea ⟨noo-‹Gooèriejə›⟩ *de* [-s] gebied, buurt, straat waar men beter niet kan komen omdat het er gevaarlijk is **no-iron** ⟨-‹ajrən›⟩ *bn* ⟨van een stof⟩ die niet gestreken hoeft te worden

nok *de* [-ken] hoogste deel van een puntdak ▾ *de zaal was tot de ~ toe gevuld* zat helemaal vol

nokken inform. ergens mee ophouden: *ik vind het mooi geweest voor vandaag, ik nok ermee*

nol *de* [-len] verhoging in een landschap, zoals een zandheuvel of een deel van een zeewering

n.o.m. naar onze mening

nomade *de* [-n] lid van een volk dat rondzwerft en op elke plaats maar een korte tijd woont: *in Algerije leven nog ~n in tenten* **nomadisch** *bn* als een nomade, zwervend, rondtrekkend: *een ~ bestaan leiden*

nomenclator *de (m)* woordenboek, vaak op een bepaald vakgebied, met namen of termen en hun vertaling in één of meerdere talen **nomenclatuur** *de (v)* [-turen] geheel van wetenschappelijke regels bij het geven van benamingen en die namen zelf

nominaal *bn* ❶ volgens de naam, volgens het opschrift ❷ uitgedrukt in geldswaarde ❸ taalk. naamwoordelijk

nominatie *de (v)* [-s] ❶ benoeming, recht van benoeming ❷ voorgedragen kandidaten, het uit hen kiezen voor een benoeming e.d. ▾ fig. *op de ~ staan* in aanmerking komen

nominatief taalk. *de (m)* [-tieven] eerste naamval **nomineren** als kandidaat noemen: *genomineerd worden voor een prijs*

non *de (v)* [-nen] vrouw die de kloostergelofte heeft afgelegd en in een klooster woont

non-actief officieel wel werkzaam voor een bedrijf e.d. maar in de praktijk niet, bijv. vanwege een conflict: *de directeur heeft hem op ~ gesteld* **non-agressiepact** niet-aanvalsverdrag

nonchalance ⟨-‹sjaalàsə›⟩ *de* het nonchalant zijn, achteloosheid, onverschilligheid **nonchalant** ⟨-‹sjaa›-⟩ *bn* slordig en zonder op te letten, achteloos, onverschillig

non-combattant een burger of een militair die

niet meevecht in een strijd, zoals een geestelijk verzorger of een verpleger, niet-strijder

non-conformist iemand die zich niet aanpast aan algemeen geldende regels voor denkwijze, gedrag e.d.

non-descript *bn* moeilijk te omschrijven, vaag

none *de* [-n] ❶ muz. negende toon van de diatonische toonladder ❷ muz. interval tussen deze toon en de grondtoon ❸ r.-k. het bidden om drie uur 's middags

non-ferrometaal ander metaal dan ijzer

non-fiction ⟨-fiksjən⟩ *de* informatieve lectuur (i.t.t. romans, verhalen e.d. met verzonnen gebeurtenissen) **non-figuratief** ⟨beeldende kunst⟩ waarbij geen bestaande, herkenbare zaken worden uitgebeeld, abstract

non-foodafdeling ⟨-foed-⟩ afdeling van een supermarkt met andere artikelen dan eten en drinken **non-interventie** het niet tussenbeide komen

nonius *de (m)* [-sen] verschuifbaar meetinstrument voor nauwkeurige metingen

nonkel BN, spreekt. *de (m)* [-s] oom

nonnetje *het* [-s] ❶ schelpdier dat onder andere voorkomt langs de Nederlandse en Belgische kust (Macoma balthica) ❷ zee-eend

no-nonsense ⟨-səns⟩ *bn* zonder onzin, zonder zich te laten beïnvloeden door bijkomstigheden, vooral: zakelijk en hard **non-profitinstelling** instelling die niet naar winst streeft, instelling zonder winstoogmerk

nonsens *de (m)* onzin: *wat je nu vertelt, is grote ~*

non-stop *bn* voortdurend, zonder onderbreking **non-stopvlucht** vlucht zonder tussenlanding **non-valeur** *de* [-s] ❶ schuld die niet kan worden geïnd ❷ waardeloos iets, waardeloos papier ❸ iemand die niet geschikt is voor wat hij moet doen, onbekwaam iemand **non-verbaal** niet d.m.v. taal, zonder woorden: *non-verbale communicatie*

nonvlinder nachtvlinder met zwarte zigzagtekening op witte ondergrond (Lymantria monacha)

nood *de (m)* [noden] gevaarlijke situatie, grote problemen: *door de zware storm is het schip in ~ geraakt* ▾ *hoge ~ hebben* erg nodig naar de wc moeten ▾ *als de ~ het hoogst is, is de redding nabij* als de toestand op zijn ergst is, wordt men vaak geholpen ▾ *als de ~ aan de man komt* als de situatie erg moeilijk is en het echt nodig is ▾ *van de ~ een deugd maken* iets ongunstigs zo goed mogelijk gebruiken ▾ BN ook *~ hebben aan* behoefte hebben aan **noodaggregaat** noodinstallatie om elektriciteit op te wekken **nooddruftig** *bn* die armoe lijdt, behoeftig **noodgang** inform. heel grote snelheid: *met een ~ reed hij voorbij*

noodgedwongen door omstandigheden genoodzaakt, door de nood gedwongen **noodgreep** maatregel uit nood **noodhulp** *de* ❶ eerste hulp om alvast de allereerste problemen op te lossen: *na de overstroming kregen de slachtoffers ~* ❷ werkkracht die tijdelijk helpt **noodklok** klok die wordt geluid als er gevaar is ▾ *de ~ luiden* iedereen waarschuwen dat er een groot probleem is **noodkreet** kreet van iemand in nood **noodlanding** gedwongen landing van een vliegtuig omdat er een probleem is: *vanwege een technisch probleem moest het vliegtuig een ~ maken* **noodlijdend** *bn* ❶ behoeftig, arm ❷ die in financiële problemen verkeert: *een ~ bedrijf* **noodlot** *het* lot waar men niet aan kan ontkomen, vooral een ongelukkig lot: *in dat land heeft het ~ toegeslagen: eerst die droogte en nu een aardbeving* **noodlottig** *bn* met rampzalige gevolgen: *een ~ ongeval; de bomaanslag werd tien mensen ~* er vielen tien doden bij **noodrem** rem die in geval van nood kan worden gebruikt, bijv. in de trein **noodsignaal** signaal om duidelijk te maken dat iemand in nood verkeert en hulp nodig heeft **noodslachting** slachting wegens ziekte of ongeval van het dier **noodtoestand** ❶ groot gevaar, ramp ▾ *de ~ afkondigen* officieel verklaren dat het land in gevaar is ❷ jur. strafbare handeling om iets ernstigers te voorkomen **nooduitgang** uitgang voor geval van nood: *bij brand kun je de via de ~ naar buiten* **noodvaart** ▾ *met een ~* met een heel hoge snelheid **noodverband** ❶ voorlopig verband totdat een wond e.d. echt goed behandeld kan worden ❷ fig. tijdelijke oplossing voor een dringende situatie **noodvulling** voorlopige vulling van een tand of kies **noodweer I** *het* ❶ vreselijk weer **II** *de* ❷ jur. noodzakelijke verdediging om zichzelf of een ander te beschermen tegen onmiddellijk en dreigend geweld **noodweerexces** overschrijding van de grenzen van de noodweer **noodweg** weg over particuliere grond naar een perceel dat anders niet bereikbaar is **noodwendig** *bn* nodig, noodzakelijk

noodzaak *de* wat beslist moet gebeuren, echt nodig is: *het is ~ dat we op tijd thuis zijn* **noodzakelijk** *bn* beslist nodig **noodzaken** noodzakelijk maken, dwingen: *omdat mijn vrouw ziek werd, waren we genoodzaakt onze reis te beëindigen*

nooit *bw* ❶ op geen enkel moment: *zij gaan ~ met vakantie* ❷ in geen geval: *dat lukt je ~*

noord I *de* ❶ het noorden **II** *bw* ❷ uit het noorden: *de wind is ~* **noordelijk** *bn* ❶ in of naar het noorden, ten noorden: *het ~ halfrond* ❷ van, uit het noorden: *een ~e wind* **noorden** *het* bepaalde windrichting: *Nederland ligt ten ~ van België* ▾ BN, spreekt. *er het ~ bij verliezen* in de war raken, de kluts kwijtraken

noorderbreedte *de (v)* afstand in graden ten noorden van de evenaar **noorderbuur** ❶ persoon die ten noorden van iemand woont ❷ BN ook Nederlander **noorderkeerkring** denkbeeldige lijn rond de aarde op 23°27' ten noorden van de evenaar **noorderlicht** poollicht boven het noordpoolgebied **noorderling** *de (m)* iemand uit het noorden **noorderzon** ▾ *met de ~ vertrekken* zonder dat iemand het merkt, stiekem **Noord-Nederlander** *de (m)* [-s] BN Nederlander **noordnoordoost** *bw* in de windrichting tussen noord en noordoost **noordnoordwest** *bw* in de windrichting tussen noord en noordwest **noordoost** *bw* in de windrichting tussen noord

no

en oost

noordpool noordelijk uiteinde: *de ~ van de planeet Saturnus; de ~ van een magneet* Noordpool gebied rond het meest noordelijke punt van de aarde, waar het heel koud is, Arctica

noords *bn* van of uit het noorden Noordster Poolster noordwest *bw* in de windrichting tussen noord en west

Noorman Scandinavische zeeman die in de negende en tiende eeuw langs de Europese kusten voer om te plunderen, handel te drijven of staten te stichten

noot *de* [noten] ❶ vrucht met een harde schil zoals een pinda, hazelnoot of amandel ❷ teken dat op papier een bepaalde toon aangeeft in muziek: *kun jij noten lezen?* ▾ *veel noten op zijn zang hebben* veeleisend zijn ❸ korte aantekening bij een tekst: *soms staan de noten onder aan de bladzij, soms achter in een boek*

nootmuskaat *de* specerij gemaakt van muskaatnoot

nop *de* [-pen] ❶ pluis, vlok op wollen stof ❷ elk van de kleine ronde dopjes onder de zool van sommige sportschoenen ▾ *inform.* voor ~ gratis; tevergeefs

NOP *de (m)* Noordoostpolder

nopen doen besluiten, noodzaken: *geldgebrek noopte mij mijn uitgaven ernstig te beperken*

nopens *vz* wat te maken heeft met, betreffende: *de overeenkomst ~ de arbeidsvoorwaarden*

nopjes *de (mv)* ▾ *in zijn ~ zijn* blij, tevreden zijn

noppenfolie isolatiemateriaal van kunststof met luchtkussentjes

noppes *inform.* *vnw* niets

nor *spreekt. de* [-ren] gevangenis

norbertijn *de (m)* lid van een kloosterorde die door de Heilige Norbertus is gesticht

nordic walking ⟨- wòking⟩ *het* wandelen met in elke hand een soort skistok als hulpmiddel

noren *de (mv)* schaatsen met lange ijzers en een schoen eraan vast, vooral voor hardrijden en voor het schaatsen van afstanden

norm *de* ❶ regel waarvan mensen vinden dat men zich eraan moet houden, gedragsregel: *het is bij ons de ~ dat je op tijd komt* ❷ toestand, maat, hoeveelheid waarnaar men zich moet richten: *de ~ is, dat de politie er na een oproep binnen een kwartier is*

normaal I *bn* ❶ volgens de of een norm, zoals het meestal is of gedaan wordt, gewoon, gebruikelijk: *het is niet ~ om overdag te slapen en 's nachts wakker te zijn* II *de* [-malen] ❷ *wisk.* loodlijn ❸ normale of gemiddelde waarde normaalschool BN instelling voor opleiding tot (kleuter)onderwijzer of tot leraar in het lager voortgezet onderwijs

normalisatie ⟨-zaa-⟩ *de (v)* [-s] ❶ het normaliseren ❷ het vaststellen van algemeen aanvaarde normen als richtlijn normaliseren ⟨-zì-⟩ ❶ regelmatig maken, regelen volgens een bepaald model of systeem ❷ weer normaal maken ▾ *de betrekkingen met een land ~* weer op een normale manier contact met elkaar hebben normaliteit *de (v)* het normaal zijn normaliter *bw* volgens de norm of de regel, zoals het

meestal is, wat de normale situatie is: *~ begint onze school om halfnegen*

normatief *bn* ❶ wat een norm vormt of stelt ❷ *jur.* bindend

normbesef het zich bewust zijn van maatschappelijke normen, het zich eraan houden normeren een norm vaststellen

normvervaging *de (v)* het minder worden van het normbesef, het zich steeds minder houden aan maatschappelijke normen

norovirus besmettelijk virus dat diarree veroorzaakt

nors *bn* stug, onvriendelijk

NOS *de (v)* Nederlandse Omroepstichting

nostalgie *de (v)* een soort lichte heimwee, verlangen, vooral naar een voorbije tijd

nostalgisch *bn* met een soort lichte heimwee, vooral naar iets wat voorbij is

NOT *de (v)* Nederlandse Onderwijstelevisie

nota *de* [-'s] ❶ rekening: *een ~ betalen* ❷ geschreven bericht waarin iets wordt bekendgemaakt: *de ambtenaren hebben de minister een ~ gestuurd* ▾ *~ nemen van* kennisnemen van ❸ BN ook aantekening, notitie

notabelen *de (mv)* de voornaamste burgers van een plaats

nota bene *bw* let wel, let goed op, soms ook om aan te geven dat iemand iets vreemd of belachelijk vindt: *ze is kwaad als ik met haar vriend praat; ze heeft hem ~ zelf aan me voorgesteld!*

not amused *bn* niet blij, boos, onaangenaam verrast: *de directeur was ~ toen hij van de stakingsplannen hoorde*

notariaat *het* [-aten] ❶ het ambt van notaris ❷ standplaats, praktijk van een notaris notarieel *bn* ❶ wat te maken heeft met het notaris-zijn ❷ door een notaris opgemaakt: *een notariële akte* notaris *de (m)* [-sen] openbaar ambtenaar, bevoegd om officiële documenten op te maken zoals testamenten en contracten voor de verkoop van huizen en grond

notatie *de (v)* [-s] het noteren, het op schrift stellen, vooral de manier waarop muziek op schrift wordt vastgelegd

not done ⟨- dùn⟩ *bn* wat men niet hoort te doen

notebook ⟨notoboek⟩ *de & het* [-s] kleine, draagbare computer

notelaar BN, *spreekt. de (m)* [-s] notenboom noten *bn* van notenhout

notenbalk vijf evenwijdige lijnen waarop muziekschrift wordt geschreven notendop ❶ schil van een noot ▾ *in een ~* in het kort ❷ *fig.* klein schip notenkraker ❶ tang om noten te kraken ❷ bruine zangvogel met witte vlekjes die vruchten en zaden eet (Nucifraga caryocatactes)

notenleer BN, ook *de* muziekonderwijs, vooral notenschrift en muziektheorie notenschrift systeem om muziekklanken op te schrijven in muzieknoten en andere tekens

noteren ❶ aantekenen, opschrijven: *ik noteer het in mijn agenda* ❷ de prijs bepalen: *het aandeel noteerde 1,3 procent hoger op de beurs* notering *de (v)* het noteren, vooral opgave van de koers van effecten op de beurs

notie *de (v)* [-s] ❶ begrip, besef ▾ *geen ~ van iets hebben* geen idee hebben, helemaal niet weten ❷ BN ook kennis **notificatie** *de (v)* [-s] kennisgeving, bekendmaking

notitie *de (v)* [-s] aantekening ▾ *~ nemen van* opmerken, kennisnemen van, aandacht schenken aan **notitieboekje** boekje of schriftje om dingen in op te schrijven die men wil onthouden

n.o.t.k. nader overeen te komen

notoir ⟨-toor *of* -twaar⟩ *bn* algemeen bekend, berucht: *een ~ alcoholist* **notulen** *de (mv)* verslag van een vergadering **notuleren** ❶ notulen maken ❷ in de notulen opnemen **notulist** *de (m)* iemand die de notulen maakt

nou I *bw* ❶ nu: *gaan we ~ eindelijk?* **II** *tw* ❷ woord dat bijv. ongeduld of verbazing uitdrukt: *~, zeg dat wel!; ~ ~, moeten jullie echt zo'n herrie maken?*

nouveau riche ⟨noevoo riesj⟩ *de* [nouveaux riches] iemand die niet rijk geboren maar geworden is (en niet de beschaving heeft die erbij hoort)

nouveauté ⟨noevootee⟩ *de* [-s] nieuwigheid

nouvelle cuisine ⟨noevel kwiezien(ə)⟩ *de (v)* ⟨vanaf ± de jaren '70 van de vorige eeuw⟩ kookkunst op basis van moderne voedingsinzichten, vaak met kleine porties

nov november

nova *de (v)* [-'s, -vae] plotseling heel heldere (nieuwe) ster

NOVA *de* Nederlandse Orde van Advocaten

noveen *de* [-venen] novene

novelle *de* [-n, -s] ❶ verhaal dat korter is en eenvoudiger in elkaar zit dan een roman en dat langer is dan een kortverhaal ❷ wijziging op een wet

novelty ⟨novvəltie⟩ *de* [-'s] ❶ nieuwigheid ❷ muziekstijl waarin een - vaak komisch bedoelde - gimmick of een raar geluidseffectje als uitgangspunt dient: *Watskeburt was een ~hit*

november *de (m)* elfde maand van het jaar

novene r.-k. *de* [-n] negen dagen achter elkaar waarop men tot God bidt

Novib *de (v)* Nederlandse Organisatie voor Internationale Bijstand **novice** ⟨-vies⟩ *de* [-n, -s] kloosterling(e) in de proeftijd **noviciaat** ⟨-sjaat⟩ *het* [-aten] proeftijd voor kloosterlingen

noviet *de* iemand die een fase of periode moet doorlopen voor hij lid mag worden

noviteit *de (v)* nieuwigheid

novum *het* [nova] ❶ iets nieuws, nieuw feit ❷ omstandigheid die aanleiding geeft tot vernieuwde behandeling van een rechtszaak

nozem *de (m)* [-s] opstandige jongere, vooral in de jaren vijftig en zestig van de 20ste eeuw

NP niet parkeren

NPS *de (v)* Nederlandse Programmastichting

nr. [nrs.] nummer

NS *de (mv)* Nederlandse Spoorwegen

NSB hist. *de (v)* Nationaal Socialistische Beweging

NSF *de (v)* Nederlandse Sportfederatie

NT Nieuwe Testament

NT2 *het* Nederlands als tweede taal

nu I *bw* ❶ in deze periode, op dit ogenblik **II** *vgw* ❸ op het ogenblik dat, terwijl, aangezien: *~ je toch niet hoeft te werken, kunnen we een paar*

dagen weggaan **III** *tw* ❸ woord dat een aansporing, opwekking uitdrukt: *~, komt er nog wat van?*

nuance ⟨nuuwãsə⟩ *de* [-s, -n] ❶ kleurschakering, tint ❷ fig. fijn onderscheid, klein verschil **nuanceren** ⟨-si-⟩ ❶ fijne onderscheidingen aanbrengen in ❷ fig. een bewering of stelling minder absoluut maken, afzwakken

nubuck *het* fluweelachtig leer

nuchter *bn* ❶ die nog niet gegeten heeft, met een lege maag: *voor deze behandeling bij de dokter moet je ~ zijn* ❷ niet dronken ❸ verstandig, zakelijk, op een koele niet-emotionele manier: *de zaken ~ bekijken*

nucleair ⟨-kleejèr⟩ *bn* wat te maken heeft met cel- of atoomkernen **nucleïnezuur** ⟨-ienə⟩ schei., bio. samengestelde verbinding die onder andere in chromosomen voorkomt **nucleon** ⟨-on⟩ *het* kerndeeltje **nucleus** ⟨-kleejus⟩ *de (m)* [-clei] kern

nudisme *het* het bij voorkeur leven zonder kleren aan, naaktcultuur **nudist** *de (m)* beoefenaar van het nudisme, iemand die bij voorkeur naakt is op het strand, naakt kampeert enz.

nuf *de (v)* [-fen] verwaand tuttig meisje **nuffig** *bn* als een nuf, tuttig en verwaand

nuk *de* [-ken] plotselinge vreemde handeling of eis, gril, kuur **nukkig** *bn* vol nukken, kuren

nul I *telw* ❶ aantal van 0, niet één, niets: *halverwege de competitie hadden we nog ~ punten* ▾ *~ op het rekest krijgen* iets vragen maar een afwijzend antwoord krijgen ▾ *uit het jaar ~* heel ouderwets: *dat is een trui uit het jaar ~* **II** *de* [-len] ❷ het cijfer 0 ❸ fig. onbeduidend mens, iemand die niks voorstelt: *hij is een absolute ~* **nullijn** ❶ lijn die het nulpunt aangeeft ❷ fig. toestand waarin werknemers geen reële inkomensverbetering krijgen **nulmeridiaan** ⟨aardrijkskunde⟩ lengtecirkel vanaf welke men begint te tellen

nulnummer exemplaar van een nieuw tijdschrift, als proef vóór het verschijnen van het eerste nummer **nuloptie** afspraak om niet meer te produceren, te vervuilen, uit te geven enz. dan op het moment van de afspraak **nulpunt** *het* streep op een schaalverdeling bij het cijfer 0 ▾ fig. *onder het ~* heel laag, negatief: *het vertrouwen in de politiek was gedaald tot onder het ~* **nulstand** ❶ stand op 0: *~ van de schakelaar* ❷ sp. stand op 0-0 **nultolerantie** ⟨vooral BN⟩ strikte handhaving van regels en wetten **06-nummer** telefoonnummer voor mobiele aansluitingen dat begint met 06 **numeriek** *bn* in aantal, in getallen uitgedrukt: *ons leger had een ~ overwicht* ons leger had meer manschappen dan de tegenstander

numero *het* [-'s] nummer **numerologie** *de (v)* leer van de betekenis van getallen **numerus** *de (m)* ▾ *~ clausus* beperking tot een maximum aantal personen, bijv. voor toelating tot een studie ▾ *~ fixus* het aantal personen waartoe iets beperkt wordt, bijv. toelating tot een studie

numismatiek *de (v)* munt- en penningkunde

nummer *het* [-s] ❶ cijfer dat de plaats in een reeks of rangorde aangeeft: *wij wonen op ~ 6; de ~s 1, 2 en 3 krijgen een medaille* ▾ iemand op

nu

zijn ~ zetten iemand terechtwijzen ▼ BN *groen ~*
0800-nummer, gratis telefoonnummer
❷ onderdeel van een cd, voorstelling, concert
enz., liedje: *dat is een mooi* ~ ❸ exemplaar van
een tijdschrift: *heb jij het laatste ~ van de Fancy®*
nog? ❹ scherts. raar persoon: *hij is me wel een ~!*
nummerbord plaat met nummers en letters op
een auto of motor, kentekenplaat **nummeren**
nummers geven
nummermelder *de (m)* [-s] apparaatje dat het
telefoonnummer toont van degene die belt
nummertje *het* [-s] ▼ spreekt. *een ~ maken*
geslachtsgemeenschap hebben
nummerweergave *het* zichtbaar zijn van het
telefoonnummer van degene die belt
nunchaku *de* oorspronkelijk oosters vechtwapen
dat bestaat uit twee stokjes met een koord of
ketting daartussen, wurgstokjes
nuntius *de (m)* [-sen, -tii] pauselijk
vertegenwoordiger
nurks I *bn* ❶ knorrig, slechtgehumeurd **II** *de (m)*
❷ knorrig, slechtgehumeurd persoon
nut I *het* ❶ voordeel, wat men ergens aan heeft:
het heeft geen ~ om hem nog te bellen want hij is
toch al weg **II** *bn* ❷ nuttig, welbesteed
nutriënt *de & het* noodzakelijk voedingsmiddel
dat het lichaam niet zelf kan aanmaken
nutsbedrijf bedrijf dat zorgt voor algemene
voorzieningen, zoals de levering van gas,
elektriciteit en water
nutteloos *bn* zonder nut, zonder resultaat **nuttig**
bn wat nut heeft, waar men iets aan heeft ▼ *het*
nuttige met het aangename verenigen iets doen
dat noodzakelijk is en ook plezierig
nuttigen voedsel eten of een drank drinken
nv *de (v)* [-'s] naamloze vennootschap
NVSH *de (v)* Nederlandse Vereniging voor
Seksuele Hervorming
NVV *het* Nederlands Verbond van
Vakverenigingen
N.W. noordwest
NWO *de (v)* Nederlandse Organisatie voor
Wetenschappelijk Onderzoek
nylon ⟨nij-⟩ **I** *het & de (m)* [-s] ❶ ® kunststof die
onder andere tegen hoge temperaturen bestand
is **II** *de* [-s] ❷ kous van deze stof
nymfomaan ⟨nim-⟩ *bn* (van vrouwen) met
extreem sterke geslachtsdrift
NZf *de (v)* Nederlandse Zorgfederatie

O

o I *de* [-'s] ❶ vijftiende letter van ons alfabet
❷ klinker die met ronde lippen boven in de
mond wordt gevormd **II** *tw* ❸ uitroep van onder
andere verbazing, schrik, verrassing, blijdschap
o. onzijdig
O schei. oxygenium (*zuurstof*)
O. oost, oosten
o.a. onder andere(n)
OAE *de (v)* Organisatie van Afrikaanse Eenheid
OAS *de (v)* Organisatie van Amerikaanse Staten
oase ⟨oowaaza⟩ *de (v)* [-n, -s] ❶ vruchtbare streek
in de woestijn ❷ fig. plek die rust, ontspanning
geeft en die maakt dat men zich goed voelt:
een ~ van rust
oasis® *de (v)* poreuze kunststof die voor
bloemschikken wordt gebruikt
ob omzetbelasting -openbare bibliotheek
obees *bn* met ernstig overgewicht, vetzuchtig
obelisk *de (m)* vierkante zuil die spits toeloopt,
vaak als gedenknaald
O-benen *de (mv)* kromme benen waarbij de
knieën van elkaar staan
ober *de (m)* [-s] ❶ man die klanten bedient in een
café of restaurant, kelner ❷ eerste kelner
obesitas *de (v)* ernstig overgewicht, vetzucht
object *het* ❶ voorwerp, ding ❷ taalk. voorwerp
▼ *direct ~* lijdend voorwerp ❸ voorwerp dat door
een kunstenaar tot kunst is gemaakt **objectie** *de*
(v) [-s] het ergens tegenin gaan, protest in
woorden
objectief I *bn* ❶ op basis de feiten, zonder
een bepaalde voorkeur: *hij vindt zijn dochter*
geweldig zingen, maar hij is niet ~ **II** *bw* ❷ wat de
feiten betreft **III** *het* [-tieven] ❸ BN ook doel,
doelstelling ❹ lens of samenstel van lenzen in
een kijker, microscoop, fototoestel enz.
objectiveren behandelen als een object dat men
onderzoekt **objectiviteit** *de (v)* het objectief zijn
oblie *de (v)* [-s, -ën] oublie
obligaat *bn* ❶ verplicht, uit (gevoel van) sociale
verplichting ❷ muz. wat niet weggelaten kan
worden **obligatie** *de (v)* [-s] schuldbrief van een
lening aan de overheid of van een onderneming
tegen een vaste rente **obligatielening** lening
door uitgifte van obligaties **obligatoir** ⟨-toor of
-twaar⟩ *bn* ❶ verplicht, bindend ❷ omdat het zo
hoort: *hij stelde me een paar ~e vragen naar mijn*
welzijn hij vroeg hoe het ging omdat dat zo
hoort, niet uit echte interesse
oblong *bn* langwerpig rechthoekig, meer breed
dan lang ▼ *~ formaat* dwarsformaat
obsceen ⟨opseen⟩ *bn* onzedelijk, schunnig, vies,
plat: *obscene moppen*
obscuur *bn* ❶ donker, duister ❷ fig. onbekend of
als slecht bekend, duister: *een ~ café in een*
donker steegje
obsederen ⟨van verlangens, gedachten e.d.⟩ de
geest niet met rust laten: *geobsedeerd door de*
gedachte aan wraak
observatie *de (v)* [-s] ❶ waarneming, iets wat
iemand opmerkt ❷ onderzoek door het gedrag
van iemand of iets of het verloop van iets te

bekijken: *opgenomen in het ziekenhuis ter ~*
observator *de (m)* [-toren] iemand die
waarnemingen doet **observatorium** *het* [-s, -ria]
waarnemingsstation, vooral sterrenwacht
observeren aandachtig bekijken, waarnemen
obsessie *de (v)* [-s] kwellende gedachte die
iemand voortdurend bezighoudt: *de ontrouw van
zijn vrouw werd een ~ voor hem*
obsoleet *bn* verouderd, in onbruik geraakt
obstakel *het* [-s] iets wat iemand belemmert om
iets te doen, hindernis, belemmering
obstetrie *de (v)* verloskunde
obstinaat *bn* koppig, hardnekkig: *ze weigert ~
haar huiswerk te maken*
obstipatie *med. de (v)* verstopping, het zich
moeilijk kunnen ontlasten, moeilijk kunnen
poepen
obstructie *de (v)* [-s] ❶ *med.* verstopping,
afsluiting ❷ tegenwerking om besluitvorming te
frustreren ❸ *sp.* het met opzet hinderen van een
tegenstander zonder zelf de bal te spelen
OBU *On Board Unit*, installatie in een voertuig
voor elektronische betaling van tol
OC *het , Onderzoekscentrum*, voor het beoordelen
van asielaanvragen
ocarina *de* [-'s] blaasinstrument dat een beetje
bolvormig is
occasie ‹-zie› *de (v)* [-s] ❶ gelegenheid, geschikte
tijd ❷ BN, spreekt. koopje, occasion
occasion ‹okkeezjən *of* okkaazjò› *de (m)* [-s]
tweedehands artikel, koopje, vooral een auto
occasioneel ‹-zjoo-› *bn* toevallig, bij gelegenheid,
niet stelselmatig
occidentaal ‹oksie-› *bn* ❶ westelijk ❷ westers
occlusie ‹-zie› *de (v)* [-s] ❶ afsluiting ❷ insluiting,
bijv. van een gas in een metaal ❸ het op elkaar
sluiten van tanden en kiezen in ruststand ❹ het
op elkaar stoten van een kou- en een
warmtefront
occult *bn* verborgen, geheim, met invloeden van
magie e.d.: *~e broederschappen* **occultisme** *het*
leer van het occulte, geheime wetenschappen
zoals magie en spiritisme
occupatie *de (v)* [-s] ❶ bezigheid ❷ het in bezit
nemen van iets ❸ bezetting van een gebied in
oorlogstijd
Occupy ‹okkjoepaj› *zn* protestbeweging van
mensen die in 2011 overal ter wereld
demonstreerden tegen de hebzucht in de
financiële sector en de uitwassen van het
kapitalistische systeem, met tentenkampen en in
de sociale media
oceaan *de (m)* [-anen] grote zee tussen
continenten die kleinere zeeën kan bevatten,
wereldzee **oceanisch** *bn* wat te maken heeft met
de oceaan ▾ *Oceanisch* van de eilanden in de
Zuidzee **oceanografie** *de (v)*
❶ diepzeeonderzoek ❷ beschrijving van de
oceanen
ocelot I *de (m)* [-ten] ❶ middelgroot katachtig
roofdier uit Centraal-Amerika **II** *het* ❷ bont van
dit dier
och *tw* uitroep van medelijden, onverschilligheid
e.d. **ocharm** *tw*, **ocharme** uitroep van
medelijden
ochtend *de (m)* (vroege) morgen ▾ *'s ~s* in de

ochtend **ochtendblad** krant die 's morgens
verschijnt **ochtendgloren** *het* het 's ochtends
opkomen van de zon **ochtendhumeur** slecht
humeur 's ochtends na het wakker worden
ochtendmens iemand die 's morgens het beste
functioneert
OCMW BN *het* Openbaar Centrum voor
Maatschappelijk Welzijn
octaaf *het & de* [-taven] ❶ muz. achtste toon
vanaf de grondtoon ❷ muz. interval of omvang
van acht tonen ❸ de twee kwatrijnen van een
sonnet tezamen **octaan** *het* verzadigde
koolwaterstof met acht koolstofatomen **octant**
de (m) tot 1767 gebruikt instrument voor
navigatie dat een achtste deel van een cirkel
bestrijkt **octavo** *het* [-'s] boekformaat van 16
bladzijden in een vel **octet** *het* [-ten] ❶ groep
van acht personen die samen zingen of muziek
maken ❷ stuk voor acht instrumenten of
stemmen **octopus** *de (m)* [-sen] inktvis met acht
armen
octrooi *het* ❶ machtiging, vergunning ❷ recht
van iemand die iets heeft uitgevonden, om het
als enige te maken of te verkopen **octrooieren**
octrooi verlenen **octrooigemachtigde** iemand
die bij de octrooiraad de aanvrager van een
octrooi vertegenwoordigt **octrooiraad** instantie
voor octrooien en octrooiaanvragen
oculair ‹-lèr› **I** *bn* ❶ wat te maken heeft met het
oog **II** *het* [-s] ❷ lens in een kijker die naar het
oog is gericht, oogglas
oculeren vormen van een nieuwe plant door een
knop van de gewenste plant te plaatsen in de
stam van een andere plant
OCW (ministerie van) Onderwijs, Cultuur en
Wetenschap

oe

ode *de* [-n, -s] gedicht of lied waarin iemand of
iets erg wordt geprezen: *de zanger bracht een ~
aan zijn geboortestad*
odeur *de (m)* [-s] ❶ geur, reuk ❷ reukwater
odium *het* ❶ het hatelijke ❷ haat
odorant *de (m)* reukstof die aan iets wordt
toegevoegd
odyssee ‹oodiesee› *de (v)* [-s, -ën] lange
(zwerf)tocht met veel hindernissen
OECD *de (v)* Organisation for Economic
Co-operation and Development → OESO
oecumene ‹eu- *of* uikuumeenə› *de* ❶ algemene
kerk voor de hele wereld ❷ de beweging die het
tot stand komen daarvan nastreeft
oedeem ‹eu- *of* ui-› *het* [-demen] vochtophoping
in weefsel, plek in het lichaam waar veel meer
vocht zit dan normaal is
oedipuscomplex ‹ojdiepoes-› psych.
ontwikkelingsfase van een jongen met jaloezie
en bewondering voor de vader en erotische
verlangens ten opzichte van de moeder
oef *tw* uitroep bij benauwdheid of opluchting
oefenen ❶ iets vaak herhalen om er goed in te
worden ❷ van zich doen uitgaan: *invloed ~*
❸ hebben, tonen: *geduld ~* *de (v)* ❶ het
oefenen ▾ *~ baart kunst* men leert iets door het
veel te doen ❷ opgave: *als huiswerk hebben we ~
3 en 4* **oefentherapie** fysiotherapie d.m.v. het
uitvoeren van oefeningen **oefenwedstrijd**
wedstrijd buiten de competitie

oehoe *de (m)* [-s] grote uil met oorpluimen

oei *tw* uitroep van pijn, schrik e.d.

oekaze *de* [-n, -s] ❶ keizerlijk bevel ❷ iron. hoog bevel

oelewapper *de (m)* [-s] onbenullig persoon, stommeling

oen *de* dom persoon, stommerd: *wat ben je toch een ~!*

oenologie ⟨eunoo-⟩ *de (v)* leer van de wijn en van de wijnbouw

O en W (Ministerie van) Onderwijs en Wetenschappen

oeps *tw* uitroep van verbazing of schrik

oer I *het* ❶ ijzerhoudende grond II *voorvoegsel* ❷ oorspronkelijk: *~bos* ❸ heel erg: *~lelijk, ~saai*

oerknal explosie waardoor ons heelal mogelijk is ontstaan **oermens** mens uit de prehistorie **oertijd** periode in het verre verleden waaruit geen geschreven teksten bestaan, prehistorie **oervorm** eerste, oorspronkelijke vorm **oerwoud** bos in natuurlijke staat, dat niet door de mens is beïnvloed

OESO *de (v)* Organisatie voor Economische Samenwerking en Ontwikkeling

oester *de* [-s] weekdier met één platte en één bolle schelp (Ostrea) **oesterbank** bank waar oesters gekweekt of gevonden worden **oesterzwam** bepaalde eetbare paddenstoel

oestrogeen ⟨eu- *of* ui-⟩ I *bn* ❶ wat te maken heeft met de hormonen die de seksualiteit regelen II *het* [-genen] ❷ hormoon dat de ontwikkeling van de vrouwelijke geslachtskenmerken bevordert

oeuvre ⟨ùvrə⟩ *het* [-s] het gezamenlijke werk van een kunstenaar

oever *de (m)* [-s] strook land vlak langs het water, waterkant **oeverloos** *bn* neg. onbeperkt, eindeloos: *~ geouwehoer* **oeverloper** vogel van de familie van de snipachtigen (Actitis hypoleucos) **oeverzwaluw** zwaluw die aan waterkanten nestelt (Riparia riparia)

of *vgw* ❶ woord dat twee tegengestelde mogelijkheden met elkaar verbindt: *ja ~ nee* ❷ woord dat twee gelijkwaardige mogelijkheden met elkaar verbindt: *een wit paard ~ een schimmel* ❸ ongeacht, het maakt niet uit: *~ je wilt ~ niet* ❹ alsof: *hij stond daar ~ hij bevroren was* ❺ woord dat twijfel uitdrukt: *ik weet niet ~ ik ga* ❻ in sterk bevestigende uitdrukkingen of zinnen) zeker, absoluut: *en ~!*

offday ⟨ofdee⟩ *de (m)* [-s] dag waarop iemand uit zijn gewone doen is, niet zo goed presteert als normaal

offensief I *bn* ❶ aanvallend: *het voetbalteam speelde erg ~* II *het* [-sieven] ❷ aanval: *door een massaal ~ werd de stad veroverd*

offer *het* [-s] ❶ gave aan God of een godheid ❷ fig. iets wat belangrijk voor iemand is en wat hij geeft of waarvan hij afziet of grote moeite die hij doet voor iets: *een topsporter moet ~s brengen voor zijn sport* **offerande** *de* [-n, -s] ❶ offer aan God of een godheid ❷ offerplechtigheid **offerblok** kistje of bus voor het geld dat de kerkgangers vrijwillig geven **offerdier** dier als offer **offeren** ❶ iets kostbaars aan God of een godheid opdragen ❷ iets (kostbaars) afstaan

offerfeest feest waarbij moslims herdenken dat Ibrahim bereid was gehoor te geven aan Gods opdracht om zijn zoon te offeren

offergave wat iemand offert **offerschaal** schaal voor offerdrank of offergave

offerte *de* [-s, -n] beschrijving van artikelen of werkzaamheden die iemand of een bedrijf aanbiedt met prijsopgave

offertorium r.-k. *het* [-s, -ria] offerande

officemanager ⟨offismennədzjər⟩ iemand die ervoor zorgt dat alles op een kantoor goed verloopt

official ⟨-fissjəl⟩ *de (m)* [-s] bestuurslid van een sportbond of leidinggevend persoon bij sportwedstrijden **officie** *het* [-s] ❶ ambt, betrekking ❷ r.-k. een van de gebeden op een vast tijdstip

officieel ⟨-sjil⟩ *bn* wat is erkend door of uitgaat van het bevoegd gezag: *een officiële mededeling*

officier *de (m)* [-en, -s] mil. iemand met de rang van luitenant of hoger ▼ *~ van justitie* ambtenaar bij de rechtbank die betrokken is bij de opsporing van misdaden en die beslist of er een proces moet komen en welke straf geëist wordt **officiersmess** eetzaal van officieren

officieus ⟨-sjeus⟩ *bn* niet echt officieel

offline ⟨oflajn⟩ comp. *bw* niet verbonden met een netwerk

offreren aanbieden, vooral iets om te eten, drinken, roken e.d.

offsetdruk *de (m)* manier van drukken met een fotografische weergave op een plaat

offshore ⟨ofsjòR⟩ *bn* in volle zee, vooral m.b.t. olie-, gas- en ertswinning **offshoring** *de* het verplaatsen van werkzaamheden naar het buitenland

offside ⟨ofsajd⟩ sp. *bw* buitenspel

off the record ⟨of thə RɛkkəRd⟩ *bw verb* niet officieel, vertrouwelijk: *~ gaf de wethouder toe dat hij fouten had gemaakt* **off the road** ⟨ov de root⟩ *bw verb* buiten geasfalteerde wegen, op natuurlijk terrein, met een auto, motor e.d.

ofschoon *vgw* hoewel

oftalmologie *de (v)* leer van de oogziekten

ofte *vgw* of: *nooit ~ nimmer* altemaal *vgw* met andere woorden: *de Maagd van Orléans ~ Jeanne d'Arc*

ofwel *vgw* versterking van *of*: *ik kom ~ op zaterdag ~ op zondag*

o.g. onroerend goed

ogen ❶ scherp kijken naar, blijven kijken naar ❷ eruitzien, (mooi, lelijk e.d.) uitkomen: *grote meubels ~ niet in zo'n kleine kamer*

ogenblik *het* [-ken] heel korte tijd, moment: *heeft u nog een ~ geduld?* ▼ *op het ~* nu, tegenwoordig **ogenblikkelijk** *bn* meteen, direct

ogenschijnlijk *bn* zo te zien, zoals het lijkt: *in het stadje heerste een ~e rust, maar er konden elk moment rellen uitbreken* **ogenschouw** ▼ *in ~ nemen* bekijken

o.g.v. op grond van

ohaën inform. [ohade, h. geohaad] ouwehoeren

ohm *het & de (m)* [-s] eenheid van elektrische weerstand

o.i. onzes inziens

o.i.d. of iets dergelijks

oio *de* [-'s] onderzoeker in opleiding

o.i.v. onder invloed van

ok *de* [-'s] operatiekamer

okapi *de (m)* [-'s] zeldzaam zoogdier in Congo, dat het midden houdt tussen antilope en giraffe

oké *tw* in orde

oker *de (m)* ❶ klei die gekleurd is door ijzeroxide ❷ verf die daarvan is gemaakt

okido, **okidoki** inform. *tw* in orde

okkernoot ❶ walnoot ❷ boom waaraan walnoten groeien

okra *de* [-'s] West-Afrikaanse langwerpige bittere vrucht

oksel *de (m)* [-s] ❶ holte onder de arm ❷ bio. holte tussen stengel en blad

okt. oktober

oktober *de (m)* tiende maand van het jaar

OL oosterlengte **old boys network** het netwerk van mensen die elkaar kennen van vroeger van een opleiding, vereniging enz. en die nog steeds bevriend zijn en elkaar nog diensten bewijzen

oldtimer ⟨oldtajmǝʀ⟩ *de (m)* [-s] antieke auto

oleander *de (m)* [-s] sierstruik uit Zuid-Europa

olie *de* [oliën, -s] vethoudende vloeistof ▾ *in de ~ dronken* oliebaron iemand die invloedrijk is in de oliehandel **oliebol** zoete bol van deeg die in olie is gebakken en die vooral op oudejaarsavond wordt gegeten **oliecrisis** problemen doordat er op een bepaald moment te weinig aardolie beschikbaar is **oliedom** *bn* heel erg dom **oliemolen** molen om olie te persen uit lijnzaad, koolzaad e.d. **oliën** met olie insmeren of doortrekken **oliesel** r.-k. *het* sacrament voor de stervenden **olieslager** *de (m)* [-s] fabrikant van plantaardige olie **oliestook** *de* centrale verwarming die met olie wordt gestookt **olieverf** verf die met lijnolie is gemaakt **olievlek** ❶ hoeveelheid olie op straat, op het water e.d. ❷ fig. iets wat zich steeds verder uitbreidt

olifant *de (m)* groot grijs zoogdier met een dikke huid en een slurf en ivoren slagtanden **olifantengeheugen** heel goed geheugen **olifantshuid** ▾ *een ~ hebben* ongevoelig zijn voor belediging **olifantstand** ❶ stoottand van een olifant ❷ aandoening in de vorm van een doorgroeiende snijtand bij knaagdieren

oligarchie *de (v)* [-ën] regering van een klein aantal personen uit bepaalde bevoorrechte sociale klassen of standen

olijf *de* [olijven] groen of zwart vruchtje uit het Middellandse Zeegebied, dat aan bomen groeit **olijfboom** boom uit het Middellandse Zeegebied die wordt geteeld om zijn vruchten en om de olie uit de vruchten (Olea europaea) **olijfolie** olie die uit olijven is geperst **olijftak** tak van de olijfboom, symbool van vrede

olijk *bn* op een leuke manier ondeugend, guitig

ollekebolleke *het* [-s] ❶ gedicht van tweemaal vier regels waarvan de zesde regel één woord bevat ❷ bepaald afteelrijmpje

olm *de (m)* loofboom: iep

oloroso ⟨-zoo⟩ *de (m)* [-'s] een beetje zoete donkergekleurde sherry

o.l.v. onder leiding van

O.L.V. Onze-Lieve-Vrouwe

olympiade ⟨-lim-⟩ *de (v)* [-n, -s] ❶ ⟨bij de oude Grieken⟩ periode van vier jaar ❷ Olympische Spelen **Olympisch** *bn* ▾ *~e Spelen* internationale sportwedstrijden die om de vier jaar worden gehouden

om I *vz* ❶ rond(om): *~ de tafel zitten* ❷ op dat tijdstip: *~ drie uur* ❸ met het doel: *eten ~ te leven* ❹ met de aangegeven tijd als tussenruimte: *~ de week* ❺ wegens: *~ het geld hoef je het niet te laten* ▾ *~ het even* gelijk, het maakt niet uit **II** *voorvoegsel* ❻ verschillende betekenissen, zoals: rond, omver, door elkaar: *een riem ~doen; een boom ~zagen; de grond ~woelen* **III** *bw* ❼ voorbij: *alweer een jaar ~* ❽ overtuigd: *eerst was ik tegen het plan maar nu ben ik ~* ❾ langer: *die weg is vier kilometer ~* ▾ *~ en ~* ieder op zijn beurt ▾ inform. *'m ~ hebben* dronken zijn ▾ *~ en nabij* ongeveer

o.m. onder meer

OM *het* Openbaar Ministerie

oma *de (v)* [-'s] moeder van iemands vader of moeder, grootmoeder **omafiets** ouderwetse damesfiets

omarmen ❶ de armen heenslaan om: *zij omarmden elkaar* ❷ fig. met instemming ontvangen, het eens zijn met: *een voorstel ~*

omber I *de* ❶ donkerbruine kleur of kleurstof **II** *het* ❷ kaartspel **III** *de* [-s] ❸ speler in dat kaartspel tegen wie twee anderen spelen die proberen te voorkomen dat hij slagen maakt

ombouw bouwsel dat om iets heen is geconstrueerd **ombrengen** doden

ombudsman functionaris die gevallen van onrechtvaardig handelen door de overheid tegenover burgers onderzoekt en advies uitbrengt

ombuigen ❶ in een andere stand buigen ❷ door buigen in een andere stand komen ❸ fig. verandering aanbrengen in: *het politieke beleid ~* **omcirkelen** ❶ zich in cirkels bewegen om ❷ met een cirkel omlijnen

omdat *vgw* om die reden

omdijken met een dijk omsluiten **omdoen** rond het lichaam doen **omdopen** ▾ *~ tot* van naam veranderen in

omdraaien (doen) ronddraaien, op de andere kant draaien ▾ BN *de bladzijde ~* een periode afsluiten **omdragen** ❶ met zich mee dragen, in lichaam of geest: *het zondige hart dat ze in zich ~* ❷ (vooral een kano) dragen wanneer men over het water niet verder kan

ome *de (m)* [-s] inform. oom

omega *de* [-'s] laatste letter van het Griekse alfabet **omega 3-vetzuur** meervoudig onverzadigd vetzuur, dat o.a. voorkomt in visolie en een gunstig effect heeft op de gezondheid

omelet *de* [-ten] gerecht van eieren die (in bijv. melk of room) losgeklopt zijn en gebakken ▾ BN *je kan geen ~ bakken zonder eieren te breken* waar iets doorgezet wordt, lijdt altijd iemand schade

omen *het* [omina] voorteken

omfloersen ❶ met floers omhangen ❷ fig. met een sluier of een mist bedekken: *tranen ~ haar ogen*

om▸

omfloerst *bn* BN in bedekte termen ▼ *met ~e stem* met een stem die niet helder klinkt

omgaan ❶ rondlopen: *een straatje ~* ❷ voorbijgaan: *de dag is gauw omgegaan* ❸ zich afspelen: *er ging veel in hem om* ❹ ⟨van geld⟩ binnenkomen en uitgegeven worden: *in de drugshandel gaat veel geld om* ▼ ~ *met iemand* contact hebben met, regelmatig ontmoeten ▼ *ruw, voorzichtig enz. met iets of iemand ~* op een bepaalde manier behandelen **omgaand** *bn* ▼ *per ~e* met de eerstvolgende post **omgang** *(m)* ❶ processie, plechtige optocht ❷ het omgaan, contact met mensen ❸ galerij om een gebouw of toren **omgangsregeling** regeling voor gescheiden ouders over de omgang met de kinderen **omgangstaal** gewone spreektaal **omgangsvormen** *de (mv)* bepaald gedrag en manier om met anderen om te gaan die men hoort te respecteren

omgekeerd *bn* juist andersom, tegenovergesteld

omgeven zich rondom iets bevinden, omringen: *een tuinhuisje ~ met rozenstruiken* **omgeving** *de (v)* ❶ kring waarin iemand verkeert, milieu ❷ nabijheid: *in de ~ van Maastricht* ❸ streek, gebied: *een mooie ~* ❹ comp. besturingssysteem: *een Windows~*

omgooien ❶ een beweging maken waardoor iets omvalt: *ik heb mijn koffie omgegooid* ❷ met kracht een andere richting geven, ingrijpend veranderen, ook figuurlijk: *het roer ~; de plannen ~* ❸ snel een kledingstuk over zijn schouders doen: *een jas ~* **omgorden** [omgordde, h. omgord] (als) met een gordel omgeven

omgorden [gordde om, h. omgegord] om de heupen vastbinden **omhaal** *de (m)* [-halen] ❶ onnodige drukte ❷ krul van een letter **omhakken** maken dat iets omvalt door te hakken: *een boom ~* **omhalen** ❶ maken dat iets omvalt door te trekken: *een boom ~* ❷ BN, spreekt. ophalen, inzamelen, collecteren **omhanden** *bw* ▼ ~ *hebben* iets te doen hebben, met iets bezig zijn

omheen *bw* om, rond, rondom ▼ *ergens niet ~ kunnen* iets niet kunnen negeren ▼ *ergens ~ draaien* ontwijkend antwoorden

omheinen een schutting of hek plaatsen om **omheining** *de (v)* ❶ het omheinen ❷ schutting of hek rondom iets: *rond het weiland staat een ~* **omhelzen** ❶ de armen rond iemands hals slaan ❷ fig. (een levensfilosofie, godsdienst, plan e.d.) aannemen

omhoog *bw* ❶ boven ❷ naar boven **omhoogschieten** ❶ snel omhooggaan ❷ naar boven schieten ❸ snel groeien **omhoogvallen** ▼ ~*gevallen* een hoge positie bereikt maar niet op basis van kwaliteiten **omhoogzitten** ▼ ~ *met* moeilijkheden hebben met, niet goed weten wat men ermee moet beginnen: *ik zit omhoog met zijn verzoek*

omhullen wikkelen in **omhulsel** *het* [-s] dat waardoor iets omhuld is ▼ *stoffelijk ~ lichaam* **omineus** *bn* onheilspellend

omissie *de (v)* [-s] ❶ weglating ❷ nalatigheid **omkaderen** een hele rij woorden of een lijn of een lijst of een lijn omgeven **omkadering** *de (v)* ❶ BN verhouding tussen het aantal leerlingen of studenten en het aantal

stafleden ❷ BN ook personeelsbezetting, aantal personeelsleden dat op een bepaald moment ergens werkt **omkaderingsnorm** BN norm voor de personeelsbezetting

omkantelen ❶ van de ene kant op de andere (doen) vallen ❷ kantelend omvallen **omkatten** een (gestolen) auto voorzien van een ander nummer en kentekenbewijs, bijv. van een autowrak **omkeren** ❶ omdraaien ❷ teruggaan in de richting waar men vandaan kwam: *we vonden de camping zo lelijk dat we meteen zijn omgekeerd en een andere hebben gezocht*

omkieperen ❶ omvallen ❷ omgooien **omkijken** achter zich kijken ▼ fig. ~ *naar iets of iemand* belangstelling hebben of zorgen voor **omkleden** [kleedde, h. omkleed] bedekken ▼ *met redenen omkleed* met vermelding van de motieven **omkleden** [kleedde om, h. omgekleed] ▼ *zich ~* andere kleren aantrekken **omklemmen** stevig om iets heen klemmen

omkomen ❶ het leven verliezen, sterven: *hij is omgekomen bij een verkeersongeluk* ❷ ⟨van tijd⟩ verstrijken, voorbijgaan: *ik verveel me zo, de tijd komt maar niet om!*

omkoopbaar *bn* mogelijk om om te kopen: *die douanebeambte is ~* **omkopen** door geld enz. personen overhalen dingen te doen die ze in hun functie niet horen te doen

omkukelen scherts. omvallen

omlaag *bw* ❶ naar beneden ❷ in de laagte **omleggen** [legde om, h. omgelegd] ❶ in een andere richting leggen: *een weg tijdelijk ~* ❷ spreekt. doden: *de maffia heeft weer iemand omgelegd*

omleggen [omlegde, h. omlegd] rond iets leggen **omleiden** over een andere weg leiden: *het verkeer ~* **omliggend** *bn* wat rondom ligt, zich rondom bevindt: *de ~e dorpen* **omlijnen** ❶ een lijn trekken om iets ❷ fig. duidelijk aangeven: *een goed omlijnd plan* **omlijsten** ❶ met een lijst maken om ❷ fig. als een lijst omgeven: *donkere krullen ~ haar gezicht*

omloop ❶ kringloop: *de bloedsomloop* ❷ verspreiding ▼ *iets in ~ brengen* iets verspreiden onder de mensen: *vals geld in ~ brengen* ❸ pad rond een toren ❹ BN ook circuit ❺ ⟨BN ook wielrennen⟩ criterium, wedstrijd **omloopsnelheid** ❶ snelheid waarmee geld circuleert ❷ tijd waarin een hemellichaam zijn rondgang maakt **omlopen** ❶ een omweg maken: *we hebben vreselijk omgelopen doordat we verdwaald waren* ❷ wandelen: *zullen we nog een eindje ~ door het park?* ▼ *het hoofd loopt me om!* ik heb zoveel aan mijn hoofd, ik raak er (bijna) van in de war

ommegang *de (m)* plechtige tocht, rondgang **ommekeer** *de (m)* grote verandering **ommetje** *het* [-s] korte wandeling of rit: *zullen we na het eten een ~ maken?*

ommezien *het* ▼ *in een ~* in een ogenblik, heel snel **ommezijde** achterkant, keerzijde ▼ *zie* ~ kijk aan de achterkant van dit blad papier **ommezwaai** plotselinge grote verandering: *hij maakte een ~ en stemde op een partij waar hij eerst altijd tegen was*

ommuren met een muur omgeven, een muur

vormen om iets heen

omnibus de [-sen] ❶ verzameling romans of verhalen van een schrijver in één boek ❷ hist. koets voor openbaar vervoer **omnipotent** almachtig

omnium het & de (m) [-s] ❶ wielerwedstrijd die uit verschillende onderdelen bestaat ❷ BN omniumverzekering **omniumverzekering** BN, ook allriskverzekering

omnivoor de (m) [-voren] wezen dat van alles eet, zowel vlees als planten: de mens is een ~

omploegen ❶ met een ploeg omwerken ❷ zo ploegen dat het onder de oppervlakte komt **ompraten** iemand van mening doen veranderen door met hem te praten: ze liet zich ~ om mee te gaan naar het feest **omranden** met een rand omgeven, een rand vormen om iets heen **omrasteren** met rasterwerk omgeven, een rasterwerk vormen om iets heen **omrekenen** herleiden tot een andere eenheid: de prijs ~ van euro's naar dollars **omrijden** ❶ heen en weer rijden, rondrijden ❷ om iets heen rijden ❸ via een omweg rijden: we moeten ~ want we kunnen niet over de brug ❹ zo rijden dat iets omvalt, omverrijden: iemand heeft dit paaltje omgereden **omringen** omgeven, omheen staan: de boerderij was omringd door hoge bomen ▼ zich ~ met om zich heen verzamelen

omroep de (m) organisatie die uitzendingen verzorgt voor radio en televisie **omroepbestel** regeling en organisatie van het uitzenden op radio en televisie **omroepbijdrage** (vroeger) verplichte bijdrage die iemand moet betalen als hij een televisie en/of radio heeft **omroepen** een mededeling doen via een geluidsinstallatie **omroeper** de (m) [-s] ❶ iemand die mededelingen doet via een geluidsinstallatie ❷ iemand die een radio- of televisieprogramma aankondigt **omroeporganisatie**, **omroepvereniging** organisatie, vereniging die radio- en tv-uitzendingen verzorgt **omroeren** mengen door te roeren **omruilen** inwisselen voor iets anders **omschakelen** ❶ door een schakelaar een andere richting geven: de elektrische stroom ~ ❷ fig. zich aanpassen aan een nieuwe toestand: het is wel even ~ als je naar een andere school gaat **omschieten** ❶ zo schieten dat iets omvalt, omverschieten ❷ snel om iets heen komen: plotseling kwam iemand op een skateboard de hoek ~ **omscholen** opleiden voor een ander vak: ik heb genoeg van mijn kantoorbaan, ik wil me laten ~ tot verpleegkundige **omschrijven** in woorden uitleggen wat iets is **omsingelen** aan alle kanten omsluiten: de vijandelijke troepen ~ de stad **omslaan** ❶ omdraaien: de bladzijde ~ ❷ snel omdoen: een sjaal ~ ❸ van richting veranderen: de hoek ~ ❹ omvallen, kantelen: de boot slaat om ❺ door slaan doen vallen ❻ omvouwen: de rand ~ ❼ plotseling veranderen: het weer slaat om ❽ een bedrag dat moet worden betaald, verdelen: de onkosten ~ over de deelnemers **omslachtig** bn veel uitgebreider, ingewikkelder dan nodig: ~ te werk gaan **omslag I** de (m) [-slagen] ❶ verandering (in een

andere richting): een ~ in het denken over klimaatverandering ❷ drukte, gedoe ❸ belasting volgens een verdeelsleutel **II** de (m) & het [-slagen] ❹ (papieren) bekleedsel, kaft van een boek ▼ BN onder ~ in een enveloppe ❺ omgeslagen rand, boord ❻ doek om een gewond of ziek deel van het lichaam, kompres **omslagdoek** doek die om de schouders wordt gedragen **omslagpunt** het punt waarop iets ingrijpend verandert **omslagstelsel** systeem van financiering van collectieve verzekeringen waarbij de uitkeringen worden betaald van de premies die de verzekerden betalen

omsluiten ❶ helemaal insluiten ❷ inhouden, bevatten **omsmelten** opnieuw smelten: gouden sieraden ~ **omspannen** ❶ met de vingers of armen omsluiten ❷ nauw om iets sluiten: het strakke shirt omspande zijn bovenlichaam **omspelen** sp. dribbelend passeren **omspellen** in een andere spelling overbrengen, vooral een oude tekst in moderne spelling zetten **omspitten** grond met een spade omwerken **omspoelen** schoonspoelen: de koffiekopjes ~ **omspringen** ▼ ~ met op een bepaalde manier omgaan met, hanteren

omstander, BN ook **omstaander** de (m) [-s] iemand die ergens bij staat (en kijkt) **omstandig** bn breedvoerig, uitgebreid: hij legde ~ uit wie precies ruzie had met wie en waarover **omstandigheid** de (v) [-heden] ❶ toestand, situatie: in deze omstandigheden kan ik u niet van dienst zijn ❷ gebeurtenis, voorval: een onverwachte ~ **omstebeurt** spreekt. bw om de beurt, ieder op zijn beurt

omstreden bn waarover de mensen het niet eens zijn: een ~ beslissing **omstreeks** bw & vz ❶ rond, ongeveer: we komen ~ twee uur 's middags aan ❷ nabij, in de buurt van **omstreken** de (mv) omgeving: Breda en ~ **omstrengelen** ❶ iemand in zijn armen sluiten, met zijn armen (en benen) helemaal om iemand heen: de geliefden omstrengelden elkaar ❷ zich om iets heen winden: de klimroos omstrengelt de boomstam **omstuwen** in een dichte massa omgeven: de fans omstuwden de zanger **omtrek** de (m) [-ken] ❶ buitenste rand van een figuur, lijn om iets heen: de ~ van een rechthoek; de ~ van de aarde ❷ omgeving: in de verre ~ is geen huis te bekennen **omtrekken** ❶ door trekken maken dat iets omvalt, omvertrekken ❷ zich ergens omheen bewegen: een ~de beweging maken

omtrent I bw ❶ ongeveer **II** vz ❷ nabij, in de buurt ❸ wat te maken heeft met, betreffende, over: er is nog weinig bekend ~ de oorzaak van de treinramp

omturnen van zienswijze, houding doen veranderen **omvallen** ❶ uit een staande positie vallen, uit zijn evenwicht raken ▼ ik val om van de slaap ik ben erg slaperig ❷ (van banken, bedrijven e.d.) failliet gaan

omvang de (m) ❶ dikte of grootte van iets: een persoon van gemiddelde ~; de ~ van het gezin; de ~ van de schade ❷ muz. de gezamenlijke tonen die een stem of een instrument kan voortbrengen

omvangrijk groot, uitgebreid: *een ~e verzameling stripverhalen*

omvaren ❶ zo varen dat iets omvalt, omvervaren ❷ varen en daarbij een omweg maken **omvatten** ❶ in de handen of armen sluiten ❷ fig. inhouden: *de cursus omvat een theoretisch deel en een praktijkgedeelte*

omver *bw* omgevallen, op zijn kant **omverwerpen** op de grond gooien, maken dat iets valt, ook figuurlijk ▼ *een regering ~ afzetten*

omvliegen ▼ *de tijd vliegt om* gaat heel snel voorbij **omvormen** een andere vorm geven **omvouwen** een vouw aanbrengen in **omwallen** een wal vormen rondom iets **omweg** langere weg dan nodig is: *we moesten een ~ maken omdat de weg opengebroken was* ▼ *zonder omwegen* rechtstreeks **omwenteling** *de (v)* ❶ draaiing: *in een dag en een nacht maakt de aarde één ~* ❷ fig. grote verandering: *een politieke ~* **omwerken** ❶ helemaal veranderen, ergens iets anders van maken: *ik moet mijn scriptie helemaal ~; een boek ~ tot een filmscenario* ❷ ploegen of spitten van grond ❸ losmaken of door elkaar mengen, van mest e.d. **omwikkelen** helemaal wikkelen in **omwille** *bw* ▼ *~ van* voor; BN ook wegens **omwisselen** verwisselen, ruilen voor iets anders: *ik wisselde de dollars om tegen euro's* **omwoelen** loswerken, door elkaar halen **omwonend**, **omwonend** *bn* die rondom, in de buurt woont of woont **omwonenden** *de (mv)* mensen die in de buurt wonen

omzeggens BN, ook *bw* als het ware **omzeilen** [omzeilde, h. omzeild] fig. behendig ontwijken: *moeilijkheden ~* **omzeilen** [zeilde om, h. / is omgezeild] ❶ omheen zeilen, langs een omweg zeilen ❷ zo zeilen dat iets omvalt, omverzeilen

omzendbrief ❶ BN ook circulaire, openbare rondgezonden brief ❷ schrijven van een geestelijk leidsman, herderlijk schrijven **omzet** *de (m)* [-ten] al het geld dat een bedrijf ergens voor ontvangt in een bepaalde tijd: *de supermarkt heeft elke dag een ~ van ongeveer dertigduizend euro* **omzetbelasting** bedrag aan belasting dat is verwerkt in de prijs van artikelen en diensten, btw **omzetten** ❶ anders zetten: *de plantjes in de vensterbank ~* ❷ schei. veranderen door koken of door inwerking van een andere stof: *water wordt bij koken omgezet in waterstof en zuurstof* ❸ veranderen, doen overgaan in een andere toestand ❹ verhandelen van goederen of diensten: *dit bedrijf heeft dit jaar voor een miljoen omgezet*

omzichtig *bn* bedachtzaam, voorzichtig, met tact

omzien I *ww* ❶ omkijken ▼ *~ naar* informeren en zoeken naar: *naar nieuw personeel ~* **II** *het* ❷ ommezien **omzomen** [omzoomde, h. omzoomd] een rand, zoom vormen om iets: *beboste hellingen ~ het meer*

omzomen [zoomde om, h. omgezoomd] een zoom maken: *de pijpen van een broek ~* **omzwaaien** van richting veranderen, van studierichting veranderen

omzwerving *de (v)* het lange tijd rondzwerven

door verschillende gebieden: *na zijn ~en keerde hij terug naar zijn geboortestreek*

onaandoenlijk zonder emoties te tonen **onaangenaam** niet prettig, akelig **onaangepast** die zich niet aansluit bij, niet aanpast aan de maatschappelijke situatie waarin hij zich bevindt **onaangeroerd** *bn* ❶ niet aangeraakt: *haar eten stond nog ~ op de tafel* ❷ niet ter sprake gebracht: *het onderwerp bleef ~*

onaantastbaar *bn* niet mogelijk om te bestrijden, om aan te pakken: *hij is juridisch ~; zijn positie binnen het bedrijf is ~* **onaanvaardbaar** zo slecht, brutaal e.d. dat men het niet kan accepteren, niet aanvaardbaar, onacceptabel: *dergelijk gedrag is ~* **onaardig** niet aardig, niet vriendelijk ▼ *dat is niet ~* best wel goed, mooi enz.

onacceptabel zo (duur, slecht, onbeleefd enz.) dat men het niet kan aanvaarden **onachtzaam** *bn* die niet erg oplet **onafgebroken** *bn* de hele tijd door, zonder onderbreking

onafhankelijk ❶ vrij, zelfstandig, niet afhankelijk van anderen ❷ niet beïnvloed of bepaald door iets anders: *we rekenen een vast bedrag, ~ van prijsstijgingen* **onafscheidelijk** *bn* innig met elkaar verbonden: *die twee vriendinnen zijn ~* ze zijn altijd bij elkaar **onafwendbaar** *bn* niet mogelijk om tegen te houden: *een ramp is ~* **onafzienbaar** waarvan het einde niet te zien is

onaneren zichzelf seksueel bevredigen, masturberen **onanie** *de (v)* masturbatie, zelfbevrediging **onbaatzuchtig** *bn* niet gericht op eigenbelang, niet met de bedoeling om er zelf beter van te worden: *een ~e daad* **onbarmhartig** wreed, zonder medelijden **onbedaarlijk** *bn* niet tot bedaren te brengen, niet te stoppen: *~ lachen om een mop* **onbedachtzaam** zonder goed na te denken, onbezonnen **onbedorven** fig. nog niet aangetast, puur: *een ~ gebied* **onbeduidend** niet belangrijk, van weinig belang: *een ~ voorval; een ~ mannetje* **onbegonnen** *bn* ▼ *dat is ~ werk* daar hoeft men niet eens aan te beginnen want dat lukt toch niet **onbegrensd** ❶ zonder grenzen, oneindig groot ❷ fig. oneindig groot, zonder grenzen, onbeperkt: *het land van de onbegrensde mogelijkheden* het land waar alles mogelijk is

onbegrepen *bn* niet begrepen door anderen: *hij voelt zich eenzaam en ~* **onbegrip** *het* niet (kunnen) begrijpen

onbehaaglijk niet prettig, ongemakkelijk, niet comfortabel, ongezellig **onbehagen** *het* onaangenaam gevoel, het zich niet op zijn gemak voelen bij de gedachte aan iets **onbeheerd** *bn* zonder toezicht, zonder dat iemand erop let **onbeholpen** *bn* onhandig, stuntelig **onbehoorlijk** niet netjes, onfatsoenlijk, niet zoals men zich hoort te gedragen: *het was ~ van je om zomaar een gebakje te pakken* **onbehouwen** *bn* lomp, ongemanierd **onbekend** ❶ wat men niet kent, vreemd: *dit is een ~e vogelsoort* ❷ die weinig mensen kennen:

een ~e schrijver ❸ **wisk.** wat berekend moet worden **onbekommerd** zonder zorgen **onbekwaam** ❶ niet goed in het werk dat of de taak die iemand doet ❷ niet in staat om een bepaald werk of een bepaalde taak te doen ❸ **jur.** niet gerechtigd om in juridische zaken een rol te spelen, bijv. omdat iemand minderjarig is **onbeleefd** niet in overeenstemming met wat als beleefd wordt beschouwd, niet netjes: *het is ~ om 'jij' te zeggen tegen oudere mensen* **onbelemmerd** bn zonder door iets te worden gehinderd, ongehinderd **onbemind** bn niet geliefd ▼ ~ *maakt ~ als mensen iets niet kennen, houden ze er niet van* **onbenul** de [-len] iemand met weinig verstand of kennis van zaken **onbenullig** bn dom, onbelangrijk: *~e opmerkingen* **onbepaald** ❶ niet vastgesteld, onbegrensd ▼ *een contract voor ~e tijd* waarin niet is vastgesteld hoe lang het duurt ❷ wat niet een bepaald persoon of ding aanduidt: `een' is een ~ lidwoord* **onbeperkt** zonder beperkt te worden, onbegrensd **onberekenbaar** bn ❶ niet te berekenen ❷ **fig.** niet te voorspellen, wisselvallig: *een ~ karakter* **onberispelijk** bn waar niets op aan te merken valt, keurig **onbeschaamd** brutaal **onbescheiden** onbeleefd nieuwsgierig, brutaal **onbeschoft** bn brutaal, grof, erg onbeleefd **onbeschreven** bn ❶ waarover niet geschreven is ❷ niet beschreven ▼ **fig.** *een ~ blad* zonder voorgeschiedenis, nog niets meegemaakt **onbeschrijflijk, onbeschrijfelijk** bn ❶ niet te beschrijven ❷ heel erg: *de stank was ~* **onbeslagen** zonder beslag, zonder hoefijzer ▼ *~ ten ijs komen* niet goed voorbereid zijn **onbeslist** ❶ zonder eindbeslissing: *met een eindstand van 1-1 bleef de wedstrijd ~* ❷ onduidelijk, onzeker ❸ aarzelend, zonder een beslissing te nemen **onbespoten** bn niet met chemische middelen bespoeid **onbespreekbaar** wat zoveel gevoelens van weerstand, frustratie e.d. oproept, dat het niet mogelijk is om erover te spreken: *verhuizen? dat is voor mijn vrouw~* **onbesproken** bn ▼ *van ~ gedrag* waar niets op aan te merken is **onbestaanbaar** wat niet kan bestaan, niet mogelijk, uitgesloten **onbestemd** onduidelijk, vaag: *een ~e kleur; een ~ gevoel* **onbestendig** veranderlijk: *~ weer* **onbestorven** bn van wie de echtgenoot of echtgenote niet vaak aanwezig is ▼ *een ~ weduwe* vrouw van wie de man vaak en lang weg is **onbesuisd** bn zonder na te denken, wild, onbeheerst **onbetaalbaar** ❶ niet mogelijk om te betalen, vreselijk duur: *die huizen zijn ~* ❷ onschatbaar, van hoge waarde: *zij doet zoveel voor me, ze is ~* ❸ kostelijk, ontzettend leuk: *wat een onbetaalbare grap!* **onbetaald** bn ❶ niet betaald ❷ zonder salaris: *~ verlof* **onbetamelijk** niet zoals het hoort, niet fatsoenlijk **onbetekenend** bn onbeduidend, van geen belang: *een ~ voorval* **onbetuigd** bn ▼ *zich niet ~ laten* flink meedoen **onbetwist** bn door iedereen erkend, vaststaand, zeker het geval: *het beste restaurant van de stad* **onbetwistbaar** bn waarover niet te discussiëren valt, duidelijk het

geval **onbevangen** ❶ zonder vooroordeel, onpartijdig ❷ niet zenuwachtig of gespannen, ongedwongen **onbevlekt** bn rein, zuiver, zonder iets slechts of zondigs ▼ **r.-k.** *~ ontvangenis* het zwanger worden van Maria van Jezus, waarbij zij vrij bleef van de erfzonde **onbevooroordeeld** zonder vooraf al een mening te hebben, onpartijdig **onbevredigend** niet bevredigend, tegenvallend ▼ *~e resultaten* resultaten die slechter zijn dan verwacht **onbewaakt** bn ▼ *op een ~ moment* op een moment waarop iemand even niet goed oplet **onbeweeglijk** zonder beweging, roerloos **onbewogen** ❶ zonder beweging, roerloos ❷ zonder gevoel, zonder dat het die persoon iets kan schelen: *~ keek hij naar het huilende kind* **onbewoonbaar** niet (meer) goed genoeg om in te wonen ▼ *een ~ verklaarde woning* die officieel ongeschikt is verklaard om in te wonen **onbewust** ❶ niet op de hoogte ❷ zonder het te beseffen **onbezoldigd** bn ❶ die geen loon krijgt ❷ wat geen loon oplevert **onbezonnen** ondoordacht, zonder na te denken **onbezorgd** ❶ zonder zorgen: *alles was geregeld en we konden ~ op vakantie* ❷ niet besteld, niet aangekomen op het adres waar het naartoe is gestuurd: *~e brieven* **onbezwaard** ❶ zonder zorgen ❷ zonder gewetensbezwaar ❸ (van onroerende goederen) vrij van hypotheek **onbreekbaar** niet mogelijk om te breken **onbruik** het ▼ *in ~ raken* steeds minder gebruikt worden **onbuigzaam** ❶ niet mogelijk om te buigen ❷ **fig.** hardnekkig, niet bereid om toe te geven of van standpunt te veranderen: *een ~ karakter* **oncogeen** bn kankerverwekkend **oncogen** het [-genen] kankerverwekkend stukje DNA **oncologie** de (v) studie en behandeling van kankergezwellen **onconventioneel** die zich niet onderwerpt aan conventies, niet volgens de algemene normen en verwachtingen **ondank** gebrek aan dankbaarheid ▼ *is 's werelds loon* het goede wordt niet gewaardeerd, de wereld is ondankbaar ▼ *zijns ~s* zonder dat hij het wil, hoewel hij het niet wil **ondanks** vz woord dat een tegenstelling aangeeft tussen wat men zou verwachten en wat er gebeurt, dat iets toch gebeurt ook al zijn er bezwaren: *~ het feit dat ze veel eet, wordt ze niet dik; ~ de zware storm ging hij naar buiten* hij stormde hard en toch ging hij naar buiten **ondeelbaar** niet mogelijk om te delen: *een ~ getal* **onder** vz & bw ❶ beneden, lager dan: *~ de vloer loopt een leiding* ▼ *~ zich hebben* verantwoordelijk zijn voor, de baas zijn over ▼ *~ de wind* van de windrichting af ❷ tussen: *~ de mensen* ▼ *~ meer* met nog andere(n) ❸ tijdens: *~ de les* **onderaan** bw aan de onderkant: *zijn ploeg verloren heeft, staan we ~* **onderaannemer** iemand die een deel van een werk aanneemt van een aannemer **onderaards** onder de grond **onderaf** bw ▼ *van ~* vanaf de onderkant **onderarm** armgedeelte van elleboog tot hand **onderbeet** ondertanden die ver vooruitsteken

onderbelicht bn ❶ fot. te kort belicht ❷ fig. te weinig aandacht aan besteed: *die kant van het probleem is ~ gebleven* **onderbetalen** [onderbetaalde, h. onderbetaald] te weinig betalen, te laag loon geven **onderbevelhebber** iemand die vlak onder de opperbevelhebber staat

onderbewust onder het bewustzijn, zonder dat iemand zich er echt van bewust is: *veel mensen worden ~ beïnvloed door reclame* **onderbewustzijn** geestelijk leven van een mens zoals gevoelens, verlangens, angsten waarvan hij zich zelf niet bewust is

onderbezet ❶ met te weinig personeel ❷ met te weinig gasten: *het hotel is ~* **onderbieden** minder bieden of vragen

onderbinden onder de voeten binden **onderbouw** ❶ bouwwerk onder een ander bouwwerk, bouwwerk waarop een ander bouwwerk steunt ❷ laagste klassen van een school **onderbouwen** een goede basis vormen, bijv. door gegevens te verzamelen ▼ *een stelling ~* bewijzen aanvoeren voor een stelling **onderbreken** ❶ vóór het einde tijdelijk stoppen: *de film werd onderbroken voor reclame* ❷ iets zeggen terwijl iemand anders praat: *mag ik u even ~ voor een vraag?* **onderbrengen** onderdak bezorgen, een geschikte plaats geven: *het bedrijf stopt met deze activiteiten en brengt ze onder bij een ander bedrijf*

onderbroek broek die iemand onder de bovenkleren draagt **onderbroekenlol** grove primitieve humor **onderbuik** ❶ onderste gedeelte van de buik ❷ fig. wat primitief is, niet rationeel: *~gevoelens*

ondercuratelestelling de (v) gerechtelijk vonnis waarbij iemand met zijn bezittingen onder toezicht van een curator wordt gesteld **onderdaan** de (m) [-danen] inwoner van een land over wie een vorst of vorstin of een regering heerst: *de koning sprak zijn onderdanen toe* ▼ scherts. **onderdanen** benen, voeten **onderdak** mogelijkheid om ergens te verblijven of te wonen: *de reiziger vond ~ bij een familie* **onderdanig** bn op een manier die uitdrukt dat iemand zichzelf als lager dan de ander beschouwt: *~ vroeg hij of hij mocht gaan zitten* **onderdeel** deel van een geheel: *de onderdelen van een apparaat*

onderdeks bw onder het dek van een schip, beneden in een schip **onderdeur** afzonderlijke benedenhelft van een deur **onderdeurtje** het [-s] klein iemand **onderdoen** onder de voeten vastmaken ▼ *~ voor* achterblijven bij, minder goed zijn dan

onderdompelen helemaal in een vloeistof houden **onderdoor** bw onder iets door **onderdruk** bloeddruk tijdens de rustfase van het hart, als het niet pompt

onderdrukken ❶ onder dwang doen leven: *een onderdrukt volk* ❷ bedwingen, tegenhouden: *een geeuw ~* **onderduiken** ❶ onder de wateroppervlakte duiken ❷ zich verborgen houden om te ontkomen aan vervolging of verplichtingen **ondereen** bw door elkaar

onderen bw ▼ *van, naar ~ van, naar beneden*

ondergaan [ging onder, is ondergegaan] ❶ naar beneden zakken, achter de horizon verdwijnen: *de zon gaat onder* ❷ verdwijnen, te gronde gaan, vernietigd worden **ondergaan** [onderging, h. ondergaan] iets moeilijks meemaken, met zich laten doen, doorstaan: *een operatie ~* **ondergang** ❶ het naar beneden zakken: *de zons~* ❷ het einde van iets doordat het bijv. steeds slechter gaat of in elkaar stort: *de ~ van het Romeinse Rijk* **ondergeschikt** bn ❶ die onder een bevel staat, in een positie onder iemand anders ❷ van minder belang **ondergeschoven** bn ▼ *een ~ kind* vreemd kind dat valselijk als eigen wettig kind is aangegeven; fig. iets wat te weinig aandacht krijgt **ondergetekende** de [-n] ❶ iemand die een stuk ondertekend heeft ❷ scherts. ik **ondergewicht** te laag lichaamsgewicht

ondergoed kleding die op de huid, onder andere kleding gedragen wordt (vooral onderbroek, hemd, bh)

ondergraven ❶ door graven doen instorten ❷ fig. van steun beroven, ondermijnen **ondergrond** ❶ laag die een basis vormt, onderlaag ❷ fig. aanwezige scholing of vorming **ondergronds** bn ❶ onder de grond: *een ~e spoorweg* ❷ fig. geheim: *een ~e beweging* **ondergrondse** de (v) ❶ metro ❷ verzetsbeweging

onderhand bw intussen **onderhandelaar** iemand die onderhandelt **onderhandelen** iets bespreken met het doel om tot een overeenkomst te komen **onderhands** bn ❶ niet openbaar: *een ~e verkoping* ❷ zonder tussenkomst van een notaris: *een ~e akte* ❸ met de hand laag: *~ gooien* **onderhavig** bn waarvan nu sprake is: *het ~e geval* **onderhevig** bn ▼ *~ aan* die of wat lijdt aan, blootstaat aan

onderhoud het ❶ ⟨personen en dieren⟩ verzorging, voeding en huisvesting ❷ ⟨van zaken⟩ het in goede staat houden: *het ~ van een tuin* ❸ gesprek ▼ *een ~ met iemand hebben* met iemand spreken **onderhouden** [hield onder, h. ondergehouden] ❶ in bedwang houden ❷ onder water houden **onderhouden** [onderhield, h. onderhouden] ❶ verzorgen, zorgen voor het levensonderhoud: *zij laat zich ~ door haar minnaar* ❷ zorgen dat iets blijft doorgaan, dat het blijft bestaan: *contacten ~* ❸ in goede staat houden, bijhouden: *een tuin ~* ❹ bezighouden ❺ spreken met: *zich met iemand ~* ▼ *iemand over iets ~* met iemand over iets spreken, vooral terechtwijzend of ondervragend **onderhoudend** bn die of wat aangenaam bezighoudt **onderhoudsbeurt** ⟨auto, woning e.d.⟩ het volledig nazien en zo nodig herstellen **onderhout** laag groeiende struiken e.d. onder hogere bomen

onderhuids bn ❶ onder de huid ❷ fig. onder de oppervlakte, niet openlijk: *~e spanning* **onderhuren** huren van iemand die iets, vooral een woning, zelf huurt

onderin bw in het onderste gedeelte **onderjurk** jurk die onder de bovenkleding wordt gedragen **onderkaak** onderste kaak **onderkant**

kant die naar beneden gericht is

onderkastletter letter die geen hoofdletter is

onderkennen inzien dat het zo is, beseffen: *het gevaar ~*

onderkin dikke huidplooi onder de kin

onderklasse ❶ klasse binnen een onderverdeling in klassen ❷ laagste sociale klasse **onderkoeld** *bn* ❶ ⟨vloeistof⟩ afgekoeld tot beneden het stolpunt, maar nog vloeibaar ❷ met een te lage lichaamstemperatuur, bijv. doordat iemand te lang in koud water heeft gelegen ❸ fig. beheerst, die zijn emoties onderdrukt

onderkomen *het* [-s] plaats waar iemand kan wonen: *ze vonden een ~ in een zomerhuisje*

onderkoning koning over een deel van een rijk

onderkruiper *de (m)* [-s] ❶ iemand die op een oneerlijke manier iemand probeert te verdringen ❷ iemand die werkt ondanks een staking **onderkruipsel** *het* [-s] klein persoontje

onderlaag ❶ laag waarop iets anders ligt ❷ laagste niveau of sociale klasse **onderlaken** laken waarop iemand ligt in bed

onderlangs *bw* langs de onderkant

onderlegd *bn* opgeleid en voorbereid: *goed ~ zijn*

onderlegger *de (m)* [-s] dat wat men onder iets legt

onderliggend *bn* ▼ *de ~e partij* degene, de partij die in het nadeel is ▼ *de ~e mechanismen, oorzaak, overtuigingen e.d.* die men niet ziet maar die de basis vormen

onderlijf ❶ onderste deel van de romp ❷ onderbuik **onderlijfje** *het* [-s] (deel van een) kledingstuk dat onder iets anders op het bovenlichaam wordt gedragen

onderlijnen ❶ onderstrepen ❷ benadrukken

onderling *bn* ❶ wederzijds, van beide kanten: ~ *vertrouwen* ❷ onder elkaar: *iets ~ regelen*

onderlopen overstroomd worden: *de weilanden zijn ondergelopen*

ondermaanse *het* de aarde, het aardse

ondermaat ❶ mate waarin iets kleiner of minder is dan het zou moeten zijn ❷ maat om de onderkant: *een bh maat 75C heeft ~ 75 en cupmaat C* **ondermaats** *bn* ❶ beneden de vereiste maat: *~e vis* ❷ onder het vereiste niveau: *een ~e prestatie* **ondermelk** helemaal afgeroomde of magere melk, taptemelk

ondermijnen ❶ ondergraven ❷ fig. schade aan iets toebrengen, verzwakken: *iemands gezag ~*

ondernemen ❶ beginnen, aanpakken: *actie voor iets ~* ❷ een bedrijf beginnen of hebben en leiden **ondernemend** *bn* niet bang om iets aan te pakken, om met iets te beginnen: *~e jonge mensen* **ondernemer** *de (m)* [-s] iemand die een bedrijf opzet en leidt **onderneming** *de (v)* ❶ bedrijf ❷ karwei, klus, inspanning: *die reis was een hele ~* **ondernemingsgeest** durf, energie om dingen aan te pakken, iets te ondernemen **ondernemingsraad** inspraakorgaan in een bedrijf dat werknemers die het personeel vertegenwoordigen en die namens hen overleggen met de werkgever

onderofficier iemand met een rang tussen die van officier en soldaat

onderonsje *het* [-s] vertrouwelijk gesprek tussen een paar mensen **onderontwikkeld** niet volledig ontwikkeld, achtergebleven ▼ *~e gebieden* gebieden die economisch weinig ontwikkeld zijn **onderop** *bw* op de onderkant ▼ *~ raken* achteruitgaan, in een slechtere positie raken **onderpand** iets dat als garantie dient, zekerheidstelling **onderproductie** te lage productie

onderricht *het* onderwijs, les: *we kregen tijdens de zeilcursus ~ in navigatie* **onderrichten** ❶ onderwijzen, lesgeven in ❷ voorlichten

onderrok rok onder de gewone rok

onderschatten te laag schatten, denken dat iemand tot minder in staat is dan het geval is of dat iets minder sterk, gevaarlijk e.d. is dan het geval is: *je moet hem niet ~; hij is sterker dan je denkt*

onderscheid *het* ❶ verschil: *het ~ tussen soft- en harddrugs* ❷ oordeel, inzicht ▼ *de jaren des ~s* de leeftijd waarop iemand verstandiger begint te worden, zaken begint te begrijpen **onderscheiden** I *ww* ❶ verschil maken tussen: *in de mist kon ik de anderen nauwelijks ~* met moeite zien ❷ een onderscheiding verlenen ▼ *zich ~* uitblinken, duidelijk beter zijn dan de anderen II *bn* ❸ verschillend, uiteenlopend **onderscheidenlijk** *bw* elk voor zich, respectievelijk **onderscheiding** *de (v)* ❶ het onderscheiden ❷ iets, bijv. een medaille, dat iemand krijgt als waardering voor iets wat hij heeft gedaan, eerbewijs, ridderorde: *de brandweerman kreeg een ~ voor zijn heldendaad* **onderscheidingsteken** teken van iemands rang of waardigheid **onderscheidingsvermogen** vermogen om onderscheid te maken, inzicht

onderscheppen ❶ onderweg opvangen zodat de bestemming niet bereikt wordt: *een brief, een vliegtuig ~* ❷ BN heimelijk vernemen **onderschikkend** *bn* ▼ *~ zinsverband* verbinding waarbij één zin een zinsdeel van een andere zin is **onderschikking** *de (v)* onderschikkend zinsverband

onderschrift woorden onder een afbeelding enz. **onderschrijven** zeggen dat men hetzelfde vindt als iemand anders, dat men het ermee eens is ▼ *ik kan zijn woorden volledig ~* ik ben het helemaal eens met wat hij zegt

ondershands *bw* niet in het openbaar: *de bedrijven verdeelden ~ het werk*

ondersneeuwen ❶ helemaal met sneeuw bedekt worden ❷ fig. op de achtergrond raken doordat andere zaken meer aandacht opeisen **onderspit** *het* ▼ *het ~ delven* verliezen, een nederlaag lijden

onderst *bn* helemaal onderaan **onderstaand** *bn* wat hierna volgt in deze tekst **ondersteboven** *bw* ❶ met de onderkant boven: *ze trok in het donker haar rok ~ aan* ❷ overhoop, omver: *iemand ~ lopen* ▼ *helemaal ~ van iets of iemand* geschokt of verrukt

ondersteek bekken (voor urine en ontlasting) dat gemakkelijk onder het lichaam van een liggende patiënt kan worden geschoven **onderstel** wielen of poten waarop iets rust **ondersteunen** ❶ steun bieden zodat iets of iemand niet omvalt: *de vrouw viel bijna flauw en we moesten haar ~* ❷ helpen: *ik heb hem met wat geld ondersteund* ▼ *iemand financieel ~* iemand geld geven **ondersteuning** *de (v)* ❶ het ondersteunen ❷ geldelijke steun

onderstoppen iemand instoppen onder dekens of een dekbed **onderstrepen** ❶ een streep zetten onder ❷ fig. de aandacht vestigen op

onderstroom stroom onder de oppervlakte, ook figuurlijk **onderstuk** onderste deel

onderstuurd *bn* 〈van auto's〉 die de neiging heeft een bocht te ruim te nemen

ondertekenen zijn handtekening onder iets zetten **ondertitel** ❶ verklarende titel ❷ 〈tv, film〉 tekst in beeld als vertaling van gesproken tekst **ondertitelen** 〈tv, film〉 het aanbrengen van ondertitels

ondertoezichtstelling *de (v)* het onder toezicht stellen van een kind door de kinderrechter

ondertoon ❶ toon die onder een andere te horen is ❷ fig. stemming die niet rechtstreeks tot uiting komt maar wel te merken is **ondertrouw** *de (m)* het tegenover de burgerlijke stand verklaren dat men wil trouwen

ondertussen *bw* ❶ in de tussentijd ❷ maar toch: *mijn vriend wil niet dat ik rook, maar ~ doet hij het zelf wel*

onderuit *bw* van onder iets uit ▼ fig. *er niet ~ (kunnen) komen* zich er niet aan kunnen onttrekken, het wel moeten doen **onderuitgaan** ❶ vallen, uitglijden ❷ fig. mislukken, verliezen, falen **onderuithalen** ❶ sp. laten struikelen ❷ fig. aanvallen en laten mislukken

ondervangen fig. iets ▼ een waardoor een probleem, bezwaar e.d. niet meer geldt

onderverdelen in kleinere delen verdelen **onderverhuren** iets dat iemand huurt (gedeeltelijk) aan anderen verhuren **onderverzekering** verzekering waarbij het verzekerde bedrag lager is dan de waarde van hetgeen iemand verzekerd heeft

ondervinden ❶ gewaarworden, merken ❷ door ervaring leren kennen, leren door iets mee te maken **ondervinding** *de (v)* ervaring, wat iemand meemaakt **ondervoed** *bn* verzwakt doordat iemand of een dier lange tijd te weinig te eten heeft gehad **ondervoeding** *de (v)* het ondervoed zijn

ondervragen ❶ vragen stellen om iets te weten te komen, een verhoor afnemen: *de politie ondervraagt de verdachte* ❷ BN ook overhoren **onderwaarderen** niet de waardering geven die iemand of iets verdient, te laag waarderen **onderwarmte** warmte waarmee het onderste deel van een oven verhit wordt

onderweg *bw* op weg ergens naartoe, ook figuurlijk: *de tekst is nog niet klaar maar hij is ~*

onderwereld ❶ onderaardse plaats waar de doden verblijven ❷ de wereld van de misdaad, de misdadigers: *in de ~ worden veel wapens verhandeld*

onderwerp *het* ❶ dat waarover een tekst, gesprek e.d. gaat ❷ taalk. zinsdeel dat het gezegde bepaalt, bijv. of de persoonsvorm enkelvoud of meervoud is: *in de zin: de jongen fietst naar school, is 'de jongen' het ~*

onderwerpen door dwang of geweld het gezag krijgen over iemand of iets: *tweeduizend jaar geleden onderwierpen de Romeinen bijna heel Europa* ▼ *iemand aan iets ~* laten ondergaan: *de patiënt werd aan een streng dieet onderworpen* ▼ *iets ~ aan* ter beslissing of beoordeling voorleggen aan ▼ *zich ~ aan* het gezag erkennen van

onderwerpszin zin met de functie van onderwerp

onderwijl *bw* ondertussen

onderwijs *het* lessen in allerlei vakken ▼ BN ~ *voor sociale promotie* avond- en weekendleergangen waarvoor werknemers educatief verlof krijgen ▼ BN *officieel ~* onderwijs dat door de gemeenschappen, de provincie of de gemeente wordt georganiseerd ▼ BN *vrij ~* onderwijs dat niet door de gemeenschappen, de provincie of de gemeente wordt georganiseerd **onderwijsbevoegdheid** bevoegdheid, meestal op basis van een diploma, om onderwijs te geven **onderwijskunde** wetenschap die zich bezighoudt met het onderwijs **onderwijsnet** BN schoolnet **onderwijzen** les (in iets) geven **onderwijzer** *de (m)* [-s] iemand die bevoegd is tot lesgeven in het basisonderwijs

onderworpen *bn* berustend, die zich niet verzet, lijdzaam **onderzeeboot** *de* [-boten], **onderzeeër** *de (m)* (oorlogs)boot die lange tijd (diep) onder water kan varen **onderzees** *bn* onder de oppervlakte van de zee

onderzetter *de (m)* [-s] voorwerp als bescherming onder iets vuils of heets **onderzijde** onderkant

onderzoek *het* het onderzoeken: *de politie stelt een ~ in naar de omkoopzaak* **onderzoeken** gegevens verzamelen over iets, uitzoeken hoe iets in elkaar zit: *de cultuur van een volk ~; een misdaad ~* **onderzoeker** *de (m)* [-s] iemand die onderzoekt, vooral iemand die wetenschappelijk onderzoek doet **onderzoeksdaad** BN, jur. noodzakelijke handeling tijdens een gerechtelijk onderzoek **onderzoeksrechter** BN rechter die in strafzaken het vooronderzoek leidt **onderzoeksschool** onderwijsinstelling voor het opleiden van afgestudeerden tot onderzoeker

ondeugd I *de* ❶ morele slechtheid II *de* [-en] ❷ stout kind ❸ slechte eigenschap: *roken is een van zijn weinige ~en* **ondeugdelijk** van slechte kwaliteit, niet geschikt voor gebruik **ondeugend** *bn* ❶ die dingen doet die niet mogen, stout: *~e kinderen* ❷ plagerig uitdagend: *een ~e blik*

ondicht I *bn* ❶ niet dicht: *het vacuümsysteem is ~* II *het* ❷ iets wat geen gedicht, geen poëzie is

ondiepte plaats waar iets ondiep is

ondier monster

onding prul, iets helemaal verkeerds, waar men helemaal niets aan heeft

ondoordringbaar *bn* waar niets doorheen kan dringen, waar men niet doorheen kan komen: *een ~ oerwoud* **ondoorgrondelijk** *bn* niet te begrijpen: *een ~ persoon* **ondraaglijk** zo erg dat het (bijna) niet mogelijk is om het te verdragen: *~e pijn; ~ lijden* **onecht** ❶ niet echt, vals ❷ niet gemeend: *een ~e glimlach* ❸ 〈vroeger, van kinderen〉 onwettig, niet binnen het huwelijk

on

geboren

oneer *de* schande **oneerbaar** niet zedig, niet netjes ▾ *een ~ voorstel* een voorstel dat niet netjes is, vaak seksueel

oneffen ongelijk van oppervlak, ruw

oneigenlijk niet letterlijk ▾ *~ gebruik* gebruik voor een ander doel dan waarvoor iets bedoeld is

oneindig ❶ zonder einde ❷ in heel hoge mate, heel erg: *dat onderwerp is ~ interessant* **oneindigheidsteken** wisk. symbool voor het begrip oneindigheid

oneliner ⟨wanlajnəʀ⟩ *de (m)* [-s] kernachtige opmerking van één regel

onemanshow ⟨wan-mèn-sjoo⟩ voorstelling uitgevoerd door één persoon

onenigheid *de (v)* [-heden] verschil van mening, ruzie

onesthetisch in strijd met de goede smaak, lelijk

oneven ⟨getallen⟩ niet deelbaar door 2, bijv. 1, 3, 5

onfeilbaar die zich nooit vergist, nooit iets fout doet, nooit faalt **onfris ❶** niet schoon, vuil, zonder frisse lucht ❷ fig. twijfelachtig, onbetrouwbaar, slecht: *een ~ type; ~se praktijken*

ongaarne niet graag, met tegenzin

ongans *bn* onwel ▾ *zich ~ eten* eten tot men zich ziek voelt

ongeacht I *bn* ❶ niet in aanzien **II** *vz* ❷ zonder rekening te houden met: *we gaan morgen zeker wandelen, ~ het weer* **ongebaand** *bn* niet goed begaanbaar: *~e paden* **ongebonden ❶** niet gebonden ❷ niet getrouwd of zonder relatie: *~ man zoekt kennismaking met leuke vrouw* **ongebreideld** *bn* niet beheerst, zonder beperkingen, zonder grenzen: *~e hartstocht* **ongedaan** *bn* niet gebeurd ▾ *iets ~ maken* intrekken of zorgen dat de gevolgen van iets wat is gedaan, worden weggenomen **ongedeerd** *bn* zonder letsel, zonder verwondingen: *hij is bij de botsing ~ gebleven* **ongedekt ❶** zonder hoofddeksel: *met ~ hoofd* ❷ zonder tafellaken: *een ~e tafel* ❸ zonder geldelijke dekking: *een ~e cheque* **ongedierte** *het* diertjes die schadelijk zijn voor de gezondheid van mensen, andere dieren of planten

ongeduld gebrek aan geduld **ongeduldig** niet in staat om rustig te wachten of af te wachten: *niet zo ~, hij komt heus wel* **ongedurig** onrustig

ongedwongen ❶ zonder dwang ❷ natuurlijk, vlot: *een ~ sfeer* **ongeëvenaard** *bn* nog door niemand of niets anders zo goed, mooi e.d. gedaan, waarvan er geen tweede is die zo mooi, goed e.d. is **ongegeneerd** ⟨-zjənìrt⟩ zonder de vereiste beleefdheidsvormen in acht te nemen, onfatsoenlijk: *~ plofte hij neer in mijn stoel* **ongehinderd** *bn* zonder gehinderd te worden, zonder te worden tegengehouden door iemand of iets: *de dief kon ~ zijn gang gaan* **ongehoord** *bn* heel vreemd en helemaal niet zoals het hoort, schandalig: *het was ~ zoals die jongen uitgescholden werd!*

ongein flauwe grappigheid, meligheid

ongekend *bn* zoals nog nooit is voorgekomen: *~e mogelijkheden*

ongel *de* uitgesmolten dierlijk vet

ongeldig niet geldend: *je paspoort is ~, het is verlopen*

ongelegen wat niet goed uitkomt, op een lastig moment: *kom ik ~?* **ongeletterd** met weinig opleiding

ongelijk *bn* ❶ niet gelijk ❷ niet effen, onregelmatig **ongelijk** *het* ▾ *~ hebben* een verkeerde mening hebben, zich vergissen ▾ *ik kan hem geen ~ geven* ik ben het wel met hem eens ▾ *iemand in het ~ stellen* zeggen dat iemands mening of handelen onjuist is **ongelikt** onbeschaafd, met slechte manieren ▾ *een ~e beer* een onbehouwen ongemanierde kerel

ongelofelijk, ongelooflijk *bn* ❶ niet te geloven ❷ heel erg, in hoge mate: *hij is ~ goed in wiskunde* **ongelogen** *bn* zonder te liegen, werkelijk waar **ongeloof** *het* ❶ het niet geloven van iets ❷ het niet aanhangen van een godsdienst **ongelovig** ❶ die iets niet gelooft: *~ keek hij haar aan* ❷ die niet een bepaalde godsdienst aanhangt

ongeluk *het* [-ken] ❶ gebeurtenis waarbij iets kapotgaat of iemand gewond raakt of sterft: *op de snelweg is een ~ gebeurd* ▾ *het ging per ~* het ging zonder opzet ▾ *een ~je* iets ongewensts wat per ongeluk, onopzettelijk gebeurt; een zwangerschap die niet gepland was ❷ het niet gelukkig zijn ❸ mispunt, misselijk gemeen persoon: *wat is die kerel een stuk ~* **ongelukkig ❶** niet gelukkig, niet opgewekt ❷ met een lichaamsgebrek, invalide ❸ wat pech inhoudt, ongeluk brengt: *een ~e liefde; bij zijn val kwam hij ~ terecht en brak zijn heup* ❹ ongunstig: *het komt ~ uit dat hij komt als ik er niet ben* **ongelukkigerwijs** *bn* door een ongelukkige loop van de dingen

ongeluksbode brenger van slecht nieuws **ongeluksgetal** getal waarvan mensen geloven dat het ongeluk brengt, in Nederland het getal 13 **ongeluksvogel ❶** iemand die vaak pech heeft ❷ vogel waarvan mensen geloven dat hij ongeluk brengt

ongemak last, hinder **ongemakkelijk ❶** moeilijk in de omgang: *een ~ mens* ❷ niet comfortabel: *een ~e stoel* ❸ niet op zijn gemak: *zich ~ voelen*

ongemanierd *bn* zonder goede omgangsvormen, niet netjes, onbeleefd: *het is ~ om te praten met volle mond* **ongemeen** buitengewoon, ongewoon, bijzonder **ongemerkt** *bn* ❶ zonder dat iemand het merkt ❷ zonder merk **ongemeubileerd, ook ongemeubeld** zonder meubels **ongemoeid** *bn* met rust ▾ *iemand ~ laten* met rust laten **ongenaakbaar** *bn* niet mogelijk om contact mee te leggen, niet te benaderen, trots: *een ongenaakbare vrouw* **ongenade** ▾ *in ~ vallen* uit de gunst raken **ongenadig ❶** zonder genade, onbarmhartig ❷ hevig: *een ~ pak slaag*

ongeneeslijk *bn* niet te genezen ▾ *~ ziek* zo ziek dat genezing niet meer mogelijk is **ongenegen** niet bereid tot

ongenietbaar in een heel slecht humeur **ongenoegen ❶** ontevredenheid ❷ onenigheid **ongenood** *bn* niet uitgenodigd: *ongenode gasten* **ongenuanceerd** zonder nuances aan te

on

brengen, rechtlijnig ▼ *een ~ oordeel* zonder rekening te houden met verschillende kanten van de zaak **ongeorganiseerd** ❶ niet volgens een plan, zonder structuur, chaotisch ❷ niet bij een organisatie aangesloten: *~e werknemers die niet bij een vakbond zijn aangesloten* **ongepast** niet zoals het hoort, misplaatst
ongepermitteerd ‹-mie-› *bn* zo onbehoorlijk dat men het eigenlijk niet zou moeten toestaan: *die topmanagers verdienen ~ veel geld* **ongerechtigheid** ❶ slechte daad ❷ onvolkomenheid, klein gebrek
ongerede *het* ▼ *in het ~ raken* zoek, kapot, in de war raken
ongeregeld ❶ niet ordelijk, rommelig ▼ *een zootje ~* een wanordelijke groep mensen of dingen ❷ zonder regelmaat, zonder structuur: *een ~ leven leiden* **ongeregeldheden** *de (mv)* relletjes **ongeremd** geestelijk vrij, zonder zich in te houden **ongerept** *bn* nog helemaal puur en zuiver, ongeschonden, niet aangetast: *~e natuur*
ongerief hinder, ongemak
ongerijmd *bn* in strijd met het gezond verstand, dwaas, absurd
ongerust bezorgd, bang dat er iets ergs gebeurt of gebeurd is **ongeschoeid** zonder schoenen of laarzen e.d. **ongeschonden** *bn* gaaf, nog helemaal heel, onaangetast: *~ vertrouwen* **ongeschoold** niet opgeleid voor een vak: *~ personeel* **ongeschoren** *bn* niet geschoren
ongeslachtelijk ▼ *~e voortplanting* waarbij nakomelingen ontstaan uit één plant of dier zonder dat die bevrucht is door een andere plant of dier **ongeslagen** *bn* niet overwonnen, van niemand verloren
ongesteld *bn* ❶ een beetje ziek ❷ die de menstruatie heeft: *als mijn vriendin ~ is, heeft ze vaak een slecht humeur* **ongestoffeerd** zonder gordijnen of meubels of vloerbedekking **ongestoord** zonder gestoord te worden, in alle rust: *we kunnen hier ~ vergaderen* **ongestraft** *bn* zonder gestraft te worden **ongetekend** *bn* niet ondertekend **ongetwijfeld** *bw* zonder twijfel, zeker
ongeval *het* [-len] ongeluk
ongeveer *bw* woord dat aangeeft dat iemand het niet precies weet maar het wel min of meer kan aanduiden
ongevraagd zonder dat het gevraagd is **ongewapend** zonder wapen(s) ▼ *~ beton* zonder ijzer dat het sterker maakt **ongewenst** *bn* niet gewenst, niet graag gewild **ongewerveld** zonder skelet: *~e dieren* **ongewild** ❶ zonder dat iemand het zo wilde of bedoelde ❷ niet gewild, niet in trek **ongewis** onzeker ▼ *~e iemand in het ~se laten* geen duidelijkheid geven, niet vertellen wat hij graag wil weten: *de lerares liet ons nog in het ~se over onze cijfers voor het proefwerk* **ongezeglijk** die niet luistert, niet gehoorzaam: *een ~ kind* **ongezien** *bn* ❶ zonder dat iemand het ziet, zonder te worden opgemerkt: *~ binnenkomen* ❷ zonder het eerst gezien te hebben: *hij tekende het contract ~* ❸ niet in aanzien, niet gewaardeerd: *een ~ gast* **ongezouten** ❶ zonder zout ❷ *fig.* ruw, zonder de ander te ontzien: *~ kritiek geven* **ongezuurd** *bn* zonder zuurdeeg: *~*

brood
ongunstig ❶ niet positief: *een ~ teken* ❷ wat een slechte, onbetrouwbare indruk maakt: *een ~ uiterlijk*
onguur die er eng en gevaarlijk uitziet: *hier lopen 's nachts allerlei ongure types rond*
onhandelbaar niets mee te beginnen, koppig: *een ~ kind*
onhebbelijk *bn* ongemanierd, erg onbeleefd
onheil ellende, ramp, ongeluk **onheilspellend** *bn* wat onheil, ongeluk voorspelt **onheilsprofeet** iemand die akelige gebeurtenissen voorspelt
onherbergzaam *bn* niet bewoonbaar, niet begaanbaar: *een ~ gebied* **onherroepelijk** *bn* waar niets meer aan te doen is: *zijn huwelijk is ~ voorbij* **onherstelbaar** *bn* zo dat het niet te herstellen is
onheuglijk *bn* langer geleden dan de herinnering reikt
onheus onwelwillend, onbeleefd: *~e bejegening*
onhoudbaar ❶ niet te verdedigen: *een onhoudbare stelling* ❷ wat niet zo kan blijven: *een onhoudbare toestand*
onjuist niet juist, niet correct: *wat u zegt, is ~* dat klopt niet
onkerkelijk die niet bij een kerk hoort **onkies** niet fijngevoelig, niet zoals het hoort: *een ~e opmerking* **onklaar** kapot, niet in orde: *de ontvoerders hadden de auto van hun slachtoffer ~ gemaakt*
onkosten geld dat iemand ergens voor moet uitgeven, kosten, bijkomende kosten: *dit bedrijf heeft hoge ~*
onkreukbaar *bn* ❶ ‹van stof, kleding› wat niet kreukt als iemand het draagt ❷ *fig.* op wie niets valt aan te merken, die geen dingen doet die hij niet hoort te doen: *een ~ politicus*
onkruid planten die groeien op plaatsen waar ze ongewenst zijn ▼ *~ vergaat niet* het slechte of schadelijke is onuitroeibaar
onkuis niet kuis
onkunde het niet weten of kunnen van iets: *de operatie ging mis door ~ van de arts* **onkundig** niet op de hoogte ▼ *~ zijn van iets* niet weten
onlangs *bw* niet lang geleden
onledig *bn* ▼ neg. *zich ~ houden met* zich bezighouden met
onleesbaar ❶ niet te ontcijferen, bijv. doordat het in een kriebelig handschrift is geschreven: *deze brief is ~, ik weet niet wat hier staat* ❷ vervelend om te lezen: *dit boek is ~, ik val ervan in slaap*
online ‹-lajn› comp. *bw* verbonden met een netwerk
onloochenbaar *bn* wat men niet kan ontkennen
onlosmakelijk *bn* wat men niet los kan maken of los van iets kan zien: *~ verbonden met*
onlusten *de (mv)* rellen, oproer: *er braken ~ uit in de stad*
onmaatschappelijk die geen rekening houdt met de maatschappelijke orde
onmacht machteloosheid ▼ *in ~ vallen* flauwvallen, bewusteloos raken **onmachtig** machteloos, niet in staat tot
onmatig die geen maat houdt, die bijv. veel te

veel eet of drinkt

onmens heel wreed iemand **onmenselijk** heel wreed, strijdig met het menselijk gevoel

onmetelijk *bn* geweldig groot

onmiddellijk *bn* ❶ direct, meteen, zonder te wachten: *en nu ~ hier komen!* ❷ rechtstreeks, alleen daardoor: *de ~e effecten van het werken met gevaarlijke stoffen* ❸ zonder dat er zich iets anders tussen bevindt: *de stad en de ~e omgeving*

onmin *de* vijandschap, onenigheid: *in ~ leven*

onmisbaar *bn* wat niet gemist kan worden, waar men niet zonder kan

onmiskenbaar *bn* heel duidelijk

onmogelijk ❶ niet mogelijk: *het is ~ om op twee plaatsen tegelijk te zijn* ❷ potsierlijk, belachelijk: *een ~e hoed* ▼ *zich ~ maken* zich zo gedragen dat men zich in een positie niet kan handhaven of zich ergens niet meer kan vertonen
onmogelijkheid ❶ het niet mogelijk zijn ❷ iets onmogelijks

onmondig ❶ minderjarig ❷ *fig.* (nog) niet in staat om voor zichzelf op te komen of te zorgen

onnadenkend *bn* lichtzinnig, oppervlakkig, zonder na te denken **onnavolgbaar** *bn* niet te evenaren, niet mogelijk om na te doen: *zijn humor is ~*

on-Nederlands *bn* strijdig met de Nederlandse aard en gewoonten

onneembaar *bn* heel moeilijk te veroveren: *een onneembare vesting* **onnodig** niet nodig, overbodig: *die opmerking was ~ kwetsend* **onnoemelijk** *bn* heel groot, heel veel, heel erg: *ik hou ~ veel van je*

onnozel *bn* ❶ onschuldig, onervaren: *een ~ kind* ❷ gemakkelijk te bedriegen, dom: *een ~ ventje* ❸ onbeduidend, onbelangrijk: *een ~ voorval* **Onnozele-Kinderen** *de (m)* gedenkdag van de kindermoord in Bethlehem, 28 december

onnut *bn* zonder nut

onomastiek *de (v)* naamkunde **onomatopee** *de (v)* [-ën] woord dat een klank nabootst, klanknabootsing: *'koekoek' is een ~*

onomkeerbaar *bn* niet mogelijk om tegen te houden, om ongedaan te maken **onomstotelijk** *bn* onweerlegbaar, waar niets tegenin valt te brengen: *het ~e bewijs is geleverd dat ...* **onomwonden** *bn* zonder iets voorzichtig in te leiden of mooier voor te stellen dan het is: *zij vertelde hem ~ dat ze hem niet mocht*

onontbeerlijk *bn* onmisbaar **onontkoombaar** *bn* waaraan niet te ontkomen is

onooglijk *bn* lelijk, niet om aan te zien: *een ~ mannetje*

onoorbaar absoluut niet zoals het hoort, erg onfatsoenlijk ▼ *onoorbare praktijken* dingen die niet mogen

onopgemerkt *bn* zonder opgemerkt te worden, zonder dat iemand het ziet **onopgevoed** *bn* met een slechte opvoeding, met slechte manieren **onophoudelijk** *bn* zonder ophouden, de hele tijd door, voortdurend **onoplosbaar** *bn* niet mogelijk om op te lossen

onoverkomelijk (bezwaren e.d.) niet mogelijk om te overwinnen **onovertroffen** *bn* niet overtroffen, beter dan alle andere(n) **onoverwinnelijk** *bn* niet te overwinnen, niet

mogelijk om van te winnen

onpaar *bn* BN ook oneven

onparlementair (-tèr) op een onbeschaafde, ontactische manier gezegd

onpas *bw* ▼ *te pas en te ~* telkens weer, of het nu een geschikt moment is of niet **onpasselijk** *bn* misselijk

onpeilbaar *bn* niet te peilen, heel erg diep

onpersoonlijk ❶ zonder eigen karakter ❷ afstandelijk, zonder menselijk gevoel te tonen: *een ~e behandeling* ❸ taalk. wat alleen *het* als onderwerp bij zich kan hebben: *regenen is een ~ werkwoord*

onraad *het* iets wat gevaar met zich meebrengt

onrecht *het* onrechtvaardigheid ▼ *ten ~e* zonder goede reden, niet rechtvaardig **onrechtmatig** in strijd met het recht ▼ *~ bewijs* bewijs dat het Openbaar Ministerie niet volgens de regels van het recht heeft gekregen

onrechtstreeks BN, ook indirect, niet rechtstreeks

onrechtvaardig niet rechtvaardig, niet eerlijk

onregelmatigheden *de (mv)* zaken die anders zijn dan ze zouden moeten zijn: *~ in de boekhouding* fraude

onrein ❶ op religieuze gronden niet geoorloofd ❷ onzedelijk, zondig: *~e gedachten* ❸ vies **onrijp** ❶ niet rijp ❷ *fig.* onvolwassen, ondoordacht

onroerend niet verplaatsbaar, vast ▼ *~e goederen* huizen, landerijen e.d.

onroerendezaakbelasting belasting op het bezit van onroerende goederen

onroerendgoedbelasting vroegere benaming voor onroerendezaakbelasting

onrust *het* onrustig zijn, het niet kalm kunnen blijven: *na de staatsgreep heerste er grote ~ onder de bevolking* **onrustbarend** *bn* wat angstig of ongerust maakt **onrustig** ❶ met veel beweging: *een ~e zee* ❷ gespannen, angstig: *de verdachte maakte een ~e indruk* **onruststoker** *de (m)* [-s] iemand die de mensen onrustig maakt, die rellen of ruzies veroorzaakt **onrustwekkend** BN, ook *bn* onrustbarend

ons I *het* [-en, onzen] ❶ honderd gram **II** *vnw* ❷ eerste persoon meervoud, wij, als deze geen onderwerp is of als bezittelijk voornaamwoord: *hij ziet ~ niet; ~ huis* ▼ *~ kent ~* we kennen elkaar goed, we weten wat we aan elkaar hebben

onsamenhangend *bn* zonder duidelijk verband: *een ~ verhaal*

onschadelijk wat geen schade veroorzaakt, niet gevaarlijk ▼ *~ maken* verhinderen kwaad te doen; doden

onschatbaar *bn* heel erg waardevol

onscheidbaar niet mogelijk om te scheiden ▼ *~ werkwoord* waarvan het eerste deel en de rest nooit gescheiden worden: *overdonderen is een ~ werkwoord want 'over' wordt nooit gescheiden van de rest*

onschendbaar *bn* met een functie waarin het niet mogelijk is om diegene ter verantwoording te roepen: *de koningin is ~*

onschuld ❶ het niet schuldig zijn ❷ argeloosheid, het geen kwaad vermoeden **onschuldig** ❶ die geen schuld heeft, die iets slechts niet gedaan heeft: *ik ben ~, ik heb dat geld niet gestolen* ❷ argeloos, die geen kwaad vermoedt ❸ onschadelijk, niet kwaad bedoeld: *een ~ grapje*

onsmakelijk ❶ met een onprettige smaak ❷ fig. walgelijk, wat weerzin oproept: *wat een ~e grap!*

onsterfelijkheid *de (v)* ❶ het niet sterfelijk zijn, het niet doodgaan ❷ blijvende roem

onstuimig *bn* heftig, stormachtig: *een ~e liefdesrelatie*

onstuitbaar *bn* niet te stuiten, niet tegen te houden

onszelf *vnw* ⟨met nadruk⟩ wij als het geen onderwerp is: *laten we geen wraak nemen, daar hebben we vooral ~ mee*

ontaard *bn* niet meer met de goede eigenschappen die bij iemands aard horen, moreel achteruitgegaan: *een ~e vader* **ontaarden** [ontaardde, is ontaard] ▼ ~ *in* overgaan in iets verkeerds: *de ruzie ontaardde in een vechtpartij*

ontberen iets missen wat men nodig heeft **ontbering** *de (v)* gebrek aan noodzakelijke levensbehoeften: *honger, kou en andere ~en*

ontbieden laten komen, opdracht geven om te komen: *de koning ontbiedt zijn ministers*

ontbijt *het* eerste maaltijd op de dag **ontbijten** zijn ontbijt eten **ontbijtkoek** koek gemaakt van bloem, donkerbruine suiker (of stroop), kaneel en kruidnagels

ontbinden opheffen, beëindigen: *omdat hij zijn werk niet deed, werd zijn arbeidscontract ontbonden* ▼ *een huwelijk ~* officieel de echtscheiding uitspreken ▼ wisk. *~ in factoren* een getal schrijven als product van ondeelbare getallen **ontbinding** *de (v)* ❶ het opheffen, beëindigen: *de ~ van een huwelijk* ❷ verrotting: *een kadaver in staat van ~*

ontbloot *bn* naakt, niet (meer) met kleren aan: *met ~ bovenlijf* ▼ *niet ~ van* niet zonder:: *zijn aanbod is niet ~ van eigenbelang* hij heeft er zelf ook belang bij **ontbloten** bloot maken: *zij ontbloot haar borsten* ▼ ~ *van* ontdoen van: *bouwland ontbloten van de vrucht*

ontboezeming *de (v)* openhartige onthulling, iets persoonlijks wat iemand in vertrouwen vertelt **ontbossen** veroorzaken dat bossen verdwijnen **ontbranden** [ontbrandde, is ontbrand] ❶ beginnen te branden ❷ fig. ⟨oorlog, woede⟩ losbreken, uitbarsten **ontbreken** niet aanwezig zijn, missen ▼ *het ontbreekt mij aan ... ik heb niet voldoende ...* **ontcijferen** met moeite lezen: *kun jij die Arabische letters ~?*

ontdaan *bn* een beetje ongelukkig over iets, van streek, geschrokken: *zij was ~ omdat haar zoon vaak bleek te spijbelen*

ontdekken vinden of te weten komen wat verborgen of onbekend was: *in 1492 ontdekte Columbus Amerika; we hebben een leuk restaurantje ontdekt* **ontdekkingsreis** reis met het doel onbekende gebieden te (onder)zoeken

ontdoen **bevrijden** ▼ *zich ~ van* (kledingstukken e.d.) uittrekken; van de hand doen, wegdoen **ontdooien** ❶ uit bevroren toestand weer vloeibaar (doen) worden ❷ fig. minder koel en stug gedrag gaan vertonen ❸ de ijslaag (van een ijskast e.d.) laten smelten **ontdubbelen** BN ook

splitsen **ontduiken** iets niet doen wat iemand wel hoort te doen ▼ *de belasting ~* minder of geen belasting betalen door bij de belastingaangifte inkomsten niet op te geven die wel opgegeven zouden moeten worden

ontgensprekelijk, ontgenzeggelijk, ontgenzeggelijk *bn* niet tegen te spreken, zeker, beslist, wat absoluut zo is

onteigenen door de overheid afnemen van grond e.d. tegen een vergoeding: *de volkstuintjes werden onteigend om plaats te maken voor een nieuwe snelweg*

ontelbaar niet mogelijk om te tellen, heel erg veel: *er staan ~ veel sterren aan de hemel*

ontembaar *bn* niet mogelijk om te temmen

onteren van de eer beroven, schenden **onterven** schrappen als erfgenaam, zorgen dat iemand niets meer erft: *hij heeft zijn zoon onterfd* **ontfermen** ▼ *zich ~ over* zich het lot aantrekken van, zorgen voor **ontfutselen** stil of handig afpakken: *met zijn mooie praatjes ontfutselde hij haar honderd euro*

ontgaan niet merken of vergeten: *het is me helemaal ~ dat ze vertrokken is* **ontgelden** ▼ *het moeten ~* ervoor moeten boeten, ervoor gestraft worden: *alle kinderen halen kattenkwaad uit, maar Sam moet het ~*

ontgiften ontdoen van gif, zorgen dat het gif ergens uit verdwijnt **ontginnen** [ontgon, h. ontgonnen] ❶ geschikt maken voor landbouw: *woeste grond ~* ❷ geschikt maken om delfstoffen uit de grond te halen: *een mijn ~* **ontglippen** (glijdend) ontsnappen, ook figuurlijk: *dat woord is me ontglipt* **ontgoochelen** illusies ontnemen, diep teleurstellen **ontgrendelen** de grendel opzijschuiven **ontgroeien** te groot of te oud of te ontwikkeld worden voor **ontgroenen** op de proef stellen (onder andere door vernedering), met name voor opname in een studentencorps **ontgronden** grond ontnemen aan (door afgraving), de bovenlaag van de grond wegwerken

onthaal *het* ❶ feestelijke ontvangst als gast ❷ BN ook receptie, plaats in gebouw waar men bezoekers ontvangt **onthaalmoeder** BN vrouw die in haar huis tegen betaling op kinderen van anderen past

onthaasten minder gehaast gaan werken en leven **onthalen** op een bepaalde manier ontvangen: *iemand feestelijk ~* ▼ ~ *op* trakteren op

onthand *bn* waarbij iemand hulp(middelen) mist die hij hard nodig heeft: *ik ben helemaal ~ nu mijn computer kapot is*

ontharen haren weghalen van de huid: *veel vrouwen ~ hun benen*

onthecht *bn* geestelijk los van aardse, materiële zaken **onthechten** ▼ *zich ~* zich geestelijk losmaken van aardse zaken en bezittingen

ontheemd *bn* die buiten zijn vaderland leeft, zonder een plek die iemand als zijn thuis kan beschouwen ▼ *zich ~ voelen* het gevoel hebben dat men nergens een thuis heeft **ontheffen** zeggen dat iemand iets niet hoeft te doen, vrijstelling geven: *iemand ~ van een verplichting* **ontheiligen** de heiligheid schenden van **onthoofden** doden door het hoofd af te slaan:

koning Lodewijk XVI werd onthoofd tijdens de Franse Revolutie
onthouden ❶ niet vergeten, zorgen dat iets in het geheugen blijft: *je moet je pincode goed ~* ❷ iemand iets niet geven: *de ontaarde moeder onthield haar kinderen de nodige verzorging* ▾ *zich ~ van (alcohol, seks enz.)* het niet eten, drinken of doen **onthouding** *de (v)* ❶ het niet doen, zoals het niet drinken van alcohol of het niet hebben van seks ❷ het niet uitbrengen van zijn stem: *tien stemmen voor het voorstel, zes tegen en drie ~en*
onthullen ❶ ontdoen van het omhulsel, van iets waarmee het bedekt is: *een standbeeld ~* ❷ fig. bekendmaken van onbekende feiten: *een schandaal ~* **onthutst** *bn* erg geschrokken en geschokt
ontiegelijk *bn* heel erg, enorm
ontij ▾ *bij nacht en ~* op een veel te laat uur **ontijdig** op een ongelegen moment, te vroeg
ontkalker *de (m)* [-s] middel of apparaat voor het verwijderen van kalk
ontkennen zeggen dat iets niet waar is, niet bekennen: *de verdachte bleef ~ dat hij de bankroof had gepleegd* **ontketenen** doen losbarsten, doen beginnen: *de moord op de koning ontketende een oorlog* **ontkiemen** uit de kiem tevoorschijn komen, ontstaan ▾ **ontkleden** uitkleden **ontkleuren** de kleur wegnemen
ontknoping *de (v)* afloop van een gebeurtenis of een verhaal, waarin alles duidelijk wordt: *de ~ van een misdaadverhaal* **ontkomen** ontsnappen, erin slagen niet aangehouden te worden: *de zakkenrollers ontkwamen tussen het winkelende publiek*
ontkoppelen ❶ ‹auto› het contact tussen motor en wielen opheffen ❷ een verbinding opheffen, ook figuurlijk **ontkrachten** de kracht wegnemen: *een bewering ~* **ontkurken** de kurk eraf halen **ontladen** ❶ van een last, lading, elektriciteit ontdoen, ook figuurlijk van stress, woede e.d.: *een geweer ~* **ontlasten** ❶ ontdoen van een last ❷ fig. verlichten ▾ *zich ~* poepen **ontlasting** *de (v)* ❶ het ontlasten ❷ wat uit de darmen komt, poep **ontleden** in delen uit elkaar halen ▾ taalk. *zinnen ~* van woorden of delen van een zin zeggen tot welke soort ze horen
ontleedkunde wetenschap van de bouw van levende organismen **ontleedmes** mes om een lichaam te ontleden
ontlenen BN ook (van iemand) lenen ▾ *~ aan* overnemen van, uit: *deze uitspraak is ontleend aan de Bijbel* **ontlening** *de (v)* ❶ het ontlenen ❷ iets in een taal dat uit een andere taal is overgenomen ▾ *iemand iets ~* iemand ertoe brengen iets te uiten: *haar ontboezemingen ontlokten hem een bekentenis* **ontlopen** ontsnappen door weg te lopen ▾ *elkaar of iemand ~* vermijden, hun of zijn best doen om elkaar niet tegen te komen ▾ *ze ~ elkaar niet veel in leeftijd, kracht enz.* ze zijn ongeveer even oud, sterk enz., ze verschillen niet veel **ontluiken** ❶ ‹bloemen› zich ontsluiten, beginnen open te gaan ❷ fig. beginnen zich te ontwikkelen **ontluisteren** laten zien dat iets niet zo mooi, goed e.d. is als men denkt, van zijn glans/luister

ontdoen ▾ *~d* zo slecht dat men zich ervoor schaamt: *de prestaties van ons team zijn ~d* **ontluizen** luizen verwijderen
ontmaagden verbreken van het maagdenvlies, seksuele gemeenschap hebben met een vrouw die of meisje dat nog maagd is **ontmannen** castreren
ontmantelen ❶ de vestingwallen weghalen ❷ ontdoen van, bijv. van een gevaarlijke lading: *raketten ~* **ontmaskeren** de ware aard of bedoeling laten zien
ontmijnen ❶ mijnen opruimen ❷ BN, fig. de conflictstof wegnemen van: *ze ontmijnde de situatie met een goedgeplaatste oneliner*
ontmoedigen de moed ontnemen: *de voetballers werden ontmoedigd door de tegendoelpunten* **ontmoedigingsbeleid** maatregelen om het onaantrekkelijk te maken om bepaalde dingen te doen
ontmoeten [ontmoette, h. / is ontmoet] ❶ leren kennen: *waar heb jij je man ontmoet?* ❷ tegenkomen: *ik ontmoette mijn buurman in de sportschool* ▾ *wie goed doet, goed ontmoet* als iemand goed is voor anderen, overkomen hem ook goede dingen ❸ een afspraak hebben **ontmoeting** *de (v)* ❶ het elkaar leren kennen ❷ het elkaar tegenkomen ▾ *een sportieve ~* wedstrijd
ontnemen afnemen, afpakken, stelen **ontneming** *de (v)* jur. het beslag leggen op winsten die een veroordeelde met het plegen van misdrijven heeft verdiend
ontnuchteren ❶ nuchter maken ❷ fig. ontgoochelen, illusies ontnemen
ontoerekeningsvatbaar die men door zijn psychische toestand niet verantwoordelijk kan stellen voor wat hij doet
ontogenese ‹-ze› *de (v)* ontwikkelingsgeschiedenis van een organisme van eicel tot volwassen wezen **ontologie** *de (v)* leer van het zijn, van de algemene eigenschappen van de dingen
ontoonbaar te slordig of te vies om (zich) te laten zien
ontploffen ploffend uit elkaar barsten, ook figuurlijk, van woede: *mijn vader ontplofte toen mijn zusje de hele nacht was weggebleven* **ontplooien** ❶ gladstrijken, de vouwen eruit halen ❷ fig. tot ontwikkeling laten komen: *zijn talenten ~* ▾ *zich ~* zichzelf en zijn talenten ontwikkelen **ontpoppen** ▾ *zich ~ (als)* het stadium van pop achter zich laten; fig. onverwacht laten zien dat men een bepaalde kwaliteit heeft: *op het feest ontpopte hij zich als een echte komiek* **ontraadselen** achter iets moeilijks of geheimzinnigs komen, verklaren **ontraden** afraden **ontrafelen** ❶ rafels uit elkaar halen ❷ fig. ophelderen: *een geheim ~*
ontredderd *bn* in de war, waarbij iemand niet meer weet wat hij moet doen **ontregelen** de regelmaat verstoren **ontrieven** last veroorzaken
ontroerd *bn* gevoelsmatig geraakt **ontroeren** raken in iemands gevoel: *de muziek ontroerde me diep, ik moest er bijna van huilen* **ontroering** *de (v)* het ontroerd zijn, het geraakt zijn in zijn gevoel: *ik kreeg een brok in mijn keel van ~*

on

ontrollen uitrollen ▼ *fig. zich ~* zich uitspreiden, zich voordoen: *voor onze ogen ontrolde zich een spectaculair schouwspel*

ontroostbaar *bn* niet te troosten, heel erg verdrietig

ontrouw I *de* ❶ het niet trouw zijn **II** *bn*, **ontrouw** ❷ niet trouw ▼ *een ~e echtgenoot* die ook seks heeft met andere vrouwen ▼ *een ~e vriend* die zijn vrienden in de steek laat

ontruimen door de aanwezigen of bewoners doen verlaten: *een zaal, een gebouw ~* **ontrukken** plotseling wegnemen **ontschepen** ❶ uit een schip aan land brengen ❷ **BN** van een schip aan land stappen **ontschieten** ❶ losschieten, ontsnappen ❷ *fig.* uit het geheugen verdwijnen: *zijn naam is me ontschoten* **ontsieren** minder mooi maken: *die grote reclameborden ~ de straat*

ontslaan ❶ vrijstellen van een verplichting ❷ niet langer in dienst houden, ontslag geven ▼ *een patiënt ~* laten vertrekken uit een ziekenhuis **ontslag** *het* ❶ vrijstelling van een verplichting ❷ het een betrekking wegsturen of laten gaan: *zijn ~ nemen, indienen, aanbieden* ▼ **BN** *naakt ~* ontslag zonder vooropzegging of tegemoetkoming

ontslakken ontdoen van schadelijke stoffen, zorgen dat schadelijke stoffen verdwijnen: *zijn darmen ~*

ontslapen sterven

ontsluieren bekendmaken, ontdoen van geheimzinnigheid: *een geheim ~* **ontsluiten** toegankelijk maken: *een gebied ~; oude teksten ~* **ontsluiting** *de (v)* ❶ het ontsluiten ❷ het zich openen van de baarmoedermond bij een bevalling

ontsmetten verwijderen van smetstoffen, van stoffen die ziektes kunnen overbrengen

ontsnappen ❶ wegkomen uit gevangenschap of gevaar ❷ (gas e.d.) naar buiten dringen ❸ *sp.* wegkomen: *uit het peloton ~* ▼ *aan de aandacht ~* ontgaan **ontsnappingsclausule** (in een contract) clausule die onttrekking aan een verplichting mogelijk maakt

ontspannen de spanning wegnemen ▼ *zich ~* tot rust komen **ontspanner** *de (m)* [-s] knop voor het bedienen van de sluiter van een camera **ontspanning** *de (v)* ❶ het wegnemen of verminderen van spanning ❷ lichte aangename bezigheid voor lichaam of geest: *hardlopen is voor mij pure ~* **ontspanningslectuur** boeken, verhalen die niet veel van de lezer vragen en die hij leest om zijn geest te ontspannen

ontspiegelen zorgen dat iets, vooral glas, niet reflecteert **ontspinnen** ▼ *zich ~* zich ontwikkelen (van een gesprek) **ontsporen** ❶ uit de rails lopen ❷ *fig.* van de goede weg af raken: *ontspoorde jongeren*

ontspringen ❶ ontsnappen ▼ *de dans ~* aan het gevaar ontkomen ❷ (rivier) zijn oorsprong hebben **ontspruiten** ❶ (planten) nieuwe scheuten krijgen ❷ *fig.* afkomstig zijn: *aan zijn fantasie ontsproten* **ontstaan** beginnen te bestaan

ontsteken ❶ rood en pijnlijk opzwellen door bacteriën: *nu mijn keel ontstoken is, kan ik bijna niet meer slikken* ❷ aansteken: *hij ontstak de*

kaarsen ❸ ontbranden, ook figuurlijk ▼ *in toorn ~* heel kwaad worden **ontsteking** *de (v)* ❶ pijnlijke opzwelling: *door een ~ in mijn enkel kan ik niet sporten* ❷ het mechanisme waarmee een projectiel of een springstoflading tot ontploffing wordt gebracht ❹ mechanisme in een verbrandingsmotor waarmee het gasmengsel tot ontbranding wordt gebracht

ontsteld *bn* erg geschrokken en geschokt door iets: *zij was zeer ~ toen ik haar over jouw plannen vertelde*

ontstelen stelen van: *iemand iets ~*

ontstellen doen schrikken, in de war brengen **ontstellend** *bn* vreselijk, schokkend **ontsteltenis** *de (v)* grote schrik en verwarring: *tot zijn grote ~ was hij gezakt voor zijn examen*

ontstemd *bn* ❶ (van een muziekinstrument) niet goed gestemd ❷ *fig.* een beetje kwaad, uit zijn humeur **ontstemmen** ❶ van de goede toonhoogte brengen ❷ *fig.* uit zijn humeur brengen

ontstentenis *de (v)* afwezigheid ▼ *bij ~ van ...* terwijl ... er niet is

ontstoppen de verstopping verwijderen van iets dat verstopt is, zoals een afvoerbuis, riolering **onttakelen** het tuig, de uitrusting weghalen, aftuigen **onttrekken** iets ergens uit halen: *de wortels van een plant ~ voedsel aan de grond* ▼ *zich ~ aan zijn verplichtingen* niet doen wat iemand zou moeten doen **onttronen** ❶ van de troon stoten ❷ *fig.* uit een machtspositie verdringen

ontucht *de* verboden of niet (algemeen) aanvaarde seksuele handelingen **ontuchtig** *bn* onzedelijk

ontvallen ❶ ondoordacht gezegd worden ❷ verloren gaan: *alle hoop is mij ~* ❸ door de dood wegvallen: *mijn vrouw is mij ~*

ontvangen ❶ krijgen: *ik heb een brief ~* ❷ bezoek bij zich toelaten: *vriendelijk ~ worden* **ontvangenis** *de (v)* bevruchting ▼ *onbevlekte ~* (in het christendom) bevruchting van Maria zonder dat zij besmet was met de erfzonde **ontvanger** *de (m)* [-s] ❶ iemand die iets ontvangt ❷ ontvangtoestel **ontvangst** *de (v)* ❶ het ontvangen of ontvangen worden: *in ~ nemen* ❷ wat iemand ontvangt ❸ het opvangen van radio-of tv-programma's, signalen, berichten e.d.: *de ~ is hier slecht* **ontvangstbewijs** bewijs dat iemand iets heeft gekregen **ontvangtoestel** toestel waarmee men uitzendingen e.d. opvangt

ontvankelijk *bn* ❶ de openstaat voor indrukken e.d. en erdoor beïnvloed wordt ❷ *jur.* vatbaar voor berechting

ontvellen de huid schaven of het vel afhalen van: *door de val raakte mijn elleboog ontveld* **ontvetten** ❶ van vet ontdoen ❷ (van bedrijven) **BN** afslanken

ontvlambaar *bn* makkelijk brandbaar ▼ *hij is licht ~* hij heeft snel heftige gevoelens, hij wordt bijv. snel kwaad of verliefd **ontvlammen** ❶ beginnen te branden ❷ *fig.* heftige gevoelens beginnen te krijgen

ontvluchten door vluchten (proberen te) ontkomen

ontvoeren iemand tegen zijn wil meenemen en

gevangen houden, meestal om losgeld te krijgen
ontvolken minder bevolkt of onbevolkt worden:
het platteland ontvolkt **ontvouwen** [ontvouwde,
h. ontvouwd / ontvouwen] uitleggen hoe iets zal
gaan: *zij ontvouwde haar plannen voor de reis*
ontvreemden stelen: *de verkoper heeft geld
ontvreemd uit de kassa* van de winkel **ontvrienden**
internetvrienden dumpen door deze te
schrappen uit vriendenlijstjes op
vriendenwebsites **ontwaarding** *de (v)* het minder
waard maken of worden **ontwaken** wakker
worden **ontwapenen** ❶ de wapens afnemen
van: *het leger ontwapende de opstandelingen*
❷ leger en vloot ontbinden ▾ *~d* heel aardig en
lief zodat men niet kwaad kan worden of
blijven: *een ~de glimlach* **ontwaren** in het oog
krijgen, zien, opmerken: *in de verte ontwaarde hij
een gedaante* **ontwarren** ❶ iets verwards uit
elkaar halen ❷ fig. iets ingewikkelds tot
klaarheid brengen **ontwateren** overtollig water
doen verdwijnen
ontwennen afwennen, langzamerhand niet
meer gewend zijn aan iets: *ik heb zo lang niet
gekampeerd dat ik het helemaal ontwend ben om
op de grond te slapen* **ontwenningskuur** kuur om
van een verslaving af te raken
ontwerp *het* ❶ voorlopig plan van hoe iets eruit
gaat zien: *we hebben een paar dingen veranderd in
het ~ voor onze nieuwe keuken* ❷ iets wat door
iemand is bedacht en vormgegeven: *deze tafel is
een ~ van ...* **ontwerpen** ❶ een plan maken voor
iets ❷ bedenken en vormgeven: *kleding ~*
ontwijden iets heiligs schenden, ontheiligen
ontwijken ❶ uit de weg gaan, opzij gaan voor:
de bus kon de fietsers maar net ~ ❷ zorgen dat
men iemand niet tegenkomt: *sinds onze ruzie ~
we elkaar* ▾ *een ~d antwoord* waarin iemand niet
echt antwoordt op de vraag
ontwikkelaar *de (m)* [-s] vloeistof om een
fotografisch negatief in te ontwikkelen
ontwikkeld *bn* gevormd door studie, die
algemene kennis bezit **ontwikkelen** ❶ iets
verzinnen en maken: *de uitvinder ontwikkelde een
nieuw soort fietsbel* ❷ maken tot een bepaalde
eindvorm ❸ doen ontstaan, voortbrengen,
uitwerken: *energie ~; een theorie ~* ❹ een
gefotografeerd beeld zichtbaar maken d.m.v.
een speciale vloeistof ▾ *zich ~* groeien, geleidelijk
ontstaan of zich vormen; zichzelf vormen tot
iets, vooral door studie of oefenen: *hij heeft zich
ontwikkeld tot een prima pianist* **ontwikkeling** *de
(v)* ❶ het ontwikkelen, groei: *de ~ van zaadje tot
plant* ❷ geestelijke vorming ▾ *algemene ~* het
hebben van kennis op verschillende gebieden
▾ *de ~en* wat er gebeurt, welke kant het opgaat:
wat zijn de laatste ~en in deze kwestie?
ontwikkelingshulp steun aan
ontwikkelingslanden **ontwikkelingsland** land
met een achterstand in (economische)
ontwikkeling **ontwikkelingsmaatschappij**
bedrijf dat geld investeert in bedrijven die (nog)
weinig geld hebben of in bedrijven in gebieden
met minder geld **ontwikkelingspsychologie**
psychologie van de ontwikkeling, vooral van
kind tot volwassene
ontwikkelingssamenwerking samenwerking

tussen staten voor ontwikkelingshulp
ontwikkelingswerker iemand die uitgezonden
wordt voor hulp in ontwikkelingslanden
ontworstelen worstelend ontdrukken of
vrijmaken ▾ *zich ~ aan* zich met moeite
vrijmaken van: *hij heeft zich aan zijn milieu
ontworsteld*
ontwortelen ❶ met de wortel uit de grond
rukken: *door de orkaan zijn bomen ontworteld*
❷ fig. zekerheid en innerlijke rust ontnemen of
kwijtraken: *soms voelen emigranten zich
ontworteld* **ontwrichten** ❶ uit het gewricht
trekken: *door de val was mijn schouder ontwricht*
❷ in wanorde brengen: *het verkeer was totaal
ontwricht door het noodweer*
ontzag *het* eerbied, bewondering: *ik heb ~ voor
zijn enorme kennis van de literatuur* **ontzaglijk** *bn*
❶ groots, indrukwekkend ❷ heel groot, heel erg,
heel veel: *het heelal is ~ groot* **ontzagwekkend**
bn wat een diepe indruk maakt
ontzeggen ❶ weigeren: *iemand de toegang ~*
❷ zeggen dat iemand iets niet heeft: *enige
charme kan hem niet ontzegd worden* ▾ *zich ~*
afzien van: *zich alle luxe ~* **ontzegging** *de (v)*
(gerechtelijke) beslissing dat iemand niet langer
mag beschikken over rechten die hij eerder had
▾ *~ van de rijbevoegdheid* het niet meer mogen
besturen van een motorrijtuig **ontzenuwen**
krachteloos maken, weerleggen: *een bewering ~*
ontzet I *het* ❶ bevrijding na een belegering **II** *bn*
❷ verslagen, geschrokken ❸ uit de juiste stand
gegaan, scheefgetrokken: *de deur is ~ en kan niet
meer dicht* **ontzetten** ❶ ontslaan: *iemand uit een
ambt ~* ❷ ontnemen: *uit de voogdij ~* ❸ van een
beleg bevrijden: *een stad ~* ❹ heel erg doen
schrikken ❺ uit de juiste stand doen gaan
ontzettend *bn* ❶ heel erg, verschrikkelijk: *er is
een ~ ongeluk gebeurd* ❷ heel erg, buitengewoon:
hij heeft een ~ grote neus **ontzetting** *de (v)* hevige
schrik en geschoktheid
ontzield *bn* zonder ziel, dood: *het ~e lichaam van
de vermoorde man*
ontzien sparen, voorzichtig zijn met, niet
aantasten: *iemands gevoelens ~* ▾ *zich ~* zich in
acht nemen, niet te veel van zichzelf eisen
onuitputtelijk *bn* wat nooit op raakt: *de zon is
een ~e bron van energie*
onuitspreekbaar *bn* niet mogelijk om uit te
spreken of onder woorden te brengen
onuitsprekelijk *bn* ❶ niet in woorden uit te
drukken ❷ heel erg, in hoge mate: *ik ben ~
gelukkig* **onuitstaanbaar** *bn* ⟨vooral van
personen⟩ zo vervelend dat het moeilijk is ermee
om te gaan: *wat een ~ mens!*
onveranderd *bn* niet veranderd, nog steeds
hetzelfde **onveranderlijk** ❶ niet aan
verandering onderhevig ❷ steeds (hetzelfde): *hij
stelt ~ dezelfde vraag*
onverantwoord *bn* ❶ niet te verdedigen, niet te
rechtvaardigen, gevaarlijk: *het is ~ om met die
gladheid te rijden* ❷ waarvan geen rekenschap is
afgelegd: *een ~ bedrag* **onverantwoordelijk**
❶ niet aansprakelijk ❷ die er niet voor zorgt dat
de dingen goed gaan en er niets akeligs
gebeurt: *wat ~ van je om je kleine zusje alleen
thuis te laten!* **onverbeterlijk** *bn* ❶ niet te

on

verbeteren ▼ *een ~e optimist* iemand die blijft geloven dat alles goed komt, ook al is duidelijk dat het slecht gaat ❷ zo goed dat het niet kan worden overtroffen **onverbiddelijk** *bn* vastbesloten, niet over te halen om van gedachten te veranderen **onverbloemd** *bn* niet mooier voorgesteld dan het werkelijk is **onverbrekelijk** *bn* niet mogelijk om te verbreken **onverdedigbaar** *bn* niet te verdedigen

onverdeeld ❶ (nog) niet verdeeld ❷ helemaal, volledig: *ik ben niet ~ blij met deze beslissing* **onverdeeldheid** BN *de (v)* het niet overgaan van de erfgenamen tot de verdeling van de gemeenschappelijke nalatenschap

onverdraaglijk *bn* niet te verdragen **onverdraagzaam** ❶ niet in staat om veel van anderen te verdragen ❷ niet bereid om andere opvattingen en leefwijzen te accepteren **onverdroten** *bn* waarbij iemand ijverig blijft doorgaan: *hij werkte ~ verder aan zijn onderzoek* **onverenigbaar** wat men niet met elkaar in overeenstemming kan brengen

onvergeeflijk *bn* niet te vergeven, heel erg: *een ~e fout* **onvergelijkelijk** *bn* zo mooi of goed dat het nergens mee te vergelijken is, heel veel meer dan alle andere(n): *deze muziek is ~ mooi; deze auto rijdt ~ veel sneller* **onvergetelijk** *bn* wat een diepe, blijvende indruk maakt

onverhoeds *bn* onverwacht, plotseling: *een ~e beweging* **onverholen** openlijk, zonder poging het te verbergen: *~ minachting* **onverhoopt** *bn* niet verwacht en niet te hopen: *mocht je ~ niet kunnen komen, laat het dan weten*

onverklaarbaar niet te verklaren, waar geen verklaring voor is **onverkort** *bn* niet verkort, niet verminderd: *deze maatregel is ~ van kracht* **onverkwikkelijk** *bn* niet prettig, akelig: *een ~e affaire*

onverlaat *de (m)* [-laten] schurk, iemand die slechte dingen doet **onverlet** *bn* ongehinderd, onbelemmerd ▼ *dat laat ~ dat* dat doet niets af aan het feit dat ▼ BN *ook niets ~ laten* alles in het werk stellen

onvermijdelijk *bn* niet te vermijden, zeker: *als hij zo doorgaat, eindigt hij ~ in de gevangenis* **onverminderd I** *bn* ❶ niet verminderd **II** *vz* ❷ behoudens, behalve: *~ het bepaalde in het Burgerlijk Wetboek ...*

onvermoeibaar *bn* die niet gauw moe wordt, die heel lang volhoudt **onvermoeid** zonder vermoeid te worden, voortdurend **onvermogen** onmacht, het niet in staat zijn tot **onverricht** *bn* ▼ *~er zake* zonder het doel bereikt te hebben **onversaagd** *bn* onverschrokken **onverschillig** *bn* ❶ zonder belangstelling, waarbij iets iemand helemaal niet interesseert ❷ om het even ▼ *het is mij ~* het maakt me niet uit **onverschrokken** *bn* die geen vrees kent, zonder angst **onversneden** *bn* zuiver, niet vermengd met iets anders: *~ wijn, cocaïne* **onverstand** ❶ domheid, dwaasheid ❷ dom, dwaas iemand **onverstoorbaar** *bn* niet uit zijn evenwicht te brengen, die zich niet laat afleiden of tegenhouden door iets of iemand

onverteerbaar ❶ niet mogelijk om te verteren ❷ fig. zo vervelend, oneerlijk enz. dat men zich er niet bij kan neerleggen: *ik vind die beslissing ~* **onvertogen** *bn* onbehoorlijk, ongepast, niet netjes: *er kwam geen ~ woord over haar lippen* **onvervaard** onverschrokken, nergens bang voor **onvervalst** *bn* zuiver, oorspronkelijk, echt: *hij antwoordde in ~ Amsterdams* **onvervreemdbaar** *bn* niet mogelijk dat het eigendom van anderen wordt

onverwacht, onverwachts *bn* zonder dat het verwacht was, plotseling: *we kregen ~ bezoek* **onverwijld** *bn* onmiddellijk, ogenblikkelijk, meteen

onverwoestbaar *bn* heel sterk, niet kapot te krijgen **onverzadigd** *bn* ❶ die niet genoeg gegeten heeft ❷ schei. (een oplossing) met minder opgeloste stof dan mogelijk is ❸ schei. wat zich gemakkelijk met andere stoffen verbindt: *~e vetzuren*

onverzettelijk *bn* onwrikbaar, koppig, die niet toegeeft: *wat we ook probeerden, hij was ~ en bleef weigeren* **onverzoenlijk** *bn* niet te verzoenen, met hardnekkige haat of wrok: *~e vijanden* **onverzorgd** *bn* ❶ die zich niet of slecht verzorgt of die niet of slecht wordt verzorgd, een beetje vies, met een slordig kapsel e.d.: *een man met een ~ uiterlijk* ❷ zonder verzorging, zonder dat er iemand voor diegene zorgt ▼ *~ achterblijven* na de dood van iemand geen geld, huis e.d. meer hebben: *na zijn dood bleef zijn weduwe ~ achter*

onvindbaar *bn* niet mogelijk om te vinden: *de verloren ring bleef ~*

onvoldoende I *bn* ❶ niet genoeg, niet goed genoeg **II** *de & het* [-n, -s] ❷ een cijfer dat onvoldoende is, dat niet goed genoeg is: *ik heb twee ~s op mijn rapport, een 4 en een 5* **onvolkomen** ❶ niet volledig, niet compleet ❷ niet perfect **onvolledig** waaraan iets ontbreekt, niet compleet **onvolprezen** *bn* niet genoeg te prijzen, geweldig **onvoltooid** niet afgemaakt ▼ *~ tegenwoordige tijd* vorm van het werkwoord die uitdrukt dat de werking nog niet is afgelopen, bijv. ik loop, hij studeert ▼ *~ verleden tijd* vorm van het werkwoord in de verleden tijd die uitdrukt dat de werking nog niet was afgelopen, bijv. ik liep, hij studeerde **onvolwassen** ❶ niet volwassen ❷ kinderachtig: *doe niet zo ~!*

onvoorstelbaar *bn* bijna niet mogelijk om zich in te denken, om zich voor te stellen: *~ dat zoveel mensen in zo'n klein hutje wonen* **onvoorwaardelijk** zonder beperkende voorwaarden, helemaal zeker wat er ook gebeurt: *zij steunt hem ~* **onvoorzichtig** niet voorzichtig, op zo'n manier dat er iets vervelends of ergs kan gebeuren **onvoorzien** *bn* van tevoren niet verwacht: *~e uitgaven*

onvrede ❶ onenigheid, ruzie ❷ onprettig gevoel als men het ergens niet mee eens is, onbehagen: *er heerst ~ over dat besluit* **onvriendelijk** niet vriendelijk, niet aardig **onwaar** *bn* niet waar **onwaarachtig** niet echt gemeend

onwaardig ❶ niet waard, die iets niet verdient: *hij is jou ~* hij is niet goed genoeg voor je ❷ min, verachtelijk

onwaarheid iets wat niet waar is, leugen

onwaarschijnlijk met een grote kans dat het niet waar is of niet gebeurt: *het is ~ dat iemand je zomaar veel geld geeft* ▼ *een ~ verhaal* een verhaal dat bijna niet waar kan zijn

onwankelbaar *bn* heel stevig, heel vast, wat altijd blijft: *een ~ vertrouwen in iemand hebben*

onweer *het* [-weren] storing in de dampkring met slecht weer met bliksem en donder en vaak veel regen

onweerlegbaar *bn* niet te weerleggen, waar niets tegenin valt te brengen

onweersbui periode op een dag met onweer

onweerslucht lucht met wolken waaraan men kan zien dat er onweer komt

onweerstaanbaar *bn* niet of moeilijk te weerstaan, heel verleidelijk

onweerswolk donkere dreigende wolk waaraan men kan zien dat er onweer komt

onwel *bn* een beetje ziek: *door de hitte werden verschillende mensen ~*

onwelvoeglijk niet fatsoenlijk

onwennig *bn* nog niet helemaal gewend

onweren donderen en bliksemen ▼ *het onweert* er is onweer, er is een weertype met donder en bliksem

onwerkelijk alsof het niet echt is of niet echt gebeurt

onwetend *bn* ❶ onkundig, die geen kennis bezit ❷ zonder het te weten: *hij was ~ van het feit dat ... onwettig* ❶ in strijd met de wet ❷ ⟨vroeger⟩ geboren buiten een huwelijk

onwezenlijk alsof het niet echt is, alsof het niet werkelijk is: *een ~ gevoel*

onwijs *bn* ❶ dwaas ❷ jong. heel, erg: *~ goed!*

onwil gebrek aan goede wil, het niet willen van iets **onwillekeurig** onbewust, niet opzettelijk **onwillig** niet gewillig, niet geneigd te doen wat verlangd wordt ▼ *met ~e honden is het slecht hazen vangen* wie iets tegen zijn zin moet doen, doet het vaak niet goed

onwrikbaar *bn* ❶ wat heel stevig vastzit ❷ fig. standvastig, stevig, vast: *een ~ geloof in de goedheid van de mens*

onyx ⟨-niks⟩ *de (m) & het* bepaalde halfedelsteen en siersteen

onz. onzijdig

onzacht hard: *hij viel en kwam ~ in aanraking met de vloer*

onzalig ongelukkig, slecht: *wat een ~ plan!*

onzedelijk in strijd met de goede zeden, niet netjes en kuis

onzeker ❶ niet zeker, onbeslist: *de uitkomst is nog ~* ▼ *iemand in het ~ laten* geen uitsluitsel, duidelijkheid geven over iets ❷ aarzelend: *hij sprak met ~e stem* ❸ die twijfelt aan zichzelf, aan zijn eigen capaciteiten: *zij is erg ~* **onzelfstandig** ❶ niet in staat om zelfstandig te handelen of te beslissen ❷ afhankelijk

Onze-Lieve-Heer *de (m)* God

Onze-Lieve-Heer-Hemelvaart BN, ook *de* Hemelvaartsdag onzelieveheersbeestje →

lieveheersbeestje

Onze-Lieve-Vrouw *de (v)* Maria

onzelievevrouwebedstro geurige plant (Asperula odorata)

onzent *bw* ▼ *te ~* bij ons thuis

onzerzijds *bw* van onze kant: *~ bestaat er geen bezwaar tegen het plan* wij hebben er geen bezwaar tegen

Onzevader *het* [-s] gebed genoemd naar de aanhef *Onze Vader ...*

onzichtbaar wat men niet kan zien **onzijdig** *bn* ❶ die geen partij kiest, niet betrokken in een strijd ❷ taalk. niet mannelijk en niet vrouwelijk

onzin *de (m)* ❶ dwaze onverstandige taal, iets wat helemaal niet waar is: *wat je vertelt, is grote ~* ❷ handeling, actie die nergens toe dient: *wat een ~ om een andere auto te willen terwijl je net een nieuwe hebt*

onzindelijk ❶ niet zindelijk: *die baby is nog ~* ❷ niet erg schoon, een beetje vies ❸ fig. niet zuiver en eerlijk, afkeurenswaardig: *een ~e redenering*

onzinnig wat nergens toe dient, dwaas

onzuiver ❶ niet zuiver, een beetje verdacht: *~e bedoelingen* ❷ bruto, zonder aftrek van kosten e.d.: *de ~e opbrengst*

o.o. onderofficier

ooft *het* fruit

oog *het* [ogen] ❶ orgaan waarmee mensen en dieren kunnen zien ▼ *iemand de ogen uitsteken* jaloers maken ▼ *in het ~ lopen/springen* opvallen ▼ *iemand naar de ogen zien* steeds letten op iemands wensen en wenken ▼ *onder vier ogen* met z'n tweeën, zonder anderen erbij ▼ *~ hebben voor* kijk hebben op, gevoel hebben voor ▼ *zijn ogen niet in zijn zak hebben* alles opmerken ▼ *zijn ogen de kost geven* goed opletten ▼ *in mijn ogen* volgens mij ▼ *iets onder ogen zien* de waarheid accepteren ▼ *op het ~ hebben* bedoelen, willen bereiken ▼ *uit het ~ verliezen* niet (meer) denken aan ▼ *voor ogen houden* steeds denken aan ▼ *scheve ogen* jaloezie ▼ *een ~je dichtknijpen* iets door de vingers zien, vergoelijken ▼ *een ~je op iemand hebben* iemand leuk vinden ▼ *een ~je in het zeil houden* goed opletten ❷ ronde opening in een naald, schaar e.d. ▼ *door het ~ van de naald kruipen* ternauwernood aan een gevaar ontkomen ❸ opening waarin een haak past ❹ stip op een dobbelsteen ❺ vetdeeltje op soep ❻ iets wat op een oog lijkt of het middelpunt van iets: *het ~ van een orkaan*

oogappel ❶ donker rondje in het midden van het oog, pupil ❷ fig. persoon die iemand het dierbaarst is: *zijn jongste dochter is zijn ~* **oogarts** dokter voor oogziekten **oogbol** de bijna ronde bol die in de oogkas ligt, het oog zelf

oogcontact ▼ *~ hebben* elkaar aankijken

oogdruppels *de (mv)* geneeskrachtige vloeistof die men in een oog druppelt **ooggetuige** iemand die iets zelf gezien heeft

ooggetuigenverslag verhaal over iets wat gebeurd is, door iemand die erbij was **ooghaar** vrij stijve haar aan de rand van een ooglid, wimper **oogheelkunde** medisch specialisme m.b.t de ogen en het gezichtsvermogen

oogholte ruimte waarin het oog ligt, oogkas

oo

ooghoogte v *op* – zo hoog als het oog van degene die het ziet **oogkas** ruimte vooraan in de schedel waarin de oogbol, oogzenuwen e.d. liggen **oogklep** klep opzij van elk van de ogen bij een paard v *~pen op hebben* blind zijn voor iets, kortzichtig zijn **ooglid** huidplooi die over de ogen sluit **oogluikend** bn alsof men het niet ziet: *iets ~ toelaten* **oogmerk** het bedoeling die iemand met iets heeft v *zonder winstoogmerk* zonder de bedoeling om winst te maken **oogopslag** ❶ keer dat iemand ergens naar kijkt, blik: *in één ~ zag hij wat er aan de hand was* ❷ manier van kijken: *een eerlijke ~* **oogpunt** het standpunt, gezichtspunt v *uit het ~ van* als men het vanuit dat standpunt, van die kant bekijkt **oogschaduw** kleur die op de oogleden wordt aangebracht

oogst de (m) ❶ het van het land halen, plukken e.d. van rijpe gewassen en vruchten ❷ rijpe gewassen en vruchten die binnengehaald zijn: *we hebben dit jaar een goede ~* ❸ fig. de opbrengst van iets, wat iets heeft opgeleverd **oogsten** ❶ rijpe gewassen en vruchten binnenhalen ❷ fig. verwerven, krijgen: *bewondering ~* **oogstmaand** maand waarin men oogst, augustus

oogstrelend bn mooi, heel prettig om naar te kijken **oogverblindend** bn ❶ (van licht) heel fel ❷ fig. schitterend: *ze is ~ mooi* **oogwenk** ❶ snelle blik ❷ kort ogenblik: *in een ~*

oogwit het wit van de oogbol **oogzenuw** zenuw die het oog met de hersenen verbindt

ooi de (v) vrouwelijk schaap

ooievaar de (m) [-s, -varen] grote vogel met lange snavel en hoge poten (Ciconia) v *de ~ is gekomen* er is een baby geboren **ooievaarsbek** plant van het geslacht Geranium

ooilam vrouwelijk lam

ooit bw op een moment in het verleden of in de toekomst: *~ was deze oude man hardloopkampioen; ~ zal ik naar Australië gaan* v *de snelste tijd, de beste acteur, voetballer e.d. ~ die* er in welke tijd dan ook geweest is

ook bw ❶ behalve dat, bovendien ❷ net zo: *alles goed met je? met je vriend ~?* ❸ toch: *had het dan ~ gezegd* ❹ misschien: *net vergeten zijn ~ hoe laat het is?* ❺ zelfs: *~ tegen zijn vrienden was hij onhebbelijk* v *~ al* hoewel: *hij ging uit, ~ al had hij bijna geen geld meer* v *dan ~* dus, daarom: *we zijn niet tevreden, we gaan hier dan ~ niet mee door*

oom de (m) [-s] ❶ broer van iemands vader of moeder ❷ echtgenoot van een zuster van iemands vader of moeder **oomzegger** de (m) [-s] kind van een broer of zuster, van een mannelijk persoon tegen wie dat kind 'oom' zegt

oor het [oren] ❶ orgaan waarmee mensen en dieren kunnen horen v *het ene ~ in en het andere ~ uit gaan* snel vergeten zijn v *iets goed in de oren knopen* goed onthouden v *zijn oren spitsen* scherp luisteren v *ergens oren naar hebben* graag willen, geïnteresseerd zijn v *tot over de oren verliefd* heel erg verliefd v *hij eet mij de oren van het hoofd* hij eet vreselijk veel v *iemand een ~ aannaaien* iemand iets wijsmaken, bedriegen v *ter ore komen* toevallig horen v *op een ~ na gevild* bijna klaar v *iemand de oren wassen* stevig de waarheid zeggen v *het zit tussen de oren* de oorzaak is psychisch v *BN op zijn twee/beide oren slapen* gerust zijn op een goede afloop v *BN, spreekt. iemand die over de kop zagen* almaar doorpraten over hetzelfde ❷ handvat in de vorm van een oor, bijv. van een koffiekopje ❸ voorwerp in de vorm van een oor

oorbaar bn gepast, wat netjes is, wat hoort **oorbel** sieraad dat in of aan het oor wordt gedragen **oorclip** sieraad dat aan het oor geklemd wordt

oord het plaats

oordeel het [-delen] ❶ mening, het goed- of afkeuren van iets: *volgens het ~ van de jury was ik niet goed genoeg* v *het laatste Oordeel* rechtspraak van God bij het einde van de wereld ❷ vermogen om te oordelen v *een leven als een ~* veel lawaai **oordeelkundig** goed genoeg op de hoogte, met genoeg kennis om te kunnen oordelen **oordeelsdag** (godsdienst) dag van het laatste Oordeel **oordelen** ❶ zijn mening zeggen over iets, hoe men het vindt ❷ rechtspreken, een vonnis uitspreken: *de rechter oordeelde dat het geen ongeluk was maar een poging tot moord*

oordop ❶ voorwerpje in het oor als bescherming tegen geluid of water ❷ microfoontje in het oor **oorhanger** lange oorbel

oorkonde de [-n, -s] geschreven stuk als bewijs van een overeenkomst, besluit enz.: *de schaatskampioen werd ereburger van zijn stad en kreeg een ~*

oorlel zacht slap stukje onder aan het oor

oorlog de (m) ❶ ernstige strijd tussen landen of volken waarbij wapens worden gebruikt v *koude ~* toestand van grote spanning tussen landen zonder dat er gevochten wordt ❷ fig. hevige strijd v *patatje ~* portie patat met mayonaise en satésaus **oorlogsbodem** oorlogsschip **oorlogscorrespondent** journalist die vanuit een oorlogsgebied verslag doet **oorlogsinvalide** soldaat die door gevechten in een oorlog invalide is geworden **oorlogsmisdadiger** iemand die de wetten van menselijkheid in de oorlog grof geschonden heeft **oorlogspad** v *op ~ gaan* op weg gaan om oorlog te voeren v *fig. hij is op ~* hij zoekt ruzie **oorlogsrecht** rechtsregels die gelden wanneer het oorlog is **oorlogsschatting** belasting die de overwinnaar na een oorlog aan de verliezer oplegt **oorlogsschip** schip voor oorlogsdoeleinden **oorlogsverklaring** aankondiging van het openen van vijandelijkheden en het verbreken van diplomatieke betrekkingen **oorlogsverleden** gedragingen van iemand tijdens een oorlog die geweest is, vooral het verrichten van diensten voor de vijand **oorlogsvloot** vloot van oorlogsschepen **oorlogszuchtig** bn sterk gericht op het voeren van oorlog, sterk geneigd om oorlog te voeren: *een ~e natie*

oormerk plaatje met een uniek kenteken aan het oor van vee **oormerken** ❶ van een oormerk voorzien ❷ fig. aangeven dat iets voor een speciaal doel bestemd is: *dit geld is geoormerkt voor de verbouwing*

oorpijn pijn in het oor **oorring** ring in het oor

oorrob familie van roofdieren die in zee leven (Otariidae), waartoe de zeeleeuwen behoren en de zeeberen, gekenmerkt door o.a. kleine oorschelpen **oorschelp** uitwendig deel van het gehoororgaan **oorsmeer** vettige stof in de oren

oorsprong de (m) ❶ begin, bron: de ~ van die rivier ligt hoog in de bergen; de ~ van het kwaad ❷ afkomst: hij is van ~ Fransman **oorspronkelijk** bn ❶ bij het eerste begin: ~ was hier alles woestenij ❷ zelfbedacht: een ~ werk ❸ die eigen ideeën heeft: een ~ schrijver

oortelefoon knopje voor de ontvangst van geluid, dat in de oorschelp past

oortje het [-s] ❶ oud muntstuk, 1/4 stuiver ▼ kijken als iemand die zijn laatste ~ versnoept heeft heel sip kijken ❷ oortelefoon

ooruil uil met pluimen bij het gehoororgaan

oorveeg klap om de oren **oorverdovend** bn heel luid, zo dat men er doof van wordt: een ~ lawaai **oorvijg** de klap om de oren, oorveeg

oorwarmer de (m) [-s] klep om oren tegen kou te beschermen

oorworm bepaald insect **oorwurm** bruin insect dat in donkere hoekjes kruipt ▼ een gezicht als een ~ een erg ontevreden gezicht

oorzaak de [-zaken] datgene waardoor iets gebeurt: gladheid was de ~ van het ongeluk **oorzakelijk** bn wat te maken heeft met de oorzaak: is er een ~ verband tussen die twee gebeurtenissen? is de ene gebeurtenis de oorzaak van de andere?

oost I de ❶ het oosten ▼ ~ west, thuis best het is nergens zo goed als thuis ▼ de Oost het voormalige Nederlands Oost-Indië **II** bn ❷ in oostelijke richting: die weg loopt ~ ❸ uit het oosten: de wind is ~ **oostelijk** bn ❶ in of naar het oosten, ten oosten ❷ van, uit het oosten **oosten** het windstreek waar de zon opgaat ▼ het Nabije Oosten het gebied met tegenwoordig Israël, Jordanië, Syrië, Libanon, Turkije, Irak ▼ het Verre Oosten Oost- en Zuidoost-Azië **oosterlengte** afstand in graden vanaf de nulmeridiaan in oostelijke richting **oosterling** de (m) iemand uit een oosters land, vooral uit Azië **oosters** bn van, uit, wat te maken heeft met oostelijke streken, Aziatisch **Oost-Indisch** bn ▼ ~ doof die zogenaamd niets hoort als het hem niet uitkomt om te reageren ▼ ~e kers sierplant die uit Peru afkomstig is (Tropaeolum majus) **oostnoordoost** bw een windrichting tussen oost en noordoost

ootje het ▼ iemand in het ~ nemen voor de gek houden

ootmoed de (m) besef van nederigheid, vooral tegenover God **ootmoedig** bn nederig

o.o.v. onvoorziene omstandigheden voorbehouden

op I vz ❶ aan de bovenzijde van: ~ de tafel ❷ naar omhoog: we gingen heuvel ~, heuvel af naar boven en dan weer naar beneden ▼ ~ en neer reizen heen en weer reizen ❸ verbonden aan, lid van: ~ school zitten ❹ wanneer iets gebeurt, gedurende: ~ een donderdag ❺ in de richting van: ~ het doel schieten ❻ hoe iets gebeurt, manier: ~ zijn Italiaans ❼ na: hij volgt ~ mij ❽ per, van elke: vier ~ de duizend mensen ❾ vanwege, volgens: ~ advies van ▼ ... na

behalve: ~ Natasha na, was iedereen er **II** bw ❿ opgegaan: het eten is ~ ▼ het eten wel/niet ~ kunnen kunnen opeten ⓫ verbruikt, uitgeput: ik ben helemaal ~ ⓬ uit bed: ik moet morgen vroeg ~

op. opus

opa de (m) [-'s] vader van iemands vader of moeder, grootvader

opaal de (m) [opalen] & het mineraal waarin men soms verschillende kleuren kan zien

opart ⟨-àRt⟩ de (m) kunst waarbij het gaat om optische effecten

opbaren (een dode) op een baar leggen

opbellen via de telefoon contact maken met iemand, telefoneren: ik bel je vanavond op om te zeggen wanneer ik kom

opbergen op een bepaalde plaats zetten of leggen: je moet je diploma's altijd goed ~

opbeuren ❶ optillen ❷ fig. bemoedigen, moed inspreken, opvrolijken

opbiechten eerlijk bekennen: biecht eens op waar je gisteravond was

opbieden ▼ tegen iemand ~ bij een verkoping een hoger bod doen; fig. proberen iemand te overtreffen door steeds verder te gaan dan hij

opbinden ❶ naar boven omslaan en vastbinden: het haar ~ ❷ omhooghouden door er iets om te binden

opblaaspop opblaasbare pop voor seksuele bevrediging **opblazen** ❶ groter laten worden door er lucht in te blazen: ballonnen ~ ❷ laten ontploffen: een brug ~ ❸ fig. overdrijven, over iets onbelangrijks spreken alsof het iets heel groots, ergs e.d. is: hij blaast dat misverstand ontzettend op

opblijven nog niet naar bed gaan: ik blijf nog even op, ik ben helemaal niet moe

opbloeien ❶ gaan bloeien ❷ fig. zelfverzekerder, gelukkiger e.d. worden: sinds ze verkering heeft, is ze helemaal opgebloeid

opbod ▼ bij ~ verkopen verkopen aan de persoon die er het meeste voor wil betalen

opboksen ▼ ~ tegen een moeilijke strijd voeren tegen

opborrelen borrelend naar boven komen

opbouw ❶ het opbouwen ❷ bovenste deel van iets: de ~ van een schip ❸ fig. bevordering, uitbreiding **opbouwen** nieuw of opnieuw bouwen, ook figuurlijk: hij heeft dit bedrijf helemaal alleen opgebouwd **opbouwwerk** maatschappelijk werk ten behoeve van een wijk, gebied e.d.

opbranden ❶ (laten) branden zodat er niets van overblijft, bijv. hout in een kachel ❷ fig. uitgeput raken, totaal geen energie meer hebben, bijv. door een druk leven met veel stress

opbreken ❶ openbreken: de straat ~ ❷ afbreken: een kamp ~ ❸ zijn boel pakken en vertrekken ❹ ⟨van iets dat iemand gegeten of gedronken heeft⟩ oprispingen veroorzaken ❺ fig. last van iets krijgen, er de vervelende gevolgen van voelen: hij leeft ongezond; dat zal hem nog een keer ~

opbrengen ❶ naar boven brengen ❷ in producten of geld opleveren: die zaak heeft

op

weinig opgebracht ❸ (met moeite) betalen: *ik kan de huur bijna niet meer ~* ❹ zich (met moeite) brengen tot: *geduld, begrip, kracht, moed ~* ❺ smeren op, aanbrengen op: *verf, make-up ~* ❻ dwingen mee te gaan naar het politiebureau, naar een haven te varen e.d.: *de arrestant werd opgebracht* ❼ opvoeden, grootbrengen: *kinderen ~* **opbrengst** *de (v)* ❶ voortgebrachte gewassen en vruchten, oogst ❷ wat men ontvangt of verdient: *wat is de ~ van de inzameling?* **opbrengsthuis** BN beleggingspand

opcenten *de (mv)* percentsgewijze verhoging, bijv. van belasting **opcentiemen** BN *de (mv)* opcenten, procentsgewijze verhoging van een oorspronkelijk bedrag

op. cit. in het aangehaalde werk

opdagen ▾ *komen ~* komen, verschijnen: *hij is weer niet komen ~*

opdat *vgw* met het doel dat: *ze neemt bijles, ~ ze goed voorbereid examen kan doen*

opdeciemen BN *de (mv)* verhoging van de geldboetes om de muntontwaarding te compenseren

opdelen in delen splitsen

opdelven opgraven

opdienen het eten op tafel zetten

opdiepen (uit de diepte) tevoorschijn brengen

opdirken opzichtig, overdreven opmaken of aankleden: *zij loopt er altijd zo vreselijk opgedirkt bij*

opdissen eten op tafel zetten ▾ fig. *een verhaal ~* vertellen

opdoeken afschaffen, een einde maken aan: *hij heeft zijn bedrijf opgedoekt*

opdoemen in de verte vaag verschijnen

opdoen krijgen, verwerven: *door veel te lezen doe je een hoop kennis op; hij heeft in verschillende bedrijven gewerkt om ervaring op te doen* ▾ *een ziekte ~* besmet worden met een ziekte

opdoffen oppoetsen ▾ zich ~ zich mooi maken **opdoffer** *de (m)* [-s] harde klap of stomp, dreun

opdonder inform. *de (m)* [-s] ❶ stomp, klap, schok: *als je die stroomdraad aanraakt, krijg je een ~* ❷ fig. schok, geestelijke klap: *door zijn ontslag heeft hij een ~ gekregen* ▾ scherts. *een kleine ~* een klein persoon

opdonderen inform. snel weggaan: *en nu moet je ~!* **opdondertje** scherts. *het* [-s] klein persoon, kind: *dat is zo'n klein ~*

opdraaien omhoog draaien, opwinden ▾ *~ voor* degene zijn die iets moet betalen, iets vervelends moet doen, de straf voor iets moet ondergaan: *ik moet ~ voor de kosten*

opdracht *de* ❶ bevel om iets uit te voeren, taak die is opgelegd ❷ het toewijden van een boek aan iemand, bewoording in een boek waarin dat wordt uitgedrukt **opdrachthouder** BN medewerker van de minister, belast met een bijzondere opdracht **opdragen** ❶ ⟨van kleren e.d.⟩ dragen totdat het versleten is ❷ bevel geven om iets uit te voeren, een taak opleggen ❸ ⟨van een boek e.d.⟩ aan iemand toewijden: *de schrijver heeft zijn boek opgedragen aan zijn vrouw*

opdraven ❶ naar boven of in een bepaalde richting draven ❷ ⟨van een paard⟩ laten draven om beoordeeld te worden ▾ *iemand laten ~*

zeggen dat iemand moet komen: *hij laat me ~ voor de meest onbelangrijke dingen* ▾ *moeten komen ~* moeten komen omdat iemand dat wil: *ik moet om de haverklap komen ~*

opdreunen eentonig opzeggen

opdrijven ❶ in een bepaalde richting drijven: *vee ~* ❷ erg doen stijgen: *de prijzen ~*

opdringen ❶ naar voren dringen ❷ door het uitoefenen van druk tegen iemands zin doen aannemen: *iemand een glas bier ~* ▾ *zich ~ op* hinderlijke wijze iemand een dienst aanbieden of iemands gezelschap zoeken; BN dringend nodig zijn: *een oplossing dringt zich op* **opdringerig** *bn* die zich opdringt, die per se met iemand om wil gaan, of die ander dat nu wil of niet: *die jongen is zo ~*

opdrinken drinken tot er niets meer over is: *je hebt je melk nog niet opgedronken*

opdrogen droog worden of maken

opdruk wat op of over iets anders is gedrukt **opdrukken** ❶ naar boven of in een bepaalde richting drukken ▾ *zich ~* voorover liggen en het lichaam met de armen omhoogduwen ❷ drukken op: *een merk ~*

opduikelen ❶ met enige moeite te pakken krijgen ❷ bij toeval vinden **opduiken** ❶ naar iets duiken en het naar boven halen ❷ fig. onverwacht komen, tevoorschijn komen: *nadat hij lang weg was geweest, kwam hij weer ~*

opduvelen inform. weggaan, opdonderen

opdweilen met een dweil wegnemen: *het glas viel om en ik moest de cola ~*

OPEC *de (v)* organisatie van aardolie exporterende landen

opeen *bw* op elkaar: *het publiek zal dicht ~*

opeens *bw* helemaal onverwacht, zonder dat men erop rekende, plotseling

opeisen iets eisen omdat men vindt dat men er recht op heeft: *de zoon eiste een deel der erfenis op* ▾ *een aanslag ~* verklaren ervoor verantwoordelijk te zijn, de aanslag gepleegd te hebben: *de terreurorganisatie eiste de aanslag op*

open *bn* ❶ niet gesloten, niet dicht, niet afgesloten: *de deur staat ~; een ~ wond; de vaarroute is ~* ▾ *~ en bloot* voor iedereen zichtbaar ▾ *een ~ vraag* een vraag die nog niet kan worden beantwoord ❷ niet gesloten van karakter, openhartig: *een ~ gelaat* ❸ waar iedereen naartoe mag, voor iedereen toegankelijk: *een ~ vergadering* ▾ *een ~ brief* brief die is gericht aan een grote groep mensen, aan iedereen of die gelezen kan worden door iedereen: *in de krant stond een ~ brief aan de minister*

openbaar *bn* ❶ bestemd voor iedereen: *~ vervoer; de openbare ruimte* ▾ *in het ~* voor iedereen zichtbaar ❷ algemeen: *de openbare veiligheid; een ~ lichaam* een overheidsinstelling met bepaalde bevoegdheden ❸ algemeen bekend: *iets ~ maken* **openbaarheid** *de (v)* het bekend zijn bij iedereen of het toegankelijk zijn voor iedereen **openbaren** bekendmaken ▾ *zich ~* duidelijk worden, blijken: *de frustratie tussen hen openbaarde zich tijdens de vakantie* **openbaring** *de (v)* het openbaren, vooral van iets goddelijks of wonderlijks ▾ *dat was een ~* dat was verrassend nieuw

opendeurdag BN, ook open dag, dag waarop instellingen en scholen vrij toegankelijk zijn voor geïnteresseerde buitenstaanders

opendoen openen ▼ *doe eens open!* maak de deur open! **openduwen** openen door te duwen: *hij duwde de deur open*

openen ❶ maken dat iets dat dicht was, open is, opendoen, openmaken: *de portier opende de deur; ik opende de kist* ❷ beginnen: *de zanger opende zijn optreden met een van zijn hits; de voorzitter opent de vergadering* **opener** *de (m)* [-s] voorwerp om flessen, blikken e.d. mee te openen

opengaan zich openen **opengewerkt** bn met gaatjes: *een ~e ring* **opengooien** met kracht openen

openhartig bn oprecht, zonder iets te verbergen: *hij vertelde ons ~ over zijn problemen*

openhartoperatie hartoperatie waarbij de borstkas geopend wordt

openheid *de (v)* ❶ het openhartig zijn, openhartigheid ❷ het openstaan voor andere mensen, ontvankelijkheid

opening *de (v)* ❶ plaats waar iets niet dicht is, gat: *er zit een ~ in de schutting* ❷ het openen: *er waren veel gasten bij de ~ van de nieuwe schouwburg* ▼ *~ van zaken geven* vertellen hoe de toestand werkelijk is nadat die informatie eerst geheim werd gehouden: *de commissaris gaf ~ van zaken over de resultaten van het politieonderzoek* **openingskoers** ⟨van effecten op de beurs⟩ koers direct na opening van de beurs

openlaten ❶ open laten staan: *zal ik de deur ~?* ❷ oningevuld laten, ook figuurlijk: *ik weet niet of hij terugkomt, dat liet hij open* **openleggen** opengeslagen neerleggen ▼ *een gebied ~* toegankelijk maken

openlijk bn onverholen, zonder te proberen het te verbergen, in het openbaar: *zij beschuldigde hem ~ van corruptie*

openluchtklas BN bosklas **openluchtmuseum** museum met tentoonstellingen buiten, in de openlucht

openmaken iets wat dicht is, openen **openrijten** openscheuren **openslaan** ❶ opendoen van een boek enz. ❷ met een slag opengaan ▼ *~de deuren* die naar buiten of binnen gedraaid kunnen worden

open source ⟨- sòrs⟩ comp. bn waarbij software met broncode vrij ter beschikking wordt gesteld en iedereen verbeteringen mag uitvoeren mits deze ook weer vrij beschikbaar worden gesteld **opensourcesoftware** -softwèr comp. software volgens het principe van open source

openspalken ❶ open doen staan (vaak d.m.v. stroken hout): *een geslacht dier ~* ❷ wijd openen: *zijn ogen ~* **opensperren** wijd openen: *zijn ogen of neusgaten ~* **openspringen** plotseling opengaan, figuurlijk door de spanning op staat: *de propvolle koffer sprong opeens open* **openstaan** ❶ niet gesloten zijn: *de deur staat open* ❷ toegankelijk zijn, ook figuurlijk: *hij staat open voor nieuwe ideeën* ❸ niet vervuld zijn: *een ~de betrekking* **openstellen** toegankelijk maken: *een kasteel ~ voor het publiek*

op-en-top bw geheel en al, helemaal **openvallen** ❶ door vallen opengaan ❷ ⟨van een baan, functie⟩ onbezet raken, vacant worden

opera *de (m)* [-'s] ❶ toneelstuk dat wordt gezongen en begeleid door een orkest ❷ gebouw voor operavoorstellingen

operabel bn mogelijk om te opereren

operateur *de (m)* [-s] ❶ iemand die films opneemt of opnamen maakt in een fotostudio ❷ iemand die technische apparatuur bedient, bijv. computers

operatie *de (v)* [-s] ❶ medische ingreep waarbij in het lichaam wordt gesneden ❷ mil. grote militaire handeling ❸ fig. grote actie, handeling, onderneming: *het verhuizen van zo'n groot bedrijf is een hele ~* **operatief** bn d.m.v. een operatie: *de blindedarm werd ~ verwijderd* **operatiekamer** vertrek waar medische operaties plaatsvinden

operating system ⟨oppəReeting sistəm⟩ het besturingssysteem van een computer

operationaliseren ⟨-zi-⟩ operationeel maken, klaar voor gebruik maken **operationeel** bn klaar voor gebruik: *het nieuwe computersysteem is nog niet ~*

operator ⟨oppəReetəR⟩ *de (m)* [-s, toren] ❶ operateur ❷ iemand die apparaten bedient ❸ wisk. symbool dat een bewerking aanduidt: *het somteken + is een ~*

opereren ❶ te werk gaan, iets doen: *de mensen van het verzet moesten in het geheim ~* ❷ een medische operatie uitvoeren: *de chirurg opereerde de patiënt* ❸ militaire acties uitvoeren

operette *de* [-s] kleine vrolijke opera, vrolijk toneelstuk met dialoog en zang

opeten ❶ eten tot er niets meer over is ❷ ⟨van kapitaalgoederen⟩ omzetten in geld voor het levensonderhoud: *zijn eigen huis ~*

opfleuren ❶ fris en vrolijk laten worden: *die nieuwe gordijnen fleuren de kamer helemaal op* ❷ vrolijk en blij worden: *ze was de laatste tijd zo somber maar ze is weer helemaal opgefleurd*

opflikkeren ❶ feller beginnen te branden ❷ spreekt. weggaan: *flikker toch op!*

opfokken ⟨van dieren⟩ grootbrengen ▼ inform. *zich ~* zich (onnodig) druk of kwaad maken

opfrissen fris worden of laten worden: *zo'n douche frist lekker op* ▼ *iemands geheugen ~* ervoor zorgen dat iemand zich iets weer gaat herinneren, bijv. door hem iets te vertellen **opfrisverlof** betaald verlof voor scholing

opgaan ❶ naar boven gaan ▼ *in ~de lijn* stijgende lijn ❷ ⟨van de zon⟩ boven de horizon komen ❸ in een bepaalde richting gaan: *een kant ~* ❹ een examen gaan afleggen: *~ voor het rijexamen* ❺ helemaal gegeten, gedronken of verbruikt worden: *alles is opgegaan* ❻ juist zijn, gelden: *die redenering gaat niet op* ▼ *~ in* iets in een groter geheel opgenomen worden: fig. er volkomen door in beslag genomen worden: *hij gaat helemaal op in zijn werk* **opgang** ❶ het opgaan van de zon enz. ❷ trap naar boven: *een kamer met vrije ~* ▼ *~ maken* succes hebben

opgave *de* [-n], **opgaaf** ❶ mededeling, opsomming: *de ~ van inkomsten voor de belastingdienst* ❷ taak, oefening: *~ 5 en 6 moeten we thuis maken; zes kinderen opvoeden is een hele ~*

opgeblazen bn ❶ volgeblazen met lucht

op

❷ ongezond dik: *ik heb een ~ gevoel* ❸ fig. verwaand: *wat een ~ ventje!*

opgebruiken helemaal gebruiken tot er niets meer over is **opgelaten** *bn* in een lastige situatie, zo dat iemand zich geneert en niet goed weet hoe hij moet reageren: *ik voel me ~ als hij intieme details over zijn relatie vertelt*

opgeld *het* ❶ geld dat een veilinghouder e.a. bij een verkoping rekent voor zijn diensten ❷ geld dat iemand ontvangt of betaalt boven de waarde van een muntsoort, aandeel enz. ▼ *~ doen* succes hebben, in trek zijn

opgelegd *bn* ❶ belegd met een dunne bovenlaag van een andere stof ❷ gekunsteld, onecht, omdat het zo hoort: *~ enthousiasme* **opgeprikt** *bn* overdreven keurig, ongemakkelijk en stijf: *wat zie jij er ~ uit in die nieuwe kleren; een ~ feestje* **opgeruimd** *bn* ❶ netjes, ordelijk: *een ~e kamer* ▼ *~ staat netjes* hoe eerder men zaken op orde heeft, hoe beter het is; fig. gelukkig, die ongewenste persoon is vertrokken ❷ in een goed humeur, vrolijk **opgescheept** *bn* ▼ *~ zitten met* iets vervelends als taak of als verantwoordelijkheid hebben gekregen: *mijn vriend is er niet en nu zit ik ~ met zijn bezoek* **opgeschoten** *bn* bijna volwassen: *een ~ jongeman* **opgeschroefd** *bn* overdreven en gemaakt, niet spontaan of natuurlijk: *~e vrolijkheid* **opgesloten** *bn* die zich bevindt in een ruimte waar hij niet meer uit kan ▼ fig. *dat zit ~ in dat bericht* dat wordt indirect ook gezegd in dat bericht **opgetogen** *bn* heel erg blij en enthousiast

opgeven ❶ iemand in handen geven, overhandigen: *geef op dat geld!* ❷ vertellen, bekendmaken: *de namen ~ van degenen die meegaan* ❸ zeggen wat iemand moet doen, opdragen: *de leraar gaf iedereen een taak op* ❹ ergens mee stoppen omdat men het niet meer kan: *halverwege de wedstrijd moest hij ~* ❺ laten varen ▼ *de hoop ~* niet meer hopen, ervan uitgaan dat iets slecht afloopt ❻ braken, uitspuwen: *zijn eten, slijm ~* ▼ *hoog ~ van* op een heel positieve manier spreken over ▼ *zich voor iets ~* zeggen dat men aan iets mee wil doen, zich aanmelden: *hij gaf zich op voor de cursus* **opgewassen** *bn* ▼ *~ tegen* sterk genoeg voor iets of iemand, bestand tegen **opgewekt** *bn* vrolijk, in een goed humeur **opgewonden** *bn* ❶ in gespannen verwachting, blij en gespannen: *de kinderen wachtten ~ op Sinterklaas* ▼ *een ~ standje* iemand die snel gespannen, geprikkeld, driftig enz. reageert ❷ met zin in seks: *hij raakt ~ van pornofilms* **opgezet** *bn* ❶ gezwollen, dik geworden ❷ ⟨dood dier⟩ opgevuld met gips en bekleed met de oorspronkelijke huid of vacht om te conserveren en tentoon te stellen: *een opgezette havik*

opgooien omhoog gooien **opgraven** uit de grond graven **opgraving** *de (v)* ❶ het uit de grond graven ❷ plaats waar wordt gegraven: *een archeologische ~* **opgroeien** groter worden, van kind tot volwassene worden

ophaal *de (m)* [-halen] opgaand lijntje van een letter **ophaalbrug** brug die als een klep opengaat

ophalen ❶ optrekken, omhoogtrekken: *de matroos haalde het anker op* ❷ weer bewustmaken ▼ *herinneringen ~* praten over dingen die men vroeger samen heeft meegemaakt ❸ goed leren zodat iemand op het niveau is dat hij nodig heeft, verbeteren: *hij moet zijn wiskunde ~* ❹ bij mensen langsgaan om iets te verzamelen, inzamelen: *geld ~ voor een goed doel* ❺ ergens vandaan halen: *kom je me na het zwemmen ~?* ❻ verwonden, bijv. door achter een spijker te blijven haken ❼ wegwerken: *een ladder in een kous ~*

ophanden *bw* wat binnenkort gaat gebeuren **ophangen** ❶ iets ergens aan hangen: *hang je jas maar op aan dat haakje* ❷ iemand met een touw aan zijn hals laten hangen tot hij dood is: *de ter dood veroordeelde misdadiger werd opgehangen* ❸ na een telefoongesprek de verbinding verbreken: *ik wilde nog wat zeggen maar ze had al opgehangen*

ophebben ❶ ergens op het lichaam hebben: *parfum, een bril ~* ❷ gegeten of gedronken hebben: *vier boterhammen ~* ▼ *veel met iemand ~* ingenomen zijn met iemand, iemand aardig, goed of intelligent enz. vinden

ophef *de (m)* overdreven drukte **opheffen** ❶ optillen ❷ laten eindigen, ermee stoppen: *een vereniging ~* **opheffingsuitverkoop** uitverkoop wegens beëindiging van de zaak **ophefmakend** BN, ook *bn* geruchtmakend

ophelderen ❶ duidelijk maken, toelichten: *een misverstand ~* ❷ ⟨van het weer⟩ helderder worden

ophemelen iemand of iets geweldig vinden en dat uiten: *zij hemelt haar vriendje heel erg op* **ophitsen** sterk aanmoedigen tot geweld, tot iets slechts: *de twee jongens lieten zich ~ door hun vrienden en begonnen te vechten*

ophoepelen inform. weggaan: *ik hoop dat ze snel ~*

ophoesten ❶ door hoesten naar boven brengen: *slijm ~* ❷ fig. zonder erop voorbereid te zijn opeens tevoorschijn brengen: *een groot bedrag moeten ~*

ophogen hoger maken, vooral door er grond op te brengen: *als de zee stijgt, moeten de dijken worden opgehoogd*

ophokken vogels in een hok plaatsen **ophokplicht** verplichting om vogels op te hokken tijdens een (dreigende) epidemie van vogelziekte

ophopen opstapelen ▼ *zich ~* zich opstapelen, steeds meer worden: *het werk hoopt zich op* **ophouden** [hield op, h. / is opgehouden] ❶ niet doorgaan, eindigen ▼ *zonder ~* aan één stuk door ❷ omhooghouden: *hou je bord maar op* ❸ in ere houden: *zijn naam ~* ❹ op het hoofd houden: *ik houd mijn hoed op* ❺ maken dat iemand niet verder kan gaan: *ik wil u niet langer ~* ▼ *zich ergens ~* ergens zijn: *de vermiste persoon houdt zich waarschijnlijk op in het zuiden van het land* ▼ *zich ~ met* zich inlaten met, omgaan met: *zij houdt zich op met allerlei criminele types*

opiaat *het* [-aten] middel dat opium bevat **opinie** *de (v)* [-s] mening ▼ *de publieke ~* de mening van de meeste mensen **opinieblad** tijdschrift met artikelen waarin meningen over onderwerpen worden gegeven **opinieleider** gezaghebbend persoon die de publieke opinie beïnvloedt **opiniepeiling** *de (v)* onderzoek naar de mening van mensen over bepaalde onderwerpen **opiniëren** zijn mening geven (en proberen die van anderen te beïnvloeden)

opium *de (m) & het* ❶ gedroogd sap van de vrucht van de plant slaapbol (Papaver somniferum) ❷ pijnstillend en verdovend middel dat hiervan gemaakt wordt ▼ ~ *schuiven* opium roken **opiumkit** *de* [-ten] gelegenheid waar opium gerookt wordt

opjagen ❶ voor zich uit jagen: *de kat jaagde het vogeltje op* ❷ maken dat iemand zich gaat haasten: *jaag me niet zo op! ik word er helemaal zenuwachtig van*

opjutten krachtig en voortdurend aansporen **opkalefateren** ❶ iets opknappen dat oud is of in slechte staat of iemand beter maken die ziek, zwak, in een slechte sociale positie e.d. is: *ik heb mijn fiets opgekalefaterd; de dokter heeft hem weer opgekalefaterd* ❷ zelf opknappen, herstellen, beter worden

opkamer kamer die iets hoger ligt

opkijken naar boven kijken ▼ *van iets* ~ er verbaasd over zijn ▼ *tegen iemand* ~ bewonderen: *hij kijkt op tegen zijn grote broer*

opkikkeren ❶ maken dat iemand zich ergens beter door voelt ❷ zich ergens beter door voelen: *van die kom hete soep kikkerde ik weer helemaal op* **opkikkertje** *het* [-s] iets waardoor iemand opkikkert, vooral een borrel

opklapbed bed dat tegen de muur opgeklapt kan worden

opklaren ❶ helder maken ❷ fig. ophelderen, verduidelijken ❸ (van de lucht) helder worden: *vanochtend was het bewolkt maar nu is het weer opgeklaard* ❹ (van een gezicht) weer vrolijk of vriendelijk worden

opklimmen ❶ naar boven klimmen ❷ fig. hoger in rang of waarde komen: *hij is opgeklommen in de hiërarchie binnen het bedrijf*

opkloppen ❶ door kloppen doen rijzen of uitzetten: *eiwit* ~ ❷ fig. als belangrijker, gewichtiger voorstellen dan het is

opknapbeurt *de* keer dat iemand iets flink opknapt **opknappen** ❶ beter worden, netter worden: *ik was ziek maar ik ben weer opgeknapt; het huis is echt opgeknapt nu het geschilderd is* ❷ netjes, mooi maken: *een huis* ~ ❸ weer in orde, tot een goed einde brengen: *ik zal dat zaakje wel* ~

opknippen ❶ (hoofdhaar) in laagjes korter knippen: *zal ik uw haar in de nek* ~? ❷ in stukken onderverdelen

opknopen ▼ inform. *zich* of *iemand* ~ zichzelf of iemand ophangen

opkoken iets dat al eens gekookt heeft, nog eens koken

opkomen ❶ naar boven komen: *zij kwam de trap op* ❷ boven de horizon komen: *de zon komt morgen om zeven uur op* ❸ uit de grond komen: *de radijsjes die ik gezaaid heb, komen op* ❹ op het toneel komen: *de speler kwam pas tegen het einde*

van het stuk op ❺ in iemands geest, hoofd komen: *die gedachte kwam zomaar in me op* ❻ ontstaan: *dat soort groeperingen is de laatste jaren opgekomen* ▼ een vergadering e.d. komen ❼ BN een kandidatenlijst indienen (van een partij) ▼ ~ *voor* verdedigen, pleiten voor ▼ *voor iemand* ~ hem verdedigen: *ze zeiden nare dingen over me, maar mijn vriendin kwam voor me op* **opkomst** ❶ groei, toename in betekenis: *de* ~ *van China* ❷ het verschijnen op vergaderingen, bij verkiezingen enz.: *de* ~ *bij de gemeenteraadsverkiezingen was laag* er kwamen maar weinig mensen stemmen

opkopen alles van een bepaald artikel of bedrijf kopen: *de hele voorraad* ~ **opkoper** iemand die opkoopt, vooral oude spullen

opkrabbelen ❶ met moeite overeind komen ❷ fig. langzaam, met moeite herstellen, van een ziekte, een maatschappelijke teruggang e.d.: *na zijn scheiding en zijn faillissement is hij langzaam weer opgekrabbeld*

opkramen BN, spreekt. I [kraamde op, is opgekraamd] ❶ weggaan II [kraamde op, h. opgekraamd] ❷ opruimen

opkrassen weggaan: *eindelijk waren ze opgekrast!*

opkrikken ❶ (met een krik) omhoogbrengen (van een auto) ❷ fig. omhoog halen, verbeteren: *verkoopcijfers* ~

opkroppen (gevoelens) lang inhouden en niet laten zien: *hij heeft al zijn verdriet opgekropt*

opkuisen BN schoonmaken

opkweken met zorg laten kiemen en groeien, grootbrengen: *plantjes* ~

oplaaien fel opvlammen, ook figuurlijk: *het vuur laaide op; de conflicten laaiden weer op*

opladen ▼ *een batterij* ~ een batterij opnieuw met elektriciteit vullen ▼ *een chipkaart* ~ het tegoed op de kaart aanvullen ▼ *zich* ~ *(voor een wedstrijd, confrontatie enz.)* zorgen dat men energie, vechtlust krijgt **oplader** *de (m)* [-s] apparaat om batterijen of accu's op te laden

oplage *de* [-n, -s], **oplaag** aantal exemplaren dat wordt gedrukt van een boek, krant of tijdschrift: *dat boek verschijnt in een* ~ *van tienduizend stuks*

oplagecijfer cijfer dat de omvang van een oplage aangeeft

oplappen iets dat in slechte staat is, een beetje herstellen: *ik heb die oude fiets opgelapt en nu rijdt hij weer*

oplaten de lucht in laten gaan: *ballonnen* ~

oplawaai *de (m)* harde klap of stomp

oplazeren inform. weggaan: *lazer nou eens op!*

opleggen ❶ leggen op iets anders ❷ verplichten tot: *iemand een straf* ~ ▼ *iemand het zwijgen* ~ maken dat iemand niets meer kan zeggen ▼ *iemand zijn wil* ~ verplichten om te doen wat men wil, overheersen **oplegger** *de (m)* [-s] grote aanhangwagen: *een truck met* ~

opleiden iemand een vak of vaardigheid leren **opleiding** *de (v)* het opleiden voor een vak of wetenschap, school, studie: *hij heeft een goede* ~ *gehad* **opleidingscheque** BN vorm van overheidssubsidie waarmee bedrijven hun werknemers een extra opleiding kunnen laten volgen **opleidingsschip** schip om mensen op te leiden voor een varend beroep, bijv. bij de

op

oplepelen ❶ met een lepel opeten **❷** iets opzeggen wat men uit zijn hoofd kent

opletten zijn aandacht bij iets hebben: *je moet beter ~ tijdens de les* **oplettend** *bn* aandachtig, waarbij iemand goed oplet

opleuken leuker maken

opleven ❶ vrolijker en gelukkiger worden: *in de lente leef ik altijd weer helemaal op* **❷** weer tot bloei komen, welvarend worden: *het hele dorp leefde op toen er een hotel werd gebouwd*

opleveren ❶ tot resultaat hebben: *al die jaren trainen hebben hem ten slotte een gouden medaille opgeleverd* **❷** ⟨van aangenomen werk⟩ afleveren

oplevering voltooiing van aangenomen werk

oplezen hardop lezen, voorlezen: *hij las de namen op van een papier*

oplichten ❶ helderder worden: *de lucht is donker maar in de verte licht het al op* **❷** optillen: *ik lichtte het kleed op om eronder te kijken* **❸** bedriegen en benadelen: *je hebt je door die verkoper laten ~* **oplichterij** *de (v)* het bedriegen en benadelen van iemand, bedrog

oploop het bij elkaar komen, het vormen van een groep van een aantal mensen op straat: *er ontstond een ~ toen de politie probeerde twee winkeldieven te arresteren* **oplopen ❶** omhooglopen **❷** opgaan: *de weg ~* **❸** verder lopen: *vast een eindje* **❹** hoger worden: *~de kosten* **❺** opdoen, krijgen: *een nat pak, een ziekte ~* **♦** *hoog ~* heel erg worden: *de ruzie is hoog opgelopen* **▼** BN ook *hoog ~ met* veel waardering, bewondering hebben voor

oplossen ❶ (zich) vermengen met een vloeistof: *suiker lost makkelijk op in water* **❷** fig. verdwijnen, opgenomen worden in iets anders: *de klanken losten op in het niets; de file loste op* **❸** een antwoord vinden op, problemen wegnemen: *ik het raadsel opgelost; moeilijkheden ~* **▼** *zich ~* vanzelf opgelost worden, oplosbaar zijn: *dat probleem lost zich wel op*

oplossing *de (v)* **❶** mengsel van een gas, vloeistof of vaste stof met een vloeistof **❷** antwoord op een vraagstuk: *de ~ van de puzzel* **❸** het opheffen van moeilijkheden of bezwaren: *dat is de ~ voor het probleem*

opluchten ❶ lucht geven **❷** fig. verlichten van zorg, bezorgdheid wegnemen, geestelijke druk wegnemen **opluchting** *de (v)* bevrijding van zorg: *het is een hele ~ dat ik mijn sleutels teruggevonden heb*

opluisteren extra mooi, leuk e.d. maken, glans verlenen: *het feest werd opgeluisterd door optredens van beroemde bands*

opmaak *de (m)* [-maken] **❶** verdeling in pagina's en kolommen van kranten, tijdschriften, boeken enz. **❷** het mooier maken van het gezicht met make-up

opmaat ❶ muz. inzet met een zwak beklemtoonde noot, gevolgd door een sterk beklemtoonde noot **❷** fig. eerste begin: *dat conflict was de ~ naar de oorlog*

opmaken ❶ alles verbruiken **❷** mooi maken, make-up op het gezicht aanbrengen **▼** *zich ~* make-up aanbrengen op haar of zijn eigen gezicht **❸** berekenen: *de balans ~* **❹** in pagina's en kolommen verdelen: *de krant ~* **▼** *~ uit* begrijpen uit, concluderen: *uit haar verhaal maakte ik op, dat ze gescheiden is* **▼** *zich ~ voor* zich gereedmaken voor: *zich ~ voor de strijd*

opmars ❶ het verder marcheren **❷** fig. de opkomst van iets, de snelle toename van iets

opmerkelijk *bn* wat de aandacht trekt, merkwaardig

opmerken ❶ in het oog krijgen, zien: *ik had dat winkeltje nog niet eerder opgemerkt* **❷** zeggen, de aandacht vestigen op: *hij merkte op dat hij het een mooi boek vond* **opmerking** *de (v)* iets wat iemand zegt of opmerkt **opmerkingsgave** scherp waarnemingsvermogen **opmerkzaam** *bn* waarbij iemand goed oplet, aandachtig **▼** *iemand op iets ~ maken* hem tegen hem zeggen, zijn aandacht erop vestigen

opmeten de maat bepalen, meten hoe lang, breed e.d. iets of iemand is

opmonteren opvrolijken

opnaaien op iets vastnaaien **▼** *inform.* zich laten ~ zich kwaad laten maken

opname *de* [-n, -s] **❶** het opnemen: *~ van geld; ~ in het ziekenhuis; de ~ van een tv-programma; de ~ van water in de bodem* **❷** opgenomen beeld of geluid **opnemen ❶** optillen, oppakken **❷** van een rekening halen: *voor ik uitga, moet ik geld ~* **❸** vaststellen en optekenen: *de tijd ~* **❹** ontvangen, een plaats geven (om te verzorgen): *~ in een ziekenhuis, de maatschappij, een gezin* **▼** *iemand in het ziekenhuis ~* hem als patiënt een plaats geven in het ziekenhuis **❺** vastleggen op een geluidsband, videoband enz.: *kun je dat tv-programma voor me ~?* **❻** ⟨telefoon⟩ reageren als men gebeld wordt: *ik belde haar maar ze nam niet op* **❼** opzuigen: *water opnemen* **❽** bekijken: *iemand goed ~* **▼** *iets in zich ~* aandachtig kennisnemen van en onthouden **▼** *iets ernstig ~* opvatten als serieus bedoeld; iets heel ernstig, erg vinden **▼** *het voor iemand ~* hem verdedigen

opnieuw *bw* nog eens, weer

opnoemen na elkaar noemen

opoe *de (v)* [-s] grootmoeder **▼** *scherts.* ~ *op bezoek hebben* menstrueren **opoefiets** ouderwetse hoge zwarte fiets

opofferen ❶ vrijwillig afstaan ten behoeve van iemand of iets **❷** als offer brengen **▼** *zich ~* zich aan iemand of iets wijden en zijn eigen belangen daarvoor opzijzetten

opofferingsgezind bereid zich aan iets of iemand te wijden en daarvoor zijn eigen belangen opzij te zetten

oponthoud *het* **❶** vertraging, iets waardoor vertraging ontstaat: *we hadden tijdens de reis een kort ~ toen we een lekke band moesten verwisselen* **❷** verblijf, het ergens een tijdje zijn: *tijdens zijn ~ in Zwitserland heeft hij haar ontmoet*

opossum I *de (m)* [-s] **❶** buidelrat uit Amerika **II** *het* **❷** bont daarvan

oppakken ❶ optillen, oprapen: *iets van de grond ~* **❷** arresteren, gevangennemen: *de oplichter is opgepakt* **❸** fig. zien, begrijpen en ermee verdergaan of er iets aan doen: *ik heb hem uitgelegd hoe hij het moet doen, maar hij pakt het niet op*

oppas *de (m)* [-sen] iemand die op anderen let, vooral op kinderen als de ouders weg zijn
oppassen ❶ opletten, uitkijken: *opgepast, daar komt een auto aan!* ❷ zich netjes gedragen, geen slechte dingen doen ❸ verzorgen, letten op, vooral op kinderen als de ouders weg zijn
oppassend *bn* die zich netjes gedraagt en zijn plicht doet **oppasser** *de (m)* [-s] (dieren)verzorger
oppeppen actiever maken, energie geven
opper *de (m)* [-s] stapel gemaaid gras **opperarm** bovenarm **opperbest** uitstekend, heel goed: *hij was in een ~ humeur* **opperbevel** de hoogste leiding: *het ~ van het leger* **opperbevelhebber** de hoogste leider van de strijdkrachten
opperdoes *de (m)* [-doezen], **opperdoezer** [-s] aardappelsoort uit Noord-Holland
opperen ❶ als idee naar voren brengen: *"in plaats van vandaag, kunnen we ook morgen gaan," opperde Jan* ❷ als opperman werken
opperhoofd hoofdman van een stam die op een traditionele manier leeft: *het ~ van een indianenstam* **opperhuid** buitenste laag van de huid **oppermachtig** met alle macht in handen: *de rebellen zijn in dit gebied ~*
opperman *de (m)* [-nen, -lui, -lieden] helper van een metselaar of stratenmaker
opperpriester hoogste priester
opperst *bn* hoogst, voornaamst, machtigst ▼ *het ~e gezag* ▼ *in ~e verbazing* heel erg verbaasd ▼ *in ~e concentratie* heel erg geconcentreerd: *in ~e concentratie maakten ze de toets*
oppervlak oppervlakte **oppervlakkig** *bn* ❶ niet diepgaand, zonder diepgaande gedachten en gevoelens: *een ~ persoon* ❷ vluchtig, niet grondig: *een boek ~ bekijken* **oppervlakte** ❶ bovenkant, buitenkant: *de ~ van de aarde, een meer, een bal* ❷ grootte, afmeting: *de ~ van een provincie*
opperwachtmeester sergeant-majoor bij de cavalerie, artillerie of de marechaussee
Opperwezen God
oppeuzelen op zijn gemak met kleine hapjes en met smaak opeten
oppiepen oproepen d.m.v. een draagbaar apparaatje dat een piepend geluid geeft
oppikken ❶ met de snavel oppakken ❷ fig. onderweg meenemen: *een lifter oppikken* ▼ fig. *iets ~* iets leren en toepassen: *die nieuwe werknemer heeft het snel opgepikt* ▼ fig. *iets ~ uit/van* iets leren of te weten komen
oppoetsen ❶ glanzend wrijven ❷ fig. mooier of beter maken: *zijn imago ~*
oppompen ❶ lucht pompen in een fietsband e.d. ❷ omhoog pompen: *water ~ uit de grond*
opponent ❶ tegenstander in een discussie ❷ hoogleraar die bij een promotie beweringen en stellingen in het proefschrift aanvalt **opponeren** ❶ tegenspreken, bestrijden ❷ bij een promotie beweringen en stellingen in het proefschrift aanvallen
opporren ❶ met de pook oprakelen ❷ fig. aansporen
opportunisme *het* het niet handelen uit principe maar zoals het op een bepaald moment het beste uitkomt en het voordeligst is **opportunist** *de (m)* iemand die niet handelt uit

principe maar zoals het hem op een bepaald moment het beste uitkomt en het voordeligst voor hem is
opportuniteit *de (v)* het opportuun zijn **opportuniteitsbeginsel** uitgangspunt dat een officier van justitie op grond van het algemeen belang kan beslissen niet iedere verdachte te vervolgen
opportunity ‹-tjoenətie› *de* [-'s] kans, vooral een zakelijke kans
opportuun *bn* van pas, op het juiste ogenblik: *een ingrijpende verbouwing van de school zou op dit moment niet ~ zijn*
opposant ‹-zant› tegenstander
oppositie ‹-zie› *de (v)* [-s] ❶ tegenstand, verzet ❷ politieke partijen die niet in de regering zitten en die het beleid kritisch volgen ❸ tegenovergestelde stand van twee hemellichamen **oppositiepartij** politieke partij die niet in de regering zit en het regeringsbeleid kritisch volgt
oppotten opsparen van geld: *hij pot zijn al zijn geld op en geeft nooit iets uit*
oprakelen door poken of schudden vuur feller doen branden ▼ *iets vervelends, onaangename gebeurtenissen ~* weer ophalen, er weer over beginnen te praten
oprapen van de grond oppakken ▼ fig. *voor het ~ liggen* in overvloed beschikbaar zijn
oprecht *bn* eerlijk, echt, gemeend: *~e belangstelling*
oprekken ❶ groter maken door eraan te trekken ❷ fig. groter, breder maken: *een budget ~; een begrip ~*
oprichten ❶ rechtop zetten ▼ *zich ~* rechtop gaan zitten of staan ❷ stichten: *een vereniging ~*
oprijden ❶ omhoogrijden: *een heuvel ~* ❷ een beetje verder rijden: *~ tot de stopstreep* **oprijlaan** brede toegangsweg van een kasteel, landhuis e.d.
oprijzen ❶ opstaan, omhooggaan: *er rees een man op uit de menigte* ❷ fig. opkomen, ontstaan: *er rees een vermoeden in me op*
oprisping *de (v)* ❶ het door de keel naar buiten komen van maaggassen en kleine hoeveelheden maaginhoud ❷ fig., min. plotseling idee, voorstel e.d. waar iemand niet over heeft nagedacht: *o, dat is weer zo'n ~ van hem*
oprit *de (m)* [-ten] ❶ weg die omhoogloopt, bijv. naar een dijk of een brug ❷ toegangsweg tot een auto- of snelweg
oproeien tegen de stroom of de wind in roeien ▼ fig. *tegen de stroom ~* iets proberen te bereiken ondanks weerstand of tegenwerking
oproep het erop aandringen om iets te doen of ergens te komen: *een ~ om te demonstreren* **oproepcontract** arbeidsovereenkomst waarbij iemand alleen werkt wanneer er werk voor hem is en hij wordt betaald voor de uren die hij werkt **oproepen** ❶ aansporen, aandringen om iets te doen of juist niet te doen: *~ om te staken; ~ om geen geweld te gebruiken* ❷ bij elkaar roepen, laten komen: *reservisten ~* ❸ doen verschijnen: *gegevens ~* ❹ in gedachten voor zich doen verschijnen: *herinneringen aan het verleden ~* **oproepkracht** werknemer die alleen

op

wordt gevraagd om te werken wanneer er werk voor hem is

oproer *het* opstand van de bevolking tegen het gezag **oproerkraaier** neg. *de (m)* [-s] iemand die aanzet tot verzet

oprollen tot een rol maken: *een slaapzak ~* ▼ *een bende ~* de leden van een bende arresteren

oprotpremie iron. premie voor een inwoner van buitenlandse afkomst als hij vertrekt **oprotten** spreekt. weggaan: *en nu allemaal ~!*

opruien opstoken, aansporen om iets slechts te gaan doen: *~de taal*

opruimen ❶ wegbergen ❷ netjes maken: *ik zal de kamer ~ en alles wat op de grond en de tafel ligt, opbergen* ❸ ⟨artikelen⟩ verkopen tegen lagere prijzen (omdat men ze kwijt wil of omdat ze uit de mode zijn)

oprukken ⟨van een leger⟩ optrekken

OPS *het* , organisch psychosyndroom, aandoening aan het zenuwstelsel door het werken met schadelijke stoffen zoals oplosmiddelen, bij onder andere schilders, garagemedewerkers, in de grafische industrie

opschalen [schaalde op, h. opgeschaald] ⟨een organisatie of activiteit⟩ uitbreiden als de omstandigheden daarom vragen: *de hulpverlening ~* ▼ *een brand ~* beslissen dat de brand van een hogere, ergere categorie blijkt te zijn

opscharrelen hier en daar vandaan halen, op verschillende plaatsen vinden en daarvandaan halen

opschepen ▼ *iemand met iets ~* iemand iets vervelends bezorgen, opdringen: *hij scheepte mij op met zijn saaie gasten en ging zelf naar het café*

opscheppen ❶ omhoogbrengen door te scheppen ▼ *voor het ~ liggen* in overvloed voorhanden zijn ❷ eten op een bord scheppen ❸ vertellen dat, doen alsof men heel rijk, sterk, populair enz. is terwijl dat niet zo is: *hij is weer aan het ~ over zijn succes bij de vrouwen* **opschepper** *de (m)* [-s] iemand die opschept, die doet alsof hij veel rijker, sterker enz. is dan hij in werkelijkheid is

opschieten ❶ zich haasten, voortmaken ▼ *schiet op!* haast je! ❷ goed vooruitgaan, vooruitgang boeken: *schiet het werk een beetje op?* ❸ snel omhoog groeien: *het onkruid schiet op* ▼ *goed met elkaar kunnen ~* elkaar aardig vinden en een goed contact met elkaar hebben

opschik *de (m)* versiering, vooral in de vorm van kleding die iemand draagt, sieraden e.d. **opschikken** ❶ versieren, mooi maken ❷ opzij gaan: *kun je een plaats ~?*

opschonen zuiveren, alles eruit halen wat er niet in hoort: *ik heb het bestand opgeschoond en alle fouten en verkeerde codes eruit gehaald*

opschorten uitstellen: *je oordeel ~ tot je meer informatie hebt*

opschrift tekst die op of boven iets geschreven staat **opschrijven** ❶ neerschrijven op iets, noteren: *ik heb al mijn belevenissen opgeschreven* ❷ op de rekening schrijven: *wilt u meteen betalen of zal ik het ~?*

opschrikken I [schrok op, is opgeschrokken] ❶ schrikken: *hij schrok op uit zijn gedachten toen zijn vriendin iets zei* **II** [schrikte op, h. opgeschrikt] ❷ doen schrikken: *je schrikt de dieren op als je zo hard praat in het bos*

opschroeven ❶ op iets schroeven ❷ omhoogschroeven, door schroeven omhoog doen gaan ❸ fig. heel erg doen stijgen: *het werktempo ~*

opschudden boller maken door te schudden: *het dekbed ~* ▼ *fig de boel eens flink ~* maken dat iedereen opschrikt uit de normale gang van zaken, uit de normale sleur

opschudding *de (v)* grote verwarring, onrust over iets: *de explosie zorgde voor veel ~*

opschuiven ❶ omhoogschuiven ❷ opzijschuiven: *kun je een stukje ~? dan kan ik er ook nog bij* ❸ fig. uitstellen: *we hebben de einddatum van het project twee weken opgeschoven*

opsieren versieren, mooi maken

opslaan ❶ omhoogslaan ❷ openslaan: *bladzijde 10 ~* ❸ ⟨een tent, een kamp⟩ oprichten ❹ ⟨van lonen, prijzen⟩ (doen) stijgen ❺ ⟨van goederen⟩ tijdelijk opbergen ❻ comp. bewaren: *wil je dit bestand ~ of weggooien?* **opslag** ❶ verhoging van loon, prijs enz. ❷ omslag van een kledingstuk ❸ het tijdelijk opbergen van goederen, ook de plaats waar dit gebeurt ❹ sp. eerste slag, service (bij onder andere volleybal en tennis) **opslagplaats** plaats waar spullen worden bewaard, opgeslagen

opslokken ❶ zonder te kauwen naar binnen werken, gulzig eten ❷ fig. in zich opnemen: *de omliggende dorpen zijn opgeslokt door de stad* ❸ fig. helemaal in beslag nemen, alle aandacht vragen: *hij wordt helemaal opgeslokt door zijn studie*

opslorpen, opslurpen ❶ slurpend opdrinken ❷ fig. inzuigen, in zich opnemen ❸ ⟨van werkzaamheden, bezigheden e.d.⟩ (iemand) volledig in beslag nemen

opsluiten ⟨een mens of dier⟩ in een ruimte zetten en die op slot doen, gevangenzetten ▼ *in iets opgesloten liggen* ermee bedoeld zijn zonder dat dat uitdrukkelijk wordt vermeld

opsmuk *de (m)* versiering **opsmukken** mooier maken, verfraaien

opsnijden pochen, opscheppen

opsnorren ergens vandaan tevoorschijn halen: *ik moet die oude kampeerspullen ~, ze liggen ergens op zolder*

opsnuiven diep inademen door de neus

opsodemieter inform. *de (m)* [-s] flinke klap ▼ *een kleine ~* een klein brutaal persoon

opsodemieteren inform. weggaan: *~, nu meteen!*

opsommen achter elkaar opnoemen

opsouperen ⟨-soepi-⟩ ⟨geld, voorraad⟩ opmaken

opsparen door sparen bijeenbrengen

opspelen ❶ drukte maken om iets, kwaad uitvallen ❷ met nadruk naar voren brengen omdat men het onderwerp belangrijk vindt ❸ een bepaalde kaart spelen in een kaartspel ❹ last bezorgen, niet helemaal goed of gezond zijn: *mijn maag speelt weer op*

opsporen ❶ proberen te vinden ❷ door zoeken vinden **opsporingsregister** register van gezochte personen

opspraak *de* afkeurend gepraat ▼ *in ~ komen* iets doen of meemaken waardoor anderen op een negatieve manier over die persoon spreken

opspringen ❶ in de hoogte springen: *de hond springt tegen me op* ❷ plotseling opstaan: *hij sprong op toen er werd aangebeld*

opspuiten ❶ omhoog spuiten ❷ iets ophogen door er een laag van iets op te spuiten: *zand ~ op het strand* ❸ ophogen door er iets in of onder te spuiten: *het ~ van een bovenlip*

opstaan ❶ gaan staan: *~ nadat je bent gevallen* ❷ uit bed komen: *ik moet om zeven uur ~* ❸ in opstand komen ❹ weer levend worden: *opgestaan uit de dood* ❺ op het vuur staan: *het eten staat op* ❻ omhoog staan: *een ~de kraag*

opstal *de (m)* [-len] dat wat op een terrein gebouwd is

opstand *de (m)* ❶ actief verzet, vaak door een grote groep mensen, tegen een (sociale of politieke) situatie of omstandigheden: *toen de armen in ~ kwamen, zette de regering het leger in* ❷ opstaande rand **opstandeling** iemand die in opstand, verzet komt **opstandig** *bn* geneigd tot verzet, die zich verzet **opstanding** *de (v)* het opstaan uit de dood: *de ~ van Christus*

opstap ❶ trede, plank om ergens op te stappen ❷ *fig.* tussenfase om iets hogers te bereiken: *dit baantje is een ~ naar een betere baan in dit bedrijf*

opstapelen in een stapel op elkaar zetten ▼ *fig.* *zich ~* steeds meer worden: *het werk stapelt zich op*

opstappen ❶ op iets stappen ❷ in een voertuig, zoals een trein of bus, stappen: *ik ben opgestapt in Gouda* ❸ weggaan, ontslag nemen: *het is al laat, ik stap maar weer eens op; ik had genoeg van die baan; ik ben opgestapt* ❹ BN meelopen in een betoging

opstarten ❶ startklaar maken, aanzetten, beginnen: *het besturingssysteem van de computer ~* ❷ *fig.* met iets beginnen, in gang zetten: *een bedrijfje ~*

opsteken ❶ omhoogsteken ❷ op iets steken ❸ aansteken: *een pijp ~* ❹ *fig.* te weten komen: *er weinig van ~* ❺ gaan waaien: *de wind steekt op* **opsteker** *de (m)* [-s] ❶ hooivork met een lange steel ❷ compliment, buitenkans of succes dat iemand stimuleert om door te gaan: *dat goede cijfer voor wiskunde was een ~*

opstel *het* [-len] kleine verhandeling, klein verhaal: *we moeten voor Nederlands een ~ schrijven over onze vakantie* **opstellen** ▼ *een brief, verklaring ~* bedenken en opschrijven een speler een plaats geven in een sportploeg voor een wedstrijd: *de coach heeft mij als keeper opgesteld* ▼ *zich (positief, negatief) ~* een standpunt innemen, houding aannemen **opsteller** *de (m)* [-s] BN lagere ambtenaar aan een ministerie

opstijgen ❶ omhoog de lucht ingaan: *het vliegtuig stijgt op* ❷ op een paard klimmen

opstoken ❶ harder doen branden ❷ helemaal verbranden: *we hebben alle hout opgestookt* ❸ ophitsen, opzetten tegen iemand: *hij had zich laten ~ door zijn vrienden om de winkelruit in te gooien; ze stookte haar zoon op tegen de nieuwe vriendin van zijn vader*

opstomen ❶ in een richting gaan, vooral met een boot: *vrachtschepen die ~ van Rotterdam naar Antwerpen* ❷ warm maken met stoom: *groente ~*

opstootje *het* [-s] relletje **opstopper** *de (m)* [-s] flinke klap (met de vuist), stomp **opstopping** *de (v)* situatie in het verkeer waarbij mensen door drukte niet verder kunnen

opstoten ❶ omhoog stoten ▼ *fig. ~ in de vaart der volkeren* een belangrijke rol doen spelen ❷ jagerst. (wild) verjagen uit de dekking

opstrijken ❶ neg. (geld) krijgen, zorgen dat men (geld) krijgt: *wij doen het werk en hij strijkt de winst op* ❷ omhoogstrijken: *zijn snor ~* ❸ gladstrijken: *ik wil die kraag nog even ~ voor we naar het concert gaan*

opstropen omhoogschuiven: *de mouwen ~*

opstuiven ❶ omhoog waaien door wind, voetstappen e.d.: *~d zand* ❷ snel omhooglopen: *ze stoof de trap op* ❸ *fig.* plotseling kwaad reageren door iets te zeggen: *ze stoof op toen haar zuster haar vriend afkraakte*

opsturen naar iemand sturen per post: *ik zal de documenten ~*

Opta *de (v)* Onafhankelijke Post en Telecommunicatie Autoriteit (*instantie in Nederland die de naleving controleert van wet- en regelgeving op het gebied van telecommunicatie*)

optakelen met een takel ophijsen

optater *de (m)* [-s] harde klap of stomp

optekenen opschrijven om te onthouden, als een verslag van iets: *hij heeft de gebeurtenissen opgetekend*

optellen bij elkaar tellen: *als je 2 en 3 optelt, krijg je 5* **optelsom** som waarbij iets opgeteld wordt

opteren zijn voorkeur uiten, een keuze maken

optica *de (v)* natuurkunde die te maken heeft met het licht **opticien** ‹-sjē› *de (m)* [-s] ❶ iemand die brillen of contactlenzen aanmeet of verkoopt ❷ maker van optische instrumenten

optie *de (v)* [-s] ❶ vrije keus, keuzemogelijkheid: *ik moet al mijn opties nog maar eens goed bekijken* ❷ voorkeursrecht om iets te kopen of te huren ❸ bewijs waarmee iemand een bepaald aandeel kan kopen tegen een koers die van tevoren is vastgesteld ❹ BN vakkenpakket, keuzepakket, afstudeerrichting **optiebeurs** deel van een beurs waar opties verhandeld worden

optiek *de (v)* ❶ optische instrumenten ❷ leer van het zien en van het licht ❸ *fig.* gezichtspunt, manier om iets te bekijken: *vanuit zijn ~ is de maatregel die jij zo slecht vindt, juist goed*

optimaal *bn* ❶ uiterst ❷ zo goed, hoog, gunstig mogelijk: *de optimale voorwaarden om dit werk goed te kunnen doen* **optimaliseren** ‹-zīrən› zo goed mogelijk maken

optimisme *het* neiging om alles van de beste kant te zien, om te denken dat de dingen wel goed zullen gaan **optimist** *de (m)* iemand die optimistisch is **optimistisch** *bn* geneigd om alles van de beste kant te zien, te geloven dat alles goed zal gaan

optioneel *bn* naar keuze, wat men kan maar niet hoeft te kiezen

optisch *bn* ❶ wat te maken heeft met de manier waarop iets zich aan het gezicht vertoont ▼ *~ bedrog* gezichtsbedrog ❷ wat te maken heeft

op

met het zien en de lichtstralen: *~e instrumenten* ▼ *~ lezen* machinaal herkennen van tekens d.m.v. lichtgevoelige elementen

optocht ❶ stoet, groep mensen, wagens e.d. die op een georganiseerde manier ergens lopen of rijden ❷ het gezamenlijk ergens naartoe gaan: *in ~ trekken wij naar het Museumplein*

optometrie *de (v)* het meten van oogfuncties
optometrist *de (m)* iemand die oogfuncties meet

optornen ▼ *~ tegen* met moeite ingaan tegen: *tegen de storm, de publieke opinie ~*

optrede *de* [-n] ❶ opstap ❷ afstand tussen traptreden

optreden ❶ in het openbaar spreken, musiceren, acteren enz. ❷ zich voordoen: *na de operatie traden complicaties op* ❸ handelen, iets doen: *we moeten ~ tegen vandalisme*

optrekje *het* [-s] klein verblijf, kleine woning of klein huis

optrekken ❶ omhoogtrekken ❷ omhooggaan en verdwijnen: *de mist trok op* ❸ bouwen, in elkaar zetten: *het huis is opgetrokken uit rode stenen* ❹ ⟨van een leger⟩ ergens naartoe gaan ❺ omgaan met, tijd doorbrengen met iemand: *met een vriend ~* ❻ ⟨van een voertuig⟩ uit stilstand op snelheid komen

optrommelen bij elkaar roepen: *alle leraren werden opgetrommeld voor de vergadering*

optuigen ❶ het tuig van een paard, wagen, schip e.d. aanbrengen: *het ~ van een zeilboot* ❷ mooi maken, versieren bijv. van een praalwagen of kerstboom ❸ *scherts.* ⟨van personen⟩ versieren, mooi maken d.m.v. kleren, sieraden e.d. ▼ *zich ~* zichzelf versieren, mooi maken

optutten ▼ *zich ~* zich mooi maken

opus *het* [-sen, opera] deel van alles wat een componist heeft gecomponeerd en dat als een geheel wordt beschouwd en met een nummer wordt aangeduid ▼ *zijn magnum ~* zijn grootste, belangrijkste werk

opvallen in het oog lopen, de aandacht trekken

opvang *de (m)* hulp en/of onderdak **opvangen** ❶ iets pakken dat door de lucht beweegt, tegenhouden in de beweging ❷ (regen e.d.) in iets verzamelen ❸ (iets toevallig) horen: *ik ving op dat hij gaat verhuizen* ❹ welkom heten en helpen, vooral namens iemand anders: *ik kom later; kun jij de gasten ~?* ❺ hulp bieden en/of onderdak bieden: *de slachtoffers van de orkaan werden opgevangen in een stadion*

opvarende *de* [-n] iemand die zich aan boord van een schip bevindt

opvatten beoordelen, begrijpen: *iets verkeerd ~*
opvatting *de (v)* mening, inzicht

opvijzelen ❶ met vijzels opwinden ❷ vergroten, verbeteren: *zijn imago ~*

opvissen na lang zoeken vinden, vinden op een plek waar iets moeilijk te vinden is: *uiteindelijk viste ze haar sleutels op van onder de boodschappen in haar tas*

opvlammen meer gaan vlammen, ook figuurlijk van bijv. verliefdheid

opvliegen ❶ in de hoogte vliegen ❷ *fig.* driftig worden **opvliegend** *bn* die snel kwaad wordt

opvlieger *de (m)* [-s] verschijnsel dat iemand het plotseling warm krijgt en begint te zweten, vooral bij vrouwen in de overgang

opvoeden ❶ begeleiden naar volwassenheid ❷ geestelijk vormen **opvoeder** *de (m)* [-s] ❶ iemand die (een kind) opvoedt ❷ BN begeleider van kinderen en jongeren in een tehuis of internaat **opvoedkunde** leer van de opvoeding, wetenschap die zich bezighoudt met opvoeden

opvoeren ❶ vertonen, ten gehore brengen: *een toneelstuk ~* ❷ verhogen: *de productie ~* ❸ de kracht van een motor versterken: *veel jongeren voeren hun bromfiets op zodat hij sneller rijdt* **opvoerset** stel vervangende onderdelen om de kracht van een motor op te voeren

opvolgen ❶ komen in de plaats van: *hij volgt de ontslagen directeur op* ❷ uitvoeren, doen wat iemand zegt of aanraadt: *iemands raad ~; een bevel ~* **opvolger** *de (m)* [-s] persoon die iemand in zijn functie opvolgt

opvolging *de (v)* ❶ het opvolgen (*in een functie, op de troon enz.*) ❷ BN het in de gaten houden van hoe het verdergaat met iets, van de voortgang

opvorderen opeisen: *zijn geld ~*

opvouwen in elkaar vouwen: *ik vouw de schone hemdjes op en leg ze in de kast*

opvragen vragen om: *gegevens ~*

opvreten ❶ opeten (*vooral gezegd van dieren*) ❷ *spreekt.* opeten (*door mensen*) ▼ *zich ~* zich vreselijk ergeren ▼ *zich ~ van ellende* zich heel ellendig voelen

opvriezen ❶ bevriezen van natte delen van een weg, trottoir e.d. of van sneeuw ❷ door vriezen omhooggeduwd worden van een wegdek, tegels e.d., bijv. wanneer het grondwater eronder hoog staat en bevriest

opvrijen ▼ *iemand ~* iemand seksueel opwinden; *fig.* iemand door vleierij voor zich proberen te winnen

opvrolijken vrolijker stemmen, ervoor zorgen dat iemand vrolijker wordt

opvullen vol maken **opvulsel** *het* [-s] iets dat opvult

opwaarderen een hogere waarde geven ▼ *een beltegoed ~* ervoor zorgen dat het weer genoeg is ▼ *een computer ~* verbeteren door bijv. extra geheugen of een snellere processor ▼ *software ~* vervangen door een nieuwere, betere versie

opwaarts *bn* omhoog, naar boven: *een ~e beweging*

opwachten op een bepaalde plaats op iemand wachten: *de pestkoppen wachtten kun klasgenoot voor de school op, om hem een pak slaag te geven* **opwachting** *de (v)* ▼ *zijn ~ maken* een officieel bezoek afleggen

opwarmen ❶ nog eens warm maken ❷ door oefeningen zijn spieren losmaken, bijv. voor een wedstrijd ❸ *fig.* iemand aansporen, geïnteresseerd maken ❹ warmer worden: *de aarde warmt op*

opwegen ▼ *tegen elkaar ~* evenveel waard zijn, even belangrijk zijn: *de voordelen van die baan wegen niet op tegen de nadelen, dus ik neem hem niet*

opwekken ❶ wakker maken, weer levend doen worden: *uit de dood ~* **❷** doen ontstaan: *begeerte ~* **opwekkend** *bn* **❶** wat opvrolijkt: *~ nieuws* **❷** wat energie geeft: *een ~ middel*

opwellen spontaan naar boven komen: *er welde een vreemde gedachte in mij op* **opwelling** *de (v)* gevoel dat spontaan opkomt: *in een ~ nodigde ze hem uit om mee te gaan*

opwerken v *zich ~* vooruitgaan door goed zijn best te doen: *hij heeft zich opgewerkt van portier tot directeur*

opwerpen ❶ in de hoogte gooien **v** *een dijk ~* aanleggen **❷** *fig.* naar voren brengen, erover beginnen te praten: *een probleem ~* **v** *zich ~ als leider* de leiding in handen nemen

opwinden ❶ oprollen: *garen ~* **❷** 〈van een uurwerk〉 de veer spannen zodat het blijft lopen of weer gaat lopen **❸** geestdriftig, hartstochtelijk maken **❹** maken dat iemand zin in seks krijgt: *die knappe man windt me zo verschrikkelijk op* **v** *zich ~* zenuwachtig, kwaad worden **opwinding** *de (v)* spanning, het opgewonden zijn: *van ~ konden de kinderen de nacht voor het schoolreisje niet slapen*

opwrijven iets zo wrijven dat het gaat glanzen
opzadelen een zadel leggen op (een paard) **v** *fig. ~ met* opschepen met

opzeg BN *de (m)* **v** spreekt. *zijn ~ krijgen* ontslagen worden **opzeggen ❶** beëindigen, officieel laten weten dat men het niet meer wil: *de huur, een abonnement, een baan ~* **❷** uit het hoofd voordragen: *een gedicht ~* **opzegvergoeding BN** som die een ontslagen werknemer ontvangt ter vervanging van zijn salaris tijdens de nog lopende wettelijke opzegtermijn

opzenden opsturen
opzet I *de (m)* [-ten] **❶** planning **❷** 〈op buffet, kast e.d.〉 opstand **II** *het* **❸** bedoeling **v** *met ~* van tevoren zo bedoeld: *je hebt me met ~ gestoten* **opzettelijk** *bn* met opzet **opzetten ❶** op iets zetten: *zijn hoed ~* **❷** op het vuur zetten: *het eten ~* **❸** rechtop zetten **❹** 〈een dood dier〉 de huid opvullen om het er weer uit te laten zien zoals toen het nog leefde **❺** beginnen, opbouwen: *een bedrijf ~* **❻** ophitsen: *mensen tegen elkaar ~* ervoor zorgen dat ze ruzie met elkaar krijgen **❼** naderen: *er kwam onweer ~* **❽** dik worden, zwellen: *een opgezet oog*

opzicht *het* manier waarop iemand iets ziet of bekijkt, context waarin iemand iets bekijkt: *in dit ~* als je het zo bekijkt:: *hij is in alle ~ en een heer* hoe je het ook bekijkt, op alle mogelijke manieren **v** *ten ~ e van* betreffende, tegenover: *het is niet eerlijk ten ~ e van hem als jij wel mee mag en hij niet* **opzichter** *de (m)* [-s] iemand die ergens toezicht op houdt **opzichtig** *bn* die te veel de aandacht trekt: *zij gaat altijd ~ gekleed*

opzien I *ww* naar boven kijken, opkijken **v** *fig. tegen iemand ~* veel bewondering voor hem hebben **v** *tegen iets ~* er van tevoren al angstig, bezorgd voor zijn **II** *het* **v** *veel ~ baren* veel aandacht trekken en verbazing wekken **opzienbarend** *bn* wat veel aandacht en verbazing veroorzaakt: *een ~ e verandering* **opziener** *de (m)* [-s] **❶** iemand die toezicht houdt

❷ prot. ouderling
opzij *bw* naar de kant, uit de weg
opzitten ❶ uit bed zijn: *we hebben de hele nacht opgezeten* **❷** 〈van een hond〉 op de achterpoten zitten, netjes zitten **opzittende** *de* [-n] iemand die een motor, scooter of bromfiets bestuurt of meerijdt als passagier

opzoeken ❶ zoeken tot men iets of iemand gevonden heeft **❷** een bezoek brengen aan iemand

opzouten ❶ inzouten om te bewaren **❷** (gevoelens) voor zich houden, niet uiten **❸** *inform.* weggaan: *en nu ~!*

opzuigen door zuigen in zich of in iets opnemen: *vocht ~; vuil met de stofzuiger ~*

opzwepen ❶ opjagen met een zweep **❷** *fig.* mensen opwekken tot actie door hen kwaad of opgewonden te maken: *de spreker zweepte de toehoorders op met zijn oorlogszuchtige taal; de mensen dansten wild op de ~de muziek*

or *de (m)* [-'s] ondernemingsraad
oraal *bn* **❶** wat te maken heeft met de mond, door de mond **❷** mondeling: *een ~ examen*
orakel *het* [-s, -en] **❶** uitspraak onder goddelijke inspiratie, die vooral in de oudheid werd gegeven **❷** plaats waar dergelijke uitspraken werden gedaan: *het ~ van Delphi* **❸** persoon die dergelijke uitspraken deed **orakelen** als wijsheid verkondigen **orakeltaal** raadselachtige taal
orangeade 〈-zjaa-〉 *de* [-s] sinaasappellimonade
orang-oetang, orang-oetan *de (m)* [-s] mensaap die voorkomt op Borneo en Sumatra (Pongo pygmaeus)
oranje *het & bn* kleur tussen geel en rood **oranjebitter** *de (m)* [-s] *& het* jenever met een oranje kleur **oranjeboom** boom van de familie Citrus **Oranjegevoel** sympathie voor Nederland, Nederlandse sporters of het Nederlandse koningshuis **oranjerie** *de (v)* [-ën, -s] grote broeikas, wintertuin
oratie *de (v)* [-s] **❶** redevoering **❷** toespraak van een nieuwe hoogleraar voordat hij begint in zijn baan **orator** *de (m)* [-s, -toren] redenaar **oratorium** *het* [-s, -ria] muziekwerk voor koor en solisten met begeleiding van instrumenten, meestal met een Bijbelse inhoud
orchidee *de* [-ën] grote, opvallend gekleurde bloem van de familie Orchidaceae, die meestal in de tropen voorkomt
orde I *de* **❶** regelmaat, schikking volgens een bepaald systeem, netheid: *in ~* brengen **❷** het rustig verlopen van de dingen volgens vaste regels: *iemand tot de ~ roepen* **❸** volgorde van werken **v** *aan de ~ van de dag zijn* geregeld voorkomen **v** *in die ~ van grootte* ongeveer zo groot **II** *de* [-n, -s] **❹** vereniging (bijv. van kloosterlingen) met vaste leefregels **❺** ridderorde **❻** *bio.* groep verwante families: *de ~ van de roofdieren* **ordedienst** dienst voor het handhaven van de orde **ordelijk** *bn* met orde, netjes: *alles verliep heel ~* **ordenen** regelen, rangschikken: *ik moet mijn aantekeningen ~, het is nu een rommeltje* **ordentelijk** *bn* **❶** fatsoenlijk, zoals het hoort **❷** redelijk
order *de & het* [-s] **❶** bevel **❷** opdracht, bestelling **v** *tot nader ~* tot er verdere aanwijzingen,

opdrachten e.d. komen ▼ *tot uw* ~s tot uw dienst
orderportefeuille ‹-fuijə› totaal aantal
opdrachten dat een bedrijf heeft: *door de crisis is
de ~ bijna leeg en moet het bedrijf mensen ontslaan*
ordinair ‹-nèr› bn ❶ laag, plat: ~*e taal uitkramen*
❷ gewoon: *het klinkt als een flitsend plan maar
het is een ~e bezuinigingsmaatregel*
ordner *de (m)* [-s] map om papieren overzichtelijk
in op te bergen
ordonnans militair die orders, berichten enz.
moet overbrengen **ordonnantie** *de (v)* [-s, -tiën]
❶ voorschrift, beschikking ❷ BN wet die is
uitgevaardigd door de Brusselse Hoofdstedelijke
Raad **ordonneren** ❶ bevelen ❷ schikken,
ordenen
öre ‹eurə› *de* [-s] Scandinavische munt, een
honderdste deel van een kroon
oregano *de* geurige gedroogde bladeren van
wilde marjolein
oremus *bw* ▼ *'t is daar* ~ het is daar heel slecht
gesteld, het is daar niet in orde
orenmaffia smalende benaming voor die
medische kringen die beweren dat veel ziektes
een psychische oorsprong hebben, dus `tussen
de oren zitten'
oreren ❶ een redevoering houden ❷ druk en
breedvoerig praten
orgaan *het* [-ganen] ❶ deel van een levend wezen
met een bepaalde functie ❷ geheel van
onderdelen van iets met een bepaalde functie
❸ woordvoerder of blad van een partij of
groepering ❹ instantie, organisatie
organiek *bn* wat voortvloeit uit de grondwet
organigram *het* [-men] schema van de structuur
van een organisatie
organisatie ‹-zaa-› *de (v)* [-s] ❶ het organiseren:
de ~ van zo'n feest kost veel tijd ❷ het
georganiseerd zijn, de manier waarop iets in
elkaar zit: *de ~ van ons bedrijf is als volgt ...*
❸ georganiseerde groep mensen, vereniging,
instelling e.d. **organisatieadviseur** iemand die
bedrijven en instellingen adviseert over
organisatie en beleid **organisator** *de (m)* [-toren,
-s] ❶ iemand die iets organiseert ❷ iemand die
goed kan organiseren **organisatorisch** *bn* wat
de organisatie betreft
organisch *bn* ❶ wat te maken heeft met een
orgaan of organen ❷ wat lijkt op een orgaan,
wat functioneert als iets levends: ~ *samenhangen*
organiseren ‹-zi-› ❶ inrichten, een structuur
aanbrengen: *we zullen de boel hier eens* ~*, nu is
het een chaos* ❷ regelen, alles regelen wat ervoor
nodig is: *een concert ~* ❸ inform. aan iets komen,
soms op een min of meer illegale manier: *ik kan
wel wat sterkedrank ~ voor ons feestje*
organisme *het* [-n, -s] ❶ wezen dat organen
heeft, levend wezen: een plant, een dier of een
mens ❷ geheel met verschillende onderdelen,
dat een bepaalde functie heeft voor een bepaald
doel
organist *de (m)* iemand die een orgel bespeelt:
de ~ van deze kerk
organizer ‹ò̱RGənajzər› *de (m)* [-s] ❶ losbladige of
elektronische agenda ❷ persoon die helpt
structuur aan te brengen in de woon- of
werkomgeving

organogram *het* [-men] ❶ schema van de
structuur van een organisatie ❷ med.
beschrijving van de ligging en bouw van de
organen
organza *de (v)* geweven, doorzichtige stof
orgasme *het* [-s, -n] hoogtepunt van seksuele
opwinding en de daaropvolgende bevrediging
orgel *het* [-s] muziekinstrument waarbij lucht
geperst wordt in pijpen van verschillende wijdte
en lengte, waardoor toonverschil ontstaat
orgelman man die met een draaiorgel rondgaat
orgelpunt *de & het* ❶ muz. basnoot die lang
aangehouden moet worden ❷ BN ook
hoogtepunt **orgelregister** rij pijpen met dezelfde
klankkleur in een orgel
orgie *de (v)* [-giën, -s], **orgie** [-giën, -s]
❶ losbandig (seks)feest ❷ overdadige weelde:
een ~ van kleuren
oriëntalist *de (m)* kenner, beoefenaar van
oosterse talen
oriëntatie *de (v)* ❶ het zich oriënteren, het
bepalen waar men is ❷ het georiënteerd zijn,
gerichtheid: *zijn sterke ~ op alles wat met Azië te
maken heeft* ❸ voorlichting, inlichting: *ik ben
bezig met een ~ op de studie geneeskunde om te
kijken of dat is wat ik wil* **oriëntatieloop** sport
waarbij deelnemers op onbekend terrein zo snel
mogelijk een aantal plaatsen moeten vinden
oriënteren ❶ richten, in een bepaalde richting
plaatsen: *een kerk ~ op het oosten* ❷ een bepaalde
richting aannemen, volgen: *een communistisch
georiënteerd land* ▼ *zich ~* de plaats bepalen waar
men is; fig. meer te weten komen over iets: *ik
wil me eerst een beetje ~ voor ik besluit welke studie
ik ga volgen*
origami *het* Japanse vouwtechniek
originaliteit ‹-zjie-› *de (v)* ❶ het origineel zijn,
oorspronkelijkheid ❷ mate van
oorspronkelijkheid, mate waarin iets of iemand
origineel is **origine** ‹-zjie-› *de (v)* oorsprong, bron,
afkomst, waar iets of iemand vandaan komt
origineel I *bn* ❶ oorspronkelijk, wat de
oorsprong of de oudste vorm is ▼ *de originele
uitgave* de eerste druk ❷ wat uit iemand zelf
voortkomt, wat niet nagebootst is ❸ wat een
eigen kenmerk heeft, bijzonder, verrassend: *hij
heeft vaak heel originele ideeën* II *het* [-nelen]
❶ oorspronkelijk stuk: *is dit het ~ of een kopie?*
orka *de (m)* [-'s] grote walvis die in troepen jaagt,
zwaardwalvis
orkaan *de (m)* [-kanen] ❶ tropische cycloon
❷ storm met windkracht 12, de allersterkste
windkracht
orkest *het* ❶ geheel van muzikanten en de
instrumenten die ze bespelen ❷ plaats waar de
muzikanten zitten **orkestbak** afgescheiden deel
voor het podium, waar zich tijdens een optreden
het orkest bevindt **orkestmeester** leider van een
orkest **orkestreren** ❶ toekennen van de
verschillende instrumenten aan de partijen van
een muziekstuk ❷ fig. mensen en
gebeurtenissen beïnvloeden, regelen
orlon® *het* ❶ soort kunstvezel die op wol lijkt
❷ stof daarvan
ornaat *het* [-naten] plechtig gewaad,
ambtsgewaad ▼ *in vol* ~ in ambtskledij met alle

officiële aanhangsels; **iron.** helemaal gekleed voor een bepaalde gelegenheid

ornament *het* sieraad, versiering: *een plafond met ~en*

ornithologie *de (v)* vogelkunde, wetenschap die zich bezighoudt met vogels

orthodontie *de (v)* tandheelkunde die gericht is op het vormen van een regelmatig gebit

orthodox *bn* rechtzinnig, strenggelovig, die streng vasthoudt aan de leer of het geloof of een andere overtuiging

orthografie *de (v)* [-ën] spelling, schrijfwijze van een woord

orthopedagogie specialisme dat is gericht op de opvoeding van moeilijk opvoedbare kinderen met ontwikkelingsstoornissen **orthopedie** *de (v)* tak van de geneeskunde die zich bezighoudt met de behandeling van misvormingen en verminkingen **orthopedisch** *bn* wat te maken heeft met de orthopedie, wat dient voor de orthopedie **orthopedisch chirurg orthopeed** *de (m)* [-peden] orthopedist

orthoptie *de (v)* wetenschap die zich bezighoudt met de ontwikkeling van het normale zien met twee ogen en met de afwijkingen daarin (scheelzien, dubbelzien)

ortolaan *de (m)* [-lanen] trekvogel van de familie van de gorzen, zeldzaam als broedvogel in Nederland en België (Emberiza hortulana)

os *de (m)* [-sen] gecastreerde stier ▾ *van de ~ op de ezel springen* van de hak op de tak springen, niet systematisch te werk gaan, onsamenhangend praten ▾ *slapen als een ~* heel vast slapen

OS I ❶ Open School **II** *de (mv)* **❷** Olympische Spelen **III** *het* **❸** Operating System

Oscar *de (m)* [-s] Amerikaanse filmprijs **oscilleren** slingeren, instabiel worden, opwekken van periodieke trillingen, signalen of golven

osmium *het* chemisch element, zilverachtig wit metaal met een beetje blauwe glans

osmose ‹-zə› *de (v)* het zich bewegen van een vloeistof door een wand (membraan) in één richting

ossenhaas *de (m)* [-hazen] deel van de lende van een rund **ossentong ❶** tong van een os **❷** plant met bladeren als rundertongen (Anchusa)

ossobuco ‹-boe-› *de (m)* Italiaans gerecht van gestoofde kalfsschenkel in tomatensaus

ostentatief *bn* op zo'n manier dat het de aandacht trekt, waarbij iemand expres de aandacht trekt

osteoartritis chronische ontsteking van bot of kraakbeen **osteologie** *de (v)* leer van de beenderen **osteoporose** ‹-zə› *de (v)* skeletaandoening als gevolg van ontkalking

OT Oude Testament **otoscoop** *de (m)* [-scopen] kijker om in de oren te kijken

ots ondertoezichtstelling (*toewijzing door de kinderrechter van een gezinsvoogd die een gezin begeleidt bij de opvoeding van een kind*)

o.t.t. onvoltooid tegenwoordig tijd

otter *de (m)* [-s] marterachtig roofdier dat in en bij het water leeft (Lutra lutra)

OU *de (v)* Open Universiteit

oublie ‹oe-› *de (v)* [-s] **❶** opgerold dun wafeltje **❷** dun chocoladeplaatje **oublie-ijzer** apparaat om oublies te bakken

oubollig *bn* ouderwets op een manier die een beetje lachwekkend is

oud *bn* **❶** van een bepaalde leeftijd: *tien jaar ~* **❷** niet jong, van gevorderde leeftijd: *een ~e man* **❸** niet nieuw meer **❹** voormalig: *~-president* **❺** dezelfde, hetzelfde als vroeger: *hij is weer helemaal de ~e* **❻** uit de klassieke oudheid ▾ *~e talen* Latijn en Grieks

oudbakken *bn* niet vers: *~ brood*

oudedagsvoorziening ❶ voorzorg voor de tijd dat men oud is **❷** maatregelen van de overheid voor oude mensen **oudeheer inform., scherts.** vader **oudejaar** *het* oudjaar **oudejaarsavond** laatste avond van het jaar, avond van 31 december **oudelui inform.** *de (mv)* ouders

ouder *de (m)* of moeder **ouderavond** avond waarop de ouders van schoolkinderen kunnen praten met de leerkrachten **oudercontact schooltaal BN** ook ouderavond

ouderdom *de (m)* **❶** ‹van dingen› hoe oud iets is, leeftijd **❷** ‹van personen› hoge leeftijd, het oud zijn **ouderdomsdeken BN**, ook *de (m)* [-s] nestor, oudste en meest ervarene binnen een bepaalde groep, een bepaald vak e.d. **ouderdomskwaal** kwaal die voorkomt bij oudere mensen

ouderejaars I *bn* **❶** van het tweede of een later studiejaar **II** *de* [ouderejaars] **❷** een ouderejaars student

ouderenzorg georganiseerde hulp aan oude mensen

ouderliefde liefde van ouders voor hun kinderen of van kinderen voor hun ouders **ouderlijk** *bn* van de ouders: *het ~ huis*

ouderling lid van een kerkenraad die belast is met het bestuur van en het toezicht op de gemeente

ouders *de (mv)* vader en moeder **ouderschap** *het* het vader of moeder zijn **ouderschapsverlof** verlof wanneer iemand een kind heeft gekregen of om meer tijd te besteden aan kinderen die al wat ouder zijn

ouderwets *bn* uit de mode, zoals dat vroeger de gewoonte of mode was

oudgediende *de* [-n] **❶** iemand die in militaire dienst is geweest **❷** iemand die ergens heel lang heeft gewerkt of die ergens veel ervaring in heeft

oudheid *de (v)* [-heden] **❶** ver verleden **❷** tijd van de Griekse en Romeinse beschaving **❸** (kunst)voorwerp uit oude tijden: *een museum voor oudheden* **oudheidkamer** museum met oudheden uit de omgeving **oudheidkunde** kennis van de Griekse en Romeinse oudheid

oud-Hollands *bn* zoals vroeger in Noord- of Zuid-Holland, of in Nederland: *~e spelletjes*

oudjaar *het* laatste dag van het jaar, 31 december

oudje *het* [-s] oude man of vrouw

oudkomer *de (m)* [-s] iemand uit het buitenland die al langere tijd in Nederland woont: *ook oudkomers moeten Nederlands leren*

oudoom oom van iemands vader of moeder **oudovergrootmoeder** moeder van overgrootmoeder of overgrootvader

ou

oudovergrootvader vader van overgrootmoeder of overgrootvader **oudroest** het stukken metaal of oude metalen voorwerpen waar men niets meer mee kan **oudroze** het & bn (in een) kleur die minder fel is dan roze, tussen roze en lichtbruin in

oudsher bw ▾ van ~ sinds heel lange tijd

oud-strijder iemand die in een oorlog heeft gevochten

oudtante tante van vader of moeder

oudtestamentisch bn van, volgens het Oude Testament **oudtijds** bw van vroeger, zoals het lang geleden was

outcast ‹-kàst› de (m) [-s] uitgestotene, iemand die buiten de maatschappij valt

outdoor ‹-dòr› bn in de buitenlucht: ~activiteiten zoals een trektocht door de bergen

outfit de (m) [-s] uitrusting, kleding: ze liep in een opvallende ~

outillage ‹oetiejaazjə› de (v) uitrusting, de werktuigen en hulpmiddelen die nodig zijn voor iets **outilleren** ‹-jìrən› uitrusten met de werktuigen en hulpmiddelen die nodig zijn voor iets

outletcenter ‹-sentəR› het [-s, -centra] zaak die met grote korting merkartikelen verkoopt

out of pocket bw verb ‹van uitgaven› los, buiten de begroting, niet officieel verantwoord **out of the blue** ‹- bloe› bw verb zomaar, plotseling, zonder duidelijke aanleiding

outperformer ‹-pəRfoRməR› de (m) [-s] econ. fonds waarvan de waarde zich vermoedelijk voorlopig boven het gemiddelde van de koersverandering op de beurs zal ontwikkelen

outplacement ‹-plees› de begeleiding van ontslagen werknemers bij het vinden van een nieuwe baan

output ‹-poet› de (m) ❶ productie, prestatie ❷ gegevens die worden geleverd door een computerprogramma, uitvoer

outsider ‹-sajdəR› de (m) [-s] ❶ sporter of sportploeg die weinig kans maakt om te winnen ❷ iemand die geen lid is van een bepaalde groep mensen of die er niet bij hoort, buitenstaander

outsourcen ‹-sòRsən› [outsourcete, h. geoutsourcet] een bedrijfsactiviteit uitbesteden aan een ander bedrijf

ouverture ‹oe-› de (v) [-s, -n] orkeststuk als opening van een toneelvoorstelling, opera, operette of film

ouvreuse ‹oevreuzə› de (v) [-s] vrouw die in een theater of bioscoop de plaatsen aanwijst

ouwe inform. de (m) ❶ vader ❷ kapitein ❸ oude jenever

ouwehoer inform. de (m) iemand die veel praat of onzin vertelt **ouwehoeren** inform. ❶ uitgebreid kletsen, onzin vertellen: we hebben gezellig zitten ~ ❷ kritiek, commentaar leveren: hij had weer wat te ~, hij is nooit tevreden

ouwe-jongens-krentenbrood bw als goede vrienden onder elkaar, vooral op een beetje te vriendschappelijke manier van mensen die elkaar aan voordeeltjes, baantjes e.d. helpen

ouwel de (m) [-s] ❶ dun vliesje gebakken bloem ❷ ongewijde hostie

ouwelijk bn die zich gedraagt en overkomt als oud: een ~ kind

ouzo ‹oe-› de (m) Griekse sterkedrank met anijs

ov het openbaar vervoer

ovaal I bn ❶ langwerpig rond, eivormig II het [-valen] ❷ langwerpig ronde vorm

ovatie de (v) [-s] enthousiast applaus, het toejuichen om bewondering te uiten: de acteurs kregen een staande ~

ov-chipkaart chipkaart voor het openbaar vervoer die iemand oplaadt met een saldo of met bijv. een enkele reis of een abonnement, voordat hij instapt

oven de (m) [-s] afgesloten ruimte of apparaat met afgesloten ruimte die verhit kan worden en waarin men iets kan bakken **ovenplaat** ijzeren plaat met daarop het voedsel dat gebakken moet worden, die men in een oven schuift **ovenschotel** gerecht dat wordt gebakken in een oven **ovenvast** bestand tegen verhitting in een oven

over I vz ❶ op, boven: ~ iets heen lopen ❷ meer dan: ~ de dertig graden ❸ langs, via: ~ Antwerpen naar Parijs ❹ aan, naar de andere kant: ~ de rivier ❺ na: ~ een week ❻ wat te maken heeft met, aangaande, betreffende: het verhaal gaat ~ een kind ❼ gedurende: ~ een periode van een maand ▾ iets ~ zich hebben een bepaalde uitstraling of houding hebben II bw ❽ voorbij: de bui is ~ ❾ overgebleven: er zijn nog aardappelen ~ ❿ overgegaan (naar een hogere klas) ⓫ overgekomen, bijv. uit een ver land: mijn oom en tante zijn ~ uit Australië ⓬ ‹als eerste deel van een samenstelling vóór een bijv.nw. vaak› meer dan, meer, veel te: een ~bezorgde moeder ▾ te ~ in overvloed ▾ ~ en weer van beide kanten

overal bw op alle plaatsen

overall ‹-al of -òl› de (m) [-s] werkpak aan één stuk dat vaak wordt gedragen over gewone kleding zodat die niet vuil wordt

overbekend heel erg bekend, bekend bij heel veel mensen

overbelasten, **overbelasten** te zwaar belasten: ik mijn rug overbelast door het tillen van die zware kisten

overbelichten te sterk belichten: die foto is overbelicht

overbevolking te grote bevolking, te veel mensen

overblijfmoeder moeder die als vrijwilligster op schoolkinderen past die tussen de middag niet naar huis gaan **overblijfsel** het [-s, -en] wat overgebleven is, restant: de ~en van een oude tempel **overblijven** ❶ (als rest) achterblijven: er is nog wat rijst overgebleven; van zijn overmoed was na het ongeluk niet veel overgebleven ❷ fig. in stand blijven: door de kritische vragen van de toehoorders bleef er van zijn beweringen niets over ❸ in de middagpauze op school blijven ❹ niet doodgaan in de winter: ~de planten

overbluffen iets doen of zeggen waar iemand anders niets meer tegen in kan brengen

overbodig bn meer dan nodig is, niet nodig

overboeken [boekte over, h. overgeboekt] op een andere rekening schrijven **overboeken**

ou

[overboekte, h. overboekt] meer plaatsen verkopen dan beschikbaar zijn: *een vliegreis ~*

overboord *bw* van een schip in het water: *~ vallen*

overbrengen ❶ van de ene plaats of persoon naar de andere brengen: *een boodschap ~* **❷** op een ander of iets anders doen overgaan: *ziektekiemen ~*

overbruggen ❶ met een brug overspannen **❷** fig. door een tijdelijke oplossing twee periodes, situaties e.d. met elkaar verbinden: *ik moet een maand ~ voor ik weer geld krijg* **❸** fig. toenadering tot stand brengen: *een kloof ~*

overbuur buurman of -vrouw aan de overkant

overcompleet te veel, overtollig

overdaad *de* te veel, te grote luxe, te grote weelde ▼ *~ schaadt* te veel is niet goed

overdadig *bn* wat te veel is, te luxe, te rijkelijk voorzien van iets: *een ~ ontbijt; een ~ versierde zaal*

overdag *bw* gedurende de periode dat het dag is

overdekken helemaal bedekken **overdekt** *bn* met een dak: *een ~ zwembad*

overdenken nadenken over

overdoen ❶ nog eens doen **❷** geven aan iemand anders, soms tegen een vergoeding: *ik heb de fiets overgedaan aan mijn zus*

overdonderen volkomen verrassen, overbluffen: *hij was overdonderd door het nieuws*

overdone ⟨oovəRdun⟩ *bn* overdreven

overdosis te grote, vaak dodelijke, hoeveelheid geneesmiddelen of drugs

overdracht *de* het overdragen **overdrachtelijk** *bn* figuurlijk, uitgedrukt m.b.v. beeldspraak, niet letterlijk **overdrachtsbelasting** belasting bij de aankoop van onroerend goed

overdragen ❶ van één plaats naar een andere dragen **❷** med. besmetten met, doorgeven aan: *een ziekte ~* **❸** doorgeven, doorverkopen: *een functie ~; onroerend goed ~*

overdreven *bn* te erg, in te sterke mate: *ik vind het ~ dat je zo kwaad bent omdat ik twee minuten te laat was*

overdrijven [dreef over, is overgedreven] **❶** voorbijtrekken: *~de wolken* **❷** naar de overkant drijven **overdrijven** [overdreef, h. overdreven] **❶** te ver gaan in iets wat men doet, het in te sterke mate doen: *hij wilde iets meer bewegen, maar hij overdrijft: hij doet nu vijf uur per dag aan fitness* **❷** een te sterke of gekleurde voorstelling van iets geven: *als hij zegt dat het steenkoud was, overdrijft hij; het was een beetje koud*

overdrive ⟨oovəRdRajv⟩ extra overbrenging waardoor de uitgaande as van de versnellingsbak van een voertuig een groter aantal omwentelingen kan maken dan de motor geeft

overdruk *de (m)* [-ken] **❶** afdruk van een tijdschriftartikel e.d. **❷** dat wat over iets anders heen gedrukt is **❸** spanning die extra is, boven de gewone luchtdruk **overdrukken ❶** in een ander blad of boek drukken **❷** nog eens drukken

overduidelijk heel erg duidelijk, al te duidelijk: *hij liegt, dat is ~*

overdwars *bw* in de breedte: *de geslipte auto stond ~ op de weg*

overeen *bw* **❶** op zo'n manier dat het gelijk is of hetzelfde **❷** op of over elkaar: *met de armen ~* **overeenkomen ❶** iets afspreken: *we zijn overeengekomen dat Jan twee dagen per week voor ons gaat werken* **❷** BN het goed met elkaar kunnen vinden ▼ *~ met* hetzelfde zijn, gelijk zijn: *deze gegevens kloppen niet; ze komen niet overeen met de gegevens op de lijst* **overeenkomst** *de (v)* **❶** het op elkaar lijken, gelijkenis: *die twee broers vertonen weinig ~* ze lijken niet erg op elkaar **❷** afspraak, contract: *volgens onze ~ ga ik hier een halfjaar vier dagen per week werken*

overeenkomstig *bn* wat erop lijkt, soortgelijk

overeenstemmen ❶ gelijk zijn, kloppen **❷** passen bij, kloppen met **overeenstemming** *de (v)* het hebben van dezelfde mening over iets, het ergens over eens zijn: *ze bereikten ~ over de werkwijze* ▼ *in ~ met* op zo'n manier dat het past bij iets, dat het klopt met iets

overeind *bw* rechtop: *iemand die gevallen is ~ helpen*

overerven ❶ van ouders erven, krijgen door geboorte: *een kwaal ~* **❷** van ouders op kinderen overgaan

overflow ⟨-floo⟩ *de (m)* [-s] het te boven gaan van de capaciteit van een computer

overgaan ❶ van een plaats naar een andere gaan **❷** over iets heen gaan: *er ging een vlucht regenwulpen over* **❸** van eigenaar veranderen: *in andere handen ~* **❹** voorbijgaan, genezen: *dat griepje gaat wel weer over* **❺** op school naar een hogere klas gaan **❻** een bepaald geluid geven: *de telefoon ging over* ▼ *~ in* geleidelijk veranderen in: *de regen ging over in sneeuw* ▼ *~ tot* zich aansluiten bij; beginnen met: *~ tot het katholieke geloof; ~ tot de orde van de dag* **overgang** *de (m)* **❶** het overgaan **❷** verandering: *het is een hele ~ als je van een grote stad naar een klein dorp verhuist* **❸** plaats waar een spoorweg een weg gelijkvloers kruist **❹** het verminderen en ophouden van de menstruatie en de vruchtbaarheid van een vrouw op een bepaalde leeftijd **overgangsbepaling** tijdelijke bepaling, vooral bij een wet **overgangsjaren** *de (mv)* jaren waarin de overgang plaatsvindt bij een vrouw **overgangsrapport** rapport aan het eind van het schooljaar **overgangstijd** tijd tussen twee opeenvolgende toestanden

overgankelijk taalk. *bn* wat een lijdend voorwerp bij zich kan hebben: *een ~ werkwoord*

overgave *de* **❶** het opgeven van verzet, het zich overgeven **❷** toewijding: *iets met grote ~ doen* zich er helemaal aan wijden, met veel aandacht en energie **overgeven ❶** aan iemand in handen geven **❷** de inhoud van de maag door de mond naar buiten laten komen, braken: *ik ben misselijk, ik moet ~* ▼ *zich ~* tegen de vijand zeggen dat hij gewonnen heeft, zich dan vaak ook gevangen laten nemen ▼ *zich aan iets ~* dat doen zonder zich te beheersen, zich er helemaal in storten

overgevoelig ❶ allergisch, waarbij het lichaam reageert door huiduitslag, tranende ogen e.d.: *ik ben ~ voor bepaalde planten in het voorjaar* **❷** te gevoelig: *een ~ kind*

overgewicht te hoog lichaamsgewicht: *hij is te dik, hij heeft ~*

overgieten [goot over, h. overgegoten] in iets anders gieten **overgieten** [overgoot, h. overgoten] helemaal begieten

overgooier *de (m)* [-s] soort jurk zonder mouwen voor meisjes en vrouwen die over een trui, blouse e.d. gedragen wordt

overgordijn dik gordijn om het raam helemaal af te sluiten: *'s avonds doen we de ~en dicht*

overgrootmoeder moeder van grootmoeder of grootvader **overgrootvader** vader van grootmoeder of grootvader

overhaast *bn* te haastig, te snel: *een ~ besluit* **overhaasten** te haastig, te snel doen

overhalen ❶ naar de andere kant trekken, vooral over water ❷ aan iets trekken en daardoor laten functioneren: *de trekker van een pistool ~* ❸ iemand er door praten toe brengen om iets te doen, overreden: *iemand tot iets ~*

overhand *de ▾ de ~ hebben* in de meerderheid zijn, de meeste invloed hebben

overhandigen iets wat men in zijn hand heeft aan iemand anders geven: *zij overhandigde hem de documenten*

overhands *bn* met een bepaalde naaisteek

overheadkosten ⟨oovəRhèd-⟩ uitgaven die een bedrijf heeft naast die voor de eigenlijke productie **overheadprojector** diaprojector die boven het hoofd van de spreker projecteert **overheadsheet** ⟨-sjiet⟩ transparant vel voor projectie met een overheadprojector

overhebben ❶ te veel hebben, overgehouden hebben: *na de verbouwing hadden we veel bakstenen over* ❷ kunnen missen, bereid zijn te geven of te doen: *ergens iets voor ~; veel voor iemand ~*

overheen *bw* boven langs iets of iemand *▾ zich ergens ~ zetten* (proberen te) vergeten *▾ er gaan maanden ~* het duurt maanden (voor het zover is)

overheersen ❶ de baas zijn over ❷ sterker zijn dan iets of iemand anders: *blauw overheerst op dit schilderij*

overheid *de (v)* [-heden] geheel van instellingen die gezag uitoefenen over de inwoners van een gebied of staat, zoals een regering of gemeentebestuur **overheidsbedrijf** bedrijf dat door de overheid wordt geleid **overheidsdienst** dienst van de overheid

overhellen schuin naar één kant hangen *▾ fig. ~ tot/naar* geneigd zijn tot, overgaan tot: *hij helt over naar heel rechtse opvattingen*

overhemd kledingstuk dat het bovenlichaam bedekt, met van voren een knoopsluiting

overhevelen ❶ met een hevel van een vat in een ander vat overbrengen ❷ fig. van de ene groep of afdeling verplaatsen naar een andere groep of afdeling

overhoeks *bn* schuin van de ene hoek naar de andere: *de aanvaller verraste de keeper met een ~ schot*

overhoop *bw* door elkaar, in de war **overhoophalen** door elkaar gooien, een wanorde van iets maken: *de inbrekers hadden ons hele huis overhoopgehaald*

overhoopliggen door elkaar liggen, in de war zijn: *na de huiszoeking lag alles overhoop ▾ met elkaar ~* ruzie, problemen met elkaar hebben: *hij ligt overhoop met zijn familie*

overhoren controleren of iemand zijn huiswerk goed heeft geleerd door vragen te stellen: *mondeling, schriftelijk ~*

overhouden nog hebben nadat de rest is gebruikt, opgegeven, uitgegeven e.d.: *we hebben veel eten overgehouden van het feest ▾ het houdt niet over* het is niet geweldig, het gaat niet zo goed

overig *bn* resterend, wat overblijft *▾ het ~e* de rest **overigens** *bw* behalve dat, voor de rest

overijld *bn* te haastig: *een ~ besluit*

overjaars *bn* BN ook verouderd **overjarig** *bn* ❶ ⟨van kaas, wijn e.d.⟩ meer dan een jaar oud ❷ ⟨van een plant⟩ die overwintert

overjas jas die over de andere kleren wordt gedragen

overkant kant die tegenover iets ligt

overkappen met een kap overdekken **overkapping** *de (v)* ❶ het overkappen ❷ grote kap over een bouwwerk of een terrein: *de ~ van het station*

overkijken nazien, nog even inkijken

overklassen *sp.* beter zijn dan, duidelijk winnen van

overkleed I *het* [-klederen] ❶ (vaak wijd) kledingstuk dat over andere kleding gedragen wordt: *het ~ van een priester* **II** *het* [-kleden] ❷ kleed dat over een tafel- of vloerkleed wordt gelegd

overkoepelen als organisatie andere organisaties onder zich hebben *▾ een ~de term* die verschillende andere termen, begrippen omvat

overkoken over de rand heen koken: *de melk kookt over*

overkomelijk *bn* waar men overheen kan komen, wat men te boven kan komen: *een ~ bezwaar* **overkomen** [kwam over, is overgekomen] ❶ over iets heen gaan: *er komt een straaljager over* ❷ ergens anders vandaan als gast komen: *mijn oom komt over uit Amerika* ❸ fig. een bepaalde indruk maken: *het komt wat vreemd over als je dat zo zegt* **overkomen** [overkwam, is overkomen] onverwachts gebeuren: *er is mij nu toch iets raars ~* **overkomst** het als gast komen ergens anders vandaan: *de ~ van mijn oom uit Amerika*

overlaat *de (m)* [-laten] plaats waar men een rivier laat overstromen

overladen [laadde over, h. overgeladen] in een ander vaar- of voertuig laden **overladen** [overlaadde, h. overladen] te zwaar belasten

overlangs *bw* in de lengte

overlappen (elkaar) gedeeltelijk bedekken, samenvallen: *de vakantie van mijn collega en die van mij ~ elkaar*

overlast lawaai of andere vervelende zaken waar iemand last van heeft: *we hebben veel ~ door het bedrijf naast ons: lawaai, stank en auto's die voor onze oprit geparkeerd worden*

overlaten ervoor zorgen dat er nog iets

overblijft, doen overblijven: *hij at alles op en liet geen kruimel over* ▼ *iets aan iemand anders ~ een ander voor iets laten zorgen, een beslissing laten nemen e.d.* ▼ *iemand aan zijn lot ~ iemand in de steek laten, niet voor hem zorgen*

overleden *bn* gestorven, dood

overleg *het* ❶ het overdenken, nadenken over ❷ nadenken over en bespreken van iets met anderen: *in ~ treden met iemand; ~ plegen*

overleggen [overlegde, h. overlegd] over iets nadenken met anderen, iets bespreken met anderen: *wat moeten we nu doen? we moeten even met elkaar ~*

overleggen [legde over, h. overgelegd] tonen, laten zien: *een identiteitsbewijs ~*

overleven ❶ langer leven dan: *zijn kinderen ~* ❷ niet sterven aan: *de ramp ~* ❸ *fig.* doorstaan, er goed doorheen komen: *de selectie ~*

overleveren ❶ aan iemand geven, zodat die ermee kan doen wat hij wil: *een inbreker aan de politie ~* ❷ vertellen van generatie op generatie: *overgeleverde verhalen* **overlevering** *de (v)* verhaal dat steeds door oudere mensen aan jongere mensen wordt doorverteld

overlevingspensioen BN nabestaandenpensioen **overlevingstocht** tocht onder barre omstandigheden om uithoudingsvermogen te trainen of te testen

overlezen nog eens lezen

overlijden [overleed, is overleden] sterven, doodgaan **overlijdensverklaring** verklaring die een arts opstelt over de doodsoorzaak van iemand die is gestorven

overloop gang boven een trap

overlopen [liep over, h. / is overgelopen] ❶ over iets heen lopen ❷ over de rand heen stromen: *het bad loopt over* ▼ *fig. ~ van energie, enthousiasme enz.* heel veel energie hebben, heel enthousiast zijn enz. ❸ tot een ander leger, andere partij overgaan **overlopen** [overliep, h. overlopen] ❶ te vaak bezoeken ❷ BN vluchtig bekijken, doorlopen **overloper** iemand die naar een vijandelijk leger, een andere partij overgaat

overmaat te ruime maat ▼ *tot ~ van ramp* boven op alle andere narigheid die er al is

overmacht sterkte of omstandigheden waar men niet tegenop kan

overmaken ❶ opnieuw maken ❷ (geld) sturen (vooral via giro of bank)

overmannen overweldigen, te sterk zijn voor iemand, ook figuurlijk: *overmand door verdriet*

overmatig te erg, te veel, buitensporig: *~e consumptie van alcohol*

overmeesteren de baas worden: *de politie overmeesterde de dief en deed hem handboeien om*

overmoed te groot zelfvertrouwen (waardoor iemand soms te grote risico's neemt) **overmoedig** met te veel zelfvertrouwen (en daardoor onvoorzichtig)

overmorgen *bw* de dag na morgen

overnaads *bn* met de planken dakpansgewijs over elkaar: *~e zeilboot*

overnachten de nacht doorbrengen: *we ~ in een hotelletje*

overname *de* [-s] het overnemen: *ter ~ aangeboden; de ~ van een bedrijf* **overnemen**

❶ op zich nemen om het gemakkelijker te maken voor iemand: *zal ik die klus van je ~?* ❷ als iemands opvolger op zich nemen: *iemands taken ~* ❸ navolgen, doen of gebruiken wat iemand anders heeft gedaan: *bepaalde gewoonten van iemand ~; de journalist had het artikel uit een andere krant overgenomen* ❹ kopen van iemand die geen handelaar, makelaar e.d. is: *ik heb deze fiets overgenomen van mijn zus; een winkel ~*

overnieuw *bw* opnieuw, nog een keer

overpad ▼ *recht van ~* het recht om over het land van een ander een pad te gebruiken, bijv. als iemand op een andere manier niet bij zijn huis of land kan komen

overpeinzen diep nadenken over

overplaatsen naar een andere plaats doen gaan, bijv. iemand op een andere plaats laten werken: *de vestiging in Zwolle gaat dicht en de werknemers worden overgeplaatst naar Apeldoorn*

overplanten ergens anders planten

overprikkelen te sterk prikkelen en daardoor schaden: *als er veel om me heen gebeurt, raak ik overprikkeld en word ik onrustig en geïrriteerd*

overproductie te hoge productie in verhouding tot de vraag

overreden maken dat iemand iets gaat doen door redenen te noemen waarom hij het zou moeten doen **overredingskracht** vermogen om mensen te overreden om iets te doen

overrijden [reed over, h. overgereden] ❶ naar de andere kant rijden, overheen rijden: *de brug ~* ❷ nog eens rijden, vooral: nog een keer rijexamen doen **overrijden** [overreed, h. overreden] over iemand of iets heen rijden, tegen iemand aan rijden (en hem verwonden of doden): *onze poes is door een auto overreden*

overrijp te rijp: *~e bananen*

overrompelen overvallen als een verrassing: *ik was helemaal overrompeld door het nieuws dat mijn broer gaat trouwen*

overrulen ‹-Roe-› [overrulede, h. overruled] ❶ de overhand hebben over, sterker zijn dan ❷ op grond van zijn bevoegdheid een besluit nemen tegen iemand in: *mijn chef had een plan ontwikkeld maar hij werd overruled door de directeur*

oversampling audio. de repeterend controlemechanisme van de geluidsweergave van een cd-speler

overschaduwen ❶ helemaal in de schaduw doen staan, ook figuurlijk: *het feit dat ik gezakt was, overschaduwde mijn vakantie* ❷ fig. overtreffen, veel beter zijn: *hij is zo goed dat hij al zijn medeleerlingen overschaduwt*

overschakelen ❶ ‹toestel dat met elektrische stroom werkt› anders stellen ❷ ‹een auto› in een andere versnelling zetten ▼ fig. ~ op overgaan tot: *van binnenlandse afzet ~ op export*

overschatten te hoog schatten, denken dat iemand of iets meer is of kan dan in werkelijkheid

overschenken overgieten

overschieten overblijven, niet worden gebruikt, gegeten e.d.: *is er voor mij nog iets overgeschoten?*

overschilderen [schilderde over, h.

OV

overgeschilderd] opnieuw schilderen

overschilderen [overschilderde, h. overschilderd] over een schilderwerk heen schilderen

overschoen schoen die over een andere schoen wordt gedragen, bijv. om de gewone schoen te beschermen tegen vuil

overschot *het* [-ten] wat te veel is, wat er meer is dan nodig ▼ *stoffelijk* ~ lichaam van een dode, lijk

overschreeuwen boven iemand of iets uit schreeuwen ▼ *zich* ~ zijn keel forceren door te hard te schreeuwen

overschrijden ❶ over iets heen stappen ❷ fig. te boven, te buiten gaan ▼ *een budget* ~ meer uitgeven dan gepland was ▼ *grenzen* ~ meer doen, verder gaan dan verwacht wordt of geoorloofd is

overschrijven [schreef over, h. overgeschreven] ❶ nog een keer schrijven ❷ een tekst opschrijven die ergens anders staat: *ik heb dit gedicht overgeschreven uit een boek* ❸ (geld) per bank of giro overmaken ❹ op naam van een ander zetten: *een auto* ~ *op de nieuwe eigenaar*

overschrijven [overschreef, h. overschreven] comp. de oude versie van een bestand vervangen door een nieuwe versie

oversekst *bn* te erg gericht op seks

oversized (-sajzd) *bn* boven de normale grootte

overslaan ❶ niet doen: *laten we les vijf maar* ~ ❷ op iets of iemand overgaan: *een brand, ziekte kan* ~ ❸ (plotseling) opzij vallen ❹ plotseling van klank veranderen, vooral van de stem ❺ overladen (van goederen): *het* ~ *van vracht op een ander schip* **overslag** ❶ strook stof om iets af te sluiten: *de* ~ *van een jas* ❷ ⟨kaartspel⟩ slag die wordt gemaakt boven het geboden aantal ❸ het overladen van goederen **overslagrok** rok die iemand om zich heen slaat

oversluiten opnieuw afsluiten (van een hypotheek)

overspannen I *ww* ❶ over iets heen spannen ❷ te sterk spannen ❸ fig. te veel eisen van de zenuwen **II** *bn* ❹ overwerkt, geestelijk ziek doordat iemand te veel heeft gevraagd van zijn zenuwen ❺ overdreven: ~ *verwachtingen* **overspanning** ❶ het overspannen zijn ❷ de boog van een brug, afstand tussen twee pijlers

overspel het hebben van seks met een ander dan de vaste partner: ~ *plegen* **overspelen** [overspeelde, h. overspeeld] veel beter presteren, (in het spel) duidelijk overwinnen ▼ *zijn hand* ~ te veel risico nemen en verliezen

overspelen [speelde over, h. overgespeeld] ❶ opnieuw spelen ❷ sp. (de bal) naar een medespeler spelen **overspelig** *bn* die overspel pleegt, die vreemdgaat

overspringen ❶ over iets heen springen ❷ nog een keer springen ❸ van het een op het ander springen: *de vlooien springen over van de ene hond op de andere hond* ❹ fig. plotseling op iets anders overgaan: *in een gesprek* ~ *op een ander onderwerp* plotseling over iets anders beginnen te praten

overstaan *het* ▼ *ten* ~ *van* in bijzijn van

overstag *bw* ▼ ~ *gaan* met een zeilschip in een andere richting, over een andere boeg gaan varen; fig. zich laten overtuigen, van mening veranderen

overstappen ❶ met een andere trein, bus e.d. verder reizen: *ik moet in Amersfoort* ~ ❷ een ander product gaan gebruiken of iets anders gaan doen: *ik ben overgestapt op een ander merk shampoo; ik studeerde wiskunde maar ik ben overgestapt op rechten*

overste *de* [-n] ❶ geestelijke die aan het hoofd staat van een klooster ❷ luitenant- kolonel

oversteek *de (m)* [-steken] het oversteken van een water: *de* ~ *naar Dover*

oversteken naar de overkant gaan: *de weg* ~ ▼ *gelijk* ~ voorwerpen, geld e.d. bij een ruil op hetzelfde moment aan elkaar geven

overstelpen in een grote hoeveelheid geven: *iemand* ~ *met cadeaus*

overstemmen [stemde over, h. overgestemd] opnieuw stemmen **overstemmen** [overstemde, h. overstemd] ❶ luider klinken dan, overtreffen door iets sterkers: *zijn geschreeuw overstemde de muziek* ❷ door meerderheid van stemmen de overhand krijgen over

overstijgen hoger gaan dan, beter zijn dan: *de resultaten oversteden onze verwachtingen*

overstromen [stroomde over, is overgestroomd] buiten de oevers treden, over de rand lopen: *de badkuip stroomt over* **overstromen** [overstroomde, h. overstroomd] ❶ onder water zetten: *door de orkaan is het gebied overstroomd* ❷ fig. doen volstromen met, overstelpen: *de stad werd overstroomd door toeristen* er kwamen heel veel toeristen

oversturen ergens naartoe sturen

overstuur *bn* erg geschrokken en in de war

overtekenen [tekende over, h. overgetekend] ❶ opnieuw tekenen ❷ natekenen **overtekenen** [overtekende, h. overtekend] ❶ over teken- of schilderwerk heen tekenen ❷ voor een hoger bedrag inschrijven dan het gevraagde

overtocht het oversteken, vooral van een water met een boot: *we hebben 's nachts de* ~ *naar Engeland gemaakt*

overtollig *bn* meer dan nodig is, te veel: ~ *personeel*

overtreden niet respecteren, zich niet houden aan: *de regels* ~ **overtreding** *de (v)* licht strafbaar feit, iets wat volgens de wet niet mag maar wat niet ernstig is

overtreffen te boven gaan, beter zijn dan ▼ ~ *de trap* woordvorm die het uiterste aangeeft, bijv. hoogst, grootst

overtrek *het & de (m)* [-ken] iets dat ergens omheen of overheen zit, hoes, omhulsel, bekleedsel: *een dekbed*~ **overtrekken** [trok over, h. / is overgetrokken] ❶ naar de overkant gaan, over een heuvel, vlakte e.d. ❷ op doorzichtig papier natekenen **overtrekken** [overtrok, h. overtrokken] van een omhulsel of bekleedsel voorzien: *een bank* ~

overtroeven fig. nog brutaler, listiger, knapper enz. zijn dan een ander

overtrokken *bn* overdreven, niet kloppend met hoe het in werkelijkheid is: *een* ~ *beeld van iets hebben*

overtuigen ▼ *iemand van iets* ~ iemand laten inzien dat iets zo is: *ik kon mijn vader ervan* ~ *dat ik een nieuwe fiets nodig had* **overtuiging** *de (v)* ❶ besef van de juistheid van zijn gevoelens of ideeën ❷ datgene waarvan iemand overtuigd is, mening **overtuigingskracht** het vermogen om iemand te overtuigen van iets

overuren *de (mv)* extra werkuren naast de uren die iemand normaal gesproken al werkt: *het is zo druk dat we de hele week al* ~ *maken*

overvaart overtocht per schip

overval *de (m)* [-len] onverhoedse aanval, vooral om te beroven: *een bank~* **overvallen** ❶ onverhoeds aanvallen ❷ fig. overrompelen, (onaangenaam) verrassen: *je overvalt me met je vraag, ik kan je niet meteen antwoorden* **overvalwagen** auto waarmee de politie verdachten oppakt en meeneemt

overvaren [voer over, h. / is overgevaren] ❶ naar de overkant varen ❷ varend naar de overkant brengen, overzetten **overvaren** [overvoer, h. overvaren] over iemand heen varen of met een ander vaartuig varen: *de man die in het water was gevallen, werd* ~

oververhitten ❶ te sterk verhitten, te heet laten worden ❷ fig. te hoog opdrijven, te intensief laten werken: *de economie is oververhit*

oververzadigd bn meer dan verzadigd, die meer dan genoeg heeft gehad

oververzekering ❶ verzekering voor een hoger bedrag dan de feitelijke waarde ❷ het hebben van te veel, van overbodige, verzekeringen

overvleugelen sterker of meer worden dan iemand anders of iets anders

overvliegen ❶ over iets heen vliegen ❷ zich per vliegtuig verplaatsen: *naar Amerika* ~ ❸ iets per vliegtuig ergens naartoe brengen: *hulpgoederen naar een rampgebied* ~

overvloed *de (m)* het rijkelijk aanwezig zijn van iets, een grote hoeveelheid van iets▼ *ten* ~ *e* bovendien, hoewel het overbodig is **overvloedig** bn in ruime mate, in een grote hoeveelheid

overvloeien overlopen, over de rand stromen ▼ fig. ~ *van* veel van iets hebben: *mijn hart vloeit over van liefde*

overvoeren [voerde over, h. overgevoerd] over iets heen leiden **overvoeren** [overvoerde, h. overvoerd] te veel voedsel geven: *je moet die hond niet* ~, *dan wordt hij te dik*

overvol te vol

overvragen te veel (van iemand) vragen, te veel geld vragen voor iets vragen

overwaaien ❶ over iets heen waaien ❷ ergens anders vandaan komen: *die mode is uit Engeland overgewaaid* ❸ voorbijgaan: *die modegril waait wel over* **overwaarde** verschil tussen de prijs voor iets en de lagere werkelijke waarde, bijv. verschil tussen de waarde van een onderpand, zoals een huis, en het geld dat iemand daarvoor heeft geleend (de hypotheek) **overwaarderen** te hoge waarde aan iets toekennen

overweg *de (m)* plaats waar een weg een spoorweg kruist **overweg** bw▼ *goed* ~ *kunnen met* goed kunnen omgaan met

overwegen [overwoog, h. overwogen] ❶ nadenken over: *mijn broer overweegt een*

scooter te kopen ❷ de doorslag geven, zwaarder tellen: *het plan heeft leuke kanten maar de bezwaren* ~ **overwegen** [woog over, h. overgewogen] opnieuw wegen **overwegend** bn voornamelijk, vooral: *er waren* ~ *jongeren bij het concert*

overweldigen ❶ door groot geweld overwinnen ❷ fig. heel erg veel indruk maken, te veel worden: *ze werd overweldigd door de luxe en rijkdom van het landhuis; ze werd door wanhoop overweldigd* **overweldigend** bn ontzagwekkend, meeslepend, wat heel erg veel indruk maakt: *de show was een* ~ *succes*

overwerk werk dat men doet, tijd die men werkt buiten de vaste arbeidstijd **overwerken** [werkte over, h. overgewerkt] langer werken dan de vaste arbeidstijd: *hij heeft het erg druk en moet vaak* ~ **overwerken** [overwerkte, h. overwerkt] ▼ *zich* ~ door te hard werken zijn gezondheid schaden

overwicht het meer macht of invloed of gezag: *die leraar heeft geen* ~ *over zijn leerlingen*

overwinnaar iemand die iemand anders overwonnen heeft **overwinnen** ❶ in een strijd de sterkste zijn ❷ te boven komen, eroverheen komen: *moeilijkheden* ~ **overwinst** wat van de winst overblijft na aftrek van bijv. rente of dividend

overwinteren ❶ de winter doorbrengen: *veel vogels* ~ *in warmere streken* ❷ ⟨van planten⟩ de winter doorstaan, niet doodgaan in de winter

overwippen ❶ ergens overheen springen ❷ even op bezoek komen

overwoekeren ❶ zo hard groeien dat andere planten erdoor worden bedekt ❷ fig. zo sterk toenemen dat andere zaken erdoor verdrongen worden

overzee *bw* aan de andere kant van de zee of oceaan **overzees** bn aan de andere kant van de zee of oceaan▼ ~ *e gebiedsdelen* delen van een land die aan de overkant van de zee liggen

overzeilen ❶ opnieuw zeilen ❷ naar de andere kant zeilen

overzet *de (m)* [-ten] boot die mensen naar de overkant brengt **overzetten** ❶ naar de overkant brengen: *we werden met een roeiboot overgezet* ❷ vertalen: *van het Frans in het Nederlands* ~ ❸ nog een keer zetten

overzicht het ❶ beknopte opsomming of weergave van de belangrijkste informatie: *een* ~ *van de inhoud van een cursus* ❷ ruim uitzicht over een geheel: *vanaf hier heb je een mooi* ~ *over de omgeving* ❸ fig. het begrijpen hoe iets in elkaar zit als groter geheel: *hij heeft geen* ~ *over het werk en besteedt te veel tijd aan details* **overzichtelijk** bn gemakkelijk te overzien, op zo'n manier dat het duidelijk is als geheel: *alle informatie over een project* ~ *weergeven* **overzichtstentoonstelling** tentoonstelling die een algemene indruk geeft van het werk van een bepaald kunstenaar of uit een bepaalde periode

overzien [zag over, h. overgezien] nakijken, inkijken, nog een keer doornemen **overzien** [overzag, h. overzien] ❶ in zijn geheel zien ❷ inschatten, berekenen: *de gevolgen van een*

OV

dergelijke ramp zijn niet te ~
overzijde overkant
OV-fiets fiets die je met een abonnement voordelig kunt huren op veel NS-stations
ov-jaarkaart jaarabonnement voor openbaar vervoer
OVSE *de (v)* Organisatie voor Veiligheid en Samenwerking in Europa
o.v.t. onvoltooid verleden tijd
ovulatie *de (v)* [-s] het loskomen van een eicel uit de eierstok, eisprong
o.v.v. onder vermelding van
OW Openbare Werken
oxidant *het* verbinding van ozon en stikstofoxiden die luchtverontreiniging veroorzaakt **oxidatie** *de (v)* [-s] het oxideren, het zich verbinden met zuurstof **oxide** *het* [-n, -s] verbinding van een element met zuurstof **oxideren** ❶ het zich verbinden met zuurstof ❷ roesten
ozb *de (v)* onroerendezaakbelasting
ozon *het & de (m)* zuurstof met moleculen van drie in plaats van twee atomen, die onder andere ontstaat bij een elektrische ontlading, zoals onweer, of door ultraviolette straling, en die schadelijk kan zijn **ozonlaag** luchtlaag met vrij veel ozon, die veel van de ultraviolette straling van de zon tegenhoudt die schadelijk is voor het leven op aarde ▾ *het gat in de ~* plaats waar geen of nog maar een heel dunne ozonlaag is, waarschijnlijk door de uitstoot van schadelijke stoffen door de mens

P

p *de* [-'s] ❶ zestiende letter van ons alfabet ❷ stemloze medeklinker die met beide lippen wordt gevormd ▾ *de ~ inhebben* in een heel slecht humeur zijn, kwaad zijn over iets
p. ❶ pagina ❷ muz. piano *(zacht)*
P ❶ parkeren ❷ schei. fosfor
P2P *peer-to-peer*, van gelijke naar gelijke, meestal binnen een netwerk van computers die gelijkwaardig zijn
pa *de (m)* [-'s] vader
p.a. per adres
Pa nat. pascal *(eenheid van druk of spanning)*
paadje *het* [-s] smal pad
paaien ❶ er met mooie woorden voor zorgen dat iemand tevreden is ❷ ⟨van vissen⟩ paren
paal *de (m)* [palen] ❶ langwerpig stevig stuk hout, ijzer enz. ▾ *dat staat als een ~ boven water* dat is absoluut zeker, daar valt niet aan te twijfelen ❷ grenspaal ▾ *~ en perk aan iets stellen* iets beteugelen, grenzen stellen ❸ spreekt. mannelijk geslachtsdeel in erectie **paaldansen** [paaldanste, h. gepaaldanst] op een verleidelijke manier dansen, zoals in nachtclubs, waarbij een vrouw rond een paal draait en erin klimt **paalwoning** woning die is gebouwd op palen **paalworm** dier dat eruitziet als een worm en dat zich vastboort in hout (Teredo navalis) **paalzitten** zo lang mogelijk blijven zitten op een paal (met daarop een zitplaats)
paap *de (m)* [papen] neg. rooms-katholiek geestelijke, rooms-katholiek **paaps** neg. *bn* rooms-katholiek
paar I *het* [paren] ❶ twee mensen of dieren of zaken die bij elkaar horen, stel: *die twee vormen een ~; een ~ sokken* ❷ twee of meer, enkele: *een ~ knikkers* II *bn* ❸ BN ook even: *pare nummers rechts, onpare links*
paard *het* ❶ zoogdier met vier benen, veel als trek- en rijdier gebruikt (Equus caballus) ▾ *honger als een ~* erge honger ▾ *het ~ achter de wagen spannen* de zaak helemaal verkeerd aanpakken ▾ *over het ~ tillen* verwennen, te erg prijzen zodat iemand verwaand wordt ▾ *het beste ~ struikelt wel eens* zelfs de beste maakt wel eens een fout ▾ *men moet een gegeven ~ niet in de bek kijken* je moet geen kritiek geven op een cadeau ❷ gymnastiekwerktuig op vier poten ❸ stuk in het schaakspel
paardenbloem veldplant met gele bloemen (Taraxacum officinale) **paardendeken** dekkleed van een paard **paardengebit** ❶ gebit van een paard ❷ gebit met vooruitstekende voortanden **paardenkastanje** kastanjeboom met niet-eetbare vruchten (Aesculus hippocastanum) **paardenkracht** maat voor het arbeidsvermogen: de arbeid die nodig is om 75 kilo in 1 seconde 1 meter omhoog te tillen **paardenmiddel** ❶ geneesmiddel voor paarden ❷ fig. geneesmiddel met een heel erg sterke of te sterke werking ❸ fig. ingrijpend redmiddel dat in een noodsituatie wordt toegepast **paardenmolen** BN, spreekt. draaimolen met

paardjes **paardensport** sport die wordt beoefend met paarden **paardensprong** ❶ sprong van een paard ❷ zet die men in het schaakspel met een paard doet **paardenstaart** ❶ staart van een paard ❷ haar dat zo bij elkaar gebonden is dat het daarop lijkt ❸ plant van het geslacht Equisetum **paardentram** ⟨vroeger⟩ tram die door paarden werd getrokken **paardenvijg** uitwerpsel van een paard

paardrijden op een paard rijden

paarlemoer, parelmoer *het* glinsterende binnenkant van veel schelpen

paars *bn* ❶ kleur tussen rood en blauw ❷ ⟨m.b.t. Nederlands kabinet⟩ met zowel liberalen als sociaaldemocraten

paarsgewijs, paarsgewijze *bn* in groepjes van twee, in paren: *u kunt deze vissen het beste ~ houden; de kabels worden ~ aan de aansluitingen gesoldeerd*

paartijd periode wanneer dieren paren

paasavond avond voor Pasen **paasbest** *v op zijn ~* in zijn mooiste kleren **paasdag** dag van het paasfeest **paasei** gekleurd ei of ei van suikerwerk dat met Pasen wordt gegeten **paasfeest** ❶ ⟨bij de Israëlieten⟩ feest van het ongezuurde brood ❷ ⟨bij de christenen⟩ feest ter herdenking van de verrijzenis van Christus **paashaas** ❶ haas die volgens de traditionele voorstelling met Pasen eieren brengt ❷ snoepgoed in de vorm van een paashaas **paasklok** BN klok die volgens oud geloof paaseieren voor de kinderen brengt **paasvakantie** vakantie in de periode van Pasen **paasvuur** groot vreugdevuur dat in sommige streken met Pasen wordt ontstoken **paasweek** ❶ week vóór Pasen ❷ week die begint met Pasen **paaszaterdag** zaterdag vóór Pasen **paaszondag** eerste paasdag

paaz *de (v)* psychiatrische afdeling algemeen ziekenhuis

pabo *de (v)* [-'s] pedagogische academie voor het basisonderwijs

pacemaker ⟨peesmeekəR⟩ *de (m)* [-s] apparaat dat de hartslag regelt

pacht *de* het huren, huur, vooral van een boerderij, grond, viswater e.d. *v de wijsheid in ~ hebben* denken dat men alles weet **pachten** ⟨land, boerderijen, viswater e.d.⟩ huren **pachter** *de (m)* [-s] iemand die iets pacht **pachtkamer** college van een kantongerecht dat pachtzaken behandelt

pacificeren verzoenen, tot vrede of tot rust brengen **pacifisme** *het* ❶ vredelievendheid ❷ het afwijzen van het gebruik van geweld **pacifist** *de (m)* aanhanger van het pacifisme

pact *het* afspraak, overeenkomst, verdrag

pad¹ I *het* [paden] ❶ smalle niet verharde weg voor voetgangers, fietsers, ruiters ❷ fig. levensweg, het leven dat iemand leidt: *veel moeilijkheden op zijn ~ vinden; hij heeft criminele vrienden en is op het slechte ~ geraakt* II *de* [padden] ❸ amfibie van het geslacht Bufo dat op een kikker lijkt *v* BN ook *een ~ in iemands korf zetten* iemand tegenwerken, een onaangename verrassing bezorgen

pad² ⟨pèt⟩ *de (m)* [-s] poreus zakje met een portie koffie

paddel ⟨ped-⟩ *de (m)* [-s] peddel

paddenstoel *de (m)* ❶ zwam met een kenmerkende vorm: een steel met daarop een hoed *v als ~en uit de grond schieten* snel en met veel tevoorschijn komen of ontstaan: *de softwarebedrijfjes schoten als ~en uit de grond* ❷ ⟨in Nederland⟩ kleine wegwijzer in de vorm van een paddenstoel

paddentrek jaarlijkse trek van padden na hun winterslaap, naar stilstaand water, om daar te paren

paddo *de (m)* [-'s] paddenstoel die hallucinaties veroorzaakt

padvinder *de (m)* [-s] lid van de padvinderij, scout **padvinderij** *de (v)* organisatie die jongens en meisjes oefent in allerlei dingen, zoals kamperen in de vrije natuur, scouting

paella ⟨paelja⟩ *de* [-'s] Spaans gerecht van rijst, bouillon, gefrituurde tomaten met daarbij groenten of vis of vlees

paf I *tw* nabootsing van het geluid van een geweerschot II *bn v ik sta ~* ik sta versteld, ik weet niet wat ik moet zeggen ⟨van verbazing, ontzetting⟩ **paffen** inform. roken

pafferig *bn* opgeblazen dik: *een ~ gezicht*

pafpaal inform. rookzuil

pagaai *de (m)* stok met één of twee bladen, waarmee een kano wordt voortbewogen, peddel

pagadder BN, spreekt. *de (m)* [-s] dreumes

page ⟨paazjə⟩ *de (m)* [-'s] ❶ jongen ⟨van adel⟩ als persoonlijk dienaar ❷ kleine dagvlinder van het geslacht Thecla **pagekapsel** *het*, **pagekop** *de (m)* vrouwenkapsel met een rechte pony en recht afgeknipt haar in de nek

pageturner ⟨peedzjr-⟩ *de (m)* [-s] boek dat zo spannend is dat men erin blijft lezen **pageview** ⟨-vjoew⟩ *de (m)* [-s] comp. een enkele, unieke download door een gebruiker van een hele webpagina

pagina *de* [-'s] bladzijde **pagina-indeling** manier waarop tekst en afbeeldingen over een pagina verdeeld zijn **pagineren** de bladzijden nummeren

pagode *de (v)* [-n, -s] tempel in Oost-Azië, in de vorm van een toren

paillette ⟨pajet⟩ *de* [-n] lovertje

paintball ⟨peentbòl⟩ *het* spel waarbij deelnemers op elkaar schieten met verfbolletjes

pak I *het* [-ken] ❶ iets dat ingepakt is *v dat is een ~ van mijn hart* een hele zorg minder *v niet bij de ~ken neerzitten* de moed niet opgeven *v* BN, spreekt. *met ~ en zak* met veel bagage ❷ dikke laag: *een ~ sneeuw* ❸ hoeveelheid: *een ~ slaag* ❹ BN, spreekt. een heleboel, een hoop ❺ kostuum *v een nat ~ halen* natregenen of in het water vallen *v dat is van hetzelfde laken een ~* dat is van dezelfde aard II *de , polycyclische aromatische koolwaterstof,* ❻ een groep stoffen die gevaarlijk zijn voor het milieu en die ontstaan bij verbranding

pakezel ezel die lasten draagt **pakhuis** gebouw voor het opslaan van goederen **pakijs** over elkaar geschoven ijsschotsen **pakjesavond** de avond van 5 december, vooravond van Sint-Nicolaas

pakkans kans om betrapt te worden op een strafbaar feit

pakken ❶ (vast)grijpen, nemen, arresteren **❷** indruk maken, boeien, aangrijpen: *die film heeft me gepakt* **❸** bagage inpakken (voor een reis) **❹** (o.a. van verf) zich vastzetten **❺** vulg. seks hebben met ▼ *iets te ~ krijgen* iets in handen krijgen ▼ *iemand te ~ krijgen* iemand arresteren; iemand telefonisch te spreken krijgen ▼ *het te ~ krijgen* er handig in worden ▼ *het te ~ hebben* verliefd zijn; verkouden, besmet zijn

pakkerd *de (m)* [-s] stevige omhelzing en kus: *ik kreeg een dikke ~ van mijn tante* **pakkerij** *de (v)* plaats waar producten worden ingepakt

pakket *het* [-ten] **❶** iets wat ingepakt is, pak **❷** fig. samenstel, geheel: *een ~ van maatregelen* **pakketboot** boot die brieven en pakketten vervoert **pakketpolis** polis met meer verzekeringen **pakketpost** verzending van postpakketten: *dit boek is te dik voor de brievenbus, ik moet het als ~ versturen*

pakkie-an inform. *het* ▼ *dat is niet mijn ~* dat is niet mijn zorg, daar heb ik niks mee te maken

pakking *de (v)* **❶** materiaal voor afsluiting zodat water of stoom niet kan ontsnappen **❷** dikke laag crème om de huid gezonder en mooier te maken

pakpapier papier om in te verpakken

paksoi *de* Chinese bladgroente

pakweg *bw* ongeveer

pal I *de (m)* [-len] **❶** pen om een rad e.d. vast te zetten **II** *bw* **❷** onbeweeglijk **❸** juist, net, precies: *zijn auto kwam ~ voor het politiebureau tot stilstand* ▼ fig. *hij staat ~ voor ... zonder dat iemand of iets hem daarvan af kan brengen* ▼ *~ tegen de wind* recht tegen de wind in

paladijn *de (m)* **❶** hist. ridder die hoort bij het gevolg van een vorst **❷** edele en ridderlijke held, trouw voorvechter van iets

palaveren lang onderhandelen

paleis *het* [-leizen] **❶** woning van een vorst of een bisschop **❷** groot gebouw waarin iets belangrijks is gevestigd: *het ~ van justitie* **paleisrevolutie ❶** revolutie in kringen van het hof of de centrale regering **❷** ingrijpende verandering in de top van een organisatie of bedrijf

palen BN ▼ *~ aan* grenzen aan

paleografie *de (v)* kennis van oud schrift en van oude handschriften

paleolithicum *het* oudste steentijd

paleontologie *de (v)* wetenschap van fossielen

paleozoïcum *het* periode waarbinnen het leven van planten en dieren de eerste ontwikkelingen doormaakte

palet *het* [-ten] **❶** verfbord van een schilder **❷** BN slagplankje bij tafeltennis, bat

palindroom *het* [-dromen] woord dat hetzelfde blijft als men het vanaf de laatste letter naar voren leest, bijv. lepel, meetsysteem

paling *de (m)* vis die de vorm heeft van een slang (Anguila anguila): BN ~ *in 't groen* paling gestoofd met een hoop groenten **palingfuik** fuik om paling te vangen **palingworst** worst die gerookt spek bevat

palissade *de (v)* [-n, -s] omheining van palen

palissanderhout tropisch hout van het geslacht Dalbergia dat voor meubels wordt gebruikt

paljas *de (m)* [-sen] clown, aansteller, lachwekkend persoon

pallet ⟨pel-⟩ *de (m)* [-s] soort lage kist of platformpje waarop goederen worden gestapeld en verplaatst

palliatief I *het* [-tieven] **❶** middel dat de pijn verzacht **❷** hulp voor alleen een bepaald ogenblik, lapmiddel **II** *bn* **❸** gericht op het verzachten van de pijn: *palliatieve zorg*

pallieter BN, spreekt. *de (m)* [-s] vrolijke frans, zorgeloze en levenslustige kerel

palm *de (m)* **❶** tropische boom, meestal zonder takken en met grote bladeren; het blad is ook het symbool van de overwinning **❷** binnenvlak van de hand, handpalm **palmboom** palm

palmolie olie die is geperst uit de vruchten van oliepalmen

Palmpasen palmzondag

palmtop *de (m)* [-s] kleine computer die in de palm van een hand past

palmwijn wijn uit het vocht van de schutbladeren van sommige palmen

palmzondag zondag vóór Pasen

palpatie *de (v)* [-s] medisch onderzoek door bekloppen en betasten van het lichaam

pamflet *het* gedrukte tekst over een actueel onderwerp

pampa *de* [-'s] grasvlakte in Zuid-Amerika

pamperen ⟨pem-⟩ te veel zorgen voor iemand, zorgen voor iemand die wel voor zichzelf zou kunnen zorgen

pampus *het* ▼ *voor ~ liggen* doodmoe, uitgeteld, bewusteloos zijn

pan *de* [-nen] **❶** voorwerp om eten in te koken, bakken e.d. **❷** dakpan **❸** herrie, rotzooi **❹** komvormige holte: *een duin~* ▼ *in de ~ hakken* vernietigend verslaan ▼ *onder de ~nen* fig. voorzien van een man, vrouw, inkomen e.d. ▼ *de ~ uit vliegen, rijzen* heel sterk stijgen, uit de hand lopen ▼ BN ook *de ~nen van het dak spelen* heel goed spelen

panacee *de (v)* [-s, -ën] wondermiddel tegen alle kwalen, vaak figuurlijk

panacheren BN, pol. [h. gepanacheerd] zijn stem bij verkiezingen verdelen over kandidaten van verschillende lijsten

panama *de (m)* [-'s] zomerhoed van fijn, heel buigzaam stro

pan-Amerikaans *bn* wat te maken heeft met alle Amerikaanse staten

pan-Arabisch wat te maken heeft met alle Arabische staten

pancreas med. *de (m)* & *het* [-sen] alvleesklier

pand I *het* **❶** onderpand, iets dat dient als waarborg **❷** gebouw **II** *de (m)* & *het* **❸** slip van een jas

panda *de (m)* [-'s] zwart-wit gekleurd roofdier dat hoort bij de beren en dat voorkomt in de Himalaya en vooral leeft van bamboespruiten, reuzenpanda ▼ *kleine ~* roofdier dat bij de wasberen hoort

pandemie *de (v)* [-ën] epidemie die over grote delen van de wereld verspreid is **pandemisch** *bn* als een pandemie: *de ziekte heeft ~e vormen aangenomen*

pandemonium *het* ❶ alle boze geesten bij elkaar ❷ hels lawaai

panden beslag leggen op bezittingen van iemand die schulden heeft

pandit *de (m)* [-s] ❶ titel voor een hindoe die wetsgeleerde en godsdienstgeleerde is ❷ klassiek musicus in India die als meester erkend is

pandjeshuis instelling waar iemand bezittingen kan afgeven waar hij geld voor krijgt en die hij binnen een bepaalde periode weer terug kan halen als hij weer geld heeft, bank van lening **pandjesjas** jas met slippen

pandoer *het & de (m)* oud kaartspel waarbij degene die 'pandoer' zegt alle slagen moet winnen ▼ *dat is opgelegd* ~ zeker dat het gebeurt; doorgestoken kaart, afgesproken werk **pandoering** BN, spreekt. *de (v)* pak slaag, afstraffing

pandverbeuren een gezelschapsspel spelen waarbij men voorwerpen moet afstaan die men na het uitvoeren van opdrachten weer terug kan krijgen

paneel *het* [-nelen] ❶ rechthoekig houten vlak als onderdeel van een deur, beschot e.d. ❷ schilderij op hout ❸ schakelbord

paneermeel kruim van fijngemaakte beschuit of geroosterd brood

panel ⟨pennal⟩ *het* [-s] groep van deskundigen die bij een bepaalde gelegenheid optreden, bijv. om een discussie te leiden

panenka *de* [-s] ⟨voetbal⟩ strafschop waarbij de bal met een boogje in het midden van het doel wordt geschoten, terwijl de keeper naar een van de hoeken duikt

paneren met paneermeel bestrooien

pan-Europees wat te maken heeft met alle Europese staten

panfluit fluit die bestaat uit zeven of meer stukken riet van verschillende lengte die aan elkaar zijn vastgemaakt en waar men van bovenaf in moet blazen

panharing haring die in het begin van het seizoen, in mei, wordt gevangen en die geschikt is om te gebakken te worden

paniek *de (v)* plotselinge hevige schrik of angst **paniekerig** *bn* als in paniek: ~ *begon ze haar sleutels te zoeken* **paniekstemming** sfeer van paniek **paniekvoetbal** heel ondoordacht chaotisch voetbalspel, ook figuurlijk **paniekzaaier** *de (m)* [-s] iemand die (ten onrechte) een paniekstemming veroorzaakt

panikeren BN in paniek raken **panisch** *bn* heel erg geschrokken en angstig, in paniek

panklaar klaar om in de pan gelegd te worden **panlat** lat waarop de dakpannen rusten **panna** *de* [-s] ⟨voetbal⟩ passeerbeweging waarbij de bal tussen de benen van de tegenstander door wordt gespeeld

panne *de* [-s] pech met een motorvoertuig: ~ *met de auto* **pannendak** *het* dak met dakpannen **pannenkoek** ronde platte koek die in een pan wordt gebakken **pannenlap** lap om een hete pan vast te pakken

pannenlikker *de (m)* [-s] keukengereedschap waarmee men etensresten uit een pan schraapt

panopticum *het* [-s, -ca] verzameling wassen beelden

panorama *het* [-'s] ❶ vergezicht naar verschillende kanten: *vanaf de bergtop zagen we een mooi* ~ *van bergen en dalen* ❷ schildering daarvan

pantalon *de (m)* [-s] (nette) lange broek

panter *de (m)* [-s] katachtig roofdier met een zwartgevlekte gele vacht (Panthera pardus)

pantheïsme *het* leer dat alles God is, dat God zich in alles bevindt

pantheon *het* ❶ tempel die aan alle goden is gewijd ❷ ererustplaats voor overleden beroemdheden

pantoffel *de* [-s] schoeisel dat gemakkelijk zit en dat men binnenshuis draagt ▼ *onder de* ~ *zitten* niets te zeggen hebben, gezegd van een man wiens vrouw de baas in huis is **pantoffeldiertje** *het* [-s] eencellig diertje (Paramaecium caudatum) **pantoffelheld** *de (m)* ❶ iemand die onder de plak zit, die thuis niets te zeggen heeft ❷ iemand die als het erop aankomt, veel minder moedig is dan hij zich voordoet

pantograaf *de (m)* [-grafen] instrument waarmee men een even grote of grotere of kleinere kopie van een tekening kan maken

pantomime ⟨-miem⟩ *de* [-s, -n] toneelspel met gebaren en gezichtsuitdrukkingen, zonder gesproken tekst

pantry ⟨pentRie⟩ *de* [-'s] provisiekamertje met aanrecht in een vliegtuig of op een schip

pantser *het* [-s] ❶ ijzeren bekleding ❷ harnas **pantseren** met sterk materiaal bekleden als bescherming: *een gepantserde auto* **pantserwagen** voertuig dat helemaal gepantserd is, bijv. een tank

panty ⟨pentie⟩ *de (m)* [-'s] nylonkousen met een broekje eraan vast

pao *het* postacademisch onderwijs

pap I *de* ❶ meel, rijst e.d. gekookt in melk of water ❷ dik vloeibaar mengsel ▼ *geen* ~ *meer kunnen zeggen* doodop zijn ▼ BN *niets in de* ~ *te brokken hebben* niets in de melk te brokkelen hebben, niets te vertellen hebben ▼ BN, spreekt. *iets zo beu als koude* ~ *zijn* er meer dan genoeg van hebben **II** *de (m)* ❸ papa, vader

papa *de (m)* [-'s] vader **papadag** vrije dag voor een man waarop hij de zorg voor zijn kind(eren) op zich neemt

papaja *de (m)* [-'s] meloenachtige boomvrucht

paparazzo ⟨-ratsoo⟩ *de (m)* [-razzi] opdringerige fotograaf van de roddelpers

papaver *de* [-s] het plantengeslacht klaproos van de papaverfamilie, met o.a. de soort slaapbol, waarvan opium gemaakt wordt

papegaai *de (m)* ❶ kleurige tropische vogel van het geslacht Psitacidae ❷ fig. naprater **papegaaienziekte** ziekte die op longontsteking lijkt, met droge hoest en koorts

paper ⟨peepǝR⟩ *de (m)* [-s] (wetenschappelijke) verhandeling

paperassen *de (mv)* beschreven of bedrukte papieren, een rommelig geheel van brieven, documenten e.d.

paperback ⟨peepǝRbek⟩ *de (m)* [-s] boek met een slappe kaft, groter dan een pocket

pa

paperclip ⟨peepəR-⟩ klemmetje om vellen papier bij elkaar te houden

papfles BN, spreekt. zuigfles

papier het ❶ dunne beschrijfbare vellen gemaakt van vezels, lompen of andere grondstoffen ❷ geldswaardig papier, document dat een bepaalde waarde in geld heeft, zoals effecten of wissels ❸ getuigschriften, bewijsstukken e.d.▼ *in de ~en lopen* duur worden, steeds meer geld gaan kosten▼ *goede ~en hebben* goede aanbevelingen hebben, goed bekendstaan▼ *iets op ~ gooien* opschrijven▼ *~ is geduldig* men kan schrijven wat men wil▼ BN *ook in slechte ~en zitten* in de nesten zitten, in moeilijkheden zitten

papieren bn ❶ van papier ❷ op papier▼ *een ~ lid van een vereniging* iemand die wel ingeschreven is als lid maar die nooit komt

papiergeld bankbiljetten **papierklem** BN, spreekt. klemmetje om papier bij elkaar te houden, paperclip **papier-maché** ⟨papier masjee⟩ het deeg van papierafval waarvan modellen e.d. gemaakt worden

papierwinkel groot aantal papieren bij elkaar

papil de [-len] klein, iets hoger stukje, op onder andere het slijmvlies van de tong

papillot ⟨-piejot⟩ de [-ten] ❶ folie waarin men bepaalde gerechten opdient ❷ papiertje om een krul in het haar te maken

papkindje slap, overgevoelig mens **paplepel** kinderlepel voor pap▼ *met de ~ ingegeven van* jongs af geleerd

pappa de (m) [-'s] papa, vader

pappen ❶ tot pap worden ❷ met pap bestrijken, met pap stijf maken▼ *~ en nathouden* een papje leggen op een zweer; iron. op dezelfde slappe manier doorgaan zonder iets echt aan te pakken

pappenheimers de (mv)▼ *zijn ~s kennen* zijn mensen kennen, weten wat men aan ze heeft

papperig bn ❶ papachtig ❷ ⟨van mensen⟩ dik maar niet stevig **pappig** bn papperig **pappot** ▼ *bij moeders ~ blijven* niet graag van huis gaan, vaak thuis zijn; veilig thuisblijven, niet de wereld in trekken

paprika de [-'s] ❶ milde variant van de Spaanse peper ❷ eetbare vrucht van deze plant, vaak groen, rood of geel

paps de (m) aanspreekvorm voor vader

papyrus ⟨-pie-⟩ de (m) [-sen, -pyri] ❶ papierplant, riet van de soort Cyperus papyrus ❷ papiersoort die van deze plant is gemaakt **papyrusrol** beschreven rol van papyrus

papzak iemand die dik en pafferig is

par. paragraaf

para de (m) [-'s] ❶ parachutist ❷ BN verkorting van *paracommando*

paraaf de (m) [-rafen] verkorte vorm van een handtekening: *zijn handtekening onder een contract zetten en op elke pagina zijn ~*

paraat bn klaar, gereed, bereid: *de troepen staan ~*▼ *parate kennis* dingen die men meteen weet zonder erover te hoeven nadenken **paraatheid** de (v)▼ *in staat van ~* klaar om in actie te komen

parabel de [-s, -en] gelijkenis, symbolisch verhaal om een bepaalde waarheid duidelijk te maken

parabenen de (mv) conserveringsmiddelen in shampoo, cosmetica enz.

parabool wisk. de [-bolen] bepaalde kegelsnede, kromme lijn die ontstaat als de kegel gesneden wordt door een vlak dat evenwijdig loopt met de mantel van de kegel

paracentrum oefenplaats voor parachutespringers

paracetamol® de (m) middel tegen pijn en koorts

parachute ⟨-sjuut(ə)⟩ de (m) [-s] scherm van licht doek om een val te breken **parachutist** de (m) iemand die met een parachute springt

paracommando BN iemand die lid is van een elite-eenheid van het Belgische leger en die is opgeleid voor moeilijke opdrachten

parade de (v) [-s] ❶ mil. optocht van troepen, het inspecteren van de troepen ❷ het aan iedereen laten zien van pracht en praal ❸ het heen en weer wandelen om zich te laten zien

paradepaardje het [-s] iets waarmee men pronkt, waar men heel trots op is en wat men graag laat zien **paraderen** ❶ parade houden door militaire troepen ❷ pronken, zich in zijn beste kleren e.d. laten zien: *ze liep in haar nieuwe jurk te ~ door de kamer*

paradigma het [-'s, -ta] ❶ opvatting binnen een wetenschappelijke discipline over de structuur van het onderzoeksobject en over wat zinvolle problemen zijn om te onderzoeken ❷ taalk. reeks mogelijke vormen van een woord volgens de regels van een bepaalde taal, schema van vervoeging of verbuiging

paradijs het [-dijzen] ❶ Bijb. plaats waar alles goed en mooi was en waar Adam en Eva, de twee eerste mensen, woonden ❷ Bijb. de hemel, plaats waar God en Jezus wonen ❸ geweldige plaats waar het heel goed en mooi is: *deze streek is een ~ voor wandelaars en fietsers* **paradijsvogel** kleurige tropische vogel van de familie Paradiseidae

paradox de (m) iets, bijv. een uitspraak, wat een tegenstrijdigheid lijkt te bevatten maar wat niet tegenstrijdig blijkt te zijn als men het nader bekijkt **paradoxaal** bn als een paradox, tegenstrijdig

paraferen ergens zijn paraaf op zetten: *de pagina's van een contract ~*

parafernalia de (mv) ❶ persoonlijke bezittingen ❷ wat met iemand of iets in nauw verband staat

paraffine de witte wasachtige of dik vloeibare koolwaterstof

parafiscaal BN wat te maken heeft met heffingen die niet als belasting gelden

parafrase ⟨-zə⟩ de (v) [-n, -s] omschrijving met andere woorden **parafraseren** ⟨-zĭ-⟩ iets verklaren door het te omschrijven, iets met andere woorden zeggen

paragliding ⟨-Glaj-⟩ het sport waarbij men hangend aan een breed zweefscherm door de lucht vliegt, gebruikmakend van de thermiek

paragnost de (m) ❶ iemand die helderziend is ❷ iemand met telepathische gaven

paragraaf de (m) [-grafen] onderdeel van een tekst of een wetsartikel: *een hoofdstuk is soms onderverdeeld in paragrafen*

parallel I bn ❶ evenwijdig: *deze binnenweg loopt ~*

aan de autoweg ❷ wat ermee overeenkomt, vergelijkbaar: *deze ontwikkeling loopt ~ met die in de rest van de wereld* **ll** *de* [-len] ❸ lijn die of vlak dat evenwijdig loopt met een ander ❹ geval dat er erg op lijkt, overeenkomstig geval

parallelklas klas die in dezelfde periode als een andere klas hetzelfde onderwijs krijgt **parallellie** *de (v)* het parallel zijn aan elkaar **parallellogram** *het* [-men] vierhoek met evenwijdige zijden

parallelweg (kleinere) weg die evenwijdig loopt aan een andere weg of aan een spoorweg: *tractoren mogen niet op de hoofdweg maar alleen op de ~*

Paralympics ⟨-lịm-⟩ *de (mv)* , *Paralympische Spelen*, Olympische Spelen voor gehandicapte sporters

paralyseren ⟨-liezi-⟩ verlammen

paramedisch wat niet medisch is maar er wel mee te maken heeft: *~e beroepen zoals diëtist*

parameter ❶ wisk. veranderlijke grootheid die wordt gebruikt bij berekeningen ❷ comp. grootheid die wordt gebruikt bij bepaalde bewerkingen

paramilitair ⟨-tèr⟩ wat niet echt militair is maar wel op militaire wijze functioneert

paranimf *de (m)* ❶ bruidsjonker ❷ begeleider van iemand die promoveert

paranoia *de (v)* geestesstoornis met angstige waandenkbeelden, vooral het idee dat men bedreigd of achtervolgd wordt **paranoïde** *bn* met verschijnselen van paranoia: *hij is ~, hij denkt dat hij wordt bespioneerd en achtervolgd*

paranoot noot van een hoge boom uit Zuid-Amerika die olie bevat (Bertholletia excelsa)

paranormaal wat voorkomt naast het normale ▾*paranormale verschijnselen* telepathie, helderziendheid e.d.

parapenten vanaf een berghelling met een parachute een dal inzweven

paraplu *de (m)* [-'s] draagbaar scherm tegen regen **parapluplant** *de* grassoort die als kamerplant wordt gekweekt (Cyperus alternifolius) **parapluterm** containerbegrip

parapsychologie leer van de paranormale verschijnselen

parasailing ⟨-see-⟩ *de* sport waarbij iemand met een parachute de lucht in wordt getrokken door een voertuig of boot

parasiet *de (m)* ❶ organisme dat leeft in of op een ander soort organisme ❷ min. uitvreter, iemand die profiteert van anderen **parasitair** ⟨-tèr⟩ *bn* ❶ als een parasiet ❷ veroorzaakt door parasieten: *een parasitaire infectie* **parasiteren** ten koste van anderen leven, ook figuurlijk: *deze kunstenaar heeft weinig eigen ideeën, hij parasiteert vooral op het werk van anderen*

parasol *de (m)* [-s] scherm dat beschermt tegen zonlicht: *we zaten op een terrasje onder een ~*

parastatale BN *de (v)* [-n] semioverheidsinstelling

parathion *het* dodelijk landbouwgif

paratroepen *de (mv)* troepen die bestaan uit parachutisten

paratyfus ⟨-tie-⟩ benaming voor verschillende ziekten die op tyfus lijken maar milder verlopen

parcours ⟨-koer(s)⟩ *het* [parcours], **parkoers** ❶ traject dat moet worden afgelegd ❷ wedstrijdbaan

pardoes *bw* halsoverkop, plotseling

pardon **l** *het* ❶ vergiffenis, kwijtschelding, genade ▾*generaal ~* algemene kwijtschelding (bijv. van straffen) ▾*zonder ~* zonder te vergeven, heel hard **ll** *tw* ❷ neem me niet kwalijk: *o ~, stond ik op uw voet?; ~, mag ik u iets vragen?*

parel *de* [-s, -en] ❶ kostbaar sieraad dat afkomstig is van pareloesters ❷ fig. iets of iemand van bijzondere waarde ▾*~s of paarlen voor de zwijnen* iets waardevols voor mensen die het niet waard zijn **parelduiker** ❶ iemand die in zee duikt naar pareloesters ❷ vogel die vooral voorkomt in de buurt van zeekusten en meren (Gavia arctica) **parelen** ❶ luchtbelletjes vormen ❷ helder klinken: *een ~de lach* **parelgrijs** blauwachtig grijs **parelhoen** *het* [-ders] kalkoenachtige vogel met hoornachtige helm (Numida meleagris) **parelmoer** → paarlemoer **parelsnoer** ketting van parels

paren ❶ in groepjes van twee opstellen ❷ samengaan met: *griep gaat vaak gepaard met koorts* ❸ een paar vormen, trouwen ❹ koppelen (aan iemand) ❺ ⟨vooral van dieren⟩ seksueel contact hebben (voor bevruchting)

parentele *de* [-n] bloedverwanten als afstammelingen van één ouder of ouderpaar

pareren ▾*een aanval ~* een aanval afslaan, ook in woorden

parese ⟨-za⟩ *de (v)* [-n] verlamming van spiergroepen

paresthesie *de (v)* waarneming van het gevoelszintuig, zoals een tintelend of brandend gevoel, zonder dat daarvoor een oorzaak aanwezig lijkt te zijn

parfait ⟨-fè⟩ *het* luxe soort ijs, een luchtig soort roomijs

parfum *het* & *de (m)* [-s] ❶ lekkere geur: *het ~ van de bloemen* ❷ vloeistof die mensen op hun huid spuiten of smeren om lekker te ruiken **parfumeren** lekker laten ruiken met parfum **parfumerie** *de (v)* [-ën, -s] winkel die parfums verkoopt

pari **l** *bw* ❶ gelijk aan waarde ▾*a ~* tegen een koers van 100% **ll** *het* ❷ pariteit, gelijke waarde

paria *de* [-'s] ❶ ⟨bij de hindoes⟩ iemand die niet tot een kaste behoort ❷ fig. iemand die door anderen uitgestoten wordt, met wie anderen niets te maken willen hebben, verworpene, verschoppeling

pariteit *de (v)* ❶ gelijkheid, rechtsgelijkheid ❷ het gelijk zijn van een koers of waarde op verschillende plaatsen of in verschillende situaties

park *het* ❶ grote aangelegde tuin met bomen ❷ groot terrein ❸ ⟨als laatste deel van een samenstelling⟩ verzameling van voorwerpen die een geheel vormen: *het wagen~ van een bedrijf*

parka *de (m)* [-'s] winddicht jack met capuchon

parkeerautomaat toestel waaraan men betaalt om ergens te parkeren **parkeerdek** bovengrondse parkeergarage in verdiepingen **parkeergarage** garage, gebouw met parkeergelegenheid voor veel auto's

pa

parkeerhaven vak langs de weg waar men een auto kan parkeren **parkeermeter** installatie met klok waaraan men betaalt om te mogen parkeren **parkeerschijf** schijf waarop staat hoe laat iemand een auto ergens geparkeerd heeft **parkeervak** vak dat aangeeft binnen welke grenzen een geparkeerde auto kan staan **parkeerwachter** iemand die toezicht houdt op de naleving van de regels voor parkeren **parkeren** een auto tijdelijk neerzetten (op een plaats die daarvoor bestemd is)

parket *het* [-ten] ❶ parketvloer ❷ (bureau van vertegenwoordigers van het) Openbaar Ministerie ❸ BN bureau van de procureur des Konings ❹ plaatsen in de schouwburg tussen stalles en parterre▾ *in een lastig ~* in een moeilijke positie

Parket-Generaal hoofdkantoor van de landelijke leiding van het Openbaar Ministerie

parketvloer ingelegde houten vloer

parketwacht I *de* ❶ hulp- en ordedienst in een gebouw van het Openbaar Ministerie **II** *de (m)* [-en] ❷ persoon die bij die dienst werkt, parketwachter

parkiet *de (m)* kleine papegaaiachtige vogel

parking *de (m)* [-s] parkeerterrein, parkeerruimte

parkinson *de* ziekte van Parkinson, ziekte waarbij hersencellen afsterven, waardoor onder andere de ledematen gaan trillen: *aan ~ lijden* de ziekte van Parkinson hebben

parkoers *het* [-en] parcours

parlando I *bw* ❶ muz. meer sprekend dan zingend **II** *het* [-'s] ❷ muz. stuk dat parlando wordt gezongen

parlement *het* ❶ volksvertegenwoordiging, in Nederland de Eerste en de Tweede Kamer ❷ gebouw waarin de volksvertegenwoordiging zetelt **parlementair** ⟨-tèr⟩ **I** *bn* ❶ wat bij een onderhandelaar hoort ❷ wat hoort bij de volksvertegenwoordiging, van een parlement ❸ fig. omzichtig, tactisch **II** *de (m)* [-s, -en] ❹ onderhandelaar **parlementariër** *de (m)* [-s] lid van de volksvertegenwoordiging, van een parlement **parlementarisme** *het* het regeren met een volksvertegenwoordiging

parlevinker *de (m)* [-s] ❶ iemand die met een bootje spullen verkoopt aan schepen ❷ bootje van zo'n handelaar

parmantig *bn* ❶ zelfbewust ❷ trots en deftig

parmezaan *de (m)* scherpe Italiaanse kaassoort **Parmezaans** *bn*▾ *~e kaas* parmezaan

parochiaal *bn* wat bij een parochie hoort **parochiaan** *de (m)* [-anen] lid van een parochie, van een kerkgemeente **parochie** *de (v)* [-s, -chiën] kerkelijke gemeente, kerkgemeente

parodie *de (v)* [-ën, -s] het overdreven nadoen van iemand of iets om die persoon of datgene belachelijk te maken **parodiëren** een parodie maken van

parodontitis *de (v)* ontsteking van het steunweefsel van tanden en kaakbot

parodontologie *de (v)* wetenschap van de ziekten van het tandvlees **parodontose** ⟨-zə⟩ *de (v)* aandoening waarbij het tandvlees zich terugtrekt van de tandhalzen

parool *het* [-rolen] ❶ belofte, erewoord ❷ wachtwoord, herkenningswoord ❸ leus

parsec *de (m)* ⟨astronomie⟩ eenheid om afstanden aan te geven

pars pro toto *de (m)* [-s] het noemen van een deel voor het geheel, bijv. 'kop' voor 'persoon', in: er was geen kop

part *het* deel▾ *~ noch deel aan iets hebben* er helemaal niets mee te maken hebben▾ *voor mijn ~* wat mij betreft▾ *~en spelen* het moeilijk maken (voor iemand), last bezorgen

parterre ⟨-tè-⟩ *het & de (m)* [-s] ❶ benedenverdieping ❷ gelijkvloerse zitplaatsen in een theater

participant *de (m)* ❶ iemand die ergens aan meedoet ❷ aandeelhouder **participatie** *de (v)* [-s] het meedoen aan iets **participatiemaatschappij** bedrijf dat geld steekt in (startende) kleinere bedrijven zodat deze kunnen groeien en meer waard worden **participatieonderwijs** onderwijs in combinatie met werk of stage **participeren** deelnemen, meedoen

participium taalk. *het* [-s, -pia] deelwoord

particularisme *het* ❶ het stellen van het belang van een bepaalde groep boven het algemene ❷ het zich alleen richten op de eigen groep, denkwijze e.d.

particulier I *bn* ❶ wat geldt voor een enkele persoon ❷ wat niet van de overheid uitgaat: *een ~e school* ❸ wat op zichzelf staat, bijzonder, speciaal: *in dit ~e geval* in dit speciale geval **II** *de (m)* ❹ iemand als persoon en niet als iemand die een bepaalde functie vervult

partieel *bn* gedeeltelijk

partij *de (v)* ❶ groep, hoeveelheid: *die zaak heeft een ~ schoenen binnengekregen* ❷ persoon of groep met een bepaalde overtuiging ❸ groep of vereniging die bepaalde (vooral politieke) beginselen voorstaat ❹ aanklager of gedaagde voor de rechtbank ❺ huwelijkspartner: *die rijke vrouw is een goede ~* ❻ persoon of groep die een overeenkomst sluit ❼ groep spelers ❽ spelletje: *een schaak~* ❾ feest: *een gezellig verjaardagspartijtje* ❿ deel: *donkere ~en op een schilderij* ⑪ muziekonderdeel voor een bepaald instrument of een bepaalde stem▾ *van de ~ zijn* aanwezig zijn, meedoen▾ *~ kiezen* een kant kiezen, bijv. in een ruzie▾ BN *zich burgerlijk ~ stellen* een civiele procedure aanspannen, een aanklacht indienen **partijdig** *bn* die één kant kiest, die de fouten van onze ploeg niet voordeel geeft, vooringenomen, bevooroordeeld: *die scheidsrechter is ~, hij ziet alleen de fouten van onze ploeg* **partijganger** *de (m)* [-s] aanhanger van een politieke partij **partijgenoot** iemand van dezelfde partij **partijideoloog** *de (m)* [-logen] iemand die de ideologie van een politieke partij ontwikkelt en uitdraagt

partijorgaan blad van een politieke partij

partikel *het* [-s] ❶ klein deeltje, atoomdeeltje ❷ taalk. woord dat niet verder verbogen kan worden, zoals een voegwoord of een voorzetsel

partita muz. *de* [-'s] suite

partitie *de (v)* [-s] comp. deel van de harde schijf van een computer

partituur muz. *de (v)* [-turen] alle partijen van een compositie bij elkaar

partizaan *de (m)* [-zanen] lid van een militaire groep die niet bij een officieel leger hoort, guerrillastrijder

partner *de (m)* [-s] ❶ medespeler, deelgenoot, persoon met wie men handelt, een bedrijf heeft, danst enz. ▼ *sociale ~s* werkgevers en werknemers (of vertegenwoordigers daarvan) als gesprekspartners bij cao-onderhandelingen e.d. ❷ persoon met wie men samenleeft of een verhouding heeft: man, vrouw, vriend of vriendin **partnerpensioen** nabestaandenuitkering voor mensen die ongehuwd samenwonen **partnerruil** het hebben van seks met iemand anders, door getrouwde paren of stellen onder elkaar

parttime ⟨pàRttajm⟩ *bn* slechts voor een deel van de tijd: *ik werk ~* **parttimer** *de (m)* [-s] iemand die parttime werkt

partuur *de (v)* team van drie personen bij kaatsen

party ⟨pàRtie⟩ *de (v)* [-'s] feest **partydrug** ⟨-druG⟩ *de (m)* [-s] drug die gebruikt wordt tijdens feesten en uitgaan **partytent** overkapping van tentdoek, gebruikt bij feestelijkheden in de openlucht

parvenu *de (m)* [-'s] iemand die rijk is geworden zonder de beschaving te hebben die erbij hoort

pas I *de (m)* [-sen] ❶ stap, afstand die met één stap wordt afgelegd ▼ *een ~ op de plaats maken* voorlopig niet verdergaan ❷ smalle doorgang of overgang in een gebergte ▼ *iemand de ~ afsnijden* hem verhinderen verder te gaan; iemand een kans ontnemen ❸ paspoort II *het* ❹ (het juiste) tijdstip ❺ geschikte, passende gelegenheid ▼ *dat geeft geen ~* dat is niet netjes, niet zoals het hoort ▼ *van ~ komen, ergens bij te ~ komen* goed uitkomen, handig zijn (om te hebben) III *bw* ❻ juist, net, kort geleden: *we zijn hier ~ komen wonen* ❼ niet eerder dan: *hij komt ~ om drie uur* ❽ niet verder dan: *we zijn ~ bij Utrecht*

pasar ⟨passar⟩ *de (m)* [-s] Indonesische markt(plaats)

pascal nat. *de (m)* [-s] eenheid voor druk of spanning

Pascal comp. *het* hogere programmeertaal

Pasen *de (m)* feest van de verrijzenis van Christus ▼ *als ~ en Pinksteren op één dag vallen* nooit ▼ BN *vijgen na ~* mosterd na de maaltijd, iets wat te laat komt en waar men niets meer aan heeft

pasfoto kleine foto van iemands gezicht voor bijv. een paspoort

pasgeboren *bn* die nog maar net geboren is

pashmina ⟨pasj-⟩ *de* [-'s] omslagdoek of (brede) sjaal van de fijnste wol van berggeiten in de Himalaya

pasja *de (m)* [-'s] hoge Turkse ambtenaar

pasje *het* [-s] ❶ tijdelijk doorlopend toegangsbewijs ❷ betaalpas, pinpas e.d.

paskamer hokje in een winkel waarin kleding gepast kan worden **pasklaar** ❶ klaar om gepast te worden ❷ fig. helemaal passend, helemaal aangepast aan de behoefte: *een pasklare oplossing* **pasmunt** ❶ kleingeld om een bedrag dat iemand moet betalen passend te maken ❷ fig. ruilmiddel om te maken dat een ander ergens mee instemt: *Europa gebruikt de landbouw als ~ in de onderhandelingen*

paspoort *het* legitimatiebewijs waarmee men toegang krijgt tot een ander land

pass ⟨paas⟩ sp. *de (m)* [-es] schot of worp in de richting van een medespeler

passaat *de (m)* [-saten] wind tussen de keerkringen naar de equator toe

passage ⟨-saazjə⟩ *de (v)* [-s] ❶ gedeelte uit een tekst: *dit boek begint met een heel spannende ~* ❷ overdekte winkelstraat ❸ doorgang, plaats waar men langs moet: *ten zuiden van het eiland ligt een gevaarlijke ~* ❹ overtocht met een schip

passagier ⟨-zjier⟩ *de (m)* [-s] persoon die meereist in of op een vervoermiddel: *de ~s aan boord van een schip* **passagieren** ⟨van zeelieden⟩ aan wal uitgaan

passant *de (m)* ❶ voorbijganger ❷ iemand die maar kort blijft en dan verder doorreist

passen¹ [paste, h. gepast] ❶ de juiste maat hebben ❷ fig. betamen, zijn zoals het hoort: *een dergelijk gedrag past een jong meisje niet* ❸ op de goede manier aanbrengen of invoegen: *de radertjes in elkaar ~* ❹ het juiste bedrag betalen: *kunt u het niet ~?* ❺ uitproberen of iets de juiste maat heeft: *een jas ~* ❻ geschikt zijn voor: *een werkkring die hem past* ❼ ⟨kaartspel⟩ zijn beurt voorbij laten gaan, niet spelen ▼ fig. *daar pas ik voor* dat weiger ik, dat doe ik niet ▼ *op een kind/een huis ~* erop letten en ervoor zorgen ▼ *als het u past* als het u uitkomt, als het een goed moment voor u is

passen² ⟨paas-⟩ [passte, h. gepasst] de bal naar een teamgenoot schieten of gooien

passend *bn* wat past bij datgene bij die persoon, geschikt: *we zoeken een ~ cadeau voor Hanny*

passe-partout ⟨paspartoe⟩ *de (m)* [-s] ❶ sleutel die op verschillende sloten past, loper ❷ kartonnen rand binnen de lijst om een afbeelding ❸ kaart waarmee men meerdere keren ergens naar binnen kan

passer *de (m)* [-s] instrumentje met twee poten om cirkels mee te tekenen

passeren ❶ voorbijgaan, langs iets komen ❷ achter zich laten: *hij is de vijftig gepasseerd* hij is ouder dan vijftig jaar ❸ overslaan, geen rekening houden met: *hij is gepasseerd, iemand anders heeft de functie gekregen* ▼ *laten ~* voorbij laten gaan, er niet kwaad om worden, er niets van zeggen ▼ *de tijd ~* voorbij laten gaan, ergens doorbrengen ▼ *een akte ~* als notaris een akte opmaken

passie *de (v)* [-s] ❶ het lijden van Jezus ❷ hartstocht, hartstochtelijke liefde ❸ hartstochtelijke liefhebberij: *zeilen is zijn ~* **passiebloem** klimplant van het geslacht Passiflora, die vooral in Amerika voorkomt

passief I *bn* ❶ die of wat zich niet uit in daden: *~ verzet; hij is heel ~, hij onderneemt nooit iets* ▼ *een taal ~ beheersen* een taal wel kunnen lezen of verstaan, maar niet kunnen spreken of schrijven II *het* ❷ passiva ❸ lijdende vorm van het werkwoord, bijv. in de zin: Jan wordt geslagen **passiespel** toneelspel over het lijden van Jezus **passim** *bw* op verschillende plaatsen **passioneel** BN *bn* uit hartstocht, vol hartstocht **passiva** *de (mv)* de schulden die iemand nog

pa

moet betalen, financiële lasten

passiviteit *de (v)* het passief zijn **passivum** *taalk. het* [-va] lijdende vorm van het werkwoord, bijv. in de zin: Piet wordt geslagen

password ⟨pàswùRd⟩ *het* [-s] woord of combinatie van letters, cijfers en/of leestekens voor toegang tot een computer of een computerprogramma

pasta *de (m) & het* [-'s] ❶ dik mengsel van vaste stof en vloeistof: *chocolade~* ❷ Italiaanse deegwaren zoals spaghetti en macaroni

pastei *de* gehakt vlees in een fijne korst

pastel *het* [-s] ❶ droge verfstift, kleurstift ❷ tekening in pastel **pasteltint** zachte kleur

pasten ⟨pees-⟩ [pastete, h. gepastet] ⟨een tekst, plaatje⟩ digitaal invoegen in een document, plakken

pasteuriseren ⟨-zi-⟩ ⟨melk⟩ zo heet maken dat alle ziektekiemen worden gedood

pastiche ⟨-tiesj⟩ *de (m)* [-s] nabootsing van een werk of van de stijl van een kunstenaar

pastille ⟨-tiejə⟩ *de* [-s] ❶ klein snoepje ❷ geneesmiddel in vaste vorm, tabletje

pastinaak *de* [-naken] schermbloemige plant met een eetbare wortel (Pastinaca sativa)

pastis ⟨-ties⟩ *de (m)* alcoholische drank met anijssmaak

pastoor *de (m)* [-s] r.-k. hoofd van een parochie

pastor *de (m)* [-s, -tores] iemand die werkt in de zielzorg **pastoraal** *bn* ❶ wat te maken heeft met de zielzorg ❷ wat te maken heeft met het landleven, herderlijk **pastoraat** *het* [-raten] het pastoor of predikant zijn, geestelijke zorg voor leden van de parochie of gemeente **pastorale** *de* [-n, -s] idyllisch gedicht of muziekstuk over het landleven en herders **pastores** *de (mv)* de pastoor en de kapelaan(s) **pastorie** *de (v)* [-ën] woning van een pastoor of predikant

pastrami *de (m)* gekruide rundvleessoort

pasvorm hoe iets (vooral kleding) gesneden is, de vorm die het heeft

paswoord BN, zie wachtwoord

pat I *de* [-ten] ❶ strook stof die aan één kant aan een kledingstuk is genaaid en die men aan de andere kant vastmaakt met een knoop ❷ strook stof op vooral een militair uniform als ondergrond voor bijv. een embleem **II** *het* ❸ stand van de koning in het schaakspel waarbij hij gespeeld moet worden en men dit niet kan zonder zichzelf schaak te zetten **III** *bn* ❹ in die toestand in het schaakspel

patat *de* [-ten] patates frites **patates frites** ⟨patat friet⟩ *de (mv)* gebakken reepjes aardappel

patatje *het* [-s] portie patates frites ▾ ~ *oorlog* met mayonaise en satésaus ▾ ~ *kapsalon* met shoarma, kaas, sla en sauzen

patchwork ⟨petsjwùRk⟩ *het* handwerktechniek, vroeger gebruikt voor het verstellen van textiel, waarbij men kleine, vaak veelkleurige, lapjes aan elkaar naait

paté *de (m)* [-s] stijve pastei met gehakt vlees

patent I *het* ❶ recht dat is toegekend aan een uitvinder en dat zijn uitvinding alleen te mogen exploiteren ❷ vergunningsbewijs voor het uitoefenen van een bedrijf **II** *bn* ❸ voortreffelijk, in goede vorm: *je ziet er ~ uit* **patenteren** patent

verlenen

patentsteek bepaalde breisteek

pater *de (m)* [-s] aanspreektitel voor iemand die kloosterling of geestelijke van een orde is en priester **paternalisme** *het* het zich gedragen als een vader die het goede met zijn kinderen voorheeft en hun daar zelf geen stem in geeft, bijv. door een overheid tegenover haar burgers of een (voormalige) kolonie **paternoster** *r.-k. de (m)* [-s] kralensnoer die wordt gebruikt bij het bidden, rozenkrans **Paternoster** *het* [-s] ⟨gebed⟩ het Onzevader

pathetisch *bn* vol pathos, wat overdreven op het gevoel werkt: *ze doet altijd zo ~, nu zegt ze weer dat ze doodgaat*

pathogeen *bn* wat ziek maakt, wat een ziekte veroorzaakt **pathologie** *de (v)* wetenschap die zich bezighoudt met ziekten **pathologisch** *bn* ❶ wat te maken heeft met de wetenschap van ziekten ❷ ziekelijk: *zij is een ~ leugenaar* **patholoog** *de (m)* [-logen] deskundige op het gebied van ziekten **patholoog-anatoom** *de (m)* [pathologen-anatomen] iemand die bij een dode sectie verricht om de doodsoorzaak vast te stellen of die het ziek weefsel onderzoekt om meer te weten te komen over de ziekte

pathos *het* wat (overdreven) op het gevoel werkt vooral in woorden of muziek, hoogdravendheid, gezwollenheid: *een redevoering met veel ~*

patience ⟨paasjàs⟩ *het* kaartspel voor één persoon

patiënt ⟨paasjent⟩ *de (m)* zieke die onder doktersbehandeling is **patiëntendossier** ▾ *elektronisch ~* medisch dossier van een patiënt dat behandelende artsen, apothekers en andere zorgverleners via het internet kunnen raadplegen

patio *de (m)* [-'s] binnenplaats van een huis of een tuin of terras bij een huis, met muren eromheen

patisserie ⟨-tie-⟩ *de (v)* [-s] ❶ banketbakkerij ❷ gebak **patissier** ⟨-tiesjee⟩ *de (m)* [-s] banketbakker

patjepeeër *de (m)* [-s] iemand die geld heeft en geen beschaving, en die heel opvallend laat zien dat hij geld heeft

patriarch *de (m)* ❶ stamvader van het Israëlitische volk, aartsvader ❷ familiehoofd, grijsaard voor wie iedereen in de familie respect heeft ❸ de hoogste bisschop in de Grieks-katholieke kerk **patriarchaal** *bn* ❶ als een patriarch, als een aartsvader ❷ waarbij de mannen de baas zijn: *een patriarchale maatschappij* **patriarchaat** *het* [-chaten] ❶ waardigheid of gebied van een patriarch ❷ maatschappelijke ordening waarbij kinderen behoren tot de stam van hun vader

patriciaat *het* ❶ de patriciërs ❷ het patriciër-zijn **patriciër** *de (m)* [-s] iemand die behoort tot de voornaamste burgers van een staat of stad

patrijs I *de* [-trijzen] ❶ vogel met een hoefijzervormige vlek op de buik, die bij de hoenderachtigen hoort ❷ patrijshond **II** *de (m)* [-trijzen] ❸ stempel waarmee men een matrijs maakt **patrijshond** hond voor de jacht op patrijzen ▾ *Drentse ~* langharige jachthond met hangende oren en een lange staart, meestal wit en leverkleurig **patrijspoort** rond glazen raam in de wand van een schip

patrimonium *het* [-s, -nia] vaderlijk erfdeel

patriot ⟨peetRiejat⟩ *de (m)* [-s] afweersysteem tegen vliegtuigen en raketten

patriot *de (m)* [-ten] iemand die veel van zijn vaderland houdt, goede vaderlander

patriottisme *het* het erg houden van zijn vaderland, vaderlandsliefde

patronaal *bn* BN ook wat te maken heeft met de werkgevers, werkgevers-: *een patronale lastenverlichting voor ondernemingen die de arbeidsduur tijdelijk met een kwart verminderen*

patronaat *het* [-naten] ❶ het beschermheer of beschermvrouw zijn ❷ BN de gezamenlijke werkgevers, met name als tegenpartij van de vakbonden **patrones** *de (v)* [-sen] ❶ beschermvrouw ❷ vrouwelijke beschermheilige

patroon I *de (m)* [-s, -tronen] ❶ beschermheer II *de (m)* [-s] ❷ BN ook baas, hoofd van een bedrijf, werkgever III *de* [-tronen] ❸ huls met kogel(s), kruit en slaghoedje IV *het* [-tronen] ❹ model, voorbeeld, vooral voor het maken van kleding ❺ decoratieve tekening op behang, stof enz. ❻ voorspelbare manier om iets te doen: *iets volgens een vast ~ doen* **patroonheilige** heilige wiens naam iemand draagt

patrouille ⟨troeja⟩ *de* [-s] ❶ het patrouilleren ❷ personen die lopend de wacht houden, of een kleine groep politiemensen of soldaten die op speurtocht of op verkenning gaan **patrouilleren** ⟨-jirən⟩ de wachtronde doen, heen en weer lopen om de wacht te houden

pats I *tw* ❶ geluid van een klap II *de* ❷ klets, slag **patsen** met een klap ergens tegenaan komen **patser** *de (m)* [-s] iemand die veel geld uitgeeft (om indruk te maken)

patstelling ❶ stand van de koning in het schaakspel waarbij hij gespeeld moet worden en men dit niet kan zonder zichzelf schaak te zetten, pat ❷ *fig.* situatie waarin men niet verder kan en er geen uitweg is

pauk *de* bepaald slaginstrument, keteltrom **paukenist** *de (m)* iemand die in een orkest de pauken slaat

pauper *de (m)* [-s] heel arm persoon, iemand uit de sociale klasse van de armen

paus *de (m)* hoofd van de rooms-katholieke kerk **pausdom** *het* ❶ de functie van paus ❷ het regeren door een paus **pauselijk** *bn* van of wat te maken heeft met een paus **pausmobiel** *de (m)* auto met kogelvrij glas, waarin de paus zich verplaatst

pauw *de (m)* hoenderachtige vogel met een sierlijke, fraai gekleurde staart (Pavo)

pauze *de* [-n, -s] ❶ korte of langere periode om van iets uit te rusten of ter onderbreking van iets ❷ moment in een muziekstuk waarop een instrument niet speelt of een zanger(es) niet zingt **pauzeren** pauze, rust houden

paviljoen *het* [-en, -s] ❶ lichtgebouwd huisje of gebouwtje: *een strand~* ❷ elk van de gebouwen van een complex: *de psychiatrische patiënten zitten in ~ 7 en 8*

pavlovreactie *psych.* onwillekeurige reactie bij een bepaalde prikkel

pay-off ⟨pee-of⟩ *de* [-s] slotzin of afsluitende leus van een reclametekst

Pb schei. plumbum (*lood*)

PBO *de (v)* Publiekrechtelijke Bedrijfsorganisatie

pc *de (m)* [-'s] *personal computer*, computer die iemand thuis gebruikt of op zijn werk

p.c. *pour condoléance*, tot rouwbeklag

pcb schei. *de & het* [-'s] polychloorbifenyl

P.C. Hoofttractor grote terreinwagen (waarin voornamelijk binnen de bebouwde kom wordt gereden, genoemd naar een chique winkelstraat in Amsterdam)

pct. percent

p.d. ❶ per dag ❷ per deel

PD *Posttraumatische Dystrofie*, het slecht functioneren van lichaamsweefsel als gevolg van letsel

P.D. *pro Deo*, gratis

pdf *portable document format*, formaat voor een elektronische versie van een bestand met tekst of afbeeldingen

peanuts ⟨pie-⟩ *de (mv)* onbelangrijke zaken (*letterlijk: pinda's*) ▾ *dat is ~* dat stelt niets voor, dat is onbelangrijk, dat kost geen moeite

pecannoot langwerpige noot uit Zuid-Amerika, met een roodbruin omhulsel

pech *de (m)* ❶ iets wat slecht uitkomt, tegenslag: *wat een ~ dat de bus net weg is* ❷ mankement aan een motorvoertuig tijdens een rit: *met ~ aan de kant van de weg staan*

pecha kucha ⟨petsja koetsja⟩ *de* Japans concept voor het houden van een aantal presentaties op het gebied van kunst, architectuur e.d. waarbij iedere deelnemer 20 afbeeldingen presenteert in 6 minuten en 40 seconden en elke afbeelding 20 seconden wordt getoond

pechstrook vluchtstrook **pechvogel** iemand die (altijd) pech heeft

peda BN *de (v)* [-'s] huis waar meisjesstudenten samenwonen

pedaal *het & de (m)* [-dalen] ❶ hefboom die door de voet in beweging wordt gebracht ❷ trapper van een fiets ▾ BN, spreekt. *de pedalen verliezen* in de war raken **pedaalemmer** emmer voor afval, met een deksel dat opengaat wanneer men op het pedaal trapt

pedagogie *de (v)* ❶ opvoeding en onderwijs, het opvoeden en onderwijzen ❷ wetenschap van het opvoeden en onderwijzen, pedagogiek **pedagogiek** *de (v)* wetenschap van het opvoeden en onderwijzen, opvoedkunde **pedagogisch** *bn* wat te maken heeft met het opvoeden van kinderen ▾ *~e academie voor het basisonderwijs* opleiding voor onderwijzend personeel in het basisonderwijs **pedagoog** *de (m)* [-gogen] ❶ specialist in de pedagogie, in het opvoeden en onderwijzen van kinderen ❷ iemand die iets onderwijst: *zang~*

pedant *bn* verwaand, betweterig

peddel *de (m)* [-s] stok met een of twee bladen waarmee een kano wordt voortbewogen **peddelen** ❶ (een boot) met een peddel voortbewegen ❷ (op zijn gemak) fietsen

pedel *de (m)* [-len, -s] ❶ administratief ambtenaar aan een universiteit, belast met het regelen van

pe

plechtigheden ❷ bode van een studentencorps, aan een universiteit

pediatrie *de (v)* leer van de kinderziekten, kindergeneeskunde

pedicure I *de* [-n, -s] ❶ persoon die de voeten en teennagels van mensen verzorgt II *de* ❷ het verzorgen van voeten en teennagels

pedofiel *de (m)* volwassene die een seksuele voorkeur voor kinderen heeft **pedologie** *de (v)* bodemkunde

pedometer apparaat dat bijhoudt hoeveel stappen iemand zet, stappenteller

pee *de* ▼ *de ~ in hebben* een slecht humeur hebben, ergens kwaad over zijn

peeling ⟨pie-⟩ *de* [-s] het verwijderen van huidcellen

peen *de* [penen] ❶ schermbloemige plant met rode of gele penwortel ❷ de wortel zelf ▼ *~tjes zweten* heel zenuwachtig, bang zijn

peepshow ⟨piepsjoo⟩ seksuele voorstelling waarnaar men tegen betaling kan kijken vanuit een cabine

peer *de* [peren] ❶ plant van het plantengeslacht Pyrus ❷ vrucht hiervan, van de perenboom ▼ *met de gebakken peren zitten* met de akelige gevolgen van iets blijven zitten ❸ peervormige gloeilamp ❹ *inform.* kerel, vent: *hij is een geschikte ~*

peergroup ⟨pieRGRoep⟩ *de* [-s] groep van dezelfde soort mensen met wie iemand omgaat

pees *de* [pezen] ❶ taai uiteinde waarmee een spier vastzit aan de beenderen ❷ snoer, streng

peeskamertje *het* [-s] werkruimte van een prostituee

peesschede koker van bindweefsel om een pees

peet *de* [peten] peetoom, peettante **peetoom** man die bij de doop van een kind aanwezig is naar wie het kind soms genoemd wordt **peettante** vrouw die bij de doop van een kind aanwezig is naar wie het kind soms genoemd wordt **peetvader** ❶ man die bij de doop van een kind aanwezig is, peetoom ❷ *fig.* man die aan de basis van iets staat, die ergens mee is begonnen, geestelijk vader: *de ~ van de Nederlandstalige rockmuziek*

pegel *de (m)* [-s] langwerpig figuur van ijs doordat water naar beneden druipt en bevriest, ijspegel ▼ *inform.* *~s geld* **pegelen** *sp.* de bal met kracht op het doel schieten

peignoir ⟨penwaar⟩ *de (m)* [-s] ochtendjas voor een vrouw

peil *het* ❶ waterstand ❷ hoogte, niveau ▼ *beneden ~* niet volgens de eisen, slecht: *je werkstuk is beneden ~; het is beneden alle ~ om iemand zo te pesten* ▼ *op ~* op het normale niveau ▼ *geen ~ kunnen trekken op* geen hoogte krijgen van, niet weten wat men aan iets of iemand heeft **peildatum** tijdstip waarop de toestand vergeleken wordt met die op een ander tijdstip **peilen** ❶ de diepte meten ❷ *fig.* proberen te doorgronden, te begrijpen: *hij is moeilijk te ~* **peilglas** glazen buis waarop men de hoogte van een vloeistof kan aflezen

peiling *de (v)* het peilen: *volgens de laatste ~en gaan de rechtse partijen winnen bij de verkiezingen* ▼ *iets in de ~ hebben* iets doorhebben, in de gaten hebben **peillood** werktuig om de diepte van

water te meten **peilloos** *bn* heel diep

peinzen in gedachten zijn, ergens over nadenken

pejoratief *bn* met een ongunstige betekenis, minachtend

pek, pik *het & de (m)* zwarte harsachtige stof die van teer gemaakt is

pekel *de (m)* water met zout **pekelen** ❶ in pekel leggen, met pekel begieten ❷ zout worden **pekelharing** gezouten haring **pekelvlees** gepekeld vlees

pekinees *de (m)* [-nezen] langharige kleine hond van een Chinees ras

pelargonium *de* [-s] officiële naam van een plantengeslacht van ooievaarsbekken, vaak geranium genoemd

pelgrim *de (m)* [-s] iemand die een bedevaart maakt **pelgrimage** ⟨-maazjə⟩ *de (v)* [-s] bedevaart

pelikaan *de (m)* [-kanen] tropische zwemvogel met een zak aan de onderkaak, van de familie Pelecanidae

pellen de buitenste laag, de schil van iets halen

peloton *het* [-s] ❶ kleine afdeling soldaten ❷ *sp.* grote groep fietsers, lopers e.d. in een wedstrijd die bij elkaar blijven

pels *de (m)* [-pelzen] dierenhuid met haren: *de ~ van een beer* **pelsdier** dier met een dichtbehaarde huid **pelsjager** jager op pelsdieren **pelsjas** jas die met bont gevoerd is

pen *de* [-nen] ❶ langwerpig voorwerp dat is gevuld met inkt en waarmee men schrijft ❷ metalen staafje waarmee men iets vastzet ❸ metalen staafje om mee te breien of te haken ▼ *met geen ~ te beschrijven* niet in woorden uit te drukken, zo erg ▼ *dat zit nog in de ~* dat is nog niet uitgevoerd, dat moet nog gedaan worden ▼ *in de ~ klimmen* gaan schrijven

PEN *Poets, Essayists, Novelists*, internationale organisatie van schrijvers

penaliseren *BN* bestraffen

penalty ⟨pennəltie⟩ *de (m)* [-'s] ⟨voetbal⟩ strafschop

penarie *de (v)* problemen, zorgen, geldzorgen ▼ *in de ~ zitten* in moeilijkheden zitten, problemen hebben

pencee ⟨pàsee⟩ *de* [-s] soort amandelgebak

pendant *het & de (m)* tegenstuk, tegenbeeld, tegenhanger

pendel *de (m)* [-s] ❶ gewicht aan een draadje dat heen en weer beweegt en waaruit men dingen afleidt, bijv. binnen de parapsychologie ❷ het heen en weer reizen tussen werk- en woonplaats ❸ hanglamp **pendelaar** *de (m)* [-s] ❶ iemand die heen en weer reist tussen woonplaats en werk ❷ *BN* wichelroedeloper, iemand die de gave bezit om met een gevorkte wilgentak water e.d. in de bodem op te sporen **pendelen** regelmatig heen en weer reizen over korte afstand

pendule *de* [-s] staande klok

penetrant *bn* doordringend: *een ~e geur* **penetratie** *de (v)* [-s] ❶ het indringen, binnendringen ❷ het hebben van geslachtsgemeenschap **penetreren** ❶ in iets binnendringen: *de soldaten penetreerden het gebied van de vijand* ❷ geslachtsgemeenschap hebben: *hij penetreerde haar*

penibel bn pijnlijk, moeilijk, hachelijk: *we zaten in een ~e situatie*

penicilline de middel voor het bestrijden van onder andere infectieziekten (tyfus, malaria e.d.) en wondinfecties

penis de (m) [-sen] mannelijk geslachtsdeel

penitentiair ⟨-sjèr⟩ bn ▼ ~ *recht* recht dat te maken heeft met de straffen die worden gegeven ▼ ~ *inrichting* gevangenis of huis van bewaring **penitentie** de (v) [-s, -tiën] boetedoening, straf

penlight, penlite ⟨-lajt⟩ bn ~ *batterij* kleine en smalle, kokervormige batterij

penne de deegwaar in de vorm van holle, rechte buizen

pennen met een pen schrijven **pennenzak** BN etui voor schrijfgerei

penning de (m) uit een muntstuk of een rond metalen plaatje dat op een munt lijkt ▼ *op de ~ zijn* erg zuinig zijn **penningmeester** iemand die de financiën beheert

penologie de (v) wetenschap die zich bezighoudt met gerechtelijke straffen

penopauze het minder worden van de potentie van de man op een bepaalde leeftijd, periode waarin een man instabieler is m.b.t. emoties, carrrière e.d.

penoze inform. de onderwereld, wereld van de misdaad

pens de ❶ eerste maagafdeling bij herkauwers ❷ neg. (dikke) buik ❸ BN ook bloedworst

penseel het [-selen] zacht kwastje om mee te schilderen

pensenkermis BN eetfestijn (voor een goed doel)

pensioen ⟨-sjoen⟩ het periodieke uitkering op basis van premies die iemand heeft betaald of werk dat hij heeft verricht **pensioenbreuk** nadelige verandering van het latere pensioen door verandering van baan, werkloosheid, korter werken e.d. **pensioenfonds** fonds waaruit pensioenen betaald worden **pensioengat** achterstand in pensioenopbouw door een wisseling van werkgever of een carrièreonderbreking **pensioengerechtigd** met recht op pensioen: *de ~e leeftijd bereiken* **pensioenregeling** regeling voor uitkering van pensioen **pensioensparen** het sparen met belastingvoordeel voor een aanvullend pensioen

pension ⟨-sjon⟩ het [-s] ❶ kost met inwoning en de prijs daarvoor ❷ huis waar mensen woonruimte huren en maaltijden krijgen, kosthuis ❸ goedkoop soort hotel ❹ gelegenheid waar men tijdelijk dieren, zoals honden en katten, kan onderbrengen

pensionado ⟨-sjoo⟩ de [-'s] gepensioneerde die zijn pensioenperiode op een aangename manier doorbrengt, vooral in het buitenland zoals in Spanje of op de Nederlandse Antillen

pensioneren ⟨-sjoo⟩ op pensioen stellen ▼ *hij is gepensioneerd* hij werkt niet meer, hij krijgt pensioen

pensiongast iemand die een kamer heeft in een pension

pentaëder de (m) [-s] wisk. prisma met gelijkzijdige driehoeken

pentagoon de (m) vijfhoek **pentagram** het [-men] ster met vijf punten die is getekend in een ononderbroken lijn **Pentateuch** ⟨-tuig⟩ de (m) Bijb. de vijf boeken van Mozes, het eerste gedeelte van het Oude Testament

penthouse ⟨-haus⟩ het [-s] ❶ luxe appartement op de bovenste verdieping ❷ afdak, loods die schuin afloopt

penwortel ❶ kegelvormige wortel zonder vertakkingen ❷ hoofdwortel van een boom

peoplemanager ⟨piepel-⟩ de (m) [-s] iemand die zich bezighoudt met de medewerkers binnen een bedrijf, hun ambities, talenten, hoe ze zich betrokken kunnen voelen, een team vormen e.d.

pep de (m) ❶ fut, veerkracht ❷ inform. amfetamine

peper de (m) [-s] vrucht van de peperstruik, specerij met een hete smaak **peperboompje** het [-s] heester met roze bloemen die vroeg bloeit (Daphne mezereum) **peperduur** erg duur **peperen** met peper bestrooien **peper-en-zoutstel** set van een potje voor zout en een voor peper **peperkoek** ❶ zoete gekruide koek ❷ BN ook ontbijtkoek **pepermunt** de ❶ plant die naar kamfer smaakt (Mentha piperita) ❷ olie daarvan ❸ tabletje dat met pepermuntolie is gemaakt **pepernoot** half bolletje peperkoek **peperstruik** struik waarvan de vrucht peper levert

pepmiddel middel dat oppept, dat energie geeft

peppel de (m) [-s] populier

pepperspray ⟨-pəRspRee⟩ spray met een verblindend effect, in een spuitbus als wapen of als verdediging

peppil pil met een stimulerend middel

pepsine de enzym dat eiwitten afbreekt in de maag voordat ze verder worden afgebroken in de dunne darm

peptalk ⟨-tòlk⟩ de (m) opwekkend praatje: *de manager gaf ons een ~ om ons nog harder te laten werken*

peptide schei. de (v) & het [-n] verbinding van aminozuren

per vz ❶ met, bij, door: *reizen ~ boot; ik stuur het je ~ post; ik word ~ uur betaald; ik kon er niks aan doen, ik deed het ~ ongeluk* ❷ met ingang van, vanaf: *de maatregel gaat ~ direct in*

perceel het [-celen] stuk grond met eventuele bebouwing, waarvan één eigenaar hetzelfde soort eigendomsrecht heeft: *een ~ bouwgrond; het plaatsen van een dakkapel op het ~ Voorstraat 3*

percent het aantal per honderd **percentage** ⟨-taazja⟩ het [-s] deel, aantal of bedrag dat percentsgewijze berekend wordt **percentsgewijs** bn uitgedrukt in percenten

perceptie de (v) [-s, -tiën] ❶ (van geld) ontvangst, het inzamelen, het innen ❷ het kennisnemen van iets, het waarnemen van iets ❸ manier waarop iemand iets waarneemt, hoe hij het opvat ▼ *in zijn ~* volgens zijn opvatting, zoals hij het ziet

percolator de (m) [-s] toestel met een holle buis waardoor kokend water opstijgt, en dat wordt gebruikt bij koffiezetten

percussie de (v) [-s] ❶ med. het bekloppen van

pe

een patiënt ❷ muz. slaginstrumenten, slagwerk
percussionist *de (m)* iemand die
slaginstrumenten bespeelt, slagwerker
perelaar BN, spreekt. *de (m)* [-s] perenboom
perenboom boomsoort van het plantengeslacht
Pyrus waaraan peren groeien
perequatie *de (v)* BN verhoging van de
pensioenen wegens aanpassing aan de kosten
voor levensonderhoud
perestrojka *de* politieke en economische
verandering in de Sovjet-Unie eind tachtiger
jaren van de 20ste eeuw
perfect *bn* zonder fouten of gebreken, volmaakt
perfectie *de (v)* het perfect zijn, volmaaktheid
perfectief *bn* in een werkwoordsvorm die
uitdrukt dat een handeling voltooid is
perfectioneren perfect maken, vervolmaken
perfectum taalk. *het* [-ta, -s] voltooid
tegenwoordige tijd
perfide *bn* trouweloos, vals, verraderlijk
perforator *de (m)* [-toren, -s] voorwerp om
gaatjes mee te maken (bijv. in papier)
perforeren ❶ gaatjes in iets maken (bijv. in
papier) ❷ doorboren: *een geperforeerde long*
performance ⟨pərfɔ̀rməns⟩ *de* [-s] ❶ voorstelling,
optreden van iemand, vooral van een
kunstenaar ❷ prestatieniveau: *van een
onderneming, van een computer* ❸ taalk.
toepassing van kennis van een taal **performer**
⟨pərfɔ̀rmər⟩ *de (m)* [-s] uitvoerend artiest, artiest
die een optreden geeft
pergola *de* [-'s] overgroeide prieelachtige
doorgang in een tuin
pericarditis *de (v)* ontsteking van het hartzakje
peridot *het* onechte smaragd
perifeer *bn* ❶ wat zich aan de buitenkant
bevindt ❷ fig. wat niet bij de kern hoort maar
bij de omtrek **periferie** *de (v)* [-ën] ❶ omtrek van
een cirkel ❷ buitenrand, omtrek, randgebied,
ook figuurlijk: *in de ~ van de samenleving*
perikelen *de (mv)* ❶ gevaren, risico's ❷ wat
iemand meemaakt, wederwaardigheden:
liefdes~
periode *de (v)* [-s, -n] ❶ tijd tussen twee
momenten, tijdruimte: *in die ~ in mijn leven
wilde ik alleen maar uitgaan en plezier maken*
❷ tijd tussen twee momenten in de
geschiedenis, tijdvak: *de ~ waarin het kapitalisme
ontstond* ❸ menstruatie ❹ wisk. cijfergroep die
terugkeert bij een repeterende breuk
periodiciteit *de (v)* het periodiek terugkeren van
iets **periodiek I** *bn* ❶ wat op bepaalde tijden
regelmatig terugkeert ❷ wat telkens na afloop
van een tijdperk plaatsvindt **II** *de (v) & het*
❸ tijdschrift ❹ periodieke salarisverhoging
periodisering ⟨-zì-⟩ *de (v)* het indelen in perioden
periscoop *de (m)* [-scopen] toestel, vooral aan
duikboten, om te kunnen zien wat er gebeurt op
een vlak dat hoger ligt dan waar men zich zelf
bevindt
peristaltisch *bn* ▼ *~e bewegingen*
samentrekkende en uitrekkende bewegingen
perk *het* ❶ afgezet veld ❷ afgezet stuk van een
tuin, vooral deel met bloemen of planten
❸ grens ▼ *dat gaat alle ~en te buiten* dat is veel te
erg, dat gaat veel te ver

perkament *het* ❶ huid waarvan papier of dun
leer is gemaakt ❷ tekst die hierop is geschreven
permafrost *de (m)* grond in de poolstreken die
altijd bevroren is
permanent I *bn* ❶ voortdurend, wat steeds
doorgaat **II** *de (m)* ❷ kunstmatige golven of
krullen in het haar **permanenten** een
permanent aanbrengen in het haar
permanentie *de (v)* ❶ het blijvend zijn ❷ BN
doorlopende secretariaats- of receptiedienst
permissie *de (v)* [-s] toestemming, verlof,
vergunning ▼ *met uw ~* als u het niet erg vindt
dat ik dit zo zeg of doe; **permitteren**
veroorloven, toestaan: *permitteert u mij om voor
u langs te gaan* staat u mij dat toe;: *ik kan me
niet ~ om brutaal te zijn tegen mijn baas* dat kan
ik niet doen, dan krijg ik problemen;: *ik kan me
geen nieuwe auto ~* ik heb er geen geld voor
peroxide schei. *het* [-n, -s] bepaalde
zuurstofverbinding
perpetueel *bn* wat voortdurend doorgaat:
perpetuele leningen **perpetuum mobile**
⟨perpetuu-um moobielee⟩ *het* [perpetuum
mobile's, perpetua mobilia] iets dat eeuwig blijft
bewegen
perplex *bn* onthutst, versteld, paf: *ik sta ~ van
zijn brutaliteit*
perron *het* [-s] ❶ brede stoep, bordes
❷ verhoogde stoep in een station om in en uit te
stappen
pers I *de* [-en] ❶ werktuig om te persen
❷ werktuig om boeken, kranten e.d. te drukken
❸ de gezamenlijke dagbladen en tijdschriften en
de makers daarvan **II** *de (m)* [perzen] ❹ Perzisch
tapijt ❺ Perzische kat **persagentschap**
persbureau
per saldo *bw verb* ❶ als overschot ❷ tenslotte
persbericht ❶ bericht voor journalisten die over
een bepaald onderwerp schrijven ❷ bericht dat
in de bladen wordt gepubliceerd **persbureau**
bureau dat nieuwsberichten verzamelt en
verspreidt **persconferentie** bijeenkomst waarbij
journalisten worden geïnformeerd over een
bepaald onderwerp
per se ⟨- see⟩ *bw verb* beslist, absoluut, met alle
geweld
persen ❶ samendrukken ❷ ⟨van kleding, papier
e.d.⟩ gladmaken door erop te drukken ❸ een
vorm, tekening in iets drukken ❹ door hard
drukken in een bepaalde richting duwen
persianer het gekrulde sterke bontsoort van een
lam van een Aziatisch schapenras
persico ⟨-zie-⟩ *de (m)* likeur uit alcohol op
perzikpitten
persiflage ⟨-flaazjə⟩ *de (v)* [-s] het persifleren of
het resultaat daarvan **persifleren** bespotten
door sterk overdreven na te doen
persisteren blijven doorgaan met iets,
volharden, blijven aandringen
perskaart toegangsbewijs voor mensen van de
pers, voor journalisten **persklaar** klaar om
gedrukt te worden **persmuskiet** neg. journalist
personage ⟨-naazjə⟩ *het & de (v)* [-s] ❶ een
persoon in een roman e.d. ❷ persoon
personal computer ⟨pùRsənəl -⟩ computer die
iemand thuis gebruikt of op zijn werk, pc

personalia *de (mv)* gegevens van personen zoals naam, geboortedatum, getrouwd of niet getrouwd **personaliteit** *de (v)* ❶ persoonlijkheid ❷ persoonlijke belediging ❸ BN, spreekt. vip, vooraanstaand persoon

persona non grata *de* ongewenst persoon

personeel I *bn* ❶ persoonlijk **II** *het* ❷ degenen die voor iemand werken of voor een bedrijf of organisatie **personeelsbezetting** aantal personeelsleden dat op een bepaald moment ergens werkt **personeelszaken** *de (mv)* afdeling voor zaken die met het personeel van een bedrijf of organisatie te maken hebben

personenbelasting BN inkomstenbelasting die wordt geheven van natuurlijke personen **personenregister** ❶ register van personen die in een boek genoemd worden ❷ register met gegevens over personen

personificatie *de (v)* [-s] ❶ voorstelling van een zaak als persoon ❷ persoon die het symbool vormt van iets, in wie iets belichaamd is: *Hitler wordt vaak gezien als de ~ van het kwaad* **personifiëren** als persoon voorstellen

persoon *de (m)* [-sonen] ❶ mens, individu ▼ *in ~ zelf* ❷ speler in een toneelstuk, figuur in een roman ❸ jur. mens of instelling als drager van rechten en plichten ❹ taalk. mens of de spreker (eerste ~) aanduidt, degene tegen wie gesproken wordt (tweede ~) of degene over wie of datgene waarover gesproken wordt (derde ~) **persoonlijk** *bn* ❶ van, met, of wat met de persoon zelf of het eigen leven te maken heeft, intiem: *~e begeleiding; dat is ~, dat vertel ik niet aan anderen* ❷ wat het eigen leven raakt, gericht tot of tegen iemand als persoon: *het is niet ~ bedoeld* ▼ *~e lening* een geldlening door een bank aan een particulier **persoonlijkheid** *de (v)* [-heden] ❶ een geheel eigen karakter ❷ iemand met een geheel eigen karakter: *zij is een echte ~* **persoonsbewijs** ⟨vooral tijdens de Tweede Wereldoorlog⟩ identiteitsbewijs **persoonsvorm** taalk. vervoegde vorm van een werkwoord die zich aanpast aan het onderwerp: *in 'hij heeft een brief geschreven', is 'heeft' de ~*

perspectief I *het* [-tieven] ❶ vergezicht ❷ fig. vooruitzicht, toekomst: *er zit geen ~ in deze verhouding* ❸ fig kant van waaruit men iets bekijkt, standpunt, context: *in dit ~ gezien hebt u gelijk* **II** *de* ❹ kunst om voorwerpen op een plat vlak zo uit te beelden dat ze een ruimtelijk effect hebben **perspectivisch** *bn* volgens of van de perspectief

perspex *het* doorzichtig plastic

perssinaasappel sinaasappel om uit te persen **persuasief** *bn* overtuigend: *een persuasieve tekst* tekst die is bedoeld om de lezer te beïnvloeden **persvrijheid** vrijheid van drukpers, vrijheid om te publiceren wat men wil voor zover men daarbij de wet niet overtreedt

persweeën *de (mv)* laatste weeën bij het baren van een kind

perte totale ⟨pèrtotạl⟩ BN *bn* total loss **pertinent** *bn* beslist, stellig: *ik weet ~ zeker dat het zo is*

pervers *bn* ❶ verdorven, slecht, tegennatuurlijk, onnatuurlijk: *hij beleeft een ~ genoegen aan het*

kwellen van dieren ❷ die plezier beleeft aan een abnormale manier om zijn seksuele lust te bevredigen **perversie** *de (v)* [-s] het pervers zijn, verdorvenheid

perzik *de* ❶ boom met fluwelige sappige vruchten ❷ de vrucht daarvan **perzikhuid** heel zachte huid

Pesach *het* joods feest ter herdenking van de uittocht uit Egypte

peseta *de (m)* [-'s] vroegere munt en munteenheid van Spanje

peso *de (m)* [-'s] munt en munteenheid op de Filippijnen en in enkele landen van Midden- en Zuid-Amerika

pessarium *het* [-s, -ria] anticonceptiering die om de baarmoederwand wordt aangebracht

pessimisme *het* neiging om van alles de sombere kant te zien, om te denken dat alles slecht zal aflopen **pessimist** *de (m)* iemand die altijd alles somber inziet **pessimistisch** *bn* die alles somber inziet

pest *de* ❶ gevaarlijke besmettelijke ziekte ❷ fig., spreekt. iets slechts, verderfelijks ▼ *als de ~ heel, erg: hij is zo brutaal als de ~; iemand mijden als de ~* ▼ *de ~ in hebben* een heel slecht humeur hebben, ergens kwaad over zijn ▼ *de ~ hebben aan* een grote hekel hebben aan;: *~weer* heel slecht weer **pestbui** heel slecht humeur

pesten ❶ gemeen plagen, treiteren: *het zijn altijd dezelfde kinderen die op school worden gepest* ❷ een bepaald kaartspel spelen

pesterij *de (v)* ❶ het pesten ❷ wat gedaan wordt om te pesten: *hij zegt dat hij vergeten is mijn boodschap door te geven, maar volgens mij is het pure ~*

pesticide *het* [-n] middel om onkruid, ongedierte e.d. te verdelgen

pestkop iemand die veel plaagt of pest

pesto *de (m)* koude saus van onder andere basilicum en parmezaanse kaas

pestvogel zangvogel met een lange kuif (Bombycilla garrulus)

pet I *de* [-ten] ❶ hoofddeksel met klep ▼ *dat gaat mij boven de ~* dat begrijp ik niet, dat is te moeilijk voor mij ▼ *daar kan ik met mijn ~ niet bij* dat begrijp ik niet, dat vind ik heel vreemd ▼ *gooi het maar in mijn ~* dat begrijp ik niet en daar wil ik me ook niet mee bezighouden ▼ *er met de ~ naar gooien* zijn best niet doen ▼ *iets onder de ~ houden* niet bekendmaken, geheimhouden **II** *bn* ❷ inform. slecht, van slechte kwaliteit: *die hele studie is ~*

PET *de (v)* , *Positron Emissie Tomografie*, het maken van plaatjes van plakjes hersens door uitzending van positief geladen elektronen

petanque ⟨petãk⟩ *de (v)* Frans balspel, jeu de boules

petekind kind waarvan men peetoom of peettante is **peter** *de (m)* [-s] peetoom **peterschap** *het* ❶ het peter-zijn ❷ BN het (financieel) ondersteunen van iets

peterselie *de* schermbloemige plant die als keukenkruid wordt gebruikt (Petroselinum)

petfles fles van kunststof die opnieuw gebruikt kan worden

petieterig *bn* klein, nietig

pe

petitfour ⟨pətiefoer⟩ *de (m)* [-s] klein gebakje
petitie *de (v)* [-s, -tiën] verzoekschrift dat aan de bevoegde macht gericht is
petrochemie chemische industrie die te maken heeft met aardgas, aardolie en steenkool
petrol ⟨petRəl⟩ *bn* grijsblauw
petroleum ⟨-liejəm⟩ *de (m)* ❶ aardolie ❷ vloeistof die van aardolie is gemaakt, tegenwoordig vooral als brandstof voor straalmotoren, kerosine
petrologie *de (v)* wetenschap van de gesteenten
pets *de (m)* klap die helder klinkt
PET-scan *de (m)* [-s] *Positron Emissie Tomografie*, onderzoek met een kleine hoeveelheid radioactieve stof, naar de verandering van de stofwisseling binnen cellen
petticoat ⟨-koot⟩ *de (m)* [-s] onderrok die maakt dat een rok of jurk wijd uitstaat
petto *bw*▾ *iets in ~ hebben* klaar hebben om uit te voeren, van plan zijn: *ik heb een verrassing voor je in ~*
petunia *de* [-'s] eenjarige tuinplant met trechtervormige bloemen
peuk *de (m)* eindje van een sigaar of sigaret: *een sigarettenpeukje*
peul *de* ❶ peulvrucht ❷ vrucht of zaad van een peulvrucht▾ *lust je nog ~tjes!* wat zeg je daarop!, ben je nu niet sprakeloos? **peulenschil** ❶ schil van een peul ❷ fig. iets wat heel gemakkelijk is
peulvrucht langwerpige groente met binnenin een rij zaden, vooral erwten, bonen en linzen
peur *de* vistuig met een tros wormen eraan om paling mee te vangen **peuren** met een peur vissen
peut I *de (m)* ❶ terpentine II *de (m)* [-en] ❷ scherts. therapeut
peuter *de (m)* [-s] ❶ kind tussen 2 en 4 jaar ❷ staafje om een tabakspijp schoon te maken
peuteren iets met de vingers of met een voorwerp proberen los te krijgen
peuterspeelzaal kinderopvang voor peuters **peutertuin** BN ook peuterdagverblijf, peuterschool
peuzelen op zijn gemak bij beetjes eten
pezen ❶ inform. zich snel verplaatsen: *ik moest ~ om op tijd te komen* ❷ inform. hard en ingespannen werken ❸ spreekt. seks hebben, geslachtsgemeenschap hebben ❹ spreekt. prostitutie bedrijven **pezig** *bn* gespierd, sterk: *hij heeft een ~ lijf*
p.f. *pour féliciter*, als gelukwens
pfeiffer ⟨pfajfər of pfeifər⟩ *de*▾ *ziekte van Pfeiffer* virusaandoening van het lymfsysteem, de lever en de milt
pg *de (m)* [-'s] procureur-generaal
pgb *het* , *persoonsgebonden budget*, bedrag waarvoor iemand voor zichzelf zorg kan inkopen
PGD *pre-implantatie genetische diagnostiek*, reageerbuisbevruchting met embryo's die zijn onderzocht op een erfelijke afwijking
pH *de (m)* [-'s] *potentiaal Hydrogenium*, symbool voor de zuurgraad
phishing ⟨fisjing⟩ *het* vorm van computercriminaliteit waarbij wordt geprobeerd om via e-mail en internet

vertrouwelijke informatie, zoals wachtwoorden en creditcardnummers, van mensen te bemachtigen
pH-meter toestel om de zuurgraad te meten
photoshoppen ⟨fotosjoppən⟩ [photoshopte, h. gephotoshopt] een afbeelding op de computer bewerken met het programma Photoshop®: *die modellen zijn in het echt niet zo perfect, ze zijn gephotoshopt*
pi *de* [-'s] getal dat de verhouding tussen de omtrek en middellijn van een cirkel uitdrukt
pianissimo muz. *bw* heel zacht **pianist** *de (m)* iemand die pianospeelt **piano** I *de* [-'s] ❶ snaarinstrument met een toetsenbord II *bw* ❷ muz. zacht **pianoconcert** ❶ muziek voor piano met orkest ❷ uitvoering van pianomuziek
pianola *de* [-'s] piano die bespeeld wordt met geperforeerde bladrollen
pias *de (m)* [-sen] rare vent, grappenmaker
picador *de (m)* [-s] ruiter met een lans bij stierengevechten, die de stier moet proberen te verwonden
piccalilly ⟨-lie⟩ *de (m)* groenten die zijn ingemaakt in een zure saus met kruiden
piccolo ⟨piek-⟩ *de (m)* [-'s] ❶ kleine dwarsfluit ❷ jonge bediende in een uniform, in een hotel ❸ BN hard puntbroodje
pickles ⟨pikkəls⟩ *de (mv)* augurken e.d. met scherpe kruiden in het zuur
picknick *de (m)* [-s] maaltijd met meegebracht eten en drinken, buiten in de openlucht: *een ~ in het park* **picknicken** een picknick houden
pick-up *de (m)* [-s] ❶ toestel om grammofoonplaten af te spelen ❷ kleine vrachtauto met open laadbak
pico bello *bw* piekfijn
pictogram *het* [-grammen] weergave van iets in de vorm van een afbeelding, tekening e.d.
picturaal *bn* ❶ schilderachtig ❷ wat met de schilderkunst te maken heeft
picture ⟨piktjsəR⟩ *de (m)*▾ *in de ~* in de belangstelling
pidgin ⟨pidzjin⟩ *het* [-s] omgangstaal met elementen uit verschillende talen, tussen mensen uit verschillende taalgemeenschappen
pied-à-terre ⟨pjee-aa-tèr⟩ *het* [-s] ❶ optrekje, buitenhuisje ❷ gelegenheid waar men verblijft in een plaats waar men geregeld komt
pief inform. *de (m)* man, kerel: *een hoge ~*
piek I *de* ❶ scherpe punt: *een berg~; de ~ van de kerstboom* de puntige versiering op de top van de kerstboom ❷ hoogtepunt: *de ~ van het toerisme valt in augustus* dan komen de meeste toeristen II *de (m)* ❸ ⟨vroeger⟩ inform. gulden **pieken** ❶ een of meer pieken vormen, puntig zijn ❷ ⟨van haar⟩ uitstekende plukjes hebben ❸ sp. de topvorm bereiken, de beste prestatie leveren: *je moet ~ in de wedstrijd, niet tijdens de training*
piekeren nadenken over iets waar men zich zorgen over maakt **piekfijn** keurig, helemaal in orde **piekuur** ❶ uur van het hoogste verbruik ❷ uur waarop het verkeer het drukst is
piel *de (m)* spreekt. mannelijk geslachtsdeel **pielen** inform. prutsen, onhandig bezig zijn
piemel *de (m)* [s] mannelijk geslachtsdeel, penis

pienter *bn* met een goed verstand, slim, schrander

piep I *de (m)* ❶ piepend geluid **II** *bn* ❷ piepjong ▼ *hij is niet meer zo ~* hij is al redelijk oud

piepel *de (m)* [-s] ❶ klein kereltje ❷ iemand die vaak de klos is, onnozel persoon

piepelen inform. niet serieus nemen, neerbuigend behandelen, voor de gek houden

piepen ❶ een hoog geluid geven: *de muizen ~* ❷ klagen: *Diana is altijd aan het ~* ❸ even tevoorschijn komen: *haar hemd piepte onder haar trui vandaan* ❹ BN, spreekt. gluren, rondneuzen, bespieden ▼ *het is gepiept* het is klaar ▼ *hij is 'm gepiept* hij is er stilletjes vandoor gegaan **pieper** *de (m)* [-s] ❶ wezen of ding dat piept ❷ inform. aardappel ❸ inform. draagbaar apparaatje waarmee iemand d.m.v. een pieptoon kan worden opgeroepen ❹ kwikstaartachtige vogel van het geslacht Anthus **piepjong** heel erg jong

piepklein heel erg klein **piepkuiken** jong slachtkuiken **piepschuim** lichte kunststof die bij aanraking een geluid maakt dat lijkt op piepen **piepstem** hoge piepende stem **piepzak** ▼ inform. *in de ~ zitten* bang zijn, zich grote zorgen maken

pier *de (m)* ❶ worm ❷ dam die in zee uitsteekt: *we wandelden over de ~* ❸ lange gang op een vliegveld met in- en uitgangen naar en van vliegtuigen ▼ *de kwade ~* degene die de schuld krijgt van iets

piercen [piercete, h. gepiercet] doorboren van een lichaamsdeel om een sieraad aan te brengen **piercing** *de (m)* [-s] ❶ het piercen ❷ voorwerp dat is ingebracht door piercen ❸ gat dat is ontstaan door piercen

pierement *het* straatorgel

pieren voor de gek houden, foppen

pierenbad ondiep zwembad of ondiep gedeelte van een zwembad, vooral voor kinderen die nog niet goed kunnen zwemmen

pierewaaien uitgaan, feestvieren, leuke dingen doen

pierlala *de (m)* een beetje vreemd persoon: *een lange ~*

pierrot ⟨pjerroo⟩ *de (m)* [-s] tragisch clownachtig figuur, met een wit gezicht en een wit kostuum

piesen vulg. urineren, plassen

piet *de (m)* vogel, vooral kanarie ▼ *een hoge ~* een belangrijk man met een hoge functie

Piet *de (m)* ▼ *Zwarte ~* knecht van Sinterklaas ▼ *er voor ~ Snot bij zitten* niet meetellen, niet meedoen ▼ BN *~ je de Dood* magere Hein, de dood

piëta *de* [-'s] ⟨beeldende kunst⟩ voorstelling van Maria met de dode Jezus na de kruisiging

piëteit *de (v)* ❶ vroomheid ❷ liefde en eerbied, vooral voor mensen die dood zijn of voor dingen of gewoonten van vroeger: *uit ~ tegenover haar gestorven man die het had gekocht, liet ze het lelijke schilderij aan de muur hangen*

pietepeuterig *bn* ❶ erg ❷ pietluttig

pieterman stekelige zeevis van de familie Trachinidae

pietlut *de* [-ten] iemand die zich verliest in, erg veel aandacht besteedt aan kleinigheden **pietluttig** *bn* die erg op kleinigheden let, kleinzielig

pietsje inform. *het* [-s] een beetje

piëzochemie scheikunde die zich bezighoudt met de invloed van hoge druk

piëzo-elektriciteit het elektrisch worden van bepaalde kristallen door druk

pigment *het* ❶ kleurstof in bepaalde weefsels van mensen, dieren en planten, waardoor die hun kleur krijgen ❷ verf en kleurstof in poedervorm

pigskin ⟨piG-⟩ *de (v)* varkensleer

pij *de* soort lange wijde jurk die monniken dragen

pijl *de (m)* ❶ dunne stok met een scherpe punt die weggeschoten wordt ▼ *als een ~ uit de boog* heel snel ▼ *meer ~en op zijn boog hebben* meer middelen hebben om zijn doel te bereiken ❷ teken in de vorm van een pijl, om iets aan te wijzen

pijler *de (m)* [-s] ❶ soort brede sterke balk van hout, steen e.d. waarop iets steunt: *de ~s van een brug* ❷ fig. datgene waarop al het andere steunt: *de ~s van onze economie*

pijlkruid plantengeslacht met pijlvormige bladeren (Sagittaria) **pijlsnel** heel erg snel **pijlstaart** ❶ achtereind van een pijl, met veren of weerhaken ❷ soort vlinder die lijkt op het achtereind van een pijl ❸ vis met stekels achter op de staart **pijltjestoets** toets waarmee iemand naar boven en beneden en naar links en rechts door een computerbestand kan gaan

pijn I *de (m)* ❶ pijnboom **II** *de* ❷ akelig gevoel als waarschuwingssignaal bij schadelijke prikkeling van het lichaam ❸ lichamelijk of geestelijk lijden

pijnappel kegelvormige vrucht met schubben, van de pijnboom

pijnbank toestel waarop iemand vroeger werd gefolterd

pijnboom naaldboom van de familie van de dennen, grove den (Pinus sylvestris)

pijnen ❶ pijnigen ❷ persen (*van honing*)

pijngrens punt tot waar iemand pijn kan verdragen **pijnigen** met opzet pijn doen, folteren, kwellen **pijnlijk** *bn* ❶ wat pijn doet ❷ waaruit blijkt dat iemand pijn heeft: *een ~ gezicht trekken* ❸ wat verdrietige, onaangename gedachten oproept: *een pijnlijke herinnering* ❹ onprettig, onaangenaam: *een ~e vergissing* ❺ uiterst zorgvuldig: *~ nauwkeurig* **pijnloos** *bn* zonder pijn **pijnstiller** *de (m)* [-s] medicijn dat pijn onderdrukt

pijp *de* ❶ langwerpig smal en hol voorwerp, buis, koker ❷ deel van een broek rondom een been, broekspijp ❸ voorwerp om mee te roken ▼ *een lelijke ~ roken* ergens veel last, problemen door krijgen ▼ *de ~ aan Maarten geven* opgeven, stoppen; sterven ▼ inform. *de ~ uit* dood **pijpbeen** elk van een aantal lange dunne beenderen in het lichaam, bijv. het dijbeen en de ellepijp **pijpen** ❶ op een fluit spelen, fluiten ▼ *naar iemands ~ dansen* alles doen wat iemand wil ❷ inform. een man met de mond seksueel bevredigen

pijpenkrul langwerpige haarkrul, in de vorm van een spiraal **pijpenla** smal langwerpig huis of vertrek **pijpenrager** *de (m)* [-s] stevig stukje draad

pi

met pluizig materiaal om een pijp schoon te maken

pijpje *het* [-s] ❶ kleine pijp ❷ heel klein en smal bierflesje **pijpleiding** stelsel van buizen: *levering van gas via ~en*

pik I *de (m)* [-ken] ❶ **spreekt.** mannelijk geslachtsdeel ▼ *iemand op zijn ~ trappen* iemand beledigen ▼ *de ~ op iemand hebben* een hekel aan iemand hebben II *het & de (m)* [-ken] ❷ pek

pikant *bn* ❶ met een scherpe smaak: *deze sambal is erg ~* ❷ opwindend omdat het een beetje onfatsoenlijk is: *een ~ verhaal, ~e foto's*

pikdonker, pikkedonker erg donker, helemaal zonder licht: *er branden hier geen lantaarns, we staan hier in het pikkedonker*

pikdorser BN *de (m)* [-s] maaidorsmachine

piket I *het* [-ten] ❶ kleine afdeling van leger of politie die in geval van nood dadelijk kan uitrukken II *de (m)* [-ten] ❷ paaltje met een scherpe punt, om in de grond te slaan

pikeur *de (m)* [-s] ❶ iemand die paarden africht ❷ iemand die tijdens een draverij in het wagentje zit en het paard ment

pikhaak stok met een haak eraan **pikhouweel** houweel met een punt en een gebogen beitel

pikkedonker *bw* → pikdonker

pikken ❶ met de snavel of een puntig voorwerp steken of pakken ❷ **inform.** nemen, stelen ▼ *iets niet ~* iets wat een ander doet, niet willen accepteren

pikketanis **spreekt.** *de (m)* [-sen] borrel, glaasje sterkedrank

pikzwart heel erg zwart: *~ haar*

pil *de* [-len] ❶ geneesmiddel in de vorm van een balletje of tablet ❷ tablet of tabletten die een vrouw inneemt om zwangerschap te voorkomen ❸ dik boek ▼ *een bittere ~* iets akeligs ▼ *de ~ vergulden* iets akeligs een beetje minder erg maken

pilaar *de (m)* [-laren] soort brede dikke paal, meestal van steen, waarop een deel van een gebouw steunt

pilates *het* vorm van aerobics zonder toestellen en zonder springen, gericht op versteviging van de spieren en verbetering van de lichaamshouding

pilav *de (m)* gekruide gekookte rijst met schapenvlees

pilcontrole medische controle van een vrouw die de anticonceptiepil gebruikt

pilipili *de (m)* Chileense peper

pillendraaier **scherts.** apotheker

piloot *de (m)* [-loten] iemand die een vliegtuig bestuurt ▼ *automatische ~* systeem dat automatisch een vliegtuig bestuurt ▼ **fig.** *iets op de automatische ~ doen* iets doen zoals men het altijd doet, zonder erbij na te denken

pilotstudy ⟨pajlətstudie⟩ *de (v)* [-'s] onderzoek of het uitproberen van een klein deel om een indruk te krijgen van het resultaat en de mogelijke problemen

pils *de (m) & het* licht bier, genoemd naar de Tsjechische stad Pilsen (in het Tsjechisch: Plzen)

piment *het* specerij die uit West-Indië afkomstig is **pimpelen** **inform.** (veel) alcohol drinken: *ze zaten lekker te ~*

pimpelmees mees met blauwe kop en vleugels (Parus caeruleus) **pimpelpaars** blauwachtig paars

pimpen mooier maken, versieren op een opvallende manier: *pimp je auto*

pimpernel *de* [-len] plant met purperrode bloemen van het geslacht Pimpinella

pin I *de* [-nen] ❶ vrij kort, puntig voorwerp ▼ BN, **spreekt.** *met iets voor de ~nen komen* met iets op de proppen komen, iets aanbrengen II *de (m) & het* [-s] persoonlijk identificatienummer, ❷ code die uit cijfers bestaat, bijv. de code die iemand intoetst als hij met zijn bankpasje geld uit een automaat wil halen, pincode

pincet *het & de (m)* [-ten] klein verend tangetje, bijv. voor het uittrekken van haartjes van de wenkbrauwen

pinchen ⟨-sjən⟩ **comp.** twee vingers op een touchscreen naar elkaar toe bewegen of van elkaar af bewegen om een afbeelding te verkleinen of te vergroten

pincher ⟨-sjər⟩ *de (m)* [-s] naam van verschillende hondenrassen, waarvan sommige worden gebruikt voor de jacht of als politiehond

pinchhitter ⟨pinsj-⟩ **sp.** *de (m)* [-s] invaller die regelmatig weet te scoren

pincode code met pin: persoonlijk identificatienummer, dat men intoetst als men met een pinpas betaalt of geld uit een automaat haalt

pinda *de* [-'s] nootje dat wordt gegeten als lekkernij, apennootje **pindakaas** pasta van gemalen pinda's als broodbeleg **pindarotsje** *het* [-s] snoep van pinda's met chocolade

pineut *de (m)* ▼ *de ~ zijn* degene zijn die de vervelende gevolgen van iets moet dragen of die iets vervelends moet doen: *mijn zusje zei dat ze hard moest leren en niet kon stofzuigen en dus ben ik weer de ~*

pingel *de (m)* [-s] **sp.** strafschop

pingelen ❶ proberen iets voor een lagere prijs van iemand te kopen, afdingen ❷ ⟨voetbal⟩ de bal lang bij zich houden, dribbelen

pingen met een speciale applicatie via mobiel internet berichten verzenden en ontvangen met een mobiele telefoon

pingping **inform.** *de (m)* geld

pingpong *het* tafeltennis

pinguïn ⟨pinGwin⟩ *de (m)* [-s] Antarctische watervogel die rechtop loopt, van de familie Spheniscidae

pink *de (m)* ❶ kleinste vinger ❷ eenjarig rund ❸ vissersboot met platte bodem en ronde boeg en één mast ▼ *bij de ~en zijn* slim, bijdehand zijn

pinken ❶ met de pink wegnemen: *een traan uit zijn oog ~* ❷ de pinken in elkaar haken ❸ BN, **spreekt.** knipogen

pinksterbeweging netwerk van christelijke gemeenten en geestelijk werkers die het nieuws van de verlossing door Christus bekend willen maken door woord en daad **pinksterbloem** weideplant met lila bloemen **Pinksteren** *de (m)* christelijk feest op de 50ste dag na Pasen, viering van de uitstorting van de Heilige Geest **pinksterfeest** Pinksteren

pinnen ❶ met pinnen vastmaken ❷ betalen of

geld opnemen met een pinpas

pinnig *bn* kortaf, bits, venijnig: *ze zei ~ dat hij zich met zijn eigen zaken moest bemoeien*

pinot ⟨-noo⟩ *de (m)* [-s] wijnstoksoort die in veel variëteiten voorkomt

pinpas bank- of giropas met een pincode, waarmee men kan betalen of geld opnemen

pint *de* glas bier ▼ **inform.** *een ~je* een pilsje **pintelieren** BN, spreekt. veel bier drinken

pin-up *de (v)* [-s] (afbeelding van een) sexy jonge vrouw (voor wandversiering)

pioen *de* ranonkelachtige plant met bolronde grote bloemen (*Paeonia*) **pioenroos** een van de soorten van de pioen (*Paeonia officinalis*)

pion *de (m)* [-nen, -s] stuk met de laagste waarde in het schaakspel en in sommige andere bordspelen

pionier *de (m)* [-s] ❶ iemand die het onbekend gebied verkent of die nieuwe dingen doet ❷ benaming voor een scout boven 17 jaar

pip *de* vogelziekte, difterie bij vogels

PIP, **pip** *picture in picture*, beeld-in-beeld (m.b.t. beeldscherm)

pipeline ⟨pajplajning⟩ *comp. de* systeem waarbij data via diverse wegen gelijktijdig een eindpunt bereiken waardoor meer informatie tegelijk verstuurd en ontvangen kan worden

pipet *de & het* [-ten] dunne glazen buis voor laboratoriumgebruik waarmee men vloeistof ergens uit kan halen en in kan doen

pips *bn* bleekjes: *je ziet een beetje ~ vandaag*

piraat *de (m)* [-raten] ❶ iemand die op zee schepen overvalt en berooft ❷ illegale radiozender ❸ ⟨als laatste deel van een samenstelling⟩ iemand die zich onverantwoordelijk gedraagt: *een weg~*

piramide *de (v)* [-n, -s] ❶ vierzijdig grafmonument dat spits toeloopt ❷ figuur met een veelhoek als basis en driehoekige zijvlakken die in de top samenkomen **piramidespel** gokspel waarbij iemand geld geeft aan een voorganger in het spel en nieuwe deelnemers zoekt die hem geld geven

piranha ⟨-ranjaa⟩ *de* [-s] gevaarlijke roofvis van ongeveer dertig centimeter lang die in groepen (scholen) leeft in rivieren in Zuid-Amerika

piratenzender illegale radiozender

pirouette ⟨pieroewettə⟩ *de* [-n, -s] snelle draai om de eigen as

pis spreekt. *de (m)* urine

pisang *de* [-s] banaan

piscine *de (v)* [-n, -s] ❶ vijver voor kunstmatige visteelt ❷ zwembad

pisnijdig erg kwaad **pispaal** iemand die de hele tijd vervelend behandeld of gepest wordt

pissebed *de* [-den] beestje met een grijs schild op zijn rug, dat vooral op vochtige en donkere plaatsen leeft **pissen** spreekt. urineren, plassen

pissig *bn* nijdig, kwaad

pistache ⟨piestasj⟩ **I** *de* [-s] ❶ langwerpig eetbaar groen zaadje van de boomsoort Pistacia vera **II** *bn* ❷ bepaalde kleur groen

piste ⟨piestə⟩ *de* [-s, -n] ❶ loopbaan voor paarden in circus of arena ❷ wielerbaan ❸ baan (voor sportbeoefenaars) ❹ geprepareerde sneeuwhelling om op te skiën ❺ BN ook lijn

waarlangs een gedachtegang of onderzoek verloopt

pistolet ⟨piestolè⟩ *de (m)* [-s] langwerpig hard broodje

piston ⟨pies-⟩ *de (m)* [-s] ❶ ⟨techniek⟩ zuiger ❷ luchtklepje of ventiel van een koperen blaasinstrument ❸ blaasinstrument met luchtklepjes

pistool ⟨pies- of pis-⟩ *het* [-stolen] ❶ handvuurwapen voor kleine afstand ❷ ⟨als laatste deel van een samenstelling⟩ apparaat om ergens iets in te spuiten of te schieten: *een niet~* **pistoolschilder** BN lakspuiter **pistoolschot** schot uit een pistool

pit I *de* [-ten] ❶ kern van een vrucht, zaadkorrel ❷ draad, lapje waarvan men het uiteinde brandt in een kaars, oliestel enz. ❸ brandopening in een gasstel enz. ▼ *op een laag ~je zetten* niet veel meer aan iets doen **II** *het & de* ❹ energie, karakter

pitabroodje klein broodje dat warm bij shoarma wordt geserveerd

pitbull ⟨-boel⟩ *de (m)* [-s] terriërachtig hondenras, vroeger veel gebruikt bij hondengevechten

pitcher ⟨-sjəR⟩ *de (m)* [-s] werper bij honkbal

pitriet *het* binnenste van een bamboestengel dat wordt gevlochten als riet: *een mand van ~*

pits *de (m)* ⟨oorspronkelijk 'pit'⟩ werkplaats langs een racebaan

pitspoes *de (v)* [-zen] (mooie) vrouw die tijdens autoraces rondhangt bij de werkplaats langs de racebaan **pitstop** *de (m)* [-s, -pen] pauze bij de pits voor verzorging en onderhoud

pitten ❶ **inform.** slapen ❷ ⟨bij aardappelen⟩ de putjes (holtes) of oogjes (knopjes die net zichtbaar zijn) eruit halen

pittig *bn* ❶ kruidig, met een sterke smaak: *een ~e saus* ❷ met energie en karakter: *een ~ meisje* ❸ flink, stevig: *een ~e discussie*

pittoresk ⟨pietoo-⟩ *bn* schilderachtig

pitvis familie van baarsachtige bodemvissen met grote afgeplatte kop en langgerekt lichaam (Callionymidae) **pitvrucht** vrucht met een klokhuis en pitten, zoals een appel

pixel *comp. de (m)* [-s] kleinste element waaruit een beeld is opgebouwd

pizza ⟨pietza⟩ *de* [-'s] Italiaans gerecht dat bestaat uit een deegbodem belegd met tomaten, kaas, salami enz. **pizzakoerier** bezorger van pizza's **pizzeria** ⟨pietzə-⟩ *de (v)* [-'s] Italiaans restaurant waar men onder andere pizza's kan eten

pizzicato ⟨pietsie-⟩ *muz. bw* waarbij de snaren niet gestreken maar getokkeld worden

p.j. per jaar

pk *de* [-'s] paardenkracht

PKN *de* Protestantse Kerk in Nederland

pl. *pluralis*, meervoud

plaag *de* [plagen] ❶ straf die door God gezonden is ❷ iets wat voortdurend overlast veroorzaakt **plaaggeest** iemand die de (vaak) plaagt **plaagstoot** kleine actie of opmerking om iemand een beetje te plagen en uit te dagen

plaaster *de (m)* [-s] BN, spreekt. gips

plaat *de* ❶ plat, hard stuk van een bepaald materiaal: *glazen ~; ijzeren ~* ❷ grammofoonplaat: *een ~ draaien* ❸ afgedrukte weergave van iets in de vorm van een tekening, foto e.d. ❹ ondiepe plaats, zandbank ▼ *de ~ poetsen* ervandoor gaan **plaatbrood** brood dat op een plaat wordt gebakken **plaatijzer** ijzer in plaatvorm **plaatje** *het* [-s] ❶ kleine plaat, kleine weergave van een tekening, foto e.d.: *een boek met ~s* ❷ prothese met kunsttand(en) ▼ *ze is een ~* ze is heel mooi, schattig

plaats *de* ❶ punt in de ruimte ▼ *dat is daar niet op zijn ~* dat hoort, past daar niet ▼ *iets een ~ geven* iets verdrietigs of akeligs geestelijk verwerken ❷ plek om te staan of te zitten: *ik heb drie ~en voor de voorstelling* ❸ binnenplaats, open afgesloten ruimte achter het huis ❹ stad, dorp e.d.: *hij woont in een middelgrote ~* ❺ passage in een boek e.d. ▼ *BN ter ~e trappelen* pas op de plaats maken, geen vorderingen maken **plaatsbewijs** kaartje dat recht geeft op een plaats (in een bioscoop, theater, trein, bus enz.) **plaatselijk** *bn* ❶ van, in, of wat te maken heeft met een stad of dorp: *een ~e specialiteit* ❷ slechts op één of enkele plaatsen: *~ kan een regenbui vallen* ▼ *~e tijd* tijd die geldt voor een bepaalde plaats op de wereld **plaatsen** ❶ een plaats geven ❷ hand. beleggen ❸ in een tijdschrift, krant, op internet zetten: *een advertentie ~* ❹ sp. de bal naar een plaats schieten of gooien ▼ *iets niet goed kunnen ~* niet goed weten wat iets betekent, hoe men iets moet begrijpen: *ik kan die opmerking van hem niet goed ~* **plaatsgrijpen**, **plaatshebben** gebeuren **plaatskaart** briefje of kaartje dat recht geeft op een plaats **plaatsmaken** ruimte maken ▼ *voor iemand ~* voor iemand ruimte maken; fig een functie of betrekking opgeven om die aan iemand over te doen ▼ *de vreugde moest ~ voor droefheid* werd vervangen door droefheid

plaatstaal staal in de vorm van platen **plaatsvervanger** *de (m)* [-s] iemand die de plaats van een ander inneemt **plaatsvinden** gebeuren **plaatwerk** ❶ verzameling platen ❷ voorwerpen die van plaatijzer gemaakt zijn

placebo *de* [-'s] middel zonder werkzame bestanddelen dat op een medicijn lijkt: *om te testen of het geneesmiddel echt werkt, krijgt een aantal proefpersonen het middel en een aantal een ~*

placemat ⟨pleesmet⟩ *de* [-s] onderlegger voor één persoon, in plaats van een tafellaken

placenta *de* [-'s] orgaan dat ervoor zorgt dat het ongeboren kind of jong voedingsstoffen en zuurstof krijgt en dat afvalstoffen worden afgevoerd en dat na de geboorte wordt uitgedreven, moederkoek

pladijs BN, ook *de (m)* [-dijzen] schol, platvis met stompe bultjes aan de kop (Pleuronectes platessa)

plafond ⟨-fon⟩ *het* [-s] ❶ vlak dat een ruimte aan de bovenkant afsluit ❷ fig. het hoogste wat men kan bereiken: *wat salaris betreft, zit ik nu aan mijn ~: ik kan niet meer verdienen* ▼ *het glazen ~* iets wat onzichtbaar is maar wat mensen belemmert, vooral vrouwen of minderheden, om een hoge positie te krijgen **plafonneren** ❶ een plafond maken in een ruimte ❷ BN aan een maximum koppelen: *de aardappelprijzen zijn*

geplafonneerd **plafonnière** ⟨-jèrə⟩ *de* [-s] lamp vlak tegen het plafond

plag *de* [-gen] vierkant uitgestoken stuk grond dat is begroeid met gras of hei

plagen ❶ akelig of vervelend zijn voor iemand, kwellen: *hij wordt geplaagd door hevige hoofdpijnen* ❷ voor de grap een beetje kwaad maken **plagerig** *bn* geneigd tot plagen, plagend **plagerij** *de (v)* ❶ het plagen ❷ iets wat men doet of zegt, waarmee men iemand plaagt

plage-uren ⟨plaazje-⟩ BN, schooltaal *de (mv)* onbezoldigde uren tussen het minimum (18 uren) en het maximum aantal uren (22) dat een leraar lesgeeft bij een voltijdse betrekking

plagiaat *het* [-aten] overschrijven van een ander zonder bronvermelding

plaid ⟨pleed⟩ *de (m)* [-s] soort deken, vaak met een Schots ruitpatroon, die men over zich heen kan leggen als men zit of die men mee kan nemen op reis

plak *de* [-ken] ❶ plat stuk van iets, schijf: *een ~ koek* ❷ medaille als prijs bij een sportwedstrijd: *een gouden ~* ❸ aanslag op de tanden, plaque ▼ *onder de ~ zitten* door iemand anders overheerst worden: *hij zit bij zijn vrouw onder de ~* **plakband** *het* smalle strook cellofaan met gom erop die men gebruikt om iets vast te plakken **plakboek** boek om plaatjes e.d. in te plakken

plakkaat *het* [-katen] ❶ hist. (aangeplakte) mededeling van de overheid, bevelschrift ❷ aanplakbiljet, affiche ❸ ronde vlek, klodder: *een ~ verf* **plakkaatverf** heel dikke dekkende waterverf

plakken ❶ met lijm aan iets vastmaken: *een plaatje in een schrift ~* ❷ vast blijven zitten door lijm of iets anders: *mijn handen ~ door de boterham met jam* ▼ *fig. blijven ~* ergens (te) lang blijven: *ik was op bezoek en ben blijven ~* **plakker** *de (m)* [-s] ❶ iemand die ergens (te) lang blijft ❷ iemand die aanplakbiljetten plakt **plakkerig** *bn* ❶ op zo'n manier dat iets een beetje vast blijft zitten, kleverig: *mijn handen zijn ~ van het zweet* ❷ fig. geneigd om ergens (te) lang te blijven of steeds in de buurt van iemand te blijven

plamuren met kneedbaar materiaal de putjes en gaten in een muur opvullen, zodat die weer glad wordt **plamuur** *de (m) & het* pasta voor het gladmaken van een oppervlak, zoals een muur, voordat het geschilderd wordt

plan I *het* [-nen] ❶ opzet, voornemen, iets wat men wil gaan doen: *een ~ smeden* ▼ *zijn ~ trekken* bedenken wat men wil en dan doen; BN ook zich weten te behelpen ❷ niveau, graad van belangrijkheid ▼ *dit komt op het tweede ~* dit komt pas op de tweede plaats, dit is minder belangrijk ❸ ontwerp voor ruimtelijke ordening: *volgens de ~nen komt hier een bedrijventerrein* II *het* [-s, -nen] ❶ BN ook schets, plattegrond **planbureau** bureau waar (vooral economische) plannen worden opgesteld: *Centraal Planbureau* overheidsorgaan dat zich bezighoudt met (berekeningen in het kader van) het sociaal, economisch en financieel beleid

planchet ⟨-sjet⟩ *het* [-s, -ten] ❶ instrument om

hoeken te tekenen ❷ smalle, plankvormige plaat boven een wastafel, voor toiletartikelen

plan de campagne ⟨plan of plå de kampanjə⟩ *het* [plans de campagne, plan de campagnes] ❶ mil. strategisch plan voor een veldtocht ❷ fig. actieplan om een doel te bereiken

planeconomie economie die door de overheid wordt geleid: *toen de Oost-Europese landen nog communistisch waren, hadden ze een ~*

planeet *de* [-neten] hemellichaam met relatief grote afmetingen, dat zich in een baan om een ster (zoals onze zon) beweegt

planeren ❶ gladmaken, pletten ❷ in glijvlucht dalen ❸ zeilen terwijl men niet diep in het water steekt

planetarium *het* [-s, -ria] gebouw waar te zien is hoe de sterren en planeten zich bewegen

planetenstelsel geheel van planeten die bij elkaar horen **planetoïde** *de (v)* [-n] kleine planeet

plank *de* gezaagd plat stuk hout ▾ *van de bovenste ~ heel goed* ▾ *de ~ misslaan* zich vergissen ▾ BN *de ~ maken* bij het zwemmen op de rug drijven **plankenkoorts** zenuwachtigheid voor een optreden **plankgas** ▾ *~ geven* zo hard mogelijk autorijden

plankier *het* [-s, -en] houten vloer

planking ⟨plen-⟩ *het* hetzo stijf als een plank gaan liggen op een opvallende plaats of op een vreemd voorwerp en foto's hiervan publiceren op internet

plankton *het* organismen die in water drijven

plankzeilen surfen

planmatig *bn* volgens een plan

plannen ⟨plen-⟩ een plan maken van wat er gedaan moet worden, hoe en wanneer het moet gebeuren, hoe lang het gaat duren e.d. **planning** ⟨plen-⟩ *de (v)* ❶ plan van wat er gedaan moet worden, hoe en wanneer het moet gebeuren, hoe lang het gaat duren e.d.: *volgens de ~ hadden we nu al bijna klaar moeten zijn* ❷ het maken van zo'n plan

plano *de (m)* [-'s] ▾ *in ~* in ongevouwen vellen

planologie *de (v)* leer van de ruimtelijke ordening, van hoe een gebied ingericht kan worden, waar gebouwen komen, waar wegen, waar weilanden enz.

plant *de* gewas met stengel en bladeren **plantaardig** *bn* wat bestaat uit planten of afkomstig is van planten

plantage ⟨-taazjə⟩ *de (v)* [-s] terrein in de tropen waar gewassen verbouwd worden **planten** ❶ in de aarde zetten: *bomen ~* ❷ stevig neerzetten: *zij plantte haar voeten op de grond* **planteneter** dier dat zich met planten voedt **plantengroei** ❶ het groeien van planten ❷ de planten die groeien **plantenrijk** de wereld van de planten **planter** *de (m)* [-s] ❶ iemand die plant ❷ beheerder van een plantage

plantgoed wat geplant moet worden **plantkunde** wetenschap die zich bezighoudt met planten

plantsoen *het* grotere openbare tuin

plaque ⟨plak⟩ *de (m)* tandaanslag

plaquette ⟨-kettə⟩ *de* [-s] ❶ gedenkplaat, voorwerp met de vorm van een penning met een afbeelding in reliëf ❷ dun boekje in een fraaie uitvoering

plas *de (m)* [-sen] ❶ rest regenwater op de weg of de grond ❷ klein meer ❸ grote hoeveelheid vloeistof ❹ urine

plasma *het* [-'s] ❶ het vloeibare bestanddeel van bloed ❷ fase waarin deeltjes van een gas in meer of mindere mate ionen zijn geworden **plasmascherm** dun beeldscherm van dubbelglas, dat is gevuld met gascellen die van kleur kunnen veranderen **plasma-tv** tv met een plat scherm dat enkele centimeters diep is

plassen ❶ met water morsen, erin spelen e.d. ❷ urineren **plasser** *de (m)* [-s] ❶ iemand die plast ❷ penis, piemel

plastic ⟨ples-⟩ *het* synthetische stof die in iedere gewenste vorm gegoten kan worden **plasticfolie** dun afdekmateriaal van kunststof

plasticine *de* kneedbare kunststof

plasticsoep ⟨plestik-⟩ benaming voor plaatsen in de oceanen waar enorme hoeveelheden plastic afval bij elkaar drijven

plastiek **I** *de (v)* ❶ de kunst om figuren, beelden te vormen ❷ voorwerp van beeldhouwkunst **II** *het* ❸ plastic ❹ mengsel van lak met andere stoffen om muren en plafonds te kleuren

plastificeren met een strakgetrokken laagje doorzichtig plastic bedekken: *papier en karton ~*

plastisch *bn* ❶ wat te maken heeft met het creëren van een vorm: *~e kunst* ❷ waarvan de vorm kan worden veranderd, kneedbaar ❸ aanschouwelijk, wat een duidelijk beeld geeft: *zij vertelde heel ~ hoe het precies gegaan was* ▾ *~e chirurgie* operaties om het uiterlijk van mensen mooier te maken

plaswekker wekker die afloopt bij de eerste druppels van iemand die in bed plast **plaszak** plastic zak om in te plassen, als noodmiddel wanneer er geen wc is

plat **I** *het* [-ten] ❶ platte kant van iets, bijv. van een sabel ❷ plat dak: *we zaten op het ~je in de zon* ❸ hoogvlakte in zee onder het water **II** *bn* ❹ zonder verhogingen, bobbels e.d.: *een ~te vlakte* ❺ dun, laag, ondiep: *een ~te tafel; een ~ bord* ❻ onbeschaafd: *~ praten* ❼ leeg (*van een band*) ❽ inform. corrupt ▾ inform. *~ gaan* enthousiast raken, zich laten overhalen; gaan slapen; seks met iemand hebben

plataan **I** *de (m)* [-tanen] ❶ loofboom van het geslacht Platanus waarvan de bast platen vormt als hij loslaat **II** *het* ❷ plataanhout

platbodem type schip met een platte bodem **platboomd** *bn* met een platte bodem

plat du jour ⟨pla duu zjoer⟩ *de (m)* [plats du jour] dagschotel

plateau ⟨-too⟩ *het* [-s] ❶ hoogvlakte ❷ presenteerblad waarop bijv. juweliers sieraden etaleren **plateauzool** heel dikke, hoge zool

plateel *het* [-telen] soort aardewerk, onder andere majolica en Delfts aardewerk

platenbon waardebon waarvoor men cd's, dvd's of grammofoonplaten kan krijgen **platenspeler** toestel om grammofoonplaten af te draaien **plateservice** ⟨pleetsùRvəs⟩ het serveren van een maaltijd of gang op één blad of bord

pl

platform *het* [-s, -en] ❶ verhoging vanwaar men iets kan overzien of waar iets wordt opgesteld of gedaan ❷ fig. mogelijkheid voor verschillende personen of groeperingen om met elkaar te overleggen of samen te werken

platina *het* zilverkleurig edelmetaal ▼ ~ *bruiloft* 70-jarige bruiloft

platitude *de (v)* [-s] ❶ iets wat heel vaak wordt gezegd en daardoor geen inhoud meer heeft ❷ platte, banale opmerking

platje *het* [-s] ❶ klein plat dak ❷ inform. soort luis die vooral in schaamhaar leeft, platluis

platleggen ❶ vlak neerleggen ❷ een bedrijf, website e.d. verhinderen te functioneren: *het openbaar vervoer ~ door een staking*

platliggen ❶ helemaal uitgestrekt, vlak liggen, vooral van een zieke: in bed (moeten) liggen ❷ ⟨van een bedrijf⟩ stilliggen door een staking ❸ ⟨van een website⟩ (tijdelijk) niet functioneren, niet toegankelijk zijn, bijv. door een te groot aantal bezoekers tegelijkertijd

platlopen door lopen platmaken ▼ fig. *bij iemand de deur ~* erg vaak bij iemand op bezoek komen

platonisch *bn* puur geestelijk ▼ *~e liefde* liefde zonder seks of erotiek

platschieten tot een puinhoop schieten, helemaal kapotmaken door te schieten

platspuiten kalmerende injecties toedienen zodat iemand heel rustig wordt

plattegrond tekening van de grond van een stad, gebied e.d., met alles daarop zoals straten, pleinen, parken, of van een gebouw met de kamers, gangen e.d.

plattekaas BN, spreekt. kwark

platteland gebied buiten de steden

plattreden door lopen platmaken ▼ *platgetreden paden* wegen of manieren om iets te doen die al door veel mensen toegepast zijn, die niets origineels meer hebben **platvis** vis met een platte vorm, zoals schol en bot **platvloers** *bn* van een laag niveau van beschaving, banaal

platvoet voet zonder boog of met een te kleine boog **platzak** *bn* zonder geld: *ik ben ~, ik heb geen cent meer*

plausibel ⟨-ziebal⟩ *bn* wat geloofwaardig klinkt

plaveien begaanbaar maken door stenen o.i.d. te leggen, bestraten **plaveisel** *het* [-s] materiaal waarmee een weg wordt geplaveid, bestrating

plavuis *de (m)* [-vuizen] gebakken vloertegel

playback ⟨pleebek⟩ *de (m)* het doen of men een muzieknummer uitvoert bij een geluidsband zonder zelf te zingen of te spelen **playbacken** [playbackte, h. geplaybackt] optreden bij een geluidsband zonder zelf te zingen of te spelen

playboy ⟨pleeboi⟩ *de (m)* [-s] rijke man die een luxeleven leidt en alleen pleziertjes najaagt

player ⟨pleejaR⟩ *de (m)* [-s] jongen die vaak van vriendin wisselt, hartenbreker **playlist** *de* [-s] lijst met muzieknummers die op een radiostation worden gedraaid **playmate** ⟨-meet⟩ *de (v)* [-s] naaktmodel zoals afgebeeld in bladen als Playboy **play-off** *de (m)* [-s] ❶ beslissende wedstrijd ❷ nacompetitie

plaza *de & het* [-'s] (vrij groot) plein

plebejer *de (m)* [-s] iemand zonder opvoeding en beschaving, proleet

plebs *het* laagste sociale klasse

plecht *de* voor- of achterdek van een schip

plechtig *bn* ❶ statig, ernstig ❷ volgens officiële gebruiken **plechtigheid** *de (v)* [-heden] ❶ plechtige bijeenkomst ❷ plechtig gebruik, ceremonie **plechtstatig** *bn* heel statig

plectrum *het* [-s, -tra] plaatje waarmee men op een snaarinstrument, zoals een gitaar, tokkelt

plee spreekt. *de (m)* [-s] wc **pleeborstel** borstel om de wc mee schoon te maken

pleeboy *de (m)* [-s] standaard voor wc-papier **pleefiguur** *de* ▼ *een ~ slaan* een heel slecht figuur slaan

pleegbroer jongen met wie iemand in een pleeggezin opgroeit als een broer **pleeggezin** gezin dat voor een kind zorgt als de echte ouders dat (tijdelijk) niet kunnen **pleegkind** kind dat wordt opgevoed door ouders die niet zijn echte ouders zijn, omdat zijn echte ouders dat (tijdelijk) niet kunnen **pleegmoeder** moeder van een gezin dat voor een kind zorgt als de echte ouders dat (tijdelijk) niet kunnen **pleegouder** vader of moeder van een gezin dat voor een kind zorgt als de echte ouders dat (tijdelijk) niet kunnen **pleegvader** vader van een gezin dat voor een kind zorgt als de echte ouders dat (tijdelijk) niet kunnen

pleet *het* metaal dat geen edelmetaal is en dat is belegd met een laagje edelmetaal

plegen I [pleegde, h. gepleegd] ❶ verrichten, doen: *een moord ~* II [placht] ❷ als gewoonte hebben, iets gewoonlijk doen: *hij pleegt om zes uur op te staan*

pleidooi *het* rede, tekst om iets of iemand te verdedigen

plein *het* open ruimte in een stad of dorp, met gebouwen eromheen **pleinvrees** angst voor grote open ruimten

pleister I *de* [-s] ❶ reepje linnen of kunststof dat over een wond wordt gelegd en op de huid geplakt ▼ *~ op de wond(e)* iets plezierigs ter verzachting van iets onaangenaams ▼ BN *een ~ op een houten been* boter aan de galg, een maatregel die niet echt helpt II *het* ❷ specie, vaak met gips erin verwerkt **pleisteren** ❶ muren bestrijken met een bepaald soort specie (pleister) ❷ een korte rust houden tijdens een tocht **pleisterpil** anticonceptie in de vorm van een pleister

pleisterplaats plek waar men een tocht onderbreekt om even te rusten

pleisterwerk ❶ het pleisteren van muren ❷ de bepleistering van muren

pleit *het* strijd die via het gerecht wordt gevoerd ❷ onenigheid, verschil van mening over iets ▼ *het ~ beslechten* een vonnis, beslissing uitspreken ▼ *het ~ winnen* gelijk krijgen, de zaak winnen **pleitbezorger** ❶ advocaat die een partij vertegenwoordigt voor het gerecht ❷ fig. iemand die een zaak of een persoon verdedigt of voorstaat

pleite inform. *bw* ❶ weg, verdwenen ❷ helemaal zonder geld, platzak

pleiten ❶ als advocaat verdedigen ❷ met woorden iets of iemand verdedigen **pleitnota** samenvatting van de pleitrede voor de rechter

pleitrede betoog van een advocaat voor de rechter **pleitzaak** rechtszaak waarin pleidooien gevoerd worden

plek *de* [-ken] ❶ punt in de ruimte, plaats: *een mooie ~ om te wonen* ▼ *een blauwe ~* onderhuidse bloeduitstorting ▼ *iets een ~ geven* iets akeligs geestelijk verwerken ▼ *ter ~ke* op de betreffende plaats ❷ vlek: *er zitten bruine ~ken in het tapijt*

plempen ❶ puin, zand e.d. in water storten ❷ inform. gooien

plenair ⟨-nèr⟩ *bn* voltallig, waar iedereen aanwezig is: *een ~e vergadering*

plengen vergieten, uitstorten: *tranen ~*

plens *de (m)* [plenzen] hoeveelheid vloeistof die in één keer wordt uitgestort: *ik kreeg een ~ water op mijn hoofd* **plensbui** heel harde regenbui, stortbui

plenty ⟨-tie⟩ *telw* heel veel, in overvloed

plenzen ❶ heel hard regenen ❷ veel water over iets storten: *ze plensde water in haar gezicht*

pleonasme *het* [-n] taaluiting waarin hetzelfde tweemaal wordt uitgedrukt, zoals: *een oude grijsaard*

pletten platmaken: *het blokje zilver wordt gepletst; het slachtoffer was gepletst onder het puin van het ingestorte gebouw* **pletter** *de (m)* [-s] machine die schroot of afval samenperst of platmaakt ▼ *(van een berg enz.) te ~ vallen* zo vallen dat men doodgaat ▼ *zich te ~ schrikken* heel erg schrikken

pleuren spreekt. smijten, gooien: *pleur die tas maar in de hoek*

pleuris *de & het* borstvliesontsteking, pleuritis ▼ *krijg de ~* gezegd als men kwaad is op iemand en hem iets slechts toewenst **pleurislijer** scheldn., vulg. *de (m)* [-s], **pleurislijder** naar persoon, ellendeling

pleuritis med. *de (v) & het* borstvliesontsteking

plevier *de (m)* snipachtige vogel van het geslacht Charadrius, pluvier

plexiglas kunststof die glas vervangt

plexus *de (m)* vlechtwerk van zenuwen of bloedvaten

plezant BN, spreekt. *bn* plezierig, aangenaam

plezier *het* ❶ blijdschap, vreugde ▼ *~ aan iets beleven* het fijn vinden, er een fijn gevoel van krijgen ❷ pret, vermaak: *de kinderen hadden veel ~ in de speeltuin* ❸ iets wat iemand fijn vindt, genoegen ▼ *iemand een ~ doen* iets doen wat iemand fijn vindt **plezierboot** boot om mee te varen als ontspanning **plezieren** een plezier doen, iets doen wat iemand graag wil, fijn vindt: *hij ging mee naar het toneelstuk om haar te ~* **plezierig** *bn* wat een fijn gevoel geeft, prettig: *het was een ~ gesprek* **plezierjacht** I *het* [-en] ❶ luxe schip voor plezierreisjes II *de* ❷ het jagen voor zijn plezier, als vrijetijdsbesteding **plezierreis** reis voor ontspanning, reis voor bijv. zakelijke doeleinden **plezievaart** ❶ boottocht als ontspanning ❷ het geheel van boten die worden gebruikt voor het maken van boottochten als ontspanning: *schippers van vrachtschepen klagen soms over de ~ in de zomer*

plicht *de* dat wat men moet doen: *ik voel het als mijn ~ om voor mijn ouders te zorgen nu ze ziek zijn*

plichtbewust ❶ die beseft wat zijn plichten zijn

❷ BN ook plichtsgetrouw **plichtmatig** *bn* uit plicht, omdat het moet **plichtpleging** *de (v)* uiting of handeling omdat het beleefd is om dat te zeggen of doen **plichtsbesef, plichtbesef** het beseffen wat zijn plicht is **plichtsbetrachting, plichtbetrachting** *de (v)* het steeds doen wat zijn plicht is **plichtsgetrouw, plichtgetrouw** die nauwgezet zijn plicht doet **plichtsverzuim, plichtverzuim** het verwaarlozen van zijn plicht, het niet doen van iets wat men wel zou moeten doen

plint I *de* ❶ vlakke lijst onder langs de wand II *de (v)* ❷ BN rechthoekig gymnastiektoestel om overheen te springen

plissé ⟨plies-⟩ *het* [-s] smalle plooien die in een stof zijn genaaid of geperst of geweven, vooral in een kledingstuk

plm. plusminus

PLO *de (v)* , *Palestinian Liberation Organization*, Palestijnse Bevrijdingsorganisatie

ploeg *de* ❶ landbouwwerktuig waarmee de grond omgewoeld wordt ❷ groep mensen: *we zijn met een leuke ~; de schaats~* **ploegbaas** hoofd van een kleine groep arbeiders

ploegen ❶ de grond omwoelen met een ploeg ❷ met moeite vooruitkomen: *ze ploegden door de zware sneeuw* ❸ vulg. in groepsverband verkrachten

ploegendienst het werken in ploegen op wisselende tijden volgens een vast rooster: *ik werk in ~, soms moet ik overdag werken en soms 's nachts* **ploegleider** leider van een ploeg (wielrenners)

ploert *de (m)* wreed en gemeen persoon, schoft ▼ *de koperen ~* de hete zon **ploertendoder** *de (m)* [-s] stok met loden bol aan het uiteinde, om mee te vechten

ploeteren ❶ hard en moeizaam werken ❷ zich met moeite voortbewegen door water, sneeuw, modder e.d.

plof I *de (m)* [-fen] ❶ doffe klap II *tw* ❷ weergave van een geluid **ploffen** ❶ met een plof doen vallen, neergooien ❷ met een plof vallen ❸ met een plof stukgaan **plofkip** vleeskuiken dat veel proteïne krijgt en in versneld tempo, in zes in plaats van de normale veertien weken, meer dan twee kilo weegt **plofkoffer** koffer die het geld dat erin zit, waardeloos maakt als iemand die daarvoor geen toestemming heeft, de koffer opent

plomberen ❶ met lood verzegelen ❷ holle tanden of kiezen vullen

plomp I *bn* ❶ grof, log van bouw of gestalte ❷ lomp, zonder manieren II *de (m)* ❸ geluid als een zwaar voorwerp in het water valt ▼ *in de ~ vallen* in het water vallen **plompverloren** *bw* onverwacht, zonder overleg ▼ *iets ~ zeggen* iets zomaar zeggen, zonder logisch verband met de situatie of waar men over praat

plons *de (m)* [plonzen, -en] ❶ geluid van iets dat of iemand die in het water valt II *tw* ❷ nabootsing van dit geluid **plonsbad** BN kikkerbad, ondiep zwembad voor de allerkleinsten **plonzen** ❶ met een plons in het water vallen ❷ met een plons in het water gooien

plooi *de* vouw ▼ *zijn gezicht in de ~ houden* strak, ernstig blijven kijken ▼ *niet uit de ~ komen* altijd ernstig en vormelijk blijven **plooibaar** *bn* ❶ gemakkelijk te plooien ❷ fig. meegaand, flexibel **plooien** ❶ een of meer plooien in iets maken ❷ BN ook vouwen **plooirok** rok met plooien

plopper *de (m)* [-s] voorwerp waarmee men een verstopte afvoer ontstopt

plot *de (m)* [-s] intrige van een verhaal, roman, film enz., wat er gebeurt en hoe alles in elkaar zit

plots *bn* plotseling **plotseling** *bn* op een manier en moment waarop men het niet verwacht, onverwacht **plotsklaps** *bw* plotseling, ineens

plotten met een computer kaarten en grafieken tekenen **plotter** *de (m)* [-s] tekenmachine die door een computer wordt bestuurd

plu inform. *de (m)* [-'s] paraplu

pluche 〈pluusj(ə)〉 *het & de (m)* zware fluweelachtige stof, vroeger wol, nu meestal kunstzijde ▼ *op het ~ zitten* een goede, comfortabele functie hebben **pluchen** *bn* van pluche: *een ~ tafelkleedje*

plug *de* [-gen] ❶ kleine bout met vierkante kop voor het dichtmaken van openingen in buizen enz. ❷ buisje om een schroef gemakkelijker in een muur vast te maken ❸ stekker aan een snoer, bv. om een hoofdtelefoon te verbinden met een versterker **pluggen** ❶ van een plug voorzien, verbinden met een plug of pluggen ❷ onder de aandacht brengen van cd's, liedjes enz. om de verkoop te bevorderen, bijv. door ze vaak op de radio te laten horen

plug-in comp. *de (m)* [-s] uitbreiding op een bestaand programma

pluim *de* ❶ BN ook veer (van een vogel) ▼ BN *(van zijn) ~en laten* een veer laten, verlies lijden, aan reputatie inboeten ❷ kwast ❸ woord van lof, compliment: *iemand een ~ geven* **pluimage** 〈-maazjə〉 *de (v)* [-s] geheel van veren, gevederte ▼ *vogels van diverse ~* verschillende soorten mensen **pluimbal** dop met daaraan een soort korte koker van nylon of veren, die wijd uitloopt, vooral gebruikt bij badminton, shuttle **pluimen** BN, spreekt. van zijn geld of bezit beroven **pluimgewicht** BN, ook vedergewicht **pluimstrijkerij** *de (v)* vleierij op een onoprechte manier **pluimvee** vogels die door mensen worden gehouden als hobby of voor bijv. de eieren of het vlees

pluis I *bn* ❶ in orde, veilig ▼ *het is hier niet ~* hier klopt iets niet, het is hier een beetje gevaarlijk II *de* [pluizen] ❷ vlokje van een bepaald materiaal: *er zitten ~jes op mijn trui* **pluizen** I [ploos, h. geplozen] ❶ iets uit elkaar trekken zodat er losse pluisjes ontstaan, uitrafelen II [pluisde, h. gepluisd] ❷ pluisjes afgeven: *die trui pluist ontzettend* **pluizig** *bn* vol pluisjes

pluk *de* [-ken] ❶ het plukken: *de druiven~* ❷ handvol van iets: *een ~ haar, gras, watten* **plukken** ❶ (bloemen, vruchten enz.) van de planten halen ❷ (van vogels) de veren uittrekken ❸ pluisjes, stukjes aftrekken ❹ inform. veel geld afhandig maken: *de oplichter plukt zijn vriendinnen en laat ze dan in de steek*

pluk-ze-wetgeving wettelijke regeling waarbij geld of andere zaken die criminelen door misdaad hebben gekregen, worden afgepakt

plumeau 〈-moo〉 *de (m)* [-s] veren stoffer

plumpudding feestelijke pudding met onder andere veel rozijnen

plunderaar *de (m)* [-s] iemand die plundert **plunderen** roven, leegroven: *tijdens de rellen werden veel winkels geplunderd*

plunje *de* ❶ inform. de kleren die iemand draagt: *daar loopt hij weer in zijn oude ~* ❷ bagage van een soldaat, matroos enz. **plunjezak** zak voor een soldaat, matroos enz. om zijn bagage in op te bergen

pluralis taalk. *de (m)* [-sen, -ralia] meervoud ▼ *~ majestatis* het spreken over zichzelf als 'wij'

pluralisme *het* ❶ opvatting dat de wereld bestaat uit veel zelfstandige aparte entiteiten, bijv. personen ❷ het naast elkaar bestaan van verschillende soorten opvattingen

pluriform *bn* veelvormig, met veel verschillende opvattingen die naast elkaar bestaan: *een ~e maatschappij* **pluriformiteit** *de (v)* veelvormigheid, het pluriform zijn

plus I *bw* ❶ en, met: *twee ~ drie is vijf* ❷ positief, boven nul: *het is ~ vier graden, niet min vier* II *het & de (m)* [-sen] ❸ het teken + ❹ voordeel, positief punt: *dat is een ~*

plusklas klas voor hoogbegaafde leerlingen

plusminus *bw* ongeveer, weergegeven door het teken ±

pluspool positieve elektrische pool **pluspunt** *het* iets wat een voordeel is: *mijn school is vlak bij ons huis, dat is een ~* **plusteken** het teken +

plutonium *het* radioactief scheikundig element (Pu), dat wordt gebruikt voor kernreactoren en kernwapens

pluvier *de (m)* snipachtige vogel van het geslacht Charadrius

p.m. ❶ plusminus ❷ pro memoria (*ter herinnering*) ❸ pro mille (*per duizend*) ❹ post meridiem (*na de middag*): *drie uur ~* drie uur 's middags ❺ per meter ❻ per maand

pms *het* premenstrueel syndroom

pnd *de (v)* postnatale depressie

pneumatiek 〈pneu- of pnui-〉 *de (v)* ❶ leer van beweging en druk van de luchtsoorten ❷ apparaten die met lucht werken, pneumatische apparaten **pneumatisch** *bn* wat met lucht werkt

pneumokok *de (m)* [-ken] bacterie die longontsteking veroorzaakt **pneumonie** *de (v)* longontsteking

po *de (m)* [-'s] pot om in te plassen of te poepen

p.o. ❶ per order ❷ per omgaande ❸ periodieke onthouding

P&O Personeel en Organisatie (*afdeling binnen een bedrijf die zich daarmee bezighoudt*)

pochen ❶ vertellen dat, doen alsof men heel rijk, sterk, populair enz. is terwijl dat niet zo is, opscheppen ❷ te koop lopen met rijkdom, roem enz. die men heeft

pocheren 〈-sjḛ-〉 ❶ klaarmaken door net onder het kookpunt te koken ❷ 〈van eieren〉 zonder schaal in heet water koken

pochet 〈-sjet〉 *de* [-ten] zakdoekje in de

pl

linkerborstzak van een colbert als versiering

pocket ⟨pokkət⟩ *de (m)* [-s] goedkope uitgave van een boek in zakformaat, met slappe of dun kartonnen omslag

POD *Printing on Demand*, afdrukken op verzoek, het drukken van boeken e.d. per exemplaar en niet in grote aantallen

podcast ⟨potkàst⟩ *de (-s)* audiobestand (bijv. een radioprogramma) op internet, dat kan worden gedownload naar bijv. een mp3-speler

podcasten podcasts maken en via internet beschikbaar stellen

podium *het* [-s, -dia] ❶ verhoging om op te staan, voor iemand die voor publiek optreedt ❷ *fig.* een mogelijkheid om voor een grotere groep mensen zijn mening te geven, te laten zien wat men kan e.d.: *dit festival vormt een ~ voor beginnende filmmakers*

podologie *de (v)* voetkunde **podotherapeut** therapeut voor voetklachten

poedel *de (m)* [-s] ❶ hoogbenige hondensoort met krullend haar ❷ misschot, misgooi

poedelen ❶ in het water spelen, zich voor zijn plezier wassen of baden: *lekker in bad ~* ❷ ⟨bij sport, spel⟩ een schop of schot missen

poedelnaakt helemaal naakt **poedelprijs** troostprijs voor degene die onderaan is geëindigd

poeder I *het & de (m)* ❶ heel fijne stof die overblijft als een vaste stof uit elkaar valt of gemalen wordt ❷ middel om zich op te maken of te schminken II *de* [-s] ❸ geneesmiddel in poedervorm **poederblusser** *de (m)* [-s] blusapparaat met fijn poeder **poederdoos** doos met poeder voor hals en gezicht **poederdroog** BN heel erg droog, kurkdroog **poederen** met poeder bestrooien ▼ *zich ~* poeder op zijn of haar gezicht doen **poederkoffie** koffie die tot fijn poeder is gemalen, oploskoffie

poëet *de (m)* [poëten] dichter

poef *de (m)* [-en, -s] dik rond kussen op de vloer om op te zitten

poeh *tw* uitroep van moeheid, als iemand tegen iets protesteert e.d.: *~, dat kan ik best wel!*

poeha *het & de (m)* drukte om niets

poeier inform. → poeder *het & de (m)* [-s] ▼ *in de ~* helemaal kapot: *hij heeft zijn auto in de ~ gereden*

poel *de (m)* ❶ ondiep modderig stuk water, stuk moeras ❷ modderplas, plas

poelet *het & de (m)* stukjes soepvlees

poelie *de (v)* [-s] schijf waarover een drijfriem, snaar o.i.d. loopt die een machine, apparaat of vervoermiddel in beweging brengt

poelier *de (m)* [-s] iemand die geslachte vogels en geslacht wild verkoopt

poelsnip watervogel die in moerassen leeft (Capella media)

poema *de (m)* [-'s] Amerikaans katachtig roofdier (Puma concolor)

poen inform. *de (m) & het* geld **poenig** *bn* erop gericht om te laten zien dat men veel geld heeft

poep *de (m)* ❶ vaste uitwerpselen van mens of dier ❷ wind, scheet ▼ *iemand een ~je laten ruiken* iemand laten zien wat men kan en daardoor versteld doen staan

poepeloerezat BN, spreekt. stomdronken

poepen zijn uitwerpselen lozen **poeper**, **poeperd** *de (m)* [-s] scherts. achterwerk

poeren met een vinger of een dun voorwerp in iets bewegen

Poerim *het* joods feest om de redding te vieren van de joden in Perzië

poes *de* [-en, poezen] ❶ katachtig roofdier dat als huisdier gehouden wordt, ook als aanspreekvorm voor dat dier, kat ▼ *mis ~!* lekker mis! ▼ *dat is niet voor de ~* dat is iets om serieus te nemen ▼ *zij is niet voor de ~* zij laat niet met zich sollen ❷ vrouwelijke kat: *een ~ en een kater* ❸ inform. schaamstreek van een vrouw, vagina

poësis BN *de (v)* het vijfde jaar in de Grieks-Latijnse humaniora

poeslief overdreven lief **poespas** *de (m)* ❶ omslachtig gedoe, omhaal ❷ rommeltje, zootje

poesta *de* [-'s] droge grasvlakte in Hongarije, steppe

poet *de (m)* inform. buit, gestolen goed of geld

poëtica *de (v)* [-'s] ❶ leer van de dichtkunst ❷ theorie van een dichter of schrijver over het dichten of schrijven **poëtisch** *bn* ❶ dichterlijk, als in poëzie ❷ in versmaat geschreven

poets *de* grap ▼ *iemand een ~ bakken* voor de gek houden ▼ BN *~ wederom ~* gezegd wanneer men iemand een streek betaald zet, leer om leer

poetsen glimmend maken door te wrijven **poetskatoen** katoenresten waarmee machines schoongemaakt worden **poetsvrouw** BN ook werkster

poezel, **poezelig** *bn* mollig en zacht: *haar poezelige handjes*

poëzie *de (v)* ❶ dichtkunst ❷ gedichten **poëziealbum**, **poeziealbum** albumpje waarin men vrienden en kennissen een versje laat schrijven

pof I *de (m)* [-fen] ❶ kort dof geluid ▼ *op de ~ kopen* waarbij men later betaalt II *de* [-fen] ❷ bolstaande plooi **pofbroek** broek met pijpen die bol uitstaan **poffen** ❶ kopen of verkopen en pas later betalen of geld krijgen ❷ in hete as of op een hete plaat braden: *kastanjes ~*

poffertje *het* [-s] rond bakseltje van meel dat met boter en suiker gegeten wordt **pofmouw** bol opstaande mouw

pogen proberen

poging *de (v)* het pogen, inspanning om iets te bereiken: *een ~ doen, wagen*

pogo ⟨-Goo⟩ *de (m)* [-'s] wilde dans in punkstijl

pogrom *de (m)* [-s] georganiseerde Jodenvervolging en -moord

pointe ⟨pwèta⟩ *de* [-s] ❶ waar het om gaat: *ik heb de ~ van die redenering gemist* ❷ wat er zo leuk is aan een mop of een grappig verhaal: *hij wilde een mop vertellen, maar hij was de ~ vergeten*

pointer ⟨pojntər⟩ *de (m)* [-s] ❶ kortharige jachthond ❷ comp. cursor of muisaanwijzer in een grafische gebruikersinterface ❸ comp. verwijzing naar een geheugenadres

pointillisme ⟨pwentiejisma⟩ *het* het schilderen in stippels en streepjes

pok *de* [-ken] blaar die men krijgt bij een bepaalde ziekte **pokdalig** *bn* ▼ *een ~ gezicht* een gezicht met sporen (putjes) van pokken of puisten

poken met een pook in het vuur bewegen zodat het beter gaat branden

poker *het* kaart- of dobbelspel dat uit Amerika afkomstig is

pokken *de (mv)* ❶ besmettelijke ziekte die gepaard gaat met blaasvormige zweren, variola ❷ (als eerste deel van een samenstelling) heel slecht of akelig: *~weer, ~streek*

pol *de (m)* [-len] bosje, bundel van planten en wortels met de kluit aarde eraan

polair ⟨-lèr⟩ *bn* ❶ voorzien van polen, van twee punten met tegenovergestelde krachten ❷ die naar tegengestelde kanten gericht is ❸ aanwezig bij of afkomstig van de polen, van de Noordpool of de Zuidpool: *~e lucht*

polarisatie ⟨-zaa-⟩ *de (v)* ❶ wijziging in licht- of andere stralen ❷ verschuiving van de lading van ionen of atomen ❸ *fig.* het benadrukken van tegenstellingen (zodat partijen tegenover elkaar komen te staan) **polariseren** ⟨-zi-⟩ in een toestand van polarisatie brengen, ook figuurlijk **polariteit** *de (v)* ❶ het polair zijn ❷ het hebben van polen

polaroidcamera camera waar meteen na de opname een foto uit komt

polder *de (m)* [-s] land met dijken eromheen, waarvan men de waterstand kan regelen **polderen** overleggen, onderhandelen en compromissen sluiten om tot resultaten te komen **poldermodel** model van overleg voor het bereiken van een beslissing **Poldernederlands** hedendaagse variant van het Nederlands die wordt gekenmerkt door klinkerverlaging zoals *aj* in plaats van *ij* en *ei* **polderpeil** vastgesteld peil voor polderwater

polemiek *de (v)* soort onenigheid, strijd door middel van het schrijven van stukken **polemiseren** ⟨-zi-⟩ een polemiek voeren **polemist** *de (m)* iemand die polemieken voert, strijd voert op papier **polemologie** *de (v)* wetenschap van de oorlog, van de oorzaken van oorlog en vrede

polenta *de* pap van maïsproducten

poli *de (v)* [-'s] polikliniek

poliep *de* ❶ benaming voor bepaalde soorten dieren met een krans van tentakels waardoor ze op een plant lijken ❷ *med.* paddenstoelachtig gezwel in het slijmvlies

polijsten ❶ glanzend poetsen ❷ *fig.* verfijnen, bijschaven, eraan werken zodat het beter wordt: *ik moet deze tekst nog een beetje ~*

polikliniek afdeling van een ziekenhuis waar mensen worden geholpen die niet hoeven te worden opgenomen in het ziekenhuis

polio *de (m),* poliomyelitis kinderverlamming

polis *de* [-sen] document waarin staat dat men tegen iets verzekerd is: *mijn vader kon de ~ van de brandverzekering niet vinden*

politicologie *de (v)* wetenschap die de diverse aspecten van (overheids)beleid bestudeert

politicus *de (m)* [-ci] iemand die een functie heeft in het politieke leven, bijv. een minister

politie I *de (v)* ❶ overheidsdienst die moet zorgen voor de openbare orde en de veiligheid en die strafbare feiten en de plegers ervan moet

opsporen ❷ de personen die voor die dienst werken ▼ BN *gerechtelijke* ~ politiedienst tot onderzoek en naspeuring van misdrijven **II** *de (m)* [-s] ❸ *inform.* politieagent **politieagent** iemand van een lagere rang bij de politie **politiebericht** bericht dat door de politie verspreid wordt **politiecommissaris** hoofdambtenaar van politie **politie-eenheid** groep politiemensen die samen opereren **politieel** *bn* door de politie of wat uitgaat van de politie

politiek I *bn* ❶ wat te maken heeft met de manier waarop een staat bestuurd wordt ❷ wat getuigt van veel overleg, slim, handig **II** *de (v)* ❸ geheel van beginselen volgens welke een staat, gewest enz. geregeerd wordt ❹ handelwijze van een overheid: *financiële ~* ❺ de gezamenlijke politici

politiemacht groep gewapende politieagenten **politierechtbank** BN rechtbank met bevoegdheid over een of meer gerechtelijke kantons, die overtredingen behandelt, zoals verkeersovertredingen **politierechter** ❶ rechter voor snelle behandeling van strafzaken ❷ BN rechter die de zitting heeft in een politierechtbank **politiestaat** staat waarin de burgers onder streng politietoezicht staan **politiezone** BN lokale politieregio met aan het hoofd een korpschef

politiseren ⟨-zi-⟩ ❶ over staatszaken redeneren ❷ tot een politieke aangelegenheid maken

polka *de* [-'s] oorspronkelijk Boheemse snelle dans in 2/4 maat

poll *de (m)* [-s] ❶ opinieonderzoek, vooral voor verkiezingen ❷ BN stemming waarbij de kandidatenlijst, vooral voor verkiezingen, wordt vastgelegd

pollen *het* stuifmeel van bloemen

pollepel ❶ houten keukenlepel met lange steel ❷ BN, spreekt. soeplepel

polo *het* balspel dat te paard of in het water wordt gespeeld

polohemd sportief hemd met een split in de hals en met korte mouwen **polokraag** openvallende kraag

polonaise ⟨-nèzə⟩ *de (v)* [-s] ❶ Poolse dans in driekwartsmaat ❷ muziek daarvoor ❸ dans waarbij mensen in een rij achter elkaar aan bewegen en de persoon voor zich vasthouden ▼ *aan mijn lijf geen ~* dat is me veel te veel drukte, daar doe ik niet aan mee

poloshirt polohemd

pols *de (m)* ❶ deel van de onderarm bij de hand ❷ polsslag ▼ *de vinger aan de ~ houden* fig. iets blijven controleren

polsen iemands mening, belangstelling of bereidheid om iets te doen te weten proberen te komen

polshorloge horloge dat men om de pols draagt **polsslag** het kloppen van het bloed, voelbaar bij de pols

polsstok stok om mee te springen, bijv. over water **polstasje** *het* [-s] tasje met een lus voor om de pols

polyamide ⟨-lie-⟩ *het* [-n, -s] stikstofhoudende kunststof, bijv. nylon

polyandrie *de (v)* huwelijk met meer dan één man

polychromeren veelkleurig maken: *een gepolychromeerd houten beeld*

polyester *de (m)* [-s] harde kunststof **polyether** *de (m)* schuimrubberachtige kunststof

polyfonie *de (v)* veelstemmigheid **polygamie** *de (v)* ❶ huwelijk met meer dan één partner ❷ ⟨bij dieren⟩ het paren met meer dan één partner

polyglot I *de (m)* [-ten] ❶ iemand die veel talen kent II *de* [-ten], **polyglotte** ❷ geschrift met een tekst in verschillende talen naast elkaar

polygoon *de (m)* [-gonen] veelhoek

polymeer *het* [-meren] ❶ verbinding van gelijksoortige moleculen ❷ kunststof die met gelijksoortige moleculen is gemaakt

polytechniek hogere theoretische en praktische technische kennis

polytheïsme het geloven in veel goden

polyvalent *bn* met meer dan één werking of waarde

polyvinylchloride kunststof die bij verwarming vervormbaar wordt (*afgekort pvc*)

pomerans ⟨pomma→⟩ *de* ❶ dop van een keu of degen ❷ vrucht van de oranjeboom, zure sinaasappel ❸ drank of olie die hieruit wordt gewonnen

pommade *de* [-s] ❶ zalfachtig smeersel ❷ lippenzalf ❸ haarzalf

pomologie *de (v)* leer van fruit en fruitsoorten en wat daarmee samenhangt, vruchtenkunde

pomp I *de (m)* ❶ wat er aan confectiekleding moet worden veranderd voor een koper, bijv. omdat het kledingstuk te wijd of te lang is voor die persoon II *de* ❷ werktuig om water, lucht enz. omhoog of weg te persen ❸ benzinepomp ▼ *loop naar de ~!* ga weg, ik wil niets met je te maken hebben **pompbediende** bediende aan benzinepomp

pompelmoes *de* [-moezen] ❶ boom met vruchten als een soort grote grapefruit ❷ de vrucht zelf

pompen ❶ met een pomp zuigen of wegpersen ❷ BN ook zich opdrukken

pompernikkel *de (m)* [-s] zwart ongegist brood

pompeus *bn* statig, pronkend, hoogdravend

pomphouder iemand die een benzinepomp exploiteert

pompoen *de (m)* ronde komkommerachtige vrucht (Cucurbita)

pompon *de (m)* [-s] wollige bol ter versiering: *een muts met een ~*

pompstation ❶ plaats waar brandstof voor motorvoertuigen verkrijgbaar is, zoals benzine en diesel ❷ installatie die water oppompt, vooral voor een waterleiding ❸ gebouw waarin die installatie zich bevindt ❹ BN gemaal

poncho ⟨-sjoo⟩ *de (m)* [-'s] vierkante doek met een opening voor het hoofd

pond *het* ❶ gewicht van 500 gram ❷ munteenheid van een aantal landen, onder andere Groot-Brittannië ▼ *het volle ~* alles waarop iemand recht heeft

ponem vulg. *het* [-s] (gemeen) gezicht

poneren stellen, als standpunt te kennen geven

pons *de (m)* werktuig om gaten of figuren in

metaal te slaan **ponsen** gaten in metaal, leer of papier slaan **ponskaart** kaart met erin geponste gaten

pont *de* vaartuig waarmee mensen, dieren en voertuigen over een water worden gezet

ponteneur *het* eergevoel ▼ *op ~ zijn ~ staan* ergens een erekwestie van maken

pontificaal I *het* [-calen] ❶ staatsiegewaad van de paus of van een bisschop II *bn* ❷ hogepriesterlijk, bisschoppelijk, heel plechtig ▼ *pontificale mis* een mis door een bisschop ❸ heel erg duidelijk, wat overdreven: *ze ging ~ op de voorste rij zitten*

ponton *de (m)* [-s] ❶ drijvende aanlegsteiger, vaak in de vorm van een of meer ijzeren bakken ❷ een van de drijvende ijzeren bakken waarop, vaak tijdelijk, een brug rust of een gebouwtje e.d.: *na de brand kregen we les in een noodschool op ~s* **pontonbrug** brug die drijft op pontons, vaak als tijdelijke oplossing aangelegd tot er een echte brug komt **pontonnier** *de (m)* [-s] iemand, soldaat, die een (nood)brug maakt over een water

pony ⟨ponnie⟩ I *de (m)* [-'s] ❶ soort klein paard II *de (m) & het* ❷ haar dat over het voorhoofd valt en is afgeknipt boven de ogen

pooier *de (m)* [-s] man die een prostituee beschermt en daarvoor geld van haar krijgt of haar dwingt tot prostitutie en tot het afgeven van geld

pook *de* [poken] ❶ omgebogen ijzer om in steenkolen e.d. te porren wanneer een vuur bijna uit is, zodat het beter gaat branden ❷ hendel waarmee in een auto geschakeld wordt

pool¹ *de* [polen] ❶ eindpunt van aard- of hemelas ❷ elk van de beide punten met tegenovergestelde krachten, bijv. de polen van een magneet ❸ fig. elk van twee tegengestelde principes ❹ de opstaande draden van een weefsel

pool² ⟨poel⟩ *de (m)* [-s] ❶ overeenkomst tussen producenten of handelaars om de prijs te beheersen ❷ systeem van wedden ❸ gemeenschappelijke pot in het algemeen, gemeenschappelijk gebruik: *car~* ❹ naam voor bepaalde vormen van het biljartspel

poolbeer ijsbeer

poolbiljart ⟨poel-⟩ Amerikaans biljartspel met zestien ballen **poolcirkel** breedtecirkel op 66°30' noorder- en zuiderbreedte

poolen ⟨poe-⟩ deelnemen aan een pool², aan een bepaald wedsysteem

poolexpeditie expeditie naar de poolstreken

poollicht gloed of bewegende bundels licht aan de hemel, op bepaalde momenten zichtbaar boven het noord- of zuidpoolgebied

poolreiziger iemand die een tocht maakt door het noord- of zuidpoolgebied

Pools *bn* van of uit Polen ▼ *~e landdag* lawaaierige vergadering **poolshoogte** hoogte van de pool boven de horizon ▼ *~ nemen* gaan kijken, zich op de hoogte stellen **Poolster** ster dicht bij de noordelijke hemelpool **poolzee** ijszee in de poolstreken

poon *de (m)* [ponen] zeevis van het geslacht

po

Trigla

poort *de* ❶ overdekte doorgang door een muur, gebouw enz. ❷ brede boogvormige dubbele deur ▼ *voor de ~en van de hel wegslepen* net op tijd redden van de ondergang **poorten** sp. de bal tussen de benen van de tegenstander door spelen

poos *de* [pozen] tijdje, periode

poot *de (m)* [poten] ❶ voet of been van een dier ❷ spreekt. voet of been van een mens ▼ *op zijn ~ spelen* boos worden ▼ *op zijn achterste poten gaan staan* zich verzetten ▼ *op poten zetten* oprichten, organiseren ▼ *op hoge poten* heel kwaad ▼ *iemand een ~ uitdraaien* iemand veel geld afhandig maken ▼ *op zijn ~jes terechtkomen* goed aflopen ▼ *met hangende ~jes* onderdanig en beschaamd ❸ vulg. hand: *hou je poten thuis!; geen ~ uitsteken* ❹ deel waarop een meubel of een andere constructie steunt ❺ spreekt. handtekening: *zijn ~ zetten* ❻ vulg. homofiel **pootaan** *bw* ▼ *~ spelen* flink aanpakken

pootaardappel aardappel om te poten **pootgoed** basismateriaal, zoals jonge planten en grote zaden, voor het planten van groente, aardappelen e.d.

pootjebaden met blote voeten door het water lopen

pootvis heel jonge vis die wordt gebruikt om de visstand in de natuur uit te breiden of door viskwekerijen als basismateriaal voor het kweken van vis

pop I *de* [-pen] ❶ nagemaakte mens, gebruikt als speelgoed voor meisjes, voor een bepaalde vorm van theater, om kleding op te showen e.d. ▼ *nu hebben we de ~pen aan het dansen* nu is er ophef, zijn er problemen ❷ rups die zich heeft ingesponnen om daarna vlinder te worden ❸ ⟨vroeger⟩ inform. gulden II *de (v)* ❹ popmuziek

popart ⟨-àRt⟩ *de (m)* kunstvorm die alledaagse zaken gebruikt

popcorn *het* gepofte maïs

pope *de (m)* [-n, -s] Grieks-orthodox priester **popelen** in spanning en vol verlangen uitkijken naar: *~ van verlangen*

popeline® *het & de (m)* zijig glanzend weefsel **popgroep** muziekgroep die popmuziek speelt **popi** inform. *bn* ❶ populair ❷ populair doenerig **popiejopie** I *de (m)* ⟨-'s⟩ ❷ iron. de vroegere paus Johannes Paulus II II *de (m)* [-s] ❷ min. persoon die zich populair voordoet, die zich al te leuk, informeel gedraagt

popmuziek hedendaagse populaire muziek **popopera** opera met popmuziek

poppenhuis speelgoedwoning met kleine poppen die mensen voorstellen, meubels in het klein e.d. **poppenkast** ❶ toneel met bewegende poppen ❷ fig. gewichtig of geheimzinnig vertoon **popperig** *bn* klein, lievig

popster beroemd popzanger of -musicus **populair** ⟨poopuulèr⟩ *bn* ❶ bij veel mensen geliefd, in trek ❷ bedoeld om veel mensen aan te spreken ❸ die (te) eenvoudig, gezellig doet **populairwetenschappelijk** waarin een wetenschappelijk onderwerp voor een groot publiek begrijpelijk wordt behandeld: *een ~ boek*

populariseren ⟨-zì-⟩ begrijpelijk maken voor buitenstaanders, vooral van wetenschappelijke kennis **populariteit** *de (v)* het populair zijn **populatie** *de (v)* [-s] ❶ bevolking: *de eenden~ in dit gebied is afgenomen* ❷ verzameling elementen waaruit men steekproeven kan nemen om inzicht te krijgen in de eigenschappen van de elementen

populier *de (m)* loofboom van het geslacht Populus

populisme *het* maatschappelijke en politieke stroming met een sterke nadruk op de rol van het gewone volk en waarbij gestreefd wordt naar een directe band tussen de leiders en het volk **populistisch** *bn* met de neiging zich te richten naar de massa van de bevolking

pop-upvenster comp. klein venster met informatie dat voor op het beeldscherm verschijnt

por *de (m)* [-ren] stoot, duw: *hij gaf mij een ~ in mijn zij*

poreus *bn* ❶ met veel poriën ❷ wat (vooral vocht of lucht) doorlaat

porie *de (v)* [-riën] fijne opening: *de poriën in de huid*

porna *de (v)* pornografie gericht op vrouwen **porno** *de (v)* pornografie ▼ *harde ~, soft ~* pornografie waarbij geslachtsdelen en -daad duidelijk of minder duidelijk worden getoond **pornografie** *de (v)* boeken, films e.d. over seks en seksuele handelingen om de kijker of lezer te prikkelen

porren duwen, stoten ▼ *ergens wel voor te ~ zijn* er wel zin in hebben, het wel willen

porselein *het* fijn doorschijnend aardewerk **port** I *de (m)* [-en] portwijn II *het & de (m)* ❷ porto **portaal** *het* [-talen] ❶ ruimte die de hoofdingang van een kerk of ander groot gebouw vormt ❷ hal, halletje ❸ twee draagpalen die tot één constructie verbonden zijn

portable ⟨pôRtəbəl⟩ *de (m)* [-s] licht, draagbaar apparaat

portal ⟨portəl⟩ comp. *de (m)* [-s] website die is ontworpen als startpunt bij het surfen op internet: *vanuit deze ~ kun je doorklikken naar allerlei websites met vacatures*

portee *de (v)* draagwijdte, strekking, hoe groot het effect van iets is: *de ~ van een besluit*

portefeuille ⟨-fuijə⟩ *de (m)* [-s] ❶ mapje of een klein soort tas, vaak van leer, voor het opbergen van geld en documenten, dat men in de binnenzak kan dragen ❷ map voor het opbergen van prenten, archiefstukken enz. ❸ de inhoud van een ambt, met name van een minister: *minister zonder ~* minister die niet aan het hoofd van een departement staat ❹ bezit aan effecten

portemonnee *de (m)* [-s] soort zakje of tasje waarin men geld kan bewaren en dat men met zich mee kan dragen, beurs

portfolio *de (m)* & *het* [-'s] ❶ map voor tekeningen, foto's e.d. ❷ presentatie van vaardigheden en van wat iemand gedaan heeft, bijv. in de vorm van een homepage

portie ⟨-sie⟩ *de (v)* [-s] deel dat, hoeveelheid die iemand krijgt

po

portiek *de (v)* toegang naar een deur, die is ingebouwd in het gebouw

portier I *de (m)* [-s] ❶ persoon die toezicht houdt bij de toegangsdeur van een gebouw of gelegenheid: *de ~ van de discotheek* II *het* [-en] ❷ deur van een auto, spoorwagon e.d.

portiersloge ruimte, hokje waar een portier zit

porto *het & de (m)* [-'s, -ti] ❶ kosten voor het laten vervoeren van postzendingen ❷ BN ook port, portwijn

portofoon *de (m)* [-s] draagbaar apparaat voor mondelinge communicatie tussen meerdere personen

portret *het* [-ten] afbeelding, zoals een schilderij of foto, van iemand, vooral van iemands gezicht

portretteren een portret maken van iemand

portvrij waarvoor geen port betaald hoeft te worden: *in deze ~e enveloppe kun je iets versturen zonder postzegels te plakken*

portwijn zoete wijn uit de omgeving van Porto

pos *de* [-sen] baarsachtige vis

pose ‹-zə› *de (v)* [-s, -n] houding die iemand aanneemt, ook geestelijk: *ze nam een verleidelijke ~ aan voor de foto; ze doet heel zelfverzekerd, maar dat is maar een ~* **poseren** ‹-zĭ-› ❶ zitten of staan om een schilderij, foto e.d. van zichzelf te laten maken ❷ zichzelf een houding geven, doen alsof **poseur** ‹-zeur› *de (m)* [-s] iemand die een houding aanneemt, die doet alsof

positie ‹-zie-› *de (v)* [-s] ❶ de manier waarop iemand of iets ligt, zit of staat ❷ ambt, betrekking: *hij heeft een goede ~ bij de overheid* ❸ situatie waarin iemand of iets zich bevindt, plaats die iets of iemand inneemt: *ons bedrijf heeft een goede ~ op de markt en we krijgen veel nieuwe klanten* ❹ plaats van de linkerhand op de toets en snaren bij sommige snaarinstrumenten

positief ‹-zie-› I *bn* ❶ goed, gunstig: *een ~ antwoord; mijn ouders reageerden ~ op mijn rapport* ❷ bevestigend: *de uitslag was ~, ik heb de ziekte* ▼ *een ~ getal* een getal dat groter is dan nul II *het* [-tieven] ❸ afdruk van een foto

positiekleding kleding voor een zwangere vrouw **positiespel** ‹voetbal› spelen zonder bal

positieven ‹-zie-› *de (mv)* ▼ *bij zijn ~ komen* bij bewustzijn komen; **fig.** weer beseffen wat men doet

positioneren ‹-zie-› een plaats in de markt geven, opvallend onder de aandacht brengen: *het bedrijf positioneert zich als vernieuwend*

positivisme ‹-zie-› *het* wijsgerig stelsel dat het weten beperkt tot datgene wat met de zintuigen waargenomen kan worden **positivo** inform. *de* [-'s] iemand die alles optimistisch ziet

positron ‹-zie-› *het* [-tronen] antideeltje van het elektron, met dezelfde massa maar tegengestelde lading

possessief *bn* bezittelijk ▼ taalk. *~ pronomen* bezittelijk voornaamwoord

post I *de (m)* ❶ postbode ❷ deel van een rekening of begroting of boekhouding: *de ~ onvoorziene uitgaven* ❸ ambt, functie, vooral een leidinggevende functie ❹ houten lijst van een raam of deur ❺ wacht, schildwacht ▼ *op zijn ~ blijven* zijn plicht blijven doen II *de* ❻ postdienst

❼ postkantoor ❽ ontvangen of verzonden poststukken

postacademisch wat na de universitaire opleiding plaatsvindt

postadres ❶ adres op een poststuk ❷ adres waarnaar men zijn post laat sturen

postagentschap klein hulppostkantoor

postbode iemand die de post rondbrengt vanuit het postkantoor **postbox** *de (m)*, **postbus** eigen brievenbus in een postkantoor

postcheque ❶ ‹vroeger› cheque van de Postbank ❷ BN orderbriefje aan de postcheque-en-girodienst om een bepaald bedrag uit te betalen: *Bestuur der Postcheques* girodienst **postcode** code die bij een adres hoort en die men op een poststuk vermeldt

postdateren een latere datum vermelden, bijv. op een document

postdienst het vervoeren en bezorgen van post

postdoc *de* [-s] iemand die na het behalen van zijn doctorstitel tijdelijk als onderzoeker werkt **postdoctoraal** wat na het doctoraalexamen plaatsvindt: *een postdoctorale opleiding*

postduif duif die berichten overvliegt of die vanaf een bepaalde plaats zo snel mogelijk terug naar huis moet vliegen

postelein *de (m)* plantengeslacht Portulaca, vooral bladgroente met een zurige smaak (Portulaca oleracea)

posten[1] ❶ op de post doen: *een brief ~* ❷ ergens op wacht staan: *de agenten stonden te ~ bij de uitgang van de bank* ❸ ‹bij een staking› de wacht houden om werkwilligen tegen te houden

posten[2] ‹poos› ‹internet› een bericht plaatsen op een forum e.d.

poster ‹poos› *de (m)* [-s] grote plaat die als wandversiering dient

posteren plaatsen, ergens opstellen ▼ *zich ~* zich ergens opstellen, ergens gaan staan of zitten

poste restante *bw* waarbij post op het postkantoor blijft om afgehaald te worden

posterieur *bn* wat jonger is, later komt, volgend

posterijen *de (mv)* organisatie die zorgt voor het vervoer en bezorgen van post

posteriori *bw* ▼ *a ~* achteraf

postfris ‹van postzegels› ongebruikt

postgraduaat BN postacademische opleiding: *een ~ bedrijfskunde*

postiljon hist. *de (m)* [-s] iemand die post vervoert, postrijder

postkaart BN ook prentbriefkaart, ansichtkaart **postkamer** kamer, ruimte voor de afhandeling van de post: *in de ~ van ons bedrijf komt post binnen en wordt post verstuurd* **postkantoor** kantoor van de posterijen, waar men bijv. brieven en pakketten kan versturen of geld kan storten en opnemen **postmeester** BN postdirecteur

postmodernisme kunststijl die is ontstaan in de jaren '80 van de 20ste eeuw, met veel elementen van de klassieke tijd, zoals bogen en zuilen

postnataal na de geboorte ▼ *postnatale depressie* depressie van een vrouw na de geboorte van haar kind

postnummer BN ook postcode **postogram** BN *het* [-men] wenskaart in een envelop die verkrijgbaar is op het postkantoor **postorder** bestelling via internet of post en levering per post **postpakket** pakket dat per post wordt verzonden **postpapier** papier om brieven op te schrijven

postscriptum *het* [-s, -ta] opmerking onder een brief, naschrift bij een brief

poststuk brief, pakket e.d. dat per post wordt verzonden

postulaat *het* [-laten] ❶ stelling waarbij men ervan uitgaat dat hij waar is, ook zonder bewijs ❷ proeftijd voor een nieuweling in een klooster vóór het noviciaat **postuleren** (iets) zonder bewijs als waar aannemen

postuum *bn* na de dood van iemand: *deze gedichten zijn ~ uitgegeven*

postuur *het* [-turen] ❶ lichaamsbouw ❷ aangenomen houding

postvak kastje of plank waar iemands post in of op wordt gelegd

postvatten ontstaan, van een gedachte, idee enz.

postverkeer het versturen van brieven, pakketten e.d. per post **postwissel** biljet waarmee men geld per post kan versturen

postzegel *de (m)* [-s] zegel op brieven en andere poststukken als bewijs dat men de verzendkosten betaald heeft

pot I *de (m)* [-ten] ❶ vaatwerk van metaal of glas, of aardewerk ▾ *één ~ nat* allemaal hetzelfde ▾ *eten wat de ~ schaft* wat er opgediend wordt ▾ *de ~ verwijt de ketel dat hij zwart ziet* de een verwijt de ander een gebrek dat hij zelf ook heeft ▾ *BN ook niet veel ~ten gebroken hebben* niet veel uitgericht, gepresteerd hebben ▾ *BN, spreekt. tussen ~ en pint* in een gemoedelijke sfeer, al drinkende ▾ *BN ook rond de ~ draaien* ergens omheen praten, de vraag ontwijken ▾ *BN ook met de gebroken ~ten zitten* het gelag moeten betalen, de straf voor anderen dragen, boeten ▾ *hij kan de ~ op* ik trek me niets van hem aan ▾ *bij iemand een ~je kunnen breken* bij iemand in de gunst staan ▾ *er een ~je van maken* het slecht doen ▾ *BN ook het ~je gedekt houden* iets verzwijgen ▾ *kleine ~jes hebben grote oren* kleine kinderen horen soms wat ze niet mogen horen ❷ bakje voor de inzet bij een spel of de inzet zelf ❸ bijeengebracht of opgespaard geld ▾ *een ~je kaarten* een kaartspel doen **II** *de (m)* ❹ **inform.** marihuana **III** *de (v)* [-ten] ❺ **inform.** lesbische vrouw **potaarde** ❶ aarde die geschikt is voor planten in potten ❷ klei die geschikt is voor pottenbakken

potdicht volkomen dicht: *het zit ~ door de mist* men kan bijna niets meer zien door de dichte mist

potdorie *tw* ⟨bastaardvloek⟩ uitroep van kwaadheid, verbazing e.d.

poten planten: *aardappels ~*

potenrammen homo's afranselen

potent *bn* ❶ vermogend, machtig ❷ in het bezit van seksuele potentie, in staat om seks te hebben: *een ~e man* **potentaat** *de (m)* [-taten] ❶ **hist.** vorst ❷ autoritair persoon

potentiaal *de (m)* [-alen] elektrische kracht

potentie *de (v)* [-s] ❶ macht, vermogen

❷ seksueel vermogen, het in staat zijn om seks te hebben: *als mannen ouder worden, wordt hun ~ vaak minder* **potentieel I** *bn* ❶ wat bestaat als mogelijkheid **II** *het* ❷ beschikbaar vermogen

poter *de (m)* [-s] ❶ iemand die iets poot ❷ pootaardappel **potgrond** aarde die geschikt is voor planten in potten, potaarde

potig *bn* fors, stevig: *een ~e kerel*

potjeslatijn slecht Latijn **potkachel** kachel in de vorm van een gegoten ijzeren pot met deksel

potlood *het* [-loden] schrijf- of tekenstift op basis van grafiet, in hout of een ander omhulsel **potloodventer** neg. *de (m)* [-s] mannelijke exhibitionist, man die zijn geslacht, zijn penis laat zien

potpolder BN rivierpolder waar men bij een te hoge stand van de rivier het water in kan laten lopen

potpourri ⟨-poerie⟩ *de (m) & het* [-'s] ❶ mengelmoes ❷ mengsel van gedroogde bloemblaadjes, kruiden en specerijen ❸ **muz.** aaneengeregen delen van verschillende werken

potsenmaker grappenmaker

potsierlijk grappig, belachelijk, lachwekkend

potstal stal waar het vee op het stro staat waarin de mest valt

potten ❶ geld sparen en erg zuinig zijn ❷ ⟨planten⟩ in potten doen

pottenbakker iemand die potten, schalen e.d. bakt van klei **pottenkijker** ongewenste toeschouwer

potteus *bn* lesbisch

potverdikke *tw*, **potverdikkie** ⟨bastaardvloek⟩ uitroep van schrik, kwaadheid, verbazing e.d.

potverteren [potverteerde, h. potverteerd] uitgaan, feestvieren van geld uit de gemeenschappelijke pot **potvis** walvisachtig zoogdier met een enorme kop (Physeter macrocephalus)

poule ⟨poel⟩ *de (m)* [-s] groep spelers die is ingedeeld op grond van loting of van de resultaten van een voorronde

pousseren ⟨poes-⟩ bevorderen, voorthelpen, op de markt brengen

pover *bn* armelijk, schraal, tegenvallend: *~e resultaten*

powerdrink ⟨pauwǝR-⟩ *de (m)* [-s] drankje met een sterk oppeppend bestanddeel **powerliften** *het* krachtsport waarbij met halters wordt geoefend

p.p. ❶ per persoon ❷ per procuratie ❸ **muz.** piu piano ⟨zachter⟩ ❹ per post

ppp *pianissimo*, **muz.** heel zacht

p.p.p.d. per persoon per dag

PPR *de (v)* ⟨vroeger⟩ Politieke Partij Radikalen

pr *de* , *public relations*, het leggen en onderhouden van contacten tussen een organisatie en personen of groepen daarbuiten

p.r. ❶ poste restante ❷ pour remercier (*om te bedanken*)

pr. priester

P+R *de* Parkeer en Reis (*parkeerplaats bij een station voor lang parkeren*)

praaien ❶ door roepen of seinen contact maken met een ander schip ❷ **fig.** aanspreken

praal *de* vertoon van pracht (en rijkdom)

praalgraf rijk bewerkte graftombe **praalwagen** opgesierde wagen in een optocht
praam de [pramen] klein plat vaartuig
praat de (m) ❶ het praten ❷ wat iemand zegt: *dat is dronkemans~* ▼ *aan de ~ krijgen* zorgen dat iemand gaat praten; zorgen dat een apparaat gaat functioneren ▼ *~s hebben* met erg veel zelfvertrouwen of brutaal praten **praatbarak** BN, scherts. een vergadering waar veel gepraat wordt, maar met weinig resultaat **praatgraag** die graag en veel praat: *hij is nogal ~* **praatgroep** groep mensen die regelmatig bij elkaar komen om over bepaalde onderwerpen, vooral hun persoonlijke problemen, te spreken **praatje** het [-s] ❶ gesprekje: *een ~ maken*, BN, spreekt. *een ~ slaan* verzinsel, ongegrond gerucht: *je moet die ~s niet geloven* ▼ *~s vullen geen gaatjes* woorden alleen helpen niet **praatjesmaker** druktemaker, bluffer **praatpaal** paal langs een grote verkeersweg met een radiozender die verbinding geeft met een centraal punt, vooral met een hulpdienst **praatprogramma** radio- of televisieprogramma met gesprekken **praatstoel** ▼ *op zijn ~ zitten* veel praten **praatziek** die erg graag en veel praat
pracht de rijkdom en schoonheid **prachtig** bn ❶ heel mooi ❷ heel goed
practical joke (pRektikkal dzjook) de (m) [- jokes] grap die men met iemand uithaalt
practicum het [-s, -ca] ❶ praktische oefenles in een vak van wetenschap ❷ ruimte waar men in een vak kan oefenen: *talen~* **practicus** de (m) [-ci] iemand die ervaren is in de uitoefening of toepassing van zijn vak
pr-afdeling afdeling van een bedrijf of instelling die verantwoordelijk is voor het onderhouden van goede betrekkingen met de buitenwereld
pragmatisch bn ❶ leerzaam door directe toepassing in de praktijk ❷ wat niet uitgaat van starre leerstellingen, maar inspeelt op de praktijk **pragmatisme** het het alles laten afhangen van praktische bruikbaarheid
prairie (prè-) de (v) [-s, -riën] vlakte zonder bomen die is begroeid met gras, in het binnenland van Noord-Amerika **prairiehond** Noord-Amerikaans knaagdier dat blaft, van het geslacht Cynomys **prairiewolf** hondachtig roofdier dat leeft in de Noord-Amerikaanse prairiegebieden (Canis latrans)
prak de (m) [-ken] etensrest, kliekje ▼ inform. *in de ~* helemaal kapot: *hij heeft zijn auto in de ~ gereden* **prakken** eten met een vork fijnmaken en mengen
prakkiseren (-zi-) inform. peinzen, nadenken
praktijk de ❶ feitelijke toepassing van voorschriften, regels of theorieën ❷ beroepswerkzaamheden, toepassing van wat men in theorie heeft geleerd: *ik loop stage om ~ervaring op te doen* ❸ gezamenlijke patiënten of cliënten van een dokter, advocaat e.d. ❹ (slechte) daad: *illegale ~en* **praktijkleraar** leraar voor praktijkgericht onderwijs **praktisch** I bn ❶ wat te maken heeft met de toepassing ❷ zinvol voor het dagelijks leven: *zo'n jack is heel ~* II bw ❶ feitelijk, vrijwel, bijna: *de zaal was ~ leeg* **praktiseren** (-zi-) ❶ zijn werk doen als

arts, advocaat enz. ❷ zijn geloof uitoefenen
pralen laten zien om indruk te maken
praline de (v) [-s] chocoladebonbon
pramen BN, spreekt. aansporen, aanzetten ▼ BN, spreekt. *zich niet laten* ~ geen extra aansporing nodig hebben om iets te doen
prangen kwellen, benauwen ▼ *een ~de vraag* een vraag die iemand erg bezighoudt **pranger** de (m) [-s] schroef of haak om iets mee vast te klemmen
prat bn ▼ *~ gaan op* trots zijn op iets en het duidelijk laten blijken
praten klanken met een betekenis uit de mond laten komen, op die manier communiceren, spreken **prater** de (m) [-s] iemand die veel en gemakkelijk praat
prauw de lang en smal vaartuig
pre (pree) de (m) & het [-'s] voorrang, voorkeur, voordeel: *een ~ hebben*
preadvies (pree-) deskundig advies, vooral aan een bestuursorgaan, voordat een zaak officieel wordt behandeld
preambule (pree-) de [-s] ❶ inleidende rede ❷ muz. inleidende maten van een muziekstuk
precair (preekèr) bn waarvan men niet zeker weet of het wel helemaal in orde is en of het wel goed zal aflopen, onzeker, bedenkelijk, riskant: *een ~ evenwicht; een ~e financiële situatie*
precario I bw ❶ tot wederopzegging II het [-'s] ❷ belasting op het gebruik van gemeentegrond
precedent het beslissing van vroeger waarop iemand zich kan beroepen
precies bn op zo'n manier dat het is zoals het moet zijn, zonder afwijkingen, nauwkeurig: *ze is ~ haar moeder* ze lijkt heel veel op haar moeder, is net als haar moeder
precieus (preesjeus) bn ❶ kostbaar ❷ verfijnd op een gekunstelde manier
preciosa (-zaa) de (mv) kostbaarheden
preciseren (-zi-) nauwkeuriger opgeven, preciezer omschrijven **precisie** (-siezie) de (v) het precies zijn, nauwkeurigheid
predator de (m) [-toren, -s] roofdier
predestinatie (pree-) de (v) voorbeschikking
predicaat het [-katen] ❶ dat wat als een oordeel over iemand of iets gezegd wordt ❷ betiteling, aanduiding ❸ taalk. gezegde **predicatief** bn taalk. met de functie van predicaat **predikant** de (m) dominee
prediken ❶ (de christelijke leer) verkondigen door te spreken ❷ aanzetten tot: *haat ~*
predispositie (preedispoozie-) ❶ natuurlijke geschiktheid, aanleg ❷ med. aanleg voor een ziekte
prednison de (m) synthetisch bijnierschorshormoon, gebruikt als medicijn bij ernstige ontstekings- en afweerreacties
preek de [preken] ❶ verhaal dat een predikant houdt tijdens een kerkdienst ❷ fig. vermaning op gewichtige toon **preekstoel** hoog gestoelte in de kerk vanwaar de dominee preekt
pref de [-s] preferent aandeel
prefab (pRiefeb) I de (m) [-s] ❶ het prefabriceren ❷ iets dat geprefabriceerd is II bn ❸ geprefabriceerd: *een ~woning* **prefabriceren** (pree-) iets van tevoren pasklaar maken, zodat het ergens anders in elkaar gezet kan worden

pr

prefect *de (m)* ❶ titel van verschillende bestuursambtenaren in het oude Rome ❷ hoofd van een departement in Frankrijk ❸ hoofd van de interne dienst in een klooster of kostschool ❹ iemand die de leiding heeft van een congregatie e.d. ❺ BN rector ❻ BN verkorting van *studieprefect*

preferabel ⟨pree-⟩ *bn* te verkiezen, wat de voorkeur verdient, wat beter zou zijn **preferent** *bn* wat voorrang heeft, preferabel ▼ ~ *aandeel* aandeel waaraan voorrechten zijn verbonden, bijv. wat de winstverdeling betreft **preferentie** *de (v)* [-s] voorkeur, voorrang **prefereren** verkiezen boven, liever hebben dan

prefix ⟨pree-⟩ *het* voorvoegsel

pregnant *bn* rijk aan gedachten of denkbeelden, scherp geformuleerd ▼ taalk. ~*e betekenis* die meer inhoudt dan het woord zelf uitdrukt, bijv. *drinken* in de betekenis van *veel alcohol drinken*

prehistorie ⟨pree-⟩ geschiedenis van de mensheid van vóór de geschreven overleveringen

prei *de* plant van het geslacht look, die als groente wordt gegeten

prejudicieel wat voorafgaat aan de eigenlijke rechtszaak

preken ❶ een preek houden ❷ fig. gewichtig spreken of vermanen: *mijn vader zat weer te ~ over mijn toekomst en dat ik nu goed mijn best moet doen op school*

prelaat ⟨pra-⟩ *de (m)* [-laten] geestelijke met een hoge rang

preliminair ⟨preeliemienèr⟩ *bn* voorafgaand

prelude ⟨pree-⟩ *de (v)* [-s] ❶ muz. voorspel ❷ fig. iets wat ergens aan voorafgaat, wat er toe vormt **preluderen** muz. een voorspel spelen ▼ ~ *op* alvast iets zeggen over, verwijzen naar iets wat later komt **preludium** *het* [-s, -dia] muz. voorspel

prematuur ⟨pree-⟩ *bn* ❶ voorbarig ❷ te vroeg geboren

premenstrueel ⟨pree-⟩ *bn* ▼ ~ *syndroom* lichamelijke en geestelijke klachten voordat een meisje of vrouw haar menstruatie krijgt

premetro BN metrolijn die (voorlopig) aansluit op het bovengrondse tramnet

premie *de (v)* [-s] ❶ uitgeloofde beloning voor bijzondere prestaties ❷ bijkomende prijs in loterijen ❸ geld dat men betaalt voor een verzekering ❹ wettelijke inhouding op het loon voor de sociale verzekeringen **premieloon** loon met premies voor bijzondere prestatie

premier ⟨prəmjee⟩ *de (m)* [-s] minister-president

première ⟨prəmjèrə⟩ *de* [-s] eerste vertoning, bijv. van een toneelstuk

premiewoning woning die met financiële steun van de overheid is gebouwd

preminiem BN *de (m)* speler tussen zes en tien jaar die aan de voetbalcompetitie deelneemt

premisse ⟨pree-⟩ *de (v)* [-n] vooronderstelling

premolaar ⟨pree-⟩ een van de eerste twee kleine kiezen direct naast de hoektand, geen echte kies

prenataal ⟨pree-⟩ voor de geboorte

prent *de* ❶ gedrukte plaat ❷ voetafdruk ❸ inform. bekeuring **prentbriefkaart** briefkaart met een afbeelding, ansichtkaart **prenten** ▼ *in het geheugen ~* goed onthouden **prentenboek** boek met platen **prentenkabinet** bewaarzaal of museumzaal voor prenten, tekeningen e.d.

preoccupatie ⟨pree-⟩ ❶ bezorgdheid, zorgelijke gedachte ❷ het in gedachten van iets vervuld zijn

prepaid ⟨pRiepeed⟩ *bn* vooraf betaald, vooral van beltegoed van een mobiele telefoon

preparaat ⟨pree-⟩ *het* [-raten] ❶ stof die is gemaakt door kunstmatige bewerking ❷ plantaardig of dierlijk weefsel dat geschikt is gemaakt voor microscopisch onderzoek

preparé ⟨pree-⟩ BN *de (m)* broodbeleg dat onder andere bestaat uit rauw rundvlees en kappertjes

prepareren ❶ voorbereiden ❷ klaarmaken of bewerken, vooral chemisch of technologisch ❸ (van dode dieren) opzetten

prepensioen tijdelijk ouderdomspensioen voorafgaand aan het levenslange ouderdomspensioen vanaf het 65e levensjaar: *het ~ is een overgangsregeling ter vervanging van de VUT*

prepositie ⟨-zie-⟩ taalk. *de (v)* [-s] ❶ voorzetsel ❷ vooropplaatsing

preppy *bn* netjes, formeel, chique: *een ~ kledingstijl*

prequel ⟨pRiekwəl⟩ *de (m)* [-s] speelfilm waarin de gebeurtenissen voorafgaan aan die van een eerder uitgebrachte speelfilm

prerogatief ⟨pree-⟩ *het* [-tieven] voorrecht

presales ⟨prieseels⟩ *de (mv)* alles wat er wordt gedaan, vooral alle contact met de eventuele klant, vóórdat een product uiteindelijk wordt verkocht

prescriptie ⟨pree-⟩ *de (v)* [-s] voorschrift, verordening

présence *de* een heel positief voorkomen of optreden; zie ook bij *acte de présence*

presens ⟨preezəns⟩ taalk. *het* [-sentia] tegenwoordige tijd

present ⟨prezənt⟩ **I** *het* ❶ geschenk **II** *bn* ❷ aanwezig **presentabel** ⟨pree-⟩ *bn* toonbaar, zo dat iemand of iets er behoorlijk uitziet **presentatie** *de (v)* [-s] ❶ het voorstellen (van iemand in een bepaalde kring) ❷ het aanbieden, het indienen van iets ❸ het aankondigen van (onderdelen van) een tv- of radioprogramma **presentator** *de (m)* [-s, -toren] iemand die (onderdelen van) een tv- of radioprogramma aankondigt **presenteerblad** blaadje waarop men dranken presenteert **presenteren** ❶ (iemand) voorstellen, om kennis te maken ❷ aanbieden om te gebruiken: *de gastvrouw presenteerde gebakjes* ❸ (onderdelen van) radio- of tv-programma's aankondigen ▼ *het geweer ~* in een bepaalde positie brengen als eerbewijs ▼ *zich ~ als* zich voordoen als: *hij presenteert zich als een ervaren manager*

presentexemplaar gratis verstrekt exemplaar

presentie ⟨prezən-⟩ *de (v)* aanwezigheid **presentiegeld** geld dat men krijgt voor het feit dat men aanwezig is **presentielijst** lijst van de aanwezigen

preses ⟨preezes⟩ *de (m)* [-sen, -sides] voorzitter

president ⟨preezie-⟩ *de (m)* ❶ voorzitter ❷ hoofd van een republiek **president-directeur**

voorzitter van een directorium, voorzitter van een bestuurslichaam **presidentieel** *bn* van of voor een president **presidentschap** *het* ❶ het ambt van president ❷ ambtsperiode van een president

presideren voorzitten **presidium** *het* [-s, -dia] ❶ voorzitterschap ❷ college van voorzitters en ondervoorzitters

pressen dwingen, druk uitoefenen

presse-papier ⟨pres-paapjee⟩ *de (m)* [-s] voorwerp om op vellen papier te leggen zodat ze niet wegwaaien of door elkaar raken

pressie *de (v)* [-s] morele druk, het sterk aandringen: ~ *op iemand uitoefenen*

pressiegroep groep die druk uitoefent om invloed te krijgen op de politiek of de publieke opinie **pressievoetbal** sterk aanvallend voetbal

prestatie *de (v)* [-s] iets wat iemand doet, wat iemand presteert, verrichting: *het is een hele ~ om in één dag honderd kilometer te schaatsen; je ~s zijn beneden de maat; we verlengen je contract niet* **prestatiebeurs** beurs die afhankelijk is van de studieresultaten **presteren** ❶ doen, verrichten wat verwacht wordt: *als je straks met die baan begint, moet je ~* ❷ tot stand brengen, uitvoeren: *hij heeft heel wat gepresteerd in zijn leven* ❸ *iron.* wagen te doen, iets doen wat men niet geacht wordt te doen: *hij heeft het gepresteerd om drie uur te laat te komen voor een belangrijke afspraak*

prestige ⟨-tiezjə⟩ *het* moreel gezag, goede reputatie **prestigeobject** iets wat vooral dient om iemands prestige te verhogen **prestigieus** ⟨-zjeus⟩ *bn* wat gezag en aanzien uitstraalt

presto *muz. bw* snel

pret *de* goede, vrolijke stemming omdat er iets leuks gebeurt of men iets leuks doet **pretecho** echoscopie van een foetus die aanstaande ouders meer uit nieuwsgierigheid dan uit medische noodzaak laten maken

pretendent ⟨pree-⟩ *de (m)* iemand die aanspraak op iets maakt **pretenderen** ❶ aanspraak maken op iets ❷ beweren, zich voordoen als: *hij pretendeert dat hij een geniaal pianist is* **pretentie** *de (v)* [-s] ❶ aanspraak, min of meer brutale eis ❷ aanspraak op eigenschappen of kundigheden: *hij heeft de ~ dat hij een goed voetballer is* **pretentieus** *bn* vol pretenties

preteritum ⟨pree-⟩ *taalk. het* [-s, -ta] verleden tijd **pretext** ⟨pree-⟩ *het* voorwendsel

pretje *het* [-s] plezierig iets, plezierige bezigheid ▼ *dat is geen ~* dat is helemaal niet fijn, dat is akelig **pretogen** *de (mv)* ogen waaraan men kan zien dat iemand plezier heeft **pretpakket** *iron.* combinatie van gemakkelijke schoolvakken **pretpark** terrein waarop zich allerlei attracties bevinden voor recreatiedoeleinden **prettig** *bn* wat een goed gevoel geeft, wat fijn is, plezierig

preuts *bn* erg zedig: *ze is heel ~ en durft zich bijna niet om te kleden in het zwembad*

prevaleren ⟨pree-⟩ *het* overwicht hebben, de overhand hebben

prevelement *inform., iron. het* praatje **prevelen** zacht binnensmonds spreken

preventie *de (v)* [-s] het voorkomen, het ervoor zorgen dat iets schadelijks niet gebeurt **preventief** ⟨pree-⟩ *bn* ❶ bedoeld om iets

schadelijks te voorkomen: *preventieve maatregelen* ❷ voorlopig: *preventieve hechtenis*

preview ⟨pRievjoe⟩ *de (m)* [-s] kort filmpje als voorvertoning van bijv. een film of tv-programma ▼ *sneak ~* vertoning van een film die nog niet is uitgebracht en waarbij de naam van de film niet genoemd wordt

prieel *het* [priëlen] sierlijk tuinhuisje

priegelen met inspanning fijn werk, iets kleins doen

priem *de (m)* pen om mee te prikken **priemen** met een priem steken

priemgetal positief geheel getal dat alleen door 1 en zichzelf deelbaar is zonder een breuk als uitkomst

priester *de (m)* [-s] geestelijke die voorgaat bij plechtigheden en die rituelen uitvoert, tussenpersoon tussen de god en de gelovigen **priester-arbeider** priester die als arbeider werkt en leeft om zo kerk en arbeiders dichter bij elkaar te brengen **priesteres** *de (v)* [-sen] vrouwelijke priester **priesterkoor** verhoogd deel van een kerk vóór het hoogaltaar **priesterschap** I *het* ❶ sacrament waardoor iemand priester wordt ❷ waardigheid van priester II *de (v)* ❸ de priesters

prietpraat gepraat over onbelangrijke zaken

prijken als iets fraais zichtbaar zijn

prijs *de (m)* [prijzen] ❶ wat men voor iets moet betalen, waarde ❷ beloning of wat men kan winnen, vooral bij een wedstrijd of een loterij ▼ *op ~ stellen* erg waarderen, graag willen **prijsbewust** waarbij iemand scherp let op de prijzen **prijsbinding** bindende afspraak over een minimumprijs **prijscompensatie** loonsverhoging als de prijzen hoger zijn geworden **prijscourant** overzicht van de koersen van effecten **prijsgeven** (aan iemand) overgeven, ergens afstand van doen: *de schaatser gaf zijn koppositie prijs* ▼ *een geheim ~* vertellen, bedoeld of onbedoeld **prijsindexcijfer** cijfer dat de verhouding uitdrukt tussen de prijzen van een aantal goederen en de prijzen van dezelfde soort goederen in het verleden **prijskaartje** *het* [-s] kaartje aan een artikel dat de prijs van dat artikel vermeldt ▼ *daar hangt een ~ aan* dat kost geld **prijsspiraal** het steeds stijgen van prijzen **prijsvechter** *de (m)* [-s] bedrijf dat concurreert door lage prijzen voor zijn producten te vragen **prijsvlucht** *BN, sp.* wedstrijd met postduiven **prijsvork** *BN* marge tussen de minimum- en de maximumprijs **prijsvraag** vraag of een aantal vragen die men moet beantwoorden en waarmee men een prijs kan winnen

prijzen I [prees, h. geprezen] ❶ zeggen dat iemand of iets goed is of dat iemand iets goed doet II [prijsde, h. geprijsd] ❷ voorzien van een briefje met de prijs ❸ de prijs vaststellen

prijzengeld geld dat als prijs uitgedeeld wordt **prijzenslag** felle strijd tussen concurrenten in de vorm van forse prijsverlagingen

prijzenswaardig *bn* heel goed, waard om geprezen te worden: *een ~ streven om mensen te helpen*

prijzig *bn* duur

prik *de (m)* [-ken] ❶ steek met een puntig

pr

voorwerp: *Karel gaf me een ~ met zijn balpen*
❷ injectie: *een ~ tegen tetanus* ❸ priklimonade: *wil je een glaasje ~?* ▼ *dat is vaste* – dat gebeurt altijd ▼ *voor een ~kie* voor een heel lage prijs
prikactie kortdurende staking **prikbord** ❶ bord waarop mededelingen geprikt worden ❷ onderdeel van een website voor mededelingen
prikkel *de (m)* [-s, -en] ❶ puntig voorwerp, stekel ❷ reactie van zintuigen of zenuwen op iets: *~s door geluid* ❸ iets wat een stimulans, motivatie vormt: *een ~ om iets te gaan ondernemen* ❹ iets waarop de zintuigen of zenuwen reageren: *kinderen worden onrustig door te veel ~s van buiten* **prikkelbaar** *bn* snel boos of geïrriteerd **prikkeldraad** *bn* ijzerdraad met prikkels **prikkelen** ❶ steken met een puntig voorwerp ❷ *fig.* aansporen, uitdagen: *iemand ~ om beter zijn best te doen*
prikken steken met een puntig voorwerp **prikker** *de (m)* [-s] staaf(je) waaraan men iets vastprikt, vooral stukjes kaas, worst en andere hapjes **prikklok** klok waarmee de tijden van aankomst en vertrek van de arbeiders geregistreerd worden **prikpil** injectie die werkt als anticonceptiemiddel
pril *bn* wat in het beginstadium verkeert, nog kwetsbaar: *onze liefde is nog ~*
prima I *bn* ❶ eerste, voornaamste ▼ *~ ballerina* eerste danseres ❷ fijnste, beste, heel goed: *~ kwaliteit* II *tw* ❸ uitstekend, akkoord, dat is goed: *~, dan spreken we dat zo af*
primaat I *de (m)* [-maten] ❶ aartsbisschop als hoofd van een kerkprovincie, hoogste waardigheidsbekleder ❷ samenvattende term voor apen en halfapen II *het* ❸ eerste, hoogste plaats, oppergezag
prima donna *de (v)* [-'s] ❶ belangrijkste toneelspeelster ❷ eerste zangeres bij een opera
primair ⟨-mèr⟩ *bn* ❶ eerste, vroegste, niet afgeleid ▼ *~e kleur* blauw, geel of rood ❷ wat in de eerste plaats komt
prime *muz. de* [-s] ❶ eerste interval ❷ grondtoon van een toonladder **primeren** ❶ voorgaan, nummer één zijn, de eerste zijn ❷ bekronen
primetime ⟨pRajmtajm⟩ *de (m)* zendtijd met het grootste aantal kijkers of luisteraars **primeur** *de* [-s] ❶ eerste van een groente, fruitsoort e.d., eerste gewas ❷ het als eerste een nieuwsfeit bekendmaken: *deze krant had de ~ van het bezoek van de president* ❶
primitief *bn* ❶ oudst, oorspronkelijk, allereerst: *de primitieve vorm van dit instrument* ❷ nog niet ontwikkeld, ruw of eenvoudig van samenstelling, gemaakt met eenvoudige hulpmiddelen: *primitieve gereedschappen; primitieve volkeren* natuurvolkeren **primitieven** *de (mv)* kunstenaars van vóór de renaissance
primo *bw* ten eerste
primordiaal *bn* ❶ oorspronkelijk, wat hoort bij het stadium waarin iets in wording is ❷ grondig, fundamenteel, diepgaand ❸ BN ook voornaamste, doorslaggevend
primula *de* [-'s] geslacht van lage planten, sleutelbloem
primus *de (m)* [-sen] ❶ eerste ❷ ® kooktoestel dat

werkt op vergaste petroleum
principaal I *de (m)* [-palen] ❶ opdrachtgever, baas, meerdere II *bn* ❷ hoofdzakelijk, voornaamst ▼ *ten principale* wat de hoofdzaak betreft
principe *het* [-s] ❶ werkend beginsel: *het ~ van de motor* ❷ grondbeginsel, stelregel: *het ~ van geweldloosheid* **principeakkoord** akkoord dat nog uitgewerkt moet worden **principieel** *bn* ❶ wat te maken heeft met de grondslag: *een ~ onderscheid* ❷ wat te maken heeft met een stelling of overtuiging: *ik ben er ~ tegen*
prins *de (m)* ❶ zoon van een vorst ❷ vorst ❸ mannelijk, niet regerend lid van een vorstenhuis ▼ *van de ~ geen kwaad weten* volkomen onschuldig zijn of zich zo voordoen
prinsdom *het* [-men] gebied van een prins **prinselijk** *bn* van of als een prins **prinses** *de (v)* [-sen] ❶ dochter van een vorst ❷ vrouwelijk, niet regerend lid van een vorstenhuis
prinsessenboon peulvrucht die als groente wordt gegeten, sperzieboon **prins-gemaal** echtgenoot van een regerend vorstin **prinsheerlijk** ⟨vaak ironisch⟩ als een prins, helemaal op zijn gemak: *hij zat ~ in de lekkerste stoel* **Prinsjesdag** dag van de opening van de Staten-Generaal, derde dinsdag in september **print** *de (m)* [-s] ❶ gedrukt patroon ❷ afdruk op papier van digitale gegevens: *een ~ van een computerbestand* ❸ afdruk van een foto op papier ❹ plaatje met onderdelen van een elektronische schakeling
printen afdrukken van digitale informatie: *een computerbestand ~* **printer** *de (m)* [-s] apparaat voor het afdrukken van digitale gegevens, van computerbestanden
prion *het* besmettelijk eiwit dat hersenziektes kan veroorzaken
prior *de (m)* [-s] overste van sommige mannenkloosters **priores** *de (v)* [-sen] overste van sommige vrouwenkloosters
priori *bw* ▼ *a ~* van tevoren, zonder het gezien, ervaren of onderzocht te hebben: *we kunnen er niet a ~ van uitgaan dat hij wel mee zal willen werken*
priorij *de (v)* klooster met een prior of priores **prioriteit** *de (v)* voorrang, voorkeur ▼ *iets met ~ behandelen* dat eerst behandelen omdat het belangrijk is **prioriteren** de prioriteit bepalen van iets, aangeven wat het belangrijkste is of wat het eerst moet gebeuren: *de taken ~*
prisma *het* [-'s, -mata] *wisk.* vorm met twee evenwijdige vlakken en ten minste drie zijvlakken met evenwijdige snijlijnen
privaat *bn* ❶ niet openbaar ❷ in het bijzonder of aan één persoon toegestaan of gegeven: *private audiëntie* **privaatrecht** recht dat te maken heeft met de betrekkingen tussen burgers
privacy ⟨pRajvəsie⟩ *de (v)* vrijheid, momenten van rust in het persoonlijke leven, zonder anderen erbij
private equity ⟨prajvət ɛkkwittie⟩ *de (v)* geld dat door participatiemaatschappijen wordt geïnvesteerd in niet-beursgenoteerde bedrijven, met als doel die bedrijven op korte termijn winstgevender te maken

privatief *bn* ❶ wat anderen uitsluit: *een ~ woonerf met zestien woningen* ❷ taalk. wat uitdrukt dat een bepaalde kwaliteit, eigenschap e.d. er niet (meer) is, zoals ont- of -loos

privatiseren ⟨-zi-⟩ overheids- of semi-overheidsbedrijven in particuliere handen laten overgaan

privé *bn* ❶ persoonlijk ❷ van of voor één persoon ❸ niet bestemd voor anderen, vertrouwelijk **privéauto** auto voor persoonlijk gebruik **privéleven** persoonlijk, huiselijk leven

privilege ⟨-leezjə⟩ *het* [-s], **privilegie** voorrecht **privilegiëren** ⟨-zjîran⟩ een privilege verlenen

prk BN postrekening

pro I *vz* voor, tot ▼ *~ memorie* ter herinnering II *het* ▼ *het ~ en het contra* het voor en tegen

proactief *bn* handelend voordat eventuele problemen zich voordoen, anticiperend op verwachte ontwikkelingen

probaat *bn* beproefd, waarvan bewezen is dat het goed is: *een ~ middel tegen hoest*

probeersel *het* [-s] proef, het uitproberen van iets **proberen** moeite doen voor, beginnen met een handeling waarbij men onzeker is over de kans van slagen: *ik zal ~ op tijd te komen, maar ik weet niet of ik het haal*

probiotica *de (mv)* levende microbiologische voedingssupplementen die iemands gezondheid mogelijk bevorderen door het evenwicht in de darmflora te verbeteren

probleem *het* [-blemen] ❶ iets wat moeilijk is en moeilijk op te lossen is ❷ opgave die men moet oplossen **probleemstelling** de manier waarop een probleem wordt geformuleerd **problematiek** I *de (v)* ❶ het geheel van de problemen op een bepaald gebied II *bn* ❷ wat een probleem vormt, twijfelachtig **problematisch** *bn* ❶ wat een probleem vormt, twijfelachtig ❷ moeilijk op te lossen

procedé *het* [-s] werkwijze, vooral de technologische manier om iets te maken **procederen** een proces, rechtszaak voeren **procedure** *de* [-s] ❶ gang van zaken in een proces, procesvoering ❷ handelwijze die men moet volgen om iets te bereiken ❸ gerechtelijke actie, proces **procedureel** *bn* wat te maken heeft met de procedure

procent *het* honderdste deel **procentueel** *bn* uitgedrukt in procenten

proces *het* [-sen] ❶ manier waarop iets zich ontwikkelt, waarop iets verloopt: *de genezing was een langdurig ~* ❷ behandeling van een geschil enz. door de rechtbank, rechtsgeding, vooral wat de verhoudingen tussen burgers betreft

processie *de (v)* [-s] plechtige kerkelijke optocht **processierups** rups die in een aaneengesloten rij over een weg of boom kruipt en waarvan de haren irritatie veroorzaken (Thaumetopoea processionea)

processor *de (m)* [-s] chip die het hart van de computer vormt

processtuk document dat betrekking heeft op een proces, op een rechtszaak **processueel** *bn* van of in het proces, de rechtszaak

proces-verbaal *het* [processen-verbaal] schriftelijk verslag dat van ambtswege is opgemaakt, vooral schriftelijke verklaring door een opsporingsambtenaar over een strafbaar feit, akte van bekeuring

proclamatie *de (v)* [-s] ❶ openlijke bekendmaking ❷ ⟨BN bij een wedstrijd, examen⟩ bekendmaking van de resultaten **proclameren** openlijk bekendmaken, afkondigen

procreatie *de (v)* voortplanting

proclitisch taalk. *bn* wat aansluit aan het woord dat meteen daarna komt

procuratie *de (v)* [-s] schriftelijke volmacht **procuratiehouder** iemand die een volmacht heeft om te handelen namens een bedrijf, zoals het afsluiten van contracten of het maken van prijsafspraken **procurator** *de (m)* [-s, -toren] ❶ hist. functionaris bij de Romeinen die voor de keizer geld inde in de provincie ❷ r.-k. beheerder van materiële zaken in een klooster ❸ r.-k. vertegenwoordiger van bisschoppen bij een concilie **procureur** *de (m)* [-s] vertegenwoordiger van de partij die procedeert ▼ BN *~ des Konings* vertegenwoordiger van het Openbaar Ministerie **procureur-generaal** *de (m)* [procureurs-generaal] vertegenwoordiger van het Openbaar Ministerie bij de Hoge Raad of een gerechtshof

prodecaan BN iemand wiens decaanschap pas voorbij is

pro Deo *bw verb* gratis **pro-Deozaak** rechtszaak met gratis bijstand van een advocaat

producent *de (m)* ❶ iemand die iets produceert ❷ iemand die iets in de praktijk uitvoert, die ervoor zorgt dat iets gerealiseerd wordt: *een film~* **producer** ⟨pROodjoesəR⟩ *de (m)* [-s] zakelijk en/of technisch leider ⟨*in de amusementsector*⟩ **produceren** ❶ voortbrengen, vervaardigen, maken ❷ jur. overleggen, tonen, voor de dag komen met

product *het* ❶ voortbrengsel van de al of niet gecultiveerde natuur, vrucht: *tropische ~en* ❷ voortbrengsel van arbeid of industrie, wat gemaakt wordt: *dit bedrijf maakt ~en voor de horeca* ❸ uitkomst van een vermenigvuldiging **productie** *de (v)* [-s] ❶ het maken van iets: *de fabriek heeft een nieuwe machine gekocht om de ~ te verhogen* ❷ wat gemaakt wordt: *een theater~* **productiebedrijf** bedrijf dat met mechanische middelen een product in grote aantallen maakt **productief** *bn* die of wat iets voortbrengt, iets oplevert: *deze werkwijze is niet erg ~* **productieleider** leider van de productie bij een industrieel bedrijf of van een musical, film e.d. **productielijn** volgorde van de bewerkingen voor het maken van een product **productiviteit** *de (v)* ❶ de kracht om iets te scheppen, om iets te maken ❷ mate waarin geproduceerd wordt: *in dit land is de ~ erg laag* **productschap** *het* [-pen] overkoepelende organisatie van ondernemingen in een bepaalde sector

proef *de* [proeven] ❶ onderzoek, het proberen van iets ▼ *op ~* om te proberen ▼ *de ~ op de som* het overtuigende bewijs: *proeve van bekwaamheid* ❸ drukproef ❹ BN onderdeel van een sportwedstrijd **proefballon** ❶ luchtballonnetje, opgelaten om de toestand van de atmosfeer te leren kennen ❷ fig. idee,

voorstel om de stemming, de meningen te peilen: *die opmerking was niet serieus, dat was een ~netje* **proefbuis** reageerbuis **proefdier** dier waarop proeven genomen worden om iets te onderzoeken of de werking van iets, bijv. een medicijn, te testen **proefdraaien** ❶ ⟨van een machine, film e.d.⟩ draaien om uit te proberen ❷ iets in de praktijk toepassen om het uit te proberen **proefkonijn** ❶ konijn waarop proeven genomen worden ❷ fig. iemand op wie iets nieuws uitgeprobeerd wordt **proeflokaal** lokaal waar alcoholische drank verkocht wordt **proefneming** *de (v)* onderzoek, het proberen van iets **proefnummer** gratis exemplaar van een krant of tijdschrift ter kennismaking **proefondervindelijk** *bn* door het doen van proeven, op basis van waarneming en ervaring **proefproces** proces om een uitspraak te krijgen die van belang is voor anderen in een vergelijkbare situatie, die eventueel ook een proces zouden willen beginnen **proefrit** rit om een voertuig of een nieuw baanvak te proberen: *een ~ maken voor je besluit een auto te kopen* **proefschrift** wetenschappelijk onderzoek en het verslag daarvan, voor het verkrijgen van de doctorstitel **proefstation** laboratorium voor onderzoekingen op het gebied van de land- en tuinbouw **proefstuk** werkstuk waarmee iemand zijn bekwaamheid toont ▾ BN *niet aan zijn ~ toe zijn* al ervaring hebben **proeftijd** ❶ tijd dat iemand op proef is, vooral in een nieuwe baan om te kijken of hij bevalt als werknemer: *ik heb een ~ van twee maanden; in die periode kan ik nog meteen ontslagen worden* ❷ tijd waarbinnen aan een voorwaardelijk veroordeelde zijn straf nog opgelegd kan worden: *hij ging binnen zijn ~ weer de fout in en moest alsnog de gevangenis in* **proefwerk** opgave, vragen die beantwoord moeten worden, om te kijken of de leerlingen de stof goed beheersen
proesten ❶ hard niezen ❷ proberen niet te lachen, maar zijn lach niet kunnen bedwingen ❸ ⟨van paarden⟩ snuiven
proeve *de* [-n] iets waaruit blijkt dat iemand iets kan, bewijs: *een ~ van bekwaamheid*
proeven ❶ proberen hoe iets smaakt: *ik wil eerst een hapje ~ voor ik een portie neem* ❷ de smaak van iets voelen in de mond: *ik proef de kruiden in dit gerecht* ❸ fig. leren kennen: *ze heeft de vrijheid geproefd*
prof I *de (m)* [-fen] ❶ inform. verkorting van *professor* II *de (m)* [-s] ❷ sp. beroepsspeler, professional
prof. professor
profaan *bn* ongewijd, niet-kerkelijk
profeet *de (m)* [-feten] ❶ gezant van God ▾ *de Profeet* Mohammed, de stichter van de islam ❷ iemand die voorspellingen doet
professie *de (v)* [-s] ❶ beroep, vak ❷ het afleggen van kloostergeloften **professional** ⟨pRoofessjanaI⟩ *de (m)* [-s] ❶ beroepssportman ❷ iemand die iets beroepshalve doet
professionaliseren ❶ tot een beroep maken ❷ professioneler, zakelijker aanpakken
professioneel ⟨-sjoo-⟩ *bn* ❶ van een beroep, wat hoort bij een beroep ❷ met vakkennis: *een*

professionele aanpak
professor *de (m)* [-soren, -s] hoogleraar **professoraat** *het* [-raten] het ambt van hoogleraar, van professor
profeteren voorspellen **profetes** *de (v)* [-sen] vrouwelijke profeet **profetie** *de (v)* [-ën] ❶ uitspraak van een profeet ❷ voorspelling
proficiat *tw* gelukgewenst!, gefeliciteerd!
profiel *het* ❶ aanzicht van opzij, vooral van het gezicht van een mens ❷ verticale doorsnede ❸ elk van de vakkenpakketten waaruit leerlingen kunnen kiezen in de tweede fase van het voortgezet onderwijs ❹ eigenschappen en bekwaamheden die van gegadigden voor een bepaalde functie verwacht worden ❺ presentatie van zichzelf d.m.v. foto's e.d. en informatie op een internetsite ❻ ⟨van schoenen, autobanden⟩ figuren, insnijdingen zodat de band of de schoen niet vlak en glad is, en grip heeft **profielensite** site waarop mensen zich presenteren d.m.v. foto's en informatie over zichzelf om zo in contact te komen met anderen **profielschets** korte beschrijving van de eigenschappen die een kandidaat voor een bepaalde functie moet bezitten **profielwerkstuk** uitgebreid werkstuk dat havo- en vwo-leerlingen in de bovenbouw over een onderwerp uit hun profiel moeten maken en presenteren **profielzool** schoenzool met veel profiel, insnijdingen, waardoor deze grip heeft en men er niet snel mee uitglijdt, zoals onder berg- of wandelschoenen
profijt *het* ❶ voordeel ❷ opbrengst, winst **profijtbeginsel** principe dat iemand die van openbare voorzieningen profijt trekt, daarvoor moet betalen **profijtelijk** *bn* voordelig, wat voordeel oplevert
profileren ❶ de doorsnede van een gebouw, dijk enz. aangeven ❷ karakteriseren, kenschetsen ▾ *zich ~* duidelijk maken waarin men zich onderscheidt
profitariaat BN *het* groep (sociale) profiteurs **profiteren** voordeel trekken van, gebruikmaken van iets zodat men er wat aan heeft **profiteur** *de (m)* [-s] ❶ iemand die op immorele wijze uit bepaalde omstandigheden profijt trekt ❷ iemand die profiteert van anderen of het werk van anderen, die daarvan gebruikmaakt voor zijn eigen voordeel
profliga BN orgaan waarin elke profvoetbalclub is vertegenwoordigd
pro forma *bw verb* voor de vorm ▾ jur. *pro-formazitting* zitting waarop een zaak niet inhoudelijk wordt behandeld
profronde wegwedstrijd voor beroepswielrenners
profylaxe *de (v)* het voorkómen van ziekten **progesteron** *het* hormoon dat de groei van een bevruchte eicel bevordert
prognose ⟨-za⟩ *de (v)* [-s] voorspelling van het verloop, zoals van een ziekte, of van de uitkomst **prognosticeren** voorspellen, voorspellen hoe iets zal verlopen
program *het* [-s] programma
programma *het* [-'s] ❶ lijst waarop staat in welke volgorde iets gespeeld, gedaan of getoond gaat

worden: *het ~ van een muziekfestival; het wedstrijd~* ❷ verklaring met de beginselen, bijv. van een politieke partij ❸ geheel van opdrachten die de computer uitvoert
programmablad ❶ blad met overzicht van radio- en televisieprogramma's ❷ overzicht van het programma in een theater e.d.
programmamuziek beschrijvende muziek, muziek die een verhaal vertelt: *de Moldau van Smetana is ~; je ziet de rivier bijna door het landschap stromen terwijl je luistert*
programmatisch *bn* volgens het programma
programmatuur *de (v)* geheel van programma's voor een computersysteem
programmeertaal taal, geheel van codes waarin computerprogramma's worden geschreven
programmeren ❶ schrijven van een computerprogramma ❷ een programma opstellen voor **programmeur** *de (m)* [-s] iemand die programmeert
progressie *de (v)* [-s] ❶ vooruitgang, voortgang ❷ het in verhouding groter worden van de belastingdruk bij een hoger inkomen of vermogen **progressief** *bn* ❶ wat in rechte lijn verdergaat, voortschrijdend ❷ wat zich geleidelijk verder ontwikkelt ❸ wat percentsgewijze hoger wordt: *een ~ belastingtarief* ❹ vooruitstrevend, gericht op vooruitgang: *een progressieve politieke partij*
prohibitie *de (v)* [-s] verbod, vooral verbod op het maken, invoeren en verkopen van alcohol **prohibitionist** *de (m)* voorstander van prohibitie
project *het* ❶ ontwerp, plan ❷ gezamenlijk uit te voeren werk of studieobject **projectbureau** onderneming die grond koopt, daarop gebouwen zet en deze weer verkoopt
projecteren ❶ ontwerpen, plannen of ontwerpen maken voor ❷ een ruimtelijk figuur afbeelden op een plat vlak ❸ d.m.v. licht een beeld werpen op een scherm of ander vlak ❹ *psych.* eigen gevoelens en beweegredenen toeschrijven aan anderen **projectie** *de (v)* [-s] ❶ het projecteren ❷ het werpen van een lichtbeeld op een scherm e.d.: *film~* ❸ *psych.* het toeschrijven van eigen gevoelens en beweegredenen aan anderen **projectiel** *het* voorwerp dat wordt weggeschoten **projectiescherm** scherm waarop men beelden kan projecteren **projectonderwijs** onderwijs waarbij leerlingen samenwerken rond een bepaald thema en daarbij gebruikmaken van kennis uit verschillende vakgebieden **projectontwikkelaar** persoon die of bedrijf dat zich bezighoudt met het ontwerpen, financieren of bouwen van grote projecten als winkelcentra, kantoorgebouwen en woonwijken **projector** *de (m)* [-s, -toren] apparaat waarmee films e.d. worden geprojecteerd
proleet *de (m)* [-leten] onbeschaafd, grof persoon of persoon uit een onbeschaafd milieu
proletariaat *het* klasse van de proletariërs, de mensen die geen bezit hebben **proletariër** *de (m)* [-s] bezitloze in het kapitalistische systeem die geheel van zijn arbeid moet leven **proletarisch** *bn* van de proletariërs, van het proletariaat ▾ *iron.* ~ *winkelen* winkeldiefstal plegen

proliferatie *de (v)* ❶ voortplanting, verbreiding ❷ *med.* woekering ❸ *pol.* verspreiding van kennis, apparatuur en grondstoffen die betrekking hebben op de vervaardiging van kernwapens
prolongatie *de (v)* [-s] ❶ verlenging gedurende een bepaalde of onbepaalde tijd ❷ een lening die telkens met een maand verlengd kan worden met aandelen of obligaties als onderpand **prolongeren** (de tijdsduur van iets) verlengen ▾ *een bioscoopfilm* ~ nog enige tijd blijven vertonen ▾ *het kampioenschap* ~ opnieuw kampioen worden
proloog *de (m)* [-logen] ❶ voorrede, rede als inleiding ❷ *fig.* wat aan iets voorafgaat
promenade *de (v)* [-s] wandelweg **promenadeconcert** informeel concert in de openlucht **promenadedek** wandeldek
promesse *de (v)* [-n, -s] schriftelijke belofte tot betaling
promillage ‹-mielaazjə› *het* [-s] ❶ gedeelte dat in duizendsten is uitgedrukt ❷ alcoholpromillage, hoeveelheid alcohol in het bloed **promille** ‹-miel› *het* ❶ per duizend ❷ promillage
prominent *bn* vooraanstaand, die op de voorgrond treedt: *een ~ lid van onze partij*
promiscuïteit *de (v)* seks met wisselende partners
promoten [promootte, h. gepromoot] de verkoop van een product stimuleren, de interesse voor iets bevorderen, er reclame voor maken **promotie** *de (v)* [-s] ❶ bevordering, verhoging in rang of functie ❷ toekenning of verwerving van de academische graad van doctor ❸ stimulering van de verkoop van een product ▾ *BN, spreekt. in* ~ in de aanbieding ▾ *BN sociale* ~ nascholing in de vorm van avond- of weekendonderwijs met overheidsvergoeding **promotieklasse** op een na-hoogste klasse in een sportcompetitie **promotieteam** team dat reclame maakt voor een product of bedrijf **promotor** *de (m)* [-s, -toren] ❶ hoogleraar onder wiens leiding iemand tot doctor promoveert ❷ bevorderaar, iemand die zich voor iets inzet ❸ *BN ook* projectontwikkelaar
promovenda *de (v)* [-dae] vrouw die gaat promoveren, die de academische graad van doctor gaat verwerven **promovendus** *de (m)* [-di] iemand die gaat promoveren, die de academische graad van doctor gaat verwerven **promoveren** [promoveerde, is gepromoveerd] ❶ overgaan naar een hogere rang of klasse, bijv. in sport ❷ de academische graad van doctor verwerven
prompt *bn* vlot, meteen
pronken mooie dingen heel duidelijk laten zien **pronkjuweel** ❶ heel mooi juweel ❷ *fig.* iets heel moois, uitmuntends **pronkstuk** ❶ iets waarmee men pronkt ❷ iets bijzonder moois, goeds e.d.
pronomen *taalk.* *het* [-mina] voornaamwoord **pronominaal** *taalk.* *bn* voornaamwoordelijk
pront *bn* ❶ flink, knap, monter: *een ~e meid* ❷ vlot, nauwkeurig
prooi *de* ❶ dat- of diegene waarop wordt gejaagd, buit ❷ *fig.* slachtoffer

proosdij *de (v)* woning of ambt van een proost
proost I *tw* ▼ ~*!* gezondheid! **II** *de (m)* ❶ r.-k.
voorzitter van een kapittel ❷ BN
priester-bestuurder van een vereniging
proosten met zijn glaasje drank tegen dat van
iemand anders tikken voordat men begint te
drinken
prop *de* [-pen] samengeknepen bol papier, stof
enz. ▼ *met iets op de ~pen komen* het beginnen te
vertellen, ermee tevoorschijn komen, vooral
onverwachts
prop. propedeutisch
propaan *het* koolwaterstof (C_3H_8), een gas
zonder kleur of geur: *wij hebben geen aardgas en
daarom koken we op ~*
propaganda *de* inspanningen om aanhang te
winnen voor politieke, kerkelijke of
maatschappelijke idealen of voor andere doelen
propagandamateriaal wervende drukwerken,
films e.d. **propagandist** *de (m)* iemand die
propaganda maakt
propageren verspreiden van ideeën, gedrag
e.d., ingang proberen te doen vinden: *zij ~
gezonde voeding en een gezonde levenswijze*
propedeuse ‹-duiza› *de (v)* [-s] inleidende fase als
eerste deel van een studie aan een hogeschool
of universiteit
propeen *het* gasvormige koolwaterstof
propeller *de (m)* [-s] schroef om een vliegtuig,
luchtkussenvoertuig e.d. voort te stuwen
proper *bn* zindelijk, schoon, netjes
proponent *de (m)* kandidaat-predikant
proportie *de (v)* [-s] ❶ verhouding, afmeting,
vooral de onderlinge verhouding van
afmetingen ❷ evenredigheid, juiste verhouding:
*die straf is buiten ~ staat totaal niet in
verhouding tot de overtreding, is veel te zwaar*
proportioneel *bn* naar verhouding
propos ‹proopoo› *bw* ▼ *à ~* ter zake (van), wat
betreft
propositie ‹-zie› *de (v)* [-s] ❶ voorstel
❷ uitgesproken oordeel, stelling
proppen met kracht in elkaar drukken: *kleren in
een tas ~* **proppenschieter** *de (m)* [-s] voorwerp
waarmee kinderen propjes papier schieten
propvol *bn* heel erg vol
pro rato *bw verb* naar verhouding
prorector BN iemand wiens rectorschap pas
voorbij is
prosecco *de (m)* [-'s] mousserende Italiaanse
witte wijn
prosecutie *de (v)* [-s] gerechtelijke vervolging
prosit ‹-zit› *tw* proost
prosodie ‹-zoo-› *de (v)* ❶ taalk. patronen van de
variatie in toonhoogte: *de ~ van een zin* ❷ leer
van het gebruik van woorden en lettergrepen in
gedichten
prospect *de* [-s] mogelijke nieuwe klant
prospectie *de (v)* [-s] BN ook marktonderzoek
prospectus *de (m) & het* [-sen] gedrukt overzicht
met gegevens (*over producten, leningen,
verzekeringen e.d.*)
prostaat *de (m)* [-staten] klier die bij de man het
bovenste deel van de urinebuis omgeeft
prostituant *de (m)* iemand die betaalt voor seks
prostitué *de (m)* [-s] man die tegen betaling seks

aanbiedt **prostituee** *de (v)* [-s] vrouw die tegen
betaling seks aanbiedt **prostitueren** ▼ *zich ~*
tegen betaling seks aanbieden **prostitutie** *de (v)*
seks tegen betaling
prot. protestants
protagonist *de (m)* hoofdrolspeler
protectie *de (v)* ❶ bescherming ❷ het
begunstigen, het bevoordelen: *een baan krijgen
door ~* **protectionisme** *het* stelsel van
invoerrechten, uitvoerpremies e.d. waarmee een
land de eigen producten beschermt
protector *de (m)* [-s,-toren] ❶ beschermer,
beschermheer ❷ voorwerp dat beschermt, bijv.
een voorwerp dat de polsen, knieën of
geslachtsdelen beschermt bij bepaalde sporten
protectoraat *het* [-raten] ❶ het beschermheer
zijn, beschermheerschap ❷ gebied waarover een
land beschermheerschap uitoefent en dat geen
eigen buitenlandse vertegenwoordiging heeft
protegé ‹-zjee› *de (m)* [-s] persoon die door
iemand wordt beschermd of begunstigd,
beschermeling
proteïne *de* [-n, -s] plantaardig en dierlijk eiwit
protest *het* ❶ uiting van verzet, dat men het
ergens niet mee eens is en het niet wil
❷ verklaring dat men zich tegen iets verzet, het
er niet mee eens is en het niet wil
protestantisme leer, geloof en aanhang van
de christelijke godsdienstige richtingen die door
en na de hervorming zijn ontstaan **protestants**
bn wat hoort bij een van de godsdienstige
richtingen van het protestantisme **protesteren**
verzet aantekenen, duidelijk maken dat men het
ergens niet mee eens is en het niet wil
prothese ‹-za› *de (v)* [-n, -s] iets dat dient om de
functie van een ontbrekend lichaamsdeel te
vervullen: *hij is zijn been kwijtgeraakt en heeft nu
een ~*
protocol *het* [-len, -s] ❶ kort verslag van een
internationale overeenkomst ❷ akte,
schriftelijke verklaring ❸ geheel van
voorschriften die gelden aan het hof en tussen
diplomaten: *het ~ tijdens het bezoek van de
koningin* ❹ comp. geheel van voorschriften voor
communicatie tussen hard- en software, tussen
verschillende systemen e.d. **protocollair** ‹-lèr› *bn*
volgens het protocol aan het hof of tussen
diplomaten, wat daarmee te maken heeft
protohistorie periode na de prehistorie, met
weinig, vaak fragmentarische bronnen
proton *het* positief geladen deel van een
atoomkern
protonkaart BN elektronische portemonnee,
chipknip
protoplasma *het* de levende inhoud van een cel,
gevormd door het cytoplasma met daarin de
celkern
prototype ❶ eerste model, oorspronkelijk
model: *het ~ van deze auto* ❷ typisch voorbeeld:
*hij is het ~ van de nerd die altijd achter de
computer zit*
protozoa *de (mv)* groep van uiteenlopende
kleine eencellige organismen
protserig *bn* overdadig en luxe op een
smakeloze manier
proviand *de (m) & het* eten en drinken dat men

bij zich heeft: ~ *voor de reis* **provianderen** van
eten en drinken voorzien: *het* ~ *van*
vissersschepen
provider ⟨pRoovajdəR⟩ *de (m)* [-s] bedrijf dat
toegang verschaft tot internet, een netwerk voor
mobiele telefonie e.d.
provinciaal ⟨-sjaal⟩ **I** *bn* ❶ van, wat hoort bij, uit
de provincie, gewestelijk: BN *provinciale* verkort
voor provinciale divisie in het voetbal ❷ als op
het platteland, niet stedelijk ❸ min. onwetend,
kleinburgerlijk **II** *de (m)* [-cialen] ❹ iemand uit de
provincie ❺ min. kleinburgerlijk mens
provincialisme *het* [-n] ❶ gewestelijke
uitdrukking, uitdrukking uit of onder invloed
van een plattelandsdialect ❷ grote voorliefde
voor de eigen provincie ❸ onwetendheid,
kleinburgerlijkheid **provincie** *de (v)* [-s, -ciën]
❶ administratief onderdeel van een staat
❷ gewest van een kerkelijke indeling ❸ het
platteland: *in de* ~ *wonen* **provinciegouverneur**
BN persoon aan het hoofd van de 'Bestendige
Deputatie', vergelijkbaar met Commissaris van
de Koning(in) in Nederland **provincieraad** BN
bestuurscollege van een provincie met
rechtstreeks gekozen vertegenwoordigers
provisie ⟨-zie⟩ *de (v)* [-s] ❶ tijdelijke voorziening
▾ *bij* ~ voorlopig ❷ voorraad, vooral van
levensmiddelen ❸ procentsgewijs loon van
makelaars, expediteurs enz. ❹ BN voorschot op
het honorarium van een advocaat of
deurwaarder **provisiekast** voorraadkast, vooral
voor levensmiddelen
provisioneel ⟨-zjoo-⟩ *bn* bij voorbaat, voorlopig,
tijdelijk **provisoir** ⟨-zwaar⟩ *bn* voorlopig **provisor**
⟨-zor⟩ *de (m)* [-s, -soren] ❶ tijdelijk bestuurder,
waarnemer, vooral van een apotheek, een fonds
enz. ❷ r.-k. geestelijk verzorger met tijdelijke
taken in een klooster e.d. **provisorisch** ⟨-zoo-⟩ *bn*
voorlopig: *iets* ~ *repareren*
provitamine stof die door het organisme in
vitamine kan worden omgezet
provo *de (m)* [-'s] ❶ subcultuur vanaf 1965,
jongeren die provoceerden als protest tegen
bepaalde zaken in de maatschappij
❷ sympathisant daarvan
provocateur *de (m)* [-s] iemand die provoceert,
die iets probeert uit te lokken **provocatie** *de (v)*
[-s] het provoceren, het uitlokken van een
overtreding **provoceren** uitdagen, uitlokken,
aanleiding geven tot
provoost *de* ruimte waarin een militair als straf
wordt opgesloten
Prov. St. Provinciale Staten
proxyserver comp. programma dat
geraadpleegde internetbestanden lokaal opslaat,
wat tijdswinst oplevert als dezelfde bestanden
opnieuw opgevraagd worden
proza *het* tekst, vooral literatuur, die niet in
dichtvorm geschreven is **prozaïsch** *bn* ❶ gesteld
in proza ❷ alledaags, niet bijzonder, spannend,
romantisch e.d. **prozaïst** *de (m)* schrijver van
proza
prudent *bn* met inzicht en beleid, verstandig
pruik de nagemaakte haardos: *hij is kaal, daarom*
draagt hij een ~
pruilen laten blijken dat men zich tekortgedaan

voelt, vooral door gezichtsuitdrukking, mokken
pruim *de* ❶ eetbare vrucht met harde pit
❷ boom waaraan die vruchten groeien,
pruimenboom ❸ beetje kauwtabak ❹ spreekt.
vrouwelijk geslachtsdeel **pruimelaar** *de (m)* [-s]
BN, spreekt. pruimenboom **pruimen** tabak
kauwen ▾ *niet te* ~ niet te verdragen,
onuitstaanbaar
pruimenboom boom waaraan pruimen groeien
(Prunus) **pruimenmond** klein vooruitgestoken
mondje **pruimtabak** tabak om op te kauwen
Pruisisch *bn* van, uit, wat te maken heeft met
Pruisen ▾ ~ *blauw* paarsblauw
prul *het* [-len] ding zonder waarde **prullaria** *de*
(mv) allerlei dingen zonder waarde, prullen
prullenbak bak waarin men afval gooit zoals
vellen papier of enveloppen **prullenmand** mand
waarin men afval gooit zoals vellen papier of
enveloppen
prune *bn & het* roodpaars
prunus *de (m)* [-sen] sierheester met roze
bloemen, Japanse kers
prut *de* brijachtige massa zoals natte modder of
koffiedik
prutsen ❶ knutselen ❷ knoeien, op een
onhandige manier bezig zijn
pruttelen ❶ borrelend koken ❷ mopperend
protesteren
przewalskipaard paard dat in het wild leeft en
waaruit het tamme paard waarschijnlijk is
voortgekomen
ps picoseconde (*biljoenste seconde*)
Ps. psalm
PS ❶ postscriptum (*nachrift*) ❷ Provinciale Staten
❸ BN Parti Socialiste
psalm *de (m)* plechtige zang tot Gods eer
psalmist *de (m)* dichter van psalmen
psalter *het* [-s] ❶ (boek met) 150 psalmen uit het
Oude Testament ❷ historisch tokkelinstrument,
voorloper van het hakkebord
PSC *de (v)* BN Parti Social Chrétien
pseudo ⟨psui- *of* pseu-⟩ *voorvoegsel* vals, in schijn:
~*wetenschap* **pseudoniem** *het* verzonnen naam,
vooral gebruikt door schrijvers
psoriasis ⟨-zis⟩ *de (v)* huidziekte waarbij delen
van de huid schilferen
PSP *de (v)* (vroeger) Pacifistisch-Socialistische
Partij, opgegaan in Groen-Links
p.st. ❶ per stuk ❷ pond sterling
psu mil. persoonlijke standaarduitrusting
psyche ⟨psiegə *of* psiegee⟩ *de* de ziel, het
innerlijk
psychedelisch ⟨psie-⟩ *bn* wat verandering in het
bewustzijn, in de geest kan veroorzaken
psychiater ⟨psie-⟩ *de (m)* [-s] medisch specialist op
het gebied van geestelijke stoornissen en ziekten
psychiatrie *de (v)* medisch specialisme m.b.t.
geestelijke stoornissen en ziekten
psychisch ⟨psie-⟩ *bn* wat te maken heeft met de
geest, de ziel: *die hoofdpijn heeft een* ~*e oorzaak*
psychoanalyse ⟨psie-⟩ *de* ❶ methode van
onderzoek van Sigmund Freud, naar de invloed
van het onbewuste op de geestesgesteldheid van
de mens ❷ behandeling volgens deze methode
psychofarmaceutica ⟨psie-⟩, **psychofarmaca**
geneesmiddelen om iemands psychische

ps

gesteldheid te beïnvloeden **psychogeriatrie** psychiatrie van de oudere mens

psycholinguïstiek ⟨-linGwistiek⟩ wetenschap die bestudeert welke psychische vermogens het taalgedrag bepalen

psychologie ⟨psie-⟩ *de (v)* wetenschap die verschijnselen onderzoekt die te maken hebben met de menselijke geest **psychologisch** *bn* ❶ wat te maken heeft met de psychologie: ~ *onderzoek* ❷ wat te maken heeft met de menselijke geest, psychisch: ~*e problemen* ❸ met de juiste benadering en op het juiste moment, tactisch: *dat was een ~e zet van hem* **psycholoog** *de (m)* [-logen] ❶ iemand die psychologie heeft gestudeerd en onderzoek doet, mensen met geestelijke problemen behandelt e.d. ❷ iemand die weet hoe hij mensen moet benaderen en eventueel beïnvloeden: *hij is een echte ~*

psychonomie *de (v)* studie van de mens als informatieverwerkend en handelend systeem

psychoot ⟨psie-⟩ *de* [-choten] iemand die lijdt aan een psychose **psychopaat** *de (m)* [-paten] iemand die niet in staat is zich aan te passen aan zijn omgeving en die niet in de maatschappij te handhaven is **psychopathie** *de (v)* [-ën] geestestoestand waarbij iemand niet in staat is zich aan te passen en gedrag vertoont dat belastend is voor zijn omgeving

psychose ⟨psiegooza⟩ *de (v)* [-n, -s] geestesziekte waarbij de persoonlijkheid diepgaand is aangetast

psychosomatisch ⟨psie-⟩ wat te maken heeft met de relatie tussen het psychische en het lichamelijke

psychotechniek ⟨psie-⟩ toegepaste psychologie, vooral binnen het arbeidsproces en bedrijfsleven

psychotherapie ⟨psie-⟩ behandeling van mensen met geestelijke problemen of ziekten

psychotisch ⟨psie-⟩ *bn* als een psychose of die lijdt aan een psychose

PTA *het* programma van toetsing en afsluiting (*in het voortgezet onderwijs*)

P-trein BN extra trein die op piekuren wordt ingezet

ptss *de (v)* , posttraumatische stressstoornis, ziektebeeld dat optreedt na een niet verwerkte schokkende ervaring

PTT *de (v)* ⟨vroeger⟩ Posterijen Telegrafie Telefonie

Pu schei. plutonium

puber *de* [-s] jongen of meisje in de puberteit **puberaal** *bn* als een puber: ~ *gedrag* **puberen** ❶ in de puberteit zijn ❷ zich als een puber gedragen **puberteit** *de (v)* periode, ongeveer tussen twaalf en zestien jaar, waarin een jongen of meisje zich seksueel ontwikkelt

publicatie *de (v)* [-s] ❶ openbare aankondiging, kennisgeving ❷ het uitgeven van een boek, tijdschrift e.d. ❸ een boek, tijdschrift e.d. dat is uitgegeven

public domain ⟨pubblik doomeen⟩ comp. *bn* voor iedereen toegankelijk, door iedereen te gebruiken, vooral van software **publiceren** ❶ afkondigen door de overheid ❷ ⟨boeken enz.⟩ uitgeven **publicist** *de (m)* iemand die schrijft en publiceert over actuele vraagstukken **publiciteit**

de (v) ❶ openbaarheid, bekendheid: *dat geval is in de ~ gekomen* er wordt over geschreven in kranten e.d., over gesproken op radio of tv e.d. ❷ het bekendmaken, het de aandacht vestigen op iets ❸ BN ook reclame **publiciteitscampagne** campagne om iets of iemand in de publieke belangstelling te brengen

public relations ⟨pubblik Rieleesjəns⟩ *de (mv)* het onderhouden van goede betrekkingen tussen een onderneming of organisatie en de buitenwereld

publiek I *het* ❶ de mensen die aanwezig zijn bij een voorstelling, wedstrijd, gebeurtenis e.d., de toeschouwers: *het ~ klapte enthousiast na de voorstelling* ❷ de mensen in het algemeen: *dit park is toegankelijk voor het ~* **II** *bn* ❸ openbaar, voor iedereen bestemd of toegankelijk: *de ~e weg* ▼ *een ~ geheim* bij iedereen bekend ❹ wat uitgaat van de overheid: ~*e werken* **publiekelijk** *bw* in het openbaar, zo dat iedereen het te weten komt: *de voorzitter werd ~ belachelijk gemaakt* **publiekrecht** het geheel van regels die te maken hebben met de belangen van de gemeenschap als geheel, vaak ook de verhouding tussen burger en overheid

publieksfilm film die veel bezoekers trekt **publieksprijs** prijs die niet wordt toegekend door een jury maar door gewone mensen: *de ~ voor het beste boek* **publiekstheater** theater voor het grote publiek, met voorstellingen waarvan het de bedoeling is dat er veel mensen naar komen kijken **publiekstrekker** evenement dat veel bezoekers trekt of wil trekken **publiekswissel** vervanging van een speler die uitblinkt, kort voor het einde van een wedstrijd, om applaus uit te lokken

puck *de (m)* [-s] schijf waarmee ijshockey wordt gespeeld

pudding *de (m)* nagerecht van melk en meel **puddingbroodje** broodje dat gevuld is met banketbakkersroom **puddingvorm** vorm om pudding in stijf te laten worden

puf *de (m)* fut, energie: *ik heb geen ~ meer in nog een partijtje voetbal* **puffen** ❶ blazen van de warmte ❷ in kleine hoeveelheden lucht uitblazen tijdens een bevalling

pui *de* voorgevel van een gebouw

puik I *het* ❶ het beste **II** *bn* ❷ heel goed, uitstekend

puilen bol uitsteken: *de kleren puilden uit de koffer* **puimsteen I** *de (m)* [-stenen] ❶ poreuze vulkanische steen **II** *de (m) & het* ❷ poreus vulkanisch gesteente

puin *het* afval van metselwerk of van steen, resten van steen: *bij de aardbeving raakten mensen bedolven onder het ~* **puinhoop** ❶ hoop puin ❷ fig. rotzooi, ellende die overblijft: *ontslagen omdat hij altijd te laat kwam, zijn vriendin weg omdat hij haar bedroog; wat een ~!*

puissant ⟨pwiesant⟩ *bn* machtig, vermogend ▼ ~ *rijk* heel erg rijk

puist *de* vettig bultje op de huid, pukkel

puk *de (m)* [-ken] klein persoontje, klein diertje

pukkel *de* [-s] ❶ puistje, puntig uitsteeksel op de huid ❷ niet grote maar wel ruime tas met draagriem

pul *de* [-len] kan, kruik, vaas: *een ~ bier*

pulken ergens met de vingers in of aan zitten, bijv. om het los te krijgen: *ze zit te ~ aan een haartje op haar kin*

pulli ⟨poelie⟩ *de (m)* [-'s] dunne, nauwsluitende pullover

pullover ⟨poelooⱽəR⟩ *de (m)* [-s] trui zonder kraag die men over een hemd of bloes draagt

pulp *de* ❶ overblijfsel na de verwerking van suikerbieten ❷ fijngeperst vruchtvlees: *tomaten~* ❸ brij van fijngewreven hout om papier van te maken, houtpap ❹ massalectuur van slechte kwaliteit

pulsar *de (m)* [-s] radio- of röntgenbronnen in het heelal

pulseren ⟨-zi-⟩ ❶ kloppen, slaan, krachtig leven: *een ~d hart* ❷ voortdurend aan- en uitgaan of af- en toenemen, golven: *~d licht*

pulver *het* poeder: *iets tot ~ vermalen*

pummel *de (m)* [-s] lummel, lompe vent

pump *de (m)* [-s] damesschoen met hoge hak en zonder sluiting

punaise ⟨-nèzə⟩ *de (v)* [-s] klein puntig voorwerp met platte kop om iets mee vast te prikken

punch ⟨punsj⟩ *de (m)* citroenwater met suiker en rum of wijn

punctie *de (v)* [-s] prik met een holle naald om vocht uit het lichaam af te tappen

punctualiteit *de (v)* stiptheid, nauwkeurigheid

punctuatie *de (v)* interpunctie

punctueel *bn* stipt, heel nauwkeurig

punk *de (m)* [-s] ❶ aanduiding voor een levenshouding die veel maatschappelijke normen verwerpt en een ruw leven voorstaat ❷ uiting van deze houding door speciale kleding en haardracht ❸ muziek die bij deze houding hoort ❹ volger **punker** *de (m)* [-s] navolger van de punk **punkhaar** *het* rechtopstaand, piekerig haar zoals punkers het dragen

punniken ❶ peuteren, pulken ❷ een koord maken op een klosje of kurk met vier spijkers

punt I *de (m)* ❶ spits, uiteinde▼ *daar kun je een ~je aan zuigen* daar kun je een voorbeeld aan nemen▼ *(tot) in de ~jes verzorgd* keurig in orde, tot in de kleinste details▼ *als ~je bij paaltje komt* als het erop aankomt▼ *op het ~je van je stoel zitten* heel gespannen kijken of afwachten▼ BN *ook op ~ stellen* (een machine) afstellen, volledig in orde maken; (een kwestie, plan); regelen, uitwerken, preciseren▼ BN *ook (nog niet helemaal) op ~ staan* (nog niet helemaal) klaar zijn, in orde zijn ❷ deel van een ronde taart, dat aan één kant spits uitloopt II *de & het* ❸ stip aan het eind van een zin of bij een afkorting▼ fig. *ergens een ~ achter zetten* ermee ophouden ❹ stip als onderdeel van een letter▼ *de ~jes op de i zetten* iets precies nakijken en kleine onnauwkeurigheden verbeteren III *het* ❺ wisk. grens van een lijn ❻ plaats: *een mooi ~* ▼ *op het punt staan om* juist van plan zijn om ❼ cijfer dat de waardering uitdrukt voor een prestatie: *hoeveel ~en heeft die turnster gekregen?* ❽ deel, onderdeel, zaak: *de ~en van behandeling* ▼ *dat is geen ~* dat is geen probleem **puntdicht** kort kernachtig gedicht

punten ❶ een scherpe punt maken aan ❷ ⟨van haar⟩ de punten afknippen

puntenklassement tussentijdse stand van de punten die in een wedstrijd of een serie van wedstrijden behaald kunnen worden

puntenslijper *de (m)* [-s] voorwerp om de punt van een potlood te slijpen **punter** *de (m)* [-s] ❶ puntige boot met platte bodem ❷ sp. trap tegen de voetbal met de schoenpunt

puntgaaf volkomen gaaf, helemaal heel en goed

punthoofd ▼ *een ~ krijgen van iets* iets erg vervelend of lastig vinden

puntig *bn* ❶ met een punt aan het eind: *hij is gestoken met een ~ voorwerp* ❷ fig. geestig, humoristisch, gevat

puntkomma leesteken (;) dat een langere rust aanduidt dan de komma

puntlassen lassen met puntvormige elektroden **puntsgewijs, puntsgewijze** *bn* punt voor punt, elk onderdeel afzonderlijk: *laten we deze beoordeling ~ behandelen* **puntzak** zak die uitloopt in een punt

pup *de (m)* [-s] heel jonge hond

pupil *de* [-len] ❶ donkere opening in het oog, oogappel ❷ pleegkind ❸ leerling ❹ sp. erg jonge speler

puppy ⟨-pie⟩ *de (m) & het* [-'s] heel jonge hond, pup

puree *de (v)* brij van fijngeprakte aardappelen of groente▼ *in de ~ zitten* in moeilijkheden

purgeren laxeren, de ontlasting bevorderen

purisme *het* [-n] ❶ het verwijderen van vreemde woorden uit een taal, het vermijden van het gebruik van vreemde woorden ❷ woord uit een andere taal dat vertaald is om vreemde woorden uit een taal te weren ❸ kunstrichting die streeft naar een uiterste zuivering van de vorm

puriteins *bn* streng godsdienstig, vooral streng protestants

purper *het & bn* paarsrood **purperreiger** reiger met roodbruine veren (Ardea purpurea) **purperslak** slak die vroeger voor kleurstof werd gebruikt

pur sang ⟨puur så⟩ *bn* ❶ volbloed, zuiver ❷ fig. echt, helemaal, geheel en al: *hij is een artiest ~*

purschuim ⟨pùR-⟩ *de* soort schuim dat hard wordt en dat in de bouw wordt gebruikt voor isolatie

purser *de (m)* [-s] ❶ hoofd van stewards en stewardessen in een vliegtuig ❷ hoofd van de hofmeesters

pus *het & de (m)* etter: *er komt ~ uit de ontstoken wond*

pushen ⟨poesjən⟩ ❶ druk uitoefenen, aansporen ❷ onder de aandacht brengen, promoten ❸ iemand ertoe brengen verslavende drugs te gebruiken

push-up *de (m)* [-s] keer dat iemand zich vanuit liggende houding op zijn armen opdrukt **push-upbeha** beha met kussentjes om de borsten hoger en voller te laten lijken

put *de (m)* [-ten] ❶ gegraven gat in de grond, vaak in de vorm van een koker voor grondwater of regenwater: BN *septische ~* rottingsput ❷ indeuking of holte ▼ *in de ~ zitten* erg triest, somber zijn▼ BN *ook het ~je van de winter* in het hartje van de winter, in de koudste periode van de winter **putjesschepper** *de (m)* [-s] iemand die beerputten leegt

putoptie recht om aandelen of valuta's in een bepaalde periode te verkopen tegen een vastgestelde prijs

putsch ⟨poetsj⟩ *de (m)* staatsgreep

putten ❶ (water) halen uit ❷ *fig.* halen uit, ontlenen

putter *de (m)* [-s] ❶ distelvink ❷ stok die bij het golfspel wordt gebruikt

puur *bn* ❶ zuiver, rein, louter: ~ *goud* ❷ ⟨van chocolade⟩ met een hoog cacaogehalte

puzzel *de (m)* [-s] ❶ moeilijke opgave voor tijdverdrijf zoals een kruiswoordraadsel, cryptogram of een verzameling losse stukjes die een afbeelding vormen **puzzelaar** *de (m)* [-s] iemand die puzzels oplost of probeert op te lossen **puzzelen** ❶ puzzels oplossen of proberen op te lossen ❷ *fig.* diep nadenken over iets lastigs **puzzelrit** recreatieve rit met vragen en raadsels

pvba *de (v)* personenvennootschap met beperkte aansprakelijkheid

pvc *het* polyvinylchloride

PvdA *de (v)* Partij van de Arbeid (*sociaaldemocratische politieke partij in Nederland*)

PVDA BN *de (v)* Partij van de Arbeid (*extreemlinkse politieke partij in België*)

PvdA'er *de (m)* [-s] lid van de PvdA

PVV *de (v)* Partij voor de Vrijheid (*rechtse politieke partij in Nederland*)

PW ❶ Publieke Werken ❷ Provinciale Waterstaat

pygmee ⟨pig-⟩ *de* [-ën] iemand van een negroïde dwergvolk

pyjama ⟨piejaa-⟩ *de (m)* [-'s] nachtkleding die bestaat uit een broek en een bovenstuk **pyjamadag** ❶ dag waarop iemand zich niet aankleedt ❷ dag waarop bewoners van een verpleeg- of verzorgingstehuis wegens personeelsgebrek niet worden aangekleed

pylon ⟨pie-⟩ *de (m)* felgekleurd kegelvormig markeringspaaltje langs wegen en bij wegafzettingen

pyloon ⟨pie-⟩ *de (m)* [-lonen] ❶ gedenkzuil ❷ hoge constructie zoals een hoogspanningsmast of een boortoren

pyrex® ⟨pie-⟩ *het* hittebestendig en chemisch resistent glas

pyriet ⟨pie-⟩ *het* zwavelhoudend erts

pyromaan ⟨pie-⟩ *de (m)* [-manen] iemand met een ziekelijke neiging om brand te stichten **pyrotechnicus** iemand die met vuurwerk en springstoffen werkt **pyrotechniek** ❶ het werken met vuurwerk en springstoffen ❷ het maken en afsteken van vuurwerk

pyrrusoverwinning ⟨pirrus-⟩ schijnoverwinning

pythagorisch ⟨pietaa-⟩ *bn* van of volgens de (filosofische en wiskundige) leer van Pythagoras

python ⟨pie-⟩ *de (m)* [-s] niet-giftige wurgslang

Q

q *de* [-'s] medeklinker, zeventiende letter van ons alfabet

qat ⟨kat⟩ *de (m)* struik waarvan het blad wordt gekauwd als opwekkend middel

q.e.d. *quod erat demonstrandum*, hetgeen bewezen moest worden

Q-koorts ziekte, veroorzaakt door bacteriën die vrijkomen bij miskramen van geiten en schapen, en die leiden tot ernstige klachten, zoals longontsteking

q.q. *qualitate qua*, in de genoemde hoedanigheid, als zodanig, ambtshalve

QR-code *quick-response-code*, vierkant met zwart-wit blokjespatroon dat men kan scannen met een smartphone en dat een boodschap bevat in tekst, beeld of geluid, veel gebruikt in reclame-uitingen

qua *bw* als, wat betreft

quad ⟨kwòd⟩ *de (m)* [-s] motorfiets op vier wielen

quadrafonie *de (v)* geluidsweergave met vier geluidsbronnen **quadriljoen** *telw* miljoen in de vierde macht (een 1 met 24 nullen)

quadrille ⟨kwaadrieje⟩ *de* [-s] ❶ dans uit de 18de eeuw met telkens vier paren in een vierkant tegenover elkaar ❷ groep stierenvechters ❸ bepaald kaartspel met vier personen

quadrupel *bn* viervoudig

quaestor ⟨kwestor of kweestor⟩ *de (m)* [-tores, -toren, -s] ❶ penningmeester ❷ BN lid van de quaestuur (het presidium van Kamer of Senaat)

quaker ⟨kweekər⟩ *de (m)* [-s] aanhanger van een godsdienstige pacifistische groepering die in de 17de eeuw is gesticht

qualifier ⟨kwolliffajəʀ⟩ *de (m)* [-s] iemand die selectiewedstrijden heeft gewonnen en aan een toernooi mag meedoen

qualitate qua ⟨kwalietaatə kwaa⟩ *bw verb* ambtshalve, als zodanig

quant ⟨kwant⟩ *nat. het* de kleinste hoeveelheid waarin een bepaalde grootheid kan voorkomen

quarantaine ⟨kaarantènə⟩ *de* gedwongen wachttijd in afzondering voordat een persoon of dier een land binnen mag, om besmetting met ziekten te voorkomen

quark ⟨kwark⟩ *de (m)* [-s] heel klein atoomdeeltje

quartair ⟨-tèr⟩ I *bn* ❶ vierde ▼ *~e sector* niet-commerciële dienstverlening II *het* ❷ *geol.* periode van twee miljoen jaar geleden tot nu

quasar ⟨kwaazar⟩ *de (m)* [-s] plek aan de hemel die zowel radiostraling als zichtbaar licht uitzendt

quasi ⟨kwaazie⟩ *bw* ❶ zogenaamd, in schijn: *hij deed ~ongeïnteresseerd, maar hij onthield alles* ❷ BN ook bijna, nagenoeg, vrijwel

quatre-mains ⟨katrə-mè⟩ *de (m)* [quatre-mains] pianostuk voor vier handen

quatsch ⟨kwatsj⟩ *de (m)* onzin

queeste ⟨kwees-⟩ *de (v)* [-n] (vaak lange en moeilijke) zoektocht naar iets bijzonders of naar iets van geestelijke waarde: *een ~ naar waarheid en wijsheid*

querulant ⟨kwi-⟩ *de (m)* ruziemaker, klager die

zich altijd tekortgedaan voelt

query ⟨kwieRie⟩ *comp. de (m)* [-'s] opdracht om bepaalde gegevens in een database te zoeken

queue¹ ⟨keu⟩ *de* [-s, -ën] rij van wachtende mensen

queue² ⟨kjoe⟩ *comp. de (m)* [-s] wachtrij, bijv. van e-mails die nog verzonden moeten worden of van printopdrachten in een printer

quiche ⟨kiesj⟩ *de* [-s] hartige taart: *een ~ met kaas en groenten*

quickscan ⟨kwiksken⟩ *de (m)* snel onderzoek, bijv. een test of een vragenlijst om snel een indruk te krijgen **quickstep** *de (m)* [-s] snelle eenvoudige dans in vierkwartsmaat

quilt ⟨kwilt⟩ *de (m)* [-s] doorgestikte deken

quitte ⟨kiet⟩ *bn* gelijk, elkaar niets meer verschuldigd ▼ *~ spelen* er niet bij winnen en er niet op verliezen ▼ *we staan ~* we zijn elkaar niets meer schuldig; *fig.* we hebben elkaar allebei evenveel slechte dingen aangedaan ▼ *~ of dubbel* gelijk of dubbel, kansspel waarbij men gelijk kan spelen of dubbel moet betalen; *fig.* waarbij men alles op het spel zet, alles waagt

qui-vive ⟨kie-vieva⟩ *het* ▼ *op zijn ~ zijn* op zijn hoede zijn

quiz ⟨kwiz⟩ *de (m)* [-zen] wedstrijd waarbij de deelnemers kennisvragen moeten beantwoorden **quizmaster** ⟨-màstaR⟩ *de (m)* [-s] iemand die een quiz leidt

quorum ⟨kwoo-⟩ *het* [-s] ❶ minimumaantal leden van een college, wettelijk vereist om besluiten te kunnen nemen ❷ vereist aantal stemmen

quota ⟨kwoo-⟩ *de* [-'s] aantal of hoeveelheid die in verhouding staat tot de rest, quotum **I** *de* ⟨kwote⟩ [-n] ❶ quotum **II** *de* ⟨kwoot⟩ [-s] ❷ aanhaling, citaat, iets wat iemand zegt: *de journalist wilde graag een ~ van de minister in zijn artikel opnemen* **quoteren** ⟨-ti-⟩ ❶ verdelen in aantallen of hoeveelheden die in verhouding staan tot de rest, quotums vaststellen ❷ aan volgnummers voorzien ❸ BN ook beoordelen, een cijfer geven

quotering *de (v)* ❶ verdeling in aantallen of hoeveelheden die in verhouding staan tot de rest ❷ BN ook beoordeling, cijfer, punt

quotiënt ⟨koosjent⟩ *het* uitkomst van een deling **quotum** *het* [-s, -ta] ❶ aantal dat of hoeveelheid die in verhouding staat tot de rest: *het ~ goedkopere huurwoningen dat beschikbaar moet zijn* ❷ hoeveelheid die iemand of een bedrijf mag produceren of verbruiken ▼ *melk~* hoeveelheid melk die een boer of een melkfabriek mag produceren ▼ *vis~* hoeveelheid van een bepaalde vissoort die een land mag vangen

R

r *de* [-'en, -'s] ❶ achttiende letter van ons alfabet ❷ medeklinker die voor of achter in de mond wordt gevormd

R ❶ Romeins cijfer 80 ❷ Réaumur (*temperatuurschaal*)

ra *de* [-'s] hout waaraan het zeil hangt

Ra *schei.* radium

RA registeraccountant

raad *de (m)* [raden] ❶ wat iemand een ander aanraadt om te doen: *wat moet ik doen, kunt u mij ~ geven?* ▼ *met voorbedachten rade* volgens een plan dat vooraf beraamd is: *moord met voorbedachten rade* ▼ *te rade gaan bij* advies vragen, raadplegen ▼ *geen ~ weten met* niet weten wat men moet doen met ▼ *ten einde ~* in een wanhopige positie waarin men niet meer weet wat men moet doen ▼ *goede ~ was duur* de toestand was erg moeilijk, bijna hopeloos ❷ raadgevend of besturend onderdeel, bijv. van een bedrijf: *de ~ van bestuur* ❸ plaatsvervangend lid van een hoog militair gerechtshof **raadgever** *de (m)* [-s] iemand die raad geeft, adviseert **raadgeving** *de (v)* aanbeveling om iets te doen, voorlichting **raadhuis** gemeentehuis, stadhuis

raadkamer vergaderzaal of vergadering van de rechters **raadpensionaris** *hist. de (m)* [-sen] hoge ambtenaar in Nederland in de 17e en 18e eeuw **raadplegen** [raadpleegde, h. geraadpleegd] raad inwinnen bij, overleg plegen met ▼ *iemand ~* raad vragen aan iemand ▼ *een boek ~* iets opzoeken in een boek **raadpleging** *de (v)* het vragen van raad, het zoeken van informatie of het overleggen over iets **raadsbesluit** besluit van een raad, vooral van een gemeenteraad

raadsel *het* [-s, -en] ❶ een vraag waarbij men de oplossing moet raden of bedenken ❷ onduidelijke zaak: *hoe zij achter mijn adres is gekomen, is me een ~* **raadselachtig** *bn* geheimzinnig en onbegrijpelijk: *een ~e verdwijning*

raadsfractie alle leden van een gemeenteraad, die bij dezelfde partij horen **raadsheer** ❶ lid van de Hoge Raad of een gerechtshof ❷ schaakstuk: loper ❸ soort duif **raadskelder** café, restaurant e.d. in de kelder van een raadhuis **raadslid** lid van een gemeenteraad **raadsman** *de (m)* [-lieden] ❶ iemand die raad geeft, raadgever ❷ advocaat die iemand advies geeft of verdedigt **raadsverslag** verslag van een bijeenkomst van een gemeenteraad **raadszetel** plaats in de gemeenteraad **raadzaal** vergaderzaal van een gemeenteraad

raadzaam *bn* aan te raden, verstandig om te doen: *het is ~ om hem niet te provoceren, want hij kan erg kwaad worden*

raaf *de* [raven] grote zwarte vogel met een wigvormige staart, uit de familie van de kraaiachtigen (Corvus corax) ▼ *een witte ~* een positieve uitzondering ▼ *stelen als de raven* veel stelen

raai *de* ❶ uitgezette lijn in het water die een richting aangeeft: *de ~ in de Waddenzee is in* *zuidwestelijke richting verplaatst* ❷ plant van het geslacht Galeopsis (hennepnetel) **raaigras** grassoorten van het plantengeslacht Lolium

raak *bn* ❶ wat het doel treft: *het schot op het doel was ~* ❷ wat hard aankomt: *er werden rake klappen uitgedeeld* ❸ *fig.* zo geformuleerd dat het helemaal klopt: *een rake beschrijving van iemand; een rake opmerking* **raaklijn** lijn die een andere meetkundige figuur maar op één punt raakt **raakpunt** *het* ❶ punt waarop een raaklijn en een andere meetkundige figuur elkaar raken ❷ *fig.* iets gemeenschappelijks of overeenkomstigs **raakvlak** ❶ *wisk.* vlak dat een bol in één punt raakt ❷ *fig.* overeenkomst tussen verschillende zaken, wat ze hetzelfde hebben

raam *het* [ramen] ❶ opening in een muur met een glazen ruit erin: *zij zat uit het ~ te kijken* ❷ lijst om iets heen, omlijsting ❸ houtwerk waarover men iets spant ❹ kader: *in het ~ van het verdrag tussen de twee landen* **raamakkoord** overeenkomst in hoofdlijnen **raambiljet** affiche om voor de ramen te hangen **raamprostitutie** prostitutie waarbij de prostituee klanten lokt door in een kamertje achter een groot raam te zitten **raamvertelling** overkoepelend verhaal waarbinnen de afzonderlijke verhalen zich afspelen **raamwerk** grove structuur, grote lijn: *dit project vindt plaats binnen het ~ van de nieuwe wet* **raamwet** wet die de grote lijnen aangeeft

raap *de* [rapen] knol die men als groente kan eten (Brassica rapa), knolraap▼ *nu zijn de rapen gaar* nu beginnen de problemen▼ *recht voor zijn ~* eerlijk, direct, zonder eromheen te draaien▼ *voor zijn ~ schieten* neerschieten **raapstelen** *de (mv)* jonge stengels van rapen die men als groente kan eten

raar *bn* gek, vreemd, eigenaardig

raaskallen [raaskalde, h. geraaskald] *onzin* praten: *die dronken vent raaskalt maar wat*

raat *de* [raten] cellenbouwsel dat door bijen is gemaakt

rabarber *de* plant die als groente wordt gegeten met grote bladeren en stengels die zurig smaken, van het geslacht Rheum

rabat *het* [-ten] procentuele korting op de vastgestelde prijs

rabauw *de (m)* ❶ ruw, woest, onbeschaafd persoon ❷ winterappel, grauwe renet

rabbi *de (m)* [-'s] joods godsdienstleraar, joods geestelijke **rabbijn** *de (m)* joods godsdienstleraar **rabbijns** *bn* ❶ van rabbijnen ❷ modern Hebreeuws

rabiaat *bn* woedend, verwoed, fanatiek, fel: *hij is een ~ tegenstander van hoge bonussen voor managers*

rabiës *de (v)* hondsdolheid

race ⟨rees⟩ *de (m)* [-s] wedstrijd waarbij het erom gaat de snelste te zijn **raceauto** heel snelle auto die speciaal is gemaakt om er races mee te rijden **racebaan** baan waarop races worden gereden of gelopen, renbaan **racefiets** lichte fiets voor wedstrijden in wielrennen **racekak** scherts. diarree **racen** [racete, h. / is geracet] ❶ aan een race meedoen ❷ heel hard rijden of lopen: *ik moest ~ om nog op tijd te komen*

racestuur fietsstuur met laag zittende handvatten

rachitis *de (v)* misvorming van het beendergestel bij kinderen

raciaal ⟨-sjaal⟩ *bn* wat te maken heeft met het ras: *raciale conflicten* **racisme** *het* leer, overtuiging dat het ene ras beter is dan het andere **racist** *de (m)* iemand die denkt dat zijn eigen ras beter is dan andere rassen

racket ⟨rekkət⟩ *het* [-s] voorwerp waarmee men een bal of shuttle slaat bij tennis, badminton of squash: *er is een snaar van mijn ~ gebroken*

racletten kaas eten die men aan tafel smelt

rad I *het* [-eren] ❶ wiel ❷ wiel met kartels eraan, vooral als onderdeel van een machine: *in een klok zitten raderen*▼ *iemand een ~ voor ogen draaien* iemand misleiden **II** *bn* ❸ snel, vlug: *~ van tong*

RAD *de (m)* Rijksaccountantsdienst

radar *de (m)* [-s] toestel dat op radiogolven werkt en waarop men kan zien waar iets zich bevindt: *op de ~ was te zien dat er vier vliegtuigen snel dichterbij kwamen* **radarcontrole** controle van de snelheid van weggebruikers met radar **radarverklikker** kastje in een auto dat de aanwezigheid van een radarsnelheidsmeter meldt

radbraken [radbraakte, h. geradbraakt] ❶ hist. voltrekken van de doodstraf waarbij een rad als werktuig wordt gebruikt en de ledematen worden gebroken ❷ slecht (uit)spreken, verhaspelen: *hij radbraakt zijn Nederlands, ik begrijp niets van wat hij zegt*▼ *ik ben geradbraakt* ik ben doodmoe **raddraaier** *de (m)* [-s] relschopper, iemand die aan relletjes meedoet: *een paar ~s gooiden stenen naar de politie*

radeloos *bn* wanhopig omdat men geen oplossing weet voor een ernstig probleem: *de ouders van het vermiste meisje waren ~*

raden [ried / raadde, h. geraden] ❶ proberen het goede antwoord op een vraag te vinden door zomaar antwoorden te proberen: *raad eens hoeveel snoepjes ik in mijn hand heb?*▼ *~ naar iets* slechts kunnen gissen naar iets ❷ raad, advies geven

radenrepubliek republiek met een bestuur van vertegenwoordigers van met name soldaten en arbeiders

raderboot stoomboot die wordt voortbewogen door schepraderen **raderdiertje** *het* [-s] heel klein diertje dat zich door trilharen voortbeweegt in het water (Rotatoria) **raderwerk** ❶ geheel van raderen die in elkaar passen en die iets in beweging brengen ❷ *fig.* (ingewikkeld) samenstel

radiaal *bn* wat verloopt of geplaatst is als een straal in een cirkel **radiaalband** autoband waarbij de versterkende koordlagen dwars over de band lopen

radiateur *de (m)* [-s] radiator **radiator** *de (m)* [-s, -toren] ❶ verwarmingselement van een centrale verwarming ❷ koeler van een verbrandingsmotor

radicaal I *bn* ❶ helemaal, grondig: *ik heb de indeling van mijn kamer ~ veranderd* ❷ die in zijn ideeën heel ver gaat: *hij is heel ~ en wil de* *maatschappij helemaal veranderen* II *de (m)* [-calen] ❷ iemand die heel radicaal is in zijn ideeën III *het* [-calen] ❹ scheik. groep atomen die in zijn geheel in verschillende verbindingen voorkomt **radicalisme** *het* neiging tot een extreem standpunt, tot radicale, diep ingrijpende maatregelen of hervormingen

radicchio ⟨-diekiejoo⟩ *de* rode slasoort

radiësthesie ⟨-zie⟩ *de (v)* het met een wichelroede opsporen van stralen of water

radijs *de* [-dijzen] groente met een bitter rood of wit knolletje

radio *de (m)* [-'s] toestel dat geluid ontvangt d.m.v. elektromagnetische golven, waardoor men naar programma's kan luisteren die ergens anders worden uitgezonden **radioactief** met radioactiviteit **radioactiviteit** het uitzenden van stralingen in verband met splitsing van de atoomkern **radiobaken** radiozendstation voor vliegtuigen

radiografie *de (v)* [-ën] fotografie d.m.v. röntgenstralen of radioactieve stralen

radiogram *het* [-men] ❶ radiografie ❷ telegram dat via een draadloze verbinding is verstuurd

radiologie *de (v)* ❶ wetenschap van de radioactiviteit ❷ kennis en toepassing van stralingsenergie voor medisch onderzoek en therapie **radio-omroep** organisatie die radioprogramma's uitzendt **radioscopie** *de (v)* [-ën] het bekijken van inwendige organen d.m.v. röntgenstralen **radiostation** gebouw van waaruit radio-uitzendingen plaatsvinden **radiostilte** ❶ het niet kunnen uitzenden of ontvangen van radiosignalen ❷ fig. afspraak om geen informatie te geven aan media **radiotherapie** geneeswijze door bestraling **radiotoestel** toestel waarmee men draadloos programma's kan ontvangen om naar te luisteren, die op een andere plaats worden uitgezonden

radium *het* chemisch element dat in het donker licht geeft en radioactieve stralen uitzendt

radius *de (m)* [-sen, -dii] halve middellijn van een cirkel

radix *de (m)* [-dices] wisk. getal dat de wortel is van een ander getal, wortelgetal

radja *de (m)* [-'s] Indisch vorst

radon *het* radioactief edelgas dat uit radium is ontstaan

radslag gymnastische beweging waarbij iemand met gestrekte armen en benen naar opzij ronddraait, waarbij de ene keer de handen en de andere keer de voeten de grond raken

RAF *de (v)* ❶ Royal Air Force (*Engelse luchtmacht*) ❷ Rote Armee Fraktion

rafel *de* [-s] losgeraakte draad **rafelen** ❶ loslaten van draden ❷ losse draden uithalen **rafelig** *bn* met rafels

raffelen snel en eentonig en soms slecht verstaanbaar spreken

raffia *de (m) & het* vezelig product van de bladeren van een palm die op Madagascar voorkomt

raffinaderij *de (v)* fabriek waar olie of suiker wordt gezuiverd **raffinage** ⟨-naazje⟩ *de (v)* het raffineren **raffinement** *het* grote verfijning,

uitgekiende sluwheid of doortraptheid, fijne berekening en het effect daarvan **raffineren** ⟨grondstoffen⟩ verfijnen, zuiveren

raften ⟨Râf-⟩ [raftte, h. geraft] met een rubberboot op een snelstromende rivier varen

rag *het* spinrag

rage ⟨-zja⟩ *de* [-s] iets wat op een bepaald moment heel erg in de mode is

ragebol ❶ ronde borstel aan een lange stok ❷ scherts. verwilderde onverzorgde haardos **ragen** schoonmaken met een ragebol

ragfijn fijn als spinrag, heel erg fijn

raggen ❶ een herhaalde woeste beweging maken: ~ *op een trommel* ❷ hard en wild rijden: ~ *op een oude crossmotor*

raglanmouw ⟨ReGlan- *of* raglan-⟩ mouw die tot de hals doorloopt

ragout ⟨-goe⟩ *de (m)* [-s] gestoofd kleingesneden vlees, vis e.d. met een gekruide saus

ragtime ⟨reGtajm⟩ *de (m)* gesyncopeerde (= met het accent op lichte maatdelen) dansmuziek die haar bloeitijd beleefde tussen 1900 en 1910

RAI *de (v)* (Nederlandse Vereniging) Rijwiel- en Automobielindustrie

raid ⟨reed⟩ *de (m)* [-s] militaire strooptocht, snel uitgevoerde actie in een vijandelijk land of een luchtaanval, plotselinge invasie

rail ⟨reel⟩ *de* [-s] ❶ spoorstaaf, metalen richel waarover wieltjes kunnen lopen ❷ gordijnroede waarover wieltjes lopen

raio ⟨raajoo⟩ *de* [-'s] rechterlijk ambtenaar in opleiding

raison ⟨rèzõ⟩ *de (v)* reden, recht ▼ *à* ~ *van* tegen betaling van

rak *het* [-ken] recht stuk in een vaarwater

rakelen (met een pook) in het vuur heen en weer bewegen zodat het beter gaat branden

rakelings *bw* vlak langs, terwijl het iets bijna raakt **raken** I [raakte, h. geraakt] ❶ in contact komen of laten komen met het doel of met iets anders: *ik heb de kegel geraakt met mijn bal; de auto slipte en raakte een boom* ❷ een diep gevoel opwekken: *zijn opmerking raakte haar* ❸ betreffen, aangaan, gevolgen hebben voor: *deze maatregel raakt alle werknemers in dit bedrijf* ▼ *we hebben hem gisteren flink geraakt* we hebben veel alcohol gedronken II [raakte, is geraakt] ❹ in een toestand komen: *werkloos* ~

raket *de* [-ten] ❶ projectiel dat zichzelf voortbeweegt ❷ vuurpijl ❸ kruisbloemige plant met witte of gele bloemetjes

raki *de* brandewijn uit Turkije

rakker *de (m)* [-s] ondeugend kind, deugniet

ral *de (m)* [-len] loopvogel van de familie Rallidae

rallentando muz. *bw* langzamer, langzamer wordend

rally ⟨rellie⟩ *de (m)* [-'s] ❶ wedstrijd waarbij de deelnemers vanuit verschillende beginpunten naar hetzelfde eindpunt rijden ❷ ononderbroken reeks van snel wisselende slagen bij tennis, badminton e.d.

ram *de (m)* [-men] mannelijk schaap

Ram *de (m)* ❶ eerste teken van de dierenriem ❷ iemand die onder dit teken geboren is

RAM comp. *Random Access Memory*, computergeheugen dat direct toegankelijk is

ramadan de (m) vastenmaand van de islam

rambam inform. het & de (m) ▾ zich het ~ werken erg hard werken ▾ krijg het ~ verwensing: barst, zoek het maar uit

rambler ⟨rem-⟩ de (m) [-s] klimroos met heel lange takken en kleine bloemen

ramen schatten hoeveel het ongeveer is of wordt, begroten: de kosten ~

ramkraak inbraak door met een auto een deur of pui te rammen

rammel de (m) [-s] rammelend geluid: een ~ onder de motorkap ▾ een pak ~ slaag **rammelaar** de (m) [-s] ❶ kinderspeelgoed met balletjes erin die een rammelend geluid geven ❷ mannelijke haas, mannelijk konijn **rammelen** door schudden lawaai maken ▾ ~ van de honger erge honger hebben ▾ dat verhaal ~t aan alle kanten veel dingen in dat verhaal kloppen niet **rammeling** de (v) BN, spreekt. pak slaag **rammelkast** ❶ oud voertuig ❷ oude piano

rammen ❶ hard op iets slaan: de boze man ramde met zijn vuist op de deur ❷ hard tegen iets aan rijden of varen: de boot ramde de kade

rammenas de [-sen] grote zwarte radijs

ramp de heel groot ongeluk: de overstroming in dat land is een grote ~

rampenplan ❶ richtlijnen voor de handelwijze bij rampen en zware ongelukken ❷ inform. iets wat helemaal misloopt

rampetampen spreekt. [rampetampte, h. gerampetampt] geslachtsgemeenschap hebben

rampgebied gebied waar een ramp (zoals een aardbeving of overstroming) is gebeurd

rampspoed de (m) grote tegenslag **rampspoedig** bn vol tegenslag: veel deelnemers overleefden die ~e reis niet

ramptoerist iemand die uit nieuwsgierigheid naar een ramp gaat kijken **rampzalig** bn ❶ ellendig, diep ongelukkig ❷ wat veel ellende, veel ongeluk met zich meebrengt: dat was een ~e beslissing

ramsj de (m) producten die wegens gebrek aan belangstelling voor veel lagere prijzen verkocht worden, vooral restanten van uitgeverijen voor heel lage prijzen

ranch ⟨Rentsj⟩ de (m) [-es] Amerikaanse grote boerderij **rancher** de (m) [-s] iemand die een ranch heeft

rancune de [-s] wrok, opgekropte haat **rancuneus** bn die wrok, haat koestert

rand de (m) ❶ omtrek, kant, lijst ❷ munteenheid in Zuid-Afrika **randdebiel** spreekt., scheldn. stommeling, idioot **randfiguur** de [-guren] iemand die slechts heel zijdelings bij iets, vooral bij het maatschappelijk leven, betrokken is **randgemeente** ❶ gemeente aan de rand van een grote stad ❷ BN gemeente met een bijzonder taalstatuut, die in het Vlaamse Gewest ligt en grenst aan het Brusselse Gewest **randkerkelijk** die nauwelijks nog aan het kerkelijk leven deelneemt

random ⟨Rendəm⟩ bn ▾ at ~ willekeurig: een steekproef at ~

randschrift spreuk op de rand van geldstukken e.d. **randstad** stad die of stedencomplex dat aan de rand van iets ligt **Randstad** de gebied in het westen van Nederland met Amsterdam, Utrecht, Den Haag en Rotterdam

randverschijnsel bijkomend verschijnsel

randvoorwaarde voorwaarde waaraan voldaan moet zijn **randzee** kleinere zee die in open verbinding staat met een oceaan: de Noordzee is een ~

rang de (m) plaats in een opklimmende reeks, bijv. van maatschappelijke of militaire graden

rangeerder ⟨-zjir-⟩ de (m) [-s] iemand die treinen rangeert **rangeerterrein** terrein waar treinen gerangeerd kunnen worden **rangeren** ❶ schikken, ordenen ❷ treinen splitsen en de spoorwagens in de goede orde opstellen

ranglijst lijst waarop staat wie eerste is, wie tweede enz. **rangnummer** nummer dat iemands plaats of rang aangeeft, dat aangeeft de hoeveelste iemand is **rangorde** volgorde naar rang, op basis van wie eerste is, wie tweede, wie hoogste, wie laagste **rangschikken** [rangschikte, h. gerangschikt] ordenen, in groepen indelen **rangtelwoord** woord dat door een getal de plaats in de rangorde aangeeft: eerste, tweede, derde enz.

ranja de (m) limonade die naar fruit smaakt, vooral oranje limonade die naar sinaasappel smaakt, en die men aanlengt met water

rank I de ❶ dunne kronkelende stengel, takje II bn ❷ slank en smal van bouw: een meisje met een ~ figuurtje **ranken** ❶ ranken vormen ❷ van ranken ontdoen

ranonkel de [-s] boterbloemachtige plant

rans bn → ranzig

ransel de (m) [-s] ❶ rugzak van soldaten ❷ slaag: een pak ~ **ranselen** hard slaan, een stevig pak slaag geven

ransuil uil met lange oorpluimen (Asio otus)

rantsoen het afgepaste hoeveelheid, vooral van eten en drinken: dat was ons ~ voor die dag **rantsoeneren** op rantsoen stellen, in beperkte afgepaste hoeveelheden beschikbaar stellen

ranzig bn, rans ❶ een beetje bedorven en met een sterke smaak: ~e boter ❷ fig. platvloers, wat afkeer oproept: ~e seks

rap¹ ⟨rap⟩ bn vlug, snel

rap² ⟨rep⟩ I de ❶ popmuziek met ritmisch uitgesproken tekst II de [-s] ❷ één zo'n nummer

rapaille ⟨-pajjə of -paljə⟩ min. het het gewone volk, gepeupel

rapen van de grond opnemen

rapier het degen

rappel het [-s] ❶ het terugroepen van iemand of iets, terugroeping: het ~ van een product dat verkocht is maar dat een gebrek blijkt te hebben ❷ herinnering, bericht om iemand aan iets te herinneren: een ~ van de bibliotheek voor een boek dat de gebruiker te lang heeft

rappen ⟨rep-⟩ snel en ritmisch, bijna zingend spreken op de maat van (pop)muziek

rapport het ❶ verslag dat wordt uitgebracht in opdracht: het ~ van de controleur ❷ verslag van de resultaten van een scholier ❸ melding aan een superieur **rapporteren** ❶ melden, verslag uitbrengen, bericht geven ❷ aanbrengen, doorgeven dat iemand iets ongeoorloofds heeft gedaan, vooral in het leger **rapporteur** de (m) [-s]

ra

iemand die verslag uitbrengt, maker van een rapport

rapsodie *de (v)* [-ën, -s] compositie op een volksmelodie

rapunzel *het & de (m)* [-s] klokjesachtige plant (Campanula rapunculus)

rariteit *de (v)* ❶ voorwerp dat om zijn uitheemse oorsprong, zeldzaamheid of merkwaardigheid wordt gewaardeerd, vreemd, raar ding ❷ fig. zeldzaamheid **rariteitenkabinet** ❶ verzameling van rariteiten: van exotische, zeldzame of merkwaardige voorwerpen ❷ ruimte waarin die staan opgesteld

ras I *het* [-sen] ❶ groep individuen (mensen, dieren, planten) die zich door gemeenschappelijke erfelijke kenmerken onderscheiden van andere individuen ❷ ⟨als eerste deel van een samenstelling⟩ van zuiver ras, van nature, in hoge mate: *~paard; ~artiest* II *bn* ❸ vlug, snel **rasecht** ❶ van zuiver ras ❷ fig. heel echt, zuiver, helemaal: *hij is een ~e artiest*

rasp *de* voorwerp om iets te raspen

raspaard paard van zuiver ras ▼ *~je* iemand met veel kwaliteiten, heel mooi meisje, iemand die heel goed is in wat hij doet

raspen ❶ met een rasp in heel kleine stukjes schaven of gladschaven ❷ een geluid geven als een rasp: *een ~d stemgeluid*

rassendiscriminatie situatie waarin mensen van het ene ras als beter worden beschouwd en beter worden behandeld dan mensen van een ander ras **rassenhaat** het haten van mensen omdat ze van een ander ras zijn **rassenstrijd** strijd tussen mensen omdat ze van verschillende rassen zijn

rasta *de (m)* [-'s] rastafari

rastafari *de (m)* [-'s] lid van een beweging die in Jamaica is ontstaan en die Haile Selassie, de vroegere keizer van Ethiopië, als goddelijk beschouwt en die vindt dat zwarte mensen zouden moeten terugkeren naar Afrika **rastahaar** *het* kapsel met lange dunne vlechten van ongekamd haar

raster *het & de (m)* [-s] ❶ netwerk van (horizontale en verticale) lijnen en punten ❷ (een plaat met) een dergelijk netwerk gebruikt in fototechniek, druktechniek e.d. ❸ hek van horizontale en verticale planken ❹ hek van ijzerdraad waarvan een soort netwerk is gevlochten

raszuiver van zuiver ras

rat *de* [-ten] ❶ kleine tot middelgrote knaagdiersoort, over de hele wereld verspreid, berucht vanwege het overbrengen van ziekten ▼ *van de ~ten besnuffeld* gek: *ben je nu helemaal van de ~ten besnuffeld!* ❷ scheldn. achterbaks berekenend iemand

rata *de* evenredig deel

rataplan *de (m)* rommel, boel ▼ *de hele ~* alles wat erbij hoort

ratatouille ⟨-toeja⟩ *de (v)* pittig Frans groentegerecht

ratel *de (m)* [-s] ❶ houten klepperwerktuig met handvat ❷ fig. iemand die druk en veel praat **ratelaar** *de (m)* [-s] ❶ houten klepperwerktuig met handvat, ratel ❷ plant met rammelende

zaaddozen van het geslacht Rhinanthus **ratelen** ❶ klepperen met een ratel, een klepperend geluid maken ❷ fig. druk en veel praten **ratelpopulier** populier die tot dertig meter hoog kan worden en waarvan de bladeren trillen in de wind, esp **ratelslang** Amerikaanse slang die met de staart een ratelend geluid maakt **rateltikker** *de (m)* [-s] toestel bij een stoplicht dat met een ratelend geluid aan blinden en slechtzienden duidelijk maakt wanneer zij kunnen oversteken

ratificatie *de (v)* [-s] bekrachtiging, officiële goedkeuring: *de ~ van een verdrag* **ratificeren** bekrachtigen, officieel goedkeuren: *een verdrag ~*

ratio *de (v)* de rede, het redelijk verstand **rationaal** wisk. *bn* wat behoort tot de gehele getallen (zoals 1, 2, -1, -2) of de breuken waarvan de teller en de noemer hele getallen zijn (zoals 1/5, 3/8) **rationalisatie** ⟨-zaa-⟩ *de (v)* [-s] het rationaliseren **rationaliseren** ⟨-zj-⟩ ❶ praktischer, economischer, efficiënter inrichten ❷ rationeel benaderen, een verstandelijke uitleg geven aan: *angst ~* **rationalisme** *het* het alleen aanvaarden van wat met de rede, met het verstand kan worden vastgesteld **rationeel** *bn* ❶ d.m.v. de rede, het verstand: *een rationele benadering van een kwestie* ❷ weldoordacht, gebaseerd op wetenschappelijke redenering of analyse

ratjetoe *de (m) & het* allerlei verschillende dingen bij elkaar, mengelmoes, allegaartje

rato *bw* ▼ *naar ~*, BN *à ~ van* naar verhouding, naar evenredigheid

rats *de* ❶ stamppot ❷ inform. angst ▼ *in de ~ zitten* bang, zenuwachtig zijn voor wat er gaat gebeuren: *toen hij het raam kapot had gegooid, zat hij erg in de ~ over wat zijn vader zou zeggen*

rattengif gif tegen ratten **rattenkoning** ❶ nest jonge ratten met de staarten in elkaar verward ❷ fig. onontwarbare kluwen, onoplosbare moeilijkheid **rattenkruit** gif tegen ratten **rattenstaart** ❶ staart van een rat ❷ ronde vijl voor hout en metaal **rattenval** val om ratten te vangen **rattenvanger** *de (m)* [-s] mens die of dier dat ratten vangt, vooral hond die ratten vangt

rauhfaser® ⟨-zər⟩ *de (m)* ruw behangpapier met houtvezels

rauw *bn* ❶ ongekookt: *~e andijvie* ❷ zonder huid, ontveld: *een ~e huid* ❸ die schor klinkt: *een ~e stem* ❹ ⟨van de keel⟩ ontstoken, (licht) gezwollen ❺ ruw, woest, grof: *~e kerels*

rauwdouwer *de (m)* [-s] iemand die ruw te werk gaat zonder dat de nadelige effecten of gevolgen van wat hij doet hem interesseren **rauwkost** groente die men rauw eet: *een broodje kaas met ~*

ravage ⟨-vaazjə⟩ *de (v)* [-s] verwoesting, uitgebreide schade, puinhoop: *de storm had een ~ veroorzaakt*

raven ⟨Ree-⟩ [ravede, h. geraved] aan een houseparty meedoen **ravenzwart** glanzend zwart: *een vrouw met fonkelende ogen en ~ haar*

ravigotesaus ⟨-gottə-⟩ koude saus van mayonaise en tuinkruiden

ravijn *het* diepe insnijding in een terrein, diepe

ra

kloof met steile wanden in een bergachtig gebied

ravioli *de (m)* Italiaans gerecht dat bestaat uit kleine kussentjes van deeg die zijn gevuld met vlees of groente

ravotten wild stoeien

rayon ⟨raajon⟩ **I** *het* [-s] ❶ kring waarbinnen iets geldt of waarbinnen iets of iemand werkzaam is, afdeling van het werkterrein van een handelszaak **II** *de (m) & het* ❷ kunstvezels uit cellulose, kunstzijde

razen ❶ woedend schreeuwen, veel lawaai maken: *elke keer als iets niet gaat zoals hij het wil, begint hij te tieren en te* ~ ❷ zich onstuimig, woest voortbewegen: *de storm raast over het land*

razend *bn* ❶ heel erg kwaad, buiten zichzelf van woede: *hij was ~ toen hij erachter kwam dat hij bedrogen was* ❷ hevig, heel erg: ~ *populair*

razernij *de (v)* dolle woede

razzia ⟨razziejaa⟩ *de* [-'s] onverwachte inval, klopjacht van de politie, massale golf van arrestaties

r&b *de* ❶ rhythm-and-blues, Amerikaanse populaire muziek uit de jaren 1940 en '50 ❷ popmuziek die sterk is beïnvloed door Amerikaanse soul en hiphop

RCC *de (v)* Reclame Code Commissie

R'dam Rotterdam

re muz. *de* [-'s] tweede noot van de diatonische toonladder

REA *de (m)* Raad voor Economische Aangelegenheden ▾ *wet* ~ wet Re-integratie van arbeidsgehandicapten, afgeschaft in 2005

reactie ⟨ree-⟩ *de (v)* [-s] ❶ proces of iets wat iemand doet of zegt en dat wordt opgeroepen door iets wat er gebeurt of wat iemand doet of zegt: *dat hij nu zo stil is, is een* ~ *op alle kritiek die hij heeft gekregen; de mensen geven veel minder geld uit als* ~ *op de slechte berichten over de economie* ❷ iets wat iemand zegt, naar aanleiding van iets wat gezegd of geschreven is, antwoord: *wat is uw* ~ *op deze bewering?* wat is uw antwoord, wat zegt u naar aanleiding daarvan? ❸ politiek streven naar terugkeer tot een vroegere toestand en het staatsleven en het tenietdoen van het nieuwere ❹ chemisch proces

reactionair ⟨-nèr⟩ **I** *bn* ❶ met een politiek streven naar terugkeer tot een vroegere toestand in het staatsleven en het tenietdoen van het nieuwere **II** *de (m)* ❷ aanhanger daarvan, iemand die zo is

reactiveren tot werking, tot leven brengen

reactor *de (m)* [-s, -toren] ❶ vat waarin een chemisch proces of een chemische reactie plaatsvindt ❷ verkorting van kernreactor, toestel voor het opwekken van kernenergie

reader ⟨RiedəR⟩ *de (m)* [-s] bundel met wetenschappelijke artikelen van verschillende auteurs over een bepaald onderwerp

reaffecteren BN herbestemmen, overplaatsen (in het onderwijs)

reageerbuis glazen buis met een bodem, onder andere gebruikt bij chemische proeven

reageerbuisbaby baby geboren uit een eicel die buiten de baarmoeder bevrucht is en die daarna in de baarmoeder ingebracht is

reageren ❶ gebeuren, doen of zeggen of

antwoorden naar aanleiding van iets wat gebeurt, van een prikkeling, of van wat iemand doet of zegt ❷ een chemische reactie vertonen

reaguurder *de (m)* [-s] iemand die op internet in groffe taal op iets reageert

realisatie ⟨-zaa-⟩ *de (v)* [-s] het realiseren, verwezenlijking **realiseren** ⟨-zì-⟩ maken dat iets werkelijkheid wordt, tot stand brengen: *een plan* ~ ▾ *zich* ~ goed begrijpen, goed beseffen: *realiseer je je wel wat dat allemaal gaat kosten?*

realisme *het* ❶ filosofische opvatting dat algemene begrippen een eigen werkelijkheid hebben ❷ manier van leven die is gericht op de werkelijkheid die men kan waarnemen ❸ het zich houden bij wat praktisch realiseerbaar is ❹ manier om iets uit te beelden met een grote mate van herkenbare werkelijkheid, vooral in romans en schilderijen **realist** *de (m)* realistisch iemand **realistisch** *bn* ❶ die aanhanger is van het realisme: ~*e schilderkunst* ❷ wat heel echt lijkt of is: *een* ~*e nabootsing van een ongeluk* ❸ nuchter, niet emotioneel over de werkelijkheid, zich houdend bij wat praktisch realiseerbaar is: *als ik minder verdien, verkoop ik mijn huis, daar ben ik heel* ~ **in realiteit** *de (v)* ❶ het werkelijk zijn van iets ❷ iets wat werkelijk is, alles wat werkelijk bestaat

reality-tv ⟨riejelëtie-⟩ tv-programma's waarin mensen worden gevolgd bij (soms dramatische) gebeurtenissen in het dagelijks leven

reanimatie handelingen om een stilstaand hart of ademhaling weer op gang te brengen **reanimeren** reanimatie toepassen: *iemand* ~ *na een hartstilstand*

rebel *de (m)* [-len] iemand die in opstand komt, vooral tegen het wettig gezag, opstandeling **rebelleren** in opstand komen tegen het wettig gezag, opstandig zijn

rebound ⟨Rie-⟩ *de (m)* [-s] het afvangen van de bal na een scoringspoging, vooral bij basketbal

rebus *de (m)* [-sen] raadsel met plaatjes en letters waarvan de oplossing een woord of een zegswijze is

recalcitrant ⟨ree-⟩ *bn* onwillig, die tegenstand biedt: *mijn dochter is zo* ~ *sinds ze in de puberteit is, ze gaat voortdurend overal tegenin*

recapituleren kort herhalen en samenvatten: *laten we even* ~ *wat we nu hebben afgesproken*

receiver ⟨RiesievəR⟩ *de (m)* [-s] combinatie van tuner en versterker

recensent *de (m)* iemand die boeken, films e.d. beoordeelt en die zijn oordeel publiceert **recenseren** ⟨boeken, films enz.⟩ beoordelen en zijn oordeel publiceren **recensie** *de (v)* [-s] beoordeling van een boek, toneelstuk, film enz. die of dat gepubliceerd of vertoond wordt **recensie-exemplaar** exemplaar van bijv. een boek dat een recensent krijgt zodat hij het kan beoordelen

recent *bn* van de laatste tijd, kortgeleden, pas gebeurd: *de* ~*e gebeurtenissen* **recentelijk** *bw* kortgeleden: *ik heb hem* ~ *nog gezien*

recept *het* ❶ voorschrift voor een geneesmiddel ❷ voorschrift, aanwijzing voor het maken van eten, dranken e.a.

receptie *de (v)* [-s, -tiën] ❶ ontvangst, vooral

officiële ontvangst van een groot aantal personen die iemand kunnen gelukwensen met iets ❷ plaats in een gebouw waar bezoekers worden ontvangen: *ik moest me melden bij de ~ receptiealbum, receptieboek* boek waarin de bezoekers van een receptie hun naam en/of een boodschap kunnen schrijven

receptief ⟨ree-⟩ *bn* ontvankelijk, gevoelig voor indrukken en prikkels ▼ *receptieve taalvaardigheid* het begrijpen van gesproken en geschreven taal

receptionist *de (m)* iemand die bij een bedrijf, ziekenhuis enz. de bezoekers of gasten ontvangt, bij wie zij zich kunnen melden

receptor *de (m)* [-s, -toren] ❶ eindorgaan van een zenuw ❷ plaats waar of apparaat waarmee iets kan worden ontvangen

receptuur ⟨ree-⟩ *de (v)* ❶ kunst van het maken van recepten ❷ voorschrift, aanwijzing voor het maken van voedsel, geneesmiddelen e.a.

reces *het* [-sen] vakantie van volksvertegenwoordigers (Kamerleden, ministers e.a.) en (rechterlijke) colleges

recessie *de (v)* teruggang, achteruitgang in economische activiteit

recessief ⟨ree-⟩ *bn* wat erfelijk aanwezig is maar zich niet uit als bepaalde andere eigenschappen aanwezig zijn: *recessieve aandoeningen*

recette *de* [-s] ⟨van theatervoorstellingen e.d.⟩ ontvangsten, inkomsten uit entreegelden

rechaud ⟨reesjoo⟩ *de (m) & het* [-s] plat toestel om eten warm te houden, tafelkomfoor

recherche ⟨-sjersja⟩ *de* [-s] afdeling van de politie die zich bezighoudt met het opsporen en aanhouden van verdachten en met het verzamelen van bewijsmateriaal **rechercheur** ⟨-sjeur⟩ *de (m)* [-s] politiebeambte zonder uniform die zich bezighoudt met het opsporen van misdadigers en het onderzoek naar misdrijven

recht I *bn* ❶ gestrekt, niet krom ❷ juist, goed ▼ ~ *door zee* eerlijk ▼ BN ~ *in zijn schoenen staan* overtuigd zijn van zijn gelijk ❸ wisk. van 90°: *een ~e hoek* ❹ overeind, omhoog: *je moet ~ lopen* II *het* ❺ wettelijke voorschriften ❻ toepassing van de wettelijke voorschriften ❼ rechtvaardigheid, wat als rechtvaardig en billijk wordt beschouwd ❽ bevoegdheid, aanspraak op: ~ *hebben op* ▼ *met ~ op goede gronden*, terecht ❾ belasting, heffing: *beschermende ~en* ▼ *verkregen ~en / verworven ~en* rechten die men verworven heeft en die onvervreemdbaar zijn

rechtaan *bw* recht vooruit ▼ *rechttoe*, ~ steeds rechtdoor; rechtstreeks, zonder versieringen of omhaal

rechtbank ❶ groep rechters ❷ gebouw waarin zij gevestigd zijn ▼ BN *correctionele* ~ rechtbank bevoegd voor strafzaken, met name voor ernstige overtredingen of misdrijven

rechtdoor *bw* recht vooruit

rechtelijk *bn* ❶ wettig ❷ juridisch **rechteloos** *bn* die geen rechten heeft, zonder recht of zonder gelijke rechten voor iedereen

rechten rechtmaken: *zijn rug* ~

rechtens *bw* volgens het recht: *dat kan* ~ *niet worden afgedwongen*

rechter I *de (m)* [-s] ❶ iemand die bevoegd is

uitspraken te doen over overtredingen, misdaden, geschillen enz. II *bn* ❷ aan de kant die rechts is **rechter-commissaris** *de (m)* [-s-commissarissen] rechter die in strafzaken vooronderzoek verricht

rechterhand, rechterhand ❶ hand die rechts is, hand van de rechterarm ❷ fig. grote steun: *hij is de ~ van de directeur*

rechterlijk *bn* van, door de rechter ▼ *de ~e macht* het geheel van instanties die rechtspreken

rechterzijde ❶ rechterkant: *in de ~ van dit boek bevinden zich de oneven pagina's* ❷ de behoudende politieke partijen, behoudende groeperingen bij een vergadering, congres e.d.

rechtgeaard *bn* ❶ met een goed, eerlijk karakter ❷ echt, helemaal zoals hij hoort te zijn: *zoals het een ~e Fries betaamt, ben ik dol op schaatsen*

rechthebbende *de* [-n] iemand die recht op iets heeft

rechthoek rechthoekige figuur, vierhoek met hoeken van 90° **rechthoekig** met rechte hoeken, met een rechte hoek

rechtlijnig *bn* met rechte lijnen ▼ ~ *denken* (al te) consequent denken, dennen volgens bepaalde principes en daar niet van afwijken

rechtmatig *bn* volgens het recht, waarop men aanspraak heeft: *de ~e eigenaar*

rechtop *bw* rechtovereind, recht omhoog: ~ *staan* **rechtopstaand** *bn* wat recht overeind staat

rechts I *bn* ❶ van of aan of naar de rechterkant ❷ in politiek opzicht behoudend II *het* ❸ groep die politiek behoudend is ❹ verkeer dat van de rechterkant komt

rechtsaf, rechtsaf *bw* waarbij men naar de rechterkant afslaat: *vlak na dat gebouw moet je* ~

rechtsback ⟨-bèk⟩ sp. speler die bij voetbal en andere balsporten rechts in de achterhoede speelt

rechtsbedeling ⟨-dee-⟩ toepassing van het recht **rechtsbijstand** ❶ hulp voor het gerecht door een juridisch specialist, vooral een advocaat ❷ instelling die juridische hulp verleent of advocaten toewijst, vooral aan mensen met weinig geld

rechtsbinnen sp. I *bw* ❶ rechts van de middenvoor II *de (m)* [-s] ❷ speler die bij voetbal en andere balsporten rechts van de middenvoor speelt **rechtsbuiten** sp. I *bw* ❶ rechts van de rechtsbinnen II *de (m)* [-s] ❷ aanvaller die bij voetbal en andere balsporten helemaal rechts vooraan speelt

rechtschapen *bn* eerlijk, fatsoenlijk **rechtsdragend** *bn* die zijn mannelijk geslachtsdeel in zijn broek naar rechts draagt **rechts-extremist** iemand die radicale rechtse politieke ideeën aanhangt

rechtsgebied gebied waarover een rechtscollege de rechtspraak uitoefent **rechtsgeding** proces **rechtsgeldig** wettig, geldig volgens de wet: *dit paspoort is verlopen en dus niet meer* ~ **rechtsgeleerdheid** wetenschap van het recht **rechtsgelijkheid** het hebben van gelijke rechten voor de wet **rechtsgevoel** gevoel voor wat rechtvaardig is **rechtsgrond** grond voor rechtsgeldigheid, reden waarom iets

re

rechtsgeldig is

rechtshalf sp. *de* [-s] speler bij voetbal en andere balsporten op de rechtervleugel van het middenveld

rechtshandeling daad met als doel een rechtsgeldig resultaat, zoals een contract

rechtshandig *bn* die het gemakkelijkst de rechterhand gebruikt

rechtsherstel herstel van rechten of vergoeding in een situatie waarin onterecht rechten waren ontnomen **rechtshulp** ❶ hulp in juridische kwesties ❷ instelling die juridische hulp verleent of advocaten toewijst, vooral aan mensen met weinig geld, rechtsbijstand **rechtsingang** het van start gaan van een juridische procedure

rechtskundig *bn* rechtsgeleerd, wat te maken heeft met de rechtswetenschap **rechtsmacht** bevoegdheid van een rechtbank of rechter **rechtsmiddel** mogelijkheid om zich te verweren tegen een (rechterlijke) beslissing, bijv. een bezwaarschrift, hoger beroep

rechtsom, **rechtsom** *bw* waarbij men naar de rechterkant omkeert of afslaat **rechtsomkeert** *bw* ▼ ~ *maken* omdraaien over de rechterkant;: *we maakten ~* we gingen meteen weer terug

rechtsongelijkheid *de (v)* verschil in de rechten die personen of groepen hebben of waar ze gebruik van kunnen maken **rechtsorde** de gezamenlijke rechtsregels en de toepassing daarvan **rechtspersoon** organisatie die bevoegd is bepaalde rechtshandelingen te verrichten

rechtspersoonlijkheid het rechtspersoon zijn **rechtspleging** *de (v)* uitoefening van het recht, van de rechtspraak

rechtspoot inform. voetballer die vooral met zijn rechterbeen schiet

rechtspositie toestand waarin bepaalde rechten en plichten gelden **rechtspraak** *de* het behandelen en vonnissen van overtredingen, geschillen e.d. onder toepassing van het recht

rechtspraktijk ❶ praktijk van een advocaat ❷ toepassing van het recht **rechtsspreken** rechtspraak uitoefenen **rechtsstaat** staat waarin iedereen onderworpen is aan het recht, waar recht heerst **rechtsstelsel** systeem van rechtsregels **rechtstaal** taal van rechtsgeleerden

rechtstaan rechtop staan of gaan staan **rechtstandig** *bn* rechtovereind, wat recht omhoog staat

rechtstreeks *bn* ❶ zonder omwegen, zonder bemiddeling, regelrecht ❷ ⟨openbaar vervoer⟩ zonder overstappen: *een ~e verbinding*

rechtsvervolging het in rechte vervolgen, het voeren van een gerechtelijke procedure tegen iemand ▼ *ontslag van ~* verklaring dat er geen reden is om iemand strafrechtelijk te vervolgen **rechtsvordering** ❶ handeling om van de rechter handhaving van zijn recht te krijgen, eis ❷ bevoegdheid om dit te doen **rechtswege** *bw* ▼ *van ~* volgens het recht; door de rechterlijke macht **rechtswinkel** organisatie waar mensen gratis of voor weinig geld juridische informatie kunnen krijgen **rechtszaak** behandeling van een overtreding, geschil enz. door de rechtbank **rechtszaal** zaal waarin de rechtbank zitting houdt, zaal voor rechtszittingen

rechtszekerheid toestand waarin iedereen kan rekenen op handhaving en eerbiediging van zijn rechten **rechtszitting** onderdeel van een rechtszaak waarin de zaak wordt besproken met de rechter of rechters

rechttoe *bw* recht vooruit ▼ ~, *rechtaan* rechtdoor, zonder omwegen, ook figuurlijk **rechtuit** *bw* recht vooruit

rechtvaardig *bn* ❶ in overeenstemming met de regels van het recht ❷ eerlijk, redelijk: *het is niet ~ dat ik voor die overtreding gestraft word en hij niet* **rechtvaardigen** de juistheid of rechtvaardigheid aantonen van ▼ *zich ~* aantonen dat zijn gedrag of handelwijze correct was **rechtverkrijgende** *de* [-n] iemand die opvolgt in andermans rechten, iemand die bepaalde rechten van een ander krijgt, bijv. doordat hij iets koopt of erft

rechtzetten een verkeerde voorstelling van zaken vervangen door een juiste: *jij denkt dat het mijn idee was, maar dat moet ik even ~: dat is niet zo* **rechtzijdig** *bn* met één rechte zijde: *een ~e driehoek* **rechtzinnig** *bn* streng gelovig, strikt volgens de leer

recidief *het* [-dieven] ziekte die of ziekteverschijnsel dat terugkeert **recidive** *de* [-n, -s] ❶ herhaling van strafbaar gedrag ❷ terugkeer van een ziekte **recidivist** *de (m)* iemand die herhaaldelijk in hetzelfde misdrijf vervalt

recipiënt ⟨ree-⟩ *de (m)* ❶ iemand die iets ontvangt ❷ iets dat iets ontvangt of opvangt: *een ~ voor afval* **recipiëren** een receptie houden, ontvangen

reciprociteit *de (v)* wederzijdsheid, wederkerigheid, gelijke behandeling van elkaar **reciproque** ⟨-prook⟩ *bn* ❶ wederzijds, wederkerig ▼ bio. *~ kruising* kruising waarbij twee planten elkaar bestuiven ▼ taalk. *~ pronomen* wederkerig voornaamwoord (elkaar) ❷ ⟨van getallen⟩ waarvan het product de eenheid vormt: *4 is de ~ waarde van 1/4*

recital ⟨Riesajtəl⟩ muz. *het* [-s] uitvoering van een volledig programma door een solist

recitando muz. *bw* half sprekend, half zingend **recitatief** ⟨ree-⟩ I *het* [-tieven] ❶ stuk dat half sprekend wordt gezongen II *bn* ❷ half sprekend gezongen **reciteren** ⟨ree-⟩ opzeggen, voordragen

reclame *de* [-s] ❶ het aanprijzen van producten of diensten, bijv. door een advertentie in de krant of een spot op tv ▼ *in de ~ zijn* tijdelijk heel goedkoop zijn in een winkel: *de andijvie is vandaag in de ~* ❷ klacht, het terugvorderen van iets **reclameartikel** artikel waarmee men reclame maakt **reclameblok** reeks reclamespotjes die achter elkaar worden uitgezonden

reclameren ⟨ree-⟩ ❶ terugeisen, een vergoeding eisen ❷ tegen iets opkomen, klagen **reclamespot** kort filmpje met reclame **reclassering** *de (v)* instantie die veroordeelden na het uitzitten van hun straf helpt terug te keren in de maatschappij en zorgt voor de begeleiding van taakstraffen van meerderjarigen

recombinant ⟨ree-⟩ *de (m)* bacterie of cel met

een stukje DNA **recommanderen** aanbevelen

reconstructie ⟨ree-⟩ ❶ het reconstrueren, herbouwing, herstel ❷ het feit dat in zijn oorspronkelijke vorm hersteld is ❸ voorstelling van iets wat tevoren gebeurd is: *de ~ van een misdaad* **reconstrueren** ❶ herbouwen, weer in elkaar zetten, uit enkele gegevens het vroegere geheel voorstellen ❷ iets naspelen wat daarvoor gebeurd is

reconvalescentie *de (v)* het weer beter worden

reconversie BN, ook herstructurering

record ⟨rəkòr⟩ *het* [-s] ❶ het hoogste wat, de beste prestatie die op een bepaald onderdeel van sport bereikt is ❷ (algemeen) het hoogste, uiterste wat bereikt of voorgevallen is: *deze zomer hadden we een ~aantal tropische dagen*

record ⟨RèkkəRd⟩ *de (m)* [-s] comp. verzameling gegevens die bij elkaar horen en die als een eenheid wordt beschouwd

recorder ⟨RiekòRdəR⟩ *de (m)* [-s] apparaat voor opname en weergave van geluid en/of beeld

recordhouder iemand die een record behaald heeft in een sport **recordtijd** beste, snelste tijd: *de schaatser reed de tocht in een ~*

recovery ⟨RiekòvvəRie⟩ *de (v)* [-'s] ❶ herstel: comp. *de ~ van bestanden en mappen* ❷ ruimte in een ziekenhuis voor bewaking en verzorging van patiënten gedurende enkele uren na een operatie, verkoeverkamer

recreant ⟨ree-⟩ *de (m)* iemand die iets doet of ergens tijd doorbrengt als recreatie **recreatie** *de (v)* [-s] dingen die men doet in zijn vrije tijd om zich te ontspannen **recreatief** bn wat te maken heeft met recreatie **recreatiepark** terrein dat is ingericht voor recreatie **recreatieschap** *het* [-pen] organisatie, samenwerkingsverband voor de behartiging van belangen van ondernemingen in de recreatie

recreëren iets ontspannends doen, iets leuks doen in de vrije tijd

recruiter ⟨riekroe-⟩ *de (m)* [-s] iemand die werft, met name personeel

rectaal bn in of wat te maken heeft met de endeldarm

rectificatie *de (v)* [-s] het zeggen (vooral in een krant e.d.) dat men een fout heeft gemaakt en deze herstellen, correctie **rectificeren** zeggen (vooral in een krant e.d.) dat men een fout heeft gemaakt en deze verbeteren, rechtzetten

rector *de (m)* [-toren, -s] ❶ directeur van een school voor middelbaar onderwijs ❷ geestelijk leider van een klooster ❸ BN hoofd van een universiteit **rectoraat** *het* [-raten] ambt, waardigheid of ambtsduur van een rector **rector magnificus** *de (m)* [rectores magnifici] voorzitter van het college van decanen van een universiteit **rectrix** *de (v)* [-trices, -trixen] vrouwelijke rector

rectum *het* endeldarm

reçu ⟨rəsuu⟩ *het* [-'s] schriftelijk ontvangstbewijs

recupereren ⟨ree-⟩ ❶ terugwinnen, opnieuw in het bezit komen, heroveren ❷ BN ook recyclen, afvalstoffen opnieuw verwerken ❸ nieuwe krachten opdoen, herstellen (in sport)

recyclen ⟨riesajklən⟩ opnieuw verwerken tot grondstof, opnieuw gebruiken **recycleren** BN recyclen

red. redacteur, redactie

redacteur ⟨ree-⟩ *de (m)* [-en, -s] iemand die redigeert **redactie** *de (v)* [-s] ❶ de redacteuren van een blad, programma e.d. ❷ het verzamelen, schrijven en/of bewerken van informatie voor een blad, programma e.d. **redactioneel** bn van of wat te maken heeft met de redactie **redactrice** *de (v)* [-s] vrouwelijke redacteur

reddeloos bn niet meer te redden: *het schip was ~ verloren*

redden uit gevaar bevrijden ▼ *zich weten te ~* handig zijn, in moeilijke omstandigheden weten wat men moet doen ▼ *het ~* het klaarspelen, zich handhaven

redderen op orde brengen, regelen, rangschikken

reddingsboei ring die met kurk of andere stof is gevuld en waarop men kan blijven drijven **reddingsboot** boot voor het redden van mensen die in problemen komen op het water, zoals mensen met een boot of surfers **reddingsbrigade** groep personen of organisatie die mensen of dieren in nood redt

rede I *de* [-n] ❶ plaats waar schepen veilig voor anker kunnen liggen II *de* [-s] ❷ toespraak ▼ *iemand in de ~ vallen* onderbreken tijdens het praten III *de* ❸ verstand, denkvermogen ▼ *iemand tot ~ brengen* zorgen dat iemand weer normaal nadenkt, naar argumenten luistert

redekundig bn in zinsdelen, niet in woordsoorten: *~ ontleden*

redelijk bn ❶ met verstand: *~ nadenken* ❷ billijk, eerlijk: *ik doe het meeste werk, dus het is ~ dat ik meer verdien* ❸ tamelijk, nogal: *ik ben ~ tevreden* **redelijkerwijs, redelijkerwijze** bw met recht, zoals redelijk of billijk is: *de voorzorgsmaatregelen die men ~ van een voetbalclub kan eisen om rellen te voorkomen* **redeloos** bn zonder verstand: *een ~ wezen*

reden I *de* [-en] ❶ waarom iemand iets doet II *de* [-s] ❷ wisk. verhouding III *ww* ❸ (een schip) uitrusten, gereedmaken

redenaar *de (m)* [-s] ❶ spreker, iemand die een rede houdt ❷ begaafd, talentvol spreker

redenatie ⟨ree-⟩ *de (v)* [-s] het redeneren, manier van redeneren **redeneertrant** manier van redeneren **redeneren** ❶ betogen, een gedachtegang ontwikkelen ❷ (breedvoerig) praten

reder *de (m)* [-s] scheepvaartondernemer, leider van een rederij **rederij** *de (v)* onderneming die vracht- of passagiersschepen laat varen

rederijker *de (m)* [-s] hist. lid van een rederijkerskamer, voordrachtskunstenaar in de 15de en 16de eeuw **rederijkerskamer** hist. als gilde ingerichte vereniging met een letterkundig doel

redetwisten een woordenstrijd voeren

redevoering *de (v)* toespraak

redigeren ⟨ree-⟩ teksten verzamelen, schrijven en/of bewerken voor een blad, programma e.d.

redmiddel middel om iemand of iets te redden

reduceren ⟨ree-⟩ verminderen, beperken: *het aantal leerlingen in de klas is gereduceerd tot 24*

re

reductie de (v) [-s] ❶ het reduceren ❷ korting, vermindering: *een ~ op de prijs*

redundant ⟨ree-⟩ bn overbodig

redzaam bn in staat om zich te redden, handig, flink

ree I de [-ën] ❶ plaats waar schepen voor anker kunnen liggen, rede II de & het [-ën] ❷ soort hert, 60 tot 80 centimeter hoog (Capreolus capreolus)

reeds bw al: *de feestelijkheden vinden ~ volgende maand plaats*

reëel bn ❶ werkelijk, wezenlijk, wat inderdaad bestaat: *een ~ gevaar* ❷ op basis van de werkelijkheid, zakelijk: *een reële prijs*

reef het [reven] strook in een zeil die men kan oprollen als het te hard waait

reeks de een aantal dingen of gebeurtenissen die met elkaar te maken hebben, op een geordende manier achter elkaar

reep de (m) [repen] ❶ langwerpig smal stuk, strook: *een ~ katoen* ❷ langwerpig stuk chocolade

reet de [reten] ❶ spleet, kier ● spreekt. achterwerk, billen ▼ spreekt. *geen ~* niets: *het kan me geen ~ schelen* ▼ vulg. *iemands ~ likken* iemand overdreven, kruiperig vleien

ref. referent

referaat het [-raten] verslag, bericht, voordracht waarna een discussie volgt

referendaris de (m) [-sen] BN medewerker-jurist van een magistraat **referendum** het [-s, -da] ❶ stemming in een land of gebied over een bepaald onderwerp, waaraan iedereen kan meedoen ❷ stemming waaraan alle leden van een vereniging kunnen meedoen

referent de (m) ❶ inleider van een onderwerp op een vergadering of een congres ❷ deskundige die over iets rapporteert

referentie de (v) [-s, -tiën] ❶ verwijzing naar iets of iemand ❷ (naam van) iemand bij wie anderen inlichtingen over iemand kunnen vragen: *toen ik solliciteerde op die baan heb ik mijn vorige werkgever als ~ opgegeven* ❸ die inlichtingen zelf **referentiekader** geheel van ideeën, denkbeelden van waaruit iemand denkt en handelt

refereren ❶ verslag uitbrengen ❷ zich beroepen op, terugkomen op, verwijzen (naar): *met zijn opmerking refereerde hij aan iets wat ik eerder had gezegd* **referte** de [-s] verwijzing naar iets

reflectant ⟨ree-⟩ de (m) iemand die reageert op een (personeels)advertentie **reflecteren** ❶ terugstralen, terugkaatsen, weerspiegelen ❷ op een meer diepgaande manier nadenken over iets: *~ op je gedrag en de manier waarop je leeft* ▼ *op een advertentie ~* op een advertentie reageren **reflectie** de (v) [-s] ❶ terugkaatsing, weerschijn, gloed ❷ het nadenken over iets, het reflecteren **reflector** de (m) [-s, -toren] hulpmiddel om lichtstralen of een ander verschijnsel duidelijk in een bepaalde richting terug te kaatsen: *een ~ op een fiets*

reflex de (m) ❶ terugkaatsing, weerspiegeling, spiegelbeeld ❷ onbewuste reactie op een zenuwprikkel **reflexbeweging** onwillekeurige spierbeweging als reactie op iets

reflexief ⟨ree-⟩ I bn ❶ wederkerend: *in zich wassen, is zich een ~ voornaamwoord* ❷ nadenkend over iets, reflecterend, bepiegelend II het [-flexieven] ❸ wederkerend werkwoord: *zich vergissen en zich wassen zijn reflexieven*

reformatie de (v) [-s] ❶ hervorming, vooral tot herstel van een vroegere, betere toestand ❷ hist. de kerkhervorming in de 16de eeuw

reformatorisch bn wat te maken heeft met of volgens de beginselen van de kerkhervorming **reformbeweging** beweging voor natuurlijke harmonie door onder andere gezonde voeding **reformwinkel** winkel met gezonde, natuurlijke voedingsmiddelen

refractair ⟨reefraktèr⟩ bn weerspannig ▼ *~e periode* tijdelijke ongevoeligheid voor prikkels na een overmaat aan prikkels

refractie de (v) [-s] breking van stralen of van licht **refractor** de (m) [-s, -toren] kijker waarin licht gebroken wordt, verrekijker met lenzen **refrein** het een of meer woorden of regels die aan het einde van elk couplet van een lied of gedicht herhaald worden

refter de (m) [-s] ❶ eetzaal in een klooster ❷ BN, spreekt. eetzaal van een school of bedrijf

refugié ⟨reefuuzjee⟩ de (m) [-s] iemand die gevlucht is vanwege geloof of politiek, vluchteling

reg. ❶ regel ❷ regiment

regaal I het [-galen] ❶ grote drukletter ❷ klein orgel, vooral gebruikt in de 15de en 16de eeuw ❸ ⟨vroeger⟩ groep pijpen in een groot orgel II bn ❹ koninklijk

regatta de [-'s] roei- of zeilwedstrijd

regeerakkoord overeenkomst tussen partijen die samen gaan regeren

regel de (m) [-s, -en] ❶ lijn, horizontale rij woorden in een boek, artikel enz. ▼ *tussen de ~s door lezen* in een tekst die dingen begrijpen die er niet in woorden staan ❷ gewoonte die als een norm wordt beschouwd, voorschrift: *je moet je aan de ~s houden* ▼ *in de ~* gewoonlijk ❸ kloostervoorschrift

regelen in orde maken, zorgen dat iets voor elkaar komt: *je krijgt je geld deze week, ik zal dat wel ~*

regelgeving de (v) ❶ het voorschrijven van regels ❷ voorgeschreven regels **regeling** de (v) ❶ het regelen ❷ voorschrift(en), schikking: *ze zijn gescheiden en hebben een ~ getroffen over de omgang met de kinderen* **regelmaat** de vaste volgorde of vast ritme waarin iets gebeurt **regelmatig** bn wat volgens vaste regels verloopt of op vaste tijden terugkomt

regelneef de (m), **regelnicht** de (v) iemand die op overdreven wijze dingen wil regelen

regelrecht zonder omwegen, niet via iemand of iets anders, rechtstreeks

regen de (m) [-s] ❶ water dat in druppels uit de lucht naar beneden valt ▼ *na ~ komt zonneschijn* na nare, verdrietige gebeurtenissen komen vrolijke gebeurtenissen ❷ fig. grote hoeveelheid, grote aantallen: *er kwam een ~ aan klachten* **regenachtig** bn met regen: *een ~e dag* **regenboog** boog met verschillende kleuren aan de hemel, die zichtbaar is als de zon schijnt en het tegelijk regent **regenboogforel** gekweekte zoetwaterforel (Salmo irideus) **regenboogtrui** sp. kleurige trui van de wereldkampioen wielrennen **regenboogvlies** een van de vliezen over de voorkant van het oog, iris **regenbui** korte periode waarin het regent **regendag** dag met veel regen **regendruppel** druppel water die uit de lucht valt, druppel regen **regenen** ❶ neervallen van water uit de lucht, van regen ❷ fig. in grote hoeveelheid neerkomen, binnenkomen: *vrij regent klachten*

regeneratie ⟨ree-⟩ ❶ spirituele, geestelijke vernieuwing of wedergeboorte ❷ het weer aangroeien van beschadigde of geamputeerde lichaamsdelen of organen ❸ het weer doen ontstaan of bruikbaar maken van stoffen waarvan men is uitgegaan bij een technologisch procedé

regenfront voorkant, voorste stuk van wolken waaruit het regent **regeninstallatie** installatie voor het beregenen, vooral van gewassen **regenjack** waterdicht jack **regenjas** waterdichte jas tegen regen **regenmantel** waterdichte mantel tegen regen **regenmeter** werktuig om vast te stellen hoeveel regen er valt **regenpijp** buis waardoor regenwater uit de dakgoot wordt afgevoerd **regenput** put voor regenwater **regenscherm** paraplu

regent de (m) ❶ rijksbestuurder, vooral iemand die voor een ander het rijksbestuur waarneemt ❷ bestuurder van een gesticht of gasthuis ❸ BN leraar in de lagere klassen van de middelbare school **regentaat** BN het [-taten] niet-academische opleiding tot leraar in de lagere klassen van het middelbaar onderwijs **regentes** de (v) [-sen] vrouwelijke regent **regentijd** periode waarin het veel regent **regenton** ton voor regenwater **regentschap** het [-pen] ❶ waardigheid of ambtstijd van een regent ❷ Ind. gebied van een regent

regenval hoeveelheid regen die op een plaats valt **regenwolk** donkere wolk waaruit regen valt **regenworm** vrij grote worm (9-30 centimeter lang) die men vaak boven de grond ziet bij regenachtig weer **regenwoud** oerwoud in een gebied met veel regen: *tropisch ~* **regenwulp** snipachtige trekvogel met een snavel die naar boven gebogen is (Numenius phaeopus)

regeren ❶ een land besturen ❷ heersen over, leiden: *in die tijd regeerde angst de wereld* **regering** de (v) ❶ het regeren ❷ de bestuurders van een land **regeringscoalitie** partijen die samen een regering vormen **regeringscommissaris** ❶ iemand die door de regering met een bijzondere opdracht belast is ❷ iemand die namens de regering zitting heeft in een raad van commissarissen van een bv **regeringspartij** partij die deel uitmaakt van de regering

reggae ⟨reGGee⟩ de muzieksoort die is ontstaan op Jamaica, met een speciaal ritme (backbeat) en oorspronkelijk met sociaal bewogen teksten **regie** ⟨-gie of -zjie⟩ de (v) [-s] spelleiding, leiding bij het maken van films, radio- of tv-programma's,

toneelstukken enz. of bij het organiseren van grote openbare bijeenkomsten

regime ⟨reezjiem⟩ het [-s] ❶ regeringsstelsel, vooral een autoritaire regering ❷ geheel van regels volgens welke dingen worden gedaan of volgens welke iemand leeft

regiment ⟨reegie- of reezjie-⟩ het militaire eenheid onder een (luitenant-)kolonel

regio ⟨ree-⟩ de [-'s, -gionen] streek, landstreek, gebied ▼ *in hogere ~nen* in hogere sociale kringen; fig. in diepe gedachten, geestelijk in hogere sferen **regionaal** bn wat te maken heeft met een streek, van een bepaalde streek: *we eten vooral regionale producten uit onze omgeving* **regionalisme** het ❶ het streven naar zelfstandigheid van een gebied ❷ het streven naar het behoud van de cultuur en tradities van een gebied **regionen** de (mv) gebieden, streken ▼ *in hogere ~ verkeren* in hogere sociale kringen; fig. in diepe verheven gedachten

regisseur de (m) [-s] ❶ iemand die een toneelstuk, film e.d. regisseert ❷ iemand die iets anders plant en uitvoert **regisseursstoel** lichte stoel die van opzij kan worden ingeklapt **regisseuse** de (v) [-s] vrouwelijke regisseur

register het [-s] ❶ alfabetische of systematische inhoudsopgave ❷ inschrijvingsboek, aktenboek ❸ muz. de gezamenlijke orgelpijpen die bij één geluidssoort horen ▼ *alle ~s opentrekken* met veel inzet te werk gaan, erg zijn best doen ❹ taalk. taalsoort, stijl, afhankelijk van de situatie **registeraccountant** accountant die is toegelaten tot het Koninklijk Nederlands Instituut van Registeraccountants en die wettelijk bevoegd is om de jaarrekeningen van bedrijven te beoordelen **registerton** maat voor de inhoud van schepen, 2,83 m³

registratie ⟨ree-⟩ de (v) ❶ het inschrijven, het noteren in een register ❷ het ingeschreven, genoteerd zijn ❸ opname van geluid of beeld **registreren** ❶ inschrijven, in een register noteren: *de portier registreert alle bezoekers die het gebouw binnenkomen* ❷ geluid of beeld opnemen: *het optreden werd op video geregistreerd* ❸ merken, waarnemen: *de rechercheur registreerde een lichte stemverhoging bij de verdachte*

reglement ⟨ree-⟩ het geheel van bepalingen of voorschriften die de leden van een organisatie, vereniging, bestuur e.d. in acht moeten nemen **reglementair** ⟨-tèr⟩ bn ❶ wat te maken heeft met het reglement ❷ zoals voorgeschreven in het reglement, in overeenstemming met het reglement **reglementeren** aan een reglement onderwerpen, bepalingen of voorschriften voor iets laten gelden

regres het recht op schadevergoeding, verhaal (op iemand) **regressie** ⟨ree-⟩ de (v) [-s] ❶ terugkeer tot een vroegere toestand ❷ psych. terugval in een kinderlijk gedragspatroon **regressief** ⟨ree-⟩ bn teruggaand, terugwerkend **regulair** bn ❶ regelmatig ❷ volgens de norm, de regels **regulariseren** ⟨-zi-⟩ ❶ regelmatig maken, reguleren ❷ in overeenstemming brengen met de voorschriften **regulateur** de (m) [-s]

re

❶ (onderdeel van een) toestel dat ervoor zorgt dat iets constant blijft, zoals het toerental van een stoommachine, de temperatuur in een ruimte, de toe- en afvoer van brandstof, lucht ❷ bepaalde antieke klok **regulatie** *de (v)* ❶ het reguleren ❷ het corrigeren van onregelmatigheden, bijv. van een gebit

regulator *de (m)* [-s, -toren] (deel van een) toestel dat ervoor zorgt dat iets constant blijft, regulateur **reguleren** ❶ leiden, ordelijk doen verlopen ❷ regelen, schikken, afspreken **regulier** I *bn* ❶ geregeld, regelmatig ❷ die leeft volgens een kloosterregel II *de (m)* ❸ kloosterling

rehabilitatie ⟨ree-⟩ *de (v)* [-s] herstel in vorige staat, eer of aanzien **rehabiliteren** in eer en goede naam herstellen

rehydratie *de (v)* het in balans houden of brengen van de vochthuishouding van het lichaam

rei I *de* ❶ BN ook stadsgracht: *de Brugse ~en* straten langs de grachten van Brugge II *de (m)* ❷ koor bij vroegere toneelvoeringen, dat na ieder bedrijf de gedachten van de toeschouwers vertolkte

reiger *de (m)* [-s] grote vogel van het geslacht Ardea **reigersbek** plant van het geslacht Erodium, met een vruchtbeginsel dat lijkt op een snavel

reiken ❶ de arm uitstrekken, bijv. om iets aan te pakken of iemand iets te geven ▾ *elkaar de hand ~* elkaar een hand geven; fig. aanbieden om te helpen ❷ zich uitstrekken naar ▾ *zover het oog reikt* zover als men kan zien: *overal weilanden, zover het oog reikt* **reikhalzend** *bw* ▾ *~ naar iets uitkijken* heel erg naar iets verlangen, zich er erg op verheugen: *de kinderen keken ~ uit naar de vakantie* **reikwijdte** ❶ afstand tot waar iets reikt ❷ fig. gebied of kring waar de invloed of het effect merkbaar is: *de ~ van een maatregel*

reilen ▾ *het ~ en zeilen* de gang van zaken

rein *bn* zuiver, zonder vuil, zonder iets slechts of zondigs

reïncarnatie ⟨ree-⟩ wedergeboorte, terugkeer van de ziel in een ander mens of een dier

reine-claude ⟨rènə-kloodə⟩ *de* [-s] zoete geelgroene pruim

reinigen schoonmaken, zuiveren, alles verwijderen wat vies of slecht of zondig is **reinigingsdienst** dienst die een stad of gemeente schoonhoudt

re-integratie het opnieuw (doen) functioneren, vooral van personen in het arbeidsproces **re-integratiebureau** bedrijf dat werkloze of langdurig zieke werknemers begeleidt naar terugkeer op de arbeidsmarkt, onder andere door scholing of het vinden van passend werk **re-interpreteren** een nieuwe uitleg geven aan iets

reis *de* [reizen] het gaan naar een andere, vaak wat verder verwijderde, plaats ▾ BN ook *van een kale ~ thuiskomen* van een koude kermis thuiskomen, er slecht van afkomen **reisbeurs** beurs voor een studiereis

reisbijstand BN hulp bij ongeval of ziekte tijdens een reis **reisbijstandsverzekering** BN, schr. [-en] reisverzekering

reisbureau bedrijf dat reizen organiseert en verkoopt **reis- en kredietbrief** verzekering die recht geeft op hulp bij autopech of -schade in het buitenland **reisgenoot** persoon met wie iemand op reis is **reisgezelschap** personen die samen een reis maken of met wie men reist **reisgids** ❶ persoon die reizigers in een vreemd gebied de weg wijst ❷ boekje dat allerlei informatie bevat voor reizigers in een bepaald gebied **reiskostenforfait** bedrag dat iemand van de belastingdienst mag aftrekken van zijn inkomen, als reiskosten tussen woning en werk **reisleider** *de (m)* [-s] iemand die tijdens een groepsreis praktische zaken regelt en informatie geeft **reismicrobe** BN zin om te reizen: *na zijn bezoek aan de Sovjet-Unie kreeg de ~ Kuifje voorgoed te pakken* **reispas** ❶ paspoort ❷ officieel document met toestemming om in een land of gebied te reizen **reisvaardig** klaar om op reis te gaan **reiswijzer** *de (m)* [-s] ❶ boekje of website met informatie voor reizigers in een bepaalde streek ❷ routeplanner op internet **reizen** een reis maken **reiziger** *de (m)* [-s] ❶ iemand die een reis maakt ❷ handelsreiziger

rek I *de (m)* [-ken] ❶ het rekbaar zijn, veerkracht II *het* [-ken] ❷ latwerk om iets aan of in op te hangen of in te zetten **rekbaar** *bn* ❶ mogelijk om te rekken ❷ fig. voor ruime uitleg of toepassing vatbaar: *'normaal' is een ~ begrip: wat de één normaal vindt, vindt de ander misschien vreemd*

rekel *de (m)* [-s] ❶ mannetje bij bepaalde dieren zoals een hond, vos of wolf ❷ vlegel, onbeschofte, brutale vent

rekencentrum plaats, afdeling waar met computers berekeningen worden uitgevoerd: *het ~ van de universiteit* **rekeneenheid** ⟨geldverkeer⟩ eenheid waarin bedragen worden uitgedrukt, maar die zelf geen gangbaar betaalmiddel is **rekenen** ❶ bewerkingen met getallen uitvoeren ❷ beschouwen: *iets tot zijn plicht ~* ▾ *~ op* vast vertrouwen op **rekenfout** fout die gemaakt is bij het rekenen **Rekenhof** BN *het* staatscollege voor financiële controle op overheden

rekening *de (v)* ❶ papier waarop of computerbestand waarin staat wat men voor geleverde diensten of goederen moet betalen ❷ boekh. blad met een debet- en een creditzijde, waarop veranderingen in bezittingen en schulden en vorderingen worden geboekt ▾ *~ houden met* denken aan, zich richten naar ❸ bankrekening, girorekening **rekening-courant** ⟨-koe-⟩ *de (v)* [-en-courant] lopende rekening, voortdurende vereffening van wederzijdse schulden en vorderingen, vooral bij een bank of postgirodienst **rekeninghouder** iemand die een rekening heeft bij een bank of bij een postgirodienst **rekeningrijden** systeem waarbij men moet betalen voor het rijden op bepaalde (auto)wegen en tijdens bepaalde uren **rekeninguittreksel** BN, ook dagafschrift, bankafschrift

rekenkamer staatscollege voor financiële controle van de inkomsten en uitgaven van de rijksoverheid **rekenkunde** theorie van de getallen, het werken met getallen (optellen, aftrekken enz.) **rekenles** les in rekenen **rekenliniaal** schuifliniaal voor rekenkundige bewerkingen **rekenmachine** apparaat of software waarmee men berekeningen kan uitvoeren **rekenmunt** munt waarin geldswaarden worden uitgedrukt maar die niet echt bestaat **rekenschap** *de (v)* verantwoording ▼ *zich ~ geven van* duidelijk beseffen wat het effect is, wat het betekent: *zich ~ geven van zijn daden* **rekensom** opgave voor het maken van een berekening

rekest *het* verzoekschrift ▼ *nul op het ~ krijgen* een afwijzende reactie krijgen op een verzoek

rekkelijk *bn* ❶ rekbaar, lenig ❷ *fig.* die het niet al te streng neemt, niet al te precies **rekken** ❶ langer maken, lang laten duren ❷ langer worden, lang duren

rekruteren personen zoeken en werven voor het leger, voor een baan e.d. **rekruut** *de (m)* [-kruten] pas aangenomen soldaat, nieuweling

rekstok horizontale stok voor gymnastische oefeningen **rekverband** ❶ verband dat een gebroken lichaamsdeel, bijv. een gebroken been, rekt ❷ elastisch verband

rekwisieten ⟨reekwiezie-⟩ *de (mv)* voorwerpen die nodig zijn voor een film of toneelvoorstelling en die niet tot de decoratie of de kostuums behoren

rel ❶ grote vechtpartij op straat, bijv. tussen betogers en de politie ❷ opschudding naar aanleiding van een gebeurtenis: *het ontslag van de populaire leraar zorgde voor een grote ~ op school*

relaas *het* [-lazen] mondeling verslag, verhaal

relais ⟨-lè⟩ *het* [relais] ❶ pleisterplaats, wisselplaats ❷ *nat.* toestel om met een zwakke stroom een nieuwe sterkere stroomkring te openen of te sluiten ❸ BN het opnieuw uitzenden van een radio- of tv-programma ▼ BN *uitzending in uitgesteld ~* niet-rechtstreekse, integrale uitzending (van een opgenomen concert, voetbalwedstrijd enz.)

relance ⟨rəlãsə⟩ BN *de (v)* [-s] ⟨m.b.t. de economie⟩ opleving

relateren ⟨ree-⟩ ▼ *~ aan* in verband brengen met **relatie** *de (v)* [-s] ❶ manier waarop personen of dingen met elkaar te maken hebben: *er is een ~ tussen roken en longkanker* ❷ contact, omgang met iemand: *hun ~ is puur zakelijk* ❸ liefdesverhouding: *hij heeft een ~ met ons buurmeisje* ❹ persoon die men kent, met wie men contact heeft: *hij heeft veel ~s in de zakenwereld*

relatief ⟨ree-⟩ I *bn* ❶ niet absoluut maar afhankelijk van hoe men ernaar kijkt, betrekkelijk II *het* [-tieven] ❷ betrekkelijk voornaamwoord

relatiegeschenk geschenk aan goede (zaken)relaties

relativeren ⟨ree-⟩ de betrekkelijkheid inzien, doen uitkomen van, beseffen dat iets niet zo belangrijk is als het lijkt **relativisme** *het* ❶ leer of houding die ervan uitgaat dat er geen waarheid is die wij door ons denken kunnen begrijpen ❷ het ontkennen van het bestaan van algemeen geldende normen **relativiteit** *de (v)* het niet absoluut zijn maar afhankelijk van hoe men ernaar kijkt, betrekkelijkheid

relativiteitstheorie nat. theorie volgens welke materie, ruimte en tijd afhankelijk zijn van elkaar

relaxed ⟨rielekst⟩ *bn* ❶ ontspannen, op zijn gemak ❷ *jong.* goed, prettig **relaxen** [relaxte, h. gerelaxt] ❶ zich ontspannen, in een ontspannen houding rusten ❷ *euf.* een prostituee bezoeken

release ⟨Rielies⟩ *de (m)* [-s] uitgifte van een nieuwe grammofoonplaat, cd, dvd of film **releasen** [releaste, h. gereleast] (een cd, dvd of film) uitbrengen

relevant ⟨ree-⟩ *bn* van belang in de situatie of context: *in een zakelijk gesprek zijn persoonlijke vragen meestal niet ~*

relict *het* overblijfsel uit een vroegere tijd

reliëf ⟨-ljef⟩ *het* [-s] ❶ verhevenheid, het uitsteken boven de omgeving ❷ deel van een beeldhouwwerk dat uitsteekt uit een vlak, bijv. figuren die voor een deel uitsteken

reliek *de (v) & het* relikwie

religie *de (v)* [-s, -giën] godsdienst **religieus** *bn* godsdienstig **religieuze** *de (v)* [-n, -s] vrouw die in een klooster leeft, non

relikwie ⟨ree-⟩ *de (v)* [-ën] ❶ overblijfsel van het lichaam van een heilige of voorwerp dat in nauw verband met een heilige heeft gestaan ❷ *fig.* dierbaar aandenken

reling *de* soort wand of leuning buiten op een schip als bescherming tegen golven of om ervoor te zorgen dat men niet in het water valt

relipop religieuze popmuziek **relishopper** *de (m)* [-s] iemand die uit verschillende godsdiensten elementen kiest

relnicht provocerende homo

relschopper *de (m)* [-s] iemand die een rel veroorzaakt

reltrapper *de (m)* [-s] relschopper

rem I *de* [-men] ❶ onderdeel waarmee men een voertuig doet stilstaan ❷ *fig.* belemmering, iets wat iets tegenhoudt of vertraagt II *rapid eye movement*, ❸ snelle oogbewegingen (*tijdens de slaap*) **remafstand** afstand waarbinnen een voertuig bij remmen tot stilstand komt **rembekrachtiging** ❶ het vergroten van het remmend vermogen van een remsysteem ❷ het onderdeel dat dat doet **remblok** blok hout of metaal dat bij het remmen tegen het wiel gedrukt wordt om een voertuig te doen stilstaan

rembours ⟨ramboers⟩ ▼ *onder ~* zo dat bij ontvangst de zending en de vervoerskosten moeten worden betaald

remedial teacher ⟨Riemiediejəl tietsjəR⟩ *de (m)* [-s] gespecialiseerd leraar die lesgeeft aan leerlingen met leermoeilijkheden **remedial teaching** *de* gespecialiseerd onderwijs voor leerlingen met leermoeilijkheden

remedie *de (v) & het* [-s] middel of manier om (ook figuurlijk) te genezen

remgeld ❶ BN, vero. eigen bijdrage ❷ BN deel van het bedrag voor geneeskundige hulp en geneesmiddelen dat niet door het ziekenfonds wordt terugbetaald

remigrant ⟨ree-⟩ *de (m)* emigrant die terugkeert

re

naar zijn vaderland

reminiscentie ⟨ree-⟩ *de (v)* [-s] ❶ herinnering aan iets uit het verleden door iets wat men op het moment waarneemt of meemaakt ❷ iets in een boek of ander kunstwerk wat doet denken aan een ander geschreven werk of kunstwerk

remise ⟨-za⟩ *de (v)* [-s] ❶ ruimte waar bussen en trams geparkeerd worden ❷ gelijkspel, vooral bij schaken en dammen

remissie ⟨ree-⟩ *de (v)* [-s] ❶ opheffing van een verbod ❷ vermindering van een straf, van een bedrag dat moet worden betaald e.d. ❸ tijdelijke vermindering of verdwijning van ziekteverschijnselen

remix ⟨Rie-⟩ *de (m)* [-en, -es] het tot een nieuw geheel mengen van de verschillende partijen van een bestaand muziekstuk, opnieuw gemixte geluidsopname

remlicht licht dat aangaat bij remmen **remmen** ❶ de vaart van een voertuig verminderen ❷ *fig.* belemmeren, tegenwerken: *de dagelijkse zorgen ~ mij in mijn geestelijke groei* **remming** *de (v)* belemmering, vooral iets wat iemand psychisch belemmert om zich te uiten of dingen te ondernemen

remonstrant ⟨ree-⟩ *de (m)* lid van een bepaald protestants kerkgenootschap

remote control ⟨riemoot kontrool⟩ *de (m)* bediening op afstand, afstandsbediening

remouladesaus ⟨reemoe-⟩ saus van mayonaise met mosterd en tuinkruiden

remous ⟨-moe⟩ *de (m)* [remous] ⟨-moes⟩ stoten en schokken in een luchtlaag

remover ⟨RiemoevəR⟩ *de (m)* [-s] vloeistof om nagellak of make-up te verwijderen

remplaçant ⟨ramplaasant⟩ *de (m)* plaatsvervanger, vroeger voor iemand in militaire dienst: *hij is violist en vaste ~ tweede viool in een orkest*

remschoen boogvormig remblok

remslaap periode van diepe slaap met snelle oogbewegingen

remspoor ❶ spoor dat een remmend voertuig achterlaat ❷ scherts. spoor van poep in de toiletpot

remweg afstand die een voertuig nog aflegt voor het bij remmen stilstaat

ren I *de (m)* [-nen] ❶ snelle loop **II** *de* [-nen] ❷ ruimte bij een kippenhok die met gaas is afgesloten, kippenren

renaissance ⟨reenessâse⟩ *de* wedergeboorte, vooral hernieuwing van levensopvatting en kunsten onder invloed van de klassieke oudheid, het eerst in Italië, in de 15de en 16de eeuw

renbaan baan voor wedrennen, zoals paardenraces

rendabel *bn* wat genoeg moet opleveren: *deze handel is niet meer ~* **rendabiliteit** *de (v)* het rendabel zijn **rendement** *het* ❶ opbrengst, wat iets oplevert, wat iets financieel oplevert: *het ~ van een investering* ❷ energie die een machine levert in verhouding tot de krachtbron, nuttig effect **renderen** genoeg opleveren, winst of rente opleveren: *deze investering rendeert niet*

rendez-vous ⟨râdee-voe⟩ *het* [rendez-vous] afgesproken bijeenkomst, vooral van geliefden

rendier hertachtig dier uit noordelijke streken (Rangifer tarandus) **rendiermos** grijsgroen korstmos met vertakte steeltjes (Cladonia rangifera)

renegaat *de (m)* [-gaten] iemand die zijn geloof of overtuiging verlaat, afvallige

renet *de* [-ten] grote grauwgroene appelsoort

renminbi *de (m)* [-'s] in het Chinees letterlijk: geld van het volk, officiële valuta van de Volksrepubliek China, met de yuan als munteenheid

rennen hard lopen, draven **renner** *de (m)* [-s] iemand die rent, ook verkorting van *wielrenner* **rennerskwartier** verblijf voor coureurs en wielrenners

renommee *de (v)* reputatie

renonce *de* ⟨kaartspel⟩ het niet hebben van de gevraagde kleur

renovatie *de (v)* [-s] vernieuwing en verbetering van een gebouw: *bij de ~ van ons huis kregen we een nieuwe badkamer* **renoveren** vernieuwen en verbeteren van gebouwen

renpaard paard dat speciaal is afgericht om te racen **renstal** ❶ stal met renpaarden ❷ team van autocoureurs, vaak in dienst van een bepaald bedrijf

rentabiliseren BN winstgevend maken **rentabiliteit** *de (v)* het opleveren van rente of winst

rente *de* [-n, -s] ❶ bedrag in procenten dat men moet betalen voor het lenen van geld ❷ bedrag in procenten dat men krijgt voor geld dat men aan iemand leent, dat op een bankrekening staat of dat men belegt **renteloos** *bn* wat geen rente oplevert of waarover men geen rente hoeft te betalen

rentenier *de (m)* [-s] iemand die van zijn rente leeft, van de opbrengst van zijn kapitaal **rentenieren** van zijn rente leven, van de opbrengst van zijn kapitaal leven **rentevoet** stand van de rente: *bij deze blijft de ~ hetzelfde, het percentage verandert niet*

rentmeester beheerder van een landgoed **rentmeesterschap** *het* goede zorg voor iets, zoals het milieu

rentree ⟨râ-⟩ *de* [-s] ▼ *zijn ~ maken* na een lange afwezigheid weer actief worden: *de keeper die lang geblesseerd was geweest, maakte zijn ~ op het voetbalveld*

reorganisatie ⟨ree-⟩ het opnieuw en anders inrichten, bijv. van een bedrijf **reorganiseren** opnieuw en anders inrichten, hervormen

rep *de (m)* ▼ *in ~ en roer* in opschudding, in grote opwinding: *het hele dorp was in ~ en roer*

reparabel ⟨ree-⟩ *bn* mogelijk om te repareren **reparateur** *de (m)* [-s] iemand die machines, toestellen, instrumenten e.d. repareert **reparatie** *de (v)* [-s] het weer in orde maken van iets dat kapot of beschadigd is **repareren** iets dat kapot of beschadigd is, weer in orde maken

repatriëren ⟨ree-⟩ [repatrieerde, h. / is gerepatrieerd] terugkeren of terugbrengen naar het vaderland: *tijdens de onlusten in het land werden de Nederlanders die er woonden, gerepatrieerd*

repercussie ⟨ree-⟩ *de (v)* [-s] ❶ weerkaatsing van

geluid, licht enz. ❷ weerslag, gevolg (meestal onaangenaam)

repertoire ⟨-twaar⟩ *het* [-s] ❶ geheel van toneel- of muziekstukken die een gezelschap of groep kan spelen: *het ~ van een toneelgezelschap* ❷ al de nummers van een programma **repertorium** ⟨ree-⟩ *het* [-ria, -s] ❶ register ❷ beknopt naslagwerk

repeteerwekker wekker die met tussenpozen afloopt

repeteren ❶ herhalen, nog eens doen ❷ leerstof herhalen, nog eens doornemen en proberen goed te onthouden ❸ een toneel- of muziekstuk oefenen dat ingestudeerd wordt **repetitie** *de (v)* [-s] ❶ herhaling ❷ oefening voor een opvoering ❸ proefwerk **repetitor** *de (m)* [-s, -toren] iemand die met een student oefent voor een examen

replica ⟨ree-⟩ *de (v)* [-'s] kopie van een kunstwerk die door de kunstenaar zelf gemaakt is

repliceren antwoorden, tegen het gezegde inbrengen, terugzeggen, van repliek dienen **repliek** *de (v)* [-en] ❶ antwoord, reactie ❷ jur. reactie van de eisende partij op het verweer van degene die is aangeklaagd ▼ *iemand van ~ dienen* iemand zo'n raak antwoord geven dat hij verder zijn mond houdt

replyen ⟨rieplajən⟩ [replyde, h. gereplyd] een e-mail beantwoorden een mee een e-mail door de optie *reply* of *beantwoorden* te kiezen

reportage ⟨reeportaazjə⟩ *de (v)* [-s] verslaggeving, vooral ooggetuigenverslag voor radio of televisie **reportagewagen** auto met apparatuur voor opnames voor radio en televisie **reporter** ⟨riepòRtəR⟩ *de (m)* [-s] verslaggever, journalist

reppen ❶ vlug bewegen ▼ *zich ~* zich haasten ❷ spreken over iets ▼ *niet over iets ~* er geen woord over zeggen

represaille ⟨-prazajjə⟩ *de* [-s] actie of maatregel om iets te vergelden of te bestraffen, vergeldingsmaatregel

representant ⟨reepreezen-⟩ *de (m)* ❶ iemand die een bepaalde groep of richting vertegenwoordigt ❷ iemand die een typisch voorbeeld is van een bepaalde groep of richting: *een ~ van een richting in de kunst* **representatie** ❶ vertegenwoordiging, het vervullen van een taak of functie of het behartigen van belangen in de plaats van iemand, een bedrijf e.d. ❷ het vertegenwoordigen van, optreden namens een bedrijf enz. op een manier zoals het hoort **representatief** *bn* ❶ vertegenwoordigend ❷ wat een indruk, een beeld van iets geeft ❸ geschikt om te vertegenwoordigen ❹ wat een goede indruk maakt: *een ~ uiterlijk* **representeren** ❶ vertegenwoordigen, optreden namens, als vertegenwoordiger van: *Piet representeert onze school bij het schaaktoernooi voor scholieren* ❷ voorstellen, verbeelden: *een hartje representeert liefde*

repressie ⟨ree-⟩ *de (v)* [-s] ❶ onderdrukking: *~ in een dictatuur* ❷ psych. verdringing ❸ BN bestraffing van collaborateurs na WO I en II **repressief** *bn* onderdrukkend: *een ~ bewind in een dictatuur*

reprimande ⟨ree-⟩ *de* [-s] terechtwijzing, berisping

reprise ⟨-zə⟩ *de (v)* [-s] herhaling, het opnieuw opvoeren van een vroeger gespeeld toneelstuk, het weer in roulatie brengen van een oude film

repro ⟨ree-⟩ *de (m)* [-'s] reproductie **reproduceren** ⟨ree-⟩ ❶ uit zijn hoofd opzeggen, weergeven: *ik kan niet meer precies ~ wat hij zei* ❷ iets namaken of meer exemplaren van iets maken: *cd's ~* ▼ *zich ~* zich voortplanten, kinderen of jongen krijgen **reproductie** *de (v)* [-s] ❶ nagemaakte uitbeelding, vooral een plaat van een schilderij of een grafisch kunstwerk ❷ voortplanting, het krijgen van kinderen of jongen **reprorecht** regelgeving die te maken heeft met het fotokopiëren van boeken en tijdschriften

reptiel *het* kruipend dier zonder haar of veren dat eieren legt, zoals een slang of een hagedis

republiek ⟨ree-⟩ *de (v)* regeringsvorm of staat zonder vorst **republikein** *de (m)* voorstander van een republiek

reputatie ⟨ree-⟩ *de (v)* [-s] (goede of slechte) naam: *hij heeft de ~ een heel goede dokter te zijn*

requiem ⟨reekwiejem⟩ *het* [-s] dodenmis en de muziek en zang daarbij

requisitoir ⟨reekwiezietoor⟩ *het* [-en, -s] eis van het Openbaar Ministerie

research ⟨RiesùRtsj⟩ *de (m)* (wetenschappelijk) onderzoek

reseda ⟨reezee-⟩ **I** *de* [-'s] ❶ plant met gele bloemtros **II** *bn* ❷ grijsachtig groen

resem BN, ook *de (m)* [-s] een hele serie, reeks

reservaat ⟨reezer-⟩ *het* [-vaten] ❶ gebied waar de natuur in haar oorspronkelijke staat wordt gehouden ❷ gebied voor de oorspronkelijke bevolking die uit haar vroegere woongebied verdreven is: *een indianen~* **reservatie** *de (v)* [-s] plaatsbespreking

reserve ⟨-zer-⟩ *de* [-s] ❶ wat voor bijzondere omstandigheden achtergehouden wordt, noodvoorraad: *zij houdt altijd wat blikjes met eten in ~* ❷ iemand die kan worden ingezet als vervanger van een ander: *toen een speler geblesseerd raakte, kwam er een ~ in het veld* ❸ voorbehoud, terughoudendheid: *zij reageerde met enige ~ op het voorstel* **reservebank** sp. bank waarop reservespelers zitten **reserveren** ❶ bewaren, wegleggen, in voorraad houden ❷ van tevoren bespreken: *een plaats ~ voor een theatervoorstelling* ❸ alvast rekening houden met of alvast vragen of opeisen: *bepaalde voorrechten voor zichzelf ~* **reservist** *de (m)* militair die niet in actieve dienst is maar die wordt opgeroepen als het noodzakelijk is

reservoir ⟨-vwaar⟩ *het* [-s] bewaarplaats voor vloeistoffen, gassen enz.: *ons drinkwater wordt opgeslagen in grote ~s*

resetten ⟨Rie-⟩ [resette, h. gereset] ⟨bij computers en andere apparatuur⟩ terugbrengen naar de oorspronkelijke instellingen om een programma of proces opnieuw te starten

resident ⟨reezie-⟩ *de (m)* hoofd van een residentie in het vroegere Nederlands Oost-Indië, belast met het burgerlijk bestuur, het geldelijk beheer en het politiegezag **residentie** *de (v)* [-s] ❶ gewone verblijfplaats van een vorst en/of een regering, hofstad ▼ *de ~* Den Haag ❷ gebied in het vroegere Nederlands Oost-Indië onder een

re

resident residentieel bn BN ook chic, exclusief (*van woonwijken en huizen*) **resideren ❶** (m.b.t. een vorst, ambassadeur enz.) verblijf houden, zetelen ❷ (m.b.t. gewone mensen) BN, schr. wonen

residu (reezie-) het [-'s, -en] overblijfsel, neerslag, bezinksel

resistent (reezie-) bn in staat om weerstand te bieden, bestand tegen **resistentie** de (v) weerstandsvermogen, ongevoeligheid voor aantasting, het resistent zijn

resocialiseren (-zɪren) geschikt maken voor terugkeer in de maatschappij

resolutie (reezoo-) de (v) [-s] ❶ besluit waarin een vergadering haar mening formuleert ❷ aantal beeldpunten per oppervlakte, scherpte van de weergave op een beeldscherm, een printer e.d.

resoluut bn vastberaden, beslist

resonantie (reezoo-) de (v) [-s] het weerklinken, weergalm, naklank **resonator** de (m) [-s, -toren] apparaatje om bijtonen te versterken **resoneren** weergalmen, naklinken, meeklinken

resource (riesòrs) de [-s] bron, iets dat iemand die middelen of geld verschaft

resp. respectievelijk

respect het waardering en eerbied **respectabel** bn wat waardering en eerbied verdient: *ze heeft de ~e leeftijd van negentig jaar bereikt* **respecteren ❶** waardering en eerbied hebben voor ❷ naleven, zich eraan houden: *de wet ~*

respectief bn respectievelijk **respectievelijk** bn elk afzonderlijk, in de genoemde volgorde: *Ludo, Remon en Tom zijn ~ elf, tien en dertien jaar oud*

respijt het onderbreking, uitstel: *we kregen nog even ~ voor we moesten betalen* **respijtzorg** het tijdelijk overnemen van de zorg zodat de personen die zorgen voor een langdurig zieke of gehandicapte, even rust krijgen

respiratie de (v) [-s] ❶ het ademhalen, ademhaling ❷ verademing, het opgelucht zijn, het zich weer beter voelen door iets

respondent de (m) iemand die antwoordt op vragen bij een enquête **responderen** antwoorden op vragen, vooral bij een enquête of college

respons het & de (v) antwoord, reactie

responsabel (-sponzaa-) bn verantwoordelijk

ressentiment het wrok

ressort¹ (rəssòr) het [-s] springveer

ressort² het ❶ ambtsgebied, gebied waar iemand of een organisatie het gezag heeft, district ❷ kring, gebied, bijv. van een wetenschap **ressorteren** ▾ *~ onder* behoren tot het gebied of het werkgebied van

rest de ❶ dat wat overblijft als het meeste op, weg e.d. is: *er is nog een ~je soep over* ▾ *voor de ~* verder: *Sam heeft gebeld, maar voor de ~ is er niets gebeurd* ❷ alle anderen: *Tom en Khalid zijn er, maar waar is de ~?* **restant** het dat wat over is, wat overblijft van een voorraad: *in de uitverkoop worden de ~en verkocht*

restaurant (-toorã of -toorant) het [-s] plaats waar men tegen betaling een maaltijd kan eten: *een Chinees ~* **restaurantdag** BN dag waarop een vereniging eten biedt aan iedereen die haar wil steunen **restaurateur** de (m) [-s] ❶ iemand die

restaureert ❷ iemand die een restaurant heeft of beheert **restauratie** de (v) [-s] ❶ herstel in de vroegere toestand, vooral van bouwwerken en kunstwerken ❷ eetgelegenheid, vooral op stations, in treinen enz. **restauratiewagen** wagon in een trein waar passagiers iets kunnen eten of drinken **restaureren** in de vroegere toestand herstellen, vooral van bouwwerken en kunstwerken

resten [restte, is gerest] overblijven: *we moeten voortmaken, er rest ons nog maar weinig tijd* **resteren** [resteerde, is geresteerd] overblijven: *bijna de hele schuld is afbetaald, er resteert nog een klein bedrag*

restitueren herstellen, teruggeven, vergoeden: *we kunnen het product niet leveren en we ~ het betaalde bedrag* **restitutie** de (v) [-s] herstel, teruggave, vergoeding: *~ van het bedrag dat u te veel heeft betaald*

restrictie de (v) [-s] beperking, voorwaarde: *hiervoor geldt als ~ dat je minimaal achttien moet zijn om mee te mogen doen* **restrictief** (restrie-) bn beperkend, met voorwaarden

restzetel zetel die wordt toegekend op basis van de stemmen die overblijven na toewijzing van de zetels die op grond van de kiesdeler zijn behaald

resultaat (reezul-) het [-taten] dat wat ontstaat door wat iemand doet of wat er gebeurt, uitslag of gevolg: *ik heb hier het ~ van je examen: je bent geslaagd; het ~ van de vechtpartij was een gebroken neus en een flinke buil* **resultaatvoetbal** manier van spelen die alleen gericht is op een zo gunstig mogelijke uitslag en niet op een aantrekkelijk kijkspel **resultante** de [-n] fig. iets wat ontstaat door een samenspel van factoren **resulteren** uit een zaak voortvloeien, als resultaat hebben: *de woordenwisseling resulteerde in een vechtpartij*

resumé (reezuu-) het [-s] korte samenvatting, beknopt overzicht **resumeren** kort samenvatten

resusfactor (reezus-) antigeen in de rode bloedlichaampjes van de meeste mensen

retailer (rietee-) de (m) [-s] kleinhandel, de gewone winkel die rechtstreeks aan de consument verkoopt

retarderen (ree-) vertragen, ophouden ▾ *een geretardeerd kind* een kind dat geestelijk of lichamelijk langzamer is in zijn ontwikkeling

retentie de (v) [-s] ❶ het (vast)houden van iets ▾ jur. *recht van ~* recht om de zaak die men van iemand anders vasthoudt, pas terug te geven wanneer die ander zijn schuld voldoet ❷ med. het niet uitscheiden van lichamelijke afvalstoffen

retina de [-'s] netvlies

retirade (ree-) de (v) [-s] vero. openbaar toilet, wc

retorica de (v) [-'s] leer van de welsprekendheid **retoriek** de (v) ❶ hoogdravende taal zonder echte inhoud ❷ retorica **retorisch** bn ❶ wat hoort bij de retorica ❷ zoals een redenaar dat doet, bombastisch ▾ *een ~e vraag* vraag die eigenlijk een stelling is en waarop men geen antwoord verwacht

retouche (rətoesj) de (v) [-s] ❶ bijwerking, het mooier maken ❷ plaats waar iets is bijgewerkt

in een schilderij, foto e.d. **retoucheren** ‹-sjè-›
❶ bijwerken om terug te brengen in oude staat
of om mooier te maken, vooral van foto's,
schilderijen e.d. ❷ BN herstellen *(van kleren)*
retour ‹-toer› **I** *de (m)* [-s] ❶ terugkeer, terugreis
▼ *fig. op zijn ~ zijn* over zijn hoogtepunt heen
zijn **II** *het* [-s] ❷ kaartje voor heen- en terugreis
III *bw* ❸ terug: *ik stuur dit ~ afzender* **retourbiljet**
kaartje voor heen- en terugreis **retourneren**
❶ terugsturen: *ik heb de broek die ik via internet
besteld had, geretourneerd* ❷ terugslaan,
terugspelen: *de tennisser retourneerde de bal*
retourvracht vracht voor de terugreis
retraite ‹-trè̩ta› *de* [-s] tijdelijke afzondering van
de wereld om tot rust te komen of na te denken:
een meditatieve ~
retributie *de (v)* [-s] ❶ vergoeding ❷ betaling
voor overheidsdiensten
retriever ‹rie-› *de (m)* [-s] naam van een
jachthondenras ▼ *golden ~* vrij grote blondharige
jachthond
retro *bn* wat er ouderwets uitziet, wat teruggrijpt
naar vroeger
retrograde **I** *de (v)* ❶ vers dat ook achterstevoren
gelezen kan worden **II** *bn* ❷ terugwerkend ▼ *~
woordenboek* woordenboek waarin de woorden
van achteren naar voren zijn gealfabetiseerd
retrospectief *bn* terugblikkend, als men op iets
terugkijkt
retsina *de (m)* witte harswijn uit Griekenland
rettich ‹-tieg› *de (m)* [-s] eenjarige plant waarvan
de knol als groente wordt gegeten
return ‹rietùrn› *de (m)* [-s] ❶ ‹tennis› het
terugslaan van een bal ❷ wedstrijd als vervolg
op een eerder gespeelde wedstrijd, waarbij de
ploeg die eerst thuis speelde nu uit speelt en
omgekeerd ❸ comp. toetsaanslag waarmee men
iets bevestigt of naar een nieuwe regel gaat,
enter
retweeten ‹rietwie-› [retweette, h. geretweet]
een tweet doorsturen
reu *de (m)* mannelijke hond of vos of wolf
reuk *de (m)* ❶ het vermogen om met de neus
geuren waar te nemen, ruiken ❷ geur ▼ *in
een kwade ~ staan* een slechte naam hebben
reukorgaan lichaamsdeel waarmee men ruikt,
neus
reuma *het*, **reumatiek** *de (v)* ziekelijke spier- en
gewrichtspijn **reumatisch** *bn* ❶ die aan
reumatiek lijdt ❷ ten gevolge van reumatiek
reumatologie *de (v)* specialisme dat is gericht op
reumatische aandoeningen
reünie *de (v)* [-s] hereniging, bijeenkomst van
oud-leden, oud-leerlingen, oud-studenten,
oudgedienden enz.
reuring *de (v)* drukte, levendigheid,
bedrijvigheid: *de filmopnamen zorgden voor ~ in
het dorp*
reus *de (m)* [reuzen] ❶ heel groot mens, die vaak
voorkomt in de mythologie, in sprookjes e.d.
❷ fig. iemand die zit heel groot is in zijn
soort **reusachtig** ‹reuza̱ch-› *bn* buitengewoon
groot
reut *de (m)* troep, boel: *de hele ~* ▼ *met de hele ~*
met z'n allen
reutelen rochelend ademhalen

reutemeteut inform. *de (m)* ▼ *de hele ~* alles,
allemaal
reuze *bn* heel erg fijn
reuzel *de (m)* gesmolten varkensvet
reuzenrad kermisattractie, groot, hoog wiel dat
ronddraait met bakjes waar men in kan zitten
reuzin *de (v)* [-nen] vrouwelijke reus, heel grote
vrouw
revalidatie ‹ree-› *de (v)* het revalideren
revalideren ❶ lichamelijk of geestelijk weer in
staat worden om normaal te functioneren
❷ zorgen dat iemand lichamelijk of geestelijk
weer normaal kan functioneren
revaluatie ‹ree-› opwaardering van geld
revanche ‹-vâsj› *de* [-s] wraak, kans om zich te
wreken of alsnog te winnen na een nederlaag
revancheren ‹-sjè-› ▼ *zich ~* revanche nemen
reveil ‹reevìj› *het* herleving, het opwekken om
zich te vernieuwen
revelatie ‹ree-› *de (v)* [-s] ❶ onthulling,
ontdekking ❷ persoon die net is doorgebroken,
bijv. in sport
reven (de zeilen) inkorten door ze op te rollen, of
helemaal inplooien
revenu *het* [-en, -'s] inkomst, opbrengst ▼ *de ~en*
inkomsten, renten
reverence ‹reeveerà̱ce› *de* [-s] buiging door een
dame met gebogen knie en één been achter het
andere
revers ‹rəvè̩r› *de (m)* [revers] ❶ achterkant van
een munt of penning ❷ omslag, omgeslagen
rand van een jas of vest
reversibel ‹reeverzie-› *bn* omkeerbaar, vooral
van een scheikundig of natuurkundig proces
revier *het* terrein, gebied, vooral jachtterrein
reviseren ‹reeviezi-› helemaal nakijken en zo
nodig herstellen: *een motor ~* **revisie** ‹-zie› *de (v)*
[-s] ❶ herziening, middel tegen een vonnis van
de hoogste instantie als er nieuwe feiten bekend
zijn ❷ het opnieuw corrigeren, tweede
drukproef **revisionisme** ‹-zjoo-› *het* ❶ politiek
streven naar herziening ❷ richting in het
socialisme die naar herziening van het
maatschappelijk bestel streeft, maar niet via
revolutie **revisor** ‹-zor› *de (m)* [-s, -so̱ren]
❶ controleur van rekeningen ❷ corrector ❸ BN
verkorting van bedrijfsreviseur
revival ‹riev̱ajval› *de* [-s] ❶ herleving ❷ het
opnieuw populair worden van iets: *een ~ van de
jaren zestig*
revolte *de (v)* [-n, -s] opstand tegen iets, verzet
revolteren in opstand komen of brengen
revolutie ‹ree-› *de (v)* [-s] ❶ plotselinge en totale
verandering van het politieke systeem die
meestal op een gewelddadige manier wordt
bereikt ❷ totale verandering of vernieuwing op
een bepaald gebied: *de uitvinding van het wiel
betekende een ware ~* **revolutionair** ‹-tsjoonèr›
I *bn* ❶ wat te maken heeft met een revolutie: *~e
ideeën* ❷ helemaal nieuw en erg verrassend: *de
wetenschapper deed een ~e ontdekking* **II** *de (m)*
❸ iemand die graag een revolutie wil, die in
opstand komt tegen het gezag
revolver *de (m)* [-s] halfautomatisch
handvuurwapen met een ronddraaiend
onderdeel waarin de kogels zitten

re

revue ⟨rəvuu⟩ *de* [-s] grote theatershow waarin gedanst, gezongen en toneelgespeeld wordt ▼ *een aantal dingen de ~ laten passeren* al die dingen één voor één nog eens bekijken of bespreken: *de monteurs lieten alle mogelijke oorzaken van de elektriciteitsstoring de ~ passeren*

rexisme BN *het* vorm van fascisme in België (met de partij Rex o.l.v. Léon Degrelle)

rez-de-chaussee ⟨ree-də-sjoosee⟩ *de (m)* [-s] gelijkvloerse verdieping

Rgd *de (m)* Rijksgebouwendienst

RGD *de (m)* ⟨vroeger⟩ Rijks Geneeskundige Dienst

rhythm-and-blues ⟨rithmənbloez⟩ *de (m)* muziekstijl gebaseerd op betrekkelijk eenvoudige bluesschema's met een sterke beat

Riagg *de (v)* & *het* Regionale Instelling voor Ambulante Geestelijke Gezondheidszorg

riant *bn* ❶ wat er vrolijk of aantrekkelijk uitziet, op een mooie plek, aanlokkelijk: *een ~e woonlocatie aan het water* ❷ hoopvol, gunstig: *in een ~e positie verkeren* ❸ royaal, ruim: *een ~ inkomen*

rib *de* [ribben] ❶ boogvormig been van de borstkas ▼ *een ~ uit iemands lijf* een grote uitgave ❷ ribstuk van een rund, varken enz. ❸ gebogen balk van een scheepsromp ❹ smalle verhoging: *de ~ben van een kubus* ❺ ⟨bouwkunde⟩ dunne balk

ribbedebie BN, spreekt. *bw* weg, verdwenen

ribbel *de* [-s] ❶ dunne uitstekende rand ❷ kleine verhoging of rimpeling

ribbenkast *het* samenstel van ribben dat de borstkas omgeeft

ribbroek broek van ribfluweel **ribcord** ⟨-kòRd⟩ *het* ribfluweel met grove ribbels

ribes *de (m)* sierheester met rozerode bloemen

ribeye ⟨rib-aj⟩ *de (m)* [-s] fijn stuk vlees van de rib

ribfluweel fluweelachtige stof met ribbels

ribstuk vlees van de ribben

richel *de* [-s] smalle rand die een beetje uitsteekt

richten ❶ in een rechte lijn doen staan ❷ naar een bepaalde kant stellen, een bepaalde kant op doen gaan: *de overvaller richtte zijn pistool op de bankmedewerkster* ❸ wenden, in een bepaalde richting gaan ❹ sturen, zenden: *hij had zijn brief aan de directeur gericht* ▼ *zich ~ naar* zich aanpassen aan ▼ *het woord ~ tot iemand* tegen iemand spreken

richting *de (v)* ❶ stand of beweging naar een bepaalde kant ❷ kant die men opgaat of moet gaan ❸ fig. stroming, partij ▼ BN, spreekt. *enkele ~* eenrichtingsverkeer **richtingaanwijzer** *de (m)* [-s] knipperlicht aan een auto om aan te geven dat men naar links of naar rechts gaat

richtlijn ❶ aanwijzing hoe men iets kan of moet doen: *de lerares legde uit aan welke ~en de werkstukken moesten voldoen* ❷ voorschrift waaraan men zich moet houden: *de nieuwe ~en van het ministerie* **richtprijs** prijs waarnaar men zich kan richten, prijs waarin een redelijke winst is berekend **richtsnoer** datgene waarnaar men zich richt, voorbeeld om na te volgen: *de Bijbel dient voor hem als ~ in zijn leven*

ricinus *de (m)* [-sen] wolfsmelkachtige plant met zaden die worden gebruikt om er een geneeskrachtige olie van te maken

ricotta *de (m)* witte zachte Italiaanse kaas met een milde smaak

ridder *de (m)* [-s] ❶ iemand die in de middeleeuwen behoorde tot de stand van de bereden militairen ❷ iemand die door de ridderslag ridder is geworden ❸ adellijke titel tussen jonkheer en baron ❹ iemand die in het bezit is van een ridderorde **ridderen** ❶ tot ridder slaan ❷ een ridderorde verlenen aan **ridderkruis** kruis als ereteken van een ridderorde **ridderorde** ❶ onderscheiding die door het staatshoofd wordt verleend ❷ hist. gemeenschap van ridders **ridderroman** middeleeuws verhaal op rijm over het leven en vooral de avonturen van ridders **ridderslag** slag waarmee men iemand in de ridderstand opneemt **ridderspoor** *de* [-sporen] ranonkelachtige plant met blauwe, witte of roze bloemen (Delphinium) **ridderzaal** hofzaal in een kasteel

ridiculiseren ⟨-zìrən⟩ belachelijk maken **ridicuul** *bn* belachelijk

riedel *de (m)* [-s] ❶ vaste, gemakkelijk herkenbare kreet ❷ stukje muziek dat iemand even snel op een instrument speelt: *op verjaardagen geeft mijn oom altijd een ~tje weg op het orgel*

riek *de (m)* vork met meer dan twee tanden die door boeren wordt gebruikt

rieken [rook, h. geroken] ruiken ▼ *~ naar* de gedachte opwekken van, doen denken aan (meestal iets ongunstigs)

riem *de (m)* ❶ lange smalle strook leer: *met een ~ hield de man zijn broek op zijn plaats* ❷ 480 of 500 vel papier ❸ roeispaan ▼ *men moet roeien met de ~en die men heeft* men moet zich behelpen met de (gebrekkige) middelen die men heeft

riesling *de (m)* witte wijn uit Moezelstreek

riet *het* ❶ plantensoort uit de grassenfamilie, met hoge stengels, brede bladeren en een pluim als bloeiwijze, die voorkomt bij water ❷ stengel van deze plant ❸ onderdeel van een houten blaasinstrument, dat de luchtkolom in trilling brengt **rietdekker** *de (m)* [-s] iemand die rieten daken maakt **rieten** *bn* van riet: *~ stoelen* **rietgans** wilde gans met een donkere kop (Anser fabalis) **rietgors** vogel die ongeveer zo groot is als een mus en die in het riet leeft (Emberiza schoeniclus) **rietgras** plant die op riet lijkt (Phalaris arundinacea) **rietje** *het* [-s] stukje rietstengel of wat erop lijkt **rietkraag** rand van riet **rietsuiker** suiker uit suikerriet **rietvoorn** vis uit de familie van de karpers, ruisvoorn (Rutilus erythrophthalmus) **rietzanger** zangvogel die in het riet nestelt (Acrocephalus schoenobaenus)

rif *het* [-fen] klip, rotsachtige ondiepte in zee

rigide ⟨riegie-⟩ *bn* erg strak en streng: *de nieuwe regels voor schoolverzuim zijn wel erg ~* **rigoureus** ⟨-goe-⟩ *bn* heel streng en ingrijpend: *rigoureuze maatregelen nemen*

rij *de* aantal mensen, dieren of dingen naast of achter elkaar: *in de ~ staan bij de kassa*

rijbaan deel van een weg waar auto's mogen rijden: *de auto slipte en kwam op de linker ~ terecht* **rijbevoegdheid** *de (v)* wettelijke bevoegdheid om een motorvoertuig te besturen

rijbewijs officieel bewijs dat iemand kan autorijden of motorrijden **rijbroek** speciale nauwe broek voor paardrijden **rijden** [reed, h. / is gereden] ❶ zich voortbewegen op een dier, fiets, auto, schaatsen enz. ❷ ⟨van een voertuig⟩ zich op wielen voortbewegen: *de auto rijdt over de weg* ❸ berijdbaar zijn: *die weg rijdt goed* ❹ met schokkende bewegingen tegen iets of iemand aan bewegen: *een of andere vieze kerel probeerde in de metro tegen mij aan te* ~ **rijder** *de (m)* [-s] ❶ iemand die rijdt ❷ oude munt met de afbeelding van een ruiter **rijdier** dier dat gebruikt wordt om op te rijden **rijdraad** bovenleiding van trein, tram e.a. **rijexamen** examen dat iemand moet doen om te testen of hij kan autorijden of motorrijden, examen om een rijbewijs te halen

rijgen [reeg, h. geregen] ❶ een draad of koord door iets heen halen: *kralen aan een draad* ~ ❷ een koord dat in iets zit, bijv. in een corset, strakker aantrekken ❸ voorlopig in elkaar naaien met rijgdraad voordat iets, bijv. een kledingstuk, definitief in elkaar wordt genaaid **rijlaars** hoge schoen met veters

rijhoogte ❶ maximumhoogte voor verkeer door een tunnel, onder een viaduct e.d. door ❷ de hoogte van een rij in een tabel

rijinstructeur iemand die lesgeeft in auto- en motorrijden

rijk I bn ❶ die veel geld of goed bezit ❷ kostbaar, weelderig, overvloedig: *een* ~*e oogst* ❸ die iets in overvloed heeft: *dat land is* ~ *aan grondstoffen* II *het* ❹ staat, land ▼ *het* ~ Staat der Nederlanden ▼ *het* ~ *alleen hebben* fijn alleen zijn (in een huis) ❺ gebied, wereld, in figuurlijke zin: *het* ~ *der dromen* **rijkaard** *de (m)* [-s] iemand die heel rijk is **rijkdom** *de (m)* [-men] ❶ het rijk zijn ❷ groot bezit aan geld of goed of aan geluk enz. ❸ overvloed, grote hoeveelheid **rijkelijk** bn ❶ overvloedig: *de wijn vloeide* ~ ❷ in ruime mate: *een testperiode van één week vind ik* ~ *kort* **rijkelui** *de (mv)* rijke mensen **rijkeluiskind** kind van rijke ouders **rijkeluiswens** de wens om twee kinderen te krijgen: *een jongen en meisje* **rijksbouwmeester** functionaris die onder andere de architectonische en planologische kwaliteit van rijksgebouwen bewaakt **rijksdaalder** vroegere munt ter waarde van ƒ 2,50 **rijksdag** ❶ volksvertegenwoordiging in sommige staten ❷ het gebouw waarin deze vergadert **rijksgenoot** burger van hetzelfde rijk, vooral iemand van dat deel van de Nederlandse Antillen dat nog bij Nederland hoort, vroeger ook uit Suriname **rijkskanselier** hoofd van de regering **Rijksregister** BN bestand met identificatiegegevens van alle inwoners van België **rijkswacht** BN nationale politie (in 2001 opgegaan in de lokale en federale politie) **Rijkswaterstaat** rijksdienst verantwoordelijk voor (de voorzieningen m.b.t.) wegen en waterwegen **rijkswege** *zn* ▼ *van* ~ door het rijk **rijlaars** speciale laars voor paardrijden **rijles** les in paard-, motor- of autorijden

rijm *het* ❶ gelijkheid van klank in de (laatste) woorden van dichtregels ❷ de rijmende woorden ❸ gedichtje op rijm **rijmelaar** *de (m)* [-s] slecht dichter **rijmelarij** *de (v)* waardeloos dichtwerk

rijmen ❶ dezelfde laatste klanken hebben: *'spelen' rijmt op 'vervelen' en 'jurk' op 'kurk'* ❷ gedichten op rijm maken ▼ *die twee dingen zijn niet met elkaar te* ~ die twee dingen zijn tegenstrijdig: *wat hij zegt, is niet te* ~ *met wat hij doet* **rijmwoord** woord dat op iets rijmt

rijnaak *de* [-aken] lange platte vrachtboot **rijnzand** BN grof, scherp rivierzand

rij-op-rij-afschip → roroschip

rijp I *de (m)* ❶ bevroren dauw II bn ❷ volgroeid, volwassen, tot volle lichamelijke of geestelijke ontwikkeling gekomen ▼ ~ *en groen door elkaar* allerlei soorten ❸ ⟨van vruchten⟩ geschikt om geplukt, gegeten e.d. te worden ❹ ernstig, doordacht: *na* ~ *beraad* ❺ geschikt: ~ *voor de sloop* ❻ ver genoeg gevorderd: *de tijd is nog niet* ~

rijpaard paard dat mensen gebruiken om op te rijden

rijpen rijp worden, tot ontwikkeling komen, ook figuurlijk: *zijn talent moet nog* ~ **rijpheid** *de (v)* het rijp zijn

rijs *het* [rijzen] ❶ dunne takjes ❷ staak

rijschool school, bedrijf waar men leert auto- of motorrijden of paardrijden

rijshout dunne taaie takken

rijst *de (m)* graansoort die oorspronkelijk uit de tropen komt, waarvan men de zaadkorrels kan eten (Oryza sativa): *in veel landen is* ~ *een belangrijk onderdeel van de maaltijd* **rijstebrij** rijst die in melk is gekookt **rijstepap**, BN **rijstpap** pap van rijst **rijstmeel** gemalen rijst **rijstpapier** papier dat van rijststro is gemaakt

rijstrook baan van een weg voor één rij auto's achter elkaar

rijsttafel maaltijd die bestaat uit rijst met allerlei bijgerechten

rijten [reet, h. gereten] openscheuren

rijtijd ❶ duur van een (auto)rit ❷ tijd die een bestuurder achter elkaar rijdt **rijtijdenbesluit** wettelijke regeling van het aantal uren dat een beroepschauffeur mag rijden

rijtjeshuis eenvoudig huis dat niet vrijstaand is en dat in een rij van soortgelijke huizen staat: *een gewone straat met rijtjeshuizen*

rijtoer plezierritje met een voertuig, vooral een koets **rijtuig** *het* ❶ wagen die door een of meer paarden wordt getrokken en waarin personen worden vervoerd ❷ treinwagon **rijvaardigheid** het in staat zijn om te rijden met een auto of motor

rijvak BN, ook rijstrook **rijvereniging** vereniging voor paardrijden **rijweg** weg waarop voertuigen mogen of kunnen rijden **rijwiel** fiets **rijwielstalling** bergplaats voor fietsen

rijzen [rees, is gerezen] ❶ stijgen, hoger worden, opkomen ▼ *zijn haren rezen te berge* hij was heel angstig, geschrokken of hij voelde afgrijzen ❷ ⟨van misverstanden, moeilijkheden, twijfel⟩ ontstaan **rijzig** bn lang en slank

rijzweep zweep die wordt gebruikt tijdens het paardrijden

rikken een bepaald kaartspel spelen

rikketik *de (m)* [-ken] inform. hart

riks inform. *de (m)* rijksdaalder, (muntstuk van) twee gulden en vijftig cent

riksja *de (m)* [-'s] open rijtuigje met twee wielen, voor één of twee personen, dat door een mens wordt getrokken

ril I *de (m)* ❶ rilling II *de* [-len] ❷ groef, geul, gleuf: *er kruipt een mol uit een ~ in het grasveld; u krijgt de kaartjes met een ~ zodat u ze gemakkelijk kunt vouwen* III *bn* ❸ schuw **rillen** ⟨van het lichaam⟩ heel snelle, kleine, schokkende bewegingen maken, beven, trillen: *hij rilde van de kou* **rillerig** *bn* die een beetje beeft of trilt, bijv. van de kou of van koorts

rimboe *de* [-s] ❶ wildernis, ontoegankelijk woud ❷ iron. eenzame, verlaten of achteraf gelegen streek

rimpel *de (m)* [-s] ❶ lijntje in de huid: *als je ouder wordt, krijg je ~s* ❷ smalle plooi ❸ lichte golving van het water **rimpelen** ❶ rimpels maken in, rimpels doen krijgen: *voor deze rok moet je de stof ~* ❷ rimpels krijgen **rimpelig** *bn* met rimpels

rimram *de (m)* ❶ nietszeggend taalgebruik, bombast, onzin ❷ al het (ingewikkelde) gedoe dat ergens bij hoort

RIN *het* Rijksinstituut voor Natuurbeheer

ring *de (m)* ❶ cirkelvormig voorwerp, gebruikt als sieraad of om iets doorheen te steken of aan op te hangen ▾ *om door een ~etje te halen* **keurig** ▾ *de ~en* ronde ijzeren voorwerpen aan touwen, voor hang- en zwaaioefeningen ❷ kring, gesloten ronde lijn ❸ strijdperk voor boksers ❹ zwerm van grotere en kleinere brokstukken die banen om een planeet beschrijven ❺ ringweg, rondweg **ringbaan** ringvormige baan, weg, trambaan e.d. rondom bijv. een stad **ringbaard** smalle baard van oor tot oor **ringband** map met in het midden ringen die men open en dicht kan klikken en waaraan men vellen papier met gaten kan bevestigen **ringdijk** dijk rond een poldercomplex **ringeloren** zich op zo'n manier tegenover iemand gedragen of hem op zo'n manier plagen dat men zijn macht of overmacht laat voelen: *laat je door hem niet ~* **ringen** ❶ van een ring voorzien ❷ ⟨bij vogels⟩ een ring om een poot aanbrengen zodat men de vogel later kan herkennen **ringleiding** ❶ rondgaande elektrische leiding met verschillende verdeelpunten ❷ installatie om het geluid van een hoortoestel te versterken op verschillende punten in een grote ruimte **ringmap** opbergmap met een rug met ringen die men open en dicht kan klikken en waaraan men vellen papier met gaten kan bevestigen **ringmus** mus met een witte vlek rond de hals **ringrijden** spel waarbij deelnemers een stok door een ring moeten steken om deze af te haken, terwijl ze rijden op bijv. een paard of een fiets **ringslang** niet-giftige slang met een witte ring om de hals **ringsleutel** sleutel met een zeshoekige ring voor het aandraaien van moeren **ringsteken** ringrijden

ringtone ⟨Ringtoon⟩ *de (m)* [-s] beltoon van een telefoon

ringvaart brede sloot rond een polder **ringvinger** vinger naast de pink **ringweg** weg voor doorgaand verkeer rond een stad of dorp

ringworm ❶ worm van de stam Annelida ❷ huidziekte die door schimmel wordt veroorzaakt

rinkelbel rammelaar, rinkelende bel **rinkelen** helder klinken van metalen of glazen voorwerpen die elkaar raken

rinoceros *de (m)* [-sen] neushoorn

rins *bn* zurig

rio *de (m)* [-'s] kleine hoog opgesneden onderbroek

rioja ⟨riejogga⟩ *de (m)* Spaanse wijnsoort

riolering *de (v)* ❶ het aanbrengen van riolen ❷ stelsel van riolen **riool** *het & de* [-olen] ondergrondse buis voor de afvoer van afvalsoorten, uitwerpselen e.d. **riooljournalistiek** journalistiek die is gericht op sensatie en roddel

R.I.P. *requiescat in pace*, hij of zij ruste in vrede

riposteren ❶ een aanval afslaan en zelf aanvallen, vooral bij schermen ❷ fig. scherp reageren in woorden of daden

rippen stelen van goederen van iemand die er zelf ook op een oneerlijke manier aan is gekomen ▾ *een dvd ~* informatie van een dvd kopiëren op een andere dvd of op de harde schijf van een pc, bijv. als mp3-bestand

rips *het* weefsel met ribbels

ris → rist *de* [-sen] reeks, rist

risee ⟨-zee-⟩ *de (v)* persoon om wie of zaak waarom algemeen gelachen wordt, voorwerp van spot

risico ⟨-zie-⟩ *het & de (m)* [-'s] kans dat er iets vervelends of gevaarlijks gebeurt: *als je roekeloos fietst, loop je het ~ een ongeluk te krijgen* **risicoclub** sportclub waarvan de wedstrijden vaak gepaard gaan met rellen **risicogen** gen waarvan de drager het risico loopt om een bepaalde ziekte te krijgen **risicogroep** soort mensen die een groter risico lopen dan anderen om een bepaald probleem te krijgen: *jongeren vormen een ~ wat betreft gehoorschade; zij luisteren vaak naar te luide muziek* **risicowedstrijd** wedstrijd waarbij ernstig gevaar voor rellen bestaat

riskant *bn* gewaagd, gevaarlijk: *het was een ~e tocht naar de hoge bergtop* **riskeren** ❶ wagen, op het spel zetten ❷ het gevaar lopen van ▾ BN ook ~ *te* dreigen te, het risico lopen te: *hij riskeert te worden ontslagen*

risotto *de (m)* rijst die is gebakken en vervolgens gekookt met bouillon en die een beetje papperig wordt opgediend

rissen *ww* → risten

rist *de*, **ris** verzameling, rij van gelijksoortige personen of voorwerpen **risten** ❶ aaneenrijgen ❷ van de tros halen: *bessen rissen*

rit *de (m)* [-ten] ❶ het rijden ❷ de tocht die men rijdt

rite *de* [-n, -s] geheel van overgeleverde gebruiken, ritus

ritme *het* [-n, -s] regelmatige wisseling in geluid of beweging, tempo: *het publiek klapte mee op het ~ van de muziek* **ritmebox** apparaat dat ritmes voortbrengt

ritmeester kapitein bij de cavalerie

ritmiek *de (v)* ❶ het hebben van ritme, mate van

ritmisch zijn ❷ leer van het ritme **ritmisch** bn ❶ wat bij het ritme hoort ❷ wat ritme heeft, volgens een bepaald ritme

rits de ❶ ritssluiting ❷ reeks, rij

ritselen ❶ een heel zacht krakend of schurend geluid maken: *het papier ritselde toen hij de bladzij omsloeg; het ~ van de bladeren in de wind* ❷ inform. iets voor elkaar krijgen, handig klaarspelen: *hij ritselde gratis kaartjes voor het concert*

ritsen ❶ met een rits open- of dichtmaken: *hij ritste zijn jas open* ❷ fig. om de beurt invoegen door auto's die op verschillende rijbanen naast elkaar rijden ❸ een gleuf in iets maken ❹ half doormidden snijden of scheuren

ritssluiting de (v) sluiting van in elkaar grijpende tandjes, die met een trekkertje in één beweging open en dicht kan

ritstaat administratie van taxiritten

ritueel het [-alen] voorschrift voor rituele handelingen **ritueel** I bn ❶ wat te maken heeft met de ritus, volgens de riten II het [-elen] ❷ geheel van handelingen dat een speciale betekenis heeft **ritus** de (m) [-sen] geheel van overgeleverde gebruiken

rivaal de (m) [-valen] iemand die hetzelfde wil of die iets beter wil doen en die daarom een bedreiging vormt: *de twee rivalen probeerden met hetzelfde meisje verkering te krijgen* **rivaliseren** ⟨-zĳ-⟩ met elkaar strijden om iets of om wie de beste is: *~de bendes* **rivaliteit** de (v) wedijver (en jaloezie), het met elkaar concurreren: *er heerst een grote ~ tussen de twee broers*

rivier de (breed) stromend water dat op natuurlijke wijze is ontstaan **rivierarm** afsplitsing, zijtak van een rivier **rivierbedding** bed, uitgediept deel van de bodem, van een rivier **rivierduin** heuvel van zand langs een rivier

RIVM het Rijksinstituut voor Volksgezondheid en Milieu

Riziv BN het Rijksinstituut voor ziekte- en invaliditeitsverzekering

r.-k. rooms-katholiek

RL de (v) Rijksuniversiteit Limburg

RLD de (m) Rijksluchtvaartdienst

RLS *restless legs syndrome*, onprettig (branderig of jeukend) gevoel, vooral in de benen

RMS de (v) , *Republik Moluku Selatan*, Republiek der Zuid-Molukken

Rn schei. radon

RNA het , *ribo nucleic acid*, ribonucleïnezuur

roadie ⟨Roo-⟩ de [-s] roadmanager **roadmanager** ⟨Root-⟩ iemand die ervoor zorgt dat een tournee van een artiest of een groep artiesten in materieel opzicht goed verloopt

roaming ⟨Roo-⟩ de ⟨in de telecommunicatie⟩ voortzetting van een dienst (bijv. mobiel bellen of internetten) via een ander netwerk dan het netwerk van de eigen provider

roastbeef ⟨Roostbief⟩ de (m) rosbief

rob de (m) [-ben] zeehond **robbedoes** de [-doezen] wild kind dat bijv. veel stoeit en wilde spelletjes doet

robber de (m) [-s] ⟨bridge⟩ twee door dezelfde partij gewonnen manches ▾ *een ~tje vechten* een

partijtje vechten

robe ⟨ròbə⟩ de [-s] lang vrouwenkleed, japon

robijn de (m) rode edelsteen

robot de (m) [-s, -ten] ❶ mechanisme, min of meer in de gedaante van een mens, dat menselijke bewegingen kan maken ❷ apparaat dat elektronisch bestuurd wordt **robotfoto** BN afbeelding van een persoon die door de politie wordt gezocht, en die is samengesteld op grond van een beschrijving, montagefoto **robotica** de (v) leer van robots, van zelfstandige apparaten en wat ermee samenhangt

robuust bn sterk, krachtig, gespierd, stevig gebouwd

ROC het [-'s] Regionaal Opleidingencentrum

rocaille ⟨-kajjə⟩ de & het ❶ ongelijkmatige verbindingen van schelpen met steenlagen als in rotsen ❷ stijl die gebaseerd is op onregelmatige steenvormen en schelpen, zoals in sieraden, meubels, grotachtige bouwwerken

rochel de (m) [-s] ❶ naar boven gehaald en uitgespuwd slijm ❷ ademhaling met keelgeluid **rochelen** ❶ slijm naar boven halen en uitspuwen ❷ ⟨van een stervende⟩ ademen met keelgeluid

rock de (m) ❶ rock-'n-roll ❷ luide ritmische popmuziek in het algemeen **rock-'n-roll** ⟨Rokkanròl⟩ de (m) ❶ ritmische dansmuziek die in het midden van de jaren vijftig in Amerika is ontstaan ❷ dans die bij deze muziek hoort **rockopera** opera op rockmuziek

rococo de & het bouw- en versieringsstijl uit de 18de eeuw, gekenmerkt door krullerige versieringen en speelsheid

roddel de (m) [-s] ❶ het roddelen ❷ wat verteld wordt, meestal in ongunstige zin, over iemand die niet aanwezig is ❸ iemand die roddelt **roddelaar** de (m) [-s] iemand die roddelt **roddelblad** tijdschrift met vooral nieuwtjes en roddels over bekende personen **roddelcircuit** kring van mensen waarin veel wordt geroddeld **roddelen** (meestal ongunstig) praten over een niet aanwezige persoon **roddelpers** bladen die schrijven over (het privéleven van) bekende personen

rodehond de (m) aandoening van de bovenste luchtwegen die gepaard gaat met vlekken **rodekool** soort kool met een paarsrode kleur **rodelen** liggend sleeën op een hellende baan **rodeo** de (m) [-'s] Noord-Amerikaanse show met cowboys en wilde paarden **rododendron** de (m) [-s] wintergroene heester met leerachtig blad

roe de [-s] roede

roebel de (m) [-s] Russische munt en munteenheid

roede de [-n, -s] ❶ buigzaam takje, gesel ❷ staf ❸ metalen of houten buis of lat waaraan gordijnen hangen ❹ mannelijk geslachtsdeel, penis

roedel de (m) [-s] bij sommige diersoorten, bijv. honden of wolven, groep van dieren die met elkaar samenleven

roef de [roeven] kleine kajuit

roeiboot boot die men voortbeweegt door te roeien **roeien** ❶ een boot met roeispanen door

het water voortbewegen ❷ met een roeiboot vervoeren: *ik roei je wel even naar de overkant*
roeiriem *de (m)*, **roeispaan** *de* aan het uiteinde afgeplatte stok om mee te roeien
roek *de (m)* blauwzwarte kraai met grijswitte snavelwortel (Corvus frugilegus)
roekeloos *bn* zorgeloos, zonder na te denken, niet op gevaar lettend
roeland *de (m)* ▼ *razende ~* doldriest persoon
roem *de (m)* ❶ het bekend zijn en bewonderd en geprezen worden ❷ iets wat de oorzaak is van bewondering ❸ bepaalde combinatie bij kaarten die extra punten oplevert **roemen** loven, prijzen, over iemand of iets vertellen dat hij of het heel goed is
roemer *de (m)* [-s] groot wijnglas
roemrijk met veel roem: *een ~ verleden*
roemrucht *bn* beroemd, maar ook berucht: *deze streek heeft een ~ verleden vol veldslagen*
roep *de (m)* ❶ het roepen, kreet, vooral het geluid dat een vogel maakt: *de ~ van een meeuw* ❷ waar een grote groep mensen om vraagt: *er is een ~ om meer politieagenten op straat* **roepen** [riep, h. geroepen] ❶ met luide stem iets zeggen: *de supporters riepen aanmoedigingen vanaf de tribune* ❷ door het luid noemen van iemands naam zijn aandacht proberen te trekken: *mijn moeder roept me* ❸ tegen iemand zeggen dat hij moet komen: *we moeten de dokter ~* ❹ benoemen, verkiezen: *tot een ambt ~* ❺ bestemmen: *daartoe voel ik mij niet geroepen* daartoe voel ik mij niet verplicht ▼ *velen zijn geroepen maar weinigen uitverkoren* Bijb. velen krijgen de uitnodiging, maar weinigen geven daaraan gehoor; veel mensen denken dat ze zijn voorbestemd voor iets bijzonders, maar weinig mensen bereiken dat ▼ *in het leven ~ doen ontstaan, oprichten*
roepia *de (m)* [-s] Indonesische munt en munteenheid **roepie** *de (m)* [-s] munt en munteenheid met diverse Zuid-Aziatische landen
roeping *de (v)* werk of taak waarvan iemand heel sterk het gevoel heeft dat hij dat in zijn leven moet doen: *het priesterschap was voor hem niet alleen een beroep, maar een ~* **roepnaam** naam waarmee men iemand aanspreekt of roept: *ik heet officieel Robertus, maar mijn ~ is Rob*
roeptoeteren [roeptoeterde, h. geroeptoeterd] luidkeels de eigen mening verkondigen, vooral om de aandacht op zichzelf te vestigen
roer I *het* [-en] stuur van een schip ▼ *het ~ in handen hebben* de macht, de leiding hebben II *de (m)* ▼ *in rep en ~* in opschudding **roerbakken** bakken terwijl men voortdurend roert
roerdomp *de (m)* reigerachtige geelbruine moerasvogel **roerei** geklutst ei dat onder voortdurend roeren wordt gebakken **roeren** ❶ verschillende stoffen door elkaar mengen door er met een voorwerp (bijv. een lepel) in heen en weer te bewegen: *hij roerde met een lepeltje in zijn koffie* ❷ aanraken, bewegen, aanraken en daardoor geluid doen geven: *de trom ~* ▼ *de mond ~* druk praten ▼ *zich ~* zich bewegen; zich laten gelden, in beweging of in opstand komen ❸ ontroeren, in het gevoel

raken: *ik was erg geroerd door zijn verhaal*
roerend *bn* aandoenlijk, ontroerend: *het was ~ om te zien hoe verliefd die twee oude mensen nog waren* ▼ *het ~ (met elkaar) eens zijn* het volledig (met elkaar) eens zijn ▼ *~e goederen* voorwerpen die verplaatst kunnen worden, zoals meubels en auto's **roerganger** *de (m)* [-s] ❶ iemand die aan het roer zit of staat ❷ fig. leider van een politieke beweging **roerig** *bn* druk, levendig, onrustig: *het waren ~e tijden* **roerloos** *bn* onbeweeglijk: *in het licht van de koplampen bleef het konijn ~ zitten*
roes *de (m)* [roezen] ❶ bedwelming door alcohol of bepaalde drugs ▼ *hij slaapt zijn ~ uit* hij slaapt tot hij niet meer dronken of high is ❷ fig. toestand waarin iemand heel blij en opgewonden is
roest *de (m) & het* ❶ aantasting van ijzer en ijzerlegeringen die ontstaat door corrosie ❷ het roesten ❸ schimmel die roestkleurige sporen vormt op planten ❹ zitstok voor kippen **roestbruin** roodbruin **roesten** [roestte, is geroest] roest vormen, roestig worden ▼ *oude liefde ~ niet* liefde verdwijnt nooit helemaal **roestig** *bn* met roest **roestvrij** bestand tegen roest, wat niet kan roesten
roet *het* zwart afzetsel door verbranding ▼ *~ in het eten gooien* de zaak bederven
roetsjen snel naar beneden glijden: *we roetsjten de helling af*
roetzwart zwart als roet, heel zwart
roezemoezen [roezemoesde, h. geroezemoesd] ❶ geluid, leven maken ❷ gonzend door elkaar klinken van stemmen
roffel *de (m)* [-s] een reeks snelle (trommel)slagen **roffelen** ❶ ruw afschaven ❷ slordig en haastig werken ❸ een roffel slaan
rog *de (m)* [-gen] platte, brede vis die familie van de haai is
rogge *de* graan met lichte langgerekte korrel en lange stengel (Secale cereale)
rohypnol® *de* slaapmiddel waardoor iemand in een roes komt
rok *de (m)* [-ken] ❶ kledingstuk voor vrouwen dat vanaf het middel naar beneden hangt ❷ gekleed herenjasje dat van voren tot het middel reikt en van achteren panden heeft ❸ bekleedsel van een bloembol
rokade *de (v)* [-s] schaakspel omwisseling van koning en toren
roken ❶ rook door een pijp, sigaar of sigaret inzuigen en dan uitblazen ▼ *~ als een ketter* veel roken ❷ rook afgeven, dampen ❸ (van vis of vlees) in de rook hangen: *paling ~*
rokeren ⟨schaken⟩ koning en toren van plaats verwisselen
rokerig *bn* met (sporen van) veel rook: *een ~ zaaltje* **rokerij** *de (v)* ❶ inrichting om iets, vooral vlees of vis, te roken: *een paling~* ❷ iets om te roken, bijv. sigaretten **rokershoest** hoest van iemand die te veel rookt
rokkenjager man die veel achter vrouwen aan zit, vrouwenversierder
rokkostuum herenkostuum met een rok, een jas met panden aan de achterkant
rol *de* [-len] ❶ opgerold papier, goed e.d. ❷ lijst

van zaken die voor de rechtbank moeten worden behandeld ❸ lijst met de namen van alle schepelingen ❹ tekst die men op het toneel zegt, persoon die men op het toneel voorstelt ❺ gedrag dat behoort bij een status, functie e.d. ❻ cilindervormig stuk hout, metaal enz. voor verschillende doeleinden ▼ *uit zijn ~ vallen* de houding die men aangenomen heeft niet volhouden ▼ *het liep op rolletjes* het verliep vlot ▼ *aan de ~ zijn* uitgaan, boemelen

rolberoerte ▼ *zich een ~ schrikken* heel erg schrikken

rolbevestigend *bn* wat iemands traditionele maatschappelijke rol benadrukt: *het is ~ om een vrouw voor haar verjaardag een huishoudelijk apparaat cadeau te geven*

rolgordijn gordijn dat kan worden opgerold **rolhockey** hockey op rolschaatsen **rolklaver** vlinderbloemige plant met gele bloem en rolronde peul (Lotus corniculatus) **rollaag** uitstekende rij gemetselde stenen **rollade** *de (v)* [-s, -n] opgerold vlees

rollator *de (m)* [-s] looprek op wieltjes als steun bij het lopen: *de oude man loopt met een ~*

rollebollen [rollebolde, h. gerollebold] ❶ buitelen, over de kop rollen ❷ seksueel met elkaar bezig zijn: *ze lagen te ~ in het hoge gras*

rollen I [rolde, h. gerold] ❶ iets draaiend laten voortbewegen: *rol die bal eens naar mij toe* ❷ een rol bewerken ▼ *deeg ~* platmaken door er met een houten cilinder overheen te gaan ❸ uit iemands zak stelen: *mijn portemonnee is gerold!* **II** [rolde, h. gerold] ❹ voortbewegen door draaiende bewegingen te maken: *ik rolde van de heuvel naar beneden* ▼ *een zaak aan het ~ brengen* ervoor zorgen dat iets wat niet goed is, bekend wordt en dat er onderzoek naar wordt gedaan ▼ *fig. door iets heen ~* er gelukkig, gemakkelijk afkomen: *hij is door het examen gerold*

rollenpatroon het geheel van gedragingen die bij een (sociale) rol horen **rollenspel** gesprek waarbij iedere deelnemer een bepaalde zaak of mening moet bepleiten of verdedigen

roller *de (m)* [-s] ❶ krulspeld ❷ hoge golf ❸ rollend geluid ❹ iets dat een rollende beweging maakt of waarmee men een rollende beweging kan maken: *ik verf liever met een ~ dan met een kwast*

rollercoaster ⟨Roolǝrkoostǝr⟩ achtbaan **rollerskate** ⟨-skeet⟩ rolschaats met vaste schoen **rolluik** luik van latjes dat voor een raam neergelaten en opgehaald kan worden **rolmaat** oprolbaar metalen meetlint **rolmops** *de (m)* opgerolde halve haring in azijn met kruiden **rolprent** film **rolschaats** schaats op wieltjes **rolski** ski op wieltjes **rolstoel** stoel op wieltjes, vooral voor personen die niet kunnen lopen **roltabak** BN shag, sigarettentabak **roltrap** trap die steeds doordraait zodat men zonder te lopen naar boven of beneden kan gaan

rolverdeling *de (v)* ❶ verdeling van rollen in het theater e.d. ❷ *fig.* vaste positie en taken

ROM comp. het‵, *read only memory*, geheugen met gegevens die niet bewerkt kunnen worden **romaans** *bn* stijl tussen 1000 en 1200, onder andere gekenmerkt door ronde bogen in

architectuur

Romaans *bn* wat van het Latijn of van de Romeinen afstamt: *~e talen* talen die van het Latijn afstammen, bijv. Frans, Spaans, Italiaans: *~e volken*

roman *de (m)* [-s] verzonnen verhaal in boekvorm van betrekkelijk grote lengte

romance ⟨roomásǝ⟩ *de* [-s, -n] ❶ kort verhalend gedicht in eenvoudige taal over een roerende gebeurtenis ❷ muz. muziekstuk met zo'n soort inhoud ❸ liefdesavontuur

romancier ⟨roomásjee⟩ *de (m)* [-s] romanschrijver **romanesk** *bn* als in een roman

romanist *de (m)* iemand die de Romaanse talen, vooral het Frans, bestudeert

romanticus *de (m)* [-ci] romantisch iemand **romantiek** *de (v)* ❶ kunstrichting aan het eind van de 18de en de eerste helft van de 19de eeuw die gevoel en verbeelding op de voorgrond stelde ❷ wat tot het gevoel, de fantasie spreekt **romantisch** *bn* ❶ wat sterk tot het gevoel en de verbeelding spreekt ❷ van de romantiek **romantiseren** ⟨-zɪ-⟩ iets als romantisch voorstellen: *armoede ~*

romein *de* gewone, rechtopstaande drukletter **Romein** *de (m)* burger van Rome

römertopf ⟨reu-⟩ *de (m)* poreuze aardewerken schaal

romig *bn* ❶ wat op room lijkt ❷ met (veel) room **rommel** *de (m)* ❶ wanordelijke boel: *wat een ~ is het hier, ruim toch eens op!* ❷ spullen van slechte kwaliteit: *in die winkel verkopen ze alleen maar ~*

rommelen ❶ een aantal keren achter elkaar een dof dreunend geluid maken: *in de verte hoorden we het onweer ~* ❷ bezig zijn met kleine klusjes: *hij is in de schuur aan het ~* ❸ zoekend overhoop halen: *hij zat in mijn spullen te ~*

rommelig *bn* met rommel, slordig, wanordelijk: *een ~e kamer* ▼ *een ~e bijeenkomst* waarop van alles door elkaar gebeurt en er geen orde is **rommelmarkt** markt in tweedehands goederen **romp** *de (m)* ❶ lichaam, zonder hoofd en ledematen ❷ hoofdvorm van een gebouw zonder toebehoren ❸ ⟨van schepen⟩ onderste deel ❹ ⟨van vliegtuigen⟩ het geheel zonder vleugels, wielen enz. **rompertje** het [-s] hemdje voor baby's en peuters dat met drukknoopjes in het kruis wordt gesloten **rompslomp** *de (m)* lastig gedoe, vervelende drukte: *het regelen van zo'n vergunning is een hele ~*

rond I *bn* ❶ in de vorm van een cirkel of bol: *een ~ e tafel* ▼ *een ~ getal* dat eindigt op een 0, zoals 10 of 100 ❷ een beetje dik, mollig: *zij heeft ~ e heupen* ❸ open, openhartig: *ergens ~ voor uitkomen* ❹ klaar, afgehandeld, geregeld: *de zaak is ~* **II** *vz* ❺ over, omtrent: *er is veel onenigheid ~ de nieuwe bouwplannen* ❻ om iets heen, naar alle kanten: *~ het meer liggen allemaal vakantiehuisjes* ❼ ongeveer: *zo'n computer kost ~ de duizend euro* **III** *het* ❽ bol- of cirkelvormige ruimte, plein, bol- of cirkelvormig voorwerp

rondbanjeren *ww* heen en weer lopen, zwerven, vaak op zo'n manier dat men duidelijk wordt opgemerkt **rondbazuinen** aan iedereen doorvertellen: *Marc bazuint overal rond dat zijn zus verkering heeft* **rondboog** boog in de vorm

ro

van een halve cirkel **rondborstig** *bn* openhartig: *Wouter kwam er ~ voor uit dat hij erg teleurgesteld was* **rondbreien** ❶ cirkelvormig breien ❷ *fig.* met moeite voor elkaar krijgen **rondbrieven** rondvertellen, vooral van iets wat geheim had moeten blijven

ronde *de* [-n, -s] ❶ wandeling of rit om iets te bezorgen of om te controleren of alles goed is: *de postbode doet zijn ~ door de buurt; de nachtwaker maakt zijn ~ door de fabriek* ▼ *de ~ doen* verteld worden: *het gerucht doet de ~ dat ze gaan scheiden* ❷ traject dat bij een snelheidswedstrijd een aantal keren moet worden afgelegd: *de atleten moeten nog twee ~n tot de finish* ❸ onderdeel van een bokswedstrijd of van een serie wedstrijden in een toernooi: *de tennisser verloor in de tweede ~ van het toernooi* ❹ wielerwedstrijd die uit een aantal etappes bestaat: *de ~ van Frankrijk* **rondedans** dans in het rond

rondeel *het* [-delen] gedicht van meestal dertien regels met twee rijmklanken, waarbij de eerste, zevende en dertiende regel gelijk zijn

ronden ❶ rondmaken, een ronde vorm geven ❷ rond worden, een ronde vorm krijgen

rondetafelconferentie bespreking over punten waarover de deelnemers het niet eens zijn en waarbij de ronde tafel symboliseert dat iedereen gelijkwaardig is

rondhangen ergens doelloos en verveeld zitten of staan: *die jongens hangen elke avond bij de snackbar rond* **rondhout** scheepst. alle ronde stukken hout die tot het tuig van een schip behoren zoals masten, stengen, ra's

ronding *de* (*v*) ronde vorm, plaats waar iets een ronde vorm heeft: *de ~ van een schaats; de verleidelijke ~en van die vrouw*

rondje *het* [-s] ❶ rond voorwerp of figuurtje ❷ korte wandeling of tocht: *ik maak even een ~ door het dorp* ❸ beurt voor iedereen afzonderlijk: *een voorstel~* waarbij ieder lid van de groep zich om de beurt voorstelt ▼ *een ~ geven* in een café voor iedereen een drankje betalen

rondkomen genoeg hebben om de nodige uitgaven te kunnen doen: *ik kan van mijn salaris net ~* **rondlummelen** doelloos en nutteloos rondhangen **rondneuzen** zoekend, speurend rondkijken

rondo I *het* [-'s] ❶ muz. muziekstuk waarvan het hoofdthema verschillende keren wordt herhaald ❷ muz. laatste deel van een sonate of concert II *de* (*m*) [-'s] ❸ ronde gevulde koek

rondom, rondom I *vz* ❶ om iets of iemand heen: *~ de vijver staan bankjes* II *bw* ❷ om iets heen: *een vijver met bankjes ~*

rondpunt BN, ook *het* rotonde **rondreis** reis van plaats tot plaats die meestal op het beginpunt eindigt **rondschrijven** circulaire, brief aan een bepaalde kring van personen

rondspoken ❶ als een spook op verschillende plaatsen lopen of zweven ❷ fig. op verschillende plaatsen rondlopen, zich op verschillende plaatsen bewegen **rondstrooien** ❶ om zich heen strooien: *pepernoten ~* ❷ fig. verspreiden: *praatjes ~* **rondstruinen** zoekend, speurend rondlopen

rondte *de* (*v*) [-n, -s] het rond zijn, omtrek, kring **ronduit, ronduit** *bw* ❶ openlijk, eerlijk, zonder omwegen: *Jarrod zegt altijd ~ wat hij van iets vindt* ❷ beslist, absoluut: *Karels gedrag is ~ onbeschoft* **rondvaart** tocht met een plezierboot die weer eindigt bij het beginpunt: *de toeristen maakten een ~ door de grachten van Amsterdam* **rondvlucht** rondreis met een vliegtuig: *een ~ boven Amsterdam* **rondvraag** laatste agendapunt van een vergadering, waarbij de aanwezigen nog iets kunnen opmerken **rondwaren** rondspoken, als een spook rondzwerven **rondweg** I *de* (*m*) [-wegen] ❶ weg voor doorgaand verkeer om een stad heen II *bw* ❷ ronduit **rondzingen** ❶ een fluittoon maken als een microfoon eigen signalen weer ontvangt ❷ fig. zich verspreiden, van een verhaal, naam e.a.

ronken ❶ snurken ❷ slapen: *hij ligt nog te ~* ❸ brommen: *~de motoren* ❹ fig. met grote woorden, overdreven: *~de krantenkoppen* **ronselen** ⟨matrozen, soldaten, sporters enz.⟩ werven

röntgenapparaat toestel voor onderzoek d.m.v. röntgenstraling **röntgenfoto** foto d.m.v. röntgenstraling, waarop men bijv. verschijnselen kan zien in iemands lichaam **röntgenstraling** elektromagnetische straling die door stoffen heen dringt

rood I *bn* ❶ een van de drie hoofdkleuren: *bloed is ~* ▼ *het Rode Kruis* internationale hulpverleningsorganisatie ▼ *~ staan* een negatief saldo hebben op een bank- of girorekening ▼ *voor de rooie gaan* zich niet meer kunnen beheersen, woedend reageren ❷ socialistisch, communistisch II *het* ❸ rode kleur **roodbont** wit met roodbruine plekken: *~e koeien* **roodborstje** *het* [-s] zangvogeltje met een rode borst en keel (Erithacus rubecula) **roodgloeiend** rood van hitte ▼ *de telefoon staat ~* er wordt heel veel gebeld **roodhuid** *de* (*m*) indiaan uit Noord-Amerika **roodkoper** donker koper **roodvonk** *de & f* besmettelijke huidziekte die gepaard gaat met rode vlekken

roof I *de* (*m*) ❶ het roven ❷ het geroofde, wat geroofd wordt II *de* [roven] ❸ korst op een wond, wondkorst **roofbouw** ❶ landbouw die de bodem uitput ❷ het iets op zo'n manier gebruiken dat het er schade van ondervindt of erdoor tenietgaat: *je leeft erg ongezond, je pleegt ~ op je lichaam* **roofdier** dier dat leeft van het vangen en eten van andere dieren

roofing ⟨roefing⟩ BN *de* dakbedekking voor platte daken

roofmoord beroving met moord **roofoverval** overval om iets te stelen: *de bende pleegde ~len op benzinestations* **roofvogel** vogel die op andere dieren jaagt en ze doodt om ze te eten: *veel ~s leven van muizen, konijnen en andere kleine knaagdieren* **roofzuchtig** *bn* geneigd om te stelen, te roven

rooien ❶ in één lijn plaatsen (van gebouwen e.d.) ❷ klaarspelen: *we ~ het wel met z'n allen* ▼ *bomen ~* helemaal uit de grond halen ▼ *aardappels ~* uit de grond trekken **rooilijn** lijn die aangeeft tot waar de gebouwen in een straat staan

rook I *de* [roken] ❶ hooistapel II *de (m)* ❷ damp van brandende stoffen ▼ *in ~ opgaan (van hoop, illusies enz.)* vervliegen, vernietigd worden ▼ *onder de ~ van (Amsterdam, Antwerpen enz.)* vlak bij **rookbom** bom die de rook verspreidt als hij ontploft **rookgordijn** rookwolken om iets onzichtbaar te maken voor de vijand ▼ fig. *een ~ leggen* met opzet onduidelijkheid scheppen **rookhol** ruimte met veel rook, waar vlees gerookt wordt **rookkanaal** afvoerpijp voor rook **rooklucht** het ruiken naar rook: *in zijn kleren hing een ~* **rookmelder** apparaat dat een alarm geeft als er rook is in een gebouw, zodat brand kan worden voorkomen **rookpluim** sliert rook **rookspek** gerookt spek **rookvlees** vlees dat in rook is gehangen **rookworst** gerookte worst **rookzuil** ❶ opstijgende rookkolom ❷ op stations aanwezige paal met asbak in een zone waar mag worden gerookt

room *de (m)* vet van melk **roomboter** boter die is gemaakt van room **roomijs** ijs met room erin **roomkaas** volvette kaas

rooms *bn* rooms-katholiek

roomservice ⟨Room-⟩ mogelijkheid om eten of drinken op de hotelkamer te laten brengen **rooms-katholiek** I *bn* ❶ van, volgens de christelijke godsdienst die de paus in Rome als hoofd erkent II *de* ❷ iemand die de rooms-katholieke godsdienst belijdt

roomsoes gebakje dat is gevuld met room **roomstel** servies voor room of melk en suiker **roos** I *de* [rozen] ❶ plant van het geslacht Rosa met bloemen die meestal lekker ruiken en met doorns ❷ de bloem van deze plant ▼ *op rozen zitten* het heel goed hebben, goede vooruitzichten hebben ▼ *slapen als een roos,* BN *ook op rozen slapen* diep en rustig slapen ▼ *geen rozen zonder doornen* niets is volmaakt ❸ cirkel midden in een schietschijf II *de* ❹ kleine witte huidschilfers op het hoofd: *een shampoo tegen ~* **rooskleurig** gunstig, veelbelovend: *de toekomst ziet er ~ uit*

rooster *de (m) & het* [-s] ❶ traliewerk, raamwerk van staven ❷ lijst van verdeling van de werkzaamheden ❸ lijst van wanneer wat plaatsvindt, vooral wanneer welke les plaatsvindt ▼ BN *ook iemand op de ~ leggen* iemand aan de tand voelen, iemand streng en indringend ondervragen **roosteren** op een rooster braden **roostervrij** ❶ vrij volgens het rooster ❷ extra vrij volgens een algemene afspraak

root ⟨Root⟩ comp. *de (m)* [-s] hoogste directory, hoogste map van een systeem van bestanden **roots** ⟨Roets⟩ *de (mv)* oorsprong van mensen, waar iemand (oorspronkelijk) vandaan komt **roquefort** ⟨rokfòr⟩ *de (m)* schapenkaas met blauwe aderen en met een sterke smaak **roroschip** roll-on-roll-offschip, schip waar vrachtauto's, opleggers e.a. op en van af kunnen rijden

rorschachtest ⟨roorsjach-⟩ psych. test waarbij iemand vlekken moet duiden

ros I *het* [-sen] ❶ lit. paard ▼ scherts. *stalen ~ fiets* II *bn* ❷ roodachtig, roodbruin ▼ *-se buurt* buurt met prostitutie

rosarium ⟨roozaa-⟩ *het* [-s] rozentuin **rosbief** *de (m),* **roastbeef** geroosterd of gebraden rundvlees dat van binnen nog een beetje rood is **rosé** ⟨-zee⟩ *de (m)* wijn met een roze kleur **roskam** paardenkam **roskammen** een paard met de roskam kammen **rossen** ❶ hardhandig schoonmaken, ranselen ❷ wild rijden

rossig *bn* roodachtig: *~ haar* **rösti** *de (m)* gerecht van geraspte aardappel en ui **rostrum** *het* [-stra] ❶ podium van een dirigent ❷ snuit van onder andere insecten- en vissoorten

rot I *de* [-ten] ❶ rat ▼ *een oude ~ (in het vak)* iemand met veel ervaring II *het* [-ten] ❷ het verrotten, dat wat verrot is ❸ rij mannen achter elkaar bij de opstelling in het gelid: *opstellen in ~ten van drie!* ❹ bende, groep rovers, soldaten e.d. III *bn* ❺ bezig te bederven, bedorven ❻ fig. akelig, ellendig: *wat ~ voor je dat je ontslagen bent; ik voel me ~*

rotan I *de (m)* [-s] *& het* ❶ gedroogde stengels van (vooral Indonesische) palmsoorten II *bn* ❷ van rotan: *~ meubels* **rotatie** *de (v)* [-s] het roteren, het ronddraaien rond een as of middelpunt **roten** de vezels van vlas en hennep laten losweken **roteren** ronddraaien om een as of een middelpunt **rotgang** inform. grote snelheid: *hij reed met een ~ door het dorp* **rotgans** kleine gans die grijs of bijna zwart is met een witte onderkant van de staart **roti** *de (m)* [-'s] gevulde pannenkoek, gerecht uit onder andere de Surinaamse en Indiase keuken **rotisserie** ⟨-ties-⟩ *de (v)* [-ën] restaurant dat gespecialiseerd is in geroosterd vlees **rotje** *het* [-s] stuk vuurwerk dat een luide knal geeft ▼ *zich een ~ lachen* erg lachen **rotonde** *de* [-s, -n] ❶ rond gebouw of rond deel van een gebouw ❷ rond verkeersplein **rots** *de* grote, kale steenmassa: *aan de kust stonden veel ~en* ▼ *een ~ in de branding* iemand op wie men kan steunen in moeilijke omstandigheden **rotsachtig** *bn* met rotsen **rotsbeen** stuk van het slaapbeen rond het inwendige deel van het oor **rotsblok** stuk rots **rotsig** *bn* rotsachtig **rotsvast** heel stevig, heel vast ▼ *een ~ vertrouwen in iets of iemand hebben* heel vast op iets of iemand vertrouwen **rotswol** BN, ook steenwol, wolachtig isolatiemateriaal **rotten** bederven, tot ontbinding overgaan **rottig** *bn* ❶ een beetje rot ❷ inform. vervelend, akelig: *wat ~ dat je ontslagen bent* **rotting** I *de (v)* ❶ het rotten, ontbinding II *de (m)* [-en] ❷ wandelstok van rotan **rottweiler** ⟨rotwajlər⟩ *de (m)* [-s] vrij grote, zwart met bruine, kortharige hond, met een gedrongen en sterk lichaam en een brede kop **rotzak** gemene vent **rotzooi** *de* ❶ slordige en vieze toestand, rommel: *wat een ~ is het op jouw kamer!* ❷ waardeloze spullen: *in die winkel verkopen ze ~* **rotzooien** inform. [rotzooide, h. gerotzooid] ❶ rommelig te werk gaan ❷ op een

ro

seksuele manier met elkaar omgaan: *hij rotzooit met iemand op zijn werk*

rouge ⟨roezjə⟩ *de (m) & het* rood kleursel voor op het gezicht: *ze deed ~ op haar wangen*

roulade ⟨roe-⟩ *de (v)* [-s] *muz.* loopje, roller van tonen die achter elkaar worden gezongen, meestal op één lettergreep

roulatie ⟨roe-⟩ *de (v)* omloop, verkeer ▼ *in (de) ~ zijn* in omloop zijn, gebruikt worden: *er zijn valse biljetten van vijftig euro in de ~* ▼ *uit de ~ zijn* niet meer gebruikt of verkocht worden of uitgeschakeld zijn en daardoor niet meedoen: *de film werd uit de ~ genomen; ik was ziek en ben een tijd uit de ~ geweest* **rouleren** ❶ in omloop zijn, gebruikt worden: *volgens de politie ~ er veel valse bankbiljetten* ❷ beurtelings waargenomen worden, door verschillende mensen gedaan worden: *de schoonmaakbeurt rouleert* **roulette** *de* [-s] gokspel waarbij men moet raden op welk nummer een balletje op een draaiende schijf terechtkomt: *~ spelen in het casino* ▼ *Russische ~* spel waarbij deelnemers om de beurt op zichzelf schieten met een revolver waarvan een van de kamers geladen is; *fig.* iets wat heel riskant is

route ⟨roetə⟩ *de* [-s, -n] weg die iemand volgt of moet volgen

routeplanner ⟨-plennər⟩ *de (m)* [-s] computerprogramma dat de route naar een bestemming geeft

router ⟨rautər⟩ *comp. de* [-s] apparaat of programma dat verschillende netwerken met elkaar verbindt, bijv. internet met een lokaal netwerk

routine ⟨roe-⟩ *de (v)* ❶ vlugheid of vaardigheid die iemand door gewoonte heeft gekregen ❷ geregelde gang van zaken, sleur: *de dagelijkse ~* **routineus** *bn* goed in iets doordat men het al vaak gedaan heeft, zonder erover te hoeven nadenken of zich er speciaal voor te hoeven inspannen **routinier** ⟨roetienjee⟩ *de (m)* [-s] ❶ iemand die veel ervaring heeft ❷ iemand die routinematig handelt

rouw I *de (m)* ❶ het treuren, vooral om iemand die gestorven is ❷ rouwkleding ▼ *in de ~ zijn* zwarte kleding dragen als een naaste is overleden **II** *bn* ❶ ruw, ruig **rouwauto** auto als lijkwagen **rouwband** zwarte band als teken van rouw **rouwbeklag** het betuigen van deelneming als iemand is overleden **rouwbrief** gedrukte brief waarin staat dat iemand is overleden

rouwdouwer *de (m)* [-s] iemand die ruw te werk gaat zonder dat de nadelige effecten of gevolgen van wat hij doet hem interesseren

rouwen ❶ treuren, vooral om iemand die gestorven is ❷ in de rouw zijn, zwarte kleding dragen als teken van rouw ❸ berouwen, spijt hebben van: *dat zal hem ~!* **rouwig** *bn* bedroefd ▼ *niet ~ zijn om* niet erg vinden, er wel blij om zijn: *ik ben er niet ~ om dat die vervelende vent niet meer komt* **rouwkamer** vertrek waarin de lijkkist staat **rouwnagels** *de (mv)* nagels met donkere randen vuil eronder **rouwrand** ❶ zwarte of donkergrijze rand om een brief als teken van rouw ❷ *scherts.* donkere rand aan de nagel door vuil dat zich eronder opgehoopt heeft **rouwstoet** begrafenisstoet

roux ⟨roe⟩ *de (m)* [-s] saus van gebruinde boter met bloem en melk of bouillon

roven met geweld stelen **rover** *de (m)* [-s] iemand die rooft

royaal ⟨roojaal⟩ *bn* ❶ vrijgevig, gul: *met een ~ gebaar betaalde hij onze kaartjes voor het concert* ❷ behoorlijk groot: *de wielrenner had een royale voorsprong op de andere deelnemers*

royal class ⟨rojjəl klàs⟩ *de (m)* betere categorie stoelen in een touringcar, op een schip e.d.

royalty ⟨Rojjəltie⟩ *de* [-'s] ❶ honorarium in de vorm van een percentage van de opbrengst ❷ leden van koningshuizen

royaltywatcher ⟨-wotsjəR⟩ *de (m)* [-s] iemand die de ontwikkelingen binnen koningshuizen volgt en daarover bericht

royement ⟨rwajə-⟩ *het* het royeren of geroyeerd zijn **royeren** ⟨rwajɛ- *of* rooji-⟩ doorhalen, schrappen van een lijst, vervallen verklaren, afvoeren als lid

ROZ *de (m)* Regionale Omroep Zuid

roze ⟨ròzə⟩ *bn & het* lichtrood

rozelaar BN, spreekt. *de (m)* [-s] rozenstruik

rozemarijn *de (m)* lipbloemige altijdgroene heester met bleekblauwe bloem (Rosmarinus officinalis), waarvan de blaadjes worden gebruikt als keukenkruid **rozenbottel** *de* [-s] vrucht van de roos **rozengeur** ▼ *~ en maneschijn* volmaakt (liefdes)geluk: *het is niet altijd ~ en maneschijn* **rozenkrans** ❶ krans van rozen ❷ *r.-k.* reeks gebeden ❸ kralensnoer gebruikt bij het bidden van de rozenkrans **rozenstruik** struik waaraan rozen groeien

rozet *de* [-ten] ❶ roosvormig sieraad ❷ ronde knoop van een ordelint in het knoopsgat ❸ plaat met gaatjes ❹ diamant die van onderen plat is en van boven hoekig is geslepen ❺ bladerkrans onder aan een stengel ❻ venster met roosvormige figuren

rozig *bn* ❶ lichtrood, roze ❷ loom en slaperig (door buitenlucht)

rozijn *de* gedroogde druif

RPF *de (v)* ⟨vroeger⟩ Reformatorische Politieke Federatie

rsg *de (v)* rijksscholengemeenschap

RSI *Repetitive Strain Injury*, aandoening door overbelasting van handen, pols, nek of schouders als gevolg van kleine bewegingen die iemand vaak herhaalt, bijv. bij computergebruik

r.s.v.p. *répondez s'il vous plaît*, antwoorden a.u.b.

RSZ BN *de (m)* Rijksdienst voor Sociale Zekerheid

rtf *rich text format*, bestandsformaat voor tekstdocumenten met opmaak

RTL Radio et Télévision du Luxembourg

rubber *de (m) & het* ❶ elastisch product, verkregen uit enkele tropische boomsoorten ❷ kunststof die daarop lijkt

rubriceren naar rubrieken, vakken indelen of betitelen, onder rubrieken brengen **rubriek** *de (v)* ❶ afdeling gewijd aan een bepaald soort onderwerpen in een dagblad, tijdschrift e.d. ❷ afdeling, categorie in het algemeen

ruche ⟨ruusjə⟩ *de* [-s] geplooide strook stof als versiering van kleding of gordijnen

ruchtbaar *bn* wereldkundig, algemeen bekend: *iets ~ maken* **ruchtbaarheid** *de (v)* brede bekendheid ▼ ~ *aan iets geven* het bekendmaken

rücksichtslos ⟨ruuksiegtsloos⟩ *bn* die niemand en niets ontziet

rucola ⟨roekoola⟩ *de (v)* [-'s] slasoort met een nootachtige smaak

rudiment *het* ❶ eerste beginselen, begin van basiskennis van iets ❷ lichaamsdeel of orgaan dat zich niet meer ontwikkelt **rudimentair** ⟨-tèr⟩ *bn* in beginsel aanwezig, niet volledig ontwikkeld: *~e kennis van iets*

rug *de (m)* [-gen] achterkant of bovenkant van een lichaam of voorwerp ▼ *het is achter de* ~ voorbij ▼ *iemand zich op* ~ *toekeren* zich niet meer met iemand bemoeien ▼ *achter iemands* ~ *stiekem*, zonder dat die persoon. het weet ▼ *inform. hij kan mijn* ~ *op!* ik wil niets meer met hem te maken hebben, ik doe niet wat hij vraagt

rugby ⟨rugbie *of* RUGbie⟩ *het* teamsport waarbij een ovale bal met de hand en met de voet gespeeld wordt

rugcrawl ⟨-kròl⟩ crawl waarbij de zwemmer op de rug ligt **rugdekking** bescherming in de rug: *iemand* ~ *geven* **ruggelings** *bn* ❶ achterover, naar achteren ❷ met de ruggen tegen elkaar **ruggengraat** *de* [-graten] ❶ beweegbare kolom van wervels in de rug van gewervelde dieren en de mens ❷ *fig.* kracht waarop iemand of iets kan steunen ▼ ~ *tonen* tonen dat men karakter, innerlijke kracht heeft **ruggenmerg** merg in de wervelkolom **ruggensteun** ❶ steun voor de rug ❷ *fig.* hulp

ruggenwervel, rugwervel elk van de twaalf wervels in de ruggengraat waaraan de ribben verbonden zijn **ruggespraak** overleg, vooral met een opdrachtgever: *voordat we doorgaan met de onderhandelingen moeten we even* ~ *houden* **rugnummer** *sp.* nummer dat op de rug van het shirt van een speler staat **rugslag** slag bij rugzwemmen **rugsluiting** sluiting op de rug **rugspuit** sproeiapparaat met een reservoir op de rug **rugtitel** titel op de rug van een boek, cassette e.d. **rugwervel** → **ruggenwervel rugzak** zak of tas die iemand op de rug kan dragen ▼ ~*je* financiële toelage om zelf zorg in te kopen, persoonsgebonden budget **rugzwemmen** zwemmen met de rug naar beneden, waarbij men op zijn rug ligt

rui *de (m)* het ruien: *onze hond is in de* ~ **ruien** oude veren of haren verliezen en nieuwe krijgen

ruif *de* [ruiven] voederbak met tralies

ruig *bn* ❶ harig, wollig, borstelig: *een hond met een ~e vacht* ❷ *fig.* ruw, grof **ruigte** *de (v)* [-n, -s] ❶ het ruig zijn ❷ planten, gras, struiken e.d. die ongeordend door elkaar groeien

ruiken [rook, h. geroken] ❶ een geur verspreiden: *die bloemen* ~ *lekker* ❷ een geur inademen, opsnuiven: *ik ruik een brandlucht* ❸ *fig.* bespeuren, merken **ruiker** *de (m)* [-s] bos bloemen

ruil *de (m)* het ruilen **ruilen** geven in de plaats van iets anders, verwisselen **ruilhandel** handel zonder geld waarbij dingen of diensten tegen elkaar worden geruild **ruilmiddel** iets dat een bepaalde waarde heeft, zoals geld, en waarmee men kan betalen voor iets anders **ruilverkaveling** *de (v)* efficiëntere indeling van

grond door het ruilen van kleine stukken grond die uit elkaar liggen **ruilvoet** getal dat de waarde uitdrukt van een goed ten opzichte van één eenheid van een ander goed **ruilwaarde** waarde dat iets heeft bij het ruilen

ruim I *bn* ❶ wijd, open, vrij: *een* ~ *landschap* ❷ wat veel ruimte biedt: *~e kamers* ❸ ruimdenkend, niet bekrompen: *je moet het* ~ *zien* ❹ royaal, rijkelijk: ~ *kunnen leven* ▼ ~ *baan maken* de weg vrijmaken **II** *bw* ❺ meer dan: ~ *voldoende, ~ een uur* **III** *het* ❻ ruimte in een schip die is bestemd voor lading

ruimdenkend *bn* niet bekrompen, ruim van opvattingen **ruimen** [ruimde, h. / is geruimd] ❶ opruimen ❷ doodmaken: *vanwege de besmettelijke veeziekte zijn veel dieren geruimd* ▼ *iemand uit de weg* ~ doodmaken ❸ verlaten ▼ *het veld* ~ plaatsmaken voor een ander, zijn terrein opgeven ❹ ⟨van de wind⟩ door het westen naar het noorden lopen **ruimschoots** *bw* in ruime mate, meer dan genoeg

ruimte *de (v)* [-n, -s] ❶ ruimte om iets te doen of iets in te zetten of leggen: *er is niet veel* ~ *meer in de kast* ❷ plaats binnen bepaalde grenzen, zoals een kamer: *we zoeken een* ~ *om te repeteren met onze band* ❸ het onbegrensde waarin alle dingen hun plaats vinden, alle sterren en planeten samen, het heelal **ruimtecapsule** toestel dat in de ruimte wordt gelanceerd voor onderzoek **ruimtelaboratorium** laboratorium voor experimenten buiten de aarde **ruimtelijk** *bn* van de ruimte, wat met de ruimte te maken heeft ▼ *~e ordening* de leer van de inrichting van een gebied, waar gebouwen komen, waar wegen, waar weilanden enz.

ruimteschild afweersysteem in de ruimte tegen raketaanvallen **ruimteschip** voertuig voor de ruimtevaart **ruimtesonde** niet bemand toestel voor onderzoek in het heelal **ruimtestation** kunstmatige satelliet als basis voor verdere ruimtereizen en -onderzoek **ruimtevaarder** *de (m)* [-s] iemand die een tocht maakt in de ruimte **ruimtevaart** het bereizen van het heelal **ruimteveer** ruimtevaartuig voor vluchten van en naar een ruimtestation **ruimtevrees** ziekelijke angst voor grote open plaatsen **ruimtewagen** heel ruime personenauto met zes tot zeven plaatsen **ruimteziekte** ziekteverschijnselen die ontstaan bij een toestand van gewichtloosheid

ruin *de (m)* gecastreerde hengst

ruïne *de (v)* [-s, -n] overblijfsel van een verwoest gebouw, puinhoop, bouwval, ook figuurlijk **ruïneren** ❶ verwoesten, vernietigen, stukmaken ❷ te gronde richten, in het verderf storten, tot armoede brengen

ruis I *de (m)* ❶ geruis, ruisend geluid ❷ hinderlijk bijgeluid: *deze luidspreker geeft veel* ~ **II** *de (m)* [ruizen] ❸ ruisvoorn **ruisen** een zacht, ritselend geluid maken door wind of water: *het riet ruist in de wind* **ruisvoorn** vis uit de familie van de karpers, rietvoorn (Rutilus erythrophthalmus)

ruit *de* ❶ vierhoek met gelijke zijden en niet-rechte hoeken ❷ ruitvormig voorwerp, figuurtje, bijv. op speelkaarten of in stoffen ❸ vensterglas ▼ *zijn eigen ~en ingooien* zichzelf

ru

benadelen, zijn eigen kansen kapotmaken ❹ ⟨op een diamant⟩ geslepen vlak, facet ❺ plant van het geslacht Ruta ❻ ranonkelachtige plant (Thalictrum) **ruiten** I *de* [ruiten] ❶ kaart met ruitvormige figuurtjes II *ww* ❷ ruiten maken in of op **ruitensproeier** onderdeel waarmee de voorruit van een auto natgemaakt wordt om deze met de ruitenwissers schoon te maken **ruitenwisser** ❶ reep gummi in een houder die over de ruit van een auto heen en weer gaat om regendruppels, sneeuw e.d. te verwijderen ❷ werktuig van een glazenwasser

ruiter *de (m)* [-s] ❶ iemand die op een paard rijdt ❷ soldaat te paard ❸ vogel die bij een bepaalde groep van steltlopers hoort, zoals de oeverloper, de tureluur en de zwarte ruiter **ruiterij** *de (v)* paardenvolk, soldaten te paard

ruiterlijk *bn* openhartig, oprecht: *hij gaf ~ toe dat hij zich in mij had vergist*

ruiterpad (zand)pad voor paardrijders **ruiterstandbeeld** standbeeld van iemand te paard

ruitertje *het* [-s] ❶ papiertje dat men op bepaalde kaarten in een kaartsysteem klemt om deze te herkennen ❷ bepaald gewichtje ❸ vierkant stukje spek of geroosterd brood

ruitjespapier papier met een ruitjespatroon **ruk** *de (m)* [-ken] ❶ het hard, wild trekken aan iets ❷ lange afstand, lange tijd van inspanning **rukken** ❶ hard trekken, met schokken trekken ❷ spreekt. masturberen *(van een man)* **rukker** *de (m)* [-s] ❶ spreekt. man die masturbeert ❷ -▼ *hé, ouwe ~! dag kameraad, vriend* **rukwind** plotselinge felle wind

rul *bn* ❶ poederachtig, erg los: *we kwamen maar moeizaam vooruit in het ~le zand* ❷ oneffen: *~ ijs*

rum *de (m)* alcoholische drank uit suikerriet **rumba** ⟨roem-⟩ *de (m)* [-'s] Cubaanse dans met schommelende bewegingen van het lichaam **rumboon** chocolaatje met rum **rummikub**® *de & het* gezelschapsspel met genummerde stenen in vier kleuren **rumoer** *het* ❶ veel geluiden door elkaar ❷ opschudding **rumoerig** *bn* druk, onstuimig, met lawaai

run I *de* ❶ gemalen eikenschors II *de (m)* [-s] ❷ stormloop, grote toeloop van mensen: *er ontstond een ~ op de kaartjes voor het concert* ❸ snelle loop bij cricket en honkbal waarmee een speler een punt haalt: *onze derde slagman maakte een ~ langs alle honken*

rund *het* [-eren] ❶ huisdier, gehouden als slacht- en melkvee of als trekdier, o.a. de koe ❷ fig. dom of lomp persoon **runderhaas** heel malse spier van een rund **runderlap** plat stuk rundvlees **rundvee** runderen, onder andere koeien **rundvlees** vlees van runderen **rune** *de* [-n] Oudgermaans schriftteken **runnen** ❶ (een bedrijf, afdeling e.d.) leiden en ervoor zorgen dat het functioneert ❷ toeristen aanspreken en proberen over te halen een bepaalde attractie te bezoeken, hotelkamer te nemen e.d. **runner** *de (m)* [-s] ❶ iemand die toeristen aanspreekt en ze probeert binnen te halen als klant ❷ zeeman die voor een deel van de reis voor een bepaalde taak, vooral het slepen

van iets, is aangenomen ❸ gordijnwieltje dat over een rail loopt **runner-up** *sp. de (m)* [-ups] ploeg of persoon die op een heel hoge plaats eindigt, (vlak) onder de kampioen **running** *de (m)*▼ *in de ~ zijn* meedoen, een rol spelen, kandidaat zijn;: *hij is nog steeds in de ~ voor het voorzitterschap* hij is nog steeds kandidaat om voorzitter te worden

rups *de* larve van een vlinder **rupsband** band die over twee wielen van een voertuig loopt, waardoor dit zich over zachte of oneffen grond kan voortbewegen

rupsvoertuig voertuig op rupsbanden **ruptuur** *de (v)* [-turen] ❶ breuk, scheur ❷ vredebreuk, het verbreken van betrekkingen **ruraal** *bn* landelijk, plattelands **rus** *de (m)* [-sen] spreekt. rechercheur **rush** ⟨rusj⟩ *de (m)* [-es] ❶ stormloop, snelle ren ❷ stuk film dat nog niet gemonteerd is **Russisch** *bn* van, uit, wat te maken heeft met Rusland ▼ *~ ei* slaatje met ei

rust *de* ❶ het niet bewegen, het zich niet inspannen ❷ slaap: *ze lagen allemaal in diepe ~* ❸ pauze: *na de ~ scoorden wij een doelpunt* ❹ vrede, vredigheid, kalmte, stilte: *wat een ~ hier op het platteland* ▼ *iemand met ~ laten* iemand niet lastigvallen ▼ *~ noch duur hebben* heel onrustig zijn ▼ *in ~e die niet meer werkt* ▼ *~ roest* als iemand niet bezig blijft, verliest hij zijn kennis en vaardigheid **rustdag** dag waarop niet gewerkt wordt **rusteloos** *bn* onvermoeid bezig, zonder (innerlijke) rust **rusten** ❶ zich niet inspannen, niet bewegen ❷ niet meer werken ❸ stilliggen ❹ in het graf liggen ❺ liggen, steunen: *hij rustte op zijn zij* ❻ fig. drukken: *op mij rust de plicht om ...* **rustgebied** deel van een natuurgebied waar het wild niet gestoord mag worden **rusthuis** inrichting voor oude mensen of voor mensen die een rustkuur houden

rustiek *bn* ❶ landelijk, typisch zoals op het platteland: *een ~ huisje vlak bij een bos* ❷ in een natuurlijke toestand ▼ *~e meubelen* meubels die gemaakt zijn van onbewerkt hout

rustig *bn* kalm, vredig, stil, zonder dat men gestoord wordt door bijv. lawaai of door andere mensen

rustpensioen BN, ook ouderdomspensioen **rustplaats** plaats waar men kan rusten ▼ *de laatste ~* het graf **rustpunt** het punt, plaats waar gerust wordt **ruststand** ❶ stand waarin een beweegbaar voorwerp zich bevindt wanneer er geen kracht op werkt ❷ stand van een bedieningshendel wanneer de machine niet werkt ❸ sp. de stand in de pauze van een wedstrijd

rut *bn* blut, alles kwijt

ruw *bn* ❶ niet glad, oneffen, grof: *de ~e wol van dit vest schuurt langs mijn huid* ❷ onbewerkt: *een ~e diamant* ❸ niet fijn, onbescheiden, lomp: *~ zijn in het spreken* ❹ wild, woest, hard: *~ weer; jullie moeten niet zo ~ spelen* ❺ in grove trekken: *een ~e schets van hoe het wordt* **ruwbouw** skelet van een bouwwerk **ruwen** (stoffen) een ruw oppervlak geven **ruwharig** met ruig haar: *een ~e teckel*

ruzie *de (v)* [-s] twist, situatie waarin mensen

kwaad zijn op elkaar **ruzieachtig** *bn* ❶ geneigd tot ruziemaken ❷ waarbij snel ruzie ontstaat: *een ~e sfeer* **ruziemaker** iemand die ruziemaakt **ruziën** ruziemaken

RvA *de (m)* ❶ Raad van Arbeid ❷ Raad voor Accreditatie ❸ Raad van Advies ❹ Raad van Afgevaardigden ❺ Raad van Arbitrage

RVA *de (m)* **BN** Rijksdienst voor Arbeidsvoorziening

RvB *de (m)* ❶ Raad van Beheer ❷ Raad van Bestuur

RVD *de (m)* Rijksvoorlichtingsdienst

RVI *de (v)* Rijksverkeersinspectie

rvs roestvrij staal

RvS *de (m)* Raad van State

RVV I *het* ❶ Reglement Verkeersregels en Verkeerstekens II *de (m)* ❷ Rijksdienst voor de keuring van Vee en Vlees

RW Rijkswaterstaat

S

s I *de* [-'en] ❶ negentiende letter van ons alfabet ❷ stemloze medeklinker die bij de tanden wordt gevormd II ❸ seconde

S ❶ Sverige (*Zweden*) ❷ Small (*klein, van kledingmaat*) ❸ schei. sulfur (*zwavel*)

S. *Sanctus*, heilige

SA *de (v)* , hist. *Sturmabteiling*, naziorganisatie

saai *bn* met weinig of geen afwisseling, oninteressant, niet levendig: *een ~ landschap, persoon, boek* **saamhorigheid** *de (v)* het gevoel en gedrag van mensen die zich één voelen, geestelijke eenheid **saampjes** *bw* (gezellig) samen

SABAM **BN** *zn* Belgische vereniging voor de exploitatie van de auteursrechten van schrijvers en musici

sabayon *de (m)* gerecht van onder andere schuimig geklopte eidooier en zoete wijn

sabbat *de (m)* [-ten] rustdag van de joden **sabbatical** ⟨sabettikəl⟩ *het* [-s] periode (meestal een jaar) van verlof voor bijv. studie, sabbatsjaar **sabbatsjaar, sabbatjaar** ❶ jaar dat in de tijd van het Oude Testament een periode van zeven jaar afsloot ❷ jaar verlof voor bijv. studie

sabbelen zachtjes zuigen: *het kind sabbelde op een zuurstok*

sabel I *het* ❶ het bont van een sabeldier II *de (m)* [-s] ❷ gebogen zwaard dat aan één kant scherp is **sabeldier** marterachtig zoogdier uit Azië

sabotage ⟨-taazjə⟩ *de (v)* het langzaam of slecht werken of het kapotmaken van dingen als protest of als verzet **saboteren** sabotage plegen **saboteur** *de (m)* [-s] iemand die sabotage pleegt

sacharine ⟨saggaa-⟩ *de* kunstmatige zoetstof als vervanging van suiker

sachertaart ⟨saggər-⟩ fijn chocoladegebak uit Wenen met een vulling van jam

sachet ⟨-sjè⟩ *het* [-s] ❶ zakje met kruiden ❷ zakje met poedermedicijn ❸ stoffen zakje om iets in op te bergen

sacraal *bn* ❶ geheiligd, gewijd ❷ med. wat te maken heeft met het heiligbeen (os sacrum)

sacrament *het* heilige handeling in sommige godsdiensten: *bij de rooms-katholieken zijn bijv. het huwelijk en de biecht ~en* **sacramenteel** *bn* wat te maken heeft met de sacramenten

sacristie *de (v)* [-ën] kamer met de benodigdheden voor een katholieke dienst

sadisme *het* het genieten van het kwellen of pijn doen van andere mensen of van dieren **sadistisch** *bn* die geniet van het kwellen, van pijn doen

sadomasochisme sadisme en masochisme in combinatie met elkaar (afgekort SM), het genieten van kwellen en pijn doen en van gekweld en gepijnigd worden **sadomasochist** iemand die geniet van kwellen en pijn doen en van gekweld en gepijnigd worden

safari *de* [-'s] (jacht)tocht in natuurgebied met wilde dieren **safarilook** ⟨-loek⟩ *de (m)* beige katoen in de stijl van tropenkleding **safaripark** terrein met loslopende exotische dieren die men

sa

kan bekijken

safe ⟨seef⟩ I bn ❶ veilig II de (m) [-s] ❷ kluis voor het bewaren van geld en andere kostbaarheden

saffie spreekt. het [-s] sigaret

saffier de (m) [-en] & het blauwe edelsteen

saffloer de (m) & het samengesteldbloemige plant met rode en gele bloempjes (Carthamus tinctorius)

saffraan de (m) ❶ bepaalde krokus ❷ gele kleurstof en specerij van die krokus

sage de [-n] overgeleverd volksverhaal, vooral heldengeschiedenis

sago de (m) meel uit het merg van sommige palmsoorten

saillant ⟨sajjant⟩ bn ❶ vooruitstekend ❷ fig. wat in het oog springt, op de voorgrond treedt, opvalt

sake ⟨-kee⟩, **saki** de (m) Japanse alcoholische rijstdrank

saki de → sake

sakkeren BN, ook mopperen, foeteren

sakkerloot tw ⟨bastaardvloek⟩ uitroep van schrik, kwaadheid e.d.

salade de [-s] ❶ sla ❷ gerecht van koude groente

salafisme het orthodoxe stroming binnen de islam

salamander de (m) [-s] ❶ tweeslachtig dier van de orde Salamandrinae, dat lijkt op een hagedis ❷ kleine ronde kachel

salami de (m) [-'s] gerookte worst met knoflook

salamitactiek het beetje bij beetje iets voor elkaar krijgen en zo het doel proberen te bereiken

salangaan de (m) [-ganen] tropische rotszwaluw

salariëren een salaris geven **salaris** het [-sen] (regelmatig) inkomen voor werk in dienstverband **salarisschaal** ❶ schaal volgens welke de salarissen berekend worden ❷ nummer op die schaal: in welke ~ zit jij?

salderen het saldo opmaken en vereffenen, rekeningen afsluiten **saldo** het [-'s, -di] verschil tussen wat men ontvangt en wat men uitgeeft: het ~ op een bankrekening het bedrag dat erop staat ▼ per ~ tenslotte, per slot van rekening

salesmanager ⟨seels-⟩ iemand die de verkoop leidt **salespromotor** iemand die de bevordering van de verkoop tot taak heeft

salicylzuur antiseptisch en conserverend middel

salie de het plantengeslacht Salvia ▼ echte ~ grijsbladige lipbloemige plant die sterk ruikt (Salvia officinalis)

salmiak de (m) ❶ samentrekking van sal ammoniacum; een bestanddeel van drop en zwart-op-wit ❷ zout snoepgoed in poedervorm, zwart-op-wit

salmonella de [-'s] bacterie die onder andere paratyfus veroorzaakt

salomonsoordeel slimme, wijze beslissing in een moeilijk geschil **salomonszegel** de (m) [-s] lelieachtig plantengeslacht dat in het wild groeit (Polygonatum)

salon de (m) & het [-s] ❶ ontvangkamer, mooie grote kamer ❷ BN ook zithoek, zitkamer **salonboot** mooi ingerichte passagiersboot **salonheld** iemand die in gezelschap een oordeel heeft over de wereld en de mensen maar die

zelf niets doet **salonmuziek** lichte muziek **salonsocialist** iemand die zegt dat hij het socialisme aanhangt, maar die daar niet naar leeft

saloondeuren ⟨-loen-⟩ de (mv) halfhoge deuren die naar twee kanten open klappen

salopette ⟨-pet⟩ de broek met daaraan een stuk dat borst en buik bedekt en met banden over de schouders, tuinbroek

salpeter de (m) & het verkorte benaming voor zouten van salpeterzuur **salpeterzuur** bijtend zuur

salsa de (m) sterk ritmische muziek uit Latijns-Amerika

SALT Strategic Arms Limitation Talks, gesprekken over wapenbeperking

salto de (m) [- mortale's, - mortales] sprong waarbij iemand in de lucht een cirkel maakt met de voeten boven het hoofd ▼ ~ mortale heel gevaarlijke salto door acrobaten; fig. heel gevaarlijke onderneming

salueren groeten waarbij men met zijn rechterhand even zijn hoofd aanraakt: de soldaten salueerden voor de kolonel **saluut** I het ❶ groet, vooral de militaire groet II tw ❷ gegroet **saluutschot** schot als eerbewijs

salvia de [-'s] plantengeslacht met struiken en vaak geneeskrachtige kruidachtige planten uit de familie van de lipbloemigen, salie

salvo het [-'s] reeks schoten

samba de (m) [-'s] Zuid-Amerikaanse dans in vierkwartsmaat

sambal de (m) [-s] heel hete saus, gemaakt van Spaanse pepers

sambuca ⟨samboe-⟩ de (m) anijslikeur uit Italië

samen bw ❶ bij elkaar, met elkaar ❷ ⟨als eerste deel van een samenstelling⟩ bij elkaar, ineen: twee afdelingen ~voegen **samendrommen** een dichte menigte vormen **samengaan** gelijk voorkomen met: griep gaat meestal samen met koorts **samengesteld** bn wat bestaat uit verschillende delen **samengesteldbloemigen** de (mv) planten waarvan de bloemen uit meerdere bloemen zijn samengesteld

samenhang de (m) onderling verband **samenhangen** met elkaar te maken hebben: het grote aantal diefstallen in die buurt hangt samen met de armoede daar **samenhokken** ❶ in een kleine ruimte bij elkaar wonen ❷ ongehuwd samenwonen **samenkomst** het bij elkaar komen, bijeenkomst **samenleving** de (v) ❶ het samen leven ❷ het overkoepelende sociale verband waarin mensen leven, maatschappij **samenloop** ❶ het in elkaar uitstromen van rivieren ❷ het toevallig voorkomen of gebeuren op hetzelfde moment: door een ~ van omstandigheden kwamen we in dezelfde straat te wonen **samenraapsel** het [-s] geheel van verschillende dingen die eigenlijk niet bij elkaar passen, allegaartje

samenscholen zich in een groep verzamelen **samensmelten** tot één geheel worden of maken **samenspannen** samen een plan bedenken om iets slechts, iets vijandigs te doen, een complot smeden: de generaals spannen samen tegen de regering

samenspel samenwerking met andere spelers om tot een goed resultaat te komen: *door een goed ~ kon onze spits makkelijk scoren*

samenspraak gesprek, dialoog

samenstel geheel dat uit delen bestaat

samenstellen maken of vormen uit verschillende onderdelen: *een gedichtenbundel ~*

samenstelling *de (v)* ❶ het samenstellen: *de ~ van een team* ❷ hoe iets is samengesteld, onderlinge verhouding van de delen: *wat is de ~ van deze grondsoort?* ❸ woord dat uit twee of meer woorden gevormd is, bijv.: *huiskamer*

samentrekken ❶ een klank weglaten of een klank die of een woord dat twee keer voorkomt, maar één keer noemen, bijv.: *de d in 'leer' uit 'leder'; 'bedrijf' in 'midden- en kleinbedrijf'* ▼ *zich ~* kleiner van omvang worden: *een spier kan zich ~* ❷ (troepen) op een punt bij elkaar brengen, samenvoegen ▼ *zich ~* zich op een bepaald punt verzamelen, bij elkaar komen **samenvallen** ❶ tegelijk gebeuren: *mijn verjaardag valt dit jaar samen met Pasen* ❷ één worden, niet meer van elkaar te onderscheiden zijn **samenvatten** in het kort herhalen

samenwerken met elkaar werken aan een taak, project e.d.: *deze collega's kunnen niet goed ~*

samenwonen samen in één woning wonen, vooral: bij elkaar wonen zonder getrouwd te zijn

samenzang het met meer mensen tegelijk zingen **samenzijn** het bijeenkomst: *een gezellig ~*

samenzweerder *de (m)* [-s] iemand die samenzweert, een complot smeedt

samenzweren samen met anderen iets slechts of vijandigs bedenken, een complot smeden **samenzwering** *de (v)* het met elkaar afspreken iets slechts of vijandig te doen, bijv. een aanslag te plegen, complot

samoerai *de (m)* lid van de stand van de vroegere Japanse ridders, Japanse krijgsadel

samowaar, samowar *de (m)* [-s] Russische theeketel

sample ⟨sàmpəl *of* sempəl⟩ *de (m)* [-s] ❶ steekproef uit een grote groep ❷ stukje gedigitaliseerd geluid dat wordt toegepast in elektronische muziek **samplen** ⟨sempələn⟩ [samplede, h. gesampled] toonhoogte, tempo of volgorde veranderen van een digitaal opgeslagen stukje muziek en dat toevoegen aan een muziekstuk **sampler** ⟨sempləʀ⟩ *de (m)* [-s] machine om geluid digitaal op te nemen en te bewerken

samsam *bw* op zo'n manier dat beide partijen evenveel betalen

sanatorium het [-s, -ria] plaats waar langdurig zieken worden verpleegd die voornamelijk rust moeten hebben of die een bepaald leefritme moeten volgen

sanctie *de (v)* [-s] iets waardoor men anderen dwingt zich aan een voorschrift te houden, strafmaatregel: *~s treffen tegen overtreders* **sanctioneren** ❶ bekrachtigen, goedkeuren ❷ BN ook bestraffen

sanctus I *het & de (m)* ❶ christelijk gebed en lofzang en deel van de mis II *bn* ❷ heilig

sandaal *de* [-dalen] open schoen voor in de

zomer, schoen met een zool en smalle stukken leer of ander materiaal om de bovenvoet

sandwich ⟨sɛndwitsj⟩ *de (m)* [-es] ❶ twee sneetjes brood met daartussen beleg ❷ BN zacht, zoet puntbroodje **sandwichman** ⟨-mɛn⟩ iemand die loopt met een reclamebord op de buik en één op de rug

saneren weer in orde maken door de delen die niet goed zijn, weg te halen: *een gebit ~; de gemeente wil die vervallen wijk ~*

sangria ⟨sanGriejaa⟩ *de (v)* koele rode wijn met stukjes fruit

sanhedrin het Joodse hoge raad

sanitair ⟨-tɛr⟩ I *bn* ❶ wat te maken heeft met de gezondheid ▼ *~e stop* korte pauze om naar de wc te gaan II *het* ❷ bad, douche, toilet en wat daarmee samenhangt

sanitatie *de (v)* hygiënische waterhuishouding: schoon drinkwater, goede sanitaire voorzieningen, goede riolering en persoonlijke hygiëne

sanseveria, sansevieria *de (v)* [-'s] lelieachtige plant met puntige en stijve bladeren

sans gêne ⟨sã zjɛnə⟩ *bw verb* ongedwongen, ongegeneerd, zonder zich te schamen

Sanskriet het oude, heilige taal van Voor-Indië

sans-papiers ⟨sã papjee⟩ BN *de (m)* [sans-papiers] iemand die illegaal in het land verblijft, dus zonder papieren zoals een verblijfsvergunning

sant *de (m)* ▼ BN *niemand is ~ in eigen land* niemand is profeet in eigen land, in eigen omgeving krijg je vaak geen erkenning

santé *tw* gezondheid

santen *de* dikke kokosmelk

santenkraam *de* ▼ *de hele ~* de hele boel, de hele rommel

santjes *tw* gezondheid!

sap het [-pen] ❶ vloeistof in of van vruchten of planten ❷ vocht in het lichaam **sapje** het [-s] niet-alcoholische drank uit vruchtensap

sappel inform. *de (m)* ▼ *zich ~ maken* zich druk maken over iets **sappelen** hard werken, ploeteren

sapperloot *tw* ⟨bastaardvloek⟩ uitroep van schrik, kwaadheid e.d.

sappig *bn* ❶ met veel sap: *een ~e peer* ❷ ⟨van een taal of dialect⟩ levendig, prettig om naar te luisteren: *ze sprak ~ Limburgs*

sara *de (v)* [-'s] speculaaspop als geschenk voor vrouwen die vijftig jaar worden

sarabande *de* [-s] statige Spaanse dans in driekwartsmaat

sarcasme het [-n] bijtende spot **sarcastisch** *bn* met bijtende spot

sarcofaag *de (m)* [-fagen] stenen doodskist

sarcoom het [-comen] kwaadaardige tumor

sardine *de* [-s], **sardien** kleine haringachtige vis (Alosa of Sardina pilchardus)

sardonisch *bn* boosaardig spottend

sarong *de (m)* [-s] lange omslagrok van gebatikt katoen

sarren gemeen plagen

SARS *de & het , Severe Acute Respiratory Syndrome*, besmettelijke dodelijke longziekte

sas I *de* [-sen] ❶ mengsel dat bij vuurwerk snel verbrandt II *het* [-sen] ❷ ⟨kolk van een⟩ sluis ▼ *in*

sa

zijn ~ *zijn met* blij zijn met

sassen spreekt. plassen

Satan *de (m)* [-s] duivel **satanisch** *bn* duivels

saté *de* [-s] stukjes geroosterd vlees die aan een stokje geregen zijn

satelliet *de (m)* hemellichaam dat om een ander hemellichaam draait, zoals de maan om de aarde ▾ *kunstmatige* ~ toestel dat in een baan om de aarde is gebracht **satellietfoto** foto genomen vanuit een kunstmatige satelliet, bijv. ten behoeve van de meteorologie **satellietontvanger** schotelantenne **satellietstaat** staat die in naam zelfstandig is maar die in werkelijkheid helemaal afhankelijk is van een machtiger staat **satellietstad** nieuwe stad die het bevolkingsoverschot van een grote stad moet opvangen

sater *de (m)* [-s] veld- of bosgod met bokkenpoten, zinnebeeld van de wellustige menselijke natuur

satijn *het* glanzende zijden of halfzijden stof **satineren** glanzend maken

satire *de* [-n, -s] het op een grappige manier bespotten van iets: *in die* ~ *op tv werd het beleid van de minister flink belachelijk gemaakt* **satiricus** *de (m)* [-ci] iemand die satires maakt **satirisch** *bn* spottend, wat iets belachelijk maakt, in de vorm van een satire

satisfactie *de (v)* [-s] voldoening, genoegdoening

saturatie *de (v)* nat. verzadiging

saucijs ⟨soo- *of* -sau-⟩ *de* [-cijzen] gedroogd worstje **saucijzenbroodje** warm broodje van fijn deeg met worst erin

saudade ⟨-oedaadə⟩ *de* triest verlangen naar iets ongrijpbaars, naar iets uit het verleden, naar iets wat verloren is gegaan, het basisgevoel van de Portugese fado

saumon ⟨soomô⟩ *bn* zalmkleurig

sauna *de (m)* [-'s] ❶ van origine Fins bad met hete lucht ❷ vertrek of gebouw waarin men zo'n bad neemt

saus *de* [-en, sauzen] ❶ dunne vloeistof die men bij of over eten gebruikt voor de smaak ❷ dunne vloeistof die men als verf gebruikt **sausen**, **sauzen** ❶ (muren) verven ❷ bewerken met een saus, onder andere bij pruimtabak

sauteren ⟨soo-⟩ snel bruin braden

sauzen sausen

savanne *de* [-n, -s] vlak landschap in de tropen met hier en daar een boom

saven ⟨seevən⟩ comp. [savede, h. gesaved] gegevens opslaan

savoir-faire ⟨saavwaar-fèr⟩ *het* weten hoe te handelen **savoir-vivre** ⟨-vievrə⟩ *het* vlotheid, levenskunst

savooiekool, **savooikool** kool met een blad dat een beetje gekruld is

sawa *de (m)* [-'s] bevloeid rijstveld in Indonesië

sax *de (m)* saxofoon **saxofonist** *de (m)* iemand die saxofoon speelt **saxofoon** *de (m)* [-s] metalen blaasinstrument met veel kleppen, vooral gebruikt in de jazz of de popmuziek

sbao, **sbo** *het* speciaal basisonderwijs (*voor kinderen met leer- en opvoedingsmoeilijkheden*)

scabiës ⟨-biejəs⟩ *de (v)* schurft

scabreus *bn* schunnig

scala *de & het* [-'s] reeks, groot aantal: *een* ~ *aan mogelijkheden*

scalp *de (m)* huid, begroeid met haar, die is afgesneden van de schedel, vroeger als trofee na een overwinning bij Noord-Amerikaanse indianen **scalpel** *het* [-s] operatiemes **scalperen** de huid met het haar van de schedel afsnijden als trofee na een overwinning, bij Noord-Amerikaanse indianen

scampi *de (mv)* grote garnalen

scan ⟨sken⟩ *de (m)* [-s] resultaat van scannen

scandaleus *bn* schandelijk, aanstootgevend

scanderen hard roepen in lettergrepen: *de demonstranten scandeerden leuzen tegen de regering*

scannen ⟨skennən⟩ ❶ een voorwerp, lichaamsdeel enz. met een scanner onderzoeken: *voor ik het vliegtuig in mocht, werd mijn bagage gescand; ik heb de tekst alleen op papier, maar ik zal hem* ~ *en hem als bestand sturen* ❷ snel en globaal doorlezen op de belangrijkste punten: *een tekst* ~ **scanner** *de (m)* [-s] elektronisch apparaat dat iets punt voor punt of lijn voor lijn aftast

scarabee *de* [-ën] ❶ mestkever ❷ afbeelding ervan als amulet

scenario ⟨sə-⟩ *het* [-'s] ❶ korte beschrijving van de scènes van een film die nog gemaakt moet worden ❷ schema en tekst voor een film ❸ volgorde van werken: *het* ~ *voor de organisatie van het festival* ❹ volgorde waarin iets mogelijk gaat gebeuren: *als het ijs van de Noord- en Zuidpool smelt, zijn de volgende* ~'s mogelijk

scene ⟨sien⟩ *de* [-s] groepering die zich kenmerkt door geheel eigen gedrags- en omgangsvormen en waarin een bepaald cultureel verschijnsel centraal staat

scène ⟨sè-⟩ *de* [-s] kort onderdeel van een film of een toneelstuk ▾ *een* ~ *maken* (in het openbaar) moeilijkheden maken, ruziemaken

scepsis ⟨skep- *of* sep-⟩ *de (v)* twijfel aan, het niet vertrouwen van de oprechtheid, deugdelijkheid, kans van slagen e.d.: *zijn plannen werden met* ~ *ontvangen*

scepter ⟨skep- *of* sep-⟩ *de (m)* [-s] kostbare staf als teken van het gezag van een vorst ▾ fig. *de* ~ *zwaaien* het hoogste gezag hebben, de baas zijn

scepticisme ⟨skep- *of* sep-⟩ *het* neiging om te twijfelen, niet te vertrouwen **scepticus** *de (m)* [-ci] iemand die geneigd is te twijfelen, niet te vertrouwen **sceptisch** *bn* met twijfel, waarbij iemand geen vertrouwen heeft in iets of iemand: *ze keek* ~ *toen ik haar vertelde dat ik een eigen bedrijf wilde beginnen*

schaaf *de* [schaven] ❶ stuk gereedschap om iets, vooral hout, glad te maken ❷ (keuken)gerei waarmee men kleine plakjes van iets af kan snijden, zoals een kaasschaaf **schaafijs** ⟨Surinaams⟩ ijs dat van een blok bevroren water wordt geschraapt (vaak gecombineerd met siroop) **schaafsel** *het* wat van iets, vooral van hout, afgeschaafd is **schaafwond** oppervlakkige verwonding waarbij iemand (een beetje) vel verliest: *er is niets aan de hand, alleen een* ~

schaak I *het* ❶ schaakspel: *een potje* ~ *spelen* **II** *bw* ❷ ⟨schaken⟩ zo dat de tegenstander de koning kan nemen **schaakbord** bord met 64 vakken

waarop het schaakspel gespeeld wordt
schaakcomputer computer waartegen men kan
schaken **schaakklok** dubbele klok die de
speeltijd van twee schakers aangeeft **schaakmat**
bn ❶ positie in het schaakspel waarbij de koning
schaak staat en niet meer te redden is: *hij won
de partij door ~* ❷ fig. positie in een situatie
waarin men niets meer kan doen, waarin men
overwonnen is **schaakmeester** meester in het
schaken, titel op basis van prestaties **schaakspel**
I *het* ❶ spel met zestien witte en zestien zwarte
stukken, waarbij degene die de koning van de
tegenpartij schaakmat zet, winnaar is II *het* [-len]
❷ het schaakbord met de stukken
schaal *de* [schalen] ❶ schotel, kom waarop men
eten zet of serveert: *er stonden schalen heerlijke
soep op tafel* ❷ harde buitenkant van een ei,
kreeft, schelp e.d. ❸ getal dat aangeeft hoeveel
keer een afbeelding kleiner is dan de
werkelijkheid: *deze landkaart is op een ~ van 1 op
100.000* ▼ *op grote ~* in grote aantallen of
hoeveelheden **schaaldier** dier met een
kalkachtig omhulsel, zoals een kreeft of een
krab **schaalverdeling** *de (v)* indeling op of
volgens een schaal **schaalvergroting** uitbreiding
in omvang en intensiteit
schaambeen ⟨van mensen⟩ deel van het
heupbeen, vlak boven de geslachtsdelen
schaamdeel uitwendig geslachtsdeel
schaamhaar haar bij de geslachtsdelen
schaamlip plooi bij de ingang van de vagina
schaamluis luis die in schaamhaar voorkomt
schaamrood rode kleur in het gezicht als
iemand zich schaamt **schaamstreek**
schaamdelen en wat daar vlak bij is **schaamte**
de (v) gevoel van verlegenheid dat men krijgt
tegenover andere mensen om iets wat men doet
of om hoe men is: *hij kreeg een kleur van ~ toen
hij werd betrapt op spieken* **schaamteloos** *bn*
zonder schaamte, brutaal: *~ loog hij zijn ouders
voor*
schaap *het* [schapen] herkauwend dier met een
heel dichte vacht waar wol van wordt gemaakt
(Ovis aries) ▼ *zijn ~jes op het droge hebben* zoveel
geld verdiend hebben dat men verder zonder
zorgen kan leven ▼ *als er één ~ over de dam is,
volgen er meer* voorbeeld doet volgen ▼ *de
schapen van de bokken scheiden* de mannen van
de vrouwen scheiden; *de goeden van de zetten
van de slechten* **schaapachtig** *bn* onnozel: *ze
keek me ~ aan toen ik haar de weg vroeg*
schaapherder oppasser van een kudde schapen
schaapskleren ▼ *een wolf in ~* een slecht persoon
die zich onschuldig voordoet **schaapskooi** hok
voor schapen
schaar *de* [scharen] ❶ gereedschap waarmee
men knipt ❷ orgaan waarmee schaaldieren
grijpen of knijpen: *de scharen van een kreeft*
❸ menigte, schare ❹ kerf in het scherp van een
mes, schaarde
schaardijk dijk zonder uiterwaarden
schaars *bn* waarvan er maar weinig zijn: *bomen
zijn ~ in de woestijn*
schaarste *de (v)* geringe voorraad, gebrek:
voedsel~
schaats *de* scherp ijzer, meestal vastgemaakt aan

een schoen, waarmee men zich over het ijs
voortbeweegt ▼ *een scheve ~ rijden* iets doen wat
men niet zou horen te doen **schaatsen**,
schaatsenrijden zich voortbewegen op
schaatsen
schacht *de* ❶ opening in de grond die naar een
mijn voert ▼ *de ~ van een veer* het harde,
langwerpige, middelste deel van een veer ❷ BN,
stud. eerstejaarsstudent **schachtendoop** BN,
stud. ontgroeningsceremonie bij studenten
schade *de* [-n, -s] nadeel, verlies, vooral doordat
iets kapotgaat: *de ~ door de overstroming bedraagt
ongeveer zes miljoen euro* ▼ BN *ook stoffelijke ~*
materiële schade, schade die direct in geld is uit
te drukken ▼ *door ~ en schande wijs worden* leren
van de fouten die men maakt **schadelijk** *bn*
slecht voor iets of iemand, nadelig: *te vet eten
is ~ voor de gezondheid* **schadeloosstellen** de
schade vergoeden **schaden** schade, nadeel
veroorzaken: *roken schaadt de gezondheid*
schadeplichtig *bn* verplicht tot het vergoeden
van schade **schadevergoeding** *de (v)* vergoeding
van geleden schade **schadevrij** zonder schade
schaduw *de* ❶ plaats die donkerder is dan de
omgeving doordat stralen van de zon of andere
lichtstralen door iemand of iets worden
tegengehouden ❷ donker stuk door het
tegenhouden van lichtstralen, met de vorm van
het voorwerp of wezen dat in de weg staat: *de ~
van een lantaarnpaal* ▼ *niet in iemands ~ kunnen
staan* ver de mindere zijn ❸ fig. schim, schijn: *hij
is een ~ van wie hij geweest is* ❹ fig. iets wat
drukt, minder gunstig doet zijn: *die gebeurtenis
werpt een ~ over het gezinsleven* ▼ *zijn ~
vooruitwerpen* al merkbaar zijn, dreigend
naderen **schaduwadministratie** ❶ kopie van
een administratie ❷ geheime administratie
naast de officiële **schaduwbeeld** beeld dat
wordt gevormd door schaduwen, bijv. van
vingers op de muur **schaduwen** (een verdacht
persoon) ongemerkt overal volgen
schaduwkabinet kabinet dat als alternatief voor
het zittende kabinet gepresenteerd wordt en
waarin leden van oppositiepartijen zitten
schaduwplek plaats in de schaduw **schaduwrijk**
met veel schaduw **schaduwzijde** ❶ kant waar
schaduw is ❷ fig. het nadelige of het minder
prettige van iets
schaffen bezorgen, opleveren ▼ *eten wat de pot
schaft* eten wat men voorgezet krijgt
schaft *de* ❶ steel, buis, schacht ❷ tijd om te
schaften **schaften** eten in de pauze van het
werk
schakel *de* [-s] verbindingsstuk van een ketting,
ook figuurlijk: *ik ben in dit bedrijf maar een
kleine ~ in het grote geheel* **schakelaar** *de (m)* [-s]
onderdeel voor het aan- of uitdoen van licht of
elektrische apparaten **schakelarmband**
armband van schakels die in elkaar grijpen
schakelen (een auto, fiets enz.) in andere
versnelling zetten **schakeling** *de (v)* het
schakelen, manier waarop wordt geschakeld
schakelkast kast voor elektrische schakelaars
schakelklas klas als overgang tussen twee
soorten onderwijs **schakelklok** klok die stroom
in- of uitschakelt **schakelwoning** woning die

SC

met de zijkant gedeeltelijk tegen een andere
woning staat

schaken ❶ een spel spelen met zestien witte en
zestien zwarte stukken, waarbij degene die de
koning van de tegenpartij schaakmat zet,
winnaar is, schaakspelen ❷ een meisje of vrouw
ontvoeren om met haar te trouwen

schakeren afwisseling, verscheidenheid
aanbrengen, afwisselen **schakering** de (v)
verscheidenheid van kleur of tint, nuance

schaliegas gas dat in gesteente diep onder de
grond zit

schalks bn ondeugend grappig, guitig

schallen luid en hol klinken: er schalde een lied
door het dal

schalm de (m) schakel

schalmei de houten blaasinstrument met een
dubbel riet

schamel I de (m) [-s] ❶ bank waarop de
bestuurder van een wagen zit, bok II bn
❷ armoedig: er stond wat ~ meubilair in de kamer

schamen v zich ~ een slecht gevoel hebben
tegenover andere mensen om hoe men is of om
iets wat men doet: ik schaamde me vreselijk voor
die stommiteit; hij schaamt zich voor zijn armoede

schampen [schampte, h. / is geschampt] even
raken en daarbij lichte schade of een lichte
verwonding veroorzaken: de kogel heeft zijn
schouder geschampt

schamper bn minachtend, spottend

schamperen op minachtende, spottende manier
of toon zeggen: 'jij wist het zeker weer niet',
schamperde zijn vrouw

schampschot schot dat iemand of iets even
raakt en dan afglijdt

schandaal het [-dalen] ❶ gebeurtenis waar veel
mensen negatief over spreken: het was een
enorm ~ toen dat bedrog bekend werd
❷ gebeurtenis waardoor men een slechte naam
krijgt, schande **schandaalpers** journalistiek die
is gericht op het publiceren van roddels en
schandalen **schandaleus** bn, **scandaleus**
schandelijk, aanstootgevend

schandalig bn heel slecht, wat niet hoort te
gebeuren, heel schandelijk: een ~e omkoopaffaire
schande de feit waar men zich erg voor schaamt
en waardoor men een slechte naam krijgt: het is
een ~ dat je bent opgepakt voor diefstal
schandelijk bn slecht, wat niet hoort te
gebeuren **schandknaap** jongen die zich (tegen
betaling) leent voor homoseksuele handelingen
schandpaal hist. paal waaraan veroordeelden
werden tentoongesteld v iemand aan de ~
nagelen iemand in het openbaar sterk
bekritiseren

schans de ❶ versterkte plaats waar militairen
zich verbergen ❷ soort hoge schuine plank
waarvan skiërs naar beneden glijden voor een
sprong, springschans **schansspringen**
skispringen vanaf een schans

schap I het & de [-pen] ❶ plank om iets op te
leggen of te zetten (in winkels) II het [-pen]
❷ organisatie van dezelfde soort bedrijven,
bedrijfschap

schapendoes de (m) [-doezen] middelgrote hond
met veel hoofdhaar en hangende oren

schapenkaas kaas van schapenmelk

schapenwolkjes de (mv) kleine wolkjes in rijen

schappelijk bn redelijk, niet te streng of
veeleisend, niet te duur: de politieagent was
heel ~ en gaf me geen boete; een ~e prijs

schar de [-ren] kleine platvis (Pleuronectes
limanda)

schare de [scharen] menigte

scharen ❶ rangschikken, opstellen: de gezinsleden
schaarden zich om de kerstboom ❷ een kant
kiezen: zich aan de zijde van iemand ~; zich achter
een voorstel ~ ❸ ⟨van gekoppelde wagens⟩ dwars
op elkaar gaan staan: doordat de auto plotseling
moest remmen, schaarde de caravan

scharlaken I het ❶ helderrode wollen stof
❷ helderrode kleur of verfstof II bn
❸ helderrood

scharminkel het & de (m) [-s] heel mager mens of
dier

scharnier het onderdeel aan de deurpost
waaraan een deur draait **scharnieren** om een
scharnier draaien **scharniergewricht** gewricht
waarbij de beenderen alleen in één richting
kunnen draaien, zoals de knie of de elleboog

scharrel I de (m) ❶ losse verkering II de [-s]
❷ persoon met wie men losse verkering heeft
scharrelaar de (m) [-s] ❶ iemand die met
ongeregelde handel of diensten zijn brood
verdient ❷ bosvogel (Coracias garrulus)
scharrelei ei van een scharrelkip **scharrelen**
❶ zich onzeker voortbewegen ❷ ⟨van kippen,
varkens⟩ min of meer vrij rondlopen
❸ handeldrijven in allerlei goederen: ik heb een
tijdje gescharreld in tweedehands auto's ❹ losse
verkering hebben **scharrelkip** kip die min of
meer vrij kan rondlopen **scharrelvlees** vlees van
dieren die min of meer vrij hebben kunnen
rondlopen

schat de (m) [-ten] ❶ grote hoeveelheid geld of
kostbare voorwerpen, iets dat heel duur is
❷ heel grote hoeveelheid, overvloed: op internet
kun je een ~ aan gegevens vinden
❸ (aanspreekvorm voor) iemand die men heel
lief vindt **schatbewaarder** BN ook
penningmeester

schateren heel hard en uitbundig lachen
schaterlach luide uitbundige lach
schaterlachen [schaterlachte, h. geschaterlacht]
luid en uitbundig lachen **schatkamer** plaats
waar schatten bewaard worden **schatkist** ❶ kist
waarin een schat wordt bewaard ❷ het geld van
een staat **schatplichtig** bn ❶ belastingplichtig
❷ die iets te danken heeft aan: deze kunstenaar
is ~ aan het impressionisme **schatrijk** heel erg rijk
schatbout de (m) (aanspreekvorm voor)
iemand die men heel lief vindt, schat

schatten de waarde, afmeting e.d. ongeveer
bepalen: ik schat het huis op € 200.000; ik schat
de hoogte van die berg op 1500 meter v iets naar
waarde ~ iets genoeg waarderen

schattig bn heel lief en vertederend: wat zijn die
kleine poesjes ~

schatting de (v) ❶ het schatten ❷ gedwongen
heffing, belasting: het overwonnen volk moest ~
betalen aan de overheerser

schaven ❶ met een schaaf gladmaken, ook

figuurlijk: *een plank ~; ik moet nog wat ~ aan deze tekst* ❷ de huid stuk schuren: *ik heb me geschaafd aan die ruwe muur*

schavot *het* [-ten] stellage, soort podium waarop veroordeelden de doodstraf of een lijfstraf ondergaan

schavuit *de (m)* ondeugend persoon, stout kind, boefje

schede *de* [-n, -s] ❶ omhulsel waarin een mes of zwaard gestoken wordt. ❷ lichaamsdeel van een vrouw of meisje dat van de baarmoeder naar buiten gaat, vagina

schedel *de (m)* [-s] bovenste, harde deel van het hoofd **schedelbasisfractuur** breuk in de bodem van de schedelholte **schedeldak** bovenkant van de schedel

scheef *bn* ❶ niet recht, schuin: *het muurtje staat ~* ❷ fig. verkeerd: *het zit ~ tussen ons* **scheefbloem** kruisbloemige voorjaarsplant van het geslacht Iberis

scheefgroei verkeerde ontwikkeling

scheefslaan BN, spreekt. stelen **scheefwonen** een woning bewonen waarvan de huur te laag is in verhouding tot het inkomen van de bewoner

scheel *bn* waarbij iemands ogen niet allebei tegelijk naar hetzelfde punt zijn gericht ▼ *schele hoofdpijn* hoofdpijn aan één kant **scheelzien** scheel zijn, kijken op een manier waarbij de ogen niet allebei tegelijk naar hetzelfde punt zijn gericht

scheen *de* [schenen] ❶ voorkant van het onderbeen ❷ reep hout of metaal ▼ *iemand tegen de schenen schoppen* beledigen **scheenbeen** been aan de voorkant van het onderbeen

scheep *bw* ▼ *~ gaan* aan boord van een schip gaan ▼ BN ook *~ gaan met* in zee gaan met, samen met iemand iets ondernemen

scheepsarts arts op een schip **scheepsbeschuit** harde beschuit die lang goed blijft

scheepsbouw het bouwen van schepen

scheepshelling helling waarop schepen gebouwd of gerepareerd worden

scheepsjongen leerjongen op een schip

scheepsjournaal dagboek waarin de kapitein van een schip alles opschrijft wat er gebeurt en wat er wordt gedaan **scheepslading** ❶ wat in een schip kan worden geladen ❷ fig. heel veel: *hij sloeg ~en bier in voor het feest*

scheepspapieren *de (mv)* documenten voor een schip **scheepsrecht** recht dat op schepen geldt ▼ *driemaal is ~* gezegd als iemand iets wat twee keer is mislukt, voor de derde keer probeert

scheepsvolk mensen die op schepen werken

scheepswerf plaats waar schepen worden gebouwd en gerepareerd worden **scheepvaart** het varen van schepen, vervoer met schepen

scheerapparaat elektrisch apparaat waarmee men zich scheert **scheerkop** onderdeel van een scheerapparaat dat ronddraait en snijdt

scheerlijn lijn die tussen twee punten is gespannen: *de ~en van de tenten op de camping* **scheerwol** wol die van de schapenhuid is geschoren

scheet *de (m)* [scheten] spreekt. het op hoorbare manier ontsnappen van gas uit de darmen: *een*

harde ~ laten ▼ inform. *wat een ~je!* wat een schattig, mooi persoon of dier

scheidbaar *bn* ❶ waarvan de delen gescheiden kunnen worden ❷ ⟨van werkwoorden⟩ waarvan de delen gescheiden kunnen voorkomen, bijv. *uitsteken*, *stak ver uit* **scheiden** [scheidde, h. / is gescheiden] ❶ van elkaar halen of houden: *je moet de oude en de nieuwe boeken van elkaar ~; een grote afstand scheidde ons* ❷ ⟨van getrouwde mensen⟩ uit elkaar gaan: *haar ouders zijn gescheiden* **scheiding** *de (v)* ❶ het uit elkaar gaan van mensen die met elkaar getrouwd zijn (of die een vaste relatie hebben zonder getrouwd te zijn), echtscheiding ❷ grens: *het hek vormt de ~ tussen onze tuinen* ❸ lijn die het hoofdhaar in tweeën splitst: *draagt u de ~ links of rechts, of in het midden?*

scheids inform. *de (m)* scheidsrechter

scheidslijn lijn die delen van elkaar scheidt of een grens aangeeft **scheidsmuur** ❶ muur die een scheiding vormt ❷ fig. iets wat mensen scheidt

scheidsrechter iemand die er bij een wedstrijd voor zorgt dat alles volgens de regels verloopt

scheikunde wetenschap die zich bezighoudt met de samenstelling van stoffen

schel I *de* [-len] ❶ bel ❷ vlies over het oog ▼ *de ~len zijn hem van de ogen gevallen* hij ziet de toestand nu zoals hij echt is (en niet meer zo rooskleurig als eerst): *hij dacht dat die vrouw van hem hield, maar de ~len zijn hem van de ogen gevallen* II *bn* ❸ hard en fel: *het ~le geluid van een trompet*

schelden [schold, h. gescholden] lelijke woorden zeggen tegen iets of iemand **scheldkanonnade** lange serie scheldwoorden **scheldnaam** lelijke benaming waarmee men iemand uitscheldt **scheldwoord** lelijk woord waarmee men iemand uitscheldt

schelen ❶ verschillen: *die kinderen ~ twee jaar in leeftijd* ❷ mankeren: *wat scheelt eraan?* ▼ *het kan me niet ~* het interesseert me niet, het maakt me niet uit

schellen vero. bellen (met een bel)

schellinkje *het* bovengalerij, goedkoopste plaatsen in een theater

schelm *de (m)* iemand die verkeerde dingen doet, deugniet **schelmenroman** lit. roman waarin een schelm een hoofdrol speelt

schelp *de* hard kalkachtig omhulsel van een weekdier: *er lagen veel ~en op het strand* ▼ BN ook *uit zijn ~ komen* uit zijn schulp komen, zich niet langer defensief opstellen ▼ BN ook *in zijn ~ kruipen* in zijn schulp kruipen, zich terugtrekken, terugkrabbelen **schelpdier** dier dat in een schelp leeft

schelvis kabeljauwachtige zeevis (Melanogrammus aeglefinus)

schema *het* [-'s, -mata] eenvoudige voorstelling, soms getekend of in een tabel, van hoe iets verloopt of hoe iets werkt: *in dit ~ kun je zien hoe onze cursus in elkaar zit* **schematisch** *bn* als een schema of zoals in een schema, schetsmatig

schemer *de (m)* toestand tussen licht en donker **schemerachtig** *bn* tussen licht en donker, vaag, flauw **schemeravond** schemer 's avonds

schemerdonker, schemerduister halfduister

schemeren ❶ donker of licht beginnen te worden **❷** in de schemering zitten: *ze zat aan het eind van de middag graag nog even te ~ met een kopje thee* **❸** vaag duidelijk worden: *het begon mij te ~ wie hij was* **schemerig** *bn* tussen licht en donker, vaag **schemering** *de (v)* overgang van licht naar donker of andersom, halfdonker **schemerlamp** lamp die een zacht licht in een kamer verspreidt **schemertoestand** toestand van sterk verminderd bewustzijn

schenden [schond, h. geschonden] **❶** beschadigen: *een graf ~* **❷** zich niet houden aan: *hij schond zijn belofte*

schenkel *de (m)* [-s] **❶** ⟨bij de mens⟩ onderbeen tussen knie en voet **❷** ⟨bij dieren⟩ gedeelte van een achterpoot

schenken [schonk, h. geschonken] **❶** drank in bekers, kopjes, glazen gieten: *mijn vader schonk de buurman een borrel* **❷** cadeau geven: *iemand iets voor zijn verjaardag ~* **schenking** *de (v)* cadeau, gift: *een ~ aan een museum* ▼ BN *~ onder levenden* schenking tijdens het leven, niet bij testament **schenkkurk** kurk waar een buisje doorheen is geboord

schennis *de (v)* het schenden, ontwijden, onteren van iets: *graf~, heilig~*

schep I *de* [-pen] **❶** stuk gereedschap waarmee men iets opschept **II** *de (m)* [-pen] **❷** zoveel als er op zo'n stuk gereedschap past: *een ~ zand* ▼ *een ~ geld* heel veel geld ▼ *er een ~je boven op doen* harder werken; overdrijven, een verhaal nog sterker maken; hogere eisen stellen

schepeling *de (m)* iemand aan boord van een schip die geen passagier is

schepen *de (m)* **❶** ⟨vroeger⟩ stadsbestuurder, rechter **❷** BN wethouder **schepencollege** BN gemeentebestuur met burgemeester en schepenen

scheper, schaper *de (m)* [-s] **❶** schaapherder **❷** BN herdershond

schepijs consumptie-ijs dat uit een bak geschept wordt **schepnet** net aan een stok waarmee vis uit het water geschept wordt **scheppen I** [schepte, h. geschept] **❶** met een schep of een lepel opnemen en overbrengen: *zand in een kruiwagen ~; eten op een bord ~; de auto schepte een voetganger* de auto raakte een voetganger waardoor deze omhoog werd gegooid **❷** ⟨papier⟩ ambachtelijk maken uit pulp ▼ *vreugde ~ in iets* blij zijn, plezier hebben door iets **II** [schiep, h. geschapen] **❸** uit het niets maken, nieuw vormen: *God schiep de wereld; een kunstwerk ~* **schepper** *de (m)* [-s] iemand die iets maakt ▼ *de Schepper* God **schepping** *de (v)* **❶** het maken uit niets: *de ~ van de wereld* **❷** de wereld, dat wat geschapen is **❸** kunstwerk **scheppingsdrang** behoefte, aandrang om iets te maken, te scheppen: *de ~ van de kunstenaar*

scheprad rad met uitstekende borden waarmee water verplaatst wordt, middel om watermolens, schepen e.d. in beweging te brengen

schepsel *het* [-en, -s] wezen dat (door een god) geschapen is

scheren I [schoor, h. geschoren] **❶** haren heel kort afsnijden, wat uitsteekt op gelijke lengte

afsnijden ▼ *zich ~ op die manier haren van het lichaam verwijderen* **II** [scheerde, h. / is gescheerd] **❷** snel en rakelings langs of over iets bewegen: *over het water ~*

scherenkust kust met kleine rotseilanden ervoor

scherf *de* [scherven] stuk van gebroken glas, aardewerk enz.

schering *de (v)* lengtedraden ▼ *dat is ~ en inslag* dat gebeurt heel vaak

scherm *het* **❶** deel van een televisietoestel, computer e.d. waarop beelden of tekst worden weergegeven **❷** afgedekt verplaatsbaar raam als bescherming tegen licht e.d. **❸** toneelgordijn, toneelwand ▼ *achter de ~en verborgen, wat men niet ziet* **❹** parapluachtige bloeiwijze **schermbloemigen** *de (mv)* plantenfamilie waarvan de bloemen zich in één vlak uitspreiden **schermen** sport waarbij wordt gestreden met steekwapens ▼ *met moeilijke woorden ~ moeilijke woorden gebruiken (om indruk te maken)*

schermutselen ❶ een klein, niet beslissend gevecht leveren **❷** fig. een kleine woordenstrijd voeren **schermutseling** *de (v)* klein gevecht

scherp *bn* **❶** zo dat men er goed mee kan snijden of steken: *een ~ zwaard; een ~e naald* **❷** ⟨van smaak e.d.⟩ heet: *sambal smaakt ~* **❸** onvriendelijk: *~e woorden* **❹** goed ontwikkeld: *een ~ gehoor* **❺** duidelijk: *een ~e foto* ▼ *met ~ schieten* met echte kogels ▼ *op ~ staan* van vuurwapens: klaar zijn om direct te worden gebruikt; heel geconcentreerd zijn om iets goed te doen; voetbal: al een gele kaart gekregen hebben en het risico lopen met een tweede gele kaart uit het veld te worden gestuurd **scherpen** scherp maken, slijpen: *een mes ~* **scherprechter** beul **scherpschutter** iemand die heel precies kan schieten: *de ontvoerder werd van grote afstand door een ~ neergeschoten* **scherpslijper** *de (m)* [-s] iemand die overdreven uitgaat van de beginselen en die iets, zoals tegenstellingen, in een discussie e.d. als scherper voorstelt dan het is **scherpte** *de (v)* [-n, -s] **❶** scherpheid **❷** scherpe kant of punt **scherpzinnig** *bn* schrander, intelligent, met een helder oordeel: *een ~e conclusie*

scherts *de* **❶** grappen, lichte spot ⟨als eerste deel van een samenstelling⟩ niet serieus, bespottelijk: *wat een ~vertoning was dat!* **schertsen** grappen maken

scherzando ⟨skertsan-⟩ muz. *bw* schertsend **scherzo** ⟨skertsoo⟩ muz. *het* [-'s] vrolijk muziekstuk

schets *de* voorlopige tekening in een paar hoofdlijnen: *een ~ maken van een nieuw huis* **schetsboek** tekenboek om schetsen in te maken **schetsen ❶** een schets maken van **❷** in woorden kort weergeven: *de situatie ~* **schetsmatig** *bn* in de vorm van een schets, (nog) niet volledig uitgewerkt

schetteren ❶ een schel geluid geven **❷** druk en heftig praten zonder inzicht of verstand

scheur *de* **❶** plaats waar iets gespleten is: *een ~ in het papier, in een muur* **❷** vulg. mond: *je moet die grote ~ van je eens houden!* **scheurbuik** *de (m)* &

het ziekte die ontstaat door gebrek aan vitaminerijk vers voedsel **scheuren** [scheurde, h. / is gescheurd] ❶ een smalle opening trekken in, een scheur maken in: *papier* ~ ❷ helemaal los of van elkaar trekken: *ze scheurde een blad uit het boek* ❸ scheuren krijgen: *dit papier scheurt makkelijk* ❹ roekeloos en hard rijden: *hij scheurde de hoek om* **scheuring** *de (v)* ❶ het scheuren ❷ verdeeldheid, splitsing: *een ~ in een politieke partij* **scheurkalender** kalender waarvan men dagelijks een blaadje afscheurt **scheurlijst** BN verkiezingslijst van een kleine politieke partij die zich van een grotere heeft afgesplitst **scheurpartij** BN politieke partij die ontstaat doordat een aantal leden van een partij die al bestaat, zich afscheidt

scheut *de (m)* ❶ steek van pijn: *een ~ in de rug* ❷ hoeveelheid vloeistof: *een ~je melk in de koffie* ❸ uitloper, tak van een plant of boom die uitloopt **scheutig** *bn* royaal, die veel weggeeft: *hij is altijd ~ met complimentjes* ▼ BN, spreekt. *ergens niet ~ op zijn* ergens niet op gebrand zijn, het niet heel graag willen

scheutist BN *de (m)* lid van de Congregatie van het Onbevlekte Hart van Maria, een orde die veel missionarissen opleidde, genoemd naar de plaatsnaam Scheut in Anderlecht

schicht *de (m)* flits, bliksemschicht **schichtig** *bn* schrikachtig, een beetje angstig: *een ~ paard*

schiedammer *de (m)* [-s] jenever

schielijk *bn* haastig, vlug

schier *bw* bijna ▼ *~ onmogelijk* bijna onmogelijk **schiereiland** stuk land dat maar aan één kant met het vasteland is verbonden

schietbaan baan voor schieten op een schietschijf

schieten [schoot, h. / is geschoten] ❶ een kogel, pijl enz. met kracht uit een wapen laten komen: *de politie schoot op de bankrover* ❷ met een kogel, pijl enz. raken: *de jager schoot een haas* ❸ snel bewegen: *hij schoot opzij* ▼ *in de lach ~* plotseling beginnen te lachen ▼ *laten ~* loslaten, laten rusten, ervan afzien: *een aanbod laten ~* ▼ *te binnen ~* in de herinnering komen ▼ *iemand wel kunnen ~* zich vreselijk ergeren aan, niet kunnen uitstaan **schietgat** gat om door te schieten **schietgebed** kort, snel gebed **schietlood** gewicht aan een koord om te meten of iets zuiver verticaal is **schietschijf** figuur met cirkels waarop men als oefening of wedstrijd schiet **schietstoel** stoel waarin de piloot uit het vliegtuig weggeschoten wordt bij levensgevaar **schiettent** kermistent waar om prijzen geschoten wordt **schietwilg** wilg die niet geknot is

schiften [schiftte, h. / is geschift] ❶ van elkaar scheiden: *ik moet ~ wat oud is en weg kan en wat ik wil houden* ❷ klonters vormen: *melk kan ~* **schiftingsvraag** BN extra vraag bij een prijsvraag die zich van een beslissen moet aanwijzen in geval van ex aequo (als kandidaten even goed zijn)

schijf *de* [schijven] ❶ plat, rond voorwerp, bijv. een plak worst ❷ plat, rond voorwerp dat bij spelen wordt gebruikt (dammen, discuswerpen, frisbeeën) ❸ plat, rond voorwerp in een computer waarop gegevens staan, disk ▼ *harde ~* schijf die in een computer is gemonteerd ▼ *belasting~* categorie inkomens waarvoor een bepaald belastingpercentage geldt ▼ *het loopt over veel schijven* er zijn veel personen of instanties die ermee te maken hebben **schijfgeheugen** geheugen op een computerschijf dat direct toegankelijk is **schijfrem** rem met schijfvormige werkende delen

schijn *de (m)* ❶ iets wat zo lijkt zonder het echt te zijn: *die vriendelijkheid is maar ~* ❷ waarschijnlijkheid: *naar alle ~ komt hij morgen* ❸ heel weinig: *hij had geen ~ van kans* **schijnbaar** *bn* niet echt terwijl het wel zo lijkt: *ze hadden een ~ gelukkig huwelijk* **schijnbeweging** beweging om iemand te misleiden: *met een ~ passeerde de voetballer twee tegenstanders* **schijndood** in een toestand waarin het lijkt alsof iemand dood is, zonder waarneembare levensverschijnselen **schijnen** [scheen, h. geschenen] ❶ licht uitstralen: *de zon schijnt* ❷ eruitzien of, volgens zeggen van anderen zo zijn: *het schoolreisje schijnt uitgesteld te zijn* **schijngestalte** vorm van een planeet of maan zoals die op een bepaald moment zichtbaar is: *de ~n van de maan* **schijnheilig** die zich vromer, aardiger e.d. voordoet dan hij is, huichelachtig **schijnsel** *het* [-s] flauw licht **schijntje** *het* [-s] heel klein beetje: *ik verdien daar een ~* **schijnvertoning** misleidend, gewichtig lijkend gedoe **schijnwerper** *de (m)* [-s] lamp die een felle bundel licht uitstraalt, zoeklicht: *met ~s werd de omgeving afgezocht* ▼ *in de ~s staan* in het middelpunt van de belangstelling staan

schijt spreekt. *de (m) & het* poep ▼ *~ hebben aan* zich niets aantrekken van **schijten** [scheet, h. gescheten] zich ontlasten, poepen **schijterij** spreekt. *de (v)* diarree: *hij is in de ~* **schijthuis** vulg. ❶ wc ❷ iemand die snel bang is, bangerik **schijtlijster** spreekt. iemand die snel bang is, bangerik **schijtluis** spreekt. iemand die snel bang is, bangerik

schijventarief tarief voor inkomsten- en loonbelasting waarbij men over een aanvangsbedrag geen en over het meerdere, verdeeld in schijven, een per schijf opklimmend percentage moet betalen

schik *de (m)* plezier ▼ *in zijn ~ zijn* blij, tevreden zijn **schikken** ❶ ordenen: *bloemen ~* ❷ uitkomen, passen: *schikt het als ik morgen kom?* ❸ tot een oplossing komen (zodat er geen rechtszaak komt) ▼ *zich ~ in* zich neerleggen bij, aanvaarden **schikking** *de (v)* ❶ ordening, rangschikking ❷ overeenkomst waarbij beide kanten iets toegeven

schil *de* [-len] buitenste laag van een vrucht, aardappel e.d.

schild *het* ❶ hist. bord met een handvat waarachter iemand zich kan verbergen: *de ridder werd beschermd door een ~ en een harnas* ❷ beschermende plaat of laag ❸ harde buitenkant van sommige dieren, zoals schildpadden en torren ▼ *iets in zijn ~ voeren* iets

SC

(slechts) van plan zijn

schilder *de (m)* [-s] ❶ iemand die (muren, deuren enz.) schildert ❷ kunstenaar die schilderijen maakt **schilderachtig** *bn* liefelijk en mooi: *een ~ landschap* **schilderen** ❶ met verf een kleur geven, verven: *een deur ~* ❷ op een schilderij zetten: *een portret van iemand ~* ❸ *fig.* beeldend beschrijven: *een tafereel ~* **schilderes** *de (v)* [-sen] vrouwelijke schilder **schilderij** *het & de (v)* voorstelling van iets, die is gemaakt met verf en een penseel **schildering** *de (v)* ❶ het schilderen ❷ het geschilderde **schilderkunst** kunst van het schilderen maken **schilderschool** groep kunstschilders die in artistiek opzicht verwant zijn **schildersezel** soort standaard waar een schilder zijn schilderij op zet als hij eraan werkt **schilderstuk** schilderij **schilderwerk** ❶ wat een schilder moet verven ❷ wat geschilderd, geverfd is

schildje *het* [-s] plaatje dat wordt aangebracht in de baarmoeder als anticonceptiemiddel

schildklier klier aan de voorkant van het strottenhoofd

schildknaap ❶ edelknaap in dienst van een ridder ❷ *fig.* trouw volgeling

schildluis insect met een schildje, dat voorkomt op planten (Coccides) **schildpad** langzaam kruipend viervoetig reptiel van de orde van de Testudines met een schild, een plaat van hoorn en been, op de rug en een op de buik

schildwacht soldaat die als bewaker voor een kazerne, fort, paleis enz. staat

schilfer *de (m)* [-s] klein plat deeltje dat van een oppervlak loslaat: *er vielen ~s kalk van het plafond* **schilferen** schilfers afgeven, schilfers vormen: *het hek schilfert*

schillen de schil van iets afhalen: *ze schilde een appel*

schillerkraag ⟨sjillər-⟩ opengeslagen kraag

schilling ⟨sjil-⟩ *de (v)* vroegere Oostenrijkse munt en munteenheid

schim *de* [-men] vage gedaante: *we zagen ~men in de verte*

schimmel *de (m)* [-s] ❶ wit paard ❷ soort heel kleine zwammen die soms een laag vormen, bijv. op vochtige muren, kaas, bedorven voedsel **schimmelen** [schimmelde, is geschimmeld] met schimmel bedekt worden: *dit brood is gaan ~* **schimmelig** *bn* wat een beetje schimmelt

schimmenrijk onderwereld, geestenwereld **schimmenspel** toneelspel van schaduwbeelden die op een scherm geprojecteerd worden

schimmig *bn* vaag, onduidelijk, ook figuurlijk: *hij gaf een ~e verklaring* **schimpen** minachtende, beledigende dingen zeggen **schimpscheut** hatelijke, beledigende opmerking

schip *het* [schepen] ❶ tamelijk grote boot ❷ hoofdruimte, romp van een kerk ▾ *schoon ~ maken* alles wat niet goed is, opruimen, alle bestaande problemen oplossen en opnieuw beginnen ▾ *de schepen achter zich verbranden* iets nieuws beginnen en al het oude opgeven, zodat men niet meer terug kan ▾ *het zinkende ~ verlaten* iets verlaten vóór het ten onder gaat **schipbreuk** *de* het vergaan van een schip **schipbreukeling** *de (m)* iemand die schipbreuk

geleden heeft **schipper** *de (m)* [-s] iemand die de baas is op een kleiner schip **schipperen** met voorzichtig beleid in orde brengen, geven en nemen, moeilijkheden ontwijken **schipperke** *het* [-s] stevig zwartharig hondje met vosachtig hoofd en kleine oren **schipperstrui** gebreide coltrui met rits

schisma *het* [-'s, -mata] scheuring waarbij groepen leden verschillende richtingen kiezen, vooral binnen een kerk of geloof

schitteren ❶ fel en beweeglijk stralen ❷ uitblinken: *onze keeper schitterde door twee strafschoppen tegen te houden* **schitterend** *bn* ❶ fel en beweeglijk stralend ❷ heel erg mooi, prachtig

schizofreen ⟨schiedzoo- *of* schiezoo-⟩ *bn* die lijdt aan of wat voortkomt uit schizofrenie

schizofrenie *de (v)* geestesziekte met wanen en hallucinaties, waarbij men soms stemmen hoort of dingen ziet die er niet zijn

schlager ⟨sjlaaɡər⟩ *de (m)* [-s] succesvol populair lied (vaak in het Duits)

schlemiel ⟨sjlə-⟩ *de (m)* zielig persoon die altijd pech heeft

schmallenbergvirus ⟨smallen-⟩ *het* door knutten (mugjes) verspreid virus dat bij schapen en geiten leidt tot misvormde en dode jongen

schmink ⟨sjmienk⟩ *de (v)* make-up en verf op het gezicht voor een toneelstuk of andere voorstelling of optreden: *de ~ van de clown* **schminken** iemand opmaken voor het toneel, de film of de televisie

schnabbel ⟨sjnab-⟩ *de (m)* [-s] ❶ werk, opdracht voor een artiest als bijverdienste ❷ bijbaantje, betaalde opdracht **schnabbelen** naast het gewone werk iets bijverdienen

schnaps ⟨sjnaps⟩ *inform. de (m)* jenever

schnitt ⟨sjniet⟩ *de (m)* gebak in lagen

schnitzel ⟨sjnietsəl⟩ *de (m)* [-s] lapje gepaneerd vlees

schobbejak *de (m)* [-ken] schurk

schoeien ❶ van schoeisel voorzien ▾ *op dezelfde leest geschoeid* gevormd, gemaakt op dezelfde manier als ❷ een oever e.d. voorzien van een beschermende laag, vooral tegen erosie door het water **schoeiing** *de (v)* versterking van een oever tegen erosie **schoeisel** *het* [-s] schoenen, laarzen, sandalen enz.

schoen *de (m)* voetbekleding, vaak van leer, die meestal over sok of kous wordt gedragen ▾ *wie de ~ past, trekke hem aan* wie denkt dat het over hem gaat, moet zijn conclusies trekken ▾ *de stoute ~en aantrekken* moed bij elkaar rapen om iets te doen ▾ *in iemands ~en staan* in iemands plaats zijn ▾ *iemand iets in de ~en schuiven* iemand de schuld geven van iets ▾ *stevig in zijn ~en staan* karaktervast zijn, zeker van zichzelf zijn ▾ *BN, spreekt. in nauwe ~tjes zitten* in moeilijkheden zitten ▾ *de moed zinkt mij in de ~en* ik verlies de moed, de hoop ▾ *met lood in de ~en* met (angst en) grote tegenzin ▾ *waar de ~ wringt* waar de moeilijkheid zit ▾ *men moet geen oude ~en weggooien voor men nieuwe heeft* men moet niet iets wegdoen voor men iets anders heeft

schoener *de (m)* [-s] schip met twee

achteroverhellende masten en alleen gaffelzeil en stagzeil

schoenklomp klomp met bovenstuk van leer **schoenlapper** *de (m)* [-s] schoenmaker **schoenlepel** voorwerp om gemakkelijk schoenen aan te trekken **schoenmaker** iemand die schoenen repareert **schoensmeer** smeersel om schoenen glanzend te maken **schoenveter** koordje waarmee een schoen wordt dichtgestrikt

schoep *de* bord of blad van een waterrad

schoffel *de* [-s] stuk ijzer aan een steel waarmee men onkruid uit de tuin haalt **schoffelen** ❶ de grond met een schoffel bewerken ❷ ⟨voetbal⟩ ruw spelen

schofferen ❶ beledigen, brutaal behandelen ❷ onteren, schenden

schoffie *het* [-s] kleine boef, straatjongen

schoft I *de (m)* ❶ schurk, gemeen persoon II *de* ❷ schouder van een dier

schofterig *bn* als een schoft, gemeen

schok *de (m)* [-ken] ❶ harde stoot: *met een ~ belandde de auto tegen de boom* ❷ gebeurtenis waarvan men erg schrikt: *het bericht van haar dood bracht een ~ teweeg* **schokbestendig** in staat om schokken te verdragen **schokbreker** constructie in auto's, treinen enz. die schokken opvangt **schokdemper** constructie, vooral aan een voertuig, om schokken te verzachten **schokeffect** effect als van een schok **schokgolf** opeenvolging van geluidsgolven achter iets dat sneller beweegt dan de geluidssnelheid **schokken** ❶ stoten, schudden: *de passagiers werden door elkaar geschokt in de oude trein* ❷ erg doen schrikken: *we waren geschokt door dat nieuws*

schokker *de (m)* [-s] ❶ vissersscheepje met oplopend voorschip en één mast ❷ bepaalde erwt

schokschouderen [schokschouderde, h. geschokschouderd] de schouders ophalen

schol I *de (m)* [-len] ❶ platvis met stompe bultjes aan de kop (Pleuronectes platessa) II *de* [-len] ❷ ijsschots III *tw* ❷ BN, spreekt. proost

scholasticus *de (m)* [-ci] beoefenaar van de scholastiek **scholastiek** I *de (v)* ❶ systematisch samenstel van wijsbegeerte en godgeleerdheid dat aan de middeleeuwse universiteiten beoefend en onderwezen werd II *bn* ❷ wat bij de scholastiek hoort

scholekster zwart-witte pluvierachtige vogel (Haematopus)

scholen ❶ opleiden door te laten zien hoe het moet en door te oefenen ❷ ⟨van vissen⟩ groepen vormen, in een grote groep samen zwemmen **scholengemeenschap** geheel van verschillende soorten scholen **scholier** *de (m)* ❶ leerling van een school ❷ BN (bij verschillende sportbonden) benaming voor jeugdspelers van vijftien en zestien jaar **scholing** *de (v)* opleiding of cursus(sen) in een bepaald vak

schommel *de* [-s] ❶ plankje aan touwen waarop iemand zit en heen en weer slingert, als speelgoed voor kinderen ❷ iemand die zo dik is dat zijn of haar lichaam tijdens het lopen heen en weer beweegt **schommelen** ❶ op een

schommel heen en weer bewegen door de lucht ❷ heen en weer bewegen: *de auto schommelde over het zandweggetje* ❸ ⟨van prijzen enz.⟩ op en neer gaan **schommelstoel** stoel met een gebogen onderstel waarin men heen en weer kan bewegen

schompes ▼ spreekt. *zich het ~ werken* heel hard werken

schonen schoonmaken, zuiveren van zaken die er niet in thuishoren, ook figuurlijk: *ik heb mijn computer geschoond*

schonk *de* grof been **schonkig** *bn* grofgebouwd, met botten die duidelijk zichtbaar zijn

schoof *de* [schoven] bundel samengebonden halmen van graan e.d.

schooien bedelen **schooier** *de (m)* [-s] bedelaar, zwerver

school *de* [scholen] ❶ instelling en gebouw waar onderwijs wordt gegeven ❷ onderwijs, les: *morgen is er geen ~* ▼ BN *sociale ~* hbo-school die opleidt voor banen in het sociaal werk ❸ groep kunstenaars met dezelfde stijl ❹ grote groep, van vooral vissen ▼ *uit de ~ klappen* iets verraden, iets vertellen wat men niet had moeten vertellen **schoolarts** dokter die toezicht houdt op de gezondheid van schoolkinderen **schoolblijven** voor straf na schooltijd op school blijven **schooldag** dag dat er onderwijs wordt gegeven op een school **schooletui** etui met schrijfbenodigdheden **schoolexamen** examen dat door de leerkrachten van een school wordt afgenomen **schoolgaan** [ging school, h. schoolgegaan] onderwijs op een school volgen **schoolgeld** geld dat men betaalt voor het volgen van onderwijs **schooljaar** ❶ het jaar gerekend van en de ene zomervakantie tot de andere ❷ jaar waarin men schoolgaat **schooljuffrouw** onderwijzeres **schoolkamp** recreatief verblijf van scholieren en leerkrachten in eenvoudige accommodatie **schoolkind** kind dat naar school gaat **schoolkrant** blad voor en door leerlingen van een school **schoolmeester** ❶ onderwijzer, vooral op een basisschool ❷ iemand die altijd foutjes van anderen wil verbeteren: *je moet niet altijd de ~ uithangen!* **schoolmeesterachtig** bn als een schoolmeester, die altijd anderen verbetert **schoolmuseum** museum van alles wat op onderwijs betrekking heeft **schoolnet** BN elk van de twee sectoren die het onderwijs in België organiseren: het gemeenschapsonderwijs en het vrij onderwijs **schoolonderwijs** onderwijs in schoolverband **schoolonderzoek** deel van het eindexamen dat door de school wordt afgenomen **Schoolpact** BN overeenkomst tussen liberalen, katholieken en socialisten in 1958, waarmee de schoolstrijd beëindigd werd **schoolplein** plein bij een school, vaak gebruikt als speelplaats voor en na de lessen en in de pauzes **schoolplicht** verplichting om kinderen naar school te sturen **schoolreis** uitstapje van een school samen van een school samen **schools** bn precies zoals op school geleerd wordt, zonder (ruimte voor) eigen ideeën **schoolslag** bepaalde slag op de borst die men gewoonlijk het eerst leert bij zwemmen **schoolstrijd** ❶ ⟨in Nederland⟩ strijd over het al dan niet neutrale karakter van het onderwijs ❷ (in België) strijd tussen katholieken, liberalen en socialisten over de vrijheid van het onderwijs (in 1958 bezegeld door het Schoolpact) **schoolvereniging** ❶ vereniging voor het beheer van een school ❷ vereniging van scholieren **schoolverlater** *de (m)* [-s] iemand die de school verlaat, vaak na het behalen van het eindexamen **schoolverzuim** het niet naar school gaan door leerlingen die wel naar school moeten **schoolvoorbeeld** voorbeeld dat alle kenmerken van iets vertoont **schoolzwemmen** zwemmen als deel van het schoolprogramma

schoon I *bn* ❶ ontdaan van alles wat vies is, niet vuil: *schone kleren aantrekken* ❷ weinig of geen verontreiniging van het milieu veroorzakend: *een schone industrie* ❸ helemaal: *het eten ging ~ op; er ~ genoeg van hebben* ❹ netto, zonder belasting, onkosten enz.: *duizend euro ~ verdienen* ❺ BN, spreekt. mooi: *een schone jonkvrouw; de schone kunsten* ▾ *de kans ~ zien* een gunstige gelegenheid zien om iets te doen **II** *vgw* ❻ vero. ofschoon, hoewel

schoonbroer BN, ook zwager **schoondochter** vrouw van iemands zoon **schoonfamilie** aangetrouwde familie

schoonheid *de (v)* [-heden] ❶ het mooi zijn: *de ~ van een landschap* ❷ heel mooi persoon (vooral mooie vrouw) of dier ▾ BN ook *in ~ eindigen* waardig eindigen **schoonheidsfout** iets, gebrek waardoor iets een beetje minder mooi of goed wordt maar die niet van wezenlijk belang is **schoonheidskoningin** winnares van een schoonheidswedstrijd **schoonheidsspecialiste** *de (v)* [-n, -s] vrouw die beroepshalve de uiterlijke schoonheid verzorgt **schoonheidswedstrijd** wedstrijd waarbij personen worden beoordeeld op hun uiterlijke schoonheid

schoonhouden zorgen dat iets schoon blijft **schoonmaak** *de (m)* het schoonmaken van iets, vooral het schoonmaken van het huis **schoonmaakwoede** hevige drang tot schoonmaken **schoonmaken** het vuil verwijderen, zorgen dat iets schoon wordt: *een badkamer ~; groente ~* de delen die men niet kan eten weghalen

schoonmama schoonmoeder **schoonmoeder** moeder van iemands echtgenoot of echtgenote **schoonouders** ouders van iemands echtgenoot of echtgenote **schoonpapa** schoonvader

schoonrijden sierlijk schaatsen **schoonschrift** fraai verzorgd handschrift **schoonspringen** maken van sierlijke sprongen van een duikplank of een andere hoge stellage in een zwembad

schoonvader vader van iemands echtgenoot of echtgenote **schoonzoon** man van iemands dochter **schoonzus** ❶ zuster van degene met wie men is getrouwd ❷ vrouw van iemands broer

schoor *de (m)* [schoren] stut, paal die iets ondersteunt

schoorsteen ❶ koker waardoor de rook een gebouw, boot enz. verlaat ▾ *de ~ moet roken* er moet geld worden verdiend voor het levensonderhoud ❷ schoorsteenmantel **schoorsteenbrand** brand in de schoorsteen

schoorsteenmantel omlijsting van het onderste gedeelte van een schoorsteen in een vertrek **schoorsteenveger** iemand die schoorstenen schoonveegt

schoorvoetend *bn* met tegenzin, niet graag: *~ gaf hij toe dat hij gespijbeld had*

schoot *de (m)* [schoten] ❶ ruimte vlak boven de dijen van iemand die zit ❷ ruim deel van een kledingstuk onder het middel ❸ binnenste: *in de ~ der aarde* ▾ *in de ~ geworpen krijgen* iets krijgen zonder er iets voor te hoeven doen ❹ scheepst. touw waarmee de benedenhoek van een zeil wordt vastgehouden ❺ deel van een slot dat naar binnen of buiten gaat als iets van slot of op slot wordt gedaan **schoothondje** heel klein hondje

schootsafstand afstand die door een afgeschoten kogel te bereiken is

schootsveld terrein dat men met een vuurwapen bestrijkt

schop I *de (m)* [-pen] ❶ harde trap met de voet: *hij gaf de bal een ~* **II** *de* [-pen] ❷ stuk gereedschap waarmee men graaft of iets opschept **schoppen I** *de* [-s, schoppen] ❶ zwarte, omgekeerde hartvormige figuurtjes in het kaartspel **II** *ww* ❷ zijn voet hard in aanraking laten komen met iets of iemand, trappen ▾ *herrie ~* onrust veroorzaken en lawaai maken ▾ *het ver ~* een hoge positie bereiken ▾ *tegen iets aan ~* tekeergaan tegen iets, voortdurend kritiek uiten

schopstoel ▾ *op de ~ zitten* elk ogenblik weggestuurd, ontslagen kunnen worden

schor I *bn* ❶ met een rauw stemgeluid: *hij was ~ door het vele praten* **II** *de* [-ren] ❷ land buiten een dijk, dat ontstaat door het aanspoelen of aanslibben van grond

schorem *het* slechte mensen, tuig, geboefte

schorpioen *de (m)* dier dat lijkt op een grote spin, met een giftig uitsteeksel achter op zijn rug

Schorpioen *de (m)* ❶ (astrologie) achtste teken van de dierenriem ❷ iemand die onder dat teken geboren is

schorriemorrie, schorremorrie *het* geboefte, tuig, laagste soort mensen

schors *de* harde donkere buitenlaag van een boom

schorsen ❶ tijdelijk stoppen, uitstellen: *de vergadering wordt geschorst* ❷ iemand een tijdje verbieden aan wedstrijden mee te doen, naar school te gaan enz.: *vanwege dopinggebruik is de atleet een jaar geschorst*

schorseneer *de* [-neren] plant met van buiten zwarte maar van binnen witte eetbare wortel (Scorzonera hispanica)

schort *de & het* kledingstuk dat de kleding beschermt die eronder wordt gedragen en dat de voorkant van het lichaam bedekt

schorten mankeren, haperen: *wat schort eraan?*

schot I *het* [schoten] ❶ keer dat iemand schiet, vooral met een vuurwapen: *een ~ lossen; we hoorden schoten in de verte* ❷ schop of worp op het doel bij een balspel ❸ beweging, vooruitgang: *er zit geen ~ in de onderhandelingen* ▾ *buiten ~* veilig **II** *het* [schotten] ❹ stuk wand waarmee men iets afscheidt: *we plaatsten een ~ tussen de twee helften van de zolder*

schotel *de* [-s] ❶ aardewerken schaal: *~s met salades* ❷ gerecht ❸ plat schaaltje onder een kopje ❹ schotelantenne ▾ *vliegende ~* schijfvormig ruimtevaartuig waarvan wordt gezegd dat het door buitenaardse wezens wordt bestuurd **schotelantenne** antenne met de vorm van een grote schotel of schaal

schots I *de* plat stuk drijvend ijs: *de ~en dreven de rivier af* II *bn* ▾ *~ en scheef* wanordelijk, rommelig: *de boeken stonden ~ en scheef in de kast*

Schots *bn* ❶ van, uit, wat te maken heeft met Schotland ❷ met kleurige ruiten en strepen **schotschrift** geschrift waarin iemand wordt bespot of beledigd

schotwond wond die veroorzaakt is door een kogel

schouder *de (m)* [-s] ❶ deel tussen hals en voorste ledematen, bij mensen tussen de arm en de hals ▾ *zijn ~s onder iets zetten* actief aan het werk gaan ▾ *brede ~s hebben* veel kunnen verdragen ▾ *zijn ~s over iets ophalen* iets niet belangrijk vinden ❷ deel van een kledingstuk dat dit deel bedekt **schouderband** band over de schouder **schouderblad** driehoekig been in de schouder **schouderbreedte** breedte van de schouder ter hoogte van de schouders **schouderham** ham van de voorpoot van een varken **schouderklopje** *het* [-s] ❶ klopje op de schouder ❷ *fig.* teken van bemoediging of aanmoediging, teken van waardering **schouderophalen** *het* optrekken van de schouder als uiting dat men iets niet weet of het onbelangrijk vindt **schoudertas** tas met een riem die over de schouder wordt gedragen **schoudervulling** opvulling van de schouder van een kledingstuk **schouderworp** *sp.* worp waarbij de tegenstander over de schouder wordt geworpen

schout *de (m)* ❶ *hist.* hogere gerechtsambtenaar ❷ dijkgraaf **schout-bij-nacht** *de (m)* [schouten-bij-nacht, schout-bij-nachts] hoge officier bij de marine, één rang onder vice-admiraal

schouw I *de* ❶ platte schuit die vaak als pont wordt gebruikt ❷ wand van de schoorsteen, schoorsteenmantel ❸ BN ook schoorsteen, koker waardoor de rook een gebouw, boot, fabriek enz. verlaat II *de (m)* ❹ schouwing, inspectie, vooral van duikers en sloten in een polder **schouwburg** *de (m)* gebouw waar toneelstukken, musicals enz. worden vertoond **schouwen** ❶ ⟨dijken, een lijk e.d.⟩ inspecteren, onderzoeken ❷ *mil.* inspecteren (van troepen) **schouwspel** iets wat gebeurt en waarnaar men kijkt, toneel, vertoning: *het was een mooi ~, zoals die honden met elkaar speelden*

schraag *de* [schragen] los onderstel dat iets steunt: *het blad van een behangerstafel rust meestal op twee schragen*

schraal *bn* ❶ ⟨van de huid⟩ ruw en pijnlijk: *schrale handen* ❷ ⟨van weer, wind⟩ koud en droog ❸ ⟨van grond⟩ onvruchtbaar **schraalhans** *de (m)* [-hanzen] ▾ *~ is keukenmeester* er is daar geen overvloed

schragen ondersteunen

schram *de* [-men] heel kleine wond in de vorm van een streep, bijv. een lichte krab **schrammen** de huid oppervlakkig openhalen, een schram oplopen

schrander *bn* vlug van verstand, pienter

schransen veel en gulzig eten: *wat zit je weer te ~!*

schrap I *de* [-pen] streep, doorhaling II *bw* ▾ *zich ~ zetten* stevig gaan staan, ook figuurlijk

schrapen ❶ op een hebberige manier verzamelen: *rijkdommen bij elkaar ~* ❷ afkrabben: *worteltjes ~* ▾ *de keel ~* even kuchen voordat men gaat spreken **schraper** *de (m)* [-s] ❶ werktuig om mee te schrapen ❷ vrek, iemand die op een hebberige manier rijkdommen verzamelt **schraperig** *bn* vrekkig, die op een hebberige manier rijkdommen verzamelt

schrappen ❶ afkrabben, schrapen: *worteltjes ~* ❷ doorhalen: *een woord uit een tekst ~* ▾ *iemand als lid ~* iemand verwijderen uit de lijst met leden, iemand verwijderen als lid ▾ BN ook *~ wat niet past* schrappen wat niet van toepassing is

schrede *de* [-n] stap ▾ *met rasse ~n* snel

schreef *de* [schreven] streep ▾ *over de ~ gaan* iets doen wat te ver gaat, niet meer toelaatbaar is

schreeuw *de (m)* een luid roepen (uit kwaadheid, angst, pijn enz.) **schreeuwen** luid roepen **schreeuwend** *bn* ❶ luid roepend ❷ heel erg: *~ duur* ▾ *~e kleuren* te fel, opvallend en lelijk **schreeuwer, schreeuwerd** *de (m)* [-s] iemand die een grote mond opzet, opschepper **schreeuwerig** *bn* geneigd tot schreeuwen, die lawaaierig spreekt en heftige taal gebruikt **schreeuwlelijk** iemand die vaak schreeuwt, die een grote mond heeft

schreien huilen

schriel *bn* ❶ gierig, karig ❷ dun, mager: *een ~ mannetje*

schrift *het* ❶ manier van schrijven, handschrift ❷ dun boekje met een slappe kaft om in te schrijven **Schrift** *de* ▾ *Heilige ~* Bijbel **schriftelijk** I *het* ❶ schriftelijk examen II *bn* ❷ geschreven, door te schrijven: *je kunt ~ een klacht indienen* **Schriftgeleerde** *de (m)* [-n] kenner van de Schrift, van de Bijbel **schriftkunde** ❶ studie van oude handschriften ❷ studie van de samenhang tussen iemands handschrift en zijn persoonlijkheid **schriftuur** *de* [-turen] iets wat geschreven is, geschreven stuk ▾ *Schriftuur* Bijbel

schrijden [schreed, h. / is geschreden] statig lopen

schrijfblok blok schrijfpapier **schrijffout** fout die men maakt bij het schrijven **schrijfkramp** kramp als gevolg van te veel schrijven **schrijfletter** letter bij het schrijven met een pen of potlood **schrijfmachine** toestel om machinaal te schrijven, om mee te typen **schrijfmap** soort platte tas of map voor papier en voorwerpen die nodig zijn om te schrijven **schrijfpapier** papier om op te schrijven **schrijfster** *de (v)* [-s] vrouw die schrijft, die boeken, gedichten enz. maakt **schrijftaal** geschreven taal, vrij formele taal die men niet zo gauw zal gebruiken in een informeel gesprek **schrijftrant** stijl, toon van schrijven **schrijfwerk** wat geschreven is of moet

SC

worden **schrijfwijze ❶** manier waarop men de letters schrijft ❷ spelling

schrijlings *bn* met aan iedere kant een been: *hij zat ~ op de stoel met zijn armen op de rugleuning*

schrijn *het & de (m)* fraai bewerkte kist

schrijnen ❶ pijn doen door schaven of drukken van de huid ❷ geestelijk pijn doen: *de vluchtelingen verbleven onder ~de omstandigheden in het kamp*

schrijnwerker ❶ meubelmaker ❷ BN ook timmerman

schrijven I *ww* [schreef, h. geschreven] ❶ met een ballpoint, tekstverwerker enz. letters of cijfers maken: *zijn naam ~* ❷ teksten zoals brieven, boeken of verslagen maken ❸ iemand een brief sturen: *als je daar bent, moet je wel ~, hoor!* ▼ *uren ~* tijd noteren die men werkt en die in rekening brengen **II** *het* ❹ schr. brief: *uw ~ van 15 april jongstleden* **schrijver** *de (m)* [-s] iemand die schrijft, die boeken, gedichten enz. maakt **schrijvertje** *het* [-s] torretje dat zich over het wateroppervlak beweegt (Gyrinus natator)

schrik *de (m)* ❶ plotselinge angst ▼ *de ~ sloeg me om mijn hart* is werd bang ❷ iemand die of iets wat anderen schrik aanjaagt: *die agressieve man was de ~ van het dorp* **schrikachtig** *bn* die gemakkelijk schrikt **schrikbarend** *bn* waar men bang van wordt, heel erg, verschrikkelijk: *de prijzen zijn dit jaar ~ gestegen* **schrikbeeld** voorstelling, gedachte waar men bang van wordt: *het ~ van gedwongen verkoop van je huis* **schrikbewind** het besturen van een land door geweld en het zaaien van angst **schrikdraad** *de (m)* [-draden] & *het* metalen draad rond een weiland enz. waar lichte elektrische stroom op staat

schrikkeldag dag die alleen in een schrikkeljaar voorkomt: 29 februari

schrikkeljaar jaar met 366 dagen (waarin februari 29 dagen telt) **schrikkelmaand** februari met 29 dagen

schrikken I [schrok, is geschrokken] ❶ plotseling bang worden door iets onverwachts of akeligs: *ik schrok van de harde knal* ▼ *laten ~* maken dat iemand schrikt **II** [schrikte, h. geschrikt] ❷ plotseling doen afkoelen door onderdompeling in koud water: *gloeiend ijzer ~* ▼ *laten ~* (pas gekookte eieren) in koud water leggen om ze gemakkelijker te kunnen pellen **schrikwekkend** *bn* wat maakt dat men schrikt of bang wordt

schril *bn* ❶ (van geluid, kleur) schel ❷ wat pijnlijk aandoet: *de weelde van de rijken stond in ~ contrast met de ellende van de armen*

schrobben schoonmaken met een bezem of borstel en water: *vloeren ~* **schrobber** *de (m)* [-s] harde bezem

schrobbering *de (v)* uitbrander, flinke berisping

schroef *de* [schroeven] ❶ rond metalen staafje met een spiraalvormige groef dat men ergens in kan draaien ▼ *op losse schroeven staan* niet vast, onzeker zijn ❷ voorwerp met gebogen bladen, dat kan draaien en een boot of vliegtuig voortbeweegt ❸ bloeiwijze met de bloemen alleen aan één kant van een stengel **schroefboor ❶** boor met een schroefvormige

punt ❷ boor om moeren hun vorm te geven **schroefdeksel** deksel met windingen dat men op een vat enz. draait om het af te sluiten **schroefdop** dop met windingen die men op een pen, een fles, een potje enz. draait om het af te sluiten **schroefdraad** *de (m)* [-draden] de windingen van een schroef, maar bijv. ook aan de binnenkant van een deksel dat men op een potje draait

schroeien ❶ de oppervlakte van iets licht verbranden: *hij heeft zijn hand geschroeid* ❷ aan de oppervlakte verbrand worden: *dat biefstukje is geschroeid*

schroeven ❶ met een schroef of schroeven vastmaken ❷ draaiend vast- of losmaken: *een deksel op een potje ~* **schroevendraaier** *de (m)* [-s] stuk gereedschap om schroeven vast of los te draaien

schrokken gulzig eten: *hij schrokte de maaltijd naar binnen* **schrokop** *de (m)* [-pen] iemand die veel en gulzig eet

schromelijk *bn* heel erg, ergerlijk: *~ overdrijven*

schromen aarzelen: *hij schroomde niet geweld te gebruiken*

schroom *de (m)* vrees, weifeling, aarzeling

schroot I *het* ❶ afval van ijzer **II** *de (m)* [schroten] ❷ lange smalle reep hout **schroothoop** hoop ijzerafval

schub *de* [-ben] plaatje op de huid van sommige dieren, bijv. vissen en hagedissen **schubben** van de schubben ontdoen **schubdier** tropisch zoogdier zonder tanden en bedekt met schubben (Pholidota) **schubvleugelig** *bn* met vleugels met schubben

schuchter *bn* stil en verlegen

schuddebollen [schuddebolde, h. geschuddebold] het hoofd enige tijd heen en weer schudden **schudden** heen en weer bewegen: *dit drankje moet je ~ voor gebruik* ▼ *inform. dat kun je wel ~!* dat gebeurt toch niet!, dat krijg je toch niet!

schuier *de (m)* [-s] borstel voor het schoonborstelen van kleding of kleden **schuieren** borstelen

schuif *de* [schuiven] ❶ deurtje of luikje dat men kan verschuiven ❷ grendel ❸ BN ook lade, schuifbare bak in een meubelstuk ▼ BN *in de bovenste ~ liggen* in een goed blaadje staan, in de gunst staan **schuifaf** BN, spreekt. *de (m)* [-fen, -s] glijbaan **schuifdak** deel van een dak, bijv. van een auto, dat open kan worden geschoven **schuifdeur** deur die open en dicht geschoven kan worden

schuifelen ❶ langzaam lopen waarbij men zijn voeten bijna niet optilt: *de oude man schuifelde naar de deur* ❷ langzaam en intiem met iemand dansen ❸ heen en weer schuiven: *hij zit te ~ op de bank* ❹ BN, lit. (van vogels) fluiten

schuifladder uitschuifbare ladder **schuifpui** gevel met glazen deuren **schuifraam** raam dat open en dicht geschoven kan worden **schuifwand** wand die als een harmonica open en dicht kan worden geschoven

schuilen [schuilde / school, h. geschuild / gescholen] ❶ beschutting zoeken op een plaats waar men geen last heeft van regen, hagel e.d.:

~ *voor de regen in een portiek* ❷ zich verbergen: *achter een boom* ~ ❸ zich bevinden, verborgen zijn, schuilgaan: *er schuilt iets geheimzinnigs in zijn woorden* schuilgaan zich verbergen, verborgen zijn: *de maan ging schuil achter een wolkendek* schuilhokje *het* [-s] BN wachthokje bij een halte schuilhouden ▼ *zich* ~ zich verbergen houden: *hij is vertrokken en houdt zich schuil in het buitenland* schuilhut ❶ hut in de natuur waarin men kan schuilen ❷ hut waarin men vogels en andere dieren in het wild kan bekijken zonder dat deze het merken schuilkelder ondergrondse schuilplaats tegen luchtaanvallen schuilkerk hist. gebouw dat van buiten niet herkenbaar is als kerk en waar in het geheim een geloof wordt beleden dat verboden is: *achter dit woonhuis stond een* ~ *van de doopsgezinden* schuilnaam naam die iemand gebruikt en die niet zijn echte naam is: *de schrijver Eduard Douwes Dekker schreef onder de* ~ *Multatuli* schuilplaats plaats waar men zich verbergt schuim *het* ❶ laag witte belletjes op een vloeistof: *een dikke laag* ~ *op het bier* ❷ luchtig baksel van suiker en eiwit ▼ *het* ~ *der aarde* slechte mensen, schorem, tuig schuimbekken [schuimbekte, h. geschuimbekt] schuim op de mond hebben (van woede) schuimblusser *de (m)* [-s] blusapparaat dat met schuim werkt schuimen ❶ schuim vormen: ~*de branding* ❷ van schuim ontdoen ❸ rovend en plunderend rondzwerven: *door het land* ~ schuimig *bn* als schuim, van schuim, met schuim bedekt schuimkop schuim op een golf schuimkraag laag schuim boven in een glas bier schuimpje *het* [-s] zoet en heel luchtig snoepje schuimplastic sponzig, meestal stevig, plastic schuimrubber zacht sponzig rubber (voor matrassen e.d.) schuimspaan lepel met gaatjes om schuim van een vloeistof te verwijderen schuin *bn* ❶ niet recht, niet helemaal horizontaal of verticaal, scheef: *de lantaarnpaal staat* ~ ❷ seksueel getint, over seks: ~*e moppen* schuinen schuin maken schuins *bn* schuin schuinschrift letters die schuin geschreven zijn schuinsmarcheerder *de (m)* [-s] iemand die vreemdgaat schuinte *de (v)* ❶ schuine richting ❷ helling schuit *de* ❶ plat binnenschip ❷ klein schip schuitje *het* [-s] ❶ kleine schuit ▼ *in hetzelfde* ~ *zitten* in dezelfde (moeilijke) situatie zijn ❷ bak, mand aan een schommel, luchtballon e.d. schuiven [schoof, h. / is geschoven] ❶ iets verplaatsen door het over de grond te duwen: *we schoven de tafel tegen de muur* ❷ glijdend ergens overheen gaan: *de kast schoof de trap af* ▼ *laat hem maar* ~ laat hem zijn gang maar gaan, het komt wel goed met hem ▼ inform. *wat schuift het?* hoeveel krijg ik ervoor betaald? schuiver *de (m)* [-s] ❶ iets dat schuift ❷ plotselinge heftige beweging ▼ *een* ~ *maken* een plotselinge beweging maken, glijden en vallen schuld *de* ❶ geld dat iemand nog moet betalen: *ik heb duizend euro* ~ ❷ iets verkeerds wat iemand gedaan heeft: *het is zijn* ~ *dat die vaas gebroken is* schuldbekentenis ❶ het bekennen van schuld: *de verdachte heeft een* ~ *afgelegd*

❷ schriftelijke verklaring dat men iemand een bepaald geldbedrag schuldig is schuldbesef *het* zich bewust zijn van schuld of falen schuldbewust met het besef schuldig te zijn schuldeiser iemand aan wie men nog geld moet betalen, bij wie men een schuld heeft schuldeloos *bn* zonder schuld schuldenaar *de (m)* [-s, -naren] iemand die een schuld heeft, die iemand anders nog geld moet betalen schuldenlast *de* gezamenlijke schulden die men moet betalen schuldgevoel *het* gevoel dat men schuldig is aan iets of tekort is geschoten schuldig *bn* ❶ wat men nog moet betalen: *ik ben hem duizend euro* ~ ❷ die iets verkeerds gedaan heeft: ~ *zijn aan diefstal* ▼ *het antwoord* ~ *blijven* niet antwoorden, vooral omdat men het niet weet schuldvordering het vorderen, eisen van het betalen van een schuld schuldvraag vraag wie de schuld heeft

schulp *de* schelp ▼ *in zijn* ~ *kruipen* zich terugtrekken, zich verlegen gaan gedragen schunnig *bn* ❶ vies, seksueel getint: ~*e praatjes* ❷ laag, gemeen: *wat een* ~*e streek!* schuren ❶ hard wrijven met schuurpapier of zand, vooral om iets schoon of glanzend te maken ❷ BN ook ⟨de vloer⟩ schrobben schurft *de & het* besmettelijke huidziekte waarbij een mens of dier veel jeuk heeft ▼ *de* ~ *hebben aan* een vreselijke hekel hebben aan schurftig *bn* met schurft, die schurft heeft: *een* ~*e hond* schurftmijt diertje dat schurft veroorzaakt schurk *de (m)* gemene kerel, boef schurken hard wrijven tegen een paal, muur enz. ▼ *zich* ~ die beweging maken om jeuk te verdrijven schurkenstaat staat waarvan de leiders een gevaar vormen voor de internationale vrede en veiligheid schut *het* [-ten] ❶ schot, scherm ❷ stuw, dam ▼ *voor* ~ *staan* een stomme, belachelijke indruk maken: *ik stond voor* ~ *in die stomme jurk* schutblad ❶ blad aan de voet van een stengel van een plant ❷ omslag, bijv. om een notitieboekje ❸ stevig blad tegen de kaft van een boek schutgeld geld dat iemand betaalt voor het varen door een schutsluis schutkleur onopvallende kleur waardoor iets niet of nauwelijks opvalt tussen de kleuren van de omgeving: *de kameleon kan veel* ~*en aannemen* schutsluis *de* sluis met een dubbel stel sluisdeuren waardoor een schip de sluis kan passeren bij een groot verschil tussen de waterstand aan de ene en aan de andere kant van de sluis schutspatroon beschermheilige schutten door een schutsluis gaan of laten gaan, door een sluis een schip in hoger of lager water brengen schutter *de (m)* [-s] iemand die schiet met een vuurwapen schutteren zich onbeholpen gedragen schutterig *bn* onbeholpen schutterij *de (v)* ❶ ⟨vroeger⟩ vereniging van personen die oefenden om de stad gewapend te kunnen verdedigen ❷ schietvereniging

SC

schuttersputje *het* [-s] diepe put om een soldaat of een schutter te beschermen **schuttersstuk** schilderij met schutters

schutting *de (v)* hoog houten hek tussen tuinen of om een tuin: *de ~ tussen onze tuin en die van onze buren* **schuttingtaal** taalgebruik dat niet netjes is, met veel obscene, seksueel getinte woorden **schuttingwoord** niet netjes, obsceen, seksueel getint woord

schuur *de* [schuren] eenvoudig gebouw(tje) of deel van een gebouw waarin men dingen, zoals gereedschap, opbergt: *zet de kruiwagen maar in de ~* **schuurpapier** papier met fijngemalen glas, om mee te schuren **schuurspons** ❶ spons van kunststof met een ruwe bovenlaag ❷ spons van metaaldraad om mee te schuren **schuurzand** zand om mee te schuren

schuw *bn* heel verlegen, gauw bang: *een ~ katje* **schuwen** vermijden uit angst of afkeer

schwalbe ⟨sjwalbə⟩ *de* [-s] val die door een voetballer wordt gespeeld, om een vrije trap of strafschop toegekend te krijgen

schwung ⟨sjwoeng⟩ *de (m)* vaart, gloed, bezieling: *hij speelt piano met ~*

sciencefiction ⟨sajənsfiksjən⟩ *de* boeken of films over een gefantaseerde toekomst op basis van bestaande (wetenschappelijke en technische) ontwikkelingen **sciencepark** ⟨-päRk⟩ *het* [-en, -s] concentratie van wetenschappelijk onderzoek en praktische toepassingen en commerciële activiteiten

sclerose ⟨skleeroozə⟩ *de (v)* verkalking, verharding in spieren, weefsel en bloedvaten

scoliose ⟨-oozə⟩ *de (v)* achterwaartse ruggengraatsverkromming

scone ⟨skoon⟩ *de (m)* [-s] rond cakeje

scoop ⟨skoep⟩ *de (m)* [-s] ❶ primeur in journalistiek opzicht ❷ meetinstrument ❸ medisch instrument om mee te kijken en kleine operaties mee te verrichten

scooter ⟨skoetər⟩ *de (m)* [-s] lage motorfiets met kleine wielen

scootmobiel ⟨skoet-⟩ *de (m)* [-en, -s] gemotoriseerd vervoermiddel met drie wielen voor mensen die niet goed kunnen lopen

scope ⟨skoop⟩ *de (m)* [-s] inhoudelijk gebied waarover iets zich uitstrekt: *we moeten de ~ van ons onderzoek definiëren*

score *de (m)* [-s] het aantal punten, vooral doelpunten in een wedstrijd: *de ~ van Ajax-PSV is 2-2* **scoren** ❶ een doelpunt maken: *Van Bommel scoorde voor Oranje* ❷ *inform.* bemachtigen: *we scoorden een hamburger in de snackbar; de verslaafde heeft weer heroïne gescoord* ❸ *fig.* succes hebben, anderen overtroeven, iets beter weten: *~ met een opmerking*

scotch ⟨skotsj⟩ *de (m)* whisky

scout *de (m)* [-s] ❶ lid van een organisatie voor scouting, vroeger padvinder genoemd ❷ iemand die speurt naar nieuwe talenten voor sportclubs **scouting** *de (v)* organisatie die jongens en meisjes oefent in allerlei dingen, zoals kamperen in de vrije natuur, vroeger padvinderij genoemd

SCP *het* Sociaal Cultureel Planbureau

scrabbelen ⟨skreb-⟩ scrabble® spelen **scrabble**®

⟨-bəl⟩ *het* gezelschapsspel waarbij op een bord woorden gevormd moeten worden

scratchen ⟨skRetsj-⟩ ⟨in popmuziek⟩ een vinylplaat snel en ritmisch onder de pick-upnaald heen en weer bewegen

screenen ⟨skrie-⟩ iets of iemand scherp onderzoeken om te kijken of die persoon in orde is, gezond, betrouwbaar e.d.: *voordat hij bij de bank werd aangenomen, werd hij grondig gescreend; de baby werd gescreend op aangeboren afwijkingen*

screensaver ⟨skriensee-⟩ *de (m)* [-s] comp. programma dat, om inbranding van het beeldscherm te voorkomen, in werking treedt als het toetsenbord of de muis enige tijd niet is gebruikt

scribent *de (m)* schrijver, opsteller van een geschrift, meestal ongunstig: prulschrijver

script *het* [-s] ❶ uitgeschreven handeling en tekst voor toneelstuk of film ❷ stuk dat onder bepaalde voorwaarden recht geeft op een aandeel

scriptie *de (v)* [-s] schriftelijk werkstuk over een bepaald onderwerp door een student

scrollen comp. door een bestand bladeren, een tekst op het scherm laten opschuiven

scrotum *het* balzak van een man, omhulsel van de teelballen

scrubben ❶ crème of gel met kleine korreltjes op de huid wrijven om dode huidcellen en onzuiverheden te verwijderen ❷ ⟨autosport⟩ banden behandelen om ze sneller te laten slijten zodat de auto harder rijdt

scrupule *de* [-s] gewetensbezwaar: *totaal geen ~s hebben* **scrupuleus** *bn* angstvallig nauwgezet

scubaduiken ⟨skoe-⟩ scuba = self contained underwater breathing apparatus, duiken waarbij men zuurstof krijgt toegediend uit een fles perslucht op zijn rug

scud *de (m)* [-s] scudraket, raket van Russische origine

sculptuur *de (v)* [-turen] beeldhouwwerk

SDI Strategisch Defensie Initiatief (*ruimteschild*)

sealen ⟨sie-⟩ luchtdicht verpakken in plastic

sealskin ⟨siel-⟩ *het & bn* (van) bont van jonge zeehondjes

seance ⟨seejàsə⟩ *de* [-s] bijeenkomst waarbij bijzondere zaken worden gedemonstreerd, vooral spiritistische, bijeenkomst waarbij men probeert in contact te komen met mensen die zijn gestorven

Seato *de (v)* , *South-East Asian Treaty Organization*, Zuidoost-Aziatische Verdragsorganisatie

sec *bn* ❶ droog ❷ ⟨van wijn⟩ niet zoet ❸ onvermengd, zonder toevoegsel ❹ droogjes, droogweg, zonder veel omhaal ▾ *een verhaal ~ vertellen* alleen de feiten vertellen, zonder het mooi of interessant te maken

sec. seconde

secondair *bn* secundair

secondant *de (m)* ❶ helper, getuige en helper bij een duel ❷ assistent in een schaak- of damtoernooi

seconde *de* [-n, -s] ❶ 1/60 deel van een minuut ❷ 1/60 deel van een graad

secondewijzer wijzer die de seconden aangeeft

secreet I *het* [-creten] ❶ stoffen die worden afgescheiden door klieren van het lichaam, zoals speeksel of gal ❷ gemeen kreng: *wat is die vrouw een ~!* **II** *bn* ❸ geheim ▼ *BN op ~ plaatsen* in volledige beperking plaatsen: *de dierenarts is gearresteerd en op ~ geplaatst*

secretaire ⟨-tèrə⟩ *de (m)* [-s] kast met laden en een klep die kan worden neergelaten en die dan dient als vlak waarop men kan schrijven

secretaresse *de (v)* [-s, -n] vrouw die correspondentie en telefoongesprekken afhandelt en afspraken regelt **secretariaat** *het* [-aten] ❶ functie of bureau van secretaris ❷ (werkruimte van) secretarissen en secretaresses **secretarie** *de (v)* [-ën] ❶ bureau van een secretaris ❷ bureau waar de administratie van een openbare instantie, vooral van een gemeente, is gevestigd **secretaris** *de (m)* [-sen] ❶ iemand die schrijfwerkzaamheden verricht ❷ eerste ambtenaar van een gemeentebestuur **secretaris-generaal** *de (m)* [secretarissen-generaal] hoogste ambtenaar aan een departement

secretie *de (v)* [-s] afzondering, afscheiding van lichaamsstoffen

sectair ⟨-tèr⟩ BN, ook *bn* onverdraagzaam, bekrompen

sectie *de (v)* [-s, -tiën] ❶ afdeling, onderdeel: *de ~ 'betaald voetbal' van de voetbalbond* ❷ het opensnijden van een lijk om te onderzoeken wat de doodsoorzaak was: *de artsen verrichtten ~*

sector *de (m)* [-toren, -s] onderdeel van de maatschappij: *de werkgelegenheid in de ~ verkeer en toerisme*

secularisatie ⟨-zaa-⟩ *de (v)* [-s, -tiën] het wereldlijk maken, het losmaken uit de godsdienstig-kerkelijke sfeer **seculier I** *bn* ❶ wereldlijk, die of wat niet bij een religieuze orde hoort **II** *de (m)* ❷ geestelijke die niet bij een orde of congregatie hoort

secundair, secondair ⟨-dèr⟩ *bn* op de tweede plaats, niet het belangrijkst

security ⟨səkjoerátie⟩ *de (v)* beveiliging: *als u nu niet meteen mijn kantoor verlaat, bel ik ~*

secuur *bn* precies, nauwkeurig: *een schilderij herstellen is ~ werk*

sedatie *de (v)* lichte narcose ▼ *palliatieve ~* het in diepe slaap brengen van patiënten in de stervensfase, om ondraaglijk lijden te verlichten **sedatief I** *bn* ❶ kalmerend **II** *het* [-tieven] ❷ kalmerend middel

sedert *bw* sinds, vanaf dat moment **sedertdien** *bw* sindsdien, vanaf dat moment

sediment *het* ❶ bezinksel, neerslag, afzetting ❷ afzettingsgesteente **sedimentair** ⟨-tèr⟩ *bn* op de manier van sediment, ontstaan uit sediment

seersucker ⟨sieRsukkəR⟩ *het & de (m)* fijn weefsel dat op crêpe lijkt

Sefardim *de (mv)* Zuid-Europese Joden

seffens BN *bw* ❶ nu direct ❷ *spreekt.* dadelijk

segment *het* ❶ een van de delen waaruit iets bestaat ❷ *wisk.* deel van een cirkel tussen koorde en boog **segmenteren** in segmenten onderverdelen

segregatie *de (v)* afzondering, afscheiding, vooral afscheiding van bevolkingsgroepen in een land met een gemengde bevolking

sein *het* teken, licht enz. waarmee men waarschuwt: *het ~ voor de trein stond op rood; ik geef je een ~tje als ik klaar ben* **seinen** tekens geven om te waarschuwen

seinpaal paal waarmee seinen worden gegeven, vooral aan treinen

seismisch *bn* wat te maken heeft met aardbevingen **seismograaf** *de (m)* [-grafen] apparaat voor het registreren van aardbevingen **seismologie** *de (v)* leer van de aardbevingen

seizen vastsjorren

seizoen *het* ❶ jaargetijde, een van de vier natuurlijke perioden van het jaar: *herfst en winter zijn ~en* ❷ de juiste periode voor iets, waarin het het drukst is en/of het meest verdiend wordt in een bepaalde sector: *in mei begint bij ons het toeristen~ weer* **seizoenkaart** toegangsbewijs voor één seizoen **seizoenopruiming** opruiming aan het einde van een seizoen **seizoensarbeid, seizoenarbeid** werk dat alleen in een bepaald deel van het jaar verricht kan worden

seks *de (m)* lichamelijk contact met de geslachtsdelen, het vrijen: *iemand voorlichten over ~; ze had ~ met de buurjongen* **seksblad** tijdschrift met veel seks, pornografisch blad **seksbom** *de* [-men] vrouw van wie veel mensen vinden dat ze seksueel heel aantrekkelijk is **sekse** *de (v)* [-n, -s] geslacht, man of vrouw, jongen of meisje: *de ~ van een pasgeboren katje bepalen* **seksen** ❶ mannelijke en vrouwelijke eendagskuikens scheiden ❷ seks bedrijven **sekseneutraal** wat niet te maken heeft met één bepaalde sekse **seksfilm** film met veel seks, die vooral gemaakt is om seks te laten zien **seksindustrie** bedrijfstak waarin seks het product is dat wordt verhandeld

seksisme *het* het als niet gelijkwaardig beschouwen van mannen en vrouwen **seksist** *de (m)* iemand die mannen en vrouwen niet als gelijkwaardig beschouwt

seksleven alles wat te maken heeft met seks in het leven van iemand **sekslijn** telefoondienst voor seksuele gesprekken **seksshop** ⟨-sjop⟩ *de (m)* [-s] winkel waar artikelen worden verkocht die met seks te maken hebben **sekssymbool** iemand van wie veel mensen vinden dat die persoon seksueel heel aantrekkelijk is

seksualiteit *de (v)* alles wat te maken heeft met seks, met vrijen **seksueel** *bn* van, over, met betrekking tot seks en seksualiteit **seksuologie** *de (v)* wetenschap van de seksualiteit (van de mens)

sektariër *de (m)* [-s] aanhanger van een sekte **sektarisch** *bn* wat te maken heeft met of wat hoort bij een sekte of een groep die anderen buitensluit **sektarisme** *het* neiging tot het vormen van een sekte of een groep en anderen buiten te sluiten **sekte** *de* [-n, -s] (kleine) groep mensen die een eigen geloof aanhangen: *ze werd lid van een merkwaardige ~*

sekwestreren op bevel of met toestemming van de rechter geld of goederen in bewaring nemen zolang een procedure loopt

selder BN, ook *de (m)* selderij **selderie, selderij** *de*

se

(m) schermbloemige plant die als groente wordt gegeten

select *bn* uitgelezen, zorgvuldig uitgekozen: *een ~ gezelschap van vooraanstaande intellectuelen* **selecteren** uitzoeken, kiezen: *we selecteerden de beste mensen voor de wedstrijd* **selectie** *de (v)* [-s] ❶ het uitkiezen van de beste(n) ❷ mensen, dingen die zijn uitgekozen **selectief** *bn* die uitkiest, die uitkiest wat diegene uitkomt ▼ *een ~ geheugen hebben* alleen datgene onthouden wat goed uitkomt

selectieheer BN, sp. lid van een selectiecommissie **selectiviteit** *de (v)* het selectief zijn

selffulfilling prophecy ‹-foelfilling proffəsie› *de* [-'s] voorspelling die uitkomt, juist doordat die voorspelling wordt gedaan, voorspelling die zelf bijdraagt aan datgene wat voorspeld wordt

selfmade ‹-meed› die de zichzelf heeft gevormd, niet gevormd door opvoeding, school e.d.: *hij is een echte ~ man*

selfservice zelfbediening

selfsupporting ‹-suppòRting› *bn* die voorziet in eigen behoeften

selva *de (v)* [-'s] Zuid-Amerikaans oerwoud

semafoon *de (m)* [-s] toestel waarmee draadloos codes worden doorgegeven en ontvangen

semantiek *de (v)* taalk. leer van de betekenis **semantisch** *bn* taalk. wat te maken heeft met de semantiek **semasiologie** *de (v)* leer van de ontwikkeling en verandering van betekenissen

semester *het* [-s] halfjaar, vooral als duur van een universitaire cursus

semi *voorvoegsel* half: *~automatisch; ~finale*

seminar ‹semminnaR› *het* [-s] conferentie waar men iets kan leren

seminarie *het* [-s] ❶ internaat of school voor de opleiding van priesters of predikanten ❷ BN ook seminar **seminarist** *de (m)* student aan een seminarie **seminarium** *het* [-ria, -a] ❶ internaat of school voor de opleiding van priesters of predikanten ❷ werkcollege van studenten aan een universiteit

semiotiek *de (v)* wetenschap die tekens en tekensystemen bestudeert

semioverheidsbedrijf particulier bedrijf waarin de overheid gedeeltelijk financieel deelneemt **semiprof** sp. speler tussen prof en amateur

semtex® *het* kneedbare springstof uit Tsjechië

sen. senior

senaat *de (m)* [-naten] ❶ hist. raad van de Ouden, hoogste regeringsorgaan bij de Romeinen ❷ ‹in sommige staten› onderdeel van een parlement, in Nederland ook wel gebruikt voor de Eerste Kamer **senator** *de (m)* [-toren, -s] ❶ lid van een senaat ❷ lid van de Eerste Kamer in Nederland ▼ BN *provinciaal ~* senator die is gekozen door een provincieraad ▼ BN *gecoöpteerd ~* senator die is gekozen door de rechtstreeks verkozen senatoren en de provinciale senatoren

seniel *bn* kinds door ouderdom **seniliteit** *de (v)* het seniel-zijn

senior I *de (m)* [-oren, -ores] ❶ iemand van vrij hoge leeftijd, vooral in de sport: *de ~en spelen vanavond* II *bn* ❷ de oudere, oudste van mensen

met dezelfde naam: *Jansen ~ komt morgen op bezoek* **seniorie** BN *de (v)* [-s] luxueuze verzorgingsflat voor bejaarden

sensatie ‹-zaa-› *de (v)* [-s] ❶ grote opwinding: *de onbekende voetbalploeg zorgde voor een ~ door het kampioenschap te winnen* ❷ (sterke) gewaarwording, prikkeling van de zintuigen **sensatiepers** kranten en tijdschriften die sensatieberichten en -verhalen bevatten **sensationeel** *bn* heel bijzonder, heel verrassend

sensibel ‹-zie-› *bn* gevoelig, erg vatbaar voor indrukken **sensibiliseren** BN belangstelling wekken voor iets **sensitief** *bn* gevoelig, vatbaar voor indrukken **sensitivitytraining** ‹-sittivvatie tReening› training met de bedoeling dat mensen zichzelf beter leren kennen en anderen beter leren begrijpen door ongeremd te zeggen wat zij van elkaar vinden

sensomotorisch ‹-zoo-› wat te maken heeft met de samenhang tussen zintuiglijke prikkels, zoals zien en horen, en hoe iemand beweegt

sensor ‹-zor› *de (m)* [-soren, -s] instrumentje dat dingen kan waarnemen en meten, zoals druk en temperatuur

sensualiteit *de (v)* het gevoelig zijn voor seksuele opwinding, het seksueel opwindend zijn (op een subtiele manier) **sensueel** *bn* seksueel opwindend (op een subtiele manier)

sententie *de (v)* [-s, -tiën] ❶ uitspraak van de rechter ❷ zinspreuk, kort uitgedrukte gedachte

sentiment *het* gevoel, vooral gevoel van ontroering: *het liedje riep het ~ van vroeger op, van de sfeer in mijn geboortedorp* **sentimentaliteit** *de (v)* grote gevoeligheid die vaak overdreven of onecht overkomt **sentimenteel** *bn* erg gevoelig op een manier die vaak overdeven of onecht overkomt

separaat I *bn* ❶ afzonderlijk II *het* [-raten] ❷ afzonderlijk stuk **separatie** *de (v)* [-s] ❶ scheiding, afscheiding ❷ het plaatsen van mensen in een isoleercel in een inrichting **separatisme** *het* streven om zich af te scheiden, om zich los te maken van een staat of een kerk of geloofsrichting **separatist** *de (m)* aanhanger van een beweging die zich los wil maken van een staat of een kerk of geloofsrichting **separator** *de (m)* [-s, -toren] apparaat waarmee iets afgescheiden wordt, om vloeibare stoffen te scheiden van vaste stoffen **separeren** ❶ scheiden, afscheiden ❷ iemand in een isoleercel plaatsen in een inrichting

sepia *de* ❶ zwartbruine verf uit de inktzak van een inktvis ❷ de kleur van deze verf

seponeren jur. niet doorzetten, niet vervolgen **sepot** ‹seepoo› *het* [-s] het seponeren, geseponeerde zaak

sepsis *de (v)* ontstekingsreactie van het lichaam op een infectie, besmetting van het bloed met bacteriën

sept september

september *de (m)* negende maand, herfstmaand

septet *het* [-ten] ❶ groep van zeven personen die samen zingen of muziek maken ❷ stuk voor zeven instrumenten of stemmen

septic tank ‹- tenk› tank voor afvalwater en afval uit de wc voor een huis dat niet op een riool is aangesloten

septime muz. de [-s] ❶ afstand van zeven tonen ❷ zevende toon van de grondtoon af

septisch bn met bacteriën, virussen e.d., door bederf of verrotting, vervuild

sequel ⟨sie̱kwǝl⟩ de (m) [-s] speelfilm als vervolg op een eerdere speelfilm

sequens ⟨see-⟩ muz. de ❶ herhaling van een motief in een andere toontrap ❷ lofzang, gezongen op bepaalde katholieke feestdagen

sequoia de (m) [-'s] reusachtige naaldboom die oorspronkelijk uit Amerika komt

SER de (m) Sociaal-Economische Raad

seraf de (m) [-s], **serafijn** ⟨christendom⟩ engel van de hoogste rang

serail ⟨seeraj̱⟩ het [-s] ❶ paleis van de Turkse sultan ❷ vrouwenverblijf, harem

sereen bn rustig en kalm: de serene stilte in een bos

sereh de citroengras

serenade de (v) [-s] ❶ muzikale hulde, die 's avonds wordt gespeeld of gezongen bij iemands woning ❷ muziekstuk dat bij zo'n gelegenheid wordt gespeeld of gezongen

serendipiteit de (v) het door toeval en scherpzinnigheid iets vinden terwijl men iets anders zoekt

sereniteit de (v) kalme rust

sergeant ⟨-zjant⟩ de (m) [-en, -s] ❶ laagste rang van onderofficier ❷ lijmtang **sergeant-majoor** de (m) [-majoors, sergeanten-majoor] iemand van een rang hoger dan sergeant **sergeantsstrepen** de (mv) ❶ onderscheidingstekens op de kleding van een sergeant waaraan men zijn rang herkent ❷ vlak met strepen op de weg waar men niet overheen mag rijden

serie de (v) [-s, -riën] ❶ aantal dingen die bij elkaar horen, reeks: een ~ postzegels ❷ groot aantal: hij heeft een hele ~ diefstallen gepleegd **serieel** bn wat een reeks vormt

seriemoordenaar iemand die een aantal moorden na elkaar pleegt **serieproductie** het maken van een product in grote aantallen tegelijk **serieschakeling** schakeling waarbij de stroom achtereenvolgens door alle elektrische elementen of weerstanden loopt

serieus bn ❶ ernstig: een serieuze overtreding ❷ oprecht, echt: zij meende het ~ **sérieux** ⟨sı̱rjeu⟩ bw ▼ au ~ nemen ⟨oo-seriejeu⟩ ernstig opvatten, met de nodige ernst behandelen

sering de ❶ heester met geurende bloemen van het geslacht Syringa ❷ de bloem van die heester

serologisch bn wat te maken heeft met antigenen en antistoffen in een serum

seropositief met antistoffen tegen een ziekte in het lichaam, vooral met antistoffen tegen het aidsvirus, waardoor duidelijk is dat die persoon de ziekte heeft

serpent het gemene, slechte vrouw **serpentine** de (v) [-s] rolletje gekleurd dun papier

serre ⟨sèrǝ⟩ de [-s] kleine kamer van glas die aan een huis is aangebouwd bij een tuin

serum het [-s, sera] stof die is gemaakt uit bloed van dieren, waarmee men iemand inent zodat hij geen besmettelijke ziekte krijgt

serval de (m) [-s] langbenig katachtig roofdier uit Afrika **serveerster** de (v) [-s] vrouw die bedient in een restaurant, café enz.

serven ⟨su̱rvǝn⟩ [servede, h. geserved] ⟨bij sommige balsporten⟩ de eerste slag doen, de eerste bal spelen

server ⟨su̱Rvǝʀ⟩ de (m) [-s] centrale computer die diensten verleent aan andere computers in een netwerk

serveren ❶ aan tafel bedienen: de kelner serveerde de maaltijd ❷ ⟨bij sommige balsporten⟩ de eerste slag doen, de eerste bal spelen

servet het [-ten] klein doekje waarmee men handen en mond afveegt onder het eten ▼ te groot voor ~ en te klein voor tafellaken geen kind meer en nog niet volwassen **servetring** ring voor een opgerold servet

service ⟨su̱Rvǝs⟩ de (m) [-s] ❶ de hulp, diensten die een bedrijf verleent als men er iets koopt of heeft gekocht: ik koop niets meer bij dat bedrijf, ze geven totaal geen ~ nu mijn computer kapot is ❷ ⟨bij o.a. tennis en volleybal⟩ eerste slag, opslag **servicebeurt** onderhoudsbeurt **serviceflat** verzorgingsflat **servicekosten** kosten voor extra voorzieningen en diensten in complexen met huurwoningen, bijv. het verlichten of schoonmaken van trappenhuizen **servicestation** benzinestation waar kleine mankementen kunnen worden hersteld

serviel bn slaafs, onderdanig

servies het [-viezen] stel kopjes, borden, schotels enz. die bij elkaar horen

serviliteit de (v) slaafsheid, onderdanigheid

sesam ⟨-zam⟩ de (m) ❶ (sub)tropisch oliehoudend gewas ❷ zaad ervan **sesambrood** brood met sesamzaad erop

sessie de (v) [-s] zitting, bijeenkomst: ik heb morgen weer een ~ bij mijn psycholoog

set de (m) [-s] ❶ onderdeel van een wedstrijd bij sporten als tennis en volleybal ❷ stel dingen die bij elkaar horen: een ~ borden ❸ plaats in een filmstudio waar de opnames plaatsvinden **setpoint** sp. het [-s] punt waarop een set bij tennis beslist kan worden

settelen regelen, schikken: we hebben dit zaakje gesetteld ▼ zich ~ ergens gaan wonen en/of een vast, rustig leven gaan leiden: hij heeft zich gesetteld: hij heeft een vaste baan, is getrouwd en heeft twee kinderen

setter de (m) [-s] langharige Engelse staande jachthond

setting de (v) [-s] omgeving of situatie waarin iets zich afspeelt, context, achtergrond

set-up de (m) [-s] ⟨bij volleybal⟩ bovenhandse bal langs het net naar een aanvallende medespeler

sèvres ⟨sèvrǝ⟩ het porselein uit Sèvres

sexappeal ⟨-apiel⟩ de (m) & het seksuele aantrekkingskracht

sext muz. de ❶ zesde toon vanaf de grondtoon ❷ toonafstand van zes noten **sextant** de (m) meetinstrument waarmee men op zee kan bepalen waar men is **sextet** het [-ten] ❶ groep van zes personen die samen zingen of muziek maken ❷ stuk voor zes instrumenten of stemmen

sexy ⟨seksie⟩ bn seksueel aantrekkelijk of prikkelend: een ~ zangeres; een ~ jurkje

se

SF sciencefiction

sfeer ⟨sfir⟩ *de* [sferen] stemming die ergens aanwezig is: *er heerst een prettige ~ op mijn werk* ▼ *iets in die* ~ zoiets, iets wat daarop lijkt **sfeervol** met veel sfeer

sfinx *de (m)* ❶ fabelachtig wezen in de oudheid in Egypte, dat eruitziet als een leeuw met een mensenhoofd ❷ mens die zijn gevoelens niet toont

sforzando ⟨-tsan-⟩ *muz. bw* sterker wordend

sfumato I *bw* ❶ berookt, vervaagd, met vervloeiende omtrekken II *het* ❷ het schilderen op die manier

sg ❶ secretaris-generaal ❷ scholengemeenschap

s.g. soortelijk gewicht

S-golf trillingsgolf door de aarde bij een kernexplosie

SGP *de (v)* Staatkundig Gereformeerde Partij

s.h. slechthorend

sh. shilling

shabby ⟨sjebbie⟩ *bn* onverzorgd, haveloos: *hij zag er ~ uit in zijn trui met gaten en zijn te wijde broek*

shag ⟨sjek⟩ *de (m)* fijngesneden tabak waarvan men sigaretten draait

shaker ⟨sjeekaR⟩ *de (m)* [-s] beker om dranken in te schudden om ze te mengen

shamponeren ⟨sjam-⟩ met shampoo schoonmaken, met shampoo wassen **shampoo** *de (m)* [-s] ❶ middel om het haar mee te wassen ❷ middel om vloerkleden schoon te maken

shareware ⟨sjèrwèr⟩ *de (m)* comp. software die kosteloos gekopieerd mag worden, maar waarvoor wel betaald moet worden als iemand het regelmatig gebruikt

sharia ⟨sja-⟩ *de (v)* islamitisch recht

sheet ⟨sjiet⟩ *de* [-s] doorzichtig blad voor een overheadprojector

shell ⟨sjel⟩ comp. *de (m)* [-s] overkoepelend programma

shelter ⟨sjel-⟩ *de (m)* [-s] kleine tent om in te kamperen

sheriff ⟨sjerrif⟩ *de (m)* [-s] Amerikaans hoofd van de politie

sherpa ⟨sjer-⟩ I *de (m)* [-'s] ❶ berggids, vooral in Nepal II *de (v)* [-'s] ❷ meisje van veertien tot zeventien jaar bij scouting **Sherpa** *de (m)* [-'s] lid van het Sherpavolk in Nepal

sherry ⟨sjerrie⟩ *de (m)* witte wijn met 16-22% alcohol, uit Andalusië in het zuiden van Spanje

shift ⟨sjift⟩ *de (m)* [-s] ❶ ploegendienst ❷ toets op het toetsenbord van de computer die iemand onder andere indrukt als hij een hoofdletter wil typen

shiitake ⟨sjiejie-⟩ *de* [-s] bepaalde Japanse paddenstoel

shilling ⟨sjil-⟩ *de (m)* [-s] ❶ voormalige Engelse munt, 1/20 van een pond sterling ❷ munteenheid van Oeganda, Somalië en Tanzania

shintoïsme ⟨sjin-⟩ *het* staatsgodsdienst in Japan

shirt ⟨sjùRt⟩ *het* [-s] overhemd, sporthemd **shirtreclame** reclame in de vorm van een tekst op een sportshirt

shish kebab ⟨sjisj -⟩ *de* stukjes schapen- of lamsvlees die aan een pen geregen zijn

shit ⟨sjit⟩ inform. I *de (m)* ❶ rotzooi ❷ hasj II *tw*

❸ bah, verdomme: *~, nu ben ik weer mijn sleutel vergeten!*

shoarma ⟨sjwar-⟩ *de (m)* gerecht van geroosterd schapenvlees

shock ⟨sjok⟩ *de (m)* [-s] ❶ gevaarlijke toestand waarin iemand komt als er te weinig bloed door zijn lichaam stroomt, bijv. door een ongeluk ❷ vreselijke schrik, waardoor iemand helemaal in de war is ❸ elektrische schok **shocken** een elektrische schok toedienen als geneeskundige behandeling

shocktherapie ❶ therapie met elektroshocks ❷ fig. ingrijpende maatregelen

shoppen ⟨sjop-⟩ winkelen (als tijdverdrijf): *ik ga vanmiddag gezellig ~ met mijn vriendinnen* **shopper** *de (m)* [-s] grote boodschappentas

shortcut ⟨sjòRt-⟩ *de (m)* [-s] ❶ comp. toetsencombinatie of icoontje waarmee men sneller een optie, bestand e.d. kan kiezen ❷ fig. manier om iets sneller te doen, ergens sneller te komen **shortlist** *de* [-s] lijst met uiteindelijk overgebleven kandidaten voor een onderscheiding of functie

shorts ⟨sjòRts⟩ *de (mv)* korte broek

short story ⟨sjòRt stòRie⟩ *de* [-'s] verhaal tot ongeveer twintig pagina's, vaak over een gewoon iemand die iets meemaakt, kortverhaal **shorttrack** *de (m)* hardrijwedstrijd op de schaats op een ijshockeybaan

shot ⟨sjot⟩ *de (m)* [-s] ❶ dosis geïnjecteerde drugs ❷ filmopname ❸ (meestal: *shotje*) kleine hoeveelheid sterkedrank die in één keer achterover wordt geslagen

shovel ⟨sjooval⟩ *de (m)* [-s] voertuig op rupsbanden en met een grote schop, om mee te laden

show ⟨sjoow⟩ *de (m)* [-s] ❶ optreden van artiesten met muziek, dans enz.: *ze voerden een wervelende ~ op* ❷ programma voor de televisie om de kijkers te vermaken ❸ tentoonstelling ▼ *de ~ stelen* de meeste indruk maken: *in haar prachtige jurk steelt zij vanavond de ~* **showbusiness** ⟨-bizniz⟩, **showbizz** de wereld van shows en amusement **showen** een show houden, tijdens een show vertonen **showroom** ⟨-Roem⟩ *de (m)* [-s] zaal waarin koopwaar, zoals auto's, wordt getoond

shredder ⟨sjred-⟩ *de (m)* [-s] ❶ machine om papier te versnipperen ❷ machine om auto's te pletten

shuttle ⟨sjuttal⟩ *de (m)* [-s] ❶ licht voorwerp dat men bij badminton heen en weer slaat, pluimbal ❷ voertuig of ruimtevaartuig dat steeds heen en weer rijdt of vliegt

si *muz. de* [-'s] zevende noot van de diatonische toonladder

Si schei. silicium

siamees I *de (m)* [-mezen] lichtgekleurde kat met donkere kop en poten II *bn* ▼ *Siamese tweeling* tweeling die aan elkaar is vastgegroeid

Siberisch *bn* van, uit, wat te maken heeft met Siberië ▼ *dat laat me siberisch* dat kan me niets schelen, dat interesseert me niet

sibille *de (v)* [-n] ❶ (in de oudheid) vrouwelijk orakel dat voorspellingen doet ❷ vrouw die (raadselachtige) voorspellingen doet, waarzegster

sf

sic *bw* zo staat er woordelijk

sicav BN *de (m)* [-s] beleggingsmaatschappij met veranderlijk kapitaal

sickbuildingsyndroom ‹sikbilding-› ziekte door een ongezonde werkomgeving in kantoorgebouwen

sidderaal soort grote aal die elektrische schokken geeft (Gymnotis electricus) **sidderen** heel erg beven: *ik sidderde van angst*

side ‹sajt› *de* [-s] ❶ supporters van een voetbalclub ❷ vak van een voetbaltribune voor de supporters van een van de clubs **sidebar** *de* [-s] balk aan de zijkant van een computerscherm, voor kleine applicaties (gadgets) **sidekick** *de (m)* [-s] medepresentator van een tv- of radioprogramma, naast de hoofdpresentator

sier *de* versiering: *die fruitschaal staat er alleen voor de* ▼ *goede ~ maken* goed voor de dag komen **sieraad** *het* [-raden] ❶ voorwerp (ring, oorknop e.d.) om iemand mooi te maken ❷ *fig.* iemand of iets om trots op te zijn **sieren** mooi maken ▼ *deze daad siert je* om deze daad verdien je veel waardering **sierkers** kersenboom met mooie bloesem en oneetbare vruchten **sierlijk** *bn* ❶ mooi van vorm: *een ~e lamp* ❷ met fijne bewegingen: *~ buigen* **sierteelt** het kweken van gewassen omdat ze mooi zijn

siësta *de* [-'s] middagslaapje

sievert *de (m)* [-s] eenheid van de hoeveelheid geabsorbeerde radioactieve straling en de biologische schade

sifon *de (m)* [-s] ❶ waterfles, spuitwaterfles met een hevel ❷ stankafsluiter van een wc enz.

sigaar *de* [-garen] rol tabak in een stevig bruin blad, die men op kan roken ▼ *de ~ zijn* het slachtoffer zijn, degene zijn die ergens voor moet opdraaien: *ik ben weer de ~, ik moet alles opruimen* **sigarenbandje** *het* [-s] bandje om een sigaar **sigarenkistje** *het* [-s] ❶ kistje met sigaren ❷ kistje voor sigaren

sigaret *de* [-ten] rolletje tabak in dun wit papier, dat men op kan roken

sightseeing ‹sajtsiejing› *de* het maken van een tocht om een stad of een gebied te bekijken

signaal ‹sinjaal› *het* [-nalen] sein, teken om iets te doen of juist niet te doen **signaalkleur** kleur die maakt dat iemand of iets opvalt: *de verkeersregelaars droegen hesjes in een ~* **signalement** *het* beschrijving van het uiterlijk van iemand: *de politie verspreidde het ~ van de bankrover* **signaleren** (iemand of iets) opmerken (en er waarschuwend de aandacht op vestigen) **signalisatie** ‹-zaa-› BN, ook *de (v)* [-s] bewegwijzering, wegmarkeringen en verkeersborden en -lichten

signature ‹signatjər› *de* [-s] digitale handtekening om e-mail of digitale formulieren te ondertekenen **signatuur** *de (v)* [-turen] ❶ ondertekening van een kunstwerk ❷ kenmerk, karakter ▼ *een minister van vooruitstrevende ~* een minister die vooruitstrevend is **signeren** ‹-ji-› een handtekening zetten: *de schrijver signeerde exemplaren van zijn boek*

significa *de (v)* leer van de middelen die een rol spelen bij menselijke verstandhoudingen, vooral

van de taal als middel om elkaar te beïnvloeden

significant *bn* opvallend omdat het veel vaker voorkomt of erg anders is dan men normaal gesproken zou verwachten: *een ~e verkiezingsuitslag*

sijpelen [sijpelde, is gesijpeld] lekkend druipen

sijs *de* [sijzen] ‹meestal als verkleinwoord› geelgroen zangvogeltje van de familie van de vinken (Carduelis spinus)

sik *de* [-ken] ❶ geit ❷ spitse baard aan de kin ▼ *ergens een ~ van krijgen* iets heel lastig of irritant vinden, er genoeg van krijgen

sikkel I *de (m)* [-en, -s] ❶ Hebreeuwse zilveren munt II *de* [-s] ❷ rond mes

sikkeneurig *bn* slechtgehumeurd, zeurderig, vitterig

sikkepit *de* beetje ▼ *geen ~* helemaal niets

silene *de* [-n, -s] anjerachtige plant met opgeblazen bloemkelk

silex *de (m)* [-en] & *het* vuursteen

silhouet ‹sieloewet› *de* & *het* [-ten] afbeelding van iemand of iets, waarbij men alleen de omtrek ziet en de rest donker is

silicium *schei. het* kiezel

silicone *het* [-s] siliciumverbinding die bestand is tegen hoge temperaturen en die als smeerstof wordt gebruikt **siliconengel** materiaal voor het onderhuids kunstmatig vergroten van bijv. borsten of lippen **siliconenkit** middel om kieren te vullen

silicose ‹-zə› *de (v)* aandoening door kalk of kiezelstof in de longen van steenhouwers en mijnwerkers

silo *de (m)* [-'s] grote bewaarplaats voor graan, veevoer e.d.

sim[1] *het* [-men] hengelsnoer met haak, lood en dobber

sim[2] *subscriber identity module*, identificatiemodule van abonnees bij mobiele telefonie

simlock *de (m)* softwarematig slot op een mobiele telefoon, waardoor alleen gebeld kan worden via het netwerk van de aanbieder bij wie de telefoon is gekocht

simmen een huilend gezicht zetten, zielig doen

simonie *de (v)* handel in geestelijke zaken, bijv. zegeningen of kerkelijke ambten, d.m.v. van geld of omkoping

simoniseren BN ‹van carrosserieën› insmeren met was ter bescherming

simpel *bn* ❶ eenvoudig, gemakkelijk: *een ~e opdracht* ❷ onnozel: *die jongen is een beetje ~* **simplificeren** (te) eenvoudig voorstellen **simplistisch** *bn* waarbij iets al te eenvoudig, eenzijdig wordt voorgesteld, waarbij alles of te veel uit één beginsel wordt verklaard: *een ~e verklaring van wat er gebeurd is*

simulant *de (m)* iemand die simuleert, iemand die veinst ziek of psychisch gestoord te zijn **simulatie** *de (v)* [-s] nabootsing, het doen alsof **simulator** *de (m)* [-s, -toren] toestel dat situaties en verrichtingen nabootst, bijv. voor de opleiding van bestuurders van vliegtuigen, tanks, vaartuigen **simuleren** net doen alsof, vooral net doen alsof men ziek is: *hoofdpijn ~*

simultaan *bn* gelijktijdig: *de schaakkampioen*

si

speelde ~ tegen twintig tegenstanders

sinaasappel *de (m)* [-en, -s] ❶ zuidvrucht met sap en een oranje schil ❷ boom waaraan deze vruchten groeien (Citrus sinensis)
sinaasappelhuid cellulitis
sinas *de (m)* drank met koolzuur die naar sinaasappel smaakt
sinds *vgw* vanaf dat moment: *~ ik gevallen ben, heb ik een zere knie* **sindsdien** *bw* sinds die tijd
sinecure *de* [-s, -n] iets wat gemakkelijk is, kleinigheid ▾ *dat is geen ~* dat is lastig of moeilijk, dat is geen kleinigheid
sing. *singularis*, enkelvoud
singel *de (m)* [-s] ❶ stadsgracht of weg daarlangs ❷ buikriem, gordel, steunband: *de ~ van een paard*
singersongwriter ‹-rajtər› *de (m)* [-s] iemand die liedjes schrijft en die zingt
single ‹singGəl› *de (m)* [-s] ❶ balspel waarbij maar één speler tegen één andere speler speelt, bijv. bij tennis ❷ grammofoonplaat met aan elke kant één nummer, cd met slechts een paar nummers ❸ iemand die niet getrouwd is en niet samenwoont of een vaste verhouding heeft
singlet ‹singGlet› *de (m)* [-s] mouwloos hemd
singularis *de (m)* [-sen, -ria] enkelvoud
singulariteit *de (v)* iets vreemds, zonderlings
singulier *bn* zonderling, vreemd
sinister *bn* duister, griezelig, akelig: *een ~ geheim*
sinjeur *de (m)* [-s] heerschap: *een rare ~* **sinjoor** *de (m)* [-joren] BN, scherts. bijnaam voor de Antwerpenaar
Sinksen BN, spreekt. *de (m)* Pinksteren
sinologie *de (v)* wetenschap die zich bezighoudt met de Chinese taal en letteren
sint *de (m)* heilige ▾ *de goede ~* Sinterklaas
sint-bernard *de (m)* [-s] heel grote hond met een dikke vacht, die vroeger mensen opspoorde die in de bergen waren verdwaald of bedolven onder de sneeuw
sintel *de (m)* [-s] half verbrand stuk kool
sintelbaan baan die met sintels verhard is
sinterklaas *de (m)* [-klazen] iemand die Sint-Nicolaas voorstelt
Sinterklaas *de (m)* ❶ Sint-Nicolaas ❷ feest van Sint-Nicolaas met cadeaus **sinterklaasavond** avond van 5 december als Sinterklaas wordt gevierd
sint-jakobsschelp mosselachtig weekdier met twee ongelijke schelphelften, dat vooral in de tropen voorkomt **sint-janskruid** hertshooiachtige plant met gele bloemen en bundels van meeldraden (Hypericum perforatum)
sint-janslot nieuwe uitloper aan een boom vanaf eind juni **sint-juttemis, sint-jutmis** *zn* ▾ *met ~* nooit **sint-vitusdans** ziekte bij vooral kinderen, die gepaard gaat met het ongewild maken van bewegingen
sinus *de (m)* [-sen] ❶ ‹anatomie› holte of wijder gedeelte in het lichaam, vooral bijholte ❷ wisk. verhouding van de lengte van een loodlijn die uit een been van een hoek wordt neergelaten op het andere been, tot het beenstuk waarvan wordt uitgegaan **sinusitis** ‹-zie-› *de (v)* ontsteking van kaak- of voorhoofdsholte

sip *bn* teleurgesteld, beteuterd: *ze keek heel ~ toen ze hoorde dat het feest niet doorging*
Sire I *de (m)* ❶ aanspreektitel voor een koning of keizer II *de (v)* ❷ Stichting Ideële Reclame
sirene I *de (v)* [-n] ❶ ‹oorspronkelijk in de Griekse mythologie› wezen dat half vrouw en half vogel of half vrouw en half vis is en dat door haar zang zeelieden naar de kust lokt naar hun ondergang II *de* [-n, -s] ❷ toestel dat een loeiend geluid geeft om mensen te waarschuwen
sirocco *de (m)* [-'s] droge en hete zuidoostenwind in het Middellandse Zeegebied, vooral in Italië, hete woestijnwind
siroop *de* [-ropen] ❶ stroop ❷ drinkbare vloeistof die met water moet worden aangelengd
sirtaki *de (m)* [-'s] volksdans uit Griekenland
sisal *de (m)* agavevezels, vooral gebruikt voor het maken van diverse soorten touw
SIS-kaart BN Sociaal Informatie Systeem-kaart, identiteitskaart met ingebouwde chip die informatie bevat over het ziekenfondslidmaatschap en recht op medische vergoedingen
sisklank s-achtige klank **sissen** een scherp blazend geluid maken **sisser** *de (m)* [-s] sissend stuk vuurwerk ▾ *met een ~ aflopen* geen ernstige gevolgen hebben
sissy *de (m)* [-'s] ❶ jongen of man die homoseksueel is ❷ zwakke, weke jongen of man
sisyfusarbeid ‹-sie-› zware arbeid die vergeefs is, onbegonnen werk
sitcom *de (m)* [-s] *situation comedy*, komische film of televisieserie
sitdownstaking ‹-daun-› staking waarbij de stakers het bedrijf of de werkplaats bezet houden en weigeren te werken
site ‹sajt› *de* [-s] verzameling webpagina's op een internetadres: *de ~ van onze uitgeverij*
site ‹sita› BN, ook *de* [-s, -n] opgravingsterrein
sit-in *de (m)* [-s] actie waarbij een groep mensen ergens gaat zitten uit protest
sits *het* bont bedrukt katoen dat oorspronkelijk uit India komt
situatie *de (v)* [-s, -tiën] omstandigheden, hoe iets is voor iets of iemand op een bepaald moment, toestand: *de soldaten bevonden zich in een hopeloze ~* **situeren** plaatsen in een bepaalde tijd of op een bepaalde plaats: *het verhaal is gesitueerd in Engeland, in het begin van de achttiende eeuw*
sixpack ‹sikspek› *het* [-s] ❶ verpakking voor zes flesjes of blikjes: *een ~ bier* ❷ gespierd bovenlijf met duidelijk zichtbare spierbundels
sjaal *de (m)* [-s] langwerpige doek om de hals warm te houden
sjabloon ‹sjaa-› *de* [-blonen] vast model of patroon: *volgens een vast ~ werken*
sjacheraar *de (m)* [-s] iemand die sjachert **sjacheren** op een beetje oneerlijke of onwettige manier handeldrijven: *hij sjacherde in tweedehands fietsen*
sjah ‹sjaa› *de (m)* [-s] titel van de voormalige vorsten van Iran (Perzië)
sjako *de (m)* [-'s] soldatenhoofddeksel met klep
sjalom *tw* vrede (*Joodse groet*)
sjalot *de* [-ten] kleine ui met twee bolletjes die

si

tegen elkaar aan gedrukt zijn (Allium ascalonicum)

sjamaan *de (m)* [-manen] tovenaar-priester bij veel niet-westerse volken, vooral in Siberië

sjans *de* inform. belangstelling van iemand anders (bij het flirten): *zij heeft* ~ sjansen flirten

sjasliek, sjaslik *de (m)* [-s] gegrild gerecht van stukjes vlees, ui, tomaat enz. aan een spies

sjees *de* [sjezen] rijtuig met twee wielen

sjeik *de (m)* [-s] man van aanzien in de Arabische wereld, bijv. een stamhoofd

sjekkie inform. *het* [-s] sigaret die iemand zelf heeft gedraaid

sjerp *de (m)* band dwars over de borst

sjezen inform. ❶ zakken voor een examen, mislukken in de studie ❷ ervandoor gaan ❸ hard rijden

sjibbolet *het* [-s] ❶ woord waaraan men door de uitspraak ervan, een vreemdeling herkent ❷ woord waaraan men herkent hoe iemand is, wat voor overtuiging, eigenschap e.d. hij heeft

sjiiet ⟨sjie-iet⟩ *de (m)* aanhanger van een van de islamitische richtingen die Ali en zijn nakomelingen beschouwen als de opvolgers van Mohammed als leider

sjilpen tjilpen

sjirpen ⟨van krekels⟩ een hoog doordringend geluid maken

sjoege *de (m)* ▼ *geen* ~ *hebben van* helemaal geen verstand hebben van ▼ *geen* ~ *geven* niets laten merken, niet reageren

sjoel *de (m)* [-s] synagoge sjoelbak lange bak die gebruikt wordt bij sjoelen sjoelen een spel spelen met schijven die in vakjes geschoven moeten worden door een lange bak

sjoemelen oneerlijke kunstgrepen toepassen, knoeien: *hij heeft gesjoemeld met de declaratie van zijn onkosten*

sjofel *bn* armoedig, slordig: ~ *gekleed zijn*

sjokken moeizaam en langzaam lopen en daarbij een beetje door de knieën zakken

sjonnie inform. *de (m)* [-s] jongen met weinig niveau en stijl, ordinaire jongen: *een anita en een* ~

sjorren ❶ met krachtsinspanning vastmaken of trekken ❷ scheepsladingen los- en vastmaken

sjotten BN, spreekt. voetballen

sjouw *de (m)* zwaar werk: *een hele* ~ ▼ *op* ~ *zijn* op pad (van de ene plaats naar de andere): *hij is de hele dag op* ~ *met een groep kinderen* sjouwen ❶ iets zwaars dragen: *hij sjouwde een zware koffer* ❷ rondzwerven: *we sjouwden door de stad* sjouwer *de (m)* [-s] ❶ iemand die (zware) lasten draagt voor zijn beroep ❷ iemand die zwaar laad- en loswerk doet ❸ sp. voetballer die veel moet lopen sjouwerman *de (m)* [-lui, -lieden] sjouwer, iemand die zware lasten draagt

sjwa *de* [-'s, -s] klinker die zonder nadruk wordt uitgesproken als een toonloze u en die fonetisch wordt weergegeven als ə, bijv. de e in bode, de i in monnik, de tj in fatsoenlijk

skai *het* kunstleer

skate ⟨skeet⟩ *de (m)* [-s] soort rolschaats met vier wieltjes achter elkaar en soms met remblok, wendbaarder en meer geschikt voor korte afstanden dan skeelers skateboard ⟨-boord⟩ *het*

[-s] ovale plank op wieltjes, om staande op te rijden skaten [skatete, h. & is geskatet] ❶ op skates rijden ❷ op een skateboard rijden

skeeler ⟨skie-⟩ *de (m)* [-s] soort rolschaats met, meestal vijf, of vier grotere, wieltjes achter elkaar, meer geschikt voor langere tochten dan skates

skelet *het* [-ten] geraamte van een mens of dier

skeleton ⟨skellatən⟩ *het* vorm van sleeën waarbij iemand plat op zijn buik en met het hoofd naar voren op een lage slee ligt

skelter *de (m)* [-s] laag motorwagentje met vier wielen waarmee men heel hard op een speciale baan kan rijden

sketch ⟨sketsj⟩ *de* [-es] kort toneelstukje met een verrassende wending, vaak als onderdeel van een cabaretvoorstelling

ski *de (m)* [-'s] lange lat waarop men zich op sneeuw voortbeweegt skiën ⟨skiejən⟩ [skiede, h. / is geskied] zich op ski's voortbewegen door over sneeuw te glijden

skiff *de (m)* [-s] lange eenpersoonsroeiboot

skilift kabelbaan voor skiërs

skills *de (mv)* vaardigheden binnen een vak: *hij moet nog werken aan zijn* ~

skilopen zich voortbewegen met een lopende beweging op smalle ski's, langlaufen

skinhead ⟨-hèd⟩ *de (m)* [-s] jongere uit een subcultuur met heel kort haar of helemaal kaal

skipiste ⟨-piestə⟩ helling om te skiën

skippybal ⟨-pie-⟩ *de (m)* grote bal met handvat waarop men zich springend kan voortbewegen

skischans springschans voor skiërs skispringen skiënd sprongen maken

SKON *de (v)* Stichting Kinderopvang Nederland

skunk I *de (m)* [-s] ❶ Amerikaanse bunzing (Mephitis) II *het* ❷ bont van Amerikaanse bunzing

skûtsjesilen ⟨skoetsjəsielñ⟩ *het* ❶ het zeilen op een skûtsje, een type Friese tjalk ❷ zeilwedstrijd met skûtsjes

skybox ⟨skaj-⟩ luxe ruimte voor toeschouwers in een stadion, die men voor veel geld kan huren

skylab ⟨skajleb⟩ *het* [-s] ruimtestation dat zich rond de aarde beweegt skyline ⟨-lajn⟩ *de (m)* [-s] silhouet van een stad

skypen ⟨skaj-⟩ [skypete, h. geskypet] telefoneren via internet, genoemd naar het softwareprogramma dat daarvoor nodig is (Skype®)

sla *de* plant die als groente wordt gekweekt en waarvan de bladeren rauw gegeten worden (Lactuca sativa)

slaaf *de (m)* [slaven] ❶ mens die het eigendom is van een ander mens en die vaak voor die ander moet werken ❷ iemand die bepaalde neigingen of gewoonten niet kan onderdrukken: *hij is een* ~ *van het gokken* slaafs *bn* als een slaaf, zonder zelf na te denken: *ze gehoorzaamden* ~

slaag *de (m)* het slaan, klappen ▼ *een pak* ~ *krijgen* geslagen worden slaags *bw* in gevecht ▼ *ze raakten* ~ *ze begonnen te vechten*

slaan [sloeg, h. / is geslagen] ❶ (een persoon of dier) een klap of klappen geven ❷ een slag (doen) vallen of neerkomen: *hij sloeg tegen de grond* ❸ een bepaald geluid geven: *de klok slaat*

drie uur ❹ (een tegenstander) verslaan
❺ stukken van de tegenstander winnen, bij schaken, dammen e.d. ❻ maken: *hij sloeg alarm; een kruis ~* ❼ beginnen met, gaan: *de inbrekers ~ op de vlucht* ▼ *tot ridder ~* in de ridderstand opnemen ▼ ~ *op* betreffen, gaan over ▼ ~*de ruzie* hevige ruzie met lichamelijk geweld

slaap *de (m)* [slapen] ❶ het slapen: *in ~ vallen* ❷ zin om te slapen: *ik heb ~* ❸ bot in de zijwand van het hoofd **slaapbank** bank die ook als bed kan worden gebruikt **slaapbeen** been aan de zijkant van het hoofd **slaapbol** *de (m)* [-len] plant van het geslacht klaproos waaruit onder andere maanzaad gewonnen wordt en opium en morfine (Papaver somniferum) **slaapcoupé** coupé in een trein om in te slapen **slaapdrank** drank om sneller in slaap te vallen en beter te slapen **slaapdronken** nog duizelig van de slaap: *~ botste hij tegen de deur* **slaapje** *het* [-s] iemand naast wie men slaapt **slaapkamer** kamer om in te slapen **slaapkleed** BN, ook nachtjapon, nachthemd **slaapkop** ❶ iemand die veel slaapt ❷ sufferd, domkop **slaapliedje** *het* [-s] liedje dat gezongen wordt zodat iemand, vooral een kind, in slaap valt **slaapmiddel** middel om sneller in slaap te vallen en beter te slapen **slaapmutsje** *het* [-s] ❶ plantje met fijn groen en papaverachtige oranje bloemen ❷ glaasje drank vóór het naar bed gaan **slaapplaats** plaats om te slapen **slaapstad** stad waar overdag niemand is omdat iedereen er dan naar zijn werk is **slaapster** *de (v)* [-s] slapende vrouw **slaapwandelen** [slaapwandelde, h. geslaapwandeld] rondlopen terwijl men slaapt

slaapwel BN, spreekt. *tw* welterusten

slaapzaal zaal waar veel mensen kunnen slapen **slaapzak** soort langwerpige zak die is gemaakt van een deken die is gevoerd met dons of ander materiaal en waarin men slaapt, vooral als men kampeert **slaapziekte** dodelijke ziekte die wordt veroorzaakt door een steek van de tseetseevlieg **slaatje** *het* [-s] ❶ koud groentegerecht ❷ voordeeltje ▼ *ergens een ~ uit slaan* ergens aan verdienen, ergens van profiteren

slab *de* [-ben] doekje dat om de hals wordt vastgemaakt tegen morsen: *de moeder deed de kleuter voor het eten een ~betje om*

slabak bak om sla in klaar te maken **slabakken** traag werken, weinig uitvoeren **slacentrifuge** apparaat om gewassen sla droog te slingeren

slacht *de* ❶ het slachten ❷ wat het slachten oplevert: vlees, spek enz. **slachtafval** dat deel van een geslacht dier dat niet gebruikt wordt **slachtbank** bank waarop vee geslacht wordt **slachten** dieren doden, vooral om op te eten **slachter** *de (m)* [-s] iemand die vee slacht

slachtfeest offerfeest

slachthuis inrichting waar vee geslacht wordt **slachting** *de (v)* ❶ het slachten ❷ fig. bloedbad, het doden van veel mensen of dieren: *de schutter richtte een ~ aan onder de bezoekers van de markt*

slachtoffer *het* [-s] iemand die ergens nadeel van ondervindt of ergens bij gewond raakt of sterft: *het ~ van een ongeluk, een brand, oplichting* **slachtofferen** [slachtofferde, h. geslachtofferd]

❶ van iemand een slachtoffer maken ❷ iemand als slachtoffer behandelen **slachtofferhulp** nazorg voor een slachtoffer of getuige van een misdrijf of ongeluk

slachtvee vee dat geslacht wordt

sladood *de (m)* lang, mager persoon

slag I *de (m)* [slagen] ❶ het hard raken van iemand met de hand of met een voorwerp, klap ▼ *zonder ~ of stoot* zonder tegenstand ▼ *een ~ van de molen hebben gehad* gek zijn ▼ *er een ~ naar slaan* ernaar gissen ▼ *een ~ in de lucht,* BN ook *een ~ in het water* een poging zonder resultaat ❷ plotseling hard, kort geluid ❸ het slaan van een klok ❹ beweging bij zwemmen, schaatsen e.d.: *de rug ~* ❺ ongeluk, ramp, teleurstelling, tegenslag: *het was een zware ~* ❻ golf in iemands haar: *ze heeft slagen in haar haar* ❼ veldslag: *de ~ bij Waterloo* ❽ zet bij het dammen of schaken waarbij men één of meer stukken wint ▼ ~ *van iets hebben* iets goed kunnen ▼ *op ~* meteen ▼ *op ~ van ...* precies om ... ▼ *aan de ~ gaan* beginnen te werken ▼ *zijn ~ slaan* ergens van profiteren ▼ *van ~ zijn* in de war zijn ▼ *iets met de Franse ~ doen* iets snel en slordig doen ▼ *een ~ om de arm houden* geen harde belofte over iets doen ▼ BN ook *zijn ~ thuishalen* winnen, een goede zaak doen ▼ BN *zich goed uit de ~ trekken* zich weten te behelpen **II** *het* ❾ soort: *een ~ mensen* **III** *het* [slagen] ❿ maat, stukje: *een ~ groter, kleiner*

slagader hoofdader waar het bloed kloppend doorheen loopt **slagbal** spel waarbij een bal met een plank of stok wordt weggeslagen

slagboom draaibare paal waarmee een weg, terrein e.d. wordt afgesloten

slagen [slaagde, is geslaagd] ❶ een examen halen ❷ lukken, zijn doel bereiken

slager *de (m)* [-s] ❶ iemand die slacht ❷ iemand die vlees verkoopt **slagerij** *de (v)* bedrijf van een slager

slaghoedje *het* [-s] dopje in een schietwapen dat is gevuld met ontplofbare stof, die bij het overtrekken van de haan in werking komt **slaghout** hout waarmee men een bal slaat bij bepaalde sporten **slaginstrument** muziekinstrument waarop of waarmee men slaat **slagorde** opstelling van een leger dat slag moet leveren **slagpen** grote veer uit de vleugel van een vogel **slagregen** hevige regenbui waarbij de regen met kracht naar beneden slaat **slagroom** ❶ room met een vetpercentage van minstens 40% die stijfgeklopt kan worden: *een flesje ~ kopen* ❷ zulke room die stijfgeklopt is: *appeltaart met ~* **slagschaduw** scherpe schaduw **slagschip** zwaarbewapend schip **slagtand** grote voortand die schuin naar beneden steekt, zoals van olifanten **slagvaardig** *bn* ❶ klaar voor de strijd ❷ klaar om iets voortvarend aan te pakken **slagveld** plaats waar een veldslag wordt geleverd **slagwerk** ❶ onderdelen waardoor een uurwerk slaat ❷ de slaginstrumenten: *het ~ van het orkest* **slagwerker** bespeler van de slaginstrumenten **slagzij** het overhellen van een schip: *~ maken* **slagzin** korte pakkende zin die gebruikt wordt in reclame

slak *de* [-ken] ❶ weekdier dat heel langzaam voortkruipt, soms met een huisje op zijn rug

(Gastropoda) ▼ *op alle ~ken zout leggen* op alle kleinigheden commentaar hebben ❷ rest van gesmolten metaal of verbrande steenkool

slaken uit zijn mond laten komen van een kreet, een zucht e.d.: *hij slaakte een zucht van verlichting*

slakkengang heel langzaam tempo **slakkenhuis** ❶ schaal van een slak ❷ spiraalvormig deel binnen in het oor **slakkenmeel** kunstmest van gemalen ijzerslakken

slalom *de (m)* [-s] afdaling in het skiën, waarbij iemand zigzaggend langs palen moet glijden

slampampen niets uitvoeren, luieren

slang¹ ⟨slang⟩ *de* ❶ vrij groot kruipend reptiel zonder poten ❷ buigzame buis waar bijv. water doorheen stroomt

slang² ⟨sleng⟩ *het* taalgebruik van een bepaalde groep in de maatschappij of binnen een bepaald vak **slangenbezweerder** *de (m)* [-s] iemand die giftige slangen met zijn wil beheerst **slangenkruid** ruwbladige plant waarvan de bloempjes eerst donkerrood, later blauw zijn **slangenmens** heel lenig mens die in circussen optreedt

slank *bn* niet dik en ook niet te mager

slaolie *de* olie om sla of salade mee aan te maken

slap *bn* ❶ niet stijf, buigzaam: *een boek met een ~pe kaft* ❷ niet strak: *een ~pe knoop in een touw* ❸ zwak, niet sterk, niet streng genoeg: *ik voel me vandaag wat ~; een ~pe vader die niet optreedt tegen zijn kinderen* ❹ niet druk, te rustig: *de verkoop was ~ vandaag* ❺ ⟨dranken⟩ niet sterk, verdund: *slappe thee* ▼ *de ~pe lach hebben* heel erg moeten lachen om niets, om kleinigheden

slapeloos *bn* zonder te slapen: *slapeloze nachten*

slapen [sliep, h. geslapen] ❶ in diepe rust zijn, waarbij men niets meer van zijn omgeving merkt: *ik slaap zeven uur per nacht* ▼ *met iemand ~* met iemand naar bed gaan, seks met iemand hebben ⟨van armen, benen⟩ gevoelloos worden terwijl men wel een prikkeling voelt

slaper *de (m)* [-s] ❶ iemand die (veel) slaapt ❷ logé, iemand die blijft slapen: *we hebben ~s* ❸ slaperdijk slaapdijk achter de hoofddijk

slaperig *bn* ❶ die slaap heeft, die behoefte voelt om te slapen ❷ fig. saai, waar niets gebeurt: *een ~ stadje* **slapie** *het* [-s] iemand naast wie men slaapt

slapjanus *de (m)* [-sen] slappeling **slappeling** *de (m)* [-en] slap iemand, mens met een zwak karakter

slapstick ⟨slep-⟩ *de (m)* [-s] komische film of toneelstuk met gooi- en smijtwerk

slapte *de (v)* ❶ toestand van slapheid ❷ toestand, periode van een minder grote omzet van een bedrijf, van minder activiteit

slash ⟨slesj⟩ *de* [-es] streep die schuin naar voren staat, het teken /

slaven hard werken, zwoegen **slavenarmband** stijve gladde armband **slavendrijver** ❶ iemand die slaven, vaak op een harde manier, bij hun arbeid aanspoort ❷ fig. werkgever die heel hard is voor zijn personeelsleden en hen heel hard laat werken **slavenhandel** handel in slaven

slavernij *de (v)* het houden van slaven: *de ~ is in* Suriname in 1863 afgeschaft **slavin** *de (v)* [-nen] vrouwelijke slaaf

slavink *de* rolletje gehakt in een lapje spek

slavist *de (m)* beoefenaar van de Slavische taal en cultuur **slavistiek** *de (v)* wetenschap van Slavische taal en cultuur

slazwierder BN *de (m)* [-s] slacentrifuge

slecht *bn* ❶ niet goed, van lage kwaliteit: *een ~ rapport* ❷ gemeen: *een ~ mens*

slechten ❶ slopen ❷ gladmaken, gelijkmaken **slechterik** *de (m)* slecht, gemeen persoon **slechtgezind** ❶ kwaadwillig ❷ BN, spreekt. slechtgehumeurd **slechtheid** *de (v)* [-heden] ❶ het slecht zijn ❷ iets slechts **slechthorend** *bn* een beetje doof

slechtnieuwsgesprek gesprek waarin slecht nieuws wordt gebracht, waarin iets akeligs wordt verteld

slechts *bw* alleen maar

slechtvalk valk die voor de jacht wordt gebruikt (Falco peregrinus)

slede *de* [-n, -s] ❶ meestal laag voertuig dat op platte repen hout of metaal voortglijdt ❷ verschuifbaar glijdend onderdeel **slee I** *de* [-ën] ❶ voertuig dat (meestal over ijs of sneeuw) glijdt ❷ verschuifbaar glijdend onderdeel ❸ spreekt. grote auto **II** *de (m)* [-ën] ❹ sleedoorn **sleedoorn** doornachtige heester met blauwe vruchten (Prunus spinosa) **sleeën** zich voortbewegen met een slee **sleehak** hak die één geheel vormt met de zool

sleep *de (m)* [slepen] ❶ auto, schepen enz. die gesleept worden ❷ deel van een kledingstuk dat over de grond sleept: *de trouwjurk had een ~ van vijf meter* ❸ werktuig om de grond te effenen ▼ *ze hebben een hele ~ kinderen* een heleboel, veel

sleepboot kleine boot met een heel sterke motor die andere schepen voorttrekt

sleepcontact onderdeel voor toevoer van elektriciteit dat over een geleider sleept, bijv. over een extra rail bij een metro **sleepdienst** ❶ het slepen van schepen ❷ bedrijf dat sleepboten exploiteert

sleep-in ⟨sliep-⟩ *de (m)* [-ins] goedkope slaapgelegenheid, vooral voor jonge toeristen

sleepkabel kabel waaraan een schip, zweefvliegtuig of auto gesleept wordt **sleeplift** lift die skiërs staand verplaatst **sleeptouw** touw waaraan iets wordt gesleept ▼ *iemand op ~ nemen* iemand meenemen naar iets waar hij uit zichzelf niet zou komen; iemand helpen zodat hij bijv. een opleiding haalt **sleepvaart** het voorttrekken van schepen met sleepboten **sleepvliegen** vliegen met een reclametekst op een doek achter het vliegtuig **sleepwagen** wagen die auto's wegsleept

sleet *de* slijtage: *de ~ zit erin* **sleetje** *het* [-s] versleten plek **sleets** *bn* ❶ die veel verslijt, die snel zijn kleren, schoenen e.d. verslijt ❷ wat sporen van slijtage vertoont

sleg *de* [-gen] houten hamer

slem *het & de (m)* ▼ *groot ~* alle slagen van het bridgespel ▼ *klein ~* alle slagen op één na

slempen overvloedig eten en drinken

slenk *de* bodeminzinking

slenteren zonder vast doel zomaar wat

langzaam wandelen: *we slenterden langs de grachten*

slepen ❶ iets zwaars voorttrekken: *we sleepten de auto naar de garage* ❷ langs de grond schuren: *de jas sleepte over de vloer* ▾ *iets erdoor ~* iets met moeite gedaan krijgen **slepend** *bn* traag, wat lang duurt: *een ~e ziekte; een ~ conflict* **sleper** *de (m)* [-s] ❶ visser die vist met een net dat door het water of over de bodem wordt getrokken ❷ sleepboot

slet *de (v)* [-ten] iemand, vooral een vrouw, die seks heeft met veel personen

sleuf *de* [sleuven] gleuf, groef

sleur *de (m)* iets wat heel vaak gebeurt of al heel lang hetzelfde is, waardoor het saai wordt: *hij haatte de ~ van iedere dag naar kantoor te moeten*

sleuren ruw slepen of voorttrekken **sleurhut** *scherts.* caravan

sleutel *de (m)* [-s] ❶ voorwerp waarmee men iets kan openen of sluiten, vooral een deur ❷ stuk gereedschap waarmee men iets los- of vastdraait ❸ *fig.* iemand die of iets dat bepalend is om toegang tot iets te krijgen, iets te begrijpen enz.: *die vrouw is de ~ tot de oplossing van dit mysterie: als we haar vinden, zullen we weten wat er aan de hand is* ❹ *fig.* gedeelte met antwoorden op de vragen in of bij een leerboek ❺ *muz.* teken op een lijn van een notenbalk dat de toonhoogte van de noten aangeeft

sleutelbeen been van schouderblad naar borstbeen **sleutelbloem** voorjaarsbloem van het geslacht Primula **sleutelbos** bos sleutels aan een ring

sleutelen ▾ *aan iets ~* aan iets werken om te repareren of te verbeteren: *aan een oude auto ~; deze tekst is nog niet helemaal goed, we moeten er nog wat aan ~*

sleutelfiguur degene om wie alles draait **sleutelgat** opening in een slot voor de sleutel **sleutelgeld** geld dat een aanstaande huurder van een huis betaalt aan de eigenaar of verhuurder om in dat huis te mogen wonen **sleutelhanger** ring (met versiering) om sleutels aan te hangen **sleutelkind** kind van wie de ouders overdag niet thuis zijn en dat daarom de huissleutel meekrijgt

sleutel-op-de-deur BN *bn* ⟨van woningen⟩ helemaal klaar **sleutelpositie** positie van waaruit men alles beheerst: *zij heeft een ~ in dat bedrijf; zonder haar kunnen er geen beslissingen worden genomen* **sleutelrol** belangrijkste functie of rol **sleutelroman** roman over bestaande personen onder andere namen **sleutelwoord** kenschetsend woord, woord waarin de kern van een betoog, essay enz. is uitgedrukt: *het ~ van deze roman is 'eenzaamheid'*

slib *het* modder die achterblijft na hoog water **slibzuiger** ❶ baggervaartuig dat slib verwijdert ❷ apparaat dat slib, algen e.a. verwijdert

slicen ⟨slajsən⟩ [slicete, h. geslicet] ❶ *sp.* een tennisbal zo slaan dat hij tegen de slagrichting in draait ❷ *comp.* het ontwerp voor een internetpagina in stukjes verdelen en geschikt maken om op internet te zetten

slick *de (m)* [-s] band zonder profiel van een auto of motor voor wedstrijden

sliding ⟨slaj-⟩ *de (m)* [-s] ❶ *sp.* het glijdend proberen de bal te krijgen of een honk te bereiken ❷ glijdend zitbankje in een wedstrijdroeiboot

sliepuit *tw* uitroep van zachte spot, lekker puh!

slierasperge asperge die heel wordt opgediend

slieren ❶ slingeren (met lange halen) ❷ slepen, glijden **sliert** *de (m)* ❶ lang en dun iets ❷ lange (en zich kronkelende) rij

slijk *het* kleverige modder, slib, klei ▾ *het ~ der aarde* geld ▾ *iemand door het ~ halen* heel slechte dingen over iemand vertellen

slijm *het & de (m)* dikke vloeistof in het lichaam van mensen of dieren, of in planten: *~ in je mond* **slijmbal** *neg.* iemand die overdreven vriendelijk en vleierig is **slijmbeurs** vlies dat gewrichtsslijm afscheidt **slijmen** overdreven vriendelijk doen, vleien **slijmer, slijmerd** *de (m)* [-s] iemand die vriendelijk is voor andere mensen zonder dat hij het meent **slijmerig** *bn* ❶ met slijm ❷ overdreven vriendelijk **slijmklier** klier die slijm afscheidt **slijmvlies** vlies in het lichaam dat slijm maakt

slijp *het* slijpsel **slijpen** [sleep, h. geslepen] ❶ scherp maken: *een potlood ~* ❷ gladmaken: *diamanten ~* ❸ langzaam en intiem met iemand dansen, schuifelen **slijperij** *de (v)* inrichting waar geslepen wordt **slijpsel** *het* fijn stof dat ontstaat door slijpen **slijpsteen** steen waarop metalen voorwerpen worden geslepen

slijtage ⟨-taazjə⟩ *de (v)* het slijten **slijtageslag** ❶ veldslag met de bedoeling om de vijand zoveel mogelijk verliezen toe te brengen ❷ *fig.* langdurige, afmattende onderhandelingen tussen partijen over een punt waarover ze het niet eens zijn ❸ afmattende bezigheid

slijten [sleet, h. / is gesleten] ❶ dunner of minder worden door gebruik: *wat slijt die spijkerbroek gauw!* ❷ minder worden: *verdriet moet ~* ❸ verkopen: *hij probeert die oude auto te ~* ▾ *zijn leven ergens ~* zijn leven ergens doorbrengen, vooral op een saaie manier

slijter *de (m)* [-s] verkoper van alcoholhoudende dranken **slijterij** *de (v)* drankhandel

slijtlaag bovenste laag van het wegdek

slik *het* ❶ slijk ❷ natte aangeslibde grond

slikken ❶ met een keelbeweging eten of drinken in de slokdarm terecht laten komen ❷ *fig.* zonder protest of kritiek aanvaarden: *hij slikt alles wat zij zegt*

slim *bn* verstandig, handig, die of wat blijk geeft van oplettendheid ▾ *een ~me jongen* een uitgekookt, listig persoon **slimheid** *de (v)* ❶ het slim zijn ❷ slimme handeling of daad **slimmerd** *de (m)* [-s], **slimmerik** slim iemand **slimmigheid** *de (v)* [-heden] listige handigheid, truc die een beetje gemeen is

slinger *de (m)* [-s] ❶ voorwerp dat slingert of waarmee men iets aanslingert: *de ~ van een klok, van een oude auto* ❷ versiering van bloemen, kleurige stukken papier enz. die aan elkaar vastgemaakt zijn: *~s aan de stoel van een jarige hangen* ❸ werktuig waarmee men stenen wegslingert **slingeraap** geslacht van apen met lange armen en een grijpstaart, die handig van boom naar boom kunnen slingeren

slingeren ❶ heen en weer bewegen **❷** wild, met kracht wegwerpen: *zijn schooltas in een hoek ~; het slachtoffer is uit de auto geslingerd* **❸** om iets heen winden of kronkelen: *de slang slingerde zich om de tak* **❹** rommelig neergelegd zijn: *overal slingerden kledingstukken* **slingerpad** kronkelend paadje **slingerplant** plant die zich om iets heen slingert

slinken [slonk, is geslonken] minder worden: *zijn kapitaal is al aardig geslonken*

slinks *bn* vals, verraderlijk: *op ~e wijze had hij haar voor zich weten te winnen*

slip I *de* [-pen] **❶** punt die omlaag hangt **❷** uitstekend deel van een stof **II** *de (m)* [-s] **❸** onderbroekje zonder broekspijpen **III** *de (m)* **❹** het slippen met een voertuig: *in een ~ raken* **❺** iets wat per ongeluk gaat ▼ Engels *~ of the tongue* ⟨tong⟩ verspreking, het zeggen van iets wat men beter niet had kunnen zeggen ▼ *~ of the pen* verschrijving, schrijffout

slipcursus cursus om het slippen met auto of motor te leren beheersen **slipgevaar** gevaar dat een voertuig slipt als het glad is

slip-over *de (m)* [-s] trui zonder mouwen

slippen [slipte, h. / is geslipt] **❶** uitglijden naar opzij: *de auto slipte en raakte van de weg af* **❷** glippen: *naar binnen ~*

slippendrager ❶ iemand die bij een begrafenis een slip van het lijkkleed draagt **❷** fig. slaafse dienaar en volgeling

slipper *de (m)* [-s] sandaal of pantoffel met open hiel

slippertje *het* [-s] eenmalig geval van overspel: *een ~ maken*

slipstream ⟨-stRiem⟩ *de (m)* **❶** zuigende luchtstroom achter een voer- of vliegtuig **❷** comp. toepassing om de installatie van iets te versnellen

sliptong ⟨vis⟩ ondermaatse tong

slissen de letter 's' uitspreken met de tong tegen of tussen de tanden

slivovitsj ⟨slievoovietsj⟩ *de (m)* pruimenbrandewijn uit landen als Servië, Kroatië, Macedonië

SLO *de (v)* Stichting Leerplanontwikkeling Nederland

slobberen ❶ duidelijk hoorbaar drinken of eten: *de kat slobberde van de melk* **❷** ⟨van kleren⟩ wijd en zonder vorm aan het lichaam hangen: *de trui slobberde om haar lijf* **sloddervos** iemand die heel slordig is

sloeber *de (m)* [-s] **❶** stakker, arm mens **❷** BN, spreekt. slokop, deugniet

sloef *de (m)* ▼ BN, spreekt. *onder de ~ liggen* onder de plak zitten, door iemand anders overheerst worden

sloep *de* kleine open boot, vaak als reddingsboot op een groot schip **sloependek** dek waarop zich de sloepen bevinden

sloerie *de (v)* [-s] slet

slof I *de (m)* [-fen] **❶** muil, pantoffel zonder hak ▼ *op zijn ~fen* op zijn gemak: *hij doet die studie op zijn ~fen* **❷** pak met een aantal pakjes erin: *een ~ sigaretten* **❸** onderste deel van een strijkstok **❹** vruchtenmandje ▼ *uit zijn ~ schieten* onverwacht kwaad, enthousiast, actief worden

II *bn* **❺** nalatig, laks, sloom **sloffen** onder het lopen met de voeten schuiven ▼ *iets laten ~* te weinig aandacht aan iets besteden

slogan ⟨slooGən⟩ *de (m)* [-s] zin of een paar woorden die heel vaak herhaald worden, vooral om reclame voor iets te maken: *dat automerk heeft een nieuwe ~*

slok *de (m)* [-ken] hoeveelheid vloeistof die men in één keer naar binnen krijgt als men drinkt: *ik nam een ~ mineraalwater uit de fles* ▼ *dat scheelt een ~ op een borrel* dat maakt veel verschil **slokdarm** buis van keel naar maag **slokken** gulzig doorslikken **slokop** *de (m)* [-pen] iemand die veel eet, gulzigaard

slons *de (v)* [slonzen] slordige, onverzorgde vrouw **slonzig** *bn* slordig, onverzorgd

sloof I *de* [sloven] **❶** voorschoot **II** *de (v)* [sloven] **❷** vrouw die thuis altijd zwaar werk moet doen: *ze wilde niet altijd de ~ van haar man zijn*

sloom *bn* suf en langzaam: *een slome leerling* ▼ *een slome duikelaar* iemand die erg sloom is

sloop I *de & het* [slopen] **❶** soort zak van stof die men om een kussen doet, kussenovertrek **II** *de (m)* **❷** afbraak, het slopen: *de ~ van een huis* **sloopauto** auto die gesloopt moet worden **slooppand** gebouw dat afgebroken gaat worden

sloot *de* [sloten] **❶** smal water dat om of langs een weiland enz. is gegraven ▼ *hij zal niet in zeven sloten tegelijk lopen* hij kan goed op zichzelf passen, hij zal geen domme dingen doen **❷** ⟨van vloeistoffen⟩ heel veel: *zij schonk een ~ koffie in* **slootjespringen** over sloten springen

slop *het* [-pen] klein, armoedig straatje ▼ *in het ~ raken* achteruitgaan, zich niet meer ontwikkelen: *zijn carrière is in het ~ geraakt* **slopen ❶** afbreken: *een huis ~* **❷** achteruit doen gaan: *het vele drinken heeft zijn gezondheid gesloopt* **sloppenwijk** buurt met heel armoedige krotwoningen

sloppy *bn* slonzig, slobberig, haveloos: *er ~ uitzien*

slordig *bn* niet netjes, onverzorgd: *~e kleren* ▼ *ergens een ~e duit aan verdienen* er veel aan verdienen

slorpen, slurpen hoorbaar opzuigen, hoorbaar drinken

slot *het* **❶** voorwerp of onderdeel waarmee men iets afsluit op zo'n manier dat anderen het niet open kunnen maken: *een ~ op een deur* **❷** einde, afloop: *het ~ van het feest* **❸** versterkt kasteel, burcht ▼ *ten slotte* eindelijk, op het laatst ▼ *per ~ van rekening* als men er nog eens goed over nadenkt ▼ *achter ~ en grendel* opgesloten **slotakkoord ❶** muz. laatste akkoord **❷** akkoord, overeenkomst aan het eind van een (vaak lange) vergadering **slotkoers** koers bij het sluiten van de beurs **slotsom** einduitkomst, conclusie: *we zijn tot de ~ gekomen dat het beter is om niet te verhuizen*

sloven hard en moeizaam werken: *zij heeft haar hele leven gesloofd voor haar man en haar acht kinderen*

slowen langzaam en intiem met iemand dansen, schuifelen

slowfood ⟨sloofoed⟩ *het* in het Engels letterlijk: langzaam voedsel - manier van koken met aandacht voor regionale producten en tradities, milieu en kwaliteit **slow motion** ⟨sloo moosjan⟩ *de (m)* het langzamer afspelen van een film of van televisiebeelden

sluier *de (m)* [-s] doek van dunne stof die van het hoofd voor het gezicht naar beneden hangt: *de bruid droeg een ~* ▾ *een tipje van de ~ oplichten* een deel van een geheim vertellen **sluierbewolking** heel dunne bewolking **sluieren** met een sluier bedekken: *een gesluierde vrouw* **sluierstaart** subtropisch aquariumvisje

sluik I *bn* ❶ ⟨van hoofdhaar⟩ dat recht naar beneden valt **II** *voorvoegsel* ❷ clandestien, illegaal: *~handel* **sluikhandel** smokkelhandel **sluikpers** BN het clandestien laten verschijnen van drukwerk **sluikreclame** verborgen, stiekeme reclame: *~ in een soapserie voor drankjes en merkproducten* **sluikstorten** BN [sluikstortte, h. gesluikstort] clandestien afval storten

sluimer *de (m)* lichte slaap, sluimering **sluimeren** licht slapen **sluimering** *de (v)* lichte slaap

sluipen [sloop, is geslopen] langzaam, onhoorbaar lopen: *de kat sloop naar het vogeltje* **sluipmoord** moord door een stiekeme, verraderlijke overval **sluipmoordenaar** iemand die een ander stiekem en plotseling benadert en vermoordt **sluiproute** route over kleinere wegen die automobilisten nemen om verkeersopstoppingen op de grote wegen te vermijden **sluipschutter** scherpschutter die ergens verdekt staat opgesteld **sluipweg** heimelijke weg ▾ *~en bewandelen* met minder eerlijke middelen te werk gaan **sluipwesp** wesp die eieren legt in andere insecten

sluis *de* [sluizen] bouwwerk met deuren, in kanalen, rivieren enz., waarmee de hoogte van het water wordt geregeld en waar schepen doorheen kunnen varen ▾ *de sluizen des hemels zijn geopend* het stortregent **sluisdeur** beweegbare deur in een sluis **sluisgeld** geld voor het varen door een sluis **sluismeester** degene die verantwoordelijk is voor de gang van zaken bij een sluis **sluiswachter** iemand die de deuren van een sluis opent en sluit en let op naleving van de regels

sluiten [sloot, h. gesloten] ❶ dichtmaken: *een deur ~* ❷ dichtgaan: *de winkel gaat zo ~* ❸ aangaan: *een verdrag ~, een huwelijk ~* ❹ beëindigen: *de voorzitter sluit de vergadering* **sluitend** *bn* ❶ kloppend ❷ zonder verlies: *een ~e begroting* **sluiter** *de (m)* [-s] onderdeel van een camera dat de belichting regelt **sluiting** *de (v)* ❶ het sluiten: *de ~ van een winkel* ❷ dat waarmee iets gesloten wordt: *de ~ van een jas* **sluitingstijd** tijd waarop iets dichtgaat: *de ~en van de bibliotheek zijn veranderd* **sluitkool** kool waarvan de bladeren zich dicht sluiten **sluitlaken** laken dat nauw om het lichaam gedragen wordt na een bevalling voor het herstel van vooral buik(spieren) **sluitpost** ❶ post waarmee een rekening, een begroting e.d., in evenwicht wordt gebracht ❷ fig. belang waarmee weinig rekening wordt gehouden: *dit soort onderwijs wordt als ~ van de begroting beschouwd* **sluitspier**

kringvormige spier die een lichaamsopening kan afsluiten, bijv. de anus **sluitsteen** ❶ wigvormige laatste steen of topsteen in een boogconstructie ❷ fig. afsluitend gedeelte **sluitstuk** ❶ voorwerp dat een opening afsluit ❷ fig. dat wat een avond, begroting e.a. afsluit

sluizen ❶ door een schutsluis laten gaan ❷ door iets heen leiden: *iemand ergens naar binnen ~; een wetsvoorstel door de Tweede Kamer ~*

slum *de (m)* [-s] achterbuurt, krottenwijk

slump *de (m)* [-s] sterke daling van financiële koersen

slungel *de (m)* [-s] lange magere jongen die zich onhandig beweegt en soms ook gedraagt **slungelig** *bn* als een slungel

slurf *de* [slurven] ❶ lange snuit van een zoogdier, vooral van een olifant ❷ flexibele gang op een vliegveld waardoor passagiers in en uit het vliegtuig stappen ❸ onderste, nauwe deel van een windhoos

slurpen geluiden maken door zuigend te drinken, slorpen

slurry ⟨-rie⟩ *de (m)* halfvloeibaar afval

sluw *bn* heel slim, listig: *een ~e zakenman*

sm *het* sadomasochisme

smaad *de (m)* erge belediging in het openbaar, het vertellen van iets over iemand wat zijn goede naam aantast: *iemand aanklagen wegens ~*

smaak *de (m)* [smaken] ❶ indruk die eten of drinken op de tong geeft: *dit heeft de ~ van aardbeien* ❷ eetlust: *met ~ eten* ❸ gevoel voor wat mooi is: *zich met ~ kleden* **smaakje** *het* [-s] ❶ lichte indruk van een smaak die niet lekker is, bijsmaak: *er zit een ~ aan die thee* ❷ stof die door eten en drinken gemengd wordt om er een bepaalde smaak aan te geven **smaakloos** *bn* zonder smaak **smaakmaker** ❶ toevoegsel dat een smaak geeft ❷ fig. iemand die of iets wat zich op een opvallende, plezierige manier onderscheidt van de andere(n) **smaakstof** (vaak chemische) stof die een smaak aan iets geeft **smaakvol** wat getuigt van een goed gevoel voor wat mooi en lelijk is: *een ~ ingericht huis*

smachten heel erg verlangen

smadelijk *bn* erg vernederend: *een ~e nederlaag*

smak *de (m)* [-ken] harde val en het geluid dat men hoort bij een val: *hij kwam met een ~ op de grond terecht* ▾ inform. *een ~ geld* heel veel geld

smakelijk *bn* **smakeloos** *bn* ❶ zonder besef van wat mooi of lelijk is: *smakeloze kerstversiering* ❷ zonder besef van wat moreel gezien acceptabel is met een niet: *wat een smakeloze grap* **smaken** ❶ een bepaalde smaak hebben: *die jam smaakt naar pindakaas* ❷ lekker zijn: *die appel smaakte me*

smakken [smakte, h. / is gesmakt] ❶ met de tong of de lippen een bepaald geluid maken bij het eten ❷ hard gooien: *hij smakte zijn tas op de grond* ❸ hard vallen: *ik smakte met mijn fiets in de sloot*

smal *bn* waarbij de zijkanten van het korte deel in verhouding dicht bij elkaar liggen, niet breed: *een ~le plank* **smaldeel** onderdeel van een vloot **smalen** minachtend, spottend over iets of iemand spreken

smalfilm smalle film, niet breder dan zestien

millimeter, voor amateurfilmopnames

small ⟨smòl⟩ *bn* ⟨kleding⟩ klein

smalspoor spoor met rails die dicht bij elkaar liggen

smaragd *de (m)* [-en] *& het* groene edelsteen

smart *de* ❶ groot verdriet ❷ verlangen: *ik heb met ~ op je gewacht*

smartboard ⟨smàRtbòRd⟩ *het* [-s] digitaal schoolbord **smartcard** ⟨-kàRd⟩ *de (m)* [-s] kaart met gegevens die door de computer afgelezen kunnen worden **smartdrug** ⟨-druG⟩ *de (m)* [-s] geneesmiddel tegen o.a. dementie of epilepsie dat ook wordt gebruikt door gezonde mensen om bijv. hun geheugen te verbeteren

smartelijk *bn* heel droevig, wat veel verdriet veroorzaakt **smartengeld** als vergoeding voor de pijn die of het verdriet dat iemand heeft veroorzaakt: *de vrouw eiste ~ voor de fout die de chirurg bij de operatie had gemaakt* **smartlap** populair soort sentimenteel lied: *een ~ over een moeder die haar zoon op zee verliest*

smartphone ⟨smàRtfoon⟩ *de (m)* [-s] mobiele telefoon met extra functies, zoals internettoegang, geluid en beeld afspelen, navigatie, camera enz.

smash ⟨smesj⟩ *sp. de (m)* [-es] krachtige slag die schuin naar beneden gericht is **smashen** *sp.* [smashte, h. gesmasht] een smash slaan op de helft van de tegenstander

smeden ❶ metaal bewerken na het heet gemaakt te hebben: *ijzer ~* ❷ *fig.* bedenken: *een plan ~* **smederij** *de (v)* ❶ werkplaats van een smid ❷ het smeden **smeedijzer** week ijzer dat gemakkelijk kan worden gesmeed

smeekbede smekend verzoek **smeekschrift** schrijven waarin nederig maar dringend om iets wordt gevraagd

smeer *het & de (m)* ❶ vet, vettig mengsel ❷ middel om iets mee te smeren, smeersel ❸ vettig vuil **smeerboel** vieze boel, smerige toestand **smeergeld** geld dat aan iemand wordt gegeven om hem om te kopen: *de aannemer betaalde de gemeenteambtenaar ~ om de bouwopdracht binnen te halen* **smeerkaas** zachte kaas om op brood e.d. te smeren

smeerkees *de (m)* [-kezen] iemand die vies is of vieze dingen doet **smeerlap** *de (m)* [-pen] ❶ vies persoon ❷ gemeen persoon **smeerlapperij** *de (v)* ❶ iets wat vuil of liederlijk is, vuiligheid, liederlijkheid ❷ iets wat gemeen is, gemeenheid **smeerpijp** *de* ❶ afvoerleiding van onzuiver afvalwater ❷ vies, walgelijk persoon, smeerlap **smeerpoets** *de* vies persoon **smeersel** *het* [-s] smeermiddel, iets waarmee men smeert of insmeert **smeerwortel** plant van het geslacht Symphytum officinale

smegma *het* smeer dat wordt afgescheiden door de clitoris of de voorhuid

smekeling *de (m)* iemand die smeekt **smeken** nederig maar dringend om iets vragen

smelleken *het* [-s] kleinste valkensoort (Falco columbarius)

smelt I *de* ❶ langgerekte visoort die vlak boven het zand leeft (Hyperoplus lanceolatus) **II** *de (m)* ❷ het smelten **smelten** [smolt, h. / is gesmolten] ❶ van vast vloeibaar doen worden: *ze ~ de kazen*

❷ van vaste in vloeibare vorm overgaan: *het ijs smelt* **smeltkroes** ❶ pot om in te smelten ❷ *fig.* plaats waar verschillende nationaliteiten en culturen zich vermengen **smeltoven** oven om in te smelten **smeltpunt** *het* temperatuur waarbij een stof smelt **smeltwater** water dat ontstaat door het smelten van ijs of sneeuw

smeren ❶ met iets vettigs bestrijken: *ik smeerde boter op het brood* ▼ *het liep gesmeerd* het ging heel vlot ❷ inform. proberen om te kopen ▼ inform. *'m ~* ervandoor gaan

smerig *bn* ❶ vies, vuil ❷ gemeen

smeris *de (m)* [-sen] spreekt. politieagent

smet *de* [-ten] vlek, vieze plek ▼ *een ~ op iemands goede naam* een schande, iets waardoor iemand niet meer zo'n goede naam heeft **smetstof** stof die een besmettelijke ziekte van de een op de ander overbrengt **smetteloos** *bn* zonder één vlekje, ook figuurlijk: *smetteloze kleding; een smetteloze reputatie* **smetten** ❶ vlekken maken, vuil afgeven ❷ gemakkelijk vlekken krijgen, vies worden: *deze stof smet gauw* ❸ ⟨van de huid⟩ branderig worden of ontstoken raken **smetvrees** ziekelijke angst voor vuil of besmetting

smeuïg *bn* ❶ tussen vloeibaar en vast in: *~e pindakaas* ❷ smakelijk, levendig: *een ~ verhaal*

smeulen zonder vlam langzaam branden: *het kampvuur smeulde nog*

smid *de (m)* [smeden] iemand die metaal bewerkt **smidse** *de* [-n] werkplaats van een smid

smiecht *de (m)* gemeen iemand

smient *de* eendensoort die onder andere in Nederland overwintert (Anas penelope)

smiespelen zacht, stiekem praten, smoezen

smiezen *de (mv)* ▼ spreekt. *in de ~ hebben* in de gaten hebben, doorhebben

smijten [smeet, h. gesmeten] hard gooien ▼ *~ met geld* veel geld uitgeven

smikkelen met smaak eten, smullen

smiley ⟨smajlie⟩ *de (m)* [-s] klein tekeningetje van een glimlachend hoofd in een digitaal tekstbericht dat vrolijkheid uitdrukt of dat aangeeft dat iets een grapje is

smoel spreekt. *de (m)* ❶ mond ❷ gezicht: *ze heeft een leuk ~tje* **smoelenboek** scherts. boek of bestand met foto's van leden, medewerkers e.a.

smoes *de* [smoezen] verontschuldiging die niet waar is: *hij zegt dat hij morgen moet werken, maar dat is een ~; hij heeft gewoon geen zin om te komen*

smoezelig een beetje vuil, beduimeld

smoezen ❶ zacht, stiekem praten: *wat staan jullie te ~?* ❷ roddelen: *er wordt over je gesmoesd*

smog ⟨smoG⟩ *de (m)* mist die ontstaat door rook, uitlaatgassen e.d. in de lucht **smogalarm** waarschuwing bij smog voor mensen met ademhalingsproblemen om binnen te blijven

smoken roken

smoking *de (m)* [-s] korte zwarte jas voor mannen bij chique gelegenheden

smokkel *de (m)* het smokkelen **smokkelaar** *de (m)* [-s] iemand die smokkelt **smokkelen** ❶ stiekem over de grens brengen: *drugs ~* ❷ dingen doen tegen de voorschriften, niet helemaal de waarheid vertellen: *de*

sm

krantenjongen smokkelde met zijn leeftijd
smokkelwaar *de* [-waren] gesmokkelde
goederen
smokken smokwerk aanbrengen **smokwerk**
borduurwerk op plooitjes van een weefsel
smook *de (m)* dikke rook
smoor I *de (m)* ▼ *de ~ in hebben* heel
slechtgehumeurd zijn, kwaad zijn **II** *bn* heel
verliefd **smoordronken** heel erg dronken
smoorheet heel erg warm **smoorlijk** *bw* heel
erg: *~ verliefd* **smoorverliefd** heel verliefd
smoothie ⟨smoetie⟩ *de* verfrissend drankje op
basis van fruit
smoren [smoorde, h. / is gesmoord] ❶ stikken:
wat is het hier warm, het is hier om te ~! ❷ doen
stikken, verstikken ▼ *iets in de kiem ~* meteen
vanaf het begin onderdrukken ▼ *met gesmoorde
stem* met een stem die moeilijk te verstaan is
door verdriet of emotie ❸ boven een zacht vuur
gaar laten worden
smörrebröd ⟨smurrəbreud⟩ *het* Scandinavisch
brood met beleg
smos BN, spreekt. *de (m)* [-sen] broodje gezond
smoushond kleine gele hond met een brede,
korte kop en een ruige vacht
smoutbol, BN ook **smoutebol** oliebol
sms *de (m)* , *short message service*, techniek voor
het uitwisselen van tekstberichten tussen
mobiele telefoons: *~ je* bericht via sms **sms-alert**
het [-s] sms-bericht dat aan veel mensen wordt
gestuurd om voor iets te waarschuwen of om tot
iets op te roepen: *een ~ van de politie* **sms'en**
[sms'te, h. ge-sms't] een bericht per sms
versturen
smullen ❶ lekker eten: *ze smulde van de taart*
❷ fig. erg genieten: *we smulden van het hilarische
verhaal* **smulpaap** iemand die erg van lekker
eten houdt **smulpartij** gelegenheid waarbij
lekker gegeten en gedronken wordt
smurf *de (m)* klein blauw stripfiguurtje met witte
broek en muts
smurrie *de* natte vuiligheid
smyrna ⟨smir-⟩ *het* geknoopte tapijtstof,
genoemd naar de Turkse havenstad Smyrna
(Izmir)
Sn schei. stannum (*tin*)
snaaien inform. ❶ stelen, inpikken ❷ snoepen
snaak *de (m)* [snaken] grappenmaker, rare vent
snaaks *bn* kluchtig, grappig
snaar *de* [snaren] ❶ dunne draad die gespannen
is op een muziekinstrument, zoals een viool of
een gitaar ▼ *een gevoelige ~ bij iemand raken* iets
zeggen of doen wat iemand in zijn gevoel treft
❷ dunne draad die gespannen is op een
tennisracket **snaarinstrument**
muziekinstrument met snaren, zoals een viool of
een gitaar
snack ⟨snek⟩ *de (m)* [-s] klein hartig hapje, zoals
een kroket of een bamibal **snackbar** *de (m)* [-s]
gelegenheid waar snacks gekocht en opgegeten
kunnen worden
snailmail ⟨sneelmeel⟩ scherts. slakkenpost, post
via de postdienst, i.t.t. e-mail
snakken ❶ zwaar hijgen: *naar adem ~* ❷ heel erg
verlangen: *de wandelaars snakten naar water*
snap *de (m)* vlugge greep

snappen ❶ betrappen en bestraffen, bijv.
arresteren: *de inbreker werd gesnapt; hij werd
gesnapt toen hij tijdens het examen spiekte*
❷ begrijpen: *ik snap niets van die sommen* ❸ naar
iets happen, vooral door dieren naar bijv.
insecten
snapshot ⟨snepsjot⟩ *het* [-s] fot. momentopname
snars *de (m)* ▼ *geen ~* helemaal niets: *ik begrijp er
geen ~ van*
snater spreekt., neg. *de (m)* [-s] mond: *hou je ~ nu
eens!* **snateren** ❶ het geluid van eenden maken
❷ fig. druk en luidruchtig praten
snauw *de (m)* iets wat gezegd wordt op een heel
onvriendelijke, kwade toon **snauwen** iets
zeggen op een heel onvriendelijke, kwade toon:
"dat gaat je niks aan!" snauwde ze
snavel *de (m)* [-s] deel van de bek van een vogel
dat naar voren uitsteekt ▼ spreekt. *hou je ~!* hou
je mond!
sneaker ⟨sniekəR⟩ *de (m)* [-s] sportieve schoen van
heel soepel materiaal
sneaky ⟨sniekie⟩ *bn* stiekem, heimelijk,
verborgen
snede *de* [-n] ❶ het snijden ❷ plaats waar
gesneden is, snijwond ❸ afgesneden plat stuk
❹ snijdende kant van een mes enz. ▼ *op het
scherp van de ~* op de rand van wat nog kan en
wat niet meer kan **snedig** *bn* slim en leuk, gevat,
schrander: *een ~ antwoord* **snee** *de* [-ën] ❶ het
snijden ❷ groef, wond op de plaats waar
gesneden is ❸ dun plat afgesneden stuk van iets
❹ de vorm waarin iets, vooral kleding, gesneden
is
sneep *de (m)* [snepen] karperachtige vis met
opvallend vooruitstekende snuit (Chondrostoma
nasus)
sneer *de (m)* [sneren, -s], **snier** hatelijke
opmerking
sneeuw *de* ❶ witte vlokken die als neerslag naar
beneden dwarrelen als het koud is: *er ligt een dik
pak ~* ▼ BN *zwarte ~ zien* ellende kennen
❷ tv-beeld dat op een sneeuwbui lijkt, door een
storing of als er geen uitzendingen zijn
❸ inform. harddrugs zoals cocaïne en heroïne
sneeuwbal bal die mensen, vooral kinderen, van
sneeuw maken om mee te gooien
sneeuwbaleffect het heel snel toenemen of zich
uitbreiden van iets
sneeuwbes de heester met witte bessen
(Symphoricarpus racemosus) **sneeuwblind**
verblind door blinkende sneeuw **sneeuwbril** bril
die de ogen beschermt tegen het felle wit van
sneeuw **sneeuwbui** bui sneeuw **sneeuwen** ▼ *het
sneeuwt* er valt sneeuw **sneeuwgans** witte gans
met zwarte vleugelpunten **sneeuwgrens** hoogte
waarboven de sneeuw nooit helemaal verdwijnt
sneeuwhoen hoen in het hoge noorden en in
gebergten, dat 's winters wit is, het geslacht
Legopus **sneeuwjacht** bui van fijne sneeuw die
stuift doordat er een harde wind staat
sneeuwketting ketting om de wielen van een
auto e.d. om gemakkelijker door sneeuw te
rijden **sneeuwklas** BN verblijf van een klas in de
bergen met aangepaste lessen en wintersport
sneeuwklokje *het* [-s] bolgewas met witte
klokjes, dat vroeg in het jaar bloeit (Galanthus

nivalis) **sneeuwlucht** donkere egaalgrijze bewolking die erop duidt dat er sneeuw kan gaan vallen **sneeuwman** sneeuwpop **sneeuwpop** pop die van sneeuw is gemaakt **sneeuwschoen** ondersteld dat men onder de schoen bevestigt en waarmee men gemakkelijker over losse sneeuw loopt **sneeuwstorm** storm met sneeuwbuien **sneeuwwit** wit als sneeuw **Sneeuwwitje** zn hoofdfiguur uit gelijknamig sprookje

snek de [-ken] slakvormig kettingradertje in een uurwerk

snel bn ❶ in hoog tempo, in korte tijd, vlug: ~ naar huis lopen ❷ volgens de laatste mode: een ~le broek

snelbelgwet BN wet uit 2000 om de naturalisering van allochtonen tot Belg op een snelle manier te laten verlopen **snelbinder** de (m) [-s] rekbare riem die over iets heen gespannen wordt om het vast te maken, vooral op de bagagedrager van een fiets **snelbuffet** buffet in grote winkels, stations e.d. waaraan men staande iets eet of drinkt **snelbus** bus die bij weinig haltes stopt **snelfilter** koffiefilter waar het water snel doorheen loopt **snelheid** de (v) [-heden] hoe snel iets gaat, hoe snel iemand of iets zich voortbeweegt **snelheidsbegrenzer** de (m) [-s] apparaat dat de snelheid van auto's beperkt **snelheidsmaniak** iemand die het liefst zo snel mogelijk rijdt **snelheidsovertreding** het harder rijden dan toegestaan is **snelkoker** de (m) [-s] toestel waarop of waarin iets snel kookt **snelkookpan** pan waarin door de luchtdruk het eten gauw gaar wordt **snelkoppeling** comp. verbinding met een programma of bestand via een pictogram op het bureaublad **snelkrak** overval op een bank e.d. die snel wordt uitgevoerd **snellekweekreactor** kernreactor die met snelle neutronen werkt **snellen** hard gaan: ik snelde naar school ▼ koppen ~ hoofden afhakken van mensen om die mee naar huis te nemen, vroeger als gebruik bij sommige primitieve volken **snelrecht** rechtspraak kort na een misdrijf of overtreding **sneltekenaar** iemand die snel portretten of andere tekeningen tekent **sneltram** ‹-trem› tram die maar bij een beperkt aantal haltes stopt en een vrije rijbaan heeft **sneltrein** trein die alleen bij belangrijke stations stopt **snelverband** voorlopig verband dat gemakkelijk en snel kan worden aangelegd **snelverkeer** het verkeer van auto's, motoren enz. **snelvuur** het snel achter elkaar schieten met een geweer, kanon e.d. **snelwandelen** snel wandelen als sport **snelweg** weg voor snelverkeer ▼ elektronische, digitale ~ het internet, voorgesteld als snel transportsysteem van elektronische data

snep de [-pen] snip **sneren** een hatelijke opmerking maken

snerpen pijn veroorzaken (door kou, wind, geluid e.d.): een ~de fluittoon; een ~de kou

snert de ❶ erwtensoep ❷ inform. iets van slechte kwaliteit

sneu bn jammer, een beetje zielig ▼ dat vind ik ~ voor haar dat vind ik jammer voor haar: ik vind het heel sneu voor Malika dat die baan niet

doorgaat

sneuvelen [sneuvelde, is gesneuveld] ❶ sterven tijdens een strijd: veel soldaten zijn gesneuveld ❷ scherts. stukgaan: er is een kopje gesneuveld bij de afwas **sneuveltekst** BN voorlopige tekst waaraan nog gesleuteld gaat worden

snibbig bn onvriendelijk, een beetje hatelijk: ze reageerde ~ op mijn vraag

snier de (m) [-en] sneer

snijbiet biet waarvan het loof als groente gegeten wordt, terwijl de biet zelf dient als veevoer **snijbloem** bloem die geschikt is om afgesneden in een vaas gezet te worden

snijboon lange platte boon die men in stukjes snijdt voordat men hem kookt ▼ rare ~ rare kerel

snijbrander apparaat dat met een heel hete vlam metaal doormidden kan snijden

snijden [sneed, h. gesneden] ❶ met een mes of een ander scherp voorwerp iets weghalen of ergens sneden in maken: een plak van de worst ~; ik heb me in mijn vinger gesneden ▼ de spanning was te ~ er heerste een heel geladen sfeer ❷ scherpe lichamelijke of geestelijke pijn veroorzaken alsof iemand met een mes snijdt: een pijnscheut sneed door mijn lichaam; de woorden sneden mij door mijn ziel ❸ ‹van auto's› na het inhalen te gauw weer naar rechts gaan, zodat de ingehaalde auto geen plaats meer heeft om verder te rijden ❹ een snijpunt of snijlijn hebben met: hier ~ deze twee lijnen elkaar **snijding** de (v) het snijden, vooral het elkaar snijden van twee lijnen: de ~ van de weg en de spoorlijn **snijlijn** ❶ lijn die een andere lijn of figuur snijdt ❷ gemeenschappelijke lijn van twee vlakken

snijmachine ❶ apparaat om van een boek de bladzijden, van foto's de randen recht of op maat te snijden of om papier door te snijden ❷ apparaat om dunne plakjes kaas of vleeswaren af te snijden **snijplank** plank waarop brood of vlees gesneden wordt

snijpunt het punt waar twee meetkundige figuren elkaar snijden

snijtafel ❶ tafel om iets op te snijden ❷ operatietafel **snijtand** voortand van het gebit waarmee men stukken kan afbijten

snijvlak ❶ vlak waarlangs twee figuren elkaar snijden ❷ vlak deel van een werktuig waarmee men kan snijden

snijwerk versiering die uit de in hout is gesneden **snijwond** wond die ontstaat door snijden **snijzaal** zaal waar medische studenten anatomie oefenen

snik I de (m) [-ken] krampachtig hikkend geluid bij het huilen II bn ▼ niet goed ~ niet goed wijs, gek

snikheet heel erg warm

snikkel spreekt. de (m) [-s] penis

snikken met een hikkend geluid huilen

snip de [-pen] ❶ loopvogel met een heel lange snavel ❷ ‹vroeger› bankbiljet van honderd gulden

snipper de (m) [-s] klein stukje papier: de ~s van een verscheurde brief **snipperdag** dag die men van zijn werk vrijaf neemt buiten de gewone vakantie

sn

snipperen ❶ in kleine stukjes scheuren, snippers maken ❷ een snipperdag of snipperdagen opnemen

snipverkouden erg verkouden

snit de [-ten] ❶ het snijden (in een bepaalde vorm) ❷ hoe kleding gesneden is, pasvorm

snob de (m) [-s] iemand die zich van anderen probeert te onderscheiden door een grote kennis van en liefde voor culturele zaken tentoon te spreiden of voor dure kleding, eten, wijnen e.d. **snobisme** het houding en manier van doen van een snob

snoeien ⟨boomtakken, delen van planten enz.⟩ afknippen, afsnijden of afzagen: *in het voorjaar moeten we de rozen ~*

snoeihard heel erg hard

snoeischaar schaar om mee te snoeien

snoek de (m) ❶ roofvis met een platte kop en veel puntige tanden (Esox lucius) ❷ misslag bij roeien **snoekbaars** vis met donkergevlekte rugvin (Stizostedium lucioperca) **snoekduik** duik met gestrekt lichaam naar voren of opzij: *onze keeper maakte een fraaie ~ naar de bal* **snoeken** met de hengel op snoek vissen

snoep de (m) iets lekkers, zoals drop of chocola **snoepen** ❶ snoep, lekkernijen eten ❷ stiekem een klein beetje ergens van eten: *van de erwtensoep ~* **snoeper** de (m) [-s] iemand die snoept ▾ *oude* ~ oude man die op meisjes en jonge vrouwen valt **snoeperij** de (v) ❶ het snoepen ❷ snoepgoed, snoep **snoepgoed** lekkers, snoep **snoepje** het [-s] ❶ stukje snoep ❷ lief, mooi persoon: *zijn dochtertje is een ~*

snoepreisje het [-s] korte reis voor het plezier, vaak op kosten van een of andere instelling

snoepwinkel winkel waar snoep verkocht wordt

snoer het draad, vooral een draad waaraan men iets rijgt of waar elektriciteit doorheen gaat **snoeren** ❶ aan een snoer rijgen ❷ met een snoer vastmaken ▾ *iemand de mond ~* ervoor zorgen dat iemand niet meer kan zeggen wat hij wil zeggen

snoes de [snoezen] lief persoon **snoeshaan** vent, kerel: *wat een rare ~!*

snoet de (m) ❶ ⟨van mensen, vooral kinderen⟩ gezicht ❷ ⟨van dieren⟩ deel van de kop dat vooruitsteekt, snuit

snoeven pochen, opscheppen

snoezelen scheppen van een omgeving voor zwakzinnigen en demente oude mensen waarin zij zich veilig voelen en hun zintuigen worden geprikkeld om gevoelens, vooral van genegenheid en tederheid, te uiten

snoezig bn lief, schattig

snol de (v) ordinaire vrouw, slet

snood bn slecht, misdadig: *snode plannen* **snoodaard** de (m) [-s] slecht, misdadig iemand

snooker ⟨snoekɘR⟩ het biljartspel met 21 ballen **snookeren** snooker spelen

snor I de [-ren] haren boven de bovenlip ▾ *inform. zijn ~ drukken* er stilletjes vandoor gaan, niet meehelpen II bw ▾ *dat zit wel ~* dat is wel goed, betrouwbaar, in orde

snorder de (m) [-s] taxichauffeur die zonder officiële vergunning klanten vervoert

snorfiets bromfiets die maximaal twintig

kilometer per uur mag rijden

snorkel de (m) [-s] buis waardoor men kan ademhalen bij het zwemmen vlak onder het wateroppervlak **snorkelen** zwemmen met een snorkel

snorken ww → snurken

snorren ❶ een gonzend geluid maken ❷ zonder de benodigde vergunning als taxichauffeur werken

snorscooter snorfiets in scootermodel

snot het & de (m) groen slijm in de neus **snotaap** iemand die zo jong is dat men hem nog niet serieus kan nemen: *een brutale ~* **snotje** het ▾ *inform. in het ~ hebben* in de gaten hebben, doorhebben **snotjongen** jongen die zo jong is dat men hem nog niet serieus kan nemen **snotneus** ❶ vieze neus met snot ❷ *min.* jong persoon die pas ergens mee begint en geen ervaring heeft: *die ~ begrijpt er nog niets van* ❸ ⟨vroeger⟩ olielamp met een tuit **snotteren** ❶ hoorbaar de neus ophalen ❷ *inform., neg.* huilen, snikken

snowboard ⟨snooboord⟩ het [-s, -en] plank waarop men over sneeuw naar beneden glijdt

snuffelen ❶ de reuk van iemand of iets opsnuiven: *de hond snuffelde aan de boom* ❷ doorzoeken, nieuwsgierig doorkijken: *ik snuffelde in de la van mijn vader* **snuffelpaal** mast voor registratie van luchtverontreiniging **snuffelstage** stage waarbij een leerling vooral kennismaakt met de praktijk van het beroepsleven

snufferd *inform.* de (m) [-s] ❶ neus ❷ gezicht

snufje het [-s] ❶ iets nieuws, nieuwigheid: *de laatste ~s op het gebied van elektronica* ❷ klein beetje: *een ~ zout*

snugger bn slim, pienter: *hij is niet erg ~*

snuiftabak tabak die fijngemalen wordt om opgesnoven te worden

snuisteren BN, ook snuffelen, nieuwsgierig doorkijken **snuisterij** de (v) siervoorwerp van weinig waarde

snuit de (m) ❶ bek en neus van dieren ❷ gezicht of mond **snuiten** [snoot, h. gesnoten] ▾ *zijn neus ~* die schoonmaken door er met kracht lucht door naar buiten te blazen ⟨van een kaars⟩ het verbrande uiteinde wegnemen **snuiter** de (m) [-s] voorwerp om de verbrande pit van een kaars af te knijpen ▾ *vreemde ~* rare kerel

snuiven [snoof, h. gesnoven] ❶ hoorbaar door de neus ademen ❷ drugs of een speciaal soort tabak door de neus naar binnen ademen

snul BN de (m) [-len] sul

snurken, snorken luidruchtig ademhalen tijdens de slaap

so ❶ schoolonderzoek ❷ speciaal onderwijs

soa de (v) , *seksueel overdraagbare aandoening*, geslachtsziekte

soap ⟨soop⟩ de [-s] serie met veel liefde en drama op tv (of radio) **soapie** ⟨soo-⟩ de (m) [-s] actrice of acteur in een soapserie

sober bn eenvoudig, zonder overdaad: *het huis was ~ ingericht*

sociaal ⟨-sjaal⟩ bn ❶ van of over de menselijke samenleving: *sociale wetenschappen* ▾ *sociale media* websites waar je zelf een profiel kunt aanmaken en kunt communiceren met anderen die ook een profiel hebben, zoals Facebook en Hyves ❷ die graag met anderen omgaat ❸ die rekening houdt met anderen: *mijn vader is erg ~: hij doet veel voor andere mensen* ❹ gericht op verbetering van de omstandigheden waarin mensen leven: *~ werk*

sociaaldemocratie leer en politieke beweging die op een democratische manier een sociale wetgeving en maatschappij wil bereiken

sociabel *bn* prettig in de omgang

socialisatie ⟨-zaa-⟩ *de (v)* het socialiseren

socialiseren ⟨-zi-⟩ ❶ sociaal of gemeenschappelijk maken, tot staatsbezit maken ❷ arbeiders medezeggenschap geven en laten delen in de winst ❸ iemand aanpassen aan maatschappelijke normen, een mens of dier geschikt maken om met mensen te leven: *ons hondje was niet goed gesocialiseerd toen we hem kregen* **socialisme** *het* politieke richting die erop is gericht om de verschillen in rijkdom tussen groepen in de samenleving te verkleinen

socialist *de (m)* aanhanger van het socialisme

sociëteit ⟨-sjə-⟩ *de (v)* ❶ vereniging waar men voor de gezelligheid naartoe gaat ❷ gebouw van zo'n vereniging

society ⟨səsajətie⟩ *de* hogere maatschappelijke kringen

socio ⟨-sjoo⟩ *de (m)* [-'s] niet erg praktisch iemand die anderen wil helpen en die vooral zachtzinnige oplossingen zoekt, vooral iemand die die een sociale opleiding heeft gedaan, sociologie heeft gestudeerd e.d. **sociografie** *de (v)* sociaaleconomische beschrijving van een gebied of groep **sociolect** *het* taalgebruik van een bepaalde sociale groep **sociolinguïstiek** linguïstiek die rekening houdt met sociale factoren en bestudeert welke rol taal speelt in het sociale verkeer **sociologie** *de (v)* wetenschap van de wetten en verschijnselen van de samenleving van de mensen **sociotherapie** behandeling waarbij een omgeving wordt gecreëerd waarbinnen patiënten leren omgaan met hun aandoening

socket *de (m)* [-s] comp. soort voet waarin een processor kan worden gemonteerd en die zich meestal op het moederbord bevindt

Socutera Stichting tot bevordering van Sociale en Culturele doeleinden door Televisie en Radio

soda *de* natriumcarbonaat, onder andere gebruikt voor desinfectie en in schoonmaakmiddelen **sodawater** water met koolzuur of soda

sodeju *tw* ⟨bastaardvloek⟩ uitroep van schrik, kwaadheid e.d.

sodemieter *de (m)* [-s] spreekt. lichaam: *hij kreeg op zijn ~* ▾spreekt. *geen ~* niets **sodemieteren** ❶ spreekt. smijten ❷ spreekt. hard vallen ▾*dat ~t niet* dat maakt niet uit

sodomie *de (v)* seks met dieren

soebatten [soebatte, h. gesoebat] vleiend, onderdanig smeken

soefisme *het* ascetische en mystieke islamitische beweging

soelaas *het* wat iets gemakkelijker, lichter, minder triest maakt: *de maatregelen bieden*

geen ~, het probleem blijft bestaan

soenniet *de (m)* moslim die de soenna (uitspraken en handelingen van de profeet Mohammed) erkent als afkomstig van Mohammed, orthodoxe islamiet **soennitisch** *bn* van of volgens de soennieten

soep *de* vloeibaar, meestal hartig gerecht ▾*zijn auto in de ~ rijden* kapotrijden ▾*in de ~ lopen* verkeerd gaan, mislukken ▾*niet veel ~s* weinig waard ▾BN, spreekt. *tussen de ~ en de patatten* snel tussendoor **soepballetje** *het* [-s] balletje gehakt voor in de soep

soepel *bn* ❶ heel buigzaam, lenig ❷ niet streng, niet star: *mijn vader is best ~; het hoeft toch niet altijd zoals jij wilt, wees eens een beetje ~* ❸ makkelijk, zonder moeite: *het loopt ~*

soepjurk jurk die als een zak om het lichaam hangt **soeplepel** ❶ lange diepe lepel om soep uit de pan in de borden te scheppen ❷ BN ook eetlepel **soepvlees** vlees waarvan soep gekookt wordt **soepzootje** rommeltje, warboel

soes *de* [soezen] heel luchtig gebakje met vulling

soesa *de (m)* drukte, gedoe

soeverein I *bn* ❶ oppermachtig, die alleen heerst ▾*een ~e staat* een staat die onafhankelijk is ❷ fig. die zich nergens aan stoort, die helemaal zijn eigen gang gaat **II** *de (m)* ❸ onafhankelijk vorst **soevereiniteit** *de (v)* ❶ oppermacht, hoogste staatsgezag ❷ onafhankelijk gezag, macht die door geen andere macht wordt ingeperkt

soezen sluimeren, half slapen **soezerig** *bn* suf, slaperig

sof *de (m)* tegenslag, mislukking, teleurstelling: *dat feest werd een enorme ~*

sofa *de (m)* [-'s] gestoffeerde rustbank

sofinummer oude naam voor burgerservicenummer, nummer dat iedereen in Nederland heeft die werkt en dat wordt gebruikt door de belastingdienst en de sociale dienst

sofisme *het* [-n] ongeldige reden of redenering waarmee men probeert een ander te overtuigen **sofist** *de (m)* ❶ oorspronkelijk Griekse filosoof van een bepaalde stroming; sofisten gaven onder andere les in argumentatie ❷ iemand die valse redenen of redeneringen aanvoert

softbal *het* spel dat op honkbal lijkt maar dat gespeeld wordt met een zachtere bal

softdrug *de (m)* [-s] drug die minder verslavend werkt dan een harddrug, bijv. hasj en marihuana

softenonbaby baby met aangeboren misvormingen doordat de moeder tijdens de zwangerschap het medicijn softenon gebruikte **softie** *de (m)* [-s] zachtaardig en naïef iemand **softijs** zacht roomijs dat direct uit de machine komt

software ⟨-wèR⟩ *de (m)* programma's waarmee een computer bewerkingen uitvoert

soigneren ⟨swanjᴇ-⟩ ❶ ⟨sport, vooral wielersport⟩ medisch verzorgen en fit maken voor wedstrijden ❷ zorg besteden aan het uiterlijk: *een zeer gesoigneerd heer*

soiree ⟨swaarᴇᴇ⟩ *de (v)* [-s] chique avondfeest

soit ⟨swa⟩ *tw* het zij zo

soja *de (m)* ❶ vlinderbloemige plant uit China en

Japan (Glycine) ❷ specerij die door gisting uit de bonen van deze plant bereid wordt **sojaboon** eetbare boon van de sojaplant **sojavlees** vleesvervanger gemaakt van gemalen sojabonen

sok *de* [-ken] ❶ kledingstuk waarmee men de voet bedekt▼ *de ~ken erin zetten* hard gaan lopen ▼ *iemand van de ~ken rijden* omverrijden ❷ onderkant van de poot van een dier met een contrasterende tekening: *een poes met witte sokken* ❸ verbindingsstuk van buizen▼ *een ouwe ~* saaie oude man

sokkel *de (m)* [-s] voetstuk onder een beeld

sol muz. *de* [-len] vijfde noot van de diatonische toonladder

solarium *het* [-ria, -s] apparaat waaronder men snel bruin wordt

soldaat *de (m)* [-daten] militair zonder rang in een leger▼ *iets ~ maken* iets opeten of opdrinken: *we hebben een fles wijn ~ gemaakt* **soldaatje** *het* [-s] ❶ kleine soldaat ❷ speelgoedsoldaat ❸ geroosterd blokje brood, dat men bijv. in de soep eet **soldatenkoek** BN droge koek die lang goed blijft **soldatesk** BN als van soldaten, op een militaire manier

soldeer *het & de (m)* soldeersel **soldeerbout** apparaat om soldeersel aan te brengen op voorwerpen die men wil solderen **soldeersel** *het* [-s] metaalmengsel van lood met tin waarmee gesoldeerd wordt

solden BN, spreekt. *de (mv)* koopjesperiode, uitverkoop

solderen stukken metaal aan elkaar vastmaken met soldeersel

soldij *de (v)* loon van soldaten

soleren [h. gesoleerd] ❶ muz. alleen optreden ❷ fig. iets alleen doen, niet samenwerken

solex® *de (m)* lichte bromfiets met hulpmotor op het voorwiel, die langzamer rijdt dan een gewone brommer

solfège ⟨-fèzja⟩ *de (m)* zangoefening zonder tekst, alleen op de namen van de noten, om het muzikale gehoor te ontwikkelen

solidair ⟨-dèr⟩ *bn* bereid iemand of elkaar te steunen in moeilijkheden of in een strijd: *we zijn ~ met de stakers* **solidariteit** *de (v)* gevoel van verbondenheid met en het steunen van andere mensen, het solidair zijn **solidariteitsbijdrage** BN extra bedrag dat afgehouden wordt van het loon ten behoeve van de sociale zekerheid

solide *bn* degelijk, betrouwbaar **soliditeit** *de (v)* ❶ degelijkheid, stevigheid, duurzaamheid ❷ betrouwbaarheid, degelijkheid als betaler

solipsisme *het* filosofie volgens welke alleen het eigen ik bestaat

solist *de (m)* ❶ iemand die alleen zingt of muziek speelt ❷ fig. iemand die graag dingen alleen doet en niet geneigd is om dingen samen te doen of samen te werken met anderen **solistisch** *bn* ❶ als (van) een solist ❷ geneigd om alleen zijn gang te gaan, niet geneigd om iets samen te doen of samen te werken met anderen

solitair ⟨-tèr⟩ I *de (m)* ❶ kluizenaar ❷ dier dat alleen leeft II *bn* ❸ die eenzaam, afgezonderd leeft

sollen ❶ heen en weer trekken of gooien ❷ speels vechten, stoeien▼ *niet met zich laten ~*

niet zomaar dingen met zich laten doen, zich niet zomaar slecht laten behandelen

sollicitant *de (m)* iemand die schrijft, belt e.d. om een bepaalde baan te krijgen, die solliciteert **sollicitatie** *de (v)* [-s] het solliciteren **sollicitatiebrief** brief waarin men solliciteert **sollicitatiegesprek** gesprek van een sollicitant met degene(n) die hem moet(en) beoordelen **solliciteren** proberen een baan te krijgen, vooral door een brief te schrijven of voor een gesprek te komen

solo I *bw* ❶ als zanger of speler alleen: *~ zingen* II *de (m) & het* [-'s] ❷ muziekstuk of deel van een muziekstuk voor één zanger(es) of één speler: *de bassist gaf een spectaculaire ~* **solopartij** deel van een muziekstuk dat door één persoon wordt gespeeld of gezongen **soloseks** *de (m)* masturbatie **solovlucht** vlucht waarbij de vliegenier alleen in het vliegtuig zit

solsleutel muz. g-sleutel

solstitium *het* [-tia] het schijnbaar stilstaan van de zon op ongeveer 21 juni en 22 december

solutie *de (v)* [-s] rubber die in benzine is opgelost als plakmiddel voor banden

solvabel *bn* in staat om te betalen **solvabiliteit** *de (v)* mate waarin een organisatie of onderneming in staat is aan de financiële verplichtingen te voldoen

solvent *bn* solvabel

som *de* [-men] ❶ opgave met rekenen, wiskundig vraagstuk: *ik begrijp die ~ niet* ❷ uitkomst van een optelling: *de ~ van 3 en 4 is 7* ❸ bedrag: *een grote ~ geld*

somatisch *bn* lichamelijk, wat op of door het lichaam werkt: *~e ziekten*

somber *bn* ❶ een beetje droevig, donker: *er heerste een ~e stemming op de begrafenis; een ~e kamer* ❷ ⟨van weer⟩ heel bewolkt en regenachtig

sombrero *de (m)* [-'s] hoed met een heel brede rand, zoals die vroeger in Mexico werd gedragen

somma *de* bedrag: *de ~ van € 200,-*

sommatie *de (v)* [-s] het sommeren, (gerechtelijke) aanmaning om te betalen, dagvaarding

sommelier ⟨-maljee⟩ *de (m)* [-s] kelner voor wijn

sommeren iemand bevelen om iets te doen, aanmanen om aan een verplichting of eis te voldoen: *de agenten sommeerden de krakers het pand te verlaten; iemand ~ tot betaling*

sommige *vnw* een aantal, niet allemaal, niet veel: *~ mensen houden niet van reizen*

sompig *bn* moerassig, zompig

soms *bw* ❶ op bepaalde momenten, niet altijd, nu en dan ❷ misschien: *dacht je ~ dat het gratis was?*

sonar *de (m)* systeem voor plaatsbepaling op zee d.m.v. geluidstrillingen

sonate *de* [-s, -n] muziekstuk voor één instrument, soms met een kleine begeleiding **sonatine** *de (v)* [-s] kleine sonate

sonde *de* [-s] ❶ med. buisje waarmee vocht uit het lichaam wordt afgevoerd of erin gebracht ❷ instrument om de diepte van water te meten ❸ onbemand ruimtevaartuig voor onderzoek in de ruimte **sondeerballon** ballon voor het registreren van weersverschijnselen sonderen (een wond, de zeebodem enz.) met een sonde onderzoeken, peilen

sondevoeding voeding via een slangetje naar de maag

song *de (m)* [-s] lied in de moderne muziek, zoals popmuziek

sonjabakkeren de dieetvoorschriften volgen van de gewichtsconsulente Sonja Bakker

sonnet *het* [-ten] gedicht van veertien regels dat bestaat uit twee coupletten van vier regels en twee coupletten van drie regels

sonoor *bn* welluidend, wat helder en vol klinkt: *een ~ stemgeluid*

soort *de & het* groep voorwerpen, verschijnselen of levende wezens die bepaalde kenmerken of eigenschappen hebben: *ik hou niet van deze ~ muziek* **soortelijk** *bn* wat bij een bepaalde soort hoort ▼ *~ gewicht* gewicht in grammen van 1 cm³ van een stof **soortement** *het* soort, iets wat lijkt op dat wat gezegd wordt: *hij reed in een ~ auto* **soortgelijk** wat erop lijkt, van dezelfde soort: *wij hebben ~e ervaringen als wat jullie hebben meegemaakt* **soortgenoot** levend wezen dat tot dezelfde soort behoort: *we gaan met onze hond naar het park zodat hij met soortgenoten kan spelen* **soortnaam** naam voor een bepaalde soort van dingen

soos *inform. de* [sozen] sociëteit

sop *het* [-pen] mengsel van water en zeep waarmee men dingen schoonmaakt ▼ *het ruime ~ kiezen* op zee gaan varen ▼ *het ~ is de kool niet waard* het is niet de moeite waard om zich er druk over te maken ▼ *in zijn (eigen) ~ gaar laten koken* een (eigenwijs of vervelend) persoon zijn gang laten gaan, zich niet met hem bemoeien

sophisticated ⟨safistiekeetid⟩ *bn* met veel verfijning en stijl

soppen ❶ met sop schoonmaken: *de keuken ~* ❷ indopen: *een koekje in de thee ~* ❸ door iets nats lopen of met natte schoenen

sopraan *de (v)* [-pranen] zangeres die met een hoge stem zingt

sorbet, sorbet *de (m)* [-s] ❶ hoog glas met ijs, slagroom, vruchten en vruchtensiroop ❷ sorbetijs **sorbetijs** ijs op basis van water (dus zonder melk of room), gemengd met vruchtensap of -siroop

sorbitol *het* soort alcohol die gebruikt wordt als zoetstof

sordino *de (m)* [-'s] demper voor een muziekinstrument waardoor het geluid zachter wordt of de klank verandert

sores *de (mv)* zorgen, narigheid, ellende

sorry ⟨-rie⟩ *tw* neem me niet kwalijk, het spijt me **sorrycultuur** gewoonte om alleen maar sorry te zeggen als men een fout heeft gemaakt en te denken dat daarmee de zaak is afgedaan

sorteren soort bij soort leggen, uitzoeken ▼ *effect ~* resultaat hebben: *de nieuwe regels op school tegen spijbelen hebben effect gesorteerd: er wordt nu inderdaad veel minder gespijbeld* **sortering** *de* soort aantal verschillende dingen: *de winkel had een ruime ~ skeelers*

sortie *de (v)* [-s] ❶ uitstap(je) ❷ afwijking van de

vaste route

sortiment *het* assortiment

SOS *het , save our souls (= red onze zielen)*, letters die worden gebruikt als noodsignaal

sou ⟨soe⟩ *de (m)* [-s] vroegere munt van geringe waarde: *ik heb geen ~*

soufflé ⟨soef-⟩ *de (m)* [-s] luchtig warm gerecht dat met eiwit wordt gemaakt

souffleren ⟨soef-⟩ een toneelspeler zijn tekst zachtjes voorzeggen als hij die vergeten is **souffleur** *de (m)* [-s] iemand die de toneelspelers hun tekst zacht voorzegt als ze die vergeten zijn

soul ⟨sôl⟩ *de* ritmische muziek met blues en gospel, die oorspronkelijk door Amerikaanse negers werd gezongen

sound *de (m)* [-s] geheel van muzikale kenmerken die eigen zijn aan een popgroep of aan een stroming in de popmuziek **soundmixen** [soundmixte, h. gesoundmixt] ❶ verschillende geluidsbronnen mengen ❷ bekende liedjes zingen begeleid met een instrumentale versie van het origineel **soundtrack** ⟨-trek⟩ cd met muziek van een film: *Hanny kocht de ~ van My fair Lady*

souper ⟨soepee⟩ *het* [-s] avondeten, vooral een min of meer feestelijk avondmaal op een laat uur **souperen** een souper eten

souplesse ⟨soe-⟩ *de (v)* ❶ buigzaamheid, lenigheid: *de turnster toonde veel ~* ❷ meegaandheid, bereidheid om afspraken of regels aan te passen als dat beter uitkomt of als iemand erom vraagt: *je moet niet altijd zo star zijn, toon ook eens wat ~*

sourcecode ⟨sôrs-⟩ *comp. de (m)* [-s] broncode

sourdine ⟨soer-⟩ *de (v)* [-s] demper voor een muziekinstrument waardoor het geluid zachter wordt of de klank verandert

sousafoon ⟨soezaa-⟩ *de (m)* [-s] groot koperen blaasinstrument, soort grote tuba

soutane ⟨soe-⟩ *de* [-s] lang kledingstuk dat priesters dragen, toog

souteneur ⟨soe-⟩ *de (m)* [-s] man die prostituees voor zich laat werken

souterrain ⟨soeterrè⟩ *het* [-s] verdieping van een huis die voor een deel lager ligt dan de straat

souvenir ⟨soevenier⟩ *het* [-s] voorwerp als aandenken aan iemand of iets, vooral een voorwerp dat toeristen kopen als aandenken aan hun vakantie

souvlaki ⟨soe-⟩ *de (m)* [-'s] stukjes geroosterd vlees die aan een pen gespietst zijn

sovjet *de (m)* [-s] raad, oorspronkelijk arbeiders- en soldatenraad, bestuursraad in de voormalige Sovjet-Unie

sowieso ⟨zoowiezoo⟩ *bw* toch al, in elk geval: *ik kom ~*

SP *de (v)* Socialistische Partij

spa I *de* [-des, -den] ❶ gereedschap om mee te graven, schop **II** *de (m)* ❷ ® bronwater uit Spa

sp.a BN *de* sociaal progressief alternatief (*Vlaamse politieke partij*)

spaak *de* [spaken] staaf in een wiel die tussen het midden en de omtrek loopt ▼ *~ lopen* mislopen ▼ *een ~ in het wiel steken* hinderen, beletten **spaakbeen** bot van de onderarm dat de hand draagt

spaan *de* [spanen] ❶ platte houten schep ❷ spaander ▼ *ergens geen ~ van heel laten* het totaal vernietigen, afbreken; heel harde kritiek leveren, de grond in boren **spaander** *de (m)* [-s] houtschilfer ▼ *waar gehakt wordt, vallen ~s* als ergens krachtig wordt aangepakt, heeft dat soms ook onbedoelde, minder prettige effecten **spaanplaat** platen die van houtvezel geperst zijn

Spaans *bn* van, uit Spanje ▼ *~e peper* heel hete, rode of groene langwerpige vrucht

spaarbank bank voor spaargeld van particulieren, verenigingen en stichtingen **spaarbankboekje** *het* [-s] boekje waarin staat hoeveel geld iemand heeft bij een spaarbank **spaarbekken** bassin waarin water verzameld en bewaard wordt **spaarboekje** *het* [-s] spaarbankboekje **spaarbrander** zuinige gasbrander **spaarcenten** *de (mv)* **spaargeld** *het* geld dat iemand bij elkaar geeft gespaard **spaarlamp** elektrische lamp die weinig energie gebruikt als hij brandt, vervanger van de gloeilamp **spaarpot** potje of busje waarin iemand geld bewaart dat hij spaart, meestal met een gleuf bovenin ▼ *~je* geld dat iemand opzij heeft gelegd: *ik heb een ~je voor als ik een tijdje geen werk heb* **spaarrekening** rekening bij een bank waar iemand geld op stort dat hij spaart **spaarvarken** spaarpot in de vorm van een varken **spaarzaam** *bn* ❶ zuinig ❷ schaars: *zij zeilt graag in haar spaarzame vrije tijd* **spaarzegel** *de (m)* [-s] zegel die men krijgt als men iets koopt en waarmee men kan sparen voor gratis artikelen of andere voordelen

spacecake ⟨spees-⟩ cake met hasj erin **spacelab** ⟨-leb⟩ *het* [-s] laboratorium in de ruimte **spaceshuttle** ⟨-sjuttel⟩ ruimtevaartuig voor verbinding met ruimtestations **spacewagon** ⟨-weGən⟩ *de (m)* [-s] grote ruime personenauto **spade** *de* [-n, -s] spa, schop

spagaat *de (m)* [-gaten] ❶ zittende houding waarbij iemand zijn benen helemaal uit elkaar spreidt ❷ fig. moeilijke positie omdat iemand keuzes moet maken terwijl er sprake is van tegenstrijdige belangen

spaghetti ⟨-Get- of -get-⟩ *de (m)* oorspronkelijk Italiaans voedsel in de vorm van lange, dunne, gekookte deegslierten

spalk *de* stevige lat om delen van een gebroken arm of been bij elkaar te houden **spalken** met een spalk verbinden: *een gebroken been ~*

spam ⟨spem⟩ *de (m)* ongewenste e-mail die op grote schaal wordt verzonden **spammen** spam verzenden

span I *de* [-nen] ❶ korte tijd, spanne II *het* [-nen] ❷ twee of meer trekdieren die voor een kar, ploeg enz. zijn gespannen ❸ tweetal personen: *een leuk ~!* **spanband** brede, sterke riem met sluitmechaniek **spandoek** groot doek waarop een leus staat

spang *de* versierde gesp, haak, soort ketting om de hals of de pols: *een cape die aan de hals door een ~ bijeen werd gehouden; een hanger met een ~ van metaaldraad*

spaniël ⟨spenjəl⟩ *de (m)* [-s] langharige kleine jachthond met lange oren

spanking ⟨spen-⟩ *de* het elkaar slaag geven als seksueel spel

spankracht ❶ uitzettings- of uitrekkingsvermogen ❷ fig. geestelijk uithoudingsvermogen, vermogen om zich helemaal te richten op iets

spanne *de* [-n] korte tijd: *een ~ tijds*

spannen [spande, h. gespannen] ❶ (een touw, doek enz.) straktrekken ❷ (trekdieren) voor een wagen binden ▼ *het zal erom ~* het is nog niet lang niet zeker dat het goed afloopt

spannend *bn* ❶ wat (een beetje) angst en tegelijk een gevoel van verwachting veroorzaakt ❷ BN, spreekt. strak, nauw (*van kledingstukken e.d.*)

spanner *de (m)* [-s] vlinder waarvan de rups beurtelings het lichaam strekt en kromt

spanning *de (v)* ❶ gevoel van grote onrust en opgewondenheid, alsof er elk moment iets ergs of bijzonders kan gebeuren ❷ elektrische stroom **spanningsrail** rail met lichtspotjes **spanningsveld** ❶ veld waarbinnen spanning merkbaar is, waar drukverschil van gassen merkbaar is ❷ fig. iets waarbij sprake is van scherpe tegenstellingen of meningsverschillen

spant *het* ❶ raamwerk van hout, ijzer of beton, met drie of meer hoeken; twee of meer spanten die met elkaar verbonden zijn, vormen het raamwerk van een dak ❷ elk van de balken waarop de zijwanden van een schip bevestigd zijn

spanwijdte ❶ afstand tussen twee steunpunten, bijv. de lengte van de bogen van een brug ❷ afstand tussen de uiteinden van de vleugels van een vogel of een vliegtuig

spar *de (m)* [-ren] ❶ sparrenboom ❷ lang rond dakhout **sparappel** vrucht van de spar

sparen ❶ geld niet uitgeven, maar bewaren voor later ❷ verzamelen: *ik spaar suikerzakjes* ❸ voorzichtig zijn met, niet hard aanpakken of doden: *iemand ~*

spareribs ⟨spèRRibs⟩ *de (mv)* stukken varkensrib met vlees eraan

sparren ⟨spar- of sper-⟩ ❶ trainen in bepaalde sporten ❷ een oefenbokspartij spelen

sparrenboom soort naaldboom die onder andere als kerstboom wordt gebruikt (Picea)

sparringpartner ⟨speRRing-⟩ ❶ persoon tegen wie iemand bokst bij een training ❷ fig. iemand bij wie men ideeën, plannen e.d. test door er met hem over te praten en die ze kritisch bekijkt

spartaans *bn* streng, waarbij men gehard wordt: *we zijn ~ opgevoed en we moesten ons altijd wassen in ijskoud water*

spartelen heftige bewegingen maken, bij mensen met armen en benen, in uitzet tegen iets, om boven water te blijven e.d.: *de kinderen spartelden in het water; de vis spartelde in het net*

spasme *het* [-n, -s] kramp die lang aanhoudt, krampachtige samentrekking van spieren **spastisch** *bn* met een beschadiging in de hersenen waardoor iemand op een krampachtige manier beweegt

spat *de* [-ten] wegspringende druppel water, modder enz. ▼ *geen ~* helemaal niets: *je bent in al die jaren geen ~ veranderd* **spatader** bloedvat in een been dat zo opgezwollen is dat het zichtbaar is **spatbord** smalle kap boven of achter een wiel van een fiets, auto enz. die opspattende modder tegenhoudt

spatel *de* [-s] soort plat breed mes waarmee men iets kan uitstrijken zoals klei, lijm, zalf

spatie *de (v)* [-s] tussenruimte tussen woorden **spatiebalk** langwerpige toets op een toetsenbord voor het maken van spaties **spatiëren** meer ruimte tussen letters aanbrengen

spatje *het* [-s] ❶ kleine spat ❷ fig. heel kleine hoeveelheid ❸ inform. glaasje jenever

spatlap lap onder aan een spatbord **spatten** ❶ in druppels wegspringen: *het water spatte alle kanten op* ❷ in druppels verspreiden: *ze spatte water in mijn gezicht*

spawater® bronwater uit Spa

speaker ⟨spiekaʀ⟩ *de (m)* [-s] ❶ luidspreker ❷ iemand die de mededelingen omroept, bijv. in stadions

specerij *de (v)* wat men aan eten toevoegt om het een lekkere smaak te geven, bijv. peper, sambal, kerrie

specht *de (m)* vogel van de familie Picidae, die met zijn snavel in de schors van boomstammen hakt en de insecten eet die daardoor tevoorschijn komen

speciaal ⟨-sjaal⟩ *bn* ❶ bijzonder, apart: *hier moet je speciale aandacht aan besteden* ❷ in het bijzonder: *dit heb ik ~ voor jou gekocht* **speciaalzaak** winkel die een bepaald soort artikelen verkoopt, die daarin is gespecialiseerd **special** ⟨spèsjəl⟩ *de (m)* [-s] radio- of tv-programma of een editie van een tijdschrift of katern van een krant, gewijd aan een bepaald thema **specialisatiejaar** BN extra jaar op school waarin men zich specialiseert

specialiseren ⟨-sjaaliezi-⟩ ▾ *zich ~* kennis en vaardigheden verwerven op een bepaald gebied: *deze arts is gespecialiseerd in kinderziekten* **specialisme** *het* [-n] ❶ onderdeel van een wetenschap dat afzonderlijk wordt beoefend ❷ onderdeel van een vak of kunst waarop iemand zich heeft toegelegd **specialist** *de (m)* ❶ iemand die een bijzondere studie heeft gemaakt van een bepaald onderwerp: *een ~ die alles weet van de zeventiende eeuw* ❷ arts die veel weet van een bepaald deelgebied, bijv. van huidziekten of van het hart **specialiteit** *de (v)* iets waar iemand heel goed in is: *appeltaart bakken is haar ~*

specie *de (v)* [-s, -iën] mengsel van cement, zand en water om mee te metselen

specificatie *de (v)* [-s, -iën] weergave van alle bijzonderheden, bijv. op een nota: *een ~ van de onkosten* **specificeren** alle details noemen, bijv. op een nota **specifiek** bn kenmerkend voor iemand of iets: *dit geluid is ~ voor de wielewaal*

specimen *het* [-s, -cimina] proefmodel, voorbeeld: *een ~ van een bankbiljet*

spectaculair ⟨-lèr⟩ *bn* groots opgezet, sensationeel: *een ~ slot van een show*

spectrometer toestel om de afstand tussen twee lijnen van een spectrum te meten **spectrum** *het* [-s, -tra] kleurenbeeld van licht dat door een

prisma is ontleed

speculaas *de (m)* [-lazen] ⟨stofn. de (m) & het⟩ knapperige platte gekruide koek

speculant *de (m)* iemand die speculeert om geld te verdienen **speculatie** *de (v)* [-s] ❶ het speculeren om geld te verdienen ❷ het in gedachten beschouwen, overdenken, het speculeren **speculatief** *bn* ❶ op basis van een veronderstelling, niet op basis van wat men heeft meegemaakt of waargenomen ❷ met een onzekere kans op winst, met een financieel risico **speculeren** ❶ kopen en verkopen in de hoop dat men snel winst maakt: *in huizen ~* ❷ in gedachten beschouwen, overdenken ▾ *~ op iets* iets verwachten en zich daar alvast naar gedragen: *ik speculeer op een overwinning van ons team*

speculum *het* [-s, -la] instrument met een spiegelend oppervlak waarmee een arts in een lichaamsopening kan kijken

speech ⟨spietsj⟩ *de (m)* [-es, -en] toespraak **speechen** een toespraak houden

speed ⟨spied⟩ *de (m)* ❶ snelheid ❷ inform. opwekkend middel, drug die iemand het gevoel geeft dat hij veel energie heeft **speedboot** heel snelle boot **speeddaten** ⟨spiedeetən⟩ [speeddatete, h. gespeeddatet] als single een aantal korte kennismakingsgesprekken voeren met potentiële partners op een bijeenkomst die speciaal daarvoor is georganiseerd **speedway** ⟨-wee⟩ *het* motorsport op een sintelbaan

speeksel *het* vocht in iemands mond, spuug **speekselklier** klier die speeksel afscheidt **speelautomaat** machine voor het spelen van een kansspel

speelbal ❶ bal waarmee gespeeld wordt ❷ fig. willoos slachtoffer: *in die dictatuur is de burger een ~ van de machthebbers* **speeldoos** muziekdoos **speelfilm** film waarin geacteerd wordt door acteurs (i.t.t. een tekenfilm, natuurfilm enz.) **speelgenoot** persoon met wie iemand speelt **speelgoed** voorwerpen voor kinderen om mee te spelen

speelhal hal met speelautomaten

speelhelft sp. ❶ helft van het veld waarop gespeeld wordt ❷ helft van de speelduur **speelhol** neg. gelegenheid waar mensen kansspelen spelen, speelhuis, verdacht, louche soort casino **speelhuis** huis, gelegenheid waar om geld gespeeld wordt, casino **speelkaart** kaart van een kaartspel of een ander gezelschapsspel met kaarten

speelkwartier vrij kwartier tussen de lesuren op de basisschool **speelplaats** plein of binnenplaats waar kinderen spelen **speelplein** ❶ speelplaats ❷ BN terrein waar kinderen in de vakantie onder toezicht van begeleiders kunnen spelen **speelruimte** ❶ ruimte voor kleine verschuivingen (bij onderdelen die in elkaar passen) ❷ fig. de vrijheid om iets een beetje anders te doen dan is afgesproken ▾ *~ bij onderhandelingen* de mogelijkheid om akkoord te gaan met een resultaat dat iets afwijkt van wat men wilde bereiken

speels *bn* die graag speelt: *deze poes is heel ~* **speelschuld** schuld gemaakt bij spelen om geld

speeltafel tafel waaraan een kansspel om geld gespeeld wordt **speeltijd ❶** de tijd die een spel duurt **❷** BN speelkwartier

speeltje *het* [-s] voorwerp dat speelgoed is **speeltuig** *het* **❶** speelgoed **❷** muziekinstrument **❸** BN ook speeltoestel, toestel waarop kinderen kunnen klimmen of hun evenwicht moeten bewaren **speeltuin** stuk grond met speeltoestellen voor kinderen, zoals schommels, wippen en glijbanen **speelvogel** BN, spreekt. speels kind

speen I *de* [spenen] **❶** tepel van een dier **❷** dop van gummi waar heel kleine kinderen op zuigen **II** *het* **❸** BN, spreekt. aambeien **speenkruid** ranonkelachtige plant met bladeren die een beetje niervormig zijn (Ficaria verna) **speenvarken** heel jong varken

speer *de* [speren] wapen in de vorm van een lange stok of staaf met een scherpe punt **speerpunt** *de (m)* **❶** punt van een speer **❷** fig. hoofdpunt, punt waaraan prioriteit gegeven wordt: *een van de ~en van ons beleid is ...* **speerwerpen** gooien van een speer als sport

speet *de* [speten] voorwerp waaraan men vis rijgt

spek *het* onderhuids vet ▼ *meedoen voor ~ en bonen* niet echt meedoen, geen volwaardige deelnemer zijn ▼ BN, spreekt. *het ~ aan zijn been hebben* de dupe zijn **spekbokking** vette gerookte bokking **spekglad**, spekglad heel erg glad: *het heeft geijzeld en het is ~ op de weg* **spekken** iets extra geven ▼ *de kas ~* extra geld in de kas (van een vereniging enz.) stoppen **spekkie** *het* [-s] ruitvormig, zacht, heel zoet stuk snoepgoed **spekkoek** gebak uit Indonesië met donkere en lichte lagen **spekkoper** ▼ ~ *zijn* ergens financieel voordeel van hebben **speklaag ❶** laag spek **❷** laag natuursteen tussen metselsteen **speknek ❶** dikke nek **❷** iemand met een dikke nek **spekpannenkoek** pannenkoek met spek **spekslager** varkensslager **speksteen** steen die vet aanvoelt

spektakel I *het* **❶** lawaai, herrie: *de kinderen maakten een hoop ~* **II** *het* [-s] **❷** iets wat heel bijzonder of opvallend is, indrukwekkend schouwspel: *dat koninklijk huwelijk was een groots ~* **spektakelstuk** groots opgezet toneelstuk waarbij geprobeerd wordt het publiek door uiterlijk vertoon te overdonderen **spekvet** vet dat uit spek is gebraden **spekzool** dikke rubberen zool

spel I *het* [spellen] **❶** geheel van voorwerpen die nodig zijn voor een spel: *ik heb gisteren een domino~ gekocht* **❷** partij die gespeeld wordt: *heb je zin in een ~letje mens-erger-je-niet?* **II** *het* [spelen] **❸** bezigheid voor ontspanning of vermaak, vaak met vaste regels en als wedstrijd ▼ *er staat veel op het ~* er kan veel gewonnen worden of verloren gaan ▼ *vrij ~ hebben* de vrijheid om te doen wat iemand wil ▼ *hoog ~ spelen* veel wagen **❹** speelse manier van bewegen: *het ~ van zon en schaduw* **❺** sportmanifestatie: *Olympische Spelen* **❻** het bespelen van een instrument: *hij luisterde naar haar piano~* **❼** uitvoering door toneelspelers, musici e.a. ▼ *in het ~ zijn* een rol spelen, mede veroorzaken **spelbederf** onsportief gedrag of onsportieve handeling tijdens een wedstrijd, zoals tijdrekken of een bal nodeloos wegtrappen na een fluitsignaal **spelbreker** iemand die het plezier bederft

speld *de* **❶** dun metalen pennetje met een kop, om iets vast te steken ▼ *er is geen ~ tussen te krijgen* hij of zij praat de hele tijd maar door; de redenering klopt helemaal ▼ *men kan een ~ horen vallen* het is heel stil **❷** sieraad dat men op vooral kleding kan steken of waarmee men iets (kleding, haar) vast kan maken **spelden** *ww* met een speld vastmaken **speldenknop** kop van een speld **speldenprik ❶** prik met een speld **❷** fig. kleine hatelijkheid **speldje** *het* [-s] voorwerp met een figuurtje, leus enz., dat iemand op zijn kleding kan steken

spelen ❶ voor zijn plezier met iets bezig zijn, een spel doen ▼ *met vuur ~* grote risico's nemen **❷** een muziekinstrument bespelen **❸** een rol hebben in een toneelstuk, film enz. **❹** aan de hand zijn: *die kwestie speelt al een hele tijd* ▼ *mooi weer ~* zich gedragen alsof er niets aan de hand is ▼ *naar binnen ~* opeten **spelenderwijs** *bw* bij wijze van spel, gemakkelijk, zonder inspanning

speleologie *de (v)* wetenschap van grotten en holen, grotonderzoek

speler *de (m)* [-s] iemand die speelt, bijv. een muziekinstrument, in een wedstrijd, een film, die gokt enz. **spelersbank** bank langs het speelveld waarop onder andere de reserves zitten **spelershonk** plaats in een stadion waar de spelers zich kunnen ontspannen **spelevaren** [spelevaarde, h. gespelevaard] voor zijn plezier gaan roeien of varen

spelfout fout in de manier waarop iemand een woord schrijft

speling *de (v)* tussenruimte, het niet helemaal vastzitten van iets: *er zit ~ in het stuur; we hebben een kwartiertje ~ als we van de trein op de boot moeten overstappen* ▼ *een ~ van het lot* een verrassende gebeurtenis of ontwikkeling

spelleider iemand die een spel, toneelstuk enz. leidt

spellen de letters van een woord één voor één schrijven of opnoemen: *kunt u uw naam ~?* **spelling** *de (v)* manier waarop men woorden schrijft, de letters die men gebruikt om woorden te schrijven: *het Engels heeft een moeilijke ~* **spellingcommissie** commissie die voorstellen over de spelling doet

spelonk *de* grot, of een hol in een berg: *een rotsachtige kust met ~en*

spelotheek *de (v)* [-theken] plaats waar speelgoed wordt uitgeleend

spelregel regel die geldt voor een spel of sport: *volgens de ~s van het voetbal mag alleen de keeper de bal met de hand aanraken*

spelt de gewas dat sterk op tarwe lijkt maar een kleinere korrel heeft

spelverdeler speler in een sportteam die het spel in grote lijnen uitzet

spencer ⟨spensəR⟩ *de (m)* [-s] trui zonder mouwen

spenderen besteden, uitgeven: *ik spendeer veel geld aan mobiel bellen*

spenen van de speen, van de borst afwennen ▼ *gespeend van* zonder: *hij is totaal gespeend van* *humor*

SP'er *de (m)* [-s] lid van de Socialistische Partij

speractie BN, spreekt. wegversperring door de politie

sperma *het* mannelijk zaad **spermabank** plaats waar sperma bewaard wordt **spermatozoön** *het* [-zoa] zaadcel van een mens of dier

spertijd gesloten tijd, tijd waarin het verboden is zich op straat te bevinden **spervuur** het schieten met veel vuurwapens tegelijk ▼ *een ~ van vragen* een heleboel vragen tegelijk

sperwer *de (m)* [-s] roofvogel met korte afgeronde vleugels (Accipiter nisus)

sperzieboon langwerpige groene eetbare boon

spetter *de (m)* [-s] ❶ druppel water, modder enz. ❷ spreekt. heel aantrekkelijke vrouw of man: *wat een ~ is dat!* **spetteren** hard spatten met water of een andere vloeistof

speurder *de (m)* [-s] ❶ iemand die naspeurt ❷ opsporend politiebeambte **speuren** nazoeken, het spoor volgen: *de politie speurt naar de dader van de overval* **speurhond** ❶ jachthond die wild opspoort ❷ politiehond die is afgericht om sporen te volgen **speurtocht** tocht waarbij men iets wil vinden of uitzoeken: *een ~ naar een verdwenen stad in het oerwoud*

SPI Standaard Productinformatie

spichtig *bn* ❶ smal en puntig ❷ lang en dun, smal en mager: *een ~ meisje*

spie *de* [-ën] ❶ klein langwerpig voorwerp, zoals een pin of wig, om iets vast te zetten ❷ inform. cent, geld: *geen ~ meer uitgeven*

spieden oplettend kijken, gluren: *de inbreker spiedde om zich heen*

spiegel *de (m)* [-s] gladde plaat die het licht weerkaatst zodat men zichzelf erin kan zien: *ik keek in de ~ om te zien of de jas me goed stond* **spiegelbeeld** ❶ beeld dat men ziet wanneer men zichzelf in een spiegel, een raam e.d. bekijkt ❷ afbeelding waarbij wat links is, rechts lijkt en omgekeerd, net zoals wanneer men iets in een spiegel ziet **spiegelei** ❶ gebakken ei met hele dooier ❷ (vroeger) stok met een ronde schijf waarmee op een station het sein voor vertrek van een trein wordt gegeven **spiegelen** een beeld weerkaatsen, een spiegelbeeld vormen ▼ *zich ~ aan iemand* zichzelf met iemand vergelijken en die persoon als voorbeeld beschouwen **spiegelglad** heel glad **spiegeling** *de (v)* weerkaatsing **spiegelreflexcamera** fototoestel waarbij het licht dat naar binnen valt, via een schuine spiegel naar de zoeker gaat **spiegelschrift** schrift in spiegelbeeld

spiekbriefje *het* [-s] ❶ papiertje met aantekeningen om stiekem op te kijken bij een proefwerk of examen ❷ papiertje met aantekeningen voor een spreekbeurt of redevoering **spieken** stiekem afkijken tijdens de les of een examen

spier *de* vlezig deel in het lichaam dat zich samentrekt of weer strekt als een mens of dier zich beweegt **spieratrofie** *de (v)* [-fiën] afname van de omvang van spieren **spierbal** spier die tot een bal is samengetrokken, vooral in de bovenarm **spierballentaal** krachtige uitspraken **spierdystrofie** spierziekte waarbij langzaam de kracht en omvang van de spieren vermindert

spiering *de (m)* kleine zilverwitte vis in de Noordzee

spierkracht sterkte van de spieren **spiernaakt** helemaal naakt **spierpijn** pijn in de spieren **spierwit** heel wit: *het haar van de oude man is ~*

spies *de* ❶ lichte speer ❷ puntig stuk hout of metaal waaraan stukjes vlees of groente worden geregen

spiets *de* spies **spietsen** met een spiets doorsteken

spijbelaar *de (m)* [-s] iemand die spijbelt **spijbelen** stiekem van school wegblijven

spijker *de (m)* [-s] metalen pen met kop die men ergens in slaat, vooral in hout, om het met iets anders te verbinden ▼ *de ~ op de kop slaan* precies datgene noemen waarom het gaat, de juiste analyse maken ▼ *~s met koppen slaan* dingen doen die het resultaat hebben **spijkerbroek** broek gemaakt van denim, een stevig soort katoen die vaak blauw is **spijkeren** met spijkers vastmaken: *een plaat tegen de muur ~* **spijkerhard** heel hard van karakter **spijkerschrift** oud Babylonisch-Assyrisch schrift waarvan de tekens zijn opgebouwd uit spijkervormige elementen **spijkerstof** stevig soort katoen die meestal blauw is, denim

spijl *de* staaf van een hek of in een raam

spijs *de* [spijzen] ❶ voedsel, eten: *gasten ~ en drank geven* ❷ zachte zoete stof, gemaakt van amandelen, waarmee men gebak vult **spijskaart** lijst met gerechten, menu in een restaurant, cafetaria enz. **spijsoffer** voedsel als offer **spijsolie** olie die gebruikt wordt bij het maken van voedsel **spijsvertering** het opnemen van voedsel in het lichaam door maag en darmen **spijsverteringskanaal** het samenstel van buizen en lichaamsholten waarin de spijsvertering plaatsvindt **spijswet** religieus voorschrift over voedsel

spijt *de* verdriet of zelfverwijt om iets wat men (niet) heeft gedaan of iets wat (niet) is gebeurd ▼ BN *tot ~ van wie het benijdt* gezegd over iets waarvan men denkt dat iet iedereen het waardeert **spijten** [speet, h. gespeten] ▼ *het ~ me* ik besef dat ik iets fout gedaan heb en dat vind ik akelig:: *het spijt me dat ik je pijn gedaan heb; het spijt me dat hij niet komt* ik vind het jammer dat hij niet komt **spijtig** *bn* jammer, verdrietig, pijnlijk: *het is ~ dat je niet over bent gegaan* **spijtoptant** *de (m)* ❶ hist. Nederlander die voor de Indonesische nationaliteit heeft gekozen maar later toch liever de Nederlandse nationaliteit wil ❷ iemand die aanvankelijk van een mogelijkheid geen gebruik heeft willen maken, maar later wel ❸ iemand die spijt heeft van een eerder genomen besluit

spijts BN, schr. *vz* ondanks

spijzen vero. te eten geven

spikes ⟨spajk⟩ *de (mv)* ❶ sportschoenen met metalen punten onder de zool ❷ metalen punten op motor- en autobanden ❸ haar met punten die rechtop staan

spikkel *de (m)* [-s] stipje **spikkelen** stipjes

aanbrengen

spiksplinternieuw helemaal nieuw

spil I *de* [-len] ❶ staaf waaromheen iets draait, as ❷ *fig.* persoon om wie iets draait, die het belangrijkste is voor iets: *hij is de ~ van dit project; zonder hem zou er niets tot stand komen* ❸ *sp.* middelste van de middenspelers II *het* [-len] ❹ werktuig met een spil om lasten te verplaatsen of omhoog te hijsen ❺ wat verspild wordt of verloren gaat, spillage **spilindex** BN bepaalde stand van het indexcijfer die de aanpassing van de lonen en sociale uitkeringen bepaalt

spillage ⟨-laazjə⟩ *de (v)* wat verspild wordt, verloren gaat: *~ doordat een patiënt niet tegen een nieuw medicijn kan en een deel van de dosis niet gebruikt; ~ van water tijdens het blussen van een brand*

spillebeen I *het* [-benen] ❶ mager been II *de* [-benen] ❷ iemand met magere benen

spillen verspillen

spiltrap wenteltrap waarbij de treden aan één kant vastzitten

spin I *de* [-nen] ❶ dier met acht poten dat insecten eet en vaak een web maakt, geleedpotig dier van de orde van de Araneidae ▼ *dat is bij de wilde ~nen af* dat is heel bar, heel erg ❷ losse snelbinder II *de (m)* [-s] ❸ draaiend effect van een tennisslag

spinaal I *het* ❶ schoenmakersgaren II *bn* ❷ wat te maken heeft met de ruggengraat

spinaker, spinnaker *de (m)* [-s] soort bijzeil

spinazie *de* groente met spiesvormige bladeren (Spinacia oleracea)

spindel *de (m)* [-s] ❶ as, spil ❷ klos waarom in spinnerijen het garen wordt gewonden

spinet *het* [-ten] meestal driehoekig muziekinstrument dat op een klavecimbel lijkt en dat vooral populair was in de 17de en de 18de eeuw

spinhuis *hist.* tuchthuis, gevangenis voor vrouwen

spinnaker *de (m)* [-s] soort bijzeil, spinaker

spinnen I [spon, h. gesponnen] ❶ draden maken uit wol, katoen, zijde enz. II [spinde, gespind] ❷ ⟨van een kat⟩ een zacht snorrend geluid maken: *de poes spint van tevredenheid* ❸ een tollende beweging maken: *de raceauto spinde in de bocht* ❹ op een hometrainer fietsen als fitnesstraining

spinnenweb net dat een spin maakt om vliegende insecten in te vangen

spinnerij *de (v)* fabriek waar gesponnen wordt

spinnewiel toestel met een groot wiel om ruwe wol tot garen te spinnen

spinnijdig erg nijdig

spin-off *de (m)* [-s] toepassing of product als bijproduct van iets waaruit in eerste instantie een andere toepassing of product is gemaakt: *gebruiksartikelen van nieuwe materialen als ~ van materialen die zijn ontwikkeld voor defensie of de ruimtevaart*

spinrag draden van spinnenwebben

spint *het* ❶ zacht hout onder de schors ❷ 1/50 hectare ❸ plantenziekte die door spintmijt wordt veroorzaakt

spion *de (m)* [-nen] iemand die op een stiekeme manier geheimen probeert te ontdekken voor een vijand of tegenstander **spionage** ⟨-zjə⟩ *de (v)* het spioneren: *~ voor een vijandelijk land* **spioneren** op stiekeme manier geheimen proberen te ontdekken om die aan een vijand of tegenstander door te geven **spionkop** BN benaming voor de groep meest fanatieke supporters van een (voetbal)club **spionnetje** *het* [-s] ❶ spiegeltje buiten een raam om te kunnen zien wie aanbelt ❷ kijkgaatje in een deur

spiraal *de* [-ralen] kromme lijn, draad enz. die een aantal keren rondgaat, zoals een veer **spiraalband** ❶ spiraalvormige draad door de rug van een boek ❷ band voor het bundelen van kabels en draden **spiraalmatras** matras met spiraalveren **spiraaltje** *het* [-s] ❶ kleine spiraal ❷ voorbehoedmiddel dat wordt ingebracht in het lichaam van de vrouw

spirea *de (m)* [-'s] sierplant van het geslacht Spireae

spirit ⟨spiRət⟩ *de (m)* energie, enthousiasme, inzet: *met veel ~ aan een nieuwe taak beginnen*

spiritisme *het* het in contact proberen te komen met de zielen van de gestorvenen

spiritualiën *de (mv)* soorten sterkedrank

spiritualisme *het* denkrichting waarbij de geest wordt beschouwd als de basis en die daaruit alles verklaart **spiritualiteit** *de (v)* houding tegenover, gerichtheid op datgene wat uitgaat boven de eindige wereld die men met de zintuigen kan waarnemen **spiritueel** *bn* ❶ geestelijk, niet lichamelijk ❷ geestig, geestrijk

spiritus *de (m)* alcohol die men gebruikt om te verbranden of om iets schoon te maken en die men niet kan drinken

spit I *het* [speten, -ten] ❶ staaf waaraan men iets steekt om te braden: *kip aan het ~* II *het* ❷ hevige pijn die plotseling in de rug opkomt

spitant BN, ook *bn* sprankelend, bruisend

spits I *bn* ❶ puntig: *een ~e neus* ❷ slim, intelligent, scherpzinnig: *een ~e opmerking* II *de* ❸ puntig uiteinde: *de ~ van een toren* ▼ *op de ~ drijven* te ver doordrijven ❹ tijd wanneer het het drukst is in het verkeer: *ik ga nooit tijdens de ~ naar mijn werk* ❺ *sp.* voorste ▼ *de ~ afbijten* als eerste iets moeilijks of gevaarlijks doen

spitsboog boog die eindigt in een punt

spitsbroeder BN makker, kameraad

spitsbus autobus in de spitsuren

spitsen ❶ scherp maken, scherpen ❷ spits maken ▼ *de oren ~* (bij dieren) de oren omhoogsteken; scherp luisteren ▼ *zich op iets ~* met gespannen aandacht volgen ▼ *gespitst zijn op* graag willen, erg letten op **spitskool** kool met een krop die spits toeloopt **spitsmuis** insecteneter van de familie Soricidae, die op een muis lijkt **spitsroeden** *de (mv)* ▼ *~ lopen* hist. als straf tussen twee rijen soldaten met puntige roeden moeten lopen; *fig.* veel kritiek moeten doorstaan; fig. een heel moeilijke taak moeten verrichten

spitsstrook rijbaan die alleen tijdens spitsuren mag worden gebruikt **spitsuur** drukste uur van de dag, vooral in het verkeer

spitsvondig *bn* scherpzinnig, slim: *~e*

argumenten

spitten graven, de grond omwerken met een spade: *als ik een bloemperk maak, moet ik eerst ~*

spitzen ⟨sjpietsən⟩ *de (mv)* balletschoenen met een verharde neus, waarmee een danser op de punten van zijn tenen kan dansen

spleen ⟨splien⟩ *het* beetje somber gevoel waarbij iemand niet goed raad weet met zichzelf, zwaarmoedigheid

spleet *de* [spleten] ❶ smalle opening ❷ spreekt. vrouwelijk geslachtsdeel **spleetoog** I *het* [-ogen] ❶ spleetvormig oog als van een Chinees, een Japanner e.d. II *de (m)* [-ogen] ❷ scheldn. iemand (Aziatisch persoon) met spleetogen

splijten [spleet, h. / is gespleten] ❶ uit elkaar doen scheuren, vooral in de lengterichting: *ik spleet de stok in twee smalle stokken* ❷ op deze manier uit elkaar gaan: *dit hout splijt makkelijk* **splijtstof** stof die gebruikt kan worden voor de ontwikkeling van atoomenergie **splijtzwam** ❶ bacterie die zich vermenigvuldigt door zich te splitsen ❷ fig. oorzaak van verdeeldheid, van onenigheid

splinter *de (m)* [-s] heel klein, scherp stukje hout, glas enz.: *er zit een ~ in mijn vinger* **splinteren** [splinterde, h. / is gesplinterd] ❶ splinters afgeven, uit elkaar vallen in splinters: *die plank splintert* ❷ tot splinters breken **splinternieuw** helemaal nieuw **splinterpartij** heel kleine politieke partij, die vaak ontstaat doordat leden van een grotere partij zich afsplitsen

split I *het* [-ten] ❶ opening onder aan een kledingstuk: *een nauwe rok met een ~* II *het* ❷ steenslag, uitgestrooid over een weg die pas geasfalteerd is III *de (m)* ❸ gymnastische houding waarbij iemand zit met gespreide benen, spreidzit **spliterwten** *de (mv)* gespliste erwten die van de bast zijn ontdaan

split level *bw* → level

splitring dubbele ring die eenvoudig open kan worden gebogen, zoals bij veel sleutelhangers

splitsen in delen verdelen: *de goochelaar splitste het stapeltje speelkaarten* ❖ *zich ~* uit elkaar gaan in verschillende delen: *daar splitst de weg zich in tweeën* **splitsing** *de (v)* ❶ plaats waar een weg zich splitst in twee of meer andere wegen ❷ het uit elkaar gaan, het zich verdelen in verschillende groepen: *een ~ binnen een politieke partij*

spoed *de (m)* snel tempo, snelheid ▼ *met ~* snel: *deze kwestie moet met ~ afgehandeld worden* **spoedcursus** heel snelle opleiding **spoedeisend** *bn* waar haast bij is **spoeden** (zich) haasten **spoedgeval** zaak of patiënt die meteen behandeld moet worden: *het ziekenhuis had die avond drie ~len;* BN *(de dienst) ~len* (de afdeling) eerste hulp **spoedig** *bn* heel gauw: *ik zal ~ komen*

spoel *de* klos waaromheen een draad is gewonden, metalen garenklosje in een naaimachine

spoelen ❶ schoonmaken met water: *mijn moeder spoelde de glazen* ❷ door de stroming van water aan land komen: *er is veel hout op het strand gespoeld* ❸ op een spoel winden **spoeling** *de (v)* ❶ het spoelen ❷ afvalproduct als veevoer ▼ *veel*

varkens maken de ~ dun waar er veel zijn, krijgt ieder maar een klein deel **spoelworm** worm die in darmen leeft, van de orde van de Ascaridida

spoiler *de (m)* [-s] ❶ onderdeel aan vliegtuigen en auto's waardoor de luchtstroom verandert en de ligging vaster wordt ❷ voorziening tegen het kopiëren van cd's

spoken ❶ rondzwerven als een spook ❷ ⟨van gedachten e.d.⟩ onophoudelijk terugkomen ▼ *het spookt er* er is een spook, er zijn spoken; ⟨op zee⟩ het is er slecht weer (met harde wind, hoge golven e.d.)

spon *de* [-nen] stop om een vat mee af te sluiten

sponde *de* [-n] schrijft. bed

spondeus ⟨-deejus⟩ *de (m)* [-dei] versvoet van twee lange of twee beklemtoonde lettergrepen

spondylitis ⟨-die-⟩ *de (v)* ontsteking, vooral van de wervelkolom

sponning *de* langwerpige gleuf waarin waarin iets past of kan schuiven: *een ~ in een venster waarin een ruit wordt geplaatst*

spons *de* [-en, sponzen] ❶ lage diersoort zonder mond en organen (Porifera) ❷ gebruiksvoorwerp dat water in zich opneemt en waarmee men kan schoonmaken ▼ BN *de ~ over iets vegen* de spons over iets halen, bereid zijn iets te vergeten ▼ BN *ook de ~ erover* zand erover, laten we het maar vergeten en er niet meer over praten **sponsen, sponzen** met een spons schoonmaken

sponsor ⟨-sor of -sər⟩ *de (m)* [-s] persoon of instelling die geld geeft voor een onderzoek, evenement, sporter enz. **sponsoren** geld geven voor een onderzoek, evenement, sporter enz. **sponsorloop** het (hard)lopen van een afstand om geld te zamelen voor een goed doel

sponsrubber week, poreus rubber

spontaan *bn* ❶ uit eigen beweging: *hij bood ~ aan mij te helpen* ❷ zonder zich in te houden, zonder er eerst over na te denken: *ze reageerde heel ~* ❸ wat vanzelf optreedt: *een spontane abortus* **spontaneïteit, spontaniteit** *de (v)* het spontaan-zijn

spoof ⟨spoef⟩ *de (m)* [-s] ❶ persiflage van een film ❷ comp. het verbergen van het eigen adres en het tonen van een ander adres, meestal ter misbruik van internet zoals het zenden van virussen of phishing

spook *het* [spoken] ❶ geest die ergens rondloopt of rondzweeft: *mensen stellen zich spoken vaak voor als bewegende witte lakens* ▼ *spoken zien* bang zijn voor gevaren die er niet zijn ❷ angstaanjagend beeld, spookbeeld: *het ~ van de werkloosheid* ❸ akelige lelijke vrouw **spookachtig** *bn* als een spook, griezelig: *~e geluiden* **spookbeeld** angstaanjagende gedachte, schrikbeeld **spookdier** soort halfaapje met ogen als van een uil (Tarsius spectrum) **spookhuis** ❶ huis waarvan men denkt dat er spoken zijn ❷ kermisattractie waar men kan griezelen **spookrijder** iemand die op een autosnelweg tegen het verkeer in rijdt **spookstad** stad die helemaal verlaten is **spookuur** tijd van twaalf tot één uur 's nachts **spookverschijning** ronddwalend spook **spookwoord** woord dat is ontstaan door een (druk)fout

sp

spoor I *het* [sporen] ❶ tekens waaraan men kan zien waar iemand of iets gelopen of gereden heeft: *de sporen van een konijn in de sneeuw* ▾ *op het ~ zijn* (zoeken en) aanwijzingen hebben over waar iets of iemand zich bevindt ❷ overblijfsel: *er was geen ~ van hem te bekennen* ❸ stel rails voor een trein, metro e.d.: *er loopt een ~ van Maastricht naar Luik* ❹ deel van een filmstrook, een cassetteband enz. waarop geluid staat II *de* [sporen] ❺ puntig uitsteeksel dat is bevestigd aan de laars van een ruiter ▾ *een paard de sporen geven* prikken met de sporen zodat het paard sneller gaat lopen ▾ *zijn sporen verdiend hebben* zijn bekwaamheid getoond hebben, zich bewezen hebben ❻ voortplantingsorgaan bij lagere plantensoorten

spoorbaan weg van rails waarover treinen rijden **spoorboekje** *het* [-s] ❶ boekje met vertrektijden en aankomsttijden van treinen ❷ *fig.* chronologisch schema van hoe iets moet verlopen: *een ~ voor de onderhandelingen* **spoorboom** balk, paal waarmee een spoorwegovergang afgesloten wordt als er een trein voorbijkomt, zodat het verkeer op de weg moet blijven wachten **spoordijk** hoge spoorbaan

spoorelement stof die in een heel kleine hoeveelheid in iets aanwezig is

spoorlijn ❶ weg met rails waarover treinen rijden, spoorbaan ❷ verbinding met de trein, de mogelijkheid om met de trein van en naar plaatsen te reizen

spoorloos *bn* verdwenen zonder een spoor achter te laten: *mijn schooltas is ~ verdwenen* **spoorslags** *bw* heel snel: *hij ging ~ terug naar huis*

spoorstudent student die elke dag met de trein naar de stad van zijn universiteit gaat **spoorverbinding** verbinding per trein **spoorvorming** *de (v)* beschadiging aan het wegdek door (zwaar) verkeer, in de vorm van uithollingen in de lengterichting

spoorweg weg met rails waarover treinen rijden, spoorbaan **spoorwegen** *de (mv)* bedrijf dat treinen laat rijden **spoorwegnet** net van spoorlijnen

spoorzoeken volgen van een spoor, vaak als spel

sporadisch *bn* hier en daar, heel weinig, zeldzaam: *deze vogel komt bij ons ~ voor*

spore *de* [-n] voortplantingscel bij lagere planten- en diersoorten

sporen met de trein reizen: *iedere dag spoort mijn vader naar Antwerpen* ▾ *hij spoort niet* is gek, niet goed bij zijn verstand

sporenplant plant die zich door sporen voortplant

sport *de* ❶ lichamelijke inspanning als ontspanning of in wedstrijdverband ❷ trede, dwarsspaak van een ladder

sportblad blad waarin wordt geschreven over sport **sportclub** club voor het beoefenen van een sport **sporten** aan sport doen **sporter** *de (m)* [-s] iemand die aan sport doet **sportfondsenbad** zwembad, vroeger een zwembad dat werd betaald uit een sportfonds **sporthart** hart dat is

vergroot, meestal doordat iemand te veel aan sport heeft gedaan **sporthemd** overhemd voor vrije tijd of sport **sportief** *bn* ❶ wat te maken heeft met sport: *sportieve prestaties* ❷ zoals het in sport hoort, eerlijk: *hij gaf ~ toe dat ik gelijk had* **sportiviteit** *de (v)* het sportief zijn

sportkous kniekous als onderdeel van sportkleding **sportpark** geheel van sportterreinen die bij elkaar liggen **sportschool** instelling waar men kan trainen in vooral kracht- of vechtsporten **sportterrein** veld waarop sport kan worden beoefend **sportuitslagen** *de (mv)* uitslagen van sportwedstrijden **sportvisser** iemand die vist voor de sport of als ontspanning **sportvlieger** iemand die vliegt voor de sport of als ontspanning **sportvliegtuig** licht vliegtuig van een particulier **sportvrouw** vrouw die sport beoefent **sportwagen** lichte snelle auto, waar meestal niet meer dan twee personen in kunnen **sportwereld** kringen van sportbeoefenaars

spot I *de (m)* [-s] ❶ afzonderlijk beeld bij film of televisie ❷ filmpje, vooral reclamefilmpje ❸ lamp met een lichtbundel die op een klein oppervlak gericht is II *de (m)* ❹ het spotten ▾ *de ~ drijven met* bespotten

spotgoedkoop heel erg goedkoop **spotkoopje** iets wat men heel goedkoop koopt **spotlach** spottende lach

spotlight (-lajt) *de & het* [-s] geconcentreerd sterk licht van een schijnwerper

spotlust neiging om met mensen of dingen te spotten: *zijn opvallende kleding wekte de ~ op van zijn broers* **spotnaam** naam waarmee men iemand of iets bespot **spotprent** afbeelding, zoals een tekening, die iets of iemand als belachelijk voorstelt **spotprijs** heel erg lage prijs **spotten** ❶ iets of iemand belachelijk maken ▾ *~ met* belachelijk maken; zich niets aantrekken van ❷ ⟨als hobby⟩ iemand bekijken en registreren (*vliegtuigen, treinen*) **spottenderwijs** *bw* als spot, niet ernstig bedoeld **spotternij** *de (v)* ❶ het spotten ❷ iets wat gezegd of gedaan wordt om iets of iemand te bespotten **spotvogel** ❶ geelachtig zangvogeltje dat op een heel afwisselende manier zingt (Hippolais icterina) ❷ iemand die spot

spouw *de* luchtruimte in een spouwmuur **spouwmuur** dubbele muur met luchtruimte

spraak *de* ❶ het vermogen om te spreken ❷ het spreken, manier van spreken **spraakafzien** aflezen van woorden door te kijken naar de bewegingen van de lippen en naar gezichtsuitdrukking, gebaren e.d. **spraakcentrum** deel van de hersenen waar zich de zenuwen van de spraakorganen bevinden **spraakgebrek** gebrek waardoor iemand niet zuiver kan spreken, zoals stotteren en slissen **spraakgebruik** manier om iets te zeggen, manier van taalgebruik

spraakherkenning *comp.* programma's waardoor een computer kan herkennen wat iemand zegt **spraakklank** een van de klanken die men uit bij het spreken **spraakkunst** ❶ regels van een taal ❷ leerboek daarvoor **spraakleraar** *de (m)* iemand die spraaklessen geeft **spraakmakend** *bn* wat zo de aandacht trekt dat er veel over gesproken wordt ▼ *de ~e gemeente* de mensen die het taalgebruik beïnvloeden **spraakorgaan** deel van het lichaam dat nodig is om te kunnen spreken **spraaksynthese** het voortbrengen van spraak via een computerprogramma **spraakverwarring** het niet van elkaar begrijpen waar de ander het over heeft **spraakwater** ❶ drank die spraakzaam maakt ❷ neiging om veel te spreken **spraakwaterval** stortvloed van woorden **spraakzaam** *bn* die veel spreekt

sprake *de* ▼ *het komt ter ~* er wordt over gesproken ▼ *er is ~ van* men zegt, men is van plan ▼ *(er is) geen ~ van* dat gebeurt niet, dat is niet zo **sprakeloos** *bn* stomverbaasd, van verbazing niet in staat om iets te zeggen: *ik stond ~ van die brutale opmerkingen* **sprankelen** ❶ vonken afgeven ❷ ⟨van personen⟩ *fig.* energie uitstralen, levendig zijn: *zij heeft een ~de persoonlijkheid*

sprankje *het* [-s] klein beetje: *ik heb nog een ~ hoop*

spray ⟨spRee⟩ *de (m)* [-s] vloeistof die met een spuitbus verspreid wordt

spread ⟨spRèd⟩ *de (m)* [-s] hartig smeersel voor op de boterham

spreadsheet ⟨spRèdsjiet⟩ administratief softwareprogramma

spreekbeurt *de* bespreking van een onderwerp voor een publiek of voor de klas als onderdeel van een serie besprekingen **spreekbuis** ❶ buis om door te spreken ❷ persoon, krant enz. die de mening van een groep mensen uitspreekt: *dit tijdschrift is de ~ van de mensen uit de armere stadswijken* **spreekcel** geluiddichte ruimte voor het opnemen van gesproken tekst **spreekgestoelte** verhoogde plaats in een zaal, waarop de persoon staat die een toespraak houdt **spreekkamer** kamer waarin iemand, bijv. een notaris, dokter of tandarts, met de mensen kan spreken en ze helpen of behandelen **spreekkoor** het tegelijkertijd zeggen van een tekst door een aantal mensen: *"dat willen we heel graag!" antwoordden de kinderen in ~* **spreekster** *de (v)* [-s] vrouw die veel spreekt **spreektaal** taalgebruik als mensen op een informele manier met elkaar spreken **spreektijd** tijd die iemand krijgt om te spreken **spreektrant** manier van spreken **spreekuur** vaste tijd wanneer men met iemand kan spreken zonder van tevoren een afspraak te maken: *het ~ van de huisarts* **spreekverbod** eis om in het openbaar over iets te zwijgen **spreekwoord** bepaald vast zinnetje dat vaak rijmt en waarin een waarheid of wijsheid staat, zoals: *oost west, thuis best* **spreekwoordelijk** *bn* algemeen bekend: *hij zag eruit als de ~ Piet de smeerpoets*

spreeuw *de* donkere zangvogel met spikkels (Sturnus vulgaris)

sprei *de* kleed dat over de lakens en dekens op een bed wordt gelegd

spreiden ❶ uitgespreid neerleggen: *een kleed over een bank ~* ❷ uit elkaar doen: *zijn armen ~* ❸ verdelen over een langere tijd: *de werkzaamheden ~ over een aantal maanden*

spreiding *de (v)* gelijkmatige verdeling in ruimte of tijd **spreidsprong** sprong met gespreide benen **spreidzit** zit met de benen zo wijd gespreid dat ze in elkaars verlengde liggen, spagaat

spreken [sprak, h. gesproken] ❶ gedachten en gevoelens in taal uiten ▼ *over iets te ~ zijn* tevreden zijn over iets ▼ *dat spreekt vanzelf* dat is logisch, het is niet nodig om dat uit te leggen ▼ *~ voor* pleiten voor ❷ een toespraak houden ❸ met iemand een gesprek voeren: *ik spreek hem morgen* ❹ ⟨van talen⟩ beheersen: *spreek jij Frans?* **sprekend** *bn* ❶ het spreken nabootst of weergeeft: *een ~e papegaai* ❷ treffend, duidelijk: *hij lijkt ~ op zijn vader* ❸ met veel expressie, uitdrukking: *een ~ gezicht*

spreng *de (m)* ❶ bron van een beek ❷ beek die door mensen is gegraven als verzamelplaats van water

sprenkelen vloeistof in druppels op iets laten vallen, licht besproeien **sprenkelinstallatie** automatische installatie om brand te blussen

spreuk *de* vaste zin waarin een wijsheid staat, zoals: *wie een kuil graaft voor een ander, valt er zelf in*

spriet *de (m)* ❶ iets wat erg dun is, zoals een stukje gras, een mager persoon, een antenne ▼ *~je* klein sigaartje ❷ *spreekt.* mager meisje **sprietig** *bn* erg dun, erg mager

sprietsen met een dun straaltje uitspuwen

springbak bak voor springers die is gevuld met zand

springbalsemien *de (m)* plant met wegspringend zaad **springbok** Zuid-Afrikaanse antilope (Antidorcas marsupialis) **springconcours** wedstrijd in het springen met paarden

springen [sprong, h. / is gesprongen] ❶ met kracht omhooggaan: *hij sprong over het hek* ❷ plotseling tevoorschijn komen: *er sprong een ree tussen de bomen vandaan; de tranen sprongen haar in de ogen* ▼ *dat springt in het oog* dat valt meteen op ▼ *zitten te ~ om* met veel ongeduld wachten op, heel hard nodig hebben ❸ barsten, exploderen: *het glas is gesprongen* ❹ *fig.* financieel kapotgaan, failliet gaan **springerig** *bn* beweeglijk, niet rustig **spring-in-'t-veld** *de (m)* [-en, -s] iemand die heel beweeglijk en levendig is

springlading inhoud die kan ontploffen **springlevend** helemaal levend en gezond: *we dachten dat hij dood was, maar hij was ~* **springplank** ❶ plank om van af te springen ❷ *fig.* middel om hogerop te komen **springschans** stellage waarvan skiërs springen **springstof** ontplofbare stof **springtij** heel hoog water als het vloed is en tegelijkertijd de zwaartekracht van de zon en de maan elkaar versterken **springtouw** touw dat men moet draaien en waar men dan steeds overheen springt als spel of als sportoefening **springuur** BN, ook tussenuur, vrij uur tussen lesuren **springveer** ❶ springende veer in een slot ❷ spiraalveer in een matras **springvloed** heel hoge vloed tijdens springtij **springvorm** bakvorm met losse rand

sprinkhaan *de (m)* [-hanen] insect met sterke achterpoten dat in grote zwermen vliegt en dat grote schade kan aanrichten aan oogsten (Saltatoria) **sprinkhanenplaag** plaag waarbij een grote zwerm sprinkhanen voorbijvliegt en alle planten, gewassen e.d. opeet

sprinklerinstallatie sproei-installatie om een beginnende brand te doven

sprint *de (m)* [-en, -s] ❶ wedstrijd in hardlopen, wielrijden of schaatsen over een korte afstand ❷ laatste stukje van een wedstrijd waarin men extra hard gaat om te winnen **sprinten** een korte afstand heel snel afleggen **sprinter** *de (m)* [-s] ❶ hardloper of -rijder over korte afstanden ❷ snelle trein voor korte trajecten

sprits *de* soort bros, droog koekje, waarvan het deeg gespoten wordt

sproeien met een sproeier natmaken **sproeier** *de (m)* [-s] dop met kleine gaatjes waardoor vloeistof in kleine druppeltjes verdeeld wordt: *de ~ op een gieter* **sproei-installatie** apparatuur om gewassen te besproeien **sproeikop** dop met gaatjes aan het uiteinde van een kraan, doucheslang e.d. waardoor het water in druppels wordt verdeeld **sproeistof** middel dat over planten wordt gesproeid tegen plantenziektes

sproet *de* bruin plekje op het gezicht dat donkerder is dan de rest van de huid **sproetig** *bn* met sproeten

sprokkelen ❶ afgevallen hout bij elkaar zoeken: *hout ~ in het bos* ❷ fig. van verschillende plaatsen, bronnen bij elkaar zoeken: *informatie bij elkaar ~* **sprokkelhout** gesprokkeld hout **sprokkelmaand** februari

sprong *de (m)* ❶ het springen: *in één ~ was ik over de sloot* ▼ *met ~en* heel snel: *sinds hij die nieuwe pianoleraar heeft, gaat zijn spel met ~en vooruit* ▼ *kromme ~en maken* rare dingen doen ▼ *een ~ in het duister* iets onzekers, iets waarvan men niet weet hoe het afloopt ❷ been uit de achterpoot van een haas **spronggewricht** een van de gewrichten die voet en onderbeen met elkaar verbinden **sprongsgewijze** *bw* met sprongen

sprookje *het* [-s] ❶ oud volksverhaal waarin figuren optreden als feeën, draken, kabouters, heksen ❷ onzinnig verhaal: *je moet niet zulke ~s vertellen!* **sprookjesachtig** *bn* zo mooi als in een sprookje

sprot *de (m)* [-ten] haringachtig visje (Sprattus sprattus)

spruit *de* ❶ uitloper van een nieuwe plant die uit een oude groeit, loot, kiem: *als je uien of aardappelen lang laat liggen, krijgen ze soms ~en* ❷ scherts. kind: *onze jongste ~ gaat nu ook al naar de basisschool* **spruiten** [sproot, is gesproten] ❶ loten schieten, uitlopen: *de aardappels beginnen te ~* ❷ fig. voortkomen, ontstaan: *zulke ideeën zullen nooit uit mijn hersens ~* **spruitjes** *de (mv)*, **spruitkool** *de* groente die bestaat uit kleine groene kropjes kool

spruw *de* ontsteking van slijmvlies in de mond

spugen [spoog / spuugde, h. gespogen / h. gespuugd] ❶ speeksel uit de mond naar buiten laten komen: *hij spuugde op de grond* ❷ overgeven: *ik ben misselijk, ik moet ~*

spui *het* constructie voor het lozen van water, sluis **spuien** water lozen uit een kanaal, meer enz. **spuigat** gat in een scheepsdek voor de afvoer van water ▼ *de ~en uitlopen* te erg zijn, te ver gaan

spuit *de* voorwerp om mee te spuiten: *injectie~, brand~* ▼ *~ elf geeft ook modder* die slome reageert eindelijk ook **spuitbus** bus waaruit een vloeistof gespoten wordt: *de verf werd met ~sen aangebracht*

spuiten [spoot, h. / is gespoten] ❶ vloeistof met kracht door een buis of een slang persen: *de brandweer spuit water over het brandende huis* ❷ met kracht tevoorschijn komen: *het water spoot alle kanten op* ❸ fig. in alle richtingen rennen: *de demonstranten spoten alle kanten op toen de politiemacht arriveerde* ❹ ⟨over een man⟩ spreekt. zaad lozen, een orgasme hebben **spuitgast** brandweerman die een brandspuit bedient **spuitgieten** *het* het maken van voorwerpen van kunststof door ze met een machine te gieten

spuitje *het* [-s] ❶ inenting, injectie ❷ naald waarmee men iemand inent, injectienaald **spuitpoep** vulg. diarree **spuitwater** water met kunstmatig koolzuurgas

spul *het* [-len] ❶ dingen die iemand heeft, eigendom: *bij die brand heeft hij al zijn ~len verloren* ❷ stof, dingen: *dat is lekker ~, die cognac; dat ontsmettingsmiddel is gevaarlijk ~; die antiekwinkel heeft mooi ~*

spurrie *de* plantengeslacht Spergula van de anjerfamilie

spurt *de (m)* [-en, -s] ❶ eindsprint ❷ het plotseling een stukje snel rennen **spurten** plotseling een stukje snel rennen, sprinten

sputteren ❶ mopperen, bezwaren maken: *hij begon te ~ toen ik zei wat hij moest doen* ❷ ⟨BN, inform.⟩ van de economie enz.⟩ stagneren

sputum *het* spuwsel

spuug *het* speeksel **spuuglelijk** heel erg lelijk: *die meubels zijn ~* **spuuglok** haarlok die tegen het voorhoofd of de wang is geplakt **spuugzat** met het gevoel dat men ergens heel erg genoeg van heeft: *ik ben die eeuwige kritiek van jou ~*

spuwen spugen

spyware ⟨spajwèR⟩ comp. *de (m)* software die ongemerkt op een computer of systeem wordt geïnstalleerd om het computer- en internetgebruik te bespioneren

squash ⟨skwosj⟩ *het* sport die aan tennis verwant is en waarbij de bal via de muur wordt gespeeld **squashen** [squashte, h. gesquasht] squash spelen **squaw** ⟨skwò⟩ *de (v)* [-s] indiaanse vrouw

sr. senior

Sr schei. strontium

ss stoomschip

SS *de (v)*, hist. Schutzstaffel, organisatie van nazi's

sst *tw* stil

s.s.t.t. salvis titulis, behoudens de titels

s.t. salvo titulo, behoudens de titel

St. Sint, heilige

staaf *de* [staven] stang van metaal, hout enz.

staafdiagram grafische weergave van de verhouding tussen gegevens in de vorm van staafjes die naast elkaar staan

staak *de (m)* [staken] lange dunne stok

staakt-het-vuren *het* het stopzetten van gevechtshandelingen in afwachting van een officiële wapenstilstand

staal *het* [stalen] ❶ hard soort ijzer ❷ voorbeeld, monster, proeflapje: *een ~tje vakmanschap*

staalblauw blinkend blauw als staal

staalboek, stalenboek boek met voorbeelden, bijv. van kleuren of materialen

staalkaart ❶ kaart met voorbeelden van verschillende stoffen ❷ fig. bonte mengeling, voorbeelden van een geheel: *de route vormt een ~ van wat de provincie te bieden heeft*

staalpil pil waar staal in zit **staalplaat** ❶ plaat van staal ❷ staal in de vorm van platen ❸ gravure op staal **staalwol** bosje van heel fijn staaldraad om mee te schuren

staan [stond, h. gestaan] ❶ rechtop op zijn benen blijven: *we moesten ~ in de trein* ▼ *laten ~ niet opeten* ▼ *zich ~de houden* zich handhaven ▼ *~de houden dat* volhouden, blijven beweren dat ❷ niet lopen, rusten: *blijf toch eens ~!* ❸ zijn: *in bloei ~* ▼ *zeggen waar het op staat* zonder omwegen zeggen hoe de situatie is ❹ zich bevinden: *zijn foto staat in de krant; het kopje staat op tafel* ❺ goed of slecht passen, mooier of lelijker maken: *hoe staat die jas me?* ▼ *laat ~ dat* dat is al helemaal niet het geval ▼ *dit staat ons te doen* dit moeten we doen ▼ *ergens op ~* iets eisen ▼ *iemand naar het leven ~* iemand willen doden ▼ *mijn hoofd staat er niet naar* ik kan er nu geen aandacht aan besteden, ik ben er niet voor in de stemming

staand *bn* ❶ in een houding waarbij iemand of iets staat ❷ ⟨over jachthonden⟩ die bewegingloos de plaats van het wild aanduidt ▼ *~ leger* leger dat altijd ter beschikking is ▼ *~ rijm* waarbij de versregels eindigen met een beklemtoonde lettergreep

staande *vz* tijdens, gedurende: *~ de vergadering*

staander *de (m)* [-s] ❶ constructie om iets te ondersteunen ❷ paard dat goed blijft staan ▼ *Duitse ~* hoogbenige, bruinachtige staande jachthond met hangende oren **staangeld** ❶ geld dat men betaalt om op bijv. een camping of een markt te mogen staan met een tent, caravan, marktkraam e.d. ❷ geld dat men betaalt als waarborg voor iets dat men leent **staanplaats** plaats waar men kan staan, bijv. in een stadion of een bus

staar *de* oogziekte die blindheid kan veroorzaken ▼ *grijze* of *grauwe ~* vertroebeling van de lens ▼ *groene ~* oogziekte als gevolg van te hoge druk ▼ *zwarte ~* ziekelijke aandoening van het netvlies

staart *de (m)* ❶ achtereind dat uitsteekt of naar beneden hangt, van dieren, bij vliegtuigen enz. ❷ paardenstaart in het haar ❸ fig. nasleep ❹ deel onder aan een pagina dat bij de opmaak wit is gebleven ▼ *een ~je limonade* een restje limonade **staartbeen** onderste deel van de ruggengraat **staartdeling** deling van groot deeltal door kleine deler, rekenwijze voor deelsommen waarbij een soort staart ontstaat **staartklok** hangklok met een verlengstuk aan de achterkant **staartletter** letter met een deel onder de regel **staartlicht** licht aan de staart van een vliegtuig

staartmees mezensoort met een heel lange staart (Aegithalus caudatus) **staartster** komeet, hemellichaam met een staart **staartvin** vin aan de staart van een vis **staartvlak** gedeelte aan de staart van een vliegtuig

staat *de (m)* [staten] ❶ toestand: *het huis is in slechte ~* ▼ *in alle staten* erg boos of opgewonden ▼ *in ~ zijn om te (werken, zwemmen enz.)* kunnen (werken, zwemmen enz.) ❷ zelfstandig land: *Duitsland is een Europese ~* ❸ overzicht, lijst: *een ~ met alle uitgaven* ▼ *een lange ~ van dienst hebben* ergens lang gewerkt hebben of lang lid zijn geweest

staatkunde ❶ leer, kennis over hoe men een staat bestuurt ❷ praktische toepassing van die leer

staatloos *bn*, **stateloos** zonder nationaliteit **staatsbedrijf** bedrijf dat door de overheid wordt uitgeoefend **staatsbegroting** begroting van inkomsten en uitgaven van de staat **staatsbestel** inrichting van het bestuur van een staat **staatsbezoek** officieel buitenlands bezoek van een staatshoofd **staatsblad** blad dat door een staat wordt uitgegeven en waarin onder andere alle wetten worden bekendgemaakt ▼ *het Belgisch Staatsblad* vergelijkbaar met de Staatscourant in Nederland

staatsburger iemand die burgerrechten in een staat heeft

Staatscourant blad dat wordt uitgegeven door de overheid met mededelingen van de regering **staatsdienst** het werken voor een staat, het in dienst zijn van de overheid **staatsdomein** onroerend goed dat van de staat is **staatsexamen** examen dat door de overheid is ingesteld *(vooral toelatingsexamen tot een opleiding)* **staatsgeheim** iets wat in het belang van een staat geheim wordt gehouden **staatsgevaarlijk** wat de staat in gevaar brengt **staatsgodsdienst** officieel erkende godsdienst **staatsgreep** poging om de regering af te zetten en zelf de baas te worden in een land, bijv. door militairen: *een ~ plegen*

staatsie *de (v)* [-s] pracht en praal: *de kroning vond plaats met veel ~* **staatsieportret** *het* officieel portret in vol ornaat

staatsinrichting manier waarop een staat bestuurd wordt

staatskerk kerk die door de regering is erkend als de officiële kerk **staatslening** lening die door de staat wordt uitgeschreven **staatsloterij** loterij die door de staat wordt gehouden **staatsman** *de (m)* [-nen, -lieden. -lui] politicus, belangrijk lid van de regering **staatsraad** ❶ raad van State ❷ lid daarvan **staatsrecht** ❶ publiekrecht ❷ recht dat gaat over de organisatie van de staat **staatsrechtelijk** van of volgens het staatsrecht **staatsruif** iron. ▼ *uit de ~ eten* zijn inkomen van de overheid krijgen, doordat men in overheidsdienst is, een uitkering heeft of subsidie krijgt **staatsschuld** financiële schuld van een land **staatssecretaris** iemand die onder een minister staat en die van de taken van de minister uitvoert, onderminister **staatssocialisme** stelsel waarbij de staat het

economisch leven beheerst **staatssteun**
❶ financiële ondersteuning door de staat ❷ BN
rijkssubsidie **staatswaarborg** BN rijksgarantie
staatswege *bw* ▼ *van* ~ wat uitgaat van de staat
staatszaak zaak die te maken heeft met het
bestuur van een staat
stabiel *bn* ❶ wat niet verandert, wat hetzelfde
blijft: *het weer is ~ de komende dagen; de toestand
van de zieke is ~* ❷ niet gauw uit zijn evenwicht
gebracht, die niet snel verandert van stemming:
een ~ karakter
stabij *de (m)* [-s, -en] langharige staande
jachthond uit Friesland
stabilisatie ‹-zaa-› *de (v)* [-s] het stabiliseren
stabiliseren ‹-zi-› ❶ stabiel, duurzaam,
onveranderlijk maken ❷ laten voortduren
▼ *zich* ~ duurzaam worden, niet meer
veranderen: *de politieke situatie stabiliseerde zich*
stabiliteit *de (v)* het stabiel zijn
stacaravan grote caravan die men niet zonder
meer kan verplaatsen en die bestemd is voor het
staan op een vaste plek
staccato *bw* muz. kort
stad *de* [steden] (bewoners, bestuur van een)
groter geheel van huizen, gebouwen, straten
e.d. ▼ *de* ~ *van David* Bethlehem, Jeruzalem ▼ *de
eeuwige* ~ Rome
stadgenoot *de (m)* iemand uit dezelfde stad
stadhouder hist. plaatsvervanger van een vorst,
bestuurder van één of meer Nederlandse
gewesten **stadhuis** gebouw waar het bestuur
van een stad is
stadion *het* [-s] groot sportveld met tribunes
eromheen
stadium *het* [-s, -dia] bepaalde fase in de
ontwikkeling van iets of iemand: *ons project is nu
in het eind*~
stads *bn* van een stad, als in een stad **stadsbeeld**
uiterlijk van een stad **stadsdeelraad** het bestuur
van een deel van een stad, met beperkte
bevoegdheden **stadsgemeente** gemeente die
hoofdzakelijk bestaat uit een stad **stadsgenoot**
stadgenoot **stadsgewest** geheel van gemeenten
die aan elkaar grenzen, met
bestuursbevoegdheid **stadsgezicht** ❶ gezicht op
een stad of een deel van een stad ❷ afbeelding
daarvan **stadskind** kind uit de stad **stadslicht**
niet fel licht van een auto dat vroeger gebruikt
werd in de stad en dat nu verplicht is als men
auto bij slecht zicht buiten de bebouwde kom op
de rijbaan wordt geparkeerd **stadsmens**
❶ iemand die in een stad is opgegroeid
❷ iemand die het liefst in een stad leeft
stadsnieuws berichten over wat er in de stad
gebeurt **stadsnomade** iemand die in de stad in
tijdelijke onderkomens (caravans e.d.) woont
stadsprovincie provincie die bestaat uit een
stad en omgeving **stadsrecht** hist. officiële
erkenning als stad en de rechten die daarbij
hoorden **stadstaat** staat die bestaat uit een stad
met een klein gebied eromheen
stadsvernieuwing *de (v)* vernieuwing en
verbetering van oude woonwijken **stadswacht**
I *de* ❶ organisatie om de politie te ondersteunen
in een gemeente, bij het handhaven van de
openbare orde en de veiligheid II *de (m)* [-en]

❷ iemand in uniform die voor zo'n organisatie
werkt **stadswege** *bw* ▼ *van* ~ door, in opdracht
van de stad
staf *de (m)* [staven] ❶ soort grote wandelstok als
symbool van belangrijkheid, zoals van een hoge
geestelijke of een vorst ❷ leiding, groep van
leidinggevende ❸ naaste medewerkers van een
leidinggevende ❹ legerleiding
staffel *de (m)* [-s] ❶ het opnieuw berekenen van
met name rente zodra het saldo verandert ❷ sp.
aanvalstactiek bij volleybal waarbij één
aanvaller een schijnaanval uitvoert waarna een
andere aanvaller echt aanvalt ❸ aantal
samengevoegde gekopieerde pagina's **staffelen**
❶ berekenen, vooral van rente, volgens een
methode waarbij de rente opnieuw wordt
berekend zodra het saldo verandert ❷ een
staffel uitvoeren bij volleybal ❸ (automatisch)
samenvoegen van gekopieerde pagina's
stafhouder BN deken van de orde van
advocaten **stafkaart** heel nauwkeurige
landkaart
stafylokok ‹-fie-› *de (m)* [-ken] bacterie die
etterende ontstekingen veroorzaakt
stage ‹staazje› *de* [-s] tijd die iemand die een
opleiding volgt, ergens moet werken om te
oefenen in de praktijk: *toen ik de opleiding voor
onderwijzer deed, heb ik* ~ *gelopen op een openbare
basisschool*
stagediven ‹steedzjdajvən› [stagedivede, h.
gestagedived] van het podium in het publiek
springen
stageld staangeld
stagiair ‹-zjèr› *de (m)* [-s] iemand die stage loopt
stagiaire ‹-rə› *de (v)* [-s] vrouw die of meisje dat
stage loopt
stagnatie *de (v)* [-s] het stagneren, stilstand: ~ *van
de economische groei* **stagneren** stilstaan, zich
niet verder ontwikkelen: *de verkoop van auto's
stagneert* er worden minder auto's verkocht
sta-in-de-weg *de (m)* [-s] ❶ iemand die of iets
wat voortdurend in de weg staat
❷ belemmering
staken [staakte, h. gestaakt] ❶ uit protest
ophouden met werken: *vandaag staakten de
buschauffeurs voor meer loon* ❷ ophouden met:
*zij keek op en staakte haar bezigheden toen hij
binnenkwam* ▼ *de stemmen* ~ er zijn evenveel
stemmen vóór als tegen
staketsel *het* [-s] paalwerk, hek
stakingsbreker werknemer die niet meedoet
aan een staking en die gaat werken **stakingskas**
kas van een vakbond voor het levensonderhoud
van stakende werknemers
stakker, stakkerd *de (m)* [-s] zielig persoon,
stumper
stal *de (m)* [-len] ruimte voor paarden, koeien enz.
▼ *iets* eenvoudig bouwseltje waarop of waarin
de artikelen liggen of staan die op een markt
worden verkocht ▼ *van* ~ *halen* fig. opnieuw
gebruiken; fig. opnieuw over iets beginnen (wat
al afgehandeld was) ▼ *de* ~ *ruiken* haast maken
om naar huis te gaan
stalactiet *de (m)* druipsteen die boven aan het
gewelf hangt in een druipsteengrot **stalagmiet**
de (m) druipsteen op de bodem van een grot

stalen I *bn* ❶ van staal: *het ~ frame van een fiets* II *ww* ❷ harden, sterk maken

stalenboek staalboek

stalken ⟨stò-⟩ iemand voortdurend lastigvallen, bijv. door die persoon te achtervolgen of bij het huis van die persoon te staan: *toen zij het had uitgemaakt, stalkte haar ex-vriend haar* **stalker** *(m)* [-s] iemand die stalkt

stallen ❶ een fiets, caravan e.d. ergens tijdelijk neerzetten ❷ vee op stal zetten ❸ (een paard) ergens onderbrengen: *ik heb een boer gevonden bij wie ik mijn paard kan ~* ❹ aandelen e.d. op de beurs in prolongatie geven

stalles *de (mv)* voorste of middelste rijen, bijv. in een theater

stalling *de (v)* ❶ het stallen ❷ ruimte om te stallen: *een fietsen~*

stalmeester opzichter van de paardenstal(len): *de ~ van de koning*

stam *de (m)* [-men] ❶ rechtopstaand deel van een boom zonder de takken ❷ (klein) volk ❸ vorm van een woord zonder uitgangen: *'ruil' is de ~ van 'ruilen'* **stamboek** register met de afstamming en kenmerken van dieren, zoals paarden en koeien **stamboekvee** vee van zuiver ras, waarvan gegevens in een stamboek worden opgetekend **stamboom** lijst of figuur met voorouders en verwanten van een mens of een dier **stamboon** boon die niet langs een staak groeit **stamcafé** café waar iemand vaak naartoe gaat **stamcel** lichaamscel die zich onbeperkt kan delen en kan zorgen voor de aanmaak van gespecialiseerde cellen, bijv. hartspiercellen, rode bloedlichaampjes en huidcellen

stamelen met moeite spreken, niet uit zijn woorden kunnen komen: *'ik weet het niet', stamelde hij geschrokken*

stamgast vaste bezoeker van een café

stamgenoot iemand van dezelfde stam

stamhouder oudste zoon

stamkaart kaart met gegevens in een registratiesysteem **stamkroeg** stamcafé

stammen [stamde, is gestamd] afkomstig zijn: *hij stamde uit een adellijke familie*

stammenoorlog ❶ oorlog tussen stammen ❷ *fig.* strijd tussen partijen **stamouder** iemand van wie een geslacht oorspronkelijk afstamt

stamp *de (m)* ❶ keer dat iemand stampt ❷ *inform.* dreun, klap, slag

stampen ❶ hard met iets slaan en daardoor fijnmaken ❷ de voet hard op de grond laten neerkomen: *zij stampte van woede met haar voet op de grond; ze stampten een nieuwe stadswijk uit de grond* ze bouwden in korte tijd een nieuwe stadswijk ❸ van buiten leren, uit het hoofd leren: *jaartallen in het geheugen ~*

stamper *de (m)* [-s] ❶ iemand die stampt ❷ werktuig waarmee men stampt ❸ vrouwelijk voortplantingsorganen van een bloem

stampij, stampei *de (v)* herrie ▼ *~ maken* veel herrie en drukte maken: *de jongens maakten stampij toen ze de disco niet in mochten*

stamppot warm gerecht van aardappelen en groente die men door elkaar stampt: *~ met boerenkool*

stampvoeten [stampvoette, h. gestampvoet] (uit kwaadheid) met de voet stampen **stampvol** heel erg vol **stampwerk** ❶ het stampen van iets ❷ het uit zijn hoofd leren van iets

stamroos roos op een stam, die groeit als een boompje

stamtafel ❶ tafel van vaste bezoekers van een café ❷ lijst van leden van een geslacht

stamtijd vorm van een werkwoord waarvan men andere vormen kan afleiden

stamvader man van wie een geslacht oorspronkelijk afstamt **stamwoord** woord waarvan een ander woord is afgeleid

stand¹ ⟨stand⟩ *de (m)* ❶ houding, manier waarop iets staat, ligt of zit: *je kunt dat apparaat in verschillende ~en zetten* ▼ *tot ~ brengen* maken, organiseren ❷ maatschappelijke rang: *de gegoede stand;* BN *~en* de verschillende maatschappelijke geledingen van een politieke partij (vooral de christelijke partij: de middenstanders, ACW'ers e.d.) ❸ getal(len) waarmee men de score aanduidt in een wedstrijd: *wat is de ~ bij Ajax-Anderlecht?* ▼ *de burgerlijke ~* dienst die de geboorten, sterfgevallen, huwelijken enz. van een gemeente bijhoudt

stand² ⟨stend⟩ *de (m)* [-s] plaats van iemand die of een bedrijf dat meedoet op een tentoonstelling

standaard *de (m)* [-en, -s] ❶ vlag van legeronderdelen of van leden van het Koninklijk Huis ❷ *fig.* motto, grondgedachte van een partij, groepering e.d. ❸ vaste norm voor beoordeling, vast model ❹ grondslag van een muntstelsel ▼ *gouden ~* stelsel waarbij de geldvoorraad wettelijk door goud gedekt is ❺ steunend onderstel om iets in te zetten, op te laten steunen e.d.

standaardisatie ⟨-zaa-⟩ *de (v)* het standaardiseren **standaardiseren** ⟨-zi-⟩ brengen tot een standaard of eenheid (gelijkheid) in afmeting, vorm, samenstelling enz.

standaardtaal vorm van een taal zoals die in een bepaald gebied of door een bepaalde sociale groep wordt gesproken, en die geldt als norm **standaardwerk** boek dat geldt als het belangrijkste en meest uitgebreide werk binnen een bepaald vakgebied

standalone ⟨stendaloon⟩ comp. *bn* wat op zichzelf staat, wat geen deel uitmaakt van een netwerk

standbeeld beeld dat op een voetstuk staat

standbeen been waarop het lichaamsgewicht rust

stand-by ⟨stend-baj⟩ *bn* ❶ paraat, klaar om in actie te komen ❷ ⟨van een apparaat als het niet gebruikt wordt⟩ in ruststand, met verminderd energiegebruik

standgeld staangeld

standhouden ❶ blijven bestaan ❷ blijven staan ❸ niet wijken, het uithouden tegen de vijand

stand-in ⟨stend-⟩ *de (m)* invaller voor een rol

standing ⟨sten-⟩ *de* hoge maatschappelijke rang, aanzien

standje *het* [-s] ❶ woorden waarmee men iemand bestraft, uitbrander, berisping: *de onderwijzer gaf de stoute jongen een ~* ❷ houding bij seks ▼ *een opgewonden ~* een druk persoon

st

standlicht BN, ook stadslicht **standplaats**
❶ plaats van waaruit iemand zijn werk doet: *hij heeft zijn ~ in Utrecht, maar hij heeft klanten in het hele land* ❷ vaste plaats waar iemand of iets staat: *een taxi~* ❸ plaats waar een marktkraam, woonwagen enz. staat **standpunt** *het* hoe iemand over iets denkt, opvatting, mening
standrecht snelle berechting in oorlogstijd of andere noodsituaties, door militairen of politie **standrechtelijk** volgens het standrecht
stand-upcomedian ⟨stendupkommiediejan⟩ *de (m)* [-s] iemand die voor een publiek in hoog tempo veel grappen vertelt
standvastig *bn* waarbij iemand niet van mening of plan verandert, niet bezwijkt onder druk
standvis vis die niet trekt maar in hetzelfde gebied blijft **standvogel** vogel die niet trekt maar in hetzelfde gebied blijft
standwerker koopman, vooral op de markt, die publiek probeert te trekken
stang *de* ronde staaf ▾ *iemand op ~ jagen* iemand opzettelijk boos maken **stangen** inform. op stang jagen
stank *de (m)* onaangename reuk, vieze lucht ▾ *~ voor dank* ondankbare houding waar men dankbaarheid zou verwachten
stanleymes® ⟨stenlie-⟩ mes met vervangbaar lemmet
stansen ponsen
stap *de (m)* [-pen] ❶ beweging waarbij men de ene voet voor de andere zet om vooruit te komen ❷ fig. een handeling of resultaat waardoor men verder vooruitkomt in een proces: *de ontwikkeling van dit nieuwe medicijn is een belangrijke ~ in de strijd tegen kanker* ▾ *op ~ gaan* uitgaan, bijv. naar een café gaan of gaan wandelen, fietsen e.d. ▾ *~ voor ~* langzaam ▾ *ergens geen ~ voor verzetten* ergens geen moeite voor doen ▾ BN *op zijn ~pen terugkeren* zijn besluit of standpunt herroepen
stapel I *de (m)* [-s] ❶ hoop, veel dingen op elkaar: *een ~ boeken* ❷ scheepshelling ▾ *iets op ~ zetten* met iets beginnen, iets organiseren ▾ *wel erg hard van ~ lopen* te gauw met iets beginnen, te enthousiast en snel plannen maken II *bn* ❸ stapelgek
stapelbed meer bedden boven elkaar
stapelen op elkaar zetten: *moeder stapelde de borden in de kast*
stapelgek volkomen gek **stapelwolk** dreigende wolkenmassa met een bloemkoolachtig uiterlijk
stappen ❶ met stevige passen lopen ❷ een stap maken: *ik stapte naar voren* ❸ inform. uitgaan, cafés bezoeken
stapper *de (m)* [-s] ❶ iemand die stapt ❷ schoen waar men goed op kan lopen ❸ iemand die uitgaat, cafés bezoekt
stapvoets *bw* stap voor stap, langzaam: *de auto reed ~ over het woonerf*
star *bn* die strak vasthoudt aan, die niet verandert: *hij is zo ~ in zijn opvattingen*
staren strak kijken, zonder uitdrukking, of alsof men niet ziet waar men naar kijkt: *de bezoekers van het café staarden naar de nieuwkomers; ze staarde naar buiten*
start *de (m)* [-s] ❶ vertrek van een beginpunt

❷ het beginnen met iets ▾ *van ~ gaan* starten, beginnen
startbaan vlakke baan op een vliegveld waarvandaan vliegtuigen opstijgen **startblok** steun waarop een hardloper zich afzet als hij start ▾ *in de ~ken staan* klaar zijn om te beginnen
starten [startte, is / h. gestart] ❶ vertrekken van het beginpunt ❷ beginnen aan een onderneming, project: *we ~ een nieuwe serie schoolboeken* ❸ aanzetten: *de computer, de auto ~* ❹ op gang komen, opstijgen
starter *de (m)* [-s] ❶ iemand die met iets begint, die iets voor het eerst doet: *een ~ op de huizenmarkt* ❷ iemand die het teken geeft tot vertrek bij sportwedstrijden ❸ onderdeel waardoor een motor aanslaat
startgeld bedrag voor het meedoen aan een wedstrijd
startinrichting voorziening om een motor te starten
startkapitaal kapitaal waarmee iemand een bedrijf e.d. begint **startklaar** klaar om te beginnen
startmotor kleine motor die de eigenlijke motor in beweging brengt
startnummer nummer van een deelnemer aan een wedstrijd
startonderbreker *de (m)* [-s] onderdeel waardoor een motor afslaat als die niet op de normale manier wordt gestart
startpagina website die als eerste op het beeldscherm verschijnt bij het opstarten van de internetbrowser **startschot** ❶ sp. pistoolschot als sein dat de hardrijders, hardlopers enz. kunnen vertrekken ❷ fig. teken dat iets begint
startverbod *het* het als sporter niet mogen uitkomen in een wedstrijd
stateloos → staatloos *bn*
statement ⟨steetment⟩ *het* [-s] krachtige bewering ▾ *een ~ maken* door iets wat men zegt of doet, duidelijk laten blijken wat men ergens van vindt
statenbond het samengaan van staten in een bond waarbij de staten zelfstandig blijven **Staten-Generaal** *de (mv)* de Eerste en Tweede Kamer in Nederland
statica *de (v)* evenwichtsleer, evenwicht van objecten en de krachten die erop inwerken
statie *de (v)* [-s, -tiën] ❶ r.-k. elk van de veertien plaatsen in de kerk waar men stilhoudt om te denken aan het lijden van Jezus Christus ❷ elk van de afbeeldingen van Jezus' kruisweg
statief *het* [-tieven] steun met pootjes waarop men een camera, een telescoop enz. laat rusten
statiegeld klein geldbedrag dat men extra betaalt als men iets koopt in een fles, krat e.d. en dat men terugkrijgt als men die fles e.d. weer inlevert
statig *bn* plechtig en beheerst: *de koningin liep ~ naar de troon*
station ⟨stasjon⟩ *het* [-s] ❶ plaats waar met name een trein of metro stopt en het gebouw dat daarbij hoort ❷ plaats met machines en apparatuur voor een bepaald doel: *een elektriciteits~*
stationair ⟨-nèr⟩ *bn* stilstaand: *een automotor*

st

draait ~ als die aanstaat, terwijl de auto stilstaat
stationcar ⟨steesjənkåR⟩ *de (m)* [-s]
personenwagen met extra ruimte achterin
stationeren ⟨-sjooni-⟩ ❶ een standplaats hebben
of geven ❷ BN, spreekt. kort parkeren, stilstaan
stationschef hoofd van een station
stationsroman BN stuiversroman, sentimentele
roman
statisch *bn* rustig, niet beweeglijk ▼ *~e elektriciteit*
zonder dat er stroom loopt, met spanning die
wordt opgewekt door wrijving
statisticus *de (m)* [-ci] beoefenaar van de
statistiek **statistiek** *de (v)* ❶ wetenschap,
methode en techniek van het verzamelen,
bewerken en interpreteren van gegevens m.b.t.
aantallen ❷ overzicht van statistische resultaten:
*deze ~ toont de bevolkingsgroei over de laatste tien
jaar* **statistisch** *bn* wat te maken heeft met,
volgens of van de statistiek
statten spreekt. de stad ingaan, vooral om te
winkelen
status *de (m)* ❶ sociale positie die iemand heeft:
het beroep van chirurg is een beroep met veel ~
❷ officiële positie of toestand (in administratief
of juridisch opzicht): *hij heeft nu de ~ van
vluchteling; wat is de ~ van dit diploma, is het
landelijk erkend?* ❸ overzicht of map met de
medische gegevens van een patiënt: *de
ziekenhuisarts bekeek de ~ van de patiënt*
statusbalk comp. regel op het beeldscherm met
informatie over de status van een
computerprogramma **status-quo** ⟨-kwoo⟩ *de (m)*
& *het* toestand van het moment ▼ *~ ante* toestand
zoals die van tevoren was **statussymbool** iets
waaruit moet blijken dat iemand geld heeft: *een
dure auto als ~*
statutair ⟨-tèr⟩ *bn* volgens de statuten **statuten**
de (mv) belangrijkste regels, reglement van een
vereniging, stichting e.d.: *in de ~ staat wat de
bevoegdheden zijn van het bestuur van onze
stichting*
stavast *bw* ▼ *jongens van ~* stevige ferme
mannen, mannen die niet gauw bang worden of
vluchten
staven bevestigen, bewijzen: *een bewering ~ met
bewijzen*
stayer ⟨steejəR⟩ *de (m)* [-s] ❶ wielrenner die
achter een motorrijder lange afstanden fietst
❷ sporter die uitkomt op lange afstanden, bijv.
bij wielrennen, hardlopen en schaatsen
stayeren als wielrenner achter een motorrijder
rijden
Stayokay® ⟨steejookee⟩ *de* ⟨in Nederland sinds
2003⟩ jeugdherberg
Stbl. Staatsblad
Stct. Staatscourant
steak ⟨steek⟩ *de (m)* [-s] stuk gebakken, gebraden
of geroosterd rundvlees **steakhouse** *het* [-s]
restaurant dat speciaal biefstukken serveert
stearine *de* gezuiverde talk
stede *de* [-n] plaats, stad **stedelijk** *bn* van een
stad **stedeling** *de (m)* iemand die in een stad
woont **stedenbouw** het aanleggen en
uitbreiden van steden **stedenmaagd** een stad
voorgesteld als een maagd **stedenschoon** *het*
mooie gebouwen, pleinen e.d. in steden

stee *de* [-ën] plaats
steeds I *bw* ❶ altijd II *bn* ❷ als in de stad
steeg *de* [stegen] nauwe straat
steek *de (m)* [steken] ❶ stoot met een puntig
voorwerp: *een ~ met een mes* ❷ pijnlijke scheut
door het lichaam: *ik voelde een ~ in mijn zij*
❸ naaisteek, breisteek ▼ *een ~ laten vallen* een
fout maken ▼ *geen ~* helemaal niets ❹ soort
ouderwetse hoed ❺ ondersteek ▼ *iemand in de ~
laten* iemand verlaten, hem aan zijn lot
overlaten ▼ ⟨argumenten e.d.⟩ *(geen) ~ houden*
(niet) bestand zijn tegen kritiek of
tegenwerpingen
steekhoudend *bn* kloppend, overtuigend: *~e
argumenten*
steekkar kar die men onder een zwaar voorwerp
kan steken om het te vervoeren
steekpartij vechtpartij met messen
steekpenning geld waarmee men iemand
omkoopt **steekproef** manier van onderzoeken
waarbij men een aantal mensen of zaken uit een
grotere groep onderzoekt, maar ervan uitgaat
dat het resultaat geldt voor de hele groep: *uit
deze ~ onder tweehonderd personen blijkt dat 72%
van de inwoners tegen de plannen is* **steeksleutel**
stuk gereedschap om moeren mee vast of los te
draaien
steekspel toernooi in de riddertijd, waarbij
ruiters elkaar als sport met lansen te lijf gingen
steekvlam sterke puntige gasvlam, gebruikt bij
lassen, afbranden van verf e.d. **steekwagen**
steekkar
steekwapen wapen waarmee men kan steken
zoals een mes, een dolk of een speer **steekwond**
wond doordat iemand is gestoken **steekzak**
schuine zak zonder klep in een broek
steel *de (m)* [stelen] ❶ mondstuk van een pijp
❷ lang handvat aan bijv. een pan ❸ stengel van
een plant
steelband ⟨stielbend⟩ muziekgroep die speelt op
holle metalen olievaten
steelpan pan met een steel
steels *bn* niet helemaal openlijk, een beetje
verborgen: *de jongen keek ~ naar het mooie meisje*
steen I *het* & *de (m)* ❶ harde stof waarvan onder
andere huizen worden gemaakt II *de (m)*
[stenen] ❷ brok daarvan ❸ voorwerp van steen
of oorspronkelijk van steen: *bak~, edel~, dobbel~*
▼ *~ en been klagen* heel erg klagen ▼ *de ~ der
wijzen* het middel om goud te maken ▼ *zijn ~tje
bijdragen* zijn bijdrage leveren ▼ BN *het vriest
stenen uit de grond* het vriest dat het kraakt, het
vriest heel erg ▼ BN ook *blauwe ~* blauwachtig
grijze kalksteen uit de Ardennen, arduin
❹ harde pit van een steenvrucht **steenarend**
grote arend die op rotsen nestelt (Aquila
chrysaëtos) **steenbok** geitensoort die hoog in de
bergen in het wild leeft (Capra ibex)
Steenbok *de (m)* ❶ tiende teken van de
dierenriem ❷ iemand die onder dat teken
geboren is **Steenbokskeerkring** denkbeeldige
lijn rond de aarde op 23°27' ten zuiden van de
evenaar, zuiderkeerkring
steenbreek *de* [-breken] plant van het geslacht
Saxifraga
steengoed inform. heel erg goed

steengrillen [steengrilde, h. gesteengrild] eten tijdens de maaltijd klaarmaken op een verhitte stenen plaat

steengroeve plaats waar steen uit de grond gehaald wordt **steenhouwer** *de (m)* [-s] iemand die steen loskapt of bewerkt **steenklomp** brok steen

steenkolenengels gebrekkig, slecht Engels **steenkool** *de* harde delfstof die uit plantenresten is gevormd ▼ *witte* ~ elektriciteit uit stromend water **steenkoolbekken** aardlaag die steenkool bevat

steenkoud heel erg koud **steenmarter** grote marter met een witte bef die vaak voorkomt in huizen en andere gebouwen (Martes foina) **steenpuist** grote harde puist **steenrood** I *bn* ❶ helderrood II *het* ❷ gruis van baksteen

steenrots harde rots **steenslag** *het* kleine stukken steen die onder andere worden gebruikt bij het aanleggen van wegen

steentijd periode in de prehistorie waarin men alleen stenen werktuigen gebruikte

steenuil kleinste soort uil in Nederland (Athene noctua)

steenvrucht vrucht met een harde pit: *de perzik is een* ~

steenweg BN straatweg, grote verkeersweg **steenwoestijn** ❶ woestijngebied met rotsen ❷ neg. gebied met veel gebouwen en wegen en weinig groen **steenwol** wolachtig isolatiemateriaal **steenworp** (afstand van) één keer gooien met een steen ▼ *op een* ~ *afstand* vlakbij: *ons hotel was op een* ~ *afstand van het strand*

steeplechase ⟨stiep(ə)ltsjees⟩ *de (m)* [-s] snelheidswedstrijd met hindernissen, zoals hekken en sloten, met paarden of voor hardlopers

steevast volgens een vaste regel, telkens weer: *als je hem naar zijn werk vraagt, krijg je* ~ *hetzelfde antwoord*

steg *de (m)* smalle weg, pad

steggelen kibbelen, ruziën: *over iets* ~

steiger *de (m)* [-s] ❶ houten bouwwerk aan een oever, waar men met een schip kan aanleggen ❷ stellage van buizen en planken die tijdelijk tegen een gebouw is geplaatst als er aan dat gebouw gewerkt wordt

steigeren ❶ ⟨van een paard⟩ op de achterbenen gaan staan ❷ fig. protesteren: *als je hem dat vraagt, gaat hij* ~

steil *bn* ❶ bijna loodrecht naar beneden: *een* ~*e afgrond* ▼ ~ *haar* haar dat niet krult ❷ star, stijf

stek *de (m)* [-ken] ❶ afgesneden takje of stukje plant waar een nieuwe plant uit komt ❷ plek met aas voor vissen, plaats waar een visser graag vist ❸ fig. plaats waar iemand zich op zijn gemak voelt

stekeblind volkomen blind

stekel *de (m)* [-s] puntig uitsteeksel, ook op sommige planten en dieren, zoals cactussen en egels

stekelbaars visje met stekels op rug en buik

stekelig *bn* vol stekels: *een* ~*e plant* ▼ *een* ~*e opmerking* een geïrriteerde, hatelijke opmerking

stekelvarken knaagdier dat is bedekt met stekels, van het geslacht Hystrix

steken [stak, h. gestoken] ❶ een kant op bewegen: *hij stak zijn hoofd uit het raam* ❷ ergens in doen: *ze stak haar hand in haar zak* ❸ prikken met een scherp voorwerp: *hij stak hem met een mes* ❹ pijn doen alsof men geprikt wordt met een scherp voorwerp: *een* ~*de hoofdpijn* ❺ fig. dwarszitten, ergeren: *het stak hem dat hij nooit promotie had gekregen* ❻ ergens zijn: *de sleutel steekt in het slot* ▼ *blijven* ~ niet verder kunnen, vastzitten: *de auto bleef* ~ *in de modder*

steker *de (m)* [-s] ❶ iets waarmee men steekt ❷ stekker ❸ sieraad met een pinnetje om door het oor te steken

stekken een of meer stekken uitzetten om daaruit nieuwe planten te winnen

stekker *de (m)* [-s] uiteinde van een elektrische draad, dat met pennetjes in een stopcontact past **stekkerdoos** *de* voorwerp waar elektrische stekkers in gestoken kunnen worden en dat met een stopcontact is verbonden

stekkeren ❶ voorzien van een stekker ❷ spreekt. stappen, gaan ❸ spreekt. balen, (iets) erg vervelend vinden

stekkie inform. *het* [-s] ❶ plek met aas voor vissen, plaats waar men graag vist ❷ (prettig) plekje, plaats waar iemand graag zit

stel *het* [-len] ❶ twee personen of dingen die bij elkaar horen: *Fatima en John zijn een leuk* ~ ▼ *een heel* ~ *boeken* veel boeken ❷ toestel, onderstel ▼ *op* ~ *en sprong* onmiddellijk: *we moesten op* ~ *en sprong komen*

stelen [stal, h. gestolen] wegnemen zonder toestemming, zonder te betalen ▼ *iemands hart* ~ iemands liefde of sympathie winnen ▼ *dat kan me gestolen worden* dat bevalt, interesseert me niet ▼ *dat meisje is om te* ~ heel mooi, lief

stellage ⟨-laazjə⟩ *de (v)* [-s] ❶ constructie, verhoging waarop men iets zet of waarop men kan staan ❷ rek met planken om dingen op te bergen, bijv. in een magazijn

stellen ❶ plaatsen, zetten ❷ richten, in de juiste stand zetten ❸ vaststellen, voorschrijven: *eisen* ~ ❹ schriftelijk zinnen maken ❺ veronderstellen: *stel nu eens dat ...* ❻ als mening of standpunt te kennen geven: *hij stelt dat het een foute beslissing was om ...* ▼ *veel te* ~ *hebben met iemand* veel last of problemen met iemand hebben: *zij heeft veel te* ~ *met haar zoon: hij gebruikt drugs en steelt* ▼ *iemand op de hoogte* ~ iemand iets vertellen ▼ ~*de trap* vorm van een bijvoeglijk naamwoord die geen vergelijking uitdrukt: *'groot' is de* ~*de trap van 'groot', 'groter' is de vergrotende trap*

stellig *bn* zeker, beslist: *hij beweerde* ~ *dat hij me nooit eerder gezien had*

stelling *de (v)* ❶ steiger voor een gebouw ❷ mening die iemand wil verdedigen, standpunt: *mijn* ~ *luidt: er zijn te veel snelwegen in Nederland* ❸ stand bij schaken of dammen

stellingmolen windmolen die zo hoog is dat er een stellage nodig is voor het bedienen van de wieken

stellingname *de* het bepalen van een standpunt of houding in een bepaalde kwestie

stellingoorlog ❶ oorlog waarbij men lang in

dezelfde stellingen blijft ❷ fig. strijd waarbij de partijen bij hun standpunten blijven

stelpen doen ophouden: *het bloeden ~*

stelplaats BN ook remise (voor bussen en trams)

stelpost post op een begroting waar men voorlopig van uitgaat maar die men nog niet nauwkeurig kan vaststellen

stelregel idee waar iemand van uitgaat, principe: *mijn ~ is dat je iets eerst moet proberen, voor je hulp vraagt*

stelsel *het* [-s] samenhangend geheel, netwerk: *een gangen~* ▼ *een aantal maatregelen* die met elkaar te maken hebben

stelselmatig *bn* volgens een stelsel of regel ▼ *iets ~ doen* voortdurend, steeds opnieuw

stelt *de* stok om op te lopen ▼ *de boel op ~en zetten* in beroering, in wanorde, in de war brengen

steltloper ❶ iemand die op stelten loopt ❷ waadvogel op hoge poten, zoals de kluut en de grutto, onderorde van de Charadrii

stem *de* [-men] ❶ geluid van een mens als hij zingt of praat ❷ iemands mening, vooral bij een verkiezing of stemming ▼ *zijn ~ verheffen* luid gaan spreken ▼ *een ~ in het kapittel hebben* iets te vertellen hebben **stemafspraak** afspraak tussen verschillende politieke partijen om niet aan een stemming deel te nemen **stemband** vlies boven in strottenhoofd **stembiljet, stembriefje** papier om op te stemmen **stembuiging** toonwisseling in de stem, uitdrukking van gevoel die in de stem wordt gelegd **stembureau** bureau waar men moet stemmen

stembus bus waarin de stembiljetten verzameld worden **stembusslag** BN verkiezingsronde, ronde van een verkiezing die in verschillende fasen wordt opgedeeld **stemdistrict** het gebied dat bij verkiezingen hoort bij een bepaald stembureau **stemgedrag** de keuze die mensen maken bij een verkiezing en de redenen die ze daarvoor hebben **stemgerechtigd** die het recht heeft om te stemmen, die stemrecht heeft

stemhebbend, stemhebbend *bn* ❶ stemgerechtigd ❷ taalk. gevormd met trilling van de stembanden: *de b is ~, de p is stemloos*

stemhokje *het* [-s] afgeschermde ruimte waarin een kiezer stemt **stemkaart** kaart waarmee iemand met stemrecht wordt opgeroepen om te stemmen **stemlokaal** ruimte in een stembureau waar een kiezer zich meldt als hij gaat stemmen en waar hij stemt

stemloos *bn* taalk. gevormd zonder trilling van de stembanden: *de p is ~, de b is stemhebbend*

stemmen ❶ bij een vergadering of verkiezing een keuze maken: *hij stemde tegen het plan* ❷ ervoor zorgen dat een muziekinstrument zuiver kan klinken: *we moeten de piano laten ~* ▼ *dat stemt me vrolijk* ik word er vrolijk van ❸ ⟨BN m.b.t. wetten⟩ goedkeuren: *het voorstel is gestemd*

stemmig *bn* ❶ ingetogen, niet opvallend, niet uitbundig: *~e muziek; de mensen op de begrafenis waren ~ gekleed* ❷ BN ook gezellig, knus: *een ~e woonkamer*

stemming *de (v)* ❶ het stemmen voor of tegen iets: *het plan werd bij ~ aangenomen* ❷ gevoel van vrolijkheid, verdriet, kwaadheid enz., bui: *tijdens de reis was iedereen in een goede ~*

stemmingmakerij *de (v)* het wekken van een bepaalde stemming voor of tegen iemand of iets

stempel I *de (m)* [-s] ❶ voorwerp waarin woorden, cijfers enz. zijn uitgesneden die men met inkt ergens op kan drukken ▼ *zijn ~ op iets drukken* iets sterk beïnvloeden, het karakter van iets bepalen ▼ *iemand van de oude ~* die ouderwetse opvattingen heeft of zich leeft volgens ouderwetse gewoonten ❷ bovenste deel van de stamper van een plant **II** *het & de (m)* [-s] ❸ afdruk met inkt met een stempel: *de douanier zette een ~ in mijn paspoort* **stempelen** ❶ een afdruk zetten met een stempel ❷ BN zich als werkloze (vaak) melden om een stempel te laten zetten op een formulier of kaart

stempelgeld BN vero. werkloosheidsuitkering

stempelmerk (verplicht) stempel op edelmetaal als kwaliteitsgarantie

stemrecht recht om te stemmen of om een kandidaat te zijn op wie anderen kunnen stemmen

stemvee min. kiezers die niet zelfstandig nadenken

stemverheffing het luider laten klinken van zijn stem: *zij sprak met ~ toen ze kwaad was*

stemverklaring openlijke verklaring waarom men een bepaalde stem uitbrengt

stemvork U-vormig stuk metaal dat bij het aanslaan een bepaalde vaste toon geeft

sten *de (m)* [-s] stengun

stencil ⟨-sal⟩ *het & de (m)* [-s] ❶ vel papier, waarop men met een schrijfmachine letters inslaat en waarmee men veel afdrukken kan maken ❷ afdruk ervan: *tegenwoordig zijn ~s vrijwel volledig vervangen door fotokopieën*

stenen *bn* (als) van steen ▼ *~ tijdperk* periode waarin mensen alleen voorwerpen van steen hadden;; min. *die leven nog in het ~ tijdperk* die zijn primitief, achterlijk

steng *de* verlengstuk van een mast

stengel *de (m)* [-s] lang deel van een plant waaraan de bladeren en bloemen zitten

stengun ⟨-Gun⟩ *de (m)* [-s] licht automatisch Brits snelvuurwapen waarmee ook schot voor schot gevuurd kan worden

stenig *bn* ❶ met veel stenen ❷ wat op steen lijkt

stenigen iemand doden door stenen naar die persoon te gooien

stennis *de* drukte, kabaal, herrie, ruzie: *ik ga ~ schoppen als ik die disco niet in mag*

steno *het & de (m)* stenografie

stenografie *de (v)* methode om snel te schrijven door middel van verkortingen en tekens, bijv. om dictaten op te nemen **stenogram** *het* [-men] stuk dat is geschreven met behulp van stenografie

stent *de* [-s] med. buisje dat in een dichtslibbende ader wordt geplaatst om deze open te houden

stentorstem heel zware luide stem

step *de (m)* [-s, -pen] ❶ twee wielen met een plankje ertussen en met aan de voorkant een stuur, waarop iemand zich met één been vooruit duwt, autoped ❷ dans met schuivende passen ❸ bankje waarvan de hoogte verstelbaar is, voor fitnessoefeningen

st

step-in *de (m)* [-s] korset zonder sluiting

steppe *de* [-n, -s] heel grote grasvlakte, vooral in Rusland en Azië

steppen ❶ op een autoped rijden ❷ de step dansen ❸ fitnessoefeningen doen op een step(bankje)

steps *de (mv)* oefeningen om de conditie te verbeteren, met een bankje waar men ritmisch op of overheen stapt

ster *de* [-ren] ❶ groot hemellichaam dat licht uitstraalt ▼ BN, spreekt. *tegen de ~ren op* zonder maat te houden: *ze dronken de hele nacht tegen de sterren op* ❷ figuur met veel punten, dat op een ster lijkt ❸ iemand die uitblinkt, beroemd is ❹ onderscheidingsteken dat de rang van een officier aanduidt

STER *de (v)* stichting etherreclame

sterallures *de (mv)* allures (als) van een artiest, het zich belangrijk voelen omdat men een ster is en het zich zo gedraagt

sterappel appel met rode adertjes **sterbladigen** *de (mv)* plantenfamilie met de bladeren meestal in kransen

stère *de* [-s, -n] m³, kubieke meter

stereo I *bn* ❶ weergave van geluid uit twee geluidsboxen, waardoor het lijkt alsof men tussen de musici zit **II** *de (v)* ❷ stereo-installatie

stereochemie wetenschap van de bouw van moleculen

stereo-installatie geluidsapparatuur waarmee men muziek stereo afspeelt

stereometrie *de (v)* meetkunde van figuren in de ruimte

stereotiep *bn* vast, onveranderlijk, volgens een vast beeld van iets of iemand

stereotoren *de* apparaten van een stereo-installatie boven op elkaar

stereotype *de & het* [-s, -n] vaste voorstelling van iets of iemand, zonder dat gekeken wordt naar individuele personen of zaken: *volgens het ~ dragen alle Nederlanders klompen* **stereotypie** *de (v)* ❶ het maken van vaste drukvormen ❷ vast, versteend begrip of beeld

sterfbed bed waarin iemand sterft **sterfdag** dag waarop iemand sterft **sterfelijk, sterflijk** *bn* wat of die kan sterven **sterfgeval** het overleden zijn van iemand: *wegens ~ is deze winkel gesloten* **sterfhuis** huis waar een dode is **sterfhuisconstructie** reorganisatie van een bedrijf in moeilijkheden, waarbij de delen die levensvatbaar zijn, blijven bestaan en de delen die niet levensvatbaar zijn, worden geliquideerd **sterfjaar** jaar waarin iemand gestorven is **sterfte** *de (v)* het doodgaan: *door die veeziekte was er veel ~ onder koeien* **sterftecijfer** het aantal sterfgevallen per duizend inwoners

steriel *bn* ❶ onvruchtbaar ❷ vrij van (ziekte)kiemen ❸ fig. saai, oninteressant, niet levendig: *een ~ ingericht huis* **sterilisatie** (-zaa-) *de (v)* [-s] het steriel maken, het steriliseren: *~ van een poes; ~ van medische apparatuur* **sterilisator** *de (m)* [-s, -toren] toestel om te steriliseren **steriliseren** (-zi-) ❶ ervoor zorgen dat medische en andere voorwerpen en ruimtes helemaal schoon zijn en vrij van stoffen die ziektes kunnen overbrengen ❷ ervoor zorgen dat een

mens of dier geen kinderen kan voortbrengen: *onze poes werd gesteriliseerd* ❸ ⟨BN ook van groenten en fruit⟩ wecken, groenten e.d. langer houdbaar maken door ze luchtdicht in potten te doen en deze daarna te koken **steriliteit** *de (v)* onvruchtbaarheid

sterk *bn* ❶ met veel kracht, niet zwak: *een ~e bokser* ▼ *~ staan* in een goede positie verkeren, een goede kans hebben om een strijd te winnen ▼ *zich ~ maken* ervan overtuigd zijn (dat) ▼ *zich ~ maken voor* zich erg inspannen voor, veel moeite doen voor ▼ *de ~e hand* de politie ❷ stevig gemaakt, zo dat het niet gauw kapotgaat: *deze schoenen zijn heel ~* ❸ geconcentreerd, scherp van smaak: *~e koffie* ❹ groot in aantal: *honderd man ~* ❺ taalk. met wisselende klinker: *~e werkwoorden* ▼ *dat is ~!* dat is wel heel merkwaardig!

sterkedrank drank met meer dan 20% alcohol **sterken** ❶ kracht, moed geven ❷ bevestigen: *wat hij hoorde, sterkte hem in zijn mening dat ...*

sterkhouder BN stabiele factor, drijvende kracht (onder meer in de sport): *Daerden is momenteel de beste Belgische voetballer en tevens ~ van AA Gent*

sterkte *de (v)* [-n, -s] ❶ kracht, stevigheid ❷ moed, geestelijke kracht: *iemand ~ wensen na een sterfgeval* **sterkte-zwakteanalyse** een overzicht van sterke en zwakke eigenschappen van een zaak of in een situatie **sterkwater** ❶ salpeterzuur ❷ ethanol met 20-30% alcohol, gebruikt voor het conserveren van planten en dieren

stern *de* [-s, -en] zeezwaluw, meeuwachtige vogel **steroïden** schei. *de (mv)* verzamelnaam van organische verbindingen die van koolwaterstof zijn afgeleid

sterrenbeeld ❶ figuur van vaste sterren ❷ teken van de dierenriem waaronder iemand geboren is **sterrenbos** stervormig plantsoen **sterrenhemel** hemel met sterren **sterrenkaart** kaart van de sterrenhemel **sterrenkijker** ❶ toestel om mee naar sterren te kijken ❷ iemand die de sterren bestudeert **sterrenkunde** wetenschap die zich bezighoudt met de hemellichamen **sterrenregen** groot aantal vallende sterren

sterrenrestaurant restaurant dat met één of meer sterren is onderscheiden **sterrenwacht** *de* instituut waar men met kijkers de sterrenhemel bestudeert **sterrit** auto- of motorrace vanuit verschillende plaatsen naar één finish **sterspeler** speler die uitblinkt **sterveling** *de (m)* mens, als een wezen dat eens zal sterven **sterven** [stierf, is gestorven] ophouden te leven **stethoscoop** *de (m)* [-scopen] apparaat waarmee een arts naar geluiden in iemands lichaam luistert

steun *de (m)* ❶ voorwerp waarop iemand of iets steunt ❷ hulp, iemand die helpt **steunbeer** plaatselijke verzwaring van een muur om deze te versterken en druk van gewelven, luchtbogen e.d. op te vangen **steunen** ❶ tegen iets leunen of op iets rusten: *de* *plank steunde op twee uitsteeksels* ❷ helpen: *de ouders steunden hun kinderen* ❸ kreunen en zuchten

steunfonds fonds waaruit financiële steun wordt gegeven **steunpilaar** ❶ steunende pilaar ❷ **fig.** persoon die veel voor iets doet, van grote betekenis voor iets is **steunpunt** *het* ❶ punt waarop iets steunt ❷ **fig.** plaats waar men hulp kan krijgen

steuntrekker neg. iemand die een bijstandsuitkering heeft

steunzool losse zool als verhoging in een schoen, bijv. voor mensen met platvoeten

steur *de (m)* riviervis waarvan de kuit voor kaviaar gebruikt wordt (Acipenser sturio)

steven *de (m)* [-s] uiteinde van een schip **stevenen** koers zetten, gaan naar

stevig *bn* ❶ sterk: *~e wind* ❷ flink: *we hebben een ~ potje gevochten*

steward ⟨stjoeward⟩ *de (m)* [-s] ❶ man die passagiers bedient en een vliegtuig of op een schip ❷ begeleider van supporters bij een voetbalwedstrijd **stewardess** ⟨-des⟩ *de (v)* [-sen] vrouw die passagiers bedient, vooral in vliegtuigen

St.-Gen. Staten-Generaal

sticht *het* ❶ klooster ❷ bisdom **stichtelijk** *bn* godsdienstig-opbouwend, verheffend: *~e lectuur* **stichten** ❶ ervoor zorgen dat iets er komt of gebeurt: *vrede ~, een gezin ~* ❷ tot vroomheid opwekken

stichting *de (v)* ❶ soort vereniging, maar zonder leden, die gesticht is voor een bepaald doel ❷ het stichten ❸ godsdienstige ontroering

stick *de (m)* [-s] ❶ stok, vooral hockeystok ❷ hendel: *joy~*

sticker *de (m)* [-s] zelfklevend papiertje met een tekst of afbeelding, dat ergens op kan worden geplakt

stickie inform. *het* [-s] hasj- of marihuanasigaret **stiefbroer** zoon uit een ander huwelijk van een stiefouder **stiefdochter** dochter uit een vroeger huwelijk van iemands man of vrouw

stiefelen inform. onverstoorbaar stappen, lopen: *zonder om te kijken stiefelde hij de verkeerde kant op*

stiefkind kind uit een vroeger huwelijk van iemands man of vrouw **stiefmoeder** nieuwe vrouw van iemands vader **stiefmoederlijk**, **stiefmoederlijk** *bn* niet met echte belangstelling of liefde, karig: *~ bedeeld worden*

stiefouder iemand die de ouderrol vervult naast een van de biologische ouders, stiefvader of stiefmoeder **stiefvader** nieuwe man van iemands moeder **stiefzoon** zoon uit een vroeger huwelijk van iemands man of vrouw **stiefzuster** dochter uit een ander huwelijk van een stiefouder

stiekem *bn* heimelijk, zo dat niemand het merkt **stiekemerd** *de (m)* [-s] iemand die dingen stiekem doet

stiel *de (m)* BN ook vak ▼ BN ook *twaalf ~en, dertien ongelukken* twaalf ambachten, dertien ongelukken; gezegd van iemand die telkens een ander middel van bestaan kiest en nooit succes heeft

stier *de (m)* mannelijk rund ▼ *balen als een ~* heel erg balen

Stier *de (m)* ❶ tweede teken van de dierenriem ❷ iemand die onder dat teken geboren is

stierengevecht het uitdagen en doden van een stier als volksvermaak, vooral in Spanje **stierennek** heel stevige nek **stierenvechter** *de (m)* [-s] iemand die meedoet aan een stierengevecht **stierkalf** mannelijk kalf

stierlijk *bw* heel erg: *zich ~ vervelen*

stift I *de* ❶ voorwerp om mee te schrijven of kleuren of een stof ergens op aan te brengen: *breng de crème met een ~ aan* **II** *het* ❷ klooster **stiften** ❶ **sp.** een schot geven waarbij de voetbal met een boogje vanaf de grond wordt getrapt ❷ kleur aanbrengen met een stift: *de lippen ~* **stifttand** kunsttand in een echte wortel

stigma *het* [-'s, -mata] ❶ merk, brandmerk, schandvlek ❷ ademopening, luchtgat van insecten ❸ wondteken zoals aan het lichaam van Christus **stigmatiseren** iemand voor altijd een slecht imago bezorgen door de manier waarop men over hem spreekt of hem behandelt, brandmerken, schandvlekken

stijf *bn* ❶ hard en moeilijk te bewegen: *de natte kleren aan de waslijn waren ~ geworden door de vorst; het stuk staat ~ van de fouten* er staan heel veel fouten in ▼ *een stijve hebben* een erectie hebben ❷ niet vlot, niet gemakkelijk in de omgang met anderen **stijfkop** koppig iemand **stijfsel** *de (m) & het* papje van zetmeel dat textiel stijf maakt

stijgbeugel ❶ een van de twee beugels aan een zadel waarin een ruiter zijn voet zet als hij op een paard gaat zitten en waarin zijn voeten steunen wanneer hij rijdt ❷ een van de botjes in het oor **stijgen** [steeg, is gestegen] ❶ omhooggaan: *het vliegtuig stijgt* ❷ **fig.** toenemen, meer worden: *de prijzen ~*

stijl *de (m)* ❶ manier van schrijven, schilderen, bouwen enz.: *die kunstenaar heeft een heel bijzondere ~* ❷ manier waarop iemand dingen doet, hoe hij zich gedraagt: *dat is geen ~!* ❸ middelste deel van de stamper van een bloem ❹ steunpaal, deurpost

stijlbloempje *het* [-s] verkeerde beeldspraak die een komische indruk wekt: *een brief vol ~s* **stijldansen** manier van dansen waarbij veel bewegingen zijn voorgeschreven, zoals de tango, de wals en de foxtrot **stijlfiguur** uitdrukking of zinsbouw die een beetje ongewoon is, waarmee iemand een bijzonder effect wil bereiken **stijlloos** *bn* ❶ niet van goede stijl: *de inrichting van zijn huis is nogal ~* ❷ onbehoorlijk, helemaal niet zoals goed en netjes is: *het is ~ om iemand zo te behandelen* **stijlvol** met veel gevoel voor stijl: *~le meubels*

stijven I [steef, h. gesteven] ❶ met stijfsel stijf maken **II** [stijfde, h. gestijfd] ❷ sterken: *dat stijft mij in de overtuiging dat ...* **stijvig** *bn* een beetje stijf

stikdonker heel erg donker **stikheet** heel erg heet

stikken [stikte, h. / is gestikt] ❶ doodgaan doordat men geen lucht meer binnen kan krijgen: *hij is gestikt in een stukje appel* ❷ in overvloed hebben: *hij stikte in het geld* ❸ naaien op zo'n manier dat iedere steek door de opening van de vorige steek wordt gehaald

stiksel *het* [-s] rij gestikte steken

stikstof gas zonder geur of kleur: *het grootste deel van de lucht op aarde bestaat uit ~*

stikvol heel erg vol: *de tekst stond ~ spelfouten*

stil *bn* zonder beweging, zonder lawaai, rustig, kalm: *hij bleef ~ in een hoekje zitten,; het was heel ~ op straat* ▼ *~le vennoot* vennoot die alleen financieel meedoet **stilaan** *bw* langzamerhand: *we moesten ~ maar weer eens op huis aan*

stileren ❶ kunst van het schrijven in een goede stijlvorm schrijven ❷ in een vereenvoudigde, maar karakteristieke grondvorm uitbeelden

stiletto *de (m)* [-'s] kleine dolk **stilettohak** heel hoge dunne hak van een damesschoen

stilhouden niet bewegen: *zijn handen ~* ▼ *iemand, een auto ~* iemand, een auto doen stoppen ▼ *iets ~* niet vertellen, verzwijgen

stilistiek *de (v)* ❶ kunst van het schrijven in een goede stijl ❷ wetenschappelijk onderzoek van stijl **stilistisch** *bn* wat te maken heeft met stijl of met de stilistiek: *inhoudelijk is dit boek niet zo interessant, maar in ~ opzicht is het geweldig*

stille *de* [-n] ❶ zwijgzaam persoon, iemand die niet veel zegt ❷ *inform.* politieagent in burger, rechercheur

stilleggen ❶ ervoor zorgen dat iets niet meer beweegt maar blijft liggen ❷ ervoor zorgen dat iets stopt, (tijdelijk) niet functioneert: *het verkeer ~; de handel ~*

stillen ❶ ervoor zorgen dat iets stil of rustig is ❷ ervoor zorgen dat iets ophoudt, dat het minder hevig wordt: *zijn honger ~*

stilleven, stilleven schilderij, tekening, foto e.d. zonder mensen erop, maar met voorwerpen, bloemen, vruchten, dode vis enz.: *een ~ met vruchten op een tafel* **stillezen** het lezen zonder de tekst hardop te zeggen **stilliggen** ❶ liggen zonder te bewegen ❷ niet varen: *het vrachtschip ligt al drie weken stil* ❸ niet (meer) in werking zijn: *het bedrijf ligt stil* **stilstaan** ❶ blijven staan: *op de hoek van de straat stond ze plotseling stil* ❷ *fig.* zich niet (meer) ontwikkelen ▼ *~ bij* even aandacht schenken aan: *de leraar stond stil bij de onverwachte dood van de medeleerling* **stilstaand** *bn* niet stromend: *~ water* **stilstand** *de (m)* ❶ het stilstaan: *een fiets tot ~ brengen* ❷ toestand waarin er geen vooruitgang is: *~ in de economie*

stilte *de (v)* [-n, -s] het stil zijn, toestand waarin er geen of weinig geluid te horen is ▼ *in ~* heimelijk, zonder dat het bekendgemaakt is: *ze zijn in ~ getrouwd* **stiltecentrum** gebouw of ruimte waar men zich kan terugtrekken voor stilte, bezinning of gebed **stiltecoupé** coupé in een trein waar reizigers stil moeten zijn: *als ik onderweg wil lezen, ga ik in een ~ zitten*

stilton ‹-tən› *de (m)* Engelse schimmelkaas

stilzitten ❶ zitten zonder te bewegen ❷ nietsdoen, luieren, rusten **stilzwijgen I** *ww* zwijgen **II** *het* ▼ *het ~ bewaren* niets zeggen **stilzwijgend** *bn* zonder iets te zeggen (maar waarbij men iets wel zo bedoelt of weet wat er bedoeld wordt): *ze kwamen ~ overeen om niemand iets over het gebeurde te vertellen*

stimulans *de (m)* [-en, -lantia] iets wat opwekkend, prikkelend werkt, iemand aanzet om iets te doen: *hij heeft een ~ nodig om iets te ondernemen* **stimulatie** *de (v)* [-s] het stimuleren, prikkelen tot **stimuleren** aansporen en daarbij helpen: *hij heeft zijn kinderen altijd gestimuleerd om veel aan sport te doen* **stimulus** *de (m)* [-li] een prikkel die een bepaalde reactie oproept

stinkbom bom die stank verspreidt **stinkdier** zwart-wit knaagdier in Noord-Amerika dat een vreselijke stank verspreidt als het in gevaar is **stinken** [stonk, h. gestonken] vies ruiken: *die sokken stonken vreselijk* ▼ *inform. erin ~* in een grap trappen; betrapt worden: *hij is erin gestonken* **stinkend** *bn* ❶ die of wat stank verspreidt ❷ heel erg, vaak in negatieve zin ▼ *~ rijk* heel erg rijk **stinker, stinkerd** *de (m)* [-s] iemand die stinkt ▼ *iron. rijke ~* rijkaard, iemand die veel geld heeft **stinkstok** *iron.* ❶ sigaret ❷ slechte sigaar

stins *hist. de (m)* versterkt landhuis of kasteel van een Friese adellijke familie

stip *de* [-pen] ❶ rond figuurtje, punt: *een blauwe rok met witte ~pen* ❷ *sp.* witte stip van waaraf een strafschop moet worden genomen

stipendium *het* [-s, -dia] toelage, beurs, vooral voor een student

stippel *de* [-s] stip, kleine ronde figuur **stippelen** stippels maken **stippellijn** lijn die bestaat uit stipjes of streepjes: *langs de ~ afknippen* **stippen** ❶ stippelen ❷ in iets dopen: *hij stipte de pen in de inkt*

stipt *bn* nauwkeurig, precies: *zij is altijd ~ op tijd* **stiptheidsactie** het nauwkeurig uitvoeren van de gewone werktaak (uit protest of als waarschuwing) waardoor vertraging ontstaat: *door de ~ reden de treinen met grote vertraging*

stipuleren als voorwaarde vastleggen bij een bespreking, vaststellen door het af te spreken, bedingen, overeenkomen

stochastisch *bn* ❶ volgens een tak van wiskunde die is gericht op statistiek en kansrekening ❷ van vermoedelijke aard, waarschijnlijk

stock *de (m)* [-s] ❶ BN ook voorraad ❷ beginkapitaal ❸ aandelen **stockcar** ‹stokkàR› *de (m)* [-s] gewone personenauto voor races

stockdividend dividend in de vorm van aandelen

stockeren ‹stokki-› BN, ook opslaan

stockholmsyndroom syndroom waarbij een slachtoffer sympathie gaat opvatten voor zijn ontvoerder of gijzelnemer

stoefen BN, spreekt. opscheppen, pochen

stoeien wild spelen, voor de lol een beetje vechten **stoeipoes** *de (v)* [-poezen] uitdagende, sexy vrouw die uitnodigt tot seksueel contact

stoel *de (m)* ❶ meubel waarop één persoon kan zitten ▼ *elektrische ~* toestel voor uitvoering van de doodstraf door elektrocutie ▼ *niet onder ~en of banken steken* iets eerlijk zeggen, ergens duidelijk voor uitkomen ❷ constructie om iets te ondersteunen ❸ stronk van plant boven de grond

stoelen gegrond zijn op, gebaseerd zijn op: *de*

verdenking stoelde op twijfelachtige getuigenverklaringen **stoelendans** gezelschapsspel waarbij de deelnemers een van de stoelen (één minder in aantal dan deelnemers) moeten proberen te bezetten

stoelgang *de (m)* ontlasting, het poepen ▼ *een slechte ~ hebben* niet goed kunnen poepen

stoeltjeslift stevige kabel waar kleine bankjes aan vastzitten, waarmee mensen over grote hoogte worden vervoerd

stoemp BN, spreekt. *de* stampot

stoep *de* ❶ stenen opstap voor een gebouw ❷ baan langs een weg waarover voetgangers lopen, trottoir

stoepa *de (m)* [-'s] bolvormig boeddhistisch bouwwerk

stoepkrijten met krijt op een trottoir tekenen

stoepranden een kinderspel spelen waarbij een bal op zo'n manier tegen een trottoirband wordt gegooid dat hij terugspringt

stoer *bn* stevig en sterk, niet bang ▼ *~ doen* doen alsof men sterk is en nergens bang voor is

stoet *de (m)* optocht, rij

stoeterij *de (v)* paardenfokkerij

stoethaspel *de (m)* [-s] onhandig iemand ▼ *vreemde ~* vreemd iemand, iemand die anders is dan de rest

stof I *de* [-fen] ❶ textiel, weefsel, zoals katoen, wol of zijde: *van welke ~ is die jas gemaakt?* ❷ materiaal waaruit iets bestaat: *steen is een harde ~* ▼ *~ tot nadenken* iets om over na te denken ▼ *lang van ~ zijn* heel lang en uitgebreid over iets praten II *het* ❸ heel kleine lichte deeltjes die gemakkelijk in luchtstromen worden meegevoerd of die op plaatsen liggen waar niet is schoongemaakt ▼ *veel ~ opjagen* opspraak verwekken **stofbril** bril die de oogkassen afsluit zodat er geen vuil in de ogen kan komen

stofdoek doek om stof af te vegen

stoffeerder *de (m)* [-s] ❶ iemand die meubels bekleedt ❷ iemand die (kamers) stoffeert

stoffelijk *bn* wat men kan zien en voelen, niet geestelijk ▼ *~ overschot* lijk, lichaam van een overledene **stoffen** I *ww* ❶ stof afnemen, stof wegvegen II *bn* ❷ van stof **stoffer** *de (m)* [-s] zachte borstel waarmee men vuil opveegt: *~ en blik*

stofferen ❶ ⟨een kamer of huis⟩ er vloerbedekking en gordijnen in doen ❷ ⟨meubels⟩ met stof overtrekken

stoffering *de (v)* ❶ het stofferen ❷ dat waarmee iets gestoffeerd is, bekleding, gordijnen en vloerbedekking

stoffig *bn* vol met stof of met stof overdekt: *~e boeken* **stofgoud** goudpoeder **stofjas** dunne jas waarmee iemand zijn kleren beschermt, bijv. tegen stof **stofkam** heel fijne kam om stof uit het haar te halen **stoflong** long die is aangetast door het inademen van stof

stofnaam zelfstandig naamwoord dat een stof noemt en niet een voorwerp: *suiker is een ~*

stofnest plaats of ding waar gemakkelijk stof komt

stofwisseling *de (v)* opname van voedsel in het lichaam en het verwerken ervan

stofzuigen [stofzuigde, h. gestofzuigd] met een

stofzuiger schoonmaken **stofzuiger** elektrisch apparaat dat stof en ander vuil opzuigt

stoïcijns *bn* onverstoorbaar, gelijkmoedig, onaandoenlijk: *hij reageerde ~ op de beledigingen*

stok *de (m)* [-ken] ❶ lang stuk hout ▼ *je krijgt hem met geen ~ naar ...* het lukt niet om hem naar ... te laten gaan ▼ *een ~ achter de deur* een dreiging die motiverend werkt ▼ *het met iemand aan de ~ krijgen* ruzie krijgen ❷ dunne stam van een boom ❸ aantal kaarten of dominostenen dat na het ronddelen overblijft

stokbrood lang en dun Frans brood met een harde korst **stokdoof** volslagen doof

stoken ❶ een vuur doen branden ❷ ⟨sterkedrank⟩ maken, bereiden: *jenever ~* ❸ fig. mensen ophitsen tot ruzie of strijd

stokerij *de (v)* fabriek waar jenever, likeur enz. gestookt wordt

stokje *het* [-s] ❶ kleine stok ▼ *van zijn ~ gaan* flauwvallen ▼ *ergens een ~ voor steken* iets beletten ❷ bepaalde haaksteek

stokken [stokte, is gestokt] haperen, blijven steken: *zijn stem stokte*

stokoud heel oud

stokpaardje *het* [-s] lievelingsonderwerp, lievelingsbezigheid **stokroos** heel hoge plant met grote bloemen van de familie kaasjeskruid (Althaea rosea) **stokstijf** helemaal stijf, onbeweeglijk: *hij bleef ~ staan* **stokvis** gedroogde kabeljauw

stol *de (m)* [-len] luxebrood met spijs

stola *de* [-'s] lange, brede sjaal van bont of stof voor vrouwen

stollen van vloeibaar vast worden: *er zat een laag gestold vet in de koekenpan*

stolp *de* ❶ glazen klok of deksel ❷ vierkante boerderij met een piramidevormig dak

stolsel *het* [-s] iets wat gestold is

stom *bn* ❶ erg dom ❷ achterlijk, gek, lelijk: *wat een ~me broek!* ❸ niet in staat om te spreken: *het kind was doof en ~* ❹ ⟨als eerste deel van een samenstelling⟩ heel erg: *~vervelend* ▼ *geen ~ woord zeggen* niets zeggen

stoma *de (m)* [-'s, -ta] lichaamsopening die is gemaakt door een operatie, vooral met de functie van de anus

stomen ❶ stoom afgeven ❷ met stoom schoonmaken: *die broek kun je niet wassen, die moet je laten ~* **stomerij** *de (v)* plaats waren kleren enz. met stoom schoongemaakt worden

stomkop stom, dom persoon

stommelen doffe geluiden maken door te bewegen: *ik hoorde iemand ~ op de gang*

stommeling I *de (v)* ❶ dof geluid van iemand die of iets dat beweegt II *de (m)* ❷ domoor, dom persoon **stommerd** *de (m)* [-s], **stommerik** stom, dom persoon

stommetje *het* ▼ *~ spelen* niets zeggen **stommigheid** *de (v)* [-heden] het dom-zijn **stommiteit** *de (v)* ❶ het dom-zijn ❷ iets doms wat iemand doet of zegt

stomp I *de (m)* ❶ stoot met de vuist: *hij gaf me een ~ in mijn gezicht* ❷ overgebleven stuk van iets dat is weggehaakt: *de ~ van een omgehakte boom; de ~ van een arm* II *bn* ❸ bot, niet scherp: *een ~ mes; een ~e bovenkant van een toren*

stompen een stomp geven, stoten

stompje *het* [-s] overgebleven eindje, overgebleven stukje: *na het ongeluk met vuurwerk waren zijn vingers alleen nog ~s*

stompzinnig *bn* erg dom, bot, bekrompen: *wat een ~e opmerking*

stomweg *bw* zomaar, zonder meer, gewoon: *dat is ~ toeval*

stond *de (m)*, **stonde** dicht. tijd, uur

stoned ⟨stoond⟩ *bn* onder invloed van drugs

stonewashed ⟨stoonwosjt⟩ *bn* ⟨van spijkerkleding⟩ kunstmatig versleten door een wasbeurt met steentjes tijdens het productieproces

stoof *de* [stoven] soort klein, laag bankje met daarin een vuurpotje, om iemands voeten te verwarmen

stoofappel appel die alleen gestoofd gegeten wordt **stoofkarbonade** BN ook gerecht van rundvlees dat in stukken gesneden en gestoofd opgediend wordt **stooflap** stuk vlees dat sudderend gaar moet worden, sudderlap **stoofpot** *de (m)*, **stoofschotel** *de* gerecht dat gestoofd wordt

stookolie ruwe aardolie, gebruikt als brandstof

stool *de (m)* [stolen] schouderband van priesters bij liturgische handelingen

stoom *de (m)* ❶ damp van kokend water ❷ walm **stoombad** het baden in stoom om te transpireren

stoomboot hist. schip dat vaart op stoom **stoomcursus** korte maar intensieve cursus **stoomfluit** fluit die met stoom werkt **stoomketel** ketel voor het opwekken van stoom uit water **stoompan** pan om eten in te stomen **stoomvaart** hist. vaart met schepen die varen op stoom

stoornis *de (v)* [-sen] ❶ iets dat hindert, de normale gang van zaken verstoort ❷ kwaal of afwijking, iets waardoor iemand niet goed functioneert: *een gedrags~* **stoorzender** ❶ installatie waarmee met opzet storende geluiden of signalen worden uitgezonden waardoor de ontvangst van een radio- of televisiestation, mobiele telefoons e.d. wordt bemoeilijkt of onmogelijk gemaakt ❷ fig. iemand die iets verstoort

stoot *de (m)* [stoten] ❶ duw, stomp: *ze gaf me een ~ in mijn rug* ▼ *de eerste ~ geven tot iets* iets in gang zetten, aan het rollen brengen ❷ grote hoeveelheid, groot aantal: *een hele ~ kinderen* ❸ inform. knappe vrouw of man **stootblok** stel palen met een dwarsbalk als buffer aan het eind van een spoorlijn

stootje *het* [-s] ▼ *tegen een ~ kunnen* wel wat kunnen verdragen **stootkussen** kussen of een ander voorwerp dat stoten op moet vangen **stoottroepen** *de (mv)* troepen die een doorbraak moeten forceren

stop I *de (m)* [-pen] ❶ voorwerp waarmee men een opening afsluit: *de ~ van een wasbak* ❷ zekering: *de ~pen sloegen door en toen hadden we geen stroom meer* ▼ *de ~pen zijn bij hem doorgeslagen* hij verloor alle zelfbeheersing **II** *de (m)* [-s] ❶ beëindiging of tijdelijke onderbreking: *na een korte ~ bij een wegrestaurant reden we weer verder* **III** *tw* ❷ sta stil, hou op **stopbord** verkeersbord dat aangeeft dat het verkeer moet stoppen

stopcontact voorwerp in een muur met kleine gaten waarin de stekker van een elektrisch apparaat wordt gestoken en zo op het elektriciteitsnet wordt aangesloten

stopfles fles met glazen stop

stoplap ❶ lap waarop men textiel leert stoppen of waarmee een gat wordt dichtgemaakt ❷ woord dat in de zin wordt gevoegd vanwege rijm of ritme ❸ nietszeggende clichématige opmerking

stoplicht licht naast of boven de weg dat aangeeft of het verkeer moet stoppen of mag doorrijden **stoplossorder** ⟨-ò̀Rdə̀R⟩ *de* [-s] opdracht om een beursfonds te verkopen als de koers onder een bepaalde grens daalt **stopmes** mes om stopverf aan te brengen **stopmiddel** ❶ middel tegen diarree ❷ vulmiddel om gaten, scheuren e.d. mee te dichten

stopnaald lange dunne naald met een groot oog

stoppel *de (m)* [-s, -en] ❶ kort hard haartje: *de ongeschoren man had ~s op zijn kin* ❷ overgebleven deel van een halm die pas is afgemaaid **stoppelig** *bn* vol stoppels

stoppen ❶ stil blijven, niet verdergaan: *hij is gestopt met werken* ❷ doen stilhouden, niet verder laten gaan: *de agenten ~ het verkeer* ❸ dichtmaken: *ik heb het gat gestopt* ❹ iets ergens in doen, opbergen: *ik heb het geld in mijn zak gestopt*

stoppenkast kast voor zekeringen in het elektriciteitsnet

stopsein teken om te stoppen **stopstreep** verkeersstreep die aangeeft waar men moet stoppen **stoptrein** trein die op heel veel stations stopt **stopverbod** verbod om met een auto, motor e.d. te stoppen: *in deze straat geldt een ~*

stopverf kneedbaar materiaal waarmee gaten in een te verven oppervlak worden opgevuld en waarmee ruiten worden vastgezet in een venster

stopwatch ⟨-wotsj⟩ *de (m)* [-es] soort horloge waarmee men heel precies de tijd kan meten

stopwoord woord of gezegde dat iemand vaak gebruikt: *'weet je' is zijn ~, dat zegt hij na elke zin*

stopzetten ❶ doen stilstaan: *een machine ~* ❷ doen ophouden, ergens niet mee doorgaan: *een subsidie ~*

storage ⟨stó̀rədzj⟩ *de (v)* opslag (van goederen)

store ⟨stooR⟩ *de* [-s] ❶ gordijn tegen de zon dat kan worden opgetrokken, rolgordijn ❷ jaloezie aan de binnenkant van het raam, rolluik

storen ❶ hinderen, lastig zijn: *dat lawaai van die vliegtuigen stoort me* ❷ de ontvangst van een radio, tv, gsm e.d. moeilijk maken: *het onweer stoorde de radio* ▼ *zich ~ aan* zich ergeren aan

storing *de (v)* ❶ het storen ▼ *technische ~* onderbreking doordat machines enz. niet goed werken ❷ nadering van een depressie, van slecht weer ❸ gestoorde ontvangst van radio, tv, gsm e.d. **storingsdienst** dienst om storingen op te sporen en te verhelpen

storm *de (m)* heel harde wind ▼ *een ~ in een glas*

water veel drukte om niets **stormachtig** *bn*
❶ met veel wind: *het is ~ weer* ❷ fig. heftig,
hevig: *een ~e liefdesrelatie* **stormbaan** baan voor
militaire oefeningen **stormbal** zwarte bal die
wordt gehesen als er storm dreigt

stormen ❶ hard waaien: *het heeft gisteren
gestormd* ❷ hard lopen: *hij is naar binnen
gestormd* **stormlamp** lamp die niet uitwaait
stormloop ❶ heftige snelle aanval ❷ het
toestromen van veel mensen: *een ~ op de kaartjes
voor het concert* **stormlopen** ❶ een heftige snelle
aanval doen ❷ fig. toestromen van veel mensen:
*het liep storm toen de winkel merkartikelen tegen
heel lage prijzen verkocht* **stormram** hist. balk
met ijzeren punten die vaak aan kettingen
hangt en waarmee muren en poorten geramd
worden **stormschade** schade door storm
stormvloed heel hoge vloed bij storm
stormvogel zwemvogel met heel lange vleugels
van de familie van de Procellariiformes

storneren ⟨boekhouden⟩ een fout verbeteren
door af- of bij te schrijven **storno** *de (m)* [-'s]
⟨boekhouden⟩ terugboeking als correctie van
een fout

stort I *het & de (m)* ❶ plaats, vloer waar beton of
zand op gestort wordt ❷ stortplaats, vuilnisbelt
II *het* ❸ uitgegraven of gebaggerde grond
stortbad ⟨douche ▼ *een ~ ijskoud ~* een akelige
verrassing **stortbak** ❶ waterreservoir van een
toilet ❷ bak waarin of waaruit iets gestort wordt
stortbui hevige regenbui

storten ❶ doen vallen, neergooien: *verboden vuil
te ~* ❷ heel hard regenen, stortregenen ❸ geld
op een rekening zetten, naar een rekening
sturen: *het bedrag kan worden gestort op
bankrekeningnummer ...* ❹ onverwachts in een
diepte vallen: *ze stortte in de afgrond ▼ zich op
iets ~* met enthousiasme met iets beginnen
storting *de (v)* het storten van geld
stortkoker koker waardoor iets naar beneden
gegooid kan worden **stortplaats** plaats waar
vuil gestort mag worden **stortregen** hevige
regen **stortvloed** ❶ sterke hevige stroom ❷ fig.
heel grote hoeveelheid: *een ~ aan informatie*
stortzee hoge golf die over een schip slaat

storyboard ⟨stoorieboord⟩ *het* [-s] ⟨getekend⟩
overzicht van shots van filmscènes om een
indruk te geven hoe het moet worden

stoten [stootte / stiet, h. / is gestoten] botsen
tegen iets: *ik stootte mijn heup tegen de hoek van
de tafel ▼ ~ op* aantreffen, tegenkomen
stotteraar *de (m)* [-s] iemand die stottert
stotteren moeizaam spreken, waarbij iemand
steeds hapert en sommige letters of lettergrepen
vaak herhaalt

stout I *de (m) & het* ❶ krachtig donker Engels.
bier II *bn* ❷ die dingen doet die niet mogen,
ondeugend: *een ~ kind* ❸ die risico's neemt,
dapper, gedurfd: *een ~ staaltje ▼ de ~ste
verwachtingen overtreffen* veel betere resultaten
opleveren dan men had verwacht **stouterd** *de
(m)* [-s], **stouterik** stout iemand
stoutmoedig *bn* dapper, niet bang, gedurfd:
een ~ plan
stouwen de lading op zo'n manier in een schip
bergen dat deze zo weinig mogelijk ruimte

inneemt en het gewicht zo goed mogelijk
verdeeld is ▼ fig. *heel wat kunnen ~* veel kunnen
eten en drinken

stoven ⟨eten⟩ klaarmaken in een gesloten pan op
een laag vuur **stoverij** BN, ook *de (v)* stoofvlees,
gerecht van rundvlees dat in stukken gesneden
en gestoofd opgediend wordt

straal I *de* [stralen] ❶ streep licht, lichtstraal: *de
stralen van de zon* ❷ dunne stroom vloeistof: *een
straaltje water* ❸ afstand van het middelpunt van
een cirkel of bol naar de omtrek II *bw ▼ iemand ~
voorbijlopen* recht op iemand af lopen en
doorlopen zonder die persoon te zien of terwijl
men doet alsof men die persoon niet ziet
straalaandrijving aandrijving met een
straalmotor
straalbezopen inform. volkomen dronken
straaljager heel snel militair vliegtuig met een
straalmotor **straalkachel** elektrische kachel
waarvan de warmte door een reflector verspreid
wordt **straalmotor** heel krachtige motor zonder
schroef, vooral gebruikt in vliegtuigen, die een
vliegtuig voortstuwt doordat verhitte gassen
uitzetten **straalstroom** luchtstroom in de
bovenlaag van de atmosfeer **straalvliegtuig**
vliegtuig met een straalmotor

straat *de* [straten] ❶ weg in een dorp of stad die
verhard is met stenen of asfalt ▼ *iemand op ~
zetten* ontslaan of uit zijn huis zetten ▼ BN *zo oud
als de ~* heel oud ▼ BN ook *een ~je zonder eind* iets
waar maar geen einde aan komt, hopeloos geval
❷ nauw deel van een zee: *de Straat van Gibraltar*
straatarm heel arm **straatbeeld** hoe het er
uitziet in een straat **straatcoach** particuliere
toezichthouder op plekken waar jongeren vaak
voor overlast zorgen **straatgevecht** gevecht op
straat **straathoekwerker** welzijnswerker voor
mensen die op straat zwerven **straathond** hond
zonder baas die op straat zwerft **straatjeugd**
jeugd die veel op straat leeft **straatjongen**
jongen die veel op straat is
straatlantaarn lantaarn voor de
straatverlichting **straatmadelief** prostituee
straatmuzikant iemand die voor geld op straat
muziek maakt **straatorgel** draaiorgel dat op
straat speelt **straatrace** ⟨vaak illegale⟩ wedstrijd
tussen motorvoertuigen op de openbare weg
straatschenderij *de (v)* het vernielen en overlast
bezorgen buitenshuis, op straat **straatslijper** *de
(m)* [-s] iemand die op straat rondhangt, iemand
die doelloos op straat rondloopt **straattaal**
⟨onder jongeren⟩ mengtaal van Nederlands,
Engels en talen van allochtonen **straatvechter**
de (m) [-s] ❶ iemand die vaak op straat vecht
❷ fig. iemand die in het openbaar opkomt voor
zijn belangen **straatverbod** verbod dat door de
rechter is opgelegd en waarbij iemand niet in
een bepaalde straat of buurt mag komen: *de
stalker kreeg een ~ en mocht niet meer in de straat
komen waar zijn ex-vriendin woonde*
straatwaarde waarde bij verkoop aan de
gebruiker: *de politie heeft een lading drugs in
beslag genomen met een ~ van een miljoen euro*
straatweg grote geplaveide weg naar buiten
een stad
Stradivarius *de (m)* [-sen] viool die de Italiaanse

st

vioolbouwer Stradivari (1644-1737) heeft gebouwd: *is dit een echte ~?*

straf I *de* [-fen] ❶ iets onprettigs wat iemand moet doen of ondergaan, omdat hij iets verkeerds heeft gedaan: *ik mocht voor ~ het hele weekend niet uit* ▼ *werk- en leer~* straf in de vorm van onbetaalde arbeid en het volgen van een leertraject II *bn* ❷ streng: *met ~fe hand leiden* ❸ krachtig, sterk: *een ~fe wind*

strafbaar *bn* wat volgens de wet bestraft wordt: *drugs verkopen is ~* **strafbal** vrije bal die op het doel gericht is, als straf **strafbank** bank waarop een speler een straf van enkele minuten moet uitzitten **strafbepaling** bepaling over de straf die op een misdrijf staat **strafblad** register van veroordelingen door de rechter voor iets strafbaars, strafregister ▼ *een ~ hebben* vermeld zijn in een strafregister omdat iemand al eens veroordeeld is **strafcorner** ‹hockey› vrije slag voor de aanvallende partij, die wordt genomen vanaf de achterlijn naast het doel van de tegenstander **straffe** *de* ▼ *op ~* van zo dat de straf bestaat uit ... als iemand iets bepaalds doet of nalaat **straffeloos** *bn* zonder ervoor gestraft te worden: *je kunt niet zomaar ~ iedereen bedriegen* **straffen** straf geven **strafgevangenis** gevangenis voor mensen die zijn veroordeeld tot een lange gevangenisstraf **strafkamer** deel van een rechtbank voor strafzaken **strafkolonie** afgelegen gebied waar misdadigers voor straf naartoe worden gestuurd **strafpleiter** *de (m)* [-s] advocaat in strafzaken **strafport** port die iemand moet betalen als een poststuk onvoldoende gefrankeerd is **strafpunt** *het* punt dat in iemands nadeel telt als hij een fout maakt in een sportwedstrijd, bij een quiz e.d. **strafrecht** deel van het recht waarin is vastgesteld wat verboden is en welke straf ervoor staat: *volgens artikel 461 van het Wetboek van Strafrecht is dit verboden toegang* **strafrechtelijk** volgens of wat te maken heeft met het strafrecht **strafrechter** rechter voor de behandeling van strafzaken **strafregister** lijst van veroordelingen voor misdrijven **strafschop** ‹voetbal› vrije schop die vanaf elf meter recht op het doel genomen wordt na een ernstige overtreding dicht bij het doel, penalty **strafschopgebied** gebied waarbinnen strafschoppen toegekend kunnen worden **strafstudie** BN het moeten nablijven op school **straftijd** tijd die een straf duurt **strafvervolging** rechtsmaatregelen met het oog op een mogelijke straf: *het Openbaar Ministerie heeft ~ ingesteld* **strafvordering** het eisen van straf **strafwerk** werk dat een leerling moet doen voor iets verkeerds wat hij op school heeft gedaan **strafwetgeving** wetgeving over het strafrecht **strafworp** worp die aan de tegenpartij is toegekend bij balspelen zoals korfbal **strafzaak** rechtszaak die door een strafrechter wordt behandeld, rechtszaak die onder het strafrecht valt

straighten ‹stReetən› [straightte, h. gestraight] kroeshaar gladmaken

strak *bn* ❶ gespannen: *een touw ~trekken* ▼ *iemand ~ houden* weinig vrijheid of geld geven

❷ nauw, krap: *dat truitje zit veel te ~* **strakjes** *inform.* *bw* straks

straks *bw* dadelijk, over een tijdje: *we gaan ~ naar de bioscoop*

stralen I [straalde, h. gestraald] ❶ stralen uitzenden ❷ er heel blij uitzien: *ze straalde van vreugde* II [straalde, is. gestraald] ❸ *inform.* zakken voor een examen

straling *de (v)* stralen die door iets of door een stof worden uitgezonden, vooral radioactieve stralen

stram *bn* stijf, vooral van ouderdom **stramien** *het* borduurgaas ▼ *volgens een vast ~* altijd op dezelfde manier

strand *het* strook met zand of grind vlak langs een zee, meer of rivier **stranden** ❶ ‹van een schip› op het strand lopen ❷ blijven steken: *we zijn gestrand in een klein dorp* ❸ mislukken: *onze plannen zijn gestrand op zijn tegenwerking*

strandjutter *de (m)* [-s] iemand die de spullen verzamelt die op het strand zijn aangespoeld **strandloper** ❶ vogel met een lange dunne snavel, van een familie waartoe ruim tachtig soorten behoren ❷ buitenste duinenreeks **strandmeer** gedeelte van een zee dat bijna helemaal door de kust is omsloten **strandstoel** rieten stoel met een koepel of een ander soort stoel die men op het strand kan huren **strandvlo** kreeftachtig diertje dat op het strand leeft (Talitrus saltator) **strandweer** lekker weer om op het strand te zijn **strandzeilen** met een zeilwagen over het strand rijden

strangulatie ‹-Gu-› *de (v)* wurging **strapatsen** *de (mv)* buitensporigheden, vreemde streken

strapless ‹strepləs› *bn* zonder schouderbandjes: *een ~ bh*

stras I *het* ❶ namaakdiamant, kristalglas ❷ namaakjuwelen II *de (m)* [-sen] ❸ steen van kristalglas

strateeg *de (m)* [-tegen] iemand die de strategie beheerst **strategie** ‹-gie› *de (v)* [-ën] ❶ geheel van plannen die een legerleiding maakt om een doel te bereiken: *de generaal ontwikkelde een ~ om het land te veroveren* ❷ *fig.* plan dat men maakt en dingen die men doet om een bepaald doel te bereiken: *een ~ uitstippelen* **strategisch** ‹-teegies› *bn* wat te maken heeft met, volgens of van belang voor de strategie **stratego** *het* gezelschapsspel waarbij men op een bord een veldslag speelt

stratenmaker, straatmaker iemand die straten plaveit

stratificatie *de (v)* indeling in lagen of subcategorieën ▼ *sociale ~* indeling van mensen in sociale lagen **stratigrafie** *de (v)* leer van de aardlagen

stratocumulus *de (m)* wolkenpartij die lager hangt dan 2000 meter **stratosfeer** *de* hoogste luchtlaag **stratus** *de (m)* laaghangende eenvormige wolkenlaag

streamen ‹strie-› [streamde, h. gestreamd] via internet rechtstreeks afspelen of distribueren van audio of video op een pc, smartphone of ander apparaat, zonder te downloaden **streaming** *bn* ‹van beeld en/of geluid› direct afgespeeld via internet, zonder eerst het bestand te downloaden: *~ video; ~ audio*

streber *de (m)* [-s] iemand die op allerlei manieren probeert carrière te maken

streefcijfer hoeveelheid die, aantal dat men probeert te bereiken **streefdatum** datum waarop men met iets klaar probeert te zijn

streek *de* [streken] ❶ list, gemene daad: *hij heeft me een vuile ~ geleverd* ❷ gebied, omgeving: *ze wonen in een vruchtbare ~* ▼ *van ~ raken* in de war raken ▼ *op ~* op gang: *hij raakt al goed op ~; we moeten hem een beetje op ~ helpen*

streekbus autobus voor vervoer tussen plaatsen in een bepaald gebied **streekroman** roman die op het platteland speelt **streekvervoer** (openbaar) vervoer tussen de plaatsen in een bepaald gebied

streep *de* [strepen] ❶ heel smalle strook, lijn ▼ *een ~ door de rekening* iets wat een plan of iets wat men verwacht, verstoort, tegenvaller ▼ *ergens een ~ onder zetten* ermee ophouden, het als afgedaan beschouwen ❷ rangteken op een uniform ▼ *hij ging op zijn strepen staan* hij gebruikte zijn positie om zijn ideeën door te zetten **streepje** *het* [-s] kleine streep ▼ *een ~ voor hebben* meer in de gunst staan dan anderen, een beetje voorgetrokken worden: *zij heeft een ~ voor bij de wiskundeleraar* **streepjescode** zwart-witte strepen op de verpakking van een artikel in een winkel, die een computer kan 'lezen'

streetdance ⟨stRietdèns⟩ *de (m)* heel ritmische dans met elementen van breakdance en electric boogie **streetwear** ⟨-wier⟩ *de* informele sportief aandoende kleding **streetwise** ⟨-wajs⟩ *bn* ervaren door het (harde) leven (op straat) zelf

strekdam dam in de richting van de stroom

strekken ❶ recht en lang maken, rekken ▼ *de benen ~* een eindje lopen nadat men een tijd gezeten heeft ❷ zich uitstrekken, een bepaald bereik hebben: *zover strekt mijn kennis niet* ❸ genoeg zijn ▼ *zolang de voorraad strekt* zolang het artikel niet is uitverkocht **strekkend** *bn* in de lengte: *de prijs van tapijt per ~e meter* **strekking** *de (v)* bedoeling, belangrijkste inhoud: *wat is de ~ van dit krantenartikel?*

strelen zacht strijken, aaien ▼ *dit streelt de tong* dit is heel lekker

stremmen ❶ ⟨van vloeistoffen⟩ stijf worden ❷ tegenhouden, doen stilstaan: *door dat ongeluk werd het verkeer gestremd* **stremsel** *het* [-s] stof die de melk doet stemmen

streng I *de* ❶ bundel garen of touw die is samengebonden of in elkaar gedraaid ❷ een van de stroken in een bundel touw, garen e.d. ❸ bundel hoofdharen: *de kapster verdeelde mijn haar in ~en toen ik een coupe soleil kreeg* **II** *bn* ❹ die strakke regels hanteert en vaak snel straft: *~e ouders* ▼ *een ~e winter* een winter met lage temperaturen en veel vorst

strengelen vlechten, in elkaar vlechten ▼ *zich ~* zich slingeren: *de wingerd strengelt zich om andere planten*

strepen strepen trekken **streperig** *bn* met strepen

streptococcus, streptokok *de (m)* bolvormige bacterie die na deling celketens kan vormen en die soms ziektes kan veroorzaken, zoals roodvonk

stress *de (m)* onprettig gevoel als men onder grote spanning en druk leeft of werkt: *veel leerlingen hadden last van ~ tijdens het examen* **stressen** [streste, h. gestrest] onder stress werken, aan stress lijden, zich daarnaar gedragen **stresstest** onderzoek of iets (bijv. een apparaat, computerprogramma, bank, kerncentrale) goed bestand is tegen extreme belasting of extreme omstandigheden: *een ~ voor financiële instellingen*

stretchbed ⟨stretsj-⟩ licht opklapbaar bed zonder matras **stretchen** [stretchte, h. gestretcht] oefeningen doen om de spieren te rekken **stretcher** *de (m)* [-s] stretchbed **stretchlimo** verlengde limousine

streven ▼ *~ naar* zich ergens voor inspannen, zijn best doen om iets te bereiken: *Mathilde streeft ernaar advocaat te worden*

striae *de (mv)* strepen op het lichaam die ontstaan tijdens de zwangerschap

striem *de* streep op de huid als gevolg van een klap met een riem, zweep enz. **striemen** ❶ zo slaan dat iemand of een dier striemen krijgt, bijv. met een touw of een riem ❷ ⟨fig.⟩ erg pijn doen, scherp treffen

strijd *de (m)* gevecht, oorlog: *er ontbrandde een felle ~ tussen hen* ▼ *dit is in ~ met de wet* dit gaat tegen de wet in **strijdbaar** *bn* in staat en bereid om te vechten: *een ~ volk* **strijdbijl** bijl die wordt gebruikt bij gevechten ▼ *de ~ begraven* van verdere strijd afzien, vrede sluiten ▼ *de ~ opgraven* weer gaan strijden

strijden [streed, h. gestreden] ❶ vechten: *ze streden op leven en dood* ❷ een wedstrijd houden: *Ajax en PSV streden om de beker* **strijdig** *bn* ingaat tegen, wat niet overeenkomt met: *dit is ~ met wat je eerder gezegd hebt*

strijdkrachten *de (mv)* onderdelen van leger, marine of luchtmacht: *er werden ~ gelegerd in het opstandige gebied* **strijdkreet** kreet om op te wekken tot de strijd **strijdlust** bereidheid en zin om te vechten **strijdmacht** leger en wapens van een land **strijdperk** plaats waar een strijd geleverd wordt **strijdvaardig** klaar voor de strijd

strijkbout strijkijzer

strijken [streek, h. / is gestreken] ❶ met de hand of een voorwerp over iets heen gaan ❷ rakelings langs iets of iemand gaan ❸ (verf, zalf e.d.) smeren ❹ met een strijkijzer gladmaken (van textiel) ❺ (zeilen) laten zakken ❻ (een vonnis e.d.) vellen ❼ ⟨van paarden⟩ met de achterbenen tegen elkaar slaan ▼ *gaan ~ met de eer* de erkenning krijgen (voor wat een ander gedaan heeft)

strijk-en-zet *bw* ▼ *het is ~* het gebeurt geregeld, je weet elke keer dat het weer zal gebeuren **strijker** *de (m)* [-s] ❶ iemand die een strijkinstrument bespeelt ❷ stuk vuurwerk dat ergens langs gestreken wordt om het te ontsteken

strijkgoed wat gestreken is of moet worden **strijkijzer** ❶ apparaat met een vlakke metalen onderkant die men heet kan laten worden en waarmee men textiel strijkt ❷ voorwerp om

st

pleisterwerk glad te strijken

strijkinstrument muziekinstrument dat met een strijkstok bespeeld wordt **strijkje** het [-s] klein strijkorkest **strijkkwartet** kwartet van mensen die een strijkinstrument bespelen

strijklicht (sterk) schuin vallend licht

strijkorkest orkest van mensen die een strijkinstrument bespelen

strijkplank smalle plank op een onderstel, waarop kleding e.d. gestreken wordt

strijkstok ❶ voorwerp waarmee men strijkinstrumenten bespeelt ❷ stok waarmee een maat(beker) glad werd afgestreken ▼ er blijft wat aan de ~ hangen er wordt verdiend door tussenpersonen

strik de (m) [-ken] ❶ knoop met lussen waarmee de uiteinden van bijv. een touw of een lint aan elkaar zijn geknoopt: een ~ in een veter ❷ lus van touw, metaal e.d. om dieren te vangen, strop **strikje** het [-s] gestrikt dasje dat op een overhemd wordt gedragen in plaats van een stropdas **strikken ❶** een strik maken ❷ in een strik vangen ❸ fig. overhalen tot een bepaalde taak: iemand ~ voor het voorzitterschap

strikt bn heel precies, nauwkeurig, streng

strikvraag listige vraag om iemand te betrappen of in de war te brengen

string de [-s] heel klein slipje met aan de achterkant een touwtje in de bilnaad

stringent bn afdoend, dwingend, bindend: ~e maatregelen

strip I de (m) [-s, -pen] ❶ smalle of dunne strook: de pillen zijn verpakt in een ~ ❷ (vroeger) deel van een strippenkaart: hoeveel ~pen moet ik afstempelen als ik naar het station ga? **II** de (m) [-s] ❸ stripverhaal **stripalbum** album met stripverhalen **stripblad** blad met stripverhalen **stripfiguur** figuur uit een stripverhaal **stripgordijn** gordijn dat bestaat uit smalle stroken die naar beneden hangen **stripheld** held uit een stripverhaal **strippen ❶** tabaksblad van de hoofdnerven en stelen trekken ❷ auto's van onderdelen ontdoen ❸ een striptease opvoeren

strippenkaart (vroeger) vervoerbewijs met strookjes die moeten worden afgestempeld

stripper de (m) [-s] iemand die een striptease opvoert **striptease** (-tiez-) de (m) [-s] show waarbij iemand stuk voor stuk langzaam alle kleren uittrekt **stripteaseuse** (-tiezeuze) de (v) [-s] vrouw die een striptease opvoert

stripverhaal verhaal dat bestaat uit een reeks afbeeldingen met beknopte tekst

stro het ❶ droge halmen van koren, onder andere gebruikt voor vee in de stal als ondergrond om op te liggen ❷ een enkele strohalm **strobloem** sierplant met heel droge bloemen

stroboscoop de (m) [-scopen] toestel dat lichtflitsen geeft in een heel hoog tempo, gebruikt in disco's en in de fotografie

strobreed het ▼ iemand geen ~ in de weg leggen iemand in geen enkel opzicht hinderen

stroef bn ❶ wat niet goed schuift, niet glad: die glijbaan was nogal ~ ❷ niet vlot, moeizaam: de onderhandelingen verlopen ~ ❸ niet vriendelijk,

nors: een stroeve kerel

strofe de [-n, -s] aantal versregels in een gedicht die bij elkaar horen

strohalm gedorste halm ▼ zich aan een ~ vasthouden redding zoeken in iets onbetekenends

stroken overeenstemmen, gelijk zijn met: wat jij zegt, strookt niet met de waarheid

stroman ❶ pop van stro ❷ iemand die doet wat een ander hem zegt, terwijl het lijkt of hij zelfstandig werkt

stromen ❶ (van vloeistof) naar voren of naar beneden vloeien: het water stroomt de zee in ❷ massaal ergens naartoe gaan: het publiek stroomde het stadion binnen **stroming** de (v) richting, manier van werken, van denken e.d. in de politiek, de kunst enz.: het kubisme is een kunst~ uit het begin van de 20ste eeuw

strompelen moeilijk, een beetje struikelend lopen

stronk de (m) ❶ stam die gekapt is ❷ hard deel van een plant waarboven zich bladeren bevonden hebben

stront inform. de (m) vaste uitwerpselen, poep **strontje** het [-s] zweertje aan het ooglid

strooibiljet blaadje met informatie, reclame e.d. dat op straat uitgedeeld wordt

strooien I ww ❶ met een zwaaiende beweging verspreiden: pepernoten ~ ❷ uit een bus met kleine gaatjes schudden: zout op een ei ~ **II** bn ❶ van stro: een ~ hoed **strooiweide BN, ook** terrein waar na de crematie de as van een overledene wordt uitgestrooid **strooizout** zout dat in de winter op wegen wordt gestrooid tegen gladheid

strook de [stroken] dunne reep, smal stuk: een ~ kant aan een jurk

stroom de (m) [stromen] ❶ stromende vloeistof, bewegende massa vloeistof: de regen kwam in stromen naar beneden ❷ rivier ❸ groot aantal mensen dat ergens naartoe gaat: een ~ vluchtelingen ❹ elektriciteit: de ~ is uitgevallen, er is zeker een storing

stroomafwaarts bw met de stroom mee: de boot vaart ~

stroomdiagram overzicht van de structuur en werking van apparaten en programma's, de volgorde van handelingen en beslissingen e.d., in de vorm van hokjes die met elkaar verbonden zijn

stroomdraad ❶ lijn die de punten met de grootste stroomsnelheid in een rivier verbindt ❷ elektriciteitsdraad

stroomgebied gebied dat afwatert op een rivier of op zijrivieren van een rivier **stroomlijn** zacht glooiende vorm om de luchtweerstand te verminderen, bijv. van een auto **stroomlijnen** [stroomlijnde, h. gestroomlijnd] ❶ stroomlijn geven, zo'n vorm geven dat de luchtweerstand zo klein mogelijk wordt ❷ fig. efficiënter laten verlopen, efficiënter laten functioneren, bijv. van een bedrijf **stroomopwaarts** bw tegen de richting van de stroom in: de boot vaart ~ **stroomschema** voorstelling van de diverse fasen van een project of proces **stroomversnelling ❶** het sneller stromen, plaats waar een rivier sneller stroomt ❷ fig. plotselinge snelle ontwikkeling: *de plannen raakten in een ~*

stroop *de* [stropen] kleverige zoete vloeistof ▼ *~ om de mond smeren,* BN, spreekt. *~ aan de baard smeren* vleien **strooptocht** rooftocht

stroopwafel dubbele wafel met stroop ertussen

strop *de* [-pen] ❶ lus van touw waarmee iemand opgehangen wordt: *de moordenaar werd tot de ~ veroordeeld* ❷ tegenvaller: *de brand was een enorme ~* ❸ stropdas ❹ BN, spreekt. strik om dieren te vangen **stropdas** smal stuk stof waarin mannen een knoop maken en dat ze over de boord van hun overhemd dragen

stropen ❶ wild vangen of schieten terwijl dat niet mag ❷ het vel weghalen, villen: *hij stroopte de huid van het geslachte varken* ❸ trekken, schuiven: *de mouwen omhoog ~*

stroperig *bn* ❶ als stroop, dik en kleverig ❷ fig. traag, zich langzaam voortslepend: *stroperige besluitvorming*

stropop → stroman

stroppenpot geld dat is bestemd voor tegenvallers

strot *de* [-ten] keel **strottenhoofd** bovenste deel van de luchtpijp

strozak zak die is gevuld met stro

strubbeling *de (v)* moeilijkheid, probleem: *de reis verliep met veel ~en*

structuralisme *het* wetenschappelijke benadering waarbij wordt gekeken naar de structuur van iets en de samenhang daarbinnen, bijv. toegepast in de taalwetenschap **structureel** *bn* wat te maken heeft met de structuur of wat daaruit voortkomt ▼ *structurele problemen* problemen die steeds weer voorkomen en die ontstaan door hoe het geheel in elkaar zit **structureren** een structuur, een geordende samenhang geven **structuur** *de (v)* [-turen] manier waarop iets is opgebouwd, samenhang van iets: *er zit niet veel ~ in jouw opstel* **structuurverf** muurverf met een korrelige structuur waardoor een muur niet egaal vlak is maar er een beetje ruw uitziet

struggle for life ⟨stRuGl for lajf⟩ *de (m)* strijd om het bestaan

struif *de* [struiven] inhoud van een ei dat is gevallen of waarvan de schaal is gebroken

struik *de (m)* plant die bestaat uit houtachtige stengels zonder stam **struikelblok** iets wat problemen veroorzaakt, wat belemmerend werkt: *op school is wiskunde voor mij een ~* **struikelen** (bijna) vallen over iets dat in de weg ligt **struikelsteen** BN, ook struikelblok

struikgewas bosje van struiken die door elkaar groeien **struikheide**, **struikhei** twijgachtige plant met paarsige bloemen (Calluna vulgaris) **struikrover** ⟨vroeger⟩ rover die buiten de steden, bijv. in bossen, reizigers overvalt en besteelt **struinen** zoekend rondgaan of rondkijken of men iets kan vinden wat men zou willen hebben

struis I *de (m)* ❶ struisvogel II *bn* ❷ kloek, stevig, flink: *een ~e vrouw*

struisvogel grote tropische loopvogel die zich bij gevaar soms met de hals tegen de grond drukt (Struthio camelus) **struisvogelpolitiek** het niet willen zien van gevaren of problemen

struma *het & de (m)* vergroting van de schildklier, kropgezwel

strychnine ⟨strig-⟩ *de* sterk vergif uit het zaad van een bepaalde plant, de braaknoot

stuc ⟨stuuk⟩ *het* gips met water en kalk om muren glad te maken of om versieringen op muren en plafonds te maken, pleisterkalk

studeerkamer kamer die men gebruikt om thuis te studeren

student *de (m)* iemand die studeert aan een universiteit of een hogeschool **student-assistent** student die assisteert bij het uitvoeren van een wetenschappelijk project **studentencorps** studentenvereniging **studentendecaan** vertrouwenspersoon op een universiteit of hogeschool die studenten informatie en advies geeft **studentenhaver** gemengde noten met rozijnen erdoorheen **studentenkaart** BN collegekaart, bewijs van inschrijving als student **studentikoos** *bn* als (van) studenten: *zich op een studentikoze manier gedragen*

studeren ❶ (iets proberen te) leren: *ik heb de hele avond gestudeerd* ❷ lessen volgen aan een universiteit of hogeschool: *ik studeer Frans* **studie** *de (v)* [-s, -ën] ❶ het leren van een vak of een tak van wetenschap: *een ~ Frans volgen* ▼ *~ maken van iets* iets bestuderen ❷ boek waarin iets wetenschappelijks wordt besproken: *ik kocht een ~ over kinderziekten* ❸ onderzoek: *een ~ naar de criminaliteit onder jongeren* ❹ schets, proef voordat het eigenlijke kunstwerk wordt gemaakt: *de schilder maakte eerst een ~ van zijn object* **studiebeurs** geld dat iemand van de overheid of een organisatie krijgt om te kunnen studeren **studieboek** boek om uit te leren voor een studie of over een bepaald vak **studiebureau** BN, ook adviesbureau **studiedienst** BN ⟨in een bedrijf, organisatie⟩ afdeling belast met het onderzoek van de eigen problemen **studiefinanciering** *de (v)* geld voor studenten om te kunnen studeren, zoals een beurs of een lening **studiegids** boekje met informatie over een studie **studiehuis** onderwijssysteem voor de bovenbouw van havo en vwo waarbij de leerling meer zelfstandig moet werken om beter voorbereid te zijn op hogeschool en universiteit **studiejaar** ❶ jaar dat iemand studeert ❷ BN, spreekt. leerjaar, schooljaar **studieprefect** BN ❶ hoofd van een atheneum of lyceum ❷ ⟨in colleges⟩ persoon die toeziet op orde en tucht **studieprofiel** vakkenpakket van iemand die een bepaalde studie of opleiding volgt **studiepunt** *het* punt dat iemand krijgt als hij een bepaald onderdeel van een studie met een goed resultaat afrondt: *als je bij deze studie al je vakken van het eerste studiejaar haalt, krijg je veertig ~en*

studio *de (m)* [-'s] ❶ zaal of gebouw waar speelfilms, radio- of televisieuitzendingen worden opgenomen ❷ werkkamer van een schilder, beeldhouwer of fotograaf, atelier ❸ eenkamerwoning

studium generale *het* reeks colleges over

st

algemene onderwerpen

stuf *het* vlakgom

stuff inform. *de (m)* hasj of marihuana

stuffen met vlakgom wegwrijven

stufi *de (v)* inform. studiefinanciering

stug *bn* ❶ niet makkelijk te bewerken of te buigen: ~ *leer* ❷ onvriendelijk, niet gemakkelijk om contact mee te krijgen: *een ~ge man* ▾ *dat lijkt me ~* het lijkt me dat dat niet waar kan zijn, dat kan ik bijna niet geloven

stuifmeel mannelijke voortplantingscellen bij planten, die in de meeldraden gevormd worden

stuifzand ❶ stuivend zand ❷ grond met stuivend zand

stuip *de* plotselinge krampachtige samentrekking van spieren ▾ *iemand de ~en op het lijf jagen* iemand erg doen schrikken ▾ inform. *in een ~ liggen* heel erg moeten lachen

stuiptrekken [stuiptrekte, h. gestuiptrekt] krampachtige spiersamentrekkingen hebben

stuiptrekking *de (v)* plotselinge samentrekking van de spieren, vooral bij een stervende

stuit *de* onderste deel van de ruggengraat

stuitbeen staartbeen, onderste uiteinde van de wervelkolom

stuiten I [stuitte, h. gestuit] ❶ tegenhouden: *dat hek stuitte zijn val* II [stuitte, is gestuit] ❷ tegengehouden worden door: *de demonstranten stuiten op de politie* ❸ tegen iets botsen en terugkaatsen: *de bal stuit tegen de muur* ▾ *het stuit me tegen de borst* het staat me tegen, het wekt mijn afkeer: *het stuit me tegen de borst om tegen iemand te liegen*

stuiter *de (m)* [-s] grote knikker

stuiteren ❶ tegen iets botsen en terugkaatsen, stuiten ❷ laten stuiten: *met een bal ~* ❸ fig. erg druk en opgewonden zijn: *hij zat te ~ van plezier, van angst*

stuitje *het* [-s] onderste deel van de ruggengraat

stuitligging ligging van een ongeboren baby waarbij de stuit of de voetjes naar de opening van de baarmoeder gekeerd zijn

stuiven [stoof, h. / is gestoven] ❶ ⟨van stof e.d.⟩ waaien: *het zand stuift in mijn gezicht* ❷ ⟨met zijn allen⟩ rennen: *de kinderen stoven alle kanten op* ▾ BN, spreekt. *het zal er ~* het zal er heftig aan toegaan

stuiver *de (m)* [-s] munt van vijf (euro)cent

stuiversroman goedkope roman, sentimenteel of met sensatie **stuivertje-wisselen** ❶ kinderspel waarbij iedereen de plaats van een ander probeert te krijgen ❷ fig. elkaars plaats innemen

stuk I *het* [-ken] ❶ deel: *hij sneed een ~ kaas af* ▾ *op geen ~ken na* helemaal niet ▾ BN, spreekt. *~ken van mensen kosten* heel veel kosten ❷ gestalte, formaat: *klein van ~* ❸ toneelstuk, muziekstuk e.d. ❹ speelstuk van een schaakspel ❺ onderneming, daad: *een stout ~je* ❻ document, diploma enz. ❼ artikel in een krant e.d. ▾ inform. aantrekkelijke vrouw of man ▾ *een ~ verdriet* ellendig, akelig iemand ▾ *van zijn ~ gebracht* in de war ▾ *op (het) ~ van* wat betreft ▾ *een ~ in zijn kraag hebben* dronken zijn ▾ *op zijn ~ blijven staan* niet toegeven, vasthouden aan zijn eisen ▾ BN ook *een ~ in de*

nacht tot in de vroege uurtjes ▾ BN, spreekt. *zeker van je ~ zijn* zelfverzekerd zijn II *het* [-s] ❽ exemplaar ▾ *een ~ of ongeveer: een ~ of tien* III *bn* ❿ kapot: *mijn brommer is ~*

stukadoor *de (m)* [-s] iemand die voor zijn beroep muren en plafonds stuukt **stukadoren** gips op muren of plafonds smeren, zodat die glad worden, stuken **stuken** gips op muren of plafonds smeren, zodat die glad worden

stukgoed goederen waarvoor de vracht per stuk of per kist, baal enz. wordt berekend **stuklezen** zo vaak lezen dat het ervan stukgaat **stukloon** loon per eenheid die of exemplaar dat iemand bewerkt of maakt **stuklopen** ❶ ⟨schoenen⟩ door lopen stukmaken, kapotgaan ❷ mislukken, slecht aflopen: *zijn huwelijk is stukgelopen* **stukprijs** prijs per stuk, per exemplaar **stukslaan** ❶ door slaan kapotmaken ▾ *geld ~* uitgeven, opmaken ❷ door een val of stoot kapotgaan **stukwerk** werk waarvoor iemand per afgeleverd exemplaar of eenheid betaald wordt

stulp *de* hut, eenvoudig en armoedig huisje: *kom binnen in mijn nederige ~je*

stumper, stumperd *de (m)* [-s] zielig persoon: *och, die arme ~!*

stunt *de (m)* [-s] ❶ actie om de aandacht te trekken: *een reclame~* ❷ ⟨vooral voor een film⟩ moeilijke en gevaarlijke actie: *een ~ met een brandende auto*

stuntelig *bn* heel onhandig

stunten ❶ een stunt uithalen ❷ dingen heel goedkoop verkopen als reclame **stuntman** iemand die gevaarlijke toeren verricht voor een film, in plaats van een acteur **stuntprijs** prijs die alleen geldt tijdens een reclamestunt

stupide *bn* dom, bot, stompzinnig **stupiditeit** *de (v)* domheid, stompzinnigheid, domme daad

sturen ❶ een voertuig, zoals een auto of een fiets, of een rijdier, zoals een paard, een bepaalde kant op laten gaan: *de buschauffeur stuurde naar links* ❷ zeggen dat iemand ergens naartoe moet gaan of een bepaalde richting op moet gaan: *ze stuurt haar zoon naar de winkel om melk te halen; ik heb de weg gevraagd, maar ze stuurden me de verkeerde kant op* ❸ zorgen dat iets bij iemand terechtkomt, iemand doen toekomen: *ik stuur je wel een brief*

stut *de (m)* [-ten] voorwerp om iets te ondersteunen zodat het naar uit of verschuift **stutten** steunen met palen e.d.: *als je die muur niet goed stut, valt hij om*

stuur *het* [sturen] deel van een auto, fiets enz. waarmee men dat voertuig een richting op laat rijden **stuurbekrachtiging** *de (v)* mechanische versterking van de stuurbeweging, zodat de bestuurder minder kracht hoeft te gebruiken **stuurboord** rechterkant van een schip, als men met zijn gezicht naar voren staat: *bakboord en ~* **stuurgroep** groep personen, benoemd door de betrokkenen bij een zaak of bedrijf, die zoekt naar de richting waarin gewerkt moet worden en die daarop controle uitoefent **stuurhut** afgesloten ruimte voor een stuurman of piloot **stuurknuppel** stang waarmee een vliegtuig wordt bestuurd **stuurloos** *bn* zonder leiding of richting: *het schip dreef ~ op de golven*

stuurman *de (m)* [-lieden, -lui] ❶ iemand die een schip bestuurt ❷ iemand die op een groot schip toezicht houdt op het besturen ervan ▼ *de beste stuurlui staan aan wal* mensen die iets niet zelf doen, denken wel heel vaak dat ze beter weten hoe het moet **stuurmanskunst** ❶ de vaardigheid om een schip te sturen ❷ fig. voorzichtig beleid

stuurpen ❶ stijve staartveer waarmee vogels sturen ❷ onderdeel waarmee het stuur op een fiets is bevestigd: *een verstelbare ~ is handig als je het stuur van je fiets hoger of lager wilt zetten*

stuurs bn onvriendelijk, nors

stuurslot ⟨van een auto, motor, (brom)fiets⟩ slot waarmee men het stuur vastzet **stuurstang** stang voor het besturen van een vliegtuig **stuurstoel** zitplaats voor een stuurman of bestuurder

stuw *de (m)* stuwdam

stuwadoor *de (m)* [-s] scheepslader en -losser

stuwdam dam in een rivier om het water op een bepaalde hoogte te houden **stuwen** ❶ met kracht naar voren duwen ❷ stouwen **stuwing** *de (v)* ❶ het stuwen ❷ med. opeenhoping van vloeistof ergens in het lichaam **stuwkracht** ❶ stuwende kracht ❷ fig. vermogen om iets door te zetten en daartoe aan te sporen **stuwmeer** groot meer dat is ontstaan vóór een stuwdam **stuwwal** aardwal die is ontstaan door een gletsjer

styling ⟨staj-⟩ *de (v)* vormgeving, het ontwerpen **stylist** ⟨stie-⟩ *de (m)* ❶ iemand die zich bezighoudt met de vorm van iets of die iets ontwerpt ❷ iemand die zich bezighoudt met de stijl van iets of iemand, zoals iemands haar of kleding

subcultuur groep mensen met een eigen manier van leven en eigen normen **subcutaan** bn onderhuids, onder de huid: ~ *injecteren*

subiet bw direct, meteen: *na school moet ik ~ naar huis* **subito** ⟨soe-⟩ muz. bw plotseling

subject, **subject** het ❶ taalk. de actieve persoon, degene die iets doet, onderwerp in een zin: *in de zin: "Jan leest een boek", is 'Jan' het ~* ❷ (filosofie) de persoon die de dingen of de wereld waarneemt: *ik ben het ~ en de wereld en de mensen die ik zie, zijn het object* ❸ jur. elk van de partijen die betrokken zijn bij een overeenkomst **subjectief** bn waarbij iemand vooral oordeelt vanuit zijn eigen gevoelens en ideeën en niet op basis van feiten: *jouw kritiek op hem is ~: je mag hem gewoon niet* **subjectivisme** het filosofische benadering waarbij het subject, degene die beschouwt en waarneemt, centraal staat **subjectiviteit** *de (v)* het subjectief zijn

subliem bn voortreffelijk, geweldig

sublimeren ❶ psych. verlangens, driften en neigingen omzetten in iets beters, opheffen naar een hoger niveau: *hij sublimeert zijn agressie door aan karate te doen* ❷ nat. uit vaste toestand direct (doen) overgaan in damptoestand of omgekeerd

subliminaal bn buiten datgene wat bewust waarneembaar is, op zo'n manier dat men het niet meer bewust kan waarnemen ▼ *een*

subliminale boodschap een boodschap of signaal in een medium die of dat niet bewust opgemerkt wordt, bijv. doordat het maar heel kort zichtbaar is

submissie *de (v)* [-s] ❶ onderdanigheid ❷ onderwerping

subsidiair ⟨-èr⟩ bn wat in de plaats komt van, wat vervangen kan worden door: *honderdvijftig euro boete, ~ drie dagen hechtenis* **subsidie** *de (v) & het* [-s] hulp van de overheid in de vorm van geld: *onze vereniging krijgt ~ van de gemeente* **subsidiëren** subsidie geven

substantie *de (v)* [-s] ❶ stof waaruit iets bestaat: *pindakaas is een smeuïge ~* ❷ kern, waar het om gaat **substantieel** bn ❶ zelfstandig, wat op zichzelf bestaat ❷ belangrijk, wezenlijk: *een substantiële bijdrage leveren* **substantief** taalk. het [-tieven] zelfstandig naamwoord

substitueren in de plaats stellen of komen van, vervangen **substitutie** *de (v)* [-s] het in de plaats komen van, plaatsvervanging **substituut** I *de (m)* [-tuten] ❶ iemand die wordt toegevoegd aan iemand anders met een bepaalde functie en die persoon kan vervangen: ~*-officier*, ~*-procureur* II het [-tuten] ❷ dat wat iets anders vervangt

substraat het [-traten] ❶ onderlaag, grondlaag, vaak figuurlijk, bijv. de oudste taal of bevolkingsgroep van een land ❷ bio. voedingsbodem

subtiel bn wat alleen opgemerkt wordt als iemand scherp oplet, fijn, heel precies: *er is een ~ verschil tussen deze twee afbeeldingen* ▼ *een ~e hint geven* iets tactisch en onopvallend duidelijk maken **subtiliteit** *de (v)* ❶ het subtiel zijn ❷ iets subtiels

subtropen die gebieden in de wereld waar het wel vaak heel warm is, maar die niet in de tropen liggen: *Marokko ligt in de ~* **subtropisch** tussen de tropen en de gematigde zone, wat bij de subtropen hoort: *een ~ klimaat*

subversief bn gericht tegen degenen die de macht hebben, met de bedoeling om het gezag omver te werpen: *een subversieve actie*

subwoofer ⟨-woefar⟩ luidspreker voor weergave van de diepste klanken

succes ⟨suukses⟩ het [-sen] goed resultaat, goede afloop van iets, iets wat veel bijval, goede reacties krijgt: *die film werd een enorm ~* **successie** ⟨sukses-⟩ *de (v)* [-s] het erven van een recht of een functie of positie van iemand die overleden is: *het landgoed is bij ~ overgegaan van de ouders op de zoon* ▼ *voor de derde keer in ~* voor de derde keer achter elkaar **successiebelasting** belasting op nalatenschappen **successieoorlog** oorlog door ruzie om de troonopvolging **successierecht** successiebelasting **successievelijk** bn achtereenvolgens, de (of het) een na de (of het) ander

succesvol met veel succes

succulent ⟨sukkuu-⟩ *de (m)* vetplant

sucrose *de* rietsuiker

sudderen pruttelend zacht koken **sudderlap** stuk vlees dat sudderend gaar moet worden **sudoku** ⟨soedookoe⟩ *de* [-'s] puzzel waarbij de cijfers 1 t/m 9 volgens bepaalde regels in vierkanten moeten worden ingevuld

suède *het & de* leer dat op fluweel lijkt
suf *bn* ❶ een beetje slaperig, duf ❷ een beetje dom: *een ~fe opmerking* ❸ saai, oninteressant: *een ~ baantje* **suffen** suf zijn, niet goed opletten: *hij zat te ~ tijdens de vergadering*
sufferd *de (m)* [-s] iemand die dom is **sufferdje** *het* [-s] plaatselijke krant
suffix *taalk. het* achtervoegsel
suffragette ⟨suufrazjettə⟩ *hist. de (v)* [-s] voorvechtster van vrouwenkiesrecht
suggereren toespelingen maken, iets bedoelen zonder dat duidelijk te zeggen: *hij suggereerde dat ik meer wist van die diefstal* **suggestie** *de (v)* [-s] ❶ voorstel: *heeft iemand een ~ voor een uitstapje dit weekend?* ❷ iets waarvan men denkt dat het echt is, zonder dat het bestaat: *die rugpijn van haar is allemaal ~* **suggestief** *bn* wat een suggestie inhoudt, wat bepaalde voorstellingen oproept, wat maakt dat nieuwe gedachten opkomen ▾ *een suggestieve vraag* vraag die zo geformuleerd is, dat die eigenlijk al een bepaald antwoord inhoudt
suïcidaal *bn* met de neiging om zelfmoord te plegen **suïcide** *de (v)* het doden van zichzelf, zelfmoord
suiker *de (m)* [-s] zoetstof die voornamelijk uit planten wordt gewonnen **suikerbiet** biet waaruit suiker gehaald wordt **suikerboon** ❶ prinsessenboon ❷ BN boonvormig suikerballetje **suikerbrood** brood met veel suiker erin **suikeren** suiker klaarmaken met suiker: *gesuikerd fruit* **Suikerfeest** feest aan het eind van de ramadan **suikergoed** lekkernijen van suiker **suikermeloen** zoete meloen **suikeroom** rijke oom die geen kinderen heeft en van wie men later misschien veel zal erven **suikerpatiënt** iemand die lijdt aan suikerziekte **suikerraffinaderij** fabriek waar suiker geraffineerd wordt **suikerriet** grasachtige plant die groeit in warme landen en waaruit suiker wordt gemaakt (Saccharum officinarum) **suikerspin** ❶ lekkernij van heel dunne zoete draden die op suiker lijken, op een stokje ❷ scherts. hoog opgemaakt en wijduitstaand vrouwenkapsel **suikertang** tang om suikerklontjes te pakken **suikertante** rijke tante die geen kinderen heeft en van wie men later misschien veel zal erven **suikerwater** water met suiker erin opgelost **suikerwerk** lekkernijen van suiker **suikerziekte** ziekte met een tekort aan insuline in het bloed, waardoor er te veel suiker in het bloed komt
suite ⟨swietə⟩ *de* [-s] ❶ twee of meer kamers die met elkaar zijn verbonden ❷ muz. muziekstuk dat bestaat uit een serie dansen
suizebollen [suizebolde, h. gesuizebold] half bedwelmd zijn, duizelig zijn **suizen** een zacht fluitend geluid maken: *de wind suisde door de takken*
sujet ⟨suuzjet⟩ *het* [-ten] ongure kerel
sukade de kleingesneden en gesuikerde schil van een bepaalde citrusvrucht **sukadelap** stooflap
sukkel *de* [-s] zielig, dom persoon **sukkelaar** *de (m)* [-s] ❶ iemand die sukkelt ❷ iemand die moeite heeft met zijn taak, die niet kan opschieten **sukkeldraf** langzaam drafje

sukkelen ❶ ziekelijk zijn: *mijn oma sukkelt de laatste tijd* ❷ langzaam lopen, sjokken: *we sukkelden naar huis* ❸ moeite hebben met iets, niet opschieten ▾ *in slaap ~* langzaam in slaap vallen **sukkelgang** langzaam tempo, trage gang van zaken, het niet opschieten **sukkelstraatje** BN, ook *het* ▾ *in een ~ verzeild raken* aan het sukkelen zijn
sul *de (m)* [-len] beetje dom persoon die veel goedvindt: *die ~ kun je alles wijsmaken*
sulfaat *het* [-faten] zout van zwavelzuur
sulky ⟨-kie⟩ *de (v)* [-'s] heel licht tweewielig harddraverswagentje
sullig *bn* als een sul, onnozel
sultan *de (m)* [-s] titel van heersers in sommige islamitische landen: *de ~ van Oman*
summa I *de* [-'s, -mae] som, totaal ▾ *~ ~rum* kortom II *bn* ▾ *~ cum laude* met de hoogste lof: *hij is ~ cum laude afgestudeerd*
summier *bn* bondig, kort samengevat: *ze heeft ~ over haar plannen verteld*
summum *het* toppunt: *die opmerking is het ~ van domheid!*
sumoworstelen Japanse vorm van worstelsport
super I *de (m)* [-s] ❶ verkorting van *superbenzine* ❷ verkorting van *supermarkt*: *ik doe mijn boodschappen bij de buurt~* II *bn* ❸ heel goed, uitstekend: *dat feest was ~!*
superbe *bn* prachtig, voortreffelijk
superbenzine bepaalde soort benzine, benzine met het hoogste octaangehalte
super-de-luxe *inform. bn* geweldig
superheffing boete als een veehouder te veel melk produceert
superieur I *bn* ❶ veel beter: *het Braziliaanse voetbal is ~ aan het Mexicaanse* ❷ voortreffelijk: *Rembrandt schilderde ~* II *de (m)* ❸ iemand die hoger in rang is, meerdere **superieure** *de (v)* [-n, -s] kloostermoeder
superioriteit *de (v)* ❶ het geestelijk of moreel de meerdere zijn ❷ grotere voortreffelijkheid, betere kwaliteit
superlatief *taalk. de (m)* [-tieven] overtreffende trap, woord dat een hoogste graad aanduidt: *'grootst' is de ~ van 'groot'*
supermacht staat met heel veel macht
supermarkt grote zelfbedieningswinkel
supernova ster die in elkaar klapt en daarbij een enorme hoeveelheid licht verspreidt
supersonisch *bn* sneller dan het geluid: *een ~ vliegtuig*
superstitie *de (v)* [-s, -iën] bijgeloof
supervisie *de (v)* toezicht, leiding: *dit werk gebeurde onder ~ van de burgemeester* **supervisor** ⟨-zor⟩ *de (m)* [-s] iemand die toezicht uitoefent
supplement *het* iets wat wordt toegevoegd, bijv. aan een boek: *er verschijnt binnenkort een ~ op deze encyclopedie*
suppletie *de (v)* [-s] aanvulling
suppoost *de (m)* iemand die toezicht houdt, bijv. in de zalen van een museum
support *het* [-s] steun, hulp **supporter** *de (m)* [-s] aanhanger van een sportclub, iemand die de spelers aanmoedigt bij wedstrijden
supporterslegioen alle supporters die bij een sportwedstrijd aanwezig zijn

su

suprematie *de (v)* opperheerschappij, oppergezag, bijv. van de paus over de bisschoppen en de kerken

surfboard ⟨-boord⟩ *de (m)* [-s] surfplank **surfen** ❶ op een surfplank staan en door de branding naar het strand glijden, windsurfen ❷ comp. op het internet allerlei sites bekijken **surfplank** plank om te surfen

surplace ⟨suurplaas⟩ *de* [-s] ⟨bij sprintwedstrijden bij het baanwielrennen⟩ het tot stilstand komen op de fiets voordat de eindsprint begint, om te proberen de tegenstander op kop te laten rijden **surplacen** BN [surplacete, h. gesurplacet] een surplace uitvoeren

surplus ⟨suurpluus⟩ ⟨surpluu⟩ *het* ❶ wat overblijft, wat meer is dan de normale hoeveelheid: *een ~ aan technische kwaliteiten* ❷ wat meer is dan een bepaald bedrag: *het ~ boven het bedrag dat we maandelijks nodig hebben, sparen we*

surprise ⟨surpriezə⟩ *de (v)* [-s] verrassing, vooral grappig verpakt (sinterklaas)cadeau

surrealisme *het* kunstrichting die het onderbewustzijn wil vormgeven door ruimte te geven aan de droom, de intuïtie en de verbeelding **surrealistisch** ❶ volgens of van het surrealisme ❷ onwerkelijk, alsof het niet echt is of niet echt gebeurt

surrogaat *het* [-gaten] iets dat namaak is van iets anders, vervangingsmiddel: *in de oorlog dronken de mensen een ~ voor koffie*

surround sound *de* geluidsweergave bij films en games via vijf luidsprekers en een subwoofer, rondom de kijker/speler geplaatst

surseance ⟨surseejâs⟩ *de* [-s] uitstel ▼ *~ van betaling* uitstel voor het betalen van schulden dat door de schuldenaar is verleend omdat de persoon of het bedrijf de schulden op dat moment niet kan betalen

surveillance ⟨surveijâs⟩ *de* toezicht, bewaking **surveillant** ⟨-jant⟩ *de (m)* iemand die toezicht moet houden, vooral iemand die bij een examen oplet of niemand spiekt of praat **surveilleren** ⟨-ji-⟩ toezicht houden, ergens rondlopen en erop toezien dat alles rustig verloopt: *de politie moet meer op straat ~*

survival ⟨survajvəl⟩ *de (m)* tocht waarbij men met minimale hulpmiddelen enige dagen door de natuur trekt en zichzelf moet zien te redden

sushi ⟨soesjie⟩ *de (m)* [-'s] Japans hapje van een klein beetje rijst met vis, ei of groenten

suspect *bn* verdacht

suspensie *de (v)* [-s] ❶ opschorting ❷ schorsing, het tijdelijk schorsen van iemand in een bepaalde functie ❸ het mengen van een stof in een vloeistof zonder dat deze erin oplost of neerslaat

sussen maken dat iemand of iets weer rustig wordt, tot bedaren brengen: *ze suste het huilende kind; een ruzie ~*

SUV *de (m)* , *Sports Utility Vehicle*, grote terreinwagen

SVB *de* , *Sociale Verzekeringsbank*, instantie die bepaalde sociale wetten uitvoert

svo *het* speciaal voortgezet onderwijs

s.v.p. *s'il vous plaît*, alstublieft

sw *de* sociale werkplaats

swaffelen met de penis een aantal malen een persoon of voorwerp aantikken

swami *de (m)* [-s] godsdienstonderwijzer bij hindoes

swastika *de* [-'s] hakenkruis

sweater ⟨swettaʀ⟩ *de (m)* [-s] sportieve trui met lange mouwen

sweatshirt sweater

sweepstake ⟨swiepsteek⟩ *de (m)* [-s] ❶ wedstrijd om het bedrag van de inleggelden ❷ reclameactie waarbij een bedrijf prijzen uitlooft

swing *de (m)* stijl in de jazzmuziek met een dynamisch en nadrukkelijk ritme **swingen** ❶ dansen met veel ritme ❷ levendig, bruisend, opwindend zijn: *het feest swingt de pan uit; een ~de stad*

swinger *de (m)* [-s] iemand die aan partnerruil doet

swipen ⟨swaj-⟩ [swipete, h. geswipet] met een vinger over de touchscreen van een tabletcomputer bewegen om te navigeren

switchen ⟨-sjən⟩ ❶ van plaats verwisselen ❷ overschakelen, overgaan op iets anders ▼ *van studie ~* een andere studie gaan doen

syfilis ⟨sie-⟩ *de* ernstige besmettelijke infectieziekte die het hele organisme aantast en die wordt overgedragen via seks

syllabe ⟨sil-⟩ *de* [-n, -s] lettergreep **syllabus** *de (m)* [-sen, -bi] samenvatting van de (belangrijkste onderdelen van de) leerstof

syllogisme ⟨si-⟩ *het* [-n] logische redenering met twee premissen en een conclusie

symbiose ⟨simbiejoozə⟩ *de (v)* het samenleven van twee verschillende organismen in het planten- en dierenrijk op zo'n manier dat ze er allebei voordeel bij hebben

symboliek ⟨sim-⟩ *de (v)* ❶ toepassing, kennis en leer van de symbolen ❷ iets wat symbolisch is **symbolisch** *bn* ❶ met of door symbolen, als een symbool, niet echt: *die uitdrukking is ~ bedoeld; hij heeft zijn boot voor een ~ bedrag verkocht aan zijn zoon* voor een bedrag dat veel lager is dan normaal ❷ typerend voor iemand of iets: *die aanpak is ~ voor haar manier van werken* ❸ ⟨van een theologie, boeken e.d.⟩ met een geloofsbelijdenis **symboliseren** ⟨-zirən⟩ voorstellen d.m.v. symbolen **symbolisme** *het* kunstrichting vanaf het eind van de 19de eeuw waarbinnen men veel werkte met symbolen **symbool** *het* [-bolen] teken dat iets anders voorstelt: *een mannetjes- en een vrouwtjesfiguur zijn symbolen voor 'wc'*

symfonie ⟨sim-⟩ *de (v)* [-ën] ❶ muziekstuk voor een compleet orkest dat uit een aantal onderdelen bestaat ❷ geheel van verschillende delen die goed bij ekaar passen: *een ~ van kleuren* **symfonieorkest** orkest van strijk- en blaasinstrumenten en slagwerk **symfonisch** *bn* ❶ als een symfonie ▼ *~e rock* rock met een groot orkest of met instrumenten die klinken als een groot orkest ❷ wat mooi samenklinkt

symmetrie ⟨siemmee- of simmee-⟩ *de (v)* ❶ het zo in tweeën gedeeld kunnen worden dat de helften elkaars spiegelbeeld zijn ❷ het gevormd

sy

of gebouwd zijn op die manier: *een gezicht met ~*
symmetrisch *bn* wat symmetrie bezit, in
overeenstemming met de symmetrie
sympathie ⟨sim-⟩ *de (v)* [-ën] gevoel van
vriendschap, verbondenheid: *ik heb veel ~ voor
mijn buurjongen* **sympathiek** *bn* wat of die
vriendschappelijke gevoelens oproept bij
anderen, aardig: *ik vind onze nieuwe buurman
heel ~; een ~ gebaar* **sympathisant** ⟨-zant⟩ *de (m)*
iemand die voorstander van iets of iemand is,
sympathie voor iets of iemand voelt: *hij is een ~
van Greenpeace* **sympathiseren** ⟨-zi-⟩
genegenheid of waardering voelen voor, het
ermee eens zijn en er positief tegenover staan: *ik
sympathiseer met de stakers*
symposium ⟨simpoozie-⟩ *het* [-sia, -s], **symposion**
wetenschappelijke bijeenkomst met sprekers
over een bepaald thema: *een ~ over luchtvaart en
klimaat*
symptomatisch ⟨simp-⟩ *bn* wat een symptoom
vormt: *koorts en hoofdpijn zijn ~ voor griep*
symptoom *het* [-tomen] verschijnsel waaraan
men een ziekte kan herkennen, ook figuurlijk:
koorts en hoofdpijn zijn symptomen van griep
synagoge *de* [-n, -s] gebouw waarin joden
godsdienstoefeningen houden
synchroniseren ⟨-zi-⟩ in de tijd doen
samenvallen, gelijktijdig doen gebeuren ▾ *een
film ~ maken* dat beeld en geluid helemaal met
elkaar overeenstemmen **synchroon** *bn*
gelijktijdig: *in een film moeten geluid en beeld ~
lopen*
syncope ⟨sinkoopə *of* sinkoopee⟩ *de* [-'s, -n]
❶ *muz.* accent op een zwak maatdeel ❷ *taalk.*
weglating van een klinker of medeklinker uit
een woord, bijv. *leer* voor *leder*, *kermis* voor
kerkmis ❸ *med.* bewustzijnsverlies door
verminderde toevoer van bloed naar de
hersenen
syndicaal ⟨sin-⟩ *bn* BN *ook* wat te maken heeft
met de vakbonden, vakbonds-: *een syndicale
afgevaardigde* **syndicaat** *het* [-caten]
❶ vakvereniging, vakbond ❷ samenwerking van
grote ondernemingen ❸ samenwerking van
criminele organisaties: *een misdaad~*
syndicalisme *het* stroming in de vakbeweging
om door directe actie de productiemiddelen in
het bezit van de arbeiders te brengen
syndicus BN *de (m)* [-dici] beheerder namens de
eigenaars in een flatgebouw
syndroom ⟨sin-⟩ *het* [-dromen] een aantal
symptomen die bij elkaar een bepaalde ziekte
kenmerken
synecdoche ⟨sienekdoogə⟩ *de* [-'s, -s] beeldspraak
waarbij een geheel wordt aangeduid door een
deel te noemen of een deel door het geheel te
noemen, bijv. 'de neuzen tellen' als men `de
aanwezigen' bedoelt
synergie ⟨sien-⟩ *de (v)* samenwerking die tot een
beter resultaat leidt dan wanneer ieder
afzonderlijk werkt
synesthesie ⟨sienesteezie⟩ *de (v)* het verschijnsel
dat iets wat iemand ervaart ook effect heeft op
een ander zintuig, bijv. het zien van een kleur
bij een klank die iemand hoort
synodaal ⟨sie-⟩ *bn* van of door een synode

synode *de (v)* [-n, -s] vergadering van belangrijke
functionarissen binnen een kerk,
kerkvergadering: *een ~ van bisschoppen*
synoniem ⟨sie-⟩ *het* woord met (bijna) gelijke
betekenis: *panter is een ~ van luipaard*
synonymie ⟨-nie-⟩ *de (v)* het synoniem zijn
synopsis ⟨sie-⟩ *de (v)* [-sen] overzicht, beknopte
inhoud: *de ~ van een film* **synoptisch** *bn* wat een
kort overzicht geeft
syntactisch ⟨sin-⟩ *bn* wat te maken heeft met de
syntaxis **syntaxis** ⟨-taksis⟩ *de (v)* ❶ manier
waarop en volgorde waarin de woorden en
zinsdelen van een taal zinnen vormen ❷ boek
daarover ❸ manier waarop en volgorde waarin
de regels worden opgebouwd van een taal
waarin computerprogramma's worden
geschreven
synthese ⟨sinteezə⟩ *de (v)* [-n, -s] ❶ verbinding
van afzonderlijke elementen tot een nieuw
geheel ❷ samenvattende beschouwing ❸ *schei.*
kunstmatige opbouw van verbindingen uit hun
elementen ❹ *schei.* stof die op die manier
gemaakt is
synthesizer ⟨sintəsajzəR⟩ *de (m)* [-s] elektronisch
muziekinstrument met een toetsenbord,
waarmee men het geluid van andere
muziekinstrumenten kan nabootsen en
vervormen
synthetisch ⟨sintee-⟩ *bn* ❶ kunstmatig gemaakt,
niet natuurlijk: *~ rubber* ❷ wat te maken heeft
met de synthese **synthetiseren** BN samenvatten
systeem ⟨sies- *of* sis-⟩ *het* [-temen] ❶ manier
waarop iets is geordend, de opbouw en
samenhang van iets: *in deze bibliotheek staan de
boeken volgens een bepaald ~ in de kasten* ❷ iets
wat samenhang heeft, netwerk: *een ~ van
leidingen* **systeemanalyse** onderzoek naar de
manier waarop informatie binnen een
organisatie verwerkt wordt en het doen van
voorstellen om dit zo efficiënt mogelijk te laten
gebeuren met behulp van computersystemen
systeembeheerder iemand die ervoor zorgt dat
een computernetwerk goed werkt
systeembouw manier van bouwen met grote
onderdelen die van tevoren gemaakt zijn
systeemeisen *comp. de (mv)* eisen waaraan de
hardware moet voldoen om bepaalde
programma's te kunnen gebruiken **systematiek**
⟨siestə- *of* sistə-⟩ *de (v)* ❶ leer van de systemen
❷ manier waarop delen of elementen
gerangschikt zijn: *er zit een zekere ~ in zijn
manier van werken* **systematisch** *bn* stelselmatig,
volgens een bepaald systeem: *we hebben het
werk ~ aangepakt; ze heeft me ~ tegengewerkt*
systematiseren ⟨-zi-⟩ tot een systeem maken,
rangschikken volgens een systeem
systole ⟨sistoolə⟩ *de* [-n] *med.* samentrekking van
het hart
SZW (Ministerie van) Sociale Zaken en
Werkgelegenheid

sy

T

t I *de* [-'s] ❶ twintigste letter van ons alfabet ❷ stemloze medeklinker die bij de tandkassen wordt gevormd II ❸ ton (*duizend kilo*) ❹ tijd ❺ temperatuur

taai *bn* ❶ heel buigzaam, moeilijk te breken ❷ fig. met veel uithoudingsvermogen: *hou je ~!* ❸ fig. vervelend, saai en niet gemakkelijk: *een ~e studie* **taaislijmziekte** aandoening waarbij het slijm in het lichaam te weinig vloeibaar is, zodat gevaar voor verstikking dreigt **taaitaai** *de (m) & het* taaie koek die gemaakt is van roggemeel en stroop

taak *de* [taken] opdracht, werk dat iemand moet doen: *afwassen is bij ons thuis mijn ~* **taakbalk** comp. balk op het beeldscherm met pictogrammen van de programma's en bestanden die geopend zijn, waarop men kan klikken om een bepaald programma of bestand helemaal op het beeldscherm te krijgen **taakleerkracht** leraar die achteropgeraakte leerlingen bijwerkt **taakomschrijving** *de (v)* beschrijving van de werkzaamheden die iemand moet doen **taakstelling** beschrijving van een doel en wat daarvoor gedaan moet worden **taakstraf** straf waarbij de persoon die veroordeeld is, een tijdje een bepaald soort werk moet doen **taakuur** uur dat een docent invult met andere taken dan lesgeven

taal *de* [talen] ❶ het geheel van woorden en combinaties van woorden waarin een volk of groep mensen zijn gedachten en gevoelens uitdrukt ❷ de woorden waarmee iemand zijn gedachten en gevoelens uitdrukt: *beschaafde ~, ruwe ~* ▼ ~ *noch teken geven* niets van zich laten horen **taaladviseur** BN functionaris bij ministeries enz. die toezicht houdt op het taalgebruik en als adviseur optreedt bij taalproblemen **taalbarrière** communicatieproblemen door taalverschil **taalbeheersing** *de (v)* ❶ het zich in een taal kunnen uitdrukken en deze kunnen verstaan en lezen ❷ wetenschap die onderzoekt welke factoren een rol spelen bij goed gebruik van een taal **taaleigen** *het* de eigenaardigheden van een taal, wat kenmerkend is voor een taal **taalfilosofie** onderdeel van de filosofie dat zich op taal richt, bijv. op de verhouding tussen taal en denken en taal en werkelijkheid **taalfout** fout tegen de taalregels **taalgebied** ❶ het gebied waar een bepaalde taal wordt gesproken: *het Engelse ~ strekt zich uit over verschillende continenten* ❷ wat te maken heeft met taal: *hij is goed in wiskunde, maar op ~ presteert hij minder goed* **taalgebruik** ❶ manier waarop mensen zich uitdrukken in een taal ❷ wat gebruikelijk is in een taal **taalgemeenschap** geheel van mensen die dezelfde taal spreken **taalgevoel** het aanvoelen van wat juist of mooi is bij het gebruik van een taal **taalgrens** grens van een taalgebied, van tot waar een bepaalde taal nog gesproken wordt **taalkader** BN zodanige personeelssamenstelling dat er een vaste

verhouding is tussen Nederlands- en Franstaligen **taalkamp** BN vakantie waarin kinderen of jongeren een vreemde taal leren **taalkunde** ❶ taalwetenschap ❷ deel van de taalwetenschap dat zich bezighoudt met de beschrijving van een concrete taal of talen **taalkundig** *bn* van of volgens de taalkunde ▼ ~ *ontleden* ontleden in woordsoorten **taallabo** BN, ook *het* [-'s] talenpracticum **taalpartij** BN politieke partij die vooral de belangen verdedigt van een van de bevolkingsgroepen die een van de drie officiële talen spreekt **taalpolitiek** regeringsbeleid en maatregelen die te maken hebben met het gebruik en de positie van een taal, vooral in landen met meer dan één taal **taalstelsel** BN geheel van regels voor het gebruik van de landstalen in gemeenten, instellingen en bedrijven **taalstrijd** ❶ strijd voor het gebruik van een bepaalde taal ❷ BN strijd om de vraag waar en wanneer Nederlands, Frans of Duits de voertaal moet zijn **taaltoezicht** BN controle op de toepassing van de taalwetten **taalvaardigheid** het in staat zijn om een taal goed te gebruiken **taalwet** ❶ verschijnsel in een taal of talen die een vaste regel vormt ❷ wet in een land over het gebruik van een taal **taalwetenschap** wetenschap die zich bezighoudt met de natuurlijke, menselijke taal ▼ *algemene ~* wetenschap die de regels en principes bestudeert die de structuur en het gebruik van taal in het algemeen bepalen

taan *de* bruine verfstof uit (eiken)schors

taart *de* ❶ groot gebak met crème, vruchten enz. ❷ onaangename oudere dame, vooral een opgemaakte en beetje dikke oudere dame **taartje** *het* [-s] ❶ gebakje ❷ kleine taart

tab¹ (tab) *de (m)* [-s] uitsteeksel aan een kaart in een kaartsysteem om een scheiding te markeren, ruitertje

tab² (tab *of* tèb) *de (m)* [-s] comp. bepaalde functietoets

tabak *de (m)* [-ken] gedroogde bladen van de tabaksplant, die in een pijp, sigaar of sigaret gerookt worden of als pruimtabak gekauwd worden ▼ *ergens ~ van hebben* ergens genoeg van hebben, er geen zin meer in hebben **tabaksplant** plant van het geslacht Nicotiana waarvan de bladen tot tabak verwerkt worden **tabasco** *de (m)* pittige Mexicaanse saus **tabbaard** *de (m)* [-s, -en], **tabberd** mantel, lang bovenkleed, zoals van rechters en van Sinterklaas **tabblad** ❶ blad dat in een ordner tussen de vellen papier wordt gestoken om deze onder te verdelen ❷ comp. leesvenster met aan de bovenkant een aantal tabs waarmee een volgend venster kan worden geopend **tabee** inform. *tw* dag, tot ziens **tabel** *de* [-len] lijst die een overzicht geeft van een groot aantal gegevens, vaak namen met cijfers: *in de ~ zocht ik het verschil op tussen het gemiddelde inkomen in Nederland en in Portugal* **tabellarisch** *bn* in de vorm van een tabel **tabernakel** *het & de (m)* [-s, -en] draagbaar heiligdom van de joden ▼ *iemand op zijn ~ geven*

ta

slaag geven

tabkaart ⟨tab-⟩ (systeem)kaart met een tab eraan, een stukje dat aan de bovenkant uitsteekt

tableau ⟨-bloo⟩ I *het* [-s] ❶ schilderij, tafereel ▼ *~ vivant* ⟨vievän⟩ groep personen als levend schilderij ❷ lijst, register ▼ *~ de la troupe* lijst van leden van een toneelgezelschap ❸ plateau, presenteerblad: *een ~ met gouden ringen in een juwelierszaak* II *tw* ❹ stel je eens voor!

tablet *de & het* [-ten] ❶ plak (chocolade) ❷ pilletje

tablet ⟨tèblət⟩ comp. *de & het* [-s] ❶ tekenbord voor een pen of aanwijzer, vooral voor grafische handelingen zoals het maken van schetsen of plattegronden ❷ platte computer met een aanraakscherm en zonder toetsenbord, tabletcomputer **tabletcomputer** comp. rechthoekige, platte computer met een aanraakscherm en zonder toetsenbord, waarmee men kan surfen, mailen, games spelen, muziek beluisteren, films afspelen en elektronische boeken en kranten lezen **tablet-pc** ⟨tèblət-⟩ comp. tabletcomputer

tabloid ⟨tèblojd⟩ *het* [-s] ❶ krant van klein formaat ❷ schandaalblad, boulevardkrant

taboe I *het & de (m)* [-s] ❶ iets waarover men niet hoort te spreken of wat men niet hoort te doen II *bn* ❷ wat een taboe is: *ongehuwd samenwonen is in die kringen ~*

taboeret *de (m)* [-ten] stoeltje zonder leuning

tabula rasa ⟨-zaa⟩ *de (v)* ▼ *~ maken* alles wat niet goed is, alle bestaande problemen, oplossen of achter zich laten en opnieuw beginnen

tabulator *de (m)* [-s] onderdeel van een schrijfmachine of toets op het toetsenbord van een computer voor het instellen van kantlijnen en kolommen

tabulatuur *de (v)* notatie van muziek door middel van letters en cijfers

tachograaf *de (m)* [-grafen] toestel waarmee snelheid en afgelegde afstand geregistreerd worden, vooral gebruikt om de rij- en rusttijden van beroepschauffeurs te controleren

tachometer *de (m)* [-s] toestel om de snelheid van een beweging of een toerental te meten

tachtig *telw* aantal van 80 **tachtiger** *de (m)* [-s] iemand met 80 t/m 89 jaar ▼ *Tachtigers* groep schrijvers rond 1880

tachycardie ⟨-gie-⟩ med. *de (v)* te snelle werking van het hart

tackelen ⟨tekkə-⟩ sp. een beweging met het lichaam maken zodat men de tegenstander raakt en hij de bal kwijtraakt of valt: *de voetballer werd vlak voor het doel getackeld*

tackle ⟨tekl⟩ *de (m)* [-s] de daad van het tackelen

taco *de (m)* [-'s] Mexicaans maïspannenkoekje

tact *de (m)* gevoel voor mensen en situaties en gedrag dat daarbij past en waarmee men mensen niet kwetst **tacticus** *de (m)* [-ci] ❶ iemand die de tactiek beheerst ❷ iemand die zaken goed weet te overleggen en handig weet aan te pakken **tactiek** *de (v)* ❶ leer van het voeren van gevechten, praktische krijgskunst ❷ fig. manier waarop men te werk gaat om een bepaald doel te bereiken: *onze ~ in de wedstrijd was om direct heel fel aan te vallen* **tactisch** *bn*

❶ met veel tact, slim, handig: *mijn moeder bracht het gesprek ~ op een ander onderwerp en voorkwam zo dat er ruzie ontstond* ❷ wat de tactiek betreft: *een ~ fout* ❸ mil. die een ondersteunende functie heeft **tactloos** *bn* zonder tact **tactvol** *bn* met tact

tae-bo® ⟨taj boo⟩ *het* combinatie van taekwondo, boksen en aerobics, vooral als conditietraining **taekwondo** ⟨-kwandoo⟩ *het* vechtsport uit Korea

taf, taft *de (m) & het* lichte gladde zijden stof

tafel *de* [-s, -en] ❶ meubel met een horizontaal blad dat op één of meer poten rust ❷ zo'n meubel om aan te eten: *aan ~ gaan* ▼ *scheiding van ~ en bed* het officieel niet meer samenwonen als stadium voor de definitieve echtscheiding ▼ *~tje-dek-je* het thuis bezorgen van kant-en-klare maaltijden als zorgverlening ❸ de personen die aan een tafel zitten: *de hele ~ applaudisseerde* ❹ lijst, tabel: *de ~s van vermenigvuldiging* ▼ *wat verder nog ter ~ komt* wat verder nog besproken moet worden in de vergadering ▼ *~ des Heren* of *heilige ~* communiebank **tafelblad** plaat die de bovenkant van een tafel vormt **tafeldame** dame die aan tafel rechts van een man zit **tafeldans** beweging van een tafel tijdens een spiritistische bijeenkomst, als teken dat men in contact is met een overledene **tafeldekken** alles op tafel leggen en zetten wat nodig is voor de maaltijd **tafelen** aan tafel zitten eten **tafelheer** heer die links van een dame aan tafel zit **tafelkleed** kleed over een tafel **tafellaken** kleed dat voor de maaltijd over een tafel wordt gelegd **tafellinnen** tafellakens, servetten, vingerdoekjes e.d. **tafelmanieren** *de (mv)* ▼ *~ hebben* weten hoe men zich hoort te gedragen tijdens de maaltijd **tafelschikking** manier waarop de plaatsen aan tafel zijn toegewezen aan de gasten: *bij de ~ is ervoor gezorgd dat de twee vijanden tijdens het diner niet bij elkaar in de buurt zitten* **tafelschuimer** *de (m)* [-s] iemand die graag eet op andermans kosten, uitvreter **tafeltennis** tennisspel met lichte balletjes, dat op een tafel wordt gespeeld, pingpong **tafelvoetbal** voetbalspel dat gespeeld wordt op een tafel met een opstaande rand, met poppetjes aan draaibare stangen **tafelwijn** wijn die bij een maaltijd wordt gedronken **tafelzilver** zilveren lepels, vorken, messen e.d. **tafelzout** fijn zout voor bij de maaltijd

tafereel *het* [-relen] ❶ afbeelding of voorstelling van een gebeurtenis of situatie: *op dit schilderij zie je een ~ met schaatsende mensen* ❷ iets wat zich afspeelt en wat men ziet, schouwspel: *er speelden zich hartverscheurende taferelen af*

tafzijde taf

tag ⟨tèG⟩ *de (m)* [-s] ❶ snel gemaakte graffititekening, als een soort paraaf van de maker en meestal op veel plaatsen aangebracht ❷ comp. label of code die aan een gegeven of record wordt toegekend bij wijze van identificatie ❸ digitale aantekening die is gekoppeld aan een digitale afbeelding e.d.

tagliatelle ⟨taljaatèlla⟩ *de (m)* oorspronkelijk Italiaans voedsel, gekookt deeg in de vorm van een lint

tahoe *de (m)* zacht, wit product dat gemaakt is van fijngeperste sojabonen: *wij eten thuis steeds vaker ~ in plaats van vlees*

tai chi ⟨taj tsjie⟩ *het* Chinese bewegingsleer met elementen van yoga en gymnastiek

taifoen *de (m)* [-s] tyfoon

taiga ⟨tajGa⟩ *de* [-'s] gebied met naaldbomen en moerassen in Noord-Europa en Noord-Azië

taikonaut *de (m)* Chinese astronaut

taille ⟨tajjə⟩ *de* [-s] middel, het smalle deel van het lichaam tussen ribben en heupen: *Loes heeft een heel slanke ~* **tailleren** ⟨-ji-⟩ nauw maken in het midden: *een jasje ~* **tailleur** *de (m)* [-s] ❶ kleermaker ❷ mantelpak

tailormade ⟨teelərmeed⟩ *bn* op maat gemaakt

tak *de (m)* [-ken] ❶ houtige bladerstengel aan een boom ❷ fig. onderdeel, afdeling: *welke ~ van sport beoefen jij?*

take ⟨teek⟩ *de (m)* [-s] deel van een (scène van een) film dat in één keer is opgenomen

takel *de (m) & het* [-s] samenstel van katrollen, werktuig om mee te hijsen **takelen** een takel omhooghijsen: *de brandweer takelde de auto uit de sloot* **takelwagen** auto met een kraan erop om te takelen

taks I *de (m)* ❶ dashond II *de* ❷ vastgestelde hoeveelheid, vaste maat ❸ BN ook heffing, belasting **taksvrij** BN, ook taxfree, belastingvrij

tal *het* [-len] aantal ▼ *~ van mensen* heel veel mensen

tale plecht. *de* taal ▼ *de ~ Kanaäns* taalgebruik met veel woorden en uitdrukkingen uit de Bijbel

talen ▼ *niet ~ naar* helemaal geen belangstelling tonen voor: *Bart wilde met alle geweld een gitaar, maar nu hij er één heeft, taalt hij er niet naar*

talenknobbel bijzonder talent voor het leren van talen **talenpracticum** leslokaal met technische apparatuur voor het leren van vreemde talen

talent *het* ❶ bijzondere aanleg, het goed kunnen en het snel en gemakkelijk leren van iets: *hij heeft veel ~ voor muziek* ❷ iemand met bijzondere aanleg, die iets goed kan en het snel en gemakkelijk leert: *hij is een groot muzikaal ~* ❸ hist. Griekse waarde in goud of zilver **talentenjacht** wedstrijd waarbij een jury beoordeelt of mensen talent voor iets hebben, zoals muziek **talentscout** ⟨telləntskaut⟩ iemand die personen met talent op een bepaald gebied opspoort

talg *de (m)* vettige stof die in de huid zit en die de huid soepel maakt **talgklier** kliertje dat huidvet afscheidt

talig *bn* wat te maken heeft met taal

taling *de (m)* kleinste eendsoort ▼ *winter~* Anas crecca ▼ *zomer~* Anas Querquedula

talisman *de (m)* [-nen, -s] voorwerp dat onheil afwendt of geluk brengt

talk *de (m)* ❶ hard smeer, talg ❷ een wit vettig gesteente, talkpoeder **talkpoeder** talk in poedervorm voor huidverzorging

talkshow ⟨tòlksjoo⟩ televisieprogramma met gesprekken met gasten

talloos *bn* heel veel

talmen langzaam zijn of aarzelen om iets een beetje uit te stellen: *Hester talmde even bij de deur voor ze de klas inging*

Talmoed ⟨-moet⟩ *de (m)* heilig boek van de joden buiten de Bijbel

talrijk groot in aantal, veel **talstelsel** systeem om getallen weer te geven

talud ⟨-luut⟩ *het* [-s] kleine schuine helling, zoals langs een spoorbaan of weg

tam *bn* ❶ niet wild, gewend aan mensen, mak, getemd: *een ~ konijn* ❷ gekweekt: *~me kastanjes* ❸ fig. gedwee, gematigd: *een ~me leerling* ❹ fig. rustig, saai: *een ~ feest*

tamagotchi ⟨-Gotsjie⟩ *de (m)* [-'s] elektronisch virtueel huisdier

tamarinde *de* [-n, -s] ❶ tropische boom met bruinrode bloemen (Tamarinda indica) ❷ laxeermiddel uit de vrucht daarvan

tamarisk *de (m)* groenblijvende boom met roze bloemen (Tamarix gallica)

tamboer *de (m)* [-s] trommelaar **tamboerijn** *de (m)* handtrommel met bellen **tamboerkorps** militair muziekkorps

tambour-maître ⟨tamboer of tàmboer mètrə⟩ *de (m)* [-s] iemand die een tamboerkorps aanvoert

tamelijk *bw* redelijk, nogal: *hij kan ~ goed zingen; hij eet ~ veel*

tamp *de* vulg. penis

tampon *de (m)* [-s] prop samengeperste gaas of watten in een lichaamsholte of wond om een bloeding te stoppen of bij menstruatie **tamponneren** ❶ med. met een tampon sluiten ❷ een nog natte verflaag met een kwast aantippen

tamtam *de (m)* [-s] ❶ handgeslagen trommel ❷ fig. opdringerige reclame, lawaai

tand *de (m)* ❶ scherp stukje been in de kaak (om te bijten) ▼ *iemand aan de ~ voelen* iemand ondervragen ▼ *met lange ~en eten* met tegenzin ▼ *zijn ~en laten zien* dreigen ▼ *tot de ~en gewapend* zwaar gewapend ❷ puntig uitsteeksel: *de ~en van een zaag* ▼ *een ~je hoger* in een hogere versnelling, sneller ▼ *een ~je bijzetten,* BN *een ~je bijsteken* zich extra inspannen, nog meer moeite doen

tandarts arts die het gebit controleert en die reparaties verricht, bijv. gaatjes vult **tandbederf** aantasting van tanden en kiezen, zoals gaatjes

tandem ⟨tendəm⟩ *de (m)* [-s] ❶ fiets voor twee personen met twee zadels en twee paar trappers achter elkaar ❷ fig. twee personen die vaak samenwerken of samen optreden

tanden ❶ van tanden of ribbeltjes voorzien ❷ (een zaag) scherp maken

tandenborstel borstel om de tanden te poetsen **tandenknarsen** [tandenknarste, h. getandenknarst] een knarsend geluid maken met de tanden **tandenstoker** *de (m)* [-s] smal klein stokje om etensresten tussen de tanden vandaan te halen **tandhals** bovenste stuk van de tandwortel, dat is omgeven door tandvlees **tandheelkunde** het behandelen van tandziekten e.d. **tandheelkundige** *de* [-n] tandtechnicus met een bepaalde bevoegdheid **tanding** *de (v)* het getand zijn, vooral van postzegels **tandpasta** middel om tanden mee schoon te maken **tandpijn** pijn in het gebied **tandplak, tandplaque** *de* bacteriële aanslag op

ta

het gebit **tandprothese** ❶ het zetten van kunsttanden ❷ plaatje waarop kunsttanden bevestigd zijn **tandrad** wiel met puntige insnijdingen **tandsteen** hard laagje van een soort kalk dat zich op tanden en kiezen vastzet: *de tandarts verwijderde het ~* **tandtechnicus** iemand die kunstgebitten en kunsttanden maakt **tandtechnieker** tandtechnicus **tandvlees** het vlees rond de tanden ▼ *op zijn ~ lopen* helemaal uitgeput zijn **tandwiel** tandrad

tanen ❶ met taan bewerken ❷ fig. zijn glans verliezen, minder mooi, interessant enz. worden: *zijn roem begint te ~* wordt minder, gaat achteruit

tang de ❶ gereedschap om mee te knijpen: *hij haalde de spijkers met een ~ uit het hout* ▼ *dit slaat als een ~ op een varken* dit is onzin, dit slaat nergens op ❷ gemene vrouw, kreng

tanga ‹-Gaa› de [-'s] zwembroekje of onderbroekje dat bestaat uit twee driehoekjes stof die met koordjes over de heupen aan elkaar vastzitten

tangens de [-en, -genten] verhouding van de overstaande zijde van een rechte hoek tot de aanliggende zijde

tangent de hamertje in een muziekinstrument of een voorwerp dat geluid maakt

tango ‹-Goo› de (m) [-'s] ❶ dans die afkomstig is uit Argentinië ❷ de muziek die daarbij hoort

tangram het Chinees legspel waarbij bepaalde figuren moeten worden gevormd

tangverlossing de (v) het geboren doen worden van een baby door het hoofdje in een tang te vatten

tanig bn ❶ met de kleur van taan ❷ ‹van mensen› doorleefd: *het ~e gezicht van de oude schipper*

tank ‹tenk› de (m) [-s] ❶ omhulsel waarin een vloeistof of gas is opgeslagen: *benzine~, gas~* ❷ dichte, groot en sterk metalen voertuig op rupsbanden dat in het leger wordt gebruikt **tankauto** tankwagen **tanken** de tank van een auto, motor e.d. bij een tankstation vullen met brandstof, zoals benzine of diesel **tanker** de (m) [-s] schip met grote tanks voor het vervoeren van vloeibare lading: *een olie~*

tankini de (m) [-'s] tweedelig badpak dat bestaat uit een broekje en een bovenstuk tot onder de navel **tankschip** tanker **tankstation** plaats waar men brandstof kan tanken **tankwagen** vrachtwagen met een tank voor vervoer van vloeistof

tannine de looizuur

tantaluskwelling de (v) gekweld worden doordat iets heel lekkers, fijns e.d. vlakbij is maar men er toch niet bij kan komen

tante de (v) [-s] ❶ zuster van iemands vader of moeder ❷ vrouw van de broer van iemands vader of moeder ▼ *een stevige ~* een behoorlijk dikke vrouw ▼ *een pittige ~* vrouw of meisje met karakter **tantebetjestijl** taalk. vorm van foutieve inversie in nevengeschikte bijzinnen. bijv.: *hij kreeg een gele kaart en liep hij kwaad het veld af (in plaats van: ... en hij liep kwaad ...); ;*

tantième ‹tãtjèmə› het [-s] aandeel in de winst van een onderneming voor het personeel en de directie

taoïsme het filosofische en religieuze stroming uit China met boeddhistische elementen

tap de (m) [-pen] ❶ soort toonbank met daarop een bierpomp, bijv. in een café: *de eigenaar van het café stond zelf achter de ~* ❷ pin die in een opening gestoken wordt ❸ uiteinde van een as dat in een holte rust

tapas de (mv) kleine hartige hapjes die 's middags worden gegeten bij een drankje, vooral in Spanje

tapbier bier uit de biertap

tapdans ‹tep-› dans waarbij het ritme wordt aangegeven door tikkende hakken en zolen

tape ‹teep› de (m) [-s] ❶ band voor een band- of videorecorder ❷ plakband ❸ rekbaar zelfklevend verband [tapete, h. getapet] ❶ met plakband omwikkelen ❷ met rekbare band omwikkelen om blessures tegen te gaan ❸ opnemen op een magneetband

tapenade de (v) [-s] dikke saus van onder andere olijven

taperecorder bandrecorder

tapijt het dik kleed voor op de vloer of aan de wand

tapioca de (m) voedingsstof uit de wortels van de maniok

tapir ‹-pier› de (m) [-s] hoefdier met een korte slurf, familie Tapiridae

tapisserie ‹-pie-› de (v) [-ën] ❶ geweven wandtapijt ❷ borduurtechniek met kruisjes of steken die daarop lijken, over de hele stof

tapkast bar, buffet in een café e.d. **tappelings** bw druppelsgewijs **tappen**[1] ❶ bier, wijn e.d. schenken en verkopen ▼ *moppen ~* moppen vertellen ▼ *scherts. flappen ~ bankbiljetten pinnen* ❷ vloeistof uit een vat of buis, sap uit een boom doen vloeien

tappen[2] ‹tep-› een tapdans uitvoeren

tapperij de (v) bedrijf van een tapper, kroeg

taps bn wat schuin toeloopt

taptemelk afgeroomde melk

taptoe de (m) [-s] ❶ avondsignaal voor soldaten ❷ militaire muziekuitvoering 's avonds

tarantella de [-'s] Italiaanse dans in 6/8 of 3/8 maat

tarantula de [-'s] grote behaarde giftige spin

tarbot de (m) [-ten] ronde platvissoort zonder schubben maar met knobbeltjes, vooral aan de kant van het oog, die als heel smakelijk wordt beschouwd (Scophthalmus maximus)

target ‹taarGət› de (m) [-s] ❶ doel ❷ de omzet die wordt nagestreefd

tarief het [-rieven] ❶ vastgesteld bedrag dat men voor een dienst moet betalen, prijs: *de tarieven van het openbaar vervoer* ❷ vak van handelsrechten, vooral van invoerrechten

tarot ‹-roo of -rot› I het ❶ kaartspel met 78 kaarten met mythologische en allegorische voorstellingen II de (m) [-s] ❷ troefkaart in dit spel

tarra de gewicht van de verpakking

tartaar de (m) gehakte rauwe biefstuk

tartaarsaus saus van mayonaise met kappertjes

tartan I het ❶ Schotse geruite stof II de (m) [-s] ❷ plaid of mantel van Schotse geruite stof

tarten uitdagen, trotseren ▼ *dit tart iedere*

beschrijving dit is veel erger dan in woorden kan worden uitgedrukt

tarwe *de* graansoort, een van de belangrijkste voedingsgewassen van de wereld, waarvan onder andere brood wordt gemaakt

tas I *de* [-sen] ❶ zak met handvatten om spullen in mee te dragen **II** *de (m)* [-sen] ❷ hoop, stapel

taser ⟨tee-⟩ *de (m)* [-s] wapen waarmee iemand door middel van een sterke elektrische schok tijdelijk kan worden verlamd, stroomstootwapen

tasjesdief iemand die mensen berooft van hun (hand)tas

taskforce ⟨taaskfòrs⟩ *de (m)* tijdelijk team van mensen dat een bepaald probleem aanpakt: *een ~ jeugdwerkloosheid*

tast *de (m)* het tasten ▼ *op de ~* al tastend, op het gevoel **tastbaar** *bn* ❶ voelbaar ❷ *fig.* heel duidelijk merkbaar: *de spanning was ~* **tasten** voelen, met de hand iets zoeken ▼ *fig. in het duister ~* helemaal geen aanwijzing hebben: *de politie tast in het duister omtrent de motieven van de dader* **tastzin** zintuig waarmee men dingen voelt

tater *de (m)* [-s] *neg.* mond: *hou je ~ nou eens!* **tateren** *BN, spreekt.* druk en luid kletsen en onzin vertellen

tatoeage ⟨-aazjə⟩ *de (v)* [-s] ❶ het tatoeëren ❷ figuur die het resultaat is van tatoeëren **tatoeëren** maken van figuren in de huid door het inbrengen van onoplosbare kleurstoffen

tattoo ⟨tɐtoe⟩ *de (m)* [-s] tatoeage

taugé ⟨-Gee⟩ *de* ontkiemde boontjes die als groente worden gegeten

taupe ⟨toop⟩ *bn* bruinachtig grijs

tautologie *de (v)* [-ën] herhaling van iets wat al gezegd is met andere woorden, bijv.: *enkel en alleen*

t.a.v. ❶ ten aanzien van ❷ ter attentie van

taxameter taximeter

taxateur *de (m)* [-s] schatter, iemand die bijv. de waarde van iets inschat: *volgens de ~ is dit schilderij veel waard* **taxatie** ⟨taksaa-⟩ *de (v)* [-s, -tiën] prijsbepaling, schatting: *de ~ van de waarde van een schip* **taxeren** ⟨taksj-⟩ ❶ de waarde, prijs van iets schatten ❷ *BN* belasten

taxfree ⟨teksfrie⟩ *bn* belastingvrij

taxi *de (m)* [-'s] auto met bestuurder waarin men zich tegen betaling kan laten vervoeren **taxicentrale** centraal punt waar men een taxi kan bestellen **taxidermie** *de (v)* het opzetten van dode dieren en het prepareren tegen bederf

taxiën [taxiede, h. / is getaxied] ⟨van vliegtuigen⟩ over de grond rijden of over het water voortglijden

taximeter meter die de afstand en de prijs van een taxirit aangeeft **taxistop®** *BN de (m)* lift- en carpoolcentrale

taxonomie *de (v)* [-ën] *bio.* leer van de ordening van planten en dieren, systematiek **taxonomisch** *bn* wat te maken heeft met classificeren, met systematisch in categorieën indelen

taxus *de (m)* [-sen] giftige heester die vooral voor heggen wordt gebruikt

tbc, tb *de (v)* tuberculose

T-biljet formulier voor teruggave van belasting die iemand al betaald heeft

T-bonesteak ⟨tieboonsteek⟩ biefstuk met een bot in de vorm van een T

tbs terbeschikkingstelling (van de regering)

t.b.v. ❶ ten behoeve van ❷ ter beschikking van ❸ ten bate van ❹ ter bevordering van

TCP/IP *het , Transmission Control Protocol (TCP) en internetprotocol (IP),* reeks netwerkprotocollen voor de communicatie tussen computers

te I *vz* ❶ in: *~ Amsterdam* ❷ op: *~ land, ter zee en in de lucht* ❸ tot, met het doel: *~ huur* ❹ om betrekkingen tot werkwoorden aan te duiden: *eten om ~ leven* **II** *bw* ❺ om een overmaat aan te duiden, meer dan goed is: *~ veel* ❻ voor een vergrotende trap: *des ~ beter*

t.e.a.b. tegen elk aannemelijk bod

teak ⟨tiek⟩ *het* heel hard hout dat afkomstig is uit Indonesië

team ⟨tiem⟩ *het* [-s] ❶ *sp.* ploeg spelers ❷ groep mensen die samenwerken **teamgeest** sfeer, gevoel van mensen die met elkaar willen samenwerken **teamplayer** ⟨-pleejər⟩ *de (m)* [-s] iemand die goed kan samenwerken: *de nieuwe collega die we zoeken, is een echte ~*

tearoom ⟨tieroem⟩ *de (m)* [-s] gelegenheid waar men overdag onder andere thee kan drinken en iets kan eten

teaser ⟨tie-⟩ *de (m)* [-s] boodschap in reclame of marketing, die bedoeld is om de nieuwsgierigheid te prikkelen

teboekstelling ❶ opname van een schip in het scheepsregister, afschrift van opname ❷ het op schrift stellen

technasium *het* [-s, -ia] onderwijsvariant voor havo en vwo waarin bètavakken centraal staan, met ruimte voor onderzoek en ontwerp

techneut *de (m)* ❶ technisch ingesteld iemand ❷ liefhebber van techniek

technicus *de (m)* [-ci] specialist die zich bezighoudt met de techniek **techniek** *de (v)* ❶ de verrichtingen of bewerkingen die nodig zijn om iets tot stand te brengen: *op deze opleiding leren we veel over de ~ van het vak* ❷ het geheel van resultaten van de toegepaste exacte wetenschappen: *dankzij de ~ zijn er nu allerlei apparaten die de mensen werk uit handen nemen* ❸ vaardigheid, wijze waarop men iets tot stand brengt: *een voetballer met veel ~* **technieker** *BN, spreekt. de (m)* [-s] technicus **technisch** *bn* wat te maken heeft met de of met een bepaalde techniek

technocraat *de (m)* [-craten] iemand die vooral beslist op basis van technische, economische en andere overwegingen van specialisten en niet op basis van ideologie **technologie** *de (v)* [-ën] leer of methode voor het maken en verwerken van grondstoffen tot producten

teckel *de (m)* [-s] kleine hond met een lang lichaam en korte poten die vroeger werd gebruikt voor de jacht op dassen

tectyleren ⟨-tiell-⟩ ⟨auto⟩ het chassis behandelen met tectyl® **tectyl®** ⟨-tiel⟩ *de (m)* antiroestmiddel

teddy ⟨-die⟩ *de (m)* [-'s] hemdje en broekje aan elkaar

teder *bn* zacht en lief

Te-Deum ⟨teedeejum⟩ *het* [-s] dankgebed dat met

deze woorden begint

TEE *de (m)* Trans-Europa-Express

teef *de (v)* [teven] vrouwtjeshond

teek *de* [teken] mijt die zich in de huid vastbijt, van de families Ixodidae of Argasidae

teelaarde ❶ bouwgrond die is ontstaan uit vergane planten ❷ bovenlaag van bouwland, aarde die geschikt is om er gewassen op te telen

teelbal elk van beide mannelijke balvormige geslachtsklieren bij de penis, waarin zaadcellen en hormonen worden geproduceerd

teelt *de* ❶ het telen: *groente~* ❷ datgene wat geteeld is

teems *de (m)* fijne zeef

teen I *de (m)* [tenen] ❶ uiteinde van een voet of poot ▼ *een ~tje knoflook* elk van de afzonderlijke partjes van een bol knoflook ▼ *op zijn ~tjes getrapt beledigd* ▼ *lange tenen hebben* gauw beledigd zijn ▼ *met kromme tenen luisteren naar* zich schamen terwijl men naar iets of iemand luistert ❷ punt van de voet van een kous of sok **II** *de* [tenen] ❸ dunne buigzame (wilgen)tak

teenager 〈tieneedzjəR〉 *de* [-s] tiener

teenganger *de (m)* [-s] dier dat op de tenen loopt

teenslipper slipper met een bandje tussen de twee grootste tenen **teenstuk ❶** lap op een schoenzool onder de tenen ❷ neus van een schoen

teer I *bn* ❶ zwak, kwetsbaar: *deze bloem is heel ~* ❷ gevoelig, delicaat ▼ *een ~ punt* iets wat gevoelig ligt **II** *de (m) & het* ❸ zwarte kleverige vloeistof **teerfeest** BN jaarlijks feest van een vereniging waarvoor het gespaarde geld wordt aangewend **teergeliefd** heel bemind **teergevoelig** heel gevoelig **teerhartig** *bn* heel gevoelig, meelevend, met een zacht karakter

teerling *de (m)* BN, spreekt. dobbelsteen ▼ *de ~ is geworpen* de kans is gewaagd, de beslissing is gevallen

teerzeep zeep waar teer in zit

teevee *de (v)* [-s] → tv

teflon® *het* hittebestendige kunststof

tegel *de (m)* [-s] platte vierkante steen, gebruikt voor trottoirs, vloeren, wanden enz.

tegelijk *bw* op hetzelfde ogenblik **tegelijkertijd** *bw* tegelijk, op hetzelfde ogenblik

tegelzetter *de (m)* [-s] iemand die wand- en vloertegels aanbrengt

tegemoet *bw* in de richting van iemand die komt ▼ *iemand ~komen* gedeeltelijk doen wat de ander graag wil **tegemoetkoming** *de (v)* ❶ het gedeeltelijk doen wat de ander graag wil ❷ gedeeltelijke vergoeding: *een ~ in de kosten*

tegen I *vz* ❶ in aanraking met: *~ de muur* ▼ *~ iemand of iets aanlopen* iemand of iets toevallig tegenkomen ❷ afkeurend, niet gunstig gezind: *iets ~ iemand hebben* ❸ in de richting van, naar, even voor: *~ vier uur* ❹ tot: *iets zeggen ~ iemand* ❺ in strijd met: *~ de voorschriften* ❻ om te voorkomen of te genezen: *een middel ~ verkoudheid* ❼ in tegenovergestelde richting: *~ de wind(in)* ❽ in ruil voor: *~ betaling* **II** *bw* ❾ afkeurend, het ergens niet mee eens: *hij is ~* ❿ ongunstig, tegenwerkend: *het zit ons ~* **III** *het* [-s] ⓫ bezwaar, nadeel: *voors en ~s*

tegenaan *bw* tegen en in aanraking met

▼ *ergens ~ lopen* iets toevallig vinden

tegenaanval aanval als reactie op een aanval

tegenbeeld ❶ het tegenovergestelde, contrast ❷ iemand die of iets dat op een andere persoon of zaak lijkt **tegenbericht** bericht dat iets op de afgesproken manier niet door kan gaan: *zonder ~ verwacht ik u vrijdag om 11.00 uur*

tegenbezoek bezoek als reactie op een bezoek dat iemand anders daarvoor heeft gebracht: *zij was vorige maand bij mij en ik breng haar nu een ~* **tegenbod** bod als reactie op een ander bod

tegendeel het tegenovergestelde

tegendraads *bn* ❶ tegen de richting waarin de draad loopt ❷ fig. dwars, in verzet: *pubers zijn vaak vreselijk ~, ze zijn het overal mee oneens en verzetten zich overal tegen*

tegendruk druk in tegenovergestelde richting

tegengaan [ging tegen, h. / is tegengegaan] proberen te verhinderen, bestrijden **tegengas** ▼ *~ geven* ergens flink tegenin gaan

tegengesteld *bn* tegenovergesteld **tegengif** middel dat de werking van gif tenietdoet

tegenhanger *de (m)* [-s] persoon die bij een ander past of juist een tegenstelling vormt met een ander **tegenhouden** verhinderen verder te gaan

tegenin *bw* vooruit onder tegenstand ▼ *ergens ~ gaan* zich verzetten, zeggen dat iets niet juist is

tegenkandidaat persoon die bij een verkiezing ook een kandidaat is, net als iemand anders: *hij wordt zeker gekozen want er zijn geen tegenkandidaten* **tegenkanting** *de (v)* BN ook tegenwerking, verzet

tegenkomen ergens zijn en daar toevallig iemand zien, vooral iemand die men kent: *ik kwam mijn nichtje tegen in de stad* ▼ *zichzelf ~* iets doen waarbij men de grenzen van zijn krachten of mogelijkheden bereikt en zijn eigen beperkingen leert kennen **tegenlachen** er positief, veelbelovend uitzien: *zij is jong, mooi en intelligent en het leven lacht haar tegen* **tegenlicht** licht dat komt uit de richting waarin men kijkt of waar een fototoestel naar gericht is

tegenligger *de (m)* [-s] voertuig of schip dat uit de tegenovergestelde richting komt: *er waren veel ~s, zodat we niet konden inhalen*

tegenlopen ongunstig verlopen, niet goed gaan: *het loopt me tegen* ik heb tegenspoed

tegenmaken maken dat iets iemand gaat tegenstaan **tegennatuurlijk** tegen de natuur in, onnatuurlijk **tegenoffensief** tegenaanval

tegenop *bw* ❶ langs een helling naar boven ❷ tot dezelfde hoogte ▼ *daar kan ik niet ~* ik kan niet iets doen wat net zo goed, interessant enz. is **tegenover I** *vz* ❶ aan de overkant van: *~ ons huis is een winkel* ❷ ten opzichte van: *dat is niet eerlijk ~ je broer* ❸ met de voorkanten naar elkaar: *de twee tegenstanders staan ~ elkaar* ❹ met een verschillende mening, in conflict: *in deze kwestie staan de twee broers ~ elkaar* **II** *bw* ❺ aan de overkant: *zij wonen hier ~* **tegenovergesteld** *bn* precies andersom **tegenoverstellen** iets doen in vergelijking of als contrast met iets anders: *ik weet dat je ver moet reizen voor dit werk, maar we kunnen er een goed salaris ~*

tegenpartij ❶ groep mensen met tegenovergestelde opvattingen ❷ sp. partij die tegen een andere partij speelt **tegenpaus** iemand die tot paus is uitgeroepen als tegenstrever van de echte paus **tegenpool** iemand die of iets dat heel anders is: *die twee broers zijn in alles elkaars tegenpolen* **tegenprestatie** iets wat iemand doet als vergoeding voor iets: *als ~ voor het feit dat ik op de boerderij van mijn oom mag logeren, help ik mee met het verzorgen van de dieren*

tegenslag gebeurtenis waardoor dingen slechter gaan, pech: *ze heeft de ene ~ na de andere: eerst haar werk kwijt en nu is haar fiets gestolen* **tegenspartelen** ❶ wild bewegen met armen en benen om zich te verzetten ❷ fig. zich tegen iets verzetten, protesteren **tegenspel** ▼ ~ *bieden* tegen iemand in gaan, weerstand bieden **tegenspeler** ❶ speler van de tegenpartij ❷ toneel- of filmspeler die met een ander samenspeelt **tegenspoed** ongeluk, onheil, pech: *we hadden veel ~ onderweg: mijn broer werd ziek en we werden bestolen*

tegenspraak de ❶ het tegenspreken: *hij duldt geen ~* ❷ tegenstrijdigheid ▼ *wat je nu zegt, is in ~ met wat je gisteren zei* wat je nu zegt, klopt niet met wat je gisteren zei **tegenspreken** zeggen dat men het niet eens is met een bewering of dat die niet klopt ▼ *een bericht ~* zeggen dat een bericht niet juist is **tegensputteren** mopperend protesteren

tegenstaan een afkeer wekken: *dergelijk onbeschoft gedrag staat me tegen* **tegenstand** ❶ actie of strijd tegen iets waar mensen het niet mee eens zijn, verzet: *de soldaten ondervonden geen ~ toen ze de stad binnentrokken* ❷ (techniek) tegenwerkende kracht **tegenstander** de (m) [-s] ❶ iemand die tegenovergestelde opvattingen heeft, iemand die ergens op tegen is: *een ~ van abortus* ❷ iemand tegen wie men strijdt, bijv. in sport, of een vijand

tegensteken BN spreekt. tegenstaan, vervelen **tegenstelling** precies het omgekeerde, dingen of personen die elkaars tegengestelde zijn **tegenstem** ❶ (bij stemming) stem tegen iets ❷ muz. stem tegen de melodie in **tegenstemmen** zijn stem tegen iets uitbrengen **tegenstreven** tegen in gaan, zich verzetten **tegenstrever** de (m) [-s] tegenstander **tegenstribbelen** onwillig zijn, zich verzetten: *het kind stribbelde tegen toen zijn vader hem naar bed bracht* **tegenstrijdig** onderling strijdig, wat niet met elkaar overeenstemt: *we krijgen ~e informatie* **tegenstroom** stroom in tegengestelde richting **tegenvallen** slechter zijn dan verwacht werd **tegenvaller** de (m) [-s] iets wat tegenvalt: *dat dat baantje niet doorging, was een ~* **tegenvoeter** de (m) [-s] ❶ iemand die precies aan de andere kant van de aardbol woont ❷ fig. iemand met een tegengestelde aanleg of tegengestelde neigingen **tegenvoets** BN bn ▼ sp. *de keeper ~ pakken/nemen* de keeper op het verkeerde been zetten en de bal in het doel schieten **tegenvoorstel** voorstel als reactie op een ander voorstel **tegenvraag** vraag als reactie op een

vraag **tegenwaarde** dezelfde waarde in een andere munteenheid, in goederen enz. **tegenwerken** proberen om iets wat iemand anders wil, te laten mislukken: *help ons liever in plaats van ons steeds tegen te werken!* **tegenwerpen** als opmerking of argument tegen iets uiten, als bezwaar aanvoeren tegen **tegenwicht** het iets wat de slechte werking van iets opheft, wat zorgt voor evenwicht: *de kalmte van mijn moeder vormt een goed ~ tegen het opgewonden karakter van mijn vader* **tegenwijzerzin** BN de (m) ▼ in ~ tegen de wijzers van de klok in **tegenwind** ❶ wind die komt uit de richting waarin iemand gaat ❷ fig. tegenslag, tegenwerking **tegenwoordig** I bn ❶ aanwezig: *hij was daarbij ~* ❷ huidig, van nu, in deze tijd: *de ~e tijd* II bw ❸ op dit moment, nu: *waar zit jij ~ op school?* **tegenwoordigheid** de (v) aanwezigheid: *in ~ van de burgemeester werd de onderscheiding uitgereikt* de burgemeester was daarbij aanwezig ▼ ~ *van geest* het snel weten te handelen op kritieke momenten **tegenzang** zang die als onderdeel van een gedicht een vorige zang beantwoordt **tegenzet** zet van een tegenspeler als reactie, ook figuurlijk **tegenzin** negatief gevoel tegenover iets, het gevoel van een hekel te hebben aan iets **tegenzitten** een tegenwerkende factor vormen, een ongunstig effect hebben ▼ *het zit me tegen* de omstandigheden zijn niet gunstig voor mij ▼ *soms zit het tegen, soms zit het mee* soms heeft men pech, soms heeft men geluk

tegoed het iets dat men nog krijgt van waar men nog recht op heeft: *ik heb nog een ~ van duizend euro op mijn bankrekening* en staat nog duizend euro op mijn bankrekening ▼ *nog iets ~ hebben* nog iets moeten krijgen: *je hebt nog tien euro van me ~* **tegoedbon** bon waarvoor men nog iets kan aanschaffen

tehuis het [-huizen] inrichting waar mensen wonen onder begeleiding van verzorgend personeel: *een ~ voor verstandelijk gehandicapten* **teil** de bak van metaal of plastic: *kun jij die ~ even met water vullen?* **teint** (tèt) de & het kleur, vooral de kleur van het gezicht of de huid: *een meisje met rood haar en een bleke ~* **teisteren** grote schade of veel leed toebrengen: *de storm teistert het land; de bevolking wordt door honger geteisterd* **tekeergaan** veel lawaai maken, zich wild, onbeheerst gedragen: *de storm gaat flink tekeer* ▼ *tegen iemand ~* boos tegen iemand schreeuwen **teken** het [-s, -en] ❶ aanduiding van iets door een letter, cijfer, figuurtje, voorwerp, handeling enz.: *het apenstaartje (@) is een ~ dat in e-mailadressen wordt gebruikt* ❷ iets wat iemand doet als boodschap voor iemand anders, blijk, kenmerk: *ik fluit straks als ~ dat we vertrekken* ▼ *een ~ des tijds* iets wat kenmerkend is voor een bepaalde tijd ▼ *in het ~ staan van* gekenmerkt worden door, beheerst worden door, gewijd zijn aan: *dit festival staat in het ~ van de klimaatverandering* **tekenaar** de (m) [-s] iemand die tekent

te

tekendoos doos met tekenbenodigdheden
tekenen ❶ met potlood, krijt, inkt e.d. een uit
lijnen opgebouwde voorstelling maken ❷ *fig.*
treffend weergeven in woorden
❸ ondertekenen: *een contract* – ▼ *fig. op die
manier oud worden, daar teken ik voor* op die
manier zou ik graag oud willen worden
❹ kenmerkend zijn voor: *die opmerking is ~d
voor hem* ❺ sporen achterlaten: *zijn gezicht was
getekend door de jaren* **tekenfilm** film die bestaat
uit tekeningen die elkaar snel opvolgen
tekenhaak liniaal met een dwarsstuk voor
lijntekenen **tekening** *de (v)* ❶ getekende
voorstelling, plaatje dat getekend is: *René maakt
een ~ van een boot* ❷ ondertekening, het
getekend zijn ❸ figuren op de huid van een
dier, op veren enz.: *een panter heeft een mooie ~*
tekentang speciale tang voor het verwijderen
van teken uit de huid
tekort *het* wat ontbreekt, wat er te weinig is: *er is
een ~ aan leraren op onze school* **tekortdoen**
❶ niet genoeg geven ❷ benadelen **tekortkomen**
niet genoeg hebben of krijgen **tekortkoming** *de
(v)* gebrek, iets waarin men niet goed genoeg is
tekst *de (m)* ❶ aantal woorden of zinnen die een
geheel vormen ▼ *– en uitleg geven* iets verklaren,
zich verantwoorden ▼ *comp. platte* ~ tekst zonder
opmaak ❷ de woorden waarop een muziekstuk
is gemaakt: *de ~ van een liedje* ❸ Bijbelplaats,
citaat uit de Bijbel **tekstballon** omcirkelde tekst
in een stripverhaal of cartoon **teksttelefoon**
telefoon met toetsenbord en beeldscherm voor
mensen die slecht horen of moeilijk spreken
tekstueel *bn* ❶ wat (de) tekst betreft: *de muziek is
mooi, maar ~ gezien is deze cd niet erg goed* ❷ met
tekst: *de test bestaat uit een deel met plaatjes en
een ~ gedeelte*
tekstverwerker *de (m)* [-s] computerprogramma
waarmee tekst gemaakt, bewerkt en
gecorrigeerd kan worden
tektonisch *bn* veroorzaakt door bewegingen in
de aardkorst
tel *de (m)* [-len] ❶ het tellen ▼ *de ~ kwijt zijn* niet
meer weten waar men was met tellen ❷ elk
geteld nummer ▼ *korte tijdsduur van ongeveer
één seconde* ▼ *niet in ~ zijn,* BN, spreekt. *van
geen ~ zijn, niet van ~ zijn* weinig aanzien
genieten, niet belangrijk zijn
tel. telefoon
telbaar *bn* mogelijk om te tellen
Teleac *Televisieacademie,* instelling die
informatieve radio- en tv-programma's verzorgt
telebankieren [telebankierde, h. getelebankierd]
met een computer of mobiele telefoon via
internet bankzaken afhandelen
telecom *de (v)* telecommunicatie
telecommunicatie communicatie over grote
afstanden met elektronische middelen **telefax**
apparaat waarmee men informatie op papier
telefonisch verzendt, fax
telefonade *de (v)* [-s] lang telefoongesprek
telefoneren door de telefoon met iemand
praten **telefonie** *de (v)* ❶ het telefoneren
❷ telefoondienst **telefonisch** *bn* per telefoon: *je
kunt je adreswijziging ~ doorgeven* **telefonist** *de
(m)* iemand die een telefooninstallatie bedient

telefoon *de (m)* [-s] aansluiting en toestel
waarmee men met iemand kan spreken die
ergens anders is ▼ *er is ~ voor je* iemand wil je
spreken door de telefoon **telefoonboek**
telefoongids
telefoonbotje plek waar de elleboog waar een
stoot heel erg pijn doet
telefooncel hokje om te telefoneren
telefoongesprek gesprek per telefoon
telefoongids boek of lijst met namen en
telefoonnummers
telefoonkaart betaalkaart voor mobiele en
openbare telefoons **telefoonnet** net van
telefoonlijnen **telefoonnummer** nummer
waaronder iemand of een bedrijf of organisatie
op het telefoonnet is aangesloten **telefoonpaal**
paal voor telefoondraden **telefoonseks** erotisch
telefoongesprek **telefoontap** *de (m)* [-s]
telefoongesprek dat (door de politie) is
afgeluisterd **telefoontje** *het* [-s] gesprek per
telefoon **telefoontoestel** toestel om te
telefoneren **telefoonverbinding** verbinding per
telefoon
telefoto ❶ overgeseinde foto ❷ foto die van
grote afstand is genomen
telegraaf *de (m)* [-grafen] ❶ elektrisch seintoestel,
toestel dat vroeger letters overseinde ❷ dienst
die vroeger op die manier berichten overseinde
telegraferen ⟨vroeger⟩ berichten per telegraaf
overbrengen **telegrafie** *de (v)* ⟨vroeger⟩ het
overbrengen van berichten per telegraaf
telegrafist *de (m)* ⟨vroeger⟩ iemand die de
telegraaf bedient
telegram *het* [-men] ⟨vooral vroeger⟩ bericht dat
per telegraaf is overgebracht: *de kampioen kreeg
een geluks~ van de burgemeester* **telegramstijl** stijl
met weglating van veel woorden die niet echt
noodzakelijk zijn voor de inhoud, zoals
lidwoorden **telekinese** ⟨-kieneze⟩ *de (v)*
paranormale verplaatsing van voorwerpen
telelens lens om van grote afstand te
fotograferen **teleleren** leren op afstand, vooral
via internet **telemarketing** telefonische
klantenwerving **telematica** *de (v)* studie van en
diensten m.b.t. telecommunicatie en
informatica en de combinatie daarvan
telen ❶ verbouwen van groenten of fruit,
kweken ❷ fokken van dieren
teleologie *de (v)* filosofische term voor het
betrokken zijn bij een doel, van een mens, de
natuur, een voorwerp e.d.
teleonthaal BN telefonische hulpdienst
telepathie *de (v)* overbrenging van gedachten
zonder deze uit te spreken, op te schrijven e.d.
telescoop *de (m)* [-scopen] ❶ astronomische
kijker met spiegels ❷ ⟨in samenstellingen ook⟩
die in elkaar kan worden geschoven: *~hengel*
telescopisch *bn* ❶ met een telescoop (waar te
nemen) ❷ mogelijk om in elkaar te schuiven:
een telescopische wandelstok
teleshoppen dingen kopen via internet of de
televisie
teletekst informatiesysteem waarbij nieuws en
mededelingen in de vorm van tekstberichten
worden uitgezonden die op het televisiescherm
zichtbaar gemaakt kunnen worden

teleurstellen [stelde teleur, h. teleurgesteld] niet voldoen aan de verwachting **teleurstelling** *de (v)* ❶ iets wat minder goed, leuk e.d. is dan men verwacht had, tegenvaller: *het was een ~ dat onze kandidaat de finale niet haalde* ❷ het teleurgesteld zijn, licht verdrietig gevoel als iets niet doorgaat of niet lukt: *wat een ~ dat die baan niet doorgaat*

televisie ⟨-ləvie̱zie⟩ *de (v)* [-s] ❶ het draadloos overbrengen van (bewegende) beelden ❷ toestel voor het ontvangen van zulke beelden ❸ de hele organisatie voor het uitzenden van televisiebeelden

televisiepresentator iemand die televisieprogramma's presenteert **televisieprogramma** programma dat via de televisie wordt uitgezonden **televisiespel** toneelstuk dat voor de televisie is geschreven **televisiespelletje** *het* [-s] spelletje op tv, vaak een quiz **televisietoestel** toestel om televisieprogramma's te kunnen zien

telewerken [telewerkte, h. getelewerkt] thuiswerken met gebruik van telefoon en internet **telewinkelen** producten aanschaffen via internet of televisie, teleshoppen **telex** *de (m)* toestel om getypte mededelingen over te seinen

telfout fout die wordt gemaakt bij het tellen **telg** *de* afstammeling, kind: *die man is een ~ uit een rijke familie*

telgang gang waarbij een dier, zoals een paard of hond, beurtelings zijn beide linker- of rechterbenen tegelijk verplaatst

telkenmale *bw* elke keer **telkens** *bw* steeds opnieuw: *ik moet ~ niezen*

tellen ❶ een rij getallen in de juiste volgorde opzeggen: *mijn zusje kan al tot twintig ~* ▼ *op zijn ~ passen* opletten wat men doet, voorzichtig zijn ❷ kijken wat het aantal ergens van is: *tel jij even de mensen die koffie willen?* ❸ als aantal hebben, bevatten: *onze klas telt 22 kinderen* ❹ geldig zijn, gelden: *deze sprong telt niet, want je voet kwam over de lijn* **teller** *de (m)* [-s] ❶ ⟨rekenen⟩ getal dat bij een breuk boven de streep staat: *in 3/4 is 3 de ~ en 4 de noemer* ❷ iets dat telt: *kilometer~*

telmachine apparaatje voor optellen en aftrekken

teloorgaan verloren gaan, ophouden te bestaan: *sinds de komst van e-mail is de kunst van het schrijven van brieven teloorgegaan*

telraam raamwerk met balletjes als hulpmiddel bij het rekenen en bij het leren tellen en rekenen **telwoord** woord dat een getal of hoeveelheid aanduidt zoals tien, zeventien, veel, weinig, of dat de plaats aanduidt in een volgorde zoals tweede, zestiende

t.e.m. tot en met

temeier *de (v)* [-s] spreekt. prostituee **temen** met een slepende, zeurderige stem spreken

temmen ❶ tam maken: *leeuwen ~* ❷ fig. onderwerpen, beteugelen: *hartstochten ~*

tempé *de* product van sojabonen **tempel** *de (m)* [-s, -en] gebouw waar mensen samenkomen om een god te vereren: *een*

Griekse ~ ▼ *de ~ der wetenschap* universiteit **tempelier** *de (m)* [-s, -en] ridder van een middeleeuwse geestelijke ridderorde ▼ *drinken als een ~* heel veel alcohol drinken

tempen de temperatuur opnemen **tempera** *de* ❶ techniek van schilderen met organische lijmachtige stof ❷ bepaalde verf die mat opdroogt

temperament *het* ❶ de natuurlijke gemoedsgesteldheid van iemand: *hij heeft een rustig ~* ❷ vurige aard, levendigheid, het doen van dingen met overgave: *een vrouw met ~* **temperamentvol** met veel temperament, vurig

temperatuur *de (v)* [-turen] hoe warm of koud het of iets of iemand is: *een ~ van min twintig graden; ik denk dat ik koorts heb, ik ga mijn ~ opnemen*

temperen matigen, zorgen dat iets een beetje minder wordt: *iemands enthousiasme ~*

tempex *het* piepschuim **template** ⟨templət⟩ *de (m)* [-s] comp. sjabloon voor een bewerking, zoals bij het programmeren, of voor een bestand, bijv. een bepaald soort brief

tempo *het* [-'s] ❶ snelheid waarmee iets gebeurt: *in hoog ~ werden de mensen van het zinkende schip gehaald* ▼ *maak eens een beetje ~!* schiet eens een beetje op! ❷ muz. snelheid van uitvoering van een muziekstuk, tijdmaat **tempobeurs** studiebeurs die een student krijgt als hij in een jaar een minimum aantal punten haalt en die wordt omgezet in een renteloze lening als hij die punten niet haalt

temporeel ⟨-rèr⟩ *bn* tijdelijk **temporiseren** ⟨-riezi-⟩ ❶ opschorten, uitstellen ❷ uitsmeren over een langere tijd ❸ sp. rustiger gaan spelen

tempura *de* Japanse gefrituurde groenten met vis of vlees

ten *vz* ⟨meerdere betekenissen, o.a.⟩ in het, in de: *~ noorden, oosten, westen, zuiden van* ▼ *~ eerste* in de eerste plaats ▼ *~ gevolge* als gevolg ▼ *~ minste* minstens ▼ *~ slotte* tot slot, als laatste

tenaamstelling het op naam stellen ▼ *de ~ van een hypotheek* het registreren van de naam of namen van degenen die de hypotheek afsluiten: *onze hypotheek stond op naam van mijn man en mij, maar na onze scheiding hebben we de ~ laten veranderen*

tendens *de* ❶ strekking, bedoeling, van een boek, film enz.: *een verhaal met een moralistische ~* ❷ neiging, geneigdheid, ontwikkeling in een bepaalde richting: *er heerst een ~ om steeds strengere straffen te willen voor criminelen* ❸ hand. stemming als basis voor markt- of beurszaken **tendensroman** roman met een (moralistische of sociale) boodschap **tendentie** *de (v)* [-s] ❶ het streven naar iets ❷ strekking van iets, bedoeling, belangrijkste inhoud ❸ stemming, neiging **tendentieus** ⟨-sjeus⟩ *bn* op zo'n manier dat de waarheid verdraaid wordt ▼ *tendentieuze berichtgeving over iets* berichten die niet helemaal waar zijn en die vooral bedoeld zijn om de mening van de lezer of hoorder te beïnvloeden

tender *de (m)* [-s] ❶ voertuig dat aan een stoomlocomotief is toegevoegd om brandstof en

te

te

water mee te voeren ❷ **hand.** manier van uitgeven van obligaties waarbij de inschrijvers opgeven tegen welke koers zij die willen kopen en het bedrag niet van tevoren vaststaat

tenderen ▼ ~ *naar* neigen naar, een bepaalde strekking of bedoeling hebben

tendinitis *de (v)* ontsteking van een pees

teneinde *vgw* met het doel om: *extra bewaking instellen ~ aanslagen te voorkomen*

tenen *bn* van dunne twijgen

tenenkaas scherts. vuil tussen de tenen

tenenkrommend *bn* zo dat men zich ervoor schaamt, beschamend, gênant: *de voorstelling was ~ slecht*

teneur *de (m)* algemene inhoud, strekking: *de ~ van het stuk is, dat de mensen in ons land steeds onbeschofter worden*

tengel *de (m)* [-s] ❶ dunne lat ❷ **min.** vinger, hand: *je moet met je ~s van mijn spullen afblijven!*

tenger *bn* slank en teer: *Michelle is een ~ meisje*

tenhemelschreiend *bn* heel erg, heel ellendig, schandalig

tenietdoen veroorzaken of besluiten dat iets niet meer geldt of bestaat, vernietigen, ongedaan maken: *door dit besluit wordt al ons werk tenietgedaan* **tenietgaan** te gronde gaan, ophouden te bestaan

tenlastelegging *de (v)* beschuldiging door de officier van justitie: *in een ~ wordt vermeld waarvan iemand beschuldigd wordt*

tenminste *bw* woord dat iets een beetje afzwakt of uitdrukt dat iemand het niet helemaal zeker weet, in elk geval: *ik wil hem nooit meer zien, ~ niet zolang hij zich zo gedraagt; hij komt vandaag, dat zei hij ~*

tennis *het* spel tussen twee of vier personen waarbij een bal met een racket over een net geslagen wordt **tennisarm** ontsteking bij de elleboog aan de verbinding van pees en spier, door overbelasting van de spieren **tennissen** tennis spelen **tennisser** *de (m)* [-s] iemand die tennis speelt

tenor ⟨-noor⟩ *de (m)* [-s, -noren] ❶ hoge mannenstem ❷ zanger met zo'n stem

tensie *de (v)* ❶ bloeddruk ❷ spanning

tenslotte *bw* als men het in zijn geheel bekijkt, immers: *hij heeft het verdiend, hij heeft er ~ hard voor gewerkt*

tent *de* ❶ doek die over stokken o.i.d. is gespannen, die men buiten kan opzetten om in te slapen of wonen, bijv. als men op vakantie is ▼ *zijn ~en ergens opslaan* ergens gaan wonen ▼ *iemand uit zijn ~ lokken* reacties van iemand uitlokken zodat hij laat zien wat hij echt denkt of voelt ❷ **inform.** huis: *de hele ~ is afgebrand* ❸ **inform.** uitgaansgelegenheid (café, restaurant e.d.): *ik weet nog een leuke ~ in het centrum*

tentakel *de (m)* [-s] lang uitsteeksel uit het lijf van een dier dat hij kan bewegen, als voeldraad of als arm om een prooi te vangen: *de ~s van een inktvis*

tentamen *het* [-s, -mina] soort examen, meestal op de universiteit **tentamineren** tentamen afnemen

tentatief *bn* voorlopig, om te proberen, bij wijze van proef

tentdak dak van vier vlakken die in één punt samenkomen, puntdak **tentdoek** stof waar tenten van worden gemaakt **tentjurk** heel wijde jurk

tentoonspreiden blijk geven van, laten zien: *ik schrok van het fanatisme dat hij in zijn toespraak tentoonspreidde* **tentoonstellen** voorwerpen uitstallen, zodat mensen die kunnen bekijken

tentwagen ❶ wagenbak, vouwwagen met tent ❷ **hist** rijtuig getrokken door paarden, met een kap van zeildoek ❸ wagen die een (grote) tent vervoert

tentzeil tentdoek

tenue ⟨tənuu⟩ *het & de* [-s] voorgeschreven (militaire) kleding, kleding die men voor een bepaald beroep of bij een bepaalde sport draagt: *Monica had haar tennis~ aan*

tenuitvoerbrenging, tenuitvoerlegging *de (v)* het uitvoeren van iets: *de ~ van het vonnis*

tenzij *vgw* behalve als: *ik ga mee, ~ het opnieuw gaat regenen* ik ga mee, maar als het weer gaat regenen, ga ik niet mee

tepel *de (m)* [-s] uiteinde van de klier waar bij vrouwen en vrouwtjesdieren melk uit komt **tepelhof** kring om een tepel

tequila ⟨-kielaa⟩ *de (m)* sterkdrank uit Mexico

ter *vz* verkorte vorm van 'te der' ▼ *~ aarde bestellen* begraven ▼ *~ zake kundig* met verstand van de zaak ▼ *~ ere van ... om ... te eren* ▼ *~ wille zijn* doen wat ... graag wenst

teraardebestelling *de (v)* het begraven van een dode

terbeschikkingstelling ❶ het ter beschikking stellen ❷ **jur.** bepaling door een rechter dat een veroordeelde met een psychische stoornis in een inrichting moet worden behandeld

terdege *bw* flink, behoorlijk, geducht: *we kregen er ~ van langs; ik ben me ~ bewust van de risico's*

terecht *bw & bn* ❶ op de goede plaats ❷ juist, met recht: *zijn verwijt was ~* ❸ gevonden, weer terug: *het vermiste boek is ~* **terechtbrengen** in orde brengen, klaarspelen: *hij brengt er niets van terecht* **terechtkomen** ❶ ergens aankomen, belanden, ergens neerkomen of neervallen: *we verdwaalden en kwamen terecht in een heel klein dorpje; met deze wind komen er allemaal blaadjes in de vijver terecht* ❷ in orde komen, zijn doel bereiken, een maatschappelijke positie bereiken: *goed ~* ❸ teruggevonden worden **terechtkunnen** [kon terecht, h. terechtgekund] ▼ *ergens ~* daar om hulp kunnen vragen en die krijgen: *ik heb vaak ruzie met mijn broer, maar als ik een probleem heb, kan ik altijd bij hem terecht* **terechtstaan** als verdachte van een misdrijf voor de rechter staan: *die mannen staan terecht voor moord* **terechtstellen** iemand doden als straf, executeren: *de moordenaars zijn terechtgesteld* **terechtwijzen** op zijn fouten wijzen, vermanen **terechtzitting** zitting van een rechtsprekend orgaan

teren ❶ met teer besmeren: *ze zijn de weg aan het ~* ▼ *~ op* leven op kosten van; uit voorraad gebruiken: *hij teert op het geld van zijn vriendin; daar kun je een maand op ~* ❷ **fig.** leven op, genoeg hebben aan: *hij teert op zijn vroegere roem*

tergen ❶ sarren, gemeen plagen ❷ heviger, heftiger doen worden: *de woede van het volk ~*

tering *de (v)* tuberculose ▼ *de ~ naar de nering zetten* de hoeveelheid geld die men uitgeeft, aanpassen aan de hoeveelheid geld die men binnenkrijgt: *ik moet de ~ naar de nering zetten want ik verdien nu veel minder* **teringlijder** *de (m)* [-s] ❶ iemand die aan tering lijdt, **teringlijer** ❷ scheldn. ellendeling

terloops *bn & bw* tussen andere dingen door, zonder nadruk: *een ~e opmerking*

term *de (m)* ❶ woord(groep) uit een bepaald vakgebied als vaste aanduiding voor iets: *medische ~en* ❷ wiskundige grootheid ❸ 〈in de logica〉 deel van een syllogisme

termiet *de* insect van de orde Isoptera, dat vooral in de tropen en subtropen voorkomt en dat ook wel 'witte mier' wordt genoemd

termietenheuvel bovengronds deel van een nest van termieten

termijn *de (m)* ❶ tijdruimte, tijdvak waarbinnen iets moet plaatsvinden ❷ gedeelte van een schuld dat op een bepaald tijdstip afbetaald moet worden: *een bedrag in vier ~en betalen* **termijnhandel** vorm van handel waarbij goederen vóór de termijn van levering weer verkocht worden **termijnrekening** BN banktegoed dat terugbetaalbaar is op een vooraf afgesproken datum

terminaal *bn* wat het eindstadium nadert, wat bij het eindstadium hoort ▼ *terminale zorg* begeleiding bij het sterven

terminal 〈turminnəl〉 *de (m)* [-s] ❶ begin- of eindpunt van een scheep- of luchtvaartverbinding ❷ comp. apparaat voor in- en uitvoer

terminologie *de (v)* [-ën] ❶ het geheel van vaktermen, termen die specifiek zijn voor een bepaald vak- of wetenschapsgebied ❷ woordkeus, woorden die in een bepaald verband worden gebruikt

ternauwernood *bw* nauwelijks, maar net, bijna niet: *hij is ~ aan de dood ontsnapt*

terneer *bw* omlaag **terneergeslagen** *bn* mismoedig, bedrukt, verdrietig en somber: *de spelers waren ~ na de nederlaag*

terp *de (m)* hoogte waarop men vroeger woonde, om tegen het water beveiligd te zijn

terpentijn *de (m)* vloeibare hars

terpentine *de* kleurloze vloeistof die uit aardolie wordt gemaakt, o.a. gebruikt om verf mee te verdunnen en om te ontvetten

terra I *de (v)* ▼ *~ incognita* onbekend land; fig. inhoudelijk gebied waar iemand niets van weet II *bn* bruinrood **terracotta** I *de & het* [-'s] ❶ ongeglazuurd aardewerk II *bn* ❷ bruinrood

terrarium *het* [-s, -ria] glazen bak met aarde om slangen, hagedissen e.d. in te houden

terras *het* [-sen] ❶ deel van een stoep of straat waar tafeltjes en stoelen van een café of restaurant buiten staan ❷ bestegeld stuk van een tuin waar men kan zitten ❸ verhoogd terrein

terrazzo 〈-radzoo〉 *het* cement met stukjes marmer of steen

terrein *het* ❶ stuk grond, gebied ❷ fig. gebied: *maatregelen op het ~ van werk en inkomen*

terreinauto auto voor moeilijk berijdbaar gebied **terreinfiets** mountainbike **terreinknecht** iemand die een sportterrein onderhoudt **terreinwinst** uitbreiding van veroverd gebied, ook figuurlijk

terreur *de* voortdurend geweld waardoor mensen angstig worden: *in deze dictatuur regeert de leider door ~*

terriër *de (m)* [-s] soort hond die vroeger veel werd gebruikt bij de jacht op dieren die in holen leven

terrine 〈-rienə〉 *de (v)* [-s] komvormige schaal voor het opdienen van soep

territoir 〈-twaar〉 *het* [-s] grondgebied **territoriaal** *bn* van het grondgebied, wat hoort bij het grondgebied, van een deel van het land **territorium** *het* [-s, -ria] ❶ grondgebied, gebied van een staat ❷ gebied dat een dier of een groep dieren voor zichzelf reserveert en waar indringers uit worden verjaagd

terroriseren 〈-zi-〉 mensen bang maken, bijv. door vaak geweld te gebruiken: *deze buurt wordt geterroriseerd door een jeugdbende* **terrorisme** *het* het plegen van ernstige misdaden, zoals moorden, bomaanslagen, vliegtuigkapingen en gijzelingen, om een politiek of godsdienstig doel te bereiken **terrorist** *de (m)* iemand die terroristische acties uitvoert, zoals bomaanslagen of vliegtuigkapingen

tersluiks *bw* zo dat niemand het ziet

terstond *bw* meteen

tertiair 〈-tsjèr〉 I *bn* ❶ op de derde plaats ▼ *~e sector* dienstverlenende sector ❷ uit een bepaalde geologische periode ❸ wat is ontstaan door het mengen van primaire en secondaire kleuren II *het* ❹ geologische periode

tertio 〈-tsjieoo〉 *bw* ten derde

terts muz. *de* afstand van één of twee tonen

terug *bw* ❶ weer naar het uitgangspunt ❷ achteruit: *zij deed een stap ~* ❸ weer: *wij zagen hem niet ~* ❹ geleden: *zes jaar ~* ❺ BN ook opnieuw, weer ▼ *niet ~ hebben van ... euro* niet genoeg wisselgeld hebben als iemand met een biljet van ... euro betaalt ▼ *ergens niet van ~ hebben* ergens niet op weten te reageren, er geen antwoord op hebben

terugbetalen geld betalen dat men geleend heeft **terugbetalingstarief** BN deel van het tarief voor consultaties en geneesmiddelen dat door het ziekenfonds wordt terugbetaald

terugblik het overzien van iets wat voorbij is: *een ~ op de jaren vijftig* **terugbrengen** weer op zijn plaats brengen **terugdeinzen** ❶ van schrik achteruitgaan: *ze deinsde terug voor de grote hond* ❷ terugschrikken, ergens bang voor zijn: *hij deinst er niet voor terug om in te breken* **terugdenken** zich met zijn gedachten in het verleden plaatsen: *ik denk graag terug aan onze trouwdag* **terugdoen** ❶ weer op zijn plaats zetten, leggen, stoppen ❷ doen als tegenprestatie voor iets wat iemand anders doet: *hij helpt ons altijd, we moeten eens iets voor hem ~* **terugdraaien** ❶ in tegengestelde richting draaien ❷ achteruit draaien ❸ iets wat men heeft gezegd of gedaan, intrekken of ongedaan maken **terugdringen** ❶ achteruit drijven

te

❷ beperken in aantal: *de politie wil het aantal overvallen ~* **terugfluiten** ❶ sp. met een fluitsignaal duidelijk maken dat iemand terug moet komen, bijv. na een overtreding of een valse start ❷ fig. iemand duidelijk maken dat hij te ver is gegaan, tot de orde roepen, doen ophouden: *de minister werd door de Kamer teruggefloten* de minister mocht van de Kamer zijn plannen niet (verder) uitvoeren **teruggaaf**, **teruggave** *de* het teruggeven **teruggaan** weer naar het uitgangspunt gaan ▼ *~ tot* bestaan sinds **teruggang** ❶ het teruggaan ❷ fig. het minder worden: *een ~ in het aantal advertenties* **teruggetrokken** *bn* waarbij iemand zich afzondert: *zij leidt een ~ leven*
teruggeven ❶ weer aan de eigenaar geven of aan iemand anders die iets heeft gegeven ▼ *een opdracht ~* zeggen dat men het niet kan doen, dat men ermee stopt ❷ het te veel betaalde in kleiner geld geven aan degene die heeft betaald: *ik heb vijftig euro betaald, dus u moet me tien euro ~* **teruggrijpen** ▼ *~ op* weer aansluiten bij een vroeger punt **terughoudend** *bn* niet toeschietelijk, waarbij iemand weinig vertelt of waarbij men merkt dat iemand iets niet erg graag wil: *de politie is ~ in het geven van informatie over de aanslag; hij vroeg haar ten huwelijk, maar zij reageerde ~* **terugkaatsen** ❶ terugspringen of -klinken of reflecteren ❷ teruggooien of -slaan ❸ fig. reageren met een tegenaanval
terugkeer het terugkeren, terugkomst **terugkeren** ❶ terugkomen: *hij is teruggekeerd van zijn reis* ▼ *~ tot* zich weer bezighouden met, weer uitgaan van wat men oorspronkelijk deed, dacht e.d.: *~ tot zijn oude beroep, zijn oude idealen* ❷ zich herhalen: *dat probleem keert voortdurend terug* **terugkomen** weer komen nadat men weg is geweest ▼ *~ op* nog iets zeggen over iets waarover men al eerder heeft gesproken; ervan afzien, er anders over gaan denken: *ik wil nog even ~ op jouw opmerking van gisteren; hij kwam terug op de belofte die hij had gedaan* ▼ *~ van iets* iets niet meer willen, vinden enz. wat men eerst wel wilde, vond enz.: *ik vond vroeger het communisme een goed systeem, maar daar ben ik van teruggekomen* **terugkoppelen** ❶ naar een lagere versnelling schakelen ❷ fig. overleggen met de achterban **terugkrabbelen** ❶ proberen zich terug te trekken: *hij heeft beloofd te helpen, maar nu krabbelt hij weer terug* ❷ een bewering of aangenomen houding (uit angst) weer prijsgeven **terugkrijgen** weer krijgen: *je mag het boek van me lenen als ik het binnen een maand terugkrijg* **teruglopen** ❶ lopend teruggaan: *we moeten het hele eind nog ~ naar huis* ❷ achteruitgaan, minder worden: *het aantal bezoekers loopt terug* **terugnemen** weer nemen ▼ *een opmerking ~* intrekken, zeggen dat men het zo niet bedoeld had **terugreis** reis terug: *de heenreis ging vlot, maar op de ~ kregen we pech met onze auto* **terugroepen** ❶ roepend antwoorden ❷ weer bij zich laten komen, zeggen dat iemand terug moet komen: *vanwege het conflict hebben de twee landen hun ambassadeurs teruggeroepen*

terugronde BN, sp. tweede helft van een competitie, waarbij de clubs een tweede keer tegen elkaar spelen **terugschakelen** ❶ overgaan op een lagere versnelling ❷ fig. rustiger aan gaan doen **terugschrikken** bang worden en achteruitgaan: *het paard schrok terug voor een auto* ▼ *~ voor iets* iets niet aandurven: *hij schrok ervoor terug om zijn vrouw te verlaten* ▼ *niet ~ voor iets* iets doen waarvan men zou verwachten dat iemand het niet doet omdat het wreed is, extreem e.d.: *de dictator schrok er niet voor terug om geweld te gebruiken* **terugschroeven** ❶ naar achteren schroeven ❷ fig. op een lager niveau brengen: *een subsidieregeling ~*
terugslaan ❶ slaan als reactie op een slag, ook figuurlijk ❷ slaan, teruggaan in de richting waaruit iets gekomen is: *de bal slaat terug tegen de muur* ❸ (een vijand) terugdringen door te vechten ▼ *~ op* betrekking hebben op iets wat voorafgaat **terugslag** ❶ werking in tegengestelde richting ❷ fig. negatief effect van iets: *de ~ ondervinden van een vroegere fout* **terugspelen** ❶ sp. een bal naar het eigen doel of de vorige speler schoppen of gooien of slaan ❷ audio. nog eens spelen **terugtraprem** rem aan een fiets waarbij men remt door de trapper achteruit te trappen **terugtreden** ❶ naar achteren stappen ❷ fig. zich terugtrekken, aftreden **terugtrekken** weer naar zich toe trekken ▼ *soldaten ~ uit een gebied* ze het bevel geven om uit dat gebied weg te gaan ▼ *zich ~ (op zijn kamer, op het platteland enz.)* daarnaartoe gaan omdat men alleen wil zijn, rust wil ▼ *zich uit iets ~* niet meer aan iets meedoen: *Jeroen heeft zich uit het voetbalteam teruggetrokken* **terugvallen** ▼ *~ in* weer beginnen met iets slechts wat men vroeger deed: *toen zijn vrouw hem had verlaten, viel hij terug in zijn oude gewoonte om laat naar bed te gaan en veel te drinken* ▼ *~ op* een beroep doen op, hulp zoeken bij: *als ik echt een probleem heb, kan ik altijd ~ op mijn ouders* **terugverlangen** ❶ iets weer terug willen hebben ❷ verlangen naar iets van vroeger **terugvinden** iets wat men kwijt is, weer vinden **terugvoeren** mensen of dieren weer terugbrengen naar de plaats waar ze vandaan komen ▼ *~ op iets* denken dat het daardoor is veroorzaakt: *sommige mensen voeren al hun problemen terug op de opvoeding die ze hebben gehad* **terugvorderen** eisen dat iemand iets teruggeeft **terugvragen** ❶ vragen om iets terug te geven ❷ iemand uitnodigen bij wie men eerst zelf op bezoek is geweest
terugwedstrijd BN, spreekt. de tweede van twee wedstrijden (uit en thuis) die twee ploegen tegen elkaar spelen **terugweg** de weg terug, het teruggaan naar de plaats waar men vandaan kwam: *toen we 's ochtends naar school fietsten, waaide het niet, maar 's middags op de ~ hadden we wind tegen* **terugwerkend** *bn* waarbij het geldt voor een periode die voorbij is: *ik krijg die uitkering met ~e kracht vanaf 1 januari* **terugwijzen** ❶ achteruit wijzen ❷ afwijzen, wegsturen, terugsturen: *een verzoek ~; iemand ~* **terugwinnen** ❶ wat men kwijt was opnieuw verkrijgen ❷ (uit afval) iets verkrijgen door het

te bewerken **terugzetten** ❶ (een klok, horloge) achteruitzetten ❷ weer op zijn oude plaats zetten ❸ iemand een lagere rang of positie geven **terugzien** opnieuw zien: *ik weet niet wanneer we elkaar zullen ~* ▼ *~ op* denken aan iets uit het verleden en het in gedachten weer zien

terwijl *vgw* ❶ in de tijd dat: *was jij af ~ ik de aardappelen schil?* ❷ hoewel: *zij zit in het café ~ zij morgen een belangrijk examen heeft*

terzelfder tijd *bw verb* in dezelfde periode, op hetzelfde moment

terzet ⟨-tset⟩ *het* [-ten, -s] ❶ <u>muz.</u> combinatie van drie stemmen of drie instrumenten, of een stuk dat daarvoor is geschreven ❷ <u>lit.</u> strofe van drie versregels in een sonnet

terzijde I *bw* ❶ aan de zijkant, opzij ▼ *iemand ~ staan* helpen, steunen ▼ *~ leggen* opzij leggen om er later weer mee verder te gaan; sparen, bewaren voor later II *het* [-s] ❷ uiting in een toneelstuk die niet voor andere personages maar voor het publiek bestemd is ❸ terloopse uiting

terzine ⟨-tsie-⟩ *de (v)* [-n] strofe van drie regels

test I *de (m)* [-s, -en] ❶ onderzoek of het uitproberen van iets of iemand ❷ onderzoek naar hoe iemand is of wat iemand kan of weet II *de* [-en] ❸ vuurpotje in een stoof ❹ <u>inform.</u> hoofd

testament *het* officieel document dat iemand door een notaris laat maken en waarin staat wat er met zijn geld en bezittingen moet gebeuren na zijn dood ▼ *het Oude Testament en het Nieuwe Testament* de twee delen van de Bijbel

testamentair ⟨-tèr⟩ *bn* wat voortvloeit uit een testament, zoals het in een testament staat

testbaan baan voor het testen van voertuigen

testbeeld bepaald televisiebeeld om de kwaliteit te testen **testcase** ⟨-kees⟩ zaak die dient als proef, om iets uit te proberen **testen** een test doen met iets of iemand, uitproberen: *deze auto's worden uitvoerig getest voordat ze verkocht worden; kandidaten voor deze functie worden psychologisch getest*

testikel *de (m)* [-s] elk van de twee ballen onder de penis van een man of mannetjesdier, waarin zaadcellen worden gemaakt, zaadbal

testimonium *het* [-s, -nia] getuigenis, getuigschrift, vooral van een examen dat iemand heeft afgelegd

testosteron *het* mannelijk geslachtshormoon

tetanus *de (m)* serie zenuwkrampen snel achter elkaar, als gevolg van een infectie met een bepaalde bacil

tête-à-tête ⟨tête-aa-tèt⟩ *het* [-s] gesprek onder vier ogen

tetheren [tetherde, h. getetherd] techniek waarbij het ene apparaat (bijv. een smartphone) dient als internetrouter voor een ander apparaat (bijv. een tabletcomputer) via usb of wifi

tetra *de (m)* kleurloze niet-brandbare vloeistof met een zoete geur **tetraëder** *de (m)* [-s] figuur met vier gelijkzijdige driehoeken

tetteren ❶ ⟨op een blaasinstrument⟩ schetterende muziek maken ❷ overdreven druk en luid praten ❸ <u>inform.</u> (veel) alcohol drinken

teug *de* hoeveelheid drank of lucht die een mens of dier in één keer inneemt ▼ *met volle ~en ergens*

van genieten helemaal, voor honderd procent

teugel *de (m)* [-s] riem waarmee men een paard bestuurt ▼ <u>fig.</u> *de ~ vieren* meer vrijheid geven

teunisbloem plant met gele bloemen die in het donker bloeien, van het geslacht Oenothera

teut I *de* ❶ iemand die teut, treuzel II *bn* ❷ <u>inform.</u> dronken **teuten** ❶ niet opschieten, treuzelen ❷ kletsen, babbelen

teveel *het* wat meer is dan nodig of goed is: *het ~ aan bestelde goederen moeten we terugsturen*

tevens *bw* tegelijk, ook, bovendien: *hij is voorzitter van de biljartclub en ~ penningmeester van de toneelvereniging*

tevergeefs *bw* zonder resultaat, zonder dat lukt wat men wil: *de brandweer probeerde ~ de vlammen te doven*

tevoorschijn *bw* ▼ *~ komen* zich laten zien, zichtbaar worden

tevoren *bw* ❶ vroeger, tot nu toe ❷ vooraf, daarvoor

tevreden *bn* met een goed gevoel omdat iets voldoet aan de verwachtingen of omdat het leven in het algemeen biedt wat men ervan verwacht had: *ik ben ~ over het werkstuk dat je gemaakt hebt; hij is niet ~ met zijn baan* **tevredenstellen** maken dat iemand anders tevreden is, doen wat een ander verlangt

tewaterlating *de (v)* het van een helling in het water laten glijden van een schip

teweegbrengen veroorzaken: *de opmerking van de minister bracht een golf van verontwaardiging teweeg*

tewerkstellen ❶ aan het werk zetten ❷ <u>BN</u> in dienst nemen **tewerkstelling** *de (v)* <u>BN ook</u> werkgelegenheid

textiel *de (m) & het* stof die geweven is: *een winkel met ~ zoals kleren en handdoeken*

textuur *de (v)* [-turen] innerlijke structuur van een stof

tezamen *bw* samen, met elkaar: *we moeten ~ dit probleem oplossen*

tezelfdertijd *bw* in dezelfde periode, op hetzelfde moment

tft-scherm *thin-film transistor-scherm*, beeldscherm waarbij elke beeldpixel wordt aangestuurd door één tot vier transistors

TGG <u>taalk.</u> *de (v)* transformationeel-generatieve grammatica (*een belangrijke theorie binnen de taalwetenschap*)

t.g.t. *te gelegener tijd*, op een geschikt moment, als het uitkomt

tgv *de (m)* [-'s] *train à grande vitesse*, hst, hogesnelheidstrein

t.g.v. ❶ ten gevolge van ❷ ter gelegenheid van **TH** *de* Technische Hogeschool

thallium <u>schei.</u> *het* metaal dat op lood lijkt

thans *bw* nu

theater *het* [-s] ❶ gebouw of ruimte waar vooral toneel- en cabaretvoorstellingen worden gegeven ❷ de voorstellingen die worden gegeven ❸ <u>fig.</u> vertoning, aanstellerij **theatraal** *bn* ❶ wat te maken heeft met het toneelspel ❷ overdreven, onnatuurlijk

thee *de (m)* [-ën] ❶ heester waarvan de bladeren worden gebruikt voor het maken van thee ❷ de gedroogde bladeren van deze heester ❸ drank die getrokken is van deze gedroogde bladeren ❹ het drinken van deze drank: *iemand op de ~ vragen* th**ee**bladeren *de (mv)* afgetrokken blaadjes th**ee**doek doek om afgewassen borden, bekers, bestek enz. mee af te drogen th**ee**-ei eivormige houder voor losse theebladeren, als filter in de theepot th**ee**kopje *het* [-s] kopje om thee uit te drinken th**ee**kransje *het* [-s] groepje mensen, vooral dames, die samen theedrinken en kletsen th**ee**lepeltje klein lepeltje th**ee**leut *de* iemand die graag theedrinkt th**ee**lichtje *het* [-s] vlammetje of toestel waarop de thee warm blijft th**ee**muts gewatteerde kap om over de theepot te zetten en de thee warm te houden th**ee**roos roos met theegeur th**ee**water water om thee van te zetten ▼ *boven zijn ~ zijn* dronken zijn th**ee**zakje *het* [-s] papieren zakje met thee

the**ï**ne *de* opwekkend bestanddeel van thee

the**ï**sme *het* geloof in één god als schepper en bestuurder van het heelal

th**e**ma I *het* [-'s] ❶ onderwerp waarover iets gaat, grondgedachte: *het ~ van deze conferentie is de klimaatverandering; het ~ van dit boek is eenzaamheid* ❷ mu**z**. muzikale hoofdgedachte van een compositie die wordt uitgewerkt II *de & het* [-'s] ❸ schoolopgave, vooral een vertaaloefening th**e**manummer aflevering van een tijdschrift over een bepaald onderwerp

them**a**tiek *de (v)* thema, geheel van thema's

them**a**tisch *bn* ❶ waarbij eenzelfde onderwerp wordt behandeld ❷ opgezet op basis van thema's, van onderwerpen

theocr**a**tie *de (v)* staat waar wordt geregeerd op basis van de geboden van de godsdienst

theolog**ie** *de (v)* wetenschap die zich bezighoudt met God en godsdienst

theor**e**ma *het* [-'s] (vooral wiskundige) stelling

theor**e**ticus *de (m)* [-ci] beoefenaar of kenner van de theoretische kant van een vak, wetenschap of kunst theor**e**tisch *bn* wat te maken heeft met of volgens de theorie theoret**i**seren ⟨-z**i**-⟩ redeneren volgens een theorie, los van de praktijk theor**ie** *de (v)* [-ën] ❶ de ideeën die de basis vormen van een vak, kunst of bezigheid: *de ~ van de zwaartekracht; in dit boek staat de ~ van het zeilen* ❷ onderwijs daarin ❸ opvatting buiten de praktijk om: *in ~ moet het mogelijk zijn* ❹ idee, opvatting van iemand persoonlijk over iets: *daar heb ik zo mijn eigen ~ over*

theosof**ie** *de (v)* godsdienstige leer op basis van verschillende godsdiensten

therap**eu**t ⟨-p**ui**t⟩ *de (m)* iemand die mensen met lichamelijke of geestelijke klachten probeert te genezen therap**ie** *de (v)* [-ën] ❶ behandeling van mensen die lichamelijke of geestelijke klachten hebben ❷ methode om dat te doen

therm**aa**l *bn* van of wat te maken heeft met warme bronnen th**e**rmen *de (mv)* bronnen met warm water, warme baden

therm**ie**k *de (v)* opstijgende warme luchtstromingen: *een zweefvliegtuig maakt gebruik van ~*

therm**ie**t *het* mengsel dat bij ontsteking hitte afgeeft en gebruikt wordt om te lassen en in brandbommen th**e**rmisch *bn* ❶ wat de warmte

betreft ❷ d.m.v. warmte

thermodyn**a**mica ⟨-die-⟩ warmteleer

thermog**ee**n *bn* wat warmte veroorzaakt

therm**o**meter instrument om de temperatuur te meten

thermop**a**ne® ⟨-p**ee**n⟩ *de (m)* dubbel glas

thermopl**a**stisch ⟨van kunststoffen⟩ die vervormbaar worden bij verwarming en de gewenste vorm krijgen door afkoeling th**e**rmosfles dubbelwandige fles waarin men dranken koel of warm kan houden th**e**rmoskan dubbelwandige kan waarin men dranken koel of warm kan houden thermost**aa**t *de (m)* [-staten] onderdeel van een verwarmingssysteem voor het handhaven van een constante temperatuur

thesaur**ie** ⟨-z**au**rie⟩ *de (v)* [-ën] ❶ bewaarplaats van de kas, van de geldmiddelen van een staat, een college enz. ❷ instelling die de gelden van een staat, een bestuur enz. beheert en het kantoor daarvan thesaur**ier** *de (m)* [-s] schatbewaarder, penningmeester, beheerder van de financiën

thes**au**rus *de (m)* [-ri] ❶ schatkamer ❷ t**aa**lk. woordenschat, groot woordenboek ❸ comp. verzameling termen via welke men toegang heeft tot informatie binnen een kennisnetwerk

th**e**se ⟨t**ee**zə⟩ *de (v)* [-n, -s] stelling, vooral stelling die men moet verdedigen

th**e**sis ⟨-zis⟩ *de (v)* [-sen, theses] ❶ stelling die men moet verdedigen of bewijzen ❷ BN ook verhandeling, afstudeerscriptie th**e**sisjaar BN extra studiejaar waarin een student zich volledig wijdt aan het schrijven van een thesis

THG *tetrahydrogestrinon*, als doping gebruikt anabool steroïde

thiam**i**ne *de (v)* vitamine B1

th**i**nner ⟨t**i**nnəR⟩ *de (m)* [-s] middel om verf en lak te verdunnen

th**o**mas *de (m)* [-sen] ▼ *een ongelovige ~* iemand die niet gauw iets gelooft

Th**o**ra *de (v)* ⟨joods⟩ de boeken met de wet van Mozes

th**o**rax *de (m)* borstkas th**o**raxchirurgie ⟨t**oo**rakssjierrurgie⟩ chirurgie van de borstholte en delen daarin

thr**ea**d ⟨tred⟩ *de (m)* [-s] comp. reeks aaneengesloten bijdragen aan een nieuwsgroep of internetforum

thr**i**ller ⟨tr**i**llər⟩ *de (m)* [-s] erg spannende roman of film

t.h.t. ten minste houdbaar tot

th**ui**s I *bw* ❶ in eigen huis ▼ *handen ~!* raak me niet aan! ▼ *~ zijn in* veel weten van ▼ *zich ergens ~ voelen* zich ergens op zijn gemak voelen II *het* ❷ (plaats waar men zich voelt als in zijn) eigen woning of gezin

th**ui**sbankieren bankzaken thuis afhandelen th**ui**sbasis vertrekpunt, plaats waar men thuishoort th**ui**sbioscoop systeem voor het thuis optimaal bekijken van (bioscoop)films, home cinema th**ui**sblijven in zijn huis blijven, niet ergens naartoe gaan th**ui**sbrengen naar huis brengen ▼ *iemand of iets niet kunnen ~* zich niet kunnen herinneren wie of wat het is th**ui**sclub club die op eigen terrein speelt th**ui**sfront

❶ organisaties voor morele steun aan de militairen ❷ familie en vrienden die iemand in een moeilijke situatie steunen ❸ zij die thuisblijven **thuishaven** haven waar een schip volgens de registers thuishoort **thuishonk** honk waar een speler bij bepaalde sporten vandaan rent en weer terug moet proberen te komen **thuishoren** op de goede plaats zijn, op de plaats zijn die bij iemand past: *dit boek hoort niet op deze plank thuis; hij hoort niet thuis in de stad* **thuishulp** hulpverlening aan huis **thuiskomen** weer in huis terugkomen ▼ BN, inform. *daar ben ik van thuisgekomen* ik heb besloten daarmee te stoppen **thuiskrijgen** aan huis gebracht krijgen ▼ *zijn trekken* ~ als men iets slechts doet, gestraft worden of op een andere manier zelf ook geconfronteerd worden met iets akeligs **thuisland** ⟨vroeger⟩ stuk grondgebied in Zuid-Afrika voor de zwarte bevolking **thuisloze** *de* [-n] iemand die geen plaats heeft om te wonen **thuismarkt** binnenlandse markt **thuismatch** BN, ook thuiswedstrijd **thuismoeder** moeder die tegen betaling andermans kinderen in haar huis opvangt **thuisreis** reis terug naar huis **thuistaal** ❶ taal die mensen thuis spreken ❷ eigen woorden en uitdrukkingen in familiekring **thuiswedstrijd** wedstrijd op het eigen terrein **thuiswerk** werk dat men thuis kan doen **thuiswinkelen** kopen via postorder of internet **thuiszorg** verzorging en verpleging aan huis
thuja ⟨tuujaa⟩ *de (m)* [-'s] levensboom
thymusklier ⟨tie-⟩ klier achter het borstbeen
Ti schei. titanium ⟨*zilverwit metaal*⟩
TIA *de (m)* , *transient ischaemic attack*, korte doorbloedingsstoornis in de hersenen
tiara *de* [-'s] drievoudige kroon ⟨*vooral van de paus*⟩
tic ⟨tik⟩ *de (m)* [-s] ❶ zenuwtrek: *die man heeft een* ~: *hij trekt met zijn mond* ❷ vreemde gewoonte ❸ scheutje alcohol in een frisdrank: *cola met een* ~
ticket ⟨tieket *of* tikkət⟩ *het* [-s] toegangsbiljet, kaartje
tiebreak ⟨tajbReek⟩ *de (m)* [-s] beslissende serie slagen na een tennisset die gelijk is geëindigd
tien I *telw* ❶ aantal van 10 ▼ *nog niet tot* ~ *kunnen tellen* heel onnozel zijn II *de* ❷ het cijfer 10 **tiend** *de (m) & het* belasting in de vorm van 1/10 van de opbrengst **tiende** I *telw* ❶ nummer 10 II *het* [-n] ❷ 1/10, tiende deel ❸ tiend
tiener *de (m)* [-s] jongen of meisje tussen ongeveer dertien en negentien jaar oud
tienkamp wedstrijd met tien onderdelen
tiental *het* [-len] ❶ groep van tien ❷ veelvoud van tien
tientje *het* [-s] ❶ (bankbiljet van) tien euro of ⟨vroeger⟩ tien gulden ❷ tien weesgegroeten ❸ 1/10 deel van een staatslot
tier *de (m)* comp. programmalaag die een bepaalde taak uitvoert
tierelantijn *de (m)* tierlantijn
tierelier *de (m)* ▼ *het loopt als een* ~ het gaat heel goed: *de verkoop loopt als een* ~
tieren ❶ welig groeien ❷ boos tekeergaan: *mijn broer heeft een slechte bui, hij is de hele tijd aan het*

razen en ~
tierig *bn* ❶ wat welig groeit ❷ opgewekt, levenslustig
tierlantijn *de (m)* prulletje, overbodige versiering
tiet inform. *de* vrouwenborst
tiewrap ⟨tajRep⟩ *de* [-s] sterk kunststof bandje om iets samen te binden, bijv. losse snoeren
tig inform. *telw* een (onbepaald groot) aantal: *dat heb je nu al* ~ *keer gezegd!*
tigerkidnapping ⟨tajGəRkitnepping⟩ *de (v)* [-s] misdrijf waarbij gezinsleden van een bankmedewerker, juwelier enz. in gijzeling worden genomen om hem te dwingen een kluis te openen
tij *het* getij, eb en vloed ▼ *als het* ~ *verloopt, verzet men de bakens* als de omstandigheden veranderen, handelt men anders ▼ *het* ~ *keren* ervoor zorgen dat een vervelende situatie verandert
tijd *de (m)* ❶ opeenvolging van momenten ❷ duur, hoe lang iets duurt ❸ tijdstip, moment waarop ▼ *op* ~ op de juiste, vastgestelde tijd ▼ *bij* ~ *en wijle* nu en dan ▼ *uit de* ~ ouderwets ▼ *over* ~ te laat met de menstruatie: *ik ben over* ~, *ik zal toch niet zwanger zijn?* ▼ BN ook *op* ~ *en stond* op het geschikte ogenblik ❹ taalk. vorm van een werkwoord: *verleden* ~, *tegenwoordige* ~, *toekomende* ~ **tijdbom** bom die op een van tevoren bepaalde tijd ontploft
tijdelijk *bn* wat maar een bepaalde tijd duurt, wat niet altijd blijft ▼ *het* ~*e verwisselen met het eeuwige* sterven
tijdens *vz* in dezelfde periode, op hetzelfde moment dat iets anders gebeurt: ~ *het concert werd ik gebeld*
tijdgebonden bepaald door de tijd waarin iets voorkomt **tijdgebrek** het hebben van te weinig tijd **tijdgeest** heersende opvattingen en denkbeelden in een bepaalde tijd **tijdgenoot** iemand die in dezelfde tijd leeft
tijdig *bn* ❶ op tijd ❷ vroeg
tijding *de (v)* bericht
tijdklok onderdeel van een elektrisch apparaat dat zorgt voor het automatisch aan- of uitschakelen van iets op bepaalde tijdstippen **tijdkrediet** BN manier om de combinatie van arbeid en gezinsleven te vergemakkelijken en de activiteitsgraad van ouderen te verhogen **tijdlang** *bw* ▼ *een* ~ enige tijd, geruime tijd **tijdloos** *bn* ❶ van alle tijden ❷ zonder invloed van mode of trends
tijdnood gebrek aan tijd, het hebben van te weinig tijd: *in* ~ *komen*
tijdopname ❶ het opnemen van de tijdsduur ❷ foto die enige tijd belichting nodig heeft **tijdpad** tijdschema dat in onderdelen is uitgewerkt **tijdpassering** *de (v)* manier om de tijd door te komen, tijdverdrijf **tijdperk** periode in de geschiedenis of in de tegenwoordige tijd: *we leven nu in het* ~ *van de individualisering* **tijdrekening** indeling van de tijd in jaren, maanden enz. **tijdrekken** opzettelijk vertragen **tijdrit** ⟨wielersport⟩ rit tegen de klok waarbij de renners afzonderlijk van start gaan
tijdrovend *bn* wat veel tijd kost **tijdruimte**, **tijdsruimte** tijd tussen twee tijdstippen

tijdsbeeld (weergave van) kenmerken van een periode **tijdsbestek** tijdruimte **tijdschakelaar** schakelaar die op een bepaalde tijd kan worden afgesteld **tijdschema** schema met de tijdstippen waarop iets gebeurt **tijdschrift** blad dat regelmatig verschijnt, bijv. één keer per week of per maand: *mijn zus is geabonneerd op een ~ over paarden*

tijdsduur de tijd die iets duurt **tijdsein** sein dat de tijd aangeeft **tijdsgewricht** tijdruimte binnen een groter tijdsgeheel, periode: *het ~ waarin wij leven* **tijdspanne** periode, tijdsduur: *in een ~ van drie maanden* **tijdstip** het ogenblik, punt ergens in de tijd **tijdvak** tijdperk

tijdverdrijf vermaak of activiteit als ontspanning of tegen verveling **tijdzone** deel van de aardoppervlakte met dezelfde officiële tijd

tijgen [toog, is getogen] *plecht.* gaan

tijger *de (m)* [-s] geelachtig katachtig roofdier met strepen (Panthera tigris) **tijgerbalsem** soort zalf voor pijnlijke of stijve spieren **tijgerbrood** brood met gevlekte korst **tijgeren** *mil.* zich liggend op de ellebogen voortbewegen **tijgerin** *de (v)* [-nen] vrouwelijke tijger **tijgerlelie** oranjerode zwartgevlekte lelie

tijk I *de (m)* ❶ overtrek voor beddengoed **II** *het* ❷ stof voor overtrekken voor beddengoed

tijm *de (m)* geurige, lipbloemige plant van het geslacht Thymus, die als kruid wordt gebruikt

tik *de (m)* [-ken] ❶ niet al te harde klap: *mijn broertje kreeg een ~ op zijn billen* ❷ kort geluid: *ik hoor steeds een ~, maar ik weet niet waar het vandaan komt* ❸ eigenaardige gewoonte **tikfout** fout die bij het typen is gemaakt **tikje** *het* [-s] ❶ kleine tik ❷ beetje: *ik ben een ~ zenuwachtig*

tikkeltje *het* beetje: *het is toch een ~ moeilijker dan ik dacht*

tikken ❶ licht kloppen ❷ typen

tikkertje *het* spel waarbij kinderen elkaar proberen aan te tikken

tiktak *de (m)* geluid van tikken van een klok

til I *de (m)* ❶ het tillen ▾ *op ~ zijn* waarschijnlijk gauw gebeuren: *er zijn grotere veranderingen op ~* **II** *de* [-len] ❷ duivenhok

tilbury ⟨-bərie⟩ *de (m)* [-'s] licht verend tweewielig rijtuig voor één paard

tilde ⟨tiel-⟩ *de* [-s] het teken ~, in het Spaans soms boven een n, in het Portugees boven een a

tillen ❶ heffen, iets (zwaars) met zijn handen of armen omhoog brengen ▾ *fig. zwaar aan iets ~* iets een serieus probleem vinden ❷ *inform.* bedrieglijk benadelen, oplichten

tilt *de (m)* toestand waarin een flipperkast zich bevindt als het mechaniek stilstaat ▾ *fig. op ~ slaan* buiten zichzelf raken (van woede)

timbre ⟨tê-⟩ *het* [-s] het karakteristieke van een klank, klankkleur

timen ⟨tajmən⟩ [timede, h. getimed] ❶ de tijd opnemen van ❷ doen verlopen volgens een bepaald tijdschema **time-out** ⟨-aut⟩ *de (m)* [-s] *sp.* onderbreking van een wedstrijd voor bespreking van de tactiek **timer** *de (m)* [-s] tijdschakelaar, schakelklok **timesharing** ⟨-sjèRing⟩ *de* ❶ vaste periodes gebonden gebruiksrecht van vooral (vakantie)woningen ❷ externe toegang tot computertoepassingen

timide *bn* verlegen, bedeesd

timing ⟨tajming⟩ *de (v)* ❶ het bepalen van het meest geschikte moment ❷ het meten van de tijdsduur, klokken

timmeren ❶ dingen maken van hout door de delen met spijkers aan elkaar vast te slaan ▾ *aan de weg ~* de publieke aandacht trekken ❷ slaan: *iemand in elkaar ~* **timmerman** *de (m)* [-nen, -lui, -lieden] iemand die voor zijn beroep timmert **timmermansoog** ▾ *een ~ hebben* goed maten kunnen inschatten

timpaan *het* [-panen] driehoek boven aan een gevel

tin *het* niet-edel metaal dat vroeger voor tafelgerei werd gebruikt

tinctuur *de (v)* [-turen] aftreksel, vooral op alcohol

tingelen de klank (als) van een bel of klokje doen horen: *hij zat wat op de piano te ~* hij zat zomaar wat te spelen **tingeling** *tw* het geluid van een bel **tingeltangel** *de (m)* [-s] ❶ café waar ook gezongen wordt door bezoekers ❷ piano die niet door een persoon wordt bespeeld maar die mechanisch muziek afspeelt d.m.v. geponste papieren rollen, pianola

tinne *de* [-n] uitgetande bovenrand van een muur **tinnef** *inform. het* slechte waar, rommel

tinnen *bn* van tin

tint *de* kleur, kleurnuance: *er zitten verschillende ~en blauw in de gordijnen* er zitten lichtere en donkerder kleuren blauw in

tintelen ❶ glinsteren: *~de ogen* ❷ prikkelen door kou: *mijn vingers ~*

tinten kleur geven

tip I *de (m)* [-pen] ❶ punt ▾ *een ~je van de sluier oplichten* iets van een geheim openbaren **II** *de (m)* [-s] ❷ aanwijzing, advies: *de politie ontving veel ~s over de daders van de overval; het was een goede ~ van je om nu alvast kaartjes te kopen* ❸ fooi: *de kelner kreeg een grote ~* **tipgeld** beloning voor een tipgever **tipgever** *de (m)* [-s] iemand die een aanwijzing geeft over een misdaad of misdadiger

tippelaarster *de (v)* [-s] straatprostituee **tippelen** ❶ met kleine vlugge stappen lopen ❷ straatprostitutie bedrijven **tippelzone** straat of gebied waar straatprostitutie wordt toegestaan

tippen ❶ even aanraken ▾ *niet aan iemand kunnen ~* bij lange na niet zo goed zijn als iemand anders ❷ een advies geven ❸ een fooi geven ❹ als favoriet aanwijzen

tipsy ⟨-sie⟩ *bn* licht onder invloed van alcohol **tiptoets** schakelaar die slechts licht hoeft te worden aangeraakt

tiptop *bn* volkomen in orde

TIR *het* , *Transport International de Marchandises par la Route*, internationaal wegtransport

tirade *de (v)* [-s] fel betoog waarin iemand duidelijk maakt dat hij boos of ontevreden over iets is

tirailleur *de (m)* [-s] soldaat die vecht in een verspreide, bewegende gevechtsorde

tiramisu ⟨-soe⟩ *de (m)* nagerecht met cake, room en cacao

tiran *de (m)* [-nen] iemand die op een wrede

manier heerst: *de bevolking heeft jarenlang
geleden onder het geweld van deze* ~ **tirannie** *de (v)*
[-ën] het heersen op een wrede, onderdrukkende
manier **tiranniek** *bn* als een tiran, als van een
tiran **tiranniseren** ‹-zi-› met geweld overheersen,
met geweld de baas spelen: *een jeugdbende heeft
deze buurt lange tijd getiranniseerd*

tissue ‹-joe› *de (m) & het* [-s] papieren zakdoekje

tit. titulair

titaan *het* chem. als titanium aangeduid zilverwit
metaal

titanenstrijd reuzenstrijd

titel *de (m)* [-s] ❶ opschrift, naam van een boek,
film enz. ❷ onderafdeling van een boek uit een
wetboek ❸ kwalificatie, naam voor een bepaald
ambt ❹ sp. kampioenschap: *onze club heeft de* ~
gewonnen ▼ BN, schr. *ten* ~ *van* bij wijze van
titelblad blad voorin een boek waarop de titel
staat **titeldebat** BN sp. strijd om de
kampioenstitel, uitgespreid over het hele
seizoen **titelen** betitelen, een titel geven, op een
bepaalde manier benoemen

titelhouder persoon of ploeg die de
kampioenstitel draagt **titelpagina** bladzijde van
een boek waarop de titel staat **titelrol** ❶ rol van
de hoofdpersoon naar wie een toneelstuk heet
❷ overzicht met namen van de medewerkers
aan een film **titelstrijd** wedstrijd om een
kampioenstitel **titelverhaal** verhaal waaraan een
bundel zijn titel ontleent

tittel *de (m)* [-s] stip, punt ▼ *ergens* ~ *noch jota aan
veranderen* ergens helemaal niets aan
veranderen

titulair ‹-lèr› *bn* die de titel voert, die die titel
heeft maar de functie niet uitvoert en geen
salaris ontvangt: ~ *bisschop* **titularis** *de (m)* [-sen]
❶ iemand die een titel voert ❷ BN, sp. vaste
speler ❸ BN iemand die een bepaalde cursus
doceert ❹ BN ook klassenleraar ❺ ‹van een
rekening› BN ook rekeninghouder **titulatuur** *de
(v)* [-turen] betiteling, de titels

tja *tw* ‹uiting van weifeling of berusting› ik weet
het niet

tjalk *de* vrachtschip met een platte bodem en met
een rond voor- en achterschip

tjaptjoi *de* Chinees groentegerecht

tjee, tjeminee *tw* uitroep van verbazing

tjiftjaf *de (m)* [-fen, -s] zangvogeltje dat naar zijn
geluid is genoemd (Phylloscopus collybita)

tjilpen een soort piepend geluid maken, zoals
vogels doen: *de mussen tjilpen*

tjirpen het geluid van een krekel maken

tjokvol heel erg vol

tjonge *tw* uitroep van verbazing of bewondering

tjotter *de (m)* [-s] zeilvaartuig zonder dek met
ronde voor- en achtersteven

t.k.a. te koop aangeboden

T-kruising kruising van wegen in de vorm van
een T

tl ‹op het vmbo› theoretische leerweg

t.l. ten laatste

tl-buis lamp in de vorm van een glazen staaf,
waarbij ultraviolette straling wordt omgezet in
sterk wit licht

t.l.v. ten laste van

t/m tot en met

TM Transcendente Meditatie

TMF ‹tie-em-ef› *The Music Factory*, commerciële
tv-zender met veel videoclips

TNO Toegepast Natuurwetenschappelijk
Onderzoek

TNT *trinitrotolueen*, krachtige springstof

t.n.v. ten name van

t.o. tegenover

toa *de (m)* technisch onderwijsassistent

toast ‹toost› *de (m)* sneetje(s) geroosterd brood
toasten (brood) roosteren **toaster** *de (m)* [-s]
apparaat om brood te roosteren

tobbe *de* [-s, -n] grote bak die kan worden gevuld
met water, kuip: *vroeger wasten de mensen zich
vaak in een* ~

tobben ❶ ergens veel over nadenken en zich er
zorgen over maken: *Bart zit te* ~ *over zijn werk;
hij is bang dat hij wordt ontslagen* ▼ ~ *met zijn
gezondheid* problemen hebben met zijn
gezondheid ❷ zwoegen, ploeteren **tobber** *de (m)*
[-s] ❶ ziekelijk, ongelukkig mens, arme sukkel
❷ iemand die zich voortdurend zorgen maakt

tobintaks BN voorgestelde kleine (0,1 of 0,25%)
belasting op internationale wisseltransacties,
genoemd naar de Amerikaanse econoom James
Tobin

toccata muz. *de* [-'s] levendige compositie voor
piano of orgel

toch *bw* ❶ woord dat ongeduld, verwondering,
ergernis enz. uitdrukt: *kom dan* ~*!* ❷ er wordt
gevraagd, verwacht dat iets niet gebeurt of dat
iemand iets niet doet, maar het gebeurt wel of
die persoon doet het wel: *hij mocht niet naar het
café maar hij deed het* ~ ❸ als vraag om
bevestiging: *dat is niet normaal,* ~?

tocht I *de (m)* ❶ reisje, rit: *een fiets*~ ❷ sloot II *de
(m)* ❸ trek, koude luchtstroom ▼ fig. *op de* ~ *staan*
onzeker zijn of het doorgaat of blijft bestaan:
mijn baan staat op de ~ **tochtdeur** deur tegen
tocht **tochten** wind doorlaten: *het raam tocht*
tochtgat plaats waar het tocht **tochthond** BN
voorwerp in de vorm van een hond dat tocht
(van een deur, raam) tegenhoudt **tochtig** *bn*
❶ met veel tocht ❷ ‹van vrouwelijke dieren bij
bepaalde diersoorten› bereid tot seks: *onze kat is
krols, ons teefje loops en een van onze koeien is* ~
tochtstrip *de (m)* [-pen] (metalen) band tegen
tocht

tod *de* [-den] vod

toe I *bw* ❶ in de richting van: *naar huis* ~ ❷ tot
aan: *tot de laatste cent* ~ *verspeeld* ❸ bijgevoegd,
extra, als toegift of als toetje: *een maaltijd met
ijs* ~ ▼ *aan vakantie* ~ *zijn* vakantie nodig hebben
▼ *er slecht aan* ~ *zijn* in slechte toestand verkeren
II *tw* ❹ vooruit!: ~ *dan!* **toebedelen** als deel
geven **toebehoren** I *ww* ❶ het eigendom zijn
van II *het* ❷ alles wat bij iets hoort **toebereiden**
klaarmaken **toebereidselen** *de (mv)*
voorbereiding, voorbereidende werkzaamheden
of maatregelen **toebijten** ❶ gretig bijten in
❷ toesnauwen **toebrengen** veroorzaken: *letsel* ~

toeclip ‹too-› voetklem aan het pedaal van een
racefiets

toedekken ❶ dekens over iemand heen leggen
❷ fig. verbergen, ervoor zorgen dat het niet
bekend wordt: *de corruptieaffaire werd toegedekt*

to

toedenken (voor iemand) bestemmen

toedichten ten onrechte denken of beweren dat iemand iets denkt of wil, of gemaakt of gedaan heeft

toedienen geven: *een geneesmiddel ~*

toedoen I *ww* ❶ sluiten ❷ bijdragen, helpen ▼ *dat doet er niet toe* dat maakt niet uit, dat is niet belangrijk **II** *het* ❸ medewerking, ook in negatieve zin: schuld: *door haar ~ zitten we nu in de problemen* **toedracht** *de* manier waarop iets gebeurt: *de ~ van het ongeluk is nog niet bekend*

toedragen (positieve of negatieve) gevoelens hebben voor ▼ *iemand of iets een warm hart ~* iemand of iets goed, sympathiek e.d. vinden en positief staan tegenover **toe-eigenen** [eigende toe, h. toegeëigend] ▼ *zich ~* in bezit nemen: *Henk heeft zich een paar van mijn cd's toegeëigend*

toefje *het* [-s] ❶ plukje: *een ~ haar* ❷ bosje: *een ~ peterselie*

toegaan ❶ dichtgaan ❷ in zijn werk gaan: *ik ben benieuwd hoe het bij hen toegaat* hoe dingen bij hen gebeuren en worden gedaan

toegang ❶ ingang ❷ het binnen mogen gaan: *geen ~; verboden ~* **toegankelijk** *bn* ❶ mogelijk om te bereiken ❷ mogelijk om te bekijken of te bestuderen: *die bronnen zijn niet ~* ❸ vatbaar, ontvankelijk, positief reagerend als iemand contact zoekt of iets voorstelt: *zij is helemaal niet ~, ze reageert nauwelijks als je iets zegt*

toegedaan *bn* ❶ gunstig gezind, genegen ▼ *iemand ~ zijn* sympathie, genegenheid voor iemand voelen ❷ geneigd tot ▼ *de mening ~ zijn dat ...* vinden dat ...

toegeeflijk *bn*, **toegefelijk** bereid om iemands wensen of fouten te begrijpen en niet gauw geneigd om iemand iets te weigeren of iemand te straffen

toegenegen gunstig gezind, welwillend gezind: *uw ~ dienaar*

toegeven ❶ iets toestaan of doen wat men eerst niet wilde: *toen de kinderen bleven zeuren om een ijsje, gaf de moeder toe; hij gaf toe aan de verleiding om een sigaret op te steken* ❷ erkennen: *hij zei eerst dat hij niet gespiekt had, maar later gaf hij toe dat hij het wel had gedaan* ❸ iets extra's geven, bijv. aan klanten die iets kopen in een winkel ▼ *de twee sporters gaven elkaar niets toe* ze waren allebei even sterk en ze gaven elkaar geen voorsprong **toegevend** *bn* die wel toelaat, die veel van anderen kan verdragen **toegewijd** *bn* die aan iets of iemand veel zorg besteedt: *een ~ echtgenoot* **toegift** iets extra, vaak een extra muziekstuk dat ten einde van een concert: *het enthousiaste publiek schreeuwde om een ~*

toehappen ❶ gretig happen in ❷ *fig.* gretig ingaan op: *toen de autoverkoper ook nog eens een gratis navigatiesysteem aanbood, hapten ze toe en kochten de auto*

toehoorder *de (m)* [-s] ❶ iemand die luistert ❷ iemand die lessen volgt zonder examens te doen **toehoren** luisteren

toejuichen ❶ juichend begroeten of prijzen ❷ van harte instemmen met: *ik juich dat plan toe*

toekan *de (m)* [-s] tropische spechtachtige vogel met een enorme felgekleurde snavel (Ramphastus)

toekennen ❶ verlenen, aan iemand geven

▼ *waarde aan iets ~* zeggen, vinden dat iets waarde heeft ▼ *betekenis ~ aan iets* zeggen, vinden dat iets betekenis heeft, dat het van belang is: *iemand een prijs ~* ❷ erkennen dat iemand recht of aanspraak op iets heeft

toekijken kijken naar iets zonder mee te doen **toeknikken** knikken naar

toekomen recht hebben op, volgens het recht van iemand zijn: *dit komt hem nog toe* ▼ *doen ~* sturen: *ik zal u de documenten doen ~* ▼ *aan iets ~* ergens tijd voor kunnen vinden ▼ *ergens mee ~* er genoeg aan hebben, voldoende hebben: *ik kom hier niet mee toe* **toekomend**, **toekomend** *bn* ▼ *taalk.* wat de toekomst aanduidt: *'ik zal het doen' is een zin in de ~e tijd*

toekomst *de (v)* ❶ de tijd die nog moet komen ❷ goede vooruitzichten, mogelijkheden voor de tijd die nog moet komen: *er zit geen ~ in dit bedrijf* **toekomstdroom** mooie verwachting voor de toekomst **toekomstig** *bn* in de toekomst: *mijn ~e echtgenoot* degene die in de toekomst mijn man zal zijn **toekomstmuziek** het mooie wat in de toekomst zou kunnen gebeuren

toekunnen ▼ *~ met* voldoende hebben aan **toelaatbaar** *bn* geoorloofd, wat toegelaten kan worden: *dergelijk gedrag vind ik niet ~* **toelachen** ❶ lachen tegen ❷ *fig.* er aanlokkelijk uitzien: *het leven lacht haar toe* **toelage** *de* [-n, -s] ❶ regelmatige steun in de vorm van geld: *deze topsporters krijgen maandelijks een ~ van de sportbond* ❷ extra bedrag dat aan het salaris is toegevoegd ❸ BN ook subsidie

toelaten ❶ dulden, accepteren dat iemand iets doet, toestaan ❷ toegang verlenen ❸ aannemen: *hij is toegelaten op de kunstacademie* ❹ BN ook in staat stellen **toelatingsexamen** examen om toegelaten te worden tot een opleiding

toeleg *de (m)* plan, bedoeling, meestal in ongunstige zin: *een ~ tot het benadelen van anderen* **toeleggen** ❶ erbij geven: *hij moest er geld op ~* ❷ streven naar ▼ *zich ~ op* zich speciaal oefenen in, speciaal moeite doen voor

toeleven ▼ *~ naar* verlangen naar iets en er zich op voorbereiden **toeleveren** onderdelen of materialen aan een fabrikant leveren

toelichten nader verklaren, uitleg geven **toelichting** *de (v)* nadere uitleg

toeloop het toestromen van mensen naar één punt **toelopen** ❶ lopen naar ❷ naar één punt lopen, stromen e.d. ❸ uitlopen: *spits ~*

toemaat wat iemand krijgt boven de hoeveelheid waar hij recht op heeft ▼ BN ook *~je* extraatje

toen I *bw* ❶ op die tijd, op dat moment: *dit verhaal speelt in de zestiende eeuw; ~ waren er nog geen auto's* **II** *vgw* ❷ op de tijd dat: *hij stak zijn hand op* ~ *hij haar zag*

toenaam bijnaam ▼ *met naam en ~* met alle bijzonderheden **toenadering** *de (v)* ❶ begin van contact, het zoeken van contact met iemand ❷ begin van verzoening na een conflict **toename** *de* [-n, -s] ❶ het meer worden: *er komen meer dikke mensen, vooral de laatste jaren is er sprake van een ~* ❷ hoeveel iets meer wordt: *vroeger woonden in ons dorp honderd mensen en* *nu driehonderd, dat is een ~ van driehonderd procent!*

toendra *de* [-'s] mosvlakte langs de Noordelijke IJszee

toenemen groter worden, sterker worden, meer worden: *het aantal overvallen neemt de laatste tijd toe*

toenmaals *bw* toen **toenmalig** *bn* van toen: *de ~e minister-president* degene die toen minister-president was **toentertijd** *bw* toen, in die tijd

toepasselijk *bn* ❶ zoals past bij de situatie of bij iemand: *we schreven een ~ lied voor onze jarige vader* ❷ van toepassing, van kracht: *dat is ~ op* **toepassen** in de praktijk brengen, gebruiken: *we hebben de regels toegepast bij het maken van de sommen* **toepassing** *de (v)* ❶ het toepassen ▼ *van ~ zijn* slaan op, gelden voor ❷ manier waarop iets toegepast wordt, systeem, methode, programma: *een nieuwe ~ voor de computer* **toepen** een bepaald kaartspel spelen

toer *de (m)* ❶ rondrit: *we hebben met de auto een ~ gemaakt door de omgeving* ▼ *op de (alternatieve, ruige enz.) ~ zijn* dingen op die manier doen ❷ moeilijke handeling: *het is een hele ~ om deze draad door het oog van de naald te krijgen* ❸ keer dat een motor, platenspeler e.d. ronddraait: *hoeveel ~en draait deze motor nu?* ▼ *op volle ~en draaien* op volle capaciteit werken ▼ *over zijn ~en* overspannen, overstuur ❹ rij steken bij breien of haken **toerbeurt** beurt, regelmatige afwisseling ▼ *bij ~* om de beurt

toereikend *bn* voldoende, genoeg: *ik hoop dat ons geld ~ is voor de verbuowing van ons huis* **toerekenbaar** *bn* verantwoordelijk voor eigen daden **toerekenen** aanrekenen, beschouwen als schuldig aan of verantwoordelijk voor ▼ *naar zichzelf ~* zo rekenen dat het in eigen voordeel is **toerekeningsvatbaar** in een (geestelijke) toestand die goed genoeg is om aansprakelijk te zijn voor wat men doet: *de moordenaar had volgens zijn advocaat psychische problemen en was daarom niet ~ voor de moord*

toeren ❶ voor zijn plezier een tocht maken met een auto, autobus, fiets enz.: *we gaan op zondag een beetje ~ door de omgeving* ❷ een rondreis maken, bijv. om optredens te geven: *de band toert door Europa* **toerental** aantal omwentelingen per tijdseenheid, hoe vaak iets rond zijn as draait: *het ~ van een motor* **toerenteller** apparaatje dat meet hoe vaak een motor rond zijn as draait **toerfiets** fiets voor lange tochten

toerisme *het* het reizen voor iemands plezier, als ontspanning, vooral tijdens vakanties: *in de zomer is er veel ~ op dit eiland* **toerismebureau** BN toeristische dienst, VVV **toerist** *de (m)* iemand die ergens op vakantie is, die voor zijn plezier, als ontspanning, op reis is: *er liep een grote groep Chinese ~en bij de Eiffeltoren* **toeristenkaart** ❶ paspoort van beperkte geldigheid ❷ kaart speciaal voor toeristen met gegevens zoals bezienswaardigheden en recreatiemogelijkheden **toeristenklasse** goedkope klasse in een vliegtuig of op een boot **toeristenmenu** goedkoop menu (voor

bezoekers) **toeristisch** *bn* ❶ wat te maken heeft met het toerisme ❷ met veel toeristen en erg op toeristen gericht: *die badplaats is mooi maar wel erg ~*

toerit *de (m)* [-ten] weg die schuin omhoogloopt naar een snelweg, brug, tunnel of viaduct **toermalijn** *de (m) & het* rood-, blauw- of groenachtige edelsteen

toernooi *het* ❶ hist. steekspel tussen ridders ❷ wedstrijd met meer dan twee deelnemers of ploegen: *een voetbal~*

toertocht sportieve tocht zonder wedstrijdelement

toerusten van het nodige voorzien

toeschietelijk *bn* waarbij iemand laat merken dat hij bereid is tot contact of om te helpen: *zij vroeg hem om hulp, maar hij was niet erg ~*

toeschijnen een bepaalde indruk wekken ▼ *het schijnt me toe dat ...* het lijkt me dat ..., ik heb de indruk dat ...

toeschouwer *de (m)* [-s] iemand die naar een voorstelling, wedstrijd e.d. kijkt

toeschrijven ❶ aannemen dat iets is gemaakt door een bepaald persoon: *dit schilderij wordt toegeschreven aan Vermeer* ❷ wijten aan, zeggen dat iets negatiefs daardoor komt **toeschuiven** ❶ schuiven in de richting van ❷ dichtschuiven ❸ onopvallend geven: *de vader schuift zijn dochter tweehonderd euro toe*

toeslaan ❶ dichtslaan ❷ zijn kans gebruiken die door een bepaalde situatie ontstaat: *toen zijn tegenstander wankelde, sloeg de judoka toe en haalde hem onderuit* **toeslag** ❶ bedrag dat men extra moet betalen: *voor deze internationale trein moet je een ~ betalen* ❷ bedrag dat men extra krijgt: *hij krijgt een ~ als hij 's nachts moet werken*

toespelen sp. (de bal) bij een bepaalde speler doen komen ▼ *fig. iemand de bal ~* iemand een kans bezorgen op iets gunstigs **toespeling** *de (v)* indirecte opmerking over iemand of iets, indirecte verwijzing: *mijn zus vindt het niet leuk als ik ~en maak op haar nieuwe vriendje*

toespitsen scherper maken, vooral figuurlijk, van een meningsverschil e.d. ▼ *~ op* de aandacht vooral richten op: *wij spitsen de inhoud van de cursus volledig toe op de situatie binnen uw bedrijf* ▼ *zich ~ op* zich of zijn aandacht vooral richten op: *ik spits me binnen mijn studie rechten toe op strafrecht*

toespraak het spreken tot een groep mensen en wat men dan zegt, rede **toespreken** spreken tot: *de vakbondsleider sprak de stakende arbeiders toe*

toestaan goedvinden dat iets gebeurt **toestand** *de (m)* omstandigheden waarin iets of iemand zich bevindt of hoe het met iets of iemand gaat, situatie: *de ~ van de patiënt is erg verslechterd* ▼ *wat een ~!* wat een vervelende situatie!

toestel *het* [-len] ❶ min of meer samengesteld werktuig, apparaat, machine: *een telefoon~, een turn~* ❷ vliegtuig: *het ~ kwam veilig aan de grond*

toestemmen ❶ zeggen dat iets mag, zeggen dat het goed is, goedkeuren: *zij is erg jong en daarom moeten haar ouders ook ~ in het huwelijk* ❷ zeggen dat iets inderdaad zo is als wordt gezegd ▼ *wie zwijgt, stemt toe* als iemand niets zegt, wordt aangenomen dat hij het ermee eens is **toestemming** de (v) het goedvinden van iets, het zeggen dat iets mag

toestoppen ❶ warm toedekken: *de moeder legt haar kind in bed en stopt het toe* ❷ onopvallend geven: *de oma stopt haar kleinkind regelmatig een briefje van tien euro toe*

toestromen ❶ stromen naar ❷ fig. in grote aantallen aankomen: *de belangstellenden stroomden toe*

toet I de (m) ❶ kindergezicht ❷ haar dat in een knot is opgestoken, haarwrong II tw ❸ klanknabootsing van het geluid van een toeter of claxon

toetakelen op een lachwekkende aankleden of opmaken: *wat heb jij je toegetakeld!* wat zie jij er vreemd uit (bijv. door vreemde make-up en kleren)! ▼ *iemand ~* iemand mishandelen en verwonden **toetasten** gretig nemen ▼ *tast toe!* neem wat je wilt

toeten ▼ *van ~ noch blazen weten* helemaal niets weten **toeter** de (m) [-s] ❶ instrument dat een geluidssignaal geeft ❷ scherts. blaasinstrument ▼ *~s en bellen* allerlei versieringen **toeteren** geluid maken met een claxon, toeter, trompet e.d.

toetje het [-s] iets dat men eet na de hoofdmaaltijd, nagerecht: *als ~ hebben we ijs*

toetreden lid worden: *hij is toegetreden tot het bestuur van de voetbalclub*

toets de (m) ❶ knopje of staafje van een toetsenbord waar men op moet drukken ❷ langwerpig staafachtig onderdeel van een muziekinstrument dat men aan indrukken: *de ~en van de piano* ❸ penseelstreek ❹ proef, test ▼ *de ~ der kritiek kunnen doorstaan* goed genoeg zijn om positief beoordeeld te worden **toetsen** iets of iemand onderzoeken door een toets te doen: *de leraar toetste onze kennis van Zuid-Amerika* **toetsenbord** de gezamenlijke toetsen van een klavier, het invoerapparaat van een computer e.d. **toetsenist** de (m) iemand die een instrument met toetsen bespeelt **toetsinstrument** instrument met toetsen

toetssteen ❶ proefsteen van een goudsmid ❷ fig. middel waarmee iets wordt uitgeprobeerd

toeval I het ❶ gebeurtenis die niet gepland is en die men ook niet verwacht: *het was ~ dat we allebei dezelfde trui aanhadden; we kwamen elkaar bij ~ tegen* II de (m) & het [-len] ❷ aanval van epilepsie of een andere ziekte

toevallen ❶ ten deel vallen: *er viel me een voordeeltje toe* ik kreeg een voordeeltje ❸ dichtvallen: *de deur viel toe*

toevallig I bn ❶ wat onverwacht gebeurt, niet gepland: *een ~e ontmoeting* II bw ❷ soms, misschien: *heb jij ~ een pen bij je?* **toevalligerwijs, toevalligerwijze** bw bij toeval

toevalstreffer ❶ schot dat toevallig raak is ❷ fig. vondst of resultaat bij toeval

toeven ergens zijn, verblijven ▼ *het is hier prettig ~* het is prettig om hier te zijn, om hier tijd door te brengen

toeverlaat de (m) iemand, bescherming ▼ *iemands steun en ~* iemand op wie men helemaal steunt en vertrouwt **toevertrouwen** iemand iets laten doen of iemand iets vertellen omdat men die

persoon vertrouwt ▼ *een klusje aan iemand ~* iemand een klusje laten doen, omdat men erop vertrouwt dat hij het goed zal doen ▼ *iemand een geheim ~* iemand een geheim vertellen in het vertrouwen dat hij het niet zal doorvertellen **toevloed** het toestromen, het in grote aantallen ergens naartoe komen **toevloeien** toestromen

toevlucht hulp, steun, plaats waar iemand in nood naartoe vlucht ▼ *zijn ~ nemen tot* zich daartoe wenden of daartoe overgaan omdat men denkt dat dat een oplossing biedt;: *toen het hem niet lukte haar te overtuigen, nam hij zijn ~ tot dreigementen* begon hij te dreigen omdat hij dacht dat het zo misschien zou lukken

toevluchtsoord plaats waar men onderdak en bescherming kan vinden

toevoegen ❶ erbij doen: *ik zal nog een paar links aan onze website ~* ❷ (onvriendelijk) tegen iemand zeggen: *'bemoei jij je liever met je eigen zaken', voegde hij haar toe* ❸ als steun, hulp ter beschikking stellen ▼ *toegevoegd advocaat* advocaat voor mensen met weinig geld, die (voor een deel) door de overheid wordt betaald **toevoeging** de (v) ❶ het toevoegen ❷ iets dat toegevoegd wordt **toevoegsel** het [-s] iets dat wordt toegevoegd

toevoer de (m) het aanvoeren: *de ~ van grondstoffen* **toevoeren** aanvoeren

toewensen voor iemand wensen: *iemand succes ~*

toewijding de (v) veel ijver en aandacht: *de jongen verzorgt zijn hond met grote ~*

toewijzen toekennen ▼ *iemand iets ~* bepalen dat iemand iets krijgt, omdat hij daar recht op heeft: *de gemeente heeft de invalide man een parkeerplaats voor zijn huis toegewezen* ▼ *een verzoek ~* zeggen dat het terecht is en dat iemand krijgt waar hij om heeft gevraagd ▼ jur. *een eis ~* een eiser in het gelijk stellen ▼ *een koop ~* tot koper verklaren **toewijzing** de (v) ❶ toekenning, het toewijzen ❷ datgene wat toegekend is

toezeggen beloven: *de politie zegde toe de zaak te zullen onderzoeken* **toezegging** de (v) belofte

toezicht het toezien, bewaking, controle: *er is altijd een badmeester die ~ houdt in dit zwembad* **toezien** toekijken: *we konden slechts ~ hoe de auto de sloot in gleed* ▼ *op iets ~* op iets letten, iets controleren: *de jury ziet erop toe dat niemand vals speelt* **toeziend** bn die toezicht houdt

toezingen ▼ *iemand ~* zingen voor iemand om die persoon te feliciteren, eer te bewijzen e.d.: *zij zongen de jarige toe*

tof bn inform. goed, leuk

toffee de (m) [-s] zoet en kleverig snoepgoed, blokje karamel

tofoe de (m) product van gemalen en geperste sojabonen, tahoe

toga de [-'s] lang wijd gewaad over de normale kleren die in bepaalde beroepen wordt gedragen, zoals door rechters en soms door professoren en predikanten

to go ⟨toe Goo⟩ om mee te nemen, voor onderweg: *maaltijden ~; koffie ~*

toilet ⟨twaa-⟩ het [-ten] ❶ wc ❷ de handeling van het zich kleden en zijn uiterlijk verzorgen

❸ verzorgde kleding voor een speciale gelegenheid **toiletartikel** artikel voor de verzorging van het uiterlijk zoals een kam, deodorant, gezichtscrème **toiletblok** ❶ gebouw met sanitaire voorzieningen zoals wc's en douches: *het ~ op de camping* ❷ wc-pot met waterreservoir ❸ luchtverfrisser voor de wc **toiletjuffrouw** vrouw die toezicht houdt bij het toilet in een openbare gelegenheid **toiletpapier** wc-papier **toiletspiegel** spiegel waarvoor men zich opmaakt, zijn kapsel in orde maakt e.d. **toilettafel** tafel voor benodigdheden voor de verzorging van het uiterlijk **toilettas** tas voor toiletartikelen **toiletteren** het uiterlijk verzorgen **toiletzeep** fijne zeep met een lekkere geur **toitoitoi** tw succes! (*vooral gebruikt in de theaterwereld*)

token *het* [-s] concreet voorkomend geval van een verschijnsel

tokkelen ❶ met zijn vingers aan de snaren van een snaarinstrument (bijv. een gitaar of harp) plukken ❷ sp. via een strak gespannen kabel naar beneden glijden **tokkelinstrument** instrument om op te tokkelen, zoals een harp **toko** *de (m)* [-'s] ❶ winkel met Indonesische artikelen, bazaar ❷ inform. onderneming, bedrijf

tol I *de (m)* ❶ bedrag dat iemand moet betalen om over een weg, over een brug, door een tunnel enz. te mogen rijden: *op veel Franse snelwegen moet je ~ betalen* ❷ geld dat iemand moet betalen om iets in een land in te voeren, invoerrechten ▾ *de ~ voor iets moeten betalen* de vervelende gevolgen van iets ondervinden: *Menno is ziek; hij heeft altijd ongezond geleefd en daar moet hij nu de ~ voor betalen* **II** *de (m)* [-len] ❸ speelgoed in de vorm van een kegel die op zijn punt overeind blijft staan als iemand hem heel snel laat draaien

tolbrug brug waarvoor men tol moet betalen **tolerabel** *bn* wat men kan tolereren **tolerant** *bn* waarbij men het niet erg vindt als mensen anders zijn of anders over dingen denken, verdraagzaam: *~ zijn tegenover mensen met een andere levenswijze* **tolerantie** *de (v)* ❶ het tolerant zijn ❷ med. mate waarin iemand bepaalde geneesmiddelen verdraagt ❸ afwijking die nog toelaatbaar is, van de voorgeschreven maat van machineonderdelen, vuurwapens enz. **tolereren** toelaten, verdragen: *haar vader tolereert niet dat ze te laat thuiskomt*

tolgeld geld dat iemand moet betalen als tol **tolhuis** huis of kantoortje van iemand die tolgeld int **tolk** ❶ iemand die vertaalt bij een gesprek tussen mensen die elkaars taal niet verstaan ❷ fig. iemand die bepaalde gevoelens van mensen weergeeft **tolken** als tolk optreden **tollen** ❶ met een tol spelen ❷ snel ronddraaien ❸ fig. verward rondgaan: *de gedachten tolden door mijn hoofd* **tollenaar** *de (m)* [-s, -naren] Bijb. iemand die belastingen en tol inde **tolweg** weg waarvoor tol moet worden betaald **tomaat** *de* [-maten] ❶ plant uit de familie van de

nachtschaden met een grote oranjerode eetbare vrucht (Solanum lycopersicum) ❷ de vrucht daarvan **tomahawk** (-hòk) *de (m)* [-s] krijgsbijl van de indianen **tomatenketchup** saus op basis van tomaten **tomatenpuree** puree van tomaten **tombe** *de* [-s, -n] groot graf dat meestal boven de grond staat, met stenen versieringen **tombola** *de (m)* [-'s] verloting waarbij over het algemeen geen geldprijzen maar voorwerpen of levensmiddelen gewonnen kunnen worden, vaak georganiseerd door verenigingen e.d. **tomeloos** *bn* zonder in bedwang te worden gehouden, buitensporig **tomen** ❶ de teugel, hoofdstel en bit aandoen ❷ fig. beteugelen **tompoes** *de (m)* [-poezen] gebakje van bladerdeeg met room **tomtom**® *de (m)* navigatiesysteem dat gebruikmaakt van gps® **ton** *de* [-nen] ❶ rond, houten vat: *een regen~* ❷ gewicht van duizend kilo: *deze vrachtwagen kan vijf ~ goederen vervoeren* ❸ bedrag van honderdduizend euro: *dit huis kost drie ~* **tonaal** muz. *bn* in een bepaalde toonsoort geschreven **tonaliteit** *de (v)* muz. het verband tussen tonen en harmonieën en de centrale toon **tondel**, **tonder** *het* geschroeid linnen om vuur te maken **tondeuse** (-za) *de (v)* [-s] elektrisch apparaatje om het haar heel kort te scheren of om nekharen weg te scheren, ook om schapen te scheren **toneel** *het* [-nelen] ❶ verhoogd gedeelte in een theaterzaal, waarop een toneelstuk wordt gespeeld, een balletvoorstelling wordt gegeven enz. ▾ *van het ~ verdwijnen* niet meer in het openbaar verschijnen ❷ het vertonen van toneelstukken ❸ gedeelte van een bedrijf van een toneelstuk ❹ fig. iets wat zich afspeelt in wat men ziet, tafereel, schouwspel **toneelbewerking** ❶ het omzetten van een boek of verhaal in een toneelstuk ❷ toneelstuk als resultaat van zo'n bewerking **toneelgezelschap** groep (beroeps)toneelspelers **toneelkijker** kleine verrekijker voor in een schouwburg **toneelknecht** iemand die de toneelmeester helpt met de decors e.d. **toneelkritiek** recensie over een toneelopvoering **toneelmeester** iemand die de leiding heeft over de aankleding van het toneel, zoals de decors **toneelschrijver** schrijver van toneelstukken **toneelspel** ❶ toneelstuk ❷ het toneelspelen **toneelspeler** iemand die in toneelstukken meespeelt **toneelstuk** verhaal dat door een aantal mensen op een toneel wordt uitgebeeld voor een publiek **tonen** laten zien **toner** *de (m)* [-s] drukinkt in poedervorm, bijv. in een kopieerapparaat **tong** *de* ❶ het beweeglijke smaak- en spraakorgaan in de mond ▾ *de ~en losmaken* veel besproken worden ▾ *over de ~ gaan* onderwerp van gesprek zijn ▾ *zijn ~ verloren hebben*, BN, spreekt. *zijn ~ ingeslikt hebben* niets (willen) zeggen ▾ *met dikke ~ spreken* moeilijk spreken

to

door bijv. dronkenschap ▾ *met dubbele ~ spreken* liegen ▾ *niet het achterste van zijn ~ laten zien* niet laten zien waartoe men in staat is, expres niet al zijn mogelijkheden tonen ❷ Bijb. taal ▾ *in ~en spreken* een taal spreken die door de Heilige Geest is geïnspireerd ❸ tongvormige platvis **tongen** tongzoenen

tongpunt-r, tong-r de r-klank die wordt gevormd met de punt van de tong

tongriem spier onder de tong ▾ *goed van de ~ gesneden zijn* goed en overtuigend kunnen praten **tongschraper** voorwerp voor het schoonmaken van de tong **tongstrelend** bn heel lekker van smaak **tongval** *de (m)* [-len] dialect **tongzoen** zoen waarbij men de tong in de mond van de partner steekt **tongzoenen** [tongzoende, h. getongzoend] elkaar tongzoenen geven

tonic *de (m)* [-s] drank van koolzuurhoudend water met kinine, frisdrank die lijkt op water met prik en die een beetje bitter smaakt

tonica *de (v)* grondtoon van een toonladder

tonicum *het* [-ca, -s] opwekkend middel

tonijn *de (m)* subtropische zeevis van het geslacht Thunnus

tonisch bn ❶ opwekkend: *~e middelen* ❷ wat te maken heeft met spierspanning ▾ *e krampen* die lang achter elkaar doorgaan **tonnage** ⟨-naazjə⟩ *de (v)* [-s] inhoud, grootte van een schip uitgedrukt in tonnen

tonsil med. *de* [-len] amandel in de keel

tonsuur *de (v)* [-suren] de geschoren kruin van priesters

tonus *de (m)* spanning (in een spier)

toog *de (m)* [togen] ❶ gewelfboog, draagbalk ❷ tap, tapkast, buffet, bar ❸ BN ook toonbank, balie ❹ toga, vooral van rooms-katholieke geestelijken

tooi *de (m)* iets waarmee iemand mooi wordt gemaakt, versiering **tooien** versieren

toom *de (m)* [tomen] hoofdstel, bit en teugel ▾ *in ~ houden* in bedwang houden

toon *de (m)* [tonen] ❶ klank in de muziek ▾ *de ~ aangeven* als voorbeeld dienen, richtinggevend zijn ▾ *uit de ~ vallen* niet bij de omgeving of situatie passen ▾ *een ~tje lager zingen* zich matigen, minder eisen stellen, minder brutaal zijn ❷ klank van de stem ❸ manier waarop men iets zegt ▾ *een ~ aanslaan* op een brutale, beledigende e.d. manier spreken **toonaangevend** bn die of wat hoort bij de top en dient als voorbeeld: *een ~ schrijver* **toonaard** ❶ muz. de melodie van een muziekstuk ten opzichte van de grondtoon ❷ muz. majeur of mineur, dat wil zeggen vrolijk of triest klinkend ❸ fig. stemming, sfeer: *dit boek is in een andere ~ geschreven dan de andere boeken van deze schrijver* ▾ *hij ontkende in alle ~en* op allerlei manieren **toonafstand** afstand tussen twee tonen **toonbaar** bn die er behoorlijk uitziet: *hij had zich gewassen en schone kleren aangetrokken en zag er weer ~ uit* **toonbank** soort hoge tafel in een winkel waar de verkoper achter staat **toonbeeld** volmaakt voorbeeld: *hij is een ~ van rust en geduld*

toonder *de (m)* [-s] iemand die een bepaald geldswaardig papier toont

toondichter componist

toonkunst muziek **toonkunstenaar** iemand die muziek beoefent **toonladder** reeks tonen die elkaar opvolgen: *voor pianoles moet ik ~s oefenen* **toonsoort** manier waarop intervallen elkaar opvolgen in een reeks tonen **toonvast** muz. goed in staat om een bepaalde toon te houden **toonzetten** [toonzette, h. getoonzet] muziek maken op

toorn *de (m)* woede **toornig** bn erg kwaad

toorts *de* ❶ stok die aan één kant brandt waardoor men er licht van heeft, fakkel ❷ plant van het geslacht Verbascum

toosten het glas heffen en drinken op iemands geluk, zijn goede gezondheid enz.

top I *de (m)* [-pen] ❶ hoogste punt, uiteinde: *de ~ van een berg* ▾ *van ~ tot teen* helemaal: *ze was van ~ tot teen in het zwart gekleed* ▾ *op-en-~* volkomen, helemaal: *ze is op-en-~ een dame* ▾ BN *hoge ~pen scheren* grote successen behalen ❷ fig. groep of sociale klasse die het meeste aanzien geniet: *de ~ van het bedrijfsleven* ❸ topconferentie: *een EU-~* **II** tw ❹ afgesproken!, prima!

topaas *de (m)* [-pazen] & *het* doorschijnende lichtgele edelsteen, ook lichtrood of blauw

topconferentie conferentie op het niveau van staatshoofden en regeringsleiders

top-down ⟨-daun⟩ bn met een strikte hiërarchie, vanuit de top van een organisatie zonder overleg met de lagere niveaus

topfit in uitstekende conditie **topfunctie** heel hoge, leidende functie

topgevel gevel die aan de bovenkant uitsteekt

tophit muzieknummer dat erg goed verkoopt en dat veel wordt beluisterd

topic ⟨toppik⟩ *de & het* [-s] onderwerp waarover wordt gesproken ▾ *trending ~* meest besproken onderwerp op twitter®

topje *het* [-s] mouwloos truitje of bloesje met of zonder schouderbandjes

topklasse hoogste klasse of kwaliteit

topless bn met blote borsten, zonder bovenstuk

top of the bill ⟨- - de bil⟩ *de (m)* belangrijkste onderdeel, zoals belangrijkste optreden van een festival, belangrijkste onderwerp van besprekingen

topografie *de (v)* deel van de aardrijkskunde dat nauwkeurig beschrijft waar plaatsen, provincies, rivieren, gebergten enz. zich bevinden **toponiem** *het* plaatsnaam **toponymie** ⟨-nie-⟩ *de (v)* plaatsnaamkunde

toppen de top wegsnijden: *bomen ~*

topper *de (m)* [-s] ❶ iets waarvoor iemand voor wie veel belangstelling bestaat ❷ iemand die heel goed is in wat hij doet

topprestatie heel goede prestatie **toppunt** *het* hoogste punt, hoogtepunt: *samen met mijn familie Sinterklaas vieren, dat vind ik het ~ van gezelligheid* ▾ *dat is het ~!* dat gaat te ver!, dat is te erg! **tops** bn ⟨van een paal⟩ die naar boven spits toeloopt **topsalaris** heel hoog salaris **topscorer** *de (m)* [-s] sporter die de meeste (doel)punten heeft gescoord

topspin de (m) ⟨tennis⟩ speciaal effect van een bal door een opwaartse slag

topvorm uitstekende conditie **topzwaar** van boven te zwaar

toque ⟨tok⟩ de [-s] ❶ dameshoed zonder rand ❷ kruisbeschermer (gedragen bij sommige sporten)

tor de [-ren] schildvleugelig insect, kever

toreador de (m) [-s] stierenvechter, torero

toren de (m) [-s] ❶ smal, hoog bouwwerk ▾ *hoog van de ~ blazen* laten blijken een hoge dunk van zichzelf te hebben, ervan overtuigd te zijn veel te kunnen: *hij zegt dat hij dat wel even oplost, maar hij blaast te hoog van de ~* ▾ *het Torentje* torenvormig gebouw bij het Binnenhof in Den Haag, waarin de Nederlandse premier zijn werkkamer heeft ❷ een van de schaakstukken

torenflat heel hoog flatgebouw **torenhoog** heel hoog: *torenhoge schulden* **torenspits** bovenste deel van een toren dat uitloopt in een punt **torenvalk** roodbruine valk die onder andere in torens leeft (Falco tinnunculus)

torero de (m) [-'s] stierenvechter, degene die de stier doodt

torment het kwelling **tormenteren** kwellen

torn de losgeraakte naad

tornado de [-'s] wervelstorm, orkaan tijdens het regenseizoen, vooral in Noord- en Midden-Amerika

tornen ❶ naden lossnijden ❷ fig. veranderen: *daar valt niet aan te ~*

tornooi het toernooi

torpederen ❶ met een torpedo beschieten ❷ fig. ervoor zorgen dat iets mislukt: *een plan ~*

torpedo de [-'s] sigaarvormige onderzeese bom die naar schepen wordt gelanceerd **torpedoboot** schip waarvandaan torpedo's worden afgeschoten **torpedojager** oorlogsschip dat snel kan varen en dat op torpedoboten en duikboten jaagt

tors de (m), **torso** ❶ bovenlijf ❷ beeld zonder ledematen

torsen met moeite dragen van iets zwaars

torsie de (v) het wringen, draaien ▾ *een maag~* kanteling van de maag, bijv. bij een hond

tortel de [-s] tortelduif

tortelduif klein soort wilde duif (Streptopelia) ▾ scherts. *de ~jes* stel dat zich heel verliefd gedraagt **tortelen** heel verliefd doen: *die twee zitten weer te ~*

tortellini de (mv) Italiaans gerecht van gevulde ringen van pasta

tortilla ⟨-tieljaa⟩ de (v) [-'s] ❶ ⟨in Spanje⟩ omelet met onder andere aardappels ❷ ⟨in Midden-Amerika⟩ pannenkoek van maïsmeel **tortillachips** gefrituurde schijfjes van maïsmeel

tortuur de (v) [-turen] het folteren, martelen

toss de (m) [tosses] het gooien van kruis of munt **tossen** opgooien, kruis of munt gooien voor een wedstrijd

tosti de (m) [-'s] twee sneetjes brood die met beleg ertussen worden geroosterd: *een ~ met ham en kaas* **tosti-ijzer** apparaat voor het bakken van tosti's, dat op een wafelijzer lijkt

tot I vz ❶ om een grens aan te duiden: *~ hier en niet verder* ❷ voor, met het doel: *~ nut van 't*

algemeen ❸ als: *~ koning uitroepen* ❹ naar, in de richting van: *zich ~ iemand richten* **II** vgw ❺ totdat: *werken ~ men klaar is*

totaal I bn ❶ alles bij elkaar geteld, compleet: *het totale bedrag is twintig euro* ❷ helemaal, volstrekt: *ik ben je verjaardag ~ vergeten* ik heb er helemaal niet aan gedacht **II** *het* [-talen] ❸ alle getallen of bedragen samen: *ik heb in ~ zestig euro uitgegeven* **totaalbeeld** beeld van het geheel

totalisator ⟨-zaa-⟩ de (m) [-s] ❶ systeem van weddenschappen en prijsvragen ❷ instrument dat totalen meet

totalitair ⟨-tèr⟩ bn ❶ gericht op het grote geheel ❷ gericht op totale macht van de staat, waarbij de belangen van individuele burgers volledig ondergeschikt zijn gemaakt aan het belang van de staat ▾ *een ~ regime* met absolute macht van de staat **totalitarisme** het totalitaire staatsvorm

totaliteit de (v) geheel ▾ *in zijn ~* geheel, alles bij elkaar genomen **totaliter** bw volkomen, geheel en al

total loss ⟨tootəl-⟩ bn zo kapot dat reparatie zinloos is: *onze auto was ~ na het ongeluk*

totdat vgw tot het moment dat ...

totem de (m) [-s] bij veel primitieve volken een dier of plant waaraan grote symbolische waarde wordt toegekend **totempaal** boomstam die met kunstig snijwerk is versierd, als graf- of merkteken

toto de (m) [-'s] het wedden op uitslagen van wedstrijden in de voetbalcompetitie

toucheren ⟨-sji-⟩ ❶ aanraken, vooral bij het schermen ❷ med. inwendig met de vinger onderzoeken ❸ ⟨als honorarium⟩ in ontvangst nemen: *hij toucheert een flink bedrag voor die opdracht*

touchscreen ⟨tutsjskRien⟩ comp. de (m) [-s] scherm waarbij men functies kan activeren door ze aan te raken

touperen ⟨toe-⟩ plukjes haar naar de haarwortel toe kammen zodat het haar omhoog gaat staan

toupet ⟨toepèt⟩ de (m) [-s] pruikje voor een gedeeltelijk kale schedel, haarstukje

tour ⟨toer⟩ de (m) [-s] rondreis, rondrit ▾ *Tour de France* wegwedstrijd voor wielrenners door heel Frankrijk (en vaak via aangrenzende landen)

tour de force ⟨toer de fors⟩ de (m) krachttoer, kunstgreep

touringcar ⟨toeringkàR⟩ de [-s] grote autobus voor toeristen

tournedos ⟨toernədoo⟩ de (m) [tournedos] plak gebraden ossenhaas

tournee ⟨toer-⟩ de (v) [-s] rondreis, vooral van een artiest of kunstenaar

tourniquet ⟨toerniekè of toernieket⟩ de (m) [-s] kruisvormig draaihek aan de ingang van bepaalde gebouwen, stations e.d.

touroperator ⟨toeroppəreetər⟩ bedrijf dat toeristische reizen organiseert

touw het ❶ koord van gevlochten hennep- of vlasdraden ▾ *er is geen ~ aan vast te knopen* het is heel onduidelijk en verward ▾ *de hele dag in ~ zijn* de hele dag druk bezig zijn ▾ *de ~tjes in handen hebben* de zaak leiden, de baas zijn ❷ getouw, weefgetouw ▾ *iets op ~ zetten* ermee

beginnen, het organiseren **touwbaan**
❶ werkplaats of bedrijf waar touw wordt
gemaakt, lijnbaan ❷ gespannen touw(en)
waarlangs men zich naar de overkant moet
trekken **touwklimmen** in een touw klimmen
touwladder ladder die van touw is gemaakt
touwslager *de (m)* [-s] iemand die touw maakt
touwtjespringen springen over een touw dat
rondgedraaid wordt **touwtrekken** ❶ trekken
aan de uiteinden van een touw door twee
groepen als krachtmeting ❷ *fig.* met elkaar
strijden: *~ om de macht* **touwwerk** alle touwen,
vooral van een schip
t.o.v. ❶ ten opzichte van ❷ ten overstaan van
tovenaar *de (m)* [-s, -naren] iemand die kan
toveren **tovenarij** *de (v)* toverkunst
tover *de (m)* wat fantastisch mooi, betoverend is
toverbal snoep dat verkleurt als men erop zuigt
toverboek boek met toverkunsten
toveren iets wonderbaarlijks laten gebeuren: *de
goochelaar toverde een konijn uit zijn hoed*
toverheks ❶ vrouw die tovert ❷ lelijke oude
vrouw **toverij** *de (v)* het toveren, toverkunst
toverkol toverheks **toverkracht** het vermogen
om te toveren, om mensen te betoveren
toverkunst het kunnen toveren **toverlantaarn**
⟨vroeger⟩ toestel waarmee plaatjes door
belichting op een scherm afgebeeld worden,
voorloper van de diaprojector **toverslag** slag
met een toverstokje ▾ *als bij ~* volkomen
onverwachts **toverspreuk** formule die
toverkracht bezit: *toen de tovenaar de ~ zei,
veranderde de jongen in een kikker*
toxiciteit *de (v)* giftigheid **toxicologie** *de (v)* leer
van de vergiften **toxine** ⟨toks**ie**-⟩ *de* [-s, -n] vergif
dat door een bacterie ontstaat
traag *bn* langzaam, die niet vlug werkt of dingen
niet vlug begrijpt **traagheid** *de (v)* ❶ het
traag-zijn ❷ *nat.* eigenschap om in rust of
beweging te blijven zolang externe factoren
daar geen verandering in brengen
traan I *de* [tranen] ❶ druppel vocht die uit het
oog komt, vooral als iemand huilt ▾ *ik zal er
geen ~ om laten* ik ben er helemaal niet
verdrietig om, ik vind het helemaal niet erg **II** *de
(m)* ❷ vette olie uit spek of lever van walvissen
en andere zeedieren **traanbuis** afvoerkanaal van
de traanklier **traangas** gas dat een branderig
gevoel in de ogen en daardoor tranen
veroorzaakt **traanklier** klier die tranen afscheidt
traanoog tranend oog
tracé *het* [-s] geplande loop van een weg, kanaal
enz. **traceren** ❶ de richting, route bepalen van
een weg, project e.a. ❷ nasporen, opsporen,
vinden
tracheotomie *de (v)* het openen van de luchtpijp
om verstikking te voorkomen
trachoom *het* [-chomen] ontsteking van het
bindvlies van het oog
trachten proberen
track ⟨trek⟩ *de (m)* [-s] ❶ muziekstuk op een
geluidsdrager ❷ *comp.* ⟨vroeger⟩ deel van een
floppydisk met informatie
tracker ⟨tR**e**kkəR⟩ *de (m)* [-s] ❶ aandeel dat een
beursindex volgt ❷ spoorzoeker ❸ *comp.*
programma dat iets bijhoudt, zoals de bezoekers

van een website
tractie *de (v)* het trekken, vooral het voorttrekken
van voertuigen door locomotieven, trekkers enz.
tractor ⟨tr**e**k-, tr**a**k-⟩ *de (m)* [-toren, -s] motorrijtuig
voor het trekken van landbouwmachines,
opleggers e.d.
traditie *de (v)* [-s] gewoonte die al heel lang
ergens bestaat en die wordt overgeleverd: *het
is ~ dat er in dit dorp elk jaar een grote kermis is*
traditionalisme *het* het vasthouden aan tradities
traditioneel *bn* ❶ wat een traditie vormt,
volgens een traditie: *een traditionele plechtigheid*
❷ die de traditie volgt, die gehecht is aan
tradities: *hij is erg ~*
trafiek BN *de (v)* ❶ handelsverkeer, vooral
ongeoorloofde handel: *de ~ in verdovende
middelen* ❷ drukte, beweging: *door de staking in
Rotterdam is de ~ in Antwerpen toegenomen*
trafo *de (m)* [-'s] verkorting van transformator
tragedie *de (v)* [-s, -diën] ❶ toneelstuk waarin
trieste gebeurtenissen plaatsvinden en dat
treurig afloopt, treurspel ❷ treurige gebeurtenis:
*de overstroming was een ~ voor de inwoners van
dat land* **tragiek** *de (v)* dat wat treurig is aan iets:
*de ~ van dit verhaal is dat de twee hoofdpersonen
van elkaar houden maar altijd ruzie met elkaar
hebben* **tragikomedie** tragikomisch toneelstuk of
vooral **tragikomisch** treurig en grappig
tegelijk: *een ~e film* **tragisch** *bn* treurig, heel erg:
een ~ ongeluk
trailer ⟨tr**ee**lər⟩ *de (m)* [-s] ❶ aanhangwagen,
oplegger ❷ gedeelten uit een aangekondigde
film, die worden getoond in de bioscoop of op
tv
trainee ⟨tr**ee**nie⟩ *de* [-s] iemand die voor een
bepaalde functie wordt opgeleid
trainen ⟨tr**ee**-⟩ regelmatig oefeningen doen,
vooral om beter te worden in een bepaalde
sport **trainer** *de (m)* [-s] iemand die mensen,
vooral sporters, laat oefenen in iets, iemand die
trainingen geeft
traineren ⟨trèn**ie**-⟩ slepen, op de lange baan
schuiven, maken dat er geen voortgang is
training ⟨tr**ee**-⟩ *de* het trainen **trainingspak**
gemakkelijke kleding die bestaat uit een broek
en een jack
trait-d'union ⟨trèduunjõ⟩ *de (m) & het* [-s]
❶ verbindingsstreepje ❷ *fig.* iemand via wie het
contact verloopt, tussenpersoon
traiteur ⟨trèt*ù*r⟩ *de (m)* [-s] verzorger van diners
en partijtjes
traject *het* ❶ stuk weg of spoorbaan tussen twee
plaatsen: *op het ~ tussen Amsterdam en Utrecht is
een trein ontspoord* ❷ deel van een weg die
afgelegd moet worden
traktaat *het* [-taten] ❶ verhandeling, vooral over
een filosofisch of theologisch onderwerp
❷ verdrag, overeenkomst tussen staten
traktatie *de (v)* [-s] ❶ het trakteren ❷ iets lekkers
dat wordt uitgedeeld: *de jarige had een ~ bij zich*
traktement *het* salaris, bijv. van een dominee
trakteren iets lekkers aanbieden of uitdelen,
vooral als iemand jarig is: *mijn oom trakteerde
ons op een ijsje*
tralie *de (v)* [-s, -liën] elk van de metalen staven
die een opening afsluiten zodat een mens of

to

dier niet door die opening kan ▼ *achter de ~s* in de gevangenis

tram ⟨trem *of* tram⟩ *de (m)* [-s, -men] elektrisch vervoermiddel voor mensen dat over rails rijdt, meestal in een stad: *we gingen met de ~ naar het centrum*

trammelant *de (m)* ruzie, moeilijkheden: *de dronken man maakte ~ toen hij de disco niet in mocht*

trammen inform. ⟨trem- *of* tram-⟩ met de tram reizen

tramontane *de* ❶ de Poolster ❷ hevige droge en koude wind in Zuid-Frankrijk

tramp ⟨tremp⟩ *de (m)* [-s] ❶ zwerver ❷ schip van de ongeregelde vrachtdienst

trampoline *de (v)* [-s] veerkrachtig stuk stof dat zo is gespannen dat men er heel hoog op kan springen

trance ⟨träs⟩ *de* [-s] droomtoestand, toestand van heel grote concentratie

trance ⟨trens⟩ *de* ⟨popmuziek⟩ rustige vorm van techno **trancheren** ⟨-sji-⟩ in stukken snijden

tranen tranen afscheiden **tranendal** de wereld als een plaats vol verdriet en ellende

tranquillizer ⟨trenkwillajzər⟩ *de (m)* [-s] kalmerend medicijn

trans *de (m)* torenomgang, rand

transactie *de (v)* [-s, -tiën] ❶ handeling waarbij iemand iets verkoopt aan iemand anders: *bij deze ~ wordt een deel van het bedrijf verkocht aan een ander bedrijf* ❷ jur. schikking

trans-Atlantisch over de Atlantische oceaan

transcendent *bn* wat uitstijgt boven bepaalde grenzen, vooral de grenzen van de wereld die we kunnen waarnemen, buitenzintuiglijk **transcendentaal** *bn* transcendent

transcriberen letters of tekens uit een bepaald schrift weergeven in die van een ander schrift of geluid weergeven in letters of tekens **transcriptie** *de (v)* [-s] ❶ het weergeven van letters of tekens uit een bepaald schrift in die van een ander schrift of van geluid in letters of tekens ❷ muz. het arrangeren van een muziekstuk voor andere instrumenten

transfer ⟨-fər⟩ *de (m) & het* [-s] ❶ de overdracht van een speler van de ene club naar een andere voor een bepaald bedrag: *de ~ van een voetballer* ❷ het overmaken van geld naar het buitenland ❸ vervoer tussen vliegtuig, station e.d. en hotel of vakantieadres **transfereren** ❶ overmaken (van een geldbedrag) ❷ sp. een beroepsspeler overdragen aan een andere club

transferium *het* [-feria] plaats waar automobilisten hun auto kunnen laten staan en met het openbaar vervoer naar het centrum van een stad kunnen reizen

transferperiode periode waarin beroepsspelers gekocht en verkocht kunnen worden

transformatie *de (v)* [-s] ❶ het krijgen van een heel andere vorm of het helemaal veranderen, omvorming, gedaanteverwisseling: *de ~ van rups tot vlinder* ❷ omzetting van energie

transformator *de (m)* [-toren, -s] toestel dat de spanning van elektrische wisselstroom verandert **transformatorhuisje** gebouwtje met transformators van het elektriciteitsnet

transformeren ❶ helemaal veranderen, een heel andere vorm geven: *de oude boerderij is getransformeerd tot een luxe hotel* ❷ de spanning van elektrische stroom omzetten in een ander soort spanning

transfusie ⟨-zie⟩ *de (v)* [-s] het overbrengen van bloed in een ander lichaam, bloedtransfusie

transgeen *bn* met kunstmatig ingebrachte erfelijke eigenschappen, genetisch gemanipuleerd

transistor *de (m)* [-s] ❶ onderdeel in een elektronisch apparaat dat trillingen of elektrische signalen versterkt ❷ radio met transistors, transistorradio

transit ⟨-ziet⟩ *de (m)* doorreis van passagiers die alleen overstappen in een land of die alleen via een land reizen en er niet verblijven

transitie *de (v)* [-s] overgang, grote structurele verandering door verschillende krachten die op elkaar inwerken **transitief** I *bn* ❶ overgankelijk II *het* [-tieven] ❷ overgankelijk werkwoord

transito *het* vervoer van goederen door een land zonder in dat land te laden of te lossen, doorvoer

transitvisum visum waarmee iemand kan overstappen in een land of dat alleen geldig is om een bepaald land door te reizen, niet om er te verblijven, doorreisvisum

transliteratie *de (v)* het omzetten naar een ander schrift of alfabet

transmissie *de (v)* [-s] ❶ overdracht, overbrenging, vooral het overbrengen van een ronddraaiende beweging ❷ de delen van een machine die de beweging overbrengen **transmissietroepen** BN *de (mv)* verbindingstroepen

transmuraal *bn* ook buiten de muren van een ⟨zorg⟩instelling: *transmurale zorg*

transparant I *bn* ❶ doorschijnend, doorzichtig II *het* ❷ voorwerp, scherm waar iets doorheen schijnt

transpiratie *de (v)* het zweten **transpireren** zweten

transplantaat *het* [-taten] wat getransplanteerd wordt

transplantatie *de (v)* [-s] het overplaatsen van een orgaan of weefsel uit een lichaam in een ander lichaam: *de ~ van een nier* **transplanteren** een orgaan of weefsel uit een lichaam overplaatsen in een ander lichaam

transponder *de (m)* [-s] [samentrekking van de Engelse woorden *transmitter* (zender) en *responder* (antwoorder)] elektronisch apparaat dat signalen kan uitzenden en kan reageren op signalen die het ontvangt: *in sommige lijnbussen zit een ~ die een signaal stuurt naar een ~ in een stoplicht, zodat dat groen wordt*

transponeren ❶ omzetten, ombengen ❷ muz. in een andere toonhoogte of toonsoort overbrengen

transport *het* ❶ het vervoeren: *het ~ van bloemen* ❷ middel om mee te vervoeren ❸ wat vervoerd wordt ❹ ⟨boekhouden⟩ het overbrengen van een getal of bedrag naar een volgende bladzijde of kolom ❺ overdracht van eigendom, de akte daarvoor **transportband** ❶ band zonder einde

tr

voor het verplaatsen van grond of goederen ❷ ⟨in fabrieken⟩ lopende band **transport**eren vervoeren, overbrengen

transseksueel I *de (m)* [-uelen] ❶ iemand die ervan overtuigd is dat hij of zij eigenlijk tot het andere geslacht behoort, bijv. iemand met een mannenlichaam die zich vrouw voelt en graag een vrouwenlichaam wil hebben II *bn* ❷ die een transseksueel is, als een transseksueel

transsubstantiatie ⟨-tsjaa-⟩ *de (v)* zelfstandigheidsverandering, verandering van brood en wijn in het lichaam en bloed van Christus

transversaal ⟨-zaal⟩ I *bn* ❶ dwars, wat overdwars gaat: *transversale trillingen, golven* ❷ ⟨genealogie⟩ zijdelings verwant, verwant in de zijlinie II *de* [-salen] ❸ ⟨genealogie⟩ iemand die zijdelings verwant is, verwant in de zijlinie ❹ wisk. lijn die of vlak dat een ander snijdt

trant *de (m)* manier, wijze: *liedjes in de ~ van de Beatles* die lijken op die van de Beatles

trap I *de (m)* [-pen] ❶ beweging waarbij men iemand of iets raakt met zijn voet: *hij gaf een ~ tegen de bal* ❷ het trappen op de fiets, het fietsen: *het is nog een hele ~ naar jouw huis* ❸ geheel van een aantal treden boven elkaar waarover men omhoog of naar beneden kan lopen ▼ scherts. *ben je van de ~ gevallen?* is je haar geknipt? ❹ graad, stadium, niveau: *hij staat op de hoogste ~ van de maatschappelijke ladder* hij heeft een heel hoge positie ▼ taalk. *de ~pen van vergelijking* de drie mogelijke graden van een bijvoeglijk naamwoord, zoals: groot (stellende ~), groter (vergrotende ~), grootst (overtreffende ~) II *de* [-pen] ❺ trapgans, bepaalde loopvogel

trapauto (speelgoed)auto die men voortbeweegt door te trappen

trapeze *de* [-s] korte rekstok die tussen twee touwen hangt, vooral voor acrobaten in het circus **trap**ezewerker iemand, acrobaat in het circus, die toeren uitvoert aan een trapeze

trapezium *het* [-s, -zia] vierhoek met twee evenwijdige zijden **trap**ezoïde *de (v)* ⟨-n,-s⟩ vierhoek met ongelijke hoeken en zijden

trapgat opening waar een trap in uitkomt **trap**gevel gevel die trapsgewijs smaller wordt **trap**ladder losse trap **trap**leer *de* [-leren] trapladder

trappelen de voeten snel achter elkaar omhoog doen en weer neerzetten, bijv. om het warm te krijgen of van ongeduld ▼ *ik sta niet te ~* ik heb niet veel zin om dat te gaan doen, voor mij hoeft het niet **trap**pelzak kledingstuk voor baby's waarbij hun benen in een zak zitten, om te voorkomen dat ze zich blootwoelen in bed

trappen ❶ zijn voet neerzetten: *ik ben in de hondenpoep getrapt* ▼ *ergens in ~* zich voor de gek laten houden ❷ iemand of iets raken met zijn voet: *tegen een bal ~* ▼ inform. *herrie ~* lawaai, ruzie, problemen maken ▼ inform. *iemand eruit ~* iemand wegsturen, ontslaan ❸ vernederende of kwetsende dingen over iets of iemand zeggen: *tegen het koningshuis ~* ❹ de trappers met zijn voeten op en neer bewegen bij het fietsen **trap**penhuis gedeelte van een gebouw waar de trappen zijn

trapper[1] *de (m)* [-s] onderdeel van een fiets waarop de voet drukt

trapper[2] ⟨trep-⟩ *de (m)* [-s] Noord-Amerikaanse wild- en pelsjager

trappist *de (m)* ❶ monnik van de orde van de cisterciënzers, zo genoemd naar de abdij La Trappe ❷ bier dat is gebrouwen in een abdij van trappisten

trapportaal gangruimte boven of onder aan een trap **trap**sgewijs *bn* geleidelijk van een lager of hoger niveau

trapveldje *het* [-s] veldje waar de buurtjeugd voetbalt

tras *het* gemalen tufsteen

trassi *de (m)* bijgerecht van vis en garnalen bij een rijsttafel

trauma *de* [-'s, -ta] ❶ psychische problemen na een schokkende ervaring: *ze heeft een ~ overgehouden aan de brand in haar huis* ❷ wond, verwonding **trauma**helikopter helikopter voor vervoer van gewonden en zieken **trauma**team medisch team voor spoedhulp bij ongelukken en rampen **trauma**tisch *bn* als een trauma, waar iemand een trauma van krijgt: *een ~e ervaring* **trauma**tiseren ⟨-zi-⟩ een trauma of shock veroorzaken **trauma**tologie *de (v)* ❶ leer van de trauma's ❷ deel van de geneeskunde dat zich met verwondingen bezighoudt ❸ ongevallenafdeling van een ziekenhuis

travellercheque ⟨trevalarsjek⟩ cheque voor op reis die is verzekerd tegen verlies of diefstal

traverse ⟨-ze⟩ *de (v)* [-n], **travers** ❶ dwars deel van een constructie ❷ deel van een verbinding, bijv. van een rivier of een weg

travestie *de (v)* [-tieën, -s] het zich kleden, opmaken e.d. als persoon van het andere geslacht **traves**tiet *de (m)* iemand die er graag uitziet als iemand van het andere geslacht, bijv. een man die zich als vrouw kleedt en opmaakt

trawant *de (m)* handlanger, iemand die meedoet met iemand in iets slechts: *hij heeft met een paar ~en ingebroken in een winkel*

trawler ⟨trôlar⟩ *de (m)* [-s] treiler, boot met sleepnet

tray ⟨tree⟩ *de (m)* [-s] bakje waarin men een aantal van dezelfde voorwerpen verpakt of vervoert, bijv. twaalf blikjes, of potten met bloemen

trechter *de (m)* [-s] buis die nauw toeloopt en met een wijde mond, waar men vloeistof doorheen kan gieten

tred *de (m)* manier van lopen, stap ▼ *gelijke ~ houden met iets of iemand* net zo snel gaan als iets of iemand anders: *houdt onze economie gelijke ~ met die in de landen om ons heen?* **trede** *de* [-n] stap ❷ vlak waar men zijn voeten op zet als men een trap op- of afloopt: *deze trap heeft 23 ~n* **treden** [trad, h. / is getreden] stappen: *de burgemeester trad naar voren en nam het woord* ▼ *in het huwelijk ~* trouwen ▼ *niet in bijzonderheden ~* geen bijzonderheden bespreken ▼ *de rivier treedt buiten zijn oevers* de rivier stroomt over **tred**molen rad dat beweegt door het lopen van een levend wezen ▼ *in de ~ lopen* altijd in dezelfde sleur leven, hetzelfde geestdodende werk verrichten **tree** *de* [-s, -ën] trede

treeplank plank aan een voertuig waardoor men makkelijker kan opstappen

tref de (m) gelukje, situatie waarin men geluk heeft: *je weet nooit of hij thuis is, dat is altijd een ~*

trefbal het balspel waarbij spelers geraakt moeten worden **trefcentrum** plaats waar mensen elkaar ontmoeten

treffen I ww [trof, h. getroffen] ❶ raken, ook figuurlijk ❷ vinden, aantreffen: *iemand thuis ~* ❸ (het) geluk hebben (van): *mooi weer ~* ▾ *het ~* geluk hebben: *jij hebt het maar getroffen met zo'n handige man!* ❹ aangaan, sluiten, nemen: *een overeenkomst ~; maatregelen ~* **II** het ❺ gevecht **treffend** bn ❶ ontroerend ❷ verrassend duidelijk, opvallend: *een ~e gelijkenis tussen vader en zoon*

treffer de (m) [-s] ❶ raak schot ❷ gelukkig toeval **trefpunt** het ontmoetingsplaats **trefwoord** woord waaronder men iets opzoekt in een woordenboek, encyclopedie, catalogus enz.

trefzekerheid zekerheid van het doel te raken

trein de (m) ❶ samenstel van wagens dat op rails rijdt en dat (vaak tussen steden of dorpen) passagiers of goederen vervoert ❷ rij, stoet **treinen** met de trein reizen **treinstel** delen van een trein die een eenheid vormen **treintaxi** gesubsidieerde taxi voor ritten van en naar een station

treiter, treiteraar de (m) [-s] iemand die treitert **treiteren** gemeen plagen, sarren

trek de (m) [-ken] ❶ het trekken ❷ één keer dat men naar binnen zuigt, haal: *een ~je aan een sigaar* ❸ lijn, ook figuurlijk: *iets niet in detail vertellen maar in grote ~ken* ❹ gelaatstrek, karaktertrek ❺ zin in eten ❻ het zich op regelmatige tijden tussen bepaalde gebieden heen en weer bewegen, vooral door vogels ▾ *in ~ zijn* door veel mensen gewild ▾ *zijn ~ken thuiskrijgen* de gevolgen ondervinden van iets slechts wat men heeft gedaan ▾ *naar aan zijn ~ken komen* niet krijgen waar men naar verlangt of waarop men recht heeft

trekautomaat automaat waaruit men consumptieartikelen kan halen door te trekken **trekbal** biljartstoot waarbij de bal terugloopt **trekdier** dier dat wordt gebruikt om lasten, wagens e.d. te trekken **trekhaak** haak aan auto waar een ander voertuig aan voortgetrokken kan worden **trekharmonica** harmonica die wordt bespeeld door uittrekken en induwen

trekkebenen [trekkebeende, h. getrekkebeend] met een been slepen terwijl men loopt

trekken [trok, h. / is getrokken] ❶ door kracht naar zich toe halen, rukken ❷ maken: *gezichten ~* ❸ vuur vatten door voldoende luchttoevoer: *de kachel wil niet ~* ❹ met heet water aftrekken: *de thee laten ~* ❺ maken door te tekenen: *cirkels ~* ❻ lokken: *veel publiek ~* ❼ van plaats tot plaats reizen, een tocht maken: *door de woestijn ~* ❽ zich op regelmatige tijden tussen bepaalde gebieden heen en weer bewegen van bepaalde diersoorten, vooral vogels ❾ gaan: *ten strijde ~* ❿ berekenen: *de wortel ~* ⓫ afleiden: *een conclusie ~ uit iets* ⓬ (aan een sigaret, sigaar, pijp) zuigen ▾ inform. *ik trek het niet meer* ik hou het niet meer vol

trekker de (m) [-s] ❶ iemand die van plaats tot plaats reist ❷ trekvogel ❸ trekhaakje, bijv. aan een geweer ❹ tractor ❺ voorste deel van een vrachtwagencombinatie **trekkershut** hut waar trekkers kunnen overnachten

trekking I de (v) ❶ het trekken van loten ❷ verkrampte beweging **II** de [-s] ❸ het maken van trektochten door de natuur ❹ zo'n trektocht **trekkracht** ❶ vermogen tot trekken ❷ kracht waarmee getrokken wordt **trekpaard** paard als trekdier **trekpleister** ❶ pleister die etter uit de wond trekt ❷ iets wat, een plaats die veel mensen aantrekt en waar ze naartoe komen **trekroute** route van trekvogels en andere dieren die trekken **trekschuit** ⟨vroeger⟩ boot die door een paard wordt voortgetrokken **trekslot** slot dat dichtspringt bij het dichttrekken van de deur **trekstoot** stoot waarbij een biljartbal een andere bal raakt en terugrolt **trektocht** tocht waarbij men van plaats naar plaats reist **trekveer** ❶ metalen spiraal met trekkracht ❷ veer die wordt gebruikt om een elektrische draad door een buis te trekken **trekvis** vis die regelmatig naar andere streken trekt **trekvogel** vogel die tegen de winter naar andere streken trekt **trekzak** muziekinstrument dat op een accordeon lijkt **trekzalf** zalf die vuil naar buiten trekt

trema het [-'s] twee punten boven een klinker, bijv. in 'beëindigen'

tremmen gevangen vis in het ruim storten ▾ inform. *iemand in elkaar ~* in elkaar slaan

tremolo I het [-'s] ❶ muzikale versiering in de vorm van zo snel mogelijke herhalingen van één noot, het trillen op één noot **II** bw ❷ trillend op één noot **tremor** med. de (m) ⟨vooral van de handen⟩ voortdurend beven **tremulant** muz. de (m) ❶ triltoon ❷ orgelregister met een triltoon

trenchcoat ⟨trensjkoot⟩ de (m) [-s] regenjas met ceintuur en op de schouders biezen met een knoop

trend de (m) [-s] ontwikkeling in een bepaalde richting, iets wat steeds meer mensen doen: *het is een ~ om steeds vaker op kortere vakanties tussendoor te gaan* **trendgevoelig** ❶ die snel veranderingen opmerkt en daarop inspringt: *een ~ ontwerper* ❷ die snel de gevolgen ondervindt van veranderingen in de mode of in levensstijl: *de kledingindustrie is zeer ~* **trendsetter** de (m) [-s] iemand die de trend, de mode aangeeft, die daarin door anderen wordt gevolgd **trendvolger** de (m) [-s] werknemer van wie het salaris is gekoppeld aan de ambtenarensalarissen **trendwatcher** ⟨-wotsjər⟩ de (m) [-s] iemand die trends bestudeert **trendy** ⟨-die⟩ bn volgens een nieuwe mode of levensstijl, modieus

trens de [trenzen] ❶ oogje, lus van garen ❷ bit zonder stang

tres de [-sen] opgenaaid gevlochten bandje

treurbuis scherts. tv **treuren** verdriet hebben, bedroefd zijn **treurig** bn ❶ met een akelig gevoel omdat er iets gebeurt of gebeurd is, triest, bedroefd: *ik ben ~ omdat mijn vriend verhuisd is en ik hem erg mis* ❷ waar men zo'n gevoel van krijgt, triest of wordt: *een ~ bericht*

treurmars treurige mars die gespeeld wordt bij een begrafenis, dodenmars **treurspel** toneelstuk waarin het slecht afloopt met de hoofdpersoon **treurwilg** wilg met hangende takken

treuzelen dingen langzaam doen, langzaam werken

trezebezeke ⟨treezəbeezəkə⟩ BN, spreekt. *de (v)* [-s] flauw, zielig meisje

triade *de (v)* [-s] drie personen die bij elkaar horen

triangel *de (m)* [-s] klein muziekinstrument in de vorm van een metalen driehoek waar men met een stangetje op tikt

trias I *de (v)* ❶ combinatie van drie zaken die bij elkaar horen ▼ ~ *politica* wetgevende, uitvoerende en rechterlijke macht **II** *het & de (m)* ❷ geologische periode

triatleet *de (m)* [-leten] iemand die aan een triatlon meedoet

triatlon *de (m)* [-s] wedstrijd die bestaat uit zwemmen, fietsen en een marathonloop

tribaal *bn* wat te maken heeft met stamverband, gekenmerkt door stamverband

tribunaal *het* [-nalen] rechtbank voor misdaden in een speciale situatie: *de oorlogsmisdadigers moesten voor een ~ verschijnen*

tribune *de* [-s] schuin oplopende rijen met zitplaatsen voor het publiek, bijv. in een stadion: *de mensen op de ~ moedigden de spelers aan*

tribuun *de (m)* [-bunen] hist. functionaris onder de Romeinen die was aangesteld om de lagere klasse te beschermen en de besluiten kon nemen en ongedaan maken

triceps *de (m)* driehoofdige strekspier van de bovenarm

tricky ⟨trikkie⟩ *bn* ❶ hachelijk, gevaarlijk, risicovol: *we bevinden ons in een ~ situatie* ❷ onbetrouwbaar, sluw, uitgekookt

tricolore ⟨triekoolòr⟩ *de* [-s] driekleur, vooral een vlag met drie kleuren

tricot ⟨triekoo⟩ **I** *het* ❶ machinaal breisel **II** *de (m) & het* [-s] ❷ kledingstuk, vooral trui daarvan **tricotage** ⟨-taazjə⟩ *de (v)* [-s] (het vervaardigen van) tricot

triënnale *de (v)* [-s] manifestatie die om de drie jaar wordt gehouden

triest *bn* ❶ met een akelig gevoel omdat men iets erg vindt, droevig, treurig: *ik voel me zo ~ nu mijn vriendin naar een andere stad verhuisd is* ❷ wat een akelig gevoel geeft omdat het erg is, naar: *ik heb een ~e mededeling voor jullie: ons buurthuis moet sluiten* **triestig** *bn* een beetje triest, een beetje triest aandoet

triggeren ⟨triGGə-⟩ een actie of proces op gang brengen, ook figuurlijk

trigonometrie wisk. *de (v)* driehoeksmeting, deel van de wiskunde dat leert hoe men uit drie gegevens van een driehoek alle overige elementen kan berekenen

trijn *de (v)* meisje, vrouw ▼ *wijntje en ~tje* drank en vrouwen

trijp *het* fluweel met een wollen pool

triktrak *het* bordspel, variant van backgammon

trilateraal *bn* driezijdig, waar drie partijen aan deelnemen: *een trilaterale regeringsconferentie*

trilhaar *de* dunne uitloper van een cel

triljard *het* duizendmaal triljoen (een 1 met 21 nullen)

triljoen *het* een miljoen maal biljoen (een 1 met 18 nullen)

trillen met het lichaam heel snelle, kleine, schokkende bewegingen maken, beven: *ik sta te ~ op mijn benen van schrik* **triller** *de (m)* [-s] snelle afwisseling van twee tonen die op elkaar volgen **trilling** *de (v)* ❶ het trillen ❷ het één keer heen en weer gaan bij trillen

trilogie *de (v)* [-ën] drie toneelstukken, boeken, films enz. die samen een geheel vormen

trimaran *de (m)* [-s] catamaran met drie rompen naast elkaar

trimbaan terrein met toestellen om te trimmen

trimester *het* [-s] drie maanden

trimestrieel *bn* BN ook driemaandelijks

trimmen ❶ het haar van een hond in model knippen ❷ trainen voor een goede lichamelijke conditie of om gewicht te verliezen

triniteit *de (v)* Heilige Drievuldigheid

trio *het* [-'s] ❶ muziekstuk voor drie solo-instrumenten of zangstemmen ❷ drie personen die samen muziek maken: *dit muzikale ~ bestaat uit een gitarist, een pianist en een bassist* ❸ drie personen die samen iets doen **triode** *de (v)* [-n] elektronenbuis met drie elektroden

triomf *de (m)* ❶ overwinning ❷ fig. groot succes **triomfantelijk** *bn* ❶ als overwinnaar ❷ die of wat duidelijk blijk geeft van zijn overwinning: *hij had een ~e blik in zijn ogen* **triomfator** *de (m)* [-s, -toren] degene die heeft gewonnen, overwinnaar **triomfboog** ❶ ereboog, gebouwd als gedenkteken voor een triomf ❷ boog in een kerk **triomferen** ❶ voor iedereen zichtbaar winnen van zijn vijanden ❷ duidelijk laten blijken dat men de overwinnaar is **triomftocht** tocht als overwinnaar

triool *de* [-olen] drie verbonden noten die even lang duren als twee noten

trip *de (m)* [-s] ❶ uitstapje ❷ geheel van psychische ervaringen die iemand heeft bij gebruik van hallucinogene middelen

tripartiet *bn* waaraan drie partijen deelnemen: *~ overleg* **tripartite** BN *de (v)* [-s] driepartijenregering

tripel *de (m)* zwaar soort bier **tripeltest** bloedonderzoek bij een zwangere vrouw om een verhoogde kans op aangeboren afwijkingen bij de baby op te sporen

triple *bn* drievoudig

triplex *het & de (m)* hout in drie lagen in verschillende vezelrichting **triplexglas** glas van twee lagen met celluloid ertussen

triplo *zn* ▼ *in ~* drievoud

trippelen kleine stapjes maken **trippen** ❶ trippelen ❷ ervaringen hebben die worden opgewekt door hallucinogene middelen

triptiek *de (v)* ❶ drieluik ❷ internationaal document voor automobilisten

trissen BN voor de derde maal hetzelfde studiejaar volgen

triticale de kruising van tarwe en rogge

trits *de* ❶ drietal ❷ vrij groot aantal: *zij had een hele ~ minnaars*

triumviraat *het* [-raten] driemanschap

triviaal *bn* gewoon, alledaags, onbelangrijk: *een triviale opmerking* ▼ *triviale naam* niet-wetenschappelijke naam van planten, dieren en chemische stoffen

trivium *het* middeleeuwse benaming van de grammatica, de retorica en de kunst van het disputeren

trochee *de (m)* [-ën] versvoet van een betoonde lettergreep gevolgd door een onbetoonde lettergreep

troebel *bn* niet helder ▼ ~ *water* water dat niet schoon is; *fig.* een zaak die niet helemaal in orde is **troebelen** *de (mv)* onlusten **troebleren** de war brengen

troef *de* [troeven] ❶ ⟨kaartspel⟩ kleur die hoger is dan de andere drie kleuren ❷ kaart van die kleur ▼ *zijn hoogste ~ uitspelen* zijn uiterste middel aanwenden ❸ *fig.* iets wat overheersend is, wat men ergens overal ziet: *het is daar armoede ~*

troel *de (v)* vaak neerbuigende, soms liefkozende benaming voor vrouw

troela *de* [-'s] neg. vrouw of meisje

troep *de (m)* ❶ rotzooi, bende: *het is een ~ op je kamer* ❷ ⟨ongeordende⟩ groep, bende: *rondzwervende ~en bedelaars* ❸ groep soldaten: *de vijandige ~en vielen het legerkamp aan* **troepenmacht** groot aantal soldaten

troetelkind kind dat vertroeteld wordt

troetelnaam liefkozende naam

troeven ⟨kaartspel⟩ zijn troef uitspelen

trofee *de (v)* [-ën] teken van overwinning of succes

troffel *de (m)* [-s] metselgereedschap met driehoekig blad

trog *de (m)* [-gen] ❶ voerbak voor varkens ❷ diepe inzinking in de bodem, plooidal

Trojaans *bn* ▼ comp. ~ *paard* programma vermomd als een legale toepassing dat ongewenste (en vaak schadelijke) taken uitvoert (zoals het doorsturen van wachtwoorden) als het op een computer wordt geïnstalleerd

trojan ⟨troodzjən⟩ comp. *de* [-s] ▼ ~ *horse* Trojaans paard → **Trojaans**

trojka *de* [-'s] ❶ rijtuig of slee met drie paarden ❷ fig. leidend drietal

trol *de (m)* [-len] demonisch wezen in de mythologie van Noord-Europa

trolley ⟨-lie⟩ *de (m)* [-s] ❶ wagentje, onder andere voor eten dat in een restaurant wordt geserveerd, om een koffer mee te vervoeren enz. ❷ vork met een wieltje onderaan tegen de rijdraad van een trolleybus ❸ trolleybus **trolleybus** autobus met bovenleiding

trom *de* [-men] cilindervormig slaginstrument, aan boven- en onderkant met een dierenhuid bespannen ▼ *met stille ~ vertrekken* in stilte weggaan

trombocyt *de (m)* bloedplaatje

trombone ⟨-bòne⟩ *de* [-s] blaasinstrument waarbij men de toonhoogte bepaalt door te schuiven en zo de buizen te verlengen en in te korten **trombonist** *de (m)* bespeler van een trombone

trombose ⟨-za⟩ *de (v)* vorming van bloedproppen in de bloedvaten

tromgeroffel *het* (geluid van het) slaan op een trom **trommel** *de* [-s] ❶ rond instrument met aan één of twee kanten een strak gespannen vel waar men met een stokje of met zijn handen op slaat, trom ❷ tromvormig voorwerp ❸ blikken doos: *een koek~* **trommelaar** *de (m)* [-s] iemand die trommelt **trommelen** ❶ op een trommel slaan ❷ een geluid en beweging maken alsof men op een trommei slaat: *hij zat ongeduldig met zijn vingers op de tafel te ~* **trommelrem** remsysteem waarbij twee halfcirkelvormige delen wrijving geven tegen een draaiende ring **trommelslager** *de (m)* [-s] iemand die de trom slaat **trommelvlies** vlies in de oorholte, binnenafsluiting van de uitwendige gehoorgang

trompe-l'oeil ⟨trôpluij⟩ *de (m)* bedrieglijk natuurgetrouwe schildering

trompet *de* [-ten] ❶ koperen blaasinstrument met een helder, doordringend geluid ❷ med. buis van Eustachius **trompetten** ❶ de trompet blazen ❷ luid verkondigen ❸ het geluid van een olifant maken, trompetteren **trompetteren** ❶ een trompet bespelen ❷ ⟨van olifanten⟩ met de slurf geluid maken **trompettist** *de (m)* bespeler van een trompet

tronen ❶ als op een troon zitten ❷ meelokken: *ze troonden de toeristen de nachtclub in*

tronie neg., spreekt. *de (v)* [-s] gezicht: *een gemene ~*

tronk *de (m)* afgeknotte boom

troon *de (m)* [tronen] zetel voor een vorst(in) ▼ *iemand van de ~ stoten* zijn macht ontnemen, afzetten, de eerste plaats van iemand afnemen: *de vorige zwemkampioen is van de ~ gestoten door de nieuwe kampioen* **troonopvolger** opvolger van een vorst(in): *de ~ van de koning* **troonrede** jaarlijkse toespraak van de koning(in) van Nederland bij de opening van de Staten-Generaal op de derde dinsdag van september **troonafstand** het neerleggen van de functie en staatschoofd door een vorst **troonsbestijging** *de (v)* aanvaarding van de functie van staatshoofd door een vorst(in) **troonzaal** paleiszaal waar de troon staat

troost *de (m)* iets wat iemand moed geeft of vrolijker maakt als die persoon ergens verdrietig om is ▼ *een schrale ~* iets wat niet echt helpt om over verdriet of een teleurstelling heen te komen ▼ *inform. een bakje ~* koffie **troosteloos** *bn* ❶ heel droevig, zonder vreugde: *een ~ bestaan* ❷ wat die indruk wekt, dat gevoel oproept: *een ~ landschap* **troosten** iemand die verdrietig is moed inspreken, zijn verdriet (proberen te) verminderen

troostfinale wedstrijd om de derde en vierde plaats **troostprijs** prijs die als troost wordt gegeven aan iemand die net niet bij de winnaars hoort **troostrijk** wat veel troost geeft: *een ~e gedachte*

tropen *de (mv)* hete luchtstreek, landen tussen de keerkringen **tropengordel** gebied tot 23,5° ten noorden en zuiden van de evenaar **tropenhelm** helm met een kurklaag als bescherming tegen de zon **tropenjaar** ❶ jaar dat iemand in de tropen doorbrengt ❷ fig. erg zwaar, inspannend jaar: *tijdens dat project heb ik keihard gewerkt, dat*

tr

waren echt tropenjaren **tropenrooster** rooster waarbij op heel warme dagen 's middags niet wordt gewerkt **tropisch** *bn* van of als in de tropen

troposfeer *de* onderste luchtlaag van de dampkring

tros *de (m)* [-sen] ❶ bundel bloemen of vruchten bij elkaar: *een ~ bananen, een druiven-* ❷ dikke kabel, die bijv. wordt gebruikt om schepen vast te leggen aan de kade

TROS *de (v)* Televisie en Radio Omroepstichting

trots I *bn* ❶ heel tevreden over en blij met iets wat men doet of heeft: *je mag best ~ zijn op je prestatie* ❷ met een houding waarbij men zijn zwakheden niet laat zien, met eergevoel: *zij is te ~ om hulp te accepteren* **II** *de (m)* ❷ zo'n gevoel van tevredenheid en blijheid: *ze straalde van ~ toen ze kampioene was geworden* ❹ zo'n houding, eergevoel: *haar ~ verbiedt haar om hulp te accepteren* ❺ iemand op wie, iets waarop men trots is: *onze zoon is onze ~* **III** *vz* ❻ ondanks: *~ alle problemen, gaf zij niet op* **trotseren** tarten, uitdagen, zich niet laten afschrikken door: *zij trotseerde de storm en fietste het hele stuk*

trottoir ⟨-tw**aar**⟩ *het* [-s] verhoogd voetpad naast de weg, stoep

troubadour ⟨troeba**doer**⟩ *de (m)* [-s] hist. rondtrekkend zanger

troubleshooter ⟨tr**ŏ**bbəlsjoetər⟩ *de (m)* [-s] iemand die (beroepsmatig) problemen oplost

trouw I *bn* ❶ die blijft bij wie hij was of die dingen blijft doen voor degene voor wie hij ze deed, ook als de omstandigheden veranderen: *~e liefde; een ~e werknemer, leverancier* **II** *de* ❷ *het* trouw zijn ▼ *te goeder ~ zonder oneerlijke bedoelingen* ▼ *te kwader ~ met slechte bedoelingen* **III** *de (m)* ❸ bruiloft

trouwakte document als bewijs dat een huwelijk is geregistreerd bij de burgerlijke stand, huwelijksakte **trouwboekje** boekje dat een bruid en bruidegom krijgen als ze trouwen en waarin hun namen staan en wanneer en waar ze getrouwd zijn **trouwdag** dag van een huwelijk **trouweloos** *bn* vals, verraderlijk **trouwen** ❶ officieel vastleggen door twee mensen dat ze bij elkaar horen (en een feest vieren dat daarbij hoort): *mijn oudste zus gaat volgende week ~* ▼ inform. *zo zijn we niet getrouwd* dat is niet de afspraak ❷ officieel bevestigen dat twee mensen bij elkaar horen: *de ambtenaar die hen heeft getrouwd* **trouwens** *bw* woord als men even iets anders opmerkt in een gesprek, los van waar het gesprek over gaat: *weet jij ~ wie ik gisteren tegenkwam?* **trouwerij** *de (v)* het trouwen, ritueel en feest dat daarbij hoort **trouwkleed** BN, spreekt. **trouwjurk** **trouwpartij** feest als twee mensen trouwen **trouwring** ring die wordt gedragen als teken dat iemand getrouwd is

truc ⟨truuk⟩ *de (m)* [-s] ❶ handige manier om iets te doen, handigheidje: *je moet het ~je kennen om deze kist open te krijgen* ❷ list, sluwe daad: *dat zogenaamde telefoontje was een ~ om hem weg te lokken* **trucage** ⟨truuk**aa**zjə⟩ *de (v)* [-s] het gebruikmaken van trucs

truck *de (m)* [-s] ❶ draaibaar onderstel onder een spoorwagen of vrachtauto ❷ open vrachtauto ❸ voorwagen van een vrachtauto met oplegger **trucker** *de (m)* [-s] vrachtwagenchauffeur

truffel *de* [-s] ❶ bepaalde soort eetbare paddenstoel die heel duur is (Tuber) ❷ bonbon met een soort slagroom van binnen en chocola met cacaopoeder van buiten

trui *de* (meestal wollen of katoenen) gesloten kledingstuk voor het bovenlichaam ▼ *de gele ~* trui die gedragen wordt door de aanvoerder van het algemeen klassement in de Tour de France

trukendoos *de* gezamenlijke trucs of slimmigheden die iemand tot zijn beschikking heeft: *de ~ opentrekken*

trust *de (m)* [-s] combinatie van juridisch zelfstandige ondernemingen onder één leiding **trustee** ⟨-t**ie**⟩ *de (m)* [-s] ❶ beheerder van een trust ❷ iemand of instelling die het onderpand van geldleningen beheert

trut *de (v)* [-ten] ❶ stijve, vervelende vrouw ❷ spreekt. vrouwelijk geslachtsdeel **truttig** *bn* als (van) een trut, stijf, saai, weinig aantrekkelijk

truweel *het* [-welen] BN ook troffel, metselgereedschap met driehoekig blad

try-out ⟨tra**jaut**⟩ *de (m)* [-s] opvoering van een nieuwe voorstelling om de reacties van het publiek te peilen

tsaar *de (m)* [tsaren] titel van de vroegere Russische keizers **tsaristisch** *bn* van de tsaar

tseetseevlieg vlieg die slaapziekte of veepest overbrengt

T-shirt ⟨t**ie**sjùRt⟩ sportief kledingstuk, soort dun truitje van soepel katoen

tsjakka *tw* uitroep die zoveel betekent als 'ga ervoor' of 'dit is oké'

tsjilpen ⟨van bepaalde vogels, o.a. mussen⟩ geluid voortbrengen

tso I *het* ❶ BN technisch secundair onderwijs **II** *de (m)* ❷ tussenschoolse opvang

T-splitsing punt waarop een weg loodrecht eindigt op een dwarslopende weg

tsunami *de (m)* [-'s] grote vloedgolf, veroorzaakt door een onderzeese aardbeving of vulkaanuitbarsting, land dat in zee schuift of een meteorietinslag

t.t. *totus tuus*, geheel de uwe

TT *de* , *Touring Trophy*, motorraces op wegcircuit

t.u. *ten uwent*, aan of in uw huis

TU *de (v)* Technische Universiteit

tuba *de (m)* [-'s] koperen blaasinstrument met een zware toon

tube *de* [-s, -n] kokertje van zacht metaal of plastic met een schroefdop: *een ~ tandpasta, verf*

tube ⟨tjoeb⟩ *de* bijzonder soort luchtband voor racefietsen, zonder binnenband

tuberculose ⟨-zə⟩ *de (v)* besmettelijke ziekte waarbij vooral de longen worden aangetast, tbc

tubifex *de (m)* bepaalde wormpjes ⟨onder andere als visvoer⟩

tucht *de* strenge orde, (het aanvaarden van) vaste dwingende leiding **tuchtcollege** instantie die klachten behandelt tegen leden van een bepaalde beroepsgroep, zoals artsen **tuchtcommissie** commissie die, vooral in sport, oordeelt en straffen oplegt **tuchthuis** ⟨vroeger⟩

tr

strenge gevangenis tuchtigen lichamelijk straffen **tuchtrecht** recht en rechtspraak m.b.t. (klachten tegen leden van) een bepaalde beroepsgroep, zoals artsen **tuchtschool** gevangenis voor jongeren, die er hun straf uitzitten maar ook onderwijs krijgen **tuchtstemming** BN stemming waarbij de leden van een fractie op de door het fractiebestuur bepaalde wijze moeten stemmen

tudorstijl ⟨tjoedər-⟩ late Engelse gotiek, stijl genoemd naar het huis Tudor (1485-1603): *een kasteel in ~*

tuf *het* tufsteen

tuffen scherts. met betrekkelijk lage snelheid rijden

tufsteen bepaald poreus gesteente

tui *de* touw of staaldraad om iets, bijv. een mast, mee vast te zetten zodat het blijft staan

tuig I *het* ❶ slechte mensen: *in dat café komt veel ~* II *het* [-en] ❷ de riemen e.d. waarmee een paard inspant ❸ de touwen en zeilen van een schip **tuigage** ⟨-gaazja⟩ *de (v)* alle tuig van een schip **tuigje** *het* [-s] samenstel van riemen voor peuters of honden, bijv. om ze aan vast te zetten

tuil *de (m)* ❶ bos bloemen, ruiker ❷ bloeiwijze

tuimelaar *de (m)* [-s] ❶ dolfijnensoort (Tursiops truncatus) ❷ duif die zich tuimelend laat vallen ❸ voorwerp, zoals een glas, dat weer omhoogkomt als het naar voren of achteren valt

tuimelen omrollen, met een buiteling vallen: *toen de voorste wielrenner viel, tuimelden de anderen over hem heen* **tuimelraam** raam dat om een horizontale as kan draaien

tuin *de (m)* ❶ stuk grond bij een huis ❷ stuk grond met bomen en planten ▼ *iemand om de ~ leiden* dingen laten geloven die niet waar zijn **tuinaarde** losse zwarte aarde die geschikt is om iets op te verbouwen **tuinarchitect** iemand die siertuinen ontwerpt **tuinboon** grote boon (Vicia faba) **tuinbouw** het kweken van groenten, vruchten, bloemen, bomen e.d.

tuinbroek broek met daaraan een stuk dat borst en buik bedekt en met banden over de schouders **tuincentrum** bedrijf dat planten en tuinartikelen verkoopt

tuinder *de (m)* [-s] groente- en fruitkweker **tuinderij** *de (v)* bedrijf van een tuinder **tuindorp** woonwijk met veel tuinen **tuinfeest** feest in een tuin **tuingrond** grond die voor tuinbouw wordt gebruikt **tuinhuisje** klein huisje in de tuin of op een camping e.d., waar men bijv. in de zomer kan recreëren of zijn tuingereedschap opbergen

tuinier *de (m)* [-s] iemand die een tuin verzorgt **tuinieren** voor zijn plezier in een tuin werken **tuinkabouter** beeld van een kabouter voor in een tuin **tuinkamer** kamer die uitkomt op een tuin **tuinkers** plant met witte bloempjes **tuinman** *de (m)* [-nen, -lieden, -lui] iemand die beroepsmatig een tuin of tuinen verzorgt **tuinschaar** ❶ grote schaar om takken af te knippen enz. ❷ schaar om heggen te knippen **tuinslang** waterslang voor de tuin **tuinstad** stad die of deel van een stad dat zo ontworpen is dat er veel tuinen zijn

tuit *de* buisje aan een ketel, theepot enz. waar men door schenkt

tuiten ❶ rond maken met een spits einde: *zijn lippen ~* ❷ suizen ▼ *mijn oren ~* door de herrie om me heen hoor ik alleen nog maar een soort geruis; ik hoor iets wat bijna niet te geloven is

tuk I *bn* ▼ *~ op iets zijn* er gek op zijn en het heel graag willen hebben II *de (m)* [-ken] korte, snelle stoot ▼ *iemand ~ hebben* iemand voor de gek houden die erin trapt **tukje** *het* [-s] kort slaapje, dutje: *ik ben zo moe dat ik zo een ~ zou kunnen doen* **tukken** kort slapen, een dutje doen

tukker *de* [-s] ⟨bijnaam⟩ iemand uit Twente

tuktuk *de (m)* [-s] gemotoriseerd voertuig met drie wielen voor (publiek) personenvervoer

tulband *de (m)* ❶ stuk stof dat in elkaar gewikkeld op het hoofd wordt gedragen in oosterse landen ❷ cake met een hoge ronde vorm

tule *de* doorzichtig weefsel met fijne mazen

tulp *de* ❶ plant van het geslacht Tulipa ❷ de bloem daarvan **tulpenbol** bol waaruit een tulp ontstaat **tulpenboom** sierboom uit Noord-Amerika die zestien meter hoog kan worden, met tulpvormige bloemen (Liriodendron tulipifera)

tumbler *de (m)* [-s] bekerglas, glas zonder voet

tumor *de (m)* [-s, -moren] gezwel, zwelling in het lichaam die steeds groter wordt: *mijn buurvrouw is gestorven aan een ~ in haar hoofd*

tumtum *het & de (m)* snoepmengsel van pepermuntjes, chocolaatjes en gomballetjes

tumult *het* lawaai, opschudding: *de demonstranten veroorzaakten veel ~ op straat; het interview veroorzaakte veel ~* **tumultueus** *bn* rumoerig, lawaaiig, wanordelijk: *de wedstrijd is ~ verlopen*

tune ⟨tjoen⟩ *de (m)* [-s] herkenningsmelodie, bijv. van een radio- of televisieprogramma **tuner** ⟨tjoenər⟩ *de (m)* [-s] radio zonder versterker en luidsprekers **tuner-versterker** tuner met ingebouwde versterker

tunica *de (v)* ⟨-s⟩ hist. kleed dat door de Romeinen werd gedragen, met openingen voor hoofd en armen, en dat rond het middel werd vastgemaakt met een gordel **tuniek** *de (v)* ❶ korte uniformjas met buitenzakken ❷ tamelijk lang bovenkledingstuk voor een vrouw waaronder de rok of broek die ze eronder draagt, gedeeltelijk zichtbaar is

tunnel *de (m)* [-s] ondergrondse weg, bijv. door een berg of onder een rivier of kanaal door: *via deze fiets~ kun je onder de snelweg door fietsen*

turbine *de (v)* [-s] rad dat door wind, water of stroom aan het draaien wordt gebracht om energie op te wekken

turbo *de (m)* [-'s] ❶ apparaat dat brandstof onder druk in de motor laat komen ❷ ⟨als eerste deel van een samenstelling⟩ extra sterk of snel: *een ~motor* **turbotaal** taalgebruik met veel woorden die verkort zijn

turbulent *bn* woelig, onstuimig, onrustig: *een ~e periode in de geschiedenis* **turbulentie** *de (v)* [-s] ❶ woeligheid, onrust, heftigheid ❷ onregelmatige wervelende beweging in een vloeistof, een gas of in de atmosfeer: *ons*

tu

vliegtuig had last van ~

tureluur *de (m)* [-s, -luren] bruingrijze en witte vogel met rode poten die bij de steltlopers hoort (Tringa totanus)

tureluurs *bn* dol, gek: ~ *van iets worden*

turen ingespannen kijken

turf *de (m)* [turven] ❶ gedroogd stuk veen dat vroeger als brandstof werd gebruikt ❷ scherts. dik boek ❸ combinatie van vijf streepjes bij het turven **turfkantoor** BN wedkantoor **turfmolm** verpulverde turf **turfsteken** uit veen turven steken

turk *de (m)*▾ BN ook *jonge* ~ jonge, ambitieuze nieuwkomer

turkoois *de (m)* [-kooizen] & *het* blauwgroen ondoorzichtig edelgesteente

Turks *bn* van, uit, wat te maken heeft met Turkije
▾ ~ *bad* bad met vochtige warme lucht of stoom
▾ ~*e trom* trom die aan twee zijden wordt geslagen

turnen ❶ gymnastische oefeningen doen op de grond of op toestellen zoals de evenwichtsbalk, het paard of de brug ❷ BN, schooltaal gymnastiekles **turnles** BN, schooltaal gymnastiekles **turnzaal** BN, spreekt. gymzaal

turven ❶ turf maken ❷ tellen door telkens vier streepjes te zetten met een vijfde streepje dwars erdoor

tussen *vz* ❶ met aan elke kant of ervoor en erna personen of dingen: *ons huis staat ~ de bibliotheek en de speelgoedwinkel; ik kom bij je langs ~ twee en vier uur*▾ *dat blijft ~ ons* dat is in vertrouwen gezegd▾ ~ *de middag* in de middagpauze ❷ binnen een grotere hoeveelheid: ~ *het onkruid stonden een paar prachtige bloemen*▾ *ervan* ~ *gaan* weggaan, ervandoor gaan **tussenbeide** bw tamelijk, niet goed en niet slecht▾ ~ *komen* zich mengen (in), zich bemoeien (met): *mijn moeder kwam ~ toen mijn twee broers ruzie begonnen te maken* **tussendoor** bw tussen iets anders door: *ze was aan het schrijven en ~ belde ze af en toe iemand* **tussendoortje** *het* [-s] iets wat men eet tussen de maaltijden **tussenhandel** handel die van de groothandel koopt en aan de kleinhandel verkoopt **tussenhersenen** deel van de hersenen op de grens van de twee hersenhelften **tussenin** bw tussen twee dingen of momenten in **tussenkomen** ❶ BN ook bijdragen in de kosten ❷ BN ook bemiddelen, tussenbeide komen **tussenkomst** ❶ bemiddeling, het zich bemoeien met iets, inmenging: *door ~ van een bemiddelaar kwamen de strijdende partijen tot een overeenkomst* ❷ BN het onderbreken, interruptie (in een debat) ❸ BN ook financiële bijdrage **tussenlanding** landing die een vliegtuig onderweg maakt op een vliegveld dat niet de eindbestemming van de vlucht is: *na een ~ in Milaan vloog het vliegtuig verder naar Athene* **tussenoplossing** tijdelijke oplossing **tussenpaus** ❶ paus die kort regeert ❷ fig. iemand die tijdelijk een leidinggevende functie vervult **tussenpersoon** [-] iemand die bemiddelt bij het sluiten van een koop, overeenkomst enz. **tussentaal** taal die als overgang tussen twee talen fungeert en met die beide talen nauwe

verwantschap vertoont, taalvariant tussen standaardtaal en dialect: *Verkavelingsvlaams is een Belgisch-Nederlandse ~* **tussentijds** *bn* tussen de afgesproken tijden in, eerder dan op een bepaalde afgesproken tijd: *we zien elkaar volgende maand weer, maar ~ houden we telefonisch contact* **tussenuur** vrij uur tussen lesuren **tussenwerpsel** *het* [-s] woord dat geen deel is van de zin en dat vaak een gevoel uitdrukt, bijv.: *bah, hoera, shit* **tussenzin** zinnetje dat wordt gezegd als onderbreking van een andere zin, als een soort opmerking tussendoor

tut I *tw*▾ ~~ een beetje kalm!, niet zo overdrijven! **II** *de (v)* [-ten] beetje stijf, sloom en saai meisje

tuthola *de (v)* [-'s] domme of vervelende vrouw of meisje

tutor ⟨tuutor, tjoetər⟩ *de (m)* [-s, -toren] iemand die studenten begeleidt bij de studie

tutoyeren ⟨tuutwajjil⟩ iemand met 'jij' aanspreken (en niet met 'u')

tuttebel *de (v)* [-len] saaie, beetje vervelende vrouw of meisje

tutten met onbelangrijke dingen bezig zijn, treuzelen, niet opschieten

tutti ⟨toettie⟩ *bw* allemaal tegelijk **tuttifrutti** *de (m)* gedroogd gemengd fruit

tuttig *bn* stijf, niet vlot, van of als een tut

tutu *de (m)* [-'s] gazen balletrokje

tv *de (v)* [-'s] televisie

t.v. tevoren

t.w. te weten

TW Toeslagenwet

twaalf *telw* aantal van 12

twaalfuurtje *het* [-s] lichte maaltijd rond het middaguur

twee I *telw* ❶ aantal van 2▾ *met ~ woorden spreken* iemand op een beleefde manier aanspreken **II** *de* [-ën] ❷ het cijfer 2 **tweebaansweg** weg met twee rijbanen **tweebenig, tweebenig** bn sp. in staat om met beide benen gericht te trappen **tweecomponentenlijm** lijm die hecht door een scheikundige reactie tussen twee substanties als ze vermengd worden

tweed ⟨twied⟩ *het* grove Engelse wollen stof

tweede I *telw* ❶ nummer twee in een reeks▾ ~ *gezicht* helderziendheid **II** *het* ❷ 1/2, de helft van iets **tweedegraads** *bn* op de tweede plaats binnen een bepaalde schaalverdeling ▾ ~*bevoegdheid* bevoegdheid om les te geven in de lagere klassen van het middelbaar onderwijs **tweedegraadsverbranding** *de (v)* verbranding met blaarvorming **tweedehands** *bn* niet meer nieuw, al gebruikt door iemand anders: *een ~ auto kopen* **Tweede Kamer** *de* de Nederlandse volksvertegenwoordiging, deel van de Staten-Generaal dat wetsvoorstellen behandelt vóór de Eerste Kamer **tweedekansonderwijs** onderwijs voor volwassenen

tweedekker *de (m)* [-s] vliegtuig met twee stel vleugels boven elkaar

tweedelijns *bn* toegankelijk in tweede instantie, met een verwijzing: ~ *gezondheidszorg* **tweederangs** *bn* minder in kwaliteit: *een ~ auteur*▾ *een tweederangsburger* iemand die minder rechten heeft, slechter wordt behandeld

tu

tweedracht *de* onenigheid, verdeeldheid, ruzie
▼ ~ *zaaien* ervoor zorgen dat mensen ruzie over
iets krijgen **tweedrank** *de (m)* drank die van
twee soorten fruit is gemaakt **twee-eiig** *bn*
voortgekomen uit twee eicellen: *een ~e tweeling*
tweeëntwintig *telw* aantal van 22
tweefasestructuur structuur die
wetenschappelijk onderwijs verdeelt in een
doctoraalfase en een specialisatiefase
tweegevecht gevecht tussen twee personen
tweehoevig *bn* met twee hoeven aan elke poot
tweejarig *bn* ❶ twee jaar oud ❷ wat twee jaar
duurt ❸ om de twee jaar ❹ ⟨van planten⟩ die in
het tweede jaar bloeit en dan sterft **tweekamp**
(wed)strijd tussen twee personen **tweekapper** *de
(m)* [-s] twee-onder-een-kapwoning **tweeklank**
combinatie van twee klinkers die één
spraakklank vormen, bijv. ui, au **tweeledig** *bn*
❶ wat uit twee delen bestaat ❷ in twee
betekenissen: *iets ~ opvatten*
tweeling *de (m)* twee kinderen die uit één
zwangerschap ontstaan zijn **tweelingbroer** broer
als lid van een tweeling **Tweelingen** *de (mv)*
❶ derde teken van de dierenriem ❷ iemand die
onder het teken geboren is **tweelingzuster** zus
als lid van een tweeling **tweeluik** schilderij dat
uit twee delen bestaat
twee-onder-een-kapwoning woning die het
dak met een andere woning deelt
tweep ⟨twiep⟩ *de* [-s] iemand die gebruikmaakt
van Twitter®
tweepersoons *bn* voor twee personen **tweepits**
bn met twee branders
2.0 *bn* verbeterde/vernieuwde versie van: *USB ~;*
fig. *onderwijs ~*
tweeslachtig *bn* ❶ mannelijk en vrouwelijk
tegelijk ❷ ⟨van bloemen⟩ met meeldraden en
stampers in dezelfde bloem ❸ in staat om op het
land en in het water te leven: *~e dieren* ❹ fig.
niet uit één stuk, die iets van het één en van het
ander heeft: *dat boek heeft iets ~s* **tweesnijdend**
bn dat aan beide kanten snijdt, met twee
scherpe kanten: *een ~ zwaard*
tweespalt *de* onenigheid, ruzie **tweespan** span
van twee paarden **tweespraak** *de* [-spraken]
gesprek tussen twee personen, dialoog
tweesprong punt waar een weg zich splitst
tweestemmig *bn* met of voor twee
zangstemmen **tweestrijd** innerlijke strijd,
situatie waarin iemand niet weet wat hij moet
beslissen: *hij stond in ~ of hij de baan zou nemen
of verder zou gaan studeren*
tweet ⟨twiet⟩ *de* [-s] berichtje dat via de online
berichtendienst twitter® wordt verstuurd
tweetaktmotor motor waarvan de zuiger twee
slagen maakt na elke explosie
tweetal *het* [-len] groep van twee, twee personen
tweetalig *bn* met twee talen: *een ~e land* ❷ in twee
talen: *een ~e folder* ❸ die twee talen als
moedertaal heeft
tweeter ⟨twietər⟩ *de (m)* [-s] luidspreker voor de
hoge tonen in een geluidsinstallatie
tweeverdieners *de (mv)* twee mensen die
getrouwd zijn of samenwonen en elk een
inkomen hebben **tweevoud** *het* wat tweemaal
zoveel of tweemaal zo groot is, het dubbele

▼ *in ~* in twee exemplaren **tweewieler** *de (m)* [-s]
voertuig met twee wielen **tweewoonst** BN *de (v)*
twee huizen onder één dak **tweezijdig** *bn* ❶ aan
twee kanten ▼ ~ *kopiëren* aan de voor- en
achterkant van het vel papier ❷ met twee
kanten, van twee kanten: *een ~e verklaring*
24/7 ⟨twentiefòRsevvən⟩ *bn* 24 uur per dag en 7
dagen in de week, voortdurend, onophoudelijk
twijfel *de (m)* [-s] toestand van onzekerheid
waarbij iemand niet goed weet wat hij moet
beslissen ▼ *iets in ~ trekken* zich afvragen of het
wel waar is **twijfelaar** *de (m)* [-s] ❶ iemand die
twijfelt, die moeilijk beslissingen kan nemen
❷ smal tweepersoonsbed **twijfelachtig** *bn*
❶ onzeker, wat men niet zomaar kan geloven:
de uitkomsten van het onderzoek zijn ~
❷ onduidelijk, waarschijnlijk onbetrouwbaar of
slecht: *een politicus met een ~ verleden* **twijfelen**
onzeker zijn over iets, bijv. of men iets wel moet
doen **twijfelgeval** geval waarover men twijfelt,
waarvan men niet weet of het waar is of wat
men moet beslissen: *de meeste cursisten zijn
duidelijk geslaagd voor de test maar er zijn een
paar ~len*
twijg *de* dunne buigzame tak
twijnen garen dubbelen, twee of meer garens in
elkaar draaien
twinkelen helder schitteren: *de sterren ~ aan de
hemel; Pims ogen twinkelden van plezier*
twinset *de (m)* [-s] damestrui en bijpassend vest
twintig *telw* aantal van 20
twist I *het* ❶ machinaal katoengaren ❷ biezen
weefsel **II** *de (m)* ❸ onenigheid, ruzie ❹ dans die
in het begin van de jaren zestig is ontstaan
twistappel aanleiding tot ruzie **twisten**
❶ ruziemaken, een meningsverschil hebben
❷ de twist dansen **twistpunt** *het* strijdvraag,
onderwerp waarover onenigheid is **twistziek**
(vaak) op zoek naar ruzie
twitteren korte berichtjes publiceren via de
online berichtendienst twitter®, die ze ook
verspreidt naar de mobiele apparatuur van
geabonneerde gebruikers
twoseater ⟨toesietəR⟩ *de (m)* [-s] auto voor twee
personen
t.w.v. ter waarde van
tycoon ⟨tajkoen⟩ *de (m)* [-s] rijk en machtig
zakenman
tyfoon ⟨tie-⟩ *de (m)* [-s] hevige wervelstorm
tyfus ⟨tie-⟩ *de (m)* ziekte met hoge koorts die
wordt veroorzaakt door de bacterie Salmonella
typhosa **tyfuslijder** *de (m)* [-s] ❶ lijder aan tyfus,
tyfuslijer ❷ scheldn. slecht, gemeen persoon
type ⟨tiep *of* tiepə⟩ *het* [-n, -s] ❶ soort, model:
welk ~ auto is dat? ❷ persoon met een bepaalde
duidelijke eigenschap: *een slank ~* ❸ eigenaardig
persoon: *hij is wel een ~, zeg!*
typecasten ⟨tajpkàsten⟩ [typecastte, h.
getypecast] acteurs selecteren voor de rollen
typefout ⟨tiep-⟩ fout die bij het typen is gemaakt,
tikfout **typemachine** ⟨tiep-⟩ toestel om
machinaal te schrijven, om mee te typen,
schrijfmachine **typen** ⟨tie-⟩ schrijven via een
toetsenbord (van een computer of een
schrijfmachine)
typeren ⟨tiepi-⟩ kenmerken, karakteriseren, een

ty

kenmerk of eigenschap vormen waaraan men
iets of iemand duidelijk herkent: *zo'n soort
opmerking is ~d voor hem*
typisch ⟨<u>tie</u>pies⟩ *bn* ❶ kenmerkend,
karakteristiek, waaraan men iets of iemand
duidelijk herkent: *die twee bulten op de rug zijn ~
voor kamelen* ❷ vreemd, eigenaardig: *onze
buurman is een ~e man*
typist ⟨<u>tie</u>-⟩ *de (m)* iemand die voor zijn beroep
typt
typografie *de (v)* manier waarop een boek,
tijdschrift enz. gezet en gedrukt is: *bij de ~ horen
ook de vormgeving en de letters die gebruikt zijn*
typologie ⟨<u>tie</u>-⟩ *de (v)* ❶ het onderverdelen in
typen ❷ leer van de karaktertypen
t.z. ❶ ter zake ❷ ter zee
tzatziki *de (m)* Grieks gerecht van yoghurt met
komkommer en knoflook
t.z.t. *te zijner tijd*, op een geschikt moment, als
het zover is
t.z.v. *ter zake van*, wat ... betreft, betreffende,
over

U

u I *de* [-'s] ❶ eenentwintigste letter van ons alfabet
❷ klinker die wordt gevormd met ronde lippen,
boven voor in de mond **II** *vnw* ❸ woord
waarmee men iemand beleefd aanspreekt: *zal
ik ~ even helpen?* ▼ *waar je ~ tegen zegt* wat indruk
maakt ▼ *in ~ beider belang* in het belang van u
alletwee
U schei. uranium
ub *de (v)* universiteitsbibliotheek
über ⟨uu-⟩ inform. *voorvoegsel* heel erg, in heel
hoge mate: *ze was ~netjes gekleed; dat is
echt ~cool*
überhaupt ⟨uu-⟩ *bw* alles bij elkaar genomen,
helemaal, eigenlijk: *ik hou ~ niet van dat soort
feestjes*
uche uche *tw* klanknabootsing van het geluid
van hoesten
U Ed. U Edele
UEFA *de (v)* , *Union of European Football
Association*, Europese voetbalunie
ufo *de (m)* [-'s] *unidentified flying object*, onbekend
vliegend voorwerp (*vliegende schotel*)
ugli ⟨<u>uu</u>Glie⟩ *de (m)* [-'s] kruising tussen onder
andere een grapefruit en een sinaasappel
uh *tw* stemgeluid dat aarzeling uitdrukt → eh
uhd *de (m)* [-'s] universitair hoofddocent
UHF *de (v)* ultrahoge frequentie
ui *de (m)* bolgewas dat scherp ruikt en dat als
groente wordt gegeten
uier *de (m)* [-s] klier waar melk uit komt en die
eruitziet als een soort ronde zak onder aan de
buik van dieren zoals koeien en geiten,
melkklier
uil *de (m)* ❶ nachtroofvogel met een haaksnavel
en met ogen die naar voren gericht zijn, van de
familie van de Strigidae ❷ vlinder van de familie
Noctuidae, waarvan de meeste nachtvlinders
zijn, met vlekken en strepen op de voorvleugels
die aan de vogelsoort uilen doen denken ❸ dom
persoon, domoor ▼ *een ~tje knappen* een dutje
doen **uilenbal** prop met onverteerde prooiresten
die uilen uitbraken **uilenbril** bril met ronde
glazen en een dik montuur
uilskuiken dom persoon, domoor
uit I *vz* ❶ buiten: *tien kilometer ~ de kust*
❷ afkomstig van: *Heinz komt ~ Duitsland* ❸ door,
om: *~ liefde* **II** *bw* ❹ buiten, buiten het speelveld:
de bal is ~ ❺ uitgedoofd: *de kachel is ~*
❻ geëindigd: *de school is al ~* ❼ uitgelezen: *heb je
dat boek al ~?* ❽ uitgekomen, verschenen: *het
nieuwe boek van die schrijver is ~* ❾ niet meer in
de mode: *beenwarmers zijn ~* ❿ <u>BN</u> ook
uitgedronken, leeg ▼ *er niet over ~ kunnen* heel
verbaasd zijn ▼ *~en-te(r)-na* telkens weer
uitademen adem uitblazen
uitbaggeren uitdiepen door te baggeren
uitbakken het vet ergens uit halen door het te
bakken
uitbal bal die buiten de lijnen van het speelveld
komt
uitbalanceren ❶ in evenwicht brengen of het
evenwicht herstellen ❷ fig. goed over nadenken

ty

en daarnaar handelen of formuleren: *een uitgebalanceerde maaltijd; een uitgebalanceerd oordeel*
uitbannen ❶ zeggen dat iemand niet meer in een gebied mag blijven ❷ fig. ervoor zorgen dat iets niet meer voorkomt: *corruptie ~*
uitbarsten plotseling en heftig met iets beginnen ▼ *in lachen ~* plotseling heel hard gaan lachen ▼ *in woede ~* plotseling heel boos worden
uitbarsting *de (v)* ❶ het plotseling en heftig met iets beginnen: *een ~ van woede* ❷ het met kracht naar buiten komen van lava, rook e.d. uit een vulkaan
uitbaten exploiteren van een restaurant, café e.d. **uitbater** *de (m)* [-s] iemand die een restaurant, café e.d. exploiteert
uitbeelden in beeld brengen, voorstellen: *Vincent beeldt in het toneelstuk een oude man uit*
uitbehandeld *bn* bij wie de medische behandeling is gestopt ▼ *~ zijn* geen baat meer hebben bij medische behandeling
uitbenen beenderen uit het vlees snijden
uitbesteden ❶ een aangenomen werk aan anderen overdoen ❷ iemand anders laten oppassen of zorgen voor: *een kind ~*
uitbetalen betalen (van loterijprijzen, salarissen e.d.)
uitbijten ❶ met scherp vocht verwijderen of kleur doen verliezen ❷ door scherp vocht worden aangetast of kleur verliezen
uitblazen ❶ door blazen uitmaken: *Steffie blaast de kaarsjes op de taart uit* ❷ rusten om op adem te komen ▼ *de laatste adem ~* sterven
uitblijven niet gebeuren terwijl men het eigenlijk wel had verwacht: *toen de man was uitgesproken, bleef applaus uit*
uitblinken veel beter zijn in iets dan anderen
uitbloeien ophouden te bloeien
uitbollen ❶ BN tot stilstand komen ❷ BN zijn carrière (in de sport of het beroepsleven) langzaam afbouwen
uitbotten ⟨van planten⟩ knoppen krijgen
uitbouw ❶ uitgebouwd stuk ❷ fig. het verder ontwikkelen van iets **uitbouwen ❶** een gebouw groter maken, uitbreiden ❷ fig. verder ontwikkelen
uitbraak *de* ❶ ontsnapping door uit te breken uit een gevangenis ❷ het plotseling ontstaan en zich uitbreiden: *een ~ van griep*
uitbraken ❶ uit de mond laten komen bij het braken: *zijn eten ~* ❷ fig. uitstoten, uitslaan: *onzin ~*
uitbranden ❶ branden tot er niets meer over is, helemaal verbranden ❷ iets behandelen met een brandend of heet voorwerp om het te zuiveren: *een wond ~* **uitbrander** *de (m)* [-s] het heel streng toegesproken worden door iemand, flinke berisping: *Marco kreeg een ~ van de leraar omdat hij weer te laat was*
uitbreiden ❶ in de breedte uitstrekken: *de boom breidt zijn takken uit* ❷ groter maken: *het winkelcentrum wordt uitgebreid met twintig winkels* ▼ *zich ~* groter worden, zich verspreiden: *de stad breidde zich steeds verder uit*
uitbreken ❶ door breken losmaken of ergens uit halen ❷ plotseling beginnen: *wanneer brak de*

Tweede Wereldoorlog uit? ❸ met geweld ontsnappen, bijv. uit een gevangenis of uit een kooi: *er is vannacht in de dierentuin een tijger uitgebroken* ❹ naar buiten dringen: *het zweet brak hem uit* ❺ fig. bij drukke bezigheden een korte periode voor zichzelf vrijmaken: *er een paar uurtjes ~*
uitbrengen ❶ uitspreken: *hij kon geen woord ~* ❷ op de markt brengen, zorgen dat het in de winkel komt: *de schrijver heeft net zijn tweede boek uitgebracht* ▼ *zijn stem ~* stemmen
uitbroeden ❶ eieren uit laten komen door ze warm te houden ❷ in het geheim bedenken: *hij is een plannetje aan het ~*
uitbuiken tijd nemen om een overvloedige maaltijd te verwerken: *even ~ op de bank*
uitbuiten zo veel mogelijk voordeel uit iemand of iets willen halen en daarom vaak slecht behandelen: *de arbeiders werden uitgebuit en kregen een hongerloontje* ▼ *een kans ~* zo goed mogelijk benutten
uitbundig *bn* heel vrolijk en enthousiast: *de schaatser reageerde ~ toen bleek dat hij de wedstrijd gewonnen had*
uitbureau bureau dat bemiddelt bij verkoop van kaarten voor theatervoorstellingen e.d.
uitchecken ⟨-tsjek-⟩ zich melden bij de receptie (en de sleutel afgeven) als men een hotel verlaat
uitdagen ❶ oproepen tot een strijd: *mijn oom heeft mij uitgedaagd tot een schaakwedstrijd* ❷ een reactie bij iemand uitlokken: *hij doet expres vervelend om zijn ouders uit te dagen*
uitdampen ❶ door iets te verwarmen een bestanddeel in dampvorm doen vrijkomen ❷ vrijkomen uit iets in de vorm van damp
uitdelen rondgeven, aan iedereen geven: fig. *klappen ~* slaan
uitdenken bedenken, uitvinden: *een plan ~*
uitdeuken deuken verwijderen (uit een auto)
uitdienen tot het eind dienen: *zijn tijd ~* ▼ *dat heeft uitgediend* dat is niet meer van nut, niet meer in gebruik
uitdiepen ❶ dieper maken: *een kanaal ~* ❷ fig. grondiger onderzoeken: *een probleem ~*
uitdijen toenemen in omvang, dikker worden: *ze snoept veel en dijt steeds meer uit*
uitdoen ❶ (kleren) uittrekken: *doe je jas maar uit* ❷ (een apparaat) uitzetten: *vergeet je niet het licht uit te doen?*
uitdokteren ergens achter komen door er moeite en tijd in te steken om het uit te zoeken: *ik heb uitgedokterd hoe dit apparaat precies werkt*
uitdossen mooi of opvallend kleden
uitdoven (doen) ophouden met branden
uitdraai *de (m)* afdruk op papier van een tekst of tekening die iemand op de computer heeft gemaakt: *nu de printer kapot is, kan ik geen ~ maken van mijn verslag* **uitdraaien ❶** afsluiten door een knopje om te draaien ❷ uitlopen, als resultaat hebben: *het zal wel weer op ruzie ~* ❸ afdrukken met de printer
uitdragen ❶ naar buiten dragen ❷ fig. verkondigen: *zijn geloof ~* **uitdragerij** *de (v)* bedrijf dat gebruikte meubels en kleren koopt en verkoopt
uitdrijven wegjagen ▼ *de duivel ~* door speciale

ui

rituelen de duivel wegjagen uit iemands lichaam

uitdrogen ❶ helemaal droog worden, alle vocht verliezen: *het brood is helemaal uitgedroogd in de zon* ❷ van binnen droogmaken: *een theepot ~*

uitdrukkelijk *bn* stellig, met nadruk: *ik heb hem ~ gevraagd om die avond niet te komen*

uitdrukken ❶ door drukken leegmaken of uitdoven: *een sigaret ~; een puistje ~* ❷ onder woorden brengen, uiten in woorden: *zijn gevoelens ~* **uitdrukking** *de (v)* ❶ vaste manier om iets te zeggen, gezegde, zegswijze ❷ gemoedstoestand die, gevoel dat wordt uitgedrukt: *die ~ in haar ogen!*

uitdunnen minder dicht op elkaar doen staan (van haren, planten) door het overtollige ertussen weg te nemen

uiteen *bw* uit elkaar, los **uiteenlopen ❶** zich van elkaar verwijderen door in verschillende richtingen te lopen ❷ van elkaar verschillen: *onze meningen lopen sterk uiteen* **uiteenzetten** vertellen hoe iets in elkaar zit: *hij zette zijn plannen uiteen*

uiteinde ❶ uiterste eind van iets: *aan het ~ van het potlood zit een gummetje* ❷ afloop, einde ▼ *we wensen u een goed ~* we wensen u een goed eind van het jaar (met oud en nieuw) ❸ eind van het leven, overlijden **uiteindelijk** *bn* ❶ ten slotte, na een tijdje: *Iris wilde eerst niet, maar ~ is ze toch met ons gaan zeilen* ❷ definitief, eind-: *de ~e winnaar*

uiten duidelijk maken wat men denkt of voelt door het bijv. te zeggen of te tekenen: *zijn frustratie ~* ▼ *zich ~* zijn gevoelens of gedachten doen blijken

uit-en-te-na, uit-en-ter-na *bw* ❶ heel vaak, steeds opnieuw ❷ grondig: *we hebben dat ~ besproken*

uitentreuren *bw* telkens weer

uiteraard *bw* vanzelfsprekend, natuurlijk: *ze is ~ blij dat ze geslaagd is voor haar examen*

uiterdijk buitenste dijk

uiterlijk I *bn* ❶ van buiten, wat de buitenkant betreft ❷ op zijn laatst: *ik wil het ~ dinsdag hebben* **II** *het* ❸ voorkomen, hoe iemand of iets eruitziet

uitermate *bw* buitengewoon, heel erg: *ik vind dit ~ irritant*

uiterst *bn* ❶ het verst weg: *hij stond op het ~e puntje van de duikplank* ❷ grootst: *met de ~e voorzichtigheid te werk gaan* ▼ *zijn ~e best doen* zo erg zijn best doen als men kan ❸ laatst: *de ~e houdbaarheidsdatum* ▼ *de ~e wil* het testament ❹ heel erg: *ze werkten ~ geconcentreerd* **uiterste** *het* [-n] het verste, laatste, de hoogste graad: *van het ene ~ in het andere vervallen*

uiterwaard *de* land langs een rivier tussen de zomer- en winterdijk, dat bij een hoge waterstand onderloopt

uitflappen ▼ *er ~* zonder nadenken zeggen

uitfloepen (van licht) plotseling uitgaan

uitfluiten een fluitend geluid laten horen omdat men iets heel slecht vindt: *de zanger werd uitgefloten na zijn slechte concert*

uitfoeteren een standje geven, kritiek geven

uitgaaf *de* [-gaven] uitgave

uitgaan ❶ vanuit zijn huis naar buiten gaan ❷ weggaan om zich te vermaken ❸ eindigen als de deelnemers weggaan: *de school, de kerk gaat uit* ❹ ophouden te branden: *de kaars gaat uit* ❺ (van kleding) uitgetrokken kunnen worden: *die nauwe broek gaat moeilijk uit* ▼ *het is uitgegaan tussen die twee* de verkering, verhouding van die twee is voorbij ▼ *~ van* zijn handelen, denken beginnen op basis van: *van de Bijbel ~* ▼ **taalk.** *~ op* als woordeinde hebben **uitgaanscentrum** stadsgedeelte met veel cafés, theaters, nachtclubs enz. **uitgaansverbod** bevel om (op bepaalde uren) binnenshuis te blijven

uitgang *de (m)* ❶ opening, deur waardoor men een gebouw enz. verlaat ❷ **taalk.** klank of lettergreep die achter een woord of woordstam wordt gevoegd **uitgangspositie** ❶ beginsituatie ❷ basisidee **uitgangspunt** *het* idee waar iemand van uitgaat bij het nadenken over iets of bij het doen van iets: *zijn ~ bij zijn studiekeuze is dat hij veel geld wil verdienen*

uitgave *de* [-n] ❶ uitgegeven geld: *~n voor de boodschappen* ❷ boek dat door een uitgever in de handel wordt gebracht: *de boekhandel lag vol nieuwe ~n* ❸ **BN** keer dat iets plaatsvindt: *de twintigste ~ van het filmfestival Vlaanderen-Gent* **uitgavenpatroon** totaalbeeld van het geld dat wordt uitgegeven en waaraan het wordt uitgegeven

uitgeblust *bn* die geen levenskracht meer bezit: *een ~e oude man*

uitgebreid *bn* ❶ ruim, groot: *deze boekwinkel heeft een ~ assortiment kookboeken* ❷ uitvoerig, met alle bijzonderheden erbij: *de boer vertelde ons ~ hoe kaas gemaakt wordt*

uitgediend *bn* niet meer van nut, niet meer in gebruik, afgedaan

uitgeefster *de (v)* [-s] ❶ vrouwelijke uitgever ❷ uitgeversmaatschappij

uitgehongerd *bn* heel hongerig **uitgekiend** *bn* slim bedacht **uitgekookt** *bn* slim, vooral met de bedoeling om iemand te misleiden of te bedriegen: *een ~ plannetje* **uitgelaten** *bn* luidruchtig vrolijk **uitgeleefd** *bn* oud en verzwakt

uitgeleide *het* ▼ *iemand ~ doen* meelopen naar de uitgang met iemand die weggaat, en daar afscheid van hem nemen **uitgelezen** *bn* heel erg goed, van heel hoge kwaliteit: *wij bevonden ons die avond in een ~ gezelschap* het waren allemaal mensen van een heel hoog niveau **uitgemaakt** *bn* beslist: *dat is een ~e zaak* **uitgemergeld** *bn* ❶ heel erg vermagerd: *een ~ lichaam* ❷ waar alle kracht uit gehaald is: *~e grond* **uitgenomen** *vz* uitgezonderd, behalve **uitgeprocedeerd** *bn* die geen mogelijkheden tot beroep meer heeft omdat er al een definitief gerechtelijk oordeel is geveld: *~e asielzoekers* **uitgeput** *bn* ❶ heel erg moe: *~ kwamen de marathonlopers bij de finish aan* ❷ opgemaakt, op: *onze voorraad is ~* we hebben niets meer, het is allemaal op

uitgeregend **BN, spreekt.** *bn* verregend

uitgerekend *bn* precies, juist: *waarom word ik nou ~ in de vakantie ziek?* ▼ *ze is in december ~* dan wordt haar bevalling verwacht **uitgeslapen** *bn* slim, sluw **uitgesloten** *bn* absoluut onmogelijk:

het is ~ dat je naar dat feest gaat, ik verbied het je ▼ *~ zijn van* niet toegelaten tot, niet mee mogen doen: *hij is ~ van deelname aan de wedstrijd*

uitgesproken *bn* heel duidelijk, wat iemand duidelijk laat blijken: *hij heeft een ~ mening over deze kwestie* **uitgestorven** *bn* ❶ die niet meer bestaat als soort: *mammoeten zijn al heel lang ~* ❷ zonder leven, leeg, doods: *buiten het vakantieseizoen is dat eiland ~* **uitgestreken** *bn* uiterlijk braaf ▼ *met een ~ gezicht* met een gezicht alsof er niets aan de hand is, terwijl dat wel het geval is: *hij had de hele avond in het café gezeten, maar met een ~ gezicht vertelde hij dat hij had overgewerkt* **uitgestrekt** *bn* met een groot oppervlak: *de ~e steppen van Rusland* **uitgeteld** *bn* ❶ die verloren heeft bij boksen ❷ fig. uitgeschakeld, heel erg moe

uitgeven ❶ geld geven voor iets dat men koopt of doet of laat doen: *veel geld ~ aan kleren* ❷ (boeken, kranten enz.) drukken en op de markt brengen ❸ (aandelen enz.) nieuw te koop aanbieden ▼ *zich ~ voor* zich voordoen als, doen alsof men iemand anders is ▼ BN *~ op* (van deuren, vensters enz.) uitkomen op **uitgever** *de (m)* [-s] iemand die, bedrijf dat ervoor zorgt dat boeken, tijdschriften enz. worden gemaakt en uitgegeven **uitgeverij** *de (v)* bedrijf dat boeken, tijdschriften enz. laat maken en drukken en op de markt brengt **uitgeversfonds** het geheel van boeken, tijdschriften en andere titels dat een uitgeverij uitgeeft **uitgeversrestant** onverkocht deel van een boekuitgave **uitgewerkt** *bn* ❶ wat niet meer werkt ❷ uitvoerig en nauwkeurig gemaakt: *een ~ plan* **uitgewoond** *bn* vervallen, vervuild door de manier van wonen **uitgezocht** *bn* voortreffelijk, uitmuntend, heel goed **uitgezonderd** *vgw* behalve: *iedereen gaat mee met de tocht, ~ Cynthia*

uitgifte *de (v)* [-n, -s] het uitgeven van papier dat een waarde in geld vertegenwoordigt: *de ~ van nieuwe postzegels* **uitgiftekoers** koers waartegen een nieuw aandeel op de markt wordt gebracht **uitglijden** vallen doordat het ergens glad is: *in de bocht van de ijsbaan gleed ik uit* **uitglijder** *de (m)* [-s] domme fout, blunder **uitgommen, uitgummen** met vlakgom verwijderen **uitgooien** *sp.* als keeper de bal in het veld gooien **uitgraven** ❶ een diepte maken door iets dieper maken door te graven ❷ uit de grond halen door te graven **uitgroeien** groter worden of volwassen worden door te groeien ▼ *~ tot* iets worden door te groeien, zich tot iets ontwikkelen: *het familiebedrijf is uitgegroeid tot een groot concern* **uithaal** *de (m)* [-halen] ❶ slaande of schoppende beweging naar iets of iemand of felle venijnige opmerking tegen iemand ❷ lange galmende toon, bijv.als iemand zingt of huilt **uithalen** ❶ iets doen wat niet mag: *kattekwaad ~* ❷ iemand een klap of schop geven: *de boze bokser haalde uit naar de scheidsrechter* ▼ *breiwerk ~* alle breisteken weer lostrekken ▼ *dat haalt niets uit* dat helpt niets **uithangbord** (naam)bord boven de ingang van

een winkel, restaurant e.d. **uithangen** ❶ buiten ophangen ❷ zich de schijn geven van, doen alsof: *de grote heer ~* ❸ zich bevinden: *waar hangt hij nu weer uit?* **uitheems** *bn* buitenlands, exotisch **uithoek** afgelegen plaats **uithollen** ❶ hol maken ❷ fig. de kracht, de eigenlijke waarde ontnemen: *de uitholling van democratie en mensenrechten* **uithongeren** door honger uitputten of doen sterven, door honger dwingen om zich over te geven: *een belegerd kasteel ~* **uithoren** ▼ *iemand ~* iets van iemand te weten proberen te komen door vragen te stellen **uithouden** ❶ iets kunnen verdragen, iets volhouden: *je hebt het lang uitgehouden in dat hete bad* ❷ uitgespreid houden: *hou die lap stof eens uit* **uithoudingsvermogen** kracht, vermogen om iets lang vol te houden: *als je de marathon wilt lopen, moet je een flink ~ hebben* **uithouwen** wegnemen of vormen door te hakken: *een beeld ~ in een rots* **uithuilen** aan zijn gevoel toegeven, zijn hart luchten door te huilen **uithuisplaatsing** *de (v)* het onderbrengen van een minderjarige in een pleeggezin of een gezinsvervangend tehuis **uithuizig** *bn* graag en veel buitenshuis **uithuwelijken** beslissen met wie iemand gaat trouwen: *zij is door haar ouders uitgehuwelijkt aan een neef* **uiting** *de (v)* ❶ het zeggen of doen van iets om te laten blijken wat men voelt ▼ *~ geven aan zijn gevoelens* laten blijken wat men voelt ❷ iets wat men zegt of doet waardoor men laat blijken wat men denkt of voelt **uitje** het [-s] reisje voor iemands plezier, uitstapje: *ons jaarlijkse ~ gaat dit keer naar een museum in de openlucht* **uitjouwen** op een pesterige manier vervelende dingen naar iemand roepen: *het was onsportief van het publiek om de scheidsrechter uit te jouwen* **uitkafferen** tekeergaan tegen, uitschelden **uitkammen** ▼ *een gebied ~* heel nauwkeurig doorzoeken: *de politie kamde het bos uit op zoek naar het vermiste meisje* **uitkeren** uitbetalen: *een pensioen ~* **uitkering** *de (v)* ❶ het uitbetalen: *de ~ van rente* ❷ bedrag dat iemand krijgt, vooral geld van de overheid als iemand geen werk heeft of ziek is **uitkienen** iets op een slimme manier bedenken of regelen: *mijn vader heeft het zo uitgekiend dat hij op mijn verjaardag een vrije dag kan nemen* **uitkiezen** kiezen uit verschillende mogelijkheden, wat men wil hebben of doen: *ik mocht een broek ~; jij mag ~ waar we dit weekend naartoe gaan* **uitkijk** *de (m)* ❶ plaats waar iemand op de uitkijk staat, uitkijkpost ▼ *op de ~ staan* de omgeving in de gaten houden: *een handlanger van de inbrekers stond buiten op de ~* ❷ iemand die uitkijkt, die de omgeving in de gaten houdt **uitkijken** ❶ blijven kijken of wachten tot iets komt wat men verwacht of waar men naar verlangt: *ik kijk uit naar de vakantie* ❷ kijken, afwachten of men iets kan krijgen: *we kijken uit naar een ander huis*

ui

❸ opletten, goed om zich heen kijken: *kijk je goed uit bij het oversteken?* ❹ uitzicht hebben of geven op: *vanuit het hotel keken we uit op de snelweg* ❺ tot het einde toe blijven bekijken: *een film ~* ▼ ergens op uitgekeken zijn het niet meer interessant of leuk vinden **uitkijkpost** plaats vanwaar men de omgeving in de gaten houdt, uitkijkplaats

uitklappen ❶ naar buiten openen: *een slaapbank ~* ❷ naar buiten opengaan

uitklaren de formaliteiten en documenten regelen die nodig zijn om iets uit te kunnen voeren uit een land

uitkleden de kleren uittrekken ▼ *iemand ~* iemand veel geld laten betalen: *bij de scheiding heeft zij haar ex-man helemaal uitgekleed* ▼ *zich ~ vóór men naar bed gaat* alles weggeven voor zijn dood

uitkloppen vuil, stof e.d. verwijderen door te kloppen: *een vloerkleed ~*

uitknijpen ❶ door knijpen ergens iets uit laten komen, zoals vocht, of crème uit een tube: *een spons ~* ▼ *iemand ~* hem uitbuiten ❷ stiekem, onopvallend weggaan: *hij is stiekem uitgeknepen*

uitknippen ❶ losmaken uit iets door te knippen: *plaatjes ~ uit een tijdschrift* ❷ maken, een vorm geven door te knippen: *poppetjes ~ uit een vel papier* ❸ uitdoen, uitschakelen: *het ei is uitgeknipt*

uitknobbelen uitzoeken door er moeite en tijd aan te besteden en erover na te denken

uitkoken ❶ zuiveren door te koken: *injectienaalden ~* ❷ ergens iets aan onttrekken door het te koken: *een bot ~* ❸ iets van zijn inhoud verliezen door koken: *het ei is uitgekookt*

uitkomen ❶ tevoorschijn komen, bijv. van bloemen uit de knop of van dieren uit hun ei ❷ verschijnen, gepubliceerd worden: *zijn nieuwe boek komt volgende maand uit* ❸ ontdekt of bekend worden: *zijn leugens zijn uitgekomen* ▼ *ergens voor ~* iets eerlijk vertellen ❹ kloppen: *dit is een som die niet uitkomt* ❺ gelegen komen, op een geschikt moment komen: *komt het uit als ik morgen om drie uur langskom?* ❻ toekomen, genoeg hebben aan: *kom je uit met het geld?* ❼ leiden naar: *die straat komt uit op een plein* ▼ *~ tegen* in een wedstrijd spelen tegen **uitkomst** *de (v)* ❶ afloop, resultaat, conclusie: *de ~en van het onderzoek* ❷ oplossing van een rekensom ❸ de oplossing voor iets wat een probleem was: *deze waterdichte jas is een ~ met al die regen*

uitkopen geld betalen als iemand zijn rechten opgeeft over deelnemer, mede-eigenaar enz. te zijn: *mijn broer en ik hebben een bedrijf maar ik wil alleen verder, daarom moet ik hem ~*

uitkotsen uit de mond naar buiten laten komen door te kotsen: *zijn eten ~* ▼ *hij wordt door iedereen uitgekotst* iedereen heeft heel erg genoeg van hem, een weerzin tegen hem

uitkramen met veel drukte zeggen, verkondigen ▼ *onzin ~* dingen zeggen die nergens op slaan

uitkrant krant met informatie over uitgaansmogelijkheden, vooral op cultureel gebied

uitkristalliseren zich in kristallen afscheiden ▼ *fig. zich ~* ten slotte een duidelijke, vaste vorm krijgen: *tijdens de gesprekken kristalliseren de plannen zich uit*

uitlaat *de (m)* [-laten] opening, uitgang voor vloeistoffen en gassen die overblijven na verbranding, vooral buis onder aan een auto waar de uitlaatgassen uit komen: *er kwam een vieze zwarte wolk uit de ~ van de bus* **uitlaatgas** gas dat ontstaat in de motor van een auto, bus enz. als daarin brandstof wordt verbrand

uitlaatklep mogelijkheid om spanning of gevoelens te uiten: *het boksen vormt voor hem een ~*

uitlachen lachen om iemand die men dom of belachelijk vindt: *als je die jurk aantrekt, zullen ze je ~*

uitladen vracht uit een schip, vrachtwagen enz. halen

uitlaten naar buiten laten gaan: *ik zal het bezoek even ~* ▼ *een hond ~* met hem wandelen zodat hij zijn behoefte kan doen ▼ *zich ~ over* iets zeggen over, vooral wat men ervan vindt: *daar laat ik me niet over uit* **uitlating** *de (v)* iets wat iemand zegt, mening die iemand over iets geeft: *de politicus kreeg woedende reacties na zijn ~en over buitenlanders*

uitleg *de (m)* informatie over hoe iets in elkaar zit, hoe iets moet enz.: *we kregen ~ over hoe we de opdracht moesten maken* **uitleggen** ❶ helemaal uitspreiden: *een kleed ~* ❷ groter maken door de zoom of naad smaller te maken: *een rok ~* ❸ meer over iets vertellen zodat het duidelijker wordt, toelichten: *een wiskundesom ~*

uitleiden naar buiten of naar het buitenland brengen

uitlekken ❶ druipen van vocht uit iets: *sla wassen en laten ~ in een vergiet* ❷ bekend worden van iets wat geheim had moeten blijven: *de plannen zijn uitgelekt*

uitlenen voor een poosje aan iemand anders geven

uitlepelen met een lepel de inhoud ergens uit halen: *ze lepelde een bakje yoghurt uit*

uitleven ▼ *zich ~* zich niet inhouden en dingen doen die men graag wil doen

uitleveren een verdachte of misdadiger overdragen aan het gerecht in het land (meestal zijn vaderland of het land waar de misdaad gepleegd is) waar hij berecht zal worden **uitleveringsverdrag** overeenkomst tussen landen om verdachten of misdadigers uit te leveren

uitlezen ❶ tot het eind lezen ❷ comp. gegevens ophalen uit een computerbestand

uitlijnen ❶ (autowielen) zo stellen dat ze in een recht spoor lopen ❷ een rechte kantlijn aanbrengen aan de linker- en/of rechterkant van een bestand of document en de regels daartegenaan laten beginnen of eindigen

uitloggen comp. zich afmelden bij een computersysteem, zodat men daar niet meer mee verbonden is

uitlokken aanleiding geven tot iets, er zelf de oorzaak van zijn dat iets gebeurt: *zij hebben die ruzie met hun buren zelf uitgelokt; een misdrijf ~*

uitloop ❶ het uitlopen ▼ *vrije ~* mogelijkheid voor dieren, zoals kippen, om naar buiten te lopen ❷ plaats waar, opening waardoor iets kan

uitlopen **uitlopen** ❶ met veel mensen naar buiten komen: *het hele dorp liep uit toen de schaatskampioen thuiskwam* ❷ eindigen, als resultaat hebben: *het gesprek tussen de mannen liep uit op ruzie* ▼ *het is op niets uitgelopen* er is niets van gekomen, er zijn helemaal geen resultaten: *zijn plannen om een bedrijf te beginnen, zijn op niets uitgelopen* ❸ nieuwe takjes en blaadjes krijgen: *in de lente lopen de bomen uit* ❹ schoeisel door gebruik ruim maken: *die nieuwe schoenen doen nog pijn; ik moet ze* ~ ❺ ⟨bij een wedstrijd⟩ een voorsprong krijgen op de tegenstander ❻ langer duren dan de bedoeling was: *de vergadering liep uit* ❼ ⟨van een doelman⟩ sp. zich ver van het doel begeven ❽ ⟨van kleuren, verf e.d.⟩ niet strak blijven zitten maar overlopen in elkaar of in iets anders: *door de regen was haar mascara uitgelopen* ❾ de haven uit varen **uitloper** ❶ deel van een gebergte dat ver uitsteekt ❷ tak of rank die uitloopt

uitloten ❶ bij een loting uit een aantal loten trekken ❷ door loting niet toelaten: *zij is uitgeloot voor de studie medicijnen*

uitloven als prijs of als beloning beloven: *de politie heeft een beloning uitgeloofd voor informatie over de overval*

uitluiden ❶ de klok luiden bij een begrafenis ❷ fig. huldigen bij een afscheid

uitmaken ❶ doven: *een sigaret* ~ ❷ beslissen: *de directeur maakt hier uit wat er gebeurt* ▼ *dat maakt weinig uit* dat doet er niet zoveel toe ▼ *het* ~ *met iemand* de verkering met iemand verbreken ▼ *iemand* ~ *voor (dief, oplichter enz.)* iemand een (dief, oplichter enz.) noemen

uitmelken ❶ leegmaken door te melken ❷ fig. heel uitgebreid en tot in de kleinste bijzonderheden bespreken: *over dit onderwerp is al zoveel gezegd, het is helemaal uitgemolken*

uitmergelen uitputten, te veel eisen van

uitmesten ❶ de mest verwijderen (uit een stal, hok e.d.) ❷ fig. schoonmaken, opruimen van een ruimte die heel vies of rommelig is: *je moet die kamer van jou eens* ~

uitmeten de grootte bepalen door meten ▼ *iets breed* ~ het met nadruk naar voren brengen

uitmikken inform. het precies zo berekenen, plannen dat

uitmonden ▼ ~ *in* eindigen in, ook figuurlijk

uitmoorden iedereen vermoorden die tot een bepaalde groep behoort

uitmunten heel erg goed zijn in iets
uitmuntend *bn* uitstekend, heel erg goed

uitneembaar *bn* mogelijk om uit elkaar te halen

uitnemend *bn* uitstekend, heel erg goed
uitnemendheid *de (v)* ▼ *bij* ~ bij uitstek, meer dan wie of wat dan ook

uitnodigen vragen op bezoek te komen, ergens mee naartoe te gaan enz.: *Suzie heeft tien vriendinnen uitgenodigd voor haar verjaardag*

uitoefenen ❶ in praktijk brengen, verrichten: *een beroep* ~ ❷ gebruiken, van zich doen uitgaan: *invloed* ~

uitpakken I [pakte uit, h. uitgepakt] ❶ uit de verpakking of uit het cadeaupapier halen: *een cadeautje* ~ ❷ leegmaken, bijv. van een doos of een koffer ❸ veel moeite doen en geld uitgeven,

bijv. voor gasten: *ze hadden flink uitgepakt voor het feest, met lekkere hapjes en een band* II [pakte uit, is uitgepakt] ❹ aflopen, als resultaat hebben: *we moeten afwachten hoe dat uitpakt*

uitpersen ❶ het sap uit iets halen door te drukken of te persen: *een sinaasappel* ~ ❷ fig. onredelijk veel geld laten betalen: *de bevolking* ~ *door hoge belastingen op te leggen*

uitpikken ❶ iets verwijderen door te pikken ❷ uitkiezen: *waarom moest hij juist mij* ~?

uitpluizen ❶ tot pluis maken, tot vezels trekken ❷ fig. heel precies onderzoeken

uitpoetsen (een vlek e.d.) verwijderen door te poetsen ▼ fig. *dat moet je niet* ~ dat moet je niet onderschatten, daar moet je wel rekening mee houden

uitpraten ❶ alles zeggen wat men wil zeggen: *laat me toch eens* ~! ❷ een ruzie beëindigen door erover te praten: *we hebben het uitgepraat en nu zijn we weer vrienden* ▼ *uitgepraat zijn* niets meer te zeggen hebben

uitproberen door te proberen onderzoeken of iets goed werkt ▼ *een apparaat* ~ er dingen mee doen om te kijken hoe het werkt en of het goed werkt ▼ *iemand* ~ kijken hoever men kan gaan bij iemand en hoe hij reageert: *een nieuwe leraar* ~ *om te kijken hoever je kunt gaan voor hij kwaad wordt*

uitproesten ▼ *het* ~ proberen niet te lachen maar toch in lachen uitbarsten

uitpuffen uitblazen, rusten om op adem te komen

uitpuilen bol naar buiten uitsteken: ~*de ogen; mijn koffer puilt uit van alle spullen die ik mee wil nemen op vakantie*

uitputten ❶ helemaal opmaken: *een voedselvoorraad* ~ ❷ heel erg moe maken, afmatten: *de zware training putte de atleten uit* ▼ *zich* ~ *in verontschuldigingen* zich heel uitgebreid en een beetje overdreven verontschuldigen **uitputting** *de (v)* toestand waarin iemand heel erg moe is: *de marathonloper was de* ~ *nabij* hij stortte bijna in van vermoeidheid **uitputtingsslag** ❶ gevecht waarbij men de ander probeert uit te putten ❷ fig. langdurige en uitputtende bezigheid

uitpuzzelen door diep nadenken (proberen te) begrijpen

uitrafelen ❶ rafels uit iets trekken ❷ rafels loslaten: *een uitgerafeld kleed* ❸ fig. uitgebreid analyseren en onderzoeken

uitrangeren ⟨-zjì-⟩ iemand opzijschuiven, afdanken ▼ *hij is helemaal uitgerangeerd* hij heeft geen belangrijke functie of rol meer, hij doet niet meer mee

uitrazen met veel lawaai of woedend tekeergaan en dan tot rust komen

uitreiken geven, overhandigen: *de directeur reikte de einddiploma's uit aan de geslaagden*

uitrekenen de oplossing vinden door te rekenen: *reken eens uit hoeveel 25 keer 25 is*

uitrekken iets groter maken door eraan te trekken: *een elastiekje* ~ *zich* ~ zichzelf heel lang maken, vooral om de stijfheid uit het lichaam te verdrijven

uitrichten iets doen om een bepaald resultaat te

ui

bereiken: *zonder medicijnen en apparatuur kon de arts weinig ~*

uitrijden ❶ rijdend vertrekken ❷ tot het einde toe rijden: *u moet die weg helemaal ~; een wielerwedstrijd ~* ❸ rijdend verspreiden: *de boer is mest aan het ~ op het land*

uitrijzen een grotere omvang krijgen en naar buiten komen, omhooggaan▼ **fig.** *dit rijst de pan uit* dit is te erg, dit gaat te ver

uitrit *de (m)* [-ten] plaats waar men vanaf een gebouw, een parkeerplaats enz. de weg op kan rijden: *voor een ~ mag je niet parkeren*

uitroeien helemaal uitmoorden, ervoor zorgen dat er niemand of niets overblijft: *die vogelsoort is bijna uitgeroeid*

uitroep iets wat luid wordt geuit, vooral om een gevoel uit te drukken, kreet: *'bah' is een ~ van afkeer* **uitroepen ❶** luid roepen: *"wat krijgen we nu!", riep ze uit* ❷ vertellen dat iets gaat gebeuren, opdracht geven tot iets: *een staking ~* ▼ *iemand ~ tot* iemand in het openbaar benoemen tot

uitroepteken leesteken (!) dat men onder andere achter uitroepen zet, zoals in: *wat ben je toch een oen!*

uitroken ❶ door rook verdrijven: *een wespennest ~* ❷ **fig.** opsporen en op een harde manier verdrijven: *wij zullen dat tuig ~* ❸ oproken: *zijn pijp ~*

uitrollen I [rolde uit, h. uitgerold] ❶ iets wat opgerold is weer openrollen: *een slaapzak ~* ❷ **sp** de bal rollend in het spel brengen (door een doelman) ❸ invoeren, implementeren, bijv. een computernetwerk of een methodiek **II** [rolde uit, is uitgerold] ❹ geleidelijk uit een rollende beweging tot stilstand komen: *een auto laten ~*

uitruimen leegmaken: *ik heb de keukenkastjes uitgeruimd zodat ik ze schoon kan maken*

uitrukken [rukte uit, h. / is uitgerukt] ❶ met kracht lostrekken ❷ ⟨van vooral politie, brandweer, ambulance⟩ naar het ongeluk, de brand enz. gaan

uitrusten [rustte uit, h. / is uitgerust] ❶ rusten totdat men niet meer moe is ❷ van het nodige voorzien: *een expeditie ~* ▼ *uitgerust zijn met* bij zich hebben wat men nodig heeft, voorzien zijn van: *uitgerust met een paraplu ging ze de regen in* **uitrusting** *de (v)* alles wat men voor iets nodig heeft, bijv. voor een tocht of gevecht

uitschakelen ❶ uitdoen, uitzetten, de elektrische verbinding verbreken: *vergeet je niet de computer uit te schakelen als je weggaat?* ❷ **fig.** een overwinning behalen op een tegenstander, waardoor deze niet verder kan of mag deelnemen

uitschateren ▼ *het ~* luid en uitbundig lachen

uitscheiden I [scheidde uit / scheed uit, is uitgescheiden / uitgescheden] ❶ ergens mee ophouden: *Yoeri wilde meteen alweer met het spelletje ~* **II** [scheidde uit, h. uitgescheiden] ❷ naar buiten laten komen, afscheiden: *die plant scheidt een kleverige stof uit*

uitschelden schelden, beledigende woorden zeggen (tegen iemand)

uitschieten ❶ van zijn plaats schieten, uitglijden, een onverwachte beweging maken:

plotseling schoot zijn hand uit ❷ uitgroeien: *die plant schiet hier snel uit* ❸ snel uittrekken: *zijn jas ~* **uitschieter** *de (m)* [-s] iets dat of iemand die veel beter is dan gewoonlijk of dan de rest: *die negen voor wiskunde was een ~ voor mij*

uitschijnen ▼ **BN** ook *laten ~* laten doorschemeren, doen voorkomen als

uitschot *het* heel slechte mensen of dingen, het slechtste, minste

uitschreeuwen ▼ *het ~* luid schreeuwen: *hij schreeuwde het uit van pijn*

uitschrijven ❶ helemaal opschrijven: *de tekst van een liedje ~* ❷ kandidaten oproepen om ergens aan mee te doen: *een prijsvraag ~* ❸ bijeenroepen: *een vergadering ~* ❹ iemand verwijderen uit een register, ledenlijst e.d. ▼ *zich ~* officieel meedelen dat men niet meer meedoet of niet meer geregistreerd wil staan

uitschudden ❶ flink schudden om er iets uit te doen vallen ❷ **fig.** van alles beroven: *de toeristen werden uitgeschud door de treinrovers*

uitschuiven uittrekken door te schuiven

uitschuiver **BN, ook** blunder

uitslaan ❶ opzij uitstrekken: *zijn vleugels ~* ❷ door slaan verwijderen: *hij heeft de man een tand uitgeslagen* ❸ vuil verwijderen door te slaan of te kloppen: *een kleedje ~* ❹ door slaan iets oneffens platmaken ❺ ⟨van een wijzer⟩ ver van de normale stand afwijken ❻ ⟨van muren⟩ door vocht vlekken krijgen: *de muren waren groen uitgeslagen* ❼ uiten: *vuile taal ~* ▼ *de brand* een brand die zich uitbreidt **uitslag I** *de (m)* [-slagen] ❶ afloop, uitkomst, resultaat: *de ~ van de wedstrijd is 1-0* **II** *de (m)* ❷ schimmel ❸ onregelmatigheden op de huid, puistjes of eczeem

uitslapen ❶ langer blijven slapen ❷ slapen tot men er geen behoefte meer aan heeft ▼ *zijn roes ~* zo lang slapen tot men weer nuchter is

uitsloven ▼ *zich ~* erg veel moeite doen **uitslover** *de (m)* [-s] iemand die (overdreven) veel moeite doet

uitsluiten ❶ niet laten meedoen, niet toelaten ❷ denken dat het onmogelijk is: *ik sluit uit dat hij met deze slechte cijfers nog overgaat* ▼ *het een sluit het ander niet uit* het is allebei mogelijk **uitsluitend** *bw* alleen maar: *het feest is ~ voor leerlingen van onze school* **uitsluiting** *de (v)* het uitsluiten **uitsluitsel** *het* beslissend antwoord, antwoord waarin dingen duidelijk worden gemaakt: *wanneer geeft u hierover ~?* wanneer laat u weten hoe de zaak er precies voor staat, wat de definitieve beslissing is?

uitsmeren ❶ uitspreiden door te smeren: *boter ~* ❷ **fig.** over langere tijd verdelen: *de werkzaamheden ~ over een langere periode*

uitsmijter *de (m)* [-s] ❶ iemand die lastige bezoekers wegstuurt, bijv. bij een café, disco of nachtclub ❷ brood met ham en/of kaas en een gebakken ei met een hele dooier ❸ laatste, spetterende onderdeel van een show

uitsnijden ❶ wegsnijden uit ❷ uitknippen: *een laag uitgesneden japon* **uitspannen** ⟨paarden⟩ losmaken uit het tuig **uitspanning** *de (v)* ❶ ⟨vroeger⟩ plaats waar paarden voor een koets worden uitgespannen en vervangen ❷ café of restaurant buiten de stad met gelegenheid tot vermaak **uitspansel** *het* schijnbare boog boven de aarde met sterren e.d., hemelgewelf

uitsparen ❶ geld niet uitgeven dat men anders wel zou uitgeven, besparen: *zij sparen veel geld uit doordat ze geen auto hebben* ❷ een gedeelte openlaten **uitsparing** *de (v)* ❶ besparing ❷ gedeelte dat is opengelaten

uitspatting *de (v)* activiteit die vaak veel geld kost en met seks en drank te maken heeft: *hij heeft al zijn geld uitgegeven aan zijn vele ~en van de laatste jaren*

uitspelen tot het eind spelen ▼ *mensen tegen elkaar* ~ ervoor zorgen dat mensen elkaar vijandig gezind raken

uitspitten ❶ ergens iets uit halen door te spitten ❷ fig. grondig onderzoeken

uitsplitsen ❶ uit elkaar halen door te splitsen ❷ fig. verdelen in groepen

uitspoelen schoonmaken door te spoelen

uitspoken ▼ *iets* ~ iets onduidelijks doen, vaak iets wat niet mag: *wat spoken jullie toch de hele tijd uit op zolder?*

uitspraak *de* [-spraken] ❶ de manier waarop men iets uitspreekt: *een verkeerde ~ van een woord* ❷ mening die men over iets uitspreekt: *de ~ van de president veroorzaakte veel opschudding* ❸ vonnis van de rechter

uitspreiden in de volle breedte uitstrekken of uitleggen: *een landkaart op de tafel* ~

uitspreken ❶ in spraakklanken weergeven: *ik kan dat moeilijke woord niet* ~ ❷ praten tot men gezegd heeft wat men wil zeggen: *laat me nu eens* ~! ▼ *zich* ~ zeggen wat men vindt of voelt

uitspringen ❶ helemaal tot het eind springen ❷ wegspringen uit ▼ *er financieel* ~ geen financieel verlies lijden ❸ vooruitsteken: *een ~d gedeelte* ❹ fig. opvallen: *haar presentatie sprong eruit*

uitstaan naar buiten staan: *~de oren; een wijduitstaande petticoat* ▼ *iets of iemand niet kunnen* ~ vreselijke hekel aan iets of iemand hebben ▼ *hebben* ~ op de bank, in aandelen e.d. om er rente over te krijgen ▼ *~de schulden, vorderingen e.d.* die nog moeten worden betaald ▼ *uit te staan hebben of ~de hebben met* te maken hebben ▼ BN ook *geen ~s hebben met* niet van doen hebben met

uitstallen iets uitspreiden om het te laten zien of om het te kunnen bekijken: *mijn zusje heeft al haar knuffelberen op haar bed uitgestald* **uitstalling** *de (v)* ❶ het uitstallen ❷ uitgestalde voorwerpen **uitstalraam** BN, ook etalage

uitstapje *het* [-s] reisje, tochtje voor iemands plezier: *een ~ maken* **uitstappen** uit een auto, bus, trein, vliegtuig enz. stappen: *ik stap uit in Baarn* **uitstapregeling** BN verlof dat voorafgaat aan de pensionering

uitsteeksel *het* [-s] wat uitsteekt

uitstek *het* [-ken] vooruitstekende rand ▼ *bij* ~ bijzonder, meer dan wie of wat dan ook: *die loodgieter is bij* ~ *geschikt voor deze klus*

uitsteken ❶ wegsteken ▼ fig. *iemand de ogen* ~ iemand jaloers maken, door iets wat men heeft en die ander niet ❷ naar voren steken, naar buiten steken: *zijn hand* ~; *de vlag* ~ ▼ ~ *boven*

hoger zijn dan; fig. veel beter zijn dan **uitstekend** *bn* heel goed

uitstel *het* het wachten met iets tot een later moment **uitstellen** met iets wachten tot een later tijdstip: *de vergadering is een week uitgesteld*

uitsterven ophouden te bestaan van dieren, planten enz. doordat ze allemaal dood zijn: *de reuzenpanda is bijna uitgestorven*

uitstijgen uitstappen ▼ ~ *boven* uitsteken boven; fig. beter zijn dan

uitstippelen vooraf in grote lijnen aangeven, plannen: *ik heb voor onze wandeling de route al helemaal uitgestippeld*

uitstoot *de (m)* afvalstoffen die in de lucht terechtkomen

uitstorten ❶ door storten legen, weggooien ❷ uiten ▼ *zijn hart* ~ zijn gevoelens uitspreken **uitstorting** *de (v)* ❶ het uitstorten ❷ ⟨christendom⟩ nederdaling (van de Heilige Geest)

uitstoten ❶ wegstoten uit, verstoten: *na dat verraad hebben haar vrienden haar uitgestoten* ❷ uiten: *een rauwe kreet* ~

uitstralen ❶ als stralen uitzenden ❷ als stralen uitgaan van ❸ fig. een bepaalde indruk wekken: *ze straalt onverschilligheid uit* **uitstraling** *de (v)* ❶ het uitstralen ❷ fig. indruk die iemand maakt en gevoel dat iemand oproept bij anderen: *die vrouw heeft een heel lieve* ~

uitstrekken uitrekken, uitsteken: *zijn armen* ~ ▼ *zich* ~ een bepaalde oppervlakte beslaan: *dit sportterrein strekt zich uit tot aan de spoorlijn*

uitstrijken ❶ door strijken effen maken, verspreiden over: *boter over een bakplaat* ~ ❷ fig. verspreiden over een langere periode: *de terugbetaling van een lening ~ over een half jaar*

uitstrijkje *het* [-s] med. cellen uit het lichaam die op een glaasje worden uitgestreken en onderzocht, vooral slijm uit de baarmoederhals van een vrouw om te kijken of ze baarmoederhalskanker heeft

uitstrooien verspreiden door te strooien: *de as van een dode* ~

uitstulpen op een bolle manier buiten zijn omtrek gaan

uitsturen ergens heen sturen

uittekenen een tekening maken van

uittellen tot het eind tellen ▼ *geld* ~ geld tellen voordat of terwijl men het aan iemand geeft

uitteren heel erg vermageren

uittesten ❶ door proefnemingen of door gebruik in de praktijk onderzoeken of iets goed werkt ❷ dingen doen om te kijken hoe iemand is of reageert

uittikken ❶ schrijven op een schrijfmachine of computer ❷ bij krijgertje spelen aanraken waarna degene die aangeraakt is, niet meer mee mag doen

uittocht het weggaan, het wegtrekken: *door de ~ van vakantiegangers ontstonden er lange files*

uittrap sp. het in het veld trappen van de bal door de doelman

uittrappen *ww* [trapte uit, h. uitgetrapt] ❶ wegtrappen uit ❷ ⟨voetbal⟩ de uittrap verrichten ❸ door trappen doven: *een sigaret* ~

uittreden ❶ buiten iets treden, verlaten

ui

▼ *vervroegd* ~ voor zijn 65ste ophouden met werken en met pensioen gaan ❷ de geestelijke stand verlaten: *een priester die is uitgetreden* ❸ ⟨mystiek⟩ buiten het lichaam treden (van de ziel), het lichaam verlaten

uittrekken uitdoen: *zijn jas ~* ▼ *een bedrag voor iets ~* een bedrag voor iets bestemmen **uittreksel** *het* [-s] ❶ kort overzicht van de inhoud van iets, bijv. van een boek ❷ BN dagafschrift

uittypen uittikken

uitvaagsel *het* heel laag soort mensen, uitschot

uitvaardigen afkondigen, bekendmaken als bevel of voorschrift: *de regering heeft een wet uitgevaardigd*

uitvaart *de* begrafenis of crematie

uitval I *de (m)* ❶ het uitvallen ❷ het gedeelte dat niet meer meedoet, mislukt of niet (meer) functioneert ❸ verlies van haar **II** *de (m)* [-len] ❹ heftige scherpe uitlating ❺ aanval door mensen die belegerd zijn tegen degenen die hen belegeren **uitvallen** ❶ wegvallen uit: *sinds ze zo vermagerd is, valt haar haar uit* ❷ niet meer werken of niet meer volhouden: *de machine viel uit; veel deelnemers aan de marathon vielen uit* ❸ op een bepaalde manier aflopen of een bepaald resultaat hebben: *de trui die ik gebreid heb, is een beetje klein uitgevallen* hij is kleiner geworden dan de bedoeling was ❹ plotseling aanvallen, vooral door mensen die belegerd zijn tegen degenen die hen belegeren ▼ *tegen iemand ~* iemand plotseling heel kwaad toespreken **uitvalsweg** verkeersweg waarlangs het verkeer een stad uit kan komen

uitvaren ❶ uit de haven varen ❷ fig. tekeergaan: *tegen iemand ~*

uitvechten door een gevecht beslissen

uitvegen schoonmaken door te vegen: *de zinnen op het bord ~* ▼ *iemand de mantel ~* stevig de waarheid zeggen

uitverdedigen sp. een aanval van de tegenpartij zo afbreken dat men zelf onmiddellijk een tegenaanval kan ondernemen

uitvergroten ❶ vergroten (van een onderdeel van een plaat, foto e.d.) ❷ fig. als groter, erger voorstellen dan het is: *een conflict, de tegenstellingen ~*

uitverkiezing het gekozen worden of zijn voor iets bijzonders: ~ *door God; ~ tot paus, tot president, tot miss World*

uitverkocht *bn* tot het laatste exemplaar, de laatste zitplaats verkocht: *het concert is helemaal ~* **uitverkoop** verkoop van artikelen tegen lagere prijzen

uitverkoren *bn* gekozen boven anderen, meer geliefd dan anderen ▼ *Gods ~en* de mensen van wie God het meeste houdt

uitvinden iets nieuws bedenken of maken: *wie heeft de auto uitgevonden?* **uitvinding** iets nieuws dat door iemand is bedacht: *de ~ van de boekdrukkunst*

uitvissen op een slimme manier uitzoeken

uitvlakken uitwissen, uitvegen ▼ *dat moet je niet ~* dat moet je niet onderschatten

uitvliegen ❶ wegvliegen uit het nest ❷ BN, spreekt. plots tekeergaan

uitvloeisel *het* [-s, -en] gevolg, effect: *de hogere lasten zijn een ~ van het nieuwe systeem*

uitvloeken vloeken tegen, vloekend uitschelden

uitvlooien inform. zorgvuldig uitzoeken

uitvlucht smoes, valse verontschuldiging: *hij verzon een ~ om onder het klusje uit te komen*

uitvoegen via de uitvoegstrook de rijbaan verlaten

uitvoer *de (m)* ❶ het verkopen van producten naar het buitenland: *de ~ van landbouwproducten* ❷ comp. informatie die, na verwerking van de ingevoerde gegevens, door een computer wordt geleverd, output ▼ *een plan ten ~ brengen* een plan uitvoeren

uitvoerbaar *bn* wat mogelijk is om te doen: *het plan is heel mooi maar niet ~* **uitvoerder** *de (m)* [-s] iemand die een (bouw)project uitvoert **uitvoeren** ❶ naar het buitenland vervoeren en daar verkopen ❷ doen: *een plan ~* ❸ voor publiek laten zien of horen: *een muziekstuk ~*

uitvoerig *bn* met alle bijzonderheden, heel uitgebreid: *Patrick vertelde ~ wat hij allemaal gedaan had tijdens zijn vakantie*

uitvoering *de (v)* ❶ versie, manier waarop iets gemaakt is: *dit is een goedkope ~ van het spel* ❷ het laten zien of horen voor publiek: *de ~ van een toneelstuk*

uitvoerrecht belasting op goederen die worden uitgevoerd

uitvogelen inform. door onderzoek te weten komen, grondig nagaan, bedenken

uitvragen door vragen uithoren

uitvreten ❶ wegvreten, leegvreten ❷ substantie of kleur doen verliezen (bijv. door scherp vocht), uitbijten ▼ inform. *iemand ~* op iemands kosten leven ▼ inform. *wat heb je nu weer uitgevreten?* wat voor slechte dingen heb je nu weer gedaan? **uitvreter** *de (m)* [-s] iemand die leeft op andermans kosten

uitwaaien ❶ doven door de wind: *de kaars is uitgewaaid* ❷ wandelen in de frisse wind: *even ~ op het strand*

uitwaaieren zich in verschillende richtingen verspreiden als een waaier

uitwas *de (m) & het* [-sen] ❶ uitgroeisel ❷ verkeerde, extreme ontwikkeling in een bepaalde richting: *die enorme bonussen vormen een van de ~sen van ons financiële systeem*

uitwasemen uitdampen

uitwassen door wassen schoonmaken

uitwateren zijn water lozen: *een polder watert uit op een boezem*

uitwedstrijd wedstrijd die een club bij een andere club speelt en dus niet op eigen terrein: *Real speelde een ~ tegen Milan*

uitweg ❶ weg naar buiten ❷ oplossing, manier om uit moeilijkheden te komen: *Katja probeert een ~ te vinden uit haar geldproblemen*

uitweiden ❶ breedvoerig spreken: ~ *over zijn vakantie* ❷ afwijken van de hoofdzaak

uitwendig *bn* van buiten, aan de buitenkant ▼ *voor ~ gebruik* niet om in te nemen (van medicijnen)

uitwerken ❶ preciezer maken, met meer details: *het plan moet nog verder uitgewerkt worden* ❷ resultaat hebben: *ons plannetje heeft goed uitgewerkt: oma was helemaal verrast toen we*

kwamen ❸ ophouden te werken: *de verdoving is uitgewerkt, nu voel ik hoe zeer mijn kies doet*
uitwerking ❶ nauwkeurige bewerking, bewerking met meer details: *wij wachten nog op de ~ van je idee om precies te weten wat je bedoelt* ❷ gevolg, invloed: *het drinken van bier heeft een vreemde~ op hem*
uitwerpselen *de (mv)* ontlasting, poep, keutels
uitwijkeling *de (m)* BN ook emigrant **uitwijken** ❶ opzij gaan: *de auto moest ~ toen er ineens een fietser uit een zijstraat kwam* ❷ uit de rechte of normale stand gaan ❸ noodgedwongen zijn woonplaats of land verlaten ❹ BN ook emigreren
uitwijzen ❶ laten zien, aantonen: *onderzoek moet ~ hoe het ongeluk gebeurd is* ❷ verbieden om nog langer binnen een gebied of land te blijven: *de illegale vreemdeling werd uitgewezen*
uitwisselen ruilen, elkaar geven: *informatie ~*
uitwissen ❶ wegvegen ❷ maken dat iets verdwijnt: *de tijd heeft die herinnering uitgewist*
uitwonen slordig en zonder zorg bewonen: *een huis ~* **uitwonend** *bn* die niet in het huis woont: *een ~ student* die niet bij zijn ouders thuis woont
uitworp ❶ het afvoeren van gas- of stofvormig afval door een fabrieksschoorsteen ❷ hoeveelheid afval die op deze manier geloosd wordt ❸ sp. het door de doelverdediger in het spel brengen van de bal door deze te gooien
uitwrijven ❶ wegwrijven, schoonwrijven, glanzend maken door te wrijven ❷ over een oppervlakte verspreiden door te wrijven
uitwringen vocht uit iets laten lopen door te wringen: *een dweil ~*
uitwuiven afscheid nemen van iemand die vertrekt door te wuiven
uitzaaien over een grote oppervlakte zaaien ▾ *zich ~* zich door het lichaam verspreiden, vooral van een kankergezwel
uitzaaiing *de (v)* het zich door het lichaam verspreiden van een kankergezwel: *toen de borstkanker bij mijn tante ontdekt werd, was het te laat voor genezing, want er waren al veel ~en*
uitzakken door zakken uit de gewone stand of vorm komen: *het uitgezakte lichaam van iemand die veel zit en weinig beweegt*
uitzendbureau ‹-roo› bedrijf dat mensen tijdelijk laat werken bij andere bedrijven: *via een ~ vond ik werk als kamermeisje in een hotel*
uitzenden ❶ naar een andere streek of een ander land sturen: *de soldaten werden uitgezonden naar het oorlogsgebied* ❷ op de radio laten horen of op de televisie laten zien: *de Olympische Spelen worden rechtstreeks uitgezonden op de televisie* **uitzending** *de (v)* ❶ het uitzenden ❷ programma dat door radio of televisie wordt uitgezonden
uitzendkracht iemand die ergens werkt via een uitzendbureau
uitzet *het de (m) & het* [-ten] spullen die nodig zijn voor een huishouding of voor een baby, zoals lakens of keukengerei: *de ~ van de bruid*
uitzetijzer ijzer om een geopend raam vast te zetten **uitzetten I** [zette uit, h. uitgezet] ❶ (een apparaat) buiten werking stellen: *de televisie ~* ❷ wegsturen: *vreemdelingen ~* ❸ plannen,

aangeven (en markeren): *een route ~* ❹ plaatsen, verspreiden over een gebied: *wachtposten ~; geld ~* **II** [zette uit, is uitgezet] ❺ in omvang toenemen **uitzettingscoëfficiënt** volumevermeerdering per cm³ bij 1° temperatuursverhoging
uitzicht *het* ❶ wat men ziet als men (naar buiten) kijkt: *we hebben een mooi ~ vanuit onze hotelkamer* ❷ hoop, goede verwachting: *Dana is erg ziek, maar er is ~ op verbetering* **uitzichtloos** *bn* zonder kans of hoop dat het beter wordt: *een uitzichtloze toestand*
uitzieken rust nemen tot een ziekte voorbij is ▾ *laten ~* een ziekte of een probleem laten uitwerken tot het voorbij is
uitzien ❶ uitkijken: *het pension ziet uit op de rivier* ❷ een bepaald uiterlijk hebben, een bepaalde indruk wekken: *hij ziet er ziek, moe, gelukkig enz. uit* ❸ zoeken: *ik zie uit naar een andere baan* ▾ *naar iets ~* zich op iets verheugen en ernaar verlangen ▾ *het ziet ernaar uit dat ...* dat gaat waarschijnlijk gebeuren: *het ziet ernaar uit dat het gaat regenen*
uitzingen ❶ tot het eind zingen: *een lied helemaal ~* ❷ fig. het (financieel) volhouden: *met dit geld kan ik het nog een poosje ~*
uitzinnig *bn* gek, heel erg, zichzelf van vreugde, verdriet, woede e.d.: *de winnaar was ~ van vreugde*
uitzitten ergens tot het einde toe bij zitten, iets tot het einde toe bijwonen: *we hebben die saaie film uitgezeten* ▾ *zijn straf ~* de periode waartoe iemand is veroordeeld, in de gevangenis zitten
uitzoeken ❶ bekijken en kiezen welke men wil: *alle kinderen mochten een cadeautje ~* ❷ bekijken en bepalen wat bij elkaar hoort of welke men kan gebruiken en welke niet: *ik moet die stapel brieven nog ~* ❸ erachter proberen te komen hoe iets in elkaar zit: *de politie zoekt uit wie de schilderijen heeft gestolen*
uitzonderen uitsluiten, niet meerekenen ▾ *zich ~* zich onderscheiden, anders zijn dan
uitzondering *de (v)* iets bijzonders, iets wat anders is dan normaal: *in heel Europa rijdt het verkeer rechts, met o.a. Groot-Brittannië en Ierland als ~en* ▾ *bij ~* anders dan normaal, tegen de gewoonte in: *bij ~ hadden we donderdagmiddag vrij* ▾ *met ~ van* behalve, zonder **uitzonderlijk** *bn* ❶ wat een uitzondering vormt, zoals maar zelden voorkomt: *zij is een ~ zangtalent* ❷ BN bij wijze van uitzondering
uitzoomen ‹-zoe-› ‹film, computer e.d.› (met een speciale lens) kleiner in beeld brengen
uitzuigen ❶ leegzuigen ❷ fig. mensen tegen een veel te laag loon laten werken, uitbuiten
uitzwaaien afscheid nemen van iemand die vertrekt door te zwaaien
uitzwermen ❶ in een zwerm uitvliegen ❷ fig. zich over een groot gebied verspreiden: *de toeristen zwermden vanuit de bussen over het hele gebied uit*
uitzweten door zweten kwijtraken: *vocht ~*
uk, ukkepuk *de (m)* [-ken] klein kind
UK *United Kingdom*, Verenigd Koninkrijk
ukelele ‹joekəlilə› *de (m)* [-s] klein model gitaar

uk

met vier snaren, die vooral veel wordt gebruikt in muziek uit Hawaï

ulcus *het* [-cera] zweer

ulevel *de* [-len] suikerbonbon in een papiertje

ult. *ultimo*, op de laatste dag (van de maand, het jaar)

ulterieur *bn* wat na iets komt, later

ultiem *bn* ❶ uiteindelijk, allerlaatst ❷ het beste, hoogste: *het ~e genot* **ultimatum** *het* [-s] laatste voorstel, eis bij een onderhandeling waarbij een harde maatregel volgt als het niet wordt geaccepteerd of als er niet aan wordt voldaan: *toen het ~ van de regering verstreken was, trokken de soldaten het gebied binnen* **ultimo** *bw* op de laatste dag (van de maand, het jaar): *het streven is dat het aantal diefstallen ~ 2016 is verminderd met dertig procent*

ultra *bw* (als eerste deel van een samenstelling) uiterst, in heel hoge mate: *~fijn* **ultrabook** *het* [-s] extra dunne en lichte laptop **ultrageluid** geluid dat niet waarneembaar is voor het menselijk oor

ultramarijn *het* helderblauw

ultrasoon *bn* met nel meer hoorbare trillingen **ultraviolet** *bn* met een groter aantal trillingen dan violet ▼ *~te straling* straling die men niet kan zien

umlaut ⟨oem-⟩ taalk. *de (m)* teken dat de klank van een klinker verandert, trema, zoals bij ö of ü: *op löss staat een ~*

umpire ⟨umpajər⟩ sp. *de (m)* [-s] scheidsrechter bij sommige balspelen, zoals honkbal, softbal, tennis

UMTS *het* , *Universal Mobile Telecommunication Systems*, systeem waarmee men mobiel kan internetten en dus niet gebonden is aan een bepaalde plaats

UN *de (mv)* , *United Nations*, Verenigde Naties

unaniem *bn* eenstemmig, eensgezind, waarbij iedereen het ermee eens is: *het bestuur heeft ~ besloten om niet te roken tijdens vergaderingen*

Unctad *de (v)* , *United Nations Conference on Trade and Development*, conferentie over Handel en Ontwikkeling van de VN

undercover ⟨undərkovvər⟩ *bn* zonder zijn ware identiteit te onthullen, die in het geheim werkt: *een ~agent*

underdog ⟨undərdoG⟩ *de (m)* [-s] ❶ iemand die altijd verliest, altijd het slachtoffer is ❷ persoon of club van wie iedereen verwacht dat die de wedstrijd zal verliezen: *het publiek juichte toen de ~ onverwacht scoorde* **underperformer** ⟨-pərfomər⟩ *de (m)* [-s] fonds waarvan de waarde zich vermoedelijk voorlopig onder het gemiddelde van de koersverandering op de beurs zal ontwikkelen **understatement** ⟨-steetmənt⟩ *het* [-s] manier van zeggen waardoor iets minder erg lijkt dan het is: *het is een ~ dat het niet echt warm is; het is ijskoud!*

Unesco *de (v)* , *United Nations Educational, Scientific & Cultural Organization*, organisatie van de Verenigde Naties voor internationale samenwerking in opvoeding, wetenschap en cultuur

unfair ⟨-fèr⟩ *bn* niet eerlijk, onbehoorlijk

uni *bn* met één kleur, effen

Unicef *United Nations (International) Children's (Emergency) Fund*, kinderfonds van de VN

uniciteit *de (v)* het uniek-zijn

unicum *het* [-s, -ca] ❶ iets dat enig is in zijn soort ❷ heel bijzonder feit of heel bijzondere gebeurtenis

unie *de (v)* [-s] vereniging, verbond, bijv. een groep landen bij elkaar: *de Europese Unie*

unief BN, spreekt. *de (v)* [-s] verkorting voor universiteit

uniek *bn* ❶ waar er maar één van is: *dit schilderij is ~* ❷ heel bijzonder, met niets anders te vergelijken: *een ~e belevenis*

Unifil *de (mv)* , *United Nations Interim Forces in Libanon*, vredesleger van de VN in Libanon

uniform *bn* gelijkvormig, allemaal hetzelfde **uniform** *het & de* gelijke kleding voor een bepaalde categorie personen, bijv. personen die hetzelfde beroep hebben zoals politieagenten of stewardessen **uniformeren** ❶ uniform maken, gelijkvormig maken ❷ in uniform kleden: *een bewakingsdienst ~* **uniformiteit** *de (v)* ❶ gelijkvormigheid, het onderling met elkaar in overeenstemming zijn ❷ eentonigheid: *de ~ van al die huizen in zo'n buitenwijk*

unilateraal eenzijdig, bijv. van een verdrag

uniseks *bn* ⟨kleding, mode⟩ geschikt voor mannen en vrouwen

unisono ⟨oenie-⟩ I *bw* ❶ eenstemmig II *het* [-'s] ❷ eenstemmig stuk

unit ⟨joenit⟩ *de* [-s] ❶ eenheid, aantal onderdelen of zaken die samen een eenheid vormen ❷ eenheid, team binnen een organisatie

unitair *bn* BN niet gefederaliseerd ▼ *het ~e België* de eenheidsstaat België **unitaristisch** *bn* BN de eenheidsstaat verdedigend

universeel ⟨-zeel⟩ *bn* algemeen, wat overal op de wereld voorkomt: *misdaad is een ~ verschijnsel*

universitair ⟨-zietèr⟩ *bn* van, aan, wat te maken heeft met een universiteit of universiteiten: *~ onderwijs* **universiteit** ⟨-zie-⟩ *de (v)* onderwijsinstelling van het hoogste niveau, instelling voor wetenschappelijk onderwijs en onderzoek in verschillende vakken: *mijn broer gaat volgend jaar naar de ~ om biologie te studeren* **universum** *het* de ruimte om ons heen met alle sterren en planeten, heelal

UNO *de (v)* , *United Nations Organization*, Verenigde Naties

unster *de* [-s] draagbaar weegtoestel met armen van verschillende lengte, weegtoestel met een trekveer

unverfroren ⟨0en-⟩ *bw* direct, zonder het op een voorzichtige of tactische manier te brengen: *zij heeft hem ~ de waarheid gezegd*

unzippen comp. [unzipte, h. geünzipt] een gezipt bestand decomprimeren, uitpakken

update ⟨-deet⟩ *de (m)* [-s] vernieuwde of geactualiseerde versie: *de ~ van een naslagwerk, een computerprogramma*

updaten ⟨-deetən⟩ [updatete, h. geüpdatet] actueel maken, moderner maken, aanpassen aan nieuwe omstandigheden, bijwerken: *een woordenboek, een computerprogramma ~*

upgrade ⟨-GReet⟩ *de (m)* [-s] verbeterde versie: *een ~ van een computerprogramma*

ul

upgraden ‹-Greedən› [upgradede, h. geüpgraded] op een hoger niveau brengen (vooral van hard- en software)

uploaden [uploadde, h. geüpload] informatie van de eigen computer overbrengen naar een netwerk (bijv. internet)

upper class ‹- klaas› *de (m)* sociale klasse van de rijksten

uppercut *sp. de (m)* [-s] stoot bij het boksen die van onder naar boven gericht is

upper ten *de (m)* hoogste maatschappelijke kringen

uppie *het* ▾ *inform. in z'n ~* alleen, in zijn eentje

ups-and-downs, ups en downs ‹-en-dauns› *de (mv)* voor- en tegenspoed, prettige en akelige dingen en perioden

up-to-date ‹-toedeet› *bn* helemaal bijgewerkt tot deze tijd of tot dit moment: *deze encyclopedie is helemaal ~*

uraan *het* uranium

uranium, uraan *het* heel hard radioactief scheikundig element **uraniumverrijking** *de (v)* het geschikt maken van uranium voor gebruik in kerncentrales

urban ‹uRbən› *de* verzamelnaam voor moderne zwarte muziekstromingen, zoals hiphop en r&b of voor alles wat met de jongerencultuur in de grote stad te maken heeft

urbanisatie ‹-zaa-› *de (v)* het ontstaan van steeds meer stedelijke gebieden, concentratie van het leven in steden, verstedelijking: *door ~ verdwijnt steeds meer groen gebied*

ure plecht. *het* [-n] uur ▾ *te(r) elfder ~* op het laatste moment

urenlang wat uren duurt

ureter ‹uuree-› *de (m)* [-s] buis waardoor de urine loopt **ureum** *het* stof in urine

urgent *bn* dringend **urgentie** *de (v)* [-s] het dringend zijn **urgentieverklaring** verklaring dat iets dringend is, vooral officiële bevestiging van het feit dat iemand dringend woonruimte nodig heeft

urinaal *het* [-nalen] glas of fles om de urine in op te vangen van mensen die niet uit bed kunnen komen urine ‹uurie-› de uitscheidingsproduct van de nieren, vocht dat bij het plassen uit het lichaam komt **urineren** urine lozen, plassen

urinoir ‹-nwaar› *het* [-s] (openbaar) toilet voor mannen

URL *de (m)* [-'s] *Uniform Resource Locator*, naam van een locatie op internet, internetadres

urn *de*, **urne** vaas om de as van een dode in te bewaren

urologie *de (v)* medisch specialisme gericht op afwijkingen en ziekten van de nieren en urinewegen

USA, US *de (mv)*, *United States (of America)*, Verenigde Staten (van Amerika)

usability ‹joezəbillətie› *de (v)* gebruikersvriendelijkheid

usance ‹uuzâs› *de* [-s] gewoonte, gebruik

usb comp. *de (m)* [-'s] *universal serial bus*, type aansluiting voor randapparatuur aan een computer die de snelle overdracht van gegevens mogelijk maakt **usb-stick** comp. klein apparaatje dat in een speciale ingang van de computer wordt gestoken en waarop gegevens kunnen worden opgeslagen

userinterface ‹joezəRintərfees› comp. deel van een programma waarmee de gebruiker met de computer communiceert

USSR *de (v)* (vroeger) Unie van Socialistische Sovjetrepublieken

usurpator *de (m)* [-s, -toren] iemand of staat die onrechtmatig en met geweld iets in bezit neemt, de macht overneemt

ut *de* andere benaming voor de toon do (eerste toon van de diatonische toonladder)

uterus *de (m)* [-sen] baarmoeder

utilitair ‹-tèr› *bn* met het doel om er nut van te hebben, met het oog op het nut

utilitarisme *het* denkwijze waarbij het algemeen nut of welzijn het uitgangspunt is **utiliteit** *de (v)* nut, het nuttig zijn **utiliteitsbouw** het bouwen voor het algemeen belang, zoals fabrieken, scholen, ziekenhuizen (i.t.t. woningbouw)

Utopia *het* denkbeeldige volmaakte staat, naar het boek Utopia uit 1516 van de Engelsman Thomas More **utopie** *de (v)* [-ën] droombeeld van een situatie waarin alles ideaal is: *is een wereld zonder oorlog mogelijk of is het een ~?* **utopisch** ‹uutoopies› *bn* als een onbereikbaar droombeeld

uur *het* [uren] ❶ tijdsduur van zestig minuten ▾ *zijn laatste ~ heeft geslagen* hij zal snel doodgaan ▾ *het ~ U* het beslissende moment ❷ lesuur: *wij hebben vandaag het tweede ~ Engels* ▾ BN ook *24 ~ op 24* de hele dag en nacht door **uurloon** loon dat iemand per uur verdient **uurrooster** BN ❶ dienstregeling ❷ BN ook lesrooster, regeling van les- of werktijden **uurwerk** ❶ apparaat dat de tijd aangeeft, zoals een horloge of een klok ❷ het raderwerk in zo'n apparaat: *er hapert iets in het ~*

uv ultraviolet

uw *vnw* van u **uwerzijds** *bw* van uw kant

UWV *het* , *Uitvoeringsinstituut WerknemersVerzekeringen*, overheidsinstelling die werknemersverzekeringen uitvoert, zoals WW, WIA, Ziektewet, opvolger van GAK ▾ *~ WERKbedrijf* onderdeel van het UWV, sinds januari 2009 de opvolger van het CWI

uzi® ‹oezie› *de (m)* [-'s] machinepistool waarmee automatisch en schot voor schot kan worden gevuurd, ontworpen door Uziel Gal uit Israël

UZ

V

v *de* [-'s] ❶ tweeëntwintigste letter van ons alfabet ❷ stemhebbende medeklinker die tussen lippen en tanden wordt gevormd

v. ❶ vrouwelijk ❷ van ❸ voor ❹ vers, versregel

V ❶ <u>nat.</u> volume ❷ <u>nat.</u> volt ❸ Romeins teken voor 5

v.a. ❶ vanaf ❷ volgens anderen

vaag *bn* zonder scherpe grenzen, onduidelijk: *een ~ beeld; vage beloftes*

vaak I *bw* ❶ groot aantal keren, dikwijls **II** *de (m)* ❷ vero. slaap ▼ *praatjes voor de* ~ kletspraatjes

vaal *bn* verschoten van kleur, licht geworden: *mijn pet is door de zon helemaal ~ geworden*

vaalt *de* mesthoop

vaan *de* [vanen] ❶ vaandel ❷ kleine vlag, banier ❸ windwijzer ❹ turf (bij het tellen van stemmen) ▼ BN, spreekt. *naar de ~tjes gaan/zijn/helpen* kapotgaan, kapot zijn, kapotmaken

vaandel *het* [-s] doek die aan een stok is bevestigd en die wordt meegedragen in optochten, met een naam, leuzen e.d. erop ▼ *iets hoog in zijn ~ schrijven/voeren* iets als erg belangrijk beschouwen

vaandrig *de (m)* [-s] aspirant-reserveofficier

vaantje *het* [-s] ❶ vlaggetje boven aan de mast van een zeilboot om de windrichting vast te stellen ❷ vlaggetje als versiering bij festiviteiten

vaarbewijs bewijs dat iemand in staat en bevoegd is om een boot te besturen **vaarboom** stok om een boot voort te duwen

vaardig *bn* handig en snel: *de verpleegster legde ~ een verband aan* ▼ *de geest werd ~ over hem* hij werd enthousiast, kreeg inspiratie **vaardigheid** *de (v)* [-heden] ❶ handigheid, het iets goed kunnen ❷ iets wat iemand goed kan

vaargeul *de* deel van een water waardoor gevaren kan worden

vaars *de (v)* [vaarzen] jonge koe van zeven maanden tot twee jaar

vaart I *de* ❶ snelheid ▼ ~ *achter iets zetten* maken dat iets sneller gaat ▼ *zo'n ~ zal het niet lopen* het zal wel meevallen ❷ het varen, scheepvaart **II** *de* [-en] ❸ klein smal kanaal

vaartuig *het* voertuig voor vervoer over water, boot, schip **vaarwater** water waarin men kan varen ▼ *iemand in het ~ zitten* hinderen **vaarweg** verbinding via water die geschikt is om over te varen, waterweg

vaarwel I *tw* ❶ afscheidsgroet: *het ga je goed, wanneer iemand voor langere tijd of voor altijd vertrekt* **II** *het* ❷ afscheid ▼ *iets ~ zeggen* ermee ophouden: *hij heeft zijn studie ~ gezegd*

vaas *de* [vazen] soort pot met een mooie vorm, meestal van glas of aardewerk, bijv. om er bloemen in te zetten

vaat *de* het bestek, borden enz. die afgewassen moeten worden, de afwas: *ik heb niet zo veel zin om nu de ~ nog te doen*

vaataandoening *de (v)* ziekte van de bloedvaten, vaatziekte

vaatchirurg iemand die opereert bij vaatziekten, die bloedvaten opereert

vaatdoek doekje dat in de keuken wordt gebruikt, bijv. om het aanrecht af te vegen ▼ *zo slap als een ~* heel slap, heel zwak: *ik voel me zo slap als een ~*

vaatje *het* [-s] klein vat ▼ *uit een ander ~ tappen* anders spreken, anders handelen of zich anders gedragen

vaatkwast kwast om de afwas mee te doen

vaatstelsel stelsel van bloed- en lymfevaten

vaatvernauwing <u>med.</u> vernauwing van een bloedvat

vaatwasmachine *de (v)* [-s], **vaatwasser** *de (m)* machine die de afwas doet **vaatwerk** ❶ vaten, tonnen e.d. ❷ schalen, borden e.d.

vaatziekte ziekte van de bloedvaten

vacant *bn* leeg, onbezet, vrij: *de functie van directeur is ~* **vacature** *de (v)* [-s] baan of functie waarvoor nog iemand wordt gezocht: *bij dat bedrijf hebben ze een ~ voor een timmerman* **vacaturebank** register van beschikbare banen of een website met een overzicht van meer beschikbare banen **vacaturestop** het niet aannemen van nieuw personeel als er vacatures ontstaan

vaccin ⟨vaksè̱⟩ *het* [-s] inentstof, preparaat tegen infectieziekten **vaccineren** ⟨vaksienı̱-⟩ inenten met een vaccin

vacht *de* ❶ wol op de huid van een schaap ❷ bewerkte schapenhuid met de wol er nog op ❸ behaarde huid van een dier

vacuüm ⟨vaa̱kuu-um⟩ *het* [-cua, -s] ❶ wat geen lucht bevat, luchtledig ❷ fig. periode waarin er in een bepaald opzicht niets is: *er heerste een machts~, het was totaal niet duidelijk wie de leiding had* **vacuümpomp** ❶ pomp die gas wegzuigt ❷ pomp die wordt gebruikt als een bevalling moeilijk verloopt **vacuümverpakking** verpakking in een zo goed als luchtledig omhulsel

VAD *de (v)* vermogensaanwasdeling

vadem *de (m)* [-en, -s] lengtemaat van iets meer dan 1,5 meter

vademecum *het* [-s] ❶ beknopte handleiding ❷ verklarend zakboekje

vader *de (m)* [-s] ❶ man van wie iemand een kind is: *dit is mijn ~* ❷ man die een of meer kinderen heeft: *hij is pas ~ geworden* ❸ grondlegger, iemand die iets bedacht heeft: *de ~ van het moderne toneel* ❹ ⟨strenge manier van aanspreken⟩ jongen, man: *nee ~, dat gaat zomaar niet!* ❺ ⟨vroeger⟩ leider van een jeugdherberg ▼ ~*en* voorvaderen ▼ *Onze Hemelse Vader* God ▼ *Heilige Vader* paus **Vaderdag** dag waarop speciale aandacht aan vaders wordt besteed **vaderfiguur** iemand die (als) een vader is, die de rol van vader vervult **vaderhuis** ❶ plecht. ouderlijk huis ❷ ⟨in het christendom⟩ hemel, de plaats waar men na de dood bij God komt **vaderkensdag** BN, spreekt. Vaderdag **vaderland** land waar iemand woont, waartoe iemand behoort ▼ *voor het ~ weg* geïmproviseerd, zonder voorbereiding **vaderlander** *de (m)* [-s] iemand die van zijn vaderland houdt **vaderlands** *bn* van of van eigen aan het vaderland **vaderlandslievend** *bn* ❶ die van zijn vaderland houdt ❷ wat getuigt van liefde voor het vaderland

vaderlijk *bn* ❶ als (van) een vader ❷ van de vader: *het ~ erfdeel* **vaderschap** *het* het vader-zijn **vaderstad** stad waar iemand oorspronkelijk vandaan komt **vaderszijde** de kant van de vader: *mijn opa van ~*

vadsig *bn* lui, traag, dik

va-et-vient ⟨vaa-ee-vjè⟩ *het* komen en gaan, een voortdurend komen en gaan van mensen

vagebond *de (m)* zwerver, landloper

vagevuur *r.-k.* plaats waar de zielen van mensen op een pijnlijke manier gezuiverd worden (voor ze tot de hemel kunnen worden toegelaten)

vagina *de* [-'s] vrouwelijk geslachtsorgaan **vaginaal** *bn* wat te maken heeft met de vagina

vak *het* [-ken] ❶ ruimte in een grotere ruimte, hokje: *ik heb mijn bureaula in ~jes verdeeld* ❷ beroep: *het ~ van timmerman* ❸ tak van wetenschap, schoolvak

vakantie *de (v)* [-s] periode dat men niet hoeft te werken of te studeren of naar school hoeft **vakantiebijslag** extra toon om vakantie te houden, vakantiegeld **vakantieganger** *de (m)* [-s] iemand die met vakantie is **vakantiegeld** extra salaris voor vakantie **vakantiekolonie** ⟨vooral vroeger⟩ plaats waar kinderen tijdens de vakantie tot rust kunnen komen of waar zieke kinderen kunnen herstellen **vakantieoord** plaats waar veel mensen voor vakantie naartoe gaan **vakantiespreiding** maatregel waarbij mensen in verschillende delen van het land op verschillende tijdstippen vakantie krijgen, zodat niet iedereen tegelijk met vakantie gaat **vakantietoeslag** vakantiebijslag, vakantiegeld

vakbekwaam die degelijke vakkennis bezit, goed in zijn vak: *een vacature voor een ~ hovenier* **vakbeurs** beurs voor een bedrijfstak **vakbeweging** de gezamenlijke vakbonden **vakblad** blad voor mensen die werken in een bepaald vak **vakbond** bond van vakgenoten met het doel de arbeidsvoorwaarden te verbeteren of te behouden **vakbondsafgevaardigde** BN kaderlid van een vakbond **vakbondsfront** BN samengaan van verschillende vakbonden bij specifieke acties

vakcentrale vereniging van vakbonden **vakdidactiek** onderwijsmethode voor een vak **vakgroep** ❶ onderdeel van een bedrijfsgroep voor een vak ❷ universitaire eenheid rond een (onderdeel van een) vak **vakidioot** iemand die alleen belangstelling voor zijn vak heeft **vakjargon** vaktaal die bijna alleen voor mensen binnen een bepaald vak begrijpelijk is **vakkenpakket** combinatie van vakken waarin iemand eindexamen gaat doen **vakkenvuller** *de (m)* [-s] iemand die in een supermarkt de producten uitstalt voor de klanten, die de schappen vult **vakkundig** met vakkennis, goed in zijn vak: *die muur is ~ gemetseld* **vakliteratuur** artikelen en boeken over een bepaald vak **vakman** *de (m)* [-nen, -lui, -lieden, -mensen] iemand met veel vakkennis en ervaring: *hij doet zijn werk heel goed, hij is een echte ~* **vakorganisatie** vakvereniging **vakterm** woord dat alleen binnen een bepaald vak wordt gebruikt **vakvereniging** vakbond **vakwerk** ❶ werk van een vakman ❷ raamwerk dat is opgevuld met metselwerk of vlechtwerk

val I *de (m)* ❶ keer dat iemand valt: *hij heeft zijn arm bezeerd bij die ~ van de trap* ❷ ondergang: *de ~ van het Romeinse Rijk* ▼ *ten ~ komen* zijn positie of macht kwijtraken **II** *de* [-len] ❸ knip, klem om dieren in te vangen ▼ *fig. in de ~ lopen* ergens in trappen, beetgenomen worden

valabel *bn* ❶ geldig, rechtsgeldig ❷ aannemelijk, geloofwaardig: *een ~ excuus* ❸ BN ook waardevol

valavond BN, ook ▼ *bij ~* bij zonsondergang, in de avondschemering **valblok** ❶ hijsblok ❷ blok om een motor bij een val te beschermen **valbrug** ophaalbrug

valentie *de (v)* [-s] ❶ hoeveelheid atomen waterstof die zich met een ander atoom kunnen verbinden ❷ mogelijkheid van een taalelement om een combinatie te vormen met andere taalelementen

Valentijnsdag 14 februari, dag waarop men zijn geliefde iets geeft

valeriaan I *de* [-anen] ❶ plant uit het geslacht Valeriana **II** *de & het* ❷ olie van die plant als kalmerend middel

valhelm helm om het hoofd te beschermen als iemand valt

valide *bn* ❶ gezond, krachtig, in staat om te werken ❷ deugdelijk, geldig: *een ~ argument* **valideren** geldig verklaren **validiteit** *de (v)* ❶ (rechts)geldigheid ❷ lichamelijke geschiktheid

valies *het* [-liezen] BN ook reistas, koffer

valium® *het* kalmerend middel

valk *de* roofvogel met sterk gebogen snavel van het geslacht Falco, die vaak op één plek in de lucht hangt om een prooi te zoeken **valkenier** *de (m)* [-s] africhter van valken **valkenjacht** jacht met valken **valkerij** *de (v)* ❶ het africhten van valken ❷ jacht met valken ❸ verblijf van valken

valkruid geneeskrachtige plant (Arnica montana)

valkuil ❶ kuil waarin dieren worden gevangen ❷ iets moeilijks waarmee vaak fouten worden gemaakt

vallei *de* breed dal

vallen [viel, is gevallen] ❶ van een hoogte neerkomen ❷ plotseling niet meer staan of zitten, maar ongewild een beweging naar beneden maken: *over een stoeptegel ~* ▼ *ergens over ~* ergens geërgerd of kwaad over zijn ▼ *een eis laten ~* niet langer meer eisen ▼ *iemand laten ~* iemand in de steek laten, niet meer steunen ▼ *~de ziekte* die plotseling gaat met kramp en vallen en bewusteloosheid ❸ sneuvelen, sterven: *de soldaten die voor ons land gevallen zijn* ❹ zich moeten overgeven: *Parijs is gevallen* ❺ moeten aftreden: *het kabinet is gevallen* ❻ zakken, dalen: *de schemering valt al vroeg* ❼ zijn: *het valt me zwaar* ❽ gebeuren, plaatshebben: *op welke dag valt je verjaardag?* ▼ *er ~ klappen* er wordt gevochten ❾ komen, raken: *in slaap ~* ❿ passen, zitten: *die jurk valt goed* ▼ *~ onder* horen bij ▼ *~ op* (een (bepaald soort) man of vrouw) aantrekkelijk vinden ▼ *dat valt slecht* daar reageert de ander negatief op

valluik luik dat horizontaal draait

valorisatie ⟨-zaa-⟩ *de (v)* [-s] ❶ het opnieuw

va

vaststellen van de waarde ❷ het aanpassen, verbeteren van de prijs **valoriseren** BN, inform. economisch ten nutte maken, benutten, uitbuiten

valpartij het vallen van meer mensen tegelijk

valreep trap of touw om op een schip te komen ▼ *op de* ~ op het laatste moment

vals bn ❶ niet echt ▼ *~e tanden* een kunstgebit ❷ ongeldig: *een ~e start* ❸ verkeerd, onjuist: *een ~e gevolgtrekking* ❹ onzuiver: ~ *zingen* ❺ kwaadaardig: *een ~e kat* ❻ oneerlijk: ~ *spelen*

valscherm parachute

valselijk bw vals, ten onrechte: *iemand ~ beschuldigen* **valsemunter** de (m) [-s] iemand die vals geld maakt **valsheid** de (v) het vals zijn ▼ ~ *in geschrifte plegen* een geschreven stuk maken of veranderen met informatie die niet klopt of een valse handtekening zetten

valstrik iets om iemand in de val te lokken

valuatie de (v) [-s] bepaling van waarde

valuta de [-'s] wettelijk betaalmiddel beschouwd in internationaal verband **valutadatum** dag waarop de rente over een bedrag ingaat of waarop een bedrag geen rente meer oplevert **valutakoers** waarde van geld, uitgedrukt in een andere geldsoort

valwind wind die van boven komt

vamp ⟨vemp⟩ de (v) [-s] verleidelijke vrouw die mannen inpalmt en soms kapotmaakt

vampier de (m) [-s] ❶ vleermuis die van bloed leeft ❷ ⟨volksgeloof en in literatuur⟩ levende dode die zich 's nachts voedt met het bloed van levenden

van vz ❶ in bezit of eigendom van, wat behoort aan: *dat is ~ mij* ❷ wat hoort bij: *iemand ~ de elite* ❸ afkomstig uit: ~ *goede familie* ❹ wat een verwijdering uitdrukt: ~ *huis gaan*; ~ *de tafel vallen* ❺ te beginnen bij: ~ *de eerste tot de laatste* ❻ gemaakt door: *een schilderij ~ Rembrandt* ❼ gemaakt uit: *een kooi ~ glas* ❽ wat gebeurt door: *de trek ~ vogels* ❾ wat gebeurt met of aan: *het vangen ~ vogels* ❿ om een tijdstip of duur aan te duiden: ~ *drie tot vier uur* ▼ ~ *de zomer* in deze zomer

vanaf vz ❶ beginnend bij: ~ *1 januari* ❷ van een plaats af, beginnend bij een plaats: ~ *Assen*

vanavond bw deze avond **vandaag** bw deze dag ▼ ~ *de dag* tegenwoordig ▼ *van* ~ *op morgen* heel snel, binnen heel korte tijd

vandaal de (m) [-dalen] woesteling, vernieler, iemand die dingen zonder reden vernielt: *die voetbalvandalen hebben de hele bus gesloopt* **Vandaal** hist. de (m) [-dalen] lid van een Germaanse volksstam die in 455 Rome plunderde en er vernielingen aanrichtte

vandaan bw ❶ vanaf, (ergens) weg: *ga hier niet ~!* ❷ afkomstig uit: *waar kom je ~?* ▼ *waar haalt hij het ~!* hoe verzint hij het! **vandaar** bw ❶ van die plaats ❷ daarom: *onze auto was kapot,* ~ *dat we niet zijn gekomen*

vandalisme het het vernielen zonder reden of doel

vandoen BN, spreekt. bw nodig: *heb je nog wat ~?*
vandoor bw ▼ *er~* weg: *hij ging er~* **vaneen** bw van of uit elkaar

vaneigens spreekt. bw vanzelfsprekend

vangbal sp. bal die door de tegenpartij wordt gevangen

vangen [ving, h. gevangen] ❶ pakken van iets dat door de lucht zweeft, vooral als het wordt gegooid: *hier, vang de bal!* ▼ fig. *iemands blik, aandacht* ~ op zich weten te vestigen ❷ pakken van een dier of mens dat of die dat niet wil: *onze poes heeft een muis gevangen* ❸ inform. verdienen, geld krijgen: *hoeveel heb je voor die klus gevangen?*

vangnet net om mensen op te vangen die van grote hoogte springen of vallen ▼ *sociaal* ~ mensen die iemand helpen als het heel slecht met hem gaat **vangrail** ⟨-reel⟩ metalen hekwerk langs een snelweg dat auto's moet tegenhouden die van de weg raken

vangst de (v) ❶ het vangen ❷ wat iemand vangt: *had je vandaag met vissen een goede ~?* **vangstlimiet** maximale hoeveelheid vis die gevangen mag worden **vangzeil** zeil om mensen op te vangen die van grote hoogte naar beneden springen, bijv. als er brand is in hun huis

vanhier bw van deze plaats, hiervandaan

vanille ⟨vaniejə⟩ de vrucht (of specerij die daarvan is gemaakt) van de Vanilla planifolia **vanille-ijs** ijs met vanille erin

vanjewelste bw verb heel erg, heel groot: *het was een lawaai* ~

vanmiddag bw deze middag **vanmorgen** bw deze morgen **vannacht** bw deze nacht **vanochtend** bw deze ochtend, deze morgen **vanouds** bw al heel lang: *Haagse hopjes zijn ~ bekend als lekkernij* ▼ *het was weer als* ~ zoals het vroeger was

vanuit vz ❶ van ... uit: *vertrekken ~ Enschede* ❷ op grond van: ~ *de gedachte dat ... vanwaar* bw ❶ van welke plaats, waarvandaan: *het vliegveld ~ we opstegen* ❷ waarom: ~ *die boze blik?* **vanwege** vz ❶ uit naam van, in opdracht van, namens: *ik heet u allen welkom ~ het bestuur* ❷ wegens, om reden van: ~ *de weg was gesloten* ~ *dichte mist*

vanzelf bw ❶ zonder dat iemand iets doet of zonder dat er iets gebeurt, uit zichzelf: *de auto rolde ~ de oprit af* ❷ natuurlijk, vanzelfsprekend **vanzelfsprekend** bn voor iedereen duidelijk en niet nodig om uit te leggen, natuurlijk: *het is ~ dat je moe bent als je zo hard werkt*

VAR Verklaring Arbeidsrelatie: *een ~-verklaring*

VARA de (v), *Vereeniging van Arbeiders Radio Amateurs*, naam van een radio- en tv-omroep, opgericht in 1925

varaan de (m) [-ranen] heel grote hagedis uit Azië en Afrika

varen I de [-s] ❶ sporendragende groene bosplant met lange bladeren die in de schaduw het beste groeit II ww [voer, h. / is gevaren] ❷ in een boot over het water gaan: *zullen we vanmiddag met onze boot gaan ~?* ❸ gaan: *ten hemel ~* ▼ *een plan laten* ~ een plan opgeven, er niet mee doorgaan ▼ *ergens wel bij* ~ ergens voordeel van hebben

varia de (mv) allerlei, verschillende soorten, mengelmoes: *de rubriek ~ in een krant* **variabel** bn wat kan veranderen ▼ *~e werktijden* waarbij men niet elke dag op dezelfde tijd hoeft te beginnen, maar iets eerder of later kan beginnen en ophouden ▼ ~*e kosten* kosten die variëren met een grotere of kleinere productie binnen een bedrijf **variabele** *de* [-n] veranderlijke grootheid, onder andere in de wiskunde **variabiliteit** *de (v)* het variabel zijn, veranderlijkheid

variant *de* iets wat een beetje anders is dan het gewone of oorspronkelijke: *laat jouw ~ van het verhaal eens horen* **variatie** *de (v)* [-s] ❶ verandering, afwisseling: *voor de ~* ❷ vorm die een beetje afwijkt van de norm

varicella med. *de (mv)* waterpokken

variëren ❶ veranderen, afwisselen, verschillen: *de prijs van zo'n computerspelletje varieert soms per winkel* ❷ afwijken van de gewone vorm: *de pianist varieerde op het thema*

variété *het* [-s] voorstelling of theater met veel verschillende soorten optredens zoals liedjes, grappen of goochetrucs

variëteit *de (v)* ❶ verscheidenheid: *we hebben een grote ~ aan cd's* we hebben heel verschillende cd's ❷ afwijking, vorm bij plant- en diersoorten die anders is

variola med. *de (mv)* pokken

varken *het* [-s] ❶ zoogdier met een gespierde afgeplatte neus en grote oorschelpen, veel gefokt vanwege zijn vlees ▼ *we zullen dat ~tje wel eens wassen* het karwei opknappen ▼ *vieze ~s worden niet vet* men moet niet al te kieskeurig zijn ❷ vies persoon, persoon die weerzin wekt

varkenshaas *de (m)* malse spier van een varken

vasculair ⟨-lèr⟩ *bn* wat te maken heeft met de bloedvaten

vasectomie *de (v)* sterilisatie door onderbreking van de zaadleider

vaseline® ⟨-zə-⟩ *de* reukloze, zuurvrije witte of gele zalf

vast *bn* ❶ bevestigd aan iets anders, niet beweegbaar ❷ niet vloeibaar of gasvormig: *~e stoffen* ❸ niet tijdelijk: *een ~e aanstelling, vriendin* ❹ diep: *~ slapen* ❺ onwankelbaar: *een ~ vertrouwen* ❻ geregeld: *op ~e tijden* ❼ stellig, zeker: *het gaat ~ sneeuwen; ~ en zeker* ❽ voorlopig, ondertussen: *ga maar ~* ❾ stevig ▼ *~e goederen* onroerende goederen ▼ *met ~e hand* zonder te beven

vastberaden *bn* waarbij iemand zeker is van wat hij wil, zonder aarzeling: *zij ging ~ op haar doel af* **vastbesloten** *bn* waarbij iemand zeker is van de beslissing die hij heeft genomen en die ook wil uitvoeren: *ik ben ~ om in het vervolg op tijd te komen*

vastbijten ▼ *zich ~ in* hardnekkig vasthouden aan; zich fanatiek met iets bezighouden **vastbinden** vastmaken door binden **vasteland** geheel van land dat bij elkaar hoort, zonder de eilanden die daarbij horen

vasten I *ww* gedurende een bepaalde periode niet of in beperkte mate eten en drinken **II** *de (m)* ❷ ⟨in sommige godsdiensten⟩ periode van verplicht vasten **Vastenavond** de avond of de drie dagen voordat de vasten begint, carnaval

vastgoed onroerend goed

vastgrijpen beetpakken **vasthechten** vastmaken **vasthouden** ❶ in de hand houden: *kun je mijn tas even ~?* ❷ scherts. gebruiken: *mag ik je pen*

even ~? ❸ nog niet verkopen: *de makelaar houdt het huis nog een dag voor ons vast* ▼ *~ aan (een bepaald doel, bepaalde ideeën enz.)* blijven aanhangen, blijven vinden **vasthoudend** *bn* die volhoudt, koppig ▼ *~ zijn* doorgaan met, niet opgeven

vastigheid *de (v)* [-heden] zekerheid in het leven: *ze wil trouwen, ze is op zoek naar ~*

vastklampen ▼ *zich ~ aan* zich stevig aan iets vasthouden: *tijdens de storm klampte ik me vast aan de mast* ▼ *zich aan een strohalm ~* in een moeilijke situatie moed putten uit iets heel kleins **vastklemmen** met een klem iets vastzetten

vastleggen ❶ vastmaken: *de hond ~* ❷ fig. iets opschrijven, opnemen of ergens een foto of een film van maken, zodat mensen het later weer kunnen lezen, horen of zien: *mijn moeder wilde de prijsuitreiking op video ~ voor later* **vastliggen** ❶ vastgebonden liggen ❷ niet meer veranderd kunnen worden: *de datum voor het examen ligt vast* **vastlopen** ❶ (van een schip) aan de grond raken ❷ fig. geen uitweg meer hebben, niet meer verder kunnen doorgaan: *de vredesbesprekingen zijn vastgelopen* **vastmaken** ❶ zorgen dat iets ergens aan vastzit ❷ BN, spreekt. sluiten, op slot doen **vastnagelen** met een spijker vastzetten

vastomlijnd *bn* duidelijk en nauwkeurig omschreven en begrensd: *een ~ plan*

vastpakken iets met zijn handen pakken: *pak jij dit boek even vast?*

vastpinnen met pinnen vastmaken ▼ *iemand ergens op ~* iemand houden aan, verplichten tot iets wat hij gezegd heeft **vastpraten** zo praten dat de ander niet meer weet wat te zeggen ▼ *zich ~* zichzelf zo gaan tegenspreken **vastroesten** ❶ roesten zodat het vast gaat zitten ❷ fig. ergens zo aan gewend raken dat men niet meer verandert **vaststaan** zeker zijn: *het staat vast dat hij de dader is; een ~d feit* **vaststellen** ❶ bepalen, er een besluit over nemen: *ze moesten de prijs voor de fiets nog ~* ❷ zien dat iets zo is, constateren: *de leraar stelde vast dat vijf leerlingen te laat waren* **vastzetten** ❶ vastmaken, ervoor zorgen dat iets niet weg kan ❷ gevangenzetten: *de inbreker werd door de politie vastgezet* ❸ ⟨geld⟩ beleggen of op een rekening zetten waar men het niet meteen af kan halen **vastzitten** ❶ stevig ergens aan zitten, klem zitten: *ik zat vast aan het prikkeldraad* ▼ fig. *ergens aan ~* gebonden zijn, niet zomaar weg kunnen: *ik zit vast aan mijn hypotheek en mijn auto die ik moet afbetalen* ❷ niet meer verder kunnen: *we zaten met de auto vast in het zand; we zaten uren vast in de file* ❸ in de gevangenis zitten ❹ geen uitweg meer hebben

vat I *de (m)* ❶ greep, houvast, invloed ▼ *geen ~ op iemand krijgen* geestelijk niet tot iemand doordringen, geen invloed op hem krijgen **II** *het* [vaten] ❷ soort grote hoge bak, om bijv. vloeistof in te bewaren, ton: *een wijn~, een zuurkool~* ▼ *holle ~en klinken het hardst* domme of oppervlakkige mensen hebben het hoogste woord ▼ *wat in het ~ zit, verzuurt niet* wat men nog tegoed heeft, krijgt men zeker ❸ kom, schotel, bakje om iets in te bewaren: *de vaten* *wassen* ❹ inhoudsmaat voor vloeistoffen, bijv. voor aardolie ❺ kanaal in menselijk, dierlijk of plantaardig organisme

vatbaar *bn* met een gevoelig gestel, die ergens snel last van heeft: *~ voor griep; ~ voor verkeerde ideeën*

Vaticaan *het* paleis of regering van de paus

vatten ❶ grijpen, vastpakken ▼ *de slaap niet kunnen ~* niet in slaap kunnen vallen ❷ opdoen: *kou~* ❸ inzetten in: *gevat in diamanten* ❹ **inform.** begrijpen: *vat je?* ❺ **BN, jur.** aanhangig maken, voorleggen, aanbrengen

vaudeville ⟨voodavíel⟩ *de (m)* [-s] vrolijk muzikaal toneelstuk

vazal *de (m)* [-len] ❶ **hist.** leenman ❷ slaafse volgeling **vazalstaat** staat die afhankelijk is van een andere staat

v.b. volledige betrekking

vb. voorbeeld

VB BN *het* Vlaams Belang (*extreemrechtse Vlaamse politieke partij*)

vbb. voorbeelden

vbo *het* voorbereidend beroepsonderwijs

v.Chr. voor Christus' geboorte

v.d. van de, van den, van der

VDAB BN *de (m)* Vlaamse Dienst voor Arbeidsbemiddeling en Beroepsopleiding

VEB *de (v)* Vereniging van Effectenbezitters

vechten [vocht, h. gevochten] ❶ lichamelijk geweld of wapens tegen elkaar gebruiken om de ander uit te schakelen ❷ iets of iemand proberen uit te schakelen op een andere manier dan door lichamelijk geweld: *hij vecht tegen zijn ziekte* ❸ al het mogelijke doen om iets te bereiken: *~ voor een betere toekomst*

vechtersbaas iemand die graag en vaak vecht **vechtjas** *de (m)* [-sen] iemand die graag vecht **vechtlust** ❶ neiging om te vechten ❷ mentaliteit waarbij men niet gauw opgeeft maar vecht voor iets wat men wil: *je geeft veel te gauw op, je hebt helemaal geen ~* **vechtpartij** gevecht **vechtscheiding** echtscheiding waarbij de partners voortdurend strijd voeren en proberen elkaar schade toe te brengen **vechtsport** sport waarbij vechttechnieken worden toegepast, zoals boksen, judo en karate

vector *de (m)* [-toren] grootheid die een getalwaarde en een richting heeft

vedel *de* [-s] middeleeuws snaarinstrument

veder *de* [-en, -s] veer **vedergewicht I** *het* ❶ boksklasse tot 57 kilo, lichter dan lichtgewicht **II** *de* [-en] ❷ iemand die in die klasse bokst **vederlicht** zo licht als een veer, heel erg licht

vedette *de* [-s, -n] gevierde sportheld of beroemd uitvoerend kunstenaar, ster

vee *het* ❶ dieren zoals koeien, varkens, schapen en geiten die op boerderijen worden gehouden ❷ **fig.** domme redeloze mensen: *het stem~ gaat weer naar de stembus*

veearts dierenarts, vooral voor koeien, schapen e.d. **veeboer** boer die dieren houdt

veeg I *de* [vegen] ❶ veegbeweging ❷ vlek of streep die daardoor ontstaat: *een ~ op het gezicht* ▼ *een ~ uit de pan krijgen* een ongunstige opmerking of behandeling krijgen ❸ slag: *een ~ om de oren* **II** *bn* ❹ de dood nabij, hachelijk

▼ *een ~ teken* een ongunstig teken ▼ *het vege lijf redden* ternauwernood aan de dood ontsnappen

veehouder boer die dieren houdt, zoals koeien

veejay ⟨viedjee⟩ *de (m)* [-s] → **vj**

veel I *telw* een groot aantal, grote hoeveelheid ▼ **spreekt.** *weet ik ~?!* dat weet ik niet **II** *bw* ▼ *ik kom er ~* vaak

veelal *bw* gewoonlijk, vaak

veelbelovend *bn* waarvan of van wie men veel goeds kan verwachten: *een ~e leerling; een ~ begin* **veelbewogen** *bn* met veel bijzondere gebeurtenissen: *die actrice heeft een ~ leven gehad*

veeleer *bw* ❶ eerder, liever ❷ waarschijnlijker

veeleisend *bn* niet gemakkelijk tevreden te stellen, die hoge eisen stelt

veelheid *de (v)* groot aantal, verscheidenheid: *een ~ aan ideeën* **veelhoek** figuur met meer dan drie hoeken

veelomvattend *bn* ruim, uitgebreid ▼ *een ~ onderwerp* een onderwerp waarover veel valt te vertellen

veelpleger *de (m)* [-s] iemand die wegens misdrijven erg vaak met justitie in aanraking komt **veelvlak** figuur begrensd door vier of meer vlakken

veelvoud *het* getal dat men krijgt als men een ander getal met een heel getal vermenigvuldigt: *15 is een ~ van 5, want 3 x 5 = 15* ▼ *kleinste gemene ~* kleinste getal dat door verschillende getallen deelbaar is **veelvoudig** *bn* meerdere keren, vaak: *~ kampioen*

veelvraat *de (m)* [-vraten] ❶ marterachtig roofdier dat op een beer lijkt (Gulo gulo) ❷ iemand die veel eet **veelvuldig** *bn* talrijk, wat veel voorkomt, vaak

veelwijverij *de (v)* het met meer dan één vrouw getrouwd zijn

veelzeggend *bn* wat veel uitdrukt, wat veel duidelijk maakt: *het is ~ dat hij er weer niet is: hij wil gewoon niet* **veelzijdig** *bn* ❶ met veel zijden ❷ die veel verschillende dingen kan: *ze is een ~ talent*

veem *het* [vemen] ❶ maatschappij voor het opslaan van goederen ❷ groot gebouw voor de opslag van goederen

veemarkt markt waar vee verhandeld wordt

veen *het* [venen] ❶ grondstof voor turf ❷ grondsoort waaruit men onder andere turf kan winnen **veenbes** zure bruinrode bosbes (Oxycoccus palustris) **veenbrand** ❶ brand in het veen ❷ **fig.** strijd die steeds opnieuw uitbreekt **veenkolonie** dorp dat is ontstaan op een plaats waar vroeger turf werd gegraven

veer I *de* [veren] ❶ elk van de harige buisjes waarmee de huid van een vogel bedekt is ▼ *zo licht als een ~tje* heel erg licht ▼ *vroeg uit de veren* vroeg opgestaan ▼ *een ~ moeten laten* minder te besteden hebben ▼ *pronken met andermans veren* pronken met de verdiensten van een ander ❷ rondgedraaide metalen draad die terugspringt als men hem uittrekt of indrukt en dan weer loslaat **II** *het* [veren] ❸ plaats waar een boot steeds heen en weer vaart over een water: *daar is een ~ over de Maas* ❹ boot die steeds heen en weer vaart over een water: *we gingen met het ~ naar de overkant* **veerboot** (grotere) boot die een regelmatige verbinding onderhoudt voor passagiers tussen twee plaatsen: *de ~ van Holwerd naar Ameland* **veerdam** dam naar een veer **veerhuis** huis bij een veer, vaak het huis van een veerman

veerkracht ❶ kracht om terug te veren, elasticiteit ❷ *fig.* het vermogen om snel te herstellen na grote problemen of groot verdriet **veerkrachtig** met veerkracht

veerman *de (m)* [-lieden, -lui] iemand die het veer bedient of beheert **veerpont** vaartuig dat heen en weer vaart en mensen en vervoermiddelen van de ene naar de andere plaats brengt

veertien *telw* aantal van 14

veertig *telw* aantal van 40 **veertiger I** *de (m)* [-s] ❶ iemand van 40 t/m 49 jaar **II** *bn* ❷ tussen 40 en 50: *de ~ jaren*

veest *de (m)* ontsnapping van gas uit de darm, wind

veestapel al het vee van een bedrijf of gebied **veeteelt** het fokken van vee **veewagen** wagen, auto om vee te vervoeren

vega *de (m)* [-'s] *inform.* vegetariër

veganisme *het* vegetarisme waarbij men ook geen melkproducten eet of drinkt **veganist** *de (m)* iemand die leeft volgens de beginselen van het veganisme

vegen van stof of vuil ontdoen met een bezem, stofdoek enz. ▼ *van het bord ~* verpletterend verslaan bij een bordspel als dammen of schaken ▼ *van de mat ~* verpletterend verslaan bij een veldsport **veger** *de (m)* [-s] ❶ iemand die veegt ❷ voorwerp waarmee men veegt

vegetariër *de (m)* [-s] iemand die geen voedsel eet waarvoor een dier gedood is **vegetarisch** *bn* van, voor vegetariërs: *een ~e bonenschotel* **vegetarisme** *het* voedingssysteem waarbij geen voedingsmiddelen worden gebruikt waarvoor dieren gedood zijn

vegetatie *de (v)* [-s] plantengroei, plantenleven **vegetatief** *bn* plantaardig, zoals alleen bij planten voorkomt **vegeteren** ❶ een plantenleven leiden ❷ *fig.* een passief, eentonig, treurig of kwijnend bestaan leiden

vehikel *het* [-s] ❶ voertuig, vervoermiddel, vooral een gammel voertuig ❷ *fig.* middel om iets over te brengen: *taal als ~ voor kennisoverdracht*

veil *bn* te koop ▼ *~ hebben* bereid om op te offeren: *zijn leven ~ hebben voor de vrijheid* **veilen** in het openbaar verkopen

veilig *bn* ❶ vrij van gevaar: *~ verkeer* ❷ zonder risico, gerust: *dat kun je ~ doen* **veiligheid** *de (v)* het veilig zijn ▼ *in ~ brengen* op een veilige plaats brengen **veiligheidsbril** bril om de ogen mee te beschermen **veiligheidsglas** glas dat bij breken uiteenvalt in onscherpe korrels of dat (in auto's) doorzichtig blijft **veiligheidsgordel** band die men voor de veiligheid in een auto om zich heen vastmaakt **veiligheidshalve** *bw* voor de veiligheid **veiligheidskooi** beschermende constructie in auto's, tractoren e.d. **Veiligheidsraad** orgaan van de VN om geschillen op te lossen **veiligheidsspeld** speld waarvan de scherpe punt achter een kapje sluit, zodat men zich niet kan prikken

veiling *de (v)* ❶ het in het openbaar verkopen van goederen aan degene die het hoogste bedrag biedt ❷ plaats en gebouw hiervoor **veilinghuis** bedrijf dat veilingen organiseert **veilingmeester** iemand die een veiling leidt

veinzen doen alsof: *belangstelling ~*

vel *het* [-len] ❶ huid ▼ *~ over been* erg mager ▼ *iemand het ~ over de oren halen* hem veel geld afzetten ▼ *uit zijn ~ springen* woedend zijn ▼ *lekker in zijn ~ zitten* zich prettig voelen ❷ vlies: *een ~ op de warme melk* ❸ omhulsel om worst e.d. ❹ blad papier

veld *het* ❶ stuk land zonder bomen, huizen e.d. ▼ *in geen ~en of wegen te bekennen zijn* nergens te zien zijn ❷ sportveld: *de aanvaller werd uit het ~ gestuurd na de overtreding* ❸ bewerkt stuk land: *te ~e staande gewassen; er staat veel maïs op het ~* ❹ slagveld ▼ *niet snel uit het ~ geslagen zijn* niet snel de moed verliezen, niet snel opgeven ▼ *het ~ ruimen* wijken, plaatsmaken (voor iemand anders) ▼ *te ~e trekken* gaan strijden ▼ *~ winnen* vooruitgang boeken ❺ vlakte: *ijs~* ❻ gebied, terrein: *een ~ van studie* ▼ *het ~* de praktijk van therapeutisch of sociaal werk

veldbed licht bed dat men kan inklappen en gemakkelijk kan verplaatsen **veldboeket** boeket van bloemen uit het vrije veld **veldfles** vaak beklede metalen fles met een beker als dop

veldheer legeraanvoerder

veldloop *de (m)* hardloopwedstrijd over natuurlijk terrein

veldmaarschalk hoofdofficier van hogere rang dan generaal

veldmuis muis die op het land leeft

veldrijden wielrennen op een niet geasfalteerd parcours, over natuurlijk terrein **veldrit** wielerwedstrijd over natuurlijk terrein

veldsla plantensoort waarvan een vorm (Valerianella olitoria) als groente wordt gekweekt

veldslag gevecht tussen legers **veldspaat** *het* voornaamste bestanddeel van graniet

veldspeler *sp.* speler die in het veld staat en geen keeper is **veldsterkte** sterkte van elektrische of magnetische kracht in een bepaald punt **veldtocht** het optrekken van een leger om oorlog te gaan voeren **veldwachter** ⟨vroeger⟩ politieagent in een plattelandsgemeente

veldwerk ❶ werk op het land ❷ onderzoek in de praktijk ❸ praktisch werk binnen een vakgebied

velen ▼ *iets of iemand niet kunnen ~* niet kunnen verdragen: *hij kan het niet ~ dat zijn buurman een betere baan heeft dan hij*

velerlei *bn* van veel soorten

velg *de* rand van een wiel

vellen ❶ omhakken: *een boom ~* ❷ doden: *mensen ~* ▼ *geveld door een ziekte* nergens toe in staat door een ziekte ❸ uitspreken: *een oordeel ~*

velodroom *de (m) & het* [-dromen, -s] wielerbaan

velours ⟨vəloer⟩ *het & de (m)* fluweel

veloutésoep ⟨-loe-⟩ zachte romige soep

ven *het* [-nen] meertje in heide of bos

vendel *het* [-s, -en] ❶ vaandel ❷ compagnie

vendetta *de* [-'s] bloedwraak zonder einde

vendu *de (m) & het* [-'s] ❶ veilinghuis ❷ openbare verkoping **venduhuis** veilinghuis

ve

venerisch *bn* ▾ *~e ziekte* geslachtsziekte

veneus *bn* wat te maken heeft met de aderen

venijn *het* ❶ vergif ❷ boosaardigheid, gemene hatelijkheid ▾ *het ~ zit in de staart* het vervelende komt pas op het laatst **venijnig** *bn* ❶ giftig ❷ hatelijk, gemeen: *een ~e opmerking*

venkel *de* schermbloemige plant van de familie Foeniculum, die als groente wordt geteeld en waarvan het zaad als specerij gebruikt wordt

vennoot *de (m)* [-noten] persoon met wie iemand samen een bedrijf heeft, lid van een vennootschap **vennootschap** *de (v)* [-pen] bepaald soort bedrijf dat eigendom is van meerdere personen

venster *het* [-s] ❶ raam ▾ fig. *een ~ op de wereld* iets waardoor men meer te weten komt en begrijpt van wat er in de wereld gebeurt ❷ rechthoekje op het beeldscherm van een computer met informatie over het computerprogramma of waarin men iets kan invullen **vensterbank** plank of stenen rand aan de onderkant van een raam **vensterenvelop** envelop met een doorschijnend stukje voor het adres

vent *de (m)* man, kerel ▾ *~je* kleine man; jongetje

venten iets op straat of langs de weg verkopen: *mijn grootvader vente vroeger groente en fruit*

ventiel *het* ❶ buisje waardoor er wel lucht in een band kan lopen, maar niet naar buiten ❷ klep aan een blaasinstrument, zoals een hoorn, die men kan sluiten waardoor de luchtstroom verandert en de toon lager wordt

ventilatie *de (v)* het verversen van lucht, vooral in een gebouw, en het systeem dat daarvoor zorgt **ventilator** *de (m)* [-s, -toren] apparaat dat lucht doet bewegen om die te verversen of om te zorgen voor koelte als het warm is **ventileren** ❶ de lucht verversen ❷ fig. uiting geven aan: *zijn mening ~*

ventweg kleine weg naast een grotere weg

venusheuvel licht gewelfd deel boven het geslachtsorgaan van de vrouw

ver *bn* niet dichtbij, op grote afstand ▾ *een ~re neef* neef die niet rechtstreeks verwant is;: *hij is ~der dan de andere leerlingen* hij is meer gevorderd, kan het al beter ▾ *dat gaat te ~* dat wordt te erg ▾ *het ~ brengen* een goede positie verwerven in de maatschappij

veraangenamen aangenamer, prettiger maken: *een beetje gezelschap zal uw verblijf hier ~*

verabsoluteren als algemeen geldend beschouwen, als algemeen geldend voorstellen

verachtelijk *bn* ❶ gemeen, laag, minderwaardig: *een ~ verraad* ❷ minachtend: *iets op ~e toon zeggen* **verachten** heel erg minachten, minderwaardig vinden: *ik veracht die verrader!*

verademing *de (v)* iets waardoor alles gemakkelijker wordt en men tot rust kan komen: *na al dat bezoek is het een ~ om weer even alleen zijn*

veraf *bw* ver weg

verafgoden als een afgod vereren, aanbidden: *de zanger werd verafgood door zijn vrouwelijke fans*

verafschuwen afschuw hebben van, vreselijk vinden en er een grote hekel aan hebben: *ik verafschuw mensen die dieren mishandelen*

veralgemenen, veralgemeniseren ❶ algemeen maken ❷ als algemeen voorstellen

veramerikaansen, veramerikaniseren Amerikaans worden of maken

veranda *de* [-'s] soort overdekte verhoging aan een huis waar men kan zitten: *in een schommelstoel op de ~ zitten*

veranderen ❶ anders maken: *hij heeft zijn kamer helemaal veranderd* ❷ anders worden: *ze is erg veranderd sinds ze verkering heeft* **verandering** *de (v)* ❶ het veranderen ❷ wat anders is, afwisseling ▾ *van spijs doet eten* als er steeds ander voedsel is, eet men graag **veranderlijk** *bn* wat of die gemakkelijk of steeds verandert: *het is ~ weer*

verankeren ❶ met ankers vastleggen ❷ fig. vastleggen: *de vrijheid van meningsuiting is verankerd in de grondwet*

verantwoordelijk *bn* met verantwoording, met zware plichten: *een ~e positie* ▾ *~ zijn voor* degene zijn die ervoor moet zorgen dat alles goed gaat; degene zijn wiens schuld het is;: *wij zijn ~ voor de organisatie van het feest; ik ben ~ voor de schade aan jouw fiets* **verantwoorden** rechtvaardigen, rekenschap afleggen: *ik moest me ~ voor de uitgaven* ik moest uitleggen waaraan en waarom het geld uitgegeven was **verantwoording** *de (v)* ❶ rekenschap ▾ *~ afleggen* uitleggen waarom men bepaalde dingen heeft gezegd of gedaan ▾ *de ~ voor iets op zich nemen* zeggen dat men er verantwoordelijk voor is ❷ aansprakelijkheid: *dat neem ik voor mijn ~*

verarmen arm maken of worden

verassen verbranden tot as

verbaal I *bn* ❶ in woorden, wat met woorden te maken heeft ▾ *~ begaafd zijn* goed en overtuigend kunnen spreken II *het* [-balen] ❷ verkorting van proces-verbaal

verbaasd *bn* met een bepaald gevoel als er iets gebeurt wat men niet verwacht: *we waren ~ dat zij na twee dagen alweer terug was van vakantie*

verbalisant (-zant) *de (m)* iemand die een bekeuring geeft, bekeurder **verbaliseren** (-zi-) een proces-verbaal opmaken tegen, bekeuren

verband *het* ❶ stuk stof dat men om een gewond lichaamsdeel doet: *hij had een ~ om zijn hoofd* ❷ het met elkaar te maken hebben, samenhang, context: *er bestaat een ~ tussen roken en longkanker* ❸ verbintenis ▾ *onder hypothecair ~ liggen* bezwaard zijn met een hypotheek

verbannen een inwoner uit een land wegsturen en hem verbieden terug te komen: *de dictator heeft veel politieke tegenstanders ~*

verbasteren [verbasterde, h. / is verbasterd] ❶ zijn oorspronkelijke zuivere vorm verliezen ❷ vervormen ▾ *een woord ~* vervormen, een ander woord van maken: *het indiaanse woord 'hamaca' is verbasterd tot 'hangmat'*

verbazen maken dat iemand iets vreemd vindt: *zijn vreemde vragen verbaasden me* ▾ *zich ~* iets vreemd vinden: *ik verbaasde me over zijn vreemde vragen* **verbazend** *bn* ❶ wat verbaast ❷ buitengewoon: *dit is ~ knap* **verbazing** *de (v)* het verbaasd zijn

verbeelden voorstellen: *wat verbeeldt deze tekening?* ▼ *zich ~* denken dat iets zo is terwijl het niet zo is ▼ *zich veel ~* verwaand zijn, een hoge dunk van zichzelf hebben **verbeelding** *de (v)* ❶ het verzinnen van dingen, het zich in gedachten voorstellen van dingen ❷ verwaandheid: *zij heeft veel ~* **verbeeldingskracht** het vermogen zich in gedachten iets voor te stellen

verbeiden verwachten, afwachten

verbergen ❶ iets op een plaats leggen waar anderen het niet kunnen vinden, verstoppen: *de inbreker verborg de gestolen sieraden in zijn schuurtje* ❷ niet laten blijken, niet laten merken: *zijn gevoelens ~*

verbeten *bn* met sterke maar beheerste spanning en vaak ook een beetje kwaad: *een ~ trek om de mond*

verbeteren ❶ beter maken of worden: *het weer verbetert gelukkig* ❷ fouten ergens uit halen: *iemands huiswerk ~* **verbetering** *de (v)* ❶ het verbeteren ❷ datgene wat verbeterd is, correctie: *de ~en van de leraar* ❸ vooruitgang: *dat nieuwe tapijt is een hele ~*

verbeurdverklaren verklaren dat iets aan de staat vervalt **verbeuren** ❶ als straf verliezen ❷ fig. kwijtraken doordat men het niet meer waard is: *het vertrouwen ~*

verbeuzelen aan onbeduidende dingen verspillen: *zijn tijd ~*

verbieden bevelen om iets niet te doen, zeggen dat iemand iets niet mag doen

verbijsterd *bn* erg van streek gebracht, op een erg negatieve manier verrast **verbijsteren** erg van streek brengen, op een erg negatieve manier verrassen

verbijten ▼ *(zich) ~* moeite doen om zich in te houden

verbijzonderen ❶ tot iets bijzonders maken ❷ iets bijzonders worden

verbinden ❶ aan elkaar vastmaken, samenvoegen: *twee draadjes met elkaar ~* ❷ fig. in contact brengen, een verband leggen ❸ zwachtelen, een verband aanbrengen: *een verstuikte pols ~* ❹ verplichten: *zich tot iets ~* ❺ in telefonische aansluiting brengen: *ik zal u met de directie ~* ▼ *ik ben verkeerd verbonden* ik heb het verkeerde telefoonnummer gedraaid **verbinding** *de (v)* ❶ het verbonden of verbonden zijn ▼ *zich in ~ stellen met* contact opnemen met ❷ samenvoeging, koppeling ❸ mogelijkheid om te reizen met trein, bus e.d.: *er was hier een bus- maar die is opgeheven* ❹ technische mogelijkheid tot telefonisch contact: *de ~ is verbroken, ze heeft zeker opgehangen* **verbindingstroepen** *de (mv)* troepen die de communicatie tussen legeronderdelen onderhouden

verbintenis *de (v)* [-sen] belofte, afspraak, overeenkomst ▼ *een ~ aangaan* met elkaar iets afspreken en zich verplichten zich eraan te houden: *een huwelijk is een ~ voor het leven*

verbitterd *bn* vol woede en wrok **verbitteren** ❶ tot woede of wrok brengen: *de vele tegenslagen hebben hem verbitterd* ❷ vervuld raken van woede of wrok: *door de vele tegenslagen is hij verbitterd*

verbleken ❶ bleek worden ❷ flets van kleur worden ▼ *~ bij* veel minder goed, indrukwekkend e.d. lijken in vergelijking met: *bij die fantastische prestaties van hem, ~ die paar succesjes van mij*

verblijden verheugen, blij maken: *iemand met iets ~*

verblijf *het* [-blijven] ❶ het ergens zijn, tijd dat men ergens is: *de eigenares wenste ons een prettig ~ in haar hotel* ❷ plaats waar iemand een tijdje is, verblijfplaats: *een kinderdag~* ▼ BN ook *tweede ~* tweede woning, vakantiehuis **verblijfplaats** plaats waar iemand is of woont **verblijfsvergunning** officiële toestemming voor een vreemdeling om in een land te wonen **verblijven** ergens wonen of langere tijd zijn: *wij verbleven een maand in Frankrijk*

verblinden ❶ blind maken, door fel licht beletten te zien: *de automobilist werd verblind door de koplampen van de tegenligger* ❷ fig. misleiden: *de slachtoffers van de oplichter lieten zich ~ door zijn beloften van roem en rijkdom*

verbloemen minder ongunstig voorstellen dan het in werkelijkheid is: *de waarheid ~*

verblozen rood worden, blozen ▼ *zonder verblikken of ~* waarbij iemand niet laat blijken dat het hem iets kan schelen

verbluffend *bn* heel verbazend

verbod *het* bevel om iets niet te doen

verbolgen *bn* kwaad

verbond *het* ❶ vereniging: *een ~ van uitgevers* ❷ samenwerking tussen landen: *Engeland en Frankrijk hadden een ~ gesloten*

verborgen *bn* ❶ niet zichtbaar ❷ geheim ▼ *~ gebreken* gebreken aan iets dat men koopt, zoals een huis, waarover niets is gezegd en die later pas blijken

verbouw *de (m)* ❶ het verbouwen, het anders bouwen ❷ het verbouwen, teelt: *~ van graan* **verbouwen** ❶ de indeling van een gebouw veranderen, anders bouwen: *we gaan de keuken ~* ❷ graan, groente of vruchten kweken, telen: *op deze akkers wordt tarwe verbouwd* ❸ iron. (totaal) vernielen: *we zullen deze kroeg vanavond eens even ~*

verbouwereerd van zijn stuk gebracht, waarbij iemand niet goed weet hoe hij moet reageren **verbouwing** *de (v)* het veranderen van een gebouw, bijv. door tussenmuren weg te halen of er een kamer bij te maken

verbranden in vuur geheel of gedeeltelijk vergaan of doen vergaan: *mijn boek viel in het vuur en is verbrand; de jongens verbrandden de kerstbomen* ▼ *ik ben verbrand* mijn huid is rood en pijnlijk door inwerking van de zon **verbranding** *de (v)* het verbranden **verbrandingsmotor** motor die loopt op verbranding van gassen

verbrassen (geld) verspillen aan overmatig eten en drinken

verbreden breder maken of worden: *de weg is verbreed* ▼ *zijn interesses ~* zich voor meer dingen gaan interesseren

verbreiden ❶ op veel plaatsen bekendmaken, rondvertellen: *een nieuwtje ~* ❷ op steeds meer plaatsen gebeuren of steeds meer verspreiden: *die besmettelijke ziekte heeft zich over het hele land verbreid*

ve

verbreken losbreken, afbreken: *het zegel van een brief ~* het zegel waarmee een brief dichtzit, kapotmaken ▼ *de verbinding is verbroken* tijdens een telefoongesprek is er opeens geen contact meer ▼ *een belofte ~* niet doen wat men beloofd heeft ▼ *de banden ~* geen (intensief) contact meer willen hebben

verbrijzelen vermorzelen, in kleine stukjes kapotmaken: *bij dat ongeluk is zijn arm verbrijzeld*

verbroederen maken dat mensen vriendschappelijk met elkaar omgaan: *er wordt soms gezegd dat sport mensen verbroedert*

verbrokkelen ❶ iets in kleine stukjes breken: *een koekje ~* ❷ in kleine stukjes uit elkaar vallen: *de stenen zijn verbrokkeld tot gruis*

verbruien bederven: *je hebt het bij me verbruid*

verbruik *het* het verbruiken, hoeveel iemand verbruikt **verbruiken** ❶ opmaken door te gebruiken: *hoeveel benzine verbruikt jullie auto?* ❷ verspillen, nutteloos besteden: *je tijd ~ met nietsdoen*

verbruikersunie BN consumentenbond

verbruiksartikel artikel dat men verbruikt, zoals voedsel en energie **verbruiksbelasting** belasting op verbruiksartikelen

verbuigen ❶ door buigen van vorm veranderen ❷ taalk. de uitgang van een woord veranderen: *'goede' is de verbogen vorm van 'goed'*

verbum *het* [-ba] taalk. werkwoord

verchromen met chroom bedekken

vercommercialiseren ⟨-sjaaliezj-⟩ tot iets commercieels maken of worden

verdacht *bn* ❶ die onder verdenking staat ❷ wat aanleiding geeft tot verdenking ▼ *~ maken* iets ongunstigs vertellen over ▼ *~ zijn op iets* er rekening mee houden dat het kan gebeuren en ervoor op zijn hoede zijn **verdachte** *de* [-n] iemand over wie aanwijzingen bestaan dat hij een strafbaar feit heeft gepleegd

verdachtmaking *de (v)* ❶ direct of indirect zeggen dat iemand iets slechts gedaan heeft ❷ datgene wat over iemand wordt gezegd: *ik heb genoeg van die ~en van jou*

verdagen uitstellen naar een andere dag: *de rechtszitting is verdaagd naar woensdag*

verdampen damp of gas (doen) worden van vloeistof: *het kokende water is verdampt; op de beurs zijn miljoenen euro's verdampt* verloren gegaan tijdens de handel

verdedigen ❶ beschermen: *Martin probeerde het doel te ~* ❷ proberen aan te tonen dat iets juist is of dat het terecht is dat iemand bepaalde dingen doet of zegt: *ik kan zijn slechte gedrag niet ~; een stelling ~* **verdediger** *de (m)* [-s] ❶ iemand die iets verdedigt ❷ pleiter in een strafzaak ❸ sp. achterhoedespeler **verdediging** *de (v)* ❶ het verdedigen ❷ de verdedigende (advocaat of advocaten) ❸ sp. de verdedigers

verdeeld *bn* met verschillende meningen, het niet met elkaar eens zijn: *de meningen over dit onderwerp zijn ~* **verdeelsleutel** maatstaf voor het verdelen, uitgangspunt bij het verdelen van iets **verdeelstekker** stekker waarop men andere stekkers kan aansluiten

verdekt *bn* verborgen, waar iemand of iets niet zichtbaar is: *zich ~ opstellen*

verdelen ❶ in stukjes delen: *ik heb het vel papier in vier stukken verdeeld* ▼ *zich ~* zich splitsen ❷ uitdelen, iets onder elkaar verspreiden: *verdeel jij de stukken taart even?* ❸ onenigheid, ruzie veroorzaken ▼ *verdeel en heers* maak dat de mensen ruzie met elkaar maken zodat je de baas kunt worden ❹ BN ook bezorgen, distribueren **verdeler** *de (m)* [-s] BN ook dealer

verdelgen uitroeien, massaal doden: *de muggen werden verdelgd met een zwaar gif*

verdenken iets kwaads vermoeden van, argwaan hebben tegen: *iemand van iets ~* **verdenking** *de (v)* argwaan, het vermoeden van iets slechts: *onder ~ staan*

verder I *bn* ❶ vergrotende trap van ver: *de ~e kosten* overige kosten;: *~e bijzonderheden* nadere informatie **II** *bw* ❷ voort: *~ lezen* ❸ voor de rest: *ik ben een beetje moe maar ~ gaat het goed met me*

verderf *het* ondergang ▼ *iemand in het ~ storten* ervoor zorgen dat het heel slecht met hem gaat **verderfelijk** *bn* heel schadelijk, met een heel slechte invloed

verderop *bw* verder in de aangegeven richting

verderven [verdierf, h. verdorven] totaal bederven, maken dat iemand/iets ontaardt, heel slecht wordt

verdichten ❶ dichter maken, samenpersen ❷ verzinnen **verdichtsel** *het* [-s, -en] verzinsel

verdict *het* vonnis

verdienen als loon krijgen: *hoeveel verdient jouw broer met zijn werk in de supermarkt?* ❷ waard zijn, er recht op hebben: *zo'n oude man verdient respect* ▼ *zijn verdiende loon krijgen* gestraft worden voor iets slechts wat men heeft gedaan **verdienste** *de (v)* [-n] ❶ het geld dat iemand verdient met zijn werk ❷ wat waardering verdient, de goede dingen die iemand doet, de goede eigenschappen die iemand heeft **verdienstelijk** *bn* met verdienste, vrij goed: *een ~ tekenaar* ▼ *zich ~ maken* iets doen waarvan anderen voordeel hebben

verdiepen ❶ dieper maken: *de sloot is hier verdiept* ❷ fig. diepgaander maken: *zijn kennis ~* ▼ *zich ~ in iets* meer diepgaand beschouwen, er meer over te weten proberen te komen, bijv. door erover te lezen **verdieping** *de (v)* ❶ het verdiepen ❷ het zich verdiepen ❸ ruimte in een gebouw tussen de vloer en het plafond met daarin een aantal woningen of kamers: *deze flat heeft tien ~en*

verdierlijken als een dier maken of worden

verdikkeme, verdikkie *tw* ⟨bastaardvloek⟩ uitroep van schrik, kwaadheid, verbazing e.d.

verdikken ❶ dikker maken ❷ dikker worden ❸ ⟨BN ook van personen⟩ aankomen, dikker worden

verdisconteren ❶ (door banken) verkopen of belenen van wissels bij de centrale bank voor nieuwe kredieten ❷ verrekenen: *lastenstijgingen ~ in subsidies* ❸ fig. rekening mee houden: *verschillen tussen individuen zijn in dit onderzoek verdisconteerd*

verdoemenis tot de hel veroordelen **verdoemenis** *de (v)* helse straf

verdoen verspillen (van tijd): *zij zit haar tijd te ~ met het lezen van romannetjes* ▼ *zich ~* zelfmoord plegen

verdoezelen vaag, onduidelijk maken: *de waarheid ~*

verdokteren inform. (tijd en geld) besteden aan doktersbezoek en medicijnen: *we hebben heel wat verdokterd aan onze hond*

verdomd I *tw* ❶ uitroep op van verbazing of kwaadheid II *bn* ❷ inform. erg: *~ brutaal*

verdomhoekje *het* ▼ *in het* ~ *zitten* voortdurend bekritiseerd worden door de anderen

verdomme spreekt. *tw* krachtterm, vloek, uiting van kwaadheid **verdommen** ▼ spreekt. *het ~ het* beslist weigeren ▼ spreekt. *het kan me niet ~ het kan me niks schelen* **verdommenis** *de (v)* ▼ spreekt. *naar de ~* te gronde, verloren, naar de ondergang

verdonkeremanen opzettelijk laten verdwijnen, ontvreemden

verdorie *tw* ⟨bastaardvloek⟩ uitroep van schrik, kwaadheid, verbazing e.d.

verdorren ❶ dor worden ❷ dor maken

verdorven *bn* zedelijk, moreel slecht, bedorven

verdoven ❶ gevoelloos maken: *~de middelen* ❷ gevoelloos worden: *verdoofd van verdriet* **verdoving** *de (v)* ❶ het verdoven ❷ gevoelloosheid

verdraagzaam *bn* met respect voor mensen die anders leven of denken

verdraaid I *tw* ❶ uitroep van verbazing of boosheid, verduiveld II *bn* ❷ erg, in hoge mate: *~ interessant* **verdraaien** op zo'n manier draaien dat het pijn doet of dat iets kapotgaat: *au, je verdraait mijn arm!* ▼ *iemands woorden ~* zo herhalen dat het lijkt alsof iemand iets anders heeft gezegd

verdrag *het* overeenkomst, afspraak, vooral tussen landen

verdragen ❶ dulden, accepteren dat iets of iemand er is, er geen problemen over maken: *elkaar ~* ❷ ⟨van voedsel⟩ kunnen verteren

verdragend *bn* ⟨van geschut⟩ dat ver schiet ▼ *een ~ geluid* een geluid dat over grote afstand te horen is

verdragsorganisatie staten die door een verdrag verbonden zijn

verdriet *het* gevoel van ongelukkig te zijn omdat er iets ergs gebeurt of gebeurd is **verdrieten** [verdroot, h. verdroten] verdrietig maken

verdrietig *bn* ❶ met een akelig gevoel omdat er iets akeligs gebeurt of gebeurd is: *sinds de dood van zijn hond is hij heel ~* ❷ wat zo'n gevoel veroorzaakt: *een ~e gebeurtenis*

verdrievoudigen driemaal zo groot maken of worden

verdrijven dwingen om weg te gaan, verjagen: *de relschoppers werden van het plein verdreven* ▼ *de tijd ~ iets doen zodat de tijd voorbijgaat: *tijdens het wachten verdreven we de tijd met spelletjes*

verdrijvingsvlak deel van een wegdek dat is gemarkeerd met schuine strepen en waarop niet meer gereden mag worden, bijv. aan het eind van een invoegstrook

verdringen wegdringen, de plaats innemen van iemand of iets anders: *de computer heeft de typemachine helemaal verdrongen* ▼ *gevoelens ~* uit het bewustzijn verdrijven, proberen er niet aan

te denken ▼ *zich ~* proberen de beste plaats te krijgen als men met veel mensen bij elkaar is: *de mensen verdrongen zich om de nieuwe prinses te zien*

verdrinken ❶ in het water, een vloeistof (doen) omkomen ❷ fig. zich bevinden in een te grote hoeveelheid van iets: *~ in het werk* ❸ aan drank verspillen: *al zijn geld ~*

verdrogen ❶ droog worden ❷ droog maken

verdrukken onderdrukken **verdrukking** *de (v)* onderdrukking ▼ fig. *in de ~ komen* op de achtergrond raken, niet meer genoeg aandacht krijgen ▼ fig. *tegen de ~ in* ondanks tegenspoed, tegenwerking

verdubbelen tweemaal zo groot maken of worden

verduidelijken duidelijker maken, verklaren

verduisteren ❶ duister, donker maken ❷ (geld, goederen van anderen) achterhouden, voor zichzelf gebruiken ❸ duister, donker worden ❹ afdekken van ramen e.d. om te voorkomen dat er licht naar buiten schijnt

verduiveld I *tw* ❶ uitroep van verbazing of kwaadheid II *bn* ❷ vreselijk, akelig: *wat heeft die ~e jongen nu weer uitgehaald?* III *bw* ❸ erg: *~ knap bedacht*

verdulleme *tw* ⟨bastaardvloek⟩ uitroep van schrik, kwaadheid, verbazing e.d.

verdunnen dun(ner) maken of worden ▼ *een oplossing ~* minder geconcentreerd maken

verduren ❶ lijden: *veel te ~ hebben* ❷ uithouden: *iets niet kunnen ~*

verduurzamen duurzaam maken

verdwaasd *bn* in de war, overdonderd

verdwalen de weg kwijtraken, niet meer weten waar men is: *we verdwaalden in het bos* ▼ *een verdwaalde kogel* een kogel die ver van het doel terechtkomt

verdwazen dwaas maken of worden

verdwijnen [verdween, is verdwenen] onzichtbaar worden, wegraken, weggaan: *het schip verdween in de verte; onze tassen waren verdwenen* ▼ *verdwijn uit mijn ogen!* ga weg! verdwijn!

verdwijnpunt *het* punt in perspectiefvoorstelling waar evenwijdige lijnen elkaar (zouden) snijden

veredelen beter van kwaliteit maken, verfijnen: *staal, planten ~*

vereend *bn* gezamenlijk ▼ *met ~e krachten* met gezamenlijke krachtsinspanning

vereenvoudigen eenvoudiger maken

vereenzamen eenzaam worden

vereenzelvigen als één en hetzelfde beschouwen ▼ *zich ~ met* zich identificeren met, zich voorstellen dat men die ander is

vereeuwigen ❶ onsterfelijk maken ❷ een schilderij, foto maken van

vereffenen ❶ bijleggen: *een geschil ~* ❷ betalen: *een schuld ~*

vereisen noodzakelijk maken: *dit werk vereist grote nauwkeurigheid* **vereiste** *het & de (v)* [-n] eis, iets wat noodzakelijk is: *nauwkeurigheid is een van de eerste ~n om dit werk goed te kunnen doen*

veren I *ww* ❶ terugspringen, veerkrachtig zijn ▼ *overeind ~* snel opstaan (van zijn stoel) II *bn* ❷ van of met veren

ve

verengen enger, nauwer maken of worden
verenigbaar *bn* wat verenigd kan worden ▼ ~ *met* wat kan samengaan met **verenigen** samenbrengen, er één geheel van maken: *verschillende organisaties ~ tot één grote organisatie* ▼ *zich ~ met* zich aansluiten bij ▼ *zich kunnen ~ met* goedvinden, mee eens zijn
vereniging *de (v)* ❶ het (zich) verenigen ❷ organisatie van personen die (zonder winstoogmerk) samenwerken voor een gemeenschappelijk doel
verenkleed huidbedekking van vogels
vereren iets of iemand eren, bijv. als held of als een god ▼ *vereerd zijn met* het een eer vinden dat, er trots op zijn
verergeren erger worden of maken
vererven via een erfenis overgaan, overdragen
verevenen ❶ vereffenen ❷ doel- en rechtmatig verklaren
verf *de* [verven] kleurstof die men ergens op smeert ▼ *niet (goed) uit de ~ komen* niet duidelijk zichtbaar zijn of worden; meer capaciteiten hebben dan in de praktijk blijkt ▼ *BN ook iets in de ~ zetten* de nadruk leggen op iets **verfdoos** doos met stukjes of tubetjes verf
verfijnd *bn* veredeld, fijner gemaakt, geraffineerd: *zij heeft een zeer ~e smaak* **verfijnen** fijner of verfijnder maken of worden: *sinds zijn huwelijk met een rijke vrouw is zijn smaak verfijnd* **verfijning** *de (v)* het fijner maken, het verfijnd zijn, beschaving
verfilmen een film maken van: *een boek ~*
verflauwen flauw worden, minder worden: *zijn aandacht verflauwt*
verfoeien heel slecht vinden, erop neerkijken: *ik verfoei de hebzucht van deze mensen* **verfoeilijk** *bn* heel slecht, min
verfomfaaien verkreuken, slordig maken of worden: *zij zag er verfomfaaid uit na de lange reis*
verfraaien mooier maken of worden
verfrissen weer fris en fit doen voelen of weer fris worden: *na de wandeling in de hitte namen we een ~ de douche* **verfrissing** *de (v)* ❶ het verfrissen ❷ koele drank
verfroller draaiende rol met handvat waarmee grote oppervlakken geverfd kunnen worden
verfrommelen erg verkreuken, tot een prop maken
verfstof kleurstof waarvan men verf maakt
vergaan ❶ ten onder gaan: *het schip is ~* ❷ ophouden te bestaan: *de wereld vergaat* ▼ *de lust vergaat me* ik krijg tegenzin, ik begin er steeds minder zin in te krijgen ❸ voorbijgaan: *de tijd vergaat* ❹ aflopen met: *hoe zou het hem ~ zijn in Canada?* wat heeft hij meegemaakt? gaat het goed met hem? ❺ verrotten: *vergane planten* ❻ door veroudering langzaam uit elkaar vallen: *dit vloerkleed is aan het ~*
vergaand *bn* ❶ heel erg: *een ~e brutaliteit* ❷ met grote gevolgen, ingrijpend: *~e maatregelen nemen*
vergaarbak verzamelplaats van allerlei uiteenlopende dingen of mensen
vergaderen bijeenkomen om iets te bespreken **vergadering** *de (v)* (deelnemers aan een) bijeenkomst om iets te bespreken

vergallen bederven, verpesten: *door je vervelende gedrag vergal je mijn plezier*
vergalopperen ▼ *zich ~* een misstap begaan, blunderen, iets doen of zeggen wat men niet had moeten doen of zeggen
vergankelijk *bn* niet blijvend, wat voorbijgaat: *schoonheid is ~*
vergapen ▼ *zich ~ aan* met overdreven belangstelling of bewondering kijken naar: *zich ~ aan de nieuwste technische snufjes*
vergaren verzamelen: *rijkdom, kennis ~*
vergassen ❶ in gasvorm doen overgaan ❷ met gifgas doden **vergasser** *de (m)* [-s] toestel om te vergassen
vergasten onthalen: *kinderen ~ op limonade en gebakjes*
vergeefs *bn* zonder resultaat: *het is ~e moeite*
vergeetachtig *bn* die gemakkelijk dingen vergeet: *oude mensen worden vaak wat ~*
vergeetboek ▼ *in het ~ raken* vergeten worden **vergeethoek** ▼ *BN ook in de ~ raken* in het vergeetboek raken, vergeten worden
vergeet-me-niet, vergeet-mij-niet *de* ruwbladig plantje met blauwe bloempjes (Myositis)
vergelden ❶ belonen, betalen ❷ straffen, wreken, betaald zetten: *kwaad met kwaad ~*
vergelen geel worden of maken: *het papier is vergeeld door de zon*
vergelijk *het* schikking, overeenstemming doordat beide partijen toegeven: *tot een ~ komen; een ~ treffen* **vergelijkbaar** *bn* wat men met elkaar kan vergelijken **vergelijken** ❶ kijken of er verschillen of overeenkomsten zijn tussen twee mensen, dingen, situaties e.d.: *ik vergeleek het valse met het echte bankbiljet* ▼ *zichzelf ~ met iemand anders* zichzelf beoordelen op basis van hoe die ander is ❷ vaststellen dat er overeenkomsten zijn: *hij vergeleek haar met een engel* **vergelijking** *de (v)* ❶ het vergelijken ❷ het vaststellen dat er voor een deel overeenkomsten zijn: *een ~ trekken tussen twee dingen* ▼ *taalk. de trappen van ~* de verschillende vormen van het bijvoeglijk naamwoord, bijv. groot, groter, grootst ❸ *wisk.* betrekking tussen twee vormen met een of meer onbekende grootheden, die aan elkaar worden gelijkgesteld
vergemakkelijken gemakkelijker maken
vergen vereisen, vragen: *het vergt tijd om goed te leren schaatsen; veel van iemand ~*
vergenoegd *bn* tevreden, met plezier: *toen hij zijn zin kreeg, wreef hij zich ~ in zijn handen*
vergetelheid *de (v)* toestand waarin iets vergeten is ▼ *in de ~ raken* langzaam maar zeker vergeten worden door de mensen: *veel liedjes van vroeger zijn in de ~ geraakt*
vergeten I *ww* [vergat, h. / is vergeten] ❶ er niet aan denken om iets mee te nemen of te doen: *ik heb mijn portemonnee ~* ❷ uit de herinnering kwijtraken: *ik ben zijn naam ~* ▼ *zich ~* zijn zelfbeheersing verliezen ▼ *vergeet het maar* zet dat maar uit je hoofd, reken daar maar niet op II *bn* ❸ niet meer bekend, niet in de herinnering gebleven: *een ~ schrijver*
vergeven I *ww* ❶ iemand iets slechts wat hij gedaan heeft niet meer kwalijk nemen,

vergiffenis schenken: ~ *en vergeten* ❷ **vergiftigen** ❸ **geven,** uitdelen: *ambten ~* ‖ *bn* ❹ in overvloed aanwezig (van iets onaangenaams): *het was er ~ van de kakkerlakken* **vergevensgezind** bereid om te vergeven **vergeving** *de (v)* het iemand niet meer kwalijk nemen van iets slechts wat hij heeft gedaan

vergevorderd ver gekomen in ontwikkeling of in de tijd: *op ~e leeftijd; in een ~ stadium*

vergewissen ▼ *zich ~* zich zekerheid verschaffen, nagaan of iets zo is

vergezellen begeleiden, met iemand meegaan: *zal ik je naar de bushalte ~?* ▼ *vergezeld gaan van* gelijk voorkomen met: *griep gaat vaak vergezeld van hoge koorts*

vergezicht ❶ ver uitzicht: *vanaf hier heb je een ~ over de hele vallei* ❷ afbeelding, schilderij van zo'n ver uitzicht

vergezocht wat niet voor de hand ligt, gevonden met overdreven scherpzinnigheid: *~e argumenten; een ~e vergelijking*

vergiet *het & de* bak met gaatjes waardoor het water wegloopt, bijv. voor het wassen van groente

vergieten laten stromen ▼ *tranen ~* huilen: *bloed ~*

vergif *het*, **vergift** [-en] stof met schadelijke, vaak dodelijke werking ▼ *daar kun je ~ op innemen* dat is absoluut zeker

vergiffenis *de (v)* het iemand niet meer kwalijk nemen van iets slechts wat hij heeft gedaan

vergiftig *bn* waar vergif in zit **vergiftigen** ❶ vergiftig maken: *een bron ~* ❷ door vergif doden: *zij heeft haar man vergiftigd* ❸ **fig.** bederven, slecht of akelig maken: *hij vergiftigt de sfeer met zijn hatelijke opmerkingen*

vergissen ▼ *zich ~* ongewild een fout maken ▼ *zich in iemand ~* een onjuiste indruk van iemand hebben ▼ *~ is menselijk* iedereen vergist zich weleens

vergoddelijken als godheid voorstellen of vereren **vergoden** als een afgod vereren

vergoeden betalen voor schade, werk, onkosten: *ik zal je de vaas ~ die ik gebroken heb; reiskosten worden vergoed*

vergoelijken zeggen dat het eigenlijk niet zo erg is, goedpraten: *de moeder vergoelijkte het slechte gedrag van haar zoon*

vergokken verliezen door gokken: *hij heeft zijn kapitaal vergokt*

vergooien door onverstandig gedrag verloren doen gaan: *zijn geluk ~, zijn toekomst ~* ▼ *zich ~* verkeerd gooien; zich verlagen, iets onwaardigs doen, zijn reputatie verliezen door zijn gedrag

vergrendelen met een grendel afsluiten

vergrijp *het* verboden of onrechtmatige handeling, daad die verboden is: *zakkenrollen is een ernstig ~* **vergrijpen** ▼ *zich ~ aan iemand* of *iets* iemand lichamelijk aanvallen of verkrachten; iets stelen

vergrijzen ❶ grijs worden ❷ ⟨van bevolking, personeel enz.⟩ steeds stijgen in gemiddelde leeftijd

vergroeien ❶ door het groeien verdwijnen ❷ verkeerd groeien: *haar handen zijn vergroeid door reuma* ❸ aan elkaar groeien: *twee tenen*

waren vergroeid ▼ **fig.** *hij is vergroeid met zijn werk* hij is één met zijn werk, hij is altijd met zijn werk bezig **vergroeiing** *de (v)* ❶ het vergroeien ❷ plaats waar iets vergroeid is

vergrootglas bolgeslepen glas waardoor men de dingen groter ziet **vergroten** groter maken ▼ *~ de trap* voordwoorm die een hogere graad aangeeft, bijv. *hoger, dunner* **vergroting** *de (v)* ❶ het vergroten ❷ vergrote foto

vergruizen tot heel kleine stukjes verbrokkelen, tot gruis maken **vergruizer** *de (m)* [-s] ❶ apparaat dat stenen, glas e.d. tot gruis maakt ❷ **med.** apparaat dat niersteen verbrijzelt

verguizen minachtend spreken over, als verachtelijk voorstellen

verguld *bn* ❶ met een vliesje goud bekleed ❷ **fig.** erg blij met iets: *zij was verguld met de prijs die ze gewonnen had* **vergulden** ❶ met een vliesje goud bekleden ❷ doen glanzen als goud ❸ **fig.** vleien, blij maken

vergunnen toestaan, toestemming geven

vergunning *de (v)* officiële toestemming om iets te doen: *een vis~, een parkeer~* ▼ **BN** *eeuwigdurende ~* grafrechten die niet verstrijken

verhaal *het* [-halen] ❶ iemand vertelt over dingen die gebeurd zijn of die hij verzint ❷ schadeloosstelling ▼ *~ op iemand hebben* iemand voor schadeloosstelling kunnen aanspreken ▼ *op ~ komen* uitrusten, zijn krachten terugkrijgen

verhaasten maken dat iets sneller gaat, bespoedigen

verhalen ❶ ergens verhalen over vertellen: *hij verhaalde van zijn avonturen in Afrika* ▼ *de schade op iemand ~* verklaren dat diegene de schade moet betalen ❷ naar een andere plaats brengen: *een schip ~*

verhandelen handelen in, verkopen

verhandeling *de (v)* gesproken of geschreven tekst over een onderwerp: *een ~ over de gevaren van drugs*

verhang *het* hoogteverschil tussen twee punten van een rivier gedeeld door de afstand

verhangen op een andere plaats hangen: *we hebben het schilderij ~* ▼ *zich ~* zichzelf doden door zich op te hangen

verhapstukken verrichten, in orde brengen, afhandelen: *ik heb met jou nog iets te ~* met jou heb ik nog iets te regelen, te bespreken

verhard *bn* ❶ hard geworden ❷ hard gemaakt: *~e wegen* ❸ **fig.** hard, ongevoelig geworden: *~ door alle ellende die ze had meegemaakt* **verharden** ❶ hard(er) maken: *een weg ~* ❷ hard(er) worden: *de verhouding tussen de twee groepen is verhard*

verharen [verhaarde, is verhaard] oude haren verliezen en nieuwe krijgen: *onze hond verhaart ontzettend in het voorjaar*

verhaspelen verknoeien, vervormen: *een naam ~*

verheerlijken vereren, ophemelen

verheffen ❶ omhoogheffen ❷ **fig.** geestelijk verrijken, op een hoger niveau brengen: *die ruzie vormde een weinig ~d schouwspel* ❸ de rang of waardigheid geven van ❹ ⟨luider⟩ doen klinken: *zijn stem ~* ❺ groter maken: *een getal tot* *de derde macht* ~

verhelderen ❶ duidelijker maken ❷ helderder worden

verhelen [verheelde, h. verheeld] niet doen blijken, verzwijgen

verhelpen herstellen: *een mankement* ~

verhemelte *het* [-n, -s] ❶ bovenwand van de mondholte, gehemelte ❷ overkapping met stof boven een troon of draagstoel, baldakijn

verheugd *bn* blij, vrolijk **verheugen** blij maken ▾ *zich* ~ *(over iets)* blij zijn ▾ *zich* ~ *op iets* blij zijn dat het gaat gebeuren en ernaar uitkijken ▾ *zich* ~ *in iets* genieten van iets prettigs: *hij mag zich* ~ *in een groot en liefdevol gezin*

verheven *bn* ❶ hoger dan de dingen eromheen ❷ *fig.* edel en plechtig, voornaam: *een* ~ *schrijfstijl* ▾ *boven iets* ~ *zijn* zichzelf te goed vinden voor;: *hij voelt zich boven ons* ~ hij denkt dat hij beter is dan wij

verhevigen ❶ erger, heviger maken ❷ erger, heviger worden

verhinderen maken dat iets niet gebeurt, beletten

verhip *tw* uitroep van verbazing, ergernis e.d.

verhipt *bw* erg: *dat drankje is* ~ *lekker*

verhit *bn* ❶ erg warm ❷ *fig.* erg opgewonden: *een ~te discussie* **verhitten** ❶ heet maken: *je moet de olie eerst* ~ *en dan het vlees in de pan doen* ❷ *fig.* opgewonden maken, opzwepen: *de toespraak van de leider verhitte de gemoederen van zijn volgelingen*

verhoeden voorkomen, zorgen dat iets niet gebeurt ▾ *God verhoede* laat dat alsjeblieft niet gebeuren

verhogen ❶ hoger maken: *een pad* ~ ❷ meer, hoger maken: *de winkeliers verhoogden de prijzen* ❸ een hogere plaats of rang geven **verhoging** *de (v)* ❶ het verhogen ❷ verhoogd gedeelte van een vloer of bodem ❸ lichte koorts

verholen *bn* verborgen, in stilte ▾ *een* ~ *afkeer van iets hebben* ergens een afkeer van hebben maar het niet laten merken

verhollandsen Hollands, Nederlands maken of worden

verhongeren doodgaan door honger

verhoor *het* [-horen] het ondervraagd worden: *een* ~ *door de politie*

verhoren ❶ vragen stellen om erachter te komen wat er aan de hand is of is gebeurd, ondervragen: *de politie verhoort de verdachte* ❷ luisteren naar, gehoor geven aan: *God verhoorde zijn gebed*

verhouden ▾ *zich* ~ *tot* in een bepaalde betrekking tot iets staan, op een bepaalde manier met elkaar te maken hebben **verhouding** *de (v)* ❶ het soort contact dat men met iemand heeft, hoe men met elkaar omgaat: *hoe is jouw* ~ *met je ouders?* ❷ liefdesrelatie: *die directeur had een* ~ *met zijn secretaresse* ❸ onderlinge betrekking, manier waarop mensen of zaken met elkaar te maken hebben ▾ *in* ~ *tot* in vergelijking met, wat ... betreft ▾ *naar* ~ op zo'n manier dat het klopt in vergelijking met de rest:: *een* ~ *van 5 op 1* vijf keer zo veel ... als ... **verhoudingsgewijs, verhoudingsgewijze** *bw* naar verhouding, in

verhouding tot

verhovaardigen ▾ *zich* ~ trots zijn, denken dat men beter is dan anderen

verhuis *de (m)* het verhuizen **verhuizen** [verhuisde, is / h. verhuisd] ❶ in een ander huis gaan wonen: *we* ~ *volgende week naar Breda* ❷ spullen van de ene plaats naar een andere brengen: *we* ~ *de kast naar de slaapkamer* **verhuizer** *de (m)* [-s] ❶ bedrijf dat of persoon die bezittingen van anderen verhuist ❷ iemand die verhuist

verhullen verbergen: *haar kleurige jurk kon niet* ~ *dat ze dikker was geworden*

verhuren zaken, zoals huizen, auto's of fietsen, tijdelijk aan iemand afstaan voor geld ▾ *zich* ~ voor een bepaald bedrag werk voor een ander doen **verhuur, verhuur** *de (m)* het verhuren

verificateur *de (m)* [-s] ambtenaar die controleert of gegevens kloppen, vooral van aangiften **verificatie** *de (v)* [-s] het verifiëren **verifiëren** (-fji-) de juistheid van iets onderzoeken, controleren of het echt zo is

verijdelen doen mislukken: *een aanslag* ~

vering *de (v)* ❶ het veren ❷ wat dient voor het veren: *de* ~ *in de auto vangt de schokken op bij oneffenheden in het wegdek*

verjaardag dag waarop iemand een jaar ouder wordt

verjagen maken dat een persoon of een dier weggaat, wegjagen: *de hond verjoeg de insluiper*

verjaren ❶ jarig zijn ❷ na een bepaalde tijd niet meer geldig zijn: *een vonnis kan* ~

verjongen ❶ jong maken ❷ jong worden **verkalken** (bijv. van aderen) kalkachtig worden ▾ *fig. verkalkt* niet meer echt levend: *verkalkte leuzen; een verkalkte ideologie* **verkapt** *bn* verborgen, verholen, stiekem: *de nieuwe maatregel is een ~e prijsverhoging*

verkassen *inform.* verhuizen

verkavelen in kavels, stukken verdelen: *grond* ~ **Verkavelingsvlaams** BN benaming voor de Belgisch-Nederlandse tussentaal (zoals gebruikt in televisiesoaps enz.)

verkeer *het* ❶ omgang: *maatschappelijk* ~, *seksueel* ~ ▾ *huiselijk* ~ gang van zaken binnen het gezin ❷ het zich verplaatsen, vervoer ❸ de gezamenlijke fietsers, voetgangers, auto's e.d.: *er was veel* ~

verkeerd *bn* niet juist, fout: *de deelnemer aan de quiz gaf het ~e antwoord* ▾ *koffie* ~ koffie met heel veel warme melk erin

verkeersader hoofdverkeersweg **verkeersbord** bord met aanwijzingen voor mensen die deelnemen aan het verkeer **verkeersbrigade** oversteekhulp voor schoolkinderen **verkeersdrempel** verhoging die in het wegdek is gemaakt en waardoor automobilisten, motorrijders e.d. wel langzaam moeten rijden **verkeersleiding** ❶ het regelen van het luchtvaartverkeer ❷ de personen die dit doen **verkeerslicht** gekleurd licht dat aangeeft of het verkeer kan doorrijden of moet stoppen, stoplicht **verkeersongeluk** botsing, aanrijding of een ander ongeluk op de openbare weg **verkeersongeval** verkeersongeluk **verkeersovertreding** het overtreden van de regels van het verkeer, het doen van iets in het verkeer wat niet is toegestaan zoals te snel rijden **verkeersplein** kruispunt van grote verkeerswegen, in de vorm van een plein **verkeerstoren** toren op een vliegveld van waaruit het landen en opstijgen van vliegtuigen geregeld wordt en van het vliegverkeer in een bepaald gebied rond de toren **verkeersvlieger** piloot in de burgerluchtvaart, niet-militair piloot **verkeersvliegtuig** vliegtuig voor het verkeer tussen tussen steden en landen (in de burgerluchtvaart), lijnvliegtuig **verkeerswisselaar** BN *de (m)* [-s] verkeersknooppunt **verkeerszuil** zuil die aangeeft langs welke kant het verkeer moet passeren

verkeken *bn* verloren, voorbij: *de kans is ~*
verkennen (stiekem of openlijk) bekijken hoe de situatie is (van de vijand, hoe een terrein eruitziet e.d.) **verkenner** *de (m)* [-s] ❶ soldaat die de vijand of een gebied onderzoekt ❷ jongen van twaalf tot achttien jaar bij scouting
verkeren ❶ veranderen: *het kan ~* ❷ omgang hebben met: *in hogere kringen ~* ❸ zijn, zich bevinden: *in moeilijkheden ~* **verkering** *de (v)* ❶ liefdesrelatie tussen (vaak jonge) personen die (nog) niet samenwonen of getrouwd zijn ❷ persoon met wie iemand verkering heeft
verkerven [verkorf, h. verkorven] bederven ▼ BN *het verkorven hebben* het verbruid hebben
verketteren ❶ tot ketter of ketterij verklaren ❷ fig. heftig veroordelen: *zijn ideeën worden verketterd in de pers*
verkiesbaar *bn* beschikbaar om verkozen te worden **verkieslijk, verkieselijk** *bn* te verkiezen, wat de voorkeur heeft, wat men beter kan hebben of doen **verkiezen** ❶ de voorkeur geven aan, liever hebben of doen, kiezen ❷ uitkiezen tijdens een verkiezing: *de sportman van het jaar ~* **verkiezing** *de (v)* het kiezen van personen in de regering, vertegenwoordigers in het parlement, schoonheidskoninginnen enz.: *onze partij heeft tijdens de ~en veel zetels verloren* **verkiezingscampagne** propaganda voor een partij of een kandidaat om mensen over te halen om op die partij of kandidaat te stemmen tijdens een verkiezing **verkiezingsprogramma** beschrijving van wat een politieke partij wil doen als ze wordt gekozen
verkijken ▼ *de kans is verkeken* de kans is voorbij, het kan niet meer ▼ *zich ~ op iets, iemand* iemand, iets verkeerd beoordelen
verkikkerd *bn* ▼ *~ op* verliefd op
verklaarbaar *bn* mogelijk om te verklaren
verklanken in klanken omzetten
verklappen iets vertellen wat geheim is: *je moet niet ~ wat voor cadeautje ik voor hem heb gekocht*
verklaren ❶ de betekenis, de bedoeling uitleggen: *~d woordenboek* ❷ te kennen geven: *de oorlog ~* ❸ *een verklaard vijand van* een overtuigd tegenstander van **verklaring** *de (v)* ❶ het verklaren ❷ de uitleg ❸ mededeling, het te kennen geven van iets ❹ schriftelijk stuk waarin iets te kennen wordt gegeven, uitgelegd e.d.
verkleden ❶ andere kleren aantrekken: *zich ~*

❷ vermommen: *als clown verkleed zijn*
verkleinen ❶ kleiner maken ❷ als kleiner, minder belangrijk voorstellen **verkleinwoord** woord waarmee men iets kleins, iets liefs enz. aanduidt, bijv. bankje, liefje, boompje
verkletsen verliezen, verspillen door kletsen: *zijn tijd ~*
verkleumd *bn* stijf van de kou **verkleumen** stijf worden van kou: *ik sta te ~ terwijl ik in de kou wacht op iemand die veel te laat is*
verkleuren van kleur (doen) veranderen: *de hele witte was is verkleurd door het blauwe T-shirt dat per ongeluk mee is gewassen*
verklikken doorvertellen aan personen voor wie het geheim had moeten blijven, verraden **verklikker** *de (m)* [-s] ❶ iemand die iets verklikt ❷ spion van de politie ❸ toestelletje dat op iets opmerkzaam maakt
verknallen ▼ inform. *het ~ bederven*, verpesten: *ik heb mijn sollicitatiegesprek verknald en ik krijg die baan zeker niet*
verkneukelen, verkneuteren *zich ~* stilletjes plezier hebben: *hij verkneukelde zich toen de arrogante jongen door een meisje voor gek werd gezet*
verknippen ❶ verknoeien door verkeerd te knippen: *ze heeft de stof voor de blouse verknipt* ❷ door knippen in kleine stukjes verdelen **verknipt** *bn* inform. onevenwichtig van geest, psychisch niet helemaal in orde
verknocht *bn* sterk gehecht: *mijn vader is ~ aan die oude auto*
verknoeien ❶ bederven, kapotmaken: *mijn zusje heeft de taart weer verknoeid* ❷ nutteloos besteden: *zit je je tijd weer te ~ met televisiekijken?*
verkoelen ❶ koeler maken: *deze crème verkoelt de huid* ❷ koeler worden, minder hartelijk worden: *onze vriendschap is verkoeld*
verkoeverkamer vertrek in een ziekenhuis bestemd voor het bijkomen na operatie
verkoken opraken door (te lang) koken, verdampen: *het water is verkookt*
verkokering *de (v)* het uiteenvallen in verschillende onderdelen en daardoor langs elkaar heen werken
verkolen tot kool maken of worden: *de verkoolde resten na een brand*
verkommeren achteruitgaan door onvoldoende verzorging, in een steeds slechtere, zwakkere toestand raken
verkondigen aan de mensen bekendmaken: *de leider van de sekte verkondigde dat er nieuwe tijden zouden aanbreken*
verkoop *de (m)* [-kopen] het verkopen **verkoopbaar** *bn* ❶ mogelijk om te verkopen, wat verkocht kan worden ❷ fig. mogelijk om zo te presenteren dat het aanvaard wordt: *dat plan is niet ~* **verkooppraatje** iets wat gezegd wordt om iemand over te halen om iets te kopen **verkoopprijs, verkoopsprijs** prijs waarvoor iets verkocht wordt **verkoopster** *de (v)* [-s] ❶ vrouw die iets verkoopt ❷ vrouw die in een winkel klanten helpt **verkoopzaal** BN ook ❶ veilingruimte ❷ veilingzaal
verkopen ❶ voor een bepaald bedrag aan een ander overdoen ❷ fig. vertellen: *praatjes ~*

ve

❸ geven: *een oplawaai* ~ ▼ *zich weten te* ~ zich goed kunnen presenteren ▼ *zijn huid duur* ~ zichzelf tot het uiterste verdedigen **verkoper** *de (m)* [-s] ❶ iemand die iets verkoopt ❷ iemand die in een winkel klanten helpt **verkoping** *de (v)* (openbare) verkoop ▼ *openbare* ~ veiling

verkorten korter maken

verkouden *bn* met ontstekingen in keel en neus doordat iemand kou gevat heeft **verkoudheid** *de (v)* [-heden] ziekte, kwaal die men krijgt door kou

verkrachten ❶ seks hebben met iemand terwijl diegene dat niet wil ❷ fig. iets kapotmaken, bederven: *de slechte zanger verkrachtte het lied* ❸ ⟨van wetten, regels⟩ schenden, zich er niet aan houden

verkrampt *bn* ❶ door kramp verwrongen, krampachtig samengetrokken: *een* ~ *gezicht* ❷ fig. heel erg gespannen: ~ *vasthouden aan oude tradities*

verkreukelen ❶ kreukels maken in: *je verkreukelt je jasje als je zo zit* ❷ kreukels krijgen: *je rok is helemaal verkreukeld*

verkrijgbaar *bn* mogelijk om te verkrijgen, te koop: *deze crème is niet meer* ~ **verkrijgen** ❶ krijgen (na enige moeite), verwerven, behalen: *goede resultaten* ~ ❷ gedaan krijgen ▼ *iets niet over zijn hart kunnen* ~ er niet toe kunnen besluiten omdat men het te hard vindt

verkroppen ▼ *iets niet kunnen* ~ iets niet kunnen verdragen, accepteren ▼ *zijn woede* ~ zichzelf beheersen en zijn woede niet tonen

verkrotten heel erg achteruitgaan (van een woning), een krot worden

verkruimelen tot kruimels maken of worden

verkwanselen ❶ tegen een veel te lage prijs verkopen: *hij heeft de fiets van zijn vader voor een paar euro verkwanseld* ❷ uitgeven aan nutteloze dingen, verspillen: *hij heeft zijn erfenis verkwanseld aan drank en drugs*

verkwikken ❶ verfrissen: *de duik in het koele water verkwikte ons* ❷ goed doen, een prettig gevoel geven: *een* ~*d drankje*

verkwisten aan nutteloze dingen uitgeven: *geld* ~

verlaat *het* [-laten] kleine schutsluis

verladen ❶ inladen om te verzenden ❷ overladen: *de lading* ~ *in een ander schip*

verlagen ❶ lager maken, verminderen ❷ fig. onteren, schande aandoen ▼ *zich* ~ *tot* zichzelf onteren door

verlakken beetnemen, voor de gek houden, bedriegen

verlammen lam of krachteloos maken of worden **verlamming** *de (v)* ❶ het verlammen ❷ het niet (meer) in staat zijn om zijn spieren te bewegen

verlangen I *ww* ❶ erg graag willen, naar iets uitkijken: *ik mis je en ik verlang zo naar je* ❷ willen hebben, eisen: *iets van iemand* ~; *hij verlangt absolute gehoorzaamheid* **II** *het* [-s] ❸ vurige wens, begeerte: *branden van* ~ **verlanglijst** lijst waarop iemand geschreven heeft wat hij graag wil

verlaten I *ww* [verlaatte, h. verlaat] ▼ *zich* ~ oponthoud hebben en later komen dan de

bedoeling was: *een van onze gasten is verlaat* **II** *ww* [verliet, h. verlaten] ❶ weggaan van: *het ouderlijk huis* ~ ❷ in de steek laten ▼ *zich* ~ *op* vertrouwen op **III** *bn* ❷ in de steek gelaten: *een* ~ *vrouw* ❹ eenzaam: *een* ~ *stadje*

verleden I *bn* ❶ afgelopen, voorbij **II** *het* ❷ tijd die voorbij is

verlegen *bn* een beetje angstig en niet op zijn gemak in het contact met andere mensen ▼ ~ *zijn met iets* er zich voor schamen; niet weten wat men ermee aan moet ▼ ~ *zijn, zitten om iets* het erg nodig hebben **verlegenheid** *de (v)* ❶ het niet goed contact met anderen durven te maken, het zich geremd voelen in gezelschap van anderen ❷ toestand waaruit men zich moeilijk kan redden: *iemand in* ~ *brengen*

verleggen anders of op een andere plaats leggen **verleidelijk** *bn* aanlokkelijk, heel aantrekkelijk: *een* ~*e vrouw; een* ~ *plan* **verleiden** ❶ iemand iets laten doen wat die persoon eigenlijk niet wil, door het heel aantrekkelijk te maken: *ik liet mij* ~ *een patatje te eten* ❷ iemand versieren, hem of haar tot seks overhalen, door zichzelf als heel aantrekkelijk te presenteren **verleiding** *de (v)* ❶ het verleiden ❷ iets waardoor iemand wordt verleid

verlekkerd *bn* begerig: *hij zat* ~ *naar de taart te kijken* ▼ ~ *op iets zijn* verzot, gek op iets zijn

verlenen ❶ geven: *hulp* ~ ❷ toestaan: *iemand toegang* ~

verlengde *het* ▼ *in het* ~ *van* als voortzetting van, ook figuurlijk **verlengen** langer maken ▼ BN *verlengd* geprolongeerd (van theatervoorstelling, film) **verlenging** *de (v)* ❶ het langer maken ❷ sp. extra speeltijd na een wedstrijd met gelijkspel **verlengsnoer** verlengstuk voor een elektrisch snoer

verleppen slap worden, verwelken

verleren [verleerde, h. / is verleerd] vergeten wat men geleerd heeft, iets niet meer kunnen wat men gekund heeft: *ze zeggen dat je fietsen nooit verleert*

verlet *het* ❶ tijdverlies, schade door tijdverlies ❷ uitstel: *zonder* ~ *iets doen*

verlevendigen levendig(er) maken

verlicht *bn* ❶ door licht beschenen: *een hel*~*e kamer* ❷ fig. met inzicht, ruimdenkend **verlichten** ❶ met licht beschijnen ❷ fig. kennis en ontwikkeling bijbrengen ❸ minder zwaar, minder lastig maken: *iemands taken* ~ **verlichting** *de (v)* ❶ het licht, de lampen ❸ fig. verstandelijke ontwikkeling, inzicht in allerlei verschijnselen ▼ *de* ~ periode in de Europese cultuurgeschiedenis (18de eeuw) ❹ het verlichten, vermindering van last of druk **verlichtingspaal** BN ook lantaarnpaal

verliefd *bn* ❶ vol van verlangen naar, die liefde voelt voor iemand ❷ waaruit die liefde blijkt: ~*e blikken*

verlies *het* [-liezen] ❶ het verliezen ❷ wat iemand verloren heeft: *een zwaar* ~ *lijden* **verliezen** [verloor, h. verloren] ❶ iets wat men had op een gegeven moment niet meer hebben, kwijtraken: *geld* ~; *zijn geduld* ~ ❷ een nederlaag lijden: *met 1-0* ~ ❸ verkopen voor minder dan waarvoor men het gekocht heeft: ~ *op iets* ▼ *zich* ~ *in* (te) veel belangstelling hebben voor (en de wereld om zich heen vergeten)

verliggen [verlag, is verlegen] ❶ bederven door te lang liggen ❷ anders gaan liggen

verlijden [verleed, h. verleden] ‹een akte› opmaken

verlinken inform. verraden **verloederen** slechter, ruwer, minder netjes worden: *deze straat is verloederd*

verlof *het* [-loven] ❶ vergunning: *~ geven tot iets; ~ hebben* ❷ periode waarin men vrij heeft ▼ *groot ~* vrijstelling van dienst voor onbepaalde tijd ▼ BN *politiek ~* toestemming om een politiek mandaat te vervullen ▼ BN *penitentiair ~* proefverlof voor gevangenen ▼ BN, spreekt. *~ zonder wedde* onbetaald verlof

verlokkelijk *bn* aanlokkelijk, verleidelijk **verlokken** lokken, overhalen tot iets, verleiden

verloning BN, ook *de (v)* bezoldiging, beloning

verloochenen ❶ niet willen kennen, ontrouw worden: *iemand ~* ❷ handelen in strijd met: *zijn principes ~* ▼ *zich ~* tegen zijn aard of beginselen handelen; onzelfzuchtig handelen, zijn eigen verlangens en persoonlijkheid opzijzetten

verloofd *bn* in de fase voor het huwelijk nadat men, min of meer feestelijk, heeft laten weten van plan te zijn met elkaar te trouwen

verloofde *de* [-n] de persoon van wie iemand (enigszins feestelijk) heeft laten weten dat hij met diegene gaat trouwen

verloop *het* ❶ manier waarop iets zich ontwikkelt: *het ~ van een ziekte* ❷ afloop: *na ~ van tijd* ❸ achteruitgang: *het ~ van een zaak* ❹ wisseling van personen door vertrek e.d.: *het ~ is groot binnen dit bedrijf*

verloopstekker los tussenstuk voor een stekker die anders niet in een stopcontact past

verloopstuk verbindingsstuk tussen twee ongelijke buizen

verlopen I *ww* ❶ voorbijgaan: *er verliep een jaar voor we elkaar weer zagen* ❷ ongeldig worden: *dit visum verloopt over een maand* ❸ achteruitgaan ❹ (van zetsel) op een andere regel overgebracht worden II *bn* ❺ achteruitgegaan: *hij zag er ~ uit door de drank en de drugs*

verloren *bn* ❶ kwijt, kwijtgeraakt: *~ gaan, raken* ▼ BN ook *~ lopen* verdwalen ❷ nutteloos: *~ moeite* ▼ *een ~ ogenblik* waarin men niets kan verrichten ❸ zonder uitzicht op redding, niet meer te redden: *we zijn ~*

verloskunde leer van vakkundige hulp bij een bevalling **verloskundige** *de* [-n] iemand die helpt bij zwangerschap en bevalling

verlossen ❶ vrijmaken, bevrijden: *iemand van een probleem ~* ❷ helpen bij een bevalling **verlosser** *de (m)* [-s] redder ▼ *de Verlosser* Christus

verlostang tang om het hoofd van een baby om de bevalling te versnellen

verloten iets geven aan iemand die het juiste lot heeft of die op een andere manier door toeval wordt aangewezen: *onder de inzenders van het goede antwoord wordt een reis naar Mallorca verloot*

verloven ▼ *zich ~* min of meer feestelijk, laten weten dat men van plan is met elkaar te

trouwen **verloving** *de (v)* ❶ het zich verloven ❷ het verloofd zijn

verluchten met illustraties versieren

verluiden gezegd worden ▼ *naar verluidt* zoals gezegd wordt ▼ *iets horen ~* horen vertellen

verlummelen luierend en rondhangend doorbrengen: *zijn tijd ~*

verlustigen ▼ *zich ~* genieten, zich vrolijk maken, blij zijn

vermaak *het* [-maken] plezier, iets wat ervoor zorgt dat mensen plezier hebben

vermaard *bn* beroemd, heel bekend en met een goede reputatie: *een ~ psychiater*

vermageren mager worden of maken: *de ziekte heeft hem sterk vermagerd; zij is erg vermagerd*

vermakelijk *bn* leuk, grappig: *een ~e gebeurtenis*

vermaken ❶ anders maken: *een jurk ~* ❷ vermaak geven, ervoor zorgen dat mensen plezier hebben: *het publiek ~* ▼ *zich ~* plezier hebben, een leuke tijd hebben ❸ schenken via een testament: *zijn bezittingen ~ aan iemand*

vermaledijen vervloeken: *die vermaledijde ...!*

vermalen fijnmalen

vermanen ernstig waarschuwen, aansporen tot beter gedrag **vermaning** *de (v)* waarschuwing, aansporing om zich beter te gedragen: *iemand een ~ geven*

vermannen ▼ *zich ~* zichzelf dwingen om niet bang te zijn: *ze vermande zich en stapte op de pestkop af*

vermarkten op de markt brengen, in de verkoop brengen: *een nieuw product ~*

vermeend *bn* waarvan of van wie iets gedacht wordt: *de ~e dader bleek onschuldig te zijn*

vermeerderen ❶ ergens meer van maken of meer worden: *hij heeft zijn rijkdommen vermeerderd* ❷ meer worden

vermelden meedelen, noemen: *je moet je naam en adres op het formulier ~* **vermeldenswaardig, vermeldenswaard** *bn* waard om vermeld te worden, interessant **vermelding** *het* vermelden

vermengen mengen met iets anders ▼ *zich ~* samen een mengsel vormen

vermenigvuldigen ❶ ‹rekenen› een getal zoveel maal nemen als door een ander getal wordt aangegeven: *drie ~ met acht* ❷ maken dat iets groter wordt in aantal, er meer exemplaren van maken: *drukwerk ~* ▼ *zich ~* talrijker worden, groter worden in aantal; zich voortplanten

vermetel *bn* overmoedig, roekeloos

vermeten verkeerd meten ▼ *zich ~* de moed of brutaliteit hebben (om iets te doen)

vermicelli *de (m)* kleine deegsliertjes die in soep worden gegeten

vermijden ❶ zorgen dat iets niet gebeurt: *gevaren ~* ❷ ervoor zorgen dat men iemand niet ontmoet: *ik vermijd die enge man zo veel mogelijk*

vermiljoen I *het* ❶ hoogrode kleur of verfstof II *bn* ❷ felrood

verminderen minder worden of maken **vermindering** *de (v)* ❶ het verminderen ❷ BN ook korting, reductie

verminken ❶ iemands lichaam ernstig beschadigen, van een lichaamsdeel beroven: *hij keerde verminkt terug uit de oorlog* ❷ fig. schenden, toetakelen: *de dieven hebben het* *kunstwerk verminkt*

vermissen missen, kwijt zijn ▼ *vermist* verdwenen zonder dat men weet waarheen: *van het vermiste meisje is nog geen spoor gevonden*

vermits BN, *schr. vgw* omdat, aangezien

vermoedelijk *bn* waarschijnlijk: *de ~e dader*

vermoeden I *ww* ❶ denken dat iets zo is, veronderstellen II *het* [-s] ❷ het denken dat iets zo is, veronderstelling

vermoeid *bn* moe **vermoeien** moe maken **vermoeienis** *de (v)* [-sen] moeheid, inspanning

vermogen I *ww* [vermocht, h. vermocht] ❶ kunnen, in staat zijn tot: *niets vermocht hem te troosten* ❷ invloed hebben: *niets op iemand ~* II *het* [-s] ❸ capaciteit, wat iemand kan: *denk~* verstand ❹ kracht, macht: *alles doen wat in zijn ~ ligt* ❺ bezit, rijkdom: *een groot ~; dat kost een ~* heel veel geld ❻ wat een machine kan voortbrengen: *het elektrisch ~* **vermogend** *bn* ❶ rijk ❷ machtig, invloedrijk

vermogensbelasting belasting over het vermogen dat iemand bezit **vermogensdelict** delict tegen iemands eigendom of bezit

vermolmen rotten, vergaan *(van hout)*

vermommen verbergen door het anders te laten lijken: *haar zogenaamde belangstelling was vermomde nieuwsgierigheid* ▼ *zich ~* zich zo verkleden en zijn gezicht zo veranderen dat men eruitziet als iemand anders: *hij had zich vermomd als politieagent* **vermomming** *de (v)* ❶ het (zich) vermommen ❷ kleding, pruik, snor enz. waarmee iemand zich vermomt

vermoorden iemand met opzet doden

vermorzelen helemaal kapotmaken, platdrukken: *hij vermorzelde de spin onder zijn hak*

vermout ⟨vermoet of vermoet⟩ *de (m)* drank gemaakt van wijn met alsem en suiker, getrokken op alcohol

vermurwen overhalen door op iemands gevoel te werken

vernachelen spreekt. (iemand) een streek leveren, beetnemen

vernauwen nauw(er) maken of worden ▼ *zich ~* nauwer worden **vernauwing** *de (v)* ❶ het vernauwen ❷ plaats waar iets zich vernauwt

vernederen minachtend behandelen ▼ *zich ~* zich onderdanig, nederig gedragen; zich zo gedragen dat men minachting oproept

vernederlandsen Nederlands maken of worden

vernemen te weten komen: *iets uit goede bron ~*

verneuken spreekt. bedriegen **verneukeratief spreekt.** *bn* bedrieglijk, misleidend

vernielen met geweld kapotmaken: *vandalen vernielden de trein* **vernieling** *de (v)* ❶ het vernielen ❷ wat vernield is ▼ *inform. in de ~ raken* in slechte omstandigheden terechtkomen, erg achteruitgaan: *sinds zijn vrouw is weggegaan is hij in de ~ geraakt* **vernielzucht** neiging, behoefte om dingen kapot te maken

vernietigen ❶ helemaal kapotmaken ❷ ongedaan maken, ongeldig verklaren: *een vonnis ~* **vernietigend** *bn* volstrekt afkeurend of minachtend: *een ~ oordeel over iemand vellen*

vernieuwen helemaal nieuw maken of oude delen vervangen door nieuwe

vernikkelen met een laagje nikkel bedekken ▼ *inform. staan te ~* erge kou lijden: *ik hoop dat ze snel komt, ik sta hier te ~*

vernis *het & de (m)* [-sen] ❶ lak om bijv. hout te beschermen en te laten glanzen ❷ *fig.* oppervlakkig laagje: *het ~ van beschaving*

vernissage ⟨verniesaazje⟩ *de (v)* [-s] officiële opening van een tentoonstelling voor genodigden

vernoemen ❶ noemen (naar), de naam krijgen van: *onze zoon is vernoemd naar mijn vader* ❷ BN ook vermelden

vernuft *het* ❶ verstand, slimheid, vindingrijkheid ❷ vindingrijk, scherpzinnig persoon **vernuftig** *bn* scherpzinnig, slim, vindingrijk

veroonaangenamen onprettig maken: *de aanwezigheid van mijn ex-man veroonaangenaamde mijn verblijf zeer*

veroonachtzamen niet genoeg aandacht besteden aan

veronderstellen aannemen dat iets zo is: *iets als bekend ~*

verongelijkt *bn* met het gevoel onrechtvaardig behandeld te zijn

verongelukken ❶ door een ongeluk omkomen ❷ *fig.* mislukken (van een project, in het leven e.d.)

verontreinigen vies maken

verontrusten bang maken, ongerust maken

verontschuldigen goedpraten, rechtvaardigen ▼ *zich ~* vragen niet kwalijk te nemen (en de reden voor zijn fout geven) ▼ *zich laten ~* door iemand anders laten zeggen dat men ergens niet aanwezig kan zijn ▼ BN *verontschuldigd zijn* afwezig zijn met kennisgeving **verontschuldiging** *de (v)* het (zich) verontschuldigen, excuus: *~en aanbieden, maken*

verontwaardigd *bn* (een beetje) kwaad **verontwaardigen** ▼ *zich ~* zich boos maken **verontwaardiging** *de (v)* (lichte) kwaadheid

veroordelen ❶ schuldig verklaren, opleggen in de vorm van een vonnis: *iemand ~ tot een straf* ❷ sterk afkeuren: *iemands gedrag ~*

veroorloven toestaan ▼ *zich ~* de vrijheid nemen (om iets te doen) ▼ *zich kunnen ~* kunnen betalen; kunnen doen zonder problemen te krijgen: *ik kan me geen nieuwe auto ~; ik kan me geen fout meer ~ want dan word ik ontslagen*

veroorzaken de oorzaak zijn van, maken dat iets gebeurt: *een ongeluk ~ door te hard te rijden*

verootmoedigen nederig maken ▼ *zich ~* nederig worden, zich nederig gedragen

verorberen opeten: *met smaak verorberde ze de pannenkoek*

verordenen voorschrijven, vooral door de overheid **verordening** *de (v)* voorschrift van de overheid **verordonneren** voorschrijven, bepalen, bevelen

verouderen ❶ oud(er) maken of worden ❷ buiten gebruik raken

veroveren ❶ door vechten in bezit nemen ❷ *fig.* voor zich winnen: *iemands hart ~* **verovering** *de (v)* ❶ het veroveren ❷ wat of wie veroverd is

verpachten in pacht geven

verpakken inpakken, ergens een verpakking omheen doen: *de boeken waren verpakt in kisten*

ve

▼ *kritiek* ~ op een verhulde manier naar voren brengen **verpakking** *de (v)* dat waarin iets verpakt is

verpanden in pand geven, als onderpand geven ▼ *zijn hart aan iemand* ~ verliefd worden op iemand

verpatsen voor (veel) te weinig (geld) verkopen, vaak voor iets onnuttigs: *hij heeft zijn trouwring verpatst om drank te kunnen kopen*

verpauperen armoedig worden, achteruitgaan: *deze straat is helemaal aan het* ~

verpersoonlijken als persoon voorstellen

verpesten bederven, verknoeien: *nu moet je de sfeer niet weer* ~ *met je gezeur!*

verpieteren [verpieterde, is verpieterd] ▼ *laten* ~ (eten) te lang op het vuur laten staan waardoor de smaak slechter wordt

verpinken BN met de ogen knipperen ▼ *zonder* ~ zonder enige schaamte of aarzeling te tonen, koelbloedig, onbewogen

verplaatsen op een andere plaats zetten, een andere plaats geven ▼ *zich* ~ naar een andere plaats gaan; zich voortbewegen: *zij verplaatst zich met behulp van een rollator* ▼ *zich* ~ *in iemand anders* zich zijn gevoelens en gedachten voorstellen

verplaatsing *de (v)* ❶ het (zich) verplaatsen ❷ BN ook dienstreis

verplaatsingskosten *de (mv)* ❶ BN ook reis- en verblijfskosten ❷ BN voorrijkosten

verplanten op een andere plaats planten

verpleeghuis tehuis voor mensen (vooral bejaarden) die verpleging nodig hebben

verpleeghulp *de* iemand die in een ziekenhuis, verzorgingshuis e.d. de thuis mensen helpt die zichzelf niet meer kunnen verzorgen

verpleegkundige *de* [-n] iemand die in de beroepshalve zieken verpleegt, verplegende

verpleegster *de (v)* [-s] vrouw die beroepshalve zieken verpleegt **verplegen** zieken verzorgen

verplegende *de* [-n] iemand die beroepshalve zieken verpleegt, verpleger of verpleegster

verpleger *de (m)* [-s] man die beroepshalve zieken verpleegt

verpletteren ❶ platdrukken door op iets te drukken: *de auto is verpletterd door de omgevallen boom* ❷ fig. erg schokken: ~*d nieuws* ▼ *een* ~*de nederlaag* een heel zware nederlaag

verplicht *bn* wat moet ▼ *(aan) iemand veel* ~ *zijn* veel aan iemand te danken hebben **verplichten** ⟨m.b.t. personen⟩ noodzaken, dwingen, bepalen dat iets moet ▼ *iemand (aan zich)* ~ dingen voor iemand doen waardoor diegene dankbaar is en die hem het gevoel geven dat hij eens iets terug moet doen **verplichting** *de (v)* ❶ noodzaak, iets wat moet ❷ reden tot dankbaarheid: *veel* ~ *aan iemand hebben*

verpoppen ▼ *zich* ~ tot pop worden (*van een rups*)

verpoten verplanten

verpotten (een plant) in een andere pot doen

verpozen uitrusten, ontspannen

verpraten zijn tijd verdoen met praten ▼ *zich* ~ zijn mond voorbijpraten, iets zeggen wat men geheim wilde houden

verprutsen verknoeien: *de voetballer verprutste de*

---

kans op een doelpunt

verpulveren ❶ tot poeder maken, helemaal kapotmaken ❷ tot poeder worden ❸ fig. helemaal tenietdoen: *de schaatser heeft het oude record verpulverd*

verraad *het* ❶ het bekendmaken, verraden van geheimen aan een tegenstander ❷ het helpen van een vijand: *hij pleegde* ~ *in de oorlog* **verraden** bekendmaken wat verborgen moest blijven: *een geheim* ~ ▼ *zijn vaderland* ~ de vijand van zijn vaderland helpen ▼ *iemand* ~ iemand in de steek laten, bedriegen, de tegenstander van iemand helpen: *mijn beste vriend heeft mij* ~ **verrader** *de (m)* [-s] iemand die verraad pleegt **verraderlijk** *bn* ❶ als (van) een verrader ❷ wat anders lijkt dan het is en daardoor gevaarlijk is, onverwacht gevaarlijk: *een* ~*e bocht*

verrassen ❶ onverwacht gebeuren van iets waar men niet op gerekend had: *zij werden onderweg verrast door een sneeuwbui* ❷ onverwacht iets doen, vooral onverwacht iets leuks doen voor iemand: *ik wil mijn vrouw vandaag* ~ *met een bos bloemen* **verrassing** *de (v)* ❶ iets, vooral iets leuks, wat iemand niet had verwacht: *het was een* ~ *dat mijn vriend er ook was* ❷ iets waarmee men iemand verrast: *een* ~ *meenemen*

verre *bw* ver ▼ ~ *van* helemaal niet: ~ *van volmaakt* **verregaand** *bn* buitensporig, wat in een heel ver stadium is: *het lijk verkeerde in* ~*e staat van ontbinding*

verregenen door regen bedorven worden: *onze vakantie is verregend*

verreikend *bn* met een heel groot effect, een heel grote uitwerking: ~*e gevolgen*

verrek *tw* spreekt. uitroep van verbazing of ergernis

verrekenen een bedrag berekenen dat iemand moet betalen en rekening houden met wat hij al betaald heeft: *de belastingdienst verrekent de aanslag met wat ik nog terug moet krijgen* ▼ *zich* ~ een vergissing maken bij het rekenen

verrekijker *de (m)* [-s] instrument met lenzen dat zaken en personen die ver weg zijn groter doet lijken, waardoor men ze beter kan zien

verrekken ❶ te ver uitrekken ❷ lichamelijk letsel krijgen door verrekking: *een spier* ~ *tijdens het sporten* ▼ *geen spier* ~ niets door zijn gezichtsuitdrukking laten merken ❸ spreekt. doodgaan: ~ *van de kou, honger* ▼ inform. *iemand laten* ~ iemand aan zijn lot overlaten ▼ inform. *het kan me niet* ~ het kan me niet schelen

verrekt *bn* ❶ wat een verrekking heeft ondergaan: *een* ~*e spier* ❷ inform. vervloekt: *die* ~*e auto wil weer niet starten* ❸ inform. erg, in hoge mate: ~*e koud*

verreweg *bw* in hoge mate, in veel hogere mate dan de andere(n): *hij is* ~ *de beste*

verrichten doen, maken, uitvoeren: *veel werk* ~

verrijden ❶ rijdend verplaatsen: *een wagen* ~ ❷ in een wedstrijd rijden om: *een beker, een kampioenschap* ~ ❸ uitgeven aan rijden: *we hebben in die vakantie heel wat verreden aan benzine*

verrijken rijker maken ▼ *zich* ~ veel geld verdienen (op een weinig eervolle manier)

verrijzen ❶ oprijzen, omhoogkomen: *als*

paddestoelen uit de grond ~ ❷ uit het graf opstaan
verrijzenis *de (v)* ⟨christendom⟩ opstanding uit
het graf
verroeren bewegen▼ *geen vin* ~ helemaal niet
bewegen
verroesten roestig worden
verroken uitgeven aan roken: *al dat geld dat je
verrookt!*
verrommeling *de (v)* het rommelig en
onsamenhangend worden: *de* ~ *van de openbare
ruimte*
verrot *bn* ❶ rot geworden, bedorven, vergaan
❷ fig. bedorven, verpest: *dat politieke systeem is* ~
▼ spreekt. *iemand* ~ *slaan* iemand heel erg slaan
verrotten rot worden▼ spreekt. *het kan me
niets* ~ het kan me niets schelen
verruilen inwisselen (tegen iets anders)
verruimen ❶ ruimer maken ❷ fig. meer doen
omvatten▼ *zijn kennis* ~ proberen meer te weten,
meer kennis te hebben
verruiming *de (v)* BN het uitbreiden van de
kandidatenlijst van een politieke partij met
kandidaten die geen lid zijn van die partij
verrukkelijk *bn* heerlijk, heel erg lekker: *het eten
was* ~ **verrukken** ❶ heel blij maken ❷ een heel
blij, enthousiast en opgewonden gevoel geven,
in vervoering brengen **verrukking** *de (v)* heel
blij, enthousiast en opgewonden gevoel
verruwen ruwer maken of worden: *de
omgangsvormen* ~ *steeds meer*
vers I *bn* ❶ fris, pas gebakken, geplukt, geslacht
e.d.: ~ *brood*▼ *dat ligt ons nog* ~ *in het geheugen*
dat weten we nog precies **II** *het* [verzen]
❷ dichtregel: *in mooie verzen beschreven*
❸ genummerd stukje Bijbeltekst▼ *dat is* ~ *twee*
dat is nog niet zeker, dat komt later aan de orde
❹ couplet ❺ gedicht: *een* ~*je opzeggen*
versagen bang worden, de moed verliezen
versassen BN spreekt. overbrengen, doorsluizen
verschaffen ervoor zorgen dat iemand iets
krijgt, bezorgen, geven: *iemand geld* ~
verschalen ⟨wijn⟩ geur en smaak verliezen
verschalken ❶ misleiden, voor de gek houden
❷ vangen: *een visje* ~
verschansen ▼ *zich* ~ zich verbergen achter
schansen; fig. bescherming zoeken: *zich* ~ *achter
uitspraken van anderen*
verscheiden I *bn* ❶ vrij veel, meerdere,
verschillende **II** *ww* ❷ schr. sterven
verscheidenheid *de (v)* [-heden] het verschillend
zijn, zaken of onderwerpen van verschillende
aard
verschepen per schip verzenden: *goederen* ~
verscherpen scherper, strenger maken: *het
toezicht* ~
verscheuren ❶ in stukken scheuren: *een brief* ~
▼ ~*de dieren* roofdieren zoals leeuwen en wolven
❷ fig. in verdeeldheid brengen: *politieke
twisten* ~ *het land*
verschiet *het* ❶ verte ❷ toekomst, vooruitzicht
▼ *dat ligt in het* ~ dat komt nog, dat kunnen we
nog verwachten **verschieten** ❶ kogels, kruit enz.
door schieten verbruiken ❷ bleek worden, een
bleke kleur krijgen
verschijnen ❶ tevoorschijn komen, zichtbaar
worden: *er verschenen allemaal rode plekken op*

haar huid ❷ (van boeken enz.) nieuw uitkomen
en voor het eerst in de winkel liggen: *weet jij
wanneer het eerste boek van Roald Dahl is
verschenen?*▼ *verschenen termijnen* vervallen
termijnen **verschijning** *de (v)* ❶ het verschijnen
❷ spook, visioen▼ *een aantrekkelijke* ~ iemand
met een aantrekkelijk uiterlijk **verschijnsel** *het*
[-en, -s] iets wat voorkomt, wat men ziet, voelt
enz.: *een regenboog is een mooi* ~; *koorts en
hoofdpijn zijn* ~*en van griep*
verschil *het* [-len] ❶ wat anders is bij het een dan
bij het ander▼ ~ *van mening* onenigheid, ruzie
▼ *dat maakt geen* ~ dat maakt niet uit ❷ getal dat
aangeeft hoeveel een getal groter of kleiner is
dan een ander getal▼ *het* ~ *delen* het eens
worden over een prijs die in het midden ligt
tussen wat de een wil geven en de ander wil
ontvangen **verschillen** anders zijn dan: *ze* ~ *erg
van elkaar: zij is erg spontaan en hij juist helemaal
niet* **verschillend** *bn* ❶ anders dan iemand of iets
anders: *die twee zijn met elkaar getrouwd, maar ze
zijn totaal* ~ ❷ tamelijk veel, velerlei: ~*e mensen
zeiden dat ze niet zouden komen*
verscholen *bn* verborgen, moeilijk te vinden: *het
huisje staat* ~ *achter de bomen*
verschonen ❶ van schone lakens e.d. voorzien:
het bed ~ ▼ *zich* ~ schoon ondergoed aantrekken
❷ sparen: *daar wens ik van verschoond te blijven*
daar wil ik niet mee lastiggevallen worden
verschoning *de (v)* ❶ het verschonen ❷ schoon
ondergoed of linnengoed ❸ jur. het zich
onttrekken aan gerechtelijke verplichtingen
vanwege een hoger rechtsbeding
verschoningsrecht recht om niet te hoeven
getuigen
verschoppeling *de (m)* iemand die altijd slechter
behandeld wordt en die nooit mee mag doen
verschot *het* [-ten] ❶ voorschot ❷ aanbod aan
verschillende soorten voorwerpen, sortering
❸ extra kosten die iemand moet maken om een
opdracht uit te kunnen voeren
verschralen ❶ schraal worden ❷ fig. minder van
kwaliteit worden: *het studieaanbod is verschraald*
❸ fig. maken dat de kwaliteit minder wordt: *ze* ~
het aanbod steeds meer
verschrijven ▼ *zich* ~ een fout maken bij het
schrijven
verschrikkelijk I *bn* ❶ heel erg akelig, zielig,
wreed enz.: *zij heeft veel* ~*e dingen meegemaakt*
II *bw* ❷ heel erg: *hij is* ~ *rijk* **verschrikken**
I [verschrikte, h. verschrikt] ❶ doen schrikken
II [verschrok, is verschrokken] ❷ schrikken
verschrikking *de (v)* ❶ iets verschrikkelijks, iets
heel ergs: *de* ~*en van de oorlog* ❷ grote schrik,
het heel erg geschrokken zijn
verschroeien ❶ door grote hitte zwart maken of
verbranden: *de felle zon heeft de gewassen
verschroeid* ❷ door grote hitte zwart of aangetast
worden: *door de bosbrand zijn bomen en struiken
verschroeid*▼ *tactiek van de verschroeide aarde*
oorlogstactiek waarbij men alles platbrandt wat
van waarde is voor de vijand, als men zich
terugtrekt
verschrompelen rimpelig en kleiner worden: *er
lag nog een verschrompelde appel op de fruitschaal*
verschuilen ▼ *zich* ~ zich verbergen: *hij verschool*

zich achter een boom ▼ *zich achter iemand of iets* ~ zijn verantwoordelijkheid afschuiven op iemand of iets anders, iemand of iets anders als excuus gebruiken

verschuiven ❶ van zijn plaats schuiven ❷ zich verplaatsen door te schuiven ❸ *fig.* uitstellen: *we hebben de afspraak verschoven naar volgende week*

verschuldigd *bn* wat men nog aan iemand moet betalen of wat men voor iemand moet doen: *hoeveel ben ik u* ~*?* hoeveel moet ik u betalen?: *iemand eerbied* ~ *zijn*

verschut inform. *bn* voor gek, belachelijk tegenover anderen: *ik stond mooi* ~ *in die stomme jurk*

versie ‹-zie› *de (v)* [-s] ❶ manier waarop iets verteld, gepresenteerd wordt: *dat is zijn* ~ *van het gebeurde, maar zij vertelt iets heel anders* ❷ bepaalde uitvoering van een lied, een computerprogramma, een verhaal enz.: *wij hebben* ~ *2.1 op onze computer geïnstalleerd*

versieren ❶ mooi maken ❷ inform. voor elkaar krijgen, regelen: *ik heb een auto versierd voor zaterdagavond* ❸ inform. verleiden: *hij probeert een meisje te* ~ **versiering** *de (v)* ❶ het mooi maken, het versieren ❷ dat waarmee men iets mooi maakt, versiert ❸ het resultaat van het mooi maken, van het versieren **versiersel** *het* [-s, -en] wat gebruikt wordt om te versieren, bijv. gekleurd papier ▼ *de* ~*en van een ridderorde* de tekens die daarbij horen en die bedoeld zijn om op de kleding te dragen **versiertoer** ▼ *op de* ~ *gaan* proberen iemand te versieren, te verleiden

versimpelen ❶ simpel, onnozel worden ❷ (te) simpel maken, als eenvoudig voorstellen van iets wat in werkelijkheid ingewikkelder is

versjacheren verkwanselen, verpatsen

versjouwen met moeite tillen en verplaatsen: *een kast* ~ ▼ *zich* ~ te zwaar werk verrichten; te onregelmatig en ongezond leven en daardoor achteruitgaan

versjteren verpesten, bederven

verslaafd *bn* ▼ ~ *zijn aan iets* niet meer zonder iets kunnen, vooral een genees- of genotsmiddel **verslaafde** *de* [-n] iemand die ergens aan verslaafd is

verslaan ❶ overwinnen: *de vijand* ~ ❷ een verslag geven van: *een voetbalwedstrijd* ~

verslag *het* rapport, bericht over een onderwerp of over hoe iets gelopen is: *de reporter deed* ~ *van de gebeurtenissen in Israël*

verslagen *bn* geschrokken en verdrietig vanwege iets ergs of teleurstellends: *ze staarden* ~ *voor zich uit na het nieuws over het busongeluk*

verslaggever *de (m)* [-s] ❶ journalist die verslag uitbrengt voor een krant, radio of televisie, reporter ❷ BN ook rapporteur (van een commissie) **verslaggeving** *de (v)* het verslaan, het verslag uitbrengen voor een krant enz.

verslaglegging *de (v)* het vastleggen in een verslag: ~ *van een stage; financiële* ~

verslapen slapend doorbrengen ▼ *zich* ~ langer slapen dan men van plan was (en daardoor te laat voor iets komen)

verslappen slap maken of worden ▼ *de aandacht verslapt* er wordt met minder aandacht geluisterd, gelezen e.d.

verslavend *bn* zo dat men er (al snel) niet meer zonder kan: *heroïne is erg* ~*; deze koekjes zijn* ~*, je blijft ervan eten* **verslaving** *de (v)* afhankelijkheid van een middel of van een vorm van vermaak

verslechteren slechter worden of maken: *de economische toestand verslechtert*

verslepen naar een andere plaats slepen

versleuteling *de (v)* comp. codering van informatie

verslijten ❶ door veel gebruik dun worden of kapotgaan: *mijn schoenen zijn versleten* ❷ door veel gebruik maken dat iets dun wordt of kapotgaat: *ik heb al heel wat schoenen versleten; fig. ze heeft al heel wat vriendjes versleten* ze heeft veel vriendjes gehad en weer met hen gebroken ▼ *iemand* ~ *voor* iemand aanzien voor

verslikken ▼ *zich* ~ eten of drinken verkeerd doorslikken, waardoor het in de luchtpijp komt: *zich in een snoepje* ~ ▼ fig. *zich in iets* ~ een te grote of te moeilijke taak op zich nemen

verslinden [verslond, h. verslonden] gulzig en schrokkend opeten: *de tijger heeft de antilope verslonden* ▼ fig. *een boek* ~ het heel geboeid en snel lezen

verslingeren ▼ *verslingerd zijn aan* heel erg houden van en zich eraan overgeven: *hij is verslingerd aan thrillers*

versloffen verwaarlozen, niet netjes bijhouden

verslonzen ❶ iets niet onderhouden waardoor het achteruitgaat ❷ steeds slordiger worden (in uiterlijk en leefomgeving): *zij is helemaal verslonsd sinds ze geen werk meer heeft*

versluieren als met een sluier bedekken, onduidelijk maken, ook figuurlijk: *mooie woorden om een minder mooie praktijk te* ~

versmaat regelmatige afwisseling van lettergrepen met en zonder klemtoon in een versregel

versmachten smachtend omkomen, omkomen terwijl men heel erg naar iets verlangt: ~ *van dorst*

versmaden niet willen omdat men het niet goed genoeg vindt, verachten ▼ *niet te* ~ zo lekker, aantrekkelijk enz. dat men het niet zal weigeren

versmallen ❶ smaller maken ❷ smaller worden

versmelten ❶ doen samensmelten: *metalen* ~ ❷ samensmelten, geleidelijk in elkaar overgaan: ~*de kleuren* ❸ wegsmelten: *de kaars versmolt tot een stompje*

versnapering *de (v)* iets lekkers dat men tussen de maaltijden door eet

versnellen ❶ sneller gaan lopen, fietsen enz.: *toen hij zag hoe laat het al was, versnelde hij* ❷ sneller worden **versnelling** *de (v)* ❶ het sneller gaan: *na een* ~ *aan het eind won de schaatser* ❷ mechanisme in een auto of aan een fiets, bromfiets enz. dat men moet schakelen als men langzamer of sneller gaat rijden: *de auto reed in de tweede* ~ **versnellingsbak** ‹auto› het mechanisme waarmee de versnelling geregeld wordt **versnellingspook** ‹auto› hendel om naar een andere versnelling te schakelen

versnijden ❶ door snijden vervormen ❷ vermengen met iets van slechtere kwaliteit: *cocaïne* ~

ve

versnipperen ❶ tot snippers maken ❷ *fig.* in te kleine stukken verdelen: *zijn tijd ~* ❸ tot snippers worden ❹ *fig.* in te kleine stukken verdeeld raken

versnoepen aan snoep besteden: *heb je weer al je zakgeld versnoept?*

verso 〈-zoo〉 *bw* op de achterkant van een bladzijde of vel papier

versoberen soberder worden of maken, minder kostbaar inrichten, de kosten beperken

versoepelen ❶ minder streng maken: *ze hebben de regels versoepeld* ❷ minder streng worden

versomberen ❶ duisterder, donkerder worden, een triester indruk wekken ❷ *fig.* triester, somberder worden

verspelen ❶ met spelen verliezen: *zijn geld ~ in het casino* ❷ door eigen schuld kwijtraken: *door die actie heb je mijn sympathie verspeeld*

verspenen (van plantjes) op goede afstand van elkaar zetten door te verplanten

versperren afsluiten door iets in de weg te zetten: *de weg ~*

verspieden (een gebied) heimelijk verkennen

verspillen op zo'n manier gebruiken dat men er niets aan heeft: *geld, tijd ~*

versplinteren ❶ tot heel kleine stukjes maken: *de bliksem versplinterde de boom* ❷ tot heel kleine stukjes worden: *het glas versplinterde* ❸ *fig.* in te veel stukken verdelen, te veel splitsen, wat ten koste gaat van de samenhang: *zijn krachten ~*

verspreiden ❶ over een bepaald gebied verdelen: *deze krant wordt verspreid over het hele land* ❷ verder bekendmaken: *een nieuwtje ~* ❸ (verder) uit elkaar halen: *je moet die zaadjes meer ~, anders staan de bloemen later te dicht bij elkaar* ▼ *zich ~* uit elkaar gaan, ieder afzonderlijk verdergaan; verder bekend worden: *de vluchtelingen ~ zich zodat de politie ze minder gemakkelijk vindt; het nieuws verspreidt zich snel*

verspreken ▼ *zich ~* zich bij het spreken vergissen, iets zeggen wat men niet bedoelde te zeggen

verspringen ❶ zich met een sprong verplaatsen: *de secondewijzer verspringt iedere seconde* ❷ opschuiven: *het ~ van tekst in een bestand*

verspringen beoefenen van een sport waarbij men zo ver mogelijk moet springen

verstaan ❶ gesproken woorden goed horen: *ik kan je niet ~ met deze herrie* ❷ gesproken woorden en zinnen begrijpen: *ik versta geen Italiaans* ❸ BN begrijpen ▼ *iemand iets te ~ geven* iets heel duidelijk tegen iemand zeggen: *mijn baas gaf me te verstaan dat ik ontslagen word als ik nog één keer te laat kom* ❹ bedoelen: *wat verstaat men onder een axioma?* ❺ bedreven zijn in, goed kunnen: *de kunst van het koken ~* ▼ *zich met iemand over iets ~* overleg plegen **verstaanbaar** *bn* zo dat men het kan verstaan of begrijpen ▼ *zich ~ maken* zo spreken dat men gehoord en begrepen wordt **verstaander** *de (m)* [-s] iemand die verstaat, die begrijpt: *een goed ~ heeft maar een half woord nodig*

verstand *het* begrip, denkvermogen: *het gezonde ~; bij zijn volle ~ zijn* ▼ *~ van iets hebben* er vrij veel van weten ▼ *niet goed bij zijn ~ zijn* gek zijn ▼ *iemand iets aan het ~ brengen* het hem (met

moeite) duidelijk maken ▼ *mijn ~ staat hierbij stil* dit is zo erg, idioot enz. dat ik het niet begrijp ▼ *met dien ~e* wat men op die manier kan opvatten ▼ BN ook *jaren van ~* jaren des onderscheids, leeftijd waarop men verstandiger begint te worden **verstandelijk** *bn* ❶ wat het verstand betreft: *de ~e vermogens* ❷ met het verstand, intellectueel: *zij reageert erg ~*

verstandhouding *de (v)* ❶ het soort contact dat men met iemand heeft ▼ *in goede ~ staan met* goed kunnen opschieten met ❷ vriendschappelijke verhouding, wederzijds begrip ▼ *een blik van ~* het naar elkaar kijken als blijk van een vriendschappelijk gevoel of omdat men hetzelfde denkt over iets

verstandig *bn* op basis van goed nadenken over iets, niet dom: *een ~e beslissing* ▼ *je doet er ~ aan . het is beter als je dat doet: je doet er ~ aan om naar de dokter te gaan als je al zo lang naar huis toe gaat*

verstandskies kies achter in het gebit, die men vaak pas rond zijn twintigste krijgt: *een volwassen gebit heeft vier verstandskiezen*

verstandsmens iemand die zich vooral laat leiden door zijn verstand

verstandsverbijstering *de (v)* geestestoestand waarbij iemand niet normaal kan denken: *hij deed dat in een vlaag van ~*

verstappen zich stap doen om van plaats te veranderen ▼ *zich ~* een verkeerde stap zetten (en daardoor geblesseerd raken)

verstarren star worden of maken, onbeweeglijk worden: *ze verstarde van schrik*

verstedelijken het karakter van een stad krijgen, (als) een stad worden: *het platteland verstedelijkt steeds meer*

versteend *bn* ❶ tot steen geworden ❷ *fig.* verstijfd, als zonder gevoel, wezenloos: *~ van angst* ▼ *taalk.* *een ~e vorm* vorm die nog bestaat in een taal en die vroeger gewoon was maar die nu nauwelijks gesproken niet meer voorkomt

verstek I *het* ❶ afwezigheid van de verdachte bij een strafproces of van een van de partijen in een burgerlijk proces ▼ *~ laten gaan* niet voor de rechter verschijnen; ergens niet komen opdagen ▼ *bij ~ veroordelen* terwijl de verdachte zelf er niet is **II** *het* [-ken] ❷ hoek van 45°: *hout onder ~ zagen*

verstekeling *de (m)* passagier die zich verbergt en meereist zonder te betalen

verstelbaar *bn* mogelijk om te verstellen

versteld *bn* ▼ *ergens ~ van staan* ergens verbaasd en geschokt over zijn: *ik sta ~ van jouw brutaliteit* **verstellen ❶** kleding repareren: *ik wil die broek laten ~* ❷ anders instellen: *je kunt die stoel ~ zodat je achterover kunt leunen*

verstenen ❶ tot steen worden ❷ *fig.* gevoelloos worden ❸ tot steen maken ❹ *fig.* gevoelloos maken

versterf *het* ❶ het afsterven van weefsels of lichaamsdelen door slechte bloedsomloop ❷ 〈i.v.m. met erfenis〉 het overlijden van iemand: *erfrecht bij ~ van de echtgenoot*

versterken sterker, krachtiger maken: *dit apparaat versterkt het geluid* **versterker** *de (m)* [-s] ❶ iets waardoor iets anders wordt versterkt ❷ apparaat dat nodig is om een radio, cd-speler

e.d. geluid te laten geven **versterking** *de (v)*
❶ het versterken ❷ wat dient tot versterking
versterven ❶ sterven ❷ doodgaan van een
ernstig ziek iemand die geen honger en dorst
meer voelt en niet gedwongen eten en drinken
krijgt toegediend ❸ bij erfenis overgaan ▼ *zich ~*
zijn aardse neigingen sterk bedwingen
verstevigen ❶ steviger, krachtiger maken
❷ steviger, krachtiger worden
verstieren bederven, verpesten: *een feest ~*
verstijven [verstijfde, h. / is verstijfd] ❶ stijf
maken ❷ stijf worden: *~ van schrik*
verstikken ❶ doen stikken, de ademhaling
belemmeren ❷ door gebrek aan lucht, door
vochtigheid verteren
verstillen stil, bewegingloos worden
verstoken I *ww* voor verwarming opbranden,
aan verwarming besteden: *we ~ hier veel hout;
we ~ iedere maand voor honderd euro* II *bn* ▼ *~ van*
zonder: *~ van medische hulp*
verstokt *bn* ❶ die niet wil veranderen, verhard:
~ in het kwaad ❷ onverbeterlijk: *een ~e vrijgezel*
verstolen *bn* heimelijk, stiekem: *een ~ blik,
glimlach*
verstommen plotseling stil worden, sprakeloos
worden **verstomming** *de (v)* BN plotselinge
sprakeloosheid ▼ BN ook *met ~ slaan* verstomd
doen staan, sprakeloos maken
verstoord *bn* uit zijn humeur, geërgerd,
enigszins boos: *~ opkijken*
verstoppen ❶ op een plaats leggen of zetten
waar anderen het niet kunnen vinden ▼ *zich ~*
naar een plaats gaan waar anderen iemand niet
gauw zullen vinden ❷ dicht raken: *mijn neus is
verstopt* ❸ dicht doen raken: *het zand heeft de
afvoer verstopt* **verstoppertje** *het* kinderspel
waarbij iemand de andere deelnemers, die zich
verstopt hebben, moet zoeken **verstopping** *de
(v)* ❶ het verstopt-zijn, stremming (van het
verkeer) ❷ het uitblijven van ontlasting, het niet
kunnen poepen
verstoren ❶ hinderen, belemmeren, ergens een
einde aan maken: *de grasmaaier verstoorde onze
rust* ❷ uit zijn humeur brengen, boos maken
verstoteling *de (m)* iemand die verstoten is, met
wie anderen niet meer willen omgaan
verstoten wegsturen uit zijn omgeving en niet
meer willen omgaan met: *zijn vrouw, kind ~*
verstouten ▼ *zich ~* de moed hebben om
verstouwen ❶ naar binnen werken, gretig
opeten ❷ verwerken, doormaken: *hij heeft heel
wat te ~ gehad in zijn leven*
verstrakken strakker worden: *zijn gezicht
verstrakte na die mededeling*
verstrekken verschaffen, geven: *inlichtingen ~*
verstrekkend *bn* ingrijpend, wat veel invloed
heeft: *~e gevolgen*
verstrekking *de (v)* het geven, het toewijzen:
de ~ van medicijnen
verstrengelen in elkaar strengelen, door elkaar
vlechten, ook figuurlijk
verstrijken voorbijgaan: *het ~ van de tijd*
verstrikken ❶ in een strik vangen ❷ *fig.*
verward doen raken, vast doen raken: *hij raakt
verstrikt in zijn eigen leugens*
verstrooid *bn* ❶ verspreid, wat niet bij elkaar

ligt, die niet bij elkaar in de buurt wonen
❷ geestelijk afwezig, met zijn gedachten ergens
anders: *een ~e professor* **verstrooien**
❶ verspreiden, uit elkaar doen gaan: *de menigte
verstrooide zich* ❷ ontspanning bezorgen,
vermaken **verstrooiing** *de (v)* het verstrooien,
ontspanning: *~ zoeken*
verstuiken de gewrichtsbanden van pols of
enkel verrekken
verstuiven ❶ ⟨van zand⟩ wegstuiven, verplaatst
worden door de wind ❷ ⟨van water, parfum⟩ als
stof, in fijne druppeltjes uiteenvliegen ❸ doen
uiteenvliegen als stof **verstuiver** *de (m)* [-s]
apparaat, voorwerp dat een vloeistof in fijne
druppeltjes wegspuit
versturen ergens naartoe sturen: *ik heb tien
kerstkaarten verstuurd*
versuffen suf worden of maken
versukkeling *de (v)* ▼ *in de ~ raken* door
verwaarlozing achteruitgaan, in een slechte
toestand raken: *sinds zijn vrouw is weggegaan, is
hij in de ~ geraakt*
versus *vz* tegen, tegenover: *een strijd van de
Duitse voetbalploeg ~ de Franse*
versvoet groep van beklemtoonde en
onbeklemtoonde lettergrepen in een versregel,
die zich herhaalt
vert. vertaal, vertaler, vertaling
vertaalwoordenboek woordenboek waarin
woorden van een taal zijn voorzien van een
vertaling in een andere taal
vertakken ▼ *zich ~* zich splitsen: *de rivier vertakt
zich in drie armen*
vertalen ❶ woorden of een tekst in een andere
taal zetten, hetzelfde zeggen in een andere taal:
een boek uit het Frans in het Nederlands ~ ❷ in een
andere vorm weergeven: *cijfermateriaal ~ in
statistieken; plannen ~ in concrete daden* **vertaling**
de (v) ❶ het vertalen ❷ tekst met dezelfde
inhoud als een andere tekst, maar in een andere
taal: *een Nederlandse ~ van een Engels artikel*
verte *de (v)* [-n, -s] (grote) afstand ▼ *in de verste ~
niet* helemaal niet
vertebraal *bn* van de wervels, wat met de
wervels te maken heeft **vertebraat** *de (m)*
[-braten] gewerveld dier, dier met een rugwervel
vertederen ❶ een teder gevoel geven: *kleine
poesjes ~ me altijd zo* ❷ teder worden
vertedering *de (v)* een zacht, teder gevoel
tegenover iemand of iets: *hij keek met ~ naar de
poesjes*
verteerbaar *bn* mogelijk om te verteren
vertegenwoordigen ❶ optreden, doen namens
anderen: *wie vertegenwoordigt ons land bij het
songfestival?* ❷ uitmaken, betekenen: *deze
onkostenposten ~ een groot bedrag*
vertegenwoordiger *de (m)* [-s] ❶ iemand die
dingen doet namens andere mensen: *ik ben
gevraagd om dit jaar de klassen~ te zijn* ❷ iemand
die voor een bedrijf producten aan winkels
verkoopt **vertegenwoordiging** *de (v)* ❶ het
vertegenwoordigen ❷ de personen die anderen
vertegenwoordigen, namens hen optreden
vertekenen vervormen, een verkeerde indruk
van iets geven: *dit boek geeft een vertekend beeld
van wat er echt gebeurd is*

ve

vertellen iets tegen iemand zeggen over iets: *spannende verhalen* ~ ▼ *niet veel te* ~ *hebben* weinig invloed of gezag hebben ▼ *je kunt me nog meer* ~*!* ik geloof er niets van; ik ben niet van plan te doen wat je van me verlangt ▼ *zich* ~ verkeerd tellen: *de caissière vertelde zich en gaf me een euro te veel terug* **vertelling** *de (v)* iets wat verteld wordt, verhaal **vertelperspectief** lit. de verteller en zijn positie in of ten opzichte van het verhaal

verteren ❶ verwerken of verwerkt worden van voedsel in het lichaam: *dit eten is moeilijk te* ~ ❷ fig. ⟨geestelijk voedsel⟩ verwerken, verdragen: *ik kan deze beslissing van hem moeilijk* ~ ▼ *zwaar te* ~ moeilijk te volgen, ingewikkeld ❸ opmaken: *veel te* ~ *hebben; de pot* ~ ❹ (doen) vergaan: *een* ~*d verlangen* ❺ verbranden: *een* ~*d vuur* **vertering** *de (v)* wat iemand eet of drinkt in een café e.d.

verticaal I *bn* ❶ loodrecht ❷ van boven naar beneden II *de* [-calen] ❸ loodlijn **verticuteren** de bovenlaag van een grasmat losser maken

vertier *het* vermaak en ontspanning op een drukke manier: *er was veel* ~ *op de kermis* **vertikken** weigeren te doen

vertillen verplaatsen door te tillen ▼ *zich* ~ zich bezeren door iets te tillen ▼ fig. *zich* ~ *aan iets* iets doen wat te moeilijk blijkt te zijn

vertimmeren ❶ anders maken door timmeren ❷ aan verbouwingen uitgeven: *veel geld* ~ **vertinnen** met tin bedekken

vertoeven ergens een tijdje zijn, verblijven: *hij vertoefde die zomer in Wenen*

vertolken ❶ spelen, uitvoeren: *die pianist vertolkte een sonate van Beethoven* ❷ weergeven: *met wat hij zei, vertolkte hij de gevoelens van alle aanwezigen* **vertolking** *de (v)* ❶ het spelen, het uitvoeren: *ik vind dit een van de beste* ~*en van het lied* ❷ het weergeven: *de* ~ *van gevoelens*

vertonen laten zien: *er werden mooie films vertoond in de bioscoop* ▼ *zoiets is nog nooit vertoond!* zoiets heeft nog nooit iemand gedaan! ▼ *zich* ~ tevoorschijn komen, verschijnen **vertoning** *de (v)* ❶ het vertonen ❷ wat vertoond wordt of is: *een rare* ~

vertoog *het* [-togen] verhandeling, het spreken en schrijven van een bepaalde groep over een bepaald soort onderwerp

vertoon *het* ❶ het laten zien: *op* ~ *van een lidmaatschapskaart* ❷ praal, het laten zien van rijkdom, geleerdheid e.d.: *met veel* ~ **vertoornd** plecht. *bn* kwaad

vertragen ❶ maken dat iets langzamer gaat ❷ langzamer gaan: *de trein vertraagde* **vertraging** *de (v)* het langzamer gaan of later komen dan de bedoeling was: *de trein van Amsterdam naar Utrecht heeft een halfuur* ~

vertrappen ❶ stuk trappen ❷ fig. wreed onderdrukken, schenden: *een vertrapt volk* **vertreden** ▼ *zich* ~ als ontspanning gaan wandelen

vertrek *het* [-ken] ❶ kamer, ruimte in een gebouw: *het kasteel had wel dertig* ~*ken* ❷ het weggaan: *het* ~ *van haar zus naar Amerika maakt haar verdrietig*

vertrekken ❶ afreizen, weggaan: *de trein vertrekt; wij* ~ *morgen naar Frankrijk* ❷ anders trekken, uit zijn gewone stand trekken: *zijn gezicht* ~ **vertrekkensklaar** BN startklaar **vertrekpremie** premie voor vreemdelingen die terugkeren naar hun land van herkomst **vertrekpunt** *het* ❶ plaats waarvandaan iemand vertrekt ❷ fig. uitgangspunt: *het* ~ *van een discussie*

vertroebelen troebel, onzuiver maken of worden, ook figuurlijk: *die kwestie heeft onze verhouding vertroebeld*

vertroetelen veel liefde en zorg geven: *zij vertroetelde haar zieke kind*

vertroosten troosten **vertroosting** *de (v)* troost: *hij zoekt* ~ *in het geloof*

vertrossing *de (v)* het meer en meer op amusement gericht zijn en steeds minder op educatieve waarden van radio- en televisieomroepen

vertrouwd *bn* ❶ die of wat men kan vertrouwen ▼ *een* ~ *persoon* iemand van wie men weet dat men hem kan vertrouwen ❷ bekend ▼ *ergens mee* ~ *zijn* iets kennen, het vaker gedaan hebben, zich erbij thuis voelen **vertrouwelijk** *bn* wat blijk geeft van vertrouwen, alleen voor de betreffende persoon bestemd: *iets* ~ *mededelen; deze brief is* ~, *laat hem aan niemand anders lezen* **vertrouweling** *de (m)* iemand aan wie men veel geheimen toevertrouwt

vertrouwen I *het* ❶ geloof in de eerlijkheid en de goede bedoelingen van iemand: *ik stel veel* ~ *in mijn vrienden;* BN *huis van* ~ vertrouwde zaak, firma ❷ hoop en geloof dat iets goed zal gaan: *iets met* ~ *tegemoetzien* ❸ geheim: *iemand iets in* ~ *meedelen* II *ww* ❹ geloven dat iemand eerlijk is en goede bedoelingen heeft: *jammer genoeg is niet iedereen te* ~ ▼ *ik vertrouw erop dat ...* ik hoop en reken erop **vertrouwensarts** arts tot wie men zich kan wenden met problemen die volstrekte vertrouwelijkheid vereisen **vertrouwenskwestie** een zaak die gebaseerd is op het elkaar wel of niet vertrouwen **vertrouwensman** *de (m)* [-nen, -lieden] iemand aan wie men in zijn belangen toevertrouwt **vertrouwenspositie** positie die volledig vertrouwen vereist in degene die die positie bekleedt **vertrouwensstemming** BN stemming die meet of de regering nog het vertrouwen van de volksvertegenwoordiging heeft **vertrouwenwekkend** *bn* die reden geeft om te vertrouwen

vertrutting *de (v)* het burgerlijk en saai worden **vertwijfeld** *bn* wanhopig, zonder echte hoop dat het goed afloopt: ~ *probeerde hij de brand te blussen*

veruit *bw* in veel hogere mate dan de andere(n), verreweg: *hij is* ~ *de beste van alle leerlingen* **vervaard** *bn* bang ▼ *voor geen kleintje* ~ niet gauw bang

vervaardigen maken: *in die fabriek worden lampen vervaardigd*

vervaarlijk *bn* zo dat het bang maakt, angstwekkend, geweldig groot: *de stier snoof* ~ **vervagen** ❶ vaag, onduidelijk worden: *herinneringen* ~ ❷ onduidelijk doen worden

verval *het* ❶ achteruitgang: *het oude landhuis is in ~ geraakt; het morele ~ in onze samenleving* ❷ verschil in hoogte van het water op twee plaatsen van een rivier **vervaldag** dag waarop betaald moet worden **vervallen I** *ww* ❶ langzamerhand onbewoonbaar of onbruikbaar worden: *het oude kasteel verviel tot een ruïne* ❷ sterk verminderen, achteruitgaan ❸ niet meer doorgaan, niet meer geldig zijn: *de wiskundeles vervalt vandaag; mijn busabonnement vervalt morgen* ❹ iets (slechts) weer gaan doen: *in herhalingen ~; de zakkenroller verviel in zijn oude fout* ❺ van de een aan de ander overgaan: *zijn bezittingen vervielen aan de staat* **II** *bn* ❻ bouwvallig, verzwakt, verarmd ❼ niet meer geldig

vervalsen ❶ namaken om te bedriegen: *een handtekening ~* ❷ veranderingen aanbrengen om te bedriegen: *een rekening ~*

vervangen ❶ voor iemand of iets in de plaats zetten: *de trainer verving een verdediger voor een aanvaller* ❷ voor iemand of iets in de plaats komen: *de stuntman verving de filmster in de gevaarlijke scènes*

vervangingsinkomen BN, ook uitkering of pensioen in plaats van loon **vervangingspool** BN, schooltaal organisatie waarbij aan beginnende leerkrachten de korte vervangingen doen een vast jaarloon geboden wordt, nu alleen nog voor knelpuntzones en -vakken **vervangingswaarde** het bedrag dat nodig zou zijn om in de plaats van iets, iets vergelijkbaars te krijgen dat gelijkwaardig is **vervangstuk** BN ook reserveonderdeel

vervatten opnemen in, uitdrukken in: *zijn ideeën in literatuur ~; zijn gevoelens ~ in zoete bewoordingen*

verve *de* geestdrift waarmee iemand iets doet **verveeld** *bn* in een stemming van verveling, wat blijk geeft van een stemming van verveling: *~ voor zich uitkijken* ▼ BN ook *met iets ~ zitten* met iets in zijn maag zitten, ergens een probleem mee hebben **vervelen** iets doen of vertellen wat iemand anders niet interessant of boeiend vindt, niet boeien: *zijn saaie verhaal verveelt ons; mijn werk begint me te ~* ▼ *zich ~* niets kunnen bedenken om de tijd door te komen **vervelend** *bn* ❶ saai, niet interessant of boeiend: *een ~e les* ❷ lastig, onprettig, onaardig: *een ~e klus, opmerking* **verveling** *de (v)* het zich vervelen **vervellen** van vel veranderen, een nieuwe huid krijgen: *slangen ~ ieder jaar; mijn schouders zijn verveld doordat ik verbrand ben door de zon*

verveloos *bn* waar de verf af is **verven** met verf een kleur geven: *we verfden de deur groen*

verversen ❶ verfrissen, vernieuwen: *de bloemen in een vaas ~ door andere vervangen* ❷ BN ook ⟨van kleren, beddengoed⟩ verschonen ❸ BN, spreekt. ⟨van baby⟩ een schone luier omdoen **verversing** *de (v)* ❶ het verversen ❷ drank of iets kleins te eten om weer op krachten te komen **vervetten** ❶ in vet overgaan ❷ met een te dikke vetlaag omgeven worden

vervilten tot vilt maken of worden: *wol kan ~* **vervlakken** ❶ vlak, oppervlakkig of gelijkvormig maken ❷ vlak, oppervlakkig of gelijkvormig worden

vervlechten in elkaar vlechten, ook figuurlijk ▼ *in een verhaal ~* erin opnemen

vervliegen ❶ snel verdampen: *die vloeistof vervliegt* ❷ verdwijnen: *mijn hoop vervloog*

vervloeien ❶ langzaam wegvloeien ❷ in elkaar vloeien, in elkaar overgaan: *de kleuren ~*

vervloeken een vloek uitspreken over iemand of iets, sterk verwensen **vervloekt I** *bn* ❶ schandelijk: *die ~e pestkoppen!* ❷ inform. erg, in hoge mate: *het is ~ koud* **II** *tw* ❸ uitroep van woede

vervluchtigen ❶ vervliegen ❷ fig. verloren gaan **vervoegen** ⟨een werkwoord⟩ van vorm veranderen afhankelijk van persoon, tijd e.d. ▼ *zich ~* zich persoonlijk wenden tot **vervoeging** *de (v)* verandering van vorm van een werkwoord afhankelijk van persoon, tijd e.d.

vervoer *het* ⟨middelen voor⟩ het naar een andere plaats brengen van personen of goederen ▼ *het openbaar ~* vervoermiddelen waar iedereen gebruik van kan maken, zoals treinen, trams en bussen **vervoerbewijs** bewijs dat men betaald heeft voor een rit met het openbaar vervoer, kaartje: *goedemiddag mevrouw, mag ik uw ~ even zien?* **vervoeren** van de ene plaats naar een andere overbrengen

vervoering *de (v)* verrukking, geestdrift: *iemand in ~ brengen*

vervolg *het* voortzetting, wat erna komt, volgende deel: *het ~ van de film bekijken we volgende keer* ▼ *in het ~* voortaan **vervolgen** ❶ voortzetten, doorgaan met: *hij vervolgde zijn weg op de fiets* ▼ *wordt ~d* na een vervolgverhaal of een strip waarvan nog afleveringen volgen ❷ aanklagen in een rechtszaak: *hij wordt vervolgd wegens diefstal* ❸ ⟨een bevolkingsgroep⟩ wreed behandelen omdat die anders is: *ze worden vervolgd vanwege hun godsdienst* ❹ achternazitten: *een vluchteling ~* **vervolgens** *bw* daarna **vervolgingsbeleid** wijze waarop strafbare feiten worden bestraft **vervolgonderwijs** onderwijs na het basisonderwijs **vervolgverhaal** verhaal dat in een aantal afleveringen in een krant of tijdschrift verschijnt

vervolmaken door ⟨technische⟩ verbeteringen doelmatiger, mooier, beter maken ▼ BN *zich ~* zich bijscholen, nascholen **vervolmakingscursus** BN, ook bijscholingscursus **vervolmakingsjaar** BN jaar dat aan bijscholingscursus wordt besteed

vervormen ❶ een andere vorm geven, de juiste vorm doen verliezen ▼ *geluid ~* anders doen klinken ❷ een verkeerde vorm krijgen, de juiste vorm verliezen: *mijn fiets is helemaal vervormd door mijn val*

vervreemden ❶ in andere handen brengen: *goederen ~* ❷ vreemd maken of worden tegenover: *⟨zich⟩ van iemand ~*

vervroegen ❶ verplaatsen naar een eerder tijdstip, maken dat iets eerder gebeurt: *de vergadering is vervroegd naar 19.00 uur; de regering is gevallen en er worden vervroegde verkiezingen gehouden* ❷ door kunstmiddelen

ve

vroeger doen bloeien of rijpen

vervuilen vuil worden, vuilmaken: *het grondwater vervuilt; die fabrieken ~ de omgeving*

vervullen ❶ vol maken van: *vervuld van hoop* ❷ verwezenlijken, doen ▼ *iemands wensen ~ laten uitkomen* ❸ doen, zich eraan houden ▼ *zijn plicht ~ de dingen doen die men moet doen*

vervulling *de (v)* het vervullen ▼ *in ~ gaan* verwezenlijkt worden, gebeuren, uitkomen: *mijn wens is in ~ gegaan*

verwaaien ❶ ergens anders heen waaien ❷ door de wind in wanorde raken: *haar haar is verwaaid* ▼ *verwaaide bomen* bomen die door de wind scheef zijn gegroeid

verwaand *bn* die denkt dat hij veel voorstelt, die een heel hoge dunk van zichzelf heeft

verwaardigen waardig keuren, laten blijken dat iemand of iets het waard is: *met geen blik ~* ▼ *zich ~* wel zo goed willen zijn, het niet beneden zijn waardigheid achten: *hij verwaardigde zich niet ons te spreken*

verwaarlozen niet verzorgen, geen aandacht aan besteden ▼ *te ~* te klein, onbelangrijk om mee te tellen

verwachten erop rekenen dat iets gaat gebeuren: *ik verwacht dat ze over een halfuur hier is* ▼ *een kind ~* zwanger zijn **verwachting** *de (v)* ❶ het verwachten ❷ hoop ▼ *in (blijde) ~* zwanger

verwachtingspatroon vast idee over wat er zal gebeuren, over hoe dingen zullen gaan

verwant **I** *bn* ❶ die bij dezelfde familie hoort ❷ wat overeenkomt met: *~e diersoorten* **II** *de (m)* ❸ iemand die door geboorte bij dezelfde familie hoort, bloedverwant **verwantschap** *de (v)* ❶ het verwant-zijn ❷ familie

verward *bn* ❶ geestelijk in de war: *sinds ze is overvallen, is ze angstig en ~* ❷ onsamenhangend: *hij gaf een ~ verslag van de gebeurtenissen*

verwarmen warm maken **verwarming** *de (v)* ❶ het verwarmen ❷ toestel of installatie waarmee men (een ruimte) verwarmt

verwarren in de war brengen ▼ *~ met* voor iemand of iets anders aanzien **verwarring** *de (v)* ❶ het verwarren ❷ het verward zijn: *~ stichten*

verwaten *bn* verwaand

verwateren verslappen, minder sterk worden, zijn oude energie, enthousiasme e.d. verliezen: *onze vriendschap is verwaterd*

verwedden ❶ wedden om ❷ uitgeven aan wedden

verweer *het* [-weren] ❶ verdediging: *ze had geen ~ tegen zijn beschuldigingen* was niet in staat erop te reageren, zich te verdedigen ▼ *jur. ~ voeren* zichzelf of iemand anders verdedigen ❷ verzet **verweerder** *jur. de (m)* [-s] iemand die zich verdedigt, gedaagde **verweerschrift** geschrift, tekst waarin iemand zich verdedigt

verweesd *bn* zonder ouders, wees geworden

Verweggistan *scherts. het* land dat ver weg is

verwekelijken slap, week worden of maken, vooral m.b.t. karakter **verweken** te week, te zacht worden

verwekken doen ontstaan, voortbrengen, veroorzaken: *opschudding ~* ▼ *een kind ~* een eicel bevruchten waardoor een kind ontstaat

verwelken slap worden, verdorren: *de bloemen*

zijn na twee dagen al verwelkt ▼ *een verwelkt gezicht* een gezicht dat zijn frisheid heeft verloren

verwelkomen [verwelkomde, h. verwelkomd] iemand begroeten als hij komt en zeggen dat hij welkom is: *het nieuwe lid werd door de voorzitter verwelkomd*

verwennen ❶ te veel toestaan of te veel (snoep, cadeautjes e.d.) geven en daardoor iemands karakter bederven: *wat een verwend kreng!* ❷ met veel zorg omringen en heel prettige dingen voor iemand doen, vertroetelen: *iemand eens lekker ~* ❸ euf. seksueel genot geven

verwensen kwaad toewensen, vervloeken: *ik verwens degene die mijn fiets heeft gestolen* **verwensing** *de (v)* ❶ het verwensen ❷ woorden waarmee men iemand verwenst, vervloeking

verweren I [verweerde, is verweerd] aantasten of vergaan door weersinvloeden: *het hout is verweerd; een verweerd gezicht* **II** [verweerde, h. verweerd] ▼ *zich ~* zich verdedigen

verwerkelijken verwezenlijken, maken dat iets echt gebeurt

verwerken ❶ gebruiken bij het maken van iets, omwerken tot iets anders: *tuinafval ~ tot compost* ❷ informatie in zich opnemen: *leerstof ~* ❸ psychisch omgaan met verlies of verdriet: *iemands dood ~* ❹ jur. verliezen

verwerpelijk *bn* moreel slecht, te verwerpen, afkeurenswaardig: *een ~e daad* **verwerpen** afkeuren, afwijzen, niet aannemen: *het voorstel is verworpen*

verwerven iets krijgen door er moeite voor te doen: *kennis ~*

verweven *bn* ▼ *~ met, in* nauw verbonden met, onscheidbaar opgenomen in

verwezen *bn* teleurgesteld, verslagen, waarbij iemand niet goed weet wat hij moet doen of hoe hij moet reageren

verwezenlijken tot werkelijkheid maken, maken zorgen dat iets echt gebeurt: *zijn plannen ~*

verwijden wijder maken of worden ▼ *zich ~* wijder worden

verwijderd *bn* ver, afgelegen ▼ *in ~ verband met* wat er wel een beetje, maar niet rechtstreeks verband mee houdt **verwijderen** ❶ weg doen gaan: *een leerling uit de klas ~* ❷ wegdoen: *de schil ~* ❸ afzonderen, scheiden: *die gebeurtenis heeft hen van elkaar verwijderd* ▼ *zich ~* weggaan **verwijdering** *de (v)* ❶ het verwijderen ❷ bekoeling van liefde, vriendschap e.d.

verwijfd *bn* ⟨van mannen⟩ vrouwelijk in gedrag, wijze van kleden enz. (in ongunstige zin)

verwijlen vertoeven, zich bevinden, zijn **verwijlinterest** BN rente bij te late betaling

verwijsbriefje *het* [-s], **verwijskaart** papier waarmee een patiënt naar een specialist wordt verwezen

verwijt *het* beschuldigende afkeuring: *iemand een ~ maken* **verwijten** tegen iemand zeggen dat hij dingen niet goed doet of dat hij slechte dingen doet: *ze verweet me dat ik haar niet geholpen had*

verwijzen ▼ *~ naar* naar een andere persoon, zaak of plaats wijzen, sturen

verwikkelen betrekken: *iemand in een duistere zaak* ~ **verwikkeling** *de (v)* ❶ het verwikkelen ❷ samenhang van gebeurtenissen: *de ~ in een toneelstuk* ❸ ⟨vooral meervoud⟩ lastige gebeurtenissen, moeilijkheden ❹ BN ook complicatie (bij een ziekte)

verwilderd *bn* ❶ teruggekeerd tot de wilde staat: *een ~e tuin* ❷ aan alle discipline ontwend: *~e jeugd* **verwilderen** ❶ wild, bandeloos worden ❷ weer terugkeren tot de wilde staat: *die tuin is verwilderd*

verwisselen ruilen, wisselen: *een band ~; mijn zus en ik zijn van plaats verwisseld* zij heeft mijn plaats genomen en ik die van haar

verwittigen ❶ BN in kennis stellen, op de hoogte brengen: *iemand van iets* ~ ❷ BN ook waarschuwen

verwoed *bn* heel fel, heel fanatiek: *Martin is een ~schaker*

verwoesten vernielen, helemaal kapotmaken: *de storm heeft de strandtent verwoest*

verwonden een wond bezorgen, iets doen waardoor iemand gewond raakt ▼*zich* ~ iets doen en daardoor een wond krijgen: *ze heeft zich aan het prikkeldraad verwond*

verwonderen verbaasd doen zijn, verbazen ▼*zich over iets* ~ zich erover verbazen **verwonderlijk** *bn* vreemd, waar men verbaasd over is

verwonding *de (v)* ❶ het krijgen of toebrengen van een wond ❷ wond: *de ~en vielen mee*

verwonen uitgeven aan wonen, aan woonlasten betalen: *ik verwoon een groot deel van mijn salaris*

verwoorden uitdrukken in woorden: *zijn gevoelens* ~

verworden op zo'n manier anders worden dat het veel slechter wordt: *deze feestdag is ~ tot een commercieel gebeuren*

verworpene *de* [-n] iemand die telkens afgewezen, verstoten wordt

verworvenheid *de (v)* [-heden] wat men verkregen heeft door er moeite voor te doen: *de democratie is een van onze verworvenheden*

verwringen ❶ vertrekken, van vorm veranderen door te wringen ▼*een verwrongen gelaat* gezicht dat op een krampachtige manier vervormd is: *iemand met een verwrongen gelaat die probeert niet te huilen* ❷ fig. verdraaien ▼*een verwrongen voorstelling van iets geven* scheef, vals, verdraaid

verwurgen ❶ doden door de keel dicht te drukken ❷ toepassen van de wurggreep bij vechtsporten

verzachten ❶ zachter, minder pijnlijk maken ❷ zachter worden ▼*jur. ~de omstandigheden* waardoor de daad begrijpelijker en de straf minder wordt

verzadigen ❶ de honger stillen ❷ fig. een verlangen of streven volledig vervullen ❸ het maximum doen opnemen, bijv. van een vloeistof

verzakelijken meer zakelijk worden en bijv. minder persoonlijk of idealistisch worden

verzaken ❶ niet nakomen: *zijn plicht* ~ ❷ zich afkeren van: *zijn geloof* ~ ❸ ⟨bij kaartspel⟩ ten onrechte een kleur niet bekennen ❹ BN, vero. afstand doen van, afzien van

verzakken wegzakken: *het huis is verzakt*

verzamelaar *de (m)* [-s] iemand die verzamelt **verzamelband** band voor het bewaren van tijdschriften die bij elkaar horen

verzamelbundel boek met losse stukken van één of meer schrijvers

verzamelen bij elkaar brengen, proberen bij elkaar te krijgen: *hij verzamelt postzegels* ▼*zich* ~ bij elkaar komen: *we hadden ons op het plein verzameld* **verzameling** *de (v)* ❶ het verzamelen ❷ geheel van verzamelde zaken: *een ~ oude munten* ❸ wisk. geheel van objecten die samen tot een wiskundig verband behoren

verzamelnaam naam voor een hoeveelheid gelijksoortige dingen **verzamelwoede** sterke drang om dingen te verzamelen

verzanden ❶ vollopen met zand: *de haven is verzand* ❷ fig. vastlopen, op niets uitlopen: *de plannen zijn verzand in eindeloze discussies*

verzegelen iets, bijv. een deur of een brief, met een zegel afsluiten zodat het niet ongemerkt kan worden opengemaakt

verzeilen belanden, terechtkomen: *hoe ben je hier verzeild geraakt?*

verzekeraar *de (m)* [-s] iemand die of bedrijf dat een verzekering biedt, anderen verzekert: *de ~ wil de schade niet uitbetalen* **verzekerd** *bn* ❶ zeker, overtuigd: *van iets ~ zijn* ❷ door verzekering gedekt tegen schade **verzekeren** ❶ zeggen dat wat men zegt, zeker zo is: *ik verzeker je dat ik volgende keer op tijd kom* ❷ garanderen dat mensen die een bepaalde premie betalen, bij schade geld krijgen: *deze maatschappij wil onze boot niet ~* ▼*zich* ~ premie betalen voor vergoeding bij eventuele toekomstige schade of ander nadeel: *ze waren verzekerd, dus krijgen ze de schade vergoed* ▼*zich van iets* ~ ervoor zorgen dat men iets krijgt; controleren om er zeker van te zijn dat iets echt zo is: *we verzekerden ons van goede plaatsen in de bioscoop; ze verzekerde zich ervan dat alle deuren op slot waren* ❸ BN ook uitvoeren, onderhouden (*van een dienst, samenwerking*): *tijdens de verbouwing blijft kinderopvang verzekerd*

verzekering *de (v)* ❶ het verzekeren, zekerheid: *ik geef je de ~ dat het goed komt* ❷ afspraak met een verzekeringsmaatschappij waardoor iemand ergens voor verzekerd is, de overeenkomst waarin dit wordt vastgelegd: *een reis~;* BN *familiale ~* vorm van WA-verzekering voor leden van een gezin ❸ verzekeringsmaatschappij: *ik bel de ~ voor informatie* ❹ hechtenis, beslag: *iemand, iets in ~ nemen*

verzekeringsmaatschappij bedrijf waar men verzekeringen kan afsluiten

verzekeringspremie bedrag dat men betaalt voor een verzekering

verzenden naar iemand sturen via internet, per post, koerier e.d. **verzendhuis** bedrijf waar men artikelen kan bestellen en die thuisbezorgd krijgt, postorderbedrijf **verzending** *de (v)* ❶ het verzenden ❷ wat verzonden wordt

verzengen schroeien ▼*een ~de hitte* een heel erge hitte

verzet *het* ❶ actie of strijd om iets tegen te houden, tegenstand: *er kwam veel ~ tegen het* *plan voor een nieuwe weg* ❷ de mensen die strijden tegen een bezetter of dictator: *het ~ heeft in de Tweede Wereldoorlog veel gevaarlijke dingen gedaan* **verzetje** *het* [-s] iets om zich te ontspannen: *na dat harde werken heb je een ~ nodig* **verzetsbeweging** geheel van mensen die strijden tegen een heersende of bezettende macht **verzetshaard** plaats waar verzet ontstaat of groeit **verzetsstrijder** *de (m)* [-s] iemand die strijdt tegen een heersende of bezettende macht **verzetten** ❶ op een andere plaats zetten: *geen voet ~* ❷ op een andere tijd stellen: *de klok ~* ❸ tot stand brengen: *bergen werk ~* ▾ *zich ~* weerstand bieden ▾ *zijn zinnen ~* afleiding zoeken, aan iets anders (proberen te) denken **verzieken** ❶ ontaarden, niet meer zijn zoals het zou moeten zijn: *de onderlinge verhoudingen zijn verziekt* ❷ verpesten, bederven: *die jongen loopt de boel altijd te ~* **verziend** *bn* alleen in de verte goed in staat om te zien **verzilveren** ❶ met een laagje zilver bedekken ❷ voor geld inwisselen: *een cheque ~* **verzinken** I [verzonk, is verzonken] ❶ wegzinken II [verzonk, h. verzonken] ❷ ⟨spijkers en bouten⟩ dieper slaan dan het oppervlak III [verzinkte, h. verzinkt] ❸ met een laag zink overdekken **verzinnen** ❶ bedenken ▾ *ergens iets op ~* een oplossing bedenken ❷ fantaseren, iets bedenken wat niet waar is of wat niet bestaat: *hij had het hele avontuur verzonnen; er was helemaal niets gebeurd* **verzinsel** *het* [-s, -en] iets wat verzonnen, niet waar is **verzitten** met zitten doorbrengen: *een uur ~* ▾ *gaan ~* anders of op een andere plaats gaan zitten **verzoek** *het* vraag om iets: *op ~ van* **verzoeken** ❶ vragen om iets ❷ in verzoeking brengen, proberen te verleiden ▾ *de goden ~* iets doen of zeggen waardoor men moeilijkheden over zichzelf afroept **verzoeking** *de (v)* verleiding: *iemand in ~ brengen* **verzoeknummer** stuk, liedje e.d. dat op verzoek wordt gespeeld of voorgedragen **verzoekschrift** schriftelijk verzoek (aan de overheid bijv.) **verzoendag** dag waarop men zich verzoent met elkaar of met God ▾ *Grote Verzoendag* vasten- en boetedag bij de Israëlieten **verzoenen** de vrede herstellen, goedmaken ▾ *zich ~ met* vrede sluiten met; fig. zich neerleggen bij, aanvaarden ▾ *zich ~ met zijn lot* zijn lot aanvaarden, zich erbij neerleggen **verzoeten** ❶ zoet maken ❷ fig. aangena(a)m(er) maken **verzolen** van nieuwe zolen voorzien: *schoenen ~* **verzorgd** *bn* netjes, keurig: *zij ziet er altijd heel ~ uit* **verzorgen** iemand of iets geven wat nodig is, zorgen voor **verzorgingsflat** flatgebouw waar aan de bewoners (meestal bejaarden) huishoudelijke diensten worden verleend **verzorgingsstaat** staat die voor ieders welzijn zorgt onder andere door sociale voorzieningen **verzorgingstehuis** tehuis voor mensen die bijzondere zorg nodig hebben, vooral bejaarden **verzot** *bn* ▾ *~ op* erg gesteld op, gek op **verzuchten** zuchtend zeggen

ve

verzuiling *de (v)* het zich verdelen van een samenleving of een organisatie in groepen die niet of nauwelijks met elkaar omgaan of samenwerken **verzuim** *het* ❶ het nalaten, het niet doen van iets wat men wel zou moeten doen ❷ het niet aanwezig zijn terwijl men wel aanwezig zou moeten zijn: *ziekte~* **verzuimen** ❶ niet doen wat men wel zou moeten doen: *hij heeft verzuimd door te geven dat hij ziek was* ❷ niet aanwezig zijn terwijl dat wel zou moeten: *lessen ~* **verzuipen** ❶ spreekt. aan drank uitgeven ❷ spreekt. (doen) verdrinken ▾ *als een verzopen kat* drijfnat (geregend) **verzuren** ❶ zuur worden: *wijn kan ~* ❷ ⟨van spieren⟩ niet goed meer functioneren na extreme belasting ❸ zuur maken, moeilijk maken: *hij heeft mijn leven verzuurd* **verzuring** *de (v)* ❶ het verzuren ❷ BN gereserveerde houding tegenover de politiek wegens wantrouwen en teleurstelling **verzusteren** BN, spreekt. jumeleren, vriendschappelijk samenwerken van gemeenten uit verschillende landen **verzwakken** zwak maken of worden: *ze waren ernstig verzwakt door ziekte en ondervoeding* **verzwaren** ❶ zwaarder, sterker maken ❷ fig. erger maken: *dat verzwaart zijn schuld; ~de omstandigheden* **verzwelgen** gulzig opeten, verslinden ▾ *het schip werd verzwolgen door de zee* het verdween onder de golven en zonk **verzwijgen** bewust niet zeggen: *ze had haar strafwerk thuis verzwegen* **verzwikken** een verkeerde beweging maken en daardoor de gewrichtsbanden van de pols of enkel verrekken, verstuiken **vesper** *de* [-s] r.-k. voorlaatste van de getijden van de dag, namiddagdienst, deel van een breviergebed **vest** *het* ❶ kledingstuk zonder mouwen, als onderdeel van een herenkostuum ❷ kledingstuk met knopen of rits dat over iets anders gedragen wordt: *een wollen ~* ❸ BN jasje (van een dameskostuum) ❹ BN colbertjas **veste** *de* [-n] vesting, vestingmuur, ook figuurlijk **vestiaire** ⟨-tjèra of -tijèra⟩ *de (m)* [-s] bewaarplaats voor jassen, garderobe in een schouwburg e.d. **vestibule** *de (m)* [-s] hal achter de voordeur van een gebouw: *in de ~ hing een kapstok* **vestigen** ❶ oprichten, beginnen, een plaats geven: *zij hebben daar een bedrijf gevestigd* ▾ *zich ergens ~* ergens gaan wonen of een bedrijf beginnen: *er ~ zich veel bedrijven langs de snelweg* ❷ richten op: *we ~ al onze hoop op de laatste wedstrijd* ▾ *de aandacht op iets ~* maken dat andere mensen iets opmerken, bijv. door er iets over te zeggen **vestiging** *de (v)* ❶ het (zich) vestigen ❷ een van de winkels of bijkantoren van een groot bedrijf: *hoeveel ~en heeft deze kledingzaak?* **vesting** *de (v)* versterkte plaats, plaats met dikke muren eromheen: *dat bankgebouw is een onneembare ~* het is heel goed beveiligd tegen inbraken en overvallen **vet** I *het* [-ten] ❶ organische stof die bestaat uit koolstof, waterstof en zuurstof ▼ *iemand in zijn eigen ~ gaar laten koken* iemand het zelf laten uitzoeken, zich er niet meer mee bemoeien ▼ *zijn ~ geven* goed de waarheid zeggen **II** *bn* ❷ niet mager, met veel vet ▼ *~te hap* snacks zoals frikandellen of bamiballen, waar veel vet in zit ❸ vies doordat er veel vet in of aan zit: *~ haar, ~te vingers* ❹ dik: *een ~ varken* ❺ vruchtbaar: *~te kleigrond* ❻ wat veel oplevert: *een ~te baan* ▼ *een ~ salaris* een hoog salaris ❼ jong. tof, goed: *die film is ~* ❽ overdreven (en daardoor onprettig): *een ~te knipoog* **vetarm**, **vetarm** met weinig vet **vetbol** bol als voer voor vogels, die bestaat uit vet en zaad

vete *de* [-n, -s] langdurige vijandschap: *een ~ tussen twee families*

veter *de (m)* [-s] smalle band of koord om afzonderlijke delen van hetzelfde kledingstuk aan elkaar te knopen of om een schoen dicht te maken

veteraan *de (m)* [-ranen] ❶ iemand die militair is geweest ❷ ouder iemand die een sport beoefent: *mijn oom voetbalt bij de veteranen* **veteranenziekte** infectie van de luchtwegen die wordt veroorzaakt door de bacterie Legionella pneupophila

veterdrop drop die in slierten wordt verkocht **veterinair** ‹-tarienèr› *de (m)* [-s] dierenarts, veearts

vetjes *bw* BN in een dik lettertype **vetkuif** ❶ haarkuif die in de hoogte en/of achterover gekamd is (en met brillantine in model wordt gehouden) ❷ iemand met zo'n kuif **vetkussen** opeenhoping van vet in het lichaam **vetmesten** door zware voeding vet maken **veto** *het* [-'s] ❶ bevoegdheid om een besluit dat door een vergadering is genomen, tegen te houden, vetorecht ❷ uitoefening van deze bevoegdheid: *zijn ~ uitspreken* **vetorecht** recht om een besluit tegen te houden **vetplant** plant met vlezige bladen **vetpot** pot met vet vroeger voor feestverlichting ▼ *het is daar geen ~* er is daar geen overvloed of rijkdom **vetpuistje** puistje dat ontstaat door een extra sterke productie van talg **vetrol** huidplooi doordat iemand erg dik is

ve-tsin *het* smaakversterkend poeder, vaak in Aziatische gerechten

vettig *bn* een beetje vet **vetvrij** wat geen vet doorlaat: *~ papier* **vetzak** neg. iemand die heel dik is **vetzucht** ziekelijke toename van het lichaamsgewicht **vetzuur** zuur dat in vet voorkomt

veulen *het* [-s] ❶ jong van een paard of ezel ❷ fig. dartel en speels jong mens

vezel *de* [-s] ❶ langgerekte cel of bundel langgerekte cellen die met elkaar verbonden zijn, van plantaardige of dierlijke oorsprong: *spier~, zenuw~* ❷ fijn, soepel, draadvormig onderdeel van een weefsel dat kunstmatig gemaakt is: *kunst~* **vezelplaat** plaat van vezels die zijn samengeperst

vgl. vergelijk

v.h. ❶ van het ❷ voor het ❸ voorheen **V-hals** V-vormig uitgesneden hals in kleding **VHD** *very high density*, zeer hoge dichtheid

VHF *very high frequency*, zeer hoge frequentie **VHS** *video home system*, standaard voor videosysteem

v.i. voorwaardelijke invrijheidstelling **via** *vz* ❶ over, langs: *we reizen ~ de Afsluitdijk naar Friesland* ❷ door bemiddeling van: *ik heb deze baan gekregen ~ een uitzendbureau* ▼ *via via* door (veel) tussenpersonen: *ik heb het via via gehoord*

viaduct *de (m) & het* constructie waarbij een weg of spoorweg over een andere weg loopt of over een dal

vibrafoon *de (m)* [-s] muziekinstrument met metalen staven, waarop men slaat met een soort drumstokken **vibratie** *de (v)* [-s] trilling **vibrato I** *bw* ❶ trillend **II** *het* [-'s] ❷ het laten horen van een trillende toon **vibrator** *de (m)* [-s, -toren] ❶ voorwerp dat trillingen uitzendt of overbrengt ❷ trillende kunstpenis **vibreren** ❶ met vibrato zingen ❷ trillen door inwendige spanning

vicaris *de (m)* [-sen] ❶ ambts- of plaatsvervanger ❷ r.-k. plaatsvervanger of helper van een bisschop ❸ r.-k. hulppastoor ❹ prot. hulpprediker

vice I voorvoegsel plaatsvervangend: *~consul* **II** *bw* ▼ *~ versa* heen en terug

vicieus ‹viesjeus› *bn* ▼ *een vicieuze cirkel* cirkel of situatie waar men niet uit kan komen

victorie *de (v)* [-s] overwinning **vide** *de (m) & het* [-s] ruimte op een verdieping waarvan een deel van de vloer is weggelaten **video** *de (m)* [-'s] ❶ het elektronisch vastleggen van beeld en geluid op magneetband of plaat ❷ videorecorder ❸ band van een videorecorder **videocamera** camera voor video-opnamen **videoclip** (video)filmpje, vooral om de verkoop te bevorderen van bijv. een muzieknummer **videofilm** film voor of opgenomen door een videorecorder **videofoon** *de (m)* [-s] beeldtelefoon **videojockey** ‹-djokkie› → vj **videorecorder** apparaat dat beeld en geluid op magneetband vastlegt en weergeeft **videotestament** testament in de vorm van een video-opname: *het ~ van de pleger van de zelfmoordaanslag* **videotheek** *de (v)* [-theken] ❶ zaak waar men films op videoband kan huren ❷ verzameling van videobanden en videocassettes **videowall** ‹-wòl› *de (m)* [-s] geheel van videobeelden over een groot oppervlak **vief** *bn* levendig, vlug

vier I *telw* ❶ aantal van 4 **II** *de* ❷ het cijfer 4 ▼ *~en en vijven* uitvluchten **vierbaansweg** autoweg met tweemaal twee rijstroken **vierde** *telw* ❶ nummer 4 ❷ 1/4

vieren ❶ feestelijk herdenken of doorbrengen: *zijn verjaardag ~* ❷ roemen, hoge waardering toedragen: *een gevierd wetenschapper* ❸ langzaam loslaten: *een touw ~* ▼ *de teugels ~* de teugels langzaam loslaten; fig. meer vrijheid geven ▼ BN ook *iemand ~* iemand huldigen, in de bloemetjes zetten

vierendelen [vierendeelde, h. gevierendeeld] ❶ in vier stukken snijden ❷ iemand met paarden in vier stukken trekken (als straf) **vierentwintiguurseconomie** het dag en nacht doorgaan van economische activiteit **vierhoek**

vlak dat wordt ingesloten door vier rechte lijnen
viering *de (v)* het vieren: *de ~ van het honderdjarig bestaan*
vierkant I *het* ❶ figuur die uit vier even lange zijden bestaat II *bn* ❷ met de vorm van een vierkant, hoekig: *dit bord is ~ in plaats van rond; een ~ gezicht* ❸ fig. ronduit, rechtstreeks: *iemand ~ de waarheid zeggen* ▼ BN ~ *draaien* niet goed verlopen **vierkantsvergelijking** wiskundige vergelijking waarin dat wat berekend moet worden, tot in de tweede graad voorkomt
vierling *de (m)* vier kinderen die uit één zwangerschap geboren zijn **vierschaar** hist. *de* [-scharen] ❶ rechtszitting ❷ plaats waar deze gehouden wordt **vierspan** span van vier trekdieren, vooral vier paarden **viersprong** kruispunt van vier wegen **viertaktmotor** motor waarvan de zuiger vier slagen maakt na elke explosie
viertal *het* [-len] aantal van vier **vieruurtje** BN *het* [-s] versnapering of kleine maaltijd rond 16.00 uur **viervoeter** *de (m)* [-s] dier met vier voeten **viervoud** *het* ❶ wat viermaal zo veel of zo groot is ▼ *in ~* in de vorm van vier gelijke exemplaren: *ik heb de aanvraag in ~ ingediend* ❷ getal dat door vier kan worden gedeeld
vies *bn* ❶ bedekt met modder, vet, stof of andere vlekken, vuil: *mijn schoenen zijn ~ geworden door de modder* ❷ onsmakelijk, niet lekker: *ik vind spruitjes ~* ❸ schunnig, seksueel getint: *een vieze mop* ▼ *een ~ gezicht trekken* waaruit blijkt dat iemand iets vies vindt ▼ *dat valt ~ tegen* dat valt erg tegen ▼ *daar is hij niet ~ van* daar houdt hij wel van **viespeuk** *de (m)* vies iemand
vieux ⟨vjeu⟩ *de (m)* namaakcognac
viewdata ⟨vjoe-⟩ comp. *de (m)* systeem waarbij per telefoon opgevraagde elektronische informatie op een scherm is af te lezen
viewer ⟨vjoewǝr⟩ *de (m)* [-s] ❶ apparaat waarmee men diaplaatjes en stukjes film kan bekijken ❷ leesapparaat voor microkaarten en -films
viewing *de (m)* [-s] het bekijken van iets, zoals het bekijken van een film voor de officiële première
viezerik *de (m)* iemand die vies doet of dat is **viezigheid** *de (v)* [-heden] iets dat vies is
vigeren van kracht zijn: *~de maatregelen*
vigilant *bn* ❶ waakzaam, wakker ❷ flink, bijdehand
vignet ⟨vienjet⟩ *het* [-ten] ❶ afbeelding waaraan men bijv. een bedrijf herkent ❷ sticker met afbeelding als teken dat men ergens voor betaald heeft: *in sommige landen moet men een ~ kopen om over de snelwegen te mogen rijden*
vijand *de (m)* iemand tegen wie of partij waartegen men strijdt **vijandelijk** *bn* ❶ van de vijand ❷ als een vijand **vijandelijkheden** *de (mv)* oorlogshandelingen: *de ~ openen, hervatten* **vijandig** *bn* hatelijk, zoals men tegen een vijand doet: *ze wierp hem een ~e blik toe* **vijandschap** *de (v)* [-pen] vijandige verhouding, het vijand zijn, haat
vijf I *telw* ❶ aantal van 5 ▼ *hij heeft ze niet alle ~ op een rijtje* hij is niet goed bij zijn verstand ▼ *geef me de ~* geef me je hand II *de* [vijven] ❷ het cijfer 5 ▼ *allerlei vijven en zessen* allerlei bezwaren,

uitvluchten
vijfdagenweek BN week met vijf werkdagen
vijfdeurs *bn* ▼ ~ *auto* auto met vier deuren en een achterklep
vijfenzestigplusser *de (m)* [-s] iemand die 65 jaar of ouder is
vijfje *het* [-s] ❶ kleine vijf ❷ vijfde gedeelte van een lot uit de staatsloterij ❸ vroeger muntstuk van vijf gulden, vijf Belgische frank e.d., nu ook biljet van vijf euro **vijfkamp** wedstrijd die uit vijf onderdelen bestaat
vijfling *de (m)* vijf kinderen die uit één zwangerschap geboren zijn **vijftal** *het* [-len] aantal van vijf
vijftig *telw* aantal van 50 **vijftiger** *de (m)* [-s] iemand van 50 t/m 59 jaar ▼ *Vijftigers* groep kunstenaars rond 1950
vijg I *de* ❶ zoete vrucht van de vijgenboom ▼ ~*en na Pasen* iets wat te laat komt en waar men niets meer aan heeft ▼ BN, spreekt. *zo plat als een ~* heel plat ❷ uitwerpsel van een paard, paardenvijg II *de (m)* ❸ vijgenboom **vijgenblad** ❶ blad van een vijgenboom ❷ fig. iets om iets waarvoor men zich schaamt te bedekken of te verbergen **vijgenboom** tropische boom van het geslacht Ficus
vijl *de* stalen gereedschap, voorzien van inkepingen, om metalen of houten voorwerpen glad(der) en/of dun(ner) te maken **vijlen** ❶ met een vijl bewerken ❷ fig. verbeteren, gladder of vloeiender maken **vijlsel** *het* wat van metaal afgevijld wordt
vijver *de (m)* [-s] klein meertje dat door mensen is gegraven, in een tuin of een park: *in deze ~ worden vissen gehouden*
vijzel I *de (m)* [-s] ❶ kommetje waarin men met een stamper kruiden fijnstampt II *de* [-s] ❷ hefwerktuig dat bestaat uit een stalen spil met schroefdraad **vijzelen** met een vijzel opdraaien
Viking *de (m)* [-en, -s] Scandinavische zeeman die in de negende en tiende eeuw langs de Europese kusten voer om te plunderen, handel te drijven of staten te stichten, Noorman
vilbeluik BN *het* destructiebedrijf, bedrijf dat kadavers en slachtafval vernietigt
vilder *de (m)* [-s] iemand die dieren vilt
vilein *bn* vals, op geraffineerde wijze gemeen
villa ⟨vielaa of villaa⟩ *de* [-'s] vrijstaand, groot en voornaam huis **villawijk** wijk in een stad of dorp met veel villa's
villen ❶ het vel afstropen ❷ fig. afzetten, te veel geld vragen
vilt *het* stof van door elkaar gewerkte wol of ander haar van dieren **vilten** *bn* van vilt: *een ~ hoed* **vilthoed** hoed van vilt
viltje *het* [-s] kartonnen onderzetter voor een glas, vooral voor een glas bier
viltstift soort pen met een punt van vilt of nylon
vin *de* [-nen] uitsteeksel aan het lijf van een vis waarmee hij zwemt ▼ *geen ~ verroeren* helemaal niet bewegen
vinaigrette ⟨vienèGretta⟩ *de* [-s] saus van olie, azijn en kruiden voor salade en koude groenten
vinden [vond, h. gevonden] ❶ iets toevallig zien of iets zien dat men kwijt was: *ik heb een portemonnee gevonden op straat; ik kan mijn*

sleutels nergens ~ ❷ een bepaalde mening hebben: *ik vind dat het openbaar vervoer gratis moet zijn* ❸ (een oplossing) bedenken: *ergens iets op* ~ ▾ *zich (goed) kunnen* ~ *in* het eens zijn met ▾ *het met iemand kunnen* ~ goed met iemand om kunnen gaan, kunnen opschieten ▾ *voor iets te* ~ *zijn* het willen doen, er zin in hebben
vinding *de (v)* vondst, uitvinding **vindingrijk** handig in het bedenken van dingen of oplossingen
vindplaats ❶ plaats waar men iets vindt ❷ plaats in een boek e.d. waar men bepaalde informatie vindt
Vinex-locatie ⟨vineks-⟩ plaats die door de overheid is aangewezen, waar een woonwijk gebouwd mag worden (Vinex = vierde nota ruimtelijke ordening extra)
vinger *de (m)* [-s] ❶ lid van de hand van een mens of aap: *mensen hebben aan elke hand vijf* ~s ▾ *lange* ~ lange smalle biscuit ▾ *iemand op de* ~s *zien* scherp toezien op iemands werk ▾ *lange* ~s *hebben* de neiging hebben om te stelen ▾ *door de* ~s *zien* oogluikend toestaan ▾ *iemand op de* ~s *tikken* aanmerkingen maken, kritiek uiten ▾ *met een natte* ~ gemakkelijk en vlug ▾ *iemand om de* ~ *winden* iemand voor zich winnen en hem kunnen laten doen wat men wil ▾ *groene* ~s *hebben* goed zijn in het kweken en verzorgen van planten ▾ *geen* ~ *uitsteken* helemaal niets doen ▾ *zich in de* ~ *snijden, zijn* ~s *aan iets branden* zichzelf schaden ▾ BN *iemand met de* ~ *wijzen* iemand beschuldigen ▾ BN *met zijn* ~s *draaien* met de duimen draaien, niksen, luieren ❷ deel van een kledingstuk dat dit omsluit: *de* ~s *van een handschoen* **vingerafdruk** afdruk van een vingertop, om iemand te herkennen **vingerdik** BN duimendik **vingeren** met de vinger seksueel bevredigen van een vrouw **vingerhoed** dopje om de vingertop te beschermen bij het naaien **vingerhoedskruid** plantengeslacht uit de helmkruidfamilie (Digitalis) **vingerkootje** kort pijpbeen in de vinger **vingeroefening** ❶ oefening in vingervlugheid, vooral op de piano ❷ fig. oefening om vaardigheid in iets te krijgen, om het goed te leren doen **vingerplant** kamerplant met handvormig blad **vingerverf** verf om met de vingers te schilderen **vingervlug** vlug met de vingers **vingerwijzing** *de (v)* aanduiding, teken, wenk: *een* ~ *van God* **vingerzetting** *de (v)* juiste plaatsing van de vingers bij het bespelen van een muziekinstrument of het typen
vink *de* ❶ blauwgroene zangvogel met rode borst (Fringilla coelebs) ❷ V-vormig teken om iets te markeren: *ik zet een* ~*je voor alle klusjes op de lijst die ik gedaan heb* ▾ *blinde* ~*en* lapjes vlees die zijn opgerold en gevuld met gehakt **vinken** ❶ vinken vangen ❷ markeren met een V-vormig teken **vinkenslag** I *de (m)* ❶ roep van een vink II *het* [-slagen] ❷ net om vinken in te vangen ▾ BN *op* ~ *zitten* op het vinkentouw zitten, op de loer liggen **vinkentouw** ▾ *op het* ~ *zitten* op de loer liggen
vinnig *bn* ❶ scherp, bits: ~ *antwoorden* ❷ scherp, bijtend: *een* ~*e kou*
vintage ⟨-tədzj⟩ I *de* ❶ (van wijnen) van een goed

en oud jaar II *bn* ❷ uit een vroegere periode: ~ *kleding*
vinvis walvis met rugvin van de familie Balaenopteridae
vinyl ⟨-niel⟩ *het* rubberachtig materiaal: *in de keuken hebben wij* ~ *op de vloer*
violent *bn* heftig, gewelddadig
violet *bn & het* paars
violier *de* kruisbloemige plant van het geslacht Matthiola
violist *de (m)* iemand die een viool bespeelt
viool *de* [-olen] ❶ bloem met vijfbladige kelk van het geslacht Viola ❷ klein strijkinstrument met vier snaren ▾ *de eerste* ~ *spelen* de belangrijkste zijn, de baas zijn; zich het luidst laten horen ▾ BN *de violen stemmen* overeenstemming proberen te bereiken **vioolconcert** concert met solo voor viool **vioolsleutel** teken op de onderste of op een-na-onderste lijn van de notenbalk dat de toonhoogte van de noten aangeeft, g-sleutel
vip *de (m)* [-s] *very important person*, heel belangrijk persoon
viproom ⟨-roem⟩ *de (m)* [-s] speciale ontvangstkamer voor hoge gasten, bijv. op vliegvelden
viraal *bn* van een virus, veroorzaakt door een virus: *een virale infectie*
viral ⟨vajrəl⟩ *de* [-s] marketing- of reclame-uiting op internet die zo opmerkelijk is dat mensen de uiting naar elkaar doorsturen, zodat deze zich als een soort virus verspreidt
viriel *bn* mannelijk, met mannelijke eigenschappen
virologie *de (v)* wetenschap van de virussen
virtual reality ⟨vùRtjoewəl Riejellatie⟩ *de (v)* denkbeeldige werkelijkheid die is gemaakt d.m.v. computertechnieken
virtueel *bn* ❶ wat echt lijkt maar in werkelijkheid niet bestaat, zoals personen in computerspelletjes ▾ *een* ~ *vriendje* een verzonnen vriendje van een kind ▾ ~ *geheugen* geheugenruimte op de harde schijf van een computer, die gebruikt wordt als werkgeheugen als het echte werkgeheugen vol is ❷ wat innerlijk aanwezig is maar (nog) niet tot uiting is gekomen: *virtuele kracht* ▾ *de virtuele winnaar* degene die de wedstrijd wint als de situatie blijft zoals die is
virtuoos I *bn* ❶ technisch (bijna) volmaakt II *de (m)* [-ozen] ❷ virtuoos kunstenaar
virulent *bn* ❶ in staat een ziekte te veroorzaken ❷ fig. vinnig, heftig
virus *het* [-sen] ❶ organisme dat ziekten in de mens, dieren en planten kan verwekken ❷ comp. schadelijk computerprogramma dat zichzelf kopieert naar andere computerprogramma's **virusziekte** ziekte die door een virus wordt veroorzaakt
vis *de (m)* [-sen] ❶ koudbloedig dier van de klasse Pisces, dat alleen in het water kan leven en dat ademhaalt door kieuwen: *er zwom veel* ~ *in die rivier* ▾ *zich als een* ~ *in het water voelen* zich helemaal thuis voelen ❷ voedsel dat van vis is gemaakt: *we eten vandaag* ~ ▾ ~ *noch vlees* iets halfslachtigs **Vis** I *de (m)* ❶ twaalfde teken van de dierenriem, Vissen II *de (m)* [-sen] ❷ iemand

die onder dat teken geboren is

visafslag visveiling

visagist ⟨viezaazjist⟩ *de (m)* iemand die het gezicht van mensen opmaakt en die advies geeft over hoe hun gezicht er het mooiste uitziet: *het fotomodel werd opgemaakt door een ~*

visakte schriftelijke vergunning om te vissen

visarend grootste Europese arend

vis-à-vis ⟨viezaavie⟩ *bw* tegenover, met de gezichten tegenover elkaar

visboer visverkoper

visceraal *bn* wat met de ingewanden te maken heeft

viscose ⟨-zə⟩ *de* stof die is gemaakt van cellulose en waarvan onder andere kunstzijde wordt gemaakt en olie- en vetvrij papier **viscositeit** ⟨-zie-⟩ *de (v)* graad van vloeibaarheid

viscouvert ⟨-koevèr⟩ bestek om vis mee te eten

visdiefje *het* [-s] vogeltje met een zwarte schedel en nek en een zwarte punt op een rode snavel (Sterna hirundo)

viseren ⟨-zi-⟩ **❶** (een paspoort) van een visum voorzien, voor gezien tekenen **❷** in het oog houden, bekritiseren, het gemunt hebben op ▾ BN *geviseerd worden* het mikpunt zijn van kritiek of pesterijen

visgraat **❶** been, graat van een vis **❷** dessin in de vorm van een graat **visgrond** gebied waar vis is

visie ⟨viezie⟩ *de (v)* [-s] **❶** wat men van iets vindt, hoe men iets ziet: *een ~ op iets hebben* **❷** inzicht in iets en in hoe het zich verder moet ontwikkelen: *een leider met ~* **❸** inzage: *de stukken liggen ter ~ op het gemeentehuis*

visioen ⟨-z(ie)joen⟩ *het* **❶** het zien van personen, zaken of toestanden die op natuurlijke wijze niet zichtbaar zijn **❷** iets wat men in gedachten voor zich ziet, droombeeld: *een ~ hebben van een wereld zonder oorlog* **visionair** ⟨vieziejoonèr⟩ **I** *bn* **❶** als een visioen, wat iemand ziet in een visioen, als een ziener **II** *de (m)* [-s] **❷** iemand die visioenen heeft, die een ziener is

visitatie ⟨viezie-⟩ *de (v)* [-s] **❶** onderzoek aan het lichaam van iemand **❷** onderzoek door de douane **❸** huiszoeking **❹** bezoek, vooral het bezoek van Maria aan Elizabeth in de Bijbel

visite ⟨-zie-⟩ *de* [-s] **❶** bezoek **❷** de personen die op bezoek zijn **visitekaartje** *het* [-s] kaartje met iemands naam en andere gegevens om aan anderen te geven, naamkaartje

visiteren ⟨-ti-⟩ **❶** inspecteren, onderzoek doen, vooral als ambtelijke overheid **❷** aan het lichaam onderzoeken, bijv. naar smokkelwaar **visiteur** *de (m)* [-s] ambtenaar bij de douane die visiteert

viskom glazen kom om visjes in te laten zwemmen **vislijm** lijm uit de zwemblaas van vissen **vismeel** gemalen gedroogde visafval **vismijn** BN visafslag **visnet** net om vis te vangen

vissen vis (proberen te) vangen, met een hengel, een net enz. ▾ *achter het net ~* te laat komen, zijn kans voorbij laten gaan ▾ *ergens naar ~* proberen iets te weten te komen zonder het rechtstreeks te vragen ▾ *naar een complimentje ~* proberen een complimentje te krijgen zonder het rechtstreeks te vragen

Vissen *de (mv)* twaalfde teken van de dierenriem

visserij *de (v)* de visvangst, het vissen als economische activiteit **visserman** *de (m)* [-lui, -lieden] visser **visserslatijn** sterke verhalen van vissers

visstand de hoeveelheid vis die in het water aanwezig is **visstick** langwerpig stukje vis met een helderbruin en krokant korstje **vistrap** *de (m)* installatie bij een stuw waar trekkende vissen langsgaan **vistuig** gereedschap om te vissen

visualiseren ⟨viezuuwaaliezĭrən⟩ zich in gedachten een beeld vormen van de zaak waar men aan denkt, het zich als beeld voorstellen

visueel ⟨viezuu-⟩ *bn* **❶** wat te maken heeft met het gezichtsvermogen: *~ gehandicapt* **❷** die vooral met het gezicht waarneemt: *hij is erg ~ ingesteld*

visum ⟨viezum⟩ *het* [-sa, -s] vergunning om een land binnen te komen, erdoorheen te reizen of eruit te vertrekken

viswater I *het* [-s, -en] **❶** water om in te vissen **II** *het* **❷** water waarin vis gekookt is **viswijf** onbeschaafde schreeuwerige vrouw

vitaal *bn* **❶** vol levenskracht, vol energie: *mijn opa is nog heel ~* **❷** onmisbaar, onmisbaar voor het leven: *longen en hart zijn vitale organen; de vitale delen van een machine* ▾ *een vitale kwestie* een zaak van levensbelang **vitalisme** *het* **❶** overtuiging dat het leven niet alleen op een mechanische manier verklaard kan worden maar dat er ook een soort energie is **❷** stroming in de Nederlandse literatuur tussen 1920 en 1940 waarbinnen men streefde naar een intense weergave van een intens leven **vitaliteit** *de (v)* levenskracht

vitamine *de* [-n, -s] stof (vaak in voeding) die het lichaam in kleine hoeveelheden nodig heeft

vitiligo med. *de* witte plekken in de huid of witte haarlokken door het plaatselijk ontbreken van pigment

vitrage ⟨vietraazjə⟩ *de* [-s] gordijn van dunne, een beetje doorzichtige stof

vitrine *de (v)* [-s] **❶** kast van glas met voorwerpen die men kan bekijken maar niet kan aanraken, bijv. in een museum **❷** etalage

vitriool *het & de (m)* zwavelzuur

vitrocultuur het zich laten ontwikkelen van menselijk leven buiten het lichaam

vitten voortdurend opmerkingen maken tegen iemand, omdat men vindt dat hij of zij dingen niet goed doet: *zit niet altijd zo te ~ op dat kind!*

vivisectie ⟨vieviesek-⟩ *de (v)* [-s] proeven met levende dieren

vizier I *de (m)* [-en, -s] **❶** hoge staatsdienaar van de sultan van Turkije **II** *het* [-en] **❷** klep die de opening(en) van een helm afsluit ▾ *met open ~* openlijk **❸** richttoestel aan vuurwapens ▾ *iets in het ~ krijgen* in het oog krijgen, beginnen te zien

vj ⟨viedjee⟩ *de (m)* [-'s], **veejay ❶** presentator van videoclips **❷** iemand die live videobeelden mengt en bewerkt

v.k.a. voor kennisgeving aangenomen

Vl. Vlaams

vla *de* [-'s] dik vloeibaar voedsel gemaakt van onder andere melk, slappe pudding

vlaag *de* [vlagen] **❶** stoot van de wind **❷** bui:

een ~ regen ▼ *bij vlagen* af en toe een tijdje: *ze doet bij vlagen aan sport* ❸ fig. opwelling ▼ *in een ~ van verstandsverbijstering* op een moment dat iemand even helemaal niet in staat is om normaal na te denken

vlaai *de (m)* plat vruchtengebak

Vlaams I *bn* ❶ van of uit Vlaanderen ▼ ~*e gaai* grijsachtig rode vogel met zwarte staart en witte stuit **II** *het* ❷ de taal in Vlaanderen, de in Vlaanderen gesproken dialecten: *schoon ~* benaming voor de Belgisch-Nederlandse tussentaal, Verkavelingsvlaams **Vlaamsgezinde** *de* [-n] voorstander van de Vlaamse beweging

vlaflip *de* [-s] nagerecht van yoghurt, vla en limonade

vlag *de* [-gen] ❶ doek met motief als teken of als symbool van een land, partij e.d. ▼ *met ~ en wimpel slagen* glansrijk slagen ▼ *de ~ strijken* zich gewonnen geven ▼ *als een ~ op een modderschuit* iets moois op iets lelijks ❷ vezelsysteem aan de veer van een vogel

vlaggen ❶ een vlag uithangen ❷ met een vlag zwaaien: *de grensrechter vlagde voor buitenspel* **vlaggenschip** ❶ admiraalsschip ❷ grootste schip van een rederij **vlaggenstok** stok waaraan de vlag hangt **vlaggetjesdag** dag vóór het uitvaren van de haringvloot **vlagofficier** opperofficier ter zee **vlagvertoon** machtsvertoon met oorlogsschepen

vlak I *het* [-ken] ❶ oppervlak, vlakte ❷ fig. gebied, terrein: *op het sociale ~* ▼ *zich op een hellend ~ bevinden* op een weg die omlaag voert, ook figuurlijk **II** *bn* ❸ plat, effen ❹ fig. zonder emotie, zonder uitdrukking: *met ~ke stem* **III** *bw* ❺ onmiddellijk, direct: *~ naast de kerk* **vlakaf** BN, ook *bw* rechtuit, zonder omwegen: *iets ~ zeggen* **vlakgom**, **vlakgum** *de (m) & het* stuk gom of plastic om inkt of potlood van papier weg te wrijven

vlakken glad, effen maken: *een motorkap, een slijpsteen ~* **vlakschaaf** schaaf om heel glad te schuren

vlaktaks inkomstenbelasting waarbij iedereen hetzelfde percentage betaalt

vlakte *de (v)* [-n, -s] ❶ het vlak, plat zijn ❷ (uitgebreid) plat gebied: *vanaf de berg keken we neer op de ~ onder ons* ▼ *zich op de ~ houden* niet duidelijk zijn standpunt doen blijken ▼ *tegen de ~ gaan* (bewusteloos) neervallen; afgebroken worden **vlaktemaat** maat voor oppervlakken, bijv. de vierkante meter

vlam *de* [-men] ❶ lichtverschijnsel dat ontstaat als iets brandt ❷ gloed, hartstocht ▼ *~ vatten* in brand vliegen; fig. geestdriftig worden ▼ *de ~ slaat in de pan* het voedsel in de pan vat vlam; fig. het conflict komt tot een uitbarsting ❸ beminde, geliefde: *een oude ~* **vlambloem** plant van de familie van Vlambloemachtigen, die vaak in tuinen wordt gekweekt (Polemoniaceae), flox **vlammen** ❶ met heldere vlammen branden ❷ fig. fonkelen: *haar ogen ~* ❸ fig. heel heftige gevoelens hebben: *~ van verontwaardiging* ❹ fig. heel erg goed presteren, alles uit zichzelf halen: *de schaatser vlamde op de Olympische Spelen* **vlammenwerper** *de (m)* [-s] wapen waaruit grote

vlammen weggespoten kunnen worden **vlammenzee** grote brand **vlamoven** oven met een vlam die de voorwerpen erin verhit **vlampijp** buis waardoor de vlammen geleid worden

vlas *het* plant die de grondstof is voor linnen **vlassen I** *bn* ❶ van vlas ❷ vlasblond, lichtblond: ~ *haren* **II** *ww* ▼ ~ *op* graag willen hebben of bereiken **vlassig** *bn* als vlas

VLD BN *de (v)* Vlaamse Liberalen en Democraten ▼ *Open ~* naam van de VLD sinds 2007

vlecht *de* ❶ lang stuk gevlochten haar ❷ lang stuk gevlochten materiaal, zoals touw ❸ bundel bloedvaten of zenuwen **vlechten** [vlocht, h. gevlochten] stukjes lang haar, stroken papier, touw enz. om en om over elkaar winden **vlechtwerk** wat gevlochten is

vleermuis zoogdiertje van de orde Chiroptera, dat in de schemering door de lucht fladdert en dat op zijn kop ergens aan hangt als het slaapt: *in de grot hingen veel vleermuizen*

vlees *het* [vlezen] ❶ spiermassa van mensen en dieren ▼ *zijn eigen ~ en bloed* zijn eigen kinderen ❷ vlees van dieren als voedsel: *een stukje ~ in de pan* ▼ *weten wat voor ~ men in de kuip heeft* weten wat voor mensen men voor zich heeft ▼ *dat is ~ noch vis* zonder uitgesproken karakter, noch het een noch het ander ❸ de mens als stoffelijk wezen ▼ *de weg van alle ~ gaan* sterven ❹ vruchtvlees

vleesboom goedaardig spierweefselgezwel van de baarmoederwand **vleeskip** kip die wordt gefokt voor het vlees **vleespot** ▼ *de ~ten van Egypte* tijd in het verleden toen er overvloed was **vleestomaat** tomaat met veel vruchtvlees **vleesvarken** varken dat wordt gefokt voor het vlees **vleeswaren** voedingsmiddelen van vlees, bijv. vlees als broodbeleg **vleeswond** wond in het vlees

vleet *de* [vleten] alle haringnetten van een schip ▼ *bij de ~* in overvloed

vlegel *de (m)* [-s] ❶ stok om mee te dorsen ❷ baldadige jongen

vleien overdreven veel aardige dingen tegen iemand zeggen en overdreven veel complimenten maken ▼ *zich ~ met de hoop dat* zich blij maken met de verwachting dat ▼ *ik voel me gevleid (dat ik mee mag doen, gekozen ben enz.)* ik beschouw het als een compliment

vlek I *het* [-ken] ❶ gehucht, dorp **II** *de* [-ken] ❷ vuile plek: *een overhemd vol ~ken* ❸ plek die anders van kleur is dan de omgeving: *een panter heeft zwarte ~ken op een gele vacht* ▼ *blinde ~* gebrek aan kennis of vaardigheid dat men zelf niet ziet

vlekkeloos *bn* ❶ helemaal schoon ❷ fig. zonder tekortkomingen of fouten **vlekken** [vlekte, h. / is gevlekt] ❶ vlekken maken: *die pen vlekt* ❷ vlekken krijgen: *dit materiaal vlekt gemakkelijk en is moeilijk schoon te maken* **vlekkerig** *bn* met vlekken

vlerk I *de* ❶ vleugel van een vogel ❷ inform. arm, hand **II** *de (m)* ❸ baldadige jongen, vlegel **vleselijk** *bn* zinnelijk, seksueel: ~*e lusten* **vlet** *de* [-ten] plat vaartuig

vleug *de* ❶ richting waarin haar groeit, of waarin

de draad ligt in stoffen ❷ sprankje, een heel klein beetje: *een ~je parfum, een ~je optimisme*

vleugel *de (m)* [-s, -en] ❶ lichaamsdeel waarmee een vogel of insect kan vliegen ❷ lang vlak aan elke zijde van een vliegtuig, waardoor het in de lucht blijft hangen ❸ gedeelte van bijv. een gebouw, of van een leger dat in actie is: *de tentoonstelling is in de linker~ van het museum* ❹ soort grote piano die tijdens concerten wordt gebruikt

vleugelboot boot met vleugels onder water die de romp bij snelle vaart omhoogtillen **vleugeldeur** deur met openslaande delen **vleugellam** ❶ met een verlamde vleugel ❷ *fig.* machteloos, niet meer in staat om iets uit te richten: *door dit verbod is onze organisatie ~ gemaakt* **vleugelmoer** moer met daaraan twee platte bladen **vleugelpiano** grote piano met een horizontale snarenkast, waarvan de klep tijdens het spelen omhoog staat **vleugelspeler** *sp.* buitenste voorhoedespeler

vlezig *bn* ❶ die goed in het vlees zit, dik ❷ wat op vlees lijkt, vleesachtig

vlg. ❶ volgens ❷ volgende

vlieden [vlood, is gevloden] ‹literaire taal› vluchten

vlieg *de* veelvoorkomend vliegend insect met een zwart, soms groen lijf en doorzichtige vleugels (Musca domestica) ▼ *geen ~ kwaad doen* heel zachtaardig zijn ▼ *twee ~en in één klap* twee verschillende dingen tegelijk gedaan of opgelost

vliegbasis plaats waarvandaan militaire vliegtuigen e.d. opstijgen **vliegbrevet** diploma voor het besturen van een vliegtuig **vliegdekschip** schip dat is ingericht als vliegveld **vliegden** den die alleen staat en die is ontstaan door zaad dat is aangewaaid

vliegen [vloog, h. / is gevlogen] ❶ zich in de lucht bewegen ❷ snel voorbijgaan: *de tijd vliegt* ❸ zich snel voortbewegen, zoals snel lopen of rijden: *hij vloog op haar af* ▼ *inform. ze zien ~* gek zijn ▼ *eruit ~ ergens uit gezet of ontslagen worden* ▼ *in ~de haast* met grote haast

vliegenier *de (m)* [-s] bestuurder van een vliegtuig

vliegenmepper *de (m)* [-s] voorwerp om vliegen mee dood te slaan **vliegenraam** *BN, ook* hor

vliegensvlug *bw* heel erg snel

vliegenvanger *de (m)* [-s] ❶ strook kleefpapier om vliegen te vangen ❷ zomervogel die vliegen vangt (Muscicapa) **vliegenzwam** giftige paddenstoel met rode hoed met witte stippen (Amanita muscaria) **vlieger** *de (m)* [-s] ❶ bestuurder van een vliegtuig ❷ voorwerp met papier of stof op een geraamte van hout of kunststof dat aan een touw in de lucht kan zweven ▼ *die ~ gaat niet op* die poging zal niet slagen: *mijn nieuwe fiets ruilen tegen jouw oude? - nou, die ~ gaat niet op!* **vliegeren** een vlieger oplaten en op de wind in de lucht laten zweven **vlieggewicht I** *het* ❶ lichtste gewichtsklasse in vechtsporten, vooral boksen (tot 50,8 kilo) **II** *de* [-en] ❷ sporter, vooral bokser, in die gewichtsklasse

vliegmachine vliegtuig **vliegramp** vliegtuigongeluk met veel slachtoffers

vliegroute route van een vliegtuig

vliegtuig *het* toestel waarmee men door de lucht reist **vliegtuigkaping** *de (v)* het overmeesteren van een vliegtuig om iemand iets af te dwingen **vliegtuigmoederschip** schip dat als vliegtuigbasis dient **vliegtuigspotten** vliegtuigen observeren **vlieguur** uur dat een vliegtuig of een vlieger vliegt **vliegveld** terrein met start- en landingsbanen voor vliegtuigen **vliegvlug** ‹van jonge vogels› in staat om te vliegen **vliegwerk** ▼ *met kunst- en ~* met veel hulpmiddelen **vliegwiel** groot wiel aan een machine of motor om de rotatiesnelheid constant te houden

vlier *de (m)* ❶ heester met geurige witte schermbloemen die vaak worden gebruikt voor thee (Sambucus nigra) ❷ thee van de bloesem ervan

vliering *de* bovenzolder(tje)

vlies *het* [vliezen] dunne huid, dun vel **vlieseline** *de (v)* textielproduct dat wordt gebruikt als versteviging en vulling

vliet *de (m)* stromend watertje **vlieten** [vloot, is gevloten] stromen

vlijen voorzichtig of gemakkelijk neerleggen: *zich in de kussens ~*

vlijm *de* heel scherp mesje **vlijmscherp** heel scherp

vlijt *de* ijver: *dit is gemaakt met ~ en toewijding* **vlijtig** *bn* ijverig ▼ *~ liesje* plantensoort

vlinder *de (m)* [-s] insect uit de familie Lepidoptera, met heel dunne, vaak mooi gekleurde vleugels, dat ontwikkelt uit een rups ▼ *~s in zijn buik hebben* een soort kriebel in de buik voelen omdat men verliefd is **vlinderbloem** bloem die bestaat uit vijf ongelijke blaadjes **vlinderbloemigen** *de (mv)* planten met vlinderbloemen **vlinderdas** strikje dat ter hoogte van de boord op een herenoverhemd wordt gedragen **vlinderen** ❶ luchtig of luchthartig leven, vooral als het om liefdesverhoudingen gaat: *zij vlindert van de ene minnaar naar de andere* ❷ met de vlinderslag zwemmen **vlindermes** mes waarvan het lemmet naar buiten komt wanneer men de twee hefthelften openvouwt **vlinderslag** borstslag bij zwemmen waarbij de armen tegelijkertijd boven water naar voren komen

vlizotrap uittrekbare trap naar een zolder

v.l.n.r. van links naar rechts

vlo *de* [vlooien] ❶ springend insect van de familie Pulicidae, dat van bloed leeft ❷ klein bloedzuigend insect uit de orde Siphonaptera

vloed *de (m)* ❶ het stijgen van het water van de zee, twee keer per dag ❷ grote rivier ❸ grote menigte, grote hoeveelheid ergens van: *een woorden~* ❹ het stromen van iets **vloedgolf** ❶ hoge golf bij vloed ❷ *fig* menigte, grote hoeveelheid: *een ~ van protesten* **vloedlijn** lijn van schelpen e.a. op het strand tot waar het water komt

vloei *het* papier dat vocht opneemt ▼ *~tje* stukje dun papier dat men gebruikt om een sigaret te rollen **vloeibaar** *bn* niet vast en niet in de vorm van gas, wat kan stromen **vloeien** [vloeide, h. / is gevloeid] ❶ stromen ❷ inkt met vloei drogen

vloeiend *bn* ❶ stromend ❷ *fig.* gemakkelijk, vlot, zonder haperen: *~ Frans spreken*

vloeipapier poreus papier dat vloeistof opzuigt

vloeistof vloeibare stof, stof die men ergens in of uit kan gieten

vloek *de (m)* ❶ godslastering, verwensing ▼ *in een ~ en een zucht* in heel weinig tijd ❷ uitspraak waarmee iemand die magische kracht heeft, iemand anders iets slechts toewenst: *op dit werk rust een ~* gezegd als alles steeds fout gaat ❸ door God bepaalde straf, oorzaak van ramp of ellende: *oorlog is een ~ der mensheid* **vloeken** ❶ een of meer vloeken zeggen ❷ vervloeken, verwensen ❸ lelijk tegen elkaar afsteken: *die kleuren ~*

vloer *de (m)* het deel van een kamer of zaal waar men op loopt: *een houten ~* ▼ *veel bij iemand over de ~ komen* vaak bij iemand thuis komen ▼ *de ~ aanvegen met* met grote overmacht verslaan; heel erg bekritiseren, afkraken **vloerbalk** balk waarop een vloer rust **vloerbedekking** wat men op een vloer legt om deze te bedekken

vloerder BN *de (m)* [-s] vloerenlegger **vloeren** ❶ een vloer leggen in ❷ iemand tegen de grond gooien: *hij vloerde zijn tegenstander* ▼ *fig. ik ben gevloerd* ik ben doodmoe, uitgeput

vloerkleed kleed of tapijt voor op de vloer

vlok *de* [-ken] klein, licht samenhangend hoopje van iets: *een ~ sneeuw, haar, stof* **vlokken** vlokken vormen **vlokkentest** onderzoek tijdens de zwangerschap op mogelijke erfelijke gebreken van het kind **vlokkig** *bn* met of in vlokken

vlonder *de (m)* [-s] ❶ plank om over een drassige ondergrond te lopen ❷ losse houten vloer op een stenen ondergrond ❸ vloertje van planken waarop goederen worden gestapeld die met een vorkheftruck worden verplaatst, pallet

vlooien ❶ van vlooien ontdoen: *apen ~ elkaar* ❷ nauwkeurig nazoeken of uitpluizen: *hij zit altijd in archieven te ~* ❸ het vlooienspel spelen **vlooienband** met gif geïmpregneerde halsband voor honden of katten, die vlooien en andere schadelijke insecten weert **vlooienmarkt** markt voor tweedehands artikelen, rommelmarkt **vlooienspel** gezelschapsspel waarbij platte ronde schijven worden weggeschoten **vlooientheater** voorstelling met gedresseerde vlooien

vloot *de* [vloten] ❶ groep schepen die samen varen ❷ de gezamenlijke schepen van een land of een rederij **vlootdag** dag waarop schepen kunnen worden bezichtigd **vlootschouw** ceremoniële inspectie van de vloot

vlot I *het* [-ten] ❶ constructie om op het water drijft, van bijv. balken of vaten die aan elkaar vastgemaakt zijn II *bn* ❷ drijvend: *een schip ~ trekken* ❸ gemakkelijk, vlug: *een ~ verloop* ❹ gemakkelijk in de omgang, gemakkelijk contact makend, ongedwongen: *een ~te vent*

vlotten gemakkelijk gaan: *het werk wil maar niet ~* **vlottend** *bn* ❶ wisselend ▼ *een ~e bevolking* een bevolking die wisselt van samenstelling ❷ kortdurend ▼ *~ kapitaal* goederen die verdwijnen door eenmaal gebruiken ▼ *~e schuld* overheidsschuld op korte termijn

vlotter *de (m)* [-s] ❶ iemand die hout op vlotten vervoert ❷ drijver in stortbakken van wc's om de waterstand te regelen en in benzinemotoren

vlucht *de* ❶ het vluchten: *op de ~ slaan* ❷ het vliegen: *een vogel in zijn ~* ▼ *een hoge ~ nemen* tot grote bloei komen ❸ vliegtocht: *heb je een goede ~ gehad?* ❹ zwerm vogels: *een ~ regenwulpen*

vluchtauto auto waarmee mensen, vooral misdadigers, vluchten: *er waren twee bankovervallers en een helper die de ~ bestuurde*

vluchteling *de (m)* iemand die weggaat uit zijn land of streek omdat het er gevaarlijk is

vluchten [vluchtte, is gevlucht] ❶ snel weglopen, wegrennen of wegtrekken voor gevaar: *de dieren vluchtten uit het brandende bos* ❷ proberen niet aan een onprettige situatie of ongelukkig gevoel te denken door zich te richten op iets anders: *~ in het verleden*

vluchtgevaarlijk ⟨van gevangenen⟩ met een hoog risico van ontsnappen

vluchthaven haven waar men met een schip bij gevaar heen vlucht **vluchtheuvel** verhoging voor voetgangers op een weg of plein met veel verkeer **vluchthuis** BN blijf-van-mijn-lijf-huis, opvanghuis voor mishandelde vrouwen

vluchtig *bn* ❶ haastig en oppervlakkig: *iets ~ doorlezen* ❷ snel verdampend: *~e stoffen*

vluchtleiding *de (v)* team (op de grond) dat de vlucht van een ruimteschip begeleidt

vluchtmisdrijf het doorrijden na het veroorzaken van een ongeval: *fietser zwaargewond na ongeval met ~*

vluchtsimulator kopie van de cockpit van een vliegtuig voor de opleiding van piloten

vluchtstrook strook naast de rijbaan die alleen mag worden gebruikt bij een noodgeval

vluchtweg ontsnappingsweg bij gevaar

vlug *bn* ❶ snel ▼ *iemand te ~ af zijn* sneller zijn dan iemand anders: *de inbreker was de politie te ~ af* en ontsnapte via een dakraam ❷ snel van begrip **vluggertje** *het* [-s] ❶ iets wat snel gebeurt of gedaan wordt ❷ een snel gespeelde partij schaken of dammen ❸ snelle, korte seksuele gemeenschap: *een ~ maken*

vlugschrift geschrift over een actueel onderwerp

vlugzout opwekkend middel, vroeger gebruikt om iemand die was flauwgevallen weer bij te brengen

vm. ❶ voormiddag ❷ volle maan

vmbo *het* voorbereidend middelbaar beroepsonderwijs **vmbo'er** *de (m)* [-s] leerling aan het vmbo

VN *de (mv)* Verenigde Naties

VNG *de (v)* Vereniging van Nederlandse Gemeenten

vnl. voornamelijk

VNO-NCW *het* Verbond van Nederlandse Ondernemingen - Nederlands Christelijk Werkgeversverbond

vnw. voornaamwoord

vo *het* voortgezet onderwijs

v.o. van onderen

vocaal I *de* [-calen] ❶ taalk. klinker II *bn* ❷ wat te maken heeft met de stem

vocabulaire ⟨-lèrə⟩ *het* ❶ woordenlijst

❷ woordenschat

vocalist *de (m)* zanger

vocatief *de (m)* [-tieven] in een aantal talen de naamval en de woordvorm die een persoon, stad e.d. krijgt wanneer deze wordt aangesproken

vocht I *het* [-en] ❶ vloeibare stof, water: *een mens moet iedere dag genoeg* ~ *binnenkrijgen* II *de & het* ❷ het vochtig zijn, vloeibare stof in de vorm van damp o.i.d.: *door het* ~ *op de muur is die gaan schimmelen* **vochthuishouding** natuurlijke vochtigheid van een organisme **vochtig** *bn* (een beetje) nat, met vocht: *toen we 's ochtends uit de tent kropen, was hij helemaal* ~

vod *het & de* [-den] ❶ oude lap ▼ *iemand achter de ~den zitten* iemand voortdurend aansporen om iets te doen, om op te schieten ❷ prul, klein stukje: *een ~je papier* ❸ BN, spreekt. (schoonmaak)doek, stofdoek

vodcast ⟨-kaast⟩ comp. *de (m)* [-s] techniek die het mogelijk maakt om videobeelden op aanvraag aan te bieden

voeden ❶ voedsel geven ❷ ⟨van baby's⟩ zogen, de borst geven ❸ voedzaam zijn: *boerenkool voedt goed* ❹ fig. versterken, aanwakkeren, bevorderen: *hoop* ~

voeder *het* voedsel voor dieren **voederbiet** biet als veevoer **voederen** voer geven, voeren: *de varkens* ~ **voedergewas** gewas voor veevoer

voeding *de (v)* ❶ het voeden ❷ voedsel **voedingsbeha** beha met voorsluiting om borstvoeding te kunnen geven **voedingsbodem** ❶ stof waarop bacteriën enz. gekweekt worden ❷ fig. toestand die de ontwikkeling of groei van iets begunstigt **voedingsgewas** gewas voor menselijk voedsel **voedingsmiddel** wat als voedsel gebruikt wordt **voedingswaarde** gehalte aan voedende stoffen

voedsel *het* wat wordt of kan worden gegeten ▼ fig. ~ *geven aan* aanwakkeren, erger maken: *als je dat doet, geef je* ~ *aan de roddels* **voedselbank** instelling waar voedsel wordt uitgedeeld aan mensen die geen geld hebben om eten te kopen **voedselhulp** hulp door het geven van voedsel **voedselvoorziening** het verschaffen van voedsel

voedster *de (v)* [-s] ❶ min, vrouw die kinderen van anderen moedermelk geeft ❷ moederkonijn, moederhaas

voedzaam *bn* met veel voedingswaarde: *een voedzame maaltijd*

voeg *de* smalle strook tussen stenen, planken enz., naad: *de ~en tussen de tegels waren met mos begroeid* ▼ *(ons kantoor, bedrijf enz.) barst uit zijn ~en* het groeit zo sterk dat er te veel werk is en te weinig ruimte

voege *de* ▼ plecht. *in dier* ~ op die manier ▼ BN, schr. *in* ~ van kracht

voegen ❶ onderling verbinden ❷ bijsluiten: *bewijsstukken bij een brief* ~ ▼ *zich bij iemand* ~ zich in iemands gezelschap begeven; fig. met iemands mening of richting instemmen ❸ naden in metselwerk dichtstrijken en afwerken met specie ▼ *zich* ~ *naar* zich schikken naar, aanpassen aan

voegwoord woord dat zinnen of delen van zinnen verbindt, zoals *en, want, maar*

voelbaar *bn* ❶ wat men kan voelen ❷ wat goed te merken is: *de spanning was* ~

voelen ❶ met het gevoel gewaarworden: *pijn* ~ ❷ beseffen: *de plicht* ~, *zich geroepen* ~ ❸ tasten, betasten: *in zijn zak* ~ ❹ een bepaald gevoel hebben: *zich niet goed* ~ ▼ *voor iets of iemand* ~ een positief oordeel hebben over, sympathie of liefde hebben voor ▼ *zich heel wat* ~ verwaand zijn

voelhoorn tastorgaan op de kop van sommige dieren ▼ *zijn ~s uitsteken* voorzichtig informeren

voeling *de (v)* aanraking, contact ▼ ~ *hebben met* contact hebben met, op de hoogte zijn van de ontwikkelingen

voelspriet tastorgaan op de kop van sommige dieren, voelhoorn

voer *het* eten voor dieren ▼ ~ *voor psychologen* stof, een onderwerp dat interessant is voor psychologen om over te spreken en schrijven

voeren ❶ ⟨dieren⟩ voer geven ❷ ⟨kleding e.d.⟩ van een voering voorzien ❸ inform. door opmerkingen aanmoedigen, op stang jagen ❹ leiden, gaan: *het zou te ver* ~ *om* ❺ dragen, hebben: *een titel* ~; *het bevel* ~ ▼ *het woord* ~ degene zijn die spreekt

voering *de (v)* binnenste laag van kleding: *een linnen jasje met een* ~ *van kunststof*

voerman *de (m)* [-nen, -lui, -lieden] iemand die paard en wagen bestuurt

voertaal taal waarin men met elkaar spreekt in een land of in bepaalde kringen of bij bepaalde gelegenheden: *de* ~ *op dit congres is Engels*

voertuig *het* ❶ vervoermiddel voor land, zoals een auto of een fiets ❷ fig. middel om iets over te brengen: *de taal is het* ~ *van de gedachten*

voet *de (m)* ❶ onderste deel van het been ▼ *ontslag op staande* ~ onmiddellijk ontslag ▼ *ten* ~*en uit* in volle grootte, helemaal ▼ *met* ~*en treden* vertrappen, op grove wijze niet respecteren ▼ *zich uit de* ~*en maken* snel weggaan ▼ *veel* ~*en in de aarde hebben* veel moeite kosten ▼ *de* ~ *dwars zetten* niet meewerken, hinderen ▼ *een wit* ~*je hebben,* BN *een* ~*je voor hebben* in de gunst staan ▼ *op vrije* ~*en* vrij, niet meer in de gevangenis ▼ *voor de* ~*en lopen* in de weg lopen ▼ *onder de* ~ *lopen* omverlopen ▼ *voor de* ~*en werpen* verwijten ▼ ~ *bij stuk houden* niet toegeven ▼ *op de* ~ *volgen* van dichtbij, nauwgezet volgen ▼ BN *met een zware* ~ *rijden* heel snel rijden ▼ *met één* ~ *in het graf staan* niet lang meer te leven hebben ▼ BN, spreekt. *met iemands ~en spelen* iemand voor de gek houden ▼ BN, spreekt. *ergens met vuile ~en doorgaan* recht op zijn doel afgaan zonder ergens rekening mee te houden ❷ onderstuk waar iets op steunt ❸ verhouding, contact met iemand ▼ *op goede* ~ *staan met iemand* een goed contact met iemand hebben ▼ *op gespannen* ~ *met iemand leven* in voortdurend dreigende vijandschap ❹ wijze, manier ▼ *op grote* ~ *leven* veel geld uitgeven ❺ lengtemaat van ongeveer dertig centimeter ❻ versvoet ▼ *belastingvrije* ~ *bedrag* waarover geen belasting wordt geheven **voetafdruk** afdruk van een voet, in rulle of zompige ondergrond ▼ *ecologische* ~ symbolische maat voor het effect dat iemand heeft op het milieu,

VO

bijv. wanneer hij een vliegreis maakt **voetangel** **voetklem** met scherpe punten ▼ *~s en klemmen* verborgen moeilijkheden **voetbad** ❶ (vloeistof of kuip voor) het baden van de voeten ❷ gemorste drank op een schoteltje

voetbal I *het* ❶ sport waarbij twee teams proberen de bal in elkaars doel te schoppen II *de (m)* [-len] ❷ grote leren bal waarmee die sport wordt beoefend **voetbalknie** knie met beschadigde meniscus

voetballen [voetbalde, h. gevoetbald] voetbal spelen **voetbalpool** ‹-poel› systeem waarbij mensen wedden op uitslagen van voetbalwedstrijden **voetbalvandaal** voetbalsupporter die vooral dingen vernielt en uit is op rellen **voetbed** verhoging op de binnenzool van een schoen **voetbrug** brug voor voetgangers **voetenbank** bank voor de voeten **voeteneind, voeteninde** kant van een bed waar de voeten liggen **voetenwerk** wat iemand met zijn voeten doet: *het ~ van een keeper, bokser* **voetganger** *de (m)* [-s] (in het verkeer) iemand die loopt

voetjevrijen met de voeten langs elkaar strijken bij wijze van liefkozing

voetlicht licht dat van de voorrand van het toneel de spelers beschijnt ▼ *voor het ~ komen* optreden (op het toneel); *fig.* in de openbaarheid komen **voetnoot** verklarende opmerking onder aan een bladzijde **voetoverheveling** *de (v)* regeling waarbij een gedeelte van de belastingvrije som van de ene echtgenoot of huisgenoot overgaat naar de andere

voetpad smal pad voor voetgangers **voetreis** reis die iemand lopend maakt **voetspoor** afdruk van iemands voet: *voetsporen in de sneeuw van mensen die in het park hebben gelopen* ▼ *in iemands voetsporen treden* zijn voorbeeld volgen of hem opvolgen: *hij treedt in de voetsporen van zijn vader als directeur van het familiebedrijf* **voetstap** ❶ stap die iemand zet ❷ spoor van een stap die iemand heeft gezet ▼ *in iemands ~pen treden* iemands voorbeeld volgen **voetstoots** *bw* zonder nader onderzoek, zonder meer: *iets wat iemand zegt ~ aannemen* **voetstuk** onderste deel waarop iets, zoals een beeld, staat ▼ *iemand op een ~ plaatsen* erg bewonderen en vinden dat die persoon heel bijzonder is ▼ *van zijn ~ vallen* niet meer bewonderd worden, een eervolle positie verliezen **voettocht** tocht die iemand lopend maakt **voetveeg** de [-vegen] iemand die slecht, als minderwaardig behandeld wordt **voetvolk** soldaten te voet, die moeten lopen **voetzoeker** vuurwerk dat over de grond schiet **voetzool** onderkant van de voet

vof *de (v)* vennootschap onder firma

vogel *de (m)* [-s, -en] ❶ dier dat veren heeft en kan vliegen ▼ *beter één ~ in de hand dan tien in de lucht* beter weinig echt hebben, dan veel wat beloofd is maar wat men niet heeft ▼ *de ~ is gevlogen* de gezochte persoon is verdwenen ▼ *ieder ~tje zingt zoals het gebekt is* ieder doet de dingen op zijn eigen manier ❷ jongen, man ▼ *vreemde* of *rare ~* vreemde man **vogelaar** *de (m)* [-s] ❶ vogelvanger

❷ vogelliefhebber die vogels in de vrije natuur bekijkt **vogelbekdier** primitief zoogdier in Australië met een brede snavelvormige bek, van de orde van de Monotremata

vogelen ❶ vogels vangen ❷ vogels bekijken en de soort vaststellen ❸ inform. seks, geslachtsgemeenschap hebben **vogelgriep** gevaarlijke, vaak dodelijke vogelziekte, vooral bij hoenderachtigen zoals kippen en kalkoenen **vogelhuisje** voederhuisje voor vogels **vogelkers** boom of heester met trossen bloemen met witte bloembladen, die vrij veel voorkomt (Prunus) **vogelnestje** *het* [-s] ❶ klein nest van een vogel ❷ plant van de familie van de orchideeën (Neottia nidus-avis) ❸ ‹gymnastiek› figuur met handen en voeten aan de ringen en met de buik omlaag **vogelpest** vogelgriep **vogelpik** *BN, ook de (m)* dartsspel, darts **vogelspin** grote behaarde giftige spin die veel in de tropen voorkomt, van de familie Aviculariidae **vogelstand** totale aantallen vogels: *de ~ in Nederland* **vogeltrek** het maken van (lange) reizen door grote groepen vogels **vogelverschrikker** *de (m)* [-s] ❶ pop om vogels af te schrikken, vooral om ervoor te zorgen dat ze geen gewassen eten ❷ scherts. iemand die er onaantrekkelijk uitziet

vogelvlucht ▼ *in ~ van boven af gezien*; in een kort overzicht **vogelvrij** buiten bescherming van de wet, niet meer beschermd door de politie: *vroeger werden mensen soms ~ verklaard*

vogue ‹vooGə› *de* ▼ *en ~* ‹ân vooG› in de mode

voicemail ‹vojsmeel› *de* systeem waarmee telefonische berichten ingesproken en afgeluisterd kunnen worden

voice-over ‹voisoovəR› *de (m)* [-s] stem die commentaar geeft in films e.d.

voile ‹vwaala› *de (m)* [-s] sluier

voipen telefoneren via internet (*ontstaan uit: voice over IP*)

vol *bn* ❶ helemaal gevuld: *deze fles is nog helemaal ~* ❷ gevuld, een beetje dik: *een ~ gezicht* dik en rond ❸ vervuld: *hij was er ~ van* ❹ overdekt met: *een tafel ~ boeken* ❺ volkomen, volledig: *een ~ uur; de ~le waarheid; met het ~ste recht; in het ~ste vertrouwen* ▼ *ten ~le* volledig ▼ *~ gas geven* de motor zo hard mogelijk laten draaien ❻ volwassen, helemaal normaal: *iemand niet voor ~ aanzien* ❼ open: *in ~le zee* ❽ niet afgeroomd: *~le melk* ❾ bol door de wind: *met ~le zeilen*

vol. *volume, deel*

volautomatisch helemaal automatisch

volbloed I *bn* ❶ van zuiver ras II *de (m)* ❷ paard van een zuiver ras

volbrengen tot een einde brengen, afmaken: *ik heb mijn taak volbracht*

voldaan *bn* ❶ tevreden: *~ zijn over* ❷ betaald: *de rekening is ~*

voldoen ❶ goed genoeg zijn: *het is moeilijk om aan die strenge eisen te ~* ❷ betalen: *een rekening ~* **voldoende** I *bn* ❶ genoeg: *heb je wel ~ geoefend voor het toneelstuk?* II *de & het* [-s, -n] ❷ beoordelingscijfer (voor een examen, op een rapport enz.) dat goed genoeg is **voldoening** *de (v)* ❶ goed en tevreden gevoel: *dit werk geeft me veel ~* ❷ het voldoen, betaling

VO

voldongen *bn* vaststaand, niet meer te veranderen: *een ~ feit* **voldragen** *bn* tot het einde van de normale zwangerschap gedragen: *een ~ kind*

volgaarne *bw* heel graag

volgauto ❶ auto die ergens bij hoort en die volgt ❷ auto die wielrenners volgt

volgeboekt *bn* waar alle beschikbare plaatsen verhuurd zijn: *het hotel is ~*

volgeling *de (m)* aanhanger, iemand die dezelfde ideeën heeft als die van een politiek leider, een partij, een godsdienst enz. **volgen** [volgde, h. / is gevolgd] ❶ achter iets of iemand aan gaan, achternagaan: *de politie is de verdachte gevolgd* ❷ iemands gedachtegang (proberen te) begrijpen: *jij bent niet te ~* ❸ luisteren naar, geregeld bijwonen: *ik heb een cursus gevolgd* ❹ nadoen: *zij heeft haar grote zus in alles gevolgd* ❺ komen na: *op de winter volgt de lente; wie volgt?* ▾ *als volgt* zoals hierna gezegd ❻ handelen naar: *hij heeft altijd zijn eigen inzicht gevolgd* ❼ voortvloeien: *hieruit volgt dat* ❽ BN begeleiden (*van leerlingen, patiënten*)

volgens *vz* ❶ overeenkomstig ▾ *~ afspraak* zoals is afgesproken ❷ naar de mening van: *~ mij kunnen we het beter anders aanpakken*

volger *de (m)* [-s] ❶ iemand die volgt ❷ iemand die op een sociaal netwerk (zoals Twitter®) volgt wat een ander daar publiceert **volgnummer** nummer dat de plaats binnen een volgorde aangeeft, vooral nummer dat aangeeft wanneer iemand aan de beurt is **volgorde** *de* [-n, -s] manier waarop gebeurtenissen, dingen, mensen, dieren e.d. op elkaar volgen: *in welke ~ moet ik de boeken in de kast zetten?*

volgroeid *bn* gegroeid tot volwassen persoon, dier, plant **volgzaam** *bn* gehoorzaam, gewillig **volharden** ergens mee doorgaan en niet opgeven: *hij volhardde in zijn pogingen het rijbewijs te halen* ▾ *in een mening* iets blijven vinden ook als duidelijk wordt dat het niet klopt **volhouden** ❶ doorgaan met iets, niet opgeven: *we zijn er zo, nog even ~* ❷ blijven zeggen: *hij houdt vol dat hij daar niet geweest is*

volière ⟨voljèrə⟩ *de* [-s] grote vogelkooi (voor siervogels)

volk *het* [-en, -eren] ❶ alle bewoners van een land of een gebied ❷ groep mensen die door taal en cultuur onderling verbonden zijn ❸ de lagere sociale klassen: *oproer onder het ~* ❹ mensen, menigte: *er was veel ~ op straat* **volkenkunde** kennis van de aard en levenswijze van volken **volkenrecht** recht dat de onderlinge betrekkingen tussen volken regelt

volkomen *bn* geheel en al, helemaal **volkorenbrood** brood van meel waaruit de zemelen niet verwijderd zijn

volks *bn* ❶ van, uit, als onder het (gewone) volk: *een ~e uitdrukking* ❷ eigen aan het volk, verbonden met het volk, nationaal **volksbeweging** politieke of sociale beweging die ontstaat doordat veel mensen in een land of gebied eraan meedoen **volksbuurt** buurt waar voor het merendeel mensen uit de lagere sociale klassen wonen **volksdans** traditionele dans die door een groep mensen wordt gedanst

volksdansen [volksdanste, h. gevolksdanst] dansen van volksdansen **volksdemocratie** oorspronkelijke benaming in communistische landen voor hun sociale en politieke systeem **volksetymologie** vervorming van vreemde woorden tot woorden die een bekende klank hebben: bijv. 'hangmat' uit het Spaanse 'hamaca' **volksfront** aaneensluiting van linkse partijen

volksgezondheid (zorg voor) de gezondheid van heel het volk, van de inwoners van een land **volkshogeschool** instelling waar men cursussen volgt en soms ook overnacht, vooral gericht op geestelijke en sociale ontwikkeling **volkshuisvesting** het zorgen voor woningen voor de bevolking

volksklasse de lagere sociale klassen, het gewone volk **volkskunde** kennis van de cultuur en gewoonten van volken **volkskunst** kunst die door de gewone mensen, het volk, zelf gemaakt wordt of waar ze van houden **volkslied** ❶ nationaal lied van een land: *het Nederlandse ~ is het Wilhelmus, het Belgische ~ is de Brabançonne* ❷ lied dat al eeuwenlang populair is onder het volk: *een boek met Nederlandse ~eren* **volksmenner** *de (m)* [-s] iemand die het volk opzweept **volksmond** ▾ *in de ~* wat het volk zegt over iemand of iets

volksrepubliek officiële benaming in communistische en socialistische landen voor hun staatsvorm **volksprookje** sprookje dat is ontstaan als een mondeling overgeleverd volksverhaal **volksstam** grote groep mensen die door afstamming aan elkaar verwant zijn ▾ *scherts. hele ~men* heel veel mensen **volksstemming** het zich uitspreken van het volk door stemming over een bepaalde kwestie, referendum **volkstuintje** *het* [-s] stukje land dat stadsmensen kunnen huren voor het verbouwen van groenten enz. **volksuniversiteit** instelling waar cursussen voor volwassenen worden gegeven **volksverhuizing** *de (v)* ❶ het vertrekken van een volk ergens anders naartoe ❷ *scherts.* het trekken van een groot aantal mensen van of naar een plaats

volksvertegenwoordiger in Nederland iemand die lid is van de Tweede Kamer, in België iemand die lid is van de Kamer der Volksvertegenwoordigers: BN *Kamer der Volksvertegenwoordigers* wetgevende vergadering die overeenkomt met de Tweede Kamer in Nederland

volksvertegenwoordiging groep volksvertegenwoordigers, parlement **volksverzekering** verplichte verzekering voor iedere inwoner van een land **volksvijand** gevaar, vijand voor het volk, voor veel mensen: *sommigen vinden drugs ~ nummer 1* **volksvlijt** dingen die door (gewone) mensen worden gemaakt, werk dat door (gewone) mensen wordt gedaan **volksziekte** ziekte die veel mensen hebben

volledig *bn* ❶ compleet, zonder dat er iemand of iets ontbreekt: *het ~e team was aanwezig* ❷ helemaal, volkomen: *ze is ~ hersteld van haar ziekte* **volledigheidshalve** *bw* voor de volledigheid, om volledig te zijn

volleerd *bn* ❶ die alles weet van zijn vak wat hij moet weten en alles kan wat hij moet kunnen: *een ~ timmerman* ❷ *fig.* doortrapt, uitgekookt: *hij is een ~ oplichter* **vollegrondsteelt** teelt in de grond, niet in een kas

vollemaansgezicht bol, rond gezicht

vollen viltig maken

volleren *sp.* een volley maken

volley ⟨vollie⟩ *de (m)* [-s] het terugslaan of -trappen van een bal voor deze de grond raakt **volleybal I** *het* ❶ balspel waarbij een bal tussen twee ploegen van zes spelers met de handen over een net heen en weer geslagen moet worden zonder de grond te raken **II** *de (m)* [-len] ❷ bal die bij dat spel gebruikt wordt **volleyballen** [volleybalde, h. gevolleybald] volleybal spelen

vollopen vol worden door wat erin stroomt: *ik laat het bad ~* **volmaakt** *bn* zo goed dat het niet beter kan, perfect: *zij is een ~e gastvrouw*

volmacht officiële toestemming om voor of namens iemand anders te handelen **volmondig** *bn* helemaal, ronduit: *iets ~ toegeven; ~ instemmen met* zonder enige reserve

volontair ⟨-tèr⟩ *de (m)* [-s] vrijwilliger

volop *bw* ❶ veel, in ruime mate: *er was ~ eten en drinken voor iedereen* ❷ helemaal, in alle opzichten: *het is ~ zomer*

volpension verblijf in een hotel met overnachting en drie maaltijden **volproppen** ergens zo veel in stoppen dat het (te) vol wordt ▼ *zich ~* heel veel eten tegelijk in zijn mond stoppen; te veel eten **volschieten** ▼ *hij schiet vol* hij wordt ontroerd, gaat bijna huilen: *hij schoot vol toen hij de foto's van zijn kleinkind zag*

volslagen *bn* helemaal, volkomen: *~ onzin*

volslank tussen mollig en slank in

volstaan genoeg zijn: *je hoeft de beker niet zo lang te schudden, een paar seconden volstaat* ▼ *~ met* zich beperken tot: *ik noem hier niet alle problemen, ik zal ~ met de meest urgente*

volstorten ❶ dichtgooien ❷ ⟨aandelen⟩ tot het nominale bedrag aanvullen

volstrekt *bn* ❶ onbeperkt: *een ~ alleenheerser* ❷ beslist, absoluut: *dat is ~ onjuist* ▼ *~ niet* helemaal niet

volt *de (m)* [-s] eenheid van elektrische spanning en elektromotorische kracht **voltage** ⟨-taazje⟩ *de (v) & het* [-s] elektrische spanning in volts

voltallig *bn* met iedereen die erbij hoort, volledig: *het ~e personeel*

volte I *de (v)* ❶ het vol zijn, drukte, gedrang **II** *de* [-s] ❷ wending, zwenking ❸ cirkel als figuur bij paardrijden

voltijdbaan baan voor de volledige werktijd **voltijds** *bw* voor de volledige werktijd

voltooid *bn* af, klaar ▼ *taalk. ~e tijd* tijdsvorm met het werkwoord met het hulpwerkwoord 'hebben' of 'zijn', waarbij de handeling als afgesloten wordt beschouwd **voltooien** afmaken: *de schilder heeft zijn schilderij voltooid*

voltreffer projectiel dat een doel helemaal raakt **voltrekken** ten uitvoer brengen, uitvoeren: *een vonnis ~* ▼ *zich ~* plaatsvinden, gebeuren: *er voltrok zich een ramp*

voluit *bw* helemaal ▼ *een woord ~ schrijven* zonder afkortingen ▼ *~ leven* helemaal, zonder zichzelf te beperken

volume *het* [-n, -s] ❶ omvang, inhoud ❷ sterkte van geluid **volumen** *het* [-mina] boekdeel

volumewagen BN ruime gezinsauto met ten minste zes plaatsen **volumineus** *bn* dik, van aanzienlijke omvang: *volumineuze boeken*

voluptueus *bn* wellustig, weelderig, wulps: *een voluptueuze vrouw*

volvet ⟨van kaas⟩ met minstens 46% vet **volwaardig** *bn* met de volle waarde die het moet hebben, die helemaal meetelt: *dit is geen ~ voedsel, er zit alleen maar vet in en geen stoffen die gezond zijn*

volwassen *bn* ❶ volgroeid, rijp ❷ op de leeftijd waarop iemand wordt geacht zelfstandig te kunnen beslissen

volzet BN *bn* vol, volgeboekt

volzin afgeronde, complete zin van enige omvang

v.o.n. vrij op naam

vondeling *de (m)* kind dat ergens is neergelegd zodat iemand anders het vindt en opvoedt: *een kind te ~ leggen*

vonder *de (m)* [-s] vlonder, loopbruggetje

vondst *de (v)* ❶ het vinden ❷ iets dat iemand vindt ❸ een goed idee dat iemand krijgt: *wat een ~ om het zo te doen!*

vonk *de* klein gloeiend deeltje, spatje vuur dat wegschiet **vonken** vonken verspreiden

vonnis *het* [-sen] uitspraak van een rechter in een rechtszaak **vonnissen** een vonnis uitspreken over

voodoo ⟨voedoe⟩ *de (m)* Afrikaans en Caribisch volksgeloof met magische rituelen

voogd *de (m)* belangenbehartiger, wettelijke vertegenwoordiger van een minderjarige die niet onder de ouderlijke macht staat ▼ *toeziend ~* iemand die de voogd moet controleren **voogdes** *de (v)* [-sen] vrouwelijke voogd **voogdij** *de (v)* functie als voogd, gezag als voogd: *onder ~ staan* **voogdijminister** BN toezichthoudende minister: *de Vlaams minister van mobiliteit is ~ van vervoersmaatschappij De Lijn*

voor I *de* [voren] ❶ snede, gleuf van een ploeg in de grond ❷ rimpel in het voorhoofd **II** *vz* ❸ aan de voorkant: *~ het huis staat een boom* ❹ voorafgaand aan, eerder dan: *~ de oorlog* ❺ gedurende: *hij heeft ~ twee weken werk* ❻ tegen betaling van: *je kunt het ~ een euro krijgen* ❼ ten behoeve van: *werken ~ de kost; dit is ~ jou* ❽ wat betreft: *ik ~ mij, vind dat ...* **III** *bw* ❾ gunstig gezind: *hij is er niet ~; ~ stemmen* **IV** *vgw* voordat: *het was gebeurd ~ ik het wist* **V** *het* [-s] ⓫ wat ten gunste van iets pleit, voordeel: *de ~s en tegens van iets*

vooraan *bw* op de voorste plaats ▼ *zij is ~ in de twintig* twintig jaar of iets ouder **vooraanstaand** *bn* voornaamst, met een heel goede positie of reputatie: *een ~ wetenschapper* **vooraanzicht** gezicht van de voorkant, blik op de voorkant: *het ~ van het gebouw*

vooraf *bw* voordat iets gebeurt of voordat men iets doet, van tevoren **voorafbeelding** aankondiging, korte weergave e.d. van iets wat

VO

later zal gebeuren of gepresenteerd wordt: *vormen het brood en de wijn een ~ van het lichaam en bloed van Christus?; een ~ van de begroting* **voorafgaan** vóór iets of iemand anders komen of gebeuren: *aan het gevecht ging een woordenwisseling vooraf* **voorafje** *het* [-s] licht voorgerecht

voorafnemen BN ❶ voorschot betalen ❷ (schooltaal) een vak uit een hoger studiejaar volgen en er examen over afleggen

vooraftrek vermindering van loonbelasting vooraf

vooral *bw* meer dan alle andere of anderen, in de eerste plaats: *er komen ~ Duitsers op deze camping* **vooraleer** *vgw* voordat **vooralsnog** *bw* voor het ogenblik, voorlopig: *~ zullen we geen maatregelen nemen* nu, op dit moment, nog niet

voorarrest tijdelijke gevangenschap vóórdat de rechter een veroordeling heeft uitgesproken: *zolang het onderzoek loopt, blijft de verdachte in ~*

vooravond ❶ begin van de avond ❷ avond of dag tevoren: *de ~ van het feest* ❸ korte tijd tevoren: *wij staan aan de ~ van grote veranderingen*

voorbaat *de* ▼ *bij ~* van tevoren, vooruit: *bij ~ dank* **voorbarig** *bn* te haastig, te vroeg: *~e conclusies*

voorbedacht *bn* ▼ *met ~en rade* gepland, opzettelijk: *moord met ~en rade*

voorbede het bidden voor iemand

voorbeeld *het* ❶ iets dat nagevolgd wordt of moet worden, model: *een ~ stellen* ❷ geval waarmee iets wordt verduidelijkt: *een ~ van iets geven* **voorbeeldig** *bn* zo goed of netjes dat anderen het ook zo zouden moeten doen: *hij heeft zich vandaag ~ gedragen*

voorbehoedmiddel, **voorbehoedsmiddel** middel waarmee men zwangerschap voorkomt

voorbehoud *het* voorwaarde, beperking: *onder ~ dat* **voorbehouden** I *ww* ❶ toekomen aan, behoren tot, aan zich houden: *alle rechten ~; dat is ~ aan een kleine elite* II *bn* ❷ BN gereserveerd, besproken: *~ plaats*

voorbereiden ❶ vooraf het nodige doen, klaarmaken: *een vergadering, diner ~* ❷ voorzichtig inlichten: *iemand ~ op slecht nieuws* ▼ *zich op iets ~* er rekening mee houden dat het kan gebeuren: *we zijn op het ergste voorbereid* **voorbereidsel** *het* [-en, -s] wat men vooraf doet om iets voor te bereiden: *de ~en voor het feest zijn in volle gang*

voorbeschikken vooraf bepalen ▼ *tot iets voorbeschikt zijn* ervoor bestemd zijn

voorbestemmen vooraf bestemmen voor meedoen

voorbidden hardop bidden waarna de anderen meedoen

voorbij I *vz* ❶ langs, verder dan: *~ de kerk* II *bw* ❷ verder, langs: *de soldaten marcheerden ~* ❸ geëindigd, afgelopen: *het is ~* III *bn* ❹ afgelopen: *de ~e jaren* **voorbijgaan** ❶ langs iets of iemand gaan ▼ *fig. iemand ~* iemand geen aandacht schenken, niet in aanmerking laten komen ▼ *in het ~* vluchtig, terloops ❷ passeren, inhalen ❸ tot het verleden gaan behoren: *de jaren gaan voorbij* ▼ *een kans ~ laten gaan* niet aangrijpen **voorbijgaand** *bn* niet blijvend

voorbijganger *de (m)* [-s] iemand die ergens langskomt: *ik vroeg de weg aan een ~*

voorbijgestreefd BN, ook *bn* achterhaald

voorbijpraten ▼ *zijn mond ~* te veel zeggen, iets vertellen wat men niet had moeten vertellen

voorbijschieten snel voorbijkomen ▼ *zijn doel ~* te zware middelen gebruiken en daardoor zijn doel missen **voorbijsteken** BN, ook inhalen

voorbijstreven verder komen dan, overtreffen, beter zijn **voorbijzien** niet opmerken, over het hoofd zien

voorbode iets waaraan men kan zien dat er iets komt of gaat gebeuren: *krokussen zijn een ~ van de lente*

voorbrengen ❶ voor de deur brengen ❷ voor het gerecht brengen

voorchristelijk ❶ vóór Christus ❷ vóór het christendom: *~e feesten*

voordat *vgw* eerder dan iets anders: *~ ik me aankleed, ga ik onder de douche*

voorde *de* [-n] doorwaadbare plaats

voordeel *het* [-delen] ❶ iets wat gunstig, positief is: *het is een ~ dat mijn nieuwe huis een tuin heeft* ❷ profijt, winst: *~ behalen; zijn ~ met iets doen; ~ trekken van* ▼ *in het ~ zijn* in een gunstiger positie (dan een ander) **voordeelregel** *sp.* regel volgens welke de scheidsrechter een overtreding niet mag bestraffen als de partij die in overtreding is daar voordeel uit zou trekken **voordeeltje** *het* [-s] (financiële) meevaller **voordeelurenkaart** kaart die korting op een treinreis geeft als men buiten de ochtendspits reist **voordelig** *bn* ❶ winstgevend, nuttig ❷ voor weinig geld, vrij goedkoop: *ik heb deze auto ~ gekocht*

voordeur hoofddeur aan de voorkant van een gebouw **voordeurdeler** iemand die samen met anderen een huis bewoont en met hen de voorzieningen gebruikt

voordewind *bw* ❶ met gunstige wind ❷ *fig.* voorspoedig: *het gaat haar ~*

voordien *bw* voor iets anders, tevoren: *de avond ~; hij was butler, maar ~ werkte hij enige tijd als chauffeur*

voordoen ❶ doen als voorbeeld voor anderen: *een som op het bord ~* ❷ aantrekken, voorbinden: *een schort ~* ▼ *zich ~* zich een bepaalde houding geven in het contact met andere mensen; gebeuren, plaatsvinden

voordracht ❶ manier waarop iemand iets voordraagt, opzegt ❷ wat voorgedragen wordt, zoals een lezing of een rede ❸ het aanbevelen van iemand voor een functie: *de ~ van Piet Jansen voor de functie van voorzitter* **voordragen** ❶ opzeggen voor een publiek: *een gedicht ~* ❷ voorstellen, aanbevelen: *iemand ~ voor een functie*

voordringen voor zijn beurt gaan: *ik hou niet van mensen die ~ bij de kassa*

vooreerst *bw* ❶ voorlopig, vooralsnog ❷ BN ook allereerst, in de eerste plaats

voorgaan ❶ het eerst gaan: *gaat u voor!* ❷ eerst aan de beurt zijn: *kinderen die nog nooit hebben meegedaan, gaan voor* ❸ de leiding hebben in een godsdienstoefening: *de dominee gaat voor in gebed* ❹ voorlopen, een latere tijd aanwijzen dan het in werkelijkheid is: *deze klok gaat voor*

voorgaand *bn* wat ervoor is geweest: *de ~e jaren*

voorgaande *het* BN ook precedent, beslissing van vroeger waarop iemand zich kan beroepen

voorganger *de (m)* [-s] ❶ iemand die vóór iemand dezelfde betrekking bekleedde of hetzelfde werk deed: *de president voert een ander beleid dan zijn ~* ❷ leider ▼ *de ~ der gemeente* persoon die de kerkdienst leidt, predikant

voorgebakken ❶ vooraf even gebakken ❷ *fig.* van tevoren klaargemaakt, gepland, afgesproken e.d.: *~ plannen*

voorgebergte een aantal lagere bergen als uitlopers van een hoger gebergte

voorgeborchte *het* plaats na de dood aan de rand van de hemel of de hel

voorgekookt *bn* ❶ tevoren gekookt ❷ *fig.* van tevoren al uitgedacht of afgesproken: *~e meningen*

voorgeleiden (een verdachte) voor de officier van justitie brengen

voorgenoemd *bn* die of dat hiervoor is genoemd

voorgenomen *bn* wat men van plan is: *ons ~ huwelijk*

voorgerecht eerste gerecht van een maaltijd

voorgeschiedenis ❶ periode voordat de mens het schrift had uitgevonden, prehistorie ❷ wat aan iets is voorafgegaan: *de ~ van een conflict*

voorgeslacht de gezamenlijke voorouders

voorgespannen met spanningen die tevoren zijn aangebracht ▼ *~ beton* beton waarin de wapening al is gespannen, waardoor het een hogere belasting kan dragen

voorgevel ❶ gevel aan de voorkant van een gebouw ❷ scherts. neus ❸ scherts. borsten

voorgeven ❶ doen alsof, voorwenden: *hij gaf voor dat hij door ziekte verhinderd was* ❷ een voorsprong geven: *zijn tegenstander ~*

voorgevoel idee of gevoel vooraf dat iets zal gebeuren: *ik had vanochtend al zo'n ~ dat vandaag alles mis zou gaan*

voorgift wat men voorgeeft, de voorsprong die men geeft

voorgoed *bw* voor altijd: *het is nu ~ uit tussen ons*

voorgrond voorste gedeelte: *op de ~ van deze foto zie je ons staan* ▼ *op de ~ treden* de meeste aandacht trekken

voorhamer grote smidshamer

voorhand het voorste deel van een dier, zoals een paard of een hond ▼ *op ~* al van tevoren, voordat iets begint of gebeurt: *we wisten op ~ dat het een moeilijke wedstrijd zou worden* ▼ *op de ~ zitten* het eerste spelen bij een kaartspel

voorhanden *bn* aanwezig, ter beschikking: *~ zijn*

voorhebben ❶ voor het lichaam dragen: *een schort ~* ❷ bedoelen, van plan zijn: *het goed met iemand ~* ❸ in het voordeel zijn boven: *iets op iemand ~* ▼ *de verkeerde ~* zich in de persoon vergissen ▼ BN, spreekt. *het goed/slecht ~* het goed/mis hebben

voorheen *bw* vroeger: *~ heette deze bioscoop City*

voorheffing heffing vooraf: *loonbelasting, ingehouden op het loon, is een ~ van de inkomstenbelasting* ▼ BN *roerende ~* belasting op kapitaalinkomsten ▼ BN *onroerende ~*

onroerendgoedbelasting

voorhistorisch, **voorhistorisch** uit de periode van de mensheid van vóór de geschreven overleveringen, prehistorisch

voorhoede *de* [-n, -s] ❶ voorste deel van een leger of van een andere groep mensen die ergens naartoe gaan ❷ sp. spelers die dicht bij het doel van de tegenstander spelen ❸ *fig.* de meest actieve of strijdbare mensen binnen een beweging

voorhof *het* [-hoven] plein voor een gebouw of voor een onderdeel van een gebouw: *een paleis met een ~ met aan weerszijden bijgebouwen*

voorhoofd deel van het gezicht tussen wenkbrauwen en haargrens **voorhoofdsholte** bijholte van de neusholte

voorhouden ❶ voor iemands gezicht houden ❷ *fig.* duidelijk maken, wijzen op: *mensen ~ dat het voor hun gezondheid noodzakelijk is om genoeg te bewegen*

voorhuid voorste deel van de huid van de penis

voorhuis voorste deel van een huis

voorhuwelijkssparen BN spaarvorm voor jongeren waarbij het spaargeld met extra rente bij het huwelijk wordt uitgekeerd

voorin, **voorin** *bw* van voren in iets: *ik zet het ~, dan kunnen we er gemakkelijk bij; als we autorijden, zitten mijn ouders voorin en wij achterin* **vooringenomen** *bn* waarbij iemand van tevoren al een mening heeft over iets

voorjaar jaargetijde tussen winter en zomer, lente

voorkant ❶ kant vóór iets anders: *aan de ~ van het huis is een tuintje* ❷ het voorste gedeelte van iets: *op de ~ van de doos staat een tekening*

voorkauwen ❶ vooruit kauwen voor een kind ❷ *fig.* tot in kleinigheden voorzeggen: *ik moet hem alles ~, hij kan niks uit zichzelf bedenken*

voorkennis ❶ het weten van iets vooraf, medeweten: *met ~ van zijn ouders* ❷ het weten van iets vooraf wat anderen nog niet weten ▼ *handel in aandelen met ~* het kopen of verkopen van aandelen waarbij iemand door zijn functie dingen weet die anderen niet weten

voorkeur *de* het liever hebben van iets dan iets anders: *ik geef de ~ aan een actieve vakantie boven een strandvakantie* ▼ *bij ~* het liefst: *ik doe bij ~ boodschappen in de winkel in onze straat* **voorkeursbehandeling** het op een betere manier behandelen van bepaalde personen het geven van voordelen aan bepaalde personen **voorkeursbeleid** maatregelen om de positie van achterstandsgroepen te verbeteren **voorkeurspelling** spelling die als beter wordt beschouwd dan een andere spelling die ook toegestaan is **voorkeurstem** stem op een andere kandidaat dan de eerste kandidaat op de lijst

voorkomen [voorkwam, h. voorkomen] zorgen dat iets niet gebeurt: *ik kon nog net ~ dat de vaas viel*

voorkomen I *ww* [kwam voor, is voorgekomen] ❶ voor de deur komen: *een taxi laten ~* ❷ voor het gerecht komen: *de zaak zal morgen ~* ❸ gebeuren: *het komt wel eens voor dat ...* ❹ aangetroffen worden, te vinden zijn: *olifanten komen in Europa in de vrije natuur niet voor*

VO

❺ toeschijnen: *het komt me voor dat ...* **II** *het*
❻ hoe iemand of iets eruitziet en overkomt,
uiterlijk: *een man met een armoedig ~*
voorkomend *bn* beleefd, behulpzaam
voorkomend *bn* wat zich voordoet: *bij ~e gelegenheden*
voorlaatst *bn* op een-na-laatst
voorlader *de (m)* [-s] apparaat dat van voren gevuld of geladen wordt, bijv. een wasmachine of een landbouwmachine
voorland bestemming, toekomstig lot: *zie je die gevangene? dat is je ~ als je zo doorgaat*
voorlangs *bw* aan de voorkant van iets langs: *de bal ~ schieten* voor en langs het doel
voorleden *bn* vorige, afgelopen: *~ maand*
voorleggen onder de aandacht brengen, ter beoordeling geven: *een probleem aan iemand ~;* BN *documenten, bewijsstukken ~* overleggen
voorleiden voor het gerecht brengen
voorletter eerste letter van de voornaam
voorlezen hardop lezen voor iemand anders: *een verhaaltje ~*
voorlichten ❶ met licht voorgaan ❷ inlichten, informatie geven over **voorlichter** *de (m)* [-s] ❶ iemand die informatie verstrekt ❷ functionaris die publiek en pers informeert
voorliefde voorkeur, iets waar iemand speciaal van houdt: *hij heeft een ~ voor meisjes met een bril en kort haar*
voorliegen een leugen vertellen: *iemand iets ~*
voorligger *de (m)* [-s] voertuig dat voor iemand rijdt
voorlijk *bn* voor in ontwikkeling, die zich sneller ontwikkelt dan de anderen: *een ~ kind*
voorlopen ❶ als eerste, vooraan lopen ❷ ⟨van een uurwerk⟩ een tijd aanwijzen die later is dan de juiste tijd **voorloper** iemand die of iets dat er is vóór iets anders en waaraan men al kan merken dat dat andere zal komen: *die zanger was de ~ van de hiphop; de loopfiets is de ~ van de gewone fiets*
voorlopig *bn* ❶ nog niet vast, nog niet voorgoed: *vandaag kreeg ik de ~e beoordeling, later krijg ik de definitieve* ❷ de komende tijd, tijdelijk: *nu het dooit, kunnen we ~ niet meer schaatsen* ▼ jur. *~e hechtenis* het opsluiten van een verdachte van een ernstig misdrijf voordat zijn zaak is behandeld
voormalig *bn* die of wat vroeger iets was, eerder: *de ~e bewoners*
voorman ❶ iemand die voorop gaat, belangrijk persoon: *de ~nen van de arbeidersbeweging* ❷ iemand die de leiding heeft over een groep arbeiders
voormeld *bn* die of wat hiervoor al is genoemd
voormiddag ❶ het laatste deel van de ochtend ❷ het eerste deel van de middag
voorn *de (m)* [-s] in Nederland en België veel voorkomende zoetwatervis van de familie van de karpers
voornaam *bn* ❶ aanzienlijk, van aanzien: *de voorname burgers van de stad* ❷ gewichtig, belangrijk: *dat speelt een voorname rol* ▼ *het ~ste* het belangrijkste
voornaam naam die een kind bij de geboorte van de ouders krijgt: *zijn voornamen zijn Berend*

Johan en zijn achternaam is Jansen
voornaamwoord taalk. woord dat een zelfstandigheid aanduidt of een zelfstandig naamwoord vervangt: *'hij' is een persoonlijk ~*
voornamelijk *bw* hoofdzakelijk, vooral: *in dit gebouw wonen ~ studenten*
voornemen I *het* [-s] iets wat men van plan is te doen: *ik heb het ~ om te stoppen met roken* **II** *ww* ▼ *zich ~* van plan zijn **voornemens** *bw* van plan: *wij zijn ~ om ...*
voornoemd *bn* die of wat hiervoor al is genoemd: *~e personen*
vooronder *het* [-s] kamertje in een schip onder de voorplecht
vooronderstellen van tevoren al veronderstellen, ervan uitgaan dat het zo zou kunnen zijn
vooronderzoek voorlopig, voorbereidend onderzoek
vooroordeel voorbarig, meestal afwijzend oordeel
vooroorlogs *bn* ❶ van vóór de oorlog ❷ als vóór de oorlog
voorop *bw* ❶ aan de voorkant van of op iets ❷ als voorste, als eerste: *veiligheid staat ~* is het belangrijkste
vooropening BN bezoek van genodigden aan een tentoonstelling op de dag voor de opening voor het publiek
vooropleiding voorafgaande opleiding, voorbereidende opleiding: *welke ~ heb je nodig voor deze studie?*
vooropstellen eerst als gegeven of waar aannemen: *laten we ~ dat hier sprake is van opzet*
vooropzegging BN *de (v)* ontslagaanzegging
vooropzetten ❶ vooruit vaststellen: *een vooropgezette mening* ❷ op de voorste plaats zetten
voorouders de mensen van wie iemand afstamt
voorover *bw* met de voorkant naar beneden: *hij viel ~ in de sloot*
voorpagina eerste pagina van een krant of tijdschrift
voorpand deel van een kledingstuk aan de voorkant
voorplat voorkant van een boekband
voorplecht voordek van een schip
voorportaal ❶ portaal vóór een andere ruimte ❷ fig. eerste stadium, vooral van iets ergs: *~ van de hel*
voorpost ❶ wacht, uitkijkpost helemaal vooraan ❷ ⟨meestal meervoud⟩ beveiligingsafdelingen vóór het eigenlijke leger
voorpraten ❶ alvast over iets spreken, alvast iets bespreken ❷ een vraag zo stellen dat daaruit al blijkt wat het antwoord moet zijn ❸ iets tegen iemand zeggen omdat men wil dat hij het na zal zeggen of verder zal vertellen
voorpret plezier dat men al heeft voordat iets begint: *de ~ tijdens de voorbereidingen, is bijna net zo leuk als de vakantie zelf*
voorproefje *het* [-s] ❶ hap voedsel om van tevoren te proeven ❷ fig. eerste kennismaking met iets waar men later meer mee te maken krijgt: *die eerste regenbui was nog maar een ~ van wat ons die vakantie te wachten stond*

voorprogrammeren een apparaat zo instellen dat het later zo gaat werken zoals men wil

voorraad *de (m)* [-raden] wat men ergens voor bewaart, bijv. om te verkopen of als reserve voor later: *iets in ~ hebben* ▼ jur. *bij ~ van tevoren, voorlopig* **voorradig** *bn* aanwezig, in voorraad: *er zijn nog pennen ~ in het magazijn*

voorrang *de (m)* ❶ hoogste rang: *om de ~ strijden* ❷ voorkeur: *de ~ hebben boven iemand* ❸ 〈verkeer〉 het recht om als eerste door te mogen rijden of lopen: *auto's van rechts hebben hier ~; ~ verlenen aan iemand* **voorrangskruising** kruising met een voorrangsweg **voorrangsweg** weg waarop het verkeer voorrang heeft boven verkeer dat van zijwegen komt

voorrecht ❶ gunst, recht boven anderen: *~en genieten* ❷ het bevoordeeld zijn boven anderen: *het is een ~ om in zo'n mooie omgeving te mogen wonen*

voorrede inleiding voor in een boek

voorrekenen door rekenen aantonen: *mijn man rekende mij voor dat een verbouwing meer geld zou kosten dan we hebben*

voorrijden ❶ voorop rijden, als eerste rijden ❷ voor de deur rijden: *er kwam een taxi ~* **voorrijkosten** geldbedrag dat men moet betalen voor het aan huis laten komen van een reparateur, loodgieter enz.

voorronde wedstrijd(en) vóór de eigenlijke competitie

voorschieten een voorschot geven, voorlopig voor iemand betalen om het later terug te krijgen: *kun je mij het geld voor het bioscoopkaartje ~?*

voorschool combinatie van peuterspeelzaal en basisschool voor peuters vanaf 2,5 jaar met taalachterstand

voorschoot *de (m) & het* [-schoten] lang schort van leer of stof ▼ BN *(maar) een ~ groot* erg klein

voorschot *het* [-ten] wat iemand alvast van tevoren krijgt, vooral geld: *ik heb een ~ op mijn salaris gekregen*

voorschotelen presenteren, vertellen: *ik geloof die verhalen niet die ze ons ~ in dat tv-programma*

voorschrift *het* ❶ het voorschrijven, het zeggen wat men moet doen ❷ wat voorgeschreven is, wat men moet doen **voorschrijven** ❶ als voorbeeld schrijven ❷ iets verplichten of aanraden: *iemand de wet ~; iemand een medicijn ~*

voorseizoen periode vlak voor het hoogseizoen

voorshands *bw* voorlopig

voorslag ❶ muz. korte noot vooraf ❷ korte slag voordat een klok een uur slaat

voorsmaakje BN, ook *het* [-s] voorproefje, eerste kennismaking met iets

voorsnijden vlees aan tafel vooraf snijden

voorsorteren vooraf de juiste rijbaan kiezen: *we moeten dadelijk linksaf, dus je moet nu links ~*

voorspannen voor de wagen spannen

voorspel wat voorafgaat, zoals een muziekstuk als inleiding voor iets anders of het seksuele spel vóór de eigenlijke geslachtsdaad **voorspelen** ❶ als voorbeeld spelen, laten horen: *een melodie ~* ❷ het eerst spelen

voorspellen dingen over de toekomst zeggen

voorspelling *de (v)* ❶ het voorspellen ❷ wat voorspeld is

voorspiegelen een voorstelling geven van een onwaarschijnlijk toekomstig resultaat: *de vrouwenhandelaar spiegelde de meisjes een toekomst voor als danseres*

voorspoed *de (m)* ❶ situatie waarin het goed gaat in het leven: *ik wens jullie veel geluk en ~* ❷ situatie waarin het economisch, financieel goed gaat **voorspoedig** *bn* ❶ met of in voorspoed ❷ zonder moeilijkheden, wat vlot verloopt: *ik wens jullie een ~e reis*

voorspraak I *de* ❶ het spreken in het voordeel van iemand, het verdedigen van iemand: *hij is benoemd op ~ van de burgemeester* II *de* [-spraken] ❷ persoon die in het voordeel van iemand spreekt, die iemand verdedigt **voorspreken** ❶ als voorbeeld spreken ❷ in het voordeel (van iemand) spreken, (iemand) verdedigen: *iemand ~*

voorsprong stuk dat iemand voorligt op anderen: *de wielrenner verloor zijn ~ kort voor de finish*

voorst *bn* meest vooraan

voorstaan ❶ bevorderen, een voorstander zijn van: *ik sta de gedachte voor dat we allemaal gelijk zijn* ❷ voor de geest staan: *zijn gezicht staat me niet meer precies voor* ❸ vóór zijn in puntentelling, vooral in sport: *Beveren staat voor met 2-0* ▼ *zich op iets laten ~* vinden dat men om een bepaalde reden beter is of voorrechten heeft ▼ *de taxi, auto staat voor* staat klaar (voor de deur)

voorstad kleinere stad die tegen een grotere stad aan is gegroeid: *de voorsteden van Parijs*

voorstander *de (m)* [-s] iemand die voor iets is

voorsteken BN voordringen, voorkruipen

voorstel *het* [-len] iets wat men voorlegt aan anderen om het te bespreken en misschien uit te voeren: *een ~ indienen, verwerpen* **voorstellen** ❶ een voorstel doen ❷ vertellen wie iemand is: *iemand aan een gezelschap ~* ❸ inhouden, betekenen, afbeelden: *wat stelt dit voor?* ▼ *weinig ~* van weinig belang zijn, niet veel bijzonders zijn: *dat baantje van hem stelt weinig voor* ▼ *zich ~* zeggen wie men is; verbeelden, in gedachten voor zich zien; van plan zijn: *mag ik me even ~? ik ben Joan; ik kan me ~ dat je moe bent na zo'n lange wandeling; ik stel me voor daar twee dagen per week aan te besteden* **voorstelling** *de (v)* ❶ het voorstellen ❷ wat men in gedachten voor zich ziet: *zich een ~ van iets maken* ❸ afbeelding, uitbeelding ❹ opvoering van een toneelstuk, vertoning van een film e.d.: *hoe laat begint de ~?* **voorstellingsvermogen** vermogen om zich in gedachten iets voor te stellen

voorstemmen voor iets stemmen

voorsteven voorste deel van een schip

voorstopper *de (m)* [-s] 〈voetbal〉 centrale verdediger

voorstudie studie van iets om een bepaald werk voor te bereiden: *de schilder maakte eerst een ~*

voort *bw* verder: *met het eten dat we bij ons hebben, kunnen we nog een paar dagen ~* **voortaan** *bw* in het vervolg, van nu af aan: *we zullen ~ geen ruzie meer maken*

VO

voortand een van de tanden vóór in het gebit

voortbestaan verder blijven bestaan

voortbewegen in beweging houden ▼ *zich* ~ zich bewegen, zich verplaatsen **voortborduren** verdergaan met borduren ▼ fig. ~ *op (een thema, onderwerp, idee enz.)* op dezelfde manier verdergaan met, doorgaan met spreken over;

voortbrengen maken, opleveren, produceren: *geluid* ~; *de oude kersenboom brengt weinig vruchten voort* de kersenboom heeft weinig vruchten **voortdrijven** ❶ drijvend verdergaan ❷ voor zich uit jagen: *een kudde vee* ~

voortduren blijven duren, aanhouden

voortdurend *bn* aanhoudend, de hele tijd door

voortduring *de (v)* ▼ *bij* ~ voortdurend

voorteken iets waaruit men kan afleiden hoe iets daarna waarschijnlijk zal gaan: *het was een goed* ~ *dat we de oefenwedstrijd gemakkelijk wonnen*

voortgang het verdergaan van iets: ~ *maken met iets; er zit geen* ~ *in de aanleg van de weg* het schiet niet op, er gebeurt weinig **voortgangsrapport** rapport over hoe het gaat met een project e.d., hoe het zich ontwikkelt

voortgezet *bn* wat volgt op iets anders ▼ ~ *onderwijs* school na de basisschool

voortijd heel oude tijd, toen de tegenwoordige toestand nog niet bestond **voortijdig** *bn* te vroeg, eerder dan de bedoeling is ▼ *zijn opleiding* ~ *afbreken* ermee stoppen voordat men zijn diploma gehaald heeft ▼ *een* ~ *einde vinden* te vroeg overlijden

voortkomen geboren worden, afstammen ▼ ~ *uit* voortvloeien uit, een gevolg of resultaat zijn van **voortmaken** opschieten, zich haasten

voortouw ▼ *het* ~ *nemen* het initiatief nemen, als eerste iets doen zodat de anderen volgen: *de overheid moet het* ~ *nemen bij de bescherming van het milieu*

voortplanten ▼ *zich* ~ zich vermeerderen, kinderen of jongen krijgen; zich verspreiden, van de ene plaats naar de andere gaan: *konijnen planten zich heel snel voort; geluid plant zich voort door de lucht*

voortreffelijk *bn* uitstekend, heel goed

voortrekken iemand een betere behandeling geven dan anderen: *mijn oma trekt mijn zusje altijd voor* **voortrekker** ❶ scout van 17-25 jaar ❷ iemand die een nieuwe richting inslaat en daarin later door anderen wordt gevolgd

voorts *bw* bovendien, verder

voortslepen ▼ *zich* ~ moeizaam verdergaan **voortspruiten** ▼ ~ *uit* ontstaan uit **voortvarend** *bn* met ijver, in een snel tempo: *de zaken* ~ *aanpakken* **voortvloeien** ▼ ~ *uit* voortkomen uit, volgen uit **voortvluchtig** *bn* op de vlucht: *de daders zijn* ~ **voortwoekeren** ❶ snel verder groeien ❷ fig. zich steeds verder verspreiden (van iets slechts) **voortzetten** verdergaan met iets: *de besprekingen* ~ **voortzetting** *de (v)* het verdergaan met iets **vooruit** I *bw* ❶ verder, naar voren: *het paard was bang en wilde niet meer* ~ ▼ *iemand* ~ *zijn* verder gevorderd zijn dan iemand anders ▼ *niet* ~ *te branden zijn* erg lui of langzaam zijn ❷ van tevoren: *je kunt niet altijd* ~ *weten hoe iets zal*

gaan II *de (m)* ❸ stand van de versnelling waarin een auto vooruitrijdt: *de auto in zijn* ~ *zetten* III *tsw* ▼ ~ *met de geit!* uitroep om iemand aan te sporen ▼ *nou,* ~ *dan maar* gezegd wanneer men ondanks bezwaren toestemming geeft

vooruitgaan ❶ als eerste gaan, vóór een ander gaan ❷ naar voren gaan ❸ fig. vorderingen maken: *hij heeft veel geoefend en zijn pianospel is erg vooruitgegaan* ❹ fig. in een betere toestand komen: *door die verhuizing zijn we er erg op vooruitgegaan* **vooruitgang** het in een betere toestand raken, verbetering: *ik zie een grote* ~ *in zijn prestaties; de* ~ *met al zijn technische hulpmiddelen*

vooruitlopen ❶ vast voor de anderen gaan ❷ fig. het verdere verloop niet afwachten: ~ *op de gebeurtenissen* **vooruitstrevend** *bn* die streeft naar vernieuwing, progressief

vooruitzicht iets goeds wat men kan verwachten ▼ *iets in het* ~ *hebben* iets kunnen verwachten ▼ *een baan met goede* ~*en* met een goede kans op een goede positie in de maatschappij **vooruitzien** ❶ naar voren kijken, naar voren uitzien ❷ in de toekomst zien, rekening houden met de toekomst: *met* ~*de blik*

voorvader iemand van wie men afstamt **voorvaderlijk** (als) van de voorvaderen **voorval** *het* [-len] ongewone gebeurtenis: *een raadselachtig* ~ **voorvallen** gebeuren

voorvechter *de (m)* [-s] vurig verdediger, iemand die zich inzet voor een ideaal: *hij was een* ~ *van meer sociale gelijkheid*

voorverpakt *bn* al verpakt voor het verkocht wordt: ~ *vlees*

voorvoegsel *het* [-s] deel van een woord dat voor een ander woord gezet is: *in 'centiliter' is 'centi' een* ~

voorvork vork waarin zich het voorwiel van een fiets bevindt

voorwaar *bw* werkelijk

voorwaarde *de (v)* [-n] eis of beperking die iemand van tevoren stelt: *op* ~ *dat; onder geen enkele* ~ **voorwaardelijk** *bn* met een bepaalde voorwaarde: *ik ben* ~ *toegelaten tot de cursus: als mijn resultaten niet goed genoeg zijn, mag ik niet meer meedoen* ▼ ~*e gevangenisstraf* gevangenisstraf die iemand pas echt moet uitzitten als hij binnen een bepaalde tijd weer iets verkeerds doet

voorwaarts I *bn* ❶ vooruit, naar voren: *een* ~*e beweging* II *bw* ❷ vooruit, naar voren: *strek uw armen* ~

voorwas korte wasbeurt voordat de hoofdwas begint

voorwenden voorgeven, doen alsof: *ze wendde hoofdpijn voor* **voorwendsel** *het* [-s, -en] wat iemand voorwendt, smoes

voorwereld periode op aarde toen er nog geen mensen waren

voorwerk ❶ voorbereidend werk: ~ *doen voor je echt begint* ❷ deel van een boek dat voor de eigenlijke tekst staat **voorwerker** iemand die het werk voorbereidt en leidt

voorwerp *het* ❶ ding ❷ datgene waarop men zijn aandacht richt, dat iets ondergaat: *het* ~ *van zijn belangstelling* ❸ taalk. zinsdeel dat aangeeft

waarop zich de handeling richt, wat iets ondergaat: *het meewerkend ~; het lijdend ~*
voorwerpszin bijzin die de grammaticale functie heeft van een lijdend voorwerp, en die onder andere met 'dat' of 'of' kan beginnen: *ik wist niet dat hij al zo lang ziek was*
voorwetenschap het van tevoren weten van iets, voorkennis
voorwielaandrijving ⟨auto⟩ werking van de motor op de voorwielen
voorwoord korte tekst vóór in een boek, waarin de schrijver bijv. mensen bedankt
voorzaat *de (m)* [-zaten] voorvader
voorzang zang als inleiding van iets **voorzanger** iemand die het gezang leidt, vooral tijdens een kerkdienst
voorzeggen [zei voor / zegde voor, h. voorgezegd] iets zeggen wat een ander moet nazeggen die het niet weet: *je mag niet ~ als iemand anders een beurt heeft tijdens de les*
voorzeggen [voorzegde / voorzei, h. voorzegd] voorspellen
voorzeker plecht. *bw* heel zeker, absoluut
voorzet ❶ eerste zet in een spel ❷ ⟨voetbal⟩ het brengen van de bal voor het doel, zodat een ander kan scoren ▼ *een ~ of ~je geven* iets aan de orde stellen waarop een ander kan inhaken
voorzetsel *het* [-s] woord dat aangeeft op wat voor manier woorden in een zin met elkaar te maken hebben, bijv.: *in, op, door, over, zonder*
voorzetselbepaling taalk. bepaling die begint met een voorzetsel **voorzetten** ❶ neerzetten voor iemand: *we kregen een bord stamppot voorgezet* ❷ ⟨een uurwerk⟩ vooruitzetten, voor doen lopen ❸ sp. een voorzet geven, de bal voor het doel brengen
voorzichtig *bn* op zo'n manier dat iemand goed oplet wat hij doet, om te voorkomen dat er ongelukken gebeuren of problemen ontstaan **voorzichtigheid** *de (v)* het voorzichtig zijn ▼ *~ is de moeder van de porseleinkast* als men voorzichtig is, kan men veel problemen voorkomen **voorzichtigheidshalve** *bw* uit voorzichtigheid
voorzien ❶ vooruitzien, verwachten: *deze nederlaag hadden we niet ~* ❷ zorgen voor: *in zijn eigen onderhoud ~* ❸ ervoor zorgen dat iemand krijgt wat hij nodig heeft: *iemand van voedsel ~* ❹ regelen: *daarin voorziet de wet niet* ❺ BN vaststellen, bepalen: *de wet voorziet controle- en sanctiemaatregelen* ▼ *het ~ hebben op iemand* het gemunt hebben op iemand, iemand altijd als mikpunt nemen ▼ *het niet op iemand ~ hebben* iemand niet graag mogen **voorzienigheid** *de (v)* Godsbestuur ▼ *de Voorzienigheid* God **voorziening** *de (v)* ❶ zorg, regeling ❷ wat door zorg en regeling tot stand is gebracht: *sociale ~en*
voorzingen ❶ als voorbeeld zingen ❷ voorgaan in het zingen
voorzitten als voorzitter leiden **voorzitter** *de (m)* [-s] ❶ leider van een vergadering ❷ hoofd van een bestuur
voorzorg maatregel om iets onaangenaams of problemen te voorkomen
voos *bn* ❶ ⟨van vruchten en planten⟩ uitgehold en slap door uitdroging van binnen ❷ fig.

zonder levenskracht: *een voze gezondheid* ❸ fig. nietszeggend, flauw en vunzig: *een voze opmerking*
vop voetgangersoversteekplaats
vorderen I [vorderde, is gevorderd] ❶ vooruitkomen: *mijn werkstuk vordert maar niet, zo krijg ik het nooit af* II [vorderde, h. gevorderd] ❷ opeisen: *geld dat iemand nog moet betalen, van iemand ~* **vordering** *de (v)* ❶ vooruitgang: *~en maken* ❷ eis, het opeisen: *~ van levensmiddelen voor de strijdkrachten* ❸ schuld die kan worden geïnd: *een ~ van tienduizend euro op iemand hebben*
vore *de* [-n] snede, gleuf van een ploeg in de grond, voor
voren *bw* voor: *naar ~* ▼ *naar ~ brengen* de aandacht vestigen op ▼ *van ~ af (aan)* vanaf het begin **vorenstaand** *bn* hiervóór aan de orde geweest, hiervóór genoemd: *op grond van ~e overwegingen besluiten wij ...*
vorig *bn* die of wat hiervoor is geweest, voorafgaand: *~e week hadden we vrij; de ~e bewoners van dit huis*
vork *de* ❶ voorwerp met puntige tanden waarmee men eten opprikt en naar de mond brengt: *met mes en ~ eten* ▼ *een ~je komen prikken* komen eten ❷ voorwerp met puntige tanden waarmee men bijv. gras opprikt ▼ *weten hoe de ~ in de steel zit* wat er precies aan de hand is, hoe het in elkaar zit ❸ twee stangen van een fiets waar het voorwiel tussen zit **vorkheftruck** transportwagen met een vorkvormig hefwerktuig
vorm *de (m)* ❶ uiterlijk van iets, hoe het eruitziet, bijv. of iets rond is of vierkant: *die hoed heeft een mooie kleur maar een lelijke ~* ❷ voorwerp waarin iets een bepaald model krijgt: *een taart~* ▼ *iets in een andere ~ gieten* een ander uiterlijk geven: *de plannen nemen vaste ~ aan* ze worden concreet ❸ toestand waar een sporter met het oog op de prestatie die hij moet leveren: *de tennisser was niet in ~* hij was niet in staat om goed te presteren ❹ manier waarop men zich hoort te gedragen: *de beleefdheidsvormen in acht nemen* ❺ schijn: *hij doet dat alleen maar voor de ~* ❻ wijze: *zonder ~ van proces*
vormelijk *bn* gehecht aan omgangsvormen, volgens de goede vorm, stijf, onpersoonlijk: *hij is altijd zo ~* **vormeloos** *bn* zonder speciale vorm: *ze droeg een vormeloze jurk* **vormen** ❶ een bepaalde vorm geven: *gezichten ~ van klei* ▼ *zijn mening ~* zich over iets laten informeren en erover nadenken om er een mening over te krijgen ❷ zijn: *dit vormt een probleem voor ons* ❸ opvoeden, ontwikkelen
vormfout fout tegen de voorschriften over hoe iets er precies uit moet zien en wat erin moet staan: *vanwege een ~ in de aanklacht werd de overvaller niet veroordeeld* **vormgeving** *de (v)* ❶ het bedenken en ontwerpen van iets dat er op een bepaalde manier uitziet ❷ het resultaat daarvan
vormingswerk werk om de maatschappelijke en persoonlijke ontwikkeling en geestelijke groei te bevorderen van mensen die niet meer school hoeven **vormleer** leer van de vorm: *de ~ van*

VO

muziek, architectuur, taal **vormloos** *bn* zonder
speciale vorm, vormeloos
vormsel r.-k. *het* een van de zeven sacramenten,
die standvastigheid in het geloof geeft
vormvast wat zijn vorm niet verliest
vorsen onderzoeken
vorst I *de (m)* ❶ heerser, koning **II** *de (m)* ❷ weer
waarbij het vriest **vorstelijk** *bn* van of als van
een vorst, rijk, groots: *we kregen een ~ onthaal*
vorstendom *het* [-men] gebied waarover een
vorst regeert **vorstenhuis** vorstelijk geslacht,
dynastie **vorstin** *de (v)* [-nen] koningin, heerseres
vorstverlet ⟨in de bouw⟩ vrijaf omdat het vriest
vorstvrij vrij van bevriezing
vort *tw* vooruit!, weg!
vos *de (m)* [-sen] ❶ bruin roofdier met een dikke
staart, van het geslacht Vulpes ▼ *een ~ verliest wel
zijn haren maar niet zijn streken* een mens houdt
zijn aangeboren karaktertrekken onder alle
omstandigheden ▼ *als de ~ de passie preekt, boer
pas op je kippen* pas op voor de sluwheid achter
een schijnheilig masker ❷ zijn pels ❸ bruinrood
paard ❹ fig. slim, sluw, berekenend iemand
VOS Vrouwen Oriënteren zich op de
Samenleving
vossenbes rode bosbes (Vaccinium vitis idaea)
vossenjacht ❶ jacht op vossen ❷ speurtocht
waarbij iemand moet worden opgespoord
voteren bij stemming toestaan
voucher ⟨vautsjər⟩ *de (m)* [-s] bon die geldt als
betaalbewijs
vousvoyeren ⟨voevwajji-⟩ 'u' zeggen (i.t.t.
tutoyeren)
vouw *de* scherpe plooi
vouwbeen voorwerp om papier te snijden
vouwblad reclamedrukwerkje dat in elkaar is
gevouwen **vouwcaravan** opvouwbare
kampeerwagen
vouwen [vouwde, h. gevouwen] een of meer
keren dubbel omslaan, daardoor inkleiner: *ze
vouwde de brief en stak hem in haar zak; een
vliegtuigje ~ van papier* ▼ *de handen ~* de vingers
van de ene hand tussen die van de andere hand
leggen, vooral om te bidden **vouwfiets**
opvouwbare fiets **vouwwagen** kampeerwagen
met een tent die kan worden opgevouwen
voyeur ⟨vwajjeur⟩ *de (m)* [-s] iemand die een heel
sterke drang heeft om seksuele handelingen te
bekijken, die naakte of vrijende mensen
bespiedt
vozen inform. vrijen
VPRO *de (m)* Vrijzinnig-Protestantse
Radio-Omroep
vr verhoogd rendement
vr. vrouwelijk
vraag *de* [vragen] ❶ verzoek om antwoord omdat
iemand iets niet weet, niet weet of iets mag, of
graag wil dat een ander iets voor hem doet:
een ~ stellen ▼ BN ook *op ~ van* op verzoek van
▼ BN ook *iets in ~ stellen* iets aan de orde stellen,
betwijfelen ❷ onopgeloste kwestie ▼ *dat is nog
de ~* dat is nog niet zeker ❸ het willen kopen
van een bepaald product ❹ ~ en aanbod
vraagbaak *de* [-baken] ❶ iemand die men van
alles kan vragen ❷ boek waarin men van alles
kan vinden **vraaggesprek** gesprek waarbij

iemand (vaak een journalist) vraagt en de ander
antwoordt **vraagprijs** geldbedrag dat de
verkoper voor iets vraagt **vraagstelling** *de (v)*
manier waarop iemand een vraag of een
probleem presenteert **vraagstuk** ❶ belangrijke
vraag, kwestie, ingewikkeld probleem: *het ~ van
de criminaliteit onder jongeren* ❷ opgave, som
vraagteken leesteken achter een vraag: ? ▼ *een ~
bij iets plaatsen* het betwijfelen **vraagwoord**
woord waarmee men een vraag begint, bijv.:
wat, wanneer, wie, hoe **vraagzin** taalk. zin in de
vorm van een vraag
vraat *de (m)* [vraten] ❶ iemand die veel en gulzig
eet ❷ het aangevreten zijn: *~ door slakken en
rupsen* **vraatzucht** gulzigheid, neiging om heel
veel te eten
vracht *de* ❶ de dingen die vervoerd worden,
lading ❷ last die moet worden gedragen
❸ vervoerloon ❹ grote hoeveelheid: *een ~
boeken* **vrachtauto** vrachtwagen **vrachtbrief**
vervoerbewijs voor goederen **vrachtrijder**
iemand die per wagen, auto goederen vervoert
vrachtvaart vrachtvervoer met schepen
vrachtverkeer goederenvervoer, vooral per
vrachtauto **vrachtvrij** waarbij de ontvanger niet
de prijs van het vervoer hoeft te betalen
vrachtwagen grote auto voor goederenvervoer
vragen [vroeg / vraagde, h. gevraagd] ❶ zeggen
dat men iets wil weten en een antwoord willen
hebben, een vraag stellen ▼ *hij heeft haar
eindelijk gevraagd* hij heeft eindelijk gevraagd of
ze met hem wil trouwen ❷ uitnodigen: *iemand ~
voor een feest* ❸ verlangen, eisen **vragenuurtje**
het [-s] ❶ periode van ongeveer een uur waarin
men vragen kan stellen ❷ uur waarin leden van
de Tweede Kamer vragen kunnen stellen aan
een minister
vrank *bn* die zich helemaal vrij voelt, frank ▼ *~ en
vrij* zonder zich door iets belemmerd te voelen
vrede *de (m)* ❶ toestand wanneer er geen oorlog is
tussen landen of groepen mensen
❷ vredesverdrag: *de ~ is getekend; ~ sluiten*
❸ eendracht, eensgezindheid tussen de mensen:
de ~ bewaren; in ~ leven ❹ innerlijke rust ▼ *~ met
iets hebben,* BN *~ nemen met iets* er geen
innerlijke problemen (meer) mee hebben:
iemand met ~ laten **vredegerecht** BN laagste
burgerlijke rechtbank, één per kanton
vredelievend *bn* met een hekel aan oorlog of
ruzie, die graag de vrede wil bewaren
vrederechter BN rechter in een vredegerecht
vredesactivist iemand die actievoert voor vrede
vredesbeweging verzamelnaam voor
groeperingen die zich verzetten tegen
oorlogsvoorbereidingen, bewapening, militaire
dienstplicht e.d. **vredesduif** duif als symbool van
vrede **vredesmacht** militaire macht om de
vrede te handhaven **vredesnaam** ▼ *in ~* ter wille
van de rust, om moeilijkheden te voorkomen;:
laat me in ~ met rust! laat me alsjeblieft met rust!
vredespijp pijp die de indianen rookten als
symbool van vrede **vredestichter** *de (m)* [-s]
iemand die vrede tot stand brengt
vredesverdrag overeenkomst over het sluiten
van vrede **vredevorst** vorst die vrede sticht of
probeert te stichten ▼ *de ~* Christus

vredig bn zonder drukte, ruzie of kwaadheid, rustig, kalm: *wat is het hier ~ en stil; ze voelde zich ~ en gelukkig* **vree** de vrede **vreedzaam** bn ❶ die van vrede houdt en geen ruzie of oorlog wil, vredelievend: *de bevolking van dat land is heel ~* ❷ kalm, zonder geweld: *de demonstratie verliep ~*

vreemd bn ❶ niet bekend: *ergens ~ zijn* ❷ niet gewoon, anders dan men gewend is: *er ~ uitzien* ❸ buitenlands: *~e talen ▼ in den ~e* in het buitenland ❹ niet eigen: *~e kinderen ▼ (een eigenschap) van geen ~e hebben* van vader of moeder geërfd hebben ❺ verbaasd ▼ *ergens ~ van opkijken* zich erover verbazen

vreemdeling de (m) ❶ buitenlander, iemand die ergens anders vandaan komt ❷ onbekend persoon **vreemdelingendienst** politiedienst voor toelating, verblijf van en toezicht op vreemdelingen **vreemdelingenlegioen** legerafdeling die voor een groot deel uit vreemdelingen bestaat, bijv.: *het Franse ~* **vreemdelingenverkeer** bezoek van vreemdelingen, vooral toeristen **vreemdgaan** seks hebben met iemand anders dan de vaste partner

vreemdsoortig bn ongewoon, eigenaardig **vrees** de [vrezen] angst, het bang zijn **vreesachtig** bn bang van aard, snel bang **vreeslijk** bn vreselijk **vreetzak** neg. iemand die veel eet **vrek** de (m) [-ken] iemand die heel gierig is **vrekkig** bn heel gierig **vreselijk** I bn ❶ ontzettend, heel erg, heel akelig: *er is een ~ ongeluk gebeurd op de snelweg* II bw ❷ heel, erg: *we moesten ~ lang wachten* **vreten** I ww [vrat, h. gevreten] ❶ vulg. eten: *dit is niet te ~!* ❷ vulg. onbehoorlijk eten: *hij zit weer te ~* ❸ eten door dieren ▼ *~ aan* erg doen lijden: *de ruzie met zijn dochter vreet aan hem* II het ❹ voedsel voor dieren ❺ vulg. (slecht) eten **vreugde** de (v) [-n, -s] gevoel als iemand ergens gelukkig en blij over is, blijdschap **vreugdeloos** bn zonder vreugde, naargeestig: *zij leiden een ~ bestaan* **vreugdevol** vol vreugde, vol geluk en blijdschap

vreze de [-n] vrees **vrezen** ❶ bang zijn voor: *ik vrees dat ik zal zakken voor het examen* ❷ ontzag, eerbied hebben voor: *God ~*

V-riem V-snaar

vriend de (m) ❶ jongen of man met wie iemand veel omgaat en die hij graag mag: *die twee zijn al ~en sinds de basisschool ▼ iemand te ~ houden* ervoor zorgen dat men geen ruzie met iemand krijgt ❷ jongen of man als (levens)partner: *zij woont samen met haar ~* ❸ liefhebber (van iets): *de vereniging van ~en van het museum* **vriendelijk** bn op een manier waaraan men merkt dat iemand goede bedoelingen heeft, aardig, lief: *~ vroeg ze of ze ons ergens mee kon helpen*

vriendendienst iets wat men doet om iemand te helpen die een vriend is **vriendenprijs** voordelige prijs voor iemand omdat hij een vriend is **vriendin** de (v) [-nen] ❶ meisje of vrouw met wie iemand veel omgaat en die hij graag mag

❷ meisje of vrouw als (levens)partner: *hij heeft nu alweer een nieuwe ~* **vriendjespolitiek** het bezorgen van voordeeltjes aan vrienden: *hij heeft dat baantje te danken aan ~* **vriendschap** de (v) [-pen] vertrouwelijk contact met iemand die men vertrouwt en bij wie men zich op zijn gemak voelt **vriendschappelijk** bn van vrienden, als vrienden **vriescel** ruimte om levensmiddelen e.d. koud te bewaren **vriesdrogen** [vriesdroogde, h. gevriesdroogd] (levensmiddelen) conserveren door bevriezing en daarna onttrekking van waterdamp **vrieskast** koelkastachtige kast waarin men invriest, diepvriezer **vrieskou** kou doordat het vriest **vriespunt** het temperatuur waarbij water begint te bevriezen: *fig. de stemming daalde tot (onder) het ~* verkoelde erg **vriesvak** deel van een koelkast met een temperatuur onder het vriespunt **vriesweer** weer waarbij het zo koud is dat het water bevriest **vriezen** [het vroor, het h. gevroren] zo koud zijn dat het water bevriest **vriezer** de (m) [-s] installatie waarin levensmiddelen onder een heel lage temperatuur worden bewaard

vrij I bn ❶ niet in gevangenschap ❷ onafhankelijk, zonder dwang: *iemand ~ laten om te doen wat hij wil* ❸ ongebonden, niet getrouwd of met een vaste verhouding: *een ~e jongen* ❹ niet bezet, niet besproken: *is deze plaats nog ~?* ❺ ongedwongen, vrijmoedig: *zo ~ gedragen ▼ zo ~ zijn* zo brutaal zijn, de vrijheid nemen: *ik ben zo ~ om uw krant even in te kijken* ❻ onbelemmerd: *iemand ~e doorgang verlenen* ❼ open, zonder iets wat het uitzicht belemmert: *we hebben hier een ~ uitzicht over het meer* ❽ niet letterlijk: *~ naar Churchill, zo heeft hij het ongeveer gezegd; een ~e vertaling ▼ ~ van* niet onderworpen aan; zonder: *dat voorstel van hem is niet ~ van eigenbelang ▼ ~ wonen* gratis wonen; ergens wonen waar men geen directe buren heeft ▼ *~e verzen* verzen zonder vaste maat of rijm II bw ❾ tamelijk, nogal: *het is ~ koud vandaag*

vrijaf het vrij van werk, school e.d.: *we hebben vandaag ~* **vrijage** ⟨-aazje⟩ de (v) [-s] vrijerij, scharrel, verkering **vrijblijvend** bn zonder tot iets verplicht te zijn: *u kunt ~ rondkijken* zonder dat u iets hoeft te kopen;: *deze prijsopgave is ~* de prijs kan nog veranderen ▼ *een ~ antwoord* waarmee iemand niets belooft, zichzelf niet tot iets verplicht **vrijbrief** ❶ verklaring die toegang geeft tot iets ❷ fig. iets wat de vrijheid geeft om iets te doen: *het feit dat iemand voetbalsupporter is, is nog geen ~ voor vandalisme* **vrijbuiter** de (m) [-s] iemand die zich niet stoort aan hoe anderen leven, die zijn eigen gang gaat **vrijdag** vijfde dag van de week ▼ *Goede Vrijdag* vrijdag voor Pasen **vrijdenker** iemand die zo onafhankelijk mogelijk probeert te zijn in zijn denken **vrijelijk** bw onbelemmerd: *hij kan ~ in en uit lopen* **vrijmarkteconomie** economisch systeem waarbij de overheid niet ingrijpt

vr

vrijen [vrijde / vree, h. gevrijd / gevreeën] ❶ liefkozen, knuffelen ❷ seks hebben met iemand **vrijer** de (m) [-s] inform. man met wie iemand een liefdesverhouding heeft: *Anneke heeft een ~* **vrijersvoeten** de (mv) ▼ *op ~ gaan* proberen iemand te vinden voor een liefdesverhouding of voor seks

vrijetijdsbesteding manier van het besteden van de vrije tijd, hobby

vrijgeleide ❶ beschermend geleide ▼ *iemand een ~ geven* mensen meesturen die hem beschermen tijdens een tocht: *de onderhandelaars kregen een ~ naar de hoofdstad* ❷ verklaring die vrije doortocht verleent **vrijgemaakt** bn ▼ de ~en groepering die zich in 1944 heeft afgesplitst van de gereformeerde kerken in Nederland **vrijgesteld** bn in een positie dat men iets niet hoeft te doen of te betalen wat anderen wel moeten doen of betalen

vrijgeven ❶ vrijaf geven: *de leraar heeft de leerlingen vrijgegeven* ❷ toestemming geven om het te gebruiken, te publiceren e.d.: *een rapport ~ voor publicatie* **vrijgevig** bn die gemakkelijk dingen of geld weggeeft, gul

vrijgevochten bn die geen gezag erkent, die zijn eigen gang gaat

vrijgezel I de (m) [-len] ❶ iemand die niet getrouwd is en geen verhouding heeft II bn ❷ die niet getrouwd is en geen verhouding heeft **vrijgezellenavond** feest met vrienden voordat een aanstaande bruid of bruidegom gaat trouwen, als afscheid van het bestaan als vrijgezel

vrijhandel handelsverkeer dat niet belemmerd wordt door in- of uitvoerrechten **vrijhaven** haven zonder in- en uitvoerrechten

vrijheid de (v) [-heden] ❶ situatie waarin men niet gevangen is: *gevangenen in ~ stellen* ❷ situatie waarin men kan doen en laten wat men wil: *leven in ~* ▼ *~ van drukpers* toestand waarin men kan publiceren wat men wil ❸ vrijpostigheid ▼ *zich te veel vrijheden veroorloven* brutaal zijn ▼ *de ~ nemen om ... zo vrij, zo brutaal zijn om ...*

vrijheidsoorlog oorlog om onafhankelijk te worden **vrijheidsstraf** straf waarbij iemand (tijdelijk) van zijn vrijheid wordt beroofd **vrijheidsstrijder** de (m) [-s] iemand die strijdt voor de vrijheid van zijn onderdrukte volk

vrijhouden ❶ open, beschikbaar houden: *een plaats ~* ❷ schoonhouden: *een huis ~ van ongedierte* ▼ *iemand ~* drankjes e.d. voor iemand betalen

vrijkaart gratis toegangskaart

vrijkomen ❶ ⟨van een huis, plaats⟩ verlaten worden zodat het beschikbaar is ❷ ⟨van gevangenen⟩ de vrijheid krijgen, niet meer gevangen gehouden worden ❸ zich afscheiden uit een scheikundige verbinding of een mengsel: *bij de proef kwam een schadelijke stof vrij* **vrijkopen** betalen zodat iemand die gevangen is, vrij wordt gelaten

vrijkous iemand die graag vrijt of knuffelt **vrijlaten** ❶ de vrijheid geven, niet meer gevangen houden: *een gevangene ~* ❷ niet

verplichten, zijn eigen gang laten gaan: *ik laat mijn kinderen vrij in hun schoolkeuze* ❸ onbezet laten: *kun je één stoel ~?*

vrijloop toestand waarbij de motor doorloopt zonder dat een auto of machine kracht ontwikkelt

vrijmaken ❶ bevrijden van een verplichting of taak ▼ *zich ~* het zo regelen dat men tijd voor iets heeft ▼ *geld, middelen ~* het zo regelen dat men geld voor iets heeft ❷ schei. doen vrijkomen

vrijmarkt markt waar men zonder vergunning mag handelen (*vooral op Koninginnedag*)

vrijmetselaar de (m) [-s, -laren] lid van een genootschap dat verbroedering en vrijheid voorstaat **vrijmetselaarsloge** ❶ plaats waar vrijmetselaars bij elkaar komen ❷ afdeling van vrijmetselaars **vrijmetselarij** de (v) de organisatie van de vrijmetselaars

vrijmoedig bn niet verlegen, die er geen moeite mee heeft om zijn gevoel of gedachten te uiten: *ze gaf ~ haar mening over de leraren op school; ze ging ~ bij hem op school zitten*

vrijplaats plaats waar men naartoe vlucht, toevluchtsoord, asiel **vrijpleiten** aantonen dat iemand onschuldig is

vrijpostig bn te vrij, brutaal

vrijschop BN, sp. vrije trap

vrijspraak de [-spraken] uitspraak van de rechter waarbij een verdachte niet veroordeeld wordt **vrijspreken** verklaren door een rechter dat niet bewezen is dat een verdachte schuldig is

vrijstaan ❶ toegestaan zijn: *het staat u vrij om weg te gaan* ❷ alleen staan ▼ *een ~d huis* los van andere huizen **vrijstaat** onafhankelijke staat

vrijstellen ontheffen, besluiten dat iets niet hoeft: *iemand ~ van boete, van bepaalde werkzaamheden* **vrijstelling** de (v) ❶ ontheffing van iets ❷ besluit dat iemand een onderdeel van een examen niet hoeft af te leggen, bijv. omdat hij dat al heeft gedaan in een vorige opleiding

vrijster de (v) [-s] vrouw die vrijt ▼ *oude ~* oudere ongetrouwde vrouw

vrijuit bw zonder zich in te houden: *~ spreken* ▼ *~ gaan* onschuldig zijn en niet gestraft worden

vrijwaren [vrijwaarde, h. gevrijwaard] beschermen, een garantie geven: *~ voor, ~ tegen*

vrijwel bw bijna

vrijwillig bn uit vrije wil, omdat iemand het zelf wil: *ze ging ~ met hem mee* **vrijwilliger** de (m) [-s] iemand die zich vrijwillig als soldaat of voor een taak of onbetaald werk aanmeldt: *hij geeft als ~ Nederlandse les in een buurthuis*

vrijzinnig bn ❶ die niet zo hecht aan vaste leerstellingen: *een ~ christen* ❷ BN ongelovig

vrille ⟨vrieja⟩ de [-s] toestand bij een vliegtuig wanneer één vleugel geen draagkracht meer heeft en het vliegtuig om zijn as gaat tollen

vrind de (m) vriend

vr-ketel verwarmingsketel met verhoogd rendement

v.r.n.l. van rechts naar links

vroed bn vero. wijs ▼ iron. *~e vaderen* mensen die deskundig of wijs zijn of die dat van zichzelf vinden **vroedkunde** verloskunde **vroedvrouw** verloskundige

vroeg bn ❶ op een tijdstip in het begin van de

dag, van het jaar enz, niet laat: *ik sta altijd ~ op; krokussen bloeien ~ in het voorjaar* ▼ BN ook *ten ~ste* op zijn vroegst ❷ eerder dan normaal of eerder dan afgesproken: *ik was vandaag al ~ op mijn werk; een ~ voorjaar* ❸ wat in het (verre) verleden ligt: *~e schilderkunst*

vroegboekkorting korting wanneer iemand een reis of vakantie lang van tevoren boekt

vroeger I *bw* ❶ in de tijd die voorbij is, in het verleden: *~ was alles beter* **II** *bn* ❷ wat daarvoor was, voorafgaand: *een ~ vriendje van haar*

vroegmis r.-k. stille mis 's ochtends vroeg

vroegpensioen regeling die het mogelijk maakt om voor het ouderdomspensioen te stoppen met werken **vroegrijp**, **vroegrijp** vroeg ontwikkeld: *een ~e druif; een ~ meisje*

vroegte *de (v)* vroege morgen: *in de ~* **vroegtijdig** vroeg

vrolijk *bn* blij, opgewekt ▼ *zich ~ maken om* lachen om, uitlachen ▼ *even zo ~* zonder zich ergens iets van aan te trekken

VROM ⟨tot 2010⟩ (Ministerie van) Volkshuisvesting, Ruimtelijke Ordening en Milieubeheer (*tegenwoordig onderdeel van Ministerie van Infrastructuur en Milieu*)

vroom *bn* die leeft volgens de voorschriften van zijn godsdienst ▼ *een vrome wens* een wens die waarschijnlijk nooit vervuld zal worden

vrouw *de (v)* ❶ volwassen persoon van het vrouwelijk geslacht ❷ vrouw met wie iemand getrouwd is, echtgenote: *hij knielde neer en vroeg haar zijn ~ te worden* ❸ koningin in het kaartspel ❹ vrouwelijk persoon die de baas is: *de hond rent naar zijn ~tje*

vrouwelijk *bn* ❶ die behoort tot het geslacht dat kinderen of jongen kan krijgen ❷ van, zoals een vrouw: *die rok staat heel ~* ❸ wat tot een bepaald taalkundig geslacht behoort: *een ~ woord*

vrouwenarts arts voor vrouwenziekten, gynaecoloog **vrouwenbesnijdenis** het wegsnijden van de clitoris en de schaamlippen

vrouwenbeweging het streven van vrouwen naar gelijkstelling met de man

vrouwencondoom voorbehoedmiddel voor vrouwen, dat bestaat uit een rubberen zakje dat in de vagina gaat en het sperma opvangt

vrouwenhuis instelling waar vrouwen elkaar ontmoeten, informatie krijgen over vrouwenproblematiek e.d. **vrouwenmantel** plant met bloemen met een geelgroen waas, leeuwenklauw (Alchemilla mollis)

vrouwmens min. *het* [-en, -lui] vrouw **vrouwspersoon** min. *het* [-sonen] vrouw

vr.pr. vraagprijs

VRT BN *de (m)* Vlaamse Radio- en Televisieomroep

vrucht *de* ❶ deel van de plant dat zich uit de bloem ontwikkelt en dat het zaad bevat ▼ *een verboden ~* iets aanlokkelijks waar men niet aan mag komen ▼ *de ongeboren ~* embryo ❷ voortbrengsel, resultaat: *de ~ van onze arbeid* ▼ *de ~en plukken van* voordeel verkrijgen uit ▼ *~ afwerpen* iets opleveren

vruchtafdrijving *de (v)* beëindiging van een zwangerschap

vruchtbaar *bn* ❶ die veel vruchten geeft

▼ *vruchtbare grond* grond waarop gewassen gemakkelijk groeien ▼ *die vrouw is erg ~* kan veel kinderen krijgen ❷ fig. wat veel oplevert, met veel resultaat: *een vruchtbare samenwerking*

vruchtbeginsel onderste gedeelte van de stamper van een bloem dat de eitjes bevat

vruchtboom boom waaraan eetbare vruchten groeien **vruchteloos** *bn* zonder resultaat

vruchtensalade fijngesneden gemengde vruchten

vruchtgebruik recht om van het eigendom van iemand anders de opbrengsten te gebruiken

vruchtvlees het zachte eetbare gedeelte van een vrucht

vruchtwater vocht dat een ongeboren kind of jong omgeeft **vruchtwaterpunctie** prik om vruchtwater op te zuigen voor medisch onderzoek

vs. vers

VS *de (mv)* Verenigde Staten (van Noord-Amerika)

V-snaar doorlopende riem die de beweging van het ene rad op het andere overbrengt: *de ~ van een auto*

VSNU *de (v)* Vereniging van Samenwerkende Nederlandse Universiteiten

VT4 BN Vlaams commercieel televisiestation

V-teken gespreid opgestoken wijs- en middelvinger als teken van overwinning of vrede

VTM BN *de (v)* Vlaamse Televisiemaatschappij

v.t.t. taalk. voltooid tegenwoordige tijd

vuig *bn* gemeen, laag: *~e taal*

vuil I *bn* ❶ niet schoon, vies ▼ *~ werk* werk waar men vies van wordt ▼ fig. *~e handen hebben* iets gedaan hebben wat moreel gezien niet goed is ❷ gemeen, oneerlijk: *een ~ zaakje* ❸ boos, gemeen: *~ kijken* ❹ (nog) niet zonder fouten, (nog) niet helemaal goed ▼ *een ~e drukproef* nog niet gecorrigeerd ❺ ⟨van loon⟩ bruto, vóór aftrek van belasting en sociale premies ▼ *~ weer* ruw weer met veel neerslag **II** *het* ❻ vuilnis, vieze troep

vuilak *de (m)* [-ken] ❶ vuil, smerig mens ❷ gemeen mens: *weet je wat die ~ me geflikt heeft?* **vuilbek** iemand die de schunnige dingen zegt **vuilblik** BN, ook blik (als in 'stoffer en blik')

vuilboom heester met blauwzwarte bessen (Rhamnus frangula)

vuiligheid *de (v)* [-heden] iets vuils, ook figuurlijk: *de ~ die ze over hem rondvertellen!*

vuilmaken vuil, smerig maken ▼ *geen woord aan iets ~* er niets over zeggen omdat men het de moeite niet waard vindt

vuilnis *de (v) & het* dingen die weggegooid zijn, afval, huisvuil **vuilnisbakkenras** ⟨van een hond⟩ niet te bepalen ras, geen ras **vuilnisbelt** stortplaats voor vuilnis **vuilnisman** iemand die de vuilnis ophaalt

vuilschrijverij *de (v)* ❶ pornografie ❷ beledigende teksten **vuilspuiterij** *de (v)* het zeggen of schrijven van gemene dingen over iemand

vuilstort verzamelplaats voor afval

vuiltje *het* [-s] stofje, stukje vuil: *een ~ in het oog* ▼ *er is geen ~ aan de lucht* er dreigt geen enkel gevaar, er is niets aan de hand

vu

vuist *de* ❶ hand die iemand dicht heeft geknepen: *hij balde zijn ~en van woede* ▾ *op de ~ gaan* beginnen te vechten ▾ *voor de ~ weg (een redevoering houden)* onvoorbereid ▾ *in zijn ~je lachen* heimelijk, stiekem ▾ *(een stuk kaas) uit het ~je eten* uit de hand ▾ BN *ook recht voor de ~* recht voor z'n raap, openhartig, rechtuit ❷ zware ijzeren hamer met een korte steel
vuistregel gemakkelijk bruikbare regel, regel die meestal wel opgaat **vuistslag** slag met de vuist
vulgair ‹-gèr› *bn* ❶ ‹oorspronkelijk› van het volk: *~ Latijn* het volkslatijn van de late Romeinse tijd, waaruit de Romaanse talen zijn ontstaan ❷ laag-bij-de-gronds, plat, onbeschaafd, wat getuigt van een slechte smaak **vulgariteit** *de (v)* ❶ het vulgair, ordinair zijn, platheid ❷ iets vulgairs, vulgaire uiting
vulkaan *de (m)* [-kanen] berg die af en toe vuur, rook, lava en gloeiende stenen uitstoot
vulkanisch *bn* met, door of uit vulkanen: *een ~ gebergte; ~e gesteenten* **vulkaniseren** ‹-zi-› ❶ door verhitting en toevoeging van zwavel rubber ongevoelig maken voor temperatuursverschillen ❷ met gesmolten rubber herstellen **vulkanoloog** *de (m)* [-logen] vulkaandeskundige
vullen ergens iets in doen zodat het vol is, vol maken: *ik moet de emmer nog met water ~* **vulling** *de (v)* ❶ het vullen ❷ datgene waarmee iets opgevuld is: *de ~ van een kies*
vullis *het* ❶ inform. vuilnis ❷ fig. verachtelijke mensen, tuig
vulpen pen waar een vulling met inkt in wordt gedaan **vulpotlood** houder met losse potloodstaafjes **vulsel** *het* [-s] wat dient om iets te vullen
vulva *de (v)* [-'s] ingang tot de vagina
vuns *bn* ❶ duf, muf, vies-vochtig ❷ fig. schunnig **vunzig** *bn* vuns
vuren I *ww* ❶ schieten met een vuurwapen ❷ licht afgeven: *het ~ van de zee, van de lucht* II *bn* ❸ van vurenhout
vurenhout hout dat afkomstig is van de fijnspar
vurig *bn* ❶ gloeiend, brandend: *een ~e bal* ❷ fig. hartstochtelijk: *iemand ~ beminnen* ❸ een beetje ontstoken: *een ~e huid*
VUT *de (v)*, vervroegde uittreding, ‹vroeger› regeling waarbij het mogelijk was om met behoud van het grootste deel van het salaris eerder te stoppen met werken
vutten in de VUT gaan of zijn
vuur *het* [vuren] ❶ verbranding met vlammen, brand ▾ BN *~ vatten* vlam vatten ▾ *voor heter vuren gestaan hebben* in grotere moeilijkheden verkeerd hebben ▾ *iemand het ~ aan de schenen leggen* scherp ondervragen ▾ *met ~ spelen* gevaarlijk handelen ▾ *in ~ en vlam staan* branden; fig. vol hartstocht zijn, heel verliefd zijn ▾ *te ~ en te zwaard* met brandstichting en moord; fig. heel fel: *zijn ideeën te ~ en te zwaard verdedigen* ▾ *het ~ uit zijn sloffen lopen* heel erg zijn best doen, zich erg inspannen ❷ fig. enthousiasme, ijver, hartstocht ❸ beschieting ▾ *tussen twee vuren* van twee kanten in moeilijkheden **vuurbol** bliksem in de vorm van een lichtende bol **vuurdood** dood door

verbranding **vuurdoop** de eerste keer dat iemand een moeilijke taak moet vervullen
vuurdoorn groenblijvende heester met doorns en oranje vruchten (Pyracantha)
vuurgevecht gevecht waarbij geschoten wordt **vuurhaard** ❶ plaats waar het vuur gestookt wordt ❷ fig. plaats waar een brand het hevigst woedt **vuurlijn** *de*, **vuurlinie** *de (v)* voorste gevechtslinie vanwaar geschoten wordt en waar projectielen neerkomen
vuurmuur ❶ brandwerende muur ❷ comp. firewall **vuurpeloton** executiepeloton **vuurpijl** ❶ stuk vuurwerk in de vorm van een pijl die de lucht in wordt geschoten en daar uit elkaar knalt en een mooi licht geeft ▾ *klap op de ~* geweldig en verrassend slot ❷ bepaalde sierplant **vuurproef** zware moeilijke proef
vuurrood helderrood: *zij werd ~ van schaamte*
vuurspuwend *bn* die vuur uitspuwt: *in sprookjes komen ~e draken voor* **vuursteen** stuk steen waar vonken van afvliegen als men er met een andere steen tegen slaat: *~ wordt nog wel gebruikt in aanstekers*
vuurtje *het* [-s] ❶ klein vuur ❷ vlammetje om iets aan te steken: *mag ik een ~ voor mijn sigaret?*
vuurtoren toren aan de kust met een ronddraaiend licht bovenin als teken voor schepen **vuurvast** bestand tegen vuur of hitte: *een ~e ovenschaal* **vuurvlieg** soort lichtgevend torretje **vuurvreter** *de (m)* [-s] ❶ artiest die vlammen spuwt ❷ fig. heel doelbewust en onverschrokken persoon **vuurwapen** schietwapen waar een kogel uit komt, zoals een pistool of een geweer **vuurwater** bij de indianen oorspronkelijk naam voor sterkedrank **vuurwerk** ontplofbare stof in een omhulsel, dat een harde knal geeft of figuren en vlammen, als men het afsteekt: *met oud en nieuw wordt altijd veel ~ afgestoken* **vuurzee** heel grote brand
vuvuzela ‹voevoezeela› *de* [-'s] lange plastic toeter die veel geluid produceert, in zuidelijk Afrika bij sportwedstrijden door het publiek gebruikt ter aanmoediging
v.v. *vice versa*, heen en terug
VVD *de (v)* Volkspartij voor Vrijheid en Democratie
VVD'er *de (m)* [-s] iemand die lid is van de VVD
VVDM *de (v)* ‹tot 1996› Vereniging van Dienstplichtige Militairen
VVN *de (v)* Vereniging Vluchtelingenwerk Nederland
v.v.t. taalk. voltooid verleden tijd
VVV *de (v)* Vereniging voor Vreemdelingenverkeer
vwo *het* voorbereidend wetenschappelijk onderwijs
vwo'er *de (m)* [-s] leerling van het vwo
VWS (Ministerie van) Volksgezondheid, Welzijn en Sport
vz. ❶ voorzitter ❷ voorzetsel
vzw BN *de (v)* vereniging zonder winstoogmerk

W

w *de* [-'s] medeklinker, drieëntwintigste letter van ons alfabet
W ❶ schei. wolfraam **❷** nat. Watt
W. ❶ west(en) **❷** wetboek
WA *de (v)* wettelijke aansprakelijkheid
waadvogel vogel met lange poten
waag *de* [wagen] plaats waar goederen door de overheid gewogen worden
waaghals iemand die veel risico's neemt, roekeloos iemand **waagschaal ▾** *in de ~ stellen* op het spel zetten, in groot gevaar brengen **waagstuk** heel riskante daad
waaien [waaide / woei, h. / is gewaaid]
❶ bewegen van de lucht, wind maken: *het waait vandaag hard* **❷** bewegen door de wind: *het papiertje waait van de tafel ▾ iets laten ~* zich er niet druk om maken
waaier *de (m)* [-s] soort opvouwbaar schermpje in de vorm van een halve cirkel dat een vrouw heen en weer beweegt om koele lucht op haar gezicht te krijgen
waak *de* [waken] **❶** het wachthouden **❷** tijd die men waakt
waakhond hond die een huis enz. bewaakt **waaks** *bn* ⟨van een hond⟩ die goed oplet en altijd iets kan bewaken **waakvlam** klein vlammetje dat altijd brandt, in een apparaat dat op gas werkt **waakzaam** *bn* die goed oplet, op zijn hoede
waal *de* [walen] **❶** waterkolk **❷** ligplaats voor zeeschepen
Waals *bn* van de Walen **▾** *~e kerk* protestantse kerk waar in het Frans wordt gepreekt
waan *de (m)* **❶** onjuiste mening of gedachte **❷** psych. idee waar iemand zeker van is, terwijl het niet overeenstemt met de realiteit
waanidee idee dat niet klopt met de werkelijkheid maar waar iemand aan vast blijft houden **waanwijs** die denkt dat hij alles of veel weet terwijl dat niet zo is: *wat een ~ kereltje!*
waanzin *de (m)* **❶** het helemaal gek zijn, krankzinnigheid: *ze werd tot ~ gedreven door wat ze meemaakte in de oorlog* **❷** grote onzin, iets wat idioot is: *het is ~ om met deze gladheid zo snel te rijden* **waanzinnig** *bn* **❶** helemaal gek, krankzinnig: *dat is een ~ plan* **❷** heel erg, geweldig: *wat een ~ goed concert was dat!*
waar I *de* [waren] **❶** spullen, goederen om te verkopen: *de koopman staat met zijn ~ op de markt* **II** *bn* **❷** echt, niet gelogen of verzonnen **▾** *(een beeld, foto enz. van iemand) op ware grootte* net zo groot als de persoon zelf: *ware liefde* **❸** juist, wat klopt: *wat je zegt, is ~ ▾ het is ~ ook* tussen haakjes, dat was ik bijna vergeten **III** *bw* **❹** op welke plaats: *~ woon je?; de stad ~ Erasmus geboren is* **IV** *vgw* **❺** schr. aangezien
waarachtig *bn* **❶** waar, werkelijk: *dit was een ~e heldendaad* **❷** eerlijk, oprecht: *een ~ mens ▾ wis en ~* beslist en zeker **❸** tegen alle verwachting in: *nu regent het ~ alweer!*
waarborg ❶ zekerheid, garantie: *kun je mij de ~ geven dat hij echt komt?* **❷** onderpand, borg,

borgtocht **▾** BN ook *een ~ storten* een borgsom storten **waarborgen** [waarborgde, h. gewaarborgd] instaan voor, verzekeren, garanderen **waarborgfonds ❶** kapitaal van een onderneming dat als waarborg dient **❷** fonds waaruit schade aan motorrijtuigen wordt vergoed **waarborgsom** bedrag dat dient als waarborg, garantie
waard I *de (m)* **❶** herbergier **▾** *zoals de ~ is, vertrouwt hij zijn gasten* men ziet anderen aan voor wat men zelf is **▾** *buiten de ~ rekenen* met iemand of iets geen rekening houden **II** *de* **❷** laag land tussen rivieren **III** *bn* **❸** met een bepaalde waarde: *dit horloge is tweehonderd euro ~ ▾ dit boek is de moeite ~* dit boek is goed, interessant, aan te raden
waarde I *de (v)* [-n, -s] **❶** wat iets waard is, wat voor iets betaald zou moeten worden: *de ~ van deze ring is minstens duizend euro* **❷** moreel uitgangspunt voor de manier waarop men leeft of handelt: *respect voor de natuur en duurzaamheid zijn ~n die ik zeer belangrijk vind* **❸** grootte, kracht, hoeveelheid e.d.: *bij het onderzoek naar temperatuurstijging zijn extreem hoge ~n gemeten* **II** *de (v)* **❹** betekenis: *geen ~ hechten aan iemands uitspraken* **❺** kracht, geldigheid: *jouw belofte heeft geen enkele ~, je komt hem toch niet na*
waardebon bon die geldswaarde heeft, waarmee men korting krijgt bij aankoop van een product
waardeloos *bn* **❶** zonder waarde **❷** slecht, niet interessant: *wat een ~ boek!*
waardeoordeel vorm van uitspraak waarmee iemand aangeeft hoe hij over de morele, intellectuele e.d. kwaliteit van iets of iemand denkt **waardepapier** papier, document dat geld waard is, zoals aandelen of spaarbrieven
waarderen ❶ schatten, de waarde bepalen: *dat huis wordt niet hoog gewaardeerd* **❷** beseffen dat iets goed is, er blij mee zijn: *ik waardeer het zeer dat jullie mij gewaarschuwd hebben* **waardering** *de (v)* **❶** bepaling van de waarde **❷** het op prijs stellen, er blij mee zijn: *ik heb veel ~ voor al het werk dat jullie doen*
waardevast wat zijn waarde behoudt: *een ~ pensioen* waarvan de hoogte telkens wordt aangepast aan het prijspeil **waardevol ❶** van hoge waarde **❷** belangrijk: *een ~e bijdrage aan iets leveren* **waardevrij** zonder waardeoordeel: *~e wetenschap*
waardig *bn* zo dat mensen respect voor iemand hebben, ernstig en beheerst: *zich tijdens een plechtigheid ~ gedragen* **waardigheid** *de (v)* [-heden] **❶** het waardig zijn, het ernstig en beheerst zijn **❷** gevoel van eigenwaarde **▾** *iets beneden zijn ~ achten* zichzelf te goed vinden voor iets **❸** ambt, functie: *in zijn ~ van burgemeester* **waardigheidsbekleder** *de (m)* [-s] iemand die een belangrijk ambt vervult
waardin *de (v)* [-nen] herbergierster
waarheid *de (v)* [-heden] wat zo is, wat waar is, niet gelogen is: *de getuige sprak de ~ ▾ een ~ als een koe* iets vanzelfsprekends **▾** *iemand de ~ zeggen* [regel afgebroken] **waarheidlievend** *bn* oprecht
waarheidscommissie commissie die

schendingen van mensenrechten onderzoekt zonder straf op te leggen. **waarheidsgetrouw** wat overeenkomt met de werkelijkheid **waarheidsliefde** het belangrijk vinden van de waarheid

waarlijk *bw* werkelijk ▼ *zo ~ helpe mij God almachtig* formule die iemand uitspreekt als hij een eed aflegt

waarmaken doen wat men beloofd heeft of wat de mensen verwachten: *hij zegt dat hij veertig kilometer per uur kan fietsen maar dat kan hij nooit ~* ▼ *een belofte ~* doen wat men heeft beloofd ▼ *zich ~* bewijzen dat men iets kan

waarmerk kenteken of stempel van echtheid

waarmerken [waarmerkte, h. gewaarmerkt] van een waarmerk voorzien

waarneembaar *bn* wat men kan zien, horen e.d.

waarnemen ❶ zien, opmerken: *in de verte konden we een zwarte meeuwen ~* ❷ tijdelijk het werk van een ander doen: *deze invaller neemt waar voor de zwangere lerares* ❸ in acht nemen, ervoor zorgen dat men het doet: *zijn plichten ~* ❹ voordeel halen uit, gebruiken, benutten: *zijn kans ~* **waarnemer** *de (m)* [-s] ❶ iemand die waarneemt, die oplet: *de ~s moeten controleren of de verkiezingen eerlijk verlopen* ❷ iemand die het werk van een ander tijdelijk overneemt: *omdat onze dokter ziek was, gingen we naar zijn ~*

waarom, waarom *bw* om welke reden: *~ wil je niet mee?*

waarschijnlijk I *bn* ❶ geloofwaardig, wat waar zou kunnen zijn: *dat is een niet erg ~ verhaal* II *bw* ❷ vermoedelijk, met een grote kans dat het zo is: *hij komt ~ morgen*

waarschuwen [waarschuwde, h. gewaarschuwd] ❶ iemand vertellen dat iets gevaarlijk is: *zij waarschuwde hem voor gladheid op de weg* ❷ vertellen, laten weten: *ik zal je ~ als we weggaan* ❸ iemand streng toespreken om te vertellen dat hij iets doet wat niet mag: *ik waarschuw je: als je dat nog één keer doet, krijg je straf* **waarschuwingsbord** verkeersbord dat op naderend gevaar wijst **waarschuwingsschot** schot om te waarschuwen dat men gericht gaat schieten als de ander niet stopt, zich niet overgeeft o.i.d.

waarzeggen [waarzegde, h. gewaarzegd / waargezegd] de toekomst voorspellen **waarzegster** *de (v)* [-s] vrouw die de toekomst voorspelt: *de ~ keek in haar glazen bol en zei dat ik vier kinderen zou krijgen*

waarzo *spreekt. bw* op welke plaats, waar **waas** *het* ❶ heel dun laagje vocht ❷ *fig.* vaag sluierachtig laagje: *er ligt een ~ over die foto* ▼ *een ~ voor ogen krijgen* tijdelijk niet meer goed kunnen oordelen, bijv. doordat men heel kwaad is ❸ *fig.* schijn: *er hangt een ~ van geheimzinnigheid rond die affaire*

wacht I *de (m)* ❶ wachter II *de* ❷ het wachthouden: *op ~ staan* ▼ *fig. iemand de ~ aanzeggen* iemand streng en dreigend een waarschuwing geven ▼ *BN van ~ zijn* dienst hebben (van apothekers, dokters enz.) ❸ de gezamenlijke wachters ❹ wachthuis ▼ *fig. in de ~ slepen* zich toe-eigenen, behalen: *we hebben de derde prijs in de ~ gesleept* ▼ *iemand in de ~ zetten*

een telefoongesprek tijdelijk onderbreken om een nieuw gesprek te beantwoorden **wachtdag** dag waarop men wel ziek is maar waarvoor nog geen ziekengeld wordt toegekend **wachtdienst** *BN ook* weekend- of nachtdienst

wachten ❶ blijven tot iets gebeurt of tot iets of iemand komt: *ik wacht nu al twintig minuten op de bus* ❷ in de toekomst gebeuren: *er staat ons nog heel wat te ~* ❸ nog niet beginnen: *wij ~ nog even met het aansnijden van de taart* ▼ *zich ~* oppassen, niet zo gauw meer doen ▼ *wacht u voor de hond* pas op, hier is een gevaarlijke hond **wachter** *de (m)* [-s] bewaker, oppasser **wachtgeld** uitkering aan een ambtenaar die onvrijwillig werkloos is

wachthokje *het* [-s] overdekt hokje bij een halte **wachthuisje** *het* [-s] ❶ overdekt hokje bij een halte ❷ overdekt hokje voor soldaten op wacht **wachtkamer** vertrek waar men wacht, bijv. tot de trein komt of tot men aan de beurt is bij de dokter **wachtlijst** lijst van personen die achtereenvolgens aan de beurt zullen komen **wachtlopen** de wacht houden terwijl men heen en weer loopt **wachtmeester** onderofficier bij de bereden wapens en de marechaussee **wachtpost** plaats waar wachtgehouden wordt **wachttijd** tijd dat men moet wachten **wachttoren** toren met een wachtpost **wachtwoord** ❶ afgesproken herkenningswoord ❷ woord of combinatie van letters, cijfers en/of leestekens voor toegang tot een computer of een computerprogramma

wad *het* [-den] buitendijkse grond die bij vloed onder water staat **Waddeneiland** eiland in de Waddenzee

wade *de* [-n] lijkwade **waden** door ondiep water lopen **wadi** *de (m)* [-'s] ❶ droge rivierbedding in een woestijn ❷ voorziening in de vorm van een laagte waarin regenwater kan worden opgevangen en kan worden opgenomen in de bodem

wadjan *de (v)* [-s] ijzeren pan met ronde bodem die vooral wordt gebruikt voor het bakken of braden van oosterse gerechten, wok **wadlopen** bij laagwater over de bodem van de Waddenzee lopen

wafel *de* [-s, -en] ❶ soort luchtig plat gebak, gebakken tussen twee ijzers ❷ *spreekt.* mond, waffel: *hou je ~!* **wafelijzer** tang om wafels te bakken **wafelijzerpolitiek** *BN* politiek waarbij tegenover een maatregel die Vlaanderen ten goede komt, een maatregel moet staan die Wallonië begunstigt

waffel *spreekt. de (m)* [-s] mond: *hou je ~!* **wagen** I *de (m)* [-s] ❶ voertuig, vooral voertuig op minstens vier wielen, auto ▼ *BN, spreekt. de ~ aan het rollen brengen* iets in de openbaarheid brengen, op gang brengen ❷ deel van de schrijfmachine dat heen en weer schuift II *ww* ❸ op het spel zetten: *de brandweerman waagde zijn leven om het meisje te redden* ❹ iets gevaarlijks durven doen ▼ *een risico nemen* ▼ *zich ~ durven: ik waag me niet in die buurt, ik vind het er doodeng* ▼ *aan elkaar gewaagd*

zijn elkaar niets toegeven, even sterk zijn
wagenpark alle auto's bij elkaar van een bedrijf, in een land enz.: *het Nederlandse ~* **wagenwijd** ▼ *~ open* wijd open: *de deur stond ~ open*
wagenziek misselijk door het rijden in een wagen, in een auto of bus
waggelen heen en weer schommelend lopen: *de eendjes ~ achter hun moeder aan*
wagon *de (m)* [-s] wagen van een trein of tram: *het restaurant vindt u in de achterste ~*
wagonlading zoveel als in een wagon geladen kan worden
wajang *de (m)* [-s] Javaans poppenspel
Wajong *de , Wet arbeidsongeschiktheidsvoorziening jongeren,* wet die de uitkering regelt voor arbeidsongeschikte jongeren
wak *het* [-ken] gat in het ijs: *de schaatsers reden bijna in een ~*
wake *de* [-n] het waken, vooral bij een dode
waken ❶ 's nachts wakker blijven **❷** 's nachts de wacht houden **❸** oppassen, zorg hebben: *voor iemands belangen ~* ▼ *erover ~ dat* erop toezien dat **waker** *de (m)* [-s] **❶** iemand die waakt **❷** dijk die het hoogste buitenwater moet keren
wakker *bn* **❶** niet slapend ▼ *iemand ~ schudden* wakker maken door te schudden; *fig.* iemand iets doen inzien ▼ *ergens niet ~ van liggen* zich er niet druk om maken **❸** *fig.* energiek, flink, die goed oplet: *een ~e meid*
wal *de (m)* [-len] **❶** strook land naast het water ▼ *tussen ~ en schip raken* in een vervelende situatie komen, doordat iemand nergens bij hoort ▼ *meteen van ~ steken* meteen beginnen te praten ▼ *van de ~ in de sloot* in nog erger omstandigheden **❷** ophoging van aarde als bescherming, stevige muur als bescherming: *de ~len rond een middeleeuwse stad* ▼ *van twee ~letjes eten* van twee kanten profiteren ▼ *de ~letjes* buurt in Amsterdam waar veel prostitutie wordt bedreven **❸** kring, dikke rand: *~len onder de ogen van vermoeidheid*
waldhoorn jachthoorn, soort hoorn zonder ventielen
waldorfsalade salade van dadels, appels, selderij en mayonaise
walg *de (m)* **❶** sterke afkeer **❷** persoon van wie je iets waarvan men een afkeer heeft **walgelijk, walglijk** *bn* zo vies, wreed e.d. dat het walging veroorzaakt **walgen** van iets of iemand heel vies of vreselijk vinden, een sterke afkeer voelen **walging** *de (v)* gevoel van iets heel vies of vreselijk te vinden, sterke afkeer
walhalla *het* [-'s] het hoogste, de ideale plaats of omgeving voor iets: *China, het ~ van het tafeltennis* **Walhalla** *het myth.* paradijs **walkant** rand van de oever, strook grond vlak naast het water
walkietalkie ⟨wòkietòkie⟩ *de (m)* [-s] set van twee draagbare draadloze toestellen waarmee men met elkaar spreekt
walkman® ⟨wòlkmen⟩ *de (m)* [-s] kleine draagbare cassetterecorder met hoofdtelefoon
walk-over ⟨wòlkoovər⟩ *de (m)* [-s] **❶** overwinning zonder te spelen, door afwezigheid van de tegenstander **❷** moeiteloze overwinning
wallpaper ⟨wòlpeepər⟩ *de (m)* [-s] speciaal

ontworpen schermachtergrond voor de pc, mobiele telefoon e.d.: *een leuke ~ downloaden*
walm *de (m)* dikke, vettige rook: *na het bakken van de oliebollen hing er een ~ in de keuken* **walmen** een dikke, vettige rook afgeven
walnoot ❶ grote ronde noot **❷** boom waaraan walnoten groeien
walrus *de (m)* [-sen] bruingeel zoogdier met lange hoektanden in de bovenkaak dat leeft in de Noordelijke IJszee (Odobenus rosmarus)
wals *de* **❶** dans in 3/4 maat: *Weense ~* **❷** grote zware rol om iets mee plat te maken **❸** grote machine met een zware rol om iets mee plat te maken, bijv. asfalt **walsen ❶** een wals dansen **❷** met een wals platmaken: *asfalt ~*
walstro geslacht van sterbladige planten met een vierkantige stengel en heel kleine bloempjes (Galium)
walvis grootste zoogdier dat in zee leeft en eruitziet als een enorme vis, van de orde van de Cetacea **walvisvaarder** *de (m)* [-s] schip dat of persoon die op walvisvangst gaat
wam I *de* [-men] **❶** halskwab van een dier **❷** opengesneden visbuik **❸** balein van een walvis **II** *tw* **❹** weergave van het geluid van een klap of als iets of iemand valt: *en ~, daar lag hij languit op de vloer*
wambuis *het* [-buizen] (vroeger) kledingstuk voor het bovenlijf voor mannen
wan *de* [-nen] mand waarmee men schuddend koren zuivert **wanbetaler** *de (m)* [-s] iemand die niet of slecht betaalt
wand *de (m)* muur aan de binnenkant van een vertrek: *de klok hangt aan de ~*
wandaad slechte daad
wandcontactdoos stopcontact aan de muur
wandel *de (m)* **❶** het wandelen: *aan de ~ zijn* **❷** gedrag: *iemands handel en ~* **wandelbuffet** BN lopend buffet **wandelconcert** BN, *spreekt.* promenadeconcert **wandelen** rustig, niet erg snel lopen, vaak voor zijn plezier: *we zijn door de duinen naar het strand gewandeld* ▼ BN, *spreekt.* *iemand ~ sturen* iemand afschepen **wandelend** *bn* terwijl men wandelt ▼ *~ blad* insect met groene bladvormige vleugels (Phyllium siccofolium) ▼ *~e tak* sprinkhaan van de orde Phasmidae, die op een takje lijkt ▼ *hij is een ~e encyclopedie* hij heeft veel feitenkennis **wandeletappe** wieleretappe die heel langzaam wordt gereden **wandelgang** gang van een vergaderzaal ▼ *in de ~en* buiten de officiële vergadering **wandelhoofd** brug die ver vooruitsteekt in zee **wandeling** *de (v)* **❶** het wandelen, keer dat iemand wandelt **❷** route die iemand aflegt als hij wandelt: *dat stuk door het bos is een mooie ~* ▼ *in de ~* in de dagelijkse omgang, in het dagelijks taalgebruik **wandelkaart ❶** toegangskaart om op een bepaald terrein te wandelen **❷** plattegrond, landkaart speciaal voor wandelaars **wandelstok** stok als steun bij het wandelen **wandelwagen** kleine kinderwagen waarin een kind zit als het wordt voortgereden
wandkleed kleed of tapijt als wandversiering
wandluis bloedzuigend insect dat in wanden van woningen leeft (Cimex lectularius)

wa

wandmeubel losse kast die tegen een wand wordt geplaatst

wanen iets denken terwijl dat niet zo is ▼ *iemand dood ~* denken dat hij dood is ▼ *zich ergens ~* het gevoel hebben dat men ergens is: *ik waande me op de Noordpool toen er zoveel sneeuw was gevallen*

wang *de* ❶ zijkant van het gezicht ❷ scheepst. stuk hout aan de zijkant van de mast als ondersteuning

wangzak bij sommige dieren holte tussen wang en tanden om voedsel in te bewaren

wanhoop *de* toestand waarin men geen hoop meer heeft **wanhoopsdaad** iets wat iemand doet die helemaal wanhopig is **wanhopen** [wanhoopte, h. gewanhoopt] helemaal geen hoop meer hebben: *je moet niet ~, het komt wel weer goed* **wanhopig** *bn* ❶ in wanhoop, waarbij iemand geen hoop meer heeft: *hij deed een ~e poging om de brand te blussen* ❷ waaruit wanhoop blijkt: *hij wierp me een ~e blik toe* ❸ zonder hoop dat het goed komt, hopeloos: *de toestand is ~*

wankel *bn* onvast, niet stevig, ook figuurlijk: *~ op zijn benen staan; een ~ evenwicht* **wankelen** ❶ niet stevig lopen, heen en weer bewegen tijdens het lopen: *de dronken man wankelde naar huis* ❷ niet stevig staan en een beetje heen en weer bewegen: *die oude stoel wankelt als je erop gaat zitten* ❸ fig. minder worden, verzwakken: *zijn optimisme is aan het ~ gebracht* hij is minder optimistisch geworden, hij is gaan twijfelen **wankelmoedig** *bn* besluiteloos, aarzelend

wanklank ❶ valse toon ❷ fig. iets wat een goede stemming verstoort

wannabe ⟨wonnəbie⟩, **wannabe** ⟨wonnəbie⟩ *bn & de* [-s] (iemand) die iets wil zijn (maar het niet is): *een ~zanger; een ~lesbo* **wannahave** ⟨wonnəhèv⟩ *de* [-s] modeartikel dat veel mensen mensen graag willen hebben

wanneer **I** *bw* ❶ op welke tijd: *~ kom je?* **II** *vgw* ❷ ⟨van tijd⟩ (op) de tijd dat: *ik weet niet ~ hij komt* ❸ ⟨van voorwaarde⟩ als: *ik doe alleen mee ~ jij ook meedoet*

wannen het zuiveren van graan, het (letterlijk) scheiden van het kaf van het koren, met een wan of een wanmolen

wanorde *de* ordeloosheid, toestand waarin totaal geen orde heerst

wanprestatie ❶ heel slechte prestatie ❷ jur. het niet nakomen van overeengekomen verplichtingen **wansmakelijk** *bn* ❶ wat getuigt van een heel slechte smaak ❷ walgelijk **wanstaltig** *bn* misvormd, gedrochtelijk, heel lelijk: *een ~ beeldhouwwerk*

want I *de* ❶ handschoen zonder vingers met een duim **II** *het* ❷ touwwerk van een schip ❸ the netten, vistuig **III** *vgw* ❹ om die reden, omdat: *ik kom niet ~ ik heb geen tijd*

wanten ▼ *van ~ weten* in staat zijn om te doen wat nodig is en hard te werken: *zij kan die klus wel doen, zij weet van ~*

wantij ❶ hoog- en laagwater in zee terwijl er (bijna) geen stroming is, doordat getijstromen elkaar daar ontmoeten ❷ gebied in zee waar dit voorkomt

wantoestand slechte toestand, toestand waarbij veel mis is: *~en zoals kinderarbeid en gedwongen prostitutie* **wantrouwen I** *het* ❶ het niet vertrouwen, neiging om slechte dingen van iemand te verwachten: *~ koesteren jegens iemand* iemand niet vertrouwen **II** *ww* ❷ niet vertrouwen, slechte dingen van iemand verwachten: *ik wantrouw die mooie praatjes* **wantrouwig** *bn* met wantrouwen, die iets of iemand niet vertrouwt

wants *de* soort luis

WAO *de* Wet op de Arbeidsongeschiktheidsverzekering (*wet die regelde dat iemand die door ziekte of een ongeluk niet meer kon werken, toch geld kreeg; in 2006 vervangen door de WIA*)

wap *het* , *wireless application protocol*, internetprotocol voor mobiele telefoons

wapen I *het* [-s, -en] ❶ middel om mee te vechten, zoals een mes, pistool, geweer ▼ *de ~s neerleggen* ophouden met vechten **II** *het* [-s] ❷ legerafdeling ❸ eigen teken van een familie, stad, land enz.: *in het ~ van Amsterdam staan drie kruisjes* **wapenbeheersing** *de* (v) het voorkomen van toename van de hoeveelheid wapens

wapenen ❶ van wapens voorzien ▼ *zich ~* zich toerusten voor de strijd; fig. de nodige voorzorgsmaatregelen nemen: *zich ~ tegen de kou* ❷ van een ijzeren geraamte voorzien: *gewapend beton*

wapenfeit ❶ oorlogsdaad ❷ fig. belangrijkste prestatie

wapening *de* (v) ❶ het (zich) wapenen ❷ versterking (van beton) met een net van staaldraad **wapenrusting** *de* (v) uitrusting voor de strijd, krijgsuitrusting

wapenschild bord met een wapen erop **wapenspreuk** ❶ spreuk op een wapen (van een adellijk geslacht, stad e.d.) ❷ fig. iets wat iemand vaak zegt en wat de kern vormt van zijn handelen: *vrede en elkaar liefhebben; dat is de ~ van mijn broer de vredesactivist*

wapenstilstand het tijdelijk stoppen met vechten **wapenstok** stok als wapen om mee te slaan, bijv. door politieagenten tijdens rellen **wapentrafiek** BN wapenhandel **wapentuig** *het* de wapens die worden gebruikt in een strijd **wapenwedloop** situatie waarbij partijen, vooral landen, proberen steeds meer en sterkere wapens te hebben dan de ander(en)

wapitihert groot hert uit Noord-Amerika **wappen** internetten via een mobiele telefoon **wapperen** heen en weer waaien: *het wasgoed wappert aan de lijn*

war *de* ▼ *in de ~* in wanorde, door elkaar; geestelijk niet helder, geestelijk niet in orde: *zijn haar zit in de ~; de oude man is soms helemaal in de ~*

warande *de* [-n, -s] wandelpark **warboel** wanordelijke boel **warempel** *bw & tw* waarachtig **waren I** *ww* ❶ dwalen, zweven: *er waart een spook door het kasteel* **II** *de* (mv) ❷ handelsartikelen **warenhuis** grote winkel waar veel verschillende soorten artikelen worden verkocht **warenwet**

wet die gaat over de kwaliteit en keuring van levensmiddelen **warhoofd** *het & de* persoon die chaotisch is, die op een chaotische manier denkt

warm *bn* ❶ niet koud, op vrij hoge temperatuur ▼ *het ~ hebben* zich warm voelen ▼ *~-e buurt* buurt waar prostitutie wordt bedreven ▼ *~-e bakker* die zelf het brood bakt ❷ vriendelijk, hartelijk, enthousiast: *het publiek gaf de zanger een ~ applaus* ▼ *iemand ~ voor iets maken* iemand er enthousiast voor maken ▼ *iemand ~ aanbevelen* enthousiast, met aandrang ▼ *~-e kleuren* die zacht, prettig zijn om naar te kijken

warmbloedig *bn* ❶ met een constante lichaamstemperatuur ❷ hartstochtelijk, vurig, driftig **warmdraaien** ❶ de juiste temperatuur krijgen door te draaien ❷ *fig.* op gang komen: *eerst moesten we nog ~ maar daarna ging het werk heel vlot* **warmen** warm maken, ook figuurlijk: *zich ~ aan iemands liefde*

warming-up ⟨wòr-⟩ *de (m)* [-s] *sp.* het losmaken van de spieren door een paar lichaamsoefeningen te doen

warmlopen ❶ ⟨van machineonderdelen⟩ door wrijving warm worden ❷ *fig.* geestdriftig worden voor iets

warmpjes *bw* ▼ *er ~ bij zitten* flink wat geld hebben **warmte** *de (v)* ❶ het warm zijn ❷ *fig.* hartelijkheid **warmtebron** iets dat warmte afgeeft, zoals de zon of een kachel **warmtefront** ⟨weer, meteorologie⟩ front, scheidingsvlak waarachter zich warme lucht bevindt **warmtehuishouding** geheel van verschijnselen en/of maatregelen die te maken hebben met de warmte van iets of van een organisme **warmte-isolatie** maatregelen voor het tegengaan van warmteverlies, zoals isolatie of dubbele ramen

warrant ⟨worrənt⟩ *de (m)* [-s] recht om vóór een bepaalde datum effecten tegen een bepaalde koers te kopen

warrelen door elkaar heen bewegen of zweven, dwarrelen

warrig *bn* ❶ door elkaar, in de war: *een ~ kapsel* ❷ onsamenhangend, chaotisch: *een ~ verhaal* **wars** *bn* afkerig ▼ *~ zijn van* er helemaal niet van houden, er niets mee te maken willen hebben: *hij is ~ van grootdoenerij* **wartaal** verwarde taal, onzin: *hij slaat ~ uit* **wartel** *de (m)* [-s] draaibare haak of steun **was** I *de (m)* ❶ groei ❷ ⟨van water⟩ stijging II *de (m)* [-sen] ❸ het wassen van goed, vooral van textiel: *de ~ doen* ❹ wat gewassen wordt: *vuile ~ moet je in de mand gooien* ❺ keer dat er gewassen wordt: *ik draai drie ~-sen per week* III *de (m) & het* ❻ vettige verbinding van kool-, water- en zuurstof: *meubels in de ~ zetten om ze te beschermen* ▼ *goed in de slappe ~ zitten* behoorlijk veel geld hebben

wasautomaat wasmachine **wasbak** bak met een kraan erboven waaraan men zich kan wassen: *onze kamer had alleen een ~ en geen douche* **wasbeer** klein grijs dier van de familie Procyonidae, met een opvallende staart met zwarte en witte strepen, dat vaak zijn voedsel wast voor hij het eet **wasbenzine** benzine om textiel mee schoon te maken, vooral om vlekken

te verwijderen **wasbord** ❶ plank bekleed met gegolfd metaal waarover vroeger het wasgoed gewreven werd om het te wassen ❷ platte buik met duidelijk zichtbare spierbundels **wasbuiltje** *het* [-s] zakje met waspoeder voor één wasbeurt **wasdag** dag waarop men de was doet **wasdom** *de (m)* groei: *tot ~ komen* **wasdroger** *de (m)* [-s] elektrisch apparaat om was in te drogen **wasecht** wat niet verkleurt in de was

wasem *de (m)* [-s] damp **wasemen** wasem afgeven, dampen **wasemkap** afzuigkap **wasgoed** kleding e.d. die gewassen wordt of moet worden **washandje** *het* [-s] zakje van badstof om je mee te wassen **wasknijper** klemmetje om nat wasgoed aan de drooglijn te klemmen **waslijn** lijn om nat wasgoed aan te drogen **waslijst** ❶ lijst van wasgoed ❷ scherts. lange lijst **wasmachine** apparaat waarmee men vuile kleren, handdoeken enz. wast **wasmand** mand voor wasgoed **wasmiddel** middel, vaak poeder, om wasgoed mee te wassen

waspeen peen die gewassen wordt verkocht **waspoeder** wasmiddel in de vorm van poeder **wassen** I *bn* ❶ van was ▼ *een ~ neus* iets (een belofte e.d.) wat in werkelijkheid niets voorstelt II *ww* [waste / vero. wies] [h. gewassen] ❷ met vloeistof schoonmaken: *zijn handen ~; kleren ~* ❸ kleuren met water lichter maken III *ww* [wies, is gewassen] ❹ vero. groeien, toenemen: *een ~-de maan* ❺ stijgen: *het ~-de water* **wasserette** *de* [-s] wasserij, ruimte met wasmachines waar de klanten zelf hun was doen **wasserij** *de (v)* bedrijf of afdeling waar klanten de was kunnen laten doen **wasspeld** BN, spreekt. wasknijper **wasstraat** installatie waarin auto's worden gewassen **wastafel** bak met stromend water en afvoer, die aan de muur of op de vloer bevestigd is en waaraan men zich kan wassen **wasverzachter** *de (m)* [-s] middel dat wasgoed zachter maakt **wat** I *vnw* ❶ ⟨vragend voornaamwoord⟩ welk ding, welke dingen: *~ ga je doen?* ❷ uitroep van verbazing: *~ veel!* ❸ ⟨onbepaald voornaamwoord of onbepaald telwoord⟩ iets: *ik heb ~ voor je* ❹ ⟨betrekkelijk voornaamwoord⟩ hetgeen, datgene wat: *alles ~ hij zei, wist ik al* II *bw* ❺ een beetje: *hij is ~ traag* ❻ ⟨met nadruk uitgesproken⟩ heel erg: *hij was ~ blij!* **watcher** ⟨wòtsjər⟩ *de (m)* [-s] iemand die iets bestudeert en volgt: *royalty-, trend-* **water** *het* [-s, *en*] ❶ doorzichtige vloeistof die bestaat uit waterstof en zuurstof ▼ *boven ~ komen* nadat iets kwijt was of na lang zoeken, weer gevonden worden ▼ *in het ~ vallen* mislukken: *onze plannen zijn in het ~ gevallen* ▼ *~ ervan in de mond krijgen* het speeksel in zijn mond voelen lopen doordat men er heel veel zin in heeft ▼ *een schip te ~ laten* vanaf de helling in het water laten glijden ▼ *het ~ komt aan de lippen* de nood is heel hoog ▼ *in troebel ~ vissen* van onenigheid proberen te profiteren ▼ *~ naar de zee dragen* overbodig werk doen ▼ *(als) ~ en vuur* volslagen vijanden ▼ *~ bij de wijn doen* toegeven, een compromis sluiten ▼ *BN, spreekt. plat ~ spa®* blauw ▼ *BN, spreekt. bruisend ~ spuitwater* ▼ *BN,*

wa

spreekt. *lopend* ~ stromend water ❷ bekken dat of bedding die met water gevuld is, zoals een meer, rivier of kanaal ▼ *stille ~s hebben diepe gronden* zwijgzame mensen hebben vaak een diep innerlijk leven ❸ urine ▼ *dat voel ik aan mijn ~* dat voel ik intuïtief ❹ helderheid: *diamanten van het zuiverste ~* ▼ fig. *van het zuiverste ~* door en door, helemaal

waterballet ❶ ballet dat wordt uitgevoerd op water ❷ fig. zeer veel water

waterbouwkunde kennis van het bouwen en aanleggen van dijken, bruggen, sluizen enz.

waterdamp water in gasvormige toestand

waterdicht ❶ waar geen water doorheen kan komen: *een ~e regenjas* ❷ fig. volkomen kloppend of sluitend: *de verdachte had een ~ alibi*

waterdrager ❶ iemand die water aandraagt ❷ sp. wielrenner die knechtenwerk verricht

waterdruppel druppel water

wateren ❶ water geven ❷ urineren, plassen

waterfiets vaartuigje dat men voortbeweegt door te trappen **watergladheid** BN *de (v)* gladheid veroorzaakt door water **waterglas** I *het* [-glazen] ❶ drinkglas voor water II *het* ❷ luchtafsluitende stof, oplossing van kalium- of natriumsilicaat, o.a. bindmiddel voor cement, verven e.a. en conserveringsmiddel voor eieren

watergolf kunstmatige slag in het haar

watergruwel nagerecht met onder andere gort en rozijnen **waterhoen** kleine watervogel met rood voorhoofd (Gallinula chloropus)

waterhoofd ❶ med. hoofd waarvan de hersenholten gevuld zijn met vocht ❷ heel dik, opgezet hoofd **waterhoos** water dat door een wervelwind wordt opgezogen

waterhuishouding ❶ kringloop van het water in de natuur ❷ regeling en beheersing van het water

waterig bn ❶ met veel water: *een ~e soep* ❷ fig. slap: *er scheen een ~ zonnetje*

waterijs ❶ consumptie-ijs van bevroren water ❷ dunne bevroren waterlaag

watering *de (v)* ❶ waterloop, zoals een rivier of een kanaal, wetering ❷ BN instelling voor het beheer en onderhoud van waterlopen

waterjuffer *de* [-s] vliegend insect, klein soort libel **waterkanon** apparaat dat krachtig waterstralen spuit, gebruikt bij het bestrijden van rellen

waterkans BN kleine, onzekere kans

waterkering *de (v)* iets wat het water tegenhoudt, zoals een dijk of een sluis

waterkers eetbare kruisbloemige plant (Nasturtium)

waterkoeling koeling door water: *een motor met ~*

waterkonijn muskusrat

waterkoud vochtig en koud **waterkraan** kraan waar men water uit kan laten lopen

waterkracht de kracht van stromend of neerstortend water **waterlander** *de (m)* [-s] traan

waterleiding ❶ buizenstelsel waardoor drinkwater wordt aangevoerd ❷ bedrijf dat drinkwater levert

waterlelie waterplant met drijvende bladeren en grote bloemen van het geslacht Nymphaea

waterlijn lijn tot waar het water komt op de romp van een schip **waterlinie** landstrook die als verdediging onder water gezet kan worden **waterloop** ❶ richting waarin het water stroomt ❷ beek, rivier

Waterman ❶ elfde teken van de dierenriem ❷ iemand die onder dat teken geboren is

watermeloen meloensoort die uit de tropen afkomstig is **watermerk** merkteken in bankpapier e.d.

watermolen ❶ molen die door water wordt aangedreven ❷ molen die water uit een polder wegmaalt **wateronderharder** *de (m)* middel dat kalk in water oplost **waterpartij** ❶ feest op het water ❷ vijver met constructies, zoals watervallen en fonteinen **waterpas** I *de & het* [-sen] ❶ instrument om te zien of iets helemaal recht is II *bn* ❷ helemaal recht

waterpest waterplant van het geslacht Elodaea die woekert en snel groeit **waterpijp** ❶ tabakspijp waarin de rook door water wordt geleid ❷ buis waar water doorheen loopt **waterpistool** speelgoedpistool waaruit water komt **waterplant** plant die in of bij het water leeft **waterpokken** goedaardige ziekte die gepaard gaat met rode vlekjes **waterpolitie** politie die zorgt voor orde en veiligheid op het water **waterpolo** balspel in het water voor twee teams van elk zeven zwemmers

waterpomptang verstelbare nijptang

waterpoort poort die op water uitkomt

waterproef I *de* ❶ hist. godsoordeel waarbij de verdachte in het water gegooid wordt II *bn* ❷ ondoordringbaar voor water **waterproof** ⟨wòterproef⟩ *bn* ondoordringbaar voor water, waterdicht **waterrad** rad van een watermolen

waterrat ❶ rat die in en bij het water leeft ❷ fig. iemand die heel graag zwemt **waterrijk** met veel water: *een ~ gebied* **waterschade** schade die wordt veroorzaakt door water, bijv. bij het blussen van een brand

waterschap *het* [-pen] bestuurslichaam dat verantwoordelijk is voor het oppervlakte- en grondwater in een bepaald gebied, vooral voor de stand, afwatering en zuivering ervan en voor de dijken **waterscheerling** *de* giftige schermbloemige waterplant (Cicuta virosa) **waterscheiding** grens tussen stroomgebieden **waterscooter** soort scooter voor op het water, jetski **waterscout** scout, padvinder op het water **waterski** ski waarop men achter een smalle motorboot voortgetrokken wordt **waterslot** ❶ slot op waterbasis waardoor gas wel naar buiten kan maar niet naar binnen ❷ afsluiting die zorgt voor de dosering van instromend water **watersnood** grote overstroming **waterspiegel** wateroppervlak

watersport sport die in of op het water wordt beoefend **waterstaat** ❶ stand en kwaliteit van het oppervlakte- en grondwater in een gebied ❷ rijksinstelling die verantwoordelijk is voor (water)wegen, dijken, bruggen enz.

waterstof heel licht, reuk- en kleurloos, gasvormig element **waterstofbom** bom waarbij waterstofatoomkernen worden

wa

samengesmolten, als hij ontploft **waterstofgas** waterstof in gasvorm, onder andere op kleine schaal gebruikt als brandstof voor auto's, voor koeling e.a. **waterstofperoxide** ‹-oksie-› kleurloze vloeistof die onder andere wordt gebruikt als bleek- en ontsmettingsmiddel
watertanden [watertandde, h. gewatertand] ❶ zo'n trek in iets hebben dat het water ervan in de mond komt ❷ fig. erg verlangen naar **watertoren** toren waarin het water van een waterleiding wordt opgepompt **watertrappelen**, **watertrappen** het hoofd boven water houden door trappende bewegingen te maken **waterval** de (m) [-len] waterstroom die van een hoogte naar beneden valt **watervast** bestand tegen water **waterverf** verf die oplosbaar is in water **watervliegtuig** vliegtuig dat op het water kan neerkomen en vanaf het water kan opstijgen **watervlo** schaaldiertje van de orde Cladocera, dat in het water leeft **watervogel** vogel die in of bij het water leeft
watervoorziening het voorzien van (drink)water **waterweg** verbinding over water, rivier, kanaal e.d. waarover schepen kunnen varen **waterwerk** ❶ constructie in het water, bijv. een dam ❷ object of constructie met water die door mensen is gemaakt, bijv. een kunstmatige waterval **waterwingebied** gebied waar water vandaan wordt gehaald voor de waterleiding **waterzonnetje** het bleke zonnetje bij regenwater **waterzooi** BN de gerecht van kip of vis die in het kooknat wordt opgediend
waterzucht te grote ophoping van vocht in het lichaam
watje het [-s] ❶ propje watten ❷ fig. slap persoon
watjekouw spreekt. de (m) harde klap
watskeburt I samentrekking ❶ wat is er gebeurd (als inleiding tot een vraag): ~ in de schuur? II samentrekking ❷ wat er is gebeurd (als object): je weet niet ~ III tw ❸ uitroep van ultieme verbazing: meneer de voorzitter, ~?!
watt ‹wat of wòt› de (m) [-s] eenheid van elektrisch vermogen **wattage** ‹wattaazjə› de (v) elektrisch vermogen, uitgedrukt in watts
watten I de (mv) ❶ zachte witte stof, gezuiverde en ontvette katoenvezels ▾ iemand in de ~ leggen erg beschermen en verwennen II bn ❷ gemaakt van deze vezels **wattenstaafje** het [-s] stokje met een rolletje watten aan de uiteinden: ik maak mijn oren schoon met een ~ **watteren** voeren, opvullen met watten
wattmeter instrument voor het vaststellen van het vermogen van een apparaat op wisselstroom **wattuur** energie die per uur verbruikt wordt bij een stroomsterkte van één watt
wauwelen vervelend praten of onzin vertellen: wat loop je nou te ~?
wave ‹weev› de (m) [-s] golfpatroon als mensen in een groep beurtelings opstaan en weer gaan zitten **waven** ‹weevən› [wavede, h. gewaved] de wave uitvoeren
WA-verzekering verzekering tegen aansprakelijkheid voor schade en letsel (WA = wettelijke aansprakelijkheid)
wax de (m) bepaald soort was **waxcoat**

‹wekskoot› de (m) [-s] jas die met was is behandeld **waxen** [waxte, h. gewaxt] ❶ met wax behandelen: ski's ~ ❷ ontharen d.m.v. wax
waxinelichtje ‹waksie-› het [-s] wasachtige stof in een laag glazen potje, die kan branden als een kaars, onder andere gebruikt in theelichtjes
WAZ de Wet arbeidsongeschiktheidsverzekering zelfstandigen (afgeschaft per 1 augustus 2004)
wazig bn niet duidelijk, nevelig, vaag: ik heb een bril nodig want ik zie alles ~
wc de (m) [-'s] watercloset, ruimte waar men zijn natuurlijke behoefte kan doen en waar die met water wordt weggespoeld
wc-bril zitting van een wc
wd. waarnemend
wdb. woordenboek
we vnw ❶ ik en nog een of meer anderen, vorm van 'wij' zonder nadruk ❷ ‹ironisch of neerbuigend› jij, u, jullie: wat waren ~ van plan?; zo, nu gaan ~ lekker slapen
web het [-ben] ❶ weefsel, netwerk, ook figuurlijk: een ~ van duistere geheimen en bedrog ❷ net van een spin ❸ comp. world wide web, het internet
web 2.0 comp. het volgende fase in de ontwikkeling van het world wide web tot een platform van sociale en interactieve internettoepassingen **webcam** ‹-kem› comp. de [-s] camera voor het digitaal opnemen van beelden, om deze via het internet te versturen of te vertonen **webcast** ‹-kàst› de [-s] live-uitzending van geluid of beeld via internet **webdesign** ‹-diezajn› comp. het ontwerpen en vormgeven van websites
webinar ‹webbinnaR› het [-s] programma met online seminars **weblocatie** comp. website **weblog** ‹-log› comp. de (m) & het [-s] website waarop een of meer mensen regelmatig stukjes schrijven in dagboekstijl **webmail** ‹-meel› de het ontvangen en versturen van e-mail via een internetpagina **webmaster** comp. de (m) [-s] iemand die een website onderhoudt **webpagina** comp. pagina op het internet **webserver** comp. computerprogramma dat aan de bezoeker van een website de bijbehorende internetpagina's doorgeeft **website** ‹-sajt› comp. de [-s] verzameling samenhangende webpagina's **websurfen** comp. [websurfte, h. gewebsurft] op internet surfen **webvertising** ‹-tajzing› de het adverteren op internet **webzine** ‹-zien› het [-s] digitaal tijdschrift gepubliceerd op internet
weck de (m) ❶ ® geweckte waren ❷ het wecken ▾ -fles glas met deksel, dat door een gummiring luchtdicht kan worden afgesloten **wecken** groenten e.d. langer houdbaar maken door ze luchtdicht in potten te doen en deze daarna te koken
wed. weduwe
wedde de [-n, -s] (jaar)salaris, loon
wedden iets voorspellen of beweren en daar geld op inzetten **weddenschap** de (v) [-pen] het wedden
weddetrekkende BN de [-n] iemand die een vast loon ontvangt
weder vero. bw weer
wederdienst iets wat iemand doet voor een ander omdat die ander iets voor hem heeft

we

gedaan: *tot ~ bereid*

wederdoper hist. *de (m)* [-s] hervormer die de doop van volwassenen voorstond

wedergeboorte ❶ het opnieuw geboren worden ❷ fig. vernieuwing, herleving

wederhelft *de* echtgenoot, echtgenote

wederhoor *de (m)* het luisteren naar de tegenpartij, het geven van de kans aan de tegenpartij om ook iets te zeggen ▼ *hoor en ~* luisteren naar beide kanten: *als journalist moet je hoor en ~ toepassen, zodat je een zaak niet alleen maar van één kant belicht*

wederik *de (m)* sleutelbloemige plant van het geslacht Lysimachia

wederkerend taalk. *bn* wat aanduidt dat de handeling op het onderwerp gericht is: *'zich' is een ~ voornaamwoord, bijv. in: hij wast zich*

wederkerig *bn* onderling, wederzijds, van twee kanten: *de vriendschap is ~; 'elkaar' is een ~ voornaamwoord*

wederliefde liefde van iemand van wie men houdt

wederom *bw* opnieuw, nogmaals

wederopbouw het opnieuw (op)bouwen, vooral na een oorlog of ramp **wederopstanding** het opstaan uit de dood **wederoptreden** BN rentree, terugkeer, comeback: *het ~ van de musicus* **wederopzegging** *de (v)* ▼ *tot ~* tot het beëindigd of opgezegd wordt

wederrechtelijk in strijd met het recht ▼ *zich ~ iets toe-eigenen* stelen of er op een andere illegale manier aan komen **wedervaren** [wedervoer, is wedervaren] overkomen, gebeuren ▼ *recht laten ~* laten gebeuren wat rechtvaardig is

wedervaren *het* wat iemand meemaakt, lotgeval, avontuur, gebeurtenis

wederverkoper iemand die inkoopt en in het klein verkoopt

wedervraag vraag als reactie op een vraag

wederwaardigheden *de (mv)* dingen die iemand meemaakt: *hij vertelde over zijn ~ in het buitenland*

wederzijds *bn* wederkerig, van beide kanten: *~ vertrouwen*

wedijver het wedijveren **wedijveren** [wedijverde, h. gewedijverd] proberen elkaar te overtreffen, proberen beter te zijn dan de ander

wedje *het* kleine weddenschap: *een ~ maken*

wedloop het lopen om het hardst **wedren** wedloop, vooral van paarden **wedstrijd** *de (m)* ontmoeting waarbij de een beter probeert te zijn dan de ander of anderen: *de Ethiopische hardloper heeft de ~ gewonnen*

weduwe *de (v)* [-n, -s] vrouw van wie de man gestorven is ▼ *onbestorven ~* vrouw van wie de man (vaak en) langdurig weg is **weduwnaar** *de (m)* [-s] man van wie de vrouw gestorven is

wee I *het & de* [-ën] ❶ samentrekking van de baarmoeder voordat een kind geboren wordt ❷ pijn, lijden **II** *bn* ❸ flauw, naar: *een ~ gevoel in de maag hebben* **III** *tw* ❹ ach, wat erg!

weed ⟨wiet⟩ *de (m)* marihuana, wiet

weefgetouw groot toestel om mee te weven **weefsel** *het* [-s, -en] ❶ wat geweven is, stof ❷ groeisel van dierlijke of plantaardige cellen ❸ fig. geheel van verschillende elementen en

verbindingen: *een ~ van netwerken, systemen en instellingen* **weefvak** weggedeelte voor in- en uitvoegen van verkeer

weegbree *de* [-ën, -s] plant met vierdelige bloemen in aren en bladeren in een rozet van het geslacht Plantago, die veel in het wild langs wegen groeit

weegbrug constructie voor het wegen van grote zware objecten, bijv. vrachtwagens

weegs *de* ▼ *zijns ~ gaan* zijn eigen weg gaan, naar zijn bestemming gaan: *toen de vergadering was afgelopen, ging ieder zijns ~*

weegschaal apparaat om mee te wegen **Weegschaal** *de* ❶ zevende teken van de dierenriem ❷ iemand die onder dat teken geboren is

weeïg *bn* een beetje onprettig, wat een lichte walging opwekt, flauw: *er hangt hier een ~ luchtje*

week I *bn* ❶ zacht, niet stevig: *een weke massa* ❷ zwak, slap: *een ~ ventje* ❸ vertederd, gevoelig: *ik werd helemaal ~ vanbinnen* **II** *de* [weken] ❹ periode van zeven dagen ▼ *door de ~* niet in het weekend ▼ *de goede ~* week voor Pasen ❺ het weken: *abrikozen in de ~ zetten* **weekblad** tijdschrift dat één keer per week verschijnt **weekdag** andere dag dan zaterdag of zondag **weekdier** meercellig dier zonder intern skelet, bijv. een slak of een schelpdier

weekeinde *het* [-s, -n], **weekend** (vrije) tijd van vrijdagavond tot en met zondag **weekendretour** retourkaartje voor de trein dat het hele weekend geldig is **weekendtas** reistas die groot genoeg is om de benodigdheden voor een paar dagen in mee te nemen

weekhartig *bn* erg gevoelig, niet in staat om streng of hard te zijn

weeklagen [weeklaagde, h. geweeklaagd] op huilende toon klagen, jammeren

weelde *de* ❶ overvloed, rijkdom en luxe: *zij leven in grote ~* ❷ fig. geestelijke rijkdom, geluk: *de ~ van het hebben van een stel gezonde kinderen* **weelderig** *bn* ❶ in weelde, overvloedig, overdadig ▼ *~ groeiende planten* met veel bladeren, takken enz. ❷ ⟨van lichaamsbouw⟩ vol, met ronde vormen: *zij heeft een ~e boezem*

weemoed *de (m)* zacht treurig gevoel om iets wat voorbij is of wat men verloren heeft: *met ~ dacht hij aan de grote plannen die hij had toen hij jong was*

weer I *het* ❶ gesteldheid van de lucht en het resultaat daarvan: *het is akelig ~: het regent en stormt en het is koud* ▼ *~ of geen ~* of het weer nu goed of slecht is ▼ *mooi ~ spelen* doen alsof alles in orde is, terwijl dat niet het geval is ▼ BN, inform. *het mooie ~ maken* succes hebben, populair zijn ❷ aantasting door, ongunstige invloed van de atmosfeer, zoals licht, temperatuur of vochtigheid: *het ~ zit in die spiegel* **II** *de* ❸ verdediging: *zich te ~ stellen* ▼ *in de ~ zijn* bezig zijn **III** *bw* ❹ terug: *heen en ~* ❺ opnieuw: *ik ga het ~ proberen*

weeral BN, spreekt. *bw* alweer

weeralarm *het* [-en] waarschuwing voor te verwachten extreme weersomstandigheden

weerbaar *bn* strijdbaar, geschikt om te vechten,

goed in staat om voor zichzelf op te komen
weerballon ballon voor weerkundige waarnemingen
weerbarstig *bn* ❶ moeilijk te vormen zoals men dat wil: *~ materiaal, ~ haar* ❷ fig. die zich verzet, niet bereid zich te gedragen of zich te vormen zoals men dat wil: *een meisje met een ~ karakter; de werkelijkheid is ~ en vaak anders dan men zich had voorgesteld*
weerbericht informatie over het weer van het moment en het weer dat verwacht wordt
weerga *de* ❶ gelijke ▼ *zonder ~* zo mooi, groots enz. als er nog nooit eerder is geweest of gebeurd: *het was een feest zonder ~* ❷ bliksem ▼ *als de ~!* heel snel: *en nu ga je als de ~ je kamer opruimen!*
weergalmen galmend terugklinken: *onze stemmen weergalmden in de lege kerk*
weergaloos *bn* zonder weerga, uniek, fantastisch, geweldig: *dat was een ~ optreden*
weergave *de* het weergeven, hoe iets getoond wordt, klinkt, wordt verteld e.d.: *de tekening was een goede ~ van hoe het meisje er in het echt uitzag; zijn ~ van de gebeurtenissen klopt niet helemaal met de werkelijkheid* **weergeven** ❶ (tekst e.d.) op een andere plaats en/of tijd opnieuw laten horen of zien: *een discussie letterlijk ~* ❷ ideeën, gevoelens enz. afbeelden of opschrijven: *dit gedicht geeft weer hoe de dichter zich voelde toen zijn geliefde hem had verlaten*
weergod god die het weer beheerst ▼ *de ~en zijn ons niet gunstig gezind* het is geen mooi weer
weerhaak haakje aan iets scherps, zoals een vishaak of een angel, waardoor deze zich vastzet wanneer hij uit iets teruggetrokken wordt
weerhaan windwijzer in de vorm van een haan
weerhouden ❶ tegenhouden bij iets wat iemand wil doen, afhouden van: *iemand ~ van een domme daad* ▼ BN *~ zijn* verhinderd zijn ❷ BN in overweging nemen, selecteren: *uw kandidaat is door ons weerhouden*
weerkaart kaart met de toestand van het weer in een bepaald gebied
weerkaatsen ❶ ⟨van geluid, licht e.d.⟩ iets wat raakt, terug doen gaan: *deze bergen ~ het geluid* ❷ ⟨van geluid, licht e.d.⟩ iets raken en terugkomen: *haar kreten weerkaatsten tussen de bergen; zonnestralen ~ op het water*
weerklank ❶ weerkaatsing van geluid, echo ❷ fig. instemming: *zijn ideeën vonden ~ er waren mensen die het ermee eens waren* **weerklinken** over een groot gebied of overal in een ruimte te horen zijn: *overal weerklinkt de roep om vrede*
weerkunde wetenschap die de verschijnselen in de dampkring en van het weer bestudeert
weerleggen aantonen dat iets niet waar is: *een bewering ~*
weerlicht *het & de (m)* bliksem, vooral zonder dat men de donder hoort ▼ *als de ~* heel snel
weerlichten [het weerlichtte, het h. geweerlicht] bliksemen, vooral zonder dat men de donder hoort
weerloos *bn* niet in staat zich te verdedigen, kwetsbaar: *een ~ klein lammetje*
weerman iemand die weersverwachtingen opstelt en presenteert **weerom** *bw* terug: *zij*

kwam nooit ~ **weeromstuit** *de (m)* terugstuit ▼ *van de ~* als reactie: *van de ~ begon zij ook te huilen*
weerpraatje kort overzicht van het weer op radio of tv
weerschijn terugkaatsing van licht, gloed die over glanzende stof ligt
weerskanten *de (mv)* beide kanten ▼ *aan ~* aan beide kanten (van)
weerslag terugwerking, effect, invloed: *de onzekerheid over de toekomst van het bedrijf heeft zijn ~ op de werknemers en hun prestaties*
weersomstandigheden *de (mv)* toestand van het weer, hoe het weer is: *de ~ waren slecht: het regende en waaide en het was koud*
weerspannig *bn* ongehoorzaam, die zich verzet: *een ~ paard* **weerspiegelen** laten zien, weergeven als spiegelbeeld: *het water weerspiegelt de blauwe lucht*
weerspreken zeggen of aantonen dat het niet zo is, tegenspreken **weerstaan** zich verzetten tegen: *de verleiding ~* **weerstand** *de (m)* ❶ tegenstand, verzet ▼ *de weg van de minste ~ volgen* kiezen voor de gemakkelijkste manier, die misschien minder interessant of bevredigend is ❷ kracht om iets tegen te houden, bijv. ziektes: *ik was moe en overwerkt en daardoor had ik geen ~ en werd ik ziek* ❸ nat. tegenstand die elektrische stroom ondervindt
weerstandsvermogen vermogen om stand te houden tegen iets ongunstigs, vooral kracht die iemand in staat stelt om niet (ernstig) ziek te worden door infecties e.d.: *ze heeft bijna geen ~ meer, ze kan doodgaan aan een griepje*
weersverwachting verwachting, voorspelling van hoe het weer de komende tijd zal zijn
weerszijden *de (mv)* beide kanten ▼ *aan ~* aan beide kanten (van) **weerwerk** (stevige) reactie die ingaat tegen iets wat iemand zegt of doet ▼ *~ geven* ergens op reageren en ertegenin gaan
weerwil ▼ *in ~ van* ondanks
weerwolf mens in de gedaante van een wolf
weerwoord antwoord, reactie waarin iemand zijn standpunt of zichzelf verdedigt: *iemand ~ geven*
weerzien I *ww* ❶ terugzien, weer ontmoeten II *het* ❷ het weer ontmoeten
weerzin grote hekel aan iets, afkeer, tegenzin
wees *de* [wezen] kind van wie allebei de ouders dood zijn
Weesgegroet r.-k. *het* kort gebed dat begint met 'Wees gegroet, Maria'
weeshuis tehuis, instelling voor kinderen die geen ouders hebben **weeskind** kind zonder ouders dat in een weeshuis opgroeit
weet *de* het weten ▼ *geen ~ hebben van* geen verstand hebben van; zich niet bewust zijn van ▼ *aan de ~ komen* te weten komen **weetgierig** *bn* die graag wil weten en leren
weetje *het* [-s] onbelangrijk feit dat iemand weet
weg I *de (m)* ❶ smal, heel lang, meestal verhard stuk grond, waarover men ergens naartoe kan rijden: *ze leggen een nieuwe ~ aan naar de hoofdstad* ▼ *aan de ~ timmeren* opvallen met iets wat men doet: *die actrice timmert flink aan de ~* ❷ de wegen die iemand moet volgen om ergens

we

te komen, route: *weet u de ~ naar Genk?* ▼ *je staat me in de ~* je staat op een plek waar ik last van je heb ▼ *iemand niets in de ~ leggen* iemand niet tegenwerken: *als jij dat graag wilt, zullen wij je niets in de ~ leggen* ▼ *uit de ~!* ga aan de kant!, ga opzij! ▼ *iemand uit de ~ ruimen* doden ▼ *naar de bekende ~ vragen* vragen naar iets wat men al kon weten ▼ *dat ligt niet op mijn ~* dat is mijn taak niet ❸ fig. manier: *dat is niet de ~ om er te komen* ▼ *~ weten met iets* er raad mee weten, weten wat men ermee moet doen II *bw* ❹ vertrokken, niet meer aanwezig: *de trein is net ~* ❺ kwijt, verdwenen: *mijn portemonnee is ~* ▼ *~ zijn van iemand* iemand heel leuk, geweldig vinden ▼ *iets ~ hebben van iemand* een beetje op iemand lijken ▼ BN *ergens mee ~ zijn* het begrijpen, het doorhebben: *hij was direct ~ met dat nieuwe computerprogramma* III *de* [-gen] ❻ wegge

wegbereider *de (m)* [-s] iemand die de weg vrijmaakt voor iets nieuws **wegbergen** op een (veilige) plaats leggen of zetten waar het niet meer zichtbaar is **wegblijven** ergens niet heengaan **wegcijferen** doen alsof iets onbelangrijk is: *dat kun je niet zomaar ~* ▼ *zichzelf ~* niet meer aan zichzelf en zijn eigen belang denken: *de vader deed alles voor zijn zieke kind, hij cijferde zichzelf helemaal weg*

wegcode BN verkeersreglement

wegdeemsteren BN langzaam verdwijnen

wegdek bovenlaag van een weg

wegdenken ▼ *niet meer kunnen ~* zich niet meer kunnen voorstellen dat het of diegene er niet meer is **wegdoen** ❶ ergens opbergen: *kun je die mobiele telefoon tijden de les ~?* ❷ afstand van doen, verwijderen, weggooien, verkopen: *ik doe die kleren weg, ik draag ze toch nooit meer* **wegdragen** ❶ ergens anders naartoe dragen ❷ fig. verwerven, krijgen: *kan I het uw goedkeuring ~?* **wegduiken** heel snel omlaaggaan om zich te verstoppen: *hij dook weg onder de tafel toen hij de deurwaarder zag aankomen* **wegebben** langzamerhand verdwijnen: *de pijn ebde weg; het paniekerige gevoel ebde weg*

wegedoorn heester met doorns (Rhamnus cathartica)

wegen [woog, h. gewogen] ❶ het gewicht bepalen van: *een stuk kaas ~* ▼ fig. *gewogen en te licht bevonden* niet geschikt of goed genoeg gevonden ▼ *wikken en ~* heel goed nadenken, vooral over de voors en tegens, voordat men beslist ❷ een bepaald gewicht hebben: *hoeveel weeg jij?*

wegennet geheel van wegen: *het ~ van Nederland*

wegens *vz* om die reden: *~ ziekte verhinderd* **wegenwacht** I *de* ❶ hulpdienst voor automobilisten, motorrijders enz. langs de weg II *de (m)* [-en] ❷ persoon die voor de hulpdienst automobilisten enz. helpt die pech hebben

weggaan niet blijven, ergens anders naartoe gaan ▼ *ga weg!* dat geloof ik niet! is dat echt waar?

wegge *de* [-n], **weg** ❶ kluit ❷ bepaald soort brood

weggebruiker iemand die deelneemt aan het verkeer **weggeven** ❶ cadeau geven ❷ ten beste geven, laten zien: *een showtje ~* **weggooien** ❶ van zich verwijderen door te gooien ❷ verwijderen, zich ontdoen van, ook figuurlijk: *je hebt een fijn gezin, dat ga je toch niet ~ voor een toevallige verliefdheid!*

weghelft helft van de weg in de lengte, rijbaan of rijbanen aan één kant van de weg: *weggebruikers moeten op hun eigen ~ blijven*

wegkijken ❶ door kijken proberen te bewerken dat iemand weggaat door te kijken: *toen ik hem aankeek, keek hij weg* ❸ fig. iets niet willen opmerken: *~ van de armoede in de wereld*

wegkomen verdwijnen, weggaan: *maak dat je wegkomt!* ▼ *ergens slecht/goed mee ~* in een slechte/goede toestand komen;: *ik snap niet hoe hij altijd overal mee wegkomt* hoe het hem lukt om dingen te doen zonder problemen te krijgen, gestraft te worden

wegkruipen zich verstoppen, zich verschuilen **wegkwijnen** steeds zieker of ongelukkiger, en zwakker worden: *van verdriet ~* **weglaten** ❶ iets niet doen of gebruiken, achterwege laten ❷ iets niet lezen of schrijven, overslaan: *een woord ~* **wegleggen** ❶ op zijn plaats leggen ❷ als spaargeld opzij leggen ▼ *zoiets is niet voor iedereen weggelegd* zoiets kan niet iedereen hebben of bereiken

wegligging het contact van een rijdende auto met het wegdek

weglopen ❶ (zonder toestemming) weggaan ❷ van huis wegvluchten ❸ wegvloeien, wegstromen: *het water loopt weg* ▼ *met iemand ~* iemand geweldig vinden, heel erg gesteld zijn op iemand

wegmaken ❶ doen verdwijnen, uitwissen ❷ kwijtmaken ❸ onder narcose brengen

wegmarkering verkeersaanwijzingen op het wegdek

wegmoffelen stilletjes, onopgemerkt verbergen **wegnemen** ❶ van zijn plaats nemen ❷ pakken, stelen ❸ ongedaan maken: *dat neemt niet weg dat er veel fouten gemaakt zijn* het blijft een feit

wegomlegging *de (v)* plaats waar een verkeersroute tijdelijk veranderd is

wegpakken wegnemen, stelen **wegpesten** zo erg pesten dat iemand vertrekt: *hij is weggepest door zijn collega's* **wegpinken** met de pink wegvegen: *een traan ~*

wegpiraat onverantwoordelijke, roekeloze weggebruiker

wegpromoveren iemand promotie laten maken om hem ergens weg te krijgen **wegraken** ❶ zoekraken: *dat boek is weggeraakt, ik kan het niet meer vinden* ❷ het bewustzijn verliezen

wegrestaurant restaurant langs een grote weg dat vooral bestemd is voor automobilisten

wegsaneren onderdelen opheffen of personeel laten afvloeien om te bezuinigen en een bedrijf of organisatie weer financieel gezond te maken

wegscheren I [schoor weg, h. weggeschoren] door scheren verwijderen II [scheerde weg, h. weggescheerd] ▼ *zich ~* snel weggaan: *scheer je weg!* **wegscheuren** ❶ iets verwijderen door te

scheuren ❷ heel snel wegrijden: *hij scheurde weg in zijn auto* **wegschrijven** comp. gegevens overbrengen van het centrale geheugen naar een extern geheugen

wegseizoen periode waarin (wieler)wedstrijden op de weg worden gereden

wegsmelten door smelten verdwijnen: fig. *ik smelt helemaal weg als ik zulke schattige kleine hondjes zie* ik word helemaal vertederd

wegspelen veel beter zijn, overtroeven in sport of spel: *de ploeg werd weggespeeld door de tegenstander*

wegsport sport die op de openbare weg wordt beoefend

wegsterven langzaam zwakker worden: *het geluid stierf weg* **wegstoppen** ❶ opbergen op een moeilijk te vinden plaats ❷ ⟨gevoelens, gedachten e.d.⟩ verdringen, proberen er niet aan te denken **wegteren** steeds zwakker worden en er steeds slechter uit gaan zien: *weggeteerd door kanker* **wegvagen** [vaagde weg, h. weggevaagd] ❶ helemaal doen verdwijnen: *de orkaan heeft het vakantiepark weggevaagd* ❷ ⟨een indruk, herinnering⟩ uitwissen **wegvallen** ❶ weggelaten zijn: *er zijn een paar woorden uit de tekst weggevallen* ❷ niet meer aanwezig of beschikbaar zijn

wegverkeer verkeer over de weg **wegvervoer** vervoer over de weg

wegvoeren ergens anders naartoe brengen **wegwedstrijd** wielerwedstrijd op de openbare weg

wegwerken doen verdwijnen

wegwerker iemand die aan een weg of spoorweg werkt

wegwerpgebaar gebaar alsof men iets weggooit, om afkeuring aan te geven

wegwerpmaatschappij maatschappij waarin dingen gemakkelijk worden weggegooid (en vervangen door iets anders)

wegwezen ▾ ~! bevel om weg te gaan

wegwijs bn waarbij iemand de weg of de manier weet, weet hoe iets in elkaar zit en hoe het werkt: *een nieuwe collega ~ maken in het bedrijf* **wegwijzer** ❶ paal die of bord dat de richting aangeeft ❷ handleiding voor op reis

wegwuiven afdoen als onbelangrijk: *hij wuifde haar bezwaren weg* **wegzakken** ❶ verzakken: *de kademuur is weggezakt* ❷ fig. ergens tijdelijk met zijn aandacht niet bij zijn: *tijdens die saaie lezing zakte ik steeds weg* ❸ ⟨van kennis⟩ fig. verloren gaan: *het Frans dat ik op school heb geleerd, is weggezakt* **wegzetten** ❶ opzijzetten, ergens anders neerzetten: *een stoel ~* ❷ (weer) op zijn plaats zetten: *de kopjes in de kast ~* ❸ beleggen, op rente zetten: *een kapitaaltje ~ tegen zes procent rente* ❹ verkopen: *we konden duizend van die fietsen ~* ▾ *iemand ~ als (onbetrouwbaar, saai enz.)* (in het openbaar) verklaren, de indruk wekken dat iemand zo is **wegzinken** zinkend verdwijnen, ook figuurlijk: *toen zijn vrouw hem verlaten had, zonk hij weg in apathie*

wei I *de* [-en, -es] ❶ stuk land met gras waarop vee kan grazen: *de koeien lopen in de ~* II *de* ❷ wat van de melk overblijft na het kaasmaken ❸ vloeibare delen van het bloed **weide** *de* [-n, -s] stuk land met gras, wei

weiden ❶ (in een weiland) rondlopen en gras eten: *de koeien ~ in het grasland* ❷ (in een weiland) laten rondlopen en gras laten eten: *de boeren ~ hun koeien*

weids bn heel mooi, groots: *een ~ vergezicht*

weifelen aarzelen, geen besluit kunnen nemen

weigerachtig bn geneigd te weigeren: *hij deed nogal ~ toen ik hem vroeg, ik denk niet dat hij meedoet* **weigerambtenaar** ambtenaar die op grond van overtuiging weigert om bepaalde taken uit te voeren, vooral ambtenaar die weigert om homohuwelijken te sluiten

weigeren ❶ zeggen dat men iets niet wil: *zij weigert mee te gaan; ze boden hem een biertje aan, maar hij weigerde* ❷ het niet doen, niet werken: *deze motor weigert soms*

weiland stuk land waarop gras groeit en waarop men vee, zoals koeien en schapen, laat grazen

weinig bn ❶ een kleine hoeveelheid, een klein aantal: *ik ken hier maar ~ mensen* ▾ *een ~* een beetje ❷ niet vaak, zelden: *ik zie hem maar ~*

wekamine *de* [-n] opwekkend middel, pep, speed

wekelijk bn slap, zonder kracht

wekelijks bn ❶ elke week ❷ per week

weken ❶ week maken met een vloeistof ❷ week worden door een vloeistof

wekken ❶ wakker maken ❷ veroorzaken: *verbazing, achterdocht, interesse ~* **wekker** *de (m)* [-s] klein soort klok die een geluid maakt op een tijdstip dat iemand van tevoren heeft ingesteld, zodat hij dan wakker wordt **wekkerradio** radio die gaat spelen op een tijdstip dat iemand van tevoren heeft ingesteld, zodat hij dan wakker wordt

wel I *de* [-len] ❶ bron II *bw* ❷ in orde, goed ❶ *als ik het ~ heb* als ik me niet vergis ❸ waarschijnlijk: *hij zal ~ niet komen* ❹ tamelijk, redelijk: *de film was ~ leuk* ❺ niet minder dan: *~ honderd* ❻ om een (mogelijke) tegenwerping te bestrijden: *ik heb het je ~ gezegd!* ▾ *en ~* te weten ▾ *laten we ~ wezen* laten we het eerlijk toegeven III *tw* ❼ uitdrukking van verbazing, verrassing, zo!: *~, ~, wat een grote jongen!* ❽ inleiding van iets wat iemand gaat zeggen of vragen: *~, wat is er van je dienst?; ~, ik had zo gedacht ...* IV *bw* ❾ welzijn, heil ▾ *het ~ en wee* de prettige en de akelige dingen in het leven **welaan** *tw* uitroep om iemand aan te sporen, komaan

welbehagen ❶ het iets als goed beschouwen: *het ~ Gods* ❷ prettig gevoel, het zich ontspannen voelen: *na deze massage ervaart u een gevoel van ~* **welbeschouwd** bw als we alles in aanmerking nemen

weldaad ❶ menslievende daad ❷ iets wat goeddoet, waar men zich prettig door voelt: *deze rust is een ~ na die drukte* **weldadig** bn ❶ liefdadig ❷ waar men zich goed door voelt: *een ~e stilte*

weldenkend bn die op een verstandige, redelijke manier denkt over de dingen: *geen ~ mens kan het hiermee eens zijn!* **weldoener** *de (m)* [-s] iemand die goede dingen doet voor anderen: *een ~ die veel geld geeft aan arme mensen*

weldra bw gauw, binnenkort: *zij gaan ~ verhuizen*

we

Weled. Weledele
Weledelgeb. Weledelgeboren (*titel van leraren zonder academische titel, studenten, burgers van enig aanzien*)
Weledelgel. Weledelgeleerde (*titel van afgestudeerde academici*)
Weledelgestr. Weledelgestrenge (*titel van afgestudeerde academici (meesters, ingenieurs), notarissen e.a.*)
weleens *bw* wel een keer
weleer *bw* vroeger: *onze helden van ~*
Weleerw. Weleerwaarde (*titel van rabbijnen, paters, kapelaans en predikanten*)
welfare ‹-fèR› *de (m)* welzijn
welgedaan *bn* die er gezond uitziet, goed doorvoed **welgemanierd** *bn* met goede manieren **welgemeend** oprecht bedoeld **welgemoed** *bn* in een goede stemming, vrolijk
welgeschapen *bn* zonder lichaamsgebreken, goed gevormd **welgesteld** *bn* bemiddeld, met (vrij) veel geld, behoorlijk rijk
welgevallen I *het* genoegen, goedkeuring II *ww* ▼ *zich laten ~* zich niet verzetten tegen, op een passieve manier accepteren: *zij liet zich zijn attenties ~* **welgevallig** *bn* aangenaam, naar iemands zin
welhaast *bw* ❶ spoedig, weldra ❷ bijna: *een ~ onmogelijke opgave*
welig *bn* vruchtbaar, wat goed groeit ▼ *~ tieren* goed groeien; *fig.* veel voorkomen en toenemen: *de misdaad tiert er ~*
welingelicht *bn* goed geïnformeerd ▼ *~e kringen* mensen die daarover goed geïnformeerd zijn
weliswaar *bw* het is waar, dat moet toegegeven worden: *hij is ~ heel beleefd, maar toch vind ik hem niet aardig*
welk *vnw* ❶ vragend voornaamwoord als er sprake is van een of meer personen of zaken uit een grotere groep: *~e van deze drie tassen vind jij het mooist?* ❷ betrekkelijk voornaamwoord: dat, die: *deze talen, ~ verwant zijn aan het Russisch, ...*
welkom I *bn* ❶ woord dat uitdrukt dat men blij is dat iemand is gekomen: *iemand ~ heten* ❷ waar men blij mee is: *een ~e afwisseling* II *tw* ❸ groet als iemand binnenkomt en die uitdrukt dat men blij is dat diegene er is
wellen I [welde, h. geweld] ❶ in water (laten) opzwellen (*van rozijnen e.d.*) ❷ bijna doen koken II [welde, is geweld] ❸ opborrelen
welles *tw* het is wel zo, als reactie op iemand die zegt dat het niet zo is, vooral gezegd door kinderen: *welles! - nietes!*
welletjes *bn* genoeg: *nu is het ~*
wellevend *bn* met goede omgangsvormen, beschaafd
wellicht *bw* misschien
wellness ‹-nəss› *de* concept van gezond en luxueus leven, eten, reizen, waarin sauna's, kuuroorden en fitnesscentra een belangrijke rol spelen
welluidend *bn* wat mooi klinkt: *een ~e stem*
wellust *de (m)* zinnelijk, erotisch genot **wellusteling** *de (m)* iemand die belust is op seksueel genot **wellustig** *bn* belust op seksueel genot
welnemen *het* goedvinden ▼ *met uw ~* als u het

goedvindt
welnu *tw* nu dan, gezegd voordat men een conclusie gaat horen
weloverwogen *bn* waar goed over is nagedacht: *een ~ besluit*
welp I *de (m) & het* ❶ jong van bepaalde dieren: *de ~en van een leeuw, vos* II *de (m)* ❷ padvinder, scout van zeven tot en met elf jaar
welriekend *bn* met een lekkere geur, wat lekker ruikt **welslagen** *het* het lukken van iets, goede afloop **welsprekend** *bn* in staat om mooi, goed te spreken **welstand** *de (m)* ❶ voorspoedige omstandigheden waarin iemand vrij veel geld heeft: *in ~ leven* ❷ (goede) gezondheid **welstandscommissie** commissie die beoordeelt of een te bouwen gebouw voldoet aan bepaalde eisen, bijv. betreffende het materiaal en of het in de omgeving past
weltergewicht I *het* ❶ gewichtsklasse binnen vechtsporten, vooral boksen, van 66 tot 72,5 kilo II *de [-en]* ❷ sporter, vooral bokser, binnen die gewichtsklasse
welterusten *tw* groet van iemand die naar bed gaat of tegen iemand die naar bed gaat, slaap lekker
welteverstaan *bw* begrijp dit goed
weltschmerz ‹-sjmerts› *de* onbestemd verdriet om het leven
welvaart *de* maatschappelijke voorspoed, situatie waarbij in een land of gebied geen armoede e.d. heerst **welvaartsvast** gekoppeld aan de stijging van de lonen; *~e uitkeringen* **welvaartsziekte** ziekte in gebieden met een hoge welvaart
welvaren I *het* ❶ voorspoed, gezondheid ▼ *Hollands ~* iemand die er gezond en blozend uitziet II *ww* ❷ voorspoedig zijn, gezond zijn **welvarend** *bn* ❶ gezond en in een toestand waarin het goed gaat: *met haar bolle rode wangen ziet zij er ~ uit* ❷ economisch voorspoedig, rijk genoeg om goed te kunnen leven: *een ~ land*
welven boogvormig maken ▼ *zich ~* de vorm van een boog hebben **welving** *de (v)* gebogen vorm, ronding
welvoeglijk *bn* betamelijk, zoals het hoort, zoals netjes is **welvoorzien** *bn* die goed gevuld of verzorgd is ▼ *een ~e dis* een tafel met veel eten en drinken
welwillend *bn* met een positieve houding, bereid om iemand aardig te vinden, om wat hij doet of zegt geen of interessant te vinden ▼ *een ~ gehoor vinden* spreken voor mensen die het er graag mee eens willen zijn
welzijn *het* gezondheid en het zich geestelijk goed voelen: *we maken ons zorgen om het ~ van de bejaarden in dat verpleeghuis* **welzijnswerk** sociaal-cultureel of maatschappelijk werk om het welzijn van bepaalde groepen mensen te bevorderen
wemelen in grote aantallen steeds door elkaar bewegen: *het wemelt hier van de mieren*
wenden draaien, keren ▼ *zich tot iemand ~* er met hem over spreken, vragen aan hem stellen ▼ *hoe je het ook wendt of keert* hoe men de zaak ook bekijkt **wending** *de (v)* draaiing, verandering, ommekeer: *hij gaf een andere ~ aan het gesprek*

▼ *een gunstige ~ nemen* op een positieve manier veranderen

wenen huilen

wengé *het* bruine harde tropische houtsoort

wenk *de (m)* ❶ gebaar waarmee men iemand iets duidelijk maakt: *ze gaf hem een ~ dat hij moest komen* ❷ stille aanwijzing, iets wat men in voorzichtige woorden zegt: *hij begreep mijn ~ en verliet de kamer*

wenkbrauw *de* boog van haartjes boven een oog

wenken met de hand of vinger een teken geven dat iemand moet komen: *hij wenkte me en wees op de stoel naast hem die nog vrij was*

wennen [wende, h. / is gewend] ❶ gewoon maken, gewoon doen vinden: *je moet hem eraan ~* ❷ gewoon raken, gewoon gaan vinden: *het is even ~*

wens *de (m)* ❶ iets wat iemand graag zou willen: *het is zijn grote ~ om eens op televisie te komen* ▼ *gaat alles naar ~?* verloopt alles zoals u wilt? ❷ iets wat iemand een ander toewenst: *de beste ~en voor het nieuwe jaar!* **wenselijk** *bn* wat goed zou zijn, gewenst: *het zou ~ zijn om ... het zou goed zijn* **wensen** ❶ graag willen, verlangen: *wat wenst u als ontbijt?* ❷ hopen voor iemand anders, toewensen: *ik wens je een fijne verjaardag* **wenskaart** kaart die men stuurt om iemand ergens geluk mee te wensen of iets goeds toe te wensen, bijv. als iemand jarig is of met kerst **wensouders** onvruchtbaar paar dat met behulp van een draagmoeder een kind hoopt te krijgen

wentelen draaien, rollen ▼ *zich ~* zich draaien, rollen: *het varken wentelt zich in de modder*

wentelteefje *het* [-s] sneetje brood dat is geweekt in melk met eieren en gebakken in boter

wenteltrap *de (m)* trap die in een ronding omhoogloopt **wentelwiek** helikopter

wereld *de* ❶ de aarde en alles wat op aarde leeft ▼ *een kind ter ~ brengen* een kind krijgen, bevallen ▼ *iemand naar de andere ~ helpen* doden ▼ *een ~ van verschil* een enorm verschil ❷ heelal: *de schepping van de ~* ❸ kringen, milieu: *in de ~ van de kunstenaars* ❹ leven, samenleving: *iets betekenen in de ~* ▼ *een man·van·de ~* die zich overal thuis voelt, met allerlei soorten mensen kan omgaan

wereldbeeld idee dat iemand heeft over de wereld

wereldbeker wereldcup **wereldbeschouwing** opvatting over de wereld en de mensen, wijsgerige of godsdienstige gezindheid **wereldbol** aardbol, globe **wereldburger** ❶ mens ▼ *een nieuwe ~* een pasgeborene ❷ iemand die zich overal op de wereld thuis voelt **wereldcup** beker die wordt toegekend voor een wereldkampioenschap **werelddeel** elk van de grote stukken land waarin de wereld is verdeeld: Europa, Azië, Afrika, Amerika en Australië **wereldkampioen** *sp.* persoon of ploeg die de beste prestatie ter wereld heeft geleverd **wereldkundig** *bn* algemeen bekend: *het nieuws ~ maken* **wereldlijk** *bn* ❶ niet-geestelijk: *het ~ drama* ❷ niet-kerkelijk: *het ~ gezag* **wereldmacht** groot land dat zijn invloed laat

gelden in de hele wereld **wereldmarkt** handel tussen de landen onderling **wereldnaam** bekendheid over de hele wereld **wereldoorlog** oorlog waarbij veel landen betrokken zijn **wereldrecord** beste prestatie ter wereld die als record erkend is **wereldreis** reis om de wereld of door een groot deel van de wereld

werelds *bn* van de wereld, aards, die houdt van aardse genoegens

wereldschokkend *bn* wat in de hele wereld opzien baart, waar iedereen geschokt door is

wereldstad heel grote, dynamische stad waar mensen uit verschillende landen wonen en werken: *Parijs is een echte ~* **wereldtaal** taal die over de hele wereld gesproken wordt: *het Engels is een ~* **wereldtentoonstelling** tentoonstelling waaraan alle landen kunnen deelnemen **wereldtitel** *sp.* titel van wereldkampioen **wereldvlak** ▼ *op ~* over de hele wereld, op internationaal niveau **wereldvreemd** die weinig begrijpt van wat er in de wereld gebeurt **wereldwijd** over de hele wereld **wereldwijs** met veel levenservaring en mensenkennis **wereldwinkel** winkel die artikelen uit ontwikkelingslanden verkoopt om deze landen economisch te steunen **wereldwonder** kunstig werk dat over de hele wereld beroemd is: *de zeven ~en van de oudheid* **wereldzee** oceaan

weren keren, tegenhouden: *dronken mensen worden geweerd uit deze discotheek* ▼ *zich ~* zich verdedigen; zijn best doen: *hij heeft zich kranig geweerd tijdens die tenniswedstrijd*

werf *de* [werven] ❶ plaats en bedrijf waar schepen worden gebouwd en gerepareerd ❷ lage kade langs een gracht ❸ erf rond een huis ❹ BN ook bouwterrein **werfleider** BN bouwopzichter

werk *het* ❶ geestelijke of lichamelijke activiteit om een product te maken of een dienst te leveren ▼ *lang ~ hebben* lang over iets doen ▼ *veel ~ van iets maken* er veel moeite en kosten aan besteden ▼ *alles in het ~ stellen om ...* alles doen om ... ❷ beroepsmatige bezigheid (voor geld): *ik zit op het ogenblik zonder ~* ❸ daad ▼ *goede ~en* goede daden ❹ wat gemaakt is, kunstwerk, geschrift: *de ~en van Vondel* **werkbaar** *bn* geschikt om mee te werken **werkbalk** *comp.* balk op het beeldscherm met knoppen voor veelgebruikte opdrachten **werkbank** bank om aan te werken **werkbezoek** bezoek om meer te weten te komen van de plaatselijke situatie **werkbij** bij die de honing verzamelt **werkboek** boek met opdrachten dat bij een leermethode hoort: *jullie doen als huiswerk oefening 3 en 4 uit het ~* **werkbriefje** *het* [-s] formulier met (werkzaamheden en) gewerkte uren **werkcollege** college waaraan studenten actief deelnemen **werkdag** ❶ dag dat er gewerkt moet worden ❷ weekdag **werkdruk** druk, spanning door een grote hoeveelheid werk **werkeiland** eiland dat is aangelegd om projecten in het water te kunnen uitvoeren: *voor de bouw van de stormvloedkering werd een ~ aangelegd* **werkelijk** *bn* ❶ wat echt zo is, wat echt bestaat

we

❷ **werkzaam**, actief: *in ~e dienst* ❸ heus, inderdaad: *het is ~ voortreffelijk* **werkelijkheid** *de (v)* dat wat echt bestaat, wat werkelijk is: *de ~ is altijd anders dan de voorstelling die je je er van tevoren van maakt* **werkelijkheidszin** reële kijk: *fantastische plannen die van weinig ~ getuigen* **werkeloos** ❶ die niets doet: *hij kijkt ~ toe* ❷ die geen werk heeft, werkloos

werken ❶ ergens mee bezig zijn om geld te verdienen, voor school enz.: *mijn vader werkt in een fabriek* ❷ functioneren, doen wat iets moet doen: *dit apparaat werkt niet* ❸ een bepaalde invloed hebben: *het werkt stimulerend als mensen om je heen hard werken en succes hebben* ▼ *dat werkt op mijn zenuwen* daar word ik zenuwachtig van ❹ door innerlijk aanwezige krachten veranderen, bijv. krimpen van hout ▼ *voedsel naar binnen ~ opeten* **werker** *de (m)* [-s] ❶ iemand die (hard) werkt ❷ bio. een van de insecten die het nest van een kolonie bouwen en voedsel aanvoeren

werkezel iemand die altijd hard werkt **werkgeheugen** comp. deel van het interne geheugen waarin de programma's worden geladen die moeten worden uitgevoerd **werkgelegenheid** situatie waarin er banen zijn voor de mensen **werkgever** *de (m)* [-s] iemand die één of meer mensen in dienst heeft **werkgeversbijdrage** bijdrage van de werkgever in de sociale premies

werkgroep groep van personen die gezamenlijk werken aan een bepaalde taak **werkhuis** ❶ huis waar een werkster uit werken gaat ❷ gebouw of ruimte waar mensen (samen) aan iets werken: *een ~ met drie ateliers; een ~ voor zzp'ers* **werkhypothese** het antwoord dat men verwacht te vinden bij wetenschappelijk werk, de hypothese waarvan men voorlopig uitgaat **werking** *de (v)* ❶ het werken, kracht ▼ *in ~ stellen* aanzetten, zorgen dat het gaat beginnen, gaat werken ❷ invloed, manier waarop iets werkt: *wat is de ~ van die pil?* ❸ BN geheel van activiteiten van bijv. een vereniging **werkingskosten** BN exploitatiekosten **werkje** *het* [-s] ❶ klein werk, klusje ❷ figuurtje in een weefsel: *er zit een ~ in deze stof* **werkkamp** ❶ kamp waar aan een project wordt gewerkt, bijv. door leerlingen van een school ❷ kamp waar dwangarbeid wordt verricht **werkklimaat** omstandigheden die de sfeer op de werkplek bepalen **werkkracht** ❶ vermogen om te werken ❷ iemand die werk verricht **werkkring** werk en de mensen met wie men werkt, de omgeving waarin men werkt e.d. **werkloos** *bn* zonder werk, die geen werk heeft **werkloosheid** *de (v)* ❶ het werkloos zijn ❷ de situatie dat er (veel) werklozen zijn **werklunch** lunch waarin (door)vergaderd wordt **werklust** zin om te werken, om zich in te spannen: *hij heeft talent, maar door zijn gebrek aan ~ bereikt hij niets* **werkmaatschappij** bedrijf als onderdeel van een concern **werkman** *de (m)* [-nen, -lieden, -lui] arbeider **werknemer** *de (m)* [-s] iemand die bij een ander in dienst is **werknemersbijdrage** bijdrage van de werknemer in de sociale premies

werkonbekwaam BN, ook arbeidsongeschikt **werkonderbreking** *de (v)* het voor korte tijd onderbreken van het werk als waarschuwing voor een staking **werkpaard** ❶ paard dat in een bedrijf gebruikt wordt ❷ fig. harde werker **werkplaats** ruimte waar men werk verricht dat met de handen wordt gedaan ▼ *sociale ~* werkplek voor mensen met een beperking ▼ BN ook *beschermde ~* werkplaats voor gehandicapten, beschutte werkplaats **werkplek** plaats of ruimte waar men beroepsmatig zijn werk verricht **werkschuw** die niet van werken houdt, lui **werkspoor** smalspoor voor de uitvoering van een werk

werkster *de (v)* [-s] ❶ vrouw die werkt ❷ vrouw die tegen betaling huishoudelijk werk doet **werkstraf** jur. straf in de vorm van onbetaald werk, taakstraf **werkstudent** student die met betaald werk zijn studiekosten betaalt **werkstuk** werk, zoals een voorwerp of een tekst, dat wordt gemaakt: *ik maak voor school een ~ over Roemenië* **werktafel** tafel om aan te werken **werktekening** tekening volgens welke een werk wordt uitgevoerd **werktijd** tijd dat men werkt **werktuig** *het* stuk gereedschap **werktuigkunde** leer van krachten en bewegingen, mechanica **werktuiglijk**, **werktuigelijk** *bn* als een werktuig, zonder erbij te denken **werkuur** uur dat men werkt **werkverlet** BN tijd waarin niet gewerkt kan of hoeft te worden: *~ ten gevolge van geweldplegingen tegen trambestuurders neemt toe* **werkverschaffing** *de (v)* het geven van werk aan werklozen door de overheid **werkvloer** ❶ (tijdelijke) vloer waarop gewerkt wordt ❷ basislaag onder een betonnen vloer ❸ fig. plaats, ruimte of afdeling waar het werk wordt uitgevoerd ▼ *op de ~* in de praktijk **werkvolk** de mensen die met de handen werken, arbeiders e.a. **werkvrouw** BN, spreekt. werkster **werkweek** ❶ de tijd die, aantal uren dat iemand tijdens een week werkt: *een ~ van 36 uur* ❷ week die leerlingen buiten school ergens doorbrengen, meestal om iets van de omgeving te leren: *zij gaan op ~ naar Texel* **werkwijze** manier van werken **werkwillige** *de* [-n] iemand die niet meedoet aan een staking **werkwoord** woord dat een handeling of toestand aanduidt: *lopen en slapen zijn ~en* **werkzaam** *bn* ❶ vlijtig, ijverig: *na een ~ leven is gisteren overleden ...* ❷ wat krachtig werkt: *een ~ bestanddeel* ❸ werkend, in dienst: *ik ben ~ bij de firma ...* **werkzaamheden** *de (mv)* taken die worden verricht, werk dat wordt gedaan **werkzoekende** *de* [-n] iemand die een baan zoekt

werpen [wierp, h. geworpen] ❶ gooien ❷ (van dieren) jongen krijgen **werphengel** hengel met een lang snoer dat ver in het water gegooid kan worden **werst** *de (m)* Russische afstandsmaat (1066,78 meter) **wervel** *de (m)* [-s] elk van de botjes in de wervelkolom **wervelen** snel ronddraaien: *de blaadjes wervelen in de wind* **wervelkolom** rij van botjes die in elkaar passen, in de rug en hals van mensen en veel dieren, ruggengraat

wervelstorm heel sterke ronddraaiende storm, cycloon, tornado **wervelwind** sterke ronddraaiende wind: *door de ~ werden de tuinstoelen de lucht in gezogen*

werven [wierf, h. geworven] proberen over te halen lid te worden of te komen werken: *een campagne om leden te ~; het leger werft personeel door middel van tv-spotjes*

wervingsreserve BN reserve aan geselecteerde sollicitanten op wie een beroep kan worden gedaan bij een vacature **wervingssecretariaat** BN wervingsbureau voor het overheidspersoneel **wervingsstop** BN, ook vacaturestop

weshalve *schr. vgw* het is daarom dat ..., waarom

wesp *de* geelzwart insect van de familie Vespidae, dat op een bij lijkt en dat kan steken: *er komen ~en op mijn sinas af* **wespennest ❶** nest van wespen **❷** *fig.* moeilijke zaak, waarbij men schade kan oplopen als men ermee te maken krijgt: *je moet je maar niet met dat conflict bemoeien, dat is zo'n ~!* **wespenorchis** *de* orchidee van het geslacht Epipactis waarbij wespen de bestuiving uitvoeren **wespentaille** heel smalle (ingesnoerde) taille

west I *de* **❶** het westen ▼ *de West* West-Indië II *bw* **❷** naar of uit het westen **westelijk** *bn* **❶** in of naar het westen, ten westen **❷** van, uit het westen: *een ~e wind* **westen** *het* **❶** bepaalde windstreek **❷** de Randstad ▼ *het Westen* (West-)Europa, de VS en verwante staten ▼ *buiten ~* buiten bewustzijn **westerlengte** afstand in graden ten westen van de nulmeridiaan **westerling** *de (m)* iemand uit (West-)Europa, de VS of een ander westers land

western ⟨-təRn⟩ *de (m)* [-s] avonturenfilm die zich afspeelt in het westen van de Verenigde Staten, vaak met cowboys

westers *bn* in, van of zoals in het westen **westnoordwest** *bw* in de windrichting tussen west en noordwest **westzuidwest** *bw* in de windrichting tussen west en zuidwest

wet *de* [-ten] **❶** regel die door het bevoegde gezag, zoals de overheid, is ingesteld en waaraan iedereen zich moet houden: *volgens de ~ mag je op de snelweg niet harder rijden dan 130 kilometer per uur* ▼ *kracht van ~ krijgen* als wet gaan gelden ▼ *boven de ~ staan* niet gebonden zijn aan de wetsvoorschriften ▼ *buiten de ~ vogelvrij* ▼ *iemand de ~ stellen* hem bevelen wat hij moet doen **❷** vaste regel die door wetenschappers is ontdekt en die altijd geldt: *volgens de ~ van de zwaartekracht valt alles wat je loslaat, omlaag*

Wetb. wetboek **wetboek** verzameling van wetten, wettelijke regeling van een onderdeel van het recht: *het Burgerlijk Wetboek, het Wetboek van Strafrecht*

weten I *ww* [wist, h. geweten] **❶** kennis hebben van, bekend zijn met: *iets te ~ komen* ▼ *te ~* namelijk, om precies te zijn ▼ *~ te ...* erin slagen te ...: *de gevangene wist te ontsnappen* ▼ *niets meer van iemand willen ~* niets meer met hem te maken willen hebben ▼ *dat moet hij ~* dat is zijn

zaak ▼ *inform. weet ik veel* ik kan het toch ook niet weten **II** *het* **❷** kennis ▼ *buiten mijn ~* zonder dat ik het weet of wist **wetens** *bw* ▼ *willens en ~* opzettelijk, terwijl men weet wat de nadelige effecten kunnen zijn

wetenschap *de (v)* [-pen] **❶** het onderzoek en de kennis binnen een bepaald vakgebied, bijv. natuurkunde, wiskunde of psychologie **❷** het weten ▼ *in de ~ dat* terwijl men weet dat: *u verkocht dit product, in de ~ dat het gevaarlijk kon zijn* **wetenschappelijk** *bn* van of volgens of wat te maken heeft met wetenschap: *~ onderzoek* **wetenschapper** *de (m)* [-s] iemand die een bepaalde tak van wetenschap beoefent **wetenschapswinkel** universitaire instelling voor kleinschalig wetenschappelijk onderzoek dat gratis of voor weinig geld wordt gedaan **wetenswaardigheden** *de (mv)* dingen die leuk of interessant zijn om te weten: *hij vertelde ons allerlei ~ over de stad*

wetering *de (v)* waterloop, zoals een rivier of een kanaal

wetgeleerde *de (m)* [-n] kenner van de wet **wetgevend** *bn* die de wetten maakt ▼ *de ~e macht* staatsmacht die de wetten opstelt **wetgever** *de (m)* [-s] persoon of instantie die de macht heeft om wetten te maken, zoals een koning of een regering **wetgeving** *de (v)* **❶** het geven of maken van wetten **❷** het geheel van wetten van een staat

wethouder *de (m)* [-s] lid van het dagelijks bestuur van een gemeente

wetmatig *bn* volgens een bepaalde (natuur)wet, volgens een bepaald systeem **wetsdokter** BN politiearts **wetsteen** slijpsteen **wetstekst, wettekst** tekst van een wet **Wetstraat** BN aanduiding voor: de Belgische regering

wetsuit ⟨-soet⟩ *de (m)* [-s] isolerend pak om mee in het water te gaan

wetsvoorstel voorstel voor een wet **wetswinkel** bureau dat gratis of voor weinig geld juridische informatie geeft

wettekst *de* → wetstekst

wettelijk *bn* volgens de wet, zoals het in de wet staat: *het is ~ bepaald welke gegevens op een identiteitskaart moeten staan* **wetteloos** *bn* zonder wet of gezag

wetten scherp maken, slijpen: *messen ~*

wettig *bn* echt, toegestaan volgens de wet, geldig: *een ~ betaalmiddel* **wettigen ❶** wettig, geldig verklaren ▼ *een kind ~* als wettig kind aannemen **❷** rechtvaardigen: *zijn afwezigheid wettigt het vermoeden dat hij zich schuldig voelt*

WEU *de (v)* West-Europese Unie **weven** [weefde, h. geweven] maken van een weefsel door het dooreenwerken van draden wol, katoen e.d.

wewi *de (m)* [-'s] wetenschapswinkel **wezel** *de* [-s] marterachtig roofdiertje (Mustela nivalis)

wezen I *ww* [was, waren, is geweest] **❶** zijn: *hij is ~ zwemmen* hij heeft gezwommen **II** *het* [-s] **❷** schepsel: *een goddelijk ~* **❸** kern, innerlijk: *hij mag moedig lijken, in ~ is hij een lafaard*

we

wezenlijk *bn* ❶ werkelijk: *de ~e waarde* ❷ hoofdzakelijk, wat de kern raakt: *het ~e en het bijkomstige* **wezenloos** *bn* zonder uitdrukking, (ogenschijnlijk) zonder verstand of gevoel: *zij staarde ~ voor zich uit* ▼ *zich ~ schrikken* heel erg schrikken **wezensvreemd** wat niet past bij de aard van iemand of iets

w.g. was getekend

WGO *de (v)* Wereldgezondheidsorganisatie

Wh *wattuur*, eenheid van elektrische arbeid

whatsappen ⟨wòtsep⟩ met de mobiele telefoon berichten versturen via de berichtendienst WhatsApp®

wheelie ⟨wielie⟩ *de (m)* [-s] ⟨bij tweewielers⟩ stunt waarbij het voorwiel onder het rijden enige tijd los van de grond komt

wherry ⟨werrie⟩ *de (m)* [-'s] roeiboot met twee roeiers met elk twee riemen

whiplash ⟨wiplesj⟩ *med. de* [-es] langdurige hoofd- en nekpijn met duizeligheid, als gevolg van beschadiging van een spier in de nek, bijv. door een botsing

whippet ⟨wippət⟩ *de (m)* [-s] kleine soort hazewindhond

whirlpool ⟨wûRlpool⟩ *de (m)* [-s] soort zwembad waarin het water op kunstmatige wijze in een hevige kolkende beweging wordt gebracht

whisky ⟨wiskie⟩ *de (m)* [-'s] sterkedrank die wordt gemaakt van diverse graansoorten

whist *het* kaartspel voor vier personen

whiteboard ⟨wajtbòRd⟩ *het* [-s] wit bord met plastic deklaag, waarop met uitwisbare viltstift kan worden geschreven **white spirit** ⟨wajtspiRit⟩ *de (m)* wasbenzine

whizzkid *de (m)* [-s] briljant kind, vooral in het werken met computers

WHO *de (v)*, *World Health Organization*, Wereldgezondheidsorganisatie

WHW *de* Wet op het hoger onderwijs en wetenschappelijk onderzoek

w.i. werktuigkundig ingenieur

WIA *de* wet Werk en Inkomen naar Arbeidsvermogen (*de opvolger van de WAO*)

wicca *de* [-'s] ❶ spirituele beweging, gebaseerd op een voorchristelijke Keltische natuurgodsdienst, die aansluit bij diverse esoterische, animistische en religieuze tradities ❷ volgeling van deze beweging

wichelen voorspellingen doen op basis van bepaalde tekens, de stand van de sterren e.d. **wichelroede** tak of stok voor het vinden van aardstralen, onderaards water, erts e.d.

wicht *het* ❶ klein kind: *dat arme ~!* ❷ neg. meisje: *wat een stom ~!*

wicket *het* [-s] ❶ ⟨cricket⟩ paaltjes met daarop dwarshoutjes die de werper probeert eraf te gooien ❷ ⟨cricket⟩ moment waarop of mogelijkheid waardoor de slagman uit gaat

widget ⟨widzjət⟩ *de* [-s] comp. miniprogramma op het bureaublad dat direct toegang geeft tot bijv. een mediaspeler, een informatiesite, internetradio of een spelletje

wie *vnw* welke persoon: *~ belde daar net aan?*

wiebelen schommelend heen en weer bewegen

wieberen *inform.* weggaan: *nou, ik zie jullie wel weer, ik ga ~*

wieden onkruid weghalen, verwijderen

wiedes *bn* ▼ *nogal ~* dat is duidelijk!, dat spreekt voor zich!

wiedeweerga *de (m)* ▼ *als de ~* heel snel

wieg *de* ❶ kinderbedje met een gordijn dat naar beneden hangt ▼ *van de ~ tot het graf* van het begin tot het eind van het leven ❷ fig. plaats van oorsprong **wiegelied** slaapliedje dat wordt gezongen voor een kind in de wieg **wiegen** in een wieg of in de armen heen en weer schommelen: *de moeder wiegde haar kindje in slaap* **wiegendood** het plotseling sterven van een baby tussen één maand en een jaar oud, zonder duidelijke oorzaak **wiegendruk** boek dat in de vijftiende eeuw is gedrukt met losse letters, incunabel

wiek *de* ❶ vleugel ▼ *in zijn ~ geschoten zijn* beledigd zijn ❷ molenwiek ❸ BN pit van een kaars

wiel *het* ❶ cirkelvormig plat voorwerp dat om een as kan draaien, vooral gebruikt voor voortbeweging ▼ *het vijfde ~ aan de wagen* een overbodig persoon ▼ *iemand in de ~en rijden* tegenwerken ▼ *het ~ weer uitvinden* iets uitvinden wat al bestaat ▼ BN *stokken in de ~en steken* een spaak in de wielen steken, tegenwerken ❷ diepe grote kom die is ontstaan door een dijkdoorbraak, kolk **wieldop** deksel op de naaf van een wiel

wielerbaan baan voor wielerwedstrijden **wielerprof** professional in de wielersport **wielersport** het hardrijden op de fiets als sport **wielerwedstrijd** wedstrijd in wielrennen

wielewaal *de (m)* [-walen] grote zangvogel, waarvan het mannetje geel en zwart is en het wijfje en de jongen geelgroen (Oriolus oriolus)

wieling *de (v)* draaikolk

wielklem voorwerp dat bij een parkeerovertreding aan het wiel van een auto wordt vastgemaakt zodat de auto niet kan rijden voordat er een boete is betaald

wielrennen hardrijden op de fiets als sport **wielrijden** fietsen

wienerschnitzel gepaneerd gebakken kalfslapje

wiens *vnw* van wie: *de man, ~ vrouw vermist wordt ...*

wier I *het* ❶ zeegras II *vnw* ❷ van wie (vrouwelijk): *het meisje, ~ vriend ...*

wierook *de (m)* ❶ Arabische gomhars die lekker ruikt als hij wordt verbrand ❷ de rook hiervan, onder andere gebruikt in de katholieke kerk

wiet, weed *de (m)* marihuana **wietpas** *de (m)* [-sen] pas die men nodig heeft om bij een coffeeshop in de gemeente waar men woont wiet of hasj te kopen

wifi comp. *wireless fidelity*, technologie die het mogelijk maakt om over korte afstanden draadloos gegevens te ontvangen en te versturen

wig *de* [-gen] (langwerpig) driehoekig voorwerp om openingen te verwijden of voorwerpen te splijten of vast te zetten ▼ fig. *een ~ drijven tussen* verwijdering veroorzaken tussen

wigwam *de (m)* [-s] koepelvormige hut van de indianen in het merengebied van Noord-Amerika

wiiën [wiide, h. gewiid] een spel spelen op een Wii-spelcomputer van Nintendo®

wij *vnw* ik en nog één of meer anderen

wijd *bn* breed, ruim: *een ~e broek* ▾ *dat is ~ en zijd bekend* het is overal bekend, iedereen weet het

wijdbeens *bw* met de benen ver uit elkaar: *hij stond ~*

wijden op een plechtige manier tot iets benoemen, inzegenen: *hij werd tot priester gewijd* ▾ *zich ergens aan ~* zijn tijd en energie aan iets besteden: *zij heeft haar leven gewijd aan de strijd tegen armoede* ▾ *enige woorden ~ aan ...* iets zeggen over ...

wijdlopig *bn* uitgebreid, al te uitvoerig: *hij hield een ~ betoog*

wijdte *de (v)* [-n, -s] ❶ hoe wijd iets is: *deze broek heeft niet de juiste ~* ❷ omtrek: *de borst~* ❸ ruimte tussen twee zaken, tussenruimte: *de ~ tussen de pilaren van het viaduct* **wijduit** *bn* ver uit elkaar

wijdverbreid *bn* wat bij veel mensen of op veel plaatsen voorkomt: *een ~ misverstand*

wijdvertakt *bn* met wijde vertakkingen, ook figuurlijk: *een ~ netwerk*

wijf inform. *het* [wijven] vrouw: *een lekker ~; wat een vervelend ~!* **wijfje** *het* [-s] vrouwelijk dier

wijk *de* ❶ deel van een stad of een groter dorp, buurt: *wij wonen in een nieuwe ~ aan de rand van de stad* ❷ gedeelte dat iemand, zoals een krantenjongen of melkboer, bedient ▾ *de ~ nemen* vluchten, ervandoor gaan: *de gezochte misdadiger nam de ~ naar het buitenland* **wijkagent** agent die werkt en surveilleert in een bepaalde wijk **wijkcentrum** instelling voor sociaal-culturele activiteiten in een stadswijk

wijken [week, is geweken] ❶ opzij gaan, weggaan: *het gevaar is geweken* ❷ toegeven, zwichten: *zij week uiteindelijk voor de druk van de anderen* ❸ afwijken van de oorspronkelijke of gewenste richting: *de muren ~ staan niet loodrecht*

wijkhoofd aanspreekpunt van een (culturele) organisatie in een bepaalde wijk of buurt **wijkmeester** BN wijkhoofd **wijkplaats** toevluchtsoord **wijkvereniging** vereniging van personen uit eenzelfde stadswijk **wijkverpleging** *de (v)* verpleging bij de zieken thuis

wijle *de* [-n] korte tijd ▾ *bij tijd en ~* nu en dan

wijlen I *bn* ❶ die overleden is: *~ mijn oom* II *ww* ❷ vero. ergens zijn zonder dat men haast maakt om verder te gaan, toeven

wijn *de (m)* alcoholische drank die wordt gemaakt van gegist druivensap ▾ *klare ~ schenken* ronduit zeggen wat men wil of bedoelt **wijnazijn** azijn die uit wijn is gemaakt **wijnboer** boer die druiven teelt waarvan wijn wordt gemaakt **wijnbouw** het telen van druiven voor wijn **wijngaard** *de (m)* tuin waar druiven groeien **wijngaardslak** grote huisjesslak, bekend als laboratoriumdier en geliefd als delicatesse **wijnhuis** gelegenheid waar wijn geschonken wordt, bodega **wijnjaar** oogstjaar van wijn **wijnkaart** lijst van de wijnen die in een restaurant e.d. verkrijgbaar zijn **wijnkelder** kelder waarin men wijn bewaart **wijnkoeler** *de (m)* [-s] emmer die is gevuld met ijs om wijn koel te maken of te houden **wijnpers** toestel om

druiven uit te persen **wijnrank** dunne kronkelende stengel van de wijnstok **wijnrood** paarsachtig rood **wijnruit** *de* halfheester met grijsgroen blad (Ruta graveolens) **wijnstok** plant waaraan de druif groeit **wijnvlek** ❶ vlek die is ontstaan door wijn ❷ wijnkleurige vlek in de huid door een teveel aan bloedvaten

wijs I *de* [wijzen] ❶ wijze, manier ▾ *'s lands ~ 's lands eer* elk land heeft zijn vreemde gewoonten, die men moet respecteren ❷ de manier waarop de tonen achter elkaar staan in een lied of muziekstuk, melodie: *de woorden van het lied ben ik vergeten, maar de ~ weet ik nog* ▾ *iemand van de ~ brengen* maken dat iemand in de war raakt ❸ vorm van een werkwoord: *aantonende, aanvoegende, gebiedende, onbepaalde ~* II *bn* ❹ intelligent en die veel begrijpt ▾ *hij is niet goed ~* hij is gek ▾ *ik kan er geen ~ uit worden* ik begrijp het niet (want het is onduidelijk, onoverzichtelijk) ▾ *ergens wijzer van worden* voordeel van iets hebben **wijsbegeerte** *de (v)* het zoeken naar de grondwaarheden, filosofie

wijselijk *bw* met wijze voorzichtigheid, omdat het verstandiger is: *toen zij zo kwaad was, hield hij ~ zijn mond* **wijsgeer** *de (m)* [-geren] beoefenaar van de wijsbegeerte, filosoof

wijsheid *de (v)* [-heden] ❶ het wijs-zijn ❷ wijze opmerking of uitspraak **wijsheidstand** BN verstandskies **wijsmaken** iets vertellen wat niet waar is: *laat je door hem niets ~* **wijsneus** ❶ kind dat al vroeg veel weet of denkt te weten ❷ iemand die vaak denkt dat hij iets beter weet **wijsvinger** vinger naast de duim

wijten [weet, h. geweten] zeggen dat iemand of iets de schuld is van iets negatiefs ▾ *dat is te ~ aan* dat is de oorzaak, daar komt het door: *de botsing was te ~ aan het harde rijden van de chauffeurs* ▾ *iets aan zichzelf te ~ hebben* er zelf de oorzaak van zijn

wijting *de (m)* kabeljauwachtige witte vis (Merlangius merlangus)

wijwater r.-k. water dat door een priester gewijd is

wijze I *de (m)* [-n] ❶ wijs man II *de* [-n] ❷ manier ▾ *bij ~ van spreken* om het zo uit te drukken

wijzen [wees, h. gewezen] ❶ aanduiden, laten zien: *iemand de weg ~* ❷ aanduiden met de vinger in de richting van: *niet ~, ze kijkt onze kant op!* ▾ *vonnis ~* een vonnis uitspreken **wijzer** *de (m)* [-s] ❶ naald op een instrument die uren, hoeveelheden e.d. aanwijst ❷ wegwijzer **wijzerplaat** plaat met cijfers en strepen waarop een wijzer zich beweegt **wijzerzin** BN *de (m)* ▾ *in ~* met de wijzers van de klok mee

wijzigen veranderen **wijziging** *de (v)* verandering **wijzing** jur. *de (v)* het uitspreken van een vonnis

wiki *de* [-'s] webpagina of verzameling webpagina's waar (geregistreerde) gebruikers aan kunnen meeschrijven

wikke *de* peulgewas van het geslacht Vicia

wikkel *de (m)* [-s] stukje papier waarin iets verpakt is: *de ~ van een chocoladereep* **wikkelen** ❶ inpakken door iets om het voorwerp of de persoon heen te draaien: *een cadeau in papier ~; hij wikkelde het kind in een warme deken* ❷ fig. raken in, terechtkomen in: *hij was in een gesprek* *gewikkeld* **wikkelrok** rok die bestaat uit een lap stof die men om het onderlichaam wikkelt

wikken ❶ op de hand wegen ❷ goed nadenken over de verschillende kanten van iets ▼ ~ *en wegen* goed nadenken over

wil *de (m)* ❶ vast besluit voor zichzelf om iets te doen of te bereiken: *deze sporter heeft een sterke ~ om te winnen* ▼ *uiterste/laatste ~* testament ▼ *met de beste ~ van de wereld niet* hoe dan ook niet, absoluut niet: *het lukt me met de beste ~ van de wereld niet* ▼ *uit vrije ~* waarvoor men zelf heeft gekozen: *we gingen uit vrije ~ mee* ▼ *tegen ~ en dank* zonder het zelf echt te willen: *hij is tegen ~ en dank voorzitter geworden* ▼ *ter ~le zijn* zijn zin geven, doen wat iemand wil ▼ *een ~ hebben* koppig zijn ❷ belang, zaak ▼ *om ~le van* om, voor, in het belang van ❸ genoegen ▼ *elk wat ~s* voor ieder iets wat hij leuk vindt of waar hij wat aan heeft

wild I *bn* ❶ in natuurlijke staat: *~e zwijnen* ❷ wat vrij groeit, niet door mensen gekweekt: *~e kers* ❸ woest, onbeschaafd, onbeheerst: *~e volkeren* ❹ ongeregeld: *een ~e staking* ▼ *in het ~e weg* zonder nadenken, zonder plan **II** *het* ❺ natuurlijke, wilde staat: *planten die in het ~ groeien* ❻ dieren die tijdens de jacht geschoten worden

wildbraad *het* gebraden wild

wildbreien *ww* beoefenen van een vorm van straatkunst waarbij objecten in de openbare ruimte, zoals bomen, lantaarnpalen en banken, met breiwerkjes worden versierd

wildcard (wɑjldkàRd) *de* [-s] ❶ *sp.* uitnodiging om deel te nemen aan een toernooi of kampioenschap zonder zich daarvoor eerst te hoeven plaatsen ❷ *comp.* teken dat in een commando of zoekopdracht elk ander teken kan vervangen

wildebras *de* [-sen] wilde jongen of wild meisje **wildeman** woest persoon, woesteling

wildernis *de (v)* [-sen] gebied in de natuur dat niet door mensen verzorgd wordt en waar allerlei planten en bomen door elkaar groeien

wildgroei ❶ situatie waarin veel planten door elkaar groeien ❷ *fig.* situatie waarin veel ontstaat van iets op een chaotische manier: *een ~ aan spirituele cursussen*

wildkamperen kamperen buiten de officiële campings, bijv. in de vrije natuur

wildpark terrein waarop wilde dieren beschermd leven

wildplakken aanplakbiljetten aanbrengen zonder dat daarvoor officiële toestemming is gevraagd **wildplassen** plassen in het openbaar op een plaats waar het niet mag: *een bekeuring wegens ~*

wildrooster rooster dat wild belet een (natuur)gebied te verlaten **wildstand** hoeveelheid wild die aanwezig is in een bepaald gebied

wildvreemd helemaal onbekend ▼ *een ~ persoon* iemand die men helemaal niet kent

wildwatervaren peddelend in een heel licht bootje over wild stromend water varen

wildwestfilm western

wilg *de (m)* boom of heester van het geslacht Salix

wilgen *bn* van wilgenhout **wilgenkatje** bloeiwijze van een wilg

Wilhelmus *het* het Nederlandse volkslied

willekeur *de* ❶ vrije verkiezing, vrije wil: *u kunt naar ~ handelen* zoals u dat zelf wilt ❷ eigenmachtigheid, manier van handelen die ingaat tegen hoe het geregeld is en wat rechtvaardig is: *dat is louter ~ van hem*

willekeurig *bn* ❶ wat ingaat tegen hoe het geregeld is en wat rechtvaardig is, eigenmachtig: *~e straffen* ❷ onverschillig welk, maakt niet uit welk: *noem een ~ getal*

willen [wilde / wou, h. gewild] ❶ besloten hebben voor zichzelf om iets te doen of te bereiken: *dat meisje wil later onderwijzeres worden* ❷ wel zin hebben om te doen: *ik wil je wel helpen met je huiswerk* ▼ *hij wil er niet aan* hij weigert het te doen of te geloven ▼ *dat wil weleens voorkomen* dat gebeurt weleens ▼ *de auto wil niet starten* de auto start niet ▼ *het verhaal wil dat ...* er wordt verteld dat ... **willens** *bw* met opzet ▼ *~ en wetens* opzettelijk, terwijl iemand weet wat de nadelige effecten kunnen zijn ▼ BN ~ *nillens* tegen wil en dank

willig *bn* ❶ volgzaam, bereid te doen wat iemand vraagt: *~e volgelingen* ❷ *een ~ oor* iemand die luistert, geïnteresseerd is ❸ op seksueel gebied bereid te doen wat gevraagd wordt: *een ~ meisje* ▼ *een ~e merrie* bereid tot en op zoek naar geslachtsgemeenschap ❸ ⟨beursterm⟩ gezocht, gewild

willoos *bn* zonder eigen wil

wilsbeschikking ▼ *uiterste ~* testament

wilskracht krachtige wil om iets te bereiken **wilsonbekwaam** niet in staat tot een redelijke inschatting van zijn belangen en tot het nemen van een redelijke beslissing

wimpel *de (m)* [-s] smalle strook stof boven een vlag: *de rood-wit-blauwe vlag van Nederland met de oranje ~*

wimper *de* [-s] haartje aan een ooglid: *ze deed mascara op haar ~s*

wind *de (m)* ❶ lucht die buiten beweegt: *er staat vandaag een harde ~* ▼ *als de ~* heel snel ▼ *de ~ in de zeilen hebben* voorspoed hebben ▼ *van de ~ leven* geen inkomen, geen middelen van bestaan hebben ▼ *met alle ~en mee waaien* vaak de mening van anderen overnemen ▼ *goede raad in de ~ slaan* niet opvolgen ▼ *het gaat hem voor de ~* het gaat goed met hem, hij heeft succes ▼ *de ~ van voren krijgen* een flink standje krijgen ▼ *de ~ eronder hebben* veel gezag hebben, zodat men gehoorzaamd wordt: *die leraar heeft de ~ eronder* ▼ *wie ~ zaait, zal storm oogsten* wie onrust kweekt, wordt er zelf het slachtoffer van ❷ het ontsnappen van gas uit de anus: *hij liet een ~* **windas** *het* [-sen] rad waarmee men zware voorwerpen of lasten kan ophijsen, lier **windbuil** *de* pocher, druktemaker, praatjesmaker **windbuks** geweer waarvan de lading wordt afgeschoten door samengeperste lucht

winde *de* [-n, -s] klimplant met klokvormige bloemen van de familie Convolvulus **windei** ei zonder schaal ▼ *geen ~eren leggen* voordeel opleveren

winden [wond, h. gewonden] ❶ omwikkelen, om

iets heen draaien: *garen op een klos* ~ ❷ door
draaien ophijsen: *het anker* ~ **windenergie**
(elektrische) energie d.m.v. windkracht
winderig *bn* ❶ met veel wind: *een* ~ *vertrek* ❷ die
veel winden laat: *van dit eten word je* ~
windhaan windwijzer in de vorm van een haan
windhandel handel die als doel heeft voordeel
te behalen uit prijsverschillen **windhond** snelle
jachthond, hazewind
windhoos plotselinge korte en sterke,
ronddraaiende wind **windjack** korte winddichte
jas **windjammer** *hist. de (m)* [-s] groot zeilschip,
vooral gebruikt voor handel **windkracht**
❶ sterkte van de wind: *het waait vandaag hard:*
er is ~ *7 voorspeld* ❷ wind als drijvende kracht:
molens die op ~ *werken* **windmolen** molen die
door de wind bewogen wordt ▼ *tegen* ~*s vechten*
tegen een denkbeeldige vijand vechten
windorgel reeks buizen die tonen voortbrengen
wanneer de wind erin blaast
window ‹-doo› *comp. het* [-s] rechthoekig kader
op het beeldscherm
windroos ❶ figuur op een kompas, in de vorm
van een roos ❷ anemoon **windscherm** ❶ doek
tussen stokken die in de grond gestoken zijn, om
een windvrij plekje te maken ❷ afscherming
tegen de wind op een bromfiets, motor of
scooter
windsel *het* [-s, -en] ❶ wat om iets gewonden
wordt, vooral om een wond ❷ luier
windsingel rij bomen als beschutting tegen de
wind **windstil** zonder wind **windstoot**
plotselinge heftige vlaag wind **windstreek**
❶ richting waar de wind vandaan kan komen:
de vier hoofdwindstreken zijn het noorden, oosten,
zuiden en westen ❷ luchtstreek, gebied ergens op
aarde: *haar broers en zussen zijn over de*
windstreken verspreid **windsurfen** [windsurfte, h.
gewindsurft] over het water glijden met een zeil
aan een mast op een plank zonder roer
windtunnel ruimte waarin men proeven doet in
een kunstmatige luchtstroom, met onder andere
auto's **windvaan** vlaggetje om de windrichting
aan te geven **windwijzer** vaantje dat of haan die
de windrichting aangeeft **windzak** zak die de
richting en de kracht van de wind aangeeft
winegum ‹wajnGum› *de (m)* [-s] taai, flak
felgekleurd snoepje, gemaakt van gelatine en
zoet-, kleur- en smaakstoffen of
vruchtenconcentraten
wingerd *de (m)* [-s, -en] wijnstok ▼ *wilde* ~
bepaalde klimplant
wingewest veroverd gebied dat economisch
wordt uitgebaat
winkel *de (m)* [-s] ❶ bedrijf waar consumenten
artikelen kunnen kopen ❷ ‹vaak in
samenstellingen› bedrijf, zaak, werkplaats: *een*
schoen~ ▼ *er is werk aan de* ~ er is veel te doen
❸ ‹in samenstellingen› instelling die kosteloos
inlichtingen of hulp verstrekt: *wets*~
winkelbediende verkoopster of verkoopster in een
winkel **winkelbedrijf** bedrijf dat winkels (in
verschillende plaatsen) heeft **winkelcentrum**
plaats waar veel winkels bij elkaar zijn
winkeldiefstal diefstal van goederen uit een
winkel

winkelen winkels bezoeken om dingen te kopen
winkelgalerij rij winkels met een overdekt
voetpad ervoor **winkelhaak** ❶ werktuig om
rechte hoeken te zetten ❷ rechthoekige scheur:
ik heb een ~ *in mijn jas* **winkelier** *de (m)* [-s]
iemand die een winkel heeft of beheert
winkeljuffrouw verkoopster in een winkel
winkelketen reeks winkels van eenzelfde
concern **winkelpand** gebouw voor één of meer
winkels **winkelprijs** prijs waarvoor iets in een
winkel verkocht wordt **winkelpromenade**
winkelstraat alleen voor voetgangers
winkelwaar artikelen die in een winkel verkocht
worden **winkelwagen** ❶ grote auto die langs de
huizen rijdt en waar men boodschappen kan
doen ❷ wagentje waarin men de boodschappen
kan doen in een supermarkt
winkel-wandelstraat BN winkelpromenade
winnaar *de (m)* [-s] iemand die de beste is in een
spel of een wedstrijd, die wint
winnen [won, h. gewonnen] ❶ een voordeel, prijs
enz. behalen: *wij hebben bij de loterij een*
snelkoker gewonnen ❷ de beste zijn in een spel,
wedstrijd of strijd: *een hockeytoernooi* ~
❸ verkrijgen, halen uit: *energie* ~ *uit waterkracht*
❹ (iemands) sympathie verwerven, (iemand) aan
zijn kant krijgen: *iemand voor zich* ~
❺ toenemen in: *het verhaal wint daardoor aan*
betrouwbaarheid ❻ besparen: *ruimte* ~, *tijd* ~
winst *de (v)* ❶ het winnen van een spel, wedstrijd
of strijd: *de* ~ *ging naar de tegenpartij, die duidelijk*
de sterkste was ❷ voordeel dat men behaalt: *de*
politieke partij behaalde een ~ *van twee zetels* ❸ de
opbrengst van een product of dienst, na aftrek
van de kosten
winstaandeel gedeelte van de winst van een
bedrijf **winstbejag** *het* het erg gericht zijn op
winst, het najagen van winst: *zij nemen puur*
uit ~ *deel aan mensensmokkel* **winstbewijs** bewijs
dat men als aandeelhouder deelt in overwinst
winstdeling systeem waarbij werknemers recht
hebben op een deel van de winst van een bedrijf
winst-en-verliesrekening overzicht van de
baten en lasten van een bedrijf over een periode
winstgevend *bn* wat winst oplevert: *een* ~*e*
onderneming **winstmarge** bedrag van de winst
uitgedrukt als percentage van de omzet
winstneming *de (v)* het verkopen van effecten
met winst **winstpunt** *het* ❶ sp. gewonnen punt
❷ fig. iets wat men ergens bij wint, vooruitgang
winstwaarschuwing *de (v)* aankondiging van
een bedrijf dat de winst mogelijk lager zal zijn
dan verwacht werd
winter *de (m)* [-s] ❶ het koude jaargetijde (op het
noordelijk halfrond van 21 december tot 21
maart) ❷ winters weer, zoals sneeuw en vorst
winterband autoband met zwaar profiel
winterbed hoogte en breedte die een rivier in
de winter bereikt
winteren winter worden, winters koud zijn
wintergast vogel die ergens alleen de winter
doorbrengt **wintergezicht** (schilderij van een)
winterlandschap **wintergroen** I *het*
❶ groenblijvende plant van het geslacht Pyrola
II *bn* ❷ groenblijvend
winterhanden *de (mv)* handen die door de kou

wi

gezwollen en pijnlijk zijn **winterhard** ⟨van planten⟩ bestand tegen de winterkou
winterkleed ❶ ⟨van dieren⟩ vacht of veren in de winter ❷ kleed voor bescherming in de winter: *een ~ voor een boot* ❸ het uiterlijk in de winter: *een landschap in ~* **winterkoninkje** *het* [-s] bruin zangvogeltje met opstaand staartje (Troglodytes troglodytes) **winterpeen** wortel van een grote soort
winters *bn* zoals het in de winter is: *een ~e dag met veel sneeuw*
winterslaap beweginsloze toestand met sterk verminderde lichaamsfuncties waarin bepaalde dieren de winter doorbrengen **wintersport** sport die 's winters beoefend wordt, zoals skiën **winterstop** *de (m)* [-s] sp. periode in de winter dat een competitie stilligt **wintertarwe** tarwe die in het najaar gezaaid wordt
wintertenen *de (mv)* tenen die door de kou gezwollen en pijnlijk zijn
wintertijd ❶ tijd dat het winter is ❷ tijdrekening die 's winters geldt, bij ons één uur later dan zomertijd **wintertuin** overdekte tuin waarin ook 's winters planten groeien en bloeien **winteruur** BN, ook wintertijd **wintervoeten** *de (mv)* voeten die door de kou gezwollen en pijnlijk zijn **winterwortel** winterpeen
winti *de (m)* geloof in bovennatuurlijke wezens, dat onder andere voorkomt in Suriname
wip I *de (m)* ❶ het wippen, sprong ▼ *in een ~ in een ogenblik, heel snel* ❷ spreekt. geslachtsgemeenschap II *de* [-pen] ❸ wipplank ▼ *op de ~ zitten* bij een stemming de doorslag kunnen geven; gevaar lopen zijn baan te verliezen ❹ balans van een ophaalbrug
wipkip *de* [-pen] speeltoestel met de vorm van een kip op een veer waarop kinderen kunnen wippen **wipneus** neus met opstaande punt
wippen ❶ een lichte sprong maken ❷ op en neer gaan: *zit niet zo te ~* ❸ inform. uit zijn ambt zetten, ontslaan, de taak ontnemen aan: *de minister is gewipt* ❹ spreekt. geslachtsgemeenschap hebben
wipper *de (m)* [-s] ❶ schommelstoeltje ❷ scheepst. wippertoestel **wippertje** *het* [-s] ❶ boogbal waarbij een bal die stilligt met de punt van de voet wordt opgewipt ❷ laag stoeltje voor peuters **wippertoestel** toestel bij redding van schipbreukelingen **wipplank** plank met in het midden een draaibare onderstel, om op en neer te wippen, als speeltoestel voor kinderen **wipstoel** beweegbaar kinderzitje
WIR *de* ⟨tot 1988⟩ Wet op de Investeringsrekening
wirwar *de (m)* verward geheel
wis *bn* zeker: *ze gingen een ~se dood tegemoet ze zouden zeker sterven* ▼ *~ en zeker heel zeker, absoluut*
wisent *de (m)* Europese bizon
wishful thinking ⟨wisjfal-⟩ *de & het* denken dat meer is gebaseerd op wat men wenst dan op wat waarschijnlijk zal gebeuren
wiskunde wetenschap die zich bezighoudt met getallen en figuren **wiskundeknobbel** bijzonder talent voor wiskunde
wispelturig *bn* die steeds van gedachten

verandert en steeds iets anders wil
wissel I *de (m)* [-s] ❶ document waarin iemand aan een ander opdracht geeft op een bepaalde tijd aan de houder of toonder van dat document een bepaald bedrag te betalen ▼ *een ~ op de toekomst trekken* veronderstellen dat men in de toekomst over iets zal kunnen beschikken en daar alvast gebruik van maken ❷ sp. wisselspeler ❸ sp. aflossing in een estafettewedstrijd II *de (m) & het* [-s] ❹ constructie in de rails waardoor een trein of tram op een ander spoor gaat rijden: *het treinongeluk was veroorzaakt door een ~ die verkeerd stond*
wisselaar *de (m)* [-s, -laren] ❶ iemand die geld wisselt ❷ apparaat dat cd's e.d. wisselt
wisselbad afwisselend warm en koud bad
wisselbeker beker die telkens in het bezit komt van de nieuwe kampioen **wisselbrief** geschreven stuk waarbij iemand aan een ander opdraagt een bedrag uit te keren aan iemand anders
wisselen ❶ omruilen, iets geven voor iets anders ❷ geld van de ene geldsoort geven en van een andere terugkrijgen: *euro's ~ tegen Russische roebels* ❸ veranderen, voor iets anders in de plaats komen: *het weer wisselt erg* ❹ ⟨bij kinderen⟩ het vervangen worden van het melkgebit door het blijvende gebit
wisselgeld ❶ geld dat men terugkrijgt als men niet gepast betaalt ❷ fig. mogelijkheid bij onderhandelingen om kleine concessies te doen **wisselgesprek** telefoongesprek tijdens een ander gesprek op hetzelfde toestel **wisselkantoor** kantoor waar men geld kan wisselen **wisselkoers** ❶ prijs van een buitenlandse geldsoort in de eigen munt ❷ koers van een wissel **wissellijst** lijst waarin afbeeldingen gemakkelijk te vervangen zijn **wisselmeerderheid** BN alternatieve meerderheid in het parlement **wisseloplossing** BN alternatieve oplossing **wisselslag** ⟨zwemmen⟩ afwisselend schoolslag, rugslag, vlinderslag en vrije slag **wisselspeler** iemand die tijdens een wedstrijd een andere speler vervangt **wisselstroom** stroom waarvan de sterkte en richting snel en regelmatig wisselen **wisselstuk** BN ook (reserve)onderdeel **wisseltruc** ⟨-truuk⟩ handig bedrog bij het wisselen van geld
wisselvallig *bn* veranderlijk, onzeker: *~ weer*
wisselwerking invloed die mensen of zaken op elkaar hebben
wissen ❶ wegvegen, vooral van vocht ❷ weghalen, verwijderen: *een bestand ~* **wisser** *de (m)* [-s] voorwerp waarmee men iets wegveegt, vooral water
wissewasje *het* [-s] onbelangrijk ding, kleinigheid: *stoor me toch niet voor elk ~!*
wit I *bn* ❶ lichte kleur, blank, bleek ▼ *~te vlag* witte vlag of doek als teken van vrede of overgave ▼ *~te wijven* geesten die lijken of elfen en heksen (*in volksgeloof*) ▼ *~te vloed* vaginale afscheiding ❷ lager in prijs dan de algemeen geldende prijs ▼ *~te pomp* pomp met benzine onder de vastgestelde prijs ❸ legaal, met betaling van premies en belastingen: *~ werken*

▼ ~*te steenkool* waterkracht **II** *het* ❹ witte kleur ❺ wat wit is: *het ~ van de ogen* ❻ (druktechnisch) gedeelte dat niet bedrukt is

witbier soort licht bier **witboek** boek waarin een overheid, instantie enz. plannen, beleid, maatregelen e.d. uiteenzet: *~ van de commissie energie, ~ van jeugdzorg*

witbont wit met zwarte vlekken **witgloeiend** wit als gevolg van hitte **witgoed** ❶ witte textiel ❷ verzamelnaam voor grote elektrische huishoudelijke apparaten, zoals koelkasten en wasmachines **witgoud** zilverkleurig edelmetaal, platina **witheet** ❶ heel heet ❷ *fig.* heel kwaad, razend **without** onbeschilderd hout **witkalk** kalk om muren wit te verven **witlof**, **witloof** *het* groente met bleek blad en een bittere smaak **witsel** *het* ❶ witkalk ❷ stof waarmee linnen en schoenen wit gemaakt worden

witteboordencriminaliteit type criminaliteit dat kenmerkend is voor personen met kantoorbanen e.d., zoals fraude en belastingontduiking **wittebrood** wit brood, fijn tarwebrood **wittebroodsweken** *de (mv)* eerste weken van een huwelijk **wittekool** kool met witte bladeren

witten ❶ met witkalk bestrijken ❷ (geld) witwassen

witvis karpersoorten, vooral voorn en blei **witwassen** zwart geld legaal maken via beleggingen, investeringen e.d.

witz (wiets of wits) *de (m)* grap

WIW *de* Wet Inschakeling Werkzoekenden

wizard (-zərt) comp. *de (m)* [-s] procedure met vragen en antwoorden om een bepaald resultaat te bereiken, zoals de installatie van een programma

WK *de (mv)* wereldkampioenschap(pen)

W.L. westerlengte

wnd. waarneming

WNF *het* Wereldnatuurfonds

WNT *het* Woordenboek der Nederlandsche Taal

w.o. ❶ waaronder ❷ wetenschappelijk onderwijs

WO Wereldoorlog

WOB *de* Wet Openbaarheid van Bestuur

wodka *de (m)* [-'s] heldere kleurloze, sterk alcoholische drank

woede *de* het heel erg kwaad zijn

woeden heftig tekeergaan: *er woedde een hevige storm; al jarenlang woedt er een oorlog in Sudan* **woedend** *bn* heel boos

woef *tw* nabootsing van blaffen

woeker *de (m)* onredelijk hoge rente

woekeren ❶ woekerrente vragen, woekerwinst nemen ❷ zijn voordeel doen met ▼ ~ *met zijn talenten* zo goed mogelijk gebruikmaken van ❸ ongewenst snel groeien: *het onkruid woekert in de tuin*

woekerprijs onredelijk hoge prijs **woekerrente** onredelijk hoge rente **woekerwinst** onredelijk hoge winst

woelen ❶ onrustig zijn: *hij slaapt slecht en ligt te ~ in zijn bed* ❷ wroeten: *de egel woelde in de grond*

woelig *bn* druk, onrustig: *~e tijden* **woelingen** *de (mv)* onlusten, rellen e.d.

woelmuis hamsterachtige muis, de onderfamilie

Microtinae **woelwater** *de* [-s] beweeglijk en onrustig mens of kind

woensdag derde dag van de week

woerd mannetjeseend

woest *bn* ❶ ruw, wild, ongetemd: *een ~ uiterlijk* ❷ heel erg kwaad, woedend ❸ onbebouwd, niet ontgonnen: *~e gronden* **woesteling** *de (m)* ruw, wild mens **woestenij** *de (v)* woeste landstreek **woestijn** *de* onbegroeid, dor gebied waar het zelden of nooit regent

wok *de (m)* [-ken, -s] ijzeren pan met ronde bodem die vooral wordt gebruikt voor het bakken van oosterse gerechten, wadjan

wol *de* ❶ zacht haar van sommige dieren, zoals het schaap, de geit of de lama ❷ vezel van de vacht van schapen: *een ~ (van) ~ onder de ~ kruipen* naar bed gaan ▼ *door de ~ geverfd* heel ervaren **wolaap** geslacht apen met een grijzige of bruinige wollige vacht en een lange grijpstaart (Lagothrix)

wolf *de (m)* [wolven] ❶ hondachtig roofdier (Canis Lupus) ▼ *huilen met de wolven in het bos* hetzelfde doen als de anderen ▼ **BN** *jonge ~* jonge, ambitieuze nieuwkomer ❷ ziekte die gepaard gaat met een proces van rotting, zoals cariës

wolfraam *het* chemisch element, een heel hard grijsachtig metaal

wolfshond kruising tussen wolf en hond **wolfskers** giftige plant van de nachtschadefamilie (Atropa belladonna) **wolfsklauw** sporenplant van het geslacht Lycopodium **wolfsmelkachtigen** *de (mv)* plantengeslacht met planten met een wit stengelvocht (Euphorbia) **wolhandkrab** dicht en viltig behaarde krab (Eriocheir sinensis)

wolk *de* ❶ dichte massa fijne waterdruppeltjes ▼ *er is geen ~je aan de lucht* er dreigt geen enkel gevaar ▼ *in de ~en* opgetogen, heel blij ❷ wat op een wolk lijkt ▼ *een ~je koffiemelk* heel klein scheutje ▼ *een ~ van een baby* een prachtige gezonde baby

wolkbreuk *de* hevige regenbui **wolkendek** de gezamenlijke wolken die de hele hemel bedekken **wolkenkrabber** heel hoog gebouw **wollegras** cypergras met wollige bloem van de familie Eriophorum

wollen *bn* van wol **wolletje** *het* [-s] wollen onderhemdje **wollig** *bn* ❶ wat op wol lijkt, waar wol in zit ❷ *fig.* (van taalgebruik) verhullend en nietszeggend, vaag

wolvin *de (v)* [-nen] vrouwelijke wolf

wombat *de (m)* [-s] ❶ knaagdierachtig buideldiertje ❷ stevige rolstoel die op bijv. een zandige ondergrond kan worden gebruikt

wond *de* ❶ beschadigde plaats op het lichaam door een val, steek enz. ❷ *fig.* verdriet, leed **wonde** *de* [-n] wond **wonden** ❶ een wond toebrengen ❷ *fig.* kwetsen

wonder I *het* ❶ iets wat op een bovennatuurlijke manier tot stand komt ❷ iets buitengewoons ▼ ~ *boven ~* tegen alle verwachtingen in: *~ boven ~ had iedereen het ongeluk overleefd* **II** *bn* ❸ wat verwondering wekt, vreemd: *de ~e wereld van ...* **wonderbaar** *bn* fantastisch, ongelooflijk **wonderbaarlijk** *bn* heel bijzonder en vreemd,

WO

alsof er een wonder gebeurt: *de ~e genezing van een ernstig ziek persoon* **wonderdokter** ❶ iemand van wie men denkt dat hij wonderbaarlijke genezingen bewerkstelligt ❷ kwakzalver **wonderkind** kind dat iets al heel goed kan als het nog heel jong is: *het zesjarige ~ geeft een concert op de piano*

wonderlijk *bn* vreemd, raar: *een ~ verhaal* **wondermiddel** middel met een ongelooflijk goede uitwerking **wonderolie** vette olie uit de zaden van de wonderboom (Ricinus communis) van de wolfsmelkfamilie, gebruikt als laxeermiddel

wondkoorts koorts door infectie van een wond **wondroos** besmettelijke huidontsteking **wonen** ergens leven en daar zijn huis of woning hebben: *ik woon in Amsterdam*

woning *de (v)* huis, ruimte om in te wonen ▾ **BN** *sociale ~* woning voor kopers of huurders met minder geld, die met overheidssubsidie is gebouwd **woningmarkt** vraag en aanbod van woningen **woningnood** tekort aan woningen **woningwetwoning** huurwoning die met overheidssteun is gebouwd

woofer 〈woefər〉 *de (m)* [-s] lagetonenluidspreker **woonachtig** *bn* die op een bepaalde plaats woont: *~ te Den Haag* **woonark** huis dat op het water drijft en dat op een schip lijkt maar dat niet kan varen **woonboerderij** boerderij die helemaal tot woonruimte is verbouwd **woonboot** schip dat is ingericht als woning **wooneenheid** niet-zelfstandige woonruimte die deel uitmaakt van een groter geheel **woonerf** deel van een stad met woningen dat heel langzaam moeten rijden **woongemeenschap** *de (v)* [-pen], **woongroep** *de* aantal personen die met elkaar in hetzelfde huis wonen en samen een huishouding voeren **woonhuis** huis waarin men kan wonen **woonkamer** kamer waarin zich het huiselijk leven afspeelt, huiskamer **woonkazerne** groot pand of blok met veel kleine, armelijke woningen erin **woonkeuken** keuken die ook als kamer dient **woonplaats** stad of dorp waar iemand woont **woonruimte** ruimte die geschikt is om in te wonen **woonschip** schip dat is ingericht als woning **woonvertrek** ruimte, kamer waarin men woont

woonwagen grote wagen die als woning is ingericht **woonwagenkamp** terrein waar een aantal mensen in woonwagens bij elkaar woont **woon-werkverkeer** reizen van huis naar het werk en omgekeerd **woonwijk** wijk die vooral uit woningen bestaat **woon-zorgcomplex** geheel van woningen met gemeenschappelijke ruimtes en zorgvoorzieningen in de nabijheid

woord *het* ❶ het kleinste zelfstandige geheel van klanken met een betekenis, wat gezegd is, het gesprokene ▾ *goed zijn ~je doen* vlot zeggen wat men te zeggen heeft ▾ *in één ~* kortom ▾ *met andere ~en* anders uitgedrukt ▾ *iemand de ~en uit de mond halen* zeggen wat een ander juist wilde zeggen ▾ *onder ~en brengen* uitdrukken in taal ▾ *het ~ voeren* spreken ▾ *het ~ laten vallen* terloops ergens over spreken ▾ *een goed ~je voor iemand doen* in iemands voordeel spreken ▾ *het hoogste ~*

voeren in een gesprek de boventoon voeren ▾ *iemand te ~ staan* bereid zijn met iemand te spreken ▾ *het hoge ~ is eruit* er is gezegd wat men haast niet durfde te zeggen ▾ *met twee ~en spreken* op een beleefde manier spreken ▾ *het laatste ~ willen hebben* altijd nog een laatste opmerking of tegenwerping hebben ▾ *een ~je meespreken* iets te betekenen hebben ▾ *~en hebben* ruzie, onenigheid hebben ❷ belofte, erewoord ▾ *iemand aan zijn ~ houden* eisen dat iemand zijn belofte vervult ▾ *het Woord Gods* de Bijbel

woordbeeld uiterlijk van het gescheven of gedrukte woord **woordblind** niet in staat om in de letters die men leest het woord te herkennen **woordbreuk** het niet nakomen van een belofte **woordelijk** *bn* woord voor woord, letterlijk: *hij herhaalde het gesprek ~* **woordeloos** *bn* zonder iets te zeggen, zonder een woord uit te brengen **woordenboek** boek waarin woorden (meestal alfabetisch) geordend zijn en waarin informatie wordt gegeven zoals spelling, grammatica, betekenis of de vertaling in een andere taal **woordenschat** woordvoorraad, aantal woorden: *hij kent nog niet veel Nederlands, hij heeft een ~ van tweeduizend woorden* **woordenspel** ❶ het maken van grapjes, vooral grappige combinaties met woorden ❷ het gebruik van veel woorden waarbij de inhoud op de achtergrond raakt **woordenstrijd** ❶ onenigheid, ruzie in woorden ❷ onenigheid over woorden, niet over de inhoud **woordenwisseling** ruzieachtig gesprek **woordkeus** *de* welke woorden men kiest, hoe men iets zegt **woordmerk** deel van een merk met de naam van een organisatie of product, merknaam **woordsoort** elk van de groepen waarin de woorden zijn ingedeeld, bijv. werkwoord, lidwoord **woordspeling** grappig bedoeld gebruik in verschillende betekenissen, van een woord of van woorden die op elkaar lijken **woordvoerder** *de (m)* [-s] iemand die namens anderen spreekt

worden [werd, is geworden] ❶ ontstaan: *wat niet is, kan ~* ❷ 〈koppelwerkwoord〉 in een bepaalde toestand raken: *Matthijs wordt vandaag veertien jaar; word maar niet ziek* ❸ 〈hulpwerkwoord van de lijdende vorm〉 werkwoord dat aangeeft dat iemand of iets iets overkomt en dat hij of het dat niet zelf doet: *de jongen wordt geslagen; de vergadering wordt uitgesteld*

wordfeuden 〈wùrdfjoedən〉 [wordfeudde, h. gewordfeud] werkwoord® spelen, een variant op scrabble®, voor mobiele toepassingen **wordingsgeschiedenis** geschiedenis van het ontstaan **wordprocessor** 〈wùRtproosessər〉 comp. tekstverwerker **worgen** wurgen **workaholic** 〈wùRkəhollik〉 *de* [-s] iemand die altijd aan het werk is, die verslaafd is aan werken **workmate**® 〈-meet〉 *de (m)* [-s] inklapbare werkbank **work-out** *de (m)* [-s] trainingssessie met lichamelijke oefeningen **workshop** 〈-sjop〉 *de (m)* [-s] bijeenkomst, korte cursus waarbij men in groepsverband activiteiten ontwikkelt

worm[1] *de (m)* klein ongewerveld dier met langgerekt rond lichaam

worm[2] 〈wòRm〉 *comp. de* (vaak schadelijk) programma dat zichzelf van computer naar computer kopieert

wormstekig *bn* door wormen aangevreten: *~e appels*

wormvirus computervirus dat zichzelf via e-mail verspreidt

worp *de (m)* ❶ gooi, het werpen ❷ groep jongen die tegelijk geboren worden: *een ~ biggen*

worst *de* stuk darm of vervezelbare kunststof opgevuld met fijngemaakt vlees

worstelaar *de (m)* [-s] iemand die worstelt

worstelen ❶ vechten met het doel elkaar op de grond te krijgen ❷ *fig.* strijden, vechten, het moeilijk hebben met: *hij worstelde met de wiskundeopgave; hij worstelt met zijn homoseksualiteit*

wort *het* nog niet gegist bier

wortel I *de (m)* [-s, -en] ❶ voedingsorgaan van een plant ▼ *iets met ~ en tak uitroeien* helemaal uitroeien ▼ *~ schieten* wortels ontwikkelen; zich ergens vestigen en er voorgoed blijven ❷ *fig.* oorsprong, oorzaak: *de ~ van het kwaad* ❸ plant waarvan de wortel tot voedsel dient, peen ❹ gedeelte waarmee een tand of een haar vastzit II *de (m)* [-s] ▼ *wisk. de ~ van een getal* getal waarvan het kwadraat gelijk is aan dat getal: *de ~ van 16 is 4, want 4 x 4 = 16* **wortelen** wortel schieten, zich vastzetten ▼ *~ in* zijn oorsprong of oorzaak hebben in **wortelkanaalbehandeling** tandheelkundige behandeling waarbij ontstoken weefsel uit het wortelkanaal wordt verwijderd **wortelstok** kruipend ondergronds stengeldeel **worteltrekken** de wortel van een getal berekenen

woud *het* groot natuurlijk bos, vaak dichtbegroeid en met hoge bomen **woudezel** wilde ezel ▼ Bijb. *een ~ van een mens* fors mens **woudloper** zwervende jager **woudreus** grote boom in het woud

would-be 〈woedbie〉 *bn* die graag iets wil zijn, die zich voordoet als (zonder er de capaciteiten voor te hebben)

wout *spreekt. de (m)* politieagent

wouw I *de (m)* ❶ havikachtige vogel met een gevorkte staart, van de onderfamilie Milvinae II *de* ❷ reseda die in het wild groeit met gele bloemen waarvan vroeger een gele verfstof werd gemaakt (Reseda luteola)

WOZ Waardering onroerende zaken: *Wet* ~ Wet Waardering onroerende zaken;: *de ~-waarde van een huis* het bedrag dat het waard zou zijn en waarop de ozb wordt gebaseerd

WP winterpeil

wraak *de* actie of daad als vergelding voor het leed dat een ander iemand heeft aangedaan: *~ nemen op iemand* **wraakoefening** het nemen van wraak **wraakzuchtig** *bn* met het verlangen om zich te wreken

wrak I *het* [-ken] ❶ resten van een verongelukt schip of voertuig ❷ *fig.* iemand die erg in gezondheid is achteruitgegaan II *bn* ❸ in slechte toestand

wraken ❶ afkeuren ❷ *jur.* verwerpen als getuige of als rechter

wrakhout ❶ hout van een scheepswrak ❷ *fig.* iets van heel slechte kwaliteit

wraking *jur. de (v)* verzoek aan de rechtbank om een rechter in een zaak te vervangen omdat deze misschien partijdig is

wrang *bn* ❶ zuur en scherp: *een wrange sinaasappel* ❷ *fig.* hard, moeilijk te accepteren: *het is wel eg ~ dat de vrouw die zij heeft geholpen, haar man heeft afgepakt*

wrap 〈rep〉 *de (m)* [-s] pannenkoek van tarwebloem waarin een hartige vulling gerold is

wrat *de* [-ten] goedaardig bultje op de huid

wreed *bn* ❶ heel hard, gemeen, zonder medelijden: *een wrede straf* ❷ *jong.* heel mooi, heel goed: *een ~ feest was dat, zeg!* **wreedaard** *de (m)* [-s] iemand die heel wreed is **wreedheid** *de (v)* [-heden] ❶ het wreed-zijn ❷ wrede daad

wreef *de* [wreven] bovenkant van de voet, tussen de tenen en de enkel: *iemand met een hoge ~ past vaak moeilijk in schoenen*

wreken [wreekte, h. gewroken] iets slechts terugdoen tegen degene die iemand iets slechts heeft aangedaan: *hij heeft zich gewroken op de bedrieger* ▼ *iemand ~* het kwaad vergelden dat iemand anders is aangedaan: *ik zal mijn vermoorde zuster ~*

wrevel I *de (m)* [-s] ❶ ergernis en lichte boosheid II *bn* ❷ wrevelig **wrevelig** *bn* een beetje boos en geïrriteerd: *hij zei ~ dat hij geen tijd had voor vragen*

wriemelen ❶ door elkaar heen bewegen, krioelen: *de mieren wriemelden door het gras* ❷ kriebelen: *hij wriemelde met een grassprietje in mijn oor*

wrijfhout beschermend stuk hout aan de buitenkant van een schip om het schip tegen stoten te beschermen

wrijven [wreef, h. gewreven] ❶ over iets of langs elkaar bewegen: *zij wreef met een doek over de ring om hem te laten glimmen; zij wrijft haar koude handen tegen elkaar* ▼ *iets fijn in zijn handen* hij is heel tevreden over iets dat hem voordeel zal opleveren ❷ door wrijven fijnmaken: *iets tot poeder ~*

wrijving *de (v)* ❶ het wrijven ❷ weerstand bij een beweging doordat de bewegende vlakken niet volkomen glad zijn ❸ *fig.* onenigheid, ergernis

wrikken ❶ proberen iets los te krijgen door het heen en weer te bewegen ❷ roeien met één riem

wringen [wrong, h. gewrongen] ❶ draaiend persen of samenknijpen: *water uit een dweil ~* ❷ strak zitten, knellen: *de schoen wringt* ▼ *zich ~* zich door een smalle doorgang bewegen: *we wrongen ons door de heg de tuin in* **wringer** *de (m)* [-s] apparaat om de was uit te wringen

writer's block 〈RajtəRs -〉 gebrek aan inspiratie van een schrijver, het niet in staat zijn iets te schrijven

wrochten *scherts.* iets maken, creëren

wroeging *de (v)* diep berouw om iets wat men gedaan heeft

wroeten ❶ (zoeken door te) graven: *met je handen in de grond ~; fig. in iemands privéleven ~*

wr

❷ BN, spreekt. erg hard werken, zwoegen
wrok de (m) boosheid, haat om iets wat een
ander iemand in het verleden heeft aangedaan:
~ koesteren tegen iemand **wrokkig** bn die wrok
koestert
wrong de (m) samengewrongen doek of haar of
bundel
wrongel de gestremde melk
WRR de (m) Wetenschappelijke Raad voor het
Regeringsbeleid
WSW de Wet Sociale Werkvoorziening
WUB de Wet op de Universitaire
Bestuurshervorming
wuft bn uitdagend, oppervlakkig, lichtzinnig:
een ~ meisje
wuiven ❶ zwaaien, vooral als groet of signaal
❷ heen en weer bewegen (door de wind): het riet
wuift in de wind
wulk de slak die tot de kinkhoorns behoort en die
vooral aan de kust voorkomt (Buccinum
undatum)
wulp de (m) vogel met een lange naar beneden
gebogen snavel, die bij de snippen hoort
(Numenius)
wulps bn die eruitziet alsof hij of zij naar seks
verlangt of die verlangen naar seks oproept bij
anderen: een ~e blik; een ~e vrouw met grote
borsten en wiegende heupen
wurgcontract overeenkomst met voorwaarden
die voor een van de partijen heel nadelig zijn
wurgen de keel dichtknijpen met de dood als
gevolg **wurgseks** vorm van seks waarbij de
zuurstoftoevoer naar de hersenen wordt
beperkt, bijv. door de keel dicht te knijpen, om
een heviger orgasme te krijgen **wurgstokjes** de
(mv) oorspronkelijk oosters vechtwapen dat
bestaat uit twee stokjes met een koord of ketting
daartussen
wurm I de (m) ❶ worm II het ❷ (beetje
medelijdend) klein kind: och, dat arme ~
wurmen ❶ iets met moeite op een bepaalde
plaats krijgen: een draad door het oog van een
naald ~ ❷ met moeite naar een bepaalde plaats
gaan: ik wurmde me door de menigte
WvBR het Wetboek van Burgerlijke
Rechtsvordering
WVC (ministerie van) Welzijn, Volksgezondheid
en Cultuur
WVG de Wet Voorzieningen Gezondheidszorg
WvK het Wetboek van Koophandel
WVO de Wet op het Voortgezet Onderwijs
WvS het Wetboek van Strafrecht
WW de Werkloosheidswet
WWO de Wet op het Wetenschappelijk
Onderwijs
WWV de Wet Werkloosheidsvoorziening
www comp. world wide web, internationaal
netwerk voor het uitwisselen van informatie
wybertje® het [-s] klein ruitvormig dropje
wysiwyg ⟨wizziewiG⟩ comp. what you see is what
you get, ❶ systeem waarbij men op het
beeldscherm een tekst e.d. precies zo ziet als die
uiteindelijk wordt ❷ fig. waarbij iemand is zoals
hij zich voordoet

X

x ⟨iks⟩ de [-'en] ❶ medeklinker, vierentwintigste
letter van ons alfabet ❷ wisk. onbekende
grootheid
X ⟨iks⟩ de ❶ Romeins teken voor 10 ❷ onbekende
persoon of persoon die niet met zijn naam
genoemd wordt: meneer ~ zal ons straks iets
vertellen over zijn leven in de gevangenis
xantippe de (v) [-s] boze ruzieachtige vrouw
x-as ⟨iks-⟩ horizontale as van een
coördinatenstelsel
X-benen ⟨iks-⟩ de (mv) benen met knieën die
naar binnen staan
X-chromosoom ⟨iks-⟩ een van beide
geslachtschromosomen
Xe schei. xenon
xenofobie de (v) afkeer van, haat tegen
vreemdelingen **xenofoob** de [-foben]
vreemdelingenhater
xenon schei. het kleurloos, reukloos en
smaakloos edelgas
xenotransplantatie ⟨ksenoo-⟩ het plaatsen van
dierlijke organen in mensen
x-factor ⟨iks-⟩ de (m) charisma, uitstraling van
een artiest: deze zanger heeft een prachtige stem,
maar hij mist de ~
x-foto röntgenfoto
XL Extra Large, erg groot (kledingmaat)
XML comp. de (m) , Extensible Markup Language,
coderingssysteem volgens algemene
standaarden, waardoor data binnen diverse
formaten en toepassingen kunnen worden
gebruikt
x-stralen ⟨iks-⟩ de (mv) röntgenstralen
xtc ⟨ekstəsie⟩ de , ecstasy, drug met een
oppeppende en bewustzijnsveranderende
werking
XXL Extra Extra Large, heel erg groot
(kledingmaat)
xyleen ⟨ksie-⟩ schei. het mengsel van
dimethylbenzenen dat als oplosmiddel wordt
gebruikt
xylofoon ⟨ksie-⟩ de (m) [-s] slaginstrument met
houten of metalen staafjes

Y

y *de* [-'s] ❶ klinker, vijfentwintigste letter van ons alfabet ❷ wisk. onbekende grootheid

yachting ⟨jǒting⟩ *de (m)* BN ook zeilsport

yahtzee ⟨jatsee⟩ *het* spel met vijf dobbelstenen waarmee men combinaties moet gooien

yam ⟨jam⟩ *de (m)* [-men] yamswortel **yamswortel** wortelknol van een plant van de familie Dioscoreaceae, die op een aardappel lijkt

yang ⟨jang⟩ *het* het (actieve) mannelijke beginsel in de kosmos volgens de oosterse wijsbegeerte (*tegengestelde yin*)

yankee ⟨jenkie⟩ iron. *de (m)* [-s] Noord-Amerikaan

yard ⟨jàRd⟩ *de (m)* [-s] ❶ Engelse lengtemaat: 0,91438 meter ❷ Engelse en Noord-Amerikaanse oppervlaktemaat: 12,14 hectare

y-as ⟨ei-⟩ verticale as van een coördinatenstelsel

Y-chromosoom ⟨ei-⟩ een van beide geslachtschromosomen

yell ⟨jel⟩ *de (m)* [-s] korte zin die men met elkaar schreeuwt, bijv. voordat men een sportwedstrijd gaat spelen

yen ⟨jen⟩ *de (m)* [-s] munt en munteenheid van Japan

yes ⟨jes⟩ *tw* uitroep van enthousiaste instemming of van triomf ▼ inform. *reken maar van ~ dat staat vast, daar is geen twijfel aan*

yeti ⟨jeetie⟩ *de (m)* de 'verschrikkelijke sneeuwman', een legendarisch mensachtig wezen in het Himalayagebied

yin ⟨jin⟩ *het* het (passieve) vrouwelijke beginsel in de kosmos volgens de oosterse wijsbegeerte (*tegengestelde yang*)

yoga ⟨joo-⟩ *de* Indische meditatie, ademhalings- en lichaamsoefeningen ▼ *hatha ~ fysieke vorm van yoga die in het Westen de meeste bekendheid heeft gekregen* ▼ *bikram ~ vorm van yoga waarbij een serie van 26 yogahoudingen voor het hele lichaam wordt uitgevoerd in een ruimte met een temperatuur van ongeveer 38 graden*

yoghurt ⟨joggurt⟩ *de (m)* licht verteerbaar zuur melkproduct

yogi ⟨joogie of jooGie⟩ *de* [-'s] iemand die yoga beoefent

yorkshireterriër ⟨jòrksjər-⟩ heel klein, langharig hondenras

ypsilon ⟨upsie- of ipsie-⟩ *de* [-s] y, 25ste letter van het Latijnse alfabet, Griekse ij

yuan ⟨joe-⟩ *de (m)* [-s] munt en munteenheid van de Chinese Volksrepubliek

yucca ⟨joeka⟩ *de (m)* [-'s] sierplant met puntige stijve bladeren

yup ⟨jup⟩ *de (m)* [-pen] *young urban professional*,, **yuppie** jong iemand die erg gericht is op carrière, geld en luxe

Z

z *de* [-'en, -'s] ❶ zesentwintigste letter van ons alfabet ❷ stemhebbende medeklinker die bij de tanden wordt gevormd ❸ wisk. onbekende grootheid

Z. zuid, zuiden

z.a. zie aldaar

zaad *het* [zaden] ❶ kleine korreltjes die een plant maakt en waaruit weer nieuwe plantjes kunnen groeien ▼ *op zwart ~ zitten*, BN *op droog ~ zitten geen geld meer hebben* ❷ ⟨geen meervoud⟩ cellen waarmee een man een vrouw kan bevruchten en een mannetjesdier een vrouwtjesdier, sperma

zaadbal elk van de twee ballen die in een zakje onder de penis van een man en van een mannetjesdier hangen, testikel **zaadcel** cel van de man of een mannetjesdier die de eicel van een vrouw of vrouwtjesdier kan bevruchten **zaaddonor** iemand die zijn sperma ter beschikking stelt

zaaddoos doosvrucht die uit meer dan één vruchtblad wordt gevormd

zaadlozing *de (v)* het uitstorten van sperma uit het geslachtsdeel van een man of mannetjesdier

zaag *de* [zagen] plat stalen werktuig met scherpe tanden waarmee men iets, vooral hout, doormidden kan snijden

zaagbek eend met tandjes aan de snavel, van het geslacht Mergus

zaagmeel zaagsel

zaagsel *het* fijne houtdeeltjes die ontstaan bij zagen

zaagvis vis van de orde van de roggen waarvan de kop eindigt in een uitsteeksel met scherpe tanden (Pristis)

zaaien ❶ zaad in de aarde strooien zodat daar plantjes uit groeien: *de boer zaaide tarwe* ▼ fig. *dun gezaaid zijn weinig voorkomen* ❷ fig. doen ontstaan: *paniek ~, haat ~*

zaaigoed zaaizaden **zaailing** *de (m)* ❶ plant die uit zaad is gekweekt ❷ vrouwelijke hennep **zaaizaad** zaad om te zaaien

zaak *de* [zaken] ❶ ding, voorwerp: *in de tas zaten alleen zaken van weinig waarde* ▼ *de gang van zaken hoe de dingen gaan, het verloop ervan* ▼ *hoe staan de zaken? hoe gaat het?* ▼ *dat is niet veel ~s dat is van weinig waarde, van slechte kwaliteit* ❷ bedrijf, winkel ▼ *in een auto van de ~ rijden in een auto rijden die wordt betaald door het bedrijf waarvoor men werkt* ❸ onderwerp, kwestie: *over die ~ werd nog lang gepraat* ▼ *het is ~ om voorzichtig te zijn het is noodzakelijk dat men voorzichtig is* ▼ *gemene ~ maken met iemand met iemand samenwerken, vooral in slechte dingen* ❹ rechtszaak: *de ~ komt morgen voor*

zaakgelastigde ❶ gevolmachtigde, iemand die namens een ander een (rechts)handeling verricht ❷ vertegenwoordiger van een regering, lager in rang dan gezant **zaakregister** lijst van de behandelde onderwerpen, zaken achter in een boek **zaakvoerder** *de (m)* [-s] ❶ vertegenwoordiger, agent ❷ BN ook

za

bedrijfsleider zaakwaarnemer iemand die de zaken van een ander behartigt

zaal *de* [zalen] ❶ grote kamer in een gebouw, bijv. in een ziekenhuis, voor vergaderingen, voorstellingen of om in te sporten ❷ *fig.* het publiek in een zaal bij een voorstelling: *de ~ reageerde met applaus* **zaalsport** sport die in een zaal wordt beoefend **zaalvoetbal** voetbal dat in een zaal wordt gespeeld, futsal **zaalwachter** bewaker in een zaal die toegankelijk is voor publiek

zacht *bn* ❶ niet hard, week: *~e kussens* ▼ *een ~ prijsje* een lage prijs ▼ *de ~e sector* sociologen, pedagogen, psychologen e.d. ❷ niet luid of fel: *zet die muziek wat ~er; ~e kleuren* ❸ niet streng, niet koud: *een ~e winter* ❹ niet snel, langzaam, geleidelijk: *~ fietsen; een ~e landing* ❺ vriendelijk, lief, niet hard of gemeen: *een ~ karakter hebben* ❻ niet ruw of grof: *een ~e aanraking* ▼ *op zijn ~st gezegd* zo gunstig mogelijk uitgedrukt ❼ niet wreed of pijnlijk: *een ~e dood*

zachtaardig *bn* met een zacht karakter, vriendelijk

zachtboard ⟨-boord⟩ *het* zachte plaat van vezelstof **zachthout** naaldhout

zachtmoedig *bn* zachtaardig, niet streng of onvriendelijk **zachtzinnig** *bn* zacht, niet streng, voorzichtig: *hij behandelt haar bepaald niet ~ en slaat haar regelmatig*

zadel *het & de (m)* [-s] zitting van leer of plastic op een fiets, motor e.d. of op een paard ▼ *stevig in het ~ zitten* een positie hebben waaruit iemand niet gauw ontslagen of weggestuurd zal worden ▼ *iemand in het ~ helpen* aan een goede positie helpen

zadeldak dak met twee dakvlakken die schuin naar elkaar toe lopen **zadeldek** ❶ dekkleed over een paard, onder een zadel ❷ overtrek over het zadel van een fiets **zadelen** een zadel leggen op: *zijn paard ~* **zadelpijn** pijn in het zitvlak na lang fietsen of paardrijden **zadelriem** riem waarmee het zadel op een paard wordt vastgemaakt

zagen ❶ snijden met een zaag ❷ *fig.* een krassend geluid maken, bijv. op een viool ❸ *BN, spreekt.* zeuren

zagevent *BN, spreekt.* zeurpiet

zak *de (m)* [-ken] ❶ slap voorwerp van papier, textiel e.d. om iets in op te bergen ▼ *in ~ en as zitten* moedeloos, wanhopig zijn ▼ *inform. geen ~ niets: er is geen ~ aan* ▼ *inform. iemand de ~ geven* iemand ontslaan ❷ deel van een kledingstuk waarin men iets opbergt ▼ *die kan hij in zijn ~ steken* die opmerking was raak, daar kan hij over nadenken ▼ *iemand in zijn ~ hebben* iemand door en door kennen, iemand kunnen laten doen wat men wil ▼ *op ~ hebben* bij zich hebben ❸ *spreekt.* balzak, scrotum ❹ *spreekt.* vervelende slappe vent ❺ gat in de tafel bij poolbiljart en snooker waardoor de ballen vallen

zakcent zakgeld **zakdoek** doekje om de neus in te snuiten

zake *zn* zaak ▼ *dat doet niets ter ~* dat heeft er niets mee te maken ▼ *onverrichter ~* zonder het doel bereikt te hebben

zakelijk *bn* ❶ wat te maken heeft met een zaak of zaken: *~e aangelegenheden* ❷ waarbij men zich tot de zaken, de feiten bepaalt, zonder persoonlijke gevoelens of meningen

zakelijkheid *de (v)* het zakelijk zijn ▼ *de nieuwe ~* kunstrichting in het begin van de twintigste eeuw, vooral in de architectuur, waarbij de vorm van een kunstwerk volledig werd bepaald door zijn functie

zakencijfer *BN, ook* omzet **zakenkabinet** tijdelijke regering die niet gevormd is op basis van politieke beginselen of een Kamermeerderheid **zakenleven** de wereld van commerciële bedrijven, handel e.d. **zakenman** *de (m)* [-nen, -lui, -lieden] man die een bedrijf leidt, handeldrijft enz. **zakenrelatie** ❶ het doen van zaken met iemand ❷ iemand die men kent doordat men zaken met hem doet **zakenvrouw** vrouw die een bedrijf leidt, handeldrijft enz.

zakformaat klein formaat van boeken, rekenmachines e.d. zodat men deze in de zak van een kledingstuk kan meenemen **zakgeld** geld voor kleine dagelijkse uitgaven, vooral geld dat kinderen van hun ouders krijgen om vrij te besteden **zakjapanner** *inform.* kleine rekenmachine

zakken ❶ dalen, lager worden: *het water zakt* ▼ *de moed niet laten ~* de moed niet verliezen, optimistisch blijven ❷ niet slagen voor een examen of test ▼ *BN, inform. iemand ~ voor Frans* iemand laten zakken voor Frans

zakkenroller *de (m)* [-s] iemand die uit de zakken of tassen van mensen steelt **zakkenvuller** *de (m)* [-s] iemand die veel geld verdient ten koste van anderen **zakkenwasser** *de (m)* [-s] akelig, waardeloos persoon, idioot, sufferd

zaklamp kleine lantaarn die men in de zak van een kledingstuk kan doen **zaklantaarn** zaklamp **zaklopen** als vermaak hardlopen met een zak om de benen

zalf *de* [zalven] vette stof die de huid minder droog maakt of die werkt als medicijn: *hij smeert ~ op zijn armen tegen de jeuk*

zalig *bn* ❶ *r.-k.* eeuwig gelukkig (in het hiernamaals) ❷ gelukkig, wat geluk brengt: *ik wens u een ~ kerstfeest; het is ~er te geven dan te ontvangen* ❸ heerlijk, verrukkelijk: *wat een ~ weer! zaliger bn* die overleden is: *zijn vader ~*

zaligheid *de (v)* ❶ *r.-k.* toestand van de zalige, het eeuwige geluk in het hiernamaals: *de eeuwige ~* ▼ *BN, spreekt. iemand zijn ~ geven* iemand flink de waarheid zeggen ❷ hoge mate van geluk, iets wat dat gevoel geeft: *wat een ~, zo op het strand te liggen* **zaligmakend** *bn* eeuwig, wat een groot geluk geeft: *geld is niet ~* lost niet alle problemen op, maakt niet dat alles helemaal goed is **Zaligmaker** ⟨christendom⟩ Jezus Christus als degene die het heil brengt als bemiddelaar tussen God en de mens, Heiland **zaligverklaring** verklaring door de paus dat een gestorvene zalig is

zalm *de (m)* zeevis met rood vlees die voor het kuitschieten de rivieren op zwemt (Salmonidae) **zalmforel** forel met rood vlees, als van een zalm (Salmo trutta) **zalmkleurig** bleekrood

zalven ❶ met zalf insmeren ❷ met zalfolie begieten: *iemand tot koning ~* **zalvend** *bn* ❶ wat troost brengt: *~e woorden spreken* ❷ die op een irritant zeurderige manier van zichzelf denkt dat hij een ander helpt: *dat ~e toontje van haar, alsof ze je van de ondergang redt*

zand I *het* ❶ heel kleine korrels van steen, natuurlijke stof die veel voorkomt op aarde ▼ *het hangt als los ~ aan elkaar* iedere samenhang ontbreekt ▼ *iemand ~ in de ogen strooien* hem bedriegen, wat wijsmaken ▼ *~ erover!* laten we het maar vergeten en er niet meer over praten ▼ *in het ~ bijten* op de grond vallen, van zijn paard vallen; sneuvelen II *het* [-en] ❷ zandgrond, zandplaat

zandbak bak met zand waar kinderen in kunnen spelen **zandbank** zandige ondiepte in een zee, rivier e.d.

zanderig *bn* met (veel) zand: *~e grond; ~e andijvie*

zanderij *de (v)* plaats waar zand gegraven wordt **zandgrond** grond die voor een groot deel uit zand bestaat **zandhaas** ❶ hazensoort met een lichte kleur ❷ *scherts.* infanterist

zandig *bn* met (veel) zand: *een ~e kust*

zandkoekje *het* [-s] zacht korrelig koekje

zandloper glas dat in het midden heel smal is en waarin zand uit het bovenste gedeelte naar het onderste gedeelte loopt binnen een bepaalde tijd **zandmannetje** niet-bestaand personage dat kinderen in slaap laat vallen door ze zand in de ogen te strooien, Klaas Vaak **zandplaat** plaats in een zee of rivier waar zand zich heeft opgehoopt, ondiepe plek **zandsteen** soort zachte natuursteen die in verschillende kleuren voorkomt **zandstorm** storm die veel zand doet opwaaien en die geregeld voorkomt in woestijnen **zandstralen** [zandstraalde, h. gezandstraald] iets schoonmaken door er een krachtige straal zand op te spuiten: *de gevel van dit oude huis wordt gezandstraald*

zandtaartje ❶ zacht korrelig gebak ❷ (meestal door een kind gemaakt) namaaktaartje van zand

zandverstuiving *de (v)* ❶ het verplaatsen van zand door de wind ❷ plaats waar zand wordt of is verplaatst door de wind **zandvlo** soort vlo in de tropen die ontstekingen veroorzaakt **zandvormpje** *het* [-s] stuk kinderspeelgoed om figuurtjes van zand te maken **zandweg** weg van zand **zandwoestijn** woestijn die (bijna) alleen bestaat uit zand **zandzuiger** baggermolen die zand opzuigt en door een buis wegperst

zang *de (m)* het zingen van iets wat gezongen wordt: *de ~ van de nachtegaal* ▼ *veel noten op zijn ~ hebben* veel eisen **zanger** *de (m)* [-s] iemand die zingt: *de ~ van de band* **zangeres** *de (v)* [-sen] vrouw die zingt: *zij is opera~*

zangerig *bn* als gezongen, wat melodieus klinkt: *een ~ dialect* **zangkoor** groep mensen die samen zingen **zanglijster** grijsbruine zangvogel met witte, bruin gespikkelde buikzijde (Turdus) **zangstem** ❶ stem die geschikt is om te zingen ❷ gezongen deel van een muziekstuk **zangvogel** vogel die zingt, die behoort tot de grote orde van de Passeriformes **zangzaad** soort voer voor vogels waarvan gezegd wordt dat het het zingen bevordert

zaniken vervelend praten, zeuren, klagen, voortdurend over hetzelfde praten

zappen ⟨zep-⟩ met de afstandsbediening snel achter elkaar televisiekanalen afgaan om te kijken wat er wordt uitgezonden

zarzuela ⟨-zoeweelaa⟩ *de* Spaanse stoofpot van vis en groenten

zat *bn* ❶ *inform.* dronken ❷ die genoeg gegeten heeft, verzadigd ❸ in overvloed, meer dan genoeg: *we hebben tijd ~* ❹ beu ▼ *ik ben het ~* ik heb er genoeg van ▼ *plecht. hij is oud en der dagen ~* hij is oud en heeft genoeg van het leven

zaterdag zesde dag van de week

zatlap *de (m)* [-pen] dronkaard

zavel *de (m) & het* klei met zand

ZB, Z.Br. zuiderbreedte

zbo *het* [-'s] *zelfstandig bestuursorgaan*, organisatie die zelfstandig overheidstaken uitvoert zonder dat een ministerie erop kan worden aangesproken, zoals de Kamer van Koophandel

Z.Br. → ZB

ze *vnw* ❶ vorm van 'zij' zonder nadruk (derde persoon enkelvoud vrouwelijk en derde persoon meervoud): *~ is mijn vriendin; ~ zijn mijn vrienden* ❷ haar: *waar is Ans, heb je ~ gezien?* ❸ hen, hun: *mijn vrienden wonen in Parijs, ik schrijf ~ regelmatig* ❹ men, de mensen: *~ zeggen dat er regen komt* ▼ *eet ~* eet lekker

zeboe *de (m)* [-s] rund met een vetbult achter de nek, uit Azië en Afrika

zebra *de (m)* [-'s] ❶ gestreept paardachtig zoogdier ❷ zebrapad **zebrapad** plaats met witte stroken op de weg waar voetgangers kunnen oversteken

zede *de* [-n] idee over hoe men zich moet gedragen en het gedrag dat daarbij hoort, gebruik: *dit volk kent merkwaardige ~n* ▼ *de ~n* manier waarop mensen zich binnen een cultuur gedragen, vooral op het gebied van seksualiteit: *dit gedrag is in strijd met de goede ~n* ▼ *een vrouw van lichte ~n* een prostituee **zedelijk** *bn* ❶ wat te maken heeft met de zeden ❷ zoals het hoort volgens de opvattingen en gewoonten van een volk, vooral op het gebied van seks **zedeloos** *bn* losbandig, slecht, onfatsoenlijk **zedendelict** misdaad die met seks te maken heeft: *verkrachting is een ~* **zedendelinquent** iemand die een zedendelict begaat **zedenleer** ❶ leer van de goede zeden ❷ BN maatschappijleer en moraal als schoolvak **zedenmeester** iemand die anderen de les leest over de morele kant van dingen die ze doen **zedenmisdrijf** misdaad die met seks te maken heeft: *verkrachting is een ~* **zedenpolitie** politieafdeling die zedenmisdrijven, zoals verkrachting, opspoort en bestrijdt **zedenpreek** het uitspreken van kritiek, commentaar op de morele kant van dingen die iemand doet: *ik kreeg een ~ omdat ik samenwoon en niet wil trouwen*

zedig *bn* ingetogen, bescheiden, preuts: *een ~ meisje; ~ sloeg ze haar ogen neer*

zee *de* [-ën] ❶ grote, uitgestrekte hoeveelheid zout water: *de ~ ten westen van Nederland en België is de Noordzee* ▼ *recht door ~ ~* zijn oprecht, eerlijk zeggen wat men wil of denkt ▼ *met iemand in ~ gaan* samen met iemand iets ondernemen ❷ hoge golf: *er staat veel ~* ❸ grote hoeveelheid, overvloed: *een ~ van licht*

zeeanemoon dier met mooie kleuren, dat op een bloem lijkt en dat zich vasthecht aan basaltblokken e.d. **zeearm** smalle inham van de zee **zeebanket ❶** zeevis als lekker eten **❷** soort bonbons **zeebenen** *de (mv)* ~ *hebben* gewend zijn om op volle zee te varen **zeebeving** beweging van de zee als gevolg van een aardbeving **zeebonk** *de (m)* stoere zeeman **zeedijk** dijk die het land beschermt tegen de zee **zeeduivel** zeevis van de soort Lophius piscatorius **zee-egel** stekelhuidig, min of meer rond zeedier met aan de buitenkant een kalkskelet, van de orde van de Echinoidea **zee-engte** nauwe doorgang van de zee tussen twee landen

zeef *de* [zeven] voorwerp met kleine gaatjes om iets mee te zeven, bijv. thee: *zo lek als een* ~ **▼** *een geheugen als een* ~ waarbij iemand niets onthoudt

zeefbeen been met veel gaten, boven de neusholte **zeefdruk ❶** het drukken door middel van een sjabloon dat is aangebracht op zijde of gaas **❷** drukwerk dat op die manier ontstaat **zeeg** *de* [zegen] gebogen lijn in een constructie, zoals een schip of een wiek van een molen **zeegang** beweging van het zeewater door de wind **zeegat** toegang tot de zee **▼** *het* ~ *uit varen* de zee op varen **zeegezicht ❶** uitzicht op zee **❷** schilderij van de zee

zeegod god die in zee leeft, vooral Neptunus **zeegras** wier met lange lintvormige bladeren (Zostera) **zeehond** zeezoogdier en roofdier met een dikke speklaag, dat een hees blaffend geluid maakt (familie Phocidae): *er komen veel ~en voor in de Waddenzee* **zeehondencrèche** verzorgingscentrum voor zieke en moederloze zeehonden

zeeklas BN verblijf van een klas aan zee met aangepaste lessen **zeeklimaat** klimaat dat door de zee beïnvloed is: koele zomers, zachte winters **zeekoe** *de* [-koeien] in zee levend zoogdier van de familie Sirenia dat planten eet en dat een beetje op een walvis lijkt **zeekraal** zoutwatergroente met verdikkingen aan de bladeren (Salicornia)

zeel *het* [zelen] draagband **▼** BN *aan één/hetzelfde* ~ *trekken* één lijn trekken, allemaal op dezelfde manier handelen

zeeleeuw grootste soort zeerob (Zalophus californianus) **zeelieden** mensen die voor hun beroep op zee varen **zeelt** *de* karperachtige zoetwatervis met een slijmerige huid (Tinca tinca) **zeelui** zeelieden **zeem** *de (m) & het* [zemen] lap van zeemleer, vooral bij het wassen van ramen **zeemacht ❶** vloot oorlogsschepen, marine **❷** sterkte van de vloot oorlogsschepen **❸** staat die een vloot oorlogsschepen bezit **zeeman** *de (m)* [-nen, -lieden, -lui] iemand die voor zijn beroep op zee vaart **zeemansgraf** zee als laatste rustplaats voor een zeeman die op zee gestorven is **zeemanshuis** tehuis voor zeelieden aan wal

zeemeermin *de (v)* [-nen] vrouw in sprookjes en andere verhalen met een onderlichaam als van een vis **zeemeeuw** meeuw die voornamelijk aan zee leeft **zeemijl** 1851,85 meter **zeemijn** mijn die in zee is gelegd

zeemlap stuk zeemleer, vooral gebruikt bij het wassen van ramen **zeemleer** zacht leer dat op een speciale manier gelooid is, voor het schoonmaken van ramen

zeemogendheid land dat een oorlogsvloot heeft

zeemzoet BN heel zoet

zeen *de* [zenen] pees: *er zaten veel zenen in de worst*

zeep *de* [zepen] schoonmaakmiddel dat schuimt als men er water bij doet: *zijn handen wassen met* ~ **▼** BN *bruine* ~ groene zeep, soort niet-compacte zeep voor huishouddoeleinden **▼** *iemand om* ~ *helpen* iemand vermoorden **▼** *iets om* ~ *helpen* iets doen mislukken

zeepaardje *het* [-s] zeevisje met een soort paardenhoofd dat rechtop zwemt (Hippocampus)

zeepbel ❶ luchtbel van water met zeep **❷** fig. iets wat waardevol lijkt maar waarvan blijkt dat het niets voorstelt: *de interneteconomie bleek een* ~ *te zijn* **zeepkist ❶** kist om zeep in te verzenden **❷** wagentje met stuur en rubberbanden

zeepok weekdiertje met kalkschaal dat zich ondere andere op palen vastzet (Balanomorpha) **zeeppoeder** zeep in poedervorm, bijv. om de was mee te doen **zeepsop** schuimend water met opgeloste zeep

zeer I *het* **❶** pijn: *die klap deed* ~ **❷** verdriet: *die opmerking deed* ~ **▼** *oud* ~ verdriet of kwaadheid om iets van een tijd geleden **II** *bn* **❸** pijnlijk: *ik heb een zere vinger* **▼** fig. *iemand tegen het zere been schoppen* op een gevoelig punt kwetsen **III** *bijwoord* **❹** erg, in hoge mate: *New York is een* ~ *grote stad; het spijt me* ~ **▼** *ten* ~*ste* heel erg, in de hoogste mate: *ik waardeer het ten* ~*ste dat je aan me gedacht hebt*

zeerecht recht dat te maken heeft met zeehandel en zeevaart

zeerob ❶ zeehond **❷** echte zeeman **zeerot** *de (m)* [-ten] ervaren zeeman **zeerover** iemand die schepen overvalt en berooft

zeerst *bw* **▼** *ten* ~*e* heel erg, in de hoogste mate: *ik waardeer je hulp ten* ~*e* → **zeer**

zeeschip schip dat geschikt is om op zee te varen

zeeschuimer *de (m)* [-s] zeerover **zeeslag** gevecht tussen legers op zee **zeesleper** sleepboot op zee **zeespiegel** oppervlakte van het water van de zee

zeester stekelhuidig dier met stervormig lichaam van de orde Asteroidea **zeestraat** smalle verbinding tussen twee zeeën

zeevaarder *de (m)* [-s] zeeman **zeevaart** scheepvaart op zee, het varen op zee: *hij werkt in de* ~ *als stuurman* **zeeverkenner** padvinder te water

zeevruchten *de (mv)* eetbare schaal- en schelpdieren

zeewaardig *bn* geschikt om op zee te varen: *een* ~ *schip* **zeewaarts** *bw* naar zee **zeeweg** route over zee **zeewering** *de (v)* datgene wat het land beschermt tegen het binnendringen van de zee: dammen, dijken, duinen enz. **zeewezen** alles wat betrekking heeft op zeevaart **zeewijding** BN jaarlijkse zegening van de zee (op 15 augustus) met een traditioneel en religieus karakter **zeewind** wind uit zee

zeewolf roofvis met sterke kegelvormige tanden (Anarhichas lupus) **zeeziekte** het zich ziek voelen door het bewegen van een schip op de golven

zefier I *de (m)* [-en, -s] ❶ zachte (zuidwesten)wind II *het & de (m)* ❷ bepaalde katoenen stof

zeg *tw* ❶ woord waarmee men aankondigt dat men iets gaat zeggen, luister eens: *~, heb jij even tijd?* ❷ woord dat een gevoel uitdrukt: *spannend wat jij hebt meegemaakt, ~!*

zege *de* [-s] overwinning

zegel I *het* [-s] ❶ figuur die in lak of was is gedrukt en de afdruk daarvan ❷ voorwerp waarmee men zo'n figuur afdrukt, stempel II *de (m)* [-s] ❸ stukje papier dat ergens op geplakt kan worden en dat een bepaalde waarde vertegenwoordigt, zoals een postzegel **zegelen** van een zegel voorzien

zegelring ring waarin een stempel is uitgesneden

zegen *de (m)* ❶ gebaar en woorden waarmee een priester de bescherming van God geeft: *mijn ~ heb je* wat mij betreft mag het, ga je gang maar ❷ geluk, heil, voorspoed ▼ *op dit werk rust geen ~* het gaat de hele tijd mis ❸ iets wat geluk brengt: *de regen was een ~ voor de boeren na de lange periode van droogte* **zegenen** ❶ door een bepaald gebaar (en bepaalde woorden) de bescherming van God geven: *de paus zegende de menigte* ❷ begunstigen, voorspoed geven: *hij is gezegend met een goed stel hersens* hij heeft het geluk dat hij intelligent is ▼ *in ge~de omstandigheden* zwanger **zegening** *de (v)* ❶ het zegenen ❷ voorspoed, weldaad ▼ *tel je ~en* wees blij met wat je hebt (en wees niet ontevreden over wat je niet hebt)

zegepraal overwinning **zegetocht** triomftocht **zegevieren** [zegevierde, h. gezegevierd] de overwinning behalen **zegezeker** BN overtuigd van de overwinning

zegge I *de* [-n] ❶ grassoort, rietgras (Carex) II *ww* ❷ ⟨op cheques e.d.⟩ formule ter inleiding van de weergave van een geldbedrag in woorden: € *1000,-, ~ duizend euro*

zeggen I *ww* [zei / zegde, h. gezegd] ❶ in woorden uitspreken ▼ *dat is niet gezegd* dat is niet zeker ❷ schriftelijk vermelden: *de wet zegt* ❸ oordelen, vinden: *wat ~ jullie ervan?* ❹ inbrengen, opmerken: *iets te ~ hebben* ❺ bevelen: *hou daarmee op, zeg ik!* ❻ aanmerken, verwijten: *er is niets op hem te ~* ❼ betekenen: *dat wil ~* II *het* ❽ wat gezegd wordt ▼ *het voor het ~ hebben* de baas zijn

zeggenschap *de (v)* invloed, recht om over iets te beslissen: *ik heb daar geen ~ over*

zeggingskracht overtuigingskracht, overtuigingskracht bij het spreken: *deze beelden zijn al zo vaak getoond, die hebben geen ~ meer*

zegje *het* ▼ *zijn ~ doen* zeggen wat men over iets

te zeggen heeft of wat men ervan vindt

zegsman *de (m)* [-lieden] iemand die iets zegt of vertelt, woordvoerder: *de reddingsoperatie verloop voorspoedig, vertelt een ~ van de politie* **zegswijze** vaste veelgebruikte uitdrukking

zeik vulg. *de (m)* urine ▼ *iemand in de ~ nemen/zetten* in het openbaar voor de gek houden, belachelijk maken **zeiken** [zeikte / zeek, h. gezeikt / gezeken] ❶ vulg. urineren, plassen ❷ spreekt. zeuren, zaniken, vervelende dingen zeggen ❸ spreekt. stortregenen **zeikerd** spreekt. *de (m)* [-s] iemand die zeurt, vervelend doet **zeiknat** spreekt. heel erg nat **zeikstraal** vulg. vervelend, naar persoon

zeil *het* ❶ groot stuk doek aan de mast van een schip om wind te vangen ▼ *alle ~en bijzetten* al het mogelijke doen ▼ *onder ~ gaan* wegvaren; fig. inslapen ▼ *met opgestoken ~ boos: met opgestoken ~ kwam ze op hem af* ❷ geprepareerd doek voor zonneschermen e.d. ❸ waterafstotend doek ❹ waterafstotende vloerbedekking

zeilboot boot met een zeil waarmee men op windkracht kan varen **zeildoek** doek waarvan zeilen gemaakt worden

zeilen ❶ varen met behulp van een zeil of zeilen waarmee men wind vangt ❷ door de wind voortbewogen worden, door de lucht bewegen: *de bal zeilde door de lucht* ❸ fig. op een beetje zwaaiende manier lopen: *hij zeilde van links naar rechts over het trottoir* **zeilkamp** kamp voor zeilers, vooral bedoeld om te leren zeilen **zeilschip** schip dat vaart door middel van zeilen

zeis *de* mes aan een lange stok om gras e.d. te maaien ▼ *de man met de ~* de dood

zeker *bn* ❶ buiten gevaar, veilig: *hij voelde zich ~ in zijn schuilplaats* ▼ *op ~ spelen* geen risico's nemen ▼ *het ~e voor het on~e nemen* geen risico nemen, kiezen voor de veiligste mogelijkheid ❷ waarbij men weet dat het zo is, waarbij men niet twijfelt: *ik ben er ~ van* ▼ *vast en ~,* BN ook ~ *en vast* gezegd als sterke bevestiging ❸ waarschijnlijk, denkelijk: *hij is er nog niet, hij heeft ~ de trein gemist* ❹ onbekend, die niet nader wordt genoemd of die men niet nader wil noemen: *een ~e Van den Berg*

zekeren beveiligen: *een elektrische leiding ~* ▼ *het touw ~* bij bergbeklimmen het touw ergens stevig aan vastmaken zodat een bergbeklimmer niet neerstort als hij bijv. uitglijdt

zekerheid *de (v)* ❶ het zeker zijn van iets, het zeker weten van iets: *ik weet het met ~* ❷ veiligheid: *de ~ van een vaste baan* ▼ *voor de ~* voor als het nodig mocht zijn ▼ *sociale ~* zekerheid die men heeft door de sociale verzekeringen: *het regent niet maar ik neem voor de ~ toch een paraplu mee* ❸ onderpand: *~ stellen* **zekerheidshalve** *bw* voor de zekerheid **zekerheidstelling** *de (v)* het stellen van zekerheid, onderpand

zekering *de (v)* ❶ inrichting die, voorwerp dat de elektrische stroom onderbreekt zodra deze te sterk wordt, stop ❷ ⟨bergsport⟩ middel, zoals een haak, om te voorkomen dat iemand tijdens het klimmen naar beneden stort

zelden *bw* niet vaak, in een heel enkel geval **zeldzaam** *bn* ❶ wat niet veel voorkomt: *een*

ze

zeldzame plant ❷ buitengewoon: *dat is ~ brutaal*
zeldzaamheid *de (v)* [-heden] ❶ het zeldzaam
zijn ❷ iets zeldzaams: *een vriendelijk woord van
hem is een ~*
zelf I *vnw* ❶ achter persoonsnamen, zelfstandige
naamwoorden en voornaamwoorden als
nadrukkelijke verwijzing naar de genoemde
persoon of zaak: *de omslag is prachtig, maar het
boek ~ valt tegen* ❷ als versterking van een
genoemde eigenschap (*ook 'zelve'*): *hij was de
onschuld ~* ❸ eigenhandig, zelfstandig: *ik heb
mijn fiets ~ gerepareerd* **II** *het* ❹ het eigen wezen,
het diepste innerlijk
zelfbedieningswinkel winkel waar de klant zelf
de artikelen pakt en aan de uitgang afrekent
zelfbedrog het zichzelf van iets overtuigen ook
al weet men eigenlijk wel dat het niet klopt
zelfbeheersing *de (v)* het bedwingen van zijn
neigingen en driften en hartstochten: *toon wat
meer ~ en reageer niet meteen zo woedend*
zelfbehoud het ervoor zorgen dat men zich
staande houdt en in leven blijft
zelfbeschikkingsrecht ❶ recht om zelf te
beslissen over zichzelf ❷ recht voor een gebied
om zelf te beslissen bij welk land het wil horen
zelfbestuur eigen, zelfstandig bestuur
zelfbevrediging ❶ het zichzelf tevreden stellen
❷ het zichzelf seksueel bevredigen, masturbatie
zelfbewust, zelfbewust met besef van zijn
eigen waarde en kwaliteiten **zelfbewustzijn**
❶ het besef dat men een persoonlijk wezen, een
individu is ❷ het zich bewust zijn van zijn
waarde en kwaliteiten
zelfde *bn* ❶ die of wat men al eerder heeft
gezien, gehoord e.d. of die of wat al eerder is
genoemd: *ik heb die~ vrouw hier gisteren ook
gezien* ❷ die of wat er precies op lijkt: *jij hebt
het~ jack aan als ik*
zelfdoding *de (v)* het doden van zichzelf,
zelfmoord **zelfgenoegzaam** *bn* heel tevreden
met zichzelf zonder zijn eigen fouten te zien
zelfgevoel gevoel van eigenwaarde,
zelfbewustzijn
zelfhulp het zichzelf redden of elkaar helpen
zonder professionele begeleiding
zelfingenomen heel erg tevreden met zichzelf
zelfkant ❶ zijkant van een weefsel dat is
gevormd door inslag ❷ fig. de minste
elementen, de minder fraaie kant: *junks,
daklozen en anderen die leven aan de ~ van de
maatschappij*
zelfklevend *bn* wat kleeft zonder dat het van
tevoren vochtig gemaakt hoeft te worden: *~e
enveloppen* **zelfklever** *de (m)* [-s] ❶ **BN** sticker
❷ postzegel die men kan plakken zonder hem
nat te maken
zelfkritiek kritiek op zichzelf
zelfmoord het doden van zichzelf
zelfmoordaanslag actie of aanval waarbij de
kans dat de pleger omkomt, heel groot is
zelfontbranding *de (v)* het verschijnsel dat
sommige stoffen uit zichzelf gaan branden
zelfontspanner ⟨aan een fototoestel⟩ inrichting
waardoor de sluiter vanzelf gaat werken
zelfportret portret dat een schilder van zichzelf
heeft gemaakt

zelfredzaamheid *de (v)* het voor zichzelf
kunnen zorgen **zelfregulering** *de (v)* het ervoor
zorgen dat binnen de eigen kring, sector geen
slechte dingen gebeuren **zelfreinigend** *bn* in
staat zichzelf schoon te maken **zelfrespect**
respect, eerbied voor zichzelf, besef van zijn
eigen waarde **zelfrijzend** *bn* wat rijst zonder
gist: *~ bakmeel*
zelfs *bw* ❶ ook, hoewel men anders zou
verwachten: *~ tegen kinderen is hij onvriendelijk*
❷ sterker nog: *ik vind hem vervelend, soms ~
onuitstaanbaar*
zelfstandig *bn* die
dingen zelf doet, voor zichzelf zorgt, zonder de
hulp of toestemming van anderen,
onafhankelijk **zelfstandigenaftrek** *de (m)*
vermindering van belasting voor iemand die als
zelfstandige werkt, doordat hij over een deel van
zijn inkomsten geen belasting hoeft te betalen
zelfstudie het zelf studeren, zonder hulp van
een leraar, school e.d.
zelfverklaard *bn* die dat van zichzelf zegt: *een ~
genie*
zelfverloochening *de (v)* het achterstellen van
eigen verlangens of belangen voor iets of
iemand anders **zelfverminking** *de (v)* het zichzelf
bewust verminken **zelfvertrouwen** vertrouwen
in eigen waarde en kunnen **zelfverwijt** verwijt
dat iemand zichzelf maakt, het zichzelf kwalijk
nemen dat men iets fout heeft gedaan
zelfverzekerd zeker van zichzelf, overtuigd van
zijn eigen waarde en capaciteiten **zelfvoldaan**
(op een irritante manier) tevreden over zichzelf
zelfwerkzaamheid *de (v)* het in staat zijn
zelfstandig te werken en zijn werk te
organiseren
zelfzuchtig *bn* egoïstisch
zeloot *de (m)* [-loten] iemand die zich op een
onverdraagzame manier en blindelings inzet
voor bepaalde (godsdienstige) ideeën
Z.Em. Zijne Eminentie
zemel I *de* [-en] ❶ schil, bolster van gemalen
koren **II** *de* [-s] ❷ zeur **zemelen** zeuren, zaniken,
sloom praten
zemen I *ww* ❶ (ramen) schoonmaken met een
zeem **II** *bn* of van zeemleer
zen *de (m)* vorm van het boeddhisme uit China
en Japan, met veel nadruk op meditatie
zendamateur iemand die als liefhebberij via de
radio uitzendt **zendapparatuur** apparatuur voor
het uitzenden van radioprogramma's of
-berichten
zendeling *de (m)* (vooral protestants) geestelijke
die mensen in andere landen tot het
christendom probeert te bekeren
zenden [zond, h. gezonden] ❶ sturen, doen
gaan, doen toekomen: *iemand een pakje ~*
❷ ⟨radio, tv⟩ uitzendingen verzorgen
zender *de (m)* [-s] ❶ iemand die iets zendt
❷ apparatuur voor het uitzenden van
radioprogramma's of -berichten: *met deze radio
kan ik heel goed Engelse ~s ontvangen* ❸ radio- of
televisiestation: *op welke ~ komt die film?*
zendgemachtigde organisatie of groep mensen
die radio- of televisie-uitzendingen mag maken
zending *de (v)* ❶ het zenden, het sturen ❷ iets

ze

dat verstuurd wordt: *ik verwacht een ~ met de post* ❸ taak, ideologische opdracht: *hij denkt dat hij een bijzondere ~ heeft in het leven* ❹ ⟨geen meervoud⟩ werk van zendelingen

zendmast hoge toren met een antenne om signalen van radio, tv, telefoon over te brengen

zendtijd tijd die is toegestaan voor het doen van uitzendingen

zenegroen *het* lipbloemige plant met blauwe bloemen (Ajuga)

zeng *de* ⟨op zee⟩ plotselinge kortstondige aanwakkering van de wind

zenit *het* hoogste punt (aan de hemel)

zenuw *de* lichaamsdraad die prikkels overbrengt van en naar het centrale zenuwstelsel waardoor men bijv. pijn kan voelen of kan bewegen ▼ *stalen ~en hebben* goed tegen grote spanning kunnen ▼ *iemand op de ~en werken* iemand ergeren en zenuwachtig maken ▼ *op zijn van de ~en* heel zenuwachtig zijn **zenuwachtig** *bn* gespannen, een beetje bang dat dingen niet goed zullen gaan: *ik ben erg ~ voor het sollicitatiegesprek van morgen* **zenuwbehandeling** ❶ behandeling van een zenuw ❷ tandheelkundige behandeling met verdoving van de wortel **zenuwcentrum** ❶ centrum van het zenuwstelsel ❷ **fig.** plaats waar alle lijnen (van een bedrijf, actie e.d.) bij elkaar komen **zenuwgas** gifgas dat het zenuwstelsel aantast **zenuwgestel** ❶ zenuwstelsel ❷ psychische gesteldheid **zenuwinzinking** het geestelijk instorten: *toen ze hoorde dat haar man was omgekomen, kreeg ze een ~* **zenuwlijder** ❶ ⟨vroeger⟩ lijder aan een zenuwziekte ❷ iemand die erg (gauw) zenuwachtig is, zenuwpees **zenuwpees** iemand die erg (gauw) zenuwachtig is **zenuwslopend** bn heel erg spannend, waar men heel erg nerveus van wordt: *het wachten op de uitslag van het examen was ~* **zenuwstelsel** de hersenen samen met de zenuwen **zenuwtrek** onwillekeurige beweging van een spier, tic

zepen met zeep inwrijven

zeperd *de (m)* [-s] mislukking, afgang, pijnlijke nederlaag

zeppelin *de (m)* [-s] bestuurbaar luchtschip dat als een luchtballon door de lucht zweeft en dat de vorm van een sigaar heeft

zerk *de* liggende grafsteen

zero *telw* nul, niets

zes I *telw* ❶ aantal van 6 **II** *de* [-sen] ❷ het cijfer 6 ▼ *van ~sen klaar* flink, goed in staat om aan te pakken **zesde** *telw* ❶ nummer zes ❷ 1/6 **zeshoek** gesloten meetkundige figuur met zes zijden **zeskant** zeshoek **zestal** ❶ aantal van zes ❷ groep van zes spelers, zoals bij ijshockey en volleybal **zestien** *telw* aantal van 16 **zestienmetergebied** deel van een voetbalveld rond het doel, waarbinnen strafschoppen genomen worden **zestig** *telw* aantal van 60 **zestiger** *de (m)* [-s] iemand van 60 t/m 69 jaar

zet *de (m)* [-ten] ❶ het zetten, het verzetten van een stuk bij het dam- of schaakspel ❷ stoot, duw: *iemand een ~je geven* ❸ handeling, actie om een bepaald resultaat te bereiken: *een handige ~*

zetel *de (m)* [-s] ❶ zitplaats ❷ plaats als lid in een besturende of vertegenwoordigende instantie: *een ~ in het parlement* ❸ verblijfplaats, plaats van vestiging: *de ~ van de regering* ❹ **BN ook** fauteuil ▼ **BN ook** *maatschappelijke ~* hoofdkantoor **zetelen** ❶ gevestigd zijn, zijn verblijfplaats hebben: *ons hoofdbestuur zetelt te Amsterdam* ❷ **BN** als lid deel uitmaken van: *~ in een commissie*

zetfout fout in een tekst die is gemaakt bij het zetten, drukfout: *een ~ in een artikel*

zetmeel soort koolhydraat, belangrijke voedselbron voor mens en dier, aanwezig in bijv. granen, aardappelen, bonen **zetpil** geneesmiddel dat in de endeldarm gestoken wordt

zetsel *het* [-s] gezet drukwerk

zetten ❶ plaatsen, een plek geven: *zijn tas op de grond ~* ❷ ⟨schaken, dammen⟩ een stuk verplaatsen ❸ (een been, arm e.d.) in de juiste vorm in een verband voegen ❹ ⟨van koffie, thee⟩ een aftreksel maken met heet water ❺ klaarmaken voor drukken: *een krantenartikel ~* ▼ *iemand of iets niet goed kunnen ~* iemand of iets niet kunnen verdragen, uitstaan ▼ *een ... gezicht ~* een ... uitdrukking op zijn gezicht krijgen ▼ *alles op het spel ~* alles wagen, riskeren ▼ *het op een lopen ~* beginnen te rennen ▼ *zich over iets heen ~* de gedachte aan iets terugdringen; zich dwingen te wennen aan iets onaangenaams ▼ *iemand iets betaald ~* wraak nemen ▼ *zich ~ tot* serieus beginnen met

zetterij *de (v)* werkplaats waar drukwerken (kranten, tijdschriften, boeken, enz.) klaargemaakt worden voor het afdrukken

zetting *de (v)* ❶ het zetten, manier waarop een edelsteen in een juweel is vastgemaakt ❷ vaststelling, bepaling, bijv. van een bedrag ❸ bewerking van een muziekstuk voor een bepaald instrument

zetwerk *het* het zetten van drukwerk

zeug *de (v)* vrouwelijk varken, wijfjesvarken

zeugma ⟨zuig-⟩ **taalk.** *het* [-'s, -ta] foute samentrekking, bijv. hier zet men koffie en over

zeulen met moeite voortslepen, sjouwen: *we zeulden met onze koffers door de stad*

zeur *de* iemand die zeurt **zeuren** steeds maar blijven praten over hetzelfde onderwerp of iets voor elkaar proberen te krijgen door er steeds maar om te vragen: *het kind zeurt nu al een uur om een ijsje* **zeurkous** iemand die zeurt **zeurpiet** iemand die zeurt

zeven I *ww* ❶ door een zeef laten gaan **II** *telw* ❷ aantal van 7 **III** *de* [-s] ❸ het cijfer 7 **zevende** *telw* ❶ nummer zeven ❷ 1/7 **zevenkamp** atletiekwedstrijd voor vrouwen in zeven onderdelen **zevenklapper** vuurwerk dat zevenmaal knalt **zevenmijlslaarzen** *de (mv)* ⟨in sprookjes⟩ laarzen waarmee men stappen van zeven mijl kan maken ▼ *met ~* haastig, heel snel **zevenslaper** knaagdier met een grijswitte vacht dat op een eekhoorn lijkt en waarvan gezegd wordt dat hij zeven maanden winterslaap houdt, relmuis **zevensprong** volksdans waarbij een lied met telkens het woord zeven gezongen wordt **zeventien** *telw* aantal van 17 **zeventig** *telw* aantal van 70 **zeventiger** *de (m)* [-s]

ze

iemand van 70 t/m 79 jaar

zever *de (m)* ❶ inform. onzin, gezeur ❷ speeksel, kwijl **zeveraar** *de (m)* [-s] iemand die zevert **zeveren** *ww* ❶ zeuren, wauwelen, onzin uitkramen ❷ BN, spreekt. kwijlen

Z.Exc. Zijne Excellentie

ZFW *de* ⟨vroeger⟩ Ziekenfondswet

z.g. zaliger gedachtenis

zg. zogenaamd

z.g.a.n. zo goed als nieuw

zgn. zogenaamd

Z.-H. Zuid-Holland

Z.H. ❶ Zijne Hoogheid ❷ Zijne Heiligheid

z.i. zijns inziens

zich *vnw* wederkerend voornaamwoord (*heeft betrekking op het onderwerp*): *~ wassen; ~ vergissen*

zicht I *de* [-en] ❶ kleine zeis II *het* ❷ het zien, hoever men kan zien: *slecht ~ bij dichte mist* ▼ *~ hebben op iets* er inzicht in hebben, het begrijpen: *~ hebben op een probleem* ❸ uitzicht hebben op, het kunnen verwachten: *~ hebben op een baan* ❹ het laten zien, zodat iemand iets kan bekijken (voordat hij het koopt): *boeken op ~ sturen*

zichtbaar *bn* zo dat men het kan zien: *in die zwarte jas ben je in het donker niet goed ~; de leerling boekte ~ vooruitgang*

zichtlocatie opvallende plaats om te wonen of te bouwen

zichtrekening BN rekening-courant

zichtzending iets dat op zicht wordt gestuurd, dat men kan bekijken voordat men het koopt

zichzelf *vnw* wederkerend voornaamwoord 'zich' met nadruk (*heeft betrekking op het onderwerp*) ▼ *buiten ~* heel erg opgewonden, woedend e.d. ▼ *op ~ wonen* alleen, zelfstandig wonen

ziedaar *tw* uitroep om de aandacht op iets te vestigen, kijk daar eens

zieden [ziedde / zood, h. gezied / gezoden] koken, laten koken ▼ *~ van woede* heel erg kwaad zijn

ziedend *bn* ❶ kokend ❷ fig. heel erg kwaad

ziehier *tw* uitroep om de aandacht op iets te vestigen, kijk hier eens

ziek *bn* waarbij iets in het lichaam of de geest niet in orde is en waarbij iemand zich vaak niet goed voelt, niet gezond

ziekbed ❶ bed waarop een zieke ligt ❷ fig. ziekte, het ziek zijn: *hij stierf na een lang ~* nadat hij lang ziek was geweest

ziekelijk *bn* ❶ telkens ziek, ongezond ❷ fig. ongezond, niet normaal: *een ~e drang tot stelen*

zieken *ww* bewust de sfeer bederven door zich vervelend te gedragen

ziekenboeg ❶ ruimte aan boord van een schip voor zieken ❷ ziekenafdeling **ziekenboekje** BN, hist. *het* [-s] boekje als bewijs van lidmaatschap van een ziekenfonds **ziekenbroeder** mannelijke verpleegkundige

ziekenfonds ⟨vroeger⟩ verzekering voor mensen onder een bepaald inkomen, waardoor iemand niets of niet veel hoefde te betalen voor een dokter, ziekenhuis of medicijnen als hij ziek was **ziekenfondsbril** kleine bril met stalen montuur en ronde glazen

ziekengeld geld dat een werknemer krijgt als hij ziek is **ziekenhuis** gebouw en instelling waar zieke en gewonde mensen worden verpleegd en waar men naartoe kan voor medisch onderzoek ▼ BN *universitair ~* ziekenhuis verbonden aan een universiteit, academisch ziekenhuis **ziekenhuisbacterie** informele benaming voor MRSA-bacterie → MRSA-bacterie **ziekenverzorging** *de (v)* beroepsmatige hulp aan en verpleging van zieken **ziekenwagen** auto voor vervoer van zieken

ziekmelding het doorgeven dat men ziek is, bijv. aan de werkgever

ziekte *de (v)* [-n, -s] ❶ het ziek zijn: *wegens ~ gesloten* ❷ een bepaalde vorm van ziek zijn: *een ~ onder de leden hebben* ▼ spreekt. *krijg de ~!* ruwe verwensing ▼ inform. *ergens (flink) de ~ over in hebben* er kwaad, heel erg geërgerd door zijn ▼ inform. *als de ~* heel erg: *roken, drinken als de ~* **ziektebeeld** totaal van de waarneembare ziekteverschijnselen **ziektegeld** ziekengeld **ziektekiem** organisme, zoals een bacterie of virus, dat een infectieziekte kan veroorzaken **ziektekosten** kosten die door ziekte worden veroorzaakt **ziekteproces** verloop van een ziekte **ziekteverlof** vrijaf wegens ziekte **ziekteverschijnsel** verschijnsel dat zich bij een ziekte voordoet, symptoom **ziekteverzuim** het niet op school, werk enz. komen wegens ziekte **ziektewet** wet over verzekering van werknemers tegen ziekte

ziel *de* ❶ onstoffelijk levensbeginsel in de mens dat in sommige godsdiensten als onsterfelijk wordt beschouwd, innerlijk ▼ *met hart en ~* met zijn hele wezen, met veel toewijding ▼ *met zijn ~ onder zijn arm lopen* zich vervelen, niet weten wat men moet doen ▼ *met zijn hele ~ en zaligheid* met (inzet van) alles ▼ *zijn ~ in lijdzaamheid bezitten* iets vervelends rustig ondergaan, niet boos worden ▼ *ter ~e gaan* doodgaan ▼ *ter ~e zijn* gestorven zijn; fig. opgeheven, opgehouden e.d. zijn ❷ persoon, mens, inwoner: *hoe meer ~en, hoe meer vreugd; dit gehucht telt twintig ~en* ❸ zielige figuur, sukkel: *hij heeft ook altijd pech, die arme ~* ❹ drijvende kracht: *hij is de ~ van de beweging* ❺ binnenste gedeelte van verschillende voorwerpen: *de ~ van een fles* indeuking in de bodem van een fles **zielenheil** geluk voor de ziel, vooral na de dood in het hiernamaals **zielenpiet** zielig, beklagenswaardig iemand **zielenpoot** iemand die zielig is **zielenrust** het zich kalm, rustig voelen, gemoedsrust

zielig *bn* die een triest of akelig leven heeft of iets triests of akeligs meegemaakt, met wie of waarmee men medelijden heeft

zielknijper scherts. *de (m)* [-s] psychiater **zielloos** *bn* zonder ziel, levenloos

ziels *voorvoegsel* innig, hevig, erg: *~blij, ~gelukkig* **zielsverhuizing** het overgaan van de ziel in een ander lichaam na de dood **zielsverwant** I *bn* ❶ met wie men zich geestelijk verwant voelt II *de (m)* ❷ persoon met wie iemand zich geestelijk verwant voelt

zieltogen [zieltoogde, h. gezieltoogd] op sterven liggen, ook figuurlijk: *een ~de voetbalclub*

zielzorg, zielzorg zorg voor het geestelijk heil door een predikant of pastoor

zien [zag, h. gezien] ❶ waarnemen met de ogen: *ik zie een toren in de verte* ▼ *gezien mogen worden mooi of goed zijn* ▼ *dat wil ik nog wel eens ~* dat geloof ik niet ▼ BN, spreekt. *iemand graag ~ van iemand houden* ▼ BN, spreekt. *dat zie je van hier!* daar is geen denken aan! (als afwijzende reactie) ❷ eruitzien, een bepaald uiterlijk hebben: *je ziet bleek; de kamer ziet blauw van de rook* ❸ nadenken, overwegen ▼ *we moeten nog maar eens ~* we moeten er nog maar eens over nadenken ▼ *~ te* proberen te: *dat moeten we snel voor elkaar ~ te krijgen*

zienderogen *bw* goed zichtbaar, duidelijk waarneembaar: *de zieke knapte ~ op door het medicijn*

ziener *de (m)* [-s] profeet, helderziende

zienswijze hoe iemand bepaalde dingen ziet en wat hij ervan vindt

zier *de* heel kleine hoeveelheid ▼ *geen ~* niets, helemaal niet: *het interesseert me geen ~*

ziezo *tw* uitroep van voldoening, klaar!: *~, dat is weer voor elkaar*

ziften ❶ zeven ❷ vitten

zigeuner *de (m)* [-s] lid van een volk dat over de hele wereld verspreid leeft en dat vooral bekend is door zijn zwervende bestaan

zigzag I *de (m)* [-s] ❶ lijn die heen en weer gaat in de vorm van een Z II *bw* ❷ heen en weer in de vorm van een Z **zigzaggen** [zigzagde, h. / is gezigzagd] niet recht vooruit lopen of rijden, maar steeds bochtjes naar links en naar rechts maken: *we zigzagden door de menigte*

zij I *vnw* ❶ derde persoon enkelvoud vrouwelijk of derde persoon meervoud, neutraal of met nadruk: *dat is Anneke, ~ is mijn vriendin; dit zijn Jan en Tamara, ~ zijn mijn vrienden* II *de (v)* ❷ vrouwelijk individu: *is het een hij of een ~?* III *de* ❸ zijde, kant ❹ zijkant van het lichaam: *ik slaap het liefst op mijn ~* ❺ zijde, spinsel van de zijderups

zijaanzicht gezicht van de zijkant, blik op de zijkant

zijd *bw* ▼ *wijd en ~* overal

zijde I *de* [-n, -s] ❶ grensvlak, grenslijn: *de ~n van een driehoek* ❷ zijkant van het lichaam: *ik slaap vaak op mijn rechter~* ❸ zijkant, kant: *iemands zwakke ~ kennen* ❹ partij, bijv. in een conflict: *iemands ~ kiezen* II *de* ❺ spinsel van een zijderups, weefsel daarvan

zijdelings *bn* ❶ van opzij ❷ niet rechtstreeks: *dat heeft er ~ mee te maken*

zijden *bn* van zijde ▼ *zijn leven hangt aan een ~ draadje* hij verkeert in levensgevaar **zijderups** rups die een cocon spint waarvan zijde gemaakt wordt

zijdeur deur aan de zijkant

zijgen I [zeeg, h. gezegen] ❶ een vloeistof door een doek e.d. laten trekken, langzaam laten doordruipen, filtreren II [zeeg, is gezegen] ❷ neerzinken: *zij zeeg neer*

zijig *bn* ❶ als (van) zijde ❷ ⟨van personen⟩ die geen kracht uitstraalt, halfzacht

zijinstromer *de (m)* [-s] ❶ iemand die vanuit een andere sector als leraar in het onderwijs gaat

werken zonder een onderwijsbevoegdheid te hebben ❷ BN werknemer die weer een opleiding volgt om een hoger diploma te halen

zijkant kant die niet voor of achter is maar links of rechts **zijlijn** ❶ vertakking van de hoofdlijn van een spoor ❷ lijn die de grens aangeeft aan de zijkant van een sportveld ▼ *aan de ~ staan* niet actief meedoen en alleen toekijken

zijn I *vnw* ❶ van een mannelijk persoon of dier: *Jan en ~ vrienden; de leeuw en ~ jachtgebied* ❷ van een mannelijk of onzijdig begrip of ding: *de oorlog en ~ gruwelen; het parlement en ~ commissies* II *ww* [was, waren, is geweest] ❸ bestaan, een werkelijkheid vormen: *wat niet is, kan komen* ▼ *er mogen ~* goed, mooi zijn: *die meid mag er ~* ❹ zich bevinden, aanwezig zijn: *waar ben je?* ▼ *er ~* zijn doel bereikt hebben ❺ gebeuren: *het zij zo* ❻ behoren aan: *is dit boek van u?* ❼ schelen aan: *wat is er dan toch, jongen?* ❽ koppelwerkw.: *Chantal is aardig; ik ben ziek* ▼ ⟨kindertaal⟩ *~ op* verliefd zijn op: *Dennis is op Jasmina* ▼ *'m ~* bij een kinderspel de andere spelers moeten zoeken, pakken enz. ❾ hulpwerkw. bij voltooide tijd: *hij is aangekomen*

zijnerzijds *bw* van zijn kant: *er zijn geen bezwaren ~*

zijnet *sp.* net aan een zijkant van een doel **zijpad** pad dat een aftakking is van een weg of een ander pad ▼ *fig. zich op ~en begeven* van de hoofdzaak afdwalen **zijpaneel** apart deel aan de zijkant van een schilderstuk **zijrivier** rivier die uitmondt in een andere rivier **zijspan** *de (m) & het* [-nen] karretje dat vastzit aan de zijkant van een motor en waar iemand in kan zitten **zijspiegel** spiegel aan de zijkant van een voertuig **zijspoor** vertakking van de hoofdspoorlijn ▼ *fig. iemand op een ~ zetten* iemand buiten het actieve leven plaatsen, uitrangeren **zijstraat** straat die uitmondt in een hoofdstraat **zijtak** ❶ vertakking ❷ zijlijn in een familiestamboom **zijwaarts** *bn* naar de zijkant, naar opzij: *een ~e beweging* **zijweg** ❶ weg die een aftakking is van een andere ❷ *fig.* weg die niet rechtstreeks naar het doel leidt ▼ *~en bewandelen* op een niet helemaal eerlijke manier proberen zijn doel te bereiken **zijwiel** een van de steunwieltjes aan weerszijden van een fiets

zilt *bn* zoutachtig ▼ *het ~e nat* de zee

zilver *het* witachtig glanzend edelmetaal, waar bijv. sieraden van worden gemaakt ❷ voorwerpen van zilver ❸ de zilveren medaille als tweede prijs bij een sportwedstrijd: *het Nederlandse volleybalteam won ~ op het EK*

zilveren *bn* ⟨als⟩ van zilver: *een ~ ring* ▼ *~ bruiloft* 25-jarig huwelijksfeest **zilverling** *de (m)* zilveren munt die in de Bijbel wordt genoemd **zilvermeeuw** blauwgrijs en wit gekleurde meeuw die aan de kust broedt (Larus argentatus) **zilverpapier** verpakkingsmateriaal dat bestaat uit een heel dunne laag aluminium: *de chocoladeletter was verpakt in ~* **zilverpoets** *de* middel om zilver te poetsen **zilverschoon** *de* plantje met witachtig behaard blad (Potentilla anserina) **zilversmid** iemand die de zilveren voorwerpen maakt **zilverstuk** zilveren geldstuk

zilveruitje *het* [-s] klein zilverkleurig uitje

zilvervliesrijst ongepelde rijst **zilvervloot ❶** hist. vloot die jaarlijks zilver en goud uit de Spaanse koloniën in Amerika naar Spanje bracht **❷** scherts. grote geldsom **zilvervos ❶** vossenras met staalblauwe tot zwarte dekharen met een zilvergrijze punt **❷** bont van deze vos **zilverwerk** zilveren voorwerpen, vooral bestek

zin *de (m)* [-nen] **❶** betekenis, nut, doel: *de ~ van het leven; ik ben er ziek van, in letterlijke en figuurlijke ~* ▼ *in zekere ~* in een bepaald opzicht **❷** lust, trek, begeerte: *hij had er geen ~ in; zijn eigen ~ doen* ▼ *van ~s zijn* van plan zijn **❸** zintuig, geestelijke vermogens: *de vijf ~nen* ▼ *zijn ~nen op iets zetten* iets heel erg begeren, per se willen hebben **❹** mening, idee ▼ *zoveel hoofden, zoveel ~nen* ieder heeft zijn eigen mening **❺** taalk. een of meer woorden die een zelfstandig afgerond geheel vormen ▼ *in die ~* op die manier, in die geest

zindelijk *bn* **❶** schoon, netjes, zuiver, ook figuurlijk: *~ redeneren* **❷** in staat om te wachten met zijn behoefte en deze op de daarvoor bestemde plaats te doen: *het jonge hondje is al ~ en plast niet meer in huis*

zinderen tintelen, trillen: *het landschap zinderde van de hitte; de lucht zindert van verwachting*

zingen [zong, h. gezongen] **❶** met de stem een reeks tonen voortbrengen **❷** dichten **❸** ⟨van water⟩ geluid maken (als het kookpunt nadert)

zingeving *de (v)* het geven van betekenis (aan het leven)

zink *het* metaal dat een beetje blauwachtig is: *een emmer van ~*

zinken I [zonk, is gezonken] **❶** niet blijven drijven, naar de diepte gaan, zakken, ook figuurlijk: *de moed laten ~; je hebt je eigen familie bestolen, wat ben jij diep gezonken!* **II** [zonk, h. gezonken] **❷** afzinken, naar de bodem doen zakken **III** *het* **❸** van zink

zinkstuk verzwaard vlechtwerk dat bij dijkbouw wordt gebruikt

zinkwit witte verfstof waar zink in zit **zinkzalf** zalf waar zink in zit en die de huid beschermt

zinledig *bn* zonder zin of betekenis: *een ~ ritueel dat geen enkele inhoud meer heeft* **zinloos** *bn* **❶** zonder zin of betekenis: *een ~ bestaan* ▼ *~ geweld* geweld dat bestaat uit het doden of verwonden van een willekeurig gekozen slachtoffer **❷** zonder nut: *het is ~ om hem te gaan zoeken, je vindt hem toch niet*

zinnebeeld bepaalde afbeelding, voorwerp, dier of iets anders dat men kan waarnemen en dat een begrip aanduidt, symbool: *de duif als het ~ van de vrede*

zinnelijk *bn* **❶** met of door de zinnen: *~ waarneembaar* **❷** geneigd tot fysiek genot, gericht op erotisch genot: *hij had dikke ~e lippen*

zinnen I [zinde, h. gezind] **❶** naar de zin zijn, bevallen: *dat ontwijkende antwoord van hem zint me niet* **II** [zon, h. gezonnen] **❷** peinzen, nadenken over: *op wraak ~*

zinnenprikkelend *bn* wat zinnelijke, vooral seksuele, lust opwekt of versterkt

zinnens BN, ook *bw* ▼ *~ zijn* van plan zijn

zinnia *de* [-'s] eenjarige samengesteldbloemige tuinplant

zinnig *bn* redelijk, niet dwaas, verstandig: *er komt geen ~ woord over zijn lippen*

zinrijk *bn* **❶** vol betekenis **❷** grappig op een intelligente manier en met inhoud

zinsbegoocheling misleidende waarneming door de zintuigen

zinsbouw taalk. manier waarop een zin is opgebouwd **zinsdeel** taalk. elk van de delen waaruit een zin bestaat: onderwerp, gezegde enz. **zinsnede ❶** deel van een zin **❷** deel van een betoog, passage **zinsontleding** taalk. *de (v)* ontleding van een zin in zinsdelen

zinspelen [zinspeelde, h. gezinspeeld] ▼ *~ op* niet rechtstreeks maar in bedekte termen aanduiden **zinspreuk** kernachtige zin die een gedachte, principe e.d. weergeeft, zoals: eendracht maakt macht

zinsverband taalk. verband tussen zinnen of tussen de woorden van een zin **zinswending** manier om iets te zeggen, uitdrukking

zintuig *het* orgaan waarmee men waarneemt ▼ *de vijf ~en* gezicht, gehoor, gevoel, smaak, reuk **zintuiglijk** *bn* van, met de zintuigen

zinvol *bn* wat nut heeft, wat een goed doel dient: *ik wil ~ werk doen en niet alleen maar geld verdienen*

zionisme *het* **❶** ⟨vroeger⟩ het streven naar een woonplaats voor het Joodse volk in zijn land van herkomst, Palestina **❷** ⟨nu⟩ de verspreiding van de Hebreeuwse en Joodse cultuur en de bevordering van de immigratie in Israël

zippen comp. een bestand comprimeren

zirkoon *de (m)* [-konen] glinsterende imitatiediamant

zit *de (m)* **❶** het zitten ▼ *het is een hele ~* het duurt lang, het is een reis die lang duurt **❷** BN examenperiode ▼ BN, stud. *tweede ~* herexamen

zitbad kleine badkuip waarin men zittend een bad kan nemen **zitdag ❶** dag waarop zitting wordt gehouden (door een college, ambtenaar enz.) **❷** BN dag waarop een openbare verkoop plaatsvindt **zitelement** zitmeubel dat afzonderlijk en als deel van een bank kan worden gebruikt **zithoek** deel van een huiskamer om gezellig te zitten

zitje *het* [-s] **❶** plaats waar men gezellig kan zitten **❷** kinderstoeltje **❸** BN ook zetel (in het parlement e.d.)

zitkamer woonkamer **zitkuil** verlaging om in te zitten, in een kamer of tuin **zitpenning** BN presentiegeld **zitplaats** plaats om te zitten: *een theater met vijfhonderd ~en*

zit-slaapbank zitbank die kan worden veranderd in een slaapbank **zit-slaapkamer** zitkamer waar men ook slaapt

zitstaking BN sit-downstaking

zitten [zat, h. / is gezeten] **❶** zich met het achterwerk op een stoel, bank e.d. bevinden ▼ *iemand laten ~* iemand in de steek laten ▼ *het er niet bij laten ~* maatregelen nemen ▼ *op de centen ~* gierig zijn ▼ *blijven ~* een klas moeten overdoen **❷** zich bevinden, zijn: *we ~ nu in Amsterdam* ▼ *daar zit niet veel bij* die persoon is niet intelligent, capabel ▼ *erdoor ~* op zijn, aan het eind zijn ▼ *in krachten zijn* ▼ *het niet zien ~* geen hoop hebben; iets niet leuk vinden ▼ *dat zit* *hem in ... dat komt door ...*▾ *dat zit erin* dat is te verwachten ▾ *dat zit er niet in* dat gebeurt niet, daar hoef je niet op te rekenen: *een verhoging van mijn salaris zit er voorlopig niet in* ▾ *het zit me tot hier* ik heb er helemaal genoeg van ▾ *met iets ~* een probleem hebben, niet weten hoe het aan te pakken ❸ bevestigd zijn, vastzitten ❹ in de gevangenis opgesloten zijn ❺ ⟨van kleding⟩ passen: *hoe zit dat jasje?* ▾ *het zit erop* het is klaar ▾ *die zit!* raak! ▾ *laat maar ~* je hoeft me niet (terug) te betalen **zittenblijver** leerling die een klas over moet doen

zittend *bn* ❶ die nu in functie is: *de ~e president* ❷ waarbij men veel zit: *een ~ beroep*

zittijd BN *ook* examenperiode

zitting *de (v)* ❶ deel van een stoel, bank e.d. waarop men zit ❷ vergadering: *de ~ wordt verdaagd tot ...* ▾ *~ hebben/nemen in* lid zijn of worden van

zitvlak deel van het lichaam waarop men zit, achterste **zitvlees** ▾ *geen ~ hebben* te onrustig zijn om langere tijd achter elkaar te kunnen blijven zitten: *studeren is niks voor hem, hij heeft geen ~*

z.j. zonder jaartal

z.k. zonder kinderen

Z.K.H. Zijne Keizerlijke *of* Koninklijke Hoogheid

z.k.m. zoekt kennismaking met

Z.K.M. Zijne Keizerlijke *of* Koninklijke Majesteit

zloty ⟨*zlottie*⟩ *de* [-'s] munt en munteenheid van Polen

Z.M. Zijne Majesteit

zmlk zeer moeilijk lerende kinderen

zmok zeer moeilijk opvoedbare kinderen

Zn ❶ zoon ❷ schei. zink

znw. zelfstandig naamwoord

zo I *bw* ❶ op deze wijze: *gaat dat ~?* ▾ *het is ~* het is waar ❷ in die mate: *hij is ~ rijk dat hij alles kan kopen* ❸ in hoge mate, heel erg: *ik ben er ~ blij mee* ❹ dadelijk, onmiddellijk: *hij komt ~* ❺ ongeveer: *~ rond de kerst* om en nabij Kerstmis, in de kersttijd ▾ *~ te zien* volgens de eerste indruk II *tw* ❻ uitroep van voldoening, verbazing e.d.: *~, dat is klaar* III *vgw* ❼ indien, als: *~ mogelijk gaat deze regeling op 1 januari al in* ▾ *~ niet* als dat niet het geval is ❽ als inleiding van een vergelijking: *~ vader, ~ zoon* ❾ overeenkomstig, naar: *~ ik hoor, ben je al enige tijd ziek*

Z.O. zuidoost

zoab *het* zeer open asfaltbeton

zoal *bw* onder meer, welke verschillende dingen: *wat was er ~ te zien in het museum?*

zoals *vgw* ❶ hetzelfde als: *niemand kan dansen ~ zij* ❷ onder andere, bijvoorbeeld: *verschillende sportieve activiteiten ~ wandelen, paardrijden en kanoën*

Zoavo *de (v)* Zuidoost-Aziatische Verdragsorganisatie

zodanig, zodanig I *vnw* ❶ zulk, dergelijk, van die aard, op die manier: *de indeling is ~ dat de nooduitgangen goed te bereiken zijn* ▾ *als ~* in die hoedanigheid, op die manier: *een arts die als ~ is geregistreerd* II *bw* ❷ zo erg, in die mate: *hij voelde zich ~ beledigd, dat hij nooit meer iets met hen te maken wilde hebben*

zodat *vgw* ❶ met het gevolg dat: *hij had zich niet voorbereid, ~ hij zakte voor het examen* ❷ met het doel dat, opdat: *hij bereidde zich goed voor, ~ hij niet zou zakken voor het examen*

zode *de* [-n] vierkant uitgestoken stuk grond met begroeiing, meestal gras ▾ *dat zet geen ~n aan de dijk* dat helpt niet ▾ *onder de groene ~n liggen* begraven zijn, dood zijn

zodiac® *de (m)* [-s] (opblaasbare) rubberboot: *we varen in een ~ naar de rotsen om vogels te kijken*

zodiak *de (m)* gordel waarin de zon, de maan en de planeten zich bewegen en die in twaalf sterrenbeelden verdeeld is, dierenriem

zodoende, zodoende *bw* op die manier, daardoor **zodra** *vgw* zo gauw als, onmiddellijk nadat: *~ hij komt, gaan we weg*

zoeaaf *de (m)* [-aven] ❶ hist. pauselijke vrijwilliger ❷ lid van de Vaticaanse ordedienst

zoek *bw* kwijt, weg: *~ zijn, ~raken* ▾ *op ~ gaan naar* gaan zoeken

zoekactie het gezamenlijk proberen om iets of iemand te vinden of op te sporen **zoekbrengen** doorbrengen, verdoen: *zijn tijd ~ met tv-kijken*

zoeken [*zocht*, h. *gezocht*] ❶ proberen te vinden of te krijgen: *ik zoek een andere baan* ❷ proberen: *iemand ~ te benadelen* ▾ *dat had ik nooit achter hem gezocht* dat had ik nooit van hem gedacht, verwacht

zoekengine ⟨-*endzjin*⟩ comp. *de (m)* [-s] zoekmachine

zoeker *de (m)* [-s] ❶ iemand die zoekt ❷ onderdeel van een fototoestel om te controleren of men het beeld juist voor de lens krijgt **zoekertje** BN, inform. *het* [-s] kleine advertentie

zoeklicht lamp die een heel sterke lichtbundel geeft, bijv. door de politie gebruikt bij zoekacties **zoekmachine** comp. programma dat zoekopdrachten uitvoert op internet

zoekmaken maken dat iets kwijt, weg is

zoekopdracht ❶ comp. opdracht om bepaalde gegevens, websites e.d. uit een database, op internet te zoeken ❷ opdracht aan een makelaar om een woning, huis te zoeken

zoekplaatje plaatje waarin een figuur verborgen is die door nauwkeurig kijken gevonden moet worden

zoel *bn* ❶ ⟨van wind, weer⟩ zacht en warm ❷ drukkend, vochtig warm: *~e lucht als voorbode van onweer*

zoemen een zacht brommend geluid maken: *de bijen ~* **zoemer** *de (m)* [-s] toestelletje dat een zoemende toon laat horen als signaal

zoen *de (m)* ❶ aanraking met de lippen als liefkozing, kus ❷ verzoening **zoenen** een zoen geven, kussen ▾ *om te ~* prachtig, heerlijk **zoenoffer** offer ter verzoening, vooral met God

zoet *bn* ❶ met de smaak van suiker ❷ zacht, liefelijk: *~e dromen* ❸ gehoorzaam, braaf: *~e kinderen*

zoetekauw *de* iemand die van zoetigheden houdt, die graag iets zoets eet

zoeten zoet maken

zoethoudertje *het* [-s] iets waarmee iemand tevreden, aan het lijntje wordt gehouden

zoethout geneeskrachtige wortelstok waaruit drop gemaakt wordt

zoetig *bn* ❶ een beetje zoet: *een ~ drankje* ❷ (een beetje te) lief en braaf: *die meidengroep zingt van die ~e liedjes*

zoetigheid *de (v)* [-heden] zoet snoep, zoete lekkernij

zoetje *het* [-s] tabletje dat suiker vervangt en dat een zoete smaak geeft: *ik neem ~s in mijn koffie*

zoetjesaan *bw* langzamerhand: *het wordt ~ tijd om naar huis te gaan*

zoetmiddel stof waarmee iets zoet gemaakt wordt **zoetsappig** *bn* ❶ zonder kracht, pit: *een ~ verhaal* ❷ overdreven vriendelijk: *hij deed erg ~*

zoetstof zoetmiddel **zoetzuur I** *bn* ❶ met een smaak die zoet is en tegelijkertijd een beetje zuur **II** *het* ❷ vruchten die zijn ingemaakt in azijn en suiker

zoeven een geluid maken van iets dat snel voorbijgaat, dof suizen: *de auto zoefde over de weg*

zo-even *bw* een ogenblik geleden: *waar is hij nu? hij was hier ~ nog*

zog *het* ❶ moedermelk ❷ kielwater ▼ *in iemands ~ varen* zijn voorbeeld volgen, doen wat hij doet

zogeheten *bn* met die naam

zogen aan de moederborst laten drinken: *een kind ~*

zogenaamd *bn* ❶ zo genoemd, met die naam: *deze vogel, het ~e roodborstje, eet graag insecten* ❷ zo genoemd, maar het is niet zo: *dat roestige ding is zijn ~ snelle fiets* ❸ met als smoesje: *hij komt niet, ~ omdat hij geen tijd heeft* **zogezegd** *bw* ❶ om zo te zeggen, bij wijze van spreken: *het is ~ in een ogenblik gebeurd* ❷ zo goed als, bijna: *het is ~ klaar*

zojuist *bw* een ogenblik geleden **zolang I** *vgw* ❶ in de tijd dat: *~ haar kinderen klein waren, heeft zij geen baan gehad* **II** *bw* ❷ ondertussen: *ga jij maar winkelen, ik pas ~ wel op je kind*

zolder *de (m)* [-s] ❶ ruimte onder het dak van een huis: *er liggen veel oude spullen op ~* ❷ bovenwand van een kamer, zoldering

zoldering *de (v)* bovenwand van een kamer

zolderkamer kamer op een zolder

zomaar *bw* zonder voorbereiding, zonder voorafgaand verzoek of voorafgaande aankondiging, zonder bepaalde reden: *hij nam ~ ontslag; ik bel je ~ even om te horen hoe het met je gaat*

zombie *de (m)* [-s] ❶ in griezelverhalen een dode die weer tot leven is gewekt maar die niet kan praten en geen eigen wil meer heeft ❷ iemand die niks lijkt te willen en te voelen: *hij loopt rond als een ~*

zomen een zoom maken in, een zoom vouwen en naaien: *een rok ~*

zomer *de (m)* [-s] ❶ het warme jaargetijde (op het noordelijk halfrond van 21 juni tot 22 september) ❷ zomers weer, warmte: *we hebben dit jaar een late ~* ▼ *'s ~s* altijd of regelmatig in de zomer ▼ *van de ~* deze zomer **zomerdijk** lagere dijk dicht bij de rivier

zomeren zomers weer worden: *het wil maar niet ~*

zomergast ❶ gast die 's zomers komt ❷ trekvogel die ergens alleen de zomer doorbrengt **zomergraan** graan dat in het

voorjaar gezaaid wordt **zomerhuis** tweede huis of huisje van iemand, waar hij 's zomers of in de vakantie is **zomerkleed** ❶ ⟨van dieren⟩ vacht of veren in de zomer ❷ kleed voor bescherming in de zomer: *een ~ voor een zwembad* **zomerpeil** normaal waterpeil voor polders in de zomer **zomers** *bn* als in de zomer: *het is ~ weer* **zomersproeten** *de (mv)* sproeten die iemand alleen 's zomers heeft **zomertarwe** tarwe die in het voorjaar gezaaid wordt **zomertijd** ❶ periode wanneer het zomer is ❷ tijdrekening als de klok in de zomer een uur vooruitgezet wordt **zomeruur** BN, ook zomertijd **zomervakantie** lange vakantie in de zomer, grote vakantie

zomin *vgw* evenmin

zompig *bn* week en nat doordat er veel water in zit, moerassig: *~e grond*

zon *de* ❶ hemellichaam dat licht en warmte uitstraalt en waar planeten, zoals de aarde, omheen draaien: *de ~ komt op in het oosten en gaat onder in het westen* ▼ *de ~ in het water kunnen zien schijnen* niet jaloers zijn ❷ het licht van de zon, de warmte van de zon: *even lekker in de ~ zitten*

zo'n *vnw* ❶ zo een, zulk een: *~ hond heeft veel beweging nodig* ❷ ongeveer: *die radio kost ~ 300 euro*

zona BN, med. *de (m)* gordelroos

zonaal *bn* ❶ wat tot een zone behoort ❷ wat te maken heeft met zones

zonaanbidder ❶ liefhebber van de zon, iemand die graag in de zon ligt ❷ iemand die de zon als een godheid beschouwt

zondaar *de (m)* [-s, -daren] iemand zondigt

zondag laatste dag van de week

zondagsdienst ❶ kerkdienst op zondag ❷ dienst van het openbaar vervoer op zondag **zondagskind** ❶ kind dat op zondag is geboren ❷ iemand die veel geluk heeft in zijn leven **zondagsrijder** automobilist die alleen op zon- en feestdagen rijdt, ongeoefend rijder **zondagsrust** het rusten, het niet werken op zondag **zondagsschilder** amateuristisch kunstschilder **zondagsschool** godsdienstles voor kinderen op zondag

zondares *de (v)* [-sen] vrouwelijke zondaar

zonde *de* [-n, -s] ❶ iets wat volgens de wetten van een bepaalde godsdienst niet mag: *overspel is een ~* ❷ jammer: *het is ~ om dat vlees weg te gooien*

zondebok degene die van alles de schuld krijgt **zonder** *vz* ❶ waarbij iemand of iets, of bepaald iets niet heeft: *een schoen ~ veters; iemand ~ geld* ▼ *~ meer* zeker: *wat je zegt, is ~ meer waar* ❷ buiten, als die of dat er niet is of niet was geweest: *~ haar hulp was ik er niet gekomen*

zonderling I *bn* ❶ vreemd, ongewoon: *wat een ~e man is dat* **II** *de (m)* ❷ iemand die vreemd is, die op een ongewone manier leeft

zondeval Bijb. *de (m)* het begaan van de eerste zonde door Adam en Eva, waardoor zij uit het paradijs verdreven werden

zondig *bn* ❶ met de neiging om zonden te begaan: *de mens is ~* ❷ waardoor men zondigt, slecht: *een ~e wereld, levensstijl*

zondigen de wetten of regels overtreden, vooral

van een bepaalde godsdienst, een zonde begaan: *zij ~ want zij hebben seks voor het huwelijk; ik zondig tegen mijn dieet als ik een ijsje eet*

zondvloed ❶ Bijb. overstroming van de hele wereld ▾ *na ons de ~* het maakt ons niet uit hoe de wereld er na ons uitziet ❷ fig. grote massa, grote hoeveelheid van iets

zone ⟨zònə⟩ *de* [-s, -n] ❶ gebied op aarde met een bepaald klimaat, luchtstreek ❷ gebied tussen bepaalde grenzen waarbinnen iets gebeurt of geldt: *een gedemilitariseerde ~; binnen deze ~ moet je betalen als je je auto parkeert* ▾ BN *groene zone* gebied waar niet (meer) gebouwd mag worden

zoneclips zonsverduistering

zonenummer BN netnummer

zonet *bw* een ogenblik geleden

zonevreemd BN gezegd van een gebouw dat in een zone ligt waar het niet thuishoort

zonkant *de (m)* kant waar de zon op schijnt: *een tuin aan de ~ van het huis* **zonkracht** schaal (in Nederland en België van 0 tot 10) waarmee de hoeveelheid ultraviolette straling in het zonlicht wordt uitgedrukt **zonlicht** licht van de zon **zonnebaan** schijnbare baan die de zon maakt

zonnebaden [zonnebaadde, h. gezonnebaad] in de zon liggen of zitten om bruin te worden, zonnen: *zij ligt in de tuin te ~* **zonnebank** installatie met lampen die een licht uitstralen waar men bruin van wordt **zonnebloem** hoge plant uit het geslacht Helianthus met grote gele bloemen **zonnebrand** verbranding van de huid door sterk zonlicht **zonnebril** bril met donkere glazen tegen sterk zonlicht **zonnecel** foto-elektrische cel die de straling van de zon omzet in elektrische energie **zonnecollector** installatie die bestaat uit een bak die met een glasplaat is afgedekt en waarin water of lucht (voor huishoudelijk gebruik) wordt verwarmd door de zon **zonnedauw** insectenetend moerasplantje van het geslacht Drosera **zonne-energie** warmte van de zon die kan worden omgezet in elektrische energie **zonnehemel** installatie met lampen met ultraviolette straling boven een zonnebank

zonneklaar erg duidelijk, helemaal duidelijk: *hij heeft gelogen, dat is ~*

zonneklep ❶ klep boven de voorruit van een auto, die men naar beneden kan klappen als bescherming tegen fel zonlicht ❷ klep aan een pet of aan een elastische band als bescherming tegen verblindend zonlicht **zonneklopper** *de (m)* [-s] ❶ BN ook zonaanbidder, iemand die niets anders doet dan in de zon liggen ❷ leegloper, luilak

Zonnekoning hist. bijnaam van Lodewijk XIV van Frankrijk

zonnen in de zon liggen om bruin te worden, zonnebaden

zonnepaneel paneel voor het opvangen van zonnestralingsenergie **zonnescherm** scherm tegen het zonlicht, vooral boven een raam **zonneschijn** het stralen van de zon **zonneslag** BN, ook zonnesteek **zonnesteek** te erge verhitting van het hoofd als iemand te lang in de fel zonlicht is geweest, waardoor hij zich ziek voelt **zonnestelsel** een zon met alle planeten en

manen die daaromheen draaien **zonnestraal** ❶ straal zonlicht ❷ fig. iets wat of iemand die vreugde brengt: *onze dochter is ons ~tje*

zonnetje *het* zon, zonlicht: *we zitten lekker in het ~* ▾ *iemand in het ~ zetten* iemand in het bijzijn van anderen prijzen of eren om zijn verdiensten ▾ *het ~ in huis* iemand die altijd vrolijk en vriendelijk is **zonnevlek** elk van de donkere plekken die men op de zon kan zien **zonnevelde** grasvlakte om te zonnen **zonnewende** *de* het keren van de zon, van de aarde uit gezien, op 21 juni en 22 december **zonnewijzer** uurwijzer in de vorm van een bord met de cijfers 1 tot 12, waarop door de schaduw van een stift de tijd wordt aangegeven

zonnig *bn* ❶ met veel zon: *een ~e dag* ❷ fig. opgewekt, vriendelijk: *een ~ humeur*

zonovergoten *bn* in vol zonlicht, beschenen door veel zonlicht: *~heuvels*

zonsverduistering *de (v)* het bedekt worden van de zon door de maan, als deze tussen de aarde en de zon in staat

zonwering *de (v)* iets om zonnewarmte in woningen tegen te houden, zoals jaloezieën of rolgordijnen

zonzijde ❶ kant waarop de zon schijnt, zonkant ❷ fig. de gunstige, positieve kant van iets

zoo BN, ook *de (m)* [-s] dierentuin

zoogdier dier waarvan de moeder haar jongen tot de geboorte in de buik draagt en ze daarna met moedermelk voedt: *leeuwen, paarden, honden enz. zijn ~en, vissen en vogels niet*

zooi *de* ❶ hoeveelheid, aantal, boel: *een hele ~* ❷ rommel, rotzooi: *wat een ~ is het hier*

zool *de* [zolen] ❶ onderkant van de voet, waar men op loopt ❷ onderste deel van een schoen, waar men op loopt ▾ inform. *een halve ~* raar persoon, gek, idioot

zoölogie *de (v)* dierkunde, kennis en beschrijving van dieren

zoom *de (m)* [zomen] ❶ rand: *de ~ van een bos* ❷ omgeslagen en vastgenaaide rand van een kledingstuk, zoals onder aan een broek of rok

zoomen ⟨zoe-⟩ ⟨film, fotografie, computer e.d.⟩ (met een speciale lens) groter of kleiner in beeld brengen **zoomlens** ⟨zoem-⟩ lens in een fototoestel, filmcamera enz. waarmee het beeld dichterbij gehaald kan worden en men iets groter of kleiner in beeld kan brengen

zoon *de (m)* [zonen, -s] ❶ kind van iemand dat een jongen is: *ze hebben een ~ gekregen* ❷ afstammeling, mannelijk onderdaan: *de zonen van Israël*

zoöplankton dierlijk plankton

zootje *het* troep, rommel: *wat een ~ is het op zijn bureau* ▾ *~ ongeregeld* erge rommel, chaos

zopas *bw* een ogenblik geleden

Z-opleiding ⟨zet-⟩ opleiding in de zwakzinnigenzorg

zorg *de* ❶ ongerustheid, bezorgdheid ▾ inform. *dat zal mij een ~ wezen / mij een ~!* dat kan me helemaal niets schelen ❷ toewijding en aandacht: *iets met grote ~ doen* ❸ het letten op en het zorgen voor: *de oppas heeft vandaag de ~ voor de kinderen* ▾ BN ook *intensieve ~en* intensive care ▾ BN, spreekt. *de eerste ~en* eerste hulp ❹ de zorgsector

zorgelijk *bn* ❶ vol ongerustheid: *een ~ gezicht* ❷ wat reden geeft tot ongerustheid: *de toestand is ~* **zorgeloos** *bn* zonder zich zorgen te maken
zorgen ❶ doen wat nodig is: *zorg dat het werk op tijd afkomt* ❷ verzorging geven, een mens of dier geven wat hij nodig heeft: *ik zorg voor onze twee cavia's* ▾ *voor zichzelf kunnen ~* zich (financieel) kunnen redden
zorgenkind ❶ kind dat de ouders veel zorgen geeft, waarover zij zich veel zorgen maken ❷ *fig.* iets wat voor iemand veel zorgen veroorzaakt, waarover iemand zich zorgen maakt
zorginstelling organisatie voor de verzorging en/of verpleging van zieken of bejaarden of gehandicapten **zorgkantoor** instantie die namens de zorgverzekeraars zorgt voor de uitvoering van de AWBZ in een regio **zorgkas** BN fonds voor de dagelijkse werking van de zorgverzekering, opgericht door een ziekenfonds of verzekeringsmaatschappij **zorgpas** pasje voor mensen met een zorgverzekering voor medisch noodzakelijke hulp in onder andere de landen van de Europese Unie zonder daarvoor eerst zelf te moeten betalen **zorgsector** het geheel van organisaties e.personen die zorg verlenen aan zieken, bejaarden e.a. **zorgtoeslag** geld dat mensen krijgen als tegemoetkoming in de kosten voor hun ziektekostenverzekering **zorgverlof** vrijaf om een familielid of iemand uit de naaste omgeving te verzorgen **zorgverzekeraar** instelling of bedrijf dat voor verzekeringen op het gebied van de gezondheidszorg
zorgvuldig *bn* met zorg, precies: *ze maakt zich ~ op* **zorgwekkend** *bn* waar men ongerust door wordt, zich zorgen over maakt **zorgzaam** *bn* die graag en goed voor anderen zorgt
zot I *bn* ❶ gek, dwaas: *het was een ~te vertoning* II *de (m)* [-ten] ❷ raar persoon, gek, dwaas **zottekesspel** BN, spreekt. dwaze toestand
zout I *het* ❶ witte stof die vooral wordt gebruikt om smaak aan het eten te geven, natriumchloride (NaCl) ▾ *iets met een korreltje ~ nemen* niet al te letterlijk, niet serieus nemen ❷ scheikundige verbinding van een metaal met een zuur II *bn* ❸ met (veel) zout, wat naar zout smaakt ▾ *heb je het ooit zo ~ gegeten* heb je het ooit zo erg meegemaakt **zoutarm** waar weinig zout in zit **zouteloos** *bn* flauw, zonder inhoud, humor of geestelijke kracht: *een zouteloze opmerking*
zouten [zoutte, h. gezouten] met zout bestrooien of klaarmaken
zoutje *het* [-s] zout koekje **zoutpan** ondiep bekken voor zoutwinning **zoutvaatje** klein potje voor op tafel waarin men zout bewaart **zoutzak** ❶ zak met of voor zout ❷ *fig.* iemand met een slappe lichaamshouding: *hij hangt als een ~ op de bank* **zoutzuur** oplossing van chloorwaterstof in water
zoveel, **zoveel** *telw* ❶ in een bepaalde hoeveelheid of mate: *hij verdient drie keer ~ als jij verdient* ❷ in grote hoeveelheid of mate, heel veel: *hij heeft ~ schoenen* ▾ *dat scheelt ~* dat is een groot verschil ▾ *dat kost drie euro* ~ drie euro en nog iets ▾ *hij is er ~ als boodschappenjongen* doet er dienst als **zoveelste** *telw* woord om een onbepaald hoog aantal aan te geven ▾ *voor de ~ keer* het is al heel vaak gebeurd en nu gebeurt het weer ▾ *jij bent de ~ (die dat zegt, vraagt, doet enz.)* er zijn er al veel geweest die hetzelfde hebben gezegd, gevraagd, gedaan enz.
zover, **zoverre** *bw* tot een bepaald punt, zo ver, zo veel: *zie je die toren daar? zover moeten we nog lopen; voor ~ ik weet, is hij er nog niet* ▾ *in ~re dat* in die mate dat
zowaar *bw* warempel, inderdaad: *hij is ~ gekomen! dat hadden we niet verwacht*
zowat *bw* ongeveer, bijna: *ik heb ~ de hele ochtend zitten e-mailen* **zowel** *vgw* de een en de ander, het een en het ander: *~ de vader als de zoon* de vader en de zoon, allebei;: *hij studeert ~ geschiedenis als wiskunde* hij studeert allebei die vakken
z.o.z. *zie ommezijde*, kijk op de bladzijde aan de andere kant
zozeer *bw* ❶ vooral, in de eerste plaats: *het gaat me niet ~ om het salaris maar vooral om de inhoud van het werk; hij is niet ~ ziek als wel lui* hij is vooral lui en niet echt ziek ❷ in die mate, zo erg: *hij heeft me ~ gegriefd dat ik hem niet meer wil zien*
zozo *bw* matig, niet erg goed: *het resultaat is ~, ik had beter verwacht*
ZP zomerpeil
zr. zuster
z.s.m. zo spoedig mogelijk
zucchino ⟨tsoekienoo⟩ *de (m)* [-ni] soort courgette
zucht I *de (m)* [-en] ❶ zware hoorbare uitademing: *hij slaakte een ~ toen hij zag hoeveel hij nog moest doen* ▾ *een ~ van verlichting slaken* erg opgelucht zijn dat iets vervelends niet gaat gebeuren of achter de rug is ▾ *een ~je wind* een zacht windje II *de* ❷ sterke neiging, behoefte, verlangen: *bemoei~, verniel~; een ~ naar vrijheid*
zuchten hoorbaar uitademen, een zucht slaken ▾ *~ onder het juk van (de onderdrukker, bezetter enz.)* eronder lijden **zuchtmeisje** (vooral Franse) zangeres met een zacht en hees stemgeluid
zuid I *de* ❶ het zuiden II *bw* ❷ in, uit het zuiden: *de wind is ~* **zuideinde** zuidelijk einde **zuidelijk** *bn* ❶ in of naar het zuiden, ten zuiden: *het ~ halfrond* ▾ *~ van* aan de zuidkant van, ten zuiden van ❷ van, uit het zuiden: *een ~e wind; wij nemen de ~e weg* **zuiden** *het* ❶ een van de vier windstreken ▾ *ten ~ van* zuidelijk, aan de zuidkant: *België ligt ten ~ van Nederland* ❷ landen, gebieden in zuidelijke streken: *als ik met pensioen ga, wil ik ergens in het ~ gaan wonen* **zuidenwind** wind uit het zuiden
zuiderbreedte afstand in graden ten zuiden van de evenaar
zuiderburen *de (mv)* bewoners van het land ten zuiden van het eigen land: *de Belgen zijn de ~ van de Nederlanders* **zuiderkeerkring** denkbeeldige lijn rond de aarde op 23°27' ten zuiden van de evenaar **Zuiderkruis** kruisvormig sterrenbeeld bij de zuidpool **zuiderlicht** poollicht boven het zuidpoolgebied **zuiderling**

de (m) iemand uit het zuiden: *Italianen, Spanjaarden en andere ~en* **zuiders** BN, *ook bn* zuidelijk, zoals in het zuiden

zuidgrens grens in het zuiden: *de ~ van ons land*

zuidoost *bw* midden tussen het zuiden en het oosten **zuidoostelijk** naar of uit het zuidoosten: *er staat een ~e wind* uit het zuidoosten

zuidoosten windstreek tussen het zuiden en het oosten **zuidoostenwind** wind uit het zuidoosten

zuidpool zuidelijk uiteinde: *de ~ van de planeet Saturnus; de ~ van een magneet* **Zuidpool** *de* gebied rond het meest zuidelijke punt van de aarde, waar het heel koud is, Antarctica **zuidpoolcirkel** denkbeeldige lijn rond de aarde op 23°27' vanaf de zuidpool van de aarde

zuidvrucht vrucht uit subtropische streken, vooral citrusvrucht

zuidwaarts *bn* naar het zuiden

zuidwesten windrichting tussen zuid en west **zuidwester** *de (m)* [-s] ❶ wind of storm uit het zuidwesten ❷ waterdichte zeemanshoed met een brede rand, om te dragen bij regen

zuidzijde zuidelijke kant

zuidzuidoosten windrichting tussen zuid en zuidoosten **zuidzuidwesten** windrichting tussen zuid en zuidwesten

zuigeling *de (m)* kind van minder dan een jaar, kind dat nog moedermelk drinkt

zuigen [zoog, h. gezogen] ❶ iets binnenkrijgen door de lippen om iets heen op elkaar te klemmen en in te ademen, opnemen door een beweging naar binnen: *frisdrank door een rietje ~; de stofzuiger zuigt het vuil naar binnen* ❷ *fig.* voortdurend vragen stellen of opmerkingen maken over iets met als doel iemand kwaad te maken

zuiger *de (m)* [-s] ❶ toestel dat een vloeistof of gas opzuigt ❷ schijf die door wisselende gasdruk in een cilinder heen en weer bewogen wordt ❸ *fig.* iemand die zuigt, treiteraar

zuigfles fles met een speen voor een zuigeling

zuigkracht ❶ zuigende kracht ❷ *fig.* kracht om naar zich toe te trekken: *de ~ van de grote stad maakt dat veel mensen ernaartoe verhuizen*

zuignap orgaan waarmee sommige dieren en planten zich vastzuigen

zuil *de* ❶ grote paal waarop een deel van een gebouw steunt, pilaar: *een Griekse tempel met veel ~en* ❷ *fig.* waarop of op wie iets steunt ❸ 〈vroeger〉 een van de groepen mensen met een bepaalde godsdienst of levensovertuiging, die elk hun eigen scholen, kranten enz. hadden

zuinig *bn* ❶ die weinig geld uitgeeft of weinig van iets gebruikt: *zij leven heel ~* ❷ die niet veel verbruikt, zoals elektriciteit, water of benzine: *een ~e auto, wasmachine* ▼ *~ op iets zijn* er voorzichtig mee omgaan: *zij is ~ op haar nieuwe fiets* ▼ *een ~ lachje* een lach met moeite, met tegenzin

zuipen spreekt. [zoop, h. gezopen] ❶ drinken ❷ veel alcohol drinken **zuiplap** *inform. de (m)* [-pen] iemand die te veel alcohol drinkt, dronkenlap **zuipschuit** *inform.* iemand die te veel alcohol drinkt

zuivel *de (m) & het* melk of een product dat van melk gemaakt is, zoals kaas, boter en vla

zuivelproduct product dat van melk gemaakt is, zoals kaas, boter en vla

zuiver *bn* ❶ puur, onvermengd: *~ goud* ❷ zonder schuld: *een ~ geweten* ❸ zonder fouten of afwijkingen: *~ Nederlands spreken* ▼ *~ zingen* zonder valse noten ❹ alleen maar, niets dan: *dat is ~ winsbejag* ❺ betrouwbaar, correct: *dat is geen ~e zaak*

zuiveren ❶ zuiver maken, reinigen: *hier wordt water gezuiverd* ▼ *~ van* ontdoen van (iets ongunstigs) ❷ van ongewenste of politiek onbetrouwbare personen ontdoen

zuivering *de (v)* ❶ het zuiveren, het reinigen: *water~* ❷ het verwijderen van personen die men niet wil: *politieke ~en in een dictatuur* ▼ *etnische ~en* het verjagen of doden van mensen van een bepaald ras of een bepaalde afkomst

zulk *vnw* die of wat zo is: *~ werk; ~e mensen* **zulks** *vnw* dat, zoiets, iets dergelijks: *de voorzitter kan ~ niet toestaan*

zullen [zou, zouden, -] hulpwerkwoord dat de toekomende tijd uitdrukt, een mogelijkheid, belofte, dreigement of noodzaak: *over een maand ~ we het weten; die radio zal wel kapot zijn; ik zal het nog je navragen; ik zal je wel eens laten zien wie hier de baas is!; we ~ dit voor elkaar krijgen, anders zijn we verloren*

zult *de (m)* hoofdkaas: *zure ~*

zumba 〈zoem-〉 *de* fitnessvorm, gebaseerd op Zuid-Amerikaanse dansen en muziek

zurig *bn* een beetje zuur: *dit brood smaakt ~*

zuring *de* plant met een zure smaak, van het geslacht Rumex

zus **I** *bw* ▼ *~ of zo* op die manier **II** *de (v)* [-sen] ❶ zuster: *ik heb een broer en twee ~sen* ❷ informele aanspreekvorm voor een meisje: *hé ~, wat doe jij daar?* **zuster** *de (v)* [-s] ❶ dochter van de ouders van wie men zelf ook een kind is ▼ *je ~!* dat zal niet gebeuren, vergeet het maar ❷ r.-k. vrouwelijke geestelijke, non: *~ Dorothea* ❸ verpleegster: *~, kunt u even komen?*

zustergemeente ❶ gemeente van hetzelfde kerkgenootschap ❷ gemeente waarmee een andere gemeente een vriendschapsbetrekking heeft **zusterlijk** *bn* als zusters **zusterorganisatie** organisatie met hetzelfde doel waarmee men een band heeft **zusterschip** ongeveer gelijk schip van hetzelfde bedrijf **zustervereniging** vereniging met hetzelfde doel waarmee men een band heeft: *onze ~ in Bratislava*

zuur **I** *het* [zuren] ❶ scheikundige verbinding (met onder andere als kenmerk dat er waterstof in voorkomt) ❷ middel om eten e.d. zuur te maken: *iets in het ~ leggen* ❸ maagsap, oprisping daarvan: *het ~ hebben* **II** *bn* ❶ scherp en fris van smaak: *een zure citroen* ▼ *zure regen* stoffen die schadelijk zijn voor het milieu en die met regen of op een andere manier naar beneden komen ❷ 〈van grond〉 te nat ❸ *fig.* onvriendelijk, onaangenaam ▼ *iemand het leven ~ maken* iemand ongelukkig maken door hem moeilijkheden te bezorgen **zuurdesem** verzuurd deeg dat wordt gebruikt als gist **zuurgraad** mate van zuur zijn, hoe zuur iets is

zuurkool *de* fijngesneden witte kool die zuur gemaakt is

zu

zuurpruim *de* nors onvriendelijk persoon

zuurstof met O aangeduid kleur-, smaak- en reukloos gas dat noodzakelijk is voor de ademhaling **zuurstofapparaat** apparaat waarmee zuurstof wordt toegevoerd om de ademhaling op te wekken of te stimuleren **zuurstofmasker** masker dat men voor de mond en neus houdt, voor toevoer van zuurstof

zuurstok snoepgoed van suiker in de vorm van een staaf, dat een zurige smaak heeft **zuurtje** *het* [-s] snoepje van suiker dat een zurige smaak heeft

zuurverdiend, zuurverdiend *bn* dat iemand verdiend heeft met hard werken: *mijn ~e geld*

zuurzoet, zuurzoet ● zuur en zoet tegelijk: *een ~e appel* ● fig. met een mengeling van blijdschap of vriendelijkheid en verdriet of ontevredenheid: *een ~e glimlach*

Z-verpleging zwakzinnigenzorg

ZW *de* Ziektewet

Z.W. zuidwest

zwaai *de (m)* zwaaiende beweging: *met een ~ van zijn been sprong hij op zijn fiets* **zwaaien** [zwaaide, h. / is gezwaaid] ● heen en weer bewegen: *het schip zwaaide alle kanten op* ● met de hand of arm heen en weer bewegen als groet of om aandacht te trekken, wuiven: *de fans zwaaiden naar de voetballers in de bus* ▼ *er ~t wat* er zullen zware straffen of harde woorden vallen **zwaailicht** fel licht dat snel ronddraait op bijv. een politieauto of ziekenwagen, zodat men goed ziet dat die eraan komt

zwaan *de* [zwanen] grote zwemvogel van het geslacht Cygnus met lange hals **zwaantje** *het* [-s] ● kleine zwaan ● BN motoragent

zwaar *bn* ● die of wat veel weegt: *een zware koffer* ▼ *zware metalen* metalen met een grote relatieve dichtheid ● met een bepaald gewicht: *hoe ~ is die worst?* ● sterk, fors, grof, van grote afmetingen: *een ~gebouwde man* ▼ *een zware delegatie* met veel en belangrijke personen ● moeilijk te verteren: *zware kost* ▼ *dat valt ~ tegen* dat is een grote tegenvaller ● moeilijk, inspannend: *een zware wedstrijd; het valt hem ~* ● met een sterke uitwerking ▼ *~ tafelen* veel eten en drinken ● luid en laag: *een zware stem* ● ernstig, in hoge mate, heel erg: *een zware straf; we waren ~ teleurgesteld toen het feest niet doorging* ▼ *~ op de hand zijn* dingen altijd somber inzien ▼ *zware jongens* beroepsmisdadigers **zwaarbelast** *bn* ● met een zware last, lading ● met een zware taak: *~e werkende moeders*

zwaard *het* ● lang, plat en puntig wapen met heel scherpe zijkanten: *de ridder trok zijn ~* ▼ *iets te vuur en te ~ bestrijden* op alle mogelijke manieren ● ovaal houten schild aan een zeilschip, tegen omslaan of afdrijven **zwaardvis** vis met heel lange bovenkaak (Xiphias gladius)

zwaargebouwd *bn* breed en fors: *een ~e man*

zwaargeschapen *bn* ⟨van een man⟩ met een fors geslachtsdeel

zwaargewicht I *het* ● gewichtsklasse bij boksen en andere vechtsporten boven 79 kilo II *de* [-en] ● bokser of beoefenaar van een andere vechtsport in deze klasse ● fig. iemand die heel goed en belangrijk is in een bepaald vak of op een bepaald gebied: *een ~ in de politiek*

zwaargewond heel ernstig gewond

zwaarlijvig *bn* dik, gezet

zwaarmoedig *bn* somber, geneigd tot somberheid

zwaarte *de (v)* ● gewicht, hoe zwaar iets is ● fig. graad, hoe erg iets is: *de ~ van de fouten* ● gevoel dat er iets drukt: *een gevoel van ~ in de arm*

zwaartekracht nat. aantrekkingskracht die de aarde heeft en die voorwerpen en levende wezens naar de aarde trekt: *als je iets in je hand hebt en het loslaat, valt het naar beneden door de ~*

zwaartepunt *het* ● punt waaromheen het gewicht van een lichaam in gelijke mate verdeeld is ● fig. het belangrijkste, de hoofdzaak: *het ~ van de oefening ligt in het laatste deel* **zwaarwegend** *bn* belangrijk, wat veel invloed heeft: *een ~ argument* **zwaarwichtig** *bn* heel gewichtig, die gewichtig doet

zwabber *de (m)* [-s] veger met dikke katoenen draden aan een lange steel om bijv. de vloer mee schoon te maken **zwabberen** ● met een zwabber schoonmaken ● zich heen en weer zwaaiend voortbewegen: *de dronken automobilist zwabberde over de weg*

zwachtel *de (m)* [-s] lange, smalle reep stof die men om een bezeerd lichaamsdeel bindt: *de dokter deed een ~ om mijn verstuikte enkel* **zwachtelen** een zwachtel winden om (een bezeerd lichaamsdeel)

zwager *de (m)* [-s] ● broer van de man of vrouw met wie iemand getrouwd is ● man met wie iemands zuster is getrouwd

zwak I *bn* ● niet sterk, zonder kracht: *een ~ voetbalelftal* ▼ *een ~ke gezondheid hebben* niet veel kunnen verdragen, snel ziek worden ▼ *een ~ ogenblik* een ogenblik dat iemand te veel toegeeft aan zijn gevoel ▼ *iemands ~ke plek* het punt waarop iemand het kwetsbaarst, gevoeligst is ● taalk. ⟨van werkwoorden⟩ vervoegd zonder klankverandering II *het* ● zwakke kant in iemands karakter ● voorliefde, bijzondere sympathie: *ik heb een ~ voor mijn dove buurjongetje*

zwakbegaafd met verminderde verstandelijke vermogens: *een school voor ~e leerlingen* **zwakheid** *de (v)* [-heden] ● het zwak-zijn ● fout, gebrek, zwakke eigenschap: *menselijke zwakheden* **zwakjes** *bw* zwak, slap: *na zijn ziekte was hij nog wat ~* **zwakkeling** *de (m)* iemand met een zwakke wil

zwakstroom stroom van minder dan 24 volt

zwakte *de (v)* [-n, -s] zwak punt, zwakke kant: *zijn ~ is dat hij niet langer dan vijf minuten kan* **zwaktebod** voorstel waaruit blijkt dat iemands eigen positie niet sterk is

zwakzinnig *bn* met weinig verstandelijke vermogens en niet in staat om zelfstandig te functioneren, verstandelijk gehandicapt **zwakzinnigenzorg** professionele verzorging en verpleging van geestelijk gehandicapten

zwalken ● rondzwerven, zomaar wat lopen of varen: *over de zee ~* ● niet stevig op zijn benen staan en wiebelend lopen: *de carnavalsvierders zwalkten over straat*

zwalpen BN ook zwalken, stuurloos zijn

zwaluw *de* zang- en trekvogel van de familie van de Hirundinidae ▼ *één ~ maakt nog geen zomer* bij één goed teken moet men niet meteen hoge verwachtingen hebben **zwaluwstaart** ❶ staart van een zwaluw ❷ houtverbinding met lippen die in een inkeping sluiten ❸ jas van een rokkostuum

zwam *de* [-men] naam van een groep sporenplanten zonder bladgroen, onder andere schimmels en paddenstoelen **zwammen** kletsen, breedvoerig praten, onzin vertellen

zwanenbloem moerasplant met bloemen waarvan de knoppen lijken op koffiebonen (Butomus umbellatus) **zwanenhals** ❶ lange gebogen hals ❷ S-vormige buis **zwanenzang** laatste compositie of gedicht of werk van iemand voor zijn dood

zwang ▼ *het is in ~ om ... het wordt veel gedaan: het is tegenwoordig in ~ om vaker per jaar op vakantie te gaan*

zwanger *bn* die een kind in haar lichaam draagt: *Anneke is ~ van haar tweede kind* ▼ fig. ~ *van* vervuld van iets wat gaat komen: *de lucht was ~ van romantiek, verwachting, het voorjaar* **zwangerschap** *de (v)* [-pen] het zwanger-zijn **zwangerschapsmasker** bruine vlekken in het gezicht die soms voorkomen bij zwangerschap **zwangerschapsonderbreking** *de (v)* het afbreken van een zwangerschap, abortus **zwangerschapsverlof** vrijaf wegens zwangerschap

zwarigheid *de (v)* [-heden] moeilijkheid, probleem, belemmering ▼ *~ in iets zien* ergens problemen in zien of mee verwachten

zwart I *bn* ❶ in de meest donkere kleur ▼ *~e doos* apparaat in een vliegtuig dat vluchtgegevens registreert ▼ *het ziet er ~ van de mensen* er zijn heel veel mensen ▼ *~ gat* object in het heelal dat alles, ook licht, absorbeert ▼ *het staat ~ op wit* het staat op papier, er is een schriftelijk bewijs ❷ somber: *de dingen ~ inzien* ▼ *een ~e bladzijde in de geschiedenis* periode met oneervolle gebeurtenissen ❸ illegaal, zonder premies en belastingen te betalen: *zijn personeel ~ uitbetalen* ▼ *~e lijst* lijst van personen die niet mee mogen doen, gestraft zullen worden e.d.: *de kritische acteur stond op een ~e lijst en kreeg geen rollen meer* **II** *het* ❹ zwarte kleur, wat zwart is **zwartboek** tekst waarin misstanden en begane fouten aan de kaak worden gesteld: *een ~ over de arbeidsomstandigheden in de fabriek* **zwartbont** wit met zwarte vlekken: *~e koeien* **zwarte** *de* [-n] ❶ neger, negerin ❷ iemand met zwart haar ❸ BN, spreekt. collaborateur (tijdens de Tweede Wereldoorlog) **zwartekousenkerk** streng orthodoxe, gereformeerde kerkelijke groepering **zwartepiet** schoppenboer of degene die schoppenboer heeft bij het zwartepieten ▼ *de ~ krijgen* als zondebok aangewezen worden, de schuld krijgen **zwartepieten** een kaartspel spelen waarbij schoppenboer bijzondere strafpunten oplevert **zwartgallig** *bn* die alles van de donkerste kant ziet, erg pessimistisch **zwarthandelaar** iemand die zwarte handel

bedrijft **zwarthemd** *de (m)* ❶ hist. fascist in Italië ❷ ⟨in het algemeen⟩ fascist

zwartkijker ❶ iemand die de dingen somber inziet, pessimistisch mens ❷ ⟨vroeger⟩ bezitter van een televisietoestel die geen kijkgeld betaalt **zwartkop** ❶ iemand met zwart haar ❷ zangvogel van ongeveer vijftien centimeter, waarvan het mannetje een zwarte kruin heeft (Sylvia atricapilla)

zwartmaken ▼ *iemand ~* heel negatieve dingen vertellen over iemand, kwaadspreken

zwartrijder ❶ iemand die zonder kaartje met het openbaar vervoer reist ❷ ⟨vroeger⟩ iemand die geen wegenbelasting betaalt voor zijn auto **zwartwerken** werken zonder de inkomsten aan de belastingdienst op te geven

zwart-wit *bn* ❶ zonder kleuren, alleen met verschil tussen donker en licht ❷ fig. met grove onderscheidingen of tegenstellingen, ongenuanceerd **zwart-witfoto** foto in zwart en wit

zwatelen ❶ lit. een zacht geruis maken, vooral van bladeren aan bomen: *als de bladeren van de populier ~* ❷ met veel mensen tegelijk praten ❸ min. onzin kletsen (terwijl men denkt intelligente hoogstaande dingen te zeggen): *ze zaten weer te ~ over normen en waarden*

zwavel *de (m)* gelige licht ontvlambare stof **zwaveldioxide** ⟨-dieoksie-⟩ *het* verbinding van zwavel en zuurstof **zwavelhoudend** *bn* waar zwavel in zit **zwavelstokje** *het* [-s] hist. in gesmolten zwavel gedoopt stokje om vuur te maken **zwavelzuur** verbinding van twee atomen waterstof met één atoom zwavel en vier atomen zuurstof, sterk bijtende en verkolende vloeistof

zweef *de (m)* kermisattractie waarin men door de lucht zweeft

zweefduik duik met gestrekt lichaam en zijwaarts uitgestrekte armen **zweefmolen** speeltuintoestel en kermisvermaak in de vorm van een paal met touwen met stoeltjes eraan waarin men rondzweeft

zweefvliegen [zweefvliegde, h. gezweefvliegd] vliegen in een zweefvliegtuig **zweefvliegtuig** licht vliegtuig zonder motor **zweefvlucht** vlucht in een vliegtuig zonder motor of met een motor die is uitgezet

zweem *de (m)* lichte schijn, geringe mate, vleugje ▼ *geen ~ van geloofwaardigheid, van een glimlach enz.* helemaal niets

zweep *de* [zwepen] stok met een touw of een reep leer eraan om mee te slaan ▼ *de ~ erover leggen* met de zweep slaan; fig. hard aanpakken, op een krachtige manier leidinggeven ▼ *hij kent het klappen van de ~* hij weet hoe alles gedaan moet worden **zweeppartij** BN politieke partij die niet aan de regering wil deelnemen, maar andere partijen onder druk wil zetten **zweepslag** ❶ slag met een zweep ❷ hevige pijn die men (bijv. bij het sporten) voelt als men een scheurtje krijgt in een spier ❸ letsel van de nekwervel(s) als gevolg van een plotselinge achterwaartse beweging van het hoofd, bijv. bij een botsing, whiplash

zweer *de* [zweren] wond die ontstoken is en waar etter uit komt

zweet *het* ❶ vocht dat uit de huid komt, vooral als iemand het warm heeft, zich inspant of erg zenuwachtig is ▾ *het koude/klamme ~ brak hem uit* hij begon te zweten van de zenuwen of van angst ❷ vochtige uitslag, (vooral) op kaas en muren

zweetband band die zweet absorbeert en die om het voorhoofd of de polsen wordt gedragen, bijv. door sporters **zweetklier** klier die zweet afscheidt **zweetvoeten** *de (mv)* voeten die veel zweet afscheiden

zwelgen [zwolg, h. gezwolgen] gulzig en veel eten en drinken ▾ *~ in* zich te buiten gaan aan, genieten van: *~ in genot* ▾ *~ in zelfmedelijden* zich helemaal overgeven aan het hebben van medelijden met zichzelf

zwellen [zwol, is gezwollen] dikker worden, uitzetten: *haar arm was gezwollen door de steek van een wesp* ▾ fig. *zijn hart zwol van vreugde* werd vervuld van vreugde **zwelling** *de (v)* ❶ het zwellen ❷ opgezette plek onder de huid: *een ~ door een muggenbeet*

zwembad ❶ soort heel grote bak met water waar men in kan zwemmen, bassin ❷ inrichting, gebouw met dergelijke bassins waarin men kan zwemmen **zwembandjes** *de (mv)* scherts. vetrollen rond het middel **zwemblaas** met lucht gevuld orgaan bij vissen dat op een blaas lijkt, waardoor ze gemakkelijk kunnen zwemmen **zwembroek** broekje dat gemaakt is om in te zwemmen

zwemen ▾ *~ naar* een beetje lijken op: *deze kleur zweemt naar roze*

zwemmen [zwom, h. / is gezwommen] zich in het water voortbewegen door armen en benen te bewegen ▾ *~ in het geld* heel veel geld hebben ▾ fig. *iemand laten ~* iemand geen begeleiding geven maar hem alles zelf laten uitzoeken **zwemmerseczeem** eczeem aan de voeten dat ontstaat doordat de voeten vaak nat zijn **zwempak** kledingstuk om in te zwemmen, badpak **zwempoot** poot met zwemvlies van zwemvogels **zwemvest** opblaasbaar vest of vest van kurk waarin men blijft drijven **zwemvlies** ❶ vlies tussen de tenen van sommige vogels, dat ze gebruiken bij het zwemmen ❷ voorwerp van kunststof dat daarop lijkt en dat wordt gebruikt door duikers **zwemvogel** vogel die kan zwemmen

zwendel *de (m)* bedrog, oplichting: *~ met valse diamanten* **zwendelaar** *de (m)* [-s] iemand die zwendelt, oplichter, bedrieger **zwendelen** oplichten, bedriegen

zwengel *de (m)* [-s] arm of kruk waarmee men iets in beweging brengt

zwenken draaien, van richting veranderen: *de auto zwenkte naar links* **zwenkwiel** wieltje onder een meubel dat in alle richtingen kan draaien

zweren I [zwoer, h. gezworen] ❶ een eed doen, plechtig beloven: *ik zweer je dat ik het nooit meer zal doen* ▾ *een dure eed ~* zichzelf beloven iets absoluut te doen: *hij zwoer een dure eed dat hij de dood van zijn vader zou wreken* ▾ *~ bij iets, iemand* groot vertrouwen stellen in, heel erg blij zijn met: *ik zweer bij dit medicijn, ik gebruik nooit iets anders* **II** [zweerde / zwoor, h. gezworen] ❷ etter

afscheiden, ontstoken zijn: *een ~de wond*

zwerfafval afval dat los op straat, in de berm e.d. ligt, dat niet op de daarvoor bestemde plaats is gedeponeerd **zwerfjongere** jongere zonder vaste verblijfplaats **zwerfkat** kat zonder thuis **zwerfkei** groot brok steen dat in de ijstijd over grote afstanden is meegevoerd door gletsjers **zwerfsteen** zwerfkei **zwerftocht** tocht zonder vast reisplan **zwerfvogel** vogel die geen trekvogel is maar wel geregeld van woonplaats verandert **zwerfvuil** vuil, afval dat los op straat, in de berm e.d. ligt, dat niet op de daarvoor bestemde plaats is gedeponeerd

zwerk *het* ❶ drijvende wolken ❷ hemel, uitspansel

zwerm *de (m)* ❶ groep dieren, meestal vogels of insecten, die samen vliegen: *een ~ bijen* ❷ groep vallende sterren **zwermen** in een grote groep bij elkaar vliegen of bewegen: *vliegen ~ rond het afval*

zwerven [zwierf, h. gezworven] ❶ rondtrekken, rondreizen zonder vast doel: *we zwierven in de vakantie wat door de Ardennen* ❷ ongeordend op verschillende plaatsen liggen: *door de hele kamer ~ boeken* **zwerver** *de (m)* [-s] iemand die zwerft, iemand zonder vaste woonplaats

zweten ❶ zweet afscheiden ▾ BN *water en bloed ~* erg zweten na een inspanning of door angst ❷ ⟨van kaas en van muren⟩ vocht uitslaan **zweterig** *bn* die of wat een beetje zweet, vochtig van zweet: *~e handen*

zwetsen opscheppen, sterke verhalen of onzin vertellen

zweven ❶ in de lucht drijven of hangen: *de ballon zweeft door de lucht* ▾ *~de kiezers* kiezers van wie niet duidelijk is op welke partij ze zullen stemmen ❷ fig. zich zacht en licht bewegen: *ze zweefde door de kamer* **zweverig** *bn* ❶ niet helder, niet scherp doordacht, vaag: *een ~ betoog* ❷ draaierig, duizelig: *ik voel me een beetje ~*

zwezerik *de (m)* orgaan bij mensen en gewervelde diersoorten, bij mensen en zoogdieren tussen borstbeen en luchtpijp

zwichten [zwichtte, is gezwicht] toegeven terwijl men het eerst niet wilde: *hij wilde me eerst niet helpen, maar toen ik heel lief deed, zwichtte hij*

zwiepen ❶ doorbuigen en weer terugveren: *de bomen ~ in de harde wind* ❷ met kracht ergens tegenaan slaan: *de regen zwiept tegen de ramen*

zwier *de (m)* ❶ draai, zwaai ▾ *aan de ~ zijn* uitgaan, plezier maken ▾ BN *op ~ gaan* aan de zwier gaan ❷ fig. sierlijkheid in gebaar of houding, vlotheid in de omgang met anderen **zwieren** ❶ dansend of op schaatsen ronddraaien ❷ uitgaan en plezier maken **zwierig** *bn* sierlijk, elegant in gebaar en houding

zwijgen [zweeg, h. gezwegen] ❶ niets (meer) zeggen ▾ *er het ~ toe doen* niets meer zeggen ▾ *wie zwijgt, stemt toe* wie geen bezwaren laat horen, keurt iets goed ▾ BN *~ als vermoord* geen woord zeggen ❷ niet (meer) klinken: *de kanonnen ~* **zwijger** *de (m)* [-s] iemand die zwijgt, die weinig spreekt ▾ hist. *Willem de Zwijger* prins Willem I van Oranje

zwijggeld geld dat iemand betaalt zodat iemand

anders iets niet zegt, beloning voor geheimhouding **zwijgplicht** plicht tot geheimhouding: *een huisarts heeft ~ over zijn patiënten* **zwijgrecht** ❶ recht van een verdachte om niet op vragen te antwoorden ❷ recht om geen getuigenverklaring te geven **zwijgzaam** *bn* die weinig spreekt: *een zwijgzame man*

zwijm *de (m)* ▾ *in ~ vallen* flauwvallen **zwijmelen** heel bewonderend en verliefd wegdromen: *de meiden zwijmelden bij de clip van hun popidool*

zwijn *het* ❶ varken, wild varken ❷ *fig.* vuilak, vreselijk mens **zwijnen** *inform.* boffen, geluk hebben **zwijnenstal** smerige boel: *wat is het hier een ~!*

zwik *de (m)* [-ken] ❶ zwikkende beweging, lichte verstuiking ❷ *mil.* hele uitrusting ▾ *de hele ~* de hele boel, alles:: *neem de hele ~ maar mee* **zwikken** I [zwikte, h. gezwikt] ❶ een bepaald kaartspel spelen II [zwikte, is gezwikt] ❷ knakken, omslaan, verstuiken: *door zijn enkel ~* een misstap of iets anders doen waardoor de enkel dubbelslaat en van binnen beschadigd raakt

ZWO (Nederlandse organisatie voor) zuiver wetenschappelijk onderzoek (tegenwoordig NWO)

zwoegen ❶ hard werken en zwaar werk doen: *de mannen zwoegden op het land* ❷ zwaar ademen, hijgen: *zijn borst zwoegde op en neer*

zwoel *bn* ❶ drukkend warm, benauwd: *een ~e zomeravond* ❷ met een sfeer van hartstocht, van verlangen naar seks: *zij keek hem met een ~e blik aan*

zwoerd *het* varkenshuid met spek

zydeco ⟨zajdəkoo⟩ *de (m)* muziek van de creoolse bevolking van Louisiana, met een snel, hoekig ritme en waarbij accordeon en wasbord worden gebruikt

Z.Z.O. zuidzuidoost

zzp'er ⟨zetzetpeejər⟩ *de (m)* [-s] zelfstandige zonder personeel

Z.Z.W. zuidzuidwest

ZZ

Basisgrammatica

Grammatica is misschien niet je lievelingsvak. Je vond waarschijnlijk de taallessen op de basisschool met zinsontleden en woordbenoemen, ingewikkeld of dodelijk saai, of misschien wel allebei. Daarnaast vraag je je mogelijk af wat het nut is van kennis over de Nederlandse grammatica. Praten en schrijven lukt je immers ook wel zonder dat je al die regels en regeltjes kent. Waarom zou je ze dan leren?

Allereerst helpt kennis van de grammatica je de lessen over andere talen beter te begrijpen. In de lessen Engels, Frans en Duits gaat het vaak over de grammaticale regels van die talen. Je leert die regels makkelijker als je ook de regels van je eigen taal kent. Je snapt dan sneller wat de overeenkomsten en de verschillen zijn tussen Nederlands en andere talen.

Is grammatica dan alleen maar een steunvak voor andere vakken? Je heb er in ieder geval je hele leven wat aan. Misschien besluit je ooit nog eens bijvoorbeeld een cursus Russisch, Portugees, of Arabisch te volgen. Ook dan moet je kunnen aansluiten op de grammaticale regels van die taal. Je leert die taal dan makkelijker en sneller als je ook weet hoe het Nederlands in elkaar zit.

Ook is kennis van de Nederlandse grammatica handig als je in het buitenland geboren bent of als je ouders geen Nederlands spreken. Je snapt dan sneller en beter hoe het precies zit met bijvoorbeeld de juiste volgorde van woorden in een zin of het gebruik van *de* en *het*.

Ten slotte: als je beter begrijpt hoe de Nederlandse taal in elkaar steekt, zul je hem ook beter en makkelijker gebruiken. En dat is in ieder geval winst voor later. De Nederlandse taal gaat je leven lang mee en hoe beter je hem weet te gebruiken, hoe makkelijker je je door bepaalde fasen van je leven slaat. Misschien wordt schrijven wel een belangrijk onderdeel van je beroep. Misschien word je nog eens schrijver of journalist.

Deze basisgrammatica leidt je stap voor stap door de regels van de Nederlandse grammatica heen. Elke volgende stap sluit aan bij de vorige. Je kunt deze basisgrammatica dan ook het beste van het begin tot het eind doorwerken.

1 Grammatica: de regels voor zinnen en woorden

Wat is grammatica precies? Allereerst gaat grammatica altijd over zinnen. Een zin is een combinatie van woorden die samen een goed lopend geheel vormen en een afgeronde betekenis hebben. Op papier begint een zin met een hoofdletter en eindigt hij met een punt. Als uitgangspunt voor uitleg en oefening kiezen we dan ook altijd een of meer zinnen. Lees om te beginnen het zinnetje hieronder. Als je het leest, weet je direct wat er staat:
Vandaag eten we pannenkoeken.

Je kunt de woorden van deze zin in een andere volgorde zetten, zonder dat de betekenis verandert:
We eten vandaag pannenkoeken.
   Pannenkoeken eten we vandaag.

Maar bij een bepaalde volgorde betekent de zin opeens iets anders:
Eten we vandaag pannenkoeken.

Nu is het plotseling niet zeker of we pannenkoeken eten. Dat is nog maar de vraag! Achter de laatste voorbeeldzin hoort dan ook een vraagteken.

Wat kun je uit deze zinnetjes met verschillende woordvolgordes opmaken? Je kunt de volgorde van de woorden in een zin veranderen, maar dat kan maar tot op zekere hoogte om nog dezelfde betekenis te houden. Dat betekent dat de betekenis van een zin iets te maken heeft met de volgorde waarin de woorden staan.

In alle voorbeelden tot nu toe ging het om goed lopende zinnen. Kiezen we weer een andere volgorde, dan voel je direct aan dat de zin fout is:
Vandaag we eten pannenkoeken.

De volgorde van de woorden is niet goed, maar je snapt toch direct wat er bedoeld is. En zo'n soort volgorde hoor je vaak gebruiken door mensen om je heen die uit het buitenland komen.

Zet nu de woorden van de voorbeeldzin eens in alfabetische volgorde. Je krijgt dan:
Eten pannenkoeken vandaag we.

Deze zin is echt helemaal fout. De woorden horen blijkbaar toch in een min of meer vaste volgorde. Voor de juiste volgorde van woorden in een zin gelden dus regels. En die regels bij elkaar vormen een groot deel van de grammatica van het Nederlands. Veruit de meeste van die regels pas jij voortdurend toe als je praat of schrijft, of zelfs denkt. Je vormt immers zelf zinnen waarin de volgorde van de woorden goed is. Ook kun je van de meeste zinnen die je hoort of leest direct aangeven of die zin goed of fout is. Dat zegt je 'taalgevoel', maar eigenlijk is dit taalgevoel hetzelfde als de regels van de grammatica. Die zitten dus in je hoofd. Alleen, je kunt ze niet benoemen. Deze basisgrammatica helpt je die regels boven tafel te halen.

2 Zinsontleden en woordbenoemen

In hoofdstuk 1 heb je gezien dat grammatica gaat over de volgorde van de woorden in een zin. Die volgorde wordt bepaald doordat elk woord in een zin een bepaalde 'rol' speelt. En over die rollen gaan de regels van de grammatica. Om die 'rol' van woorden toe te lichten nemen we weer als uitgangspunt het zinnetje:
Vandaag eten we pannenkoeken.

Je kunt *vandaag* vervangen door bijvoorbeeld *morgen, misschien* of *gelukkig,* maar ook door een groepje woorden, bijvoorbeeld *tot onze vreugde, als avondeten* of *om zes uur.* Probeer het eens. Blijft de zin volgens jou goed lopen?

In dit voorbeeld spelen *morgen, misschien, gelukkig, tot onze vreugde, als avondeten* en *om zes uur* dezelfde rol als *vandaag.* De woorden en groepjes woorden die je onderling kunt vervangen vormen elk steeds hetzelfde **zinsdeel**. De andere onderdelen van de zin, in ons voorbeeld dus *eten, we* en *pannenkoeken* zijn de andere zinsdelen. En elk van die zinsdelen speelt een bepaalde rol in de zin. Hoe die rollen van de zinsdelen verdeeld zijn leer je in deze grammatica. Het gaat dan om **zinsontleden**.

Grammatica gaat ook over woorden. Zoals niet iedere acteur geschikt is om elke rol te spelen, zo kan ook niet elk Nederlands woord alle mogelijke rollen in de zin bekleden. Daarom zijn er ook regels voor woorden. We nemen weer het zinnetje:
Vandaag eten we pannenkoeken.

Vervang *pannenkoeken* eens door *spaghetti* en daarna door *kaasfondue*. De zin blijft goed. Als je er nu even van uitgaat dat alles wat je maar kunt bedenken, eetbaar is, dan kun je *pannenkoeken* vervangen

door veel andere woorden. Je krijgt dan bijvoorbeeld:
Vandaag eten we slingerplanten. Of:
Vandaag eten we metaal.

Probeer zo ook *pannenkoeken* te vervangen door *tafelpoten, krokodillen, hout, voetbal, tevredenheid* en *stommiteiten*. Elke vervanging levert een goede zin op. Je fantasie slaat misschien een beetje op hol, maar de zinnen lopen goed. Dat heet dat ze grammaticaal correct zijn. Maar je kunt niet zomaar alle woorden op de plaats van *pannenkoeken* invullen. Probeer het maar eens met: *waarom, uitgesloten, tien, de, bungee jumpen, zich* of *voordat*. Je ziet dat je dan steeds een rare zin krijgt, die niet goed loopt.

Zo kun je ook kijken wat er gebeurt als je *eten* vervangt door een ander woord, bijvoorbeeld:
Vandaag versieren we pannenkoeken. Of:
Vandaag bakken we pannenkoeken.

Wat krijg je als je *eten* vervangt door: *gooien, verkopen, drinken, schenken, bezitten, bijten, verplaatsen* en *lezen*. Elk van deze vervangingen levert een grammaticaal goed lopende zin op. Maar ook hier 'passen' niet alle woorden. Probeer maar eens *eten* te vervangen door: *kaasfondue, zwart, hun* of *omdat*. Dan krijg je echt idiote zinnen.
Er zijn dus woorden die je onderling kunt vervangen en woorden waarbij dat niet kan. Kennelijk zijn er dus verschillende soorten woorden. Het indelen van woorden in woordsoorten is **woordbenoemen**. Ook woordbenoemen leer je met deze basisgrammatica.

3 Werkwoorden

De schilders moeten de deuren groen verven.

Elke zin vertelt wat er in die zin gebeurt. Vaak drukt één woord de eigenlijke gebeurtenis uit, los van wie of wat er bij die gebeurtenis betrokken is of wanneer of waar die gebeurtenis plaatsvindt. Wat gebeurt er in de volgende zinnen? Het antwoord vind je als je één woord invult achter: *Er wordt ......* of *Er werd*

Voorbeeld: *De schilders verfden de deuren groen.* → *Er wordt geverfd.*

Doe het zelf eens met de volgende zinnen:
Ik fiets naar het station.
Er wordt ......
De vrachtwagen stopte voor het rode licht.
Er werd ......
Mijn ouders sliepen tot tien uur.
Er werd ......

De woorden die de gebeurtenis uitdrukken, zijn werkwoorden. Omdat er zo veel soorten gebeurtenissen zijn, zijn er ook erg veel werkwoorden, wel enkele duizenden. Een greep: *kopen, fietsen, redeneren, moeten, lopen, bewegen, veranderen, vallen, smelten, slapen, willen, zijn, drijven, vallen* en *opstaan.*

Hoe herken je een werkwoord? Werkwoorden hebben een hoofdvorm die bijna altijd op *-en* eindigt. Dat is de vorm die je in het woordenboek vindt. Die vorm met *-en* aan het eind is het **hele werkwoord**. Als je vóór het hele werkwoord *wij* zet, krijg je een zinnetje, waarin iets over die *wij* gezegd wordt: *wij wandelen, wij verhuizen, wij demonstreren, wij squashen, wij zweten, wij zullen, wij worden.*

In de volgende zinnen wordt ongeveer dezelfde gebeurtenis uitgedrukt, maar niet helemaal.
De schilders verfden de deuren groen.
De schilders hebben de deuren groen geverfd.

In de laatste twee zinnen staan de werkwoorden *hebben* en *moeten*. Er kunnen dus meer werkwoorden in één zin staan. Verder staat er niet meer *verfden*, maar *geverfd* en *verven*. De betekenis van de twee laatste zinnen is ook iets anders dan die van de eerste zin, maar het gaat nog steeds om dezelfde gebeurtenis. Als een werkwoord in z'n eentje de gebeurtenis uitdrukt, is dat een **zelfstandig werkwoord**. De andere werkwoorden, die meehelpen de gebeurtenis uit te drukken, zijn **hulpwerkwoorden**.

Er zijn maar elf hulpwerkwoorden. Dat maakt het makkelijk om ze te herkennen. Het zijn: *hebben, worden, zijn, kunnen, moeten, mogen, willen, zullen, blijven, doen, laten.*
Hulpwerkwoorden hebben geen zelfstandige betekenis; ze komen alleen voor in combinatie met een zelfstandig werkwoord.

4 Persoonsvorm

In hoofdstuk 3 heb je gezien dat een of meer werkwoorden samen de gebeurtenis in een zin uitdrukken. Er is echter altijd maar één persoonsvorm. Het woord 'persoonsvorm' wil zeggen dat die vorm van het werkwoord hoort bij de persoon of de personen die de gebeurtenis laat of laten gebeuren. Ook als een of meer dieren of dingen de gebeurtenis laten gebeuren, heet die vorm de persoonsvorm.

De persoonsvorm kan qua uiterlijk wisselen, afhankelijk van de persoon die erbij staat. Dat zie je bij *zijn*: *ik ben, jij bent, hij is, wij/jullie/zij zijn*. Ook in andere talen is dat zo: In het Engels: *I am, you are, he is, we/they are*. De Fransen hebben zelfs in het meervoud verschillende persoonsvormen: *j'ai, tu es, il est, nous sommes, vous êtes, ils sont*.

Hoe vind je de persoonsvorm in een zin? Er zijn drie trucjes. Als voorbeeldzinnen nemen we:
De merel zingt uit volle borst.
Als krantenbezorger heb ik meer verdiend dan als vakkenvuller.
Gedurende de hele wedstrijd moesten de toeschouwers staan.

Truc 1: verander de tijd in de zin, maar je mag geen woord toevoegen of weglaten. Het woord dat verandert is de persoonsvorm.
*De merel **zong** uit volle borst.*
*Als krantenbezorger **had** ik meer verdiend dan als vakkenvuller.*
*Gedurende de hele wedstrijd **moeten** de toeschouwers staan.*

Truc 2: maak de zin vragend door de volgorde van de woorden te veranderen. Ook bij deze truc mag je geen woord toevoegen of weglaten. Het woord dat vooraan komt te staan is de persoonsvorm.
Zingt de merel uit volle borst?

Heb ik als krantenbezorger meer verdiend dan als vakkenvuller?
Moesten de toeschouwers gedurende de hele wedstrijd staan?

Truc 3: Verander de persoon (of het dier of ding) die bij de persoonsvorm staat van enkelvoud naar meervoud of andersom. Het woord dat door die verandering mee verandert is de persoonsvorm:
*De merels **zingen** uit volle borst.*
*Als krantenbezorger **hebben** wij meer verdiend dan als vakkenvuller.*
*Gedurende de hele wedstrijd **moest** de toeschouwer staan.*

De laatste truc is het lastigst, omdat je soms moet zoeken naar de juiste persoon of het juiste dier of ding. Probeer altijd eerst een van de eerste twee trucjes.

5 Onderwerp

In hoofdstuk 4 heb je gelezen dat de persoonsvorm hoort bij de persoon die (of het dier of ding dat) de gebeurtenis in de zin laat gebeuren. Het zinsdeel waarin die persoon genoemd staat, is het onderwerp van de zin. Het onderwerp drukt dus uit wie of wat de gebeurtenis laat gebeuren.

Hoe vind je het onderwerp in een zin? Je kunt daarvoor de derde truc uit hoofdstuk 4 gebruiken, maar die is soms lastig. Lukt het met behulp van deze truc niet, dan vind je het onderwerp makkelijk door de vraag te stellen: wie of wat + persoonsvorm + andere werkwoorden. Het antwoord op deze vraag levert het onderwerp op. Voorbeeld:
De merel zingt uit volle borst.
Wie of wat zingt? Antwoord: *de merel*
Stuur je me straks een sms'je?
Wie of wat stuurt? Antwoord: *je*
Als verkoper heeft Laurens veel verdiend.
Wie of wat heeft verdiend? Antwoord:
Laurens

De onderwerpen in de drie zinnen hierboven zijn dus: *de merel*, *je* en *Laurens.*

Het onderwerp kan uit één woord bestaan:
Ik moet vanmiddag werken.
Wie moet werken? Antwoord: *ik.*

Maar het onderwerp kan ook erg lang zijn:
Het magere meisje achter de vleesbalie bij de supermarkt in de Willemstraat kan niet tellen.
Wie kan niet tellen? Antwoord: het magere meisje achter de vleesbalie bij de supermarkt in de Willemstraat.

Dit laatste onderwerp bestaat uit wel twaalf woorden. Dat kunnen er zelfs nog veel meer zijn. Als je het onderwerp zoekt, is het wel belangrijk dat je het *complete* onderwerp vindt. Ook van elk ander zinsdeel moet je steeds goed bepalen waar

het begint en eindigt. Maar hoe weet je nu dat het onderwerp niet ophoudt bij *het magere meisje*? Om daarachter te komen, kun je gebruik maken van een belangrijke regel in de grammatica. Die regel luidt:

In een zin met maar één persoonsvorm, dus een enkelvoudige zin, staat het onderwerp direct vóór of direct achter de persoonsvorm. (In samengestelde zinnen ligt het anders, maar daar komen we nog op.) Met andere woorden: er kan niets tussen onderwerp en persoonsvorm in staan. In de voorbeeldzin staat de persoonsvorm *kan* achter *Willemstraat*. Dat betekent dat alles ervoor bij het onderwerp hoort. Zet de persoonsvorm (*kan*) maar eens direct achter het magere meisje. Je krijgt dan:
Het magere meisje kan achter de vleesbalie bij de supermarkt in de Willemstraat niet tellen.

Deze zin loopt goed, maar hij betekent iets anders dan de zin daarboven! Wat is het verschil in betekenis? Probeer *kan* ook eens te plaatsen achter *vleesbalie* en achter *supermarkt*. Ontdek zo waar het magere meisje allemaal wel en niet kan tellen.

6 Gezegde

De werkwoorden die samen de gebeurtenis in een zin uitdrukken, vormen het *gezegde* van de zin. Als er maar één werkwoord de gebeurtenis uitdrukt, dan is dat altijd de persoonsvorm, maar tegelijkertijd ook het gezegde:
Op de piano staan veel foto's.
Staat er vóór een werkwoord *te*, dan hoort dit *te* met het werkwoord erachter vaak ook bij het gezegde:
Zit je weer te slapen?

Hoe vind je het gezegde? Als je weet wat werkwoorden zijn, is dat vrij simpel: schrijf alle werkwoorden in een zin achter elkaar op. Bijvoorbeeld:
De plantjes hebben de winter niet overleefd.
Gezegde: *hebben overleefd.*
Pieter is gisteravond erg laat thuisgekomen.
Gezegde: *is thuisgekomen.*
Hij zal daarom wel lang willen uitslapen.
Gezegde: *zal willen uitslapen.*

Je ziet dat de onderdelen van het gezegde verspreid in de zin voorkomen. Toch vormen ze bij elkaar één zinsdeel. Geef nu in elk van de drie zinnen aan welk woord uit het gezegde de persoonsvorm is. Is de persoonsvorm een zelfstandig werkwoord of een hulpwerkwoord? Denk even na en lees dan verder.

Je ziet dat in de voorbeeldzinnen de persoonsvorm steeds een hulpwerkwoord is. Dat is altijd het geval als er meer dan één werkwoord in een zin voorkomt: dan is er namelijk minimaal één hulpwerkwoord, en altijd is dan het hulpwerkwoord de persoonsvorm. Bevat het gezegde dus een hulpwerkwoord, dan is het zelfstandig werkwoord nooit de persoonsvorm.

De andere werkwoorden in het gezegde zijn dus geen persoonsvorm, want daar is er maar één van. Welke andere werkwoordsvormen er bestaan, mag je zelf ontdekken. Vul daartoe de volgende zinnen aan met de juiste vorm van *maken* :
Jan heeft zijn huiswerk nog niet ......
  Jan wil namelijk zijn huiswerk niet ......
Daarom wordt Jan een beetje gek ......
  Jan moet volgens haar zijn huiswerk nog ...
Jan kan echter zijn huiswerk niet goed ......
  Jan laat zijn huiswerk liever door een ander ......
Toch probeert Jan zijn huiswerk te ......

Je hebt maar twee verschillende vormen gevonden. Meer zijn er ook niet. Die twee vormen zijn:
- het **hele werkwoord** (*maken*)
- het **voltooid deelwoord** (*gemaakt*)

Het hele werkwoord is de vorm die je in het woordenboek vindt. Die vorm eindigt altijd op -*en*, behalve van zes werkwoorden. Welke waren dat ook al weer?

Hoe herken je een voltooid deelwoord? Aan de volgende twee kenmerken:
- het is in een zin altijd gecombineerd met een vorm van *hebben*, *worden* of *zijn*
- het begint altijd met een voorvoegsel, zoals *be-*, *ge-*, *ver-*, *er-*, *ont-* of zoals *op-*, *in-*, *aan-*.

7 Regelmatige en onregelmatige werkwoorden

We stappen even af van de zinsontleding om wat dieper in te gaan op de vormen van de werkwoorden. Je kent nu de drie werkwoordsvormen: het hele werkwoord, de persoonsvorm en het voltooid deelwoord. Maar al die vormen zien er vaak erg verschillend uit. Hoe zit dat? Vul hieronder eerst maar eens de juiste werkwoordsvorm in.

Hele werkwoord: *fietsen*
Morgen ...... *ik naar school*
Gisteren ...... *ik naar school*
Ik ben naar school ......

Hele werkwoord: *lopen*
Morgen ...... *ik naar school*
Gisteren ...... *ik naar school*
Ik ben naar school ......

Welke verschillen tussen *lopen* en *fietsen* vallen je op? Denk eerst na en lees dan verder.

Bij *fietsen* is in alle werkwoordsvormen het deel *fiets* terug te vinden. Dit *fiets* noemen we de **stam** van het werkwoord. De stam krijg je door -*en* van het hele werkwoord af te halen. Werkwoorden waar in alle vormen dezelfde stam is terug te vinden, zijn regelmatige werkwoorden. Veruit de meeste werkwoorden zijn regelmatig.

Bij *lopen* is de stam *loop*. In de verleden tijd krijg je echter *liep*. De stam verandert dus in de verleden tijd. Werkwoorden waarvan de stam verandert in de verleden tijd zijn onregelmatige werkwoorden. Bij een aantal verandert ook de stam in het voltooid deelwoord. Toevallig is dat met *lopen* niet het geval, want het voltooid deelwoord is *gelopen*. Maar wel bijvoorbeeld bij *kijken: ik heb gekeken* of *zwemmen: ik heb gezwommen*.

Er zijn zo'n 230 onregelmatige werkwoorden, maar er bestaat geen regel voor welke dat zijn. Je leert de onregelmatige vormen vanzelf, als je bij Nederlands sprekende ouders bent opgegroeid. Kinderen – en ook volwassenen – die pas op latere leeftijd Nederlands zijn gaan spreken, hebben vaak moeite met de juiste – onregelmatige – vormen. Die hoor je nog wel eens bijvoorbeeld zeggen: *Gisteren loopte ik naar de stad*. Ook kleine kinderen uit eigen land maken deze fouten nog wel.

Verschillen tussen regelmatige en onregelmatige werkwoorden

	regelmatige werkwoorden	onregelmatige werkwoorden
persoonsvorm verleden tijd enkelvoud	achter de stam komt -te of de: *fietste, gooide*	geen toevoeging achter de stam: *liep, zwom*
voltooid deelwoord	eindigt op -t of -d: *gefietst, gegooid*	eindigt op -en: *gelopen, gezwommen*

8 Stam plus t

In hoofdstuk 4 heb je al kennisgemaakt met de persoonsvormen. Het is soms moeilijk om te bepalen hoe je een persoonsvorm in de tegenwoordige tijd precies schrijft. Bij veel van deze persoonsvormen kun je afgaan op wat je hoort. Maar dat gaat niet op voor werkwoorden die eindigen op *-ten* of *-den*, bijvoorbeeld *groeten* en *melden*. Wat is volgens jou de juiste vorm in de volgende gevallen:

Ik groe...... mijn buurman altijd.
Jij groe...... hem toch ook altijd?
Hij groe...... mij dan ook altijd terug.

Ik mel...... me vandaag ziek
Jij mel...... je toch niet ziek?
Hij mel...... zich nooit ziek.

Bij werkwoorden die op *-den* eindigen, hoor je niet of je een *-t* moet schrijven. Hoe weet je dat dan? Je kunt altijd de volgende truc toepassen: als je niet zeker weet of er een *-t* achter de stam moet, vervang het woord dan even door de juiste vorm van *lopen*. Hoor je *loopt,* dan komt er bij *melden* een *-t* achter de *-d*; dan krijg je dus *-dt: jij/hij loopt,* dus ook *jij/hij meldt.* Hoor je *loop,* dan schrijf je bij *melden* alleen een *-d: ik loop/loop jij,* dus ook *ik meld/meld jij.*
Bij werkwoorden die op *-ten* eindigen, schrijf je altijd één *-t: ik groet, hij groet.*

Persoon	werkwoordsvorm	voorbeelden
- ik - *jij/je* direct achter de persoonsvorm	stam van het werkwoord	*ik werk - werk ik - werk jij - werk!*
alle andere onderwerpen in het enkelvoud	stam + -t	*jij werkt - hij werkt - werkt hij - u werkt - werkt u - het werkt*
alle meervouden	stam + -en, is dezelfde vorm als hele werkwoord	*wij werken - werken wij - jullie werken - werken jullie - zij werken - werken zij*

9 Spelling van andere werkwoordsvormen

Je weet nu hoe je de persoonsvorm in de tegenwoordige tijd moet spellen. Wat rest, is de persoonsvorm in de verleden tijd en het voltooid deelwoord. Die kunnen we tegelijk behandelen omdat de regels ervoor voor een deel hetzelfde zijn. Het gaat om de regelmatige werkwoorden. Onregelmatige werkwoorden kennen de lastige vormen met *d*'s en *t*'s niet.

We beginnen met de persoonsvorm in de verleden tijd. Vul op de stippels de verleden tijd in van de werkwoorden die erboven staan.

fietsen
Ik/jij/hij ...... naar het station
Wij/jullie/zij ...... naar het station

maaien
Ik/jij/hij ...... het gras
Wij/jullie/zij ...... het gras

De juiste vormen zijn bij *ik*, *jij* en *hij*: *fietste* en *maaide*. *Wij*, *jullie* en *de kinderen/de mensen* zijn elk meervouden; daarom komt er een *-n* achter: *fietsten* en *maaiden*.

Dat was vrij makkelijk. Bij de verleden tijd hoor je of je een *t* of een *d* moet schrijven. Of het voltooid deelwoord eindigt op een *-d* of een *-t* hangt af van de verledentijdsvorm. Hoor je in de verleden tijd een *t*, dan eindigt het voltooid deelwoord op een *-t*; hoor je in de verleden tijd een *d*, dan eindigt het voltooid deelwoord op een *-d*. Het voltooid deelwoord eindigt nooit op *-dt*. Dus: *fietsen* heeft als verledentijdsvorm *fietste* en daarom is het voltooid deelwoord *gefietst*. *maaien* heeft als verledentijdsvorm *maaide* en daarom is het ook *gemaaid*.

Een oud ezelsbruggetje is de regel van 't kofschip. Als een heel werkwoord eindigt op de medeklinkers uit 't kofschip + *-en*, dus *-ten*, *-ken*, *-fen*, *-sen*, *-chen* en *-pen*, eindigt het voltooid deelwoord op *-t*; het voltooid deelwoord van alle andere werkwoorden eindigt op *-d*.

De vervoeging *-te* of *-de* komt áchter de stam. Als een stam eindigt op *-t* of *-d*, dan wordt die *d* of *t* dus verdubbeld. Hieronder staan alle mogelijke vormen bij elkaar.

	hele werkwoord	stam	+ -te(n) of -de(n)	persoonsvorm verleden tijd	voltooid deelwoord
met −*t*: stam	*fietsen*	*fiets*	*fiets-te(n)*	*fietste(n)*	*gefietst*
eindigt op	*werken*	*werk*	*werk-te(n)*	*werkte(n)*	*gewerkt*
medeklinker	*roesten*	*roest*	*roest-te(n)*	*roestte(n)*	*geroest*
uit 't kofschip	*wachten*	*wacht*	*wacht-te(n)*	*wachtte(n)*	*gewacht*
met −*d*: stam	*maaien*	*maai*	*maai-de(n)*	*maaide(n)*	*gemaaid*
eindigt niet op	*leren*	*leer*	*leer-de(n)*	*leerde(n)*	*geleerd*
medeklinker uit	*melden*	*meld*	*meld-de(n)*	*meldde(n)*	*gemeld*
't kofschip	*branden*	*brand*	*brand-de(n)*	*brandde(n)*	*gebrand*

10 De andere zinsdelen: aanvullingen op het gezegde

Je kunt nu het gezegde, de persoonsvorm en het onderwerp in een zin aanwijzen. Bij sommige zinnen ben je dan klaar met zinsontleden. Die zinnen bevatten dan namelijk alleen maar een onderwerp en een gezegde. Noem in de zinnen hieronder de persoonsvorm, het onderwerp en het gezegde.

Rob slaapt.
Het weer zal veranderen.
Winkeldieven moeten gestraft worden.

De meeste zinnen hebben naast het onderwerp en het gezegde nog een of meer andere zinsdelen. Die andere zinsdelen zijn soms noodzakelijk om een goede zin te krijgen, maar soms ook niet. De volgende zinnen zijn bijvoorbeeld niet compleet:

Jan repareert.
De kinderen hebben bedacht.
Annemiek houdt van.

Deze zinnen hebben elk een onderwerp en een gezegde (benoem ze), maar ze lopen niet goed; er moet nog iets bij om er complete zinnen van te maken. Bedenk hoe je de zinnen zou kunnen aanvullen.

Zo'n noodzakelijke aanvulling noemen we een **voorwerp**. Een voorwerp is altijd een onderdeel van de gebeurtenis in die zin. Het gaat altijd om iets dat of iemand die direct bij de gebeurtenis betrokken is. In de voorbeeldzinnen gaat het over iets repareren, iets bedenken en houden van iets of iemand. Zonder de voorwerpen is de gebeurtenis niet compleet weergegeven. Er zijn drie voorwerpen; je leest erover in de hoofdstukken 11, 12 en 13. Het zijn:

- lijdend voorwerp
- meewerkend voorwerp
- voorzetselvoorwerp.

Behalve noodzakelijke aanvullingen kan een zin ook onderdelen (zinsdelen) bevatten die niet noodzakelijk/verplicht zijn. Die kunnen wegblijven zonder dat de zin fout wordt. Kijk maar naar de volgende zinnen:

De appel viel uit de boom.
We stopten voor de grens.

Benoem onderwerp en gezegde. Wat houd je over? Kun je dat deel weglaten uit de zin? Dat lukt inderdaad; je houdt dan over:

De appel viel.
We stopten.

Zo'n zinsdeel dat je ongestraft kunt weglaten is een **bijwoordelijke bepaling**. Meer uitgebreid daarover lees je in hoofdstuk 14.

11 Lijdend voorwerp

Het lijdend voorwerp is een van de noodzakelijke aanvullingen op het gezegde om de gebeurtenis compleet te maken. We gaan uit van drie voorbeeldzinnen:

De dokter behandelt de patiënt.
Mijn broertje heeft een zeer kostbare vaas gebroken.
Ik wil dunne pannenkoeken met lekker veel gebakken spek eten.

Hoe vind je het lijdend voorwerp in een zin? Door de vraag te stellen: Wie of wat + gezegde + onderwerp? Het deel van de zin dat het antwoord op deze vraag is, is het lijdend voorwerp.

Wie of wat behandelt de dokter? Antwoord: *de patiënt.*
Wie of wat heeft mijn broertje gebroken? Antwoord: *een zeer kostbare vaas.*
Wie of wat wil ik eten? Antwoord: *dunne pannenkoeken met lekker veel gebakken spek.*

Als je geen antwoord op de vraag wie of wat + gezegde + onderwerp uit de zin kunt halen, dan zit er dus geen lijdend voorwerp in. Neem de zin:
Hij schrijft iedere dag in zijn dagboek.

Pas daarop de vraag toe: Wie of wat schrijft hij? Het antwoord op die vraag kun je niet uit de zin halen. Dat betekent dat er geen lijdend voorwerp in de zin zit. Wél vind je antwoord op de vragen: Hoe vaak schrijft hij? En: Waarin schrijft hij?

Zinnen met een lijdend voorwerp hebben vaak een bijzondere eigenschap: je kunt ze makkelijk 'ombouwen'. Dan gaat het niet om een andere volgorde van de woorden, maar om een zin met andere zinsdelen, die toch hetzelfde betekent. Om zo'n zin om te bouwen doe je het volgende:

1 Zet het lijdend voorwerp voorop
2 voeg een geschikte vorm van worden toe
3 vul de zin verder zo aan, dat de betekenis dezelfde blijft.

Probeer het eens bij: *Het meisje plukt de bloemen.* Je krijgt dan: *De bloemen worden geplukt door het meisje.* Als je deze zin ontleedt, wat is dan het onderwerp? En in welk zinsdeel staat het meisje nu? Is dit zinsdeel een noodzakelijke aanvulling in de zin of kan het worden weggelaten? Denk even na voordat je doorleest.

Het onderwerp van deze zin is *de bloemen*. *Het meisje* is onderdeel van het zinsdeel *door het meisje*. Dat zinsdeel kun je weglaten; de zin die je overhoudt blijft goed lopen: *De bloemen worden geplukt.* *Door het meisje* is een bijwoordelijke bepaling. Daarover lees je later.

Zinnen waarin het zelfstandig werkwoord gecombineerd is met *worden* zijn **lijdende zinnen**. De 'gewone' zinnen, dus zonder het hulpwerkwoord *worden,* zijn **bedrijvende zinnen**.

12 Meewerkend voorwerp

Naast het lijdend voorwerp kan een zin ook een meewerkend voorwerp bevatten. Aan een zelfstandig werkwoord dat een lijdend voorwerp heeft, kan vaak nog een voorwerp gekoppeld worden. Zo'n werkwoord kun je altijd aanvullen met *iets* en met *(aan) iemand*. Bijvoorbeeld *(aan) iemand iets geven, (aan) iemand iets schrijven, (aan) iemand iets overhandigen*. Het *iets* is dan het lijdend voorwerp, het *(aan) iemand* is het meewerkend voorwerp. Zo'n werkwoord heeft dan dus twee voorwerpen. Het meewerkend voorwerp is vrijwel altijd een persoon (of meer personen).

Hoe vind je het meewerkend voorwerp in de zin? Door de volgende vraag te stellen: aan wie + gezegde + onderwerp + lijdend voorwerp. Probeer het maar eens.
Karel heeft zijn moeder een dikke pakkerd gegeven.

Persoonsvorm = *heeft,* onderwerp = *Karel*, gezegde = *heeft gegeven*, lijdend voorwerp = *een dikke pakkerd.*
Je kunt nu de vraag stellen: aan wie gaf Karel een dikke pakkerd: Antwoord: *zijn moeder.*

Een meewerkend voorwerp kan met *aan* of *voor* beginnen, maar dat hoeft niet.
De miljonair schonk een fors bedrag aan zijn kinderen. (meewerkend voorwerp = *aan zijn kinderen*)
De miljonair schonk zijn kinderen een fors bedrag. (meewerkend voorwerp = *zijn kinderen*).

Als je een meewerkend voorwerp in de zin zoekt, heb je er dus niets aan om te zoeken naar een zinsdeel dat met *aan* begint. Bovendien kan een zinsdeel dat met *aan* begint ook iets anders zijn dan

een meewerkend voorwerp. Daarover lees je later.

In een zin met een meewerkend voorwerp staat, staat bijna altijd ook een lijdend voorwerp. Bijvoorbeeld:
Ik heb Marijke een brief geschreven.

Ontleed deze zin eens. Wat is het lijdend voorwerp? En wat het meewerkend voorwerp?

Het lijdend voorwerp is *een brief*, het meewerkend voorwerp is *Marijke*. De volgende zin is ook volkomen correct.
Ik heb Marijke geschreven.

In deze zin staat niet wát ik geschreven heb (dat kan bijvoorbeeld een brief zijn of een gedicht), maar alleen *aan wie* ik dat heb gedaan. Aan deze zin zie je ook dat het belangrijk is het meewerkend voorwerp te ontdekken aan de hand van de vraag *aan wie* heb ik geschreven. De vraag naar het lijdend voorwerp: *wie of wat* heb ik geschreven? kan namelijk ook *Marijke* opleveren. Maar een Marijke kun je immers niet schrijven. In dit geval is er wel sprake van iets dat geschreven wordt, maar het wordt niet genoemd. Het lijdend voorwerp is als het ware open gelaten.

13 Voorzetsel-voorwerp

Het voorzetselvoorwerp is net als het lijdend voorwerp een noodzakelijke aanvulling op het gezegde. Alleen begint het altijd met een **voorzetsel**. Wat is een voorzetsel? Voor het antwoord op deze vraag maken we even een uitstapje naar woordbenoemen. Voorzetsels zijn kleine woordjes als *op, aan, in, van, over*, in bijvoorbeeld *op de weg, naar school, aan het water, in de stad, van de overkant, over een jaar*.

Hoe herken je een voorzetsel? Voorzetsels herken je door ze te combineren met 'de kooi'; de combinatie duidt dan een plaats aan ten opzichte van die kooi. Dit is al een oud trucje: *in de kooi, op de kooi, naast de kooi, buiten de kooi*. Voorzetsels drukken in hun letterlijke betekenis vaak een plaatsbepaling uit.

Veel werkwoorden worden gebruikt in combinatie met een vast voorzetsel, bijvoorbeeld: *wachten op iets/iemand, denken aan iets/iemand, houden van iets/iemand, beginnen met iets/iemand*.
Voorbeelden:
De jongen wacht op de uitslag van zijn examen.
Annemiek houdt van macaroni.
Ik denk aan die heerlijke vakantie.
We zijn begonnen met de verbouwing.

Hoe vind je het voorzetselvoorwerp? Door de volgende stappen te nemen:
Zoek eerst persoonsvorm, onderwerp, gezegde, lijdend voorwerp en meewerkend voorwerp, volgens de methodes van de vorige hoofdstukken. Kijk dan of je een zinsdeel vindt dat begint met een voorzetsel. Een voorzetselvoorwerp begint namelijk altijd met een voorzetsel. Dat voorzetsel aan het begin van een voorzetselvoorwerp heeft speciale

kenmerken. Die kenmerken zijn:
- het voorzetsel vormt met het zelfstandig werkwoord een vaste combinatie;
- het voorzetsel drukt géén plaatsbepaling uit.

Voorbeelden:
Ik wacht op mijn vader.
Hij werkt aan zijn proefschrift.
Ik wacht op het station.
Hij werkt aan zijn bureau.

De eerste twee zinnen hebben een voorzetselvoorwerp: *mijn vader* is degene op wie gewacht wordt; *het proefschrift* is het voorwerp waaraan gewerkt wordt. In de onderste twee zinnen wordt de plaats aangegeven waar gewacht en gewerkt wordt, namelijk *op het station* en *aan zijn bureau*.
Een zin met een voorzetselvoorwerp kan ook een lijdend voorwerp bevatten. Enkele voorbeelden:
Ik herinner je aan mijn verjaardag.
Margriet bereidde haar vriend voor op een verrassend bericht.

Wat is in deze zinnen het voorzetselvoorwerp, en wat is het lijdend voorwerp? Benoem de zinsdelen en lees dan verder.

Je = lijdend voorwerp, *aan mijn verjaardag* = voorzetselvoorwerp.
Haar vriend = lijdend voorwerp, *op een verrassend bericht* = voorzetselvoorwerp.

14 Bijwoordelijke bepalingen

Als je alle zinsdelen die je tot nu goed gehad hebt, goed hebt afgebakend, heb je misschien nog zinsdelen over. Wat je nu overhoudt, wanneer je het gezegde, het onderwerp en de voorwerpen hebt benoemd, is bijwoordelijke bepaling. Dat kan er één zijn, maar er kunnen ook twee of meer bijwoordelijke bepalingen in een zin voorkomen. Bijvoorbeeld:

Gisteren hebben we met bijna iedereen uit de straat heerlijk gebarbecued in onze tuin.

Persoonsvorm = *hebben,* onderwerp = *we,* gezegde = *hebben gebarbecued.*
Wie/wat hebben we gebarbecued? Rare vraag: kun je iets barbecuen? Nee: er is dus geen lijdend voorwerp
Aan wie/wat hebben we iets gebarbecued? Rare vraag: kun je aan iemand iets barbecuen? Nee, er is dus geen meewerkend voorwerp
Voorzetselvoorwerp: hoort bij het zelfstandig werkwoord een vast voorzetsel? Bij *barbecuen* staat geen vast voorzetsel. Er is dus geen voorzetselvoorwerp.

Wat houden we over? *Gisteren, met bijna iedereen uit de straat, heerlijk* en *in onze tuin.* Dat zijn stuk voor stuk bijwoordelijke bepalingen. Bijwoordelijke bepalingen vertellen iets over de omstandigheden waarin de gebeurtenis plaatsvindt. Ze vormen een bepaling bij het gezegde. Bijvoorbeeld iets over het moment van de gebeurtenis (*gisteren*), de plaats (*in onze tuin*), de wijze waarop (*heerlijk*) en iets over de omstandigheden waaronder de gebeurtenis plaatsvond (*met bijna iedereen uit de straat*).

Een bijwoordelijke bepaling kan ook aangeven in welke mate de gebeurtenis plaatsvindt, of dat de gebeurtenis zelfs helemaal niet plaatsvindt:

Waarschijnlijk worden we uitgenodigd voor de barbecue.
We moesten de barbecue bijna uitstellen.
De barbecue ging niet door.

Bijwoordelijke bepalingen kunnen, net als de andere zinsdelen, uit één woord bestaan (bijvoorbeeld *gisteren* of *waarschijnlijk* of *niet*), maar ze kunnen ook heel erg lang zijn. Er kunnen een aantal bijwoordelijke bepalingen achter elkaar in de zin voorkomen. Hoe weet je nu waar een bijwoordelijke bepaling ophoudt en een andere begint? Om daarachter te komen kun je gebruik maken van een supertruc die speciaal voor het Nederlands geldt. Het Nederlands kent namelijk de regel dat er vóór de persoonsvorm altijd maar één zinsdeel kan staan. Dat zinsdeel kan lang of kort zijn, maar het is er nooit meer dan één. Deze regel geldt voor enkelvoudige zinnen, dus voor zinnen met één persoonsvorm. Met hulp van deze regel kunnen we de supertruc toepassen en nagaan welk deel van de zin voorop kan staan. Probeer het eens. Lees daarna verder.

Passen we de supertruc toe, dan krijgen we:

Met bijna iedereen uit de straat hebben we gisteren heerlijk gebarbecued in onze tuin.
Heerlijk hebben we gisteren met bijna iedereen uit de straat gebarbecued in onze tuin.
In onze tuin hebben we gisteren heerlijk met bijna iedereen uit de straat gebarbecued.

15 De tijden van de zinnen

In iedere zin drukt het gezegde uit wat er in de zin gebeurt. Maar het gezegde drukt ook de tijd uit waarin de gebeurtenis plaatsvindt. We hebben al diverse keren gesproken over tegenwoordige en verleden tijd; je hebt dus wel al een idee waar het over gaat. Maar in welke woorden zit nu precies de tijd van een zin? Als er een zinsdeel als *gisteren*, *volgende week*, *vorig jaar* of *aanstaande vrijdag* in de zin voorkomt, vertelt dat je iets over het tijdstip van de gebeurtenis in de zin. Over welk zinsdeel hebben we het dan? Denk eerst na en lees dan verder.

Zo'n zinsdeel is een bijwoordelijke bepaling. Je hebt gezien dat een bijwoordelijke bepaling niet in iedere zin voorkomt; wel drukt één woord in iedere zin de tijd van de gebeurtenis uit. Welk woord is dat? Zet de volgende voorbeeldzin in een andere tijd, zonder een woord toe te voegen of weg te laten: *Tom eet een patatje.*

Als je de tijd in de zin verandert zonder een woord weg te laten of toe te voegen, krijg je: *Tom at een patatje*. De tijd wordt dus uitgedrukt door de persoonsvorm. Datzelfde gebeurt als we uitgaan van een lijdende zin. Maak de zin *Tom eet een patatje* eens lijdend.

Dat wordt: *Een patatje wordt gegeten door Tom*. Verander je de tijd in de zin, dan krijg je: *Een patatje werd gegeten door Tom*.

De persoonsvorm drukt dus uit of de zin in de tegenwoordige of in de verleden tijd staat. Het Nederlands kent nog een tijdsuitdrukking in de zin, namelijk of de gebeurtenis in de zin voorbij is of niet. Als de gebeurtenis voorbij is spreken we van voltooide tijd. Daarvoor gebruik je de hulpwerkwoorden *hebben* en *zijn*. Maak de vier zinnetjes die hierboven zijn gegeven eens voltooid.

Tom heeft een patatje gegeten.
Een patatje is gegeten door Tom.
Tom had een patatje gegeten.
Een patatje was gegeten door Tom.

Deze vier zinnen staan allemaal in de voltooide tijd. De eerste twee zinnen staan verder in de tegenwoordige tijd, de onderste zinnen staan in de verleden tijd. De oorspronkelijke zinnen staan in de onvoltooide tijd. Alle zinnen bij elkaar mét hun tijden staan in de tabel hieronder.

bedrijvend	tegen-woordig	verleden	lijdend	tegen-woordig	verleden
onvoltooid	*Tom eet een patatje*	*Tom at een patatje*	onvoltooid	*Een patatje wordt gegeten door Tom*	*Een patatje werd gegeten door Tom*
voltooid	*Tom heeft een patatje gegeten*	*Tom had een patatje gegeten*	voltooid	*Een patatje is gegeten door Tom*	*Een patatje was gegeten door Tom*

16 Woordsoorten

Je hebt nu al de voornaamste zinsdelen leren kennen, maar nog niet allemaal. Zinsdelen kunnen uit één woord bestaan, maar ook uit meerdere. Om beter te begrijpen hoe een zinsdeel is opgebouwd, ga je in de volgende hoofdstukken kennismaken met een aantal woordsoorten. Kun je nu al wat woordsoorten noemen? Denk even na voordat je verder leest.

In de vorige hoofdstukken heb je al met twee soorten woorden kennisgemaakt: de werkwoorden (hoofdstuk 3) en de voorzetsels (hoofdstuk 13). Maar er zijn er meer. In totaal kennen we tien woordsoorten. Hieronder zie je ze in een overzicht.

Elk woord kan bij een van de woordsoorten worden ingedeeld. Zo is *lopen* een werkwoord, *man* een zelfstandig naamwoord en *groot* een bijvoeglijk naamwoord. Soms krijgt een woord echter een andere 'rol' in de zin dan de rol die de woordsoort meestal krijgt. Zo heeft het werkwoord *varen* in de volgende zin een echte werkwoord'rol': *Morgen varen we naar Engeland.* Welk zinsdeel is *varen* hier? Denk even na en lees dan verder.

Varen is het gezegde en zelfs de persoonsvorm. Zoals je weet, wordt het gezegde uitgedrukt door een of meer werkwoorden. Maar is *varen* ook een werkwoord in de volgende zin: *Het varen vond ik het leukste deel van de vakantie.*? Het gezegde in deze laatste zin is *vond*. *Het varen* is lijdend voorwerp en zoals je ook weet, wordt een lijdend voorwerp niet uitgedrukt door een werkwoord. *Het varen* is een combinatie van een lidwoord en een zelfstandig naamwoord.

Hierna maak je kennis met de woordsoorten die meestal voorkomen in het onderwerp, de voorwerpen en de bijwoordelijke bepalingen. De tussenwerpsels vormen een aparte woordsoort. Je kent natuurlijk allerlei kreten, krachttermen en andere uitingen van emotie. Het gaat dan om woorden als: hoera! Hallo! Doei! Shit! Ze vormen een soort restgroep bij de woordsoorten. Ze komen vooral in spreektaal voor en ze vormen meestal geen onderdeel van een zin met allerlei zinsdelen.

De tien woordsoorten

woordsoort	voorbeelden
werkwoorden	*lopen, fietsen, behandelen, reageren, moeten, hebben*
voorzetsels	*aan, in, uit, op, over, voor, langs, naast, onder*
zelfstandige naamwoorden	*man, kast, huis, parkeerplaats, supermarkt, Jan, Brussel*
lidwoorden	*de, het, een*
bijvoeglijke naamwoorden	*groot, ruw, zwart, rijk, eentonig, langwerpig, sexy, prachtig*
bijwoorden	*daarom, hierna, misschien, overmorgen, eerst, niet, graag*
voornaamwoorden	*ik, jullie, hun, zich, deze, onze*
telwoorden	*twee, achttien, derde, laatste, alle*
voegwoorden	*en, maar, want, omdat, terwijl, zodat, als, of*
tussenwerpsels	*hoera, hallo, goh, doei*

17 Zelfstandige naamwoorden

In de werkelijkheid worden we omringd door mensen, dieren en dingen. De woorden die deze mensen, dieren en dingen aanduiden noemen we zelfstandige naamwoorden. Enkele voorbeelden: *man, popzanger, mug, olifant, schooltas, sms'je*. Ook zaken die je niet kunt zien horen daarbij: *overtuiging, fantasie, waarheid*. Verder zijn alle eigennamen van mensen, dieren en dingen zelfstandige naamwoorden: *Karel, Pluto, Stationsstraat, Ardennen*.

Hoe herken je een zelfstandig naamwoord? Er zijn drie trucjes. Je kunt dus kiezen: als een truc niet goed lukt, kun je een andere proberen.

1 Je kunt er vrijwel altijd *de* of *het* voor zetten: *de man, het paard, het skateboard, het incident, de Oeral.*
2 Veruit de meeste zelfstandige naamwoorden kun je in het meervoud zetten: *cd-speler/cd-spelers, liefde/liefdes, mobieltje/mobieltjes.*

3 Van bijna alle zelfstandige naamwoorden kun je een verkleinwoord maken: *ladder/laddertje, boom/boompje, handigheid/handigheidje.*

Meervouden

Er zijn verschillende meervoudsvormen. Meestal gebruik je automatisch de goede. Wat is bijvoorbeeld het meervoud van *hand, schaal, kind, bezem, piano* en *computer*?

Dan zijn er ook nog een paar buitenlandse meervouden (naast vaak Nederlandse): uit het Latijn: *politicus-politici, museum-musea/museums, collega-collegae/collega's, basis-bases/basissen*, en uit het Italiaans: *cello-celli/cello's, paparazzo-paparazzi/paparazzo's.*

Verkleinwoorden

Ook bij verkleinwoorden kies je vrijwel altijd vanzelf de juiste vorm. Maak van de volgende woorden verkleinwoorden: *huis, boom, beest, banaan, ring* en *koning.*

In gesproken taal komen ook verkleinwoorden op –*ie* of –*ke* (of –*eke* of –*ske*) voor: *liefie, schatteke, jongske, ...*

Overzicht van Nederlandse meervouden:

Meervoud op	Voorbeeld
-s	*soundtracks, shirts, dvd's, dealers*
-en	*visagisten, discotheken*
-eren	*kinderen, gemoederen.*

Overzicht van Nederlandse verkleinvormen

Verkleinwoord op	Voorbeelden
-je	*huisje, beestje, klasje, blokje*
-tje	*banaantje, verhaaltje, fotootje, cd'tje*
-kje	*koninkje, beloninkje, kettinkje*
-pje	*boompje, kraampje, zweempje, bodempje*
-etje	*ringetje, pennetje, bloemetje, kippetje*

18 Lidwoorden

In hoofdstuk 17 heb je gezien dat de meeste zelfstandige naamwoorden óf met *de* óf met *het* gecombineerd worden: *de kamer, de werkelijkheid, het skateboard, het gerucht. De* en *het* zijn lidwoorden. Of het *de* of *het* moet zijn kun je van het zelfstandig naamwoord zelf niet afleiden. Als je niet in Nederland bent geboren, zul je vaak moeite hebben met de juiste keuze tussen *de* en *het*. Je zult het juiste woord dan moeten opzoeken in een woordenboek. Maar één ding over *de-* en *het*-woorden is zeker:

- Meervouden krijgen altijd *de*: *de boeken, de nootjes, de Alpen.*
- Verkleinwoorden krijgen altijd *het*: *het tasje, het sms'je.*

Behalve *de* en *het* kennen we nog het lidwoord *een* (uitgesproken als *'n*). Weet je het verschil tussen *de* en *het* aan de ene kant en *een* aan de andere kant? Denk eerst na en lees dan verder.

Een is een **onbepaald lidwoord**. Dat wil zeggen dat we *een* gebruiken als we iets of iemand voor het eerst voor de toehoorder of lezer noemen. Het is dan nog niet bepaald over welke persoon, of over wel dier of ding het gaat. *Het* en *de* zijn **bepaalde lidwoorden**. Die gebruiken we als degene met wie we praten of voor wie we schrijven, al weet over wie of wat het gaat. Voorbeeld:

*Volgende week geeft Anneloes **een** feest vanwege haar vijftiende verjaardag. Ze nodigt de hele klas uit. Haar tante heeft een enorme tuin en ze heeft aangeboden **het** feest daar te vieren.*

In de voorbeelden hierboven ging het steeds over woorden in het enkelvoud. Hoe zit het met woorden in het meervoud? Vervang *feest* in het voorbeeld hierboven door *feesten*. Wat gebeurt er met de lidwoorden? Denk na en lees dan pas verder.

*Volgende week geeft Anneloes feesten vanwege haar vijftiende verjaardag. Ze nodigt de hele klas uit. Haar tante heeft een enorme tuin en ze heeft aangeboden **de** feesten daar te vieren.*

Voor het meervoud bestaat er geen onbepaald lidwoord. Als bepaald lidwoord voor woorden in het meervoud bestaat alleen *de*.

Veel woorden die (in het enkelvoud) met *de* gecombineerd worden, zijn vrouwelijk of mannelijk. Van de meeste *de*-woorden voel je dat niet vanzelf aan, behalve als het om een man of een vrouw gaat. Van veel woorden kun je in het woordenboek vinden of ze mannelijk (m.) of vrouwelijk (v.) zijn. *Het*-woorden zijn altijd onzijdig. Sommige *de*-woorden kunnen zowel mannelijk als vrouwelijk zijn. Dan staat er v/m achter of er staat niets achter.

Wil je een woord meer benadrukken dan gebruik je *deze* in plaats van *de* of *die* en *dit* of *dat* in plaats van *het*, bijvoorbeeld:

Die jongen van hiernaast heeft me weer een streek geleverd.
Dat probleem kan ik echt niet oplossen.

Deze, die, dit en *dat* zijn de **aanwijzende voornaamwoorden**.

19 Bijvoeglijke naamwoorden

Vaak staat tussen een lidwoord en een zelfstandig naamwoord een woord, dat een kenmerk noemt van de persoon, het dier of het ding, bijvoorbeeld: *de mooie tuin, een rode auto, het slimme meisje*. De woorden *mooie, rode* en *slimme* zijn bijvoeglijke naamwoorden. Ze 'voegen' iets 'bij' aan de betekenis van personen, dieren en dingen. Nog een greep uit de talloze bijvoeglijke naamwoorden: *klein, gaaf, volwassen, bizar, hoog, groen, levenslustig*.

Hoe herken je een bijvoeglijke naamwoord?
1 Het bijvoeglijk naamwoord staat meestal tussen lidwoord en zelfstandig naamwoord in: *een klein verhaaltje, de boze wolf, het vrolijke meisje*
2 De meeste bijvoeglijke naamwoorden kennen een vorm met *-e* en een vorm zonder *-e*: *het witte huis, een wit huisje, de juiste oplossing, een juist besluit*.

Vormen met en zonder *-e*
De meeste bijvoeglijke naamwoorden komen mét een *-e* en zonder een *-e* voor. Als je van Nederlandse komaf bent, heb je er geen moeite mee om deze regel van de *-e* automatisch goed toe te passen. Test jezelf en vul hieronder waar nodig een *-e* in:
Ik wens je een fijn...... vakantie.
We hebben een fijn...... feest gehad.
De fijn...... was moet op 30% gewassen worden.
Ik zal je het fijn...... handwerk laten zien.

Alleen bij *een fijn feest* komt geen *-e* achter *fijn*. Het is dus: *een fijne vakantie, de fijne was, een fijn feest* en *het fijne handwerk*.

Heb je wel moeite met de *-e* achter een bijvoeglijk naamwoord, dan is het handig de regel hiervoor te kennen. De regel luidt: schrijf altijd een *-e* behalve als beide volgende situaties tegelijk het geval zijn:
– het zelfstandig naamwoord erachter is een *het*-woord
– er staat geen *het, dit, dat, mijn, jouw, uw, zijn, ons* of *hun* voor (maar wel bijv. *een*)

Nooit een *-e*
Een aantal bijvoeglijke naamwoorden krijgt nooit een *-e* erachter. Dat is het geval:
1 als ze uit het Engels of een andere taal overgewaaid zijn: *heavy, trendy*
2 als ze een materiaal of een stof aanduiden: *een houten trap, het zilveren armbandje, plastic slippers*. De meeste van deze woorden eindigen op *-en*, maar niet allemaal. Het zijn de **stoffelijke bijvoeglijke naamwoorden**
3 als ze op *-en* eindigen: *het vervallen huis, de uitgelopen les*.

Vergrotende en overtreffende trap
Met de meeste bijvoeglijke naamwoorden kun je ook twee gradaties uitdrukken: *groot – groter – grootst*. De vorm met *-er* is de vergrotende trap, de vorm op *-st* is de overtreffende trap. Deze vormen kunnen ook weer met of zonder *-e* voorkomen: *een grotere kans, de grootste mond*.

20 koppel-
werkwoorden

Tot nu toe ken je twee soorten
werkwoorden. Welke zijn dat ook al weer?
Denk even na en lees dan verder. Als je het
niet weet, spiek dan in hoofdstuk 3.

We kennen zelfstandige werkwoorden
en hulpwerkwoorden. Maar er is nog
een derde soort, de koppelwerkwoorden.
Koppelwerkwoorden komen voor
in een speciaal soort gezegde, het
naamwoordelijk gezegde. Daarover gaat
het in hoofdstuk 21. Om aan te tonen wat
een koppelwerkwoord is gaan we uit van
drie zinnetjes:
De bloemen zijn verwelkt.
De bloemen zijn nog op de veiling.
De bloemen zijn mooi.

In de eerste zin is *zijn* een hulpwerkwoord;
het zelfstandig werkwoord is *verwelken*.
In de tweede zin is *zijn* een zelfstandig
werkwoord, in de betekenis van 'zich
bevinden': *De bloemen bevinden zich
nog op de veiling*. In de derde zin is *zijn*
geen hulpwerkwoord, want er staat geen
ander zelfstandig werkwoord in. Ook
betekent *zijn* in de derde zin niet 'zich
bevinden'. Het is dus ook geen zelfstandig
werkwoord. Je voelt misschien al aan dat
de gebeurtenis in de zin iets is als 'mooi
zijn', maar wat is *zijn* dan voor soort
werkwoord?

In de zin *De bloemen zijn mooi* zegt *mooi*
iets over *de bloemen* en *zijn* koppelt *mooi*
en *de bloemen* aan elkaar. Daarom noemen
we *zijn* hier een **koppelwerkwoord**. Een
ander voorbeeld van een zin met een
koppelwerkwoord is: *Mijn broer wordt
architect*. Waarom is *wordt* in deze zin
geen hulpwerkwoord? Denk even na en
lees dan verder.

Wordt is geen hulpwerkwoord, want er
staat geen ander werkwoord in de zin. De
gebeurtenis is 'architect worden'. *Architect*
zegt iets over *mijn broer*. *Wordt* koppelt die
twee aan elkaar; dus is *wordt* een vorm van
het koppelwerkwoord *worden*.

In totaal zijn er maar negen
koppelwerkwoorden, weinig genoeg om
uit je hoofd te leren. Het zijn: *zijn*, *worden*,
lijken, *blijken*, *blijven*, *schijnen*, *heten*,
dunken en *vóórkomen*. We geven van
allemaal een voorbeeld.
Onze burgemeester is een vrouw.
Ajax wordt kampioen.
Die hagelstenen lijken wel biljartballen.
Zijn verhaal bleek een verzinsel.
Ruud blijft waarnemend arts.
Dat schilderij schijnt bijzonder waardevol.
Ik heet Henriëtte Houët.
Dat dunkt mij geen goed idee.
Die jongen komt mij bekend voor.

Als je deze negen koppelwerkwoorden
kent, herken je ze ook makkelijk. De
meeste zinnen met een koppelwerkwoord
kun je aanvullen met *te zijn*: *Zijn
verhaal bleek een verzinsel te zijn.*
Probeer ook of het lukt bij de andere
zinnetjes. Waar lukt het niet? Nog een
handige truc om te ontdekken of een
werkwoord een koppelwerkwoord is, is
het koppelwerkwoord door een ander
koppelwerkwoord te vervangen.
Zijn verhaal bleef / bleek / leek / scheen / was
een verzinsel.

21 Naamwoordelijk gezegde

In hoofdstuk 6 heb je gelezen wat het gezegde van een zin is. Dat zijn alle werkwoorden samen die de gebeurtenis in de zin uitdrukken. Soms horen ook andere dan alleen werkwoorden in het gezegde; dan is er sprake van vaste uitdrukkingen, bijvoorbeeld *rekening houden met, op de hoogte zijn van*.

Behalve het gewone gezegde is er ook nog een ander soort gezegde, het naamwoordelijk gezegde. Nu je weet wat een zelfstandig naamwoord en een bijvoeglijk naamwoord is, kun je ook makkelijker begrijpen wat een naamwoordelijk gezegde is. In hoofdstuk 20, bij de koppelwerkwoorden, heb je er al een beetje kennis mee gemaakt. We gaan uit van de zin: *De bloemen zijn mooi*. De gebeurtenis in de zin is niet alleen 'zijn', maar 'mooi zijn'. *Mooi* is een bijvoeglijk naamwoord, zoals je weet. Daarom is *zijn mooi* een naamwoordelijk gezegde. Datzelfde geldt voor de zin: *Mijn broer wordt architect*. De gebeurtenis is 'architect worden'. Daarom is *wordt architect* het gezegde. En het is een naamwoordelijk gezegde, want *architect* is een zelfstandig naamwoord. Een naamwoordelijk gezegde bevat altijd een bijvoeglijk of zelfstandig naamwoord.

Hoe herken je een naamwoordelijk gezegde? Zoek eerst de werkwoorden en het onderwerp en stel dan de vraag: wie of wat + werkwoord(en) + onderwerp? Als het antwoord iets zegt over het onderwerp, dán heb je het naamwoordelijk gezegde te pakken. Dat is het antwoord op de vraag + de werkwoorden. Toegepast op onze voorbeeldzinnen:
De bloemen zijn mooi. Werkwoord = *zijn*, onderwerp = *de bloemen*. Wie of wat zijn de bloemen? Antwoord: *mooi*. *Mooi* zegt

iets over *de bloemen*. Naamwoordelijk gezegde = *zijn mooi*.
Mijn broer wordt architect. Werkwoord = *wordt*, onderwerp = *mijn broer*. Wie of wat wordt mijn broer? Antwoord: *architect*. *Architect* zegt iets over *mijn broer*. Naamwoordelijk gezegde = *wordt architect*. Je kunt vervolgens altijd controleren of de zin een koppelwerkwoord bevat. Als dat zo is, dan weet je zeker dat er een naamwoordelijk gezegde in de zin zit.

Het naamwoordelijk gezegde bestaat uit een werkwoordelijk deel, dat zijn alle werkwoorden, en een naamwoordelijk deel, dat is het naamwoord en wat daarbij hoort:
De bloemen zijn mooi: werkwoordelijk deel = *zijn*, naamwoordelijk deel = *mooi*.
Mijn broer wordt architect: werkwoordelijk deel = *wordt*, naamwoordelijk deel = *architect*.

Een naamwoordelijk deel bevat dus altijd een bijvoeglijk of een zelfstandig naamwoord, maar vaak zitten daar nog een of meer woorden omheen, bijvoorbeeld:
Lotte is een echte dierenliefhebber.
Chris bleek een voorstander van gratis toegangskaartjes voor kinderen tot 12 jaar.
Benoem het naamwoordelijk deel van het gezegde in deze zinnen. Lees dan pas verder.

De naamwoordelijke gezegdes uit de voorbeeldzinnen zijn: *een echte dierenliefhebber* en *een voorstander van gratis toegangskaartjes voor kinderen tot 12 jaar*.

22 Bijvoeglijke bepalingen

Als je in een zin de zinsdelen benoemd hebt, dus de persoonsvorm, het onderwerp, het gezegde, de voorwerpen en de bijwoordelijke bepalingen, heb je alle zinsdelen gehad. Je houdt niets meer over. Bijvoeglijke bepalingen zijn dan ook geen aparte zinsdelen, die naast de al bekende zinsdelen optreden. Bijvoeglijke bepalingen zijn altijd onderdelen van een zinsdeel. Het zijn dus zinsdelen ín een zinsdeel. Als voorbeeld nemen we de zin:
Anoek heeft een truitje gekocht.

Ontleed deze zin: wat is *een truitje* voor zinsdeel? Denk eerst na en lees dan verder.

Een truitje is het lijdend voorwerp. Je kunt dit lijdend voorwerp *een truitje* uitbreiden door woorden toe te voegen die meer over dat truitje vertellen, bijvoorbeeld: *een nieuw truitje*, of *een nieuw strak truitje van zwart katoen*. Alles wat je toevoegt aan het zelfstandig naamwoord *truitje* is bijvoeglijke bepaling. Dat kan een woord zijn (*nieuw* of *strak*) of een groepje woorden (*van zwart katoen*). Een bijvoeglijke bepaling zegt dus altijd iets over een zelfstandig naamwoord.

Hoe vind je bijvoeglijke bepalingen in een zin? Door de volgende stappen te nemen:
1 Ontleed de zin in zinsdelen. Je benoemt dus persoonsvorm, onderwerp, gezegde, eventueel het lijdend voorwerp, het meewerkend voorwerp en het voorzetselvoorwerp en de bijwoordelijke bepalingen.
2 Zoek binnen de afzonderlijke zinsdelen de zelfstandige naamwoorden.
3 Ga per zelfstandig naamwoord na welke woorden of groepjes woorden iets vertellen over elk zelfstandig naamwoord.

Wat wordt er bijvoorbeeld over het truitje gezegd? Het is *nieuw*, het is *strak* en het is *van zwart katoen*. Er zijn dus drie bijvoeglijke bepalingen bij *truitje*. Strikt genomen is *een* ook een bijvoeglijke bepaling, maar dat laten we hier buiten beschouwing. En er zit nóg een bijvoeglijke bepaling *in een nieuw strak truitje van zwart katoen*. Ontdek welke dat is. Hint: zoek nog een zelfstandig naamwoord. Denk eerst na en lees dan verder.

Katoen is ook een zelfstandig naamwoord. *Zwart* zegt iets over *katoen*, over een zelfstandig naamwoord dus. Daarom is *zwart* een aparte bijvoeglijke bepaling. Je ziet: *zwart* is dus een bijvoeglijke bepaling ín een bijvoeglijke bepaling.

Een bijvoeglijke bepaling kan vóór het zelfstandig naamwoord staan of erachter. Als het ervoor staat is het meestal een bijvoeglijk naamwoord, zoals *nieuw* en *strak* in *een nieuw strak truitje*. Als een bijvoeglijke bepaling achter het zelfstandig naamwoord staat is het meestal een groepje woorden dat begint met een voorzetsel, zoals *van zwart katoen* in *een truitje van zwart katoen*.

23 Bijwoorden

In hoofdstuk 14 heb je gelezen wat
bijwoordelijke bepalingen zijn. Hoe vind
je een bijwoordelijke bepaling? Als je het
niet weet, spiek dan nog even in hoofdstuk
14. Als een bijwoordelijke bepaling bestaat
uit één woord, dan is dat een bijwoord.
In de zin hieronder is de bijwoordelijke
bepaling leeg gelaten. Vul op de stippeltjes
een woord in en je hebt een bijwoord
gevonden.
Ik wil .... naar het jeugdjournaal kijken.

Wat je in kunt vullen is bijvoorbeeld
*altijd, nooit, vanavond, graag, vervolgens,
misschien, waarschijnlijk, hierna, daarom,
eerst, niet.*

Bijwoorden kunnen dus als bijwoordelijke
bepaling in een zin optreden. Als ze
als bijwoordelijke bepaling in een zin
gebruikt worden, zeggen ze iets over
de omstandigheden waaronder de
gebeurtenis van een zin zich afspeelt.
Maar ze kunnen ook iets zeggen over een
ander woord in de zin. Maar bijwoorden
zeggen nooit iets over een zelfstandig
naamwoord (want daar zijn de bijvoeglijke
naamwoorden voor, zie hoofdstuk 19). Kijk
eens naar het verschil tussen de volgende
twee zinnen; het gaat om het woord *erg*:
Het heeft erg gestormd vannacht.
Ik houd van erg zoete taartjes.
Er is een erg ongeluk gebeurd.

In de eerste zin zegt *erg* iets over de
gebeurtenis (*heeft gestormd*), maar waar
zegt *erg* iets over in de tweede en in de
derde zin? In de tweede zin zegt *erg*
zegt iets over *zoete*, en omdat *zoete* geen
zelfstandig naamwoord is maar een
bijvoeglijk naamwoord, is *erg* een bijwoord.
In de derde zin zegt *erg* iets over *ongeluk*,
en dat is een zelfstandig naamwoord.
Dus in de derde zin is *erg* een bijvoeglijk
naamwoord.

Om bijwoorden te herkennen moet je eerst
de zin ontleden. Een bijwoord is dan:
- óf een bijwoordelijke bepaling die uit
  één woord bestaat,
- óf een woord binnen een ander zinsdeel
  dat niet zelfstandig of bijvoeglijk is en
  ook geen lidwoord of voorzetsel.

Er zijn veel woorden die soms als
bijvoeglijk naamwoord dienst doen en
soms als bijwoord. Vergelijk daarvoor de
volgende zinnen. Het gaat om *geweldig*:
Ik vind dat een geweldig record.
Zijn pianospel is geweldig vooruitgegaan.
*Hij heeft een geweldig goede prestatie
    geleverd.*

In de eerste zin is *geweldig* een bijvoeglijk
naamwoord, want het zegt iets over *record*,
en dat is een zelfstandig naamwoord.
In de andere zinnen is *geweldig* een
bijwoord: in de tweede zin zegt *geweldig*
iets over *is vooruitgegaan*; in de derde zin
zegt *geweldig* iets over *goede*, en *goede* is
geen zelfstandig naamwoord, maar een
bijvoeglijk naamwoord.

24 Voornaamwoorden

In deze basisgrammatica ben je al verschillende malen woorden als *ik, jij, hij, wij* en *jullie* tegengekomen. Deze woorden noemen niet zelf bepaalde persoon of een bepaalde zaak uit de werkelijkheid, maar ze staan wel in de plaats van iemand die of iets dat al eerder genoemd is of bekend is bij hoorder en lezer. Zo betekent 'ik' in het zinnetje: *Ik ben de schrijver van deze grammatica* iemand anders dan de ik in het zinnetje: *Ik zit nu in hoofdstuk 24 te lezen.* Vul voor *ik* je eigen naam dus maar in.

Maak een zinnetje met *ik* erin, en met *hij* erin. Welk zinsdeel is *ik* en *hij*?
Maak nu een zinnetje met *mij* erin, en een met *hem* erin. Welk zinsdeel is *mij* en *hem*? Probeer nu een zin te maken met *mij* als onderwerp en een zin met *hem* als onderwerp. Lukt dat?

Je merkt dat *ik* en *hij* altijd onderwerp van de zin zijn. *Mij* en *hem* komen nooit als onderwerp voor, wel als (onderdeel van) een voorwerp of een bijwoordelijke bepaling. Dat geldt ook voor andere voornaamwoorden.

Voornaamwoorden als *ik, hij, me* en *hem* noemen we **persoonlijke voornaamwoorden**, omdat ze ook personen aanduiden. Alleen *het* duidt meestal op dingen, bijv.:
Geef me nog een lekker broodje. Het smaakt me prima.

Naast persoonlijke voornaamwoorden kennen we de **wederkerende voornaamwoorden**. Deze slaan vrijwel altijd terug op het onderwerp, bijvoorbeeld:
Ik vergis me nooit.
Rob heeft zich vanmorgen niet geschoren.

Dan zijn er de **bezittelijke voornaamwoorden**. Zij geven aan wie de bezitter is van de zaak of de persoon die erachter staat is: *Ik heb mijn boek op tafel laten liggen. Jouw cd's liggen in de kast.*

De belangrijkste voornaamwoorden

	persoonlijk		wederkerend	bezittelijk
	onderwerpsvorm	andere vormen		
enkelvoud	*ik*	*mij/me*	*me*	*mijn*
	jij/je	*jou/je*	*je*	*jouw/je*
	u	*u*	*zich*	*uw*
	hij	*hem*	*zich*	*zijn*
	zij	*haar/ze*	*zich*	*haar*
	het	*het*	*zich*	*zijn*
meervoud	*wij*	*ons*	*ons*	*ons/onze*
	jullie	*jullie*	*je*	*jullie*
	zij/ze	*hen/hun*	*zich*	*hun*

25 Telwoorden

Telwoorden drukken getallen uit. In de eerste plaats kunnen dat heel precieze aantallen zijn, zoals *twee, vijftien, achtendertig, driehonderdachtenvijftig*. Enkele voorbeelden:

Ik heb twee cd's gekregen.
Vorige week zijn de tien bomen in onze straat omgehakt.

Vervang elk van de telwoorden in de zinnen hierboven eens door een ander woord. Uit welke woordsoort komt dit andere woord? Denk eerst na en lees dan pas verder.

De woorden die je in de plaats van de telwoorden kunt invullen zijn bijvoeglijke naamwoorden, bijvoorbeeld:

Ik heb gloednieuwe cd's gekregen.
Vorige week zijn de schitterende bomen in onze straat omgehakt.

Telwoorden vervullen dus dezelfde 'rol' in een zin als de bijvoeglijke naamwoorden. Weet je waarom? Denk even na en lees dan verder.

Telwoorden zeggen iets over de personen, dieren of dingen die erachter staan. En dat zijn zelfstandige naamwoorden. Daarom spreken we van bijvoeglijk gebruik van telwoorden. (Niet bijvoeglijk gebruikt zijn telwoorden in een zin als: *twee plus twee is vier*, maar dat gebruik laten we hier buiten beschouwing).

Soms zijn aantallen niet precies, maar vaag weergegeven, bijvoorbeeld:

Ik heb enkele cd's gekregen.
Vorige week zijn alle bomen in onze straat omgehakt.

Om hoeveel cd's en om hoeveel bomen het precies gaat, staat niet aangegeven. Het exacte aantal is dus niet bepaald. We noemen *enkele* en *alle* daarom **onbepaalde telwoorden**, tegenover de **bepaalde telwoorden**, die wel het precieze aantal aanduiden.

Een telwoord dat een aantal uitdrukt, behoort tot de **hoofdtelwoorden**. Daarnaast zijn er ook **rangtelwoorden**; die noemen geen aantal, maar duiden één persoon, dier of ding aan, maar dan wel ten opzichte van een aantal, bijvoorbeeld: *derde, achttiende*. Rangtelwoorden geven dus de plaats in een rangorde aan. Ook hier kan dat een precieze aanduiding zijn of een meer vage, zoals *middelste, laatste*. Ook hier geldt dat het gebruik van deze telwoorden vrijwel altijd bijvoeglijk is.

De soorten telwoorden

	hoofdtelwoorden	rangtelwoorden
bepaalde	*een, drie, twaalf, zesenvijftig*	*eerste, derde, twaalfde, zesenvijftigste*
onbepaalde	*veel, weinig, alle, enkele, sommige*	*zoveelste, middelste, laatste*

26 Samengestelde zinnen

Tot nu toe hebben we alleen zinnen behandeld met maar één persoonsvorm. Een zin met twee persoonsvormen noemen we samengesteld. Je kunt zelf makkelijk samengestelde zinnen maken. Plak de volgende zinnen maar eens aan elkaar door er een woord tussen te zetten:

Vader brengt Fred naar judo. Moeder gaat met Annabel naar zwemles.
Jan ligt in bed. Hij is ziek.
Jan is ziek. Hij gaat toch naar school.

Je kunt dan krijgen:

Vader brengt Fred naar judo en moeder gaat met Annabel naar zwemles.
Jan ligt in bed, want hij is ziek.
Jan is ziek, maar hij gaat toch naar school.

De woorden *en*, *want* en *maar* voegen de twee zinnen steeds samen tot één zin. Daarom heten *en*, *want* en *maar* **voegwoorden**. Daarmee hebben we ook de laatste woordsoort te pakken, namelijk die van de voegwoorden. Een voegwoord staat altijd tussen de twee oorspronkelijke zinnen in en is dus geen zinsdeel van een van de zinnen.

Er zijn nog veel meer van die voegwoorden. We nemen nog eens het zinnenpaar:

Vader brengt Fred naar judo. Moeder gaat met Annabel naar zwemles.
Jan ligt in bed. Hij is ziek.
Jan is ziek. Hij gaat toch naar school.

Maak van de twee zinnen steeds één zin door achtereenvolgens het woord *terwijl*, *omdat* en *hoewel* er tussen te plaatsen. Wat gebeurt er met de volgorde van de woorden? Denk eerst na en lees dan verder.

Vader brengt Fred naar judo, terwijl moeder met Annabel naar zwemles gaat.

Jan ligt in bed, omdat hij ziek is.
Jan is ziek, hoewel hij toch naar school gaat.

Je ziet nu dat de volgorde van de woorden in het tweede deel van de samengestelde zin veranderd is. De persoonsvorm van de oorspronkelijk tweede zin verhuist in de samengestelde zin naar achteren. Dat is een typisch Nederlands verschijnsel waar buitenlanders vaak veel moeite mee hebben. Je hoort ze vaak zinnen gebruiken als: *Jan ligt in bed, omdat hij is ziek.*

Bij *en*, *maar* en *want* verandert de volgorde van de woorden in het tweede deel van de samengestelde zin niet. Laten we deze voegwoorden weg, dan blijven gewoon twee losse zinnen, naast elkaar, over. We noemen de voegwoorden *en*, *maar* en *want* daarom **nevenschikkende voegwoorden**. Voegen we de zinnen samen met *terwijl*, *omdat* en *hoewel*, dan verhuist de persoonsvorm van het tweede deel van de samengestelde zin naar achteren. Deze voegwoorden heten **onderschikkende voegwoorden**.

27 Hoofdzinnen en bijzinnen

In hoofdstuk 26 heb je gezien dat zinnen op twee manieren samengesteld kunnen worden, met nevenschikkende en met onderschikkende voegwoorden. Bij onderschikkende voegwoorden staat de persoonsvorm achteraan in het deel van de zin achter het voegwoord. Bij nevenschikkende voegwoorden is dat niet het geval. Daar blijft de volgorde van de oorspronkelijke – enkelvoudige – zinnen gehandhaafd. Het verschil tussen nevenschikking en onderschikking laten we nog eens zien.
Nevenschikking: *Ik kan geen pet kopen, want ik heb geen geld meer.*
Onderschikking: *Ik kan geen pet kopen, omdat ik geen geld meer heb.*

Er zijn een paar verschillen tussen nevenschikking en onderschikking.

Verschil 1: Als je de zin weer wilt opsplitsen in twee zinnen, door het voegwoord weg te laten, maar wel de volgorde vast te houden, dan krijg je:
Ik kan geen pet kopen. Ik heb geen geld meer.
Ik kan geen pet kopen. Ik geen geld meer heb.
In de eerste zin, waar je *want* hebt weggelaten, houd je twee goed lopende zinnen over. Ze zijn daardoor gelijkwaardig aan elkaar, vandaar die nevenschikking. In de tweede zin, waar je *omdat* hebt weggelaten, loopt nu de tweede zin niet goed meer. In deze volgorde kan de zin alleen maar goed lopen als er *omdat* voor staat en als de rest van de zin erbij blijft.

Verschil 2: Bij de nevenschikking is het niet mogelijk de twee delen van de samengestelde zin om te draaien, bij onderschikking is dat vaak wel mogelijk.
Niet mogelijk: *Want ik heb geen geld meer, ik kan geen pet kopen.*

Wel mogelijk: *Omdat ik geen geld meer heb, kan ik geen pet kopen.*

Dat verklaart ook de termen nevenschikking en onderschikking. Bij nevenschikking staan de twee zinnen gelijkwaardig naast elkaar met ertussen een voegwoord. Dat zijn dan twee hoofdzinnen:
Ik kan geen pet kopen = hoofdzin; *want ik heb geen geld meer* = hoofdzin.
Bij onderschikking zijn de twee stukken van de zin niet gelijkwaardig: het stuk na het voegwoord is niet zelfstandig, maar is ondergeschikt aan de rest van de zin. Zo'n ondergeschikte zin is een bijzin. De rest is de hoofdzin:
Ik kan geen pet kopen = hoofdzin; *omdat ik geen geld meer heb* = bijzin.

Een bijzin heeft altijd een hoofdzin nodig om goed te lopen. Dat betekent dat iedere zin in ieder geval uit een hoofdzin bestaat, nooit alleen uit een bijzin. Een bijzin is dus altijd een onderdeel van de totale zin, een zinsdeel van de hoofdzin. Hoe zit dat? We gaan uit van de zin: *Omdat ik geen geld meer heb, kan ik geen pet kopen.*

Op de plaats van de bijzin (*omdat ik geen geld meer heb*) kun je ook invullen: *daarom*, of *vandaag*, of *wegens geldgebrek*, of *tot mijn verdriet*, of elke andere bijwoordelijker bepaling. De bijzin *omdat ik geen geld meer heb* is dus bijwoordelijke bepaling van de hele zin.

28 Bijvoeglijke bijzinnen

Naast bijzinnen die beginnen met een voegwoord zijn er nog andere bijzinnen, die niet met een voegwoord beginnen. Die beginnen met woorden als *die, aan wie, dat, wat, waarover*. Enkele voorbeelden:
De man die jou zojuist aansprak, is mijn buurman.
Daar ligt dat tasje dat ik zo graag wil kopen.
De vrouw met wie ik gisteren nog gesproken heb, blijkt nu ziek te zijn.
Ik neem je mee naar het park waarover ik je laatst verteld hebt.

Zie je al een verschil tussen deze bijzinnen en bijzinnen die beginnen met een voegwoord? Denk eerst na en lees dan verder.

Verschil 1: Bijzinnen zonder voegwoorden beginnen altijd met een woord (of met twee woordjes als *aan wie* of *met wie*) dat terugslaat op een woord in de hoofdzin. Welk woord is dat in elk van de voorbeeldzinnen? Denk even na en lees dan verder.

Die slaat terug op *de man*, *dat* slaat terug op *dat tasje*, *met wie* slaat terug op *de vrouw*, en *waarover* slaat terug op *het park*. Tot welke woordsoort behoren *man*, *tasje*, *vrouw* en *park*? Denk even na en lees dan verder.

De woorden waarop het begin van de bijzinnen terugslaat, zijn allemaal zelfstandige naamwoorden. Als je de zin goed leest, zie je dat de hele bijzin iets zegt over het zelfstandig naamwoord dat ervoor staat. Hoe heette dat zinsdeel ook al weer dat iets zegt over een zelfstandig naamwoord? Denk even na en lees dan verder.

Het zinsdeel dat iets zegt over een zelfstandig naamwoord is een bijvoeglijke bepaling (zie hoofdstuk 22). Een bijzin die de 'rol' speelt van bijvoeglijke bepaling, is een bijvoeglijke bijzin.

Verschil 2: De woorden waarmee een bijvoeglijke bijzin begint, vormen een zinsdeel van de bijzin. Voegwoorden daarentegen zijn geen zinsdeel; die voegen alleen maar zinnen samen. Probeer eens na te gaan welk zinsdeel het eerste woord (of de eerste twee woorden) in de bijzin is. We nemen daarvoor de bijzinnen even apart:
Die jou zojuist aansprak.
Dat ik zo graag wil kopen.
Met wie ik gisteren nog gesproken heb.
Waarover ik je laatst verteld hebt.

Die = onderwerp, *dat* = lijdend voorwerp, *met wie* = bijwoordelijke bepaling, *waarover* = bijwoordelijke bepaling.

Hoe heten die woorden aan het begin van een bijzin zonder voegwoord? De woorden *die, dat, wie* en *wat* heten **betrekkelijke voornaamwoorden**. Woorden die beginnen met *waar-*, bijvoorbeeld *waarmee* en *waarover* zijn **betrekkelijke bijwoorden**.